Classen/Diehl/Koch/Kochsiek/Pongratz/Scriba

Differentialdiagnose

Innere Medizin

Mit Beiträgen von

H.-D. Allescher, J. Bahlmann, E. Benenson, H. Bohlen, R. Brunkhorst,
M. Classen, V. Diehl, A. Engert, G. Ertl, U. Frei, P. Gross,
W. Habscheid, M. Hammer, W. E. Hansen, D. Hennessen, P. Hoff, K. Horn,
O. E. Janssen, K.-M. Koch, K. Kochsiek, K.-H. Krause, T. Krieg,
R. Landgraf, H. Langenfeld, R. Lorenz, M. Meesmann, W. Müller-Felber, R. Nass,
F. Neumann, Ch. J. Olbricht, Ch. J. Pohl, D. Pongratz, G. Rudolph,
P. Schanzenbächer, R. Schick, M. Schmidt, S. Schmitz, M. Schwonzen,
P. C. Scriba, S. Sollberg, M. Spannagl, P. Staib, F. H. Stefani, H. Tesch,
M. W. Ulbig, J. Wolf, H. Zeidler, T. Zilker

Classen/Diehl/Koch/Kochsiek/Pongratz/Scriba

Differential-diagnose

Innere Medizin

Herausgegeben von
M. Classen, V. Diehl, K.-M. Koch, K. Kochsiek,
D. Pongratz, P. C. Scriba

Mit 458 überwiegend vierfarbigen Abbildungen

Urban & Schwarzenberg
München – Wien – Baltimore

Konzept und Planung: Dr. med. Dorothea Hennessen
Lektorat: Ingrid Fritz (Dipl.-Med. Päd.)
Herstellung: Renate Hausdorf, Dorle Matussek
Zeichnungen: Henriette Rintelen (Dipl.-Designerin)
Umschlaggestaltung: Dieter Vollendorf

CIP-Kurztitelaufnahme der Deutschen Bibliothek

Differentialdiagnose : innere Medizin ; mit Tabellen / Classen ...
Hrsg. von M. Classen ... [Mit Beitr. von: H.-D. Allescher ...]. –
München ; Wien ; Baltimore : Urban und Schwarzenberg, 1998
ISBN 3-541-18201-6

Satz: Typodata, München
Druck: Appl, Wemding
Bindung: Großbuchbinderei Monheim

ISBN 3-541-18201-6

Gedruckt auf
chlorfrei
gebleichtem
Papier

Vorwort

In diesem Buch werden die nosologischen Einheiten, d.h. die Krankheitsbilder und Syndrome in demjenigen Kapitel ausführlich dargestellt, welches das häufigste oder deutlichste Symptom (Leitsymptom) der jeweiligen Krankheit darstellt. Beispielsweise findet man die Hyperthyreose unter Herzklopfen (→ Kap. 23) und die chronisch entzündlichen Darmkrankheiten unter Diarrhoe (→ Kap. 11, Durchfall). Nach Möglichkeit wurden für die Kapitelüberschriften Bezeichnungen in alphabetischer Reihenfolge gewählt, die der Patient versteht, also Begriffe, die er selbst benutzt. In jedem Kapitel werden die Symptome (Beschwerden und/oder Befunde) zuerst definiert. Krankheiten, die das Symptom, z.B. Gewichtsabnahme, zwar aufweisen, aber eben nicht als das häufigste Symptom, findet man in einer einleitenden systematischen Darstellung der Ursachen der Symptome aufgezählt und über die ubiquitären Querverweise, also z.B. Gewichtsabnahme bei Hyperthyreose (→ Kap. 23, Herzklopfen). Es folgt ein Abschnitt mit der systematischen Darstellung der zu jedem Symptomen-Kapitel gehörenden anamnestischen Fragen und der wichtigsten körperlichen und technischen Untersuchungen. Anschließend werden die ausführlich im jeweiligen Kapitel dargestellten Krankheitsbilder in einem Umfang dargestellt, der die anamnestischen Angaben und körperlichen Befunde nach Möglichkeit in prozentualer Häufigkeit sowie den praktischen Weg in der Diagnostik und die Differentialdiagnose beinhaltet. Zusammenfassende Flußdiagramme erleichtern schließlich die differentialdiagnostische Orientierung.

Viele der in diesem Buch als Ordnungsprinzip verwandten Symptome (Leitsymptome) erlauben keine Anhiebsdiagnose. Es ist vielmehr erforderlich, nach der Begleitsymptomatik zu fragen (Anamnese) oder zu suchen (körperliche Untersuchung, einfache technische Untersuchung). Eine internistische Untersuchung erfordert die systematische Anamnese und die vollständige körperliche Untersuchung. Eine Einschränkung der Befragung und der Untersuchung auf nur ein Symptom kann schnell in die Irre leiten. Vor voreiligen Verdachts- und Anhiebsdiagnosen muß der Arzt sich hüten.

In diesem Sinne sind auch die Suchdiagnostik (Screening), die Labordiagnostik und die einfacheren technischen Untersuchungen wie Blutdruckmessung, EKG, Sonographie etc. einzusetzen. Eine zu aufwendige Ausweitung des Einsatzes von Screeningverfahren könnte natürlich den bösen Verdacht erwecken, der Doktor wolle sich nur die Taschen füllen. Andererseits zeigen manche Kapitel dieses Buches, daß sich schwerwiegende internistische Erkrankungen in den gut behandelbaren Anfangsstadien nur durch diskrete Symptome und manchmal nur technisch faßbare Zeichen auszeichnen. Die Beschwerdearmut einer beginnenden essentiellen Hypertonie (→ Kap. 26), einer chronischen Anämie mit Blässe (→ Kap. 8), eines Diabetes mellitus Typ II (→ Kap. 12, Durst), einer Hyperkalzämie (→ Kap. 12), einer beginnenden Niereninsuffizienz (→ Kap. 2 und 60) etc. belegt dies. Nicht zuletzt bei den Kapiteln 63 (Laboruntersuchungen) und 64 (Sonographie) trägt dieses Buch zur Optimierung von Rationalität und Wirtschaftlichkeit in der Diagnostik bei. Der Einsatz einer diagnostischen Methode zum Screening muß bezüglich seiner Effizienz, d.h. des Verhältnisses von Kosten und Nutzen, geprüft und gesichert sein. Daher ist die Definition eines medizinökonomisch gut begründeten Screening-Programms, besonders auch für die Frühdiagnose bösartiger Erkrankungen, von besonderer Bedeutung (→ Kap. 51). Wir erachten es für besonders wichtig, daß in jedem der symptomorientierten Kapitel dieses Buches auf die Möglichkeit von malignen Erkrankungen hingewiesen wird. Für den Erfolg der onkologischen Therapie ist es entscheidend, auf die Frühdiagnose derjenigen Fälle zu zielen, die man behandeln muß und kann.

Wenn in diesem Buch immer wieder auf ätiologische und pathophysiologische Grundlagen verwiesen wird, so geschieht das einerseits, um Merkprozesse zu erleichtern, früher erworbene Kenntnisse zu vertiefen, und andererseits, um die Kritikfähigkeit zu fördern gegenüber

- vermeintlichen, gelegentlich voreilig gemeldeten Fortschritten der wissenschaftlichen Medizin,
- unbegründetem Fatalismus und manchmal ver-

hängnisvoller Oberflächlichkeit einer in Routine erstarrten praktischen Medizin und
- der verhängnisvollerweise immer noch zunehmenden Faszination der Außenseitermethoden.

Jeder Arzt ist angehalten zu lebenslanger Weiter- und Fortbildung, zu Offenheit für den Fortschritt, zu kritischem Umgang mit der Information, zu rationalem und rationellem Handeln und nicht zuletzt zu einfühlsamem Umgang mit dem einzelnen Patienten, der uns den Auftrag gibt, in seinem wohlverstandenen Interesse zu handeln.

Was bedeutet Differentialdiagnose?

Die klinischen Abschnitte des Medizinstudiums bauen auf den naturwissenschaftlichen und psychologischen Kenntnissen aus der Vorklinik auf. Nach dem Physikum lernen Studierende der Medizin Haltung und Handeln in Praxis und Klinik stufenweise:
- In den ersten beiden klinischen Semestern werden den Studierenden in den Kursen der Anamneseerhebung und Untersuchung („Kurs der medizinischen Untersuchungstechnik", „Klopfkurs") die Grundlagen der Gesprächstechnik und die Sicherung von anamnestischen Angaben und Befunden (Richtigkeit und Deutlichkeit) nahegebracht.
- Anschließend lernen sie zum Beispiel in den Hauptvorlesungen („Medizinische Klinik") und zum Teil auch im Praktikum der Inneren Medizin die Systematik der Krankheitslehre im Sinne der **Nosologie**, welche Diagnose, Therapie, Prognose, aber auch Prophylaxe und Rehabilitation der Krankheiten und Syndrome darstellt.
- Auf der Basis des so erworbenen systematischen Wissens haben die anschließenden Vorlesungen und praktischen Übungen vor allem die Einübung der **Differentialdiagnose** zum Ziel, beschäftigen sich also mit den Schritten auf dem Weg zu Diagnose und Therapie in Praxis und Klinik („fallbezogener Unterricht"). Dabei wird man vor allem auch lernen müssen, daß die Diagnose im Interesse des Patienten nur so weit präzisiert werden muß, bis eine optimale Therapie und eine ausreichende Prognoseabschätzung ermöglicht werden.

Gerade für die Innere Medizin ist charakteristisch, daß es verhältnismäßig selten pathognomonische Angaben in der Anamnese oder Zeichen bei der körperlichen Untersuchung gibt, welche für sich allein eine Prima-vista-Diagnose (→ Kapitel 17) erlauben. In der Mehrzahl der Fälle hat der Arzt Muster zu sammeln, die aus anamnestischen Angaben und körperlichen Befunden zusammengesetzt sind. Er vergleicht diese Muster mit den in seinem Gedächtnis gespeicherten Bildern und bildet anschließend diagnostische Hypothesen. Diese werden je nach Gewicht des Verdachtes entweder durch Maßnahmen der Ausschlußdiagnostik widerlegt oder aber durch Methoden der Nachweisdiagnostik bewiesen. Zum Ausschluß, übrigens auch zum Screening, benötigt man Methoden mit hoher Sensitivität (% positive Befunde bei gegebener Krankheit), während zum Nachweis Verfahren mit hoher Spezifität (% negative Befunde bei Gesunden) erforderlich sind. Es resultieren entweder bewiesene Diagnosen oder aber sogenannte Ausschlußdiagnosen. In der Praxis wird man besonders bei selbstlimitierenden Erkrankungen häufig abwarten können (Verlaufsbeobachtung als Diagnostikum), oder aber auch in zunächst nicht zu klärenden Situationen das Instrument der Diagnose ex juvantibus anzuwenden haben. Besonders komplexe Beschwerde- und Befundmuster können auch durch Multimorbidität bedingt sein!

Diese diagnostischen Wege müssen auf der Basis laufend weiterzuentwickelnder wissenschaftlicher Erkenntnisse in rational aufeinanderfolgenden Schritten gegangen werden und im medizinökonomischen Sinne rationell sein. Das Notwendige hat unbedingte Priorität vor nichtindiziertem Obsoletem und Unwirksamem in Diagnostik und Therapie. Zitat: „Dauerhafte Qualitätssicherung wirkt auch als Instrument zur Vermeidung von Überfluß und Defiziten in der Gesundheitsversorgung und in der Krankenversicherung". Die Arbeitsgemeinschaft der Wissenschaftlichen Medizinischen Fachgesellschaften hat der Bitte des Sachverständigenrates für die Konzertierte Aktion im Gesundheitswesen (1994) entsprochen, eine Sammlung von diagnostischen (und therapeutischen) Empfehlungen, Leitlinien und Richtlinien (Standards) zu erstellen. Weiterer Handlungsbedarf wird vom Sachverständigenrat (1996) u.a. gesehen in
- „der Vervollständigung der Konsensusbildung in Diagnostik und Therapie, die als fortzuschreibende Aufgabe verstanden wird;
- der Abstimmung zwischen den einzelnen wissenschaftlichen Gesellschaften mit dem Ziel der Elimination von Widersprüchen und überzogenen Ansprüchen;
- der Beschreibung des für Patienten und Arzt zu tragenden Restrisikos, welches bei aller diagnostischer und therapeutischer Optimierung zu tragen bleibt und in Rechtsetzung und -sprechung angemessen berücksichtigt werden sollte."

Leitlinien müssen schließlich die unterschiedlichen A-priori-Wahrscheinlichkeiten und prädiktiven Werte in Praxis und Klinik berücksichtigen, und sie müssen von der Nosologie zur systemorientierten Differentialdiagnose weiterentwickelt werden.

In diesem Buch wird ein Ansatz gewählt, der die wichtigsten in der Inneren Medizin und in ihren

Nachbargebieten vorkommenden **Einzelsymptome** zum Ausgangspunkt der Überlegungen macht. Je weniger das Einzelsymptom eine pathognomonische Bedeutung hat und je vieldeutiger eine Beschwerde oder ein Befund sind, desto mehr wird man sich im Einzelfall um Zusatzinformationen (siehe „begleitende Beschwerden und Befunde“) zu bemühen haben. Die Summe der zusammengetragenen Informationen ergibt dann das Muster der Beschwerden und Befunde des Patienten, welche die o.a. Hypothesenbildung, d.h. Verdachtsdiagnosen zulassen. **Differentialdiagnose ist die Bildung vernünftiger Verdachtsdiagnosen, ihre Reihung nach Wahrscheinlichkeit und ihr Ausschluß oder Nachweis mit vertretbarem Aufwand und mit dem Patienten zumutbarer Belastung.**

Dank

Dieses Werk entstand mit der engagierten Hilfe vieler Personen. Voran möchten wir Frau I. Fritz, Dipl.-Med. Päd., und Frau D. Hennessen, Dr. med., vom Verlag Urban & Schwarzenberg für die tatkräftige Unterstützung unseres Konzeptes herzlich danken. Mit besonderem Dank sind auch die zahlreichen Autoren und ihre Schreibkräfte zu erwähnen, die ihre Texte mit Einfühlungsvermögen und Geduld dem Konzept der Herausgeber angepaßt haben. Nicht zuletzt danken wir für die sorgfältige Herstellung dieses Werkes durch Frau R. Hausdorf und ihre Mitarbeiter. Schließlich danken die Herausgeber dem Verleger, Herrn Dr. h. c. M. Urban, für Interesse und Engagement.

München, Sommersemester 1997
Die Herausgeber

Prof. Dr. med. Dr. h. c. mult. Meinhard Classen

geboren 1936 in Rheydt, Nordrhein-Westfalen
Medizinstudium in Bonn, Freiburg und Wien

1970 Facharzt für Innere Medizin
1972 Facharzt für Gastroenterologie
1970 Habilitation
1975 Ernennung zum Professor
1966–1974 Medizinische Universitätsklinik Erlangen
1974–1979 Chefarzt der I. Medizinischen Abteilung des Allgemeinen Krankenhauses Hamburg-Barmbek
1979–1984 Leiter der Abteilung für Gastroenterologie der Universität Frankfurt
seit 1985 Direktor der II. Medizinischen Klinik und Poliklinik der Technischen Universität München
1991 Mitglied der Deutschen Akademie der Naturforscher „Leopoldina"

Wissenschaftliche Arbeiten in klinischer Gastroenterologie und gastroenterologischer Endoskopie:

1971 erste elektrische Schlingenbiopsie im Magen
1973 gemeinsam mit Demling erste endoskopische Sphinkterotomie der Papilla Vateri am Menschen
1978 gemeinsam mit Wurbs Einführung der nasobiliären Intubation und Drainage

Aktuelle Arbeiten:
Elektronische Endoskopie ohne Glasfasern (Videoendoskopie)
Endoskopischer Ultraschall zur Verbesserung des Tumorstaging im Gastrointestinaltrakt
Diagnose und Behandlung biliärer Erkrankungen mittels endoskopischer Techniken, insbesondere Spiegelungen der Gallenwege, laparoskopische Cholezystotomie zur Steinbehandlung, Therapie peptischer Erkrankungen

Erstbeschreibungen:

1973 endoskopische Therapie der Cholangiolithiasis
1978 endoskopische Therapie der biliären Pankreatitis
1983 endoskopische Therapie der obstruktiven (septischen) Cholangitis
1984 interne Bestrahlungen obstruierender Malignome des Gallenwegssystems mit ^{191}Iridium
1987 interne Bestrahlungen obstruierender Malignome des Gallenwegssystems mit Laser

Prof. Dr. med. Volker Diehl

geboren 1938 in Berlin-Lichterfelde

1958–1963 Medizinstudium in Marburg an der Lahn, Wien und Freiburg im Breisgau
1964–1966 Medizinalassistentenzeit
1966–1968 Children's Hospital Philadelphia, USA
1968 Kenyatta Hospital, Nairobi, Kenia
1969–1971 Karolinska Sjukhuset, Stockholm, Schweden
1971 Virologisches Institut der Universität Würzburg
1972–1974 Medizinische Hochschule Hannover, Abteilung für Innere Medizin
1974 Facharzt für Innere Medizin
1974–1982 Tätigkeiten als Assistenzarzt und Oberarzt der Medizinischen Hochschule Hannover, Abteilung für Innere Medizin
seit 1976 Aufbau des hämato-onkologischen Kooperationsmodells Hannover mit Seminaren für niedergelassene und Krankenhausärzte, dezentralisierten, internistischen hämatologischen und onkologischen Visiten und internistischen Hospitantenkursen im Rahmen der Poliklinik
seit 1983 Direktor der Klinik I für Innere Medizin der Universität Köln
1966 Promotion (Thema: Galaktosestoffwechsel in Affennieren- und Hela-Zellkulturen)
1974 Habilitation (Thema: Epstein-Barr-Virus in lymphoiden Zellen: Ein humanes Tumorvirus?)
1977 Ernennung zum Hochschuldozenten und außerplanmäßigen Professor
1978 Ernennung zum Professor und „Leiter der Arbeitsgruppe für Klinische Onkologie in der Abteilung Hämatologie der Medizinischen Hochschule Hannover"

Wissenschaftliche Schwerpunkte:
Klinische Studien im Bereich akuter Leukämien, Non-Hodgkin-Lymphome, Hodentumoren, gastrointestinaler Tumoren und anderer solider Tumoren, Phase-I-Studien u.a. mit dem Tumor-Nekrose-Faktor, multizentrische Studie Morbus Hodgkin.
Klinisch-experimentelle Forschung zur immunologischen In-vivo-Darstellung von Tumoren, Nachweis von Onkogenen in Hodgkin-Zellen, therapeutische Anwendung monoklonaler Antikörper gegen Hodgkin-Zellen, Immuntherapie von Lymphomen und Leukämien.
Grundlagenforschung zum Gen-Targeting, Identifizierung von Suppressor- und Aktivierungsonkogenen und Hodgkin-spezifischen Viren.

Prof. Dr. med. Karl-Martin Koch

geboren 1934 in Eschwege, Hessen

1954–1960 Medizinstudium in Göttingen, Würzburg und Frankfurt am Main

1960–1962 Medizinalassistent an den Universitätskliniken und im St.-Markus-Krankenhaus in Frankfurt am Main sowie im Stadtkrankenhaus Offenbach

1962–1964 Wissenschaftlicher Assistent der II. Medizinischen Universitätsklinik in Frankfurt am Main

1963 Promotion an der Medizinischen Fakultät der Universität Frankfurt

1964–1966 Wissenschaftlicher Assistent am Max-Planck-Institut für experimentelle Medizin, Göttingen (Nierenphysiologie)

1966–1968 Stipendiat der Nato und der National Kidney Foundation, New York University School of Medicine (Nierenphysiologie)

1969–1972 Fortsetzung der Facharztausbildung am Zentrum für Innere Medizin der Universitätsklinik Frankfurt am Main; in dieser Zeit maßgeblich beteiligt bei Gründung und Aufbau des Kuratoriums für Dialyse und Nierentransplantation

1972 Facharzt für Innere Medizin

1971 Habilitation in Innerer Medizin, Universität Frankfurt

1972–1982 Professor für Innere Medizin am Zentrum für Innere Medizin der Universitätsklinik Frankfurt am Main

seit 1982 Professor für Innere Medizin und Dermatologie der Medizinischen Hochschule Hannover, Leiter der Abteilung für klinische Nephrologie

1989–1993 Ärztlicher Direktor der Medizinischen Hochschule Hannover

1997–1999 Rektor der Medizinischen Hochschule Hannover

Schwerpunkte der wissenschaftlichen Arbeit:
Regulation der renal-tubulären Natriumreabsorption
Renale Anämie: Pathogenese und Therapie einschließlich der Substitution von rekombinantem humanem Erythropoetin
Bioinkompatibilität des extrakorporalen Hämodialysekreislaufs.
Analyse der Ursachen der chronischen, progressiven Dysfunktion von Nierentransplantaten
Pathogenese von Autoimmunerkrankungen der Niere

Prof. Dr. med. Dr. med. h. c. Kurt Kochsiek

geboren 1930 in Oerlinghausen/Lippe

1950–1955 Medizinstudium in Mainz, Göttingen, Zürich und Heidelberg

1956 Promotion an der Universität Heidelberg

1955–1956 Pathologisches Institut der Universität Heidelberg

1957–1973 Medizinische Universitätsklinik Göttingen

1957–1960 Ausbildung in der Pathophysiologie

1963 Habilitation

1968 Ernennung zum außerplanmäßigen Professor

1973 Berufung auf den Lehrstuhl für Innere Medizin an der Universität Tübingen und Ärztlicher Direktor der Abteilung III der Medizinischen Universitätsklinik

1980 Berufung auf den Lehrstuhl für Innere Medizin an der Universität Würzburg und Direktor der Medizinischen Universitätsklinik

1983–1987 Chairman der „Working Group" der European Society of Cardiology: „Drug therapy in cardiology"

1983–1989 Mitglied des Wissenschaftsrates

1987–1989 Vorsitzender des Wissenschaftsrates

1989–1991 Dekan der Medizinischen Fakultät

1989 Mitglied der Deutschen Akademie der Naturforscher „Leopoldina"

1993 Gründung und Sprecher des SFB 355 „Pathophysiologie der Herzinsuffizienz"

1994 Ehrenmitglied der Humboldt-Universität Berlin

1996 Dr. med. h. c. der Medizinischen Fakultät Charité, Berlin

Schwerpunkte der wissenschaftlichen Arbeit:
Koronardurchblutung und Herzstoffwechsel, Indikatorverdünnungsmethoden, Kardiomyopathien, Herzglykoside, Herzinsuffizienz.

Prof. Dr. med. Dieter Pongratz

geboren 1941 in Augsburg

1961–1967	Medizinstudium an der Ludwig-Maximilians-Universität in München
1967	Promotion an der Medizinischen Fakultät der LMU, München (Thema: Histologische und histochemische Untersuchungen über den Einfluß anaboler Steroide auf den normalen und denervierten Skelettmuskel der Maus)
1967–1969	Medizinalassistent
1969–1971	Wissenschaftlicher Assistent an der II. Medizinischen Klinik der Universität München
seit 1971	Leiter des muskelhistologischen Labors des Friedrich-Baur-Instituts
1975	Facharzt für Innere Medizin
seit 1975	Tätigkeit im Friedrich-Baur-Institut zur Erforschung und Behandlung entzündlicher Nervenkrankheiten
1976	Habilitation in Innerer Medizin an der Medizinischen Fakultät der LMU, München (Thema: Differentialdiagnose der Erkrankungen der Skelettmuskulatur anhand von Muskelbiopsien)
1979	Facharzt für Neurologie
1980	Ernennung zum Professor für Innere Medizin an der LMU, München
seit 1980	Leitender Arzt des Friedrich-Baur-Instituts der Medizinischen Klinik der Universität München
1984	Erweiterung der Lehrbefähigung an der Medizinischen Fakultät der LMU auf das Fach Neurologie

Schwerpunkte der wissenschaftlichen Arbeit:
Über 250 Originalarbeiten, Buchveröffentlichungen etc. über neuromuskuläre Erkrankungen und neurologische Symptome bei inneren Erkrankungen.

Prof. Dr. med. Dr. med. h. c. Peter Christian Scriba

geboren 1935 in Hamburg

1954–1959	Medizinstudium in Freiburg
1959	Promotion in Freiburg im Breisgau
1995	Ehrenpromotion durch die Medizinische Fakultät der Universität Lübeck
1957–1961	Doktorand und wissenschaftlicher Mitarbeiter im Biochemischen Institut der Universität Freiburg
1962–1963	Postdoctoral Research Fellow an der Harvard Medical School in Boston
1961–1962	und
1963–1968	Wissenschaftlicher Assistent der II. Medizinischen Klinik des Klinikums Innenstadt der LMU, München
1968–1980	Oberarzt in der II. Medizinischen Klinik des Klinikums Innenstadt der LMU, München
1966–1980	Leitung der klinisch-chemischen Laboratorien als anerkannter klinischer Chemiker
1967	Habilitation für Innere Medizin
1972	Ernennung zum außerplanmäßigen Professor in München
1980	Ernennung zum Professor an der Medizinischen Universität Lübeck
1980–1990	Direktor der Klinik für Innere Medizin der Universität Lübeck
1987–1989	Rektor der Medizinischen Hochschule Lübeck
1987	Mitglied der Deutschen Akademie der Naturforscher „Leopoldina“
1990	Berufung auf den Lehrstuhl für Innere Medizin der LMU, München
seit 1990	Direktor der Medizinischen Klinik, Klinikum Innenstadt der LMU, München
seit 1991	Ärztlicher Direktor des Klinikums Innenstadt der LMU, München

Schwerpunkte der wissenschaftlichen Arbeit:
Über 600 Publikationen (Originalmitteilungen, Abstracts, Buchbeiträge etc.) überwiegend mit endokrinologischer Thematik.

Inhaltsverzeichnis

Autorenverzeichnis

PD Dr. med. habil.
Hans-Dieter Allescher
Klinikum rechts der Isar
II. Medizinische Klinik
und Poliklinik
Ismaninger Straße 22
D-81675 München

Prof. Dr. med. *Jens Bahlmann*
Medizinische Hochschule Hannover
Abt. Nephrologie
Krankenhaus Oststadt
Podbielskistr. 380
D-30659 Hannover

Dr. med. *Efim Benenson*
Klinik für Innere Medizin I
der Universität Köln
Abt. Klinische Immunologie u.
Rheumatologie
Joseph-Stelzmann-Straße 9
D-50931 Köln

Dr. med. *Heribert Bohlen*
Klinik für Innere Medizin I
der Universität Köln
Joseph-Stelzmann-Straße 9
D-50931 Köln

Priv.-Doz. Dr. med.
Reinhard Brunkhorst
Medizinische Hochschule Hannover
Nephrologische Abteilung
Carl-Neuberg-Straße 1
D-30625 Hannover

Prof. Dr. med. *Meinhardt Classen*
Direktor der II. Med. Klinik
und Poliklinik der TU
Klinikum rechts der Isar
Ismaninger Str. 22
D-81675 München

Prof. Dr. med. *Volker Diehl*
Direktor der Klinik I für
Innere Medizin der Universität Köln
Joseph-Stelzmann-Str. 9
D-50931 Köln

Dr. med. *Andreas Engert*
Universitätsklinik Köln
Onkologische Ambulanz
Joseph-Stelzmann-Straße 9
D-50924 Köln

Prof. Dr. med. *Georg Ertl*
Klinikum der Stadt Mannheim
II. Medizinische Klinik
D-68135 Mannheim

Prof. Dr. med. *Ulrich Frei*
Virchow-Klinikum
Med. Klinik und Poliklinik
Abt. f. Nephrologie u.
Intern. Intensivmedizin
Augustenburger Platz 1
D-13353 Berlin

Prof. Dr. med. *Peter Gross*
Schwerpunkt Nephrologie
Universitätsklinikum
Carl Gustav Carus
Medizinische Klinik III Station 10a
Fetscherstr. 74
D-01307 Dresden

PD Dr. med. *Wolfgang Habscheid*
Paracelsus-Krankenhaus Ruit
Medizinische Klinik
Hedelfinger Straße 166
D-73760 Ostfildern

Prof. Dr. med. *Michael Hammer*
Klinik für Rheumatologie
Nordwestdeutsches Rheumazentrum
St.-Josef-Stift
Westtor 7
D-48324 Sendenhorst

Prof. Dr. med. *Werner E. Hansen*
II. Medizinische Klinik und
Poliklinik
der TU München
Klinikum rechts der Isar
Ismaninger Str. 22
D-81675 München

Dorothea Hennessen
Verlag Urban & Schwarzenberg
Landwehrstraße 61
D-80336 München

Prof. Dr. med. *Dr. phil. Paul Hoff*
Klinikum der RWTH Aachen
Klinik für Psychiatrie und Psychotherapie
Pauwelsstraße 30
D-52074 Aachen

Prof. Dr. med. *Klaus Horn*
Medizinische Klinik
Klinikum Innenstadt der
LMU München
Ziemssenstraße 1
D-80336 München

Dr. med. *Onno E. Janssen*
Medizinische Klinik
Klinikum Innenstadt der
LMU München
Ziemssenstraße 1
D-80336 München

Prof. Dr. med. *Karl-Martin Koch*
Medizinische Hochschule Hannover
Zentrum Innere Medizin und
Dermatologie
Direktor der Nephrologie
Carl-Neuberg-Straße 1
D-30625 Hannover

Prof. Dr. Dr. h.c. *Kurt Kochsiek*
Direktor der Medizinischen
Universitätsklinik
Luitpoldkrankenhaus
Josef-Schneider-Str. 2
D-97080 Würzburg

Prof. Dr. med.
Klaus-Henning Krause
Friedrich-Baur-Institut
Klinikum Innenstadt der
LMU München
Ziemssenstr. 1a
D-80336 München

Prof. Dr. med. *Thomas Krieg*
Klinik und Poliklinik für
Dermatologie und Venerologie
Joseph-Stelzmann-Straße 9
D-50931 Köln

Professor Dr. med. *R. Landgraf*
Medizinische Klinik
Klinikum Innenstadt der
LMU München
Ziemssenstraße 1
D-80336 München

PD Dr. med. *Heiner Langenfeld*
Medizinische Klinik
der Universität Würzburg
Josef-Schneider-Straße 2
D-97080 Würzburg

PD Dr. med. *Reinhard Lorenz*
II. Medizinische Klinik u. Poliklinik
der TU München
Klinikum rechts der Isar
Ismaninger Str. 22
D-81675 München

Priv.-Doz. Dr. med. *M. Meesmann*
Medizinische Universitäts-Klinik
Josef-Schneider-Str. 2
D-97080 Würzburg

Priv.-Doz. Dr. med. *W. Müller-Felber*
Friedrich-Baur-Institut
Klinikum Innenstadt der LMU
München
Ziemssenstr. 1a
D-80336 München

Dr. med. *Ralf Nass*
Medizinische Klinik
Klinikum Innenstadt der LMU
München
Ziemssenstraße 1
D-80336 München

Dipl.-med. *Falko Neumann*
Universitätsklinikum
Carl Gustav Carus
Medizinische Klinik III
Fetscherstraße 74
D-01307 Dresden

Prof. Dr. med. *Christoph J. Olbricht*
Klinik für Nieren- und
Hochdruckkrankheiten
Katharinenhospital
Kriegsbergstraße 60
D-70174 Stuttgart

Priv.-Doz. Dr. med. *Christoph Pohl*
Evangelisches Krankenhaus Kalk
Innere Abteilung – Gastro-
enterologie
Buchforststr. 2
D-51103 Köln

Prof. Dr. med. *Dieter Pongratz*
Direktor des Friedrich-Baur-Instituts
Klinikum Innenstadt der
LMU München
Ziemssenstr. 1a
D-80336 München

Dr. *G. Rudolph*
Klinikum Innenstadt der
LMU München
Augenklinik
Mathildenstraße 8
D-80336 München

Prof. Dr. med.
Peter Schanzenbächer
Medizinische Universitäts-Klinik
Josef-Schneider-Str. 2
D-97080 Würzburg

Priv.-Doz. *Rafael Schick*
Bundeswehrkrankenhaus Ulm
Abteilung I/Innere Medizin
Oberer Eselsberg 40
D-89070 Ulm

Prof. Dr. med. *Michael Schmidt*
Medizinische Universitätsklinik
Würzburg
Abteilung Pneumologie
Josef-Schneider-Straße 2
D-97080 Würzburg

Dr. med. *Stefan Schmitz*
Klinik für Innere Medizin I
der Universität Köln
Joseph-Stelzmann-Straße 9
D-50931 Köln

PD Dr. med. *Martin Schwonzen*
St.-Walburga-Krankenhaus
Schederweg 12
D-59870 Meschede

Prof. Dr. med. *Peter C. Scriba*
Direktor der Medizinischen Klinik
Klinikum Innenstadt der
LMU München
Ziemssenstraße 1
D-80336 München

Priv.-Doz. Dr. med.
Stephan Sollberg
Klinik u. Poliklinik für
Dermatologie u. Venerologie
Joseph-Stelzmann-Straße 9
D-50931 Köln

Dr. med. *Michael Spannagl*
Medizinische Klinik
Klinikum Innenstadt der
LMU München
Ziemssenstraße 1
D-80336 München

Dr. med. *Peter Staib*
Klinik für Innere Medizin I
der Universität Köln
Joseph-Stelzmann-Straße 9
D-50931 Köln

Prof. Dr. med. *Fritz H. Stefani*
Augenklinik der Universität
Mathildenstr. 8
D-80336 München

PD Dr. med. *Hans Tesch*
Medizinische Universitäts-Klinik I
der Universität Köln
Joseph-Stelzmann-Str. 9
D-50931 Köln

Dr. med. *M. W. Ulbig*
Klinikum Innenstadt der
LMU München
Augenklinik
Mathildenstraße 8
D-80336 München

Dr. med. *Jürgen Wolf*
Klinik für Innere Medizin I
der Universität Köln
Joseph-Stelzmann-Str. 9
D-50931 Köln

Prof. Dr. med. *Henning Zeidler*
Leiter d. Abt. Rheumatologie
Zentrum Innere Medizin und
Dermatologie
Medizinische Hochschule Hannover
Carl-Neuberg-Straße 1
D-30625 Hannover

Prof. Dr. med. *Thomas Zilker*
II. Medizinische Klinik u. Poliklinik
d. TU München
Toxikologische Abt.
Klinikum rechts der Isar
Ismaninger Str. 22
D-81675 München

1 Antriebslosigkeit

P. Hoff und D. Pongratz

Antrieb ist ein klinisch wichtiges, aber schwierig zu definierendes Symptom. Störungen des Antriebs im Sinne einer Steigerung und Verminderung bis hin zum völligen Antriebsverlust kommen bei zahlreichen psychiatrischen, aber auch körperlichen Erkrankungen vor. In diesem Kapitel wird in erster Linie die Antriebsminderung dargestellt. Von besonderer Bedeutung ist die sorgfältige psychopathologische Befunderhebung, um die Antriebsstörung von **Depressivität, Angst** oder **sozialem Rückzug** unterscheiden zu können.

1.1 Definitionen und Abgrenzung

„Antrieb" ist ein komplexer psychopathologischer Begriff, der – im Unterschied zu den Begriffen Wachheit, Müdigkeit, Schwäche – eine jedem Erleben und Verhalten zugrundeliegende, zunächst ungerichtete seelische Grundfunktion meint. Dieses Konzept hat Gemeinsamkeiten mit dem „Elan vital" der französischen Psychopathologie. Antrieb wird als allgemeine Voraussetzung für die anderen seelischen Funktionen wie Denken, Fühlen, Wollen und Handeln verstanden. Dabei stellt der Antrieb auf der einen Seite nichts Spontan-Zufälliges, jederzeit Änderbares dar; andererseits ist er auch nicht starr und von der jeweiligen Situation völlig unabhängig. Vielmehr hat er als biographisch dauerhaftes dynamisches Moment Verbindung zu allen seelischen Schichten bis hin zur individuellen Persönlichkeit. Der Antrieb charakterisiert sogar die einzelne Person in wesentlichem Maße.

Erkennbar wird der Antrieb in erster Linie an der Psychomotorik, also am Ausdrucksverhalten. Im folgenden werden die wichtigsten klinischen Phänomene beschrieben und im Abschnitt 1.3 hinsichtlich ihrer diagnostischen Bedeutung näher erläutert. In diesem Beitrag steht die Erörterung des reduzierten Antriebs ganz im Vordergrund. Im speziellen psychiatrischen Kontext spielt allerdings auch das psychopathologische Symptom der **Antriebssteigerung** eine klinisch wichtige Rolle, wie Tabelle 1-1 anhand der wesentlichen Krankheitsbilder veranschaulicht.

Die Reduzierung des Antriebs ist kein einheitliches psychopathologisches Phänomen. Zu unterscheiden sind vor allem die **Verminderung** und die **Hemmung des Antriebs.** Beide können im Extremfall zum scheinbar völligen Antriebsverlust führen. Der **Stupor** ist als Zustand extrem reduzierten Antriebs aufzufassen, der in unterschiedlicher Ausgestaltung beim Depressiven, beim Katatonen oder in psychogenen Ausnahmezuständen weitere psychische Bereiche außerhalb des

Tab. 1-1 Krankheiten und Symptomenkomplexe, bei denen eine Antriebssteigerung auftreten kann

Psychiatrie	Monopolare Manie und Manie bei bipolarer affektiver Psychose (Akute) Schizophrenie und schizoaffektive Psychose Persönlichkeitsstörungen, v.a. vom hyperthymen und emotional instabilen Typ Demenz Organische Wesensänderung Akute exogene Psychosen („Durchgangssyndrome") Intoxikationen (→ Kap. 7) Entzugssyndrome (inkl. Entzugsdelirien)
Neurologie	Chorea Huntington Encephalomyelitis disseminata Hirntumoren M. Wilson ZNS-Infektionen (inkl. HIV und Neurosyphilis) → Kap. 14 Epilepsie
Innere Medizin	Endokrine Störungen, z. B. M. Cushing und Cushing-Syndrom (→ Kap. 18), postpartale Verstimmungszustände, Hyperthyreose (→ Kap. 23) Systemischer Lupus erythematodes Urämie (→ Kap. 2)
Nebenwirkung von Pharmaka	Amphetamine und verwandte, als illegale Drogen benutzte Substanzen („Designerdrogen"), Baclofen, Bromocriptin, Captopril, Cimetidine, Kokain, Kortikosteroide und ACTH, Cyclosporin, Disulfiram, Halluzinogene, Hydralazin, Isoniazid, L-Dopa, Opiate, Yohimbin

Antriebs berührt, vor allem die Willensbildung, das formale Denken und die Affektivität. Die Antriebsminderung (Syn. Antriebsarmut) ist klar von der Antriebshemmung abzugrenzen. Es handelt sich dabei um einen subjektiv vom Patienten erlebten oder dem Untersucher auffallenden Mangel an Energie und Initiative. Dies zeigt sich etwa an der spärlichen spontanen Motorik oder einem sehr passiven Verhalten in der Gesprächssituation. Das bedeutet aber keineswegs, daß der Patient in affektiver Hinsicht so unbeteiligt ist, wie er vielleicht aufgrund seines äußerlich erkennbaren Verhaltens wirkt.

Im Gegensatz zur Antriebsarmut/Antriebsminderung erlebt der antriebsgehemmte Patient seine Initiative und Energie nicht als, im Vergleich zum gesunden Zustand, reduziert. Vielmehr besteht ein qualitativer Unterschied insofern, als der Patient über eine oft leidvoll erlebte Bremsung, Hemmung, Blockierung des im Grunde durchaus vorhandenen Antriebs berichtet. Eine primäre Störung der Möglichkeit zum planenden Handlungsentwurf **(Intentionalität)** besteht hier nicht. Dem Untersucher wird das Bemühen des Patienten, die bestehenden Hemmungen zu überwinden, in der Regel deutlich.

1.2 Ursachen

Eine Reduzierung des Antriebs kommt als psychopathologisches Symptom bei zahlreichen psychiatrischen und psychosomatischen Störungen, jedoch auch bei rein somatischen Erkrankungen vor. In die letztgenannte Gruppe gehören antriebsgeminderte Patienten mit konsumierenden Erkrankungen (→ Kap. 32), Anämie (→ Kap. 8), Infektionen (→ Kap. 14) oder endokrinen Störungen wie Hypothyreose (→ 1.4.4) oder M. Addison (→ Kap. 18). Das Symptom kann auch bei chronischen Schlafstörungen auftreten, vor allem beim Schlafapnoe-Syndrom (→ Kap. 38). Eine Sonderstellung nimmt das in jüngster Zeit vermehrt diskutierte **Chronic fatigue-Syndrom** (→ 1.4.3) ein, da psychische und körperliche Faktoren bei seiner Entstehung auf besonders komplexe Weise interagieren.

Hinsichtlich des Auftretens von Antriebsstörungen bei psychiatrischen Erkrankungen sind zu nennen: das chronische hirnorganische Psychosyndrom, die Demenz, die endogenen Psychosen vom schizophrenen, schizoaffektiven und affektiven Typ sowie Neurosen, Persönlichkeitsstörungen und Suchterkrankungen. Bezüglich des Begriffes „endogen", der klinisch weiterhin Anwendung findet, ist allerdings darauf hinzuweisen, daß die neuen operationalisierten psychiatrischen Diagnosesysteme (ICD-10 und DSM-IV) ihn wegen seiner inhaltlichen Unschärfe und insbesondere wegen der mit ihm assoziierten ätiologischen Vorannahmen ablehnen. Im Falle des auf einer frontalen Hirnläsion beruhenden organischen Psychosyndroms steht die Reduzierung des Antriebs klinisch oft ganz im Vordergrund. Als seltenes und besonders komplexes kinderpsychiatrisches Krankheitsbild, das auf der Verhaltensebene auch als Antriebsminderung imponieren kann, ist noch der (früh-)kindliche Autismus zu erwähnen.

Da **psychosomatische Faktoren** im weitesten Sinne in der Ätiologie und Pathogenese zahlreicher körperlicher und seelischer Krankheiten eine Rolle spielen, führt es zu Mißverständnissen, nur eine bestimmte Gruppe von Störungen als „psychosomatische Erkrankungen" zu bezeichnen. Sinnvoller erscheint es, auf den Grundgedanken des psychosomatischen Ansatzes zu verweisen, nämlich den Anspruch, die erkrankte Person in ihrer somatischen, psychischen und sozialen Befindlichkeit ernst zu nehmen und die Therapie entsprechend zu planen. Tabelle 1-2 zählt eine naturgemäß unvollständige Reihe von Störungen auf, bei denen psychosomatische Faktoren eine große Bedeutung haben, die den Patienten aber trotz der – auch – bestehenden psychischen Problematik oft zunächst in allgemeinärztliche oder internistische Behandlung führen. Antriebsstörungen können hier vorwiegend im Sinne einer Antriebsminderung oder -hemmung auftreten, wobei diese Symptome das klinische Bild aber in der Regel nicht dominieren.

Tab. 1-2 Erkrankungen mit psychosomatischer Komponente

Erkrankung	Kapitel, in dem das Krankheitsbild beschrieben ist
Anorexia nervosa	2 Appetitstörung
Asthma bronchiale	3 Atemnot
Bulimia nervosa	2 Appetitstörung
Chronic fatigue-Syndrom	1 Antriebslosigkeit
Chronisch entzündliche Darmerkrankungen	11 Durchfall
Essentielle Hypertonie	26 Hoher Blutdruck
Fibromyalgie	47 Muskelschmerzen
Funktionell bedingte Leibschmerzen	46 Leibschmerzen
Funktionelle Obstipation	59 Verstopfung
Hyperventilationstetanie	34 Muskelkrämpfe
Koronare Herzerkrankung	41 Brustschmerz
Migräne und Spannungskopfschmerzen	44 Kopfschmerzen
Neurodermitis	28 Juckreiz
Psychogene Polydipsie	12 Durst und Trinkstörungen
Schwindelattacken	54 Schwindel
Ulcus ventriculi und/oder duodeni	46 Leibschmerzen

1.3 Diagnostik

Wegen der Unspezifität des Symptoms Antriebsstörung kommt der sorgfältigen Anamneseerhebung besonderes Gewicht zu: Hier sind vor allem die Persönlichkeit des Patienten vor dem Beginn der aktuellen Krankheitsepisode einzuschätzen sowie die Frage zu klären, ob früher ähnliche klinische Bilder, möglicherweise sogar mit phasenhaftem Verlauf, vorgelegen haben. Letzteres würde den Gedanken an eine rezidivierende affektive Störung nahelegen.

Die körperliche Diagnostik muß umfassend sein, um eine organische Genese der Störung auszuschließen. Zu bedenken ist aber, daß die Antriebsstörung selbst nicht unmittelbar meßbar ist; die **psychopathologische Befunderhebung** ist hier entscheidend: Dabei ist beim antriebsgeminderten Patienten die Störung auch äußerlich, also auf der Verhaltensebene, gut faßbar. Er zeigt wenig Aktivität, nimmt kaum Kontakt auf, muß in deutlich ausgeprägten Fällen zu Alltagsverrichtungen ständig angehalten werden. Die subjektive Wahrnehmung dieser Störung ist, im Gegensatz zum antriebsgehemmten Patienten, oft erstaunlich gering.

1.4 Krankheitsbilder

1.4.1 Depression
1.4.2 Residualzustand bei Schizophrenie
1.4.3 Chronic fatigue-Syndrom (CFS)
1.4.4 Hypothyreose

1.4.1 Depression

Depressive Zustandsbilder sind nosologisch unspezifisch, d.h. sie können – oft mit sehr ähnlicher klinischer Symptomatik – bei den verschiedensten psychiatrischen und/oder körperlichen Erkrankungen vorkommen. Zur Erfassung des klinischen Bildes verwendet man die Bezeichnung **„depressives Syndrom“**, ohne sich auf eine bestimmte Ätiologie festzulegen. Depressive Syndrome sind ausgesprochen häufig: Epidemiologische Untersuchungen fanden eine Lebenszeitprävalenz von etwa 20% bei Frauen und etwa 10% bei Männern, wobei offenbar nur etwa ein Viertel aller Patienten mit einer schweren depressiven Episode in geeigneter Weise diagnostiziert und behandelt wird. Klinisch stehen traurige Stimmung bis hin zu Suizidalität, Antriebsminderung, Interesselosigkeit und Schlafstörungen im Vordergrund. Vor allem die hohe Suizidgefahr im Rahmen eines nicht erkannten depressiven Syndroms erfordert eine sorgfältige Differentialdiagnose und -therapie.

B ***Beschwerden und Befunde***

Depressive Patienten klagen über gedrückte Stimmung, Ängstlichkeit und Verzagtheit, sie können sich kaum noch oder gar nicht mehr freuen, grübeln häufig und können sich nicht ablenken. Das Denken ist gehemmt, die Patienten leiden unter Konzentrations- und Gedächtnisstörungen sowie Interesselosigkeit. Testpsychologisch lassen sich die subjektiv erlebten kognitiven Defizite oft nicht objektivieren. Der depressive Patient sieht die Zukunft skeptisch bis völlig hoffnungslos, er rechnet in oft fatalistisch anmutender Weise mit kommendem Unheil. Auch wenn keine direkte Angst vor bestimmten Erkrankungen geäußert wird, also keine Hypochondrie im engeren Sinn besteht, klagen Depressive oft über zahlreiche körperliche Beschwerden, denen zumeist kein oder kein ausreichendes organisches Korrelat zugeordnet werden kann. Charakteristische Symptome sind etwa Druck auf der Brust, Kopfdruck, allgemeine Verspannung, abdominelle Beschwerden und Schmerzen unterschiedlichster Verteilung, Qualität und Intensität.

Das Selbstwertgefühl kann bis zur Gewißheit der völligen Wertlosigkeit vermindert sein. Oft sind erhebliche Schuldgefühle vorhanden. In ausgeprägten Fällen begegnet man dem **„Gefühl der Gefühllosigkeit“**, einem als quälend erlebten Zustand innerer Empfindungslosigkeit, wobei sogar das Traurigsein selbst nicht mehr angemessen wahrgenommen werden kann. Die Befindlichkeit zeigt bei manchen Unterformen depressiver Störungen eine charakteristische Tagesrhythmik, meist in Form eines Morgentiefs mit abendlicher Besserung. Suizidgedanken müssen besonders sorgfältig exploriert werden. Das offene Gespräch hierüber entlastet häufig den Patienten. Die Befürchtung, Suizidalität auf diese Weise erst hervorzurufen, ist unbegründet. Antrieb und Initiative sind bei den meisten Depressiven gehemmt. Entsprechend reduziert sind die subjektiv vorstellbaren Handlungsalternativen für die Zukunft. Dies spiegelt sich auch in der Psychomotorik wider: Sie kann gehemmt bis hin zum Stupor, jedoch auch unruhig-getrieben bis hin zu Erregungszuständen sein („agitierte Depression“). Die Befürchtungen und Ängste des Depressiven können im Falle der psychotischen Depression wahnhaftes Ausmaß annehmen. Dabei stehen als Wahninhalte häufig Themen wie persönliche Schuld, Selbstvorwürfe, Versündigung oder Verarmung im Vordergrund. Auch die hypochondrische Angst kann wahnhafte Qualität annehmen und zum zentralen Thema werden. Fast alle depressiven Patienten leiden unter Schlafstörungen, wobei Ein- und Durchschlafstörungen die Regel sind, jedoch kommt es bei atypischen depressiven Störungen auch einmal zur Vermehrung von Schlafbedürfnis und Schlaf. Ähnliches gilt für den Appetit: Häufig besteht eine Verminderung bis hin zur völligen Appetitlosigkeit mit teilweise drastischem Gewichtsverlust. Seltener hingegen nehmen die Patienten überdurchschnittlich viel Nahrung zu sich. Die sexuelle Aktivität („Libido") ist fast immer vermindert bis aufgehoben.

DS *Diagnosesicherung*

Entscheidend für die sorgfältige Erhebung des psychopathologischen Befundes ist ein tragfähiges Vertrauensverhältnis sowie ausreichend Zeit. In der Praxis kann es hilfreich sein, Patienten mehrfach einzubestellen und nachzuuntersuchen. Die Anwendung der neuen operationalisierten psychiatrischen Diagnosesysteme (etwa die **ICD-10** der WHO oder das **DSM-IV** der American Psychiatric Association) erhöht die Zuverlässigkeit der Diagnostik. Standardisierte Interviews wurden vorwiegend für Forschungszwecke entwickelt. Für die Klärung der Frage, ob körperliche, insbesondere hirnorganische Faktoren bei der Entstehung des depressiven Syndroms beteiligt sind, sollten apparative Untersuchungen wie Labor- einschließlich Liquordiagnostik, EEG, kraniales CT oder andere bildgebende Verfahren durchgeführt werden. In seiner psychiatrisch-diagnostischen Aussagekraft umstritten ist der Dexamethason-Suppressionstest hinsichtlich der Unterscheidung zwischen reaktiver und „endogener" Depression; neben einer Subgruppe von depressiven Patienten zeigt sich in diesem Test auch beim Cushing-Syndrom (→ Kap. 18) keine oder eine mangelhafte Hemmung der Cortisol-Sekretion. Hinsichtlich des Zusammenhanges zwischen endokrinen und psychischen Erkrankungen hatte M. Bleuler das „endokrine Psychosyndrom" beschrieben; dabei hob er vorwiegend dauerhafte, freilich für endokrine Erkrankungen nicht spezifische Störungen des Antriebs, der Affektivität und der kognitiven Funktionen hervor, die nicht die Akuität des „akuten exogenen Reaktionstyps" und nicht den Schweregrad der Demenz haben. Testpsychologische Untersuchungen tragen zur Differenzierung zwischen kognitiven Defiziten bei, die subjektiv erlebt werden, aber vorwiegend der depressiven Selbstwahrnehmung entspringen, und solchen, die im engeren Sinne hirnorganischen Ursprungs sind, etwa bei der beginnenden Demenz.

DD *Differentialdiagnose*

Depressive Syndrome treten so ubiquitär auf, daß eine Einzeldarstellung der Differentialdiagnose hier nicht möglich ist. Klinisch relevant und bei der Differentialdiagnose stets zu beachten ist die komplexe Vernetzung seelischer und somatischer Faktoren bei der Genese des depressiven Syndroms: So können sich manche depressiven Syndrome subjektiv vorwiegend durch körperliche Beschwerden äußern („larvierte Depression"). Ein depressives Syndrom bei klar definierten Körperkrankheiten wiederum kann gleichzeitig mit den somatischen Symptomen, mitunter sogar vor ihnen auftreten (etwa beim M. Parkinson). Die psychiatrische Differentialdiagnose des depressiven Syndroms umfaßt vor allem die im folgenden kurz beschriebenen Krankheitsbilder.

Affektive Psychosen

Bei der manisch-depressiven Erkrankung, der „Zyklothymie", kommt es zu einem phasenhaften Wechsel zwischen gehobener (manischer) und depressiver Stimmung („Bipolarität"), wobei die Patienten zwischen den Krankheitsmanifestationen, im „freien Intervall", weitgehend symptomfrei sind. Auch die (rezidivierende) unipolare Depression, deren Kerngruppe früher als „endogene Depression" bezeichnet wurde, ist hier zu nennen. Die Dauer der Phasen kann sehr unterschiedlich sein (wenige Stunden bis einige Monate), klinisch findet sich häufig eine Dauer von 2 bis 3 Monaten. Als „rapid cycling"-Phänomen bezeichnet man den sehr raschen, mitunter täglich mehrfachen Umschlag von der depressiven in die manische Phase bzw. umgekehrt. Im Unterschied zu den schizophrenen Psychosen tritt bei langer Krankheitsdauer in den meisten Fällen von affektiver Psychose keine dauerhafte und schwerwiegende Änderung der Persönlichkeit und des gesamten sozialen Verhaltens auf.

Schizophrene Psychosen

Klinisch lassen sich die paranoid-halluzinatorische, die in der Adoleszenz und im frühen Erwachsenenalter beginnende hebephrene, sowie die durch gravierende psychomotorische Störungen charakterisierte katatone Form der Schizophrenie gut unterscheiden, wohingegen das Konzept der an produktiven Symptomen besonders armen „Schizophrenia simplex" umstritten ist. Klinisch dominieren die sogenannten „positiven" Symptome wie Wahn, Sinnestäuschungen und Ich-Störungen das Bild. Entwickelt sich ein chronischer Verlauf, treten häufig „negative" Symptome wie Antriebsminderung, Interesseverlust und sozialer Rückzug in den Vordergrund des Zustandsbildes, das, wenn es dauerhaft vorliegt, auch als „schizophrenes Residuum" bezeichnet wird (→ 1.4.2). Depressive Syndrome können bei allen schizophrenen Psychosen auftreten. Eine Mittelstellung nehmen die schizoaffektiven Psychosen ein, deren schizodepressive Form von zumeist gravierender depressiver Symptomatik geprägt ist.

Depressive Reaktionen

Hier liegt eine für Patient und Untersucher in der Regel gut nachempfindbare ursächliche Beziehung vor zwischen einem oder mehreren seelisch belastenden Ereignis(sen) – etwa die Feststellung einer körperlichen Erkrankung – und der depressiven Symptomatik. Es wird unterschieden zwischen der akuten Belastungsreaktion, der posttraumatischen Belastungsstörung sowie den verschieden lang andauernden Anpassungsstörungen.

Neurosen und Persönlichkeitsstörungen

Die ätiologischen Hypothesen sind kontrovers. Klinisch stehen bei den neurotischen Störungen Angst-, Zwangs- und Konversionssyndrome, jedoch auch depressive Zustandsbilder im Vordergrund. Bei den Angststörungen lassen sich die Panikstörung, die Phobie und die generalisierte Angststörung unterscheiden. Anstelle des unscharf gefaßten Begriffes der neurotischen Depression spricht die aktuelle psychiatrische Diagnostik von Dysthymie.

Persönlichkeitsgestörte Patienten zeigen tief verwurzelte, dauerhafte Verhaltensmuster, die sich vorwiegend in starren Reaktionen auf persönliche und soziale Situationen und Erlebnisse äußern. Die soziale Funktions- und Integrationsfähigkeit ist häufig unter deutlichem Leidensdruck erheblich gestört. Wichtige klinische Typen von Persönlichkeitsstörungen sind etwa die histrionische (hysterische), zwanghafte, ängstliche, abhängige und emotional instabile Persönlichkeit. Jede dieser Störungen kann mit ausgeprägter, oft auch dauerhafter depressiver Symptomatik einhergehen.

Hirnorganische Erkrankungen

Psychiatrisch bedeutsam ist vor allem das chronische hirnorganische Psychosyndrom mit seinen charakteristischen Defiziten sowohl im kognitiven wie auch im affektiven Bereich: Störungen des Gedächtnisses, der Konzentrations- und Abstraktionsfähigkeit, zunehmende Labilisierung des Affektes bis hin zur Affektinkontinenz sowie depressive Syndrome unterschiedlichster Ausprägung und Ausgestaltung. Steht die Änderung der dauerhaften prämorbiden Persönlichkeitszüge in Form der Zuspitzung früherer Eigenschaften (z. B. Sparsamkeit ⇒ Geiz, Ordentlichkeit ⇒ Zwanghaftigkeit, Nachdenklichkeit ⇒ gehemmte Depression) im Vordergrund, so spricht man von **organischer Wesensänderung.** Wenn auch viele hirnorganische Psychosyndrome einen chronischen Verlauf nehmen, so gibt es durchaus auch weitgehend reversible Fälle, sofern eine kausale Therapie der zugrundeliegenden internistischen Erkrankung gelingt und noch keine substantielle Schädigung des Gehirns eingetreten ist. Drastischer gestaltet sich das Bild bei den verschiedenen Formen dementieller Prozesse, also etwa bei der primär vaskulären und der primär degenerativen (Alzheimer-)Demenz. Ein chronisches hirnorganisches Defizit ist auch häufig Folge dauerhaften süchtigen Verhaltens, vor allem im Rahmen der **Alkoholabhängigkeit.**

Die häufigsten und klinisch wichtigsten psychiatrischen und körperlichen Störungen, die in der Regel, wenn auch mitunter nur episodenweise mit depressiver Symptomatik einhergehen, werden in den Tabellen 1-3 und 1-4 genannt.

1

Tab. 1-3 Auswahl psychiatrischer Krankheitsbilder, die häufig bzw. immer zu depressiven Syndromen führen

Schwere depressive Episode (früher meist als endogene Depression bezeichnet)
Depressive Phase bei Zyklothymie (manisch-depressive Psychose)
Reaktive Depression
Dysthymie (früher meist als neurotische Depression bezeichnet)
Zwangsstörung
Persönlichkeitsstörungen
Alkohol- und/oder Drogenmißbrauch bzw. -abhängigkeit
Angsterkrankungen
Somatisierungsstörung
Anorexia nervosa und Bulimie
Schizophrenie und schizoaffektive Psychose
Organische Psychosyndrome
Demenzen

Tab. 1-4 Auswahl somatischer Krankheitsbilder, die häufig zu depressiven Syndromen führen (daneben können auch verschiedene andere, etwa manische, paranoid-halluzinatorische oder hirnorganische Syndrome auftreten, → Tab. 1-1)

Neurologie	Migräne apoplektische Insulte und Hirntraumata Infektionen des ZNS (einschließlich HIV und Neurosyphilis) Tumoren des ZNS Epilepsie und Narkolepsie Multiple Sklerose M. Parkinson und Parkinson-Syndrome M. Wilson
Infektionen und andere entzündliche Prozesse	Chronische Polyarthritis Pneumonie Arteriitis temporalis Sjögren-Syndrom Mononukleose Tuberkulose HIV-Infektion Lupus erythematodes
Weitere internistische Erkrankungen	Malignome chronische Nierenerkrankungen (vor allem Urämie) Porphyrie Hypovitaminosen (Vit. B_1, Vit. B_{12}, Vit. C, Folsäure, Nikotinsäure, Nicotinsäureamid)
Endokrinologie	Cushing-Syndrom Hyper- und Hypoparathyreoidismus M. Addison, Hypo-, seltener Hyperthyreose

Tab. 1-4 Fortsetzung

Medikamenten-assoziiert bei folgenden Substanzen/Substanzklassen	**Analgetika** nichtsteroidale Antiphlogistika (z. B. Diclofenac, Ibuprofen, Indometacin) Pentazocin **Antibiotika und Chemotherapeutika** Sulfonamide, Chloramphenicol, Chinolone („Gyrasehemmer") Chloroquin, Mefloquin Isoniazid, Protionamid Azol-Antimykotika Virustatika (z. B. Amantadin, Aciclovir, Ganciclovir, Foscarnet, Zidovudin, Interferone) **Psycho- und Neuropharmaka** Neuroleptika Barbiturate Amphetamine und Derivate Antiparkinson-Mittel (z. B. Bromocriptin, Levodopa) **Antihypertensiva** Betarezeptorenblocker Clonidin Reserpin **endokrin wirksame Substanzen** Glukokortikoide Orale Kontrazeptiva Cyproteron **andere Substanzen** Flunarizin Zytostatika (vor allem Vincristin) H_1-Rezeptorenblocker („Antihistaminika", z. B. Clemastin, Dimetinden, Promethazin) H_2-Rezeptorenblocker (z. B. Cimetidin, Ranitidin)

1.4.2 Residualzustand bei Schizophrenie

Schizophrenie und manisch-depressive Erkrankung sind die beiden häufigsten, schwersten und sozial beeinträchtigendsten, körperlich nicht begründbaren psychotischen Störungen. Der Verlauf schizophrener Psychosen ist ebenso uneinheitlich wie das klinische Bild der einzelnen psychotischen Episoden bei unterschiedlichen Patienten, ja mitunter sogar beim selben Individuum zu verschiedenen Zeitpunkten der Erkrankung. Während bei den akuten Stadien „positive" oder „Plussymptome" wie Wahn und Sinnestäuschung häufig das klinische Bild dominieren, stehen beim schizophrenen Residuum die „negativen" oder „Minussymptome" in der Regel im Vordergrund, also etwa Antriebsverminderung, sozialer Rückzug, Ideenarmut. Beide Symptomkategorien schließen sich aber keineswegs aus: Vielmehr ist davon auszugehen, daß eine bereits bestehende Minussymptomatik während des florid psychotischen Stadiums durch die viel auffälligeren und häufiger zur Behandlung zwingenden positiven Symptome maskiert wird.

War man um die Jahrhundertwende noch davon ausgegangen, daß mit der Diagnose Schizophrenie – oder „Dementia praecox", wie man damals bezeichnenderweise sagte – grundsätzlich eine schlechte Prognose verbunden ist, so haben zahlreiche Verlaufsstudien in den letzten Jahrzehnten ein anderes Bild gezeigt: In erster Näherung erlebt etwa ein Drittel der Patienten, die an einer oder mehreren schizophrenen Episode(n) erkranken, eine sehr weitgehende oder gar völlige Remission. Etwa ein weiteres Drittel entwickelt einen rezidivierenden, „schubförmigen" Verlauf, wobei im Laufe der Jahre die volle prämorbide Lebensqualität und Leistungsfähigkeit nach Abklingen der akut psychotischen Symptomatik nicht mehr erreicht werden. Hier kommt es zu einem mehr oder weniger ausgeprägten schizophrenen Residualzustand. Das letzte Drittel schließlich zeigt relativ früh im Verlauf eine Tendenz zur Chronifizierung der Psychose mit der im Vergleich zu den anderen Verlaufstypen rascheren Ausbildung eines dann zumeist deutlich ausgeprägten schizophrenen Residuums.

Zu beachten ist, daß bestimmte Teilbereiche des schizophrenen Residuums nicht notwendigerweise Ausdruck der Erkrankung sein müssen, sondern möglicherweise auch durch lange Unterforderung und Hospitalisierung der Patienten entstanden oder zumindest verstärkt worden sind. Im Hinblick auf die heute zur Verfügung stehenden psychiatrischen Therapieverfahren ist das schizophrene Residuum auch keineswegs notwendigerweise als irreversibler „Rest-" oder „Defektzustand" zu betrachten; wiewohl per definitionem chronisch und schwierig zu behandeln, erweist sich dieses Zustandsbild bei einer ganzen Reihe von Patienten unter einer sorgfältig und individuell ausgewogenen Verbindung psychopharmakologischer, soziotherapeutischer und psychotherapeutischer Maßnahmen durchaus als beeinflußbar.

B *Beschwerden und Befunde*

Die Patienten klagen häufig über Antriebsmangel und allgemeine Schwunglosigkeit („Ich kann mich zu nichts aufraffen"). Sie sind in ihrer Psychomotorik oft verlangsamt, der Affekt kann „flach", also wenig schwingungsfähig, wenig auslenkbar, ja geradezu starr wirken. Passivität und Initiativemangel zeigen sich häufig auch in einer Verarmung hinsichtlich Menge und Inhalt des Gesprochenen sowie einer geringen nonverbalen Kommunikation durch Gesichtsausdruck, Blickkontakt, Modulation der Stimme und Körperhaltung. Viele Patienten vernachlässigen die Körperpflege und zeigen eine teilweise drastische Abnahme sozialer Kompetenzen. Dies wiederum hat einen zunehmenden sozialen Rückzug bis hin zu völliger Isolierung zur Folge. Im Sinne eines Teufelskreises führt dies oft zu weiterer Verschlechterung der „Minussymptomatik", da Außenanregungen immer seltener werden. Zusätzlich kann bei diesen Patienten auch eine „Positivsymptomatik" im Sinne produktiv-psychotischer Symptome wie Wahn oder Sinnestäuschungen vorliegen. Sie dominiert aber nicht das klinische Bild.

DS *Diagnosesicherung*

Liegen keine oder nur wenige Angaben zur Vorgeschichte vor, kann die Diagnosestellung schwierig sein. Das hier besprochene Symptom Antriebsstörung selbst kommt zwar beim schizophrenen Residuum regelmäßig vor, ist aber in keiner Weise pathognomonisch (s. Differentialdiagnose). Wie bei allen psychiatrischen Störungen, aber hier vielleicht besonders, steht die sorgfältige Erhebung des psychopathologischen Befundes ganz im Vordergrund. Dies gilt auch und gerade in Anbetracht des Umstandes, daß mehrere Untersuchungen bei einer Untergruppe chronisch schizophrener Patienten morphologische Veränderungen des Gehirns, vor allem in Form erweiterter innerer Liquorräume, beschrieben haben und auch andere biologisch-psychiatrische Befunde zum neuronalen Transmitterstoffwechsel und zu verschiedenen neurophysiologischen Parametern als für die Schizophrenie pathogenetisch oder gar ätiologisch relevant diskutiert werden.

Für die zuverlässige Diagnose eines schizophrenen Residuums fordert die aktuelle, **operationalisierte psychiatrische Diagnostik** nach ICD-10 das Vorliegen der folgenden Kriterien:
1. Auffallendes Vorhandensein von „negativen" schizophrenen Symptomen.
2. Früheres Vorhandensein von wenigstens einer eindeutigen psychotischen Episode, welche die allgemeinen Kriterien der ICD-10 für Schizophrenie erfüllt.
3. Ein Zeitraum von wenigstens einem Jahr, während dessen die Intensität und Häufigkeit von floriden Symptomen wie Wahn und Halluzinationen gering oder wesentlich vermindert waren und das „negative" schizophrene Syndrom vorlag.
4. Es liegt keine Demenz oder andere organische Hirnschädigung vor und auch keine chronische Depression oder Hospitalismus, die die „negativen" Symptome ebenfalls erklären könnten.

DD *Differentialdiagnose*

Wegen der sehr unterschiedlichen therapeutischen Konsequenzen sind vor allem die folgenden Erkrankungen differentialdiagnostisch abzugrenzen:
1. Die chronische Depression, sei sie „endogener" oder reaktiv-neurotischer Genese.
2. Das hirnorganische Psychosyndrom, das im Sinne einer dauerhaften Wesensänderung zu auffallenden Antriebsdefiziten führen kann; dabei ist als möglicher ätiologischer Faktor stets auch eine chronische Intoxikation im Rahmen einer Suchterkrankung zu erwägen.
3. Chronifizierte, nicht oder nur unzureichend behandelte neurotische Störungen bzw. die – per definitionem dauerhaft bestehenden – Persönlichkeitsstörungen vorwiegend vom depressiven, ängstlichen, schizoiden und asthenischen Typ.
4. Schließlich kann auch eine außergewöhnlich lange (über Monate oder Jahre andauernde) stationäre Behandlung zu zunehmendem Verlust sozialer Kompetenzen einschließlich einer Minderung des Antriebs führen („Hospitalismus") sowie generell jede schwere und anhaltende soziale Isolierung, unabhängig von deren Ursache.

1.4.3 Chronic fatigue-Syndrom (CFS)

D. Pongratz

> Klinisches Hauptkriterium des leider sehr unscharf definierten Krankheitsbildes ist eine persistierende Müdigkeit oder leichte Ermüdbarkeit für mindestens 6 Monate, die nicht durch Bettruhe zu beheben ist und aufgrund ihrer Ausprägung die durchschnittliche tägliche Aktivität um mehr als die Hälfte reduziert. Die Diagnose darf erst nach Ausschluß anderer klinischer Erkrankungen mit ähnlichen Symptomen, z.B. Schizophrenie, bipolare Störungen, psychotische Depression, Drogenabusus, gestellt werden.

1

B *Beschwerden und Befunde*

Neben dem Hauptsymptom, einer mindestens über 6 Monate persistierenden Müdigkeit ohne erkennbare Ursache, klagen die Patienten über eine Reihe weiterer unspezifischer Symptome wie allgemeines Schwächegefühl, Unwohlsein, Muskelschmerzen, Fiebergefühl, schmerzhafte Lymphknoten, Depressionen, Konzentrationsstörungen, Erinnerungsstörungen und eingeschränkte Leistungsfähigkeit. Vom Center of Disease Control (Atlanta, USA) wurden für die Diagnosesicherung 2 Hauptkriterien und 14 Nebenkriterien (→ Tab. 1-5) festgelegt.

DS *Diagnosesicherung*

Ein Chronic fatigue-Syndrom ist anzunehmen, wenn beide Hauptkriterien und 6 Symptome sowie 2 Befunde oder beide Hauptkriterien und 8 Symptome erfüllt sind. Es handelt sich im wesentlichen um eine auf klinische Kriterien bezogene Diagnose, die erst nach Ausschluß anderer Ursachen (Tab. 1-6) mit Hilfe von technischen Untersuchungen (Tab. 1-7) gestellt werden darf. Der anhaltende subjektive Leidensdruck führt im Einzelfall zu teilweise extrem umfangreichen Befundsammlungen mit negativen oder fraglich verdächtigen Befunden.

Tab. 1-5 Diagnosekriterien des Chronic fatigue-Syndroms

Hauptkriterien	Persistierende Müdigkeit oder Ermüdbarkeit über mindestens 6 Monate. Andere klinische Erkrankungen, die ähnliche Symptome hervorrufen können, müssen ausgeschlossen sein.
Nebenkriterien Symptome	leichtes Fieber Halsschmerzen Lymphknotenschmerzen unerklärte generalisierte Muskelschwäche Myalgien verlängerte (über 24 Stunden) generalisierte Müdigkeit nach früher tolerierten Beanspruchungen neue generalisierte Kopfschmerzen wandernde Arthralgien neuropsychologische Symptome Schlafstörungen Beschreibung des Symptomenbeginns als akut bis subakut
Nebenkriterien Befunde	leichtes Fieber nichtexsudative Pharyngitis palpable oder schmerzhafte Lymphknoten

DD *Differentialdiagnose*

Besonders schwierig gestaltet sich die Differenzierung des CFS von Angstneurosen, da derzeit keine klare klinische Abgrenzung festgelegt ist. Auch der Ausschluß des Schlafapnoe-Syndroms (→ Kap. 3.4.2.6) ist erforderlich. Die Liste anderer Erkrankungen, die ähnliche Symptome wie das Chronic fatigue-Syndrom hervorrufen können, ist sehr umfangreich. Diese sollten definitionsgemäß ausgeschlossen werden. Der dazu notwendige Aufwand wäre riesig. Dies erübrigt sich aber zum Teil durch Selbstlimitation des Zustandes oder durch den Umstand, daß Arzt und Patient ein beobachtendes Abwarten vorziehen.

Tab. 1-6 Ausschlußdiagnostik des CFS

Malignome
Autoimmunerkrankungen
lokale Infektionen
chronische und subakute bakterielle Infektionen
Pilzinfektionen, Parasitosen, Virusinfektionen
Infektionen in Zusammenhang mit HIV
Psychiatrische Erkrankungen
neuromuskuläre Erkrankungen
endokrine Störungen
Drogenabhängigkeit oder -mißbrauch
Nebenwirkungen chronisch gegebener Medikamente
Einwirkung toxischer Substanzen
chronische pulmonale, gastrointestinale, hepatische, renale oder hämatologische Erkrankungen

Tab. 1-7 Standard-Laborprogramm für die Diagnose des Chronic fatigue-Syndroms

Klinische Chemie	Blutbild, Differentialblutbild, BSG, Urinstatus, Elektrolyte, Kreatinin, Gesamteiweiß, Elektrophorese, GOT, GPT, gamma-GT, Cholinesterase, alkalische Phosphatase, Bilirubin, Quick
Immunologie	Immunglobuline, antinukleäre Antikörper, CRP
Endokrinologie	TSH, T3, T4
Virologie	HIV, Hepatitis, CMV, EBV, HHV 6
Serologie	Toxoplasmose, Borreliose

1.4.4 Hypothyreose

O. E. Janssen und P. C. Scriba

Klinisches Erscheinungsbild einer angeborenen oder erworbenen Minderversorgung des Organismus mit Schilddrüsenhormon, verursacht durch eine unzureichende Sekretion oder die seltene Resistenz gegen Schilddrüsenhormon (primäre Hypothyreose) oder eine mangelhafte TSH-Stimulation der Schilddrüse (sekundäre Hypothyreose).

B *Beschwerden und Befunde*

Die **klinische Symptomatik** entwickelt sich meist sehr langsam und wird daher zum Teil jahrelang übersehen. Das Anfangsstadium ist immer oligosymptomatisch, das Vollbild eine Spätdiagnose. Im Vordergrund steht eine Verlangsamung aller Körperfunktionen mit Antriebsarmut, Müdigkeit, Obstipation und Bradykardie. Charakteristisch ist auch die langsame Sprache. Weitere Symptome sind Gewichtszunahme (Kap. 18), Muskelschwäche (Kap. 35), „rheumatische" Beschwerden (Gelenkschmerzen, → Kap. 43 und Muskelschmerzen, → Kap. 47), trockene Haut (Abb. 1-1), Kälteempfindlichkeit (Abb. 1-2), Konzentrationsschwäche, depressive Verstimmung, Störungen der Sexualfunktion (Libido- und Potenzverlust bei Männern, Menstruationsstörungen bei

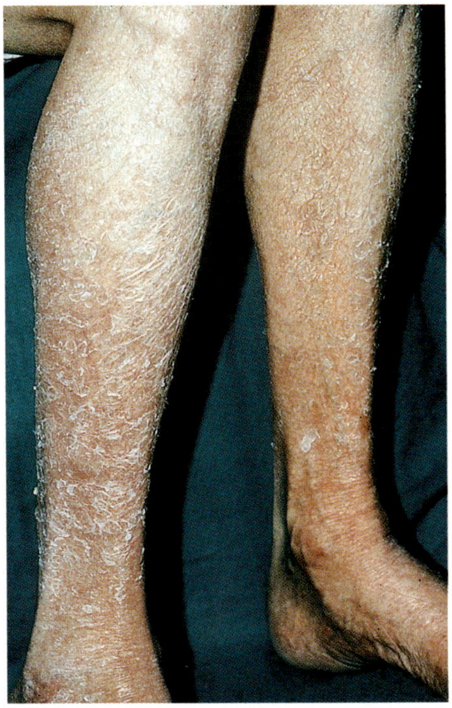

Abb. 1-1 Trockene, schuppige Haut bei primärer Hypothyreose: Extremfall.

Frauen). Das Vollbild der Hypothyreose (Myxödem) mit peripheren und periorbitalen Ödemen, Perikarderguß, struppigem Haar, brüchigen Nägeln, gelblichem Hautkolorit und rauher Stimme ist heute selten zu sehen.

Weisen Patienten in der Anamnese eine Schilddrüsenoperation, eine Radiojodtherapie, eine Thyreoiditis u.a. auf, ist gezielt nach den klinischen Symptomen einer Hypothyreose zu fragen. Das trifft auch auf Patienten im höheren Lebensalter (Inzidenz der manifesten Hypothyreose bei geriatrischen Patienten > 1%) zu oder bei einer Therapie mit fakultativ antithyreoidal wirksamen Medikamenten (Lithium, Amiodaron).

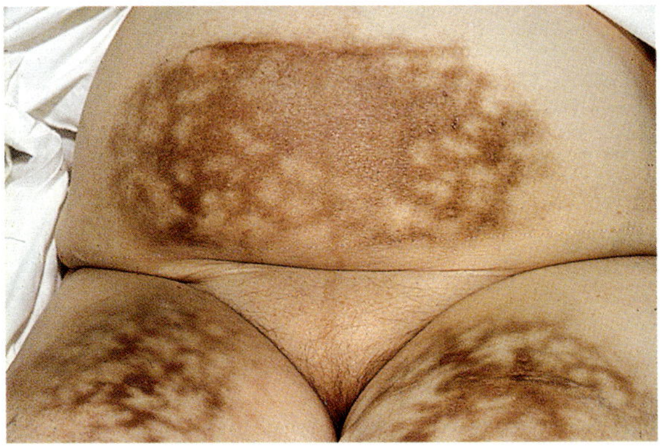

Abb. 1-2 Erythema ab igne: kälteempfindliche Patientin mit primärem Myxödem. Die Hautveränderungen entstanden durch einen Heizkörper am Fenster. Die Patientin lehnte sich wiederholt stundenlang aus dem Fenster.

Die folgenden unspezifischen **Befunde** lenken ebenfalls den Verdacht auf das Vorliegen einer Hypothyreose:

- EKG-Veränderungen mit Bradykardie, peripherer Low-voltage, P- und T-Abflachung bzw. -Inversion und Verlängerung des QT-Intervalls
- eine Erhöhung der Creatinkinase im Serum
- eine Hyponatriämie
- die Verlängerung der Achillessehnenreflexzeit und
- die Abschwächung der Muskeleigenreflexe

DS *Diagnosesicherung*

1

Labor

Bei der primären Hypothyreose ist das TSH erhöht, ein niedriges oder normales TSH schließt eine primäre Hypothyreose aus. Der TRH-Test ist für die Routinediagnostik entbehrlich. Der Nachweis der primären Hypothyreose und der Ausschluß oder Nachweis der seltenen sekundären Hypothyreose erfolgt durch Bestimmung eines (erniedrigten) Parameters für das freie Thyroxin (fT4-Index, T4-/TBG-Quotient).

Unspezifische Laborbefunde sind eine Erhöhung des Cholesterinspiegels und der LDL-Fraktion, bei gleichzeitigem Abfall der HDL-Fraktion. Ferner kann sich eine Anämie entwickeln.

Weiterführende Diagnostik

Die vollständige Krankheitsdiagnose erfordert neben der Bestimmung der aktuellen Schilddrüsenfunktion eine Aussage über die zugrundeliegende Schilddrüsenerkrankung. Die weiterführende Diagnostik richtet sich nach der vermuteten Ursache der Hypothyreose (Abb. 1-3). Die iatrogene Hypothyreose und die abgelaufene Immunthyreoiditis werden am häufigsten beobachtet.

DD *Differentialdiagnose*

Die Differentialdiagnose der klinischen Symptome der Hypothyreose ist breitgefächert, Fehldiagnosen sind vor allem im Senium häufig, sie umfassen unter anderem: vaskuläre und zentral-vaskuläre Erkrankungen (Verlangsamung, Konzentrationsschwäche), Koronare Herzkrankheit (Angina pectoris bei Schilddrüsenhormonsubstitution, CK-Erhöhung), Herzinsuffizienz (Perikarderguß), nephrotisches Syndrom (Ödeme, Proteinurie bis 1 g/d), Epipharynxtumor (dicke Zunge), Rheuma (Gelenk- und Muskelschmerzen), Karpaltunnelsyndrom (Muskelschmerzen, Parästhesien), Ileus (Obstipation), Depression (Verlangsamung), Demenz (Verwahrlosung).

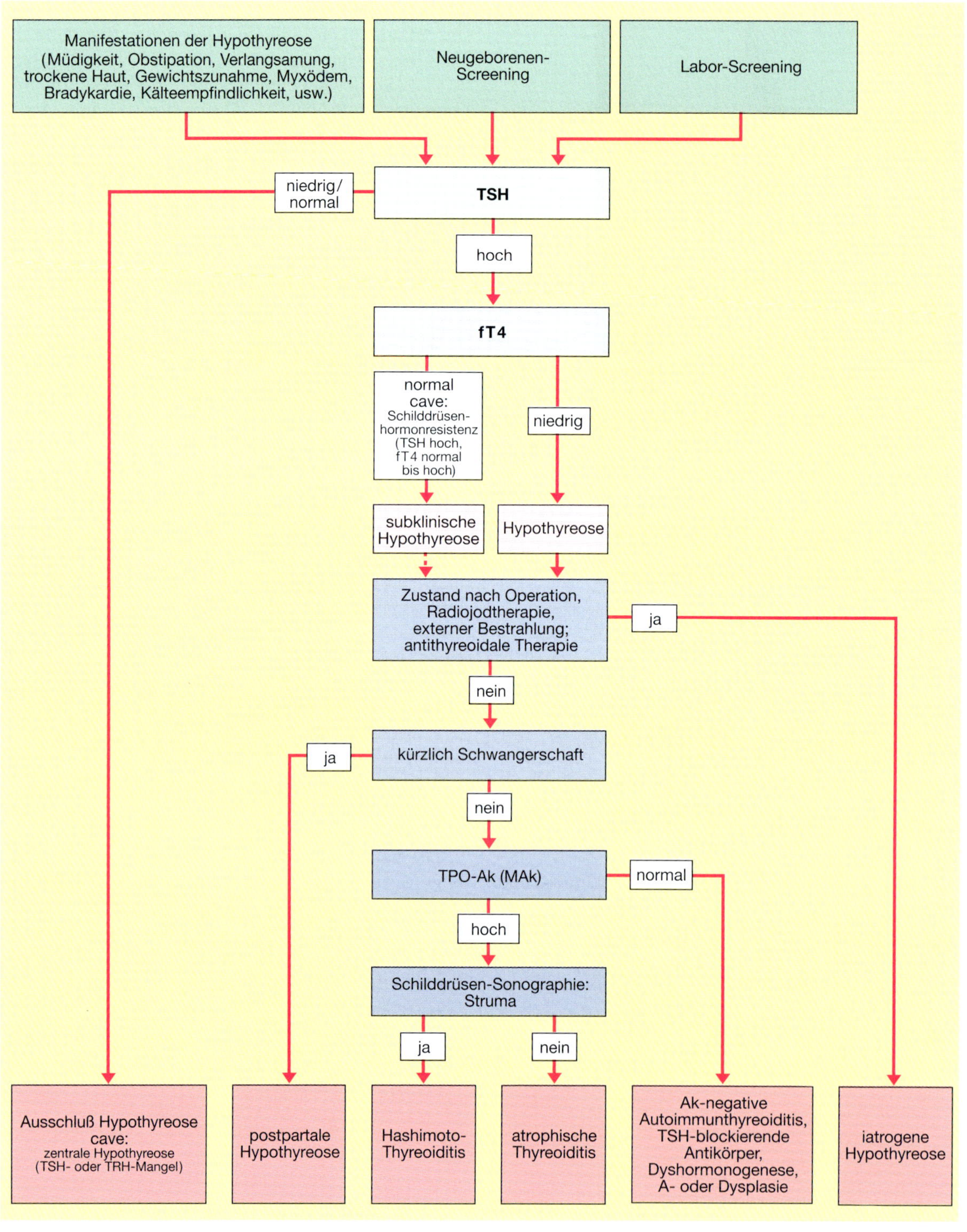

Abb. 1-3 Diagnostisches Vorgehen bei Verdacht auf Hypothyreose.

1.5 Zusammenfassung

Eine Reduzierung des Antriebs bis hin zur völligen Antriebslosigkeit ist zwar ein praktisch wichtiges und häufiges, jedoch weitgehend unspezifisches Symptom, das sowohl bei seelischen wie bei körperlichen Erkrankungen vorkommen, teilweise sogar das klinische Erscheinungsbild dominieren kann. Von besonderer Bedeutung ist dabei, daß eine sorgfältige soma-

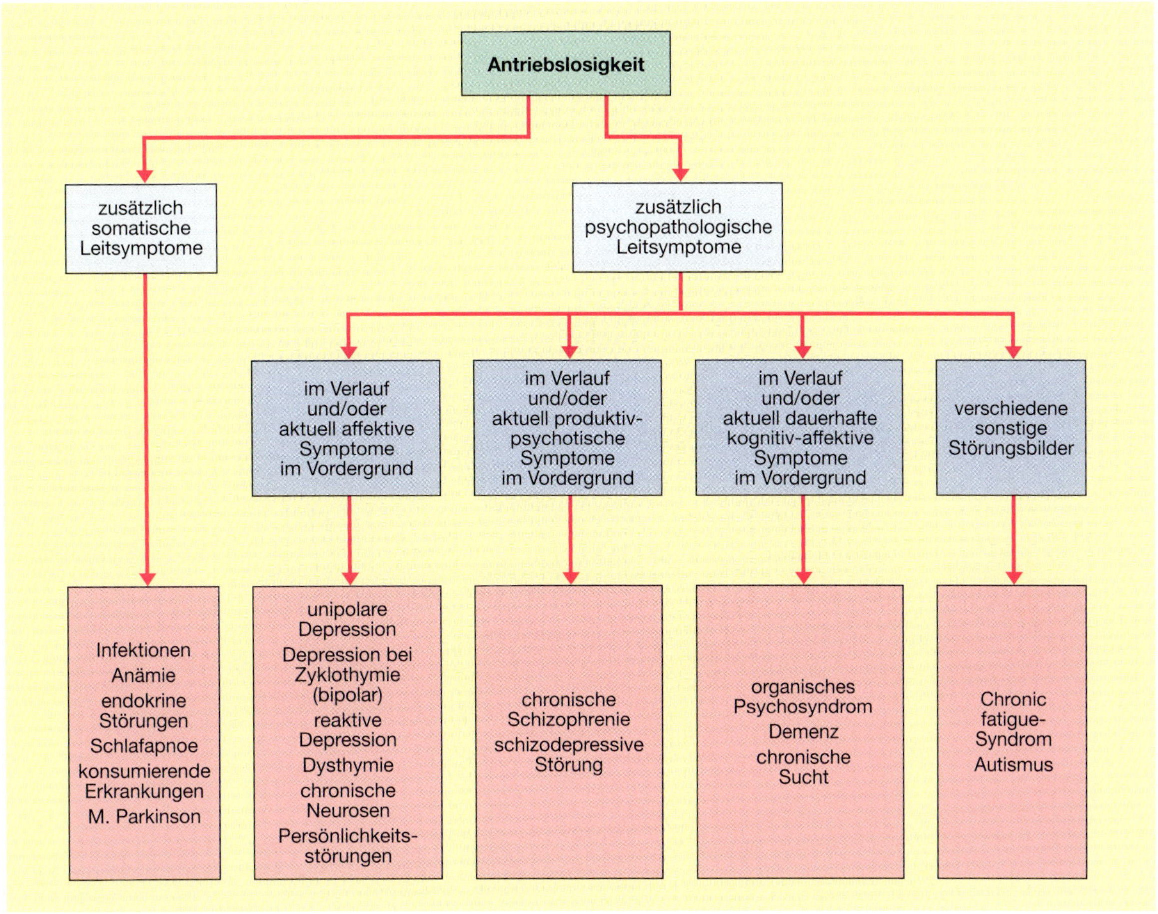

Abb. 1-4 Mögliche Erkrankungen bei Antriebslosigkeit.

tische Diagnostik durchgeführt wird, obwohl oder gerade weil die Antriebsstörung ein psychopathologisches Symptom ist. Die Antriebsstörung kommt keineswegs nur bei der typischen depressiven Erkrankung vor, sondern auch bei einer ganzen Reihe von anderen seelischen Störungen wie der chronischen Schizophrenie oder der hirnorganischen Wesensänderung. In der Abbildung 1-4 werden die wesentlichen diagnostischen Entscheidungswege schematisch dargestellt und die Phänomene im Hinblick auf die drei Ebenen „Symptom", „Symptomenkomplex" und „Diagnose"/„Krankheit" geordnet. Wegen des nahezu ubiquitären Vorkommens von Antriebsstörungen ist allerdings zu betonen, daß ein derartiges Schema weder alle in Frage kommenden Erkrankungen nennen, noch auf die häufigen Überschneidungsbereiche zwischen den einzelnen Gruppen angemessen eingehen kann. Letzteres bezieht sich nicht nur auf Überlappungen innerhalb der psychiatrischen Erkrankungen, sondern vor allem auch auf solche zwischen den somatischen und den psychischen Störungen; so etwa kann sich ein organisches Psychosyndrom im Anschluß an ein Hirntrauma entwickeln oder durch ein Malignom des ZNS im Sinne einer konsumierenden Erkrankung bedingt sein. Auf die Differentialdiagnose des organischen Psychosyndroms wird im Kapitel 7 Bewußtseinsstörungen näher eingegangen.

2 Appetitstörung

W. E. HANSEN

Störungen des Appetits – sei es Appetitmangel oder Freßsucht – gibt es als unspezifisches Allgemeinsymptom bei vielen körperlichen und psychischen Erkrankungen. Beispiele sind der verminderte Appetit beim Malignom, bei beginnender akuter Hepatitis, Urämie, Streß bzw. der Heißhunger bei Hyperthyreose, Insulinom, Diabetes mellitus und beim Malabsorptionssyndrom. Von den Appetitstörungen können psychogene Eßstörungen abgetrennt werden, bei denen die Anorexia nervosa und die Bulimia nervosa eigenständige Krankheitsbilder sind.

2.1 Definition und Abgrenzung

Ist die durch den Appetit regulierte orale Nahrungsaufnahme nicht dem Nahrungsbedarf angepaßt, so spricht man von einer **Appetitstörung.** Zumeist handelt es sich um einen verminderten Appetit (Appetitmangel). Seltener sind dagegen Zustände mit vermehrtem Appetit (Hyperphagie, Freßsucht) oder auf bestimmte Speisen gerichtetem Appetit (Appetitgelüste). Liegt keine erkennbare organische Ursache vor, so spricht man auch von **Eßstörungen,** wobei sowohl die Nahrungsaufnahme als auch der Ernährungszustand betroffen sein können.

2.2 Ursachen

Die Regulation von Appetit und Sättigung beruht auf dem Zusammenwirken verschiedener psychologischer und physiologischer Faktoren. Eine übergeordnetete Funktion besitzen Zentren im Hypothalamus. Hier können nervale und hormonelle Einflüsse von den Eingeweiden, insbesondere auch vom oberen Gastrointestinaltrakt und von seinen Anhangsgebilden (z.B. Magenfüllung, Magenmotilität, Insulinsekretion des Pankreas), sowie von den übrigen Organen und von der Großhirnrinde wirksam werden und das Appetit- und Sättigungsgefühl beeinflussen. Störungen des Appetits erscheinen bei vielen **organischen** und **psychischen Erkrankungen** als ein unspezifisches Begleitsymptom. Appetitlosigkeit steht am Beginn von Brechreiz und Erbrechen. Besonders bei den psychogenen Eßstörungen leugnen die Betroffenen eine Freßsucht bzw. Appetitlosigkeit. Im Vordergrund steht in diesen Fällen ein Fehlgewicht. (Patienten mit hyperphager Eßstörung können auch norm- oder untergewichtig sein, wenn sie nach den Mahlzeiten das Gegessene heimlich wieder erbrechen.) Eine Zusammenstellung wichtiger Ursachen von Appetitstörungen zeigt Tabelle 2-1.

Tab. 2-1 Ursachen für Appetitstörung

Leitsymptom	Ursachen
Heißhunger	Hypoglykämie (→ Kap. 23) Insulinom Überdosis von Insulin/oralen Antidiabetika Hyperthyreose (→ Kap. 23) Dumping-Syndrom Malassimilation (→ Kap. 11) hereditäre Fruktoseintoleranz Glykogenose retroperitoneale Tumoren Hirnerkrankung (Trauma, Tumor) manische Psychose (→ Kap. 1.4.1) Bulimia nervosa (→ 2.4.2)
Appetitlosigkeit	**Schwere Allgemeinerkrankungen** (fieberhafte Zustände, Infekte, Tumorleiden) **Gastrointestinale Erkrankungen** **Magen:** Reizmagen, akute Gastritis, Ulkus, Karzinom Gallenwegserkrankungen: Steine, Neoplasmen Pankreaserkrankungen: Entzündung, Tumoren **Darm:** Wegsamkeitsstörungen, Morbus Crohn (→ Kap. 11), Infektionen (→ Kap. 14) **Leber:** Hepatitis, Zirrhose (→ Kap. 15), Neoplasma **Nierenerkrankungen** Urämie (→ 2.4.3) **Endokrine Erkrankungen** Morbus Addison (→ Kap. 18) Hypothyreose (→ Kap. 1) primärer Hyperparathyreoidismus (→ Kap. 12)

Tab. 2-1 Fortsetzung	
Leitsymptom	**Ursachen**
Appetitlosigkeit	**Medikamente** Digitalis, Opiate, Aminophyllin, Östrogene, β-Rezeptorenblocker, Adrenalin, L-Dopa, Antibiotika, Diuretika, Kupfer- und Eisenpräparate, Expektoranzien, Zytostatika **Neurologische/psychische Erkrankungen** Streß, Depressionen (→ Kap. 1), Morbus Alzheimer Anorexia nervosa (→ 2.4.1) **Andere Ursachen** Nikotinabusus Alkoholismus

2.3 Diagnostik

2.3.1 Anamnese

Da bei Appetitstörungen eine Vielzahl von körperlichen und psychischen Erkankungen erwogen werden muß, sind in jedem Fall eine gründliche Befragung und eine körperliche Untersuchung erforderlich. Spezielles Interesse muß hierbei der **Ernährungsanamnese** gelten, wobei man am besten die einzelnen Mahlzeiten im Verlauf des Tages in einem Protokoll festhält und sich gegebenenfalls die Umstände beim Essen (bzw. beim Brechvorgang) schildern läßt. Hilfreich kann ein vom Patienten selbst angefertigtes **Protokoll** über die Nahrungsaufnahme im Verlauf einer Woche sein. Für die Bewertung einer Appetitstörung gilt die Aufmerksamkeit auch der jeweiligen Initialphase sowie der zeitlichen Entwicklung der Symptomatik einschließlich den evtl. damit verbundenen Gewichtsveränderungen. Von besonderem Interesse sind des weiteren die **Begleiterscheinungen** als Hinweise auf mögliche Erkrankungen; eine Übersicht gibt Tabelle 2-2. Wertvolle Informationen können auch die **Fremdanamnese** sowie die **Familienanamnese** (ähnliche Erkrankungsfälle?) erbringen.

Tab. 2-2 Begleiterscheinungen der Appetitstörung und mögliche Krankheitsursachen	
Begleitsymptom	**Wichtige Verdachtsdiagnosen**
Leibschmerzen (→ Kap. 46)	Geschwür an Magen oder Duodenum, Pankreatitis, Gallensteine, Morbus Crohn (→ Kap. 11), Appendizitis, Nierensteine, Wegsamkeitsstörungen
Thoraxschmerzen (→ Kap. 41)	koronare Herzerkrankung, Pleuritis, Lungenembolie
Kopfschmerzen (→ Kap. 44)	Streß, Hirntumoren
Durst (→ Kap. 12)	Hyperkalzämie
Muskelschwäche (→ Kap. 35)	Hypoglykämie (→ Kap. 23), Morbus Addison (→ Kap. 18), Malassimilation (→ Kap. 11)
Fieber (→ Kap. 14)	Infekt, Neoplasma, Hyperthyreose (→ Kap. 23)
Erbrechen (→ Kap. 13)	Bulimie (→ 2.4.2), Hirntumoren, Wegsamkeitsstörungen, Geschwür an Magen oder Duodenum, Gallensteine, Pankreatitis (→ Kap. 46), Nierensteine
Antriebsstörung (→ Kap. 1)	Psychose
Durchfall (→ Kap. 11)	Infekt am Gastrointestinaltrakt (→ Kap. 11), Hyperthyreose (→ Kap. 23)
Fettstühle (→ Kap. 11)	Malassimilation
Gelbsucht (→ Kap. 15)	Hepatitis, Leberzirrhose, Gallenwegserkrankung
Störungen im Menstruationszyklus (→ Kap. 37)	psychogene Eßstörung, Hirntumor
Blässe, fahlgelbes Hautkolorit	Urämie (→ 2.4.3)

2.3.2 Körperliche Untersuchung

Die körperliche Untersuchung hat eine doppelte Zielsetzung: Die Bewertung des Ernährungszustandes und die Suche nach einer Grunderkrankung. Bei der **Beurteilung des Ernährungszustandes** achtet man besonders auf Kreislaufveränderungen (Blutdruck, Puls), Ödeme, Resistenzen im Abdomen (Leberzirrhose, Neoplasien), Lymphome, Sensibilitätsstörungen und Schwellungen der Ohrspeicheldrüsen (Alkoholismus), Hautausschläge, Mundwinkelrhagaden, Zungenatrophie, Blutungszeichen (Avitaminosen, Eisenmangel) und sog. Leberhautzeichen (Fingernagelveränderungen, Palmarerythem, Gefäßspinnen, Dupuytrensche Kontraktur).

Als ungünstige Folge von Appetitstörungen muß in jedem Fall die **Abweichung des Körpergewichts vom Normalgewicht** kalkuliert werden. Für die Berechnung gibt es u.a. Tabellenwerke, welche das Lebensalter, das Geschlecht oder den Körperbau mitbewerten. Einfacher ist die Verwendung von mathematischen Formeln. Gebräuchlich sind beispielsweise die **Broca-**

Formel und der **Körpermassen-Index** (Body-Mass-Index, Quetelet-Index, → Kap. 18).

2.4 Krankheitsbilder

2.4.1 Anorexia nervosa

Die Anorexia nervosa ist eine schwere, psychisch bedingte Störung des Eßverhaltens mit Malnutrition und lebensbedrohlicher Kachexie (Abb. 2-1). Betroffen sind zu über 90% heranwachsende Mädchen (mit zunehmender Tendenz bei Knaben). Die psychischen Störungen beziehen sich auf die pathologische Einstellung und Gefühlsdimension, die gegenüber dem eigenen Körperbild besteht (Gerlinghoff). Die Übergänge von der Anorexia nervosa zur Bulimia nervosa sind fließend (→ 2.4.2).

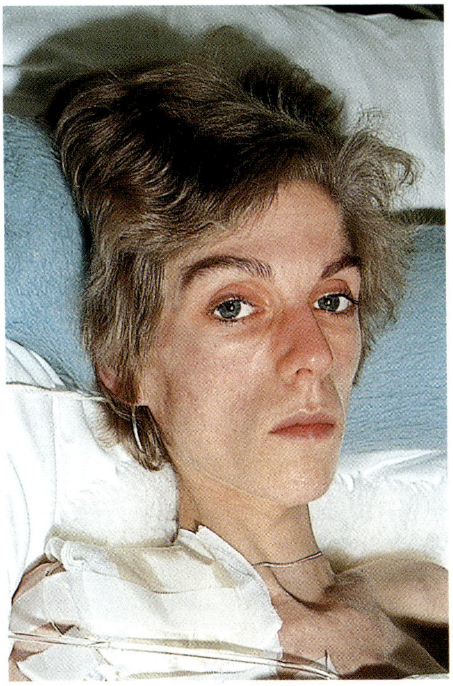

Abb. 2-1 19jährige Patientin mit Anorexia nervosa. Durch den Verlust des Unterhautfettgewebes wird das äußere Erscheinungsbild vorwiegend vom Muskelrelief bestimmt. Zwischen Oberlid und Orbita bildet sich eine tiefe Furche.

B *Beschwerden und Befunde*

Das **Leitsymptom** ist die **Magersucht,** die von **Nahrungsverweigerung,** Neigung zu **Stuhlverstopfung** und **Amenorrhö** begleitet wird. Die Patienten klagen über **depressive Stimmungen** und über ein Nachlassen des Gedächtnisses. Hinzu kommt eine Störung der Körperwahrnehmung, indem sie – trotz ihrer Auszehrung – über ein zu hohes Körpergewicht klagen. Auffallend ist ein gesteigerter Drang zu körperlichen Bewegungen.

Bei der **körperlichen Untersuchung** findet man ein Körpergewicht, welches um mindestens 15% unter dem Normgewicht liegt. Weitere Zeichen sind ein verlangsamter Puls, eine erniedrigte Atemfrequenz, eine erniedrigte Körpertemperatur sowie Ödeme an den abhängigen Körperpartien. Rhagaden an den Mundwinkeln, eine trockene, schuppende Haut und lanugoartige Behaarung (Hypertrichose) können Hinweise auf einen Vitamin- oder Eisenmangel sein.

2

DS *Diagnosesicherung*

Die Diagnose läßt sich in den ausgeprägten Fällen leicht stellen. Nach der **American Psychiatric Association (DSM-II-R)** müssen folgende **diagnostische Kriterien** erfüllt werden:

1. Das Körpergewicht wird absichtlich unter dem der Körpergröße oder dem Alter entsprechenden Minimum gehalten, d.h. Gewichtsverlust auf ein Gewicht von 15% oder mehr unter dem zu erwartenden Gewicht bzw. während der Wachstumsperiode Ausbleiben der zu erwartenden Gewichtszunahme mit der Folge eines Gewichts von 15% oder mehr unter dem erwarteten Gewicht.
2. Starke Angst vor Gewichtszunahme oder Angst vor dem Dickwerden.
3. Störung der eigenen Körperwahrnehmung hinsichtlich Gewicht, Größe oder Form, das heißt, die Person berichtet sogar im kachektischen Zustand, sich „zu dick zu fühlen“, oder ist überzeugt, ein Teil des Körpers sei „zu dick“, obgleich ein offensichtliches Untergewicht besteht.
4. Bei Frauen Aussetzen von mindestens drei aufeinanderfolgenden Menstruationszyklen, deren Auftreten sonst zu erwarten gewesen wäre.

DD *Differentialdiagnose*

Anorexie ist ein unspezifisches Symptom, welches bei einer Vielzahl von sehr unterschiedlichen Krankheiten beobachtet wird (→ Tab. 2-1). Besonders hingewiesen sei hier auf folgende Krankheitsbilder: **Morbus Addison** (→ Kap. 18), **Morbus Crohn** (→ Kap. 11), **Hyperthyreose** (→ Kap. 23), **Malignom, Magenkarzinom** (→ Kap. 51), **Depressionen** (→ Kap. 1).

2.4.2 Bulimia nervosa

Die Bulimia nervosa ist eine psychisch ausgelöste Erkrankung mit wiederholten Phasen von Freßanfällen (Bulimien), die durch Bauchschmerzen, Einschlafen oder selbstinduziertes Erbrechen beendet werden. Die Betroffenen können normal-, über- oder untergewichtig sein. Da sie ihr Leiden in der Regel verheimlichen, bleibt dieses oft lange Zeit unbemerkt. Betroffen werden vor allem Frauen im Adoleszentenalter. Die Übergänge zur Anorexia nervosa sind fließend, trotzdem wird die Bulimia nervosa als ein eigenes Krankheitsbild gewertet. Begleiterscheinungen können Depressionen, Phobien, Alkoholmißbrauch, generalisierte Angst und Panikstörungen sein.

B *Beschwerden und Befunde*

Die Betroffenen sind für außenstehende Personen mehr oder minder unauffällig. Sofern sie über ihr Leiden sprechen wollen, klagen sie zuerst über ihre Befürchtungen, an Gewicht zuzunehmen. Sie berichten über Episoden mit Heißhunger und über ihren Verzehr übergroßer Nahrungsmengen, evtl. mit Oberbauchschmerzen. Oftmals finden sich in der Anamnese auch anorektische Episoden. Das – heimlich bewirkte – Erbrechen der aufgenommenen Speisen kann zu Einrissen in der Schleimhaut des Mageneingangs mit bedrohlicher Blutung und Bluterbrechen (Mallory-Weiss-Syndrom) führen.

DS *Diagnosesicherung*

Für die Diagnose müssen nach der **American Psychiatric Association (DSM-III-R)** folgende **diagnostische Kriterien** erfüllt werden:

1. Wiederkehrende Phasen von Heißhunger (schnelle Aufnahme einer großen Speisemenge in bestimmter Zeit, gewöhnlich in weniger als 2 Stunden).
2. Das Gefühl, das Eßverhalten während der Freßanfälle nicht unter Kontrolle halten zu können.
3. Um einer Gewichtszunahme entgegenzusteuern, greift der Betroffene regelmäßig zu Maßnahmen zur Verhinderung einer Gewichtszunahme, wie dem selbstinduzierten Erbrechen, dem Gebrauch von Laxantien oder Diuretika, strengen Diäten oder Fastenkuren oder übermäßiger körperlicher Betätigung.
4. Durchschnittlich mindestens zwei Freßanfälle pro Woche über einen Mindestzeitraum von drei Monaten.
5. Andauernde übertriebene Beschäftigung mit Figur und Gewicht.

DD *Differentialdiagnose*

Heißhunger mit Freßsucht ist eine unspezifische Symptomatik, die bei einer Vielzahl von sehr unterschiedlichen Krankheiten auftreten kann (→ Tab. 2-1). Besonders hingewiesen sei hier auf folgende Krankheitsbilder: **Pinealom, Tumor in der hinteren Schädelgrube**, Zustand nach **Schädel-Hirn-Trauma**. Außerdem können **Opiatentzug** oder eine **Pilocarpintherapie** zu Heißhunger mit Freßsucht führen.

2.4.3 Urämie

R. Brunkhorst und K. M. Koch

Unter Urämie (Harnstoff im Blut) wird das klinische Bild der **Intoxikation mit harnpflichtigen Substanzen** verstanden. Die Retention harnpflichtiger Substanzen im Rahmen von Nierenerkrankungen vor Auftreten klinischer Symptome wird als Azotämie bezeichnet.

Die Pathogenese des Urämiesyndroms ist nur teilweise geklärt. Während die Mechanismen und die Auswirkungen der die Niereninsuffizienz begleitenden Entgleisungen des Elektrolyt-, Wasser- und Säure-Basen-Haushaltes weitgehend aufgeklärt wurden, sind die Kenntnisse über retinierte toxische Stoffwechselprodukte und ihre Auswirkungen noch unvollständig. Zum einen wird die verminderte Ausscheidung niedermolekularer Stoffe wie Phenol- und Guanidinderivate für die urämische Symptomatik verantwortlich gemacht. Zum anderen sollen mittelgroße Moleküle (300–2000 Dalton) an der Pathogenese der urämischen Polyneuropathie beteiligt sein. Die Retention von Kreatinin und Harnstoff dient zur Beurteilung des Ausmaßes der Nierenfunktionsstörung und des Proteinkatabolismus. Diese Stoffe sind selbst jedoch nicht bzw. nur in extrem hohen Konzentrationen toxisch.

B *Beschwerden und Befunde*

Die **Frühsymptome** der urämischen Intoxikation sind die **Inappetenz, die Übelkeit und das Erbrechen** (Tab. 2-3). Das Erbrechen (→ Kap. 13) tritt häufig ohne stärkere Übelkeit vor allem morgens nach dem ersten Schluck oder Bissen auf. Nach dem Erbrechen spürt der Kranke Erleichterung, es kann ohne erneutes Erbrechen gegessen werden. Durch die Umwandlung des Harnstoffs im oberen Verdauungstrakt durch Urease zu Ammoniak entstehen der „urinöse" Geruch („foetor uraemicus") und der eigenartige Geschmack im Mund. Weitere Frühsymptome der Urämie sind die Abgeschlagenheit und die Leistungsschwäche (→ Kap. 51). Hierzu trägt wesentlich die renale Anämie bei, die durch eine unzureichende renale Produktion von Erythropoietin verursacht ist. Folgen der

Tab. 2-3 Symptome der Urämie

Organ/Organsystem	Symptome
Magen-Darm-Trakt	Inappetenz, Nausea, Foetor uraemicus, Stomatitis, Pharyngitis, Gastritis, Enterokolitis, Erbrechen, Diarrhö (→ Kap. 11 und 13)
Herz	Perikarditis, exsudative urämische Kardiomyopathie (→ Kap. 41)
Haut	schmutziggelbliche Blässe (Anämie + Melanose), Pruritus (→ Kap. 28), Purpura (→ Kap. 21)
Lunge, Pleura	Flüssigkeitslunge, interstitielles Lungenödem, Kussmaul-Atmung (bei schwerer metabolischer Azidose), exsudative Pleuritis
Blut	Erythropoetinmangel, Leukozytose, hämorrhagische Diathese (→ Kap. 8)
ZNS	motorische Unruhe, Koma, Krampfanfälle (→ Kap. 29)
Periphere Nerven	periphere Polyneuropathie (→ Kap. 56.4.1)
Gelenke	sekundäre Gichtanfälle, Pseudogichtanfälle (Kalziumphosphatablagerungen) (→ Kap. 43.4.7)
Knochen	renale Osteopathie (→ Kap. 45)

renalen Anämie sind auch die **Blässe der Schleimhäute** und das typische **blaßgelbliche Hautkolorit des Urämikers** (→ Kap. 8). Je nach renaler Grunderkrankung (Tab. 2-4) kann eine Exsikkose oder eine Ödemneigung bestehen. Der Harn des Urämikers ist wasserhell, es besteht eine Zwangspolyurie mit Nykturie.

Das Vollbild der Urämie ist durch eine mögliche Beteiligung zahlreicher Organsysteme gekennzeichnet (→ Tab. 2-3). Die Symptome können nebeneinander, aber auch isoliert auftreten.

Kardiovaskuläre und pulmonale Symptome

Bei der Untersuchung des urämischen Patienten muß eine Herzauskultation vorgenommen werden, da eine Perikarditis ohne begleitende Schmerzsymptomatik vorhanden sein kann (→ Kap. 41).

Infolge der häufig bestehenden renalen Hypertonie und der gleichzeitigen Überwässerung kann es zum Linksherzversagen mit initial interstitiellem und später alveolärem Lungenödem kommen. Röntgenologisch stellt sich das interstitielle Lungenödem als sog. „fluid lung“ mit charakteristischen, vom Hilus ausgehenden Verdichtungsbezirken dar (Abb. 2-2).

Tab. 2-4 Häufigste Ursachen der Dialysepflichtigkeit (1987)

Erkrankung	Anteil in %, der eine Dialyse erfordert
chronische Glomerulonephritis	22
diabetische Nephropathie	21,5
chronische (primär bakterielle) interstitielle Nephritis	14
vaskuläre Nephropathien	8
polyzystische Nierenerkrankungen	7
Analgetikanephropathie	5
Glomerulonephritis bei Systemerkrankungen	4,5
sonstige Nephropathien	6
chronische Niereninsuffizienz	12

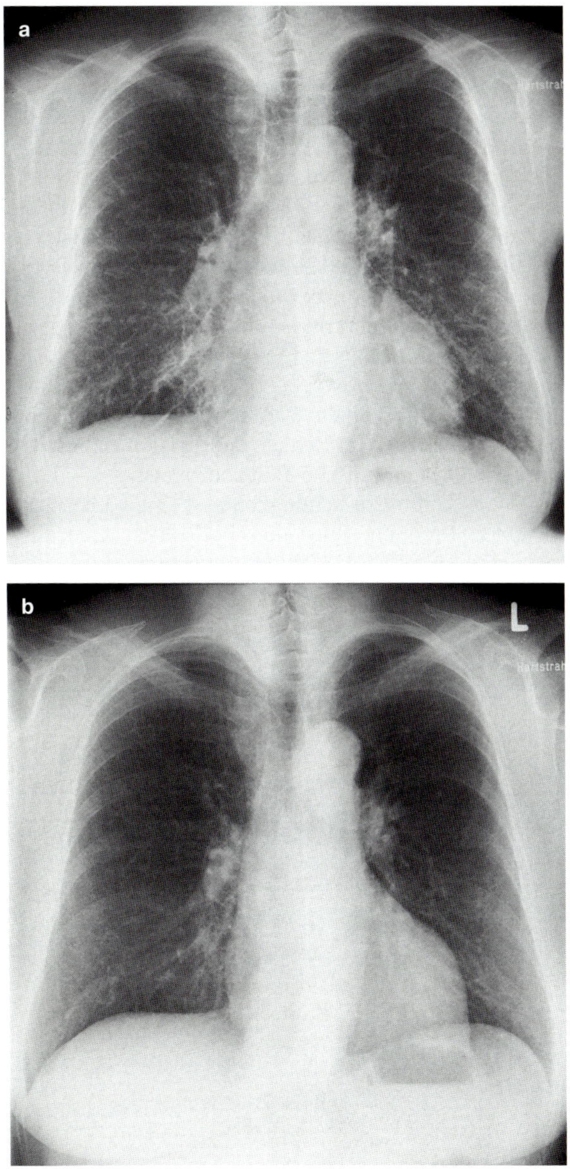

Abb. 2-2 Interstitielles Lungenödem: a) vor der Behandlung, b) nach der Behandlung.

Zu einer mangelhaften Belastbarkeit der Patienten trägt auch die renale Anämie bei, die sich außerdem durch die Blässe von Haut und Schleimhäuten zeigt (→ Kap. 8).

Störungen des Elektrolyt- und Säure-Basen-Haushaltes

Im Endstadium der Niereninsuffizienz (Diurese < 1000 ml) wird Kalium nur unzureichend ausgeschieden, und es tritt eine Hyperkaliämie mit der Gefahr von Herzrhythmusstörungen bis hin zum Herzstillstand auf. Klinisch sind die Symptome der Hyperkaliämie uncharakteristisch (Müdigkeit, Parästhesien im Mundbereich und in den Extremitäten). Im EKG finden sich zunächst hohe und spitze T-Wellen, später eine Verbreiterung und Deformierung des Kammerkomplexes sowie höhergradige Blockierungen (Abb. 2-3). Die Hyperkaliämie wird verstärkt durch die metabolische Azidose sowie eines Katabolismus. Die metabolische Azidose wird begleitet von Müdigkeit, Inappetenz und Übelkeit, bei einem pH unter 7,2 kommt es zu einer kompensatorischen Hyperventilation mit Kussmaulscher Atmung. In der Serumanalyse finden sich eine Hyperphosphatämie und häufig eine Hypokalzämie, verursacht durch eine verminderte renale Phosphatausscheidung bzw. eine verminderte intestinale Kalziumaufnahme. Beide Veränderungen sind wesentliche pathogenetische Faktoren bei der Entstehung des sekundären Hyperparathyreoidismus (→ Kap. 46).

Neurologische Symptome

Neurologisch können symmetrische **sensible und motorische Ausfälle** im Bereich der distalen Extremitäten auftreten („urämische Polyneuropathie“, → Kap. 56.4.1). Es kommt zu Schmerzen und einem charakteristischen Brennen unter den Fußsohlen („burning feet“). Nachts leidet der Patient unter unwillkürlichen

Tab. 2-5 Zeichen und Symptome der urämischen Enzephalopathie

Früh/leicht	Moderat	Spät/schwer
Nausea Schlaflosigkeit Unruhe Konzentrationsschwäche	Erbrechen leichte Ermüdbarkeit Verlangsamung Schläfrigkeit Schlafinversion emotionale Unbeständigkeit verminderte kognitive Funktionen Paranoia	Desorientiertheit Verwirrtheit visuelle Halluzinationen Agitation Dysarthrie Myoklonus Krampfanfälle Asterixis Delir Stupor Koma

Zuckungen der Beine („restless legs“), die zu Schlafstörungen führen. Bei weit fortgeschrittener Niereninsuffizienz mit schwerster Intoxikation und Überwässerung kommt es zu zentralnervösen Erscheinungen (Tab. 2-5).

Urämische Gastroenteropathie

Seltene Zeichen der fortgeschrittenen urämischen Gastroenteropathie sind eine Stomatitis, eine Pharyngitis und eine Gastroenterokolitis mit schweren Diarrhöen.

DS *Diagnosesicherung*

Die Verdachtsdiagnose einer **Urämie** kann sehr leicht durch den **Nachweis erhöhter Retentionswerte** (Serum-Kreatinin > 700 mmol/l bzw. > 8 mg/dl; Harnstoff > 30 mmol/l) und einer Einschränkung der glo-

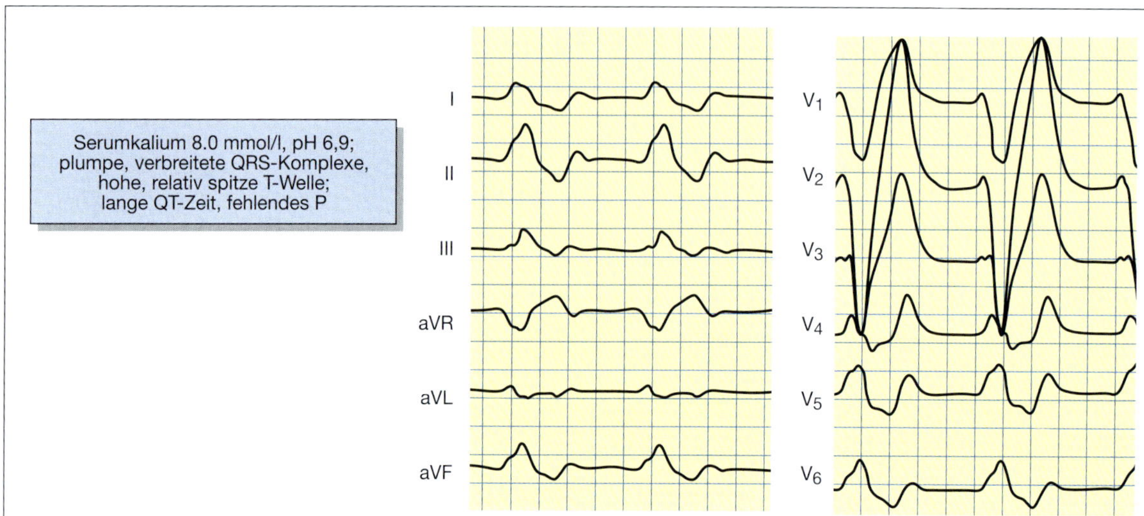

Abb. 2-3 EKG eines Patienten mit akutem Nierenversagen mit Hyperkaliämie und Azidose.

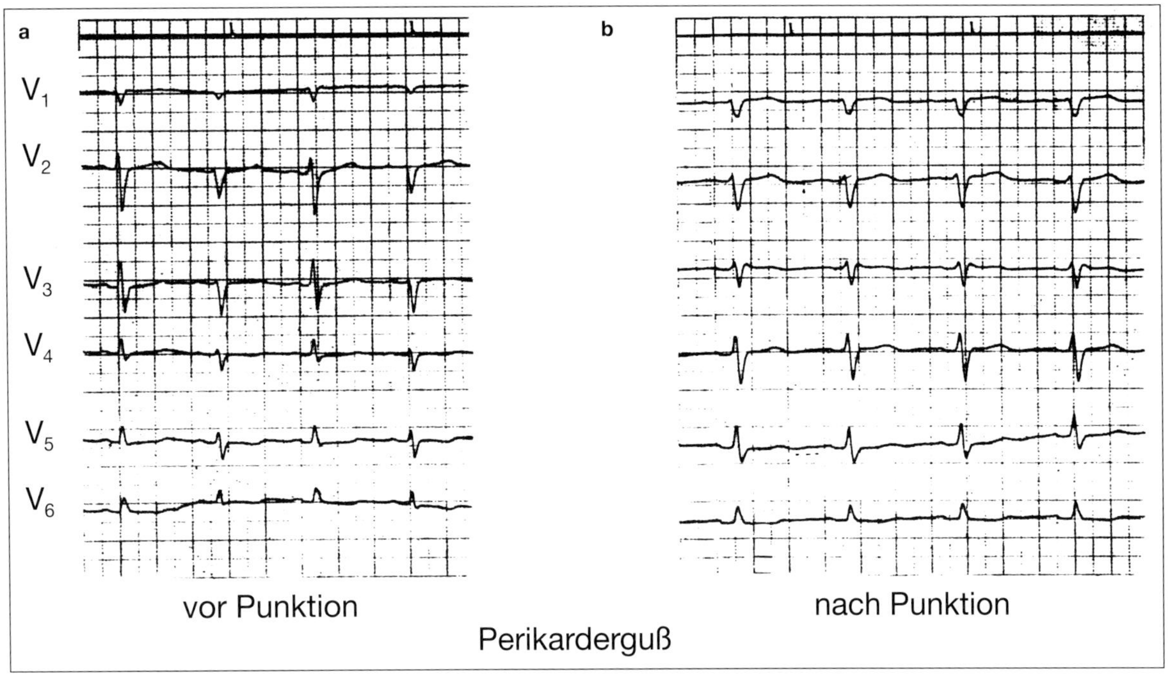

Abb. 2-4 EKG bei urämischem Perikarderguß: a) vor Punktion elektrischer Alternans, b) Normalisierung nach Punktion.

merulären Filtrationsleistung (< 10 ml/min) gesichert werden. Apparative Untersuchungen, vor allem die **Sonographie,** können den Organbefall dokumentieren und ein akutes Nierenversagen (normale oder geschwollene Nieren) vom chronischen Nierenversagen (kleine Nieren) abgrenzen.

Die **urämische Perikarditis** stellt wegen der Gefahr einer Herzbeuteltamponade durch Einblutung oder Ergußbildung eine absolute Dialyseindikation dar. Charakteristische **EKG-Veränderungen** der Perikarditis sind Hebungen der ST-Strecke in den drei Extremitätenableitungen und in V2–V6 und bei großem Perikarderguß eine periphere Niedervoltage (Abb. 2-4). Die Sicherung der Verdachtsdiagnose einer exsudativen Perikarditis erfolgt durch die **Echokardiographie** (Abb. 2-5).

Die bei **urämischer Gastroenteropathie** endoskopisch nachweisbaren entzündlichen Schleimhautver-

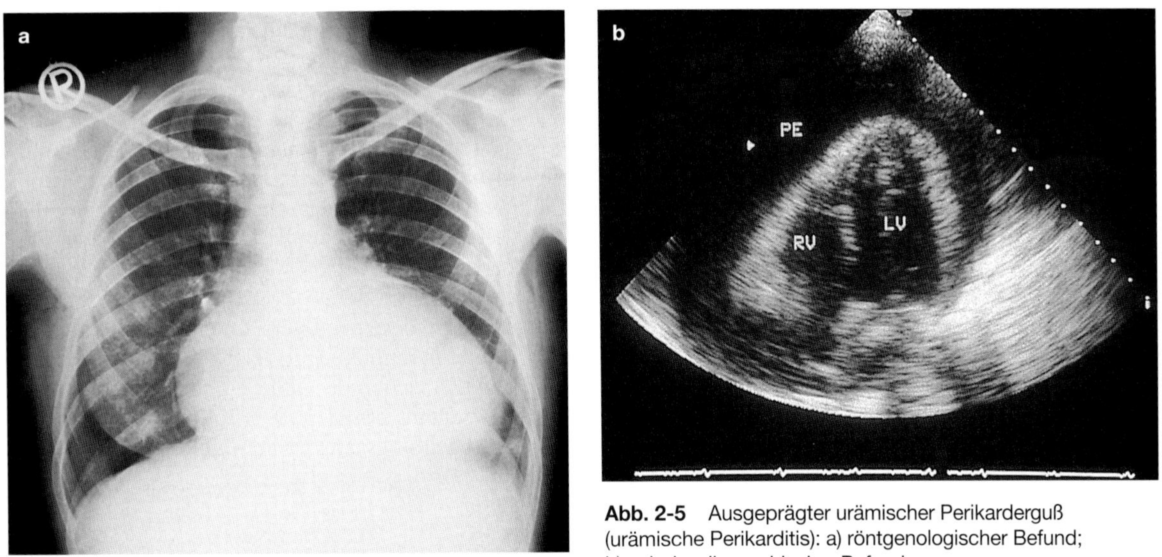

Abb. 2-5 Ausgeprägter urämischer Perikarderguß (urämische Perikarditis): a) röntgenologischer Befund; b) echokardiographischer Befund.

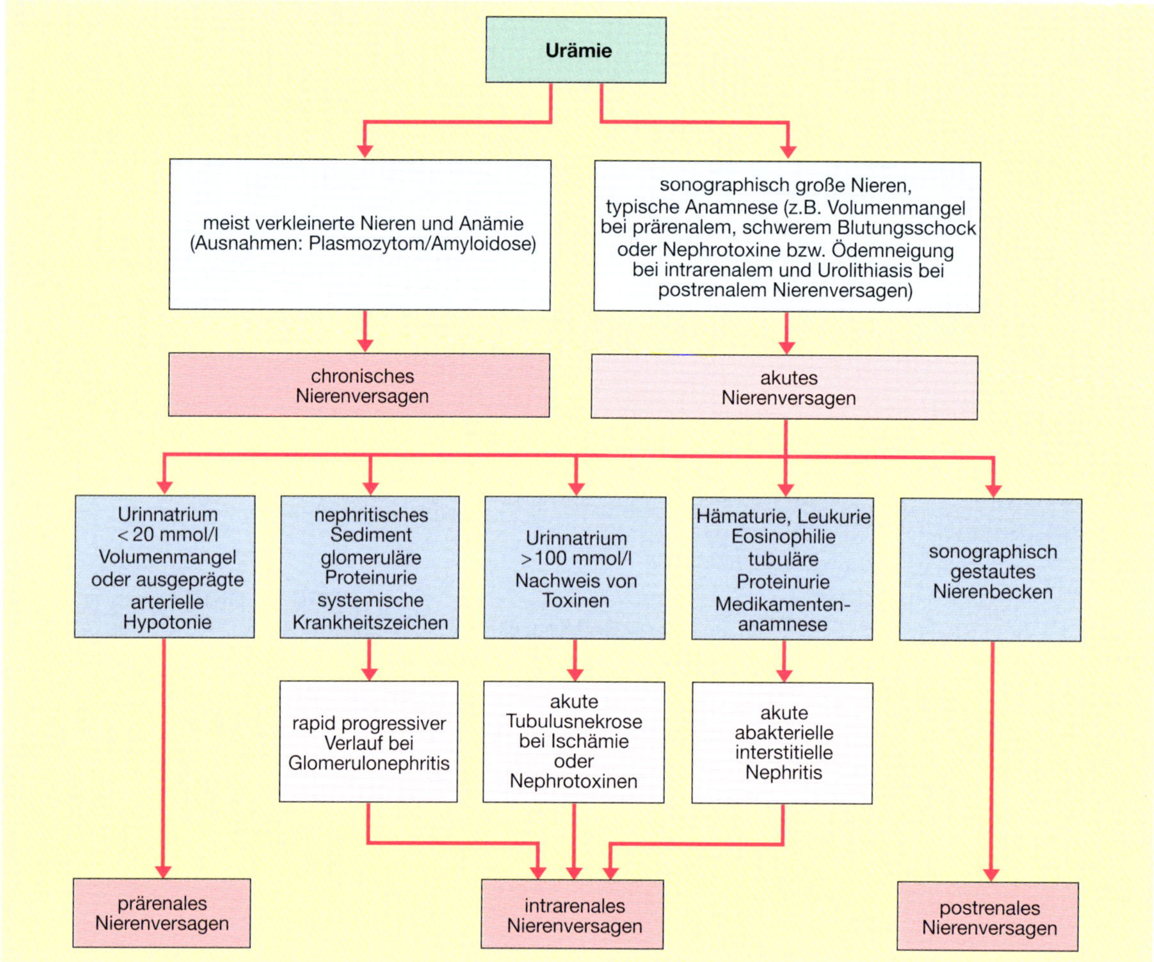

Abb. 2-6 Differentialdiagnostisches Vorgehen bei Verdacht auf ein urämisches Syndrom.

änderungen im Gastrointestinaltrakt sind nicht von denen anderer Genese zu unterscheiden.

DD *Differentialdiagnose*

Nach Sicherung der Diagnose einer Urämie durch Nachweis erhöhter Retentionswerte gilt es auszuschließen, daß sich **zusätzliche Erkrankungen** hinter der „urämischen" Symptomatik verbergen. So können **gastrointestinale Infekte** zu Erbrechen, Diarrhöen und Exsikkose führen, die den Verlauf der Nierenfunktionsstörung beschleunigen. Ebenso können **Virusinfekte** Ursache der Perikarditis des Urämikers sein. Der Ausschluß einer infektiösen Begleiterkrankung erfolgt mittels Kulturnachweis (z.B. aus Blut- oder Stuhlproben) und mittels Antikörper- und ggf. Antigennachweis im Serum (z.B. Zytomegalievirusnachweis). Die Herzinsuffizienz kann unabhängig von der Urämie durch eine **koronare Herzkrankheit** (begünstigt durch die renale Hypertonie) oder durch eine **Kardiomyopathie** verursacht sein (→ Kap. 41). Die Polyneuropathie des Urämikers kann unabhängig von der urämischen Stoffwechsellage durch den zugrundeliegenden **Diabetes, toxische Einflüsse** (z.B. Alkohol, Medikamente) oder **Systemerkrankungen** (SLE, multiples Myelom u.a.) bedingt sein. Die Anämie kann durch Blutungen infolge **Tumorerkrankungen** ausgelöst sein (z.B. Karzinom bei sekundärer Glomerulonephritis).

Ferner muß zwischen einem akuten und einem chronischen Nierenversagen unterschieden werden und die differentialdiagnostische Abgrenzung der möglichen Ursachen des akuten und des chronischen Nierenversagens erfolgen. Der differentialdiagnostische Entscheidungsgang ist in Abbildung 2-6 wiedergegeben.

3 Atemnot

P. Schanzenbächer und M. Schmidt

Dyspnoe ist eine subjektive Wahrnehmung, die sich in dem Gefühl von Atemnot oder Lufthunger äußert. Man unterscheidet eine Ruhe- und eine Belastungsdyspnoe sowie eine akute und eine chronische Dyspnoe. Pathophysiologisch entspricht die Dyspnoe einem Mißverhältnis zwischen erforderlichem Gasaustausch und der dann notwendigen Leistung der Atemmuskulatur. Leistungsbegrenzend wirkt beim Lungengesunden das Herzminutenvolumen, das sich dem steigenden Sauerstoffverbrauch nicht anpassen kann. Ursache der Dyspnoe sind neben Erkrankungen des Herzens, der oberen und unteren Luftwege und des Lungenparenchyms auch Erkrankungen der Atemmuskulatur sowie nervale Atmungsstörungen.

3.1 Definition und Abgrenzung

Dyspnoe ist eine subjektiv empfundene Wahrnehmung und kann vom untersuchenden Arzt nicht objektiviert werden. Nur die Charakteristik der veränderten Atmung, die oft mit einer Dyspnoe einhergeht, kann festgestellt werden. Von einer **Orthopnoe** spricht man, wenn die Atemnot beim flachen Liegen auftritt und sich nach Aufsetzen bessert. Bei der **periodischen Atmung** vom Typ **Cheyne-Stokes** nehmen Atemfrequenz und Atemtiefe zu und ab. Beim **Asthma cardiale** handelt es sich um eine paroxysmale nächtliche Dyspnoe.

Die anamnestische Differenzierung zwischen pulmonaler und kardialer Dyspnoe gelingt meist nicht. Beide Formen treten unter körperlicher Belastung auf. Im Gegensatz zur pulmonalen Dyspnoe wird die **kardiale Atemnot,** in Abhängigkeit vom Schweregrad der Herzerkrankung, durch Liegen und während der Nacht beim Einschlafen verstärkt (Orthopnoe, Asthma cardiale). Nächtliche Atemnot kann allerdings auch bei Patienten mit **obstruktiver Lungenerkrankung** auftreten. Beim **exogen allergischen Asthma bronchiale** tritt die Atemnot nach Exposition mit bestimmten Umweltfaktoren auf (Pollen, Blütenstaub, Mehlstaub etc.). Beim **endogenen** oder **Intrinsic-Asthma** kann der Anfall durch respiratorische Infekte oder Medikamente (z.B. Aspirin®) ausgelöst werden.

3.2 Ursachen

Dyspnoe ist das häufigste Symptom der **Herzinsuffizienz.** Sie tritt sowohl bei der Links- als auch bei der Rechtsherzinsuffizienz auf. Ursachen einer Herzinsuffizienz sind eine dekompensierte Hypertonie, eine Myokardinsuffizienz infolge koronarer Herzerkrankung, ein dekompensiertes Klappenvitium sowie eine Kardiomyopathie. Steht die **Rechtsherzinsuffizienz** im Vordergrund, muß nach möglichen Ursachen einer pulmonalen Hypertonie gesucht werden.

Als Ursache für eine **pulmonale Dyspnoe** kommt folgendes in Frage:

- restriktive Lungenerkrankungen, bei denen die ventilierte und perfundierte Atemfläche eingeschränkt ist durch extrapulmonale (Ergüsse, Atembehinderung) oder intrapulmonale Prozesse (Fibrose, Atelektase, Pneumonie usw.)
- obstruktive Lungenerkrankungen mit Erhöhungen des in- und exspiratorischen Strömungswiderstandes (Asthma bronchiale, chronische Bronchitis)
- Erkrankungen der respiratorischen Muskulatur und der Thoraxwand (Zwerchfell-Lähmung bei Poliomyelitis, Trauma, Tumor oder idiopathisch).

3.3 Diagnostik

3.3.1 Anamnese

Bei der Anamnese ist wichtig zu klären,

▷ ob eine chronische oder akut aufgetretene Dyspnoe vorliegt
▷ ob es sich um eine Erstmanifestation oder ein wiederholtes Ereignis handelt
▷ ob die Atemnot nur unter Belastung oder bereits in Ruhe auftritt
▷ ob Husten, Auswurf, Schmerzen, Hämoptysen oder Fieber bestehen

- ob sich die Atemnot im Sitzen bessert und im Liegen verstärkt
- ob zusätzliche Symptome der Herzinsuffizienz vorliegen (z.B. rasche Gewichtszunahme infolge peripherer Ödeme).

3.3.2 Körperliche Untersuchung

Bei der Inspektion ist auf Zeichen der Rechtsherzinsuffizienz zu achten wie periphere Zyanose, gestaute Halsvenen, Aszites und Beinödeme. Palpatorisch kann der Herzspitzenstoß hebend und nach links lateral verlagert sein. Die Herzfrequenz ist meist tachykard und oft arrhythmisch. Bradyarrhythmien sind möglich. Wichtigstes auskultatorisches Zeichen bei der Herzinsuffizienz ist ein diastolischer Galoppton (3. Herzton), bei Mitral- oder Trikuspidalinsuffizienz und der Aortenstenose sind es systolische Geräusche. Über der Lunge ist auf die Qualität des Atemgeräusches im Seitenvergleich und auf Nebengeräusche zu achten (trockene und feuchte Rasselgeräusche, klingende oder nichtklingende sowie fein-, mittel- oder grobblasige Rasselgeräusche). Bei der Perkussion der Lunge muß man auf Dämpfungen achten.

3.4 Krankheitsbilder

3.4.1 Erkrankungen des Herzens

3.4.1.1 Chronische Linksherzinsuffizienz

Hypertensive Herzerkrankung

Die hypertensive Herzerkrankung ist eine der häufigsten Ursachen der chronischen Linksherzinsuffizienz. Infolge jahrelang bestehender Druckbelastung des linken Ventrikels kommt es nach Entwicklung einer Linksherzhypertrophie zu einer progredienten linksventrikulären Dilatation und Pumpfunktionsstörung. Zum Zeitpunkt der Diagnosestellung kann der Blutdruck unter Umständen im Normbereich liegen, da es sich um einen sogenannten ausgebrannten Hypertonus handelt.

B ***Beschwerden und Befunde***

Neben der Belastungs- und Ruhedyspnoe klagen die Patienten häufig über andere Symptome der chronischen Herzinsuffizienz, wie vermehrte periphere Ermüdbarkeit und Leistungsschwäche. Gelegentlich wird von Kopfschmerzen, Ohrensausen, Benommenheit, pulsierenden Sensationen und Angina-pectoris-artigen Beschwerden berichtet.

Der Blutdruck kann zum Untersuchungszeitpunkt erhöht sein (über 160 mmHg systolisch bzw. über 95 mmHg diastolisch). Im Stadium der Dekompensation ist der Blutdruck meist im Normbereich (ausgebrannter Hypertonus). Bei der körperlichen Untersuchung ist der Herzspitzenstoß hebend außerhalb der Medioklavikularlinie im 6. Interkostalraum tastbar. Die Herzaktion ist meist tachykard mit einem protodiastolischen Galopprhythmus. Der 2. Herzton ist akzentuiert.

DS ***Diagnosesicherung***

Im Ruhe-EKG zeigen sich die Zeichen der Linksherzhypertrophie mit einem positiven Links-Sokolow-Index ($SV_1 + RV_5 \geq 3{,}5$ mV), es können die Zeichen der Innenschichtalteration mit deszendierenden ST-Strecken-Senkungen und präterminal negativen T-Wellen bestehen.

Im Echokardiogramm sind Hinterwand und interventrikuläres Septum verdickt (Wanddicke über 11 mm). Der enddiastolische Durchmesser des linken Ventrikels ist meistens auf über 60 mm vergrößert. Gelegentlich finden sich allerdings auch Zeichen der überwiegenden diastolischen Funktionsstörung. Hierbei ist dann der linke Ventrikel nicht dilatiert und der EF-Slope (Steilheit der EF-Strecke im Echokardiogramm) abgeflacht als Ausdruck einer diastolischen Dehnbarkeitsstörung (diastolische Herzinsuffizienz).

Die Röntgen-Thoraxaufnahme zeigt ein vergrößertes Herz mit einem Herz-Thorax-Quotienten von über 0,5. Die Aorta ascendens ist meist elongiert und der Aortenbogen prominent. Es können Zeichen der chronischen pulmonalvenösen Stauung vorliegen.

Die Untersuchung des Augenhintergrundes zeigt typische Veränderungen im Sinne eines Fundus hypertonicus bei langjährig bestehender arterieller Hypertonie.

DD *Differentialdiagnose*

Differentialdiagnostisch kommen alle anderen Ursachen der chronischen Linksherzinsuffizienz in Frage. Ist die Linksherzhypertrophie im EKG besonders ausgeprägt, so stellt sich die Differentialdiagnose nach dekompensierten Klappenvitien bzw. einer Kardiomyopathie.

Koronare Herzerkrankung

Neben der arteriellen Hypertonie ist die koronare Herzerkrankung mit ihrem Terminalstadium die häufigste Ursache der chronischen Linksherzinsuffizienz. Durch vorausgehende subendokardiale oder transmurale Infarkte kommt es zu einem progredienten Verlust der linksventrikulären Muskelmasse und konsekutiver Pumpfunktionsstörung. In seltenen Fällen können die Infarkte auch stumm verlaufen, so daß als Leitsymptom dann ausschließlich die Belastungsdyspnoe besteht.

B *Beschwerden und Befunde*

Die Beschwerden und Befunde bei koronarer Herzerkrankung werden ausführlich im Kapitel „Brustschmerz" (→ Kap. 41) besprochen.

DS *Diagnosesicherung*

Bei durchgemachtem transmuralem Myokardinfarkt finden sich im Ruhe-EKG beim Hinterwandinfarkt pathologische Q-Zacken in II, III und aVF und beim Vorderwandinfarkt ein R-Verlust mit QS-Konfiguration in den präkordialen Ableitungen (meist V_1–V_4).

Echokardiographisch zeigt sich eine eingeschränkte linksventrikuläre Pumpfunktion. Die Kontraktionsstörung kann begrenzt oder diffus verteilt sein.

Die definitive Diagnosesicherung erfolgt mittels Linksherzkatheteruntersuchung und selektiver Koronarangiographie. Die selektive Koronarangiographie zeigt die genaue Lokalisation von Gefäßverschlüssen bzw. Gefäßstenosierungen. Ventrikulographisch findet sich entweder eine diffuse Kontraktionsstörung bzw. ein umschriebenes Vorder- und seltener ein Hinterwandaneurysma. Bei gleichzeitig bestehender Papillarmuskeldysfunktion kommt es zu einem Kontrastmittelreflux in den linken Vorhof im Sinne einer Mitralinsuffizienz.

Aortenklappenstenose

Leitsymptome der symptomatischen Aortenklappenstenose sind die Synkope, die Angina pectoris und die Belastungsdyspnoe. Das führende Leitsymptom ist meistens die belastungsinduzierte Synkope (→ Kap. 7.4.8).

Eine langjährige asymptomatische Aortenstenose führt zur linksventrikulären Pumpfunktionsstörung mit progredienter Linksherzinsuffizienz. Die Diagnose wird echokardiographisch und dopplerechokardiographisch gestellt.

Aortenklappeninsuffizienz

Bei der ätiologisch heterogenen chronischen Aortenklappeninsuffizienz kommt es zu einer linksventrikulären Volumenbelastung. Es entwickeln sich eine exzentrische Linksherzhypertrophie und eine progrediente linksventrikuläre Dysfunktion. Die Blutdruckamplitude ist erhöht, das auskultatorische Leitsymptom ist ein gießendes diastolisches Geräusch.

B *Beschwerden und Befunde*

Viele Patienten mit chronischer Aortenklappeninsuffizienz bleiben über viele Jahre asymptomatisch. Neben dem Leitsymptom der Belastungsdyspnoe klagen manche Patienten auch über Angina-pectoris-ähnliche Beschwerden.

Bei Inspektion und Palpation zeigt sich ein nach links lateral verlagerter hebender Herzspitzenstoß. Bei hochgradiger Aorteninsuffizienz besteht eine hohe Blutdruckamplitude mit lebhaften und schleudernden arteriellen Pulsationen, vor allem im Hals und im Bereich des Abdomens (homo pulsens). Auskultatorisch hört man ein hochfrequentes, gießendes diastolisches Decrescendogeräusch mit punctum maximum über dem 3. und 4. Interkostalraum links.

Bei großem Pendelvolumen ist zusätzlich ein mesosystolisches Geräusch über der Aortenklappe ohne Fortleitung in die Halsgefäße zu hören (funktionelle Aortenstenose).

DS *Diagnosesicherung*

Bei schwerer Aorteninsuffizienz liegen die Zeichen der linksventrikulären Hypertrophie vor (Hypervoltage, positiver Links-Sokolow-Index, deszendierender ST-Strecken-Verlauf mit präterminal negativen T-Wellen).

Im konventionellen Echokardiogramm zeigt sich als indirektes Zeichen der Aorteninsuffizienz ein hochfrequentes Oszillieren des anterioren Mitralsegels. Zudem bestehen meist hyperdyname Ventrikelkontraktionen als Ausdruck des erhöhten Schlagvolumens und eine Verdickung des interventrikulären Septums und der Hinterwand bei gleichzeitiger Zunahme des enddiastolischen Durchmessers (exzentrische Linksherzhypertrophie).

Mittels Doppler-Echokardiographie und Farb-Doppler-Echokardiographie gelingt der Nachweis des diastolischen Rückstroms vom apikalen Schallfenster aus.

Die Röntgenaufnahme des Thorax zeigt eine deutliche Linksverbreiterung des Herzens mit ausgeprägter Herztaille (Aortenkonfiguration).

3

Durch Kontrastmittelinjektion in die Aorta ascendens (Bulbographie) läßt sich der Schweregrad der Aorteninsuffizienz angiographisch klassifizieren.

DD *Differentialdiagnose*

Aufgrund des Auskultationsbefundes ergibt sich gelegentlich die Differentialdiagnose zur Pulmonalinsuffizienz (Graham-Steel-Geräusch) und zum hyperkinetischen Herzsyndrom.

Mitralklappeninsuffizienz (Mitralinsuffizienz)

Bei der ätiologisch heterogenen chronischen Mitralinsuffizienz handelt es sich um eine Schlußunfähigkeit der Mitralklappe, so daß während der Systole Blut in den linken Vorhof zurückströmt. Auskultatorisches Leitsymptom ist ein holosystolisches Geräusch über der Herzspitze mit Fortleitung in die Axilla.

B *Beschwerden und Befunde*

Patienten mit chronischer Mitralinsuffizienz bleiben über lange Jahre hinweg asymptomatisch. Entwickelt sich eine linksventrikuläre Pumpfunktionsstörung, dann treten neben der Belastungsdyspnoe rasche Ermüdbarkeit, Schwindelgefühle und Orthopnoe auf.

Der Herzspitzenstoß ist hebend nach links lateral verlagert. Gelegentlich tastet man ein Schwirren über der Herzspitze. Auskultatorisch ist der 1. Herzton abgeschwächt, und es findet sich ein lautes holosystolisches Geräusch mit punctum maximum über der Herzspitze und Fortleitung in die Axilla.

DS *Diagnosesicherung*

Im Ruhe-EKG finden sich ein P mitrale und Zeichen der exzentrischen Linksherzhypertrophie. Intermittierendes oder permanentes Vorhofflimmern treten im Spätstadium auf.

Die Röntgenaufnahme des Thorax zeigt eine Vergrößerung des linken Vorhofs und linken Ventrikels. In der a.p.-Aufnahme kann der linke Ventrikel bis in die linke Thoraxwand reichen. Die Herztaille ist verstrichen.

Die Echokardiographie zeigt meist einen vergrößerten linken Vorhof und einen hyperdynam kontrahierenden linken Ventrikel. Mitralklappenringverkalkungen sind gut erkennbar. Bei rheumatischer Mitralinsuffizienz ist die Mitralklappe verdickt und auch verkalkt. Die Doppler-Echokardiographie und Farb-Doppler-Echokardiographie ermöglichen den direkten Nachweis der systolischen Regurgitation in den linken Vorhof.

Die Ventrikulographie zeigt die unterschiedlichen Schweregrade des Kontrastmittelrückstroms über die Mitralklappe in den linken Vorhof.

DD *Differentialdiagnose*

Differentialdiagnostisch kommen alle Erkrankungen in Frage, die ein holosystolisches Geräusch verursachen: Ventrikelseptumdefekt, Trikuspidalinsuffizienz, Aortenstenose.

Dilatative Kardiomyopathie

Die dilatative Kardiomyopathie ist eine Herzmuskelerkrankung unbekannter Ätiologie und Pathogenese mit vielfältiger Symptomatik. Sie ist die häufigste Form der primären Kardiomyopathien. Da es keine spezifischen Befunde und Symptome für diese Erkrankung gibt, stellt sie immer eine Ausschlußdiagnose dar. Die unterschiedlichen Ätiologien sind in Tabelle 3-1 zusammengefaßt.

B *Beschwerden und Befunde*

Neben der Belastungsdyspnoe klagen die Patienten über Herzklopfen und Palpitationen sowie ein Druckgefühl in der Herzgegend. Der Herzspitzenstoß ist meist hebend außerhalb der Medioklavikularlinie tastbar. Die Herzaktion ist meist beschleunigt, und es findet sich häufig ein protodiastolischer Galoppton (3. Herzton). Ein systolisches Geräusch ist meist Ausdruck einer relativen Mitralinsuffizienz. Neben peripheren Ödemen zeigen sich noch häufig

Tab. 3-1 Ursachen der dilatativen Kardiomyopathie

primär	idiopathisch
sekundär	
toxisch	Alkohol Schwermetalle (Kobalt) Pharmaka (bestimmte Zytostatika, trizyklische Antidepressiva)
entzündlich	infektiös (Viren, Diphtherie, Chagas-Krankheit), → Kap. 14 nichtinfektiös (rheumatisch, Lupus erythematodes, Sarkoidose, Polyarthritis) → Kap. 43
endokrin	Akromegalie (→ Kap. 44) Hyperthyreose (→ Kap. 23) Hypothyreose (→ Kap. 1) Phäochromozytom (→ Kap. 44) Morbus Cushing (→ Kap. 18) Diabetes mellitus (→ Kap. 12)
metabolisch	Vitaminmangelerkrankung Thalassämie Gicht (→ Kap. 43) Oxalose Porphyrie
neuromuskulär	Friedreichsche Ataxie progressive Muskeldystrophie

Zeichen der Hypoperfusion mit einer peripheren Zyanose. Im Terminalstadium besteht eine kardiale Kachexie.

DS ***Diagnosesicherung***

Im Ruhe-EKG zeigt sich häufig eine Linksherzhypertrophie mit hypertrophiebedingten Endstreckenveränderungen. Meist besteht Vorhofflimmern. Ein Linksschenkelblock ist häufig vorhanden.

Die Röntgenaufnahme des Thorax zeigt eine globale Herzvergrößerung mit pathologischer Herz-Thorax-Relation und möglicherweise Zeichen der chronisch venösen Stauung mit und ohne Pleuraergußbildung.

Die Echokardiographie zeigt einen diffus kontrahierenden linken Ventrikel. Der enddiastolische Durchmesser und der linke Vorhof sind meist vergrößert. Der Abstand der geöffneten Mitralklappe vom interventrikulären Septum ist vergrößert. Dopplerechokardiographisch gelingt meist der Nachweis einer relativen Mitralinsuffizienz.

Die invasive Diagnostik zeigt typischerweise weitlumig angelegte, gestreckt verlaufende Herzkranzgefäße ohne stenosierende Gefäßwandprozesse. Die Auswurffraktion des linken Ventrikels ist bei deutlich erhöhtem enddiastolischem Volumen auf unter 30% herabgesetzt. Die linksventrikuläre Endomyokardbiopsie liefert meist wenig spezifische Ergebnisse (subendokardiale Fibrose und Muskelfaserhypertrophie, lymphozytäre Infiltrate sind selten nachweisbar).

Hypertrophische Kardiomyopathie

Die hypertrophische Kardiomyopathie ist eine seltene Erkrankung, bei der es zu einer zunehmenden Hypertrophie der Herzmuskulatur kommt. Hämodynamisch handelt es sich um eine überwiegende Störung der Dehnbarkeit des hypertrophierten Herzmuskels (Compliance-Störung) mit erhöhten Füllungsdrücken des linken und manchmal auch des rechten Ventrikels. Die Hypertrophie entwickelt sich meist asymmetrisch unter Bevorzugung des interventrikulären Septums. Fast immer besteht eine Mitralinsuffizienz. Die Diagnose ist echokardiographisch eindeutig zu stellen. Synkopale Zustände stehen im Vordergrund der Beschwerden.

Myokarditis

Die virale Myokarditis ist die bedeutsamste Ursache sekundärer Herzmuskelerkrankungen. Das Leitsymptom ist meist ein beschleunigter Pulsschlag mit Palpitationen. Deshalb wird das Krankheitsbild im Kapitel „Herzklopfen“ (→ Kap. 23.4.9) abgehandelt. Ist die Dyspnoe das Leitsymptom, so findet sich echokardiographisch ein dilatierter Ventrikel, häufig mit begleitendem Perikarderguß.

3.4.1.2 Akute Linksherzinsuffizienz mit Lungenödem

Arterielle Hypertonie mit krisenhaft erhöhtem Blutdruck

Die häufigste Ursache einer Linksherzinsuffizienz mit Lungenödem ist die akzentuierte arterielle Hypertonie (Hochdruckkrise, → Kap. 26). Die Patienten leiden unter hochgradiger Ruhedyspnoe, sind unruhig, agitiert und haben starke Angstgefühle. Auskultatorisch hört man Rasselgeräusche über beiden Lungenfeldern, die auch teilweise ohne Stethoskop zu hören sind (Distance-Rasseln). Diagnostisch wegweisend ist der zum Untersuchungszeitpunkt deutlich erhöhte arterielle Blutdruck.

Koronare Herzerkrankung und akuter Myokardinfarkt

Ein akutes Lungenödem kann mitunter die Erstmanifestation einer koronaren Herzerkrankung bzw. eines akuten Myokardinfarkts sein. Das Leitsymptom Brustschmerz fehlt hier (stumme Ischämie bzw. stummer Infarkt). Diagnostisch wegweisend sind das Ruhe-EKG und die Erhöhung der infarktspezifischen Enzyme.

Bakterielle Endokarditis mit Klappendestruktion

Im Rahmen einer bakteriellen Endokarditis kann es durch eine progrediente Klappendestruktion zum Auftreten einer akuten Aorten- bzw. einer akuten Mitralinsuffizienz kommen. Die Leitsymptome der Endokarditis mit Fieber, Herzgeräusch und Leukozytose stehen hier im Vordergrund (→ Kap. 14.4.8).

Der Nachweis endokarditischer Vegetationen mit frei prolabierenden Anteilen in den linken Ventrikel bzw. den linken Vorhof gelingt mittels transthorakaler und spezifischer mittels transösophagealer Echokardiographie. Bei der akuten Aortenklappeninsuffizienz läßt sich echokardiographisch ein vorzeitiger Schluß der Mitralklappe bei Sinusrhythmus nachweisen. Die Diagnose kann erschwert werden, wenn die Klappen primär sklerotisch verändert sind bzw. Verkalkungen aufweisen.

Bei der bakteriellen Endokarditis mit Klappendestruktion ist neben dem echokardiographischen Befund der positive Erregernachweis in der Blutkultur diagnostisch wegweisend.

Sehnenfadenteilruptur bei Mitralklappenprolapssyndrom

Beim Mitralklappenprolapssyndrom (→ Kap. 41.4.9) kann es durch Sehnenfadenteilruptur zu einer akuten Mitralinsuffizienz mit Lungenödem kommen. Hier rupturieren meist terziäre Sehnenfäden. Diagnostisch wegweisend sind die transthorakale und die transösophageale Echokardiographie. Hier zeigen sich Segeleinrollungen mit prolabierenden Anteilen in den linken Vorhof. Die Mitralinsuffizienz läßt sich doppler- bzw. farbdopplerechokardiographisch quantitativ erfassen.

Papillarmuskelabriß

Ein Papillarmuskelabriß kann im Rahmen eines Myokardinfarktes oder traumatisch eintreten. Klinisch besteht ein akutes Lungenödem mit Schocksymptomatik. Die Diagnose wird mittels transthorakaler bzw. transösophagealer Echokardiographie gestellt.

Prothesendysfunktion

Bei Zustand nach prothetischem Klappenersatz kann es durch eine akut aufgetretene Prothesendysfunktion zur Ausbildung eines Lungenödems kommen. Neben mechanischen Störungen wie Bügelabriß kann auch eine Klappenthrombose zu einer Öffnungsbehinderung führen. Eine Nahtdehiszenz führt zum Prothesenausriß. Im Echokardiogramm sind Kunstklappen aufgrund des komplexen Echomusters oft schwer zu beurteilen. Eine einfache rotierende Durchleuchtung führt häufig zur Klärung. Beim Prothesenausriß erkennt man eine pathologische Kippbewegung der gesamten Prothese. Der Öffnungswinkel einer Kippschicht- oder Doppelflügelklappe läßt sich genau bestimmen und eine Funktionsstörung erkennen. Die echokardiographische Untersuchung ist schwierig, da die Kunstprothese sehr viele artifizielle Echos hervorruft. Bei den Klappenprothesen ist allerdings die transösophageale Echokardiographie sehr hilfreich.

Dissezierende Aortenerkrankung

Bei der akuten Aortendissektion steht meist der heftige retrosternale Schmerz im Vordergrund (→ Kap. 41). Durch die Dissektion ist die Aortenklappe nicht mehr fixiert und sie prolabiert diastolisch in den linken Ventrikel. Dies führt zu einer hochgradigen Aorteninsuffizienz. Die Diagnose wird durch die transthorakale und transösophageale Echokardiographie gesichert. Die Aorteninsuffizienz läßt sich direkt mittels Doppler-Echokardiographie nachweisen.

Ischämisch bedingter Ventrikelseptumdefekt

Als Komplikation des Myokardinfarkts kommt es selten zu einem Einriß des interventrikulären Septums mit akutem Ventrikelseptumdefekt. Die Patienten werden kurzatmig, hypoton und zeigen eine Lungenstauung. Bei der Rechtsherzkatheteruntersuchung zeigt sich ein Sauerstoffsättigungssprung auf Ventrikelebene. Laevokardiographisch sieht man die Größe des Defekts anhand des systolischen Kontrastmittelübertritts vom linken in den rechten Ventrikel. Der farbdopplerechokardiographische Nachweis des Defektes ist zeitraubend.

3.4.1.3 Mitralstenose

Die Mitralstenose entsteht auf dem Boden einer rheumatischen Entzündung der Mitralklappe. Es kommt zur Öffnungsbehinderung durch Klappenschrumpfung, Verwachsungen oder Verklebungen mit Verminderung der Klappenöffnungsfläche und einer Erschwerung des Bluteinstroms aus dem linken Vorhof in den linken Ventrikel.

B *Beschwerden und Befunde*

Im Vordergrund steht die Belastungsdyspnoe. Eine Dyspnoe kann allerdings auch auftreten bei emotionalen Belastungen, Infekten, Fieber sowie in der Schwangerschaft oder bei plötzlichem Einsetzen von Vorhofflimmern. Hämoptysen werden heute seltener beobachtet. Ein geringer Teil der Patienten klagt über pektanginöse Beschwerden.

Auskultatorisch hört man einen paukenden 1. Herzton, Leitbefund ist der Mitralöffnungston, der in unterschiedlichem Abstand (0,8 bis 0,11 sec) dem 2. Herzton folgt. Bei Sinusrhythmus führt die Vorhofkontraktion zur Ausbildung eines präsystolischen Geräusches, das in den lauten 1. Herzton übergeht. Tritt Vorhofflimmern auf, verschwindet das präsystolische Geräusch.

Bei Sinusrhythmus sieht man im EKG ein doppelgipfliges P mitrale und charakteristischerweise einen Steil- bis Rechtslagetyp. Bei großem linkem Vorhof ist allerdings Vorhofflimmern häufig.

Die Röntgenaufnahme des Thorax zeigt eine verstrichene Herztaille zwischen Pulmonalsegment und linkem Ventrikel durch den vergrößerten linken Vorhof. Gleichzeitig können Zeichen der chronisch venösen Stauung vorhanden sein. In der seitlichen Aufnahme ist eine Vergrößerung des linken Vorhofs zu erkennen (Breischluck).

Die Diagnose kann mittels Echokardiographie eindeutig gestellt werden. Die Doppler-Echokardiographie ermöglicht eine nichtinvasive Messung des transvalvulären Gradienten sowie der Mitralklappenöffnungsfläche. Eine Herzkatheteruntersuchung ist nur vor geplantem Mitralklappenersatz erforderlich.

DD *Differentialdiagnose*

Rezidivierende pulmonale Infekte können fälschlicherweise einer chronischen Emphysembronchitis bzw. einem Lungenemphysem zugeschrieben werden. Hämoptysen werden bei Bronchiektasen oder Tuberkulose beobachtet oder sind Anlaß zur Tumorsuche. Die primäre pulmonale Hypertonie, insbesondere bei jungen Patienten, kann gelegentlich klinische Befunde einer Mitralstenose verursachen. Auch wird gelegentlich ein Vorhofseptumdefekt mit einer Mitralstenose verwechselt. Echokardiographisch ist allerdings stets die richtige Diagnose zu stellen. Das linksatriale Myxom kann in seltenen Fällen differentialdiagnostische Schwierigkeiten gegenüber der Mitralstenose mit gestieltem mobilem Thrombus stellen. Auskultatorisch kann ein gedoppelter 2. Herzton bei Pericarditis constrictiva mit einem Mitralöffnungston verwechselt werden.

3.4.1.4 Lungenembolie

Unter einer akuten Lungenembolie versteht man die Verlegung der pulmonalen Strombahn durch thrombotisches Material, das in den meisten Fällen durch Dislokation aus den tiefen Beinvenen entsteht. Neben der mechanischen Obstruktion durch den Thrombus selbst kann es durch reaktive Vasokonstriktion infolge von Freisetzung humoraler Faktoren wie Histamin, Serotonin und Prostaglandinen zu einer Erhöhung des Lungenarteriolenwiderstandes kommen und somit zur Ausbildung eines akuten Cor pulmonale.

B *Beschwerden und Befunde*

Gelegentlich stehen bei der massiven Lungenembolie aus der Tiefe des Thorax empfundene Schmerzen mit Vernichtungsgefühl im Vordergrund. Dyspnoe und Tachypnoe sind stets vorhanden. Infolge der arteriellen Hypoxie ist der Patient zyanotisch: Es bestehen eine Tachykardie und in Abhängigkeit von dem Schweregrad der Lungenembolie eine protrahierte Hypotension. Beim akuten Cor pulmonale stehen die Zeichen der Rechtsherzinsuffizienz mit gestauten Halsvenen und evtl. auskultatorischer Trikuspidalinsuffizienz im Vordergrund. Der 2. Herzton (Pulmonalklappenschlußton) ist meistens akzentuiert und fixiert gespalten. Gelegentlich hört man einen protodiastolischen rechtsventrikulären Galoppton (3. Herzton) sowie ein pansystolisches Geräusch (Trikuspidalinsuffizienz). Bei der körperlichen Untersuchung ist stets auf Schwellungen der Beine bzw. Differenzen im Beinumfang und Druckschmerzhaftigkeit im Bereich der Waden und des Adduktorenkanals zu achten.

DS *Diagnosesicherung*

Abbildung 3-1 zeigt das stufenweise Vorgehen bei Verdacht auf Lungenembolie. Im Elektrokardiogramm finden sich eine Sinustachykardie sowie ein S_1Q_3-Typ (akutes Cor pulmonale). Weiterhin kann es zum Auftreten eines inkompletten Rechtsschenkelblocks sowie von T-Wellen-Negativierungen in den rechtspräkordialen Ableitungen V_1–V_3 kommen. Diese EKG-Veränderungen sind allerdings nur bei der massiven Lungenembolie zu erwarten, wenn mehr als 60% der Lungenstrombahn durch Emboli verlegt werden.

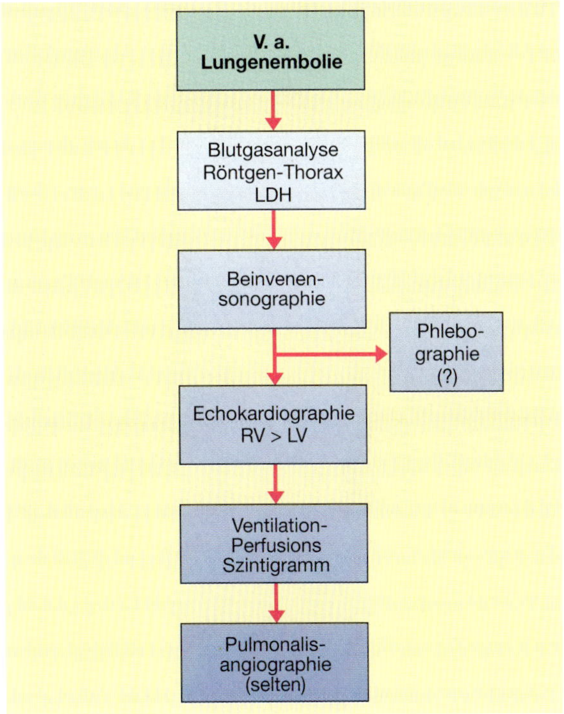

Abb. 3-1 Vorgehen bei Verdacht auf Lungenembolie.

Die Blutgasanalyse zeigt eine arterielle Hypoxie mit einem pO_2 unter 60 Torr. Wegen der Tachypnoe und der kompensatorischen Hyperventilation in den nicht betroffenen Lungenabschnitten finden sich typischerweise eine Erniedrigung des pCO_2 und eine Alkalose.

Die Laborwerte zeigen im Initialstadium keine spezifischen Veränderungen. Im weiteren Verlauf kann es zum Anstieg des LDH kommen.

Typischerweise zeigt die Röntgenaufnahme des Thorax in den meisten Fällen eine normale Transparenz der Lunge. Bei weniger als 10% der Patienten mit Lungenembolie kommt es zur Ausbildung eines typischen Lungeninfarkts, der sich als keilförmige Verschattung im Röntgenbild präsentiert.

Im Lungenventilations-Perfusionsszintigramm findet sich typischerweise ein Perfusionsausfall bei gleichzeitig erhaltener Ventilation. Der direkte angiographische Nachweis einer Lungenarterienembolie (Abb. 3-2) ist nur in seltenen Fällen notwendig und wird nur durchgeführt, wenn chirurgische Maßnahmen diskutiert werden.

Die Echokardiographie gibt nur indirekte Hinweise mit einer Erweiterung des rechten Ventrikels, wobei der rechtsventrikuläre Durchmesser deutlich über dem linksventrikulären Durchmesser liegt. Es kann zum Auftreten einer paradoxen Septumbewegung kommen. In seltenen Fällen läßt sich thrombotisches Material in der ebenfalls dilatierten Arteria pulmonalis nachweisen.

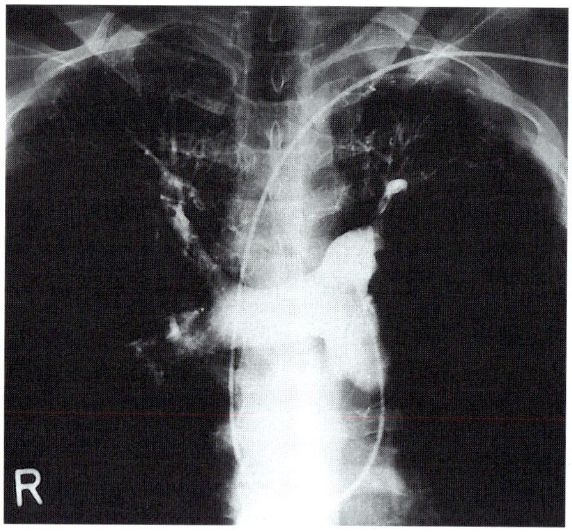

Abb. 3-2 Pulmonalisangiographie bei diffuser Lungenarterienembolie.

Tab. 3-3 Differentialdiagnose bei Lungenembolie in Abhängigkeit vom Leitsymptom

akute Dyspnoe	Pneumothorax Lungenödem Pneumonie Asthma bronchiale
akuter Thoraxschmerz	Angina pectoris Myokardinfarkt Pleuritis Perikarditis Aortendissektion
Hämoptyse	Bronchialkarzinom Tuberkulose Bronchiektasen Goodpasture-Syndrom Angiodysplasie Hämorrhagische Diathese Mitralstenose Pulmonale Vaskulitis

Da als Quellgebiet praktisch immer eine tiefe Beinvenenthrombose vorliegt, nimmt heute die Beinvenensonographie (Phlebosonographie) eine zentrale Stellung in der Diagnostik ein. In den meisten Fällen kann auf die Durchführung einer Phlebographie verzichtet werden.

Der Nachweis von tiefen Beinvenenthrombosen (→ Kap. 42.4.4) ist besonders wichtig bei rezidivierenden Lungenembolien. Diese verlaufen in der Regel weniger dramatisch und sind nur mit kurzen Episoden von Dyspnoe und thorakalen Beschwerden verbunden. Wegen der uncharakteristischen klinischen Symptomatik werden nicht selten depressive Verstimmungszustände, Nervosität und ein Hyperventilationssyndrom diagnostiziert. Prädisponierende Faktoren für das Auftreten einer Lungenembolie sind in Tabelle 3-2 zusammengefaßt. Die **Differentialdiagnose** der Lungenembolie in Abhängigkeit vom Leitsymptom ist in Tabelle 3-3 zusammengefaßt.

Tab. 3-2 Risikofaktoren für eine Lungenembolie

- Beinvenenthrombose in der Vorgeschichte nach chirurgischen Eingriffen
- Trauma im Bereich der unteren Extremitäten
- Immobilisierung
- prolongierte Bettruhe
- manifeste Herzinsuffizienz
- Malignom
- Schwangerschaft
- orale Antikontrazeptiva
- Adipositas
- fortgeschrittenes Alter
- Protein-S-, Protein-C-Mangel

3.4.1.5 Cor pulmonale

Unter Cor pulmonale versteht man eine sekundär nach einer Funktionsstörung der Lunge aufgetretene Überlastung der rechten Herzkammer. Stets geht dem Cor pulmonale eine pulmonalarterielle Hypertonie voraus. In der Praxis ist der Begriff Cor pulmonale gleichbedeutend mit demjenigen der pulmonalen Hypertonie, obwohl häufig Hypoxämie und Polyglobulie zusätzlich zur Überlastung der rechten Herzkammer beitragen. Vor der Diagnosestellung des Cor pulmonale müssen eine primäre Erkrankung des linken Herzens und eine angeborene Herzkrankheit ausgeschlossen werden. Eine Rechtsherzinsuffizienz tritt dann auf, wenn die zum Cor pulmonale führende Grunderkrankung nicht beseitigt wird. Man unterscheidet das akute Cor pulmonale (meist verursacht durch eine Lungenembolie) vom chronischen Cor pulmonale (z.B. infolge chronisch obstruktiver Lungenerkrankungen). Die Ursachen des Cor pulmonale sind in Tabelle 3-4 zusammengefaßt.

B ***Beschwerden und Befunde***

Die führenden Symptome sind Belastungsdyspnoe und Belastungsinteroleranz. Je nach Grunderkrankung können auch andere Symptome wie z.B. produktiver Husten und gehäufte bronchopulmonale Infekte vorhanden sein.

Bei der Auskultation besteht meistens ein tachykarder Grundrhythmus, und man hört eine fixierte Spaltung des 2. Herztons mit einem betonten Pulmonalklappenschlußton. Besteht eine Trikuspidalinsuffizienz, so hört man ein systolisches Geräusch rechts parasternal mit Verstärkung in Inspiration. Besteht ein

Tab. 3-4 Ursachen des Cor pulmonale

akut	Lungenembolie
chronisch	chronische Bronchitis Emphysem Lungenfibrose pulmonale Beteiligung bei Vaskulitiden zystische Fibrose Bronchiektasen Zustand nach Thorakoplastik schwere Kyphoskoliose rezidivierende Lungenembolien Einnahme von Appetitzüglern primäre pulmonale Hypertonie

dekompensiertes Cor pulmonale, so zeigen sich gestaute Halsvenen, stauungsbedingte Lebervergrößerung und zunehmende Beinödeme. Ein hepatojugulärer Reflux ist auslösbar.

DS *Diagnosesicherung*

Das Ruhe-EKG zeigt bei Sinusrhythmus ein P pulmonale, einen Rechtslagetyp oder einen S_1Q_3-Typ bzw. ein S_1-, S_2-, S_3-Muster. Häufig besteht ein inkompletter oder kompletter Rechtsschenkelblock. Charakteristisch sind tiefe S-Zacken in Ableitung V_6, so daß das R/S-Verhältnis in V_6 unter 1 liegt. In fortgeschrittenen Stadien tritt häufig Vorhofflimmern auf.

Bei der Röntgenaufnahme des Thorax sieht man eine prädisponierende Lungenerkrankung in Verbindung mit großen zentralen Pulmonalarterien und einem gestutzten peripheren arteriellen Gefäßbaum. Die Lungenfunktionsprüfung zeigt eine vorhandene obstruktive Ventilationsstörung mit einem erhöhten Residualvolumen und einer erniedrigten Sekundenkapazität. Häufig sind Zeichen der restriktiven Ventilationsstörung vorhanden sowie niedrige statische Volumina und Erniedrigung der Diffusionskapazität.

Die arterielle Blutgasanalyse zeigt eine möglicherweise vorhandene arterielle Hypoxie in Kombination mit einer Hyperkapnie (respiratorische Globalinsuffizienz).

Echokardiographisch gelingt der Nachweis eines dilatierten und hypertrophierten rechten Ventrikels. Der Nachweis von dilatierten zentralen Pulmonalarterien mittels Ultraschall ist schwierig. Gelegentlich findet sich eine paradoxe Septumbewegung.

Laborchemisch ist häufig eine Polyglobulie auffällig mit einer Erhöhung des Hämatokritwertes.

Die Rechtsherzkatheteruntersuchung ermöglicht die eindeutige Diagnose einer pulmonalen Hypertonie. Beim chronischen Cor pulmonale liegen die systolischen Werte in der Arteria pulmonalis meistens zwischen 60 und 80 mmHg. Falls keine Dekompensation vorliegt, ist das Herzminutenvolumen nicht erniedrigt.

DD *Differentialdiagnose*

Die Differentialdiagnostik erstreckt sich meist auf kombinierte Mitralklappenfehler, Vorhofseptumdefekt und Kardiomyopathien sowie in seltenen Fällen auf Pericarditis constrictiva.

3.4.1.6 Chronisch konstriktive Perikarditis

Die chronisch konstriktive Perikarditis bewirkt eine diastolische Füllungsbehinderung des Herzens infolge narbiger Konstriktion des Perikards (diastolische Herzinsuffizienz). Kommt es zu zusätzlicher Kalkeinlagerung, liegt eine Pericarditis calcarea (Panzerherz) vor.

3

B *Beschwerden und Befunde*

Durch die Verminderung des Herzminutenvolumens klagen die Patienten über Belastungsdyspnoe und vermehrte periphere Ermüdbarkeit. Beim Vollbild der Pericarditis constrictiva zeigen sich Halsvenenstauungen mit doppeltem Venenkollaps. Das Abdomen ist durch Hepatomegalie und Aszites aufgetrieben. Liegt gleichzeitig eine Bilirubinerhöhung vor, so findet sich ein Ikterus. Ferner bestehen periphere Ödeme. Bei leisem 1. und 2. Herzton findet sich ein früher 3. Herzton (Perikardton). Ein Perikardreibegeräusch fehlt im chronischen Stadium meist. Die Herzaktion kann arrhythmisch sein.

Das EKG zeigt meist unspezifische Veränderungen im Sinne der Außenschichtalteration. Häufig besteht Vorhofflimmern. Echokardiographisch läßt sich eine Perikardfibrose bzw. Verkalkung bei kleinen Ventrikelvolumina nachweisen. Bei der Röntgenuntersuchung des Thorax zeigen sich insbesondere in der seitlichen Aufnahme Kalkeinlagerungen. Im p.a.-Bild gibt die Verbreiterung der oberen und unteren Hohlvene ein wichtiges Symptom.

Die Diagnose wird gesichert durch die Rechtsherzkatheteruntersuchung. Hierbei zeigt sich formanalytisch ein Dip- und Plateauphänomen in der rechtsventrikulären Druckkurve (Abfall des Ventrikeldrucks mit Wiederanstieg als Übergang in ein erhöhtes Plateau infolge Einstrombehinderung in der Diastole).

3.4.1.7 Intrakardiale Raumforderungen

Intrakardiale Raumforderungen können zu einer Füllungsbehinderung der Herzkammer führen und durch eine Abnahme des Herzminutenvolumens eine Dyspnoe verursachen. Die Raumforderungen sind überwiegend im linken Vorhof und seltener im rechten Vorhof gelegen. Von den primären Herztumoren wird am häufigsten das Vorhofmyxom gefunden. Große intrakavitäre Thromben können ebenfalls den Blutstrom behindern. Diese setzen meistens chronisches Vorhofflimmern voraus.

Die Diagnose der intrakardialen Raumforderung wird im transthorakalen und eindeutig im transösophagealen Echokardiogramm gestellt. Selten ist eine Computertomographie oder Kernspintomographie zur Diagnosesicherung erforderlich.

3.4.2 Erkrankungen der Lunge

3.4.2.1 Erkrankungen der oberen Atemwege

Stenosen im extrathorakalen Anteil der Atemwege neigen bei negativen Druckschwankungen, d.h. während der Inspiration, zur Obstruktion. Der Patient gibt eine heftige **inspiratorische Dyspnoe** an, die bei körperlicher Belastung zunimmt. Typisch ist ein lautes inspiratorisches Stenosegeräusch, der **Stridor.**

Krupp

Eine wichtige Erkrankung im Kindesalter ist das Krupp-Syndrom. Es umfaßt die akute Laryngotracheobronchitis, die akute Epiglottitis und die supraglottische Laryngitis. Neben dem trockenen, anfallsweisen Husten (→ Kap. 27, „Husten“) besteht eine schwere inspiratorische Dyspnoe mit lautem Stridor.

Laryngospasmus

Krampfartige Verschlüsse der Stimmritzen oder ein Glottisschluß können durch Inhalation toxischer Substanzen, durch Traumata oder selten als funktioneller Laryngospasmus (→ Kap. 34) auftreten. Meist besteht eine inspiratorische Luftnot mit lautem Stridor. Die Differentialdiagnose zum Asthma bronchiale ist nicht immer ganz einfach: Das Maximum der Atemgeräusche liegt in der Inspiration und über Trachea und Kehlkopf, die Lungenperipherie ist aber deutlich leiser oder ganz frei von pathologischen Geräuschen. Lungenfunktionsanalytisch sind Flußreduktionen in den entsprechenden Atemphasen nachweisbar. Eine Laryngoskopie (am wachen Patienten) hilft die Diagnose sichern.

Struma

Bei der intrathorakalen Struma (→ Kap. 19.4.2) entwickelt sich die Symptomatik schleichend über Monate hinweg: zunehmende Belastungsdyspnoe mit Stridor und Tachykardie. Die Diagnose ist durch eine Röntgen-Thoraxaufnahme (in zwei Ebenen) zu vermuten, ergänzt durch eine Schilddrüsensonographie, evtl. Schilddrüsenszintigraphie und CT des Halses und Mediastinums. Die Lungenfunktionsprüfung zeigt verminderte inspiratorische Flüsse (Fluß-Volumen-Diagramm, Atemwegswiderstandsmessung).

Tracheomalazie

Ähnlich den Beschwerden bei einer Struma sind die Beschwerden bei einer Tracheomalazie, z.B. durch Tubusdruck bei Langzeitbeatmung. Allerdings ist die Anamnese dann kurz und prägnant, die inspiratorische Dyspnoe kann heftig sein und jede körperliche Belastung, ja sogar Gähnen, Husten oder Niesen unmöglich machen. Die Diagnose kann zusätzlich sagittale Röntgen-Tomographien oder MRT-Aufnahmen erfordern, immer sollte man bronchoskopisch die dynamischen Stenosen sichern.

Trachealtumoren

Genuine Tumoren der Trachea sind sehr selten (adenoidzystisches Karzinom, Adenom, Chondrom, extrem selten Trachealkarzinom). Sie verursachen erst spät Stridor und inspiratorische Atemnot, evtl. mit retrosternalen Schmerzen. Durch Bronchoskopie ist die Diagnose auch in Frühstadien sicher zu stellen.

3.4.2.2 Erkrankungen der unteren Atemwege

Asthma bronchiale

Etwa 12% der Kinder und 10% der Erwachsenen dürften unter Asthma bronchiale leiden. Nur ein Teil der Patienten ist sensibilisiert; die häufigsten Allergene sind Pollen, Schimmelpilzsporen, Tierepithelien oder Hausstaubmilbenkot **(allergisches Asthma).** Mit steigendem Alter gewinnen nichtallergene Auslöser mehr Gewicht, z.B. Virusinfekte oder Luftschadstoffe **(endogenes Asthma).** Berufserkrankungen sind häufig. Weitere Trigger werden durch die bronchiale Hyperreaktivität wirksam: kalte Luft, Nebel, Zigarettenrauch. Der Patient gibt fast immer selbst ein pfeifendes Atemgeräusch beim Husten an.

B *Beschwerden und Befunde*

Trockener Reizhusten kann das einzige Symptom eines Asthma bronchiale sein. Typisch für diese Erkrankung ist jedoch die anfallsartige Atemnot mit Husten sowohl bei körperlicher Belastung als auch nachts (2–4 Uhr). Das Bronchialsekret ist in schweren Fällen („Status asthmaticus“) ungewöhnlich zäh und auch durch Hustenattacken nicht mobilisierbar. Durch Husten lassen sich jedoch weitere Asthmaanfälle auslösen. Im Anfall ist der Patient orthopnoisch, das Exspirium ist verlängert, oft ist das Pfeifen und Giemen mit bloßem Ohr zu hören. Eine Zyanose kann bestehen. Die Zwerchfelle stehen tief, auskultatorisch überwiegen die trockenen Rasselgeräusche. Der Husten ist kaum produktiv, es besteht eine Tachykardie, u.U. mit arterieller Hypertonie. Bei schwerer Lungenüberblähung können pathologische Atemgeräusche völlig fehlen („silent asthma“).

DS *Diagnosesicherung*

Der objektive Nachweis der bronchialen Flußbehinderung wird durch die Lungenfunktionsanalyse erbracht: Verminderung von exspiratorischer Vitalkapazität (FVC), Einsekundenkapazität (FEV_1), exspiratorischem Spitzenfluß (PEF) und exspiratorischem Fluß bei 50% der Vitalkapazität (MEF_{50}), Erhöhung des Atemwegswiderstandes (R_{aw}) und des Residualvolumens (RV). Eine bronchiale Hyperreaktivität ist immer mit Asthma bronchiale assoziiert (Nachweis z.B. durch Metacholinprovokation). Durch Lungenfunktions-Selbstmessung (Peak-Flow-Protokolle) kann man die erheblichen zirkadianen Flußschwankungen des Patienten einfach erfassen und gewinnt Hinweise auf Asthmatrigger im Alltagsleben.

Bei jedem Patienten mit Asthma bronchiale muß eine Allergiediagnostik (Anamnese, Hauttests, IgE-Untersuchung, evtl. bronchiale Provokation) durchgeführt werden. Auch die nichtallergenen Trigger müssen z.B. durch ein Tagebuch festgehalten werden.

Im Asthmaanfall ist die Blutgasanalyse wichtig: Anfangs ist der p_aO_2 leicht, der p_aCO_2 deutlich erniedrigt. Mit zunehmender Ermüdung der Atempumpe steigt der p_aCO_2 bis über 60 mmHg an (evtl. Beatmungsindikation).

Chronisch obstruktive Bronchitis

Das Leitsymptom der chronisch obstruktiven Bronchitis ist der chronische produktive Husten mit Belastungsdyspnoe (→ Kap. 4.3.3).

Lungenemphysem

Ein Lungenemphysem tritt häufig in den Spätstadien der chronisch obstruktiven Bronchitis auf (→ Kap. 27.4.3.4).

Bronchiektasie

Sackförmige oder zylindrische Erweiterungen der großen Bronchien führen zum Sistieren der mukoziliären Clearance mit Sekretretention. Zu Beginn der Erkrankung steht der produktive Husten im Vordergrund („maulvolle Expektorationen“), im Verlauf kommt es zur Belastungsdyspnoe und später zu Ruhedyspnoe, Zyanose und Trommelschlegelfingern mit Uhrglasnägeln (→ Kap. 27.4.3.6).

Fremdkörper

Inhalierte Fremdkörper führen meist zu einem trokkenen Husten, wenn sie nicht die zentralen Atemwege ganz verschließen und primär Atemnot auslösen. Aber auch kleinere, peripher sitzende Fremdkörper können Bronchien verschließen; dann kommt es nach einigen Tagen zur **Atelektase** (Abb. 3-3a und b) oder zur Retentionspneumonie mit Atemnot (→ Kap. 27.4.3.8).

Bronchialkarzinom

Beim Bronchialkarzinom steht der persistierende Husten als wichtigstes Frühsymptom im Vordergrund. Atemnot ist ein spätes Symptom, das auftritt, wenn es zur Atelektase, Retentionspneumonie oder zum Pleuraerguß gekommen ist (→ Kap. 27.4.5).

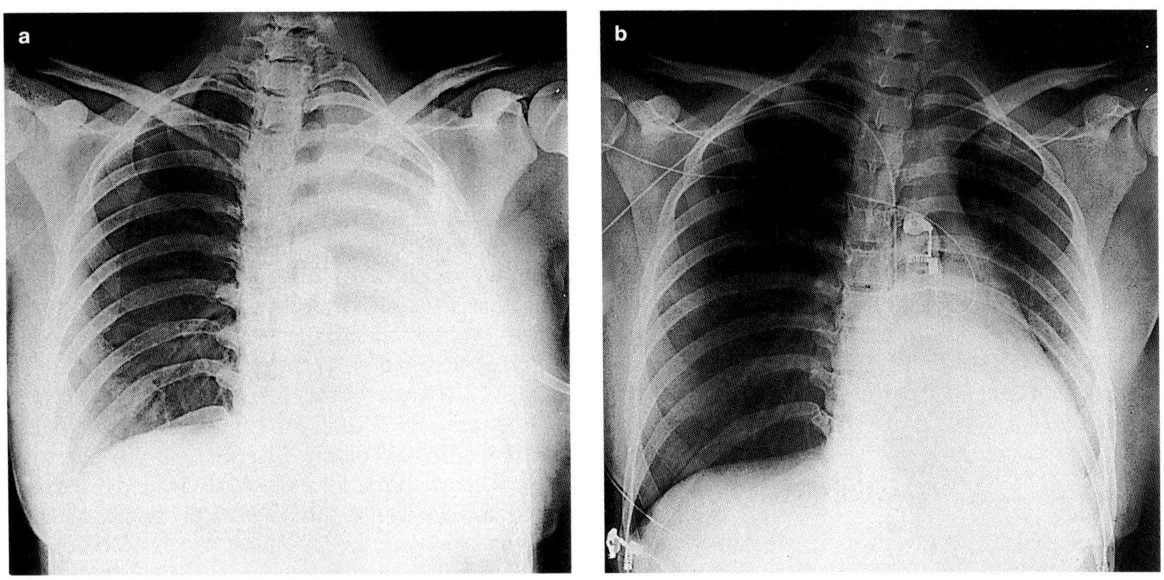

Abb. 3-3 a) Linksseitige Atelektase durch Schleimhautpfropf. b) Nach endoskopischer Entfernung.

3.4.2.3 Krankheiten des Lungenparenchyms

Pneumonie

Gerade bei älteren Menschen, die nicht immer typische Symptome zeigen, kann die Diagnose einer Pneumonie schwierig sein.

B *Beschwerden und Befunde*

Die typische (primäre, ambulant erworbene Pneumokokken-)Pneumonie beginnt plötzlich mit Schüttelfrost, hohem Fieber und schwerem Krankheitsgefühl, gefolgt von hartnäckigem trockenem Husten. Häufig sind pleuritische Schmerzen. Schnell entwickelt sich eine Ruhedyspnoe, oft sehr diskret mit „Nasenflügelatmen". Während der Hustenattacken kann eine Zyanose auftreten. Später wird der Husten produktiv und kann rostfarbenes Sputum fördern. Die Ruhedyspnoe mit Ruhetachykardie kann bei interstitiellen und beidseitigen („atypischen") Pneumonien zum führenden Symptom werden. Pneumonien bei Immunschwachen oder Immunsupprimierten verlaufen häufig ohne klassische Symptome und Befunde; der trockene Husten kann zusammen mit Belastungsdyspnoe das wichtigste Zeichen sein.

DS *Diagnosesicherung*

Typische Symptome und Befunde erlauben zusammen mit einer Röntgen-Thoraxaufnahme die Diagnose einer klassischen bakteriellen Pneumonie. Schwieriger sind Pneumonien durch andere Erreger bei untypischen Röntgenbildern zu erkennen. Blutkulturen können hilfreich sein, serologische Tests kommen für die klinische Therapieentscheidung meist zu spät. In allen differentialdiagnostisch unklaren und schwer verlaufenden Fällen soll die Diagnose nicht ex juvantibus vermutet, sondern der Erreger durch invasive Methoden gesichert werden (bronchoalveoläre Lavage, transbronchiale Lungenbiopsie), solange die beginnende respiratorische Insuffizienz dies noch zuläßt.

Lungentuberkulose

Wichtigstes Symptom ist neben Schweißneigung, Müdigkeit und subfebriler Temperatur der therapierefraktäre Husten. Atemnot tritt beim tuberkulösen Pleuraerguß auf, bei großen Lungeninfiltraten, bei der Miliartuberkulose oder der heute seltenen Kehlkopftuberkulose (→ Kap. 27.4.4.2).

Interstitielle Lungenkrankheiten

Hierzu zählen die Alveolitiden, die Lungensarkoidose und die idiopathische Lungenfibrose. Sie werden im folgenden abgehandelt.

Alveolitiden

Sensibilisierte Personen reagieren nach Inhalation organischer Stäube mit einer allergischen Reaktion der Alveolarwände und Bronchioli terminales: Es kommt zu einer exogen-allergischen Alveolitis. Als Antigene kommen vorwiegend Schimmelpilzsporen und tierische oder pflanzliche Proteine in Frage. Häufig kommen in Deutschland die Farmerlunge (Antigene: Pilzsporen und Bakterien aus Tierfutter) und die Vogelhalterlunge (Antigene: Serumproteine im Vogelkot) vor. Einige toxische Substanzen (z.B. Stickoxide, Zinknebel, Herbizide oder Zytostatika) führen nach Inhalation oder systemischer Einnahme zu Zerstörungen der Bronchienwände, der Alveolarwände und der Gefäßendothelien. Reparaturmechanismen setzen eine Entzündung in Gang, die mit Narben ausheilt. Die Strahlenpneumonitis ist ebenfalls eine fibrosierende Alveolitis.

B *Beschwerden und Befunde*

Bei der exogen-allergischen Alveolitis kommt es 4–6 Stunden nach Antigeninhalation zu Reizhusten, Frösteln und allgemeinem Krankheitsgefühl. Gleichzeitig tritt eine Belastungsdyspnoe auf. Alle Symptome können am nächsten Tag verschwunden sein. Bei inhalativen Intoxikationen ist die Latenz meist kürzer, die Symptome verlaufen bedrohlicher. Es kann innerhalb weniger Minuten zur Ruhedyspnoe mit Zyanose kommen, allerdings sind auch Latenzen bis 24 Stunden möglich. Medikamentös verursachte Alveolitiden und die Strahlenpneumonitis treten spät im Behandlungsverlauf auf. Bei der körperlichen Untersuchung fällt die Kurzatmigkeit auf, der Patient kann schwitzen. Relativ typisch für eine interstitielle Lungenerkrankung ist das in- und exspiratorische ohrnahe Knisterrasseln über allen Lungenfeldern (Sklerosiphonie). Tiefere Inspirationen werden durch den Hustenreiz vereitelt.

DS *Diagnosesicherung*

Es können Fieber bis 39 °C und eine Leukozytose auftreten, die Akut-Phase-Proteine sind vermehrt. Bei der Lungenfunktionsprüfung sind die statischen Volumina anfangs nur wenig vermindert, später findet sich ein klassisches restriktives Muster (kleine Vitalkapazität und kleine Totalkapazität). Die Kohlenmonoxiddiffusion ist vermindert. Die Ruheblutgase können bei leicht erniedrigtem p_aCO_2 noch normal sein, bei geringer Belastung (40 Watt über 5 min) fällt der p_aO_2 deutlich ab. Die radiologische Diagnose ist ohne Voraufnahmen schwierig; in allen Verdachtsfällen ist deshalb ein High-resolution-CT indiziert. Die endgültige Diagnose wird bei der exogen-allergischen Alveolitis durch den serologischen Nachweis von IgG-/IgM-Antikörpern gegen die Antigene zusammen mit einer typischen Anamnese und Klinik gestellt. Eine bronchoalveoläre Lavage (BAL) ist in allen Fällen sinnvoll: Bei aktueller Exposition überwiegen im Zellbild die Neutrophilen, bei chronischen Fällen liegt eine massive Lymphozytose (vorwiegend durch $CD8^+$-Zellen) vor. Bei allen anderen Alveolitiden wird man nur aus differentialdiagnostischen Erwägungen eine BAL oder Lungenbiopsie durchführen; diese sind zusammen mit Anamnese und Klinik beweisend. Um keine Spätfolgen einer inhalativ-toxischen Alveolitis zu übersehen, sind Verdachtsfälle mindestens 24 Stunden zu beobachten.

Lungensarkoidose

Die Sarkoidose ist eine granulomatöse Multisystemerkrankung, die alle Organe betreffen kann. Wir unterscheiden heute drei verschiedene Verläufe: die akute Sarkoidose (Löfgren-Syndrom), die **chronische Sarkoidose** und die **chronisch progressive Sarkoidose.**

B *Beschwerden und Befunde*

Beim Löfgren-Syndrom findet man ein Erythema nodosum mit Arthralgien und Fieber bei einer Hilusadenopathie (Röntgen-Thorax); Husten ist häufig. Belastungsdyspnoe und Müdigkeit treten typischerweise bei der chronischen Lungensarkoidose und oft als einzige Symptome auf. Die schwach ausgeprägten Symptome stehen dann in auffallendem Widerspruch zu den erheblichen Befunden (s.u.). Die multiplen Organbeteiligungen können ein sehr buntes Symptomenbild verursachen, z.B. die Herzsarkoidose, die Neurosarkoidose.

DS *Diagnosesicherung*

Bei chronischer Sarkoidose ist die Lungenfunktion im Sinne einer restriktiven Ventilationsstörung mit Diffusionshindernis beeinträchtigt. Man sieht interstitielle Lungeninfiltrationen in der Röntgen-Thoraxaufnahme. Bei bronchialer Manifestation (evtl. mit bronchialer Hyperreaktivität) findet man eine obstruktive Ventilationsstörung. Die Diagnose „Sarkoidose" sollte schon aus differentialdiagnostischen Gründen immer histologisch gestellt werden (z.B. Morbus Hodgkin). Eine bronchoalveoläre Lavage gibt Aufschluß über das Entzündungsstadium ($CD4^+$-Alveolitis), blutchemische Methoden (z.B. Serum-ACE) dienen ebenfalls der Beurteilung der entzündlichen Aktivität, nicht der Diagnose.

Idiopathische Lungenfibrose

Die idiopathische Lungenfibrose (kryptogen fibrosierende Alveolitis, früher „Hamman-Rich-Syndrom") ist durch einen schleichenden Beginn mit rasch progredienter Bindegewebsvermehrung der Lungenmatrix gekennzeichnet.

B *Beschwerden und Befunde*

Das Leitsymptom ist die Belastungsdyspnoe mit Tachykardie, die mit einem trockenen Husten einhergeht. Die wichtigste Differentialdiagnose ist die kardiale Dyspnoe bei z.B. Herzinsuffizienz (→ 3.4.1). Rasch entwickelt sich eine Ruhedyspnoe mit Zyanose. Quälende Hustenattacken fördern kaum Sputum. Bei der körperlichen Untersuchung wird man teils eine Sklerosiphonie (ohrnahes inspiratorisches Knisterrasseln, velcro rales), teils Knarren und Quietschen hören. Die Zwerchfelle stehen symmetrisch hoch und sind wenig beweglich. Bei tiefer Inspiration wird ein trockener Husten ausgelöst. In Spätstadien sind Zeichen des Cor pulmonale häufig (gestaute Halsvenen, Leberstauung, periphere Ödeme), man sieht Uhrglasnägel und Trommelschlegelfinger.

DS *Diagnosesicherung*

Man kann die Diagnose durch Röntgenaufnahme des Thorax und thorakale High-resolution-CT vermuten. Die Diagnose „Lungenfibrose" muß aber immer histologisch durch Lungenbiopsie gesichert werden, die CT erleichtert die Wahl der besten Biopsiestelle. Als Verlaufsparameter dienen die statischen Volumina der Lungenfunktionsprüfung, die Diffusionsmessung und die Blutgasanalyse unter geringer Belastung.

Vaskulitiden

Die Lunge ist bei Vaskulitiden häufig beteiligt und oft das wesentlich erkrankte Organ.

- **Wegener-Granulomatose.** Bei der Wegener-Granulomatose findet man eine Beteiligung der Nase mit Nebenhöhlen, der Bronchien, der Haut und der Niere. Als pulmonale Symptome sieht man Fieber, Husten, Hämoptysen und Thoraxschmerzen. Dyspnoe tritt erst bei massiver Lungenmanifestation auf. Typisch sind multiple Rundinfiltrate mit Aufhellungen. Die Diagnose wird bei typischer Klinik durch den Nachweis der Antikörper gegen zytoplasmatische Antigene neutrophiler Granulozyten (c-ANCA) gestellt. In Zweifelsfällen wird eine Biopsie der respiratorischen Schleimhaut notwendig (→ Kap. 43.4.11.1).

- **Panarteriitis nodosa.** Die Panarteriitis nodosa betrifft Niere, Dünndarm, Koronarien, Muskeln, Gelenke, Nerven und Lunge. Dort treten fleckige (auch eosinophile) Infiltrate auf, es kann zu anfallsweiser Luftnot kommen. Die Diagnose wird durch histologische Proben aus befallenen Organen gestellt, auch hier können perinukleäre antineutrophile zytoplasmatische Antikörper (p-ANCA) nachweisbar sein (→ Kap. 43.4.11.4).

● **Allergische Granulomatose und Angiitis Churg-Strauss.** Bei der allergischen Granulomatose und Angiitis Churg-Strauss besteht als Grunderkrankung ein Asthma bronchiale. Unter dem Bild eines schlecht kontrollierbaren Asthmas entwickeln sich Rundinfiltrate oder flächige eosinophile Lungeninfiltrate. Typisch ist ein hohes Serum-IgE mit massiver Bluteosinophilie, p-ANCA können erhöht sein. Lungenbiopsien sind differentialdiagnostisch sinnvoll, die bronchoalveoläre Lavage (BAL) zeigt die massive Eosinophilie der Lunge.

● **Idiopathische Lungenhämosiderose Ceelen.** Die idiopathische Lungenhämosiderose ist wahrscheinlich ebenfalls eine Vaskulitis; flächige Einblutungen führen zu Ruhedyspnoe und Hämoptysen. Bronchoskopisch imponieren profuse Blutungen aus mehreren Ostien. Die Diagnose muß durch offene oder thorakoskopische Lungenbiopsie gesichert werden.

● **Goodpasture-Syndrom.** Beim Goodpasture-Syndrom wird die Basalmembran der Lunge und der Niere durch Antibasalmembranantikörper zerstört. Zusammen mit einer rapid progressiven Glomerulonephritis entwickeln sich großflächige Lungeneinblutungen mit Hämoptysen und schwerer Ruhedyspnoe. Die Diagnose wird durch Nachweis der Antibasalmembranantikörper und durch eine Nierenbiopsie gestellt. Eine Bronchoskopie kann die Lungenblutung sichern; diskrete Blutungen sind durch BAL zu entdecken (Hämoglobin-beladene Makrophagen).

Kollagenose/Vaskulitis

Die Lunge ist bei Kollagenose/Vaskulitis häufig miterkrankt. Nur in Ausnahmefällen limitiert sie jedoch die Prognose (→ Kap. 43.4.10).

Chronische (rheumatoide) Polyarthritis

Bei der chronischen Polyarthritis findet man in über 20% der Patienten eine fibrosierende Alveolitis, Pleuraergüsse und Lungenrundherde kommen vor. Auch Medikamente der Basistherapie können Alveolitiden auslösen, z.B. Gold, Cyclophosphamid oder Methotrexat. Durch die arthritisbedingte geringe körperliche Belastbarkeit fallen die pulmonale Leistungsverminderung und Belastungsdyspnoe erst spät auf. Die Diagnose wird bei bekannter chronischer Polyarthritis durch Röntgenaufnahme des Thorax, evtl. thorakale CT, durch Lungenfunktionsanalyse (kleine Volumina, behinderte Diffusion) und durch eine bronchoalveoläre Lavage (BAL) gestellt (→ Kap. 43.4.1).

Ankylosierende Spondylitis

Bei der ankylosierenden Spondylitis (Morbus Bechterew; → Kap. 43.4.6.1) führt entweder eine fibrosierende Alveolitis der Lungenoberfelder oder die Brustkorbstarre zur Belastungsdyspnoe, falls die Patienten sich noch körperlich belasten können. Die pulmonale Beteiligung wird durch Röntgenaufnahme des Thorax, evtl. thorakale CT, durch Lungenfunktionsanalyse (kleine Volumina, behinderte Diffusion) und durch eine bronchoalveoläre Lavage (BAL) nachgewiesen.

Systemischer Lupus erythematodes

Der systemische Lupus erythematodes (SLE; → Kap. 43.4.10.1) führt häufig zu Pleuraergüssen, gelegentlich zur akuten und chronischen interstitiellen Lungenkrankheit (Lupuspneumonitis), sehr selten zu einer profusen Lungenblutung oder zu einer Zwerchfellschwäche. Die Ursache einer Belastungs- oder Ruhedyspnoe kann bei SLE also vielfältig sein. Meist stehen jedoch die Manifestationen des SLE an anderen inneren Organen im Vordergrund. Die Diagnose der Lungenbeteiligung wird radiologisch (evtl. mit High-resolution-CT), mit Lungenfunktionsanalyse und durch eine bronchoalveoläre Lavage (BAL) gestellt. Der Pleuraerguß ist sonographisch einfach zu verifizieren und sollte diagnostisch punktiert werden.

Progressive systemische Sklerose

Bei der progressiven systemischen Sklerose („Sklerodermie“; → Kap. 43.4.10.2) findet man in den fortgeschrittenen Fällen häufig eine interstitielle Lungenbeteiligung und fast immer eine pulmonale Vaskulitis mit sekundärer pulmonaler Hypertonie und Cor pulmonale. Aspirationspneumonien sind wegen der gestörten Ösophagusmotilität häufig. So ist Ruhe- und Belastungsdyspnoe ein häufiges Symptom. Spät findet man Zyanose und Zeichen der Rechtsherzdekompensation. Die Diagnose der sekundären fibrosierenden Alveolitis wird radiologisch (evtl. mit High-resolution-CT), lungenfunktionsanalytisch und durch eine bronchoalveoläre Lavage (BAL) gestellt, oft sind dadurch auch rezidivierende Aspirationspneumonien abzugrenzen. Hinweise auf die pulmonale Hypertonie mit Cor pulmonale bekommt man durch EKG und Echokardiographie. Nachdem diese pulmonale Vaskulitis im Gegensatz zur fibrosierenden Alveolitis kaum therapeutisch beeinflußbar ist, wird man keine invasive Diagnostik betreiben.

Polymyositis/Dermatomyositis

Die Hälfte der Patienten mit Polymyositis/Dermatomyositis (→ Kap. 35.4.4) wird Belastungsdyspnoe und Husten entwickeln. Zwei Ursachen kommen in Frage. Eine interstitielle Lungenerkrankung, die früher im Verlauf auftritt, oder eine Muskelschwäche der Atempumpe. Die Diagnose der Lungenbeteiligung wird durch Röntgenaufnahme des Thorax, thorakale CT, durch Lungenfunktionsanalyse und durch eine bronchoalveoläre Lavage (BAL) gestellt. Die Atempumpschwäche läßt sich lungenfunktionsanalytisch sichern (Atemantriebsmessungen), erst spät kommt es zur Hyperkapnie.

Pneumokoniosen

Wenn anorganische Stäube im Lungenparenchym abgelagert werden, kommt es je nach fibrogener Potenz zur Fremdkörperreaktion mit Narbenbildung in der Lunge. Besonders gefährlich sind Silikate (Silikose) oder Asbest (Asbestose). Es handelt sich fast immer um Berufserkrankungen.

B *Beschwerden und Befunde*

Die Erkrankungen sind anfangs symptomlos, weshalb gefährdete Berufsgruppen regelmäßig vorsorglich untersucht werden müssen. Später entwickelt sich oft zusätzlich eine obstruktive Bronchitis, so daß die Belastungsdyspnoe wegen der Lungenparenchymerkrankung durch die obstruktive Ventilationsstörung verdeckt wird. In Endstadien überwiegen Ruhedyspnoe, respiratorische Insuffizienz und Cor pulmonale.

DS *Diagnosesicherung*

Die Diagnose wird bei entsprechender Berufsanamnese radiologisch gestellt (Einteilung in verschiedene Stadien nach ILO[Internationale Arbeitsorganisation]-Klassifikation), zunehmend wichtiger wird das High-resolution-CT. Die Lungenfunktionsprüfung kann das Ausmaß der restriktiven Funktionseinschränkung erfassen und ist maßgeblich für die rentenrechtliche Festlegung einer Minderung der Erwerbsfähigkeit. Nur in Zweifelsfällen sind bioptische Methoden notwendig.

Nichtkardiales Lungenödem

Toxische oder entzündliche Störungen der pulmonalen Gefäßschranke oder Störungen des hydrostatischen und/oder onkotischen Drucks können auch beim Herzgesunden ein Lungenödem verursachen.

- **Nierenkrankheiten.** Ein „normales" hydrostatisches Lungenödem entsteht durch die Flüssigkeitsüberladung, das interstitielle Lungenödem („fluid lung") beruht auf einer gestörten Permeabilität der Lungengefäße beim akuten und chronischen Nierenversagen. In beiden Fällen besteht eine schwere Ruhedyspnoe mit Zyanose. Das interstitielle Lungenödem ist auskultatorisch stumm. Die Diagnose kann bei bekannter Grundkrankheit radiologisch gesichert werden, funktionsanalytisch verkleinern sich die statischen Volumina bei deutlicher Diffusionsstörung. Man findet eine Hypoxämie.

- **Höhenkrankheit.** Nichtakklimatisierte, gesunde, junge Personen, die in großer Höhe (≥ 3000 m) körperlich schwer arbeiten, z.B. beim Bergsteigen, können ein akutes Lungenödem entwickeln. Die Ursachen dafür sind bisher nicht sicher geklärt, eine wesentliche Rolle dürften die Hypoxämie und die daraus resultierende pulmonale Hypertonie in Kombination mit maximaler adrenerger Stimulation und damit verbundener vermehrter Herzauswurfleistung spielen. Die Diagnose ist unter den gegebenen Umständen einfach und muß sofort erfolgen, um die lebensrettende Therapie (Abstieg und Sauerstoffzufuhr) einleiten zu können.

- **Chemisch (medikamentös) und physikalisch induziertes Lungenödem.** Bei oralen Vergiftungen, z.B. mit Zyanid, Paraquat, Sedativa und Acetylsalicylsäure, sowie durch die inhalative Vergiftung, z.B. mit Kohlenmonoxid, Chlorverbindungen, Nitrosegasen, Metall- oder Kunststoffdämpfen, kann es zum (toxischen) Lungenödem kommen. Auch nach i.v.-Kontrastmittelgabe, unter Therapie mit Methadon oder während i.v.-Heroinabusus, nach Hydrochlorothiazid und Propoxyphen wurden Fälle von Lungenödem beobachtet. Die schnell entstehende respiratorische Insuffizienz hat als Leitsymptom die Ruhedyspnoe mit Zyanose. Nur bei schweren toxischen Alveolarschäden ist ein deutliches, grobes Rasseln auskultierbar. In Anfangsstadien ist die Röntgen-Thoraxübersicht unzuverlässig. Lungenfunktionsanalytisch findet man immer kleine Lungenvolumina und eine reduzierte CO_2-Diffusion, schon bei leichter Belastung (40 Watt) fällt der p_aO_2 ab. Wegen der diversen diagnostischen Unsicherheiten sollen die Patienten mit toxischer Alveolitis wenigstens 24 Stunden überwacht werden. Durch schnelles Absaugen von Pleuraergüssen kann in der sich entfaltenden Lunge (und offenbar auch in der gesunden Gegenseite) ein Lungenödem entstehen (Reperfusionslungenödem). Die Atemnot entwickelt sich sofort, man hört mit bloßem Ohr das grobblasige Rasselgeräusch.

- **Neurogenes Lungenödem.** Trotz normaler Herzfunktion soll sich bei schweren Erkrankungen des Gehirns und maximaler adrenerger Stimulation ein Lungenödem entwickeln können. In vielen Fällen ist dann die Differentialdiagnose eines akuten Lungenversagens (s.u.) wahrscheinlicher.

- **Lungenödem bei Malaria.** Bei schwerer Malaria, z.B. durch Plasmodium falciparum, ist ein Lungenödem ungeklärter Pathogenese mit hoher Mortalität beschrieben. Bei normalen hydrostatischen Drücken liegt offensichtlich eine Permeabilitätsstörung vor, es entwickelt sich ein akutes Lungenversagen.

3

Akutes Lungenversagen

Bei einer Reihe von Infektionen, inhalativen Noxen, toxischen Substanzen und Medikamenten oder nach Embolien und bei physikalischen Noxen kann sich ein akutes Lungenversagen (adult respiratory distress syndrom, ARDS; Schocklunge) entwickeln. Vor allem bei großflächigen Verbrennungen, multiplen Knochenfrakturen, bei Verbrauchskoagulopathie, schwerem Thoraxtrauma, nach Massivtransfusionen, nach Aspiration und im septischen Schock (→ Kap. 50.4.4.1) muß mit einem ARDS gerechnet werden. Pathogenetisch steht ein interstitielles Lungenödem bei gesteigerter Permeabilität am Anfang.

B *Beschwerden und Befunde*

In der **Initialphase** ist der Patient tachypnoisch bei Hypokapnie. In der **akuten Phase** (bis zum dritten Tag) entsteht ein nichtkardiales Lungenödem mit schwerer Atemnot, Zyanose bei Hypoxämie, Tachykardie, bilateralen Lungeninfiltraten und pulmonaler Hypertonie. Die Hypoxämie ist nicht mehr durch einfache Sauerstoffgaben über die Nasensonde zu beheben; der Patient wird beatmungspflichtig. In der **Intermediärphase** (bis zum 7. Tag) kommt es zum eigentlichen respiratorischen Versagen: Eine Abatmung des Kohlendioxids wird durch die sich verhärtende Lunge bei hohen Beatmungsdrücken und kleinen Atemzugvolumina kaum noch möglich, die Oxygenierung bricht wegen der Diffusionshindernisse und der massiven Ventilations-Perfusions-Inhomogenitäten bei pulmonaler Hypertonie zusammen. Häufig wird diese Situation dank moderner intensivmedizinischer Therapie überlebt. Es entwickelt sich dann eine **chronische Phase** mit allen Befunden einer Lungenfibrose. In den Folgetagen entsteht dann das **Multiorganversagen:** Nierenversagen, Leberversagen, Enzephalopathie, Gerinnungsstörungen, Herzinsuffizienz, gastrointestinale Störungen.

DS *Diagnosesicherung*

Durch Blutgasanalyse erfaßt man die respiratorische Insuffizienz. Röntgen-Thoraxaufnahmen zeigen das Ausmaß der Lungeninfiltrate. Weitere Hinweise geben Beatmungsparameter (benötigter PEEP, benötigter F_iO_2, effektive Compliance). Wichtig ist die frühe Diagnosesicherung, z.B. anhand von Diagnosescores.

3.4.3 Pleuraerkrankungen

Pleuraerguß

Transsudate entstehen entweder durch einen Druckanstieg in den Lungenkapillaren (z.B. Herzinsuffizienz) oder durch eine Verminderung des onkotischen Drucks des Blutes (z.B. Hypalbuminämie). **Exsudate** werden durch eine entzündliche gesteigerte Kapillarpermeabilität (z.B. mediastinale Lymphome) oder durch Übertritt von Aszites durch das Diaphragma verursacht.

B *Beschwerden und Befunde*

Nur größere Pleuraergüsse (≥ 300–500 ml) verursachen Symptome wie Belastungsdyspnoe, Husten, Thoraxschmerzen. Man findet dann ein abgeschwächtes Atemgeräusch, gedämpften Klopfschall und verminderten Stimmfremitus. In den belüfteten Abschnitten über dem Erguß auskultiert man ein Kompressionsatmen.

DS *Diagnosesicherung*

Am einfachsten ist die Verdachtsdiagnose durch Thoraxsonographie zu verifizieren, mit der auch Thoraxwand und Zwerchfell einsehbar sind. Sonographisch sind Ergüsse ab 100 ml nachweisbar. Um die Differentialdiagnosen (z.B. Pneumonie, Bronchialkarzinom, Mediastinallymphome) abzuklären, muß eine Röntgen-Thoraxaufnahme in zwei Ebenen durchgeführt werden. Durch Probepunktion kann ein eiweißarmes Transsudat von einem eiweißreichen Exsudat unterschieden werden (Kriterium nach Light: Pleuraeiweiß: Serumeiweiß ≥ 0,5). Niedrige Glukosewerte sprechen für eine bakterielle Infektion, niedrige pH-Werte für ein Pleuraempyem. Weitere laborchemische Untersuchungen (z.B. LDH, Adenosindeaminase, verschiedene Tumormarker) sind in ihrer diagnostischen Wertigkeit umstritten. Wichtig ist die zytologische und bakteriologische Untersuchung, mit der Tumorzellen oder Erreger zu sichern sind. Falls so die Diagnose nicht gestellt werden kann, bringt die Thorakoskopie in über 90% der Fälle Klarheit.

Pleuritis

Pleuritiden kommen bei Infektionen (z.B. Tuberkulose, Virusinfekte, Mykoplasmeninfektion), bei Autoimmunerkrankungen (z.B. Lupus erythematodes, rheumatoide Polyarthritis), nach Lungenembolie oder bei Urämie vor. Die Entzündung der Pleura **(Pleuritis sicca)** führt zu atemabhängigen Schmerzen, die kranke Seite wird geschont, oft quält ein trockener Husten. Mit der Ergußentwicklung **(Pleuritis exsudativa)** können die Schmerzen völlig verschwinden und werden durch eine Belastungs-, später Ruhedyspnoe abgelöst. Bei der Pleuritis sicca kann der Auskultationsbefund des Pleurareibens wegweisend sein, bildgebende Verfahren sind meist unergiebig. Ein Pleuraerguß ist einfach diagnostizierbar.

Pleuramesotheliom

Der häufigste genuine Pleuratumor ist das Pleuramesotheliom, das vor allem nach Asbestexposition auftritt. Bei extrem langer Karzinogenesezeit (25–30 Jahre) steigt die Inzidenz derzeit trotz fallender Exposition immer noch an. Das Hauptsymptom ist der therapierefraktäre Pleuraschmerz, oft verbunden mit Atemnot, manchmal trockener Husten, später auch Gewichtsverlust. Die Diagnose kann oft durch CT-Aufnahmen vermutet werden, muß aber histologisch (Thorakoskopie) gestellt werden.

Pneumothorax

Der Spontanpneumothorax kann idiopathisch bei pleuralen Emphysemblasen auftreten. Der symptomatische Spontanpneumothorax kompliziert eine obstruktive Atemwegserkrankung, eine interstitielle Lungenkrankheit oder eine Lungentuberkulose. Der traumatische Pneumothorax entsteht durch perforierende Verletzungen oder Rippenfrakturen, der iatrogene Pneumothorax bei Pleurapunktion, transthorakaler Lungenbiopsie, beim Legen zentraler Venenkatheter, bei Überdruckbeatmung oder bei einer Reanimation. Vor einer Thorakoskopie wird ein diagnostischer Pneumothorax angelegt.

B ***Beschwerden und Befunde***

Der Patient kann einen plötzlichen einseitigen, stechenden Thoraxschmerz wahrnehmen, gefolgt von einer Belastungs- oder Ruhedyspnoe. Auffällig ist ein abgeschwächtes Atemgeräusch mit hypersonorem Klopfschall und erhaltenem Stimmfremitus. Falls sich ein Spannungspneumothorax entwickelt, führt die Mediastinalverlagerung zur gesunden Seite zu einer oberen Einflußstauung mit Tachykardie und Tachypnoe, evtl. zum Kreislaufversagen.

DS ***Diagnosesicherung***

Die Röntgenaufnahme des Thorax in zwei Ebenen, evtl. in Exspiration, läßt den Lungenkollaps gut erkennen.

3.4.4 Krankheiten des Mediastinums

Mediastinaltumoren

Mediastinaltumoren (→ Kap. 27.4.2.2) wachsen meist verdrängend. Sie können die zentralen Atemwege von außen komprimieren und so Husten und Atemnot mit Stridor verursachen. Bei Kompression der Vena cava superior entsteht zusätzlich eine obere Einflußstauung. Durch Kompression oder Infiltration entstehen Rekurrensparese und Phrenikusparese, beides führt zu Belastungsdyspnoe. Beim Thymom kann eine Myasthenia gravis (→ Kap. 35.4.1) auftreten, die u.U. zu Dyspnoe führt. Die Basis der Diagnostik sind eine Röntgen-Thoraxaufnahme und eine thorakale CT. Die histologische Diagnosesicherung kann Mediastinoskopie und Probethorakotomie umfassen.

Mediastinalemphysem

Beim Mediastinalemphysem kommt es zum Lufteintritt ins Mediastinum, hervorgerufen durch plötzliche, starke thorakale Druckschwankungen (Asthmaanfall, Erbrechen), durch ein Barotrauma (Beatmung) oder ein Thoraxtrauma (Bronchuseinriß, Ösophagusruptur). Meist tritt zusammen mit einem Hautemphysem eine Ruhedyspnoe auf. Die Diagnose wird durch eine Röntgen-Thoraxaufnahme und/oder eine thorakale CT gestellt.

Mediastinitis

Die Mediastinitis ist eine eitrige Infektion des Mediastinums, oft in der Folge eines Mediastinalemphysems. Retrosternaler Druck, Dysphagie, Dyspnoe und Husten zusammen mit septischem Fieber sind die Hauptsymptome. Die Diagnose ist bei zunehmender Mediastinalverbreiterung in der Röntgenübersicht zu vermuten und mit einer thorakalen CT zu sichern.

3

3.4.5 Nervale Atmungsstörungen

Schlafapnoe-Syndrom

Die wichtigsten Störungen der Atmungsregulation gehören in die Gruppe der schlafassoziierten Atmungsregulationsstörungen. Durch Verschluß der Pharynxenge im Schlaf oder Verlust des Atemantriebs kommt es zu Atempausen mit Hypoxämie. Es folgt ein schreckhaftes Erwachen mit Fragmentierung des Schlafs. Daraus entwickelt sich ein buntes Syndrom mit Herzrhythmusstörungen, Cor pulmonale, latenter pulmonaler Hypertonie, Polyglobulie und arterieller Hypertonie: das Schlafapnoe-Syndrom. Koronare Herzerkrankung, zerebrale Funktionsstörungen und chronisch obstruktive Atemwegserkrankung sind häufig assoziiert. Durch die Schlaffragmentierung besteht eine schwere Tagesschläfrigkeit mit erhöhter Unfallgefahr. Die Diagnose wird durch eine ausführliche Anamnese mit Fragebogen, durch körperliche Untersuchung, HNO-ärztliche und neurologische Untersuchung und Polysomnographie gestellt (→ Kap. 38.2).

Hyperventilationssyndrom

Von einer Hyperventilation spricht man, wenn ein gesteigertes Atemminutenvolumen zum Abfall des arteriellen p_aCO_2 unter 37 mmHg (Hypokapnie) führt. Alle Hyperventilationssyndrome sind durch eine heftige inspiratorische Ruhedyspnoe charakterisiert. Dabei korreliert der p_aCO_2-Abfall nicht mit dem Atemnotempfinden des Patienten. Es gilt eine Reihe von Ursachen abzuklären (Tab. 3-5), bevor man die Diagnose „psychogene Hyperventilation" (→ Kap. 34.4.4) stellen darf.

Tab. 3-5 Ätiologie der Hyperventilationssyndrome

Hypoxämie	Aufenthalt in großer Höhe Lungenparenchymerkrankungen
Lungen-erkrankungen	Pneumonie interstitielle Lungenkrankheit interstitielles Lungenödem Lungenembolie pulmonale Hypertonie Asthma bronchiale Pneumothorax
Stoffwechsel-störungen	metabolische Azidosen Leberversagen
neurologische Krankheitsbilder	psychogene Hyperventilation organische ZNS-Erkrankungen
medikamenten-induziert	Salizylate Methylxanthine (Theophyllin) β-Adrenergika Progesteron Drogenentzug
andere Ursachen	Fieber, Sepsis Schmerz Angst Schwangerschaft

Neuromuskuläre Krankheiten

Alle neuromuskulären Krankheiten, die die Atemmuskulatur involvieren, führen zu mehr oder weniger schweren Störungen der Atempumpe mit Hyperkapnie. Als Beispiele seien genannt: amyotrophe Lateralsklerose, spinale Muskelatrophien (→ Kap. 30.3.2.2), Myasthenia gravis, progressive Muskeldystrophien (→ Kap. 35.4.5). Bei bekannter neurologischer Grunderkrankung werden Atemnot und Orthopnoe die wegweisenden Symptome sein. Die Blutgasanalyse zeigt dann den p_aCO_2-Anstieg über 45 mmHg, die Inspirationsdrücke sind schon vorher vermindert.

Phrenikusparese

Durch mediastinale oder pulmonale Tumoren oder durch Traumata kann es zur Kompression, Infiltration oder Ruptur eines oder beider Nervi phrenici kommen. Früher gehörte die Phrenikusquetschung oder Phrenikusexhärese zum Arsenal der chirurgischen Tuberkulosetherapie. Während die einseitige Phrenikusparese nur zur Belastungsdyspnoe und zur Atemnot im Liegen führt, ist eine beidseitige komplette Phrenikusparese nicht mit dem Leben vereinbar. Bei inkompletten beidseitigen Phrenikusparesen steht die schwere Belastungs- oder Ruhedyspnoe im Vordergrund. Die Diagnose der Phrenikusparese ist am einfachsten mit einer Durchleuchtung im seitlichen Strahlengang zur Erfassung der paradoxen Zwerchfellbeweglichkeit zu stellen.

3.4.6 Thoraxdeformitäten

Größere Deformitäten des Rippenskeletts und der Brustwirbelsäule, z.B. bei Kyphoskoliose, führen auf Dauer zu einer schweren Behinderung der Atempumpe. Bei ungünstiger Vordehnung und erhöhter Atemarbeit ermüdet die Muskulatur rascher, und es entwickelt sich eine Hyperkapnie. Immer sind dabei Ventilation und Perfusion der Lunge inhomogen, das heißt, der Gasaustausch wird ineffektiv, es resultiert eine Hypoxämie. Als Komplikation sieht man oft eine chronisch obstruktive Bronchitis. Die Folge dieser Störungen ist nach etwa 30 Jahren die respiratorische Insuffizienz mit Cor pulmonale.

B *Beschwerden und Befunde*

Die Patienten sind – was die Lunge betrifft – lange Jahre asymptomatisch. Dann entwickelt sich relativ schnell eine Belastungsdyspnoe, meist zusammen mit Husten und Auswurf. Bei der körperlichen Untersuchung ist die Deformität gut sichtbar, man erkennt die vermehrte Anstrengung bei Inspiration. Meist sind Rasselgeräusche auskultierbar, eine Tachykardie in Ruhe, eine Halsvenenstauung und periphere Ödeme weisen auf das Cor pulmonale hin.

DS *Diagnosesicherung*

Die Diagnose wird radiologisch gestellt. Wichtig ist, gleichzeitig eine Lungenfunktionsprüfung mit Blutgasanalyse zu veranlassen, um die obstruktive Ventilationsstörung und das Gasaustauschproblem rechtzeitig erfassen (und behandeln) zu können.

3.4.7 Erythrozytäre Erkrankungen

Alle Erkrankungen, die zur Verminderung der Sauerstofftransportkapazität des Blutes führen, verursachen Atemnot. Häufig findet man dies bei **Anämien** verschiedener Ursache (→ Kap. 8.4), wo oft die Dyspnoe im Vordergrund steht. Zusätzlich sieht man Symptome der Minderperfusion peripherer Organe, z.B. Schwindel, Kopfschmerzen, Ohrgeräusche, Stenokardie, Muskelschwäche.

3.4.8 Gifte

Bei **enteralen oder parenteralen Vergiftungen** mit Äthanol, Opiaten oder Neuroleptika führt die Störung der Atempumpe (zentrale Atmungsstörung, muskuläre Schwäche) zur respiratorischen Insuffizienz. Die Atemnot wird wegen der übrigen Vergiftungssymptome mehr oder weniger stark empfunden.

Die **inhalative Vergiftung** mit Kohlenmonoxid vermindert die Sauerstofftransportkapazität des Blutes. Dies führt zu schwerer Atemnot mit Tachypnoe und zu weiteren Symptomen wie Kopfschmerzen, Müdigkeit, Konzentrationsstörungen, Sehstörungen, Tachykardie, Arrhythmien. Ein wegweisender Befund kann die kirschrote Haut- und Schleimhautfarbe sein, oft besteht jedoch eine Zyanose. Bei normalem PaO_2 ist die pulsoximetrische Sauerstoffsättigung deutlich vermindert. Der endgültige Nachweis wird durch die Messung des Carboxyhämoglobins im Blut erbracht.

Schlangenbisse können zu schwerer Atemnot führen, wenn das Gift Muskellähmungen oder ein toxisches Lungenödem verursacht.

3.4.9 Metabolische Störungen

Die metabolische Azidose, z.B. bei diabetischem Koma (→ Kap. 12.4.1), ist mit Dyspnoe verbunden, wobei die respiratorische Kompensation der Azidose zur typischen Kussmaulschen Atmung führt.

4 Aufstoßen und Schluckauf

M. CLASSEN

Der **Schluckauf** (Singultus) entsteht durch eine **plötzliche Kontraktion** der **inspiratorischen Muskulatur,** vor allem des Zwerchfells, die durch einen **abrupten Verschluß** der **Glottis beendet** wird. Dadurch entsteht der charakteristische „Hicks". Im allgemeinen handelt es sich um eine gutartige und selbstlimitierende Störung. **Gelegentlich** ist der Schluckauf **persistierend** und **Zeichen einer ernsten Erkrankung.**

Große Mengen von Luft können durch Essen und Trinken in den Magen gelangen. Unfreiwilliges **Aufstoßen** nach dem Essen stellt eine normale Entleerung von „Gas" durch Dehnung des Magens dar. Regelmäßige Speichelproduktion durch das Kauen von Kaugummi, Rauchen oder orale Irritation führen zu Aerophagie. Chronisches Aufstoßen wird zumeist willkürlich herbeigeführt. Diese Patienten schlucken Luft vor jedem Aufstoßen, entspannen den oberen Ösophagussphinkter und rülpsen die Luft aus der Speiseröhre, bevor sie den Magen erreicht. Nicht bewiesen ist, daß „habituelles Rülpsen" Zeichen von Ängstlichkeit oder chronischen Störungen im Thorax oder Abdomen, z.B. Cholezystitis, Ulkus- oder Refluxkrankheit, ist. Nach Fundoplicatio wegen Refluxkrankheit kann es zur Unfähigkeit zum Rülpsen kommen, was für die Betroffenen sehr störend ist.

Nikotin und Alkohol vermindern den Tonus des unteren Ösophagussphinkters, fördern Aufstoßen; aber auch Zwiebeln, Knoblauch, Tomaten und Minze tun dies.

Man nimmt heute ein „Singultus-Zentrum" im Hirnstamm an, das durch afferente Nerven des Zentralnervensystems des Vagus, des Nervus phrenicus und thorakalen Segmenten des Sympathikus getriggert wird. Der afferente Schenkel besteht ebenfalls aus zervikalen und thorakalen Fasern des Sympathikus sowie dem Nervus phrenicus. Der genaue pathophysiologische Mechanismus des Singultus ist unbekannt.

Man unterscheidet eine **gutartige, selbstlimitierende (funktionelle) Form** des Singultus, die durch Magendehnung, plötzlichen Wechsel der Temperatur bei Speisen und Getränken, Alkoholgenuß oder Emotionen entsteht, von der **organischen Form,** die längere Zeit, im allgemeinen mehr als 48 Stunden andauert. Insgesamt wurden über 100 verschiedene Ursachen von rezidivierendem oder persistierendem Schluckauf berichtet (Tab. 4-1).

Tab. 4-1 Ursachen von Schluckauf (Singultus)

Funktionelle Ursachen	Magenausdehnung durch Gas, Essen plötzlicher Temperaturwechsel, z. B. Speiseeis psychische Erregung oder Belastung
Störungen im ZNS	zerebrovaskuläre Insuffizienz Traumata Tumoren Infektionen des ZNS
Metabolisch-toxische Ursachen	Urämie (→ Kap. 2) Hypokapnie (Hyperventilation) Elektrolytstörungen Alkohol Medikamente, z. B. Diazepam, Barbiturate, Dexamethason
Irritationen des N. vagus oder des N. phrenicus	**im Kopf- und Halsbereich** Lymphom Fremdkörper im Ohr Struma (→ Kap. 19) Neoplasien **im Thoraxbereich** Pneumonie (→ Kap. 3) Emphysem Myokardinfarkt (→ Kap. 41) Perikarditis (→ Kap. 41) Aneurysma Refluxösophagitis (→ Kap. 39) Ösophagusobstruktion (→ Kap. 39) Mediastinalerkrankung **im Bereich des Abdomens** subphrenischer Abszeß Hepatomegalie Cholangitis (→ Kap. 46) Varizen und Ulkus des Magens (→ Kap. 46) Pankreaserkrankungen (→ Kap. 46) Peritonealkarzinose
„Chirurgische" Ursachen	Allgemeinnarkose postoperative Psychose
Psychiatrische und idiopathische Ursachen	

Bei mechanischer Beatmung kann der Singultus einen vollen respiratorischen Zyklus triggern, und in der Folge kann eine Hyperventilation mit respiratorischer Alkalose entstehen.

Eine genaue **Anamnese** über vorbestehende Erkrankungen, eingenommene Medikamente oder Genußmittel sowie eine vollständige **internistische** und **neurologische Untersuchung**, das **Blutbild**, die Bestimmung von **Elektrolyt- und Leberwerten im Serum** sowie eine **Röntgenuntersuchung des Thorax** und eine **Sonographie des Abdomens** sind stets erforderlich. Wenn die Ursache unklar bleibt, sind Computertomographie von Thorax und Abdomen, Echokardiographie, Ösophago-Gastro-Duodenoskopie und Bronchoskopie angezeigt.

5 Augenzeichen

F. H. Stefani

Augenveränderungen können Erstmanifestationen innerer Erkrankungen sein und sollten deshalb bei einer Allgemeinuntersuchung immer erfaßt werden. In diesem Kapitel werden nur allgemein wichtige Augenzeichen besprochen, Sehstörungen sind im Kapitel 55 dargestellt.

Am Patienten fallen äußerlich die Brille, sehbedingte Verhaltensweisen, typische und atypische Alterungszeichen an den Lidern (Dermatochalasis bzw. Blepharochalasis) oder der Hornhaut (Gerotoxon, Arcus lipoides) auf.

5.1 Anamnese

Aus der Anamnese des Patienten erfährt der Arzt das **zeitliche Auftreten von Symptomen im Augenbereich:** z.B. Schmerzen, Doppelbilder, Gesichtsfeldausfälle und **Zusammenhänge zu Allgemeinerkrankungen, Traumen, sonstigen Erkrankungen, familiäre Häufung.** Außerdem kann das Auftreten der Beschwerden an den Augen ein- oder beidseitig sein. Auch die Frage nach Einnahme von Medikamenten ist von Bedeutung. Aus den Patientenangaben und den Beobachtungen kann sich der Arzt schon eine erste Meinung bilden.

5.2 Körperliche Untersuchung

Die allgemeine körperliche Untersuchung des Patienten umfaßt auch das Sehorgan und erlaubt in einigen Fällen eine **Blickdiagnose** (→ Kap. 17).

Die folgenden Augenzeichen sind mit bloßem Auge bzw. mit einfachen Hilfsmitteln wie Lupenvergrößerung, Lichtquelle und aufrechtem direktem Augenspiegel leicht zu erfassen.

Orbitastellung

Hyper- bzw. Hypotelorismus (Distanzvergrößerung bzw. -verkleinerung zwischen den knöchernen Orbitae mit Vergrößerung bzw. Verkleinerung der Pupillardistanz) kommt bei einigen Syndromen vor, Hypertelorismus zum Beispiel bei M. Down, Hypotelorismus zum Beispiel beim Goldenharsyndrom.

5

Bulbusverlagerung

Ein **Exophthalmus (Protrusio bulbi**, Abb. 5-1) tritt bei Volumenvermehrung in der knöchernen Orbita auf und kann verursacht werden durch:

- Entzündung des Orbitagewebes (entzündlicher Pseudotumor)
- Orbitaeinblutungen
- Immunthyreopathie (→ 5.3.1 Endokrine Orbitopathie)
- Parasitenbefall im Orbitagewebe
- verschiedene Syndrome, z.B. M. Recklinghausen (→ Kap. 21, Tab. 21–13), M. Crouzon, Schilddrüsen-Hypophysen-Syndrom
- Mukozele
- intraorbitale, kraniale, paranasale bzw. pharyngeale Tumoren (z.B. Angiom, Dermoid)

Ein **scheinbarer Pseudoexophthalmus** ist zu beobachten bei:

- Orbita- bzw. Gesichtsasymmetrie
- flacher knöcherner Orbita **(Harlekin-Syndrom)**
- Oberlidretraktion (Dalrymple-Zeichen → Endokrine Orbitopathie)

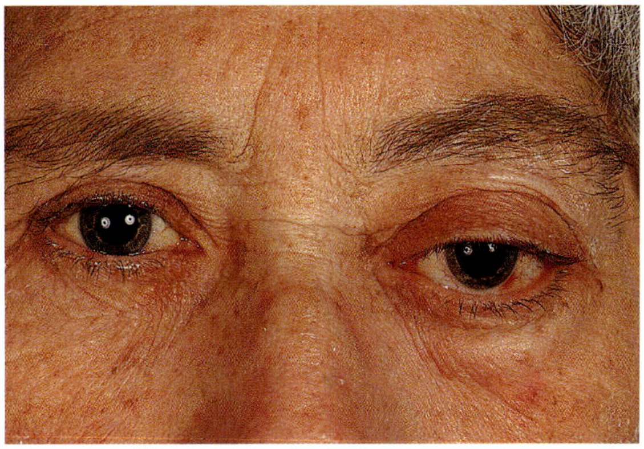

Abb. 5-1 Exophthalmus; Ptosis.

- großem Auge (z.B. kindlichem Glaukom mit Hydrophthalmus, hoher Myopie)
- kontralateralem Enophthalmus

Ein **Enophthalmus** kann Ursache sein von:

- senilem Orbitagewebeverlust
- Gewebeverlust bei Kachexie
- Lawrence-Syndrom mit therapieresistentem Diabetes mellitus

Augenbewegungsstörungen und Schielen

Exotropie bzw. **Esotropie** (manifestes Aus- bzw. Einwärtsschielen, Abb. 5-2) und **Hypertropie** (Höhenschielen) können folgende Ursachen haben:

- neurogene (Paresen, → Kap. 30) bzw. myogene (Muskeldystrophie, Myasthenie, → Kap. 35) Erkrankungen
- mechanische Veränderungen (→ endokrine Orbitopathie)

Beim **Nystagmus** (Augenzittern) bestimmt die schnelle Komponente die Richtung. Ein meist beidseitiger Nystagmus kommt z.B. als horizontaler, vertikaler, rotatorischer oder Pendel-Nystagmus vor. Der häufige **kongenitale Nystagmus** ist meist ein Pendel-Nystagmus, während ein **okulärer Nystagmus** bei Farbblindheit oder Albinismus vorkommt. Ein **erworbener Nystagmus** (bei vielen ZNS-Läsionen, → Kap. 54) ist durch die Angabe von Scheinbewegungen gekennzeichnet. Selten tritt ein monokularer Nystagmus auf.

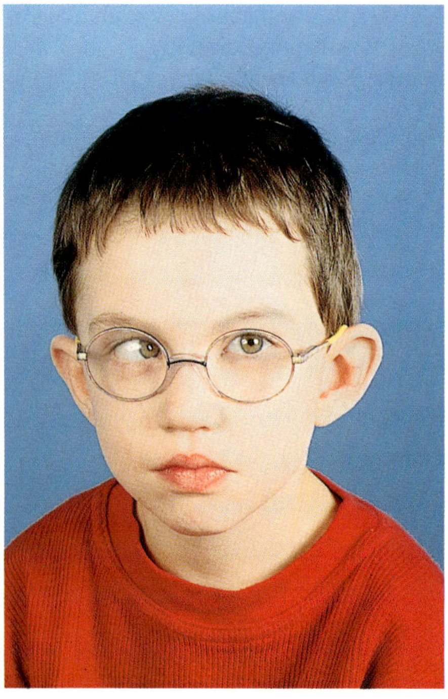

Abb. 5-2 Esotropie (manifestes Einwärtsschielen); Brillenkorrektur bei Weitsichtigkeit.

Lider

Eine **Dermatochalasis** der Oberlider (Lockerheit mit Faltenbildung der Lidhaut), eventuell mit Sehstörungen durch Verlegung der Pupillarebene ist eine häufige senilatrophische Veränderung, die von der seltenen Blepharochalasis nach chronischem Lidödem zu unterscheiden ist.

Eine **mongoloide Lidstellung** liegt vor, wenn der temporale Kanthus (Lidwinkel) höher als der nasale liegt. Eine antimongoloide Lidstellung besteht, wenn der laterale Kanthus nach unten verlagert ist. Beide Stellungsanomalien kommen bei einigen kongenitalen Syndromen, z.B. Down-Syndrom bzw. 17-18-Deletions-Syndrom, vor.

Das **Ektropium** des Lides (auswärtsgedrehte Lidkante) mit vermehrtem Tränenträufeln (Epiphora) kann angeboren oder z.B. als postentzündlich (allergisch) narbiges oder durch Tumorwachstum entstandenes Ektropium erworben sein.

Das **Entropium** (einwärtsgedrehte Lidkante) mit Distichiasis (auf der Hornhaut oder Bindehaut schleifende Wimpern) – unter Umständen ein ophthalmologischer Notfall – kann ebenfalls kongenital oder senil spastisch bzw. narbig erworben sein. Die mechanische Reizung führt zur Epiphora.

Ein sogenanntes **Paragraphenlid** – eventuell ein ophthalmologischer Notfall – tritt bei akuter bzw. chronischer Dacryoadenitis (meist systemische granulomatöse oder nichtgranulomatöse Entzündung) oder Tränendrüsentumoren auf. Unter den gutartigen Tumoren überwiegt der benigne Mischtumor der Tränendrüse, unter den malignen das adenoidzystische Karzinom.

Ein **Epikanthus** (Lidfalte über dem inneren Kanthus) ist mit zahlreichen kongenitalen Syndromen, z.B. Blepharophimose, Down-Syndrom und Trisomie-21 vergesellschaftet.

Ein **Lagophthalmus** (unvollständiger Lidschluß) – ophthalmologischer Notfall – kann bei extremem Exophthalmus oder bei Fazialisparese (→ Kap. 30) vorkommen. Bei der Fazialisparese mit Lähmung des M. orbicularis oculi und Unterlidektropium ist die Epiphora typisch.

Der Verlust der Wimpern – **Madarosis** – kommt bei chronischen und entzündlichen Lidhauterkrankungen, Traumen (Bestrahlung) und endokrinen Erkrankungen, z.B. Hypo- und Hyperthyreose, vor. Bei Kindern kann eine Madarosis auch artifiziell (psychogen) verursacht sein.

Lange Wimpern – **Trichomegalie** – ist selten und wird bei einigen kongenitalen Syndromen und gelegentlich bei AIDS beobachtet.

Ein **seltener Lidschlag** ist bei Kontaktlinsenträgern, Alkoholikern, psychotischen Patienten, zentralnervösen Erkrankungen oder als Stellwag-Zeichen bei immunogener Hyperthyreose zu beobachten.

Häufiger Lidschlag tritt unter anderem bei Blendung, habituell oder bei verminderter Tränensekretion (trockenem Auge) zum Beispiel bei älteren Menschen auf.

Ein **Lidödem** – unter Umständen ein ophthalmologischer Notfall – kann nichtentzündlich, entzündlich, endokrin, tumorbedingt, posttraumatisch bzw. allergisch bedingt sein.

Das **nichtentzündliche** (nicht gerötete) **Lidödem** tritt häufig als angioneurotisches Ödem bei Reaktion gegen Substanzen, vor allem zahlreichen Medikamenten auf, sowie bei Herz- und Nierenerkrankungen bzw. lokalen Störungen der Lymphdrainage, bei Dermatochalasis bzw. der → endokrinen Orbitopathie.

Das **entzündliche Lidödem** kann bei allergischer Kontaktdermatitis, nach Insektenstichen, im Rahmen infektiöser Hornhaut-/Bindehautentzündungen, beim Hordeolum, bei Entzündungen der Sklera oder der Orbita (eventuell ein ophthalmologischer Notfall) und auch kollateral bei Nasennebenhöhlenaffektionen vorkommen.

Andere Lidzeichen sind: Verfärbungen der Augenlider (Hypo- bzw. Hyperpigmentierung), gelbe Xanthelasmen mit und ohne systemischer Hyperlipoproteinämie, Tumoren der Lider (häufig benigne Naevuszellnaevi und seborrhoische Keratosen bzw. semimaligne Basaliome, selten Karzinome, maligne Melanome, Kaposi-Sarkom) oder Mycosis fungoides (→ Kap. 21), ein verbreiterter Tränenmeniskus.

Ein **spastischer Lidschluß (Blepharospasmus)** tritt typischerweise bei Entzündungen und Traumen der Lider, Bindehaut oder Hornhaut mit und ohne verbliebenem Fremdkörper auf. Nicht nur bei Kindern und Jugendlichen, sondern auch bei älteren Menschen sollte man an einen psychogenen Blepharospasmus denken.

Eine **enge Lidspalte (Ptosis)** kann **angeboren** oder – neurogen, muskulär, posttraumatisch **erworben** (Abb. 5-3) sein und ist unter Umständen ein ophthalmologischer Notfall. Bei Kindern kann sie ein Notfall sein. Die Ptosis ist von einer **Pseudoptosis** (Abb. 5-4) abzugrenzen (Bulbusgröße, Enophthalmus, Blepharospasmus, mechanische Ursachen, Dermatochalasis).

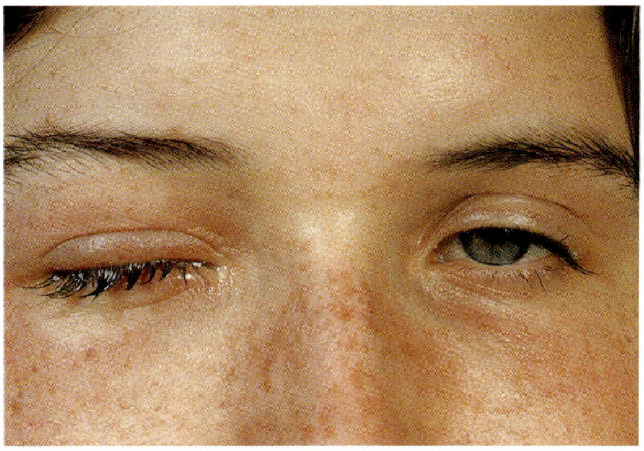

Abb. 5-4 Lidödem und Reizptosis bei Hornhautläsion (u.U. ophthalmologischer Notfall).

5

Das **Horner-Syndrom** (Sympathikusläsion mit obligater Miosis, Ptosis und Enophthalmus, häufig homolateraler Hyperämie und Anhidrose) tritt bei einer Läsion im ersten Neuron (im Bereich des Hypothalamus bzw. Dienzephalon), im zweiten Neuron (zervikale, thorakale, mediastinale Läsion) bzw. im dritten Neuron (Läsionen an der A. carotis interna bzw. dem Sinus cavernosus oder der Augenhöhle) auf.

Eine **Erweiterung der Lidspalte (Lidretraktion,** Abb. 5-5**)** bei Blick geradeaus und bei Blick nach unten kommt beim M. Basedow vor (Dalrymple-Zeichen), muß jedoch von einem Pseudoretraktionszeichen bei Exophthalmus, hoher Myopie, Hydrophthalmus, Heberschwäche bei endokriner Orbitopathie differenziert werden. Beim Blick nach unten verschwindet die Lidspaltenerweiterung.

Depigmentierung der Lider kann gelegentlich als Medikamentennebenwirkung, bei angeborenen Defekten (z.B. Albinismus, Vitiligo, → Kap. 21), nach Traumen (z.B. Verbrennungen und Erfrierungen) oder

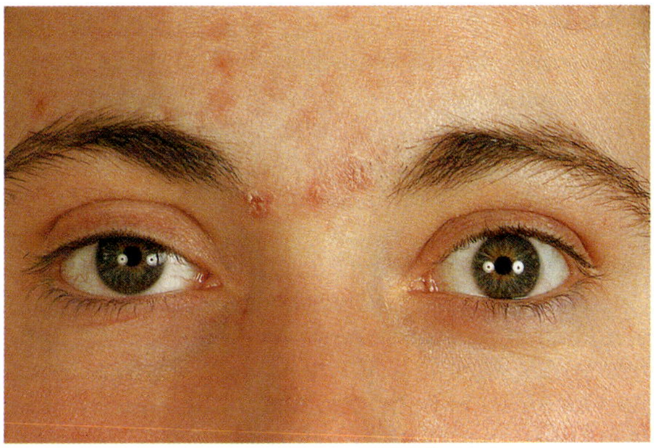

Abb. 5-3 Erworbene Ptosis (u.U. ophthalmologischer Notfall, besonders beim Kind).

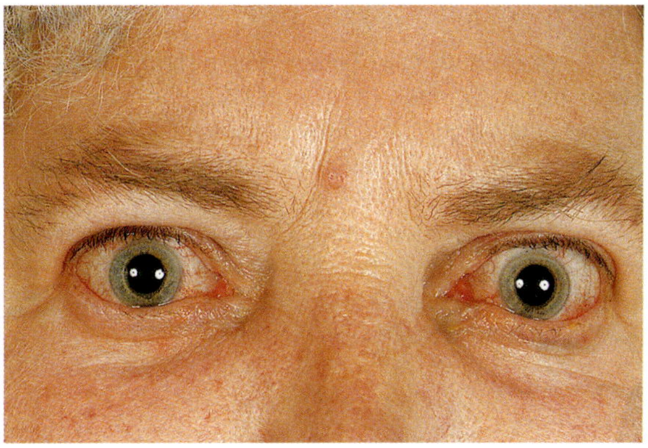

Abb. 5-5 Oberlidretraktion bei endokriner Orbitopathie (Dalrymple-Zeichen) und Bindehautreizung.

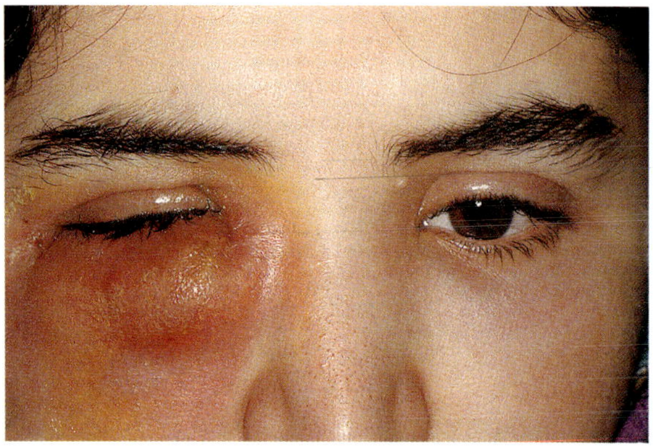

Abb. 5-6 Entzündliche Unterlidschwellung bei Dakryozystitis (u.U. ophthalmologischer Notfall).

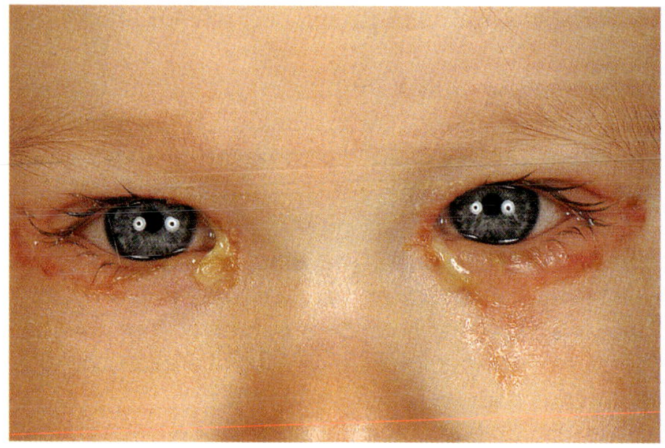

Abb. 5-7 Eitrige Konjunktivitis mit Blepharitis (u.U. ophthalmologischer Notfall).

bei Proteinmangelzuständen (Kwashiorkor), bei endokrinen Veränderungen (Hypopituitarismus, M. Addison [→ Kap. 18], Hyperthyreoidismus [→ Kap. 23]) oder nach Entzündungen auftreten. **Hyperpigmentierung der Lider** (→ Kap. 21) sieht man als Medikamentennebenwirkung (Gold, Silber, Amiodarone, photochemische Substanzen), bei allergischen Reaktionen, genetischen (familiären) Stoffwechselerkrankungen (Hämochromatose), bei endokrinen Erkrankungen (M. Addison → Kap. 18) sowie bei ACTH-Therapie, Östrogentherapie, während der Schwangerschaft, nach Bestrahlung und Traumen.

Neben entzündlichen Ursachen wie Hordeolum, Herpes, Tränensackentzündung (Abb. 5-6) kommen als Ursache für umschriebene **Lidschwellungen** die Lidtumoren (vor allem Basaliome) in Frage. Eine chronische Lidentzündung (Blepharitis) mit Lidschwellung kommt bei seborrhoischer Reaktion, bei Infektionen (Herpes), im Rahmen einiger Syndrome (Mongolismus), bei Parasitenbefall und zahlreichen Medikamenten vor. Eine akute Blepharitis mit Lidschwellung kann allergisch/medikamentös oder infektiös verursacht sein.

Tränen

Hypersekretion von Tränen (Epiphora; tränendes Auge) tritt emotional, durch mechanische Reizungen (z.B. Fremdkörper), bei Entzündungen, Tränenwegserkrankungen und bei chemischen Irritationen in Erscheinung.

Die **Hyposekretion von Tränen (Xerophthalmie; trockenes Auge)** ist bei Systemerkrankungen wie rheumatischen Erkrankungen, z.B. Sjögren-Syndrom (→ Kap. 43), als Zeichen zu finden.

Bindehaut

Ein häufiges Zeichen an der Bindehaut ist die **Rötung** (Gefäßinjektion, -hyperämie). Sie wird als konjunktival, ziliar oder gemischt beschrieben. Dabei handelt es sich um eine Hyperämie unterschiedlicher Gefäßetagen. Wenn die Sehschärfe des Auges nicht reduziert ist und keine Schmerzen angegeben werden, kann die Bindehautrötung beim Erwachsenen als weniger besorgniserregend angesehen werden. Dagegen muß beim Neugeborenen eine Bindehautrötung als Bedrohung für das Auge erkannt werden (ein Notfall).

Die **akute eitrige** bzw. akute mukopurulente, meist **schmerzlose Konjunktivitis** (Abb. 5-7) mit diffuser mehr oder weniger ausgeprägter konjunktivaler Injektion (Bindehauthyperämie, Bindehautrötung), Lidschwellung und Eiterabsonderung durch grampositive oder gramnegative Bakterien oder Pilze ist bei Kindern wie Erwachsenen häufig. Bei Neugeborenen (Ophthalmia neonatorum) kommen als Erreger neben Bakterien auch Chlamydia trachomatis oder Herpes simplex als Ursache in Betracht. Diese Form der Konjunktivitis birgt für das Neugeborene das Risiko einer Hornhautbeteiligung (Keratitis) und damit den Verlust der Sehkraft des Auges (ein wichtiger ophthalmologischer Notfall).

Eine akute, schmerzlose, nichteitrige, follikuläre Konjunktivitis tritt typischerweise z.B. bei der im Volksmund als „Augengrippe" bezeichneten viralen Keratokonjunktivitis epidemica und anderen Virusinfektionen auf.

Eine **schmerzlose, chronische follikuläre Konjunktivitis** mit Lymphfollikeln kann durch ein lidkantennahes Molluscum contagiosum oder durch Kontaktlinsen (besonders durch weiche Kontaktlinsen) hervorgerufen werden. Die follikuläre Konjunktivitis, besonders an der unteren Umschlagfalte der Bindehaut, ist von einer papillären Reaktion an der tarsalen Bindehaut des Oberlides (sichtbar beim Ektroponieren des Oberlides), z.B. bei Atopikern oder Trägern weicher Kontaktlinsen, abzugrenzen.

Eine **Bindehautrötung mit starken Schmerzen,** Visusreduktion und eventuell Hornhauttrübung wird vor allem beim **Glaukomanfall** (weite Pupille) und der Iritis (enge Pupille) auftreten.

Die Bindehaut des Augapfels kann erheblich anschwellen und dabei aus der Lidspalte hervordringen und den Lidschluß unmöglich machen. Ursachen dieses **Bindehautödems (Chemosis)** können allergisch (auch Medikamentennebenwirkung) und infektiös (bei Hornhaut-, Bindehaut- und Orbitainfektionen) sein. Weiterhin tritt eine Chemosis bei einer Skleritis (z.B. Wegener-Granulomatose, → Kap. 43) auf und kann ein ophthalmologischer Notfall sein. Eine besonders ausgeprägte Chemosis wird bei Chlamydieninfektionen oder auch bei der endokrinen Orbitopathie beobachtet.

Die **Unterblutung** bzw. **Ekchymose der Bindehaut (Hyposphagma)** hat vielfältige Ursachen: bei Kindern sind Traumen häufiger, und bei älteren Menschen ist eine erhöhte Fragilität der Blutgefäße auslösend.

Hornhaut

Das **Gerontoxon der Hornhaut (Arcus lipoides)** mit seinem klaren Limbussaum ist ein augenfälliges Zeichen, das besonders bei Patienten unter 40 Jahren an eine Hyperlipoproteinämie denken läßt.

Eine **Anästhesie der Hornhaut** findet sich bei Kleinhirnbrückenwinkeltumoren, bei herpetischer Keratitis, nach Hornhautverletzungen (auch Keratoplastik), bei Orbitabodenfrakturen mit Trigeminusläsion und jugendlichem Diabetes mellitus. Aufmerksame Patienten beobachten die Anästhesie selbst. Der Untersucher findet sie zum Beispiel bei der Untersuchung mit einem ausgezogenen Wattebausch im Vergleich mit dem Partnerauge.

Ein **Hornhautödem** mit Transparenzverlust der Hornhaut (Trübung) tritt bei akutem intraokularem Druckanstieg (Glaukomanfall) oder bei Entzündungen der Hornhaut (Keratitis) auf und kann ein ophthalmologischer Notfall sein. Die Iris und die Pupille sind dabei nicht mehr klar, sondern wie hinter Milchglas zu sehen.

Sklera

Durch (verdünntes) Skleragewebe hindurchscheinendes Uveagewebe führt zum Eindruck einer **blauen Verfärbung.** Eine solche Blauverfärbung der Sklera wird nicht nur bei angeborenen oder erworbenen Sklerastaphylomen, sondern unter anderem auch bei der Osteogenesis imperfecta (→ Kap. 45) beobachtet.

Besonders bei Kollagenerkrankungen tritt die erheblich schmerzhafte **Skleritis** mit Bindehautrötung und -schwellung auf und führt nach ihrer Abheilung zur Skleraverdünnung und Sklerastaphylombildung mit Blaufärbung der Sklera. Die kaum schmerzhafte und spontan heilende Episkleritis mit umschriebener Bindehautrötung tritt bei rheumatischen Erkrankungen auf, kann aber auch idiopathisch sein.

Iris

Die Iris kann sehr selten angeboren oder sehr häufig nach Traumen teilweise oder vollständig fehlen, oder in beiden Augen unterschiedlich gefärbt sein (Heterochromie: kongenital, postentzündlich, bei Iristumoren). Als Zeichen einer Iritis tritt eine ziliare Injektion der perilimbalen Bindehaut, Lichtempfindlichkeit und eine enge Pupille (Miosis) auf. Die Diagnose Iritis kann nur mit einer Spaltlampe sicher gestellt werden.

Pupille

Die Pupille ist bei Heranwachsenden, Frauen, Kurzsichtigen und bei blauer Irisfarbe meist etwas weiter. Die Pupillenweite wird beeinflußt von zahlreichen Medikamenten, von Toxinen und Alkohol, Erkrankungen wie Diabetes mellitus, Entzündungen (Iritis), Tumoren und von Traumen oder Schmerzen. Der Begriff **Mydriasis** beschreibt eine auf mehr als 5 mm erweiterte Pupille. **Miosis** bezeichnet eine auf weniger als 2 mm verengte Pupille (z.B. im Narkosestadium III).

5

Die **Anisokorie** (ungleich große Pupillen, Abweichung von mehr als 1 mm) kann familiär vorkommen oder ist ein Zeichen beim Horner-Syndrom sowie beim Addie-Syndrom und der einseitigen Amaurose. Gelegentlich ist es eine Pseudoanisokorie bei einem Kunstaugenträger.

Die **Leukorie** (weiße Pupille) oder „amaurotisches Katzenauge" kann durch fortgeschrittene Linsentrübung (Katarakt) oder durch große intraokulare Tumoren (z.B. Retinoblastom bei Kindern, maligenes Melanom der hinteren Uvea) verursacht sein.

Linse

Die häufigste **Linsenveränderung** ist die **Trübung (Katarakt)**. Die Ursachen können Altersveränderungen, Medikamentennebenwirkungen (Kortikoide), Traumen, Tumoren und ein chronischer Hypoparathyreoidismus (→ Kap. 34) sein.

Glaskörper

Eine **Trübung des Glaskörpers** ist in der Regel äußerlich nicht erkennbar, fällt jedoch beim Untersuchen mit dem Handaugenspiegel dadurch auf, daß es nicht gelingt, ein klares Bild vom Augenhintergrund zu bekommen. Die häufigsten Ursachen für Glaskörpertrübungen sind Blutungen (z.B. bei Diabetes mellitus [→ Kap. 12] oder intraokulare Tumoren) und intraokulare Entzündungen.

Augenhintergrund (Netzhaut)

Beim Betrachten des zentralen Augenhintergrundes (→ Kap. 55) sind verschiedene Veränderungen der Netzhaut typisch für internistische Erkrankungen. Als

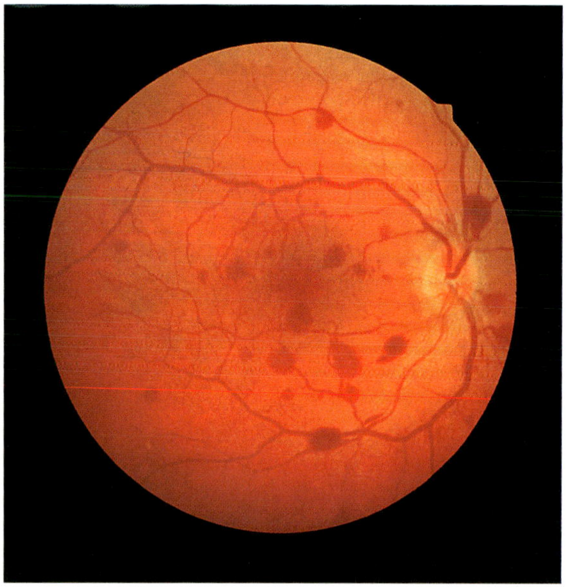

Abb. 5-8 Zentralvenenthrombose mit multiplen Netzhautblutungen (u.U. ophthalmologischer Notfall).

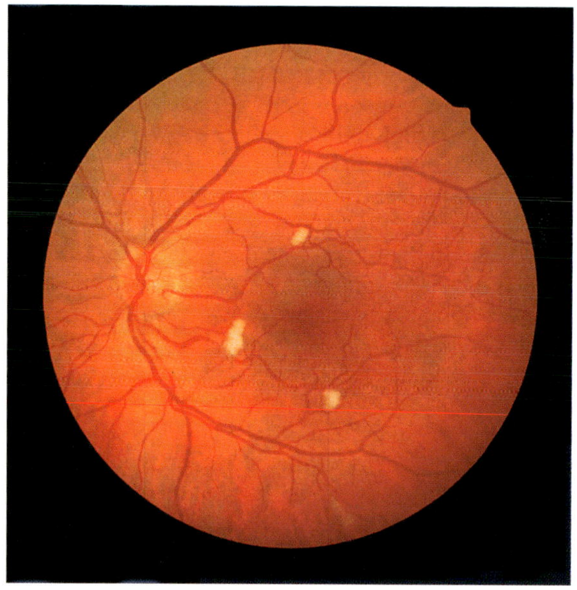

Abb. 5-9 Cotton-wool-Herde in der Nervenfaserschicht der Netzhaut (u.U. arterielle Hypertonie/Notfall).

Größenmaßstab zur Größenbeschreibung von Augenhintergrundveränderungen dient der Papillendurchmesser (1,5 mm). Die etwas nasal vom zentralen Augenhintergrund gelegene **Papille** findet der Untersucher leicht, wenn der Patient geradeaus schaut und der Untersucher mit dem Augenspiegel etwas von temporal in das Auge hineinblickt. **Netzhautblutungen** sind ein typischer Befund bei Diabetes mellitus (→ Kap. 12), beim Hypertonus (→ Kap. 26) und der Zentralvenenthrombose (Abb. 5-8). Retinale Mikroaneurysmen finden sich besonders beim Diabetes mellitus.

Hypertonische Veränderungen mit Gefäßverengung, Kreuzungszeichen, Begleitstreifen, Exsudaten und Cotton-wool-Herden (Abb. 5-9) sind die häufigsten Zeichen am zentralen Augenhintergrund.

Daneben werden bei älteren Menschen **degenerative Makulaveränderungen** (z.B. als Pigmentumschichtungen bzw. Pseudotumor maculae) zu beobachten sein.

Feine gelbe Netzhauteinlagerungen (harte Exsudate um die Makula herum) auch mit sternförmigem Erscheinungsbild: Retinopathia circinata stellata (Makulasternfigur) finden sich bei arterieller Hypertonie (→ Kap. 26) und bei Diabetes mellitus (→ Kap. 12), Abb. 5-10 und 5-11.

Unscharf begrenzte, **weißliche Netzhautherde** in der Nervenfaserschicht, sogenannte weiche Exsudate oder Cotton-wool-Herde sind geschwollene Nervenfasern mit Ansammlungen von Mitochondrien (gangliozytoide Körper), sie können vor allem beim Hypertonus (→ Kap. 26), beim Diabetes mellitus (→ Kap. 12), bei einer akuten Pankreatitis (→ Kap. 46), bei Anämie (→ Kap. 8), Dysproteinämie, Mikroembolien oder AIDS vorkommen.

Verengte Netzhautarteriolen können Zeichen eines systemisch erhöhten arteriellen Blutdruckes, einer zentralnervösen Erkrankung (z.B. Migräne) oder toxischer Ursache (z.B. Chloroquin, Chinin, Blei) sein.

Erweiterte Netzhautvenolen zeigen sich bei Herz-Kreislauf-Erkrankungen, respiratorischen Erkrankungen, Bluterkrankungen (z.B. Anämie, Leukämien [→ Kap. 8]), Diabetes mellitus, Kollagenerkrankungen

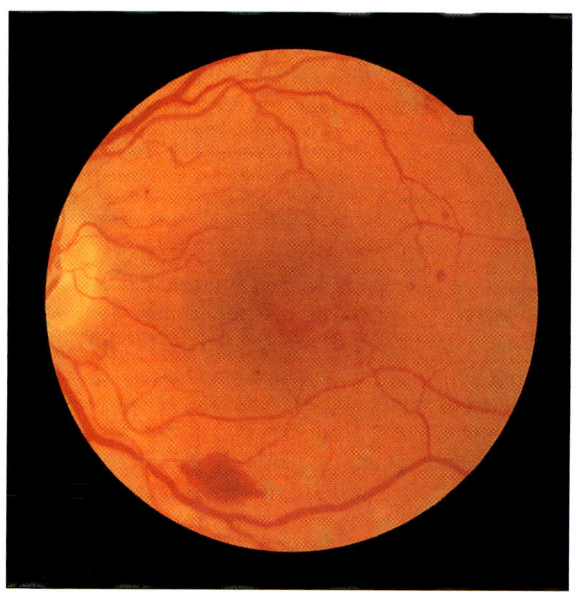

Abb. 5-10 Retinopathia diabetica mit Mikroaneurysmen und kleiner Netzhautblutung.

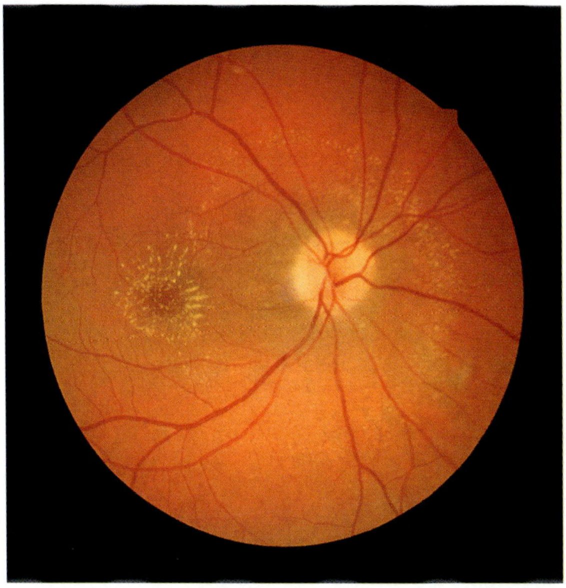

Abb. 5-11 Radiär streifig angeordnete harte Exsudate um die Makula herum – Circinatafigur (u.U. ophthalmologischer Notfall).

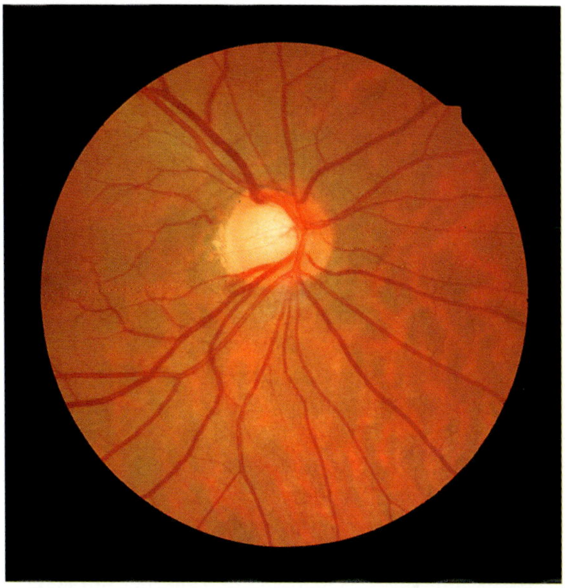

Abb. 5-13 Exkavierte Papille bei chronischer intraokularer Druckerhöhung (Glaukom).

(z.B. systemischer Lupus erythematodes [→ Kap. 43]) und fieberhaften Infektionskrankheiten (→ Kap. 14).

Eine Kombination aus Venenerweiterung und massiven Netzhautblutungen findet sich nicht nur bei einer retinalen **Zentralvenenthrombose** (→Abb. 5-8) der unterschiedlichsten Genese, sondern u.a. auch beim Diabetes mellitus, bei Veränderungen des Sinus cavernosus oder Leukämien.

Wurstartige lokale Erweiterungen der Netzhautgefäße sieht man beim Diabetes mellitus oder der Makroglobulinämie (M. Waldenström).

Eine **geschwollene, prominente und randunscharfe Papille** findet sich besonders bei arterieller Hypertonie und als Stauungspapille bei intrakranieller Raumforderung (Abb. 5-12).

Eine **Exkavation der Papille** (Abb. 5-13) ist das häufigste Papillenzeichen beim chronischen Glaukom (intraokularer Druckanstieg mit Atrophie des Fasciculus opticus).

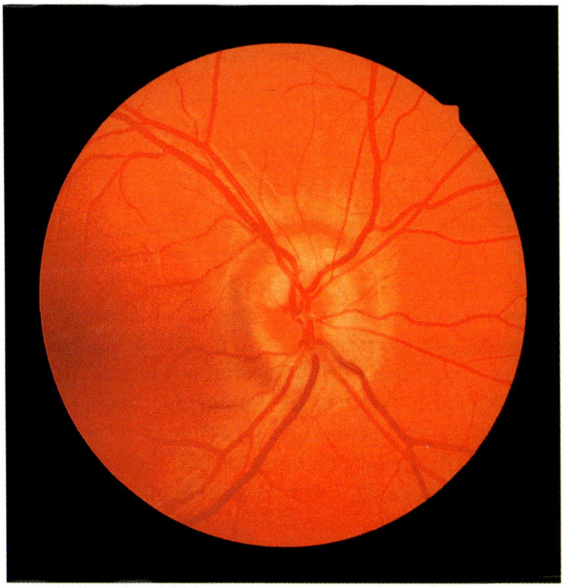

Abb. 5-12 Stauungspapille.

5.3 Krankheitsbilder

5.3.1 Endokrine Orbitopathie

O. E. Janssen und P. C. Scriba

Autoimmunologisch bedingte Orbitopathie mit Befall der Augenmuskeln und des retrobulbären Binde- und Fettgewebes, die häufig mit der Manifestation einer Immunhyperthyreose vom Basedow-Typ assoziiert ist.

B *Beschwerden und Befunde*

Die **klinische Symptomatik** der endokrinen Orbitopathie läßt sich in zunehmende Schweregrade einteilen und ist genau, auch im Verlauf, zu dokumentieren. Die klassischen Zeichen wie Oberlidretraktion (Dalrymple-Zeichen), Zurückbleiben des Oberlides bei Blicksenkung (Graefe-Zeichen), seltener Lidschlag (Stellwag-Zeichen) und Konvergenzschwäche (Moebius-Zeichen) werden häufig erst erkannt, wenn bereits eine Protrusio bulbi (Exophthalmus), retrobulbäres Druckgefühl und Entzündungszeichen bestehen (Lidödeme, Chemosis, Tränenfluß, Lichtscheu und Augenbrennen). Bei schwererer Erkrankung kann es zu „Augenmuskelparesen" (eigentlich -blockaden) mit Doppelbildern oder Verschwommensehen, Trübungen und Ulzerationen der Hornhaut durch Lagophthalmus und N.-opticus-Schädigung mit Visusverlust kommen.

Die endokrine Orbitopathie ist häufig mit einer Immunthyreopathie vom Basedow-Typ assoziiert, so daß gezielt nach Symptomen einer Hyperthyreose zu suchen und diese zu diagnostizieren ist (→ Kap. 23). In seltenen Fällen tritt bei der Immunthyreopathie vom Basedow-Typ in Kombination mit der endokrinen Orbitopathie eine „endokrine Dermatopathie" auf, die sich vorzugsweise als zirkumskriptes prätibiales Myxödem manifestiert. Es handelt sich hierbei um scharf abgegrenzte, erhabene, großporige, gelbliche bis lividrote Hautaffektionen an den Unterschenkelstreckseiten und am Fußrücken. Das gleichzeitige Vorliegen einer Osteoarthropathia hypertrophicans (Trommelschlegelfinger, Exostosen) ist als EMO-Syndrom (endokrine Orbitopathie, Myxödem und Osteoarthropathie) beschrieben worden.

Die **Befunde** sind das Ausmaß des Exophthalmus durch Bestimmung der Hertel-Werte.

Tab. 5-1 Differentialdiagnose der endokrinen Orbitopathie

Immunerkrankungen
Endokrine Orbitopathie bei Hyperthyreose vom Basedow-Typ (→ Kap. 23) (auch eu- oder hypothyreote Stoffwechsellage möglich)
Endokrine Orbitopathie bei immunogener Thyreoiditis
Myasthenie mit Augenbeteiligung

Entzündungen
Myositis der extraokulären Augenmuskeln
Orbitaphlegmone (z. B. bei Sinusitiden)
Sialadenitis
Infiltration bei Wegener-Granulomatose (→ Kap. 43) u. a.

Vaskuläre Krankheiten
Sinus-cavernosus-Thrombose
Hämangiomata
Aneurysmata
AV-Fisteln (auch posttraumatisch) u. a.

Tumoren
Hodgkin-/Non-Hodgkin-Lymphome (Mikulicz-Syndrom), → Kap. 32
Tränendrüsenkarzinom
Nebenhöhlentumoren
osteogene Tumoren und Metastasen (z. B. bei Mamma-, Bronchial- oder Schilddrüsenkarzinomen und bei eosinophilem Granulom)
Meningeome (z. B. im Keilbeinbereich)
Mukozelen

Neurogene Krankheiten
Augenmuskelbeteiligung bei zentralneurologischen Erkrankungen (Raumforderungen, ischämisch u. a., → Kap. 44)
Myopathien

Andere Ursachen
Pseudotumor-orbitae-Syndrom
allergische Ödeme (→ Kap. 53)
kontralateraler Enophthalmus
einseitig hohe Myopie oder Hydrophthalmie
Blutungen
Mißbildungen und Dysplasien der Orbita
Vitaminmangelzustände (Vitamin A und C)
Steroidmedikation

DS *Diagnosesicherung*

Bildgebende Diagnostik

Vor allem in Grenzfällen und bei einseitiger Protrusio bulbi zur differentialdiagnostischen Abgrenzung von z.B. tumorösen Raumforderungen (Tab. 5-1) wird eine Orbita-Sonographie, Kernspinuntersuchung oder Computertomographie zum Nachweis der typischen Verdickung und Verkürzung der inneren Augenmuskeln durchgeführt. Bei speziellen Fragestellungen hat die Kernspinuntersuchung die größte Aussagekraft, da sich mit dieser Untersuchung auch eine Entzündung des Fettgewebes nachweisen läßt, die mit einer retrobulbären fleckförmigen Echoarmut imponiert.

Weiterführende Diagnostik

Bei fraglichen Fällen kann der meist positive Nachweis von Schilddrüsenautoantikörpern und TSH-Rezeptor-Antikörpern zur Diagnosesicherung beitragen. Ophthalmologische Fundus-, Visus- und Gesichtsfeldbestimmung und Tonometrie (Steigerung des Augenbinnendrucks, cave Meßfehler!) ergänzen das diagnostische Programm.

DD *Differentialdiagnose*

Die Differentialdiagnose der endokrinen Orbitopathie umfaßt orbitale und periorbitale Erkrankungen (→ Tab. 5-1). In seltenen Fällen kann eine endokrine Orbitopathie auch bei einer immunogenen Thyreoiditis vom Typ Hashimoto vorkommen. Bei einseitigem Exophthalmus muß eine retrobulbäre Raumforderung ausgeschlossen werden. Auch ein beiderseitiger Exophthalmus kann durch infiltrativ-tumoröses Wachstum verursacht werden, z.B. bei malignen Hodgkin- und Non-Hodgkin-Lymphomen (→ Kap. 32). Eine Achsenabweichung des Bulbus ist immer malignomverdächtig. Der intermittierende Exophthalmus infolge Hämangioms in der Orbita ist durch Bücken und Pressen provozierbar. Ein pulsierender Exophthalmus kommt bei Sinus-cavernosus-Thrombose und bei aneurysmatischen Augengefäßveränderungen vor. Ein Exophthalmus kann auch durch Augenmuskelbeteiligung bei neurogener oder muskulärer Grunderkrankung, entzündlichen Prozessen im orbitalen und periorbitalen Bereich und das Pseudotumor-orbitae-Syndrom (einseitig, plötzlicher Beginn mit Schmerzen, gutes Ansprechen auf Glukokortikoide) verursacht werden. Bei der Myasthenia gravis, allergischen Lidödemen, kontralateralem Enophthalmus (z.B. bei Horner-Symptomenkomplex), hoher Myopie oder Hydrophthalmie kann ein Exophthalmus vorgetäuscht werden.

5.4 Zusammenfassung

Dieses Kapitel soll zur genauen Beobachtung des Augenbereiches mit bloßem Auge und dem aufrechten Augenspiegel anregen. Die genaue Beobachtung der Veränderungen im Bereich der Augen in Verbindung mit den vom Patienten angegebenen Zeichen und Symptomen (→ Kap. 55) geben oft wichtige Hinweise für den einzuschlagenden diagnostischen Weg bei internistischen Erkrankungen.

5

6 Bewegungsstörungen

D. Pongratz und P. C. Scriba

Im weitesten Sinne führen sämtliche Erkrankungen im Bereich des motorischen Systems sowie zahlreiche Störungen des Bewegungsapparates zu Bewegungsstörungen.

Aus internistischer Sicht ist vor allem der Tremor beim Entzugssyndrom und bei Hyperthyreose (→ Kap. 23) wichtig. Besondere Wachsamkeit ist auch gegenüber einer medikamentös induzierten extrapyramidalen Störung angebracht. Unter den vielfältigen körperlich bedingten Gangstörungen sei der Watschelgang bei Osteomalazie (→ Kap.45) erwähnt, der manchmal als psychogene Gangstörung fehlgedeutet wird. Dieses Kapitel konzentriert sich auf Bewegungsstörungen im engeren neurologischen Sinne.

6.1 Definition und Abgrenzung

Bei **Bewegungsstörungen** handelt es sich um **motorische Vorgänge,** die ohne den Willen des Betroffenen ablaufen und willentlich nicht zu beeinflussen sind. Unterschieden werden die **hypokinetischen** von den **hyperkinetischen Syndromen.**

Zu den **hypokinetischen Syndromen** gehören:

- Parkinson-Syndrome (→ Kap. 6.4.1, → Tab. 6-3)

Formen von **hyperkinetischen Syndromen** (Tab. 6-1) sind:

- Tremor (→ Kap. 61)
- Dystonien: anhaltende, meist langsame und unwillkürliche Bewegungen
- Chorea: spontane ausfahrende Bewegungen in irregulärer zeitlicher und räumlicher Verteilung
- Tics: schnelle kurze Hyperkinesen
- Myoklonien: rasche arrhythmische Bewegung einzelner Muskelgruppen mit Bewegungseffekt

6.2 Ursachen

Die wichtigsten Formen hypo- bzw. hyperkinetischer Bewegungsstörungen sind vorwiegend auf **Erkrankungen** im Bereich **der Basalganglien** zurückzuführen. Nach heutiger Auffassung sind die Basalganglien Teil des komplexen Systems der Sensomotorik, das sich aus dem motorischen und assoziativen Kortex, den Basalganglien, dem Kleinhirn, dem Hirnstamm und Rückenmark, den peripheren Nerven und Muskeln sowie den gesamten sensiblen und sensorischen Afferenzen zusammensetzt. Die physiologische Funktion der Basalganglien besteht im wesentlichen in der Erstellung des motorischen Plans, der anhand bereits vorhandener motorischer Programme zusammengefügt und mit Hilfe von Sinneseindrücken den jeweiligen Erfordernissen angepaßt wird. Beim Ausfall kommt es zur **Verlangsamung von Bewegungsabläufen,** zur **Störung der Koordination komplexer Bewegungen,** zum **Kontrollverlust über Spontanbewegungen** und zur **Störung** der Regulierung **des Muskeltonus.**

Bezüglich weiterer Informationen zu anderen Defiziten im Bereich der Sensomotorik sei auf folgende Kapitel verwiesen:
→ Kap. 30 Lähmungen
→ Kap. 56 Sensibilitätsstörungen
→ Kap. 35 Muskelschwäche

6.3 Diagnostik

6.3.1 Anamnese

Insbesondere im Frühstadium der hypo- und hyperkinetischen Basalganglienerkrankungen kommt einer gezielten Anamnese und dem Wissen über häufige Fehlinterpretationen bestimmter Symptome durch den Patienten besondere Bedeutung zu.

So wird die **Hypokinese** (Hypomimie und verlangsamte Bewegung) beim Parkinson-Syndrom vom Patienten und von seinen Angehörigen häufig als Depression fehlgedeutet, der beginnende Rigor, vor allem im Nackenbereich, wird im Sinne eines Zervikalsyndroms verkannt. Die Verlangsamung von Denken und Wahrnehmung lenkt nicht selten den Verdacht auf eine dementielle Entwicklung. Verlangsamtes Denken und Bradyphrenie lassen differentialdiagnostisch an eine Hypothyreose (→ Kap. 1) denken. Wichtig ist es, in der gezielten Anamnese die Verlangsamung aller möglichen Aktivitäten im täglichen Leben dingfest zu machen.

Tab. 6-1 Klinische Kriterien zur Differentialdiagnose hyperkinetischer Bewegungsstörungen

	Bewegungscharakter	Lokalisation	Aktivierungsbedingungen	Besonderheiten
Tremor	rhythmische Hyperkinese mehrerer Körperabschnitte	meist Hände/Arme, dann mit absteigender Häufigkeit: Beine, Kopf, Gesicht	in der Regel Bahnung durch psychischen Streß	Unterscheidung in Ruhe-, Halte-, Aktions- und Zielbewegungstremor
Dystonie	langsame tonische oder phasische Bewegung oder abnormale Haltung (als Folge andauernder Muskelaktivität)	**fokal** Begrenzung auf eine funktionelle Region **segmental** zwei oder mehr benachbarte Regionen **generalisiert** Rumpf und mindestens eine Extremität **Hemidystonie** halbseitig Arm und Bein	spontan oder durch Aktion induziert	diagnostisches Hauptkriterium ist die anhaltende, unwillkürliche Muskelkontraktion
Chorea	schnelle, irreguläre, nicht repetitive Bewegungen wechselnder Lokalisation	Extremitäten mit distaler Betonung	Bahnung unter psychischem Streß • oft Besserung unter körperlicher Belastung • fast nie willkürlich unterdrückbar	**Ballismus** heftige, proximal betonte Hyperkinesen mit ansonsten choreatischem Charakter
Tic	schnelle, stereotype, einfache oder komplexe Bewegungsmuster, oft nicht von Willkürbewegungen zu trennen	**motorische Tics** Gesicht, Hals und Arme **vokale Tics** undifferenzierte Laute, Wörter/Wortfetzen, Sätze, Echolalie, Koprolalie	Bahnung unter psychischem Streß • oft Hemmung durch konzentrierte Beschäftigung • oft Minuten bis Stunden unterdrückbar	oft Angabe eines Entlastungsgefühls nach der Hyperkinese
Myoklonie	sehr rasche, oft repetitive irreguläre Muskelzuckungen	**fokal** z.B. nur im Arm **halbseitig** **segmental** **generalisiert** Beugemuskeln überwiegen oft	Reflexmyoklonien bei somatosensiblen, visuellen oder akustischen Reizen häufig, Bahnung bei Willküraktivität	

Bei den meisten **Hyperkinesen** ist bei der anamnestischen Erhebung zu beachten, daß von den Patienten im Anfangsstadium der Erkrankung die Beschwerden und Symptome verheimlicht bzw. verharmlost werden.

6.3.2 Körperliche Untersuchung

Die Untersuchung des Patienten setzt eine sorgfältige, ruhige und geduldige Beobachtung voraus. Folgende Fragen sind für die Diagnosefindung von Bedeutung:

▷ Ist die Bewegungsstörung vom nicht bewußtseinsgestörten Patienten willentlich zu unterdrücken?

▷ An welchen Körperteilen ist die unwillkürliche Bewegung zu beobachten?

Beispielsweise:
- nur an den Händen
  ➠ Tremor, dystoner Schreibkrampf
- nur am Kopf
  ➠ seniler Wackeltremor des Kopfes
- nur an einer Körperhälfte
  ➠ Hemichorea, Hemiparkinson
- nur an der Gesichtsmuskulatur
  ➠ lokalisierte Dystonie
- proximal lokalisiert
  ➠ Hemiballismus
- distal lokalisiert
  ➠ Athetose

▷ Welches Bewegungsmuster (pattern) liegt vor?
Beispielsweise:
- komplex, regellos, relativ langsam, schraubend, repetitiv mit extremer Gelenkstellung
- ➠ Athetose
- arrhythmisch, ausholend, schleudernd
- ➠ Ballismus
- schnell, aber nicht blitzartig, abgesetzt
- ➠ Chorea

▷ Besteht eine Regelmäßigkeit der Bewegung?
Beispielsweise:
- regelmäßige, rhythmisch-klonische Zuckungen
- ➠ Fußtremor bei M. Parkinson
- arrhythmisch auftretend, in mehreren Muskelgruppen
- ➠ Myoklonien

▷ Wie häufig/schnell treten die Bewegungen auf?
Beispielsweise:
- zehnmalige Fingerbewegung pro Sekunde
- ➠ essentieller Fingertremor
- Wendung des Kopfes innerhalb von drei Sekunden
- ➠ Torticollis spasticus

▷ Handelt es sich um eine dauerhafte oder intermittierende Störung?
Beispielsweise:
- dauernd vorhanden, bis zur Erschöpfung
- ➠ Chorea Huntington
- episodisch, paroxysmal
- ➠ familiäre Choreoathetose
- nur nachts auftretend
- ➠ paroxysmale Dystonie

▷ Zu welchem Bewegungseffekt führt die Bewegung?
Beispielsweise:
- grob ausfahrend, evtl. zur Verletzung führend
- ➠ Hemiballismus
- diskreter Bewegungseffekt
- ➠ Chorea, Tremor

▷ In welcher Situation tritt sie bevorzugt auf?
Beispielsweise:
- Auslösung durch aktive Muskelinnervation
- ➠ Aktionsmyoklonus
- Auftreten während des Schreibens
- ➠ Schreibkrampf
- Auftreten bei zielgerichteter Bewegung
- ➠ Intentionstremor (→ Kap. 61)
- Auftreten bei psychischem Streß
- ➠ Tic-Erkrankung

▷ Was wirkt erleichternd?
Beispielsweise:
- Blockade des Ruhetremors durch aktive Bewegung
- ➠ M. Parkinson
- Sistieren der Störung im Schlaf
- ➠ alle Bewegungsstörungen
- Sistieren durch konzentrierte Beschäftigung
- ➠ Tic-Erkrankung
- Besserung durch körperliche Belastung
- ➠ Chorea

▷ Wie stark ist der Patient in den feinmotorischen Tätigkeiten des Alltags (Anziehen, Essen, Schreiben etc.) behindert?
Beispielsweise:
- Behinderung durch Adiadocho-/Bradykinese
- ➠ M. Parkinson
- nur Massenbewegungen können ausgeführt werden
- ➠ Hemiballismus
- im Rahmen der Asynergie gestört
- ➠ Dystonie

6.4 Krankheitsbilder

6

6.4.1 Parkinson-Syndrom

Es handelt sich im Prinzip um eine klinische Diagnose. Die **Kardinalsymptome** des Parkinson-Syndroms sind **Akinese, Rigor** und **Tremor** zusammen mit Bradyphrenie und **vegetativen Störungen.** Liegen nur Akinese und Rigor vor, spricht man von einem akinetisch-rigiden Parkinsontyp, zusammen mit Tremor von einem Äquivalenztyp bzw., sofern der Tremor führt, von einem Tremor-Dominanztyp.

B ***Beschwerden und Befunde***

Die **Akinese** zeigt sich in folgenden Befunden:
- Amimie
- Propulsion
- vermindertes Mitschwingen der Arme
- kleinschrittiger Gang
- Mikrographie
- Verlangsamung beim Aufstehen, Zwischenschritte beim Umdrehen
- Verlangsamung von Bewegungsabläufen mit rascher Erschöpfung

Den **Rigor** erkennt man an einer allgemeinen Steifheit mit Verstärkung der gebeugten Haltung und gebundenen Bewegungen.

Der **Tremor** tritt typischerweise als **Ruhetremor** (Frequenz 4–5 Hz) auf, seltener als **Haltetremor** mit zum Teil schnellerer Frequenz (→ Kap. 61).

Typische **vegetative Symptome** beim Parkinson-Syndrom sind:
- Seborrhö, Salbengesicht
- nächtliches Schwitzen
- vermehrte Speichelproduktion
- Neigung zu Obstipation und Harnverhalt
- orthostatische Kreislaufregulationsstörungen
- depressive Verstimmung

Tab. 6-2 Frühdiagnostik des Parkinson-Syndroms

Symptom	Diagnose	Differentialdiagnose
Hypomimie, gebundene Haltung, verlangsamte Bewegungen	akinetisches Parkinson-Syndrom	Depression
Schulter-Arm-Schmerz	Hemi-Parkinson-Syndrom	Arthrose, HWS-Syndrom
muskuläre Hypertonie	rigides Parkinson-Syndrom	Paratonie (Gegenhalten)
Gangstörung	akinetisches Parkinson-Syndrom	Frontalhirnsyndrom (Normaldruckhydrozephalus)
Sprechstörung (Dysarthrophonie)	akinetisches Parkinson-Syndrom	Bulbärhirnsyndrom
Denk- und Wahrnehmungsstörung	Bradyphrenie bei Parkinson-Syndrom	Demenz (Morbus Alzheimer, vaskuläre Enzephalopathie)
Ruhe-/Haltetremor	Parkinson-Tremor	essentieller Tremor

DS *Diagnosesicherung*

Bei der **körperlichen Untersuchung** sollte der klinische Blick im Falle des Verdachts auf ein beginnendes Parkinson-Syndrom (Tab. 6-2) vor allem auf folgende **Basisstörungen** gerichtet werden:

- Verminderung der Ausdrucks- und Mitbewegungen (verminderte Mimik, vermindertes Mitschwingen der Arme, reduzierte Stützfunktion bei Willkürbewegungen, vor allem mit Propulsion)
- Reduzierung automatischer Willkürbewegungen (kleinschrittiger Gang, Mikrographie)
- Störungen der Bewegungsinitiierung (Aufstehen aus dem Sitzen, 1. Schritt, Umdrehen)
- Verlangsamung des Bewegungsablaufs
- Ermüdbarkeit

Der **Rigor** wird meist als Steifheit der Gliedmaßen, gelegentlich auch als schmerzhaft angegeben. Er wird erfaßt durch den muskulären Widerstand bei passiven Bewegungen („Zahnradphänomen"), der z.B. durch aktive Innervation der kontralateralen Extremität nicht gesteigert werden kann.

Bildgebende Verfahren wie Kernspintomographie und auch Positronenemissionstomographie dienen

Tab. 6-3 Klassifikation des Parkinson-Syndroms

Parkinson-Krankheit	idiopathisches Parkinson-Syndrom
Postenzephalitisches Parkinson-Syndrom	postenzephalitisch
Medikamentös induzierter Parkinsonismus	Dopaminrezeptorblocker (Neuroleptika) Dopaminentspeicherung (Reserpin, Tetrabenazin) Dopaminsynthesehemmung (α-Methyldopa) Kalziumantagonisten (Flunarizin)
Toxisch induzierter Parkinsonismus	Methylphenyltetrahydropyridinum (MPTP) Kohlenmonoxid, Kohlendisulfid Mangan Blausäure
Parkinson-plus-Syndrome **Multisystemdegeneration**	progressive supranukleäre Paralyse (Steele-Richardson-Olszewski-Syndrom) olivopontozerebelläre Atrophie Shy-Drager-Syndrom striatonigrale Degeneration pallidonigrale Degeneration kortikobasale Degeneration Hallervorden-Spatz-Krankheit Westphal-Variante der Chorea Huntington
Pseudoparkinsonismus	Normaldruckhydrozephalus Multiinfarktsyndrom Gangapraxie posttraumatische Enzephalopathie Dementia pugilistica

nur dem differentialdiagnostischen Ausschluß anderer Erkrankungen. Mittels SPECT kann die zugrundeliegende Neurotransmitterstörung belegt werden.

Ist die Diagnose eines Parkinson-Syndroms gestellt, so ist die **ätiologische Differenzierung** zu klären (Tab. 6-3):

- idiopathische Form (Parkinson-Krankheit)
- medikamentös/toxisch bedingt
- Parkinson-plus-Syndrom bzw. eine Multisystemdegeneration
- postenzephalitisch
- Pseudoparkinsonismus

DD *Differentialdiagnose*

Die differentialdiagnostischen Überlegungen in der Frühdiagnostik des Parkinson-Syndroms beziehen sich vor allem auf die ätiologische Abklärung einzelner Symptome (→ Tab. 6-2).

6.4.2 Chorea

Es handelt sich um eine Hyperkinese, die unwillkürliche Muskelzuckungen in wechselnden Muskelpartien der Rumpf- und Extremitätenmuskulatur bezeichnet. In ihrem Bewegungscharakter entsprechen sie abrupten Hyperkinesen. Krankheitsbilder sind z.B. Chorea Huntington, Chorea gravidarum, Chorea senilis und medikamentös oder toxisch induzierte Chorea. Die Tabelle 6-4 gibt eine Übersicht über die ätiologische Klassifikation.

Tab. 6-4 Klassifikation von Chorea

Idiopathische und hereditäre Chorea	Symptomatische Chorea
• Chorea Huntington • benigne hereditäre Chorea • Choreoakanthozytose	**metabolische Erkrankungen:** • Hyperparathyreoidismus • Hyperthyreose • Niereninsuffizienz
	entzündlich immunologische Erkrankungen: • akutes rheumatisches Fieber (Chorea minor – „Sydenham") • Lupus erythematodes • Enzephalitiden
	sonstige primär zerebrale Erkrankungen: • Zirkulationsstörungen • Raumforderungen • Schädel-Hirn-Traumata
	toxisch induzierte Chorea: • Quecksilber • Kohlenmonoxid
	medikamentös induzierte Chorea: • Ovulationshemmer • L-Dopa • Antiepileptika • Amphetamine • Neuroleptika
	sonstige Formen: • Chorea gravidarum • Polyzythämie • Chorea senilis

6

7 Bewußtseinsstörungen

D. Pongratz und P. Hoff

Eine akut aufgetretene Bewußtseinsstörung ist eine medizinische Notfallsituation, die sofortiges diagnostisches und therapeutisches Handeln erfordert. Dies gilt für alle Arten von Bewußtseinsstörungen, Schläfrigkeit, Koma, eine delirante Bewußtseinstrübung oder eine dissoziative Störung des Erlebens der eigenen Identität.

7.1 Definitionen und Abgrenzung

7.1.1 Allgemeines

Eine Definition der Bewußtseinsstörungen ist schwierig, weil der Begriff „Bewußtsein" in ausgesprochen heterogener Weise verwendet wird. Im folgenden geht es aber nicht um die kontroversen theoretischen Aspekte, sondern um die klinische Diagnostik bewußtseinsgestörter Patienten. In diesem Sinne ist „Bewußtsein" die subjektive Vergegenwärtigung des Erlebens der eigenen Person in ihrer je einmaligen Zeitlichkeit, also in ihrer individuellen Geschichte (Biographie), Gegenwart und Zukunftserwartung. Ohne weitere problematische Annahmen zur Leib-Seele-Frage machen zu müssen, ist in pragmatischer Absicht davon auszugehen, daß bewußtes Erleben an ein funktionierendes Zentralnervensystem gebunden ist.

Störungen des Bewußtseins treten vor allem bei bilateralen oder diffusen Erkrankungen des Großhirns auf sowie bei Hirnstammprozessen, die mittelliniennah lokalisiert sind. Klinisch können die beiden großen Gruppen paroxysmaler und nichtparoxysmaler Bewußtseinsstörungen unterschieden werden.

Zu den **paroxysmalen Störungen des Bewußtseins** gehören vor allem die Synkope (→ 7.4.8) und der – epileptische oder nichtepileptische – Krampfanfall (→ Kap. 29). **Nichtparoxysmal** tritt oft die quantitative Bewußtseinsstörung auf, die klinisch das gesamte Spektrum von der leichten Benommenheit bis zum Koma beinhaltet. Eine Bewußtseinsstörung ist in erster Linie als Kardinalsymptom einer akuten Hirnerkrankung anzusehen und bedarf sofortiger und umfassender diagnostischer Klärung und Behandlung. Bewußtseinsstörungen können allerdings auch im Rahmen nichtorganischer, also psychogener Störungen auftreten.

7.1.2 Psychopathologische Aspekte

Aus psychopathologischer Sicht sind Bewußtseinsstörungen Veränderungen des gesamten Erlebens und Verhaltens, die in sehr unterschiedlicher Ausprägung auftreten. Dazu gehören vor allem Störungen der Aktivität, der Klarheit von Wahrnehmung und Handlungsplanung (Intentionalität), der Aufmerksamkeit und Ansprechbarkeit, der Konzentrationsfähigkeit, Reagibilität auf Umweltreize und Störungen der als individuell und selbstbestimmt erlebten Orientierung von Denken, Wollen und Handeln.

Bewußtseinsstörungen sind komplexe Erscheinungen, die notwendigerweise mit zahlreichen anderen psychischen Funktionen und – im Krankheitsfall – Defiziten in Verbindung stehen. Dennoch ist es möglich und klinisch sinnvoll, den ausgesprochen uneinheitlichen Phänomenbereich zu gliedern. Dabei wird man den im folgenden beschriebenen und im Abschnitt 7.3 hinsichtlich ihrer diagnostischen Bedeutung näher erläuterten Idealtypen im klinischen Alltag freilich seltener begegnen als den verschiedensten Übergangsformen.

Die **quantitative** Bewußtseinsstörung meint die kontinuierliche Herabsetzung der Vigilanz und wird auch als **Bewußtseinsverminderung** bezeichnet. Die Störungen der Wachheit reichen dabei von Benommenheit über Somnolenz und Sopor bis zum Koma. Im Bereich der somatischen Medizin, vor allem der Neurologie, ist dies der wichtigste Aspekt des Bewußtseinsbegriffs.

Die **drei** im folgenden beschriebenen **Typen** von **qualitativen Bewußtseinsstörungen** spielen vor allem in der **psychiatrischen Diagnostik** eine wesentliche Rolle:

- Bei der **Bewußtseinstrübung** steht die mangelnde bis aufgehobene Fähigkeit im Vordergrund, sich das eigene Erleben oder Vorgänge in der Umwelt klar zu vergegenwärtigen, sie sinnvoll miteinander zu verbinden, sich entsprechend mitzuteilen und zu handeln. Es kann zu einer zunehmenden Auflösung der seelischen Struktur bis hin zum Zerfall derselben kommen. Typische klinische Beispiele, bei denen dieses Symptom beobachtet werden kann, sind das Delir, das Oneiroid („dream-like state", → 7.2) und manche Dämmerzustände. Es ist evident, daß gerade beim deliranten Patienten die quantitative (Vigilanz-)Störung von der qualitativen Trübung des Bewußtseins nicht scharf getrennt werden kann.

- **Bewußtseinseinengung** meint die pathologische Fokussierung des Denkens, Fühlens und Wollens auf wenige Themen. Eine anschauliche Metapher ist hier diejenige des Lichtkegels, der nur wenige Objekte klar ausleuchtet und zugleich kaum beweglich ist. Der Patient wirkt wie fixiert auf oder fasziniert durch bestimmte innere Erlebnisse oder äußere Gegebenheiten. Charakteristisch ist die verminderte Ansprechbarkeit auf (sonstige) Außenreize. Bei Dämmerzuständen und stuporösen Syndromen wird dieses Phänomen häufiger beobachtet.
- Die **Bewußtseinsverschiebung** schließlich stellt eine fast völlig im Subjektiven bleibende Form der Bewußtseinsstörung dar, bei der Patienten über eine Erweiterung ihres Erlebnishorizontes berichten, über eine Steigerung der Wachheit oder intensivierte Wahrnehmung von Raum und Zeit. Zustände dieser Art können bei konzentrativer Entspannung, etwa in tiefer Meditation oder Hypnose, erlebt werden, aber – im pathologischen Fall – auch im Rahmen von Intoxikationen sowie, seltener, bei beginnenden schizophrenen und manischen Psychosen. Auch sogenannte „exstatische" Zustände bei psychotischen Störungen sind hier einzuordnen.

Im weiteren Sinne können auch die seltenen Zustände einer **komplett veränderten persönlichen Identität** im Rahmen dissoziativer Störungen als Bewußtseinsstörung bezeichnet werden, was aber mit Bewußtseinsverschiebung im vorher beschriebenen Sinn nicht deckungsgleich ist.

Der Erwähnung bedarf auch der **Stupor**, obwohl es sich dabei gerade nicht um eine Bewußtseinsstörung im hier gemeinten Sinne handelt: Der stuporöse Patient wirkt wie erstarrt, läßt keine körperliche oder psychische Aktivität erkennen und reagiert – wiewohl bei wachem Bewußtsein – auf keinerlei Versuche, mit ihm in Kontakt zu treten. Der Umstand, daß mit „Stupor" im englischsprachigen Raum mitunter auch organisch begründbare Bewußtseinsstörungen bezeichnet werden, führt nicht selten zu Mißverständnissen.

7.2 Ursachen

Eine vorwiegend quantitative Bewußtseinsstörung, also eine Störung der Vigilanz mit den Extrempunkten der Hellwachheit und des Komas, tritt bei **Hirnprozessen** auf, bei denen es zu einer morphologischen und/oder funktionellen Störung kommt. Die ätiologischen Faktoren sind ausgesprochen heterogen: **Hirnverletzungen, Raumforderungen** (Tumoren, subdurale Hämatome), **vaskuläre und entzündliche Erkrankungen, Hirndruckerhöhungen** jeder anderen Genese, **Intoxikationen** (etwa durch Alkohol, Drogen, Psychopharmaka und andere Medikamente, Kohlenoxide) und **entgleiste Stoffwechselerkrankungen,** vor allem Diabetes mellitus (→ Kap. 12), Urämie (→ Kap. 2) und Leberzellschädigung. Sonderfälle sind die Narkolepsie mit den für sie charakteristischen Schlaf- und Wachanfällen sowie Parasomnien vom Typus des Schlafwandelns und Pavor nocturnus.

Delirante Syndrome mit Desorientiertheit, Bewußtseinstrübung und lebhaften (paranoid-)halluzinatorischen Erlebnissen (oft optischer Art) treten keineswegs nur im **Alkoholentzug** auf. Sie werden auch als unerwünschte Wirkung bei der Therapie mit – vorwiegend anticholinerg wirksamen – **Psychopharmaka** beobachtet. Patienten mit Verwirrtheitszuständen im Rahmen dementieller Erkrankungen können ebenfalls intermittierend ausgeprägt delirante Bilder zeigen.

Schließlich ist noch das zwar seltene, psychopathologisch aber besonders bemerkenswerte **Oneiroid** zu erwähnen: Dabei handelt es sich um traumhaft-verworrene, akut psychotische Zustände, in denen der Patient phantastischen, oft sehr wechselnden und durch äußere Wahrnehmungen angeregten Erlebnisinhalten ausgesetzt ist. Diese werden meist als hochdramatisch erlebt, ohne daß sich der Patient aus eigener Kraft davon distanzieren kann. Ätiologisch liegt meist eine akute exogene Psychose, eine Epilepsie oder – seltener – eine perakute schizophrene Psychose vor.

Der Begriff **Dämmerzustand** wird sehr unterschiedlich gebraucht, sowohl hinsichtlich der Symptomatik als auch der Ätiologie. Entscheidend ist das Vorherrschen einer Bewußtseinseinengung bei mangelnder bis aufgehobener Kommunikation mit der Umgebung, obwohl teilweise noch sinnvolle, ja sogar hochkomplexe Handlungen ausgeführt werden können („geordneter" oder „besonnener Dämmerzustand"). In der Regel geben die Patienten eine komplette Amnesie für den Zeitraum des Dämmerzustandes an. Ätiologisch kommen organische (vor allem Epilepsie [→ Kap. 29] oder Intoxikationen) und psychische Faktoren (hochgradige affektive Erregung, vor allem im Zusammenhang mit histrionischen Persönlichkeitszügen) in Frage. Auch in der Hypnose tritt eine – hier allerdings aus therapeutischen Gründen bewußt intendierte – Einengung des Bewußtseins auf.

Psychogene Bewußtseinsstörungen zeigen sich klinisch darüber hinaus in Gestalt der dissoziativen Form von Amnesie, Fugue (→ 7.4.2) und Stupor. Auch die seltenen Krankheitsbilder der multiplen Persönlichkeit und des Ganser-Syndroms sind hier zu nennen (→ 7.4.2).

Bei **schizophrenen, schizoaffektiven** und **affektiven Psychosen** kommen Störungen der Vigilanz nicht vor, sieht man einmal von Ausnahmefällen bei schwersten perakuten Psychosen ab. Tritt bei diesen „endogenen" Erkrankungen dennoch plötzlich eine Bewußtseinsverminderung auf, muß diese als Alarmzeichen für eine zusätzliche exogene Schädigung des Gehirns gewertet und sofort entsprechend diagnostisch geklärt werden. Zu beachten ist freilich, daß der bei diesen Psychosen häufiger zu sehende Stupor keine Bewußtseinsstörung im hier gemeinten Sinn ist (→ 7.1.2).

Psychiatrisch bedeutsam ist auch das **chronische hirnorganische Psychosyndrom** mit seinen charakteristischen Defiziten sowohl im kognitiven wie auch im affektiven Bereich. Bewußtseinsstörungen kommen hier allerdings regelhaft erst in fortgeschrittenen Krankheitsstadien vor; zuvor treten Störungen des Gedächtnisses, der Konzentrations- und Abstraktionsfähigkeit ebenso häufig auf wie eine zunehmende Labilisierung des Affektes bis hin zur Affektinkontinenz sowie depressive Syndrome unterschiedlichster Ausprägung und Ausgestaltung. Steht die Änderung der dauerhaften prämorbiden Persönlichkeitszüge – oft in Form der Zuspitzung früherer Eigenschaften, z.B. Sparsamkeit ➠ Geiz, Ordentlichkeit ➠ Zwanghaftigkeit, Nachdenklichkeit ➠ gehemmte Depression – im Vordergrund, spricht man auch von organischer Wesensänderung. Drastischer noch, auch im Hinblick auf die Häufigkeit von Bewußtseinsstörungen, gestaltet sich das Bild bei den verschiedenen Formen **dementieller Prozesse,** also etwa bei der primär vaskulären und der primär degenerativen (Alzheimer-)Demenz.

Beide Störungen, chronisches organisches Psychosyndrom und Demenz, sind häufig Folge dauerhaften süchtigen Verhaltens, vor allem im Rahmen der Alkoholabhängigkeit.

7.3 Diagnostik

7.3.1 Anamnese und psychopathologischer Befund

Die in der Regel nur von Dritten zu erhebenden **anamnestischen Daten** (Angehörige, Hausarzt etc.) sollten über folgende Fragen informieren:

- abrupter oder langsamer Beginn der Bewußtseinsstörung
- Kopftrauma in der jüngeren Vorgeschichte
- progrediente oder intermittierende Lähmungen
- Fieber, Kopfschmerzen
- wichtige internistische Vorerkrankungen (z.B. Diabetes mellitus, arterielle Hypertonie, koronare Herzerkrankung, vorbestehende Nieren- oder Lebererkrankung, Prostatahypertrophie mit Harnstau bei alten Patienten)
- bekannte Epilepsie
- Alkohol-, Drogen-, Medikamentenanamnese

Psychopathologisch prüft man die Orientierung zu Ort, Zeit und Person, wobei letztere am resistentesten gegen Störungen ist. Wichtig ist auch beim bewußtseinsgestörten Patienten die Art der Kontaktaufnahme mit dem Untersucher, sofern dies überhaupt noch möglich ist: Spricht der Patient spontan, bewegt er sich, zeigt er verständliche Ausdrucks- oder nur ungerichtete Abwehrbewegungen?

Die Vigilanz selbst prüft man durch gezielte Sinnesreize, wobei in der Regel mit zunehmender Vigilanzstörung zunächst die Reaktion auf optische, dann auf akustische und schließlich auf Schmerzreize ausbleibt.

Drei Schweregrade einer **quantitativen Bewußtseinsstörung** werden klinisch unterschieden:

- Der **somnolente Patient** erscheint abnorm müde und schläfrig, kann aber durch akustische Reize erweckt werden; er wendet sich dem Untersucher zu und öffnet die Augen. Der Lidschlußreflex ist ebenso intakt wie die Schmerzreaktion.
- Im **Sopor** kann der Patient durch Ansprache nur kurz angeregt, aber nicht vollständig erweckt werden; er wendet den Kopf einer Geräuschquelle zu. Spontane Bewegungen zeigt er nicht. Die Schmerzreaktion ist noch erhalten.
- Das **Koma** schließlich stellt die schwerste Ausprägung dar: Zunächst verschwindet die Reagibilität auf akustische und optische Reize völlig, während auf sensible, insbesondere Schmerzreize noch mit mehr oder weniger ungerichteten und undifferenzierten Abwehrbewegungen reagiert wird. Im tiefen Koma wird keine Reaktion auf äußere Stimuli mehr beobachtet, auch nicht auf wiederholte oder starke Schmerzreize.

Differentialdiagnostisch imponieren einige **Hirnstammsyndrome** zunächst wie eine Bewußtlosigkeit, beinhalten aber keinen echten Verlust der Wachheit:

- Im Zustand des **apallischen Syndroms** ist der Patient zwar wach, aber nicht fähig, mit der Umwelt Kontakt aufzunehmen. Atmung und Kreislauf sind ungestört, die höheren zerebralen Funktionen jedoch unterbrochen.
- Ähnlich imponiert der **akinetische Mutismus,** wie er insbesondere bei dienzephalen raumfordernden Prozessen auftritt.
- Beim **Locked-in-Syndrom** besteht eine komplette Tetraparese sowie Lähmung aller motorischen Hirnnerven. Trotz Wachheit ist praktisch keine Kommunikation mit der Umwelt möglich, sieht man von gelegentlich erhaltenen vertikalen Augenbewegungen sowie noch möglichem Lidschluß ab. Die „reaktionslos" häufig mit geschlossenen Augen im Bett liegenden Patienten können auf den ersten Blick als komatös verkannt werden.

Im Falle der **qualitativen Bewußtseinsstörungen** findet sich bei **bewußtseinsgetrübten Patienten** zunächst eine Verunsicherung hinsichtlich des Zusammenhanges des Erlebens, jedoch noch kein völliges

7

Zerbrechen desselben. Der Patient ist beispielsweise noch orientiert, wirkt aber unruhig und abwesend, ängstlich, scheinbar uninteressiert, hat Schwierigkeiten, seine Aufmerksamkeit zu fokussieren, und nestelt an der Kleidung. In ausgeprägten Fällen besteht kein einheitlicher sinnhafter Erlebniszusammenhang mehr. Der Patient ist dann in der Regel völlig desorientiert, leicht ablenkbar, schreckhaft, verkennt Personen, äußert zahlreiche und ausgesprochen rasch wechselnde Wahnideen.

Der Patient mit **Bewußtseinseinengung** kann im leichten Fall noch angemessen auf Ansprache reagieren, er kann im Gespräch abgelenkt werden. Alleine gelassen, versinkt er jedoch sofort wieder in die innere Beschäftigung mit dem jeweils für ihn entscheidenden Sachverhalt. In schweren Fällen reagiert der Patient auf Versuche, ihn auf andere Themen zu leiten, gar nicht, sondern ist ausschließlich mit inneren Erlebnissen beschäftigt.

In leicht ausgeprägten Fällen von **Bewußtseinsverschiebung** schließlich schildert der Patient beispielsweise, daß sein gesamtes Erleben intensiver sei, etwa im Sinne einer Steigerung des Empfindens für Farben und Formen. In ausgeprägten Fällen zeigt sich der Patient stark bis extrem beeindruckt von den sehr intensiven Wahrnehmungen und betont, daß er sich selbst und seine Umwelt jetzt auf eine völlig neue Weise erfahre. Affektiv kann dies sowohl zu euphorischen als auch zu schwer ängstlichen bis hin zu stuporösen Bildern führen.

Phasen der Hirnstammschädigung	Mittelhirnsyndrom				Bulbärhirnsyndrom	
	1	2	3	4	5	6
Vigilanz	leichte Somnolenz	tiefe Somnolenz	Koma	Koma	Koma	Koma
Reaktivität auf sensorische Reize	verzögert	vermindert	fehlend	fehlend	fehlend	fehlend
spontane Motorik						
motorische Reaktion auf Schmerzreize						
Muskeltonus	normal	erhöht (an den Beinen)	erhöht (generalisiert)	stark erhöht	normal – schlaff	schlaff
Pupillenweite	mittelweit	verengt	eng	mittelweit – erweitert	erweitert	maximal weit
Pupillenreaktion auf Licht	normal	verzögert	träge	vermindert	angedeutet – fehlend	fehlend
Bulbusbewegung	pendelnd	dyskonjugierend	fehlend	fehlend	fehlend	fehlend
okulo-zephaler Reflex	Ø	+	++	±	Ø	Ø
vestibulo-okulärer Reflex	+ normal NY 13 °C	++ 13 °C	tonisch 13 °C	dissoziiert 13 °C	Ø 13 °C	Ø 13 °C
Atmung			oder			
Temperatur	39 37	39 37	39 37	39 37	39 37	39 37
Pulsfrequenz	150 90	150 90	150 90	150 90	150 90	150 90
Blutdruck	normal	normal	leicht erhöht	deutlich erhöht	vermindert	stark vermindert

Abb. 7-1 Verschiedene Stadien des Mittelhirn- und Bulbärsyndroms (nach: D. Pongratz: Klinische Neurologie, Urban & Schwarzenberg, München–Wien–Baltimore 1992).

7.3.2 Körperliche Untersuchung

Bei der **Inspektion** gewinnt man Informationen über mögliche **internistische Grunderkrankungen:**

▷ Hautkolorit ➠ z.B. Coma diabeticum (→ 7.4.3), Morbus Addison (→ Kap. 18)
▷ Fötor ➠ z.B. Coma uraemicum (→ 7.4.3), Coma hepaticum (→ 7.4.3)
▷ Exsikkose ➠ z.B. Coma diabeticum (→ 7.4.3), Hyperkalzämie (→ Kap. 12 und 60)
▷ Ikterus ➠ z.B. Coma hepaticum (→ 7.4.3)
▷ Zyanose ➠ z.B. Koma nach Hypoxämie (→ Kap. 62)
▷ Temperatur ➠ z.B. hypothyreotes bzw. hyperthyreotes Koma (→ 7.4.3), Infektion
▷ Tachykardie/Bradykardie ➠ z.B. hyperthyreotes bzw. hypothyreotes Koma (→ 7.4.3)
▷ Injektionen oder Tablettenreste ➠ mögliche **Intoxikation** (→ 7.4.9)

Die nachfolgenden Untersuchungsschritte legen die **Komatiefe** und die weitere **neurologische Lokalisation** fest. Abbildung 7-1 zeigt schematisch die verschiedenen Stadien des Mittelhirn- und Bulbärhirnsyndroms. Die klinische Unterteilung eines akuten Komas richtet sich nach möglichen Begleitsymptomen. Liegen keine weiteren Begleitsymptome vor, spricht man von einem einfachen Koma. Davon abzugrenzen sind:

- Komata mit Halbseitensymptomen
- Komata mit Hirnstammsymptomen
- Komata mit meningealem Syndrom

Die **apparative Zusatzdiagnostik** umfaßt neben Laboruntersuchungen (endokrine und metabolische Komata; Intoxikationen) vor allem die **kranielle Computertomographie** (zerebrale Raumforderung), das **EEG** (Verdacht auf Epilepsie → Kap. 29, Intoxikationen → 7.4.9, Enzephalitis → 7.4.4) und die **Liquordiagnostik** (Verdacht auf Meningitis → Kap. 44.4.6, Subarachnoidalblutung → 7.4.7), diese jedoch erst nach kranialer Computertomographie und Fundoskopie!

7.4 Krankheitsbilder

7.4.1 Exogene Psychosen

Exogene Psychosen sind eine sehr heterogene Gruppe von seelischen Störungen, deren gemeinsames Merkmal eine Schädigung des Gehirns durch eine exogene, somatische Noxe ist. Im Unterschied dazu werden psychotische Störungen vom Typus der Schizophrenie und der manisch-depressiven Erkrankung wegen der hier noch weitgehend unklaren Ätiologie traditionell als „endogen" bezeichnet. Dieser Begriff wird aber in den neueren psychiatrischen Diagnosesystemen nicht mehr verwendet.

Aus der Fülle klinischer Bilder werden an dieser Stelle zwei wichtige Beispiele herausgegriffen: der akute „exogene" Verwirrtheitszustand, der in der neueren psychiatrischen Klassifikation nach ICD-10 auch als nicht durch Alkohol oder psychotrope Substanzen bedingtes Delir bezeichnet wird, sowie das typische Alkoholentzugsdelir (Delirium tremens).

In jedem Fall gilt: Eine Bewußtseinsstörung muß als dringendes Warnsignal betrachtet werden, das auf eine akute hirnorganisch begründbare, in diesem Sinne exogene Störung hinweist (z.B. Hirndruck durch subdurales Hämatom, komplexer partieller epileptischer Anfall, Intoxikation). Dieser Leitsatz gilt unbeschadet der Tatsachen, daß es auch nichtorganische, also psychogene Bewußtseinsstörungen gibt und daß nicht jede exogene Psychose zwingend zu einer Bewußtseinsstörung führen muß. Wegen der unübersehbar großen Anzahl ätiologischer und pathogenetischer Faktoren bei den exogenen Psychosen finden sich in der Literatur Sammelbegriffe wie „akuter exogener Reaktionstyp" oder „organisches Achsensyndrom". Dabei steht neben den verschiedenen Formen von Bewußtseinsstörung (meist eine Bewußtseinsverminderung) der Gestaltwandel des Erlebnisfeldes im Sinne einer progredienten Entdifferenzierung im Vordergrund.

7

B ***Beschwerden und Befunde***

Bei einem Patienten mit **akutem Verwirrtheitszustand** nicht-alkoholtoxischer Genese finden sich Störungen des Bewußtseins und der Aufmerksamkeit, die das gesamte Spektrum von leichter Bewußtseinsminderung bis zum beginnenden Koma ausfüllen können. Der Patient kann seine Aufmerksamkeit schlecht oder gar nicht fokussieren, kann sie kaum aufrecht erhalten und auch nicht an neue Situationen anpassen. Er ist zeitlich, in schweren Fällen auch zu Ort und Person desorientiert, zeigt globale Störungen des Denkens und der Wahrnehmung. Häufig sind Verzerrungen der Wahrnehmung, Illusionen und optische Halluzinationen. Flüchtige Wahnideen können auftreten. Das Kurzzeitgedächtnis sowie die Merkfähigkeit sind in der Regel beeinträchtigt. Psychomotorisch wechseln die Patienten häufig zwischen Hypo- und Hyperaktivität, sind schreckhaft, zeigen dabei aber oft eine verlängerte Reaktionszeit auf Umweltreize. Sie können sehr viel sprechen, dabei oft inkohärent, jedoch kann der Patient in Anbetracht der aus seiner Sicht beunruhigend-bedrohlichen Situation auch völlig verstummen. Der Schlaf-Wach-Rhythmus ist in aller Regel schwer gestört bis hin zu einer völligen Tag-Nacht-Umkehr.

Die gesamte Symptomatik wird häufig bei Dunkelheit deutlich schlimmer, es werden unangenehme Träume berichtet, die nicht selten nach dem Erwachen in Form halluzinatorischen Erlebens weiterbestehen. Affektiv sind derartige Patienten deutlich auffällig im Sinne von Depressivität, Angst, Reizbarkeit, mitunter auch Euphorie, Apathie oder staunender Ratlosigkeit. Typischerweise ist der Beginn dieser Störung sehr akut, zeigt einen sehr wechselnden Verlauf und bildet sich häufig innerhalb von 4 Wochen oder noch schneller zurück.

Das **alkoholbedingte Delirium tremens** ist ebenfalls ein kurzdauernder, aber – vor allem bei fehlender oder insuffizienter Therapie – potentiell lebensbedrohlicher toxischer Verwirrtheitszustand mit erheblichen somatischen Begleitsymptomen. Typischerweise tritt dieser Zustand nach absolutem oder relativem Entzug bei stark abhängigen Trinkern auf, selten können delirante Zustände dieser Art auch während einer Episode schweren Trinkens beobachtet werden. Typische Prodromi sind Schlaflosigkeit, Zittern und Angst. Auch epileptische Anfälle im Sinne von Entzugskrämpfen werden beobachtet. Psychopathologisch zeigt der Patient im Alkoholentzugsdelir typischerweise eine Bewußtseinstrübung, ist fluktuierend verwirrt, leidet unter lebhaften Halluzinationen oder Illusionen jeglicher Wahrnehmungsqualität und zeigt einen ausgeprägten, oft grobschlägigen Tremor. Paranoide Ideen, Unruhe, Umkehr des Schlaf-Wach-Rhythmus und vegetative Übererregbarkeit, vor allem in Form von massivem Schwitzen, sind ebenfalls oft vorhanden.

DS *Diagnosesicherung*

Bei der Diagnosesicherung kommt es neben der gründlichen Erhebung des psychopathologischen Befundes besonders auf eine effiziente körperliche Diagnostik an: Die Laborwerte zeigen eventuell Elektrolytentgleisungen sowie Leberzellschädigungen an, das EEG wird häufig abnorm verändert sein, im kranialen Computertomogramm können sich Atrophiezeichen abbilden. Bei Verdacht auf eine drogeninduzierte Psychose sollten Blut und Urin auf Suchtstoffe untersucht werden. Fremdanamnestische Angaben, sofern in der akuten Situation verfügbar, sind oft entscheidend hilfreich.

DD *Differentialdiagnose*

Akute exogen bedingte psychotische Zustandsbilder sind in erster Linie differentialdiagnostisch abzugrenzen von **akuten Verwirrtheitszuständen im Rahmen schizophrener, schizoaffektiver und affektiver Psychosen.** Bei letzteren fehlen in der Regel Hinweise auf eine körperliche Grunderkrankung oder eine schwere Sucht, die das Zustandsbild erklären könnte. Klinisch zeigen diese „endogen" psychotischen Patienten deutlich weniger vegetative Begleitsymptome in Form von profusem Schwitzen, Zittern und starken Blutdruckschwankungen als vor allem der Patient im Alkoholentzugsdelir. Auch hier kommt für die Einschätzung der Differentialdiagnose fremdanamnestischen Angaben insbesondere auch zum bisherigen Verlauf der Erkrankung eine sehr wichtige Bedeutung zu.

Es sollte daher stets und soweit wie möglich versucht werden, mit Angehörigen oder anderen Bezugspersonen des Patienten Kontakt aufzunehmen. Auch im Rahmen **epileptischer Anfälle** (→ Kap. 29) sowie – allerdings selten – bei stärkster affektiver Erregung und bei **dissoziativen Störungen** (→ 7.4.2) kommen akute Verwirrtheitszustände vor.

7.4.2 Psychogene Bewußtseinsstörungen

Die Existenz seelisch verursachter, also psychogener Bewußtseinsstörungen ist eine klinische Tatsache. Es handelt sich aber um eine besonders schwierige Diagnose, bei der wegen des Mangels an eindeutigen Kriterien und Befunden Fehleinschätzungen immer wieder vorkommen. Eine organische Ätiologie muß hinreichend sicher ausgeschlossen werden. In der Mehrzahl der Fälle liegt bei Patienten mit psychogenen Bewußtseinsstörungen eine deutliche bis massive affektive Erregung vor, etwa in Form von Angst, Schreck oder ausgeprägt depressiver Verstimmung. Die Patienten zeigen dann häufig das Bild eines Dämmerzustandes, für den später Amnesie besteht. Es gibt allerdings auch psychogene Bewußtseinsstörungen, bei denen kein aktuell heftiger Affekt evident ist, etwa bei der multiplen Persönlichkeit.

B *Beschwerden und Befunde*

Bei den seltenen **psychogenen Dämmerzuständen** liegt eine Bewußtseinsstörung im engeren Sinne, zumeist eine Bewußtseinstrübung, vor. Im Anschluß an heftigste, unerträgliche Affekte wirkt der Patient wie abwesend, ist aber ansprechbar und häufig zur Ausführung einfacherer, mitunter sogar komplexerer Leistungen noch in der Lage. Meist wird später eine vollständige Amnesie für den Dämmerzustand angegeben.

In einem weiteren Sinne können auch die folgenden, in der aktuellen psychiatrischen Diagnostik nach ICD-10 unter dem Oberbegriff **„dissoziative Störungen“** beschriebenen Krankheitsbilder als psychogene Bewußtseinsstörungen bezeichnet werden.

Bei der **dissoziativen Amnesie** ist der organisch nicht erklärbare Erinnerungsverlust für meist wichtige aktuelle Ereignisse das wichtigste Kennzeichen. Insofern steht die Bewußtseinsstörung im engeren Sinne nicht im Vordergrund, jedoch können Patienten dieser Art affektiv ratlos und gequält wirken und erkennbar um Reorientierung bemüht sein. Die Amnesie zentriert sich in der Regel um traumatische Ereignisse, etwa Unfälle oder unerwartete Todesfälle. Am häufigsten sind junge Erwachsene betroffen.

Bei der **dissoziativen Fugue** kommt es zu einer scheinbar geordneten und zielgerichteten Ortsveränderung von zu Hause oder vom Arbeitsplatz weg. Auch hier besteht später in aller Regel eine vollständige Amnesie. Mitunter kommt es auch in diesen Zuständen zur vorübergehenden Annahme einer neuen Identität. Der Patient kann einfache soziale Interaktionen trotz seines Zustandes selbständig aufrechterhalten.

Beim **dissoziativen Stupor** findet sich oft das Vollbild eines stuporösen Bildes, aber keinerlei Anhalt für eine körperliche Ursache, häufig jedoch Hinweise auf kurz vorausgegangene und schwer belastende Erlebnisse. Der stuporöse Patient bewegt sich wenig oder gar nicht, reagiert kaum auf äußere Reize wie Geräusche oder Berührung. Trotz dieser Symptome, die auch an eine Bewußtseinsstörung im engeren Sinne denken lassen, ist am Muskeltonus, der gesamten Psychomotorik, gelegentlich am Öffnen der Augen und koordinierten Augenbewegungen sowie auch an der Atmung zu sehen, daß der Patient nicht schläft und auch nicht bewußtlos ist. Von diesem eher seltenen Vollbild gibt es alle Übergänge bis hin zum isolierten Symptom, etwa einer psychogenen Lähmung, die dann in der Regel nicht mit einer Bewußtseinsstörung verbunden ist. Der Begriff „Hysterie“ wird wegen seiner uneinheitlichen Verwendung und oft abwertenden Bedeutung von der aktuellen psychiatrischen Diagnostik zugunsten der (nicht bedeutungsgleichen) Bezeichnungen „histrionische Persönlichkeit“, „dissoziative“ oder „Konversionsstörung“ vermieden.

Das **Ganser-Syndrom** ist gekennzeichnet durch ein charakteristisches „Vorbeireden“: Der Patient beantwortet die gestellten und von ihm offensichtlich auch verstandenen Fragen mit Antworten, die stets knapp neben der richtigen liegen. Dieses Zustandsbild kommt häufig in Verbindung mit anderen dissoziativen Störungen vor. Eine bestimmte Tendenz läßt sich oft unschwer erkennen, etwa Haftverschonung bei Inhaftierten oder ein Rentenbegehren.

Bei der – seltenen – **multiplen Persönlichkeit** sind zwei (oder mehrere) verschiedene Persönlichkeiten in einem Individuum vorhanden, jedoch jeweils zu unterschiedlichen Zeiten, also nicht synchron. Jede dieser Persönlichkeiten verfügt über eine eigene Biographie, über eigene feststehende Eigenschaften oder Vorlieben. Gerade letztere stehen oft in krassem Widerspruch zur prämorbiden Persönlichkeit des Patienten. Das erste Erscheinen der anderen Persönlichkeit steht in der Regel mit einem erheblichen aktuellen psychischen Trauma in Verbindung. Die unterschiedlichen Persönlichkeiten haben kein Wissen übereinander und keinen Zugang zueinander; der Wechsel von einer zur anderen erfolgt oft recht abrupt und im Kontext affektiv belastender oder erregender Situationen.

DS *Diagnosesicherung*

Der Nachweis einer psychogenen Bewußtseinsstörung im engeren oder, unter Einschluß aller dissoziativen Störungen, im weiteren Sinne ist meist schwierig. Körperlich begründbare oder endogene Psychosen müssen ausgeschlossen werden. Von besonderer Bedeutung ist es, psychogene Störungen des Bewußtseins nicht einfach im Sinne von „Ausschlußdiagnosen“ festzustellen, wenn keine körperliche Ursache und keine schizophrene oder affektive Psychose vorliegen. Vielmehr ist, wie bei allen psychogenen Störungen, der positive Nachweis oder zumindest die begründete Annahme einer seelischen Ursache, meist einer konflikthaften Situation, erforderlich. Hier ist die möglichst genaue Kenntnis der Persönlichkeit des Patienten sowie seiner Biographie und des aktuellen psychosozialen Umfeldes entscheidend.

Gelingt, was nicht selten der Fall ist, der plausible Nachweis einer seelischen Ursache nicht, so hat die Diagnose vorläufig zu bleiben. Es ist selbstverständlich, daß beim Vorliegen einer somatischen Erkrankung des peripheren oder zentralen Nervensystems (oder dem klinisch begründeten Verdacht darauf) wegen der resultierenden – bzw. ausbleibenden (!) – therapeutischen Konsequenzen eine psychogene Bewußtseinsstörung nur mit äußerster Zurückhaltung diagnostiziert werden darf, wiewohl sie freilich auch hier im Sinne einer zusätzlichen Störungsqualität vorkommen kann („psychogene Überlagerung“).

DD *Differentialdiagnose*

Die wesentliche Differentialdiagnose betrifft zum einen die exogenen Psychosen, also etwa psychotische Zustände bei Epilepsie, bei zerebraler Raumforderung, bei Intoxikationen oder im Entzug von psychotropen Substanzen. Bei diesen hirnorganisch begründbaren Störungen finden sich oft – aber nicht immer (!) – begleitende neurologische Auffälligkeiten. Anamnestische Informationen sind oft von entscheidender Bedeutung, etwa im Hinblick auf die Epilepsie. Zum an-

7

deren müssen die endogenen Psychosen vom schizophrenen, schizoaffektiven und affektiven Typus differentialdiagnostisch erwogen werden. Auch hier finden sich begleitend etwa zu einem stuporösen Bild zumeist weitere klinisch-psychopathologische Anzeichen wie ein paranoid-halluzinatorisches oder gehemmt-depressives Syndrom, die die diagnostische Zuordnung ermöglichen. Angaben von Angehörigen werden hier wesentliche Dienste leisten können.

Ein Hauptproblem ist die Differenzierung von der Simulation. So plausibel die Hypothese einer Simulation in einer bestimmten Situation auch scheinen mag – etwa beim akuten Ganser-Syndrom eines Inhaftierten, dem gerade mitgeteilt wurde, daß eine Haftentlassung nicht möglich ist –, eines ist zu bedenken: Der bloße Umstand, daß die geschilderten Symptome einem erkennbaren Zweck dienen könnten, beweist die Simulation nicht, denn zahlreiche psychiatrische Symptome, vor allem im Kontext psychogener Störungen, haben einen gewissen Ausdruckscharakter. Die dissoziativen Störungen wurden früher meist als hysterische oder Konversionsstörungen bezeichnet, wobei in der aktuellen ICD-10-Diagnostik diese Begriffe wegen ihrer unscharfen oder vom theoretischen Hintergrund her zu engen Bedeutung zumeist vermieden werden.

7.4.3 Endokrin bedingte Enzephalopathien

Endokrine Enzephalopathien sind meist Ausdruck einer beginnenden endokrinen Krise. Tabelle 7-1 enthält die wichtigsten Formen unter Einschluß ihres Notfallscreenings mit Labormethoden.

Coma diabeticum

Beim Coma diabeticum (→ Kap. 12) ist zu unterscheiden zwischen dem **ketoazidotischen** und dem **hyperosmolaren Koma.** Beiden gemeinsam ist die zunehmende Muskelschwäche, die Polyurie mit Exsikkose, der Blutdruckabfall, die Tachykardie sowie die nachfolgende Eintrübung. Im Labor findet man eine Hyperglykämie und eine Erhöhung der Osmolarität.

Das **ketoazidotische Koma,** welches sich meist schneller entwickelt, zeigt zudem auf dem Boden der Azidose die **Kussmaul-Atmung.** Die Ketose geht mit dem typischen **Azetongeruch** einher. Häufig fallen weiterhin Übelkeit, Erbrechen sowie **Abdominalschmerzen** (Pseudoperitonitis) auf. Neurologische Herdsymptome sind eher selten. Die Reflexe sind abgeschwächt.

Das sich meist langsamer entwickelnde **hyperosmolare Koma** läßt die Kussmaul-Atmung, den Azetongeruch und die Bauchschmerzen vermissen. Die durch die zum Teil exzessive Hyperglykämie bedingte **Exsikkose,** mitunter – insbesondere beim älteren Patienten – ohne vermehrtes Durstgefühl, steht ganz im Vordergrund. Neurologische Herdzeichen (Jackson-Anfälle, Hemiplegien) kommen vor.

Die Prodromi des **hypoglykämischen Komas** sind meist Nervosität, Angstgefühl, Muskelschwäche, Tachykardie, Tremor, Blässe, Schweißausbruch, Übelkeit und starkes Hungergefühl. Daran schließen sich **Krampfanfälle, Lähmungen** und schließlich das **Koma** an. Die Haut ist feucht, kalt und blaß. Exsikkose, Azetongeruch oder Kussmaul-Atmung fehlen. Die Diurese ist normal. Die Reflexe sind gesteigert, teilweise mit positivem Babinski-Zeichen.

Addison-Krise

Addison-Krisen kommen sowohl bei bekanntem Morbus Addison (→ Kap. 18) als auch als akute Schädigung der Nebennieren (Antikoagulanzienblutung, Waterhouse-Friderichsen-Syndrom) sowie beim plötzlichen Abbrechen einer Kortikoidlangzeittherapie vor. Vorboten sind häufig kolikartige Oberbauchbeschwerden, verbunden mit Erbrechen und Durchfall. Rasch kommt es zu Flüssigkeits- und Elektrolytverlusten (Hyponatriämie). Über flüchtige Zeichen einer akuten **exogenen Psychose** mit Halluzinationen und Erregungszuständen entwickelt sich eine schwerste allgemeine Muskelschwäche, Hypotonie sowie ein Koma,

Tab. 7-1 Notfall-Screening bei metabolisch bedingten Bewußtseinsstörungen durch Sofortbestimmungen (++ = sehr wichtig; + = wichtig)

	Blut-glukose	Natrium/ Kalium	Kalzium	Blut-pH	pO_2	pCO_2	Kreatinin im Serum	Osmolalität Hämatokrit
Coma diabeticum (2 Formen)	++	++		++	+	++	+	++
Hypoglykämie	++	+						
Addison-Krise	++	++	+	+			+	+
Thyreotoxische Krise	+	+	+		+		+	
Myxödem-Koma	+	++		+	+	++	+	+
Hyperkalzämische Krise		+	++	+	+		+	+

häufig begleitet von zerebralen Krampfanfällen. Die akute sekundäre Nebennierenrindeninsuffizienz dominiert das klinische Bild auch bei akuter kritischer Hypophysenvorderlappeninsuffizienz.

Thyreotoxische Krise

Am Beginn einer thyreotoxischen Krise (→ Kap. 23.4.2) wird meist eine starke Unruhe, Erregbarkeit und Schlaflosigkeit angegeben. Es folgen eine zunehmende generalisierte Muskelschwäche, Exsikkose, Fieber, Sinustachykardie oder Vorhofflimmern, Durchfälle, Erbrechen und Tremor. Die Haut ist feucht und warm. Vor Entwicklung des Komas kommt es meist auch zu einer bulbären Muskelschwäche (verwaschene Sprache, Schluckstörungen).

Hypothyreotes Koma

Beim hypothyreoten Koma (→ Kap. 1) treten als Prodromi allgemeine Verlangsamung (Sprache!) und Somnolenz auf. Es folgen Bradykardie, alveoläre Hypoventilation, Hypothermie (Spezialthermometer) und allgemeine Muskelschwäche. Die Reflexe sind extrem langsam. Die CO_2-Retention begünstig das sich entwickelnde Koma.

Hyperkalzämische Krise

Initialsymptome der hyperkalzämischen Krise sind Polyurie, Exsikkose, teilweise Obstipation, arterielle Hypertonie (→ Kap. 26), Leibschmerzen (→ Kap. 46) und paralytischer Ileus (→ Kap. 59). Über eine rasch generalisierende Muskelschwäche mit Hyporeflexie entwickelt sich häufig ein akutes psychotisches Bild, gefolgt von Somnolenz und Koma.

Hypokalzämische Krise

Auch die akute hypokalzämische Krise (z.B. nach operativer Entfernung eines Epithelkörperchenadenoms bei primärem Hyperparathyreoidismus) kann mit akuter exogener Psychose und Bewußtseinsstörung einhergehen. Neben der meist im Vordergrund stehenden Dauertetanie (→ Kap. 34) besteht eine QT-Zeitverlängerung im EKG.

Phäochromozytomkrise

Die Phäochromozytomkrise (→ Kap. 44.4.5) kann im Rahmen der hypertensiven Enzephalopathie Bewußtseinsstörungen, Krampfanfälle und neurologische Herdsymptome hervorrufen.

Diabetes insipidus

Wird beim Diabetes insipidus (→ Kap. 12) keine adäquate Flüssigkeitszufuhr und ADH-Substitution durchgeführt (z.B. nach Schädeltrauma oder Operation), so kommt es rasch zu Exsikkose, Durst, Fieber und Koma.

DS *Diagnosesicherung*

Die Diagnosesicherung der jeweiligen endokrinen Enzephalopathie basiert zum einen auf den übrigen internistischen Symptomen der bereits bekannten – gelegentlich aber auch noch nicht diagnostizierten – endokrinen Grunderkrankung. Zum anderen wird sie gestützt durch Auffälligkeiten im Labor-Screening (→ Tab. 7-1) und bewiesen durch die entsprechende Hormonanalytik.

Manche endokrine Enzephalopathien bedürfen bei gegebenem Verdacht der sofortigen Notfalltherapie schon vor der Diagnosesicherung (Hypoglykämie, Addison-Krise, Phäochromozytomkrise).

Bei bis dahin noch nicht diagnostizierter Endokrinopathie ist zusätzlich oft eine entsprechende Ausschlußdiagnostik erforderlich in Form von:
- bildgebenden Verfahren
- Liquor
- EEG
- weiterer Labordiagnostik (z.B. Toxikologie)

7

7.4.4 Enzephalitis

Enzephalitiden sind entzündliche Erkrankungen des Gehirns mit bevorzugtem Befall des Parenchyms und meningitischer Begleitreaktion. Pathologisch-anatomisch unterscheidet man:
- fleckförmige Polioenzephalitiden
- kontinuierliche Polioenzephalitiden vom Paralysetyp
- herdförmige Entmarkungsenzephalitiden
- perivenöse Leukenzephalitiden
- metastatische Herdenzephalitiden
- Meningoenzephalitiden
- Sonderformen

Als Ursache kommen in erster Linie Viren, daneben aber auch Bakterien, Protozoen und Parasiten in Betracht. Seltener handelt es sich um immunogene, nichterregerbedingte Entzündungen.

B *Beschwerden und Befunde*

Akute Enzephalitiden beginnen meist mit allgemeinem Krankheitsgefühl sowie diffusen Kopfschmerzen und Fieber (→ Kap. 14). Von einer somnolenten Form spricht man bei zusätzlichen Störungen des Schlaf-Wach-Rhythmus. Psychotische Manifestionen sind durch eine akute **exogene Psychose** (→ 7.4.1) charakterisiert. Häufig entwickeln sich **Krampfanfälle** (→ Kap. 29) sowie schließlich eine Bewußtseinstrübung. Nur in einem Teil der Fälle beobachtet man neurologische Herdsymptome mit folgenden Prädilektionen:

- im Temporallappen (z.B. Herpes-simplex-Enzephalitis: Aphasie, → Kap. 58)
- im Stammganglienbereich (z.B. Encephalitis epidemica von Economo: extrapyramidale Störungen, → Kap. 6)
- im Hirnstamm (z.B. durch Zeckenbiß übertragene Frühsommermeningoenzephalitis: Paresen, Hirnnervenausfälle, → Kap. 30)
- im Zerebellum (z.B. Varizellen-Enzephalitis: Ataxie)

Der klinische Schweregrad variiert von „formes frustes" bis hin zu schwersten Verläufen (Herpes-simplex-Enzephalitis: Bei Verdacht sofortige Therapie erforderlich, da der Hirndruck bis zur transtentoriellen Herniation führen kann).

Sonderformen mit parasitärer Enzephalitis oder Hirnabszeß verlaufen unter dem Bild einer progredienten Hirndrucksteigerung mit Herdsymptomen (→ 7.4.5).

Subakute Enzephalitiden finden sich z.B. als metastatische Herdenzephalitis bei der **Endokarditis** oder auf dem Boden einer **Immunschwäche** in Form der Toxoplasmose-Enzephalitis, der progressiven multifokalen Leukenzephalopathie sowie der Zytomegalie-Enzephalitis. Die klinischen Symptome entwickeln sich schleichender und sind äußerst vielgestaltig.

Einen **chronischen Verlauf** nimmt die **HIV-Enzephalitis** mit überwiegend psychopathologischen Symptomen.

DS *Diagnosesicherung*

Akute virale Enzephalitiden

Bei der akuten viralen Enzephalitis tritt im lumbalen Liquor meist eine lymphozytäre Pleozytose auf. Weiterhin ist eine Störung der Blut-Liquor-Schranke zu finden, d.h. Serum tritt aus dem Blut in den Liquor über. Das **EEG** weist Allgemeinveränderungen auf, und gelegentlich sind auch Herdbefunde (z.B. Herpes simplex) vorhanden.

Das **kranielle Computertomogramm** bzw. die **Kernspintomographie** des Gehirns sind bei den akuten Enzephalitiden in den ersten Tagen meist noch normal. Früher als im CT wird im NMR ein sich entwickelndes diffuses oder fokales Ödem sichtbar. Die Diagnosesicherung erfolgt durch den **Nachweis** der intrathekalen Produktion von **IgM-Antikörpern.** In Zukunft wird die PCR zusätzlich eine immer größere Rolle spielen.

Subakut verlaufende Enzephalitiden

Bei der **parasitären Enzephalitis** findet sich im Liquor oft eine Eosinophilie.

Der **Hirnabszeß** zeigt in frühen Stadien meist nur geringe Liquorbefunde. Erst nach Perforation in den Subarachnoidalraum werden reichlich segmentkernige Zellen und Bakterien nachweisbar. Das kranielle Computertomogramm weist in frühen Phasen eines Hirnabszesses eine unscharf begrenzte raumfordernde Hypodensität auf. Wenn Hirngewebe einschmilzt, entwickelt sich die abszeßtypische Ringstruktur mit starker Kontrastmittelaufnahme im Bereich der Ränder.

Bei der **metastatischen Herdenzephalitis** infolge einer Endokarditis (→ Kap. 14) sind diagnostisch zusätzlich Blutkulturen sowie das Echokardiogramm hilfreich.

Die **Toxoplasmenenzephalitis** zeigt im kraniellen Computertomogramm meist charakteristische Rundherde an der Rindenmarkgrenze mit starker ringförmiger Kontrastmittelaufnahme. Der Nachweis einer Lokalsynthese von Toxoplasmenantikörpern im Liquor gelingt nur in einem Teil der Fälle.

Die **Zytomegalie-Enzephalitis** zeigt keine CT-Herde. Der Nachweis erfolgt durch die zelluläre und humorale Reaktion im Liquor. Eine begleitende hämorrhagische Retinitis (→ Kap. 55) kann diagnostisch hilfreich sein.

Die **progressive multifokale Leukenzephalopathie** ist durch multiple polymorphe Markherde im Kernspintomogramm charakterisiert, welche die Markrindengrenze nicht überschreiten. Im Computertomogramm findet sich hier keine Kontrastmittelaufnahme. Der Liquor zeigt keine Pleozytose.

Chronische Enzephalitiden

Die **HIV-Enzephalitis** zeigt nur im Anfangsstadium eine geringe lymphozytäre Pleozytose, die sich im Verlauf zurückbildet. Erst nach einiger Zeit entwickelt sich im kraniellen Computertomogramm eine Hirnatrophie. Die Diagnose gelingt nur serologisch.

DD *Differentialdiagnose*

Die Differentialdiagnose ist insbesondere dann schwierig, wenn die unmittelbar verfügbaren diagnostischen Maßnahmen (bildgebende Verfahren, EEG, Liquor) keine klaren Resultate im Sinne der Arbeitsdiagnose einer Enzephalitis ergeben und eine andere Differentialdiagnose (z.B. zerebrale Raumforderung) mit den vorgenannten Untersuchungen nicht zutage getreten ist sowie ein möglicher Erregernachweis noch aussteht.

Die **Differentialdiagnose** umfaßt dann u.a. je nach Leitbefund:

- psychotische Erkrankungen (akute psychotische Bilder, → 7.4.1 und 7.4.2)
- endokrine und stoffwechselbedingte Bewußtseinsstörungen bzw. Intoxikationen (Somnolenz-Koma)
- Epilepsien (→ Kap. 29)
- andere neurologische Erkrankungen (neurologische Herdsymptome)

7.4.5 Zerebrale Raumforderungen

Lokale oder diffuse raumfordernde Prozesse bzw. Störungen der Liquorzirkulation führen zu einer Erhöhung des Hirndrucks, in deren Folge Verschiebungen verschiedener Hirnregionen auftreten können. Man unterscheidet zwischen:
- supratentorieller Raumforderung
- infratentorieller Raumforderung
- Passagebehinderung der Liquorwege

B ***Beschwerden und Befunde***

Insbesondere bei der beginnenden **supratentoriellen Raumforderung** sind die initialen Beschwerden meist nur gering und uncharakteristisch. Sie äußern sich in **Kopfschmerzen** (→ Kap. 44) und **Leistungsknick** (→ Kap. 51). Nur in einem Teil der Fälle kommt es zusätzlich zu neurologischen Herdsymptomen. Im weiteren Verlauf tritt eine Verschiebung der Mittellinie mit Zunahme der vorgenannten Symptome auf.

Bei transtentorieller Herniation ist mit einer homolateralen Mydriasis (Druck auf den N. oculomotorius) sowie einer zunehmenden Bewußtseinsstörung zu rechnen. Schließlich treten Mittelhirnzeichen (Streckmechanismen, Störungen der Hirnstammreflexe) auf. In letzter Konsequenz kommt es schließlich zu einer Herniation der Kleinhirntonsillen in das Foramen occipitale magnum. Es entwickelt sich ein Bulbärhirnsyndrom, im Rahmen dessen auch Störungen der Atem- und Kreislaufregulation zu befürchten sind.

Die primäre **infratentorielle Raumforderung** ist deshalb für den Patienten ungleich gefährlicher, weil der vorgenannte Mechanismus der Herniation der Kleinhirntonsillen viel früher einsetzt.

Verlagerungen der inneren Liquorräume führen zum Spannungshydrozephalus, der in Abhängigkeit von deren Lage auch zusammen mit einer intrazerebralen Raumforderung auftreten kann.

Ein dem erhöhten Hirndruck zuzuordnendes charakteristisches Beschwerdebild gibt es leider nicht. Am **häufigsten** findet man die folgenden **vier** Klagen bzw. **Symptome:**
- Neu aufgetretene Kopfschmerzen
- Erbrechen, teils ohne wesentliche Übelkeit, teils „im Schwall“ und unabhängig von der Nahrungsaufnahme
- Nackensteifigkeit und Kopfschiefhaltung
- Stauungspapille (in etwa 75% der Fälle bei langsam wachsenden Prozessen).

Die Bradykardie (Druckpuls) findet sich nur in fortgeschrittenen Stadien.

DS ***Diagnosesicherung***

Die bildgebenden Verfahren (kranielles Computertomogramm oder NMR) sind die wichtigsten diagnostischen Maßnahmen. **Eine Lumbalpunktion ist kontraindiziert.**

DD ***Differentialdiagnose***

Die Differentialdiagnose umfaßt alle hirneigenen sowie nicht hirneigenen Tumoren und raumfordernd wirkende Blutungen, seltener raumfordernd wirkende entzündliche Prozesse. Wenn kein anderweitiger Primärtumor (auch histologisch) bekannt ist und kein eindeutiger Befund aus CT und NMR resultiert, muß eine bioptisch-histologische Klärung angestrebt werden.

7.4.6 Pickwick-Syndrom

Unter Pickwick-Syndrom versteht man die durch Adipositas bedingte Hypoventilation. Sie ist abzugrenzen von der ebenfalls bei Adipositas gehäuft auftretenden obstruktiven Schlafapnoe (→ Kap. 38).

7

B ***Beschwerden und Befunde***

Führende Auffälligkeit ist die **intermittierende Somnolenz** mit Einschlafen während des Tages, teilweise sogar während eines Gesprächs. Im Schlaf kommt es zu **Zyanose** (→ Kap. 62) und **periodischer Atmung.** Es besteht eine pO_2-Erniedrigung und pCO_2-Erhöhung. Folgen sind eine sekundäre Polyglobulie sowie alle Zeichen einer Rechtsherzinsuffizienz. Der Abdominaldruck ist erhöht, die Compliance des Thorax ist wegen der zum Teil monströsen Adipositas vermindert.

DS ***Diagnosesicherung***

Die Diagnosesicherung gelingt mit Blutgas- und Lungenfunktionsanalytik sowie Polysomnographie.

DD ***Differentialdiagnose***

Die Differentialdiagnose umfaßt neben den schlafbedingten Atemstörungen (→ Kap. 38) vor allem die **Narkolepsie.** Letztere ist durch Schlafanfälle, Kataplexie, hypnagoge Halluzinationen und Schlaflähmung charakterisiert und stellt ein nichtepileptisches Anfallssyndrom mit genetischer Disposition dar, welches meist schon in der Kindheit erste Symptome hervorruft.

7.4.7 Subarachnoidalblutung

Die Subarachnoidalblutung entsteht akut durch Ruptur eines sackförmigen Aneurysmas der basalen Hirngefäße oder einer Gefäßanomalie. Der Austritt von Blut in den Subarachnoidalraum führt zu einem ausgeprägten meningealen Reizzustand sowie zu lokalen reaktiven Vasospasmen mit nachfolgenden Durchblutungsstörungen.

Tab. 7-2 Klinische Schweregrade einer Subarachnoidalblutung	
Grad 1	asymptomatisch oder geringe Kopfschmerzen, geringe Nackensteife
Grad 2	leichte bis ausgeprägte Kopfschmerzen und Nackensteife, außer eventuell vorliegenden Hirnnervenparesen keine neurologischen Ausfälle
Grad 3	Benommenheit, Verwirrtheit oder geringe fokale Ausfälle
Grad 4	Sopor, ausgeprägte Hemiparese, Symptome vegetativer Entgleisung, eventuell frühe Dezerebrationszeichen
Grad 5	Koma, Dezerebration

B *Beschwerden und Befunde*

Leitsymptom ist der akute vernichtende **Kopfschmerz** (→ Kap. 44), verbunden mit Nackensteife. Fakultativ findet man eine Bewußtseinstrübung oder Verwirrtheit, Hirnnervenausfälle bzw. ein zunehmendes Koma (Tab. 7-2).

DS *Diagnosesicherung*

Erste Maßnahmen bei der sofort zu veranlassenden stationären Einweisung ist die Durchführung einer **kraniellen Computertomographie,** die das basal ausgetretene Blut abbildet. Nur im Falle eines nicht typischen CT-Befundes muß eine **Lumbalpunktion** zum Beleg des blutigen Liquors durchgeführt werden. Je nach klinischem Zustand (→ Tab.7-2) erfolgt bereits früh (Grad 1–3) oder erst später (Grad 4–5) die **arteriographische Lokalisation** der Blutungsquelle mit dem Ziel der nachfolgenden Operation. Eine ergänzende transkranielle Doppler-Sonographie dient dem Nachweis von Spasmen aneurysmanaher Gefäße, was für die Operationsplanung von Bedeutung ist.

DD *Differentialdiagnose*

Das Krankheitsbild ist so charakteristisch, daß die Differentialdiagnose relativ klein ist. Neben Blutungen aus Angiomen kommen selten Blutungen aus mykotischen Aneurysmen bei Endokarditis in Betracht.

7.4.8 Synkope

M. Meesmann

Die Synkope ist ein häufiges Symptom, das ca. 6% aller Krankenhauseinweisungen zugrunde liegt. Unter Synkope wird ein plötzlich auftretender, nach Sekunden bis Minuten spontan endender Bewußtseinsverlust verstanden, ausgelöst von einer vorübergehenden kritischen Reduktion des zerebralen Blutflusses. Eine Differenzierung der Ursachen ist in Tabelle 7-3 zu finden. Das Spektrum von Krankheiten, die zu einer Synkope führen, reicht von harmlosen Kreislaufregulationsstörungen bis hin zu lebensbedrohlichen Erkrankungen, bei denen die Synkope oft das letzte Warnzeichen vor dem (plötzlichen) Tod ist. Durch eine sorgfältige Anamnese ist es in vielen Fällen möglich, das weitere diagnostische Procedere so festzulegen, daß Patienten mit harmlosen Synkopen eine überflüssige Diagnostik erspart bleibt, andererseits aber gefährdete Patienten rasch einer adäquaten Überwachung, Diagnostik und Therapie zugeführt werden.

Trotz aller diagnostischen Bemühungen bleibt die Genese der Synkope in bis zu 20% der Fälle unklar, wobei bei einem Drittel der Patienten mit erneuten Synkopen zu rechnen ist.

Tab. 7-3 Differentialdiagnose der kurzen Bewußtlosigkeit (relative Häufigkeit in %)

Ursache	Mechanismus	Anamnestische Hinweise
Kardiovaskuläre Synkope		
neurogen-vasodepressorisch (55%)	vasovagale Reaktion	In der Vorgeschichte meist längeres Stehen in überfüllten und schlecht gelüfteten Räumen, Übermüdung, Fasten bzw. Rekonvaleszenz nach schweren Erkrankungen. Typisches Initialstadium mit Blässe, Schweißausbruch, Gähnen, Übelkeit und epigastrischen Mißempfindungen. Meist rasche Besserung im Liegen. Nach vasovagalen Synkopen ist der Patient oft noch blaß und schwitzt, zu frühes Aufstehen kann zu erneuter Synkope führen.
	hypersensitiver Karotissinus	Drehbewegungen des Kopfes (z.B. Rückwärtsfahren mit dem Auto) bzw. Druck auf den Hals (z.B. beim Rasieren).
	situationsbedingt	Husten-, Schluck-, Miktions- bzw. Defäkationssynkope; invasive medizinische Eingriffe; psychische Erregung
	arterielle Hypotonie	Idiopathisch (konstitutionell); sekundär bei primärer/sekundärer Nebennierenrindeninsuffizienz (→ Kap. 16)
	autonome Neuropathie	Primäre Formen im Rahmen einer neurologischen Systemdegeneration; sekundäre Formen bei Diabetes mellitus, Alkoholabusus etc.

Tab. 7-3 Differentialdiagnose der kurzen Bewußtlosigkeit (relative Häufigkeit in %), Fortsetzung

Ursache	Mechanismus	Anamnestische Hinweise
Kardiovaskuläre Synkope		
kardiogen (10%)	bradykarder Adams-Stokes-Anfall	Plötzliches Auftreten, während des Anfalls sind die Patienten blaß; meist schnelle Erholung bei Normalisierung des Pulses mit reaktiver Rötung der Haut (Abb. 7-2).
	tachykarder Adams-Stokes-Anfall	Bei paroxysmalen supraventrikulären Tachykardien meist nur Präsynkopen, bei WPW-Syndrom mit Vorhofflimmern jedoch Vollbild der Synkope möglich. Bei ventrikulären Tachykardien fehlen die für die supraventrikulären Tachykardien so charakteristischen Palpitationen häufig (Abb. 7-4).
	belastungsinduziert	Mangelnde Steigerung des Herzminutenvolumens bei Aortenstenose oder hypertrophischer obstruktiver Kardiomyopathie; katecholaminabhängige Herzrhythmusstörungen, z. B. angeborene QT-Verlängerung beim Romano-Ward- bzw. Jervell-Lange-Nielsen-Syndrom (Abb. 7-4).
	Vorhofmyxom	Rasche Erholung im Liegen (Abb. 7-5).
zerebrovaskuläre Ursachen (< 10%)	transitorisch-ischämische Attacke	Insgesamt ist das Auftreten einer Bewußtlosigkeit bei transitorisch-ischämischen Attacken (TIA) sehr selten (→ Kap. 30).
	a) vertebrobasiläre TIA	Meist weiterbestehende neurologische Symptome wie Doppelbilder, Sprechstörungen, Schwindel, Übelkeit.
	b) Verschluß der Carotis interna	Bei ein- oder beidseitiger hochgradiger Stenose bzw. Verschluß der A. carotis interna kann es gelegentlich z. B. im Rahmen eines Blutdruckabfalls zur Bewußtlosigkeit kommen.
	c) Verschluß der Carotis communis	Insbesondere bei jungen Frauen an Aortenbogensyndrom (Morbus Takayasu) denken, meist schwere Allgemeinsymptome.
	d) Migräne des Basilaris-Stromgebietes	Bewußtlosigkeit ist bei Erwachsenen sehr selten (→ Kap. 44).
	e) Subclavian-steal-Syndrom	Schwindel, Gesichtsfeldausfälle, Dysarthrien, gelegentlich auch Bewußtlosigkeit bei Arbeit mit dem linken Arm. Bei proximalem Verschluß der linken A. subclavia kann es durch die Muskelarbeit zur Flußumkehr in der linken A. vertebralis und damit zur vertebrobasilären Insuffizienz kommen.
	Subarachnoidalblutung	In bis zu 50% der Fälle kann es durch einen Anstieg des intrakraniellen Drucks über den zerebralen Perfusionsdruck zur vorübergehenden Bewußtlosigkeit kommen. Die Patienten berichten nachträglich über heftigste okzipitale Kopfschmerzen, begleitend finden sich oft Nackensteife und Lichtempfindlichkeit (→ 7.4.7).
medikamentös/ metabolisch (< 10%)	Hypoxie	Rascher Höhenanstieg, fortgeschrittenes Cor pulmonale.
	Hypokapnie	Lufthunger mit Hyperventilation, Kribbelparästhesien, retrosternales Engegefühl
	Hypoglykämie	Hungergefühl, Zittern, Schwäche (→ Kap. 23).
	Alkohol/Drogen	Alkoholfötor, Anamnese, Spuren von Kanüleneinstichen, Nachweis von Alkohol, Sedativa bzw. Halluzinogenen in Blut bzw. Urin (→ 7.4.9).
	Medikamente	Betablocker, ACE-Hemmer, Nitrate, Diuretika (insbesondere deren Kombination bei älteren Patienten); Antiarrhythmika (Bradykardien bei latenter Sinusknotenerkrankung, Tachykardien im Sinne eines proarrhythmischen Effekts bzw. Therapieversagens)
Ursache unklar (15–20%)		Es ist möglich, daß eine ungewöhnliche Verkettung von Umständen zu einer Synkope meist vasovagalen bzw. orthostatischen Charakters geführt hat und ein Wiederauftreten unwahrscheinlich ist. Andererseits sollten gerade Herzrhythmusstörungen immer wieder differentialdiagnostisch in Betracht gezogen werden, die sonst unerkannt zum plötzlichen Tod des Patienten führen können. Differentialdiagnostisch ist auch an eine „Synkope“ im Rahmen einer Konversionsneurose zu denken. Möglicherweise handelt es sich auch um einen ersten Krampfanfall (→ Tab. 7.4).

7

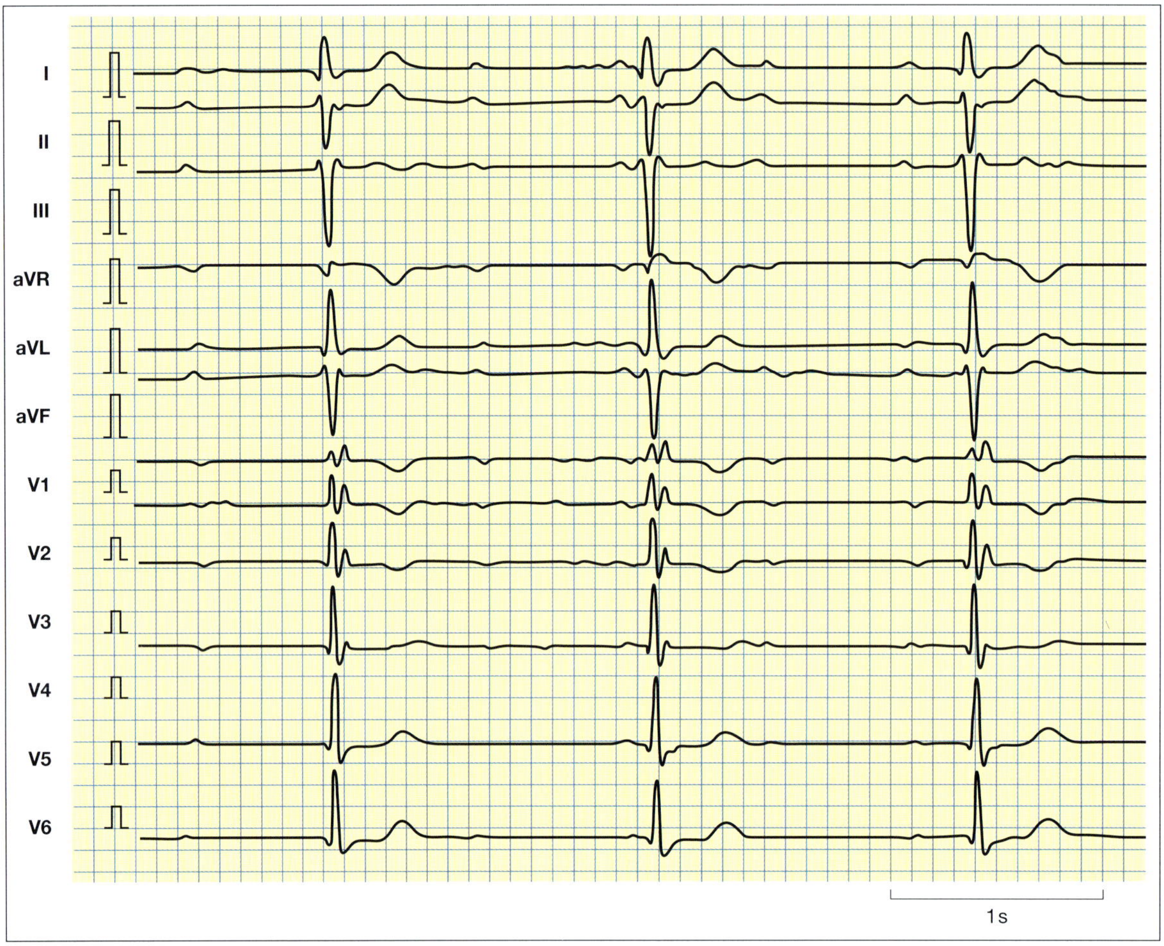

Abb. 7-2 EKG von einer Patientin mit wiederholten Präsynkopen. AV-Block III° mit einem langsamen Kammer-Ersatzrhythmus von 38 Schlägen pro Minute bei einer 78jährigen Patientin. Es besteht überhaupt keine zeitliche Beziehung zwischen P-Wellen und QRS-Komplexen.

B *Beschwerden und Befunde*

Der Bewußtseinsverlust infolge der zerebralen Ischämie führt zum **Tonusverlust der Muskulatur,** so daß eine aufrechte Körperposition nicht beibehalten werden kann. Besteht die zerebrale Ischämie länger als 15 Sekunden, können tonische Zuckungen sowie, in seltenen Fällen, Inkontinenz auftreten (→ Kap. 29). Abgesehen von den durch **Rhythmusstörungen** bedingten Formen tritt die Synkope meist im Stehen auf. Bei der **Präsynkope** kommt es zur Muskelschwäche und dem Gefühl des drohenden Bewußtseinsverlustes. Es besteht nur ein gradueller Unterschied zur Synkope.

Bei **Reflexsynkopen** kommt es zur überschießenden Aktivierung von Kreislaufreflexen. Die jeweiligen Auslösesituationen geben der Synkope ihren Namen: Miktions-, Husten-, Schluck- und Defäkationssynkope. Bei letzterer sind neben vasovagalen Reaktionen auch Lungenembolien als Mechanismus beschrieben worden. Beim hypersensitiven Karotissinus-Syndrom kommt es durch Drehbewegungen des Kopfes (z.B. Rückwärtsfahren mit dem Auto) sowie durch Druck auf den Hals (z.B. Rasieren) zur Auslösung des Reflexes. Von diesen Reflexmechanismen müssen idiopathische und sekundäre (diabetische autonome Neuropathie [→ Kap. 56], primäre oder sekundäre Nebennierenrindeninsuffizienz [→ Kap. 18]) Syndrome der orthostatischen Hypotension abgegrenzt werden.

Tritt eine Synkope im Rahmen einer **körperlichen Belastung** auf, ist eine kardiale Genese wahrscheinlich. Hier ist insbesondere an eine mangelnde Steigerung des Herzzeitvolumens zu denken, wie sie bei Obstruktion der linksventrikulären Ausstrombahn (Aortenstenose, hypertrophische obstruktive Kardiomyopathie) oder pulmonaler Hypertonie vorkommen kann. Differentialdiagnostisch ist an katecholaminabhängige Rhythmusstörungen (Verkürzung der antegraden Refraktärzeit bei WPW-Syndrom [→ Abb. 23-6], katecholaminabhängige ventrikuläre Tachykardien, Torsade de pointes bei angeborener

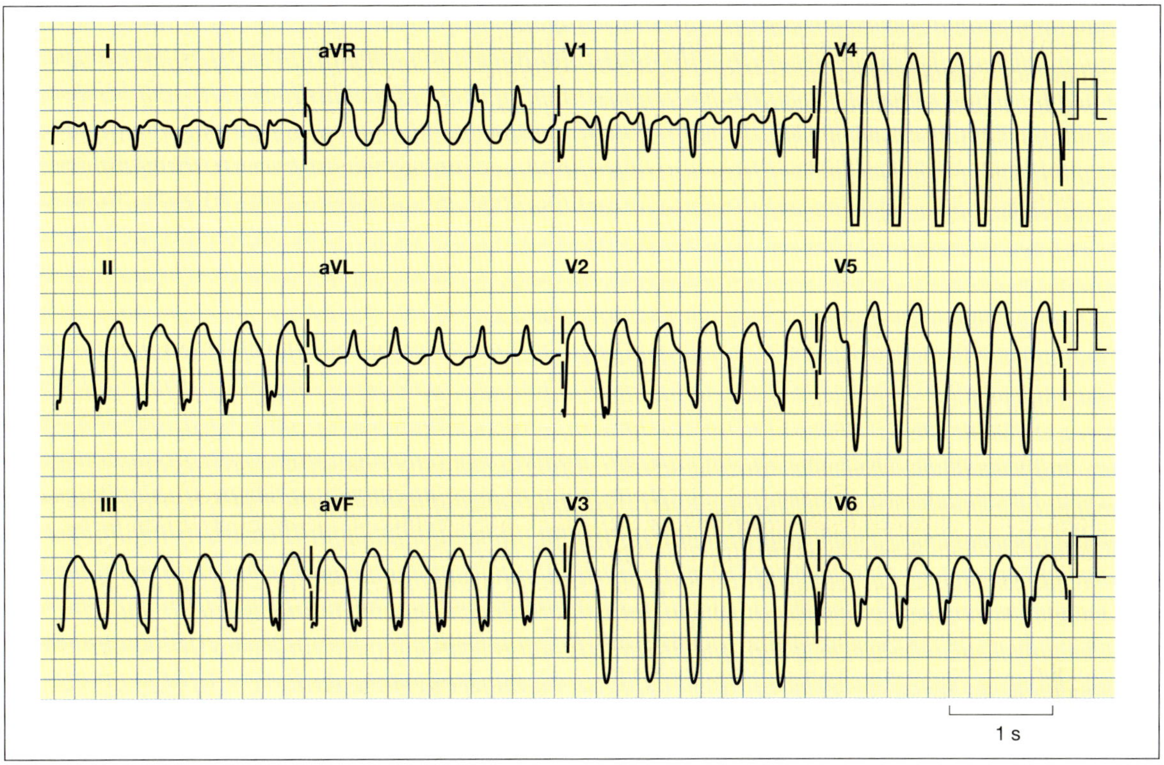

Abb. 7-3 EKG von einem Patienten mit rezidivierenden Präsynkopen bei altem Vorderwandinfarkt. Ventrikuläre Tachykardie mit einer Frequenz von 141 Schlägen pro Minute bei einem 62jährigen Patienten. Die QRS-Breite beträgt 0,19 Sekunden, der Lagetyp beträgt ca. –120°. Alle Brustwandableitungen zeigen QS-Komplexe (negatives Konkordanz-Muster, das auf einen anteroseptalen Ursprungsort der Tachykardie hinweist).

QT-Verlängerung) zu denken (Abb. 7-3). In der Erholungsphase nach körperlicher Belastung ist eine überschießende vagale Reaktion mit Synkope als Entität bekannt.

DS *Diagnosesicherung*

Die Synkope kann in der Regel vom Krampfanfall (→ Kap. 29) leicht unterschieden werden (Tab. 7-4).

Tab. 7-4 Differenzierung der Synkope vom Krampfanfall

	Synkope/Präsynkope	Krampfanfall
Auslöser	oft charakteristische Situationen (→ Tab. 7-3)	z. B. Alkoholentzug
Auftreten im Stehen	typisch (Ausnahme: rhythmogene Synkope)	unabhängig von Körperposition
Prodromi	Gefühl der Kopfleere, Schwindel, Schwarzwerden vor den Augen, Schweißausbruch, Oberbauchbeschwerden	Aura mit akustischen, visuellen oder gustatorischen Inhalten, Déja-vu-Erlebnisse
Krampfaktivität	selten, gelegentlich kurze klonische Zuckungen	häufig fokale oder generalisierte Zuckungen
Urinabgang	selten	häufig
Zungenbiß	selten	häufig
Hautfarbe	initial ausgeprägte Blässe	initial normale Hautfarbe Zyanose bei protrahierten Anfällen
Verlauf	rasche Erholung im Liegen	postiktaler Dämmerzustand

Bei kurzzeitigen Störungen des Bewußtseins kann jedoch eine Abgrenzung mitunter schwierig sein, zumal meist keine Beobachtung durch medizinisch geschultes Personal vorliegt. In der **Anamnese** sind Angaben vom Patienten über Prodromi und Residualsymptome nach der Synkope für eine Differenzierung oft schon entscheidend (→ Tab. 7-4).

Es sollte darüber hinaus unbedingt versucht werden, durch eine **Fremdanamnese** eine Beschreibung der Synkope zu erhalten.

Bei positiver **Familienanamnese** für Synkopen sollte an ein Romano-Ward-Syndrom (eine familiäre Form der QT-Verlängerung) oder eine familiäre Form der hypertrophischen bzw. dilatativen Kardiomyopathie gedacht werden (Abb. 7-4).

Bei zunehmendem Durchschnittsalter der Bevölkerung und immer häufiger eingesetzter Mehrfachtherapie ist eine **Medikamentenanamnese** unverzichtbarer Bestandteil der Synkopenabklärung. Als typische Beispiele seien die gleichzeitige Verordnung von Nitraten und ACE-Hemmern bei Patienten mit Herzinsuffizienz bzw. die Gabe von Digitalis und Betablockern bei Patienten mit latenter Sinusknotenerkrankung genannt. Bei Einnahme von Antiarrhythmika sollte an proarrhythmische Wirkungen gedacht werden. Diese können als idiosynkratische Wirkung bei Therapiebeginn (Synkope nach Einnahme von Chinidin) bzw. als unspezifische proarrhythmische Wirkung auftreten. Klassische Arrhythmie als Korrelat für eine Synkope ist die meist selbstlimitierende Kammertachykardie vom Typ der Torsade de pointes. Aber auch nichtanhaltende ventrikuläre Tachykardien können sich je nach Frequenz und Körperlage als Synkope oder als Schwächeanfall (Präsynkope) manifestieren. Dabei ist zu berücksichtigen, daß Palpitationen in der präsynkopalen Phase bei ventrikulären Tachykardien meist fehlen.

Bei Patienten mit **Diabetes mellitus** (→ Kap. 12) besteht sowohl bei Einnahme von oralen Antidiabetika (nur Sulfonylharnstoffe) als auch unter Insulintherapie ein Risiko für schwere Hypoglykämien (→ Kap. 23.4.1), die zu Verwirrtheit, im Extremfall auch zu einem Bewußtseinsverlust führen können. Insbesondere bei Patienten mit langjähriger Erkrankung können durch die Entwicklung einer autonomen Neuropathie die typischen Warnsymptome einer Hypoglykämie (Heißhunger, Schweißausbruch) fehlen.

DD *Differentialdiagnose*

Alkohol kann **Herzrhythmusstörungen** verursachen. Die häufigste Rhythmusstörung ist das Vorhofflim-

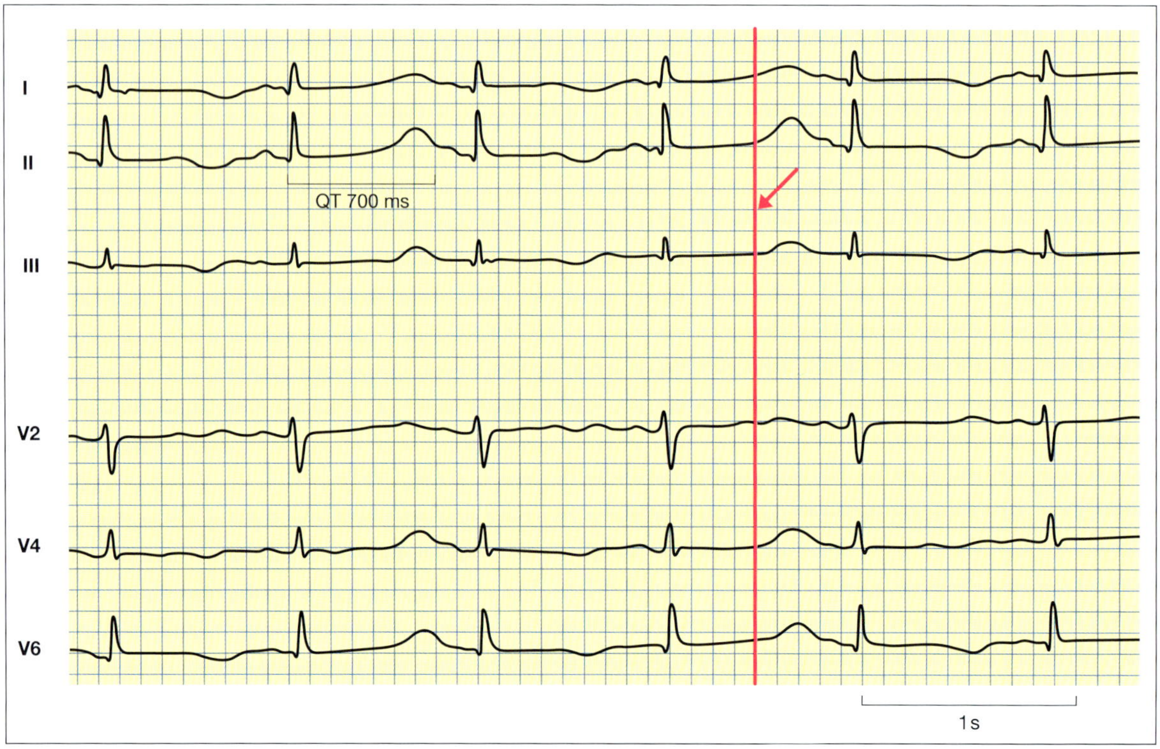

Abb. 7-4 EKG von einer Patientin mit rezidivierenden Synkopen. Ruhe-EKG einer 25jährigen Patientin bei Romano-Ward-Syndrom. Beachte die ausgeprägte Verlängerung der QT-Zeit, die sich im Gegensatz zum normalen EKG weit über die Mittellinie zwischen zwei aufeinanderfolgenden QRS-Komplexen erstreckt (→). Darüber hinaus liegt ein sogenannter T-Wellen-Alternans mit abwechselnd positiven und negativen T-Wellen vor.

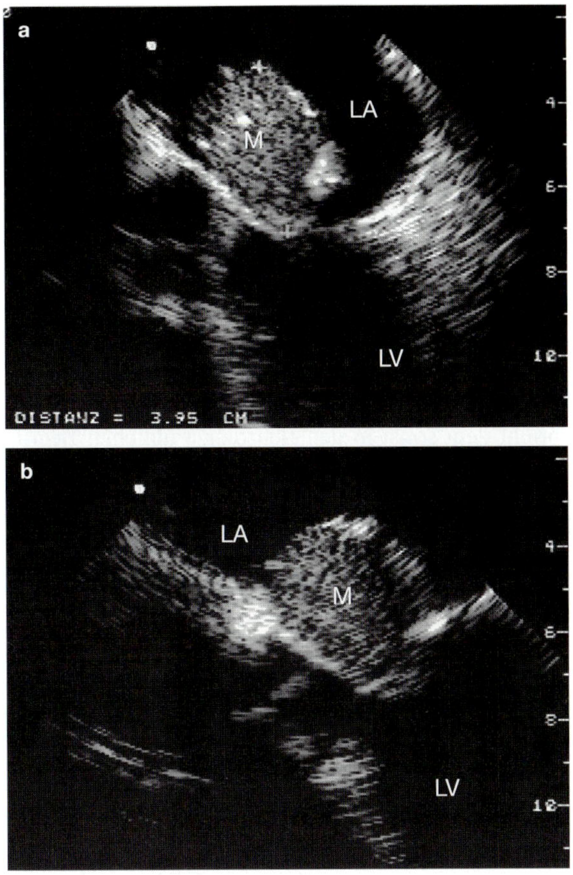

Abb. 7-5 57jähriger Patient mit rezidivierenden Synkopen beim Rasenmähen. Als Ursache fand sich in der Echokardiographie ein linksatriales Myxom: a) das transösophageale Echokardiogramm zeigt das linksatriale Myxom (M) mit Insertion am atrialen Septum; b) lageabhängig prolabiert das Myxom in der Diastole in den linken Ventrikel (LV) und führt somit zur Obstruktion der linksventrikulären Füllung (LA: linker Vorhof).

mern („holiday heart" syndrome), das bei rascher Kammerantwort zumindest Präsynkopen verursachen kann. Es sind vereinzelt auch lebensbedrohliche ventrikuläre Rhythmusstörungen beschrieben worden, die sich in der nichtanhaltenden Form als Synkopen präsentieren können.

Akute, lebensbedrohliche Erkrankungen und Synkope

Eine Reihe von gravierenden Erkrankungen (Tab. 7-5) können initial mit einer Synkope einhergehen. Dabei kann die Bewußtlosigkeit über eine direkte Einwirkung auf die Zirkulation (massiver Blutverlust, akute Hirndruckerhöhung bei ausgeprägter Subarachnoidalblutung, → 7.4.7) und/oder über Schmerzreaktionen (Aneurysma dissecans der Aorta) ausgelöst werden. Synkopen sind auch im Rahmen der Eklampsie (EPH-Gestose) sowie der Migräne mit Gefäßspasmen im Basilarisstromgebiet beschrieben worden.

Routinekontrolle von Patienten mit organischer Herzerkrankung

Bei der Routineuntersuchung von Patienten mit einer organischen Herzerkrankung sollte die Frage nach Synkopen fester Bestandteil der Exploration sein, da viele Patienten über zurückliegende Synkopen nicht spontan berichten. Insbesondere bei Patienten mit Zustand nach Myokardinfarkt oder dilatativer Kardiomyopathie legt eine positive Synkopenanamnese den Verdacht auf eine ventrikuläre Tachykardie nahe.

Neben der Anamnese als wesentlichem Bestandteil der Primärdiagnostik wird man die **weitere Abklärung** von den **initial erhobenen Befunden** abhängig machen.

Tab. 7-5 Synkope als mögliche Erstmanifestation einer lebensbedrohlichen Erkrankung

Erkrankung	Bemerkung
Lungenembolie	meist Zeichen einer ausgeprägten Verlegung der pulmonalen Strombahn, Tachypnoe
Myokardinfarkt/Myokardischämie	starker Abfall des Herzminutenvolumens; Herzrhythmusstörungen (Sinusbradykardie, AV-Block, selbstlimitierende Kammertachykardien), vagale Reaktion auf Schmerz
Aneurysma dissecans	kurzzeitige Verlegung von Zerebralarterien im Rahmen der Dissektion bzw. vasovagale Schmerzreaktion, abnormaler Pulsstatus
Prinzmetal-Angina	arrhythmiebedingt, meist zwischen 24 und 6 Uhr
gastrointestinale Blutung	Synkope kann vor einem äußerlich sichtbaren Blutverlust auf eine Hypovolämie hinweisen
Subarachnoidalblutung	initiale Bewußtlosigkeit in bis zu 50% der Fälle

7.4.9 Intoxikationen

TH. ZILKER

Bei Patienten, die bewußtlos aufgefunden oder in eine Klinik eingewiesen werden, muß differentialdiagnostisch immer an eine Vergiftung gedacht werden.

DS ***Diagnosesicherung***

Nach Überprüfung und, wenn nötig, Stabilisierung der vitalen Funktionen ist folgendes **diagnostisches Vorgehen** anzuraten:

- Die Erhebung der **Fremdanamnese** bei Angehörigen, Begleitpersonal, Sanitätern oder begleitenden ÄrztInnen. Dabei muß gefragt werden nach:
  - einer Abhängigkeitserkrankung
  - depressiven Verstimmungen
  - Beschwerden, die der Patient in den letzten Tagen geklagt hat
  - Art und Weise des Eintritts der Bewußtlosigkeit
- Eine Erhebung des **körperlichen Befundes:**
  - Festlegung des Grades der Bewußtseinsstörung
  - neurologische Untersuchung mit Prüfung des Reflexstatus, Prüfung der Pupillenweite und -reaktion
  - Prüfung der Atmung mit Atemrhythmik
  - Einschätzen der Kreislaufsituation anhand der Herzfrequenz, des Herzrhythmus und des Blutdrucks
  - Hautturgor und Feuchtigkeitsgrad der Schleimhäute (Rückschlüsse auf den Hydrierungsgrad und die Liegedauer des Patienten)
  - Verletzungszeichen und Einstichstellen
- **Blut** und **Urin** sind für die **toxikologische Analytik** zu asservieren. Das Asservat ist mit Name, Datum und Uhrzeit zu beschriften. Eine relativ einfache und rasch durchzuführende Analytik steht für Drogen und die wichtigsten Betäubungsmittel im Urin zur Verfügung.

Die in Tabelle 7-6 dargestellte Übersicht eignet sich besonders für die **Einstufung des Schweregrades der Bewußtseinsstörung bei Vergiftungen.**

Die leichte Vergiftung (Patient ansprechbar) entspricht dem sonst in der Neurologie üblichen Begriff der **Somnolenz,** die leichte Vergiftung mit soporösem Patient dem Begriff des **Sopors,** die mittelschwere Vergiftung mit noch motorisch-reaktivem Patienten **Komagrad I und II** oder sleep-like coma. Die schwere und die lebensbedrohliche Vergiftung mit areaktivem Patienten entsprechen dem **Komagrad III und IV.**

Grundsätzlich kann das Gift selbst die Bewußtseinsstörung auslösen oder erst sekundär über die Schädigung anderer Organsysteme durch Hypoxämie bei kardiotoxischen oder sehr kreislaufdepressiven Giften bzw. über eine hepatische Enzephalopathie bei hepatotoxischen Giften zur ZNS-Schädigung führen.

Tab. 7-6 Schweregrade der Bewußtseinsstörung bei Vergiftungen

	Stufe I ansprechbar, leichte Vergiftung	**Stufe II** soporös, leichte Vergiftung	**Stufe III** motorisch reaktiv, mittelschwere Vergiftung	**Stufe IV** areaktiv, schwere Vergiftung	**Stufe V** areaktiv, lebensbedrohliche Vergiftung
ZNS	Benommenheit, Anamnese möglich	schlafend, aber erweckbar, vereinzelt Antworten auf Fragen	bewußtlos, nicht erweckbar	bewußtlos	bewußtlos
Motorik	Ataxie	kann nicht stehen, Spontanbewegungen sind vorhanden	auf Schmerzreize motorisch reaktiv	keine Reaktion auf Schmerzreize	keinerlei Reaktion
Reflexe	unauffällig	unauffällig	unauffällig	Muskeldehnungsreflexe: abgeschwächt Pupillen: träge	Muskeldehnungsreflexe: erloschen Pupillen: Anisokorie möglich, Mydriasis
Atmung	Atemwege sind frei, normale Atmung	Atemwege sind frei, normale Atmung	Verlegung der Atemwege in Rückenlage möglich → Behinderung der Atmung	oberflächliche Atmung, Verlegung der Atemwege möglich → Behinderung der Atmung	Schnappatmung → Apnoe
Kreislauf	normal	normal	Tachykardie	Hypotonie	Schock

DD *Differentialdiagnose*

Die Differentialdiagnose zwischen den Bewußtseinsstörungen durch Vergiftungen, Einblutungen oder Durchblutungsstörungen bzw. Entzündungen im Stammhirn- bzw. Mittelhirnbereich ist ohne Anamnese oft sehr schwierig. Die unterschiedlichen Vergiftungen, die zur Bewußtseinsstörung führen, sind meist nur sehr schwer voneinander zu unterscheiden. Je schwerer die Bewußtseinsstörung ist, um so schwieriger sind die Unterschiede zwischen den einzelnen Vergiftungen festzustellen. Bis zum Schweregrad III ist es aufgrund der klinischen Symptomatik jedoch möglich, den Verdacht einer Vergiftung auf bestimmte Giftgruppen einzugrenzen. Für eine endgültige Diagnostik dient dann der **qualitative Giftnachweis im Urin** und in manchen Fällen der **quantitative Giftnachweis im Serum** bzw. **Blut.** Diese Laboruntersuchungen können für die einzuleitende Therapie – eine Antidottherapie (z.B. durch die Antidote Naloxon oder Flumazenil) oder eine Entgiftungstherapie wie die Hämoperfusion bei der Barbituratvergiftung – Entscheidungshilfen bieten.

Aus **praktisch-klinischer Sicht** ist die **Unterscheidung** zwischen einem **ruhigen (sleep-like) Koma,** einer **unruhigen agitierten Bewußtseinsstörung** und einem **krampfenden Koma** wertvoll. Die differentialdiagnostischen Überlegungen sind in Abbildung 7-6 dargestellt.

Ruhiges Koma

Vergiftungen durch Ethanol, Schlafmittel, Opiate und Benzodiazepine führen zu einem sleep-like coma

7

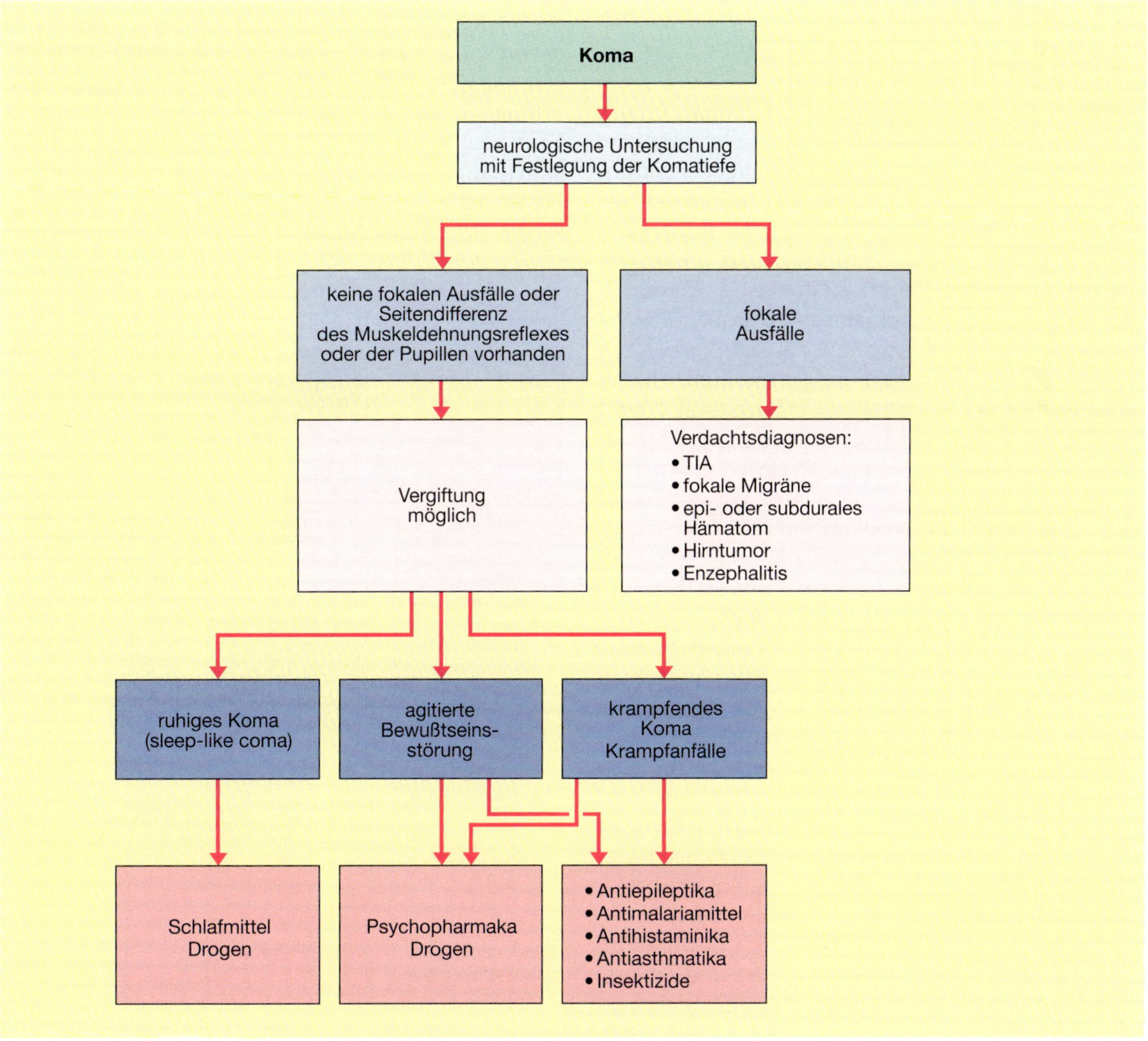

Abb. 7-6 Differenzierung des Komas bei Verdacht auf eine Vergiftung.

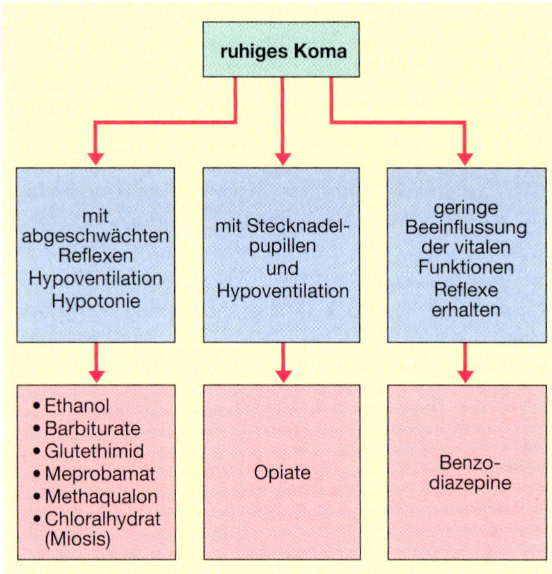

Abb. 7-7 Differenzierung des Komas bei Verdacht auf eine Vergiftung: das ruhige Koma.

(Abb. 7-7). Durch die Einnahme von **Ethanol** wird das ZNS in vielfältiger Weise beeinflußt. Als erste Wirkung kommt es zu einer Unterdrückung hemmender Neurone, wodurch der Rausch mit seiner Exzitation und Agitiertheit ausgelöst wird. Mit zunehmender Konzentration kommt es zu einer Sehstörung und schließlich durch die zerebellare Suppression zu einer Koordinationsstörung. Nach der Aufnahme sehr großer Mengen wird auch die Formatio reticularis beeinflußt, wodurch es zu Atem- und Kreislaufstörungen kommen kann. Vergiftungen durch Schlafmittel wie **Barbiturat, Gluthetimid, Meprobamat** und **Methaqualon** sowie **Chloralhydrat** führen nach einer kurzen Phase mit verwaschener Sprache, Ataxie, Schwindel und Verwirrung zu einer ausgeprägten ZNS-Depression mit unterschiedlichen Graden des Komas. Zusätzlich haben Schlafmittel eine deutlich atemdepressive und kreislaufdepressive Wirkung. Es kommt zu Lähmungserscheinungen an den Augenmuskeln und nach zunächst verengten Pupillen zu einer Mydriasis. Bei der Vergiftung durch **Chloralhydrat** bleibt eine Miosis bis ins tiefe Koma bestehen. Die Patienten weisen einen Geruch nach Birnen auf und sind von Herzrhythmusstörungen bedroht.

Die häufigste Ursache für eine **Opiatvergiftung** ist **Heroin,** aber auch Vergiftungen durch Opiatersatzstoffe wie Dihydrocodein und Methadon sind möglich. Die Opiatvergiftung ist charakterisiert durch stecknadelkopfgroße Pupillen, herabgesetztes Bewußtsein, stark verminderte Atmung mit Zyanose und anfänglicher Bradykardie. Der typische „Fixer" ist aufgrund von multiplen Einstichstellen (sogenannte Fixerstraße) und thrombosierten Armvenen zu erkennen.

Die **Benzodiazepinvergiftung** führt über eine Ataxie zur Bewußtseinsstörung mit allen Schweregraden des Komas. Allerdings sind die Reflexe erhalten. Die Atemdepression ist meist nicht stark ausgeprägt, eine Kreislaufdepression findet sich nur, wenn lange Zeit eine respiratorische Insuffizienz bestanden hat. Allerdings sind Benzodiazepine in Kombination mit Alkohol oder Psychopharmaka häufig stark atemdepressiv und können dann über hypoxische Zustände doch zum Tode führen.

Agitierte Bewußtseinsstörung

Zu einer agitierten Bewußtseinsstörung (Abb. 7-8) kommt es bei Vergiftungen durch Substanzen, die entweder zu einem anticholinergen Syndrom oder zu einer Stimulation des Sympathikotonus führen. Die gefürchtetste dieser Vergiftungen ist die Vergiftung durch **tri- oder tetrazyklische Antidepressiva.** Diese Vergiftung führt zu einer Kombination aus kardiovaskulären, zentralnervösen und peripher anticholinergen Wirkungen. Zunächst besteht eine Sinustachykardie, es kommt zur QRS-Verbreiterung und als Folge davon zu schweren ventrikulären Rhythmusstörungen. Die ZNS-Symptomatik besteht in Agitation, Delir, extrapyramidal-motorischem Syndrom, Koma und Krampfanfällen. Der Muskeltonus ist gesteigert. Die anticholinerge Symptomatik zeigt sich in Mydriasis, Harnretention, trockenen Schleimhäuten, herabgesetzter Darmperistaltik und manchmal in einer Hyper-

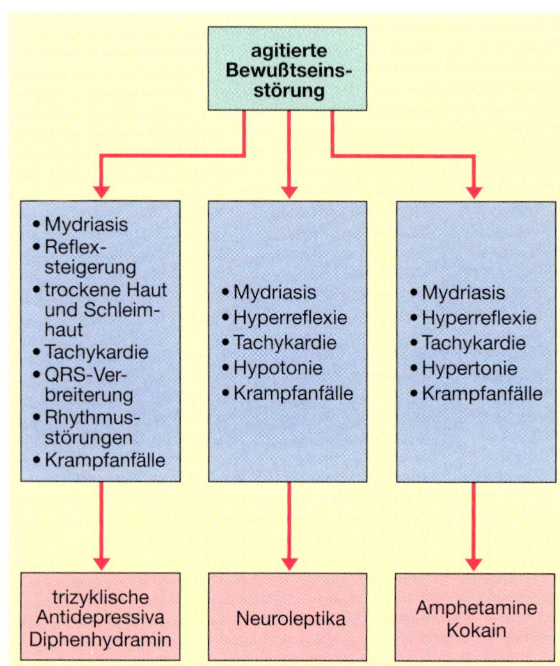

Abb. 7-8 Differenzierung des Komas bei Verdacht auf eine Vergiftung: die agitierte Bewußtseinsstörung.

thermie. Bei Vergiftungen durch **Diphenhydramin** kommt es häufig nicht zu der gewünschten Schlafinduktion, vielmehr durchlaufen die Patienten einen deliranten Zustand mit Tremor, Desorientierung, Hyperaktivität, Halluzinationen, bevor es zu generalisierten Krampfanfällen kommt. Auch Rhythmusstörungen werden gesehen, allerdings sind diese wesentlich seltener und weniger ausgeprägt als nach der Vergiftung mit Antidepressiva.

Todesfälle durch Überdosierung mit **Neuroleptika** sind selten. Ein unruhiges Koma, delirante Zustände und Krampfanfälle können vorkommen. Eine schwere Atemdepression ist eher selten, auch schwere kardiovaskuläre Symptome treten nur bei gravierenden Vergiftungen auf. Allerdings kommt es zur orthostatischen Hypotension, die in der Regel leicht behandelbar ist. Der schweren Vergiftung durch Neuroleptika geht in der Regel ein extrapyramidal-motorisches Syndrom voraus. Gelegentlich kommt es zum neuroleptisch-malignen Syndrom mit Rigidität, Hyperthermie, Delir und starkem Schwitzen. Diese idiosynkratische Reaktion ist mit einer hohen Letalität behaftet.

Unter dem Einfluß von **Amphetaminen** kommt es zunächst zu einer ZNS-Stimulation. Mit zunehmender Vergiftung entwickelt sich ein agitiertes Bild, welches in Krampfanfälle übergeht. Unter dem Einfluß von Amphetaminen kann es zu Herzrhythmusstörungen und intrazerebralen Blutungen kommen. Typisch ist ein bizarres Verhalten mit paranoiden Gedankengängen und Halluzinationen, die dem Koma vorausgehen. Bei der **Kokainvergiftung** zeigt sich zunächst eine Stimulation sämtlicher vegetativer Funktionen, die schließlich in eine schwere Depression der vitalen Funktionen übergeht. Die schwere Kokainvergiftung ist charakterisiert durch einen Status epilepticus, schwere Atemarrhythmien und ventrikuläre Ektopien. Die Haut ist bleich, es besteht eine aschfahle Zyanose.

Krampfendes Koma

Grundsätzlich gibt es fließende Übergänge zwischen der agitierten Bewußtseinsstörung und dem krampfenden Koma (Abb. 7-9).

Das krampfende Koma ist in diesen Fällen das Leitsymptom. Hinweise auf die Art der Vergiftung ergeben sich dann aus der Prodromalphase oder dem charakteristischen toxischen Syndrom. Bei der **Theophyllinvergiftung** gehen in der Regel dem Krampfanfall starke Übelkeit, Bauchschmerzen, Diarrhö, Ruhelosigkeit und Muskeltremor voraus. Es kommt zu einer metabolischen Entgleisung mit Hypokaliämie, Hyperglykämie, Hyperkalzämie sowie Hypophosphatämie mit Azidose. Bei der **Chloroquinvergiftung** finden sich als erste Zeichen der Intoxikation oft Schwindel, Kopfschmerzen, Doppelbilder, Akkommodationsstörungen, Übelkeit und Erbrechen, bevor es zum Krampfanfall kommt. Die Muskeldehnungsreflexe sind gesteigert, lebensbedrohliche Herzrhythmusstörungen treten auf. Bei der **Phenytoinvergiftung** laufen dem Krampf eine Ataxie, ein Horizontalnystagmus, Sprachstörungen, Tremor und Halluzinationen voraus. Die **Salizylatvergiftung** ist vor dem Krampf gekennzeichnet durch Tinnitus, Hörminderung, verschwommenes Sehen und Hyperventilation. Häufig hat der Patient eine rote Gesichtsfarbe. Bei der **Organophosphatvergiftung** findet sich zusätzlich zu den Krampfanfällen ein typisches toxisches Syndrom mit Stecknadelpupillen, Hypersekretion der parenchy-

7

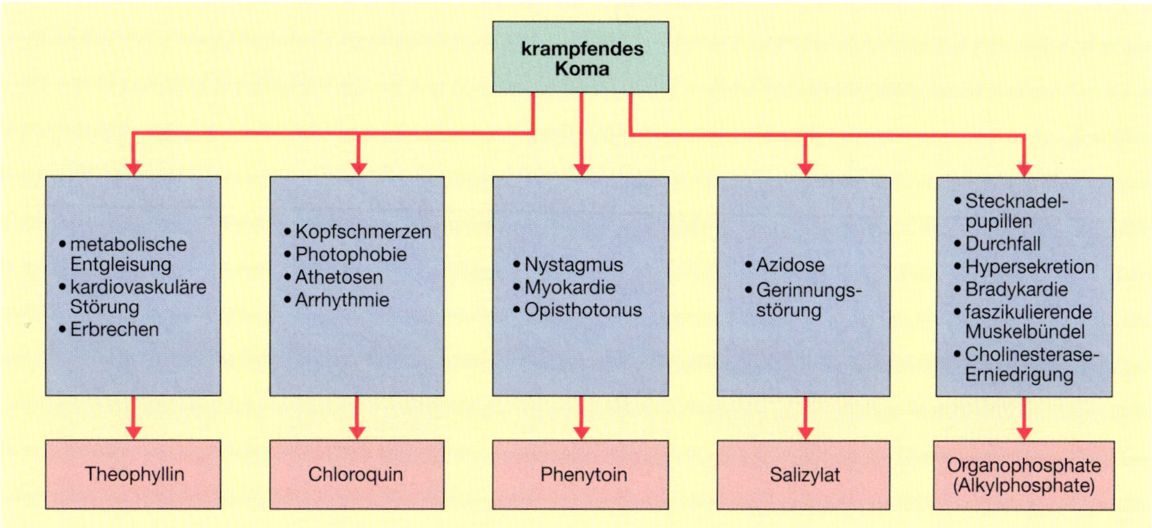

Abb. 7-9 Differenzierung des Komas bei Verdacht auf eine Vergiftung: das krampfende Koma.

matösen Drüsen, Bronchorrhö, Bradykardie, Erbrechen und Durchfall. Charakteristisch ist aufgrund der nikotinartigen Wirkung an der Muskelplatte ein Faszikulieren der Muskulatur und eine idiomuskuläre Wulstbildung.

7.4.10 Hitzschlag

Als Hitzschlag bezeichnet man eine durch starke Hitzeeinwirkung hervorgerufene Schädigung des Zentralnervensystems, die zu einer akuten progredienten Bewußtseinstrübung bis hin zum Koma führen kann.

B *Beschwerden und Befunde*

Neben der **roten trockenen heißen Haut** findet man internistisch eine **Tachykardie** und **Zyanose.** Die neurologischen Symptome reichen von Meningismus über **Krampfanfälle,** delirante Psychosyndrome bis hin zum Koma.

DS *Diagnosesicherung*

Die Diagnosesicherung ist in der Regel aus den Begleitumständen möglich. **Hyperthermie** und **Hypochlorämie** sind richtungweisende Meßwerte.

7.5 Zusammenfassung

Das Symptom der Bewußtseinsstörung ist ein Leitsymptom für zahlreiche neurologische, psychiatrische

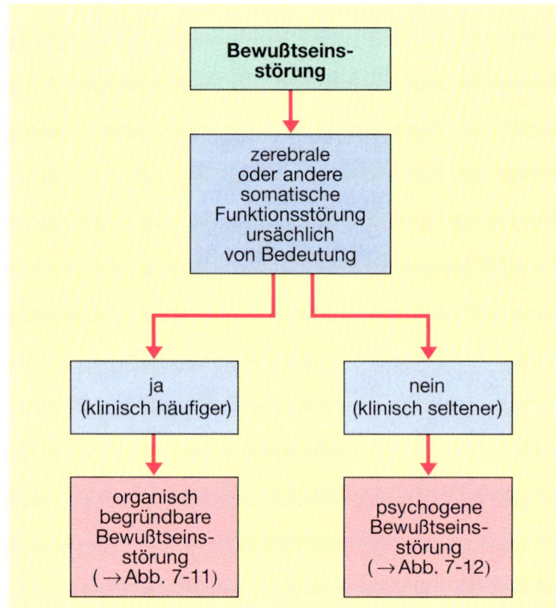

Abb. 7-10 Bewußtseinsstörungen im Überblick.

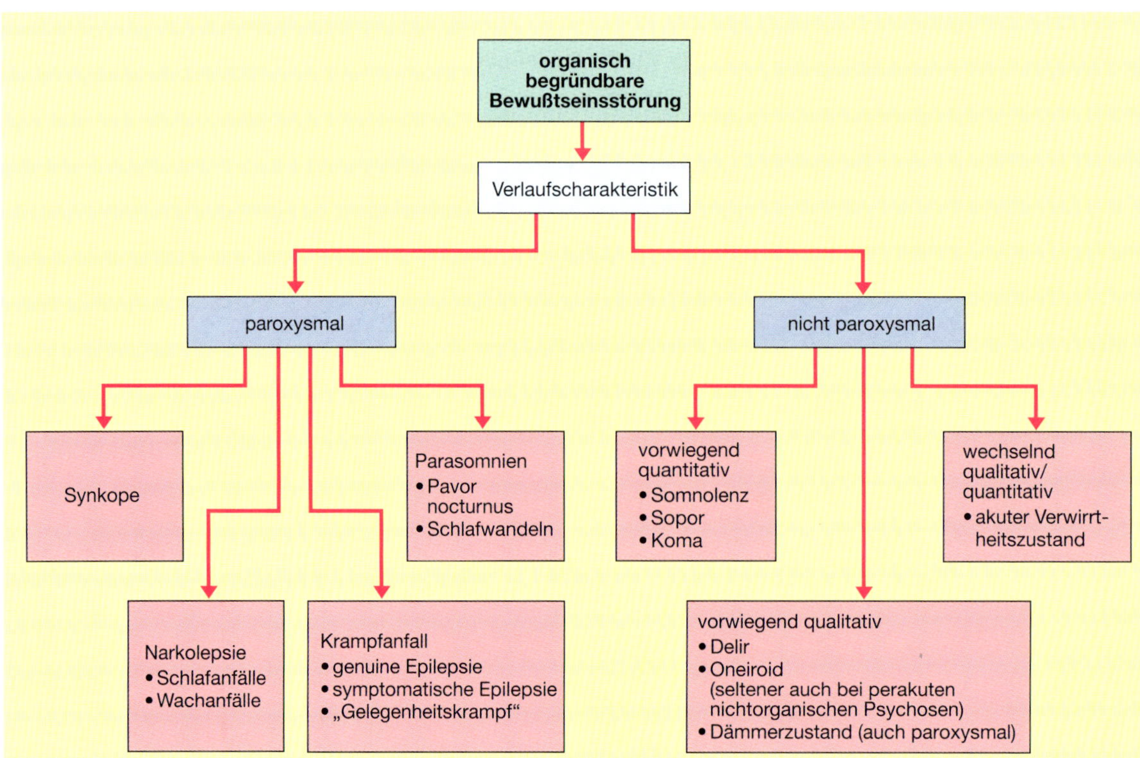

Abb. 7-11 Organisch begründbare Bewußtseinsstörungen.

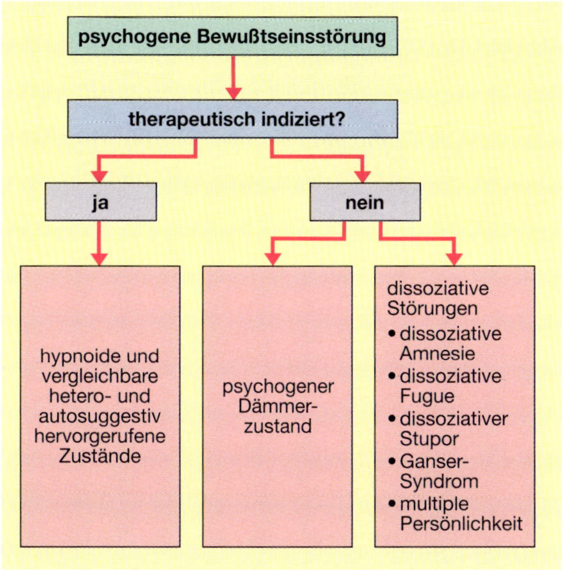

Abb. 7-12 Psychogene Bewußtseinsstörungen.

und internistische Erkrankungen. Aus klinischer Sicht ist immer zuerst an eine akute organische Hirnstörung zu denken. Die Bedrohlichkeit der Symptomatik erfordert sofortige diagnostische Maßnahmen, die entsprechend dem Ergebnis eine schnelle Therapie ermöglichen. Die Abbildungen 7-10 bis 7-12 versuchen, das psychopathologisch wie ätiologisch sehr heterogene Feld ohne Anspruch auf Vollständigkeit zu strukturieren. In Tabelle 7-7 ist das diagnostische Vorgehen bei Bewußtlosigkeit zusammengefaßt.

Tab. 7-7 Diagnostisches Vorgehen bei akuter Bewußtlosigkeit

Anamnestische Informationen einholen, sofern möglich
Körperliche Untersuchung
Vitalzeichen
Haut
thorakaler und abdomineller Befund
Fraktur oder sonstige Verletzungszeichen?
Nackensteifigkeit
Neurologische Untersuchung
Lage, Muskeltonus
Komatiefe
Atmungstyp
Kopf- und Augenstellung
Gesichtsfeld (sofern möglich) und Fundoskopie
Pupillenfunktion
okulozephaler und okulovestibulärer Reflex
Motorik
sensorische Funktionen
Labor und weitere Diagnostik
Routinelabor
toxikologische Untersuchung
EEG
CCT
eventuell Angiographie
Liquorpunktion (cave: Gefahr der Einklemmung bei erhöhtem Hirninnendruck!)
Gleichzeitig Einleitung therapeutischer Maßnahmen

8 Blässe

M. Schwonzen, P. Staib und V. Diehl

Eine blasse Hautfarbe kann zum einen konstitutionell bedingt sein und zum anderen durch **vier verschiedene Störungen** hervorgerufen werden:

- Verminderung des roten Blutfarbstoffes (Anämie)
- verminderte Hautdurchblutung,
- verminderte Hautpigmentierung oder
- vermehrte Dicke der Haut

Bei normalen Kreislaufverhältnissen liegt einer Blässe als einzigem Symptom bis auf wenige Ausnahmen eine chronische, zumeist mittelgradige Anämie mit Hämoglobinwerten von 7–10 g/dl zugrunde. Hingegen ist die schnell einsetzende, akute Anämie, z.B. im Rahmen einer gastrointestinalen Blutung, mit Hypotension, Tachykardie und Dyspnoe verbunden (→ Kap. 3). Eine typische Ursache für eine verminderte Hautdurchblutung durch ausgesprochene Vasokonstriktion stellt der Schock dar (→ Kap. 50). Hauptgegenstand dieses Kapitels ist die Differentialdiagnose der Anämien.

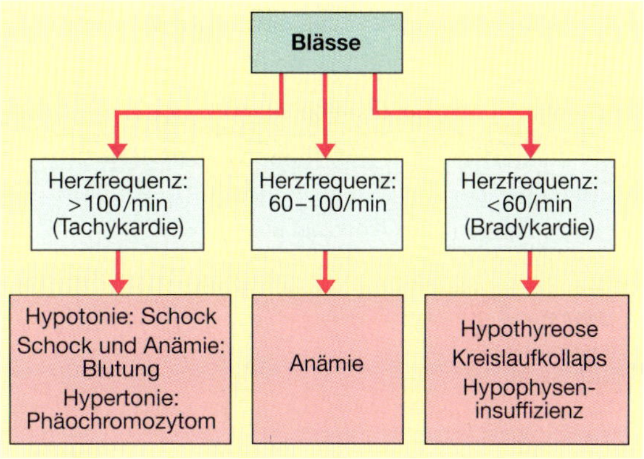

Abb. 8-1 Erste differentialdiagnostische Orientierung anhand von Kreislaufparametern.

8.1 Definition und Abgrenzung

Die Hautfarbe ist mit dem Blickkontakt zum Patienten (→ Kap. 17) eines der ersten Zeichen, das einen wertvollen Hinweis auf eine Erkrankung liefern kann. Aus therapeutischen Erwägungen ist es wichtig, primär die Kreislaufsituation als mögliche Ursache einer verminderten Hautdurchblutung zu klären. So können ein Schockgeschehen (→ Kap. 50), ein Kreislaufkollaps (→ Kap. 7.4.8) oder ein Phäochromozytom (→ Kap. 44.4.5) eine anfallsartige Blässe hervorrufen, die mit der Erfassung der Kreislaufparameter (Puls, Blutdruck) schnell den Verdacht auf diese Erkrankungen lenkt (Abb. 8-1).

Nach Feststellung stabiler Kreislaufverhältnisse ist Blässe ein Befund, der in den meisten Fällen mit einer Anämie assoziiert ist. Allerdings kann die Blässe durch andere Faktoren hervorgerufen werden, die die Hautfarbe beeinflussen. Hierbei müssen konstitutionelle Faktoren von Krankheitsprozessen abgegrenzt werden. So variieren einerseits Dicke und Textur der Haut interindividuell sehr stark, andererseits ist die Ursache der Blässe bei der Akromegalie eine pathologisch verdickte Haut (→ Abb. 17-6). Konstitutionell sehr variabel sind auch Hautdurchblutung und Hautpigmentierung. Blonde Menschen können ohne einen pathologischen Befund eine Pseudoblässe aufweisen. Beispielhaft für eine krankhaft verminderte Hautpigmentierung ist die hypophysäre Insuffizienz mit MSH-Mangel zu nennen (→ Abb. 17-15). Umgekehrt ist bei dunkelhäutigen Menschen die Blässe nur schwer feststellbar. Aber auch erworbene Störungen der Hautpigmentierung bei Niereninsuffizienz (fahle, graubraune Hautfarbe [→ Kap. 60]), Gelbsucht (→ Kap. 15), Morbus Addison (→ Kap. 18), Hämochromatose oder Malabsorptionssyndrom (pastöse Haut [→ Kap. 11]) können das Erfassen einer Blässe erschweren. Wegen der häufig uniformen klinischen Symptomatik der Blässe richten sich die differentialdiagnostischen Überlegungen im wesentlichen nach den Laborbefunden.

8.2 Ursachen

Je nach zugrundeliegendem Pathomechanismus können die verschiedenen Krankheitsursachen für eine Blässe in drei große Ursachenkomplexe eingeteilt werden:

Tab. 8-1 Systematik der Ursachen für Anämien (pathophysiologische Einteilung)

Hypoproliferative Anämien (gestörte Blutbildung)	Hyperproliferative Anämien (vermehrte Blutbildung)
Veränderung des Knochenmarkstromas	**Blutungen**
Knochenmarkfibrose	**Korpuskuläre hämolytische Anämie**
Infiltration durch solide Tumoren	**Membrandefekte**
Infiltration durch Hämoblastosen	hereditäre Sphärozytose
granulomatöse Erkrankungen (z. B. Tbc)	hereditäre Elliptozytose
Knochenmarkversagen (Stammzellen)	hereditäre Stomatozytose
Aplastische Anämie	Akanthozytose
Pure-red-cell-Anämie	**Enzymopenische/-pathische Defekte**
immunologisch (z. B. postinfektiös)	Energiestoffwechsel (z. B. Pyruvatkinasemangel)
medikamentös-toxisch	Reduktionspotential (z. B. Glukose-6-Phosphatdehydrogenase-Mangel)
aplastische Krise bei Hämolyse	**Hämoglobinanomalien**
kongenitale Aplasie (Blackfan-Diamond-Syndrom)	z. B. Sichelzellanämie: (→ Abb. 8-7)
Erythropoetinmangel	**Paroxysmale nächtliche Hämoglobinurie**
chron. Niereninsuffizienz **(renale Anämie)**	**Extrakorpuskuläre hämolytische Anämie**
endokrine Störung der Erythropoetinwirkung	**Autoimmunologischer Prozeß**
Hämoglobinopathien	Wärme-AK
Kernreifungsstörung (megaloblastäre Anämie)	Kälte-AK
Vit.-B_{12}-Mangel	Donath-Landsteiner-AK
Folsäuremangel (z. B. Alkoholabusus)	medikamentös induzierte AK
kongenitale dyserythropoetische Anämie	**Isoagglutinine und Allo-AK**
Zytoplasmatische Reifungsstörung	**Mechanische Hämolyse**
Eisenmangel **(Eisenmangelanämie)**	künstl. Herzklappen
Thalassämien	Marschhämoglobinurie
Bleiintoxikation	Mikroangiopathien (HUS, Morbus Moschcowitz)
Kombinierte Reifungsstörung	**Chemisch induzierte Hämolyse**
myelodysplastisches Syndrom	**Hämolyse bei Infektionen**
Sekundäre Anämie (Begleitanämie)	Parasiten (z. B. Malaria)
chron. Entzündungsreaktion wie Infekt, Tumor, Autoimmunerkrankung	Bakterien, Viren
	Hypersplenismus
	z. B. Leberzirrhose

- Herabsetzung der Hautdurchblutung
- Veränderungen der Hautstruktur und Hautpigmentierung
- vermindertes Hämoglobin im Blut – Anämie (Tab. 8-1)

Herabsetzung der Hautdurchblutung
Schock (→ Kap. 50)
Kreislaufkollaps (→ Kap. 7.4.8)
Phäochromozytom (→ Kap. 44.4.5)
Veränderungen der Hautstruktur und Hautpigmentierung
Myxödem/Hypothyreose (→ Kap. 1)
verminderter Melaningehalt der Haut
Hypophysenvorderlappeninsuffizienz (→ Kap. 24 und 37)
Niereninsuffizienz(→ Kap. 60)
Akromegalie (→ Kap. 44)
Vermindertes Hämoglobin im Blut – Anämie
Hyperhydratation mit erhöhtem Plasmavolumen
Schwangerschaft
Herzinsuffizienz
Nierenversagen

Anämie

Aus pathophysiologischen und differentialdiagnostischen Erwägungen ist es sinnvoll, zwischen hypoproliferativen Anämien und hyperproliferativen Anämien zu unterscheiden (→ Tab. 8-1). Die hypoproliferativen oder auch hyporegeneratorischen Anämien beruhen auf einer gestörter Blutbildung im Knochenmark, während die hyperproliferativen bzw. hyperregeneratorischen Anämien mit einer kompensatorisch vermehrten Blutbildung im Knochenmark einhergehen.

Bei den **hypoproliferativen Anämien** kommen als Ursachen Veränderungen des Knochenmarkstromas (Markraum), Störungen der erythropoetischen Stammzellen, Erythropoetinmangel oder Störungen der Erythrozytenreifung in Frage. Den **sekundären hyporegeneratorischen Anämien,** die häufig Begleitanämien bei chronischen Erkrankungen (chronischer Infekt, Tumor) sind, liegt am ehesten eine zytokinvermittelte Störung der Blutbildung mit entsprechender Verminderung der Erythropoese im Knochenmark zugrunde.

Eine **hyperproliferative Anämie** findet sich als Folge einer akuten Blutung oder in der Frühphase bei chronischem Blutverlust, wenn sich ein Eisenmangel noch nicht manifestiert hat. Dominierend bei den hyperregeneratorischen Anämien sind jedoch die **hämolytischen Anämien,** wobei korpuskuläre von extrakorpuskulären hämolytischen Anämien unterschieden werden. In Tabelle 8-1 ist eine systematische Übersicht über die verschiedenen Ursachen der Anämie gegeben. In Tabelle 8-2 ist eine Synopsis der Differentialdiagnosen bei Anämie mit den wichtigsten Leitsymptomen und diagnostischen Nachweismethoden zusammengestellt, wobei die Systematik der Tabelle 8-1 über die Ursachen der Anämien beibehalten wurde.

Tab. 8-2 Synopsis der Differentialdiagnosen bei Anämien

Anämieform	Ursache	Befunde/Leitsymptome	Diagnosesicherung
normozytär, hypo-regenerativ	**Veränderung des Knochenmarkstromas:** Knochenmarkfibrose, Verdrängung der Hämatopoese durch Infiltration durch solide Tumoren, Hämoblastosen	Bi- oder Panzytopenie im Blutbild Anämiesymptome, Blutungen, Schwäche, Leistungsknick	Knochenmarkbiopsie und -aspiration: Fibrose oder knochenmarkfremde Zellen
	Knochenmarkversagen (Stammzellen): Aplastische Anämie pure red cell anemia immunologisch, z.B. postinfektiös nach Virusinfekten, Parvo-B 19 medikamentös-toxisch: z.B. Tuberkulostatika, Cephalosporine, Chloramphenicol, Metamizol aplastische Krise bei Hämolyse: Sichelzellanämie, hereditäre Sphärozytose u. Elliptozytose kongenital: Blackfan-Diamond-Syndrom	Panzytopenie bzw. alleinige Anämie Anamnese nach vorausgegangenen Infekten, Medikamenteneinnahme, bekannte chronische Hämolyse	Knochenmarkbiopsie und -aspiration: leeres Knochenmark mit Verminderung aller drei Zellreihen bzw. singulärer Ausfall der Erythropoese serologische Tests auf verschiedene Erreger, insbesondere Parvo-B19
	Erythropoetinmangel chron. Niereninsuffizienz endokrine Störung der Erythropoetinwirkung: Östrogene; Hypothyreose, M. Addison, HVL-Insuffizienz	Blutbild zeigt alleinige Anämie Retentionswerte erhöht (chronische Niereninsuffizienz) anämiebedingte Symptome; Schwäche, Müdigkeit (Endokrinopathien)	Erythropoetinspiegel erniedrigt endokrinologische Funktionstests
megaloblastär, hypo-regenerativ	**Kernreifungsstörungen** Vitamin-B_{12}-Mangel Folsäuremangel (z.B. Alkoholabusus)	Blutbild: Anämie, Erythrozyten mit Anisozytose, Ovalozyten; Thrombozyten und Leukozyten normal bis ↓; hypersegmentierte Granulozyten indirektes Bilirubin, LDH, Serumeisen ↑, Haptoglobin ↓ neurologische Symptomatik (funikuläre Spinalerkrankung; nur Vitamin-B_{12}-Mangel); Zungenbrennen (Hunter-Glossitis); gastrointestinale Symptomatik	Vitamin-B_{12}-Spiegel, Folsäure-Spiegel Schilling-Test Auto-AK gegen Intrinsic-Faktor u. Belegzellen Knochenmarkaspiration: gesteigerte, linksverschobene und gestörte Erythropoese mit Megaloblasten; Riesenstäbe
mikrozytär, hypo-regenerativ	**zytoplasmatische Reifungsstörungen** Eisenmangel	Blutbild: Anämie, Thrombozyten ↑ anämietypische Symptome Serumeisen ↓	Ferritin ↓. Suche nach Blutungsquelle, meist Gastrointestinal- oder Urogenitaltrakt; DD: Mangelernährung; Mehrbedarf (Gravidität)

Tab. 8-2 Synopsis der Differentialdiagnosen bei Anämien, Fortsetzung

Anämieform	Ursache	Befunde/Leitsymptome	Diagnosesicherung
mikrozytär, hypo-regenerativ	**zytoplasmatische Reifungsstörungen** Bleiintoxikation	anämietypische Symptome Erythrozyten: basophile Tüpfelung; Serumeisen, Ferritin normal gastrointestinale Symptome: Bauchschmerzen, Kolik, Erbrechen, Obstipation; neurologische Symptome: Polyneuropathie, Enzephalopathie Gingiva-Bleisaum Berufsanamnese	Blei im Urin und Serum ↑; δ-Aminolävulinsäure u. Koproporphyrin im Urin ↑
normozytär, makrozytär, hypo-regenerativ	**kombinierte zytoplasmatische und Kernreifungsstörungen** myelodysplastische Syndrome	Bi- oder Panzytopenie; neben anämietypischer Symptomatik evtl. Blutungen, Infekte; Reifungsstörungen von Erythrozyten und Leukozyten; ältere Patienten > 60 Jahre Serumeisen u. Ferritin normal bis ↑ Anamnese: Benzol, Chemo- oder Strahlentherapie	Knochenmarkaspiration: hyperzelluläre Hämatopoese mit Nachweis von Reifungsstörungen aller drei Zellreihen, je nach MDS-Typ Ringsideroblasten, Blasten, Monozyten bzw. Monoblasten Zytogenetik: chrom. Aberrationen wie 5q–, –5, –7, +8, –11q)
normozytär, mikrozytär, hypo-regenerativ	**sekundäre Anämie (Begleitanämie)** chronische Entzündungsreaktion bei Infektion, Tumor, Autoimmunerkrankungen	Serumeisen normal bis ↑ Ferritin ↑	Ausschlußdiagnose
mikrozytär, hyper-regenerativ	Thalassämie (α, β, major, minor)	Blutbild: Hb variabel ↓, Erythrozyten: Anisozytose, Targetzellen, basophile Tüpfelung; eventuell Normoblasten Serum-Eisen u. Ferritin normal bis ↑;	Hämoglobinelektrophorese: beweisend für die β-Thalassaemia minor (am häufigsten) HbA_2 > 3,5% (HbF meist auch > 5%)
	Hämoglobin C/D	indirektes Bilirubin, LDH ↑; Haptoglobin ↓ Mittelmeeranrainer diskreter Ikterus, diskrete (Hepato-) Splenomegalie; anämietyp. Symptome; häufig Gallensteine!	
normozytär, normo-chrom, hyper-regenerativ	**akute Blutung**	Anämie nach Blutung Serumeisen normal bis ↓ Ferritin normal	Blutungsepisode in Anamnese; Normalisierung der Anämie im Laufe der Zeit
	korpuskuläre hämolytische Anämie Membrandefekte Sphärozytose, Elliptozytose; Stomatozytose; Akanthozytose	Hämolyseparameter variabel ausgeprägt: indirektes Bilirubin, LDH ↑; Haptoglobin ↓; freies Hämoglobin im Serum und Urin; Urobilinogen im Urin; Hämosiderinurie; Serumeisen ↑ typische Erythrozytenmorphologie; Normoblasten Ikterus; Splenomegalie; hämolytische Krisen, Konstitutionsanomalien; gehäuft Gallensteine	verminderte osmotische Resistenz! Akanthozytose: A-beta-Lipoproteinämie: Neurologie und gastrointestinale Symptomatik mit Diarrhöen und Steatorrhö im Vordergrund; Wachstums- und Gedeihstörungen im Kindesalter
	enzymopenische/-pathische Defekte	Hämolyseparameter + Ikterus; keine Splenomegalie! G-6-PD-Mangel verläuft nur krisenhaft; X-chromosomale Vererbung; Heinz-Innenkörper	Nachweis des Enzymdefektes: Energiestoffwechsel: (z. B. Pyruvatkinasemangel) Reduktionspotential, z. B. G-6-PD-Mangel

Tab. 8-2 Synopsis der Differentialdiagnosen bei Anämien, Fortsetzung

Anämieform	Ursache	Befunde/Leitsymptome	Diagnosesicherung
normozytär, normochrom, hyperregenerativ	**Hämoglobinanomalien** z. B. Sichelzellanämie	hämolytische Krisen mit vasookklusiven Organinfarkten in z. B. Gehirn, Nieren, Milz, Knochen; Hepatosplenomegalie; Heinz-Innenkörper Hämoglobin-Sichelzellen-Anämie vor allem negroide Bevölkerung	Hb-Elektrophorese Sichelzelltest! (→ Abb. 8-7)
	paroxysmale nächtliche Hämoglobinurie (PNH)	Panzytopenie! Hämolyseparameter + verstärkt nächtliche Hämolysen mit morgendlich dunklem Urin	Säurehämolysetest (HAM-Test) Zuckerwassertest Nachweis des Membrandefektes: Mangel komplementregulierender Membranproteine (DAF; HRF, MIRL)
	extrakorpuskuläre hämolytische Anämie autoimmunhämolyt. Anämie Wärme-AK Kälte-AK Donath-Landsteiner-AK medikamentös induzierte AK	Hämolyseparameter + hämolytische Krisen möglich Ikterus eventuell Hepatosplenomegalie Kälte-AK: Akrozyanose und Schmerzen bei Kälte Donath-Landsteiner: paroxysmale Kältehämoglobinurie	Coombs-Test positiv Spezifizierung der AK Medikamentenanamnese und -testung Kälteagglutinintiter deutlich erhöht (bis 1:1000) Knochenmarkaspiration und -biopsie: malignes Lymphom? ds-DNS-AK: SLE?
	Isoagglutinine, Allo-AK	Hämolyse-Parameter + DIC und Schock Transfusionszwischenfall Ikterus (gravis neonatorum)	Coombs-Test + Nachweis von Isoagglutininen bei Fehltransfusionen Allo-AK oder irreguläre AK bei Vortransfusion oder Rhesusinkompatibilität
	mechanische Hämolyse künstliche Herzklappen Marschhämoglobinurie	Hämolyseparameter + mäßige Anämie (bei chron. Hämolyse kann sich sekundär ein Eisenmangel bilden)	Ausschluß anderer Ursachen bzw. Anamnese Marschhämoglobinurie: typisch Soldaten oder junge Sportler
	Mikroangiopathien hämolytisch-urämisches Syndrom Morbus Moschcowitz sekundäre Formen	Hämolyseparameter + meistens Panzytopenie! hämolytisch-urämisches Syndrom: akutes Nierenversagen, Sepsis (Kinder) M. Moschcowitz: wechselnde neurolog. Symptomatik, gastrointestinale Beschwerden (z. B. Kolik), Nierenbeteiligung	Fragmentozyten im peripheren Ausstrich klinische Befundkonstellation Knochenmarkaspiration: gesteigerte Hämatopoese als Ausdruck des peripheren Verbrauchs der Zellen Suche nach auslösenden Erkrankungen: hämolytisch-urämisches Syndrom: Keimsuche M. Moschcowitz: z. B. metastasierte Karzinome (besonders Magenkarzinom) sekundär: z. B. nach Chemotherapie mit Mitomycin C
	chemisch induzierte Hämolyse Schlangengifte, Chemikalien, Pestizide, Haushaltsreiniger, Seifen etc. Medikamente: Sulfonamide, PAS, INH, Antihistaminika	Hämolyseparameter + Anamnese	Anamnese bei Medikamenten: negativer Coombs-Test bzw. negative AK-Testung

8

Tab. 8-2 Synopsis der Differentialdiagnosen bei Anämien, Fortsetzung

Anämieform	Ursache	Befunde/Leitsymptome	Diagnosesicherung
normozytär, normochrom, hyperregenerativ	**Hämolyse bei Infektionskrankheiten** Parasiten: z. B. Malaria, Leishmaniose Bakterien, Viren	Hämolyseparameter + Fieber, Sepsis Malaria tropica: hämolytische Anämie und Thrombozyten ↓ Hepatosplenomegalie möglich	Blutbild: intraerythrozytäre Ringformen (→ Malaria) Knochenmarkaspiration: Parasitennachweis bei Leishmaniose Blutkulturen: Erregernachweis serologische Tests auf Viren
	Hypersplenismus z. B. portale Hypertension	mäßige Panzytopenie meist deutliche Splenomegalie weitere Befunde: je nach Grundkrankheit	Suche nach der Grundkrankheit: z. B. Leberzirrhose, malignes Lymphom (z. B. CLL)

8.3 Diagnostik

8.3.1 Anamnese und körperliche Untersuchung

Die Anamnese ist bei den meisten Patienten zur Differenzierung des Symptoms Blässe nicht sehr ergiebig. Müdigkeit (→ Kap. 33), Abgeschlagenheit, Schwäche (→ Kap. 51), Depression und Belastungsdyspnoe (→ Kap. 3) werden bei vielen Erkrankungen angegeben. Zur Beurteilung der Krankheitsdynamik spielt die Frage nach der Akuität der Beschwerden eine große Rolle:

Die akut aufgetretene Blässe (Tage, Stunden) mit kurzer Anamnese begleitender Symptome stellt ein bedrohliches Symptom dar, z.B. durch eine akute Blutung (→ Kap. 9). Die chronische Blässe besteht zumeist mehrere Monate und ist oft das einzige Symptom, z.B. im Rahmen einer chronischen Blutung (→ Kap. 9), die sich als Eisenmangelanämie manifestiert. Je nach Latenz ist der Schweregrad einer Anämie bei Auftreten von Symptomen sehr variabel. Das Hämoglobin sinkt bei chronischen Verläufen üblicherweise unter 10 g/dl und auch wesentlich tiefer, bevor Symptome auftreten. Dies hängt mit den wirksamen Kompensationsmechanismen bei Anämie zusammen (Anstieg des Plasmavolumens, reduzierte Plasmaviskosität, reduzierter Gefäßwiderstand, Anstieg des Herzzeitvolumens, erhöhte intraerythrozytäre Spiegel an 2,3-Diphosphoglycerat).

Zu bedenken ist, daß die Anämiesymptome durch eine O_2-Mangelversorgung verursacht werden, die sich je nach Alter, Konstitution und begleitender Erkrankung auch in Form einer Angina pectoris (→ Kap. 41), Claudicatio (→ Kap. 42), ischämischen Attacke (→ Kap. 7), Herzinsuffizienz (→ Kap. 3), als Sehstörungen (→ Kap. 55), Kopfschmerzen (→ Kap. 44), Ohrensausen (→ Kap. 25) und Schwindel (→ Kap. 54) manifestieren kann. Bei chronischer Anämie neigen die Patienten zum Frösteln. Wichtig sind auch Fragen nach der Einnahme von Medikamenten wie nonsteroidale Antiphlogistika und Glukokortikoide, die bei chronischer Einnahme zu erosiven Gastritiden und Ulzera mit der Folge von chronischen Blutungen (→ Kap. 11) führen können. Ein weiterer wichtiger Aspekt ist die Alkoholanamnese, die wegweisend für eine megaloblastäre Anämie sein kann. Voluminöse, übelriechende und fettglänzende Stühle oder chronische Diarrhöen mit begleitenden peripheren Ödemen sind Hinweise auf ein Malabsorptionssyndrom (→ Kap. 13), z.B. einheimische Sprue oder Morbus Whipple.

Eine akute Symptomatik mit Fieber, Schüttelfrost, Bauch- und Rücken- bzw. Flankenschmerzen sowie Ikterus und bierbraunem Urin ist Ausdruck einer akuten hämolytischen Krise. Ursachen einer akuten Hämolyse können ein Transfusionszwischenfall oder die Exazerbation einer chronischen Hämolyse, z.B. beim Favismus bzw. G-6-PD-Mangel, sein. In schweren Fällen kann es bis zu Schock und akutem Nierenversagen kommen. Im Gegensatz hierzu sind die Symptome der chronischen Hämolyse blande, insbesondere wird außer den für eine Anämie typischen Beschwerden ein diskreter Ikterus bemerkt.

Die **körperliche Untersuchung** sollte immer mit der Erfassung der Kreislaufparameter beginnen, da die Hautblässe durch eine verminderte Zirkulation bedingt sein kann (→ Kap. 50). Das Befühlen der Haut ergibt beim Myxödem einen trockenen, rauhen und kühlen Befund (→ Kap. 1). Bei Hypophysenvorderlappeninsuffizienz ist die Haut alabasterweiß (→ Kap. 24), bei Niereninsuffizienz (→ Kap. 60) zeigt sie gelegentlich ein zusätzliches Hautödem, eventuell mit graubraunem, teils gelblichem Einschlag.

Die blasse Hautfarbe, typischerweise erst bei einem Hämoglobinwert von < 9 g/dl deutlich auftretend, ist als klinisches Zeichen einer Anämie nicht sehr zuverlässig. Deshalb müssen immer die Schleimhäute untersucht werden. Ein Blick auf die Lippen, in die Konjunktiven, auf die Hautfurchen der Hohlhand und auf die Nagelbetten gibt eindeutigere Hinweise. Häufig besteht bei der Blässe im Zusammenhang mit Anämie eine moderate Ruhetachykardie (→ Kap. 23). Diese ist der häufigste und meist einzige zusätzliche Befund bei einer chronischen Anämie. Ein weiteres Indiz für die Verdachtsdiagnose einer Anämie kann ein neu aufgetretenes Systolikum sein.

Liegt zusätzlich eine intramedulläre Hämolyse vor, z.B. bei einer perniziösen Anämie, so zeigt die Haut eine gelbliche Blässe. Im Falle einer intravasalen Hämolyse besteht meist ein diskreter Ikterus (→ Kap. 15), d.h. neben einer gelblichen Blässe der Haut findet sich eine Gelbfärbung der Skleren, die sich ab einem Bilirubinwert von 2 mg/dl manifestiert. Die Frage nach der Urinfarbe spielt bei intravasalen hämolytischen Anämien eine entscheidende Rolle, sie kann aufgrund der Hämoglobinurie hellrot bis dunkelbraun sein. Zusätzlich kann eine Splenomegalie klinisch nachweisbar sein. Bei chronischer Hämolyse finden sich bei der Oberbauchsonographie häufig Gallensteine.

8.3.2 Laboruntersuchungen

Ein **kleines Blutbild** mit dem Nachweis eines verminderten Hämoglobinwertes (Frauen < 12 g/dl, Männer < 14 g/dl) bestätigt die Verdachtsdiagnose einer **Anämie** bei Blässe. Erste Hinweise auf die Genese der Anämie ergeben bereits Leukozyten- und Thrombozytenzahl, die generelle Rückschlüsse auf die Hämatopoese des Patienten erlauben. Eine Thrombozytose, eventuell mit Leukozytose, weist auf eine reaktive Steigerung der Hämatopoese hin (→ Kap. 9 und 14), eine Thrombozytopenie, eventuell mit Leukopenie, dagegen eher auf eine hämatopoetische Insuffizienz.

In einem zweiten Schritt lassen sich mittels des Hämoglobin- oder Hämatokritwertes und der Erythrozytenzahl die sog. Erythrozytenindizes als mittlerer korpuskulärer Hämoglobingehalt (MCH bzw. HbE), mittlere korpuskuläre Hämoglobinkonzentration (MCHC) und mittleres korpuskuläres Volumen (MCV) berechnen (Abb. 8-2). Auf der Basis des Hämoglobingehaltes **(MCH bzw. HbE)** wird eine Anämie als **hypochrom, normochrom oder hyperchrom** und auf der Basis der Zellgröße **(MCV)** als **mikrozytär, normozytär oder makrozytär** eingestuft (Abb. 8-3). Die hypochrome Anämie als Folge einer Hämoglobinsynthesestörung wird am häufigsten durch einen Eisenmangel, die makrozytäre Anämie als Folge einer Kernreifungsstörung häufig durch einen Vitamin-B_{12}-Mangel verursacht. Die mittlere korpuskuläre Hämoglobinkonzentration **(MCHC)** stellt letztlich einen Plausibilitätstest für die anderen zwei Indizes dar und ist nur wichtig bei der **hereditären Sphärozytose**, bei der die MCHC erhöht (!) ist und bei der es sich um die einzige normochrome mikrozytäre Anämie handelt.

Mittlerer korpuskulärer Hämoglobingehalt = MCH (Mean Corpuscular Hemoglobin)	$\text{MCH} = \text{HbE (pg)} = \frac{\text{Hb (g/dl)} \times 10}{\text{Ery-Zahl } (10^6/\mu l)}$ (hypochrome Anämie: mittlerer korpuskulärer Hb-Gehalt <27 pg)	Normbereich (28–32 pg)
Mittleres korpuskuläres Volumen = MCV (Mean Corpuscular Volume)	$\text{MCV (fl)} = \frac{\text{HKT (\%)} \times 10}{\text{Ery-Zahl } (10^6/\mu l)}$ (makrozytäre Anämie: mittleres korpuskuläres Volumen >99 fl)	Normbereich (80–94 fl)
Mittlere korpuskuläre Hämoglobinkonzentration = MCHC (Mean Corpuscular Hemoglobin Concentration)	$\text{MCHC (g/dl)} = \frac{\text{Hb (g/dl)} \times 100}{\text{HKT}}$	Normbereich (32–37 g/dl)
Korrigierter Retikulozytenwert	$\frac{\text{Retikulozyten (\% oder ‰)} \times \text{Ery-Zahl } (10^6/\mu l)}{\text{Normwert Ery-Zahl (Frauen 4,5/Männer 5,0} \times 10^6/\mu l)} = \text{korr. Reti.-wert (\% oder ‰)}$ Norm: 0,3–1,5 % (hypoproliferative Anämie: <2 %; hyperproliferativ: >2 %) (Berechnung auch alternativ mit HKT möglich)	

Abb. 8-2 Errechnung der Erythrozytenindizes aus dem Blutbild.

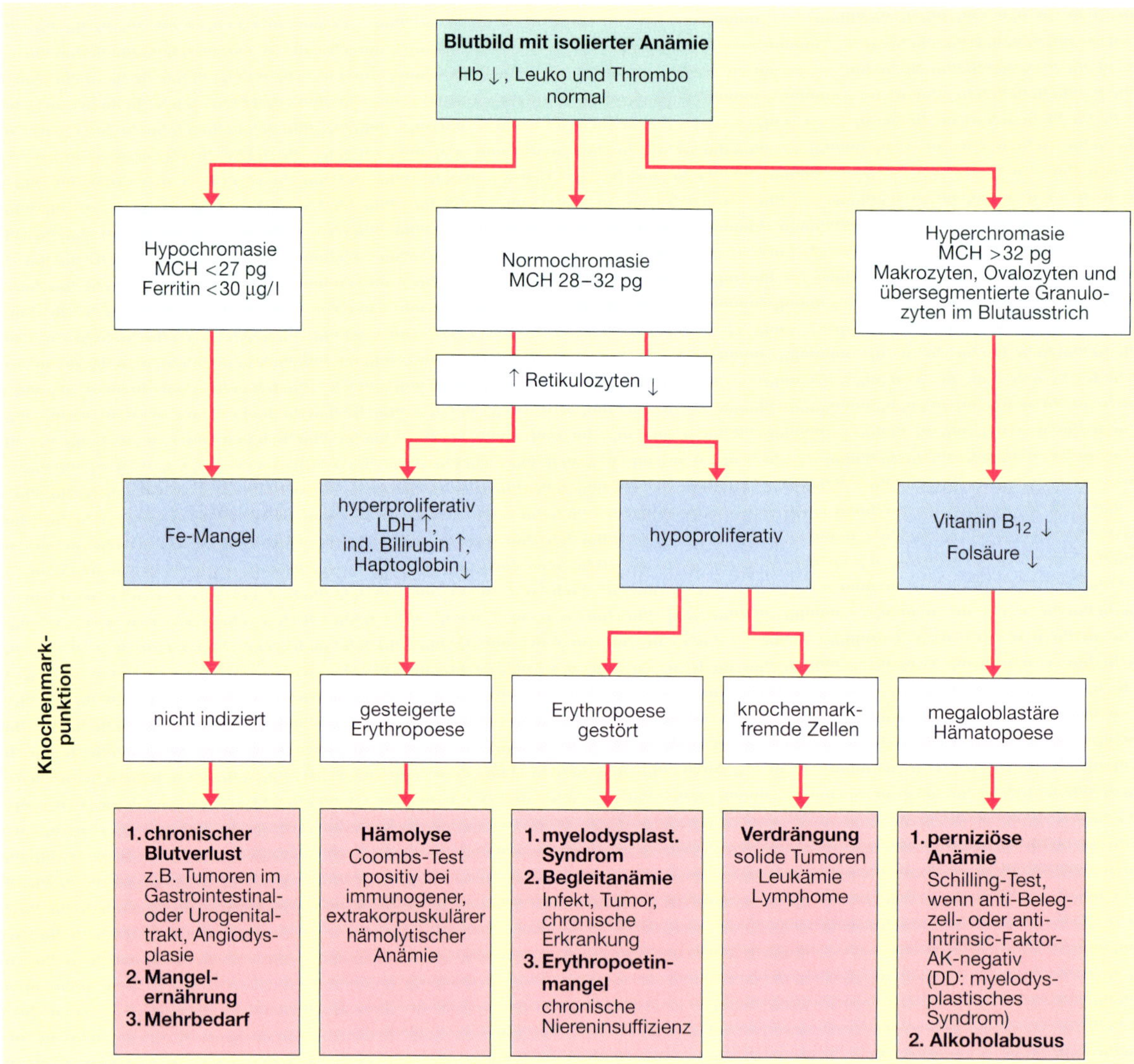

Abb. 8-3 Schematische Übersicht zur Differenzierung der Anämien.

Wichtigster differentialdiagnostischer Schritt ist die Einteilung in **hyperproliferative und hypoproliferative Anämien** mit Hilfe des **korrigierten Retikulozytenwertes**, der am besten die hämatopoetische Kapazität des Knochenmarkes repräsentiert. Der Retikulozytenwert, in Prozent oder Promille angegeben, wird bei einer Anämie auf eine erniedrigte Erythrozytenzahl bezogen und muß daher auf die normale Erythrozytenzahl korrigiert werden. Hierzu wird der Retikulozytenwert mit der gemessenen Erythrozytenzahl als Istwert multipliziert und durch den normalen Sollwert der Erythrozytenzahl (Frauen: 4,5 Mio/µl, Männer: 5 Mio/µl) dividiert; die Umrechnung kann auch mittels des HKT-Wertes erfolgen (→ Abb. 8-2). Liegt der **korrigierte Retikulozytenwert trotz Anämie unter 2%**, so handelt es sich um eine **hypoproliferative Anämie**. Dies ist typischerweise bei der Eisenmangelanämie (mikrozytär) und bei den megaloblastären Anämien (makrozytär) der Fall. Typische Beispiele für eine **hyperproliferative Anämie** mit einem **korrigierten Retikulozytenwert > 2%** sind die akute Blutung und die hämolytischen Anämien (beide normochrom). Die weitere Diagnostik richtet sich nach der Einstufung der vorliegenden Anämie.

Die **mikrozytäre hypoproliferative Anämie** ist die häufigste Anämieform überhaupt, und am häufigsten liegt ihr eine Eisenmangelanämie zugrunde. Das Serumeisen ist erniedrigt, die Eisenbindungskapazität erhöht, beweisend für den Eisenmangel ist jedoch nur ein niedriges Ferritin im Serum. Die ebenfalls häufige Begleitanämie chronischer Erkrankungen ist nicht selten mikrozytär, wobei das Ferritin normal oder erhöht ist. Wegweisend sind hier die unspezifischen Entzündungsparameter wie BSG, CRP und Eiweißelektrophorese. Wesentlich seltener liegt eine Thalassämie vor, die mittels der Hämoglobinelektrophorese diagnostiziert wird. Eine stark erhöhte Ausscheidung von δ-Aminolävulinsäure zusammen mit einer diskreten Hämolyse sind wichtige Hinweise auf eine Bleivergiftung.

Die **makrozytäre hypoproliferative Anämie** ist in den meisten Fällen eine megaloblastäre Anämie aufgrund eines Mangels von Vitamin B_{12} und/oder Folsäure, deren Bestimmung daher veranlaßt werden sollte. Ein erniedrigtes Serum-B_{12} weist dann auf eine perniziöse Anämie hin. Lebererkrankungen oder eine Hypothyreose als Ursache lassen sich durch Leberfunktionstests (GOT, GPT, γ-GT, Albumin etc.) bzw. Schilddrüsenfunktionstests (TSH basal, fT4) erkennen. Bei älteren Menschen besteht prinzipiell der Verdacht auf ein myelodysplastisches Syndrom, weshalb eine Knochenmarkuntersuchung zur Klärung notwendig ist.

Die **normozytäre hyperproliferative** Anämie ist entweder Folge des Verlustes von Erythrozyten durch eine akute Blutung oder der vermehrten Sequestration bei Hypersplenismus oder Folge einer Hämolyse. Bei einer akuten Blutung muß bedacht werden, daß erst nach mehreren Stunden durch die kompensatorische Plasmavermehrung das Hämoglobin oder der Hämatokrit absinkt. Eine reaktive Thrombozytose ist bereits nach einer Stunde, eine Leukozytose nach 2–5 Stunden faßbar. Die Retikulozyten zeigen einen Anstieg erst nach 3–5 Tagen. Zur Differenzierung zwischen Verlust und Zerstörung der Erythrozyten dienen die sog. Hämolyseparameter LDH, Bilirubin und Haptoglobin. Bei Hämolyse sind LDH und überwiegend das indirekte (unkonjugierte) Bilirubin erhöht und Haptoglobin erniedrigt bzw. nicht meßbar, während bei einer Blutung alle diese Laborparameter in der Regel im Normbereich sind. Extreme Hyperbilirubinämien (→ Kap. 15) sind für eine Hämolyse ungewöhnlich, das Gesamtbilirubin übersteigt meist nicht 3–5 mg/dl. Eine verkürzte Erythrozytenüberlebenszeit mittels ^{51}Cr-markierten Erythrozyten nachzuweisen erübrigt sich meist durch die Empfindlichkeit der Retikulozyten- und Haptoglobinbestimmung. Im Urin ist der Test auf Urobilinogen positiv, bei intravasaler Hämolyse ist außerdem freies Hämoglobin sowohl im Serum als auch im Urin nachweisbar, wobei die Hämoglobinurie für die bierbraune Verfärbung des Urins verantwortlich ist.

Der direkte Coombs-Test erlaubt eine Differenzierung zwischen extrakorpuskulären und korpuskulären Defekten: Ist der direkte Coombs-Test positiv, so ist von einer extrakorpuskulären hämolytischen Anämie in Form einer **Autoimmunhämolyse** auszugehen. Der direkte Coombs-Test dient zum Nachweis einer In-vivo-Beladung von Erythrozyten mit Immunglobulinen bzw. Komplementkomponenten, so z.B. bei der autoimmunhämolytischen Anämie (AIHA), beim Morbus haemolyticus neonatorum oder nach Transfusionszwischenfällen. Bei Autoantikörpern können immunologische Subtypen wie IgG, IgM, Kälte- oder Wärmehämolysine spezifiziert werden. Eine Knochenmarkuntersuchung ist angezeigt, da 50% dieser Patienten ein Lymphom aufweisen (→ Kap. 32, Lymphknotenschwellungen). Seltener kommt differentialdiagnostisch eine Immunhämolyse im Rahmen einer Medikamentenallergie (z. B. Penizillin) oder Mykoplasmeninfektion (Kältehämolysine) in Betracht.

Der indirekte Coombs-Test wird eingesetzt zum Nachweis von inkompletten Alloantikörpern und freien Autoantikörpern bzw. zur Identifizierung von Erythrozytenantigenen mit inkompletten Antikörpern. Die Domäne des indirekten Coombs-Tests („Drei-Stufen-Test") ist die Suche nach irregulären Antikörpern bei der Kreuzprobe. Somit hat er keine Bedeutung in der Diagnostik der Hämolyse.

Extrakorpuskuläre Hämolysen ohne Immunphänomene können im Rahmen von Infekten (Malaria), durch Chemikalien, Toxine und bei einem Hyperspleniesyndrom auftreten.

Unter den korpuskulären hämolytischen Anämien kommen bei mikrozytären Formen (HbE und MCV erniedrigt ohne Eisenmangel) am ehesten Hämoglobinsynthesestörungen (Thalassämien), bei normozytären Formen Membrandefekte (hereditäre Sphärozytose) oder Enzymdefekte (G-6-PDH, Pyruvatkinase) in Betracht.

Bei der Beurteilung von **normozytären hypoproliferativen** Anämien muß die weitere Abklärung der nichtadäquaten Knochenmarkreaktion mittels einer Knochenmarkuntersuchung erfolgen. Obwohl diese Anämien am häufigsten Begleitanämien durch entzündliche Prozesse darstellen, muß nach einem die Erythropoese verdrängenden Prozeß oder nach einer Knochenmarkinsuffizienz gefahndet werden. Dabei sollte eine Knochenmarkaspiration zur Beurteilung der Zytomorphologie und gleichzeitig eine Knochenmarkbiopsie zur histologischen Beurteilung erfolgen. Ausnahmen sind nur dann zuzulassen, wenn die hypoproliferative Anämie eindeutig als Folge (sekundäre Anämie) einer anderen Erkrankung eingestuft werden kann (z.B. renale Anämie bei ausgeprägter Niereninsuffizienz, → 8.4.5).

> Zu beachten ist, daß die typischen mikrozytären und makrozytären Anämien in frühen oder leichten Stadien sich normozytär präsentieren können und daß Mischformen wie z.B. ein Eisenmangel in Kombination mit einem Folsäuremangel zu einer Anämie mit normalem MCV führen können.

Neben den genannten Labortests hat die Erythrozytenmorphologie teilweise große differentialdiagnostische Bedeutung (Tab. 8-3). Das differentialdiagnostische Vorgehen bei einer Anämie ist in Abbildung 8-3 zusammenfassend dargestellt.

Tab. 8-3 Differentialdiagnose der Erythrozytenmorphologie bei Anämien

normozytär und normochrom
akute Entzündung, MDS
mikrozytär, hypochrom
Eisenmangel, Thalassämien, Bleivergiftung, Vitamin-B_6-Mangel, sideroachrestische Anämien, chronische Entzündung
makrozytär
Retikulozytose, Folsäure- u./o. Vitamin-B_{12}-Mangel, normales Neugeborenes, MDS
Targetzellen
Thalassämien, Hämoglobin C, E und S, Lebererkrankungen, A-beta-Lipoproteinämie, Postsplenektomie
basophile Tüpfelung
Eisenmangel, Hämolyse, Thalassämien, Bleivergiftung
Normoblasten
Hämolyse, akuter Blutverlust, Thalassämien, Knochenmarkinfiltration/Osteomyelofibrose (Leukoerythroblastose), erste Lebenstage
Heinz-Innenkörperchen
Hexose-Monophosphatweg-Anomalien (z.B. Glukose-6-Phosphatdehydrogenase-Mangel, instabile Hämoglobine, Postsplenektomie), normales Neugeborenes
Howell-Jolly-Körperchen
Zustand nach Splenektomie, funktionelle Asplenie, megaloblastäre Anämie
Tränentropfen-Erythrozyten
myeloproliferatives Syndrom, Knochenmarkinfiltration, Osteomyelofibrose (Leukoerythroblastose)
Sphärozyten
Hämolyse, G-6-PD-Mangel, AB0-Inkompatibilität, hereditäre Sphärozytose, Hypophosphatämie
Fragmentozyten (Schistozyten)
hämolytische Mikroangiopathien (DIC, HUS, Morbus Moschcowitz), Thalassämien
Polychromasie
Retikulozytose, Hämolyse

8.4 Krankheitsbilder

8.4.1 Eisenmangelanämie

Die Eisenmangelanämie ist immer als spätes Symptom eines Eisenmangels aufzufassen. Eine negative Eisenbilanz kann durch eine verminderte Eisenaufnahme, einen erhöhten Eisenverlust oder durch einen vermehrten Bedarf hervorgerufen werden. Ungefähr 80 % aller Anämien sind Eisenmangelanämien.

Eine verminderte Eisenaufnahme durch eine zu niedrige diätetische Eisenzufuhr ist eher selten, kommt jedoch durchaus bei strengen Vegetariern und hier insbesondere bei Frauen aufgrund des physiologischen Mehrbedarfs vor. Zu einer verminderten Eisenaufnahme können auch einige Stoffe, die die Eisenresorption behindern, beitragen, wie z.B. Chelatbildner (Antazida), Faserstoffe (Weizenkeime) und basische Substanzen (Phosphate). Am häufigsten wird eine verminderte Eisenaufnahme jedoch durch Resorptionsstörungen aufgrund einer beschleunigten Dünndarmpassage oder pathologischer Veränderungen der Mukosa verursacht (Tab. 8-4).

Bei erhöhtem Eisenverlust übersteigt der tägliche Eisenbedarf die Eisenresorption, wobei meistens chronische Blutungen (0,4 mg Fe/1 ml Blut [→ Kap. 9 und 10]) die Ursache sind. Bereits ein täglicher Verlust von 4–5 ml Blut führt zum Eisenmangel, und allein durch die Abschilferung von Darmepithelien geht täglich 1 mg Eisen verloren. Durch die Menstruation steigt der Bedarf bei Frauen auf 1,5–3 mg/d, in der Schwangerschaft aufgrund eines erhöhten Verbrauchs auf 2,6–4 mg/d. Da normalerweise nur 1 mg oder 5 % des zugeführten Eisens resorbiert werden, reicht das Nahrungseisen zur Kompensation nicht aus.

Tab. 8-4 Ursachen des Eisenmangels

Eisenzufuhr zu gering oder Bedarf erhöht	Eisenverluste
verminderte Eisenzufuhr Fehlernährung (Vegetarier, Anorexia) Malabsorption Magenresektion atrophische Gastritis Achlorhydrie Gluten-Enteropathie Antazida Pica-Syndrom (regelmäßige Aufnahme nahrungsfremder Stoffe: Stärke, Papier, Eis etc.) **erhöhter Verbrauch/Bedarf** Schwangerschaft chronische Dialyse Eigenblutabnahmen Lungenhämosiderose	**Blutungen aus dem Gastrointestinaltrakt** Neoplasma peptisches Ulkus Gastritis (Aspirin) Hiatushernie Ösophagusvarizen Colitis ulcerosa Teleangiektasien Angiodysplasie Divertikulose Hämorrhoiden Hakenwurm Meckel-Divertikel **Blutungen aus dem Urogenitaltrakt** Neoplasma Hämosiderinurie (intravasale Hämolyse, paroxysmale nächtliche Hämoglobinurie, künstliche Herzklappen) Menorrhagie, Blutungen ante- und postpartal

B Beschwerden und Befunde

Bei der Eisenmangelanämie klagen die Patienten häufig nur über die typischen Anämiesymptome wie z.B. Leistungsschwäche, Belastungsdyspnoe und Kopfschmerz. Einige typische Symptome können jedoch hinzutreten: brüchige und gefurchte Nägel, Mundwinkelrhagaden (Abb. 8-4), seltener eine Hohlnagelbildung, Stomatitis, atrophische Glossitis, Dysphagie (postkrikoide Membranbildung, Plummer-Vinson-Syndrom) oder Neuralgien.

DS Diagnosesicherung

Labor

Kleine Mengen von Ferritin zirkulieren in Korrelation zum Gesamtkörpereisen im Serum. Liegt der Serumwert unter 30 µg/l, so liegt ein Eisenmangel vor. Da das Ferritin zu den Akute-Phase-Proteinen zählt, sollte in der Grauzone von 30–150 µg/l ein zusätzlicher Eisenmangel bei entzündlichem Prozeß bedacht werden. Ein niedriges Serumeisen (< 50 µg/dl), ein erhöhtes Transferrin (totale Eisenbindungskapazität > 350 µg/dl) und eine Eisensättigung des Transferrins < 15% sind ebenfalls Indikatoren für einen Eisenmangel. Das Transferrin ist bei den sekundären Anämien im Gegensatz zum Eisenmangel, z.B. bei der Eisenverwertungsstörung im Rahmen eines entzündlichen Prozesses, meist nicht erhöht.

Im Blutausstrich fallen hypochrome und mikrozytäre Erythrozyten auf, bei ausgeprägten Fällen mit einer Anisozytose und Bleistiftzellen (Abb. 8-5). Nur in unklaren Fällen ist eine Knochenmarkuntersuchung angezeigt, da der Beweis durch die Ferritinbestimmung erbracht werden kann. Bei der Sternal- oder Beckenkammpunktion sieht man dann ein normozelluläres Knochenmark mit leeren Eisenspeichern in der Berliner-Blau-Färbung. Die Normoblasten lassen ein spärliches, unregelmäßig begrenztes, vakuolisiertes Zytoplasma erkennen.

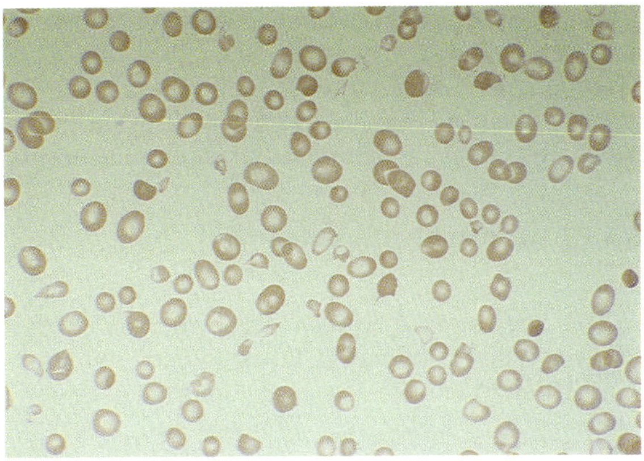

Abb. 8-5 Hypochrome Erythrozyten bei Eisenmangel (Blutausstrich gefärbt nach Pappenheim).

DD Differentialdiagnose

Zur Eisenmangelanämie mit hypochromem Blutbild und erniedrigtem Ferritin gibt es keine Differentialdiagnose. Das erniedrigte Ferritin sichert die Diagnose des Eisenmangels. Bei der hypochromen Anämie mit erhöhtem oder normalem Ferritin kommen im wesentlichen Hämoglobinanomalien oder Eisenverwertungsstörungen als Folge entzündlicher Prozesse differentialdiagnostisch in Betracht (Tab. 8-5). Selten können myelodysplastische Syndrome oder sekundäre Anämien auch hypochrom sein, das MCV sinkt aber fast nie unter 70 fl. Patienten mit chronischer dialysepflichtiger Niereninsuffizienz (→ Kap. 60) können durch die Langzeittherapie mit aluminiumhaltigen Phosphatbindern (Antazida) eine Aluminiumintoxikation entwickeln, die als Frühmanifestation eine Mikrozytose aufweist und schließlich zu hypochromer Anämie, Dialyseenzephalopathie, Vitamin-D-resistenter Osteomalazie und Muskelschwäche führt (→ Tab. 8-5).

Die Eisenmangelanämie ist immer als Spätsymptom einer Erkrankung aufzufassen. So muß der Eisenman-

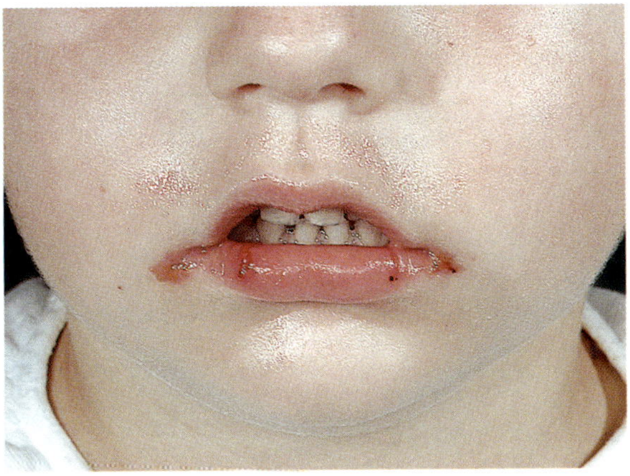

Abb. 8-4 Mundwinkelrhagaden bei Eisenmangelanämie.

Tab. 8-5 Ursachen der hypochromen, mikrozytären Anämien

- Eisenmangel
- Hämoglobinopathien
  Thalassämie
  HbC-Krankheit
- sekundäre Anämien bzw.
- Begleitanämie bei chronischen Erkrankungen (Entzündungsanämie)
- myelodysplastische Syndrome
- Porphyrin-/Hämsynthesestörung
  Pyridoxinmangel (Vit.-B_6-Mangel)
  Bleivergiftung
- Thyreotoxikose
- Aluminiumintoxikation bei chronischer Dialyse
  aluminiumhaltige Phosphatbinder (Antazida)

gel bei Männern und bei postmenopausalen Frauen bis zum Beweis des Gegenteils als Blutverlust durch ein Malignom im Gastrointestinal- oder Urogenitaltrakt gewertet werden. Der Nachweis von Blut im Hämoccult-Test oder Urin bestimmt die weitere Diagnostik.

8.4.2 Megaloblastäre Anämien

Bei den megaloblastären Anämien handelt es sich um eine Gruppe von Erkrankungen mit einheitlicher zytomorphologischer Abnormität, bestehend aus makrozytärem Blutbild und megaloblastischer Erythrozytopoese im Knochenmark. Aufgrund einer DNS-Synthesestörung bleibt die Kernreifung deutlich hinter der zytoplasmatischen Entwicklung der Zellen zurück. Megaloblastische Zellen, die größer sind als ihre entsprechenden normalen Reifungsstufen und eine Kernreifungsstörung in Form einer feinkörnigen, teilweise siebartigen Kernstruktur aufweisen, finden sich in allen Geweben mit hoher Zellteilung und somit besonders im blutbildenden Knochenmark. Als Ursache kommen ein Vitamin-B_{12}- (Cobalamin-) und/oder ein Folsäuremangel in Frage.

Ein **Vitamin-B_{12}-Mangel** (Tab. 8-6) kann durch folgende Ursachen ausgelöst werden:

- Mangel- oder Fehlernährung (strenge Vegetarier, Alkoholabusus)
- Mangel an Intrinsic-Faktor (Magenresektion, perniziöse Anämie)
- Malabsorptionssyndrome
- vermehrter Verbrauch durch Fischbandwurmbefall
- bakterielle Überwucherung des Dünndarms (Blind-loop-Syndrom)

Ein **Folsäuremangel** (Tab. 8-7) kann hervorgerufen werden durch:

- Mangelernährung (Alkoholabusus!)
- Zustände mit erhöhtem Bedarf (z. B. Schwangerschaft)
- Malabsorptionssyndrome
- medikamentös bedingte Störung der Dekonjugation (z. B. Phenytoin)
- Medikamente wie Folsäureantagonisten (z. B. Methotrexat, Pyrimethamin, Trimethoprim) oder Triamteren

Tab. 8-6 Ursachen der megaloblastären Anämien – Vitamin-B_{12}-Mangel

verminderte Zufuhr • strikte vegetarische Ernährung **gestörter Stoffwechsel** • Lachgas • Transcobalamin-II-Mangel • Homozystinurie • Methylmalonyl-Azidurie	**gestörte Absorption** • fehlender Intrinsic-Faktor (IF) perniziöse Anämie partielle oder totale Gastrektomie kongenitale Abnormität oder fehlender IF • eigenständige intestinale Erkrankung Morbus Crohn einheimische Sprue (Zöliakie) tropische Sprue (chron. Phase, Spätfolge) Ileumresektion • konkurrierende Parasiten Fischbandwurm Syndrom der blinden Schlinge • medikamenteninduzierte Malabsorption • Paraaminosalizylsäure (PAS)

megaloblastäre Anämie mit atrophischer Korpusgastritis (Typ-I-Gastritis) und Achlorhydrie, bei welcher erhöhte Gastrinspiegel zu finden sind, vor, so sind die diagnostischen Kriterien für eine perniziöse Anämie erfüllt, die mit anderen Autoimmunerkrankungen assoziiert sein kann. Frauen sind bevorzugt betroffen. Das Magenkarzinomrisiko ist auf das 2–3fache erhöht.

Nur beim Vitamin-B_{12}-Mangel und nicht beim Folsäuremangel kann es zusätzlich zu einer funikulären

Tab. 8-7 Ursachen der megaloblastären Anämien – Folsäuremangel

verminderte Zufuhr • pflanzenarme Kost • Alkoholabusus **gestörte Absorption** • einheimische Sprue (Zöliakie) • tropische Sprue • chron.-entzündl. Dünndarmerkrankungen • kongenitale Folsäuremalabsorption **Medikamente** • Phenobarbital • Phenytoin • Primidon	**gestörter Stoffwechsel** • Medikamente Methotrexat Azathioprin Zidovudin (AZT) Trimethoprim Cytosinarabinosid Hydroxyurea Mercaptopurin Thioguanin Pyrimethamin 5-Fluorouracil orale Kontrazeptiva • Alkohol **erhöhter Bedarf** • Schwangerschaft, Stillperiode • WachstumsphaseKinder • hämolytische Anämien • Hyperthyreose • exfoliative Dermatitiden (z. B. Psoriasis)

B *Beschwerden und Befunde*

Klinisch zeichnen sich diese Erkrankungen durch einen schleichenden Beginn und ein langsames Fortschreiten aus. Gleichzeitig ist eine hauptsächlich intramedulläre Hämolyse (→ Kap. 15) und gelegentlich eine Panzytopenie nachweisbar. Selten treten eine Glossitis (Hunter-Glossitis) und Mundwinkelrhagaden hinzu. Die Haare ergrauen vorzeitig. Liegt eine

Spinalerkrankung (→ Kap. 56) durch eine Schädigung der Myelinscheiden der Hinterstränge und Pyramidenbahnen kommen. Typische Zeichen sind eine Gangunsicherheit (spinale Ataxie), spastische Tonuserhöhung sowie eine Polyneuropathie mit Kribbeln der Hände und Füße. Sensitivstes Frühsymptom ist eine gestörte Tiefensensibilität und ein herabgesetztes Vibrationsempfinden. Jedoch sind alle erdenklichen neurologischen Störungen möglich, und gelegentlich stehen psychotische Symptome im Vordergrund. Wichtig ist in diesem Zusammenhang auch die Alkoholanamnese.

DS *Diagnosesicherung*

Labor

Erste Hinweise auf eine megaloblastäre Anämie mit makrozytärem Blutbild finden sich im Blutausstrich durch den Nachweis von ovalen Makrozyten, Megalozyten und hypersegmentierten Neutrophilen. Vitamin-B_{12}- und Folsäurespiegel können zuverlässig im Serum bestimmt werden. Bei Vorliegen einer perniziösen Anämie lassen sich serologisch in 90% der Fälle Autoantikörper gegen Belegzellen und in 60% gegen Intrinsic-Faktor nachweisen. Letzterer ist für die Resorption von Vitamin B_{12} notwendig und steht nicht mehr zur Verfügung. Nur in dem Fall, daß sich keine Immunphänomene (Anti-Belegzell-Antikörper, Anti-Intrinsic-Faktor-Antikörper) nachweisen lassen, ist zur weiteren Ursachensuche und Diagnosesicherung der Schilling-Test angezeigt. Der Test ist aber nicht geeignet, in Zweifelsfällen einen Cobalaminmangel nachzuweisen.

Das Knochenmarkpunktat ist zellreich und zeigt eine gesteigerte, linksverschobene, aber ineffektive Erythropoese mit Hämolyse und Vermehrung von Erythroblasten mit feinretikulärer Kernreifungsstörung (Abb. 8-6). Trotzdem handelt es sich um eine hypoproliferative Anämie mit einem korrigierten Retikulozytenwert < 2%. Unter den anderen Zellreihen reift die Granulopoese mit Riesenformen (Riesenmyelozyten, Riesenstabkernige) verzögert aus.

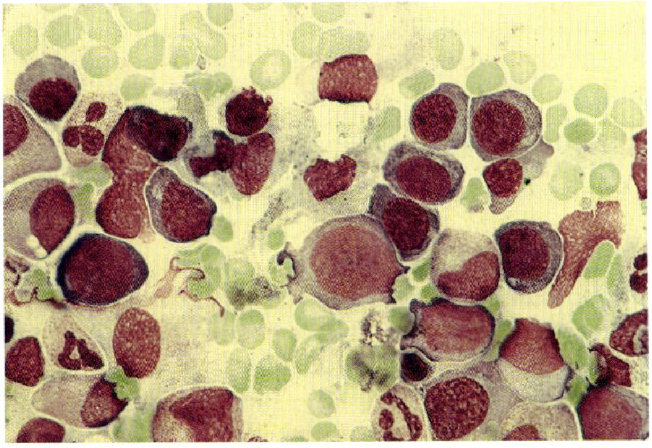

Abb. 8-6 Megaloblastäre Erythropoese bei perniziöser Anämie (Knochenmarkausstrich gefärbt nach Pappenheim).

Tab. 8-8 Ursachen der megaloblastären Anämien – sonstige Störungen der DNS-Synthese

Kongenitale Störungen	Erworbene Störungen
Lesch-Nyhan-Syndrom Orotsäure-Azidurie kongenitale dyserythropoetische Anämie	myelodysplastisches Syndrom akute Leukämien (Erythroleukämie) Pyridoxin-sensitive megaloblastäre Anämie Thiamin-sensitive megaloblastäre Anämie Alkohol (toxisch)

DD *Differentialdiagnose*

Wichtigste Differentialdiagnose ist die makrozytäre Anämie beim myelodysplastischen Syndrom! Seltenere Erkrankungen, die mit einer makrozytären Anämie verbunden sind, sind in Tabelle 8-8 aufgelistet.

8

8.4.3 Glukose-6-Phosphatdehydrogenase-Mangel

Der Glukose-6-Phosphatdehydrogenase-(G-6-PD-)Mangel ist eine relativ häufige Erbkrankheit mit X-chromosomalem Erbgang. Heterozygote Frauen weisen eine gesunde und eine G-6-PD-defiziente Erythrozytenpopulation auf, die Erkrankung ist deshalb bei ihnen im Gegensatz zu homozygoten Frauen nur sehr schwach ausgeprägt. 11% der Westafrikaner, 10–20% der schwarzen Amerikaner, Asiaten und Mittelmeeranrainer (Sizilianer 4%, Sarden 14%, ethnische Gruppen unter den Juden bis 60%) sind betroffen.

Durch einen defekten Hexose-Monophosphat-Shunt kann Glutathion nicht reduziert werden, welches SH-Gruppen in Hämoglobin, Enzymen und Membranen gegen Peroxide schützt. Oxidativer Streß durch Infektionen, Medikamente oder Favabohnen führt zu einem dramatischen Krankheitsbild mit akuter intravasaler Hämolyse (Tab. 8-9). Es kommt innerhalb von zwei bis drei Tagen nach einer Exposition zur ausgeprägten Methämoglobinbildung durch die Oxidation von Hämoglobineisen zu Fe^{+++}.

B *Beschwerden und Befunde*

Klinisch sind neben einer schweren, akuten Anämie die Befunde der Hämoglobinämie mit rosa- bis braunfarbenem Plasma sowie der Hämoglobinurie mit rot- bis schwarzfarbenem Urin führend. Es können Rückenschmerzen, Übelkeit, Fieber und später auch ein Ikterus auftreten.

Tab. 8-9 Trigger einer akuten Hämolyse bei Glukose-6-Phosphatdehydrogenase-Mangel

Medikamente	Nahrungsmittel
Primaquine	Favabohnen
Acetylsalicylsäure	grüne Bohnen
Azulfidine	Johannisbeeren
Pyramidon	
Sulfonamide	
Phenacetin	
Nitrofurantoin	
Vitamin K	
Chloramphenicol	
Ascorbinsäure	
Dapson	
Dimercaprol	

DS *Diagnosesicherung*

Häufig finden sich im Blutausstrich ausgeprägte, multiple morphologische Erythrozytenveränderungen in Form von fragmentierten Erythrozyten, blister cells und bite cells (Abb. 8-7). Die LDH und Retikulozyten sind deutlich erhöht und das Haptoglobin nicht mehr nachweisbar. Mittels Supravitalfärbung mit Nilblausulfat lassen sich regelmäßig Heinz-Innenkörper, die denaturiertem Hämoglobin entsprechen, nachweisen. Wegweisend ist das akute Krankheitsbild mit Nachweis einer intravasalen Hämolyse (Hämoglobinämie: rötlich tingiertes Serum; Hämoglobinurie: roter bis schwarzer Urin). Diagnostisch beweisend ist eine fehlende oder verminderte Glukose-6-Phosphatdehydrogenase- oder NADPH-Aktivität im Erythrozytenlysat.

DD *Differentialdiagnose*

Differentialdiagnostisch kommt unter den hereditären Enzymdefekten ein Pyruvatkinasemangel in Betracht. Heinz-Innenkörper fehlen aber bei dieser Erkankung, der Enzymdefekt ist laborchemisch ebenfalls spezifisch nachweisbar.

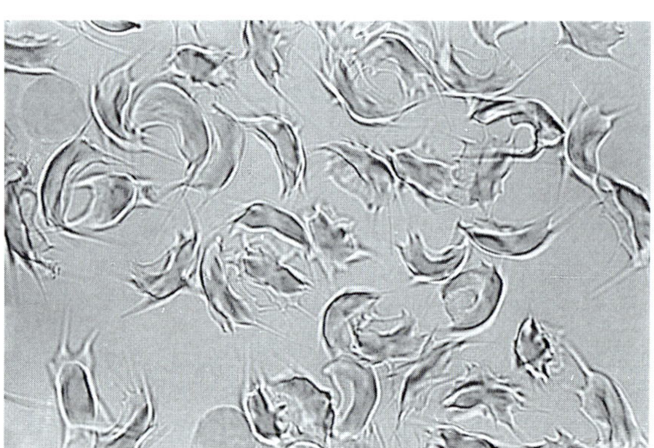

Abb. 8-7 Sichelzellen bei Sichelzellanämie (ungefärbter Blutausstrich unter Luftabschluß).

Ansonsten kommt differentialdiagnostisch jede andere hämolytische Anämie in Betracht. Die paroxysmale nächtliche Hämoglobinurie kann in einem hämolytischen Schub ein ähnliches Bild verursachen, es handelt sich aber immer um eine chronische Erkrankung, während sich die Patienten mit G-6-PD-Mangel nach dem hämolytischen Ereignis rasch erholen.

8.4.4 Sekundäre Anämien (Begleitanämien)

Bei vielen chronischen Erkrankungen können sich mäßige Anämien ausbilden. Sie sind meist durch Zytokine (z.B. IL-1, TNF) im Rahmen einer chronischen Entzündungsreaktion bedingt und in der Regel normochrom und normozytär, seltener hypochrom und mikrozytär. Solche Entzündungsreaktionen kommen vor allem bei rheumatoider Arthritis, Sklerodermie und den übrigen Autoimmunerkrankungen sowie bei Infektionen und Neoplasien vor. Ist die Anämie hypochrom und mikrozytär, kann zusätzlich eine Blutung bestehen (z.B. gastrointestinal durch Antiphlogistika bei rheumatoider Arthritis, → 8.4.1 Eisenmangelanämie) die daher immer ausgeschlossen werden muß. Die Erythropoetinspiegel sind leicht erhöht und nur im Falle einer renalen Anämie (→ 8.4.5) mit sonst ähnlichem Pathomechanismus erniedrigt. Letztere tritt regelmäßig ab einem Glomerulumfiltrat von < 20–30% auf. Auch bei endokrinologischen Erkrankungen kann eine Begleitanämie auftreten, so beispielsweise bei 25% der Hypothyreosen (→ Kap. 1).

B *Beschwerden und Befunde*

Das klinische Beschwerdebild ist abhängig von der jeweils vorliegenden Grunderkrankung, wobei die Anämie selten klinisch im Vordergrund steht. Führt jedoch eine unspezifische Symptomatik wie Schwäche, Leistungsknick (→ Kap. 51) zum Arzt und findet sich die für sekundäre Anämien typische Laborkonstellation, muß vor Stellung der Diagnose nach dem zugrundeliegenden Prozeß gefahndet werden!

DS *Diagnosesicherung*

Das Blutbild weist in der Regel eine normochrome, normozytäre Anämie auf, die selten den Bereich von 8–10 g/dl unterschreitet. Makrozytose, Akanthozytose und Schießscheibenzellen treten bei mehr als 80% der Alkoholiker sowie bei Lebererkrankungen auf. Typischerweise findet sich im Labor ein erniedrigtes Serumeisen sowie erhöhte Eisenspeicher im Knochenmark durch die Eisenverschiebung ins retikuloendotheliale System. Ferritin und Transferrin sind somit nachweisbar erhöht.

Die Abklärung der hämatopoetischen Insuffizienz kann nur mittels einer Knochenmarkuntersuchung erfolgen, da z.B. nach einem verdrängenden Prozeß gesucht werden muß. Dabei sollte eine Knochenmarkaspiration zur Beurteilung der Zytomorphologie und gleichzeitig eine Knochenmarkbiopsie zur histologischen Beurteilung erfolgen. Im Knochenmark findet sich eine reduzierte Hämatopoese ohne kompensierende Steigerung und im peripheren Blut entsprechend eine verminderte Retikulozytenzahl.

DD *Differentialdiagnose*

Differentialdiagnostische Probleme bestehen meist in der Abklärung einer Grundkrankheit. Bei einer länger bestehenden Anämie unklarer Ursache kommt immer auch ein myelodysplastisches Syndrom in Betracht. Auch sollte bei hypoproliferativen und normochromen Anämien an das gleichzeitige Vorliegen eines Eisenmangels mit Folsäure- oder Vitamin-B_{12}-Mangel gedacht werden (Schwangerschaft).

8.4.5 Renale Anämie

K. M. Koch

Die renale Anämie ist eines der klinischen Leitsymptome der chronischen und terminalen Niereninsuffizienz (→ Kap. 60). Zusammen mit ebenfalls durch die Niereninsuffizienz bedingten Pigmentstörungen (gesteigerte Melanogenese und epidermale und subkutane Retention von Lipochromen und Karotinoiden) ist sie für das typische fahlgraue Hautkolorit des chronisch Nierenkranken verantwortlich.

Die primären, in der Pathogenese der renalen Anämie wirksamen Faktoren sind eine mäßiggradige Hämolyse und eine inadäquate Erythropoetinproduktion (Tab. 8-10). Der relative oder absolute Erythropoetinmangel verhindert eine Steigerung der Erythropoese und damit auch die Korrektur der hämolysebedingten Erythrozytenverluste. Zusätzlich wird noch eine verminderte Ansprechbarkeit des Knochenmarks auf Erythropoetin infolge der Retention toxischer Stoffwechselprodukte diskutiert.

B *Beschwerden und Befunde*

Die renale Anämie manifestiert sich, wenn die renale Grunderkrankung zu einer Verminderung der glomerulären Filtrationsrate auf 30–40 ml/min geführt hat. Eine Ausnahme können Patienten mit polyzystischer Nierenerkrankung darstellen, bei denen infolge einer nur geringen Beeinträchtigung der Erythropoetinproduktion gar keine oder eine nur mäßig ausgeprägte Anämie selbst bei Einschränkung der glomerulären Filtrationsrate auf Werte unter 20 ml/min bestehen kann. Die Entwicklung der renalen Anämie begleiten Allgemeinsymptome wie Frösteln, Müdigkeit und verminderte körperliche Leistungsfähigkeit. Bei älteren Patienten mit Koronarsklerose kann es zu einer Verstärkung der pektanginösen Beschwerden kommen. Echokardiographisch führt eine länger bestehende renale Anämie zur Vergrößerung des Durchmessers des linken Ventrikels und auch zu einer Myokardhypertrophie, die überwiegend exzentrisch ist.

Die renale Anämie ist normozytär und normochrom und wird nicht von weiteren hämatologischen Störungen, z.B. der Myelo- und Thrombopoese, begleitet.

Tab. 8-10 Pathogenese der renalen Anämie

Primäre pathogenetische Faktoren
inadäquate bzw. verminderte Erythropoetinproduktion
Hämolyse
toxische Hemmung des Knochenmarks
Sekundäre fakultative pathogenetische Faktoren
Eisenmangel bei gesteigerten intestinalen Blutverlusten und Blutverlusten durch Laboruntersuchungen und Hämodialyse
Fibrose des Knochenmarks bei sekundärem Hyperparathyreoidismus
Aluminiumintoxikation
physikalische Noxen im extrakorporalen Hämodialysekreislauf (mechanisch und thermisch)
chronisch-inflammatorische Prozesse im Zusammenhang mit entzündlichen renalen Grunderkrankungen

DS *Diagnosesicherung*

Findet sich bei einem Patienten eine normochrome Anämie zusammen mit typischen klinischen Symptomen der chronischen Niereninsuffizienz bzw. Urämie (→ Kap. 2), wie Übelkeit, Pruritis, polyneuritische Beschwerden, vermehrter Durst und vermehrtes Wasserlassen sowie urämischer Fötor, besteht der Verdacht auf eine renale Anämie. Die Sicherung der Diagnose bei Verdacht auf eine chronische bzw. terminale Niereninsuffizienz erfolgt durch Bestimmung der Serumkonzentration von Kreatinin und Harnstoff, der Kreatinin-Clearance sowie der sonographischen Ermittlung von geschrumpften bzw. zerstörten Nieren.

Weiterhin ist zu beachten, daß auch bei einem akuten Nierenversagen, bei dem sich normal große oder vergrößerte Nieren in der Sonographie finden, eine renale Anämie bestehen kann.

Infolge der nur mäßiggradigen Hämolyse bei renaler Anämie (Verminderung der Erythrozytenüberlebenszeit um 25–30%) finden sich keine verminderte Serumhaptoglobinkonzentration und keine erhöhten Spiegel von freiem Hämoglobin im Plasma. Bei einer nur geringen oder ausbleibenden Stimulierung des Knochenmarks durch Erythropoetin findet sich eine in

8

Relation zur bestehenden Anämie verminderte Retikulozytenzahl. Die Serumerythropoetinkonzentration ist erniedrigt, normal oder in Relation zum bestehenden Anämiegrad nur inadäquat erhöht.

DD *Differentialdiagnose*

Die Diagnose einer renalen Anämie bereitet bei Vorliegen der beschriebenen Symptom- und Befundkonstellation keine Schwierigkeiten. Nur bei einem extremen Anämiegrad (Hämoglobinkonzentration unter 7 g/dl bzw. Hämatokritwerte unter 20%) muß an zusätzliche anämisierende pathogenetische Mechanismen gedacht werden. Dabei ist zu beachten, daß bei chronischen und insbesondere bei dialysepflichtigen terminal niereninsuffizienten Patienten neben mäßiggradiger Hämolyse und inadäquater Erythropoetinproduktion noch zusätzliche, die Anämie verstärkende Pathomechanismen fakultativ auftreten (Tab. 8-10). Bei der bei niereninsuffizienten Patienten gesteigerten Blutungsneigung können okkulte intestinale Blutverluste sowie die Blutverluste durch Laboruntersuchungen und im extrakorporalen Hämodialysekreislauf zu einem Eisenmangel führen, der die Anämie verstärkt und zur Mikrozytose und Hypochromie der Erythrozyten führt. Weitere zur Verstärkung der Anämie beitragende Faktoren sind: eine Fibrose des Knochenmarks bei ausgeprägtem sekundärem Hyperparathyreoidismus (→ Kap. 45) und eine Aluminiumüberladung bei intensiver Behandlung der die Niereninsuffizienz begleitenden Hyperphosphatämie mit oralen Phosphatbindern. Die durch die Aluminiumintoxikation verursachte Verstärkung der Anämie führt wie der Eisenmangel zur Mikrozytose und Hypochromie der Erythrozyten; dabei kann die Serumferritinkonzentration normal sein. Schließlich sind noch als anämisierende Faktoren physikalische Noxen der Erythrozyten im extrakorporalen Hämodialysekreislauf (mechanisch oder durch Hitze) und chronische inflammatorische Prozesse im Zusammenhang mit entzündlichen renalen Grunderkrankungen zu nennen.

8.4.6 Myelodysplastische Syndrome

Das myelodysplastische Syndrom (MDS) ist typischerweise eine Erkrankung des älteren Menschen mit der Zytopenie einer, zweier oder von allen hämatopoetischen Reihen im peripheren Blut und gleichzeitig hyperzellulärem Knochenmark. Zytomorphologisch sind Zellreifungsstörungen nachweisbar, wobei die Erkrankung oft in eine sekundäre akute myeloische Leukämie übergeht. Diese Gruppe von hämatologischen Erkrankungen wird auch als refraktäre Anämie (RA) dargestellt, da die Anämie nicht auf irgendeine bekannte Therapie anspricht. Um die Bedeutung dieser Anämieform und den häufigen Übergang in eine sekundäre akute Leukämie zu unterstreichen, wurden auch synonyme Begriffe wie „Präleukämie" oder „smoldering leukemia" gebraucht. Grundlage der heterogenen zytomorphologischen Reifungsstörungen und der klinischen Bilder ist eine klonale Stammzellerkrankung mit einigen bekannten chromosomalen Alterationen (5q–, –5, –7, +8, –11q). Die Diagnose MDS ist eine klinische Diagnose, die nur durch die gleichzeitige Beurteilung von Blutbild, Knochenmarkzytomorphologie und Ausschluß der Differentialdiagnosen zu stellen ist.

Die primären MDS werden nach der French-American-British Cooperative Group (FAB) nach Ringsideroblasten, Monozytose, Blastenanteil und Auer-Stäbchen in 5 Kategorien deskriptiv eingeteilt (Tab. 8-11). Die sekundären MDS nach Chemotherapie, Strahlentherapie oder Benzolexposition werden von den primären MDS mit diesbezüglich negativer Anamnese unterschieden. Für die sekundären MDS gilt die FAB-Klassifikation nicht. Die Erkrankungen unterscheiden sich klinisch aber nur in der Anamnese: bekannte Ursache bei sekundärem MDS, unbekannte Ursache bei primärem MDS.

B *Beschwerden und Befunde*

Die zumeist älteren Patienten (> 60 Jahre) leiden an einer chronischen, transfusionspflichtigen Anämie, an rezidivierenden Infektionen infolge einer Granulozytopenie sowie an Blutungen infolge einer Thrombozytopenie. Bei jeder länger bestehenden Anämie ohne nachgewiesene Ursache muß ein myelodysplastisches Syndrom erwogen werden.

Tab. 8-11 Kriterien zur FAB-Klassifikation der myelodysplastischen Syndrome
(RA: refraktäre Anämie, RARS: refraktäre Anämie mit Ringsideroblasten; RAEB: refraktäre Anämie mit Blastenexzeß; RAEB-T: refraktäre Anämie mit Blastenexzeß in Transformation; CMML: chronische myelomonozytäre Leukämie; FAB: French-American-British Cooperative Group)

FAB-Untergruppe	peripheres Blut	Knochenmark
RA	Blasten < 1%	Blasten < 5%
RARS	Blasten < 1%	Blasten < 5%, Ringsideroblasten > 15%
RAEB	Blasten < 5%	Blasten 5–20%
RAEB-T	Blasten < 5%	Blasten 20–30% und/oder Auer-Stäbchen
CMML	> 10^3 Monozyten/µl + Blasten < 5%	Blasten 5–20%

DS *Diagnosesicherung*

Eine Anämie ist bei mehr als 90% der Patienten nachweisbar, eine Panzytopenie bei 50%, eine Kombination von Anämie und Thrombozytopenie bei 25%, eine Anämie mit Neutropenie bei 5–10%. Die Anämie ist häufig normozytär, normochrom oder makrozytär, aber selten mikrozytär. Die Retikulozytenzahl ist immer erniedrigt, Serumeisen und Ferritin sind typischerweise erhöht. Die Granulozyten können eine verminderte Myeloperoxidaseaktivität, eine verminderte Aktivität der alkalischen Leukozytenphosphatase sowie eine vermehrte Esteraseaktivität aufweisen. Eine Lymphopenie und eine verschobene Relation der T-Helfer und T-Suppressor ist häufig nachweisbar.

Die Diagnose wird in erster Linie zytomorphologisch an Blut- und Knochenmarkausstrichen gestellt. Typische **zytomorphologische Atypien im peripheren Blut** sind bei den Erythrozyten eine Anisozytose, Poikilozytose und Polychromasie; bei den Granulozyten eine Verminderung oder Fehlen der zytoplasmatischen Granulation, Hypersegmentation, Pseudo-Pelger-Kernanomalien und ringförmige Kernfiguren (Abb. 8-8; bei den Thrombozyten Riesenthrombozyten oder eine verminderte Granulation.

Zu den **zytomorphologischen Atypien im Knochenmark** zählen neben einer erhöhten Zellularität in der Erythrozytopoese megaloblastäre Kernauflockerungen, asynchrone Reifung mit führender zytoplasmatischer Hämoglobinbildung, Mehrkernigkeit, Kernfragmentation, Kernbrückenbildung, Vakuolisierung, Vermehrung der Ringsideroblasten und/oder PAS-positive Normoblasten. Innerhalb der Thrombozytopoese finden sich mononukleäre, bilobulierte oder hypersegmentierte Megakaryozyten und Mikromegakaryozyten. In der Granulozytopoese können eine Linksverschiebung, Monozytose, verminderte Promyelozytengranulation oder Hypergranulation mit mehr als 20 Granula, aufgehobene Randständigkeit der Kerne, fehlende Golgi-Zone bei Promyelozyten, gemischt eosinophile/basophile Granulation, hybride myelomonozytäre Zellen oder Blasten ohne Granula (Typ I) oder mit wenigen azurophilen Granula (Typ II) auftreten.

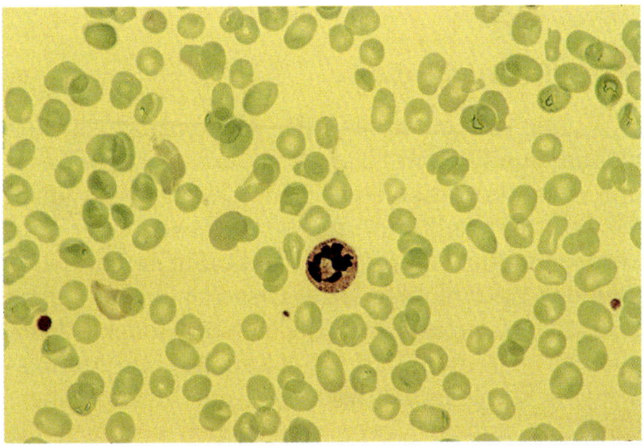

Abb. 8-8 Kernreifungsstörungen der Erythropoese bei myelodysplastischem Syndrom (Knochenmarkausstrich gefärbt nach Pappenheim).

Entsprechend den vorliegenden Befunden erfolgt die Einteilung nach der FAB-Klassifikation (Tab. 8-11).

DD *Differentialdiagnose*

Da das MDS letztlich eine Ausschlußdiagnose darstellt, ist die differentialdiagnostische Abgrenzung häufig schwierig, insbesondere zu den sekundären Anämien durch eine Entzündungsreaktion.

Die aplastische Anämie kann in der Regel durch die Voraussetzung eines normo- oder hyperzellulären Knochenmarkaspirates beim MDS ausgeschlossen werden, während die Abgrenzung zu einem seltenen hypoplastischen MDS sehr schwierig sein kann.

Weiterhin kommen differentialdiagnostisch septische Krankheitsbilder, eine Miliartuberkulose (→ Kap. 14.4.6), das Hyperspleniesyndrom, hämolytische Syndrome, Immunthrombozytopenien (→ Kap. 9), akute Leukämien, die paroxysmale nächtliche Hämoglobinurie (PNH) (→ Kap. 20), die Haarzelleukämie oder knochenmarkinfiltrierende Tumoren (→ Kap. 32) in Betracht.

8.4.7 Autoimmunhämolytische Anämie (AIHA)

Man unterscheidet im wesentlichen zwei Arten von Erythrozyten-Autoantikörpern: IgM- und IgG-Antikörper. Die **IgM-Antikörper**, die ein hohes Molekulargewicht mit 900 000 Dalton aufweisen, können aufgrund ihrer polyvalenten Bindungsstellen mehrere Erythrozyten vernetzen und werden daher auch als „komplette“ Antikörper bezeichnet. Sie reagieren üblicherweise in der Kälte. Die **IgG-Antikörper** mit einem deutlich geringeren Molekulargewicht von 150 000 Dalton sind nicht in der Lage, 2 Erythrozyten zu überbrücken, und werden daher auch als „inkomplette“ Antikörper bezeichnet. IgG-Antikörper sind in der Regel Wärmeantikörper, nur sehr selten finden sich darunter IgM- oder IgA-Antikörper. Mit mehr als 70% werden die meisten AIHA durch inkomplette Wärme-AK vom IgG-Typ vermittelt, ca. 15% durch Kälteagglutinine vom IgM-Typ und der Rest durch Mischformen und nur sehr selten durch bithermische IgG-AK (Donath-Landsteiner-AK).

Inkomplette Wärmeantikörper vom IgG-Typ treten in ca. 50% der Fälle idiopathisch und in 50% in Assoziation mit anderen Erkrankungen auf, insbesondere B-Zell-Non-Hodgkin-Lymphomen (→ Kap. 32) einschließlich der chronisch-lymphatischen Leukämie, systemischem Lupus erythematodes (→ Kap. 43) und anderen Autoimmunerkrankungen, Virusinfekten sowie medikamentös induziert (z.B. Penizilline, Cephalosporine etc.). Kälteagglutinine vom IgM-Typ sind meistens sekundär bedingt, so treten sie akut nach einer Mykoplasmenpneumonie, einer Epstein-Barr-Virusinfektion (Mononukleose) oder auch anderen viralen Infekten im Rahmen einer polyklonalen IgM-Vermehrung auf (→ Kap. 14). Als monoklonale IgM-Komponente finden sie sich bei Non-Hodgkin-Lymphomen (Morbus Waldenström, B-Zell NHL, CLL) oder sehr selten idiopathisch. Biphasische Donath-Landsteiner-AK sind entweder idiopathisch, postinfektiös nach Virusinfekten oder im Rahmen einer tertiären oder kongenitalen Syphilis die Ursache für eine sog. paroxysmale Kältehämoglobinurie (→ Kap. 20).

B *Beschwerden und Befunde*

Eine autoimmunhämolytische Anämie kann chronisch und/oder in akuten Schüben verlaufen. In der chronischen Phase stehen neben der Blässe und den sehr variablen anämietypischen Beschwerden ein diskreter Ikterus und eine Splenomegalie im Vordergrund. Im Falle einer Kälteagglutininkrankheit kommt es typischerweise bei Kälteexposition zu einer Akrozyanose und Schmerzen in den Akren, die nach Erwärmung komplett reversibel sind. Betroffen sind alle der Kälte exponierten Akren wie Zehen, Finger, Nase und Ohrläppchen.

Eine hämolytische Krise stellt dagegen ein wesentlich dramatischeres, akutes Krankheitsbild dar mit Fieber, Schüttelfrost, Rücken- bzw. Flankenschmerzen, abdominellen Krämpfen, Beinschmerzen, akutem Ikterus und Hämoglobinurie, die sich als hellrote bis bierbraune Urinfarbe äußert. Eine Hämoglobinurie ist bei der AIHA insgesamt jedoch selten. Je nach Ausmaß der Hämolyse kann sich sowohl ein Schockgeschehen als auch ein akutes Nierenversagen entwickeln. Liegen bithermische IgG-Autoantikörper zugrunde, treten solche Krisen typischerweise nach Kälteexposition auf, worauf die Bezeichnung „paroxysmale Kältehämoglobinurie" zurückzuführen ist.

Aufgrund der Tatsache, daß in nahezu der Hälfte der Fälle andere Erkrankungen Auslöser für eine autoimmunhämolytische Anämie sind, sind eine umfassende Anamnese einschließlich einer kompletten Medikamentenanamnese sowie eine gründliche internistische körperliche Untersuchung notwendig, um etwaige Hinweise auf andere zugrundeliegende Krankheiten zu gewinnen. In diesem Zusammenhang ist wichtig zu erwähnen, daß eine AIHA einer auslösenden Grunderkrankung um Jahre vorausgehen kann, weshalb Verlaufskontrollen sehr wichtig sind.

DS *Diagnosesicherung*

Eine autoimmunhämolytische Anämie präsentiert sich als normozytäre, hyperregeneratorische Anämie: Hb-Wert, Erythrozytenzahl und HKT sind in unterschiedlichem Ausmaß erniedrigt, der korrigierte Retikulozytenwert ist deutlich über 2% erhöht, das MCV ist normal. Eine mäßige Erhöhung des indirekten Bilirubins (max. 5 mg/dl), erniedrigtes oder nicht meßbares Haptoglobin sowie eine erhöhte LDH zeigen eine Hämolyse an. Weitere Hinweise auf eine Hämolyse ergeben sich aus dem Nachweis von Urobilinogen im Urin. Beweisend für eine intravasale Hämolyse ist der Nachweis von freiem Hämoglobin im Serum und Urin.

Wichtigster Screeningtest auf eine autoimmunologische Ursache für eine Hämolyse ist der direkte Coombs-Test, der auf Erythrozyten in vivo beladene Antikörper oder Komplementkomponenten nachweist. Bei positivem Coombs-Test wird mittels weiterer serologischer Tests die verantwortliche AK-Klasse spezifiziert, wobei auch Medikamente als mögliche Auslöser mitgetestet werden sollten. Indirekte Hinweise auf inkomplette Wärme-AK ergeben sich aus einer stark beschleunigten BSG mit einem schlierigen Absetzen der Erythrozyten. Der Nachweis von Kälteagglutininen ist bis zu einem Titer von 1:32 normal, bei einem Kälteagglutinin-Syndrom liegen die Titer bis 1:1000 wesentlich höher und bei den kongenitalen Formen sogar > 1:1000. Indirekte Hinweise auf Kälteagglutinine sind Probleme bei der Blutabnahme (Verstopfen der Kanüle durch Agglutination der Erythrozyten), eine stark beschleunigte BSG bei Raumtemperatur im Gegensatz zu einer normalen BSG bei 37 °C.

Wichtig ist die Durchführung einer Knochenmarkpunktion, um ein malignes Lymphom im Knochenmark auszuschließen. Als Folge der hämolytischen Anämie zeigt sich hier typischerweise eine anteilig an der Gesamthämatopoese gesteigerte und linksverschobene Erythropoese.

Besteht neben einer autoimmunhämolytischen Anämie auch noch eine Autoimmunthrombozytopenie, spricht man von einem Evans-Syndrom.

DD *Differentialdiagnose*

Wichtig ist einerseits die Abgrenzung zu den nichtimmunologisch bedingten extrakorpuskulären und den korpuskulären hämolytischen Anämien (→ Tab. 8-1) und andererseits – im Falle einer antikörpervermittelten Hämolyse – die Suche nach auslösenden Erkrankungen bzw. Ursachen, insbesondere malignen Lymphomen (B-Zell-Non-Hodgkin-Lymphomen → Kap. 32), SLE (→ Kap. 43) und Medikamenten. Serologische Tests (z.B. auf Mykoplasmen, EBV und andere Viren) ermöglichen eventuell die Identifizierung des auslösenden Agens bei einer postinfektiös aufgetretenen AIHA. Bei Donath-Landsteiner-AK sollte eine Syphilis ausgeschlossen werden.

9 Blutung

P. Staib und V. Diehl

Abgesehen vom Trauma manifestieren sich äußerlich sichtbare Blutungen aus einer Körperöffnung in Form von Epistaxis, Hämoptoe/Hämoptysis, Hämatemesis, Meläna, Hämatochezie, Hämaturie, Menorrhagie bzw. Metrorrhagie oder als Weichteileinblutungen (Purpura). Eine nicht sichtbare innere Blutung sollte bei unklaren Beschwerdebildern prinzipiell in der Differentialdiagnose berücksichtigt werden. Blutungen sind Symptome verschiedener Erkrankungen, deren Diagnose und Therapie Gegenstand der unterschiedlichsten klinischen Spezialdisziplinen ist (z. B. Gastroenterologie, Pneumologie, Nephrologie, Urologie, Gynäkologie, Chirurgie). Im Rahmen dieses Kapitels können die Krankheitsbilder der verschiedenen Disziplinen nicht im einzelnen besprochen werden. Detaillierter wird auf die Differentialdiagnose der **hämorrhagischen Diathese** eingegangen, wobei die wichtigsten Erkrankungen näher beschrieben sind. Umfangreiche Tabellen der möglichen Ursachen bieten eine rasche erste Orientierungshilfe.

9.1 Definitionen und Abgrenzung

Eine Blutung stellt, je nach Erscheinungsform und Ausmaß, für den Patienten meist eine bedrohliche Situation dar, die ihn oft unmittelbar zum Arzt führt. Zur Ergründung der Ursache(n) – wenn kein Trauma vorliegt – ist es wichtig, die Blutung genau zu beschreiben. Hieraus ergibt sich häufig die Richtung des differentialdiagnostischen Weges.

Eine **Blutung** ist der Austritt von Blut aus einem Gefäß, d.h. aus dem intravasalen Raum. Dabei kann es sich um ein **akutes** oder **chronisches** Geschehen handeln. Die Blutung kann einerseits **direkt diagnostiziert** werden, wenn Blut äußerlich sichtbar aus einer Körperöffnung (z. B. Nasenloch) oder Wunde strömt oder wenn es in die oberflächlichen Weichteilgewebsschichten austritt und als Hautblutung manifest wird. Andererseits liegen häufig nur **indirekte** Hinweise (z. B. Schwellung eines Gelenks) auf das Vorliegen einer Blutung vor, insbesondere im Falle einer **inneren Blutung** (Tab. 9-1).

Tab. 9-1 Charakterisierung einer Blutung

Blutaustritt aus Gefäß(en)
akut
chronisch
direkt erkennbar als Blutung
aus äußerlicher Wunde
in oberflächliche Gewebsschichten (Haut)
aus Körperöffnung
indirekte Zeichen einer Blutung
nicht sichtbare innere Blutung

9.1.1 Direkt erkennbare Blutung

Eine Blutung aus einer **externen Wunde** wird durch die Lokalisation beschrieben. Ist ein arterielles Gefäß verletzt, so ist die Blutung spritzend bzw. pulsierend. Bei Arrosion einer Vene oder des Kapillarbettes ist der Blutungstyp diffus sickernd.

Blutungen in **oberflächliche Weichteilgewebsschichten** werden als Purpura, die je nach Erscheinungsform und Ausdehnung näher charakterisiert werden kann, bezeichnet, während Blutaustritt aus den unterschiedlichen **Körperöffnungen** mit speziellen Begriffen belegt ist (Tab. 9-2).

Tab. 9-2 Unterschiedliche Blutungstypen

Weichteilblutung	Blutung aus Körperöffnung
Purpura	Epistaxis
Petechien	Hämoptoe/Hämoptysis
Ekchymosen	Hämatemesis
Sugillationen/Suffusionen	Meläna
Hämatom	Hämatochezie
	Hämaturie
	Menorrhagie
	Metrorrhagie

9

Tab. 9-3 Beispiele nicht sichtbarer „innerer" Blutungen
Hämarthros intrakranielle Blutungen intrathorakale Blutungen intraabdominelle Blutungen retroperitoneale Blutungen

9.1.2 Nicht sichtbare „innere" Blutung

Prinzipiell handelt es sich bei Blutaustritt aus einer Körperöffnung um eine „innere" Blutung, wobei aufgrund des mittel- oder unmittelbar sichtbaren Blutes klar ist, daß eine Blutung vorliegt. Nicht jede **innere Blutung** gewinnt jedoch Anschluß an ein Hohlorgan bzw. an einen nach außen vorgeformten Weg, so daß sie sowohl dem Patienten als auch dem Arzt zunächst verborgen ist. In der Regel klagen die Patienten über unspezifische Symptome wie z.B. Schmerzen, Abgeschlagenheit, Schwellung einer Körperpartie. Beispiele für solche Blutungen sind in Tabelle 9-3 aufgeführt.

9.2 Ursachen

Die sicherlich häufigste Ursache für eine Blutung ist ein **Trauma** (z.B. Schnitt- oder Stichverletzung). In der Inneren Medizin gibt es jedoch viele verschiedene **Krankheiten,** die entweder eine manifeste Blutung verursachen oder mit einer Blutung unmittelbar im Zusammenhang stehen. Davon abzugrenzen sind solche Erkrankungen, die mit einer **hämorrhagischen Diathese** verbunden sind und bei einem Trauma oder auch einer Operation zu einer inadäquat starken Blutung oder sogar zu Spontanblutungen führen.

Inwieweit die Blutung und deren Ursache bei einer nicht direkt erkennbaren Blutung mit in die Differentialdiagnose einbezogen wird, hängt von der Anamnese und dem körperlichen Untersuchungsbefund ab.

9.2.1 Trauma

Die traumatisch bedingte Blutung ist die Domäne der Chirurgie, aber es gilt der Grundsatz: Bei jedem Trauma und jeder klinisch nicht erkennbaren Blutung ist eine **„innere Blutung"** bis zum Beweis des Gegenteils anzunehmen! Dies ist besonders wichtig bei mehr indirekt einwirkender Gewalt auf den Körper durch ein stumpfes Trauma, Akzelerations-, Dezelerations- oder Barotrauma. Ein klassisches Beispiel dafür ist jeder Verkehrsunfall!

Tab. 9-4 Ursachen je nach Typ/Lokalisation der Blutung
Epistaxis
Trauma (z.B. digitale Manipulation) Infektionen (Virusinfekte, Rhinitis, Typhus) hämorrhagische Diathese Koagulopathien thrombozytäre Störung Vasopathien (z.B. Morbus Osler) Hypertonie, Arteriosklerose Tumoren
Gynäkologische Blutungen
Metrorrhagie Kardinalsymptom von Uterusmalignomen! Schleimhautpolypen Myome Portioerosionen Uterusschleimhaut-Entzündungen **Menorrhagie** Uterusmyome Adenomyosis uteri interna Schleimhautpolypen Gestagenmangel
Gastrointestinale Blutungen
Hämatemesis • obere gastrointestinale Blutung: aus Ösophagusvarizen erosive Refluxösophagitis Mallory-Weiss-Syndrom Ulcus ventriculi erosive Gastritis Ulcus duodeni Neoplasie: Ösophagus/Magen aus Pankreas- und Gallenwegen **DD: Blutung aus Nasopharynx/Lunge** **Meläna** • obere gastrointestinale Blutung: Ursachen wie Hämatemesis Blutungsquelle bis Dünndarm • untere gastrointestinale Blutung: → auch Hämatochezie, träge Darmpassage! **Hämatochezie** Colitis ulcerosa Morbus Crohn Polyp(en) Divertikulose Angiodysplasien Malignome Darminfektionen (z.B. Amöben) Intoxikationen (z.B. Säure) Hämorrhoiden Fissuren Meckel-Divertikel Mesenterialinfarkt bzw. ischämische Kolitis pseudomembranöse Kolitis **Cave: massive obere GI-Blutung**

9.2.2 Diverse Krankheiten

Blutungen können durch unterschiedliche Erkrankungen unmittelbar verursacht oder Folge einer hämorrhagischen Diathese sein, oder es handelt sich um eine Kombination von beiden. Tabelle 9-4 führt die wichtigsten Differentialdiagnosen in Abhängigkeit vom **Typ bzw. der Lokalisation einer Blutung** auf. Die Auflistung der verschiedenen Ursachen soll Orientierungshilfe zur Aufarbeitung in der Literatur der entsprechenden Fachdisziplin leisten.

9.2.3 Hämorrhagische Diathese

Hierbei sind die Mechanismen der Gefäßabdichtung gestört, wobei prinzipiell eine Störung der Gefäße selbst, der plasmatischen Gerinnung und/oder der Thrombozyten vorliegen kann (Tab. 9-5).

Unabhängig von der interdisziplinären Problematik muß bei jeder Blutung eine möglicherweise bestehende **hämorrhagische Diathese** in der Differentialdiagnose berücksichtigt werden, insbesondere dann, wenn die Blutung angesichts des Traumas oder der zugrundeliegenden Erkrankung unangemessen stark erscheint. Häufiger tritt eine **hämorrhagische Diathese** jedoch in Form einer **Purpura** auf. Die Ursachen sind sehr mannigfaltig und in Tabellen 9-6.1, 9-6.2, 9-7 und 9-8 aufgelistet.

Tab. 9-5 Prinzipielle Ursachen einer Blutung

Trauma (→ 9.2.1) diverse Krankheiten (→ 9.2.2) hämorrhagische Diathese (→ 9.2.3) • vaskuläre Störungen • plasmatische Störungen (Koagulopathien) • thrombozytäre Störungen

Ursachen einer hämorrhagischen Diathese:

- Thrombozytäre Störungen
  - Thrombozytopenien (Tab. 9-6.1),
  - Thrombozytopathien (Tab. 9-6.2),
- Vaskuläre Störungen (Tab. 9-7)
- Plasmatische Störungen – Koagulopathien (Tab. 9-8)

9

Tab. 9-6.1 Ursachen für Thrombozytopenien

	Thrombozytopenien			
Produktion ↓	**Produktion ↑**		**Pooling**	**Infektion/Diverses**
Megakaryozyten ↓ toxischer Schaden: Medikamente (Chlorothiazide) Alkoholabusus Strahlenschädigung hereditäre Thrombozytopenie Osteomyelofibrose neoplastische Markinfiltration akute/chronische Leukämien Plasmozytom maligne Lymphome Knochenmarkkarzinose HIV-Myelopathie	**korpuskulär bedingt** Wiskott-Aldrich-Syndrom **extrakorpuskulär bedingt** **Auto-Antikörper** akute idiopathische thrombozytopenische Purpura (ITP, Morbus Werlhof) chronische ITP Evans-Syndrom Hyperthyreose maligne Lymphome systemischer Lupus erythematodes Sharp-Syndrom rheumatoide Arthritis HIV-Infektion heparininduzierte Thrombozythämie (HIT) Typ I/II	**inkomplette Antikörper** medikamentös induziert Acetazolamid Antazolin Acetylsalicylsäure 5-Aminosalicylsäure Carbamazepin Carbromal Chinidin Chinin Chloramphenicol Chlorothiazide Chlorpropamid Desipramin Diazepam Digitoxin Diphenylhydantoin Diltiazem Goldsalze Hydroylchloroquin Hydantoine Isoniazid Lidocain Methyldopa PAS Penicillamin Procainamid Rifampicin Sulfonamide Valproat	**pathologische Speicherung bei Splenomegalie** portale Hypertension neoplastische Splenomegalie Splenomegalie allgemein infektiöse Splenomegalie Speicherkrankheit M. Gaucher M. Niemann-Pick Amyloidose	**infektiöse Ursache** **viral** Masern(-Lebendvakzine) Varizellen Röteln infektiöse Mononukleose **bakteriell** Sepsis gramnegative Keime Meningokokken Streptokokken **Rickettsiose** **parasitär** Malaria Trypanosomiasis Toxoplasmose Histoplasmose

Tab. 9-6.1 Ursachen für Thrombozytopenien, Fortsetzung

Thrombozytopenien				
Produktion ↓	**Produktion ↑**		**Pooling**	**Infektion/Diverses**
Megakaryozyten ↑ perniziöse Anämie Folsäuremangel paroxysmale nächtliche Hämoglobinurie (PNH) myelodysplastisches Syndrom	**Iso-Antikörper** nach Bluttransfusion fetomaternale Inkompatibilität **Fremdmaterial** Extrakorporalkreislauf künstliche Herzklappen Plasmaaustauschtherapie **AG-AK-Komplexe** Nahrungsmittel Insektenstiche	**Gefäßveränderungen/DIC** diffuse intravasale Gerinnung Mikroangiopathien thrombotisch-thrombozytopenische Purpura (Moschcowitz-Syndrom) hämolytisch-urämisches Syndrom Eklampsie Kasabach-Merritt-Syndrom Kaposi-Sarkom Transplantatabstoßung schwere Verbrennungen		**infektiöse Ursache** **Diverses** Hypothermie Urämie Taucherkrankheit (Dekompression)

Tab. 9-6.2 Ursachen für Thrombozytopathien

Hereditäre Störungen	Erworbene Störungen	
normale Thrombozytenzahl Bindegewebserkrankungen Thrombasthenia Glanzmann-Naegeli „Storage pool disease" „Defective release reaction" **Thrombozyten vergrößert** Bernard-Soulier-Syndrom thrombopathische Thrombozytopenie May-Hegglin-Anomalie **Thrombozyten verkleinert** Wiskott-Aldrich-Syndrom	**medikamentös induziert** Antiphlogistika Antidepressiva Antibiotika Sympathikolytika **toxisch bedingt** Urämie Leberzirrhose	**hämatologisch** Paraproteinämie akute u. chronische Leukämien MDS myeloproliferative Syndrome perniziöse Anämie

Tab. 9-7 Ursachen für vaskuläre Störungen

Vaskuläre Störungen			
Gefäßanomalien	**Infektionen**	**Konkomitante Proteinanomalien**	**Diverses**
hereditär Morbus Osler Pachymeningiosis haemorrhagica interna Bindegewebsanomalien – Ehlers-Danlos-Syndrom – Osteogenesis imperfecta – Pseudoxanthoma elasticum – Marfan-Syndrom **erworben** Purpura senilis Steroidpurpura (Cushing-Syndrom) Skorbut	Bakterien/Spirochäten Viren Rickettsien Protozoen	Paraproteinämie Kryoglobulinämie Hypergammaglobulinämie Amyloidose	Purpura Schoenlein-Henoch Purpura fulminans medikamentös induziert: Autoimmunmechanismus? akute Glomerulonephritis rheumatoide Arthritis akutes rheumatisches Fieber Hämochromatose Myxödem

Tab. 9-8 Ursachen für plasmatische Störungen (Koagulopathien)

Hereditär	Erworben	
Intrinsic-System Hämophilie A Hämophilie B Faktor-XII-Mangel v.-Willebrand-Jürgens-Syndrom Faktor-XI-Mangel High-Molecular-Weight-Kininogen-Mangel	**Medikamente** Cumarinderivate Breitbandantibiotika: Sulfonamide Cephalosporine Tetrazykline Mitomycin L-Asparaginase Doxorubicin Daunomycin Colestyramin	**Verbrauchskoagulopathie (DIC)** geburtshilfliche Komplikationen (z. B. Fruchtwasserembolie) Operation an thrombokinasereichen Organen (z. B. Lunge, Pankreas) Hämolysen (z. B. hämolytische Krise, Fehltransfusion) Schlangengifte Tumorlyse-Syndrom akute Promyelozytenleukämie (AML FAB M3) Sepsis, besonders gramnegative Keime Waterhouse-Friderichsen-Syndrom (Meningokokkensepsis) Purpura fulminans (→ Abb. 9-8) körperfremde Oberflächen Störung der Mikrozirkulation: Schock
Extrinsic-System Prothrombinmangel Faktor-VII-Mangel Parahämophilie (Faktor-V-Mangel) Faktor-X-Mangel	**Vitamin-K-Mangel** Vit.-K-Antagonisten Mangel bei Neugeborenen orale Zufuhr vermindert Diätfehler parenterale Ernährung Mangel an intestin. Vit.	**Diverses** neu aufgetretene Hämophilie Fibrinogenolyse Hemmkörperhämophilie Lupusinhibitor Leberinsuffizienz
Diverses Afibrinogenämie Hypofibrinogenämie Dysfibrinogenämie Faktor-XIII-Mangel		

9.3 Diagnostik

In der klinischen Praxis lassen sich prinzipiell zwei Situationen unterscheiden: Im ersten Fall präsentiert sich der Patient mit einer manifesten, sichtbaren Blutung, deren Ursache geklärt werden muß. Im zweiten Fall äußert der Patient Beschwerden bzw. lassen sich Befunde erheben, die mit einer „inneren" Blutung im Zusammenhang stehen können, aber prima vista als Blutung nicht erkennbar sind. Hier muß die Blutung als mögliche Ursache zunächst in der Differentialdiagnose in Betracht gezogen werden und dann – meist mit bildgebenden Verfahren (z. B. CT) – gesichert werden, bevor die eigentliche Ursachenabklärung und eine kausale Therapie eingeleitet werden kann. Als Beispiel sei ein Patient mit einem „akuten Abdomen" genannt, bei dem die Blutung nur eine mögliche Ursache unter vielen anderen darstellt.
Die Anamnese und die körperliche Untersuchung haben daher zum Ziel,

1. **direkte** oder **indirekte Zeichen** einer Blutung zu erfassen (1. bzw. 2. Fall),
2. die **Ursache** einer Blutung einzugrenzen.

Häufig kann durch eine gezielte Anamnese und den bei der Untersuchung erhobenen Blutungstyp die Ursache eingeordnet werden.

9.3.1 Anamnese

9.3.1.1 Direkte Blutungszeichen

Es handelt sich um den „ersten Fall": Ein Patient klagt über eine sichtbare, klinisch manifeste Blutung. Folgende Punkte sind in der Anamnese wichtig:

▷ **Wo blutet es? – Lokalisation der Blutung?**
➠ Hierbei wird per Blickdiagnose der Blutungstyp festgestellt, der hinsichtlich Ursache wegweisend sein kann.

▷ **Liegt ein Trauma oder eine Spontanblutung zugrunde?**
➠ Genauer Unfallhergang wichtig, da er Rückschlüsse auf evtl. weitere innere Verletzungen oder Blutungen erlaubt (besonders bei Verkehrsunfällen). Ist die Intensität der Blutung dem Trauma angemessen? – Wenn dies nicht der Fall ist oder gar kein Trauma vorliegt, deutet dies auf eine hämorrhagische Diathese hin.

▷ **Zeitlicher Verlauf und Ausmaß der Blutung?**
➠ Aussagen hierüber ermöglichen die Abschätzung des Blutverlustes, wobei der Patient häufig den Blutverlust überschätzt. Akut? Chronisch?

▷ **Begleitende Symptome – Grunderkrankung?**
➠ z. B. Schmerzen? Schmerzcharakter? Fieber? Myalgien? – Ist eine andere Erkrankung bekannt, z. B. maligner Tumor, Leukämie, Lymphom?

▷ **Medikamenteneinnahme?**
➠ Welche Medikamente werden regelmäßig oder wurden vor kurzem eingenommen (bis 1–2 Monate zurückliegend)? – Ist eine Chemotherapie durchgeführt worden?
▷ **Frühere Spontanblutungen?**
➠ Neigung zu blauen Flecken? – Bluten kleine Wunden zu lange, z. B. beim Rasieren?
▷ **Hinweise auf familiäre Erkrankung?**
➠ Gibt es „Bluter" in der Familie?

9.3.1.2 Indirekte Blutungszeichen

Hier liegt der „zweite Fall" vor: Der Patient gibt keine Blutung an, schildert aber Symptome, die Folge einer nicht sichtbaren Blutung sein können:

- Schmerzen
- Schwellung
- Vigilanz- oder Bewußtseinsstörung, Schwindel
- Ohrensausen
- Abgeschlagenheit, Müdigkeit, Leistungsminderung, Schwäche
- Fieber
- Reiseanamnese (Tropenaufenthalt)
- Trauma.

9.3.2 Körperlicher Untersuchungsbefund

9.3.2.1 Direkte Blutungszeichen

Eine sichtbare, klinisch manifeste Blutung läßt sich entsprechend der Lokalisation und des Blutungstyps (z. B. arteriell, venös, Hämatin, Purpura u. ä.) charakterisieren (Tab. 9-2, 9-4 und 9-9).

Purpura ist der Oberbegriff für Haut- und Schleimhautblutungen unterschiedlicher Größe und Ausdehnung. Zur weiteren Charakterisierung einer Purpura dienen die Begriffe Petechien, Ekchymosen, Sugillationen, Suffusionen und Hämatome.

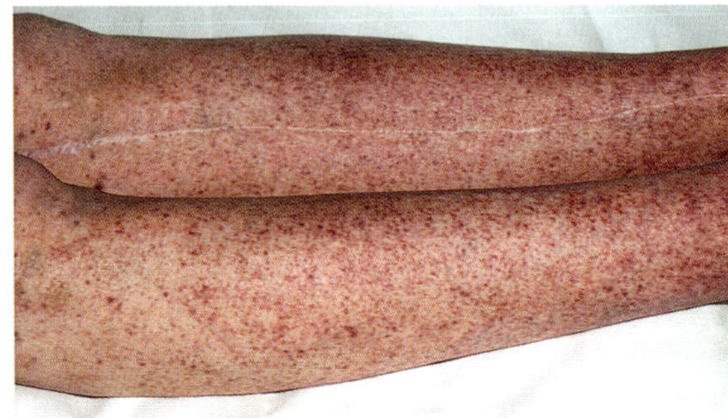

Abb. 9-1 Petechiale Purpura bei einem Patienten nach Chemotherapie bei AML.

Petechien sind stecknadelkopfgroße, also nicht mehr als 3 mm im Durchmesser große Blutungen in die Haut oder Schleimhaut. Im Unterschied zu einem allergischen Exanthem oder Teleangiektasien (z. B. Spider naevi) sind Petechien nicht mit dem Glasspatel wegdrückbar, da die Erythrozyten aus den Gefäßen in die Unterhautgewebsschichten ausgetreten sind (Abb. 9-1 und 9-2). Von *Ekchymosen* spricht man bei größeren, also mehr fleckförmigen Einblutungen (Abb. 9-3). Bei einer *Sugillation* bzw. *Suffusion* handelt es sich bereits um münzgroße bzw. großflächige Blutungen (Abb. 9-4). Ein *Hämatom* ist eine tiefergehende, massive Weichteilgewebsblutung, die die Haut oder Schleimhaut vorwölbt im Sinne einer Schwellung. Oft kommt es erst später im Rahmen der Resorption des Hämatoms zur bläulich-lividen Verfärbung der Haut („blauer Fleck").

Je nach Erscheinungsbild der **Purpura** ergibt sich die Möglichkeit, die Differentialdiagnose auf einen oder zwei der drei Ursachenbereiche (thrombozytäre, vaskuläre oder plasmatische Störungen) einzugrenzen (→ Tab. 9-9).

Tab. 9-9 Ursacheneingrenzung bei Purpura (++ = häufig, + = variabel, ± = selten, 0 = ungewöhnlich)

Purpura:
punkt- bis fleckförmige Blutung → thrombozytär/vaskulär
flächenhafte Blutung → plasmatische Ursache

Blutungstyp	thrombozytär	vaskulär	plasmatisch
Petechien (Abb. 9-1 und 9-2)	++	++	0
Ekchymosen (Abb. 9-3)	++	++	0
Sugillation/Suffusion (Abb. 9-4)	±	±	++
Hämatom	±	±	++
Hämarthros/Muskelblutung	0	0	++
erhöhte Blutungsintensität	++	++	0
Nachblutung bei kleiner Hautläsion	++	++	±

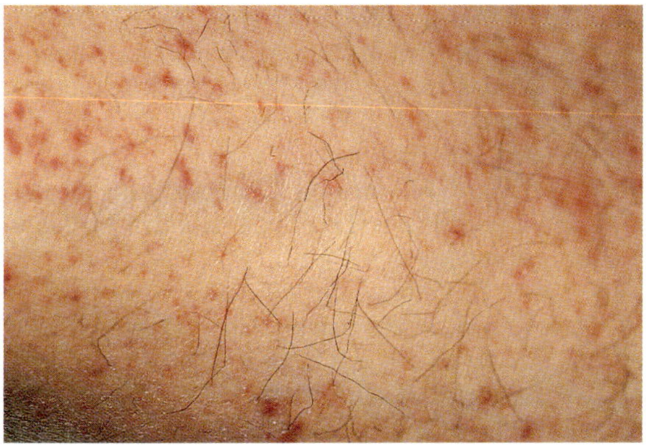

Abb. 9-2 Hautareal einer petechialen Purpura.

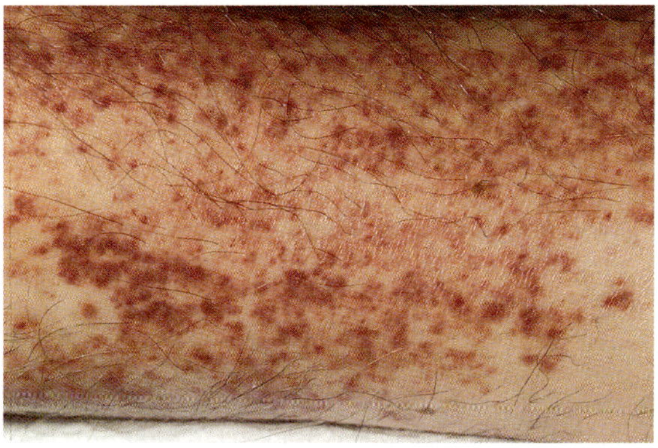

Abb. 9-3 Ekchymosen bei allergischer Vaskulitis.

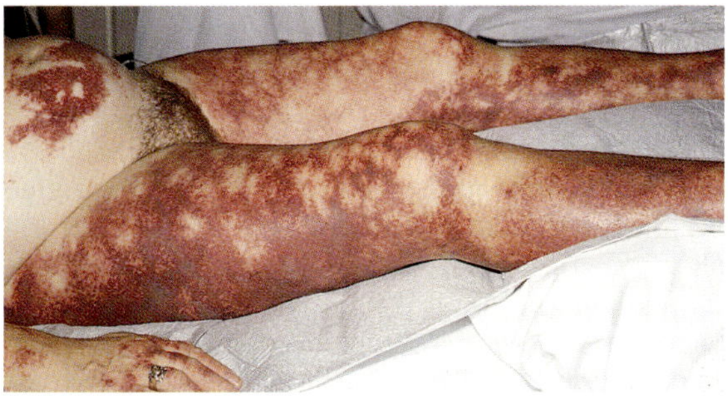

Abb. 9-4 Sugillationen bei Kryoglobulinämie und begleitender Vaskulitis.

Die zur Beschreibung von **Blutungen aus einer Körperöffnung** verwendeten Begriffe sind aus Tabelle 9-2 ersichtlich. Die entsprechenden Differentialdiagnosen gehen aus Tabelle 9-4 hervor.

9.3.2.2 Indirekte Blutungszeichen

Bestimmte klinische Befundkonstellationen lassen eine nicht sichtbare Blutung vermuten.

Schmerzen

Spontan oder nach Trauma können Schmerzen mit einer Blutung im Zusammenhang stehen, z.B. akutes Abdomen oder Verkehrsunfall. Cave Verkehrsunfall (stumpfes Trauma bzw. Akzelerations-/Dezelerationstrauma): Blutung muß immer ausgeschlossen werden!

Positiver Schockindex (> 1,0)

Beträgt der Quotient aus Puls und systolischem Blutdruck über 1, besteht Schockgefahr: d.h. Puls > 100/min und RR < 100 mmHg (Richtwerte). Eine solche Kreislaufsituation spricht für einen hypovolämischen Schock als mögliche Folge einer Blutung. Der Volumenverlust ist bei > 1000 ml anzusiedeln.

Schwellung

Mögliche Folge einer raumfordernden Blutung, kombiniert mit oder ohne Schmerzen, z.B. Oberschenkelfraktur mit Blutung, Kniegelenkblutung (Hämarthros) ist eine Schwellung. Ursache: spontan bei hämorrhagischer Diathese oder Trauma. Unter einem *Hämarthros* versteht man eine Gelenkblutung bzw. eine intraartikuläre Blutung. Sie tritt meist spontan auf und imponiert klinisch durch eine schmerzhafte Gelenkschwellung mit entsprechender Bewegungseinschränkung. Prädilektionsstellen sind Knie-, Sprung- und Ellbogengelenke. Am häufigsten liegt eine Koagulopathie (z.B. Hämophilie A oder B) zugrunde.

Vigilanz- bzw. Bewußtseinsstörungen

Bei positivem Schockindex: Folge der Hypovolämie und entsprechender Minderperfusion des ZNS. Bei adaptiertem Kreislauf: Folge der Anämie und der Sauerstoffminderversorgung des ZNS. Bei zusätzlichen *neurologischen Ausfällen:* mögliche Folge einer intrakraniellen Blutung.

Blässe von Haut und Schleimhäuten

Ausdruck einer Anämie. Häufigste Ursache ist eine Eisenmangelanämie: alimentär oder chronischer Blutverlust, z.B. Magen- oder Kolonkarzinom.

Fieber

Folge einer Infektions- oder einer Autoimmunerkrankung. Beides kann im Zusammenhang mit einer Blutung oder hämorrhagischen Diathese stehen.

Anamnese und körperliche Untersuchung helfen die Ursache einer Blutung einzugrenzen oder lassen den Verdacht auf eine solche aufkommen. Gewisse Laboruntersuchungen geben zusätzliche Informationen.

9.3.3 Laboruntersuchungen und Differenzierung einer Blutung

Eine Kombination von wenigen, relativ einfachen Tests gibt umfassend Aufschluß über eine Blutung und

Tab. 9-10 Übersicht über die wichtigsten Gerinnungstests

Test (Normwerte laborabhängig!)	Indikation/ Testfunktion	Pathologisch bei:
PTT (22–35 sec)	Kontrolle von Heparintherapie (Soll 1,5–2fach) Test für Intrinsic-System	Mangel/Inhibition von Faktor I, II, V, VIII, IX–XII Heparin- und Cumarintherapie
Quick (70–120%)	Kontrolle von Cumarintherapie, Leberfunktion Test für Extrinsic-System	Mangel/Inhibition von Faktor I, II, V, VII, X Vit.-K-Mangel Cumarintherapie Leberinsuffizienz
Thrombinzeit (13–17 sec)	Kontrolle von Heparintherapie (Soll 2–3fach)	Mangel an Fibrinogen Heparin- u. Fibrinolysetherapie DIC
Fibrinogen (200–400 mg/dl)	Kontrolle von Fibrinolysetherapie V. a. DIC	Mangel an Fibrinogen DIC Infektionen, Akute-Phase-Reaktion
Fibrinspaltprodukte (<10 mcg/ml)	V. a. DIC	DIC Fibrinolysetherapie Lebererkrankungen Hyperfibrinolyse
Blutungszeit (Ivy) (3–6 min)	hämorrhagische Diathese bei normaler Thrombozytenzahl u. normalen Gerinnungstests	Thrombozytopenie Thrombozytopathie vaskuläre Störung

deren Ursache. Folgende Tests sollten primär durchgeführt werden (Tab. 9-10):

- Blutbild
- partielle Thromboplastinzeit (PTT)
- Thromboplastinzeit oder Prothrombinzeit (nach Quick)
- Thrombinzeit (TZ)
- Fibrinogen
- Blutungszeit (nach Ivy).

Jeder dieser Tests erfaßt eine bestimmte Stufe des Gerinnungsvorgangs, wie dies schematisch anhand der Gerinnungskaskade in Abbildung 9-5 dargestellt ist. Die genannten Tests und ihre Bedeutung werden im folgenden kurz aufgeführt:

▷ Blutbild inklusive Thrombozytenzahl
➠ Hb-Wert: informiert über Ausmaß einer Blutung; mikrozytäre Anämie spricht für chronische Blutung.
➠ Thrombozytenwert: Thrombopenie als mögliche Ursache einer Blutung.
➠ Leukozyten: Information über mögliche Grunderkrankungen, z. B. Leukämie, reaktive Leukozytose bei Infektionen.

▷ Partielle Thromboplastinzeit (PTT)
➠ Pathologisch verlängert bei Koagulopathien bzw. bei Störungen des endogenen Gerinnungssystems (die Faktoren VII und XIII werden von dem Test nicht miterfaßt). Beste Methode zur Überwachung einer Therapie mit Heparinderivaten.

▷ Thromboplastinzeit (Quicktest)
➠ Pathologisch vermindert bei Koagulopathien bzw. Störungen des exogenen Gerinnungssystems (besonders bei einem Mangel an Faktor I, II, V, VII, X). Beste Methode zur Überwachung einer Therapie mit Vitamin-K-Antagonisten (Cumarine).

▷ Thrombinzeit (TZ)
➠ Pathologisch verlängert bei Erniedrigung des Fibrinogens (Faktor I), Dysfibrinogenämie, Erhöhung von Fibrinogenspaltprodukten (Verbrauchskoagulopathie, DIC).

▷ Fibrinogen
➠ Pathologisch erniedrigt bei Faktorverlust infolge einer Blutung, Verbrauch bei aktivierter intravasaler Gerinnung (DIC), Mangel durch Synthesestörung infolge einer Grunderkrankung (z. B. Leberinsuffizienz) oder Antikoagulation mit Vitamin-K-Antagonisten (Cumarine).

▷ Blutungszeit (Methode nach Ivy)
➠ Pathologisch verlängert bei quantitativen bzw. qualitativen thrombozytären Störungen (Thrombozytopenie bzw. Thrombozytopathie) oder vaskulären Störungen.

Die oben beschriebenen Gerinnungsanalysen ermöglichen einige prinzipielle Rückschlüsse auf eine eventuell vorhandene **hämorrhagische Diathese.** Bei alleiniger **Thrombozytopenie** liegt in der Regel eine **thrombozytäre Störung** vor. Bei fehlenden Blutungszeichen ist eine Pseudothrombopenie auszuschließen: Verklumpung der Thrombozyten in EDTA und dadurch bedingte Fehlzählung, daher ist eine Wiederholung der Messung in Zitratblut indiziert.

Sind **PTT** und **Quickwert** normal, ist eine **Koagulopathie** nahezu ausgeschlossen. Einzige Ausnahme: Faktor-XIII-Mangel. Zur Differentialdiagnose von bestimmten Ergebniskonstellationen der aufgeführten Tests gibt Tabelle 9-11 näher Aufschluß.

Je nach Differentialdiagnose ergibt sich die Indikation zu weiteren speziellen hämostaseologischen Laboruntersuchungen, z. B. bei Hämophilie-Verdacht eine Einzelfaktoranalyse; bei Thrombozytopathie-Verdacht diverse Thrombozytenfunktionstests; bei Verdacht auf Verbrauchskoagulopathie den Alkohol-Gelationstest zum Nachweis von Fibrinmonomeren.

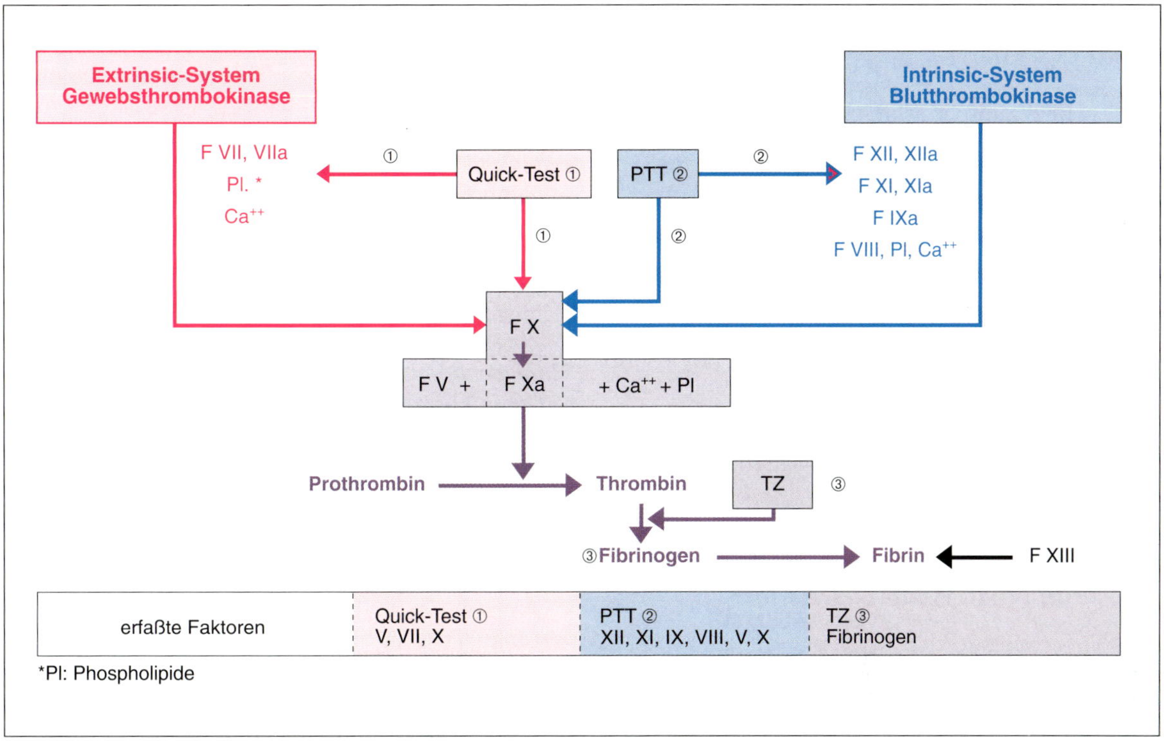

Abb. 9-5 Gerinnungskaskade (nach Sturm, A., E. Wetzels, K. D. Grosser: Grundbegriffe der inneren Medizin, Gustav-Fischer, Stuttgart–New York, 13. Aufl.)

Tab. 9-11 Differentialdiagnose von Testergebnis-Konstellationen

Testergebnis		**Interpretation**
Quick normal	PTT ↑	**Blutung:** F VIII ↓ (Hämophilie A), F IX ↓ (Hämophilie B), F XI ↓, Heparintherapie **ohne Blutung:** F XII ↓, Präkallikreinmangel, HMW-Kininogen-Mangel, Lupusinhibitor
Quick ↓	PTT normal	Cumarintherapie F-VII-Mangel
Quick ↓	PTT ↑	Mangel von F II, F V oder F X Fibrinogen ↓ Vit.-K-Mangel DIC, Leberinsuffizienz, Hyperfibrinolyse Fibrinolysetherapie hohe Heparindosis Cumarinüberdosierung
Thrombinzeit ↑	Quick ↓ + PTT ↑	hohe Heparindosis DIC, Fibrinogen < 60 mg/dl Fibrinolysetherapie
Blutungszeit ↑	Thrombo. ↓ Thrombo. normal	Thrombozytopenie (z. B. M. Werlhof) Thrombozytopathie Vasopathie von-Willebrand-Jürgens-Syndrom Aggregationshemmer („Aspirin")
	PTT ↑	Hämophilie von-Willebrand-Jürgens-Syndrom

9

9.4 Krankheitsbilder

Im folgenden werden einige wichtige Erkrankungen aus dem Formenkreis der **„hämorrhagischen Diathese“** vorgestellt.

9.4.1 Idiopathische thrombozytopenische Purpura (ITP, Morbus Werlhof)

Unter den Autoimmunthrombozytopenien stellt die ITP eine Ausschlußdiagnose bei der Befundkonstellation einer generalisierten Purpura, isolierter Thrombozytopenie, verkürzter Thrombozytenüberlebenszeit und meist vermehrter Megakaryozytenzahl im Knochenmark dar, wobei andere Ursachen für die Thrombopenie (→ Tab. 9-6.1) ausgeschlossen sein müssen. Der akuten, meist postinfektiösen Form, die überwiegend Kinder bis junge Erwachsene betrifft, liegt meist ein immunkomplexvermittelter Abbau der Thrombozyten in Milz und teilweise Leber zugrunde. Die chronische Verlaufsform findet sich bevorzugt bei Erwachsenen als Autoimmunerkrankung mit Nachweis von Autoantikörpern (meist IgG-Typ) gegen Thrombozyten.

B ***Beschwerden und Befunde***

Im Vordergrund steht ein akuter Beginn von Blutungssymptomen in Form von generalisierten Petechien bis Ekchymosen. Meist liegt ein viraler Infekt ca. 1–3 Wochen zurück. Bei der chronischen Verlaufsform ist der Beginn eher schleichend mit Neigung zu blauen Flecken, Nasenbluten oder verstärkter Periodenblutung. Seltener findet sich hier das Vollbild mit generalisierter Purpura. Charakteristisch ist das Fehlen sonstiger pathologischer Befunde!

DS ***Diagnosesicherung***

Labor

Isolierte Thrombozytopenie bis < 10000/µl. Bei der akuten Form der ITP können nur gelegentlich freie antithrombozytäre Antikörper oder eine IgG-Beladung der Thrombozyten nachgewiesen werden, während der Nachweis bei der chronischen Form in 90% der Fälle gelingt. Imponiert die Thrombozytopenie ohne Blutungszeichen als Zufallsbefund, sollte eine Pseudothrombozytopenie durch die Messung der Thrombozyten im Zitratblut bzw. im peripheren Blutausstrich ohne Antikoagulans ausgeschlossen werden.

Knochenmarkzytologie

Normal ausreifende Hämatopoese. Meistens ist die Zahl der Megakaryozyten deutlich gesteigert.

Thrombovita

Die nuklearmedizinische Bestimmung der Thrombozytenüberlebenszeit mittels ^{51}-Cr-markierter Thrombozyten ist eine fakultative Untersuchung. Die Thrombozytenüberlebenszeit ist deutlich verkürzt auf Stunden bis wenige Tage. Als Hauptabbauort findet sich meist die Milz, aber auch kombiniert mit der Leber.

DD ***Differentialdiagnose***

Abzugrenzen ist die ITP gegenüber Erkrankungen mit möglichen immunthrombozytopenischen Phänomenen wie dem Evans-Syndrom, einer Hyperthyreose bzw. Thyreoiditis, Kollagenosen wie SLE, rheumatoide Arthritis und Sharp-Syndrom, einer HIV-Infektion und (selten) lymphoproliferativen Erkrankungen wie Morbus Hodgkin oder Non-Hodgkin-Lymphomen. Schwierig ist oft die Differenzierung zur medikamentös-allergischen Thrombozytopenie, da der Nachweis von medikamentös induzierten Thrombozytenantikörpern nicht selten mißlingt. Eine kurzfristige Bluttransfusion (1–2 Wochen) kann ebenfalls eine isolierte Thrombopenie hervorrufen. Wichtig ist der Ausschluß einer neoplastischen Markinfiltration durch eine akute/chronische Leukämie, maligne Lymphome oder Karzinome sowie der Ausschluß anderer hämatologischer Systemerkrankungen wie Osteomyelofibrose oder myelodysplastisches Syndrom! Schließlich muß eine infektiöse Ursache erwogen werden, insbesondere Malaria nach Tropenaufenthalt. Nicht selten werden aber auch im Rahmen von viralen Infekten postinfektiös Autoimmunthrombozytopenien beobachtet, so z.B. bei Parvoviren, Mumps, EBV, CMV, Röteln, Varizellen, Denguefieber. Im 3. Trimenon der Schwangerschaft kann eine Thrombopenie Hinweis auf eine Eklampsie oder ein HELLP-Syndrom sein. Eine ausgeprägte Splenomegalie spricht eher für ein Hypersplenie-Syndrom. Im Zusammenhang mit einer Heparintherapie muß an eine heparininduzierte Thrombozytopenie (White-clot-Syndrom Typ I/II) gedacht werden. Zuletzt seien die DIC und die thrombotisch-thrombozytopenische Purpura (TTP, Moschcowitz-Syndrom) erwähnt, beides schwere Krankheitsbilder. Eine sehr seltene Ursache sind hereditäre Thrombozytopenien wie z.B. das Wiskott-Aldrich-Syndrom.

9.4.2 Thrombotisch-thrombozytopenische Purpura (TTP, Moschcowitz-Syndrom)

Es handelt sich um eine hämolytische Anämie mit mikroangiopathischer und thrombozytopenischer Komponente, also eine Kombination von vaskulärer und thrombozytärer Störung; als Ursache werden durch Infekte, Medikamente oder (auto)immunologische Prozesse induzierte Defekte des Gefäßendothels vermutet, die zur Bildung von hyalinen thrombozytären Mikrothromben überwiegend im präkapillären Arteriolenbereich aller Organe führen.

B *Beschwerden und Befunde*

Betroffen sind vor allem Frauen im dritten Lebensjahrzehnt. Klinisch im Vordergrund stehen eine thrombozytopenische Purpura (Petechien bis Ekchymosen), ein Ikterus sowie typischerweise eine wechselnde neurologische Symptomatik, die von leichten Sprachstörungen bis hin zur ausgeprägten Halbseitensymptomatik oder Koma reichen und sich plötzlich ändern kann. Außerdem kann sich ein akutes Nierenversagen entwickeln. Allgemeinsymptome wie Fieber sind nicht selten.

DS *Diagnosesicherung*

Labor

Im Blutbild zeigt sich eine Anämie sowie eine ausgeprägte Thrombopenie (bis < 10000/µl). Im Serum finden sich deutliche Hämolysezeichen: indirektes Bilirubin, Retikulozyten, Serumeisen, LDH und GOT erhöht, Haptoglobin deutlich erniedrigt; ggf. Leberwert- und Retentionswerterhöhung durch mikroangiopathische Schädigung der Organe. Der direkte Coombs-Test ist negativ. Nahezu pathognomonisch ist der Nachweis von Fragmentozyten im peripheren Blutausstrich.

Knochenmarkzytologie/Knochenbiopsie

Im Aspirat zeigen sich ebenfalls Fragmentozyten. Gelingt der Nachweis von hyalinen Thromben/Zylindern, ist die Diagnose „Moschcowitz-Syndrom" gesichert.

DD *Differentialdiagnose*

Eine maligne hämatologische Systemerkrankung (Leukämie/Lymphom) muß ausgeschlossen werden. Abzugrenzen ist das „hämolytisch-urämische Syndrom" (HUS, Morbus Gasser), das ähnliche pathophysiologische Phänomene der mikroangiopathischen hämolytischen Anämie und der thrombozytopenischen Purpura aufweist. Die Mikroangiopathie ist jedoch auf die Niere beschränkt, und meist sind nur Kinder betroffen. Die wichtigste Differentialdiagnose ist die DIC und deren Ursachen.

9.4.3 Neoplastische Knochenmarkinfiltration/Leukämien

Eine neoplastische Knochenmarkinfiltration bezeichnet die pathologische Vermehrung einer maligne entarteten, hämatopoetischen Zellreihe (z.B. Blasten) oder den Nachweis von knochenmarkfremden Zellen (z.B. Karzinomzellen). Je nach Infiltrationsgrad kommt es zur mehr oder weniger vollständigen Verdrängung der originären Hämatopoese und damit zu entsprechenden Blutbildveränderungen. Das Krankheitsspektrum reicht von akuten/chronischen Leukämien über maligne Lymphome und Plasmozytom bis zu verschiedenen Karzinomen (z.B. Mammakarzinom, kleinzelliges Bronchialkarzinom) oder Sarkomen.

9

B *Beschwerden und Befunde*

Allgemein findet sich eine thrombozytopenische Purpura (Petechien bis Ekchymosen). Vielfach bestehen unspezifische Allgemeinsymptome wie Leistungsknick, Abgeschlagenheit, Gewichtsverlust und eine sog. B-Symptomatik (Fieber, Nachtschweiß). Je nach Grunderkrankung ist die begleitende Symptomatik sehr variabel: Bei akuten Leukämien liegt der Leistungsknick sehr kurzfristig zurück (Wochen), häufig bestehen nicht abheilende Infekte (Bronchitis, Zahnprozesse) oder sogar Pneumonien, bei bestimmten myeloischen Subtypen finden sich häufig Gingivahyperplasien (M4/M5) oder zusätzlich eine Verbrauchskoagulopathie (M3), bei lymphatischen Subtypen weisen neurologische Symptome (z.B. Kopfschmerzen, Doppelbilder) auf einen zentralen Befall hin. Grundsätzlich können jedoch alle akuten Leukämien eine Verbrauchskoagulopathie verursachen. Bei malignen Lymphomen oder Karzinomen bestehen die Allgemeinsymptome in der Regel länger (Monate), ein Gewichtsverlust ist hier häufiger anzutreffen. Knochenschmerzen sind nicht selten mit lokaler ossärer Destruktion verbunden.

DS *Diagnosesicherung*

Labor

Im Blutbild besteht eine Panzytopenie unterschiedlichen Ausmaßes, bei einer Purpura aufgrund der Thrombozytopenie liegen die Werte oft < 10000/µl, bei „Leukämien" mit Ausschwemmung in das periphere Blut findet sich dann häufig eine Leukozytose, die sehr ausgeprägt sein kann (bis mehrere 100000/µl). Anhand des Differentialblutbildes und spezieller Färbetechniken läßt sich dann bereits die Diagnose stellen.

Knochenmarkzytologie/Knochenbiopsie

Wichtigste Untersuchung zur Stellung der Diagnose ist die Knochenmarkzytologie. Bei nicht-myeloischen Leukämien und malignen Lymphomen müssen zusätzlich immunzytologische Untersuchungen an den Ausstrichpräparaten durchgeführt werden. Außer bei Leukämien erlaubt die Knochenbiopsie oft eine histologische Typisierung von Lymphom- oder Karzinomzellen.

Apparative Diagnostik

Bei Infiltration durch ein malignes Lymphom oder Karzinom erfolgt eine entsprechende apparative Diagnostik zum Staging bzw. zur Primärtumorsuche: Röntgen-Thorax, Computertomographie, Skelettszintigraphie, Ultraschall des Abdomens, ggf. Röntgenuntersuchungen des Skeletts etc.

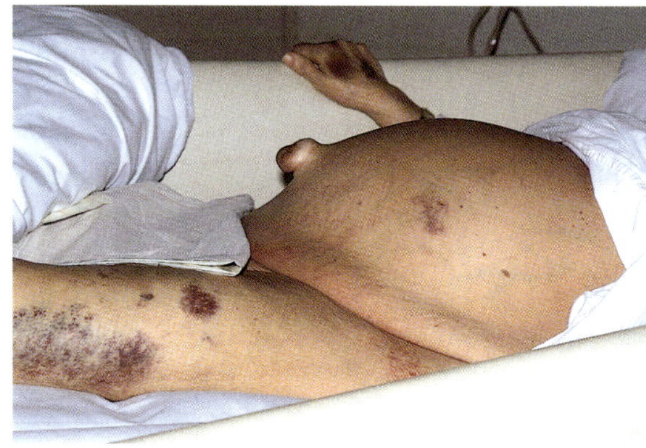

Abb. 9-6 Fortgeschrittene Leberinsuffizienz bei Leberzirrhose mit Aszites und Koagulopathie.

DD *Differentialdiagnose*

Die Differentialdiagnose erstreckt sich im wesentlichen auf die verschiedenen Grunderkrankungen: akute/chronische Leukämien, lymphoproliferative Erkrankungen wie Morbus Hodgkin oder Non-Hodgkin-Lymphome, Karzinome und Sarkome. Abzugrenzen sind andere hämatologische Systemerkrankungen wie Osteomyelofibrose und andere myeloproliferative Syndrome sowie das myelodysplastische Syndrom (MDS).

9.4.4 Erworbene Koagulopathien (außer DIC)

Unter erworbenen Koagulopathien versteht man sekundäre Störungen der Blutgerinnung im Bereich der plasmatischen Gerinnungsfaktoren infolge anderer Erkrankungsprozesse. Thrombozyten, Gefäße sowie fibrinolytisches System können mitbetroffen sein. Als Mechanismus können prinzipiell Störungen der Synthese (primärer und sekundärer Vitamin-K-Mangel, Lebererkrankung), Verbrauch durch Gerinnungsaktivierung (DIC, Verbrauchskoagulopathie; → 9.4.5) oder Hemmung der Gerinnung (Immunkoagulopathien, Heparin) zugrunde liegen.

B *Beschwerden und Befunde*

Klinisch stehen im Vordergrund manifeste Blutungen (z.B. GI-Blutung, Epistaxis) und/oder flächenhafte Weichteilblutungen (Sugillationen, Suffusionen, Hämatome). Je nach zugrundeliegender Störung bzw. Erkrankung sind die begleitenden Symptome/Befunde sehr variabel: Primärer Vitamin-K-Mangel findet sich meist bei Neugeborenen, nur selten bei Fehlernährung (cave: total parenterale Ernährung!). Symptome im Bereich des GI-Traktes (z.B. Diarrhöen, Schleim- und Blutauflagerung auf Stuhl, voluminöse Stühle etc.) deuten auf Darmerkrankungen (z.B. Colitis ulcerosa, Morbus Crohn, Zöliakie, chronische Pankreatitis etc.) hin, die aufgrund von Malabsorption zum sekundären Vitamin-K-Mangel führen können. Eine Reduktion der Darmflora durch Breitbandantibiotika, Sulfonamide, Zytostatika-Therapie oder eine massive GI-Blutung (bakterizider Effekt des Blutes) bedingt ebenfalls einen Vitamin-K-Mangel. Ein Ikterus weist auf eine biliäre Obstruktion (Stein, Stenose oder Tumor in ableitenden Gallenwegen) oder eine schwere Lebererkrankung mit eingeschränkter Syntheseleistung von Gerinnungsfaktoren (Leberzirrhose) hin, ersteres hat eine verminderte Resorption von Vitamin K zur Folge, letzteres kann zusätzlich zur Thrombopenie und auch zur chronischen DIC führen. Eine fortgeschrittene Leberzirrhose zeichnet sich häufig durch eine portale Hypertension mit Aszites und Ösophagus-/Fundusvarizen aus (Abb. 9-6). Gerinnungshemmende Medikamente, insbesondere Heparine sowie Vitamin-K-Antagonisten, sind nicht selten Ursache von Blutungen (→ Tab. 9-9). In diesem Zusammenhang gibt es spontan auftretende Antikörper, die einen Gerinnungsfaktor inaktivieren oder in Gerinnungsreaktionen interferieren (Immunkoagulopathien). Die DIC wird im nächsten Abschnitt eigens besprochen.

DS *Diagnosesicherung*

Labor

Wichtig: Sind PTT und TPZ (Quick) normal, liegt keine Koagulopathie vor! (Ausnahme: Faktor-XIII-Mangel). Die partielle Thromboplastinzeit (PTT) erfaßt das Intrinsic System und ist verlängert bei Aktivitätsminderung der Faktoren XII, XI, IX, VIII, X und V sowie bei ausgeprägtem Mangel von Prothrombin (Faktor II) und Fibrinogen (Faktor I). Die Thromboplastinzeit (TPZ) erfaßt das Extrinsic-System und ist verlängert (Quickwert vermindert) bei Aktivitätsminderung von VII, X, V sowie II und I. Eine verlängerte Thrombinzeit spricht für starke Erniedrigung des Fibrinogens, für Dysfibrinogenämie, Erhöhung von Fibrin-Fibrinogen-Spaltprodukten. PTT (und TZ) sind hilfreich zur Kontrolle bei Heparintherapie, Quickwert dagegen bei Vitamin-K-Antagonisten. Zu verschiedenen Befundkonstellationen siehe auch Tabelle 9-11. Je nach Grunderkrankung finden sich weitere pathologische Werte, so z.B. bei Leberinsuffizienz eine Erhöhung von Transaminasen, Bilirubin sowie eine Erniedrigung von Cholinesterase, Gesamteiweiß bzw. Albumin, Fibrinogen. Bei nicht zu klärender Koagulopathie ist die Einzelfaktoranalyse und ggf. die Suche nach inaktivierenden (neutralisierende Inhibitoren) oder interferierenden (Lupus-Inhibitor-)Antikörpern indiziert.

DD ***Differentialdiagnose***

Die Differentialdiagnose ergibt sich aus o.g. Befundspektrum: Vitamin-K-Mangel primär oder sekundär bei Malassimilationssyndromen (GI-Trakt-Erkrankungen), Medikamentenfolge, schwere Leberinsuffizienz, Verbrauchskoagulopathie (→ 9.4.5), Immunkoagulopathie. Letztere kann auftreten bei Zustand nach Entbindung, Autoimmunerkrankungen (z.B. rheumatoide Arthritis, SLE, Colitis ulcerosa), allergischer Diathese, Medikamentenexposition, malignen Lymphomen und Paraproteinämien. Wichtig ist der Ausschluß einer neu aufgetretenen Hämophilie (Spontanmutation) bei unauffälliger Familienanamnese. Prinzipiell sollte eine hereditäre Koagulopathie erwogen werden.

9.4.5 Verbrauchskoagulopathie (DIC)

Es handelt sich um eine erworbene Koagulopathie, die durch akute oder chronische intravasale Gerinnungsaktivierung mit der Bildung von Thrombin einhergeht. Thrombin führt zur Bildung von Fibrin und Fibrinpräzipitaten und aktiviert die Thrombozyten. Reaktiv kommt es zur Fibrinolyse und Fibrinogenolyse. Es lassen sich leichte kompensierte und schwere dekompensierte Verlaufsformen unterscheiden. Die DIC tritt akut bei einer Sepsis oder chronisch bei Tumoren oder Angiomen auf. Die Gefährdung besteht in der hämorrhagischen Diathese, der Thrombosierung der Mikrozirkulation durch Thrombozytenaggregate und Fibrinpräzipitate sowie einer dadurch bedingten mikroangiopathischen Hämolyse. Auslöser sind die verschiedenartigsten Erkrankungen, (→ Tab. 9-8).

B ***Beschwerden und Befunde***

Das klinische Bild ist abhängig vom Ausmaß der Veränderungen im Gerinnungssystem. Dementsprechend finden sich klinisch blande Verläufe mit allen Übergängen bis hin zum schweren Krankheitsbild. Klinisch imponiert dabei die hämorrhagische Diathese einerseits durch den Verbrauch an Gerinnungsfaktoren und Thrombozyten sowie die reaktive Fibrinolyse, andererseits durch die Folgen der Mikrothrombosierung. Neben petechialen und flächenhaften Haut- und Schleimhautblutungen können spontane innere Blutungen (Organeinblutungen, GI-Trakt-Blutungen) sowie erhebliche Funktionsbeeinträchtigungen von Niere (Hämaturie, Nekrosen, NNR-Nekrosen/-Blutungen), Lunge (Versagen), Leber (Versagen) und ZNS (intrakranielle Blutungen, diverse neurologische Ausfälle) auftreten. Nicht selten kommt es zur Kreislaufinstabilität. – Die schwerste septische Verbrauchskoagulopathie tritt bei Meningokokkensepsis (Waterhouse-Friderichsen-Syndrom) auf: Petechien, Ekchymosen und Hautinfarzierungen mit livide-gräulicher Färbung, rötlichem Randsaum und unregelmäßiger Form sind kennzeichnend. Thrombosierung und Einblutungen in die Nebennieren sind typisch. – Wichtig: Jeder schwere Schockzustand kann zur DIC und jede DIC kann zum Schock führen!

DS ***Diagnosesicherung***

Labor

Quickwert, Fibrinogen und Thrombozytenzahl erniedrigt, TZ und PTT meistens verlängert. Diese Konstellation führt zur Indikation der Untersuchung auf Fibrin-Fibrinogen-Spaltprodukte. Beweisend für eine DIC ist der Nachweis von Fibrinmonomeren (z.B. Alkohol-Gelationstest) oder von D-Dimeren.

Weitere Diagnostik
Richtet sich nach der zugrundeliegenden Erkrankung!

DD ***Differentialdiagnose***

Die Differentialdiagnose besteht in den verschiedenen auslösenden Erkrankungen (→ Tab. 9-8). Abzugrenzen ist ein schwerer Leberschaden oder eine schwere Blutung (Verlustkoagulopathie), da beides zu ähnlichen Laborwertkonstellationen der Routine-Gerinnungstests führen kann. Eine zudem zusätzlich bestehende DIC ist außerdem möglich!

9.4.6 Vasopathien

Angeborene oder erworbene gewebliche Veränderungen der Gefäßwand und des umgebenden Gewebes führen zur vaskulären Purpura. Zu den hereditären Formen gehören Erkrankungen des Bindegewebes (z.B. Ehlers-Danlos-Syndrom oder Marfan-Syndrom) und die Teleangiectasia haemorrhagica hereditaria (Morbus Osler-Weber-Rendu), bei der sich punktförmige Angiektasien am Übergang von Arteriolen und Venolen zum Kapillarbett ausbilden. Bei den erworbenen Vasopathien kommt es infolge immunologischer, entzündlicher und degenerativer Prozesse der Gefäßwand (Vaskulitiden), Dys- und Paraproteinämien sowie Stoffwechselstörungen zur erhöhten Gefäßfragilität.

B Beschwerden und Befunde

Blutungen manifestieren sich meist an Haut und Schleimhäuten in Form von Petechien oder Ekchymosen. Beim Morbus Osler treten 1–4 mm große, rötliche oder livide, unregelmäßig geformte, flache, mit dem Spatel wegdrückbare Teleangiektasien an Lippen, Mundschleimhaut einschließlich Zunge, Nasenschleimhaut, Haut (Gesicht, Oberkörper, Hohlhand, Fußsohle) auf (Abb. 9-7).

Epistaxis, Hämaturie und GI-Blutungen sind nicht selten. Vorwiegend Kinder und Jugendliche betrifft die Purpura anaphylactoides (Schoenlein-Henoch) als allergische Vaskulitis mit urtikariell bis hämorrhagisch-nekrotischen Hauteffloreszenzen vorwiegend an Streckseiten der Extremitäten unter Beteiligung von Gelenken, Nieren und Darm (Koliken, blutige Stühle). Folge von Infekten oder Medikamenteneinnahme (z.B. ASS, Cumarine, Penicilline) kann eine allergische Vaskulitis sein. Die schwerste Verlaufsform ist dabei die „Purpura fulminans" (Abb. 9-8) mit großflächigen, symmetrischen Hautblutungen mit zentraler Nekrose (Mikrothrombosierung von Hautgefäßen) und Kombination mit einer DIC!

Kleinere Hautblutungen, häufig an Unterarmen und Händen, insbesondere bei älteren Menschen, sprechen für eine Purpura senilis. Ein ähnliches Blutungsmuster findet sich bei längerer Kortikosteroid-Medikation als sog. Steroidpurpura. Bei Dys- und Paraproteinämie kommt es zu schubweise auftretenden kleinfleckig-konfluierenden, rötlich-entzündlich imponierenden Blutungspunkten, meist an den unteren Extremitäten, die durch Hämosiderineinlagerung mit bräunlicher Verfärbung abheilen. Eine Kryoglobulinämie kann zu Nekrosen an den Akren führen.

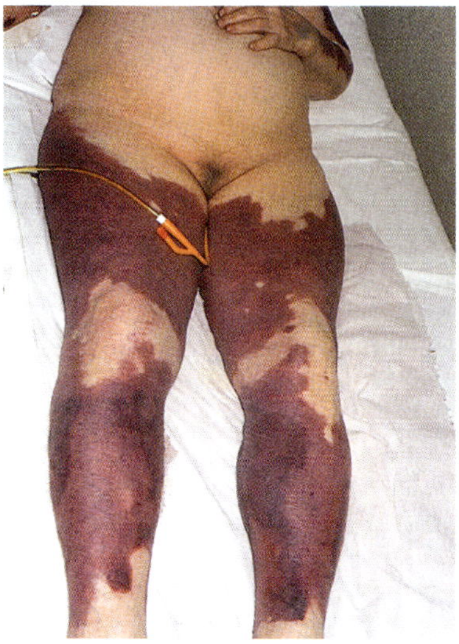

Abb. 9-8 Symmetrische, großflächige Hautblutungen bei Purpura fulminans.

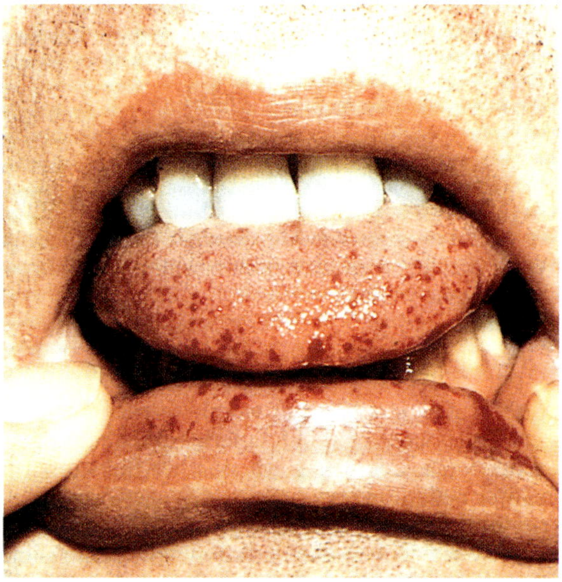

Abb. 9-7 Morbus Osler-Rendu-Weber.

DS *Diagnosesicherung*

Labor

Bei normalen Gerinnungstests und normaler Thrombozytenzahl besteht der Verdacht auf eine vaskuläre Störung. Eine verlängerte Blutungszeit (nach Ivy) und/oder ein pathologischer Rumpel-Leede-Test sind hinweisend für eine Vasopathie, aber nicht spezifisch. Nicht selten sind jedoch Gerinnungstests und/oder Thrombozytenzahl zusätzlich pathologisch verändert, insbesondere bei allergischen Vaskulitiden oder bei DIC (Purpura fulminans) als Ausdruck einer kombinierten Störung. Dys- und Paraproteinämien können eine Vasopathie verursachen. Insgesamt gibt es keine spezifischen Tests zum Nachweis einer Vasopathie!

DD *Differentialdiagnose*

Bei den genannten Vasopathien ist die Abgrenzung zu kombinierten Störungen (vaskulär ± plasmatisch ± thrombozytär) wichtig. Prinzipiell muß eine Thrombozytenfunktionsstörung (Thrombozytopathie) ausgeschlossen werden, da hier auch Thrombozytenzahl und Gerinnungstests normal ausfallen. Bei Dys- und Paraproteinämien muß nach malignen (Lymphomen, Plasmozytomen) oder rheumatologischen Erkrankungen (Kollagenosen, Vaskulitiden) gefahndet werden. Selten wird ein Vitamin-C-Mangel Ursache für eine Vasopathie sein (Skorbut).

9.5 Praktisches Vorgehen bei einer Blutung (Abb. 9-9)

9.5.1 Trauma

Im Falle einer traumatisch bedingten Blutung muß der genaue Ablauf des Traumas eruiert werden, um abschätzen zu können, ob weitere, eventuell innere Blutungen wahrscheinlich sind und/oder ob die bestehende Blutung für das erfolgte Trauma adäquat oder zu stark ist und somit auf eine zusätzliche hämorrhagische Diathese hindeutet. Bei Abschätzung der Schwere einer Blutung infolge eines Traumas ist eine Hämodilution durch Flüssigkeitssubstitution zu berücksichtigen.

9.5.2 Nicht-traumatische, sichtbare Blutung

Bei jeder klinisch manifesten Blutung müssen als erstes die Vitalfunktionen Bewußtsein, Atmung, Puls und Blutdruck geprüft werden, um die Schwere einer Blutung einordnen zu können. Bei positivem Schockindex muß zunächst der Kreislauf stabilisiert werden mit Volumensubstitution. Erst nach Sicherung der Vitalfunktionen beginnt die Diagnostik! Mittels Anamnese und körperlicher Untersuchung muß versucht werden, die Lokalisation und Ursache der Blu-

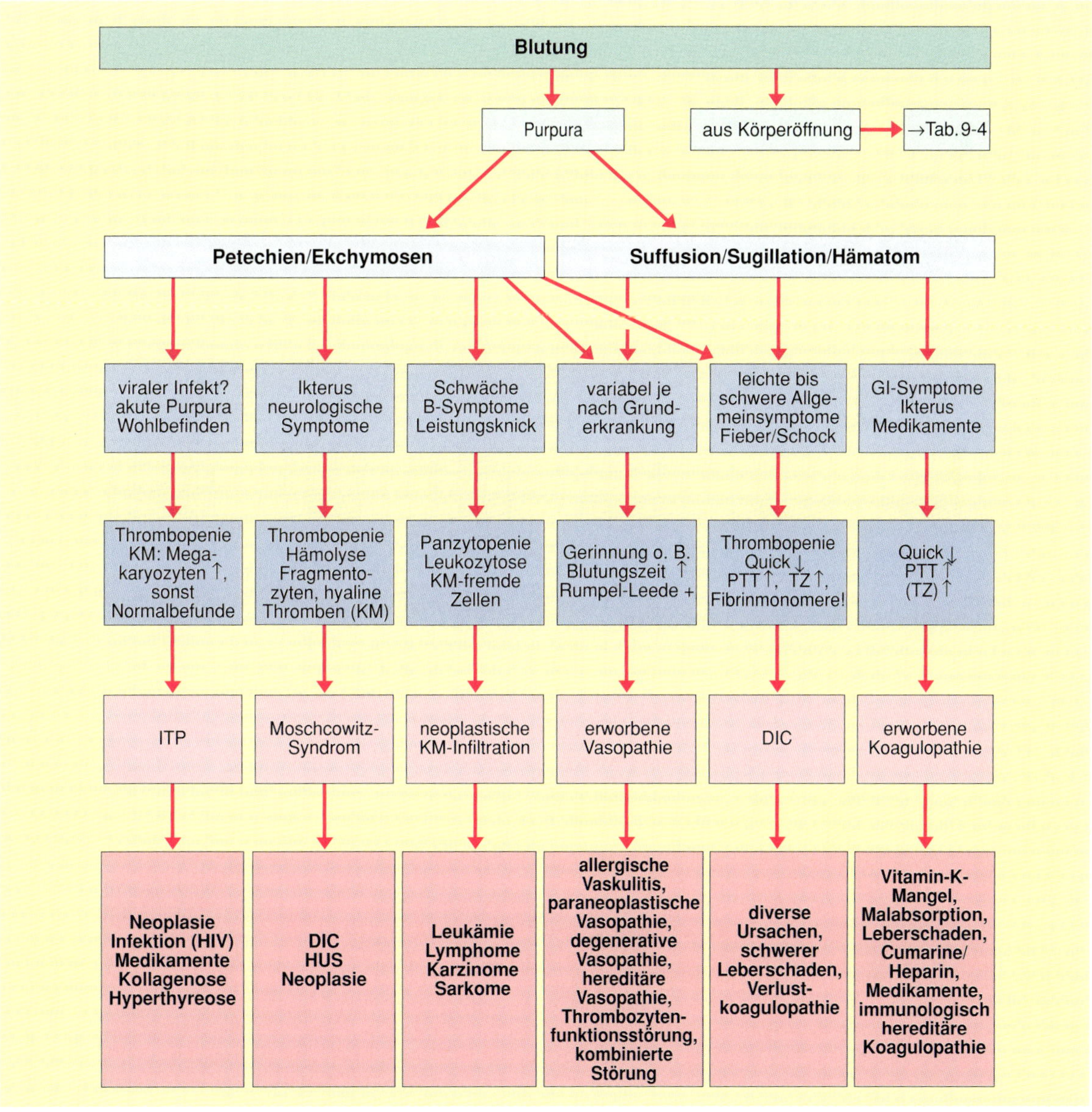

Abb. 9-9 Praktisches Vorgehen bei einer Blutung.

tung einzugrenzen. Dann sollte eine Blutabnahme für Kreuzblut und für folgende Laboruntersuchungen erfolgen: Blutbild, Quick, PTT, TZ, Fibrinogen. Mittels des Labors kann eine hämorrhagische Diathese als (Mit-)Ursache der Blutung diagnostiziert werden. Je nach vorliegender Blutung muß jedoch hinsichtlich des weiterenVorgehens auf die einzelnen Spezialdisziplinen verwiesen werden.

9.5.3 Nicht-traumatische und nichtsichtbare Blutung

Hier muß das Verdachtsmoment immer sehr hoch sein. Bei jedem unklaren Schock- und Schmerzzustand im Bereich des Thorax und des Abdomens muß letztlich eine Blutung immer in der Differentialdiagnose enthalten sein!

10 Darmblutung

M. Classen

Dem Symptom der Darmblutung können eine Vielzahl von Erkrankungen zugrunde liegen. Das sichtbare Blut im Stuhl präsentiert sich je nach Ort und Stärke der Blutung sowie vorliegenden Grunderkrankungen sehr untschiedlich. Eine Vortäuschung von Blut im Stuhl kann auch von Medikamenten und Nahrungsmitteln ausgehen.

10.1 Definition und Abgrenzung

Die Darmblutung kommt als **Hämatochezie,** d.h. als peranaler Abgang von rotem Blut oder als **Teerstuhl (Meläna),** vor. Außerdem können vom Patienten unbemerkte – makroskopisch nicht sichtbare – Blutungen **(okkulte Blutungen)** auftreten.

10.2 Ursachen

Die Mehrzahl der **Erkrankungen des Gastrointestinaltrakts** kann zu manifesten oder okkulten Blutungen führen. Dazu gehören angeborene und erworbene Veränderungen des Gefäßsystems, Divertikel, schwere Entzündungen von Speiseröhre, Magen, Dünndarm und Dickdarm ebenso wie Erosionen, Ulzerationen und Tumoren. Zirka 80% aller Blutungsquellen sind im oberen Gastrointestinaltrakt lokalisiert.

In Betracht zu ziehen sind stets auch **iatrogene Verordnungen** (NSAID, Antikoagulanzien, Antibiotika, Zytostatika), Strahlentherapie oder Operationen (Abb. 10-1). Eine Meläna kann vorgetäuscht werden durch Einnahme von Kohletabletten, Wismut- und Eisenpräparaten oder Lakritze (ähnliche Reaktionen auch nach dem Verzehr von roter Bete).

Frisches Blut ohne oder mit Stuhl **(Hämatochezie)** stammt zumeist aus dem Kolon oder Rektum. Erkrankungen im Bereich des Kolons können Colitis ulcerosa, infektiöse Kolitis, ischämische Kolitis, Diversionskolitis, Ulcus recti simplex, pseudomembranöse Kolitis und Kolonvarizen sein. Aber auch Angiodysplasien, Hämangiome und Divertikel kommen in Betracht.

Häufig sind **Hämorrhoiden** die Ursache für Blutungen aus dem rektalen Bereich, aber auch Analfissuren oder eine Proktitis.

Starke Blutungen aus dem oberen Verdauungstrakt mit schnellem Transport führen ebenfalls zu Hämatochezie. Sie gehen zumeist mit Kreislaufsymptomen einher bis hin zum Schock.

Teerstuhl wird zumeist durch eine Blutungsquelle im oberen Verdauungstrakt einschließlich Duodenum hervorgerufen. Die Schwärzung entsteht durch salzsaures Hämatin im Magen, wenn mindestens 50 ml Blut abgesondert werden, oder bei einer Blutungsquelle distal des Treitz-Bandes durch Einwirkung von Darmbakterien bei einer Passagezeit von mindestens 8 Stunden. Die Blutungsquelle muß jedoch proximal von der Mitte des Colon transversum liegen, weiter analwärts gelegene Blutungsquellen äußern sich in Hämatochezie.

Die Tabelle 10-1 gibt eine Übersicht über Blutungsursachen in den verschiedenen Abschnitten des Gastrointestinalstrakts.

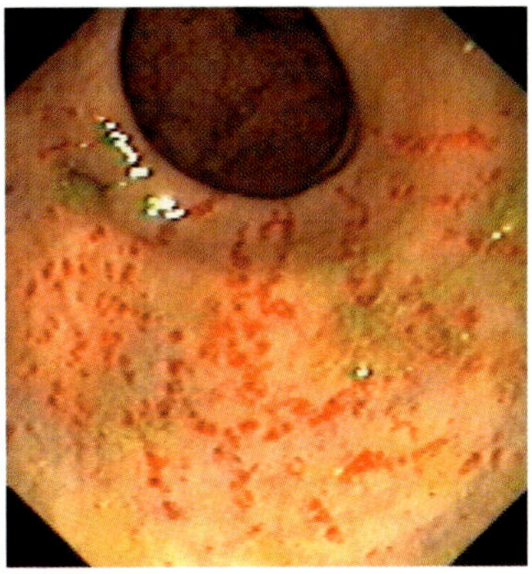

Abb. 10-1 Rektumschleimhaut bei oraler Einnahme von Azetylsalizylsäure.

Tab. 10-1 Ursachen von Blutungen in den verschiedenen Abschnitten des Gastrointestinaltraktes

Ösophagus	Magen	Duodenum	Jejunum/Ileum	Dickdarm
Varizen Ösophagitis Tumoren aortoösophageale Fistel Fremdkörper	Ulkus Erosionen Mallory-Weiss-Syndrom Tumoren Gefäßfehlbildungen postoperative Zustände	Ulkus Erosionen Tumoren Hämobilie	Fehlbildungen (Meckel-Divertikel, Duplikaturen) Tumoren (benigne, maligne) Entzündungen (Morbus Crohn, Typhus) vaskuläre Ursachen (Angiektasien, Varizen, Vaskulitiden, Aneurysmen) mechanische Ursachen (Strangulation, Invagination, Fremdkörper, Traumata) postoperative Blutungen (Nähte, Anastomosen)	Divertikulose Angiodysplasie Tumoren (maligne, benigne) Kolitis (Colitis ulcerosa, Colitis granulomatosa, ischämische Kolitis) andere Ursachen (Manipulationen, Fremdkörper, arteriokolische Fisteln, Amöbenruhr) postoperative Blutungen (Nähte, Polypektomie)

10.3 Diagnostik

10.3.1 Anamnese

Trotz der Vielfalt von möglichen Ursachen können folgende gezielte Fragen viel zur Klärung beitragen:

- vorausgegangene oder bestehenden Erkrankungen (besonders Ulkus- oder Lebererkrankungen)
- Medikation (z.B. Salizylate, Antirheumatika, Antikoagulanzien)
- Bestrahlungen oder Bauchoperationen

Auch die Art der Blutung, ob in Form einer Hämatochezie oder als Meläna, ist für die Diagnostik richtungweisend → Tabelle 10-2 und 10-3.

Ist eine Infektionskrankheit die Ursache der Darmblutung, stehen Fieber (→ Kap. 14) und Durchfall (→ Kap. 11) im Vordergrund.

Das Alter des Patienten kann Hinweis auf die Herkunft der Blutung sein, da alterstypische Häufigkeiten von Erkrankungen zu finden sind:

- **Senioren**
  ➠ Angiodysplasien, Divertikel, Polypen und kolorektale Karzinome

Tab. 10-2 Ursachen von Hämatochezie

Leitsymptom	Weitere Angaben oder Symptome	Richtungweisende diagnostische Maßnahmen	Diagnose
Hämatochezie	rezidivierende Blutungen, mehrfache endoskop. Untersuchung ohne Nachweis der Blutungsquelle	Endoskopie während der Blutung, evtl. Angiographie	Angiodysplasie, Angiom, Teleangiektasien, Divertikel
	Blut am Papier oder auf Stuhl	Proktoskopie	Hämorrhoiden
	Fieber, Durchfall, Leibschmerzen (evtl. nach Antibiotika)	Keime im Stuhl oder Biopsat, Serologie, Toxinnachweis	mikrobielle Enterokolitis
	chronische Diarrhö, Blässe, Leibschmerzen	Endoskopie, Biopsie, Röntgen/Fisteldarstellung, CT	Colitis ulcerosa oder C. granulomatosa
	Leibschmerzen, Tenesmen, höheres Lebensalter	Endoskopie, Angiographie	ischämische Kolitis
	Schmerzen bei der Defäkation	Proktoskopie	Analfissur
	Analprolaps	Proktoskopie	Ulcus recti simplex
	Strahlentherapie	Endoskopie	Strahlenkolitis
	bei Frauen Zyklusabhängigkeit der Blutung	Koloskopie, gynäkologische Untersuchung	Endometriose
	Ileus, Gewichtsabnahme, Anämie	Koloskopie	kolorektales Karzinom
	Kreislaufinsuffizienz, Schock	Endoskopie, Röntgen, Angiographie	Blutungsquelle liegt im oberen Gastrointestinaltrakt, z.B. Ösophagusvarizen, peptisches Ulkus

Tab. 10-3 Ursachen von Teerstuhl (Meläna)

Leitsymptom	Weitere Angaben oder Symptome	Richtungweisende diagnostische Maßnahmen	Diagnose
Meläna	unbestimmte Leibschmerzen	Koloskopie, Biopsie	kolorektales Karzinom
	Leibschmerzen, Gewichtsabnahme, Stuhlunregelmäßigkeit, Keimsymptomatik	Koloskopie, Röntgen-Kontrasteinlauf	Morbus Crohn
	Leibschmerzen, Stuhlunregelmäßigkeit, Strahlentherapie	Koloskopie, Kontrasteinlauf	Strahlenkolitis (proximales Kolon)
	rezidivierende Teerstühle	Enteroklysma, Enteroskopie, Szintigraphie	Meckel-Divertikel (mit Magenschleimhaut)
	Leibschmerzen, Anämie, Subileus, Ileus	Enteroklysma, Angiographie, Szintigraphie	Dünndarmtumoren (benigne/maligne)
	spez. Anämie: Leberzirrhose, Ulkusleiden, Alkoholabusus, Einnahme von NSAID und anderen Medikamenten	Endoskopie	Blutungsquelle liegt im oberen Verdauungstrakt

10

- **Erwachsene mittleren Alters**
  ➠ chronisch-entzündliche Darmerkrankungen, ebenfalls Polypen und kolorektale Karzinome
- **Kinder und Jugendliche**
  ➠ angeborene Störungen, z.B. das Meckel-Divertikel, und chronisch-entzündliche Darmerkrankungen

Blutige Durchfälle treten auch bei der schweren Form der Colitis ulcerosa auf, die begleitet werden von krampfartigen Leibschmerzen, imperativem Stuhldrang, Anämie, Fieber und Schwäche (→ Kap. 11).

Leichte Formen der Proktitis manifestieren sich durch Hämatochezie.

Bei **schweren Blutungen** stehen die Kreislaufsymptome im Vordergrund: Tachykardie, Blutdruckabfall, Schwitzen, Orthostase, Schwindel, Bewußtseinsstörung, Schock (→ Kap. 50). Bei Patienten mit koronarer Herzkrankheit kann es zum Myokardinfarkt kommen. Chronische Blutungen führen zu Eisenmangelanämie und deren Symptomen (→ Kap. 8).

> Die Darmblutung ist oft das erste Symptom einer Erkrankung. Immer muß das Vorliegen eines Karzinoms ausgeschlossen werden.

10.3.2 Körperliche Untersuchung

Die körperliche Untersuchung des Patienten richtet sich bei der Inspektion des gesamten Körpers besonders auf sichtbare Gefäßveränderungen an der Haut und den Schleimhäuten, z.B. Angiome, Spider-Nävi, petechiale oder flächige Hautblutungen. Teleangiektasien im Bereich der Mundschleimhaut weisen auf Gefäßveränderungen im Sinne des Morbus Osler (→ Kap. 9) hin. Von Bedeutung sind auch Hautveränderungen, die auf eine Lebererkrankung hinweisen (Ikterus, → Kap. 15), sowie Hinweise auf Umgehungskreisläufe und auf eine Niereninsuffizienz (→ Kap. 60).

Die körperliche Untersuchung umfaßt weiter die Palpation und Auskultation des Abdomens, die Inspektion der Analregion und die digitale Austastung der Rektumampulle (frisches Blut am Fingerling, Koagel oder Teerstuhl).

Der Inspektion des Stuhls durch den Arzt wird zu Unrecht wenig Bedeutung beigemessen. Sie ist aber für die Beurteilung des Schweregrads und als Verlaufskontrolle bedeutsam.

10.3.3 Weitere Diagnostik

Die **Koloskopie** unter Einbeziehung des terminalen Ileums stellt bei Darmblutungen die Methode der ersten Wahl dar. Bei entzündlichen oder tumorösen Erkrankungen gestattet sie durch Gewebeentnahmen die weiterführende mikrobiologische oder histologische Diagnostik. Die Quellen akuter und chronisch rezidivierender Blutungen im Kolon werden durch die Koloskopie mit einer Treffsicherheit von 90% aufgedeckt. Bei schweren Blutungen aus dem proximalen Kolon kann die Sicht durch nachfließendes Blut so schlecht sein, daß eine erneute Untersuchung erforderlich wird.

Die **Sigmoidoskopie** ist nur dann ausreichend, wenn die Blutungsquelle in Rektum oder Sigma einwandfrei nachgewiesen werden kann. Die **Proktoskopie** eignet sich besonders für den Nachweis analer Blutungsquellen.

Für Blutungsquellen im oberen Verdauungstrakt und die Endoskopie **(Ösophago-Gastro-Duodenoskopie)** bis zum unteren Duodenum gilt mutatis mutandis das gleiche. Die **Enteroskopie** von Jejunum und Ileum muß unter Umständen intraoperativ wiederholt werden, um eine Blutungsquelle in diesem Bereich zu finden.

Tab. 10-4 Nachweis von okkultem Blut im Stuhl

Leitsymptom	Weitere Angaben oder Symptome	Richtungweisende diagnostische Maßnahmen	Diagnose
Positiver FOBT	keine oder uncharakteristische Leibschmerzen Anämie, Subileus/Ileus	Koloskopie, Biopsie, Histologie, Kontrasteinlauf	kolorektales Karzinom oder Polyp
	Diarrhö, Leibschmerzen, Tenesmen, perianale Fisteln	Endoskopie, Kontrasteinlauf	Morbus Crohn
	Leibschmerzen, Anämie, Subileus/Ileus	Enteroklysma, Enteroskopie (auch intraoperativ)	Dünndarmtumor
	spezielle Vorerkrankungen: Leberzirrhose, peptisches Ulkus, Einnahme von Medikamenten	Endoskopie	Blutungsquelle liegt im oberen Gastrointestinaltrakt

Mit dem bloßen Auge nicht erkennbare Blutbeimengungen zum Stuhl werden mit dem **fäkalen Okkultbluttest (FOBT)** zumeist auf Guajakharzbasis (Hämoccult®) nachgewiesen. Dieser Test ist in erster Linie für kolorektale Blutungsquellen von Bedeutung. Seine Sensitivität beträgt bei kolorektalen Karzinomen 25–80 %, bei Adenomen über 1 cm Durchmesser 15–40 % (Tab. 10-4). Die Testergebnisse sind jedoch immer kritisch zu bewerten, da z.B. bei anämischen Patienten ein positives Ergebnis nicht zu erwarten ist.

Verschiedene **Röntgenmethoden** sind ebenfalls wichtige diagnostische Maßnahmen. Die Treffsicherheit der **Angiographie** (selektiv, superselektiv) beträgt in der schweren Darmblutung bei einem Blutverlust von 0,5–3 ml pro min 70–95 %. Auch in der Darstellung kleiner Gefäßkonvolute, wie z.B. bei Angiodysplasien oder arteriovenösen Shunts, bewährt sie sich. Bei Patienten mit häufigen Blutungsrezidiven im Darm, deren Blutungsursache trotz subtiler Diagnostik nicht aufgedeckt werden konnte, kann in Op-Bereitschaft eine **aggressive Angiographie** versucht werden. Hier wird die Blutung durch systemische Heparinisierung, durch intraarterielle Gabe des Gefäßdilatators Tolazolin und eventuell sogar Streptokinase provoziert. Tumoren, chronische Entzündungen, Strikturen und Divertikel in Jejunum und Ileum kommen im **Enteroklysma** nach Sellinck zur Darstellung. Auch der **Kolonkontrasteinlauf** hat bei Unzugänglichkeit des Darms für das Endoskop (Stenose) seine Bedeutung. Zu erwähnen ist die röntgenologische Fisteldarstellung, z.B. beim Morbus Crohn.

Röntgenkontrastuntersuchungen mit Barium sind bei akuter Darmblutung kontraindiziert. Sie behindern endoskopische und angiographische Untersuchungen und gefährden den Patienten bei Notoperationen durch die Möglichkeit der Bariumperitonitis.

Nuklearmedizinische Verfahren tragen in Form von Radionuklidanreicherungen im Darm zur Diagnostik der Blutung bei. Zum Einsatz kommt in der akuten Blutungsphase ^{99m}Technetium-Schwefelkolorid.

Bei chronischen oder okkulten rezidivierenden Blutungen werden Erythrozyten mit ^{99m}Technetium markiert. Die genaue Zuordnung zu dem tatsächlich blutenden Darmsegment kann allerdings schwierig sein.

Die **diagnostische Laparotomie** steht an Ende erfolgloser Bemühungen mit den bisher genannten Methoden. Intraoperative Endoskopie – gegebenenfalls durch ein chirurgisch angelegtes Enterostoma – ist besonders bei okkulten oder bei der Therapie multipler Blutungsquellen im Dünndarm angezeigt.

10.4 Krankheitsbilder

10.4.1 Dünndarmtumoren

Die Dünndarmtumoren treten in Form von Lymphomen, Sarkomen, hyperplastischen Polypen, Adenomen, Karzinoiden und mesenchymalen Polypen wie Myomen, Fibromen, Angiomen, Leiomyomen, Lipomen auf. Die Symptome sind Obstruktionen des Darmlumens und zumeist weniger schwere rezidivierende Blutungen (FOBT positiv, Meläna), seltener overte Blutung.

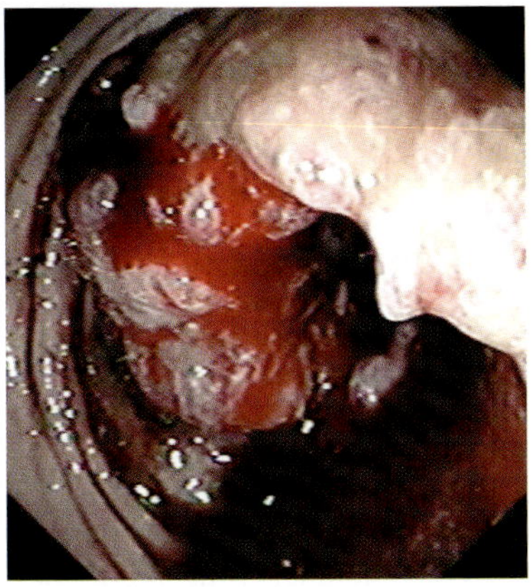

Abb. 10-2 Stenosierendes Rektumkarzinom mit oberflächlicher Blutung.

10.4.2 Kolorektales Karzinom und Polypen

Das kolorektale Karzinom (KRK) ist die zweithäufigste Ursache bei Tod an einem Malignom in Deutschland. Jährlich erkranken etwa 50000 Personen, 30000 sterben daran. Ungefähr die Hälfte der Karzinome ist in Rektum und Sigma lokalisiert (Abb. 10-2). Es handelt sich um Adenokarzinome, die zumeist aus benignen Adenomen hervorgehen. **Risikofaktoren** sind eine positive Familienanamnese, in der eigenen Vorgeschichte Adenome, ein kolorektales Karzinom sowie lange bestehende chronisch-entzündliche Darmerkrankungen, ferner fortgeschrittenes Lebensalter und die seltenen hereditären Polyposis- und Non-Polyposis-Syndrome (Lynch I und II). Nach langen Diskussionen werden jetzt auch das Peutz-Jeghers-Syndrom und die familiäre juvenile Polyposis zu den Risikokonditionen gezählt.

Klinik und Diagnostik werden von Sitz und Stadium des Tumors bestimmt. Karzinome in der rechten Kolonhälfte machen sich durch Anämie, diskrete Blutbeimengungen zum Stuhl (FOBT positiv, Meläna) und gelegentlich zum Nabel ziehende rechtsseitige Unterbauchschmerzen bemerkbar. Karzinome des distalen Kolons werden eher durch Wechsel der Stuhlgewohnheiten und Hämatochezie auffällig. Zur Früherkennung bedient man sich des FOBT und der Sigmoidoskopie. Die **Diagnostik** wird mit der **Koloskopie/Histologie** gestellt. Bei unpassierbaren Stenosen informiert der **Doppelkontrasteinlauf** über die Ausdehnung des Befundes. Dem lokalen Staging dienen **Computertomographie** und **Endosonographie**.

Screening: Die möglichst frühe Erkennung des Tumors entscheidet über die Prognose. Der Hämoccult®-Test ist positiv bei 2,5 % von allen untersuchten Personen über 50 Jahre, bei Hydrierung des Testplättchens sogar in 10 %. Dadurch sinken jedoch Spezifität und prädiktiver Wert, das heißt „zu viele" Personen ohne Darmkrebs werden koloskopiert. Die jährliche Anwendung des FOBT führt zur Erkennung früherer Stadien des kolorektalen Karzinoms und senkt die Sterblichkeit an dieser Krankheit. Mit Hilfe der wenig belastenden flexiblen Sigmoidoskopie werden Rektum, Sigma und untere Pars descendens examiniert und damit 50–60 % der KRK und ihrer Vorstufen gefunden. Personen, die zu einer der genannten Risikogruppen gehören, sollten in einem Vorsorgeprogramm regelmäßig koloskopiert werden. Neue Erkenntnisse der Molekulargenetik, z.B. der Nachweis des ras-Onkogens im Stuhl von Karzinompatienten, könnten die Früherkennung verbessern.

10.4.3 Kolonadenome

Ungefähr 70% der Polypen des Kolons sind Adenome (tubulär, villös, tubulo-villös), die übrigen entsprechen der histologischen Klassifikation der Dünndarmpolypen. Das maligne Potential der Adenome hängt von deren Größe (> 1 cm), der Struktur (villös) und dem Schweregrad vorhandener Dysplasien ab. Bis zu 35% der Adenome sind 1–3 cm im Durchmesser mit einem Malignitätsrisiko von 10–45%. Im FOBT werden weniger als 40% der großen Adenome gefunden. Konsequente endoskopische Polypektomie senkt die statistisch erwartete Karzinomfrequenz erheblich (Adenom-Karzinom-Sequenz). Polyposissyndrome einschließlich des Gardner-Syndroms sind Risikokonditionen für das kolorektale Karzinom.

10.4.4 Enteritis und Kolitis

Unter dem Begriff chronisch-entzündliche Darmerkrankungen (CED) faßt man den Morbus Crohn und die Colitis ulcerosa zusammen (→ Kap. 11.4.2). Zur Symptomatik des Morbus Crohn gehört neben intermittierenden Attacken von Fieber, Durchfall und rechtsseitigen Unterbauchschmerzen mit der tastbaren Resistenz im Bereich des McBurney-Punktes auch die zumeist leichte Blutung mit schwarzverfärbtem flüssigem Stuhl. Schwere Formen der **Colitis ulcerosa** gehen mit blutigen Durchfällen (Hämatochezie) einher (Abb. 10-3). Sie werden begleitet von krampfartigen Leib-

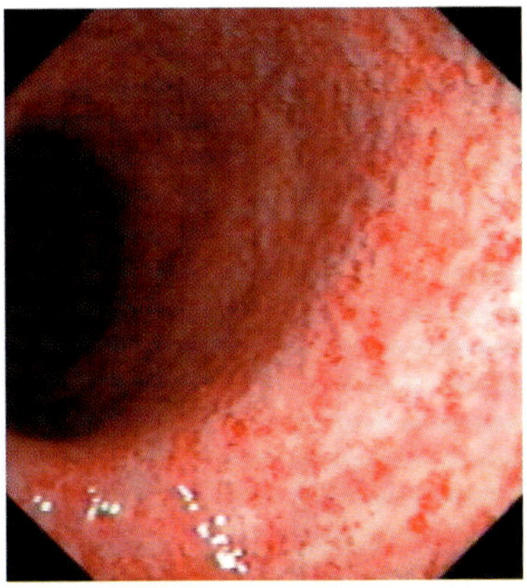

Abb. 10-3 Floride Colitis ulcerosa.

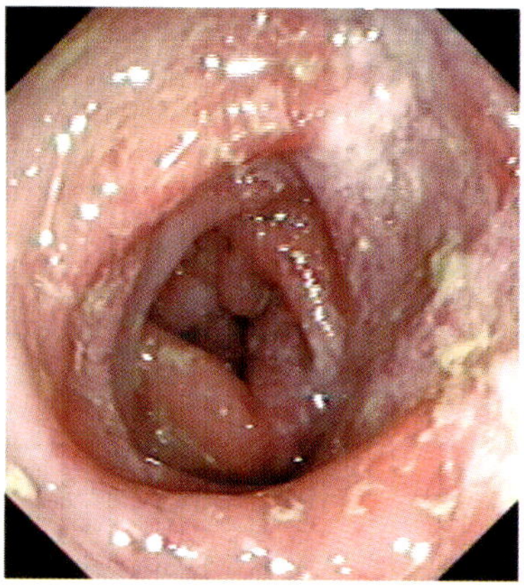

Abb. 10-4 Ischämische Kolitis.

schmerzen, imperativem Stuhldrang, Anämie, Fieber und Schwäche.

Die **ischämische Kolitis** ist eine Erkrankung des höheren Lebensalters. Sie entsteht durch Gefäßokklusion oder Blutdruckabfall und betrifft vorzugsweise die linke Flexur und die obere Pars descendens. Neben der blutigen Diarrhö sind Angina abdominalis, Tenesmen und Peritonitis zu beachten. Der diagnostische Nachweis wird durch Endoskopie (Abb. 10-4) und Angiographie geführt.

Die **Strahlenkolitis** ähnelt der Colitis ulcerosa. Sie führt zu Narben und Stenosierung des Darmlumens.

10.4.5 Gefäßveränderungen

Von den **Hämangiomen** (kapillär, kavernös) und den **Gefäßneoplasien** (z.B. Sarkom, Kaposi-Sarkom) sind die **Teleangiektasien** (Morbus Osler) und die **arteriovenösen Fehlbildungen** abzugrenzen. Die **Angiodysplasien** entstehen durch arteriovenöse Shunts (hereditär oder erworben) infolge muskulärer Kontraktion mit Obstruktion des venösen Abflusses und Dilatation der Schleimhautkapillaren (Abb. 10-5). Sie finden sich bevorzugt im Zökum älterer Menschen. Die Blutungen können sowohl schwer als auch leicht chronisch rezidivierend auftreten. Die Angiodysplasie wird mittels der Koloskopie diagnostiziert und stellt sich als ein die Schleimhaut vorwölbendes blaues Knötchen dar. Die Angiographie beweist das Gefäßkonvolut und den schnellen venösen Abfluß.

Gefäßfehlbildungen treten ferner auf bei Morbus von Willebrand-Jürgens, Aortenstenose, nach Strahlentherapie, bei Morbus Raynaud und Sklerodermie.

Hämorrhoiden

Bei 80 % aller Menschen über 30 Jahre finden sich Hämorrhoiden, die sich in Blutauflagerungen auf dem Stuhl, Nässen und Jucken äußern, gelegentlich ergänzt durch dumpfen Analschmerz (→ Kap. 40). Hämorrhoiden stellen eine Hyperplasie des Gefäßkonvoluts dar, welches von der Arteria rectalis superior gespeist wird. Neben einer erblichen Disposition gelten Adipositas, Obstipation, starkes Pressen, Schwangerschaft sowie sitzende Lebensweise als wichtige Faktoren. Meist werden sie durch hellrote Blutspuren auf dem Stuhl oder am Toilettenpapier, gelegentlich auch durch eine tropfende oder spritzende Blutung nach der Defäkation manifest. Die Symptome treten bei Hämorrhoiden II. und III. Grades auf. Hämorrhoiden sind schwammige, ausdrückbare und indolente Gebilde, die schlecht bzw. gar nicht zu ertasten sind.

10.4.6 Divertikel

Unter den Dünndarmdivertikeln ist das Meckel-Divertikel hervorzuheben, weil es in 16% Magenschleimhaut enthält und daher ulzerieren und bluten kann. Typisch ist die frühe Manifestation in der Kindheit oder frühen Jugend. Ob die Divertikulose/Divertikulitis des Kolons zu klinisch relevanten Blutungen führt, ist umstritten (→ Kap. 46). Der FOBT ist bei Divertikulitis oft positiv, in 3% der Fälle soll es sogar zu heftigen arteriellen Blutungen kommen, die aber meist spontan zum Stillstand kommen.

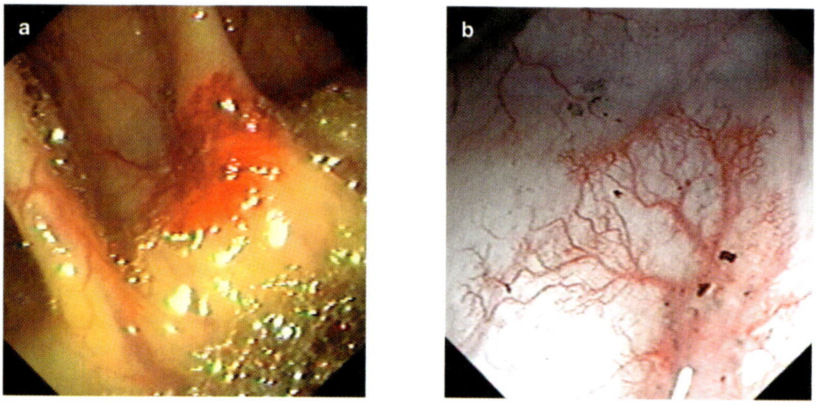

Abb. 10-5 Angiodysplasie im Colon ascendens.

10.4.7 Seltene Blutungsquellen

Zu den seltenen, aber beachtenswerten Ursachen von Darmblutungen gehören die Vaskulitiden (→ Kap. 43), die urämischen Enteritiden, die aortoenteralen Fisteln, Kolonvarizen bei Leberzirrhose (→ Kap. 15) und die Diversionskolitis bei ausgeschaltetem Darmsegment.

10.5 Zusammenfassung

Über das zweckmäßige Vorgehen der Notfalldiagnostik bei Hämatochezie und Meläna informieren Tabelle 10-4 und Abbildung 10-6. Bei chronisch rezidivierenden Blutungen, die mit den in Tabelle 10-4 aufgeführten Möglichkeiten nicht geklärt werden, wird die Enteroskopie zur Klärung von Blutungsquellen in Jejunum und Ileum eingesetzt. Falls auch die aggressive Angiographie keine Klärung herbeiführt, verbleibt die diagnostische Laparotomie, unter Umständen mit intraoperativer Enteroskopie. Die Diagnostik von Blutungen aus den Gallenwegen und dem Pankreas ist im Kapitel 13 Erbrechen dargelegt.

Häufige Fehldiagnose

Noch immer die häufigste und für den Patienten unter Umständen deletäre Fehldiagnose ist die Fehlinterpretation einer Darmblutung als Hämorrhoidalblutung. Die Darmblutung ist stets ein Alarmzeichen, das der genauen Klärung bedarf.

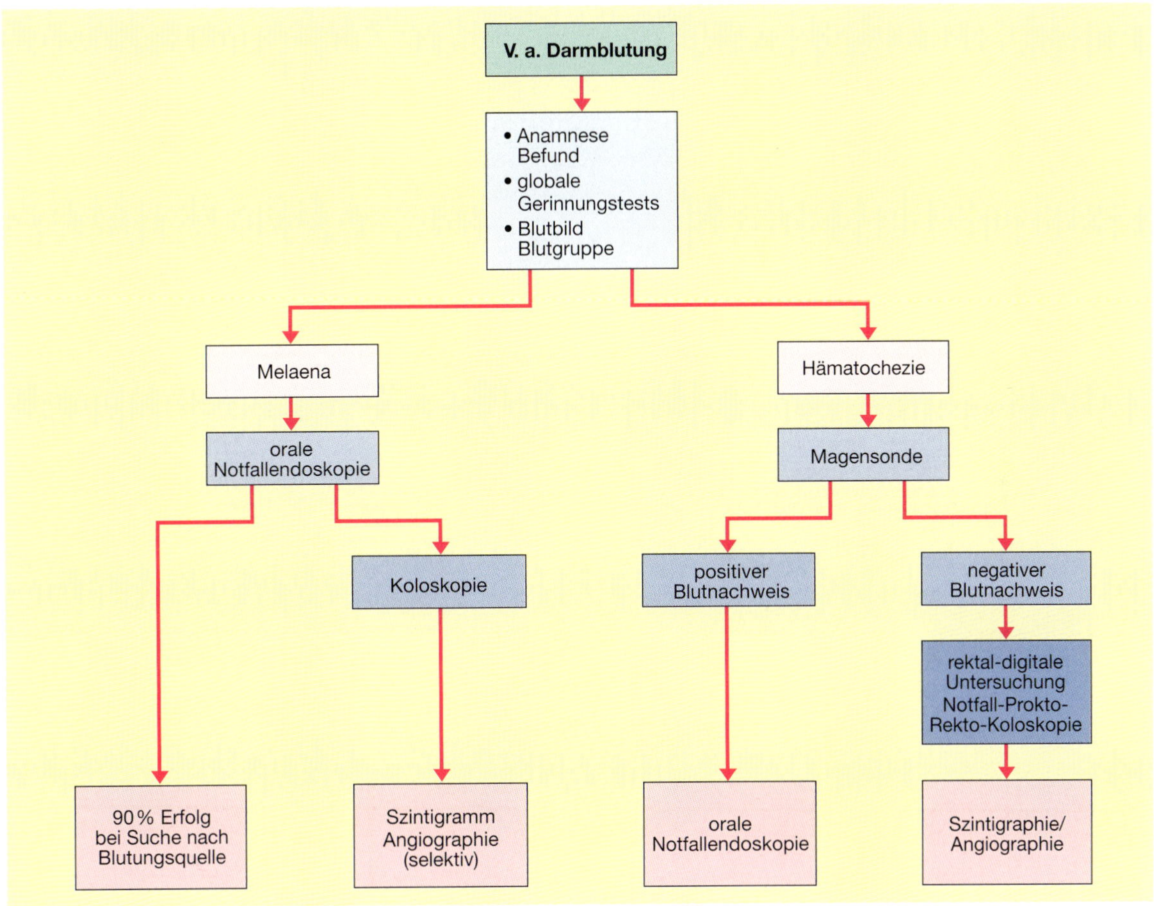

Abb. 10-6 Differentialdiagnostisches Vorgehen bei Verdacht auf eine Darmblutung.

11 Durchfall

W. E. Hansen

Durchfall erscheint als Symptom einer Vielzahl unterschiedlicher Erkrankungen sowohl des Gastrointestinaltrakts als auch anderer Organsysteme. Beurteilt werden die Beschwerdedauer (akut oder chronisch), die Stuhlentleerungen (Frequenz, Konsistenz, Beimengungen) sowie die sonstigen körperlichen Begleiterscheinungen (Fieber, Leibschmerzen, Meteorismus, Erbrechen, Hautausschläge, Kreislaufreaktionen). Die häufigsten Ursachen von akutem Durchfall sind Infektionen und Intoxikationen. Bei chronischem Durchfall wird oftmals ein Reizdarm, eine chronisch entzündliche Darmerkrankung oder ein Laxanzienabusus diagnostiziert. In unklaren Fällen können im Hinblick auf die vielfältigen Krankheitsursachen zahlreiche technische Untersuchungen erforderlich sein. Bei chronischer Diarrhö kommt auch eine stationäre Aufnahme zum diagnostischen **Hungerversuch** in Betracht.

11.1 Definition und Abgrenzung

Werden **täglich mehr als 3 Stühle** abgesetzt, so spricht man von **Durchfall.** Eine Beschwerdedauer bis zu 3 Wochen wird als **akuter Durchfall,** nach 3 Wochen als **chronischer Durchfall** bezeichnet. Wichtige Kennzeichen sind die Stuhlkonsistenz (dünnflüssige, wäßrige oder voluminöse Stühle), die Stuhlbeimengungen (Blut, Schleim oder Eiter) und sonstige Begleiterscheinungen wie Erbrechen, Hautausschläge, Fieber, Meteorismus, Flatulenz sowie Leibschmerzen. Ein weiteres Kriterium für Durchfall ist das mittlere tägliche Stuhlgewicht: Es sollte 200–250 g nicht übersteigen, wobei allerdings bei erhöhtem Ballaststoffverzehr physiologischerweise größere Stuhlmengen erreicht werden. Blutige Stuhlabgänge werden auch als **Hämatochezie** bezeichnet. Finden sich Beimengungen von Blut oder Eiter in dünnflüssigen Entleerungen, so spricht man von **Ruhr** oder **Dysenterie**. Bei einer **Steatorrhö** werden unter einer Standardkost mit 75–100 g Fett durchschnittlich mehr als 7 g Fett (bei schweren Durchfällen mehr als 13 g) in 24 Stunden mit dem Stuhl ausgeschieden.

11.2 Ursachen

Eine unübersehbare Zahl von Erkrankungen kann mit dem Symptom Diarrhö einhergehen. Bei den meisten Fällen handelt es sich um unkompliziert verlaufende „akute“ Infektionen oder Intoxikationen. Eine spezielle Diagnostik ist hier in der Regel entbehrlich. Eine große diagnostische Herausforderung können dagegen kompliziert verlaufende oder länger als 3 Wochen dauernde chronische Durchfallserkrankungen darstellen. Sie erfordern im Hinblick auf eine wirksame Behandlung oftmals das Erwägen vieler Differentialdiagnosen und den Einsatz zahlreicher Untersuchungsverfahren.

Akuter Durchfall ist in der Regel die Folge einer Infektion oder Intoxikation. Durch die forcierten Darmentleerungen wird gegebenenfalls das schädliche Agens eliminiert und damit die Selbstheilung gefördert. In den meisten Fällen klingen die Beschwerden unter symptomatischen Maßnahmen innerhalb von wenigen Stunden oder Tagen ab, ohne daß eine Ursache gesucht oder festgestellt wurde. Ausnahmen sind Fälle mit Hämatochezie oder schweren Allgemeinreaktionen (z.B. Fieber, Austrocknung, Nierenversagen).

Vermehrte Stuhlabgänge können auch die Folge einer **Stuhlinkontinenz** sein; es handelt sich hier um die Unfähigkeit zur kontrollierten Stuhlentleerung aufgrund einer Erkrankung im Bereich des Enddarms. Bei Durchfallserkrankungen findet man in etwa der Hälfte der Fälle eine symptomatische Inkontinenz.

Eine systematische Zusammenstellung wichtiger Ursachen von akuter und chronischer Diarrhö bringt Tabelle 11-1.

Eine andere Systematik der Durchfallserkrankungen bewertet die **Pathomechanismen der Diarrhö**. Diese soll hier ebenfalls vorgestellt werden, da sie in unklaren Fällen wertvolle diagnostische Hilfestellung geben kann (Tab. 11-2). Durchfall läßt sich pathophysiologisch am einfachsten als eine Störung im gastrointestinalen Wasserhaushalt charakterisieren. Normalerweise erscheinen täglich mit der Nahrung und den Sekreten der Drüsen etwa 10 l Wasser im

Tab. 11-1 Wichtige Ursachen der akuten und chronischen Durchfallserkrankungen

Akute Diarrhö (Dauer bis 3 Wochen)	**Chronische Diarrhö, chronisch rezidivierende Diarrhö (Dauer über 3 Wochen)**
Infektionen (Viren, Bakterien, Parasiten, → 11.4.1) Nahrungsmittelvergiftungen/Staphylokokkenenteritis (Überwucherung von Speisen mit Staphylokokken)	Infektionen (Parasiten, z. B. Giardia lamblia, Entamoeba histolytica; Clostridium difficile, Campylobacter, Yersinien, HIV (→ 11.4.1) Entzündungen (Colitis ulcerosa, Morbus Crohn, kollagene Kolitis, Morbus Whipple, Sprue, Divertikulitis, lymphozytäre Kolitis, innere Fisteln, → 11.4.2)
Nahrungsmittelallergien (Milch, Ei, Fisch, Obst)	Medikamente (Laxanzien, Antibiotika, Zytostatika; seltener Antihypertonika einschl. Diuretika, Antiarrhythmika, magnesiumhaltige Antazida, Dihydroxygallensäuren, Kolchizin, Glykoside, → 11.4.5) Nahrungsmittelzusätze (Sorbit, Fruktose, → 11.4.5)
energiereiche Strahlen (Röntgen-, Radiumbestrahlung)	Genußmittel (Alkohol, Kaffee) Neoplasmen (Kolonkarzinom, Lymphom)
Schub einer chronisch entzündlichen Darmerkrankung (→ 11.4.2)	Kohlenhydratmalabsorption (Disaccharidasemangel; schlecht absorbierbare Kohlenhydrate – Weizenstärke, Ballaststoffe, → 11.4.3)
	Maldigestion/Malabsorption mit Steatorrhö (Dünndarm-/Leber-/Pankreas-/Gallenwegserkrankungen, → 11.4.3)
	endokrine Erkrankungen, Stoffwechselstörungen (Hyperthyreose, Diabetes, Urämie, Zollinger-Ellison-Syndrom, Vipom, Karzinoid, → 11.4.4)
	Systemerkrankungen (Sklerodermie, Amyloidose)
	Stuhlinkontinenz (muskulär, neurogen, psychogen)
	Operationsfolgen (Vagotomie, Gastrektomie, Pankreasresektion, Cholezystektomie, Darmresektion, Syndrom der blinden Schlinge)
	funktionelle/idiopathische Störungen (Reizkolon, Erregung, Nervosität, → 11.4.7)

Magen und im Darm, davon wird lediglich etwa 0,1 l mit dem Stuhl ausgeschieden, der Rest vorher in den Körper zurückresorbiert. Eine wichtige Funktion spielt hier der Dickdarm, der bis zu 6 l täglich aufnehmen kann und damit für die „Austrocknung" der Fäzes sorgt. Durchfall kann deshalb als eine Vermehrung des fäkalen Wassergehalts, eine daraus resultierende Stuhlvolumenzunahme und Entleerungsfrequenzsteigerung beschrieben werden. Zu **osmotischer Diarrhö** kommt es, wenn das Volumen des Chymus oder der Fäzes infolge größerer Mengen schwer absorbierbarer Teilchen vergrößert wird und zur Einstellung isoosmotischer Verhältnisse vermehrt Wasser im Lumen gebunden bleibt. Kennzeichnend ist in diesen Fällen das Sistieren der Durchfälle bei alleiniger parenteraler Ernährung, ein Phänomen, welches auch für die Diagnostik verwendet wird. Bei der **sekretorischen Diarrhö** erfolgt durch die Einwirkung von Bakterientoxinen, Gallensäuren etc. eine vermehrte Flüssigkeitssekretion in den Gastrointestinaltrakt. Durchfälle entstehen, wenn die rückresorptive Kapazität von nicht betroffenen (Dick-)Darmabschnitten nicht ausreicht, um den vermehrten Anfall von Wasser zu kompensieren. Kennzeichnend ist hier ein vermehrter Gehalt von Elektrolyten im Stuhlwasser. Bei parenteraler Ernährung bestehen die Beschwerden weiter. **Mukosaverletzungen** als Folge von spezifischen oder unspezifischen Entzündungen können das luminale Flüssigkeitsvolumen durch gesteigerte Sekretion und verminderte Rückresorption vermehren und damit zu Durchfällen führen. Die Patienten berichten in diesen Fällen evtl. über Beimengungen von Blut und/oder Eiter. Eine **vermehrte Filtration** von Wasser in den Darm wird bei erhöhtem hydrostatischem Druck infolge einer Darmobstruktion oder eines Pfortaderhochdrucks beobachtet. **Motilitätsveränderungen** sind bei allen Formen von Durchfall zu beobachten. Eine besondere Rolle spielen sie im Zusammenhang mit Diarrhö bei beschleunigter Magenentleerung, bei bakterieller Fehlbesiedlung und beim Reizdarm.

11.3 Diagnostik

Die **Anamneseerhebung** und alle **Untersuchungen** haben eine **doppelte Zielsetzung:**

▷ Einerseits muß nach bedrohlichen Folgen der Durchfallserkrankung – Austrocknung, Anämie, Ernährungsstörungen, Komplikationen infolge einer Mitbeteiligung anderer Organe – im Hinblick auf symptomatische rettende Maßnahmen (Elementarhilfe) gefahndet werden.

Tab. 11-2 Mechanismen und Ursachen bei Durchfallserkrankungen (nach Ammon und Soergel)

Krankheitsmechanismen	Ursachen	Beispiele
Osmotische Diarrhö	nichtabsorbierbare Ingesta	salinische Abführmittel, Laktulose, Sorbit
	Defekt im Transportsystem	Glukose-Galaktose-Malabsorption kongenitale Chloriddiarrhö
	primärer Disaccharidasemangel	Laktoseintoleranz Isomaltase-Sukrase-Mangel Trehalose-Mangel
	sekundärer Disaccharidasemangel	Zöliakie/Sprue tropische Sprue virusinduzierte Gastroenteritis
	reduzierte Resorptionsoberfläche	Darmresektion
Sekretorische Diarrhö	bakterielle Enterotoxine	Cholera, Escherichia coli (Stämme mit Enterotoxinen), Nahrungsmittelvergiftung
	Enteroviren	Rotavirus, Norwalkvirus Erkrankungen im Bereich des terminalen Ileums, z. B. M. Crohn
	Dihydroxygallensäuren	idiopathische Gallensäurenmalabsorption Diarrhö nach Cholezystektomie Diarrhö nach Vagotomie bakterielle Fehlbesiedlung
	Fettsäuren	Steatorrhö, z. B. bei exokriner Pankreasinsuffizienz
	Abführmittel	Bisacodyl, Rhizinusöl
	Hormone	Verner-Morrison-Syndrom (VIPom) Zollinger-Ellison-Syndrom medulläres Schilddrüsenkarzinom (Thyreokalzitonin, Prostaglandine) Karzinoid (Serotonin)
	fehlerhafte neurale Kontrolle	Ganglioneurom, -neuroblastom Amyloidose (?) diabetische Neuropathie
Schleimhautverletzung	chronische Kolitis	chronisch-entzündl. Darmerkrankungen (Colitis ulcerosa, M. Crohn) Strahlenenterokolitis
	Darminfektionen	Erreger: Entamoeba histolytica, Shigella, Salmonella, Campylobacter, Yersinia enterocolitica, enteropathogene E. coli virusinduzierte Gastroenteritis
	andere Ursachen	Sprue Ischämie
Erhöhte Filtration		intestinale Obstruktion Pfortaderhochdruck
Veränderte Motilität	beschleunigte Magenentleerung funktionelle Störung	Postgastrektomiediarrhö irritables Kolon („schmerzlose Diarrhö")

▷ Zum anderen geht es um das Auffinden der Krankheitsursache als Grundlage für eine kausale Therapie.

Für Durchfallserkrankungen ist die **Variabilität des Krankheitsbildes** kennzeichnend. Dies gilt beispielsweise für Infektionen, von denen einzelne Patienten schwer betroffen werden, andere jedoch – trotz nachgewiesenem Erregerbefall – kaum über Beschwerden klagen.

In den Tabellen 11-3 und 11-4 sind wichtige Bedeutungen anamnestischer Angaben und körperlicher Befunde zusammengestellt.

Tab. 11-3 Differentialdiagnostische Bedeutung von anamnestischen Angaben und körperlichen Befunden

Anamnestische Angaben und Befunde	Bedeutung/Verdachtsdiagnose
große Stuhlvolumina	Dünndarmerkrankungen
geringe Stuhlvolumina, hohe Frequenz, Tenesmen	Dickdarmerkrankungen
Wechsel Diarrhö/Obstipation, Schafkot-, Bleistiftstühle, unterschiedl. Auftreten bei Streß, Urlaub, berufl. Tätigkeit, Freizeit, nächtl. Ruhe	Reizdarm
plötzlicher Beginn, Fieber, Leibschmerzen, Umgebungserkrankungen, Reisen	Infektion
Fieber, Durst, Adynamie, Somnolenz, Orthostase	Flüssigkeits- und Elektrolytverluste
vorausgegangene Bauchoperation	Operationsfolge
Umgebungserkrankungen	Infektion, Intoxikation
Medikamentengebrauch	Nebenwirkung (→ 11.4.6)
Zusammenhang mit Nahrungsaufnahme	Nahrungsmittelintoxikation, -allergie
juckendes Exanthem, Asthma, Schwellungen, Schock	allergische Reaktion
Eiter oder Blut im Stuhl, systemische Erkrankungszeichen	Schleimhautschädigung, invasiver Krankheitserreger
Schleim oder Membranen im Stuhl	Überaktivität der Mukosadrüsen (Infektion, Reizdarm)
Fettstühle, Steatorrhö	Maldigestion, Malabsorption
Meteorismus und Flatulenz	vermehrter Abbau von Kalorienträgern durch Dickdarmflora
trockene, schuppende Haut, Rhagaden, Nagelveränderungen	Mangelerscheinungen infolge Malassimilation
Blutdruck unter 100 mmHg/Pulsfrequenz über 100/min	Schockzeichen (Volumenverlust)
Resistenz im Abdomen	Tumor, z. B. Pankreasneoplasma
Blut bei rektaler Untersuchung	Zeichen einer bedrohlichen Erkrankung mit Läsion der gastrointestinalen Schleimhäute
Teerstuhl	Blutungsquelle oberhalb linker Kolonflexur

Tab. 11-4 Anamnestische Angaben und körperliche Befunde zur Abschätzung von Flüssigkeits- bzw. Gewichtsverlusten (1 l Flüssigkeit ≙ 1 kg)

Symptomatik	Verlust
Durst	Gewichtsabnahme bis 3%
trockene Schleimhäute, geringe Tachykardie, Oligurie	Gewichtsabnahme 3–10%
verminderte Hautelastizität und Turgor, eingesunkene Augäpfel, Zentralisation des Kreislaufs, Apathie, Somnolenz	Gewichtsabnahme 10–15%
Kreislaufschock, Koma	Gewichtsabnahme über 15%

11.4 Krankheitsbilder

11.4.1 Dünn- und Dickdarminfektionen

Die Besiedlung des Gastrointestinaltrakts mit pathogenen Krankheitserregern – **Bakterien, Viren, Parasiten, Pilze, Würmer** – kann, muß aber nicht zu Durchfall führen. Die Stuhlentleerungen sind in diesen Fällen therapeutisch wirksam, indem so die pathogenen Keime eliminiert werden. In der Regel klingen die Beschwerden innerhalb weniger Tage folgenlos ab, die Ausscheidung der Erreger kann jedoch längere Zeit, in manchen Fällen sogar lebenslang erfolgen. Entsprechend der Vielfalt der Erreger und deren Virulenz sowie der Unterschiede in der Disposition von betroffenen Personen ist das Beschwerdespektrum sehr variabel: Es reicht von der Symptomfreiheit bis zu schwerster Krankheit mit Allgemeinreaktionen einschließlich Schock und Koma. Dies gilt beispielsweise auch für Infektionen mit Vibrio cholerae oder Salmonella typhi.

Leichte Erkrankungsfälle ohne besondere Risikozeichen (gastrointestinale Blutungen, Fieber und sonstige Allgemeinreaktionen, höheres Lebensalter, Umgebungserkrankungen) erfordern zunächst keine besonderen differentialdiagnostischen Überlegungen und auch keine spezifische Diagnostik. **Chronische Infektionen,** die länger als 3 Wochen anhalten, müssen dagegen stets sorgfältig untersucht werden.

In den unklaren Fällen ist die entscheidende diagnostische Maßnahme der **Erregernachweis** im Stuhl, im Magen- oder Duodenalsaft, im Blut oder in Schleimhautpartikeln (Entnahme aus der entzündeten Schleimhaut mittels Zangenbiopsie unter endoskopischer Sicht). Der Erregernachweis kann schwierig sein, so daß im Verdachtsfall Untersuchungen 3- (bis 6-)mal wiederholt werden müssen.

Von **Ruhr** oder **Dysenterie** spricht man, wenn aufgrund einer Infektion mit invasiven Erregern (u.a. Shigellen, invasive Kolibakterien, Salmonellen, Campylobacter, Yersinien, Entamoeba histolytica) die intestinalen Schleimhäute entzündlich umgebaut werden und als Folge blutige und eitrige Durchfälle sowie Tenesmen und Leibschmerzen entstehen (→ Tab. 11-2).

Wäßrige Durchfälle sind das Kennzeichen der **sekretorischen Diarrhö** bzw. des **Cholerasyndroms**, welche aus einer verstärkten Flüssigkeits- und Elektrolytsekretion der Enterozyten entstehen. Auslöser sind Bakterientoxine, z.B. von Vibrio cholerae, enteropathogene Kolibakterien, Staphylokokken und Klebsiellen (→ Tab. 11-2).

11.4.1.1 Bakterielle Infektionen

Salmonellosen

Salmonellosen sind die häufigsten Ursachen der bakteriellen Darminfektionen. Für den Menschen sind etwa 120 Untertypen pathogen, wobei zur Krankheitsmanifestation etwa 10^6–10^9 Keime benötigt werden.

Durch Magensäure werden Salmonellen inaktiviert. Die Übertragung erfolgt durch Urin und Fäzes von erkrankten Personen über kontaminierte Speisen und Trinkwasser. Beim Menschen unterscheidet man verschiedene Manifestationsformen. Bei der am häufigsten vorkommenden **akuten Gastroenteritis** entwickelt sich nach einer Inkubationszeit von 8 bis 48 Stunden ein im Ausmaß variables Beschwerdebild mit wäßrigen, evtl. schleimigen Durchfällen, zumeist ohne Blut, Leibschmerzen, Kopfschmerzen, Fieber, Erbrechen, Husten. Die Erkrankung dauert in der Regel 3–5 Tage.

Typhus und Paratyphus werden durch Infektionen mit Salmonella typhi bzw. paratyphi A, B, C hervorgerufen. Nach einer Inkubationszeit von etwa 1 Woche klagen die Betroffenen zunächst über remittierendes Fieber, Kopfschmerzen, viszerale Leibschmerzen und Verstopfung. (Nur bei 1/3 der Patienten werden vorübergehend Durchfälle beobachtet.) In der Folge entwickelt sich das Vollbild des Typhus mit Bewußtseinstrübung, Fieber bis 40 °C, Husten und aufgetriebenem Leib; bei der Untersuchung findet man die charakteristischen Typhusroseolen, eine relative Bradykardie, einen weichen Milztumor sowie im Blut eine Leukopenie. In der 3. Krankheitswoche werden bei schwerer Verlaufsform Koma, Subileus bzw. erbsbreiartige Stuhlentleerungen, evtl. auch Darmblutungen oder -perforationen, eine Verbrauchskoagulopathie sowie eine toxische Myokarditis beobachtet. In der 4. Woche setzt dann – sofern der Patient überlebt hat – allmählich die Besserung ein. Da heutzutage bei fieberhaftem Krankheitsbild Patienten zumeist auch ohne Diagnose Antibiotika erhalten, werden schwere typhöse Krankheitsverläufe nur noch selten beobachtet.

Die **Diagnose** ist durch den **Erregernachweis** möglich: in der Initialphase im Blut (90%) oder Knochenmark/Punktatgewebe aus Typhusroseolen (nach Antibiotikagabe), ansonsten im Urin oder Stuhl. Ab der 2. Woche serologischer Nachweis anhand der Widal-Reaktion (unspezifisch).

Bei Typhus können **lokalisierte Infektionen** auftreten und sich unter folgenden Krankheitsbildern zeigen: Cholezystitis (→ Kap. 46), Peritonitis (→ Kap. 46), Appendizitis (→ Kap. 46), intraabdomineller Abszeß, Pneumonie (→ Kap. 3), Empyem, Perikarditis (→ Kap. 41), Arthritis (→ Kap. 43), Osteomyelitis (→ Kap. 45), Meningitis (→ Kap. 44), mykotisches Aneurysma, Harnwegsinfekt (→ Kap. 60), Wundinfektion. Grundkrankheiten sind oftmals Leukosen (→ Kap. 32) oder Lymphome (→ Kap. 32).

Asymptomatische Salmonellenträger mit positiven Stuhlkulturen sind nach 1 Jahr etwa 1% der ehemals Erkrankten; in den meisten Fällen ist die Gallenblase das Infektionsreservoir.

Cholera und Infektionen mit enterotoxigenen Escherichia coli

Diese Erkrankungen erscheinen unter dem Bild der **sekretorischen Diarrhö** mit wäßrigen Entleeerungen, wobei je nach der Schwere der Erkrankung zwischen 1 und 20 l (Cholera!) in 24 Stunden abgesetzt werden. Im sonographischen Bild erkennt man weite, mit Flüssigkeit gefüllte Darmschlingen sowie eine entzündlich verdickte Darmwand. Bedroht werden die Betroffenen durch die Elektrolytverluste und die Austrocknungsfolgen: Schock, Koma, Nierenversagen. Die Übertragung der **Choleravibrionen** erfolgt durch kontaminierte Speisen nach Inkubationzeiten von wenigen Stunden bis zu 6 Tagen – abhängig von der Zahl der aufgenommenen Erreger. In Bangladesch sollen 1% der Bevölkerung asymptomatische Ausscheider von Vibrio cholerae sein. Der Erregernachweis ist unschwer im Stuhl möglich. Infektionen mit **enterotoxigenen Escherichia coli (ETEC)** sind vergleichsweise milder; sie erscheinen am häufigsten unter dem Bild der **Reisediarrhö,** wobei als Infektionsquelle kontaminierte Speisen gelten. Weitere Erreger der Reisediarrhö können Salmonellen, Shigellen, Amöben oder Lamblien sein.

Staphylokokkenenteritis

Überwuchern Staphylokokken Speisen, z.B. bei für längere Zeit in der Wärme aufbewahrten Salaten, so können im Übermaß gebildete Toxine kurzfristig ein akutes Cholerasyndrom mit einer explosionsartigen Diarrhö hervorrufen. Da mit dem Stuhl auch die pathogenen Toxine eliminiert werden, klingen die Krankheitserscheinungen rasch ab. Die Diagnose wird aufgrund der charakteristischen Anamnese gestellt.

Bakterielle Ruhr

Infektionen mit **Campylobacter, enterohämolytischen Escherichia coli (EHEC), Shigella, Yersinia, Vibrio parahaemolyticus**. Gemeinsames Merkmal ist die Invasivität der Erreger. Als Folge der Schleimhautverletzung können sie sich mit blutigen Durchfällen, mit Leibschmerzen sowie mit Allgemeinsymptomen (Fieber, Schock) manifestieren. Die Diagnose muß anhand des Erregernachweises im Stuhl bzw. in Darmschleimhautproben gesichert werden. Kennzeichnend sind auch neutrophile Granulozyten und Erythrozyten im Darmabstrich.

Antibiotikaassoziierte Kolitis

Im Zusammenhang mit antibiotischer Therapie kann es mit einer Latenzzeit von Tagen bis Wochen zu einem Überwuchern von Clostridium difficile im Kolon kommen, wobei in der Regel die pathogenen Stämme im Krankenhaus akquiriert werden. Durch deren Toxine werden leichte bis bedrohliche wäßrigschleimige, eventuell auch blutige, chronische oder rezidivierende Durchfälle, die oftmals von viszeralen Leibschmerzen und Fieber, Übelkeit und Dehydratation begleitet sind, hervorgerufen. Die Diagnose kann aus der Anamnese und dem – unspezifischen – Befund einer pseudomembranösen Kolitis in der Endoskopie vermutet werden (Abb. 11-1). Zur Sicherung ist der Nachweis von Clostridium-difficile-Toxin im Stuhl erforderlich.

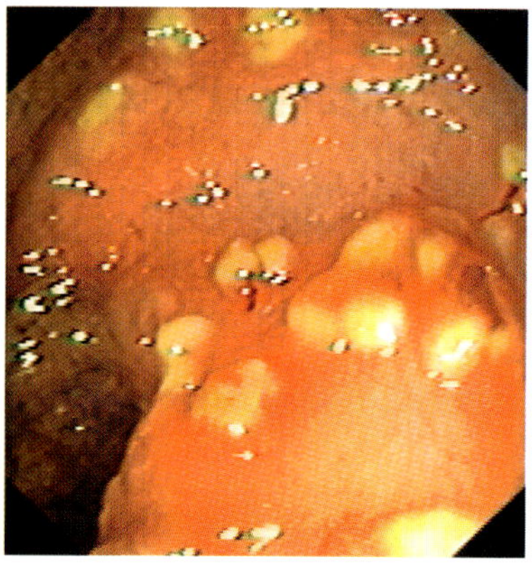

Abb. 11-1 Antibiotikaassoziierte Kolitis: charakteristisches, jedoch nicht spezifisches Bild mit Pseudomembranen in der Endoskopie.

Tuberkulose

Befallen wird vor allem der Ileozökalbereich. Die Beschwerden (Schmerzen, Durchfall) sind zumeist gering. Der Nachweis von Tbc-Bazillen im Stuhl korreliert nicht mit einer Erkrankung. Die Diagnose erfolgt durch Biopsie oder anhand eines Operationspräparates.

11.4.1.2 Virusinfektionen

Beim Erwachsenen führen **Norwalkviren** und – seltener – **Rotaviren** zu oftmals endemisch auftretenden, milde verlaufenden Durchfallserkrankungen. Da die Diagnose nur durch den methodisch schwierigen Virusnachweis gesichert werden kann, wird sie in der Regel nicht gestellt. Man spricht in diesen Fällen von Reisediarrhö etc. Darüber hinaus gibt es eine Vielzahl allgemeiner Virusinfektionen, die sekundär den Gastrointestinaltrakt betreffen und sich mit Durchfällen manifestieren, z.B. Zytomegalie (Abb. 11-2), Poliomyelitis, Virushepatitiden (→ Kap. 15), Influenza (→ Kap. 49).

11.4.1.3 HIV-Infektion

Gastrointestinale Infektionen einschließlich der Enterokolitis sind häufige Befunde bei Patienten mit HIV-Infektion. Erreger sind in erster Linie Bakterien (Campylobacter, Salmonella, Shigella, atypische

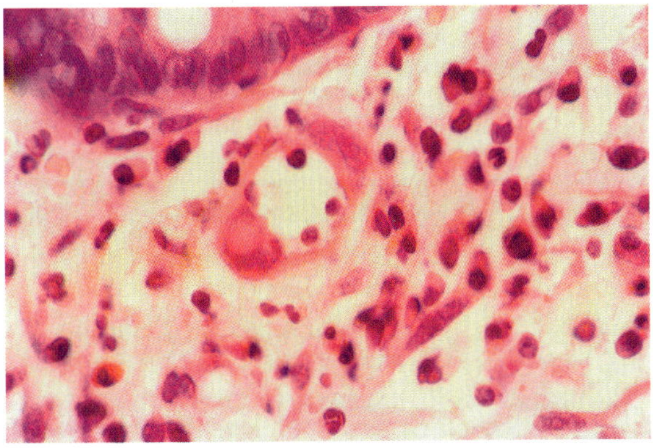

Abb. 11-2 Zytomegalie-Kolitis: Eulenaugenzelle (Pathologisches Institut, Prof. Dr. med. Höfler, Klinikum rechts der Isar, Technische Universität München).

Mykobakterien), Viren (das HI-Virus selbst, Zytomegalie-, Herpes-simplex-Virus) und Protozoen (Kryptosporidien, Mikrosporidien, Isospora bella, Entamoeba histolytica, Giardia lamblia), wobei die Verläufe im Vergleich mit Gesunden schwerer und länger sind und zudem häufiger mit Komplikationen (Sepsis, Cholezystitis, Cholangitis) einhergehen. Der Erregernachweis kann in der überwiegenden Mehrzahl anhand von Stuhl- und sigmoidoskopisch gewonnenen Schleimhautproben geführt werden. Der Nachweis von Mikrosporidien erfolgt elektronenoptisch (bis zu $^{1}/_{3}$ der Fälle). Das Auffinden von Kryptosporidien erfordert Spezialfärbungen.

11.4.1.4 Pilzinfektionen

Pilze, vor allem Candida albicans, gehören zu den normalen Bewohnern des Gastrointestinaltrakts, wobei letztere in einer Menge bis 10^3/g im Stuhl erscheinen. Entgegen der Meinung vieler Therapeuten spielen primäre Infektionen in der klinischen Medizin nur eine marginale Rolle. Gelegentlich werden sekundäre Infektionen bei geschwächten Patienten (konsumierende Krankheiten, AIDS) oder bei antibiotischer Therapie beobachtet.

11.4.1.5 Parasitosen

Amöbenruhr

Infektionen mit Entamoeba histolytica können, müssen jedoch nicht mit einer hämorrhagischen Kolitis (Ruhr) einhergehen. Der Erregernachweis gelingt am einfachsten mikroskopisch anhand einer frischen, aus einem Entzündungsherd entnommenen Schleimflocke. Abszesse (Leber!) sind durch Sonographie oder Computertomographie darstellbar. Der serologische Nachweis ist bei ca. 85% der Fälle mit intestinalem Befall und bei 100% der Fälle mit extraintestinalem Befall positiv.

Lamblieninfektionen

Lamblieninfektionen betreffen den oberen Intestinaltrakt und die Gallenwege. In der Regel sind die Beschwerden gering und klingen mit der Infektion innerhalb weniger Tage ab. In einzelnen Fällen werden jedoch chronische Verläufe mit diffusen Oberbauchbeschwerden beobachtet. Der Nachweis des Parasiten ist im – endoskopisch entnommenen – Duodenalsaft oder im Stuhl (Zysten) möglich.

Wurmerkrankungen

Helminthosen zählen in den warmen Ländern zu den häufigsten Leiden. In den westlich zivilisierten Ländern werden sie dagegen relativ selten diagnostiziert – zum Teil auch, weil man nicht daran denkt oder weil man die Nachweistechniken nicht beherrscht. Bei allen unklaren Bauchbeschwerden („Reizdarm", „Reizmagen"), unklarer Anämie, Magersucht, allergischen Reaktionen und Pruritus ani sollte man eine gastrointestinale Helminthose erwägen. In Mitteleuropa ist der Befall mit Rundwürmern (Askariasis, Trichuriasis, Enterobiasis etc.) am häufigsten (ca. 90%); Bandwürmer sind im Verhältnis seltener (ca. 9%). Makroskopisch erkennt man Enterobius, Ascaris sowie Rinder- und Schweinebandwürmer. Am wertvollsten ist der mikroskopische Nachweis von Wurmeiern in Stuhlsuspensionen (z.B. Ovassay-Set Janssen). Serologische Nachweisverfahren werden bei Zystizerkose, Fasziolosis oder Schistosomiasis eingesetzt.

DS ***Diagnosesicherung***

Entscheidend für die Diagnose ist der **Erregernachweis** – im Stuhl, in endoskopisch entnommenen Schleimhautproben, im Magen- und Darmsaft, in der Galle, bei invasiven Erregern auch in Blut, Urin, Sputum, Liquor. Ein einfaches indirektes diagnostisches Verfahren ist bei Ruhrerkrankungen der mikroskopische Nachweis von Leukozyten und Erythrozyten in einer Stuhl- oder Schleimprobe mittels Löffler-Methylenblaulösung (2 Tropfen auf einem Objektträger gemischt). Serologische Nachweisreaktionen werden frühestens nach dem 4. Tag in den geeigneten Fällen – z.B. Typhus, Amöbiasis – positiv. Beim **Cholerasyndrom** ist das Fehlen von endoskopisch oder mikroskopisch nachweisbaren Schleimhautschäden sowie eine Zusammensetzung der Stuhlosmolarität etwa zur Hälfte aus Na- und K-Ionen charakteristisch. Bei der osmotischen Diarrhö ist der Anteil niedriger.

DD ***Differentialdiagnose***

In unklaren Fällen, bei denen kein Erregernachweis geführt werden kann, sind alle mit Durchfall einhergehenden Erkrankungen zu erwägen.

11.4.2 Chronisch entzündliche Darmerkrankungen (Colitis ulcerosa, Morbus Crohn)

Chronisch entzündliche Darmerkrankungen verlaufen als **Colitis ulcerosa** mit blutigen Durchfällen aufgrund einer Entzündung der Kolonschleimhaut. Kennzeichnend ist der Beginn im Rektum; nur selten greift die Erkrankung auf das terminale Ileum über („backwash ileitis"). Die andere Spielart ist der vor allem mit Durchfällen und Leibschmerzen einhergehende **Morbus Crohn**. Charakteristisch ist hier ein entzündliches Granulationsgewebe, welches in sämtlichen Darmschichten wuchern kann und das abschnittsweise von der Mundhöhle bis zum Anus – am häufigsten im terminalen Ileum – auftreten kann. Komplikationen sind u.a. Fisteln und Abszesse. Bei etwa 10% der Fälle beobachtet man Übergangsformen, welche eine eindeutige Zuordnung zu einem der beiden Krankheitsbilder zunächst nicht erlauben. Für die Diagnose besitzen die anamnestischen Angaben sowie die endoskopischen und histologischen Befunde am Gastrointestinaltrakt den größten Wert. Differentialdiagnostisch sind zuerst intestinale Infektionserkrankungen und Neoplasien sowie die ischämische Kolitis zu erwägen.

Tab. 11-5 Extraintestinale Komplikationen und assoziierte Erkrankungen bei chronisch entzündlichen Darmerkrankungen

Leber	Verfettung, chronische Hepatitis, Zirrhose, Granulomatose, Amyloidose, Leberabszeß
Gallenblase, -wege	Pericholangitis, sklerosierende Cholangitis, Gallensteine, Karzinom
Haut	Erythema nodosum, Pyoderma gangraenosum
Muskulatur	Myositis
Mundschleimhaut	Stomatitis aphthosa
Gelenke	Sakroiliitis
Finger	Trommelschlegelfinger, Weißnägel
Augen	Uveitis, Episkleritis
Blut	autoimmune hämolytische Anämie, Thrombosen
Gefäße	Vaskulitis
Lungen	fibrosierende Vaskulitis
Herz	Perikarditis
Nieren	Urolithiasis, Amyloidose
endokrines System	Pankreatitis, Hyperthyreose

B *Beschwerden und Befunde*

Im akuten Erkrankungsschub – bei allgemein chronisch rezidivierenden Verläufen – stehen bei der **Colitis ulcerosa** blutige Durchfälle und krampfartige Schmerzen im Unterbauch im Vordergrund. Beim **Morbus Crohn** sind dies vor allem Leibschmerzen – meist im rechten Unterbauch – sowie Durchfälle, bei einem Drittel der Betroffenen auch blutige. Während der Remissionsphasen klagen die Betroffenen über vergleichsweise geringe oder keine Beschwerden. Das Krankheitsbild kann durch Folgeerkrankungen – Fieber, Stenosen mit Ileuserscheinungen (→ Kap. 46), Anämie (→ Kap. 8), beim Morbus Crohn auch Fisteln, Abszesse, Ernährungsstörungen – sowie durch extraintestinale Begleiterkrankungen erheblich kompliziert sein und den Betroffenen schwer beeinträchtigen. Bei der körperlichen Untersuchung findet man oft ein druckschmerzhaftes Kolon bzw. eine Resistenz im rechten Unterbauch/Bereich terminales Ileum (Morbus Crohn).

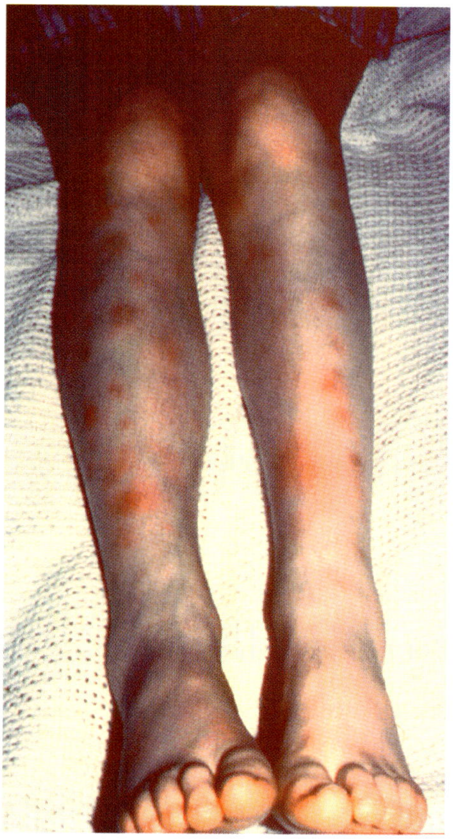

Abb. 11-3 Erythema nodosum bei akutem M. Crohn (endoskopisches Bild).

Das Beschwerdebild der chronisch entzündlichen Darmerkrankungen wird vom Ausmaß und von der Lokalisation der Entzündung bestimmt. Bei der **Colitis ulcerosa** nimmt diese im Rektum ihren Anfang und breitet sich nach proximal, meistens bis zum Colon sigmoideum, selten bis zum Zökum, sehr selten bis zum terminalen Ileum („backwash ileitis") aus. Kennzeichnend für eine schwere Verlaufsform sind neben blutigen Durchfällen (in der Regel mehr als 6 in 24 Stunden)

Fieber, Anämie (Hkt unter 30%), Tachykardie (über 100/min), Hypalbuminämie (unter 3 g/l) sowie eine beschleunigte Blutsenkungsreaktion (über 30 mm/h).

Das Beschwerdebild beim **Morbus Crohn** ist im Vergleich zur Colitis ulcerosa vielgestaltiger, da neben dem Kolon auch der Dünndarm sowie – in seltenen Fällen – die Mundhöhle, die Speiseröhre und der Magen betroffen sind und darüber hinaus mit Fisteln und Abszessen gerechnet werden muß. Bei der Beurteilung sind von besonderem Interesse Allgemeinreaktionen mit Fieber, Blutungsanämie sowie – als Folge eines Dünndarmbefalls – Ernährungsstörungen (Kalorienträger, Vitamine, Zink, Kalzium). Bei der körperlichen Untersuchung wird man auf Zeichen der Unterernährung oder Fehlernährung achten. In allen Fällen mit chronisch entzündlichen Darmerkrankungen sind mögliche **extraintestinale Komplikationen** von besonderem Interesse (Tab. 11-5; Abb. 11-3).

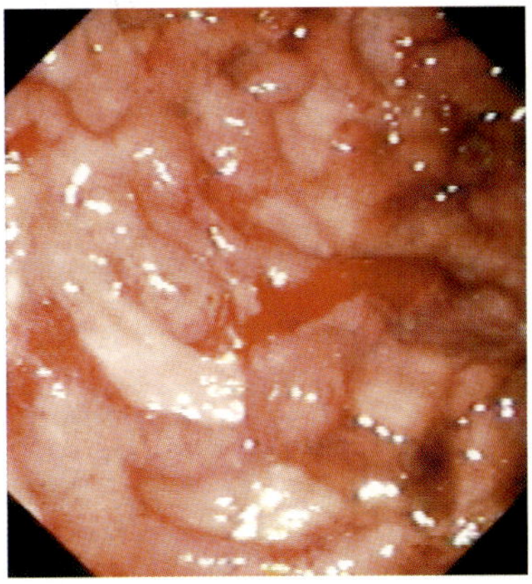

Abb. 11-4 Colitis ulcerosa: akute Entzündung mit Pseudopolypen und Hämorrhagie (endoskopisches Bild).

DS *Diagnosesicherung*

Zur Sicherung der Diagnose von chronisch entzündlichen Darmerkrankungen gehört der endoskopische und histologische Nachweis von charakteristischen, allerdings nicht beweisenden Läsionen im oberen bzw. unteren Gastrointestinaltrakt (Abb. 11-4 und 11-5). Kryptenabszesse kennzeichnen u.a. die Colitis ulcerosa, Granulome mit Langhans-Riesenzellen den

11

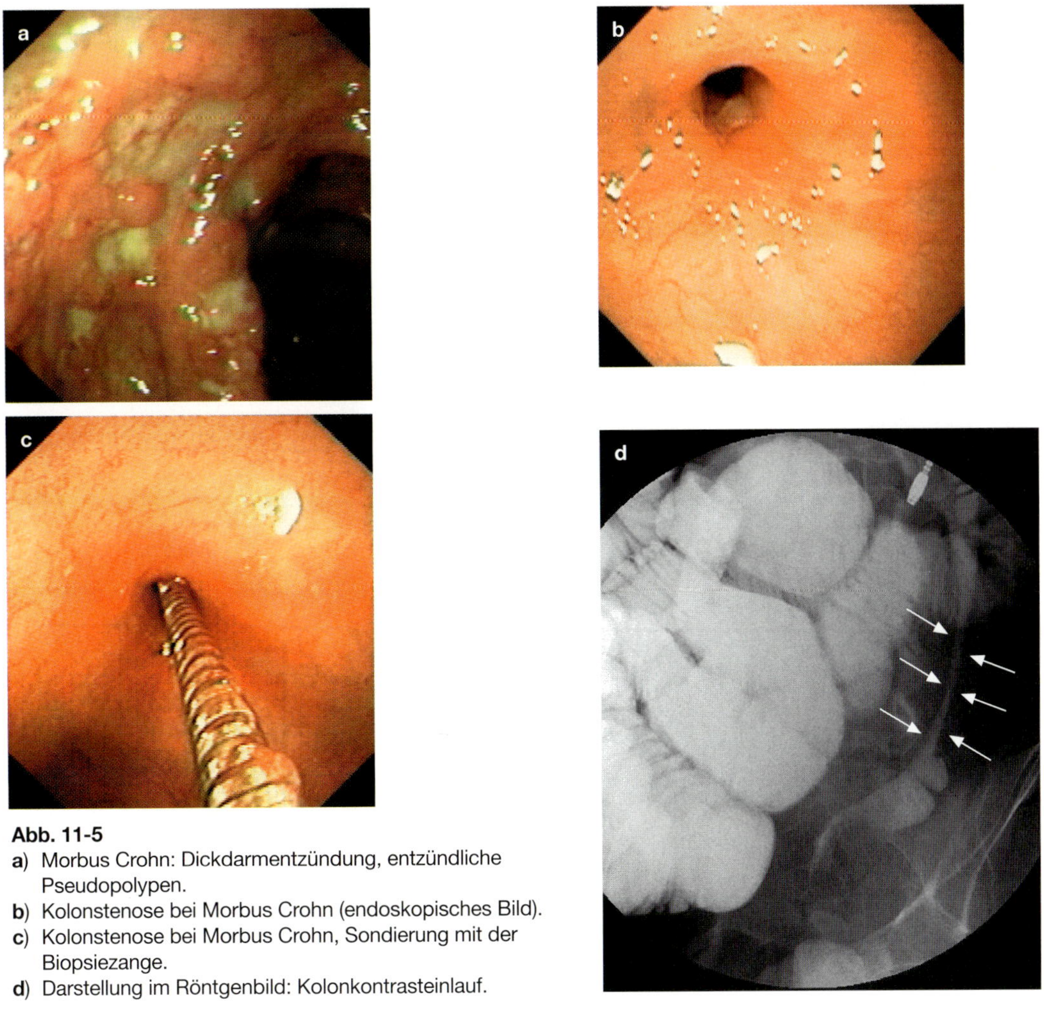

Abb. 11-5
- **a)** Morbus Crohn: Dickdarmentzündung, entzündliche Pseudopolypen.
- **b)** Kolonstenose bei Morbus Crohn (endoskopisches Bild).
- **c)** Kolonstenose bei Morbus Crohn, Sondierung mit der Biopsiezange.
- **d)** Darstellung im Röntgenbild: Kolonkontrasteinlauf.

Tab. 11-6 Wichtige Differentialdiagnosen der chronisch entzündlichen Darmerkrankungen

Infektionen	Yersiniosen, Salmonellosen, Campylobacter-Enteritis, Tuberkulose, antibiotika-assoziierte Kolitis, Lymphogranuloma venereum, Candidiasis, Histoplasmose, Aktinomykose, Amöbenruhr, Schistosomiasis, Zytomegalie-Kolitis
unspezifische Entzündungen	ischämische Kolitis, Strahlenenteritis, Appendizitis, Sprue, Divertikelkrankheit, Reizdarm, kollagene Kolitis, Ulcus recti simplex
Neoplasmen	Karzinom, Karzinoid, Polyposis, malignes Lymphom
Sonstige	kollagene Kolitis, Morbus Behçet, Medikamentenreaktion, „diversion colitis"

M. Crohn. Zum Ausschluß von (Super-)Infektionen sind darüber hinaus bakteriologische Untersuchungen von Schleimhautproben und Stuhl nötig. Einen hohen Stellenwert besitzt schließlich das Röntgen (Doppelkontrasttechnik), weil es die Darstellung des gesamten Dünndarms (Kontrasteinlauf nach Sellink) sowie den Nachweis von Fisteln erlaubt (Abb. 11-5). Für das Auffinden von Abszessen ist die Computertomographie am besten geeignet.

DD *Differentialdiagnose*

Wichtige Differentialdiagnosen der chronisch entzündlichen Darmerkrankungen stehen in Tabelle 11-6.

In der Praxis kann die Unterscheidung zwischen Colitis ulcerosa, Morbus Crohn und ischämischer Kolitis schwierig sein. Kennzeichnende Merkmale finden sich in Tabelle 11-7.

11.4.3 Malassimilation (Maldigestion, Malabsorption)

Malabsorptionssyndrome entstehen als Folge erworbener und vererbter Erkrankungen der Dünndarmschleimhaut, wodurch – als charakterisierendes Merkmal – die Aufnahme von Nährstoffen beeinträchtigt wird. Von **Maldigestionssyndromen** spricht man, wenn durch fehlerhafte luminale Verdauungsvorgänge eine Nährstoffaufnahme behindert wird. Beispiele sind die exokrine Pankreasinsuffizienz, der Gallensalzmangel oder postoperative Folgezustände. Sind Digestion und Absorption gleichzeitig gestört, so spricht man auch von **Malassimilation**. Das klinische Bild dieser Erkrankungen wird vom Ausmaß und von der Art der Störungen bestimmt. Die Beschwerden sind in den meisten Fällen gering; im Vordergrund stehen ggf. massige dünne (Fett-)Stühle, Meteorismus, Flatulenz, Gewichtsabnahme. Bei der körperlichen Untersuchung findet man Anämiezeichen, Dermatitis, Mundwinkelrhagaden. Für die Diagnostik besitzen Funktionstests sowie Untersuchungen von Dünndarmschleimhautproben entscheidende Bedeutung. Einen systematischen Überblick über Erkrankungen mit Malassimilation gibt Tabelle 11-8.

Tab. 11-7 Merkmale zur Unterscheidung von Colitis ulcerosa, Morbus Crohn und ischämischer Kolitis

	Colitis ulcerosa	Morbus Crohn	ischämische Kolitis
Manifestationsalter	20–50 Jahre	15–35 Jahre	> 50 Jahre
Geschlechtsverteilung	m > w	m = w	m > w < 40 Jahre: w
Stuhlbeschaffenheit	blutig-schleimig	breiig, wenig Blut	Blutungen
Beschwerden	Tenesmen	Leibschmerzen	akutes Abdomen
Ausbreitung	Beginn Rektum, Kolon, selten terminales Ileum	diskontinuierlich, v.a. Ileum/Zökum (ca. 75%)	linke Flexur
Endoskopie	Granulierung, verm. Lädierbarkeit, Pseudopolypen	aphthoide Ulzera, Pflastersteinrelief, Fissuren	intramurale Blutung, Schwellung, später Geschwüre, Strikturen
Histologie	nur Mukosa: Ulzera, Kryptenabszesse, Becherzellverlust	ges. Darmwand, Epitheloidgranulome, Ulzerationen	ges. Darmwand Gefäßläsionen, Nekrosen, Fibrose
Röntgen	gran. Schleimhaut Spiculae, Pseudopolyposis Haustrenverlust	Fissuren, Kopfsteinpflasterrelief, Pseudodivertikel, Stenosen, Fisteln	Daumendruckphänomen, Strikturen

Tab. 11-8 Ursachen von Malassimilation

Krankheiten mit vorwiegender Maldigestion	**Mangel oder Inaktivierung der Pankreasenzyme** exkretorische Pankreasinsuffizienz infolge Entzündung/Neoplasma/Resektion; Säureinaktivierung der Enzyme bei Gastrinom; kongenitaler Lipasemangel **Mangel an intraluminalen Gallensäuren** intra- und extrahepatische Cholestase; Gallensäurendekonjugation infolge bakterieller Fehlbesiedlung; Gallensäurenverlust infolge Ileumresektion/Ileitis terminalis Crohn
Krankheiten mit vorwiegender Malabsorption	**angeborene Störungen einzelner Funktionen** Disaccharidmalabsorption, Enterokinasemangel, Hartnup-Erkrankung, Zystinurie, Tryptophanmalabsorption, angeborener Mangel an Intrinsic-Faktor oder beim Transportsystem für Vitamin B_{12}, Abetalipoproteinämie **erworbene Störungen mit Ausfall vieler Funktionen** einheimische Sprue, tropische Sprue, M. Whipple, primäres intestinales Lymphom, intestinale Lymphangiektasie, Hypogammaglobulinämie, Dermatitis herpetiformis Duhring, eosinophile Gastroenteritis, Mastozytose, Amyloidose, Strahlenenteritis, Dünndarmresektion, Zirkulationsstörungen, Infektionen einschl. Tbc, Parasitosen einschl. Lambliasis
Krankheiten mit gestörter Digestion und Absorption	Sklerodermie, endokrine Erkrankungen (Diabetes mellitus, Hyper- und Hypothyreose, Hypoparathyreoidismus, Glukagonom, Gastrinom, Karzinoid, Verner-Morrison-Syndrom); Zustand nach Magenresektion, chronisch atrophische Gastritis (Mangel an Intrinsic-Faktor, keine Aufnahme von Vitamin B_{12} im terminalen Ileum)

B *Beschwerden und Befunde*

In leichten Fällen berichten die Patienten lediglich über Allgemeinbeschwerden wie Müdigkeit, Leistungsschwäche, Niedergeschlagenheit, so daß die Diagnose leicht übersehen wird. Charakteristische Fettstühle – massige, klebrige, eventuell auch glänzende Entleerungen, von welchen sich bisweilen Öltropfen lösen – sind dagegen seltene Angaben. Eher klagen die Betroffenen über Meteorismus, Flatulenz, eine Zunahme der Stuhlmenge, über eine veränderte Stuhlkonsistenz sowie über eine Gewichtsabnahme. Bei einer Kohlenhydratmalabsorption stehen vor allem Meteorismus, Flatulenz und krampfartige Leibschmerzen im Vordergrund. Bisweilen werden diese Beschwerden infolge einer Veränderung der Kolonflora durch eine antibiotische Behandlung provoziert. Unter physiologischen Bedingungen werden täglich die etwa 30 g Nahrungskohlenhydrate, die ins Kolon übertreten, zu kurzkettigen Fettsäuren umgewandelt, so daß sie symptomlos resorbiert werden können.

Bei der körperlichen Untersuchung findet man nur in ausgeprägten Fällen Veränderungen: Untergewicht, Mundwinkelrhagaden, trockene schuppige, rissige oder atrophische Haut, Pigmentierung belichteter Hautareale, Zeichen der Polyneuropathie (symmetrische Verminderung der Reflexe), Paresen, Haut- und Schleimhautblutungen, Zeichen der Glossitis und Konjunktivitis, Watschelgang bei Osteomalazie. Sie sind Ausdruck der zugrundeliegenden Funktions- und Ernährungsstörung. Eine Zusammenstellung der Befunde mit verschiedenen Ursachen der Malabsorption findet sich in Tabelle 11-9.

DS *Diagnosesicherung*

Entsprechend der Vielzahl der Ursachen der Malassimilation gibt es auch zahlreiche Untersuchungsverfahren. Sie ermitteln durch die Grunderkrankung bewirkte morphologische Veränderungen und Funktionsbeeinträchtigungen, wobei die Endoskopie mit Biopsie und Röntgenverfahren sowie Funktionstests, welche einzelne oder globale Leistungen messen, im Vordergrund stehen.

Die für die Diagnostik gebräuchlichen **Funktionsparameter der verschiedenen Verdauungsstörungen** sind der Tabelle 11-9 zu entnehmen. Es hat sich bewährt, zunächst wenige, einfachere Tests einzusetzen.

Als Suchtest für die Malassimilation gilt die **quantitative Stuhlfettausscheidung.** Bei einer **Steatorrhö** werden unter einer Standardkost mit 75–100 g Fett durchschnittlich mehr als 7 g (bei schweren Durchfällen mehr als 13 g) Fett in 24 Stunden mit dem Stuhl ausgeschieden. Beim **D-Xylose-Test** wird nach einer Xylose-Mahlzeit anhand der jeweiligen Serum- und Urinspiegel die Kohlenhydrataufnahme im oberen Dünndarm geprüft. Mit dem **Schilling-Test** wird die Absorption von Vitamin B_{12} gemessen, wobei pathologische Resultate sowohl durch Erkrankungen im terminalen Ileum, durch Intrinsic-Faktor-Mangel infolge einer Magenerkrankung (Resektion, chronisch atropische Gastritis), durch eine bakterielle Fehlbesiedlung sowie durch eine exokrine Pankreasinsuffizienz bedingt sein können. Der **SeHCAT-Test** mißt mit nuklearmedizinischer Methodik eine Steigerung des enteralen Gallensäurenverlusts bei chologener Diarrhö.

Tab. 11-9 Klinische Manifestationen und Laborbefunde bei Malabsorption

Manifestation	Befunde bei technischen Untersuchungen	Malabsorption (Nährstoff)
Steatorrhö	Stuhlfett ↑; Serumcholesterin ↓	Fette
Diarrhö (Wasser ↑)	Stuhlfett ↑; SeHCAT-Test path.	Fettsäuren, Gallensalze
Gewichtsabnahme	Stuhlfett ↑; Xylose-Absorption ↓	Kalorienträger
Eisenmangelanämie	Serumeisen ↓; Hypochromie; Ferritin ↓	Eisen
megaloblast. Anämie chron. atroph. Gastritis, funikuläre Myelose	Makrozytose, path. Schilling-Test	Vitamin B_{12}, Folsäure
Parästhesien, Chvostek-Zeichen pos.	Kalzium, Magnesium, Kalium	Kalzium, Vit. D Magnesium, Kalium
Knochenschmerzen, patholog. Frakturen	Osteoporose, Osteomalazie (Röntgenbild, alk. Phosphatase)	Kalzium, Vit. D, Proteine
Blutungstendenz	Quick-Test vermindert	Vitamin K
Ödeme	Serumalbumin ↓; α_1-Antitrypsinclearance i. Stuhl ↑	Protein, enteraler Proteinverlust
Abd. Distension	(Röntgenbild, Sonogramm)	
Milchintoleranz	Laktosetoleranztest mit H_2-Bestimmung pathologisch, Laktase in Schleimhaut ↓	Milchzucker
Meteorismus	Stuhl-pH < 5,3	Kohlenhydratmalabsorption

Für die **Schleimhautprobengewinnung** aus dem kaudalen Duodenum ist in der Regel die Ösophago-Gastro-Duodenoskopie ausreichend. Bei unklaren Befunden muß gegebenenfalls mehrmals endoskopiert und biopsiert werden. Manche Erkrankungen erscheinen fleckförmig (z.B. Morbus Duhring) oder vorwiegend im Jejunum oder im Ileum (z.B. Morbus Crohn, Lymphom). In diesen Fällen sind stufenweise Saugbiopsien bzw. eine Zangenbiopsie aus dem terminalen Ileum im Rahmen der Koloileoskopie erforderlich. Der diagnostische Wert der Dünndarmbiopsie kann Tabelle 11-10 entnommen werden.

Tab. 11-10 Diagnostischer Wert der Dünndarmbiopsie (nach Caspary)

Spezifische diagnostische Aussage	Unspezifische diagnostische Aussage
Morbus Whipple Abetalipoproteinämie kollagene Sprue primäre intestinale Lymphome Immunmangelsyndrom eosinophile Enteritis Parasitosen (Lambliasis, Schistosomiasis, Histoplasmose) primäre intestinale Lymphangiektasie	Sprue Dermatitis herpetiformis Duhring unklassifizierbare Sprue Mauriac-Syndrom Kwashiorkor Milcheiweißintoleranz Sojaproteinintoleranz

Die **Röntgendiagnostik** des Dünndarms erfolgt am besten in Form eines Kontrasteinlaufs nach Sellink. Auf diesem Wege können entzündlich oder neoplastisch bewirkte Formveränderungen in den gewöhnlich endoskopisch nicht erreichbaren Bereichen des Ileums und Jejunums abgebildet werden; eine weitere Möglichkeit – auch im Hinblick auf eine bakterielle Fehlbesiedlung – ist der Nachweis von Dünndarmdivertikeln.

Atemanalytische Tests messen aus der Atemluft die im Rahmen der Verdauungsvorgänge nach einer bestimmten Kohlenhydratmahlzeit anfallende Produktion von Wasserstoff oder Kohlendioxid. Ihr Wert liegt vor allem in der Diagnostik der Laktoseintoleranz und der bakteriellen Fehlbesiedlung.

Stuhluntersuchungen gelten dem Nachweis von Parasiten sowie von (okkultem) Blut als Hinweis auf eine blutende Läsion, beispielsweise eine Entzündung oder ein Neoplasma.

Orientiert man sich am Leitsymptom Steatorrhö, so kann man gemäß Abbildung 11-6 diagnostisch vorgehen.

DD *Differentialdiagnose*

In jedem Fall von Malassimilation müssen entsprechend der Tabelle 11-8 Differentialdiagnosen erwogen werden.

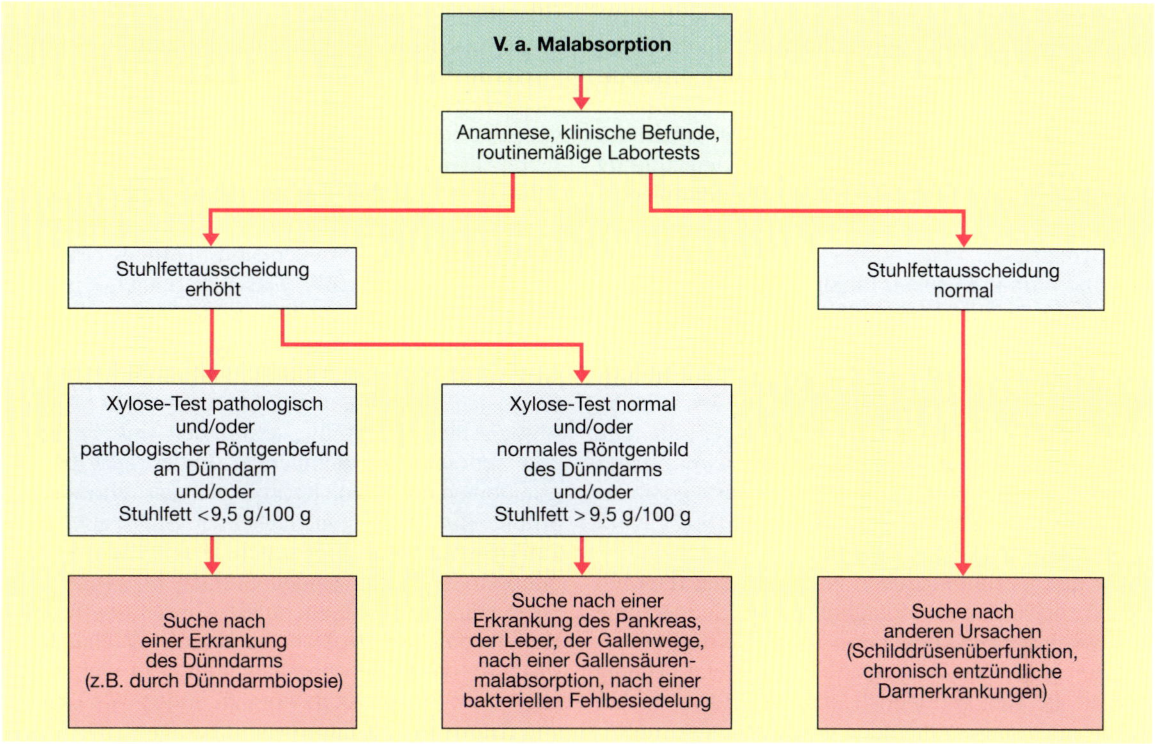

Abb. 11-6 Diagnostische Strategie bei Verdacht auf Malabsorption.

11.4.4 Endokrin aktive Tumoren

Endokrin aktive Tumoren im Zusammenhang mit Durchfällen sind selten und werden deshalb leicht übersehen. Sie bilden – allein oder gemeinsam – folgende Hormone: Gastrin, VIP, Somatostatin, Histamin, Substanz P, Kalzitonin, 5-Hydroxyindolessigsäure, Prostaglandine. Das Beschwerdebild wird vom Ausmaß des Tumors und von der Hormonfreisetzung bestimmt. Entscheidend sind für die endokrine Diagnostik die Hormonnachweise und für die Tumorlokalisation – sofern die Suche mit den bildgebenden Verfahren vergeblich war – die Probeoperation.

B *Beschwerden und Befunde*

Die Betroffenen klagen in Abhängigkeit von der Art und der Menge der ausgeschütteten Hormone über unterschiedliche Beschwerden. In manchen Fällen, besonders in Initialphasen bei geringen Tumorgrößen oder bei nichtsezernierenden Tumoren, können Beschwerden fehlen. Eine Zusammenstellung interessierender Merkmale bringt Tabelle 11-11.

DS *Diagnosesicherung*

Beim **Gastrinom** finden sich erhöhte basale Gastrinspiegel, die charakteristischerweise nach der i.v.-Gabe

Tab. 11-11 Merkmale endokriner Tumoren

Führende Symptomatik	Überwiegende Lokalisation	Diagnose
Durchfälle, Steatorrhö, Ulcera duodeni et ventriculi	Pankreas	Gastrinom/Zollinger-Ellison-Syndrom
wäßrige Durchfälle	Pankreas, Retroperitoneum	VIPom/Verner-Morrison-Syndrom
Diabetes mellitus, nekrolytisches Exanthem	Pankreas	Glukagonom
Diabetes mellitus, Steatorrhö	Pankreas, Darm	Somatostatinom
je nach beteiligtem Organ, u.a. Kopfschmerzen	Pankreas, Hypophyse, Nebenschilddrüse	MEN 1/Wermer-Syndrom (u.a. Phäochromozytom, → Kap. 44.4.5)
Durchfälle, Elektrolytverluste	Rektum, C. sigmoideum	villöses Rektumadenom
wäßrige Durchfälle	Schilddrüse	medulläres Schilddrüsenkarzinom (→ Kap. 19)
Flush, Asthma, Durchfälle	Dünndarm, Zökum/Appendix	Karzinoid
Urticaria pigmentosa, (wäßrige) Durchfälle	Haut	systemische Mastozytose

von Sekretin (1 klinische Einheit/kg KG) weiter ansteigen. Beim **Vipom,** beim **Glukagonom** und beim **Somatostatinom** sind die Serumspiegel der betreffenden Hormone erhöht.

Die Diagnostik des **Wermer-Syndroms** beruht auf dem Nachweis der je nach der Organbeteiligung im unterschiedlichen Ausmaß erhöhten Hormonspiegel:

- Wachstumshormon, ACTH, Prolaktin (Hypophyse)
- Parathormon (Nebenschilddrüse)
- Gastrin, Insulin, VIP, Glukagon (Pankreas)

Beim **medullären Schilddrüsenkarzinom** sind die Thyreokalzitoninspiegel im Plasma erhöht. Beim Karzinoid ist – besonders im Anfall – die Ausscheidung von 5-Hydroxyindolessigsäure im Urin erhöht. Die Diagnose der **systemischen Mastozytose** wird anhand von Hautbiopsien gestellt. Im Hinblick auf kombiniert vorkommende endokrin aktive Tumoren (MEN) wird auf das Kapitel 44.4.5 verwiesen.

Für den morphologischen Nachweis der Tumoren werden die Computertomographie, die Sonographie (endoskopisch und konventionell), die Kernspintomographie sowie die Angiographie eingesetzt. Häufig werden die Tumoren jedoch nicht gefunden, so daß mittels probeweiser Operation gesucht werden muß.

11.4.5 Hämatologische Erkrankungen und solide Tumoren

P. Staib

Durchfall als Folge maligner Erkrankungen ist nicht spezifisch für eine Malignomart oder deren Lokalisation. Meist liegen chronische Diarrhöen vor. Häufigste Ursache sind solide Tumoren oder Lymphome des Magen-Darm-Trakts. Seltener finden sich dabei endokrin aktive Tumoren, die über eine Hypersekretion zu massiven wäßrigen Durchfällen führen. Intraabdominelle Lymphknotenmetastasen maligner Lymphome oder diverser solider Tumoren können durch die Raumforderung oder durch nervale Irritation des Darmes Durchfälle verursachen. Bei der Therapie mit Zytostatika kommt es häufig zu Durchfällen. Sowohl Zytostatika als auch Antibiotika können eine pseudomembranöse Kolitis auslösen. Die chronische Strahlenkolitis manifestiert sich als Spätschaden ca. 6 Monate nach einer Bestrahlung, bei der der Magen-Darm-Trakt geschädigt wurde.

B *Beschwerden und Befunde*

Bei **Beimengungen von Blut** (→ Kap. 10) **oder blutigem Schleim** liegt der Prozeß am ehesten im Kolon und insbesondere im unteren Drittel. **Karzinome des Dickdarms** sitzen zu 60% im Rektum und zu 20% im Sigma und verursachen bei dieser Lokalisation häufig Durchfälle mit Tenesmen und Blutbeimengungen. Karzinome im Colon transversum und descendens (10%) wachsen oft szirrhös und stenosierend. Hier ist der Wechsel zwischen Obstipation und Diarrhö das Leitsymptom. Höher gelegene Kolonkarzinome lösen selten Durchfälle aus. Rezidivierende abdominelle Schmerzen, die durch kleine Invaginationen entstehen, sowie Durchfälle mit Blutbeimengungen bei einem jungen Erwachsenen sind richtungweisend für die **Adenomatosis coli**. Das sezernierende villöse Adenom ist zu 90% im Rektum lokalisiert. Leitsymptome sind die peranale Blutung und bei größeren Adenomen wäßrig-schleimige, blutige Durchfälle mit einem täglichen Volumen von oft mehreren Litern. Blutig-schleimige Stühle, verbunden mit Tenesmen und abdominellen Schmerzen, finden sich bei der pseudomembranösen Kolitis und der chronischen Strahlenkolitis mit entsprechender Anamnese. Beim Pankreaskarzinom finden sich Durchfälle mit voluminösen, fettig glänzenden Stühlen im Sinne einer Steatorrhö und häufig ein rapider Gewichtsverlust und Kräfteverfall. Ein zusätzlicher Ikterus ist charakteristisch für das Gallengangskarzinom, aber nicht selten auch beim Pankreaskarzinom zu finden. Als Ursache von Diarrhöen mit Eiweißverlustsyndrom, peripheren Ödemen und Aszites (exsudative Enteropathie) kommen maligne Lymphome des Magen-Darm-Trakts in Betracht.

DS *Diagnosesicherung*

Labor

Die BSG kann als Hinweis auf eine Systemerkrankung erhöht sein. Eine Anämie im Blutbild ist entweder Folge eines chronischen Blutverlustes oder direkt mit dem Tumor assoziiert. Erhöhte Tumormarker wie CEA, AFP, CA 19-9 und CA 15-3 sind nicht spezifisch, können aber wegweisend für die Diagnose von Tumoren im GI-Trakt sein. Nur bei dringendem Verdacht auf endokrin aktive Tumoren sollten Spezialuntersuchungen durchgeführt werden. Eine deutlich erhöhte 5-Hydroxyindolessigsäure-Ausscheidung im Urin weist das Karzinoidsyndrom auf. Erhöhte Serumspiegel von Gastrin finden sich beim Zollinger-Ellison-Syndrom (Gastrinom). Erhöhte Konzentrationen von VIP finden sich beim Verner-Morrison-Syndrom (VIPom). Beim medullären Schilddrüsenkarzinom ist der Kalzitoninspiegel im Serum erhöht. Die Magensaftanalyse zeigt beim Gastrinom eine deutlich gesteigerte Säurebasalsekretion, beim VIPom dagegen eine Achlorhydrie. Bei letzterem besteht aufgrund der massiven wäßrigen Durchfälle häufig auch eine Hypokaliämie.

Apparative Diagnostik

Die entscheidenden Untersuchungen stellen in aller Regel endoskopische Methoden dar. Je nach vermuteter Lokalisation kommen in Frage: Rektoskopie, Koloskopie, Gastro-Duodenoskopie und ERCP. Ergänzende radiologische Untersuchen sind der Kolonkontrasteinlauf und die Magen-Darm-Passage. Bei Dünndarmprozessen ist das Enteroklysma Methode der Wahl und der Endoskopie überlegen. Bei Gallengangstumoren kann ein Cholezystangiogramm der ERCP vorgezogen werden. Ultraschall und Computertomographie dienen zum Nachweis raumfordernder intraabdomineller Prozesse außerhalb des Magen-Darm-Trakts, insbesondere im Bereich von Pankreas, Leber und Gallenblase. Gelegentlich geben verdickte Darmschlingen im CT den Hinweis auf ein malignes Lymphom.

DD *Differentialdiagnose*

Abgegrenzt werden müssen andere Ursachen von Diarrhöen: Infektionen, einschließlich HIV (→ Kap. 14), toxische Noxen, Medikamente, chronisch entzündliche Darmerkrankungen wie Morbus Crohn oder Colitis ulcerosa (→ 11.4.2), ischämische Gefäßprozesse, chronische Pankreatitis (→ Kap. 46), Leber-Galle-Erkrankungen (→ Kap. 15 und 46), Maldigestions- oder Malabsorptionssyndrome (→ Kap. 2), Kollagenosen wie Sklerodermie (→ Kap. 30), metabolische oder endokrine Erkrankungen wie Hyperthyreose (→ Kap. 23) oder Diabetes mellitus (→ Kap. 12), Zustände nach chirurgischen Eingriffen mit Resektion von Darm und/oder Pankreas und nicht zuletzt funktionelle Störungen.

11.4.6 Abführmittel und andere Medikamente

Durchfall entsteht als unerwartete Nebenwirkung bei einer Vielzahl von Medikamenten (Tab. 11-12). In der Praxis ist jedoch – paradoxerweise – die häufigste Ursache der übermäßige Laxanziengebrauch. Entscheidend für die Diagnostik ist in allen Fällen die Anamnese, wobei ein Laxanzienabusus oftmals von den Betroffenen verschwiegen wird. In diesen Fällen kann eine Hypokaliämie diagnostische Bedeutung haben. Des weiteren kommt ein Expositionsversuch mit dem inkriminierten Medikament in Betracht.

B *Beschwerden und Befunde*

In der Regel stehen Beschwerden der Grundkrankheit im Vordergrund, Durchfälle sind meistens Nebensymptom. Bei massiver Diarrhö können infolge von Elektrolytverlusten (Kalium!) Adynamie, Wadenschmerzen und Herzrhythmusstörungen hinzukommen. Lebensbedrohung signalisiert die Entwicklung eines Pseudo-Bartter-Syndroms (→ Kap. 26) mit Ödemen, Hypokaliämie und niedrigen Kaliumspiegeln im Urin. Im Blut sind gleichzeitig die Renin- und Aldosteronspiegel erhöht.

Tab. 11-12 Medikamente, die Durchfall auslösen können

Antibiotika	Diuretika
Laxanzien: • Anthrachinone • Phenolphthalein • Magnesiumsulfat • Bisacodyl	Zytostatika Antisympathotonika Biguanide Chinidin
Gallensäuren, Choleretika: • Taurocholsäure • Chenosäure	L-Dopa Indometacin
magnesiumhaltige Antazida	PAS
Kolchizin	Rauwolfiaalkaloide
Glykoside	L-Thyroxin

Die Ursachen des **Laxanzienabusus** sind vor allem in der Psyche zu suchen. Bisweilen liegen Eßstörungen wie Bulimie oder Anorexia nervosa zugrunde (→ Kap. 2). Bei der Befragung leugnen die Betroffenen in der Regel jeglichen Abführmittelgebrauch. In vielen Fällen spielt offensichtlich ein **Circulus vitiosus** eine entscheidende Rolle: Die Patienten behandeln ihre scheinbare oder wirkliche funktionelle Obstipation (→ Kap. 59) selbst mit – frei erhältlichen – Abführmitteln (zumeist vom Anthrachinontyp, z.B. Aloe, Frangula) und sind beunruhigt, wenn dann nach der erfolgreichen Darmentleerung mehrere Tage kein Stuhlgang folgt. Aus Angst vor einem Weiterbestehen oder einer Verschlimmerung der Obstipation greifen sie erneut zu Laxanzien. Wegen der scheinbaren Erfolglosigkeit – der Darm ist ja entleert – steigern sie die Dosierung, bei einzelnen Patienten wurde die Einnahme von bis zu 200 Einzeldosen eines Abführmittels täglich beobachtet. Symptome sind in diesen schweren Fällen Elektrolytentgleisungen, besonders Hypokaliämie, aber auch metabolische Azidose, Harnsäuresteine, Steatorrhö, Osteomalazie sowie ein intestinales Eiweißverlustsyndrom. Die körperliche Untersuchung ist in der Regel unergiebig. Bei übermäßigen Flüssigkeits- und Elektrolytverlusten findet man einen Turgorverlust, ausgetrocknete Mundschleimhäute, einen niedrigen Blutdruck, Herzrhythmusstörungen (→ Kap. 23), eventuell Trommelschlegelfinger (→ Kap. 43) und Hautpigmentierungen (→ Kap. 21).

DS *Diagnosesicherung*

Die Diagnose läßt sich am einfachsten durch einen Expositionsversuch nach Absetzen des inkriminierten Medikaments sichern. Bei einem Abusus von anthrachinonhaltigen Laxanzien sieht man in der Endoskopie – vor allem im proximalen Kolon – eine Melanosis coli (→ Abb. 59-1). In schwersten Fällen kann sich ein „Laxanskolon" einstellen, das beim

Tab. 11-13 Technische Untersuchungen bei Verdacht auf Laxanzienabusus

Koloskopie	Nachweis einer Melanosis coli
Kontrasteinlauf	Nachweis eines „Laxanskolons“ (fehlende Haustrierung im rechten Kolon)
Alkalisierung einer Stuhlprobe	Rotfärbung durch Phenolphthalein, einige Anthrachinone sowie Rhabarber
Chemische Untersuchung (z. B. Dünnschichtchromatographie oder Spektrophotometrie)	Nachweis von Anthrachinonen, Bisacodyl, Phenolphthalein in Stuhlwasser oder Urin
Bestimmung der Stuhlosmolalität	< 250 mOsmol/kg infolge Verdünnung durch Wasser oder Urin
Bestimmung der „osmotischen Lücke“ im Stuhl	Bestimmung erfolgt anhand der Natrium- und Kaliumionenkonzentrationen: 290−2×(Natriumkonz. + Kaliumkonz.); falls Lücke > 50 mOsmol/kg: Bestimmung von Magnesium im Stuhl (Norm: < 45 mmol/l oder < 30 mÄq/d)
Messung von Phosphat und Sulfat im Stuhl	Laxanzien
Messung von Kalium, Renin und Aldosteron im Blut, von Kalium im Urin	Pseudo-Bartter-Syndrom, Diuretikaabusus

Kolonkontrasteinlauf das Bild eines schlaffen, weitgestellten Schlauches mit weitgehend aufgehobener Haustrierung darbietet. In diesen Fällen beobachtet man neben einer Hypokaliämie auch eine Hyponatriämie sowie eine metabolische Azidose. In Tabelle 11-13 sind technische Untersuchungsmöglichkeiten bei Verdacht auf einen Laxanzienabusus zusammengestellt.

DD *Differentialdiagnose*

Beim Laxanzienabusus sind vor allem Psychosen bzw. Appetitstörungen (→ Kap. 2) zu erwägen.

11.4.7 Psychogene Durchfälle

Die Verdauungsfunktionen werden zu einem wesentlichen Teil vom vegetativen Nervensystem gesteuert. Es überrascht deshalb nicht, wenn im Zusammenhang mit psychischen Störungen, z.B. Streß, Durchfälle („schmerzlose Diarrhö“) – eventuell im Wechsel mit Verstopfungen („spastisches Kolon“) – beobachtet werden. Man spricht in diesen Fällen auch von „Reizdarm“, „irritablem Kolon“ oder von „Colica mucosa“. Da definitionsgemäß keine organische Erkrankung vorliegen darf, handelt es sich um eine **Ausschlußdiagnose**.

B *Beschwerden und Befunde*

Im Vordergrund stehen chronische, wechselnde Stuhlunregelmäßigkeiten mit quälenden Leibschmerzen, Blähungen und Kollern im Leib. Spielarten sind die „schmerzlose Diarrhö“ und das „spastische Kolon“ mit schafkotähnlichen Entleerungen. Bei der Befragung der Betroffenen ergibt sich nicht selten ein Zusammenhang mit bestimmten Lebenssituationen, Streß etc. Bei der körperlichen Untersuchung findet man außer vegetativen Stigmata, z.B. Dermographismus und lebhaften Darmgeräuschen, keinen krankhaften Befund.

DS *Diagnosesicherung*

Entscheidend ist der Ausschluß anderer, organischer Erkrankungen. Hierzu sollten neben der Befragung und der sorgfältigen körperlichen Untersuchung auch eine Reihe von technischen Untersuchungen erfolgen. Als „Minimalprogramm“ sind die Blutsenkung, das Blutbild, die Stuhlkultur, die Sonographie und die Koloileoskopie einzusetzen. Weitere mögliche Untersuchungen sind der Laktosebelastungstest (zum Ausschluß einer Laktosemalabsorption), der Nachweis von Lamblien (Duodenalsaft, Stuhl) und H_2-Atemtests zum Ausschluß einer bakteriellen Fehlbesiedlung des Dünndarms.

DD *Differentialdiagnose*

Die wichtigsten Differentialdiagnosen sind die Lambliasis (→ 11.4.1), die bakterielle Fehlbesiedlung (→ 11.4.1) sowie die Laktosemalabsorption (→ 11.4.3).

11.5 Praktisches Vorgehen bei unklarer chronischer Diarrhö

Während die akuten Durchfallserkrankungen in der Praxis nur geringe diagnostische Schwierigkeiten bereiten, sind bei den **chronischen Diarrhöen** oftmals erhebliche diagnostische Bemühungen erforderlich. Tabelle 11-14 bringt eine Übersicht von Erkrankungsursachen nach ihrer Häufigkeit.

Tab. 11-14 Ursachen chronischer Diarrhö

Häufige Ursachen	**chronische und chronisch rezidivierende Infekte** Amöbiasis Lambliasis antibiotikaassoziierte Kolitis **unspezifische Darmentzündungen** Colitis ulcerosa (→ 11.4.2) Morbus Crohn (→ 11.4.2) kollagene Kolitis mikroskopische/lymphozytäre Kolitis **Steatorrhö** (→ 11.4.3) **Kohlenhydratmalabsorption** Disaccharidasemangel (Laktose, Saccharose etc.) schlecht absorbierbare Kohlenhydrate (Weizenstärke, Ballaststoffe, Laktulose, Sorbit, Fruktose, → 11.4.3) **Medikamente einschl. Laxanzien** (→ 11.4.5) **Nahrungsmittelzusätze** (Sorbit, Fruktose) **Äthanol** **Koffein** **Operationsfolgen** Gastrektomie Vagotomie Cholezystektomie Darmresektion **endokrine Erkrankungen** Hyperthyreose (→ Kap. 23) Diabetes mellitus (→ Kap. 12) Nebenniereninsuffizienz (→ Kap. 60) ischämische Darmerkrankungen Strahlenenteritis, -kolitis paradoxe Diarrhö bei Darmkrebs Reizdarm (→ 11.4.6)
Seltene Ursachen	hormonproduzierende Tumoren (→ 11.4.4) infiltrative Erkrankungen Sklerodermie Amyloidose diffuses intestinales Lymphom Nahrungsmittelallergie fäkale Inkontinenz

Für die Klärung der Ursache folgt man am besten einem Stufenschema – zuerst unter **ambulanten** Bedingungen (Tabelle 11-15).

Falls – trotz dieser umfänglichen Untersuchungen – auch weiterhin keine Ursache des chronischen Durchfalls gefunden werden kann, kommt eine weitere **stationäre Diagnostik einschließlich Hungerversuch** zur Abgrenzung einer osmotischen Diarrhö in Betracht. Hierzu wird man den Patienten nach der Aufnahme in die Klinik zunächst unter Normalkost für einige Tage beobachten und relevante Untersuchungen einschließlich Stuhlgewicht, Stuhlfett und Stuhlelektrolyten, Stuhlosmolalität/„osmotischer Lücke" kontrollieren. Bei **Stuhlgewichten** über 500 g/24 Stunden ist ein Reizdarm unwahrscheinlich. Weniger als 200 g Stuhl/24 Stunden sind dagegen keine Diarrhö und lassen an einen Reizdarm, an eine Inkontinenz oder an eine rektale Erkrankung denken. Bei etwa der Hälfte aller chronischen Durchfallspatienten findet sich eine symptomatische Inkontinenz. Von einer **Steatorrhö** spricht man, wenn unter „normaler" Kost mit 75–100 g Fettgehalt in 24 Stunden mehr 7 g Fett im Stuhl erscheinen. Bei schweren Durchfallserkrankungen kann sich dieser Grenzwert auf maximal 13 g/24 Stunden erhöhen. Stehen Fettstühle im Vordergrund, so wird man man den Betroffenen im Hinblick auf eine Form von Malassimilation untersuchen (→ Kap. 2.4.3). Der **Hungerversuch** erlaubt vor allem die Differenzierung der osmotischen von der sekretorischen Diarrhö (Tab. 11-16). Er sollte bei parenteraler

Tab. 11-15 Ambulante Untersuchungen bei Patienten mit chronischer Diarrhö

1. Stufe	**Stuhluntersuchungen** fäkale Leukozyten, Parasiten, Wurmeier (je 3fach, vor Kontrasteinlauf!); Toxin von Clostridium difficile; Stuhlgewicht, Stuhlfett, Stuhl-pH **Blutuntersuchungen** Blutsenkung, großes Blutbild, Elektrolyte, Harnstoff, Kreatinin, TSH basal, Gastrin. Falls Flüssigkeitsverlust über 1 l/24 h: zusätzliche Bestimmung auch von VIP, Substanz P, Kalzitonin, Histamin **Endoskopische Untersuchungen** Rektoskopie/Koloskopie, Ösophago-Gastro-Duodenoskopie (jeweils mit intestinaler Biopsie) **Röntgendiagnostik** Abdomenübersichtsaufnahme (Pankreasverkalkungen); Enteroklysma n. Sellink **Sonstige** Ernährungsversuch mit laktosefreier Kost
2. Stufe	**Stuhl-/Urinuntersuchungen** Tests für Laxanzien (→ Tab. 11-14); Giardia-lamblia-Antigen (im Stuhl) **Röntgendiagnostik** Computertomographie **Sonstige** SeHCAT-Test, atemanalytische Tests im Hinblick auf eine bakterielle Fehlbesiedlung

Tab. 11-16 Klassifikation der chronischen Durchfallskrankheiten nach dem Ansprechen beim Hungerversuch

Besserung bei Hungerversuch	Keine oder geringe Besserung bei Hungerversuch
Inkontinenz chologene Diarrhö: Ileumresektion, nach Cholezystektomie Steatorrhö osmotische Diarrhö: Kohlenhydratmalabsorption, osmotisch wirksame Laxanzien Nahrungsmittelallergie	Laxanzien- oder Diuretikaabusus chronisch entzündliche Darmerkrankungen Sprue neuroendokrine Tumoren villöses Rektumadenom Hyperthyreose kongenitale Diarrhö bakterielle Fehlbesiedlung

11

Ernährung und unter Kontrolle der Stuhlgewichte über maximal 72 Stunden durchgeführt werden. Sistieren die Durchfälle bereits nach 24 Stunden, so kann der Versuch vorzeitig abgebrochen werden. Bei sekretorischer Diarrhö beobachtet man oftmals eine Verminderung der Stuhlmengen, diese bleiben jedoch regelmäßig über 200 g/24 Stunden. In solchen Fällen wird die Stuhlosmolalität zum größten Teil von den Elektrolytkonzentrationen bestimmt, die „osmotische Lücke" ist geringer als 50 mOsmol/kg.

12 Durst und Trinkstörungen

F. NEUMANN und P. GROSS

Trockenheit im Rachenraum, ein Anstieg der effektiven Plasmaosmolalität oder eine Abnahme des effektiven Plasmavolumens lösen Durst aus. Neben dem normalen physiologischen Durst nach Dehydrierung, ist ein gesteigertes, verringertes oder fehlendes Durstgefühl Leitbild verschiedener Erkrankungen. Die anamnestischen Daten, die Laborbefunde und ein kontrollierter Durstversuch bilden die Grundlage der Diagnosesicherung. Die differentialdiagnostische Abklärung umfaßt unter anderem die psychogene Polydipsie, die Hypo- und Adipsie, den primären Hyperparathyreoidismus, den Diabetes mellitus und den Diabetes insipidus.

12.1 Definition und Abgrenzung

Flüssigkeitsverluste, die durch Flüssigkeitszufuhr nicht ausgeglichen werden, lösen meistens ein Durstgefühl aus. Vom normalen **physiologischen Durst** ist der pathologisch verringerte Durst (Hypodipsie), der fehlende Durst (Adipsie) und der pathologisch vermehrte Durst (Polydipsie) zu unterscheiden. Von **Polydipsie** spricht man, wenn die **tägliche Trinkmenge 4 Liter übersteigt.** Bei **Hypodipsie** liegt die **tägliche Trinkmenge unter 700 ml,** während sie bei **Adipsie praktisch auf 0 ml** zurückgeht.

12.2 Ursachen

Der Normalbereich der effektiven Plasmaosmolalität beträgt 280–300 mosm/kg. Die Plasmaosmolalität wird über die renale, ADH-gesteuerte Wasserausscheidung und die an den Durstmechanismus gekoppelte Wasserzufuhr erhalten. Steigt die effektive Plasmaosmolalität über 290 mosm/kg, wird physiologischer Durst ausgelöst. Ein Anstieg der Plasmaosmolalität ist meistens die Folge einer Dehydrierung, z.B. aufgrund starken Schwitzens. Daneben gibt es auch eine osmolalitätsunabhängige Durst- und ADH-Regelung. Sie wird bei Abnahme des effektiven Plasmavolumens wirksam. So kann ein **Blutverlust** zu Durst führen, ohne daß die Plasmaosmolalität erhöht ist. Ein vergleichbarer Mechanismus kann auch bei fortgeschrittener Herzinsuffizienz infolge des verminderten Herzminutenvolumens Durst auslösen (Tab. 12-1). Schließlich spielt auch der Befeuchtungszustand von Lippen und Oropharynx für das Durstempfinden eine Rolle, allein schon **Mundtrockenheit** erzeugt Durst.

Pathologisch vermehrter Durst (psychogene Polydipsie) oder gesteigertes Trinkverhalten tritt hingegen bei einer Plasmaosmolalität im unteren Normbereich auf. Der pathologisch vermehrte Durst kann neben psychogenen Ursachen auch durch hypophysäre Störungen bedingt sein.

Verminderter Durst (Hypodipsie) oder **fehlender Durst** (Adipsie) weist meist auf eine **Störung des Zentralnervensystems** hin (Tab. 12-2). Er wird insbesondere bei alten Menschen mit bestehender zerebraler Arteriosklerose angetroffen. In seltenen Fällen können degenerative, entzündlich-infiltrative, tumoröse oder traumatische Schädigungen des Durstzentrums zu Adipsie führen.

12.3 Diagnostik

12.3.1 Anamnese

Es ist wichtig, die **Gewohnheiten bei der Flüssigkeitsaufnahme** genau zu erfragen. Flüssigkeitsmenge, Frequenz der Flüssigkeitszufuhr, nächtliches Trinkerfordernis, eventuelle Bevorzugung kalter Getränke sind weiterführende Hinweise. Patienten mit zentralem Diabetes insipidus können oft den Beginn der Störung auf die Stunde genau datieren. Abzuklären ist, ob der Patient Durst empfinden kann und sich mit ausreichend Flüssigkeit versorgt. Anamnestische Hinweise auf eine Dehydrierung sind auch: Mundtrockenheit, schwerer und harter Stuhlgang, trockene Haut und orthostatische Beschwerden. In ursächlicher Hinsicht muß gefragt werden, ob eine **ZNS-Erkrankung** oder eine **Psychose** bei dem Patienten bekannt ist und welche **Medikamente** der Patient einnimmt.

Tab. 12-1 Ursachen vermehrten Durstes

Formen von Durst	Ursachen
Physiologischer Durst bei Dehydrierung	Mangel an oder Unterversorgung mit Wasser Bewußtlosigkeit (Vorsicht!)
	körperliche Einschränkung (Apoplex, neuromuskuläre Störungen mit Tetraplegie)
	Kleinkinder (Obstruktion des oberen Gastrointestinaltraktes)
	extrarenaler Wasserverlust starkes Schwitzen (selten auch bei Phäochromozytom, → Kap. 44.4.5, Hyperthyreose, → Kap. 23.4.2)
	anhaltende Diarrhö und/oder Erbrechen (Kap. 11 und 13)
	GI-Absaugungen, Darmfisteln, Anus praeter, erhebliche Verbrennungen (über 15%, bei Kindern über 5% der Körperoberfläche)
	renaler Wasserverlust (→ Kap. 60) osmotische Diurese (unkontrollierter Diabetes mellitus) Diabetes insipidus centralis (→ Kap. 12)
	Diabetes insipidus renalis (→ Kap. 60)
Physiologischer Durst bei Abnahme des effektiven Blutvolumens	massive Blutungen
	Flüssigkeitsverluste in sog. dritte Räume (nekrotisierende Pankreatitis, Ileus)
	Schock jeder Ursache (→ Kap. 50)
	dekompensierte Leberzirrhose mit erniedrigtem onkotischem Druck
Pathologischer Durst ohne Dehydrierung und ohne Abnahme des effektiven Blutvolumens	psychogene und neurogene Polydipsie (→ Kap. 12.4.5 und 60.4.3) seltene tumorbildende infiltrative und entzündlich infiltrative Störungen in der Vorderwand des dritten Ventrikels
Durstursachen mit verschiedenen pathophysiologischen Mechanismen	Urämie: Durststimulation durch putative Urämietoxine, psychogen; bei erhaltener Diurese eventuell auch durch Zwangspolyurie, (→ Kap. 2.4.3)
	Hyperkalzämie (ADH-Resistenz, zentrale Durststimulation), → Kap. 60.4.4
	Hypokaliämie z. B. bei Hyperaldosteronismus und bei Conn-Syndrom (renaler Konzentrationsdefekt, zentrale Durststimulation), → Kap. 2.6
	medikamentös verursachter Durst Diuretika (oft gleichzeitig Hypokaliämie, Abnahme des Blutvolumens) Lithiumcarbonat (renaler Konzentrationsdefekt, zentrale Durststimulation) Chlorpromazin, Thioridazin, Clonidin (trockene Schleimhäute) Alkohol (ADH-Suppression)

12.3.2 Körperliche Untersuchung

Auf folgende Gesichtspunkte ist zu achten:

Bestehen Zeichen der Austrocknung?

- verminderter Hautturgor mit stehenden Hautfalten
- trockene schuppende Haut
- auffällig trockene Schleimhäute im Mund (**Cave:** bei Mundatmung „normal")
- trockene Achselhöhlen (die Achselhöhlen sind auch bei Normaltemperatur immer etwas feucht)
- weiche, mit zwei Fingern pelotierbare Augenbulbi
- mangelhafte Füllung der inneren Jugularvenen (erkenntlich an der nicht sichtbaren Jugularis-interna-Pulsation)

Besteht eine relative Erniedrigung des Blutdruckes, eine Tachykardie oder eine orthostatische Kreislaufveränderung (> als 10% Abweichung von den Ausgangswerten für Puls und Blutdruck nach 3 min Stehen)?

Welchen **Spontanurin** produziert der Patient (dunkel oder hell)?

Ergibt die **24stündige Urinsammlung** ein großes (über 2000 ml) oder ein kleines (unter 500 ml) Gesamtvolumen?

12.3.3 Laboruntersuchungen

Folgende Laborparameter sind zur Differentialdiagnose sinnvoll:

- **Serumkonzentrationen von Kalium und Kalzium**
  Hypokaliämie und Hyperkalzämie können Durst auslösen.
- **Serumkonzentration von Natrium**
  Hypernatriämie ist meistens ein Hinweis auf Dehydrierung. Hyponatriämie weist auf einen relativen Wasserüberschuß hin. Bei Hyperglykämie ist zu beachten, daß die gemessene Natriumkonzentration korrigiert werden muß. Für jeden Blutzuckeranstieg um 5 mmol/l (90 mg/dl) über den Normalwert muß die gemessene Serum-Natriumkonzentration um 2 mmol/l hochgerechnet werden, um die effektive Natriumkonzentration zu erhalten.

Tab. 12-2 Ursachen von Hypodipsie und Adipsie

Ursachen	Verdachtsdiagnosen
häufig	
degenerativer Hirnabbau	M. Alzheimer Arteriosklerose
selten	
Störungen in der Vorderwand des 3. Hirnventrikels	Schädel-Hirn-Traumata Aneurysmablutungen (→ Kap. 7)
Entzündungen	Meningitis (→ Kap. 44) granulomatöse Erkrankungen Enzephalitis (→ Kap. 7)
Tumoren	Kraniopharyngeom, Karzinommetastasen (→ Kap. 24)
sonstige	Anorexia nervosa (→ Kap. 2) Hydrophobie bei Tollwut

- **Serumosmolalität**
  Eine Erhöhung weist auf eine Dehydrierung hin. Niedrignormale Serumosmolalität findet man bei psychogener Polydipsie.
- **Hämoglobin, Hämatokrit**
  Erhöhungen dieser Parameter sind für eine Dehydrierung typisch.
- **Serumkonzentration von Kreatinin und Harnstoff**
  Dient dem **Ausschluß** einer **Niereninsuffizienz**, z. B. bei einer diabetischen Nephropathie (→ 12.4.2). Ist die Harnstoffkonzentration prozentual viel stärker als die Kreatininkonzentration angestiegen, kann das auf eine Dehydratation hinweisen.
- **Serumkonzentration der Glukose**
  Zum **Ausschluß** eines **Diabetes mellitus.**
- **Bestimmung der 24-h-Urinvolumina und der Urinosmolalität**
  Urinvolumina über 3 Liter in 24 Stunden können auf eine Polydipsie oder einen **Diabetes insipidus** hinweisen. Dabei wird eine Urinosmolalität unter 300 mosm/kg beobachtet.
- **Urin-Natriumkonzentration (24-h-Urin ohne Diuretika)**
  Urin-Natriumkonzentrationen von weniger als 20 mmol/l sind ein Hinweis auf Dehydratation oder mangelndes effektives Blutvolumen.
- **Bestimmung von Uringlukose und Urineiweiß**
  Diese Meßwerte weisen auf einen unkontrollierten **Diabetes mellitus** oder möglicherweise auf eine diabetische Nephropathie hin.
- **Durstversuch**
  Bei **Verdacht** auf einen **Diabetes insipidus** wird der Durstversuch durchgeführt. Dabei erhält der Patient mehrere Stunden keinerlei Flüssigkeitszufuhr. Das geschieht unter ständiger klinischer Überwachung des Patienten, insbesondere seiner Urinausscheidung und seines Blutdruckes. Patienten mit Diabetes insipidus scheiden dabei über 4 bis 8 Stunden auch bei fehlender Flüssigkeitszufuhr hohe Urinvolumina (etwa 300–500 ml pro Stunde) aus. Die Urinosmolalität steigt kaum über 350 mosm/kg. Bei solchen Patienten muß der Durstversuch nach 3 bis 4 Stunden abgebrochen werden, damit kein Blutdruckabfall auftritt oder das Körpergewicht nicht mehr als 2% vermindert wird. Zum Nachweis eines zentralen Diabetes insipidus wird 30 Minuten vor Versuchsbeendigung der Plasma-ADH-Spiegel abgenommen und gemessen. Steigt nach Injektion einer ADH-Testdosis in der folgenden Urinprobe die Osmolalität etwa 30% an, ist der Verdacht bestätigt. Patienten mit primärer Polydipsie zeigen im Durstversuch dagegen eine rasche Abnahme der Urinvolumina und eine zügige Steigerung der Urinosmolalität auf 600–700 mosm/kg.
- **Infusionsversuch mit 3%iger NaCl-Lösung**
  Bei **Verdacht** auf eine **zentrale Durststörung** kann das grundsätzliche Vorhandensein von Durst durch eine Infusion von hypertoner Natriumchloridlösung geprüft werden. Dieser Versuch muß ebenso wie der Carter-Robbins-Test beim Eintreten einer erheblichen arteriellen Hypertonie abgebrochen werden.

12

12.4 Krankheitsbilder

12.4.1 Diabetes mellitus

R. Landgraf

Ein gesteigertes Durstgefühl ist die Folge der erhöhten osmotischen Diurese beim Diabetes mellitus. Der Begriff Diabetes mellitus umfaßt ätiologisch unterschiedliche Krankheitsbilder. Die Klassifikation der wichtigsten Ursachen eines Diabetes mellitus beruht auf Empfehlungen der WHO (Tab. 12-3). Eine Zusammenstellung der Beschwerden, die entweder direkt mit der Hyperglykämie und dem Mangel an Insulin zusammenhängen oder Folge langjähriger Hyperglykämie sind, findet sich in Tabelle 12-4. Das Auftreten der unspezifischen Symptome korreliert mit dem Ausmaß des Insulinmangels, entsprechend werden sie häufiger beim insulinabhängigen Typ-1-Diabetes als beim Typ-2-Diabetes beobachtet.

Tab. 12-3 Klassifikation des Diabetes mellitus und der Formen gestörter Glukosetoleranz

Diabetes mellitus
Typ 1 (IDDM = insulin-dependent diabetes mellitus)
Typ 1a: klassische Form
Typ 1b: assoziiert mit Autoimmunerkrankungen
Typ 2 (NIDDM = non-insulin-dependent diabetes mellitus)
Typ 2a: ohne Adipositas
Typ 2b: mit Adipositas (→ Kap. 18)
MODY-NIDDM (MODY = maturity onset diabetes in the young)
LADA (= late onset typ-1-diabetes in the adult), Erwachsenenform des typ-1-diabetes
Typ 3 (MRDM = malnutrition-related diabetes mellitus)
bei Proteinmangel
mit fibrosierender kalzifizierender Pankreasaffektion (→ Kap. 46)
Typ 4 (sekundäre Formen)
bei Pankreaserkrankungen (→ Kap. 46)
bei endokrinologischen Erkrankungen (z. B. Cushing-Syndrom [→ 18], Akromegalie und Phäochromozytom [→ Kap. 44])
medikamentös induzierter Diabetes (z. B. Diuretika, Steroide u. a.)
bei bestimmten genetischen Syndromen (z. B. myotone Dystrophie, Wermer-Syndrom)
bei Insulin- und Insulinrezeptoranomalien
Gestörte Glukosetoleranz
bei Adipösen
bei Nichtadipösen
bei MODY
bei anderen Krankheiten (→ Diabetes mellitus Typ 4)
Gestationsdiabetes

12.4.1.1 Typ-1-Diabetes

Polydipsie, Polyurie, Mattigkeit und Gewichtsverlust bei erhöhten Blut- und Urinzuckerwerten weisen, insbesondere bei jüngeren Menschen, auf eine Typ-1-Diabetes-Erkrankung hin. An einem **Typ-1-Diabetes** leiden etwa 5–8% aller Diabetiker in westlichen Ländern. Die meisten Fälle treten spontan auf. Bei genetisch prädisponierten Patienten (HLA-Assoziation) kommt es zu Autoimmunreaktionen gegen die β-Zellen der Langerhans-Inseln des Pankreas. Die **Typ-1a-Erkrankung** manifestiert sich meist im Kindes- oder Adoleszentenalter. Die **Typ-1b-Erkrankung** (ca. 10% aller Typ-1-Patienten) tritt typischerweise zwischen dem 30. und dem 50. Lebensjahr auf, bei Frauen häufiger und mit anderen endokrinen und nicht-endokrinen Autoimmunerkrankungen, wie z. B. M. Addison (→ Kap. 18), M. Basedow (→ Kap. 23), rheumatoide Arthritis (→ Kap. 43), assoziiert. Die diagnostische Klärung eines frisch manifesten Diabetes mellitus gelingt meist durch die hohen Blut- und Urinzuckerwerte und dem Nachweis einer stark positiven Ketonurie.

B *Beschwerden und Befunde*

In Abhängigkeit vom Schweregrad der Erkrankung variiert das Spektrum der Befunde erheblich. Typisch ist der **akute Beginn** sowie die Symptome einer meist **schweren Hyperglykämie** (→ Tab. 12-4) verbunden mit

Tab. 12-4 Folgen langjähriger Hyperglykämie

Beschwerden	Symptome
akut/subakut	Polydipsie, Polyurie, Nykturie, Müdigkeit (→ Kap. 33), Konzentrationsstörungen, depressive Verstimmung (→ Kap. 1), Leistungsknick (→ Kap. 51), Pruritus (→ 28), Gewichtsabnahme, Appetitlosigkeit (→ Kap. 2), Infektneigung, Refraktionsanomalien
Präkoma- oder Komazeichen	abdominelle Schmerzen (→ Kap. 46), Muskelkrämpfe (→ 34), Übelkeit – Erbrechen (→ Kap. 13), Atemnot – azidotische Atmung (→ Kap. 3), Bewußtseinsstörungen bis zum Koma (→ Kap. 7)
Folgeerkrankungen	**Symptome**
vorzeitige Arteriosklerose	Claudicatio – Gangrän, stumme Myokardischämie, Angina pectoris – Myokardinfarkt, TIA-PRIND-Schlaganfall (→ Kap. 41)
neurologische Störungen	Störungen der Sensibilität und der Motorik, autonome Funktionsstörungen (→ Kap. 56)
diabetische Ophthalmopathie	Veränderung der Retina, des Glaskörpers, der Iris und der Linse (→ Kap. 5)
diabetische Nephropathie	nephrotisches Syndrom (→ Kap. 60), Urämie (→ Kap. 2), häufig Hypertonie (→ Kap. 26)
Störungen des Stütz- und Bewegungsapparates	
diabetisches Fußsyndrom	
Schwangerschaftskomplikationen	

den **Folgen eines absoluten Insulinmangels:** Durst, Appetitlosigkeit, Übelkeit, Gewichtsabnahme, Erbrechen, Bauchschmerzen, Ketoazidose und Bewußtseinsstörungen. Etwa 20% der Fälle von **ketoazidotischem Koma** treten als „Manifestationskoma" des insulinpflichtigen Diabetes auf.

DS *Diagnosesicherung*

Laboranalytisch finden sich **Hyperglykämie** (meist > 300 mg/dl), **Glukosurie** und **Ketonurie** (Abb. 12-1). Beobachtet werden auch Azidose, Leukozytose und Zeichen der Exsikkose (Hypernatriämie, hoher Hämatokrit, hohe Osmolalität). In Grenzfällen ist der Nachweis von Inselzell-, GAD- oder Insulin-Autoantikörper für die Diagnostik entscheidend. Autoantikörper und Ketonurie finden sich meist nicht bei Typ-2-Diabetikern.

DD *Differentialdiagnose*

Die klinischen Symptome eines Diabetes sind mehrdeutig und treten bei einer Vielzahl von Krankheiten auf.

12

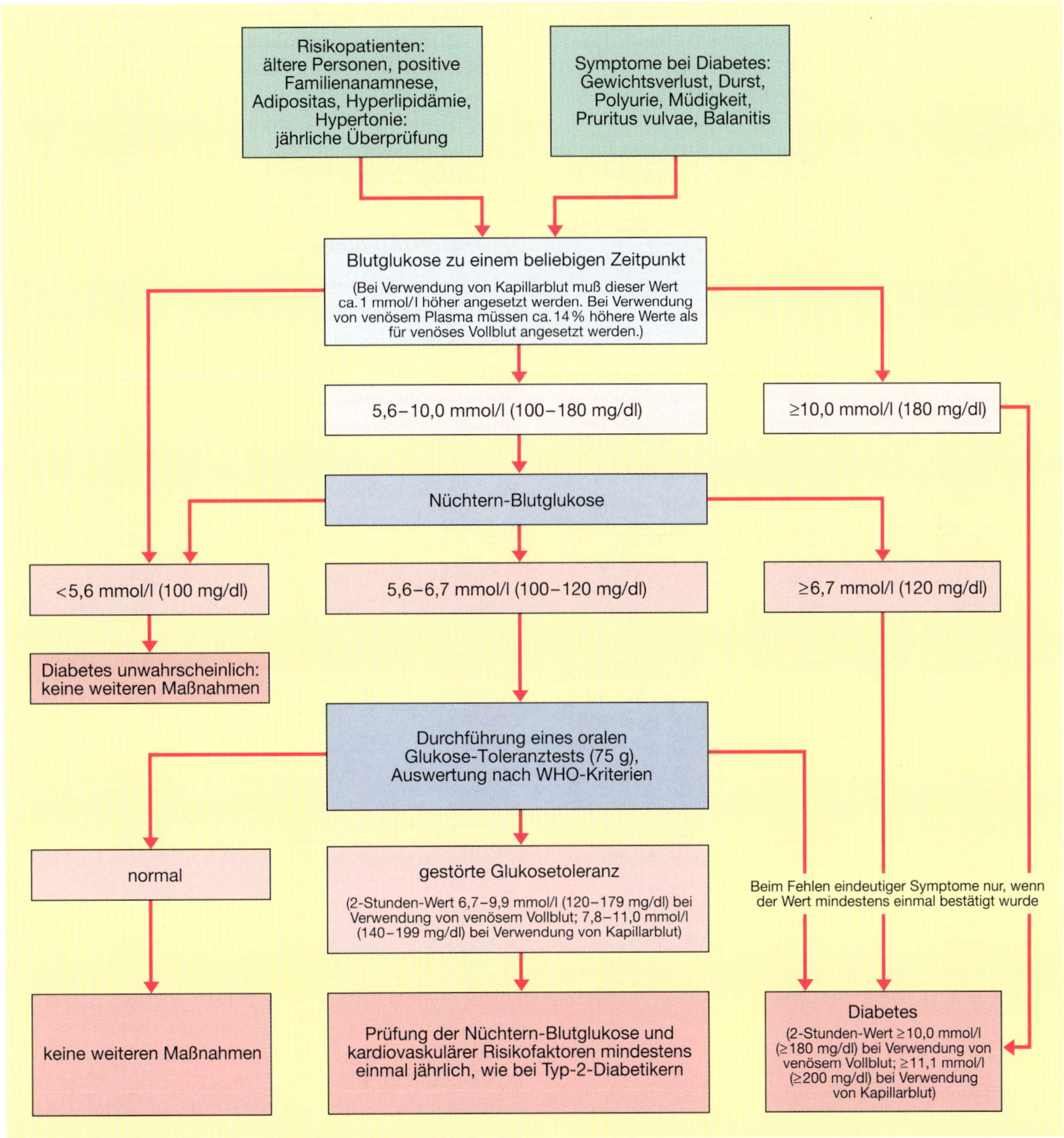

Abb. 12-1 Übersicht zur Diagnose des Diabetes mellitus anhand von venösem Vollblut.

Bei **schwerkranken** oder **bewußtseinsgestörten Patienten** muß **differentialdiagnostisch** neben einer akuten ketoazidotischen Entgleisung eines Typ-I-Diabetes an das gesamte Spektrum nicht-diabetisch bedingter Bewußtseinsstörungen gedacht werden:

- schwere Hypoglykämie (→ Kap. 23)
- hyperosmolare, hyperglykämische, nichtketotische Stoffwechselentgleisung (meist bei Typ-2-Diabetes → 12.4.1.2)
- laktazidotische Zustände bei schweren kardiopulmonalen, hepatischen oder zentralnervösen Erkrankungen mit Hyperglykämie (meist nicht exzessiv)
- Infektionen (→ Kap. 14)
- alkoholische Ketoazidose

Bei geringer Neigung zu Ketoazidose lassen Polydipsie und Polyurie ursächlich neben einem Typ-1-Diabetes denken an:

- wasser- und glukoseverlierende Nierenerkrankungen (→ Kap. 60)
- andere polyurische Krankheiten: Diabetes insipidus (→ 12.4.3), Hyperkalzämie (→ Kap. 60), Diuretika-Abusus
- andere Formen des Diabetes mellitus (→ Tab. 12-3)
- psychogene Polydipsien mit oder ohne Anorexie

12.4.1.2 Typ-2-Diabetes

Patienten mit Typ-2-Diabetes zeigen oft wenig klinische Symptome. Der Nachweis einer Hyperglykämie ist eher ein Zufallsbefund. Die Typ-2-Erkrankung ist der häufigste Diabetes in der westlichen Welt (90% aller Diabetiker). Die familiäre Häufung des Typ-2-Diabetes spricht für eine genetische Basis, wobei Umweltfaktoren wie Hyperalimentation bei der Manifestation eine wesentliche Rolle spielen. Bei **Typ-2-Diabetikern** ist meist sowohl die Insulinsekretion der β-Zellen des Pankreas wie auch die Insulinsensitivität der Zielorgane gestört. 10–15% der Typ-2-Patienten besitzen Autoantikörper gegen Inselzellen. Typ-1-Patienten ohne initial absolute Insulinabhängigkeit mit Autoantikörpern werden daher oft fälschlicherweise als Typ-2-Diabetiker eingestuft. Bei 60–80% der Typ-2-Diabetiker besteht z.T. eine exzessive Adipositas, typischerweise vom abdominal-androiden Typ **(Typ-2b-Diabetes)**, während andere normal- bis idealgewichtig sind **(Typ-2a-Diabetes).** Wegweisend für einen Typ-2-Diabetes ist der Nachweis erhöhter Blut- und Urinzuckerwerte sowie erhöhter glykierter Proteine bei fehlender Ketonurie.

B ***Beschwerden und Befunde***

Häufig haben die Patienten keine klassischen hyperglykämiebedingten Beschwerden, sondern werden durch **diabetische Folgeschäden** wie Schlaganfall, Myokardinfarkt, Gangrän am Fuß, neuropathische Symptome oder Sehstörungen als Diabetiker erkannt. Der vielfältige Symptomenkomplex, insbesondere der Abbau geistiger und körperlicher Funktionen, wird nicht selten auf Alterungsprozesse bezogen. Bei jedem älteren Menschen (ab dem 60. Lebensjahr) mit einem diffusen Beschwerdebild und dem Befund von Übergewicht, Hypertonie und Dyslipidämie sollte insbesondere bei positiver Familienanamnese an Typ-2-Diabetes gedacht werden.

DS ***Diagnosesicherung***

Sie erfolgt durch den Nachweis einer **Hyperglykämie** und **Glukosurie**, meist **ohne Ketonurie,** sowie einer oft exzessiven **Erhöhung glykierter Proteine** (z.B. HbA1c, Fructosamin). Wird ein Typ-2-Diabetes diagnostiziert, muß unbedingt nach bereits vorhandenen Komplikationen an Nieren (Kreatinin, Mikroalbuminurie), Augen und dem Gefäß- und Nervensystem gesucht werden.

DD ***Differentialdiagnose***

Differentialdiagnostisch ist an nicht diabetesassoziierte vaskuläre Komplikationen im Rahmen einer **Gefäßsklerose** an Herz, Gehirn, Nieren und den peripheren Arterien zu denken (→ Kap. 42). Ebenso sind **Neuropathien** anderer Genese (z.B. alkoholbedingt) auszuschließen (→ Kap. 56).

12.4.2 Diabetische Nephropathie

R. Brunkhorst und K. M. Koch

Mikroalbuminurie und Ödeme sind erste Zeichen einer diabetischen Nephropathie, die bei 40–60% der Diabetiker als Spätkomplikation beobachtet wird. Die Krankheitsdauer des Diabetes mellitus bis zur manifesten Nephropathie beträgt 8–12 Jahre beim Typ-1-Diabetiker und 10–15 Jahre beim Typ-2-Diabetiker. Die diabetische Nephropathie ist Folge einer Mikroangiopathie der glomerulären Gefäße (Kimmelstiel-Wilson-Glomerulosklerose). Neben dieser Glomerulopathie kommt es beim diabetischen Patienten auch häufig zu Pyelonephritiden und Papillennekrosen.

B ***Beschwerden und Befunde***

Die diabetische Nephropathie verläuft jahrelang symptomlos. Anfangs ist eine **erhöhte Kreatinin- und Inulin-Clearance** meßbar. Danach entwickelt sich eine **Mikroalbuminurie** (> 300 mg im 24-h-Urin), die mit zunehmender Abnahme der glomerulären Filtrationsrate in eine **Proteinurie** übergeht. Periphere **Ödeme** sind die ersten klinisch erkennbaren Symptome der Nephropathie. Später werden die Flüssigkeitsretention, die Niereninsuffizienz und die **arterielle Hypertension** zum Hauptproblem. Meist parallel zur Nephropathie kommt es zur klinischen Manifestation der diabetischen Ophthalmopathie und Neuropathie. Krampfartige **Flankenschmerzen,** die mit einer **Mikro- oder Makrohämaturie** einhergehen können, sind Folge eines Gewebeabganges im Rahmen einer zusätzlich auftretenden Papillennekrose. Die Beschwerden können in die Leistenregion ausstrahlen und ähneln einer Nierenkolik bei Steinabgang.

DS *Diagnosesicherung*

Diagnostisch wegweisend ist die Bestimmung der täglichen **Proteinausscheidung** im Urin. Anfangs ist eine Mikroalbuminurie, später sind eine Proteinurie bis hin zum nephrotischen Syndrom sowie eine Hämaturie zu beobachten. **Sonographisch** finden sich vor Erreichen der Spätphase der Niereninsuffizienz **normal große oder sogar vergrößerte Nieren,** die Organgröße korreliert lange nicht mit der renalen Funktionsstörung. Charakteristisch für Papillennekrosen sind die **girlandenförmigen Verkalkungen** im Bereich der Papillen wie sie sich sonst nur bei einer Analgetikanephropathie finden. Eine **Nierenbiopsie** ist zur Sicherung der Diagnose einer diabetischen Nephropathie in der Regel nicht erforderlich.

Cave: Wegen des hohen Risikos nephrotischer Effekte einschließlich eines akuten Nierenversagens sollte eine renale Diagnostik mit Röntgenkontrastmitteln bei diabetischen Patienten vermieden werden.

DD *Differentialdiagnose*

Die Anamnese und die parallel zur Nephropathie auftretenden Folgeerkrankungen des Diabetes erleichtern die Abgrenzung von anderen glomerulären Erkrankungen, die mit Proteinurie und Nierenfunktionseinschränkungen einhergehen, insbesondere den **Glomerulonephritiden.** Treten jedoch renale Symptome frühzeitig nach Entwicklung der diabetischen Stoffwechsellage auf oder finden sich keine weiteren Spätschäden, insbesondere eine Retinopathie, sollte eine Nierenbiopsie zum Ausschluß einer Glomerulonephritis durchgeführt werden.

12.4.3 Diabetes insipidus

O. E. Janssen und P. C. Scriba

Persistierende Polyurie und Polydipsie kennzeichnen den Diabetes insipidus. Mangelnde hypophysäre Ausschüttung von antidiuretischem Hormon ADH **(zentraler Diabetes insipidus)** oder fehlende Ansprechbarkeit auf ADH **(renaler Diabetes insipidus)** führen zu einer gestörten tubulären Wasserrückresorption. Trotz der erheblichen Dehydration findet sich ein niedriges spezifisches Uringewicht und eine niedrige Urinosmolalität.

12

B *Beschwerden und Befunde*

Typisch ist das plötzliche Einsetzen von quälendem **Durst,** einer auch nächtlichen zwanghaften **Polydipsie** und **Nykturie.** Leistungsabfall und labile Psyche treten begleitend hinzu. Bei anhaltender Polyurie (wasserklarer Urin) führt der massive Wasserverlust zu **Exsikkose** und **Gewichtsverlust.** Kopfschmerzen, Sehstörungen und Gesichtsfeldeinschränkungen weisen auf sellanahe Hirntumoren hin. Die auslösenden Ursachen sind in Tabelle 12-5 zusammengestellt.

DS *Diagnosesicherung*

Fehlt nächtliches Wasserlassen und Durstgefühl, ist der Diabetes insipidus auszuschließen. Das diagnosti-

Tab. 12-5 Ursachen eines Diabetes insipidus

Zentrale Ursachen	Renale Ursachen
• idiopathisch 25% (davon möglicherweise 30% autoimmun bedingt) • Schädel-Hirn-Trauma 30% • Tumoren 13% (Hypophyse, Hypothalamus, Kraniopharyngeom) • Status nach Hypophysen- oder Hirn-Operation, Bestrahlung familiär 1% (DIDMOAD = Diabetes insipidus, Diabetes mellitus, Optikusatrophie, Taubheit) • Metastasen (Mamma- oder Bronchialkarzinom) • Entzündungen (Enzephalitis, Meningitis, Tuberkulose) • Granulome (M. Boeck, luetische Gummen) • Alkohol (ADH-Sekretionshemmung) • selten bei post partum HVL-Nekrose (Sheehan-Syndrom), wenn auch der HHL betroffen ist	• angeboren (Mutation im Vasopressin-II-Rezeptor) • erworben Nephropathie (polyzystische Nieren, Markschwammnieren, chronische Pyelonephritis, Amyloidose, Sarkoidose, Sichelzellnephropathien, Harnwegsobstruktion) tubulärer Zellschaden (Hypokaliämie) ADH-Refraktärität (Hyperkalzämie) Medikamente (Lithium, Colchizin, Amphotericin B, Gentamycin)

sche und differentialdiagnostische Vorgehen bei Verdacht auf Diabetes insipidus ist in Abbildung 12-2 dargestellt. Charakteristisch für einen Diabetes insipidus ist die tägliche Ausscheidung von mehr als 4 Litern Urin. Laborchemisch findet sich ein **niedriges spezifisches Uringewicht** (spontan < 1005, nach Flüssigkeitskarenz < 1008) und eine **niedrige Urinosmolalität** (< 300 mosm/kg, kein Anstieg nach Flüssigkeitskarenz). Zu einer **Hypernatriämie** tritt eine **erhöhte Plasmaosmolalität** (> 300 mosmol/kg). Im Gegensatz zu Gesunden und Patienten mit psychogener Polydipsie ändert sich bei an Diabetes insipidus Erkrankten im Durstversuch die Diurese nicht und die Urinosmolalität bleibt tief (**Cave:** Exsikkose, Durstfieber). Ergänzend können Kalzium-, Kreatinin-, Kaliumbestimmungen und HVL-Funktionstests durchgeführt werden.

DD *Differentialdiagnose*

Der **zentrale Diabetes insipidus** ist durch den Vasopressin-Test vom **renalen Diabetes insipidus** zu unterscheiden: Bei der zentralen Form nimmt die Urinosmolalität nach Vasopressin-Gaben zu, wohingegen bei der renalen Form die Osmolalität unverändert bleibt. Bildgebende Verfahren wie die Sellatomographie, CT, NMR und Gesichtsfelduntersuchung ermöglichen die weitergehende Unterscheidung des

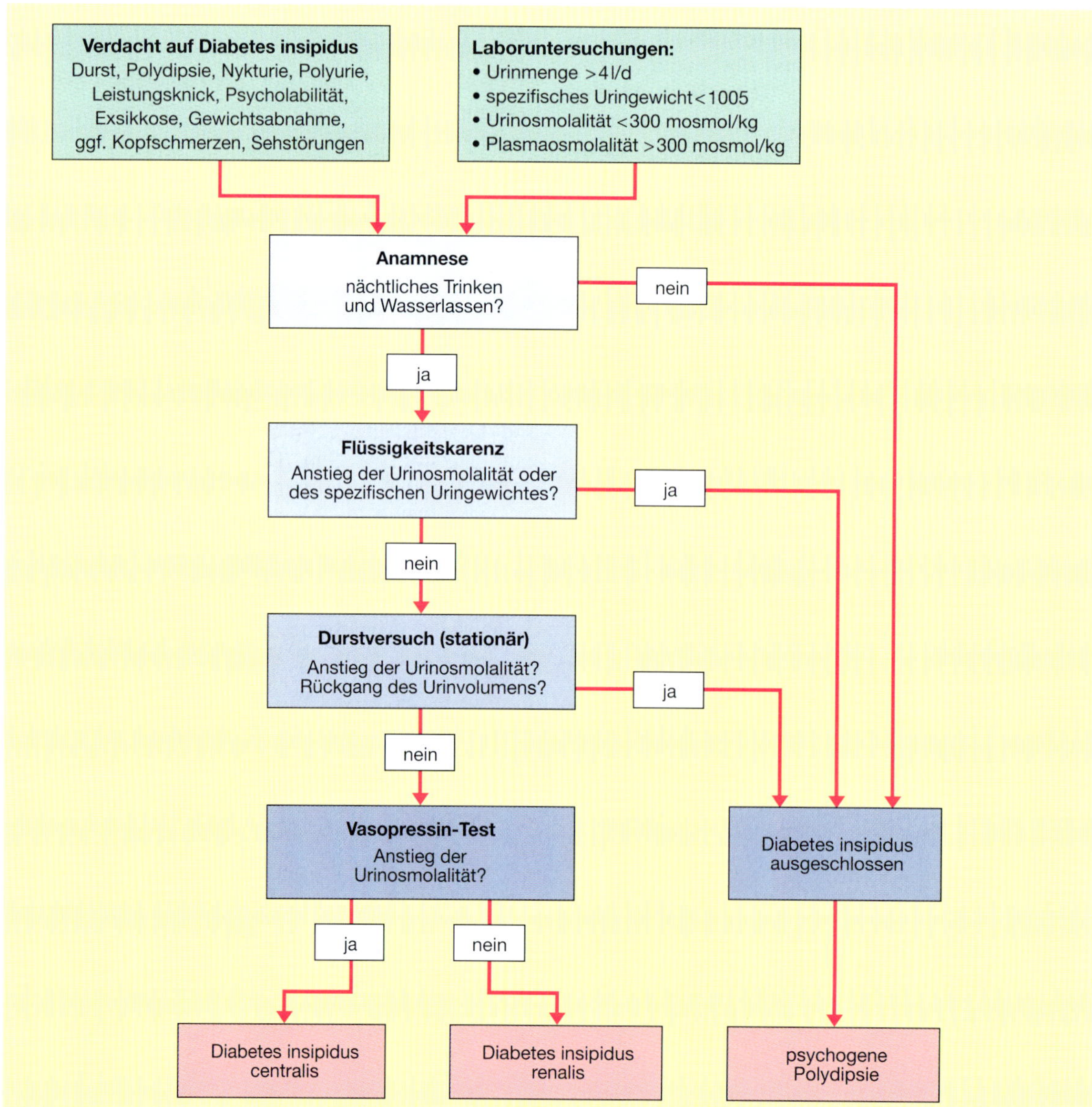

Abb. 12-2 Diagnostisches Vorgehen bei Verdacht auf Diabetes insipidus.

symptomatischen Diabetes insipidus, d.h. durch eine behandlungspflichtige Grundkrankheit (z.B. sellanahe Hirntumoren, Schädel-Hirn-Traumen) bedingten, vom idiopathischen Diabetes insipidus. Differentialdiagnostisch sind eine **osmotische Diurese** (Diabetes mellitus, Mannitol, Harnstoff, Kontrastmittel), eine **primäre Polydipsie** und eine **zerebrale Hypernatriämie** auszuschließen.

12.4.4 Primärer Hyperparathyreoidismus

O. E. Janssen und P. C. Scriba

Polydipsie, Polyurie, Knochenschmerzen und rezidivierende Nierenkoliken sind symptomatisch für einen primären Hyperparathyreoidismus. Ursächlich ist meist ein Adenom, seltener ein Karzinom oder eine Hyperplasie der Nebenschilddrüsen. Der primäre Hyperparathyreoidismus ist charakterisiert durch eine erhöhte Sekretion des Parathormons, die zu einer Hyperkalzämie und Hypophosphatämie führt.

B *Beschwerden und Befunde*

Der primäre Hyperparathyreoidismus ist oft oligo- oder asymptomatisch. Die erste Verdachtsdiagnose wird häufig bei Entdeckung einer erhöhten Serumkalziumkonzentration beim Labor-Screening vermutet. Röntgenologische Zeichen der Knochenbeteiligung sind **Kortikalisusuren** an den Fingerknochen (Mammographietechnik), **diffuse Demineralisation, Frakturen,** Verlust der Lamina dura der Zahnalveolen, **Knochenzysten** bis zur **Osteodystrophia fibrosa cystica generalisata** (von Recklinghausen) oder „Pfeffer-und-Salz"-Schädel (→ Kap. 45), die Abbildungen 12-3 und 12-4 zeigen typische Befunde. Rezidivierende **Nierenkoliken** und **Durstgefühl** gehen einher mit **Nephrolithiasis**, **Polyurie** (→ Kap. 60),ferner **Niereninsuffizienz, Exsikkose** (**Cave:** akutes Nierenversagen) und in seltenen Fällen mit Nephrokalzinose (Abb. 12-5 und 12-6). Ulcus duodeni oder ventriculi, Pankreatitis, Cholelithiasis, Obstipation, Erbrechen und Gewichtsabnahme sind seltene Manifestationsformen des primären Hyperparathyreoidismus. Ebenso sind Muskelschwäche (→ Kap. 35) bis hin zur Tetraplegie, Kopfschmerzen, Verwirrtheit, Schwindel, Somnolenz, Koma eher unspezifisch und durch die Hyperkalzämie bedingt.

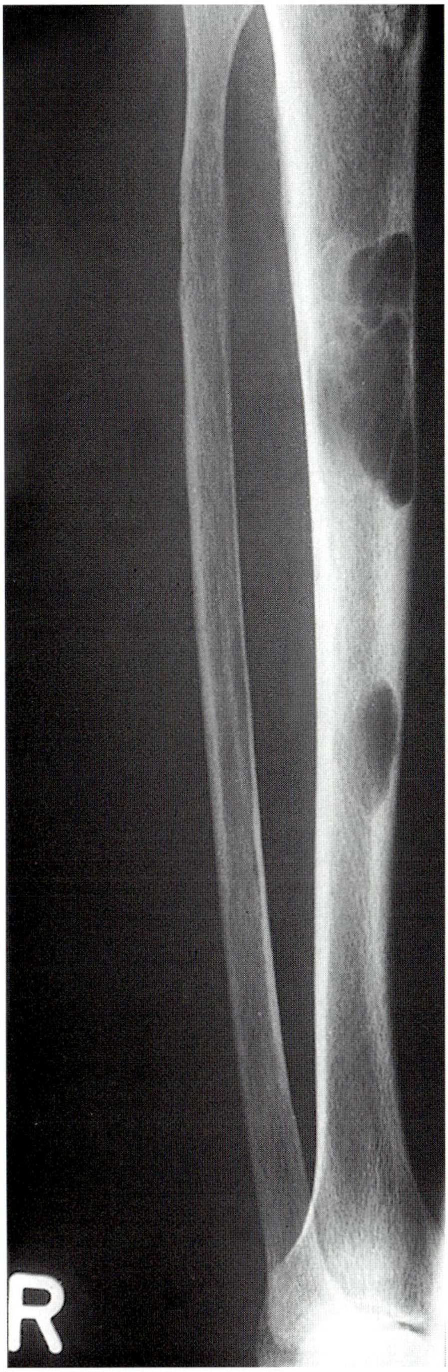

Abb. 12-3 Primärer Hyperparathyreoidismus: Osteodystrophia fibrosa cystica generalisata (von Recklinghausen). Mehrere glatte, zum Teil gekammerte Zysten (→ Kap. 45).

12

DS *Diagnosesicherung*

Laborchemisch sichert der wiederholte Nachweis eines erhöhten **Serumkalziums** (**Cave:** Abnahmefehler durch zu langes Stauen, Laborfehler, Korrektur mit Eiweiß- und pH-Wert) und eines erhöhten intakten **Parathormons** die Diagnose. Nebenbefundlich findet sich ein niedriges Phosphat, bei Knochenbeteiligung eine erhöhte alkalische Phosphatase, bei Niereninsuffizienz ein erhöhtes Kreatinin und bei Pankreatitis eine erhöhte Lipase. Die **Sonographie** dient der Lokalisationsdiagnostik vergrößerter **Epithelkör-**

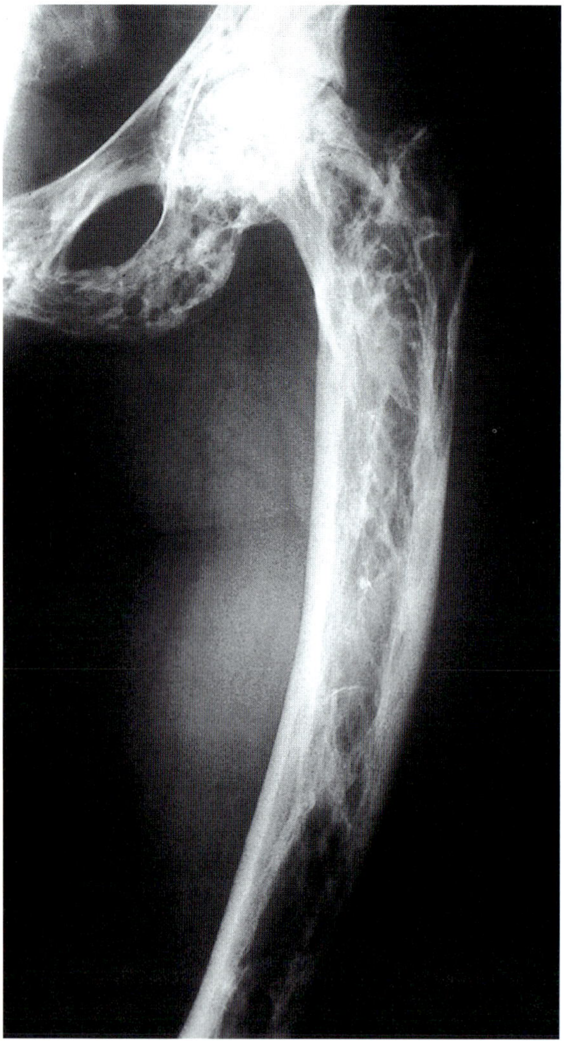

Abb. 12-4 Fibröse Osteodysplasie (Jaffé-Lichtenstein, → Kap. 45).

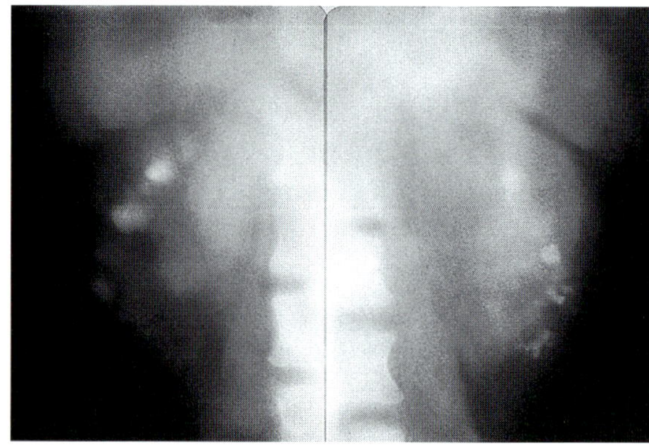

Abb. 12-5 Tomographie einer Nephrokalzinose bei primärem Hyperparathyreoidismus (zusammengesetzte Abbildung).

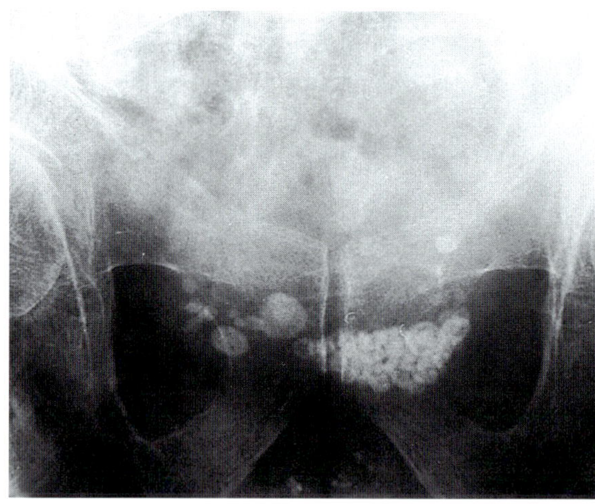

Abb. 12-6 Blasensteine bei primärem Hyperparathyreoidismus.

perchen und der Klärung einer gleichzeitigen operativen Strumasanierung vor einer geplanten Resektion der Nebenschilddrüsen. Bei nicht voroperierten Patienten sollte auf eine weitere Lokalisationsdiagnostik (CT, NMR, Szintigraphie, Halsvenenkatheterisierung) verzichtet werden. Bei der Abklärung eines Hyperparathyreoidismus muß immer an eine multiple endokrine Neoplasie (MEN I und IIa [→ Kap. 44]) gedacht werden.

DD *Differentialdiagnose*

Die Differentialdiagnose des primären Hyperparathyreoidismus (Abb. 12-7) umfaßt

- den **sekundären Hyperparathyreoidismus** bei Niereninsuffizienz (Dialyse) oder Malabsorption (Sprue, Kolitis)
- **den sekundären autonomen** („tertiären") **Hyperparathyreoidismus** mit Hyperkalzämie
- den **ektopen** (paraneoplastischen) **Hyperparathyreoidismus** (Bronchialkarzinom)
- die **Begleithyperkalzämie** (→ Kap. 60) bei anderen Grunderkrankungen: Tumoren mit und ohne Metastasen (Mammakarzinom), M. Paget, M. Boeck, hämatologische Systemerkrankungen (Plasmozytom, Lymphom), Hyperthyreose, NNR-Insuffizienz, Immobilisation, Vitamin-D-Intoxikation, Nebenwirkung von Medikamenten (Thiazide, Lithium, Östrogene, Theophyllin).

Die charakteristischen Knochenveränderungen bei lange bestehendem Hyperparathyreoidismus müssen u.a. in der Differentialdiagnose der diffusen Mineralsalzminderung von der **Osteoporose** und **Osteomalazie** (→ Kap. 45) abgegrenzt werden.

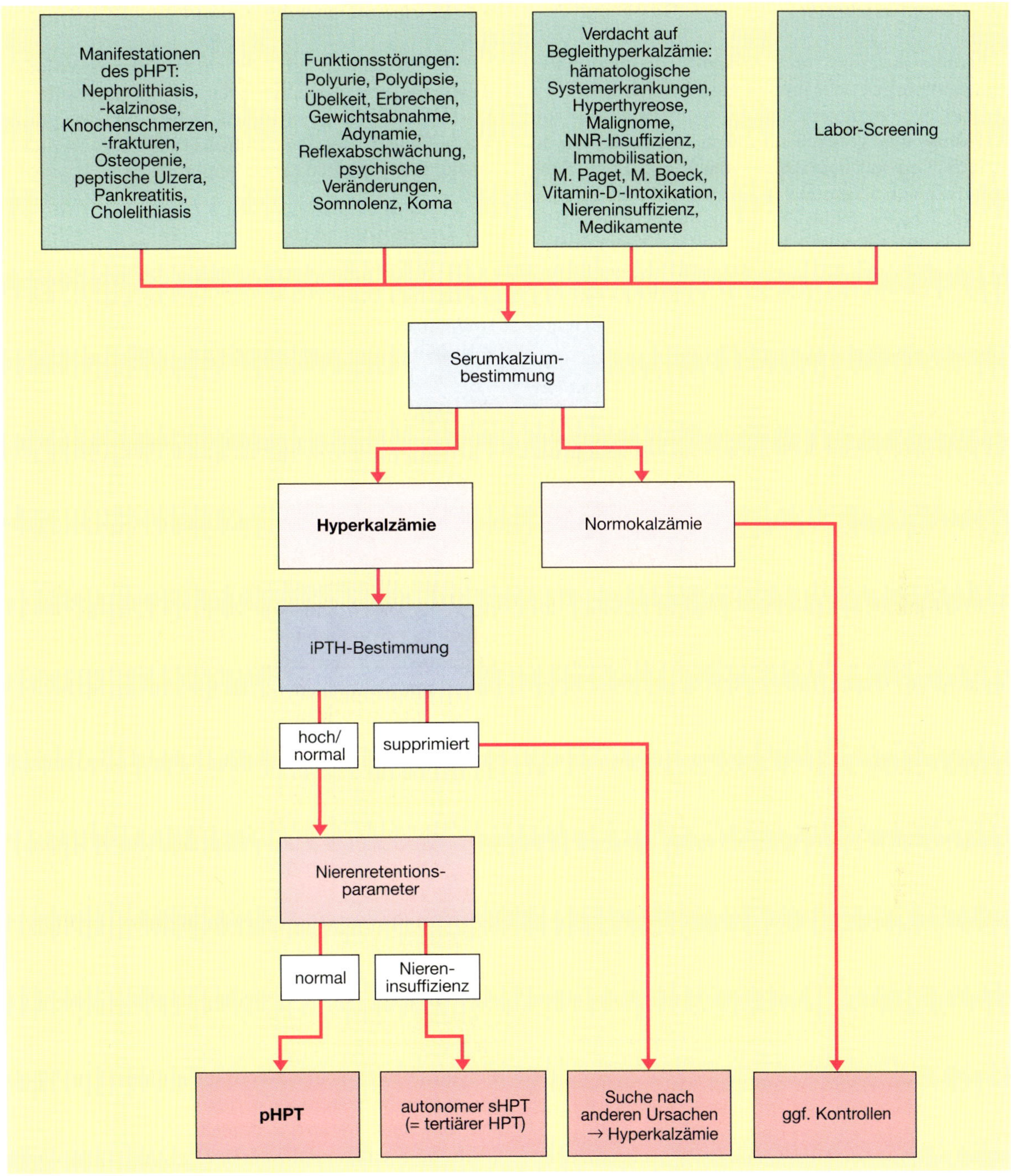

Abb. 12-7 Diagnostik bei Hyperkalzämie.

12

12.4.5 Psychogene Polydipsie

Eine psychogene Polydipsie äußert sich in ständigem, dranghaftem Trinken bei gleichzeitiger Neurose oder Psychose und findet sich häufig bei jüngeren Patienten. Trotz exzessiven Trinkens liegen die Serumosmolalität und die Serum-Natriumkonzentration im Normbereich.

B *Beschwerden und Befunde*

Die Patienten klagen über **Durst** bei exzessiv gesteigertem Trinkverhalten (bis zu 10 l/Tag und darüber), besonders in streßhaften Lebenssituationen. Es besteht eine **Polyurie ohne Zeichen der Dehydrierung.** Im Unterschied zum Diabetes insipidus sistiert der Durst bei Nacht. Die Patienten zeigen psychische Auffälligkeiten, z. B. andere Zwangshandlungen.

DS *Diagnosesicherung*

Serumosmolalität und **Serum-Natriumkonzentration** sind normal oder im unteren Normbereich, ebenso die Serumkonzentrationen von **Kreatinin** und **Harnstoff**. Die Verdachtsdiagnose eines Diabetes insipidus wird mit dem **Durstversuch** abgeklärt. Steigt innerhalb von 5 Stunden die Urinosmolalität um mehr als 100% bei normaler Plasma-Natriumkonzentration oder Plasmaosmolalität an, ist die Diagnose bestätigt. Der Durstversuch bedarf ständiger ärztlicher Überwachung. Im Falle eines bestehenden Diabetes insipidus besteht die Gefahr, daß der Patient in kurzer Zeit austrocknen und hypoton werden kann.

DD *Differentialdiagnose*

Die psychogene Polydipsie ist vom **Diabetes insipidus** zu differenzieren, gegebenenfalls mit Hilfe eines Durstversuches. Im Gegensatz zur psychogenen Polydipsie führt der Durstversuch bei Diabetes insipidus nicht zu einem Anstieg der Urinosmolalität und zu einer Verminderung der Harnmenge.

Ein **Diabetes mellitus** mit Polyurie ist durch Glukosemessungen in Urin und Blut auszuschließen. Die leichte Polyurie der mittelschweren **Niereninsuffizienz** (→ Kap. 60) kann an dem erhöhten Serumkreatinin erkannt werden.

Das **Conn-Syndrom** läßt sich von der psychogenen Polydipsie durch Hypertonie bei gleichzeitiger Hypokaliämie abgrenzen (→ Kap. 26). Differentialdiagnostisch ist auch an das **Hyperkalzämiesyndrom** (→ 12.4.4 und Kap. 60) zu denken. Die Differenzierung gelingt durch die Bestimmung der Kalziumkonzentration im Plasma.

12.4.6 Hypodipsie und Adipsie im Senium

Eine gestörte Flüssigkeitsbilanz aufgrund fehlenden oder verringerten Durstes weist meist auf eine Störung des ZNS hin und tritt insbesondere bei älteren Menschen mit zerebraler Arteriosklerose auf. Bei Zeichen der Dehydrierung ist der Nachweis einer erhöhten Serum-Natriumkonzentration, Serum- und Urinosmolalität entscheidend.

B *Beschwerden und Befunde*

Anfangs klagen die Patienten über **Schwindel, Adynamie** und **Appetitlosigkeit,** im fortgeschrittenen Stadium treten **Benommenheit, Fieber** und ausgeprägte körperliche Zeichen der **Dehydrierung** in den Vordergrund. Die Patienten geben keinen Durst an.

DS *Diagnosesicherung*

Die Konzentrationen von **Serum-Natrium, Gesamteiweiß** und **Hämatokrit** sowie die **Serumosmolalität** sind im allgemeinen erhöht. Die **Urinmenge** beträgt < 1l/24 h, der **Urin ist konzentriert** (> 500 mosm/kg).

DD *Differentialdiagnose*

Die Austrocknung bei **Diabetes insipidus** ist im Gegensatz zu Hypo- oder Adipsie von Durst und großen Trinkvolumina gekennzeichnet. Besteht die Austrocknung im Zusammenhang mit Hypo- oder Adipsie, dann ist zwischen den in Tabelle 12-2 genannten Ursachen differentialdiagnostisch zu unterscheiden. Auch **körperlich stark behinderte Patienten** mit eingeschränkter Kommunikationsfähigkeit, z.B. Störungen des Sprechens und zusätzlichen Lähmungen nach einem apoplektischen Insult, können das Bild einer Hypo- oder Adipsie bieten.

12.5 Zusammenfassung

Die Übersicht über die Abklärung der Durststörungen (Abb. 12-8) zeigt, daß der verminderte oder fehlende Durst in erster Linie bei alten Menschen und ferner bei bewußtseinsgestörten oder in ihrer Handlungsfähigkeit beeinträchtigten Patienten zu bedenken ist.

Der vermehrte Durst bei reduziertem Urinvolumen wird vor allem bei Dehydrierung durch Wassermangel oder extrarenalen Wasserverlust und bei Abnahme des effektiven Blutvolumens beobachtet (→ Tab. 12-1). Polydipsie mit Polyurie bei erhöhter Plasmaosmolalität findet man bei dekompensiertem Diabetes mellitus sowie bei renalem und zentralem Diabetes insipidus (Abb. 12-8 und → Tab. 12-1). Die psychogene Polydipsie geht mit Polyurie und niedrig-normaler Plasmaosmolalität einher.

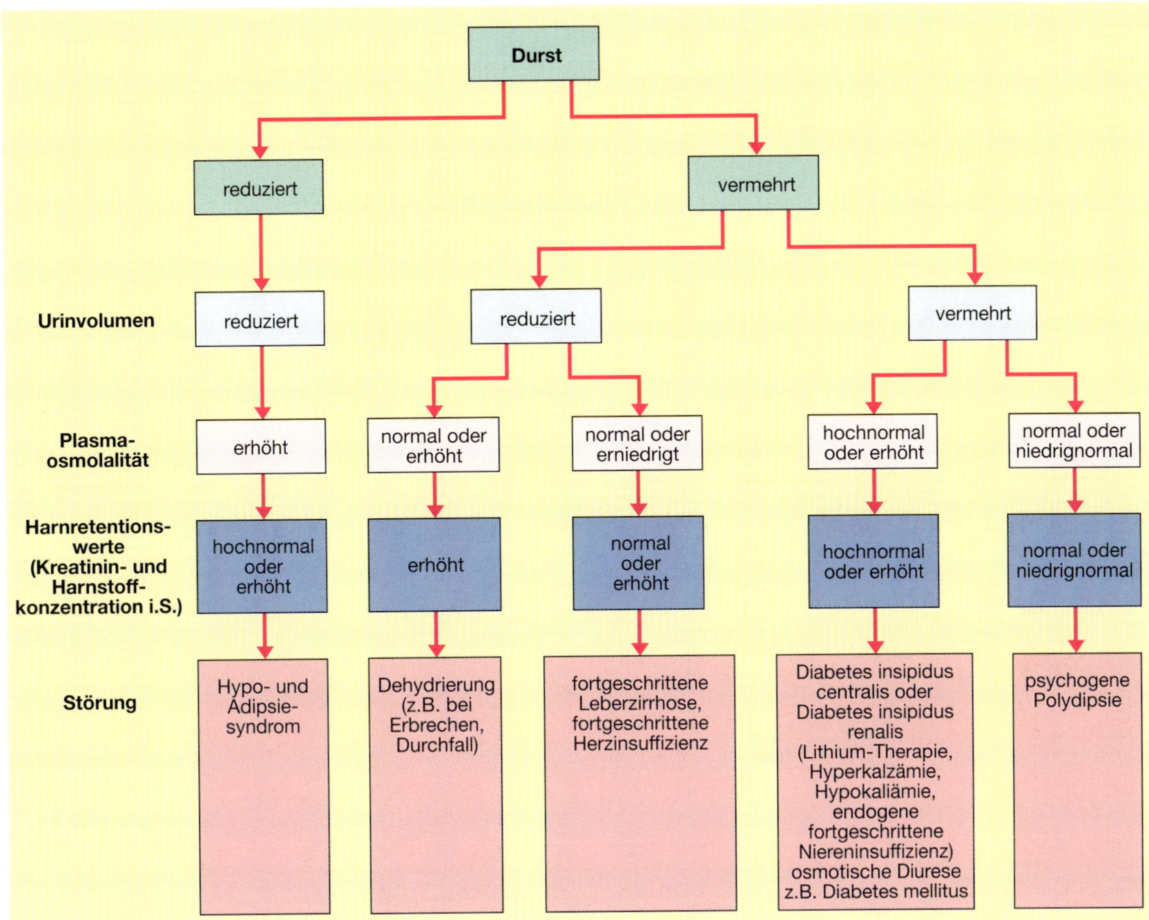

Abb. 12-8 Übersicht zur Abklärung von Durststörungen.

12

13 Erbrechen – Bluterbrechen

R. LORENZ und M. CLASSEN

Erbrechen ist ein häufiges Symptom verschiedenartiger Erkrankungen. Oft liegen ihm Alkoholabusus, Nahrungsmittelvergiftungen, Einnahme von bestimmten Medikamenten, akute Gastritis, Gastroenteritis, Stoffwechselkrankheiten oder Bewegungskrankheit (z.B. Seekrankheit) zugrunde. Die differentialdiagnostischen Überlegungen umfassen zerebrale, viszerale, toxische und psychogene Ursachen. Eine wichtige Sonderform ist das Schwangerschaftserbrechen.

Bei Bluterbrechen wird Blut aus dem oberen Verdauungstrakt erbrochen. Die häufigsten Blutungsquellen sind peptische Läsionen, Ösophagusvarizen und Mallory-Weiss-Einrisse. Etwa 80 von 100000 Einwohnern erkranken pro Jahr an einer oberen Gastrointestinalblutung.

13.1 Definition und Abgrenzung

Erbrechen ist definiert als aktiver Rücktransport von Mageninhalt durch den Mund nach außen. Dieser Vorgang wird unterstützt und mitverursacht durch periodische Kontraktionen des Zwerchfells sowie der Bauch- und Atemmuskulatur. Die Auslösung von Erbrechen kann über den Pharynx und den Gastrointestinaltrakt („peripher"), über Chemorezeptoren in der Area postrema am Boden des 4. Ventrikels („Triggerzone") oder über die Hirnrinde („zentral") erfolgen. Von dort leiten afferente sympathische und parasympathische Nervenfasern die Erregung zum Brechzentrum in der Formatio reticularis der Medulla oblongata. Neben dem Brechzentrum werden weitere Zentren, wie das vasomotorische, respiratorische und salivatorische Zentrum, mit erregt. Diese Nervenzentren initiieren und koordinieren über efferente Nervenfasern die Erregung und Aktivität der Erfolgsorgane, also der glatten Muskulatur des oberen Verdauungstraktes sowie der quergestreiften Muskulatur von Thorax, Diaphragma und Abdomen.

Abzugrenzen vom Symptom des Erbrechens ist die **Regurgitation.** Sie ist definiert als Zurückfließen von Inhalt des Magens oder der Speiseröhre in den Mund-Rachen-Raum. Dabei handelt es sich um einen passiven Reflux, der nicht durch aktive Mechanismen, etwa Muskelkontraktionen, unterstützt wird. Eine Sonderform stellt die **Rumination** dar, bei der regurgitierter Mageninhalt im Mund erneut gekaut und wieder geschluckt wird; dieser Vorgang wird häufig mehrfach hintereinander wiederholt.

Als Folgen länger bestehenden oder heftigen Erbrechens können Elektrolyt- und Flüssigkeitsverluste, Aspiration von Mageninhalt mit Aspirationspneumonie, Blutungen durch Schleimhauteinrisse im Bereich der Kardia (Mallory-Weiss-Syndrom) sowie in seltenen Fällen Ösophagusrupturen (Boerhaave-Syndrom) auftreten.

Bluterbrechen (Hämatemesis) bedeutet, daß zumeist größere Mengen von rotem bzw. schwarzbraunem Blut aus dem oberen Verdauungstrakt erbrochen werden. Sogenannter Kaffeesatz in erbrochenem Magensaft entsteht durch Umwandlung von Hämoglobin in salzsaures Hämatin. Erbrechen mit stärkeren Blutungen führt zu zirkulatorischem Volumenmangel mit den Symptomen Unruhe, Tachykardie, Schwindel, Kopfschmerzen, Kaltschweißigkeit und im Extremfall zu einer Schocksymptomatik.

13.2 Ursachen

Die häufigsten **Ursachen des Erbrechens** sind in Tabelle 13-1 dargestellt, die viszeralen Ursachen in Tabelle 13-2 im einzelnen aufgeführt. Tabelle 13-3 zeigt eine Übersicht über wichtige pharmakologische Substanzgruppen, bei denen als häufige unerwünschte Nebenwirkung Erbrechen auftritt (→ 13.4.3).

Die häufigsten **Blutungsquellen** im oberen Gastrointestinaltrakt sind peptische Läsionen, Ösophagusvarizen (Abb. 13-1) und Mallory-Weiss-Einrisse (Abb. 13-2), seltener sind Blutabgänge aus der Vaterschen Papille. Es kann sich aber auch um Blutungen aus dem Gallengangsystem (Hämobilie) oder dem Pankreas (Wirsungorrhagie, Haemosuccus pancreaticus) handeln.

Tab. 13-1 Die häufigsten Ursachen von Erbrechen

Zerebrale Ursachen	**Entzündung** Meningitis, Enzephalitis (→ Kap. 44) **intrakranielle Druckerhöhung** Tumoren, Blutungen, Hydrozephalus **neurogen** Polyneuropathie (diabetisch, alkoholisch, idiopathisch, (→ Kap. 56), Tabes dorsalis **psychogen** z. B. Bulimie, Neurosen, Debilität, Aufregung **sonstige Ursachen** z. B. Migräne, Morbus Ménière, akuter Glaukomanfall
Toxische Ursachen	**Intoxikationen** Chemikalien (Blei, Arsen, Benzin, Kohlenmonoxid, Phosphat, Alkohol, Pilzgifte, z. B. Knollenblätterpilz, Nikotin, Nitrobenzol, Tetrachlorkohlenstoff, Säuren und Laugen) Drogen (z. B. Opiate) Medikamente (→ Tab. 13-3) **Infektionen** z. B. Bakterientoxine, Mykose **metabolisch** Leber- und Nierenversagen, diabetische Ketoazidose (→ Kap. 12), Morbus Addison (→ Kap. 18), Hyperthyreose (→ Kap. 23), Hyperparathyreoidismus (→ Kap. 45 und 60), Hyperkalzämie (→ Kap. 60)
Viszeral bedingtes Erbrechen	→ Tab. 13-2
Mangelzustände	Hypo- und Avitaminosen, Eisenmangel
Schwangerschaft	
Chronische Alkoholkrankheit	
Bewegungskrankheit (Kinetose)	

Tab. 13-2 Viszerale Ursachen von Erbrechen

Störungen im Bereich des Gastrointestinaltrakts	
Obstruktion	Tumoren Achalasie (→ Kap. 39) peptische oder narbige Stenosen (→ Kap. 39) Divertikel (→ Kap. 39) Membranen im Ösophagus (Epithelduplikaturen): Webs (→ Kap. 39) Fremdkörper Ulcus ventriculi (ad pylorum), (→ Kap. 46) Ulcus duodeni Volvulus, Invagination Briden, Gefäßkompression postoperative Anastomosenstenose
funktionell	Dyspepsie Entzündungen (gastroösophageale Refluxkrankheit, Verätzungen (→ Kap. 39), Gastritis) diffuser Ösophagusspasmus (→ Kap. 39), Motilitätsstörungen (Gastroparese) Kollagenosen (Sklerodermie) Ösophagusdivertikel (→ Kap. 39) Hiatushernie chronische idiopathische intestinale Pseudoobstruktion postoperativ: Syndrom der zuführenden Schlinge (nach Billroth-II-Operation), Koloninterposition
reflektorisch	Cholezystitis, Cholelithiasis (Kolik) (→ Kap. 46) Hepatitis (→ Kap. 15) Pankreatitis (→ Kap. 46) Appendizitis (→ Kap. 46) Peritonitis Ileus
Störungen außerhalb des Gastrointestinaltrakts	
renal	Kolik bei Urolithiasis (→ Kap. 48.4.10)
kardial	Herzinfarkt (→ Kap. 41) Kreislaufkollaps Schock (→ Kap. 50)

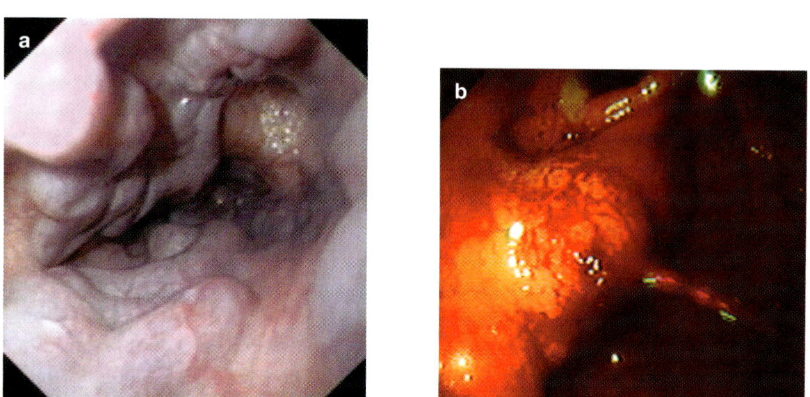

Abb. 13-1 Endoskopische Darstellung von Varizen: Ösophagusvarizen (a) und eine spritzende Blutung aus Fundusvarizen (b).

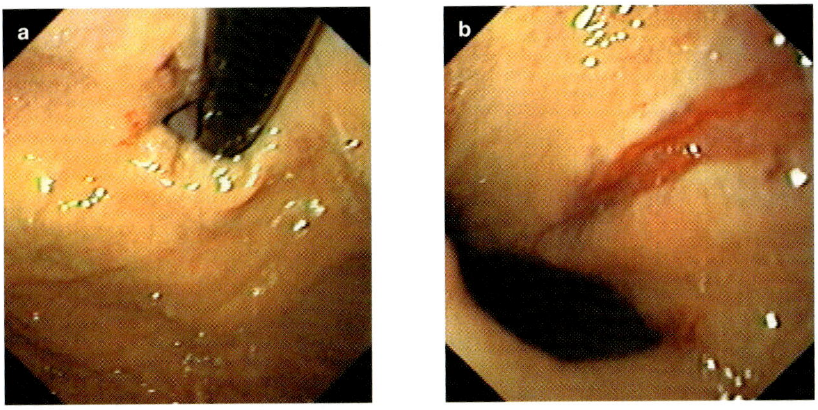

Abb. 13-2 Mallory-Weiss-Läsion: Kardia in Inversion gesehen (a) und Kardia prograd gesehen (b).

Tab. 13-3 Einige pharmakologische Stoffklassen und Inzidenz der Nebenwirkung „Erbrechen“

häufig (> 20%)	**relativ häufig** (5–20%)	**selten** (< 5%)
Levodopa Immunsuppressiva Zytostatika (Alkylanzien, Alkaloide, Cis-, Carboplatin, Asparaginase) Digitalis Ergotamine Anthelmintika (z. B. Albendazol)	Opioide (z. B. Buprenorphin) Desferoxamin Interferone Sulfonylharnstoffe Spironolacton Thiazid-Diuretika Antibiotika (Sulfonamide, Tetrazykline, Chinolone) jodhaltige Kontrastmittel	Acetylsalicylsäure nichtsteroidale Antiphlogistika (Diclofenac, Ibuprofen) Nitrofurantoin Flucytosin Sulfasalazin Mesalazin

13.3 Diagnostik

13.3.1 Anamnese

Bei der Erhebung der Anamnese beziehen sich gezielte Fragen in der Einengung der Differentialdiagnose auf die folgenden Punkte:

▷ **Wie ist der Verlauf?** Ist das Erbrechen akut aufgetreten oder besteht es bereits seit längerer Zeit (Wochen, Monate) als chronisches oder rezidivierendes Symptom? Nimmt die Symptomatik zu? Die differenzierte Anamnese bei akutem und chronischem Erbrechen ist in der Tabelle 13-4 aufgeführt.
Ein **akut** einsetzendes Erbrechen spricht eher für eine infektiöse Erkrankung, ein frisches Ulkus oder eine Intoxikation. Es muß aber auch ein akuter Myokardinfarkt ausgeschlossen werden. Bei jüngeren Frauen ist eine mögliche Schwangerschaft zu erfragen und gegebenenfalls zu klären. Schwallartiges Erbrechen ist charakteristisch für Migräne, Erkrankungen mit gesteigertem Hirndruck und das Syndrom der zuführenden Schlinge. **Chronisches** und **rezidivierendes** Erbrechen hingegen läßt auch an eine schwere, chronische Grundkrankheit (z.B. Tumorleiden) denken. Hier muß unverzüglich eine weitere diagnostische Abklärung erfolgen.

▷ **Wie ist das Zeitintervall zwischen Nahrungsaufnahme und Erbrechen?**
- Erbrechen während des Essens oder unmittelbar danach
- Erbrechen eine Stunde oder noch später nach der Mahlzeit
- morgendliches Erbrechen bei Nüchternheit
- Nahrungsaufnahme und Erbrechen ohne zeitlichen Zusammenhang.

13

Tab. 13-4 Differenzierte Anamnese bei akutem und chronischem Erbrechen

Akutes Erbrechen	Einnahme von Nahrungsmitteln, Mahlzeiten Auslandsaufenthalt Medikamente, toxische Substanzen Begleitsymptome (z. B. Fieber, Arthritis, Halsschmerzen, Bauchschmerzen) Diarrhö Schwangerschaft
Chronisches Erbrechen	Alkoholabusus Schmerzen (Kopf, Thorax, Abdomen) Medikamente Änderung des Körpergewichts körperliche und geistige Leistungsfähigkeit Stuhlverhalten (Obstipation, Teerstuhl) seelische Belastungen Zusatzerkrankungen (Leber, Niere, frühere Operationen)

Tritt Erbrechen bereits während oder unmittelbar nach dem Essen auf, so legt dies ein Magenulkus oder aber eine psychogene Ursache nahe. Ein Zeitintervall von etwa einer Stunde und mehr spricht für eine gestörte Magenentleerung (Magenausgangsstenose, diabetische Gastroparese, Zustand nach Vagotomie). Morgendliches Erbrechen bei Nüchternheit tritt nahezu regelhaft bei chronischem Alkoholabusus und im ersten Trimenon der Schwangerschaft auf. Unabhängig von der Nahrungsaufnahme kann Erbrechen reflektorisch bei Erkrankungen außerhalb des Magen-Darm-Traktes (z.B. Nierenkolik [→ Kap. 60], Peritonitis [→ Kap. 46], zerebrale Erkrankung [→ Kap. 7 und 44]) auftreten.

▷ **Wie sind Inhalt, Farbe und Geruch des Erbrochenen?**
- blutig
- gallig
- unverdaute Nahrungsreste
- fäkulent.

Bei der Angabe von **Hämatemesis** ist nach der Farbe (hellrot, kaffeesatzartig) zu fragen sowie nach Vorerkrankungen (Ulkusleiden, Leberzirrhose etc.), Medikamenteneinnahme (z.B. nichtsteroidale Antiphlogistika, Antikoagulanzien) oder frühere Blutungsereignisse, insbesondere aus dem Verdauungstrakt. Nach Kurzanamnese und körperlicher Untersuchung ist die notfallmäßige Diagnostik durchzuführen (→ 13.3.3). **Galliges Erbrechen** tritt bevorzugt nach Magenoperationen auf. Angaben über Erbrechen **unverdauter Nahrung** oder von **fäkulentem Inhalt** ergeben Hinweise auf die Lokalisation einer Obstruktion im Bereich des Magen-Darm-Traktes.

▷ **Welche Begleitsymptome bestehen?**
- Schmerzen (Lokalisation, Schmerzcharakter)
- Übelkeit
- Diarrhö
- Fieber, Allgemeinsymptome
- Gewichtsverlust.

Kollaptische Zustände, Diarrhö und Fieber sind häufig bei akuten Nahrungsmittelintoxikationen und Infektionen anzutreffen.

13.3.2 Körperliche Untersuchung

In der körperlichen Beobachtung und Untersuchung sollen Hinweise auf die zugrundeliegende Erkrankung gewonnen, aber auch Folgen des Erbrechens auf den Allgemeinzustand erfaßt werden. Wegen der zahlreichen möglichen Ursachen von Erbrechen ist es von großer Bedeutung, den Patienten vollständig zu untersuchen.

Bereits bei der **Inspektion** kann ein reduzierter Ernährungszustand auf eine maligne Erkrankung oder eine Stenose im Bereich des oberen Magen-Darm-Traktes hinweisen. Zeichen der Exsikkose (stehende Hautfalten, trockene Zunge) lassen auf einen größeren Volumen- und Elektrolytverlust schließen. Vertiefte Atmung ist als Zeichen einer Azidose (Nierenversagen, Diabetes) zu werten, ein Foetor ex ore kann charakteristisch sein für eine Leberinsuffizienz oder für eine bestehende Passagestörung (Achalasie, Magenentleerungsstörung, Darmverschluß). Störungen des Bewußtseinszustandes (Verwirrtheit, Somnolenz, Koma) treten im Zusammenhang mit Erbrechen bei Leber- und Nierenversagen, diabetischem Koma (→ Kap. 7 und 12), Thyreotoxikose (→ Kap. 7), Morbus Addison (→ Kap. 18), aber auch bei allen zerebralen Prozessen (→ Kap. 7 und 44) auf.

Puls: Bradykardie kann auf einen erhöhten Hirndruck oder auf eine Digitalisintoxikation hinweisen, bei Herzrhythmusstörungen muß gezielt nach einer kardialen Ursache des Erbrechens oder einer Hyperthyreose gesucht werden.

Die abdominelle **Palpation** dient vor allem der Erfassung schmerzempfindlicher Regionen (z.B. Gallenblase, Nierenlager, Bauchwandhernien) und von tastbaren Resistenzen. In der abdominellen **Auskultation** ist besonders auf einen mechanischen oder paralytischen Ileus zu achten (→ Kap. 46).

13.3.3 Notfalldiagnostik bei Hämatemesis

Die Strategie der notfallmäßigen Diagnostik bei Hämatemesis ist in Abbildung 13-3 dargestellt. Nach der Kurzanamnese (→ 13.3.1) und körperlichen Untersuchung (Vitalfunktionen, Abdominalbefund, Leber-Haut-Zeichen, Blutungsstigmata) werden die Maßnahmen zur Erhaltung der Vitalfunktionen des Patienten durchgeführt. Die wichtigste Maßnahme in der Notfalldiagnostik der Gastrointestinalblutung ist die **Endoskopie des oberen Verdauungstraktes** (Ösophagogastroduodenoskopie, ÖGD). Bei der Hämatemesis läßt sich die Blutungsquelle durch die Endoskopie in etwa 95% der Fälle lokalisieren (Abb. 13-4). Die Häufigkeit der Blutungsquellen ist in Tabelle 13-5 aufgeführt.

Tab. 13-5 Lokalisation und Häufigkeit bei akuten Blutungen aus dem oberen Gastrointestinaltrakt

Peptische Läsionen (Refluxösophagitis, Erosionen und Ulzera im Magen)	70%
Ösophagus- und Fundusvarizen, Mallory-Weiss-Läsionen (Schleimhauteinrisse am ösophagogastralen Übergang)	20%
Magenneoplasma	3%
Angiodysplasie, Morbus Osler-Rendu-Weber, Ulcus simplex Dieulafoy	2%

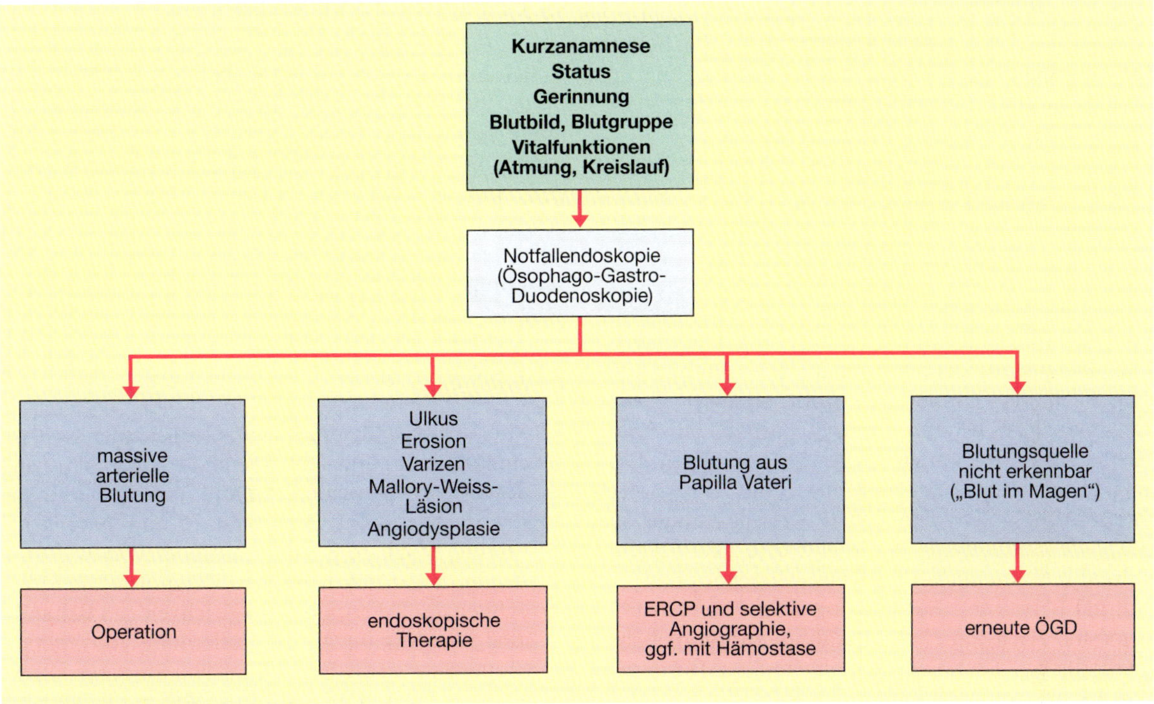

Abb. 13-3 Notfalldiagnostik bei Bluterbrechen.

Ist die Klärung der Blutungsquelle endoskopisch nicht möglich (ca. 5% der Fälle), wird das weitere Vorgehen von der Blutungsintensität abhängig gemacht. Bei starker hämoglobin- und kreislaufwirksamer Blutung muß der Patient ohne weitere Diagnostik operiert werden. Bei geringerer Blutungsintensität können weitere diagnostische Maßnahmen erfolgen, z.B. die **Szintigraphie** (nach i.v. Injektion von Technetium-markierten Erythrozyten oder kolloidalem Schwefel) oder die **Angiographie.** Bei Blutung aus der Papilla Vateri sind ERCP (→ 13.3.4.2) und Angiographie die adäquaten Untersuchungsverfahren.

Ein mit Blut gefüllter Magen macht die endoskopische Entdeckung der Blutungsquelle schwer oder unmöglich. Eine erneute Endoskopie kann nach Entleerung des Magens oder nach vorheriger Spülung erfolgen. Vor allem kleine Läsionen wie Dieulafoy-Ulzera (Gefäßanomalie: Arteriole in der Schleimhaut blutet), Angiodysplasien oder kleine Tumoren werden so diagnostiziert. Als Entscheidungsgrundlage für relevante Therapiemaßnahmen bewährt sich die Klassifizierung der Blutungsaktivität nach Forrest (Tab. 13-6).

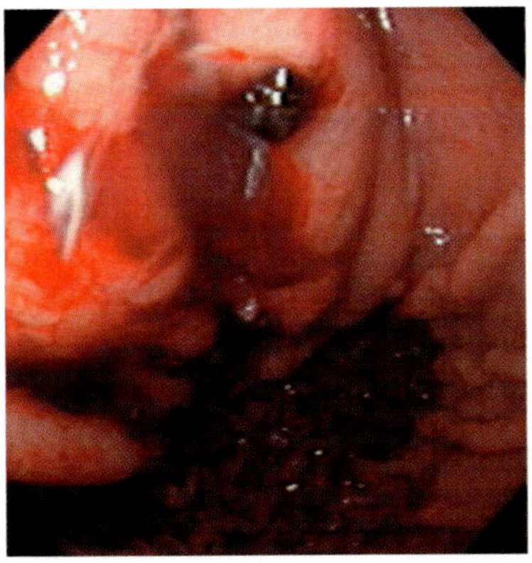

Abb. 13-4 Endoskopisches Bild einer Blutung aus einem submukösen Magenkorpustumor.

Tab. 13-6 Stadien der Blutungsaktivität nach Forrest

Blutungsstadium	endoskopischer Aspekt
Ia	arteriell spritzende Blutung, sichtbarer Gefäßstumpf
Ib	diffuse Sickerblutung
II	Blutkoagel
III	fehlende Blutungszeichen bei positiver Anamnese

Voraussetzung für die notfallmäßige Endoskopie ist die Stabilisierung der Kreislaufverhältnisse, der Schutz der Atemwege, gegebenenfalls die Verbesserung der Gerinnung und die Prophylaxe einer hepatischen Enzephalopathie.

13.3.4 Weitere Untersuchungen

13.3.4.1 Laboruntersuchungen

Das **Basisprogramm** gibt Hinweise auf Komplikationen des Erbrechens, aber auch auf mögliche ursächliche Organstörungen. Es umfaßt das Blutbild einschließlich der Thrombozytenzahl und der Gerinnungsglobaltests (Prothrombinzeit, partielle Thromboplastinzeit) (Frage: entzündliche Veränderungen, Blutung, Knochenmarksuppression?), die Blutkörperchensenkungsgeschwindigkeit (Entzündung oder Tumor), die Bestimmung der Elektrolyte (Verlust von Chlorid und Kalium bei heftigem Erbrechen) und des Blut-pH (Alkalose). Zur Klärung einer Niereninsuffizienz sind Harnstoff-N und Kreatinin erforderlich, bei entzündlichen Prozessen der ableitenden Harnwege ist der Urinstatus pathologisch. Primäre Untersuchungen stellen auch die Messung des Blutzuckerspiegels und der Hämoccult-Tests des Stuhls dar. Die Transaminasen (SGOT, SGPT) und die cholestaseanzeigenden Enzyme (Bilirubin, alkalische Phosphatase, γ-GT) sind pathologisch bei Entzündungen der Gallenwege und der Leber sowie bei Obstruktion der Gallenwege durch Konkremente oder Tumoren. Amylase und Lipase sind bei Pankreatitis erhöht.

Bei speziellen Indikationen sind **weiterführende Laboruntersuchungen** angezeigt (Tab. 13-7).

Tab. 13-7 Indikationen für erweiterte Labordiagnostik bei Erbrechen

Indikation	Labortests
Schwangerschaft	Schnelltest im Urin
bakterielle Infektion	mikrobiologische Stuhldiagnostik
Intoxikation	Alkohol- und Medikamentenspiegel im Serum bzw. Metaboliten im Urin, Amanitin (Knollenblätterpilz) im Stuhl, Schwermetalle im Serum
Virusinfektion (z. B. Zytomegalie, Herpes simplex, Hepatitis, HIV)	Virusserologie
Meningitis	Liquordiagnostik
endokrine Störung	Parathormon (Hyperparathyreoidismus), Schilddrüsenhormone einschl. TSH (Hyperthyreose), Cortisol (Morbus Addison), Katecholamine im Urin (Phäochromozytom)

13.3.4.2 Apparative Untersuchungen

Bei kurzfristigem, akut einsetzendem Erbrechen ohne Blutbeimengung und ohne Kreislaufsymptomatik kann zunächst auf eine apparative Diagnostik verzichtet und der weitere Verlauf abgewartet werden. Bei sehr heftigem akutem Erbrechen, Bluterbrechen, länger als 4 Tage anhaltenden Beschwerden oder chronischer Symptomatik (z.B. Leibschmerzen) hingegen sind spezifische Untersuchungen angezeigt.

Endoskopie

- Mit der **Ösophagogastroduodenoskopie** werden entzündliche und obstruierende Veränderungen des oberen Verdauungstraktes mit hoher Treffsicherheit erkannt. Außerdem ist eine bioptische Klärung möglich. Als unbestrittener Vorteil gilt im Vergleich zur radiologischen Diagnostik die Möglichkeit der Erkennung und gleichzeitigen Behandlung von Blutungen, die Entfernung von Fremdkörpern sowie die Beseitigung von Stenosen (Bougierung, Dilatation, Laserkoagulation, Plazierung von Prothesen).
- **Koloskopie:** Die Untersuchung des Dickdarms ist für die Diagnostik des Erbrechens nur von untergeordneter Bedeutung und nur bei Verdacht auf einen stenosierenden oder ischämischen Prozeß in diesem Bereich indiziert.
- **Endoskopisch-retrograde Cholangiopankreatikographie (ERCP):** Darstellung der Gallenwege und des Pankreasgangsystems; bei Obstruktion durch Konkremente oder Tumoren ist die gleichzeitige Drainage (nach Papillotomie) möglich.

Radiologische Verfahren

- **Abdomenübersichtsaufnahme:** Primäres Verfahren zum Nachweis eines Ileus, einer Perforation oder schattengebender (verkalkter) Konkremente.
- **Ösophagusbreischluck, -kinematographie:** Beurteilung des Schluckaktes und der Speiseröhre; wichtig zur Erkennung von Aspiration, Divertikeln, Webs (Membranen aus Plattenepithel) und Motilitätsstörungen einschließlich gastroösophagealem Reflux.
- **Magenbreipassage:** Darstellung von funktionellen und organischen Stenosen, Ulzera und Tumoren, Nachweis gestörter Magenentleerung einschließlich duodenogastralem Reflux.
- **Enteroklysma nach Sellink, Kolonkontrasteinlauf:** Beurteilung von entzündlichen, ischämischen und obstruierenden Veränderungen sowie Divertikeln in Dünn- und Dickdarm.
- **Röntgen der Thoraxorgane:** Beurteilung der Herzgröße, Diagnose eines Pneumoperikards oder einer Mediastinalperforation (Verätzung).

- **Computertomographie:** Darstellung tumoröser Veränderungen der parenchymatösen Organe und der Lymphknoten in Bauchraum, Thorax, Schädel und Wirbelsäule einschließlich Rückenmark.
- **Kernspintomographie (MRI):** Vor allem zur Beurteilung des Zentralnervensystems geeignet.
- **Angiographie:** Bei Verdacht auf gastrointestinale Blutungen oder Darmischämie.

Weitere diagnostische Maßnahmen

- **Abdomensonographie,** Doppler-Untersuchung der großen Abdominalgefäße: Bei Erbrechen als orientierende Untersuchung der parenchymatösen Organe sinnvoll zum Ausschluß von entzündlichen Veränderungen, Tumoren, Konkrementen sowie von Pfortaderthrombosen oder Stenosen der großen abdominellen Arterien.
- **Magenentleerungsszintigraphie:** Bestimmung der Magenentleerung unter weitgehend physiologischen Bedingungen, da die Untersuchung sowohl mit radioaktiv markierten Flüssigkeiten als auch mit semisoliden oder festen Speisen durchgeführt werden kann.
- **Ösophagusmanometrie, -pH-Metrie:** Nachweis von Motilitätsstörungen der Speiseröhre (z.B. Achalasie, diffuser Spasmus) und Diagnostik der gastroösophagealen Refluxkrankheit.
- **Fachkonsilien:** Bei klinischem Verdacht sind spezielle ophthalmologische (Glaukom), neurologische (Migräne, Hirndruck, Tabes dorsalis) und HNO-ärztliche (Morbus Ménière) Untersuchungen erforderlich, bei Hämatemesis ist das chirurgische Konsil obligat.

13.4 Krankheitsbilder

13.4.1 Nahrungsmittelbedingtes Erbrechen

Häufige Ursache akut einsetzenden Erbrechens sind kontaminierte oder nicht sachgerecht zubereitete Nahrungsmittel, die bereits wenige Stunden nach der Aufnahme zu heftigen Symptomen führen können.

Oft läßt sich die Infektionsquelle (Fisch, Gemüse, „Gasthausessen“) nicht ausfindig machen. Eine aufwendige Diagnostik ist nur bei starken und länger (mehr als 4 Tage) anhaltenden Beschwerden notwendig.

B ***Beschwerden und Befunde***

Bereits **wenige Stunden** nach der Nahrungsaufnahme treten starkes Erbrechen, Übelkeit und Durchfälle, teilweise auch Bauchkrämpfe und Fieber auf. Häufigste Ursache ist Staphylococcus-aureus-Enterotoxin, das vor allem in gekochten eiweißreichen Lebensmitteln gebildet wird. Zu akuten gastrointestinalen Beschwerden führen auch die enterotoxinbildenden Erreger Clostridium perfringens (vor allem in ungenügend gekühltem gekochtem Fleisch oder Geflügel), Bacillus cereus (gebratener Reis), Vibrio parahaemolyticus (Fischgerichte) und Salmonellen (→ Kap. 11). Infektionen mit Yersinia enterocolitica und Campylobacter jejuni sind ebenfalls mit teilweise heftigem Erbrechen verbunden (neben Diarrhö [→ Kap. 11], Fieber [→ Kap. 14] und abdominellen Krämpfen [→ Kap. 46]).

Eine **längere Latenzzeit** von 18–36 Stunden zwischen Aufnahme der toxinkontaminierten Mahlzeit und Beginn der Symptomatik besteht bei Infektionen mit Clostridium botulinum, dem Botulismus. Hier zeigen sich zunächst neurologische Symptome wie Doppelbilder, Ptosis, Mydriasis und bulbäre Lähmungserscheinungen, bevor Erbrechen und abdominelle Koliken auftreten.

Pilzvergiftungen weisen unterschiedliche Latenzzeiten von weniger als 1 Stunde (Rißpilze) bis zu 5 Stunden (Panther-, Fliegenpilz, Speitäubling u.a.) und maximal 24 Stunden auf (Knollenblätterpilze, Frühjahrslorchel u.a.).

Zu beachten ist, daß dem gastrointestinalen Pilzsyndrom weitere Organschädigungen (Leber, Niere, ZNS) folgen können.

Die **körperliche Untersuchung** ergibt meist eine diffuse Druckschmerzhaftigkeit des Abdomens, meteoristisch geblähte Darmschlingen und eine gesteigerte Darmperistaltik.

Weitere Befunde können Fieber, Zeichen der Exsikkose (trockene Zunge, stehende Hautfalten) und laborchemische Entzündungszeichen sein (BSG-Erhöhung, Leukozytose).

13

DS *Diagnosesicherung*

Die Diagnose stützt sich in erster Linie auf eine gezielte Nahrungsmittelanamnese: Zusammensetzung der Mahlzeit, Verzehr von mehrfach eingefrorenen und aufgetauten Lebensmitteln, schlechter Geruch, unansehnliches Aussehen, Konservenkost. Auch sollte erfragt werden, ob bei anderen Personen nach der gleichen Mahlzeit ähnliche Symptome aufgetreten sind. Nur bei sehr heftigem Erbrechen, bei Fieber und Zeichen der Exsikkose sowie bei Persistenz der Beschwerden über mehr als 4 Tage sollte eine weitergehende Diagnostik erfolgen, d.h. Untersuchung des Blutbildes, der Elektrolyte sowie mikrobiologischer Erregernachweis aus Blut- und Stuhlkulturen. Serologische Antikörper-Nachweise führen in der Akutphase nicht zur Diagnose, können aber durch das Ergebnis von Verlaufskontrollen (Abstand etwa 6–12 Wochen) im nachhinein die Ursache der Erkrankung klären.

Röntgenaufnahmen und die Sonographie des Abdomens sind nur bei Verdacht auf (Sub-)Ileus, Perforation oder freie intraabdominelle Flüssigkeit angezeigt; in der Regel kann auf diese Maßnahmen in der Akutphase verzichtet werden.

DD *Differentialdiagnose*

Bei nahrungsmittelbedingtem akutem Erbrechen sind vor allem bakterielle und virale Infektionen in Erwägung zu ziehen. In seltenen Fällen können auch Trichinen am 3.–4. Tag zu gastroenteritischen Symptomen führen. Bei unklarer Ursache sollte eine Schwermetallintoxikation (Thallium, Kadmium, Kupfer) ausgeschlossen werden. Im übrigen sind – unabhängig von der Nahrungsmittelanamnese – alle Ursachen des akuten Abdomens zu berücksichtigen (→ Kap. 46).

13.4.2 Erbrechen nach Magenoperationen („Postgastrektomie-Syndrom")

Nach operativen Mageneingriffen (Vagotomie, Pyloroplastik oder Gastroenterostomie, Antrektomie und Gastrektomie nach Billroth I und II) leidet nahezu jeder zweite Patient – mit zunehmendem Abstand von der Operation häufiger – an chronischen Beschwerden. Hierzu gehört neben postprandialen krampfartigen Schmerzen, Völlegefühl, Übelkeit und Durchfällen vor allem das Erbrechen. Langfristig kommt es zu Malnutrition, Gewichtsverlust, Anämie und gestörter Knochenmineralisation.

B *Beschwerden und Befunde*

In Abhängigkeit von der vorangegangenen Operation treten postprandiale Leibschmerzen, Völlegefühl, Erbrechen und Diarrhö zusammen mit Kollapsneigung und Tachykardie **(Dumping-Syndrom, Postgastrektomie-Syndrom)** nach Vagotomie in 25–65% auf, nach B-I- oder B-II-Resektion weniger häufig. Ursache des **Früh-Dumping-Syndroms** (30–60 Minuten nach der Nahrungsaufnahme) ist eine beschleunigte Passage hyperosmolarer Nahrung in den Dünndarm mit nachfolgender Dehnung, während das **Spät-Dumping-Syndrom** (2–3 Stunden nach der Mahlzeit) durch eine zusätzlich auftretende reaktive Hypoglykämie gekennzeichnet ist. Eine weitere postoperative Störung ist das **Syndrom der zuführenden Schlinge,** bei dem sich Sekret zusammen mit Galle in der ausgeschalteten („blinden") Schlinge ansammelt und sich mit galligem Erbrechen schwallartig entleert (Abb. 13-5). Die alkalische Refluxgastritis nach Gastrektomie ist durch den fehlenden Pylorussphinkter bedingt und führt zu Schmerzen und zu galligem Erbrechen kurz nach der Nahrungsaufnahme. Mechanische Ursachen postoperativen Erbrechens sind Rezidivulzera, postoperative Stenosen (z.B. Magenausgangsstenose) oder eine verzögerte Magenentleerung („Postvagotomie-Stase").

DS *Diagnosesicherung*

Die Anamnese und die geschilderte Symptomatik legen bereits den Verdacht auf ein postoperatives Folgesyndrom nahe. Die radiologische Kontrastmittel-

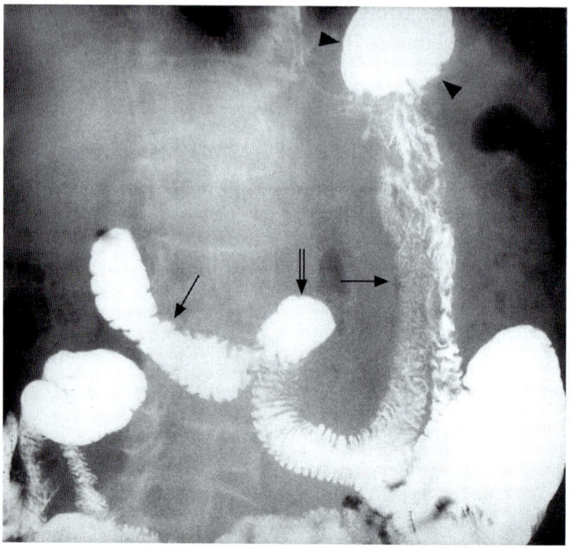

Abb. 13-5 Syndrom der zuführenden Schlinge. Der Restmagen ► ist klein, die zuführende Schlinge → erscheint abnorm lang und ist teilweise torquiert ⇒ mit deutlicher Kontrastmittelfüllung im Sinn einer Stase. Eine Braunsche Fußpunktanastomose fehlt. (PD Dr. W. Golder, Institut für Röntgendiagnostik der Technischen Universität München, Klinikum rechts der Isar)

untersuchung (→ Abb. 13-5) kann eine beschleunigte oder verzögerte Magenentleerung sowie einen Reflux nachweisen, die Endoskopie ist diagnoseweisend bei Verdacht auf organische Stenosen, entzündliche Veränderungen oder Rezidivulzera. Laborchemisch bestätigt die postprandiale Kontrolle des Blutzuckerspiegels ein Spät-Dumping-Syndrom.

13.4.3 Medikamentenbedingtes Erbrechen

Erbrechen stellt eine sehr häufige Nebenwirkung von Pharmaka bei Überdosierung und bei Intoxikationen (z.B. Digitalispräparate) dar. Aber auch in therapeutischer Dosierung können Medikamente durch veränderten Metabolismus (alte Patienten, Leber- und Nierenfunktionsstörungen) im Sinne eines substanzspezifischen Effektes (Zytostatika) zu Übelkeit und Erbrechen führen.

B ***Beschwerden und Befunde***

Wie in Tabelle 13-3 dargestellt, bewirkt eine große Zahl von Medikamenten bei Überdosierung Übelkeit und Erbrechen. Dabei ist jedoch zu beachten, daß vor allem bei älteren Menschen oder bei Patienten mit Nieren- und Leberfunktionsstörung Medikamente akkumulieren können, so daß auch bei „üblicher" Dosierung Intoxikationen auftreten können. Bei Vergiftung mit kardiotoxischen Substanzen wie Chinin, Chloroquin und Digitalispräparaten sind hypotone Blutdruckwerte, Seh- und Hörstörungen (Chinin) und Farbensehen (Digitalis) selten zu beobachten. Im Gegensatz zu diesen intoxikationsbedingten Nebenwirkungen führen vor allem die zytostatisch wirksamen Substanzen wie Cisplatin, Doxorubicin, Dacarbazin und Cyclophosphamid zu schwerer Übelkeit und Erbrechen, die jedoch durch eine prophylaktische Anwendung von Antiemetika (Serotoninantagonisten) weitgehend verhindert werden können.

DS ***Diagnosesicherung***

Häufig reichen die genaue Anamnese (Fremdanamnese!) und vorliegende Asservate (leere Medikamentenhülsen) zur Diagnosesicherung einer Medikamentenintoxikation aus. In speziellen Fällen, vor allem vor der Anwendung von Antidots (z.B. Digitalis-Antikörper), ist eine quantitative Messung des Medikamentenspiegels in Blut oder Urin (Metaboliten) sinnvoll.

DD ***Differentialdiagnose***

Bei Intoxikation in suizidaler Absicht sind die gleichzeitige Einnahme unterschiedlicher Medikamente und eine zusätzliche Alkoholintoxikation zu beachten (→ Kap. 7). Deshalb sollte bei Verdacht auf Mischintoxikation ein laboranalytisches Suchprogramm veranlaßt werden, um weitere Substanzgruppen nachzuweisen und gegebenenfalls gezielte Therapiemaßnahmen durchführen zu können (Antidota, Hämoperfusion). Bei älteren Patienten mit akzidenteller Überdosierung sollten andere Ursachen des Erbrechens, beispielsweise zerebrale, kardiale oder endokrine Störungen, ausgeschlossen werden.

13.4.4 Ingestion von Alkohol und Chemikalien

Übelkeit und Erbrechen gehören zu den führenden Symptomen bei Alkoholvergiftung, Einnahme von Insektiziden und Metallverbindungen sowie Laugen- und Säureverätzungen. Bei den letzteren handelt es sich in der Regel um suizidale Vergiftungen, bei denen noch mit der Ingestion weiterer Gifte (Medikamente, Alkohol) zu rechnen ist.

13

B ***Beschwerden und Befunde***

Bei den **toxischen Alkoholen** Isopropanol und Äthylenglykol treten zunächst Rauschzustände, Benommenheit, Azidose und nachfolgend Nierenversagen auf, während nach Methanolintoxikation Ameisensäure entsteht, die außer der zerebralen Symptomatik schwere Schädigungen des Sehnerven und ein Multiorganversagen verursacht.

Zu den **Insektiziden** zählen die Alkylphosphate (z.B. E 605), die über eine Hemmung der Azetylcholinesterase zu einem Überschuß an Azetylcholin führen. Das Zustandsbild erklärt sich aus dem parasympathischen Syndrom mit vermehrter Drüsensekretion, Erbrechen, Bradykardie, Bronchospasmus und Krämpfen.

Die meisten **Metallverbindungen** rufen gastrointestinale Beschwerden mit Erbrechen, krampfartigen Leibschmerzen und Durchfällen hervor, aber auch zerebrale Krämpfe, Kreislaufdepression und Neuropathien. Darüber hinaus treten als spezielle Symptome Haarausfall und Myokardnekrosen unter Einfluß von Thallium, Gingivitis und Stomatitis nach Quecksilberintoxikation, schwere Herzrhythmusstörungen durch Lithium sowie chrombedingte Hautulzerationen auf.

Konzentrierte **Laugen und Säuren** führen zu schweren Verätzungen der Schleimhaut des Gastrointestinaltraktes mit Koagulations- (Säuren) und Kolliquationsnekrosen (Laugen). Heftige Schmerzen bestehen im Mund-Rachen-Raum, retrosternal oder im Bereich des Abdomens, je nach Lokalisation der Verätzung. Daneben treten Übelkeit und häufig hämorrhagisches Erbrechen auf.

DS *Diagnosesicherung*

Bei Verdacht auf eine **Metallintoxikation** ergibt die Anamnese bereits Hinweise auf die Art der Metallverbindung, so daß weiterführende und aufwendige Analysen nicht notwendig sind, zumal wegen der Dringlichkeit der Therapie ein Ergebnis dieser Untersuchungen nicht abgewartet werden kann. Zum Nachweis und zur Beurteilung vorhandener Metallreste ist eine Röntgenübersichtsaufnahme des Abdomens hilfreich.

Bei **Verätzungen** ist die Röntgenuntersuchung von Thorax und Abdomen zum Ausschluß einer Perforation sowie die Endoskopie (Abb. 13-6) zur Beurteilung des Schweregrades erforderlich, um das therapeutische Vorgehen festlegen zu können.

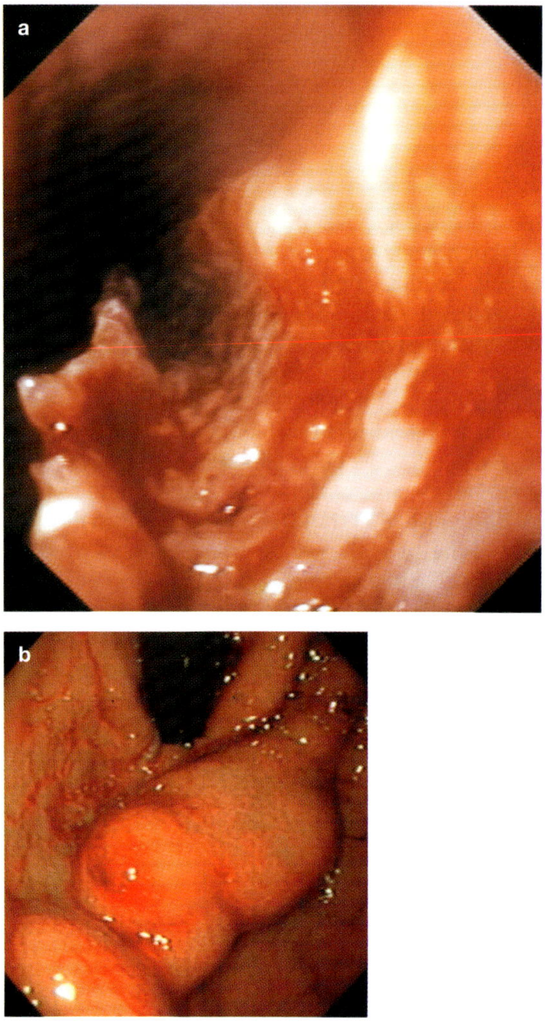

Abb. 13-6 Ingestion von Klebstoffen: (a) Endoskopisches Bild eines ingestierten Klebstoffes („Sekundenkleber"), der im oberen Drittel des Ösophagus ausgehärtet ist und zur partiellen Lumenobstruktion führt; (b) Fundusvarizenblutung nach Injektion von Histoacrylkleber.

13.4.5 Migräne

In etwa 20% der Fälle geben Patienten mit Migräneanfällen Erbrechen als wesentliches Begleitsymptom an. Leitsymptome sind meist einseitige Kopfschmerzen und okuläre Symptome, die in phasenhaftem Verlauf auftreten. Ursächlich werden vaskuläre Reaktionen diskutiert.

B *Beschwerden und Befunde*

Anfallsartige rezidivierende Kopfschmerzen mit mehrstündiger Dauer treten zusammen mit Augenflimmern, Lichtscheu, Übelkeit und Erbrechen auf. Typischerweise werden die Kopfschmerzen halbseitig angegeben (→ Kap. 44).

DS *Diagnostik*

Bei Erbrechen und gleichzeitigem Halbseitenkopfschmerz weist die Anamnese auf eine bestehende Migräne hin. Bei der Erstmanifestation sind im Rahmen einer Ausschlußdiagnostik die augenärztliche und neurologische Untersuchung sowie die kraniale Computertomographie oder Kernspintomographie durchzuführen.

DD *Differentialdiagnose*

Bei charakteristischer Symptomatik kommen nur wenige Differentialdiagnosen in Betracht. Zur Klärung der Kopfschmerzen müssen eine vasomotorische Genese, Cluster-Kopfschmerzen und die Karotidodynie, aber auch raumfordernde Prozesse im Gehirn (Tumoren, Blutungen) sowie hypertensive Krisen, Medikamentennebenwirkungen (Nitrate, Kalziumantagonisten) und die Arteriitis temporalis (Horton) ausgeschlossen werden.

13.4.6 Diabetische Gastroparese

Die diabetische Neuropathie betrifft neben den peripheren Nerven auch die autonomen Anteile des N. vagus, die für die koordinierte Magenmotilität verantwortlich sind. Folge einer motorischen Dysfunktion ist eine verzögerte Magenentleerung, die unabhängig von der Nahrungsaufnahme besteht. Dieser Pathomechanismus korreliert mit einem lange bestehenden, schlecht eingestellten insulinpflichtigen Diabetes mellitus. Etwa 30% der Diabetiker geben intermittierendes oder chronisches Erbrechen an.

B *Beschwerden und Befunde*

Die diabetische Gastroparese führt meist zu Brechattacken, die mehrere Tage anhalten und sowohl nüchtern als auch postprandial auftreten. Während der Symptomatik kommt es zu starken Blutzuckerschwankungen, die die Insulintherapie erschweren. Zwischen diesen Episoden sind die Patienten häufig beschwerdefrei. Meist bestehen weitere diabetische Komplikationen wie periphere Polyneuropathie, autonome Neuropathie (orthostatische Hypotonie, Impotenz, gestörte Harnblasenfunktion), Retinopathie und Nephropathie. Allerdings kann die Gastroparese auch die einzige Komplikation des Diabetes sein oder anderen Spätschäden vorangehen.

DS *Diagnosesicherung*

Als sensitivstes diagnostisches Verfahren gilt derzeit die **Magenentleerungsszintigraphie.** Typischer Befund ist der verzögerte Übertritt der Speise vom Magen in das Duodenum (Abb. 13-7). Die **radiologische Darstellung** ergibt ebenfalls den Nachweis einer gestörten Magenentleerung und kann in der Aussage durch die Verwendung von röntgendichten unverdaulichen Gelatinekugeln noch verbessert werden.

DD *Differentialdiagnose*

In erster Linie müssen organische Obstruktionen als Ursache der verzögerten Magenentleerung ausgeschlossen werden (vor allem entzündliche oder narbige Pylorusstenosen, Antrumtumoren, submuköse Tumoren, extraluminale Kompression durch Lymphknoten, Mesenterialgefäße oder Briden). Auch ist eine diabetische Ketoazidose als Ursache des Erbrechens differentialdiagnostisch zu berücksichtigen, die zu einer akuten Magendilatation mit hämorrhagischer Gastritis führen kann und dadurch Übelkeit, Leibschmerzen und (blutiges) Erbrechen hervorruft.

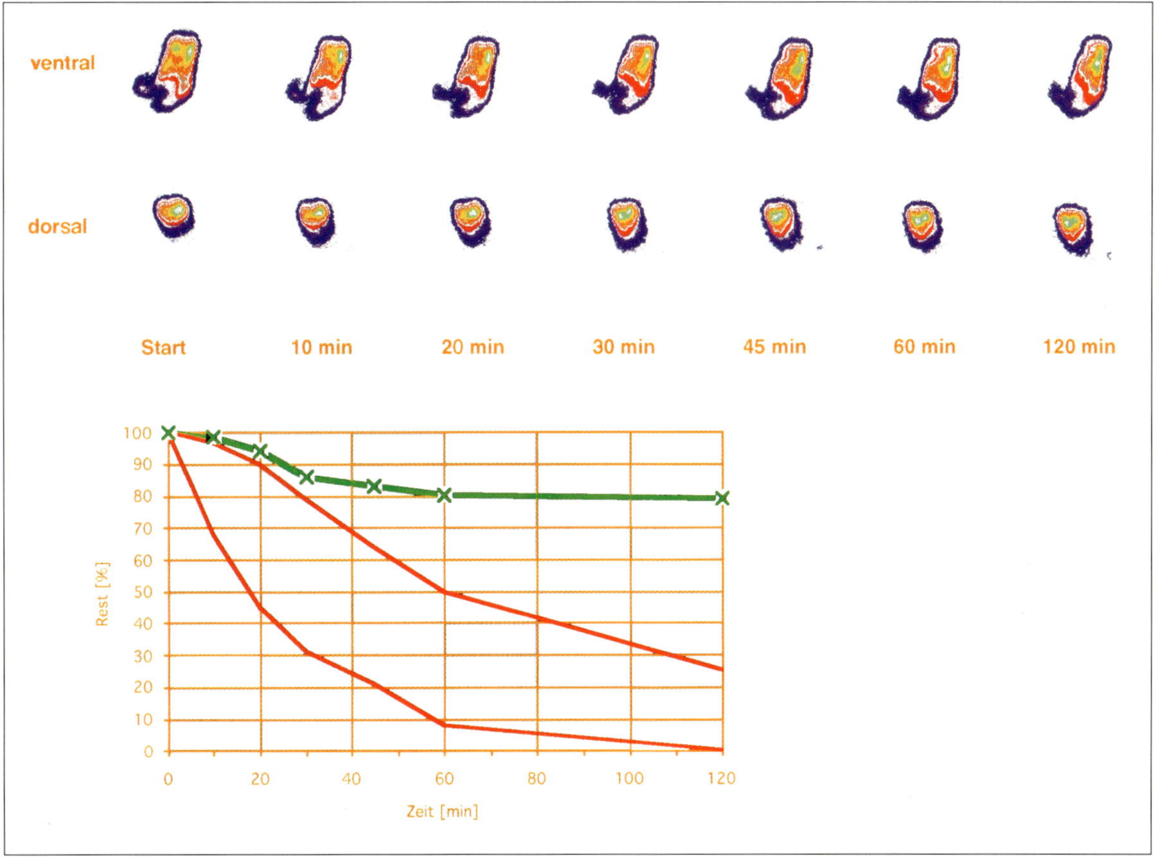

Abb. 13-7 Magenentleerungsszintigraphie mit semisolider Testmahlzeit bei einem 47jährigen Patienten mit diabetischer Gastroparese. Die ausgeprägte (über 120 Minuten) Verzögerung der Entleerung ist sowohl szintigraphisch in der ventralen und dorsalen Ansicht des Magens (obere Abbildungen) als auch in der prozentualen Angabe der Restaktivität (untere Graphik: grüne Linie) im Magen erkennbar. Nach 45 Minuten beträgt die verbleibende Aktivität 83% (Normbereich: innerhalb der roten Linien), nach 120 Minuten werden noch 80% retiniert. (Dr. W. Römer, Nuklearmedizinische Klinik und Poliklinik der Technischen Universität München, Klinikum rechts der Isar)

13.4.7 Gastroösophageale Refluxkrankheit

Wesentlicher pathogenetischer Faktor der primären gastroösophagealen Refluxkrankheit ist die Insuffizienz des unteren Ösophagussphinkters, während durch eine verzögerte Magenentleerung oder postoperative Zustände nach Resektionen von Kardia und größeren Anteilen des Magens eine sekundäre Refluxkrankheit entstehen kann. Bei gleichzeitig vorhandener Refluxösophagitis tritt Erbrechen in etwa 25% der Fälle auf. Als häufigste Symptome werden jedoch epigastrische und retrosternale Schmerzen, Sodbrennen und Regurgitation angegeben.

13.4.8 Ulcus ventriculi et duodeni

Die Ulkuskrankheit ist eine der häufigsten Erkrankungen des Magen-Darm-Traktes, die sich in Form gutartiger Geschwüre des Magens und Zwölffingerdarms präsentiert (Abb. 13-8). Erbrechen tritt bei Entwicklung einer Magenausgangsstenose, aber auch ohne diese Komplikation, in einer Inzidenz von 40–70% auf. Da als häufigste Beschwerden jedoch epigastrische Schmerzen angegeben werden, wird dieses Krankheitbild im Kapitel 46 (Leibschmerzen) besprochen.

13.4.9 Dyspepsie

Uncharakteristische Beschwerden, wie Völlegefühl, epigastrische Schmerzen, Appetitlosigkeit, Brechreiz und Aufstoßen, ohne nachweisbare organische Störungen sind mit dem Begriff des Reizmagens („non-ulcer dyspepsia") assoziiert (→ Kap. 46). Erbrechen wird in 25–80% der Fälle als Symptom angegeben. Zu den unterschiedlichen Formen zählen die Dyspepsie vom Typ des gastroösophagealen Refluxes, vom Ulkustyp, vom Typ der Motilitätsstörung sowie die Aerophagie und die idiopathische bzw. essentielle Dyspepsie (→ Kap. 46). Das Syndrom des Reizmagens ist nicht als einheitliches Krankheitsbild zu verstehen, sondern stellt eine Folge unterschiedlicher funktioneller Störungen dar. Entsprechend müssen vor der Diagnose einer Dyspepsie alle organischen und primären funktionellen Störungen des Magen-Darm-Traktes ausgeschlossen werden.

13.4.10 Tumoren des oberen Gastrointestinaltraktes

Tumoren werden erst bei Obstruktion des Lumens des Magen-Darm-Traktes symptomatisch (Abb. 13-9). Erbrechen tritt bei stenosierenden Tumoren in 80% der Fälle auf, meist zusammen mit Völlegefühl, Übelkeit, Anämie und Leibschmerzen. Führendes Symptom ist jedoch die Gewichtsabnahme (→ Kap. 18).

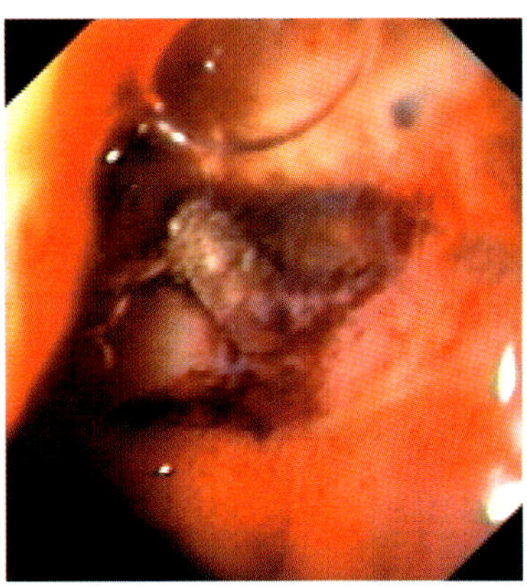

Abb. 13-8 Ulcus duodeni (Pars superior/posterior) mit Blutgerinnsel.

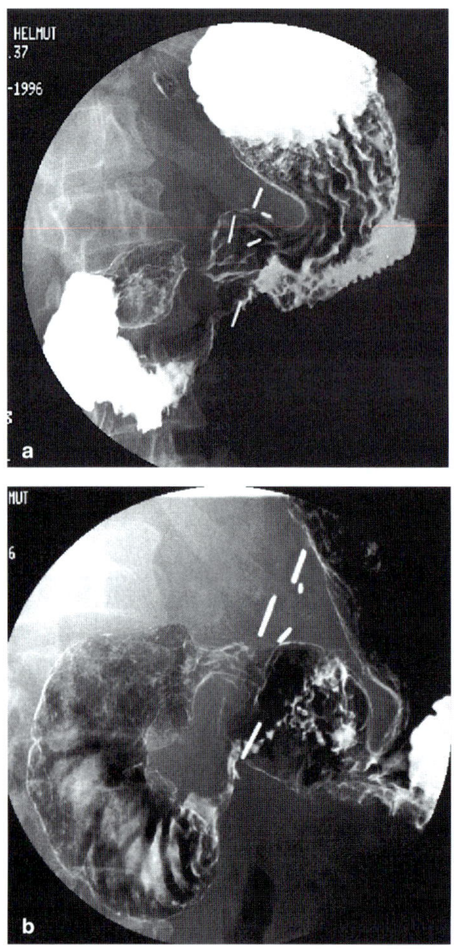

Abb. 13-9 Röntgenbilder einer Duodenalstenose bei Pankreaskopfkarzinom (Prof. Dr. P. Gebhardt, Institut für Röntgendiagnostik der Technischen Universität München, Klinikum rechts der Isar)

13.4.11 Schwangerschaftserbrechen

Unter Übelkeit und Erbrechen leidet etwa die Hälfte aller schwangeren Frauen. Die Pathogenese dieser Symptomatik ist unklar, hypothetisch werden erhöhte Konzentrationen von Choriongonadotropin, Progesteron und Androgenen sowie seelische Ursachen diskutiert.

Abzugrenzen von dieser Symptomatik, die während der gesamten Schwangerschaft bestehen kann und keinen eigentlichen Krankheitswert besitzt, ist das massiv gesteigerte Erbrechen mit Flüssigkeits- und Elektrolytverlusten (Hyperemesis gravidarum), das vor allem im ersten Trimenon auftritt.

Bei gleichzeitig bestehenden Leibschmerzen sind differentialdiagnostisch ein Ulkusleiden, eine sekundäre gastroösophageale Refluxkrankheit bei imprimiertem und verdrängtem Magen (Spätschwangerschaft) oder alle Formen der akuten Gastritis auszuschließen.

13.5 Zusammenfassung

Hinweise für das praktische Vorgehen bei **akutem Erbrechen** sind in Abbildung 13-10 aufgeführt. Zu beachten ist, daß bei den klinischen Zeichen der Exsikkose und bei Fieber eine weiterführende Diagnostik angezeigt ist, während in den meisten Fällen zunächst abgewartet werden kann, ob die Symptomatik innerhalb von etwa 4 Tagen sistiert.

Zur Abklärung **chronischen Erbrechens** ist eine vollständige Untersuchung unter Berücksichtigung

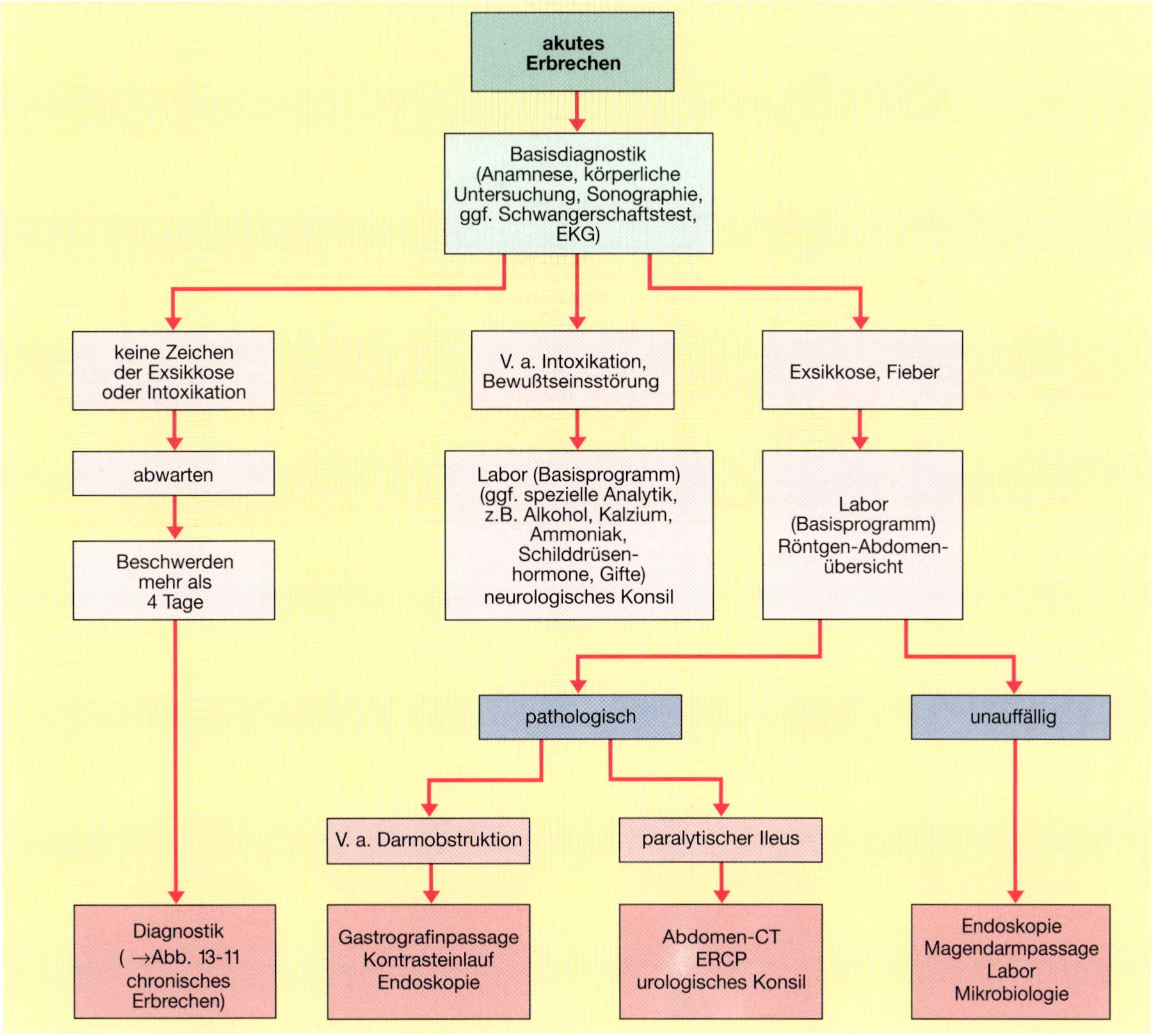

Abb. 13-10 Diagnostisches Vorgehen bei akutem Erbrechen.

sämtlicher Differentialdiagnosen erforderlich. Eine Zusammenfassung der Reihenfolge der einzelnen Untersuchungsschritte ist in Abbildung 13-11 dargestellt.

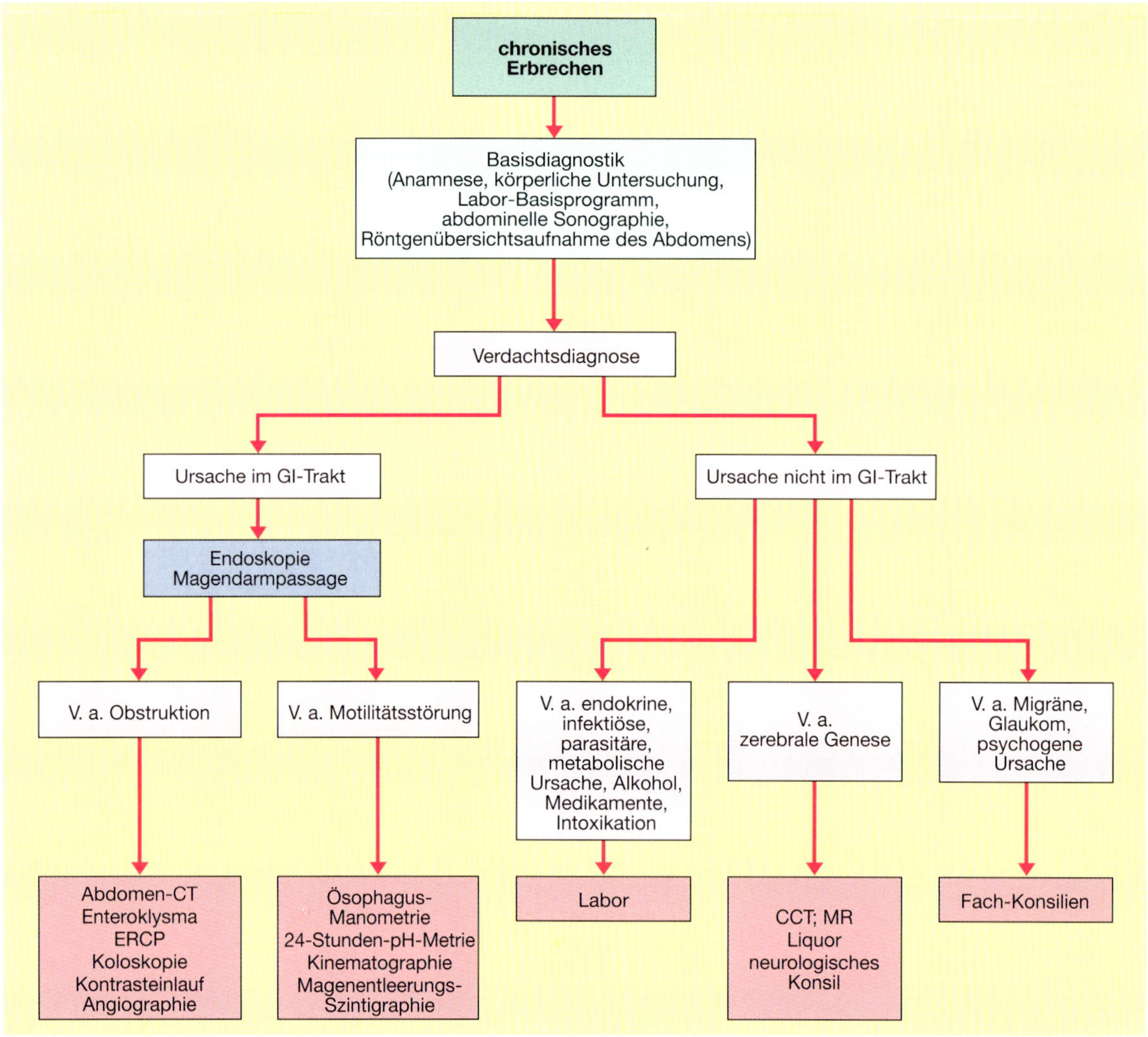

Abb. 13-11 Stufendiagnostik bei chronischem Erbrechen.

14 Fieber

P. Staib und V. Diehl

Allgemein spricht man von Fieber dann, wenn bei der Körpertemperatur Werte von > 38 °C gemessen werden. Fieber wird durch viele verschiedene Krankheitsprozesse verursacht und stellt dadurch ein häufiges, jedoch unspezifisches Symptom dar, das auch der Stärkung der körpereigenen Abwehr und Immunantwort auf die verschiedenen Reize wie z.B. Infektionen dient. Es entsteht durch Vermittlung endogener Pyrogene, die zur Erhöhung des Sollwertes im hypothalamischen Temperaturregulationszentrum und konsekutiv zur Anhebung der Körpertemperatur führen. Die häufigsten Ursachen sind Infektionen, Malignome und immunologische Krankheitsprozesse wie Kollagenosen oder Vaskulitiden. In diesem Kapitel werden einerseits die Ursachen für **Fieber mit klaren Leitsymptomen** systematisch besprochen und andererseits die Differentialdiagnose des **Fiebers ohne assoziierte Symptome**, des sog. **fever of unknown origin (FUO),** erarbeitet. Es sind jeweils nur die wichtigsten Vertreter der verschiedenen Krankheitsgruppen näher beschrieben, umfangreiche Tabellen ergänzen die differentialdiagnostischen Möglichkeiten und geben eine erste, rasche Orientierungshilfe.

14.1 Definition und Abgrenzung

14.1.1 Klinische Definition von Fieber

Die durchschnittliche, normalerweise oral gemessene Körpertemperatur liegt im Tagesverlauf bei 36,6 ± 0,5 °C. Axillär gemessene Temperaturen sind im Mittel 0,5 °C niedriger, die rektalen ca. 0,5 °C höher als die oral bestimmten Werte, wobei die rektal gemessenen Temperaturen die zuverlässigsten sind. Physiologisch erhöhte Temperaturen treten auf am Nachmittag im Rahmen der zirkadianen Rhythmik, in der zweiten Menstruationszyklushälfte, in der Schwangerschaft oder unter körperlicher Anstrengung, wobei oral Werte über 37,8 °C nicht erreicht werden. **Fieber** besteht, wenn die Körpertemperatur **über 38 °C** ansteigt. Bis 38 °C spricht man von subfebrilen Temperaturen, Temperaturen bis 38,5 °C werden als mäßiges Fieber, über 39 °C als hohes Fieber bezeichnet. Bei extrem hohem Fieber über 41 °C handelt es sich um eine Hyperpyrexie.

14.1.2 Pathophysiologie

Bei Fieber kommt es zur vorübergehenden **Verstellung des Sollwertes** der Körpertemperatur auf einen höheren Wert im vorderen Hypothalamus, wo das Thermoregulationszentrum lokalisiert ist. Die Sollwertverstellung wird durch Vermittlung **endogener Pyrogene** ausgelöst, wobei es sich um eine Reihe verschiedener Zytokine, wie z.B. Interleukin-1, Interleukin-6, Tumornekrosefaktor (TNF-α), Lymphotoxin (TNF-β) oder Interferon-α handelt. Über spezifische zentrale Rezeptoren stimulieren die Zytokine die vermehrte Ausschüttung von Arachidonsäure und die Bildung von Prostaglandin E_2, was dann zur Sollwerterhöhung im vorderen Hypothalamus führt. Über das Vasomotorenzentrum im hinteren Hypothalamus und das Spinalmark wird das autonome Nervensystem aktiviert, wodurch z.B. eine periphere Vasokonstriktion (verminderter Wärmeverlust) und Frösteln bzw. Zittern (rhythmische Muskelkontraktionen mit vermehrter Wärmeproduktion) hervorgerufen werden und die Aktivität der Schweißproduktion alteriert. Das Resultat ist schließlich Fieber.

Bei Infektionen mit den verschiedensten Mikroorganismen (Bakterien, Viren, Pilze, Parasiten) führen häufig **exogene Pyrogene,** meist Lipopolysaccharide, zur Aktivierung von Phagozyten, insbesondere Makrophagen, und Leukozyten, die die endogenen, pyrogen wirkenden Zytokine produzieren und sezernieren. Aber auch andere Zellen, z.B. Tumorzellen oder zerstörte Körperzellen mit ihren Stoffwechselabbau- oder Zerfallsprodukten bei Hämatomen, Frakturen, Herz- oder Hirninfarkten, sind in der Lage, endogene Pyrogene freizusetzen. Antigen-Antikörper-Reaktionen wie die Bildung von zirkulierenden Immunkomplexen können zum Beispiel durch Medikamentenallergien, Autoimmunerkrankungen oder auch körperfremdes Eiweiß über eine Komplementaktivierung ebenfalls zur vermehrten Bildung der genannten Zytokine führen.

Aufgrund der oben aufgeführten pathophysiologischen Überlegungen muß Fieber von der **Hyperthermie** abgegrenzt werden, da die erhöhte Körpertemperatur bei der Hyperthermie **ohne Verstellung des Sollwertes** im Thermoregulationszentrum und dementsprechend ohne Aktivierung der Zytokinkaskade zustande kommt. Die Hyperthermie tritt als Folge des **Versagens von peripheren temperaturregulatorischen Mechanismen** auf und führt zur physiologisch nicht limitierten Überhitzung des Körpers durch vermehrte Wärmeproduktion (z.B. schwere körperliche Arbeit, maligne Hyperthermie nach Succinylcholin- oder Neuroleptikagabe) oder ungenügende Wärmeabgabe (z.B. hohe Außentemperatur, ungeeignete Kleidung, hohe Luftfeuchtigkeit).

14.1.3 Fiebertypen

Der klinische Verlauf des Fiebers kann schon erste differentialdiagnostische Hinweise auf die Ursache geben, aber der weitverbreitete Einsatz von Antipyretika (z.B. Aspirin) oder Antibiotika ändert das Bild häufig. Man unterscheidet zwischen folgenden Fiebertypen (Abb. 14-1):

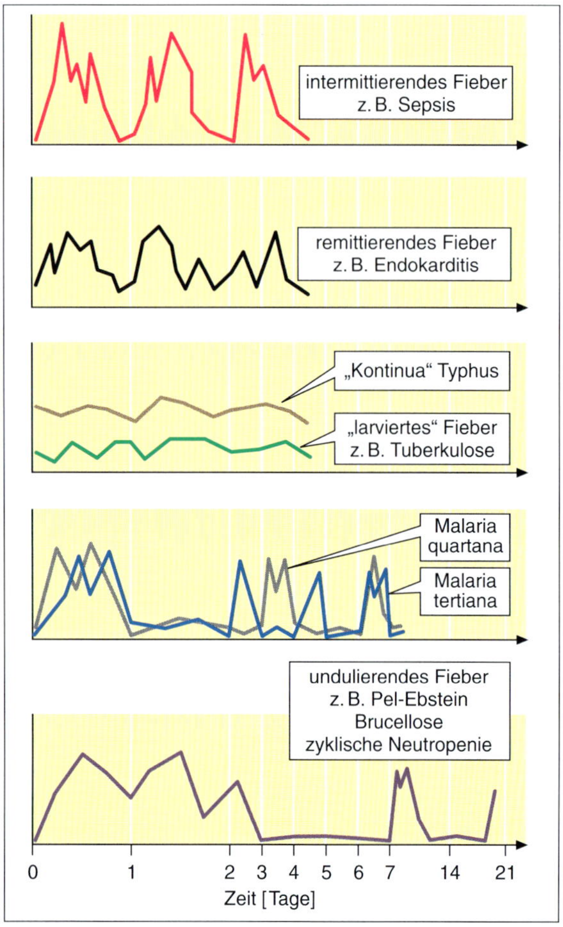

Abb. 14-1 Fiebertypen.

- **Febris continua**
  Meist hohes Fieber ≥ 39 °C ohne größere Schwankungen (< 1°C) zwischen Morgen- und Abendtemperaturen; z.B. typisch für Typhus, Fleckfieber, Pneumokokkenpneumonie, Brucellose.
- **Febris remittens**
  Beträchtliche Unterschiede (bis 2 °C) zwischen Morgen- und Abendtemperaturen, wobei afebrile Werte am Morgen nicht erreicht werden. Dieser Fiebertyp wird bei sehr vielen Erkrankungen beobachtet, so z.B. bei Tuberkulose, lokalisierten Entzündungen wie Sinusitis, Segmentpneumonie oder Harnwegsinfekt, bei manchen Virusinfektionen und rheumatischen Erkrankungen.
- **Febris intermittens**
  Extreme Schwankungen (> 2 °C) im Tagesverlauf, wobei auch afebrile Temperaturen gemessen werden können (morgens), z.B. bei septischen Prozessen wie Abszessen, akuter Pyelonephritis, Sepsis, Miliartuberkulose, Malaria tropica.
- **Febris recurrens**
  Regelmäßige, periodische Fieberepisoden (als Febris continua, remittens oder intermittens), die durch einen bis mehrere fieberfreie Tage unterbrochen sind, z.B. Malaria oder Rückfallfieber. So kommt es jeden zweiten Tag zu intermittierendem Fieber bei Infektionen mit Plasmodium ovale oder vivax, und jeden dritten Tag im Falle von Plasmodium malariae.
- **Febris undulans**
  Kontinuierliches Fieber mit jeweils langsamem Anstieg bzw. Abfall zu Normaltemperaturen im Verlauf von Tagen, z.B. bei Brucellose. Eine Sonderform ist das Pel-Ebstein-Fieber beim Morbus Hodgkin: 3–10tägige Fieberepisoden mit ähnlich langen fieberfreien Phasen.
- **Schüttelfrost**
  Unter echtem Schüttelfrost versteht man nicht leichtes Frösteln und Zittern, sondern grobschlägige unwillkürliche Muskelkontraktionen, die zu Zähneklappern und „Schütteln" des ganzen Körpers und zur entsprechenden Mitbewegung des Bettes führen. Es kommt dabei zu einem raschen und hohen Fieberanstieg. Ursachen sind meist Bakteriämien im Rahmen von z.B. einer Sepsis, bakteriellen Endokarditiden oder Pneumonien. Schüttelfrost kann aber auch bei allergischen Reaktionen z.B. auf Arzneimittel (intravenös appliziert) oder auf Blutprodukte (z.B. Bluttransfusion) vorkommen (Tab. 14-1).
- **FUO**
  In mehr als 80% der Fälle läßt sich aufgrund von begleitenden Symptomen und Befunden sowie anamnestischen Angaben die Ursache für ein bestehendes Fieber finden oder zumindest eingrenzen. Es gibt jedoch auch oligosymptomatische Fieberzustände, die **unklares Fieber** oder **FUO** (fever of unknown origin) genannt werden und wie folgt

Tab. 14-1 Häufige Ursachen für Schüttelfrost

Infektiöse Ursachen	Nichtinfektiöse Ursachen
bakterielle Infektionen (Bakteriämie)	**allergische Reaktion auf Medikamente, z.B.**
Sepsis	Antibiotika (i.v.)
Endokarditis	Kontrastmittel (i.v.)
Pneumonie	Blutprodukte (Transfusion,
Erysipel	Immunglobuline)
Cholangitis	
Leber-, Milzabszeß	**sonstige Ursachen**
Prostatitis	Therapie mit Interferon
Pyelonephritis	oder Interleukin-2
Typhus abdominalis	
parasitäre Infektionen	
Malaria	
Virusinfektionen (selten)	
Influenza	
Rhinovirus	

Tab. 14-2 Übersicht über Krankheitsgruppen, die mit Fieber einhergehen können

Infektionskrankheiten
maligne Erkrankungen
Autoimmunerkrankungen
Kollagenosen
rheumatische Erkrankungen
Granulomatosen
Vaskulitiden
metabolische Störungen
allergische Reaktionen
angeborene und erworbene Immundefekte
verschiedene Erkrankungen
Thrombosen, Lungenembolie
entzündliche Darmerkrankungen
Medikamentenfieber
Gewebsabbau
intravasale Hämolyse
vorgetäuschtes Fieber (Münchhausen-Syndrom)

14

definiert sind: Rektale Temperaturen über 38,3 °C, die seit mindestens 3 Wochen bestehen und trotz einer mehr als einwöchigen stationären Diagnostik nicht abgeklärt werden konnten.

Diese Definitionskriterien schließen kurzzeitige Fieberschübe, postoperative Temperatursteigerungen, habituelles Fieber bei prinzipiell gesunden Personen, Krankheiten mit hoher Selbstheilungstendenz und passagere Hyperthermien z.B. bei Dehydratation, Thyreotoxikose oder Hitzschlag aus.

14.2 Ursachen

In den allermeisten Fällen tritt Fieber nicht allein auf, sondern ist mit einem oder mehreren Begleitsymptomen bei einer unübersehbaren Anzahl von Krankheiten aus den verschiedensten Bereichen der Inneren Medizin assoziiert (Tab. 14-2). Häufig ergeben sich aus den meist organspezifischen Begleitsymptomen und den anamnestischen Angaben differentialdiagnostische Leitschienen, anhand derer man die weitere Ursachenklärung orientiert. In Tabelle 14-3 ist eine Einteilung solcher differentialdiagnostischer Leitlinien anhand der assoziierten Symptome wiedergegeben. Nur selten ist Fieber als alleiniges objektivierbares Krankheitszeichen zu finden, das bei entsprechender Dauer als unklares Fieber bzw. FUO bezeichnet wird und erhebliche differentialdiagnostische Schwierigkeiten bereiten kann und einer systematischen Stufendiagnostik unterworfen werden muß, um die Ursache doch noch zu finden.

Unklarem Fieber (FUO) liegen in der Regel atypische und/oder oligosymptomatische Verlaufsformen **geläufiger Erkrankungen** zugrunde. So ist die Kenntnis über die relative Häufigkeit der beim FUO gefundenen Ursachen bei der diagnostischen Klärung sehr hilfreich. Mehr als 80% der Ursachen von FUO entfallen auf die **drei großen Ursachenkomplexe: Infektionen (30–40%), Malignome (20–30%) und Autoimmunerkrankungen** einschließlich Kollagenosen, rheumatischen Erkrankungen, Vaskulitiden und Granulomatosen (10–20%).

Die seltensten der seltenen Ursachen entfallen auf viele verschiedene Krankheitsgruppen, z.B. Thrombosen, metabolische Störungen (Hyperthyreose), Medikamentennebenwirkungen. Ein Überblick über die wichtigsten Ursachen für FUO ist in Tabelle 14-30 gegeben.

Wie eingangs dargestellt, muß eine Hyperthermie von Fieber abgegrenzt werden. Aus didaktischen Gründen sind einige Ursachen für eine Hyperthermie bereits bei der Ursachenauflistung für Fieber erwähnt. Tabelle 14-4 gibt eine zusammenfassende Übersicht über Ursachen für eine Hyperthermie.

14.3 Diagnostik

14.3.1 Anamnese

Die Dauer des Fieberzustandes und die subjektiv im Vordergrund stehende Begleitsymptomatik sind eine wichtige differentialdiagnostische Entscheidungshilfe für die Ausführlichkeit einer Anamnese. Bei ambulanten Patienten sind sicherlich virale oder bakterielle Infektionen der oberen und unteren Luftwege oder Harnwegsinfekte die häufigsten Ursachen für kurz-

Tab. 14-3 Fieber mit begleitenden Leitsymptomen als diagnostische Hinweise auf verschiedene Ursachen

Mit Fieber assoziierte Leitsymptome	Krankheitsgruppen bzw. Ursachen
Erkältungssymptome wie Schnupfen, Hals- u. Kopfschmerzen, trockener Husten	Infektionen des oberen Respirationstraktes
Husten, Auswurf, Thoraxschmerz, Dyspnoe	Entzündungen des unteren Respirationstraktes
intermittierendes Fieber, Schüttelfrost, Schockzeichen mit Tachykardie und Hypotonie	Sepsis
kardiale Beschwerden: Herzstiche, Palpitationen, pektangiforme Beschwerden, Dyspnoe, Herzinsuffizienzzeichen, Herzgeräusch	Entzündungen des Herzens (Endo-, Myo- und Perikard)
Haut- und Schleimhautzeichen wie Exanthem, Enanthem, Bläschen etc.	Infektionserkrankungen, (auto)immunolog. Prozesse einschließlich allergische Reaktionen
Blutungszeichen an Haut und Schleimhaut, Blässe, Knochenschmerzen, Leistungsknick, Vergrößerung von Lymphknoten, Leber und/oder Milz, Infektanfälligkeit, B-Symptomatik	hämatologische Systemerkrankungen, Erkrankungen des lymphatischen Systems
Dysurie, Pollakisurie, Hämaturie, Flanken- u./o. Blasenschmerzen	Nierenaffektionen und Harnwegsinfektionen
Diarrhö, Erbrechen, Bauchschmerzen, Übelkeit, Obstipation	Infektionen oder Entzündungen des Gastrointestinaltraktes
Ikterus, (rechtsseitige) Bauchschmerzen, Übelkeit, Erbrechen	entzündungen von Leber und Gallenwegen; Hämolyse
ZNS-Beschwerden: Kopf- und Nackenschmerzen, Meningismus, Bewußtseinsstörungen, zerebrale Krämpfe, neurolog. Ausfälle	entzündliche Erkrankungen des ZNS
Gelenk-, Muskel- und Knochenbeschwerden, Polyserositis	Autoimmunerkrankungen, Bindegewebserkrankungen (rheumatische Erkrankungen, Kollagenosen)
Vergrößerung von Lymphknoten, Leber und/oder Milz; Leistungsknick, Infektanfälligkeit, B-Symptomatik	Infektionen, Erkrankungen des lymphatischen Systems, hämatologische Systemerkrankungen
rezidivierende bakterielle, virale oder opportunistische Infektionen im Bereich des Respirationstraktes, der Haut, des GI-Traktes und des ZNS	angeborene oder erworbene Immundefekte
Schmerzen im Bereich von Augen, Zähnen, Kiefer und Ohren	entzündliche Erkrankungen von Augen, Zähnen bzw. Kiefer und Ohren

Tab. 14-4 Ursachen für Hyperthermie

Pathomechanismus	Erkrankungen/Ursachen
gesteigerte Wärmeproduktion	schwere körperliche Arbeit Thyreotoxikose (→ Kap. 7 und 23) Phäochromozytom (→ Kap. 44.4.5) maligne Hyperthermie malignes neuroleptisches Syndrom
verminderte Wärmeabgabe	Hitzschlag (→ Kap. 7) okkludierende, zu warme Kleidung Medikamente (z. B. Atropin) Dehydratation (→ Kap. 34.4.2) autonome Dysfunktion
hypothalamische Störungen	Infektionen (granulomatös, z. B. Tbc) Tumoren Traumata vaskuläre Ereignisse (Embolie, Apoplex) Medikamente (z. B. Phenothiazine)

dauernde (weniger als eine Woche) Fieberepisoden. Fieber von 1–2 Wochen verlangt jedoch nach einer sorgfältigen Anamnese. Sie sollte folgende Punkte umfassen:

- **Beginn, Dauer, Typ des Fiebers:** Begleitumstände wie akuter Ausbruch mit **Schüttelfrost** weisen eher auf eine Bakteriämie hin, weniger auf eine Virusinfektion.
- Subjektive, für den Patienten im Vordergrund stehende **Begleitsymptome**
- **Systematische Befragung nach der Funktion der Organsysteme**, zum Beispiel:
  - **Lunge:** Husten, Auswurf, Dyspnoe, Thoraxschmerzen
  - **Herz:** Angina pectoris, Herzstolpern, Herzrasen, Herzschmerzen
  - **Niere und Harnwege:** Nierenschmerzen, Dysurie, Pollakisurie
  - **Magen-Darm-Trakt:** Schmerzen, Durchfälle, Meteorismus, Blut im Stuhlgang, Teerstühle

- **Vorerkrankungen** einschließlich früherer Operationen, diagnostischer und therapeutischer Eingriffe; Grunderkrankungen wie Diabetes mellitus, Herzfehler bzw. Herzklappenfehler, COPD, hämatologische bzw. maligne Systemerkrankungen; Zustand nach Organtransplantation; Fremdkörper wie künstliche Herzklappen, Schrittmacher, Gelenkprothesen, suprapubischer Blasenkatheter etc.
- **Medikamenteneinnahme:** Wichtig sind hier Fragen nach Antibiotika, immunsupprimierenden Medikamenten wie Steroide, Zytostatika und Immunsuppressiva nach Organtransplantation.
- **Insektenstiche, Zeckenbisse, andere Verletzungen**
- **Soziales und häusliches Umfeld:** Beruf, Familienanamnese, Kontakt mit Kranken, sozialer Status, Herkunft, Hobbies, sportliche Betätigung, Ernährungsweise, Wohnung. Wichtig sind auch Fragen nach Haustieren oder anderem Kontakt mit Tieren.
- **Reiseanamnese:** Aufgrund der gesteigerten Reisetätigkeit in außereuropäische Länder sind tropische Infektionskrankheiten keine absolute Seltenheit mehr und daher in die Differentialdiagnose einzubeziehen.
- Im Zeitalter von AIDS ist zur Abschätzung des Risikos die Besprechung der **sexuellen Präferenzen** notwendig.

14.3.2 Körperliche Untersuchung

Die eingehende internistische und auch neurologische Untersuchung ist am völlig entkleideten Patienten durchzuführen. Es ist wichtig, alle Körperregionen zu untersuchen, um z.B. kleinste Eintrittspforten für Infektionen oder auch „Osler-Splits", kleine septische Streuherde an Finger- und Zehennägeln bei einer bakteriellen Endokarditis, zu finden. Erfahrungsgemäß werden folgende Regionen bei einer internistischen Untersuchung gelegentlich vernachlässigt: Augenfundus, Nasennebenhöhlen, Zähne, Schilddrüse, Nierenlogen, Wirbelsäule, Adnexe und Prostata. Affektionen gerade dieser Organe können gelegentlich klinisch stumm sein, so daß dann fälschlicherweise nach einer systemischen Ursache für das Fieber gesucht wird.

14.3.3 Laboruntersuchungen

Folgende Laborparameter sollten als Basisdiagnostik bei Fieber bestimmt werden:

▷ **Komplettes Blutbild mit Differentialblutbild**

➠ Hieraus können mannigfache Informationen gewonnen werden: So deuten zum Beispiel erhöhte oder erniedrigte Leukozytenzahl sowie deren Differenzierung auf bakterielle oder virale Infektionen hin; atypische, monozytoid differenzierte Lymphozyten finden sich bei Mononukleose; eine Panzytopenie oder Leukozytose mit Anämie und Thrombopenie lenkt den Verdacht auf eine hämatologische Systemerkrankung (z.B. akute Leukämie); intraerythrozytäre Ringformen beweisen die Diagnose einer Malaria (→ Abb. 14-7).

▷ **Blutsenkungsgeschwindigkeit, C-reaktives Protein**

➠ Diese spiegeln die Entzündungsaktivität im Organismus wider und eignen sich gut als Verlaufsparameter unter einer Therapie, z.B. bei bakterieller Endokarditis oder auch rheumatologischen Erkrankungen.

▷ **Serumuntersuchungen**

➠ Elektrolyte, Retentionswerte, Leberfunktionstests, Pankreas- und Muskelenzyme, Blutzucker, Gesamteiweiß und Serumelektrophorese, Gesamtbilirubin bzw. direktes und indirektes Bilirubin. Dieses bereits umfassende „Routinelabor-Programm" ist primär nicht notwendig bei unkomplizierten und offensichtlich eindeutigen Diagnosen wie unkomplizierten Infektionen des oberen Respirationstraktes oder unkomplizierten Harnwegsinfekten. Die Laborwerte geben vielfache Informationen über die Organfunktionen (z.B. Leber, Niere, Pankreas) oder Stoffwechselfunktionen (Blutzucker, Elekrolythaushalt).

▷ **Gerinnung**

➠ Quick, PTT, Fibrinogen, bei Verdacht auf Verbrauchskoagulopathie AT-III und Fibrinspaltprodukte. Störungen der Gerinnung sind ernst zu nehmen! Ein erniedrigter Quickwert, eine verlängerte PTT und insbesondere verminderte Fibrinogenspiegel können einerseits auf verminderter Produktion oder andererseits auf einem vermehrten Verbrauch von Gerinnungsfaktoren beruhen. Die verminderte Produktion deutet auf eine Lebersynthesestörung hin, die z.B. Folge einer Leberdystrophie im Rahmen einer akuten Hepatitis sein kann. Der vermehrte Verbrauch tritt bei disseminierter intravasaler Gerinnung (DIC) bzw. Verbrauchskoagulopathie auf, die eine ernste Situation darstellt und z.B. Zeichen einer Sepsis oder einer akuten Promyelozytenleukämie (AML M3) sein kann.

▷ **Urinstatus**

➠ Wichtige Screening-Methode für Harnwegsinfektionen und Nierenaffektionen.

▷ **Kultur von verschiedenen Körperflüssigkeiten:** Je nach Begleitsymptomen und Verdachtsmoment ist es sehr sinnvoll, Material für einen potentiellen Erregernachweis zu gewinnen, z.B. vor Beginn einer antibiotischen Therapie. Hierzu eignen sich alle möglichen Körperflüssigkeiten wie Blut, Urin, Sputum, Auswurf, Stuhl, Magensaft, Eiter aus Abszessen etc., aber auch Abstriche von offenen Wunden bzw. von Läsionen der Haut oder der Schleimhaut. Wichtig ist auch die Kultivierung von entfernten Fremdkörpern wie Blasenkatheter oder ZVK.

▷ **Blutgasanalyse**

➠ Bei klinisch bestehender Dyspnoe oder dem Verdacht auf eine Sepsis wichtige Untersuchung zum Nachweis einer respiratorischen Insuffizienz und von Störungen im Säure-Basen-Haushalt, insbesondere einer metabolischen Azidose. Je nach Schweregrad der Störungen muß über eine intensivmedizinische Betreuung bzw. Überwachung rasch entschieden werden.

▷ **Spezielle serologische Tests** sind als Screening bzw. Basis-Laboruntersuchungen zu teuer und daher auch ungeeignet. Ergeben sich aus Anamnese, klinischen Befunden und Labortests bestimmte differentialdiagnostische Leitlinien, kann mit Hilfe spezieller, ausgesuchter Tests die endgültige Diagnose gestellt werden.

➠ Bei einem intrahepatischen Ikterus und erhöhten Transaminasen ist es sinnvoll, die Serologie auf Hepatitis A, B und/oder C zu veranlassen. **Hinweis:** Bei völlig unklaren und kompliziert erscheinenden Fällen ist es ratsam, 2–3 Serumproben im Kühlschrank als diagnostische Reserve aufzubewahren. So besteht die Möglichkeit, Ausgangstiter oder andere zusätzliche Tests nachträglich zu bestimmen, selbst wenn bereits aus klinischen Gründen eine Therapie eingeleitet wurde.

14.3.4 Apparative Diagnostik

Als Basisdiagnostik empfehlen sich folgende Untersuchungen:

▷ **Sonographie des Abdomens**

➠ Hier können eine Reihe von Befunden differentialdiagnostisch wegweisend sein, so z.B. eine Hepatosplenomegalie als Hinweis auf eine Sepsis (Endokarditis) oder hämatologische Systemerkrankung, Raumforderungen bei Tumoren, Blutungen oder Abszedierungen, freie Flüssigkeit als Hinweis auf eine Peritonitis (→ Kap. 46), Auftreibung des Pankreas bei Pankreatitis (→ Kap. 46), Nierensteine oder Harnstau als Hinweis auf eine Pyelonephritis oder Urosepsis (→ Kap. 60).

▷ **Röntgen des Thorax**

➠ Angesichts der Häufigkeit pulmonaler und kardialer Erkrankungen eine unumgängliche Untersuchung! Viele krankhafte Prozesse lassen sich hiermit diagnostizieren bzw. sichtbar machen: Pneumonien, Tuberkulose, Raumforderungen hilär, mediastinal und pulmonal, Pleuraergüsse, Lungenstauung bei Linksherzdekompensation, Herzvergrößerung, interstitielle Lungenprozesse, z.B. bei rheumatischen Erkrankungen.

▷ **EKG**

➠ Das EKG liefert wichtige Informationen über einen frischen oder abgelaufenen Herzinfarkt, Rechtsherzbelastungszeichen als mögliche Folge von rezidivierenden Lungenembolien; Rhythmusstörungen oder Erregungsrückbildungsstörungen als Hinweis auf eine Peri-/Myokarditis, eine periphere Niedervoltage als Ausdruck eines Perikardergusses; Linksherzhypertrophiezeichen bei möglicher hypertropher (obstruktiver) Kardiomyopathie mit Prädisposition zur Endokarditis; eine absolute Arrhythmie als potentielle Emboliequelle.

▷ **Echokardiographie** nicht routinemäßig durchführen.

➠ Bei auffälligem EKG, einem auskultierbaren Herzgeräusch oder klinischem Verdacht auf eine Endokarditis (Osler-Splits) sollte zunächst eine transthorakale Echokardiographie durchgeführt werden. Ergeben sich Hinweise auf Klappeninsuffizienzen oder -stenosen oder morphologisch auffällige Klappen, muß eine transösophageale Echokardiographie angeschlossen werden, da nur bei dieser Untersuchungstechnik relativ sicher Klappenauflagerungen ausgeschlossen werden können. Des weiteren ist die Echokardiographie die diagnostische Methode der Wahl zum Nachweis oder Ausschluß eines Vorhofmyxoms.

14.3.5 Weitere Diagnostik

Weiterführende diagnostische Maßnahmen ergeben sich aus der jeweils eingeschlagenen differentialdiagnostischen Leitlinie und werden entsprechend dort besprochen. Der diagnostische Stufenplan beim FUO wird ebenfalls im entsprechenden Abschnitt besprochen.

14.4 Krankheitsbilder

Zunächst werden in den Abschnitten 14.4.1 bis 14.4.18 die Differentialdiagnosen bei Fieber mit lokalisierten Begleitsymptomen anhand differentialdiagnostischer Leitschienen erarbeitet (→ Tab. 14-3). Im Abschnitt 14.4.19 wird die Differentialdiagnose des Fiebers mit unklarer Genese (FUO) besprochen.

Fieber mit Erkältungs- bzw. katarrhalischen Symptomen – Infektionen des oberen Respirationstraktes

Tab. 14-5 Infektionen des oberen Respirationstraktes

Grippaler Infekt, Erkältung
Grippe, Influenza
Tonsillitis, Pharyngitis
- Bakterielle Tonsillitis (Streptokokken)
- Scharlach
- Diphtherie
- Angina Plaut-Vincenti
- Herpangina
- Mononukleose

Differentialdiagnose
Agranulozytose, Tuberkulose, Syphilis, orale Candidose

Fieber mit Erkältungs- bzw. katarrhalischen Symptomen – Infektionen des oberen Respirationstraktes

14

Erkältungen bzw. grippale Infekte sind meistens banale, viral bedingte Infektionen der Schleimhäute des oberen Respirationstraktes, also Nase, Mund, Pharynx, Larynx, Trachea. Fieber tritt nicht regelhaft auf und wenn, dann meist nur an 1–2 Tagen. Im Gegensatz hierzu gehen eine echte „Grippe“ (Influenza) oder eine bakteriell verursachte Tonsillitis oder Pharyngitis mit hohem Fieber einher und führen zu einem wesentlich schwereren Krankheitsbild. Eine Zusammenfassung der Erkrankungen ist in Tabelle 14-5 gegeben.

14.4.1 Erkältung, grippaler Infekt

B ***Beschwerden und Befunde***

Die Beschwerden bei Erkältungen bzw. grippalen Infekten sind vielfältig und reichen von der Konjunktivitis (→ Kap. 5) über Rhinitis (→ Kap. 49), Pharyngitis (→ Kap. 19), Laryngitis (→ Kap. 22) bis zur Otitis (→ Kap. 25). Begleitend kommt es häufig zu Kopfschmerzen, generalisiertem Unwohlsein und trockenem Husten. Mäßiges Fieber findet sich nicht regelhaft und hält dann meist nur 1–2 Tage an. Erreger sind meist Rhinoviren, die zur Gruppe der Picornaviren gehören.

DS ***Diagnosesicherung***

Typisch sind die genannten Beschwerden, klarer und nicht purulenter Nasenausfluß, meist geröteter Rachen, mäßiges Fieber an 1–2 Tagen, rasche Selbstheilungstendenz in wenigen Tagen. Im Verlauf wird das Nasensekret dickflüssiger und mukopurulent. Bakterielle Superinfektionen mit Sinusitis, Otitis media oder Bronchitis sind eher selten, aber bei Kleinkindern oder bei Erwachsenen mit prädisponierenden Faktoren wie COPD oder Immunsuppression häufiger anzutreffen.

DD ***Differentialdiagnose***

Allergische Rhinitis mit rezidivierenden und saisonal bedingten Beschwerden, Fieber ist hier jedoch untypisch.

14.4.2 Grippe, Influenza

Es handelt sich um eine akute endemisch, epidemisch oder pandemisch auftretende Infektion des Respirationstraktes. Erreger sind Influenzaviren der Gruppe A, B oder C. Die Übertragung geschieht durch Tröpfcheninfektion. Betroffen sind alle Altersgruppen. Ein sporadisches Auftreten ist eher selten, häufiger sind Epidemien ca. alle 1–3 Jahre mit einer Prävalenz in den Wintermonaten, Pandemien treten in Abständen von Jahrzehnten auf (spanische Grippe 1918–20, asiatische Grippe 1957–58, Hongkong-Grippe 1968–69).

B ***Beschwerden und Befunde***

Plötzlicher Beginn mit hohem Fieber, Frösteln, Halsschmerzen und geröteter Rachenschleimhaut (Pharyngitis), Heiserkeit und trockenem Husten sowie allgemeinem Krankheitsgefühl bedingt durch Kopf-, Glieder-, Muskelschmerzen. Gelegentlich kommt es auch zu Erbrechen, Durchfällen (→ Kap. 11) und Leibschmerzen. Es kann zu einer Beteiligung jedes Organsystems kommen und entsprechende Komplikationen hervorrufen. Die Influenzaviren zerstören die Schleimhautepithelien des Respirationstraktes (Nase bis Bronchien) und ermöglichen dadurch die Invasion für sekundäre, insbesondere bakterielle Infektionen, vor allem durch Haemophilus influenzae, Staphylokokken und Streptokokken. Hauptkomplikation stellen daher bakterielle Bronchitiden, Bronchopneumonien und Pneumonien dar, wobei letztere die Haupttodesursache bei Grippe (80–100%) sind. Besonders ältere Menschen sind hier gefährdet. Gefürchtet ist die Sekundärinfektion mit Staphylokokken, die bis zur abszedierenden Pneumonie mit Pleuraempyem führen kann.

Sinusitis oder Otitis media sind ebenfalls häufige Komplikationen. Außerdem kann es zur Kreislaufinsuffizienz und zu ventrikulären oder bradykarden Rhythmusstörungen durch eine infektiös-toxische Myokarditis kommen. Des weiteren ist eine Beteiligung des Nervensystems in Form von Neuritis, Neuralgien und Meningitis möglich. Ein begleitendes morbilli- oder scarlatiniformes Exanthem über 1 bis 2 Tage ist bei Erwachsenen selten, häufiger jedoch bei Kindern.

DS ***Diagnosesicherung***

Klinisches Bild (ohne Komplikationen), im Differentialblutbild findet sich eine Leukopenie mit Linksverschiebung und relativer Lymphozytose; Virusdirektnachweis in Rachenspülwasser und Stuhl, Antikörpernachweis bzw. Titeranstieg in der Serologie auf Influenza A, B oder C. Bei bakteriellen Komplikationen erfolgt eine weiterführende Diagnostik mit z.B. Röntgen der Nasennebenhöhlen oder des Thorax, außerdem ist der Erregernachweis durch Kultur von Sekret oder Abstrichen wichtig. Weitere Untersuchungen orientieren sich an den jeweiligen Komplikationen.

DD ***Differentialdiagnose***

Andere Virusinfektionen durch Parainfluenza 1–3, Adenoviren, Masern, Epstein-Barr-Virus, selten Enteroviren (letztere verursachen mehr gastrointestinale Symptome oder auch virale Meningitiden!), eventuell auch HIV (→ 14.4.18).

14.4.3 Akute Tonsillitis und Pharyngitis

Eine akute Tonsillitis (Angina tonsillaris) bzw. Pharyngitis wird durch verschiedene Erreger verursacht und präsentiert sich je nach Erreger mit unterschiedlichen Begleitsymptomen. Die Tonsillen werden durch Leukozyten infiltriert, es kommt zu Mikroabszessen in Parenchym und Krypten und schließlich zu fibrinösen Belägen. Folgende Krankheiten sind hier zu nennen: klassische eitrige Tonsillitis, Scharlach, Mononukleose, Diphtherie, Plaut-Vincenti-Angina.

B ***Beschwerden und Befunde***

Meist plötzlicher Beginn mit hohem Fieber und eventuell Schüttelfrost, starke Halsschmerzen (→ Kap. 19) besonders beim Schlucken, (druck)schmerzhafte zervikale Lymphadenopathie insbesondere submandibulär, kloßige Sprache.

14.4.3.1 Klassische eitrige Tonsillitis und Pharyngitis

Haupterreger sind β-hämolysierende Streptokokken der Gruppe A, weniger der Gruppen C und G nach Lancefield. Seltener finden sich Pneumokokken, Staphylokokken, Haemophilus influenzae oder Viren.

B *Beschwerden und Befunde*

Hochrot geschwollene, meist zerklüftete Tonsillen mit eitrigen Stippchen und/oder Belägen. Auf dem weichen Gaumen zeigen sich gelegentlich Petechien. Schwellung und Vorwölbung der Tonsillen und des weichen Gaumens zusammen mit Kieferklemme sprechen für einen abszedierenden Prozeß, einen sogenannten Peritonsillarabszeß. Die seitliche Vorwölbung der Rachenhinterwand kann durch einen Retropharyngealabszeß verursacht sein. Als Spätkomplikationen (nach ca. 2–3 Wochen) können eine Glomerulonephritis, rheumatisches Fieber oder rheumatoide Gelenkveränderungen mit fluktuierender Schwellung, Schmerzen (→ Kap. 43) und Bewegungseinschränkung auftreten.

DS *Diagnosesicherung*

Durch den klinischer Befund. Im Differentialblutbild besteht eine deutliche Leukozytose mit Linksverschiebung und toxischer Granulation. Erhöhung des Antistreptolysintiters. Erregernachweis durch Tonsillenabstrich ist beweisend. Zum Ausschluß von Spätkomplikationen sind ein Urinstatus und ein EKG nach 2–3 Wochen obligat.

14.4.3.2 Scharlach

Scharlach kann als Sonderfall einer Streptokokkenangina bezeichnet werden. Erreger sind 5 verschiedene Serotypen von Streptococcus pyogenes (Gruppe A nach Lancefield), daher sind Zweiterkrankungen möglich. Immunogen wirkende Scharlachendotoxine verursachen den typischen Verlauf. Erkrankungsgipfel zwischen 3. und 10. Lebensjahr.

B *Beschwerden und Befunde*

Neben eitriger Tonsillitis kommt es 2–3 Tage nach Fieberausbruch zu dem charakteristischen scarlatiniformen Exanthem mit flohstichartigen Effloreszenzen am gesamten Integument und dem Enanthem mit flammender Rötung am weichen Gaumen. Während des Exanthemstadiums reinigt sich die initial stark weiß belegte Zunge und wird zur charakteristischen Himbeer- oder Erdbeerzunge (Abb. 14-2).

Komplikationen sind die typischen Poststreptokokkenkrankheiten wie Glomerulonephritis, Myokarditis und rheumatische Gelenkbeschwerden (→ Kap. 43).

DS *Diagnosesicherung*

Charakteristische Klinik, Erregernachweis durch Tonsillen- oder Rachenabstrich, Spätkomplikationen wie bei klassischer eitriger Tonsillitis (→ 14.4.3.1).

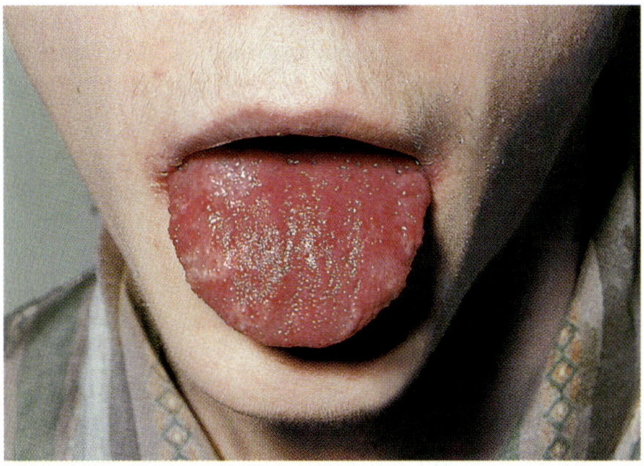

Abb. 14-2 Scharlach: charakteristische Himbeerzunge.

14

DD *Differentialdiagnose*

Differentialdiagnostisch sind Röteln, Masern, Varizellen und Arzneimittelexanthem zu beachten.

14.4.3.3 Diphtherie

Akute Entzündung des oberen Respirationstraktes durch das Corynebacterium diphtheriae (3 Typen), meist durch Tröpfcheninfektion übertragen. Durch Schmierinfektion kann es auch zur Infektion von offenen Wunden kommen. Betroffen sind alle Altersgruppen, wobei Kinder jedoch bevorzugt sind. Die Bildung des Diphtherietoxins, ein Exotoxin, kann zur toxischen Schädigung wichtiger Organe wie Herz, Nieren, Nerven und Gefäße führen.

B *Beschwerden und Befunde*

Kennzeichnend ist die Bildung von „Pseudomembranen" aus Bakterien, nekrotischem Gewebe und Fibrin im Bereich der entzündeten Schleimhäute. Typisch ist der süßlich-faulige Fötor und die schmutzig-graue Farbe. Nach der Lokalisation unterscheidet man Nasen-, Rachen- und Kehlkopfdiphtherie. Die Nasendiphtherie geht mit blutigserösem Schnupfen und krustigen Belägen einher. Die Rachendiphtherie führt zu starker Rachenrötung mit flächenhaften Pseudomembranen, die von den Tonsillen auf die Umgebung einschließlich Rachen übergreifen. Beim Versuch, eine Pseudomembran abzustreifen, kommt es typischerweise zur Blutung. Für die Larynxdiphtherie sind Heiserkeit und bellender Husten, im Extremfall Dyspnoe, inspiratorischer Stridor und Erstickungsanfälle charakteristisch. Die Pseudomembranen können sich bis zur Trachea und zu den Bronchien ausdehnen. Nach dem Verlauf sind gutartige, lokalisierte Formen von progredienten Formen mit Überschreiten lokaler Grenzen und von toxischen, malignen Formen zu unterscheiden. Durch das Diphtherietoxin kann es zu folgenden Komplikationen kommen: 1. Myokarditis mit globaler Herzvergrößerung, Herzinsuffizienz und Reizleitungsstörungen vor allem in Form von AV-Blockierungen; 2. Polyneuritis mit Lähmung des Gaumensegels, der Augenmuskeln, des N. facialis und N. recurrens; 3. Glomerulonephritis; 4. Gefäßschäden mit diffuser Blutungsneigung.

DS ***Diagnosesicherung***

Die Klinik zusammen mit Lokalbefund: Blutungen beim Ablösen der Pseudomembranen und der Erregernachweis durch Abstrich bzw. in den Membranen ergeben die Diagnose.

14.4.3.4 Angina Plaut-Vincenti

Synonyma: Angina ulcerosa, Angina ulceromembranacea. Eher seltene Infektionskrankheit durch Mischinfektion mit Fusobacterium fusiforme und Treponema vincenti (Spirochäten).

B ***Beschwerden und Befunde***

Meist einseitige ulzerierende Tonsillitis, wobei die Ulzera scharf begrenzt und mit schmierigen, graugrünlichen Belägen überzogen sind. Diphtheroide Verlaufsformen sind möglich. Meist besteht kein Fieber, das Allgemeinbefinden ist kaum beeinträchtigt.

DS ***Diagnosesicherung***

Blande Klinik, einseitige Tonsillitis, direkter Nachweis von massenhaft fusiformen Stäbchen durch Gramfärbung beweisend.

DD ***Differentialdiagnose***

Diphtherie.

14.4.3.5 Herpangina

Erreger sind Coxsackieviren der Gruppe A. Hauptsächlich sind Säuglinge und Kleinkinder betroffen.

B ***Beschwerden und Befunde***

Akuter Beginn mit Fieber, Kopf- und Halsschmerzen, Erbrechen, oft auch akute Bauchschmerzen. Charakteristisch sind hirsegroße Bläschen mit rotem Rand am weichen Gaumen, an den Gaumenbögen, der Uvula, mit Ausbildung von kleinen Ulzera.

DS ***Diagnosesicherung***

Klinik und Lokalbefund; Virusnachweis im Rachenspülwasser; wegen Erregervielfalt serologische Untersuchungen meist unergiebig. Angesichts einer 100%ig guten Prognose erscheint die klinische Diagnose am ökonomischsten zu sein.

DD ***Differentialdiagnose***

Stomatitis aphthosa, die durch Herpesviren verursacht wird und in der vorderen Mundhöhle lokalisiert ist.

14.4.3.6 Infektiöse Mononukleose (Pfeiffersches Drüsenfieber)

Die Tonsillitis und Pharyngitis bei der infektiösen Mononukleose (EBV-Infektion) sind klinisch von der klassischen eitrigen oder auch der diphtherischen Tonsillitis kaum zu unterscheiden. Aufgrund der generalisierten Lymphadenopathie finden sich nuchale und dorsal gelegene zervikale Lymphknoten, die bei der Streptokokkenangina oder Diphtherie praktisch nie vergrößert sind (→ Kap. 32).

DD ***Differentialdiagnose***

Seltene, aber wichtige Differentialdiagnosen einer Tonsillitis sind:

- Agranulozytose; daher ist ein Blutbild wichtig!
- Tuberkulose
- Syphilis
- orale Candidose
- Brucellen-Tonsillitis
- akute Monozytenleukämie (AML FAB 5a/b) mit Tonsillitis

Fieber mit Husten, Auswurf, Thoraxschmerzen und Dyspnoe – Entzündungen des unteren Respirationstraktes

Unter dem unteren Respirationstrakt seien hier ab Larynx die Trachea und die Bronchien einschließlich Lungenparenchym und Pleuraorgan verstanden.

Neben Fieber sind die Leitsymptome des unteren Respirationstraktes Husten (→ Kap. 27) mit oder ohne Auswurf, atemunabhängige oder atemabhängige Thoraxschmerzen (→ Kap. 41) sowie fakultativ Dyspnoe (→ Kap. 3) mit oder ohne Zyanose (→ Kap. 62). Die häufigsten Ursachen für diese Beschwerden sind sicherlich infektionsbedingte Entzündungen der Bronchien, Lungen und Pleurablätter.

Aber auch Tumorerkrankungen, (auto)immunologisch vermittelte Krankheitsprozesse, Krankheiten des Herzens und der Gefäße sowie Medikamentennebenwirkungen müssen in Betracht gezogen werden (Tab. 14-6).

Tab. 14-6 Ursachen für Entzündungen des unteren Respirationstraktes

Bronchitis, COPD	**Tumoren**
Pneumonie	Bronchialkarzinom
Bakterien	Mediastinaltumoren: Lymphome, Teratom
Viren	Pleuramesotheliom
Pilze	**kardiale Ursachen**
atypische Erreger z. B. Chlamydien	Herzinfarkt
nach Aspiration	Herzinsuffizienz
Tuberkulose	**Autoimmunerkrankungen,** z. B.
Pleuraempyem	Morbus Wegener
HIV-assoziierte Komplikationen	Churg-Strauss-Syndrom
Kaposi-Sarkom	Goodpasture-Syndrom
Pneumocystis carinii	allergische Alveolitis
	Medikamente, z. B. Bleomycin, Mitomycin
	chemische Noxen, z. B. Nitrosegase

14.4.4 Bronchitis

Die akute Bronchitis stellt eine akute Entzündung der Bronchialschleimhaut überwiegend der größeren Bronchien und der Trachea dar, die durch verschiedene exogene Reize ausgelöst wird. Darunter sind neben Infektionen als Hauptursache allergische und chemisch-toxische Ursachen zu erwähnen. Sie tritt meist in Verbindung mit Rhinitis, Laryngitis und Tracheitis im Rahmen eines viralen Infektes (Erregerspektrum ähnlich dem der grippalen Infekte und der Grippe/Influenza) auf. Primär bakterielle Bronchitiden sind eher selten, häufig ist dagegen die bakterielle Superinfektion einer vorbestehenden, viral verursachten Bronchitis, vor allem durch Streptococcus pneumoniae und Haemophilus influenzae. Auch andere Infektionskrankheiten können mit einer Bronchitis einhergehen, so z.B. Masern, Varizellen, Scharlach, Diphtherie, Typhus. Bronchitiden durch Pilze (z.B. Candida) betreffen vor allem immunsupprimierte Patienten. Die allergisch bedingte Bronchitis ist identisch mit dem allergischen Asthma bronchiale. Die Inhalation von toxischen Gasen, wie z.B. Schwefeldioxid oder Nitrosegase, oder von Tabakrauch führt zur entsprechenden Entzündungsreaktion. Chronische Noxen wie Rauchen führen zur chronischen Bronchitis (Husten und Auswurf > 3 Monate in 2 Jahren hintereinander) mit begleitender Obstruktion (COPD: chronic obstructive pulmonary disease).

B *Beschwerden und Befunde*

Meist produktiver Husten, je nach Erreger leichtes oder hohes Fieber, Thoraxschmerzen. Initial zähes Sputum, zunächst weißlich-schleimig, später aufgrund von Granulozytensequestrierung gelblich oder bei bakterieller Superinfektion grünlich, eventuell bräunlich durch Blutbeimengung (hämorrhagische Bronchitis).

Meist sind trockene Rasselgeräusche, bei stärkerer Sekretion auch feuchte, mittel- bis grobblasige Rasselgeräusche auskultierbar. Bei allergischer Bronchitis ist meist kein Fieber vorhanden, auskultatorisch imponiert die Atemwegsobstruktion.

DS *Diagnosesicherung*

Anamnese und Klinik, Erregernachweis im Sputum, in schwereren Fällen Röntgen des Thorax zum Ausschluß einer Bronchopneumonie bzw. Pneumonie. Lungenfunktion und Allergietestung bei allergischer Bronchitis bzw. COPD.

14

DD *Differentialdiagnose*

Pneumonie, bei mehr als 2–3 Wochen dauernder akuter Bronchitis: Bronchialkarzinom, Tuberkulose!

14.4.5 Pneumonie

Akute oder chronische Pneumonien entstehen meist durch Infektionen, seltener durch allergische und autoimmunologische Prozesse oder chemische und physikalische Noxen. Erscheinungsbild und prädisponierende Faktoren erlauben oft Rückschlüsse auf die Ätiologie bzw. den Erreger oder die Erregergruppe.

B *Befunde und Beschwerden*

Nach morphologischen und radiologischen Befunden unterteilt man in lobäre, lobuläre bzw. bronchopneumonische, segmentale und diffus-interstitielle Formen. Zusammen mit prädisponierenden Faktoren ergeben sich oft Hinweise auf die Ätiologie.

Ambulant erworbene Pneumonien präsentieren sich häufig als Lobärpneumonie und werden durch klassische bakterielle Erreger wie Pneumokokken, Staphylokokken (mit Neigung zur Abszedierung) und Haemophilus influenzae, seltener durch Klebsiella pneumoniae verursacht.

Die atypischen Pneumonien nehmen an Häufigkeit zu, hier sind als Erreger Mykoplasmen, Chlamydien, Rickettsien, Legionellen und pneumotrope Viren wie Influenza-, Parainfluenza- und Adenoviren zu nennen.

Im Gegensatz hierzu überwiegen bei **nosokomial erworbenen Pneumonien** gramnegative Keime, besonders die Pseudomonasgruppe und Enterobakterien (Klebsiella, E. coli, Proteus, Serratia), Staphylokokken, Anaerobier und auch Pilze. Eingeschleust werden diese oft multiresistenten Erreger über Blasenkatheter, venöse Zugänge und maschinelle Beatmung.

Weitere wichtige Prädispositionsfaktoren sind **chronische Lungenerkrankungen** wie COPD oder Bronchiektasien, **resistenzmindernde Grunderkrankungen** wie **Diabetes mellitus**, Herz- oder Niereninsuffizienz, Leberzirrhose, Alkoholabusus, **Aspiration** bei Erkrankungen des ZNS oder des Ösophagus oder bei Alkoholabusus, **Immunsuppression** bei Zustand nach Organtransplantationen oder onkologischen bzw. hämatologischen Erkrankungen und Zytostatikatherapie, **prädisponierende Infektionskrankheiten** wie HIV-Infektion, Masern, Grippe, **Autoimmunerkrankungen** wie systemischer Lupus erythematodes oder Morbus Wegener, **Allergien** wie exogen-allergische Alveolitis, **toxisch-chemische Einflüsse** wie Inhalation von Metalldämpfen (Beryllium) oder Medikamente und schließlich **Strahlentherapie** (Strahlenpneumonitis).

B *Beschwerden und Befunde*

Lobärpneumonien beginnen meist akut mit hohem Fieber (F. continua um 39–40 °C) und Schüttelfrost. Begleitend finden sich Tachykardie und Tachypnoe, bei ausgedehntem Prozeß Dyspnoe und Zyanose. Initial bestehen häufig pleuritische Beschwerden auf der betroffenen Seite zusammen mit Husten und gelblich-grünlichem Auswurf, der im Verlauf rostbraun werden kann (rote Hepatisation bzw. Hämoptysen). Auskultatorisch finden sich feinblasige, ohrnahe und klingende Rasselgeräusche, eventuell Pleurareiben bei begleitender Pleuritis.

Atypische, interstitielle Pneumonien verlaufen meist nicht so perakut, sondern beginnen eher schleichend mit mäßigen Temperaturen zwischen 38 und 39 °C, der Auskultationsbefund ist diskret und häufig sogar normal im Gegensatz zum teilweise deutlich pathologischen Röntgenbild („man sieht mehr als man hört!“).

DS *Diagnosesicherung*

Neben Klinik und Auskultationsbefund ist das Röntgen der Lunge zum Nachweis einer Pneumonie entscheidend. Das Röntgenbild des Thorax liefert wichtige differentialdiagnostische Hinweise auf die mögliche Ursache einer Pneumonie: So entspricht beispielsweise die homogene Verschattung eines Lungenlappens mit scharfer Grenze zum benachbarten gesunden Lungenlappen einer Lobärpneumonie, die häufig durch Pneumokokken verursacht wird; hingegen finden sich bei einer Bronchopneumonie eher kleinfleckige, unregelmäßige und unscharf konturierte Infiltrate mit positivem Bronchopneumogramm, wobei als Erreger verschiedene Bakterien wie Streptokokken, Staphylokokken in Frage kommen und oft initial eine Bronchitis bestand. Im Falle von zentral gelegenen Infiltraten oder diffuser bzw. lokalisierter retikulo-nodulärer Zeichnungsvermehrung besteht am ehesten eine atypische Pneumonie, bei der als Haupterreger Mykoplasmen, Chlamydien, Legionellen und Viren zu nennen sind. Beidseitige interstitielle Infiltrate müssen an eine Pneumocystis-carinii-Pneumonie denken lassen, die in 50% der Fälle zur Erstdiagnose einer zuvor unbekannten HIV-Infektion führt (Abb. 14-3).

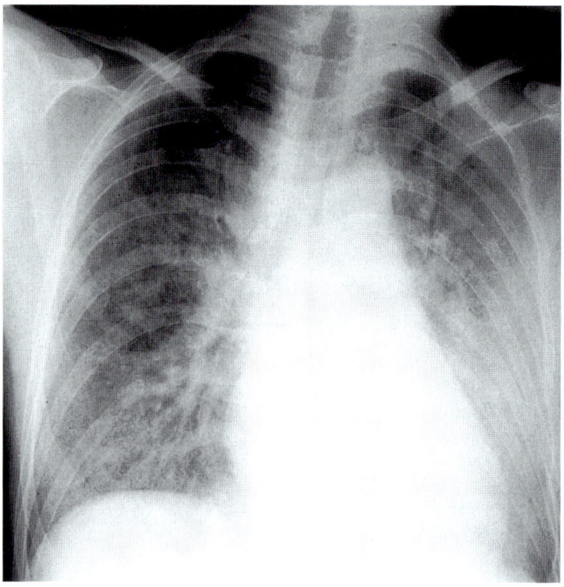

Abb. 14-3 Röntgenbild einer Pneumocystis-carinii-Pneumonie bei einer HIV-Infektion.

Infiltrate in den Lungenoberfeldern bzw. Lungenoberlappen finden sich häufig bei einer Tuberkulose. Eine Aspirationspneumonie geht typischerweise mit einer Infiltration im rechten Unterlappen einher.

Maßnahmen zum Erregernachweis sollten möglichst vor Einleiten einer antibiotischen Therapie durchgeführt werden, hier ist neben Sicherung von Sputum oder induziertem Sputum insbesondere bei nosokomial erworbenen oder atypischen Pneumonien eine BAL (bronchoalveoläre Lavage) indiziert. Im Labor finden sich die Entzündungsparameter (BSG, CRP, Fibrinogen) erhöht, je nach Ätiologie finden sich unterschiedliche Blutbildveränderungen. Eine Leukozytose spricht für eine bakterielle Genese, eine Leukopenie für virale oder auch atypische Erreger. Bei nichtinfektiösen Ursachen hilft die Evaluierung der genannten Prädispositionsfaktoren bei der Differentialdiagnostik ebenso weiter wie serologische Untersuchungen (Tab.14-7).

Tab. 14-7 Ursachen für eine Pneumonie in Abhängigkeit von prädisponierenden Faktoren

Infektiös	Nichtinfektiös
ambulant erworben **Bakterien** Pneumokokken, Staphylokokken Haemophilus influenzae Klebsiellen (selten) **atypische Erreger** Mykoplasmen, Legionellen Rickettsien, Chlamydien Viren (Influenza, Parainfluenza, Adenoviren) **nosokomial erworben** gramnegative Erreger Pseudomonas Enterobakterien (z. B. Klebsiellen, E. coli) Anaerobier Staphylokokken Legionellen Pilze (Candida, Aspergillen) **chronische Lungenerkrankungen** COPD, Bronchiektasien **Grunderkrankungen** Diabetes mellitus (Pilze!) Niereninsuffizienz Herzinsuffizienz (Stauung!) **Aspiration** Erkrankungen des ZNS oder Ösophagus Alkoholabusus Anaerobier (90%) gramnegative Keime **Immunsuppression** Zustand nach Organtransplantation onkolog./hämatologische Systemerkrankungen Zytostatikatherapie immunsuppressive Therapie gramnegative Keime Viren: CMV! Pneumocystis carinii Pilze **andere Infektionskrankheiten,** z. B. Masern, Grippe, Malaria, Leptospirose HIV-Infektion!! Pneumocystis carinii CMV Tuberkulose, atypische Mykobakterien **Tuberkulose**	**Autoimmunerkrankungen** SLE M. Wegener Churg-Strauss-Syndrom Panarteriitis nodosa rheumatoide Arthritis etc. **allergische Reaktionen** exogen-allergische Alveolitis (Farmer-, Taubenzüchterlunge) **toxisch-chemische Einflüsse** Staub (Kohlenstaub) giftige Dämpfe, z. B. Beryllium Atemgifte **Medikamente (Lungenfibrose)** Busulfan BCNU Bleomycin Nitrofurantoin **Strahlen(therapie)** Strahlenpneumonitis (interstitiell) **Tumoren** Bronchialkarzinom Non-Hodgkin-Lymphom Hodgkin-Lymphom Kaposi-Sarkom **Lungenembolie** Infarktpneumonie

DD *Differentialdiagnose*

Bei chronischen oder therapieresistenten Pneumonien sind die wichtigsten Differentialdiagnosen die Tuberkulose und das Bronchialkarzinom (poststenotische Pneumonie).

14.4.6 Tuberkulose

Die Tuberkulose ist eine weltweit verbreitete Infektionskrankheit, die meist chronisch verläuft und vorwiegend in den Atemorganen lokalisiert ist, jedoch grundsätzlich alle Organe befallen kann. Haupterreger in unseren Breiten ist Mycobacterium tuberculosis, sehr selten M. bovis oder africanum. Die Häufigkeit ist weltweit abhängig von sozialen und hygienischen Faktoren. Hauptinfektionsquelle ist der erkrankte Mensch, kranke Tiere wie Rinder, Hunde oder Katzen sind epidemiologisch unbedeutend, dennoch kann z.B. nichtpasteurisierte Milch von erkrankten Kühen als Infektionsvektor dienen. Hauptübertragungsweg ist die Tröpfcheninfektion.

B *Beschwerden und Befunde*

14

Man unterscheidet Primärtuberkulosen, die nach der Erstinfektion entstehen, von Postprimärtuberkulosen, die häufig durch endogene Reaktivierung alter Organherde und seltener durch erneute exogene Reinfektion entstehen. Etwa 90% aller Primär- und Postprimärtuberkulosen laufen pulmonal ab, entsprechend selten ist die primäre Darm-, Haut- oder (Hals-)Lymphknotentuberkulose. Folgende Verlaufsformen sind bei der Primärtuberkulose möglich: 1. Hiluslymphknoten-Tbc, 2. Pleuritis exsudativa, 3. „minimal lesions", 4. verkäsende Pneumonie, 5. Miliar-Tuberkulose, 6. Landouzy-Sepsis. Die postprimäre Tbc tritt überwiegend als kavernöse Lungen-Tbc (> 90%) auf, jedoch ist die Reaktivierung je nach vorher gesetzter „minimal lesion" prinzipiell in jedem Organ möglich (Tab. 14-8).

Tab. 14-8 Manifestationsformen der Tuberkulose

Primärtuberkulose	Postprimärtuberkulose
• Lymphknoten-Tbc Hilus-/Mediastinal-lymphknoten Mittellappensyndrom selten: Hals-LK, Tonsillen, Darm	• endogene Reaktivierung! • selten: exogene Reinfektion
• Pleuritis exsudativa • „minimal lesions" • Miliartuberkulose Lunge Meningen Leber/Milz Nieren/Nebennieren Choroidea der Augen • Landouzy-Sepsis	• Organ-Tbc Lungen (> 90%) mit Kavernenbildung alle Organe möglich, z. B. Nieren, Nebennieren, Knochen etc.

Mit Ausnahme der **Landouzy-Sepsis**, die ein schweres Krankheitsbild mit **hohem Fieber, Kopfschmerzen und Splenomegalie** bei vorbestehenden Immundefekten darstellt und häufig letal endet, sind die klinischen Beschwerden und Befunde bei der Tbc eher diskret. So bestehen häufig **subfebrile Temperaturen** bis mäßiges Fieber, meist **trockener Husten, Nachtschweiß, Appetitlosigkeit, Gewichtsverlust und Malaise**. Bei der Hiluslymphknoten-Tbc kann es zu einem **Mittellappensyndrom** mit Atelektase des Mittellappens im Röntgen-Thorax kommen, auskultatorisch findet man allenfalls ein abgeschwächtes Atemgeräusch. Basal aufgehobenes Atemgeräusch und absolute Klopfschalldämpfung als Zeichen eines größeren **Pleuraergusses** (< 300 ml klinisch und radiologisch nicht, sondern nur sonographisch erfaßbar) findet man bei der Pleuritis exsudativa, welche die klinisch häufigste Manifestationsform der Primärtuberkulose darstellt. Bei Patienten < 30 Jahren ist die Tuberkulose die häufigste Ursache für einen isolierten Pleuraerguß! Abdominelle Manifestationen mit **Aszitesbildung** sind ebenfalls möglich. „Minimal lesions" sind hämatogen gestreute, klinisch stumme Herde in verschiedenen Organen, die erst im Falle einer Reaktivierung relevant werden. Bei der **Miliar-Tbc** handelt es sich um ein schweres Krankheitsbild mit möglichem Übergang in eine Landouzy-Sepsis, wobei es zur **hämatogenen Generalisation** vor allem in Lunge, Meningen, Leber/Milz, Nieren, Nebennieren, Choroidea der Augen kommt. Neben hohem Fieber und schwerem Krankheitsgefühl bestehen bei der **pulmonalen Form** Husten, Dyspnoe und eventuell pleuritische Beschwerden, bei der **meningealen Form** Kopfschmerzen, Nackensteifigkeit und andere Meningitiszeichen (→ Kap. 44) und bei der **typhoiden Form** typhusähnliche Beschwerden wie Somnolenz, Durchfälle, Leukopenie und gelegentlich Roseolen. Husten mit Auswurf und **Hämoptysen** findet man im Rahmen einer verkäsenden Pneumonie oder einer postprimären **kavernösen Lungen-Tbc**, beide Formen sind als offen zu betrachten! Die postprimäre Organ-Tbc (außer Lunge) ist häufig eine Ursache für FUO!

DS *Diagnosesicherung*

Wichtig ist, **daran** zu **denken**! Häufig sind eher unspezifische Allgemeinsymptome, im Routinelabor finden sich lediglich unspezifische Entzündungszeichen. **Röntgen-Thorax:** Oberlappeninfiltrate, Ringstrukturen, diffuse feinknotige Verschattungen, Mittellappensyndrom sind verdächtig und eine Computertomographie zum Nachweis einer Kaverne ist in solchen Fällen indiziert. Beweisend für eine aktive Tbc ist nur die positive **Kultur**, daher sind ausreichende Materialentnahmen wichtig: **jeweils drei Proben** an möglichst drei aufeinanderfolgenden Tagen **von Sputum, Magennüchternsaft, Urin**; eine **BAL** sollte bei positivem Röntgenbild durchgeführt werden. Bei unklarem **Pleuraerguß** oder **Aszites** sind diagnostische **Punktionen** indiziert. Die Kultur benötigt 3–6 Wochen, das negative Ergebnis bedeutet jedoch keinen Ausschluß! Große Bedeutung haben moderne Nachweisverfahren wie das **BACTEC**-Verfahren und insbesondere die **PCR** auf Mykobakterien-DNS gewonnen, wobei beide Verfahren hinsichtlich Beweiskraft der Kultur nahezu ebenbürtig sind. Als Beweis für eine Tbc gilt auch der **histologische Nachweis** von Granulomen und säurefesten Stäbchen, allerdings kann die Granulombildung je nach zugrundeliegendem Immundefekt, insbesondere bei der HIV-Infektion, völlig aufgehoben sein. Der **mikroskopische Nachweis** säurefester Stäbchen mittels Anreicherung und Ziehl-Neelsen- oder Fluoreszenzfärbung beweist noch nicht die Tbc, da Verwechslungen mit atypischen, ubiquitär vorkommenden Mykobakterien (oft bei HIV!) möglich sind. Der **Tuberkulintest** (Stempeltest = Tine-Test, besser ist der intrakutane Test nach Mendel-Mantoux) gilt ab einer tastbaren Induration (alleinige Hautrötung ist negativ) von ≥ 6 mm als positiv. Ein positiver Test beweist die durchgemachte Erstinfektion oder die Tbc-Impfung, ein negativer Test mit 100 I.E. macht eine Tbc unwahrscheinlich. Je nach Dauer einer aktiven Tbc (bis 8 Wochen) oder vorliegender Immunschwäche (z.B. HIV-Infektion, Maserninfektion, maligne Lymphome) kann der Test trotz Tuberkulose negativ sein!

Im Falle einer neurologischen Symptomatik (→ Kap. 44) muß eine **Liquorpunktion** durchgeführt werden! Der für eine Tbc typische Liquorbefund zeigt eine mäßige lymphozytäre Pleozytose von bis zu 500/3 Zellen, erniedrigte Glukose- und erhöhte Eiweißspiegel. Aufgrund der Bedrohlichkeit einer tuberkulösen Meningitis ist hier die PCR-Diagnostik indiziert!

Bei Verdacht auf Miliar-Tbc oder Landouzy-Sepsis können **Blutkulturen** den Erregernachweis ermöglichen, wobei nicht die üblichen Blutkulturflaschen, sondern einfach ein EDTA-Blutröhrchen zu verwenden ist. Im Falle einer mutmaßlichen Organ- oder Lymphknotentuberkulose, die sich nicht selten als FUO präsentiert, sind nach Lokalisierung durch bildgebende Verfahren (z.B. CT-Abdomen, Knochenszintigraphie, Röntgen von möglichen Knochenherden etc.) entsprechende **Biopsien** durchzuführen, z.B. Leberbiopsie, Knochenmarkbiopsie.

Der **Tierversuch** ist nur noch in Ausnahmefällen indiziert, er kann letztlich als obsolet bezeichnet werden. Eine Zusammenfassung der möglichen Diagnostik ist in Tabelle 14-9 zu finden.

DD *Differentialdiagnose*

Die wichtigste Differentialdiagnose bei pulmonalem Befund ist das Bronchialkarzinom! Außerdem Infektionen anderer Genese, die mit Lungeninfiltraten einhergehen.

Tab. 14-9 Mögliches Diagnostikprogramm bei Verdacht auf Tuberkulose

Röntgen des Thorax ggf. CT-Thorax **Tuberkulintest** (Tine-/Mendel-Mantoux-Test) **Kultur u. mikroskopische Untersuchung** 3×Sputum 3×Magennüchternsaft 3×Urin BAL (bei pos. Röntgenbefund) Pleuraerguß/Aszites **ggf. BACTEC- oder PCR-Nachweis** **Lumbalpunktion** (bei neurolog. Symptomatik)	**Histologie und Kultur** Organbiopsien/Lymphknoten **weitere Lokalisationsdiagnostik (falls nötig)** CT-Abdomen Skelettszintigraphie Röntgen/CT fraglicher Knochenherde i.v. Urogramm **Blutkulturen** (EDTA-Blut) bei septischem Verlauf Tierversuch (obsolet)

Tab. 14-10 Leitsymptome einer Sepsis

intermittierendes, hohes Fieber **Tachypnoe** **Oligurie bis Anurie** **Bewußtseinsstörungen** • Verwirrtheit • Unruhe • Somnolenz **Übelkeit, Erbrechen, Diarrhöen**	**Schüttelfrost** **Tachykardie und Hypotension bis Schock** **Hauterscheinungen** • hämorrhagisch Petechien Ekchymosen • Ecthyma gangraenosum (Pseudomonas) • septische Hautmetastasen

Fieber mit Schüttelfrost, Tachykardie, Tachypnoe, Hypotension bis Schock und Verbrauchskoagulopathie

14.4.7 Sepsis

Unter einer Sepsis versteht man die systemische Reaktion des Körpers auf die konstante oder periodische Aussaat von Mikroorganismen und deren Toxine, zumeist gramnegativer, seltener grampositiver Bakterien, Pilze oder Parasiten. Hauptkennzeichen der Sepsis ist die Kreislaufdepression bis hin zum septischen Schock und konsekutivem Multiorganversagen. Prädisponierend sind letztlich alle Zustände, die mit einer Immunsuppression und/oder potentieller Einschleusung von Erregern einhergehen; beispielhaft seien hier größere Operationen, Diabetes mellitus, Malignome, Leberzirrhose, Alkoholabusus, Organtransplantationen, immunsuppressive oder Zytostatikatherapie, Traumata, Fremdkörper wie Blasen- oder Venenverweilkatheter, primär lokal entzündliche Prozesse wie Abszesse, Otitis media, Cholezystitis als potentielle Sepsisherde genannt. Trotz moderner Antibiotika und Fortschritte in der Intensivmedizin liegt die Letalität der Sepsis bei 60–80%! Abzugrenzen ist die Bakteriämie, die ohne systemische Kreislaufreaktion verläuft.

B ***Beschwerden und Befunde***

Im Vollbild einer Sepsis finden sich folgende Leitsymptome:

Intermittierendes, hohes Fieber (bis 41°C), Schüttelfrost, Tachypnoe, Tachykardie, Hypotension, Oligurie bis Anurie, Übelkeit und Erbrechen, Bewußtseinsstörungen wie Verwirrtheit, Unruhe oder Somnolenz, und verschiedene Hauterscheinungen (Tab. 14-10). Jedes dieser Symptome kann jedoch einzeln oder unterschiedlich kombiniert vorkommen, was die Diagnose einer Sepsis erschwert. Insbesondere bei älteren Menschen, debilen Patienten, immunsupprimierten Patienten oder Kindern kann die klinische Symptomatik sehr subtil sein, und so können beispielsweise eine unklare Hypotension und zunehmende Verwirrtheit bzw. Desorientiertheit oder Hyperventilation die einzigen Hinweise auf eine Sepsis sein. Fieber kann völlig fehlen, manche Patienten sind sogar hypotherm. Hämorrhagische Hautzeichen wie Petechien oder Ekchymosen (→ Kap. 9) als Ausdruck einer Verbrauchskoagulopathie sind eher selten anzutreffen (Abb. 14-4).

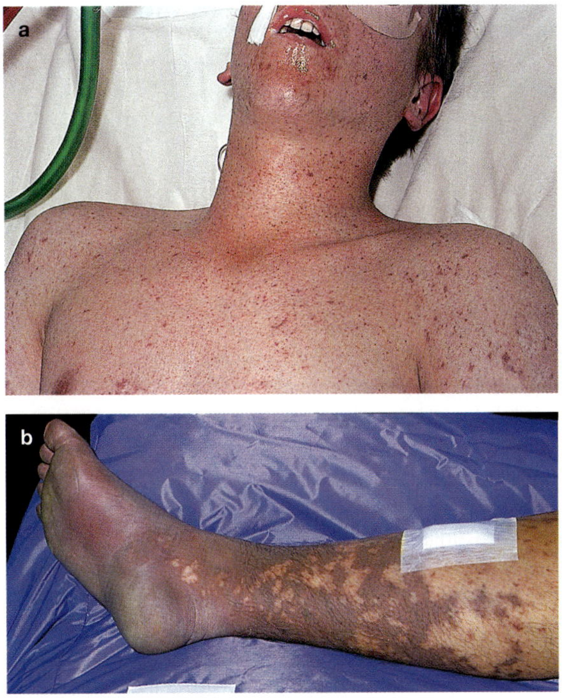

Abb. 14-4 (a) Petechien und (b) Ekchymosen als typische Hauterscheinungen bei Meningokokkensepsis.

Sowohl Blutungszeichen als auch vesikulopustulöse Hautveränderungen sind mit bestimmten Erregern assoziiert, insbesondere Meningokokken, Staphylokokken, Streptokokken, Gonokokken und Pseudomonas. Typisch für eine Pseudomonas-Sepsis ist das Ecthyma gangraenosum, bei dem es von Maculae ausgehend zur Induration mit zentralen hämorrhagischen Vesiculae kommt, die schließlich gangränös ulzerieren.

Neben septischen Hautmetastasen ist die septische Absiedlung in alle Organe bzw. Regionen möglich, bevorzugt jedoch in die Meningen, Leber, Nieren, Lungen, Endokard, Gelenke, Knochen und Augen. So spricht ein neu aufgetretenes Herzgeräusch für eine Mitbeteiligung der Herzklappen (→ 14.4.8 Endokarditis).

Im Verlauf einer Sepsis kommt es zu hämodynamischen Alterationen, die im septischen Schock (→ Kap. 50) und schließlich im irreversiblen Multiorganversagen münden. Die frühe Phase des septischen Schocks ist gekennzeichnet durch „Vasodilatation" mit gesteigertem Herzzeit- und Herzschlagvolumen sowie vermindertem peripherem Widerstand und zentralem Venendruck, was sich in einer überwärmten und geröteten Haut trotz bestehender Kreislaufdepression äußert.

In der späten Phase des septischen Schocks kommt es zur zunehmenden Vasokonstriktion mit Zunahme des peripheren Widerstands und Abnahme des Herzzeit- und Herzschlagvolumens sowie des zentralen Venendrucks. Die Haut ist jetzt eher kalt und marmoriert, peripher kann es zu einer Zyanose kommen. Schließlich kommt es zum irreversiblen Multiorganversagen mit respiratorischer (ARDS: adult respiratory distress syndrome), renaler, kardialer und hepatischer Insuffizienz.

DS *Diagnosesicherung*

Besteht aufgrund der genannten Leitsymptome der klinische Verdacht auf eine Sepsis, müssen **vor Einleitung einer antibiotischen Therapie** zur Identifizierung des Erregers **mehrfach Blutkulturen**, möglichst auch Urin- und Stuhlkulturen entnommen werden. In 45–50% finden sich gramnegative, in 35–40% grampositive Bakterien als Ursache.

Wichtig ist die Suche nach möglichen Eintrittspforten, wie Hautverletzungen, vor allem venöse Zugänge oder Blasenkatheter, infizierte Operationswunden. Hierzu dient auch die Lokalisationsdiagnostik mit Röntgen-Thorax und Sonographie des Abdomens, je nach Klinik sind weitere apparative Untersuchungen wie Echokardiographie, CT-Abdomen/Thorax, Gastroskopie oder Koloskopie notwendig. Oft besteht eine geringe bis mäßige Splenomegalie. Finden sich keine Eintrittspforten oder Ausgangsherde, kann die Eruierung prädisponierender Faktoren aufschlußreich sein. Im Labor finden sich meist eine Thrombopenie, eine mäßige Anämie und eine teilweise extreme Leukozytose von 20 000–30 000/µl mit Linksverschiebung (Ausnahme: Granulozytopenie durch Zytostatika- oder immunsuppressive Therapie!). Eine mäßige Verbrauchskoagulopathie (DIC) besteht nahezu regelhaft, selbst eine extreme DIC führt selten zu Blutungszeichen bzw. Blutungskomplikationen.

Die Erhöhung der Retentionswerte deutet auf ein beginnendes Nierenversagen hin. Respiratorische Alkalose mit guter arterieller O_2-Sättigung und geringe bis mäßige metabolische Azidose in der Blutgasanalyse sprechen für eine frühe Phase der Sepsis, hingegen sind niedrige O_2-Sättigung mit schwerer metabolischer Azidose und hohem Laktatspiegel Zeichen der fortgeschrittenen Sepsis mit sehr ungünstiger Prognose. Ein Pulmonalarterienkatheter (Swan-Ganz-Katheter) dient zur Differenzierung zwischen septischem Schock und anderen Schockformen (→ Kap. 50) sowie zur Verlaufskontrolle der hämodynamischen Parameter.

DD *Differentialdiagnose*

Andere Schockformen wie kardiogener Schock, hypovolämischer und allergischer Schock. Lungenembolie, Herzinfarkt, Perikardtamponade, Aortendissektion (→ kardiogener Schock, Kap. 50). Toxic-Shock-Syndrom (→ Kap. 50).

Tab. 14-11 Ursachen für Fieber mit kardialen Begleitsymptomen bzw. Krankheitszeichen

Endokarditis
Perimyokarditis
- **infektiös**
  - **Viren:** Coxsackie-, Adeno-, Influenza-, Echoviren
  - **Bakterien:** Sepsis, Scharlach, Diphtherie, Leptospirose, Borreliose, Tbc, Lues, Typhus
  - **Pilze**
  - **Parasiten:** Toxoplasmose, Chagas, Trichinen, Echinokokken
- **nichtinfektiös**
  - **rheumatisches Fieber** (sek. allerg. Reaktion nach Streptokokkeninfektion)
  - **Dressler-Syndrom** (nach Myokardinfarkt bzw. Postkardiotomie-Syndrom)
  - **Autoimmunerkrankungen:** rheumatische Erkrankungen, Kollagenosen, Vaskulitiden
  - **medikamentös-toxisch,** z. B. Anthrazykline
  - **Strahlentherapie**

Myokardinfarkt
Lungenembolie
Herztumoren (selten)
- **benigne:** Vorhofmyxom
- **maligne:** Rhabdomyosarkom, Lymphom, Metastasen (vor allem Adenokarzinom, Melanom)

Fieber mit Palpitationen, Angina pectoris, Herzgeräusch und Leistungsknick – kardiale Ursachen

Symptome wie Herzstiche, pektangiforme Beschwerden, Palpitationen, deutliche Leistungseinschränkung mit (Belastungs-)Dyspnoe deuten zusammen mit Fieber auf eine mögliche kardiale Erkrankung hin. Fällt ein neu aufgetretenes Herzgeräusch auf oder ist in der Anamnese ein Herzgeräusch oder Herzfehler bekannt, muß eine Endokarditis ausgeschlossen oder bestätigt werden! Die verschiedenen Ursachen für Fieber mit diesen Begleitsymptomen sind in Tabelle 14-11 zusammengefaßt.

14.4.8 Endokarditis

G. Ertl

Akutes, persistierendes Fieber, zunächst ohne symptomatische Organmanifestation, läßt die Verdachtsdiagnose einer akuten Endokarditis stellen. Liegt darüber hinaus ein Herzgeräusch vor, so muß dieser Verdacht bestätigt oder widerlegt werden. Die akute Endokarditis, meist bakterieller Genese, stellt nämlich ein vital bedrohliches Krankheitsbild dar, welches einer raschen antibiotischen, seltener chirurgischen Behandlung bedarf. Die bakterielle Besiedlung betrifft meist die Herzklappen, insbesondere, wenn diese vorgeschädigt sind, eine Abwehrschwäche und Risikofaktoren für rezidivierende Bakteriämien vorliegen (Tab. 14-12). Virulente Keime wie Staphylococcus aureus können jedoch auch normale Klappen befallen. Der Krankheitsverlauf ist geprägt durch lokale Komplikationen, insbesondere die Zerstörung der Herzklappe und paravalvuläre Abszesse, septische metastatische Absiedlungen und Abszesse sowie immunologische Phänomene aufgrund persistierender Bakteriämien.

B *Beschwerden und Befunde*

Die Symptomatik der akuten Endokarditis ist unspezifisch. Im Vordergrund steht ein septisches Krankheitsbild mit krisenhaftem Fieberverlauf und eventuellem Schüttelfrost. Ein septisches Krankheitsbild ohne nachweisbaren Fokus in Gegenwart eines Herzgeräusches oder bei einer Risikogruppe, insbesondere Patienten, die intravenösen Drogenabusus betreiben, muß immer an eine akute Endokarditis denken lassen. Bei virulenten Keimen kann der Verlauf dominiert sein durch die akute Klappeninsuffizienz, die Klappe kann z.B. unter Besiedlung mit Staphylococcus aureus im Verlauf von Stunden „wegschmelzen". Embolien von bakteriellen Klappenvegetationen können symptomatisch verlaufen und zum apoplektischen Insult führen

Tab. 14-12 Risikofaktoren für die bakterielle Endokarditis

kardial
Zustand nach rheumatischer Endokarditis
kongenitales Vitium cordis
Mitralklappenprolaps-Syndrom
degenerative Klappenerkrankung
hypertrophische obstruktive Kardiomyopathie nach Herzoperationen
epidemiologisch
Alter
Herkunft (Wahrscheinlichkeit für rheumatische Endokarditis)
intravenöser Drogenmißbrauch
Diabetes mellitus
chronische Hämodialyse?
AIDS?

oder bei kutaner Manifestation zur Diagnosesicherung beitragen. Die klassischen kutanen Manifestationen sind jedoch unspezifisch: Osler-Knötchen, subunguale Blutungen (Abb. 14-5), Janeway-Läsionen, und kön-

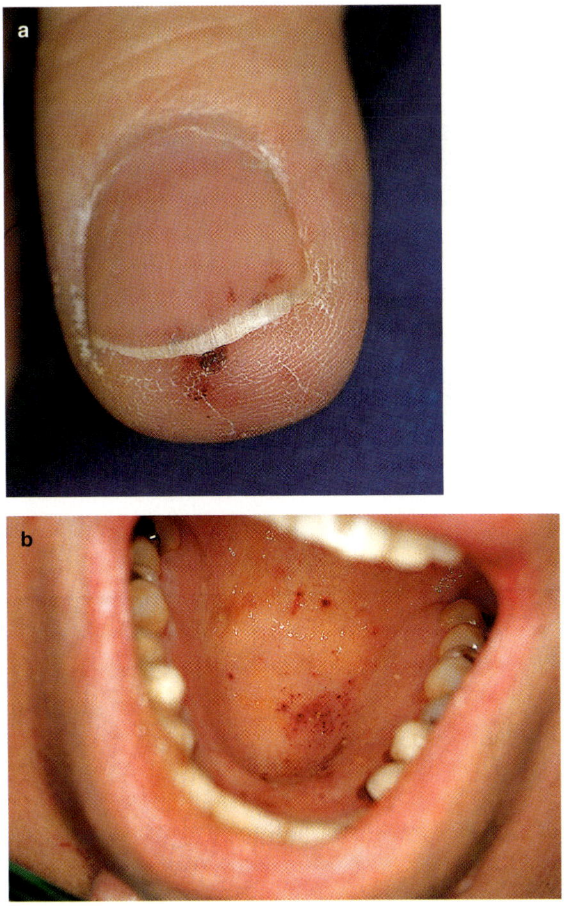

Abb. 14-5 Endokarditis: (a) Osler-Splits; (b) Mikroembolie der Mundschleimhaut.

nen auch fehlen. Ebenso kann beim perakuten Verlauf eine Splenomegalie fehlen. Als wichtige klinische Befunde lassen sich am Herzen eine durch die Endokarditis bedingte Klappeninsuffizienz oder ein vorbestehendes Vitium als Risikofaktor nachweisen.

DS *Diagnosesicherung*

Der **Erregernachweis** mittels Blutkultur ist der zentrale Befund für die Diagnose der akuten Endokarditis. Die Wahrscheinlichkeit einer positiven Blutkultur liegt bei mehr als 95% der Patienten, die nicht antibiotisch vorbehandelt sind. Bei Verdacht auf Endokarditis sind daher obligatorisch mindestens 3 Blutkulturen im Abstand von 1 Stunde zu gewinnen, wobei insbesondere bei der akuten Endokarditis der Erregernachweis jedoch häufig nicht abgewartet werden kann. Für die akute Endokarditis kommen meist Staphylococcus aureus, Streptococcus pneumoniae oder pyogenes in Frage, wobei bei Drogenabhängigen Staphylokokken stark überwiegen. Der Keimnachweis in der Blutkultur bei vorliegendem kardialem Auskultationsbefund oder bei einer Hochrisikogruppe ist für die Endokarditis diagnostisch, wenn kein eindeutiger anderer Infektionsherd vorliegt. Andere Laborbefunde wie eine Leukozytose mit Linksverschiebung, Beschleunigung der Blutsenkungsgeschwindigkeit und Aktivierung anderer Entzündungsparameter oder eine Thrombozytopenie sind unspezifisch. Die Urinanalyse kann eine Proteinurie, Mikrohämaturie und Pyurie ergeben.

Die dritte Säule der Diagnostik neben Erregernachweis und Auskultationsbefund des Herzens stellt heute die **Echokardiographie** dar. Sie erlaubt einerseits schon bei transthorakaler Anwendung häufig den Nachweis von Klappenvegetationen, andererseits kann sie prädisponierende Faktoren für eine Endokarditis oder Konsequenzen der Endokarditis identifizieren. Abbildung 14-6 zeigt ein **transösophageales** Echokardiogramm mit großer Vegetation auf dem hinteren Segel der Mitralklappe, die farbkodierte Doppler-Echokardiographie belegt die durch die Endokarditis hervorgerufene Mitralinsuffizienz, die bei dem Patienten auch auskultatorisch schon nachweisbar war. Vorliegende Vitien können zumindest semiquantitativ und vor allem im Verlauf beurteilt werden. Ebenso kann das Auftreten und Verschwinden von Vegetationen für die Prognose und die Therapieentscheidung, insbesondere medikamentös versus chirurgisch, mit hinzu-

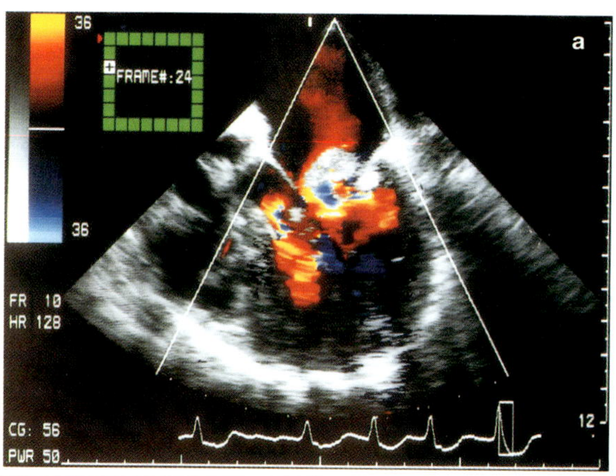

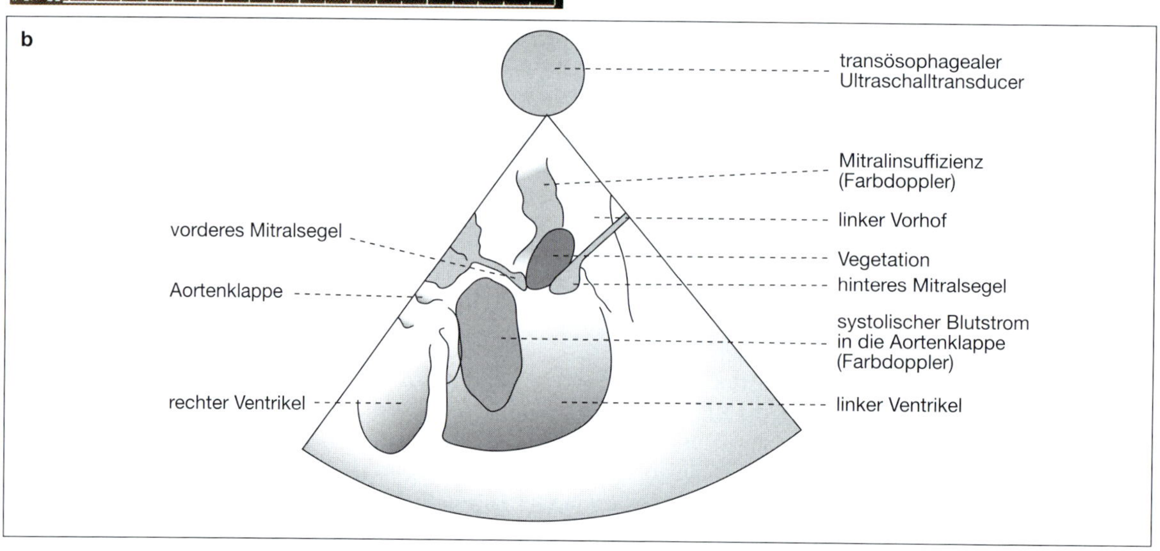

Abb. 14-6 Mitralklappenendokarditis: (a) Farb-Doppler-Echokardiographie; (b) schematische Zeichnung.

gezogen werden. Schließlich leistet insbesondere die transösophageale Echokardiographie einen entscheidenden Beitrag zum Nachweis von lokalen Komplikationen wie Klappenringabszessen oder Perforationen in die Klappenumgebung oder ins Perikard. Somit stellt ein akut septisches Krankheitsbild unklarer Genese grundsätzlich die Indikation für eine umgehende Echokardiographie möglichst mit transösophagealem Zugang dar. Keineswegs kann jedoch aufgrund der Echokardiographie die Diagnose einer Endokarditis ausgeschlossen oder gestellt werden. Vegetationen können von älteren narbigen Veränderungen an der Klappe nicht grundsätzlich unterschieden werden, und insbesondere bei der akuten Endokarditis kann in den ersten Tagen der Nachweis einer Vegetation fehlen. Ohne bakteriologischen Befund weist also eine entsprechende Klappenveränderung eine Endokarditis nicht nach, bei bakteriologischem Befund schließt ein Fehlen einer Vegetation eine Endokarditis nicht aus.

Die **abdominelle Sonographie** kann Milz- oder Niereninfarkte als Folge septischer Embolien nachweisen und macht quantitative Angaben zu einer Splenomegalie. Die Befunde sind jedoch unspezifisch. Die **Röntgenaufnahme des Thorax** kann durch ein Vitium cordis verändert sein, es kann sich eine Vergrößerung des Herzens oder eine Lungengefäßstauung bis zum Lungenödem (beispielsweise bei akuter Mitralinsuffizienz infolge einer Mitralklappenendokarditis) zeigen.

Die **Herzkatheteruntersuchung** einschließlich Koronarangiographie kann präoperativ notwendig sein, wenn eine nicht beherrschbare Sepsis, ein Abszeß im Bereich des Klappenapparates oder der umliegenden kardialen Strukturen oder eine progrediente Klappeninsuffizienz mit hämodynamischer Instabilität zum operativen Vorgehen zwingt. Infizierte Klappen sollten allerdings nicht mit Herzkathetern passiert werden. Abszesse oder Perforationen können angiographisch dargestellt werden, in ausgewählten Fällen kann hier die **Magnetresonanztomographie** zusätzliche Informationen liefern. Daneben muß die Koronarangiographie in Zweifelsfällen eine koronare Herzerkrankung ausschließen.

Fieber ohne organspezifische Symptomatik

14.4.9 Subakute Endokarditis

G. Ertl

Die subakute Endokarditis befällt meist vorgeschädigte Klappen, früher überwiegend infolge einer rheumatischen Endokarditis, heute meist bei anderen Vitien, insbesondere bei Mitralklappenprolaps-Syndrom oder nach prothetischem Herzklappenersatz. Erreger sind wenig virulente Keime wie Streptococcus viridans oder Staphylococcus epidermidis. Im Gegensatz zur akuten Endokarditis ist der Verlauf schleichend (Endocarditis „lenta“)

B *Beschwerden und Befunde*

Die Symptomatik der subakuten Endokarditis ist ausgesprochen uncharakteristisch mit Krankheitsgefühl, Abgeschlagenheit, Inappetenz, Gewichtsverlust und Nachtschweiß.

Bei älteren Patienten kann sogar Fieber fehlen, welches generell weniger hoch ist als bei akuter Endokarditis und meist nicht mit Schüttelfrösten einhergeht.

Es ist deshalb besonders wichtig bei vorliegenden kardialen Risikofaktoren, also einer Vorschädigung der Klappe oder Zustand nach Klappenersatz, einem kongenitalen Vitium, einer abgelaufenen rheumatischen Endokarditis, einem Mitralklappenprolaps-Syndrom, oder einer hypertrophischen Kardiomyopathie, an die Möglichkeit einer Endocarditis lenta zu denken.

Auskultationsbefunde im Bereich des Herzens bei einer Allgemeinsymptomatik nicht unmittelbar zu klärender Genese sollten eine dahingehende Diagnostik veranlassen. Kutane Manifestationen (→ akute Endokarditis) und „Roth-Flecken“, die retinale Blutungen darstellen, sind nicht obligat, eine Splenomegalie findet sich häufiger als bei der akuten Endokarditis.

14

DS *Diagnosesicherung*

Wie bei der akuten Endokarditis steht der **Erregernachweis** ganz im Zentrum der Diagnostik. Bakteriämien sind, falls keine antibiotische Vorbehandlung durchgeführt wurde, die Regel und kontinuierlich, jedoch nur mit niedriger Keimdichte. Der eher blande klinische Verlauf erlaubt die Wiederholung von Blutkulturen bis zum definitiven Erregernachweis mit Antibiogramm. Der Nachweis von Streptococcus viridans oder Staphylococcus epidermidis macht eine Endocarditis lenta hochwahrscheinlich.

Wie bei der akuten Endokarditis spielt auch bei der subakuten Form die **Echokardiographie**, insbesondere als transösophageale Echokardiographie, für den Nachweis von Vegetationen und Komplikationen der Endokarditis wie Klappeninsuffizienzen und paravalvulären Abszessen eine entscheidende Rolle. Darüber hinaus gibt die Echokardiographie Auskunft über prädisponierende kardiale Veränderungen. Auch bei der subakuten Endokarditis mindern jedoch mögliche vorbestehende Veränderungen an der Klappe die Spezifität der Methode, und Vegetationen, insbesondere, wenn sie kleiner als 3 mm im Durchmesser sind, können übersehen werden.

Andere Untersuchungsmethoden, wie das **Elektrokardiogramm** oder die **Röntgenaufnahme des Thorax,** können Veränderungen im Rahmen einer bestehenden kardialen Grunderkrankung oder von Komplikationen eines durch die Endokarditis hervorgerufenen Vitiums aufweisen.

Fieber mit Hauterscheinungen

Viele fieberhafte Erkrankungen gehen mit Haut- und Schleimhautveränderungen einher, die entweder typisch für bestimmte Krankheiten sind oder auch nur gelegentlich als Begleitphänomen auftreten.

Die Hautausschläge lassen sich grob in drei große Gruppen einteilen: makulopapulöse und vesikulopapulöse Exantheme sowie hämorrhagische Hauterscheinungen im Sinne einer Purpura. Die Tabellen 14-13, 14-14 und 14-15 zeigen Übersichten über die verschiedenen Krankheitsursachen, die mit Hautveränderungen assoziiert sein können (→ Kap. 21). In den folgenden Abschnitten sind das Toxic-Shock-Syndrom, die Serumkrankheit und die Graft-versus-Host-Krankheit genauer beschrieben.

Tab. 14-13 Differentialdiagnose des Fiebers mit makulopapulösem Exanthem

Infektiöse Ursachen	Nichtinfektiöse Ursachen
Masern Röteln Ringelröteln Mononukleose Coxsackie-, ECHO-Viren Scharlach Erysipel Erysipeloid Erythema marginatum Leptospirose systemische Mykosen Toxoplasmose Borreliose Trichinose Typhus Toxic-Shock-Syndrom Lues II	Dermatomyositis Polymyositis Medikamente Serumkrankheit Kawasaki-Syndrom SLE Erythema exsudativum multiforme Graft-versus-host-Krankheit

Tab. 14-14 Differentialdiagnose von Fieber mit vesikulopustulösem Exanthem

Infektiöse Ursachen	Nichtinfektiöse Ursachen
Herpes simplex (HSV 1 u. 2) Stomatitis aphthosa (vordere Mundhöhle), Lippen, Genitoanalregion, Eczema herpeticum, Finger **Varicella-Zoster-Virus (VZV)** Varizellen, Zoster **Pocken (Variola-Virus)** **Hand-Fuß-Mund-Krankheit** (Coxsackie A16) **Sepsis** Staphylokokken, Gonokokken, Pseudomonas (Ecthyma gangraenosum), Meningokokken	**Arthritis-Dermatitis-Syndrom** **Medikamente** **Lyell-Syndrom** • Erythema exsudativum multiforme (Stevens-Johnson-Syndrom) • toxische epidermale Nekrolyse • DD: infektiöse Ursachen, z. B. Mykophasmen Herpes simplex und andere **Wiesengräserdermatitis** **Morbus Behçet** **Morbus Reiter** **Sweet-Syndrom** **Graft-versus-Host-Krankheit**

Tab. 14-15 Differentialdiagnose von Fieber mit Zeichen einer Purpura

Infektiöse Ursachen	Nichtinfektiöse Ursachen
Sepsis gramnegative Erreger, Meningokokken (Extremfall Waterhouse-Friderichsen-Syndrom), Staphylokokken, Gonokokken, Pseudomonas **Bakterielle Endokarditis** **Viren** Arboviren: Dengue-Fieber, Gelbfieber Lassafieber, Ebola- und Marburg-Virus und andere hämorrhag. Fieberarten Hantaviren (Masern, Röteln, Mononukleose, Hepatitis) **Rickettsien** Fleckfieber, Rocky-Mountains-Fleckfieber	**Vaskulitiden** Schoenlein-Henoch-Purpura Morbus Moschcowitz hämolytisch-urämisches Syndrom rheumatisches Fieber (sekundär allerg.) **SLE** **Medikamente** **Malignome** akute Leukämien MDS maligne Lymphome solide Tumoren Plasmozytom

14.4.10 Toxic-Shock-Syndrom

Das Toxic-Shock-Syndrom (TSS) ist ein fulminantes, hochseptisches Krankheitsbild, das durch das TSS-Toxin 1 bei einer Staphylokokkeninfektion und seltener durch das Exotoxin A bei einer Streptokokkeninfektion ausgelöst wird. 1978 wurde das Syndrom in den USA erstmals bei jungen Frauen beschrieben, die neuartige, aus synthetischem Material hergestellte vaginale Tampons angewendet hatten, die mit dem toxinbildenden Staphylokokkenstamm besiedelt waren. Heute findet sich das TSS vor allem bei infizierten Bagatellverletzungen oder nach Operationen (z.B. HNO-, Gynäkologie-Bereich).

B ***Beschwerden und Befunde***

Klinisch findet sich ein schweres, rasch progredientes septisches Krankheitsbild mit hohem Fieber, Hypotension, Konjunktivitis und initial scharlachähnlichem Hauterythem, das rasch in eine palmoplantar betonte Desquamation mit Blasenbildung übergeht. Zusätzlich kommt es zu Erbrechen, Durchfällen, Myalgien und typischen Schocksymptomen wie Bewußtseinsstörungen und Oligurie bzw. Anurie. Es entwickelt sich rasch ein septischer Schock.

DS ***Diagnosesicherung***

Typisch ist das klinische Bild mit scharlachähnlichem Exanthem und Multiorganbeteiligung. Das diagnostische Prozedere ist wie beim septischen Schock (→ 14.4.7 und Kap. 50). Im Labor finden sich entsprechende Veränderungen mit pathologisch erhöhten Leberfunktions- und Nierenretentionswerten, Thrombopenie, Leukozytose, Erhöhung der Kreatinphosphokinase (Myalgien) als Ausdruck des Multiorganbefalls.

Entscheidend für die Diagnose ist der Nachweis des toxinbildenden Erregers. Der serologische Nachweis von TSS-Toxin-1-Antikörpern schließt ein aktuelles TSS aus!

DD ***Differentialdiagnose***

Wichtig sind andere schwere Krankheitsbilder mit Fieber und Hautveränderungen wie das Lyell-Syndrom in Form des Steven-Johnson-Syndroms oder am schwersten in Form der toxischen epidermalen Nekrolyse (TEN), Scharlach, Lues II, Graft-versus-Host-Reaktion, Kawasaki-Syndrom.

14.4.11 Serumkrankheit

Die Serumkrankheit stellt die systemische Form der immunkomplexvermittelten Überempfindlichkeitsreaktion (Typ III) dar. Sie kann auftreten nach parenteraler Gabe von Fremdeiweißen bzw. Fremdserum oder bei Antikörperbildung gegen Medikamente. Das klinische Bild wird durch entzündliche Gewebsschäden bestimmt, die durch Ablagerung zirkulierender Immunkomplexe in verschiedenen Organen mit Aktivierung des Komplementsystems verursacht werden. Die primäre Sensibilisierung benötigt ca. 6–12 Tage, bis die ersten Symptome auftreten; bei wiederholter Antigenexposition kommt es bereits nach 12–36 Stunden zu Beschwerden.

B ***Beschwerden und Befunde***

Das klinische Bild wird bestimmt durch Fieber, allgemeines Krankheitsgefühl, generalisierte Lymphknotenschwellung und Splenomegalie, Arthralgien sowie meist juckendes, morbilliformes Exanthem, das sich bei vermehrter Histaminfreisetzung aus Mastzellen zu einer generalisierten Urtikaria steigern kann. Bei schwerem Verlauf kann es zur Vaskulitis, Polyarthritis, Glomerulonephritis, Polyserositis und Neuritis bis hin zum Guillain-Barré-Syndrom kommen.

DS ***Diagnosesicherung***

Klinisches Bild und Anamnese. Bei möglicher Auslösung durch Medikamente erfolgt die Suche nach Antikörpern gegen eingenommene Substanzen. Im Labor ist der Nachweis zirkulierender Immunkomplexe, der jedoch nicht immer gelingt, ein wichtiges Indiz.

DD ***Differentialdiagnose***

Andere Ursachen für makulopapulöse Exantheme mit Fieber, Vaskulitiden, Polyarthritiden und generalisierter Lymphadenopathie.

14.4.12 Graft-versus-Host-Krankheit

Die GvH-Krankheit wird durch eine Immunreaktion des Transplantats gegen fremde Histokompatibilitätsantigene des Empfängers im Rahmen einer allogenen Knochenmarktransplantation verursacht. Meist sind Haut, Leber und Darm betroffen. Eine akute GvH-Krankheit geht oft in eine chronische über. Eine GvH-Reaktion kann auch z.B. bei Patienten mit T-Zelldefekten nach Bluttransfusionen auftreten, die z.B. durch Bestrahlung nicht T-Zell-depletiert sind.

B ***Beschwerden und Befunde***

Bei der akuten GvH-Reaktion entwickelt sich Fieber sowie ein generalisiertes Haut- und Schleimhauterythem, das je nach Schweregrad der GvH-Reaktion übergehen kann in eine trockene oder feuchte Desquamation der Haut bis hin zur exfoliativen Dermatitis und bullösen Dermatitis (Lyell-Syndrom). In der Leber kommt es zur akuten Hepatitis mit cholestatischem Ikterus bei entsprechender Erhöhung von Bilirubin, alkalischer Phosphatase und Transaminasen. Die GvH-Reaktion am Darm führt zu schleimig-wäßrigen oder auch blutigen Durchfällen. Neben der üblichen Infektionsgefahr aufgrund der bestehenden Neutropenie ist das Risiko für systemische Pilzinfektionen besonders hoch, nicht selten kommt es zu den gefürchteten interstitiellen Pneumonien, meist durch CMV, seltener Pneumocystis carinii oder idiopathisch.

Die chronische GvH-Krankheit ist selten von Fieber begleitet und gekennzeichnet durch die generalisierte Entzündungsreaktion und konsekutive Fibrosierung in den betroffenen Organen. An der Haut finden sich Veränderungen wie Lichen ruber planus und Sklerodermie, an der Schleimhaut ein Sicca-Syndrom und Lichenifizierung, in der Leber Fibrosierung und biliäre Zirrhose. Aufgrund der Fibrosierung des Darms kommt es zu rezidivierenden Durchfällen. An der Lunge kann eine chronische Lungengerüsterkrankung entstehen.

DS *Diagnosesicherung*

Die Diagnose ergibt sich meist klinisch aus dem Kontext mit einer vorausgegangenen Knochenmarktransplantation. Haut- bzw. Schleimhautbiopsien oder Organbiopsien sichern die Diagnose histologisch. Mit Hilfe eines Röntgenbildes des Thorax läßt sich eine interstitielle Pneumonie diagnostizieren. Im Labor zeigen sich die Zeichen der cholestatischen Hepatitis sowie meist eine Panzytopenie im Blutbild. Bei chronischer GvH-Reaktion kommt es zum zunehmenden Antikörpermangel.

DD *Differentialdiagnose*

Wichtigste Differentialdiagnosen in der frühen Posttransplantationsphase sind systemische bakterielle oder Pilzinfektionen oder Infektionen durch CMV oder Pneumocystis carinii bzw. andere opportunistische Erreger! Außerdem toxisch bedingte Komplikationen der Konditionierungschemotherapie bzw. Strahlentherapie wie VOD (veno-occlusive disease) der Leber, Pneumonitis, Strahlendermatitis, Kolitis.

Fieber mit Dysurie, Pollakisurie, Schmerzen in der Anogenitalregion und/oder in den Nierenlogen – Entzündungen des Urogenitalsystems

Neben den Infektionen des oberen und unteren Respirationstraktes sind Harnwegsinfekte die häufigste Ursache für fieberhafte Zustände. Im ambulanten Bereich stehen unkomplizierte Harnwegsinfekte im Vordergrund, während im stationären Bereich komplizierte Infekte vorherrschen. Die Differentialdiagnosen für Fieber mit Krankheitszeichen des Urogenitalsystems sind in Tabelle 14-16 zusammengefaßt (→ Kap. 60).

Tab. 14-16 Ursachen für Fieber mit Krankheitszeichen des Urogenitalsystems

Zystitis, Urethritis	**Lymphogranuloma inguinale**
akute Prostatitis	**Ulcus molle**
Kolpitis	**Herpes genitalis, analis**
Epididymitis	**Tumoren**
Orchitis	Hypernephrom
Adnexitis	Blasenkarzinom
akute Pyelonephritis	Prostatakarzinom
intra-/paranephritischer Abszeß	Hodenkarzinom
Urosepsis	Zervixkarzinom
Gonorrhö	Uteruskarzinom
Lues I	Ovarialkarzinom
	Morbus Reiter

14.4.13 Harnwegsinfekt

B *Beschwerden und Befunde*

Der **unkomplizierte Harnwegsinfekt** tritt nur bei Frauen auf und äußert sich durch Dysurie, Pollakisurie und Blasenschmerzen (Urethritis, Zystitis). Es bestehen keine anamnestischen Hinweise auf eine urologische Vorerkrankung oder prädisponierende Grunderkrankung. Fieber fehlt meistens. Ein **komplizierter Harnwegsinfekt** liegt vor, wenn sich neben den genannten Beschwerden prädisponierende urologische Vorerkrankungen bzw. Grunderkrankungen finden wie Mißbildungen (z.B. Harnleiterdoppelanlage), Nephrolithiasis, Prostatahyperplasie, Blasendauerkatheter bzw. Diabetes mellitus, aber auch Schwangerschaft. Fieber kommt hier häufiger vor. Jede Form der Harnabflußstörung mit konsekutiver Harnstauungsniere birgt die Gefahr einer **Urosepsis**, die mit hohem Fieber > 39 °C, Schüttelfrost und rasch fortschreitendem septischem Schock einhergeht. Eine eilige Entlastung des Harnstaus ist dann vordringlich und kann lebensrettend sein.

Dysurie, Ausfluß und ein gerötetes Ostium urethrae kennzeichnen die **Urethritis**, welche am häufigsten durch Chlamydien, Trichomonaden, Ureaplasma urealyticum, Gonokokken und Candida verursacht wird. Fieber ist hier selten. Die Unterscheidung zwischen **Zystitis** und akuter Pyelonephritis ist klinisch nicht immer möglich, da letztere auch symptomarm unter den Zeichen eines unkomplizierten Harnwegsinfektes verlaufen kann. Charakteristisch für die **akute Pyelonephritis** sind akut hohes Fieber, Schüttelfrost, Lendenschmerzen und klopfschmerzhafte Nierenlager. Die akute **Prostatitis** ist gekennzeichnet durch Dysurie, Pollakisurie und insbesondere eine schmerzhafte Defäkation sowie eine prall-elastische, schmerzhaft vergrößerte Prostata bei der rektalen Untersuchung. Fieber ist hier eher selten.

DS *Diagnosesicherung*

Beim unkomplizierten Harnwegsinfekt genügt ein Urinstreifentest zum Nachweis von vermehrt Bakterien und Leukozyten im Urin. Beim komplizierten

Harnwegsinfekt ist die differenzierte Analyse des Urins wichtig: mikroskopischer und chemischer Urinstatus, Urinkultur, 3-Gläser-Probe. Bei hohem Fieber und/oder Schüttelfrost zusätzlich Blutkulturen. Im Blutbild kann eine Leukozytose bestehen. Die Abdomensonographie gibt Aufschluß über Ursachen wie Harnstau, Mißbildungen, Urolithiasis, Abszesse oder auch Tumoren. Bei Verdacht auf Mißbildungen ist die i.v.-Urographie indiziert.

DD *Differentialdiagnose*

Die zu beachtenden Differentialdiagnosen sind in Tabelle 14-16 zusammengestellt.

Fieber mit Durchfall, Erbrechen und/oder Leibschmerzen – Gastrointestinale Ursachen

Infektionen durch Erreger mit Enterotoxinbildung (z.B. enterotoxinbildende E. coli, Vibrio cholerae) oder Viren (z.B. Enteroviren, Rotaviren) verlaufen in der Regel afebril. Lebensmittelintoxikationen, z.B. durch Staphylokokkentoxine, sind ebenfalls afebril. Enteropathogene bzw. enteroinvasive Erreger führen dagegen häufig zu Fieber. Eine Zusammenfassung der Ursachen von Fieber mit Durchfall, Erbrechen und/oder Leibschmerzen ist in Tabelle 14-17 wiedergegeben.

Tab. 14-17 Differentialdiagnose von Fieber mit Durchfall, Erbrechen und/oder Leibschmerzen

Infektiöse Ursachen	Nichtinfektiöse Ursachen
enteropathogene Darminfektionen	**chronisch-entzündliche Darmerkrankungen**
Typhus, Paratyphus	Morbus Crohn
Salmonellenenteritis	Colitis ulcerosa
Shigellen, Amöben	**Appendizitis**
Yersinia enterocolitica	**Divertikulitis**
E. coli (enteropathogene)	**Peritonitis**
Campylobacter jejuni	**ischämische Kolitis**
Staphylokokkenenterokolitis	**Milzinfarkt**
pseudomembranöse Kolitis (Clostridium difficile)	**Tumoren des GI-Traktes**
	Magenkarzinom
	Kolonkarzinom
	Pankreaskarzinom
Strongyloides stercoralis	Karzinoid
Malaria	**familiäres Mittelmeerfieber**
HIV-Enteropathie	**akute intermittierende Porphyrie**
Darmtuberkulose	**Hyperthyreose**
Morbus Whipple	**Alkoholhepatitis**
tropische Sprue	

14.4.14 Morbus Whipple

Der Morbus Whipple, auch als intestinale Lipodystrophie bezeichnet, ist inzwischen als bakterielle, systemische Infektionskrankheit mit sekundärem Malassimilationssyndrom und Multiorganbeteiligung identifiziert worden. Pathognomonisch für die Whipple-Erkrankung sind Gewebsinfiltrationen mit großen polygonalen Makrophagen, die PAS-positive körnige oder sichelförmige Plasmaeinschlüsse enthalten und auch als SPC-Zellen (sickle form particles containing cells) bezeichnet werden. Die Einschlüsse wurden erst kürzlich als stäbchenförmige Bakterien mit dem Namen Tropheryma whippelii identifiziert, die sich auch in anderen Zellen wie Enterozyten, Plasmazellen, Leukozyten, Kupffer-Sternzellen, Glia-, Ependym- und Ganglienzellen sowie glatten Muskelzellen fanden. Die wichtigsten Organsysteme können befallen sein: Gastrointestinaltrakt von Ösophagus bis Rektum unter Betonung des Dünndarms, Herz, Lunge, Leber, Milz, Nieren, ZNS, Pankreas, Pleura, Perikard, Peritoneum, Gelenke, Lymphknoten, Gefäße und Knochenmark. Die Erkrankung kann in jedem Lebensalter vorkommen, bevorzugt jedoch bei Männern zwischen 30. und 60. Lebensjahr.

14

B *Beschwerden und Befunde*

Die einzelnen Symptome der Erkrankung sind unspezifisch, in 90% der Fälle treten rheumatische Beschwerden mit flüchtigen Gelenkschmerzen und -schwellungen auf, vor allem der Knie- und Ellbogengelenke. An Allgemeinsymptomen stehen im Vordergrund mäßiges Fieber, Bauchschmerzen (64%), Inappetenz, Übelkeit, Gewichtsverlust (96%). Chronische Diarrhöen, meist mit Steatorrhö sind bei 80% der Patienten meist als Spätsymptom anzutreffen. Häufig finden sich eine generalisierte Lymphknotenschwellung, Splenomegalie, Hautpigmentierungen und Ödeme. In 90% der Fälle werden flüchtige Arthralgien und Gelenkschwellungen, vor allem der Knie- und Ellbogengelenke, angegeben. Diese rheumatischen Beschwerden im Sinne einer Oligo- oder Polyarthritis (→ Kap. 43) können der intestinalen Symptomatik bis zu 2 Jahre vorausgehen. Im Rahmen einer Polyserositis kommt es gelegentlich zu Aszites, Pleura- und/oder Perikardergüssen. Die Mitbeteiligung der Lunge kann zu Reizhusten, zur Bronchitis und Pleuritis führen. Eine Beteiligung des Herzens mit Zeichen der Herzinsuffizienz, Perikarditis, Kardiomegalie, Rhythmusstörungen und Aorteninsuffizienz ist beschrieben worden. Ein ZNS-Befall kann verschiedene neurologische Erscheinungsbilder auslösen: amnestisches Syndrom, Blicklähmung nach oben, Myoklonus, tonisch-klonische Anfälle, Pyramidenbahnzeichen, gestörter Schlaf-Wach-Rhythmus, Meningismus, Amaurosis.

DS *Diagnosesicherung*

Es gibt keinen Laborwert, der für die Diagnose beweisend wäre. Praktisch immer bestehen eine BSG-Beschleunigung, hypochrome Anämie, erniedrigtes Serumeisen, Leukozytose, Hypalbuminämie und Steatorrhö. Die Diagnose wird gesichert durch den endoskopischen Nachweis von zahlreichen weißlichen, punktförmigen Lymphzystchen, vor allem im Duodenum und oberen Jejunum. Bewiesen wird die Diagnose anhand der charakteristischen Histologie mit Nachweis von PAS-positiven Makrophageninfiltrationen in einer Biopsie aus dem Duodenum oder besser dem oberen Jejunum. PAS-positive Infiltrate anderer Organe (z.B. Leberbiopsie) finden sich aber auch bei Gesunden, in diesen Fällen ist die weitere Diagnostik dieser Proben mit Elektronenmikroskopie oder PCR notwendig, um einen Morbus Whipple zu sichern.

DD *Differentialdiagnose*

Die wichtigste Differentialdiagnose ist die intestinale bzw. disseminierte atypische Mykobakteriose bei HIV-infizierten Patienten, da Mykobakterien ebenfalls PAS-positiv reagieren. Außerdem andere Malassimilationssyndrome wie chronische Pankreatitis, einheimische oder tropische Sprue, Tuberkulose, Histoplasmose und andere Erkrankungen mit chronischer Diarrhö. Wichtig ist auch die Differentialdiagnose reaktiver Arthritiden in Assoziation mit gastrointestinalen Symptomen wie chronisch-entzündliche Darmerkrankungen (Morbus Crohn, Colitis ulcerosa), Morbus Reiter und infektiöse Darmerkrankungen (z.B. Yersinien, Shigellen), aber auch die rheumatischen Systemerkrankungen selbst (z.B. rheumatoide Arthritis, Morbus Bechterew, Morbus Still) sowie die Kollagenosen (z.B. SLE) müssen in Betracht gezogen werden (→ Tab. 14-20 und Kap. 43).

Fieber mit Ikterus und/oder Leibschmerzen – Leber- und Gallenwegserkrankungen – Hämolyse

Für die Differentialdiagnose des Fiebers mit einem Ikterus (→ Kap. 15) ist die Differenzierung zwischen prä-, intra- und posthepatischem Ikterus wegweisend. Der intra- bzw. posthepatische Ikterus spricht für eine Leber- bzw. Gallenwegserkrankung, während der prähepatische Ikterus Ausdruck einer Hämolyse ist. Über infektiöse bzw. nichtinfektiöse Ursachen für Fieber mit Ikterus und/oder Leibschmerzen gibt Tabelle 14-18 Aufschluß. Wichtig ist zu erwähnen, daß viele der in Tabelle 14-18 aufgeführten Krankheitsursachen für einen intra- bzw. posthepatischen Ikterus nicht zwangsläufig zu einem Ikterus führen müssen, sondern lediglich eine Hepatomegalie und/oder erhöhte Leberfunktionswerte im Labor nachweisbar sein können.

Tab. 14-18 Differentialdiagnose bei Fieber mit Ikterus und/oder Leibschmerzen

Infektiöse Ursachen	Nichtinfektiöse Ursachen
Viren	**Choledocholithiasis**
Hepatitis A–E	**Pankreatitis**
Mononukleose	**Sarkoidose**
CMV	**Autoimmunhepatitis**
Bakterien	**Hämolyse**
schwere Sepsis	Mykoplasmenpneumonie
Clostridium perfringens	Sichelzellanämie
Sepsis	Glukose-6-Phosphat-dehydrogenase-Mangel
Q-Fieber	paroxysmale nächtliche Hämoglobinurie
Leptospirose	**Koinzidenz von Fieber und Ikterus,** z.B.
Miliartuberkulose	Leberzirrhose u. Entzündung/Infektion
Leberabszess(e)	**Medikamente** (hepatotoxisch)
Cholangitis (aszendierend)	**Tumoren**
Cholezystitis (Cholelithiasis-assoziiert)	Karzinom der Gallenblase, der Gallengänge
Gallenblasenempyem	hepatozelluläres Karzinom
Parasiten	Pankreaskopfkarzinom
Amöbenabszeß	**akute intermittierende Porphyrie**
Malaria	
Pilze, z.B. Histoplasmose	

14.4.15 Malaria

Die Malaria ist eine durch die Anophelesmücke übertragene Tropenkrankheit, die in unseren Breiten durch den zunehmenden Reiseverkehr zu einer wichtigen Differentialdiagnose bei Tropenrückkehrern geworden ist. Am häufigsten ist dabei die Malaria tropica, die durch Plasmodium falciparum verursacht wird; seltener sind die Malaria tertiana, hervorgerufen durch Pl. vivax und ovale, und die Malaria quartana, die durch Pl. malariae bedingt ist. Prinzipiell ist die Übertragung auch durch Bluttransfusionen oder verunreinigte Spritzen möglich, was jedoch äußerst selten ist. Die beim Stich der Anophelesmücke übertragenen Sporozoiten reifen und vermehren sich in der Leberzelle, treten als Merozoiten in das Blut über und befallen die Erythrozyten, wo sie zu Schizonten heranreifen. Mit der Aufnahme von Gametozyten durch die Anophelesmücke schließt sich der Zyklus. Die Inkubationszeit beträgt zwischen einer und mehreren Wochen. Bei der Malaria tertiana kann es noch nach Jahren zu Rezidiven kommen.

B *Beschwerden und Befunde*

Nach einem unspezifischen Prodromalstadium mit grippeähnlichen Symptomen kommt es zu heftigen Fieberschüben mit teilweise Schüttelfrost, die häufig von Kopfschmerzen, Myalgien und gastrointestinalen Symptomen wie Leibschmerzen, Übelkeit, Erbrechen und/oder Durchfällen begleitet sind. Meist finden sich eine Hepatosplenomegalie und ein diskreter Ikterus.

Bei der Malaria tertiana bzw. quartana kann eine Periodizität des Fiebers aufschlußreich sein, prinzipiell ist der Fiebertyp jedoch hinsichtlich Erregertyp nicht sicher differentialdiagnostisch verwertbar, da oft auch Mischinfektionen vorliegen. Die Malaria tropica weist keine Regelmäßigkeit der Fieberschübe auf.

Die Malaria tertiana und quartana verlaufen in der Regel gutartig, während die M. tropica die gefährlichste Form darstellt und unbehandelt in wenigen Tagen zum Tode führen kann. Grund hierfür ist die rasche Vermehrung der intraerythrozytären Parasiten und eine ausgeprägte Hämolyse, die zur Hämostase und Hypoxie in wichtigen Organen führt, und das Krankheitsbild ist entsprechend durch das meist geschädigte Organ bestimmt.

Bei der zerebralen Verlaufsform stehen Symptome einer Meningoenzephalitis mit Bewußtseinsstörungen bis hin zum Koma, zerebrale Krämpfe, Meningismus oder auch delirante Zustände bis hin zur Agitation im Vordergrund.

Beim Schwarzwasserfieber bzw. der biliären Verlaufsform ist die intravasale Hämolyse so extrem, daß es zur Hämoglobinurie und zum massiven Ikterus kommt. Die renale Form manifestiert sich als akutes Nierenversagen mit Oligurie bis Anurie. Die kardiale Form kann neben EKG-Veränderungen zu Rhythmusstörungen und zur manifesten Herzinsuffizienz führen, während die gastrointestinale Form von Durchfällen und eventuell Meläna beherrscht wird. Kombinationen der verschiedenen Verlaufsformen sind häufig.

Im Labor ist das indirekte Bilirubin erhöht; je nach Hämolyse findet sich eine unterschiedlich ausgeprägte Anämie; nahezu regelhaft besteht bei der Malaria tropica eine Thrombozytopenie, die Werte von $< 10\,000/\mu l$ erreichen kann; bei Nierenbefall sind die Retentionswerte erhöht und stellen immer ein Alarmzeichen dar!

DS *Diagnosesicherung*

Die Reiseanamnese sowie die Frage nach der angewendeten Prophylaxe sind sehr wichtig! Aufgrund der zunehmenden Verbreitung therapieresistenter Malariastämme kann es trotz Prophylaxe zur Malariainfektion kommen, weshalb Tropenrückkehrer mit Fieber prinzipiell immer malariaverdächtig sind!

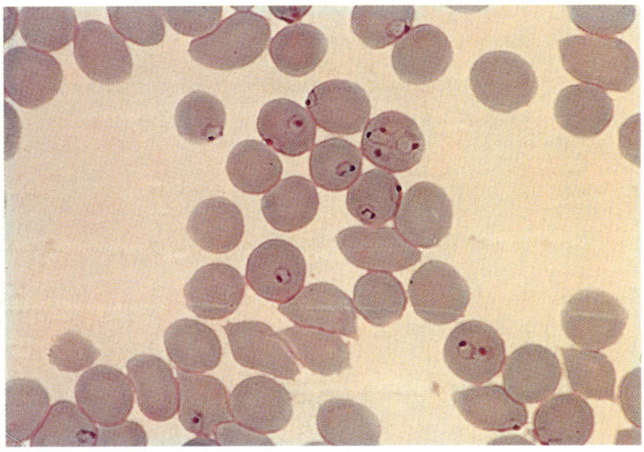

Abb. 14-7 Malaria tropica: Nachweis von Plasmodium falciparum als intraerythrozytäre Ringformen im Blutausstrich (Pappenheim-Färbung).

Beweisend für die Diagnose ist der Nachweis von Plasmodien im Giemsa-gefärbten Blutausstrich (Abb. 14-7) oder sogenannten dicken Tropfen (Parasitendichte in ‰).

Mehrfache Blutentnahmen in der febrilen Phase und in regelmäßigen Intervallen von 6–12 Stunden sind notwendig, bevor bei wiederholt negativen Ausstrichen eine Malaria ausgeschlossen werden kann! Serologische Tests sind in der Diagnostik der akuten Erkrankung irrelevant.

DD *Differentialdiagnose*

Wichtig sind andere in den Tropen vorherrschende Erkrankungen wie viszerale oder kutane Leishmaniase, Typhus, Tuberkulose, Schlafkrankheit, systemische Mykosen, Wurmerkrankungen, Amöbiasis, Shigellose.

Fieber mit Kopfschmerzen, Meningismus und/oder neurologischen Ausfällen – Entzündungen des Nervensystems

Leitsymptome einer meningealen Reizung bzw. Entzündung sind Kopfschmerzen und Nackensteifigkeit. Weitere klinische Hinweise dafür sind Erbrechen, Übelkeit, Lichtscheu sowie das Kernigsche und Brudzinskische Zeichen. Die häufigsten Ursachen für Fieber mit Meningismus sind Infektionen, wesentlich seltener ist eine meningeale Beteiligung im Rahmen von akuten Leukämien, malignen Lymphomen oder Tumoren, zerebralen Blutungen, Intoxikationen oder zerebrovaskulären Ereignissen. Eine Übersicht über die möglichen Differentialdiagnosen des Fiebers mit Kopfschmerzen, Meningismus und/oder neurologischen Ausfällen ist in Tabelle 14-19 zu finden (→ Kap. 44).

Tab. 14-19 Ursachen für Fieber mit Kopfschmerzen, Meningismus und/oder neurologischen Ausfällen

Differentialdiagnose der Meningitis – Meningoenzephalitis	
Bakterien	Parasiten
Pneumokokken (Erwachsene)	Toxoplasmose
Meningokokken (Kinder)	Malaria
Haemophilus influenzae (Kinder)	Trichinen
Staphylokokken, Streptokokken	Zystizerkose
Leptospiren	Schistosomiasis
Lues	Malignome
Brucellen	Hirntumoren
Tuberkulose	Meningeosis carcinomatosa (z.B. Adenokarzinom)
Borrelien	Meningeosis leucaemica
Morbus Whipple	maligne Lymphome
Viren	intrakranielle Blutungen
Enteroviren	zerebrovaskuläre Ereignisse (Insult)
Polioviren	Embolie
ECHO-Viren	Thrombose
Coxsackieviren	Ischämie
Arboviren (FSME)	Begleitmeningitis
Rabies (Tollwut)	intrazerebrale Abszesse
Herpes simplex, VZV, Influenza	Sinusitis
HIV-Enzephalopathie	Mastoiditis/Otitis
Pilze	akute intermittierende Porphyrie
Kryptokokkose	Intoxikationen
Candidiasis	Bleienzephalopathie
Aspergillose	
Histoplasmose	
Kokzidioidomykose	

14.4.16 Leptospirose

Erreger ist in unseren Breiten eine Spirochätenart der Serogruppe Leptospira interrogans, deren drei Vertreter L. icterohaemorrhagiae, canicola und hebdomadis sind. Die Übertragung auf den Menschen erfolgt durch den Urin infizierter, in der Regel asymptomatischer Tiere (Ratten, Hunde, Schweine, Rinder etc.) oder kontaminiertes Wasser oder über landwirtschaftliche Geräte. Die Leptospiren dringen über Hautläsionen oder Schleimhäute in den Körper ein.

Entsprechend führen Freizeitaktivitäten an freien Gewässern oder Berufe wie Landwirt, Kanalreiniger, Gärtner, Tierzüchter etc. zur besonderen Exposition. Daher tritt die Leptospirose häufiger im Sommer und Herbst auf. Pathophysiologisch liegt der Leptospirose eine Vaskulitis mit Beteiligung von Herz, Nieren, Leber, ZNS und Haut zugrunde.

B *Beschwerden und Befunde*

Die Inkubationszeit beträgt 7–13 Tage. Das klinische Krankheitsbild zeigt einen biphasischen Verlauf: Die 1. Phase (Leptospirämie) beginnt abrupt mit hohem Fieber, eventuell Schüttelfrost, starken Myalgien unter Betonung der Wadenmuskulatur, Kopfschmerzen und Konjunktivitis. Nach 4–7 Tagen und einer eventuell kurzen afebrilen Phase geht die Erkrankung in das Stadium der Organmanifestation mit Beteiligung von Leber, Nieren, ZNS und Herz über. Die Hepatitis kann zur Hepatosplenomegalie mit meist mäßiger Transaminasenerhöhung führen, wobei sich ein Ikterus nur in 10% findet, da die anikterische Verlaufsform überwiegt. Die Nephritis kann zur Proteinurie und Hämaturie bis hin zum akuten Nierenversagen mit Oligurie/Anurie führen. Im Urin sind entsprechend Eiweiß, Zylinder, Leukozyten und Erythrozyten nachweisbar. Häufig kommt es zu einer milden serösen, lymphozytären Meningitis. Eine hämorrhagische Diathese manifestiert sich oft mit Petechien, konjunktivalen Einblutungen und Epistaxis, gelegentlich in Form einer gastrointestinalen Blutung. Eine manifeste Herzinsuffizienz aufgrund einer Myokarditis ist dagegen selten, EKG-Veränderungen im Sinne einer Perimyokarditis (ST-Hebungen aus der S-Zacke) finden sich allerdings häufiger. Die schweren Verlaufsformen mit Ikterus und akutem Nierenversagen werden auch als Morbus Weil bezeichnet.

DS *Diagnosesicherung*

Die Expositionsanamnese liefert den entscheidenden Hinweis, um die entsprechende Erregerdiagnostik einzuleiten. Selten gelingt der direkte Erregernachweis in der bakteriämischen Phase aus Blut, Urin oder Liquor. Eine Woche nach Krankheitsbeginn ist nur noch der Urinnachweis erfolgversprechend. Am ehesten wird die Diagnose durch den serologischen Nachweis von Antikörpern gegen Leptospriren von der 2. Krankheitswoche an und einen entsprechenden Titeranstieg im Verlauf gesichert.

DD *Differentialdiagnose*

Die Differentialdiagnose ergibt sich aus den verschiedenen Organmanifestationen: hämolytisch-urämisches Syndrom und Moschcowitz-Syndrom, disseminierte intravasale Verbrauchskoagulopathie (DIC), Sepsis, andere lymphozytäre Meningitiden; andere Ursachen für akutes Nierenversagen bzw. Nephritis und Hepatitiden, die mit Fieber einhergehen.

Fieber mit Gelenkschmerzen

Die Differentialdiagnose von Fieber mit Gelenkschmerzen (→ Kap. 43) ist überaus weitreichend, weshalb der Versuch einer Einteilung in drei große Gruppen hilfreich sein kann. Die häufigste Ursache für die Schwellung eines Gelenks mit Überwärmung, Funktionseinschränkung und Fieber ist eine infektiöse Monarthritis, die ca. 15–20% der entzündlichen Gelenkerkrankungen ausmacht. Mit einem Anteil von ca. 20–30% sind die reaktiven Polyarthritiden überwiegend infektiöser Natur, sie führen selten zu Gelenkdestruktionen. Im Gegensatz hierzu haben Systemerkrankungen (40–50%) mit primärem (z.B. rheumatoide Arthritis) oder sekundärem Gelenkbefall (z.B. systemischer Lupus erythematodes) häufig Gelenkdestruktionen und Gelenkfehlstellungen zur Folge. Abzugrenzen sind die degenerativen Gelenkerkrankungen, die in der Regel afebril verlaufen. Die Differentialdiagnose der fieberhaften Gelenkerkrankungen ist in Tabelle 14-20 zusammengefaßt.

Tab. 14-20 Differentialdiagnose des Fiebers mit Gelenk-, Muskel- und/oder Knochenschmerzen

	Arthritis und Arthralgien (→ Kap. 43)	
Infektiöse Ursachen	**Monarthritis** Bakterien Gonokokken Staphylokokken gramnegative Keime Pilze Kokzidioidomykose Histoplasmose Blastomykose Kryptokokkose Sporotrichose u. a. Tuberkulose/Mykobakterien **Arthralgien** grippale Infekte virale Hepatitis A–E diverse Virus- und bakterielle Infekte	**Polyarthritis** Viren Röteln Hepatitis B Mumps Pocken Varizellen u. Vakzinia Mononukleose Masern Arbo-, ECHO-, Coxsackie- u. Influenzaviren Rheumatisches Fieber **Reaktive Polyarthritis** Chlamydien, Yersinien Shigellen, Salmonellen Campylobacter Borrelia burgdorferi Katzenkratzkrankheit Morbus Whipple
Nicht-infektiöse Ursachen	**Seronegative Polyarthritis** Reiter-Syndrom Morbus Crohn, Colitis ulcerosa Psoriasis juvenile rheumatoide Arthritis Morbus Behçet Morbus Bechterew **Kollagenosen** SLE (syst. Lupus erythematodes) Sharp-Syndrom **Gicht** **Löfgren-Syndrom (Sarkoidose)**	**Rheumatoide Arthritis** **Felty-Syndrom** **Morbus Still** **Sjögren-Syndrom** **Vaskulitiden** Panarteriitis nodosa Hypersensitivitätsangiitis Morbus Wegener Polymyalgia rheumatica bzw. Arteriitis temporalis Takayasu-Arteriitis **Paraneoplastische Arthritiden** **Familiäres Mittelmeerfieber**
	Myalgien und/oder Knochenschmerzen (→ Kap. 45 und 47)	
Ursachen	**Virusinfektionen** (→ infektiöse Ursachen) **Bakterien,** z. B. Leptospirose **Kollagenosen** SLE (syst. Lupus erythematodes) Sklerodermie Polymyositis – Dermatomyositis Sharp-Syndrom **primäres Fibromyalgie-Syndrom** **Osteomyelitis** **G-CSF-Therapie** (Granulozyten-Kolonie-stimulierender Faktor)	**Vaskulitiden** Panarteriitis nodosa Hypersensitivitätsangiitis Morbus Wegener Polymyalgia rheumatica bzw. Arteriitis temporalis Takayasu-Arteritiis **paraneoplastisch** Leukämien, maligne Lymphome Plasmozytom primäre Muskel-/Knochentumoren Knochenmetastasen

14

Tab. 14-21 Fieber mit generalisierter Lymphknotenschwellung (→ Kap. 32)

Viren	**Malignome**
Mononukleose	Non-Hodgkin-Lymphom
Röteln	Hodgkin-Lymphom
CMV	akute/chronische Leukämie
HIV	Plasmozytom
Hepatitis B	metastasierende solide Tumoren
Parasiten	**andere Ursachen**
Toxoplasmose	Serumkrankheit
viszerale Leishmaniase	Sarkoidose
Bakterien	Hyperthyreose
Brucellose	Amyloidose
Miliartuberkulose	Histiocytosis X
Lues	autoimmunhämolytische Anämien
Morbus Whipple	

Fieber mit Lymphknotenschwellungen und/oder Splenomegalie

Sehr viele Infektionskrankheiten führen im Rahmen der Immunantwort des Körpers häufig zu Lymphknotenschwellungen, die je nach Lokalisationsmuster gewisse Rückschlüsse auf die auslösende Erkrankung zulassen (→ Kap. 32). Eine Splenomegalie findet sich dagegen wesentlich seltener und ist immer ernst zu nehmen hinsichtlich Klärung der Ursache. Wichtigste nichtinfektiöse Ursachen für Fieber mit Lymphknotenschwellungen bzw. Splenomegalie sind nämlich einerseits hämatologische Systemerkrankungen wie maligne Lymphome, akute oder chronische Leukämien und myeloproliferative Syndrome und andererseits Autoimmunerkrankungen wie SLE, rheumatoide Arthritis oder Vaskulitiden. Eine Übersicht über die Differentialdiagnosen von Fieber mit Lymphknotenschwellungen bzw. Splenomegalie findet sich in den Tabellen 14-21 bis 14-23.

14.4.17 Viszerale Leishmaniase (Kala-Azar)

Die viszerale Leishmaniase wird durch verschiedene Spezies von Leishmania, am häufigsten durch Leishmania donovani, verursacht. Die Übertragung auf den Menschen erfolgt durch den Stich der weiblichen Sandfliege (Phlebotomenart) in Endemiegebieten wie den Mittelmeerländern (!), Afrika, Indien, China, Bangladesh, seltener in Südamerika. Das Krankheitsbild ist geprägt durch die Affinität der Erreger zum retikuloendothelialen System. Die Inkubationszeit reicht von 1 Monat bis zu mehreren Jahren!

B ***Beschwerden und Befunde***

Die Leishmaniase ist gekennzeichnet durch meist hohes Fieber, Diarrhöen, Gewichtsabnahme, unproduktiven Husten und allgemeines Krankheitsgefühl. Manchmal zeigt sich ein septischer Fieberverlauf mit Schüttelfrost. Klinisch finden sich eine Hepatosplenomegalie und eine generalisierte Lymphknotenschwellung. Bei unbehandeltem, protrahiertem Verlauf über

Tab. 14-22 Fieber mit regionalen Lymphknotenschwellungen

Zervikal	Inguinal	Variabel
Infektionen des oberen Respirationstraktes	Affektionen des Urogenitaltraktes	Katzenkratzkrankheit
Viren (z. B. Influenza)	Lues I u. II	Tularämie
Mononukleose	Gonorrhö	Tuberkulose
Röteln (okzipital)	Herpes genitalis/analis	
Masern (okzipital)	Lymphogranuloma venereum	**Malignome**
Bakterien	Ulcus molle	Non-Hodgkin-Lymphom
Streptokokken Gruppe A	Granuloma inguinale	Hodgkin-Lymphom
Diphtherie	Filariasis	CLL
Tuberkulose Hals-LK		LK-Metastasen durch solide Tumoren
atypische Mykobakterien	Malignome (→ rechte Spalte)	
Toxoplasmose (gelegentlich nur zervikal)		**entzündliche Prozesse an**
Malignome (→ rechte Spalte)	Prozesse an einer Extremität, z. B.	Extremitäten
	Erysipel	Osteomyelitis
	Osteomyelitis	Erysipel etc.
		sehr selten
		Nokardiose
		Sporotrichose
		Pest
		Rattenbißfieber

Tab. 14-23 Fieber mit Splenomegalie

Infektiös	Nichtinfektiös
Viren	**hämatologische Systemerkrankung**
Mononukleose (EBV)	maligne Lymphome
CMV	Non-Hodgkin-Lymphom
Hepatitis B (u. C)	CLL
Masern	Hodgkin-Lymphom
HIV u. viele andere	**akute Leukämien**
Bakterien	**myeloproliferative Erkrankung**
Sepsis	Osteomyelofibrose
bakterielle Endokarditis	CML
Typhus, Paratyphus	Polycythaemia vera rubra
Leptospirose	essentielle Thrombozythämie
Brucellose	**hämolytische Anämien**
Miliartuberkulose	**Histiocytosis X**
Psittakose (+ Pneumonie)	**Autoimmunerkrankungen**
Morbus Whipple	**Kollagenosen**
Pilzsepsis	SLE, Dermatomyositis
Parasiten	**rheumatoide Arthritis**
Toxoplasmose	Felty-Syndrom
Malaria	Morbus Still
viszerale Leishmaniase (Kala-Azar)	**Vaskulitiden**
Echinokokkose	Panarteriitis nodosa
Trypanosomiasis	

Monate kommt es zu Kachexie, Eiweißmangelsyndrom mit peripheren Ödemen, Aszcites und Pleuraergüssen, zu Haut- und Schleimhautblutungen und schließlich zum Tod. Im Labor findet sich häufig eine Panzytopenie oder auch nur eine Leukopenie sowie eine Vermehrung der Immunglobuline IgG und IgM.

DS *Diagnosesicherung*

Wichtige Hinweise ergeben sich aus der Reiseanamnese der letzten Jahre! Die Diagnose wird durch den Direktnachweis der Parasiten in Retikulumzellen im Knochenmarkpunktat, Lymphknotenpunktat oder auch Leberbiopsat gesichert. Der serologische Nachweis von Antikörpern mittels KBR ist nicht spezifisch genug und kann bei immunsupprimierten Patienten durchaus negativ sein.

DD *Differentialdiagnose*

Bei der Differentialdiagnose müssen andere Ursachen für eine Hepatosplenomegalie und generalisierte Lymphknotenschwellung berücksichtigt werden, wie z.B. Mononukleose, Brucellose, Tuberkulose, maligne Lymphome und Leukämien (Tab. 14-21, 14-22 und 14-23). Wichtig sind andere Tropenerkrankungen wie z.B. Malaria oder Trypanosomiasis.

Fieber bei angeborenen und erworbenen Immundefekten

Aufgabe des Immunsystems ist die Elimination exogener und endogener Antigene. Angeborene oder erworbene Störungen auf verschiedenen Ebenen des komplizierten Immunsystems haben ein erhöhtes Risiko für die Entstehung von Infektionskrankheiten, Autoimmunerkrankungen und malignen Erkrankungen zur Folge. Rezidivierende Infekte im Kindesalter, familiäre Häufung eines Immundefekts und die Assoziation mit kongenitalen Mißbildungen sprechen für einen primären, angeborenen Immundefekt, der eine differentialdiagnostische Herausforderung darstellt. Die wichtigsten Differentialdiagnosen angeborener Immundefekte sind in Tabelle 14-24 dargestellt.

Sekundäre, erworbene Immundefekte und eine damit verbundene gesteigerte Infektanfälligkeit treten als Folge von Krankheiten verschiedener Ätiologie auf. Die Differentialdiagnose eines erworbenen Immundefektes stellt jedoch kein klinisch relevantes Problem dar, da in der Regel die zugrundeliegende Erkrankung bekannt ist. Andererseits kann die Kenntnis über die Assoziation zwischen bestimmten Immundefekten und Infektionskrankheiten entscheidend für die Diagnosestellung der Grunderkrankung (z.B. Pneumocystis-carinii-Pneumonie bei HIV-Infektion) oder hilfreich für die Entscheidung einer Therapie (z.B. Auswahl des Antibiotikums) sein. Die verschiedenen Krankheitsgruppen, die mit einem sekundären Immundefekt verbunden sind, sind in Tabelle 14-25 wiedergegeben.

Tab. 14-24 Fieber mit angeborenen Immundefekten

humoraler Immundefekt (B-Zell-Defekt)	**zellulärer Immundefekt (T-Zell-Defekt)**
Brutonsche Agammaglobulinämie	Di-George-Syndrom
isolierter IgA-, IgM- oder IgG-Subklassenmangel	chronische mukokutane Candidiasis
IgA-Mangel mit IgG-2- und IgG-4-Mangel	**Defekte des Komplementsystems**
kombinierte humorale und zelluläre Immundefekte	C1-Mangel
schwerer kombinierter Immundefekt (Agammaglobulinämie vom Schweizer Typ)	isolierter C2-7-Mangel
Wiskott-Aldrich-Syndrom	C1-Inhibitormangel (angioneurotisches Ödem)
Ataxia teleangiectatica	**Defekte des Phagozytosesystems**
Nezelof-Syndrom	z. B. Down-Syndrom
	Chediak-Higashi-Syndrom
	„Lazy Leucocyte"-Syndrom

Tab. 14-25 Fieber mit erworbenen Immundefekten

humoraler Immundefekt (B-Zell-Defekt)
- Eiweißverlust-Syndrom
  - nephrotisches Syndrom
  - exsudative Gastroenteropathie
  - exfoliative Dermatitis
  - schwere ausgedehnte Verbrennungen
- lymphoproliferative Erkrankung
  - Non-Hodgkin-Lymphom
  - Hodgkin-Lymphom
  - CLL
  - Plasmozytom
- Medikamente
  - D-Penicillamin
  - Hydantoin

zelluläre Immundefekte (T-Zell-Defekte)
- lymphoproliferative Erkrankung
  - NHL einschließlich CLL
  - Hodgkin-Lymphom
- Virusinfektionen
  - Masern, Röteln
  - Hepatitis B u. a.
  - HIV-Infektion
- maligne Tumoren
- Nieren- und Leberinsuffizienz
- postoperativ
- Autoimmunerkrankungen
  - SLE, rheumatoide Arthritis etc.
  - Sarkoidose
- immunsuppressive Therapie
  - Zytostatikatherapie
  - Strahlentherapie
  - Immunsuppression nach Transplantation
  - Steroide

kombinierte humorale und zelluläre Immundefekte
- lymphoproliferative Erkrankung
  - Non-Hodgkin-Lymphom
  - CLL
  - Hodgkin-Lymphom
  - Plasmozytom

Defekte des Komplementsystems
- membranoproliferative Glomerulonephritis
- Autoimmunerkrankungen
  - SLE
  - rheumatoide Arthritis
  - Sjögren-Syndrom
- hämolytische Anämien
- Immunkomplexe
  - Serumkrankheit
- partielle Lipodystrophie
- Urtikaria
- Sepsis
- Leberinsuffizienz

Defekte des Phagozytosesystems
- Diabetes mellitus
- chronische Nieren- und Leberinsuffizienz
- lymphoproliferative Erkrankungen
- Medikamente z. B. Steroide und viele andere

14.4.18 HIV und AIDS

Die HIV-Infektion stellt eine chronische Viruserkrankung dar, die durch das HIV-1 oder -2 verursacht wird. In Europa, Amerika, Asien und Zentralafrika herrscht überwiegend die HIV-1-Infektion vor, in Westafrika dagegen die HIV-2-Infektion. Die Übertragung erfolgt am häufigsten auf sexuellem Wege, aber auch durch verunreinigte Spritzen, kontaminierte Blutkonserven bzw. Blutprodukte, intrauterin oder über die Muttermilch. Das HIV-Infektionsrisiko durch kontaminierte Blutkonserven wird für Westeuropa bzw. Deutschland auf ca. 1:300000 bis 1:0 Mio. geschätzt. Die Inkubationszeit ist sehr variabel. 4–6 Wochen nach der Infektion kann es zu einem sog. akuten retroviralen Syndrom (mononukleoseähnliches Krankheitsbild) kommen, auf das eine jahrelange klinisch mehr oder weniger stumme Latenzphase folgt. Innerhalb von 10 Jahren nach der Infektion erkranken etwa 50% der Patienten an AIDS-definierenden Komplikationen. Mehr als 20% sind zu diesem Zeitpunkt noch beschwerdefrei.

Mit zunehmender Zerstörung der T-Helferzellen kommt es zur Progression des zellulären Immundefekts einerseits und der HIV-bedingten Komplikationen andererseits. Zur besseren Charakterisierung des Verlaufs der HIV-Erkrankung stellte die WHO und die CDC (Centers of Disease Control) ein 1993 revidiertes Klassifikationssystem vor, mit Hilfe dessen die rasche Einordnung eines Patienten in ein bestimmtes Stadium der chronischen Erkrankung ermöglicht wird. Ein solches medizinisches Klassifikationssystem erlaubt sowohl die Abschätzung der Prognose als auch die Planung differentialtherapeutischer Strategien. Bei der CDC/WHO-Klassifikation werden die Patienten in drei klinische Kategorien (A, B und C) und in drei Laborkategorien eingeteilt (Tab. 14-26).

Die frühen Stadien der HIV-Infektion sind unter Kategorie A subsumiert. Zu den Spätstadien rechnet man alle AIDS-definierenden Erkrankungen der Kategorie C, Symptome oder Erkrankungen der Kategorie B sowie Labor-Kategorie 3 mit < 200/µl Helferzellen.

B *Beschwerden und Befunde*

Fieber kann beim akuten retroviralen Syndrom auftreten, das klinisch sehr der infektiösen Mononukleose ähnelt. Die Latenzphase ist meist klinisch stumm, hier steht eine chronische, generalisierte Lymphknotenschwellung, eventuell mit Splenomegalie, im Vordergrund. Im weiteren Krankheitsverlauf kommt es häufig zu unklaren Fieberzuständen, deren Ursache oft nicht geklärt werden kann (AIDS-related complex). Die Helferzellzahl kann Aufschluß auf eine mögliche zugrundeliegende opportunistische Erkrankung geben: Eine Pneumocystis-carinii-Pneumonie kann bereits bei CD4-positiven Lymphozyten von ≤ 200/µl auftreten, während eine disseminierte atypische Mykobakteriose erst bei Werten < 50/µl beobachtet wird. Beide Erkrankungen gehen oft mit septischen Temperaturen einher. Mäßiges Fieber findet sich dagegen eher bei CMV-Infektionen (z.B. CMV-Ösophagitis) oder einer zerebralen Toxoplasmose (Abb. 14-8). Dennoch ist insgesamt das Fieber bei den verschiedenen opportunistischen Erkrankungen sehr variabel. Bei der Klärung der Ursache sind die begleitenden pul-

Tab. 14-26 CDC/WHO-Klassifikation der HIV-Infektion (1993)

Klinische Kategorie A	Klinische Kategorie B	Klinische Kategorie C (AIDS)
akute HIV-Infektion asymptomatische HIV-Infektion generalisierte persistierende Lymphadenopathie (> 3 Monate)	bakterielle Pneumonien, Meningitiden, Septikämien oropharyngealer Soor vulvovaginale Candida-Infektion zervikale(s) Dysplasie/Karzinom Fieber > 38,5 °C, Diarrhöen > 4 Wochen; Gewichtsverlust 5–10% orale Haarleukoplakie Herpes zoster (rezidivierend oder mehrere Dermatome) idiopath. thrombozytopenische Purpura Lungen-Tbc periphere Polyneuropathie	Pneumocystis-carinii-Pneumonie zerebrale Toxoplasmose Candida-Ösophagitis, -Bronchitis, -Pneumonie chron. Herpes-simplex-Ulzera oder Herpes-Bronchitis, -Pneumonie CMV-Retinitis generalisierte CMV-Infektion rezidivierende Salmonellen-Sepsis extrapulmonale Kryptokokkeninfektion chron. intestinale Kryptosporidieninfektion chron. intestinale Infektion mit Isospora belli disseminierte oder extrapulmonale Histoplasmose diss. oder extrapulmonale atypische Mykobakteriose Kaposi-Sarkom hochmalignes B-Zell-NHL HIV-Enzephalopathie progressive multifokale Leukenzephalopathie Wasting-Syndrom
Labor-Kategorie 1	**Labor-Kategorie 2**	**Labor-Kategorie 3**
> 500/μl CD4+-Lymphozyten	200 bis < 500/μl CD4+-Lymphozyten	< 200/μl CD4+-Lymphozyten

monalen, gastrointestinalen oder auch neurologischen Symptome wegweisend. Im Aids-Stadium findet sich nur selten Fieber ohne begleitenden Organbefund, wobei hier am häufigsten eine disseminierte atypische Mykobakteriose als Ursache in Frage kommt.

DS *Diagnosesicherung*

Die HIV-Infektion wird durch den Antikörpernachweis im Serum gesichert. Aufgrund der Implikation einer solchen Diagnose soll immer eine 2. Serumprobe getestet werden. Der positive ELISA-Test wird mittels Western-Blot-Analyse zum Ausschluß von Kreuzreaktionen überprüft. Bei spezieller Indikation (z.B. bei V. a. akutes retrovirales Syndrom) kann zur Erkennung einer Infektion vor Serokonversion die PCR durchgeführt werden. Mit zunehmendem Stadium der HIV-Infektion wächst die Zahl der möglichen HIV-bedingten Komplikationen, die mit Fieber einhergehen können (Tab. 14-26). In Abhängigkeit von klinischer Symptomatik und klinischem bzw. Labor-Stadium zielt die weiterführende Diagnostik auf den Nachweis eines oder mehrerer Erreger oder einer bestimmten Erkrankung, z.B. eines NHL (Tab. 14-26).

DD *Differentialdiagnose*

Fieberhafte Erkrankungen, die mit generalisierter Lymphknotenschwellung, Splenomegalie und/oder mononukleoseähnlichem Verlauf einhergehen, z.B. Hepatitis B, Infektionen mit EBV, CMV, IH-V 6, Parvovirus B 19 und andere.

Fieber mit Augen-, Gesichts-, Zahn- bzw. Kiefer- und/oder Ohrenschmerzen

Krankheitszustände, die mit Schmerzen der Augen, des Gesichts, der Ohren oder der Zähne bzw. des Kiefers einhergehen, sind die Domäne der entsprechenden Fachkunde, also der Augenheilkunde, der Zahnheilkunde bzw. der Hals-Nasen-Ohren-Heilkunde. Die in diesen Bereichen wichtigen Erkrankungen, die mit Fieber einhergehen können, sind in Tabelle 14-27 angegeben (→ Kap. 5 und 55 sowie Kap. 25 bzw. Kap. 39).

Tab. 14-27 Fieber mit Augen-, Gesichts-, Zahn- bzw. Kiefer- und/oder Ohrenschmerzen

Augenerkrankungen (z. B. Glaukom)	Zahn- bzw. Kieferabszesse Kieferknochentumoren Gingivahyperplasie (z. B. AML M5)
Otitis externa/media Cholesteatom	Midline-Granulom
Sinusitis maxillaris, ethmoidalis, frontalis	

14.4.19 FUO (fever of unknown origin)

Fieber unklarer Genese bzw. FUO wurde bereits eingangs definiert als rektale Temperaturen > 38,3 °C, die seit mindestens 3 Wochen bestehen und trotz einer mehr als 1wöchigen stationären Diagnostik nicht abgeklärt werden konnten. Diese Definitionskriterien führen dazu, daß kurzzeitige Fieberschübe z.B. bei Krankheiten mit hoher Selbstheilungstendenz oder im Rahmen postoperativer Temperaturerhöhungen sowie passagere Hyperthermien wie z.B. bei Dehydratation, Insolation oder Thyreotoxikose ausgeschlossen werden.

DS ***Diagnosesicherung***

Zur Klärung eines FUO gibt es kein allgemeingültiges Stufenschema. Das diagnostische Procedere sollte sich individuell an den Symptomen und Befunden des einzelnen Patienten orientieren, wobei die Diagnostik nach rationalen, rationellen und humanen Gesichtspunkten geplant werden muß. Eine rationale Diagnostik berücksichtigt eine vernünftige Abschätzung der Wahrscheinlichkeit bestimmter Differentialdiagnosen und stellt naheliegende Wahrscheinlichkeiten in den Vordergrund. Rationelle Diagnostik muß berücksichtigen, daß ihr Aufwand im Hinblick auf den Nutzen für die Diagnosestellung und die Therapie ökonomisch zu verantworten ist. Schließlich erinnert der humane Aspekt daran, daß mit möglichst geringer Belastung durch die Diagnostik versucht werden muß, die Diagnosestellung herbeizuführen.

Damit ist der diagnostische Weg festgelegt, indem mittels eines Basisprogramms und gezielter weiterer Untersuchungsverfahren zunächst eine Lokalisierung eines Prozesses angestrebt wird, um dann durch bioptische oder mikrobielle Nachweisverfahren eine Diagnose zu stellen. Zu den bereits im Abschnitt 14.3 beschriebenen Ausführungen zur Diagnostik sollten bei FUO noch folgende Punkte beachtet werden:

Anamnese

Die exakte Erfassung des Fiebertyps ist insofern wichtig, als sie Rückschlüsse auf die Genese des Fiebers erlaubt, wobei einschränkend gesagt werden muß, daß eine bereits vorgenommene Medikation, seien es Antipyretika oder sei es ein probatorischer Therapieversuch mit Antibiotika, den Fieberverlauf verfälschen kann (→ 14.1.3, Abb. 14-1). Fieber ohne weitere charakteristische Beschwerden oder klinische Befunde, ein monosymptomatisches Fieber, ist erfahrungsgemäß am häufigsten durch Neoplasien, Autoimmunerkrankungen bzw. Kollagenosen und seltenere Erkrankungen bedingt (Tab. 14-28). Bei Fieber mit Begleitsymptomen spricht man von polysymptomatischem Fieber, dem eher erregerbedingte Entzündungen zugrunde liegen.

Tab. 14-28 Wahrscheinliche Ursachen bei Fieber mit und ohne Begleitsymptome

Monosymptomatisches Fieber	Polysymptomatisches Fieber
Neoplasien	Infektionen
Autoimmunerkrankungen	
seltenere Ursachen	

Körperliche Untersuchung

Es ist ein besonderes Augenmerk auf mögliche klinisch „stumme Foci" des FUO zu richten, insbesondere im kardiovaskulären System, Gastrointestinal- und Urogenitaltrakt. Wichtig ist, den Patienten nicht nur einmal initial bei der Aufnahme, sondern im Verlauf mehrfach in möglichst regelmäßigen Abständen gründlich zu untersuchen. Hierdurch werden Veränderungen bemerkt und eventuell neue wichtige Informationen gewonnen, z.B. Osler-Splits bei einer Endokarditis.

Laboruntersuchungen

Neben dem bereits genannten Basisprogramm sollten insbesondere **wiederholt** anaerobe und aerobe **Blutkulturen, Urinkulturen** und bei entsprechender Symptomatik **Stuhlkulturen** und verschiedene Schleimhautabstriche entnommen werden. Außerdem sollten immunologische Parameter wie z.B. Rheumafaktoren und antinukleäre Antikörper bestimmt werden. Ein Hämoccult-Test kann ebenfalls wertvolle Hinweise liefern.

Apparative Stufendiagnostik

Das Basisprogramm besteht aus Röntgen des Thorax, Sonographie des Abdomens und EKG. Auf Grundlage der Anamnese, der klinischen Befunde sowie der Ergebnisse aus dem Basisprogramm von Labor und technischen Untersuchungen sollte eine Auswahl der wahrscheinlichsten Verdachtsdiagnosen zusammengestellt werden. In Abhängigkeit davon werden weitere Untersuchungsverfahren zur Sicherung der Diagnose geplant, wobei auf eine adäquate Gewichtung vorhandener Informationen Wert gelegt werden sollte. Dabei sollte das eingeleitete diagnostische Konzept stets aufs neue überdacht und gegebenenfalls geändert werden. Insgesamt hat sich ein Stufendiagnostikprogramm bewährt, das in Tabelle 14-29 zusammengefaßt ist.

Die einzelnen Untersuchungen richten sich nach der jeweiligen Differentialdiagnose und sind mit Ausnahme des Basisprogramms nicht ungezielt anzuwenden. Die sekundären Suchverfahren sind jeweils in Abwägung der optimalen Indikation im Vergleich zu den anderen Verfahren einzusetzen. Die Diagnose der dem Fieber zugrundeliegenden Krankheit gelingt jedoch häufig erst durch invasive Methoden im Rahmen der

Tab. 14-29 Apparative Stufendiagnostik bei FUO

Primäre Suchverfahren (Basisprogramm)	Sekundäre Suchverfahren	Nachweisverfahren	Ausnahme-verfahren
Röntgen des Thorax Sonographie des Abdomens EKG	Sonographien, z.B. Echokardiographie weitere Röntgenuntersuchungen Computertomographie Szintigraphie Kernspintomographie	Biopsien (z.B. Knochenmark) Endoskopien (z.B. Bronchoskopie, Gastroskopie, Koloskopie, Laparoskopie)	Angiographie explorative Laparotomie

genannten Nachweisverfahren, die mit der Entnahme einer gezielten Gewebsprobe verbunden sind.

Ein routinemäßiges serologisches Breitspektrum-Screening auf verschiedene Infektionserkrankungen oder auf verschiedene Autoantikörper hat sich nicht bewährt und ist zu teuer!

DD *Differentialdiagnose*

Unklares Fieber ist in der Regel nicht durch seltene Krankheiten, sondern vielmehr durch atypische oder oligosymptomatische Verlaufsformen geläufiger Erkrankungen verursacht. Zu Beginn der diagnostischen Klärung ist daher die Kenntnis der für FUO ursächlich in Betracht zu ziehenden Erkrankungen und ihrer relativen Häufigkeit wichtig. Die häufigsten **Ursachen** für **FUO** entfallen auf die **drei großen Krankheitskomplexe:**

- Infektionen (30–40%)
- Malignome (20–30%)
- Autoimmunerkrankungen wie z.B. Kollagenosen, Vaskulitiden (10–15%)

Eine Gesamtübersicht über die häufigsten bei FUO gefundenen Erkrankungen zeigt Tabelle 14-30.

In ca. 5–8% der Fälle kann keine Ursache des FUO gesichert werden, meist aufgrund einer zwischenzeitlichen Genesung des Patienten.

14.4.19.1 Infektionen

Infektionen stellen die häufigste Ursache für FUO dar und sollten daher primär in Betracht gezogen werden. Es hat sich als hilfreich erwiesen, zwischen systemischen und lokalisierten Infektionen zu unterscheiden.

Als **systemische Infektionen** finden sich am häufigsten die Tuberkulose und die bakterielle Endokarditis, seltener sind Brucellose, Toxoplasmose (→ Abb. 14-8) oder CMV-Infektion. Im Falle einer Tuberkulose kommt meist die miliare Verlaufsform ohne primär nachweisbare pulmonale Beteiligung in Frage. Für eine Endokarditis sind verschiedene Manifestationen verdächtig: Osler-Splits (→ Abb. 14-5), Janeway-Läsionen, Splenomegalie, Herzgeräusch, Mikrohämaturie, Arthritis und apoplektischer Insult. Bestehen neben einem möglichen Risiko in der Anamnese ein Gewichtsverlust, Lymphknotenschwellung und Fieber, muß an eine HIV-Infektion gedacht werden.

Unter den **lokalisierten Infektionen** stehen Abszesse im Vordergrund, insbesondere Leberabszesse (subphrenisch) sowie intraperitoneale Abszesse nach Bauchoperationen, bei Divertikulitis und Appendizitis. Extraperitoneale Lokalisationen werden gerne übersehen und betreffen häufig den Urogenitaltrakt mit intra- und paranephritischen sowie Prostataabszessen. Weitere wichtige Beispiele sind Hirnabszeß, Sinusitis, Spondylodiszitis, Osteomyelitis und Zahngranulom.

14.4.19.2 Malignome

Die häufigsten Ursachen für FUO sind **maligne Lymphome,** insbesondere wenn die Primärmanifestation retroperitoneal oder im Knochenmark gelegen ist. Auch Leukämien ohne Ausschwemmung von Leukämiezellen in die Blutbahn können hinter einem unklaren Fieber stecken. Wichtig ist die Assoziation von FUO und einem **Hypernephrom,** wobei das Wiederauftreten von Fieber Monate bis Jahre nach einer Tumornephrektomie das erste Anzeichen für ein Lokalrezidiv

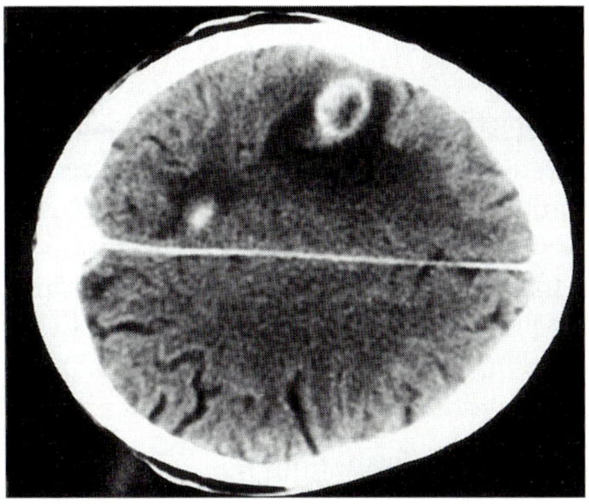

Abb. 14-8 CT-Aufnahme einer zerebralen Toxoplasmose bei HIV-Infektion (Prof. Dr. K. Lackner, Institut für Radiologische Diagnostik der Universität zu Köln).

Tab. 14-30 Häufige Ursachen für Fieber unklarer Genese (FUO)

Krankheitsgruppen	Wichtigste Beispiele für FUO
Infektionen (30–40%)	**systemisch** (extrapulmonale) Tuberkulose bakterielle Endokarditis infektiöse Mononukleose CMV-Infektion HIV-Infektion Typhus **lokalisiert** hepatobiliäre Infektionen Abdominalabszesse urogenitale Infektionen **rheumatisches Fieber (postinfektiös)**
Malignome (20–30%)	Lymphome Leukämien Plasmozytom Hypernephrom Hepatom myeloproliferatives Syndrom kolorektales Karzinom Metastasen solider Tumoren (z.B. in Knochen)
Autoimmunkrankheiten (10–15%)	**Kollagenosen** SLE **Vaskulitis** Arteriitis temporalis Panarteriitis nodosa Morbus Wegener **(juvenile) rheumatoide Arthritis** **Granulomatosen** Sarkoidose granulomatöse Hepatitis
Verschiedenes (10–20%)	
kardiovaskuläre Erkrankungen	Thrombosen, Lungenembolien, Vorhofmyxom
endokrine Störungen	Hyperthyreose, Thyreoiditis, Morbus Addison
metabolische Störungen	familiäres Mittelmeerfieber, Porphyrie
entzündliche Darmerkrankungen	Morbus Crohn, Colitis ulcerosa, Morbus Whipple, Divertikulitis
intravasale Hämolyse	Sichelzellanämie, autoimmunhämolytische Anämie
Gewebsabbau	Z.n. Organinfarkten, größere Hämatome
Medikamentenfieber	Medikamente, z.B. Chinin, Barbiturate, Antibiotika, Neuroleptika
vorgetäuschtes Fieber (Münchhausen-Syndrom) bzw. selbstinduziertes Fieber	

oder eine Metastasierung sein kann. Ein **Kolonkarzinom** kann durch Nekrose und sekundäre Abszedierung oder durch gedeckte Perforation mit parakolischer Abszeßbildung Fieber verursachen. Schließlich kann eine diffuse bzw. fortgeschrittene **Metastasierung** der unterschiedlichsten Primärtumoren für ein FUO verantwortlich sein.

14.4.19.3 Autoimmunerkrankungen

Unklares Fieber kann Wochen bis Monate den typischen Manifestationen von Autoimmunkrankheiten wie **SLE, rheumatoide Arthritis, Panarteriitis nodosa, Arteriitis temporalis** oder **Wegener-Granulomatose** (→ Kap. 43) vorausgehen. Hier ist es besonders wichtig, auch auf nur schwach ausgeprägte Begleitsymptome zu achten.

14.4.19.4 Seltenere Ursachen

Eine ganze Reihe verschiedener Erkrankungen führen als seltenere Ursachen (10–20%) zu FUO. So finden sich nur in Ausnahmefällen entzündliche Darmerkrankungen wie **Morbus Crohn, Colitis ulcerosa** (→ Kap. 11) oder **Divertikulitis** (→ Kap. 46), ohne daß die typischen intestinalen Beschwerden vorliegen.

Gelegentlich können sich **Beckenvenenthrombosen** und **rezidivierende Lungenembolien** allein durch protrahiertes Fieber manifestieren.

14.4.19.5 Vorgetäuschtes Fieber (Münchhausen-Syndrom) und selbstinduziertes Fieber

Das Fieber wird entweder durch Manipulation bei der Temperaturmessung vorgetäuscht (Münchhausen-Syndrom) oder durch Ingestion bzw. Injektion pyrogener Substanzen hervorgerufen. Besonders häufig ist dieses Phänomen bei medizinischem Personal zu finden.

B ***Beschwerden und Befunde***

Hinweise auf vorgetäuschtes Fieber sind der erstaunlich gute Allgemeinzustand mit meist fehlendem Gewichtsverlust sowie Abweichung der Fieberkurve von der zirkadianen Rhythmik mit Höchstwerten am späten Abend oder frühen Morgen, wenn der Patient unbeobachtet ist. Des weiteren fehlen eine adäquate Tachykardie und eine vermehrte Schweißneigung. Schwieriger ist die Situation beim selbstinduzierten Fieber, da je nach verwendetem Agens regelrechte Septikämien ausgelöst werden können. Mit zunehmender Dauer des FUO wird ein vorgetäuschtes oder selbstinduziertes Fieber wahrscheinlicher.

DS ***Diagnosesicherung***

Wichtig ist die Temperaturmessung unter Beobachtung mit möglichst gleichzeitiger Messung der Urintemperatur oder elektrischer Messung. Bei selbstinduziertem Fieber sind unübliche Mischinfektionen in Blutkulturen und artifizielle Hautverletzungen wegweisend.

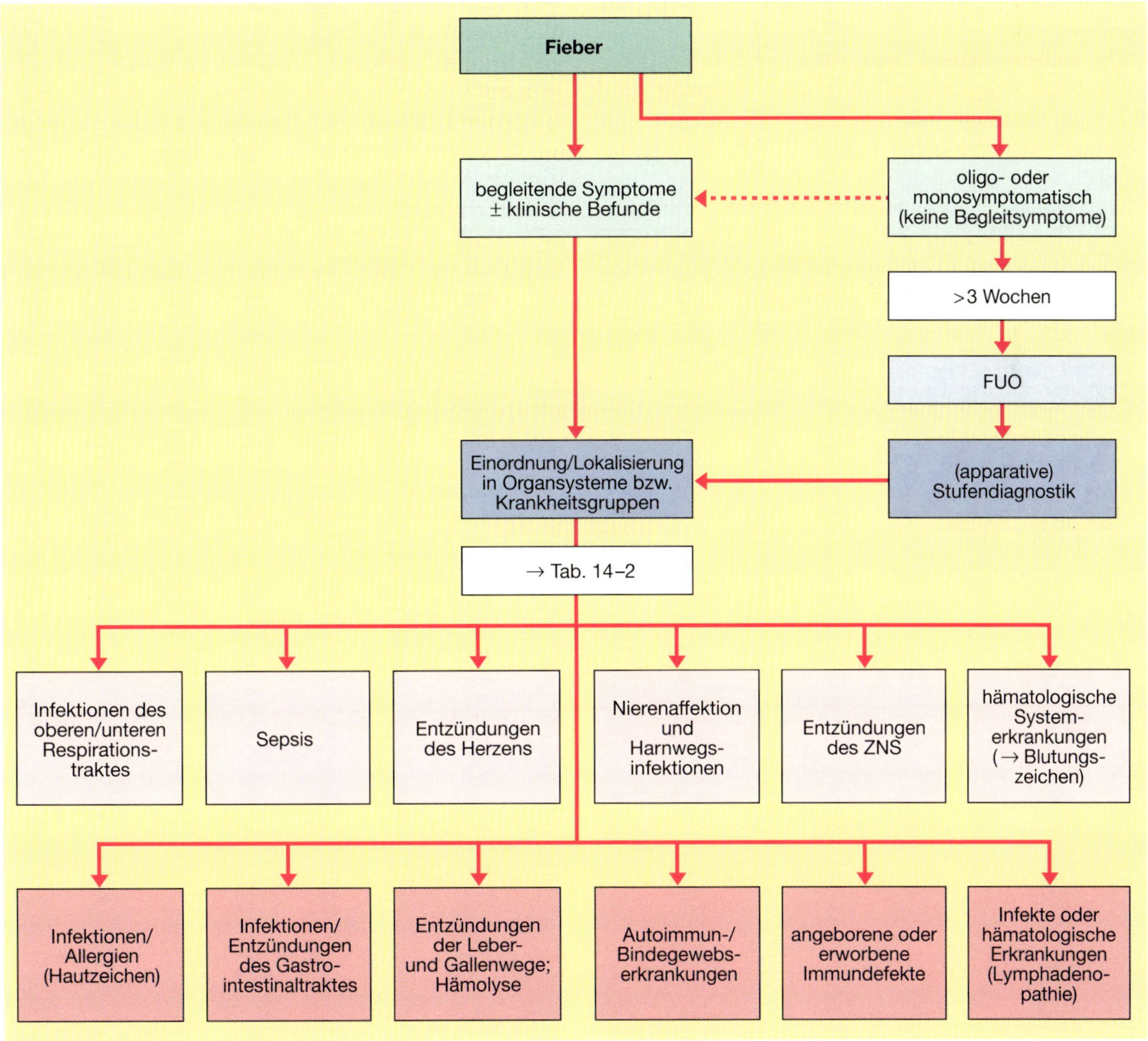

Abb. 14-9 Diagnostisches Vorgehen bei Fieber.

DD *Differentialdiagnose*

Die Differentialdiagnosen sind der Tabelle 14-30 zu entnehmen.

14.4.19.6 Medikamenteninduziertes Fieber (drug fever)

B *Beschwerden und Befunde*

Eine Vielzahl von Medikamenten kann mit unterschiedlicher Latenzzeit von Tagen, Wochen bis Monaten seit Ersteinnahme Fieber auslösen. Eine große Latenzzeit verleitet dazu, den Zusammenhang zwischen Medikament und Fieber zu vernachlässigen. Am häufigsten wird „drug fever" durch Antibiotika, Antihypertensiva, Antiarrhythmika und Zytostatika verursacht. Die zugrundeliegenden Mechanismen sind dabei unterschiedlich. Nicht selten treten begleitende makulopapulöse Exantheme auf. Abzugrenzen sind **2 gefährliche Sonderformen:** zum einen die **maligne Hyperthermie** und zum anderen das **maligne neuroleptische Syndrom.**

Die **maligne Hyperthermie** wird durch Inhalationsanästhetika oder Muskelrelaxanzien ausgelöst und imponiert klinisch mit Rigor der Muskulatur und extremer, schwer beherrschbarer Temperaturerhöhung.

Das **maligne neuroleptische Syndrom** kann nach Einnahme nahezu aller Neuroleptika auftreten, insbesondere Haloperidol, jedoch auch bei trizyklischen Antidepressiva und Dopaminantagonisten. Klinisch stehen im Vordergrund hohes Fieber, Muskelrigor, Hypersalivation, Tachykardie, Hypertonie, Rhabdomyolyse und Halluzinationen.

DS *Diagnosesicherung*

Gesichert wird die Diagnose meistens durch den Auslaßversuch des entsprechenden Medikaments. Der positive Nachweis spezifischer Antikörper im Serum kann die Verdachtsdiagnose erhärten; sind jedoch keine Antikörper nachweisbar, so ist ein drug fever nicht ausgeschlossen! Die maligne Hyperthermie und das maligne neuroleptische Syndrom bestechen durch ihre akute lebensbedrohliche Situation im Zusammenhang mit der entsprechenden Medikamentengabe.

14.5 Zusammenfassung

Fieber ist als unspezifische Begleitreaktion vieler verschiedener Erkrankungen anzusehen. Um die Ursache für einen fieberhaften Zustand zu klären, ist es wichtig und notwendig, begleitende Symptome sowie klinisch und technisch erhobene Befunde zu berücksichtigen. Hierdurch wird in den meisten Fällen die Lokalisierung eines entzündlichen Prozesses in einem bestimmten Organsystem oder die Einordnung in eine bestimmte Krankheitsgruppe wie z. B. Erkältungen oder Autoimmunerkrankungen bzw. Kollagenosen ermöglicht. Fehlen offensichtliche Begleitsymptome, spricht man auch von oligo- bzw. monosymptomatischem Fieber (Abb. 14-9), das häufig als FUO imponiert und eine entsprechende Stufendiagnostik erfordert.

15 Gelbsucht

W. E. Hansen und M. Classen

Gelbsucht (Ikterus) ist der sichtbare Ausweis einer vermehrten Bindung von Bilirubin an das Bindegewebe der Unterhaut und der Skleren. Sie erscheint als die Folge eines über ca. 2,5 mg/dl (45 µmol/l) erhöhten Bilirubinspiegels im Blut, wobei die Intensität der Gelbverfärbung mit dem Ausmaß der Hyperbilirubinämie zunimmt. In manchen Fällen kann die gelbe Farbe sich nach grün und schwarz verändern (Verdinikterus).

Gelbsucht weist auf Störungen des Bilirubinstoffwechsels hin. Es sind dies Erkrankungen der roten Blutkörperchen (vor allem Hämolysen), der Leber, der Gallenwege und der Bauchspeicheldrüse. Es handelt sich um ein unspezifisches Krankheitszeichen, welches in jedem Fall zu weiterer Diagnostik Veranlassung geben muß. Der Orientierung können anamnestische Angaben dienen: Hämolysen gehen mit einer Dunkelverfärbung des Stuhls und ohne Farbveränderungen des Urins einher. Bei hepatobiliären Erkrankungen wird eine „bierbraune" Farbe des Urins und seines Schüttelschaums beobachtet, hinzu können eine Obstipation sowie eine grauweiße Entfärbung der Stühle treten. Schwierigkeiten kann die Differenzierung nach leber- und gallenwegsbedingten Ursachen bereiten. In diesen Fällen sind neben den Labortesten die modernen bildgebenden Verfahren (abdominelle und endoskopische Sonographie, endoskopische retrograde Cholangio-Pankreatikographie, Computertomographie, Kernspintomographie) von entscheidender Bedeutung.

Würde die Spezifität und die Sensitivität von Gelbsucht als Krankheitszeichen ermessen werden, so erhielte man ein ungünstiges Ergebnis. Gelbsucht ist die Begleiterscheinung einer fast unübersehbaren Zahl sehr unterschiedlicher Erkrankungen: von angeborenen Stoffwechselleiden, Vergiftungen, Autoimmunerkrankungen, Medikamentennebenwirkungen, Entzündungen bis zu Tumoren. Darüber hinaus können dieselben Krankheiten in der Mehrzahl auch ohne Gelbsucht erscheinen. Indem jedoch Betroffene und ihre Angehörigen eine Gelbsucht leicht erkennen und deshalb auch zum Arzt gehen, ist der Wert dieses Krankheitszeichens in der Praxis groß. Für den Arzt ist jeder Ikterus ein Alarmsignal, hinter dem sich fast immer eine schwerwiegende Erkrankung verbirgt, und welches zu weitgespannten differentialdiagnostischen Überlegungen Veranlassung geben muß.

15.1 Definition und Abgrenzung

Unter physiologischen Bedingungen findet man im Blut eine Bilirubinkonzentration von 0,2–1,1 mg/dl (3,4–19 µmol/l). Höhere Spiegel bezeichnet man als **Hyperbilirubinämie.** Ab einer Serumkonzentration von etwa 2,5 mg/dl (45 µmol/l) kann eine Ablagerung im Bindegewebe der Unterhaut und der Sklera mit dem bloßen Auge festgestellt werden: **Gelbsucht, Ikterus** (Abb. 15-1). Am ehesten entdeckt man eine Gelbverfärbung an der Sklera und am weichen Gaumen. Wegen der relativ festen Bilirubinbindung an elastisches Bindegewebe kann ein Sklerenikterus eventuell noch Tage nach der Normalisierung des Serumbilirubinspiegels nachgewiesen werden. Aus praktischen Gründen unterscheidet man zwischen fettlöslichem, indirekt reagierendem Bilirubin aus der Zellmauserung und wasserlöslichem, direkt reagierendem Bilirubin, welches bereits in der Leber transformiert wurde. Eine Farbveränderung von Gelb nach Grün kann nach längerem Bestehen einer Gelbsucht beobachtet werden (**„Verdinikterus"**). Die Ursache wird in der lokalen Umwandlung von Bilirubin zu grüngefärbten Metaboliten gesehen. Wasserlösliches Bilirubin kann über die Nieren ausgeschieden werden (**Bilirubinurie**). Der Urin erhält auf diese Weise eine dunkle „bierbraune" Farbe. Ein einfaches diagnostisches Kennzeichen ist in diesen Fällen die braungelbe Verfärbung des sonst weißen Schüttelschaums. Werden als Folge einer Cholestase Bilirubin und seine Metabolite nicht mehr mit der Galle in den Darm ausgeschieden, so erhält der Stuhl eine grau-weiße Farbe (**acholischer Stuhl**).

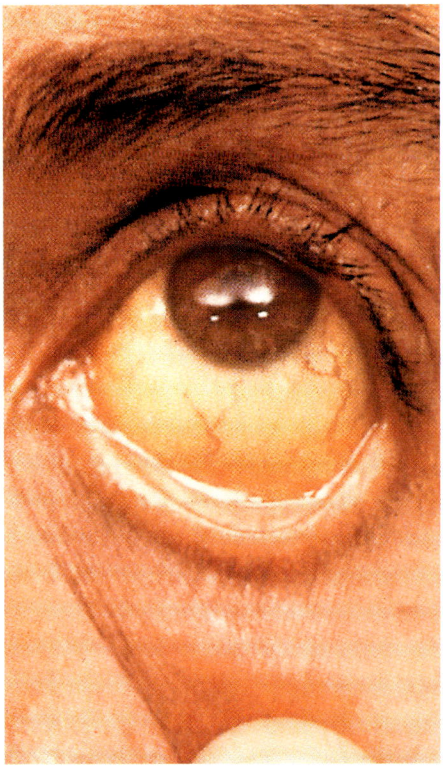

Abb. 15-1 Sklerenikterus mit einem Bilirubinspiegel von 4 mg/dl.

15.2 Ursachen

Gelbsucht ist ein leicht erkennbares unspezifisches Hautsymptom im Gefolge einer Hyperbilirubinämie. Eine Systematik der sehr unterschiedlichen Krankheitsursachen orientiert sich deshalb am besten an der Physiologie und Pathophysiologie des Bilirubinstoffwechsels (Abb. 15-2):

Unter **physiologischen Bedingungen** fallen in der Leber und in den Zellen des retikuloendothelialen Systems einschließlich der Milz und dem Knochenmark täglich 250–350 mg Bilirubin an. Hiervon stammen 65–80% aus dem Hämoglobinabbau von alten Erythrozyten. Die anderen Quellen sind Myoglobin, Katalasen und Zytochrome. Der weitere Abbau des Bilirubins ist nur in der Leber möglich. Das zunächst unlösliche, vor allem an Albumin gebundene Bilirubin wird mittels „erleichterter Diffusion" transportiert (wahrscheinlich mittels eines aktiven Transportsystems) und in die Hepatozyten aufgenommen, dort an Ligandin und Z-Protein gebunden, gelagert, und schließlich in den Mikrosomen unter dem Einfluß von Glukuronyltransferase und Glukuronosid-Glukuronosyltransferase jeweils mit 1 oder 2 Molekülen Glukuronsäure konjugiert. Bilirubin-Glukuronide sind wasserlöslich und damit ausscheidungsfähig. Bis zur Sekretion in die Galle bleiben Bilirubin-Glukuronide an Ligandin gebunden. Die weitere Wanderung erfolgt über die Galle in den Intestinaltrakt. Da es kaum resorbiert wird, unterliegt es keinem enterohepatischen Kreislauf. Unter der Einwirkung der Darmflora im Kolon erfolgt ein weiterer Abbau zu farblosem Urobilinogen und dunkelbraun erscheinenden Sterkobilinen, welche zugleich die Stuhlfarbe zeichnen. Urobilinogen wird täglich in einer Menge von ca. 70 mg rückresorbiert und zum größten Teil von der Leber aufgenommen. Etwa 2 mg erscheinen im Urin.

Eine **Hyperbilirubinämie** ist entweder die Folge einer vermehrten Bilirubinbildung – beispielsweise in

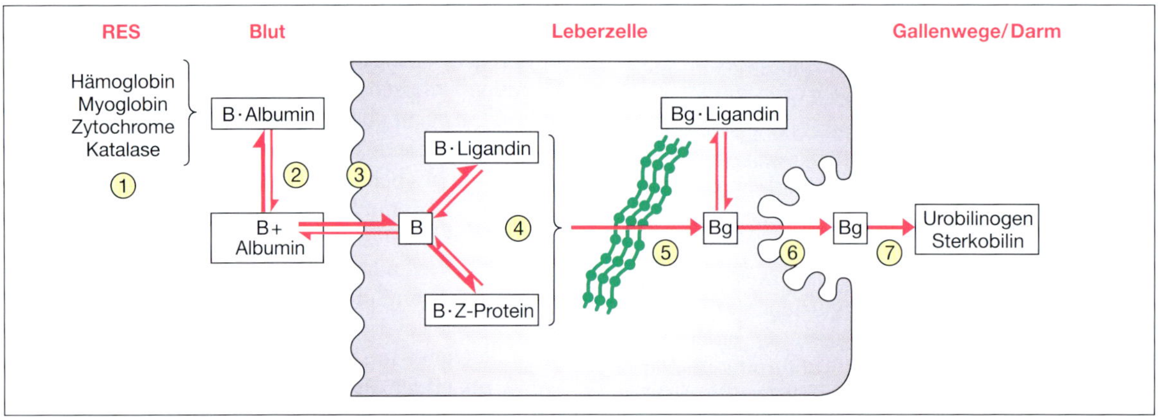

Abb. 15-2 Der Weg des Bilirubins. Im einzelnen lassen sich beim Bilirubinstoffwechsel folgende Schritte unterscheiden: **[1]** Entstehung von Bilirubin (B) aus verschiedenen Häminen in Leber, Milz, Knochenmark (Zellen des RES); **[2]** Transport des unkonjugierten, wasserunlöslichen Bilirubins zur Leber durch Bindung an Serumalbumin; **[3]** Aufnahme in die Leberzellen; **[4]** intrazelluläre Lagerung durch Bindung an Ligandin und Z-Protein; **[5]** Konjugation mit Glukuronsäure in den Mikrosomen (Bg); **[6]** Sekretion in die Galle; **[7]** Ausscheidung in den Darm, Umwandlung in Urobilinogen und dunkelbraun-schwarzes Sterkobilin durch die Darmflora. Eine Hyperbilirubinämie entsteht entweder durch eine Überproduktion der verschiedenen Hämine oder durch eine verzögerte Elimination über Leber und Galle.

retikuloendothelialen Zellen infolge Hämolyse „vor der Leber" – oder einer gestörten Bilirubinelimination über die Leber und Gallenwege. Entsprechend unterscheidet man bei Gelbsucht prähepatische, intrahepatische und posthepatische Ursachen. Limitierender Schritt beim Bilirubinabbau ist die Exkretion in die Galle: Die maximale Kapazität beträgt etwa 1 g/24 Stunden. Dies bedeutet, daß geringe Hämolysen nicht mit einer Hyperbilirubinämie einhergehen und deshalb auch leicht übersehen werden. Einen Überblick auf mögliche Ursachen von Hyperbilirubinämie und Gelbsucht bringt Tabelle 15-1.

Tab. 15-1 Ursachen von Gelbsucht

Prähepatische Ursachen
angeborene hämolytische Anämien (Hämoglobinopathien, kongenitale Sphärozytose, Morbus Wilson)
erworbene hämolytische Anämien (Autoantikörper, Zieve-Syndrom, HELLP-Syndrom, Malaria, Medikamente)
angeborene/erworbene Anämie (angeborener Glucose-6-Phosphatase-Mangel, Hämolysen nach Chinin, Naphthalin, Primaquin, Fava-Bohne)

Intrahepatische Ursachen
hepatozellulärer Ikterus
funktionelle Hyperbilirubinämie (Morbus Gilbert-Meulengracht, Crigler-Najjar-Syndrom Typ I und II, Dubin-Johnson-Syndrom, Rotor-Syndrom)
parenchymatöse Lebererkrankungen
Hepatitis (akute/chronische Virushepatitiden, Begleithepatitiden bei viralen, bakteriellen, parasitären Infektionen sowie chronisch entzündlichen Darmerkrankungen, Arzneimittelunverträglichkeit, Alkoholismus und sonstigen Intoxikationen)
Leberfibrose, Leberzirrhose (Alkoholismus, Virusinfekte, primäre/sekundäre Hämochromatose, Porphyrien, Morbus Wilson)
Sepsis
Schock
Stauungsleber (Rechtsherzinsuffizienz, Pericarditis constrictiva, Budd-Chiari-Syndrom)
Intrahepatische Cholestase
mechanische Abflußbehinderungen der Galle (primäres Leberzellkarzinom, Cholangiokarzinom, Lebermetastasen, Leberzysten, Leberabszeß, Echinokokkosen, Amöbiasis der Leber, Leukosen, biliäre Zirrhosen, sklerosierende Cholangitis)
sonstige Ursachen (Arzneimittelnebenwirkung, toxische Schädigung, Zieve-Syndrom, Reye-Syndrom, benigne intrahepatische familiäre rezidivierende Cholestase)

Extrahepatische Ursachen
stenosierende Erkrankungen der extrahepatischen Gallenwege (Tumoren, Strikturen, Steine)
Kompression des Ductus choledochus von außen (Metastasen, Lymphome, akute/chronische Pankreatitis, Pankreasneoplasma, Pankreaspseudozyste, Duodenaldivertikel, Mirizzi-Syndrom)
Papillenerkrankungen (benigne Stenose, benigne/maligne Neoplasmen)
sonstige Ursachen (Parasiten/Askaris, Caroli-Syndrom)

Tab. 15-2 Unkonjugiertes und konjugiertes Bilirubin bei verschiedenen Erkrankungen mit Hyperbilirubinämie

Unkonjugiertes Bilirubin allein erhöht
verminderte Aufnahme in die Leber: Iopanoidsäure, Gilbert-Meulengracht-Syndrom (?)
verminderte Konjugation: Neugeborenenikterus, Crigler-Najjar-Syndrom, Morbus Gilbert-Meulengracht

Unkonjugiertes Bilirubin vorwiegend erhöht
Überproduktion: Hämolyse, Dyserythropoese, Hungerzustand

Konjugiertes Bilirubin vorwiegend erhöht
Bilirubinostasis: Rotor-Syndrom, Dubin-Johnson-Syndrom
Cholestasis: funktionelle und mechanische intra- und extrahepatische Ursachen

15

Bei einer anderen Klassifikation werden die **Konzentrationen von unkonjugiertem und konjugiertem Bilirubin im Serum** bewertet. Bei Gesunden findet man mehr unkonjugiertes (ca. 0,35 mg/dl bzw. 6 µmol/l) als konjugiertes Bilirubin (ca. 0,1 mg/dl bzw. 1,7 µMol/l). Das Konzentrationsverhältnis unkonjugiertes/konjugiertes Bilirubin beträgt etwa 3,5. Bei Hämolysen steigt die Konzentration von unkonjugiertem Bilirubin auf maximal ca. 5 mg/dl (0,85 µmol/l), die Konzentration von konjugiertem Bilirubin auf maximal ca. 1,1 mg/dl (1,8 µmol/l). Das Konzentrationsverhältnis wird gering erhöht (ca. 4). Beim Gilbert-Meulengracht-Syndrom ist unkonjugiertes Bilirubin ebenfalls erhöht (ca. 3,5 mg/dl bzw. 60 µmol/l), das konjugierte Bilirubin im Normbereich, das Konzentrationsverhältnis ist erhöht. Bei Erkrankungen der Leber und Gallenwege ist vor allem konjugiertes Bilirubin erhöht. Eine systematische Zusammenstellung bringt Tabelle 15-2.

15.3 Diagnostik

Gelbsucht weist auf eine Vielzahl von Erkrankungen an schlecht zugänglichen inneren Organen hin. Durch die Anamnese und die körperliche Untersuchung können zwar wichtige Hinweise auf die Ursachen erhalten werden, entscheidend für die Stellung der Diagnose sind in der Regel jedoch die Ergebnisse der technischen Untersuchungsmethoden: Labor und bildgebende Verfahren.

15.3.1 Anamnese

Bei der Befragung sind Angaben zum Auftreten der Gelbsucht sowie die Begleiterscheinungen von besonderem Interesse. Eine Zusammenstellung von anamnestischen Angaben mit möglichen differentialdiagnostischen Bedeutungen bringt Tabelle 15-3.

Tab. 15-3 Anamnese bei Gelbsucht und Differentialdiagnose

	Angaben zur Gelbsucht	Mögliche Bedeutung
Initialphase	plötzlicher Beginn	akute Hepatitis, dystrophischer Schub einer chron. Lebererkrankung, akute Hämolyse, akuter Gallenwegsverschluß (Stein)
	allmählicher Beginn	Neoplasma der Leber oder Gallenwege, Exazerbation bei chronischer Lebererkrankung
	Beginn Säuglingsalter	hereditäre Lebererkrankung
	Beginn Adoleszenz	Morbus Wilson, juvenile Zirrhose, akute Virushepatitis
Verlauf	Abklingen nach Wochen	Virushepatitis, dystrophischer Schub bei chron. Lebererkrankung
	rezidivierend	hämolytische Krisen, Morbus Gilbert-Meulengracht, chronische Lebererkrankung
Begleit-erscheinungen	grün-schwarze Hautfarbe	längere Dauer des Ikterus
	Müdigkeit	Lebererkrankung, Neoplasma
	Abgeschlagenheit Gewichtsabnahme	Neoplasma (schmerzlos: Pankreaskopf!), chronische (Pankreaskopf-) Pankreatitis mit exokriner Insuffizienz
	Schmerzen	Gallenwegserkrankung (Kolik), biliäre Pankreatitis, akute Dehnung der Leberkapsel, z. B. infolge entzündlicher Schwellung oder akuter Rechtsherzinsuffizienz, alkoholische Hepatitis
	Juckreiz	Cholestase
	Fieber (bes. über 38°C)	Cholangitis, Virushepatitis, alkoholische Hepatitis, Leberabszeß, Malaria, Neoplasma
	Stuhlfarbveränderung	dunkelbraun/schwarz: Hämolyse grau-weiß: Cholestase Blut: Hämorrhoiden/portaler Hypertonus?
	Urinfarbänderung Hämatemesis	bierbraun (auch Schüttelschaum): konjug. Hyperbilirubinämie Blutung aus Varizen oder Ulkus bei chronischer Lebererkrankung
Sonstiges	Umgebungserkrankungen, Genuß von Austern, Bluttransfusionen	Virushepatitis, Intoxikation
	Auslandsaufenthalt	Virushepatitis, Malaria, Amöbenabszeß
	Alkoholkonsum > 30 g/d (Frauen)/60 g/d (Männer)	Alkoholhepatitis, Zirrhose
	Medikamenteneinnahme	toxische Hepatitis
	i.v.-Drogengebrauch	Virushepatitis, toxische Hepatitis
	Arthralgien	Virusinfektion, Autoimmunität
	Grippale Beschwerden in der Initialphase	Virushepatitis
	Konzentrationsstörungen	Enzephalopathie
	braune Pigmentierung	Hämochromatose
	Hautausschlag	Infekt, Arzneimittelreaktion, Autoimmunität
	trockener Mund (Sicca-Syndrom)	assoziiert bei prim. biliärer Zirrhose

15.3.2 Körperliche Untersuchung

Die körperliche Untersuchung kann vor allem bei chronischen Lebererkrankungen einen wichtigen diagnostischen Beitrag leisten. Eine Zusammenstellung bringt Tabelle 15-4.

15.3.3 Laboruntersuchungen

Das Symptom Gelbsucht steht im Zusammenhang mit einem über 2,5 mg/dl (45 µmol/l) erhöhten **Bilirubinspiegel**. Wie in den Abschnitten 15.1 und 15.2 dargelegt, handelt es sich hier um einen vieldeutigen

Tab. 15-4 Körperliche Befunde bei Gelbsucht und differentialdiagnostische Bedeutungen

Befund	Mögliche Bedeutung
fehlender Sklerenikterus	karotinreiche Ernährung, Atebrin-Behandlung
„Leberhautzeichen" (Abb. 15-4a)	chronische Lebererkrankung
Leber	
Vergrößerung	Lebererkrankung
scharfer Rand, Konsistenz verhärtet	Zirrhose
abgerundeter Rand, Konsistenz gering vermehrt	Fettleber
große(r) Knoten	Lebertumor(en)
Gallenblase	
prall, vergrößert (z. B. Courvoisier-Zeichen)	extrahepatischer Verschluß
druckschmerzhaft (z. B. Murphy-Zeichen)	Gallenblasenentzündung
Milz	
tastbar	Lebererkrankung, Hämolyse
Kayser-Fleischer-Kornealring	Morbus Wilson
Tremor (grob), Konzentrationsstörung, Somnolenz	hepatische Enzephalopathie
Tachykardie	Hyperzirkulation bei Leberinsuffizienz
Aszites	portaler Hypertonus bei chronischer Lebererkrankung

Parameter, der bei verschiedenartigen Krankheiten erhöht gefunden werden kann (→ Tab. 15-1). Die Unterscheidung zwischen **freiem und konjugiertem Bilirubin** kann in manchen unklaren Fällen wegweisende Informationen bringen (→ Tab. 15-2).

Marker der **Hämolyse** sind Blutbildveränderungen (normochrome Anämie mit erhöhter Retikulozytenzahl über 20‰), erhöhtes Serumeisen, vermindertes Haptoglobin und erhöhte LDH (Laktatdehydrogenase). Im Knochenmarkpunktat findet man eine gesteigerte Erythropoese.

Bei den **Lebererkrankungen** gibt es entsprechend der Vielfalt von Krankheitsursachen auch verschiedene diagnostische Zielsetzungen.

Als **Marker der Leberzellnekrose** dienen SGOT (Serum-Glutamat-Oxalazetat-Transaminase), SGPT (Serum-Glutamat-Pyruvat-Transaminase) sowie GLDH (Glutamatdehydrogenase). GLDH ist nur in den Mitochondrien lokalisiert und wird bei schweren Parenchymschädigungen in erhöhter Aktivität im Serum angetroffen. Die Transaminasen – besonders SGPT – sind empfindliche Marker, die bei leichteren Erkrankungen im Serum auf das 2–5fache der Normaktivität, bei schweren Schädigungen bis zum 100fachen der Normaktivität ansteigen. Als **Enzymmarker der Cholestase** dienen AP (alkalische Phosphatase), γ-GT (Gamma-Glutamyl-Transpeptidase), LAP (Leuzin-Aminopeptidase) und 5'-Nukleotidase. Bei Lebererkrankungen können sie entsprechend ihrer Lokalisation in Hepatozyten in erhöhter Aktivität im Serum erscheinen. Besonders stark ist der Anstieg bei extrahepatischer Cholestase, wo beispielsweise die AP bis zum 10fachen der Norm ansteigen kann. (AP existiert auch als Isoenzym im Knochen und kann bei Knochenerkrankungen und Wachstum in erhöhter Aktivität im Blut gefunden werden. In unklaren Fällen mit erhöhter AP ist deshalb die Bestimmung des Isoenzyms empfehlenswert.) γ-GT kann – oftmals isoliert – bei Alkoholmißbrauch erhöht im Serum gefunden werden und wird deshalb auch als Marker für den Alkoholkonsum bei Trinkern verwendet.

Marker der Leberfunktionen betreffen verschiedene Leistungsbereiche: Proteinsynthese (Albumin; Cholinesterase; Lipoproteine; Gerinnungsfaktoren, vor allem Faktor V und Faktor VII), Transport organischer Ionen (Serum-Bilirubin, Serum-Gallensäuren, Indocyanin-Clearance zur Leberdurchblutungsmessung), Intermediärstoffwechsel (Galaktoseelimination), Zytochrom-P-450-abhängiger Arzneimittelabbau (Aminopyrin-Atemtest). Der **diagnostische Stellenwert** dieser Marker ist insofern eingeschränkt, als sie mehr oder minder unspezifisch reagieren und nur in der Zusammenschau mit dem klinischen Bild bzw. anderen Resultaten von technischen Untersuchungen ihre diagnostische Aussagekraft erlangen können. Beispielsweise wird AP auch im Knochen gefunden und ist deshalb auch bei Wachstum oder bei Knochenerkrankungen erhöht im Serum anzutreffen. SGOT ist besonders reich in der Muskulatur vorhanden und ist deshalb beim Herzinfarkt erhöht.

Krankheitsspezifische Marker gibt es für Virushepatitiden (Hepatitis A–E, Epstein-Barr-Virus, Herpes-simplex-Virus), für immunologisch ausgelöste Lebererkrankungen (Autoantikörper: ANA, AMA, LKM, SCA, SMA, ANCA; Serumspiegel von IgM, IgA, IgG), für Morbus Wilson (Serum-/Urin-Kupfer, Coeruloplasmin), für Hämochromatose (Eisen, Ferritin, Transferrin), für Alpha-1-Antitrypsin-Mangel (Alpha-1-Antitrypsin, dazu Gentypisierung), für primäres Leberzellkarzinom (Alpha-Fetoprotein).

15.3.4 Apparative Untersuchungen

Im Vordergrund stehen die bildgebenden Untersuchungsverfahren. Als einfach durchführbare und wenig belastende Basisuntersuchung kann in jedem Fall die **Sonographie der Bauchorgane** dienen. Hier werden Gallensteine zu über 95% (Gallengangssteine ca. 30%) als Hinweise auf eine Hämolyse oder eine biliäre Erkrankung sichtbar.

Weitere Befunde sind indirekte Cholestasezeichen aufgrund erweiterter Gallenwege sowie Veränderungen der Lebergröße oder des -parenchyms als Hinweise auf einen hepatischen Ikterus, Milzvergößerung oder Pankreasveränderungen (Kopfvergrößerung durch Tumor oder Entzündung als Ursache von extrahepatischer Cholestase). Auch Normalbefunde können im Hinblick auf Differentialdiagnosen von Bedeutung sein. Die **endoskopische Sonographie** ist hier eine ergänzende Untersuchung, welche besonders für die Beurteilung des Pankreas, der Region um die Papilla Vateri und den distalen Anteil der extrahepatischen Gallenwege verwendet wird. Die **Computertomographie** der Bauchorgane besitzt einen ähnlichen Stellenwert wie die Sonographie, in der Regel können jedoch Pankreas und Lymphknoten besser, Gallensteine, sofern sie nicht verkalkt sind, schlechter beurteilt werden. Unklare Cholestasen sind die Indikation für die **endoskopische, retrograde Cholangiographie** (ERC), wobei jedoch im Hinblick auf eine Pankreaskopferkrankung stets auch eine Pankreatikographie mit durchgeführt werden sollte **(endoskopische, retrograde Cholangio-Pankreatikographie**: ERCP, Abb. 15-3b). Bei dieser Untersuchung kann auch gleichzeitig endoskopiert, biopsiert oder therapiert (Einlage einer Drainage, Steinzertrümmerung und -extraktion, Manometrie bei Verdacht auf Papillenstenose) werden. In Fällen, in denen eine Gangdarstellung auf endoskopisch-transpapillärem Weg nicht möglich ist, kommt auch ein perkutan-transhepatisches Vorgehen mit vergleichbaren Möglichkeiten in Betracht. Weitere diagnostische Möglichkeiten bieten die **Kernspintomographie** einschließlich der MRCP (Abb. 15-3a) sowie die **Arteriographie**: Sie werden in unklaren Fällen, evtl. auch zur Festlegung der Operationsindikation, herangezogen. (Die früher vielfach verwendete i.v.-Cholangiographie und Szintigraphie sind obsolete Untersuchungsverfahren.)

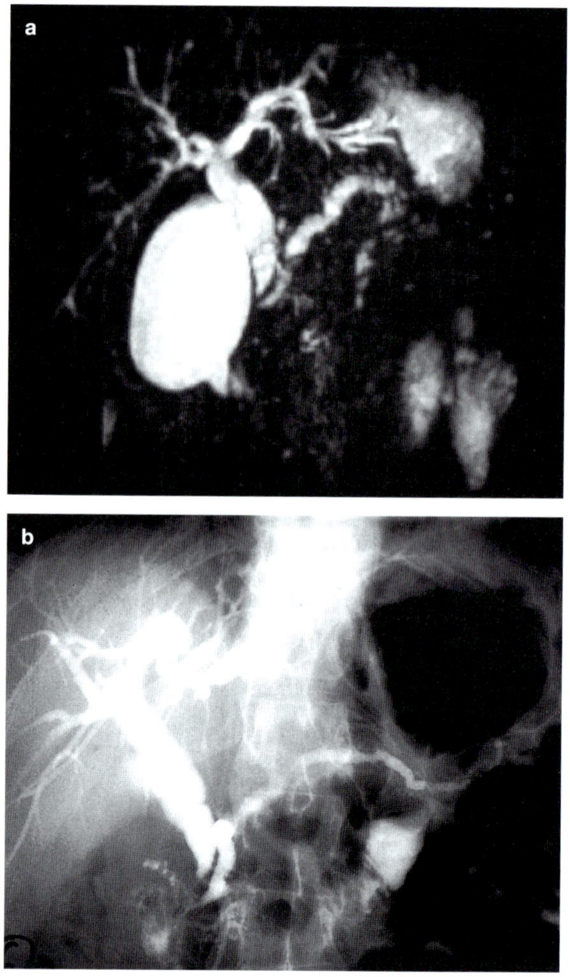

Abb. 15-3 a) **MRCP:** Darstellung des Gallen- und Pankreasgangsystems mittels einer speziellen Kernspintomographie-Technik. Diagnose: Pankreaskopfkarzinom mit Stenose des distalen Ductus Wirsungianus und Ductus choledochus (Radiologisches Institut, Prof. Dr. Gerhardt, Klinikum rechts der Isar, Technische Universität München).
b) **ERCP:** Befund vom gleichen Patienten.

15.3.5 Weitere Diagnostik

Einen oftmals entscheidenden diagnostischen Stellenwert besitzt die **Histopathologie** von Gewebeproben betroffener Organe. Bei Hämolysen werden Punktate des Knochenmarks bewertet, bei Leber-und Pankreaserkrankungen mit verschiedenen Techniken und bei geringem Risiko unter sonographischer Sicht gewonnene Biopsien. Endoskopische Zangenbiopsien aus den Gallenwegen und der Papilla Vateri erbringen bezüglich des Nachweises von Malignomen dagegen eine größere Zahl von falsch negativen Resultaten (bis zu 60%).

15.4 Krankheitsbilder

15.4.1 Hämolytische Erkrankungen
15.4.2 Morbus Gilbert-Meulengracht
15.4.3 Akute und chronische parenchymatöse Lebererkrankungen: Entzündungen, Fettleber, Leberzirrhose, hepatozelluläres Karzinom
15.4.4 Medikamentöse Leberschäden
15.4.5 Gallenwegsverschlußerkrankungen

15.4.1 Hämolytische Erkrankungen

Ikterus als Folge von Hämolyse ist immer dann zu erwarten, wenn der Anfall von unkonjugiertem Bilirubin die Eliminationskapazität der Leber – in der Regel sind dies maximal 1 g in 24 Stunden – übersteigt. Da die Leber eine Reservekapazität von ca. 650–750 mg/24 Stunden besitzt, verlaufen geringe Hämolysen ohne Hyperbilirubinämie oder Ikterus und werden deshalb auch leicht übersehen. Führende Symptome können in diesen Fällen eine normochrome Anämie, eine Dunkelverfärbung des Stuhls oder Gallensteine sein. Selbst bei schweren Hämolysen steigt der Serumbilirubinspiegel selten über 5 mg/dl (85 µmol/l).

Die Ursachen, welche zu einem vermehrten Zerfall der Erythrozyten führen, sind sehr unterschiedlich. Sie umfassen angeborene und erworbene Defekte, immunologische Störungen aber auch Vergiftungen und Parasitosen (Malaria). Eine ausführliche Darstellung bringt auch das Kapitel 8.4.7.

B *Beschwerden und Befunde*

Geringe Hämolysen verlaufen unbemerkt, zumal in der Regel die Beschwerden durch die jeweiligen Grunderkrankungen im Vordergrund stehen. Eventuell **klagen** die Betroffenen über die Folgen der Hämolyse:

- **Anämie** (Müdigkeit, Abgeschlagenheit, Tachykardie, Konzentrationsstörungen, Belastungsdyspnoe)
- **Gallensteine** (kleine „Pigmentsteine"; Beschwerden können Koliken, Cholezystitis, extrahepatische Cholestase mit Ikterus, biliäre Pankreatitis sein)
- **Dunkelverfärbung des Stuhls** infolge der vermehrten Ausscheidung von Bilirubinabbauprodukten (Sterkobilin)

Bei der **Befragung** sollte man auf Anhaltspunkte für ein familiäres Auftreten von Hämolyse, auf Alkohol- und Medikamenteneinnahme, auf Reisen in warme Länder bzw. fieberhafte Erkrankungen (Malaria tropica!) achten. Das Zieve-Syndrom wird bei Alkoholikern beobachtet. In der Schwangerschaft gibt es Hämolysen im Zusammenhang mit schweren Toxikosen (HELLP-Syndrom).

Bei der **körperlichen Untersuchung** kann eine Splenomegalie ein Hinweis auf Hämolyse sein, insbesondere auch infolge hereditärer Ursachen. Hämolysen bei Morbus Wilson verlaufen eventuell foudroyant in Schüben. Wichtige Begleiterscheinungen sind ein Kayser-Fleischer-Kornealring sowie neurologische Symptome und Zeichen der Leberzirrhose.

DS *Diagnosesicherung*

In jedem Fall besteht eine doppelte diagnostische Zielsetzung:

- Nachweis der Hämolyse
- Klärung der Ursache der hämolytischen Erkrankung

Der **Nachweis von Hämolyse** ist in der Regel durch Laboruntersuchungen von Blut möglich. Kennzeichnend können – neben der unkonjugierten Hyperbilirubinämie bis ca. 5 mg/dl (85 µmol/l) bei fehlender Bilirubinurie – die oftmals vorhandene normochrome Anämie, eine auf über 20‰ vermehrte Retikulozytenzahl, ein verminderter Haptoglobinspiegel sowie ein erhöhter Serumeisenspiegel sein.

Die **Sicherung der Diagnose** ist entsprechend den vielfältigen Ursachen der hämolytischen Erkrankungen verschieden.

Zieve-Syndrom

Das Zieve-Syndrom ist eine alkoholbedingte Lebererkrankung (Fettleber, Fettleberhepatitis, Zirrhose) mit den entsprechenden Begleiterscheinungen. Hinzu kommen hämolytische Anämie, Pankreatitis, eruptive Xantheme und Hyperlipoproteinämie Typ V (nach Fredrickson) mit oftmals exorbitant hohen Triglyzeridspiegeln (z.B. 50–100 g/l), durch welche das Serum eine milchige Trübung erhält. Kennzeichnend ist auch das Abklingen der Fettstoffwechselstörung innerhalb von wenigen Tagen nach Beendigung des Alkoholmißbrauchs. Die **Diagnose** wird durch den **Nachweis von Hämolyse, Hyperlipoproteinämie** (Cholesterin-/Triglyzeridspiegel, Lipidelektrophorese) sowie einer **alkoholischen Lebererkrankung** (Leberserumwerte einschließlich γ-GT, SGOT, SGPT, Cholinesterase, Gerinnungsfaktoren, Elektrophorese), **Sonographie** und der **histologischen Untersuchung** von Leberpunktatgewebe gesichert.

Morbus Wilson

Der Morbus Wilson ist eine vererbliche Störung des Kupferstoffwechsels mit unterschiedlich ausgeprägter pathologischer Speicherung von Kupfer, vor allem in der Leber und im zentralen Nervensystem. In manchen Fällen kann es zu bedrohlichen hämolytischen Krisen kommen. Die **Diagnose** wird anhand eines verminderten Coeruloplasminspiegels im Serum (unspezifisch), einer vermehrten Ausscheidung von Kupfer im Urin sowie eines erhöhten Kupfergehalts in der Leberbiopsie gestellt. In unklaren Fällen ist der Radiokupfertest beweisend.

HELLP-Syndrom

Beim **HELLP-Syndrom** (Schwangerschaftstoxikose), in der Regel im 3. Trimenon einer Schwangerschaft, kann zu den Zeichen der Eklampsie/Präeklampsie (u.a. Bluthochdruck, Ödeme) ein hämolytisches Syndrom mit Schmerzen im rechten Oberbauch, Übelkeit, Verbrauchskoagulopathie/Thrombopenie treten. Die **Diagnose** basiert in diesen Fällen auf der bekannten Eklampsie/Präeklampsie und den zusätzlichen Befunden einer Hämolyse, Thrombopenie und erhöhten Serumtransaminasen. In jedem Fall muß außerdem eine Virushepatitis als Ursache durch serologische Tests ausgeschlossen werden.

Ineffektive Erythropoese – Dyserythropoese

Bei der **ineffektiven Erythropoese** oder **Dyserythropoese** (Syn. Shunt-Hyperbilirubinämie) handelt es sich um eine seltene genetisch determinierte Störung der Erythropoese mit einem Anstieg des erythropoetisch früh markierten Bilirubins. Der Ikterus ist in der Regel nur gering (bis maximal ca. 6 mg/dl bzw. 100 µmol/l). Retikulozytenzahl und Serumeisenspiegel können erhöht sein, andere Hämolysezeichen fehlen. Bei der Hälfte der Fälle besteht eine Splenomegalie. Differentialdiagnostisch muß eine Begleitsymptomatik bei Porphyrien, Bleivergiftung, megaloblastären Anämien und Thalassämie erwogen werden. Die **Diagnose** wird anhand von **Knochenmarksuntersuchungen** gestellt.

DD *Differentialdiagnose*

Das Leitsymptom dieser Erkrankungen ist die unkonjugierte Hyperbilirubinämie. Diagnostische Schwierigkeiten entstehen vor allem, wenn bei massiver Hämolyse auch konjugiertes Bilirubin im Serum und Urin gefunden wird. In diesen Fällen müssen zusätzlich hepatische und posthepatische Erkrankungen erwogen werden (→ Tab. 15-1 und 15-2).

15.4.2 Morbus Gilbert-Meulengracht

Bei etwa 3–7% der Erwachsenen – unter Bevorzugung der Männer – findet man eine im Ausmaß wechselnde unkonjugierte Hyperbilirubinämie ohne sonstige Krankheitszeichen, insbesondere auch nicht an der Leber. Die Ursache ist ein hereditärer Mangel an UDP-Glukuronosyltransferase, wobei noch geringe Konzentrationen von konjugiertem Bilirubin im Serum gefunden werden. Die Störung ist harmlos, die Betroffenen sind symptomfrei. Oftmals wird sie im Anschluß an eine Virushepatitis zuerst entdeckt (posthepatitische Hyperbilirubinämie). Entscheidend für die Diagnostik ist, daß andere Ursachen, insbesondere Lebererkrankungen, ausgeschlossen worden sind.

B *Beschwerden und Befunde*

Die Betroffenen sind, abgesehen von einer leichten, wechselnden Gelbsucht, symptomfrei. Bei den Laboruntersuchungen findet man eine unkonjugierte Hyperbilirubinämie mit Bilirubinspiegeln bis maximal ca. 5 mg/dl (85 µmol/l). Bei etwa der Hälfte der Betroffenen ist zudem eine geringe Hämolyse ohne Anämie und Retikulozytose feststellbar, die wahrscheinlich keine Beziehung zu dem Grundleiden besitzt.

DS *Diagnosesicherung*

Normale Leberserumwerte (Transaminasen, AP, γ-GT, Elektrophorese), normales Blutbild, normale Serumeisenspiegel, fehlende Zeichen von Virushepatitis sowie ein normales sonographisches Bild der Leber schließen andere Ursachen weitgehend aus. Beim **Hungerversuch** (Einschränkung der Kalorienzufuhr auf 400 kcal bzw. 1700 J während 48 Stunden) ist ein Ansteigen des Bilirubins auf mehr als das Doppelte der Ausgangskonzentration charakteristisch. Dieser Effekt kann durch Phenobarbitalgabe aufgehoben werden. Eine histologische Sicherung der Diagnose anhand von Lebergewebe, das durch Leberblindpunktion gewonnen wurde, ist in der Regel nicht erforderlich.

DD *Differentialdiagnose*

Das **Crigler-Najjar-Syndrom** ist eine seltene, genetisch determinierte Konjugationsstörung, die im Neugeborenenalter (Typ I) oder im Kindesalter (Typ II) beginnt. Defekt der UDP-Glukuronyltransferase mit stark erhöhten Bilirubinspiegeln. Leberserumwerte und Lebergewebe im histologischen Bild normal. Wegen der hohen Bilirubinspiegel Gefahr durch Kernikterus.

Ineffektive Erythropoese/Dyserythropoese (Syn. Shunt-Hyperbilirubinämie, → 15.4.1).

Beim **Dubin-Johnson-Syndrom und Rotor-Syndrom** handelt es sich um seltene, genetisch determinierte **konjugierte Hyperbilirubinämien.** Man findet – intermittierend oder chronisch auftretend – einen Ikterus mit Werten zwischen 2 und 5 mg/dl (34 und 85 µmol/l) sowie eventuell eine mäßige Lebervergrößerung. Beim Dubin-Johnson-Syndrom liegt eine Exkretionsstörung für organische Ionen vor; zugleich besteht eine vermehrte Ausscheidung von Koproporphyrin I bei normalem Gesamtkoproporphyrin im Urin. Beim **Rotor-Syndrom** ist auch konjugiertes Bilirubin im Serum erhöht, dazu die Gesamtkoproporphyrinausscheidung im Urin. Beim Dubin-Johnson-Syndrom ist die dunkelgrün-schwarze Erscheinungsweise der Leber in der Laparoskopie charakteristisch. Im histologischen Bild sieht man vorwiegend zentrolobulär gelegene Ablagerungen von melaninähnlichem Pigment. Beim Rotor-Syndrom ist die Leber im makroskopischen und histologischen Erscheinungsbild unauffällig. Bei beiden Krankheiten liegen die Ergebnisse der Leberteste im Normbereich. Zur Unterscheidung beider Krankheitsbilder wird der i.v.-Bromthaleintest empfohlen: Beim Rotor-Syndrom ist die Elimination verzögert, beim Dubin-Johnson-Syndrom kommt es nach der ersten Elimination zu einem Anstieg der Farbstoffkonzentration im Serum.

Für die Unterscheidung der funktionellen Hyperbilirubinämien sind die relevanten Merkmale in Tabelle 15-5 zusammengestellt.

Tab. 15-5 Merkmale der funktionellen Hyperbilirubinämien im Vergleich

Krankheit	Alter der Manifestation	Defekt	Serumbilirubin	Sonstiges
M. Gilbert-Meulengracht	variabel	genet. determ.? hepatische Aufnahme vermindert, Glukuronidierungsstörung, Hämolyse	1–5 mg/dl (17–85 μmol/l)	Bilirubinanstieg n. Fasten Normalisierung durch Phenobarbital
Crigler-Najjar-I-Syndrom	postpartal	autosomal-rezessiv vererblich; Bili.-UDP-Glukuronyltransferase fehlt	> 20 mg/dl (342 μmol/l) nur indirekt	Phenobarbital ohne Wirkung
Crigler-Najjar-II-Syndrom	1–20 Jahre	autosomal-dominant vererblich; Bili.-UDP-Glukuronyltransferase vermindert	5–20 mg/dl (85–342 μmol/l)	Phenobarbital senkt Bilirubinspiegel
Dubin-Johnson-Syndrom	variabel, Gipfel 2. Dekade	autosomal-rezessiv vererblich; Exkretion von Bilirubin in Galle gestört	2–5 mg/dl 34–85 μmol/l)	Leber enthält schwarzgrünes Pigment; Bromthaleintest: verzögert, 2. Anstieg
Rotor-Syndrom	variabel, Gipfel 1. Dekade	autosomal-rezessiv vererblich; Bilirubinspeicherung und -exkretion gestört	2–5 mg/dl 34–85 μmol/l	Bromthaleintest: verzögert, kein 2. Anstieg

15

15.4.3 Akute und chronische parenchymatöse Lebererkrankungen: Entzündungen, Fettleber, Leberzirrhose, hepatozelluläres Karzinom

Akut oder chronisch verlaufende parenchymatöse Lebererkrankungen können mit einer gestörten Bilirubinelimination einhergehen und sich demzufolge durch Gelbsucht manifestieren (→ Abb. 28-2). In diesen Fällen spricht man von **ikterischen Verlaufsformen**. Kommt es erst im Rahmen chronischer Leberentzündungen zu einer Gelbsucht, so werden diese manchmal als **dystrophische Schübe** bezeichnet.

Als **Folgen** der **chronischen Lebererkrankungen** müssen beachtet werden: **Aszitesbildung** (→ Kap. 31), **gastrointestinale Blutungen** (→ Kap. 10 und 13), **Enzephalopathie** (→ Kap. 7), **Nierenversagen** (→ Kap. 2 und 60).

Ursächlich handelt es sich bei den parenchymatösen Lebererkrankungen um die Reaktionen auf eine Vielzahl von sehr unterschiedlichen Noxen (Tab. 15-6). Als Folgen resultieren weitgehend unspezifische Veränderungen im histologischen Bild der Leber, die als akute oder chronische Entzündung, als Verfettung, als Granulomatose oder als Fibrose klassifiziert werden. Bei langjährigem Krankheitsverlauf können sich darüber hinaus eine Leberzirrhose und – am Ende – ein hepatozelluläres Karzinom entwickeln. In unklaren Fällen mit Gelbsucht als führendem Symptom müssen entsprechend vielfältige differentialdiagnostische Überlegungen angestellt werden.

B *Beschwerden und Befunde*

Die Beschwerden der Patienten mit parenchymatösen Lebererkrankungen sind in den meisten Fällen unspezifisch: Müdigkeit, Leistungsschwäche, Druckgefühl im rechten Oberbauch. Fehlt als Leitsymptom der Ikterus, so bleibt die Erkrankung oftmals unentdeckt. Eine Zusammenstellung von sonstigen anamnestischen Angaben mit den möglichen Lebererkrankungen bringt Tabelle 15-6. Charakteristische Befunde bei der körperlichen Untersuchung stehen in Tabelle 15-4 und werden in Abbildung 15-4 gezeigt.

DS *Diagnosesicherung*

Die Ergebnisse der vielfältigen **technischen Untersuchungen** ergänzen die anamnestischen Angaben und körperlichen Befunde. Sie bieten damit die Möglichkeit, vermutete Diagnosen zu sichern oder auszuschließen.

Tabelle 15-7 zeigt technische Untersuchungen, die als **Basisdiagnostik** bei jeder unklaren parenchymatösen Gelbsucht eingesetzt werden können.

Ergänzende Untersuchungen werden je nach der vermuteten Diagnose durchgeführt. Der „Goldstandard“ ist bei vielen parenchymatösen Lebererkrankungen der feingewebliche Leberbefund. Bei diffusen Veränderungen genügt ein durch Blindpunktion gewonnener Stanzzylinder. Bei umschriebenen Läsionen ist jedoch die entweder unter sonographischer oder laparoskopischer Sicht gezielte **Probenentnahme aus der Leber** vorzuziehen. Weitere diagnostische Entschei-

Tab. 15-6 Parenchymatöse Lebererkrankungen und zugehörige diagnostische Nachweisverfahren

Erkrankung	Nachweisverfahren
unklarer Ikterus	**Basisdiagnostik** • Sonogramm • Leberenzyme • Histologie
Virushepatitis	serologische Verfahren, einschließlich Western-Blot und PCR
Hepatitis A (nur akute Verlaufsformen)	akute Entzündung: IgM-anti-HAV + ausgeheilte Entzündung: IgG-anti-HAV +
Hepatitis B	akute Entzündung: IgM-anti-Hbc + (HBsAg +, HBeAg +, HBV-DNA +) chronische Entzündung: Persistenz von HBV-DNS, HBeAg, HBsAg ausgeheilte Entzündung: anti-HBs +, anti-HBe +, anti-HBc +
Hepatitis C	HCV +
Hepatitis D	IgM-anti-delta + IgM-anti-Hbc +
Virus E, G, Herpes simplex, Zytomegalie, Epstein-Barr-Virus, Gelbfieber	serologische Verfahren
sonstige Infektionen	
Bakterien (pyogener Abszeß, Cholangitis, Leptospiren, S. typhi, Rickettsien, Tbc, Brucellose) Amöben Pilze	Kultur, Serologie, Mikroskopie
Alkoholismus	Gammaglutamyltranspeptidase oder Carbohydrate deficient protein (CDT) im Serum, Alkohol in Atemluft, Blut oder Urin, Leberhistologie: Mallory-Körperchen (bei ca. 50%)
Medikamente (→ 15.4.4)	Absetzen des Medikaments, eventuell Reexposition
Autoimmunerkrankungen	
Autoimmunhepatitis	im Serum Gamma-Globuline stark erhöht, (IgG!), antinukleäre Antikörper (70%), LE-Zellen (10%), Antikörper gegen glatte Muskulatur (60–70%), Mitochondrien (bis 30%), Lebermembranen und leberspez. Protein
primäre biliäre Zirrhose (chronische, nichteitrig destruierende Cholangitis)	im Serum erhöht: alk. Phosphatase, IgM (ca. 75%), antimitochondriale Antikörper (Subtyp M2)
primär sklerosierende Cholangitis	Serum: alkalische Phosphatase, ANCA; ERCP, Koloskopie
Sarkoidose	Thoraxröntgenbild, Serum: ACE-, Kalziumspiegel evtl. erhöht, Leberhistologie
Stoffwechselerkrankungen	
Morbus Wilson	Kornealring, Serumkupfer < 80 μg%, Coerutoplasmin i.S. < 20 mg% Urinkupfer > 100 μg/24 Std. Leberkupfer > 250 μg/g Trockengewicht, Radiokupfertest
Hämochromatose	erhöht im Serum: Eisen, Transferrin, Ferritin Desferal-Test + Lebereisen > 2 mg/g Trockengewicht
Alpha-1-Antitrypsinmangel	Serum: Alpha-2-Globulin < 2 rel.% Alpha-1-Antitrypsin < 60 mg% Leber: PAS-positive Einschlußkörperchen
Mukoviszidose	Pilocarpintest (Natrium, Chlorid, Osmolarität im Schweiß) außerdem: Bronchitiden, exokr. Pankreasinsuffizienz
Blockade des venösen Leberblutflusses (kardial, Budd-Chiari-Syndrom)	Doppler-Sonographie, Angiographie
Mitbeteiligung oder Mitreaktion bei nichthepatischen entzündlichen Erkrankungen (chron. entzdl. Darmerkrankungen, Kollagenosen)	
Abstoßungsreaktion nach Organ-/Knochenmarkstransplantation	Histologie, Ausschluß anderer Ursachen
Primäre und sekundäre Malignome (Leber, Gallenwege, Pankreas)	bildgebende Verfahren, Histologie
Hepatozelluläres Karzinom	Serum: Alpha-Fetoprotein erhöht
Gallenwege, Pankreas	Serum: CA 19-9, CEA erhöht

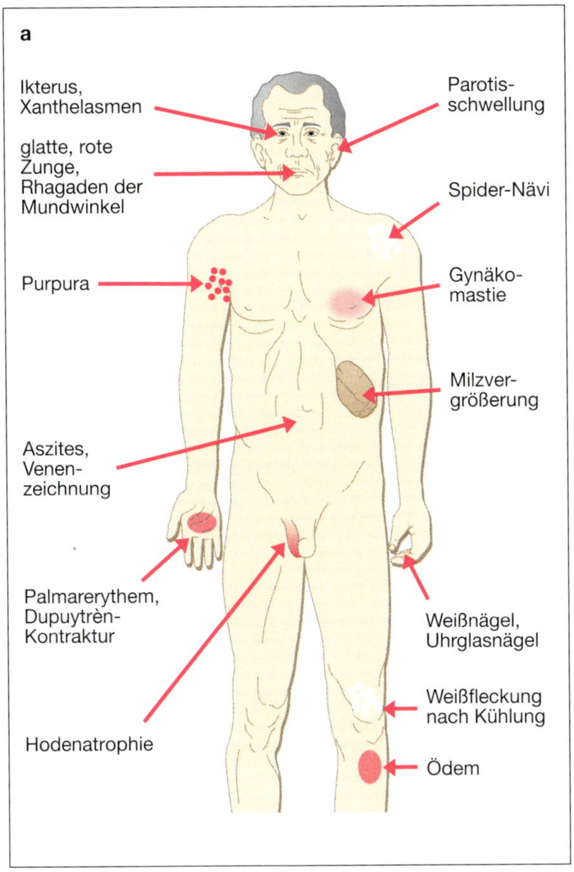

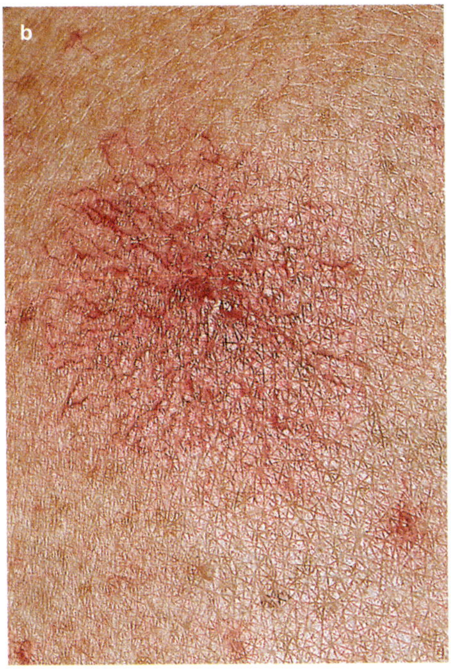

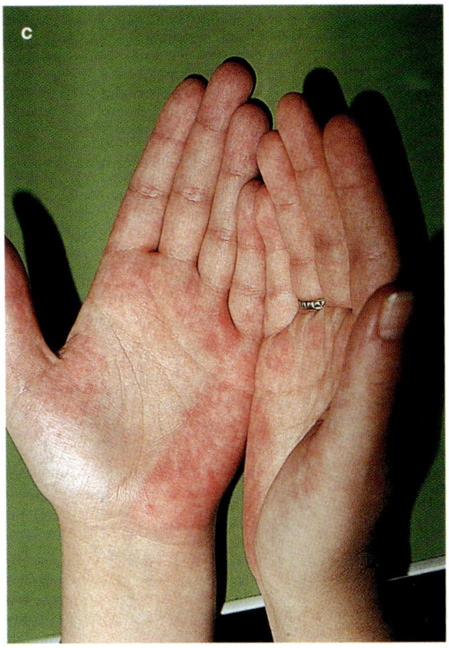

Abb. 15-4 Unspezifische Zeichen bei chronischen Lebererkrankungen.
a) Mögliche Hautveränderungen (n. Martini).
b) Gefäßspinne (Spider).
c) Palmarerythem.

15

dungen werden schließlich durch die in Tabelle 15-7 dargestellten **Blutuntersuchungen,** besonders der serologischen Verfahren, ermöglicht.

DD *Differentialdiagnose*

Parenchymatöse Lebererkrankungen, die sich mit dem Leitsymptom Gelbsucht manifestieren, können – wie in Tabelle 15-6 dargestellt ist – eine fast unübersehbare Anzahl von Ursachen haben. Entsprechend müssen auch die differentialdiagnostischen Überlegungen weitgespannt sein. **Am häufigsten erscheinen Infektionen mit Hepatitisvirus A–G sowie Folgeerkrankungen des Alkoholismus.** In beiden Fällen gibt es frühe Stadien, bei denen die Leberentzündungen, bei Alkoholismus auch die Fettleber, im Vordergrund stehen. Am Ende stehen dann in beiden Fällen die Zirrhose und das hepatozelluläre Karzinom.

In unklaren Fällen wird vor allem das feingewebliche Bild von bioptisch entnommenem Lebergewebe bewertet: akute Hepatitis, chronische Hepatitis, Fettleber, Leberzirrhose, hepatozelluläres Karzinom. Die Diagnose kann dann anhand weiterer spezifischer Untersuchungen (→ Tab. 15-7) gestellt werden.

15.4.4 Medikamentöse Leberschäden

Es gibt kaum ein Medikament, für welches nicht eine leberschädigende Wirkung mitgeteilt wurde. Bei den meisten Substanzen ist dieses ein seltenes Ereignis. Bei der Durchsicht der Protokolle erweist es sich zudem, daß eine kausale Beziehung zwischen Medikamentaufnahme und leberschädigender Wirkung oft

Tab. 15-7 Parenchymatöser Ikterus: Diagnostischer Wert verschiedener technischer Untersuchungsverfahren

Untersuchungsverfahren	Mögliche diagnostische Bedeutung
Labor (Blut)	
rotes Blutbild	Anämie (Blutung, Hämolyse, Hypersplenismus)
weißes Blutbild	Leukozytose: bakt. Entzündung Virozyten: Virusinfektion Leukopenie: Hypersplenismus, Typhus
Thrombozyten	Thrombopenie: Hypersplenismus
Transaminasen	„Maß für entzündliche Aktivität" mäßig erhöht (< 100–200 U/l): chron. Leberentzündung stark erhöht (> 300–500 U/l): akute Leberentzündung
Alkalische Phosphatase	erhöht: Cholestase; Verschlußsyndrom oft > 500 U/l
Gamma-Glutamyltranspeptidase	erhöht: Cholestase; Alkoholismus oft über 150 U/l
Cholinesterase	erniedrigt bei verminderter hepatischer Proteinsynthese (Zirrhose, Neoplasma, evtl. auch angeboren)
Protein/Elektrophorese	Hypalbuminämie: verminderte hepatische Proteinsynthese (→ Cholinesterase) Alpha-2-Globulin < 2 rel.%: Alpha-1-Antitrypsinmangel Hypergammaglobulinämie: Zirrhose, Autoimmunität
Quick-Test	vermindert bei eingeschränkter Proteinsynthese (→ Cholinesterase), wegen kurzer Halbwertszeit der Gerinnungsenzyme besonders empfindlich bei akutem Leberversagen
Sonogramm	
Leber (Größe, Form, Struktur, Gefäße)	Normalbefunde oft bei Hepatitis; Vergrößerung bei Entzündung, Verfettung, Zirrhose, Stoffwechselerkrankung; Verkleinerung bei atrophischer Zirrhose; Reflexsteigerung (weiße Leber) bei diffuser Verfettung; herdförmige Veränderungen durch Umbau (Zirrhose), Fremdgewebe (Neoplasmen), Parasiten (Amöben, Echinokokken), Anomalien (Zysten, Hämangiome) Fremdgewebe
Gallenblase, -wege	Steinbildung, Abflußbehinderung (extrahepatische Cholestase), Tumoren
Bauchspeicheldrüse	Entzündung, Tumor (Kopf!)
Milz	Vergrößerung
Aszites	Pfortaderhochdruck/Zirrhose; maligne, bakterielle Peritonitis

nicht einwandfrei belegbar ist, weil auch andere potentiell leberschädigende Substanzen genommen wurden (Alkohol!) oder aber weil eine Lebermitreaktion im Rahmen der Grunderkrankung nicht ausgeschlossen werden konnte. Trotzdem sollte man stets wachsam bleiben und an die Möglichkeit medikamentös-toxischer Leberschäden denken.

Grundsätzlich kann man eine **Leberzellschädigung**, erkennbar am Ansteigen der Transaminasen im Serum, und eine **cholestatische Reaktion** mit erhöhten Cholestaseparametern im Serum unterscheiden. Eine Hyperbilirubinämie mit Gelbsucht ist vor allem bei letzterem Reaktionstyp zu erwarten. Nach dem Schädigungsmechanismus unterscheidet man **Hepatotoxizität** und **Idiosynkrasie**. Hepatotoxizität bedeutet regelmäßiges, von der Dosierung der Substanzen abhängiges Auftreten von Leberschäden, Beispiele sind Tetrachlorkohlenstoff, Paracetamol, Rifampicin. Idiosynkrasie tritt dagegen in nicht vorhersehbarer Weise bei einer Minderzahl von Personen auf, es handelt sich hier um eine Hypersensitivität bzw. um eine Stoffwechselanomalie. Beispiele hierfür sind Reaktionen, verursacht durch Phenytoin, PAS, Chlorpromazin, Halothan und Phenylbutazon. Sie treten nach etwa 1–5 Wochen Behandlung oder bei wiederholter Behandlung (Halothannarkosen!) auf. Klinische Kennzeichen können Fieber, Exanthem oder Eosinophilie im Blut sein; selten sind Fälle des akuten Leberzerfalls. Bei chronischer Exposition muß mit dem Auftreten von chronischen Lebererkrankungen, die unter den Bildern einer Fettleber, einer Fettleberhepatitis, einer chronisch persistierenden oder aktiven Hepatitis oder einer Leberzirrhose erscheinen, gerechnet werden. Eine Zusammenstellung von Arzneimitteln und möglichem Leberschädigungstyp bringt Tabelle 15-8.

B *Beschwerden und Befunde*

Die Symptome sind die der akuten oder chronischen Lebererkrankungen mit Übelkeit, Abgeschla-

Tab. 15-8 Alphabetische Zusammenstellung von Medikamenten, von denen als ungünstige Nebenwirkung Leberschädigungen vom Cholestasetyp und Leberzelltyp mitgeteilt wurden

Arzneimittel	Cholestase	Leberzellschädigung
Acetohexamid	+	+
d-Acetoxyphenacemid		+
Acetylsalicylsäure		+
Acriflaviniumchlorid		+
Ajmalin	+	+
Allopurinol		+
Aloë		+
Aminophenazon	+	+
Aminopterin		+
Amiodaron		+
Amitriptylin	+	+
Amphotericin B		+
Ampicillin		+
Aprindin		+
Arecanuß		+
Arsenpräparate (organische)	+	+
Asparaginase	+	+
Azapetin	+	
Azaserin		+
Azathioprin	+	+
Barbiturate	+	
Benoxaprofen	+	
Carbamazepin	+	+
Carbenicillin		+
Carbimazol	+	
Carbutamid	+	+
Carisoprodol		+
Carmustin	+	
Cefalosporine (Cefalotin u. a.)	+	+
Chenopodiumöl		+
Chinidin	+	+
4,4'-(Chinolylmethylen)-diphenol	+	
Chlorambucil	+	
Chloramphenicol	+	+
Chlordiazepoxid	+	+
Chlormethin		+
Chlormezanon	+	
Chloroquin	+	+
Chlorothiazid	+	
Chlorpromazin	+	
Chlorpropamid	+	+
Chlortalidon	+	
Chlortetracyclin		+
Cimetidin	+	+
Co-trimoxazol	(+)	+
Dactinomycin		+
Dantrolen		+
Desipramin	+	
Diazepam	+	(?)
Dihydralazin		+
Dipyridamol		+
Disopyramid	+	
Disulfiram		+
Doxepin	+	
Emetin		+
Erythromycinethylsuccinat	+	
Erythromycinstolat	+	+
Etacrynsäure		+
Ethinylestradiol	+	+
Ethionamid	+	+
Extractum Filicis		+
Flecainid	+	
Fluorouracil		+
Fluoxymesteron	+	
Fluphenazin	+	
Flurazepam	+	+
Formosulfathiazol	+	
Fosfestrol	+	
Fusidinsäure	+	
Glypinamid	+	+
Goldpräparate	+	+
Griseofulvin	+	
Haloperidol	+	
Halothan	+	+
Heparin		+
Hycanthon		
Idoxuridin	+	
Imipramin	+	
Indometacin		+
Iprindol	+	
Iproclozid		+
Iproniazid	+	
Isaxonin		+
Isocarboxazid		+
Isoniazid		+
Jodipamid		+
Ketoconazol	+	+
Koloquinten		+
Lergotril		+
Mepacrin		+
Meprobamat	+	
6-Mercaptopurin	+	+
Mestranol	+	+
Metahexamid		+
Metandienon	+	
Methotrexat		+
Methoxyfluran		+
α-Methyldopa		+
Methyl-nor-testosteron	+	
Methylpentynol	+	
Metronidazol		+
Mistelextrakt (15)		+
Mithramycin		+
Mitomycin	(?)	(?)

Tab. 15-8 Alphabetische Zusammenstellung von Medikamenten, von denen als ungünstige Nebenwirkung Leberschädigungen vom Cholestasetyp und Leberzelltyp mitgeteilt wurden, Fortsetzung

Arzneimittel	Cholestase	Leberzellschädigung
Naproxen	+	
Nicotinamid		+
Nitrazepam	+	
Nitrofurantoin	+	+
Nitrosocarbamid		+
Norethandrolon	+	+
Norethisteron	+	
Noretynodrel	+	
Nortriptylin	+	
Novobiocin	+	+
Obidoxim	+	
Östrogene	+	+
Oleandromycin (Triacetyl-)	+	
Oxacillin	+	+
Oxymetholon	+	+
Oxyphenbutazon	+	+
Oxytetracyclin		+
Pamaquin		+
Papaverin	+	+
Paracetamol		+
PAS (p-Aminosalicylsäure)	+	+
PAS-Hydrazid	+	+
Pecazin	+	
Penicillamin	+	+
Penizilline	+	+
Perazin	+	+
Perhexilin	+	
Perphenazin	+	+
Phenacetin	+	+
Phenazon		+
Phenazopyridin		+
Phenelzin	+	
Phenformin	+	
Phenindion	+	+
Phenobarbital	+	
Phenprocoumon	+	+
Phenylbutazon	+	+
Phenytoin	+	+
Piperazin		+
Polyestradiolphosphat	+	
Polythiazid	+	+
Prajmaliumbitartrat	+	+
Probenecid		+
Procainamid		+
Procarbazin		+
Prochlorperazin	+	
Promethazin	+	+
Propafenon	+	
Propoxyphen (Dextro-)	+	
Propylthiouracil	+	+
Prothionamid	+	+

Arzneimittel	Cholestase	Leberzellschädigung
Protriptylin	+	
Pyrazinamid		+
Quecksilberpräparate		+
Quinethazon	+	
Reserpin	+	
Rifampicin	+	+
Salazosulfapyridin		+
Stilbamidin		+
Streptomycin		+
Streptozocin		+
Sulfadiazin	+	
Sulfadimethoxin	+	
Sulfamethoxypyridazin	+	
Sulfanilamid	+	
Sulfinpyrazon	+	(+)
Sulfisoxazol	+	
Sulfonamide		+
Sulfone	+	
Sulindac	(+)	+
Tanninsäure		+
Testosteron-enanthat	+	
Tetracycline		+
Thiabendazol	+	
Thiamazol	+	
Thioacetazon	+	+
Thiohydantoin	+	+
Thioridazin	+	+
Thiosemicarbazon	+	+
Thiotepa		+
Tienilsäure		+
Trimethobenzamid		+
Tolbutamid	+	+
Tolezamid	+	
Tranylcypromin	+	+
Triaziquon	+	
Tridion		+
Trifluoperazin	+	
Trometamol (Tris)		+
Urethan		+
Valproinsäure		+
Verapamil		+
Vitamin-A-Intoxikation	+	(+)
Warfarin		+
Wismutpräparate		+
Zoxazolamin		+

genheit, Druckgefühl im rechten Oberbauch, Frösteln infolge Temperaturerhöhung. Eine Gelbsucht entwickelt sich meist erst im Verlauf. Besonders kennzeichnend kann ein makulöser oder urtikarieller Hautausschlag sein.

Die **Laborbefunde** sind unspezifisch im Sinne einer akuten Parenchymzellschädigung (mit erhöhten Transaminasen) oder im Sinne einer Cholestase (mit erhöhten Cholestaseenzymen). Wegweisend kann eine Eosinophilie sein. Das histologische Bild von

Lebergewebe ist unspezifisch und kann alle Arten von akuter und chronischer entzündlicher Reaktion zeigen.

DS *Diagnosesicherung*

Eine zuverlässige Diagnose ist allein durch den Expositionsversuch möglich, d.h. durch den Nachweis einer Besserung der Symptomatik nach Absetzen des Medikaments und des Wiederauftretens der Symptomatik nach neuerlicher Exposition. In der Praxis wird man nur ausnahmsweise einen solchen Provokationstest durchführen und sich nach Ausschluß anderer Krankheitsursachen an Listen mit potentiell leberschädigenden Substanzen orientieren (→ Tab.15-8).

DD *Differentialdiagnose*

Da toxische Leberschäden mehr oder minder alle Krankheitsbilder der Leber – mit der Ausnahme der Neoplasmen – imitieren können, sind sie grundsätzlich in jedem unklaren Fall zu erwägen.

15.4.5 Gallenwegsverschlußerkrankungen

Die Leber bildet im Verlauf von 24 Stunden 700–1200 ml Galle. Diese „Lebergalle" wird über die extrahepatischen Gallenwege – entweder direkt oder nach der Speicherung und Eindickung in der Gallenblase („Blasengalle") – in den Zwölffingerdarm abgegeben. Eine **Gelbsucht** ist immer dann zu erwarten, wenn aufgrund einer mechanischen Verlegung dieser Gallenstrom behindert wird, so daß Galle sich zurückstaut und das konjugierte Bilirubin in die Blutbahn zurückfließt. Die Ursachen für derartige Abflußbehinderungen sind sehr unterschiedlich, es kann sich um Entzündungen, Tumore, narbige Strikturen, Steine oder um große Parasiten handeln. Erkrankungen können in diesem Zusammenhang von den extrahepatischen Gallenwegen selbst, der Papilla Vateri, der Bauchspeicheldrüse und von benachbarten Organen einschließlich den Lymphknoten ausgehen (→ Tab. 15-1). Da an den Gallenwegen bei Dehnung, Zerrung oder Entzündung heftige viszerale Schmerzen entstehen, sind **Leibschmerzen** hier ein häufiges Begleitsymptom. Bei der apparativen Diagnostik leisten die **Laborteste** wertvolle Hilfe, indem sie anhand der Erhöhung der „Cholestase-Parameter" (alkalische Phosphatase, Gamma-Glutamyl-Transpeptidase, Leucin-Aminopeptidase) empfindlich die Flußbehinderung ermessen. Leider können diese jedoch nicht zwischen einer intra- und einer posthepatischen Cholestase unterscheiden. Zur weiteren Klärung sind deshalb in jedem Fall **bildgebende Untersuchungen** erforderlich, welche anhand einer Erweiterung der Gallenwege indirekt den Gallestau zeigen bzw. direkt den flußbehindernden Prozeß darstellen. Für die genaue Klärung der Natur desselben ist in der Regel eine Probebiopsie für die pathologisch-histologische Untersuchung erforderlich.

B *Beschwerden und Befunde*

Entsprechend der Vielfalt der Krankheitsursachen erweisen sich auch die Krankheitsbilder als unterschiedlich. Regelmäßig klagen die Betroffenen über **direkte Folgen der Cholestase**: Grauweiße, acholische Stühle, Verstopfung, Juckreiz, bierbraune Verfärbung des Urins und dessen Schüttelschaumes. Eine Zusammenstellung von sonstigen anamnestischen Angaben mit den möglichen Gallenwegserkrankungen bringt Tabelle 15-3. Charakteristische Befunde bei der körperlichen Untersuchung stehen in Tabelle 15-4. Bei distalem Verschluß kann man eventuell die prall vergrößerte Gallenblase tasten (Courvoisier-Zeichen). Druckschmerzhaftigkeit der Gallenblase kennzeichnet die akute Cholezystitis; charakteristisch ist hierbei, daß durch Verschieben der Gallenblase nach kaudal mittels tiefer Inspiration ein Druckschmerz mit der in dieser Region palpierenden Hand ausgelöst werden kann (Murphy-Zeichen). Tumore sind nur selten tastbar.

DS *Diagnosesicherung*

Wichtige **Laborbefunde** sind stark erhöhte Cholestaseparameter im Serum (alkalische Phosphatase, Gamma-Glutamyl-Transpeptidase, Leucin-Aminopeptidase). Eine Leukozytose kann eine entzündliche Ursache anzeigen, erhöhte Aktivitäten von Amylase und Lipase weisen auf eine Pankreatitis hin. In unklaren Fällen geben Tumormarker zusätzliche Informationen: CA 19-9 kann bei Tumoren des Pankreas und der Gallenwege stark erhöht sein (gering auch bei Entzündungen), CEA findet man bei gastrointestinalen Tumoren eventuell erhöht, Alpha-Fetoprotein kann bei primären Lebertumoren erhöht sein. Leider sind die Sensitivität und Spezifität dieser Marker gering (ca. 50–90%), so daß man in jedem Fall hier falsch negative und falsch positive Ergebnisse einkalkulieren muß.

Zur Sicherung der Diagnose sollte in jedem Fall mittels **bildgebendem Verfahren** untersucht werden:

Die **Sonographie** ist die einfachste Methode: Ohne großen Aufwand erlaubt diese anhand einer Erweiterung der Gallenwege den indirekten Nachweis einer extrahepatischen Abflußbehinderung. In vielen Fällen gelingt auch die direkte Darstellung des Erkrankungsherdes: Gallenstein, Pankreastumor, Metastase. Schließlich kann auf diesem Weg gezielt mit der Feinnadel biopsiert und damit Material für die histopathologische Diagnostik gewonnen werden. In unklaren Fällen kommt als ergänzende Untersuchung die **endoskopische Sonographie** in Betracht, die eine Beurteilung der Region um den Pankreaskopf einschließlich der Papilla Vateri und des distalen Ductus choledochus erlaubt.

Die Methode der Wahl zur Untersuchung der extrahepatischen Gallenwege und des Pankreasgangs bei unklarer Cholestase ist die **endoskopisch retrograde Cholangio-Pankreatikographie (ERCP)**. Mittels Kontrastmittel wird hier ein Ausgußbild der Gallengefäße und des Pankreasgangsystems erzeugt, an welchem sich indirekt Stenosen, Strikturen, Steine, Zysten oder sonstige Ganganomalien erkennen lassen. Aus der Form der Gangveränderungen lassen sich darüber hinaus auch Aussagen zur Artdiagnose machen. Bei der ERCP können Gewebeproben für die histologische Diagnostik gewonnen werden. Schließlich gibt es auf diesem Weg weitere Möglichkeiten wie die Endoskopie der Gangsysteme oder die Beseitigung von Flußhindernissen, beispielsweise durch Drainagen, durch Extraktion von Gallensteinen oder durch Einsetzen von Prothesen. In Fällen, bei denen ein Zugang mittels ERCP wegen totaler Verlegung der Gallenwege nicht möglich ist, kommt die Untersuchung und Therapie auf transhepatischem Weg – **perkutane transhepatische Cholangiographie, PTC** – in Betracht (radiologische Darstellung der Gallenwege mit zusätzlicher Möglichkeit der Endoskopie, Biopsie, Drainage, Einsatz von Prothesen).

Die **Computertomographie** des Abdomens erlaubt ähnlich wie die Sonographie die Darstellung der parenchymatösen Bauchorgane. Der Vorteil ist die in jedem Fall mögliche Darstellung des Pankreas und der vergrößerten Lymphknoten. Tumoren der Gallenwege selbst, beispielsweise hilusnahe Klatskin-Tumoren, sind in der Regel klein und damit nicht erfaßbar. Gallensteine werden erkannt, wenn sie kalkhaltig sind. Ein Vorteil der Computertomographie ist auch die Möglichkeit der gezielten Biopsie.

Andere Verfahren wie **Kernspintomographie** einschließlich MRCP (→ Abb. 15-3a) und **Angiographie** bleiben speziellen Fragestellungen vorbehalten, beispielsweise der präoperativen Diagnostik. Die i.v.-Cholangiographie ist bei Gallenwegsverschluß kontraindiziert, sie gilt ebenso wie die Szintigraphie als obsolet.

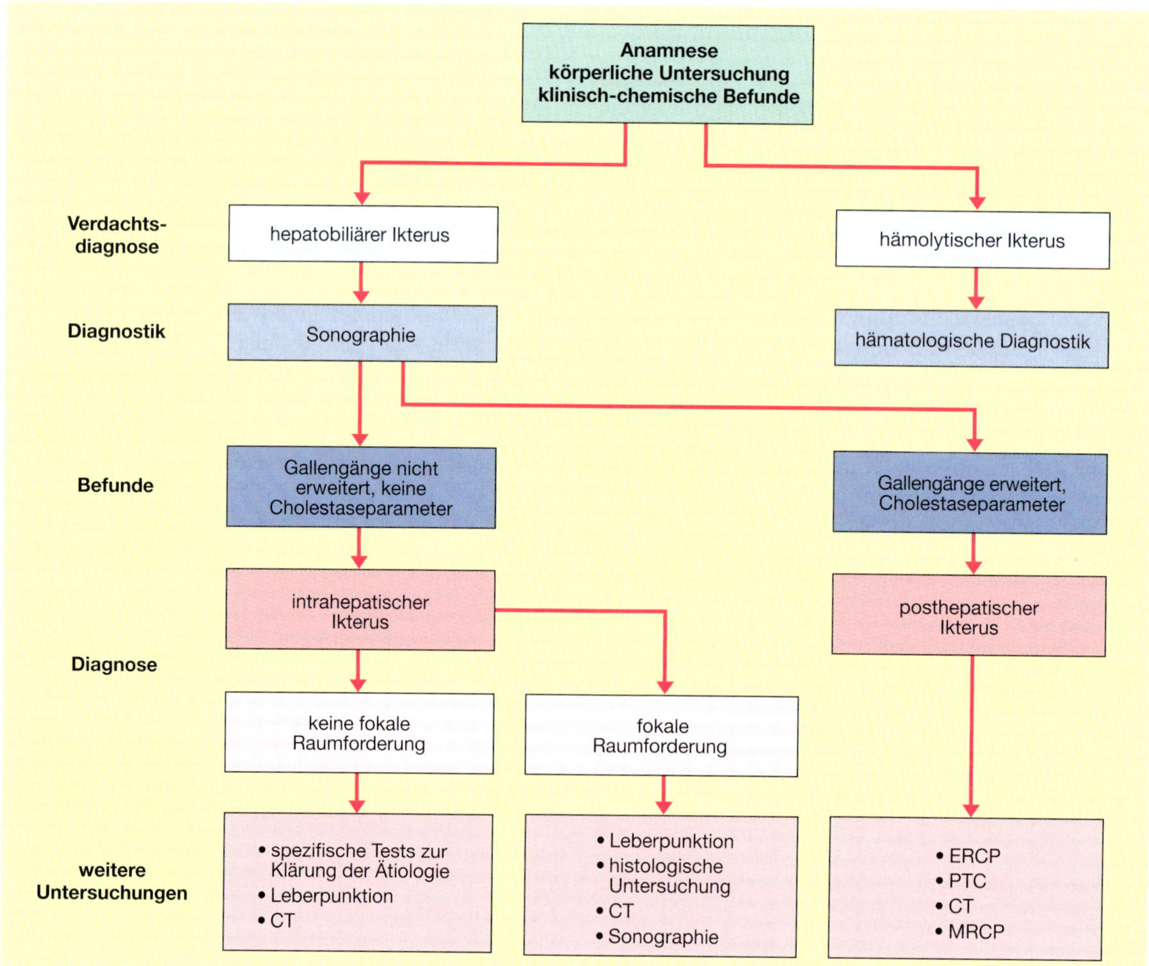

Abb. 15-5 Plan für eine stufenweise Diagnostik bei unklarer Gelbsucht.

DD *Differentialdiagnose*

Mit den oben beschriebenen Untersuchungsverfahren gelingt es in der Regel, den Krankheitsherd zu lokalisieren und die direkten Auswirkungen auf den Gallefluß mittels Drainageverfahren oder durch Steinextraktion zu beseitigen. Differentialdiagnostische Schwierigkeiten entstehen bei der Frage nach der Dignität von Tumoren. Die bioptischen Verfahren sind hier unzuverlässig, besonders bei negativen Befunden. Man kann zuwarten und zu einem späteren Zeitpunkt die Diagnostik wiederholen, oder man führt eine Klärung mittels einer Probelaparotomie herbei. Letzteres gilt vor allem für jüngere Patienten mit unklarem Pankreaskopftumor.

15.5 Praktisches Vorgehen

Bei unklarer Gelbsucht empfiehlt sich ein stufenmäßiges Vorgehen, bei welchem – in Anlehnung an die obigen Ausführungen – die Aussagekraft der verschiedenen Untersuchungsverfahren, ihre Risiken sowie auch der Zeitaufwand und die Kosten berücksichtigt sind (Abb. 15-5).

16 Geschmacks- und Geruchsstörungen

P.C. Scriba, D. Pongratz und D. Hennessen

Obwohl die Riech- und Geschmacksbahn anatomisch getrennt verlaufen (Abb. 16-1), müssen Störungen des Geruchs und Geschmacks gemeinsam besprochen werden, da jede Beeinträchtigung des Geruchssinns auch eine Störung der Geschmacksempfindlichkeit zur Folge hat.

16.1 Definition und Abgrenzung

Die Grundqualitäten des Geschmacks sind bitter, sauer, salzig und süß. Bei den reinen Störungen des Geschmackssinns wird zwischen einer verminderten Empfindlichkeit **(Hypogeusie)** und einem völligen

16

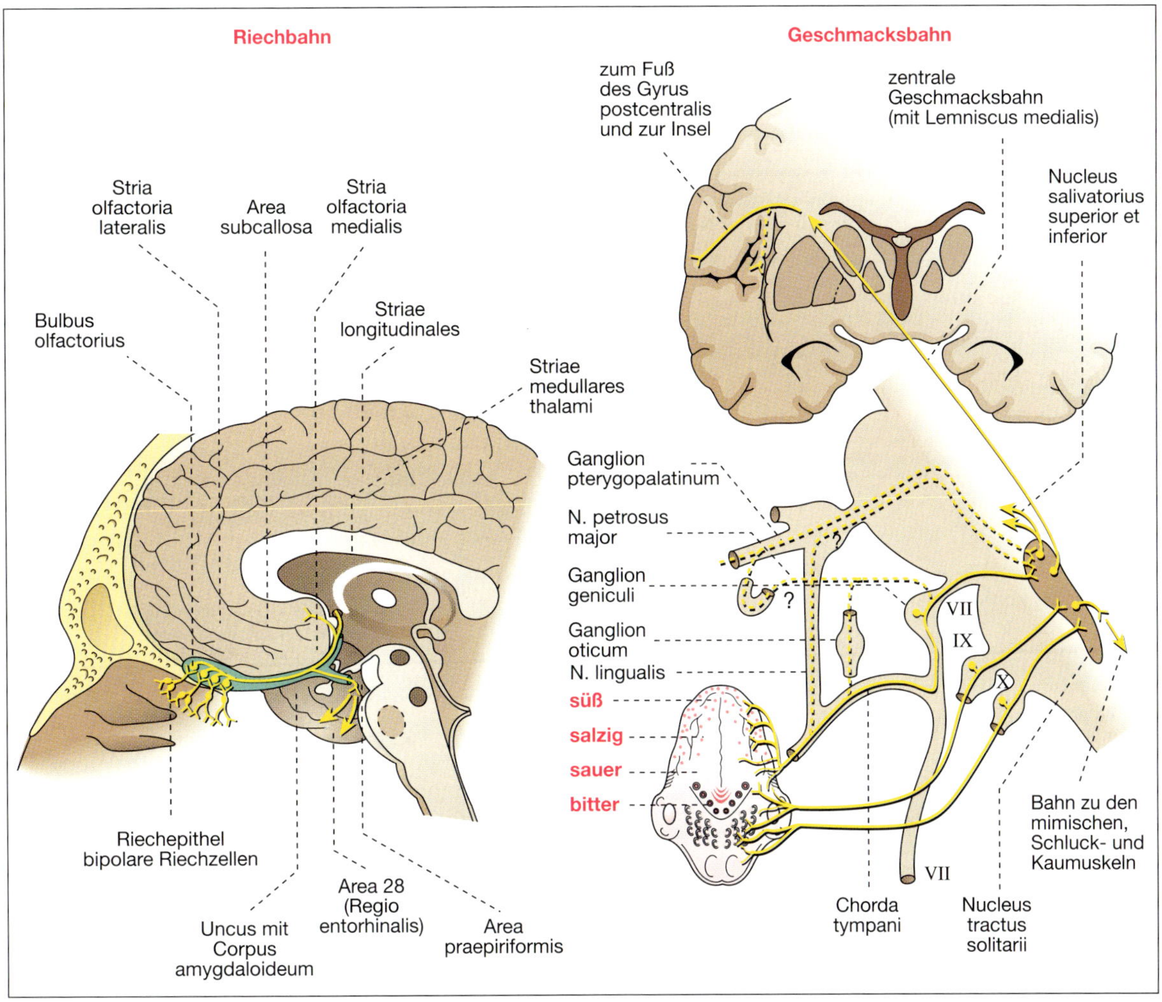

Abb. 16-1 Schematische Darstellung der Riech- und Geschmacksbahn (nach: Pongratz, D. E.: Klinische Neurologie, Urban & Schwarzenberg, München–Wien–Baltimore 1992).

Ausfall **(Ageusie)** unterschieden. Die Geschmackswahrnehmung kann auch durch eine Geruchsstörung beeinträchtigt werden, hervorgerufen durch eine verminderte oder fehlende Wahrnehmung von Aromata. Die Störungen des Geruchssinns werden eingeteilt in Verminderung **(Hyposmie)**, völligen Verlust **(Anosmie)** und in die Wahrnehmung eines stinkenden Geruchs **(Kakosmie)**.

16.2 Ursachen

Die **Geschmacksstörungen** werden durch Läsionen der Hirnnerven VII, IX und X (N. facialis, N. glossopharyngeus, N. vagus) hervorgerufen. Dabei verläuft der Großteil der Geschmacksafferenzen (süß, sauer, salzig bzw. Afferenzen der vorderen $^2/_3$ der Zunge) über die Chorda tympani des N. facialis. Die Fasern des hinteren Zungendrittels leiten überwiegend die Wahrnehmung der Qualität „bitter" über den N. hypoglossus und N. vagus weiter. Die zentralen Verbindungen dieser Nervenfasern enden im Hirnstamm im Nucleus tractus solitarii, um nachfolgend in übergeordneten Zentren des Gehirns verarbeitet zu werden.

Zusätzliche **sensorische Reiz- und Geruchsstoffe** werden über den N. trigeminus geleitet. Typische reine Riechstoffe sind Vanille, Zimt und Kaffee. Riechstoffe mit zusätzlich sensorischem Anteil (Trigeminusreizstoffe) sind unter anderem Terpentin, Benzin und Alkohol. In aller Regel wird bei einem einseitigen Ausfall, insbesondere des N. facialis, die Geschmacksstörung subjektiv nicht bemerkt und nur in etwa einem Drittel der Fälle durch eine Untersuchung nachgewiesen. Die Geschmacksstörung tritt nur dann auf, wenn die Schädigung des N. facialis auf Höhe des Ganglion geniculi oder proximal davon lokalisiert ist. In diesem Fall wird sie von einer peripheren motorischen Lähmung, von einer Minderung der Tränen- und Speicheldrüsensekretion sowie von einer Dysakusis (Abb. 16-2) begleitet. Ätiologisch ist bei einseitiger Fazialisparese vor allem an die idiopathische Form, die Borreliose (vor allem bei Kindern) oder an eine Fazialisparese bei Herpes zoster zu denken. Differentialdiagnostisch kommen Otitis media, Traumen und Tumoren in Betracht. Beidseitige akute Fazialisparesen finden sich auch

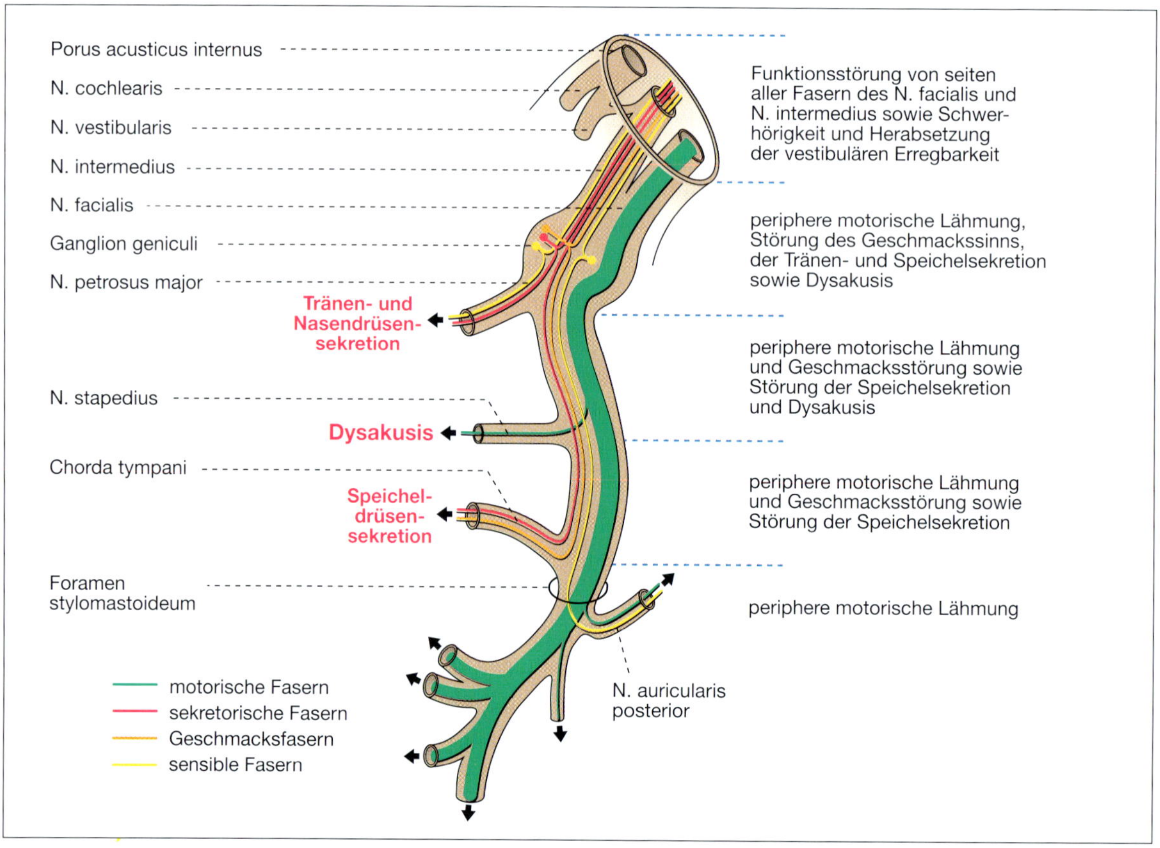

Abb. 16-2 Schematische Darstellung der verschiedenen Faseranteile im N. facialis und Ausfallserscheinungen bei Schädigung einzelner Abschnitte (nach: Pongratz, D. E.: Klinische Neurologie, Urban & Schwarzenberg, München–Wien–Baltimore 1992).

Tab. 16-1 Ursachen von Geschmacksstörungen
Fazialisparese jeglicher Genese (→ Kap. 30)
Medikamente: z. B. Lokalanästhetika, Zytostatika, Lipidsenker, Thyreostatika, ACE-Hemmer, Opiate, Psychopharmaka
virale Infekte (→ Kap. 14)
Strahlentherapie Mundhöhle/Pharynx
Morbus Cushing (→ Kap. 18)
Diabetes mellitus (→ Kap. 12)
Hypothyreose (→ Kap. 1)
chronische Leber- und Niereninsuffizienz
Sjögren-Syndrom (→ Kap. 43)
Schwermetallintoxikation

beim akuten Guillain-Barré-Syndrom. Weitere Ursachen sind der Tabelle 16-1 zu entnehmen.

Die Riechempfindung wird in einem kleinen Schleimhautareal oberhalb der oberen Nasenmuschel wahrgenommen und über die Fila olfactoria weitergeleitet. **Defizite des Geruchssinns** werden durch Störungen hervorgerufen, die entweder den Zugang des Geruchsstoffes zum olfaktorischen Neuroepithel mechanisch behindern oder die Rezeptorregion bzw. das Neuroepithel direkt verletzt oder zentrale olfaktorische Leitungsbahnen geschädigt haben. **Hyposmien/Anosmien** werden zumeist durch eine viral bedingte Schädigung des olfaktorischen Neuroepithels oder durch traumatische Schädigungen des ersten Hirnnerven bei Schädel-Hirn-Traumen verursacht. Ätiologisch sind auch Meningeome der vorderen Schädelgrube in Betracht zu ziehen. Die meist paroxysmal auftretenden **Geruchshalluzinationen** finden sich insbesondere bei den Temporallappenepilepsien (sog. amygdaläre Epilepsie) und beruhen auf einer Reizung zentraler Strukturen der Geruchsbahn (Corpus amygdaloideum bzw. Hippocampus). Die halluzinatorische Wahrnehmung von Gerüchen mit unangenehmem Charakter wird als **Kakosmie** bezeichnet. Weitere Ursachen von Geruchsstörungen sind der Tabelle 16-2 zu entnehmen.

Tab. 16-2 Ursachen von Geruchsstörungen
Virusinfektionen, grippale Infekte (→ Kap. 14)
Diabetes mellitus (→ Kap. 12)
Schädel-Hirn-Traumen mit Abriß der Fila olfactoria
Hypothyreoidismus (→ Kap. 1)
Morbus Cushing (→ Kap. 18)
Neoplasmen (olfaktorisches Epithel/Neuron betreffend, Meningeome in der vorderen Schädelgrube)
Operationen, z. B. transsphenoidale Hypophysenresektion, Nasenkorrekturen
Rhinitis/Sinusitis (→ Kap. 49)
Polypen/Septumdeviation
Inhalation toxischer Chemikalien (Formaldehyd, Benzol, Ammoniak)
neurotoxische Substanzen (Äthanol, Kokain, Amphetamine etc.)
Vitamin-B_{12}-Mangelsyndrom
angeborenes Kallmann-Syndrom mit hypothalamischem Hypogonadismus (→ Kap. 24)
Multiple Sklerose (→ Kap. 30)
Morbus Parkinson (→ Kap. 6)
Alzheimer-Erkrankung
Korsakow-Psychose

16.3 Diagnostik

In der **Anamnese** können Fragen nach Traumen, Vorerkrankungen, Medikamenteneinnahme und berufliche Exposition von toxischen Substanzen wichtige diagnostische Hinweise erbringen. Bezüglich der anamnestischen Angaben muß noch betont werden, daß jede schwere Störung des Geruchs von einer Minderung des Geschmacks (Aromata von Speisen) begleitet wird.

Die **körperliche Untersuchung** umfaßt eine komplette Inspektion der Ohren, des oberen Respirationstraktes, des Kopfes und des Halses. Die neurologische Untersuchung der Hirnnervenfunktion ist ebenfalls wichtig. Nachfolgend sind alle **Qualitäten von Geschmack und Geruch** mit Hilfe von Geruchs- und Geschmacksstoffen **zu prüfen**. Als reiner Riechstoff wird Vanille, zur Testung der Trigeminuskomponente wird Formalin verwendet. Die Geschmackswahrnehmung kann z.B. durch Zucker getestet werden. Klären Anamnese und soweit durchgeführte Untersuchungen die Ursache nicht, müssen die in Tabelle 16-1 und 16-2 dargestellten Erkrankungen ausgeschlossen werden. Zur Abgrenzung von psychogenen Störungen können übelriechende Substrate (z.B. Asa foetida) verwendet werden. Die weiterführende quantitative Geschmacksprüfung erfolgt mit Geschmacksstoffen (Zuckerlösung, Natriumchloridlösung, Zitronensäure, Chinin), die auf die herausgestreckte Zunge geträufelt werden. Die Geschmacksqualität muß vom Patienten jeweils auf einer Anzeigetafel angegeben werden. Die Zunge darf, insbesondere bei einseitigen Störungen, vor dem Erkennen nicht in die Mundhöhle zurückgelangen, da sonst die kontralaterale Zungenhälfte den Test verfälscht. Leidet ein Patient unter Anosmie ohne somatisches Korrelat, besteht neben der Möglichkeit einer psychogenen Ursache auch die Möglichkeit, daß der Patient simuliert. Dies kann am einfachsten dadurch getestet werden, daß man dem Patienten verschiedene Stoffe zum Riechen und anschließend einige Stoffe zum Schmecken anbietet. Wenn er jetzt z.B. den Geschmack von Vanille erkennt, liegt keine Funktionsstörung vor, da Vanille ein reiner Riechstoff ist.

CT-Aufnahmen sind notwendig bei begründetem klinischem Verdacht auf Tumoren oder Frakturen der vorderen Schädelgrube, Sinusitiden oder Tumoren im Bereich der Nase und Nasennebenhöhlen.

16.4 Zusammenfassung

Störungen des Geruchs- und Geschmackssinns sind selten und kommen insbesondere bei Läsionen der Hirnnerven I, VII, IX und X vor. Geruchshalluzinationen bzw. Kakosmien weisen auf eine Schläfenlappenläsion hin. Anosmien sind immer mit einer subjektiven Ageusie verbunden. Insbesondere die einseitige Störung der Grundqualitäten des Geschmacks wird meist nicht bemerkt. Die Analyse der Störung erlaubt in der Regel eine topische Zuordnung.

17 Gesichtsveränderungen

P. C. Scriba und D. Pongratz

17

Die Untersuchung eines Gesichtes liefert dem Erfahrenen in Kürze komplexe Eindrücke, welche Teil der Information sind, die man durch den „klinischen Blick" erfaßt. Dabei sind teilweise bestimmte Details (z.B. spezielle Hauterscheinungen) diagnostisch hilfreich. Oft treffen vielfältige Kombinationen von Details zusammen. Daneben liefert auch der vom Individuum geprägte Gesichtsausdruck bzw. dessen Änderung und Reaktion richtungweisende Befunde.

17.1 Definition und Abgrenzung

Gesichtsveränderungen resultieren zum Teil aus lokalen Veränderungen der Haut, der Subkutis, der Haare, der Augen, der Schleimhaut des Mundes, der Lippen, der Nase, der Ohren, der Knochen bzw. vielfältigen Kombinationen aus ihnen. Komplexere Informationen über das Allgemeinbefinden, über Emotionen und psychische Auffälligkeiten liefern Ausdruck, Mimik und Gestik.

17.2 Ursachen

Die systematische Darstellung der Ursachen führt zunächst zu einer Reihe von Einzelbefunden, die mit der jeweiligen Ursache nachfolgend aufgelistet werden. Gewisse Überschneidungen, z.B. mit den Kapiteln Haut und Haare (→ Kap. 21) und Augenzeichen (→ Kap. 5) sind nicht zu umgehen und in den jeweiligen Kapiteln nachzulesen.

- **Hautfarbe**
  - Facies rubra (z.B. essentielle Hypertonie) → Kap. 26
  - Facies rubra und gerötete Konjunktiven (z.B. Polyglobulie), Abb. 17-4a, 17-5 und → Abb. 18-2, 18-4, 18-6a
  - gerötete Wangen und Lippenzyanose (z.B. Mitralvitium) → Kap. 62, Abb. 17-8b
  - anfallsweise Rötung (z.B. Karzinoid) → Kap. 32
  - Facies rubra mit Venektasien (z.B. chronischer Alkoholismus, Pseudo-Cushing-Syndrom), → Kap. 18
  - intensive Rötung der gesamten Gesichtsfarbe (z.B. Fieber) → Kap. 14, Himbeerzunge (Scharlach, Abb. 14-2)
  - gerötete Wangen ohne Gefäßzeichnung (z.B. Facies diabetica) → Kap. 12
  - vermehrte erweiterte Gefäße (z.B. Leberzirrhose) → Kap. 15
  - gelbliches Kolorit (z.B. Lebererkrankung [→ Kap. 15], hämolytische Anämie, Vitamin-B_{12}-Mangel [→ Kap. 8], Karzinome), Abb. 17-3
  - blasses Kolorit (z.B. Anämien [→ Kap. 8, 9], Schock [50], akuter Schmerz [→ Kap. „Schmerz als diagnostisches Symptom"])
  - bräunliches Pigment, z.T. fahle Gesichtsfarbe (z.B. Hämochromatose, Leberzirrhose [→ Kap. 15], M. Addison: Abb. 17-4b [→ Kap. 18], Chloasma gravidarum bzw. nach Antiovulanzien, chronische Malassimilation [→ Kap. 11], chronische interstitielle Nephritis [→ Kap. 60])
  - Zyanose: Abb. 17-4a, 17-7, 17-8 (Herzinsuffizienz, pulmonale Insuffizienz, → Kap. 3, 62)
- veränderter **Hautturgor** (z.B. Ödeme [→ Kap. 53], Dehydration [→ Kap. 34], Kachexie [→ Kap. 2, Abb. 2-1 und Kap. 18])
- trockene Haut (z.B. Myxödem [→ Kap. 1: Abb. 1-2], Abb. 17-2)
- Seborrhö (z.B. Parkinson-Syndrom [→ Kap. 6])
- dicke faltenreiche Haut: Abb. 17-6 (z.B. Hypothyreose [→ Kap. 1]; Akromegalie [Kap. 44])
- dünne faltenreiche Haut (z.B. Hypogonadismus [→ Kap. 24], Cushing-Syndrom: Abb. 17-15 [→ Kap. 18])
- **typische lokale Hautveränderungen**
  - Maskengesicht (z.B. Sklerodermie [→ Kap. 43]), Abb. 17-12, 43-5
  - Erythem (z.B. Lupus erythematodes [→ Abb. 43-4], Dermatosen [→ Kap. 21]), Abb. 17-14
  - Xanthelasmen, → Abb. 5-4 (z.B. Lipidstoffwechselstörungen [→ Kap. 63])
  - Mundwinkelrhagaden (Eisenmangel, → Abb. 8-4)
  - zervikale Lymphome (→ Abb. 32-1)

- **Äußere Veränderungen der Nase**
  - Rhinophym (z.B. chronischer Alkoholismus)
  - Sattelnase (z.B. Lues connata, M. Wegener [→ Kap. 43]), Abb. 17-13
  - blauer Knorpel (z.B. Ochronose [→ Kap. 42])
  - Nasenflügeln (z.B. Pneumonie [→ Kap. 3 und 14])
- **Veränderung der Schädelkonfiguration**
  - Turmschädel (→ Abb. 24-7)
  - Leontiasis cranii (M. Paget, → Kap. 45.4.5)
  - Akromegalie (→ Kap. 44)
- **Äußere Veränderungen der Augen**
  - Sklerenikterus (z.B. Lebererkrankungen [→ Kap. 15], hämolytische Anämien [→ Kap. 8 und 15, Abb. 15-1)
  - blaue Skleren (z.B. Osteogenesis imperfecta)
  - beidseitige Protrusio bulbi mit Lidretraktion und Glanzauge (z.B. M. Basedow [→ Kap. 23]), Abb. 17-1 und → Abb. 5-5
  - einseitiger Exophthalmus (z.B. Orbitaprozeß) → Kap. 5, Abb. 5-1
- **Veränderungen der mimischen Muskulatur**
  - Hypomimie (z.B. M. Parkinson [→ Kap. 6])
  - Risus sardonicus (z.B. Tetanus [→ Kap. 14])
  - Diplegia faciei (z.B. Fazialisparese [→ Kap. 30], Facies myopathica [→ Kap. 35, Abb. 35-3a])

17.3 Diagnostik, Anamnese und körperlicher Befund

Die bewußte Beobachtung des Gesichts eines Patienten erlaubt dem Arzt nicht nur, direkte Krankheitszeichen zu erkennen, sondern darüber hinaus wichtige Zusatzinformationen zu erhalten.

Im Sinne der nonverbalen Kommunikation registriert man über das Auge:

- Zeichen von Sympathie oder Abwehr
- das Vorhandensein von Ängsten oder Vertrauen
- Wachheit oder Apathie
- depressive oder euphorische Stimmung
- Störungen des Antriebs

Jedes dieser Phänomene kann unter Umständen bereits Symptom einer zu diagnostizierenden Erkrankung sein. Mindestens ebenso wichtig ist aber, sich dessen bewußt zu sein, daß alle weiteren Ermittlungen zur Diagnose (Anamnese, körperlicher Untersuchungsbefund) und alle noch zu machenden Vorschläge für den Untersuchungsablauf und die Behandlung durch Grundgegebenheiten in einem Patienten beeinflußt werden. Sympathie oder Antipathie sollte der Arzt bewußt verarbeiten, um Einflüsse auf sein diagnostisch/therapeutisches Handeln so gut es geht auszuschließen. Immer sollte man sich der Gefahr bewußt sein, daß Emotionen zur Ursache für ein Zuviel oder ein Zuwenig an diagnostischer (und therapeutischer) Bemühung sein können, aber nicht dürfen. Selbst der Patient, der ein Maximum an „sekundärem Krankheitsgewinn" zu erreichen versucht und mit seinem Leiden mehr als „notwendig" von seiner Umgebung verlangt, bedarf der Hilfe eines Arztes, der seine eigenen Emotionen kontrolliert.

Diese allgemeinen Überlegungen gelten nicht nur für den Erstkontakt zwischen Arzt und Patient. Gerade bei langjähriger Kenntnis und Bindung zwischen Patient und Hausarzt muß letzterer sich immer wieder zu wacher Objektivität zwingen.

Eine wichtige Rolle spielt auch die Zeit, die man dem einzelnen Patienten widmen kann. Wenn es gelingt, den Zeitdruck im Gespräch mit einem Patienten nicht spürbar werden zu lassen, so wandelt sich manches ängstlich gespannte, verschlossene Anfangsgesicht in das sodann für die Situation (Krankheit und Umfeld) adäquate, so viel aufschlußreichere Gesicht. Erst jetzt ist damit zu rechnen, daß die gesprächsweise Berührung der „Wunden" im Gesicht ablesbar wird.

Unter Berücksichtigung dieser Vielzahl möglicher Informationen aus einem Gesichtsausdruck, welche man bei der ersten Begegnung mit einem Patienten in sich aufnimmt, gestaltet sich die Anamneseerhebung recht unterschiedlich, je nach Bedrohlichkeit der Situation:

- Hat man den Eindruck, einen schwerkranken oder gar lebensbedrohten Patienten vor sich zu haben, wird man nicht zögern, die nötigen diagnostischen und therapeutischen Erstmaßnahmen einzuleiten und allenfalls nebenbei mit wenigen kurzen anamnestischen Fragen nach der zeitlichen Entwicklung der Situation und den Leitsymptomen fragen.
- Sieht man auf den ersten Blick in der Facies ein diagnostisch vielleicht richtungweisendes, aber nicht absolut charakteristisches Zeichen (z.B. Hinweis auf chronischen Alkoholabusus, z.B. Facies depressiva), wird man mit aller Sorgfalt die komplette Anamnese erheben und allenfalls mit einem entsprechenden Hintergedanken gezielt darauf achten, ob der erste Eindruck richtig ist.

Manche Gesichtsveränderungen sind so charakteristisch, daß sie eine Anhiebsdiagnose erlauben oder zumindest den erheblichen Anfangsverdacht zulassen. Solche pathognomonischen Gesichtsveränderungen werden hier mit einigen Beispielen zusammengestellt und sind durch Querverweise mit zahlreichen Kapiteln dieses Buches verbunden. Es ist immer wieder erstaunlich, daß selbst sehr charakteristische Gesichtsveränderungen, wenn sie sich langsam einstellen, von der Umgebung unter Umständen jahrelang übersehen werden. Eben weil die Entwicklung so schleichend ist, können ausgeprägte Fälle von Akromegalie oder Cushing-Syndrom oder Myxödem selbst von Ärzten, die im täglichen Kontakt mit der betroffenen Person stehen, einfach übersehen werden.

17.4 Krankheitsbilder

Anhand von Bildern (Abb. 17-1 bis 17-17) werden Gesichtsveränderungen gezeigt, die Symptom und wichtiger diagnostischer Hinweis für ganz spezifische Erkrankungen sind. Zum Teil handelt es sich um pathognomonische Befunde, die eine „prima vista"-Diagnose erlauben.

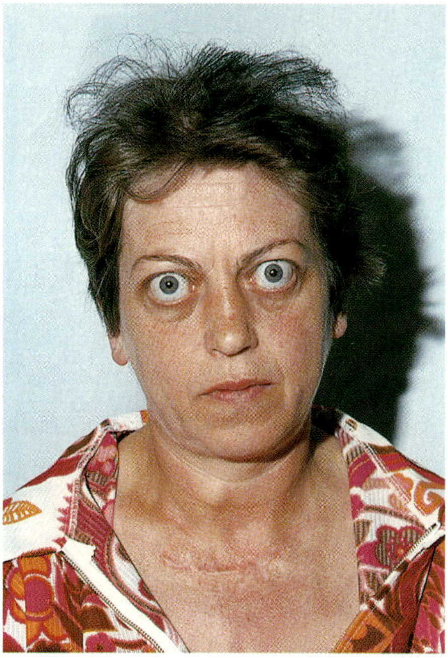

Abb. 17-1 Endokrine Orbitopathie bei immunogener Hyperthyreose (Morbus Basedow): Oberlidretraktion, seltener Lidschlag, Protrusio, Herzklopfen (→ Kap. 23).

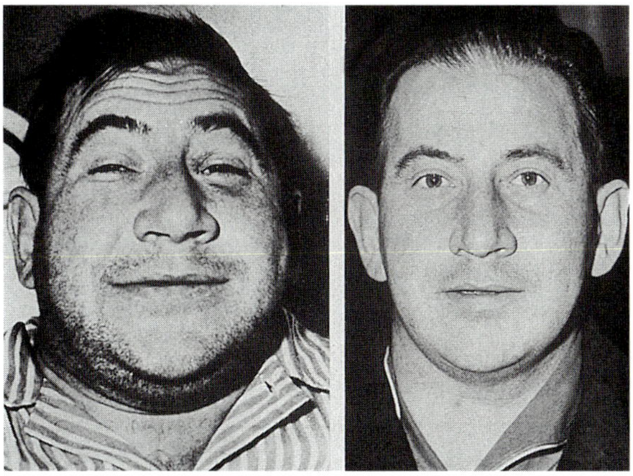

Abb. 17-2 Ausgeprägtes Myxödem: Jahrelang unbehandelte Hypothyreose mit sulziger Verquellung der Ohrläppchen, des Gesichtes, periorbitalem Ödem; die Augenlider können nur durch Stirnrunzeln offengehalten werden; rechts wenige Wochen nach Beginn der Thyroxin-Substitution. (→ Kap. 1).

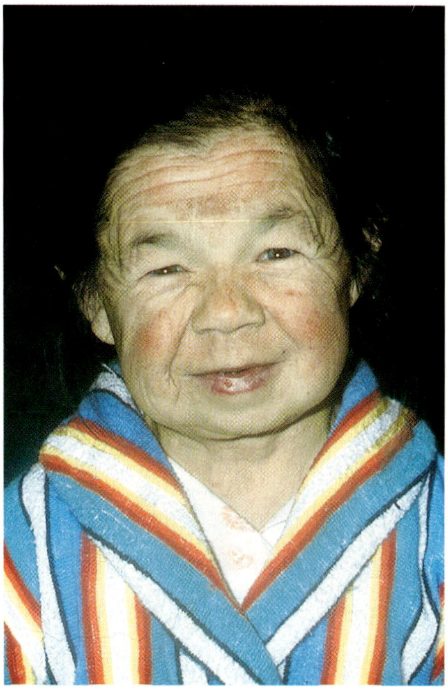

Abb. 17-3 Kretinismus: Angeborene und nicht substituierte Hypothyreose mit myxödematöser Gesichtsveränderung. Zusätzlich eingezogene Nasenwurzel, Kleinwuchs.

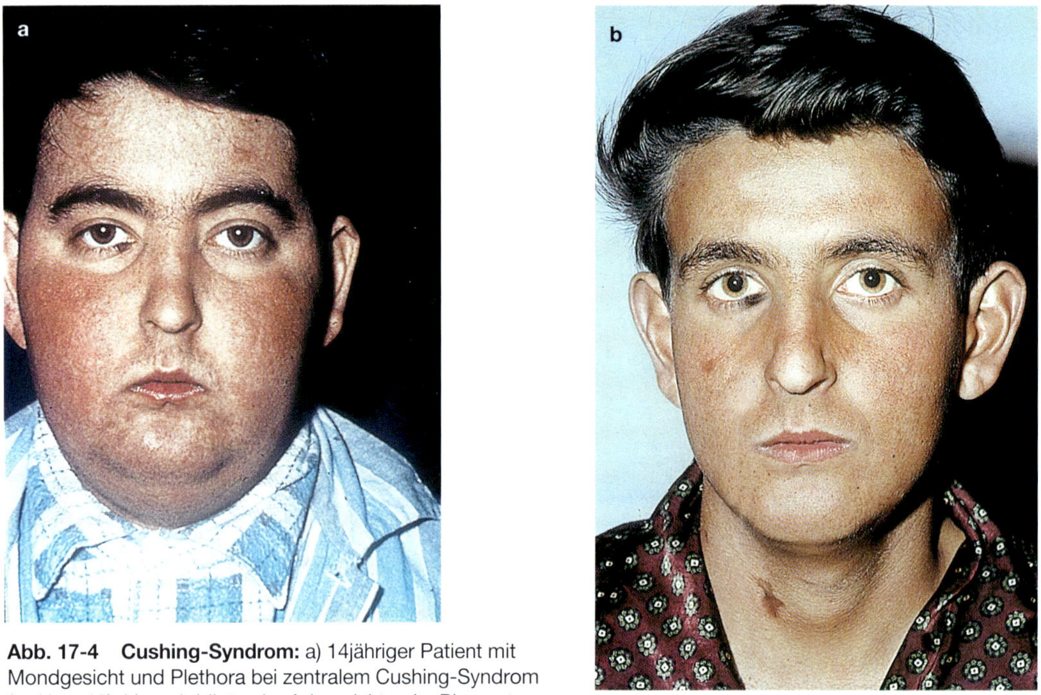

Abb. 17-4 Cushing-Syndrom: a) 14jähriger Patient mit Mondgesicht und Plethora bei zentralem Cushing-Syndrom (→ Kap. 18); b) nach bilateraler Adrenalektomie: Pigmentationszunahme, Verdacht auf Nelson-Syndrom.

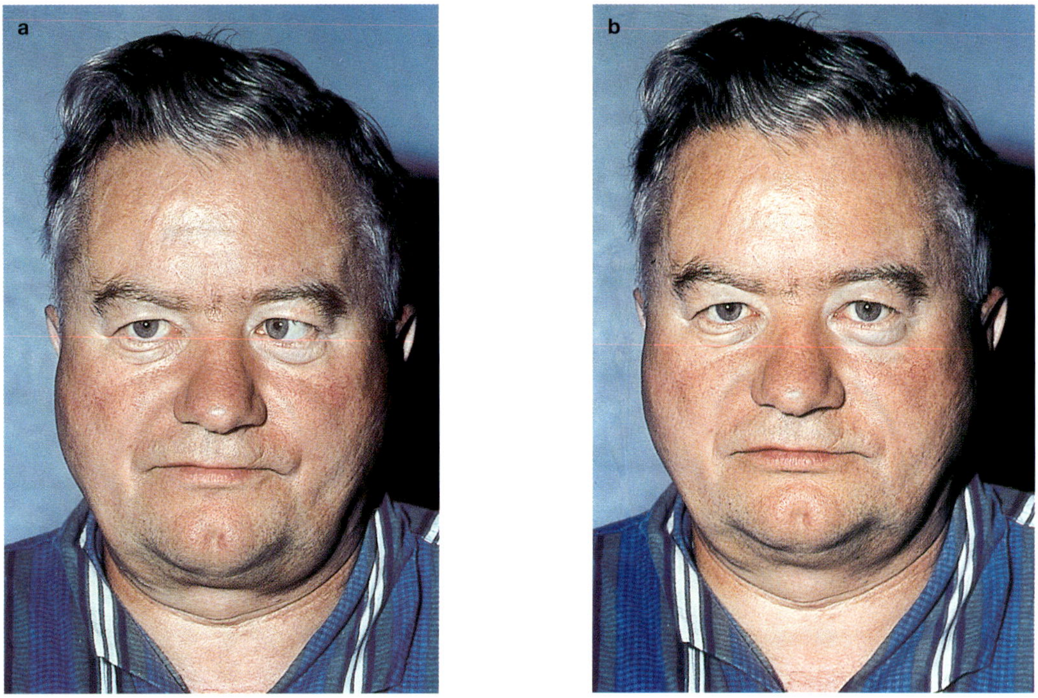

Abb. 17-5 Mononeuritis multiplex (Schwerpunktspolyneuritis) bei Diabetes mellitus Typ-2: 60jähriger Patient mit apoplektiform aufgetretener Abduzensparese, die sich beim Blick nach rechts dokumentiert (a); Blick geradeaus (b), → Kap. 12 und 30.

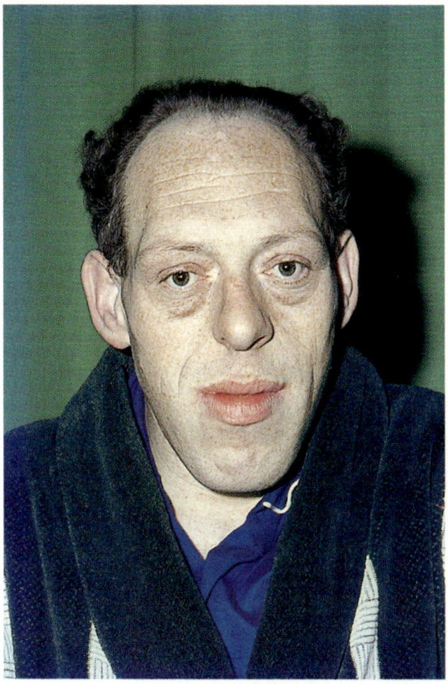

Abb. 17-6 Akromegalie: Vergröberung der Gesichtszüge: Vergrößerung der Nase, wulstige Lippen, Stirnhöcker, Nasolabialfalten, Scheinblässe (dicke Haut), → Kap. 44.

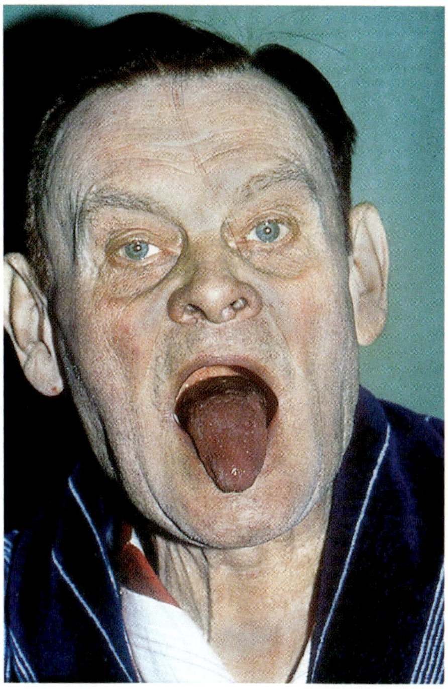

Abb. 17-7 Zentrale Zyanose: 68jähriger Patient mit chronisch-obstruktiver Lungenerkrankung und Cor pulmonale (→ Kap. 3 und 62).

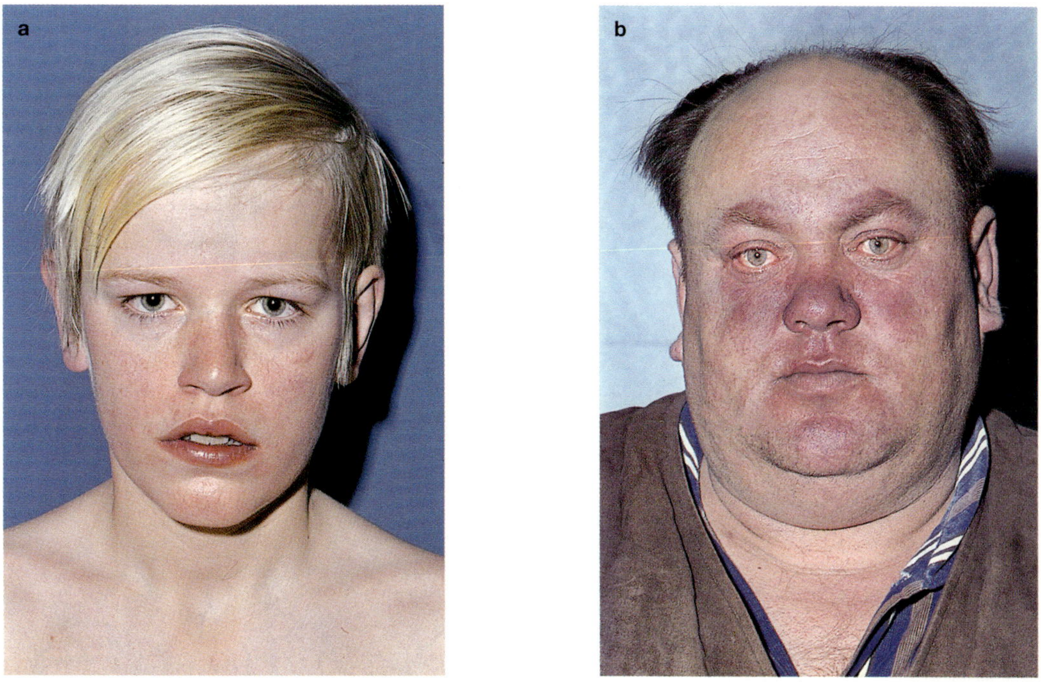

Abb. 17-8 Zyanose: a) bei M. Fallot (→ Kap. 62); b) Facies rubra mit geröteten Konjunktiven bei einer Polycythaemia vera.

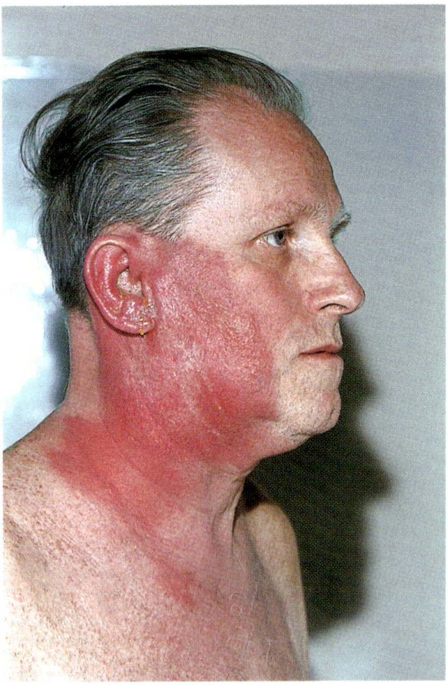

Abb. 17-9 Erysipel: 50jähriger Patient mit chronisch lymphatischer Leukämie (→ Kap. 32).

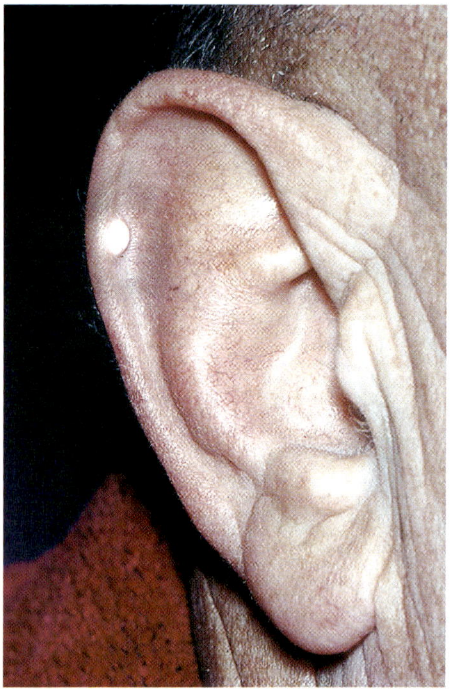

Abb. 17-10 Chronische Gicht: Ohrtophus bei 55jährigem Patienten mit destruierender Arthritis urica (→ Kap. 43).

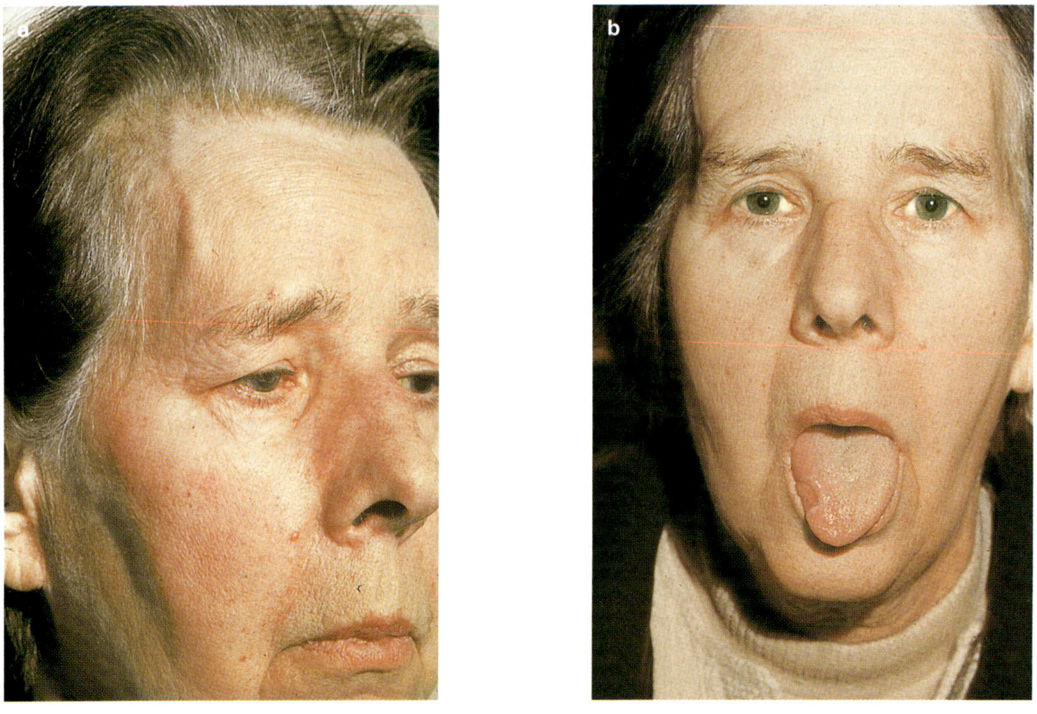

Abb. 17-11 Arteriitis temporalis: a) geschlängelte, knotig verdickte A. temporalis bei Morbus Horton; b) mit Zungeninfarkt (Endarterie, → Kap. 44 und 43).

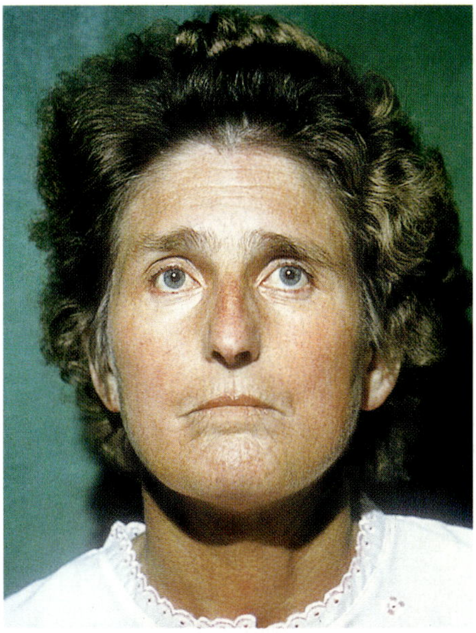

Abb. 17-12 Sklerodermie: radiale Fältelung perioral (→ Kap. 21 und 43).

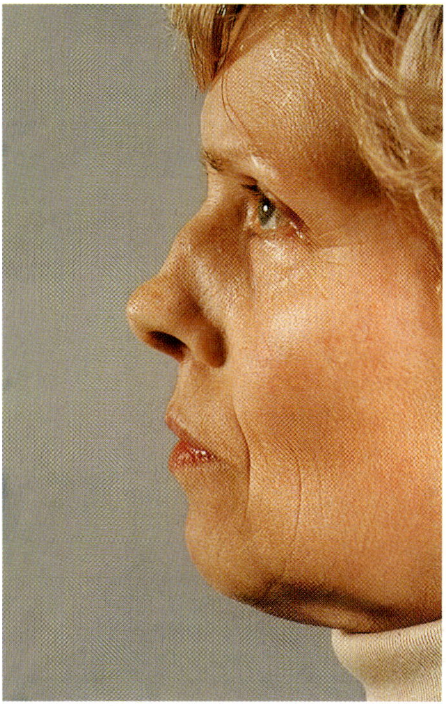

Abb. 17-13 Morbus Wegener: sattelförmig deformierte Nase durch Schwund des Nasenknorpels (→ Kap. 49 und 43).

17

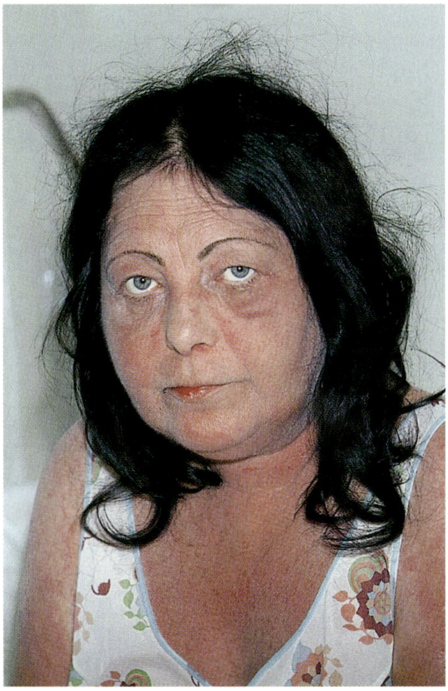

Abb. 17-14 Dermatomyositis: lila Flecken unterhalb der Oberlider (→ Kap. 35).

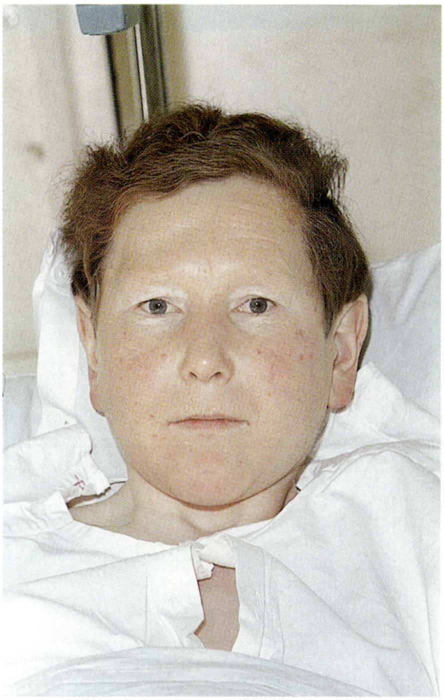

Abb. 17-15 Hypophysenvorderlappeninsuffizienz: Blässe, fehlende laterale Augenbrauen, struppiges Haar (→ Kap. 24).

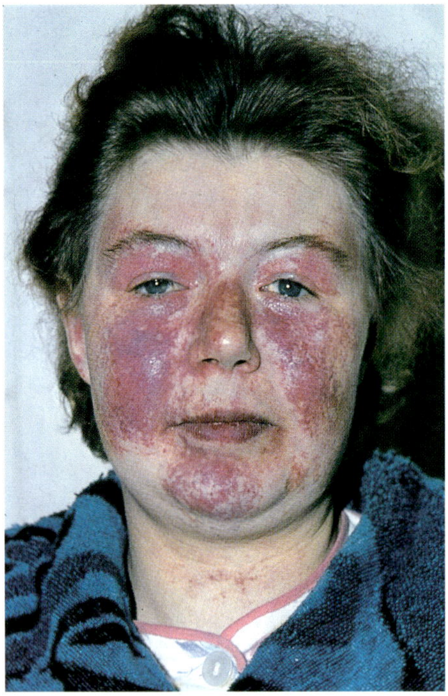

Abb. 17-16 Sturge-Weber-Syndrom (Phakomatose): doppelseitiger Flammen-Nävus im Trigeminus-Bereich (→ Kap. 21).

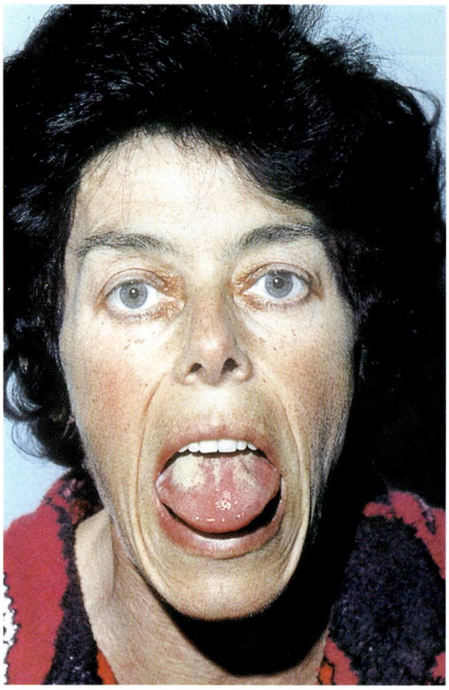

Abb. 17-17 Makroglossie: verdickte Zunge durch Ablagerungen, Amyloidose bei Gammaplasmozytom (→ Kap. 45).

18 Gewichtsveränderungen

O. E. Janssen und P. C. Scriba

Die Zu- oder Abnahme des Körpergewichts ist eines der häufigsten (Begleit-)Symptome in der Inneren Medizin. Meist erlaubt jedoch eine sorgfältige Anamnese und körperliche Untersuchung eine rasche Zuordnung zu einem Krankheitsbild.

Bei einem **Übergewicht** ist die sehr häufige primäre (alimentäre, idiopathische) Adipositas von den seltenen sekundären Formen abzugrenzen, bei denen die rasche Identifikation und Therapie der Grundkrankheit entscheidend ist.

Die Adipositas ist ein entscheidender **Risikofaktor** für eine Reihe von Erkrankungen wie Hypertonie, Diabetes mellitus, Hyperlipidämie und die damit verbundenen Gefäßerkrankungen (Arteriosklerose: KHK, pAVK, Nierenarterien- und -arteriolosklerose, zerebrovaskuläre Komplikationen). Der Begriff „metabolisches Syndrom" faßt diese Komplikationen unter dem Gesichtspunkt der Insulinresistenz zusammen. Auch andere Krankheiten nehmen bei Adipositas einen schwereren Verlauf (z.B. Arthrose, Herzinsuffizienz).

Bei einem **Untergewicht** ist differentialdiagnostisch neben der Unterernährung an psychische Störungen (Anorexia nervosa) und an konsumierende Erkrankungen (chronische Infektionen, Malignome) zu denken. Die Extremform des Untergewichts ist der Marasmus bzw. die Kachexie bei allgemeinem Verfall und Kräfteschwund.

18.1 Definition und Abgrenzung

Über- bzw. Untergewicht entspricht einer übermäßigen Gewichtsvermehrung bzw. Gewichtsabnahme aufgrund einer individuell zu hohen bzw. zu niedrigen Kalorienaufnahme im Vergleich zum Kalorienbedarf. Der Kalorienbedarf wird durch die basale metabolische Rate sowie die aktivitäts- und nahrungsbedingten Komponenten einschließlich der Thermogenese bestimmt.

Broca-Index

Die Berechnung des Körpergewichts nach Broca ist veraltet, aber noch weit verbreitet. Verläßliche Werte ergeben sich nur für eine Körpergröße zwischen 160–180 cm.

Berechnung des Normgewichts nach Broca:

Normgewicht (kg): Körperlänge in Zentimeter minus 100

Idealgewicht (kg): für Männer Normgewicht minus 10% und für Frauen Normgewicht minus 15%

Adipositas: Überschreiten des Normgewichts um > 10%

Adipositas permagna: Überschreiten des Normgewichts um > 20%

Untergewicht: Unterschreiten des Idealgewichts bis 10%

Kachexie, Marasmus: Unterschreiten des Idealgewichts um > 10%

Body Mass Index (BMI)

Der Body Mass Index ist klar definiert und universell anwendbar. Die Normwerte sind jedoch nach Alter und Kulturkreis unterschiedlich.

Berechnung des Körpergewichts nach BMI:

$$\frac{\text{Körpergewicht (kg)}}{\text{Körpergröße}^2\ (\text{m}^2)}$$

Idealgewicht: BMI um 23 (besser: 20–22)

Adipositas: BMI > 27 (entspricht Überschreiten des Normgewichts nach Broca um > 10%)

oder:

Adipositas Grad I: BMI > 25 und < 30

Adipositas Grad II: BMI > 30 und < 40

Adipositas Grad III: BMI > 40

Untergewicht: BMI < 20 (entspricht Unterschreiten des Idealgewichts nach Broca)

Kachexie: BMI < 18,5

18.2 Ursachen

Die Ursachen von **Übergewicht** sind in Tabelle 18-1 zusammengestellt.

Tab. 18-1 Systematische Darstellung der Ursachen von Übergewicht

primäre Adipositas (alimentär, idiopathisch) (→ 18.4.1.1)
psychische Störungen
Bulimie (→ Kap. 2)
andere psychische Erkrankungen (→ Kap. 1)
endokrinologische Erkrankungen
Cushing-Syndrom (→ 18.4.1.2)
Hypothyreose (→ Kap. 1)
Diabetes mellitus Typ 2 (→ Kap. 12)
Insulinom (→ Kap. 23)
HVL-Insuffizienz (→ Kap. 24)
hypothalamische Fettsucht (Tumor, Entzündung, Traumen) (→ 18.4.1.3)
Pseudohypoparathyreoidismus (→ Kap. 34)
Klinefelter-Syndrom (→ Kap. 24)
Laurence-Moon-Biedl-Bardet-Syndrom (→ Kap. 24)
Prader-Labhart-Willi-Syndrom (→ Kap. 24)
Morgagni-Stewart-Morel-Syndrom (→ 18.4.1.3)
Lipomatosen (→ 18.4.1.3)
andere Ursachen
Medikamente (→ 18.4.1.1)
Trisomie 21

Tab. 18-2 Darstellung der Ursachen von Untergewicht

verminderte Nahrungsaufnahme
Mangelnutrition (→ 18.4.2.1)
gewollt (Diät) (→ 18.4.2.1)
Anorexia nervosa (→ Kap. 2)
somatisierte Depression (→ Kap. 1)
Magen- und Darmerkrankungen
Malassimilation (Kap. 11)
Achalasie (→ Kap. 39)
Magenausgangsstenose (→ Kap. 39)
chronische Lebererkrankungen (→ Kap. 15)
Morbus Crohn (→ Kap. 11)
Colitis ulcerosa (→ Kap. 11)
chronische Pankreatitis (→ Kap. 46)
endokrinologische Erkrankungen
Morbus Addison (→ 18.4.2.2)
Hyperthyreose (→ Kap. 23)
Diabetes mellitus Typ 1 (→ Kap. 12)
konsumierende Erkrankungen
akute Infektionen, vor allem mit Erbrechen und Diarrhö (→ Kap. 11 und 13)
chronische Infektionen (→ Kap. 11 und 14)
HIV (→ Kap. 14)
Tuberkulose (→ Kap. 14)
chronische karnifizierende Pneumonie (→ Kap. 3)
Endocarditis lenta (→ Kap. 14)
Malignome (→ Kap. 32)
andere Erkrankungen
chronische Niereninsuffizienz (→ Kap. 60)
rheumatoide Arthritis (→ Kap. 43)
Autoimmunerkrankungen
andere Ursachen
chronischer Alkoholismus
Drogensucht
progrediente Muskelatrophie (Kap. 36)
Zytostatika

Dem **Untergewicht** können ebenfalls sehr verschiedene Ursachen zugrunde liegen, die in Tabelle 18-2 erfaßt sind.

18.3 Diagnostik

18.3.1 Anamnese

Im Vordergrund sollte zunächst eine genaue Eruierung des Appetits (→ Kap. 2) und der Ernährungsgewohnheiten stehen: bevorzugte Lebensmittel, Diät, Unverträglichkeiten. Häufig haben die Patienten jedoch keine oder völlig falsche Vorstellungen von ihrer Ernährung, im besonderen von der Kalorienmenge einschließlich des Alkoholkonsums. Gegebenenfalls muß eine genaue Aufstellung der Nahrungsmittel (prospektiv, Protokoll!) erfolgen.

Wichtige allgemeine anamnestische Fragestellungen:

- Beginn und Verlauf: rasch oder langsam, kontinuierlich oder in Schüben, nur Zu- bzw. Abnahme des Gewichts oder wechselnd Zu- und Abnahme des Gewichts
- Lebensumstände: Pubertät, Gravidität, Senium
- Stuhlgang
- psychische Faktoren: Depression, Arbeitsplatzsituation, Partnerkonflikte
- Familienanamnese: Körpergewicht der Eltern und Geschwister
- sportliche Betätigung: Art und Häufigkeit, körperliche Anstrengung bei der Arbeit (Bürotätigkeit?)
- Symptome der Hyper- und Hypothyreose (→ Kap. 1 und 23)
- Medikamenteneinnahme (Diuretika, Laxanzien, Appetitzügler, Steroide, Schilddrüsenhormone)

Bei Gewichtszunahme ist zu fragen nach:

- prädisponierenden Erkrankungen: z.B. Diabetes mellitus Typ 2 (→ Kap. 12), Insulinom (→ Kap. 23 und 44)
- Folgeerkrankungen der Adipositas (→ 18.4.1)

Spezifische Fragen bei Gewichtsabnahme:

- Abgeschlagenheit, Fieber, Nachtschweiß, Inappetenz, Juckreiz

18.3.2 Körperliche Untersuchung

Neben der körperlichen Untersuchung erfolgt die Bestimmung von Körpergewicht und Größe sowie Berechnung nach Broca-Index und/oder des BMI. Dann folgt die Suche nach Hinweisen für endokrinologische Störungen, Magen-Darm-Erkrankungen oder konsumierende Erkrankungen.

18.3.3 Laboruntersuchungen

Übergewicht

Nur bei klinischem Verdacht auf prädisponierende Krankheiten und/oder Folgeerkrankungen, wenn

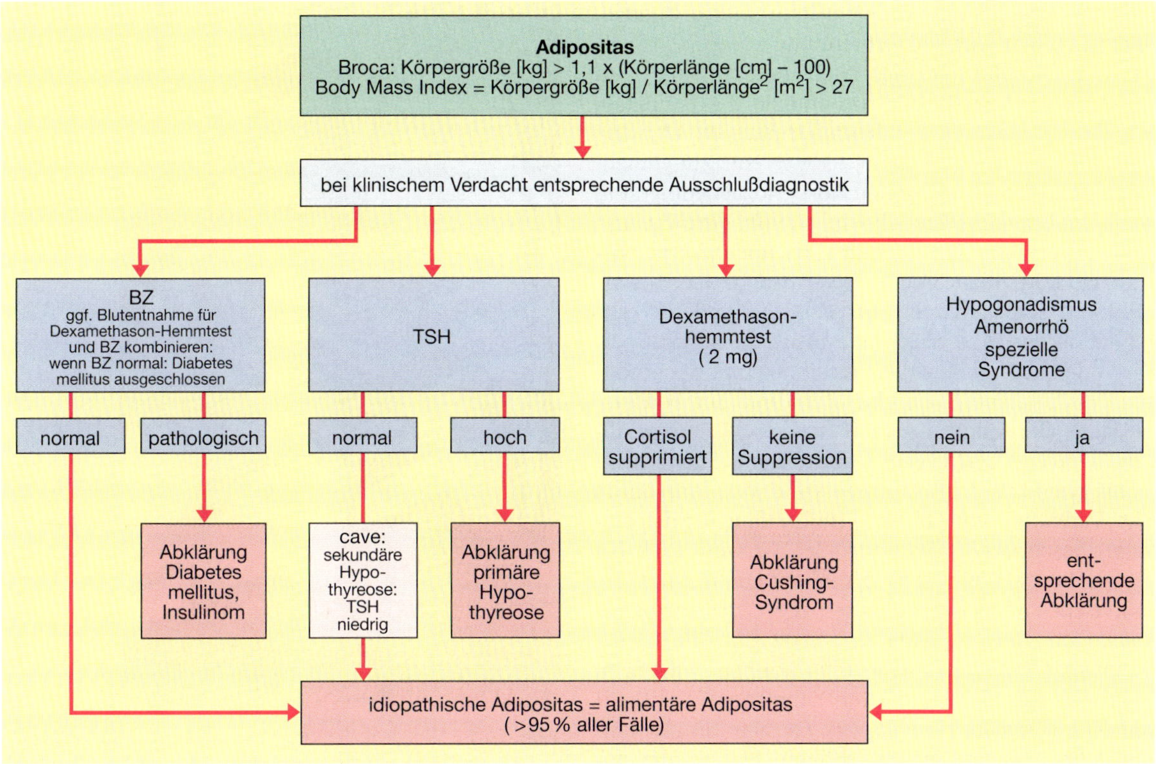

Abb. 18-1 Diagnostischer Weg bei Adipositas.

neben dem Übergewicht weitere Beschwerden und/oder Befunde dies nahelegen, erfolgt eine Ausschlußdiagnostik, unter anderem mit der Blutzuckerbestimmung und oralem Glukosebelastungstest (→ Kap. 12), TSH-Bestimmung (→ Kap. 1) oder einem Dexamethason-Hemmtest (→ Abb. 18-1).

Untergewicht

Nur bei entsprechenden klinischen Hinweisen werden Basislaboruntersuchungen durchgeführt, z.B. Blutbild und Entzündungsparameter bei Verdacht auf konsumierende Erkrankungen.

Im Bedarfsfall können bei entsprechenden anamnestischen Angaben weitere gezielte Laboruntersuchungen erforderlich sein, z.B. Cortisol- und ACTH-Bestimmung bei Verdacht auf Morbus Addison (→ Abb. 18-8).

18.3.4 Weitere Untersuchungen

Bei Verdacht auf eine Eßstörung im Rahmen einer somatisierten Depression oder bei Hinweisen für eine Anorexia nervosa sollte ein psychiatrisches oder psychosomatisches Konsil eingeholt werden (→ Kap. 1.4.1 und 2.4).

18.4 Krankheitsbilder

18.4.1 Übergewicht

Angesichts der Häufigkeit der Adipositas muß gefordert werden, daß mit dem diagnostischen Aufwand sparsam umgegangen wird. In Deutschland sind mehr als 30 % aller Personen über 60 Jahre übergewichtig.

18.4.1.1 Primäre (alimentäre) Adipositas

Die primäre (idiopathische oder alimentäre) Adipositas betrifft eine heterogene Gruppe von Menschen. Sie wird durch eine (chronische) Imbalance zwischen

Energie- bzw. Fettzufuhr einerseits und dem Energieverbrauch bzw. der Fettverbrennung andererseits verursacht. Die überschüssige Nahrungsaufnahme wird durch den Lebensstil und das Umfeld des Patienten, Ernährungsgewohnheiten, Familiensituation, Umweltfaktoren, psychische Faktoren sowie eine zunehmende Entfremdung vom eigenen Körperideal bedingt. Ein niedriger Energieverbrauch wird sowohl durch genetische Disposition (z.B. Leptin) als auch durch eine niedrige körperliche Aktivität verursacht. Genetische Faktoren sind außerdem für eine verminderte Fettoxidation und eine erniedrigte Insulinsensitivität prädisponierend und bewirken zusammen mit der erhöhten Nahrungsaufnahme eine Zunahme der Fettspeicherung. Die Adipositas kann eine geschlechtsspezifische Fettverteilung zeigen – **android** mit Stammbetonung, **gynoid** mit Hüftbetonung – und wird dann durch das Verhältnis von Taillen-/Hüftumfang (waist/hip-ratio) beschrieben. Der androide Typ wird auch bei Frauen beobachtet und ist signifikant häufiger mit metabolischen Komplikationen assoziiert. Das attributive Risiko, d.h. der Anteil der Krankheitsfälle, die auf die Adipositas zurückgeführt werden können, wird beim Hypertonus auf 75% und beim Diabetes mellitus Typ II auf 90% geschätzt (→ Kap. 12). Darüber hinaus wird der Adipositas und einem erhöhten Fettverzehr aufgrund neuerer epidemiologischer Daten auch eine Prädisposition für verschiedene Tumoren zugeschrieben (bei Frauen: Mamma-, Zervix- und Gallenblasenkarzinom; bei Männern: Kolon- und Prostatakarzinom). Bei ausgeprägter Adipositas kann es auch zu einem Schlafapnoe-Syndrom kommen (→ Kap. 38).

Die Adipositas hat daher neben der psychosozialen Komponente auch eine große gesundheitspolitische Bedeutung.

B *Beschwerden und Befunde*

Das **klinische Bild** der Adipositas wird durch das Ausmaß der mit ihr verbundenen Erkrankungen bestimmt. Nach einer meist längeren beschwerdefreien Phase manifestieren sich:

- Diabetes mellitus (→ Kap. 12)
- Fettstoffwechselstörungen (→ Kap. 63)
- kardiovaskuläre Erkrankungen (→ Kap. 23)
- arterieller Hypertonus (→ Kap. 26)
- Gicht (→ Kap. 43)
- Gallensteinleiden (→ Kap. 46)

Bei **ausgeprägter Adipositas** (Abb. 18-2):

- Schlafapnoe-Syndrom (→ Kap. 38) mit Hypoxämie, Hyperkapnie
- Polyglobulie

Bei **chronischem Verlauf:**

- Cor pulmonale (→ Kap. 62.4.1)

Weitere Folgen sind:

- degenerative Gelenkerkrankungen (→ Kap. 43)
- vermehrte postoperative Komplikationen

Bei (auch nur mäßigem) Alkoholgenuß:

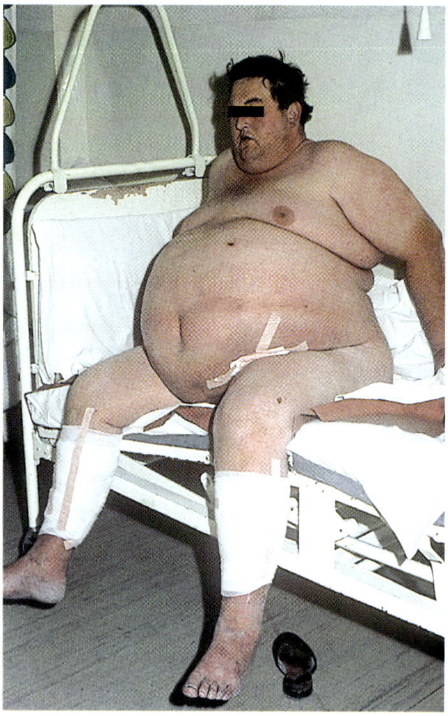

Abb. 18-2 Pickwick-Syndrom bei monströser Adipositas permagna (150 kg), Cor pulmonale (→ Kap. 62).

- Fettleberzirrhose (→ Kap. 15)

Zudem ist die Adipositas für den Betroffenen mit psychischen und sozialen Problemen verbunden.

DS *Diagnosesicherung*

Die Diagnose einer **primären Adipositas** stützt sich auf die Bestimmung des Gewichts und der Größe des Patienten und der Kalkulation des erhöhten BMI oder Broca-Index sowie den Ausschluß der sekundären Formen. Die Ausschlußdiagnostik der primären Adipositas ist in Abbildung 18-1 dargestellt. Die Einschätzung des gesundheitlichen Risikos erfordert eine gewissenhafte Untersuchung der Folgeerkrankungen der Adipositas.

Medikamente, die eine Fettsucht begünstigen, sind: Phenothiazine, Insulin, Glukokortikoide, Cyproheptadin, trizyklische Antidepressiva.

18.4.1.2 Cushing-Syndrom

Das Cushing-Syndrom ist ein Krankheitsbild, das von einer erhöhten endogenen Produktion von Glukokortikosteroiden durch die Nebennierenrinde oder durch Zufuhr von Glukokortikoiden hervorgerufen wird.

Nachweis und Ausschluß eines Cushing-Syndroms sowie die Differenzierung der verschiedenen Formen gehören mit zu den anspruchsvollsten klinischen Auf-

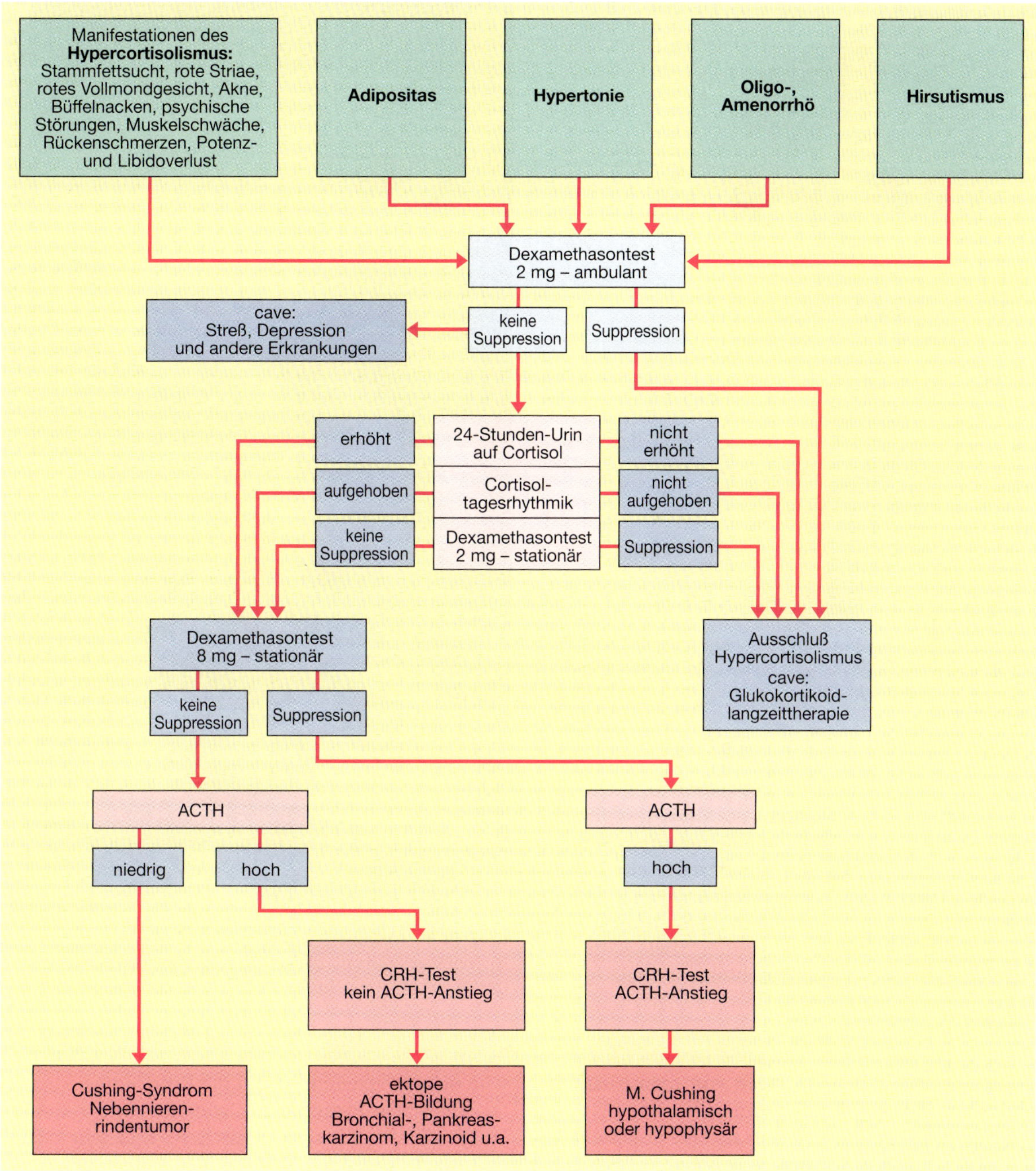

Abb. 18-3 Diagnostik bei Verdacht auf Hyperkortisolismus.

18

gaben. Häufig ermöglichen erst wiederholte Untersuchungen über mehrere Jahre eine klare Diagnosestellung. Außer bei begründeten Ausnahmen (Abb. 18-3) gilt hier die Maxime: erst Klinik, dann Labor und danach Lokalisationsdiagnostik!

B *Beschwerden und Befunde*

Das Cushing-Syndrom ist charakterisiert durch eine **Fettverteilungsstörung**, die zur Ausbildung der typischen Stammfettsucht, zu Vollmondgesicht und Büffelnacken führt: Vergleich mit früheren Fotos (Abb. 18-4). Der Hypercortisolismus verursacht einen gesteigerten **Proteinkatabolismus,** der zur Atrophie der Muskulatur (Muskelschwäche [→ Kap. 35 und 36], grazile Extremitäten) und der Haut (Striae rubrae, „Pergamenthaut") sowie zur Osteoporose (Rückenschmerzen, Knochenschmerzen, Frakturen [→ Kap. 45]) führt. Zugleich besteht eine progrediente Müdigkeit und ein Leistungsknick, der in Kontrast zu dem „blühenden

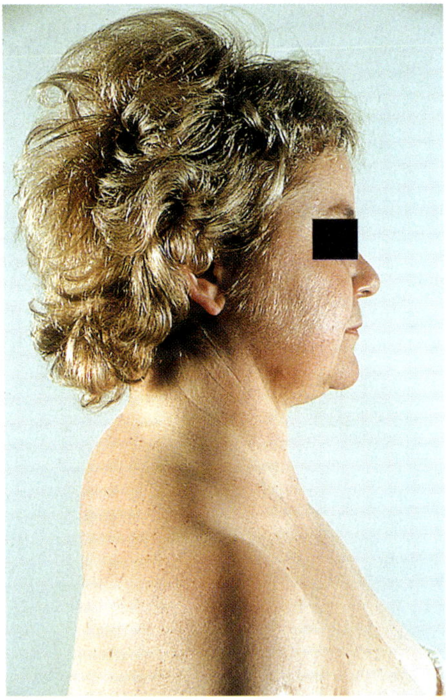

Abb. 18-4 Cushing-Syndrom: 31jährige Patientin mit Hirsutismus und „Büffelnacken" sowie „Mondgesicht" bei zentralem Cushing-Syndrom.

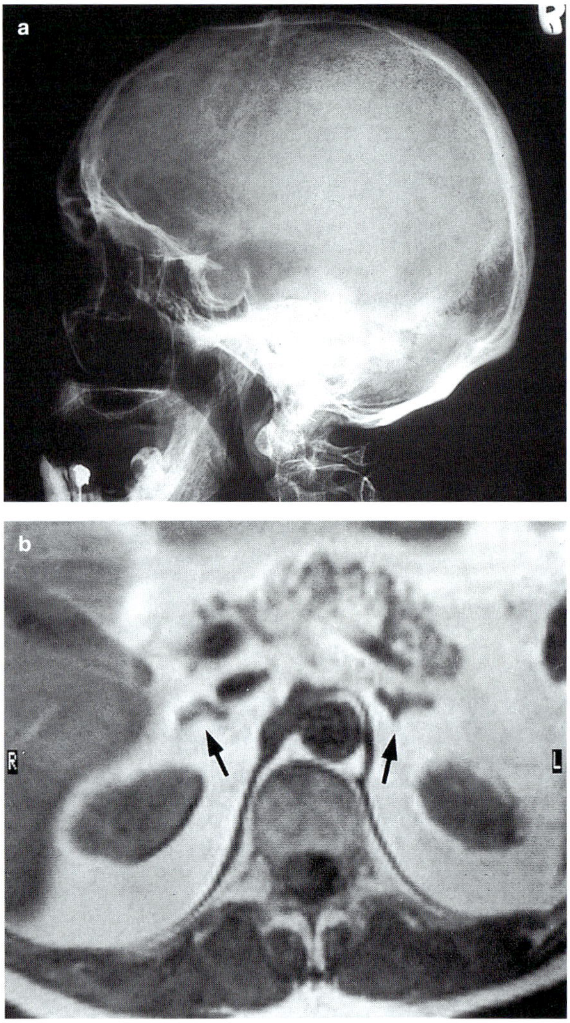

Abb. 18-5 Morbus Cushing: a) ACTH-produzierendes Hypophysenadenom; b) Das CT zeigt eine Vergrößerung beider Nebennieren, bilaterale NNR-Hyperplasie (Pfeile).

Aussehen" steht. Durch die gesteigerte Glukoneogenese kommt es zu einer **Störung des Glukosestoffwechsels** (steroidinduzierte Glukoseintoleranz bzw. Steroiddiabetes). **Arterielle Hypertonie** und **psychische Störungen (Depressionen** [→ Kap. 1]**, Euphorie)** sind häufige Begleiterscheinungen des Cushing-Syndroms, ihre Pathogenese ist jedoch umstritten. Bei zentralem Cushing-Syndrom (Hypophysentumor) kann es zu Kopfschmerzen und Sehstörungen (Spätsymptome!) kommen (Abb. 18-5).

Bei weiblichen Patienten mit Hypercortisolismus kommt es häufig zum Auftreten von **Menstruationsstörungen** (→ Kap. 37), **Hirsutismus** (→ Kap. 21) und **Akne.** Dies erklärt sich einerseits durch eine gesteigerte Sekretion adrenaler Androgene, andererseits durch eine Hemmung der Gonadotropinfreisetzung infolge gesteigerter Cortisolproduktion (Abb. 18-6). Beim männlichen Patienten führt der hemmende Effekt des Cortisols auf die Hypophyse und die Testes zu **Libidoverlust, Impotenz** und **Oligospermie** (→ Kap. 24). Ein wichtiger Hinweis für das Vorliegen eines Cushing-Syndroms beim Kind und Heranwachsenden ist ein **Wachstumsstillstand,** der durch die Hemmung der Wachstumshormonsekretion zustande kommt.

DS *Diagnosesicherung*

Die Diagnose eines voll ausgebildeten Cushing-Syndroms bereitet in der Regel kaum differentialdiagnostische Schwierigkeiten, sobald die Erkrankung anhand der klinischen Symptomatik vermutet wird (→ Abb. 18-3). Allerdings kann das klinische Bild sehr unterschiedlich ausgeprägt sein, so daß keines der oben beschriebenen Zeichen für sich allein als typisch oder obligat für das Vorliegen eines Cushing-Syndroms anzusehen ist. Außerdem werden auch milde, intermittierende oder periodische Verlaufsformen und sogar Spontanremissionen beobachtet. Das Cushing-Syndrom durch ektope ACTH-Produktion (selten: ektope CRF-Produktion) zeichnet sich im Vergleich zu den anderen Ursachen durch eine rasche Progredienz aus. Ein besonders rascher Verlauf läßt an einen rasch progredienten Tumor (kleinzelliges Bronchialkarzinom, → Abb. 18-6b) denken. Ein weniger rapider Verlauf kennzeichnet die ektope ACTH-Produktion bei Tumoren mit niedrigerer Proliferationsrate: Karzinoide, medulläres Schilddrüsenkarzinom, Gastrinom, endoa

b

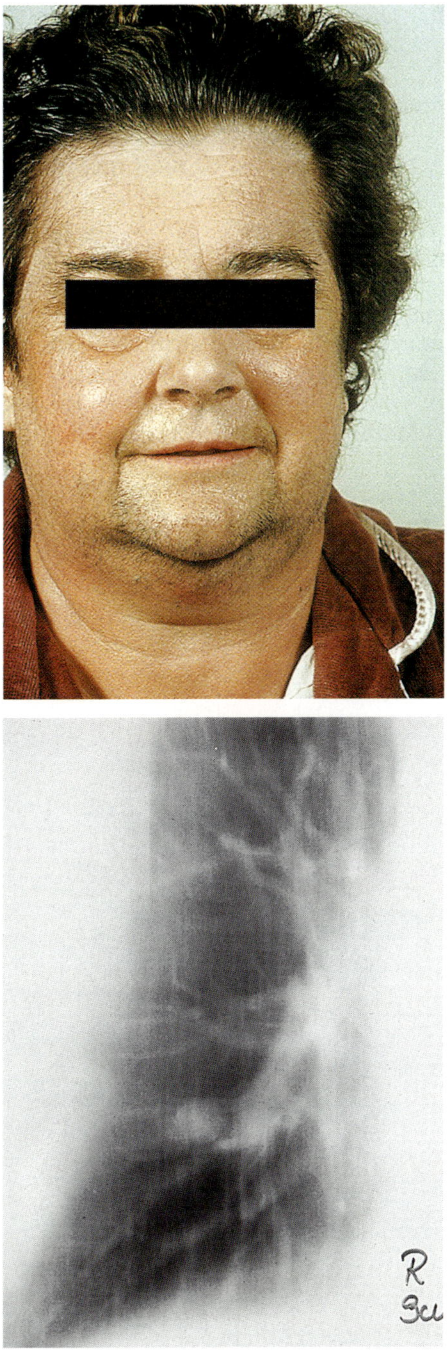

Abb. 18-6 Paraneoplastisches Cushing-Syndrom: (a) ausgeprägter Hirsutismus, Pigmentationszunahme, ferner hypokaliämische Alkalose bei kleinzelligem Bronchialkarzinom; (b) Tomographie des kleinen Rundherdes im rechten Mittelfeld (Bronchialkarzinom).

krine Pankreastumoren, Phäochromozytom (→ Kap. 11, 19, 44, 46).

Labor

Eine ausreichende Suppression des basalen Cortisolspiegels im niedrigdosierten (2 mg) Dexamethason-Hemmtest schließt das Vorliegen eines Hypercortisolismus weitgehend aus. Die Spezifität dieses Tests ist jedoch dadurch limitiert, daß auch bei Patienten mit Depression (→ Kap. 1), körperlichem oder psychischem Streß oder Infektionskrankheiten eine suffiziente Cortisolsuppression ausbleiben kann. Zum Nachweis eines Hypercortisolismus ist die Bestimmung des freien Cortisols im 24-h-Urin der Bestimmung des Cortisols und ACTH im Serum vorzuziehen. In Einzelfällen kann zur Diagnosesicherung auch die Bestimmung eines Cortisoltagesprofils mit Blutabnahmen um 8.00 – 20.00 – 24.00 Uhr hilfreich sein (aufgehobene Cortisoltagesrhythmik bei Hypercortisolismus mit erhöhten Werten auch abends).

Nach Sicherung der Diagnose eines Cushing-Syndroms erfolgt die Differentialdiagnose der zugrundeliegenden Erkrankung (Tab. 18-3). Der Nachweis einer erhöhten basalen ACTH-Konzentration im Serum signalisiert ein ACTH-abhängiges Cushing-Syndrom, während ein niedriger oder supprimierter ACTH-Spiegel für ein adrenales Cushing-Syndrom spricht. Mit Hilfe des hochdosierten Dexamethason-Hemmtests (4 × 2 mg über 48 Stunden) kann zwischen einem zentralen (hypothalamisch-hypophysären) Cushing-Syndrom (Morbus Cushing) und allen anderen Ursachen unterschieden werden. Beim Morbus Cushing lassen sich die erhöhten Basalwerte für Plasmacortisol und freies Cortisol im Urin durch den hochdosierten Dexamethason-Hemmtest in den meisten Fällen auf weniger als 50% des Ausgangswertes supprimieren. Bei allen anderen Ursachen des Cushing-Syndroms ist dies nicht der Fall. Der CRH-Test hat die gleiche differentialdiagnostische Bedeutung: Beim zentralen Cushing-Syndrom (Morbus Cushing) läßt sich der basale Cortisolspiegel im Serum in den meisten Fällen durch CRH signifikant stimulieren, während dies bei adrenalem Cushing-Syndrom nicht und bei ektoper ACTH-Produktion nur sehr selten der Fall ist. Bei fehlender Cortisolstimulation nach CRH-Gabe zeigt ein erhöhter basaler ACTH-Wert eine ektope ACTH-Produktion, ein supprimierter ACTH-Wert ein primär adrenales Cushing-Syndrom an.

Tab. 18-3 Pathogenese des Cushing-Syndroms

ACTH-abhängig
hypothalamisch/hypophysär (Morbus Cushing)
ektope ACTH-Produktion
ektope CRH-Produktion
ACTH-unabhängig
exogene Glukokortikoidzufuhr (Langzeittherapie > 30 mg Hydrocortisonäquivalent/Tag)
Nebennierenrindenadenom
Nebennierenrindenkarzinom
mikro-/makronoduläre Nebennierenrindenhyperplasie
Sonderformen
zyklisches Cushing-Syndrom
alkoholinduziertes Pseudo-Cushing-Syndrom

Das Vorliegen einer **Hypokaliämie** (hypokaliämische Alkalose, → Kap. 26) ist verdächtig für einen Nebennierenrindentumor oder eine ektope ACTH-Produktion, da diese Formen des Cushing-Syndroms häufig mit einer Überproduktion von mineralokortikoidartigen Steroidhormonen einhergehen. Im Gegensatz hierzu wird beim hypothalamisch-hypophysären Cushing-Syndrom nur selten und weniger ausgeprägt eine Hypokaliämie beobachtet. Beim Cushing-Syndrom durch eine erhöhte Sekretion von ACTH oder ACTH-ähnlicher Substanzen kann es durch die gesteigerte melanotrope Serumaktivität zu einer **Hyperpigmentation** (→ Kap. 21) kommen.

Weitere Abweichungen von Laborwerten sind:

- Nüchternblutzucker erhöht
- gestörte Glukosetoleranz im oralen Glukosebelastungstest
- Blutbild: Polyglobulie, Granulozytose, Lymphopenie, Fehlen von Eosinophilen
- Insulin-Hypoglykämietest: geringer oder kein Cortisolanstieg

Bei zentralem Cushing-Syndrom: Diagnostik aller hypothalamisch-hypophysären Achsen (→ Abb. 18-3).

Bildgebende Diagnostik

Die Lokalisationsdiagnostik ist erst nach hormonanalytischer Sicherung und Differentialdiagnostik der Grunderkrankung indiziert. Bei Verdacht auf ein primär adrenales Cushing-Syndrom kann die **Sonographie** der Nebennieren als einfache und wenig belastende Methode zum Nachweis größerer adrenaler Raumforderungen eingesetzt werden. In der **Computertomographie**, besser noch in der **Kernspintomographie**, lassen sich cortisolproduzierende Nebennierentumoren mit hoher Sensitivität erfassen. Mit der Kernspintomographie können auch Metastasen von Nebennierenrindenkarzinomen und intrakavale Tumorzapfen sowie eine bilaterale Nebennierenhyperplasie (bei Morbus Cushing) erkannt werden (→ Abb. 18-5).

Bei Hinweisen auf ein zentrales Cushing-Syndrom sollte eine kernspintomographische Untersuchung der Hypophysen-Hypothalamus-Region durchgeführt werden, mit der sich intraselläre Mikroadenome, Makroadenome der Hypophyse und andere paraselläre Raumforderungen meist problemlos zur Darstellung bringen lassen (→ Abb. 18-5).

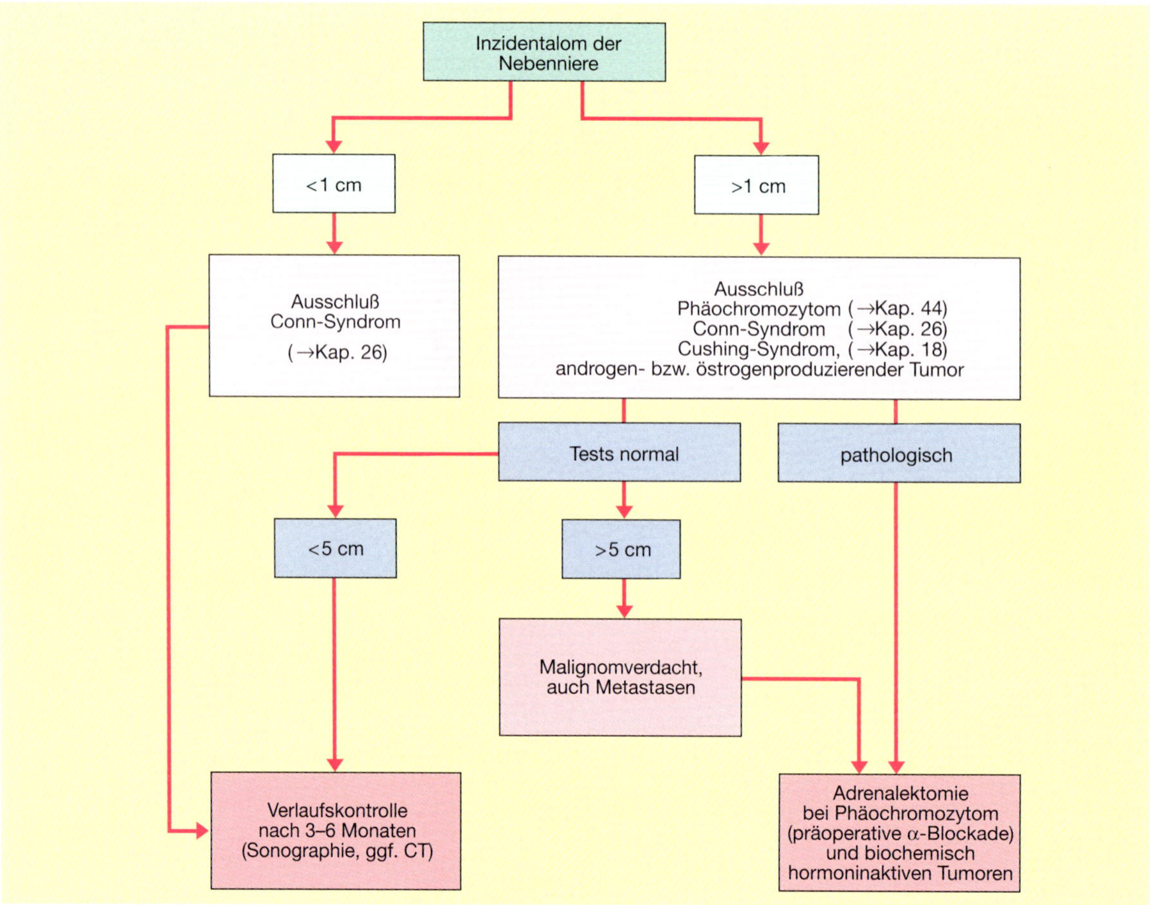

Abb. 18-7 Diagnostischer Weg bei Inzidentalom der Nebenniere: Definitionsgemäß handelt es sich um zufällig gefundene, klinisch stumme Tumoren, deren Größe im CT festgelegt wird.

Bei Verdacht auf eine ektope ACTH-Produktion erbringt die **Röntgenuntersuchung** des Thorax in etwa der Hälfte der Fälle einen Tumornachweis. In jedem Fall muß eine Computertomographie des Thorax zum Ausschluß oder Nachweis von weiteren intrapulmonalen oder mediastinalen Rundherden erfolgen. Bleiben diese Untersuchungen ohne diagnostischen Erfolg, muß mittels Computertomographie von Abdomen und kleinem Becken sowie anderen Lokalisationsverfahren nach einem Tumor gefahndet werden: Sonographie, Computertomographie des Abdomens, Computer- und Kernspintomographie des Thorax (hilusnahe Karzinoide), Sonographie der Schilddrüse (medulläres Schilddrüsenkarzinom), Kalzitonin und CEA im Serum (medulläres Schilddrüsenkarzinom), Gastrin im Serum (Gastrinom).

Weiterführende Diagnostik

In komplizierten und diagnostisch unklaren Einzelfällen kann für die Differentialdiagnose zwischen hypophysärem Cushing-Syndrom und okkulter ektoper ACTH-Produktion eine Etagenvenenblutabnahme einschließlich bilateraler Katheterisierung des Sinus petrosus inferior und CRH-Stimulation erforderlich werden.

DD *Differentialdiagnose*

Zu berücksichtigen sind die primäre Adipositas und alle Formen der sekundären Adipositas sowie Einnahme der Pille und Depression (→ Kap. 1), die neben dem gleichen Phänotyp auch mit einem falsch-positiven (nicht-supprimierten) Dexamethason-Hemmtest einhergehen können (→ Abb. 18-3).

Die Differentialdiagnose der arteriellen Hypertonie ist im Kapitel 26 dargestellt.

Nicht selten erfolgt eine überflüssige Cushing-Diagnostik bei zufälligem Nachweis eines klinisch stummen Nebennieren- oder HVL-Inzidentaloms (Abb. 18-7).

Einen Überblick über paraneoplastisch bedingte Endokrinopathien vermittelt Tabelle 18-4. Die endokrinen Krankheitsbilder, die durch ektope paraneoplastische Hormonproduktion hervorgerufen werden, sind durch Symptome der meist malignen Tumoren überlagert. Eine rasche Progredienz der Grunderkrankungen ist häufig.

18

Tab. 18-4 Paraneoplastische Endokrinopathien

Syndrom	Hormon	Tumor
relativ häufig		
Cushing-Syndrom	ACTH (selten: CRH)	kleinzelliges Bronchialkarzinom, seltener: Karzinoide, Prostata-, Pankreas-, Nieren-, Ovarial-, Kolonkarzinom, medulläres Schilddrüsenkarzinom, hämatologische Neoplasien
Hyperkalzämie	PTH-ähnliches Peptid	kleinzelliges Bronchialkarzinom, Nieren-, Mammakarzinom
	1,25-Dihydroxy-Vitamin D	Sarkoidose, granulomatöse Prozesse
Gynäkomastie	β-HCG	maligne Hodentumoren
selten		
Akromegalie	Wachstumshormon (GH) GHRH	Pankreastumor, Karzinoid, kleinzelliges Bronchialkarzinom
Hyperprolaktinämie-Syndrom	Prolaktin	Bronchial- oder Nierentumoren
Syndrom der inadäquaten ADH-Sekretion (SIADH) Hyponatriämie-Syndrom	ADH	kleinzelliges Bronchialkarzinom, Pankreaskarzinom
Hypoglykämie	Insulin, IGF-2	mesenchymale Tumoren (Fibrohistiozytom, Fibrosarkom, Mesotheliom, Leiomyosarkom, Hämangioperizytom) Nebennierenkarzinom Wilms-Tumor, Hepatom Phäochromozytom
Hyperthyreose	TSH HCG	kleinzelliges Bronchialkarzinom Blasenmole
Kalzitoninsekretion	Kalzitonin	Lungen- und Mammatumoren

18.4.1.3 Verschiedene weitere Krankheitsbilder mit dem Symptom Adipositas

Hypothalamische Fettsucht

Die hypothalamische Fettsucht wird durch zerebrale Tumoren, Entzündungen (Meningoenzephalitis) oder Traumen und durch Noxen verursacht und geht mit einem Hypogenitalismus einher (→ Kap. 24). Eine Sonderform ist das **Adipositas-Oligomenorrhö-Parotis-Syndrom (AOP-Syndrom),** häufig zusätzlich mit rezidivierenden, intermittierenden Hyperthermien und anderen endokrinen Störungen **(AHOP-Syndrom),** das durch eine idiopathische Störung der Regio infundibularis des Hypothalamus verursacht wird.

Morgagni-Stewart-Morel-Syndrom

Symptome sind neben Fettsucht auch Amenorrhö, Virilismus, Hypertonie und Hyperostosis frontalis interna. Laboruntersuchungen ergeben den Nachweis einer Vermehrung der eosinophilen Zellen des HVL. Diese Erkrankung tritt vor allem bei älteren Frauen auf.

Lipomatosen

Bei den Lipomatosen (Abb. 18-8) bestehen multiple lipomatöse Hauttumoren, die nach Schmerzhaftigkeit und Verteilungsmuster in verschiedene Formen eingeteilt werden:

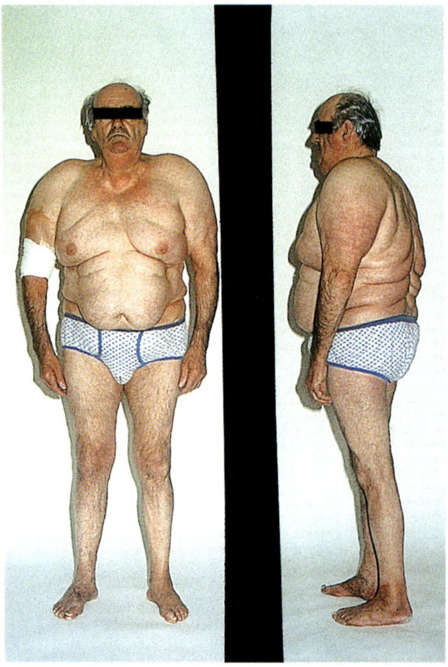

Abb. 18-8 Lipomatose: quadrantenförmige oder segmentförmige Bildung von Lipomen.

- Lipomatosis indolens: schmerzlos
- Lipomatosis dolorosa (Dercum): schmerzhaft
- Lipomatosis Typ Roth-Paillard: besonders im Bereich von Gürtellinie und Extremitäten
- Lipomatosis Typ Bensaude-Launois: vorwiegend betroffen sind Hals, Achseln, Leib und Leisten
- Madelung-Fetthals: besonders im Halsbereich

Diagnostisch wird eine Sonographie und eine chirurgische Probenentnahme mit Histologie durchgeführt.

18.4.2 Untergewicht

In vielen Fällen tritt das Symptom Untergewicht oder Gewichtsverlust als ein verständliches Nebensymptom bei verschiedensten, durch eigene Leitsymptome ausgewiesenen Erkrankungen auf, so bei akuten und chronischen Infektionen, okkulten oder bekannten Malignomen und bei Magen-Darm-Erkrankungen. Bei einigen Erkrankungen steht Untergewichtigkeit als Leitsymptom im Vordergrund.

18.4.2.1 Unterernährung

Der **Hunger** ist weltweit die häufigste Ursache der Unterernährung. Sie ist vor allem ein bevölkerungspolitisches und geosoziales Problem. Ihre Zunahme auch in den Industrienationen ist erschreckend.

Eine gewollte Gewichtsreduktion durch **Diät** ist in den meisten Fällen, entsprechend dem gängigen Schönheitsideal, nicht krankhaft. Die extreme Gewichtsabnahme bei der **Anorexia nervosa** erfordert jedoch eine sorgfältige Untersuchung der Patientin bzw. des Patienten und ihrer Familien, einschließlich einer psychiatrischen/psychosomatischen Evaluation (→ Kap. 2).

Untergewicht bzw. Gewichtsabnahme können auch Ausdruck einer **somatisierten Depression** sein. Diese wird häufig lange verkannt, da meist nur organunspezifische Allgemeinsymptome vorliegen. Bei gezielter Anamnese lassen sich tageszeit abhängige Stimmungsschwankungen, Ein- und Durchschlafstörungen, Inappetenz, Obstipation, eine Antriebsminderung und ein Leistungsknick erfragen (→ Kap 1 und 51). Die larvierte Depression erfordert eine morphologische und funktionelle Gesamtdiagnostik zum Ausschluß einer organischen Erkrankung und eine psychiatrische Evaluation.

DD *Differentialdiagnose*

Die gewollte oder ungewollte Unterernährung muß vor allem von Magen-Darm-Erkrankungen und von konsumierenden Erkrankungen abgegrenzt werden.

18.4.2.2 Morbus Addison

Der Morbus Addison wird durch eine chronische Nebennierenrindeninsuffizienz bzw. durch eine unzureichende Kortikosteroidhormonproduktion hervorgerufen. Das **Vollbild** und vor allem die **Addison-Krise** sind **Notfälle,** die eine sofortige Therapie mit supportiven Maßnahmen und hochdosierter Cortisolzufuhr erfordern. Die Addison-Krise ist häufig Erstmanifestation einer chronischen, latenten Nebennierenrindeninsuffizienz (→ Kap. 7). Ätiologisch steht heute die Autoimmunadrenalitis gegenüber der Nebennierentuberkulose im Vordergrund. Das Spektrum möglicher Ätiologien zeigt Tabelle 18-5. Auslöser einer Addison-Krise sind Streßsituationen, Infekte, Traumata, Operationen und Salzmangelzustände, in denen sich der Gluko- und Mineralokortikoidmangel akut manifestiert. Nicht selten sind iatrogene Ursachen (fehlende oder inadäquate Dosisanpassung der normalen Cortisolerhaltungsdosis in Streßsituationen) oder Weglassen der Substitutionstherapie bei primärer oder sekundärer Nebennierenrindeninsuffizienz die Triggerfaktoren.

B ***Beschwerden und Befunde***

Das klinische Bild des Morbus Addison wird durch die metabolischen Störungen bestimmt, die aus dem Mangel an Gluko- und Mineralokortikosteroiden entstehen. Je nach der verbliebenen Restfunktion der Nebennierenrinden findet man Übergänge von nur gering entwickelter Symptomatik bis hin zum Vollbild des Morbus Addison und der Addison-Krise.

Im Vordergrund stehen Gewichtsabnahme mit Untergewichtigkeit, Muskelschwäche bis zur Adynamie (→ Kap. 35), Hypotonie (→ Kap. 33 und 50), Erbrechen und Übelkeit (→ Kap. 13). Seltener entwickeln sich unbestimmte abdominelle Schmerzen (→ Kap. 46), Obstipation (→ Kap. 59) und Diarrhö (→ Kap. 11) und myalgische Beschwerden (→ Kap. 47). Die körperliche Belastbarkeit nimmt im Tagesverlauf deutlich ab, schließlich tritt Bettlägerigkeit ein. Charakteristisch ist die Hyperpigmentation der Haut (→ Kap. 21), insbesondere der lichtexponierten und mechanisch belasteten Areale (nicht selten von Vitiligoflecken durchbrochen) sowie der Wangenschleimhaut. Brustwarzen, frische Narben und Handlinien zeigen eine besonders dunkle Pigmentierung. Weiter kann es zu rezidivierenden Hypoglykämien (→ Kap. 23) mit Tremor, profusen Schweißausbrüchen, Tachykardie und Heißhunger kommen. Bei Frauen kommt es zu einer verminderten Sekundärbehaarung.

Bei der Addison-Krise besteht eine Schocksymptomatik mit Tachykardie, Hypotension und Exsikkose. Die Patienten sind nicht selten komatös (→ Kap. 7), oder es besteht eine Psychose oder zerebrale Krampfanfälle. Die abdominellen Schmerzen können bis hin zu Abdominalkoliken (→ Kap. 46) gehen.

Tab. 18-5 Ursachen der Nebenniereninsuffizienz und Auslöser der Addison-Krise

Ursachen	Autoimmun-Adrenalitis (60%) Nebennieren-Tuberkulose (25%) andere (15%) (sekundäre Nebennierenrindeninsuffizienz bei Hypophysenläsionen, Vaskulitis, Amyloidose, Hämochromatose, Metastasen, Einblutungen nach Trauma, hämorrhagischer Diathese oder unter Antikoagulanzientherapie, Tumoren, Nebennierenrindeninfarkt, Nebennierenvenenthrombose, postoperativ nach Nebennierenoperation, Adrenomyeloneuropathie, CMV-Infektion bei AIDS)
Auslöser	Weglassen einer Cortisolsubstitution psychische und physische Streßzustände Operationen, Traumata oder Unfälle mit unzureichender Anpassung der erforderlichen Cortisolsubstitution Salzverlust durch starkes Schwitzen, Erbrechen oder Durchfälle Infektionen

DS ***Diagnosesicherung***

Labor

Die Sicherung der Diagnose erfolgt durch die **Bestimmung des ACTH** und des **Plasmacortisols** (Abb. 18-9). Die ACTH-Konzentration ist erhöht, der basale Plasmacortisolspiegel erniedrigt oder nicht meßbar. Bei im unteren Normbereich gelegenen Cortisolwerten sollte ein Stimulationstest mit ACTH angeschlossen werden. Ein Anstieg des Plasmacortisols schließt einen Morbus Addison aus. Bei der Addison-Krise sollte Blut für die Laboruntersuchungen asserviert werden, die Therapie muß aber ohne weitere Verzögerung vor Erhalt der Werte initiiert werden. Bei einer Fehldiagnose können die Steroide problemlos wieder abgesetzt werden.

Als Zeichen des Aldosteron- und Glukokortikosteroidmangels findet sich häufig eine Hyperkaliämie (nicht obligat!), eine Hyponatriämie mit Volumenmangel, eine Hypochlorämie, eine Erhöhung von Kreatinin und Harnstoff-Stickstoff, eine Hypoglykämie und eine Azidose. Weiter findet sich eine Hyperkalzämie und eine Lymphozytose bei Leukopenie und Eosinophilie. Die Wirkung von Katecholaminen ist verringert, die Insulinsensitivität erhöht. Neben ACTH sind häufig auch Renin, antidiuretisches Hormon und melanozytenstimulierendes Hormon (MSH) erhöht.

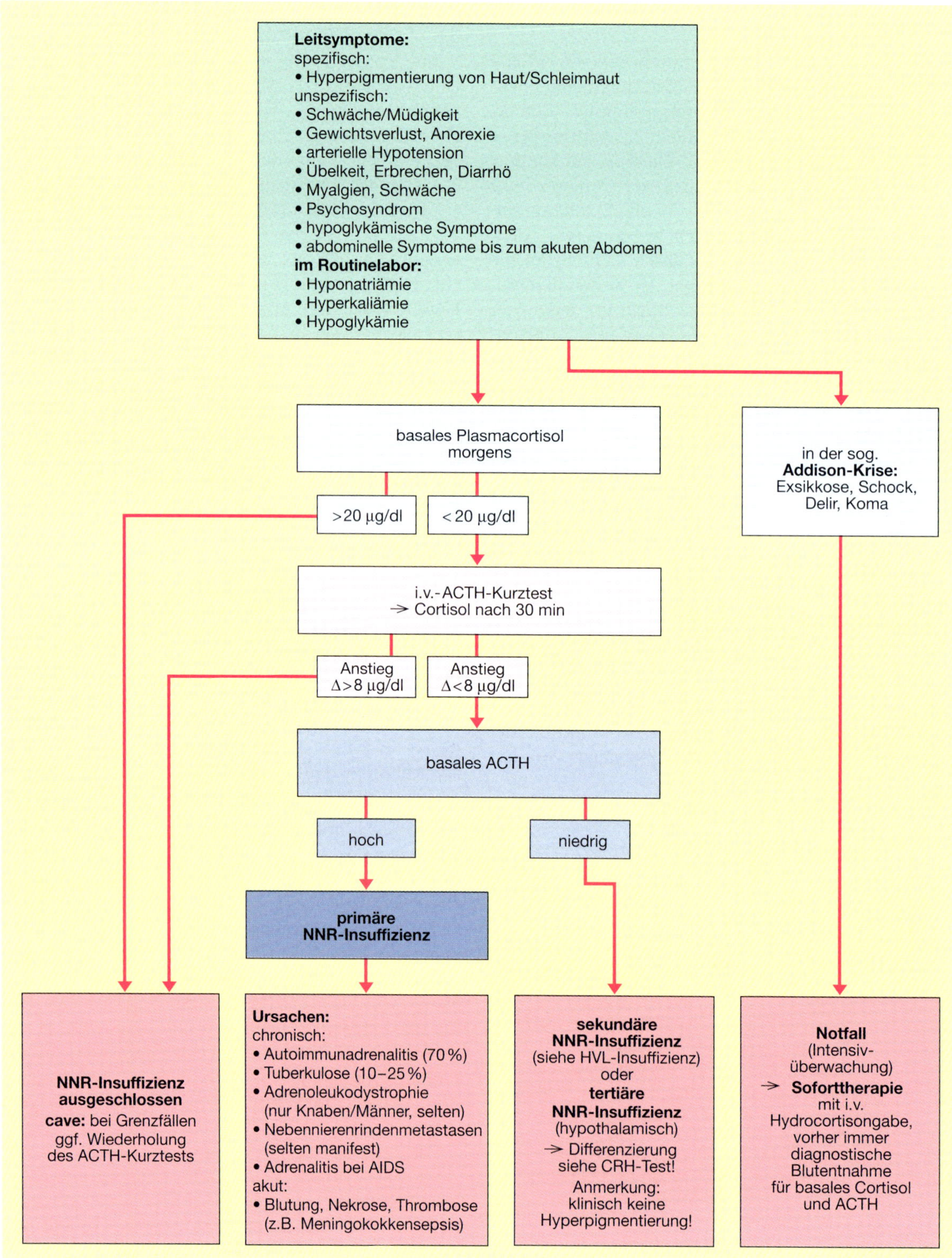

Abb. 18-9 Der diagnostische Weg bei Verdacht auf Morbus Addison bzw. bei Verdacht auf eine Addison-Krise.

Bildgebende Diagnostik

Sonographie der Nebennieren und zur weiteren Diagnostik CT.

Weiterführende Diagnostik

Ausschluß/Nachweis einer Tuberkulose oder von Metastasen eines Bronchialkarzinoms.

DD *Differentialdiagnose*

Differentialdiagnostisch abzugrenzen sind unter anderem das hypophysäre Koma (keine Hyperpigmentation; „weißer Addison“ [→ Kap. 7]), das urämische Koma (→ Kap. 2), das Malassimilationssyndrom (→ Kap. 11) sowie andere Ursachen des Volumen- und Elektrolytmangels.

Die abdominellen Schmerzen sind gelegentlich kaum von den Symptomen einer Appendizitis oder Cholezystitis (→ Kap. 46) zu unterscheiden. Beim Addison bleibt jedoch meist eine Erhöhung der Körpertemperatur aus.

18.4.2.3 Okkulte Malignome

Kommt es im mittleren bis höheren Lebensalter zu einem schleichenden Gewichtsverlust mit deutlichem Leistungsknick und allgemeinem Unwohlsein, sollte nach Ausschluß eines Diabetes mellitus (→ Kap. 12) und einer Hyperthyreose (→ Kap. 23) vor allem ein Malignom in Erwägung gezogen werden. Die notwendige morphologische Diagnostik umfaßt den Respirations-, Digestions- und Urogenitaltrakt, das hämatopoetische, lymphatische und endokrinologische System sowie bei Frauen die Mammae.

Bei einer malignen Neubildung findet sich häufig eine erhöhte Blutsenkungsgeschwindigkeit, eine Dysproteinämie, ein erniedrigter Eisen- und erhöhter Kupferspiegel sowie ein erhöhter Ferritinwert. Diese Parameter sind jedoch keine verläßlichen Indikatoren für einen malignen Prozeß. Auch wenn diese Laborwerte im Normbereich liegen, muß bei entsprechendem Verdacht nach einem Neoplasma gesucht werden (→ paraneoplastische Syndrome, Tab. 18-4).

DD *Differentialdiagnose*

Die Differentialdiagnose des okkulten Neoplasmas umfaßt neben dem bekannten Malignom, der Hyperthyreose (→ Kap. 23) und dem Diabetes mellitus (→ Kap. 12) akute und chronische Infektionen (HIV → Kap. 14): „wasting syndrome“, Tuberkulose (→ Kap. 14), Endokarditis lenta (→ Kap. 14), chronische karnifizierende Pneumonie (→ Kap. 3), kryptogene Abszesse, sowie die chronische Niereninsuffizienz (→ Kap. 60), die rheumatoide Arthritis (→ Kap. 43), Autoimmunerkrankungen und ferner auch Medikamentennebenwirkungen.

18.5 Zusammenfassung

Gewichtsveränderungen sind häufig idiopathisch oder psychisch bedingt oder entstehen sekundär bei anderen Grundkrankheiten. Das diagnostische Vorgehen bei Adipositas ist in Abbildung 18-1 dargestellt.

Bei Untergewicht oder Gewichtsverlust sollten zunächst andere mit diesem Symptom assoziierte Grundkrankheiten ausgeschlossen werden: akute und chronische Infektionen, okkulte oder bekannte Malignome und Magen-Darm-Erkrankungen. Nach Ausschluß einer gewollt (Diät) oder ungewollt (Unterernährung) zu geringen Nahrungszufuhr muß an ein Addison-Syndrom gedacht werden.

19 Halsschwellungen und -schmerzen

O. E. Janssen und P. C. Scriba

Halsschwellungen und/oder Halsschmerzen sind häufige Beschwerden, die viele Ursachen haben können. Aufgrund der engen topographischen Beziehungen der Halsweichteile zueinander sind eine genaue Kenntnis der Anatomie sowie eine sorgfältige Anamnese und körperliche Untersuchung für die Differentialdiagnose erforderlich.

19.1 Definition und Abgrenzung

Die Symptome Halsschwellung und Halsschmerzen können einzeln oder miteinander auftreten.

Schwellungen im Halsbereich werden durch sicht- oder tastbare, ein- oder beidseitige, diffuse, knotige, solide oder zystische Gewebsvermehrungen verursacht. Sie können durch regionale oder systemische Entzündungen, Neoplasien und Mißbildungen hervorgerufen werden.

Bei den **Halsschmerzen** müssen zunächst die häufigen Mißempfindungen im inneren Hals von den selteneren oberflächlicheren Schmerzen unterschieden werden.

19.2 Ursachen

Bei der Differentialdiagnose von Halsschwellungen und Halsschmerzen helfen folgende Einteilungskriterien:

▷ **Topographie:** Die Lokalisation einer Halsschwellung oder von Halsschmerzen weist oft schon auf die Organzugehörigkeit hin:
- Im **inneren Hals** sind Schmerzen das Leitsymptom bei Erkrankungen der Schleimhaut des Gaumens, des Schlundes, der lymphatischen Organe des Rachenringes, der parapharyngealen Logen, des inneren Kehlkopfes und des oberen Ösophagus.
- **Submental** finden sich z.B. Mundbodenzysten oder -abszesse.
- **Submandibulär** liegt die Glandula submandibularis.
- Im **Kehlkopfbereich** wird eine Schwellung z.B. durch eine Struma oder eine mediane Halszyste verursacht, oberflächlichere Schmerzen finden sich in diesem Bereich z.B. bei einer Thyreoiditis oder bei Traumen.
- Im **vorderen** oder **hinteren Halsdreieck** sind z.B. neurogene Tumoren oder Erkrankungen der Lymphknoten typisch.
- **Supraklavikulär** treten u.a. Lymphknotenmetastasen auf.
- Im **Nackenbereich** sind z.B. bei der Toxoplasmose, Röteln oder der Mononucleosis infectiosa die Lymphknoten geschwollen.

▷ Unterscheidung zwischen **entzündlicher/infektiöser** Erkrankung und **anderen Ursachen** wie Tumoren, Zysten, Blutungen und Mißbildungen (Abb. 19-1).

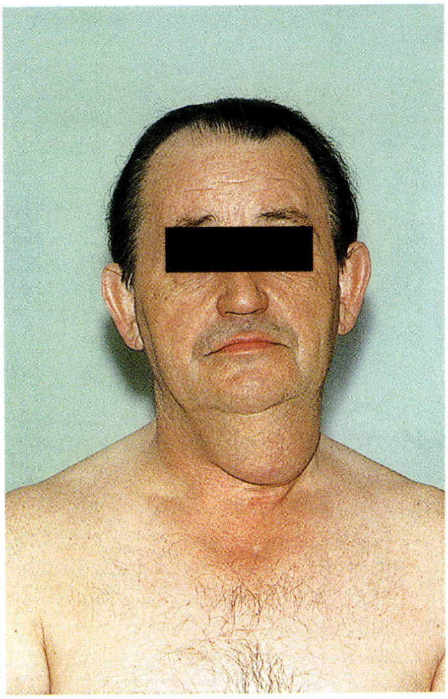

Abb. 19-1 Fibrolipom des Halses (Kap. → 18, Gewichtsveränderungen).

Tab. 19-1 Ursachen für Halsschwellungen und -schmerzen

infektiös-entzündlich	Pharyngitis Tonsillitis Laryngitis Abszeß/Phlegmone Lymphadenitis (→ Kap. 32) Mumps akute/chronische Parotitis Zahnwurzelentzündungen andere Infektionen (→ Kap. 14)
Schilddrüse	Struma mit Euthyreose • Struma nodosa • Schilddrüsenzysten • Thyreoiditis – akut (bakteriell) – subakut (de Quervain) – chronisch (z. B. Hashimoto) Struma maligna (Schilddrüsenkarzinom) – papillär – follikulär – undifferenziert – medullär Struma bei Hyperthyreose (→ Kap. 23) Struma bei Hypothyreose (→ Kap. 1) aberrierende Strumaknoten
Blutungen **Zysten** **Mißbildungen**	Hämatom laterale und mediane Halszyste (ggf. infiziert) Dermoidzysten Epidermoidzysten (echte Atherome) Talgretentionszysten (falsche Atherome) zystische Lymphangiome, zervikales Hygrom Turner-Syndrom
Tumoren	Lipom, Fibrom Hodgkin- und Non-Hodgkin-Lymphome (→ Kap. 32) Leukämien (mit Lymphknotenschwellungen, → Kap. 32) Lymphknotenmetastasen (→ Kap. 32) Kehlkopf-, Pharynx-, Epipharynx- und Tonsillenkarzinome (→ Heiserkeit, Kap. 22, und Schluckstörungen, Kap. 39) Tumoren der Glandula parotis oder submandibularis Glomus-caroticum-Tumor Epithelkörperchenadenom (→ pHPT, Kap. 12)
andere Ursachen	Stokes-Kragen/obere Einflußstauung Boerhaave-Syndrom (schwerstes Mallory-Weiss-Syndrom) Hautemphysem (z. B. nach Rippenfrakturen) Neuralgien der kaudalen Hirnnerven Arthralgien der Kehlkopfgelenke degenerative Veränderungen der Halswirbelsäule

▷ **Fieber** (→ Kap. 14)

▷ **Lymphknotenbeteiligung**

➠ Die sorgfältige Untersuchung der Lymphknoten unter Berücksichtigung der regionären Lymphabflußgebiete hat große Bedeutung für die Erkennung und Behandlung von infektiös/entzündlichen Erkrankungen und von Malignomen und ihren Metastasen (Lymphknotenschwellungen, → Kap. 32).

Tabelle 19-1 zeigt Ursachen für Halsschwellungen und Halsschmerzen.

19.3 Diagnostik

19.3.1 Anamnese

Gezielte Fragen liefern wichtige Hinweise für die Differentialdiagnose:

▷ **Seit wann** bestehen die Beschwerden?

➠ Ein **akutes** Auftreten von Halsschmerzen spricht eher für ein entzündliches Geschehen oder eine Blutung

- ➠ bei **chronischen** Halsschmerzen muß ein Malignom ausgeschlossen werden.
- ▷ Welche **Lebensumstände** und welches **Geschlecht** hat der Patient?
- ➠ Die häufigste Form der Schilddrüsenvergrößerung im Jodmangelgebiet ist z.B. die endemische Jodmangelstruma, sie ist bei Frauen häufiger als bei Männern. Hauptsächliche Manifestationsperioden sind die Pubertät, die Gravidität und das Klimakterium.
- ▷ **Wie alt** ist der Patient?
- ➠ Infektiös-entzündliche Halsprozesse treten häufiger bei Kindern und Jugendlichen auf, während bei älteren Menschen der Anteil tumoröser Erkrankungen zunimmt.
- ▷ Ist der **Verlauf zu-** oder **abnehmend?**
- ▷ Gibt es besondere **Umstände?** (Verletzung, Infektion, Tierkontakt, z.B. Katzenkratzkrankheit)
- ▷ Bestehen **lokale Begleitsymptome?**
- ➠ Hautveränderungen (→ Kap. 21)
- ➠ Heiserkeit (→ Kap. 22)
- ➠ Dyspnoe (→ Kap. 3)
- ➠ Dysphagie (→ Kap. 39)
- ➠ Globusgefühl, Aspiration, Regurgitation, Sialorrhö, Schwellung der Halslymphknoten, Stridor oder obere Einflußstauung (→ Abb. 19-11)
- ▷ Lassen sich **allgemeine Begleitsymptome** eruieren?
- ➠ Abgeschlagenheit, Fieber (→ Kap. 14)
- ➠ Nachtschweiß, Inappetenz, Gewichtsabnahme (→ Kap. 18)
- ➠ Juckreiz (→ Kap. 28)
- ➠ generalisierte Lymphknotenschwellungen (→ Kap. 32)
- ➠ Symptome der Hyper- (→ Kap. 23) und Hypothyreose (→ Kap. 1)
- ▷ Wie sind **Intensität, Häufigkeit** und **Art** der Schmerzen? (akut, permanent, rezidivierend oder anfallsartig, brennend, stechend, reißend oder dumpf, Schluckabhängigkeit, Alkoholschmerz)
- ▷ Wurden **Medikamente** eingenommen?
- ➠ Bestimmte Medikamente wie antithyreoidale Medikamente, jodhaltige Medikamente, Pyrazolonderivate, Phenylbutazon oder Lithium können strumigen wirken. Eine medikamentös verursachte Agranulozytose prädisponiert zur nekrotisierenden Tonsillitis.
- ▷ Sind **Operationen, Radiojodtherapie,** perkutane **Bestrahlung** der Halsregion den Beschwerden vorausgegangen?
- ▷ Welche Besonderheiten weist die **Familienanamnese** auf? Ein medulläres Schilddrüsenkarzinom oder eine MEN (→ Kap. 44.4.5) treten z.B. familiär gehäuft auf.

19.3.2 Körperliche Untersuchung

Die Palpation des Halses wird erleichtert, wenn der Untersucher hinter dem Patienten steht. Dabei kann mit der Lokalisation der Schwellung in der Regel schon die Organzugehörigkeit (Schilddrüse, Speicheldrüsen, Lymphknoten, Haut, Unterhautgewebe, Muskulatur, Gefäße und Knochen) bestimmt werden. Auf Veränderungen der Haut und die Verschieblichkeit der Schwellung gegenüber der Haut und der Umgebung muß geachtet werden. Die Beschaffenheit der Schwellung kann diffus, knotig, derb, weich, prallelastisch oder fluktuierend sein. Die Schwellung kann druckschmerzhaft sein. Routinemäßig werden die Lymphknotenstationen und die Schilddrüse palpiert, die Mundhöhle ausgeleuchtet, der Mundboden ausgetastet und die Hirnnerven überprüft.

19.3.3 Labor

Als Entzündungszeichen werden Blutbild, Differentialblutbild, BSG und eventuell CRP bestimmt. Im Bedarfsfall können bei entsprechenden anamnestischen Angaben weitere gezielte Laboruntersuchungen erforderlich sein.

19

19.3.4 Apparative Diagnostik

Durch die **Schilddrüsen-Sonographie** wird jede sicht- oder tastbare Schwellung im Halsbereich in ihrer topographischen Zuordnung besser erkennbar (Tab. 19-2 und → Abb. 19-4). Neben einer Struma lassen sich z.B. vergrößerte zervikale Lymphknoten oder pathologische Prozesse im Bereich der Speicheldrüsen nachweisen. Außerdem können solide von zystischen Prozessen unterschieden werden.

Die **Feinnadelaspiration** (bei Schilddrüsenerkrankungen nur im Ausnahmefall die offene Biopsie) erlaubt die gezielte Gewinnung von Material für eine zytologische (histologische) und mikrobiologische Untersuchung.

Die Indikation für eine **Schilddrüsenszintigraphie** ist bei einer Struma gegeben, wenn ihr Volumen 60 ml übersteigt, Schilddrüsenknoten nachweisbar sind, ein inhomogenes Echomuster vorliegt oder ein erniedrigtes TSH (besonders bei Patienten, die älter als 45 Jahre sind) gefunden wird (→ Kap. 23).

Durch ein **HNO-Konsil** werden Erkrankungen des Pharynx, des Larynx und der Zunge ausgeschlossen und die Phonation (N. laryngeus recurrens) überprüft.

Die **Röntgenuntersuchung des Thorax** läßt z.B. eine Mediastinal- oder Hilusverbreiterung erkennen. Auf der **Röntgendarstellung der Halsweichteile** ist ein Hautemphysem (palpatorisch typisches „Knistern“) oder ein Fremdkörper nachweisbar. Eine **Tracheazielaufnahme** mit Saugen und Pressen kann eine Tracheomalazie darstellen. Die **Body-Plethysmographie** erlaubt, die Trachealstenose und -malazie funktionell zu beurteilen. Im **Röntgen-Breischluck** lassen sich Ösophagusstenosen, -strikturen und -divertikel nachweisen (→ Kap. 39) . Cave: Aspiration bei Ösophago-Trachealfisteln.

Tab. 19-2 Zuordnung sonographischer Befunde zu Schilddrüsenerkrankungen (Hinweise, keine Diagnose!)

Befund	Schilddrüsenerkrankung
diffuses homogenes Muster	Normalbefund
diffuse Echoarmut	Basedow-Thyreopathie Hashimoto-Thyreoiditis
fleckförmige Echoarmut mit echokomplexen Arealen	subakute Thyreoiditis de Quervain
echokomplexes Muster, z.T. herdförmig	akute Thyreoiditis
echonormaler oder -reicher Knoten mit echoarmem Randsaum	autonomes Adenom (auch kompensiert)
multiple echoreiche Knoten (nicht immer scharf abgrenzbar)	multifokale Autonomie
echofreier Knoten	Zyste
echoarmer, unscharf begrenzter Knoten	Malignom

Nur im Ausnahmefall sind eine Endoskopie, ein CT oder ein NMR für die Diagnosefindung notwendig.

19.4 Krankheitsbilder

19.4.1 Entzündungen des Rachens und des Kehlkopfes
19.4.2 Struma
19.4.3 Thyreoiditis
19.4.4 Struma maligna
19.4.5 Erkrankungen der Lymphknoten
19.4.6 Obere Einflußstauung
19.4.7 Halsdeformitäten und Mißbildungen
19.4.8 Erkrankungen der Speicheldrüsen

19.4.1 Entzündungen des Rachens und des Kehlkopfes

Eine Pharyngitis, Tonsillitis oder Laryngitis wird durch Bakterien oder Viren hervorgerufen. Am häufigsten tritt sie als Begleitentzündung (meist Tonsillitis) bei einem grippalen Infekt auf und hat meist einen selbstlimitierenden Verlauf. Bei einem viralen Infekt ist eine bakterielle Superinfektion mit Haemophilus, Staphylokokken oder Streptokokken möglich. Bei Kindern sind Entzündungen des Rachens und des Kehlkopfes unter Umständen hochfieberhafte Erkrankungen (→ Kap. 14).

Als (gefürchtete) Komplikation kann es zu einem Abszeß oder einer Phlegmone der Halsweichteile, in seltenen Ausnahmefällen sogar zu einer Sepsis kommen.

B *Beschwerden und Befunde*

Neben dem Hauptsymptom innere Halsschmerzen treten folgende **Beschwerden** auf:
- Kratzen und Brennen im Hals
- Mundtrockenheit
- Schluckstörungen
- Krankheitsgefühl

Folgende **Befunde** lassen sich erheben:
- entzündete, belegte Tonsillen oder Seitenstränge (Seitenstrangangina)
- geröteter Rachenring
- druckschmerzhafte Halslymphknoten
- Fieber

DS *Diagnosesicherung*

Pharyngitis, Tonsillitis und Laryngitis sind klinische Diagnosen, die je nach Befund mikrobiologische (Rachenabstrich), serologische und andere Untersuchungen erforderlich machen können.

DD *Differentialdiagnose*

Die Differentialdiagnose umfaßt:

Primärinfektion der oberen Luftwege durch Viren (→ Kap. 14), eine Superinfektion mit Rachenflora (Haemophilus, Staphylokokken, Streptokokken), Scharlachangina (→ Kap. 14): Der Erreger ist Streptococcus pyogenes. Als komplizierende Folgeerkrankungen können ein Peri- oder Retrotonsillarabszeß, eine Endokarditis (→ Kap. 14), ein rheumatisches Fieber (→ Kap. 14) oder eine Nephritis (→ Kap. 60) auftreten.

Außerdem sind differentialdiagnostisch zu berücksichtigen: Tonsillen-Diphtherie (→ Kap. 14), Soor, infektiöse Mononukleose (Pfeiffer-Drüsenfieber, → Kap. 14), Primärinfektion mit dem Herpes-simplex-

Virus (→ Kap. 14), Herpangina (Coxsackie-A-Virus, → Kap. 14), Angina agranulocytotica (nekrotisierende Tonsillitis), Pneumokokkenangina (→ Kap. 14), Tuberkulose (→ Kap. 14), luetische Angina (Lues II), gonorrhoische Angina, Listeriose (→ Kap. 14), oropharyngeale Form der Tularämie, Plaut-Vincent-Angina (Erreger sind das Fusobacterium fusiforme und Treponema vincenti), Angina Ludovici (Mundbodenphlegmone), toxische epidermale Nekrolyse, Leukoplakien (bei Rauchern).

Jede länger bestehende, besonders einseitige Ulzeration der Tonsillen ist bis zum Beweis des Gegenteils (Probeexzision mit Histologie) verdächtig auf ein Tonsillenkarzinom.

19.4.2 Struma

Die Vergrößerung der Schilddrüse heißt umgangssprachlich „Kropf". Die **Struma mit Euthyreose** ist nicht entzündlich und nicht durch ein Malignom bedingt. Die **Struma nodosa** kann durch eine fokale Hyperplasie oder Zysten (→ Abb. 19-5) verursacht sein und macht sich ggf. als tastbarer Schilddrüsenknoten bemerkbar (Abb. 19-2). Auch eine **Thyreoiditis** oder die **Struma maligna** (Abb. 19-3) kann zur Vergrößerung der Schilddrüse führen. Eine Struma kann sowohl bei **Hyperthyreose** (→ Kap. 23) als auch bei **Hypothyreose** (→ Kap. 1) auftreten. **Aberrierende Strumaknoten** finden sich z.B. im Thorax, im Ovar oder als mediane Halszyste.

B *Beschwerden und Befunde*

Die Beschwerden entwickeln sich bei der Struma meist schleichend.

Beschwerden sind:

- (kosmetisch) störende Schwellung
- Druck-, Enge- oder Kloßgefühl
- Halsschmerzen (bei akuter/subakuter Entzündung, Zystenblutung, gelegentlich bei Struma maligna)
- Schluckstörungen
- Dyspnoe

Folgende **Befunde** lassen sich erheben:

- Struma (sonographische Volumetrie, → Abb. 19-4), Strumaknoten
- Schwirren (Basedow-Thyreopathie)
- obere Einflußstauung
- Heiserkeit (Lähmung des N. laryngeus recurrens)
- inspiratorischer Stridor

DS *Diagnosesicherung*

Die Struma mit Euthyreose ist eine Ausschlußdiagnose. Das Vorhandensein einer Struma und deren Ursache ist anhand von Anamnese, körperlicher Untersuchung, Laboruntersuchungen und Sonographie festzustellen (→ Tab. 19-3 und 19-4). Die häufigste Form der Struma mit Euthyreose ist die endemische Jodmangelstruma in Jodmangelgebieten, die bei Frauen häufiger auftritt als bei Männern. Die hauptsächlichen Manifestationsperioden sind die Pubertät, die Gravidität und das Klimakterium.

a

b

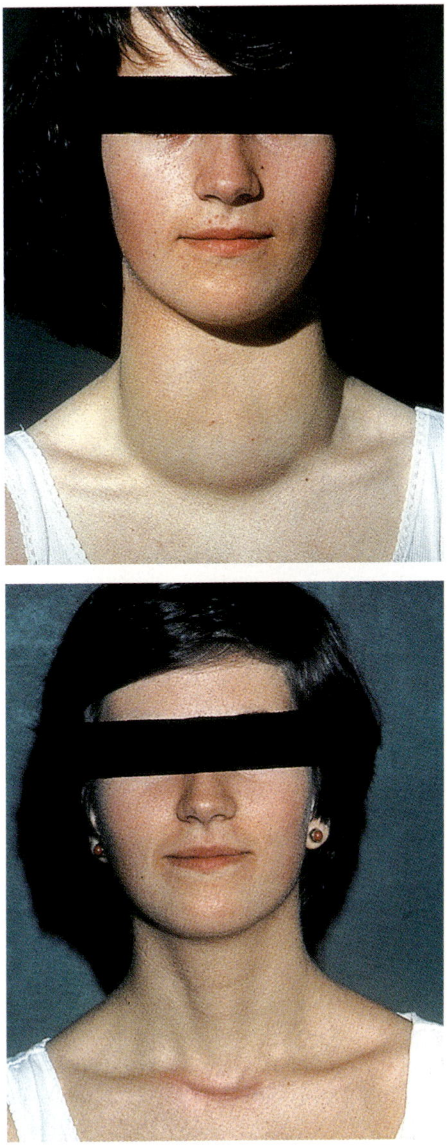

Abb. 19-2 Struma nodosa Grad II: (a) Patientin mit Struma durch Jodmangel; (b) nach Strumaresektion.

Körperliche Untersuchung und Labor

Die Diagnose einer **Struma mit Euthyreose** stützt sich neben dem klinischen Befund und der Schilddrüsenpalpation auf den Ausschluß einer Funktionsstörung durch Bestimmung des basalen **TSH-**

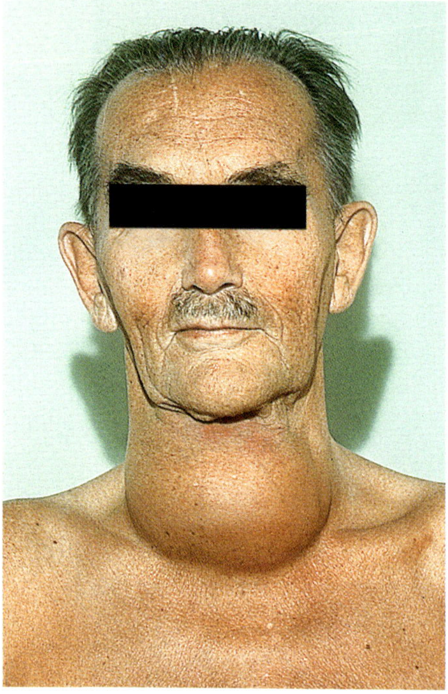

Abb. 19-3 Struma maligna, entdifferenziertes Schilddrüsenkarzinom: Bei diesem 70jährigen Patienten ist ein großer Tumor im Halsbereich innerhalb weniger Wochen gewachsen (szintigraphisch kalter Knoten).

Tab. 19-3 Ausschlußdiagnostik der sonographisch nachgewiesenen Struma mit Euthyreose (modifiziert nach den Empfehlungen der Deutschen Gesellschaft für Endokrinologie von 1993)

Ausschluß	Untersuchung(en)*
Hypothyreose	basales TSH
Hyperthyreose	basales TSH
funktionelle Autonomie	quantitative Szintigraphie (unter Suppression)
chronische Thyreoiditis	Schilddrüsenautoantikörper
akute/subakute Thyreoiditis	BSG Entzündungszeichen Feinnadelaspiration mit Zytologie
Struma maligna	Szintigraphie Feinnadelaspiration mit Zytologie ggf. prophylaktische/ diagnostische Operation

* Nota bene: Nicht immer ist alles, manchmal mehr erforderlich.

Spiegels und eine Ultraschalluntersuchung der Schilddrüse. Ein normaler basaler TSH-Wert schließt eine primäre Hyper- oder Hypothyreose aus: Seltene Ausnahmen sind eine Schilddrüsenhormonresistenz, ein TSH-produzierendes Hypophysenvorderlappenadenom und eine sekundäre Hypothyreose (→ Kap. 1).

Eine hyperthyreote Stoffwechsellage ist am supprimierten basalen TSH-Wert zu erkennen und läßt an eine Immunthyreopathie oder eine funktionelle Autonomie (→ Kap. 23) denken.

Ein erhöhtes TSH weist auf eine hypothyreote Stoffwechsellage hin und ist entsprechend abzuklären (→ Kap. 1 und 23).

Sonographie

Eine Struma liegt vor, wenn das Schilddrüsenvolumen des Erwachsenen 25 ml beim Mann oder 18 ml bei der Frau übersteigt (Abb. 19-4). Für Kinder gelten entsprechend kleinere Volumina (6–10jährig: < 8 ml; 11–14jährig: < 10 ml; 15–18jährig: < 15 ml). Die epidemiologische Graduierung der Schilddrüsengröße nach der WHO (Grad I–III) sollte zugunsten einer sonographisch ermittelten Größenangabe verlassen werden.

Die Sonographie dient neben der **Bestimmung der Schilddrüsengröße** auch dem **Ausschluß** oder **Nachweis** von:

Tab. 19-4 Pathogenese der Struma (modifiziert nach der Klassifikation der Sektion Schilddrüse der Deutschen Gesellschaft für Endokrinologie 1985)

exogener Jodmangel	häufigste Form
Immunthyreopathien	
funktionelle Autonomie	uni- oder multifokal, disseminiert
Zystenbildung	durch Blutung nach Trauma
Entzündungen	
Schilddrüsentumoren	
Befall der Schilddrüse durch extrathyreoidale bzw. systemische Erkrankungen	z. B. Metastasen, Lymphome, Sarkoidose, Parasiten
neoplastische Produktion von TSH oder TSH-ähnlichen Substanzen	z. B. Hypophysenadenom, Blasenmole
Akromegalie	
Enzymdefekte	Jodfehlverwertung
Schilddrüsenhormonresistenz	
strumigene Substanzen	Medikamente, Nahrungsmittel, Trinkwasser
Jod- bzw. Schilddrüsenhormonverluste	renal, enteral

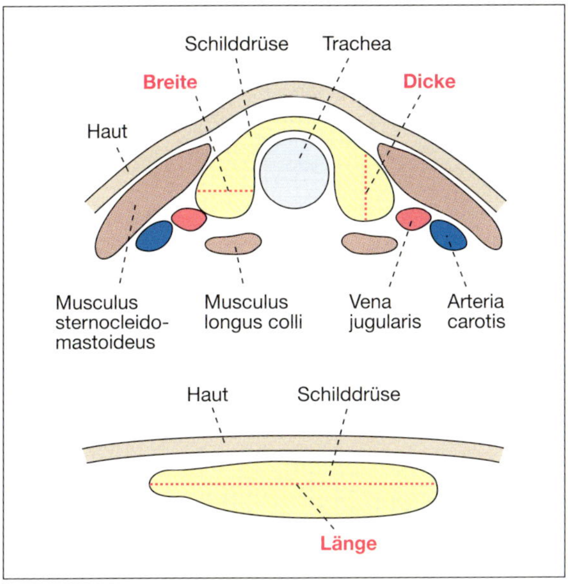

Abb. 19-4 Topographie der Halsregion und Ermittlung des Schilddrüsenvolumens.

- **Zysten** durch regressive Veränderungen oder durch Blutung, z.B. nach einem Trauma (Abb. 19-5)
- **Knoten** bei autonomen Adenomen (Abb. 19-6), Schilddrüsentumoren oder Befall der Schilddrüse durch extrathyreoidale Erkrankungen, z.B. Lymphomen oder Metastasen
- **Nachweis einer veränderten Echogenität des Schilddrüsengewebes** bei Immunthyreopathien → M. Basedow (→ Kap. 23) oder nichtimmunogener Thyreoiditis (→ 19.4.3)

Die Zuordnung sonographischer Befunde zu Schilddrüsenerkrankungen ist in Tabelle 19-2 dargestellt.

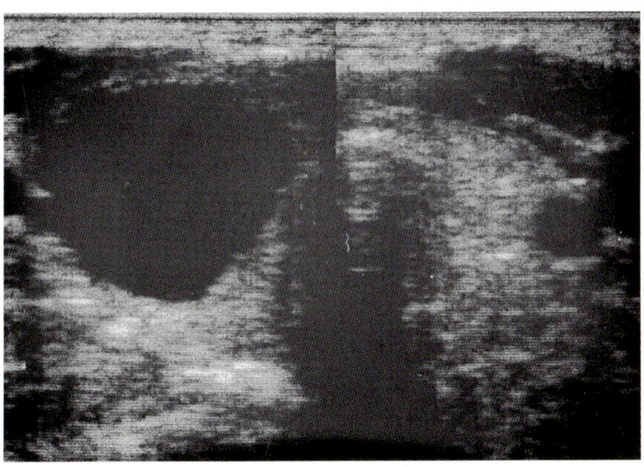

Abb. 19-5 Sonographie einer Schilddrüsenzyste.

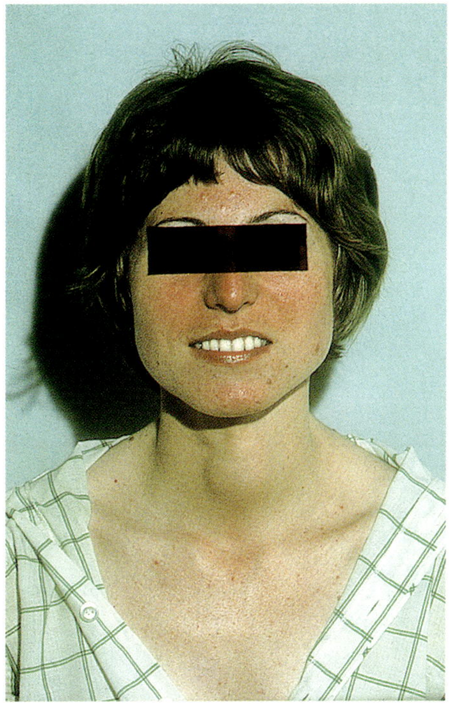

Abb. 19-6 Struma uninodosa. Cave: Die Patientin hat als Anlageanomalie eine kugelig angelegte, einseitige Schilddrüse. Bei Behandlung als autonomes Adenom wäre sie u.U. athyreot (→ Kap. 23).

Weiterführende Diagnostik

Bei klinischer Euthyreose, nicht-knotigem Palpationsbefund, normalem basalem TSH-Spiegel und sonographisch homogener Schilddrüsenvergrößerung besteht keine Indikation zu einer weiterführenden Diagnostik, z.B. einer Schilddrüsenszintigraphie. Bei palpatorischem oder sonographischem Nachweis von Schilddrüsenknoten muß jedoch stets eine szintigraphische und gegebenenfalls punktionszytologische Abklärung erfolgen. Das entsprechende diagnostische Vorgehen ist in Abbildung 19-7 dargestellt. Mit zunehmendem Alter der Patienten steigt der Anteil der nodösen Strumen.

DD *Differentialdiagnose*

Bei begründetem Verdacht sind geeignete Spezialuntersuchungen durchzuführen, wie z.B. die Bestimmung der Schilddrüsenautoantikörper bei Verdacht auf eine **chronisch-lymphozytäre Thyreoiditis Hashimoto** oder der Blutsenkungsgeschwindigkeit und anderer Entzündungsparameter bei **akuter** oder **subakuter Thyreoiditis.** Die **Struma bei Akromegalie** bietet aufgrund der pathognomonischen Physiognomie der Patienten kaum diagnostische Schwierigkeiten. Die weiterführende Diagnostik bei Verdacht auf die sehr seltenen **Enzymdefekte der Schilddrüse** (Leitsympto-

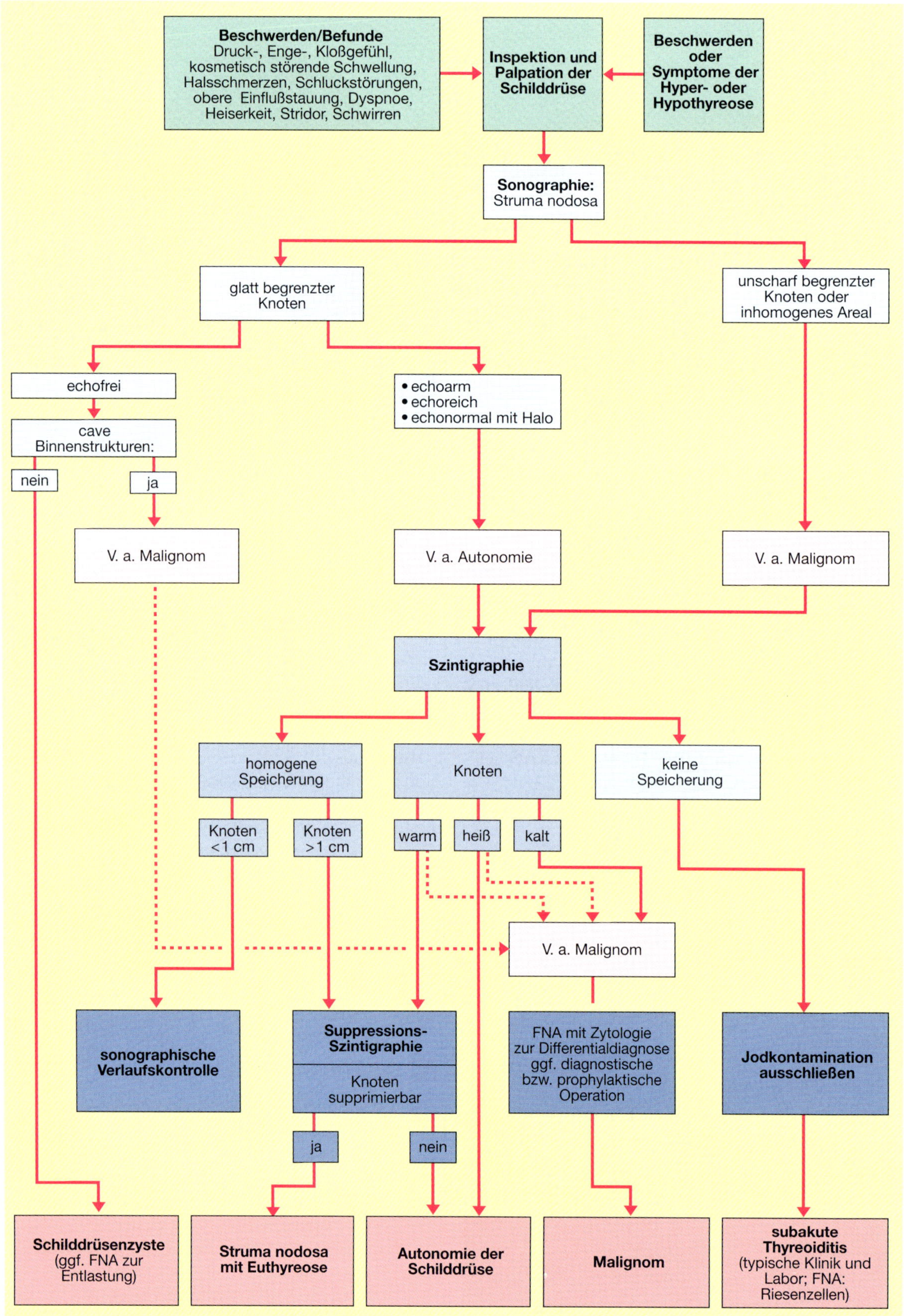

Abb. 19-7 Diagnostisches Vorgehen bei Schilddrüsenknoten.

me: jodresistente Struma und Hypothyreose im Kindesalter), eine **Schilddrüsenhormonresistenz** (Leitsymptome: familiäre Struma und erhöhte Schilddrüsenhormonwerte bei nicht-supprimiertem TSH) oder eine **neoplastische TSH-Produktion** (Leitsymptome: Struma und Hyperthyreose bei nicht-supprimiertem TSH) gehört in die Hand des Spezialisten. Die Ausschlußdiagnostik bei einer Struma ist in Tabelle 19-3 dargestellt. Eine Übersicht über die Pathogenese der Struma gibt Tabelle 19-4.

19.4.3 Thyreoiditis

Die **chronisch lymphozytäre Thyreoiditis Hashimoto** ist die häufigste Entzündungsform der Schilddrüse. Sie ist durch einen langsamen, schmerzlosen und afebrilen Verlauf ohne Spontanremission charakterisiert. Ist sie ausgebrannt, kann sie als atrophische Thyreoiditis zur Hypothyreose (→ Kap. 1) führen.

Die **subakute Thyreoiditis (de Quervain)** entwickelt sich meist innerhalb von zwei Wochen nach einem viralen Infekt des oberen Respirationstraktes. Bei ihr dominieren halbseitige oder diffuse heftige Schmerzen des Halses, Schluckstörungen und häufig eine ausgeprägte Abgeschlagenheit mit Krankheitsgefühl und Fieber.

Die **akute Thyreoiditis** nimmt einen raschen Verlauf mit Schmerzen, Schwellung und Rötung des betroffenen Bezirks. Bei einer viral bedingten akuten Thyreoiditis ist die Symptomatik weniger eindrucksvoll als bei der eitrigen Entzündungsform.

Sonderformen sind die **eisenharte Riedel-Struma** (perithyreoidale Thyreoiditis), die **silent (thyrotoxic) thyroiditis** und die **Post-partum-Thyreoiditis.**

B *Beschwerden und Befunde*

Die **Beschwerden** sind:
- Halsschmerzen (bei akuter/subakuter Entzündung)
- Druck-, Enge- oder Kloßgefühl
- Schluckstörungen
- Dyspnoe
- kosmetisch störende Schwellung

Folgende **Befunde** können erhoben werden:
- Struma (sonographische Volumetrie, → Abb. 19-4), Strumaknoten
- inspiratorischer Stridor
- Druckschmerz
- selten: obere Einflußstauung, Heiserkeit (Lähmung des N. laryngeus recurrens).

DS *Diagnosesicherung*

Die verschiedenen Formen der Thyreoiditis können mit Laboruntersuchungen, Sono- und Szintigraphie sowie einer Feinnadelpunktion unterschieden werden (Tab. 19-5).

DD *Differentialdiagnose*

Stehen bei der Thyreoiditis die Halsschmerzen im Vordergrund müssen neben einer Blutung ein Strumaknoten, eine **Pharyngitis, Laryngitis** und **Tonsillitis** differentialdiagnostisch abgegrenzt werden. Bei Halsschwellungen mit Globusgefühl können auch psychosomatische Krankheitsbilder, z.B. ein **Globus hystericus,** ursächlich sein. Die eisenharte Riedel-Struma muß vom **Malignom** abgegrenzt werden, häufig gelingt die Abgrenzung jedoch erst bei der histologischen Untersuchung nach einer prophylaktisch/diagnostischen Operation wegen Malignomverdacht.

19

Tab. 19-5 Diagnosesicherung der verschiedenen Formen der Thyreoiditis

	Labor	Sonographie	Szintigraphie	Feinnadelaspiration
Hashimoto-Thyreoiditis	Schilddrüsenautoantikörper gegen thyreoidale Peroxidase (Anti-TPO-AK) und Thyreoglobulin (Anti-Tg-AK) in 90% positiv	diffuses echoarmes Muster	inhomogene, fleckige bis fehlende Speicherung	lymphozytäre Infiltration (beweisend)
akute Thyreoiditis	BSG, CRP und Leukozyten erhöht	herdförmige Echoarmut, ggf. Abszeß mit komplexer Echomorphologie	kühler oder kalter Knoten als Ausdruck der Parenchymdestruktion	mikrobiologische Untersuchung
subakute Thyreoiditis de Quervain	BSG, CRP und Leukozyten erhöht	echokomplexes Muster, z.T. herdförmig	keine Technetium-Speicherung (auch bei silent thyrotoxic thyroiditis)	mehrkernige Riesenzellen (beweisend)

19.4.4 Struma maligna

Eine Struma maligna ist eine maligne Entartung von Schilddrüsengewebe.

Bei den Schilddrüsenkarzinomen werden klinisch drei dominierende Verlaufsformen unterschieden:

- Das **papilläre** Schilddrüsenkarzinom imponiert als Lymphknotenmetastase oder wird als okkultes Karzinom bei Schilddrüsenoperationen gefunden. Dieses Karzinom tritt auch bei Jugendlichen auf und hat dann eine gute Prognose. Bei älteren Patienten ist es bezüglich der Prognose mit dem follikulären Karzinom zu vergleichen.
- Das **follikuläre** Karzinom ist der häufigste Schilddrüsentumor, klinisch dominiert die hämatogene Metastasierung. Das follikuläre Karzinom zeigt häufig szintigraphisch eine Radiojodspeicherung. Die Prognose ist weniger günstig, läßt sich jedoch durch eine aggressive Therapie verbessern (Thyreoidektomie und Radiojodtherapie).
- Das rasch (< 6 Monate) lokal wachsende **undifferenzierte** Schilddrüsenkarzinom hauptsächlich alter Patienten (> 60 Jahre) imponiert als szintigraphisch kalter Knoten und hat eine schlechte Prognose (→ Abb. 19-3).

Das **medulläre Schilddrüsenkarzinom (C-Zell-Karzinom)** wird unter den Differentialdiagnosen besprochen. Die ausführliche Klassifikation der Schilddrüsentumoren ist in Tabelle 19-6 dargestellt.

Tab. 19-6 Klassifikation der Schilddrüsentumoren (nach WHO 1988). Die Gruppen sind nach der Prognose zusammengefaßt

- I. Epitheliale Tumoren
  - A. Benigne Tumoren
    1. follikuläres Adenom
    2. andere Tumoren
  - B. Maligne Tumoren
    1. follikuläres Karzinom
    2. papilläres Karzinom
    3. medulläres Karzinom
    4. undifferenziertes (anaplastisches) Karzinom
    5. andere Tumoren
- II. Nichtepitheliale Tumoren
- III. Maligne Lymphome
- IV. Verschiedene Tumoren
- V. Sekundäre Tumoren
- VI. Unklassifizierte Tumoren
- VII. Tumorähnliche Läsionen

B *Beschwerden und Befunde*

Die **Beschwerden** sind:

- Druck-, Enge- oder Kloßgefühl
- Schluckstörungen
- Dyspnoe
- gelegentlich Halsschmerzen

Folgende **Befunde** können erhoben werden:

- Struma (sonographische Volumetrie, → Abb. 19-4)
- rasch gewachsene, palpatorisch derbe Strumaknoten, auch als Rezidiv-Struma
- rasch zunehmende Schilddrüsenschwellung mit verringerter Haut- und Schluckverschieblichkeit
- obere Einflußstauung
- Heiserkeit (Lähmung des N. laryngeus recurrens)
- inspiratorischer Stridor

DS *Diagnosesicherung*

Sonographie

Die Sonographie zeigt einen unregelmäßig begrenzten, meist echoarmen Knoten und erlaubt die **gezielte Feinnadelaspiration und zytologische Beurteilung.** Durch den Nachweis von entartetem Schilddrüsengewebe oder C-Zellen bei der zytologischen Untersuchung des Punktats läßt sich die Struma maligna oft (> 90 %) diagnostizieren.

Szintigraphie

Das Schilddrüsenkarzinom stellt sich meist als kalter Knoten dar. Cave: Differenzierte Schilddrüsenmalignome können nicht nur in kalten Knoten (bis ca. 10% je nach Selektion), sondern auch in speichernden warmen, selten sogar heißen Knoten verborgen sein.

Weiterführende Diagnostik

Die **prophylaktisch/diagnostische** Indikation zur **Strumaoperation** ist auch heute noch von entscheidender Bedeutung für eine relativ frühzeitige Diagnosestellung und histologische Sicherung einschließlich des TNM-Stagings. Der **Thyreoglobulinbestimmung** im Verlauf kommt eine entscheidende Bedeutung bei der Rezidiverkennung von follikulären (und papillären) Schilddrüsenkarzinomen nach Radikalbehandlung (Thyreoidektomie, Radiojodtherapie und Nachbestrahlung) zu.

DD *Differentialdiagnose*

Die Differentialdiagnose der Schilddrüsenkarzinome umfaßt generell die **Struma nodosa.** Im besonderen müssen sie von der **eisenharten Riedel-Struma,** den **Lymphomen** und **Metastasen** anderer Malignome abgegrenzt werden.

Das **medulläre Schilddrüsenkarzinom** geht nicht von Thyreozyten, sondern von den C-Zellen aus (C-Zell-Karzinom). Es wird eine sporadische und eine familiär gehäuft auftretende Form beobachtet. Bei der MEN 2a (→ Kap. 44.4.5) tritt es gemeinsam mit einem primären Hyperparathyreoidismus (→ Kap. 12) und einem Phäochromozytom (→ Kap. 44) auf. Das klinische Erscheinungsbild ist durch einen langsam wachsenden, **sonographisch echoarmen Schilddrüsenknoten** und zervikale Lymphknotenmetastasen gekennzeichnet. Etwa 25% der Patienten entwickeln profuse, wäßrige Durchfälle (→ Kap. 11) mit dringlichen, bisweilen sogar explosionsartigen Stuhlentleerungen relativ kleiner Einzelportionen. Bei der Hälfte der Erkrankten besteht eine Steatorrhö, die Darmpassagezeit ist immer verkürzt (unverdaute Nahrungsreste). Die Diagnose wird durch den Nachweis erhöhter **Kalzitonin-** und **CEA-Werte** gesichert. Sie dienen auch als Tumormarker zur Verlaufskontrolle nach der Operation (Thyreoidektomie, eventuell mit Neck dissection). Im Verdachtsfall und zum Screening weiterer Familienangehöriger bei der familiären Form wird der wesentlich empfindlichere **Pentagastrin-Test** (Pentagastrin-stimuliertes Kalzitonin) durchgeführt. Ein großer Teil der familiären Form des medullären Schilddrüsenkarzinoms ist mit Mutationen im **Ret-Proto-Onkogen** assoziiert. Nach Identifikation der spezifischen Mutation eines Familienmitgliedes können alternativ zum Pentagastrin-Test weitere Familienmitglieder rasch und zuverlässig einem genetischen Screening unterzogen werden. Im Gegensatz zum Pentagastrin-Test, der jährlich wiederholt werden muß, ist die Analyse des Ret-Proto-Onkogens nur einmal notwendig.

Mit der Feinnadelaspiration und Laparoskopie bei Lebermetastasen kann die Diagnose zytologisch (histologisch) gesichert werden.

Bei der **Schilddrüsenszintigraphie** mit Jod oder Technetium stellt sich das medulläre Schilddrüsenkarzinom als **kalter Knoten** dar, da die C-Zellen kein Jod speichern. Zur Lokalisation von Tumorgewebe (Metastasen!) werden die Szintigraphie mit verschiedenen anderen Nukliden, sowie CT, NMR oder auch eine selektive Venenblutabnahme durch Etagenkatheterisierung und Kalzitonin-Bestimmung durchgeführt.

19.4.5 Erkrankungen der Lymphknoten

B *Beschwerden und Befunde*

Die Lokalisation tastbarer vergrößerter Lymphknoten im Kopf-Hals-Bereich weist auf unterschiedliche Krankheiten hin:

▷ im **Parotisbereich**
➟ Erkrankungen des äußeren Gehörgangs und der Kopfhaut
▷ auf dem **Warzenfortsatz**
➟ Erkrankungen der Ohrmuschel und der Kopfhaut
▷ **hinter dem M. sternocleidomastoideus** im Nacken
➟ Erkrankungen der Kopfhaut, der Glandula parotis, des Nasopharynx, bei Röteln und Toxoplasmose
▷ **vor dem M. sternocleidomastoideus** im Venenwinkel unterhalb des Kieferwinkels und auf der Gefäßscheide
➟ Erkrankungen der Nasennebenhöhlen, der Tonsillen, der Glandula parotis, des Zungengrundes, des Hypopharynx und des Kehlkopfes (über diese Lymphknoten erfolgt der Hauptabfluß aus dem Kopf-Halsgebiet)
▷ **submental und submandibulär**
➟ Erkrankungen der vorderen Zunge, des Mundbodens, der Lippen, der Wangen, der Glandulae submandibularis und sublingualis, der Nasennebenhöhlen und bei Zahnwurzelerkrankungen
▷ **prä- und paratracheal**
➟ Erkrankungen der subglottischen Region inklusive Struma maligna (→ 19.4.4) und der Trachea
▷ **supraklavikulär** in der Fossa supraclavicularis
➟ Erkrankungen des Brustraumes (linke Lunge Abfluß nach beiden Seiten)
▷ **supraklavikulär links**
➟ bei Metastasen eines abdominellen Karzinoms (Virchow-Drüse, Mündung des Ductus thoracicus)

DS *Diagnosesicherung*

Eine **Probeexzision** sollte bei allen länger als vier Wochen bestehenden Lymphknotenvergrößerungen durchgeführt werden. Die Indikation besteht auch bei Verdacht auf Sarkoidose, Hodgkin- und Non-Hodgkin-Lymphome (→ Kap. 32) sowie bei Karzinomen der Lunge, der Brustdrüse, des Bauchraumes und des weiblichen Genitale. Entweder wird ein Teil eines Lymphknotens, besser jedoch ein ganzer Lymphknoten mit Kapsel und angrenzendem Gewebe exstirpiert und zur histologischen und immunologischen Untersuchung gegeben (Cave: N. accessorius im seitlichen Halsdreieck!).

DD *Differentialdiagnose*

Lymphknotenmetastasen bei Diagnosestellung von Primärtumoren des Kopf-Hals-Gebietes (vorwiegend Plattenepithelkarzinome, vom Waldeyer-Rachenring auch lymphoepitheliale Tumoren) sind in folgender Häufigkeit zu finden:

- Oropharynx 70%
- Hypopharynx 70%
- Nasopharynx 60% (bis 30% bilaterale Metastasen)
- Kopfspeicheldrüsen 50%
- Mundhöhle 45%
- Mittelohr 30%
- Kehlkopf 25% (Stimmbandkarzinom nur 7%)
- Nase und Nasennebenhöhlen 20%

Bei den **malignen Lymphomen** (→ Kap. 32) werden die Hodgkin-Lymphome von den Non-Hodgkin-Lym-

19

phomen unterschieden. Bei den Hodgkin-Lymphomen findet sich in ca. 90% eine Erstmanifestation am Hals, bei den Non-Hodgkin-Lymphomen gibt es keine genauen Zahlen, Schätzungen gehen von 40–50% aus.

Die **Hodgkin-Lymphome** (Lymphogranulomatose) entsprechen einer T-Lymphozyten-Neubildung, sie werden nach histologischen Kriterien in vier Subtypen unterteilt.

Prognostisch bedeutender ist die Stadieneinteilung nach der **Ann-Arbor-Klassifikation** entsprechend der Anzahl der befallenen Lymphknotenregionen und dem Befall extralymphatischer Organe.

Die **Non-Hodgkin-Lymphome** entstehen überwiegend bei Neubildungen des B-Lymphozytenzelltyps, seltener des T-Lymphozytenzelltyps (Abb. 19-8). Nach der **Kiel-Klassifizierung** werden sie anhand der Immunhistologie und Reaktion mit monoklonalen Antikörpern in Subtypen eingeteilt.

Bei den **spezifischen Lymphadenitiden** werden unterschieden:

▷ **Tuberkulose** (→ Kap. 14)
➠ Sie kann hämatogen (postprimär, sekundär) (Lungenuntersuchung!) oder im Rahmen eines Primärkomplexes (heute selten) entstehen und ist kaum schmerzhaft (Abb. 19-9).
▷ **Morbus Boeck** (Sarkoidose, → Kap. 32)
➠ Die Diagnose erfolgt durch eine Lymphknotenbiopsie oder eine Mediastinoskopie mit histologischer Untersuchung.

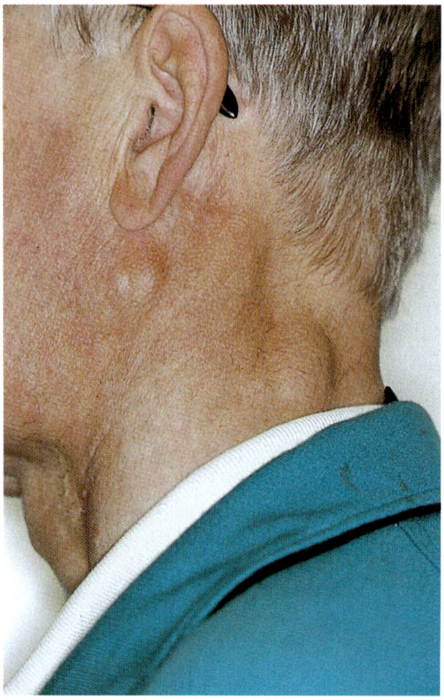

Abb. 19-8 Non-Hodgkin-Lymphom.

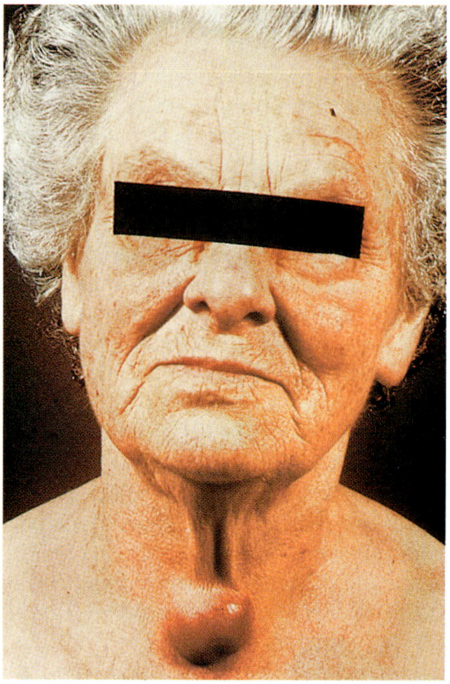

Abb. 19-9 Tuberkulose mit Fistelbildung: innerhalb von vier Wochen entstandene, nicht schmerzhafte Schwellung, sonographisch von der Schilddrüse abgrenzbar.

▷ **Lues**
➠ Indolente Lymphknoten treten im Rahmen eines Primäraffektes oder hämatogen im Sekundärstadium auf.
▷ **Diphtherie** (→ Kap. 14)
➠ Erhebliche Lymphknotenschwellungen findet man bei der Rachendiphtherie (selten).
▷ **Katzenkratzkrankheit** (→ Kap. 14)
➠ Diese Viruslymphadenitis tritt zwei bis sechs Wochen nach einer Verletzung durch Tierkrallen auf.
▷ **Tularämie** (→ Kap. 14)
➠ Zu diesem akuten Krankheitsbild kommt es wenige Tage nach Kontakt mit oder Verletzung durch ein infiziertes Tier (Erreger: Pasteurella tularensis).
▷ **Toxoplasmose** (→ Kap. 32)
➠ Die Diagnose wird serologisch durch den Sabin-Feldmann-Test gestellt. Bei dieser keineswegs seltenen Erkrankung junger Erwachsener sind vor allem die nuchalen Lymphknoten betroffen (Erreger: Toxoplasma gondii).
▷ **AIDS** (→ Kap. 14)
➠ Einige Monate nach der Infektion mit dem HI-Virus können Lymphknotenschwellungen – vor allem im Nacken – auftreten. Die Diagnose erfolgt durch den serologischen Nachweis von Antikörpern.

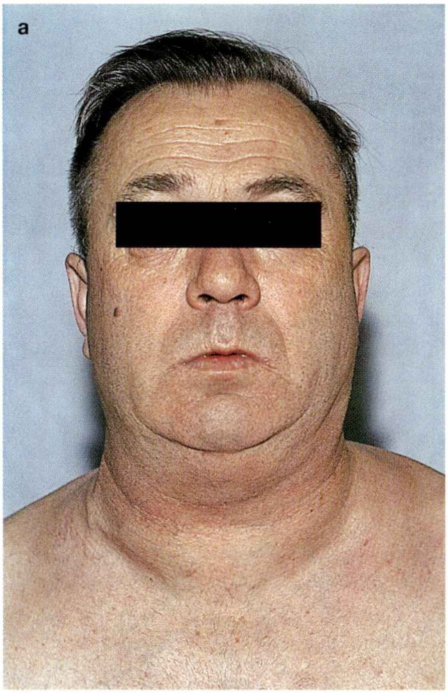

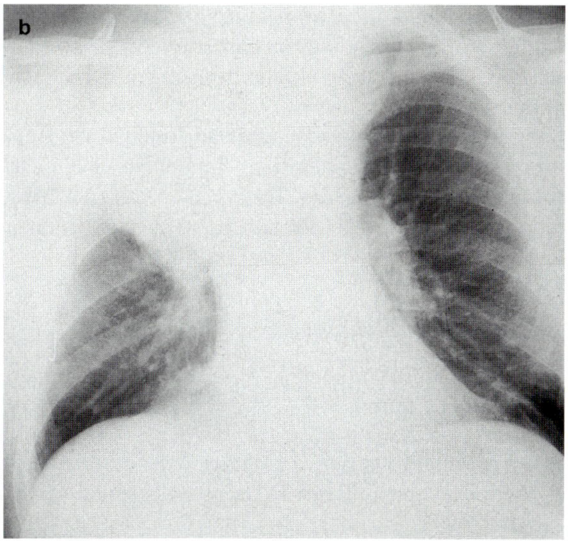

Abb. 19-10 Stokesscher Kragen:
(a) akute obere Einflußstauung bei kleinzelligem Bronchialkarzinom (→ Kap. 27);
(b) Thorax-Röntgenbild.

19.4.6 Obere Einflußstauung

Bei einer oberen Einflußstauung (V.-cava-superior-Syndrom) ist der Bluteinstrom in das Herz behindert. Dadurch staut sich venöses Blut im Bereich des Kopfes, des Halses und der oberen Extremitäten.

B *Beschwerden und Befunde*

Bei einem akuten Verschluß der V. cava superior steht die Schwellung vor allem des Halses (Stokes-Kragen) im Vordergrund (Abb. 19-10). Bei der langsam progredienten Stenosierung und letztlich dem Verschluß der V. cava superior dominiert die Stauung der oberflächlichen Venen (Abb. 19-11).
Die **Beschwerden** sind:

- Spannungsgefühl der Haut
- Muskelschwäche der oberen Extremität
- störende Schwellung
- Atemnot

Bei der körperlichen Untersuchung lassen sich folgende **Befunde** erheben:

- erweiterte oberflächliche Venen (chronisch)
- akute Schwellung des Halses (und der Arme)
- livide Verfärbung der Haut, Zyanose
- Hautödem
- Druckschmerz

DS *Diagnosesicherung*

Eine orientierende Bestimmung des Venendruckes erfolgt durch die Beurteilung der Füllung der V. jugularis externa relativ zur Klavikel in der Fossa supraclavicularis am sitzenden Patienten, der den Oberkörper 45° nach hinten neigt. Die genaue **Messung des zentralen Venendrucks** (ZVD) erfordert

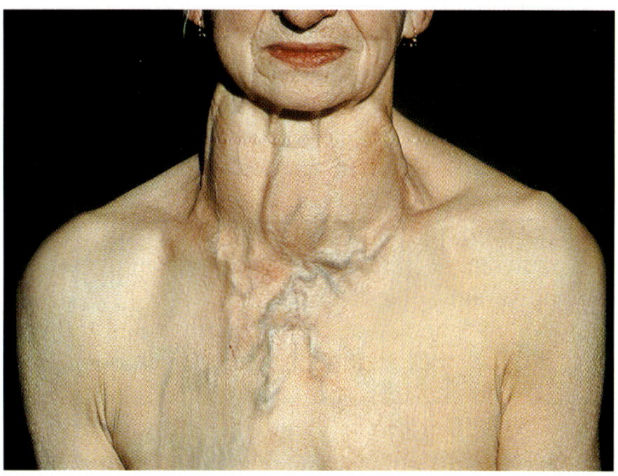

Abb. 19-11 Obere Einflußstauung bei Struma permagna mit retrosternalen Anteilen. Gleichzeitig bestanden obere Ösophagusvarizen.

das Einbringen eines zentralvenösen Katheters in den rechten Vorhof und die Druckabnahme mittels Wassersäule oder mechanisch-elektronischem Druckabnehmer (Intensivmedizin).

Mit einer **Röntgenkontrastuntersuchung** lassen sich intravasale Abflußhindernisse darstellen. Bei der **Röntgenuntersuchung des Thorax** (→ Abb. 19-10b) und im **CT** sind evtl. thorakale oder mediastinale Tumoren als Ursache der Einflußstauung nachweisbar.

DD *Differentialdiagnose*

Die obere Einflußstauung kann Symptom folgender Erkrankungen sein:

- Herzinsuffizienz (→ Kap. 3)
- Pericarditis constrictiva (→ Kap. 53)
- Stenose/Verschluß der V. cava superior oder ihrer Äste durch:
  - Mediastinaltumoren (z.B. Bronchialkarzinom)
  - Retrosternale Struma
  - Pancoast-Tumor
  - Aortenaneurysma
  - Thrombosen: Die V. cava oder ihre Äste können von außen komprimiert werden, z.B. beim fortschreitenden Paget-von-Schrötter-Syndrom (Arm- und/oder Achselvenenthrombose (→ Kap. 42.4.6), gelegentlich als Überanstrengungsthrombose)
  - Stenosen: Nach (wiederholter) Anlage zentralvenöser Katheter (z.B. Shaldon-Katheter zur Hämodialyse) können die Gefäße stenosieren.

19.4.7 Halsdeformitäten und Mißbildungen

Halsschwellungen können je nach Lokalisation bei verschiedenen **Mißbildungen** auftreten. In der Mittellinie des Halses finden sich **mediane Halszysten und Fistelgänge.** Diese Zysten liegen zwischen Zungenbein und Kehlkopf und sind Residuen des Ductus thyreoglossus. Der Fistelgang zieht durch den Zungenbeinkörper oder hinter ihm entlang bis zum Foramen caecum. Die schleimgefüllte Zyste ist unter der Haut zu tasten. Bei Infektionen kommt es zu Verklebungen mit der Haut und zum Durchbruch nach außen (auch iatrogen nach Inzision!).

Im Verlauf des Ductus thyreoglossus können sich **aberrierende Strumaknoten** finden, meist am Foramen caecum (Zungengrundstruma), die nur bei Nachweis von weiterem Schilddrüsengewebe (Szintigraphie!) entfernt werden sollten.

Am Vorderrand des M. sternocleidomastoideus etwa in Höhe des Kehlkopfes liegt die äußere Öffnung des Fistelganges von **lateralen Halsfisteln und -zysten.** Sie bilden sich in unmittelbarer Nachbarschaft des zweiten Schlundbogens. Abgeschlossene Zysten lassen sich auf der Gefäßscheide palpieren. Sehr selten entwickelt sich daraus ein branchiogenes Karzinom.

In der Karotisgabel sitzt der **Glomus-caroticum-Tumor** (Paragangliom). Dieser gefäßreiche Tumor pulsiert und ist nur seitlich, nicht vertikal verschieblich. Es läßt sich ein pulssynchrones Geräusch auskultieren. Die Diagnose wird durch die Angiographie gesichert. Cave: Bei einer Probeexzision kann der Tumor heftig bluten! Selten sind dabei Synkopen (→ Kap. 7), eine Fazialisparese oder eine Dopamin-Sekretion mit Phäochromozytom-Symptomatik (→ Kap. 44).

Im vorderen Halsdreieck kann auch ein Neurinom des N. vagus auftreten. Dieser tiefsitzende, glatte, eiförmige Tumor ist ebenfalls nur seitlich, nicht vertikal verschieblich.

Halsschwellungen können auch durch **Zysten** entstehen (→ Abb. 19-5):

Dermoidzysten sind von Epidermis ausgekleidete, zystische, benigne, reife Teratome. Sie enthalten eine mit Haaren vermengte talgartige Masse und einen Kopfhöcker mit Zähnen, Knochen-, Knorpel- und Nervengewebe. Dermoidzysten finden sich vor allem im Ovar und im Bereich der Haut. Eine maligne Entartung ist möglich.

Epidermoidzysten (echte Atherome) bestehen aus embryonal abgeschnürten Epidermisteilen oder Drüsenanlagen ohne Ausführungsgang. Sie sind besonders an der behaarten Kopfhaut, der Stirn und um die Augen lokalisiert.

Talgretentionszysten (falsche Atherome) entstehen durch Stauung von Talgdrüsensekret in dem sich erweiternden Follikelgang. Sie neigen zu Vereiterung. Talgretentionszysten treten besonders im Gesicht, auf der Brust, am Rücken und am Skrotum auf.

Zystische Lymphangiome manifestieren sich als kissenartige, weiche, unscharf begrenzte Schwellung der Haut oder – nicht selten – als unförmige Schwellung des Halses. Sie sind benigne, selten maligne entartende Neubildungen von Lymphkapillaren und können angeboren sein oder in der frühen Kindheit auftreten. Ein vom Saccus lymphaticus jugularis ausgehendes Lymphangiom wird auch als **zervikales Hygrom** bezeichnet.

Beim **Turner-Syndrom** und beim **Morbus Klippel-Feil** finden sich typische Halsdeformitäten:

Turner-Syndrom: Der typische Symptomenkomplex ist charakterisiert durch Kurzhals 74% mit Pterygium colli 46%, Minderwuchs (immer), primäre Amenorrhö (immer), Nagelwuchsstörungen 66%, Pigmentnävi 63%, X-Beine (Genu valgum) 54%, Schildthorax mit weit auseinanderliegenden Mamillen 53%, Lymphödeme 39%, Anlageanomalien der Nieren 38% und angeborene Herzfehler 15% (vor allem Aortenisthmusstenose). Dieser Infantilismus infolge Gonadendysgenesie mit hypergonadotropem Hypogonadismus (→ Kap. 24) beruht auf einer Störung der Gonosomen. Meist liegt eine gonosomale Monosomie (45,X0) vor. Die Sicherung der Diagnose erfolgt durch ein Karyogramm.

Morbus Klippel-Feil: Angeborene Halsdeformation mit kurzem, bewegungsarmem Hals aufgrund von Spalt- und Blockwirbeln und Bogenspalten.

Halsschmerzen stehen bei folgenden Halsdeformitäten im Vordergund:

Beim **Tortikollis** sind vor allem die Rotation des Kopfes durch Kapseleinklemmungen blockiert und die Wirbelgelenke entzündlich gereizt.

Nach ungewohnter körperlicher Anstrengung (Schneeschaufeln!) können plötzlich starke Schmerzen im Nacken auftreten. Es läßt sich ein streng lokalisierter Druckschmerz ausmachen. Das seitliche Röntgenbild sichert die Diagnose einer sog. **Schipperfraktur**, eines Abrisses des Dornfortsatzes, meist C7.

19.4.8 Erkrankungen der Speicheldrüsen

Die **Glandula parotis** sitzt vor und unter dem Gehörgang. Ihr Ausführungsgang (Stenon-Gang) mündet in der Wangenschleimhaut auf einer Papille gegenüber dem zweiten oberen Molaren. Die **Glandula sublingualis** befindet sich im Mundboden, während die **Glandula submandibularis** auf dem M. myohyoideus und M. digastricus liegt. Ihr Ausführungsgang (Warthon-Gang), in den auch die kleinen Gänge der Glandula sublingualis ziehen, mündet in der Caruncula sublingualis.

B *Beschwerden und Befunde*

Die Beschwerden und Befunde bei Erkrankungen der Speicheldrüsen ergeben sich aus ihrer Funktion und der Topographie.

Neben der störenden Schwellung der betroffenen Speicheldrüse finden sich folgende **Beschwerden:**

- Schmerzen bei akuter Entzündung
- vermehrte Speichelproduktion bei Entzündungen in der Mundhöhle
- Mundtrockenheit bei chronischer Speicheldrüsenentzündung, Strahlensialadenitis und Sjögren-Syndrom (→ Kap. 43)

Folgende **Befunde** können erhoben werden:

- Schwellung der Drüse und der Umgebung bei Mumps oder einer Stauung durch Speichelsteine
- Rötung (auch der Papillen) bei akuter Entzündung
- Eiteraustritt aus der Papille bei bakterieller Infektion
- Fazialisparese bei Karzinomen der Glandula parotis
- tastbare Knoten in den Drüsen bei Tumoren
- tastbare Steine im Ausführungsgang

DS *Diagnosesicherung*

Labor

Blutbild, BSG und CRP bestätigen die Verdachtsdiagnose Entzündung. Durch eine mikrobiologische Untersuchung des Speichels und des Exprimats (nach Druck auf die Drüse von außen) lassen sich ggf. Erreger nachweisen.

Diagnostik

Röntgen-Nativaufnahmen dienen der Lokalisation von Steinen.

Die **Sialographie** ist eine Röntgenaufnahme der Ausführungsgänge nach Kontrastmittelfüllung. Dadurch können Erweiterungen oder Ektasien bei chronischen Entzündungen oder Verdrängung bei gutartigen Tumoren dargestellt werden. Abbrüche und Eindringen von Kontrastmittel ins Gewebe finden sich bei Malignomen, und ein Kontrastmittelstopp bei Steinen oder Fremdkörpern.

Sonographie, Szintigraphie und Computertomographie erlauben eine Aussage über die Lokalisation, die Ausdehnung und die Begrenzung von gut- und bösartigen Tumoren.

Weiterführende Diagnostik

Die **Feinnadelaspiration** mit Zytologie und die **Probeexzision** mit Histologie (nur vor dem Tragus!) gehören wegen der Gefahr der Schädigung des N. facialis und der Tumorverschleppung in die Hand des Erfahrenen (HNO oder Chirurgie). Bei entsprechendem Verdacht erfolgt am besten eine operative Freilegung des Tumors. Das weitere Vorgehen hängt dann von der Schnellschnittuntersuchung ab.

DD *Differentialdiagnose*

Entzündung

▷ **Akute eitrige Sialadenitis**

➠ Bakterien können einwandern, wenn der Speichelfluß gestört oder verringert ist. Ursache können eine reduzierte Nahrungsaufnahme, z.B. nach einer Laparotomie oder bei marantischen Patienten (meist Gl. parotis), eine Immunschwäche oder Speichelsteine (meist Gl. submandibularis) sein.

▷ **Chronisch rezidivierende Parotitis**

➠ Diese rezidivierende, Tage anhaltende, mäßig schmerzhafte Schwellung der Gl. parotis tritt nicht selten bei Kindern auf. Die Sekretbildung ist gestört, die Viskosität des Speichels nimmt erheblich zu und die Aktivität des Kallikrein-Kinin-Systems ist überschießend.

▷ **Mumps**

➠ Diese Virusinfektion geht mit Fieber (→ Kap. 14) und einer schmerzhaften, nichteitrigen Schwellung der Gl. parotis einher. Mögliche Komplikationen sind Schwerhörigkeit (Hörnervschädigung), Meningitis, Enzephalitis, Orchitis und Pankreatitis.

▷ **Strahlensialadenitis**

➠ Die Drüsensekretion ist durch Fibrosierungen nach Tumorbestrahlungen im Kopf-Halsbereich reduziert.

▷ **Sjögren-Syndrom** (→ Kap. 43)
➠ Neben der Speicheldrüsenschwellung kommt es zu chronisch rezidivierenden Gelenkentzündungen, Mundtrockenheit, Keratoconjunctivitis sicca und Rhinopharyngitis sicca sowie Lymphomen. Meist sind Frauen in der Menopause betroffen.
▷ **Heerfordt-Syndrom**
➠ Speicheldrüsenschwellung, Uveitis, Fieber (→ Kap. 14) und gelegentliche Fazialis- oder Rekurrensparese sind typische Symptome. Das Heerfordt-Syndrom tritt z.T. bei der Sarkoidose (Morbus Boeck, → Kap. 32) auf.

Sialolithiasis

Speichelsteine finden sich fast stets in der Glandula parotis und sind vor allem Kalziumphosphat- und Kalziumcarbonatsteine, die durch Gangfremdkörper oder dyschylische Prozesse verursacht werden.

Sialosen

Rezidivierende, nicht-entzündliche Schwellungen der Speicheldrüsen gehen mit einer verminderten Speichelsekretion und mit Mundtrockenheit einher. Sie betreffen meist die Gl. parotis beidseits. Wahrscheinlich beruhen sie auf einer Schädigung des autonomen Nervensystems. Anamnestisch können meist folgende auslösende Störungen eruiert werden:

▷ **Hormonelle Störungen**
➠ bei Diabetes mellitus, Keimdrüsenstörungen, Klimakterium oder Erkrankungen der Nebennierenrinde
▷ **Mangelkrankheiten**
➠ bei Alkoholikern, Vitaminmangel, chronischem Eiweißmangel (Fehlernährung), Anorexia nervosa oder Leberzirrhose
▷ **Medikamenten-Nebenwirkung**
➠ bei Therapie mit Antihypertensiva, Antidepressiva oder antithyreoidalen Medikamenten können die Speicheldrüsen schwellen

Tumoren

▷ **Gutartige Speicheldrüsentumoren**
➠ pleomorphe Adenome, Zystadenolymphom (Warthin-Tumor), Azinuszelltumoren und Mukoepidermoidtumoren
▷ **Maligne Speicheldrüsentumoren**
➠ adenoidzystische Karzinome, Adenokarzinome, Plattenepithelkarzinome, undifferenzierte Karzinome und Karzinome in pleomorphen Adenomen

Von den Erkrankungen der Speicheldrüsen müssen vor allem **Lymphome** (→ Kap. 32) und eine Masseterhypertrophie differentialdiagnostisch abgegrenzt werden. Bei der **Masseterhypertrophie** wird die Schwellung beim Zubeißen hart.

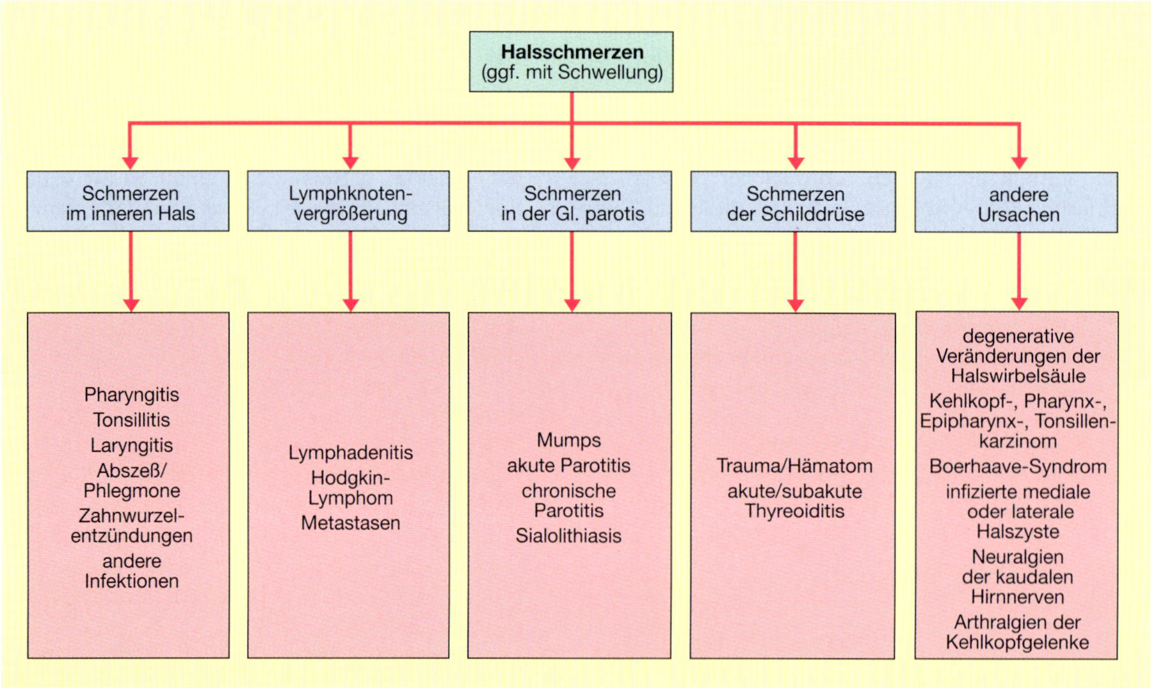

Abb. 19-12 Diagnostik bei Halsschmerzen.

19.5 Zusammenfassung

Die Differentialdiagnose der **Halsschwellungen und -schmerzen** orientiert sich zunächst an der Lokalisation, die meist schon eine Zuordnung zu einem Organ erlaubt. Dann erfolgt die Suche nach Entzündungszeichen als Hinweis auf eine infektiös-entzündliche Genese der Beschwerden. Eine genauere lokale Untersuchung erfolgt mit der Sonographie, die eine Aussage über die Art der Gewebsveränderung (z.B. solider Tumor, Zyste) und z.B. bei der Schilddrüse eine Zuordnung zu bestimmten Erkrankungen erlaubt.

Bei der Differentialdiagnose der **schmerzlosen Halsschwellungen** steht die Unterscheidung gutartiger Erkrankungen von Malignomen und ihren Metastasen im Vordergrund.

Das diagnostische Vorgehen bei Schmerzen des Halses, mit und ohne Schwellung und der schmerzlosen Halsschwellung ist in den Abbildungen 19-12 und 19-13 dargestellt.

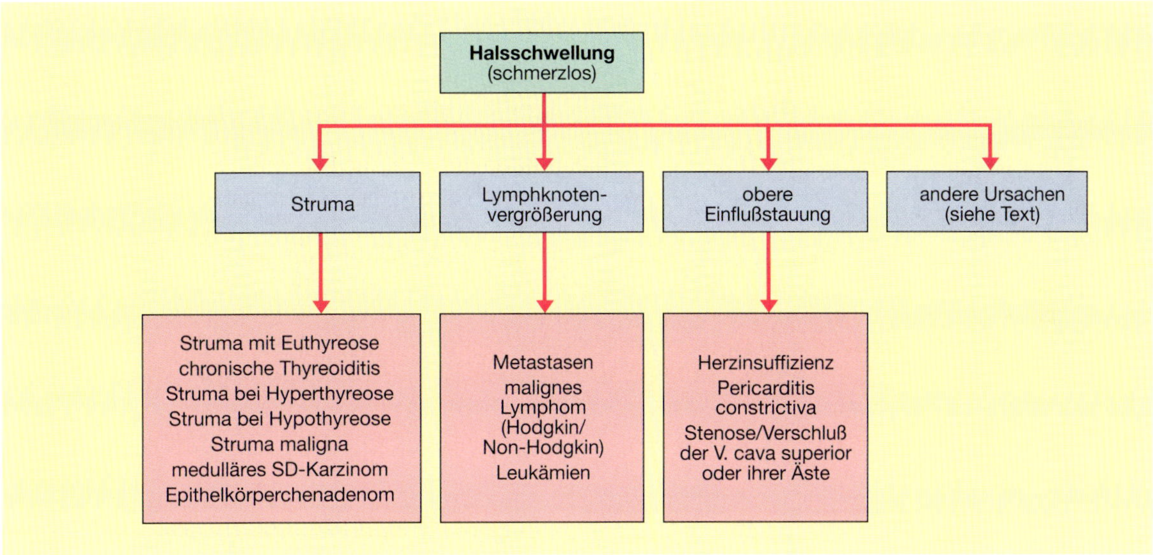

Abb. 19-13 Diagnostik bei schmerzloser Halsschwellung.

20 Hämaturie

R. Brunkhorst und K.M. Koch

Der klinische Befund einer Mikro- oder Makrohämaturie ist ein wichtiges Symptom, das stets der Klärung bedarf. Im folgenden Kapitel werden die Erkrankungen der Nieren und der ableitenden Harnwege behandelt, die mit einer Hämaturie einhergehen können. Bei einigen dieser Erkrankungen ist die Hämaturie ein Leitsymptom (z.B. bei Tumorerkrankungen der Niere oder der ableitenden Harnwege, bei Nephrolithiasis und beim nephritischen Syndrom bei Glomerulonephritis). Bei Harnwegsinfektionen und einer Pyelonephritis ist die Hämaturie ein häufig neben den Leitbefunden nachzuweisender Urinbefund (→ Kap. 60). Andere der hier dargestellten Erkrankungen gehen nur fakultativ bzw. intermittierend mit einer Hämaturie einher (z.B. membranöse Glomerulonephritis, chronische interstitielle Nephritiden und Nephropathien). Auch das Ausmaß der Hämaturie ist bei den einzelnen Krankheiten unterschiedlich. Makrohämaturien sind ein häufiger Befund z.B. bei Uretersteinen, bei Nierentumoren und bei der mesangioproliferativen Glomerulonephritis vom IgA-Typ (→ Abb. 20-3), während z.B. bei akuten interstitiellen Nephritiden selten mehr als eine Mikrohämaturie beobachtet wird. Neben renalen Erkrankungen können auch hämorrhagische Diathesen, z.B. im Rahmen von Erkrankungen des hämatopoetischen Systems und bei Antikoagulanziengabe, Ursache einer Hämaturie sein. Die Diagnose einer „essentiellen", also auf keine faßbare Ursache zurückzuführenden Hämaturie ist erst nach Ausschluß aller sonstigen Ursachen berechtigt.

20.1 Definition und Abgrenzung

Eine mit bloßem Auge erkennbare Hämaturie (ab 1 ml Blut pro 1 l Harn) wird als **Makrohämaturie,** eine nur mikroskopisch nachweisbare, vermehrte Ausscheidung von Erythrozyten als **Mikrohämaturie** bezeichnet.

Im zentrifugierten Harn des Gesunden können mikroskopisch pro Gesichtsfeld bei hundertfacher Vergrößerung bis zu 2 Erythrozyten nachweisbar sein. Der Nachweis von 3–5 oder mehr Erythrozyten sollte kontrolliert werden und bei Bestätigung des Befundes zur Messung der Erythrozytenausscheidung pro Zeiteinheit (Addis-Count) führen. Werden bei Kontrollen mehr als 5 Erythrozyten pro Gesichtsfeld nachgewiesen und finden sich mehr als 2000 Erythrozyten pro Minute im Addis-Sediment, sind weitere diagnostische Maßnahmen zur Klärung der vermehrten Ausscheidung von Erythrozyten erforderlich.

Nicht jede Rotfärbung des Harns entspricht einer Blutbeimengung. Im Gegensatz zur Hämaturie, bei der intakte Erythrozyten ausgeschieden werden, enthält der Harn bei der **Hämoglobinurie** durch Hämolyse freigesetztes Hämoglobin. Das Hämoglobin passiert bei einem Molekulargewicht von 68000 auch das gesunde Glomerulum. Eine Hämoglobinurie muß daher nicht zwangsläufig mit einer Hämaturie kombiniert sein. Bei einer Hämoglobinurie ist der Harn gleichmäßig fleischwasserfarben bis intensiv rot gefärbt, bei einer Hämaturie ist der Überstand des Harnsediments klar. Schwieriger kann die Unterscheidung zwischen Hämaturie und **Myoglobinurie** sein. Myoglobin wird im Rahmen einer Rhabdomyolyse (→ Kap. 35) freigesetzt (erhöhte Serumkreatinphosphokinase) und führt zu einer rotbraunen Verfärbung des erythrozytenfreien Harns. Myoglobin wird im Harn ausgeschieden, wenn die Serumkonzentration von 3 mg/l überschritten wird.

Neben der Hämoglobinurie und der Myoglobinurie kann auch eine harmlose Kontamination des Harns mit farbstoffhaltigen **Medikamenten** oder **Nahrungsmitteln** zur Fehldiagnose einer Hämaturie führen (Tab. 20-1).

Tab. 20-1 Rot- oder Braunfärbung des Urins durch Medikamente und Farbstoffe

Pharmaka	Farbstoffe und Nahrungsmittel
Aminophenazon	Rote Bete
Daunorubicin	Brombeeren
Doxyrubicin	Rhodamin B
Phenolphthalein	
Phenothiazin	
Rifampicin	
α-Methyldopa	

Gelegentlich gibt die Kontamination des Harns mit Erythrozyten bei gynäkologischen oder intestinalen Blutungen zur Verwechslung mit einer Hämaturie Anlaß. Ferner ist bei rotem Urin an eine akute intermittierende Porphyrie (→ Kap. 56) zu denken.

20.2 Ursachen

Die möglichen Ursachen einer Mikro- oder Makrohämaturie sind zusammengefaßt in Tabelle 20-2 dargestellt. Im einzelnen werden sie bei der Darstellung der jeweiligen Krankheitsbilder bzw. Krankheitsgruppen beschrieben.

Tab. 20-2 Synopsis der Ursachen einer Hämaturie

Glomeruläre Erkrankungen
primäre Glomerulonephritiden
Glomerulonephritiden bei Systemerkrankungen
Glomerulonephritiden als Begleiterkrankung
Alport-Syndrom
Syndrom der dünnen Basalmembran („benigne essentielle Hämaturie")
„Nail-patella-syndrome"
Harnwegsinfekte und tubulointerstitielle Nephritiden/Nephropathien
Harnwegsinfekte einschließlich Prostatitis
akute und chronische obstruktive und nichtobstruktive Pyelonephritis
Tuberkulose der Niere und der Harnwege
akute interstitielle Nephritiden
chronische interstitielle Nephritiden/Nephropathien
Analgetikanephropathie
Gichtnephropathie
Nephrokalzinose
Diabetische Nephropathie
Zystische Erkrankungen der Nieren
adulte und juvenile kongenitale Zystennieren
Markschwammniere
Nephronophthise
Erkrankungen des renalen Gefäßsystems (einschließlich „loin pain hematuria")
Nierentransplantatabstoßung
Tumoren der Nieren und der ableitenden Harnwege
Urolithiasis
Verletzungen der Nieren und der ableitenden Harnwege
Hypertensive Nephropathie, maligne Nephrosklerose
Erkrankungen des Gerinnungssystems
Erkrankungen des hämatopoetischen Systems

20.3 Diagnostik

20.3.1 Anamnese

Eine Mikrohämaturie wird nicht selten im Rahmen einer Routineuntersuchung des Urinsediments bemerkt. Häufiger führen aber andere Symptome zu einer gezielten Urinuntersuchung und weisen bei Vorliegen einer Hämaturie auf deren mögliche Ursache hin. So kann eine primäre Glomerulonephritis durch Ödembildung oder auch eine arterielle Hypertonie auffällig werden, bevor Hämaturie oder Proteinurie diagnostiziert wird. Auf Systemerkrankungen als Ursache einer Glomerulonephritis mit Hämaturie weist z.B. das gleichzeitige Vorhandensein von Fieber, Arthralgien, Hautveränderungen oder anderen Organbeteiligungen hin (→ Kap. 43). Erkrankungen des Gerinnungssystems gehen neben der Hämaturie mit weiteren Blutungssymptomen (→ Kap. 9) einher.

Erkrankungen der ableitenden Harnwege, wie z.B. Infektionen oder Harnwegsobstruktionen (z.B. bei Urolithiasis), sind ebenfalls durch charakteristische Symptome wie Fieber, Dysurie, Strangurie und Pollakisurie oder kolikartige Schmerzen in typischer Lokalisation (im Nierenlager oder von der Flanke in die Leiste ausstrahlend) charakterisiert. Mit Hilfe einer genauen Anamnese der aktuellen Beschwerden und der bisherigen Krankengeschichte kann daher bereits häufig die Ursache der Hämaturie weitgehend geklärt werden.

Bei makroskopisch sichtbaren Harnblutungen erlaubt der Zeitpunkt des Auftretens während der Miktion vielfach die Verdachtsdiagnose auf die regionale Herkunft der Blutbeimengung (Tab. 20-3). Blasenentleerungs- oder Miktionsstörungen können Symptome einer Prostatitis oder eines Prostatakarzinoms als Ursache der Hämaturie sein.

Tab. 20-3 Zeitpunkt des Auftretens einer Makrohämaturie als Hinweis auf die wahrscheinliche Blutungsursache

Miktionsunabhängig	Zu Beginn der Miktion	Gesamte Miktion	Am Ende der Miktion
Tumor, Entzündung oder Verletzung der Urethra	Harnröhrenprozeß: z. B. Entzündung, Stein, Verletzung oder Fremdkörper in der Urethra	Erkrankungen sowohl der Niere als auch des Ureters und der Harnblase	Prozeß im Bereich des Harnblasenauslasses: z. B. Prostataadenom/-karzinom, Harnblasenkarzinom, hämorrhagische Zystitis

20.3.2 Körperliche Untersuchung

Ödeme und ein erhöhter Blutdruck weisen auf eine glomeruläre Erkrankung hin, Blutungsdiathesen oder Lymphome lassen an Erkrankungen des Gerinnungssystems und des hämatopoetischen Systems als Ursache der Hämaturie denken. Eine tastbare, einseitige oder beidseitige Raumforderung im Bereich der Nieren spricht entweder für eine Zystennierenerkrankung oder das Vorhandensein eines Nierentumors. Ein Druck- oder Klopfschmerz im Bereich der Nieren oder der Harnblase im Zusammenhang mit einer fieberhaften Erkrankung kann auf eine Pyelonephritis und/oder Zystitis hinweisen. Eine ausgeprägte arterielle Hypertonie, die bereits zu Endorganveränderungen (Fundus hypertonicus, Linksherzvergrößerung) geführt hat, macht das Vorliegen einer hypertoniebedingten Nephrosklerose als Ursache der Hämaturie möglich. Eine rektale Untersuchung gehört zu den obligatorischen Methoden bei der Abklärung einer Hämaturie, sie kann bei einer Vergrößerung im Bereich der Prostata an einen Prostatatumor, bei schmerzhafter Prostata auch an eine Prostatitis denken lassen.

20.3.3 Laboruntersuchungen

Eine Hämaturie wird durch die wiederholte mikroskopische Untersuchung des Harns nachgewiesen. Dafür reicht der spontan gelassene Urin aus. Für eine quantitative Zellzählung mit Hilfe des Addis-Counts muß eine Harnsammlung über 24 Stunden vorgenommen werden. Bei der mikroskopischen Untersuchung des Harns muß insbesondere auf das Vorliegen von **Erythrozytenzylindern,** die für eine glomeruläre Erkrankung beweisend sind, geachtet werden (Abb. 20-1). Mit Hilfe der Phasenkontrastmikroskopie können Dysmorphien der Erythrozyten (z.B. Ringformen mit Exo- und Endopodien; Abb. 20-1) nachgewiesen werden. Sind bei frisch gelassenem Urin und fehlender Diuretika-Anwendung mehr als 80% der Erythrozyten in dieser Weise deformiert, ist auch dies mit einer Sensitivität von etwa 80% und einer Spezifität von etwa 95% ein sehr sicherer Hinweis auf eine glomeruläre Nierenerkrankung.

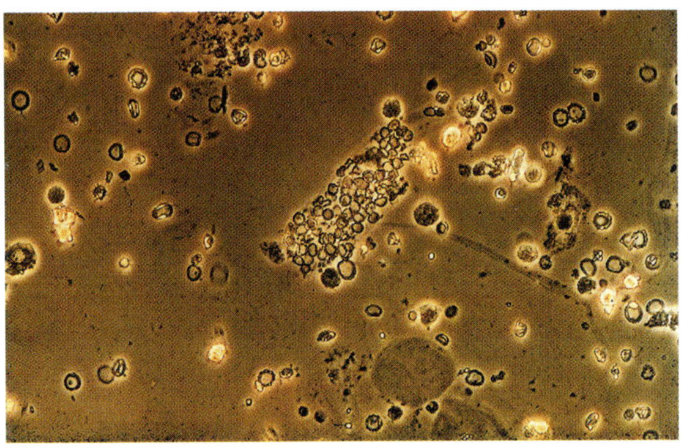

Abb. 20-1 Urinsediment bei Glomerulonephritis mit Darstellung einer Hämaturie und eines typischen Erythrozytenzylinders. Deutlich sichtbar die Dysmorphien der Erythrozyten als Hinweis auf den glomerulären Ursprung der Hämaturie (Phasenkontrastmikroskopie, stark vergrößert).

Das gleichzeitige Vorliegen einer **Proteinurie** sollte zu einer qualitativen Proteinbestimmung im Urin führen. Ein **„glomeruläres" Muster** der vermehrt ausgeschiedenen Proteine (in der Urin-Protein-Gelelektrophorese überwiegend Albumin und Transferrin und **keine niedermolekularen,** tubulär rückresorbierbaren Proteine) werden als beweisend für eine glomeruläre Erkrankung angesehen, die Ausscheidung nur **niedermolekularer Proteine** als beweisend für eine tubulointerstitielle Erkrankung (**„tubuläres Muster").** Bei vermehrter Ausscheidung von **Zucker** im Harn muß ein Diabetes mellitus ausgeschlossen werden. Der Nachweis einer signifikanten **Leukozyturie** oder von **Leukozytenzylindern** im Harnsediment spricht für eine Harnwegsinfektion, wobei Leukozytenzylinder eine Beteiligung des Nierenparenchyms belegen. Bei fehlendem Keimnachweis in der Standardurinkultur und wiederholtem Nachweis einer Leukozyturie und Hämaturie muß an eine Harnwegs-Tuberkulose gedacht werden und die Untersuchung auf Mycobacterium tuberculosis mit einer Ziehl-Neelsen-Färbung des Urinsediments sowie Urinkulturen auf Spezialnährböden veranlaßt werden. Eine vermehrte Exkretion von **kristalloiden Strukturen** im Harn oder auch der Befund einer erhöhten Ausscheidung von **Kalzium, Phosphat, Harnsäure** oder **Oxalat** macht ein Harnsteinleiden als Ursache für die Hämaturie wahrscheinlich. Eine zytologische Analyse des Harns kann bei Verdacht auf einen Tumor der Nieren oder der ableitenden Harnwege indiziert sein.

Die **Blut- bzw. Serumdiagnostik** sollte im Rahmen einer Hämaturie-Abklärung die Blutsenkungsgeschwindigkeit (beschleunigt zum Beispiel bei akuter Pyelonephritis), das Differentialblutbild und das C-reaktive Protein (als Hinweis auf lymphoproliferative Erkrankungen bzw. akute Infektionen), die Thrombozytenzahl (erniedrigt z.B. bei Morbus Werlhof), das Kreatinin (als Maß der Nierenfunktion), Harnsäure und Kalzium (erhöht z.B. bei Nephrolithiasis, Gichtdiathese bzw. bei Hyperparathyreoidismus), das Gesamteiweiß (erniedrigt z.B. im Rahmen eines nephrotischen Syndroms bei Glomerulonephritis), die Serumelektrophorese (z.B. spitze monoklonale Globulinzacke bei Plasmozytom), die partielle Thromboplastinzeit (verlängert bei z.B. Gerinnungsstörungen, Heparintherapie) sowie den Quick-Wert (erniedrigt z.B. bei Leberversagen, Marcumareinnahme) beinhalten. Im Rahmen weiterführender Blutuntersuchungen kann durch den Nachweis von antinukleären bzw. Anti-DNS-Antikörpern oder von antizytoplasmatischen Antikörpern („p-ANCA", „c-ANCA") die Diagnose eines systemischen Lupus erythematodes bzw. einer Vaskulitis mit Nierenbeteiligung gestellt werden. Der Nachweis von zirkulierenden Antibasalmembran-Antikörpern (Anti-gBM-AK) bei Patienten mit Hämaturie und Hämoptysen beweist das Goodpasture-Syndrom. Antistreptolysintiter-Erhöhungen können Anhalt für das Zugrundeliegen einer Poststreptokokken-Glomerulonephritis geben.

20.3.4 Weiterführende apparative und invasive Untersuchungen

Der Einsatz apparativer Untersuchungen zur Differentialdiagnose der Hämaturie sollte je nach Verdachtsdiagnose gezielt vorgenommen werden, da, wie die Tabelle 20-4 zeigt, die einzelnen apparativen Methoden häufig nur einen sehr begrenzten diagnostischen Wert haben.

Die wichtigste bildgebende Screening-Untersuchung bei der Differentialdiagnose der Hämaturie ist heute die **Sonographie** der Nieren. Insbesondere Tumoren, Steinleiden, Harnstauungsnieren, aber auch zystische Nierendegenerationen können mit dieser Methode nachgewiesen werden. Ebenso unverzichtbar ist die Sonographie in der Diagnostik von Prostata-Prozessen (rektale Sonographie). Sonographisch können auch Hinweise auf eine akute Glomerulonephritis (geschwollenes Organ, betonte Markkegel), auf eine Analgetika- oder diabetische Nephropathie (girlandenförmig angeordnete Verkalkungen im Bereich der Papillen; Abb. 20-2) und eine Nephrokalzinose (kegelförmige Verdichtungen des Echomusters im Bereich der Markkegel) gewonnen werden. Mit der Farb-Doppler-Sonographie gelingt es, eine Nierenvenenthrombose oder Niereninfarkte, die beide eine Hämaturie verursachen können, zu diagnostizieren.

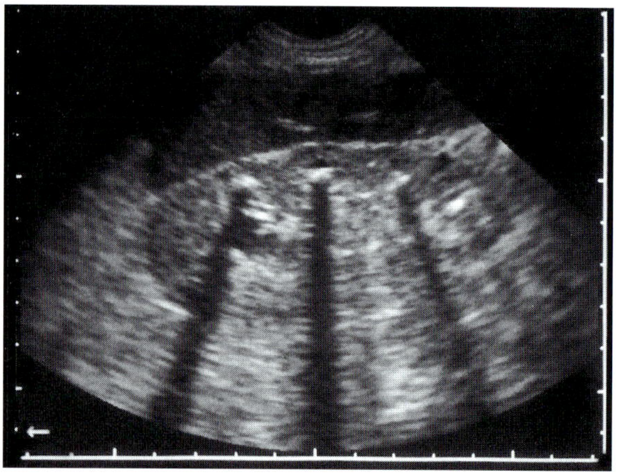

Abb. 20-2 Sonographische Darstellung einer Niere mit analgetikabedingten „girlandenförmigen“ Verkalkungen im Bereich der Papillen mit Schallschatten.

Eine **Abdomenleeraufnahme** kann Nierensteine, die gelegentlich in der Sonographie nicht sicher darstellbar sind, nachweisen. Eine **intravenöse Urographie**

Tab. 20-4 Apparative Untersuchungsmethoden mit hohem (++), geringerem (+) und fehlendem (ø) Wert für die Differentialdiagnose von Erkrankungen mit Hämaturie

	Sonographie	i.v. Pyelographie	Isotopennephrogramm	Computertomogramm	Nierenangiogramm	Nierenbiopsie
Glomeruläre Erkrankungen	(+)	∅	∅	∅	∅	++
akute interstitielle Nephritis	(+)	∅	∅	∅	∅	++
Pyelonephritis	(+)	++	(+)	∅	∅	∅
Urolithiasis	++	++	∅	++	(+)	∅
Nierentumor	++	(+)	∅	++	++	∅
Zystennieren	++	(+)	∅	++	∅	∅
Erkrankungen des renalen Gefäßsystems	++ (Farb-Doppler)	∅	(+)	++ (Spiral-CT bei Nierenarterienstenose)	++	∅
Nierentransplantatabstoßung	(+) (Farb-Doppler)	∅	∅	∅	∅	++

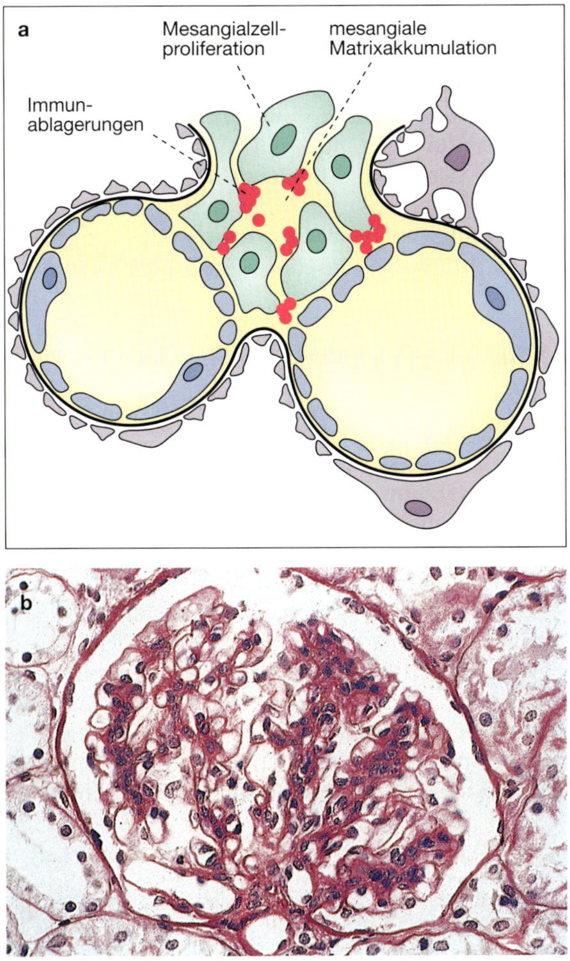

Abb. 20-3 Nephropathie: a) schematische Darstellung der wichtigsten histologischen Veränderungen bei mesangioproliferativer IgA-Nephropathie; b) Lichtmikroskopie einer mesangioproliferativen Glomerulonephritis mit mesangialer Zellzunahme und Matrixvermehrung (PAS-Reaktion).

wird bei Verdacht auf eine chronische Pyelonephritis, auf ein Steinleiden, eine Tumorerkrankung, aber auch bei Verdacht auf eine Mißbildung im Bereich der ableitenden Harnwege (z.B. Ureterabgangsstenose, Megaureter) als Ursache einer rekurrierenden Hämaturie durchgeführt. Zum Ausschluß eines vesiko-urethralen Refluxes ist ein **Miktionsurogramm** erforderlich. Eine **Computertomographie** der Nieren und des Beckenbodens ist insbesondere bei Verdacht auf tumoröse Erkrankungen im Bereich der Nieren, der Blase oder des Beckenbodens indiziert. Eine **Nierenangiographie** wird bei dem Verdacht auf einen Nierentumor, aber u.a. auch bei Hinweisen auf ein intrarenales Aneurysma (z.B. nach Nierenbiopsie) veranlaßt.

Mit Hilfe der **Isotopennephrographie** können Seitendifferenzen der renalen Durchblutung und Funktion nachgewiesen werden. Dies kann Hinweis auf das Vorliegen einer einseitigen Nierenarterienstenose bzw. Nierenparenchymerkrankung (z.B. einer chronischen Pyelonephritis) sein.

Mit Hilfe der **Zystoskopie** sollen zur Hämaturie führende Prozesse im Bereich der Blase sicher ausgeschlossen werden. Die Zystoskopie mit Beobachtung der Ureterenostien, bzw. getrennter Sammlung des Urins beider Nieren kann die Frage, ob eine renale Hämaturie einseitig oder beidseitig bedingt ist, beantworten und damit zwischen beidseitigen glomerulären oder interstitiellen Nierenerkrankungen und einseitigen urologischen Erkrankungen der Niere differenzieren helfen.

Wenn neben der Hämaturie eine große (> 3,5 g/24 h) Proteinurie und/oder Nierenfunktionseinschränkung besteht, ist eine **Nierenbiopsie** indiziert: Die histologische Untersuchung eines Nierenbiopsats ermöglicht Aussagen über das Ausmaß der renalen Schädigung und damit zur Prognose der mit hoher Wahrscheinlichkeit vorliegenden glomerulären Erkrankung (Abb. 20-3). Sie ist eine wichtige Entscheidungshilfe bei der Indikationsstellung zu einer immunsuppressiven Therapie.

20.4 Krankheitsbilder

20.4.1 Glomeruläre Erkrankungen

Eine Hämaturie kann im Rahmen von akuten, aber auch chronisch verlaufenden glomerulären Läsionen auftreten. Das Ausmaß der Hämaturie ist bei den einzelnen glomerulären Erkrankungen sehr unterschiedlich. Makrohämaturien werden ebenso beobachtet wie Krankheitsverläufe mit nur sporadischer Mikro- oder sogar fehlender Hämaturie. Prinzipiell werden **primäre Glomerulonephritiden** (Erkrankungen, die initial allein die Glomerula betreffen) von **sekundären Glomerulonephritiden,** die im Rahmen von **Systemerkrankungen** (wie dem Lupus

Tab. 20-5 Erkrankungen und medikamentöse Therapien, die mit einer sekundären Glomerulonephritis einhergehen können

systemische Erkrankungen (→ Tab. 20-7)
z. B. Lupus erythematodes, Vaskulitiden (Morbus Wegener, Polyarteriitis nodosa, mikroskop. Polyangiitis, Morbus Schoenlein-Henoch), → Kap. 43

bakterielle Infekte
Streptokokken, Staphylokokken, Pneumokokken, Meningokokken, Leptospiren, Pseudomonas, Proteus, E. coli, Salmonella typhi, Mykoplasmen (→ Kap. 14)

Parasitosen
Plasmodium malariae, Toxoplasma gondii, Trichinen, Schistosoma, Filaria (→ Kap. 14)

virale Infekte
Hepatitis B, C, Masern, Mumps, Varizellen, Mononukleose, Zytomegalie, HIV (→ Kap. 14)

Tumoren
Bronchialkarzinom, Ovarialkarzinom (→ Kap. 51), Morbus Hodgkin, Non-Hodgkin-Lymphome (→ Kap. 32)

Medikamente
Impfstoffe, D-Penicillamin, Hydantoin, Heroin, Methamphetamin, Quecksilber, Gold, Captopril

erythematodes oder dem Morbus Wegener) oder als **Begleiterkrankungen** (bei Tumorerkrankungen, nach Medikamenten oder para-/postinfektiös) vorkommen (Tab. 20-5), unterschieden. Von den primären und sekundären Glomerulonephritiden werden weiterhin **Glomerulopathien** (nichtentzündliche glomeruläre Veränderungen, z.B. bei Diabetes mellitus und Amyloidose) unterschieden, bei denen seltener eine Hämaturie beobachtet wird.

B *Beschwerden, Befunde und Verlauf*

Ausdruck der glomerulären Entzündung können neben der **Hämaturie** eine erhöhte Permeabilität der Glomerulummembran für höhermolekulare Proteine **(Proteinurie)**, sowie eine **Einschränkung der glomerulären Filtrationsrate** sein. Komplizierend kann eine **arterielle Hypertonie** (→ Kap. 26) schon in der Initialphase der Erkrankung und bei der Mehrzahl der chronischen Verlaufsformen der Glomerulonephritiden hinzukommen.

Es lassen sich typische **klinische Verlaufsformen** der Glomerulonephritiden unterscheiden, die durch Symptomenkomplexe charakterisiert sind. In Tabelle 20-6 sind die Verlaufsformen der primären und sekundären Glomerulonephritiden mit den wichtigsten klinischen

Tab. 20-6 Zuordnung der klinischen Verlaufsformen der primären und sekundären Glomerulonephritiden (GN) sowie der Glomerulopathien zu den vorwiegend zutreffenden histologischen Diagnosen. Die Hämaturie steht bei einigen Erkrankungen im Hintergrund der klinischen Symptomatik, bei anderen ist sie Leitsymptom. Die verschiedenen klinischen Erscheinungsbilder und Verlaufsformen können nebeneinander verlaufen (z. B. nephrotisch und rapid-progressiv) und ineinander übergehen (z. B. oligosymptomatisch in nephrotisch)

Klinische Verlaufsform	Befunde/Verlauf	Histologische Diagnosen
akut/nephritisch	Mikro- oder Makrohämaturie, Erythrozytenzylinder, Hypertonus, Ödeme, Proteinurie meist < 3,5 g/24 h, Kreatininanstieg (der bei der endokapillär proliferierenden GN reversibel sein kann)	endokapillär proliferative GN, diffus proliferierende GN bei Lupus erythematodes, fokal segmental nekrotisierende GN mit intra- und extrakapillärer Proliferation als idiopathische Form oder z. B. Morbus Wegener
nephrotisch (akut oder chronisch verlaufend)	Proteinurie > 3,5 g/24 h, Hypoproteinämie, Hyperlipidämie, Ödeme mit und ohne Hypertonus, mit und ohne Kreatininanstieg, Hämaturie (selten bei MCGN und GP; häufiger bei FSGS, MPGN und MGN; regelmäßig bei MAPGN)	minimal change GN (MCGN), membranöse GN (MGN), fokal segmentale Glomerulosklerose (FSGS), mesangioproliferative GN (MAPGN), membranoproliferative GN (MPGN), Glomerulopathien (GP, z. B. diabetische Glomerulosklerose, Amyloidose)
rapid-progressiv	rascher Nierenfunktionsverlust, nephritisch, gelegentlich nephrotisch	intra- und extrakapillär proliferative und nekrotisierende GN mit diffuser Halbmondbildung, z. B. bei Goodpasture-Syndrom
oligosymptomatisch	Mikrohämaturie, Proteinurie < 3,5 g/24 h, kein Nierenfunktionsverlust	MAPGN, MCGN (meist im Intervall zwischen nephrotischen Schüben)
chronisch	langsamer Nierenfunktionsverlust, nephrotisches Syndrom oder Proteinurie < 3 g/24 h, Hämaturie (selten bei GP; häufiger bei FSGS, MPGN und MGN; regelmäßig bei MAPGN)	MAPGN, MPGN, MGN, FSGS und GP

Tab. 20-7 Typische extrarenale Befunde bei sekundären Glomerulonephritiden im Rahmen einer Systemerkrankung, die mit einer Hämaturie und fakultativ mit rapid-progressivem Verlauf einhergehen

Systemischer Lupus erythematodes (LE)	Schmetterlingserythem, diskoide Hauterytheme (→ Kap. 21), Photosensibilität, Arthritis (→ Kap. 43), Fieber, Raynaud-Phänomen (→ Kap. 42), Endo-, Myo-, Perikarditis (→ Kap. 14), zentralnervöse Störungen (→ Kap. 7), Pleuritis, Alopezie (→ Kap. 21), Schleimhautulzera
Mikroskopische Polyangiitis	Polyarthritis (→ Kap. 43), neurologische Beteiligung (meist Mononeuritis multiplex), Lungenbluten, Lungeninfiltrationen
Polyarteriitis nodosa	Organinfarkte (Herz, Leber, Darm), Gefäßaneurysmata
Allergische Granulomatose	Asthma (→ Kap. 3.4.2.2), Fieber, (→ Kap. 14), Organinfarkte
Wegener-Granulomatose	chronische Rhinitis (→ Kap. 49), Sinusitis, Nekrose des Nasenknorpels, Lungenbluten, Lungeninfiltrationen, Keratokonjunktivitis (→ Kap. 5), Otitis media (→ Kap. 25), Polyarthritis (→ Kap. 43), Polyneuritis (→ Kap. 56)
Purpura Schoenlein-Henoch	Maculae purpurea, Darmkoliken, Darmbluten (→ Kap. 10)

Befunden aufgeführt und den vorwiegend zutreffenden histologisch definierten Diagnosen zugeordnet (→ Kap. 53). Die sekundären Glomerulonephritiden im Rahmen von Systemerkrankungen sind durch typische extrarenale Befundkonstellationen gekennzeichnet, die in Tabelle 20-7 für die verschiedenen Systemerkrankungen mit Glomerulonephritis zusammengestellt sind.

Seltene Ursachen einer glomerulären Hämaturie

Zusammen mit einer Schwerhörigkeit und gelegentlich auch mit Augenfehlbildungen (Netzhautveränderungen und Linsenfehlbildungen) und einer progredienten Nierenfunktionseinschränkung wird eine isolierte oder mit einer Proteinurie einhergehende Mikro-, seltener Makrohämaturie beim hereditären **Alport-Syndrom** beobachtet. Histologisch finden sich Verdickungen und Aufsplitterungen der glomerulären Basalmembran (GBM) und eine Fibrose des Niereninterstitiums.

Das **„nail-patella"-Syndrom** beschreibt eine hereditäre Nephritis, die mit einer Dysplasie der Nägel und Knochen (vor allem der Patella) einhergeht. Im Urin findet sich eine Hämaturie sowie eine Proteinurie unter 3 g/24 h. Häufig kommt es zu einer zunehmenden Einschränkung der glomerulären Filtrationsrate.

Läßt sich eine isolierte Hämaturie ohne Nierenfunktionseinschränkung (auch im Langzeitverlauf) nach Ausschöpfung aller nichtbioptischen diagnostischen Möglichkeiten nicht klären, spricht man von einer **„essentiellen"** oder auch **„benignen" Hämaturie.** Bioptisch findet sich sehr häufig eine Verschmälerung der Basalmembran der glomerulären Kapillaren. In einzelnen Fällen wurde eine autosomal-dominante Vererbung **(familial thin GBM disease)** nachgewiesen.

DS *Diagnosesicherung*

Durch die zusätzlichen Harnbefunde lassen sich glomeruläre Erkrankungen meistens schon ohne Nierenbiopsie von nicht glomerulären Ursachen einer Hämaturie differenzieren. So sind der Nachweis von Erythrozytenzylindern im Urinsediment und/oder einer großen Proteinurie (3,5 g/24 h) beweisend für das Vorliegen eines krankhaften Prozesses in den Glomerula. Bezüglich der Ätiologie ist die sorgfältige Anamnese und Wertung der gesamten Befundlage (Klinik und Labor) häufig richtungweisend, z.B. bei durch Systemerkrankungen (z.B. LE, Vaskulitiden, Tab. 20-7) oder durch Infektionen (Hepatitis B, C) induzierten Glomerulonephritiden. Schwieriger kann es sein, ein Tumorleiden oder Medikamente als Ursache für eine sekundäre Glomerulonephritis zu erkennen und zu belegen. Insbesondere bei alten Patienten und Patienten unter medikamentöser Therapie muß an diese Möglichkeiten gedacht werden.

Durch die Nierenbiopsie wird sehr häufig die Verdachtsdiagnose einer Glomerulonephritis als Ursache einer Hämaturie bestätigt. Der wesentliche Beitrag der Biopsie ist die Information über das Ausmaß und die Aktivität der renalen Schädigung. Dies ist wesentliche Voraussetzung für Aussagen zur Prognose und zur Indikationsstellung einer immunsuppressiven Therapie.

DD *Differentialdiagnose*

Die Erkennung einer glomerulären Erkrankung als Ursache einer Hämaturie bietet nur in Abwesenheit einer begleitenden Proteinurie glomerulären Ursprungs (Urinelektrophorese) und bei fehlendem Nachweis von Erythrozytenzylindern und einer glomerulären Erythrozyturie (Untersuchung mittels Phasenkontrastmikroskop) Probleme. Diese Situation kann bei einer oligosymptomatisch verlaufenden Glomerulonephritis gegeben sein, deren Abgrenzung von anderen Ursachen einer Hämaturie, vor allem von tubulo-interstitiellen Nierenerkrankungen, von Tumoren der Nieren und der ableitenden Harnwege und einer hypertensiven Nephropathie, Diagnostik mit bildgebenden Verfahren und gegebenenfalls der Biopsie bedarf (→ Abb. 20-6).

20.4.2 Tubulo-interstitielle Nierenerkrankungen

Eine große Gruppe von Erkrankungen, die ebenfalls mit einer Hämaturie einhergehen können, sind die tubulo-interstitiellen Nierenerkrankungen. Wie der Name andeutet, spielen sich die diesen Krankheiten zugrundeliegenden, überwiegend entzündlichen Prozesse vor allem im Bereich des renalen Interstitiums und der Tubuli ab.

Die Tabelle 20-8 gibt eine Einteilung der Krankheitsgruppe nach ätiologischen und pathogenetischen Gesichtspunkten. Die Differentialdiagnose der Pyelonephritis, der eine bakterielle Infektion des Nierenbeckens, des Nierenbeckenkelchsystems und des renalen Interstitiums zugrunde liegt, wird zusammen mit den Infektionen der ableitenden Harnwege im Kapitel 60 abgehandelt. Die **akuten interstitiellen Nephritiden** sind diffuse, mit mononukleären, häufig auch eosinophilen Infiltraten einhergehende Entzündungen des renalen Interstitiums. Sie werden überwiegend durch Medikamente (Tab. 20-9, allergische und toxische Mechanismen) oder durch Infektionen (parainfektiöse Mechanismen oder seltener direkte Erregerwirkung) ausgelöst (Tab. 20-5). Die **chronischen interstitiellen Nephritiden** und/oder **Nephropathien** (Tab. 20-8) sind prinzipiell auf drei unterschiedliche Ursachen zurückzuführen:

1. Die längere Einwirkung exogener pathogenetischer Faktoren auf die Niere (Analgetika, Schwermetalle [Kadmium, Blei], pflanzliche Gifte und Strahlenexposition).
2. Die Auswirkungen nicht renaler Erkrankungen auf die Nieren (Sichelzellanämie, Plasmozytom).
3. Die renale Manifestation systemischer oder metabolischer Erkrankungen (z.B. Lupus erythematodes, Sarkoidose, Zystinose, Oxalose, Hyperurikämie).

Die Pathogenese der endemischen Balkannephropathie ist unklar, neben der Einwirkung von Pilzgiften wird auch eine genetische Disposition diskutiert. Auch andere pflanzliche Gifte, wie die in chinesischen Kräutergemischen enthaltene Aristocholsäure (auch in Europa vertrieben!), können bei längerer oraler Anwendung zu einer chronischen interstitiellen Nephropathie führen. Als Ausdruck der Chronizität der Erkrankungen überwiegen histologisch im renalen Interstitium Fibrose und Sklerose gegenüber entzündlichen Infiltrationen. Aus diesem Grund ist die Bezeichnung „chronische interstitielle Nephropathie" dem auch verwendeten Terminus „chronische interstitielle Nephritis" meistens vorzuziehen.

Tab. 20-8 Tubulo-interstitielle Nierenerkrankungen. Einteilung nach ätiologischen und pathogenetischen Gesichtspunkten

Pyelonephritis	Interstitielle Nephritis
akut bakteriell hämatogen/lymphogen bakteriell aszendierend	**akut** idiopathisch medikamentös (allergisch-toxisch) infektiös/parainfektiös
chronisch herdförmig destruierend mit und ohne Obstruktion	**chronisch** Analgetikanephropathie Schwermetallnephropathie (Kadmium, Blei) Strahlennephritis Nephropathie bei Sichelzellanämie Plasmozytom Lupus erythematodes Sarkoidose Zystinose, Oxalose Uratnephropathie Balkannephropathie Nephropathie durch Pflanzengifte

Tab. 20-9 Hauptursachen einer akuten interstitiellen Nephritis

Medikamente	**Penicillin und Derivate** **Cephalosporine** **andere Antibiotika:** Rifampicin, Sulfonamide, Co-trimoxazol, Polymyxin, Vancomycin, Erythromycin, Ciprofloxacin, Ethambutol, Isoniazid **nichtsteroidale Antiphlogistika:** Ibuprofen, Naproxen, Fenoprofen, Indomethacin, Sulindac, Diclofenac, Piroxicam, Phenylbutazon, Phenazon, Aspirin, 5-Aminosalicylsäure, Salicylazosulfapyridin u.v.a. **Analgetika:** Aminopyridin, Paracetamol, Sulfinpyrazon, Glafenin **Diuretika:** Thiazide, Triamteren, Furosemid **Antikonvulsiva:** Diphenylhydantoin, Phenobarbitalsäure, Phenytoin, Carbamazepin, Diazepam, Valproinsäure **andere Medikamente:** Allopurinol, Cimetidin, Captopril, Ajmalin, Clofibrate, Amphetamine, α-Methyldopa, α-Interferon, D-Penicillamin, Gold, Azathioprin, Kontrastmittel
Infektionen	**Sepsis** **Leptospirose** **Hanta-Virus** **seltener:** Diphtherie, Scharlach, Streptokokkeninfekte, Toxoplasmose, Typhus, Mononukleose, Tuberkulose, Legionärserkrankung, HIV
Malignome	Lymphome, akute Leukämien
Systemerkrankungen	systemischer Lupus erythematodes, Sjögren-Syndrom
idiopathisch	

B *Beschwerden und Befunde*

Im Vordergrund der renalen Symptomatik der **akuten interstitiellen Nephritis** steht eine akute Einschränkung der Nierenfunktion, erkennbar an einer erhöhten Serum-Kreatinin-Konzentration und in schweren Fällen an einer akuten Oligurie. Gleichzeitig können dumpfe Schmerzen in den Nierenlagern auftreten. Das Urinsediment zeigt eine Leukurie und Hämaturie, bei medikamenteninduzierten interstitiellen Nephritiden häufig auch eine Eosinophilurie. Selten findet sich eine große Proteinurie (> 3,5 g/24 h), häufig jedoch Eiweißausscheidungen von 0,5–2 g/Tag mit tubulärem Muster (→ 20.3.3). Bei der medikamenteninduzierten interstitiellen Nephritis finden sich extrarenale Hinweise auf eine Hypersensitivitätsreaktion wie Fieber, Exanthem, Eosinophilie und Arthralgien. Bei der parainfektiösen/infektiösen interstitiellen Nephritis steht die Symptomatik des auslösenden Infekts im Vordergrund, die Nierenbeteiligung wird oft erst an der sich einstellenden Niereninsuffizienz (Oligurie, Serum-Kreatinin erhöht) erkannt. Die Symptomatik hat bei der akuten interstitiellen Nephritis bei Leptospirose und Hanta-Virus-Infektion neben allgemeinen Infektionszeichen wie Fieber besondere Charakteristika. Leptospirose: schwere Myalgien, Ikterus, Petechien und gastrointestinale Blutungen. Hanta-Virus-Infektionen: abdominelle und Rückenschmerzen, Bradykardie, akute Myopie, Thrombopenie mit konjunktivalen Blutungen. Bei der Sarkoidose stehen extrarenale Symptome wie trockener Husten, Dyspnoe, Lymphknotenschwellungen etc. im Vordergrund. Wegweisend ist oft der typische radiologische Befund der Lunge. Selten kann eine tubulo-interstitielle Nephropathie bei systemischem Lupus erythematodes in einer frühen Phase der Erkrankung auftreten und führt dann im allgemeinen zu einem sehr raschen Nierenfunktionsverlust.

Bei bis zu 30% der Patienten läßt sich keine sichere Ursache der akuten interstitiellen Nephritis feststellen. Diese idiopathischen Formen gehen typischerweise mit Fieber, jedoch oft ohne Exanthem oder Eosinophilie einher. Eine Untergruppe dieser Patienten (meist jüngere Frauen) leidet neben den renalen Symptomen an einer Uveitis und gelegentlich auch an lymphoiden Granulomen, ohne daß eine Sarkoidose, eine Tuberkulose oder Toxoplasmose diagnostiziert werden kann. Die Ätiologie ist bis heute unklar, ein Zusammenhang mit Chlamydieninfektionen wird diskutiert.

Die **chronischen interstitiellen Nephropathien** haben einen schleichenden, symptomarmen Verlauf und werden erst in späten Krankheitsphasen an den Symptomen der fortgeschrittenen Niereninsuffizienz (Inappetenz, Polyurie, Anämie) erkannt, dies gilt vor allem für die Strahlennephritis, die Schwermetallnephropathie und die Balkannephropathie, aber auch die Analgetikanephropathie kann lange Zeit unerkannt verlaufen, bis sie durch urämische Symptome oder Makrohämaturie und Koliken bei der Abstoßung der bei dieser Erkrankung charakteristischerweise auftretenden Nekrosen der Nierenkelchpapillen erkannt wird. Auch bei interstitieller Nephropathie bei Sichelzellanämie kommt es häufig durch Gefäßverschlüsse im Nierenmark zu Papillennekrosen und Papillenabstoßung mit entsprechender Symptomatik. Die tubulointerstitielle Nephropathie bei Plasmozytom ist Folge von intratubulären Ablagerungen von Leichtkettenzylindern und führt überwiegend langsam fortschreitend, seltener in kurzer Zeit, zur terminalen Niereninsuffizienz. Ein nephrotisches Syndrom mit großer Proteinurie wird nur bei gleichzeitiger glomerulärer Amyloidose und/oder Ablagerung von Leichtketten in der glomerulären Basalmembran beobachtet.

Patienten mit Hyperurikämie leiden in erster Linie unter Schmerzen bei Gichtarthropathie und den Symptomen einer Nephrolithiasis bei Harnsäuresteinen. Eine Nierenfunktionseinschränkung auf dem Boden einer chronisch interstitiellen Nephropathie wird nur beobachtet, wenn die Serum-Harnsäure über einen längeren Zeitraum auf > 10 mg/dl bei Frauen bzw. > 13 mg/dl bei Männern erhöht ist. Ein gleichzeitiger Hypertonus, Diabetes mellitus, eine Fettstoffwechselstörung und eine hypertoniebedingte Nephrosklerose begünstigen einen frühen Anstieg des Serum-Kreatinins. Die Symptome einer Hyperoxalurie sind in erster Linie durch die begleitende Kalziumoxalatnephrolithiasis mit nachfolgender obstruktiver Uropathie und die begleitende Oxalatarthropathie bestimmt. Das Serum-Kreatinin steigt meist langsam und unbemerkt an, bis eine Dialysepflichtigkeit eintritt.

Auch im Rahmen der seltenen Zystinose kommt es zu interstitieller Fibrose und tubulärer Atrophie, die zu einem langsam progressiven Anstieg des Serum-Kreatinins bis hin zum Nierenversagen führt. Im Vordergrund stehen die häufig begleitenden weiteren hereditären Schäden wie der Mongolismus, die Hämophilie oder die hereditäre Pankreatitis. Eine granulomatöse Infiltration des renalen Interstitiums wird in etwa 40% der Patienten mit Sarkoidose beobachtet, bei zu später Behandlung kommt es zur interstitiellen Fibrose und zur progressiven Nierenfunktionseinschränkung.

DS *Diagnosesicherung*

Die Verdachtsdiagnose „akute interstitielle Nephritis“, deren wesentliche renale Symptome – akute Niereninsuffizienz, Hämaturie und geringe Proteinurie – vieldeutig sind, basiert auf der Anamnese und der extrarenalen Symptomatik (Tab. 20-10). Die endgültige Diagnosesicherung aller Formen der akuten interstitiellen Nephritis erfolgt durch Nierenbiopsie und nach Nachweis der von mononukleären Zellen, Eosinophilen und eventuell epitheloidzelligen Granulomen (Morbus Boeck) gebildeten interstitiellen Infiltrate. Sonographische und radiologische Untersuchungen tragen nicht zur Diagnosesicherung bei.

Tab. 20-10 Charakteristische anamnestische/klinische Befunde und Labordaten bei akuten und chronischen tubulo-interstitiellen Nierenerkrankungen

Diagnosen	Anamnese	Extrarenale Symptome	Labor/bildgebende Verfahren
„Allergische" akute interstitielle Nephritis	rezente Medikamenteneinnahme (Tab. 20-9)	Exanthem (→ Kap. 21), evtl. Pruritus (→ Kap. 28)	Eosinophilie, Eosinophilurie, erhöhtes Serum-IgE
Parainfektiöse/infektiöse akute interstitielle Nephritis	vorausgehender oder noch bestehender akuter Infekt	spezifische klinische Befunde der jeweiligen Infektion	serologischer oder direkter Erregernachweis
Chronische interstitielle Nephritis bei			
Analgetikaabusus	chron. Schmerzen/Analgetikaeinnahme	grau-gelbes Hautkolorit	Nachweis von verkalkten Papillen (Röntgen, Sono)
chronischer Bleiintoxikation	Bleiexposition	Bleisaum der Fingernägel, Hypertonie (→ Kap. 26), Anämie (→ Kap. 8)	Nachweis von Blei im Gewebe, Blut und Urin (Mobilisationstest), Hyperurikämie
Sarkoidose (→ Kap. 27)	Nephrolithiasis	Erythema nodosum, Arthritis, Uveitis	Hyperkalzämie, typischer Röntgenbefund der Lunge
Oxalose	Nephrolithiasis, Arthralgien	destruktive Arthritis, periphere Durchblutungsstörungen	Serum-Oxalat erhöht
multiplem Myelom	Skelettschmerzen, Infektionen	Osteolysen, Anämie, Hyperviskositätssyndrom	monoklonale γ-Globulinvermehrung, Hyperkalzämie
Gicht (→ Kap. 43.4.7)	Podagra, Chiragra, Nephrolithiasis, Pyelonephritis (→ Kap. 60)	Gichttophi, Hypertonus	Hyperurikämie, Hyperlipidämie
Balkannephropathie	Herkunft und langfristiger Aufenthalt im donaunahen Bereich der Balkanregion	uroepitheliale Tumoren (200fach erhöhtes Risiko), kupfergelbe Verfärbung im Bereich der Hand- und Fußflächen	β_2-Mikroglobulinausscheidung im Urin stark erhöht

Bei der chronischen interstitiellen Nephropathie finden sich in der Frühphase neben intermittierender Hämaturie, meist starker Leukurie und geringer, überwiegend tubulärer Proteinurie, vor allem tubuläre Funktionsstörungen: Polyurie als Störungen der Urinkonzentrierung (→ Kap. 12), Glukosurie, Phosphaturie, Aminoazidurie, Bikarbonaturie, renale Salzverluste und eine eingeschränkte Urinazidifizierung. Der spätere Verlauf ist vor allem durch eine in der Regel langsame Progredienz der Niereninsuffizienz gekennzeichnet. In vielen Fällen stützt sich die Diagnose einer chronisch interstitiellen Nephritis neben den renalen Befunden vor allem auf Anamnese und extrarenale Symptomatik (Tab. 20-10).

DD *Differentialdiagnose*

Bei der differentialdiagnostischen Abgrenzung der akuten interstitiellen Nephritis müssen insbesondere ein akutes Nierenversagen auf dem Boden einer toxischen Schädigung der Nieren sowie eine Niereninsuffizienz infolge einer akuten Glomerulonephritis ausgeschlossen werden. Im Falle der anamnestischen Einnahme von Medikamenten mit sowohl nephrotoxischer als auch allergisierender Potenz sprechen gleichzeitige allgemeine Zeichen einer allergischen Reaktion für das Vorliegen einer medikamenteninduzierten interstitiellen Nephritis und gegen ein akutes nephrotoxisches Nierenversagen. Bei der Abgrenzung einer infektiösen/parainfektiösen interstitiellen Nephritis von einer akuten postinfektiösen Glomerulonephritis ist das Fehlen oder Vorhandensein typischer glomerulonephritischer Befunde (Hypertonie, Erythrozytenzylinder, glomeruläre Proteinurie) ausschlaggebend. In allen Zweifelsfällen ist die Nierenbiopsie indiziert, die bei den spezifischen histologischen Substraten des akuten nephrotoxischen Nierenversagens, der akuten interstitiellen und der akuten postinfektiösen Glomerulonephritis in der Regel eine endgültige Diagnose möglich macht.

Die Differentialdiagnose der chronischen interstitiellen Nephritis betrifft insbesondere die oligosymptomatische chronische Glomerulonephritis und auch die chronische Pyelonephritis, da chronische interstitielle Nephritiden eine Disposition zu sekundären renalen bakteriellen Infekten haben.

In der Mehrzahl der Fälle wird eine weitgehende diagnostische Festlegung auf eine chronische interstitielle Nephritis durch die Anamnese oder durch das gleichzeitige Vorhandensein von metabolischen Störungen bzw. hämatologischen Erkrankungen ermöglicht (Tab. 20-10). In Zweifelsfällen sollte die Nierenpunktion zur endgültigen Klärung herangezogen werden, vor allem wenn sich aus dem histologischen Befund therapeutische Konsequenzen ergeben könnten.

Tab. 20-11 Einteilung der zystischen Nierenerkrankungen

Polyzystische Nierenerkrankungen
kindlicher Typ (autosomal-rezessiv vererbt)
Erwachsenentyp (autosomal-dominant vererbt)
Markschwammnieren (kongenital, nicht sicher erblich)
Nephronophthisekomplex
juvenile Nephronophthise (autosomal-rezessiv vererbt)
medulläre zystische Nierenerkrankung (autosomal-dominant vererbt)
Solitäre Nierenzysten
Erworbene Nierenzysten

20.4.3 Zystische Nierenerkrankungen

Die Klassifikation der zystischen Nierenerkrankungen ist in Tabelle 20-11 wiedergegeben. Von der polyzystischen Nierenerkrankung des Erwachsenen, die autosomal-dominant vererbt wird, kann eine kindliche Form mit autosomal-rezessivem Erbgang unterschieden werden. Bei den meisten der erkrankten Erwachsenen ist ein defektes Gen auf dem kurzen Arm des Chromosoms 16 Ursache der Zystenbildung, für die übrigen Fälle sind wahrscheinlich Mutationen im Bereich des Chromosoms 4 verantwortlich. Die **polyzystische Nierenerkrankung des Erwachsenen** ist die häufigste erbliche Erkrankung, die zur Niereninsuffizienz führt. Pathologisch-anatomisch findet sich eine zystische Degeneration beider Nieren, bei vielen Patienten finden sich Zysten auch in der Leber, bei einigen auch im Pankreas. Bei dem viel selteneren **kindlichen Typ** der polyzystischen Nierenerkrankung werden peri- und neonatale sowie infantile und juvenile Formen unterschieden. In der Regel finden sich zusätzliche Mißbildungen der Gallenwege und eine periportale Fibrose der Leber.

Die kongenitale **Markschwammniere** ist ein seltenes Krankheitsbild, das durch zystische Dilatation der Sammelrohre im Bereich der Papillen definiert ist. Die Erkrankung hat einen relativ gutartigen Verlauf. Fast nie kommt es zur Entwicklung einer Niereninsuffizienz. Der **Nephronophthisekomplex** ist eine hereditäre Erkrankung (autosomal-rezessiv oder -dominant), die bei Erwachsenen, am häufigsten aber bei Kindern auftritt. Die kindliche Form ist die häufigste Ursache der terminalen Niereninsuffizienz im Kindes- und im frühen Jugendlichenalter. Pathologisch anatomisch zeigen sich verkleinerte Nieren mit höckriger Oberfläche, die kleine Zysten im Mark und im Markrindenbereich aufweisen. Das Interstitium zeigt eine deutliche Fibrose und mononukleäre zelluläre Infiltration, die Glomerula sind sekundär sklerosiert.

B *Beschwerden und Befunde*

Symptome der **adulten Form der Zystennieren** treten meist erst im 4.–5. Lebensjahrzehnt auf. Die Hämaturie (häufig Makrohämaturie) ist ein Leitsymptom. Häufig kommt es zu Zysteneinblutungen oder Zysteninfektionen mit Schmerzen im Mittel- und Oberbauch und in den Flanken sowie Fieber bei bakterieller Infektion der Zysten. Koagelbildungen im Nierenbecken können Harnwegsobstruktionen und Koliken auslösen. In fortgeschrittenen Stadien werden die Organe durch die Größenzunahme der Zysten in den Flanken und zum Teil im Unterbauch tastbar, gelegentlich auch als Vorwölbung sichtbar. Durch Druck auf die Umgebung kann es, insbesondere wenn gleichzeitig eine große Zystenleber besteht, zu Völlegefühl und Übelkeit kommen. Nahezu bei allen Patienten findet sich schon frühzeitig eine arterielle Hypertonie (→ Kap 26), die das Fortschreiten der Erkrankung zur terminalen Insuffizienz der Nieren beschleunigt. Extrarenale, mit der kongenitalen Zystennierenerkrankung häufig assoziierte krankhafte Prozesse sind eine Divertikulose des Kolons und Aneurysmen der zerebralen Arterien, die zu Kopfschmerzen, aber auch zu transitorisch ischämischen Attacken und Blutungen führen können. Die **kindliche Form** der polyzystischen Nierenerkrankung ist ebenfalls durch die begleitende Hypertonie kompliziert und führt in allen Fällen zur Dialysepflichtigkeit.

Die **Markschwammniere** ist häufig symptomlos, neben einer rezidivierenden Hämaturie können Symptome einer komplizierenden Nephrolithiasis beobachtet werden (DD: Nephrokalzinose → Kap. 12.4.4). Die **Nephronophthise** wird meist erst im Stadium der Urämie diagnostiziert, erste Symptome können eine Polyurie und Polydipsie (→ Kap. 12) als Ausdruck eines eingeschränkten renalen Konzentrationsvermögens sein, seltener ist eine Hämaturie nachweisbar. Bei Kindern können Wachstumsstörungen, gelegentlich eine geistige Retardierung und eine Retinitis pigmentosa auftreten.

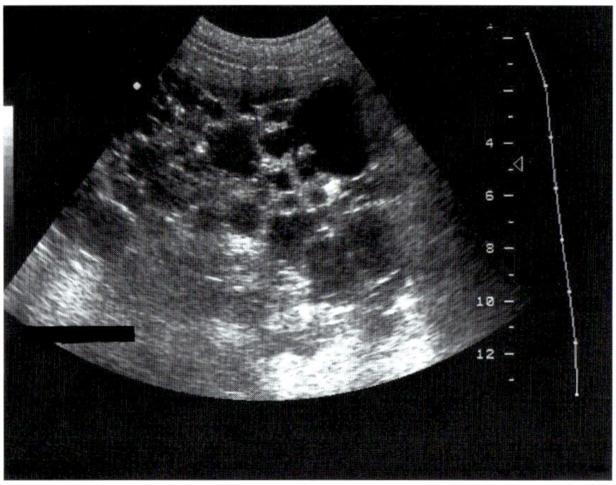

Abb. 20-4 Sonographischer Befund bei kongenitaler Zystenniere.

DS *Diagnosesicherung*

Die Sicherung der Diagnose von **Zystennieren** erfolgt durch die Sonographie (Abb. 20-4), ein i.v.-Urogramm kann zusätzliche Informationen über die Abflußverhältnisse aus dem Nierenbecken geben. Im Computertomogramm lassen sich frische Einblutungen oder Infektionen der Zysten sicherer als mittels Sonographie diagnostizieren. Bei der Beurteilung der Blutuntersuchungen fällt meist eine Diskrepanz zwischen dem Ausmaß der Nierenfunktionsstörung und dem Grad der Anämie auf: Wegen einer erhaltenen Erythropoetinproduktion weisen viele Zystennierenpatienten auch bei fortgeschrittener Niereninsuffizienz noch normal oder nur leicht erniedrigte Hämoglobinwerte auf. Eine frühere (auch pränatale) Diagnosestellung durch den Nachweis des Gendefekts ist möglich.

Die Diagnose einer **Markschwammniere** wird radiologisch gesichert: Es finden sich Verkalkungen der Papillenspitzen und im i.v.-Pyelogramm Kontrastmittelansammlungen im Bereich ektatischer Sammelrohre.

Die **Nephronophthise** wird letztlich durch Nierenbiopsie gesichert (interstitielle Fibrose und mononukleäre Infiltrate), in der Sonographie lassen sich die zystischen Veränderungen häufig nicht nachweisen.

DD *Differentialdiagnose*

Bei polyzystischer Nierenerkrankung läßt der typische sonographische Befund mit einer Größenzunahme der Nieren durch multiple echoarme, rundliche Raumforderungen und die positive Familienanamnese meist keinen Zweifel an der Diagnose aufkommen. Gelegentlich bestehen Schwierigkeiten in der Abgrenzung polyzystischer Nieren von **hydronephrotisch gestauten Nieren.** Durch ein i.v.-Pyelogramm kann diagnostische Klarheit geschaffen werden. Bei fortgeschrittenen **Nierenparenchymschäden** (insbesondere im Stadium der Dialysepflichtigkeit) kommt es auch bei anderen chronischen Nierenerkrankungen zur Ausbildung von Nierenzysten, die jedoch nie so zahlreich und in der Regel kleiner als die der hereditären polyzystischen Erkrankung sind. **Solitärzysten** der Nieren sind ein häufiger Zufallsbefund, der nur im Fall einer Echinokokkose Krankheitswert hat und selten Ursache einer Hämaturie ist.

20.4.4 Hämaturische Erkrankungen des renalen Gefäßsystems

Erkrankungen der renalen Arterien und Venen können zu erhöhter Permeabilität bzw. Destruktion der Blut-Urin-Schranke und damit zu einer Hämaturie führen (Tab. 20-12). Neben entzündlichen Veränderungen der Gefäße (z.B. Polyarteriitis nodosa, → Kap. 43.4.11.4) können auch Nekrosen bei akuter Durchblutungsstörung (z.B. Nierenarterienembolie) zu einem Blutübertritt in den Urinraum führen. **Arterielle Niereninfarkte** können durch eine Embolie (z.B. bei kardialem Thrombus) oder durch eine Thrombose (z.B. bei ausgeprägter Nierenarterienstenose) entstehen. **Aneurysmata der Nierenarterien** – entweder kongenitaler Natur oder im Rahmen einer Vaskulitis (Polyarteriitis nodosa) entstanden – können durch Mikrothrombenbildung ebenfalls eine Hämaturie verursachen. Nach Nierenbiopsie kann die Ausbildung einer arteriovenösen Fistel zu einer anhaltenden Hämaturie führen. **Nierenvenenthrombosen** entstehen im Rahmen einer Gerinnungsstörung (häufig bei nephrotischem Syndrom), nach stumpfen Bauchtraumen oder bei einer schweren Dehydratation und führen ebenso wie chronische Obstruktionen der Nierenvenen (z.B. durch Tumoren oder Retroperitonealfibrose) zu Hämaturie und Proteinurie. Das seltene **„loin pain hematuria"-Syndrom** wird bei jungen Frauen beschrieben: zusammen mit heftigen ein- oder auch beidseitigen Flankenschmerzen tritt eine Mikro- oder Makrohämaturie auf. Eine geringe Proteinurie kann nachweisbar sein. Die Ursache ist unklar, ein Zusammenhang mit abnormen intrarenalen Gefäßverläufen und Vasospasmen wird diskutiert.

Tab. 20-12 Erkrankungen des renalen Gefäßsystems, die eine Hämaturie hervorrufen können

arterielle Niereninfarkte
Aneurysmata der Nierenarterie (kongenital oder bei Polyarteriitis nodosa)
Nierenvenenthrombose
AV-Fisteln nach Nierenbiopsie
chronische Obstruktion der Nierenvene
hereditäre Teleangiektasie (Morbus Rendu-Osler)
Hämangiome
„loin pain hematuria"-Syndrom

B *Beschwerden und Befunde*

Arterielle Niereninfarkte führen zu Mikro- oder Makrohämaturie, im Vordergrund der Symptomatik stehen heftige akute Flankenschmerzen, eine peritoneale Reizsymptomatik mit Fieber und ein Anstieg des Blutdrucks. **Aneurysmen der Nierenarterie** können ebenfalls Schmerzen, Hochdruck und Hämaturie verursachen. Die **Nierenvenenthrombose** ist charakterisiert durch eine Mikro- oder Makrohämaturie und eine deutliche Proteinurie. Begleitsymptome sind Flankenschmerzen sowie Temperatur- und Blutdruckanstieg. Der kongenitale **Morbus Rendu-Osler** (hereditäre Teleangiektasie, → Kap. 9.4.6) zeigt sich meist durch die typischen Gefäßveränderungen an den Lippen und der Mundschleimhaut. Nicht selten treten Schleimhautblutungen der Atem- und Darmwege auf. Im Rahmen einer renalen Beteiligung kommt es ebenso wie bei den seltenen renalen Hämangiomen zu einer Mikro- oder Makrohämaturie.

DS *Diagnosesicherung*

Mit der Farb-Doppler-Sonographie lassen sich heute Verschlüsse und Aneurysmata großer Gefäße schnell und mit ausreichend hoher Sensitivität erfassen. Voraussetzung sind allerdings günstige Schallbedingungen (keine Adipositas) und entsprechende Erfahrungen des Untersuchers. Die Methode der Wahl, um Nierenarterieninfarkte, -aneurysmata, Nierenvenenobstruktion und -thrombose zu diagnostizieren, ist die Angiographie. In einzelnen Fällen ist allerdings die Computertomographie und besonders das neuentwickelte dreidimensionale Spiral-CT überlegen. Beim „loin pain hematuria"-Syndrom lassen sich gelegentlich, aber nicht regelhaft, in der Nierenangiographie intrarenal extrem geschlängelte Gefäßverläufe, Gefäßabbrüche und Vasospasmen mit ischämischen Bezirken feststellen.

DD *Differentialdiagnose*

Die Diagnose eines **„loin pain hematuria"-Syndroms** kann nur nach Ausschluß aller anderen Ursachen einer Hämaturie gestellt werden. Unterstützt wird diese Ausschlußdiagnose durch den jedoch nicht regelhaften angiographischen Nachweis der oben erwähnten Gefäßanomalien. Schwierig ist auch die Differentialdiagnose des **Morbus Rendu-Osler,** wenn keine Teleangiektasien der Haut sichtbar sind. Alle anderen, durch Erkrankungen der renalen Gefäße verursachten Hämaturien können unter Berücksichtigung der Begleiterkrankungen (z.B. kardiale Thromben in der Echokardiographie bei Niereninfarkt oder retroperitonealer Tumoren bei Nierenvenenthrombose) mittels der oben beschriebenen bildgebenden Verfahren von anderen Ursachen der Hämaturie sicher abgegrenzt werden.

20.4.5 Tumoren der Niere und der ableitenden Harnwege

Im Bereich der Niere und der ableitenden Harnwege sind bösartige Tumoren häufiger als gutartige, eine Übersicht der häufigsten Urogenitaltumoren zeigt Tabelle 20-13. Wichtiges Leitsymptom der Tumoren der Nieren und der ableitenden Harnwege ist die Hämaturie. Der häufigste Nierentumor ist das **Nierenzellkarzinom** (Synonym: Hypernephrom), das von der Nierenrinde aus das umgebende Nierengewebe und die Nachbarorgane infiltriert. **Urothelzellkarzinome** entstehen aus dem Epithel des Nierenbeckens und der ableitenden Harnwege. Als karzinogene Faktoren werden Analgetikamißbrauch, starker Zigarettenkonsum und Virusinfektionen diskutiert. Hinzu kommen als mögliche Ursache die Exposition gegenüber Anilinderivaten, Tryptophan und aromatischen Aminen. Faktoren, die das Auftreten eines **Harnblasenkarzinoms** begünstigen, sind ebenfalls Zigarettenrauchen, Exposition gegenüber Benzidin und Naphthylamin aber auch hochdosierte Cyclophosphamidtherapie. Die seltenen **Plattenepithelkarzinome** der unteren Harnwege können durch eine Bilharziose induziert werden. Der häufigste Tumor im Bereich der ableitenden Harnwege ist das **Prostatakarzinom,** das bevorzugt die Samenblasen, den Blasenboden und das Beckenbindegewebe infiltriert. Die wichtigsten gutartigen Tumoren der Nieren sind Hämangiome, Angiomyolipome und Adenome. Sie verursachen selten eine Hämaturie. Häufiger sind dagegen benigne Tumoren der Harnblase (z.B. Papillome) für eine Hämaturie verantwortlich.

20

Tab. 20-13 Systematik der wichtigsten Tumoren der Niere und der ableitenden Harnwege

Nierenparenchym
benigne: Hämangiome, Angiomyolipome, Fibrome, Lipome, Leiomyome, Lymphangiome, Adenome
maligne: Nierenzellkarzinom (Hypernephrom), Wilms-Tumor, Metastasen

Ableitende Harnwege (Nierenbeckenkelch-, Ureter-, Harnblasentumoren)
benigne: Fibrome, Hämangiome, Lipome, Lymphangiome, Myome, neurogene und Mischtumoren, Papillome, Papillomatose
maligne: Karzinome (Urothelkarzinom), Leiomyosarkom, Lymphosarkom, Rhabdomyosarkom

Prostata
benigne: Hyperplasie, Adenom
maligne: Prostatakarzinom

B *Beschwerden und Befunde*

Wichtigstes Symptom des Hypernephroms ist die Hämaturie (bei etwa 50% der Patienten nachweisbar). In der Spätphase der Erkrankung können sich Flankenschmerzen sowie ein palpabler Tumor finden. Allgemeine Tumorzeichen sind die Anämie, der Gewichtsverlust, subfebrile Temperaturen sowie die erhöhte Blutkörperchensenkungsgeschwindigkeit. Eine paraneoplastische Hormonbildung mit entsprechenden Beschwerden und Befunden (z.B. Polyzythämie bei vermehrter Erythropoetinproduktion) liegt in weniger als 5% der Patienten vor (→ Kap. 18 und 51). In etwa 20% der Patienten findet sich ein Hypertonus. Die Bildung von Metastasen in Lunge, im Knochen und in der Leber (in 10% der Fälle liegt bei Diagnosestellung bereits eine Fernmetastasierung vor) kann von Symptomen wie Dyspnoe, Knochenschmerzen u.a. begleitet sein. Serologisch finden sich bei Vorliegen einer Metastasierung in Leber und/oder Knochen erhöhte Transaminasen, eine erhöhte alkalische Phosphatase und erhöhte Serumkalziumwerte.

Häufigster und erster Befund bei einem **Blasenkarzinom** ist die schmerzlose Hämaturie, nur gelegentlich werden zystitische Beschwerden beobachtet. In fortgeschrittenen Stadien kann es zu Beckenschmerzen, Stuhlverhalt und Diarrhöen im Wechsel mit Obstipation (bei Rektumstenosen durch lokale Tumorinfiltration) und Ödemen der unteren Extremitäten (durch Verlegung des venösen Abflusses) kommen. Das **Prostatakarzinom** fällt durch einen abgeschwächten Harnstrahl, eine Pollakisurie, seltener durch die Hämaturie auf. Bei der rektalen Untersuchung läßt sich ein derber Knoten inmitten des weicheren Prostatagewebes palpieren. Knochenschmerzen treten bei hämatogener Aussaat des Karzinoms auf (→ Kap. 45).

An die Möglichkeit eines **Urothelkarzinoms** muß bei jedem Patienten mit Analgetikanephropathie gedacht werden (Häufigkeit von 5–15%). Initialer Befund ist in 75% der Patienten eine Makrohämaturie. Die Symptome ähneln je nach Lokalisation denen der anderen malignen Tumoren des Harntrakts.

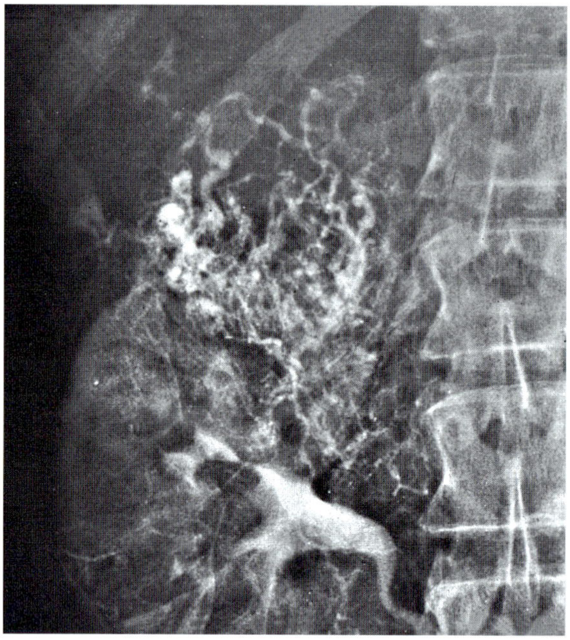

Abb. 20-5 Angiogramm eines Hypernephroms mit Darstellung pathologischer Gefäße am oberen Nierenpol.

DS *Diagnosesicherung*

Bei Patienten mit **Hypernephrom** findet sich neben der Hämaturie seltener auch eine Proteinurie von weniger als 1 g/Tag. Hypernephrome werden häufig im Rahmen einer Routinesonographie als Zufallsbefund entdeckt. Hierbei gelingt meist eine gute Abgrenzung zu Nierenzysten und benignen Nierentumoren. Allerdings muß darauf hingewiesen werden, daß Hypernephrome zystische Areale aufgrund von Nekrosebildung aufweisen können. Dopplersonographisch und angiographisch muß eine Ausbreitung des Tumors in die Nierenvene oder in die Vena cava ausgeschlossen werden (Abb. 20-5). Mit Hilfe des i.v.-Pyelogramms können Tumoren über 3 cm Durchmesser anhand von Verdrängungserscheinungen und gelegentlich Verkalkungen gut erkannt werden. Eine höhere Sensitivität weist die Computertomographie auf. Sie kann Auskunft über die Größe, Lage und Form des Tumors und ebenfalls über den Infiltrationsgrad in die Umgebung geben. Zusätzlich sind für die Planung einer Operation vergrößerte Lymphknoten, Metastasen in anderen Abdominalorganen durch die Computertomographie auszuschließen. Eine Darstellung der Vena cava und der Vena renalis mit Kontrastmittel dient dem Nachweis der Tumorinvasion in die Nierenvene. Eine Feinnadelbiopsie des Tumors kann zytologisch eine Tumordiagnose herbeiführen (Sensitivität sehr von der Erfahrung des Untersuchers abhängig). Zur Diagnosesicherung eines Urothelkarzinoms kann bei positivem Befund (Spezifität > 90%) die Urinzytologie beitragen. Die Sensitivität dieser Methode liegt jedoch sehr niedrig (30–70%). Eine Ureterpyeloskopie mit Spülzytologie und evtl. gezielter Biopsie kann zur Sicherung der Diagnose beitragen. Im übrigen kommen die gleichen bildgebenden Verfahren zum Einsatz, die auch in der Diagnostik des Hypernephroms angewandt werden.

Auch zur Diagnosesicherung der **Harnblasenkarzinome** reicht die Urinzytologie nicht aus. Die Diagnose muß histologisch durch eine transurethrale Resektion der tumorösen Läsion erfolgen. Häufig sind wiederholte Biopsien zur genauen Diagnosestellung erforderlich.

Die Diagnosesicherung des **Prostatakarzinoms** erreicht man durch die ultraschallgesteuerte Biopsie. Im

Serum finden sich erhöhte Werte für die LDH, alkalische Phosphatase, saure Prostata-Phosphatase sowie für das prostataspezifische Antigen.

DD ***Differentialdiagnose***

Bei Vorliegen einer Hämaturie, insbesondere einer Makrohämaturie muß stets an die Möglichkeit eines malignen Geschehens gedacht werden. Eine Sonographie sollte als Screeninguntersuchung bei Patienten mit Hämaturie stets veranlaßt werden. Bleibt die Ursache einer Hämaturie auch nach weiterführenden Untersuchungen unklar, müssen zusätzliche bildgebende Verfahren (CT, Angiographie) angewandt werden.

Im Vergleich zu malignen (vor allem dem Hypernephrom) sind **benigne Nierenparenchymtumoren** selten, so daß bei sonographischem Nachweis eines tumorösen Prozesses der Nieren eine konsequente Abklärung vorgenommen werden muß. Hierzu gehört (wenn eine starke Vaskularisierung in der Farb-Doppler-Sonographie ausgeschlossen ist) eine Zytopunktion des Tumors.

Gelegentlich wird eine operative Freilegung erforderlich sein, um letzte Klarheit über die Dignität des Tumors zu schaffen. Benigne Tumoren wie das **Angiomyolipom** können durch ihre Ausdehnung bedrohlich wirken, können aber durch den erfahrenen Untersucher mittels Sonographie und CT als gutartig eingestuft werden. **Zystische Nierentumoren** sind gelegentlich schwierig von Solitärzysten der Niere und der polyzystischen Nierenerkrankung abzugrenzen.

20.4.6 Nierentransplantatabstoßung

Bei der **akuten Abstoßungsreaktion** werden sog. akute vaskuläre Abstoßungen von akuten interstitiellen Abstoßungen unterschieden. Bei der vaskulären Abstoßung stehen Veränderungen an den kleinen Gefäßen der Niere im Vordergrund. Diese Veränderungen sind die Folge der Bindung zirkulierender, gegen das HLA-System gerichteter Antikörper an der endothelialen Zellmembran. Die Folgen sind eine Nekrose der Gefäßendothelien mit Fibrinablagerung, Thrombozytenaggregation, Obstruktion der Arterien und teilweiser oder gänzlicher Gewebsnekrose mit nachfolgender Hämaturie. Am häufigsten sind solche akuten Abstoßungsreaktionen in den ersten 4–6 postoperativen Wochen.

Chronische Abstoßungsreaktionen werden sowohl humoral als auch zellulär vermittelt und gehen selten mit einer Hämaturie einher. Histologisch fällt neben einer mononukleären interstitiellen Infiltration eine Intimahyperplasie der Transplantatgefäße und eine Intimafibrose auf. Parallel entwickelt sich eine interstitielle Fibrose und Tubulusatrophie.

B ***Beschwerden und Befunde***

Eine Makrohämaturie ist selten, eine Mikrohämaturie insbesondere bei akuten Abstoßungsreaktionen jedoch häufig nachweisbar. Zusätzlich zur Erhöhung der Serum-Kreatininwerte sind Fieber, Thrombozytopenie, Hochdruck, Organschwellung und Organschmerzen Indikatoren der Abstoßungsreaktion. Seit der Einführung der Cyclosporin-Therapie sind diese Symptome häufig nur gering ausgeprägt.

DS ***Diagnosesicherung***

Eine plötzliche Abnahme der Nierenleistung (Diureserückgang, Kreatininanstieg) mit Hämaturie, bei gleichzeitigem Anstieg des Körpergewichts, sowie die Entwicklung einer Hypertonie weisen auf eine Abstoßungsreaktion hin.

Eine wichtige Untersuchung in der Verlaufskontrolle nach der Nierentransplantation ist die Sonographie. Zum einen läßt sich bei Abstoßungsreaktion eine Schwellung des Organs erkennen, in der Farb-Doppler-Sonographie fällt eine Veränderung der Durchblutung mit Anstieg des renal-vaskulären Widerstands auf. Auch mit nuklearmedizinischen Methoden können im Verlauf nach Nierentransplantation akute Verschlechterungen der Durchblutung und der Funktion des Organs, wie sie bei Abstoßung vorkommen, nachgewiesen werden.

Wesentlich für die Diagnostik der Abstoßungsreaktion ist die Nierenbiopsie. Nur mit dieser Methode können die histologischen Typen und der Schweregrad der Abstoßungsreaktion endgültig diagnostiziert werden. Die histologischen Befunde sind insbesondere für das weitere therapeutische Vorgehen von Bedeutung.

DD ***Differentialdiagnose***

Differentialdiagnostisch kommen als Ursache einer Hämaturie nach Nierentransplantation ein Harnwegsinfekt, ein Niereninfarkt, eine Steinbildung, eine Nierenvenenthrombose und eine Ureternekrose in Betracht. Gedacht werden muß auch an eine Blutung aus den Eigennieren (z.B. bei Zystennieren, Urolithiasis etc.). Die diagnostischen Hilfsmittel (z.B. Urinsediment und -kultur bei Verdacht auf Harnwegsinfekt, Farb-Doppler-Sonographie bei Verdacht auf Nierenarterienverschluß und Nierenvenenthrombose, Nierenszintigraphie bei Verdacht auf Urinleck bei Ureternekrose) müssen rasch eingesetzt werden, um eventuell reversible und korrigierbare Prozesse noch beeinflussen zu können.

20.4.7 Verletzungen im Bereich der Nieren und der ableitenden Harnwege

B ***Beschwerden und Befunde***

Die Diagnose von Verletzungen im Bereich der Niere und der ableitenden Harnwege, die fast ausnahmslos mit einer Hämaturie einhergehen, wird in der Regel durch Ermittlung eines entsprechenden Traumas gestellt. Neben Nierenkontusion und -ruptur sowie Nierenbekken- und Harnleiterabriß, Harnblasenruptur oder Harnröhrenriß muß in die diagnostischen Überlegungen die Selbstverletzung durch Fremdkörpereinführung in Urethra und Blase eingeschlossen werden. Iatrogen kann die Durchführung einer Nierenbiopsie zu einer Hämaturie führen, häufig ist auch das Anlegen eines Harnblasenkatheters mit einer Hämaturie verbunden.

DS *Diagnosesicherung*

Bildgebende Verfahren wie die Sonographie und die Computertomographie können rasch zur Diagnosestellung führen. Eine retrograde Darstellung von Blase und Ureteren mittels Kontrastmittel kann den Austritt des Kontrastmittels und damit die Lokalisation von Verletzungen anzeigen.

DD *Differentialdiagnose*

Die typische Anamnese macht eine Differentialdiagnose häufig nicht erforderlich, schwieriger kann sich allerdings die Diagnose einer selbstverursachten Hämaturie durch Fremdkörpereinwirkung gestalten. Nur eine sehr genaue urologische Untersuchung und Beobachtung der Patienten kann langwierige weitere Untersuchungen vermeiden helfen.

20.4.8 Hämaturie bei Erkrankungen des Blutgerinnungssystems

Durch krankhafte Prozesse bedingte oder iatrogen ausgelöste Störungen des plasmatischen ebenso wie des zellulären Gerinnungssystems können Hämaturien verursachen. Durch die Störung der Blutgerinnung können kleine Schleimhautläsionen im Bereich der ableitenden Harnwege zu Blutungen führen. Im Rahmen des **hämolytisch-urämischen Syndroms** und der **thrombotisch-thrombozytopenischen Purpura** kommt es zur Hämaturie bei Mikrothrombenbildung in Arteriolen und glomerulären Kapillaren. Die **Verbrauchskoagulopathie** (→ Kap. 9.4.5) geht nicht selten mit einer Nierenrindennekrose mit Mikro-/Makrohämaturie einher. Die Gerinnungsstörungen sind im einzelnen im Kapitel 9, Tabellen 9–8, aufgeführt.

B *Beschwerden und Befunde*

Die Hämaturie ist im Rahmen einer Gerinnungsstörung häufig nur ein Nebensymptom. Im Vordergrund stehen Einblutungen in die Haut, Nasenbluten, Hämatemesis, Meläna (→ Kap. 13) und gynäkologische Blutungen. Bei einer zusätzlichen Erkrankung der Nieren oder der ableitenden Harnwege (z.B. Tumor oder Zystennieren) kann es jedoch zu einer schweren Blutung in die Harnwege bis hin zur Obstruktion durch eine Blasentamponade kommen.

Charakteristisch für das **hämolytisch-urämische Syndrom** (HUS) sind die hämolytische Anämie mit Fragmentozyten im peripheren Blutausstrich, eine Thrombopenie, Petechien und ein akutes Nierenversagen. Bei der **thrombotisch-thrombozytopenischen Purpura** (TTP) finden sich ebenfalls Petechien, Thrombopenie und Hämolyse mit Fragmentozyten (→ Kap. 9.4.2). Im Gegensatz zum HUS kommt es jedoch zu zentralnervösen Störungen und die Niereninsuffizienz kann nur gering ausgeprägt sein oder tritt erst im weiteren Krankheitsverlauf auf.

DS *Diagnosesicherung*

Die Ursache einer Koagulopathie und einer Thrombopenie wird durch Gerinnungsanalysen, Thrombozytenfunktionstests, Blutbildanalysen sowie die zytologische und histologische Untersuchung des Knochenmarks (→ Kap. 9) diagnostiziert. Stets muß auch an eine iatrogene Ursache der Blutungsneigung gedacht werden.

DD *Differentialdiagnose*

Differentialdiagnostisch bieten sich nach Durchführung der erwähnten diagnostischen Maßnahmen meist keine Schwierigkeiten, Erkrankungen des Blutgerinnungssystems zu erkennen und von den zahlreichen anderen Ursachen einer Hämaturie abzugrenzen. HUS und TTP sind differentialdiagnostisch durch den sie charakterisierenden Symptomenkomplex von Hämaturien anderer Genese zu trennen.

20.4.9 Hämaturie bei Erkrankungen des hämatopoetischen Systems

Hämaturien können auch Folge einer direkten oder indirekten Auswirkung von Erkrankungen des hämatopoetischen Systems auf die Nieren sein. Bei der **Polycythaemia vera** (→ Kap. 44) können Thromboembolien und die hämorrhagische Diathese für die Hämaturie verantwortlich sein. **Leukämien** können über eine renale Tumorinfiltration, über eine Thrombopenie, seltener auch infolge einer begleitenden Glomerulonephritis eine Hämaturie auslösen. **Non-Hodgkin-Lymphome** (→ Kap. 32) können ebenfalls die Niere infiltrieren, aber auch eine sekundäre Glomerulonephritis (z.B. eine membranöse Glomerulonephritis) verursachen. Beim **multiplen Myelom** (Plasmozytom, → Kap. 45.4.6) kann es zur fortschreitenden Niereninsuffizienz kommen, eine Hämaturie ist eher die Ausnahme. Pathogenetisch sind direkte schädigende Auswirkungen der Paraproteine bzw. der Leichtketten auf die Niere und indirekt eine renale Schädigung durch Amyloidablagerung und Nephrokalzinose (bei Hyperkalzurie) möglich.

B Beschwerden und Befunde

Neben der Hämaturie findet sich bei den malignen Erkrankungen mit einer Glomerulonephritis oder Glomerulopathie (Amyloidose) als Begleiterkrankung eine erhöhte Ausscheidung glomerulärer Proteine im Urin und häufig ein nephrotisches Syndrom. Die Tumorerkrankungen werden in der Regel aber nicht auf-

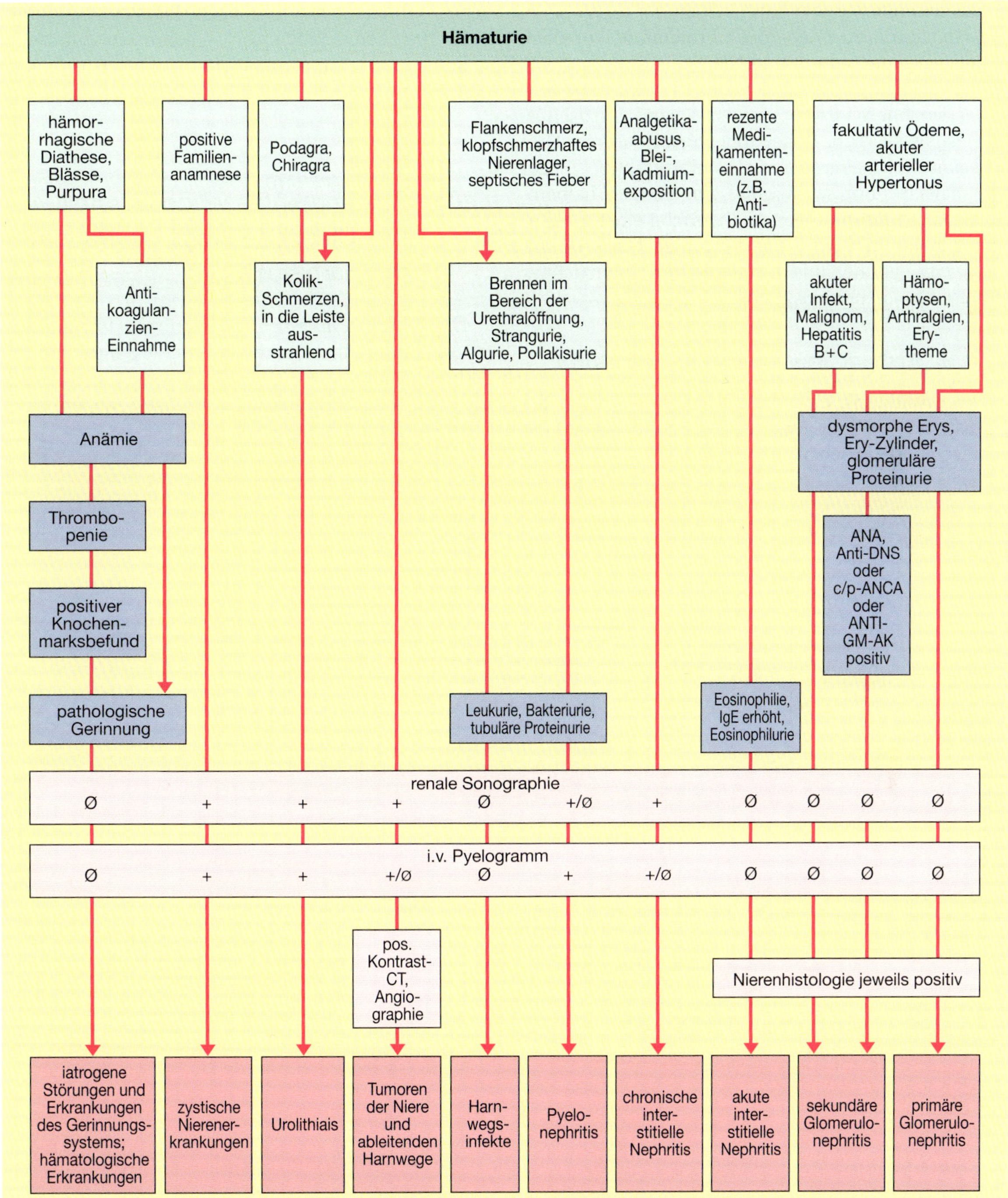

Abb. 20-6 Algorithmus des Diagnosegangs bei Patienten mit Hämaturie. Im Rahmen der erweiterten Diagnostik wird die zentrale Rolle der Sonographie deutlich, die gegenüber der i.v. Pyelographie den Vorteil der fehlenden Strahlenbelastung und die größere diagnostische Aussagekraft in bezug auf mögliche Tumorerkrankungen hat.

\+ = Diagnosesicherung bzw. zur Diagnose führender Befund
+/ø = Diagnosesicherung bzw. zur Diagnose führender Befund fakultativ
ø = Kein spezifischer diagnostischer Wert, außer Ausschluß anderer Erkrankungen

grund der renalen, sondern anhand der extrarenalen Symptome (z.B. Knochenschmerzen beim Plasmozytom) diagnostiziert.

DS ***Diagnosesicherung***

Das **multiple Myelom** kann, neben der relativ seltenen Hämaturie, zu einer großen Proteinurie (vor allem bei renaler Amyloidose) und Niereninsuffizienz sowie zu Hyperkalzämien und tubulären Funktionsstörungen („Fanconi-Syndrom") führen. Charakteristisch ist der Nachweis von Bence-Jones-Proteinen im Urin und einer schmalbasigen γ-Globulin-Fraktion in der Serumelektrophorese. Wie bei den übrigen hämatopoetischen Erkrankungen, die Ursache einer Hämaturie sein können, wird die endgültige Diagnose anhand zytologischer und histologischer Untersuchungen des Knochenmarks gestellt.

20.4.10 Andere Ursachen einer Hämaturie

Die **Urolithiasis,** eine der häufigsten Ursachen der Hämaturie, wird im Kapitel 48, Rücken- und Flankenschmerzen, besprochen.

Die **diabetische Nephropathie** (→ Kap. 12.4.2) sowie die **hypertensive Nephropathie** und die **maligne Nephrosklerose** können ebenfalls Ursache einer Hämaturie sein.

Im Rahmen eines **Diabetes mellitus** kommt es vor allem zur Hämaturie, wenn zusätzlich zur diabetischen Glomerulosklerose auch Papillenveränderungen (Papillenverkalkungen, -nekrosen) und/oder rezidivierende Harnwegsinfekte auftreten (→ Kap. 12).

20.5 Zusammenfassende Darstellung des Diagnosegangs bei Patienten mit Hämaturie

Der Diagnosegang bei Patienten mit Hämaturie ist in Abbildung 20-6 zusammenfassend dargestellt. Die Abbildung gibt aus Gründen der Übersichtlichkeit nur die wichtigsten Erkrankungen wieder, seltenere Ursachen wurden nicht berücksichtigt.

21 Haut- und Haarveränderungen

S. Sollberg und Th. Krieg

Erkrankungen der Haut und ihrer Anhangsgebilde kommen im allgemeinen Krankengut überaus häufig vor. Darüber hinaus gehen viele primär nichtdermatologische Krankheiten oft mit typischen Veränderungen an der Haut einher. Dermatologische Symptome können sogar erste Hinweise für das Vorliegen einer internistischen Erkrankung sein. Die körperliche Untersuchung sollte daher auch bei primär nichtdermatologischen Fragestellungen eine Erhebung des Hautstatus beinhalten.

21.1 Definitionen und Abgrenzung

Haut- und Haarveränderungen stellen eine sehr heterogene Gruppe von Krankheiten dar. Im Unterschied zu den anderen Kapiteln dieses Buches müssen hier eine Vielzahl von unterschiedlichen Symptomen beschrieben werden, deren differentialdiagnostische Abgrenzung Aufgabe einer eigenen medizinischen Fachdisziplin geworden ist. In diesem Kapitel versuchen wir, für diejenigen dermatologischen Symptome eine differentialdiagnostische Hilfestellung zu geben, die zum einen am häufigsten im allgemeinen Krankengut vorkommen und zum anderen eine Verbindung zur Inneren Medizin darstellen. Symptome mit rein dermatologischer Relevanz können hier keine Berücksichtigung finden. Zur detaillierten Beantwortung dieser Fragestellungen muß daher auf die entsprechenden Hand- und Lehrbücher verwiesen werden.

21.2 Ursachen

Die wichtigsten dermatologischen Symptome und ihre häufigsten Krankheitsbilder sind in Tabelle 21-1 zusammengefaßt. Dabei steht den vielfältigen und höchst variablen klinischen Bildern eine Vielzahl von unterschiedlichen ätiopathogenetischen Mechanismen gegenüber. Letztere setzen sich aus angebo-

Tab. 21-1 Dermatologische Symptome und ihre Krankheitsbilder

Hypopigmentierung	Vitiligo Albinismus Hypophysenvorderlappeninsuffizienz (→ Kap. 24) Naevus depigmentosus Naevus anaemicus Lepra
Hyperpigmentierung	metabolische Hyperpigmentierung postinflammatorische Hyperpigmentierung inkl. Sonnenbräune Acanthosis nigricans
Ekzem	atopisches Ekzem allergisches Kontaktekzem toxisches Kontaktekzem
Erytheme	Erysipel Dermatomyositis Lupus erythematodes figurierte Erytheme Erythema exsudativum multiforme Erythema nodosum
Erythematosquamöse Hautveränderungen	Psoriasis vulgaris Tinea
Exanthem	Arzneimittelexanthem virale und bakterielle Exantheme Masern Röteln Erythema infectiosum infektiöse Mononukleose (→ Kap. 14) (EBV-Infektion) Scharlach (→ Kap. 14)
Urtika	akute/chronische Urtikaria Insektenstiche Urtikariavaskulitis
Papeln	Lichen ruber planus Skabies
Blase	bullöses Pemphigoid Pemphigus vulgaris Dermatitis herpetiformis Herpes-simplex-Virus-Infektionen Zoster Epidermolysis bullosa Porphyrien (→ Kap. 56)

Tab. 21-1 Dermatologische Symptome und ihre Krankheitsbilder, Fortsetzung

Ulkus	Ulcus cruris Pyoderma gangraenosum Ulcus durum Morbus Behçet (→ Kap. 43)
Tumoren der Haut	**benigne:** Nävuszellnävus seborrhoische Keratose Verruca vulgaris Condyloma acuminatum Hämangiom **maligne:** Basaliom Plattenepithelkarzinom malignes Melanom Kaposi-Sarkom Mycosis fungoides sonstige (→ Tab. 21-13)
Blutung	→ Kap. 9
Haar-veränderungen	androgenetische Alopezie Alopecia areata Pseudopelade Brocq Hirsutismus und Virilisierung
Nagel-veränderungen	Trachyonychie Nagel-Patella-Syndrom akute und chronische Paronychie sonstige (→ Tab. 21-16)
Pruritus	→ Kap. 28
Sonstige dermatologische Symptome	→ Tab. 21-17

renen, teilweise genetisch fixierten Fehlbildungen, aber auch aus erworbenen Ursachen wie z.B. Entzündungen (autoimmuner, allergischer und mikrobieller Genese) und endokrinologischen Funktionsstörungen zusammen. Eine große Zahl dermatologischer Symptome ist bis heute allerdings ätiopathogenetisch ungeklärt.

21.3 Diagnostik

Viele Hautkrankheiten können allein durch sorgfältige Inspektion des gesamten Integuments inklusive der Schleimhäute diagnostiziert werden. Eine ausführliche Inspektion ist besonders bei allergologischen Fragestellungen zumeist schon die wichtigste diagnostische Maßnahme. Die Erfahrung zeigt, daß eine dermatologische Befunderhebung nach einem festen Schema erfolgen sollte. Bewährt hat sich zunächst die Beschreibung der Primär- bzw. Sekundäreffloreszenzen (Tab. 21-2) und ihre Anordnung zueinander, danach die Lokalisation (Prädilektionsstellen) sowie die Dynamik der Hautveränderungen (akut, subakut, chronisch) und die Beschwerdesymptomatik (Juckreiz, Schmerz). Weitere Hilfsmittel sind der Glasspatel zur Durchführung der Diaskopie (gelbbraunes Infiltrat bei granulomatösen Entzündungsreaktionen wie der Sarkoidose) und zur Unterscheidung von funktionellen Erythemen durch Gefäßweitstellungen (wegdrückbares Erythem) und Einblutungen (nicht wegdrückbares Erythem).

Zur Abklärung allergologischer Fragestellungen stehen verschiedene Testverfahren zum Nachweis einer Typ-I-Reaktion (Prick- und Intrakutantest sowie RAST) oder einer Typ-IV-Reaktion (Epikutantest) zur Verfügung. Die mikrobiologische Erregerdiagnostik besteht aus der Entnahme des entsprechenden Untersuchungsmaterials (Eiter, Sekret, Blaseninhalt, Schuppen, Nagelmaterial) und dem Anfertigen eines mikroskopischen Direktpräparates. Bakterien können nach vorheriger Spezialfärbung (z.B. Gramfärbung), Pilzelemente nach vorheriger Inkubation mit 15%iger Kalilauge nachgewiesen werden.

Das wichtigste diagnostische Hilfsmittel in der Dermatologie ist jedoch die histopathologische Untersuchung, die gerade bei der Differentialdiagnose von Hauttumoren und bei entzündlichen Krankheiten von großer Bedeutung ist. Sie hat jedoch den Nachteil, daß sie im Vergleich zu den anderen genannten Untersuchungsverfahren relativ aufwendig ist. Weitere spezielle Untersuchungsmethoden zur Diagnosebestätigung werden bei den einzelnen Krankheiten besprochen.

Tab. 21-2 Dermatologische Primär- und Sekundäreffloreszenzen

Primäreffloreszenzen
Makula: umschriebene, nicht tastbare Farbänderung (Fleck) der Haut
Papula: (tastbares) Knötchen (< 5 mm)
Nodus: Knoten (> 5 mm)
Urtika: flüchtige, beetartige Erhabenheit der Haut
Vesikula: mit seröser Flüssigkeit gefüllter, oberflächlicher Hohlraum (Bläschen) der Haut (< 5 mm)
Bulla: mit seröser Flüssigkeit gefüllter, oberflächlicher Hohlraum (Blase) der Haut (> 5 mm)
Pustula: eitrig gefüllter, oberflächlicher Hohlraum der Haut

Sekundäreffloreszenzen
Squama: abgelöste Hornlamellen (Schuppe)
Crusta: eingetrocknetes Serum, Eiter oder Blut (Kruste)
Erosion: oberflächlicher, auf das Epithel begrenzter Substanzdefekt der Haut (Abheilung ohne Narbe)
Ulkus: chronischer, bis ins Korium reichender Substanzdefekt der Haut mit schlechter Heilungstendenz

21.4 Dermatologische Symptome und Krankheitsbilder

21.4.1 Hypopigmentierung

Eine Reihe angeborener und erworbener Krankheiten führen zu einer lokalisierten oder generalisierten Hypopigmentierung. Die häufigste und wichtigste Erkrankung mit Hypopigmentierung ist jedoch die Vitiligo.

Vitiligo

Die Vitiligo ist definiert als eine erworbene, fleckförmige Depigmentierung der Haut unklarer Ätiologie. Das histologische Korrelat besteht in einem Fehlen der Melanozyten in den basalen Epidermisanteilen. Als Ursache wird eine Autoimmunreaktion diskutiert. Die Inzidenz der Krankheit beträgt etwa 1%. Fünfzig Prozent der Patienten sind bei Eintritt der Krankheit jünger als 20 Jahre. Eine familiäre Häufung wird in einigen Fällen beobachtet.

B ***Beschwerden und Befunde***

Ohne jegliche zusätzliche Symptome entstehen rundliche bis ovaläre, scharf und unregelmäßig begrenzte Makulae, die vollständig depigmentiert sind. Nach UV-Bestrahlung entsteht eine Dermatitis solaris, jedoch keine Bräunung. Die unmittelbar angrenzende Normalhaut ist gelegentlich hyperpigmentiert oder gerötet. Bestimmte Lokalisationsformen (fokal, segmental, mukös, akrofazial und diffus generalisiert) sind beschrieben worden. Der Verlauf ist extrem variabel und nicht vorherzusagen. Eine spontane Repigmentierung ist besonders bei den familiären und akrofazial lokalisierten Formen eher selten. Verschiedene andere Krankheiten werden gehäuft bei Patienten mit Vitiligo beobachtet. Dazu gehören: immunogene Schilddrüsenfunktionsstörungen (z.B. M. Basedow, → Kap. 23), atrophische Gastritis mit perniziöser Anämie, Diabetes mellitus Typ 1 (→ Kap. 12) und die Alopecia areata sowie weitere organspezifische Autoimmunkrankheiten (Abb. 21-1).

21

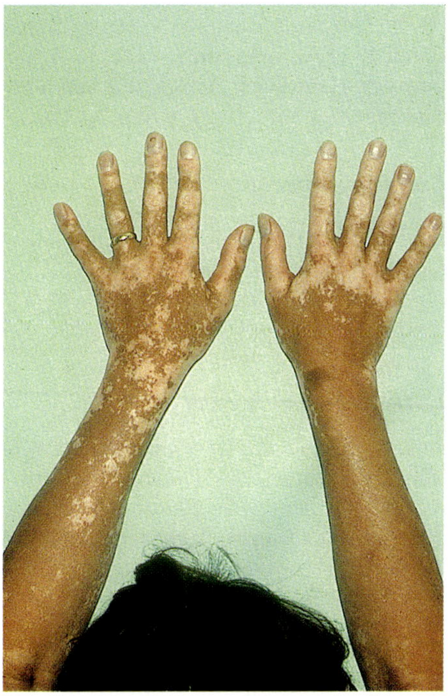

Abb. 21-1 Vitiligo bei Morbus Addison.

DS *Diagnosesicherung*

Das klinische Bild erlaubt in der Regel zusammen mit der Anamnese eine klare Diagnose. Eine histologische Untersuchung mit immunhistochemischer Markierung der Melanozyten ist nur selten erforderlich. Laborchemische Zusatzuntersuchungen (Schilddrüsenhormone und -funktionstests, Blutzuckertagesprofil und antinukleäre bzw. Anti-Parietalzell-Antikörper) sind für assoziierte Krankheiten wegweisend.

DD *Differentialdiagnose*

Hypopigmentierungen nach vorausgegangenen, meist entzündlichen Dermatosen (postinflammatorische Hypopigmentierung) sowie ein Naevus depigmentosus (kongenitale Hypopigmentierung) oder ein Naevus anaemicus (keine Rötung nach Reiben, jedoch Bräunung nach UV-Bestrahlung) lassen sich durch die entsprechende Anamnese, Untersuchungsbefund und eventuell Biopsie ausschließen.

Eine **seltene,** aber wichtige **Differentialdiagnose** stellt die **Lepra** dar. Hier sind die makulösen Hypopigmentierungen jedoch anästhetisch, und eine Biopsie kann Klarheit schaffen.

Die verschiedenen Formen des **Albinismus** zeigen neben der universellen Verminderung oder dem Fehlen von Melanin in Haut, Haaren und Augen weitere Symptome, wie Nystagmus, Photophobie und Sehschwäche, und sind durch einen autosomal-rezessiven Erbgang charakterisiert.

Ein Mangel an melanozytenstimulierendem Hormon (MSH) bedingt die diffuse Blässe bei der **Hypophysenvorderlappeninsuffizienz** (→ Kap. 24 und 37, → Abb. 17-15). Im Gegensatz dazu ist die Scheinblässe von Patienten mit einer Akromegalie (→ Tab. 17-6) auf eine Zunahme der Hautdicke zurückzuführen und entspricht keiner Depigmentierung (→ Kap. 44.4.4).

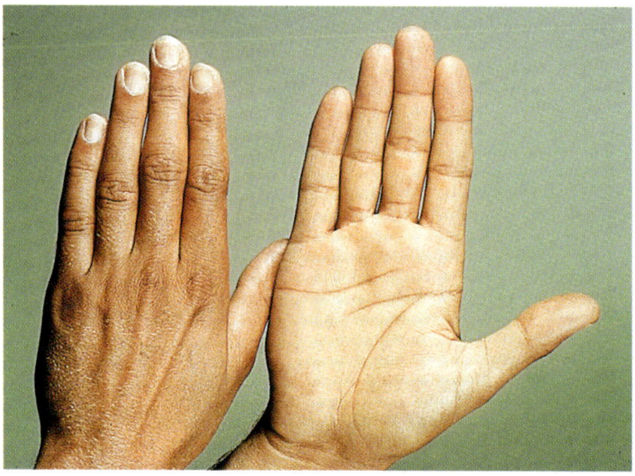

Abb. 21-2 Morbus Addison: Hyperpigmentierung der Handlinien (→ Kap. 18).

21.4.2 Hyperpigmentierung

> Eine Vermehrung der Hautpigmentierung kann ebenfalls lokalisiert oder generalisiert auftreten. Als Leitsymptom einer inneren Krankheit ist sie selten, dann aber häufig typisch (→ Abb. 21-2).

Metabolische Hyperpigmentierung

Die metabolisch bedingten Hyperpigmentierungen sind in Tabelle 21-3 dargestellt. Differentialdiagnostisch wegweisend für die jeweils zugrundeliegenden endokrinologischen Funktionsstörungen ist das Verteilungsmuster der Hyperpigmentierung.

Acanthosis nigricans

Unter dem Begriff der Acanthosis nigricans werden verschiedene klinische Erscheinungsbilder mit Hyperpigmentierungen und Papillomatose in den großen Körperfalten, bevorzugt in den Axillen, subsumiert.

B *Beschwerden und Befunde*

Gemeinsames Merkmal dieser Gruppe von Krankheiten sind schmutzigbraune bis -graue, papillomatös-keratotische Hyperpigmentierungen mit den folgenden Prädilektionsstellen (Reihenfolge entsprechend ihrer Häufigkeit): Achselhöhlen, seitliche Hals- und Nackenpartien (Abb. 21-3), Anogenitalregion, Innenseite der Oberschenkel, Gesicht, Ellenbeugen, Kniekehlen, Nabel, Handrücken, Brustwarzenhöfe, Füße, Augenlider und Naseneingang.

Allgemeinmedizinisch-internistisch wichtig ist die Zuordnung der Symptomatik zu mindestens drei benignen Formen der Acanthosis nigricans (Acanthosis nigricans benigna, Acanthosis nigricans benigna bei erblichen Syndromen und Pseudoacanthosis nigricans) und die Abgrenzung zur Acanthosis nigricans maligna.

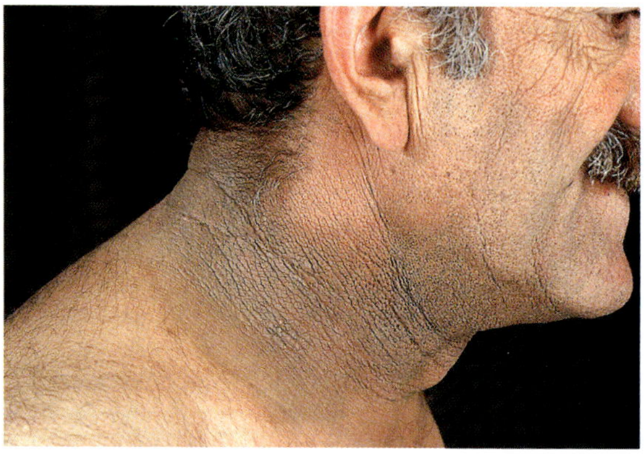

Abb. 21-3 Acanthosis nigricans maligna.

Tab. 21-3 Endokrinologische Ursachen für Hyperpigmentierung der Haut

Erkrankung	Lokalisation	Pathogenese
Morbus Addison (→ Kap. 18)	lichtexponierte Stellen, Areolen der Mamillen, Perianal- und Genitalregion, Hautfalten der Handinnenflächen, frische Narben, Wangenschleimhaut und über Ellenbogen-, Knie- und Fingergelenken (häufig gleichzeitig Vitiligo)	Stimulierung der Melanophoren der Haut durch kompensatorische ACTH- und MSH-Sekretion nach Versiegen der Cortisolsekretion
Nelson-Tumor	wie Morbus Addison	ACTH- (und MSH-)produzierendes HVL-Adenom nach Adrenalektomie (bei ca. 10% der Fälle)
Morbus Cushing (→ Kap. 18)	diffus	erhöhte ACTH-Sekretion (und ACTH-ähnlicher Substanzen)
ektopes Cushing-Syndrom	diffus	ektope Bildung von ACTH, CRH und MSH bei Bronchial-, Pankreas-, Thymus- und Schilddrüsenkarzinom
prätibiales Myxödem (bei Hyperthyreose) (→ Kap. 23)	Tibiakante und Fußrücken	bräunlich-rötliche Einlagerung von hydrophilen Mukopolysacchariden
Akromegalie (selten) (→ Kap. 44)	diffus	unbekannt

Die **Acanthosis nigricans benigna** wird unregelmäßig dominant vererbt, zeigt eine Gynäkotropie, ist insgesamt gering ausgeprägt und weist nach der Pubertät in der Regel Regression auf. Neben einer Induktion durch Medikamente (Nikotinsäureester) ist eine Verbindung zu einem insulinresistenten Diabetes mellitus bekannt (→ Kap. 12). Weitere assoziierte Symptome sind nicht vorhanden. Ein klinisch identisches Bild kann auch mit meist rezessiv erblichen Syndromen assoziiert sein (z.B. Bloom-Syndrom, Berardinelli-Seip-Syndrom, Crouzon-Syndrom). Auch hier ist die kutane Manifestation eher gering ausgeprägt.

Die **Pseudoacanthosis nigricans** tritt bei adipösen Patienten mit eher dunklem Hauttyp auf. Die genaue Prävalenz ist nicht untersucht. Es handelt sich dabei um symptomatische und prinzipiell rückbildungsfähige Hautveränderungen.

Deutlich schwerer ausgeprägte Hautmanifestationen weist die **Acanthosis nigricans maligna** auf. Darüber hinaus ist sie in 100% mit einem internen Karzinom (meist hochmalignes Adenokarzinom) assoziiert.

Die Hauterscheinungen treten bei etwa 60% der Patienten synchron mit dem Karzinom auf, bei je 20% der Patienten vor oder nach dem Karzinom. In 60% der Fälle handelt es sich um ein Adenokarzinom des Abdomens, und in nur 10% kommt dieser Tumor extraabdominal vor. Nach Beseitigung des Karzinoms kommt es oft zu einer Rückbildung der Hautveränderungen.

DS *Diagnosesicherung*

Anamnese und klinisches Bild sind wegweisend für die Diagnose. Die unterschiedlichen Typen der Acanthosis nigricans können anamnestisch und klinisch, jedoch nicht histopathologisch differenziert werden. Blutzuckerbestimmungen und gegebenenfalls Messung der Insulinresistenz dienen zur Erfassung eines durch Insulinrezeptordefekt bedingten Diabetes mellitus. Bei Verdacht auf Acanthosis nigricans maligna sollte eine intensive endoskopische und radiologische Tumorsuche durchgeführt werden.

DD *Differentialdiagnose*

Aufgrund des typischen klinischen Bildes erstrecken sich die differentialdiagnostischen Bemühungen lediglich auf die verschiedenen Formen der Acanthosis nigricans.

21.4.3 Ekzeme

Als Ekzeme werden erythrosquamöse, entzündliche Dermatosen definiert, bei denen die pathologischen Veränderungen sowohl Epidermis als auch Dermis betreffen. Sie sind die häufigsten Erkrankungen in der Dermatologie überhaupt (15–20% aller Patienten mit Hautkrankheiten) und können exogen oder endogen bei individueller Reaktionsbereitschaft durch bekannte oder unbekannte Noxen ausgelöst werden.

Atopisches Ekzem

Das atopische Ekzem gehört zusammen mit dem allergischen Asthma bronchiale (→ Kap. 3) und der allergischen Rhinokonjunktivitis (→ Kap. 49) zum Formenkreis der Atopie. Als Synonyma sind Neurodermitis oder endogenes Ekzem in Gebrauch.

B *Beschwerden und Befunde*

Häufig bereits im Kindesalter manifestieren sich juckende, erythematöse Makulae mit deutlicher epidermaler Beteiligung in Form von feinlamellärer Schuppung. Bei Säuglingen und Kleinkindern gibt es noch keine sicheren Prädilektionsstellen, später jedoch sind bevorzugt die Beugeseiten großer Gelenke betroffen, z.B. Ellenbeugen, Kniekehlen. Die Ekzeme zeigen in aller Regel einen chronischen bzw. chronisch-rezidivierenden Verlauf.

DS *Diagnosesicherung*

Die Anamnese, das typische klinische Bild und der chronisch-rezidivierende Verlauf ermöglichen in aller Regel die Diagnose. Weitere klinische Hinweise für eine Erkrankung aus dem atopischen Formenkreis sind ein weißer Dermographismus, ein fehlender bzw. abgeschwächter Rachenreflex und die doppelte Unterlidfalte. Anamnestisch wird zumeist über Milchschorf im Kleinkindalter sowie über eine Unverträglichkeit gegenüber tierischer Wolle und seltener gegenüber Nahrungsmitteln berichtet. Sowohl in der Eigen- als auch in der Familienanamnese finden sich weitere Hinweise für Ekzeme, allergisches Asthma bronchiale oder allergische Rhinokonjunktivitis. Letztlich ist bei vielen Patienten das Serum-IgE deutlich erhöht.

DD *Differentialdiagnose*

Als Differentialdiagnosen kommen prinzipiell alle Ekzemerkrankungen in Frage. Die Betonung der Gelenkbeugeseiten ist jedoch wegweisend für das atopische Ekzem. Zum Ausschluß eines allergischen oder toxischen Kontaktekzems sind die Anamnese (Kontakt mit exogenen Substanzen im Bereich der Ekzeme) und der Nachweis von Streureaktionen (allergisches Kontaktekzem) entscheidend.

Tab. 21-4 Die häufigsten Kontaktallergene im Raum Köln

Allergen	Häufigkeit
Nickelsulfat	15,5%
Fragrance-Mix	8,8%
Kobaltchlorid	7,6%
Perubalsam	6,6%
Kobaltsulfat	5,8%
Formaldehyd	5,2%
Kaliumdichromat	5,2%
Neomycinsulfat	4,4%

Die restlichen 40,9% entfallen auf eine Vielzahl von Allergenen mit einer Häufigkeit von jeweils unter 4%.

Allergisches Kontaktekzem

Das allergische Kontaktekzem wird als ein Ekzem definiert, das nach lokalem Kontakt mit Allergenen (Tab. 21-4) durch eine allergische Reaktion vom Spättyp ausgelöst wird.

B *Beschwerden und Befunde*

Etwa 24–72 Stunden nach Antigenkontakt treten an der Kontaktstelle Erytheme mit juckenden Papulovesikeln auf, die zur Konfluenz neigen. Die Hautveränderungen sind unscharf und nicht nur auf die Kontaktstellen begrenzt. Auch in der näheren Umgebung können die sogenannten Streureaktionen auftreten. Wichtig ist weiterhin, daß bei chronischen Verläufen, d.h. bei wiederholtem Allergenkontakt, die akutentzündlichen Veränderungen in den Hintergrund treten und die Lichenifikation das klinische Bild bestimmt.

DS *Diagnosesicherung*

Die typische Anamnese und der charakteristische Befund sind wegweisend für die Diagnose. Im Epikutantest können dann die in der Anamnese verdächtigten Allergene bestätigt oder ausgeschlossen werden.

DD *Differentialdiagnose*

Die wichtigste Differentialdiagnose zum allergischen Kontaktekzem ist das toxische Kontaktekzem. Letzteres zeigt jedoch stets eine scharfe Begrenzung (Streureaktionen kommen nicht vor) und ist eher schmerzhaft als juckend. Das atopische Ekzem hat seinen Schwerpunkt in den Gelenkbeugen und weist nahezu immer einen chronischen Verlauf auf.

21.4.4 Erytheme

Auch das Erythem, d.h. eine Hautrötung, ist ein sehr häufiges Symptom dermatologischer Krankheiten.

Unter dem Gesichtspunkt der möglichen Assoziation mit internistischen Erkrankungen sollen die folgenden Gruppen erwähnt werden: Erytheme bei Infektions- und Systemkrankheiten, figurierte Erytheme, das Erythema exsudativum multiforme und das Erythema nodosum.

21.4.4.1 Erytheme bei Infektionskrankheiten

Erysipel

Als Erysipel wird eine akute Entzündung des Koriums bezeichnet, die durch Streptokokken der Gruppe A hervorgerufen wird. Die Erregerausbreitung erfolgt vorwiegend über die Lymphgefäße.

B *Beschwerden und Befunde*

Ausgehend von einer Eintrittspforte (sehr häufig sind Bagatellverletzungen, z.B. interdigital) bilden sich akut hochrote, leicht schmerzhafte, zungenförmige Erytheme aus, die zur gesunden Haut scharf begrenzt sind (→ Abb. 17-9). Gleichzeitig bestehen teilweise schwere Allgemeinsymptome wie allgemeines Krankheitsgefühl, hohes Fieber und Schüttelfrost. Als Komplikationen können im Verlauf des Erysipels ein Lymphödem und eine Glomerulonephritis (→ Kap. 60) auftreten.

DS *Diagnosesicherung*

Diagnostisch wegweisend ist das klinische Bild (zungen- bzw. flammenförmige Rötung) zusammen mit den Allgemeinsymptomen. Der Nachweis einer Erhöhung des C-reaktiven Proteins und der BSG sowie eine Leukozytose weisen auf die bakterielle Genese der Erytheme hin.

DD *Differentialdiagnose*

In Einzelfällen kann zu Beginn der Erkrankung die klinische Abgrenzung zu einem allergischen Kontaktekzem schwierig sein. Letzteres geht jedoch nicht mit den beschriebenen Allgemeinsymptomen oder den laborchemischen Auffälligkeiten einher und zeigt in der Regel eine epidermale Beteiligung. Weitere Differentialdiagnosen bei Erysipelas der unteren Extremität stellen der Gichtanfall (→ Kap. 43) und die Thrombophlebitis (→ Kap. 42) dar.

21.4.4.2 Erytheme bei Systemkrankheiten

Dermatomyositis

Diese relativ seltene Erkrankung mit Schwund der Muskelkraft durch entzündliche Degeneration der Muskulatur ist eine Systemerkrankung (→ Kap. 35).

B *Beschwerden und Befunde*

Besonders im Gesicht finden sich weinrote bis violette „fliederfarbene“, flächenhafte oder fleckige Erytheme in schmetterlingsartiger Symmetrie (Abb. 21-4 und → 43-4). Charakteristisch ist der dadurch entstehende, traurig-weinerliche Gesichtsausdruck.

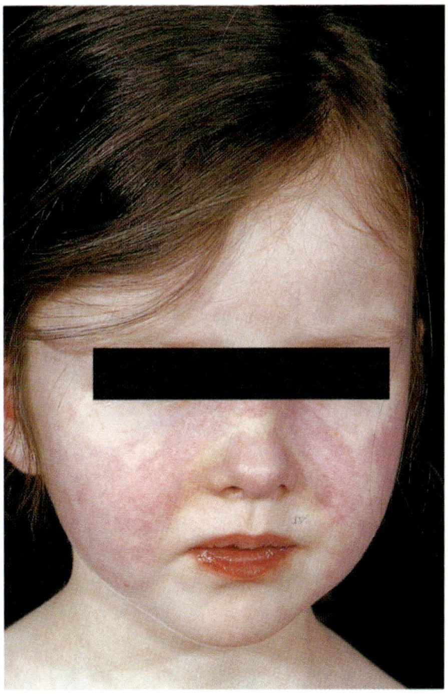

Abb. 21-4 Dermatomyositis vulgaris.

DS *Diagnosesicherung*

Häufig gestattet dieses Erythem bereits die Blickdiagnose „Dermatomyositis“ (→ Abb. 17-14). Die Sicherung der Diagnose und die Abgrenzung von anderen autoimmunologischen Erkrankungen erfolgt dann durch den Nachweis weiterer klinischer Symptome und laborchemischer Veränderungen (Entzündungsparameter und CK-Erhöhung; → Kap. 35).

Chronisch-diskoider Lupus erythematodes (CDLE)

Der Lupus erythematodes ist eine Autoimmunkrankheit weitgehend unbekannter Ursache, die ein oder mehrere Organe betreffen kann. Der Systemcharakter dieser Krankheit wird in Kapitel 43 Gelenkschmerzen ausführlich beschrieben. Hier soll nur auf die dermatologischen Leitsymptome des chronisch-diskoiden LE eingegangen werden.

B *Beschwerden und Befunde*

Beim chronisch-diskoiden LE sind die Erytheme scharf begrenzt und eleviert mit deutlich tastbarem Infiltrat. Prädilektionsstellen sind prinzipiell die lichtexponierten Hautareale: Gesicht, Ohrmuscheln, behaarte Kopfhaut und Brustausschnitt. Durch peripheres Wachstum werden die Herde scheibenförmig (diskoid) und können konfluieren. Zentral sind sie von fest haftenden, weiß-gelblichen Schuppen bedeckt. Während sich die Herde zur Peripherie hin langsam ausbreiten, bilden sich die Veränderungen zentral unter Ausbildung einer herdförmigen Atrophie oder Narbe zurück, an der Kopfhaut unter dem Bild der vernarbenden Alopezie. Bei weniger als 5% der CDLE-Patienten finden sich anhand der ARA-Kriterien Zeichen eines systemischen LE.

DS *Diagnosesicherung*

Weitere diagnostisch bedeutsame klinische Merkmale sind die follikulären Keratosen („Tapeziernagelphänomen") und die Hyperästhesie der Herde. Die Diagnosesicherung erfolgt in der Regel durch die Biopsie (Routine- und Immunhistologie).

DD *Differentialdiagnose*

Die Hautveränderungen beim systemischen LE weisen identische Prädilektionsstellen auf, sind jedoch meist symmetrisch, weniger scharf begrenzt und tendieren zur Aussaat über größere Körperpartien. Im Gesicht imponiert ein persistierendes, diffuses schmetterlingsartiges Erythem („Erythema perstans"), das dem Patienten ein gedunsenes Aussehen verleiht. Am Stamm finden sich weitgehend uncharakteristische Exantheme (morbilliform, scarlatiniform, roseola- oder livedoartig). Auch die Finger- bzw. Zehenendglieder zeigen fleckige oder diffuse Erytheme, bei längerem Bestehen zusätzlich Keratosen, teleangiektatische Blutgefäße (besonders im Nagelhäutchen) und subunguale Blutungen.

Aufgrund der Randbetonung der chronisch-diskoiden LE-Herde sollte immer eine Tinea durch den entsprechenden Erregernachweis ausgeschlossen werden. Weitere Differentialdiagnosen stellen die Psoriasis und der Lupus vulgaris dar. Letzterer zeigt unter Glasspateldruck ein apfelgeleefarbenes Infiltrat. Außerdem bricht eine Knopfsonde unter geringem Druck leicht in das erythematöse Infiltrat ein.

21.4.4.3 Figurierte Erytheme

Diese Gruppe von Erkrankungen (Tab. 21-5) ist durch das Auftreten bizarr konfigurierter Rötungen mit Neigung zu zentrifugaler Wachstumstendenz gekennzeichnet. Sie sind in ihrer Ursache noch nicht aufgeklärt, scheinen aber auf Überempfindlichkeitsreaktionen gegenüber infektiösen Allergenen, Medikamenten oder malignen Tumoren zu beruhen.

Tab. 21-5 Figurierte Erytheme

Erythema anulare centrifugum (Darier)
Erythema gyratum repens
Erythema gyratum perstans
Erythema anulare rheumaticum (Abb. 21-5)
Erythema chronicum migrans
Erythema necroticans migrans
Erythema elevatum et diutinum

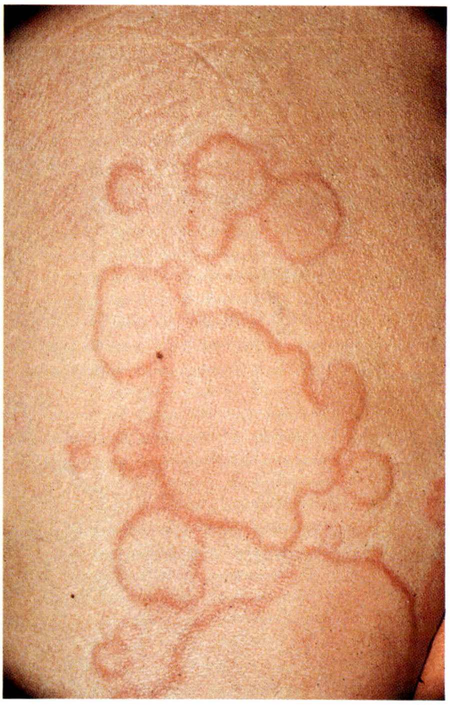

Abb. 21-5 Erythema marginatum bei rheumatischem Fieber (→ Kap. 43).

Zwei der aus allgemeinmedizinischer internistischer Sicht wichtigsten Vertreter dieser Gruppe sind das Erythema gyratum repens und das Erythema necroticans migrans.

Erythema gyratum repens

Es handelt sich dabei um ein paraneoplastisches Syndrom, das sehr häufig mit dem Auftreten von Karzinomen (→ Kap. 18) assoziiert ist (Mamma, Prostata, Lunge, Ösophagus oder Magen).

B *Beschwerden und Befunde*

Gering infiltrierte oder urtikariell elevierte, rasch wandernde (in Stunden), 1–2 cm breite, streifige Erytheme in anulärer, bizarr konfigurierter Anordnung prägen das klinische Bild. Besonders charakteristisch ist eine an den Rändern der Erytheme auftretende, colleretteartige Schuppung. Prädilektionsstellen sind Rumpf und proximale Extremitäten.

DS *Diagnosesicherung*

Eine Sicherung der Diagnose im engeren Sinn ist nicht möglich, zumal es auch kein pathognomonisches histopathologisches Korrelat gibt. Aufgrund der rasch wandernden Erytheme ist jedoch eine Abgrenzung zu anderen figurierten Erythemen in der Regel möglich.

Erythema necroticans migrans

Diese Form der figurierten Erytheme ist eine obligate paraneoplastische Dermatose, die auf einen glukagonsezernierenden Tumor der Inselzellen des Pankreas hinweist.

B *Beschwerden und Befunde*

In disseminiert verteilten, teilweise bizarr konfigurierten Erythemen kommt es zentral zur Entwicklung von prall gespannten, trüben Bläschen, die bei Größenzunahme und peripherem Fortschreiten flach und schlaff werden, dann entweder eintrocknen oder nach oberflächlicher Erosion verkrusten und schließlich abschuppen. Meist sind die unteren Extremitäten, insbesondere Oberschenkel und Inguinalregion, zuerst betroffen.

DS *Diagnosesicherung*

Das histologische Bild mit Nachweis von Keratinozytennekrosen in den oberen Epidermisanteilen und ein erhöhter Serumglukagonspiegel ermöglichen eine Sicherung der Diagnose (→ Kap. 11.4.4) und grenzen das Erythema necroticans migrans von den anderen figurierten Erythemen ab.

21.4.4.4 Erythema exsudativum multiforme

Das Erythema exsudativum multiforme ist eine akute, selbstlimitierte Entzündungsreaktion im oberen Korium mit kokardenartigen Hautveränderungen.

B *Beschwerden und Befunde*

Im Rahmen banaler Infekte, im Anschluß an eine Herpes-simplex-Virus-Infektion oder auch aus vollem Wohlbefinden heraus treten 1–3 cm große, erythematöse Plaques auf. Prädilektionsstellen sind die Streckseiten der Extremitäten sowie Handteller und Fußsohlen, gelegentlich auch Schleimhäute. Im weiteren Verlauf zeigt sich im Zentrum der Plaques eine hämorrhagische oder bullöse Umwandlung, die wiederum zentral eine Aufhellung aufweist (Kokarden-Phänomen). Ursächlich sind unterschiedliche Erreger (Herpes-simplex-Virus, Mykoplasmen) oder Arzneimittel im Rahmen eines infektallergischen Geschehens für dieses Krankheitsbild verantwortlich.

DS *Diagnosesicherung*

Die Diagnose erfolgt klinisch, eine Bestätigung kann histologisch erfolgen.

DD *Differentialdiagnose*

Aufgrund der Blasenbildung sind bullöse Dermatosen (→ 21.4.9) sowie eine bullöse Verlaufsform der leukozytoklastischen Vaskulitis (→ Kap. 43) auszuschließen.

21.4.4.5 Erythema nodosum

Das Erythema nodosum ist ein charakteristisches Krankheitsbild, das durch eine Vielzahl unterschiedlicher Faktoren ausgelöst werden kann. Mit großer Wahrscheinlichkeit spielen immunologische bzw. allergische Mechanismen eine wesentliche Rolle.

B *Beschwerden und Befunde*

Zusammen mit allgemeinem Krankheitsgefühl treten akut bilateral an beiden Unterschenkelstreckseiten und um die Knie- und Fußgelenkgegend zunächst rote, schmerzhafte Flecken auf, die sich zu walnußgroßen, kutan-subkutan gelegenen Knoten von teigig-derber Konsistenz entwickeln. Auf Fingerdruck sind diese Knoten sehr schmerzhaft. Durch Hämoglobinabbau kommt es wie bei Resorption von Hämatomen zu gelblichen oder grünlichen Farbtönungen und damit zu einem kontusiformen Aspekt der Knoten.

Das Erythema nodosum kann Symptom verschiedener Krankheiten sein (Tab. 21-6), wie z. B. der Sarkoidose. Die akute Sarkoidose mit Erythema nodosum und Sprunggelenksarthritis wird als Löfgren-Syndrom bezeichnet.

DS *Diagnosesicherung*

Die typische Klinik und das histopathologische Korrelat einer septalen Pannikulitis sichern die Diagnose.

Tab. 21-6 Ätiologische Faktoren und mit Erythema nodosum assoziierte Krankheiten

Infektionen (→ Kap. 14)
- Streptokokken
- Mykobakterien (Tuberkulose)
- Yersinien
- Salmonellen
- Campylobacter
- Chlamydien
- Pilze

Sarkoidose (→ Kap. 43)
Colitis ulcerosa (→ Kap. 11)
Morbus Crohn (→ Kap. 11)
Medikamente (z. B. Acetylsalicylsäure, orale Antikonzeptiva)

DD *Differentialdiagnose*

Vom Erythema nodosum abzutrennen sind nodöse Erytheme, die sich klinisch durch den fehlenden kontusiformen Aspekt, durch die fehlende Prädilektion an den Unterschenkelstreckseiten und durch eine größere Neigung zur Disseminierung auszeichnen. Solche nodösen Erytheme beruhen in der Regel auf einer Allergie gegen die unterschiedlichsten Allergene (Infekte, Arzneimittel). Weitere Differentialdiagnosen stellen unterschiedliche Formen einer Pannikulitis dar, deren Abgrenzung nur histologisch möglich ist.

21.4.5 Erythematosquamöse Hautveränderungen

Den hier zu besprechenden Hautveränderungen ist gemeinsam, daß sie klinisch-morphologisch gekennzeichnet sind durch eine Schuppenbildung auf gerötetem Grund, ferner durch eine meist unbekannte Ätiologie.

21.4.5.1 Psoriasis

Die Psoriasis ist primär eine entzündliche Hauterkrankung, die durch erythematosquamöse Papeln und Plaques gekennzeichnet ist (Abb. 21-6). Die wichtigste Extrakutanmanifestation ist die Arthropathie (→ Kap. 43).

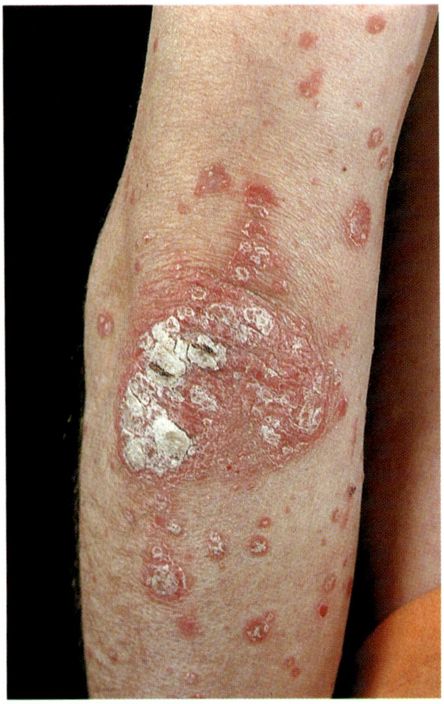

Abb. 21-6 Psoriasis vulgaris.

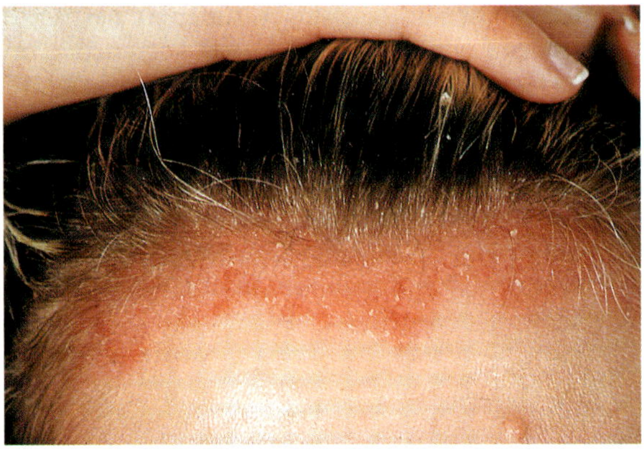

Abb. 21-7 Psoriasis vulgaris des Haaransatzes.

B *Beschwerden und Befunde*

Ohne wesentliche weitere Allgemeinsymptome entwickeln sich an bestimmten Prädilektionsstellen (Streckseiten der Extremitäten, Kapillitium und Stirn-Haar-Grenze (Abb. 21-7), Nabel, Intertrigines, Sakralregion) erythematosquamöse Papeln und Plaques mit einer charakteristischen silbrig-grauen, relativ fest haftenden Schuppung. Die beschriebenen Veränderungen persistieren über lange Zeit und sind ausgesprochen therapierefraktär. Diese als chronisch-stationäre Psoriasis bezeichnete Verlaufsform ist die häufigste. Weitere Symptome dieses Typs sind subunguale Hyperkeratosen, Grübchennägel und das Ölfleckphänomen (ölfleckartige Verfärbung eines oder mehrerer Nägel bedingt durch die subunguale Hyperkeratose). Besondere Verlaufsformen der Psoriasis zeigen ein plötzliches Auftreten zahlreicher kleinerer Herde (akut-exanthematische Form), z.B. nach bakteriellen Infekten, oder den Befall lediglich der Handinnenflächen und Fußsohlen (Psoriasis palmo-plantaris). Auch können Pusteln entweder primär vorhanden sein (Psoriasis pustulosa) oder im Verlauf der Krankheit auftreten bzw. als Folge einer inadäquaten Therapie (Psoriasis cum pustulatione). Letztlich kann in 10% der Psoriasiserkrankungen eine schwere mutilierende Arthropathie mit oder ohne typische Hautveränderungen das klinische Bild beherrschen (→ Kap. 43.4.6).

DS *Diagnosesicherung*

Diagnostisch wichtig ist in Verdachtsfällen die Auslösung verschiedener **klinischer Psoriasisphänomene:**

- **Phänomen des letzten Häutchens**
  Nach vorsichtigem Ablösen aller Schuppen tritt eine glatte, rosafarbene Fläche auf.
- **Auspitz-Phänomen**
  Nach Kratzen an einem psoriatischen Herd entstehen durch Verletzung der hochreichenden dermalen Papillenspitzen punktförmige Blutungen (blutiger Tau).

- **Kerzenphänomen**
  Zunahme des silbrigen Charakters einer oberflächlichen Schuppe nach Ablösen (infolge erhöhter Lichtreflexion).

Letztlich kann die Diagnose einer Psoriasis auch histopathologisch gesichert werden.

DD ***Differentialdiagnose***

Die Differentialdiagnose umfaßt eine Reihe weiterer erythematosquamöser Dermatosen, am wichtigsten sind dabei Ekzeme und die Tinea (→ 21.4.5.2). Ekzeme zeigen jedoch nie das Phänomen des letzten Häutchens, das Auspitz- oder das Kerzenphänomen. Eine Pilzinfektion läßt sich durch mikrobiologische Untersuchungsverfahren nachweisen oder ausschließen.

21.4.5.2 Tinea

Unter einer Tinea versteht man eine Infektion der Haut mit Dermatophyten (Fadenpilze). Die Bezeichnung Tinea wird häufig auch unabhängig vom Erreger zur Charakterisierung der Lokalisation der Krankheit verwendet, z.B. Tinea barbae, Tinea pedis.

B ***Beschwerden und Befunde***

Leitsymptom einer Tinea ist ein scharf begrenztes, randbetontes nummuläres Erythem. Meist treten multiple Herde auf, die konfluieren können. Nur selten finden sich solitäre Herde. Im Randbereich ist eine Schuppung nachweisbar, gelegentlich auch Pusteln oder Bläschen. Das Zentrum der Herde zeigt im weiteren Verlauf oft eine beginnende Abheilung. Außer gelegentlichem leichtem Juckreiz bestehen keine weiteren Symptome. Die Schuppung kann bei bestimmten Lokalisationen (Intertrigines oder Zehenzwischenräumen) nur gering vorhanden sein oder fehlen.

DS ***Diagnosesicherung***

Die Sicherung der Diagnose einer Tinea erfolgt mittels mikrobiologischer Untersuchungsverfahren (mikroskopisches Direktpräparat nach vorheriger Inkubation der Schuppen mit 15%iger Kalilauge, Kultur) oder mittels histologischer Spezialfärbungen (PAS-Reaktion).

DD ***Differentialdiagnose***

Klinisch kann die Abgrenzung gegenüber einem figurierten Erythem, einer Psoriasis oder einem chronisch-diskoiden Lupus erythematodes Schwierigkeiten bereiten. Der Erregernachweis und die histologische Untersuchung sind bei den genannten Differentialdiagnosen von entscheidender Bedeutung.

21.4.6 Exantheme

Multiple, meist flächenhaft ausgedehnte Hautveränderungen mit einem speziellen, dynamischen zeitlichen Verlauf (Anfang, Höhepunkt, Ende) und morphologisch uneinheitlichem Bild. Bei Beteiligung der Schleimhäute spricht man von einem Enanthem. Im Unterschied zum Ekzem ist die Epidermis primär nicht beteiligt.

21.4.6.1 Arzneimittelexanthem

Ein Arzneimittelexanthem ist definiert als unerwünschte Arzneimittelnebenwirkung an der Haut bei nichttoxischer Dosierung (Abb. 21-8). Verantwortlich sind einerseits unterschiedliche, zum Teil kombinierte und meist nicht genau definierte allergische Reaktionen (Typ I, III und IV nach Gell und Coombs). Zusätzliche Faktoren stellen Infekte (infektallergisches Arzneimittelexanthem) oder UV-Licht (photoallergisches Arzneimittelexanthem) dar. Andererseits kommen ursächlich auch andere nicht-immunologische Reaktionen wie Idiosynkrasie oder Intoleranz in Frage. 21

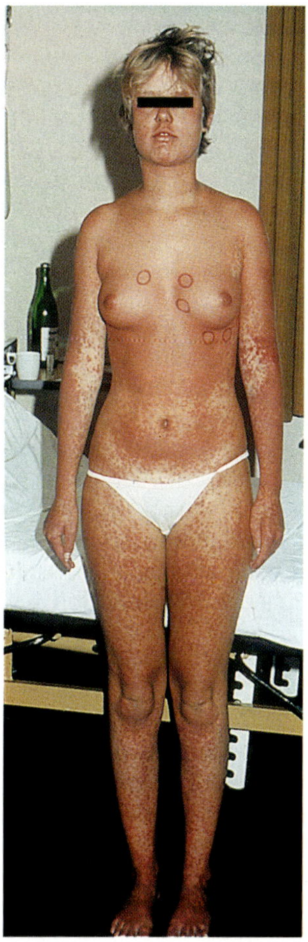

Abb. 21-8 Arzneimittelexanthem (Ampicillin).

B ***Beschwerden und Befunde***

Nach einer theoretischen Sensibilisierungszeit von 8–12 Tagen (bei bereits bestehender Sensibilisierung nach wenigen Stunden) treten am häufigsten großflächige, erythematöse Makulae und Papeln (makulopapulöses Exanthem) auf. Prädilektionsstellen sind der Stamm und abhängige Körperpartien, seltener auch die Schleimhäute. Bei schwereren Verläufen treten zusätzlich Hämorrhagien, Blasenbildung (Maximalvariante ist die toxische epidermale Nekrolyse [TEN] bzw. das Lyell-Syndrom) und Schocksymptome (→ Kap. 50) auf. Ein Pruritus kann, muß aber nicht vorhanden sein. Erst bei längeren Verläufen kommt es zu einer sekundären Beteiligung der Epidermis mit Schuppenbildung. Weitere Allgemeinsymptome bei Mitbeteiligung innerer Organe sind Fieber (→ Kap. 14), Lymphknotenschwellungen (→ Kap. 32) und Arthritiden (→ Kap. 43).

DS ***Diagnosesicherung***

Hilfreich bei der Diagnosesicherung ist zunächst der histopathologische Befund, z.B. der Nachweis epidermaler Einzelzellnekrosen. Laborchemisch ist häufig eine Eosinophilie auffällig, seltener auch eine Anämie, Leukopenie und Thrombozytopenie. Nach Abheilung (Absetzen der verantwortlichen Medikamente, Glukokortikosteroide lokal und eventuell systemisch) sollte eine allergologische Bestätigung der Diagnose im Epikutan-, Prick-, Intrakutan- und RAST-Tests angestrebt werden. Erst wenn diese Tests zu keinem Ergebnis führen, kann ein Provokationstest unter stationären Bedingungen indiziert sein.

DD ***Differentialdiagnose***

Die wichtigsten Differentialdiagnosen stellen Exantheme im Rahmen viraler und bakterieller Infekte (Syphilisserologie!) dar. Häufig beginnen Arzneimittelexantheme im Bereich abhängiger Areale (Unterschenkel bei mobilen Patienten, Rücken bei liegenden Patienten). Virale Exantheme (z.B. Masern und Röteln) zeigen dagegen ein relativ charakteristisches Ausbreitungsmuster. In jedem Fall sollte serologisch auch ein Exanthem im Rahmen der akuten HIV-Infektion ausgeschlossen werden.

21.4.6.2 Virale und bakterielle Exantheme

Viren und Bakterien, die exanthematische Hautveränderungen hervorrufen, sind zahlreich, daher auch die klinischen Erscheinungsbilder sehr verschiedenartig. Die Diagnostik beruht vorwiegend auf klinischen Kriterien, die allerdings nur teilweise pathognomonisch sind. Gelingt die Diagnose aufgrund des klinischen Bildes nicht, so sind serologische und mikrobiologische Zusatzuntersuchungen abzuwarten, deren Ergebnisse zumeist erst einige Tage später vorliegen und daher eher Bestätigungscharakter haben.

Eine synoptische, kurzgefaßte Darstellung der wichtigsten viralen und bakteriellen Exantheme zeigt Tabelle 21-7.

Differentialdiagnostisch sind bei allen Exanthemen eine Syphilis II und eine akute HIV-Infektion mit einzubeziehen. Eine ausführliche Darstellung der HIV-Infektion erfolgt im Kapitel 14. An dieser Stelle seien lediglich die häufigsten Hautkrankheiten tabellarisch zusammengefaßt, die bei HIV-Patienten vorkommen können (Tab. 21-8).

21.4.7 Urtikaria

Die Urtika (Quaddel) ist klinisch definiert als ein umschriebenes dermales Ödem. Verantwortlich ist dafür eine verstärkte Kapillarpermeabilität mit konsekutiv vermehrtem Austritt von Gewebsflüssigkeit durch Ausschüttung von Histamin, Prostaglandin oder anderen Faktoren. Die Freisetzung der Entzündungsmediatoren kann ausgelöst werden durch immunologische und nichtimmunologische Mechanismen. Die daraus resultierende Krankheit wird als Urtikaria (Nesselsucht) bezeichnet (bei Schleimhautbefall: Angioödem, → Kap. 53). In Abhängigkeit von der Dynamik und dem Verlauf wird die Urtikaria in eine akute, eine chronisch-rezidivierende und eine chronisch-persistierende Form eingeteilt.

B ***Beschwerden und Befunde***

Plötzlich treten ohne bestimmte Prädilektionsstellen flächenhafte, scharf begrenzte Erytheme auf, die sich in der Folge urtikariell umwandeln und stark jucken. Die Urtikae sind unregelmäßig konfiguriert und weisen in der Regel einen anämischen Hof auf. Charakteristischerweise bleiben die Urtikae nicht länger als 24 Stunden an gleicher Stelle bestehen (Differentialdiagnose: Urtikariavaskulitis). Bei stärkerer Ausprägung klagen die Patienten neben dem Pruritus häufig über Atem- oder Schluckbeschwerden, seltener auch über krampfartige Bauchschmerzen. Die Maximalform einer Urtikaria kann bis zum anaphylaktischen Schock führen (→ Kap. 50).

DS ***Diagnosesicherung***

Die Diagnosestellung ist in der Regel einfach. Eine Crux medicorum stellt dagegen die Ursachenfindung dar. Wegweisend ist auch hier nur die ausführliche Anamnese, allergologische Zusatzuntersuchungen (Prick-, Scratch-, RAST-, Karenz- und Expositionstests) können den Verdacht allenfalls erhärten. Eine **akute Urtikaria** wird am häufigsten durch Medikamente (z.B. Antibiotika, nichtsteroidale Antiphlogistika),

Tab. 21-7 Virale und bakterielle Infektionen mit Exanthem (→ Kap. 14)

	Masern	Röteln	Erythema infectiosum	infektiöse Mononukleose	Scharlach
Erreger	Paramyxovirus (RNS-Virus)	Togavirus (RNS-Virus)	Parvovirus B19	Epstein-Barr-Virus (EBV)	β-hämolysierende Streptokokken
Übertragung und Inkubationszeit	Tröpfcheninfektion; 9–11 Tage	Tröpfcheninfektion; 2–3 Wochen	Tröpfcheninfektion; 4–14 Tage	Tröpfcheninfektion; 30–50 Tage	Tröpfchen- und Schmierinfektion sowie Nahrungsmittel; 1–7 Tage
Prodromalerscheinungen	3–4 Tage; plötzliches Fieber und katarrhalische Erscheinungen: Konjunktivitis, Rhinitis, Tracheobronchitis; vor dem Exanthem „Koplikschen Flecken" (aphthoide, kalkspritzerartige Epithelnekrose mit rötlichem Hof an der Wangenschleimhaut)	oft nicht vorhanden oder gering ausgeprägte katarrhalische Erscheinungen; kaum Fieber; generalisierte Lymphadenitis mit charakteristischer nuchaler Lymphknotenschwellung	subfebrile Temperaturen, Kopfschmerzen, Schüttelfrost, Pruritus	allgemeine Krankheitszeichen, dann Fieber, Vergrößerung der zervikalen Lymphknoten und exsudative Pharyngotonsillitis	Fieber, Kopf- und Halsschmerzen (Pharyngotonsillitis), plötzliches Erbrechen, Schwellung der Halslymphknoten, fleckiges Enanthem
Exanthemstadium	Enanthem an Gaumen und Rachenwand; kleinfleckige, blaßrote Erytheme mit Neigung zur Konfluenz (im Gegensatz zu Röteln) mit retroaurikulärem und perioralem Beginn, danach Stamm und später Extremitäten; Rückbildung des Exanthems in gleicher Reihenfolge; Fieberabfall 3–5 Tage nach Höhepunkt des Exanthems	flüchtiges makulopapulöses Exanthem mit hirsekorngroßen Flecken und anämischem Rand; im Gegensatz zu Masern keine Konfluenz; Beginn im Gesicht, dann oberer Rumpf und Oberarme	Beginn im Gesicht („slapped cheeks") mit Erythemen, dann makulöses Exanthem an den Streckseiten der Extremitäten; Ring- und Girlandenfiguren; langes Bestehenbleiben, Wechsel des Bildes	am häufigsten subklinischer Verlauf, in 10% der Fälle am 4.–6. Krankheitstag makulopapulöses, gelegentlich juckendes Exanthem beginnend am Stamm mit rascher Konfluenz (Dauer: 1–7 Tage); unter Amoxicillin- und Ampicillin-Therapie (Pharyngotonsillitis) in 90% der Fälle generalisiertes Exanthem etwa 1–2 Tage nach Beginn der Behandlung	Exanthem beginnend in der Leistenbeuge, im Schenkeldreieck und an den Armbeugeseiten; erst später Ausbreitung auf Brust, Bauch und Rücken; Rötung der Wangen, aber Freibleiben der Perioralregion (Facies scarlatinosa); die Einzeleffloreszenz ist eine follikulär gebundene Papel (kleiner als bei Röteln); seltener entstehen kleinstes Bläschen (Miliaria scarlatinosa) und Hämorrhagien; Abschilferung des Zungenbelages (Himbeerzunge); in der Rekonvaleszenz großlamelläre Abschilferung der Epidermis besonders an Palmae und Plantae
Komplikationen	Masernpneumonie, -otitis, -enzephalitis und Hepatitis	Rötelnembryopathie, Milzschwellung, Arthralgien	rel. leichter Krankheitsverlauf, gelegentlich Arthritis und Arthralgie; cave: selten aplastische Anämie	Splenomegalie (cave: Milzruptur), selten Hepatomegalie und Enzephalitis	im Akutstadium Somnolenz, Delirium, Krämpfe, Ikterus, Sepsis und Kreislaufversagen; später Poststreptokokkenerkrankungen (Otitis, Sinusitis, Myokarditis, Glomerulonephritis und Polyarthritis)
Zusatzuntersuchungen	KBR, IgM-ELISA	Hämagglutinationshemmtest und spezifische IgM-Antikörper	EIA (IgG- und IgM-Antikörper)	Blutbild (atypische Lymphozytose), Mononukleose-Schnelltest (Paul-Bunnell), iIFT	Rachenabstrich (Nachweis β-hämolysierender Streptokokken), Antistreptolysin-O-Test, erhöhte Titer gegen Desoxyribonuklease, Hyaluronidase und Streptokinase

21

Tab. 21-8 Die häufigsten Hautveränderungen bei HIV-Infektion, unabhängig vom Stadium

Hauttumoren
Kaposi-Sarkom
erregerbedingte Dermatosen
Syphilis
Scabies norvegica (Borkenkrätze)
Pityrosporum-Infektionen
Dermatophytosen (kutane Mykosen)
Pyodermien
bazilläre Angiomatose
Condylomata acuminata und Viruswarzen
Mollusca contagiosa (Dellwarzen)
nichterregerbedingte Dermatosen
Psoriasis vulgaris
Morbus Reiter (→ Kap. 43)
Exsikkationsekzem
seborrhoisches Ekzem
Arzneimittelexanthem
papulöses Exanthem
Teleangiektasien
Porphyria cutanea tarda

Nahrungsmittel (z.B. Konservierungsstoffe, Farbstoffe, Gewürze, Zuckerersatzstoffe) oder in Kombination mit einem viralen oder bakteriellen Infekt ausgelöst (infektallergische Urtikaria). Prinzipiell kommen die genannten Faktoren auch als Auslöser **chronisch-rezidivierender** oder **chronisch-persistierender Urtikariae** in Frage. Daneben sind aber auch physikalische Faktoren (Druck, Wärme, Kälte, UV-Licht und Anstrengung mit Schwitzen) ursächlich möglich. Eine seltenere Form ist die durch Kontakt mit einer als Allergen (z.B. Latex) oder toxisch wirkenden Substanz (z.B. Nelkenöl und Perubalsam) ausgelöste Urtikaria.

DD *Differentialdiagnose*

Die wichtigste Differentialdiagnose einer akuten oder chronischen Urtikaria ist die Urtikariavaskulitis, die klinisch durch Urtikae, die länger als 24 Stunden an gleicher Stelle persistieren, eine erhöhte Blutsenkungsgeschwindigkeit und Arthralgien charakterisiert ist. Histologisch ist eine leukozytoklastische Vaskulitis nachweisbar. Häufig ist die Urtikariavaskulitis mit einem Lupus erythematodes (→ Kap. 43) oder einer Kryoglobulinämie assoziiert. Manifestiert sich eine Urtikaria vorwiegend als Angioödem und besteht eine positive Familienanamnese, so ist differentialdiagnostisch ein hereditäres angioneurotisches Ödem (Quincke-Ödem) in Erwägung zu ziehen (→ Kap. 53). Die rezidivierende Schwellung des Gesichtsbereiches und/oder der Extremitäten im Rahmen eines Quincke-Ödems beruht auf einem autosomal-dominant vererbten Defekt der Hemmung der Komplementaktivierung (erniedrigter C1-Inhibitor-Plasmaspiegel oder Dysfunktion des C1-Inhibitors). Diagnostisch wegweisend sind hier die Familienanamnese, die Bestimmung der Komplementfaktoren C3 (normal) und C4 (erniedrigt) sowie die quantitative und qualitative Analyse des C1-Inhibitors. Weiterhin ist klinisch das fehlende therapeutische Ansprechen auf Antihistaminika oder Glukokortikosteroide zu beobachten. Bei diesen Patienten ist außerdem die Gabe von ACE-Hemmern kontraindiziert.

21.4.8 Papeln

Es gibt eine Vielzahl von Dermatosen, deren Einzeleffloreszenzen aus Papeln bestehen. Wir können aus dieser Gruppe jedoch hier nur die wichtigste Krankheit herausgreifen, den Lichen ruber planus.

Lichen ruber planus

Der Lichen ruber planus ist eine nichtkontagiöse, in der Regel selbstlimitierte, papulöse Krankheit mit charakteristischem klinischem und histologischem Bild. Eine Autoimmunpathogenese des Lichen ruber planus wird diskutiert.

B *Beschwerden und Befunde*

Unter Betonung der Handgelenkbeugeseiten, Sakralregion, Knöchel und Unterschenkelvorderseiten entstehen flache, polygonal begrenzte Papeln, oft verbunden mit Juckreiz. Ihre Farbe ist charakteristischerweise violett-rötlich. An der Oberfäche findet sich eine weißlich-durchscheinende netzförmige Streifung (Wickham-Streifen). Durch mechanische Irritation (z.B. Kratzen) können neue Papeln induziert werden (isomorpher Reizeffekt, Köbner-Phänomen). Häufig sind gleichzeitig netzförmige Streifen auch an Schleimhäuten (Mund, Genitale) nachweisbar. In kasuistischen Darstellungen wird in der Literatur über das gemeinsame Vorkommen eines Lichen ruber planus mit einem Lupus erythematodes, Pemphigus vulgaris, Pemphigus foliaceus, bullösem Pemphigoid sowie einer Colitis ulcerosa und einer Myasthenia gravis berichtet. In einer kürzlich publizierten klinischen Studie zeigten Patienten mit einer Alopecia areata und Patienten mit einer chronisch-aktiven Hepatitis ein erhöhtes Risiko, an einem Lichen ruber planus zu erkranken (relatives Risiko 2,7 bzw. 4,7).

DS *Diagnosesicherung*

Das typische klinische Bild ermöglicht in der Regel die Diagnose. Die Bestätigung erfolgt durch die Histologie. Die Epidermis zeigt eine Hyperkeratose und Hypergranulose (histologisches Korrelat der Wickhamschen Streifen). Weiterhin ist ein bandförmiges lymphohistiozytäres Infiltrat im oberen Korium nachweisbar mit vakuoliger Degeneration des Basalzelllagers und kolloiden Körperchen.

DD *Differentialdiagnose*

Verschiedene Substanzen (z.B. organische Arsenverbindungen) oder Medikamente (z.B. Chloroquin, Hydroxychloroquin) können Exantheme induzieren, die einem Lichen ruber planus ähneln oder sogar identisch mit ihm sind.

21.4.9 Blasen

Unter dem Begriff der blasenbildenden Dermatosen werden eine Reihe von heterogenen Erkrankungen zusammengefaßt, deren gemeinsames Merkmal eine zur Blasenbildung führende Kontinuitätstrennung innerhalb der Epidermis oder der epidermo-dermalen Junktionszone ist (Tab. 21-9). Die häufigsten Erkrankungen, die eine Assoziation zu internistischen Begleitphänomenen aufweisen, werden vorgestellt.

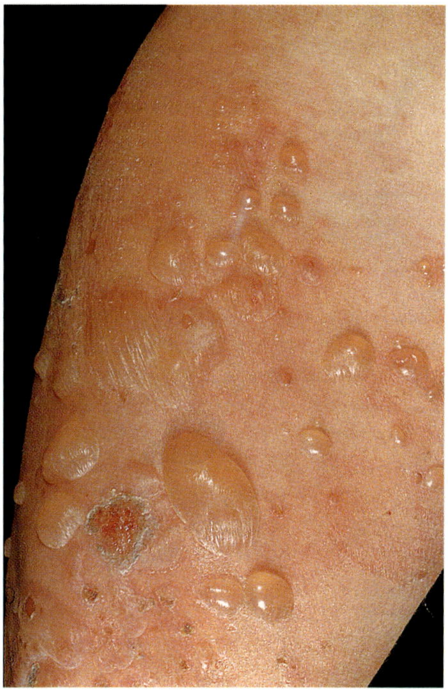

Abb. 21-9 Bullöses Pemphigoid.

21

21.4.9.1 Bullöses Pemphigoid

Das bullöse Pemphigoid ist definiert als Autoimmunkrankheit der Haut mit subepidermaler Blasenbildung (Abb. 21-9). Das verantwortliche Antigen ist Bestandteil basaler Keratinozyten (bullous pemphigoid antigen [BPAG] 1 und 2).

B *Beschwerden und Befunde*

Leitsymptom sind stabile und prall gespannte, teilweise hämorrhagische Blasen in symmetrischer Anordnung an den folgenden Prädilektionsstellen: seitliche Halspartien, Achselhöhlen, Inguinalbeugen, Oberschenkelinnenseiten und Abdomen sowie gelegentlich (in etwa 20–30%) auch die Mundschleimhaut. In der Regel handelt es sich um ältere Patienten (> 70 Jahre). Die Erkrankung tritt akut auf und weist unbehandelt einen chronischen Verlauf auf.

Tab. 21-9 Hautkrankheiten mit Blasenbildung

Ursache	Klinische Beispiele
angeborene Hautkrankheiten	Epidermolysis bullosa
entzündliche Hautkrankheiten	Lichen sclerosus et atrophicus
Autoimmunkrankheiten	Pemphigus vulgaris, bullöses Pemphigoid
toxische oder allergische Schädigungen	bullöses, allergisches Kontaktekzem
virale oder bakterielle Infektionen	Herpes simplex, Impetigo contagiosa

DS *Diagnosesicherung*

Histologisch entsprechen die Blasen einer subepidermalen Spaltbildung und sind damit von den schlaffen und leicht verletzbaren Blasen des Pemphigus vulgaris (intraepidermale Spaltbildung) histologisch leicht zu unterscheiden. Als klinisches Korrelat der intraepidermalen Spaltbildung lassen sich die Blasen beim Pemphigus vulgaris zur Seite hin wegdrücken (Nikolski II), und die angrenzende, scheinbar unbefallene Haut läßt sich oberflächlich verschieben (Nikolski I). Beide Phänomene lassen sich beim bullösen Pemphigoid nicht auslösen. Auch durch immunhistologische Verfahren (direkte Immunfluoreszenz) läßt sich die Diagnose eines bullösen Pemphigoids sichern bzw. ein Pemphigus vulgaris differentialdiagnostisch ausschließen. Beim bullösen Pemphigoid ist eine lineare Ablagerung von IgG und C3 entlang der Basalmembran nachweisbar, während beim Pemphigus vulgaris IgG und C3 intraepidermal entlang den Zellgrenzen gelegen sind.

21.4.9.2 Dermatitis herpetiformis (Duhring)

Neben dem bullösen Pemphigoid und dem Pemphigus vulgaris ist die Dermatitis herpetiformis die dritte „klassische" blasenbildende Autoimmunkrankheit. Die Ätiologie der Erkrankung ist weitgehend unbekannt. Man vermutet jedoch eine immunologische Reaktion bei genetisch prädisponierten Menschen (HLA-B8) mit Auftreten verschiedenster Antikörper (Schilddrüsenantikörper sowie Antikörper gegen Retikulin, Gluten oder Gliadin).

B ***Beschwerden und Befunde***

Hier ist die Blasenbildung durch das Auftreten kleinerer, stabiler und in Gruppen, d.h. herpetiform angeordneter Blasen bzw. Bläschen auf gerötetem Grund charakterisiert. Subjektiv empfinden die Patienten einen intensiv brennenden oder schmerzenden Juckreiz. Prädilektionsstellen sind oberer Schultergürtel und Glutealregion, ferner Unterarmstreckseiten und Ellenbogen sowie Unterschenkelstreckseiten und Knie. Die Mundschleimhaut ist praktisch nie betroffen. Das Patientengut umfaßt hauptsächlich jüngere Patienten (20. bis 50. Lebensjahr). Wichtig ist weiterhin die Assoziation der Krankheit mit Malignomen (Karzinome und maligne Lymphome), Infektionen und entzündlichen Erkrankungen des Magen-Darm-Traktes.

DS ***Diagnosesicherung***

Klinisch ist die Dermatitis herpetiformis durch die herpetiforme Anordnung der kleinen, stabilen Bläschen und durch den charakteristischerweise brennenden bzw. schmerzenden Juckreiz charakterisiert. Die Sicherung der Diagnose erfolgt histologisch und mittels der direkten Immunfluoreszenz (IgA granulär in den Papillenspitzen oder linear).

21.4.9.3 Herpes-simplex-Virus-Infektionen

Hierunter werden Krankheiten subsumiert, die durch eine Infektion bzw. Reaktivierung mit dem Herpes-simplex-Virus Typ 1 (HSV-1) oder Typ 2 (HSV-2) verursacht werden. Nach der Primärinfektion persistieren beide Typen in den sensiblen Ganglien. Das klinische Bild ist bei beiden Virustypen identisch, die Prädilektionsstellen bei Reaktivierung der Viren sind jedoch unterschiedlich. Im Genitalbereich rezidivieren HSV-2-Infektionen ca. 10mal häufiger als HSV-1-Infektionen, während im orofazialen Bereich das Verhältnis umgekehrt ist.

B ***Beschwerden und Befunde***

Die Erstinfektion mit HSV-1 verläuft unter dem Bild der Gingivostomatitis herpetica. Ausgedehnte Erosionen der Mundschleimhaut mit hämorrhagischen Krusten prägen das Krankheitsbild, das besonders häufig bei Kleinkindern auftritt. Die Reaktivierung der Viren führt zu gruppiert („herpetiform") angeordneten Bläschen auf gerötetem Grund, begleitet von Mißempfindungen in Form von Brennen oder Juckreiz. Eine besondere Verlaufsform stellt das Eczema herpeticatum bei Patienten mit atopischem Ekzem dar. Hier kommt es zu einer großflächigen Aussaat der Bläschen, zumeist im Bereich der ekzematös veränderten Haut, verbunden mit schwerer Allgemeinsymptomatik.

Die Erstinfektion mit HSV-2 zeigt genital disseminierte, rasch erodierende Bläschen mit Entwicklung von Ulzerationen. Die Reaktivierung des Virus zeigt dann ein HSV-1-analoges klinisches Bild am Genitale.

Eine häufige Komplikation der Reaktivierung von HSV ist die Entwicklung eines postherpetischen Erythema exsudativum multiforme.

DS ***Diagnosesicherung***

Das klinische Bild ist diagnostisch wegweisend. Der Nachweis spezifischer IgG- und IgM-Antikörper ist möglich. Aufgrund der hohen Durchseuchungsrate ist ein IgG-Antikörper-Nachweis nur begrenzt aussagekräftig, und IgM-Antikörper sind bei Virusreaktivierung nicht immer nachweisbar.

DD ***Differentialdiagnose***

In Anfangsstadien der HSV-Reaktivierung kann die diagnostische Abgrenzung zum Zoster Probleme bereiten, der jedoch eine großflächigere, segmentale Ausbreitung zeigt. Weiterhin muß anamnestisch ein allergisches Kontaktekzem ausgeschlossen werden.

21.4.9.4 Zoster

Der Zoster ist eine virale Erkrankung mit primär einseitig segmentalem Befall, die durch eine Reaktivierung des Varicella-Zoster-Virus verursacht ist. Nach einer Varizelleninfektion persistiert das Virus lebenslang in den sensiblen Rückenmarks- und Gehirnganglien.

B ***Beschwerden und Befunde***

Leitsymptome sind das sequentielle Auftreten von meist brennenden Schmerzen, Rötung und gruppiert angeordneten, stabilen Bläschen innerhalb eines oder mehrerer Hautnervensegmente (Abb. 21-10). Eine Generalisierung der Bläschen wird zumeist bei gesundheitlicher Vorschädigung des Patienten beobachtet. Es muß betont werden, daß die Schmerzsymptomatik (akuter Zosterschmerz) den Hautveränderungen Stunden oder wenige Tage vorausgehen kann. Die Krankheit ist meist verbunden mit allgemeinem Krankheitsgefühl. Der Hinweis, bei Zoster-Patienten aufgrund eines Immundefektes eine HIV-Infektion (→ Kap. 14) oder ein malignes Lymphom (→ Kap. 32) auszuschließen, erscheint gerechtfertigt, wenngleich gesicherte

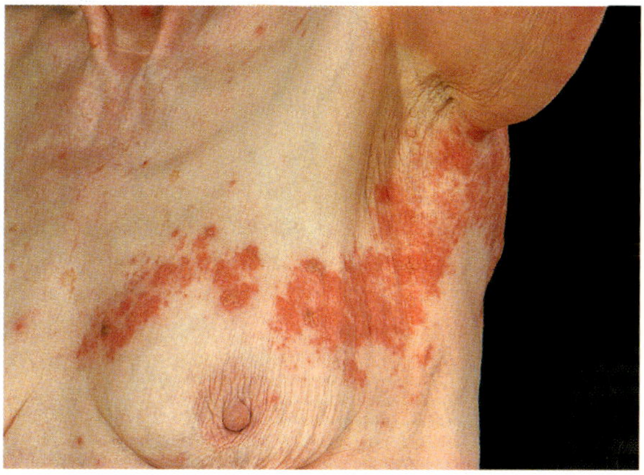

Abb. 21-10 Zoster.

Zahlen über diesen Zusammenhang noch nicht vorliegen.

DS *Diagnosesicherung*

Das charakteristische klinische Bild mit dem sequentiellen Auftreten von Schmerzen, Rötung und Bläschenbildung ermöglicht in der Regel eine sichere Diagnose. Die Abgrenzung von einer Herpes-simplex-Infektion kann in Einzelfällen problematisch sein. Hier helfen dann der Erregernachweis im Elektronenmikroskop („negative staining") oder die Untersuchung des Blasengrundausstrichs mittels Immunfluoreszenz auf Herpes-simplex-Virus-spezifische Antikörper.

21.4.9.5 Porphyrien

Die klinischen Leitsymptome der Porphyrien (Blasen bzw. Erosionen sowie Melanose, Hypertrichose, chronisch-aktinische Schädigung und Pseudosklerodermie) sind im Kapitel 56, „Sensibilitätsstörungen", beschrieben.

21.4.10 Ulkus

Ein Ulkus kann als Sekundäreffloreszenz bei vielen Krankheiten der Haut auftreten. Dazu gehören Tumoren der Haut, aber auch eine Vielzahl an entzündlichen Dermatosen. Im Rahmen dieser Abhandlung müssen wir uns jedoch auf die wichtigsten Krankheiten beschränken, bei denen ein Ulkus diagnostisch wegweisend ist. Hier sind das Ulcus cruris (→ Kap. 42), die Vaskulitiden (→ Kap. 43), das Pyoderma gangraenosum, das Ulcus durum bei der Syphilis I und der Morbus Behçet zu erwähnen.

21.4.10.1 Pyoderma gangraenosum

Es handelt sich dabei um ein dermatologisches Krankheitsbild mit vielen Assoziationen zu inneren Erkrankungen (z.B. Colitis ulcerosa, Morbus Crohn [→ Kap. 11], verschiedene Arthritiden und Vaskulitiden [→ Kap. 43]). Man versteht darunter eine destruktive, nekrotisierende, nichtinfektiöse Ulzeration auf dem Boden einer Vaskulitis.

B *Beschwerden und Befunde*

Besonders häufig an den unteren Extremitäten entstehen initial einzelne oder mehrere entzündlich gerötete, pustulöse Herde, die einschmelzen und sich in relativ kurzer Zeit (wenige Tage) zu flächenhaften Ulzerationen ausbreiten. Typisch sind der nekrotische Ulkusgrund und düsterrote, unterminierte schmerzhafte Geschwürränder mit Resten blasig abgehobener Epidermis (Abb. 21-11).

21

DS *Diagnosesicherung*

Die Diagnosestellung erfolgt vorwiegend klinisch. Das histologische Bild ist letztlich unspezifisch. Das Ulcus cruris ist am häufigsten an der Knöchelinnenseite gelegen, zeigt in der Regel keine unterminierten Ränder und weist im Vergleich zum Pyoderma gangraenosum eine langsamere Größenzunahme auf. Ulzera im Rahmen einer arteriellen Verschlußkrankheit (Untersuchung der peripheren Pulse) sind zumeist wesentlich schmerzhafter. Wichtig ist jedoch bei allen chronisch verlaufenden Ulzera der histopathologische Ausschluß eines malignen Prozesses bzw. Tumors als Ursache.

21.4.10.2 Ulcus durum

Keineswegs nur historische Bedeutung hat der syphilitische Primäraffekt in Form des Ulcus durum (har-

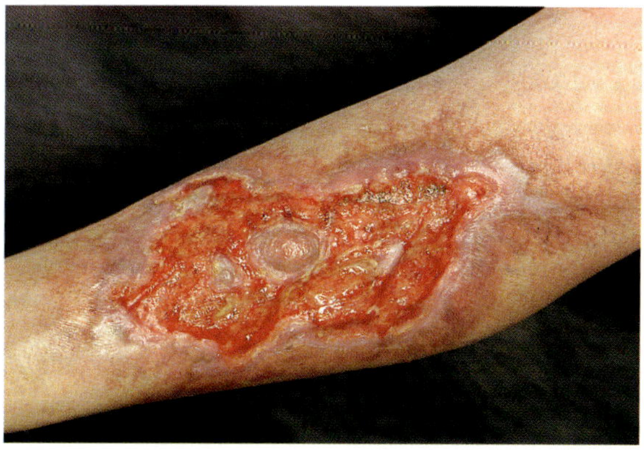

Abb. 21-11 Pyoderma gangraenosum.

ter Schanker). Die Übertragung des verantwortlichen Erregers (Treponema pallidum) erfolgt perkutan oder hämatogen.

B ***Beschwerden und Befunde***

Das Ulcus durum stellt sich als schüsselförmig eingezogenes, schmerzloses Ulkus dar, das im Unterschied zum Ulcus molle keine unterminierten Ränder aufweist. Basis und Rand des Ulkus sind hart infiltriert, so daß die Konsistenz mit einem Spielkartenblatt verglichen werden kann („Kartenblattschanker").

DS ***Diagnosesicherung***

Bei genitalem Sitz des Primäraffektes entsteht der klinische Verdacht sehr schnell; erfahrungsgemäß wird der extragenitale Sitz des Primäraffektes (z.B. perianal oder intrarektal) zunächst oft nicht mit einer Syphilis in Verbindung gebracht. Wichtig ist gerade hierbei der Nachweis der zu jedem syphilitischen Primäraffekt gehörenden Lymphknotenschwellung (Bubo) im Lymphabflußgebiet. Der syphilitische Bubo ist im Gegensatz zu demjenigen des Ulcus molle in der Regel indolent, zeigt keine Einschmelzung, und die darüberliegende Haut ist nicht infiltriert oder gerötet.

Eine zusätzliche Sicherung der Diagnose erfolgt durch die Untersuchung von Reizsekret aus dem Ulkus im Dunkelfeldmikroskop (Nachweis der abgeknickten Spirochäten mit Rotation um die Längsachse) und durch spezielle serologische Testverfahren (VDRL, TPHA, FTA-Abs., 19S-IgM).

DD ***Differentialdiagnose***

Die klassische Differentialdiagnose ist das Ulcus molle (weicher Schanker). Im Unterschied zum Ulcus durum ist das Ulcus molle weich, die Ränder sind charakteristischerweise unterminiert. Der regionale Lymphknoten ist schmerzhaft und neigt im weiteren Verlauf zur perkutanen Perforation mit Fistulation.

21.4.10.3 Morbus Behçet

Leitsymptome dieser Erkrankung sind Ulzerationen (Aphthen) der Mundschleimhaut, aber auch aphthöse Genitalulzera sowie die Hypopyoniritis (Chorioretinitis).

Je nach Gewebs- bzw. Organsitz werden verschiedene Krankheitstypen abgegrenzt (mukokutaner, arthritischer, neurologischer und okulärer Typ). Bei allen Typen können das Gefäßsystem und der Gastrointestinaltrakt (Dysphagien, Ösophagusläsionen [→ Kap. 39], Enterokolitis, Proktitis [→ Kap. 11]) mitbetroffen sein.

21.4.11 Tumoren der Haut

Das Spektrum der Tumoren der Haut ist sehr groß. Sie können grob in benigne und maligne Tumoren unterteilt werden. Nur wenige Hauttumoren sollten allein auf der Basis des klinischen Bildes diagnostiziert und gegenüber anderen differentialdiagnostisch abgegrenzt werden. Daher muß nahezu immer eine histopathologische Untersuchung angestrebt werden, insbesondere bei der Differentialdiagnose von Pigmentzelltumoren und Tumoren der Hautanhangsgebilde.

21.4.11.1 Benigne Tumoren der Haut

Hierunter werden Tumoren verstanden, die nicht metastasieren und eher verdrängend als infiltrativ wachsen.

Nävuszellnävus

Gutartiger Tumor epidermaler und/oder dermaler Nävuszellen (Abb. 21-12).

B ***Beschwerden und Befunde***

Bereits in der Kindheit entwickeln sich bräunliche, homogen pigmentierte Makulae, die im weiteren Verlauf durch das Tumorwachstum zu Papeln werden. Sie zeigen eine homogene Pigmentierung und sind scharf begrenzt. Subjektive Beschwerden bestehen in der Regel nicht.

DS ***Diagnosesicherung***

In der Auflichtmikroskopie regelmäßiges Pigmentnetz. Histologisch Nachweis von Nävuszellen und -nestern in den basalen Epidermisanteilen und/oder im oberen Korium. Der Tumor ist symmetrisch aufgebaut und seitlich scharf begrenzt.

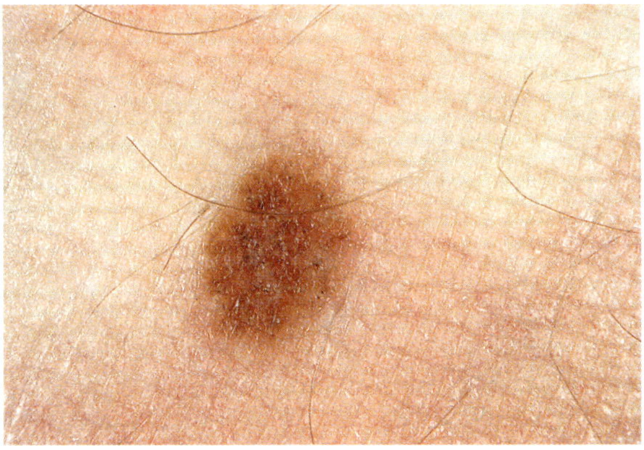

Abb. 21-12 Nävuszellnävus.

DD ***Differentialdiagnose***

Die wichtigste Differentialdiagnose ist das maligne Melanom. Hilfreich ist dabei der Ausschluß der klinischen Melanomkriterien anhand der ABCDE-Regel (Tab. 21-10). Auch die Auflichtmikroskopie (Tab. 21-11) kann weitere Hinweise geben. Weitere Differentialdiagnosen stellen seborrhoische Keratosen (Pseudohornzysten [„Hornperlen"] in der Auflichtmikroskopie) und pigmentierte Basaliome (Teleangiektasien und perlschnurartiger Randsaum) dar. Im Zweifelsfall sollte immer eine Exzisionsbiopsie (keine Probebiopsie!) zur histologischen Untersuchung erfolgen.

Seborrhoische Keratose

Gutartiger, häufig pigmentierter Tumor der Epidermis mit Hyperkeratose bei älteren Menschen.

B ***Beschwerden und Befunde***

Bei nahezu allen Menschen treten, zumeist nach dem 40. Lebensjahr, bis zu mehrere Zentimeter große, bräunliche Papeln und Plaques auf. Die Oberfläche imponiert wachsartig, rauh und gepunzt.

DS ***Diagnosesicherung***

Die Diagnose wird in der Regel aufgrund des charakteristischen klinischen Bildes gestellt. Hilfreich ist weiterhin die Auflichtmikroskopie mit Nachweis der typischen Pseudohornzysten. Im Zweifelsfall sollte die Läsion mit dem scharfen Löffel abgetragen oder exzidiert werden mit anschließender histopathologischer Untersuchung.

DD ***Differentialdiagnose***

Die wesentlichen Differentialdiagnosen beinhalten Melanome, Basaliome und Plattenepithelkarzinome (→ 21.4.11.2).

Tab. 21-10 Klinische Charakteristika früher Melanome (ABCDE-Regel)

A	Asymmetrische Konfiguration
B	Unregelmäßige Begrenzung (polyzyklisch, Ausläufer am Rande)
C	Ungleichmäßige Pigmentierung (Color): rötliche, hellbraune, dunkelbraune, schwärzliche Farbtöne
D	Durchmesser > 5 mm
E	Kürzere Anamnese (Evolution): Veränderung innerhalb der letzten 2–3 Jahre

Tab. 21-11 Auflichtmikroskopische Differentialdiagnose zwischen Nävuszellnävus und malignem Melanom (nach Rassner et al. 1995)

Merkmal	Nävuszellnävus	Melanom
Radiärstreifen	–	+
Pseudopodien	–	+
Blautöne	–	+
Regression	–	+
Heterogenität	–	+

Verrucae vulgares

Primär gutartige, durch humane Papillomviren (z.B. HPV-2 und -4) hervorgerufene Papillome der Haut.

B ***Beschwerden und Befunde***

Unter Betonung der Akren treten stark hyperkeratotische, papillomatöse Papeln auf, die gelegentlich zur Konfluenz neigen und insbesondere an druckbelasteten Stellen stark schmerzhaft sein können.

DS ***Diagnosesicherung***

Diagnostisch wegweisend sind dunkle Punkte im Zentrum der Läsion (thrombosierte Kapillarschlingen) und die Aufhebung der Hautfelderung.

DD ***Differentialdiagnose***

Differentialdiagnostisch muß immer ein Plattenepithelkarzinom ausgeschlossen werden. Bei Lokalisation an der Fußsohle ist der Klavus („Hühnerauge") eine wichtige Differentialdiagnose. Letzterer weist als druckbedingte Hyperkeratose keine thrombosierten Kapillarschlingen auf, und die Hautfelderung ist erhalten.

21.4.11.2 Maligne Tumoren der Haut

Hierunter werden Tumoren verstanden, die metastasieren (Ausnahme: Basaliom) und eher infiltrativ und destruierend wachsen.

Basaliom

Semimaligner, epithelialer Tumor mit lokal destruierendem und infiltrativem Wachstum, jedoch ohne Metastasierungstendenz. Ätiologie: chronische Lichtexposition, Chemokanzerogene (Arsen).

B ***Beschwerden und Befunde***

Innerhalb von Monaten entstehen die Tumoren an lichtexponierten Arealen und weisen häufig einen

21

perlschnurartigen, knotigen Randsaum mit Teleangiektasien auf. Basaliome neigen zur zentralen Ulzeration und sind gelegentlich pigmentiert. Subjektive Symptome bestehen initial nicht.

DS *Diagnosesicherung*

Histopathologisch Nachweis multipler, von der Epidermis ausgehender, basaloider Tumorzellinseln mit palisadenförmigem Randaufbau und Retraktionszonen. Keine wesentlichen Zell- oder Kernatypien. Einzelne Mitosen.

DD *Differentialdiagnose*

Plattenepithelkarzinom, malignes Melanom, seborrhoische Keratose. Letztere weist klinisch und im Auflichtmikroskop die „Hornperlen" und keinen knotigen Randsaum mit Teleangiektasien auf.

Plattenepithelkarzinom

Maligner Tumor der Epidermis mit infiltrativem Wachstum und Metastasierungsneigung. Ätiologie: chronische Lichtexposition, Röntgenbestrahlung, Chemokanzerogene (Teer, Arsen).

B *Beschwerden und Befunde*

Innerhalb mehrerer Wochen, seltener im Verlauf von Jahren entwickeln sich auf lichtexponierten Arealen meist schmerzlose, unscharf begrenzte Plaques oder Tumoren, die zur Schuppen- oder Krustenbildung und Ulzeration neigen. Subjektive Beschwerden fehlen initial, bei fortgeschrittener Metastasierung allgemeine Tumorkachexie.

DS *Diagnosesicherung*

Histopathologisch Nachweis zur Verhornung neigender, epidermaler Zellverbände mit Kern- und Zellatypien sowie atypischen Mitosen.

DD *Differentialdiagnose*

Basaliom (knotiger Randsaum mit Teleangiektasien), seborrhoische Keratose (wachsartige Oberfläche mit „Hornperlen"), Keratoakanthom (klinisch-morphologisch dem Plattenepithelkarzinom ähnlich; Entwicklung jedoch innerhalb mehrerer Tage bis weniger Wochen), Verruca vulgaris (thrombosierte Kapillarschlingen).

Malignes Melanom

Hochmaligner Tumor epidermaler Melanozyten mit hohem Metastasierungsrisiko. Ätiologie: Sonnenexposition (Sonnenbrände in der Kindheit gelten als wichtiger Risikofaktor) und familiäre Prädisposition. Man unterscheidet **zwei** verschiedene **Wachstumsphasen** des malignen Melanoms.

Erstens die **horizontale Wachstumsphase:** Vermehrung der Melanozyten in der Basalzellschicht der Epidermis mit zunehmender Zell- und Kernatypie und horizontaler Ausbreitung innerhalb der Epidermis.

Zweitens die **vertikale Wachstumsphase:** Vermehrung atypischer Melanozyten und Invasion in das Korium mit konsekutiv höherer Metastasierungstendenz.

B *Beschwerden und Befunde*

Je nach primär vorherrschender Wachstumsphase und Lokalisation werden die malignen Melanome in **vier** große **Gruppen** eingeteilt:

- superfiziell spreitendes Melanom (SSM, ca. 65%)
- noduläres Melanom (NM, ca. 20%)
- Lentigo-maligna-Melanom (LMM, ca. 10%)
- akrolentiginöses Melanom (ALM, ca. 5%)

Superfiziell spreitendes Melanom: Entweder auf primär gesunder Haut oder auf dem Boden eines Nävuszellnävus entsteht eine unregelmäßig dunkel pigmentierte, unscharf und polyzyklisch begrenzte, > 5 mm große Makula (vorwiegend horizontale Wachstumsphase) oder Plaque (Abb. 21-13). Gelegentlich finden sich innerhalb der Läsion charakteristische, depigmentierte Anteile (Regressionszonen). Juckreiz und Blutungen sind häufige Symptome. Prädilektionsstellen sind bei Frauen die Unterschenkel, bei Männern der Rücken.

Noduläres Melanom: Im Vergleich zum SSM herrscht beim NM die vertikale Wachstumsphase vor, so daß klinisch dunkelbraune Papeln und Knoten mit dunkel pigmentiertem, unscharf begrenztem Randsaum imponieren. Juckreiz und Erosion mit Blutung sind häufig vorhanden.

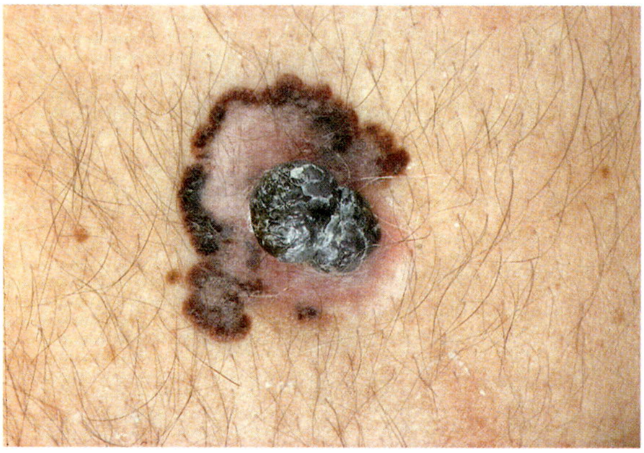

Abb. 21-13 Superfiziell spreitendes Melanom (SSM).

Lentigo-maligna-Melanom: Zumeist im Gesicht älterer Patienten (lichtexponierte Haut) entstehen unregelmäßig pigmentierte, unscharf begrenzte Makulae, die über Jahre bestehen können (Lentigo maligna) und erst dann in eine vertikale Wachstumsphase übergehen (Lentigo-maligna-Melanom). Von allen Melanomen hat das LMM die beste Prognose.

Akrolentiginöses Melanom: Das ALM ist durch seine besondere Lokalisation an den Akren charakterisiert. Das klinische Bild und die Symptome entsprechen je nach vorherrschender Wachstumsphase denjenigen des SSM oder des NM.

DS *Diagnosesicherung*

Alle Pigmentmakulae und insbesondere diejenigen, die sich nach der Pubertät verändern (ABCDE-Regel [→ Tab. 21-10], Auflichtmikroskopie [→ Tab. 21-11]) und Symptome wie Juckreiz und Blutung (leichte Verletzbarkeit) aufweisen, sollten den Verdacht auf ein malignes Melanom lenken und histologisch untersucht werden. Die Diagnosesicherung erfolgt ausschließlich durch die Exzisionsbiopsie (keine Probebiopsie!) mit histologischer Aufarbeitung in Serienschnittechnik.

Die weitere Prognose der Melanome hängt im wesentlichen von der Eindringtiefe des Tumors ab (Tab. 21-12).

DD *Differentialdiagnose*

Die wichtigste Differentialdiagnose ist der Nävuszellnävus, seltener auch pigmentierte Basaliome.

Tab. 21-12 Stadieneinteilung maligner Melanome und 10-Jahres-Überlebensrate (nach Orfanos et al. 1994 und Haffner et al. 1992)

Stadium	Einteilung			10-Jahres-Überlebensrate
Stadium Ia	pT1 (≤ 0,75 mm)	N0	M0	97%
Stadium Ib	pT2 (0,76–1,5 mm)	N0	M0	90%
Stadium IIa	pT3 (1,51–4,0 mm)	N0	M0	67%
Stadium IIb	pT3 (> 4,0 mm)	N0	M0	43%
Stadium IIIa	pTa, pTb	N0	M0	28%
Stadium IIIb	jedes pT	N1, N2	M0	19%
Stadium IV	jedes pT	jedes N	M1	3%

pT: Primärtumor
pTa: Satellitenmetastasen innerhalb von 2 cm vom Primärtumor (bzw. Lokalrezidiv nach Entfernung mit Sicherheitsabstand)
pTb: In-transit-Metastasen vor der regionären Lymphknotenstation
N: Regionäre Metastasen (regionäre Lymphknoten)
N1: Metastasen ≤ 3 cm in regionären Lymphknoten
N2: Metastasen > 3 cm in regionären Lymphknoten
M: Fernmetastasen

Kaposi-Sarkom

Von den Endothelzellen ausgehender, multifokal auftretender Tumor mit unterschiedlicher klinischer Form und unterschiedlichem Malignitätsgrad.

B *Beschwerden und Befunde*

Das Kaposi-Sarkom tritt in verschiedenen klinischen **Manifestationsformen** auf:

- **sporadisch** bei zumeist älteren Männern in Osteuropa und Vorderasien (klassische Form) mit zumeist nur langsamer Progredienz; bevorzugt an den distalen Extremitäten treten rot-braune Papeln und Knoten auf, die im weiteren Verlauf zu Plaques konfluieren und eine Schuppung aufweisen können. Eine spontane Regression mit kontusiformer Resthyperpigmentierung ist möglich. Ein ausgedehnter Befall der Extremitäten führt häufig zu Druckschmerz und zur ödematösen Schwellung. Eine weitere Ausdehnung auf den Stamm oder auf innere Organe ist längerfristig zwar möglich, aber vergleichsweise selten.
- **endemisch** in Ostafrika
- **im Rahmen von erworbenen Immundefekten** (vor allem bei AIDS und unter immunsuppressiver Therapie) mit eher rascher Progredienz; hier ist das klinische Bild variantenreicher (Abb. 21-14). Die Tumoren entwickeln sich betont am Stamm und folgen den Hautspaltlinien. Das Kapillitium und die sichtbaren Schleimhäute sind ebenfalls Prädilektionsstellen. Ein primär interner oder Lymphknotenbefall ist bei diesen Formen wesentlich häufiger. Neben den Beschwerden durch das lokale Wachstum der Tumoren stehen die Symptome der Grundkrankheit (AIDS und die immunsuppressiv behandelten Krankheiten) im Vordergrund.

DS *Diagnosesicherung*

Eine histopathologische Sicherung der Diagnose mit Nachweis monomorpher, spindelförmiger Tumorzellen sollte aufgrund der schwerwiegenden therapeutischen Konsequenzen stets erfolgen.

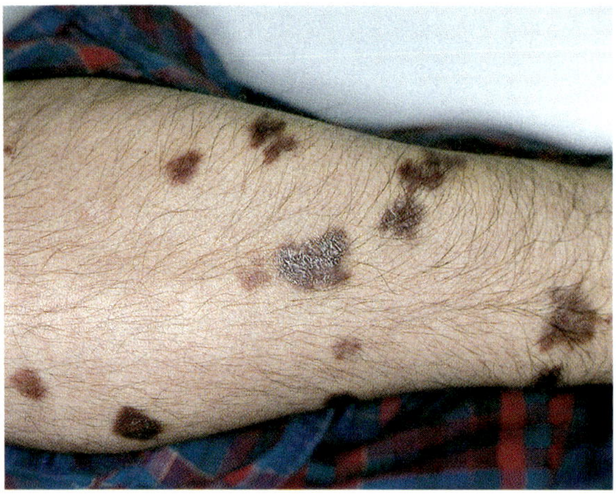

Abb. 21-14 Kaposi-Sarkome.

DD *Differentialdiagnose*

Die Differentialdiagnose umfaßt prinzipiell alle von Gefäßen ausgehenden Tumoren (z.B. Hämangiome) sowie Melanome bzw. deren Metastasen. Eine sichere Differentialdiagnose zwischen den genannten Tumoren ist allein anhand klinisch-morphologischer Kriterien kaum möglich, so daß auch hier die sichere Abgrenzung nur im Rahmen der histopathologischen Untersuchung möglich ist.

Mycosis fungoides

Die Mycosis fungoides ist das häufigste kutane Lymphom und stellt zunächst ein niedrigmalignes T-Zell-Lymphom dar. Die Pathogenese ist ungeklärt (→ Kap. 32).

B *Beschwerden und Befunde*

Die Hautveränderungen durchlaufen drei aufeinanderfolgende Stadien. Im Ekzemstadium finden sich initial großflächige, leicht atrophische und nur gering schuppende Infiltrate der Haut, die an Ekzeme erinnern. Im weiteren Verlauf kommt es zu einer deutlicheren Infiltration der betroffenen Hautareale mit Entwicklung von Plaques (Abb. 21-15). Das Tumorstadium zeigt dann rasch wachsende, häufig ulzerierende Tumoren. Ein Lymphknoten- oder Organbefall tritt erst im Plaque- oder häufiger im Tumorstadium der Krankheit auf.

DS *Diagnosesicherung*

Im Ekzemstadium erinnert die Mycosis fungoides nicht nur klinisch an ein Ekzem. Auch histopathologisch ist sie häufig nicht davon zu differenzieren. Ab dem Plaquestadium sind die histologischen Charakteristika (Pautriersche Mikroabszesse; epidermotropes, bandförmiges Infiltrat aus atypischen Lymphozyten mit zerebriformen Zellkernen, Makrophagen, eosinophilen Granulozyten und Plasmazellen im oberen Korium) meist deutlich nachweisbar.

DD *Differentialdiagnose*

Besonders im initialen Stadium der Mycosis fungoides ist die klinische und histologische Abgrenzung zum Ekzem schwierig. Bei diagnostischer Unsicherheit sollten immer Verlaufsbiopsien (einschließlich der Immuntypisierung des Entzündungsinfiltrats) angefertigt werden.

Der Übergang einer Mycosis fungoides in eine leukämische Verlaufsform mit Nachweis von mehr als 9% pathologischen Lymphozyten mit stark gelappten Kernen im „buffy coat" wird als Sézary-Syndrom bezeichnet.

21.4.11.3 Sonstige Tumoren der Haut

Eine Zusammenfassung zur Differentialdiagnose weiterer Knotenbildungen der Haut zeigt Tabelle 21-13.

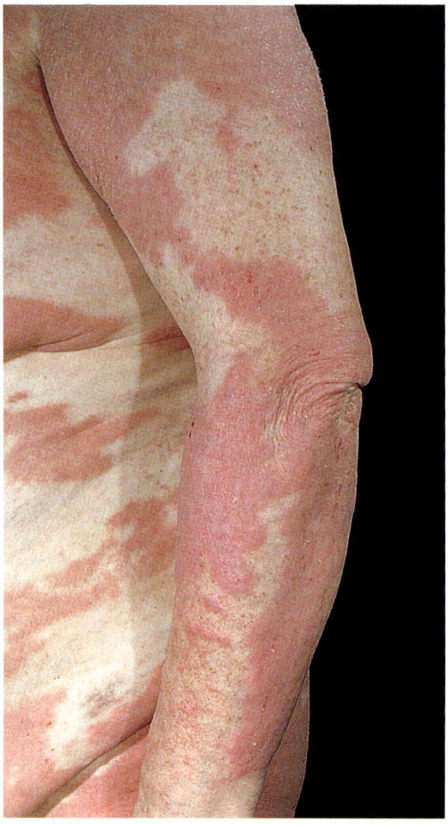

Abb. 21-15 Mucosis fungoides.

Tab. 21-13 Differentialdiagnose weiterer Tumoren der Haut (modifiziert nach Heckmann et al. 1994)

Erkrankung und Leitsymptom	Lokalisation	Nebensymptome und -befunde	Pathogenese
Histiozytom hautfarbenes, derbes, gut verschiebliches Knötchen	bevorzugt an den Extremitäten	durch Lipideinlagerungen kann sich ein Xanthom bilden	Ansammlung von Histiozyten und Fibroblasten, vermutlich nach Insektenstich oder Trauma
Keratoakanthom rasch wachsender, derber schmerzloser Knoten	Handrücken und Gesicht		Infektion mit humanen Papillomaviren und/oder Aktivierung von Onkogenen
Eruptives, kapilläres Hämangiom (Syn. Granuloma teleangiectaticum, Granuloma pyogenicum) rasch wachsender Tumor, leicht verletzbar mit starken Blutungen	betont Gesicht und Hände, prinzipiell aber gesamtes Integument		entwickelt sich zunächst als eruptives Angiom und wandelt sich dann durch sekundäre Infektion in ein Granulom um
Dorsale Fingerzyste weiche, elastische Pseudozyste mit weißlich-gallertigem Inhalt	Dorsalseite der End- und Mittelphalangen der Finger		Ablagerung mukoiden Materials
Glomustumor sehr druckschmerzhafter, livider Knoten	bevorzugt subungual		Gefäßkonvolute mit mantelartigem Besatz von Glomuszellen
Sehnenscheidenfibrom bis zu 2 cm großer, mäßig derber, kutan bis subkutan gelegener Knoten	Beugeseiten der Finger und Handgelenke sowie in der Handfläche		Trauma?
Riesenzellsynovialom solitär, langsam wachsender, hautfarbener, derber, kaum verschieblicher Knoten	ausgehend von der Synovialis eines Gelenkes, einer Sehnenscheide oder eines Schleimbeutels		Histologie: Riesenzellen und Histiozyten
Erworbenes Fibrokeratom kegelförmige, hautfarbene, keratotische Papel	meist in Gelenknähe an der Lateralseite eines Fingers		Trauma?
Rheumaknoten granulomatöse Knoten	Streckseiten der Phalangen, Olecranon, proximale Ulna, Achillessehne	positiver Rheumafaktor	unklar
Heberden-Knoten feste, nicht verschiebliche Knoten	meist bilateral am dorso-medialen und dorso-lateralen Aspekt der Fingerendgelenke	Röntgen: Exostosen mit Knorpelüberzug	primäre Osteoarthrose, vermutlich autosomal-dominant vererbt
Bouchard-Knoten derbe, aufgetriebene Knoten	proximale Interphalangealgelenke	Röntgen: arthrotische Zeichen	
Gichttophi weißlich-gelbliche, verschiebliche, schmerzhafte Knötchen in Gelenknähe	Großzehengrundgelenk (Podagra), Knie (Gonagra), Finger- oder Handgelenke (Chiragra), Ohrhelix	typische Anamnese	Ablagerung von Uratkristallen mit nachfolgender Entzündung
Xanthome gelbliche, weiche, schmerzlose Knoten	**tendinöse Xanthome:** Fingerstreckseiten und Grundgelenke der Hände **tuberöse und eruptive Xanthome:** an Stamm und Gesäß (Abb. 21-16) bzw. an Knien und Ellenbogen **tuberöse Xanthome:** besonders an Knien und Ellenbogen	direkte und indirekte (Atherosklerose) Zeichen einer Fettstoffwechselstörung	intrazelluläre Lipidablagerung (Schaumzellen) bei Hypercholesterinämie interstitielle Lipidablagerung mit entzündlicher Reaktion bei Hypertriglyzeridämie Lipidablagerung bei Diabetes mellitus

Tab. 21-13 Differentialdiagnose weiterer Tumoren der Haut (modifiziert nach Heckmann et al. 1994), Fortsetzung

Erkrankung und Leitsymptom	Lokalisation	Nebensymptome und -befunde	Pathogenese
Knöchelpolster (Syn. knuckle pads) hautfarbene oder livide, derbe, polsterartig erhabene Plaques	symmetrischer Befall der dorsalen, proximalen Interphalangealgelenke		familiär gehäuft, fraglich autosomal-dominant
Multizentrische Retikulohistiozytose zahlreiche derbe, gering schmerzhafte Knoten	Dorsalseiten der Finger und an der Nasenwurzel	Gelenkdestruktion	
Infantile digitale Fibromatose braunrote, derbe, gering schmerzhafte Knoten	Endphalangen der Finger und Zehen	bestehen seit frühester Kindheit	
Allergische Vaskulitis hämorrhagische, entzündliche Papeln	abhängige Körperpartien; generalisierte Form: Purpura Schoenlein-Henoch (→ Kap. 43)	Purpura, hämorrhagische Blasen, Nekrosen, Juckreiz	leukozytoklastische Vaskulitis durch Medikamente oder als infektallergischer Prozeß
Thrombophlebitis migrans sive saltans entzündliche Knoten im Verlauf einer Vene	wechselnde Lokalisation	Hauptsymptom der Endangiitis obliterans, Assoziation mit Malignomen	
Panarteriitis nodosa hämorrhagische, schmerzhafte, entzündliche Papeln und Knoten	gesamtes Integument	in 25% Hinweis auf die systemische Form	
Sarkoidose blau- oder braunrote Papeln oder Knoten	gesamtes Integument, häufig in Narben	Apfelgelee-artiges Infiltrat unter Glasspateldruck	
Necrobiosis lipoidica rot-bräunlich-gelbe, plattenartige Infiltrate	Streckseiten der Unterschenkel (Abb. 21-17)	in ca. 50% mit Diabetes mellitus assoziiert	
Lepra flache, hautfarbene bis bräunlich-rote Infiltrate oder Knoten	gesamtes Integument	Herde sind anästhetisch und anhidrotisch	Infektion mit Mycobacterium leprae
Neurofibromatose (Morbus Recklinghausen) weiche, hautfarbene Knoten	Stamm und Gesicht (auch an inneren Organen und den Nervenwurzeln)	Café-au-lait-Flecke, „Klingelknopf-Phänomen"	Neurofibrome
Tuberöse Sklerose (Morbus Bourneville-Pringle) kleine, rundliche, braunrote Papeln	**Adenoma sebaceum:** zentraler Gesichtsbereich **Koenen-Tumoren:** periungual	an den inneren Organen finden sich Hamartome, Gliome, Rhabdomyome, Nierenzysten und -angiomyolipome	Fibrome oder Angiofibrome
Tumoren der Hautanhangsgebilde, Metastasen solider Tumoren, Lymphome, Mycosis fungoides, Knorpel- und Knochentumoren	gesamtes Integument	allgemeine Tumorzeichen	

21.4.12 Haarveränderungen

Die Ausprägung des Haarkleides des Menschen ist mannigfaltigen ethnischen und hormonellen Schwankungen unterworfen. Vor der Geburt werden die fetalen Lanugohaare durch feine, nichtpigmentierte Vellushaare ersetzt. Unter dem hormonellen Einfluß der Pubertät entwickeln sich dann die dickeren, zumeist markhaltigen und stärker pigmentierten Terminalhaare (Kapillitium, Augenbrauen, Wimpern, Achsel- und Schambehaarung sowie an Stamm und Extremitäten).

An dieser Stelle möchten wir auf die häufigen erworbenen Alopezien eingehen. Eine zusammenfassende Klassifikation der erworbenen Alopezien zeigt Tabelle 21-14. Wegweisend für die Diagnostik und Differentialdiagnostik der erworbenen Alopezien ist die Beurteilung des Verteilungsmusters (umschrieben oder diffus) und der Nachweis vorhandener (nichtvernarbende Alopezie) oder fehlender Haarfollikelostien (vernarbende Alopezie).

Der Begriff „Effluvium" bezeichnet den Vorgang eines rasch einsetzenden, teilweisen oder vollständigen Haarausfalls. Unter „Alopezie" versteht man den Zustand eines teilweisen oder vollständigen Haarverlustes.

Tabelle 21-14 zeigt eine synoptische Darstellung der unterschiedlichen Formen der erworbenen Alopezie unabhängig von der Häufigkeit ihres Auftretens. Im klinische Alltag sind besonders die androgenetische Alopezie, die Alopecia areata und die Pseudopelade Brocq von Bedeutung.

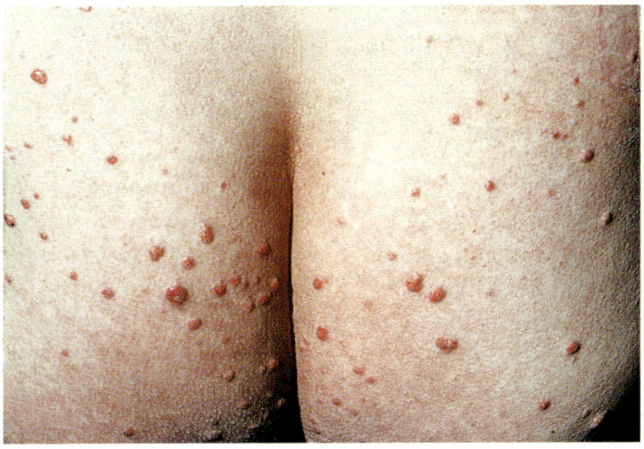

Abb. 21-16 Eruptive Xanthome bei Hyperlipoproteinämie Typ IV (→ Kap. 42 und 63).

21.4.12.1 Androgenetische Alopezie

Es handelt sich hierbei um eine physiologische Variante der Norm, bei der es an typischen Stellen des Kapillitiums zu einer Reduktion der Haardichte infolge einer Umwandlung der Terminalhaarfollikel zu Vellushaarfollikeln unter dem Einfluß von Testosteron kommt. Eine genetische Prädisposition bzw. eine Familiarität ist anzunehmen, Männer sind häufiger betroffen als Frauen.

Tab. 21-14 Klassifikation der erworbenen Alopezien

Diffuse Alopezie
nicht vernarbend
- telogenes Effluvium
- androgenetische Alopezie
- Alopecia areata totalis/generalisata
- endokrin bedingte Alopezien
  - Hypopituitarismus
  - Hypothyreose (→ Kap. 1.4.4), Hyperthyreose (→ Kap. 23.4.2)
- chemisch und medikamentös bedingte Alopezien
  - Schwermetalle
  - Thyreostatika
  - Antikoagulanzien
  - Vitamin A und Retinoide
  - Zytostatika und Mitosehemmer
  - alkylierende Substanzen
  - Antimetaboliten
  - Alkaloide

vernarbend
- Graham-Little-Syndrom

Umschriebene Alopezien
nicht vernarbend
- Alopecia areata
- traumatische Alopezie

vernarbend
- Pseudopelade Brocq
- auslösende Dermatosen: vorwiegend diskoider Lupus erythematodes und Lichen ruber planus

B *Beschwerden und Befunde*

Frontotemporal und/oder okzipital ist eine diffuse, nichtvernarbende Alopezie nachweisbar, d.h. die Haarfollikelostien sind erhalten.

DS *Diagnosesicherung*

Die Diagnosestellung erfolgt aufgrund des beschriebenen klinischen Bildes. Eine Untersuchung des Haarwurzelstatus (Trichogramm) bestätigt die Diagnose mit

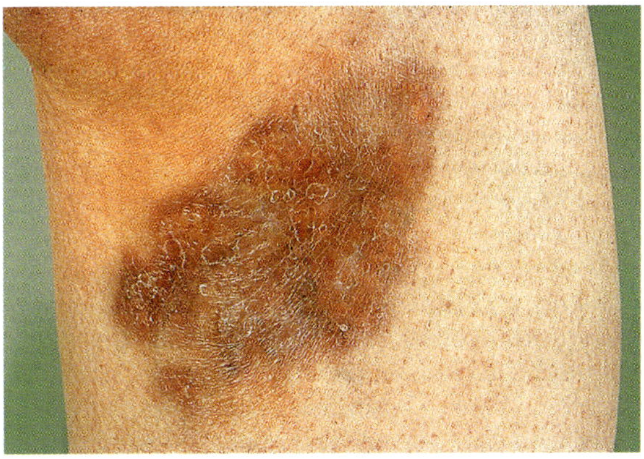

Abb. 21-17 Necrobiosis lipoidica bei Diabetes mellitus Typ 1 (→ Kap. 12 und 56).

Nachweis von > 30% Telogenhaaren im Frontotemporal- bzw. im Okzipitalbereich.

DD ***Differentialdiagnose***

Das differentialdiagnostische Spektrum umfaßt alle weiteren Formen der erworbenen, diffusen, nichtvernarbenden Alopezien (→ Tab. 21-14), die anhand der Anamnese und entsprechender laborchemischer Untersuchungsbefunde diagnostiziert bzw. ausgeschlossen werden können. In der Regel ist die Alopezie bei diesen Formen jedoch nicht nur auf den Frontotemporal- bzw. Okzipitalbereich beschränkt. Bei jedem Haarausfall sollte immer eine Syphilis ausgeschlossen werden.

21.4.12.2 Alopecia areata

Die Alopecia areata ist die häufigste Form einer umschriebenen, nichtvernarbenden Alopezie. Die Ursache ist weitgehend unbekannt. Aufgrund des gelegentlichen serologischen Nachweises von Autoantikörpern gegen verschiedene Antigene und des histologisch sichtbaren, lymphozytären Entzündungsinfiltrates um den Haarbulbus herum wird jedoch eine (auto)immunologische Genese angenommen.

B ***Beschwerden und Befunde***

Im Bereich des Kapillitiums, seltener auch an anderen haartragenden Körperarealen, kommt es in relativ kurzer Zeit, d.h. innerhalb weniger Tage, zum Auftreten eines oder mehrerer Alopezieherde. Die Haarfollikelostien sind charakteristischerweise erhalten. Im Randbereich sind die Haare im akuten Schub leicht ausziehbar. Hier finden sich auch die diagnostisch wichtigen „Ausrufezeichen-Haare“. Es handelt sich dabei um ca. 2 mm kurze, abgebrochene Haarreste, die sich zur Kopfhaut hin verjüngen. Nach Herausziehen dieser Haare wird der Haarbulbus sichtbar und verleiht dem Haar die namensgebende Form.

Häufig assoziierte Symptome bzw. Krankheiten stellen Nagelveränderungen (z.B. Grübchen und Längsriffelung) sowie unterschiedliche Autoantikörper und die Vitiligo (→ 21.4.1) dar.

Führt eine Alopecia areata zum vollständigen Verlust der Kopfhaare, bezeichnet man diesen Zustand als Alopecia totalis. Verliert der Patient zusätzlich auch seine Körperbehaarung, spricht man von einer Alopecia universalis.

Spontanremissionen treten häufig innerhalb von Monaten und Jahren auf. Beim gleichzeitigen Vorliegen von Krankheiten aus dem atopischen Formenkreis (atopisches Ekzem, saisonale Rhinokonjunktivitis, allergisches Asthma bronchiale) ist jedoch mit einem langdauernden Verlauf und einer höheren Wahrscheinlichkeit des Überganges in eine Alopecia totalis sive universalis zu rechnen.

DS ***Diagnosesicherung***

Die Diagnosesicherung erfolgt durch das klinische Bild, insbesondere durch den Nachweis der „Ausrufezeichen-Haare“, durch das Trichogramm (Zunahme der Telogenhaare im Randbereich) und durch die histologische Untersuchung (lymphozytäres Entzündungsinfiltrat um den Haarbulbus herum).

DD ***Differentialdiagnose***

Die wichtigste Differentialdiagnose stellt die Pseudopelade Brocq dar, bei der jedoch die Haarfollikelostien infolge der Vernarbung nicht mehr nachweisbar sind. Eine seltene Differentialdiagnose ist die Arsenintoxikation (Abb. 21-18 und 21-19).

21.4.12.3 Pseudopelade Brocq

Unter diesem Begriff versteht man einen morphologisch einheitlichen Endzustand nach verschiedenen, zumeist entzündlichen Dermatosen, die zu einer umschriebenen, narbigen Alopezie der Kopfhaut geführt haben. Somit stellt die Pseudopelade Brocq keine Krankheit oder Diagnose dar, sondern ein Symptom.

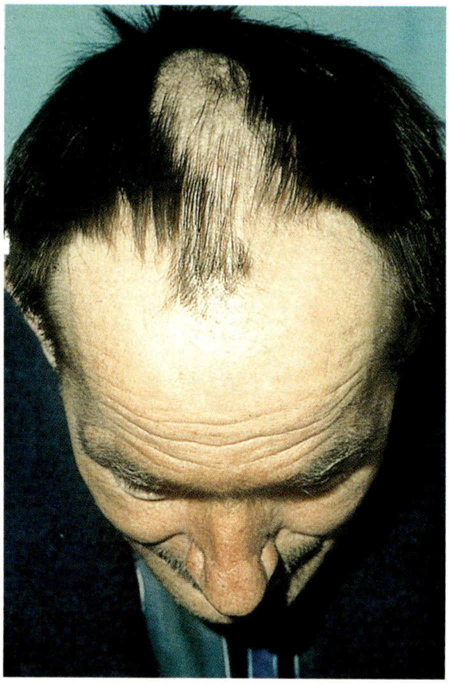

Abb. 21-18 Arsenvergiftung: büschelförmiger Haarausfall; gastrointestinale Beschwerden; ataktischer Gang (→ Kap. 7.4.9).

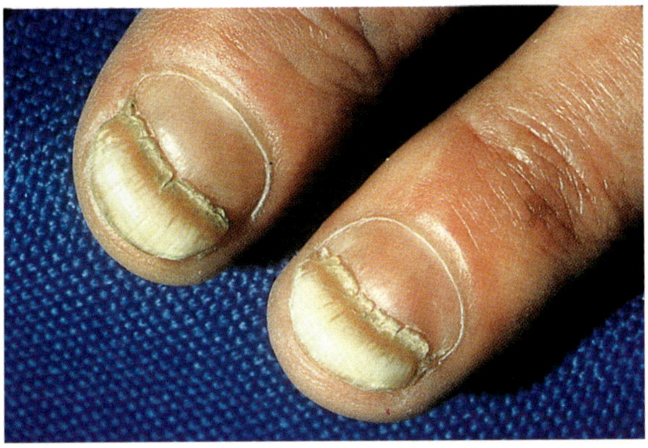

Abb. 21-19 Mees-Bänder bei Arsenintoxikation (→ Kap. 7.4.9).

B *Beschwerden und Befunde*

Im Bereich der Kopfhaut finden sich ein oder mehrere umschriebene alopezische Areale, die narbig abgeheilt sind und bei denen es zu einem Verlust der sonst sichtbaren Haarfollikelostien gekommen ist.

DS *Diagnosesicherung*

Die Diagnose wird durch das klinische Bild einer umschriebenen Alopezie mit Verlust der Haarfollikelostien gestellt. Die nosologische Zuordnung erfolgt durch den Nachweis weiterer Symptome von Dermatosen (am häufigsten diskoider Lupus erythematodes und Lichen ruber planus) in der unmittelbaren Umgebung der Alopezieherde, an anderen Stellen des Kapillitiums oder am übrigen Integument. Hilfreich ist weiterhin die histopathologische Untersuchung des Randbereiches der Alopezieherde (insbesondere wenn hier bereits schon klinisch Zeichen einer Entzündung bestehen), da anhand des Verteilungsmusters des Entzündungsinfiltrates in vielen Fällen eine nosologische Zuordnung möglich ist.

DD *Differentialdiagnose*

Differentialdiagnostisch ist in erster Linie die Alopecia areata auszuschließen, bei der jedoch charakteristischerweise die Haarfollikelostien erhalten sind.

Tab. 21-15 Klinische Zeichen der Virilisierung

Zeichen der Defeminisierung
Oligo-/Amenorrhö (→ Kap. 37)
Mammaatrophie
unerfüllter Kinderwunsch
Libidoveränderungen (→ Kap. 37)
Verlust der weiblichen Körperkonturen
Zeichen der Maskulinisierung
Stirnglatze, „Geheimratsecken"
Alopecia diffusa
Seborrhö, Akne
Zunahme der Schultergürtelmuskulatur
Klitorishypertrophie
Entwicklung einer tieferen Stimme (→ Kap. 22)
Vergrößerung des Kehlkopfes

21.4.13 Hirsutismus und Virilisierung

O. E. Janssen, R. Nass und P. C. Scriba

Hirsutismus entspricht einer vermehrten, androgenabhängigen Sekundärbehaarung mit männlichem Verteilungsmuster bei der Frau mit Umwandlung des Flaumhaares in dickes, krauses und stärker pigmentiertes Terminalhaar. Sie ist abzugrenzen von der nichtandrogenabhängigen **Hypertrichose**, bei der eine vermehrte Behaarung des ganzen Körpers vorliegt, meist bei positiver Familienanamnese („Mittelmeer-Behaarungstypus"). Bestehen über den Hirsutismus hinaus weitere Merkmale der Maskulinisierung, liegt eine **Virilisierung** vor (Tab. 21-15).

21

B *Beschwerden und Befunde*

Patientinnen mit Hirsutismus stellen sich häufig schon sehr frühzeitig wegen kosmetischer Gründe vor. Die vermehrte Behaarung läßt sich nach Baron in drei Grade einteilen. Zunächst entwickelt sich ein verstärktes Haarwachstum an der Oberlippe und perimamillär sowie eine rhomboide Schambehaarung (Grad I). Dann entwickelt sich ein Kinn- und Wangenbart und ein verstärktes Haarwachstum an der Oberschenkelinnenseite (Grad II). Zuletzt kommt es auch zu einer vermehrten Behaarung am Sternum, am Rücken, der Schulter, am Handrücken, im Lumbalbereich und am Gesäß (Grad III).

DS *Diagnosesicherung*

In den meisten Fällen einer vermehrten Behaarung handelt es sich um einen idiopathischen Hirsutismus (Testosteron-Überempfindlichkeit, Ausschlußdiagnose!), der nur eine entsprechende Beratung der Patientin und kosmetische Maßnahmen (Epilation, mechanisch, elektrisch oder mit Cremes, Bleichen der Haare), bei großem Leidensdruck aber eventuell auch eine medikamentöse Therapie erfordert. In seltenen Fällen kann der Hirsutismus aber auch Symptom einer Grunderkrankung sein, die einer spezifischen Therapie bedarf. Die entscheidende Weichenstellung ergibt sich aus einer gründlichen Anamnese, einer sorgfältigen körperlichen Untersuchung und einigen gezielten Hormonanalysen (Abb. 21-20). Eine gynäkologische Untersuchung ist obligat, sie dient dem Ausschluß bzw. Nachweis polyzystischer Ovarien oder eines Ovarialtumors. Bei einer seit der Pubertät stabilen oder nur langsam zunehmenden abnormen Behaarung, Fehlen von Zy-

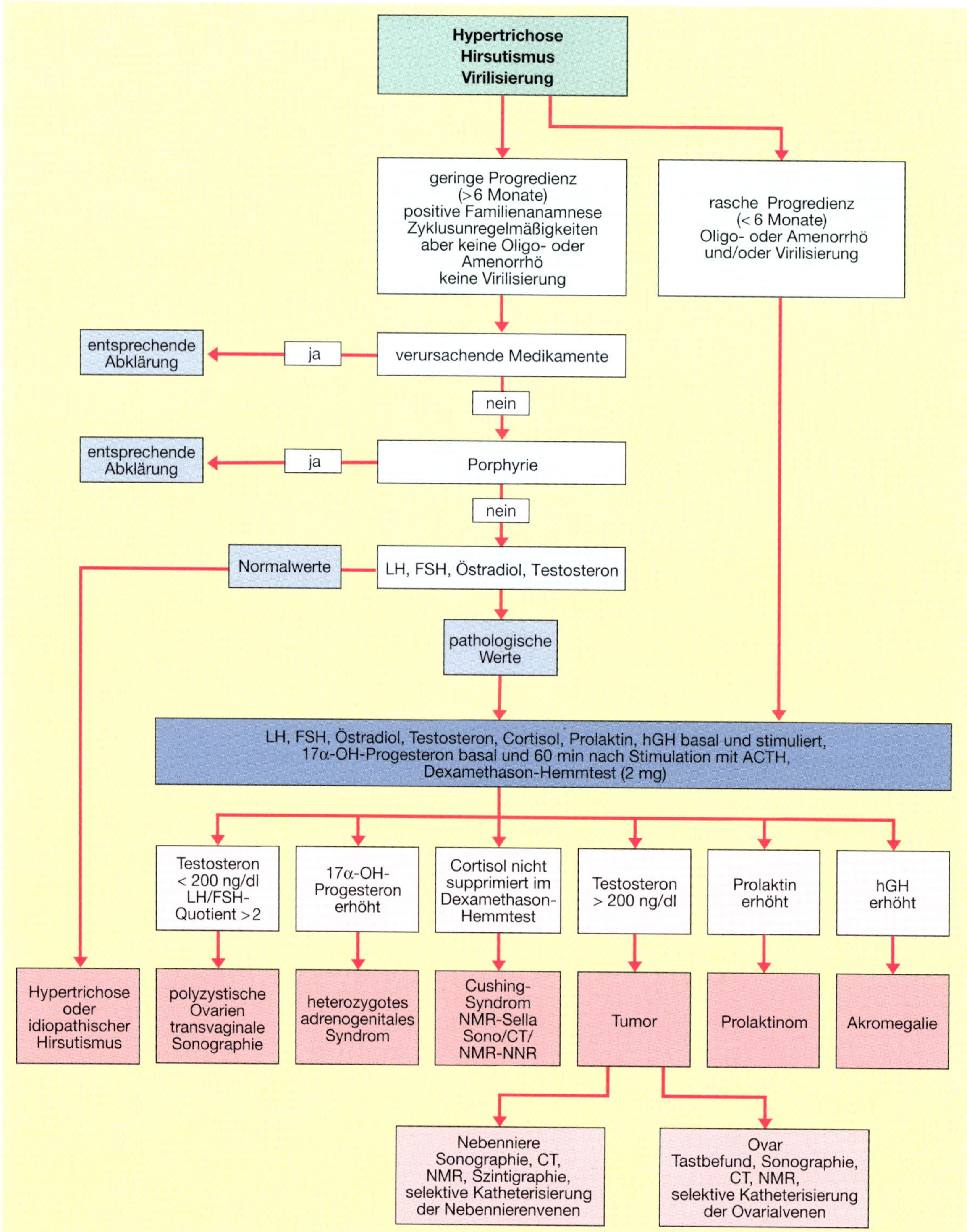

Abb. 21-20 Differentialdiagnose der Hypertrichose, des Hirsutismus und der Virilisierung.

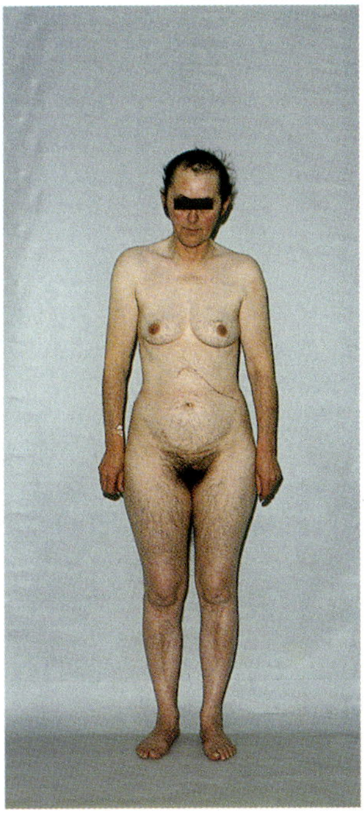

Abb. 21-21 Erworbenes adrenogenitales Syndrom (AGS) bei androgenproduzierendem Nebennierenkarzinom.

klusstörungen und Virilisierungszeichen (→Tab. 21-15), mäßiggradiger Adipositas und positiver Familienanamnese liegt mit großer Wahrscheinlichkeit ein benigner, meist idiopathischer Hirsutismus oder eine Hypertrichose vor. Nach Ausschluß einer Einnahme von Medikamenten, die einen Hirsutismus verursachen können (Nortestosteronderivate [Kontrazeptiva], Steroide, Androgene, Anabolika, Phenytoin, Ciclosporin, Diazoxid, Acetazolamid, Minoxidil, Penicillamin) bestätigt der Nachweis einer normalen Testosteron-Serumkonzentration (und normaler Gonadotropin- und Östradiolspiegel) diese Diagnose.

Das **heterozygote adrenogenitale Syndrom** (AGS) infolge eines angeborenen 21α-Hydroxylasemangels (Häufigkeit 1:42) bleibt häufig lange unerkannt oder manifestiert sich erst im Erwachsenenalter (Abb. 21-21). Erst der unerfüllte Kinderwunsch, Zyklusunregelmäßigkeiten oder der sich erst spät manifestierende Hirsutismus führen dann zum Arztbesuch. Beim AGS kann wegen eines Enzymdefektes in der Steroidbiosynthese eine ausreichende Cortisolsekretion nur durch ACTH-Mehrsekretion und auf Kosten einer erhöhten Androgenproduktion aufrechterhalten werden. Eine Reihe verschiedener Enzymdefekte können Ursache eines AGS sein (21α-Hydroxylase, 11β-Hydroxylase, 17α-Hydroxylase, 3β-Hydroxysteroiddehydrogenase u.a.). Der mit über 90% häufigste Defekt des 21α-Hydroxylasemangels kann durch Bestimmung des basalen und ACTH-stimulierten 17α-OH-Progesterons nachgewiesen werden. Bei Vorliegen eines heterozygoten 21α-Hydroxylasemangels finden sich in der Regel ein hochnormaler oder mäßiggradig erhöhter Basalwert sowie ein nach Stimulation mit ACTH abnorm hoher 17α-OH-Progesteron-Serumspiegel. Grundsätzlich sollte bei diesen Patienten ein nichtklassischer 21α-Hydroxylasemangel durch einen Dexamethason-Hemmtest ausgeschlossen werden. In seltenen Ausnahmefällen kann sich eine erwachsene Patientin mit einem **homozygoten AGS** zur Abklärung eines Hirsutismus oder einer Virilisierung vorstellen, wenn es sich um eine geringe Ausprägung oder eine „Verwahrlosung“ handelt.

Bei mäßiggradig erhöhten Testosteron-Serumspiegeln ergeben sich mehrere differentialdiagnostische Möglichkeiten (→ Abb. 21-14). Eine häufige Ursache ist das **Stein-Leventhal-Syndrom** (PCO-Syndrom; polyzystische Ovarien, Oligo-/Amenorrhö und Sterilität, häufig mit Adipositas und Hirsutismus). Dabei kommt es infolge einer verminderten Bildung weiblicher Sexualhormone zu einer gesteigerten LH-Sekretion, die den bestehenden, ovariell bedingten Hyperandrogenismus noch verstärkt. Dementsprechend findet sich ein diagnostisch wegweisender, erhöhter LH/FSH-Quotient (> 2). Die Diagnosebestätigung erfolgt am einfachsten mittels transvaginaler Sonographie durch den Nachweis perlschnurartig angeordneter Follikel. Eine Laparoskopie ist nur in Ausnahmefällen indiziert. Einen empfindlichen Parameter für den Nachweis eines PCO-Syndroms bildet auch die Stimulation der ovariellen Androgensekretion nach Gabe eines LHRH-Superagonisten (Leuprolid, Nafarelin, Deslorelin). Ein ähnliches klinisches Bild besteht bei der mit dem PCO-Syndrom eng verwandten **Hyperthecosis ovarii**, bei der es zu einer umschriebenen oder diffusen Hyperplasie und Luteinisierung der Thekazellen mit Verdrängung der Follikel kommt.

Bei deutlich progredientem Hirsutismus, Vorliegen einer Oligo- oder Amenorrhoe oder Virilisierungszeichen läßt sich meist auch eine deutliche Hyperandrogenämie nachweisen. Bei stark erhöhten Androgen-Serumkonzentrationen (Testosteron > 200 ng/dl bzw. Dihydroepiandrosteronsulfat [DHEAS] > 8 mg/l) besteht der Verdacht auf einen ovariellen oder adrenalen Tumor. Während die alleinige Erhöhung von Testosteron auf einen ovariellen Tumor hinweist, spricht die Erhöhung von DHEAS für das Vorliegen eines Nebennierenrindentumors. Die weiterführende Diagnostik dient der Lokalisation und umfaßt die abdominelle und transvaginale Sonographie sowie die Kernspin- bzw. Computertomographie der Nebennieren und des kleinen Beckens. Bei begründetem Verdacht sind gegebenenfalls Szintigraphie, Angiographie und Laparoskopie erforderlich. Eine zusätzliche Hypokaliämie kann Ausdruck einer Überproduktion von Mineralokortikoiden sein, z.B. beim Nebennierenrindenkarzinom, beim ektopen ACTH-Syndrom (kleinzelliges Bronchialkarzinom, → Kap. 18) oder beim 11β-Hydroxylasemangel.

Ein **Cushing-Syndrom** (→ Kap. 18) kann ebenfalls einen Hirsutismus verursachen. Zum Ausschluß wird ein niedrigdosierter Dexamethason-Hemmtest durchgeführt. Bei fehlender Suppression des Cortisols muß eine weitere Abklärung erfolgen. Darüber hinaus sollte eine Bestimmung des Prolaktin-Serumspiegels erfolgen, da bei etwa 20% der Patientinnen mit einem **Prolaktinom** (→ Kap. 37) ein Hirsutismus und eine Akne auftreten können. Auch eine **Akromegalie** (→ Kap. 44.4.4) kann in seltenen Fällen einen Hirsutismus verursachen, die Diagnose bereitet jedoch nur selten Schwierigkeiten. Die weiterführende Diagnostik ist in den entsprechenden Kapiteln dargestellt.

DD ***Differentialdiagnose***

Der Hirsutismus ist von der Hypertrichose abzugrenzen, bei der es zu einer übermäßigen, nicht-androgenabhängigen Behaarung bei Frauen, Männern oder auch Kindern kommt, ohne typisch männliches Verteilungsmuster (→ Abb. 21-15).

21.4.14 Nagelveränderungen

Nagelerkrankungen können grob in Veränderungen der Nagelfarbe und der Nagelform eingeteilt werden. Im folgenden werden diejenigen Nagelveränderungen kurz dargestellt, die entweder sehr häufig vorkommen oder einen Hinweis für assoziierte Krankheiten mit internistischer Relevanz darstellen.

21.4.14.1 Trachyonychie

Seltene, gelegentlich familiär gehäufte Dystrophie meist aller Nägel mit maximaler Ausbildung von Tüpfelnägeln. Eine Beziehung zur Psoriasis vulgaris und Alopecia areata sowie zum Lichen ruber planus oder zum atopischen Ekzem wird diskutiert.

B ***Beschwerden und Befunde***

Im frühen Kindesalter entwickelt sich eine glanzlose, gepunzt wirkende Nageloberfläche sowie eine Gelbfärbung aller Nägel mit längsgerichteten Furchen (Onychorhexis). Subjektive Beschwerden oder weitere assoziierte Symptome bestehen nicht.

DS ***Diagnosesicherung***

Die Diagnose wird aufgrund des charakteristischen klinischen Bildes gestellt.

21.4.14.2 Nagel-Patella-Syndrom

Autosomal-dominant vererbte Onychodystrophie mit assoziierten Symptomen (Patellahypo- oder -aplasie, Radiusluxation, Nephropathie).

B ***Beschwerden und Befunde***

Im frühen Kindesalter Auftreten dystrophischer Nägel mit spitz zulaufender, dreieckförmiger Lunula bis hin zum Nagelverlust (betont Daumennagel). Die Patella ist hypoplastisch mit konsekutiver Funktionsstörung des Kniegelenks; gelegentlich ist zusätzlich der Radius im Ellenbogengelenk luxiert.

DS ***Diagnosesicherung***

Radiologische Untersuchungen des Knie- und Ellenbogengelenks sowie laborchemische Untersuchungen der Nierenfunktionsparameter bestätigen die klinisch zu stellende Diagnose.

21.4.14.3 Akute und chronische Paronychie

Erworbene, bakteriell, viral (Herpes-simplex-Virus) und seltener mykotisch (chronische Paronychie) bedingte Entzündung des Nagelfalzes.

B ***Beschwerden und Befunde***

Das klinische Bild ist charakterisiert durch eine schmerzhafte Rötung und Schwellung des Nagelfalzes. Bei Staphylokokkeninfektionen können auch Blasen entstehen, bei HSV-Infektionen gruppierte Bläschen.

DS ***Diagnosesicherung***

Das klinische Bild und der Erregernachweis aus dem Abstrich sichern die Diagnose.

DD ***Differentialdiagnose***

Bedeutsam ist die Eruierung der verschiedenen Ursachen einer akuten oder chronischen Paronychie. Abstriche auf geeignete Nährböden (Bakterien und Pilze) sowie das „negative staining" im Elektronenmikroskop (HSV) sind hierfür geeignete Untersuchungen.

Weitere Nagelveränderungen in tabellarischer Übersicht in Tabelle 21-16.

21.4.15 Weitere dermatologische Symptome

Eine Reihe weiterer dermatologischer Symptome stellen per se häufig keine dermatologische Krankheit dar. Sie können jedoch wichtige klinische Hinweise für das Vorliegen einer internistischen Krankheit

Tab. 21-16 Weitere Nagelveränderungen in tabellarischer Übersicht

Symptom	klinisches Bild	Ursache
Veränderungen der Farbe		
„Ölfleck"-Nägel	umschriebene bräunliche Verfärbung eines oder mehrerer Nägel	bedingt durch subunguale Hyperkeratose; daher häufig bei Psoriasis in Kombination mit Nagelgrübchen
Leukonychie		
L. punctata	punktförmige, weißliche Flecken an einem oder mehreren Nägeln	Trauma?
L. striata	weißliche, unterschiedlich konfigurierte Querstreifen beginnend an der Lunula	unbekannt
L. striata longitudinalis	weißliche Längsstreifen der Nägel	unbekannt, häufig bei M. Darier
L. totalis	Weißverfärbung der gesamten Nagelplatte	selten familiär, Kontakt mit Salpetersäure
Muehrcke-Bänder	lunulafarbene, querverlaufende Bänder	assoziiert mit schwerer Hypalbuminämie (→ Kap. 63)
Milchglasnägel	trüb-weiße Verfärbung meist aller Nägel	assoziiert mit Leberzirrhose (→ Kap. 15) und Colitis ulcerosa (→ Kap. 11)
Yellow-nail-Syndrom	Trias aus Gelbfärbung der Nägel, primärem Lymphödem der Beine und Atemwegserkrankung	unbekannt
Veränderungen der Nagelform		
Onycholyse	Ablösung der Nagelplatte vom Nagelbett	Dermatosen (Psoriasis und Dermatitiden allgemein, Pilzinfektionen, Hyperhidrose) Allgemeinerkrankungen (Durchblutungsstörungen, Schilddrüsenerkrankungen) Trauma Medikamente idiopathisch
Nagelgrübchen	punktförmige Defekte der Nagelplatte eines oder mehrerer Nägel	häufig: Psoriasis, Alopecia areata, Ekzem selten: Pityriasis rosea, M. Reiter, Lichen ruber planus, Normalbefund
Onychogrypose	stark verdickte, dunkel verfärbte, klauenartig wachsende Nägel (meist Zehennägel)	unbekannt, evtl. traumatisch (zu enges Schuhwerk)
Beau-Querfurchen	querlaufende, rillenförmige Defekte in der Nagelplatte meist aller Nägel	schwere Hauterkrankungen (Erythrodermien unterschiedlicher Ursache) schwere Allgemeinerkrankungen (Infektionen) Medikamente (Zytostatika, Vit.-A-Säure-Derivate) Intoxikationen (Abb. 21-19)
Trommelschlegelfinger	kolbenförmig aufgetriebene Fingerendglieder mit uhrglasförmig darüber gezogenen Nägeln	hereditäre und kongenitale Formen mit anderen Anomalien assoziiert Erkrankungen der Brustorgane mit konsekutiver Hypoxie (80%), z.B. kardiovaskuläre Erkrankungen, Lungenerkrankungen Erkrankungen des Verdauungstraktes (5%), z.B. Karzinome, Colitis ulcerosa, Hepatitiden unterschiedlicher Genese endokrine Erkrankungen (selten, z.B. M. Basedow, → Kap. 23) hämatologische Erkrankungen (selten, z.B. Polyzythämie, → Kap. 8)
Koilonychie	konkave Verformung der Nagelplatte („Löffelnägel")	häufig mit hypochromer Anämie assoziiert, selten kongenital

Tab. 21-17 Dermatologische Allgemeinsymptome und ihnen zugrundeliegende Krankheiten bzw. Ursachen

Symptom	Krankheit/Ursache	Hinweise
Blässe (→ Kap. 8)	Anämie	besser: Beurteilung der Schleimhaut
	chronische Niereninsuffizienz	zusätzlich häufig Ödeme und trockene Haut
	Myxödem	zusätzlich trockene, rauhe und kühle Haut
	Hypophyseninsuffizienz	alabasterweißer Farbton
Rötung des Gesichtes	Polycythaemia vera	→ Kap. 44
	sekundäre Polyglobulie	häufig zusätzlich Zyanose, → Kap. 62
	Cushing-Syndrom	→ Kap. 18
	Hypertonus	→ Kap. 26
	Diabetes mellitus	→ Kap. 12
	Alkoholabusus	→ Kap. 17
	Karzinoid-Syndrom	→ Kap. 32
	Mitralstenose	zusätzlich Lippenzyanose, → Kap. 62
Gelbes Hautkolorit	Ikterus bei Leberkrankheiten	→ Kap. 15
	Medikamente (z. B. Mepacrin, Busulfan)	Skleren, Schleimhäute, Stuhl und Urin bleiben normal, keine Bilirubinerhöhung
	Karotin	Skleren, Schleimhäute, Stuhl und Urin bleiben normal, keine Bilirubinerhöhung
Trockene Haut	Atopie	zusätzlich Rhinitis allergica, Asthma bronchiale, atopisches Ekzem
	Hypothyreose	→ Kap. 1
	chronische Niereninsuffizienz	→ Kap. 60
„Dünne" Haut (Atrophie)	Cushing-Syndrom	Abb. 21-22, → Kap. 18
	Glukokortikoidtherapie	
	systemisch:	zusätzlich Nebenniereninsuffizienz und Rhexisblutungen in die Haut
	lokal:	zusätzlich Teleangiektasien, Rhexisblutungen in die Haut, Hypertrichose, Striae distensae und seltener Nebenniereninsuffizienz
„Dicke Haut"	Akromegalie	→ Kap. 44
	Hypothyreose	→ Kap. 1
	Sklerodermie	→ Kap. 43
Blutung (→ Kap. 9)	senile Purpura	häufig auch bei Glukokortikosteroidtherapie und/oder chronischer UV-Exposition
	Vasculitis allergica, Purpura Schoenlein-Henoch	→ Kap. 43
	akute Pankreatitis	„Grey-Turner-Zeichen", „Cullen-Zeichen", → Kap. 46
	Purpura bei Thrombozyto- und Vaskulopathien	
	Sugillationen und Ekchymosen bei Koagulopathien	
Spider naevi	Leberkrankheiten	
Teleangiektasien	Primäre Teleangiektasien	
	essentielle T.	
	T. bei Syndromen	
	Morbus Rendu-Osler	
	Bloom-Syndrom	
	Teleangiektasie-Ataxie-Syndrom	
	Rothmund-Thompson-Syndrom	
	T. als nävoide Fehlbildung	
	N. teleangiectaticus	
	Angioma serpiginosum	
	Sekundäre Teleangiektasien	
	exogen bedingte T.	
	chronische UV-Exposition	
	Röntgenbestrahlung	
	Glukokortikosteroide	
	T. als Folge verschiedener Krankheiten	
	Sklerodermie → Kap. 43	
	Lupus erythematodes → Kap. 43	
	Dermatomyositis → Kap. 35	
	Acrodermatitis chronica atrophicans	
	Leberkrankheiten → Kap. 15 und 46	

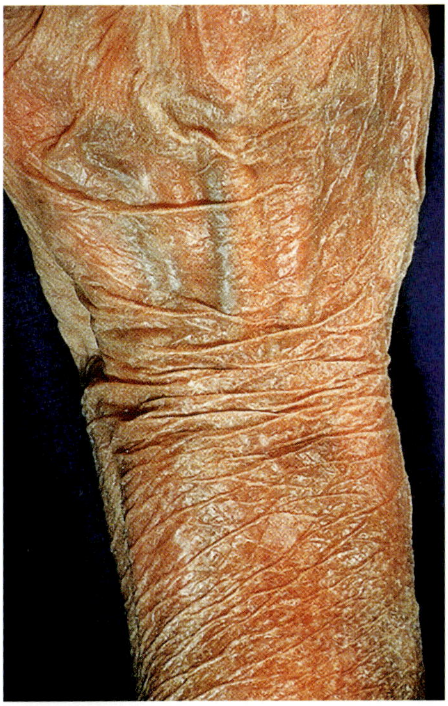

Abb. 21-22 Cushing-Syndrom: dünne, pergamentpapierähnliche Haut, Suffusionen bei Mikrotraumen (→ Kap. 18).

geben. Die wichtigsten Symptome dieser Art sind zusammen mit ihren Ursachen in Tabelle 21-17 zusammengefaßt.

22 Heiserkeit

D. Hennessen, P. C. Scriba und D. Pongratz

Heiserkeit ist ein häufiges Symptom. Sie tritt im Rahmen von Infekten als Laryngitis oder Pharyngitis auf. Dabei ist sie mit Schmerzen verbunden.Auch andere Infektionskrankheiten wie chronisch-rezidivierende Rhinitis, Tonsillitiden, Sinusitiden und Bronchitiden gehen häufig mit Heiserkeit einher. Leider ist nicht jede Heiserkeit benigner Natur, deshalb bedarf jede länger als drei Wochen bestehende Heiserkeit der laryngoskopischen Untersuchung zum Ausschluß eines Tumors.

22.1 Definition und Abgrenzung

Je nach Ausprägung der Heiserkeit ist zwischen der **heiseren,** oft krächzenden **Stimme (Dysphonie)** und dem **Stimmverlust (Aphonie)** zu unterscheiden.

Von der Heiserkeit abzugrenzen sind **Stimmveränderungen.**

22.2 Ursachen

Die häufigste Ursache für Heiserkeit sind **Entzündungen im Kehlkopfbereich.** Sie können sowohl Larynx als auch Pharynx und die umgebenden Weichteile betreffen. Auch **chronischer Husten** ebenso wie **falsche Sprach- oder Singtechnik** führen durch Stimmbandüberlastung zu Heiserkeit.

Alle **Malignome im Halsbereich** können Heiserkeit verursachen. Hierzu zählen insbesondere Larynx-, Pharynx-, Schilddrüsen- und Ösophaguskarzinome.

Eine **Rekurrenslähmung** – gleich welcher Genese – führt oft zu Heiserkeit, ebenso **neuromuskuläre Erkrankungen, Strumaoperationen** und einige **Medikamente** (Diuretika, Neuroleptika, Antihistaminika, Antidepressiva, Östrogene und Antikonzeptiva).

22.3 Diagnostik

22.3.1 Anamnese

Die Anamnese ist richtungweisend. Gefragt werden muß nach Dauer der Erkrankung, Schmerzhaftigkeit, Begleiterkrankungen, Nikotin- und Alkoholabusus, Medikamenteneinnahme und allgemein internistischen Erkrankungen.

Am einfachsten zu diagnostizieren sind die Erkrankungen, die sich bereits durch die Anamnese zu erkennen geben. Hierzu zählen akute Entzündungen, Traumen, Fremdkörper, Verätzungen, Insektenstiche, Stimmüberlastungen und direkt vorangegangene Intubation.

22.3.2 Körperliche Untersuchung

Die **Kehlkopfuntersuchung** (Laryngoskopie) und die Palpation des Halses liefern weitere Hinweise (→ Kap. 19). Stimmbelastungen zeigen sich durch Schwellungen der Stimmbänder bzw. durch die Ausbildung von Schrei- bzw. Sängerknötchen. Bei Entzündungen zeigen sich die Stimmbänder gerötet, bei Traumen findet man häufig Blutergüsse im Kehlkopfbereich. Bei der Laryngoskopie werden auch **Rekurrenslähmungen** diagnostiziert. Am häufigsten treten Rekurrenslähmungen nach Strumaresektion auf, selten sind Ösophagusdivertikel, Aortenaneurysmen und Infektionen die Ursache. Die weitere Diagnostik umfaßt den Ausschluß von Tumoren im Halsbereich, insbesondere Bronchialkarzinome, aber auch Metastasen, Tuberkulose (→ Kap. 14), Poliomyelitis und Multiple Sklerose (→ Kap. 30.4.2). Erst wenn diese Ursachen ausgeschlossen sind, darf man von einer idiopathischen Rekurrensparese sprechen. Bei dieser Diagnose sollte im Abstand von 6 Wochen eine Kontrolluntersuchung erfolgen, um übersehene Tumoren frühzeitig zu erkennen.

Heiserkeit in Verbindung mit Fieber lenkt den Verdacht auf ein Sjögren-Syndrom. Das primäre Sjögren-Syndrom ist durch die Siccasymptomatik (Keratoconjunctivitis sicca) und eine Parotisschwellung gekennzeichnet. Der trockene Mund (Xerostomie) kann

Tab. 22-1 Stimmstörungen als mögliche Leitsymptome endokriner Erkrankungen bzw. körperlicher Veränderungen

Stimmstörung als mögliches Symptom	Zusätzliche Veränderungen	Ursachen
tiefe Stimme	hohle plumpe Stimme	Akromegalie (→ Kap. 44)
	rauhe, krächzende Stimme, langsame und ausdrucksarme Sprache	Myxödem (→ Kap. 1)
	Virilisierung, bleibende Stimmveränderung bei Frauen	Einnahme von Androgenen oder anabolen Steroiden (→ Kap. 21)
	Laryngopathia gravidarum, Rückbildung post partum	Gravidität
schwache Stimme	nervöse, zittrige, ermüdbare Stimme	Hyperthyreose (→ Kap. 23)
	myopathisch-bulbäre Stimme	thyreotoxische Krise (→ Kap. 23)
Stimmwechsel bei Männern	Pubertät, Ausbildung der sekundären Geschlechtsmerkmale	physiologisch
verfrüht	vorzeitiges Auftreten von sekundären Geschlechtsmerkmalen	Pubertas praecox (→ Kap. 21 und 24)
verspätet	verzögertes Auftreten von sekundären Geschlechtsmerkmalen	Pubertas tarda
fehlend	fehlende sekundäre Geschlechtsmerkmale	M. Klinefelter und andere Hypogonadismusformen (→ Kap. 24)
Phonasthenie	Ermüdbarkeit	HVL-Insuffizienz (→ Kap. 24) Hyperparathyreoidismus (→ Kap. 12) Morbus Addison (→ Kap. 18.4.2.2)

zu Heiserkeit führen. Falls Gelenkbeschwerden hinzukommen, muß an ein sekundäres Sjögren-Syndrom gedacht werden, mit chronischer Polyarthritis oder Erythematodes (→ Kap. 43).

Von der Heiserkeit sind diagnostisch die **Stimmveränderungen** zu trennen. Diese werden häufig durch Medikamente, hier vor allem durch Diuretika, Neuroleptika, Antihistaminika und Antidepressiva, verursacht.

Auch endokrine Krankheiten können eine Veränderung der Stimme, teilweise sogar als Leitsymptom, verursachen (Tab. 22-1).

23 Herzklopfen und Herzrhythmusstörungen

M. Meesmann

Obwohl Palpitationen (Herzklopfen) meist harmlos sind, nehmen sie im Denken der Patienten oft eine zentrale Rolle ein, so daß der behandelnde Arzt mit dem entsprechenden Einfühlungsvermögen vorgehen sollte. Wichtig ist die Abgrenzung organischer von lediglich funktionellen Störungen, bei denen neben den Palpitationen andere Symptome einer Angsterkrankung vorhanden sein können. Komplizierend tritt jedoch hinzu, daß eine nachgewiesene organische Herzerkrankung, z.B. die koronare Herzerkrankung mit Extrasystolen, ihrerseits Ursache für eine sekundäre Angstüberlagerung werden kann. Die prognostische Bedeutung von Herzrhythmusstörungen hängt entscheidend von den dabei aufgetretenen Symptomen sowie der zugrundeliegenden Herzerkrankung ab.

23.1 Definition und Abgrenzung

Eine **Herzrhythmusstörung** liegt vor, wenn der Herzschlag krankhaft zu schnell, zu langsam oder unregelmäßig (Arrhythmie im eigentlichen Sinne) ist. Als Tachykardie wird ein Herzschlag von mehr als 100 Schlägen/Minute, als Bradykardie ein Herzschlag von weniger als 60 Schlägen/Minute bezeichnet. Zu schnelle und unregelmäßige Herzschläge werden als Tachyarrhythmie bezeichnet. Sinngemäß ist eine Bradyarrhythmie definiert. Eine sichere Diagnose der verschiedenen Arrhythmien ist allein aus der klinischen Untersuchung meist nicht möglich, sondern erfordert die Dokumentation und Analyse im EKG!

Die im Rahmen der Rhythmusstörung geänderte Füllung der Ventrikel ist häufig Ursache für **Palpitationen** (Herzklopfen), worunter die bewußte und meist unangenehme Wahrnehmung des eigenen Herzschlags zu verstehen ist. Palpitationen können aber auch auftreten, wenn es im Rahmen der physiologischen Regulation des Herzens (körperliche Anstrengung, seelische Erregung) oder kardialer bzw. nichtkardialer Erkrankungen zu einer Erhöhung der Herzfrequenz bzw. der Inotropie kommt.

23.2 Ursachen

23

Palpitationen können während oder insbesondere auch kurz nach starker körperlicher Anstrengung oder psychischer Aufregung im Rahmen einer physiologischen Sinustachykardie auftreten („das Herz schlägt bis zum Hals"). Hierbei führt die Sympathikusaktivierung zu einer erhöhten Herzfrequenz und vermehrten Inotropie. Sinngemäß kann es bei nervösen Herzbeschwerden durch eine inadäquate Stimulation des Sympathikus zu Herzklopfen kommen. Letzteres kann durch Genußmittel wie Kaffee, Tee, Alkohol oder auch Drogen verstärkt werden. Auch bestimmte Medikamente (z.B. Theophyllin, β_2-Sympathomimetika, Thyroxin) können zu Palpitationen führen. Hiervon müssen extrakardiale Erkrankungen abgegrenzt werden, bei denen es ebenfalls über eine Steigerung der Herzfrequenz bzw. des Schlagvolumens zu Palpitationen kommen kann. So findet sich eine kompensatorische Steigerung des Schlagvolumens beim Fieber und der Anämie (→ Kap. 8). Eine pathologische sympathische Stimulation des Herzens findet sich bei der Hypoglykämie (→ 23.4.1) und dem Phäochromozytom (→ Kap. 44.4.5), während bei der Hyperthyreose (→ 23.4.2) eine Sensibilisierung gegenüber Katecholaminen besteht.

Bei kardialen Erkrankungen kann es über eine Erhöhung des Schlagvolumens (z.B. Aorteninsuffizienz) oder eine Behinderung des Ausstroms (z.B. Aortenstenose) zu Palpitationen kommen. Eine systematische Auflistung der möglichen Ursachen für Palpitationen findet sich in Tabelle 23-1.

Herzrhythmusstörungen können über eine extreme Erhöhung bzw. Erniedrigung der Herzfrequenz, über eine Unregelmäßigkeit des Herzschlags oder aber durch die nicht koordinierte Aktivierung von Vorhöfen und Kammern zu Palpitationen führen.

Prinzipiell kann eine Tachykardie durch einen Reentry-Mechanismus oder aber durch eine getriggerte Aktivität entstehen. Beim sogenannten **Reentry**, d.h. Wiedereintritt der Erregung, kommt es zu einer kreisförmigen Erregungsausbreitung, die sich nur perpetuieren kann, wenn innerhalb des Erregungskreises eine Zone mit verlangsamter Leitung besteht. Die re-

Tab. 23-1 Differentialdiagnose der Palpitationen

Kontext	Vorkommen	Mechanismus
Sinustachykardie	Aufregung, starke körperliche Belastung Fieber (→ Kap. 14), Anämie (→ Kap. 8) Endokarditis (→ Kap. 14) Hyperthyreose (→ 23.4.2), Lungenembolie (→ Kap. 3.4.1.4 und 41.4.10), Herzinsuffizienz (→ Kap. 3), Phäochromozytom (→ Kap. 44.4.5), Guillain-Barré-Syndrom Hypoglykämie (→ 23.4.1) Medikamente (Theophyllin, β_2-Sympathomimetika, Thyroxin, Ca-Antagonisten vom Nifedipin-Typ)	physiologisch kompensatorische Steigerung des Schlagvolumens funktionelle Steigerung des Schlagvolumens kompensatorische Steigerung der Herzfrequenz Katecholaminausschüttung bzw. Sympathikusaktivierung
Unregelmäßiger Herzschlag	Schlag nach postextrasystolischer Pause Bradykarde Phasen bei absoluter Arrhythmie	vermehrte Füllung der Ventrikel in der verlängerten Diastole
	Verlust der AV-Sequenz bei AV-Block III. Grades bzw. VVI-Stimulation	Cannon-Welle: Kontraktion der Vorhöfe gegen die geschlossenen AV-Klappen (z.B. bei ventrikuloatrialer Leitung, AV-Dissoziation, Schrittmachersyndrom → 23.4.9)
Normofrequenter Herzschlag	Shunt (Vorhofseptumdefekt, periphere arteriovenöse Fistel, offener Ductus Botalli) Mitralklappenprolaps Mitralinsuffizienz Aorteninsuffizienz	kompensatorische Steigerung des Schlagvolumens geändertes Schließungsverhalten der Mitralklappe vermehrtes Schlagvolumen bei vermindertem Vorwärts-Anteil vermehrtes Vorwärts-Schlagvolumen
Funktionelle kardiovaskuläre Störung	evtl. in Verbindung mit Hyperventilation* (→ Tab. 23-4) Angstneurose, Depression, Menopause	zugunsten des Sympathikus veränderte sympathovagale Balance bei normaler Struktur und Funktion des Herzens
Tachykardie	supraventrikuläre Tachykardien (meist Palpitationen)	abgesehen vom Substrat für Tachykardie (z.B. akzessorische Bahn) meist keine weitere organische Erkrankung des Herzens
	ventrikuläre Tachykardien (oft keine Palpitationen)	häufig „Reentry"-Tachykardien auf dem Boden eines Myokardinfarkts

* Synonyme: hyperkinetisches Herzsyndrom, DaCosta-Syndrom, psychovegetative Beschwerden, „soldiers heart", „effort syndrome" (→ Kap. 39.4.4)

gelmäßigen Tachykardien beim WPW-Syndrom, Vorhofflattern, der AV-Knoten-Reentry sowie die meisten ventrikulären Tachykardien bei Patienten mit altem Myokardinfarkt beruhen auf einem Reentry-Mechanismus. Bei der **getriggerten Aktivität** entsteht die Tachykardie in einem Fokus, in dem es durch frühe oder verzögerte Nachdepolarisationen des Aktionspotentials zur frühzeitigen erneuten Triggerung eines Aktionspotentials kommt. Frühe Nachdepolarisationen sind die Grundlage für die Torsade de pointes, während verzögerte Nachdepolarisationen für digitalisinduzierte Rhythmusstörungen verantwortlich gemacht werden. Spezifische Erläuterungen zu einzelnen Herzrhythmusstörungen werden weiter unten gegeben.

Ein organisches Substrat für Herzrhythmusstörungen kann durch Ischämie bzw. Infarzierung des Myokards, Ausbildung einer interstitiellen Fibrose (dilatative Kardiomyopathie, Hypertrophie bei Vitium oder arterieller Hypertonie) oder aber einer genetisch bedingten Texturstörung (hypertrophische Kardiomyopathie) entstehen, wobei unter anderem die elektrische Koppelung benachbarter Herzmuskelzellen durch die Gap junctions gestört ist. Ferner kann eine Störung der Ionenkanäle Ursache für Herzrhythmusstörungen sein. Diese kann genetisch bedingt sein wie beim angeborenen QT-Syndrom. Das funktionelle Verhalten dieser Ionenkanäle hängt auch stark von dem Ionenmilieu ab, so daß Herzrhythmusstörungen häufig durch Elektrolytstörungen

(Kalium, Magnesium, Natrium, Kalzium) bedingt sind. Diese wiederum sind oft Folge einer anderen Erkrankung und deren Behandlung. In diesem Zusammenhang sei die Digitalis- und Diuretikatherapie bei Herzinsuffizienz genannt. Bei Lakritzen- bzw. Laxanzienabusus können sich über eine Hypokaliämie schwere Rhythmusstörungen entwickeln (→ Kap. 26, Abb. 26-5 und 26-6). Komplizierend tritt hinzu, daß Antiarrhythmika selbst proarrhythmische Wirkungen entfalten können, wobei dieses proarrhythmische Potential durch die genannten Veränderungen verstärkt wird (→ Kap. 7.4.8).

Übermäßiger Konsum von Alkohol kann insbesondere zum Auftreten von Vorhofflimmern („holiday heart syndrome"), der Genuß von Drogen zu Herzrhythmusstörungen führen (→ Tab. 23-5).

23.3 Diagnostik

23.3.1 Anamnese und körperliche Untersuchung

Neben den physiologischen Formen der Sinustachykardie sind bei den nervösen bzw. pathologischen Formen derselben in erster Linie extrakardiale Formen abzugrenzen (→ Tab. 23-1). Die Genese der **Sinustachykardie** (Sympathikotonie, exzessive Freisetzung von Katecholaminen) erklärt sich aus der zugrundeliegenden Erkrankung und erfordert eine gründliche internistische Untersuchung des Patienten (→ Tab. 23-1).

Anfallsartig auftretende **Tachykardien** weisen in der Regel auf eine kardiale Genese der Rhythmusstörung hin und sind eine häufige Ursache für Palpitationen. Während **supraventrikuläre Tachykardien** praktisch immer mit Palpitationen einhergehen, finden sich bei **ventrikulären Tachykardien** häufig **keine Palpitationen.** Obwohl ventrikuläre Tachykardien eine schlechtere Prognose als supraventrikuläre Tachykardien haben, können sie initial sogar asymptomatisch verlaufen. Kommt es bei einer ventrikulären Tachykardie nur zu einer geringen hämodynamischen Beeinträchtigung, können die Symptome so unspezifisch sein, daß sie primär nicht an eine Tachykardie denken lassen (Tab. 23-2). Das **plötzliche Einsetzen** wie auch Aufhören einer Tachykardie bei der sogenannten **paroxysmalen Tachykardie** spricht für einen spezifischen Reentry-Mechanismus, während der **allmähliche Beginn** eine **Sinustachykardie** anzeigt. Bei letzterer sind allerdings auch ektope atriale Tachykardien auf dem Boden einer abnormen Automatie abzugrenzen, die typischerweise einen allmählichen Frequenzanstieg („warming up"-Phänomen) zeigen. Unabhängig von hämodynamischen Effekten kann sich eine Arrhythmie, insbesondere Vorhofflimmern, aber auch durch eine Embolie im großen Kreislauf manifestieren.

Tab. 23-2 Symptome bei anhaltenden Tachykardien*

Typische Beschwerden bei Tachykardien
Herzklopfen
Schwindel
Präkollaps/Schweißausbruch
Angstgefühl
bei hämodynamischer Beeinträchtigung
Kollaps
Synkope (tachykarder Adams-Stokes-Anfall)
Schock
Kreislaufstillstand
Atypische Beschwerden bei Tachykardien
thorakales Oppressionsgefühl
Schwäche
Atemnot
kardiale Dekompensation (rhythmogene Insuffizienz)
Angina pectoris

* Häufig finden sich insbesondere bei langsamen ventrikulären Tachykardien überhaupt keine Beschwerden.

Das alleinige Tasten des Pulses zur Diagnose von Herzrhythmusstörungen ist wegen eines möglichen **Pulsdefizits** ein unzuverlässiger Parameter. Ein Pulsdefizit tritt typischerweise bei schnell übergeleitetem Vorhofflimmern auf, kann aber bei einem ventrikulären Bigeminus sogar eine Bradykardie vortäuschen.

Bradykardien, formal als eine Ventrikelfrequenz von weniger als 60 Schlägen/Minute definiert, können bei sportlich durchtrainierten Personen sowie im Schlaf bereits physiologischerweise durch einen erhöhten Vagotonus auftreten. Bei älteren Menschen findet sich gelegentlich eine asymptomatische Ruhebradykardie ohne klinische Bedeutung. Beschwerden (Symptome) können im wesentlichen durch eine kritische Reduktion des Herzminutenvolumens entstehen, das durch eine Zunahme des Schlagvolumens nicht mehr kompensiert werden kann (Tab. 23-3). Insbesondere bei

Tab. 23-3 Symptome bei Bradykardien

Anhaltende Form
Müdigkeit (→ Kap. 33)
Belastungsdyspnoe (chronotrope Inkompetenz)
Ruhedyspnoe (→ Kap. 3)
Kardiale Dekompensation (rhythmogene Insuffizienz)
Schock (→ Kap. 50)
Kreislaufstillstand
Intermittierende Form
Schwindelanfälle (→ Kap. 54)
Präsynkopen
Synkopen (→ Kap. 7.4.8, bradykarder Adams-Stokes-Anfall)

Tab. 23-4 Beschwerden bei funktionellen kardiovaskulären Störungen (nach Wood, 1941)

n = 200	Prozentsatz
Atemnot, Lufthunger	93
Herzklopfen und Herzschmerzen	89
Erschöpfung	88
Schweißausbrüche	80
Nervosität	79
Schwindel	78
Kopfschmerzen	72
Zittern	65
Erröten	57
Synkopen	34
Anorexie	20
Schlaflosigkeit	18
nervöse Polyurie	10

einer QT-Verlängerung können Bradykardien bzw. die relative Bradykardie nach einer Extrasystole („short-long-short cycle") den Boden für ventrikuläre Tachykardien vom Typ der **Torsade de pointes** bereiten. Die vielfältigen Beschwerden bei funktionellen kardiovaskulären Störungen sind in Tabelle 23-4 zusammengefaßt.

Paroxysmale Tachykardien sind durch die Anamnese in der Regel gut erfaßbar, während die klinische Untersuchung im anfallsfreien Intervall meist keinen wegweisenden Befund ergibt. Um so wichtiger ist deshalb die Dokumentation von Rhythmusstörungen im EKG bzw. die Demonstration eines normalen Rhythmus während der geklagten Herzsensationen, um Rhythmusstörungen als Ursache der Beschwerden ausschließen zu können.

23.3.2 Weitere Diagnostik

23.3.2.1 EKG

Da die Auskultation nur eine grobe Einordnung der Rhythmusstörung ermöglicht, ist bei Verdacht auf eine **Rhythmusstörung** umgehend eine EKG-Dokumentation anzustreben. Intermittierend auftretende Rhythmusstörungen können häufig nur in einer oder mehreren Registrierungen eines 24-Stunden-Langzeit-EKG erfaßt werden. Sind auch diese unauffällig, sollten die für Herzrhythmusstörungen typischen anamnestischen Beschwerden des Patienten nicht als „funktionell" abgetan werden. In diesen Fällen kann die invasive elektrophysiologische Untersuchung eingesetzt werden, bei der auch selten auftretende Rhythmusstörungen ausgelöst und damit die Beschwerden des Patienten reproduziert werden können. Das diagnostische Vorgehen bei Herzrhythmusstörungen ist in Tabelle 23-5 dargestellt. Neben der eigentlichen Rhythmusdiagnostik ist insbesondere bei ventrikulären Tachykardien die Diagnostik der zugrundeliegenden Herzerkrankung von entscheidender Bedeutung (→ Tab. 23-5).

Bestehen bei dem Patienten **Präsynkopen** bzw. **Synkopen,** die vermutlich durch Rhythmusstörungen verursacht werden, ist insbesondere bei einer organischen Erkrankung des Herzens eine Monitorüberwachung angezeigt (→ Kap. 7.4.8). Bei Verdacht auf selten auftretende Rhythmusstörungen, die jedoch hämodynamisch toleriert werden, kann auch ein sogenannter Event-Rekorder eingesetzt werden. Dieses einer Armbanduhr ähnliche Gerät wird z.B. für eine Woche getragen und ermöglicht die patientengetriggerte Registrierung des EKG für ca. 5 Minuten. Somit kann geklärt werden, ob die Beschwerden tatsächlich auf einer Herzrhythmusstörung beruhen.

23.3.2.2 Echokardiographie

Klagt der Patient über Herzsensationen, ist neben Anamnese, körperlicher Untersuchung und EKG-Diagnostik zunächst die Durchführung einer Echo- bzw. Doppler-Echokardiographie angezeigt. Hierdurch können Veränderungen an den Herzklappen bzw. ein Shuntvitium mit konsekutiver Volumen- oder Druckbelastung der Ventrikel quantitativ beurteilt werden. Bei Patienten mit Vorhofflimmern findet sich oft eine Vergrößerung des linken Vorhofs sowie eine mehr oder weniger ausgeprägte linksventrikuläre Hypertrophie auf dem Boden einer arteriellen Hypertonie.

23.4 Krankheitsbilder

23.4.1 Hypoglykämie

O. E. Janssen, R. Landgraf und P. C. Scriba

Klinisches Erscheinungsbild einer zu geringen Versorgung des Organismus mit Glukose.

Tab. 23-5 Diagnostik bei Herzrhythmusstörungen

Diagnostische Maßnahme	Typische, wegweisende Befunde
Allgemeine Diagnostik	
Anamnese	
Auftreten bei Belastung	katecholaminabhängige Herzrhythmusstörungen
Auftreten in der Nacht	vagal induziertes Vorhofflimmern
Auftreten nach Alkoholexzeß	Vorhofflimmern („holiday heart syndrome")
Medikamenten-Anamnese	
Diuretika	Hypokaliämie, Hypomagnesiämie → Torsade de pointes
Drogen (Ecstasy, Cocain)	katecholamininduzierte Herzrhythmusstörungen
Digitalis, β-Blocker	
Ca-Antagonisten vom Verapamiltyp	Bradykardie
Antiarrhythmika	eventuell QRS-Verbreiterung, QT-Verlängerung
Inspektion/Palpation/Auskultation	
Echokardiographie	dilatative Kardiomyopathie → VT; hypertrophische Kardiomyopathie → VT
Laevokardiographie	Aneurysma nach Myokardinfarkt → VT
Dextrokardiographie	rechtsventrikuläre Dysplasie → VT
Koronarangiographie	koronare Herzkrankheit → VT, ischämische VT bzw. VF
Kernspintomographie	rechtsventrikuläre Dysplasie → VT
Myokardszintigraphie	Nachweis einer Ischämie → VT, VF
MIBG-Szintigraphie des Herzens	inhomogene sympathische Innervation → QT-Syndrom, nach Myokardinfarkt
Allgemeine Rhythmusdiagnostik	
Ruhe-EKG	ST-Depression → Ischämie, Δ-Welle: WPW-Syndrom, QT-Verlängerung: QT-Syndrom
Monitor-Überwachung	zahlreiche VES bzw. nichtanhaltende VT als Marker für erhöhtes Risiko für VT bzw. Kammerflimmern
Langzeit-EKG	Nachweis von paroxysmalen Tachykardien. Supraventrikuläre Tachykardien können von den ventrikulären meist aufgrund der QRS-Breite abgegrenzt werden. Die Differenzierung der verschiedenen supraventrikulären Tachykardien ist nur bei guter Darstellung der P-Wellen möglich.
Belastungs-EKG	idiopathische Tachykardie aus dem rechtsventrikulären Ausflußtrakt (Abb. 23-4b)
Event-Rekorder	intermittierende Herzrhythmusstörungen
Spezielle Rhythmusdiagnostik	
QT-Analyse	abnorme Verlängerung der QT-Zeit nach langem Kopplungsintervall (Abb. 23-9b) fehlende Verkürzung der QT-Zeit bei Frequenzanstieg → QT-Syndrom
Signalgemitteltes EKG	Nachweis von Spätpotentialen nach Myokardinfarkt bzw. rechtsventrikulärer Dysplasie → Korrelat für VT (Abb. 23-8)
Elektrophysiologische Untersuchung	
Programmierte Stimulation	Nachweis von induzierbaren Tachykardien, meist Reentry-Typ
Katecholamingabe	Nachweis von katecholaminabhängigen Rhythmusstörungen (z. B. frühe Nachdepolarisation mit Triggerung von Aktionspotentialen)

(MIBG: Metaiodbenzylguanidin, VT: ventrikuläre Tachykardie, VF: Kammerflimmern)

23

B *Beschwerden und Befunde*

Eine Hypoglykämie führt zu komplexen vegetativen und neuroglukopenischen Symptomen, die wegen ihrer Vieldeutigkeit und geringen Spezifität Wachsamkeit erfordern.

Die **Beschwerden** sind:

- **vegetativ (parasympathikoton/sympathikoton):** Schweißausbrüche (40%), Heißhunger (15%), Palpitationen (10%), Übelkeit (7%), Erbrechen, Herzrasen, Angst (5%), Diarrhö (5%), Unruhe, Hyperventilation
- **neuroglukopenisch:** Schwindel (60%), psychische Veränderungen, Dämmerattacken (55%), Schwächeanfälle (50%), Parästhesien (12%), Konzentrationsschwäche (10%), Verwirrtheit, Kopfschmerzen (10%), Sehstörungen (10%)

Die **Befunde** sind:

- **vegetativ:** Tremor (35%), Blässe, arterieller Hypertonus, Tachykardie, feuchte Haut, Mydriasis

- **neuroglukopenisch**: Krampfanfälle (40%), unangemessener Affekt, aggressives Verhalten (35%), Sprachstörungen (10%), Koordinationsstörungen, unter Umständen rezidivierende Paresen (10%), Hemiplegien, Aphasien (5%), Doppelbildersehen, Reflexanomalien (5%), Lethargie, Somnolenz, Bewußtlosigkeit (bei Insulinom in 80% der Fälle mindestens einmal), primitive Automatismen (Grimmassieren, Greifen, Schmatzen), zentrale Atem- und Kreislaufstörung, Koma
- **allgemein**: Gewichtszunahme (nur bei Insulinomen: 40%), Inkontinenz (5%)

DS *Diagnosesicherung*

Bevor eine umfangreiche Diagnostik durchgeführt wird, sollten erstens neuroglukopenische Symptome beobachtet worden sein, zweitens ein niedriger Blutzuckerwert (< 40 mg/dl) nachgewiesen werden (cave Meßfehler!) und drittens eine Aufhebung der Symptome durch Gabe von Glukose erfolgt sein (Whipple-Trias).

DD *Differentialdiagnose*

Die Evaluation des jeweiligen Symptomenkomplexes mit Differenzierung der vegetativen und neuroglukopenischen Symptome ist von größter Bedeutung, um zum einen funktionelle Beschwerden anamnestisch soweit wie möglich auszuschließen, und zum anderen nach reaktiven und pharmakologisch-toxischen Hypoglykämien zu fahnden (Abb. 23-1). Nur bei etwa 10% der Patienten, die unter dem Verdacht einer Hypoglykämie untersucht werden, findet sich tatsächlich ein Unterzucker als Ursache ihrer Beschwerden. Andererseits werden gerade ältere Patienten mit schweren Hypoglykämien aufgrund der geringen Spezifität der Symptome nicht selten lange Zeit für neurologisch-psychiatrisch krank gehalten und falsch behandelt.

Die **pharmakainduzierten Hypoglykämien bei Diabetikern** im Rahmen einer Insulin- oder Sulfonylharnstofftherapie, insbesondere in Kombination mit verstärkenden Medikamenten (Salizylate, Propranolol und andere β-Blocker, Sulfonamide, Tuberkulostatika, Haloperidol, Acetaminophen, Disopyramid, Pentamidin), die zahlenmäßig am häufigsten sind, oder alkoholinduzierten Hypoglykämien, treten überwiegend bei **nüchternen Patienten** oder nach inadäquater Nahrungszufuhr auf. Sie bedürfen außer der Blutzuckerbestimmung keiner weiteren Diagnostik. Die seltenen Hypoglykämien nach extremer Nahrungskarenz oder körperlicher Anstrengung, beziehungsweise bei der Anorexia nervosa stellen kein diagnostisches Problem dar.

Die **sorgfältige Anamnese** (frühere gastrointestinale Operationen, andere Magen-Darm-Erkrankungen, hereditäre Galaktosämie, Fruktoseintoleranz, Carnitinmangel, Ahornsirup-Krankheit) gibt meist den entscheidenden Hinweis auf das Vorliegen einer **reaktiven (postprandialen) Hypoglykämie.** Insbesondere muß die Beziehung zu einer vorangegangenen (kohlenhydratreichen) Mahlzeit, die bis zu 3 Stunden vor der Symptomatik erfolgt sein muß, hergestellt werden. Eine über 5 Stunden ausgedehnte orale Glukosebelastung ist die einzige und entscheidende diagnostische Maßnahme bei funktionell-reaktiver Hypoglykämie. Die stoffwechselbedingten reaktiven Hypoglykämien bedürfen einer Spezialdiagnostik.

Bei Auftreten hypoglykämischer Zeichen nach längerer Nahrungskarenz (**Fastenhypoglykämie**) kommt dem Hungerversuch (stationär in Spezialabteilungen) die entscheidende diagnostische Bedeutung zu, um zum einen eine Hypoglykämie zu beweisen, und zum anderen einen organischen Hyperinsulinismus von Erkrankungen mit mangelnder Glukoseproduktion zu unterscheiden. Der Hungerversuch wird über bis zu 72 Stunden durchgeführt, die Nahrungskarenz wird durch Gewichtskontrolle und Nachweis einer Ketonurie verifiziert. Bei **niedrigen Insulinspiegeln** ist an **Leberfunktionsstörungen** (Leberzirrhose, Stauungsleber, Hepatitis, Leberzellkarzinom, Glykogenspeicherkrankheiten, ketotische Hypoglykämie, Reye-Syndrom [→ Kap. 15]), **Nieren-, HVL- oder NNR-Insuffizienz** (→ Kap. 18 und 60) und an **große maligne Tumoren** (Sarkome, Karzinome) zu denken. Diese produzieren typischerweise IGF-2, das in hohen Konzentrationen zu Hypoglykämien führt.

Bleiben die Insulinwerte im Verlauf des Hungerversuches hoch (> 10 μE/ml, cave: endogen erhöhte Insulinwerte bei Adipositas), trotz niedriger Blutzuckerwerte (< 40 mg/dl), d.h. ist der Insulin-/Glukose-Quotient > 0,25, muß an ein **Insulinom** oder an eine artifizielle Hypoglykämie gedacht werden. Beim Insulinom und bei der Einnahme von Sulfonylharnstoffen sind Insulin und C-Peptid (> 2 nmol/l) erhöht, bei letzterer lassen sich die Sulfonylharnstoffe im Serum nachweisen (Hypoglycaemia factitia). Ein niedriger C-Peptid-Spiegel bei erhöhten Insulinwerten ist beweisend für eine exogene Insulinzufuhr. Gelegentlich finden sich trotz deutlicher Hypoglykämie nur grenzwertig erhöhte Insulinspiegel. In diesen Fällen kann unter strenger Beachtung der Kontraindikationen mit einem Tolbutamid-Test zwischen Patienten mit einem Insulinom, bei denen es zu einer ausgeprägten Hypoglykämie und Stimulation der Insulinsekretion kommt, und Gesunden, bei denen dies nicht der Fall ist, unterschieden werden. Eine **Lokalisationsdiagnostik** erfolgt nur **bei laborchemisch gesichertem Insulinom:** Mit Sonographie (Sensitivität bis 40%), Endoskopie mit Endosonographie (Sensitivität bis 50%), Angiographie mit selektiver Darstellung der A. pancreatico-duodenalis und Bestimmung von Insulin und C-Peptid, Zöliako-Mesenterikographie (Sensitivität bis 80%), CT (Sensitivität bis 60%, nach Angiographie höher), Magen-Darm-

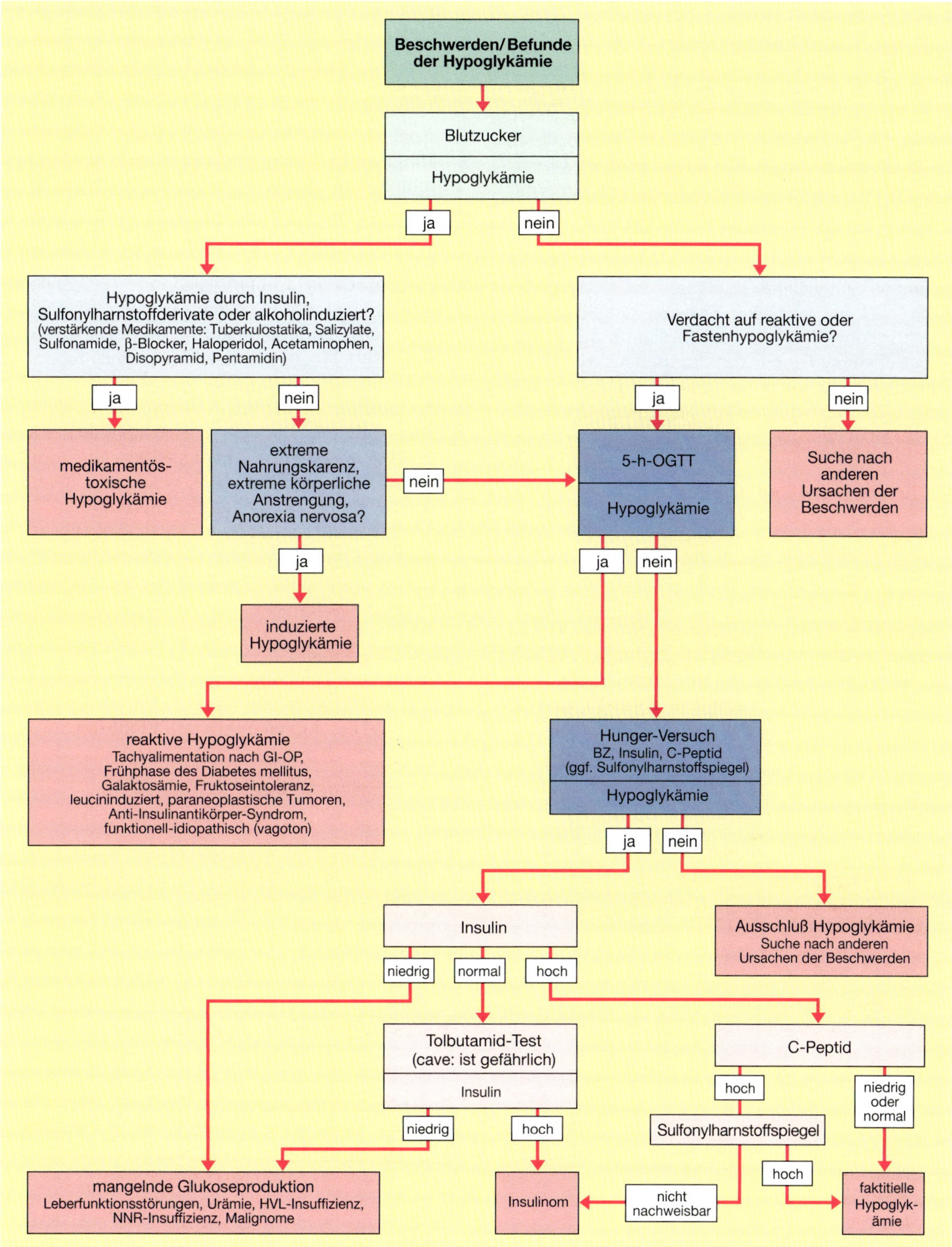

Abb. 23-1 Differentialdiagnose der Hypoglykämie.

Passage mit hypotoner Duodenographie stehen zahlreiche Verfahren für die bisweilen schwierige oder unmögliche präoperative Lokalisationsdiagnostik zur Verfügung. Gegebenenfalls muß eine Probelaparotomie mit intraoperativer Insulinbestimmung durchgeführt werden.

23.4.2 Hyperthyreose

O. E. Janssen und P. C. Scriba

Unter dem Begriff Thyreotoxikose werden Krankheitserscheinungen zusammengefaßt, die durch einen Überschuß an Schilddrüsenhormonen durch vermehrte endogene Produktion (Hyperthyreose) oder exogene Zufuhr entstehen. Die thyreotoxische Krise ist als lebensbedrohliche Zuspitzung dieser Situation definiert (→ Kap. 7). Eine Grenzwerthyperthyreose (oder „latente" Hyperthyreose) beschreibt eine Laborkonstellation von supprimiertem TSH bei normalen Spiegeln der Schilddrüsenhormone. Eine strenge Korrelation der Laborkonstellationen und der klinischen Manifestationen besteht weder bei der Hyperthyreose noch bei der Grenzwerthyperthyreose. Frauen erkranken 5- bis 8mal häufiger als Männer.

B *Beschwerden und Befunde*

Das klinische Erscheinungsbild der Hyperthyreose wird durch die Stimulation von Stoffwechselvorgängen (erhöhter Grundumsatz) und der sympathoadrenergen Überempfindlichkeit bestimmt. Das klinische Bild kann sehr verschiedenartig sein, das typische Vollbild findet sich meist nur bei jugendlichen Patienten. Im Senium können die Beschwerden oligo- oder monosymptomatisch (besonders kardial!) sein. Bei Dekompensation einer schweren Hyperthyreose kann es unter Umständen zu einer **thyreotoxischen Krise** kommen, die auch heute noch eine hohe Letalität hat. Die **Beschwerden** sind:

- Palpitationen
- Nervosität, Affektlabilität, Reizbarkeit, innere Unruhe, Rastlosigkeit, Erregungszustände (68%)
- Agitiertheit – Apathie im raschen Wechsel, thyreotoxische Krise (→ Kap. 7), Basedow-Koma
- Leistungsschwäche, leichte Ermüdbarkeit, Depression (→ Kap. 1); besonders im Senium: apathische Hyperthyreose (13%)
- verminderte Krankheitseinsicht
- Wärmeintoleranz (> 90%)
- vermehrtes Schwitzen, Schweißausbrüche (ohne Fieber! 51%)
- Durst (→ Kap. 12)
- Haarausfall (8%), → Kap. 21
- Schlafstörungen (→ Kap. 38)
- Appetitsteigerung (→ Kap. 18)
- Menstruationsstörungen (→ Kap. 37)
- Libido- und Potenzverlust (→ Kap. 24)

Die **Befunde** sind:

- Sinustachykardie, Tachyarrhythmia absoluta (77%)
- arterielle Hypertonie: große Pulsamplitude mit erhöhten systolischen Werten (→ Kap. 26)
- bei längerer Hyperthyreose auch Herzmuskelschädigung bis zur Herzinsuffizienz (→ Kap. 3)
- Gewichtsverlust trotz Appetitsteigerung! (61%) → Kap. 18
- weiche Stühle, Erhöhung der Stuhlfrequenz (21%) → Kap. 11
- feinschlägiger Tremor (9%)
- feuchte, warme, weiche Haut (Hände!) und Hautrötung durch gesteigerte periphere Durchblutung
- motorische Unruhe
- lebhafte, verkürzte Muskeleigenreflexe
- Muskelschwäche: thyreotoxische Myopathie (→ Kap. 35)
- Arthropathien: Chondrokalzinose (Epicondylitis ulnaris, Periarthritis humeroscapularis), Akropachie (Osteoarthropathia hypertrophicans, EMO-Syndrom), Hydroxylapatitarthropathie
- Osteoporose (→ Kap. 45)
- Assoziation mit anderen Autoimmunerkrankungen
- Assoziation mit endokriner Orbitopathie (→ Kap. 5), 70% bei Basedow-Thyreopathie
- Verschlechterung der Glukosetoleranz (diabetogene Wirkung der Schilddrüsenhormone)
- herabgesetzte Konzeptionswahrscheinlichkeit
- Zunahme von Früh- und Fehlgeburten und kindlichen Mißbildungen bei Schwangerschaften hyperthyreoter Frauen

Die Symptome der **thyreotoxischen Krise** sind in Tabelle 23-6 dargestellt.

Gegen eine Hyperthyreose sprechen eine feuchte kalte Haut (Hände!), eine Vorliebe für warme Temperaturen und ein normaler Puls und Blutdruck.

DS *Diagnosesicherung*

Labor

Ein **normaler TSH-Wert schließt** eine **Hyperthyreose** bis auf seltene Ausnahmefälle (kompensierte Autonomie, TSH-produzierender Tumor, Schilddrüsenhormonresistenz) **aus.** Bei erniedrigtem oder supprimiertem TSH-Wert erfordert der **Nachweis** einer Hyper-

Tab. 23-6 Symptome der thyreotoxischen Krise

Tachykardie	Sinustachykardie
Herzrhythmusstörungen	Vorhofflimmern ventrikuläre Extrasystolie
Psychosyndrom	Psychose Delir Somnolenz Koma
Exsikkose	Hyperhidrosis Hyperthermie (bis 41°C) Erbrechen Durchfälle
Adynamie	pseudobulbäre Sprache „Tetraparese"
Hypotonie	Schock

thyreose die Bestimmung erhöhter Werte für fT4 (und fT3). Bei isolierter Erhöhung des fT3-Wertes liegt eine T3-Hyperthyreose (etwa 10% der Fälle) vor. Bei Bestimmung der Gesamt-Schilddrüsenhormonspiegel (TT4, TT3) müssen die Bindungsproteine berücksichtigt werden (Tab. 23-7).

Bei der Grenzwerthyperthyreose besteht eine periphere Euthyreose mit supprimiertem TSH. Sie kann bei funktionellen Autonomien der Schilddrüse über einen längeren Zeitraum bestehen und ist bei Frauen, im Senium und in Jodmangelgebieten häufiger. Die Identifikation einer Grenzwerthyperthyreose ist wichtig, da sie Tachyarrhythmien in wenigen Prozent aller Fälle auslösen und unterhalten kann.

Der TRH-Test (Bestimmung der TSH-Konzentration vor und 30 Minuten nach TRH-Stimulation) ist im Zeitalter der supersensitiven TSH-Bestimmung nur bei speziellen Fragestellungen indiziert (TSH-produzierender Tumor, Schilddrüsenhormonresistenz).

Nebenbefundlich finden sich wegen der gesteigerten Lipolyse häufig niedrige Cholesterin- und Triglyzeridspiegel, die freien Fettsäuren sind jedoch erhöht, sowie aufgrund des gesteigerten Knochenumbaus eine erhöhte alkalische Phosphatase und selten, ein erhöhtes Kalzium und sogar eine Hyperkalziurie. Gelegentlich finden sich erhöhte Serumtransaminasen als Zeichen einer Leberschädigung.

Nach Sicherung der Thyreotoxikose muß die **zugrundeliegende Krankheit** gesucht werden.

Bildgebende Diagnostik

Die Schilddrüsensonographie dient der auch für therapeutische Entscheidungen wichtigen **Volumenbestimmung** (→ Abb. 19-4), der Beurteilung des Echomusters des Schilddrüsengewebes (Grundmuster echoarm bei Immunthyreopathie vom Basedow-Typ, bei Hashimoto- und de Quervain-Thyreoiditis, echonormal bei disseminierter Autonomie) und dem Nachweis von Knoten und Zysten (→ Kap. 19).

Bei Nachweis von Schilddrüsenknoten wird eine Technetium-Szintigraphie notwendig. Finden sich dabei ein (unifokal) speicherndes Areal oder mehrere (multifokale) speichernde Areale, so spricht man von einer **kompensierten Autonomie,** wenn sich das Restgewebe noch darstellt (warme Knoten). Speichert das paranoduläre Gewebe weniger als 10% (heiße Knoten) besteht eine **dekompensierte Autonomie.** Läßt sich bei Verdacht auf eine kompensierte Autonomie kein funktionell sicher autonomes Gewebe nachweisen, erfolgt eine Szintigraphie nach Suppression der endogenen TSH-Sekretion und somit des normalen Schilddrüsengewebes durch Gabe von Schilddrüsenhormon (Suppressionsszintigraphie, Abb. 23-2). Die Durchführung einer Suppression bei bereits endogen supprimiertem TSH ist sinnlos und unter Umständen für den Patienten gefährlich.

Der häufig sehr hohe Technetium-Uptake (quantitative Szintigraphie) bei der Immunthyreopathie vom Basedow-Typ kann bei der Differenzierung von einer disseminierten Autonomie hilfreich sein.

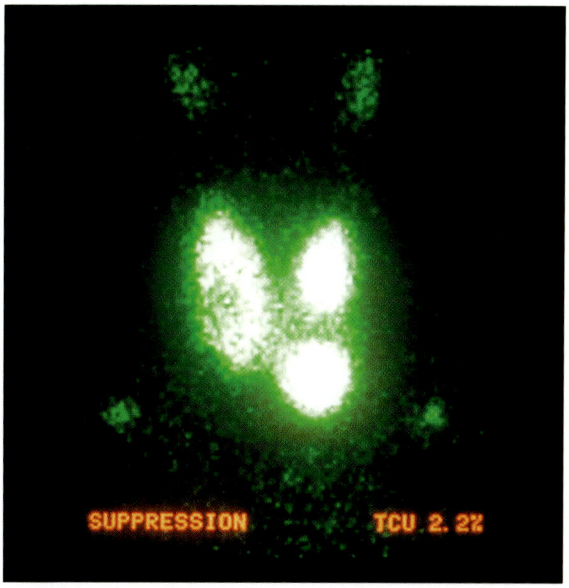

Abb. 23-2 Multifokale Autonomie der Schilddrüse: unzureichende Suppression des Technetium-Uptake (→ Kap. 19).

23

Die **Feinnadelpunktion** ist zur zytologischen Abklärung gleichzeitig vorliegender szintigraphisch kalter Knoten erforderlich (Korrelation mit Sonographie, → Kap. 19).

Nebenbefundlich finden sich (sehr selten) Splenomegalie, Thymusvergrößerung und Lymphknotenschwellungen.

Weiterführende Diagnostik

Bei einer Struma ist die entsprechende Diagnostik erforderlich (→ Kap. 19).

Ein Radiojodspeicherungstest und eine -szintigraphie mit ^{131}Jod oder besser ^{123}Jod sind nur vor einer geplanten Radiojodtherapie erforderlich.

Zur Beurteilung einer endokrinen Orbitopathie erfolgt eine Vorstellung beim Augenarzt (→ Kap. 5).

In Ausnahmefällen kann bei Verdacht auf eine jodinduzierte Hyperthyreose, die sich anamnestisch nicht sicher klären läßt, eine Fluoreszenz-Szintigraphie zur Quantifizierung des stabilen intrathyreoidalen Jods durchgeführt werden.

DD *Differentialdiagnose*

Das Vorgehen zur Differentialdiagnose der Hyperthyreose ist in Abbildung 23-3 dargestellt. Zunächst sollte (anamnestisch) eine **Thyreotoxicosis factitia** (in Zweifelsfällen: fT3 und Thyreoglobulin erniedrigt) ausgeschlossen werden.

Der **Morbus Basedow** ist durch die Trias Hyperthyreose (eigentlich Tachykardie), Struma (→ Kap. 19)

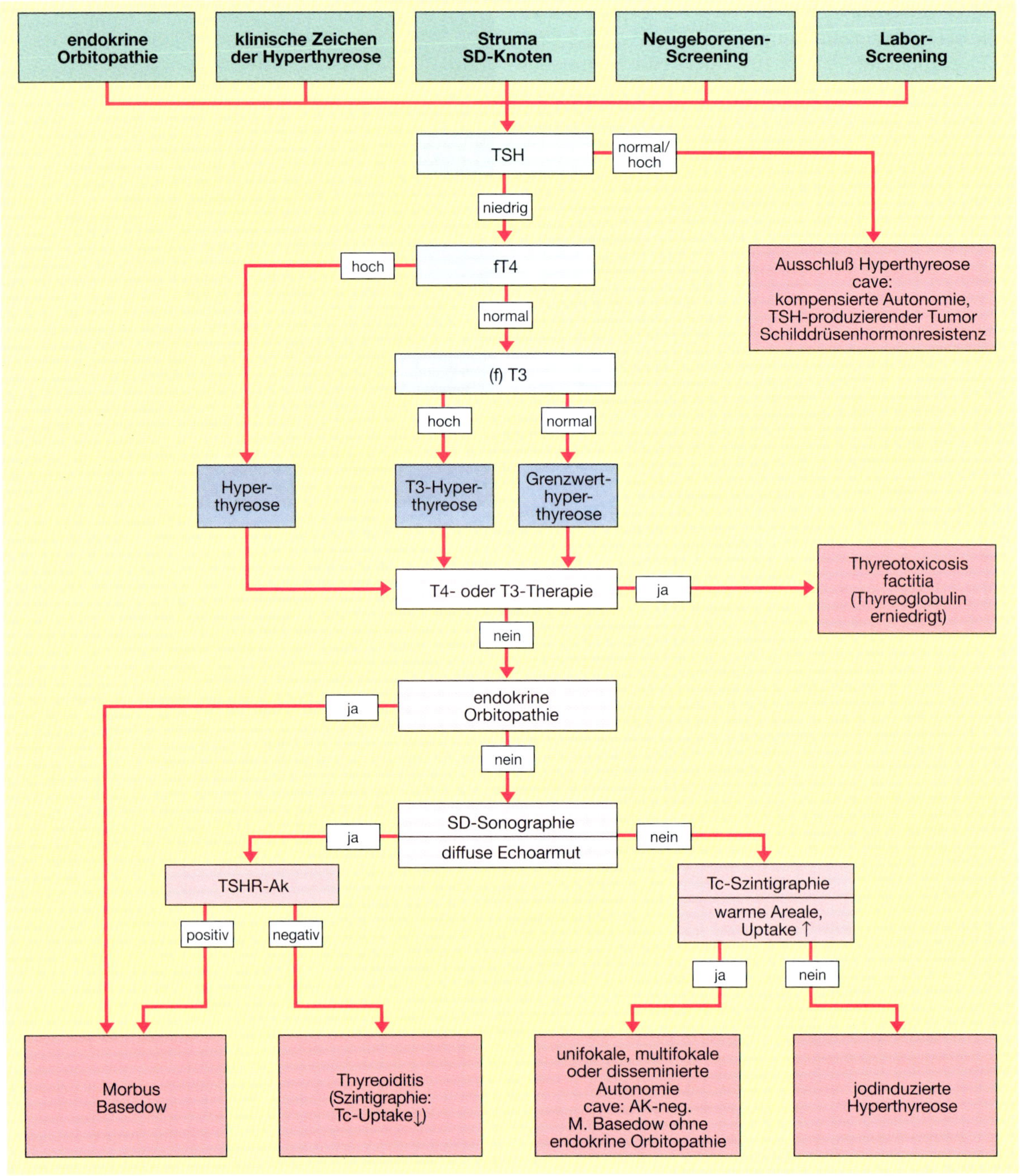

Abb. 23-3 Diagnostik bei Verdacht auf Hyperthyreose.

und endokrine Orbitopathie (→ Kap. 5) gekennzeichnet. Er betrifft häufiger junge Patienten. Rasche Progredienz parallel zur Entwicklung einer Struma ist typisch. Die immunogene Hyperthyreose ist durch ein Shuntgeräusch („schwirrende Struma") gekennzeichnet. Bei der Sonographie zeigt sich häufig eine ausgeprägte Echoarmut des Schilddrüsengewebes. Die endokrine Orbitopathie ist in Kombination mit einer Hyperthyreose **beweisend** für einen Morbus Basedow. Weitere extrathyreoidale Manifestationen sind das prätibiale, zirkumskripte Myxödem und die Akropathie (→ Kap. 21). Der Nachweis von Anti-TSH-Rezeptor-Antikörpern (70% der Fälle) ist ebenfalls pathognomonisch für die Immunthyreopathie, jedoch nur bei Fehlen einer endokrinen Orbitopathie erforderlich. Meist sind auch Anti-Peroxidase- (80%) und seltener (und daher nicht erforderlich) -Thyreoglobulin-Antikörper (25%) nachweisbar.

Die verschiedenen Formen der **Autonomie** der Schilddrüse (unifokal, multifokal, disseminiert) werden mit der Szintigraphie, gegebenenfalls auch Suppressionsszintigraphie, unterschieden. Die Autonomie ist bei älteren Patienten häufiger. Im allgemeinen ist mit langsamer Progredienz der Hyperthyreose zu rechnen (cave Jodexposition!).

Die Differenzierung einer disseminierten Autonomie von der seltenen Antikörper-negativen Immunthyreopathie ohne endokrine Orbitopathie und mit sonographisch echonormalem Schilddrüsengewebe kann gelegentlich Schwierigkeiten bereiten. Hier ist der weitere Verlauf und die Wirksamkeit der medikamentösen Therapie abzuwarten. Bei der Immunthyreopathie kommt es nach adäquater medikamentöser Therapie häufig zu einer Remission, bei der Autonomie nicht.

Nach **Jodexposition** (Kontrastmittel, jodhaltige Medikamente wie Augentropfen, Hustensäfte, Desinfektionsmittel (z.B. Jod-PVP), Amiodaron) ist mit verminderter Speicherung in den nuklearmedizinischen In-vivo-Verfahren und mit Therapierefraktärität zu rechnen. Bei Schilddrüsenkarzinomen findet sich nur selten eine Hyperthyreose. Eine transiente Hyperthyreose wird bei Hashimoto-Thyreoiditis (→ Kap. 19), Thyreoiditis de Quervain (→ Kap. 19), bei Schilddrüseninfektionen und -trauma und nach Bestrahlung und Radiojodtherapie beobachtet.

Bei klinischen Zeichen einer Hyperthyreose muß bei normalem oder erhöhtem TSH (inkongruente TSH-Spiegel) an die sehr seltene sekundäre Hyperthyreose durch einen TSH-produzierenden Tumor (hypophysär bei HVL-Adenom oder inappropriater TSH-Sekretion) oder paraneoplastisch (Blasenmole) gedacht werden. Die TSH-Produktion ist in diesen Fällen durch eine fehlende Stimulierbarkeit im TRH-Test und eine Erhöhung der α-Untereinheit des TSH gekennzeichnet. Auch eine Schilddrüsenhormonresistenz ist sehr selten und geht nur im Ausnahmefall mit einer hyperthyreoten Stoffwechsellage einher (isolierte oder hypophysär betonte Resistenz).

Die weitere Differentialdiagnose der **euthyreoten Hyperthyroxinämie** ist in Tabelle 23-7 dargestellt.

Die weitere Differentialdiagnose der **thyreotoxischen Krise** (→ Kap. 7) umfaßt im wesentlichen schwere Infektionskrankheiten (Sepsis, Meningoenzephalitiden u.a.), primär kardiale Erkrankungen und Intoxikationen (Delir).

DD *Weitere Differentialdiagnosen*

Abzugrenzen von der Hyperthyreose ist das **Phäochromozytom** (→ Kap. 44.4.5). Beide Krankheitsbilder haben eine vergleichbare Symptomatologie: innere Unruhe, Schwitzen, Tachykardien, Hypertonie, Gewichtsverlust und diabetische Stoffwechsellage. Beim Phäochromozytom besteht jedoch meist eine auffällige Hautblässe, bei der Hyperthyreose eher eine Überwärmung und Rötung der Haut.

Tab. 23-7 Euthyreote Hyperthyroxinämien

Thyroxin-bindendes Globulin (TBG)-Exzeß durch erhöhte Serumspiegel in der Schwangerschaft, beim Neugeborenen, bei akuter Hepatitis, durch Medikamente („Pille", d.h. Östrogene u.a.) oder genetisch (familiärer TBG-Exzeß durch Gen-Duplikation)
Transthyretin (TTR)-Varianten mit erhöhter Bindungsaffinität
Familiäre dysalbuminämische Hyperthyroxinämie (FDH) durch Albumin-Variante mit erhöhter Bindungsaffinität
kompensierte Schilddrüsenhormonresistenz
Anti-T4- oder -T3-Antikörper
gelegentlich bei Substitution mit T4

TSH: Thyreoidea-stimulierendes Hormon, fT4: freies L-Thyroxin, fT3: freies L-Trijodthyronin, T4: L-Thyroxin, T3: L-Trijodthyronin, TRH: Thyrotropin Releasing Hormon

23

Auch ein **Alkoholabusus**, vor allem im frischen Entzug, und der selten gewordene Amphetaminabusus können klinisch mit einer Hyperthyreose verwechselt werden. Die Differenzierung anhand der sorgfältigen Anamnese, körperlichen Untersuchung (Stigmata des chronischen Alkoholabusus!) und letztlich der Laboruntersuchungen bereitet jedoch meist keine Schwierigkeiten.

23.4.3 Extrasystolen

23.4.3.1 Atriale Extrasystolen

Atriale Extrasystolen werden während einer 24-Stunden-EKG-Aufzeichnung von gesunden Erwachsenen bei 60% gefunden. Sie sind in der Regel harmlos und asymptomatisch, können aber bei entsprechenden Patienten paroxysmale supraventrikuläre Tachykardien auslösen. Gelegentlich läßt sich ein Zusammenhang mit dem Konsum von Tabak, Alkohol oder bestimmten Medikamenten (z.B. Theophyllinpräparate) herstellen.

23.4.3.2 Junktionale Extrasystolen

Diese Form der Extrasystolie entsteht wahrscheinlich im proximalen His-Bündel, wo sie antegrad auf den Ventrikel mit dem Bild eines normalen Kammerkomplexes (ohne vorhergehende P-Welle) übergeleitet wird. Kommt es zu einer retrograden Leitung über den AV-Knoten auf die Vorhöfe, werden retrograde P-Wellen (negativer Ausschlag in II, III und aVF) nach dem QRS-Komplex sichtbar, welche dann auch Ursache für Cannon-Wellen sein können. Letztere kommen durch eine Kontraktion der Vorhöfe bei geschlossenen AV-Klappen zustande und können sehr unangenehme Pulsationen im Hals verursachen.

23.4.3.3 Ventrikuläre Extrasystolen

Da bei ventrikulären Extrasystolen das His-Purkinje-System nicht oder nur teilweise zur Erregungsausbreitung benutzt wird, ist der QRS-Komplex meist auf 140 ms oder mehr verbreitet. Ventrikulären Extrasystolen geht keine P-Welle voran (Abb. 23-4a), differentialdiagnostisch sind jedoch früh einfallende supraventrikuläre Extrasystolen mit funktionellem Schenkelblock abzugrenzen.

Häufig werden ventrikuläre Extrasystolen in Linksseitenlage stärker empfunden, so daß Patienten diese Körperposition meiden. Abgesehen von häufigen Extrasystolen, bei denen es z.B. beim Bigeminus zu einer signifikanten Reduktion des Herzminutenvolumens kommen kann, haben sie per se keine negative hämodynamische Auswirkung. Ventrikuläre Extrasystolen sind bei Fehlen einer organischen Herzerkrankung primär als harmlos einzustufen. In der frühen Postinfarktphase (1–2 Wochen nach akutem Infarkt) zeigen mehr als 10 ventrikuläre Extrasystolen pro Stunde bereits ein deutlich erhöhtes Risiko an. Oft kann aufgrund der Morphologie der Extrasystolen der Entstehungsort zugeordnet werden (Abb. 23-4a). Lassen sich auch anhaltende Tachykardien dieser Morphologie nachweisen (Abb. 23-4b), kann in Einzelfällen bereits der Tachykardiemechanismus definiert werden. Liegt keine organische Herzerkrankung vor, läßt eine Rechtsschenkelblockmorphologie der Extrasystole auf einen linksventrikulären Ursprung schließen. Sinngemäß ergibt sich ein rechtsventrikulärer Ursprung beim Linksschenkelblockbild der Extrasystole. Bei Patienten mit **Myokardinfarkt** weist jedoch eine **linksschenkelblockartige Extrasystole** auf einen **septalen Entstehungsort** hin.

Polymorphe Extrasystolen weisen in der Regel auf multiple Entstehungsorte hin. Zwei Extrasystolen hintereinander werden als **Couplet** bezeichnet, ab 3 repetitiven Extrasystolen spricht man, sofern die Frequenz über 100 Schlägen/Minute liegt, von einer **ventrikulären Tachykardie** (Abb. 23-4b und → 7-4).

23.4.4 Supraventrikuläre Tachykardien

Bei supraventrikulären Tachykardien ist der QRS-Komplex in der Regel schmal (< 0,12 s), da die Kammern über das His-Purkinje-System erregt werden. Ein vorbestehender Schenkelblock, die tachykardiebedingte funktionelle Blockierung eines Tawara-Schenkels sowie Antiarrhythmika, die frequenzabhängig die Erregungsleitung verlangsamen („use dependence"), können jedoch zu einem breiten QRS-Komplex (≥ 0,12 s) trotz supraventrikulären Ursprungs der Tachykardie führen. In der Regel ist jedoch bei Tachykardien mit breitem Kammerkomplex von einer ventrikulären Tachykardie auszugehen!

B ***Beschwerden und Befunde***

Supraventrikuläre Tachykardien gehen typischerweise mit Palpitationen und insbesondere bei höheren Frequenzen mit einer erheblichen Beeinträchtigung des Allgemeinbefindens sowie Entwicklung von Angstgefühlen einher. Abgesehen von Vorhofflimmern mit schneller Überleitung beim Wolff-Parkinson-White(WPW)-Syndrom verursachen supraventrikuläre Tachykardien bei sonst herzgesunden Personen keine Synkopen. Nach oder während eines tachykarden Anfalls ist häufig eine Harnflut („urina spastica") zu beobachten.

DS ***Diagnosesicherung***

Die Klassifizierung einer supraventrikulären Tachykardie kann meist bereits aus dem Oberflächen-EKG geleistet werden. Dies zeigt, wie bedeutsam es ist, eine spontane Tachykardieepisode im EKG zu dokumentieren. Wichtige Entscheidungskriterien sind die Regelmäßigkeit der QRS-Abstände sowie die Beziehung der P-Wellen zum QRS-Komplex. Sind die QRS-Abstände unregelmäßig („irregulary irregular"), ist auch bei Fehlen von Flimmerwellen von Vorhofflimmern auszugehen. Differentialdiagnostisch sind hier eine multifokale atriale Tachykardie bzw. eine regelmäßige atriale Tachykardie mit wechselnder AV-Überleitung abzugrenzen.

Die wichtigsten Tachykardieformen sind in Tabelle 23-8 näher charakterisiert.

Bei regelmäßigen Tachykardien (Abb. 23-5, 23-6 und 23-7) ist die Durchführung von Manövern, die den Vagotonus erhöhen (Valsalva-Preßversuch, Karotissinus-Druck, Trinken von kaltem Wasser) indiziert. Hierdurch gelingt es häufig, die Tachykardie entweder zu terminieren oder aber durch eine vorübergehende höhergradige Blockierung des AV-Knotens eine zugrundeliegende atriale Tachykardie zu demaskieren. Sind vagale Manöver nicht erfolgreich, kann durch die i.v. Gabe von Adenosin (z.B. Adrekar®, beginnend mit einem 3-mg-i.v.-Bolus) vorübergehend ein AV-Block

Abb. 23-4 54jährige Patientin ohne strukturelle Herzerkrankung mit ventrikulärer Extrasystolie bzw. Kammertachykardie aus der Ausflußbahn des rechten Ventrikels: ▷
a) Ventrikuläre Extrasystolen ohne vorausgehende atriale Aktivität mit deutlich verbreitertem QRS-Komplex. An der Morphologie derselben (Linksschenkelblock, inferiore Achse mit sehr hohen Ausschlägen in den Ableitungen II, III und aVF) kann der Ursprungsort, hier die Ausflußbahn des rechten Ventrikels, erkannt werden; b) Monomorphe ventrikuläre Tachykardie kurz nach Durchführung eines Belastungs-EKG. Beachte den Fusionsschlag zu Anfang der Kammertachykardie (Pfeil), der in bezug auf Breite und Morphologie eine Mittelstellung zwischen Sinusrhythmus und Kammertachykardie einnimmt.

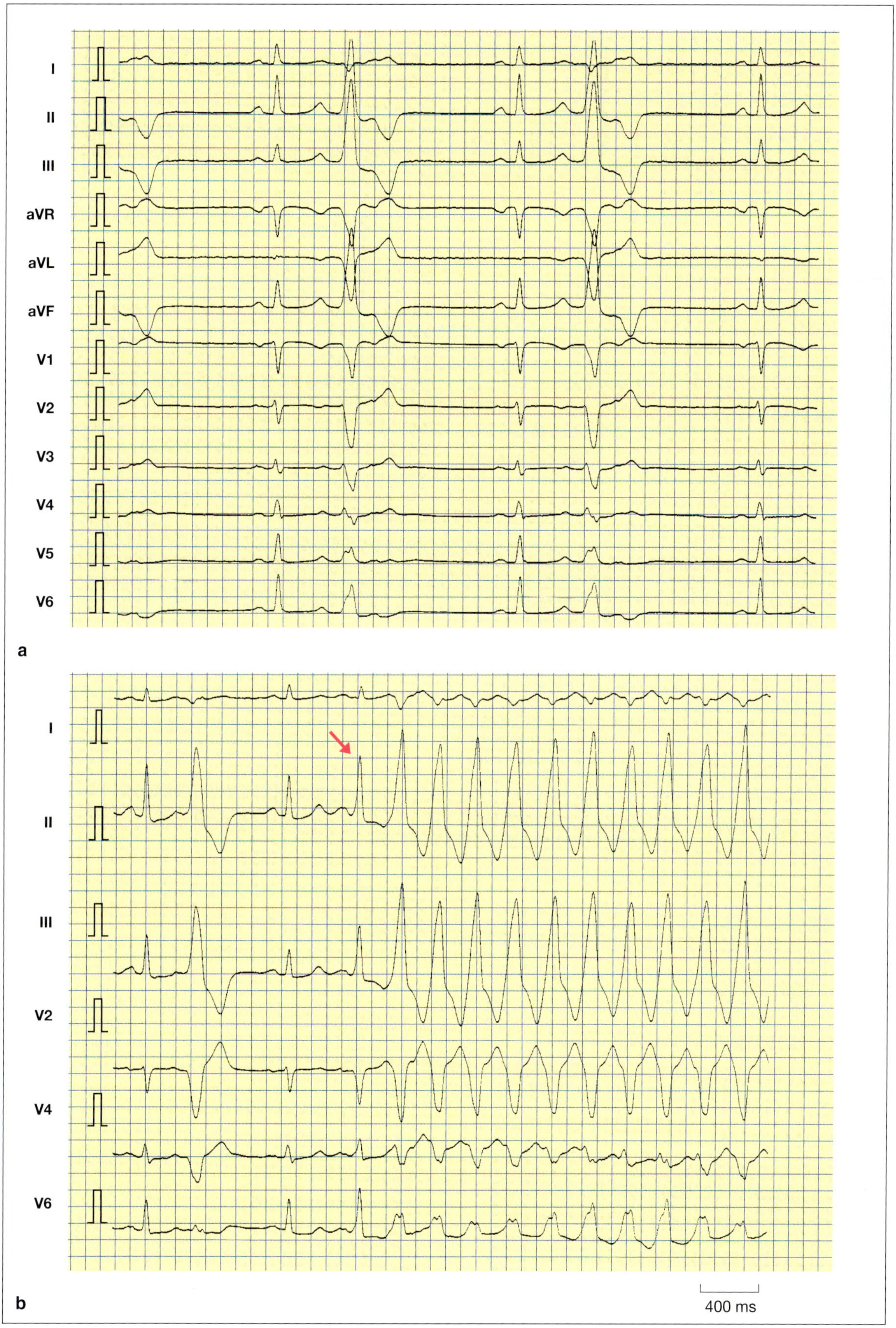
I
II
III
aVR
aVL
aVF
V1
V2
V3
V4
V5
V6
a
I
II
III
V2
V4
V6
b
400 ms

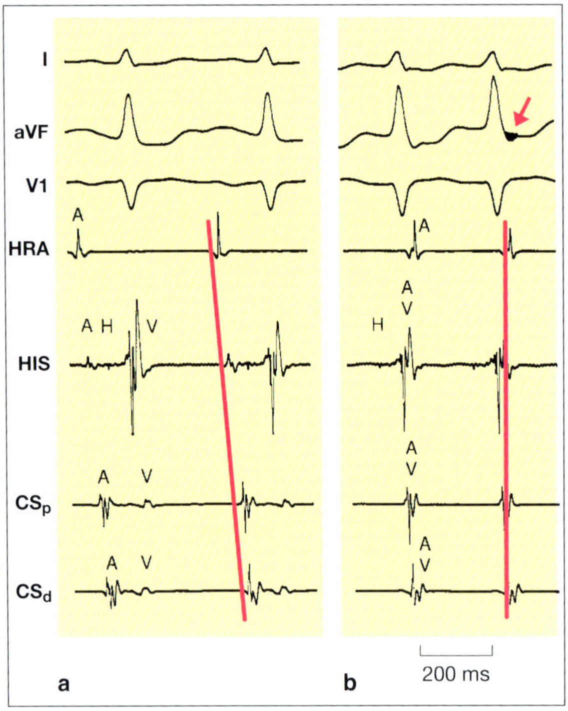

Abb. 23-5 Patientin mit AV-Knoten-Reentry-Tachykardie: a) Sinusrhythmus mit der typischen Abfolge der atrialen Aktivierung vom Sinusknoten (HRA), über das atriale Septum (HIS) zum linken Vorhof, dessen Aktivierung über den Koronarsinus (CS) gemessen wird (→ rote Linie); b) EKG während supraventrikulärer Tachykardie: Beachte die jetzt simultane Aktivierung der Ventrikel und Vorhöfe, die zu einer **Pseudo-S-Zacke** (→ Pfeil) in Ableitung aVF aufgrund der retrograden Aktivierung der Vorhöfe führt. EKG-Ableitungen I, aVF und V1; intrakardiale Ableitungen von: HRA – hoher rechter Vorhof, HIS – His-Bündel, CS_p – proximaler Koronarsinus, CS_d – distaler Koronarsinus. Die Abfolge der atrialen Aktivierung ist jeweils durch die rote Linie gekennzeichnet. A: Aktivierung des Vorhofes, H: Aktivierung des His-Bündels, V: Aktivierung des Ventrikels.

erreicht werden. Die Applikation von Adenosin darf nur unter EKG-Kontrolle erfolgen, zusätzlich müssen Intensiv-Maßnahmen zur Reanimation zur Verfügung stehen. Ein Asthma bronchiale, Vorhofflimmern bei WPW-Syndrom oder ein QT-Syndrom stellen Kontraindikationen für die Applikation von Adenosin dar.

23.4.5 Ventrikuläre Tachykardien

Nichtanhaltende ventrikuläre Tachykardien umfassen mindestens 3 Schläge (Triplet) mit einer Frequenz von mehr als 100 Schlägen/Minute, dauern aber nicht länger als 30 Sekunden. **Anhaltende ventrikuläre Tachykardien** (VT) dauern länger als 30 Sekunden oder müssen wegen Kreislaufdepression sofort terminiert werden.

B *Beschwerden und Befunde*

Obwohl Tachykardien typischerweise Palpitationen verursachen, können diese bei den ventrikulären Tachykardien fehlen (→ Tab. 23-2). Auch bei ventrikulären Tachykardien kann ein Pulsdefizit auftreten, so daß die klinische Abschätzung der Frequenz durch die Auskultation erfolgen muß. Bei langsamen Tachykardien kann sich eine AV-Dissoziation durch einen wechselnd lauten 1. Herzton bemerkbar machen.

DS *Diagnosesicherung*

Basis für die Sicherung der Diagnose ist die **EKG-Dokumentation** von spontanen Episoden. Häufig kann bereits aus einer Dokumentation im 12-Kanal-EKG die Diagnose gestellt werden (Tab. 23-9). Eine weitere diagnostische Abklärung ist durch die programmierte Ventrikelstimulation, bei häufig auftretenden Tachykardien auch mittels Langzeit-EKG möglich.

In der Notfalltherapie sollte beim Vorliegen einer Tachykardie mit breitem Kammerkomplex primär von einer ventrikulären Tachykardie ausgegangen werden. Tritt eine Tachykardie erstmalig nach einem Myokardinfarkt auf, ist mit großer Wahrscheinlichkeit von einer ventrikulären Tachykardie auszugehen. Die Prognose hängt ganz entscheidend von der zugrundeliegenden Herzerkrankung ab.

- **VT nach Myokardinfarkt**
  Die Narbe nach Myokardinfarkt ist das Substrat für monomorphe ventrikuläre Tachykardien (→ Abb. 7-4), wobei das Auftreten einer ventrikulären Tachykardie drei Tage bis 6 Wochen nach Infarkt ein besonders hohes Risiko anzeigt.
- **VT bei akuter Myokardischämie**
  In der Regel ist die VT bei akuter Myokardischämie polymorph und neigt zur raschen Degeneration in Kammerflimmern. So ist der plötzliche Herztod in ca. 20% die erste Manifestation einer koronaren Herzerkrankung.
- **VT bei dilatativer Kardiomyopathie** (→ Kap. 3)
  Ventrikuläre Tachykardien mit meist hoher Frequenz (über 190 Schläge/Minute) auf dem Boden einer interstitiellen, diffusen Fibrosierung sind das Korrelat für den bei diesem Krankheitsbild so bedrohlichen plötzlichen Herztod. Differentialdiagnostisch ist ein „bundle-branch-reentry" abzugrenzen, bei dem der distale Teil des His-Bündels, beide Tawara-Schenkel sowie Teile des ventrikulären Septums einen geschlossenen Erregungskreis bilden.
- **VT bei rechtsventrikulärer Dysplasie**
  Diese Krankheit ist durch eine zunehmende Fibrosierung sowie Verfettung der rechtsventrikulären Muskulatur gekennzeichnet. Typische Prädilektionsstellen sind in Abbildung 23-8 dargestellt. Die Diagnose kann im Rahmen einer rechtsventri-

Tab. 23-8 Differentialdiagnose der supraventrikulären Tachykardien

Typ	Charakteristika	Ursachen
Sinustachykardie	allmählicher Beginn	physiologisch funktionell Fieber, Anämie, Volumenmangel Hyperthyreose Guillain-Barré-Syndrom Medikamente
Vorhofflimmern	unregelmäßige RR-Abstände	Arterielle Hypertonie Koronare Herzerkrankung Herzinsuffizienz Mitralvitium Hyperthyreose (ist immer auszuschließen) WPW-Syndrom (Abb. 23-6c)
Vorhofflattern	meist 4:1- oder 2:1-Überleitung Typische Flatterfrequenz: 300 ± 20 Schläge/Minute	Kreisende Erregung im rechten Vorhof in der Nähe des Trikuspidalklappenrings meist bei organischer Herzerkrankung häufig Übergang in Vorhofflimmern
AV-Knoten-Reentry	Vorhöfe simultan zur Kammer aktiviert	Reentry im Bereich des AV-Knotens
WPW-Syndrom	Deltawelle während Sinusrhythmus (Abb. 23-6a)	akzessorische Bahn (Kent-Bündel)
AV-Reentry-Tachykardie (orthodrom)	normaler QRS-Komplex sowie retrograde P-Wellen im frühen ST-Segment (Abb. 23-6b)	
Vorhofflimmern	unregelmäßige RR-Intervalle bei wechselnd breiten QRS-Komplexen (Abb. 23-6c)	
Antidrome Tachykardie	maximale Präexzitation (formal nicht von Kammertachykardie zu unterscheiden)	
Atriale Tachykardie	Häufig allmählicher Frequenzanstieg	Ektoper atrialer Fokus (Abb. 23-7), bei 2:1-AV-Blockierung an Digitalisintoxikation denken
Mahaim-Syndrom (selten)	(Antidrome) Tachykardie mit Linksschenkelblock-Bild gehäuftes Vorkommen bei Ebstein-Syndrom	atypische rechtslaterale akzessorische Bahn (nur antegrade Leitung)
Permanente junktionale reziprokierende Tachykardie (PJRT) (selten)	Negative P-Wellen (in Ableitung II, III und aVF) vor dem QRS-Komplex, häufig rhythmogene Insuffizienz!	atypische posteroseptale akzessorische Bahn (nur retrograde Leitung)

kulären Angiographie bzw. durch eine Kernspintomographie des Herzens gestellt werden. Bei dieser Erkrankung kommt es zu Tachykardien mit Linksschenkelblockbild, wobei aufgrund der diffusen Erkrankung häufig Tachykardien mit verschiedenen EKG-Morphologien auftreten.

- **VT ohne Nachweis einer strukturellen Herzerkrankung**
  Ein Patient mit einer monomorphen VT ohne morphologisch faßbare strukturelle Herzerkrankung hat in der Regel eine gute Prognose. Ein typischer Fokus der meist getriggerten Aktivität liegt in der Ausflußbahn des rechten Ventrikels (→ Abb. 23-4a und b) und führt zu Linksschenkelblockmorphologie (überwiegend negativem Ausschlag in V_1) sowie inferiorem Lagetyp der Tachykardie mit hochpositiven Ausschlägen in den Ableitungen II, aVF und III. Ein weiterer Entstehungsort dieser Tachykardieform kann im inferioren mittleren interventrikulären Septum liegen, hier findet sich dann eine Rechtsschenkelblockmorphologie sowie ein nach oben gerichteter Lagetyp.
- **Torsade de pointes**
  Diese Rhythmusstörung, die durch eine Drehung der QRS-Spitzen um die Nullinie gekennzeichnet ist (Abb. 32-9c), entsteht definitionsgemäß auf dem Boden einer QT-Verlängerung (QT-Zeit meist mehr als 0,6 s). Ist die Rhythmusstörung selbst-

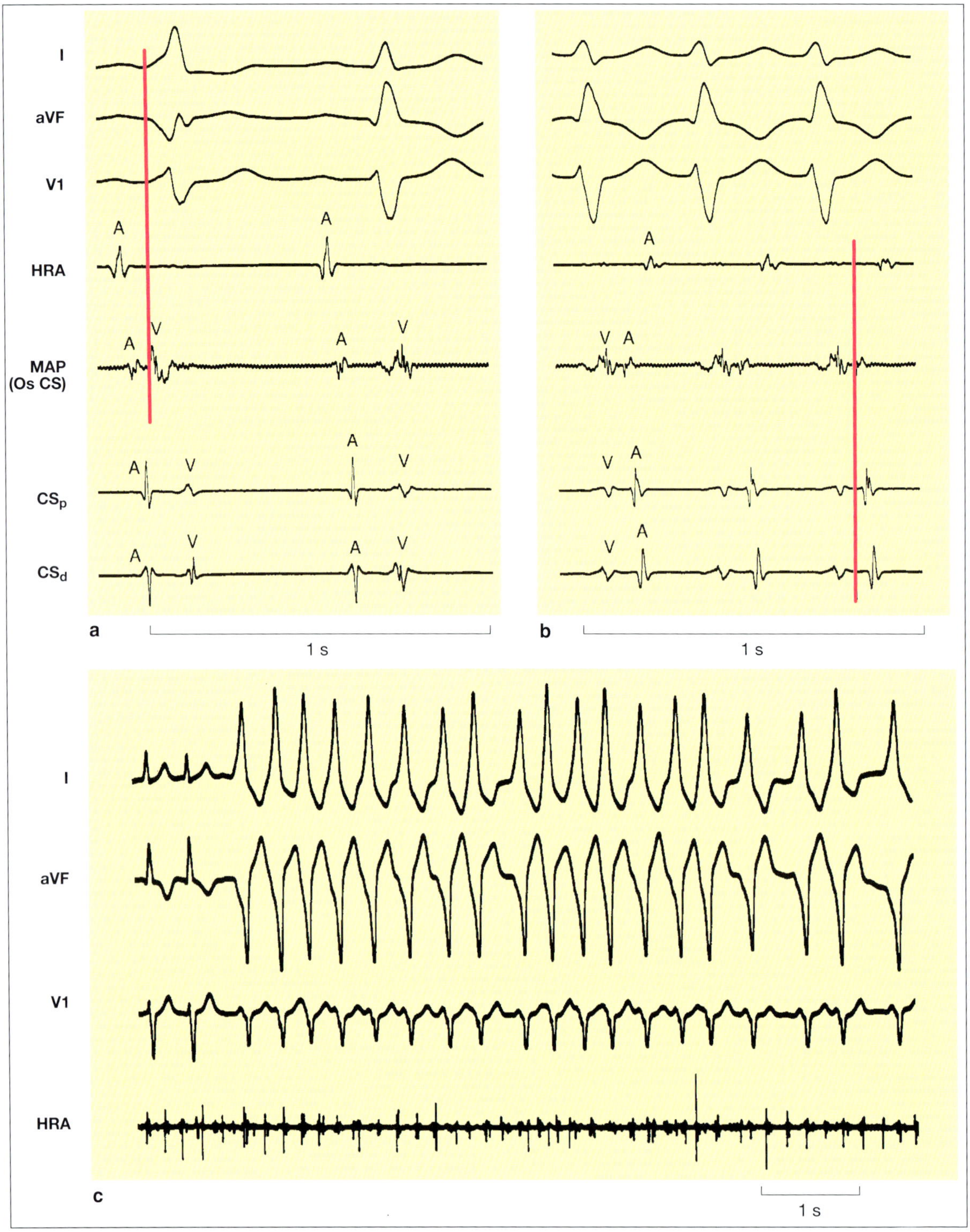

Abb. 23-6 Drei typische EKG-Registrierungen eines Patienten mit WPW-Syndrom: a) Sinusrhythmus mit Präexzitation, die beim zweiten Schlag spontan ausfällt. Beachte den geringen Abstand der atrialen (A) und ventrikulären (V) Aktivierung im Bereich der akzessorischen Bahn, welche hier posteroseptal rechts liegt (→ rote Linie bei Beginn der Delta-Welle); b) Supraventrikuläre (orthodrome) AV-Reentry-Tachykardie. Die Ventrikel werden jetzt nur noch über das His-Purkinje-System aktiviert, wodurch die Delta-Welle wegfällt. Nach Aktivierung der Herzbasis kommt es über die retrograde Leitung der akzessorischen Bahn zur Aktivierung der Vorhöfe im frühen ST-Segment (→ rote Linie). EKG-Ableitungen I, aVF und V1; intrakardiale Ableitungen von HRA – hoher rechter Vorhof, MAP – Mapping-Katheter am Os des Koronarsinus, CS_p – proximaler Koronarsinus, CS_d – distaler Koronarsinus; c) Vorhofflimmern, das an der unregelmäßigen Aktivität in der Vorhofableitung zu erkennen ist. Das EKG zeigt eine absolute Arrhythmie (unregelmäßiger Abstand der QRS-Komplexe) mit den beim WPW-Syndrom typischen wechselnd breiten QRS-Komplexen. HRA – intrakardiale Ableitung des hohen rechten Vorhofs.

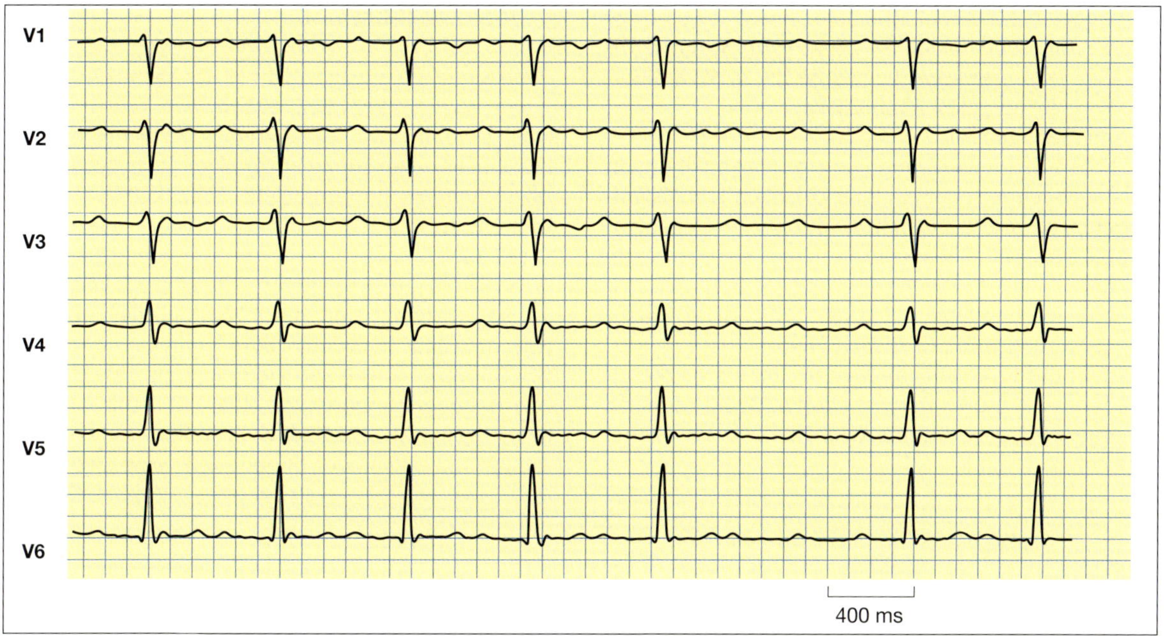

Abb. 23-7 Brustwandableitungen während atrialer Tachykardie. Auf der linken Seite der Abbildung läßt sich zunächst ein Sinusrhythmus vermuten, wobei bei einer Kammerfrequenz von 100 Schlägen/Minute die PQ-Zeit mit 0,24 Sekunden relativ lang erscheint. Auf der rechten Seite der Abbildung wird mit dem Valsalva-Manöver eine höhergradige AV-Blockierung erreicht und somit die zugrundeliegende atriale Tachykardie mit einer Frequenz von 200 Schlägen/Minute deutlich.

limitierend, führt sie häufig zu einer Synkope (→ Kap. 7.4.8). Es kann aber auch zu einer Degeneration in Kammerflimmern kommen. Neben angeborenen Formen (Romano-Ward-Syndrom → Abb. 7-3, Jervell-Lange-Nielsen-Syndrom), die auf einer Anomalie der Kalium- bzw. Natrium-Kanäle beruhen, gibt es erworbene Formen, denen möglicherweise abortive Formen des QT-Syndroms zugrunde liegen. Erworbene QT-Syndrome werden häufig durch Kalium- und Magnesium-

Tab. 23-9 EKG-Kriterien für eine ventrikuläre Tachykardie (nach Akhtar, 1988)

VT sicher
AV-Dissoziation mit/ohne „capture"- bzw. Fusionsschlägen (Abb. 23-4b)
QRS-Morphologie während VT verschieden von Sinusrhythmus mit vorbestehendem Schenkelblock
VT wahrscheinlich
QRS > 0,14 s bei RSB bzw. > 0,16 s bei LSB (→ Abb. 7-4)
QRS-Achse –90° bis ± 180° (→ Abb. 7-4)
monophasischer (R) oder biphasischer (qR, QR, RS) Ausschlag in V_1 bei RSB
träge S-Zacke in V_1 oder mehr als 70 ms vom Beginn des QRS-Komplexes zur Spitze der S-Zacke bei LSB
negatives/positives Konkordanzmuster (→ Abb. 7-4)

Kriterien gelten nicht bei gleichzeitiger antiarrhythmischer Therapie!
LSB: Linksschenkelblock-Morphologie: überwiegend negativer Ausschlag in V_1
RSB: Rechtsschenkelblock-Morphologie: überwiegend positiver Ausschlag in V_1

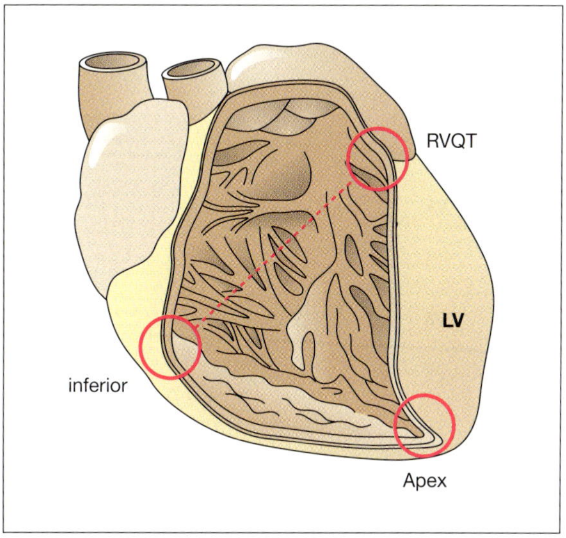

Abb. 23-8 Prädilektionsstellen der rechtsventrikulären Dysplasie: Schematische Zeichnung des Herzens (anteriorer Anblick) nach Entfernung der freien Wand des rechten Ventrikels. LV: linker Ventrikel; RVQT: rechtsventrikulärer Ausflußtrakt.

mangel bei Diuretikatherapie sowie durch proarrhythmische Effekte (→ 23.4.6) von Antiarrhythmika (z.B. Synkope bei Chinidin bzw. Sotalol-Therapie) ausgelöst (Abb. 23-9c).

- **Kammerflimmern**
  Diese Rhythmusstörung kann primär im Rahmen einer Ischämie oder eines elektrischen Unfalls auftreten, meist aber entsteht sie durch eine Degeneration von schnellen ventrikulären Tachykardien. Werden nicht innerhalb der ersten Minuten lebensrettende Maßnahmen ergriffen, führt diese Rhythmusstörung zum plötzlichen Herztod. Ist das Risiko für das Auftreten von Kammerflimmern erkennbar erhöht, muß z.B. beim akuten Myokardinfarkt umgehend eine Monitorüberwachung eingeleitet werden.

DD *Differentialdiagnose*

Differentialdiagnostisch ist bei der Tachykardie mit breitem Kammerkomplex neben der ventrikulären Tachykardie (im Zweifelsfall immer die erste Differentialdiagnose!) eine supraventrikuläre Tachykardie mit vorbestehendem/funktionellem Schenkelblock, Vorhofflimmern bei WPW-Syndrom sowie die seltene antidrome Tachykardie bei WPW-Syndrom abzugrenzen. So wichtig diese Differentialdiagnosen langfristig sind, so unwichtig sind sie im Notfall, da unter der Verdachtsdiagnose „ventrikuläre Tachykardie" immer eine Therapie eingeleitet werden kann. Wechselnd breite Kammerkomplexe, z.T. über 0,2 s, mit sehr unregelmäßigen RR-Abständen sprechen für Vorhofflimmern mit antegrader Leitung über eine akzessori-

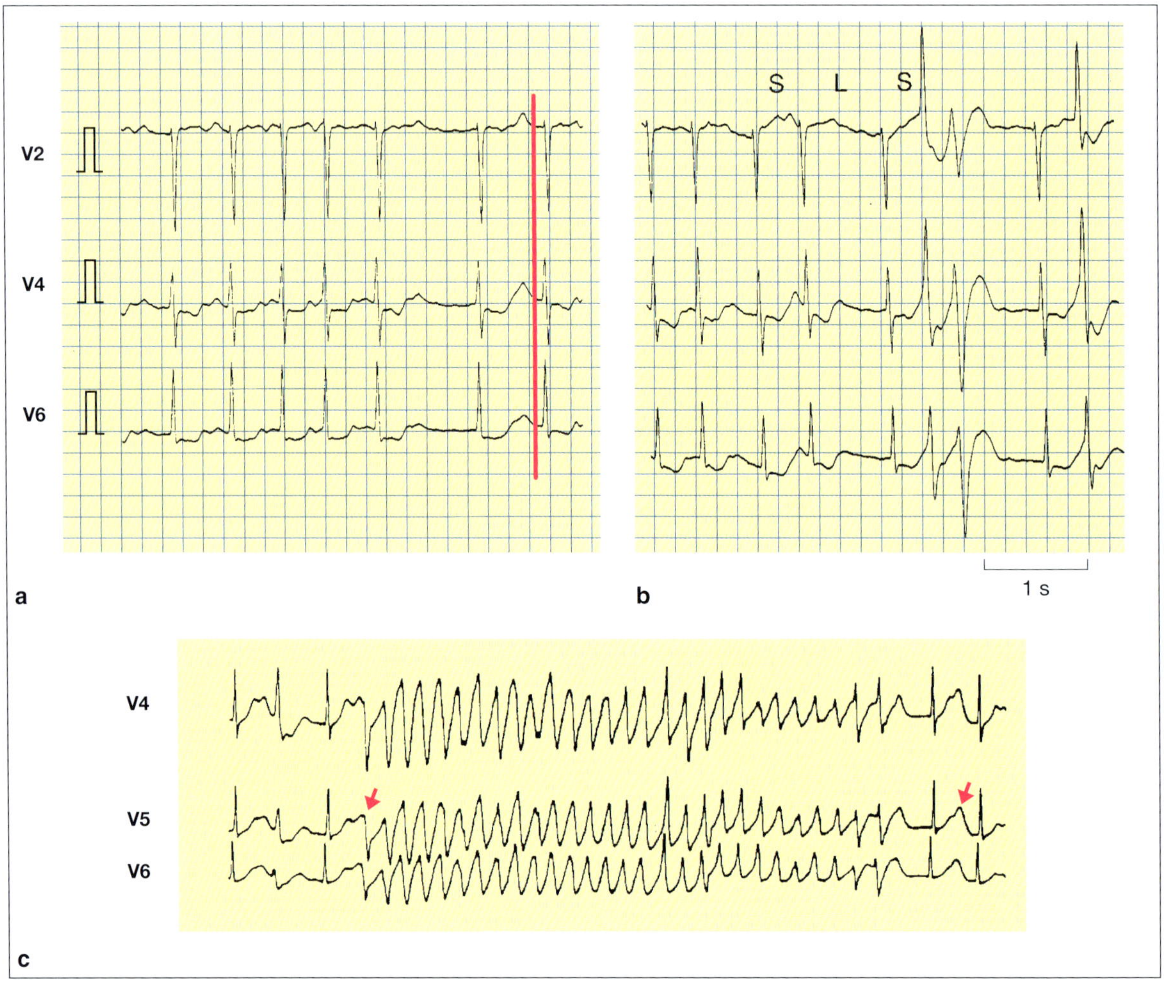

Abb. 23-9 Medikamenteninduzierte QT-Verlängerung und proarrhythmische Effekte: Abbildung a und b betrifft 63jährige Patientin mit Vorhofflimmern sowie Amiodaron-induzierter Hyperthyreose, a) Beachte die TU-Verschmelzungswelle, die nach einem langen Kopplungsintervall besonders ausgeprägt ist und dann zu einer QT(U)-Zeit von 600 ms führt (→ senkrechte Linie); b) Im Rahmen einer geringen Belastung kommt es nach einer Schlagfolge mit kurzem, langem und wiederum kurzem Intervall („short-long-short cycle", hier mit S/L/S abgekürzt) zu polymorphen Extrasystolen, die in diesem Rahmen als Vorstufe einer „Torsade de pointes" zu werten sind; c) Selbstlimitierende Torsade de pointes bei einer 50jährigen Patientin nach Einnahme von Sotalol. Auch hier finden sich ausgeprägte TU-Verschmelzungswellen (→ Pfeil).

sche Bahn (Kent-Bündel) bei WPW-Syndrom (→ Abb. 23-6c).

23.4.6 Proarrhythmische Effekte von Medikamenten

Proarrhythmische Effekte sind definiert als das erstmalige Auftreten von Arrhythmien bzw. als Zunahme von bereits bekannten Arrhythmien. Wie die CAST-Studie gezeigt hat, können Antiarrhythmika insbesondere bei organischer Schädigung des linken Ventrikels (z.B. alter Myokardinfarkt) solche unerwünschten und unter Umständen lebensbedrohlichen Wirkungen verursachen. Eine begleitende Hypokaliämie (Diuretikatherapie mit Kaliumverlust bzw. katecholamininduzierter Transport von Kalium vom Extra- in den Intrazellulärraum) und Hypomagnesiämie (Diuretika) können diese Wirkung verstärken. Einer der großen Vorzüge des Antiarrhythmikums Amiodaron besteht gerade darin, daß es nur extrem selten proarrhythmische Effekte auslöst.

Im folgenden seien einige bekannte **proarrhythmische Wirkungen** von **Antiarrhythmika** aufgezählt:

- **Chinidin (Klasse Ia)**
  Störung der Repolarisation, QT-Verlängerung, Torsade de pointes (Korrelat der Chinidin-Synkope). Heute nur noch selten zur Kardioversion von Vorhofflimmern gegeben, treten die proarrhythmischen Effekte besonders nach Konversion in Sinusrhythmus auf, wenn eine relative Bradykardie vorliegt
- **Flecainid (Klasse Ic)**
  - Verzögerung der Erregungsleitung, ventrikuläre Tachykardie insbesondere bei vorbestehendem Myokardinfarkt
  - Entstehen eines langsamen Vorhofflatterns mit 1:1-Überleitung bei der Behandlung von Vorhofflimmern
- **Sotalol (Klasse III)**
  Repolarisationsstörung mit QT-Verlängerung, Torsade de pointes, insbesondere bei Bradykardie bzw. nach „short-long-short"-Phänomen (Abfolge von kurzem, langem und wiederum kurzem QRS-Intervall, → Abb. 23-9c), Kumulation der Substanz bei Niereninsuffizienz
- **Digitalis**
  Bei Patienten mit Herzinsuffizienz gehäuftes Auftreten von lebensbedrohlichen Herzrhythmusstörungen; bei Intoxikation typische Kombination von Vorhoftachykardie mit AV-Überleitungsblock, Bradykardien, Bigeminus, ventrikuläre Tachykardien

Neben den spezifischen Antiarrhythmika kann **eine Reihe anderer Medikamente** unter Umständen zu einem **erworbenen QT-Syndrom** mit der **Gefahr** einer **Torsade de pointes** führen: Antidepressiva (Phenothiazine, tri- und tetrazyklische Verbindungen), Erythromycin, Trimethoprim, Pentamidin, Terfenadin.

Hieraus leitet sich ab, daß bei Patienten mit Herzrhythmusstörungen eine genaue Medikamentenanamnese zu erheben ist. Darüber hinaus zeigen diese proarrhythmischen Effekte, die bei der medikamentösen Konversion des primär nicht lebensbedrohlichen Vorhofflimmerns in bis zu 5% lebensbedrohliche Rhythmusstörungen hervorrufen können, wie wichtig die kritische Indikationsstellung bei der Behandlung mit Antiarrhythmika ist.

23.4.7 Bradykardien

Die **Sicherung der Diagnose** erfolgt durch die EKG-Dokumentation (→ Abb. 7-2). Bei intermittierenden Formen sollten Langzeit-EKGs angefertigt werden, wobei es wichtig ist, bestehende Symptome mit bradykarden Phasen zu korrelieren. Mögliche Ursachen für eine Bradykardie sind in Tabelle 23-10 dargestellt.

23

DD *Differentialdiagnose*

Eine Bradykardie kann durch ein Pulsdefizit beim atrialen bzw. ventrikulären Bigeminus vorgetäuscht werden. Der zugrundeliegende schnellere Rhythmus ist durch Auskultation bzw. das **EKG** erkennbar.

23.4.8 Schrittmachersyndrom

Nach der erweiterten Definition von Schüller und Brandt bezieht sich das Schrittmachersyndrom auf Beschwerden und Befunde bei Schrittmacherpatienten, die durch inadäquate Triggerung („inadequate timing") von atrialen (A) und ventrikulären (V) Kontraktionen verursacht werden.

B *Beschwerden und Befunde*

Die Beschwerden umfassen im einzelnen:

- Schwächeanfälle oder sogar Synkopen bei alternierender oder fehlender AV-Synchronizität
- geringe körperliche Belastbarkeit durch geringes Herzminutenvolumen bei fehlender AV-Synchronizität oder fixierter AV-Asynchronizität bei VA-Leitung
- Palpitationen bzw. unangenehme Wahrnehmung des Herzschlags bei:
  - Cannon-a-Wellen
  - v-Wellen, die zu den Vorhöfen bzw. den Pulmonalvenen geleitet werden
  - geändertem Kontraktionsablauf durch schenkelblockartige Erregungsausbreitung bei stimulierten Kammerkomplexen

Die Vorhofpfropfung kann an den gesteigerten a-Wellen im Halsvenenpuls bzw. an systolischen Leberpulsationen erkannt werden. Eine Blutdruckmessung sollte sowohl während AV-Synchronizität sowie

Tab. 23-10 Differentialdiagnose der Bradykardien

	Ursachen
Sinusknoten-Syndrom („Sick-Sinus-Syndrom)	häufig keine spezifische Ursache eruierbar; im höheren Alter oft isolierte Ruhebradykardie; Ausschluß extrakardialer Ursachen wie erhöhter Vagotonus **spezifische Ursachen** Amyloidose Hypothyreose Fortgeschrittene Lebererkrankungen Typhus Bruzellose Hypoxie Hyperkapnie akute Hypertonie iatrogen (bradykardisierende Medikamente)
AV-Block II. Grades	Myokardinfarkt Koronarspasmus (insbesondere rechte Koronararterie) virale Myokarditis akutes rheumatisches Fieber Borreliose Infektiöse Mononukleose Sarkoidose Amyloidose Diphtherische Myokarditis
AV-Block II. Grades Typ Wenckebach	akuter Hinterwandinfarkt Überdosierung von: Digitalis, Betablocker, Calciumantagonisten Vagotonie (Leistungssportler, nächtliche Vagotonie bei Normalpersonen)
AV-Block II. Grades Typ Mobitz	anteroseptaler Myokardinfarkt Idiopathische Fibrose des Erregungsleitungssystems (meist in Verbindung mit einer Schenkelblockbildung): a) isolierter Befall des Leitungssystems (Lenegre's disease) b) Fibrosierung und Kalzifizierung des fibrösen Herzskeletts mit Befall der Aorten- und Mitralklappe sowie des membranösen Septums (Lev's disease)
AV-Block III. Grades	**kongenitale Form,** die meist mit Blockierung des AV-Knotens, Ersatzrhythmus von 40–55 Schlägen/Minute mit schmalem Kammerkomplex und ausreichendem Frequenzanstieg bei Belastung bzw. auf Atropingabe einhergeht **distale Form** mit Ersatzrhythmus mit breitem Kammerkomplex und Frequenzen unter 40 Schlägen/Minute (→ Abb. 7-2)
Bradyarrhythmie	Teil des Sinusknoten-Syndroms
Guillain-Barré-Syndrom	Befall der autonomen Herznerven im Rahmen der Polyneuropathie (→ Tab. 23-8)
Funktionelle Formen: **Karotissinus-Syndrom**	Kardioinhibitorischer Typ: Suppression des Sinusknotens Vasodepressorischer Typ: Erniedrigung des Gefäßtonus
Vasovagale Synkope (→ Kap. 7.4.8)	(Sportler, Schlaf, Erbrechen)
Vagotonie	

während der dem Schrittmachersyndrom häufig zugrundeliegenden retrograden VA-Leitung bei ventrikulärer Stimulation durchgeführt werden. Manchmal findet sich ein Blutdruckabfall nur im Stehen.

DS *Diagnosesicherung*

Beim klassischen Schrittmachersyndrom können die Symptome durch eine bewußt herbeigeführte VVI-

Stimulation provoziert und deren Verschwinden bei AV-Synchronizität dokumentiert werden. Während der Cannon-a-Wellen kann dopplersonographisch eine Flußumkehr in der V. cava superior nachgewiesen werden. Bei selten auftretenden Beschwerden ist die Durchführung eines Langzeit-EKGs angezeigt, wobei aber bestimmte Phasen, z.B. eine ventrikuläre Stimulation mit ventrikulo-atrialer Leitung nicht immer mit Beschwerden einhergehen müssen (Lageabhängigkeit).

Ein Schrittmachersyndrom kann auch bei einem ungünstig programmierten AV-Intervall eines DDD-Systems auftreten. Bei einem fixierten AV-Intervall von 250 ms kann insbesondere bei körperlicher Belastung die P-Welle zu dicht auf den stimulierten Kammerkomplex des vorherigen Schlags folgen. In ähnlicher Weise kann es bei einem AAIR-Schrittmacher zu Beschwerden kommen, wenn es bei dem Frequenzanstieg unter Belastung paradoxerweise zu einer Verlängerung der Stimulus-QRS-Zeit kommt und so der atriale Stimulus zu dicht auf den spontan übergeleiteten QRS-Komplex des vorherigen Schlags folgt.

Kommt es infolge von Batterieerschöpfung zum Zurücksetzen eines DDDR (DDD)- zum VVI (VOO)-Modus, kann ein Schrittmachersyndrom auftreten. Dieses kann auch ausgelöst werden durch ein „mode switching" vom DDD- zum VVI-Modus bei Erreichen einer Grenzfrequenz (z.B. 130 Schläge/Minute), die programmiert wurde, um die schnelle Überleitung atrialer Tachykardien bzw. von Vorhofflimmern zu verhindern.

DD ***Differentialdiagnose***

Eine Schrittmacherdysfunktion im Sinne eines Sensing-Problems (z.B. Verlust des Vorhof-Sensings bei einem DDD-System) oder ein intermittierender Stimulationsdefekt sollte ausgeschlossen werden.

23.4.9 Myokarditis

Unter Myokarditis wird eine Entzündung des Herzmuskels verstanden, wobei zur histologischen Sicherung der Diagnose in der Akutphase Myozytolysen sowie benachbarte entzündliche Infiltrate gefordert werden. Sie ist meist Folge einer Infektion (insbesondere Enteroviren der Coxsackie-B-Reihe), kann aber auch durch Hypersensitivitätsreaktionen, rheumatisches Fieber, Bestrahlung, Medikamente sowie Toxine bedingt sein. Oft verläuft die Myokarditis klinisch inapparent und ist dann nur an einer Sinustachykardie bzw. ST-T-Veränderungen im EKG erkennbar. Leitungsstörungen sowie Extrasystolen können auftreten. Fulminante Verläufe mit myokardialer Dekompensation sowie plötzlichem Herztod sind selten. In einem bislang noch unklaren Prozentsatz kann eine Myokarditis in das Bild einer „idiopathischen dilatativen Kardiomyopathie" münden.

Tab. 23-11 Spektrum der Beschwerden bei akuter Myokarditis

Palpitationen bzw. Ruhetachykardie
Herzschmerzen (Perikardreiben bei Perimyokarditis)
Atemnot (Belastungsdyspnoe, Ruhedyspnoe)
Kreislaufzusammenbruch (Tamponade, AV-Block, Tachykardie)
Embolie (systemisch, Lunge)

B ***Beschwerden und Befunde***

Spezifische Symptome für eine Myokarditis gibt es nicht. Bei leichteren Formen stehen Abgeschlagenheit und Müdigkeit im Vordergrund. Bei schwereren Formen kann sich eine Linksherzdekompensation entwickeln.

Herzrhythmusstörungen sind relativ häufig und können sich als Palpitationen manifestieren. Da Todesfälle bei Tachyarrhythmien bzw. AV-Block auftreten können, sollte bei schweren Verlaufsformen eine Monitorüberwachung durchgeführt werden. Das Spektrum der Beschwerden bei akuter Myokarditis ist in Tabelle 23-11 dargestellt.

Die klinische Untersuchung kann bei Patienten, die lediglich EKG-Veränderungen aufweisen, normal sein. Eine dem Fieber nicht entsprechende Tachykardie bzw. Palpitationen können das erste Anzeichen für eine Myokarditis sein.

Beim AV-Block I. Grades kann der erste Herzton abgeschwächt sein, schwere Verlaufsformen mit linksventrikulärer Dekompensation können mit einem dritten Herzton bzw. einem Systolikum bei relativer Mitralinsuffizienz einhergehen. Bei Perikardbeteiligung kann ein Perikardreiben auftreten (→ Perimyokarditis).

Die Vielzahl der möglichen Ursachen einer Myokarditis sind in Tabelle 23-12 dargestellt. Neben dem Nachweis des infektiösen Agens orientiert sich die Diagnostik oft auch an systemischen Effekten der jeweils vermuteten Ursache.

Nachfolgend sollen **einige** der **Myokarditisformen** näher erläutert werden.

Infektiöse Myokarditis

Neben einer direkten Schädigung der Myozyten durch das infektiöse Agens werden sekundäre Immunmechanismen, die zumindest initial mit einem lymphozytären Infiltrat einhergehen, als Ursachen diskutiert.

Virusmyokarditis

Eine ganze Reihe von Viren kann eine Myokarditis verursachen (Tab. 23-13), Coxsackieviren der Gruppen B1 bis B5 sind jedoch bei weitem die häufigsten Vertreter.

23

Tab. 23-12 Mögliche Ursachen für eine Myokarditis (modifiziert nach dem „WHO/ISFC task force report on the definition and classification of cardiomyopathies", 1980)

Infektion
Viren
Bakterien
Pilze
Stoffwechselstörung
Mangelsyndrome
Elektrolyte
Nutritive Faktoren (Vitamin B_1?)
Systemerkrankungen des Bindegewebes
Systemischer Lupus erythematodes
Panarteriitis nodosa
Rheumatisches Fieber
Systemische Sklerodermie
Dermatomyositis
Infiltrationen und Granulome
Amyloidose
Sarkoidose
Maligne Erkrankungen
Hämochromatose
Toxische Reaktionen
Alkohol
Bestrahlung
Medikamente

Myokarditis bei AIDS

Eine kardiale Affektion bei der AIDS-Erkrankung (→ Kap. 14) wird in 5% der Patienten gefunden. In dieser Situation überleben weniger als 25% der Patienten mehr als 6 Monate. Neben dem HIV-Virus selbst können andere Viren, Bakterien, Protozoen, Pilze sowie die im Rahmen der AIDS-Behandlung eingesetzten Medikamente eine Myokarditis verursachen. Histologisch ist das Fehlen einer Entzündungsreaktion bemerkenswert, die vermutlich auf den Defekt der zellulär-vermittelten Immunität zurückzuführen ist.

Tab. 23-13 Viren, die eine Myokarditis verursachen können (modifiziert nach Mertens, 1995)

Ätiologische Bedeutung erwiesen	Gut belegte Einzelfälle
Coxsackie-Virus B1–B5	Adenoviren
Coxsackie-Virus A (einige Serotypen)	Epstein-Barr-Virus
Echovirus (einige Serotypen)	Flaviviren
	HIV-Virus
	Influenza-A- und -B-Viren
	Masernvirus
	Mumpsvirus
	Polioviren
	Respiratory-syncytial-Virus (RSV)
	Tollwutvirus
	Togaviren (z.B. Röteln)
	Vakzinia- und Variolavirus
	Varizellen-Zoster-Virus
	Zytomegalievirus (bei Immunsuppression)

Bakterielle Myokarditis

Die bakterielle Myokarditis ist selten und tritt meist als Komplikation einer bakteriellen Endokarditis (Abszeßbildung im Bereich der Klappenringe) oder bei Abwehrschwäche (z.B. chronischer Alkoholkonsum, Immunsuppression) auf. Die diphtherische Myokarditis ist Folge des Diphtherietoxins, das über eine Inhibition der Proteinsynthese zu einem Linksherzversagen sowie Schädigung des Reizleitungssystems führt. Bei der durch Zecken übertragenen Borreliose bildet sich eine Primärinfektion mit einem Erythema migrans aus. In 10% der Fälle kann es zu einer Herzbeteiligung („Lyme disease") kommen, bei der ein meist temporärer AV-Block im Vordergrund steht. Im Rahmen einer Perimyokarditis kann es zu einer leichten Einschränkung der linksventrikulären Funktion kommen.

Myokarditis bei Infektion mit Protozoen

Bei der Chagas-Krankheit, die hauptsächlich in Zentral- und Südamerika anzutreffen ist, kann es Jahre nach der Primärinfektion mit dem Protozoon Trypanosoma cruzi zu einer ausgedehnten Myokarditis kommen. Diese ist gekennzeichnet durch eine Erweiterung aller Herzhöhlen, Ausbildung eines linksventrikulären Spitzenaneurysmas sowie der Entwicklung von Thromben. Im EKG findet sich typischerweise ein bifaszikulärer Block (Rechtsschenkelblock und linksanteriorer Hemiblock). Die Prognose der Patienten ist durch eine progrediente Herzinsuffizienz und bradykarde sowie tachykarde Herzrhythmusstörungen belastet.

Riesenzell-Myokarditis

Die Genese dieser seltenen Form, gekennzeichnet durch Infiltrationen mit mehrkernigen Riesenzellen, ist unklar. Ein Vorkommen wurde bei Sarkoidose, Wegener-Granulomatose sowie verschiedenen anderen Erkrankungen beschrieben. Im Vergleich zur lymphozytären Myokarditis kommt es häufiger zu lebensbedrohlichen bradykarden oder tachykarden Herzrhythmusstörungen sowie zu einem Linksherzversagen.

Toxische Myokarditis

Im Gegensatz zur Hypersensitivitäts-Myokarditis ist der Myokardschaden bei der toxischen Form dosisabhängig:

- **Anthrazykline**
  Daunorubicin bzw. Doxorubicin können über eine Hemmung der DNS-Synthese 1 bis 6 Mona-

te nach Therapie zur Entwicklung einer Herzinsuffizienz führen. Diese tritt in der Regel erst ab einer Schwellendosis von kumulativ mehr als 450 mg/m² Körperoberfläche auf. Mit zunehmender Gesamtdosis dieser beiden Substanzen steigt die Inzidenz der Kardiomyopathie und beträgt bei einer Gesamtdosis von 700 mg/m² ca. 30 bis 40%. Die therapeutische Breite der Anthrazykline ist substanzabhängig. So beträgt die Schwellendosis bei Epirubicin 900 mg/m². Vorherige Bestrahlung bzw. die Gabe anderer Zytostatika (Cyclophosphamid!) kann die Empfindlichkeit des Herzens verstärken.
Bei der Akutgabe von Adriamycin können dosisunabhängig ST-T-Veränderungen sowie supraventrikuläre und ventrikuläre Extrasystolen auftreten.

- **Katecholamine**
  Ein Exzeß an Katecholaminen kann über direkte toxische Effekte sowie über eine Gewebshypoxie und Plättchenaggregationen zu fokalen myokardialen Nekrosen, Myozytolysen sowie epikardialen Blutungen führen. Rhythmusstörungen sind hierbei häufig. Neben dem Phäochromozytom (→ Kap. 44.4.5) kommt dieser Form der Myokarditis praktische Bedeutung bei der intensivmedizinischen Therapie mit Katecholaminen zu.
- **Chloroquin**
  Insbesondere bei einer Überdosis können Hypotension, QRS-Verbreiterung sowie Arrhythmien, bis hin zum Herzstillstand, auftreten. Wegen rascher intrazellulärer Anreicherung ist eine effektive Elimination mittels maschineller Verfahren (z.B. Dialyse oder Hämoperfusion) nicht möglich.
- **Cyclophosphamid**
  Hohe Dosen (mehr als 45 mg/kg innerhalb von 24 Stunden) können eine hämorrhagische Perimyokarditis verursachen. Ursächlich ist hier eine Schädigung des Endothels der Kapillaren mit konsekutiver Thrombenbildung.
- **Emetin**
  Das Alkaloid Emetin hemmt die oxidative Phosphorylierung und kann zur Schwellung der Mitochondrien sowie zur Myozytennekrose führen. Eine Myopathie mit zum Teil tödlichem Ausgang wurde bei chronischer Einnahme durch junge Frauen mit Anorexia nervosa bzw. Bulimie beschrieben.
- **Lithium**
  Eine verlängerte Repolarisation sowie T-Wellen-Veränderungen sind häufig. Supraventrikuläre, ventrikuläre Extrasystolen, AV-Leitungsstörungen und plötzlicher Herztod sind beschrieben worden. Selbst bei therapeutischen Spiegeln können ventrikuläre Herzrhythmusstörungen auftreten, die insbesondere bei Patienten mit einer Herzerkrankung eine Dosisanpassung erforderlich machen.
- **Phenothiazine**
  Substanzen dieser Gruppe können zu Alteration der kardialen und zur Erhöhung der peripheren Noradrenalinspiegel führen. Aufgrund einer inhomogenen Repolarisation können ventrikuläre Herzrhythmusstörungen auftreten. PQ- und frequenzkorrigierter QT-Zeit (QT_c) können verlängert sein.

Hypersensitivitäts-Myokarditis

Bei dieser auch als allergisch bezeichneten Myokarditis wird die Bildung von polyvalenten Haptenen aus Stoffwechselmetaboliten bestimmter Medikamente diskutiert. Insgesamt selten, wurde diese Myokarditis bei Sulfonamiden, Methyldopa sowie Penicillin beschrieben. Häufig stellen sich Fieber und eine Eosinophilie in Verbindung mit einem Hautausschlag und einem allgemeinen Krankheitsgefühl ein. In der von Fenoglio beschriebenen Serie trat der Tod plötzlich und unerwartet in 83% der Fälle auf, so daß bei Verdacht auf Vorliegen einer Hypersensitivitäts-Myokarditis unbedingt eine Monitorüberwachung erfolgen sollte. Substanzen, bei denen eine allergische Myokarditis beobachtet wurde, sind in Tabelle 23-14 aufgeführt.

23

DS *Diagnosesicherung*

Die Sicherung der Diagnose Myokarditis kann im Einzelfall sehr schwierig sein, zumal die meisten „kardiotropen“ Viren nur relativ selten zu einer Herzbeteiligung führen.

Aufgrund des meist fokalen Charakters der Myokarditis müssen mehrfache Biopsien entnommen werden, um nicht dem „sampling error“ (unauffällige Biopsie bei zufälliger Entnahme einer Gewebsprobe aus nicht myokarditisch verändertem Myokard) zu erliegen. Durch elektronenmikroskopische, immunhistologische und molekularbiologische Aufarbeitung der Myokardbiopsien wurde die diagnostische Ausbeute allerdings erheblich verbessert.

Tab. 23-14 Medikamente, die eine Hypersensitivitäts-Myokarditis auslösen können (nach Taylor & Mason, 1995)

Acetazolamid	Oxyphenbutazon
p-Aminosalizylsäure	Penicillin*
Amitryptilin	Phenindion
Carbamazepin	Phenylbutazon
Chloramphenicol	Phenytoin
Chlorthalidon	Spironolacton
Chlortetrazyklin	Streptomycin
Hydrochlorothiazid	Sulfonamide*
Indometacin	Sulfonylharnstoffe
Methyldopa*	Tetrazykline

* relativ häufiger Zusammenhang

DD ***Differentialdiagnose***

Die akute Myokarditis kann gelegentlich das Bild eines akuten Myokardinfarktes mit anhaltenden Brustschmerzen, entsprechenden EKG-Veränderungen sowie Erhöhung der myokardialen Enzyme vortäuschen. Im Unterschied zum Infarkt kann hierbei die CK-MB ausgeprägter und länger erhöht sein. Bei der chronischen Form der Myokarditis ist die idiopathische dilatative Kardiomyopathie eine Differentialdiagnose.

Von den toxischen Myokarditiden ist ferner die alkoholische Kardiomyopathie abzugrenzen. Diese gleicht dem Bild der idiopathischen dilatativen Kardiomyopathie, ist jedoch durch einen meist jahrelang bestehenden Alkoholabuss bedingt. In der westlichen Welt ist dies die häufigste Form der sekundären Kardiomopathie, wobei die Prognose bei Patienten mit fortgeschrittener Herzinsuffizienz sehr belastet ist. So überleben weniger als ein Viertel dieser Patienten mehr als 3 Jahre. Absolute Alkoholabstinenz ist der Schlüssel der Behandlung.

23.5 Zusammenfassung

Kommt es im Rahmen einer extrakardialen Erkrankung oder einer Störung der Pumpfunktion des Herzens zu Palpitationen, so ist primär die zugrundeliegende Krankheit zu diagnostizieren und zu behandeln. Oft sind Patienten mit Palpitationen im Rahmen von Herzrhythmusstörungen außerordentlich beunruhigt. Bei Patienten mit harmlosen Extrasystolen kann eine wesentliche Besserung der Beschwerden durch ein entsprechendes Aufklärungsgespräch erreicht werden. Wegen der großen Gefahr proarrhythmischer Wirkungen sollte die Indikation zur Behandlung mit Antiarrhythmika streng gestellt werden. Patienten mit supraventrikulären Tachykardien kann bei hohem Leidensdruck oft durch die Hochfrequenz-Ablation geholfen werden, während bei Patienten mit ventrikulären Tachykardien die Abklärung und Therapie der zugrundeliegenden Herzerkrankung von entscheidender Bedeutung sind.

24 Hodenveränderungen und männlicher Hypogonadismus

O. E. Janssen und P. C. Scriba

Potenzstörungen, Libidoverlust und Hodenveränderungen betreffen das männliche Selbstwertgefühl. Sie können neben der psychischen auch die physische Integrität des betroffenen Patienten erheblich beeinträchtigen. Dennoch werden sie von vielen, vor allem älteren Patienten ignoriert oder in ihrer Bedeutung für die Lebensqualität bagatellisiert. Diese Indolenz verzögert häufig zusammen mit einem ausgeprägten Schamgefühl (Tabuisierung der Sexualität) die Konsultation eines Arztes. Jugendliche werden von ihren Eltern erst spät mit der Angabe eines „Entwicklungsrückstandes" vorgestellt. Auch von Ärzten wird nicht selten die Diagnosefindung verzögert, bis z.B. bei Hypophysentumoren Gesichtsfelddefekte auftreten. Selbst jüngere Patienten, bei denen eine Störung der Zeugungsfähigkeit im Vordergrund steht, gehen erst zum Arzt, wenn die gynäkologische Untersuchung der Partnerin keinen pathologischen Befund erbracht hat. Dabei darf jedoch bei unerfülltem Kinderwunsch eines Paares keine invasive Untersuchung der Frau (Pertubation, Endometriumbiopsie, Pelviskopie, Hysterosalpingographie) ausgeführt werden, bis nicht die Zeugungsfähigkeit des Mannes festgestellt wurde. Eine ungewollte Kinderlosigkeit wird in 35% der Fälle durch eine männliche und in 50% durch eine weibliche Sterilität verursacht. In 15% der Fälle wird die Ursache nicht aufgeklärt oder sind beide Partner steril.

24.1 Definition und Abgrenzung

Beim männlichen Hypogonadismus kommt es je nach dem Manifestationsalter vor oder nach der Pubertät entweder zu einer unvollkommenen bis fehlenden Ausbildung oder zur sekundären Rückbildung der primären und gegebenenfalls auch sekundären Geschlechtsmerkmale als Ausdruck einer unzureichenden oder fehlenden Hodenfunktion (Tab. 24-1). Der primäre oder hypergonadotrope Hypogonadismus wird durch eine angeborene Fehlanlage oder eine er-

Tab. 24-1 Symptomatik des Hypogonadismus in Abhängigkeit vom Manifestationsalter (nach: H. M. Behre und E. Nieschlag)

Betroffenes Organ	Vor abgeschlossener Pubertät	Nach abgeschlossener Pubertät
Kehlkopf	ausbleibende Stimmutation	keine Änderung der Stimme (→ Kap. 22)
Behaarung	horizontale Pubeshaargrenze, gerade Stirnhaargrenze, mangelnder Bartwuchs	nachlassende sekundäre Geschlechtsbehaarung (→ Kap. 21)
Haut	fehlende Sebumproduktion, Blässe, Hautfältelung, ausbleibende Akne	fehlende Sebumproduktion, Atrophie, Blässe, Hautfältelung (→ Kap. 21)
Knochen	eunuchoider Hochwuchs, Osteoporose	Osteoporose (→ Kap. 45)
Knochenmark	leichte Anämie	leichte Anämie (→ Kap. 8)
Muskulatur	unterentwickelt	Atrophie (→ Kap. 35 und 36)
Prostata	unterentwickelt	Atrophie
Penis	infantil	keine Größenänderung
Hoden	eventuell Hodenhochstand, kleines Volumen	Hodenvolumenabnahme
Spermatogenese	nicht initiiert	sistiert
Libido und Potenz	nicht entwickelt	Verlust

worbene Schädigung der Hoden mit kompensatorischer Erhöhung der Gonadotropine verursacht. Eine isolierte Erhöhung des FSH weist dabei auf eine überwiegende Germinalzellschädigung hin (z.B. beim Klinefelter-Syndrom). Der sekundäre oder hypogonadotrope Hypogonadismus mit Erniedrigung der Gonadotropine wird durch eine hypothalamisch-hypophysäre Störung verursacht.

Die Erkrankungen dieses Formenkreises sind sehr heterogen. Sie führen jedoch fast alle durch einen Testosteronmangel zu einer Störung der Sexualität und der Fortpflanzung. Testosteron ist ein entscheidender Faktor für Libido und sexuelle Erregbarkeit sowie in geringerem Maße auch für Potenz und Erektion. Darüber hinaus ist Testosteron ein Hormon mit universeller Wirkung, das nach Nieschlag den „Mann zum Manne" macht. Neben der Ausprägung der primären und sekundären Geschlechtsmerkmale nimmt es Einfluß auf die Muskelmasse, die Knochenmasse, die Erythropoese, die Fettgewebsverteilung und die Stimmungslage und Vigilanz (→ Tab. 24-1).

Hodenveränderungen können die Ursache eines primären oder die Folge eines sekundären Hypogonadismus sein. Nur in Ausnahmefällen wird die Hodenveränderung für sich allein (z.B. nach Hodenverletzung, Hodentorsion oder bei Orchitis) zur Konsultation eines Arztes führen. Häufig bleiben Hodenveränderungen lange unbemerkt und beeinträchtigen den Betroffenen kaum oder gar nicht.

24.2 Ursachen

Die Ursachen des männlichen Hypogonadismus und der Zeugungsunfähigkeit lassen sich auf Störungen der Hodenfunktion zurückführen, die auf verschiedenen Ebenen liegen können. Das klinische Erscheinungsbild der Funktionsstörung übergeordneter Zentren des Zentralnervensystems, des Hypothalamus oder der Hypophyse, des Hodens selbst oder der Androgenzielorgane wird dabei immer durch Infertilität oder Androgenmangel oder eine Kombination von beidem bestimmt. In Tabelle 24-2 sind die Funktions-

Tab. 24-2 Klassifizierung der Funktionsstörungen des Hodens

Hodenveränderungen	**Hodentumoren** **Anorchie/Kryptorchismus** • anlagebedingt (Gonadenagenesie, Gonadendysgenesie, Hodenhochstand) • erworben (Trauma, Kontusion, Torsion, Tumor, Infektion, Tbc, Operation, Kastration) **Varikozele** **Hydrozele, Hämatozele** **Orchitis** **Epididymitis**

Tab. 24-2 Klassifizierung der Funktionsstörungen des Hodens, Fortsetzung

Hodenveränderungen	**Chromosomenaberration** • Klinefelter-Syndrom • XYY-Syndrom • XX-Mann-Syndrom • männliches Turner-Syndrom **Pseudohermaphroditismus masculinus** **Germinalzellaplasie (Castillo-Syndrom)** • anlagebedingt oder erworben (Strahlen, Infektion) **Leydig-Zellaplasie**
Erkrankungen des Hypothalamus	**Störung der LHRH-Sekretion** • konstitutionelle Pubertas tarda • idiopathischer hypogonadotroper Hypogonadismus • Kallmann-Syndrom • Prader-Labhart-Willi-Syndrom • Laurence-Moon-Bardet-Biedl-Syndrom • familiäre Kleinhirnataxie • sekundär (Tumoren, Infiltrationen, Traumen, Strahlen, Durchblutungsstörungen)
Erkrankungen der Hypophyse	**Hypophyseninsuffizienz** • Panhypopituitarismus (Tumoren, Infiltrationen, Traumen, Strahlen, Hypophysektomie, Durchblutungsstörungen, → Tab. 24-3) • isolierter LH-Mangel (Pasqualini-Syndrom) • isolierter FSH-Mangel **Hyperprolaktinämie-Syndrom**
Erkrankungen der Androgenzielorgane	**Androgenrezeptormangel** • testikuläre Feminisierung • Reifenstein-Syndrom • isolierte Sterilität **rezeptorpositive Androgenresistenz** • 5α-Reduktasemangel u. a.
Erkrankungen der Samenwege und Samendeposition	**Infektionen** **Obstruktionen** (Entzündungen, Vasektomie, Trauma) **Duktusaplasie** **Mukoviszidose** **autoimmunologisch bedingte Sterilität** **Penisdeformation** (anlagebedingt oder Trauma) **ektope Mündung der Urethra** **Phimose** **retrograde Ejektion** (adrenerge Innervationsstörung) **erektile Dysfunktion** (vaskulär, neurogen, endokrin, psychogen)
Andere Erkrankungen	**Climacterium virile** **Pseudopubertas praecox** **Allgemeinerkrankungen** • Diabetes mellitus • Leberzirrhose • chron. Niereninsuffizienz • Hämochromatose • Anorexia nervosa
Andere Ursachen	**Medikamente** **Noxen** **Drogen**

störungen des Hodens nach ihrer Lokalisation dargestellt.

Die Diagnosestatistik einer großen, auf die Krankheitsbilder des männlichen Hypogonadismus und der Infertilität spezialisierten Klinik ergab als häufigste Diagnosen idiopathische Fertilitätsstörungen (30%), Varikozele (15%) und in 8–10% eine endokrinologische Ursache, Infektionen oder Lageanomalien der Testes.

24.3 Diagnostik

24.3.1 Anamnese

Im Vordergrund sollte zunächst eine genaue Eruierung der Lebensumstände und der sexuellen Aktivität stehen. Richtungweisend ist häufig auch der Grund der Konsultation des Arztes. Bei der Anamnese ist mit entsprechendem Einfühlungsvermögen und Respekt vor der Intimsphäre des Patienten vorzugehen. Im einzelnen sind zu erfragen:

Beginn und Verlauf der Beschwerden: akut oder chronisch, prä- oder postpuberal, zu- oder abnehmend.

Symptome des Hypogonadismus (→ Tab. 24-1):
- Abnahme der Rasierfrequenz
- verminderte Masturbationsfrequenz, verminderte sexuelle Aktivität
- frühkindliche Entwicklung, verzögerter Pubertätsverlauf
- Lebensumstände (verheiratet, feste/wechselnde Partnerinnen oder Partner, eigene Kinder, Kinderwunsch)
- Hodenveränderungen: Descensus testis (zeitweise, nie, im warmen Bad), Seitendifferenz, Hautveränderungen, Schmerzen
- Lymphknotenschwellung
- Rücken- und Knochenschmerzen (Osteoporose, → Kap. 48 und 45)
- allgemeine Begleitsymptome (Abgeschlagenheit, Fieber, Nachtschweiß, Inappetenz, Gewichtsabnahme, Juckreiz, generalisierte Lymphknotenschwellungen)

Ursachen des Hypogonadismus:
- viele Allgemeinerkrankungen: Leberzirrhose (→ Kap. 15), chronische Niereninsuffizienz (→ Kap. 60), Diabetes mellitus (→ Kap. 12), Hämochromatose, Adipositas (→ Kap. 18)
- besondere Umstände: Verletzung, Infektion (→ Kap. 14)
- Erkrankungen im Inguinalbereich (venerische Erkrankungen, Mumpsorchitis)
- Medikamenteneinnahme: β-Blocker, auch frühere Medikamente, z.B. Zytostatika (→ Tab. 24-4)
- vorausgegangene Therapiemaßnahmen: HCG-/LHRH-Behandlung, Operationen (Herniotomie, Orchidopexie), Bestrahlung, Chemotherapie
- Exposition von Noxen: Arbeitsplatz (Lösungsmittel, Schwermetalle)
- Familienanamnese

24.3.2 Körperliche Untersuchung

Größe, Form, Oberfläche, Konsistenz und Druckschmerzhaftigkeit der Hoden (Orchidometer!) werden mit einer subtilen bimanuellen Palpation am stehenden und liegenden Patienten in warmer Umgebung mit warmen Händen untersucht. Dabei ist auch auf die Hodenlage und -verschieblichkeit zu achten.

Bei der Palpation der Nebenhoden wird auf die Lage, Größe, Verhärtungen, Erweiterungen und Druckschmerz geachtet.

Der Plexus pampiniformis wird am stehenden Patienten mit Durchführung eines Valsalva-Preßversuchs (Reflux: Varikozele) untersucht.

Größe des Phallus, Lage und Rötung der Urethramündung, Phimose.

Die rektale Untersuchung der Prostata ist bei jedem Mann über 45 Jahre und vor jeder Therapie mit Testosteron obligat.

Primäre und sekundäre Geschlechtsbehaarung, Behaarungstyp: Bartwuchs, Glatzenbildung, Haaransatz der Stirn, gerade oder zeltförmige Pubes (Axillarbehaarung und Pubes sind im allgemeinen nicht betroffen, da für ihre Entwicklung die Androgene aus der Nebennierenrinde ausreichen).

Weitere Befunde, die für die Diagnose von Bedeutung sind:
- Stimmtiefe (→ Kap. 22, Tab. 22-1)
- Ausprägung der Muskulatur (→ Muskelschwäche, → Kap. 35)
- Gynäkomastie, Lipomastie
- Galaktorrhö
- Fettverteilungsmuster
- eunuchoider Habitus: Verhältnis Körperlänge, Armspannweite und Unterlänge zu Oberlänge (Abb. 24-1), DD: Marfan-Syndrom

Die Überprüfung des Geruchssinns ist ebenfalls von Bedeutung, z.B. Kallmann-Syndrom (→ Kap. 16).

In Tabelle 24-1 ist eine Übersicht der Symptomatik des männlichen Hypogonadismus in Abhängigkeit vom Manifestationsalter dargestellt.

24.3.3 Labor

Zur **Basisdiagnostik** gehört die Bestimmung von Testosteron, LH und FSH.

Im **Bedarfsfall** können bei entsprechenden anamnestischen Angaben **weitere gezielte Laboruntersuchungen** erforderlich sein:
- Spermiogramm (Ausmaß der Fertilitätsstörung)
- Dexamethasonhemmtest (Cushing-Syndrom, → Kap. 18)
- Prolaktin (Hyperprolaktinämie-Syndrom, → 24.4.3)
- β-HCG, Alpha-Fetoprotein (Hodentumoren)

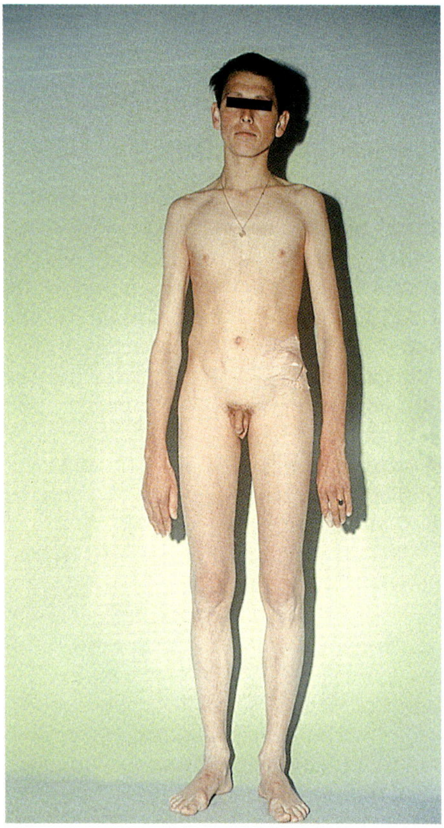

Abb. 24-1 Eunuchoider Hochwuchs bei primärem Hypogonadismus. Überlängen der Extremitäten, infantiles Genitale.

- kombinierter Stimulationstest des Hypophysenvorderlappens (HVL-Insuffizienz, → 24.4.3)
- Leydig-Zell-Stimulationstest (HCG-Test) zur Differenzierung von Anorchie (kein Testosteronanstieg) und Kryptorchismus bzw. Hodenektopie (Anstieg des Testosterons).

24.3.4 Apparative Diagnostik

Hoden- und Nebenhoden-Sonographie zur Bestimmung der Größe und Konsistenz der Hoden sowie zur Identifizierung von Zysten und Tumoren. Mit der dopplersonographischen Untersuchung des Plexus pampiniformis zur Darstellung der Strömungsverhältnisse wird eine Varikozele erkannt.

Zur Lokalisation nicht-palpabler Hoden wird die Abdomen-Sonographie oder -CT eingesetzt. Eine Laparoskopie kommt erst in Frage, nachdem im HCG-Test eine Anorchie ausgeschlossen wurde.

24.3.5 Weitergehende Diagnostik

Bei Verdacht auf ein Klinefelter-Syndrom wird der **Haarwurzeltest** („barr-bodies") oder Bestimmung des Karyogramms durchgeführt. Nur die **Hodenbiopsie** erlaubt eine genaue Beurteilung der Spermatogenese, sie erübrigt sich jedoch bei den meisten Fällen mit hohen FSH-Werten, weil hier keine therapeutischen Möglichkeiten vorhanden sind. Ihre Hauptindikation ist die Differentialdiagnose von Spermatogenesestörungen und der Verschlußazoospermie vor eventueller mikrochirurgischer Rekonstruktion des Ductus deferens.

Bei begründetem Verdacht auf ein Hodenkarzinom muß zur Diagnosesicherung eine histologische Untersuchung nach inguinaler Orchiektomie erfolgen. Eine transskrotale Hodenbiopsie ist kontraindiziert, da sie zu Lokalrezidiven und Lymphknotenmetastasen führen kann.

24.4 Krankheitsbilder

24.4.1 Hodentumoren
24.4.2 Primärer Hypogonadismus
24.4.3 Sekundärer Hypogonadismus
24.4.4 Gynäkomastie
24.4.5 Andere (hormonelle) Erkrankungen

24.4.1 Hodentumoren

Tumoren des Hodens werden in seltene benigne (Teratom, Fibrom, Rhabdomyom, Adenom) und die malignen Formen unterteilt, die die häufigsten malignen Tumoren bei jungen Männern darstellen. Sie sind möglicherweise endokrin bedingt. Ein erhöhtes Erkrankungsrisiko besteht bei Maldescensus testis mit Kryptorchismus oder Hodenektopie.

B ***Beschwerden und Befunde***

Hodentumoren werden häufig lange nicht erkannt oder von dem Patienten bagatellisiert und ignoriert. Der Extremfall ist der junge Mann mit Lungenmetastasen eines Hodentumors, der den Arzt wegen Luftnot konsultiert. Nicht selten kommt es zur Erstdiagnose aufgrund von sonographisch oder radiologisch entdeckten paraaortalen Lymphomen oder pulmonalen Rundherden.

Beschwerden sind:
- schmerzlose Hodenvergrößerung und ein
- „Schweregefühl" der Hoden

Befunde:
- Vergrößerung (Orchidometer!) und Druckschmerz der Hoden
- eine negative Diaphanoskopie (Ausschluß Hydrozele, → 24.4.2)
- inguinale Lymphome bei Metastasierung
- Gynäkomastie

- Pubertas praecox bei Chorionkarzinom und Leydig-Zelltumor

DS *Diagnosesicherung*

Bildgebende Diagnostik

Die Sicherung der Diagnose erfolgt durch Nachweis des Tumors in der Hodensonographie. Die histologische Zuordnung erfolgt nach der Orchiektomie. Die weitere Bildgebung (Sonographie des Abdomens, Röntgen- und CT-Thorax) erfolgt zum Nachweis oder Ausschluß von paraaortalen Lymphomen und Lungenmetastasen.

Labor

Bestimmung der Tumormarker β-HCG, Alpha-Fetoprotein und Inhibin als Primärdiagnostik und zur Verlaufsbeobachtung.

DD *Differentialdiagnose*

Das **Seminom** ist der häufigste Hodentumor und manifestiert sich vorzugsweise zwischen dem 30. und 50. Lebensjahr. Es metastasiert lymphogen, vorwiegend in die paraaortalen Lymphknoten.

Das **Teratokarzinom** ist der häufigste Hodentumor im Kindesalter.

Das **Chorionkarzinom** wird durch eine sehr bösartige Wucherung extraembryonaler fetaler Zellen hervorgerufen. Es produziert β-HCG und kann je nach Manifestationsalter zu einer Pubertas praecox oder einer Gynäkomastie führen. Es ist zudem durch eine häufige und frühzeitige Metastasierung in die Lunge gekennzeichnet.

Der **Leydig-Zelltumor** ist ein seltener, meist benigner, von den Leydig-Zwischenzellen ausgehender Hodentumor, der aufgrund von Androgen- und Östrogenproduktion zu einer Pubertas praecox oder einer Gynäkomastie führen kann.

Der **Sertoli-Zelltumor** ist ein meist maligner Tumor, der von den Sertoli-Zellen ausgeht.

Der **Granulosazelltumor** ist ein seltener, östrogenproduzierender Tumor mit niedrigem Malignitätsgrad (30 %) mit meist nur lokaler Ausbreitung und seltener Metastasierung. Maximum im 6. Dezennium.

Die weitere Differentialdiagnose umfaßt die Hodenmetastasen (z.B. bei malignen Lymphomen (→ Kap. 32) sowie Hydrozele, Hämatozele, Orchitis, Epididymitis und Hodentorsion.

24.4.2 Primärer Hypogonadismus

Beim primären Hypogonadismus besteht ein Androgenmangel mit kompensatorischer Erhöhung der zirkulierenden Gonadotropine.

Die wichtigsten **Ursachen** des **hypergonadotropen Hypogonadismus** (→ Tab 24-2) sind:

- Anorchie/Kryptorchismus
- Klinefelter-Syndrom
- Varikozele
- Hydrozele, Hämatozele
- Orchitis
- Epididymitis

B *Beschwerden und Befunde*

Beschwerden, die von den Patienten angegeben werden, sind:

- Libidoverlust
- Potenzstörung
- Hodenschmerzen (Orchitis, Epididymitis)
- Infertilität (z.B. Varikozele, Klinefelter-Syndrom)
- „Schweregefühl" der Hoden (Varikozele)

Befunde (→ Tab. 24-1) der klinischen Untersuchung sind:

- kleine oder fehlende Hoden (Klinefelter-Syndrom, Anorchie, Kryptorchismus)
- eunuchoider Hochwuchs (angeborener oder vor der Pubertät erworbener primärer Hypogonadismus)
- Druckschmerzhaftigkeit der Hoden (Orchitis, Epididymitis)

DS *Diagnosesicherung*

Labor

Charakteristisch ist das erniedrigte Testosteron bei erhöhten LH- und FSH-Werten.

DD *Differentialdiagnose*

Beim **Kryptorchismus** liegen die Hoden außerhalb des Skrotums, jedoch innerhalb des physiologischen Deszensusweges. Dabei werden eine intraabdominelle Lage (Kryptorchismus im engeren Sinne) von Leistenhoden (fixierte inguinale Lage), Gleithoden (Ausgangslage inguinal, aber manuell passager in das Skrotum zu verlagern) von Pendelhoden (spontaner Wechsel zwischen inguinaler und skrotaler Lage) unterschieden. Der Kryptorchismus ist abzugrenzen von einer **Testesektopie** (Hodenlage außerhalb des physiologischen Deszensusweges) und von der **Anorchie** (fehlende Hoden). Der Kryptorchismus kommt gehäuft bei anatomischen Hindernissen (Inguinalhernie, Blasenektopie oder nach Leistenkanaloperationen) und im Zusammenhang mit Endokrinopathien (Klinefelter-Syndrom, Kallmann-Syndrom, Prader-Labhart-Willi-Syndrom) vor, am häufigsten ist jedoch die idiopathische Form. Das Malignomrisiko (vor allem Seminome) ist bei dystopen und ektopen Hoden (auch des kontralateralen, normotopen Hodens!) erhöht.

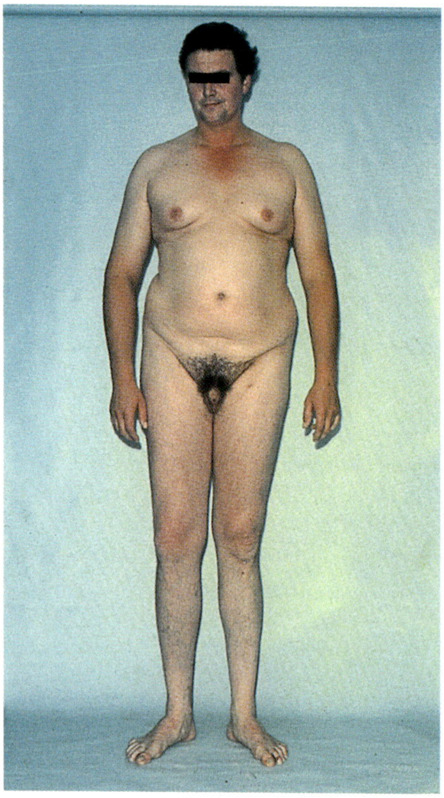

Abb. 24-2 Klinefelter-Syndrom: Gynäkomastie, Infertilität, kleine Testes, zeltförmiger Ansatz der Pubes, gynäkoide Fettverteilung.

Beim **Klinefelter-Syndrom** kommt es aufgrund einer „non-disjunction" zu einer gonosomalen Aneuploidie (meist 47,XXY), die nicht vererbt wird, da die Patienten in der Regel infertil sind (Abb. 24-2). Das Syndrom betrifft einen von 600 lebendgeborenen Knaben. Neben den Zeichen des primären Hypogonadismus (phänotypisch männlich, normal angelegtes männliches Genitale mit Hodenhypoplasie, Tubulussklerose mit Infertilität aufgrund einer mangelhaften bis fehlenden Spermiogenese, Nebenhoden- und Skrotumhypoplasie und häufig Gynäkomastie, Pubertas tarda, weiblicher Behaarungstyp und eunuchoider Habitus) besteht gelegentlich auch eine Oligophrenie und ein endokrin bedingtes organisches Psychosyndrom (→ Kap. 1). Die Diagnosesicherung erfolgt durch Bestimmung der „barr-bodies" oder eines Karyogramms. Es ist abzugrenzen vom Pseudo-Klinefelter-Syndrom bei Kryptorchismus oder Anorchie.

Die **Varikozele** bezeichnet eine krankhafte Erweiterung, Verlängerung und varizenähnliche Schlängelung der den Plexus pampiniformis bildenden Vv. spermaticae internae. Sie tritt meist zwischen dem 15. und 25. Lebensjahr auf. Die linke Seite ist häufiger betroffen, weil hier die V. testicularis rechtwinklig in die V. renalis einmündet, die rechte V. testicularis spitzwinklig in die V. cava inferior. Bei linksseitiger Varikozele ist außerdem ein die linke Nierenvene komprimierender Nierentumor auszuschließen. Im Vordergrund der Beschwerden stehen Infertilität und Schmerzen.

Bei der **Hydrozele** besteht eine Ansammlung seröser Flüssigkeit im Processus vaginalis peritonei. Sie wird durch eine angeborene inkomplette Obliteration des Peritoneums oder durch Traumen oder entzündliche Prozesse im Bereich der Hoden oder Nebenhoden verursacht. Richtungweisend ist die palpatorisch prallelastische Geschwulst mit positiver Diaphanoskopie. Eine Sonderform ist die **Hämatozele,** die durch Einblutung in eine Hydrozele nach Trauma, Operation oder Entzündung entsteht.

Eine **Orchitis** (Hodenentzündung) entsteht meist hämatogen-metastatisch bei Allgemeininfektionen oder selten nach einem Trauma. Besondere Bedeutung hat die durch Mumpsviren ausgelöste Orchitis, die sich in 10-30% einer während oder nach der Pubertät auftretenden Mumpsinfektion (→ Kap. 14) entwickelt, da sie bei ausgedehnter Infektion beider Testes zur Infertilität führen kann. Seltener kommt es zu einer Infertilität durch Orchitis auch nach Infektion mit ECHO-, Marburg- oder Arboviren oder bei Gonorrhö, Tuberkulose und Syphilis. Sie ist abzugrenzen von der **Hodentorsion,** bei der es zu akuten, heftigsten, meist einseitigen Schmerzen kommt.

Eine **Epididymitis** (Entzündung der Nebenhoden) wird meist fortgeleitet von einer Prostatitis oder Urethritis, sehr selten entsteht sie hämatogen bei Allgemeininfektionen oder nach Hodenkontusion. Die wichtigsten Erreger sind Clamydien, Tuberkelbakterien und Neisseria gonorrhoeae. Im Vordergrund stehen Schmerzen der Hoden.

Zu den seltenen Sonderformen zählt das **Castillo-Syndrom** (Germinalzellaplasie, „Sertoli-cell-only-Syndrom"). Bei diesem Syndrom kommt es aufgrund eines fehlenden Keimepithels mit Aspermie infolge einer embryonalen Entwicklungsstörung oder einer postnatalen exogenen Schädigung (ionisierende Strahlen, Zytostatika) zu Sterilität bei normalem männlichen Habitus.

Beim **Reifenstein-Syndrom** kommt es aufgrund einer Androgenresistenz zu einem Hypogonadismus mit Tubulusatrophie, Hypospadie und Gynäkomastie.

24.4.3 Sekundärer Hypogonadismus

> Die Störung reproduktiver Funktionen ist oft das erste Zeichen einer Funktionsstörung des Hypothalamus oder der Hypophyse. Beim sekundären Hypogonadismus besteht ein Mangel an Gonadotropinen (LH, FSH) mit sekundärem Androgenmangel.

Die wichtigsten **Ursachen** des **hypogonadotropen Hypogonadismus** (→ Tab. 24-2) sind:

- Hypophyseninsuffizienz (Abb. 24-3)
- Hyperprolaktinämie-Syndrom
- konstitutionelle Pubertas tarda

- idiopathischer hypogonadotroper Hypogonadismus und Kallmann-Syndrom
- Prader-Labhart-Willi-Syndrom (→ Abb. 24-6)
- Pasqualini-Syndrom

Eine Übersicht über Ursachen hypothalamisch-hypophysärer Krankheitsbilder ist in Tabelle 24-3 dargestellt und als Beispiel ein Krankheitsbild in Abbildung 24-4.

B *Beschwerden und Befunde*

Neben den allgemeinen Zeichen des Hypogonadismus (→ Tab. 24-1) bestehen beim sekundären Hypogonadismus auch zentralnervöse Beschwerden und Befunde. Diese sind je nach Grundkrankheit:

- Kopfschmerzen (hypophysärer/hypothalamischer Tumor, → Kap. 44)
- Gesichtsfeldausfälle (hypophysärer/hypothalamischer Tumor, → Kap. 55)
- Gynäkomastie (absoluter oder relativer Östrogenüberschuß)
- Galaktorrhö (Hyperprolaktinämie)
- Geruchsstörungen (Kallmann-Syndrom, → Kap. 16)

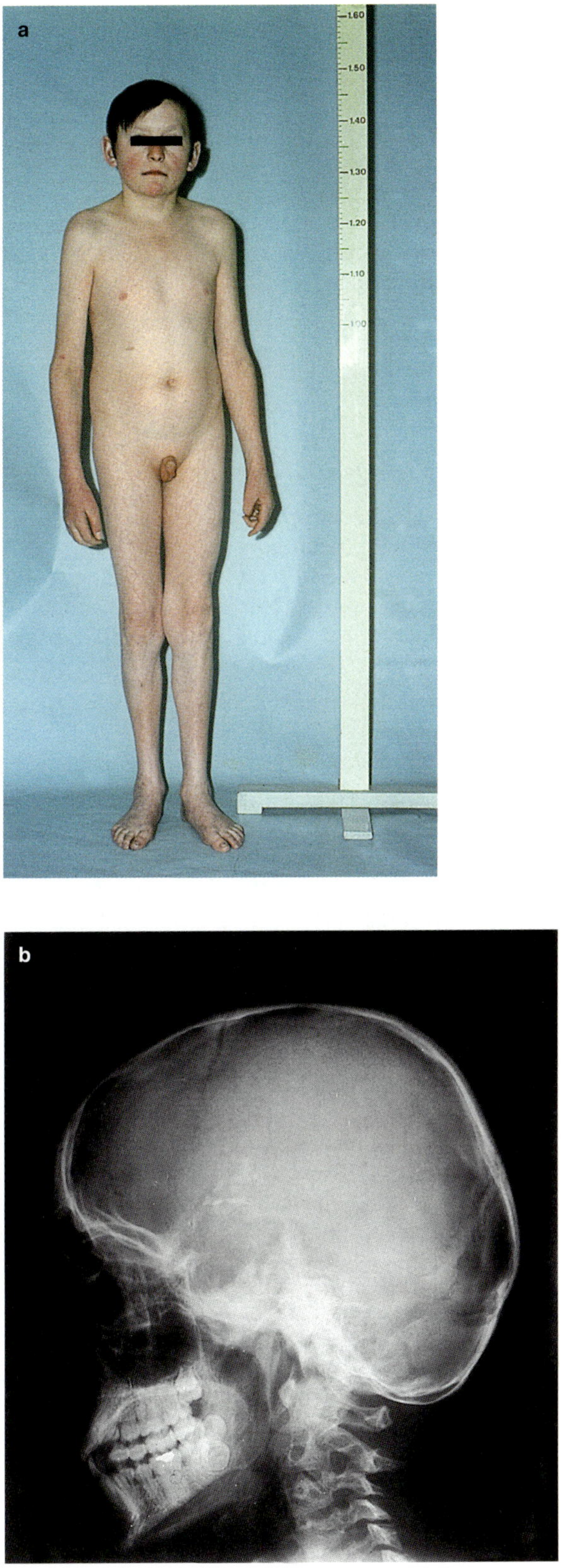

Abb. 24-3 Hypophysenvorderlappeninsuffizienz: (a) 23jähriger Mann, Kleinwuchs, sekundärer Hypogonadismus, Diabetes insipidus bei Kraniopharyngeom; (b) Schädelaufnahme: Selladestruktion mit ausgedehnter suprasellärer Vorkalkung.

Tab. 24-3 Ursachen hypothalamisch-hypophysärer Krankheitsbilder

Raumforderungen der Hypophyse	**Tumoren** HVL-Adenom (sekretorisch/nichtsekretorisch), → Abb. 24-6 HVL-Karzinom **Metastasen** Mammakarzinom Bronchialkarzinom Plasmozytom Lymphom
Entwicklungsstörungen	**Empty-Sella-Syndrom** (→ Abb. 24-4) **Zysten** Epidermoidzyste Arachnoidalzyste
HVL-Nekrosen	**Sheehan-Syndrom** (→ Kap. 37)
Entzündungen	**lymphozytäre Hypophysitis**
Hypophysennahe Raumforderungen	**Tumoren: Hypothalamus/Hypophysenstiel** primäre (z.B. Gliome, Germinome) Metastasen Kraniopharyngeom (→ Abb. 24-3) Optikusgliom Meningeom Chordom Nasopharynxkarzinom **infiltrative Prozesse im Sellabereich** Entzündungen Sarkoidose Tuberkulose Histiozytose Mukozele des Sinus sphenoidalis **andere Ursachen** erhöhter Hirndruck Aneurysma der Arteria carotis

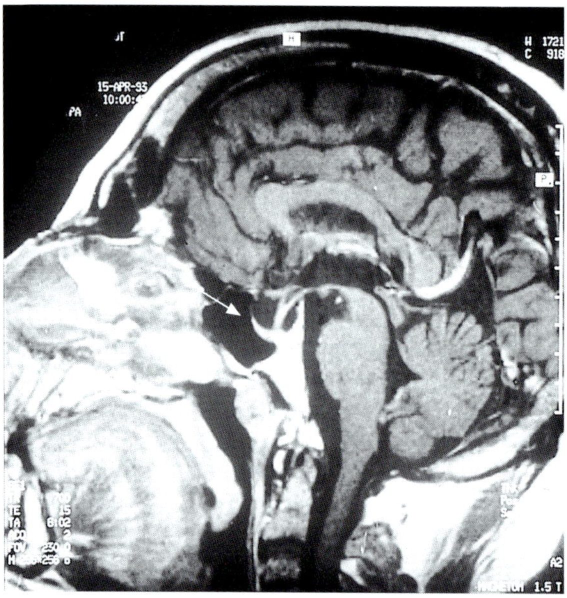

Abb. 24-4 Empty-Sella-Syndrom (MRT): klinisch chronische Hypophysenvorderlappeninsuffizienz. Hypophysenstiel in der sonst leeren, etwas großen Sella turcica.

DS *Diagnosesicherung*

Labor

Der sekundäre Hypogonadismus ist durch erniedrigte Testosteronwerte bei erniedrigten oder inadäquat niedrig-normalen Gonadotropinen charakterisiert. Im GnRH-Test kommt es bei hypophysärer Schädigung auch nach pulsatiler Vorbehandlung nicht zu einem Anstieg der Gonadotropine. Im HCG-Test kommt es zu einem Anstieg des Testosterons im Serum.

Das diagnostische Vorgehen bei HVL-Insuffizienz ist in Abbildung 24-5 dargestellt.

Bildgebende Diagnostik

Röntgen-Schädel seitlich: Sellaerweiterung, Verkalkungen bei Kraniopharyngeom (→ Abb. 24-3b).

CCT und Schädel-NMR zur exakten Größen- und Lagebestimmung von hypophysären und hypothalamischen Tumoren, auch zur Verlaufskontrolle (Abb. 24-6).

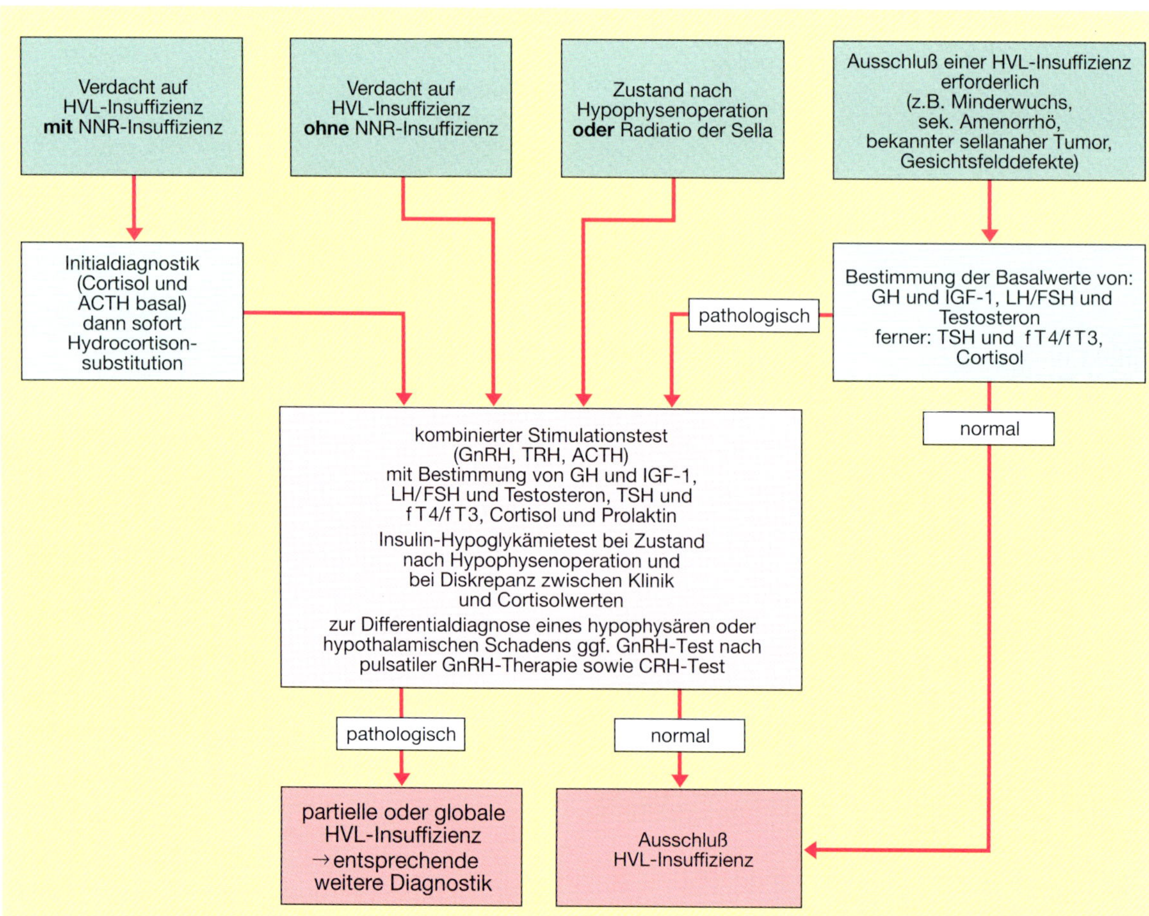

Abb. 24-5 Diagnostik der Hypophysenvorderlappeninsuffizienz, auch bei Frauen (→ Kap. 37).

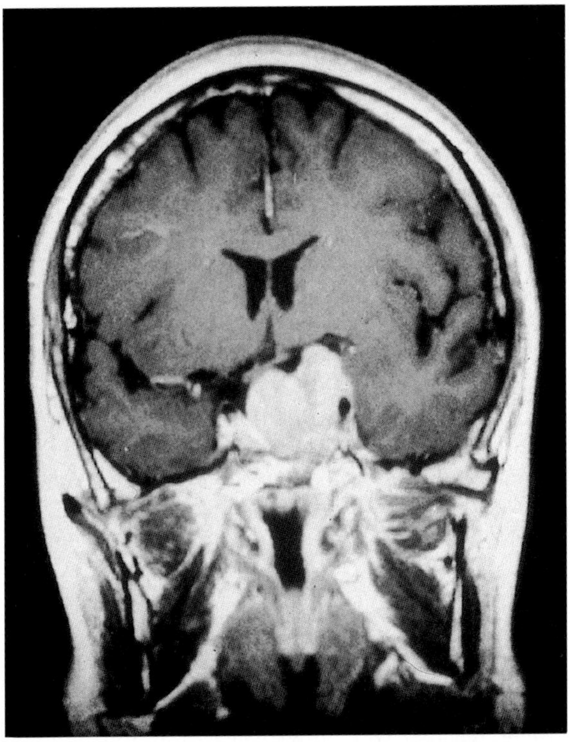

Abb. 24-6 Inaktives Hypophysenvorderlappenadenom: Rezidiv mit suprasellärer und parasellärer Ausbreitung (MRT).

Weitere apparative Diagnostik

Perimetrie zur Erkennung von Gesichtsfeldausfällen.

DD *Differentialdiagnose*

Die chronische **Hypophyseninsuffizienz** äußert sich beim Mann klinisch im partiellen oder globalen Ausfall der von der Hypophyse sezernierten Hormone, in der zeitlichen Reihenfolge ihres Ausfalls: Wachstumshormon (nur präpuberal: Minderwuchs, → Abb. 24-3a), Gonadotropine, TSH und ACTH (Vorderlappen) sowie von ADH (Hinterlappen, Diabetes insipidus, → Kap. 12). Je nach Manifestationsalter ergibt sich das Krankheitsbild des prä- oder postpuberalen Hypogonadismus (→ Tab. 24-1). Dazu kommen je nach Schweregrad der Hypophyseninsuffizienz Symptome der sekundären Hypothyreose (→ Kap. 1) und Nebennierenrindeninsuffizienz (→ „weißer" Morbus Addison, Kap. 18). Vorsicht bei akuter HVL-Insuffizienz (→ Kap. 7)! Hypophysentumoren sind die häufigste Ursache der Hypophyseninsuffizienz (→ Tab. 24-3 und Chiasma-Syndrom, → Abb. 55-5).

Das **Hyperprolaktinämie-Syndrom** des Mannes wird oft erst im Spätstadium erkannt. Die Erhöhung des Prolaktins wird durch **Makro- oder selten Mikroadenome** der Hypophyse mit vermehrter Prolaktinsekretion, durch eine **Entzügelungshyperprolaktinämie** (→ Kap. 37), z.B. durch Fehlen des Prolaktin-inhibiting-Faktors (PIF) bei Kompression des Hypophysenstiels durch einen Tumor, durch **Medikamente** (Dopaminantagonisten: Neuroleptika, Methyldopa, Reserpin, Metoclopramid, Domperidon) oder **psychogen** (Streß bei der Blutabnahme) verursacht. Neben der meist langsamen Abnahme von Libido und Potenz, Fertilitätsstörungen, Gynäkomastie (→ 24.4.4), vermindertem Bartwuchs und Kopfschmerzen kommt es in einigen Fällen auch zur Galaktorrhö. Die Differentialdiagnose erfolgt neben der Anamnese und der Untersuchung von Begleitsymptomen anhand der Höhe des wiederholt bestimmten basalen Prolaktinspiegels (→ Abb. 37-1). Bei Verdacht auf ein Prolaktinom ist eine entsprechende Bildgebung und Perimetrie sowie eine Untersuchung der weiteren Hypophysenfunktion erforderlich.

Bei der **konstitutionellen (idiopathischen) Pubertas tarda** tritt die Pubertät aufgrund einer zeitlich verzögerten hypothalamisch-hypophysären Stimulation von Gonadotropinen und Wachstumshormon erst nach dem 15. Lebensjahr ein. Das biologische Alter und das Skelettalter der Patienten unterscheiden sich nicht um mehr als zwei Jahre, und die Sekretionskapazität der Hypophyse und der Leydig-Zellen nimmt bei halbjährlichen Kontrollen (GnRH- und HCG-Test) langsam zu. Die konstitutionelle Pubertas tarda ist von den symptomatischen Formen bei Erkrankungen von Hypothalamus, Hypophyse oder bei Androgenresistenz abzugrenzen.

Bei dem **idiopathischen hypogonadotropen Hypogonadismus (IHH)** besteht eine eingeschränkte oder fehlende hypothalamische GnRH-Sekretion mit isoliertem LH- und FSH-Mangel. Die Folge ist ein Ausbleiben der Pubertät aufgrund der sekundär fehlenden Testosteronproduktion der Leydig-Zellen und eine Störung der Spermatogenese. Ist zusätzlich das Riechhirn (Anosmie, Hyposmie) betroffen, spricht man vom **Kallmann-Syndrom.** Das Krankheitsbild tritt sporadisch oder familiär gehäuft auf und ist gelegentlich mit anderen Entwicklungsstörungen assoziiert (Lippen-Gaumen-Spalte, unilaterale Gaumenspalte, Maldescensus testis). Die Diagnosesicherung erfolgt durch Nachweis der erniedrigten Werte von Testosteron, LH, FSH und Inhibin sowie einen Geruchstest mit aromatischen Stoffen (→ Kap. 16). Im GnRH-Test kommt es eventuell erst nach vorheriger pulsatiler GnRH-Behandlung zu einem Anstieg der Gonadotropine. Beim **Prader-Labhart-Willi-Syndrom** besteht eine hypothalamische Störung der GnRH-Sekretion wie beim IHH mit zusätzlichem Minderwuchs, Adipositas, Hypotonie, Diabetes mellitus Typ 2, Strabismus, Skoliose und Intelligenzdefekt (Abb. 24-7).

Beim **Pasqualini-Syndrom** besteht ein fertiler Eunuchoidismus bei isoliertem LH-Mangel. Die erniedrigte Testosteronproduktion der hypoplastischen Leydig-Zellen ist lokal ausreichend (erhaltene Spermatogenese und Fertilität, Hoden normal), aber syste-

24

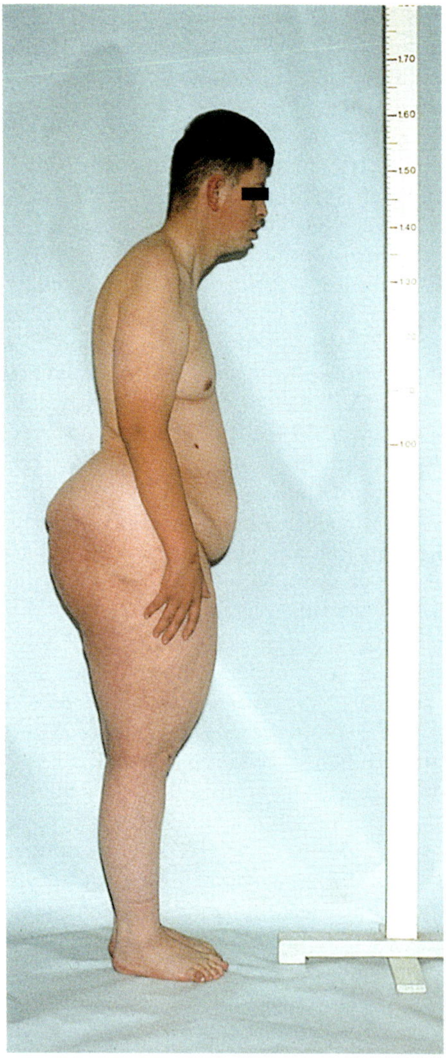

Abb. 24-7 Prader-Willi-Labhart-Syndrom: Steatopygie, Kleinwuchs, Hypogonadismus, Turmschädel, Oligophrenie.

misch zu gering, um einen eunuchoiden Habitus zu verhindern.

24.4.4 Gynäkomastie

Die Gynäkomastie ist eine benigne, ein- oder beidseitige Vergrößerung der männlichen Brust infolge Vermehrung des Brustdrüsengewebes. Zunächst kommt es zu einer Proliferation des Gangsystems und des Drüsengewebes, später zu einer Fibrosierung und Hyalinisierung mit regressiven Veränderungen des epithelialen Anteils. Die Ursache der Gynäkomastie ist ein absoluter oder relativer Östrogenüberschuß. Die physiologischen Formen, bei denen zunächst keine weitere Diagnostik erforderlich ist (Neugeborenen-, Pubertäts- und Involutions- [Alters-]Gynäkomastie), sind von den pathologischen Formen (Endokrinopathien, Medikamente, Allgemeinerkrankungen) abzugrenzen.

B *Beschwerden und Befunde*

Die Beschwerden sind:

- kosmetisch störende Vergrößerung der Brust
- Spannungsgefühl
- Berührungsempfindlichkeit
- Galaktorrhö

Entsprechend der **Grundkrankheit** bestehen weitere Symptome:

- Hypogonadismus (→ 24.4.2 und 24.4.3)
- Östrogen- oder HCG-bildende Tumoren (→ 24.4.1)
- Zeichen der Hypothyreose (→ Kap. 1) oder Hyperthyreose (→ Kap. 23)
- Hyperprolaktinämie-Syndrom (→ Kap. 24.4.3)
- chronische Lebererkrankung (→ Kap. 15)
- chronische Niereninsuffizienz (→ Kap. 2 und 60)
- neurologische Erkrankungen (Multiple Sklerose, Enzephalitis [→ Kap. 7], Syringomyelie)
- Medikamenten-, Alkohol- oder Drogeneinnahme

DS *Diagnosesicherung und Differentialdiagnose*

Die Sicherung der Diagnose erfolgt durch Inspektion und Palpation der Brustdrüse, bei der auf die Konsistenz, Verschieblichkeit, Druckschmerz und ein Exprimat geachtet wird, sowie durch die Sonographie, mit der eine exakte Größenbestimmung und Untersuchung der Konsistenz möglich ist. Bei Verdacht auf ein Mammakarzinom des Mannes wird eine Mammographie, eventuell auch eine Feinnadelaspiration mit zytologischer Untersuchung durchgeführt.

Bei jeder Gynäkomastie ist sonographisch und durch Bestimmung von HCG ein Hodentumor auszuschließen (→ 24.4.1).

Zur Differentialdiagnose endokriner Ursachen erfolgt die Bestimmung von LH/FSH, Testosteron, Östradiol und Prolaktin. Bei klinischen Zeichen des Hypogonadismus erfolgt die dargestellte umfangreichere Diagnostik (→ 24.4.2 und 24.4.3). Erhöhte Östradiolwerte sprechen für einen (sehr seltenen) östrogenproduzierenden Nebennierenrindentumor. Bei erhöhten Prolaktinwerten erfolgt die dargestellte Diagnostik des Hyperprolaktinämie-Syndroms (→ 24.4.3). Weitere Laboruntersuchungen sind bei entsprechendem Verdacht erforderlich (Hyperthyreose: TSH; Leberzirrhose: Leberstatus; Niereninsuffizienz: Kreatinin).

Nur bei begründetem Verdacht auf die sehr seltene Verursachung einer Gynäkomastie durch zentralnervöse Erkrankungen (MS, Enzephalitis, Syringomyelie) wird eine neurologische Diagnostik veranlaßt.

Die weitere Differentialdiagnose umfaßt die Pseudo-Gynäkomastie **(Lipomastie)**, bei der keine Hyperplasie des Brustdrüsenkörpers, sondern nur eine durch Fettgewebe bedingte Vergrößerung der Brust infolge allgemeiner Adipositas besteht. Das **Mammakarzinom** des Mannes ist selten, meist einseitig, mit unregelmäßiger Begrenzung und derber Konsistenz sowie häufig nicht verschieblich und exzentrisch gelegen. Spätsymptome sind die Ulzeration und Lymphknotenschwellungen.

Tab. 24-4 Mechanismus und Häufigkeit von Störungen der Hodenfunktion und der Potenz durch Medikamente

Medikament	Mechanismus	Häufigkeit
α-Methyldopa	Hyperprolaktinämie, α-Rezeptorenstimulation, Sedation	25–50%
β-Blocker	unbekannt, eventuell Reduktion des penilen Blutflusses	14%
Clonidin	zentrale α-Rezeptorenstimulation	24%
Hydrochlorothiazid	unbekannt	16%
Spironolacton	Androgenrezeptorblockade, Hemmung der Steroidogenese	30–50%
Phenothiazin	α-Rezeptorenblockade, parasympatholytische Wirkung, Hyperprolaktinämie	bis 60%
trizyklische Antidepressiva	parasympatholytische Wirkung, Hyperprolaktinämie	25%
Aminoglutethimid	Hemmung der Androgensynthese	selten
Cimetidin	kompetitive Androgenrezeptorblockade	bis 50%
Ethionamid	unbekannt	häufig
Isoniazid	unbekannt	häufig
Ketoconazol	Hemmung der Androgensynthese	häufig
Salazosulfapyridin	unbekannt, eventuell toxisch	häufig
Anabolika und Androgene	Suppression der Gonadotropine	immer

Andere Mammaknoten sind die **Solitärzyste,** das **Fibroadenom** und die **Mastopathie.** Tabelle 24-4 zeigt eine Übersicht über die wichtigsten **Medikamente, Drogen** und **Noxen,** die einen Hypogonadismus und somit auch eine Gynäkomastie verursachen können.

24.4.5 Andere (hormonelle) Erkrankungen

Eine Vielzahl weiterer Erkrankungen geht mit einem Hypogonadismus oder Infertilität einher. Hervorzuheben sind das Climacterium virile, die Pseudopubertas praecox (männliches AGS) sowie verschiedene Allgemeinerkrankungen und Medikamente, Noxen und Drogen.

Beim **Climacterium virile** des sonst gesunden Mannes kommt es zu einer über das physiologische, altersentsprechende Maß hinausgehenden Abnahme der Syntheseleistung des Hodens mit daraus resultierendem primärem Hypogonadismus mit deutlich erhöhten LH- und FSH-Werten.

Bei der **Pseudopubertas praecox,** dem männlichen adrenogenitalen Syndrom (→ weibliches AGS, → Kap. 37) kommt es aufgrund eines 21β-Hydroxlase- oder seltener 11β-Hydroxlasedefektes zu einer vermehrten ACTH-Ausschüttung mit nachfolgender NNR-Hyperplasie und vermehrter Bildung von Cortisolvorläufern und adrenalen Androgenen. In der Folge entsteht erst eine Übergröße und dann kommt es zum Minderwuchs durch Beschleunigung der Knochenreifung und vorzeitigen Epiphysenschluß. Weiterhin entwickelt sich die Muskulatur sehr stark. Die Keimdrüsenentwicklung wird durch Suppression der Gonadotropinbildung gehemmt, mit nachfolgender Hodenatrophie und Oligo- bis Azoospermie (Abb. 24-8).

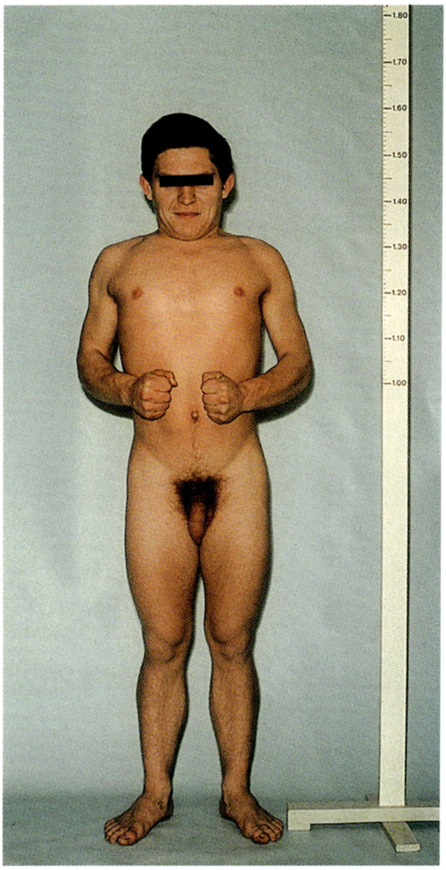

Abb. 24-8 Angeborenes adrenogenitales Syndrom (AGS, männlich): Minderwuchs nach raschem Wachstum in der Kindheit. Skelettalter von 17 Jahren im kalendarischen Alter von 13 Jahren. Kleine Testes durch Pseudopubertas praecox (→ Kap. 21).

Auch verschiedene akute und chronische **Allgemeinerkrankungen** können zum Hypogonadismus führen. Bei chronischen Lebererkrankungen kommt es durch den verminderten Abbau zu einem Anstieg der Östrogene. Bei einer chronischen Niereninsuffizienz (Hämodialyse) kommt es zu einer Schä-

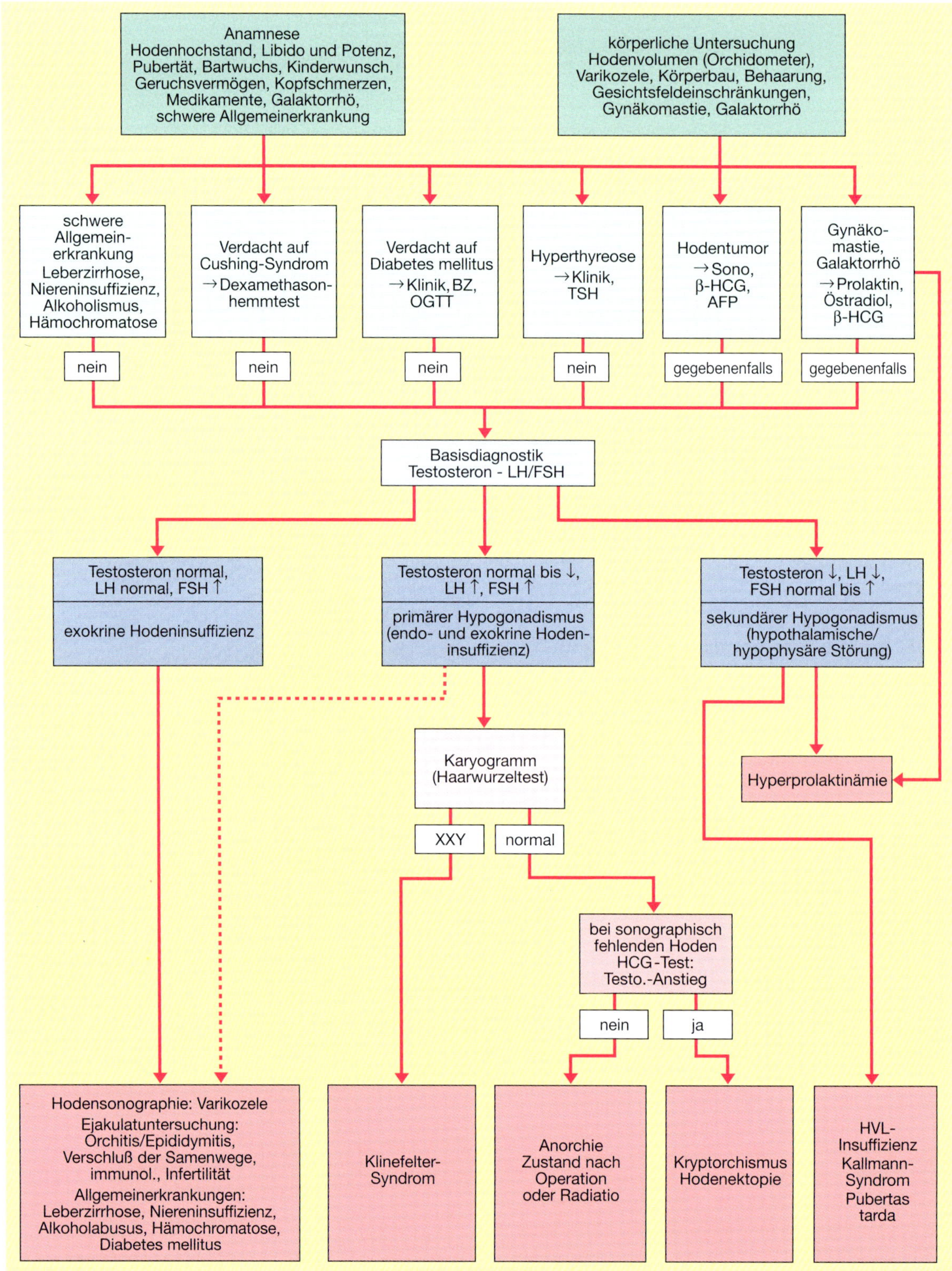

Abb. 24-9 Differentialdiagnostik bei Verdacht auf Hypogonadismus des Mannes.

digung der Hoden. Beim Diabetes mellitus (→ Kap. 12) steht die Impotenz im Vordergrund der Beschwerden. Bei einer Hämochromatose kann es durch Eisenablagerungen sowohl zu einer Schädigung der Hoden als auch der Hypophyse kommen. Beim Alkoholismus steht die Schädigung der Leber im Vordergrund.

Eine Vielzahl von **Medikamenten** beeinflußt ebenfalls Potenz und Hodenfunktion. Diese Nebenwirkung kann der Compliance abträglich sein. Eine Übersicht ist in Tabelle 24-4 dargestellt.

Unter den **Umwelt- und Arbeitsstoffen** konnte für Schwefelkohlenstoff, Dibromochloropropan und Blei ein negativer Effekt auf die Hodenfunktion gesichert werden. Bei einer Vielzahl weiterer **Noxen** wird ebenfalls ein negativer Effekt angenommen.

24.5 Zusammenfassung

Das differentialdiagnostische Vorgehen bei Hodenveränderungen und männlichem Hypogonadismus richtet sich nach den im Vordergrund stehenden Beschwerden. Bei primären Hodenveränderungen erfolgt die oben bereits dargestellte Diagnostik zum Ausschluß oder Nachweis eines Hodentumors.

Stehen Beschwerden im Sinne eines mehr oder weniger ausgeprägten Hypogonadismus im Vordergrund, empfiehlt sich ein Vorgehen, wie in Abbildung 24-9 dargestellt. Zunächst werden die relativ häufigen Allgemeinerkrankungen ausgeschlossen. Dann folgt die Differenzierung in primären oder sekundären Hypogonadismus bzw. exokrine Hodeninsuffizienz.

25 Hörstörungen

D. Pongratz, D. Hennessen und P. C. Scriba

Die anatomische Basis des Hörens beginnt im schalleitenden Apparat des Mittelohres und wird über den N. vestibulocochlearis (VIII. Hirnnerv) zu den Nuclei cochleares geleitet (Abb. 25-1). Von dort führt die zentrale Hörbahn über den Colliculus inferior und das Corpus geniculatum mediale bis hin zum Gyrus temporalis transversus (Heschl-Querwindungen). Verschiedene Schäden in der Hörbahn sind durch Ableitung der akustisch evozierten Potentiale zu erfassen (Abb. 25-1).

25.1 Definitionen und Abgrenzung

Hörstörungen können durch zu leises Hören (Hypakusis), zu lautes Hören (Hyperakusis), durch zusätzlich vorhandene Ohrgeräusche (Tinnitus) oder vermindertes Verstehen der Worte verursacht sein. Je nach Lokalisation der Ursache unterscheidet man periphere, zentrale und bei den zentralen kochleäre und retrokochleäre Hörstörungen. Periphere Hörstörungen können sowohl im Gehörgang als auch im Mittelohr ihre Ursache haben.

Bei der Hypakusis/Anakusis ergibt sich eine Unterteilung aus der Frage akut/chronisch bzw. der Frage nach Schalleitungsschwerhörigkeit (SLSH) oder Schallempfindungsschwerhörigkeit (Schallperzeptionsstörungen, Innenohrschwerhörigkeit [IOS]).

25.2 Ursachen

Die Erkrankungen von Gehörgang und Mittelohr, die zu **Schalleitungsstörungen** führen können, sind in Tabelle 25-1 zusammengefaßt. Sie sind mit Abstand die **häufigsten Ursachen** für Hörstörungen. Unter den Schallperzeptionsstörungen ist zwischen plötzlich auftretenden und mehr oder weniger schnell progredienten Formen zu unterscheiden.

Eine **plötzlich auftretende Schallperzeptionsstörung** charakterisiert:

- die Neuronitis vestibularis
- einige basale Meningitiden mit Affektionen des N. vestibulocochlearis
- Zirkulationsstörungen im Bereich der A. auditiva interna (akuter Hörsturz, Apoplexia cochleae)
- traumatische Schäden des N. vestibulocochlearis, vor allem im Rahmen von Pyramidenfrakturen

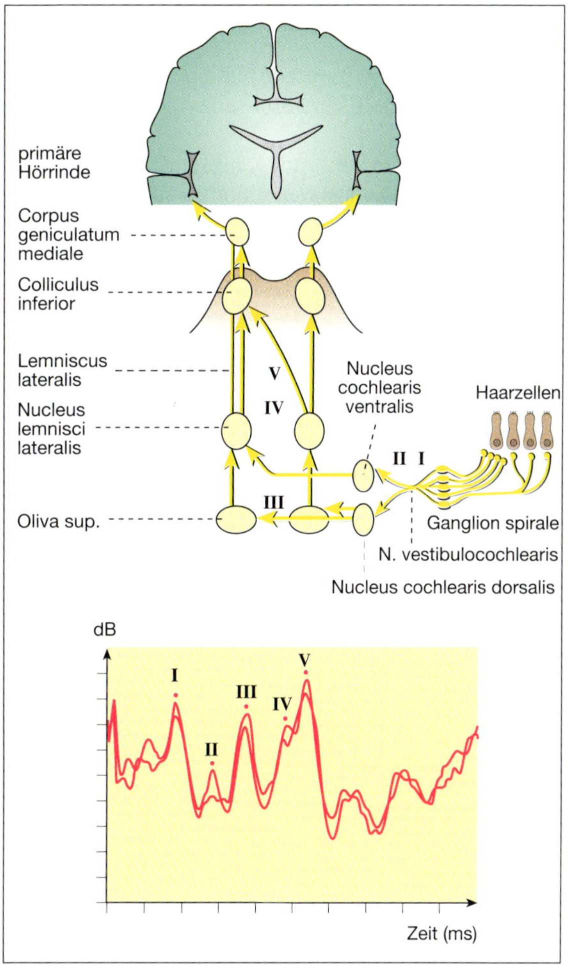

Abb. 25-1 a) Verlauf der Hörbahn zwischen Innenohr und Hörrinde mit Anzeige der vermutlichen Ursprungsorte der Wellen I–V der frühen akustisch evozierten Potentiale (FAEP). b) Normale Registrierung der frühen akustisch evozierten Potentiale (nach: Pongratz, D.: Klinische Neurologie, Urban & Schwarzenberg, München–Wien–Baltimore 1992).

Tab. 25-1 Übersicht über häufige Ursachen von Hörstörungen im Gehörgang und Mittelohr

Lokalisation	Gehörgangsbefund	Trommelfellbefund	Weber-Versuch	Diagnose
Gehörgang	Cerumen obturans	ohne pathologischen Befund	lateralisiert oder medial	Cerumen obturans
	Fremdkörper	ohne pathologischen Befund	medial	Fremdkörper
	verschwollener Gehörgang	ohne pathologischen Befund	lateralisiert	Otitis externa
Mittelohr	ohne pathologischen Befund	retrahiert	medial	Tubenkatarrh
	ohne pathologischen Befund	vorgewölbt, Eiter im Mittelohr	lateralisiert	Otitis media
	ohne pathologischen Befund	randständiger Defekt	lateralisiert	Cholesteatom

Chronisch progrediente Schallperzeptionsstörungen finden sich bei:

- intrakraniellen Tumoren mit Beteiligung des N. vestibulocochlearis (vor allem Akustikusneurinom)
- Knochenprozessen und -tumoren: (Morbus Paget [→ Kap. 45], Metastasen, Glomus-jugulare-Tumor)
- Stoffwechselerkrankungen (Diabetes mellitus [→ Kap. 12]), Schilddrüsenerkrankungen (→ Kap. 1, 19 und 23), Nephropathien, seltenen hereditären Störungen wie M. Refsum, Alport-Syndrom, Pendred-Syndrom
- medikamentös-toxischen Schäden (Tab. 25-2)
- M. Menière: vorwiegend Symptome seitens des Gleichgewichtsorgans (→ 25.4.2)

Tab. 25-2 Medikamente mit ototoxischer Wirkung

Substanz	Präparat
Acetylsalicylsäure	Aspirin
Aminoglykosidantibiotika	
Amikacin	Biklin
Framycetin	Neomycin B
Gentamicin	Refobacin
Kanamycin	Kanamytrex
Neomycin	Bykomycin
Paromomycin	Humatin
Streptomycin	Streptomycinsulfat
Tobramycin	Gernebcin
Carboplatin	Carboplat
Cisplatin	Platinex
Chinin	Chininum
Chloroquin	Resorchin
Diuretika	
Etacrynsäure	Hydromedin
Furosemid	Lasix
Erythromycin	Erythrocin
Indometacin	Amuno
Minocyclin	Klinomycin
Polypeptidantibiotika	
Capreomycin	Ogastol
Vancomycin	Vancomycin CP Lilly
Viomycin	Viocin

25.3 Diagnostik

Die Diagnostik der Hörstörungen erfordert neben der Anamnese die Inspektion und die audiometrische Untersuchung.

25.3.1 Anamnese

Bei der Anamnese fragt man nach dem Beginn (schleichend oder akut), gleichzeitig aufgetretenen Schmerzen, Ohrenlaufen, Verletzungen, Lärmexposition und erhebt die familiäre Anamnese.

25.3.2 Körperliche Untersuchung

Die körperliche Untersuchung beginnt mit der Inspektion, dann folgt der Versuch nach Rinne und Weber.

Schon bei der **Inspektion** des Gehörgangs werden zwei häufige Ursachen der Hörstörungen erkannt: das Cerumen obturans und Fremdkörper im Gehörgang. Nach Entfernung normalisiert sich das Hörvermögen. Auch Gehörgangserkrankungen, die durch Schwellungen oder Sekret zu einem Verschluß des Gehörgangs und damit zu Hörstörungen führen, werden otoskopisch erkannt.

Die nächste Quelle einer Hörstörung ist das **Mittelohr,** das Ursache einer Schalleitungsschwerhörigkeit sein kann. Zeigt sich ein retrahiertes Trommelfell, ist die häufigste Ursache ein Verschluß der Eustachischen Röhre. Ursache hierfür sind im Kindesalter meist Adenoide bzw. beim Erwachsenen Erkältungskrankheiten, die die reguläre Belüftung des Mittelohres unmöglich machen. In extrem seltenen Fällen findet man einen Tumor im Nasopharynx.

Zeigt sich das **Trommelfell** gerötet bzw. ist Flüssigkeit hinter dem Trommelfell, die gelblich-eitrig schimmert, handelt es sich um eine **Otitis media,** meist eine Folgeerkrankung nach Tubenverschluß, die häufig bei Kindern auftritt. Der Patient hat Fieber, Ohrenschmerzen und fühlt sich krank.

Bei der Inspektion zeigt sich auch eine traumatische **Trommelfellverletzung,** wie sie entweder bei Schädel-Hirn-Traumen (Blut hinter dem Trommelfell) mit Felsenbeinfraktur oder z.B. nach Knalltraumen oder Ohrfeigen (nur Riß im Trommelfell) auftritt.

Eine **chronische** oder langsam zunehmende Hörstörung mit unauffälligem Gehörgang und Loch im äußeren Bereich des Trommelfells (der Patient klagt neben der Schwerhörigkeit über Ohrlaufen) deutet auf ein **Cholesteatom** hin. Auch hier findet man eine Schalleitungsschwerhörigkeit.

In allen bisher genannten Fällen findet man neben der vom Patienten geklagten Hörstörung eine Schalleitungsschwerhörigkeit, der Weber-Versuch wird ins kranke Ohr lateralisiert. Eine Übersicht über die Ursachen einer Hörstörung im Gehörgang und Mittelohr zeigt Tabelle 25-1.

Im **Alter** läßt das Hörvermögen des Menschen praktisch immer nach, bei normalem Gehörgangs- und Trommelfellbefund findet man eine Innenohrschwerhörigkeit mit einem typischen Verlust des Hörvermögens für hohe Töne. Hier sollte je nach Alter des Patienten rechtzeitig über eine Hörgeräteversorgung nachgedacht werden.

Bei **familiärer Häufung,** Schalleitungsschwerhörigkeit und aufgehobenen Stapediusreflexen liegt der Verdacht auf eine Otosklerose nahe.

Eine weitere typische Form der Schwerhörigkeit findet man bei **Lärmbelastung** oder nach Knalltraumen.

Möglicherweise sind Gefäß- oder Kreislauferkrankungen schuld an Hörstörungen, die z.B. beim Hörsturz auftreten. Auch für den Morbus Menière werden Kreislauferkrankungen verantwortlich gemacht.

Besonders wichtig sind einige **Medikamente,** wie z.B. Aminoglykoside, Schleifendiuretika; Furosemid (bei schneller Gabe) und Tuberkulostatika, Streptomycin und Rifampicin führen zu Hörstörungen (IOS). Ebenso muß bei Chemotherapie mit Cyclophosphamid oder Cisplatin und auch nach Gabe von Acetylsalicylsäure mit Hörstörungen gerechnet werden (Tab. 25-2). Seltene Ursachen für Hörstörungen sind Tumoren im Mittelohr (SLSH) und zentrale Tumoren. Hier vor allem das Akustikusneurinom (IOS).

Zentrale Hörstörungen, bei denen das Verstehen und nicht die eigentliche Signalaufnahme gestört ist, kommen vor allen Dingen nach Meningitiden, Schädel-Hirn-Traumen und Aneurysmablutungen vor (→ Kap. 7). Die genaue Diagnostik umfaßt Hörprüfung, frühe akustisch evozierte Potentiale (Abb. 25-1), neurologische Untersuchungen und NMR.

Der **Tinnitus** ist als beidseitiges Reizphänomen ohne weitere Symptome oft nicht sicher zuzuordnen. Einseitig sollte er auch an einen Kleinhirnbrückenwinkeltumor oder den M. Menière denken lassen.

Pulssynchrone Ohrgeräusche sind meist bedeutungslos, können jedoch auch auf eine Karotisstenose, ein arteriovenöses Angiom oder einen Glomustumor hinweisen.

Akustische Halluzinationen finden sich bei Temporallappenprozessen.

An eine **angeborene Schwerhörigkeit** sollte man dann denken, wenn ein Kind sich nicht normal entwickelt. Leichte Formen der Schwerhörigkeit fallen oft erst in der Schule auf, wenn ein Kind durch eine Rechtschreibschwäche auffällig wird. Hier liegt oft ein Serotympanon (Flüssigkeit im Mittelohr) aufgrund von Adenoiden mit entsprechender Schalleitungsschwerhörigkeit vor.

25.4 Krankheitsbilder

25.4.1 Hörsturz

Ein Hörsturz ist gekennzeichnet durch einen **plötzlichen Hörverlust,** oft mit Druckgefühl und Ohrrauschen. Vestibuläre Krankheitszeichen fehlen. Die Krankheit scheint durch Streß und Belastung auslösbar zu sein, ähnlich wie die Migräne. Man findet eine Innenohrschwerhörigkeit mit positivem Recruitmentphänomen.

Die Pathogenese des Hörsturzes ist nicht bekannt.

Differentialdiagnostisch muß der Hörsturz vom Morbus Menière unterschieden werden. Dieser geht typischerweise mit Hörstörung **und** anfallsartigem Schwindel (→ Kap. 54) einher. Außerdem muß bei Verdacht auf einen Hörsturz ein Akustikusneurinom ausgeschlossen werden. Dieses beginnt meist schleichend und geht mit einer peripher vestibulären Untererregbarkeit einher.

25.4.2 Morbus Menière

Der Patient klagt über anfallsartige Attacken von Schwindel (→ Kap. 54), Tinnitus und Schwerhörigkeit, die Minuten bis Stunden dauern. Die Intervalle zwischen den Anfällen sind sehr unterschiedlich lang. Oft folgen den Beschwerden Übelkeit und Erbrechen. Im Intervall ist der Patient beschwerdefrei.

Bei der Hörprüfung findet man am Anfang der Erkrankung eine Tieftonschwerhörigkeit, später eine pankochleäre Innenohrschwerhörigkeit.

Die Anamnese, kombiniert mit den beschriebenen Hörprüfungen, und die sehr wechselnd auslösbaren peripher vestibulären Nystagmen sichern die Diagnose.

26 Hoher Blutdruck

C. J. Olbricht

Die Prävalenz von erhöhtem Blutdruck beträgt bei Zwanzigjährigen etwa 5%; sie nimmt mit dem Alter zu und erreicht bei über 60jährigen 30–40% (Abb. 26-1). Die Mehrzahl der Betroffenen ist symptomlos an Hypertonie erkrankt. Ein erhöhter Blutdruck wird im Verlauf oft erst sehr spät gefunden, wenn die Hypertonie bereits zu Organschäden geführt hat. Der erhöhte Blutdruck per se macht keine spezifischen Symptome. Jedoch sollten Symptome wie häufiger Kopfschmerz (→ Kap. 44), Nasenbluten, Tinnitus, Schwindel (→ Kap. 54), verschwommenes Sehen (→ Kap. 55), Gesichtsrötung (→ Kap. 17) und Herzklopfen (→ Kap. 23) an erhöhten arteriellen Blutdruck denken lassen.

Zum Blutdruckanstieg kommt es entweder durch einen erhöhten peripheren Gefäßwiderstand oder durch ein erhöhtes Herzzeitvolumen oder durch eine Kombination von beiden. Wichtige ursächliche Faktoren, die allein oder in Kombination zu diesen Veränderungen führen können, sind genetische Prädisposition, renale Retention von NaCl, erhöhte Zufuhr von NaCl, Veränderungen im Renin-Angiotensin-System, Hyperinsulinämie, Streß, Überaktivität des sympathischen Nervensystems und vermehrte oder verminderte Freisetzung endothelabhängiger vasoaktiver Faktoren. Nur bei einer Minorität von Patienten gibt es einen definierten auslösenden Faktor, z.B. Vasokonstriktion durch Freisetzung von Katecholaminen beim Phäochromozytom (→ Kap. 44).

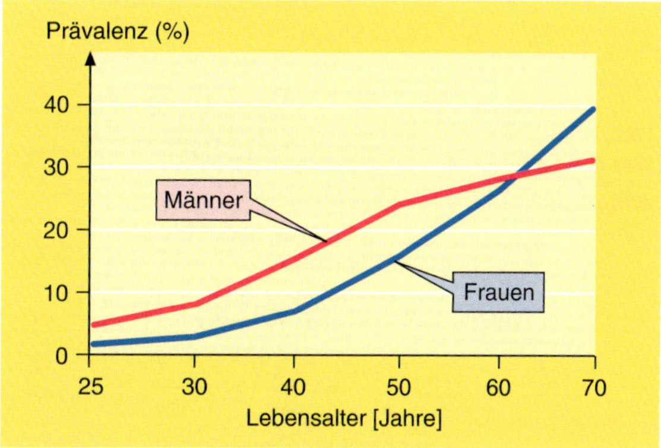

Abb. 26-1 Häufigkeit von Hypertonie (Blutdruck ≥ 160/95 mmHg) in Abhängigkeit von Lebensalter und Geschlecht. (Kombinierte Daten: U. S. Department of Health and Human Services, 1981. Querschnittstudie München und Traunstein, 1982)

26

26.1 Definition und Abgrenzung

Erhöhter arterieller Blutdruck ist ein wesentlicher Risikofaktor für Schlaganfall, koronare Herzerkrankung, Herzinsuffizienz und Nephrosklerose. Das Risiko beginnt nicht bei einem bestimmten Schwellenwert, sondern nimmt über die gesamte Spannbreite des diastolischen und systolischen Blutdrucks kontinuierlich zu. Eine feste Grenze zwischen erhöhtem und normalem Blutdruck läßt sich also bezüglich eines erhöhten Risikos nicht angeben. Ein weiterer Aspekt bei der Definition von erhöhtem Blutdruck ist die Reduktion von Folgeerkrankungen durch Blutdrucksenkung. Es besteht Übereinstimmung, daß Patienten mit diastolischem Blutdruck ≥ 95 mmHg und mit systolischem Blutdruck ≥ 160 mmHg behandelt werden sollten, da ab diesen Werten durch Senkung des erhöhten Blutdrucks auch die Häufigkeit und Schwere kardiovaskulärer Erkrankungen verringert werden kann.

Eine häufig gebrauchte, auf diesen Überlegungen basierende Klassifizierung des Blutdrucks bei Erwachsenen ist in Tabelle 26-1 wiedergegeben. Es be-

Tab. 26-1 Klassifizierung des Blutdrucks bei Erwachsenen

Kategorie	systolisch [mmHg]	diastolisch [mmHg]
normal	< 130	< 85
hochnormal	130–139	85–89
Hypertonie		
Grad 1, mild	140–159	90–99
Grad 2, mäßig	160–179	100–109
Grad 3, schwer	180–209	110–119
Grad 4, sehr schwer	≥ 210	≥ 120

Tab. 26-2 Ursachen von Hypertonie

Diagnosen	Ursachen
essentielle Hypertonie	
renoparenchymatöse Hypertonie	akute Glomerulonephritiden chronische Glomerulonephritiden polyzystische Nierenerkrankung diabetische Nephropathie Refluxnephropathie Hydronephrose akutes Nierenversagen Analgetikanephropathie chronische Pyelonephritis andere interstitielle Nephritiden primäre NaCl-Retention durch die Niere (Liddle-Syndrom)
renovaskuläre Hypertonie	Nierenarterienstenosen Ursachen → Tab. 26-7
endokrine Hypertonie	Conn-Syndrom (→ 26.4.4.1) Cushing-Syndrom (→ Kap. 18) Phäochromozytom (→ Kap. 44) Hyperthyreoidismus (→ Kap. 23) Hypothyreoidismus (→ Kap. 1) primärer Hyperparathyreoidismus (→ Kap. 34) Akromegalie Karzinoid-Syndrom reninproduzierende Tumoren
Hypertonie durch Hypervolämie oder Hyperviskosität	Polyzythämie (→ Kap. 44) nach raschen Transfusionen großer Volumina bei Niereninsuffizienz
dialyseassoziierte Hypertonie	erythropoetininduzierte Hypertonie bei Dialysepatienten (10–20%)
neurogene Hypertonie	Hirntumoren Tetraplegie (→ Kap. 30) schwere Kopfverletzungen Guillain-Barré-Syndrom Meningitis (→ Kap. 14)
Hypertonie bei Schlafapnoe	(→ Kap. 38)
Hypertonie in der Schwangerschaft	EPH-Gestose transitorische Schwangerschaftshypertonie
Hypertonie durch Medikamente und toxische Substanzen	→ Tab. 26-8
Hypertonie durch akuten Streß	Hypoglykämie (→ Kap. 23) akute Pankreatitis (→ Kap. 46) akute intermittierende Porphyrie (→ Kap. 56) Alkoholentzug Verbrennungen perioperativ kardiovaskuläre Chirurgie
psychogene Hypertonie	Hyperventilation Angstanfall
Hypertonie bei kardiovaskulären Erkrankungen	Aortenisthmusstenose arteriovenöse Fisteln offener Ductus Botalli Aorteninsuffizienz AV-Block III (→ Kap. 23)

steht Übereinstimmung, daß ein erhöhter Blutdruck vorliegt bei diastolischen Werten ≥ 90 mmHg und bei systolischen Werten ≥ 140 mmHg, wenn diese bei mehrfachen Messungen in Ruhe ermittelt wurden.

Eine milde Hypertonie nach dieser Klassifizierung bedeutet aber nicht automatisch die Indikation zur Behandlung mit Medikamenten. Andererseits kann bereits bei hochnormalem Blutdruck eine Therapie indiziert sein, wenn noch andere kardiovaskuläre Risikofaktoren vorliegen oder wenn hypertensive Organschäden vorhanden sind.

26.2 Ursachen

Die Ursachen für erhöhten Blutdruck sind vielfältig und schließen Nierenerkrankungen, endokrine Störungen, neurologische Erkrankungen, Streß, Hypervolämie, Medikamente und toxische Substanzen sowie vaskuläre und kardiale Erkrankungen ein (Tab. 26-2). Bei über 90% der Patienten ist die Ursache des erhöhten Blutdrucks (noch) nicht bekannt, und die Hypertonie wird daher „essentiell“ genannt. Es ist sehr wahrscheinlich, daß sich unter der Diagnose essentielle Hypertonie mehrere kausal verschiedene Hypertonieformen verbergen, die mit zunehmender Kenntnis der pathophysiologischen Vorgänge differenziert werden können. Hypertonieformen, deren Ursachen bereits bekannt sind, werden auch als „sekundäre“ Hypertonie bezeichnet.

Hypertonien mit bekannter Ursache sind sehr viel seltener als die essentielle Hypertonie (Tab. 26-3). Dennoch muß nach diesen Ursachen gesucht werden, um kausal therapierbare Formen der Hypertonie zu erkennen und zu therapieren. Bei jüngeren Patienten mit Hypertonie sind sekundäre Formen wahrscheinlicher.

Tab. 26-3 Häufigkeit der Ursachen von arterieller Hypertonie

Diagnose	Häufigkeit
essentielle Hypertonie	91%
renoparenchymatöse Hypertonie	5%
renovaskuläre Hypertonie	2%
Conn-Syndrom	0,3%
Cushing-Syndrom	0,3%
Phäochromozytom	0,3%
Aortenisthmusstenose	0,4%
andere	0,7%

26.3 Diagnostik

26.3.1 Anamnese

Wichtige Aspekte der Anamnese (Tab. 26-4) sind familiäres Auftreten von Hypertonie, Hinweise auf sekundäre Formen der Hypertonie (→ Tab. 26-6) sowie Alkoholkonsum und Salzkonsum, da die hohe Zufuhr von Salz oder von Alkohol Hypertonien induzieren oder aggravieren kann. Nach der regelmäßigen Einnahme von Medikamenten muß gefragt werden, da nicht wenige Medikamente den Blutdruck erhöhen können (→ Tab. 26-8). Von Wichtigkeit sind die Dauer der Hypertonie sowie die bisherige Medikation, ihr Erfolg und ihre Nebenwirkungen. Ein weiterer anamnestischer Schwerpunkt sollten Fragen nach Symptomen sein, die auf hypertoniebedingte Organschäden hinweisen, wie z.B. Angina pectoris, Dyspnoe, Asthma cardiale, Ödeme, Claudicatio, Sehstörungen und transitorische ischämische Attacken.

Tab. 26-4 Basisuntersuchung bei Hypertonie

Anamnese	familiäre Hypertonie als Hinweis auf essentielle Hypertonie Dauer der Hypertonie bisherige Medikation, Erfolg, Nebenwirkungen Hinweise auf sekundäre Formen der Hypertonie (→ Tab. 26-6) **Hinweise auf hypertoniebedingte Organschäden:** • Angina pectoris • Dyspnoe • Asthma cardiale • Ödeme • Claudicatio • Sehstörungen • transitorische ischämische Attacken Salzkonsum, Alkoholkonsum, Rauchen kardiovaskuläre Risikofaktoren Symptome der Schlafapnoe
physikalische Untersuchung	**vollständige Untersuchung, insbesondere:** • Augenhintergrund (Fundus hypertonicus → Kap. 55) • Zeichen der Linksherzhypertrophie • Zeichen der Herzinsuffizienz • vollständiger Pulsstatus • Strömungsgeräusche paraumbilikal und über den Flanken • neurologischer Status
Laboruntersuchungen	Blutbild Serumkonzentrationen von Kalium und Natrium Kreatinin im Serum Harnsäure im Serum Glukose im Serum Cholesterin, HDL im Serum Triglyzeride im Serum Urinstatus (Stix) Urinsediment (Plasmareninaktivität)
apparative Untersuchungen	Sonographie der Nieren EKG Röntgen-Thorax Echokardiographie

26.3.2 Körperliche Untersuchung

Der wichtigste Aspekt der Untersuchung ist die korrekte Messung des Blutdrucks. Sie sollte nach fünf Minuten Ruhe in sitzender Position erfolgen. Der Patient sollte sich entspannt anlehnen und den Arm, an dem gemessen wird, in Herzhöhe aufstützen. Am hängenden Arm wird der Blutdruck in der Regel um etwa 8 mmHg höher sein. Wenn der Patient sich nicht anlehnen und den Arm aufstützen kann, ist der Blutdruck um bis zu 10 mmHg höher durch die damit verbundene Anstrengung. Die Messung muß bei der ersten Untersuchung an beiden Armen erfolgen, und der höhere Wert ist gültig. Koffeinhaltige Getränke und Nikotin sollten für eine Stunde vor Messung gemieden werden. Die Breite der Blutdruckmanschette sollte 15 cm betragen, bei einem Armumfang > 41 cm aber 18 cm. Die Länge der Gummiblase in der Manschette sollte 35 cm betragen, mindestens aber 80% des Armumfangs. Ist die Manschette zu schmal oder zu kurz, wird der Blutdruck überschätzt. Es ist darauf zu achten, daß die Mitte der Gummiblase sich über der Arteria brachialis befindet. Das Manometer ist regelmäßig zu eichen.

Es ist vorteilhaft, die Messung durch eine Krankenschwester oder Sprechstundenhilfe durchführen zu lassen, da bei der Messung durch den Arzt der Blutdruck in der Regel deutlich höher liegt („white coat hypertension"). Es sollte mindestens zweimal im Abstand von etwa 5 Minuten gemessen werden, da der zweite Wert meist deutlich niedriger ist und als repräsentativer Blutdruck gelten sollte. Zur Bestätigung der Diagnose „Hypertonus" sind mindestens drei erhöhte Blutdruckwerte erforderlich, die jeweils im Abstand von einer Woche gemessen wurden. Auch hier wird bei der zweiten und dritten Untersuchung der Wert meist deutlich niedriger sein im Vergleich zur ersten Messung.

Der diastolische Druck entspricht der Phase V nach Korotkoff, wenn also die Geräusche vollständig verschwinden, und nicht der Phase IV, wenn die Geräusche in der Lautstärke nur abnehmen. Wenn der Blutdruck am Arm erhöht ist, sollte insbesondere bei Patienten unter 30 Jahren der Druck auch am Bein gemessen werden, um eine Aortenisthmusstenose auszuschließen. Schwach tastbare Beinpulse werden häufig schon auf die Diagnose hinweisen.

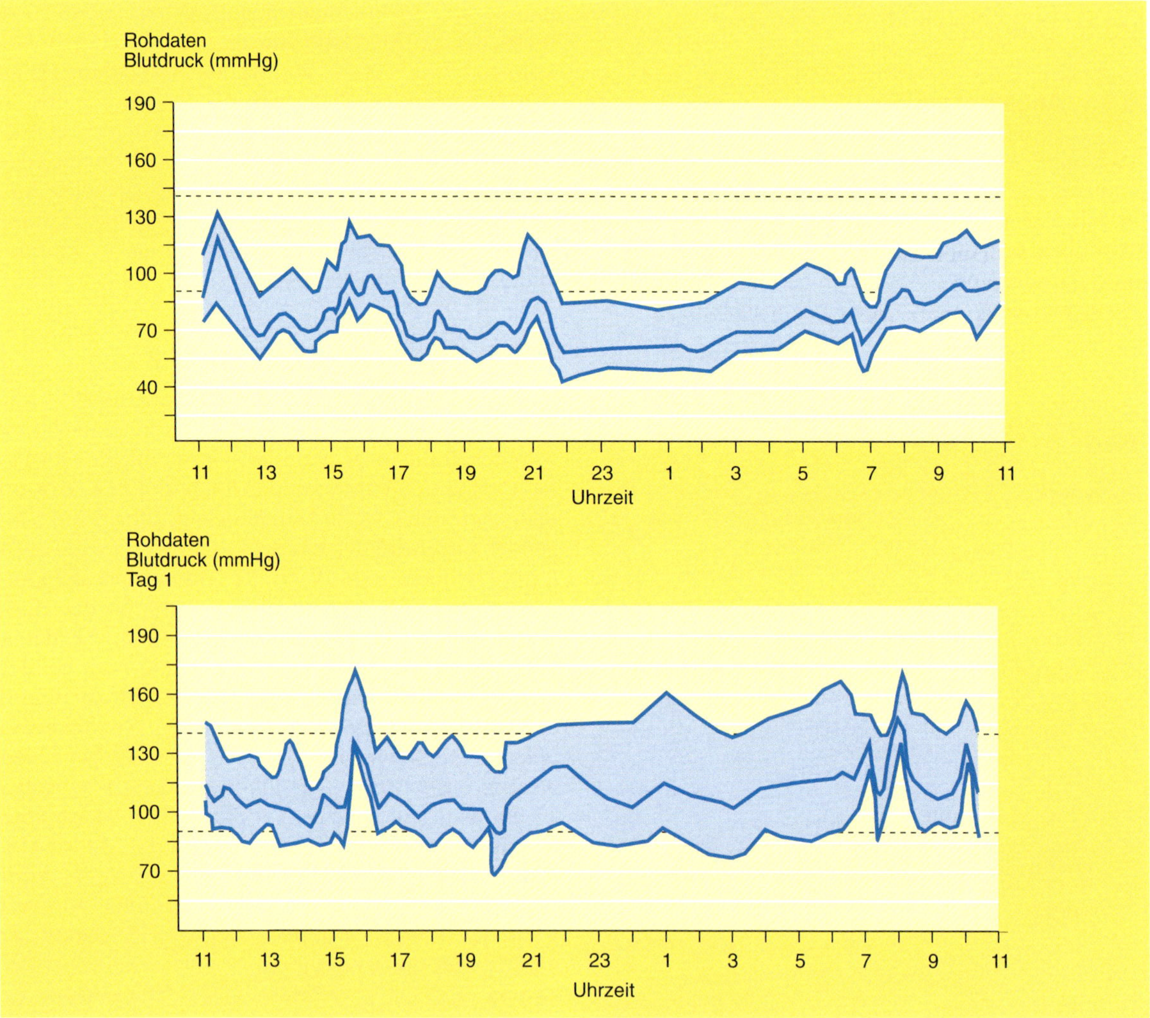

Abb. 26-2 24-Stunden-Blutdruckregistrierung. Oberes Profil: normaler 24-Stunden-Blutdruck bei einem Patienten mit Praxishypertonie. Unteres Profil: erhöhter Blutdruck ohne Nachtabsenkung bei renoparenchymatöser Hypertonie.

Die 24-Stunden-Blutdruckmessung (Abb. 26-2) ermöglicht repräsentativere Blutdruckmeßwerte als wiederholte Einzelmessungen. Sie gehört zur Standarddiagnostik der Hypertonie. Ein nur situationsbedingter Bluthochdruck (Praxis, Krankenhaus) läßt sich so ausschließen, die situationsbedingte Normalisierung (Krankenhaus) einer Hypertonie unter Alltagsbedingungen wird erkannt und die Durchführung der Therapie wesentlich erleichtert.

Organschäden durch Hypertonie müssen gesucht werden. Da die Hypertonie zu gut beurteilbaren Veränderungen am Augenhintergrund führt, gehört zur Untersuchung hypertensiver Patienten die Fundoskopie.

Man unterscheidet vier Grade des Fundus hypertonicus, die mit Dauer und Schwere der Hypertonie korrelieren (Tab. 26-5).

Weitere essentielle Untersuchungen sind Palpation und Auskultation sämtlicher großer Arterien, das

Tab. 26-5 Fundus hypertonicus, Einteilung

	Befund
Grad 1	vermehrt geschlängelte enge Arteriolen (Kupferdraht-, Silberdraht-Arteriolen), segmentale Gefäßspasmen
Grad 2	zusätzlich arteriovenöse Kreuzungszeichen: Einengung oder Schlängelung der Arteriolen bei Kreuzung mit einer Vene
Grad 3	zusätzlich retinale Blutungen und Exsudate
Grad 4	zusätzlich Papillenödem (maligne Hypertonie)

Suchen nach Zeichen der Herzhypertrophie und der Herzinsuffizienz, die Suche nach Strömungsgeräuschen paraumbilikal oder über den Flanken (Nierenarterienstenose) sowie die Erhebung des neurologischen Status.

26.3.3 Weitergehende Untersuchungen

Bei allen Patienten mit Hypertonie sollten folgende Laborbefunde (→ Tab. 26-4) erhoben werden:

1. Blutbild, Serumkonzentrationen von Glukose, Harnsäure und Lipiden, um häufige Begleiterkrankungen und andere kardiovaskuläre Risikofaktoren zu erkennen
2. Urinstatus (Stix), Urinsediment und Kreatininspiegel im Serum, um eine renoparenchymatöse Erkrankung zu erkennen
3. Serumkonzentrationen von Kalium und Natrium, um einen Hyperaldosteronismus zu erkennen

Die Bestimmung der Plasmareninaktivität ist im Rahmen der Basisuntersuchung nur sinnvoll bei noch nicht antihypertensiv behandelten Patienten. Bei Hypokaliämie deuten supprimierte Werte auf Hyperaldosteronismus hin; erhöhte Werte können ein erster Hinweis auf renovaskuläre Hypertonie sein. Darüber hinaus kann die Plasmareninaktivität hilfreich sein zur Auswahl der antihypertensiven Therapie. So sind Salzrestriktion und Diuretika am effektivsten bei niedrigem Reninspiegel, während ACE-Hemmer und Betablocker am effektivsten sind bei Patienten mit hohem Reninspiegel.

EKG (linksventrikuläre Hypertrophie, Zeichen der koronaren Herzerkrankung), Röntgenaufnahme des Thorax (Herzgröße, Zeichen der Herzinsuffizienz) und sonographische Untersuchung der Nieren gehören ebenfalls zur Basisuntersuchung von hypertensiven Patienten. Zur exakten Diagnose und Beurteilung einer linksventrikulären Hypertrophie ist ein Echokardiogramm erforderlich. Je nach klinischem Befund sollten auch dopplersonographische Untersuchungen der Bein- und Beckenarterien sowie der Hals- und Kopfarterien durchgeführt werden.

26.4 Krankheitsbilder

26.4.1 Essentielle Hypertonie

Bei über 90% aller Patienten mit Hypertonie handelt es sich um eine sogenannte essentielle Hypertonie. Sie hat keine klar definierten Ursachen, wenngleich pathogenetische Faktoren bekannt sind, wie z.B. genetische Prädisposition, renale Retention von NaCl, erhöhte Zufuhr von NaCl, Veränderungen im Renin-Angiotensin-System, Hyperinsulinämie, Streß, Überaktivität des sympathischen Nervensystems und vermehrte oder verminderte Freisetzung endothelabhängiger vasoaktiver Faktoren. Es ist sehr wahrscheinlich, daß sich unter der Diagnose essentielle Hypertonie mehrere kausal verschiedene Hypertonieformen verbergen, die mit zunehmender Kenntnis der pathophysiologischen Vorgänge differenziert werden können.

B *Beschwerden und Befunde*

Essentielle Hypertonie hat keine wegweisenden Symptome. Wie bei allen anderen Formen der Hypertonie können folgende Symptome häufiger auftreten: Kopfschmerz (→ Kap. 44), Nasenbluten, Tinnitus, Schwindel (→ Kap. 54), verschwommenes Sehen (→ Kap. 55), Gesichtsrötung und Herzklopfen (→ Kap. 23). Bei länger dauernder Hypertonie findet sich ein Fundus hypertonicus bei der Spiegelung des Augenhintergrundes. Ein hebender Herzspitzenstoß spricht für Linksherzhypertrophie, die im EKG und in der echokardiographischen Untersuchung gesichert werden kann.

DD *Differentialdiagnose*

Die Diagnose essentielle Hypertonie kann gestellt werden, nachdem Hypertonieformen mit gesicherter und abgrenzbarer Pathogenese **ausgeschlossen** wurden. Diese sogenannten sekundären Hypertonien werden in den Abschnitten 26.4.2–26.4.7 besprochen. Durch die sorgfältige Anamnese und die Basisuntersuchungen sollte es möglich sein, alle Patienten zu ermitteln, bei denen durch weitergehende Diagnostik nach den häufigeren Formen sekundärer Hypertonie gesucht werden muß. Je jünger die Patienten sind und je höher der Blutdruck ist, desto intensiver sollte nach sekundären Ursachen gesucht werden. Die Tabelle 26-6 gibt die Symptome und Befunde an, die auf sekundäre Hypertonie hinweisen. Die Erhöhung des Serumkreatinins, eine Proteinurie und Mikrohämaturie sowie Verdichtung und/oder Verschmälerung des Nierenparenchyms, Parenchymnarben oder Zysten im sonographischen Befund lassen an eine **renoparenchymatöse Erkrankung** als Ursache der Hypertonie denken. Erniedrigtes Serumkalium und erhöhtes Serumnatrium weisen auf ein **Conn-Syndrom** hin; viel häufiger ist allerdings eine **Diuretikatherapie** die Ursache

Tab. 26-6 Hinweise auf sekundäre Formen der Hypertonie

Sekundäre Hypertonie	Hinweise
renoparenchymatöse Hypertonie	Kreatinin erhöht Urinstatus: Proteinurie, Hämaturie Sonographie: Schrumpfung der Nieren, Zystennieren, Parenchymnarben, verdichtetes Parenchym, Hydronephrose, Nierensteine, Nephrokalzinose
renovaskuläre Hypertonie	Atherosklerose in anderen Gefäßen: • koronare Herzerkrankung • arterielle Verschlußkrankheit • Karotisstenose • Aortenaneurysma Nierenfunktionseinschränkung unklarer Genese einseitig kleinere Niere (> 1 cm Längendifferenz) Strömungsgeräusch über den Flanken und paraumbilikal Fundus hypertonicus Grad 3 und 4 Anstieg von Kreatinin unter ACE-Hemmer-Therapie schwere Hypertonie, die mit drei Antihypertensiva nicht ausreichend behandelbar ist Hypokaliämie, K < 3,4 mmol/l rascher Anstieg eines neu aufgetretenen oder bisher gut eingestellten Blutdrucks rezidivierendes Lungenödem bei Hypertonie Beginn der Hypertonie vor dem 30. und nach dem 50. Lebensjahr
Conn-Syndrom	Hypokaliämie, K < 3,4 mmol/l Hypernatriämie Renin supprimiert Cave! Hypokaliämie bei Hypertonikern meist diuretikainduziert
Cushing-Syndrom	Stammfettsucht, „Mondgesicht", zervikodorsale und supraklavikuläre Fettansammlung Zunahme des Körpergewichts Muskelschwäche Striae an Abdomen, Oberschenkel und Armen Hirsutismus, Akne, Amenorrhö fragile Haut mit Blutungen
Phäochromozytom	paroxysmale Blutdruckerhöhung (50%) Anfälle von: • Kopfschmerz • Palpitation • Tachykardie • Blässe • Schweißausbrüchen • Tremor Gewichtsverlust
Aortenisthmusstenose	deutlich niedrigere Blutdruckwerte am Bein fehlende oder abgeschwächte Femoralpulse

dieser Elektrolytveränderungen. Man kann dies differenzieren entweder durch Absetzen des Diuretikums und erneute Bestimmung des Kaliums nach zwei Wochen oder durch Bestimmung der Plasmareninaktivität: Erhöhtes Renin spricht für Diuretika, supprimiertes Renin spricht für ein Conn-Syndrom. Bei normotensiven und hypertensiven Patienten mit paroxysmaler Blutdruckerhöhung, bei Hypertonikern mit Anfällen von Palpitation, Kopfschmerzen, Tachykardie, Blässe, Schweißausbrüchen und Tremor sowie bei Hypertonikern mit Gewichtsverlust muß nach einem **Phäochromozytom** gesucht werden (→ Kap. 44.4.5). Auf ein **Cushing-Syndrom** weist das typische Aussehen hin (→ Tab. 26-6 und Kap. 18 „Gewichtsveränderungen"). Klinische Hinweise auf Nierenarterienstenosen (renovaskuläre Stenosen) sind in Tabelle 26-6 aufgeführt. Werden bei einem Patienten mit am Arm gemessener Hypertonie am Bein deutlich niedrigere Blutdruckwerte gefunden, ist dieser Unterschied nahezu diagnostisch beweisend für eine **Aortenisthmusstenose.**

Liegt beim Patienten kein Hinweis auf sekundäre Hypertonie vor, so kann die Diagnose essentielle Hypertonie gestellt werden. Es ist aber durchaus möglich, daß sich im weiteren Verlauf Symptome und Befunde ergeben, die auf sekundäre Hypertonie hinweisen und dann abgeklärt werden müssen.

26.4.2 Renoparenchymatöse Hypertonie

Alle renoparenchymatösen Erkrankungen führen in unterschiedlicher Häufigkeit zu Hypertonie. Die Inzidenz einer begleitenden Hypertonie ist hoch bei Glomerulonephritiden, bei Zystennieren und bei diabetischer Nephropathie. Mit zunehmender Niereninsuffizienz nimmt auch die Häufigkeit von Hypertonie zu. Etwa 90% aller Patienten mit terminaler Niereninsuffizienz sind zum Zeitpunkt der Dialyseeinleitung hypertensiv. Hypertonie beschleunigt die Progression nahezu aller renoparenchymatösen Erkrankungen. So ist bei häufig fehlender kausaler Therapiemöglichkeit die Senkung des Blutdrucks oft die wichtigste präventive Maßnahme, um einen Funktionsverlust der Nieren zu verhindern. Hypertonie ist ein wesentlicher Risikofaktor für kardiovaskuläre Erkrankungen, an denen 30–50% aller Patienten mit Niereninsuffizienz sterben. Folgende pathogenetische Faktoren tragen zur Entwicklung der renoparenchymatösen Hypertonie bei:

1. Retention von Wasser und Salz
2. Vermehrte Produktion von Vasopressoren wie Angiotensin und Endothelin
3. Herabgesetzte Produktion von Vasodilatatoren wie Kinine und Prostaglandine
4. Retention endogener Inhibitoren des vasodilatatorischen Stickoxids (NO)

Erhöhung von Serumkreatinin, Proteinurie und Hämaturie sowie ein pathologischer sonographischer

Befund der Nieren sind wegweisend für die Diagnose einer renoparenchymatösen Hypertonie (→ 26.4.1, und Tab. 26-6). Die einzelnen Erkrankungen werden abgehandelt in den Kapiteln: „Wasserlassen – Beschwerden und Störungen" (Kap. 60); „Ödeme" (Kap. 53); „Hämaturie" (Kap. 20).

26.4.3 Renovaskuläre Hypertonie

Die renovaskuläre Hypertonie wird ausgelöst durch Minderdurchblutung von Nierengewebe mit konsekutiver Aktivierung des Renin-Angiotensin-Systems. Angiotensin II führt einerseits zu peripherer Vasokonstriktion und andererseits zur Retention von NaCl und Wasser via Stimulation der Aldosteronproduktion. Die weitaus häufigste Ursache ist die Atherosklerose der Nierenarterien bei älteren Patienten, gefolgt von der fibromuskulären Dysplasie bei jüngeren Patienten. Die Nierenarterienstenose durch fibromuskuläre Dysplasie ist wesentlich häufiger bei Frauen.

Alle anderen Ursachen renovaskulärer Hypertonie sind selten (Tab. 26-7). Durch Dilatation oder chirurgische Therapie der Stenose kann in vielen Fällen der Blutdruck gesenkt werden, in einigen Fällen – besonders bei jüngeren Patienten mit fibromuskulärer Dysplasie – kommt es sogar zur Normalisierung des Blutdrucks. Da es eine kausale Therapie gibt, die den Patienten vor lebenslanger blutdrucksenkender Behandlung mit Medikamenten oder langdauernder Hypertonie bewahrt, sollte bei jedem Hypertoniker sorgfältig auf Hinweise für eine renovaskuläre Hypertonie geachtet werden.

B *Beschwerden und Befunde*

Es gibt keine Beschwerden und klinischen Befunde, die sicher eine renovaskuläre von einer essentiellen Hypertonie unterscheiden können. Aus Anamnese und Basisuntersuchung ergeben sich jedoch Hinweise auf eine renovaskuläre Hypertonie (→ Tab. 26-6). Bei Patienten mit Hypertonie und Atherosklerose anderer Gefäße, wie z.B. der Koronararterien oder der peripheren Arterien, findet man in 30–40% Nierenarterienstenosen. Bei Hypertonikern mit Einschränkung der Nierenfunktion, die nicht durch eine renoparenchymatöse Erkrankung zu erklären ist, muß an beidseitige Nierenarterienstenosen gedacht werden. Mehr als 50% der Hypertoniker, bei denen sonographisch eine verkleinerte Niere diagnostiziert wird, haben eine Nierenarterienstenose. Ein systolisch-diastolisches Strömungsgeräusch paraumbilikal oder über den Flanken hört man bei etwa 50% der Patienten mit Nierenarterienstenosen, aber auch bei 10% der Patienten mit essentieller Hypertonie. Patienten mit schwerer Hypertonie, charakterisiert durch Fundus hypertonicus Grad 3 und 4 und/oder durch Blutdruckwerte,

Tab. 26-7 Ursachen renovaskulärer Hypertonie

atherosklerotische Nierenarterienstenose
fibromuskuläre Nierenarterienstenose
Nierenarterienaneurysma
Nierenarterienembolie
Niereninfarkt
Dissektion der Aorta oder der Nierenarterie
arteriovenöse Fisteln
Verletzungen der Nierenarterie
renale und perirenale Zysten mit Kompression der Nierenarterie
perirenales Hämatom
retroperitoneale Fibrose
Malignome

die mit drei Antihypertensiva nicht ausreichend behandelbar sind, sowie Patienten mit raschem Anstieg eines neu aufgetretenen oder bisher gut eingestellten Bluthochdrucks haben in etwa 15–30% Nierenarterienstenosen.

26

Ein rezidivierendes Lungenödem bei Hypertonie kann auch ein Hinweis auf eine renovaskuläre Genese sein. Der Anstieg von Serumkreatinin unter ACE-Hemmer-Therapie ist ein dramatischer Hinweis auf eine Nierenarterienstenose. Nach dem 50. Lebensjahr nimmt die Inzidenz atherosklerotischer renovaskulärer Hypertonie zu, während bei einer Hypertonie vor dem 30. Lebensjahr häufiger Nierenarterienstenosen durch fibromuskuläre Dysplasie die Ursache der Hypertonie sind. Eine Hypokaliämie wird bei Patienten mit Nierenarterienstenose häufiger gesehen infolge des Angiotensin-II-stimulierten sekundären Hyperaldosteronismus.

Bei Patienten mit den angegebenen Beschwerden und Befunden ist die weitere diagnostische Suche nach Nierenarterienstenosen indiziert.

DS *Diagnosesicherung*

Die definitive Diagnose einer Nierenarterienstenose wird durch **selektive arterielle Angiographie** gestellt. Dieses Verfahren ist invasiv, und insbesondere bei den ja meist älteren Patienten können Komplikationen auftreten wie AV-Fisteln, Gefäßdissektion, Pseudoaneurysmen und Cholesterinembolien. Die Arteriographie ist daher nicht bei jedem Patienten mit klinischem Verdacht auf Nierenarterienstenose indiziert. Durch Screening-Methoden sollte vorher der Verdacht erhärtet oder widerlegt werden, um so nur möglichst wenige Patienten mit möglichst hoher Wahrscheinlichkeit für Nierenarterienstenose zu angiographieren. Geeignete Methoden sind Captopril-Szintigraphie, Doppler-Sonographie, die Spiral-CT-Angiographie (Abb. 26-3) und die Magnetresonanz-Angiographie. Mit der Captopril-Szintigraphie wird nuklearmedizinisch die Nierenfunktion vor und nach Gabe

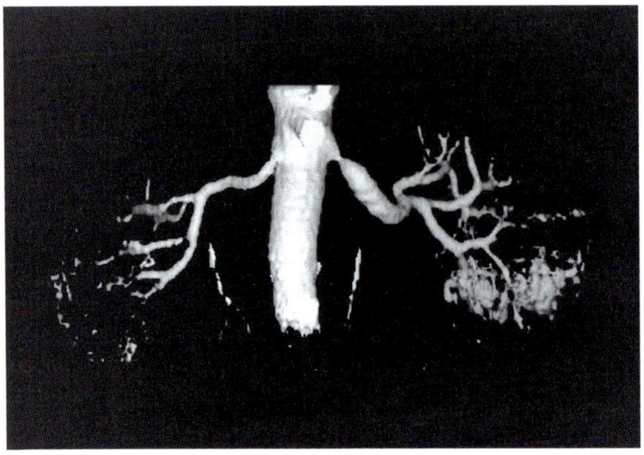

Abb. 26-3 Darstellung einer ca. 80%igen atherosklerotischen Nierenarterienstenose durch Spiral-Computertomographie. (Abteilung Diagnostische Radiologie 1, Prof. Dr. M. Galanski, Medizinische Hochschule Hannover)

des ACE-Hemmers Captopril gemessen. Ein diagnostischer Hinweis auf eine Nierenarterienstenose ist die Abnahme der Funktion in der betroffenen Niere nach Captopril-Gabe. Unter optimalen Bedingungen liegen Sensitivität und Spezifität bei über 90%. Die Methode ist von geringerer diagnostischer Wertigkeit bei Niereninsuffizienz, bei chronischer Einnahme von ACE-Hemmern und bei beidseitiger Nierenarterienstenose. Die Doppler-Sonographie erreicht je nach Erfahrung des Untersuchers und je nach den Kriterien der Auswertung eine Sensitivität von 40–90% und eine Spezifität von 90–100%.

In den wenigen spezialisierten Zentren mit größerer Erfahrung werden mit Spiral-CT-Angiographie eine Sensitivität und eine Spezifität von nahezu 100% erreicht. Bei der Magnetresonanz-Angiographie beträgt die Sensitivität fast 100%. Die Spezifität ist durch häufige Überschätzung des Stenosegrades niedriger.

Die Bestimmung der Plasmareninaktivität und der Captopril-Test (Reninbestimmung vor und nach Captopril) sind zum Screening nur sinnvoll bei Patienten, die noch nicht antihypertensiv behandelt werden, eine normale Nierenfunktion und einen normalen Salzkonsum haben; Sensitivität und Spezifität sind anderenfalls niedrig.

Die Nierenszintigraphie ohne Captoprilgabe, die intravenöse DSA und das Frühurogramm sollten wegen ihrer geringen Sensitivität und Spezifität in der Praxis generell nicht mehr zum Screening nach Nierenarterienstenose eingesetzt werden.

DD *Differentialdiagnose*

Die Differentialdiagnose zwischen atherosklerotischer und fibromuskulärer Nierenarterienstenose erfolgt durch Arteriographie (Abb. 26-4); in einigen spezialisierten Zentren ist sie auch durch Spiral-CT-Angiographie möglich (→ Abb. 26-3). Die **fibromuskuläre Dysplasie** zeigt einen typischen Wechsel von Einengungen der Nierenarterie mit kleinen aneurysmatischen Erweiterungen (Perlschnur), während bei **atherosklerotischer** Nierenarterienstenose eine meist abgangsnahe mehr oder weniger lange solitäre Einengung des Gefäßes durch atherosklerotische Plaques vorhanden ist. Die Differenzierung von einer Nieren-

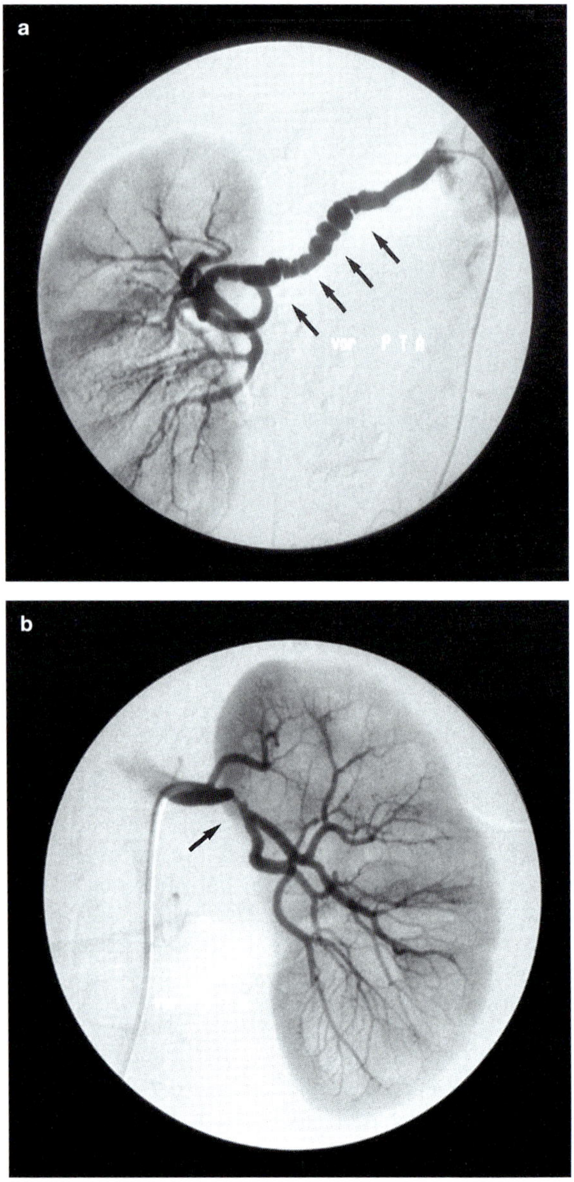

Abb. 26-4 a) Nierenarterienstenose durch fibromuskuläre Dysplasie. Angiographische Darstellung.
b) Nierenarterienstenose durch Atherosklerose. Angiographische Darstellung.
(Radiologisches Institut, Prof. Dr. I. Arlart, Katharinenhospital Stuttgart)

arterienstenose gegenüber den anderen sehr viel selteneren Formen der renovaskulären Hypertonie, wie z.B. Niereninfarkte, Dissektion der Aorta oder der Nierenarterie, AV-Fisteln und Verletzungen der Nierenarterie, ist in der Regel durch die Arteriographie möglich (→ Tab. 26-7). Andere Ursachen einer Nierenarterienstenose wie renale und parapelvine Zysten mit Kompression der Nierenarterie, perirenales Hämatom, retroperitoneale Fibrose und Malignome kann man auch durch Sonographie und Computertomographie erkennen.

Zur Differentialdiagnose gehört auch die Klärung der Frage, ob eine Stenose kausal für die Hypertonie verantwortlich ist, oder ob die Nierenarterienstenose – wie eine Atherosklerose in anderen Gefäßgebieten – sich erst als Folge der Hypertonie entwickelt hat. Die Klärung des Zusammenhangs ist therapeutisch wichtig, da im zweiten Fall die Beseitigung der Stenose mit hoher Wahrscheinlichkeit nicht zur Blutdrucksenkung führen wird.

Ein kausaler Zusammenhang ist wahrscheinlich bei positiver Captopril-Szintigraphie oder bei vermehrter Reninsekretion der betroffenen Niere und supprimierter Reninsekretion der kontralateralen Niere. Dazu ist die seitengetrennte Reninbestimmung aus beiden Nierenvenen und der Vena cava erforderlich. Unabhängig von der hämodynamischen Relevanz wird man Stenosen >75% bei noch nicht geschrumpfter Niere immer durch Angioplastie oder chirurgische Therapie beseitigen, da sie progredient sind und die Nierenfunktion gefährden, bis hin zum völligen Verlust des Nierenparenchyms.

26.4.4 Endokrine Hypertonie

Hypertonie kann ein Symptom bei verschiedenen endokrinen Erkrankungen sein (→ Tab. 26-2). Die meisten dieser Erkrankungen haben andere, häufigere und vor allem charakteristischere Symptome, unter denen sie besprochen werden. So ist das Cushing-Syndrom unter „Gewichtsveränderungen" (Kap. 18) zu finden, Akromegalie und Phäochromozytom unter „Kopfschmerzen" (Kap. 44) und Hyperthyreose unter „Herzklopfen" (Kap. 23). Klinische Zeichen, die auf ein Cushing-Syndrom oder ein Phäochromozytom hinweisen, sind in Tabelle 26-6 aufgeführt.

Hier wird der primäre Hyperaldosteronismus (Conn-Syndrom) dargestellt, dessen wesentliches Symptom die Hypertonie ist.

26.4.4.1 Conn-Syndrom

O. E. Janssen und P. C. Scriba

Den primären Hyperaldosteronismus bezeichnet man als Conn-Syndrom. Man versteht darunter das durch eine erhöhte Aldosteronproduktion hervorgerufene klinische Erscheinungsbild.

Die häufigste Ursache eines primären Hyperaldosteronismus ist ein unilaterales aldosteronproduzierendes Nebennierenrindenadenom (etwa 70% der Fälle). In etwa 25% der Fälle findet sich eine bilaterale Nebennierenrindenhyperplasie. Weitere seltene Formen werden durch Nebennierenrindenkarzinome, extraadrenale Tumoren oder eine primär makronoduläre Nebennierenrindenhyperplasie oder einen Enzymdefekt der Kortikosteroidsynthese (durch Glukokortikoide supprimierbarer Hyperaldosteronismus) verursacht.

B *Beschwerden und Befunde*

Der primäre Hyperaldosteronismus bleibt häufig, vor allem bei älteren Patienten, wegen der Vieldeutigkeit und geringen Spezifität seiner Beschwerden für längere Zeit unerkannt. Das typische Erscheinungsbild mit Kopfschmerzen, Durst, Polyurie, Obstipation, Muskelschwäche und Parästhesien ist selten. Leitsymptome, die an das Vorliegen eines Conn-Syndroms denken lassen sollten, sind Hypertonie, Hypokaliämie und metabolische Alkalose.

26

Letztere sind bei Hypertonikern jedoch meist durch Diuretika verursacht. Falls keine früheren, normalen Kaliumwerte bekannt sind, sollten die Diuretika abgesetzt werden und eine erneute Bestimmung des Serumkaliums nach 2 Wochen erfolgen. Die Bestimmung der Kaliumausscheidung im 24-Stunden-Urin kann dazu beitragen, einen abnorm hohen Kaliumverlust über den Gastrointestinaltrakt oder die Haut auszuschließen. Bei persistierender Hypokaliämie mit erhöhter renaler Kaliumausscheidung sollte die Diagnostik im Hinblick auf einen (primären) Hyperaldosteronismus erfolgen. Auch bei Patienten mit schwerer oder therapierefraktärer Hypertonie sollte grundsätzlich an die Möglichkeit eines Hyperaldosteronismus gedacht werden.

DS *Diagnosesicherung*

Labor

Der Nachweis eines Hyperaldosteronismus erfordert die Bestimmung von Aldosteron und Renin im Serum. Die Ergebnisse sollten mit der erhöhten Kaliumausscheidung im Urin korreliert werden. Diuretika, Betarezeptorenblocker und ACE-Hemmer müssen gegebenenfalls zwei (Spironolacton vier) Wochen vor der Untersuchung abgesetzt werden. Bei einem primären Hyperaldosteronismus ist der Aldosteron-Serumspiegel erhöht, die Plasmareninaktivität hingegen erniedrigt.

Ferner findet man als indirekte diagnostische Zeichen eine metabolische Alkalose und ein leicht erhöhtes Natrium im Serum.

Bildgebende Diagnostik

Bei gesichertem primärem Hyperaldosteronismus muß eine sorgfältige Lokalisationsdiagnostik durchgeführt werden. Das Computertomogramm bzw. die Kernspintomographie der Nebennieren erweisen sich dabei als sensitiver als die Sonographie. Im Zweifelsfall kann eine seitengetrennte Blutentnahme aus den Nebennierenvenen zur simultanen Bestimmung von Aldosteron und Cortisol erfolgen. Diese Untersuchung zeigt, ob Aldosteron im Verhältnis zu Cortisol einseitig oder beidseitig vermehrt gebildet wird. In sehr seltenen Fällen kann eine [^{131}J-]Cholesterol-Szintigraphie zur Lokalisation eines aldosteronproduzierenden Tumors beitragen.

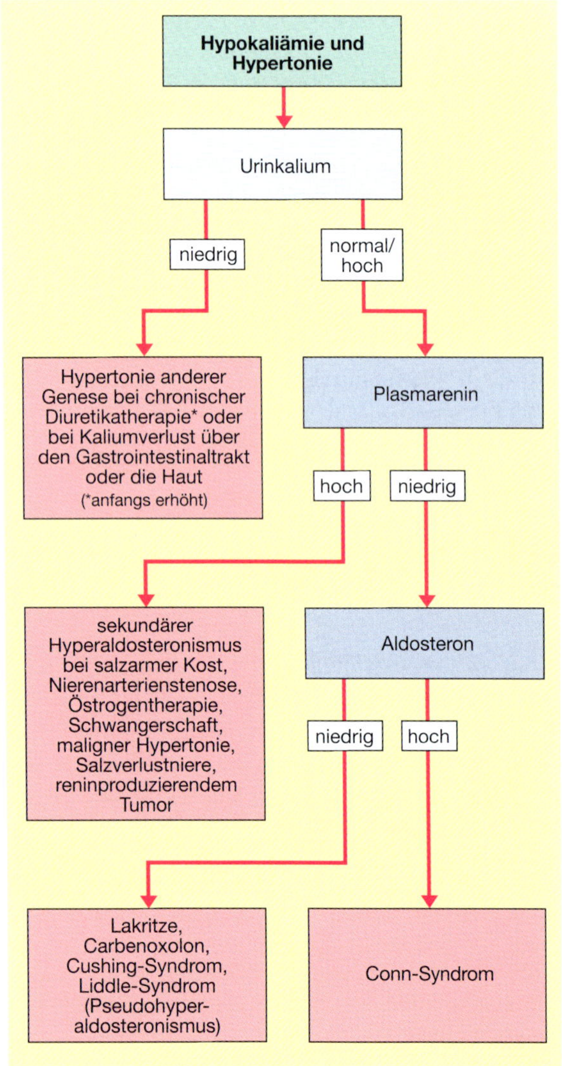

Abb. 26-5 Algorithmus zur Diagnose einer Hypokaliämie mit Hypertonie.

Manchmal wird die Diagnose eines Conn-Syndroms auf umgekehrtem Weg gestellt, wenn beispielsweise in der aus anderen Gründen durchgeführten Computertomographie zufällig eine Raumforderung im Bereich der Nebenniere auffällt.

DD *Differentialdiagnose*

Die Differentialdiagnose der Hypokaliämie **mit** Hypertonie (Abb. 26-5) umfaßt neben dem **primären** Hyperaldosteronismus (Conn-Syndrom) den Konsum von Lakritze oder Carbenoxolon (Hemmung der renalen 11β-Hydroxylase), das Liddle-Syndrom (Pseudohyperaldosteronismus), das Cushing-Syndrom sowie einen **sekundären** Hyperaldosteronismus, z.B. bei salzarmer Kost, Schwangerschaft, Östrogentherapie, maligner Hypertonie, Salzverlustniere, Nierenarterienstenose oder reninproduzierendem Tumor. Abzugrenzen ist auch eine Hypertonie anderer Genese unter Therapie mit Diuretika oder bei Kaliumverlust über den Gastrointestinaltrakt oder die Haut.

Die Differentialdiagnose der Hypokaliämie **ohne** Hypertonie ist in Abbildung 26-6 dargestellt.

26.4.5 Hypertonie durch Hypervolämie und Hyperviskosität

Beide Hypertonieformen sind sehr selten. Erhöhte Viskosität des Blutes führt zu erhöhtem Fließwiderstand und kann so zur Entstehung einer Hypertonie beitragen. Sehr rasche intravasale Volumenexpansion ohne adäquate renale Ausscheidung des zugeführten Volumens kann zu kurzfristigem Anstieg von Herzzeitvolumen und Blutdruck führen. In seltenen Fällen sieht man daher bei niereninsuffizienten Patienten nach sehr rascher **Transfusion größerer Blutvolumina** einen vorübergehenden Anstieg des Blutdrucks.

Eine Komponente der **dialyseassoziierten Hypertonie** ist ebenfalls volumenbedingt, da sich durch adäquaten Flüssigkeitsentzug mittels Dialyse der Blutdruck bei den meisten Patienten gut einstellen läßt. Zwischen den Dialysen kann es jedoch wieder zum Anstieg des Blutdrucks kommen, der durch zunehmende Hypervolämie bedingt ist. Viele Dialysepatienten leiden wegen hoher Natriumaufnahme bei fehlender Natriumausscheidung unter Durst und trinken zwischen den Dialysen zu viel. Dies führt bei Oligo-/Anurie zur rezidivierenden Hypervolämie mit konsekutiver Hypertonie.

Die anderen Komponenten der dialyseassoziierten Hypertonie gleichen denen der renoparenchymatösen Hypertonie (→ 26.4.2) und sind dort aufgeführt.

Patienten mit **primärer Polyzythämie** sind oft hypertensiv, bedingt durch Hypervolämie und erhöhte Viskosität des Blutes. Die Erhöhung des Hämatokrits ist wegweisend (→ Kap. 44.4.7).

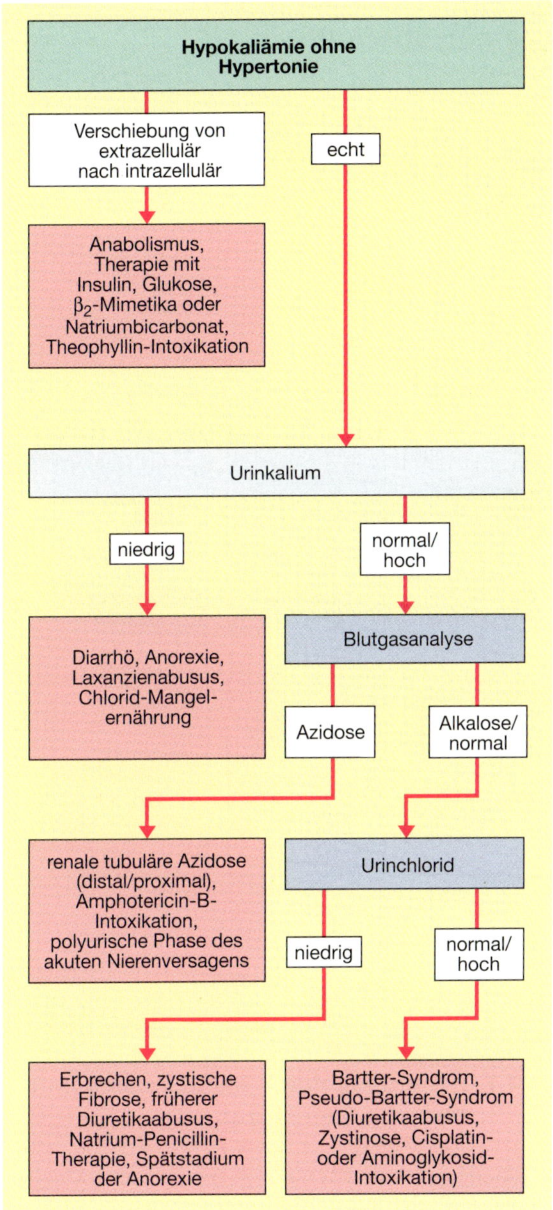

Abb. 26-6 Algorithmus zur Diagnose einer Hypokaliämie ohne Hypertonie.

Erythropoetin, das weit verbreitet Anwendung zur Therapie von Anämien findet, führt bei Patienten mit terminaler Niereninsuffizienz in 10–20% der Behandelten zu Hypertonie. Der Anstieg der Blutviskosität durch Erhöhung des Hämatokrits kann die Hypertonie kaum erklären, da der Blutdruckanstieg nur bei niereninsuffizienten Patienten beobachtet wurde und da andererseits Erhöhung des Hämatokrits durch Transfusionen bei Dialysepatienten nicht zu einer Hypertonie führt. Es gibt Hinweise auf verschiedene vasomodulatorische Substanzen, die durch Erythropoetin beeinflußt werden und für den Hypertonus verantwortlich sein könnten.

26.4.6 Neurogene Hypertonie

Verschiedene Erkrankungen des zentralen und peripheren Nervensystems können eine Hypertonie verursachen (→ Tab. 26-2).

Der Mechanismus bei den meisten Erkrankungen ist eine Aktivierung des vasomotorischen Zentrums durch erhöhten intrakraniellen Druck mit konsekutiver peripherer Vasokonstriktion. **Hirntumoren,** be-

Tab. 26-8 Medikamente und toxische Substanzen, die Hypertonie auslösen können

Steroide	Kortikosteroide orale Antikonzeptiva anabole Steroide (Leistungssport, Body-building) Hautsalben mit Steroiden bei exzessivem Gebrauch Lakritze (mineralokortikoide Wirkung, Hypokaliämie!)
Anästhetika (selten) **Narkotika (selten)**	Ketamin Fentanyl Scopolamin Naloxon Pentazocin
Medikamente/Drogen mit Effekt auf das sympathische Nervensystem	Phenylephrin-Augentropfen Tropfen/Tabletten zum Abschwellen der Nasenschleimhaut Appetitzügler (Phenylpropanolamin, Ephedrin, Pseudoephedrin) Metoclopramid Yohimbin Glukagon Kokain Monoaminoxidase-(MAO-)Inhibitor Tyramin in Rotwein und altem Käse Bromocriptin Ergometrin, Ergotamin
Serotoninagonisten	Buspiron
Cyclosporin	
Erythropoetin	
Disulfiram	
Lithium	
Schwermetalle	Blei, Thallium, Kadmium (chronische Intoxikation)

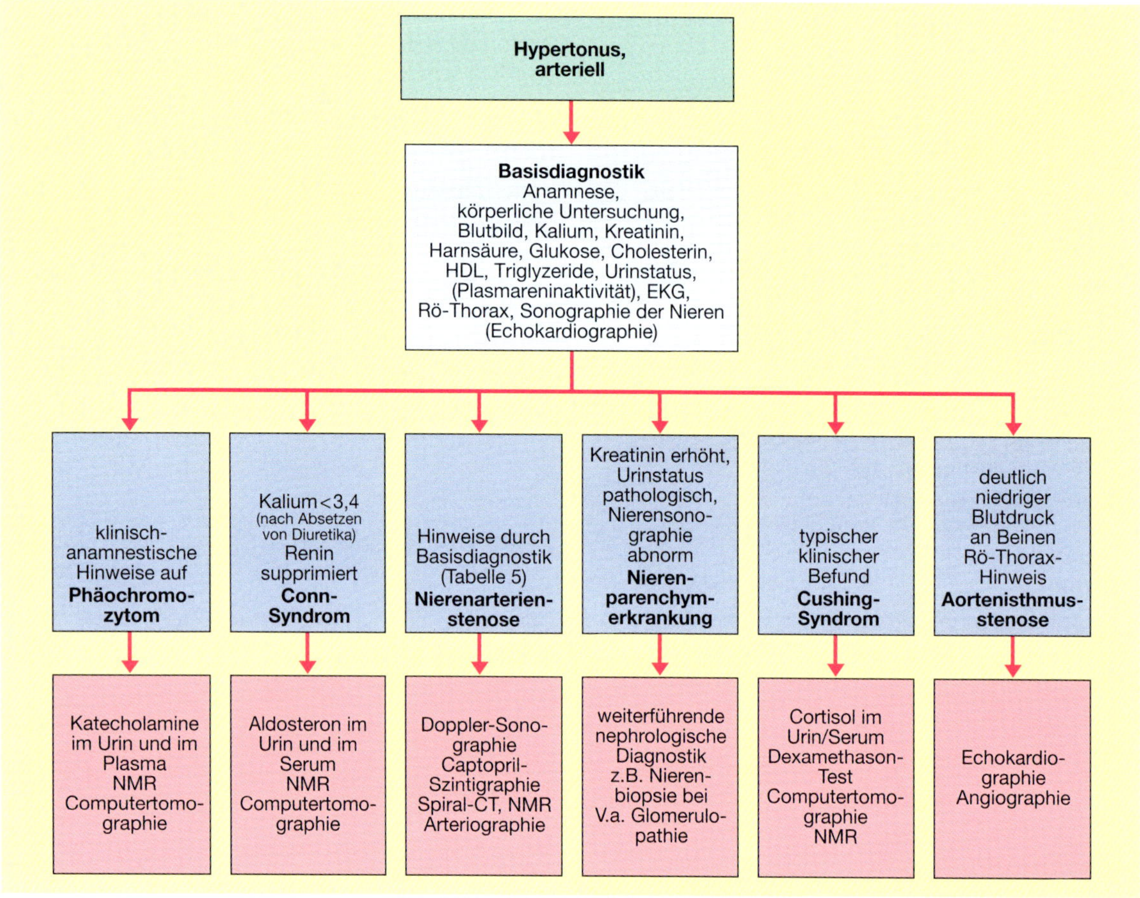

Abb. 26-7 Algorithmus zur Differentialdiagnose der Hypertonie.

sonders der hinteren Schädelgrube, können einen paroxysmalen Blutdruckanstieg auslösen, begleitet von Symptomen wie Schweißausbruch, Angst, Tremor und Kopfschmerzen, die an ein Phäochromozytom denken lassen. Während dieser Paroxysmen waren die Katecholamine in einigen Fällen erhöht. Dies macht die Differentialdiagnose gegenüber dem Phäochromozytom schwierig. Patienten mit **hoher Querschnittsläsion** (→ Kap. 30) oberhalb des Ursprungs der thorakolumbalen sympathischen Neurone verlieren die zentrale Kontrolle der sympathischen Nervenaktivität. Die Stimulation von Nerven unterhalb der Querschnittsläsion, etwa durch eine volle Blase oder ein volles Rektum, kann über das isolierte Rückenmark reflektorisch zur Steigerung der sympathischen Aktivität führen, mit Hypertonie, Schweißausbruch, Flush und Kopfschmerz (autonome Hyperreflexie).

Nach schweren **Schädel-Hirn-Traumen** kann der Blutdruck passager durch exzessive sympathische Aktivität ansteigen, ebenso beim **Guillain-Barré-Syndrom.**

26.4.7 Hypertonie durch Medikamente und toxische Substanzen

Eine Hypertonie kann durch verschiedene Medikamente, toxische Substanzen und Substanzen in Nahrungsmitteln induziert werden (Tab. 26-8). Bei jedem Patienten mit hohem Blutdruck sollte daher eine sorgfältige Anamnese hinsichtlich der Einnahme bzw. Applikation von Pharmaka, des Konsums bestimmter Nahrungsmittel und der Exposition gegenüber toxischen Substanzen erfolgen. Die Mechanismen sind verschieden und schließen Volumenexpansion, direkte Vasokonstriktion und Stimulation des sympathischen Nervensystems ein. Bei einigen Substanzen ist der Mechanismus der Blutdrucksteigerung nicht bekannt.

Trizyklische Antidepressiva inhibieren die antihypertensive Wirkung von Clonidin, Guanethidin und Methyldopa durch Inhibition der neuronalen Aufnahme dieser Substanzen und können so bei therapierten Hypertonikern zu einem Anstieg des Blutdrucks führen.

26.5 Zusammenfassung

Ein Blutdruck ≥160/95 mmHg ist erhöht und therapiebedürftig. Die Diagnose „Hypertonie" sollte erst nach sorgfältigem Messen des Blutdrucks an mindestens drei verschiedenen Tagen in mindestens wöchentlichem Abstand gestellt werden. Ausgenommen von dieser Regel ist schwerer und sehr schwerer Bluthochdruck (→ Tab. 26-1). Besser ist die Diagnose durch die 24-Stunden-Blutdruckmessung zu stellen. In über 90% der Fälle liegt eine essentielle Hypertonie vor, deren Ursachen nicht bekannt sind. Die häufigsten Ursachen der restlichen 10% sind renoparenchymatöse Erkrankungen, renovaskuläre Erkrankungen, endokrine Erkrankungen und die Aortenisthmusstenose. Lebensgewohnheiten, wie z.B. Alkoholkonsum, Salzaufnahme und Medikamente, sind von großer Bedeutung, da sie zur Entstehung einer Hypertonie beitragen können. **Die Diagnostik hat vier Ziele:**

- den Ausschluß oder die Bestätigung kausaler Erkrankungen
- die Diagnose von Organschäden durch Hypertonie
- das Erfassen von Faktoren, die zur Entstehung oder Exazerbation von Hypertonie beitragen können
- die Definition des gesamten kardiovaskulären Risikos

Nicht bei allen Patienten mit Hypertonie muß nach kausalen Erkrankungen gesucht werden. Hinweise auf sekundäre Hypertonieformen sind in Tabelle 26-6 zusammengestellt. Nur bei Patienten mit einem oder mehreren dieser Hinweise sollte nach kausalen Erkrankungen gesucht werden.

Neben den relativ häufigen Formen sekundärer Hypertonie gibt es eine Vielzahl anderer Erkrankungen, die von einer Hypertonie begleitet sein können (→ Tab. 26-2). Im Hinblick auf die große Zahl der Hypertoniker sind diese Ursachen selten. Meist haben diese Erkrankungen andere, häufigere und charakteristischere Symptome, die zu ihrer Diagnose führen.

27 Husten und Lungenrundherde

M. Schmidt

Husten ist eines der häufigsten Symptome überhaupt: Etwa 1/3 der Bevölkerung leidet darunter. Wahrscheinlich wird er deshalb oft bagatellisiert und nur symptomatisch behandelt: Antitussiva gehören zu den Bestsellern der Pharmazie. Dabei ist Husten das wichtigste und früheste Symptom einiger ernster Erkrankungen, z.B. des Bronchialkarzinoms. Vor allem der chronische, trockene Husten muß sorgfältig und systematisch abgeklärt werden. Husten tritt meist zusammen mit anderen diagnostisch verwertbaren Symptomen auf, z.B. mit Atemnot (→ Kap. 3).

27.1 Definition und Abgrenzung

Husten ist ein Teil des Selbstreinigungsapparates der Atemwege. Die mukoziliäre Clearance entsorgt die peripheren Bronchien und bringt das Bronchialsekret mit den unerwünschten Ablagerungen in den Bereich der Stammbronchien und der Trachea; dort übernimmt die Hustenclearance reflexgesteuert die Expektoration. Die sensorischen Hustenrezeptoren liegen an Kehlkopf, Trachea und zentralen Bronchien: Irritanzrezeptoren (für mechanische Stimuli), C-Fasern (für chemische Stimuli) und interstitielle Hustenrezeptoren (J-Rezeptoren) im Lungenparenchym. Auch Entzündungsmediatoren vermitteln Hustenreiz, z.B. Histamin, Bradykinin, Neurotransmitter, Prostaglandine und Leukotriene. Der exakte afferente Schenkel des Reflexbogens (Nervus vagus) ist beim Menschen nicht bekannt; die Efferenz läuft zur Atemmuskulatur. Husten kann auch zentralnervös (willentlich) ausgelöst werden. Der Hustenvorgang durchläuft vier typische Phasen. Nach einer tiefen Inspiration wird bei Glottisschluß durch die Exspirationsmuskulatur ein hoher intrathorakaler Druck **(Kompressionsphase)** aufgebaut; zusätzlich verengen sich die Bronchien, um später den Fluß noch zu vergrößern. Es folgt eine plötzliche Öffnung der Glottis mit schlagartiger **Dekompression** des Thorax. Die hohen Atemströme (120 m/s; 430 km/h) scheren das Sekret von der Bronchienwand ab und halten es im exspiratorischen Luftfluß **(Expulsion).** Danach folgt eine **Relaxationsphase** mit Bronchodilatation. Krankhaft ist ein Husten dann, wenn er seine Aufgabe, die Hustenclearance, nicht adäquat erfüllen kann, d.h. gesteigert, ineffektiv oder chronisch ist. Klinisch unterscheidet man **trockenen (unproduktiven)** Reizhusten und **produktiven** Husten einerseits und **akuten** und **chronischen** Husten andererseits. Vor allem chronischer, trockener Husten (> 2 Wochen) ist ein bedenkliches Symptom, das dringlicher Klärung bedarf.

27.2 Ursachen

27.2.1 Hypersekretion, Dyskrinie, mechanische Hustenursachen

Vermehrtes Bronchialsekret **(Hyperkrinie)** mit hoher Viskosität **(Dyskrinie)** führt zu einer Reizung der Irritanzrezeptoren. Besonders gilt dies für Bronchitis, Bronchiektasie und Pneumonie, wo produktiver Husten ein eitriges Sputum befördert. Bronchiale und pulmonale Blutungen führen zur **Hämoptyse** (geringgradig) oder zur **Hämoptoe** (massiv). Beim Asthma bronchiale kommt das Schleimhautödem durch Permeabilitätsstörung als mechanische Ursache des Hustens in Betracht, beim schweren Asthma bronchiale auch die Dyskrinie. Der kardiale Husten wird auf die Lungenstauung oder die Stauung der Bronchialvenen (Stauungsbronchitis) bei Linksherzinsuffizienz zurückgeführt. Alle Raucher husten im Rahmen ihrer „Raucherbronchitis". Tumoren, vor allem das Bronchialkarzinom, können monatelang als einziges Symptom Husten aufweisen. Entzündliche Granulome (nach Operation, bei Tuberkulose oder bei Sarkoidose) und inhalierte Fremdkörper oder Stäube führen zum trockenen Husten. Eine mechanische Reizung der Pleura visceralis, z.B. durch die Nadel bei Pleurapunktion, löst trockenen Husten aus (Tab. 27-1).

27.2.2 Entzündungsmediatoren

Bei Asthma bronchiale kann die Mediatorfreisetzung selbst oder die weitgehende Zerstörung des Bronchialepithels durch Produkte der Entzündungs-

Tab. 27-1 Klinische Hustenursachen

Hypersekretion Dyskrinie mechanische Ursachen	Entzündungen	Extrathorakale Ursachen	Abnorm gesteigerter Hustenreflex[1)]	ZNS
Bronchitis Asthma bronchiale kardialer Husten Bronchiektasie Mukoviszidose Bronchialkarzinom mediastinale Prozesse	Asthma bronchiale Virusinfekte Pertussis interstitielle Lungen-krankheiten Pneumonie Pleuritis	Nasennebenhöhlen-affektionen Mittelohrerkrankungen Kehlkopferkrankungen gastroösophagealer Reflux Therapie mit ACE-Hemmern	Asthma bronchiale nach Virusinfekten nach Pertussis interstitielle Lungen-krankheiten idiopathischer Husten	psychogener Husten

[1)] Ein abnorm gesteigerter Hustenreflex kann (nach Ausschluß eines hyperreagiblen Bronchialsystems) durch Inhalation von Capsaicinlösung nachgewiesen werden.

zellen zu einem meist trockenen Husten führen. Nächtliche Hustenattacken sind oft das einzige Symptom dieser Krankheit. Epitheldefekte sind ebenfalls bei Virusinfekten die wesentliche Hustenursache. Bei Keuchhusten scheint das Pertussistoxin selbst hustenauslösend zu wirken: Nach Abklingen der Infektion persistiert oft wochenlang ein trockener Husten. Wahrscheinlich sind bei akuten Alveolitiden und fortgeschrittenen interstitiellen Lungenkrankheiten eher die Entzündungsmediatoren als die lungenmechanischen Veränderungen (J-Rezeptoren) für den trockenen Husten (Hüsteln) verantwortlich (→ Tab. 27-1).

27.2.3 Extrathorakale Ursachen

Bei Affektionen der Nase und der Nasennebenhöhlen ist Husten ein häufiges Symptom. Ob er wirklich durch Sekretabfluß aus den Choanen auf den Kehlkopf hinab (postnasal drip) ausgelöst wird, ist umstritten. Auch Kehlkopferkrankungen können neben der üblichen Heiserkeit mit trockenem Husten einhergehen. Die Hustenauslösung durch Mittelohrprozesse wird über Vagusreflexbahnen gesteuert. Ein trockener Husten wird durch Reflux von Magensäure in den Ösophagus ausgelöst (gastroösophagealer Reflux, → Tab. 27-1).

27.2.4 Abnormer Hustenreflex

Ein abnorm gesteigerter (hypersensitiver) Hustenreflex läßt sich bei Asthma bronchiale, nach Virusinfekten, nach Pertussis und bei interstitiellen Lungenkrankheiten feststellen. Unter Therapie mit Angiotensin-Converting-Enzymhemmern (ACE-Hemmer) kommt es bei 5–10% der Patienten zu einer Steigerung des Hustenreflexes. Wahrscheinlich wird er durch Bradykinin- oder Prostaglandinfreisetzung ausgelöst. Nach Ausschluß aller möglichen Hustenursachen bleibt ein kleiner Teil der Patienten übrig, der unter einem (idiopathisch) gesteigerten Hustenreflex leidet (→ Tab. 27-1).

27.2.5 Zentralnervöse Ursachen

Im Rahmen neurotischer Krankheitsbilder kommt es gelegentlich zum psychogenen Husten. Man findet dann keine organischen Ursachen, der Hustenreflex ist normal und die Nächte sind hustenfrei.

27.3 Diagnostik

27.3.1 Anamnese

27.3.1.1 Dauer

Fast jeder Patient, der wegen Husten den Arzt aufsucht, hat schon rezeptfreie Pharmaka (Tabletten, Kapseln, Säfte, Tropfen, Bonbons) eingenommen; er kann meist recht genau die Dauer der Symptomatik angeben. Oft sind auch akute Ereignisse in Erinnerung (z.B. eine schwere Erkältung, ein Arbeitsplatzwechsel).

27.3.1.2 Hustenqualität

Trockenes Hüsteln tritt z.B. bei interstitieller Lungenkrankheit auf. Hustenattacken können für ein Asthma bronchiale sprechen. Ein bellender, heiserer Husten geht oft vom Kehlkopf aus, ein röhrender, ollender, tiefer Husten von den Bronchien. Bei Linksherzinsuffizienz kann es schon bei Flachlagerung zu Husten kommen. Bei Asthma bronchiale tritt der nächtliche Husten typischerweise zwischen 2 und 4 Uhr auf, bei Bronchitis und Bronchiektasie beim Aufwachen. Husten bei körperlicher Belastung kann ein Hinweis auf ein „exercise-induced“-Asthma oder auf eine Linksherzinsuffizienz sein.

27.3.1.3 Begleitsymptome

Husten geht oft mit anderen Symptomen einher, was die Diagnostik erleichtern kann. Bei Auswurf wird man nach dessen Farbe (weiß, grau, gelb, grün, rot, rostbraun), Beschaffenheit (zäh, flockig, schaumig) und Menge fragen. Auch der Geruch kann wichtig sein (z.B. bei Bronchiektasie, bei Lungenabszeß). Oft kommen Husten und Atemnot (→ Kap. 3) gemeinsam vor. Auch bei Linksherzinsuffizienz kann Husten (mit/ohne Atemnot) das Leitsymptom sein. Trockenes Hüsteln und Belastungsdyspnoe sind für interstitielle Lungenkrankheiten typisch. Gleichzeitige atemabhängige Thoraxschmerzen sprechen für Rippenfrakturen oder Pleuritiden (→ Kap. 41). Affektionen der Pleura visceralis führen über vagale Nervenfasern zu einem trockenen Husten. Retrosternale, ziehende Schmerzen beim Einatmen sprechen für eine Tracheitis. Bei Fieber sollte man an einen akuten Infekt der Atemwege oder an eine Pneumonie denken, bei subfebrilen Temperaturen auch an Tuberkulose, vor allem in Verbindung mit Schweißneigung, insbesondere Nachtschweiß (→ Kap. 14). Ein Gewichtsverlust kommt beim Bronchialkarzinom, bei Tuberkulose oder als pulmonale Kachexie beim Lungenemphysem vor (→ Kap. 18). Die intrathorakale Drucksteigerung bei heftigen Hustenattacken kann die Ursache für Synkopen sein (→ Kap. 7.4.8).

27.3.1.4 Inhalative Noxen

Die häufigste inhalative Noxe ist Zigarettenrauch. Ein anamnestisches Dilemma besteht immer bei Rauchern: Wenn schon ein Raucher wegen Husten einen Arzt aufsucht (weniger als 50% der Raucher würden das tun), ist die Ursache wahrscheinlich nicht sein unterschwelliger „Raucherhusten“: Er ist über eine bislang unbekannte Hustenqualität beunruhigt. An eine Reihe von beruflichen Luftschadstoffen ist bei akuten Hustenattacken (z.B. nach Betriebsunfällen), aber auch bei chronischem Husten zu denken (z.B. NH_3, Cl^-, HCl, NO_x, SO_2, O_3, Silikat, Asbest, Mehl, Handschuhpuder, Latex etc.). Bei schon bestehenden Atemwegserkrankungen führen Witterungseinflüsse wie Kälte oder Nebel zu Husten.

27.3.2 Körperliche Untersuchung

27.3.2.1 Inspektion

Der Einsatz der Atemhilfsmuskulatur bei Ruheatmung deutet auf eine Erschöpfung der Atempumpe[1] bei respiratorischer Insuffizienz hin, die Zyanose auf eine Störung des Lungenparenchyms[2].

[1] Atempumpe ist der funktionelle Oberbegriff für die Aufrechterhaltung der Ventilation durch ZNS, Nerven, Atemmuskulatur und Thoraxskelett. Beim Atempumpenversagen fehlt eine effektive Ventilation.

[2] Störungen der Parenchymfunktion sind die Diffusionsstörung, das Ventilations-Perfusions-Ungleichgewicht oder ein anatomischer Shunt.

Uhrglasnägel und Trommelschlegelfinger findet man oft bei chronisch-respiratorischer Insuffizienz, aber auch bei Vitien mit Zyanose oder als paraneoplastisches Syndrom beim Bronchialkarzinom. Ein Faßthorax, oft mit supraklavikulären „Kißchen“, weist auf ein Lungenemphysem hin. Asymmetrische Atembeweglichkeit wird bei trockenen Pleuritiden, Pleuraergüssen, bei Atelektasen oder bei Rippenfrakturen beobachtet. Ein fortgeschrittenes Lungenemphysem kann ebenso zur pulmonalen Kachexie führen wie eine Tuberkulose („Schwindsucht“).

27.3.2.2 Physikalische Untersuchung

Bei der Hustenabklärung ist immer eine komplette internistische Untersuchung erforderlich, die den Lymphknotenstatus mit einschließt und ein besonderes Augenmerk auf Zeichen der Linksherzinsuffizienz richtet. Der inspiratorische Zwerchfellstand und die Zwerchfellbeweglichkeit geben wichtige Hinweise auf ein Emphysem, eine interstitielle Lungenkrankheit, auf eine Pleuropneumonie oder einen Pleuraerguß. Beidseitiges Giemen, Brummen, Pfeifen (trockene Rasselgeräusche) sind typisch für eine obstruktive Atemwegserkrankung. Einseitige Stenosegeräusche findet man bei lokalisierten Behinderungen der Ventilation (Fremdkörper, Tumor). Bei inspiratorischem Stridor sind die extrathorakalen Atemwege oder die Trachea betroffen. Feinblasige, ohrnahe Rasselgeräusche (Bronchialatmen) sprechen für pneumonische Infiltrate. Beidseitiges hochfrequentes Knistern kann bei einer Linksherzinsuffizienz vorkommen, oft ist es das Symptom einer interstitiellen Lungenkrankheit (Sklerosiphonie, velcro rales). Rasselgeräusche kann man oft bei Ruheatmung nicht auskultieren, und viele Patienten können nicht lange hyperventilieren. Man sollte ein forciertes Exspirations- oder Hustenmanöver während der Auskultation durchführen lassen („Anhusteversuch“).

27.3.3 Weitere Untersuchungen

Zum Basisprogramm einer Hustenabklärung (Abb. 27-1) gehört eine Röntgenaufnahme des Thorax in zwei Ebenen, um rechtzeitig z.B. ein Bronchialkarzinom, eine Tuberkulose, eine interstitielle Lungenkrankheit oder eine Lungenstauung zu erkennen. Durch eine Lungenfunktionsprüfung soll dann vor allem eine obstruktive Atemwegserkrankung als häufige Hustenursache ausgeschlossen werden; falls erforderlich, wird man die bronchiale Hyperreaktivität durch Inhalation von Carbachol oder Metacholin diagnostizieren (Acetylcholin ist dazu wegen seiner tussigenen Potenz ungeeignet). Im EKG ist nach Zeichen des Cor pulmonale und nach Rhythmusstörungen zu fahnden. Etwa die Hälfte aller Hustenursachen dürfte durch das Basisprogramm schon abzuklären sein. Bei auffälligen örtlichen und/oder zeitlichen Zusammen-

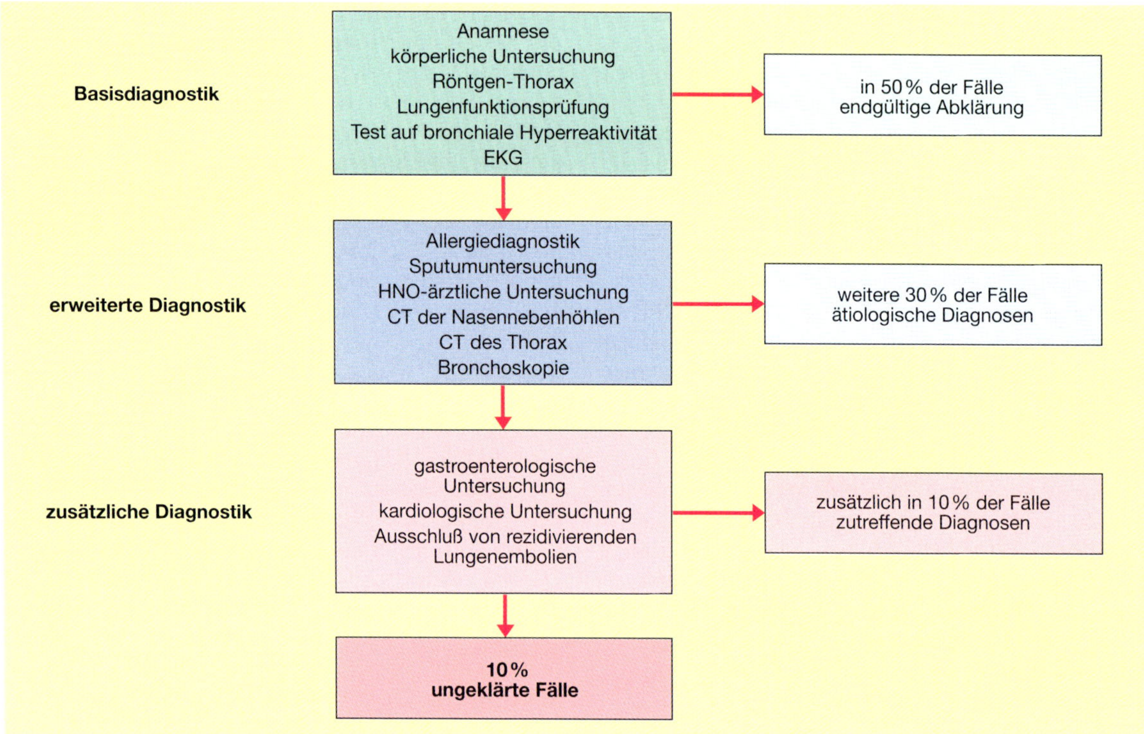

Abb. 27-1 Diagnostikprogramm zur Abklärung von Husten.

hängen schließt man eine Allergiediagnostik an (Anamnese, Hauttest, Gesamt-IgE und spezifisches Serum-IgE, evtl. Allergenprovokation an Nase oder Bronchien). Bakteriologische und zytologische Sputumdiagnostik sollen gezielt bei Verdacht auf eine Infektion der tiefen Atemwege oder ein Bronchialkarzinom und nicht als Screeningmethoden eingesetzt werden. Eine HNO-ärztliche Untersuchung soll Affektionen der Nase, der Nasennebenhöhlen, des Mittelohrs und des Kehlkopfs abklären. Falls dann die Hustenursache immer noch nicht gefunden wurde, muß ein Bronchialkarzinom ausgeschlossen werden; deshalb ist jetzt eine Bronchoskopie indiziert. Bei weiter ungeklärtem Husten wird ein gastroösophagealer Reflux durch Gastroskopie und/oder 24-Stunden-pH-Metrie erfaßt. Kardiologische Diagnostik zum Ausschluß einer Herzinsuffizienz, eines Mitralvitiums, einer Aortendilatation und anderer seltener Ursachen sollte sich anschließen. Auch rezidivierende Lungenembolien sind auszuschließen (→ 3.4.1.4.). Trotz aller diagnostischen Bemühungen bleiben etwa 10% aller Fälle ungeklärt.

27.4 Krankheitsbilder

27.4.1 Erkrankungen der Nase, der Sinus und des Larynx

Alle Affektionen der Nase und der Nasennebenhöhlen können zu akutem und chronischem Husten führen. Allein schon eine behinderte Nasenatmung bei akuter und chronischer Rhinitis oder bei Nasenseptumdeviation kann über die Mundatmung eine Reizung der Bronchialschleimhaut verursachen. Während bei der akuten Sinusitis Fieber und Schmerzen im Vordergrund stehen, geht die chronische Sinusitis maxillaris oft mit hartnäckigem Husten einher, möglicherweise verursacht durch den Sekretabfluß an der Rachenwand (postnasal drip). Heiserkeit ist das Leitsymptom der akuten Laryngitis, es können aber auch Schmerzen oder bellender Husten hinzukommen. Bei inhalativen Intoxikationen kann sich ein Larynxödem entwickeln, das durch akute Atemnot mit Stridor und trockenen Husten gekennzeichnet ist. Von den chronischen Laryngitiden sei die (seltene) hochinfektiöse Kehlkopftuberkulose erwähnt, die durch trockenen Husten gekennzeichnet ist. Diese Diagnosen müssen durch HNO-ärztliche Untersuchung verifiziert werden. Auf eine wichtige Erkrankung mit akutem Husten im Kindesalter sei hier nur hingewiesen, das Krupp-Syndrom („Pseudokrupp"). Es umfaßt die stenosierende Laryngotracheobronchitis, hervorgerufen durch Virusinfekte, und die phlegmonöse Epiglottitis (supraglottische Laryngitis), verursacht durch Haemophilus influenzae Typ B.

27.4.2 Trachealerkrankungen

27.4.2.1 Tracheitis

Die akute und chronische Tracheitis führt zu einem trockenen Reizhusten, der später produktiv werden kann. Hämoptysen kommen vor (z.B. Influenza-Tracheitis). Charakteristisch ist der retrosternale brennende Schmerz, der durch tiefe Inspiration und Husten verstärkt wird. Auskultation oder Röntgentechniken führen diagnostisch nicht weiter; eine Bronchoskopie kann die Diagnose schnell klären. Die retrosternalen Schmerzen überdauern manchmal den Husten und können differentialdiagnostische Probleme zur Angina pectoris bereiten (→ Kap. 41.4.1). Die Diagnose wird durch den HNO-ärztlichen Spiegelbefund oder eine Bronchoskopie gestellt.

27.4.2.2 Mediastinale Raumforderungen

Raumforderungen im Mediastinum infiltrieren oder komprimieren die Trachea und verursachen einen trockenen Reizhusten (Tab. 27-2). Beispiele sind eine retrosternale Struma oder mediastinale Lymphome, die Atemnot und inspiratorischen Stridor hervorrufen und manchmal zu hartnäckigem Husten führen. Die Trachealkompression ist oft auf der Röntgen-Thoraxübersicht, besser im thorakalen CT nachweisbar. Die Lungenfunktionsprüfung zeigt eine typische inspiratorische Flußbehinderung. Kleine Wandinfiltrationen sind nur bronchoskopisch sicher zu erfassen.

Tab. 27-2 Häufigere Mediastinaltumoren

Struma
Thymustumoren
neurogene Mediastinaltumoren
Lymphome
Lymphknotenmetastasen
Teratome, Dermoide, teratoide Zysten
Mesothelzysten
mediastinale Pseudotumoren (z. B. Zwerchfellhernien, Hiatushernie, Ösophagusdivertikel, Gefäßanomalien, Aortenaneurysma)
Perikardzyste
Perikardmesotheliom

27

27.4.2.3 Fisteln

Eine Komplikation penetrierend wachsender Bronchial- oder Ösophaguskarzinome sind ösophagotracheale Fisteln. Dadurch werden Speichel, Getränke und Speisen, aber auch Medikamente in das Bronchialsystem aspiriert, und es entwickeln sich rezidivierende Aspirationspneumonien. Der produktive Husten tritt typischerweise während des Schluckens auf. Die Diagnose ist anamnestisch oft zu vermuten und wird durch Ösophagoskopie und Ösophagographie mit wasserlöslichem Kontrastmittel und/oder Bronchoskopie gesichert.

27.4.2.4 Tumoren

Primäre Tumoren der Trachea (adenoidzystisches Karzinom, Adenom, Chondrom, extrem selten Trachealkarzinom) sind selten die Ursache eines Hustens. Häufiger sind Bronchus- oder Ösophaguskarzinome, die erst spät mit Stridor und Atemnot, evtl. mit Schmerzen einhergehen. Durch CT, Bronchoskopie oder Ösophagoskopie ist die Diagnose zu sichern.

27.4.3 Erkrankungen der Bronchien

27.4.3.1 Akute Bronchitis

Bei akuter Bronchitis sind fast immer Virusinfekte die Ursache. Schon während der anfänglichen Rhinitis/Sinusitis tritt ein trockener Husten auf, der nach wenigen Tagen produktiv wird und gefärbtes Sputum fördert. Nach überwundener Infektion kann wochenlang ein Reizhusten persistieren. Während ein trockener Husten durch Antitussiva symptomatisch abgemildert werden kann, darf der produktive Husten in seiner Effektivität nicht beeinflußt werden, da bakterielle Superinfektionen zu befürchten sind.

27.4.3.2 Chronische, nichtobstruktive Bronchitis

Husten und Auswurf über wenigstens ein Vierteljahr in je zwei aufeinanderfolgenden Jahren sprechen für eine chronische Bronchitis (WHO-Definition). Chronische Hyper- und Dyskrinie sind die Leitsymptome. Das morgendliche Abhusten kann sehr mühevoll sein. Wichtig ist der Ausschluß einer obstruktiven Ventilationsstörung, denn die Therapie unterscheidet sich dann erheblich. In allen differentialdiagnostischen Zweifelsfällen ist eine komplette Hustenabklärung einschließlich Bronchoskopie indiziert (→ Abb. 27-1).

27.4.3.3 Chronisch-obstruktive Bronchitis

Die chronisch-obstruktive Bronchitis ist eine häufige Erkrankung, die wahrscheinlich 15–25% der Bevölkerung in unterschiedlichem Ausmaß betrifft. Vorwiegend erkranken Männer und Raucher, welche Rolle hochprozentiger Alkohol spielt („Whiskey-Bronchitis"), ist umstritten.

B ***Beschwerden und Befunde***

Produktiver Husten und Belastungsdyspnoe sind die Leitsymptome, die sich bei den häufig wiederkehrenden bronchialen Infekten verstärken. Anfangs gibt es immer noch atemnotsfreie Intervalle, nur Spätstadien sind durch Ruhedyspnoe gekennzeichnet. Typisch sind Giemen, Pfeifen und Brummen (forcierte Exspiration!), man kann symmetrisch tiefstehende, wenig bewegliche Zwerchfelle mit hypersonorem Klopfschall finden. Später sind Befunde der respiratorischen Insuffizienz zu erwarten: Zyanose und/oder Atmung mit Hilfsmuskulatur. Hinweise auf eine Rechtsherzinsuffizienz sind Beinödeme, Lebervergrößerung oder Halsvenenstauung. Wichtig ist die Berufsanamnese: Inhalative Schadstoffe können entzündliche Schübe auslösen (Berufserkrankung). Das wichtigste schädigende Agens ist allerdings Zigarettenrauch.

DS ***Diagnosesicherung***

Entscheidend ist der frühe Einsatz der Lungenfunktionsanalyse, um die nicht-obstruktive von der obstruktiven Bronchitis zu unterscheiden. Dann sind die forcierte exspiratorische Vitalkapazität (FVC), die Einsekundenkapazität (FEV_1), die exspiratorischen Flüsse (PEF, MEF_{50}) vermindert, der Atemwegswiderstand (R_{aw}) und das Residualvolumen (RV) vergrößert. Eine Röntgenübersicht des Thorax in zwei Ebenen gibt Hinweise auf ein Emphysem (s.u.). Erst spät sind typische Zeichen des Cor pulmonale im EKG und bei der Echokardiographie nachzuweisen. Dann ist auch die Blutgasanalyse im Sinne der chronisch-respiratorischen, globalen Insuffizienz verändert (Hypoxämie mit Hyperkapnie).

27.4.3.4 Lungenemphysem

Das Lungenemphysem ist überwiegend Folge der chronisch-obstruktiven Bronchitis des Rauchers, bei Asthma bronchiale tritt es eher selten auf. Sehr selten ist die Ursache in einem hereditären α_1-Antitrypsinmangel (α_1-Pi-Mangel) zu suchen, dann sind junge Patienten betroffen.

B ***Beschwerden und Befunde***

Fast immer stehen die Symptome der obstruktiven Bronchitis im Vordergrund, und der Husten ist durch diese ausgelöst. Das Lungenemphysem ist immer mit Belastungsdyspnoe und häufig mit Zyanose verbunden. Auffallend können ausgeprägte Zeichen der Lungenüberblähung sein: „Emphysemkißchen" in den Supraklavikulargruben, symmetrisch tiefstehende, gering bewegliche Zwerchfelle, hypersonorer Klopfschall.

DS ***Diagnosesicherung***

Bei der Lungenfunktionsanalyse findet man bei eher leichter Bronchialobstruktion ein großes Residualvolumen. Die Diagnose aus dem Röntgen-Thoraxübersichtsbild ist relativ unsicher, die High-resolution-CT ist heute die treffsicherste Methode; vor allem Bullae sind sicher erkennbar (Abb. 27-2). Beim hereditären α_1-Pi-Mangel ist das α_1-Antitrypsin im Serum auf unter 80 mg/dl vermindert; man soll dann eine Untersuchung der genetischen α_1-Pi-Phänotypen veranlassen. Die Spätfolgen des Lungenemphysems sind einerseits das Cor pulmonale, das klinisch, im EKG und bei der Echokardiographie zu sichern ist, und andererseits die chronische respiratorische Insuffizienz, die durch die Blutgasanalyse aufgedeckt wird (Hypoxämie bei Hyperkapnie).

27.4.3.5 Asthma bronchiale

Etwa 10% der Kinder und der Erwachsenen leiden unter Asthma bronchiale. Nur ein Teil der Patienten ist gegen Pollen, Schimmelpilzsporen, Tierepithelien oder Hausstaubmilbenkot sensibilisiert (allergisches Asthma). Mit steigendem Alter gewinnen nichtallergene Auslöser mehr Gewicht, z.B. Virusinfekte oder Luftschadstoffe (endogenes Asthma). Berufserkrankungen sind nicht selten.

B ***Beschwerden und Befunde***

Trockener Reizhusten kann das einzige Symptom eines Asthma bronchiale sein. Typisch für diese Erkrankung ist jedoch die anfallsartige Atemnot mit Husten sowohl bei körperlicher Belastung als auch nachts (2–4 Uhr). Das Bronchialsekret ist in schweren Fällen („Status asthmaticus") ungewöhnlich zäh und ist auch durch Hustenattacken kaum mobilisierbar.

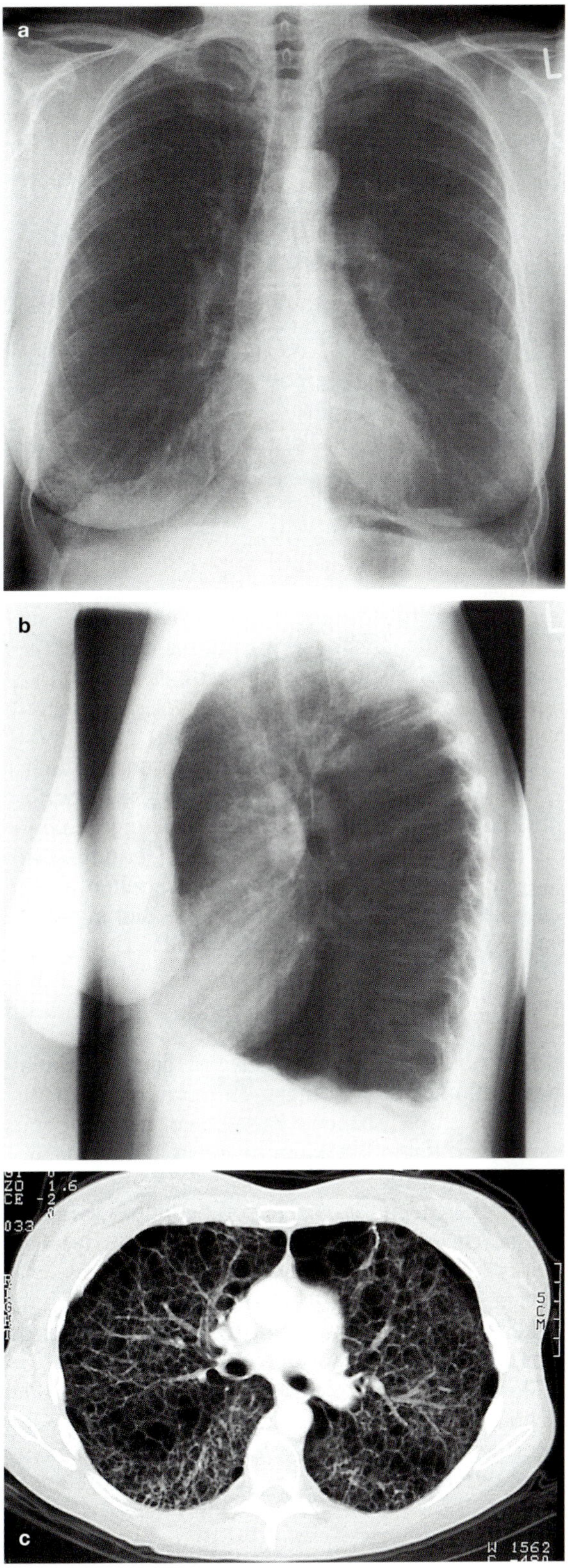

Abb. 27-2 Panlobuläres Lungenemphysem. (a) Röntgen-Thorax p.a. und (b) seitlich: tiefstehende und flache Zwerchfelle, Sinus maximal entfaltet, vermehrte Strahlentransparenz, große zentrale Pulmonalarterien, schlankes Herz, weite Rippenabstände dorsal. – Die Diagnose wurde bei einer Volumenreduktionsoperation beidseits bestätigt; (c) CT-Aufnahme.

Durch Husten lassen sich jedoch weitere Asthmaanfälle auslösen. Weitere Trigger werden durch die bronchiale Hyperreaktivität wirksam: kalte Luft, Nebel, Zigarettenrauch. Der Patient gibt fast immer selbst ein pfeifendes Atemgeräusch beim Husten an.

DS *Diagnosesicherung*

Durch Auskultation ist der typische Geräuschbefund (Giemen, Pfeifen, Brummen) feststellbar. Entscheidend ist aber die Lungenfunktionsanalyse: Verminderung von FVC, FEV_1, PEF und MEF_{50}, Erhöhung von R_{aw}. Eine bronchiale Hyperreaktivität bei anfallsweiser Atemnot kommt fast nur bei Asthma bronchiale vor (z.B. Metacholinprovokation). Durch Lungenfunktionsselbstmessung (Peak-flow-Protokolle) kann man die erheblichen zirkadianen Flußschwankungen des Patienten einfach erfassen. Bei jedem Patienten mit Asthma bronchiale muß eine Allergiediagnostik (Anamnese, Hauttests, IgE-Untersuchung, evtl. bronchiale Provokation) durchgeführt werden. Auch die nichtallergenen Trigger müssen z.B. durch ein Tagebuch festgehalten werden.

27.4.3.6 Bronchiektasie

Primäre Bronchiektasen sind selten, sekundär werden sie heute bei Antikörpermangelsyndromen, primärer Ziliendysplasie und vor allem bei Mukoviszidose beobachtet. Die Patienten expektorieren mehrfach täglich große Mengen eines eitrigen, übelriechenden Sekrets. Pneumonien sind in der Anamnese häufig. Die Inspektion des Sputums führt immer zur Verdachtsdiagnose. Man auskultiert Brummen, Giemen und lautes Knacken über den betroffenen Arealen, oft ist hier über der Thoraxwand eine Vibration zu fühlen. Die Diagnose wird durch CT gesichert, präoperativ ist evtl. eine Bronchographie erforderlich. Wichtig ist die Lungenfunktionsanalyse, um die begleitende Obstruktion korrekt einstufen und behandeln zu können. Bei häufigen entzündlichen Schüben ist die mikrobiologische Sputumuntersuchung (evtl. auch eine Bronchoskopie) zur Keimsicherung (z.B. Pseudomonaden) sinnvoll. Eine Komplikation der Bronchiektasie ist die Kolonisation mit Aspergillen.

27.4.3.7 Pertussis

Es sind vorwiegend Kinder betroffen, immer wieder erkranken aber auch Erwachsene, die nach Infektion oder Impfung im Kindesalter eine Zweitinfektion erleben können. Keuchhusten beginnt mit trockenem Hüsteln bei einem fieberhaften Infekt der oberen Atemwege. Das Fieber fällt, und nach etwa 14 Tagen steigert sich der Husten zu Anfällen (Stadium convulsivum) von stakkatoartigen kurzen, bellenden Hustenstößen mit lautem inspiratorischem Stridor. Unter Tränenfluß, Zyanose und Erbrechen wird ein glasiges

Sputum hervorgewürgt. Nach etwa drei Wochen klingt der Husten wieder ab, bis zur endgültigen Beschwerdefreiheit können aber Monate vergehen. Die Hustenanfälle sind sehr typisch und erlauben meist die Diagnose. In Zweifelsfällen kann man die stakkatoartigen Attacken durch Berührung des Zungengrundes mit dem Spatel oder durch Reiben des äußeren Gehörgangs mit einem Wattestäbchen auslösen. Auffällig ist die Leukozytose (> 40 000/µl) mit Lymphozytose (bis 95%) bei normaler BSG. Nach der Erkrankung kann monatelang eine bronchiale Hyperreaktivität mit heftigen Hustenattacken persistieren.

27.4.3.8 Fremdkörperinhalation

Kinder und ältere Menschen, Patienten unter Sedation oder Alkoholiker inhalieren häufig Fremdkörper oder feste Nahrungsbestandteile, ohne sie effektiv aushusten zu können. Gefürchtet sind Fremdkörper, die keinen Röntgenkontrast geben, z.B. Erdnüsse oder Legosteinchen. Dann ist ein persistierender, meist leicht produktiver Husten, manchmal mit Hämoptysen, wegweisend. Manchmal kann man ein Stenosegeräusch auskultieren. Die Röntgen-Thoraxaufnahme kann eine regionale Überblähung zeigen. Als Komplikation treten Retentionspneumonien auf, als Spätfolge Bronchiektasen oder Fibrosierungen im betroffenen Lungensegment. Bei jedem Verdacht muß bronchoskopiert werden, die Extraktion erfolgt in Narkose mit starrem Bronchoskop.

27.4.4 Lungenparenchym-Erkrankungen

27.4.4.1 Pneumonie

Zu den typischen Symptomen der **Lobärpneumonie** gehören Schüttelfrost, hohes Fieber, schweres Krankheitsgefühl, Husten, Atemnot und evtl. pleuritische Schmerzen. Das Krankheitsbild wird im Kapitel „Atemnot" (→ Kap. 3.4.2.3) abgehandelt.

27.4.4.2 Lungentuberkulose

Die Lungentuberkulose ist trotz niedriger Inzidenzen (< 18/100 000 Einwohner/Jahr) bis heute eine wichtige Infektionserkrankung geblieben; sie wird oft sehr spät erkannt. In den weniger entwickelten Ländern ist sie die häufigste Infektionskrankheit.

B ***Beschwerden und Befunde***

Ein Hauptsymptom der Anfangsstadien ist das Hüsteln, das sich zu einem therapierefraktären Husten mit und ohne Hämoptysen entwickeln kann. Die Begleitsymptome (nächtliche Schweißneigung und vermehrtes Schwitzen in den frühen Morgenstunden, Müdigkeit, Leistungsschwäche und subfebrile Temperatur sowie Appetitlosigkeit mit Gewichtsverlust) sollten an eine Tuberkulose denken lassen. Trockener Husten mit atemabhängigem Thoraxschmerz weist auf eine Pleuritis hin, insbesondere wenn diese Symptome innerhalb weniger Tage durch Atemnot (Pleuraerguß) abgelöst werden (→ Kap. 3).

Bluthusten ist ein wichtiges, aber unspezifisches Symptom (Tab. 27-3): Neben der Lungentuberkulose sind z.B. das Bronchialkarzinom, eine Lungenembolie mit Lungeninfarkt, Bronchiektasen, Gerinnungsstörungen, pulmonale Vaskulitiden, oder selten a.v. Fisteln zu bedenken. Immer sollte eine Blutungsquelle im HNO-Bereich ausgeschlossen werden.

Tab. 27-3 Häufigere Ursachen von Hämoptysen/Hämoptoe

gutartige Bronchustumoren
Bronchialkarzinom
Bronchitis, Bronchiektasen
Pneumonie, Lungenabszeß
Lungentuberkulose
Lungeninfarkt
Lungenstauung bei Mitralstenose
Linksherzinsuffizienz
Vaskulitiden
Fremdkörperaspiration
a.v. Fistel
Lymphknoteneinbruch
Gerinnungsstörungen
Thoraxtrauma
Nasenbluten
Blutung aus Mundhöhle, Pharynx, Larynx

DS ***Diagnosesicherung***

Die Abklärung umfaßt zunächst den Tuberkulin-Hauttest und eine Röntgen-Thoraxaufnahme (Abb. 27-3) in zwei Ebenen. Zusammen mit typischen klinischen Befunden kann man so die Verdachtsdiagnose erhärten.

Der endgültige Beweis einer Tuberkulose wird aber nur durch den kulturellen Nachweis von Mycobacterium tuberculosis in Sputum, Bronchialsekret, evtl. Magennüchternsekret, bronchoalveolärer Lavageflüssigkeit, Lungenbiopsat oder Pleurapunktat erbracht. Nur in klinisch eindeutigen Fällen sollte man eine „geschlossene", d.h. eine Tuberkulose ohne Mykobakteriennachweis diagnostizieren. Andernfalls sind histologische Diagnosen aus Biopsaten erforderlich, wenn ein bakteriologischer Keimnachweis nicht gelungen ist.

27.4.4.3 Alveolitiden

Typisch für die Entzündungen des Lungenbindegewebes (Alveolitis) sind die Belastungsdyspnoe und der trockene Husten. Das Krankheitsbild wird im Kapitel „Atemnot" abgehandelt (→ 3.4.2.3).

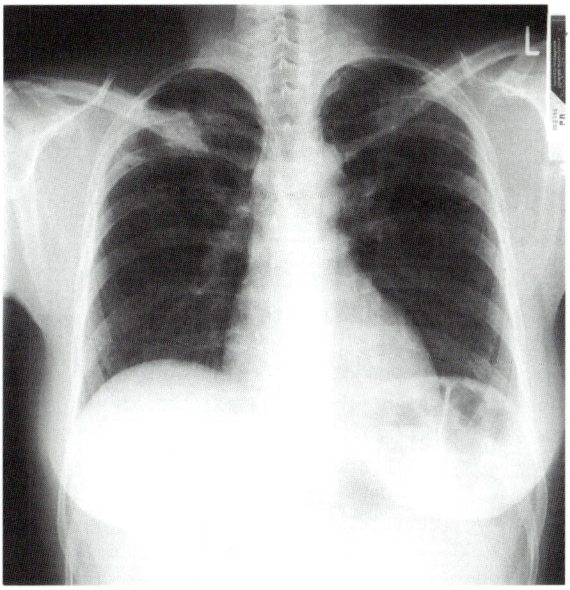

Abb. 27-3 Reaktive Tuberkulose. Dichte, teils konfluierende Infiltrate in beiden Lungenoberfeldern mit streifigen Ausziehungen hiluswärts, kleine Kaverne in Projektion auf den 5. ICR links am linken oberen Hiluspol. – Die Diagnose wurde durch den kulturellen Nachweis von Mycobacterium tuberculosis aus dem Sputum gesichert.

27.4.4.4 Pneumokoniosen

Bei den Staublungen (Pneumokoniosen) kommt es vorwiegend zu Belastungsdyspnoe, im Rahmen der begleitenden Bronchitis auch zu Husten. Die Krankheitsbilder werden im Kapitel „Atemnot" abgehandelt (→ 3.4.2.3).

27.4.4.5 Lungensarkoidose

Die chronisch-progrediente Form der Lungensarkoidose ist durch Atemnot und weniger durch Husten gekennzeichnet (→ 3.4.2.3).

27.4.4.6 Idiopathische Lungenfibrose

Typisch für die idopathische Lungenfibrose ist das Leitsymptom Belastungsdyspnoe. Oft tritt dabei ein trockenes Hüsteln auf. Das Krankheitsbild wird im Kapitel „Atemnot" abgehandelt (→ 3.4.2.3).

27.4.5 Bronchialkarzinom

Bei nichtkleinzelligem Bronchialkarzinom (Plattenepithelkarzinom, Adenokarzinom, großzelliges Karzinom) haben nur Patienten mit Frühdiagnose eine Chance, durch eine kurative Operation länger als fünf Jahre zu überleben (über 50% 5-Jahres-Überleben im Stadium $pT_{1-2}N_1M_0$). Im allgemeinärztlichen oder internistischen Patientengut sind jedoch nur 10% aller Patienten operabel. Bei kleinzelligem Bronchialkarzinom sind die Erkrankungen mit lokaler Ausbreitung in einer Thoraxhälfte einschließlich der Lymphknoten dieser Seite ohne Infiltration anderer Organe (limited disease) durch Chemotherapie und Strahlentherapie gut zu behandeln. Die Mehrzahl der Patienten kommt zu spät zur Abklärung.

B ***Beschwerden und Befunde***

Persistierender Husten ist das erste Symptom bei vielen zentralen Bronchialkarzinomen, periphere Prozesse verursachen allenfalls bei Pleurakontakt Husten. Es handelt sich sehr oft um starke Raucher, bei denen chronischer Husten nichts Ungewöhnliches ist. Leider wird deshalb selten eine diagnostische Abklärung veranlaßt. Jeder auffällige, länger als zwei Wochen andauernde Husten muß untersucht werden. Relativ frühe Symptome können Bluthusten oder Retentionspneumonie sein. Für ein spätes Krankheitsstadium sprechen immer Thoraxschmerzen oder periphere Skelettschmerzen (Skelettmetastasen), Heiserkeit (Rekurrensparese) und Atemnot (Atelektase, Pleuraerguß, Lymphangiosis carcinomatosa). Paraneoplastische Syndrome sind häufig und nicht nur durch Hormone oder hormonähnliche Peptide verursacht, z.B. das Syndrom der inadäquaten ADH-Sekretion, die tumorassoziierte Hyperkalzämie (durch Osteolysen oder durch Sekretion PTH-ähnlicher Peptide) oder die ektope ACTH-Sekretion. Daneben treten neurologische Paraneoplasien auf, z.B. das myasthenieähnliche Lambert-Eaton-Syndrom bei kleinzelligem Bronchialkarzinom. Relativ häufig kann man bei Bronchialkarzinomen Trommelschlegelfinger mit Uhrglasnägeln beobachten (hypertrophe Osteoarthropathie Pierre-Marie-Bamberger). Der körperliche Untersuchungsbefund der Frühstadien kann völlig normal sein, was kein Argument gegen die Hustenabklärung sein darf. Häufiger findet man ein strikt einseitiges Stenoseatmen oder Giemen. Während der Therapie kann Husten neu auftreten, z.B. bei Strahlenpneumonitis. Oft kündigt Husten das bronchiale Rezidiv oder eine Pleurainfiltration an.

27

DS ***Diagnosesicherung***

Man verfährt entsprechend dem Schema zur Hustenabklärung (→ Abb. 27-1; Röntgen-Thorax: Abb. 27-4) und strebt frühzeitig eine Bronchoskopie an. Die Diagnose wird histologisch durch bronchoskopische Zangenbiopsie oder transthorakale Nadelbiopsie gestellt. Nur bei Patienten in schlechtem körperlichem Zustand wird man sich mit einer zytologischen Diagnose begnügen. Thorakale und abdominelle Computertomographie sowie Skelettszintigraphie dienen der korrekten Stadieneinteilung (Staging), ohne die eine Therapieplanung unmöglich ist. Es hat sich bewährt, vor dem Staging sonographisch nach Leber- und Nebennierenmetastasen zu suchen: Falls

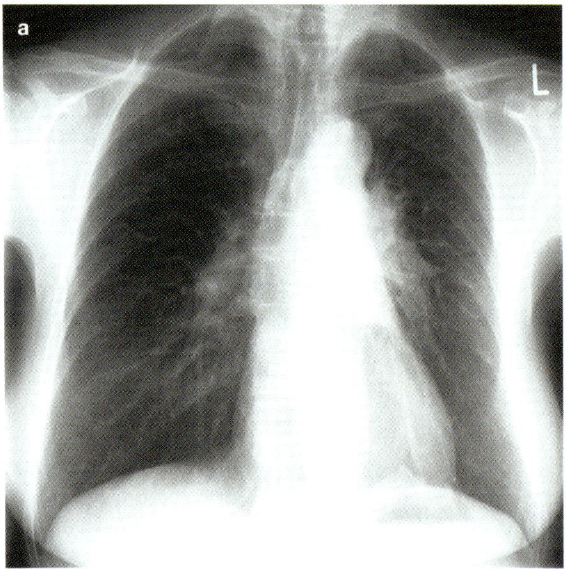

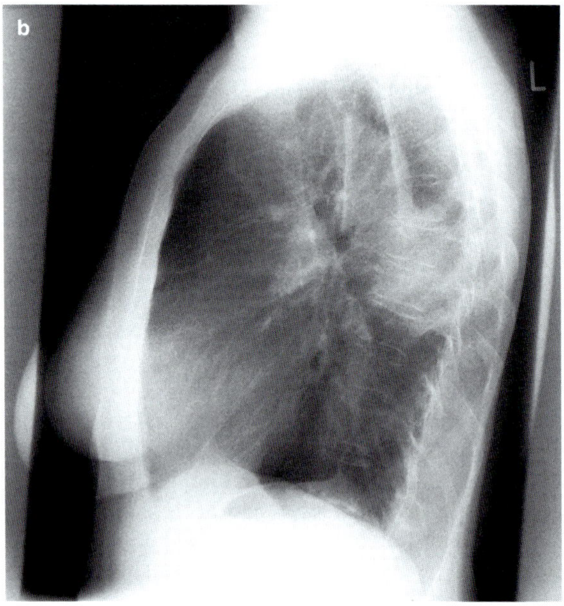

Abb. 27-4 Bronchialkarzinom. $7 \times 4 \times 5$ cm^3 großer, dichter Tumor in der p.a. Aufnahme (a) in Projektion auf den Hilus links, in der seitlichen Aufnahme (b) dorsal gelegen. – Histologisch handelte es sich um ein kleinzelliges Karzinom der Lunge.

diese nachweisbar sind, liegt eine fortgeschrittene Tumorkrankheit vor, die palliativ behandelt wird. Ein komplettes Staging ist dann nicht immer notwendig.

27.4.6 Erkrankungen der Pulmonalgefäße

27.4.6.1 Lungenembolie

Die fulminante Lungenembolie ist durch Symptome und Befunde des kardiogenen Schocks und der massiven Gasaustauschstörung gekennzeichnet. Bei chronisch-rezidivierenden Lungenembolien sind neben leichterer Atemnot, Thoraxschmerz und Hyperventilation auch hartnäckige Hustenattacken möglich. Wechselnde Lungeninfiltrate kommen vor. Bei der Diagnostik steht dann das Auffinden der Emboliequelle – zumeist in einer periperen großen Vene der unteren Extremität – im Vordergrund (→ 3.4.1.4).

27.4.6.2 Vaskulitiden

Vaskulitiden manifestieren sich häufig an der Lunge, z.B. bei Goodpasture-Syndrom, bei der allergischen Granulomatose mit Angiitis Churg-Strauss, bei Morbus Wegener, Panarteriitis nodosa, Morbus Behçet. Wahrscheinlich ist auch die idiopathische Lungenhämosiderose (Morbus Ceelen) als Vaskulitis zu klassifizieren. Bei Kollagenosen sind vaskulitische Veränderungen der Lunge möglich, z.B. bei Lupus erythematodes oder systemischer Sklerose. Gleichzeitiger Befall von Lunge und Niere ist nicht ungewöhnlich („pulmo-renale Syndrome"). An der Lunge äußern sich diese Erkrankungen oft mit Hämoptysen, diffuse Lungeneinblutungen sind möglich. Bei rheumatischer Arthritis findet man in etwa 20% der Fälle eine Lungenbeteiligung („Rheumalunge", → Kap. 43). Die Verdachtsdiagnose wird radiologisch vermutet. Die profuse Lungenblutung wird durch Bronchoskopie gesichert: Man sieht eine Blutung aus allen Ostien. Leichtere Blutungen können durch bronchoalveoläre Lavage erfaßt werden, womit man freie und von Alveolarmakrophagen phagozytierte Erythrozyten nachweist. Die endgültige Diagnose kann inzwischen oft auch serologisch erfolgen (z.B. c-ANCA bei Morbus Wegener, Antibasalmembran-Antikörper bei Goodpasture-Syndrom), ansonsten ist eine Lungenbiopsie, bei Nierenbeteiligung eine Nierenbiopsie notwendig.

27.4.7 Pleuraerkrankungen

Alle Erkrankungen, die die viszerale Pleura erfassen, gehen mit Husten einher, Schmerzen werden durch die Pleura parietalis ausgelöst. Da selten isoliert ein Pleurablatt betroffen ist, findet man beim pleuralen Husten meist heftige thorakale Schmerzen. Mit der Entwicklung eines Pleuraergusses verschwinden Husten und Schmerzen. Anfänglich kann ein pleurales Reiben auskultierbar sein, manchmal erst nach Verabreichung von Schmerzmitteln, die tiefes Durchatmen möglich machen. Gelegentlich geht ein Pneumothorax mit trockenem Husten einher, meist wird jedoch eine Hustenattacke zum Pneumothorax geführt haben. Radiologische Methoden oder die Thoraxsonographie erfassen eine trockene Pleuritis nicht, allenfalls eine verminderte Beweglichkeit des Zwerchfells der betroffenen Seite. Die Auskultation ist hier immer überlegen (Reibegeräusche, Pleuraknarren). Ein Erguß ist am frühesten sonographisch diagnostizierbar. Die Abklärung eines Pleuraergusses erfolgt über die Untersuchung der Ergußflüssigkeit und, falls erforderlich, über eine Pleurabiopsie; diese wird heute am besten thorakoskopisch durchgeführt (→ 3.4.3).

27.4.8 Weitere Krankheitsbilder

Säurereflux ins mittlere und obere Ösophagusdrittel kann einen langdauernden, trockenen Husten auslösen. Die Diagnose wird durch 24-Stunden-pH-Metrie des Ösophagus und evtl. durch Ösophagoskopie gestellt. Bei Linksherzinsuffizienz kann neben der Atemnot auch ein hartnäckiger, trockener Husten auftreten, der sich zusammen mit der Atemnot bei Flachlagerung (Orthopnoe) oder bei Belastung verstärkt. Dabei kommt es oft zu einer Bronchokonstriktion, so daß differentialdiagnostisch ein Asthma bronchiale erwogen werden muß. Typischerweise unterscheidet sich aber der Auslöser für die Beschwerden, und oft bestehen noch andere Zeichen der Herzinsuffizienz. Eine kardiologische Diagnostik ermöglicht die korrekte Diagnose.

27.4.9 Lungenrundherde

Lungenrundherde verursachen fast nie Beschwerden und werden zufällig oder im Rahmen einer Tumornachsorge in einer konventionellen Röntgen-Thoraxaufnahme oder in einer thorakalen CT entdeckt. Dabei unterscheidet sich das diagnostische Vorgehen je nach den Umständen erheblich. Falls sie nicht schon langjährig im Röntgenbefund als unverändert eingestuft sind, muß vor allem bei solitären Lungenrundherden ohne hiläre oder mediastinale Lymphome dringend die Resektion angestrebt werden. Jede weitere invasive Diagnostik verschleppt bei diesen potentiellen $T_1N_0M_0$-Tumoren der Lunge eine kurative Therapie.

27.4.9.1 Definition und Abgrenzung

Die Diagnose „Lungenrundherd“ orientiert sich an den radiologischen Kriterien der Form und der Randkontur. Lungenrundherde können die unterschiedlichsten Ätiologien haben (Tab. 27-4 und 27-5);

27

Tab. 27-4 Auswahl klinisch häufiger *solitärer* Lungenrundherde (nach H. St. Stender et al.: Bildgebende Verfahren in der Pneumologie, in: R. Ferlinz (Hrsg.): Pneumologie, Thieme, Stuttgart-New York 1994)

Erkrankung	Röntgenmorphologie	Bemerkungen
tuberkulöser Rundherd (Tuberkulom)	glatt begrenzt, schollige Verkalkungen, Satellitenherde	DD: verkalkter Primärherd
peripheres Bronchialkarzinom	teils glatt, teils gelappt oder unscharf begrenzt, teils strahlige Ausläufer	selten Verkalkungen, oft periphere Dystelektase
Lungenmetastase	glatt begrenzt, schnelles Wachstum	CT zur weiteren Abklärung: weitere Rundherde?
Hamartome, Chondrom	oft gelappt, oft schollige Verkalkungen	CT (Verkalkungen? Fett?)
Bronchusadenom, Zylindrom	glatt begrenzt, meist im Oberlappen	Atelektasen, Bronchiektasie
neurogener Tumor	glatt begrenzt, dorsal-paravertebral gelegen	langsam wachsend, Aufweitung der Foramina intervertebralia
Sarkom	meist glatt begrenzter Rundherd	schnelles Wachstum
Rundherdpneumonie	unscharf begrenzt	sehr seltene Form einer bakteriellen Pneumonie
Rheumaknoten	scharf begrenzt, in der Peripherie	selten solitär
malignes Lymphom	unregelmäßig begrenzt, Lungenperipherie	CT: mediastinale Lymphome
Morbus Wegener	Rundschatten mit zentraler Einschmelzung	DD: Lungentuberkulose, Lungenabszeß
Aspergillom	Rundschatten mit Luftsichel in präformierter Höhle	CT in Rücken- und Bauchlage
bronchogene Zyste	Rundschatten im medialen Unterlappen, schmale „Zystenwand“	
bronchopulmonaler Sequester	große rundliche Verschattung im Unterlappen (S_{10}) mit Aufhellungen (meist links)	Angio-CT oder Angiographie: typische Gefäßversorgung
Hämatom nach Lungenkontusion	wechselnd scharf begrenzter Rundschatten	sehr langsame Rückbildung, oft mit Pneumatozele
Rundatelektase	rundliche Verschattung im Unterlappen (S_9, S_{10}), der Pleura aufsitzend	Z. n. Pleuraerguß mit Kompression der dorsobasalen Lunge
mucoid impaction	parahiläre rundliche, längliche oder V-förmige Verdichtungen	bei allergischer bronchopulmonaler Aspergillose
Interlobärerguß	rundlicher oder ovaler Schatten, im Seitenbild im Interlobium gelegen	bei Herzinsuffizienz und Lungenstauung, nach Lungenoperation

Tab. 27-5 Auswahl klinisch häufiger *multipler* Lungenrundherde (nach H. St. Stender et al.: Bildgebende Verfahren in der Pneumologie, in: R. Ferlinz (Hrsg.): Pneumologie, Thieme, Stuttgart-New York 1994)

Erkrankung	Röntgenmorphologie	Bemerkungen
Lungenmetastasen	glatt begrenzt, meist beidseits, meist in den Mittel- und Unterfeldern	vor allem bei Mamma-, Kolon-, Nierenzell-, Prostata-, Schilddrüsenkarzinom
bronchioloalveoläres Karzinom	disseminiert, unterschiedliche Größe oder regional gehäuft	sehr wechselndes Bild
grobknotige Tuberkulose	rundliche, oft unscharfe, unregelmäßig begrenzte Schatten, oberlappenbetont	langsame Formänderung, oft mit Kavernen
malignes Lymphom	unregelmäßig begrenzte Rundschatten, oft im Mittelfeld	CT: mediastinale und hiläre Lymphome
Rheumaknoten	runde Schatten mit Ausläufern, meist in den Oberlappen	Klinik!
Morbus Wegener	Rundherde beidseits, oft mit Aufhellungen	weitere Manifestationen im Nasen-Rachen-Raum und der Niere
lymphomatoide Granulomatose	multiple disseminierte Rundherde beidseits	ZNS-Symptomatik
Sarkoidose II–III	kleine Rundherde, teils konfluierend, oberlappenbetont, Fibrosierungen	Hiluslymphome? klinisch auffallend wenig krank
Silikose Pneumokoniosen	disseminierte kleine bis große Rundherde, Streifenschatten, Lymphknotenverkalkungen, Pleuraverdichtungen	inhalative Belastung
Staphylokokkenpneumonie	unscharfe rundliche Verschattungen mit Einschmelzungen	oft persistieren Ringschatten
Miliartuberkulose	dicht stehende disseminierte Fleckschatten bis 3 mm Größe	klinisch schweres Krankheitsbild
Histoplasmose	feine, disseminierte Fleckschatten (2–4 mm) nach basal zunehmend	oft Hiluslymphome, mit Verkalkungen abheilend
Varizellenpneumonie	disseminierte weiche Fleckschatten (2–4 mm), oft konfluierend	Abheilung mit kleinen, rundlichen Verkalkungen
exogen-allergische Alveolitis	sehr kleine, disseminierte Fleckschatten, feine Streifenschatten	später Fibrosezeichen
Histiocytosis X	disseminierte Fleckschatten (2–6 mm), oberlappenbetont	
Lymphangiosis carcinomatosa	kleine Herdschatten in einer retikulär-streifigen Strukturvermehrung	meist rasch fortschreitend

dabei ist die Röntgenmorphologie nicht immer aussagekräftig.

27.4.9.2 Ursachen

Aus der Fülle von möglichen und oft seltenen Ätiologien sind hier (→ Tab. 27-4 und 27-5) summarisch die klinisch wichtigsten herausgegriffen.

27.4.9.3 Anamnese und körperliche Untersuchung

Vor allem bei den inhalativen Allergenen oder Noxen ist die Anamnese wesentlich, z.B. bei der exogen-allergischen Alveolitis oder bei den Pneumokoniosen. Auch ein Thoraxtrauma sollte erinnerlich sein. Bei Lungenmetastasen ist oft die Grunderkrankung bekannt, auch eine frühere Tuberkulose kann erfragt werden. Bei allen anderen Krankheitsbildern dürfte die Anamnese unergiebig und unspezifisch sein.

Die körperliche Untersuchung kann Lungenrundherde nicht entdecken. Allerdings sind zusätzliche Befunde meist nützlich, z.B. Fieber, Schwitzen, Husten, Hämoptysen, Atemnot, tastbare Strumaknoten, Lymphome, Prostatatumoren, Mammakarzinom, Hodenkarzinom, Rektumkarzinom etc.

27.4.9.4 Diagnostik

Nur selten genügen Anamnese und Röntgenbefund allein für die Diagnostik, z.B. bei den Pneumokoniosen. Bei allen anderen Erkrankungen muß eine oft aufwendige Diagnostik betrieben werden (→ Abb. 27-1).

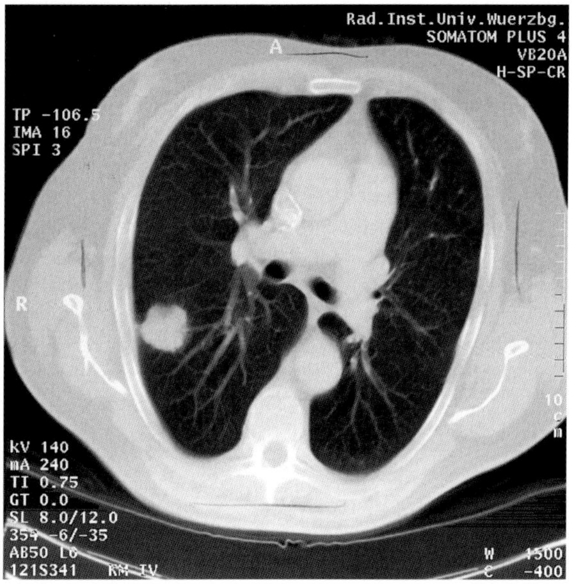

Abb. 27-5 Lungenrundherd. Etwa 3 × 3 × 3 cm³ großer solitärer Lungenrundherd, der scharf begrenzt und unregelmäßig gerandet ist. Er hat eine leicht schollige, insgesamt dichte Struktur und weist eine Beziehung zur Pleura parietalis auf. Mediastinale Lymphome sind nicht darstellbar. – Histologisch handelte es sich um ein peripheres Adenokarzinom der Lunge.

Grundsätzliches

Essentiell ist die vergleichende Befundung aller (!) Röntgen-Thorax-Voraufnahmen. Die thorakale CT kann die genaue Lage der Rundherde festlegen und deckt sehr häufig weitere, im konventionellen Röntgenbild nicht sichtbare Rundherde auf. Lungenrundherde, die seit vielen Jahren in Größe, Kontur, Strahlendichte und Homogenität oder Kalkeinlagerung identisch zur Darstellung kommen, können zumindest bei allen älteren Patienten weiter beobachtet werden. Die Wahrscheinlichkeit spricht für einen gutartigen Tumor, evtl. ein Tuberkulom. Bei jüngeren Patienten kommen Tuberkulome jedoch kaum noch vor. Wegen der immer wieder beschriebenen malignen Entartung von primär als benigne eingestuften Lungenrundherden wird man bei dieser Patientengruppe weiter diagnostizieren und/oder frühzeitig resezieren.

Solitäre Lungenrundherde

Solitäre Lungenrundherde ohne hiläre oder mediastinale Lymphome (Abb. 27-5) werden nicht mehr transthorakal punktiert, um die sichere histologische Diagnose vor einer Therapie zu stellen. Man schließt durch Schilddrüsensonographie, thorakale und abdominelle CT, Gastroskopie, Koloskopie und Bronchoskopie und bei Frauen durch gynäkologische Untersuchung die wahrscheinlichsten Primärtumoren aus. Die solitären Lungenrundherde stellen potentielle $T_1N_0M_0$-Tumoren dar und sollen deshalb primär diagnostisch-kurativ operiert werden. In geeigneten Fällen kann dies minimal invasiv geschehen (videoassistierte Thorakoskopie, VAT). Auch $T_1N_1M_0$-Tumoren kann man noch primär operieren. In etwa 60% der Fälle handelt es sich um ein Malignom, der Rest sind gutartige Tumoren. Tuberkulome sind heute selten.

Rundherde mit mediastinalen Lymphomen

N_1-Lymphome stellen keine Kontraindikation gegen die primäre Resektion des Rundherdes dar (s.o.). Bei offensichtlichen N_2-Lymphomen muß im chirurgischen Konsil geklärt werden, ob dieser Patient noch kurativ operabel ist. In allen Zweifelsfällen wird mediastinoskopisch oder thorakoskopisch der Lymphknotenstatus überprüft. N_3-Lymphome sprechen immer gegen eine kurative Operation. Falls nicht primär operiert wird, strebt man eine Biopsie des Rundherdes an, um bei Malignomen ein Therapiekonzept erstellen zu können. Als Methoden kommen die transbronchiale Lungenbiopsie und transthorakale Punktion (sonographie- oder CT-gesteuert) in Frage. Notfalls kann man auch einen N_3-Lymphknoten exstirpieren.

Rundherde bei bekanntem Malignom

Bei einigen Tumorerkrankungen kann man die Prognose des Patienten verbessern, wenn man Lungenmetastasen operiert (z.B. Kolonkarzinom, Nierenzellkarzinom). Durch Untersuchung der möglichen Metastasierungsorte ist dann zu klären, ob die Lunge als einziges Organ betroffen ist und wie viele Metastasen vorliegen. Auch in diesem Fall wird man also zunächst keine transthorakale Biopsie vornehmen, die transbronchiale Biopsie hat nur eine geringe Trefferquote (< 15%).

Multiple Lungenrundherde

Hier ist die Ätiologie besonders vielfältig (→ Tab. 27-4): Einerseits muß ein metastasierender Prozeß ausgeschlossen werden, andererseits sind Infektionen oder Kollagenosen/Vaskulitiden zu bedenken. Aufgrund der Anamnese und körperlichen Untersuchung wird man zunächst den einen oder anderen diagnostischen Weg beschreiten und den Primärtumor suchen oder das infektiöse Agens oder die Kollagenose/Vaskulitis nachweisen. Bei Infektionen ist die geschützte bronchoalveoläre Lavage etwas effektiver als die geschützte Bürstenbiopsie. Bei sehr kleinen und dicht stehenden disseminierten Herden steigt die Trefferquote der transbronchialen Biopsie. Auch die Zytologie aus Bronchialsekret kann z.B. bei einer Lymphangiosis carcinomatosa oder beim bronchioloalveolären Karzinom hilfreich sein. Lungenbiopsien sind erst bei negativem Ausfall dieser ausführlichen Diagnostik indiziert; thorakoskopische oder offene Lungenbiopsien sind wegen der Größe der Biopsate vorzuziehen. Die einfache radiologische Beobachtung ohne weitere Abklärung ist nur bei Pneumokoniosen erlaubt.

27.5 Zusammenfassung

Husten muß als Symptom ernst genommen werden, denn einige prognostisch ungünstige Erkrankungen weisen als Frühsymptom Husten auf. Oft sind die Begleitsymptome wegweisend. Anhand eines Diagnostikprogramms kann man in 90% aller Erkrankungsfälle die Ätiologie erkennen. In den überwiegenden Fällen ist eine kausale Therapie möglich; hustenhemmende Medikamente beseitigen erfolgreich das Symptom, sollten eine rechtzeitige Abklärung aber nicht verzögern.

Zufällig entdeckte **Lungenrundherde** sind immer ernst zu nehmen und sollten nie lediglich radiologisch kontrolliert werden. Bis zum Ausschluß eines Malignoms hat man von dieser schlechtesten Möglichkeit auszugehen. Solitäre Lungenrundherde werden bevorzugt kurativ operiert. Bei multiplen Lungenrundherden steht die Suche nach der Ätiologie im Vordergrund.

28 Juckreiz

C. Pohl

Grundsätzlich kann Juckreiz an jeder Stelle des Körpers auftreten. Besonders häufig und charakteristisch ist Juckreiz an der Kopfhaut, im Genitalbereich und im Analbereich. Es muß hervorgehoben werden, daß Juckreiz als alleiniges Frühsymptom vielen dermatologischen Krankheitsbildern vorausgehen kann. Ein generalisierter, am gesamten Körper verspürter Juckreiz ist häufig die Folge einer systemischen Erkrankung. Generalisierter Juckreiz kann bei etwa 10–50% aller internistischen Erkrankungen als Symptom auftreten und anderen Manifestationen manchmal um Jahre vorausgehen.

28.1 Definition und Abgrenzung

Juckreiz ist eine der häufigsten von der Haut oder den Schleimhäuten ausgehende Mißempfindung, die physiologisch als Submodalität der Schmerzempfindung aufgefaßt werden kann, da diese Wahrnehmung über die gleichen afferenten Leitungssysteme wie der Schmerz vermittelt wird. Die Begriffe Juckreiz, Hautjucken und Pruritus werden synonym verwendet. Unter dem nicht einheitlich verwendeten Begriff Prurigo werden in der Regel durch Kratzen induzierte, papulöse Sekundäreffloreszenzen verstanden. Grundsätzlich kann Juckreiz **generalisiert** oder **lokal** auftreten sowie ohne (Pruritus sine materia) oder mit **primären** und **sekundären Effloreszenzen** jeder Art (Pruritus cum materia) vergesellschaftet sein (→ Kap. 21).

28

28.2 Ursachen

Die Ursachen eines lokalisierten Juckreizes sind in der Tabelle 28-1 dargestellt. Die Ursachen des generalisierten Juckreizes werden in der Tabelle 28-2 aufgelistet. Den Tabellen 28-3 bis 28-5 sind medikamentöse, hämato-onkologische und parasitäre Ursachen des generalisierten Juckreizes zu entnehmen.

Tab. 28-1 Ursachen eines lokalisierten Pruritus

Pruritus ani	Pruritus vulvae	Kopfjucken	andere Lokalisation
übermäßige/fehlende Hygiene	übermäßige/fehlende Hygiene	übermäßige/fehlende Hygiene	systemische Ursachen
Oxyuren	Oxyuren	seborrhoische Dermatitis	Atopie
Dermatophyten	Trichomonaden	Psoriasis capitis	Kontaktdermatitis
Candida	Candida	Kontaktdermatitis	• irritierend
Kontaktdermatitis	Pedikulose	• irritierend	• allergisch
• irritierend	Kontaktdermatitis	• allergisch	Photodermatitis
• allergisch	• irritierend	psychogene Ursachen	Störung der Schweißsekretion
Proktitis	• allergisch		Skabies
Kolitis	Proktitis		Pedikulose
Enteritis	Zystitis/Urethritis		Intertrigo
Fisteln	Zervizitis		Varizen
Hämorrhoiden	Fluor		chron. venöse Stauung
Analprolaps	Urininkontinenz		postphlebitisch
Rhagaden/Fissuren	Uterusprolaps		
Marisken	Karzinome		
Tumoren	hormonell (Menses/Senium)		
psychogene Ursachen	psychogene Ursachen		
systemische Ursachen	systemische Ursachen		

Tab. 28-2 Nosologische Einteilung der Ursachen eines generalisierten Pruritus

Xerosis
seniler Pruritus
Medikamente und exogene Noxen (→ Tab. 28-3)
endokrine und metabolische Ursachen Diabetes mellitus (→ Kap. 12) chronische Niereninsuffizienz (→ Kap. 60) Hyper-/Hypothyreose (→ Kap. 1 und 23) Hyper-/Hypoparathyreoidismus (→ Kap. 34, 45 und 60) Diabetes insipidus (→ Kap. 12) erhöhte Östrogenspiegel Vitaminmangelzustände Hyperurikämie (→ Kap. 60) Eisenmangel (→ Kap. 8) Porphyrien (→ Kap. 56)
hepatobiliäre Erkrankungen (→ 28.4.5) Zirrhose/Hepatitis mit biliärer Komponente (→ Kap. 15) primär biliäre Zirrhose (→ Kap. 15) sklerosierende Cholangitis (→ Kap. 46) schwangerschaftsinduzierte intrahepatische Cholestase extrahepatisches biliäres Abflußhindernis medikamenteninduzierte Cholestase (→ 28.4.3)
hämato-onkologische Erkrankungen (→ 28.4.6 und Tab. 28-4)
solide Tumoren (→ Tab. 28-4)
Allergien Nahrungsbestandteile Kontaktallergene (Kleidung, Kosmetika) Berufsstoffe (z.B. Chromate bei Zementarbeitern)
Parasitosen (→ 28.4.7)
Multiple Sklerose
psychogene Ursachen (→ 28.4.8)
idiopathisch

28.3 Diagnostik

In der Praxis wendet sich der Patient mit dem oft als quälend empfundenen Juckreiz an den Arzt. Andere Symptome einer zugrundeliegenden Erkrankung werden dabei meist gar nicht wahrgenommen oder als weniger belastend empfunden.

28.3.1 Anamnese und körperliche Untersuchung

Bei der Anamnese sollten folgende Fragenkomplexe erfaßt werden:

- **Lokalisation** (generalisiert oder lokalisiert): Die Lokalisation des Juckreizes ist durch die Anamnese einfach einzugrenzen. Da Juckreiz im Intimbereich häufig aus Scham verschwiegen wird, sollte hiernach gezielt gefragt werden.
- **Verlauf** (akut oder chronisch) und **Zeitpunkt** (Tageszeit): Die Dauer und die Erstmanifestation der Beschwerden können erfragt werden. Da manche Erkrankungen häufig eine typische Manifestationszeit haben (Oxyuren lösen zumeist nachts Juckreiz aus; Juckreiz z.B. nach dem Waschen deutet auf trockene Haut oder Irritationen durch die Waschmittel hin), sollte das Auftreten der Beschwerden zeitlich exakt eingegrenzt werden.
- **Grunderkrankung und begleitende Symptome:** Finden sich andere typische Symptome, die auf eine bestimmte Grunderkrankung hinweisen (Polyurie bei Diabetes mellitus → Kap. 12, Ödeme und Oligurie bei Niereninsuffizienz → Kap. 53), oder ist eine Erkrankung bereits bekannt (Schilddrüsenerkrankung → Kap. 23, Tumor, Lymphom → Kap. 32)? Regelhaft sollte die Frage nach einer Schwangerschaft gestellt werden.
- **Medikamente und externe Noxen:** Eine sorgfältige **Medikamentenanamnese** kann Hinweise auf eine allergische oder toxische Nebenwirkung geben. Entsprechende Nebenwirkungen sind auszuschließen. Mögliche **Nahrungsmittelallergene** sollten durch gezielte Nachfrage nach Eßgewohnheiten und anderen gastrointestinalen Symptomen (Aphthen, Quincke-Ödeme, Diarrhöen, Flatulenz) identifiziert werden. Ebenso häufig kann Juckreiz jedoch auch durch **Kontaktallergene** in Kosmetika, Kleidung, Bettwäsche, Umgebung (Arbeitsplatz, Garten, Hobby) ausgelöst werden. Eine entsprechend gezielte Anamnese, vor allem über einen Wechsel der Lebensgewohnheiten vor Beginn der Symptome (z.B. neues Waschmittel, neues Kleidungsstück) kann häufig richtungweisend sein.

28.3.2 Laboruntersuchungen

Mit nur wenigen Untersuchungen des **Routinelabors** lassen sich ein chronisches Nierenversagen (Kreatinin), ein Diabetes mellitus (Nüchternblutzucker, oraler Glukosetoleranztest), Störungen der Schilddrüse (TSH) und Nebenschilddrüse (Kalzium) sowie eine Cholestase (Bilirubin, alkalische Phosphatase) als häufige Ursachen eines generalisierten Juckreizes ausschließen. Erkrankungen der Hämatopoese können durch **Blutbild, Differentialblutbild** und **Knochenmarkzytologie** ausgeschlossen werden.

Beim Plasmozytom ist der Nachweis einer monoklonalen Gammopathie in der **Elektrophorese** richtungweisend.

Eine leichte Anämie in Verbindung mit einer Eosinophilie lenkt den Verdacht auf eine Parasitose. Der **Nachweis von Erregern** oder Wurmeiern im Stuhl oder auf der Haut sichert bei Parasitenverdacht die Diagnose. Bei soliden Tumoren besteht häufig eine Anämie mit erniedrigtem Serumeisen.

Ein Karzinoidverdacht wird durch den Nachweis einer erhöhten Konzentration des Serotoninmetaboliten 5-Hydroxyindolessigsäure im Urin erhärtet.

28.3.3 Weitere Untersuchungen

Bei **Tumorverdacht** ist auch eine **bildgebende Diagnostik** und eine **histologische Untersuchung** des Tumors erforderlich.

Allergische Symptome können durch die entsprechenden **Allergietestungen** und durch **RAST-Tests** im peripheren Blut abgeklärt werden.

28.4 Krankheitsbilder

28.4.1 Xerosis

Unter Xerosis oder Xerodermie versteht man das Symptom einer übermäßig trockenen Haut. Als Folge äußerer Einflüsse wie Kälte, geringe Luftfeuchtigkeit oder häufiges Waschen mit Seife kommt es zu einer Dehydratation und Entfettung der Haut, die häufig zu Juckreiz führt.

B ***Beschwerden und Befunde***

Typisch ist eine häufig betont an exponierten Stellen auftretende trockene Haut. Es findet sich eine vermehrte Faltenbildung und gelegentlich eine leichte trockene Schuppung der Haut. Weitere klinische Symptome fehlen zumeist.

DS ***Diagnosesicherung***

Das Symptom einer rauhen und/oder trockenen Haut wird nach Ausschluß anderer Ursachen des generalisierten Juckreizes durch die entsprechende Anamnese und das Ansprechen auf eine einschlägige Therapie diagnostiziert. Typischerweise verschwinden die Symptome des Juckreizes schnell und vollständig nach ausreichender Hydratation und Fettung der Haut.

DD ***Differentialdiagnose***

Die einfache Xerosis oder Xerodermie ist von allen hyperkeratotisch-schuppenden Dermatosen abzugrenzen, wobei entsprechende Erkrankungen von einer Xerodermie auch begleitet oder verstärkt werden können. Eine Hypothyreose ist auszuschließen (→ Kap. 1).

28.4.2 Seniler Pruritus

Die Tendenz, auf äußere Reize eine Xerosis der Haut zu entwickeln, verstärkt sich mit zunehmendem Alter. Ein als seniler Pruritus bezeichneter generalisierter Juckreiz findet sich bei älteren Patienten jenseits des 60. Lebensjahres auch ohne jeglichen Hinweis auf eine organische oder psychische Erkrankung bzw. äußerliche Zeichen einer Xerodermie.

28

B ***Beschwerden und Befunde***

Charakteristisch ist ein generalisierter Pruritus ohne Hautveränderungen. Gelegentlich sind Kratzeffloreszenzen nachweisbar. Eigentümlicherweise verstärkt sich der senile Pruritus häufig abends beim Auskleiden, beginnt gewöhnlich lokal und breitet sich dann auf den ganzen Körper aus. Es fehlt jedoch ein durch den Pruritus verursachtes Schlafdefizit. Dies ermöglicht eine Abgrenzung von organischen Ursachen, bei denen der Juckreiz typischerweise auch nachts andauert und zu einer Schlafstörung führt.

DS ***Diagnosesicherung***

Die Diagnosesicherung erfordert die Trias:

- hohes Lebensalter
- ein mit Ausnahme von Kratzeffloreszenzen unauffälliges Integument
- fehlende Exposition zu äußeren Reizen

Organische und psychische Ursachen eines generalisierten Juckreizes müssen ebenfalls ausgeschlossen sein. Typische Laborwertveränderungen finden sich nicht.

DD ***Differentialdiagnose***

Entscheidend ist die Abgrenzung von einer systemischen Erkrankung, insbesondere von einem Malignom. Da der Juckreiz einer Tumormanifestation manchmal lange vorausgehen kann, sollte diese Diagnose im Verlauf immer wieder kritisch hinterfragt werden, um ein okkultes Malignom nicht zu übersehen bzw. rechtzeitig diagnostizieren zu können. Mit zunehmendem Alter kann die Abgrenzung eines senilen Pruritus von einem psychogenen Pruritus bei anderweitig fehlenden Diagnosekriterien sehr schwierig sein.

28.4.3 Medikamente und exogene Noxen

Bei einer Vielzahl von systemischen und topischen Medikamenten und exogenen Noxen kann der Juckreiz viel auffälliger sein als ein begleitender Hautausschlag, der zudem oft völlig fehlen kann. Juckreiz nach systemischer Applikation von Medikamenten und Noxen ist häufig allergisch vermittelt; eine Reihe von Medikamenten kann jedoch über eine Cholestase mit dem Anstieg von Gallensäuren zu Juckreiz führen. Opiate können Juckreiz durch eine Histaminfreisetzung auslösen. Bei der topischen Applikation von Medikamenten und Noxen ist ein allergisch bedingter, systemisch vermittelter Juckreiz von einem Juckreiz abzugrenzen, der lediglich durch eine lokale, physikochemisch bedingte Reizung (z.B. saurer oder alkalischer pH-Wert) ausgelöst wird (→ Tab. 28-3).

Tab. 28-3 Medikamente und exogene Noxen als Ursachen eines generalisierten Pruritus

Medikamente
Amphetamine
Antibiotika (Ampizillin, Chloramphenicol, Penizilline, Tetrazykline, Sulfonamide)
Barbiturate
Chinin
Chloroquin
Genußgifte (Alkohol, Koffein, Nikotin)
Goldpräparate
Lokalanästhetika (Benzocain, Procain)
Nitrofurantoin
Opiate (Heroin, Kokain)
orale Kontrazeptiva (synthetische Östrogene)
Phenolphthalein
Phenothiazine
Phenylbutazon
Pyrazolone
Salizylate (Azetylsalizylsäure, Paraaminosalizylsäure)
ubiquitäre exogene Noxen
Seifen (Perubalsam, Kolophonium, Lanolin)
Deodorants und Antiperspiranzien (Hexachlorophen, Phenylmercurnitrat)
Kosmetika (Akryl, fluoreszierende Farbstoffe, Formalin)
Enthaarungscremes (Schwefel, Thioglykolat)
Kontrazeptiva (Phenylmercurinitrat, -azetat)
Behandlungs- und Konservierungsmittel (Polyäthylenglykol, Epoxyharze, Trikresolphosphat)
gummihaltige Materialien (Mercaptobenzthiazol, Epoxyharze, Trikresolphosphat)
Sicherheitsnadeln, Clips, Schnallen, Nieten (Nickelsulfat, Kadmium)
Getreidestäube
Pollen
berufliche exogene Noxen
Farbstoffe (Anilinfarben, Kobaltsulfat, Nitratfarben, Naphthylamin)
Metallstäube (Kadmium, Blei)
Glaswolle

B *Beschwerden und Befunde*

Der typische Juckreiz stellt sich häufig innerhalb weniger Tage nach Einnahme der entsprechenden Substanz ein und kann von einem zumeist urtikariellen Hautausschlag begleitet sein. Bei topischer Einwirkung ist der Juckreiz mit oder ohne Hautausschlag typischerweise auf die entsprechende Region, z.B. Ohrläppchen oder Halsausschnitt bei Modeschmuck, begrenzt. Charakteristische Laborveränderungen fehlen, der Juckreiz ist jedoch in der Regel nach Meidung einer entsprechenden Exposition reversibel.

DS *Diagnosesicherung*

Entscheidend ist die Eingrenzung durch eine Medikamenten- und Expositionsanamnese. Bei der Fülle möglicher Allergene kann dabei der zeitliche Zusammenhang von Beschwerden und Exposition häufig richtungweisend sein und die Sensibilisierung durch Epikutan- oder durch RAST-Tests nachgewiesen werden. Die Austestung und Interpretation sollte jedoch dem erfahrenen Dermatologen überlassen bleiben. Bei lediglich irritativem Juckreiz finden sich keine charakteristischen Laborveränderungen, hier ist der Auslaßversuch diagnostisch beweisend.

DD *Differentialdiagnose*

Nach anamnestischer Identifizierung, allergologischer Bestätigung und Besserung nach Meiden der entsprechenden Noxe ist eine Diagnose selten problematisch. Häufig läßt sich jedoch keine eindeutige Ursache eruieren, oder die Beschwerden persistieren auch nach Elimination einer entsprechenden Substanz. In diesem Fall müssen andere lokale und systemische Ursachen eines Pruritus ausgeschlossen werden (→ Tab. 28-2).

28.4.4 Endokrine und metabolische Erkrankungen

Eine Reihe endokriner Erkrankungen kann Juckreiz verursachen. Beim **Diabetes mellitus** kann er als Frühsymptom zusammen mit einem pathologischen Glukosetoleranztest auftreten (→ Kap. 12). Bei **Hyperthyreose** (→ Kap. 23) wird ebenso wie bei **Hypothyreose** (→ Kap. 1) Juckreiz beobachtet. Ursächlich kommen Vasodilatation bzw. trockene Haut in Frage. Bei **Hyper- und Hypoparathyreoidismus** spielen der Kalziumspiegel und sein Einfluß auf die Histaminfreisetzung aus Mastzellen sowie die häufig zu beobachtende Xerodermie eine Rolle (→ Kap. 34, 45, 60).

Bei der **chronischen Niereninsuffizienz** ist Juckreiz eines der charakteristischen Symptome (→ Kap. 60). Die Patienten sind häufig von Kratzeffloreszenzen gezeichnet (Abb. 28-1). Pathophysiologisch werden eine Retention und Ablagerung von harnpflichtigen Sub-

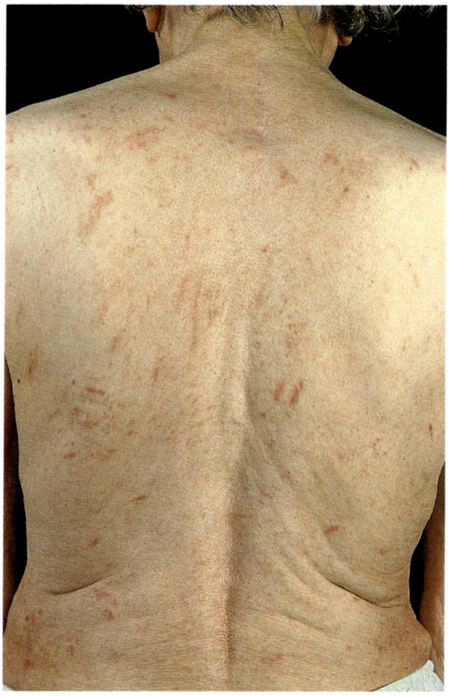

Abb. 28-1 Kratzspuren bei einer Patientin mit regelmäßiger Dialyse aufgrund eines chronischen Nierenversagens.

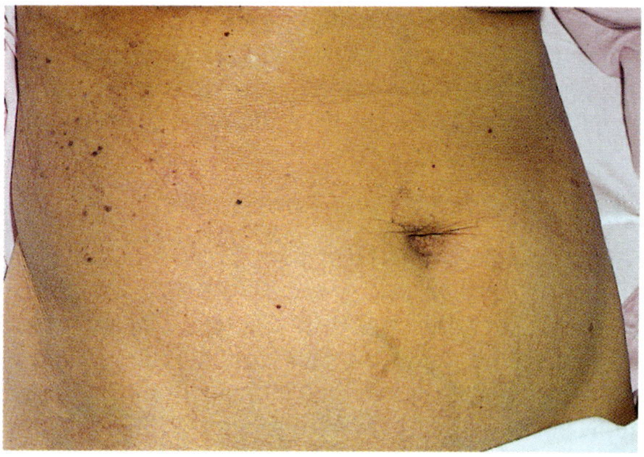

Abb. 28-2 Ikterus bei Hepatitis.

stanzen in der Haut sowie der begleitende Hyperparathyreoidismus als Auslöser des Pruritus vermutet. Die zugrundeliegenden Mechanismen sind unklar. Bei **Hyperurikämie** und **Porphyrien** kommt es zu einer vermehrten Ablagerung von Uratkristallen bzw. Porphyrinen in der Haut (→ Kap. 21 und 56). **Erhöhte Östrogenspiegel** führen zu cholestatischem Juckreiz. Die Mechanismen, die bei Eisenmangel, bei Vitaminmangelzuständen, insbesondere in Verbindung mit Resorptionsstörungen des Magen-Darm-Trakts, sowie bei Hormonschwankungen in Pubertät, Klimakterium und Senium zu Juckreiz führen, sind unklar.

28.4.5 Hepatobiliäre Erkrankungen

Hepatobiliäre Erkrankungen manifestieren sich häufig mit generalisiertem Juckreiz, oft in Verbindung mit einem Ikterus (Abb. 28-2). Als ätiologischer Faktor wird die Ablagerung von toxischen Gallensalzen oder deren Metaboliten in der Haut angesehen. Insbesondere bei der **primär biliären Zirrhose** kann der Juckreiz die Erstmanifestation dieser Erkrankung sein. Symptomatische Patienten leiden nahezu ausnahmslos unter einem Juckreiz. Neben den in Tabelle 28-2 genannten intra- und extrahepatischen Ursachen einer Cholestase mit konsekutiv erhöhten Gallensalzen sind auch der **Schwangerschaftsikterus** und teilweise der **medikamenteninduzierte Ikterus**, insbesondere nach Gabe von hormonhaltigen Präparaten, auf eine östrogenvermittelte Cholestase zurückzuführen. Die Differentialdiagnosen von hepatobiliären Erkrankungen sind im Kapitel 15, Gelbsucht, beschrieben.

28

28.4.6 Hämatologische und onkologische Erkrankungen

Der Zusammenhang zwischen Juckreiz und den in Tabelle 28-4 aufgelisteten hämatologischen und onkologischen Erkrankungen ist ungeklärt. Für das **Hodgkin-Lymphom** und für **niedrig-maligne Non-Hodgkin-Lymphome** ist Juckreiz ein charakteristisches Symptom (→ Kap. 32). Unter den Non-Hodgkin-Lymphomen sind insbesondere **T-Zell-Lymphome** mit kutaner Manifestation (Sézary-Syndrom, Mycosis fungoides) häufig mit Juckreiz vergesellschaftet, in der Regel finden sich zusätzlich typische Hautveränderungen. Beim **Karzinoid** wird der Juckreiz durch eine Vasodilatation aufgrund der Serotoninwirkung ausgelöst. Im Rahmen der seltenen **benignen Mastozytose** ist Juckreiz Folge der Histaminfreisetzung. Vor allem bei

Tab. 28-4 Hämatologische Systemerkrankungen und solide Tumoren als Ursachen eines generalisierten Pruritus

Hämato-onkologische Erkrankungen
M. Hodgkin
Non-Hodgkin-Lymphome
Mycosis fungoides/Sézary-Syndrom
Plasmozytom
Leukämien
Polycythaemia vera
Karzinoid
Mastozytose
solide Tumoren
Magenkarzinom
Mammakarzinom
Prostatakarzinom
Nasopharynxkarzinom
ZNS-Tumoren
Sarkome

gastroenterologischen Tumoren geht Juckreiz anderen Symptomen oft um Jahre voraus. Bei generalisiertem Juckreiz unklarer Genese ist daher immer an die in Tabelle 28-4 aufgelisteten Erkrankungen zu denken.

28.4.7 Infektionen und Parasitosen

Windpocken und **Röteln** sind Viruserkrankungen, die typischerweise mit generalisiertem Juckreiz einhergehen. Der Juckreiz geht den charakteristischen Hauteffloreszenzen nur selten voraus. Eine **infektiöse Hepatitis**, insbesondere bei cholangitischer Beteiligung, kann mit Juckreiz einhergehen (→ Kap. 15). Der enterale Befall mit parasitären **Nematoden** und **Zestoden** (Tab. 28-5) kann zu generalisiertem Juckreiz ohne Hauterscheinungen führen. **Oxyuren** verursachen lokalen Juckreiz, überwiegend nachts bei der perianalen Eiablage. Die Ruptur einer **Echinokokkuszyste** kann von Juckreiz begleitet sein. Mit Hauterscheinungen manifestieren sich Trichinose, Schistosomiasis und Onchozerkose. Bei der **Trichinose** ist der Juckreiz von einem makulopapulösen Ausschlag, Eosinophilie, Fieber und Myalgien begleitet. Bei der in unseren Breiten seltenen **Schistosomiasis** wird in der Frühphase oft Juckreiz in Verbindung mit Urtikaria, Eosinophilie, Fieber und Abdominalschmerzen beobachtet. Die **Onchozerkose** schließlich manifestiert sich durch Juckreiz, zunehmende Lichenifikation der Haut und Allgemeinsymptome wie Kopfschmerzen, Fieber, Unwohlsein und gelegentlich Ödeme. Der häufige lokale Juckreiz nach Bissen/Stichen durch **Arthropoden** (Gliederfüßler) und **Insekten** ist in der Regel von lokalen Erythemen und Schwellungen begleitet (Abb. 28-3). Die Kapitel 14, Fieber, 21, Haut- und Haarveränderungen, 46, Leibschmerzen, 47, Myalgien und 53, Ödeme enthalten weitere Informationen zur Diagnostik und über Differentialdiagnosen.

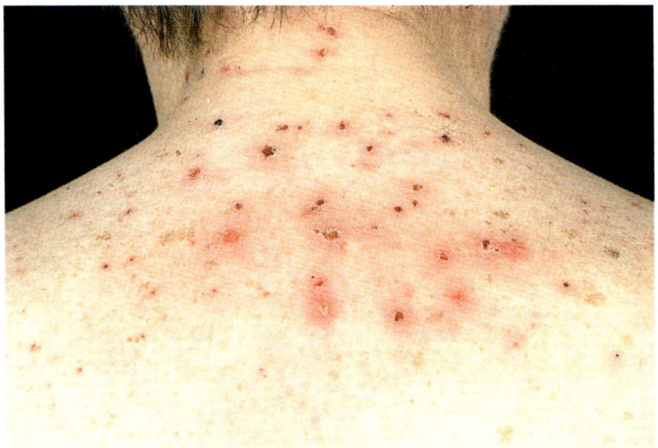

Abb. 28-3 Skabiesbefall im Nacken.

Tab. 28-5 Parasiten und blutsaugende Insekten etc. als Ursache eines Pruritus

Parasiten
Trichinose
Schistosomiasis
Onchozerkose
Echinokokkose
Ankylostomiasis
Trichiuriasis
Askariasis
Oxyuriasis
Zystizerkose
Arthropoden
Pedikulose (Menschen-, Katzen-, Hunde-, Vögel-Flöhe)
Wanzen
Skabies
andere Milben (Hühnermilben, Erntemilben, Trombikula, Dermatophages)
Insekten
Moskitos, Wespen, Bienen, Ameisen
Zecken, Spinnen, Motten, Raupen etc.

28.4.8 Psychogene Erkrankungen

Die Haut ist ein wichtiges Kommunikationsorgan (z.B. Erröten) und unterliegt häufig psychischen Einflüssen. Pruritus und auch eine Vielzahl von Hauterkrankungen manifestieren sich oft erst unter seelischen Belastungen oder Streß oder treten hierunter verstärkt auf. Andererseits stehen Hautkranke aufgrund der häufig sichtbaren Stigmata unter einem erheblichen sozialen und psychologischen Druck, was wiederum zu einer Verschlimmerung der Symptome führen kann. Dauerhafter psychogener Juckreiz findet sich bei psychovegetativer Labilität und Neurasthenie sowie bei Neurosen und Psychosen, insbesondere in Form des Dermatozoenwahns. Vorübergehender Juckreiz kann auch unter akuten emotionalen Belastungen auftreten (Angst, Streß).

B *Beschwerden und Befunde*

Der Patient mit psychogenem Pruritus weist häufig neben seinen Juckreizbeschwerden psychopathologische Symptome seiner zugrundeliegenden Erkrankung (z.B. Waschzwang) auf. Es findet sich in der Regel eine ängstlich oder depressiv strukturierte Primärpersönlichkeit. Der Juckreiz kann häufig von anderen sensorischen Mißempfindungen wie Zungenbrennen und bitterem Geschmack begleitet sein. Charakteristisch ist das Fehlen einer juckreizbedingten Schlafstörung.

DS *Diagnosesicherung*

Bei fehlendem Hinweis auf eine organische Ursache des Juckreizes muß an einen psychogenen Pruritus gedacht werden. Die Diagnosesicherung erfolgt durch eine neurologische und psychiatrische Untersuchung.

DD *Differentialdiagnose*

Wie bei senilem Pruritus gilt es, organische Ursachen, insbesondere ein Malignom als eigentliche Ursache der Symptome, nicht zu verkennen. Bei älteren, häufig auch psychisch veränderten Patienten (Heimunterbringung) kann die Abgrenzung von einem senilen Pruritus Schwierigkeiten bereiten.

28.5 Zusammenfassung

Bei lokalem Pruritus sollten die in Tabelle 28-1 genannten Ursachen ausgeschlossen werden. Das weitere Vorgehen bei generalisiertem Pruritus mit Hauterscheinungen ist im Kapitel 21, Haut- und Haarveränderungen, dargestellt. Bei generalisiertem Juckreiz ohne Hauterscheinungen (Tab. 28-2 bis 28-5) sollten zunächst anamnestisch eine Schwangerschaft, eine Östrogeneinnahme, systemische oder topische medi-

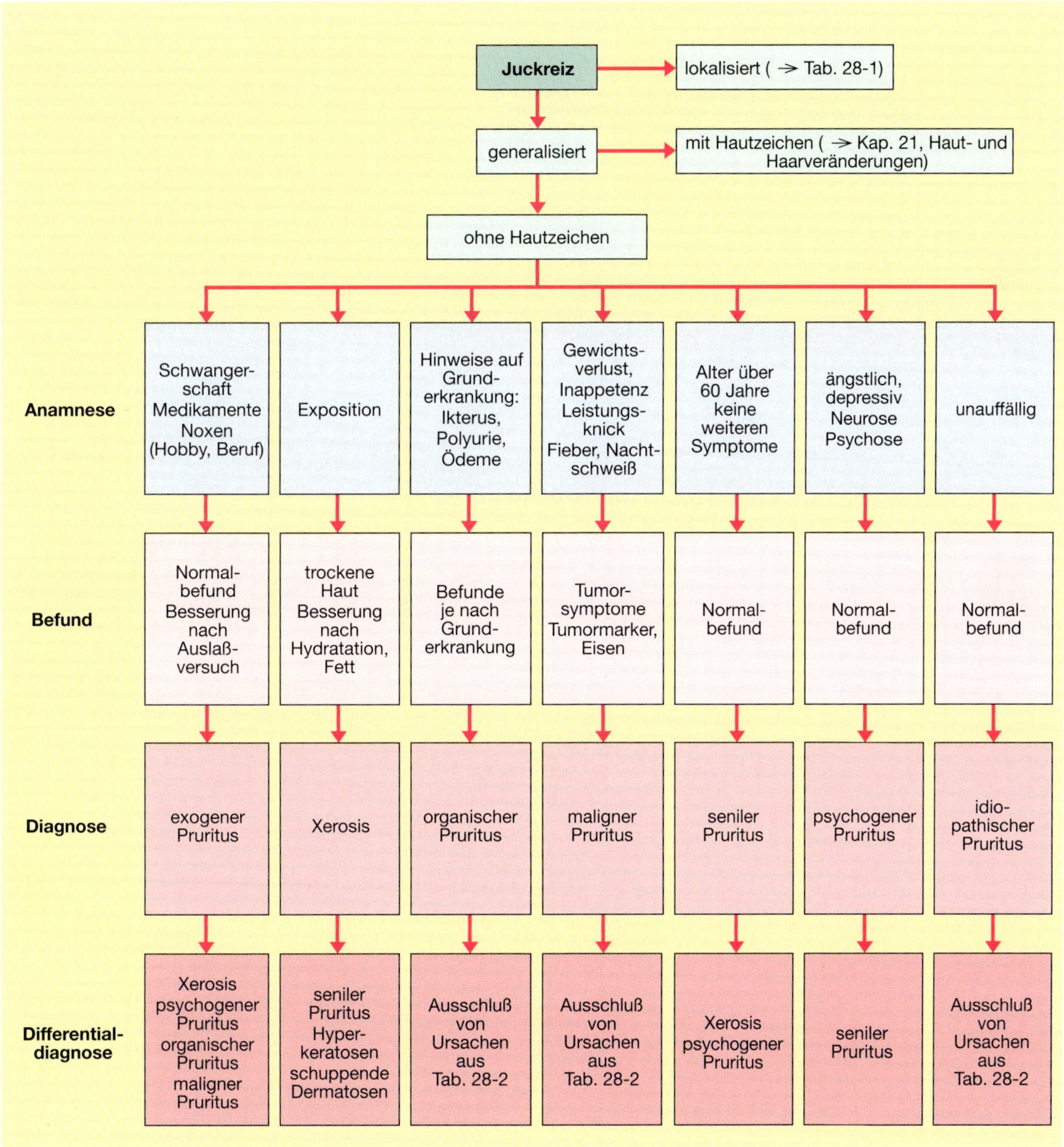

Abb. 28-4 Differentialdiagnostisches Vorgehen bei Juckreiz.

kamentenallergische oder -toxische Ursachen sowie die Exposition gegenüber exogenen Noxen als wichtigste Ursachen ausgeschlossen werden. Bei entsprechendem Verdacht muß ein Auslaßversuch bzw. eine Allergietestung durchgeführt werden. Das Vorliegen der sehr häufigen Xerosis bzw. bei entsprechender Altersdisposition eines senilen Pruritus muß ebenfalls geprüft werden. Parasitosen können durch Anamnese, Nachweis der Exposition und durch den Erregernachweis ausgeschlossen werden. Eine Reihe von routinemäßigen Laboruntersuchungen kann Aufschluß über das Vorliegen einer systemisch bedingten Ätiologie des Juckreizes geben.

Der Verdacht auf eine maligne Erkrankung sollte sorgfältig überprüft und durch wiederholte Untersuchungen kontrolliert werden, da der Juckreiz diesen Erkrankungen um Jahre vorausgehen kann. Differentialdiagnostisch ist auch der psychogene Juckreiz in Betracht zu ziehen und durch eine neurologisch-psychiatrische Untersuchung zu klären. Erst nach Ausschluß dieser bzw. der in Tabelle 28-1 bis 28-5 genannten Ursachen darf die Diagnose eines „idiopathischen" Pruritus gestellt werden. In Abbildung 28-4 sind die wichtigsten Differentialdiagnosen des Pruritus mit den wegweisenden Befunden zusammengefaßt.

29 Krampfanfälle

K. H. Krause und D. Pongratz

Epilepsien sind klinisch häufige Erkrankungen. Man schätzt, daß etwa 0,5% der Weltbevölkerung an ohne Provokation auftretenden rezidivierenden Anfällen leiden. Die dabei schlagartig einsetzenden Verkrampfungen der Muskulatur mit oder ohne Bewußtseinsverlust sind in aller Regel Ausdruck plötzlicher exzessiver Entladungen im Bereich der grauen Hirnsubstanz. Die Ursachen der epileptischen Anfälle sind vielfältig und bedürfen daher einer differenzierten Klärung.

29.1 Definitionen und Abgrenzung

Wenn sich aus unterschiedlichen Gründen in einzelnen Nervenzellen des Gehirns generierte epileptische Entladungen durch multizelluläre Synchronisation ausbreiten, so resultiert daraus ein Krampfanfall. Von **erhöhter Anfallsbereitschaft** spricht man, wenn ein solcher Anfall durch bestimmte Provokation (→ 29.3.4) ausgelöst werden kann. Man nimmt eine erhöhte Anfallsbereitschaft bei 10% der Bevölkerung an. Es wird vermutet, daß die Hälfte dieser Personengruppe mit niedriger Krampfschwelle im Verlauf ihres Lebens einen oder mehrere Krampfanfälle erleidet.

Das Auftreten solcher Gelegenheits- oder Okkasionskrämpfe berechtigt noch nicht zur Diagnose Epilepsie.

Von einer Epilepsie wird erst dann gesprochen, wenn Anfälle wiederholt ohne faßbare Provokation auftreten. Es wird differenziert zwischen Epilepsien ohne lokalisierbare Ursache **(idiopathische, genuine, essentielle, kryptogenetische Epilepsie)** und Erkrankungen aufgrund einer lokalen Schädigung **(symptomatische Epilepsie).** Es wird eine Vielzahl von Syndromen im Rahmen der Epilepsie beobachtet. Prinzipiell teilt man die Epilepsien folgendermaßen ein:

- generalisierte Epilepsien und Syndrome
- fokale Epilepsien und Syndrome
- nicht näher klassifizierbare Epilepsien und Syndrome
- spezielle Syndrome

Bei der Erfassung der Anfallsart ist primär zwischen **fokalen** (Synonym: **partiellen**) **Anfällen** (Tab. 29-1) und **generalisierten Anfällen** (Tab. 29-2), die konvulsiv oder nicht konvulsiv sein können, zu unterscheiden. Als fokal wird ein Anfall dann bezeichnet, wenn er mit seitendifferenten klinischen oder elektroenzephalographischen Symptomen in einem Abschnitt der Großhirnhemisphäre beginnt.

Tab. 29-1 Differenzierung der fokalen Anfälle

Einfache fokale Anfälle	mit motorischen Symptomen (z. B. Jackson-Anfall) mit sensiblen oder sensorischen Symptomen (z. B. Kribbeln, optische und akustische Halluzinationen) mit vegetativen Symptomen (z. B. Erbrechen, Inkontinenz, Blässe, Schwitzen, Erröten) mit psychischen Symptomen (z. B. kognitiven und affektiven Störungen)
Komplexe fokale Anfälle	psychomotorischer Anfall bzw. Dämmerattacke (Bewußtseinseinschränkung, fakultativ verbunden mit motorischen Automatismen, vegetativen Symptomen oder aphasischen Störungen, seltener mit olfaktorischen, akustischen und optischen Halluzinationen)

Tab. 29-2 Differenzierung der generalisierten Anfälle

Absencen – typische – atypische
myoklonische Anfälle
klonische Anfälle
tonische Anfälle
tonisch-klonische Anfälle
atonische Anfälle

Der **primär generalisierte Anfall** ist durch sofortige generalisierte paroxysmale Entladungsmuster im EEG ohne fokale Einleitung charakterisiert. Geht ein fokaler in einen generalisierten Anfall über, so spricht man von einem **sekundär generalisierten Anfall.**

Der **Status epilepticus** ist als ein zerebrales Krampfgeschehen definiert, bei dem zerebrale Anfälle entweder ununterbrochen über eine Dauer von mindestens 30 Minuten auftreten oder bei dem es zwischen einzelnen Anfällen während dieser Zeit nicht zur Erholung kommt.

Beim **generalisierten tonisch-klonischen Krampfanfall** (Grand-mal) stößt der Patient zu Beginn häufig einen Initialschrei aus, der mechanisch durch Kontraktion der Atemmuskeln bei fast vollständig verschlossener Stimmritze zustande kommt. Anschließend stürzt er zu Boden. Die Augen bleiben meist geöffnet, wobei die Pupillen lichtstarr reagieren. Die Bulbi sind nach oben oder zur Seite verdreht. Der Körper befindet sich 20–30 Sekunden lang im tonischen Krampfstadium, wobei die Beine überstreckt und die Arme gestreckt oder gebeugt sind (Abb. 29-1).

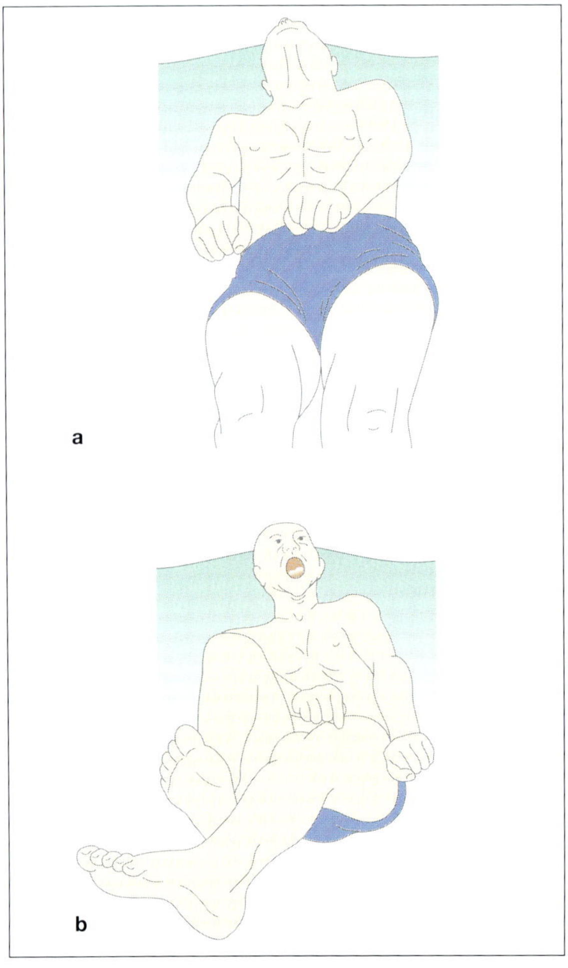

Abb. 29-1 Schematische Darstellung eines Grand-mal-Anfalls mit zunächst tonischer (a) und dann klonischer (b) Phase.

Aufgrund der Apnoe erscheint die Haut des Patienten zyanotisch. Nach wenigen Sekunden setzen rhythmische klonische Zuckungen für die Dauer von ca. 1 Minute ein. Während des Krampfanfalls beißt sich der Patient häufig seitlich auf die Zunge. Der aus dem Mund austretende Speichel kann deshalb blutig tingiert sein. Oftmals kommt es zur Enuresis, viel seltener auch zu Stuhlabgang. Während des Krampfstadiums ist der Babinski-Reflex beidseits auslösbar. Dies erklärt sich aus der schweren Funktionsstörung des ZNS im Anfall. Anschließend fällt der Betroffene in einen Terminalschlaf, der Minuten bis Stunden andauern kann. Selten nach einem einzelnen Anfall, immer jedoch nach einem Status epilepticus, tritt beim Erwachsenen ein postparoxysmaler Dämmerzustand auf. Im klinischen Sprachgebrauch wird der Status epilepticus häufig auch als **Grand-mal-Status** bezeichnet. Hierbei bleibt das Bewußtsein zwischen den einzelnen großen Anfällen gestört. Erlangt der Anfallskranke zwischen den Anfällen das Bewußtsein wieder, so spricht man von einer **Grand-mal-Serie.**

Eine genaue Schilderung des Anfalls erlaubt oft bereits eine erste ätiologische Zuordnung. Keineswegs immer ist ein epileptischer Anfall mit konvulsiven Zuckungen verbunden. Es sind auch **atonische – nichtkonvulsive – Anfälle** bekannt. Ein ebenfalls nicht obligates Symptom ist der Bewußtseinsverlust. Bleibt die Erregung auf ein bestimmtes Hirnareal – beispielsweise auf die motorische Hirnrinde einer Hemisphäre – begrenzt, so resultiert ein Krampfanfall ohne Störung des Bewußtseins.

Von epileptischen Krampfanfällen sind krampfartige Zuckungen bei prolongierten Synkopen (**konvulsive Synkope,** → Kap. 7.4.8) abzugrenzen. Klinisch imponieren hierbei kurze Streckkrämpfe mit Opisthotonus und vereinzelte klonische Zuckungen der Extremitäten bei krampfhaft geschlossenen Fäusten.

Die häufig beim Übergang vom Wach- in den Schlafzustand auftretenden **Einschlafmyoklonien** der Beine oder der Rumpfmuskulatur sind als harmlos zu bewerten und sollten deshalb keinen Anlaß zur Besorgnis bezüglich eines vorliegenden Anfallsleidens geben. Schwieriger ist die Differentialdiagnose beim **benignen Schlafmyoklonus des Neugeborenen.** Hierbei handelt es sich um ein pathogenetisch unklares, gutartiges Syndrom. Es kommen in allen Schlafstadien bis zu 20 Minuten andauernde myoklonische Zuckungen vor. Gewöhnlich manifestiert sich der benigne Schlafmyoklonus des Neugeborenen innerhalb der ersten zwei Lebenswochen und sistiert spätestens im 6. Lebensmonat. Speziell bei Kindern sind zwei weitere Krankheitsbilder mit guter Prognose von den zerebralen Krampfanfällen abzugrenzen:

Beim **benignen Myoklonus des Säuglingsalters** finden sich Beugemyoklonien des Nackens, Rumpfes und der Extremitäten, die den Anfällen beim West-Syndrom (→ Tab. 29-5) klinisch ähnlich sind, aber nicht mit Auffälligkeiten im EEG einhergehen. Spätestens im 2. Lebensjahr kommt es zur spontanen Remission. Bei der pathophysiologisch ebenfalls unklaren **benignen paroxysmalen Dystonie des Kindesalters** wird ein wenige Minuten bis zwei Stunden andauernder und anfallsweise auftretender Opisthotonus in Verbindung mit dystonen Armbewegungen einschließlich Hyperpronation beobachtet. Die Symptomatik sistiert spontan nach 6–24 Monaten.

In jedem Lebensalter des Patienten müssen epileptische Krampfanfälle von **Tetanien** (→ Kap. 34), **Hyperekplexien, bewegungsinduzierten Dystonien,** der **paroxysmalen Choreoathetose** und dem **primären orthostatischen Tremor,** evtl. auch von weiteren extrapyramidalen Erkrankungen (z.B. **Spasmus facialis** und **Blepharospasmus**) abgegrenzt werden(→ Kap. 6). Bei diesen Erkrankungen ist das Bewußtsein erhalten. Die **Hyperekplexie (startle disease)** ist eine quantitativ abnorme Schreckreaktion mit tonischer Anspannung einer Extremität und evtl. mit komplexeren Bewegungsabläufen. Sie wird möglicherweise autosomal-dominant vererbt. Das EEG ist im Anfall normal. Ferner finden sich keine Auffälligkeiten bei bildgebenden Untersuchungen des Kopfes. Die auf einer Schädigung des extrapyramidalen Systems beruhenden **bewegungsinduzierten Dystonien (Aktionsdystonien)** manifestieren sich meist in der Kindheit und werden durch plötzliche Bewegungen ausgelöst. Die **paroxysmale Choreoathetose** kann Symptom einer Multiplen Sklerose sein, auch familiäres Auftreten ist in der Literatur beschrieben. Der primäre **orthostatische Tremor** äußert sich durch Hinstürzen aufgrund eines speziell die Beine betreffenden raschen 15/s-Tremors. Rein **psychogene Krampfanfälle** sind selten geworden. Die genaue Anfallsbeobachtung sowie die sorgfältige Anamnese tragen hier zur Diagnosefindung bei.

29.2 Ursachen

Mögliche Ursachen von **Gelegenheitsanfällen** sind:

- Fieber (→ Kap. 14)
- Urämie (→ Kap. 2)
- Hypoglykämie (→ Kap. 23)
- nichtketotische Hyperglykämie
- Eklampsie
- Elektrolytentgleisungen (z.B. Hypokalzämie)
- Hypoxie
- Alkoholentzug
- Medikamentenentzug
- Intoxikationen (→ Kap. 7)

Ätiologisch können sämtliche Erkrankungen und Schädigungen des zentralen Nervensystems **symptomatische Epilepsien** verursachen:

- zerebrale Fehlbildungen
- Kernikterus
- metabolische Störungen
- neurokutane Leiden
- Infektionen (Meningoenzephalitiden, → Kap. 14)
- intrakranielle Blutungen (→ Kap. 7)
- venöse Thrombosen
- Contusio cerebri
- Hirntumoren
- Alkohol
- Drogen

Einerseits kann Alkoholentzug ebenso wie Medikamentenentzug (Barbiturate, Benzodiazepine) zu einem Entzugsanfall führen, der als Gelegenheitsanfall zu deuten ist (das gleiche gilt für die selteneren Anfälle bei Alkoholexzeß und im Delir), andererseits kann sich als Folge toxisch-vaskulärer Hirnschäden beim Alkoholismus langfristig die sog. **Alkoholepilepsie** entwickeln, bei der dann ohne Provokation durch Alkoholkonsum Anfälle auftreten. Ebenso sind Gelegenheitskrämfe bei Hypokalzämie oder Hypoglykämie von symptomatischen Epilepsien bei chronischer metabolischer Hirnschädigung (z.B. chronischer Hypoparathyreoidismus, chronisches hypoglykämisches Defektsyndrom oder chronische Nebennierenrindeninsuffizienz) zu unterscheiden. Kommt es während der Gravidität oder perinatal zu einer Hirnschädigung des Feten (Entzündung, Trauma, Blutung, Ischämie), so spricht man beim späteren Auftreten von Krampfanfällen von einer **Residualepilepsie.** Die Ursache der **idiopathischen Epilepsien** ist definitionsgemäß unklar. An der Existenz prädisponierender **genetischer Faktoren** besteht allerdings kein Zweifel. Ein DNA-Lokus für die benignen familiären neonatalen Anfälle konnte auf Chromosom 20 lokalisiert werden. Ein entsprechender Befund fand sich bei Patienten mit juveniler myoklonischer Epilepsie (Impulsiv-Petit-mal) auf dem kurzen Arm des Chromosoms 6.

29.3 Diagnostik

29.3.1 Anamnese

Ein generelles Problem bei der Beurteilung von Krampfanfällen ist, daß der Untersucher in der Regel den Anfall nicht selbst gesehen hat und auf anamnestische Angaben angewiesen ist. Dadurch ist eine exakte Zuordnung der Anfälle oft kaum möglich. Zur Klärung der Anfallsart, besonders bei begleitenden Bewußtseinsstörungen, ist die erhobene **Fremdanamnese** von entscheidender Bedeutung.

Familienanamnestisch sind Anfälle (Fieberkrämpfe, Gelegenheitskrämpfe, Epilepsien) in der Verwandtschaft zu eruieren.

Bezüglich der **sozialen Anamnese** sind die Schulleistungen, die berufliche Tätigkeit und soziale Integrationsprobleme von Interesse.

Die **Eigenanamnese** sollte folgende Fragestellungen umfassen:

- Verlauf der Schwangerschaft
- perinatale Komplikationen
- Geburtsgewicht
- eventuelle Neugeborenen- oder Fieberkrämpfe
- frühkindliche Entwicklung
- Manifestationsalter
- Zeitpunkt des Auftretens
- Auslösesituationen
- tageszeitliche Bindung:
  - Bei überwiegendem Auftreten (> 90%) der Grand-mal-Anfälle in den ersten 2 Stunden nach dem Aufwachen (unabhängig von der Tageszeit) spricht man von **Aufwach-Grand-mal.**
  - Treten > 90% der Anfälle im Schlaf auf, so handelt es sich um ein **Schlaf-Grand-mal.**
  - Die übrigen Fälle werden als **diffuses Grand-mal** bezeichnet.
- Vor- und Begleiterkrankungen:
  - frühere Kopfverletzungen
  - entzündliche (→ Kap. 44.4.6), raumfordernde oder vaskuläre Erkrankungen des zentralen Nervensystems
  - Diabetes mellitus
  - Nierenerkrankungen
- Anfallsart:
  - fokal/generalisiert:
    Die Art des Krampfanfalls erlaubt Rückschlüsse auf die zugrundeliegende Störung. Umschriebene, d.h. auf eine Körperregion oder -hälfte begrenzte Krampfanfälle sind in aller Regel Ausdruck einer symptomatischen Epilepsie. Generalisierte Krampfanfälle können dagegen sowohl bei symptomatischen als auch bei idiopathischen Epilepsien vorkommen.
  - mit/ohne Bewußtlosigkeit:
    Bei den **fokalen Anfällen** ist zwischen einfachen Formen, die nicht mit einer Bewußtseinsstörung einhergehen, und komplexen Anfällen, die mit einer Störung des Bewußtseins verbunden sind, zu unterscheiden. Einfache fokale Anfälle können in der Regel vom Patienten ziemlich genau und zuverlässig beschrieben werden. Ein generalisierter tonisch-klonischer Krampfanfall **(Grand-mal)** ist ein eindrucksvolles Ereignis, das mit einer Bewußtlosigkeit einhergeht, gefolgt von einem Minuten bis Stunden andauernden postparoxysmalen Verwirrtheits- und Dämmerzustand mit ausgeprägtem Schlafbedürfnis.
  - Körperregionen:
    Von **march of convulsion** spricht man, wenn nacheinander verschiedene Teile einer Extremität bzw. verschiedene Körperteile erfaßt werden, wie beispielsweise beim motorischen Jackson-Anfall.
  - Begleitsymptome (motorisch, sensorisch, vegetativ, psychisch):
    Eine Übersicht über die Begleitsymptome gibt Tabelle 29-1. Die einfachen fokalen Anfälle mit psychischen Symptomen sind dabei äußerst selten, da hier in der Regel eine Beeinträchtigung des Bewußtseins auftritt und somit die Kriterien für das Vorliegen eines komplexen fokalen Anfalls erfüllt sind. Bei den komplexen fokalen Anfällen kann die Bewußtseinsstörung gleich zu Beginn vorliegen oder auf einen einfachen fokalen Anfall, an den sich der Patient noch erinnert, folgen.
  - Aura:
    Besondere Beachtung verdient die sog. **epigastrische Aura.** Hierbei beschreibt der Patient ein vages, nicht näher definierbares, vom Oberbauch aufsteigendes, eigenartiges Gefühl. Eine isolierte Aura ist definitionsgemäß (fehlende Amnesie) als ein einfacher fokaler Anfall zu betrachten. In der Regel ist die Aura aber von einem Bewußtseinsverlust, sei es im Rahmen eines komplexen fokalen oder eines generalisierten Anfalls, gefolgt.
  - zeitlicher Ablauf:
    Für eine **Absence** charakteristisch ist der abrupte Beginn einer Amnesie, die bei 90% der Patienten weniger als 30 Sekunden dauert, sowie das Fehlen einer Aura. Bei Absencen treten tonische und klonische Bewegungen ebenso wie vegetative Symptome nur fakultativ auf. Bei ausgeprägteren tonischen Störungen und bei allmählichem Beginn und langsamem Sistieren der Bewußtseinsstörung spricht man von einer **atypischen Absence.**
  - Muskeltonus:
    Myoklonische Anfälle werden meist als sehr kurze Zuckungen der Extremitäten beschrieben, bei denen das Gesicht in der Regel ausgespart ist. Kommt es zu repetitiven Myoklonien, so spricht man von **klonischen Anfällen,** die auch Bestandteil tonisch-klonischer Anfälle sein können. **Tonische Anfälle** sind gewöhnlich Komponenten generalisierter Anfälle. Darüber hinaus sind primär tonische Anfälle beim Lennox-Gastaut-Syndrom (→ 29.4.1) beschrieben. Unter **atonischen Anfällen** versteht man einen plötzlichen Tonusverlust mit Hinstürzen oder Vornüberfallen des Kopfes ohne sonstige motorische Entäußerungen.
    Fakultative Begleitsymptome der Krampfanfälle sind **Zungenbiß, Einnässen** und sehr selten **Stuhlabgang.**

Zur Diagnose einer bestimmten Epilepsieform und -ursache reicht in der Regel die genaue Klärung der Anfallsart nicht aus, da gleichartige Anfälle bei unterschiedlichen Epilepsiesyndromen auftreten können. Die Klassifikation des Anfalls erfolgt unter Berücksichtigung des Manifestationsalters, neurologischer Defizite und apparativer Befunde.

29.3.2 Körperliche Untersuchung

Ursachen von symptomatischen Epilepsien sind gegebenenfalls bereits durch die klinische Untersuchung zu klären, beispielsweise beim Vorliegen einer Contusio cerebri, einer ischämischen Enzephalopathie oder eines neurokutanen Leidens (Abb. 29-2), ferner bei einem Kernikterus in der Neugeborenenphase. **Herdförmige neurologische Ausfälle** können aufgrund von zerebralen Fehlbildungen, intrakraniellen Blutungen, venösen Thrombosen und Hirntumoren entstehen. **Meningismus** und **Kopfschmerzen** sind die führenden Symptome einer Meningoenzephalitis, evtl. mit begleitender Bewußtseinsstörung (→ Kap. 7). Zusätzliche Informationen kann die ophthalmologische Untersuchung liefern. Eine Zusammenfassung von Untersuchungsbefunden findet sich in Tabelle 29-3.

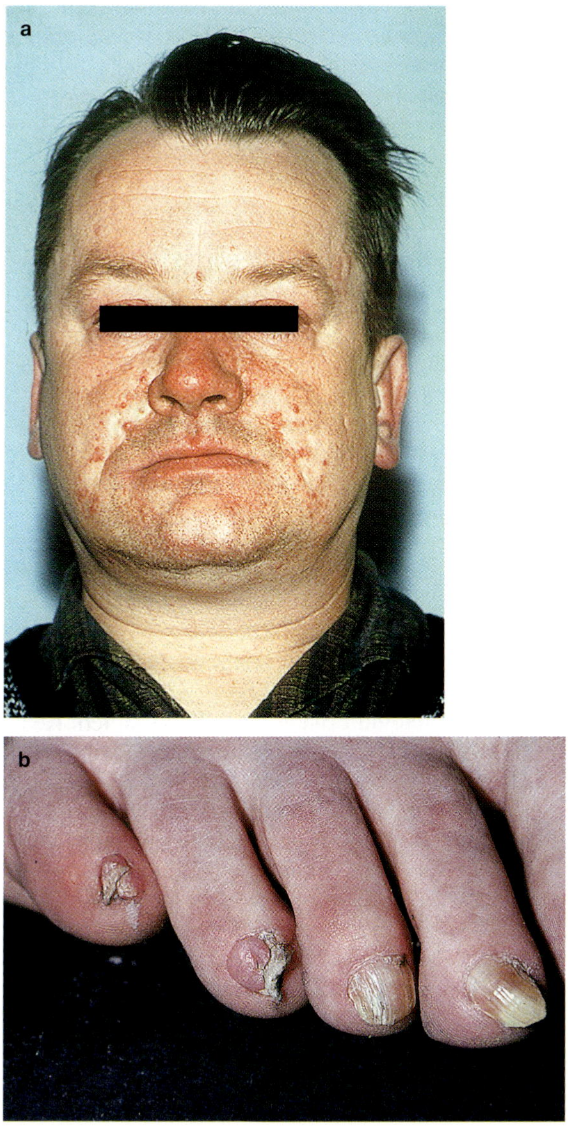

Abb. 29-2 Morbus Bourneville-Pringle:
a) Adenoma sebaceum mit Krampfanfällen und Nierentumor.
b) Subunguale Fibrome: Multiple endokrine Adenomatose Typ II, Sipple-Syndrom (→ Kap. 44).

Tab. 29-3 Wichtige klinische Untersuchungsbefunde bei der Abklärung von epileptischen Anfällen

Allgemeine Untersuchung	Kopfverletzungen Veränderungen von Form und Größe des Schädels (Mikrozephalus, Hydrozephalus, Dysostosen, Schädelasymmetrien, Hypertelorismus sonstige Fehlbildungen Hautveränderungen (Adenoma sebaceum bei Morbus Pringle → Abb. 29-1), halbseitiges Gesichtshämatom beim Sturge-Weber-Syndrom, Café-au-lait-Flecken und Fibrome beim Morbus Recklinghausen) Vergrößerungen von Leber und Milz im Kindesalter (Morbus Gaucher, Morbus Niemann-Pick)
Neurologische Untersuchung	Residualsymptome nach abgelaufener Hirnschädigung (Residualepilepsie, Zustand nach Trauma, Enzephalitis, Ischämie) progrediente neurologische Symptome (neurokutane und neurometabolische Erkrankungen, Gefäßleiden, Hirntumoren)
Ophthalmologische Untersuchung	Stauungspapille (raumfordernde intrazerebrale Prozesse) Chorioretinitis bei Toxoplasmose Retinitis pigmentosa bei mitochondrialen Zytopathien cherry red spot Kayser-Fleischer-Kornealring (Morbus Wilson)

29.3.3 Labor

Folgende Bestimmungen sollten durchgeführt werden:

- **Blutzuckerspiegel, Elektrolyte**
- Der **Bilirubinspiegel** dient in der Neugeborenenperiode dem Ausschluß eines Kernikterus.
- Eine **pH-Bestimmung** zur Erfassung einer metabolischen Azidose ist bei der Suche nach angeborenen Stoffwechselstörungen im Säuglings- und frühen Kleinkindalter sinnvoll.
- **Chromosomenanalysen** sind bei morphologisch entsprechend auffälligen Patienten durchzuführen.
- Die **Leberwerte** sind bei der Frage nach Alkohol- und Drogenabusus aufschlußreich.
- Entzündliche Veränderungen im **Liquor** sind der entscheidende Befund bei der Diagnose von Meningoenzephalitiden.

- Die **Creatinkinase** im Serum kann nach großen Anfällen erhöht sein, hat ein Maximum nach 10 Stunden und normalisiert sich nach 4–5 Tagen.
- Das **Prolaktin** kann unmittelbar nach einem Grand-mal-Anfall oder einem fokalen Anfall signifikant (bis zum 3,5fachen) erhöht sein und normalisiert sich nach 2 Stunden. Diese Erhöhung ist jedoch nicht obligat, so daß zur Differentialdiagnose zwischen epileptischen und psychogenen Anfällen nur eindeutig erhöhte Prolaktinspiegel zu verwerten sind.

29.3.4 Apparative Diagnostik

Ein **Elektroenzephalogramm** ist bei jedem Patienten mit Verdacht auf Krampfanfälle abzuleiten. Im EEG können zum einen Herdbefunde, die dann Anlaß zur bildgebenden Diagnostik sind, zum anderen epilepsietypische Potentiale aufgedeckt werden. Wenn das Ruhe-EEG normal ist, sind ein **Provokations-EEG** unter Hyperventilation oder Photostimulation sowie ein **Schlafentzugs-** und **Schlaf-EEG** durchzuführen. Zur genaueren Analyse der Anfälle dienen simultane Video- und EEG-Aufzeichnungen. Eine mobile EEG-Langzeitableitung ist sinnvoll zur Erfassung von Anzahl und Dauer epilepsietypischer Abläufe im EEG, ferner von möglichen Herdbefunden, die in der Kurzzeitableitung fehlen können, und von Krampfaktivität im Schlaf. Bei der präoperativen Epilepsiediagnostik werden zur Fokussuche Sphenoidal- oder Foramen-ovale-Elektroden verwendet. Mit stereoelektroenzephalographischen Untersuchungen unter Einsatz implantierter Tiefenelektroden sind, anders als im Oberflächen-EEG, Ausgangspunkt und Ausgangsmodus epileptischer Erregungen genau zu bestimmen.

Röntgenaufnahmen des Schädels können akute Traumen, Fehlbildungen, Asymmetrien als Zeichen einer frühkindlichen Hirnschädigung oder Verkalkungen aufzeigen.

Eine **Computertomographie** sollte bei allen Anfallspatienten, bei denen eine idiopathische Genese nicht belegt ist, mindestens einmal unter Kontrastmittelgabe durchgeführt werden.

Die **Kernspintomographie** ist bei der Suche nach temporobasalen und in der hinteren Schädelgrube gelegenen Raumforderungen ergiebiger als die Computertomographie.

Wenn es um die Frage der operativen Therapie pharmakoresistenter fokaler Epilepsien geht, sind die **Single-Photon-Emissions-Computertomographie (SPECT)** und die **Positronen-Emissions-Tomographie (PET)** von Interesse. Mit deren Hilfe können fokale Hypoperfusionen und lokale Minderungen der Glukoseaktivität im Intervall und entsprechende Steigerungen im Anfall nachgewiesen werden.

29.4 Krankheitsbilder

Beim Auftreten von zerebralen Anfällen sollte eine diagnostische Zuordnung zu einer der folgenden Krankheitsgruppen erfolgen:

- generalisierte Epilepsien und Syndrome: Die Gruppe der generalisierten Anfälle ist sehr heterogen. Wir unterscheiden zwischen 6 großen Gruppen (Tab. 29-2). Dabei werden als Petit-mal nicht nur die Absencen, sondern alle kleinen generalisierten Anfälle bezeichnet.
- fokale Epilepsien und Syndrome
- nicht näher klassifizierbare Epilepsien und Syndrome
- spezielle Syndrome.

29.4.1 Generalisierte Epilepsien und Syndrome

Als generalisierte Epilepsien werden diejenigen Anfallskrankheiten bezeichnet, bei denen die Anfälle initial sowohl klinisch als auch im EEG eine Einbeziehung beider Hirnhemisphären zeigen. Es ist zwischen folgenden Erkrankungen zu differenzieren:

- **Idiopathische generalisierte Epilepsien mit altersgebundenem Beginn**
  Bei dieser Gruppe spielt das Erkrankungsalter definitionsgemäß eine entscheidende Rolle. Eine Übersicht über die wesentlichen Charakteristika vermittelt die Tabelle 29-4.
- **Idiopathische und/oder symptomatische generalisierte Epilepsien**
  Dazu zählen die Epilepsie mit Blitz-Nick-Salaam-(BNS-)Krämpfen und das Lennox-Gastaut-Syndrom. Ferner sind hier Syndrome einzuordnen, bei denen eine Differenzierung zwischen idiopathischer oder symptomatischer Epilepsie nicht möglich ist, da einige Faktoren auf eine idiopathische Genese (Fehlen einer bekannten Ätiologie, genetische Disposition), andere auf eine symptomatische Genese (neurologische Auffälligkeiten, intellektuelle Retardierung oder Defizite) hindeuten. Bemerkenswert ist bei diesen Epilepsieformen wiederum der altersgebundene Beginn (Tab. 29-5).
- **Symptomatische generalisierte Epilepsien**
  In dieser inhomogenen Gruppe muß folgende Unterscheidung getroffen werden:
  - Die **frühe myoklonische Enzephalopathie** beginnt in der Neugeborenenperiode und geht mit BNS-Krämpfen sowie umschriebenen, bilateralen

Tab. 29-4 Idiopathische generalisierte Epilepsien mit altersgebundenem Beginn

Krankheit	Manifestationsalter	Anfallsart	EEG
benigne familiäre Neugeborenenkrämpfe	2.–3. Lebenstag	klonische oder apnoische Anfälle	keine spezifischen EEG-Kriterien
benigne Neugeborenen-krämpfe	um den 5. Lebenstag	klonische oder apnoische Anfälle	alternierende Sharp-Theta-Wellen
benigne myoklonische Epilepsie des Säuglings-alters	1. Lebensjahr	generalisierte Myoklonien	generalisierte Spike-wave-Komplexe im Schlaf
Pyknolepsie (Absence-Epilepsie des Kindesalters)	Grundschulalter (Gipfel um 6.–7. Lebens-jahr)	sehr häufig Absencen	bilaterale synchrone symmetrische Spike-wave-Komplexe um 3/s
juvenile Absence-Epilepsie	Pubertät	sporadische Absencen	bilaterale synchrone symmetrische Spike-wave-Komplexe, oft schneller als 3/s
juvenile myoklonische Epilepsie (Impulsiv-Petit-mal)	Pubertät	bilaterale einzelne oder repetitive arrhythmische irreguläre Myoklonien	irreguläre generalisierte schnelle Spike-waves und Poly-Spike-waves
Epilepsie mit Aufwach-Grand-mal	2. Lebensjahrzehnt	generalisierter tonisch-klonischer Krampfanfall, evtl. zusätzlich Absencen oder Impulsiv-Petit-mal	generalisierte Spike-wave-Komplexe

29

Tab. 29-5 Idiopathische und/oder symptomatische generalisierte Epilepsien mit altersgebundenem Beginn

Krankheit	Manifestationsalter	Anfallsart	EEG
Epilepsie mit Blitz-Nick-Salaam-(BNS-)Krämpfen = West-Syndrom	1. Lebensjahr, meist um 4.–7. Monat	blitzartige Verkrampfungen (Myoklonien), tonische Spasmen (Flexions-Extensions-Verkrampfungen)	Hypsarrhythmie
Lennox-Gastaut-Syndrom	1.–8. Lebensjahr, meist vor dem 6. Jahr	tonisch-axiale Anfälle, atonische Anfälle, Absencen, myoklonische Anfälle, generalisierte tonisch-klonische Anfälle, Status epilepticus	multifokale Störungen, Spike-wave-Varianten (slow spike-waves < 3 Hz)
Epilepsie mit myoklonisch-astatischen Anfällen	7. Lebensmonat bis 6. Lebensjahr, meist 2.–5. Lebensjahr	myoklonische Anfälle mit symmetrischen Zuckungen der Arme und Schultern, häufig gleichzeitig Kopfzuckungen, astatische Anfälle mit Hinstürzen, Absencen mit klonischen und tonischen Elementen, Grand-mal, Status epilepticus	irreguläre, schnelle Spike-waves oder Poly-Spike-waves
Epilepsie mit myoklonischen Absencen	um das 7. Lebensjahr	Absencen mit ausgeprägten bilateralen, rhythmischen klonischen Zuckungen, oft kombiniert mit tonischen Bewegungen	bilaterale synchrone symmetrische und rhythmische Spike-waves um 3 Hz

Tab. 29-6 Epilepsien bei Fehlbildungen

Krankheit	Manifestationsalter	Anfallsart und Klinik	EEG
Aicardi-Syndrom	Säuglingsalter	beim weiblichen Geschlecht, Kombination Netzhautlakunen, Fehlen des Corpus callosum, BNS-Krämpfe mit frühem Beginn	häufig asymmetrische, diffuse, gewöhnlich asynchrone EEG-Abnormitäten
Lissenzephalie-Pachygyrie	Säuglingsalter	Gesichtsfehlbildung und spezifische Zeichen im CT, axiale Hypotonie und BNS-Krämpfe	hochamplitudige, schnelle alpha-ähnliche Muster
Phakomatosen	jedes Alter	keine speziellen klinischen Bilder, bei tuberöser Sklerose häufig Epilepsie mit BNS-Krämpfen, beim Sturge-Weber-Syndrom gehäuft einfache fokale Anfälle	keine speziellen Charakteristika

Myoklonien einher. Ferner kommen auch fokale Anfälle vor.

- Die **infantile epileptische Enzephalopathie** mit „burst suppression" (diffuse langsame Nachschwankung mit anschließender Abflachung nach paroxysmalen Entladungen im EEG) tritt im ersten Trimenon auf und ist durch Serien kurzer tonischer Anfälle gekennzeichnet.
- In die Gruppe der **spezifischen Syndrome** werden Krankheiten eingereiht, bei denen epileptische Anfälle das Hauptsymptom oder ein wesentliches Symptom sind. Es handelt sich entweder um **zerebrale Fehlbildungen** (Tab. 29-6) oder um **metabolische Enzephalopathien** (Tab. 29-7).

Tab. 29-7 Metabolische Epilepsien

Krankheit	Manifestationsalter	Anfallsart und Klinik	EEG
Nichtketotische Hyperglykämie und D-Glyzeroazidämie	Säuglingsalter	Enzephalopathie mit Myoklonien, fokalen Anfällen	Burst-suppression-Muster
Phenylketonurie	Kleinkindalter	Epilepsie mit BNS-Krämpfen	wie West-Syndrom
Phenylketonurie mit Biopterinmangel	2. Lebensjahr	generalisierte motorische Anfälle zusammen mit Myoklonien und okulogyren Anfällen	
Tay-Sachs-Krankheit und Sandhoff-Krankheit	erste Lebensmonate	Myoklonien und Zusammenschrecken speziell bei akustischen Reizen	ausgeprägte Verlangsamung der Grundaktivität
	2. Lebensjahr	zusätzlich fokale Anfälle	
Zeroidlipofuszinose vom frühinfantilen Typ (Morbus Santuavori-Haltir-Hagberg)	5.–8. Lebensmonat	massive Myoklonien	charakteristisches „verschwindendes EEG"
Pyridoxinabhängige Anfälle	Säuglings-/Kleinkindalter	Auf Vit. B_6 gut ansprechend, obwohl Pyridoxinspiegel im Blut normal	ohne spezielle Charakteristika
Zeroidlipofuszinose vom spätinfantilen Typ (Morbus Jansky-Bielschowsky)	2.–4. Lebensjahr	massive myoklonische Zuckungen mit Übergang zu atonischen oder astatischen Anfällen	langsame Hintergrundaktivität, multifokale Spikes und charakteristische Antwort bei Photostimulation langsamer Frequenz

Tab. 29-7 Metabolische Epilepsien, Fortsetzung

Krankheit	Manifestationsalter	Anfallsart und Klinik	EEG
Huntington-Krankheit vom infantilen Typ	nach dem 3. Lebensjahr	generalisierte tonisch-klonische Anfälle, atypische Absencen und Myoklonien mit Verlangsamung der geistigen Entwicklung und Dystonie	generalisierte Spike-wave- und Poly-Spike-wave-Entladungen
Morbus Gaucher vom juvenilen Typ	6.–8. Lebensjahr	epileptische Anfälle unterschiedlicher Art, am häufigsten tonisch-klonisch oder fokal motorisch	diffuse multifokale Paroxysmen, Photosensibilität, zunehmende Verschlechterung der Grundaktivität
Zeroidlipofuszinose vom juvenilen Typ (Morbus Spielmeyer-Vogt-Sjögren)	6.–8. Lebensjahr	Visusverschlechterung, Verlangsamung der psychomotorischen Entwicklung, Auftreten zerebellärer und extrapyramidaler Symptome	Gruppen langsamer Wellen und Slow-Spike-wave-Komplexe
	1–4 Jahre später	generalisierte Anfälle sowie segmentale, massive Myoklonien	
Myoklonus-Epilepsie vom Lafora-Typ	6.–19. Lebensjahr	generalisierte tonisch-klonische oder rein klonische Anfälle, oft zusätzlich fokale Anfälle mit visuellen Symptomen und fortschreitender Demenz. Konstant massive Myoklonien	schnelle Spike-waves und Poly-Spike-waves sowie multifokale Abnormitäten, vor allem okzipital
Myoklonus-Epilepsie vom Typ Lundborg	8.–13. Lebensjahr	Myoklonien gemeinsam mit generalisierten tonisch-klonischen Anfällen, zerebellärer Ataxie und mäßiger Demenz	zunehmende Allgemeinveränderung, generalisierte Spike-wave-Komplexe, Photosensibilität
Dyssynergia cerebellaris myoclonica (Ramsay-Hunt-Syndrom)	6.–10. Lebensjahr	mit Aktions- und Intentionsmyoklonus oder generalisierten tonisch-klonischen Anfällen beginnend, nur geringe psychopathologische Auffälligkeiten	generalisierte Spikes, Spike-wave- und Poly-Spike-wave-Komplexe, Photosensibilität
Cherry-red-spot- und Myoklonus-Syndrom		Sialidose mit isoliertem Defizit der Neuraminidase, Myoklonus, Photosensibilität und zerebellärem Syndrom; charakteristisch ist eine Amblyopie u. ein kirschroter Fleck im Augenhintergrund	während massiver Myoklonien Poly-Spike-wave-Entladungen, keine Photosensibilität
Myoklonus-Epilepsie mit ragged red fibres (MERRF)	5.–40. Lebensjahr	mitochondriale Funktionsstörung mit Myoklonus-Epilepsie, Ataxie, Demenz und Sehstörung	
MELAS-Syndrom	2. Lebensdekade	mitochondriale Funktionsstörung mit Myopathie, Enzephalopathie, Laktatazidose und insultartigen Episoden, dabei Grand-mal und andere Anfallsformen	
Zeroidlipofuszinose vom adulten Typ (Kufs-Syndrom)	Erwachsenenalter	langsam fortschreitende Speichererkrankung mit häufigen generalisierten Anfällen	stark ausgeprägte Photosensibilität bei langsamer Stimulation

29.4.2 Fokale Epilepsien und Syndrome

Bei diesen Erkrankungen weisen Anfallssymptomatik oder Untersuchungsbefunde auf einen lokalisierten Beginn der Anfälle hin. Es finden sich sowohl Patienten mit kleinen konstanten epileptogenen Läsionen als auch solche mit weniger gut lokalisierbaren Hirnschädigungen, deren Anfälle von verschiedenen Orten ausgehen können. Die fokalen Epilepsien sind bis auf vier bisher bekannte Ausnahmen stets symptomatisch. Diese Ausnahmen zeichnen sich dadurch aus, daß fokale Anfälle und herdförmige EEG-Befunde ohne nachweisbare zerebrale Läsionen auftreten und spontane Remissionen beobachtet werden. Entsprechend sind klinisch keine neurologischen oder intellektuellen Schäden zu finden. Dabei handelt es sich um:

- **Pseudo-Lennox-Syndrom oder atonisch-astatische Anfälle bei der atypischen benignen (pseudobenignen) Partialepilepsie**
  Zwischen dem 2. und 8. Lebensjahr manifestieren sich bei den bis dahin klinisch unauffälligen Kindern astatische und myoklonische Anfälle sowie atypische Absencen und Grand-mal, dagegen keine tonischen Anfälle wie beim Lennox-Gastaut-Syndrom.
- **Benigne partielle Epilepsie des Kindesalters mit zentrotemporalen Spikes (Rolando-Epilepsie)**
  Sie tritt meist zwischen dem 7. und 13. Lebensjahr nachts auf. Die fokalen motorischen oder sensomotorischen Anfälle betreffen vorwiegend das Gesicht. Ab dem 15./16. Lebensjahr kommt es ausnahmslos zur Beschwerdefreiheit.
- **Benigne Epilepsie im Kindesalter mit okzipitalen Paroxysmen (BEOP)**
  Im Kindesalter kommt es zu fokalen visuellen Anfällen, die oft von klonischen Anfällen gefolgt sind.
- **Primäre Leseepilepsie**
  In der Adoleszenz treten fast ausschließlich beim Lesen fokale Anfälle der Kaumuskulatur auf.

Die jeweiligen Charakteristika fokaler Anfälle gestatten mitunter eine lokale Zuordnung der Epilepsien zu folgenden Hirnabschnitten (Tab. 29-8):

- Temporallappen
- Frontallappen
- Parietallappen
- Okzipitallappen

Alle übrigen lokalisationsbezogenen Epilepsien sind als symptomatisch zu betrachten (mögliche Ursachen → 29.2).

Die **Diagnose** kann durch paroxysmale Veränderungen im EEG über der betroffenen Region gesichert werden.

Bei der **differentialdiagnostischen Abklärung** der häufigen Ursachen fokaler Epilepsien ist das **Erkrankungsalter** zu berücksichtigen. So sind die meisten symptomatischen fokalen Epilepsien im **Kindesalter** Folge einer perinatalen Enzephalopathie **(Residualepilepsie)**. Bei einer **Erstmanifestation nach dem 30. Lebensjahr** findet man eine deutliche Häufung von **Hirntumoren und Traumen** als Ursache, **nach dem 50. Lebensjahr** sind **Gefäßerkrankungen** als Ursache fokaler Epilepsien am häufigsten. Ein hierdurch bedingtes Anfallsleiden wird als **vaskuläre Epilepsie** bezeichnet. Anfälle können dabei sowohl nach einem ischämischen Insult als auch als dessen Vorbote auftreten. Fokale Anfälle werden auch – allerdings selten – als Begleitsymptome eines frischen Insults beobachtet.

Tab. 29-8 Symptomatische fokale Epilepsien

Lokalisation	Anfallssymptome
Temporallappen-epilepsie	viszeral vegetativ (Blässe, Gesichtsrötung, Pupillenerweiterung, Unterbrechung der Atmung, Rülpsen) und psychisch (affektiv, dysmnestisch, kognitiv) z.T. epigastrische Aura, z.T. motorische Blockierung zu Beginn, später orale oder generalisierte Automatismen, z.T. gustatorische, akustische oder olfaktorische Halluzinationen oder Schwindel
Frontallappen-epilepsie	fakultativ affektive oder vegetative Aura, einfache fokale motorische Anfälle mit oder ohne March, komplex fokale Anfälle mit tonischen Symptomen und/oder komplexen gestischen Automatismen, Sturzanfälle, generalisierte tonisch-klonische Anfälle
Parietallappen-epilepsie	sensorische Anfälle mit Kitzeln, Elektrisierungs-, Kälte- und Taubheitsgefühl, lokal oder mit March, oberflächliches Brennen, Schmerzen, lateralisierbare genitale Sensationen, Erstickungsgefühl, Übelkeit, Metamorphopsien (optische Verzerrungen), Schwindel, Drehen, Desorientiertheit im Raum, Sprachstörungen (wenn die dominante Hemisphäre betroffen ist)
Okzipitallappen-epilepsie	visuelle Anfälle mit Negativsymptomen (Skotome, Hemianopsien, Amaurosen), visuelle Anfälle mit Positivsymptomen (Blitzen, Glitzern, Phosphene) und einfachen (Makropsie, Mikropsie, Verzerrungen) sowie komplexen (szenenhafte Abläufe, Heautoskopie) perzeptiven Illusionen

Eine Sonderform stellt die möglicherweise durch ein Virus verursachte, chronisch-progressive Epilepsia partialis continua des Kindesalters dar. Sie beginnt zwischen dem 2. und 10. Lebensjahr mit wiederholten fokalen motorischen Anfällen, zu denen häufig andere Anfallstypen hinzukommen. Im weiteren Verlauf stellen sich progrediente motorische Ausfälle und Demenz ein. Im EEG zeigen sich asymmetrische, langsame und diffuse Deltawellen mit zahlreichen iktalen und interiktalen Entladungen. Es besteht keine engere Begrenzung auf die Roland-Region wie bei der Epilepsia partialis continua im Erwachsenen- und Kindesalter als besonderer Form einer häufig durch Tumoren oder Gefäßprozesse bedingten fokalen Epilepsie.

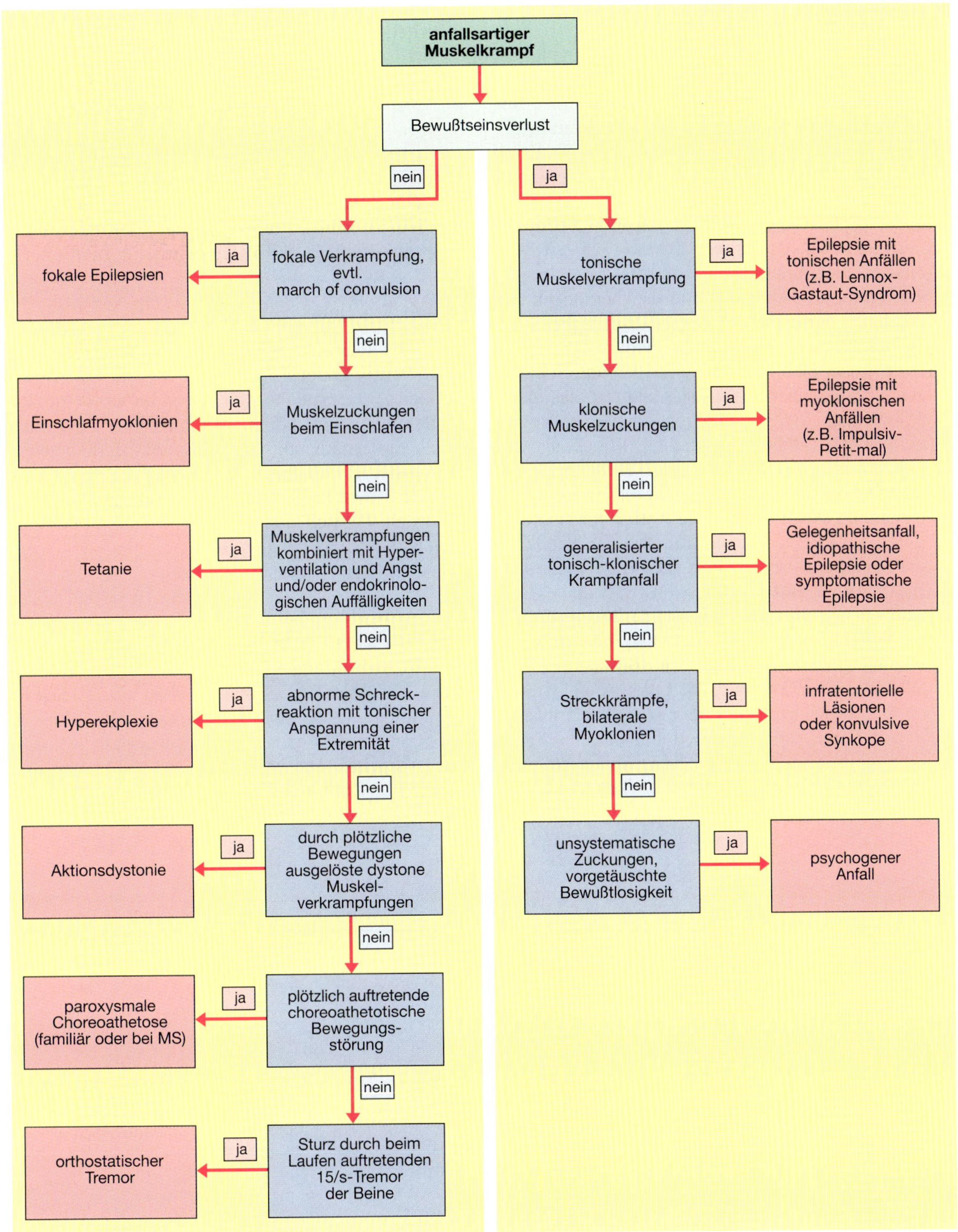

Abb. 29-3 Differentialdiagnose anfallsartiger Muskelverkrampfungen.

29.4.3 Nicht näher klassifizierbare Epilepsien und Syndrome

Von nicht näher als fokal oder generalisiert klassifizierbaren Epilepsien und Syndromen spricht man:

- wenn es wegen zu spärlicher Information oder unergiebigen Untersuchungsbefunden nicht möglich ist, die Anfälle einzuordnen, oder
- wenn bei einem Patienten generalisierte und fokale Anfälle nebeneinander auftreten.

In die **erste Gruppe** gehören die Patienten mit diffusem oder Schlaf-Grand-mal, bei denen anamnestisch, klinisch und durch Zusatzuntersuchungen keine Klärung hinsichtlich einer möglichen Ursache erfolgt ist.

In die **zweite Gruppe** werden folgende Epilepsieformen eingereiht:

- **Neugeborenenkrämpfe**
  Es kommt zu diskreten Anfallserscheinungen mit tonischen horizontalen Augenbewegungen, zum Teil mit Zucken, Blinzeln oder Flattern der Augenlider, oralen Symptomen wie Saugen und Schmatzen, Bewegungen der Extremitäten wie beim Schwimmen oder Radfahren, manchmal auch apnoische Anfälle, gelegentlich Streckung der Glieder mit Nachahmung von Dezerebrations- oder Dekortikationshaltungen, besonders bei Frühgeborenen. Auch multifokale Anfälle können auftreten. Im EEG sieht man während der Anfälle in der Regel paroxysmale Muster, teilweise finden sich Zeichen einer Burst-suppression-Aktivität.
- **Schwere myoklonische Epilepsie des Kindesalters**
  Es besteht in 25–30% der Fälle eine positive Familienanamnese hinsichtlich epileptischer Anfälle oder Fieberkrämpfe. Die ersten Anfälle treten im 1. Lebensjahr nach vorher normaler Entwicklung in Form von generalisierten oder halbseitigen klonischen Fieberkrämpfen auf. Später können myoklonische Zuckungen und oftmals fokale Anfälle hinzukommen. Im EEG zeigen sich generalisierte Spike-waves und Poly-Spike-waves, außerdem fokale Auffälligkeiten.
- **Epilepsie mit anhaltenden Spike-wave-Entladungen im synchronisierten Schlaf**
  Es kommt zu verschiedenen fokalen oder generalisierten Anfällen im Schlaf sowie zu atypischen Absencen im Wachzustand. Im EEG zeigen sich diffuse Spike-waves während der durch langsame Wellen charakterisierten Schlafstadien.
- **Aphasie-Epilepsie-Syndrom (Landau-Kleffner-Syndrom)**
  Es handelt sich um eine Erkrankung des Kindesalters mit Entwicklung von Aphasie und multifokalen Spikes sowie Spike-wave-Entladungen, vor allem im Schlaf. Bei zwei Drittel der Kinder treten generalisierte oder fokale motorische Anfälle auf.

29.4.4 Spezielle Syndrome

Zu den speziellen Syndromen, bei denen die Diagnose einer Epilepsie nicht zu stellen ist, zählen die Gelegenheitsanfälle, d.h. Fieberkrämpfe, Anfälle im Rahmen einer akuten metabolischen oder toxischen Hirnschädigung (z.B. Alkohol, Medikamente, Eklampsie, nichtketotische Hyperglykämie). Aber auch ein isoliert aufgetretener Anfall oder epileptischer Status, für den sich kein spezieller Auslösemodus eruieren läßt, wird hierzu gerechnet.

29.5 Zusammenfassung

Die Ursachen von Krampfanfällen sind vielfältig. Die ätiologische Klärung eines anfallsartig auftretenden Krampfes erfordert ein differenziertes diagnostisches Vorgehen. Die Abbildung 29-3 soll bei der diagnostischen Zuordnung helfen.

30 Lähmungen

W. Müller-Felber und D. Pongratz

Lähmungen sind ein begleitendes Symptom zahlreicher neurologischer, aber auch internistischer Erkrankungen. Sie stellen für den Patienten häufig eine deutliche Einschränkung seines täglichen Lebens dar.

30.1 Definition und Abgrenzung

Wesentliches Merkmal der Lähmung ist die Einschränkung der willentlichen Aktivierbarkeit der Muskulatur.

Ist die Willkürmotorik gänzlich aufgehoben, so spricht man von **Plegie,** bei inkompletter Lähmung von **Parese.**

Die auslösende Störung kann entlang der gesamten motorischen Bahn, angefangen vom Kortex bis hin zu den Endaufzweigungen peripherer Nerven, liegen. Störungen des Muskels und der neuromuskulären Übertragung werden im Kapitel 35 Muskelschwäche beschrieben.

Störungen der Koordination und automatischer Bewegungsprogramme sind im Kapitel 6 Bewegungsstörungen nachzulesen.

30.2 Ursachen

Als **ätiologische Ursachen** von Lähmungen kommen in Frage:

- Ischämie (Arteriosklerose, Vaskulitis, Embolien, sonstige Gefäßerkrankungen)
- mechanische Schädigung (Tumoren, Blutungen, degenerative Skelettveränderungen, Abszesse, Traumen)
- entzündliche Prozesse (immunologisch, erregerbedingt)
- Intoxikationen
- neurodegenerative/neurometabolische Prozesse
- psychische Störungen

30.3 Diagnostik

30.3.1 Anamnese

Folgende Fragen müssen zur Abklärung des Leitsymptoms „Lähmung“ systematisch erfaßt werden:

- **zeitlicher Verlauf**
  Ein **perakuter, schlagartiger Beginn** läßt in erster Linie an ein ischämisches oder akut mechanisches Geschehen wie Trauma, Blutung, Kompression denken. **Akut bis subakut** auftretende Lähmungen sind oft die Folge eines entzündlichen Geschehens.
  Ein **chronischer** Beginn ist sehr vieldeutig. Wegen der therapeutischen Konsequenzen müssen hier vor allem Raumforderungen und chronisch entzündliche Prozesse ausgeschlossen werden.
  Ein **rezidivierender Verlauf** kommt vor:
  - bei Ischämien (TIA [→ Kap. 7], PRIND, Migräne [→ Kap. 44])
  - nach epileptischen Anfällen (Todd-Lähmung, → Kap. 29)
  - bei entzündlichen Erkrankungen (Multiple Sklerose, chronisch-entzündliche Neuropathien [→ Kap. 56])
  - seltener auch bei einigen metabolischen Störungen, z.B. Hypoglykämie (→ Kap. 23)
- **Begleitsymptome**
  Das gleichzeitige Auftreten **neurologischer Begleitsymptome** hilft, wie in der Abbildung 30-1 gezeigt wird, den Ort der Schädigung präziser zu erfassen. Die weitere bildgebende und neurophysiologische Diagnostik sollte sich danach ausrichten. Diagnostisch wegweisend sind folgende **Zusatzsymptome:**
  - **Fieber** (bei akut entzündlichen Erkrankungen wie Hirnabszeß, spinaler Abszeß, Enzephalitis [→ Kap. 7], Meningoenzephalitis [→ Kap. 44])
  - **vaskuläre Symptome** (z.B. Claudicatio intermittens oder pektanginöse Beschwerden bei generalisierter Angiopathie [→ Kap. 41 und 42])
  - **Lage-/Bewegungsabhängigkeit** der Lähmungen bei mechanischer Ätiologie

30

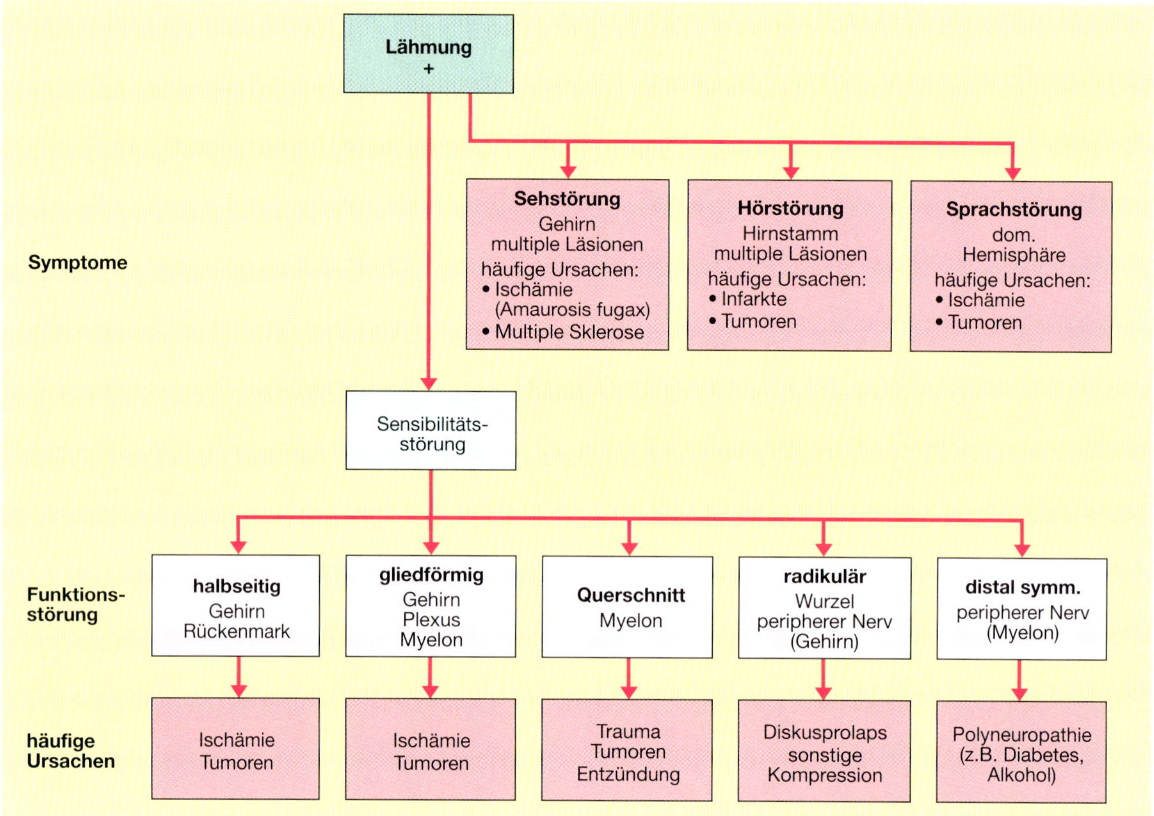

Abb. 30-1 Begleitsymptome bei Lähmungen.

- **Kopfschmerzen** bei zerebralen Raumforderungen (z.B. Tumoren, Blutung, → Kap. 44), hypertensiver Krise, Migraine accompagnée, Enzephalitis (→ Kap. 7)
- **zerebrale Krampfanfälle** bei Raumforderung, entzündlichen Erkrankungen (Meningo-Enzephalitis) sowie in seltenen Fällen auch bei Intoxikationen (→ Kap. 7.4.9) und Stoffwechselstörungen

- **Frühere neurologische Störungen**
  Bei **zentralen Paresen** muß vor allem beim **älteren Patienten** nach Zeichen früherer transitorisch ischämischer Attacken (Amaurosis fugax, Sprachstörungen, flüchtige Hemiparesen, flüchtige Hemihypästhesien, drop attacks) gefragt werden. Bei **jüngeren Patienten** müssen insbesondere frühere neurologische Defizite, die bei Multipler Sklerose (Schleiersehen, Sensibilitätsstörungen, Diplopie) auftreten können, erfaßt werden.
  Bei **peripheren Lähmungen** in radikulärer Anordnung sind frühere Lumbalgien/Brachialgien zu erfragen (→Kap. 48). Bei Lähmungen im Versorgungsgebiet einzelner Nerven ist gezielt zum einen nach Lähmungen in anderen peripheren Innervationsgebieten (Mononeuropathia multiplex), zum anderen nach Symptomen einer Polyneuropathie (wie Muskelkrämpfe, distal symmetrische Sensibilitätsstörungen, trophische Störungen, → Kap. 56) zu fragen.
- **Relevante Vorerkrankungen**
  Bei **akut aufgetretenen Halbseitenlähmungen** sind folgende Vorerkrankungen auszuschließen:
  - kardiovaskuläre Risikofaktoren: arterielle Hypertonie (→ Kap. 26), Diabetes mellitus (→ Kap. 12), Fettstoffwechselstörungen (→ Kap. 63), Hyperurikämie (→ Kap. 43), Nikotinabusus
  - kardiale Vorerkrankungen: Infarkte, KHK, Vitien (→ Kap. 62), Endokarditis (→ Kap. 14), Herzrhythmusstörungen (→ Kap. 23)
  - maligne Tumoren (die Einblutung in Metastasen kann zu einer akuten Symptomatik führen)
  - HIV-Infektion: Hirnabszeß, Toxoplasmose (→ Kap. 14).
  - Gerinnungsstörungen einschließlich Antikoagulanzientherapie: durch Einblutungen (→ Kap. 9) können sowohl zentrale als auch periphere Lähmungen hervorgerufen werden

  Bei **akuten Querschnittsläsionen** muß nach folgenden Vorerkrankungen oder Schädigungen gefragt werden:

– malignen Tumoren (Sinterung von Wirbelkörpermetastasen, Tumoreinblutung)
– Antikoagulanzientherapie (epidurale Hämatome mit Kompression des Myelons)
– vorausgegangenen Infektionen (z.B. gastrointestinale Infekte vor Guillain-Barré-Syndrom oder vor Poliomyelitis)
– Hauteffloreszenzen (z.B. Querschnittsmyelitis nach Herpes zoster)
– Traumen

30.3.2 Körperliche Untersuchung

Durch die körperliche Untersuchung soll zum einen das Ausmaß der Ausfälle, vor allem aber der wahrscheinlichste Ort der Schädigung erfaßt werden, um die weiterführende, bildgebende Diagnostik sinnvoll und rationell einzusetzen.

Zwei Grundmuster der Schädigung werden unterschieden: Schädigung des ersten Motoneurons und Schädigung des zweiten Motoneurons (Tab. 30-1).

Typische Charakteristika einer **Schädigung** des **ersten Motoneurons** sind:

- Lähmungen in gliedförmiger Anordnung: oft sind komplette Bewegungsabläufe gestört, z.B. Streckung im Ellenbogengelenk, Flexion im Hüftgelenk
- Verlust der Feinmotorik, statt dessen Auftreten von groben Massenbewegungen
- gesteigerter Muskeltonus (Spastik)
- geringe oder fehlende Muskelatrophie

Tab. 30-1 Symptome bei Läsion des Motoneurons

Lokalisation	Charakteristische Symptome
Schädigung des ersten Motoneurons	Lähmungen in gliedförmiger Anordnung (oft sind komplette Bewegungsabläufe gestört, wie z.B. Streckung im Ellenbogengelenk, Flexion im Hüftgelenk)
	Verlust der Feinmotorik, statt dessen Auftreten von groben Massenbewegungen
	gesteigerter Muskeltonus (Spastik)
	gesteigerte Muskeleigenreflexe
	geringe oder fehlende Muskelatrophie
	es kann passager zu einer schlaffen Parese kommen. Diese ist allerdings nur von vorübergehender Natur und weicht dann einer spastischen Lähmung
Schädigung des zweiten Motoneurons bzw. des peripheren Nervs	verminderter Muskeltonus („schlaffe Lähmung")
	deutliche Muskelatrophie
	Hypo-/Areflexie
	Ausfall einzelner Muskeln

Bei akuter Schädigung des ersten Motoneurons kann es allerdings passager zu einer schlaffen Parese kommen. Diese ist allerdings nur von vorübergehender Natur und weicht dann einer spastischen Lähmung.

Typisch für die **Schädigung** des **zweiten Motoneurons** bzw. des peripheren Nervs sind:

- Ausfall einzelner Muskeln
- verminderter Muskeltonus („schlaffe Lähmung")
- deutliche Muskelatrophie
- Hypo-/Areflexie

Für die weitere Diagnostik ist die in Abbildung 30-2 dargestellte Unterscheidung wichtig. Ganz allgemein gilt: je lokalisierter eine Schwäche ist, desto mehr muß an eine mechanische Schädigung (z.B. Raumforderung) oder eine Ischämie gedacht werden. Bei multiokulärer oder generalisierter Schädigung hingegen muß eher an eine systemische Ursache, etwa eine internistische Erkrankung, eine generalisierte neuromuskuläre oder auch eine psychiatrische Erkrankung gedacht werden.

30

30.3.2.1 Generalisierte Schwäche

Das Auftreten einer generalisierten Schwäche gibt folgende diagnostische Hinweise: Die **langsam einsetzende, generalisierte Schwäche** sollte vorwiegend an internistische oder psychiatrische Erkrankungen denken lassen. In Frage kommen:

- konsumierende Allgemeinerkrankungen: Malignome, chronische Entzündungen, Endokrinopathien wie M. Addison (→ Kap. 18) oder Hyperparathyreoidismus (→ Kap. 45 und 60)
- psychische Erkrankungen: endogene oder neurotische Depression (→ Kap. 1), Konversionsneurose

Bei beiden Gruppen stehen oft die Symptome der Grundkrankheit im Vordergrund. Neuromuskuläre Erkrankungen im engeren Sinne weisen eher eine lokalisierte Schwäche (meist proximal betont bei Myopathien, distal bei Neuropathien) auf. Diese kann in schweren, fortgeschrittenen Fällen in eine generalisierten Schwäche münden (→ Kap. 35).

Die **rasch einsetzende, generalisierte Schwäche** ist meist Ausdruck einer akuten schweren **Funktionsstörung der Muskulatur,** beispielsweise bei:

- Elektrolytentgleisung, Hypoglykämie (→ Kap. 23), Addison-Krise (→ Kap. 7 und 18)
- Rhabdomyolyse (→ Kap. 35) verschiedenster Ätiologie

oder einer **Schädigung des Neurons** bei:

- akutem Guillain-Barré-Syndrom
- Porphyrie (selten)
- Poliomyelitis und anderen Viruserkrankungen

30.3.2.2 Lokalisierte Muskelschwäche – multilokulär

Bei **multiplen Läsionen** kommen folgende wesentliche Verteilungstypen vor:

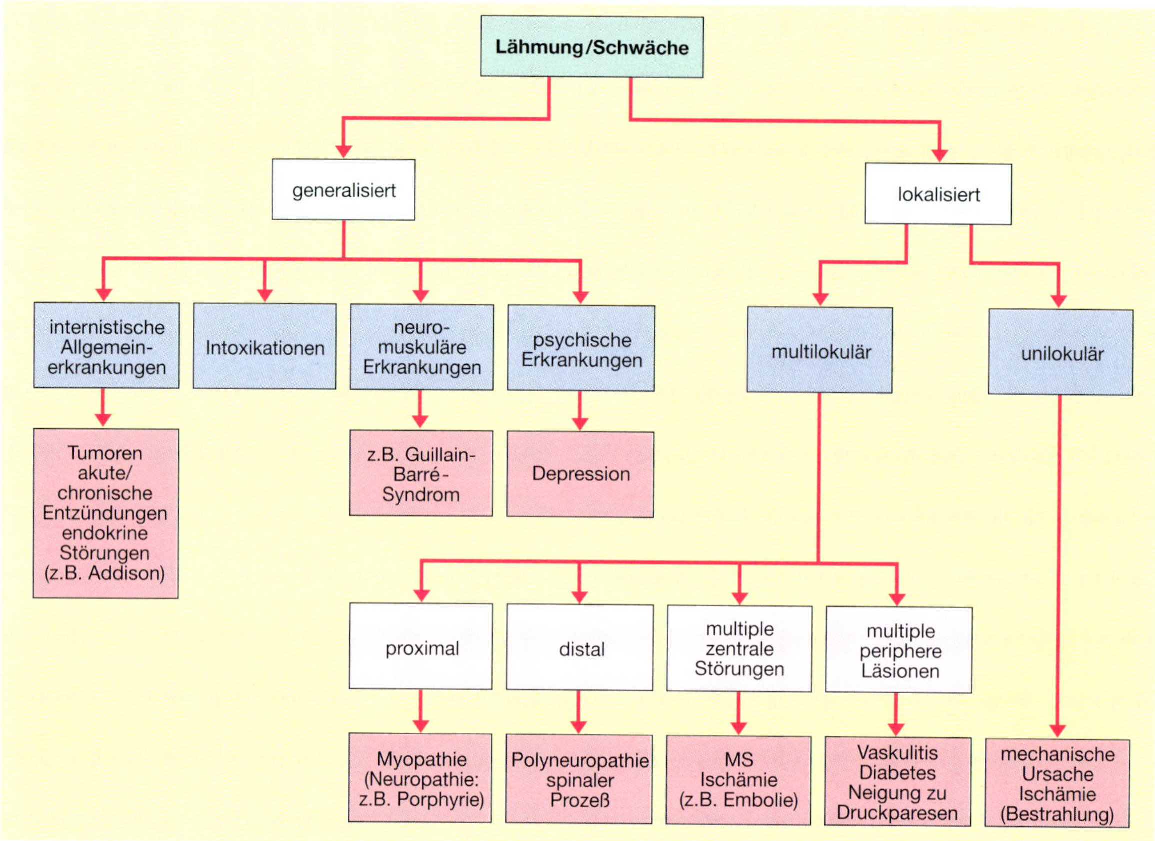

Abb. 30-2 Diagnostisches Vorgehen bei Lähmung/Schwäche.

- **Proximal symmetrischer Verteilungstyp**
  Diese Anordnung sollte in erster Linie an eine Myopathie (→ Kap. 35) denken lassen. Neurogene Störungen (spinale Muskelatrophie, Porphyrie) treten demgegenüber in den Hintergrund. Bei rascher Entwicklung der Symptomatik muß vor allem eine Poly-/Dermatomyositis (→ Kap. 35) ausgeschlossen werden. Daneben sind auch die selteneren endokrinen Myopathien (z.B. bei Hyperthyreose [→ Kap. 23], Cushing-Syndrom [→ Kap. 18]), toxischen Myopathien (z.B. bei Lipidsenkern) und Myopathien bei Elektrolytstörungen (hypokaliämische Lähmung, [→ Kap. 35]) in die diagnostischen Überlegungen einzubeziehen sowie an eine Myasthenie zu denken, die allerdings sehr selten ist.
  Bei chronischer Entwicklung liegt der Verdacht einer erblichen Myopathie (z.B. Muskeldystrophie, Strukturmyopathie) nahe. In diesem Fall ist eine Myositis, die gezielt zu therapieren wäre, auszuschließen.
- **Distal symmetrischer Verteilungstyp**
  Dieses Verteilungsmuster kommt am häufigsten bei einer Polyneuropathie vor. Bei rascher Entwicklung innerhalb von Tagen ist an ein akutes Guillain-Barré-Syndrom zu denken. Bei chronischem Verlauf hingegen kommen viele unterschiedliche Ursachen in Frage. Differentialdiagnostisch müssen sowohl bei akuter wie auch bei chronischer Entwicklung auf jeden Fall eine Raumforderung oder Mißbildungen (z.B. Syringomyelie im Halsmarkbereich, Caudatumoren) ausgeschlossen werden. Treten zusätzliche Blasen-/Mastdarmstörungen auf, ist eine mechanische Nervenkompression auszuschließen. Als einzige häufigere Myopathie mit distal betonter Verteilung ist die Dystrophia myotonica (Curschmann-Steinert-Syndrom [→ Kap. 35]) zu nennen.
- **Mononeuropathia multiplex Verteilungstyp**
  Diese Lokalisation zeichnet sich durch gleichzeitige oder in rascher Abfolge auftretende Lähmungen in verschiedenen Innervationsgebieten aus. Die wesentliche Ursache hierfür ist eine Durchblutungsstörungen der Vasa nervorum (z.B. bei Vaskulitis, Mikroangiopathie bei Diabetes mellitus). Daneben muß an die sogenannte „Neuropathie mit Neigung zu Druckparesen", eine seltene Sonderform einer hereditären Neuropathie, gedacht werden.

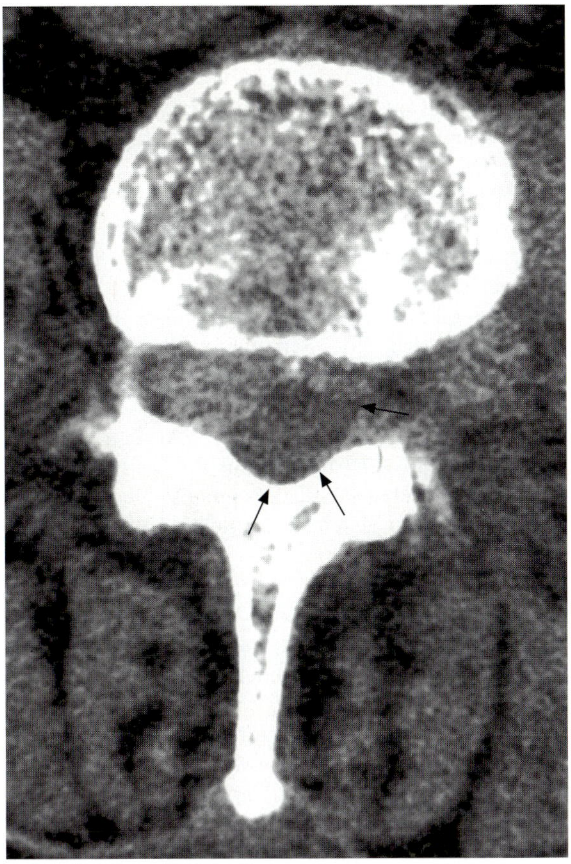

Abb. 30-3 Diskusprolaps mit Kompression der Nervenwurzel.

Bei **monolokulären Lähmungen** sind folgende Verteilungsmuster häufig bzw. diagnostisch wegweisend:

- **Lähmung einzelner Muskeln oder Muskelgruppen**
  Dieses Muster findet sich am häufigsten bei Schädigung im Bereich der Nervenwurzel (Abb. 30-3), des Plexus oder des peripheren Nervs. Vom praktischen Vorgehen her empfiehlt es sich, systematisch zu überlegen, ob alle gelähmten Muskeln von nur einem peripheren Nerv oder von einer einzelnen Nervenwurzel innerviert sind. Ist dies nicht der Fall, muß entweder eine Plexusschädigung oder eine generalisierte Erkrankung in Erwägung gezogen werden. Seltener werden von zentralen Lähmungen nur einzelne Muskeln betroffen (z.B. zentrale Fußheberschwäche). In der Regel finden sich hier jedoch die angeführten Charakteristika der zentralen Lähmung.
  Ähnliches gilt für die Lähmung einzelner Hirnnerven (wie z.B. Fazialisparese, Abb. 30-4; Abduzensparese, → Abb. 17-5). Hier muß stets geprüft werden, ob das Ausfallsmuster mit einer Läsion eines einzigen Hirnnervs hinreichend erklärt ist oder ob ein komplexeres Hirnnervensyndrom (wie das Foramen-jugulare-Syndrom) vorliegt. Finden sich zusätzlich Zeichen für eine Schädigung langer Bahnen (wie etwa eine zusätzliche Extremitätenataxie oder eine zentrale Parese), liegt in der Regel ein Hirnstammsyndrom vor. In Tabelle 30-2 sind die häufigsten Ursachen isolierter Ausfälle motorischer Hirnnerven zusammengestellt.

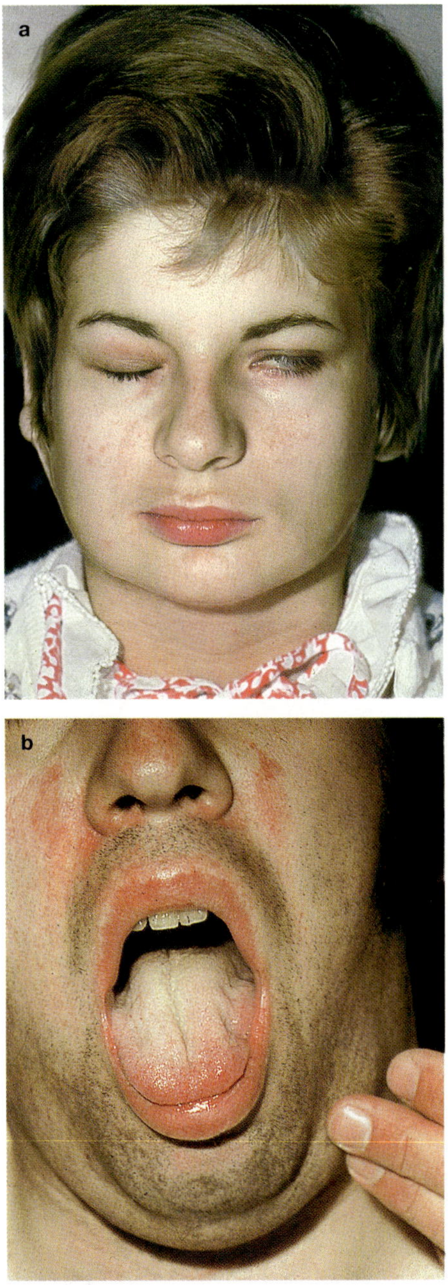

Abb. 30-4 Lähmung einzelner Hirnnerven: a) periphere Fazialisparese; b) periphere Hypoglossusparese.

Tab. 30-2 Häufige Ursachen isolierter Ausfälle motorischer Hirnnerven

Hirnnerv	Häufige Ursachen
N. oculomotorius – intakte Pupillomotorik	Diabetes mellitus (→ Kap. 12) Angiopathie Multiple Sklerose (→ Kap. 30)
N. oculomotorius mit Mydriasis	Tumor Aneurysma
N. abducens	intrakranielle Drucksteigerung (→ Kap. 44) Multiple Sklerose (→ Kap. 30) Diabetes mellitus (→ Kap. 12) Trauma
N. facialis	Borreliose (→ Kap. 43) Herpes zoster (→ Kap. 21) Diabetes mellitus idiopathisch

- **Monoplegie/Monoparese**
  Die Lähmung einer einzelnen Gliedmaße ist in aller Regel entweder durch eine Plexusschädigung oder durch eine Schädigung im ZNS bedingt. Bei zentral bedingter Monoplegie kommen in erster Linie Prozesse in einer Hirnhemisphäre oder im Hirnstamm in Frage (Abb. 30-5). Seltener imitieren jedoch auch halbseitige Läsionen auf Rückenmarkebene ein ähnliches Bild.

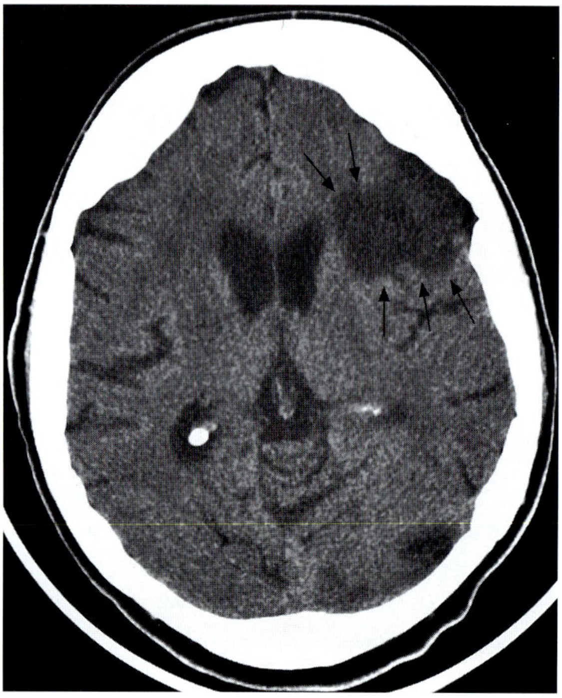

Abb. 30-5 Alter Mediainfarkt (Pfeil).

- **Halbseitenlähmung**
  Sie ist meist durch eine Schädigung im Bereich einer Hirnhemisphäre, hier vor allem in der Gegend der Capsula interna bedingt. Seltener kommen auch Rückenmarkprozesse in Frage, wobei in diesem Falle die Hirnnerven ausgespart bleiben. Bei Hirnstammprozessen kann es zur Kombination einer Hemiparese mit zusätzlichen Hirnnervenausfällen kommen.
- **Querschnittslähmung**
  Diese Lähmung ist, von Ausnahmen abgesehen, immer durch eine Schädigung im Bereich des Rückenmarks oder der Cauda equina bedingt. Das Niveau der sensiblen und motorischen Ausfälle gibt eine grobe Orientierung über den Ort der Schädigung. Allerdings kann ein pathologischer Prozeß durchaus einige Segmente über der klinisch-neurologisch festgestellten Höhe der Schädigung lokalisiert sein.
- **Tetraparese**
  Die Lähmung beider Arme und Beine kommt bei Läsionen des Hirnstammes, des Halsmarks aber auch bei schweren generalisierten neuromuskulären Krankheiten vor, z.B. Guillain-Barré-Syndrom, Criticall-ill-Neuropathie, amyotrophe Lateralsklerose und selten bei metabolischen Krisen wie Hyperkalziämie (→ Kap. 60), Hypoglykämie (→ Kap. 23), Hyperthyreose (→ Kap. 23), NNR-Insuffizienz (→ Kap. 60).

30.4 Krankheitsbilder

30.4.1 Apoplexie („Schlaganfall")

Jede akute, „schlagartig" auftretende zentrale Lähmung ohne klar erkennbare äußere Einwirkung wird als Schlaganfall bezeichnet. Nach dem Verlauf werden **retrospektiv** folgende **Krankheitsbilder** unterschieden:

- **TIA** (transitorisch ischämische Attacke) mit einer Dauer von Minuten bis zu 24 Stunden
- **PRIND** (prolongiertes reversibles ischämisches neurologisches Defizit) mit einer kompletten Rückbildung der Symptome innerhalb einer Woche
- **kompletter Schlaganfall** mit verbleibendem neurologischen Defizit
- **progredienter Schlaganfall** mit Zunahme der neurologischen Ausfälle

> Wegen der therapeutischen Konsequenzen müssen zwei wesentliche Ursachengruppen des Schlaganfalls, die **Ischämie** und die **Blutung**, differenziert werden.

B *Beschwerden und Befunde*

Leitsymptom ist die akut einsetzende meist halbseitige, selten auch querschnittsförmig angeordnete Lähmung. Initial kann es sich um eine schlaffe Lähmung mit fehlenden Muskeleigenreflexen handeln, die im Verlauf einiger Tage in eine spastische Lähmung übergeht. Wesentliche Begleitsymptome sind Aphasie (insbesondere bei Rechtshändern mit linkshirnigen Störungen), sonstige neuropsychologische Ausfälle (z.B. Apraxie: Unfähigkeit, Bewegungen zu initiieren oder korrekt auszuführen), Sehstörungen sowie Bewußtseinsstörungen bis hin zum Koma. Schwere Bewußtseinsstörungen (→ Kap. 7) sind in der Regel ein Hinweis auf eine ausgedehntere Schädigung des Gehirns.

DS *Diagnosesicherung*

Wegen der unmittelbar notwendigen therapeutischen Intervention müssen noch vor weiteren diagnostischen Maßnahmen eine hypertensive Krise (→ Kap. 7) und eine schwere Hypoglykämie (→ Kap. 23) ausgeschlossen werden.

Zur **Anamnese** gehören folgende Fragen:

- kardiovaskuläre Risikofaktoren: arterielle Hypertonie (→ Kap. 26), Hyperlipidämie (→ Kap. 63), Nikotin, Diabetes mellitus (→ Kap. 12), orale Kontrazeptiva, Ergot-Alkaloide
- Herzerkrankungen: Myokardinfarkt, Angina pectoris, Vitien (→ Kap. 3 und 62)
- frühere transitorisch ischämische Attacken (→ Kap. 7)
- Gerinnungsstörungen, z.B. bei Marcumarbehandlung (→ Kap. 9)

Die **körperliche Untersuchung** umfaßt insbesondere:

- den klinisch-neurologischen Status: Verteilung der Lähmungen, Bewußtseinslage, Befall von Hirnnerven, Aphasie
- die Auskultation der Halsgefäße
- die Herzauskultation: Vitien? Arrhythmie?

Der Einsatz technischer Verfahren ist in Abbildung 30-6 dargestellt.

Im **EKG** werden Vorhofflimmern (als Ursache für Embolien) und Myokardinfarkte erfaßt. Das Echokardiogramm orientiert über Vitien, intrakardiale Thromben und Vegetationen auf den Herzklappen. Im Rahmen der **Labordiagnostik** müssen obligat Blutbild, Gerinnung, Blutglukose, Blutkörperchensenkung, Kreatinin, Elektrolyte und Luesserologie bestimmt werden. Bei jungen Patienten mit Schlaganfall müssen auch seltenere Erkrankungen, z.B. Gerinnungsstörungen, Kollagenosen, seltene Stoffwechselstörungen in Erwägung gezogen und eine dementsprechende speziellere Diagnostik durchgeführt werden.

Vor Einleitung einer rheologischen Therapie ist mittels **CT** oder **NMR** eine Blutung auszuschließen. Zum Nachweis bzw. Ausschluß einer extrakraniellen Stenose der hirnversorgenden Arterien wird eine **Doppler-Sonographie (CW-Doppler, Duplex)** der Halsgefäße durchgeführt.

Eine **konventionelle Angiographie** ist nur bei folgenden Verdachtsdiagnosen und Indikationen dringlich indiziert:

- Verdacht auf eine Subarachnoidalblutung aus einem Aneurysma (Symptome sind schlagartig einsetzende Nackenschmerzen mit Meningismus und eventuell erst nach Tagen auftretendem neurologischen Defizit)
- Verdacht auf eine arteriovenöse Malformation
- zur exakten Bestandsaufnahme der zerebralen Durchblutung für die Planung eines operativen Eingriffes

Der Stellenwert der NMR-Angiographie in der Akutdiagnostik des Schlaganfalls steht noch nicht fest.

DD *Differentialdiagnose*

In aller Regel ist ein „Schlaganfall" entweder Ausdruck einer Ischämie oder Blutung. In der Mehrzahl der Fälle reicht die in Tabelle 30-3 dargestellte Basisdiagnostik aus. Nur bei ausreichend begründeten Fragestellungen sind oft kostenintensive weiterführende Verfahren indiziert, vor allem bei jungen Schlaganfall-

Tab. 30-3 Basisdiagnostik des Schlaganfalls

Anamnese
Risikofaktoren (Hypertonie, Diabetes mellitus, Hyperlipidämie, orale Kontrazeptiva, Nikotin)
kardiovaskuläre Vorerkrankungen
familiäre Angiopathien, Gerinnungsstörungen
Körperliche Untersuchung
Neurostatus
EKG, 24-h-EKG
Pulsstatus
Blutdruckmessung
obligate technische Untersuchungen
Labor
Blutbild
Blutzucker
Gerinnungsstatus (Quick, PTT, Thrombinzeit)
Cholesterin, Triglyzeride
BSG
Urin-Status
EKG
Röntgen-Thorax
Karotis-Doppler (CW-Doppler/eventuell Duplex-Doppler)
kraniales CT

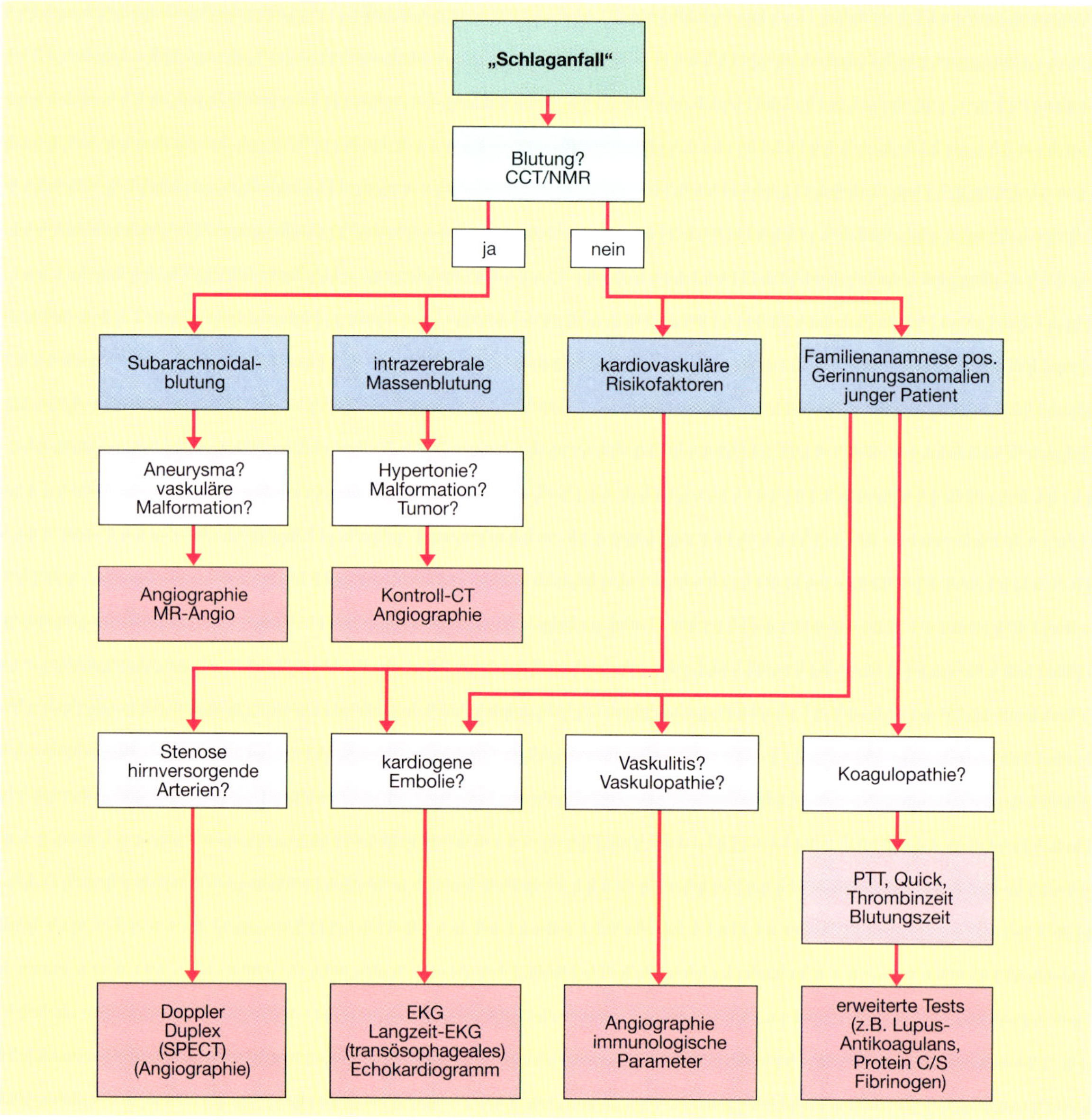

Abb. 30-6 Übersicht über den diagnostischen Weg bei Schlaganfall.

patienten, die keine der üblichen kardiovaskulären Risikofaktoren aufweisen und bei positiver Familienanamnese (Tab. 30-4). Wenig Schwierigkeiten bereitet die Abgrenzung einer Lähmung nach einem fokalen Anfall, der Todd-Lähmung.

30.4.2 Multiple Sklerose

Die Multiple Sklerose (Encephalomyelitis disseminata) ist eine chronisch entzündliche Erkrankung des Zentralnervensystems. Neben einer schubförmigen werden eine schubförmig-progrediente und primär chronisch-progrediente Verlaufsform unterschieden.

B *Beschwerden und Befunde*

Wesentliches Charakteristikum des Krankheitsverlaufes der Multiplen Sklerose ist das wiederholte Auftreten neurologischer Defizite, die durch Demyelinisierung an unterschiedlichen Stellen des Nervensystems hervorgerufen werden („Dissemination in Zeit und Raum“). Die Symptome treten bei der schubförmigen Verlaufsform meist innerhalb weniger Stunden bis zu einigen Tagen auf und bilden sich innerhalb eines Zeitraums von Tagen bis Wochen ganz oder teilweise zurück.

Initial sind **häufig auftretende Störungen:**

- Sehstörungen (Retrobulbärneuritis, Diplopie, z.B. bei Abduzensparese, → Kap. 5 und 55)

Tab. 30-4 Erweiterte Diagnostik

Indikation bzw. Verdacht auf	Untersuchung
junge Patienten (< 50 Jahre)	Lupus-Antikoagulans, VDRL (Veneral Disease Research Laboratory), Phospholipidantikörper, Lipidelektrophorese, Komplementverbrauch (C3, C4), Anticardiolipin
(familien-)anamnestische Koagulopathie (z.B. Thrombosen, Lungenembolien, Hepatomegalie) pathologisches Gerinnungsscreening	Spezielle Gerinnungsdiagnostik (z.B. Antithrombin III, Faktor VIII/IX, Protein C, Protein S)
Suchterkrankung (z.B. Amphetamine, Kokain)	Drogen-Screening
Ischämie hintere Schädelgrube	NMR
Sinusvenenthrombose, Angiome, arteriovenöse Malformation, Vaskulitis, Arteriendissektion, Aneurysma	Angiographie
kardiale Embolien (z.B. bei Zustand nach Myokardinfarkt, Arrhythmien, Vitien, dilatativen Kardiomyopathien, Klappenvegetationen, paradoxen Embolien)	Echokardiogramm (transthorakal, transösophageal)

- wechselnde Sensibilitätsstörungen (→ Kap. 56)
- akute Gleichgewichtsstörungen (eventuell kombiniert mit Übelkeit, → Kap. 54)
- Lähmungen (einzelner Gliedmaßen, Querschnittslähmungen)

Langfristig ergibt sich die Behinderung für den Patienten im wesentlichen aus:

- spastischen Paresen
- Ataxie
- Blasenstörungen

Im Verlauf der Erkrankung sind die Bauchhautreflexe bereits frühzeitig erloschen. Der Patient zeigt beim Gehen häufig eine Kombination aus spastischem und ataktischem Gangbild (Abb. 30-7).

DS *Diagnosesicherung*

Bis heute existiert kein definitiv beweisender Einzelbefund für die Diagnose einer Multiplen Sklerose. Nach den heute gültigen Kriterien wird die Erkrankung dann als sicher angenommen, wenn folgende Zeichen vorliegen:

- eine disseminierte Symptomatik mit Befall von mindestens zwei örtlich nicht benachbarten Funktionssystemen (z.B. Sehstörung + Paraspastik)
- in der Vorgeschichte sind mindestens zwei Schübe aufgetreten oder es besteht eine Progredienz der Symptomatik über mehr als 1 Jahr
- typische Liquorveränderungen mit einer nur geringen Pleozytose (bis 150/3 Zellen), einer geringgradigen Eiweißerhöhung (bis 100 mg/dl) und dem Nachweis einer IgG-Synthese (oligoklonale Banden) im Liquorraum

Als besonders sensitiver Parameter gilt dabei der Nachweis oligoklonaler Banden im Liquor. Die **neurophysiologischen Verfahren der** visuell evozierten Potentiale (VEP), akustisch evozierten Potentiale (AEP), somatosensorisch evozierten Potentiale (SEP) und motorisch evozierten Potentiale (MEP) dienen ebenso wie die neurologische Untersuchung dem Nachweis funktioneller Ausfälle. Die **Kernspintomographie** zeigt im typischen Fall multiple, periventrikulär lokalisierte Entmarkungsherde. Diese sind allerdings keinesfalls pathognomonisch für die Multiple Sklerose. Zusätzlich dient diese Untersuchung dem differentialdiagnostischen Ausschluß in Frage kommender Erkrankungen (z.B. Hirntumoren, Blutungen).

DD *Differentialdiagnose*

Im Initialstadium der Erkrankung mit isolierten Paresen, Sensibilitätsstörungen oder Sehstörungen muß eine breite Palette entzündlicher, vaskulärer, toxischer, neoplastischer, metabolischer oder degenerativer Erkrankungen in Betracht gezogen werden.

Bei Vorliegen einer multifokalen, chronisch-progredienten oder schubförmig auftretenden Symptomatik kommen hingegen im wesentlichen folgende Erkrankungen in Betracht:

- Kollagenosen (hier häufig zusätzlich internistische Symptome wie Arthritis, Nierenfunktionsstörungen) (→ Kap. 43)
- Neuroborreliose (→ Kap. 43)
- Lues
- Sarkoidose (→ Kap. 43)
- Adrenoleukodystrophie, mit NNR-Insuffizienz (→ Kap. 18)
- chronische HTLV-I-assoziierte Myelitis
- M. Behçet mit Aphthen in Mund und Genitalbereich, entzündlichen Augenveränderungen, Erythema nodosum (→ Kap. 43)

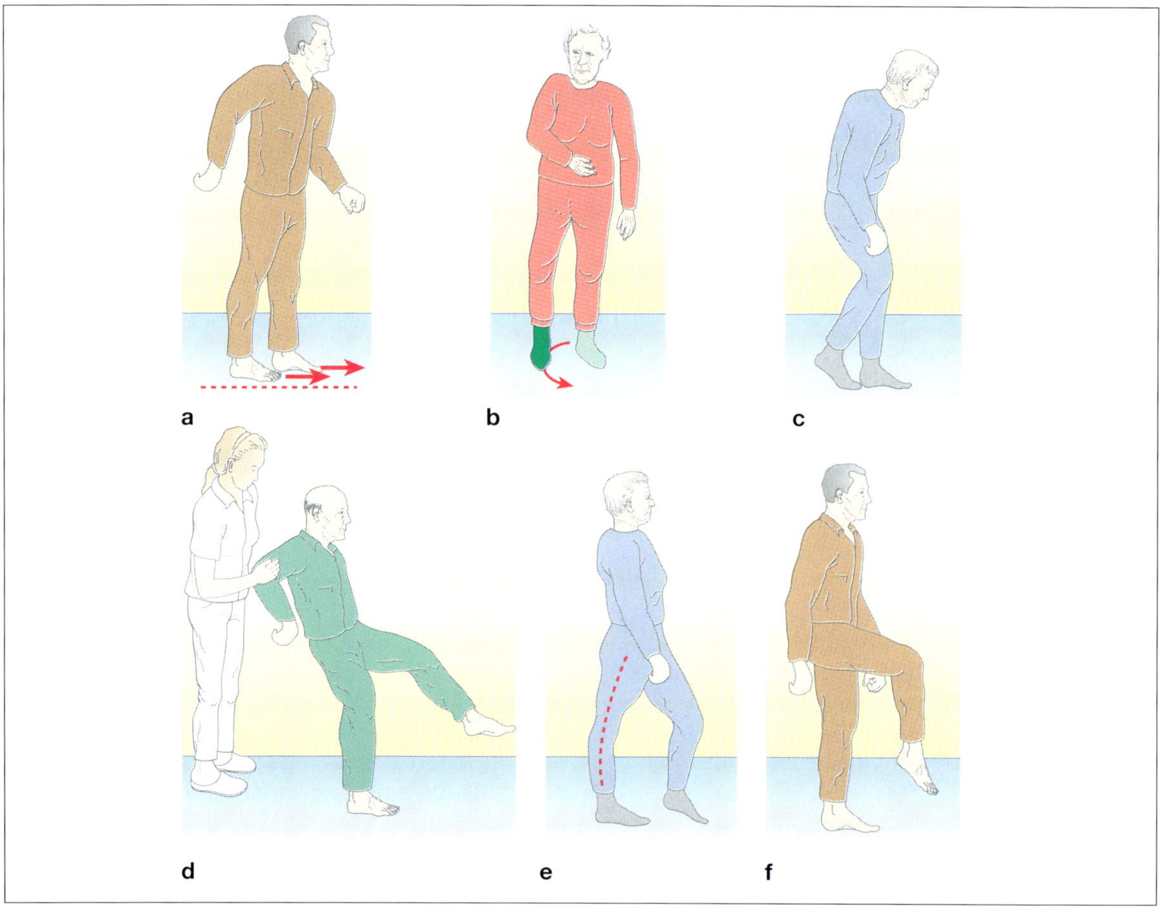

Abb. 30-7 Charakteristische Gangstörungen:
(a) Robotergang (Scherengang) bei spastischer Parese der Beine; (b) Gang bei rechtsseitiger älterer zentraler Hemiparese mit Zirkumduktion des rechten Beines und Beugehaltung des adduzierten Armes; (c) Kleinschrittig propulsiver „schlürfender“ Gang des Parkinson-Kranken; (d) ataktischer Gang mit Rumpfataxie und Hypermetrie bei Kleinhirnerkrankung; (e) Watschelgang bei Schwäche der Beckengürtel-Oberschenkel-Muskulatur, Aufsetzen des Standbeines mit durchgestrecktem Knie; (f) Steppergang (Storchengang) bei peripherer Fußheberparese.

30.4.3 Querschnittssyndrom

B *Beschwerden und Befunde*

Wesentlich ist das Auftreten neurologischer Ausfälle in querschnittsförmiger Anordnung kaudal eines bestimmten Rückenmarkniveaus. Je nachdem, ob die Schädigung den gesamten Rückenmarkquerschnitt oder nur Teile davon betrifft, ist der Ausfall unterschiedlicher Funktionen zu erwarten:

- vermindertes Berührungsempfinden, Ataxie durch Störung des Lageempfindens bei Hinterstrangschädigung
- spastische Paresen bei Schädigung der Pyramidenbahn
- Analgesie, Temperaturempfindungsstörung bei Schädigung des Tractus spinothalamicus
- Störungen von Blase, Mastdarm, Gefäßen (z.B. schwere orthostatische Hypotonie) und Temperaturregulation bei Schädigung der autonomen Bahnen (Mittelseitenstrang)

In Höhe der Schädigung treten häufig, allerdings nicht obligat, Rückenschmerzen auf. Im Akutstadium kann es bei Befall der Pyramidenbahn zu schlaffen Lähmungen mit Verlust der Muskeleigenreflexe kommen (spinaler Schock). Dies weicht im weiteren Verlauf einer spastischen Lähmung mit Tonusvermehrung und gesteigerten Muskeleigenreflexen.

DS *Diagnosesicherung*

Wegen der therapeutischen Konsequenzen muß sowohl bei akuter als auch bei chronischer Entwicklung eines Querschnittssyndroms in jedem Fall eine Kompression des Rückenmarks mit allen zur Verfügung stehenden Mitteln ausgeschlossen werden. Die **akute Querschnittssymptomatik** stellt immer einen **neurologischen Notfall** dar, da oft nach kurzer Zeit irreversible Schäden entstehen. Sowohl beim akuten als auch beim chronischen Querschnittssyndrom haben Raumforderungen mit Kompression des Myelons und entzündliche Erkrankungen des Rückenmarks bzw. der versorgenden Gefäße unmittelbare therapeutische Konsequenzen. Zum Ausschluß einer Raumforderung kommen folgende Untersuchungen in Frage:

- Nativröntgen der Wirbelsäule (Metastasen?, Frakturen?, Osteomyelitis?)
- Kernspintomographie
- Myelographie (eventuell kombiniert mit Computertomographie: Myelo-CT)

Die zu untersuchende Läsionshöhe richtet sich nach dem klinisch-neurologischen Befund und sollte immer einige Segmente oberhalb des Querschnitts beginnen. Ist eine Raumforderung ausgeschlossen, wird bei bestehendem Verdacht auf eine entzündliche Schädigung eine Liquorpunktion durchgeführt. Zu den internistischen Ursachen des akuten Querschnittssyndroms gehört das Aortenaneurysma (→ Kap. 41). Die Durchführung einer spinalen Angiographie sollte wegen der damit verbundenen Risiken den Fällen vorbehalten bleiben, bei denen eventuell behandelbare spinale Angiome vermutet werden. Die neurophysiologische Diagnostik mit SEP, VEP, MEP kann den Nachweis eines multifokalen Geschehens (z.B. bei MS) erbringen.

Unauffällige SEPs oder MEPs bei klinischem Verdacht auf ein Querschnittssyndrom entbinden allerdings keinesfalls von der Notwendigkeit, eine Raumforderung mit bildgebenden Verfahren auszuschließen!

Ein diagnostisches Vorgehen ist in Abbildung 30-8 in einer schematischen Übersicht dargestellt.

30.4.4 Engpaßsyndrome

Unter Engpaßsyndromen werden Schädigungen im Verlauf peripherer Nerven an kritischen anatomischen Engstellen verstanden (→ Abb. 30-9). Besonders gefährdet ist der Nerv immer dann, wenn eine anatomische Enge vorliegt oder ein oberflächlich gelegener Nerv gegen ein knöchernes Widerlager gedrückt wird.

30

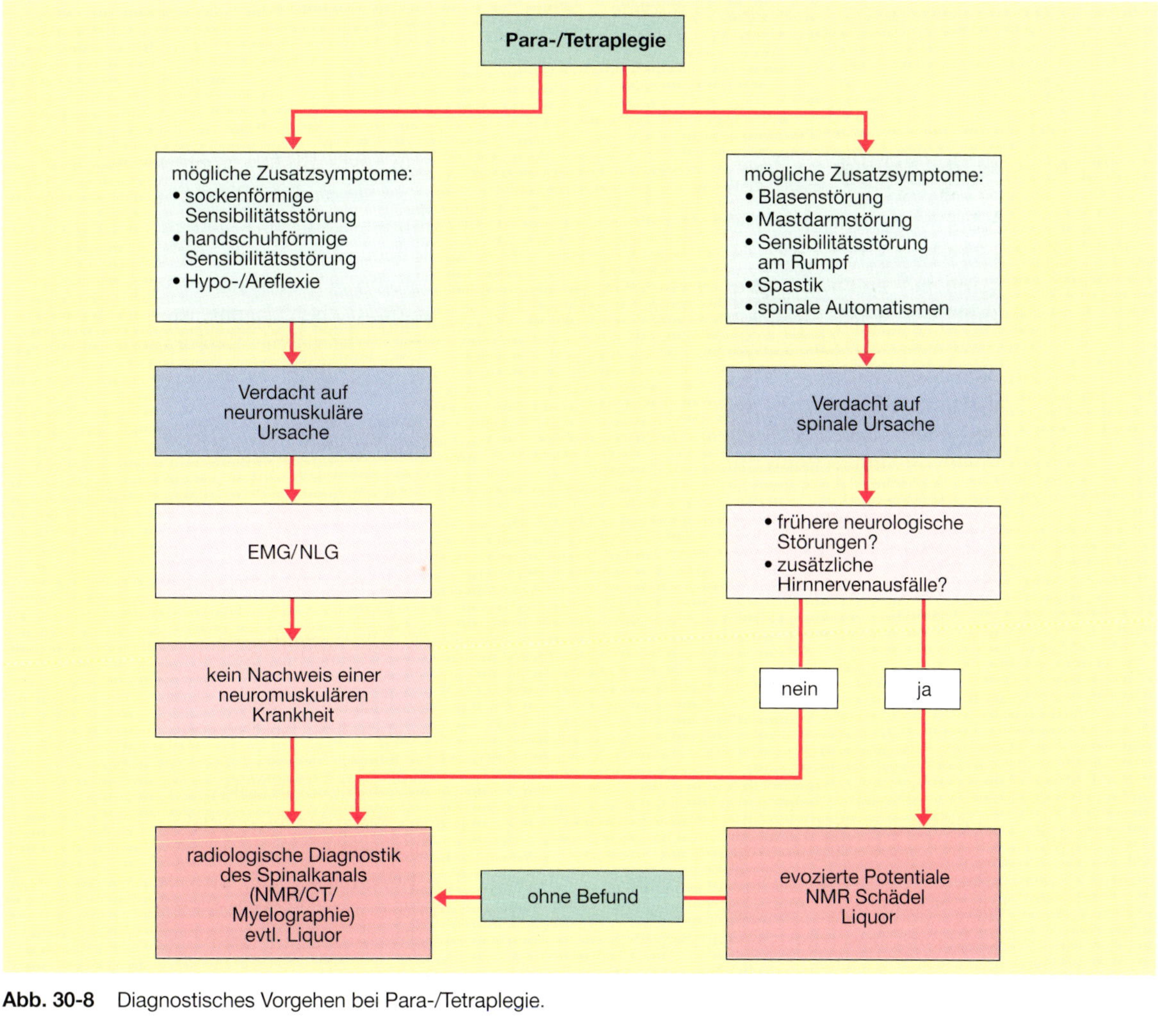

Abb. 30-8 Diagnostisches Vorgehen bei Para-/Tetraplegie.

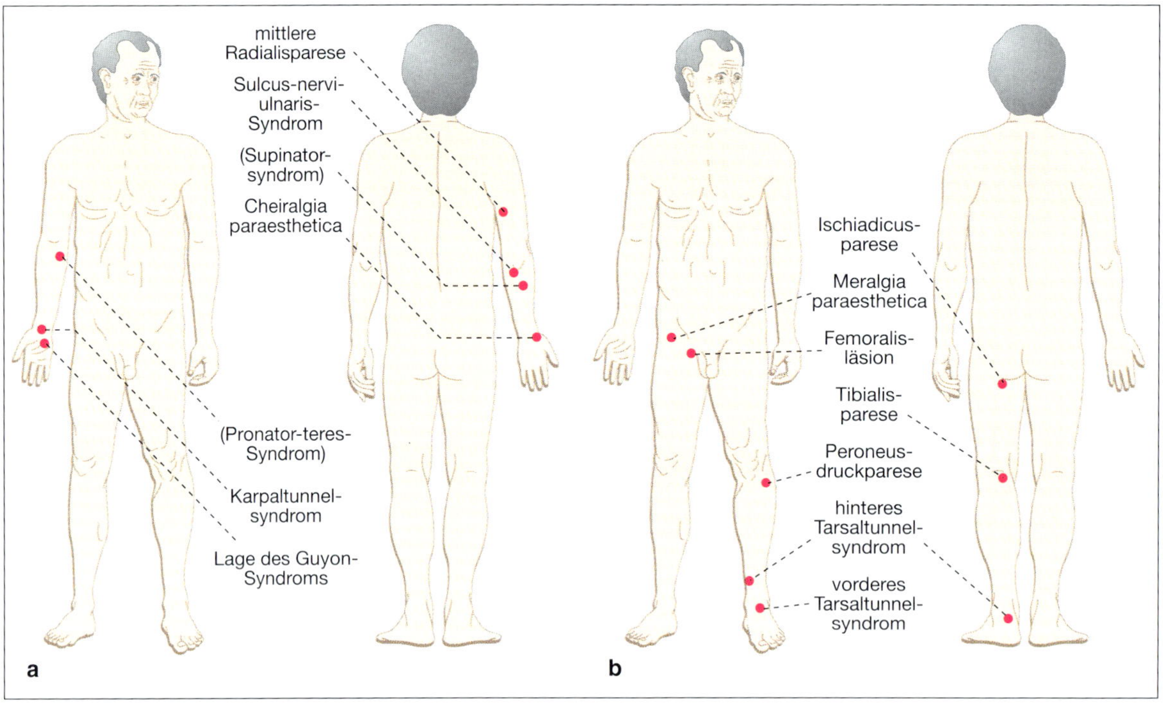

Abb. 30-9 Typische Schädigungsorte peripherer Nerven: (a) der oberen Extremität; (b) der unteren Extremität (nach: Pongratz, D.: Klinische Neurologie, Urban & Schwarzenberg, München–Wien–Baltimore 1992).

B *Beschwerden und Befunde*

Ein Engpaßsyndrom ist bei folgenden Beschwerden und Befunden wahrscheinlich:

- die Ausfälle sind auf einen einzigen peripheren Nerv beschränkt
- proximal der Schädigungsstelle gelegene Innervationsgebiete sind ausgespart
- eine mechanische Auslösung (z.B. stereotype Bewegungen, besondere Gelenkstellungen, längerdauernder Druck von außen) kann eruiert werden

Häufig können im Bereich des Engpasses bei Beklopfen elektrisierende Mißempfindungen (Hoffmann-Tinel-Zeichen) ausgelöst werden. Zuweilen ist der Nerv im Bereich der Kompressionsstelle verdickt palpierbar.

In den Abbildungen 30-9 und 30-10 sind die typischen Engpaßsyndrome an Armen und Beinen dargestellt.

DS *Diagnosesicherung*

Der Nachweis eines Engpaßsyndroms erfolgt in erster Linie durch eine exakte klinisch-neurologische Untersuchung. Durch Messung der Nervenleitgeschwindigkeit kann häufig eine Verlangsamung im Bereich des Engpasses erfaßt werden. Die Elektromyographie erfaßt den Grad der Schädigung und ergänzend zur klinischen Untersuchung die exakte Verteilung. Sie dient insbesondere auch der differentialdiagnostischen Abklärung. Durch konventionelle Röntgenaufnahmen können knöcherne Anomalien (z.B. Fehlstellungen, Exostosen) nachgewiesen werden. Bei schwereren neurologischen Ausfällen, deren Ursache ein anatomischer Engpaß ist, verschafft bisweilen erst die chirurgische Exploration definitive Klarheit.

DD *Differentialdiagnose*

Zwei differentialdiagnostische Fragen sind von Bedeutung:

- Sind tatsächlich nur Funktionen von Ästen eines einzigen Nervs distal der vermuteten Engpaßstelle gestört?
  Hier müssen differentialdiagnostisch in erster Linie Schäden des Plexus und der Nervenwurzel (Radikulopathien) bedacht werden.
- Liegt eine übergeordnete Erkrankung vor, die lediglich im Bereich des Engpasses besonders deutlich wird, z. B. Karpaltunnelsyndrom bei Akromegalie (→ Kap. 44) oder Niereninsuffizienz (→ Kap. 45.4) und chronische Polyarthritis (→ Kap. 43)? Liegt eine Erkrankung vor, die eventuell im Anfangsstadium nur einen Teil der Symptome eines Engpaßsyndroms imitiert. Insbesondere muß bei rein motorischen Störungen an diese Möglichkeit gedacht werden. Die in Tabelle 30-5 aufgelisteten

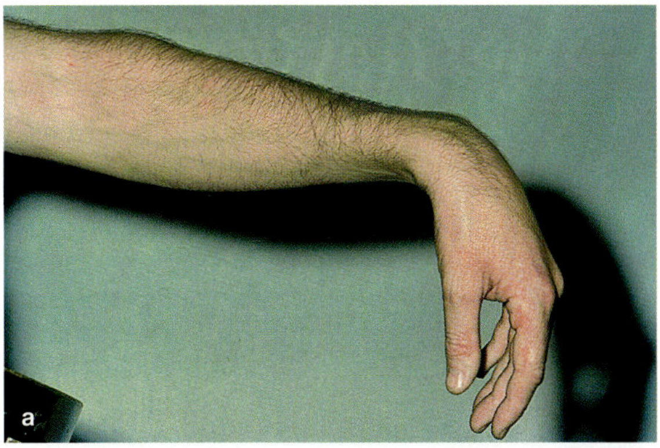

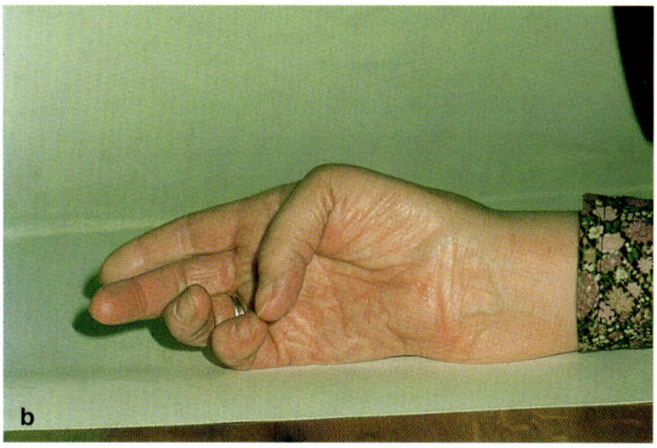

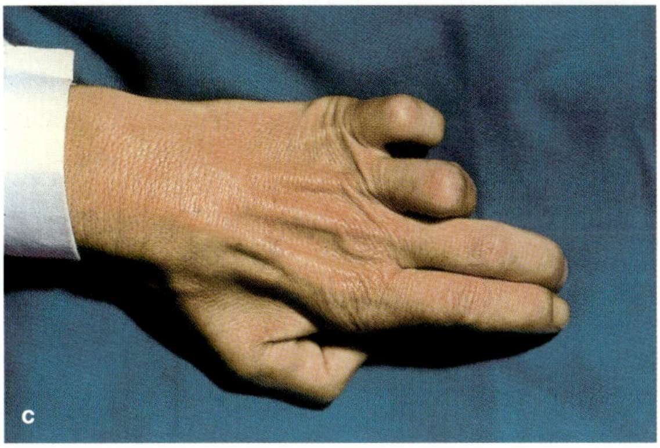

Abb. 30-10 Klinische Bilder von Engpaßsyndromen der oberen Extremität: (a) Fallhand bei Parese des N. radialis; (b) Thenaratrophie bei Karpaltunnelsyndrom; (c) Krallenhand bei Parese des N. ulnaris.

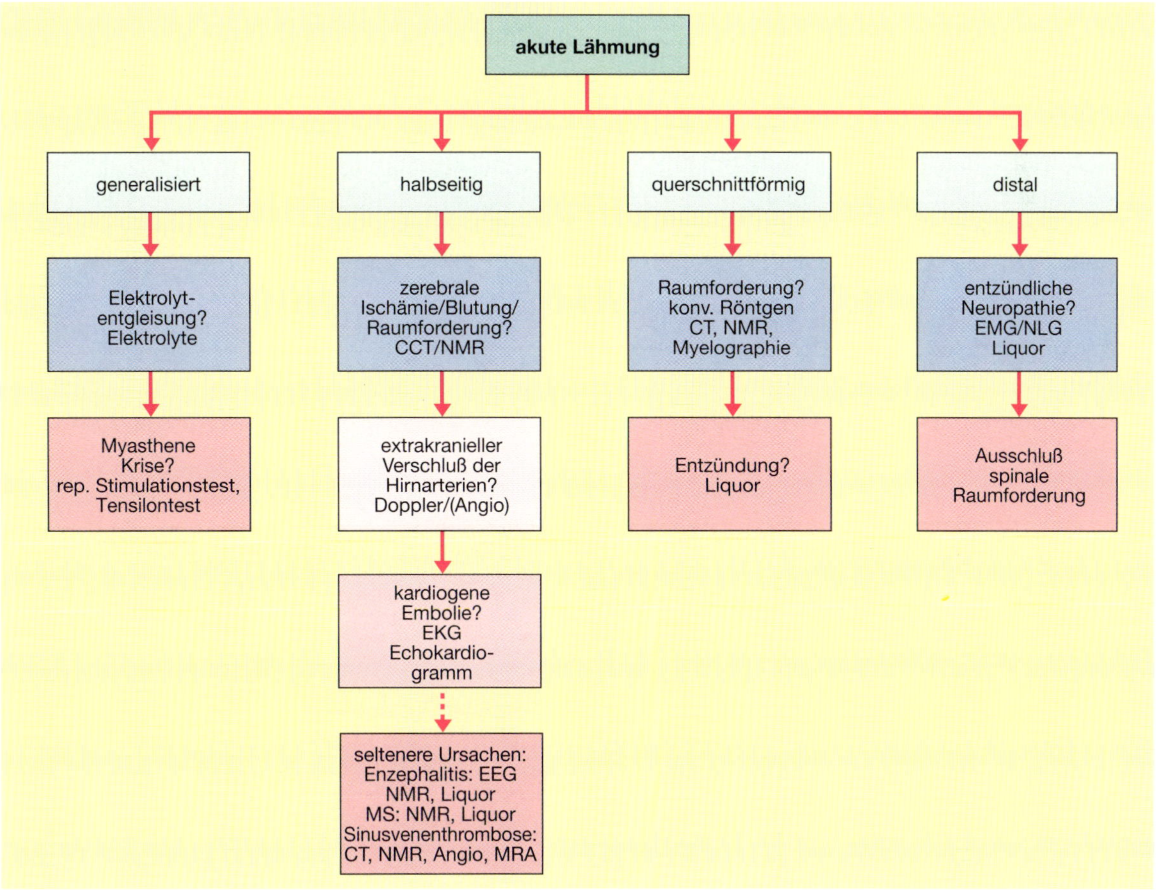

Abb. 30-11 Diagnostisches Vorgehen bei einer akuten Lähmung.

Tab. 30-5 Differentialdiagnose bei Engpaßsyndromen

Differentialdiagnose	Beispiele
Polyneuropathie	Alkohol, Diabetes (→ Kap. 12)
Mononeuropathia multiplex	Panarteriitis nodosa, Diabetes mellitus, Lupus erythematodes, Neuropathie mit Neigung zu Druckparesen
Vorderhornerkrankung	Amyotrophe Lateralsklerose, spinale Muskelatrophie
Muskelerkrankungen	distale Myopathie (selten!)
Radikulopathie	

Differentialdiagnosen sind bei Verdacht auf ein Engpaßsyndrom auszuschließen.

30.5 Zusammenfassung

In Abbildung 30-11 ist das Vorgehen bei akut aufgetretener Lähmung dargestellt. Eine zielgerichtete Diagnostik erfordert zumindest eine grobe neurologische Bestandsaufnahme, um den wahrscheinlichsten Schädigungsort festzulegen. Hierbei genügt eine Zuordnung zu Gehirn, Rückenmark oder peripheren Nerv. Wegen der unmittelbaren therapeutischen Konsequenzen muß in jedem Fall die Möglichkeit einer Hypoglykämie (→ Kap. 23) oder einer Raumforderung (→ Kap. 7) bedacht und ausgeschlossen werden.

Ein ähnliches Vorgehen gilt auch für chronische Lähmungen. Hier müssen allerdings zusätzlich degenerative Erkrankungen des Nervensystems, des neuromuskulären Systems sowie die seltenen neurometabolischen Störungen in die differentialdiagnostischen Überlegungen einbezogen werden.

31 Leibesumfangszunahme

M. Classen

Der Leibesumfang kann durch eine Vermehrung der Körpermasse (→ Kap. 18), durch eine pathologische Retention von Flüssigkeit und Gas in den Hohlorganen oder in der freien Bauchhöhle, ferner durch Hernien und Tumoren zunehmen (Abb. 31-1). Abzugrenzen hiervon ist die quasi „physiologische" Zunahme des Leibesumfangs bei Gravidität. Tabelle 31-1 faßt die Ursachen zusammen.

Tab. 31-1 Ursachen für eine Leibesumfangszunahme

Adipositas
Aszites
Meteorismus
zystische und solide Tumoren
Hernien
Retentionsblase
Magenektasie
Gastroparese
Gravidität

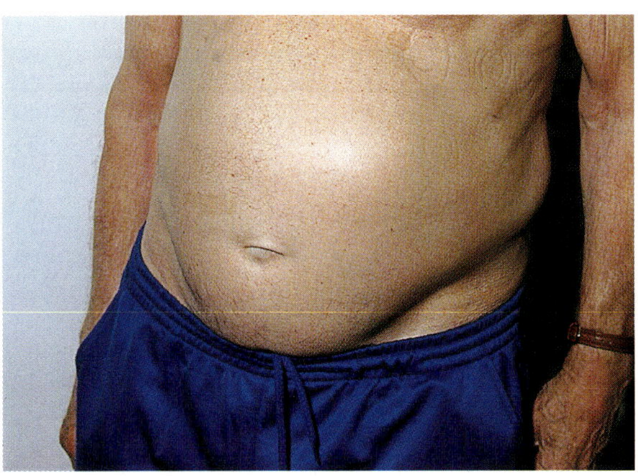

Abb. 31-1 Die Leibesumfangszunahme des Patienten wird durch eine Milzvergrößerung verursacht.

31.1 Diagnostik

Die **Diagnostik** umfaßt neben der **Anamnese** verschiedene **klinische Untersuchungen.**

Die klassischen Verfahren der klinischen Untersuchung, wie die Feststellung von **Flankendämpfung, Undulation** und **Klopfschallwechsel bei Lageänderung,** führen erst ab einer Bauchwassermenge von mehr als zwei Litern zum Nachweis. Kleinere Flüssigkeitsmengen werden mit Hilfe der **Ultrasonographie** des Abdomens verläßlich nachgewiesen. Als minimale Menge für die Ultrasonographie gelten 200 ml, während die **Computertomographie** angeblich Mengen ab 25 ml darstellt.

Eine weitere diagnostische Maßnahme ist die **Untersuchung des Bauchwassers.**

Im Rahmen der diagnostischen Parazentese wird eine Menge von 50–100 ml Bauchwasser entnommen. Aszitesflüssigkeit sollte stets auf den Gehalt an Leukozyten, Protein und LDH untersucht, der pH-Wert bestimmt sowie zytologische und bakteriologische Untersuchungen vorgenommen werden (Abb. 31-2). Diagnostisch wertvoll sind die Bestimmungen von Cholesterin und Fibronektin, da erhöhte Werte mit einer Sensitivität von 95% auf maligne Tumoren und Entzündungen hinweisen.

Die **zytologische Untersuchung** für die Tumordiagnostik hat eine niedrige Sensitivität von 60%, belastet den Patienten und ist im Ergebnis oft vom Untersucher abhängig.

Die **bakteriologische Untersuchung** der Aszitesflüssigkeit weist eine hohe Spezifität auf, jedoch nur eine geringe Sensitivität von 25–50%. Eine spontane bakterielle Peritonitis bei Leberzirrhose kann mit Hilfe des pH und der Zellzahl diagnostiziert werden, auch wenn Bakterien nur in etwa der Hälfte der Fälle nachgewiesen werden.

Bildgebende Verfahren, insbesondere die **Sonographie (Duplexsonographie),** tragen zur Differenzierung bei portalem Aszites bei (Abb. 31-3). Bei Verdacht auf Vorliegen eines Exsudates bildet die **Untersuchung der Aszitesflüssigkeit** auf neutrophile Granulozyten, Amylase, Laktat, CEA und AEP eine weitere Differenzierungsmöglichkeit der Ursache, wie auch die zytologi-

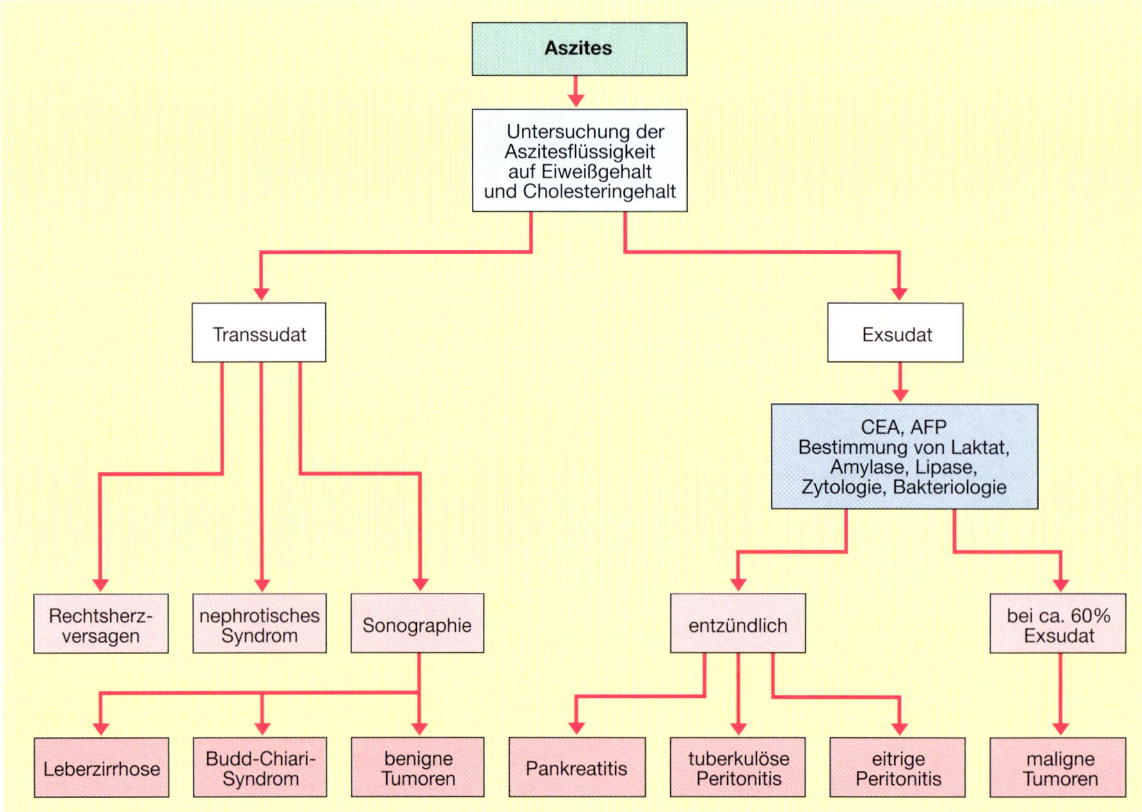

Abb. 31-2 Praktisches Vorgehen bei der Differenzierung des Aszites.

sche und bakterielle Untersuchung der Bauchwasserflüssigkeit.

Die **Laparoskopie** ist für die Diagnostik der Peritonealtuberkulose, zur Lokalisation eines Primärtumors, zum Nachweis peritonealer Metastasen sowie in der Leberdiagnostik und für die **gezielte Biopsie** eine nicht zu unterschätzende diagnostische Maßnahme (Abb. 31-4).

31.2 Ursachen und Krankheitsbilder

Gastrointestinale Gasbildung (Meteorismus und Flatulenz)

Der Gehalt an gastrointestinalem Gas schwankt beträchtlich. Etwa 17mal pro Tag wird Gas abgege-

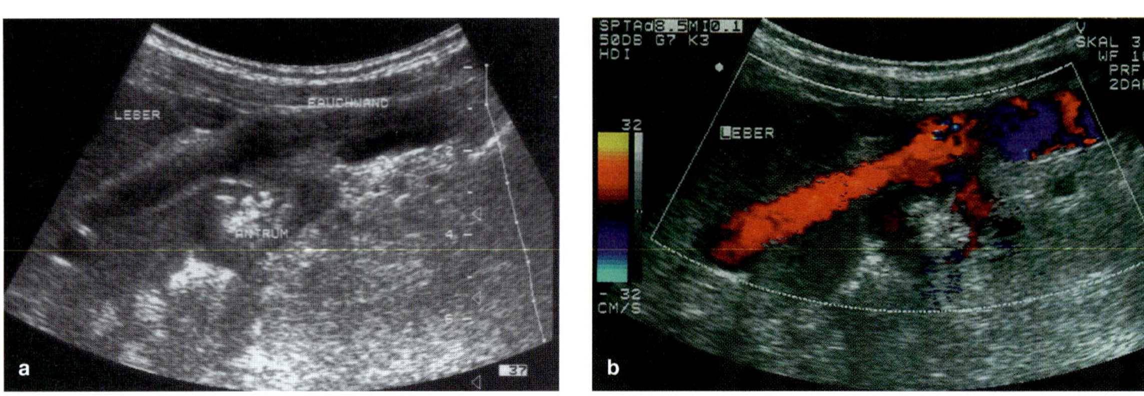

Abb. 31-3 Sonographische Darstellung der offenen, vom Leberhilus zum Nabel ziehenden paraumbilikalen Vene bei portaler Hypertension (a); gleicher Befund mit Flußdarstellung mittels Farb-Doppler-Technik (b).

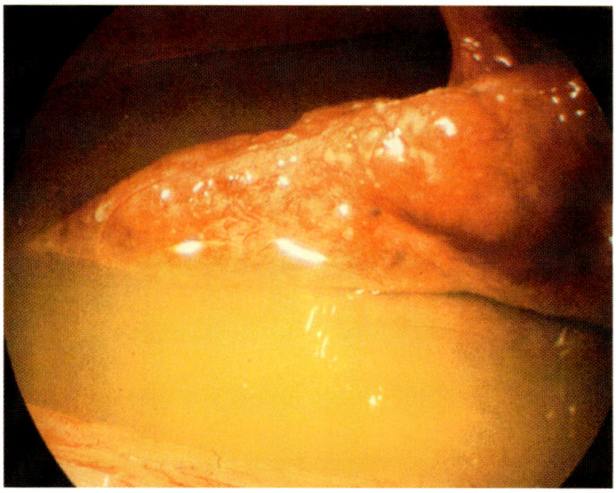

Abb. 31-4 Laparoskopie: im Aszites „schwimmende“, knotig umgebaute äthyltoxische Leberzirrhose.

ben. Darmgase setzen sich aus verschluckter Luft sowie Wasserstoff, Kohlendioxid und Methan zusammen, wobei letzteres im Darm produziert wird. Die exzessive Produktion von Darmgas kann auf dem Boden von funktionellen, aber auch organischen Krankheiten entstehen und muß sorgfältig abgeklärt werden. Zu denken ist dabei an Wegsamkeitsstörungen des Darmes, Medikamente (z.B. Kodein, Morphine) oder diätische Faktoren mit Kohlenhydratmaldigestion. Exzessive Flatulenz kommt durch eine bakterielle Fermentation unverdauter Kohlenhydrate und Zellulose im Darm zustande. Zumeist handelt es sich um eine Maldigestion von Laktose, Fruktose und Sorbit (→ Kap. 11).

Aszites

Aszites bezeichnet die Ansammlung freier Flüssigkeit in der Bauchhöhle. Dieses Symptom ist häufig die Folge verschiedenster Grunderkrankungen, insbesondere Leberkrankheiten (→ Kap. 15 und 46), Pfortaderhochdruck sowie maligne und entzündliche Krankheiten sind zu berücksichtigen (Abb. 31-5). In Tabelle 31-2 sind die verschiedenen Aszitesformen und ihre Ursachen zusammengefaßt. Große Flüssigkeitsansammlungen im Bauchraum fördern die Bildung von Bauchwand-, Nabel- und Leistenhernien.

Die Patienten klagen vorwiegend über Völle- und Spannungsgefühl infolge der Zunahme des Leibesumfangs. Bei größeren Flüssigkeitsmengen kann es aufgrund der intraabdominellen Drucksteigerung zu Atemnot kommen. Bauchschmerzen in Verbindung mit der Zunahme des Leibesumfangs deuten auf eine entzündliche oder maligne Ursache.

Der **Pfortaderhochdruck** (portale Hypertension) und die gleichzeitige Verminderung des kolloidosmotischen Drucks führen zum Aszites. Entsprechend der

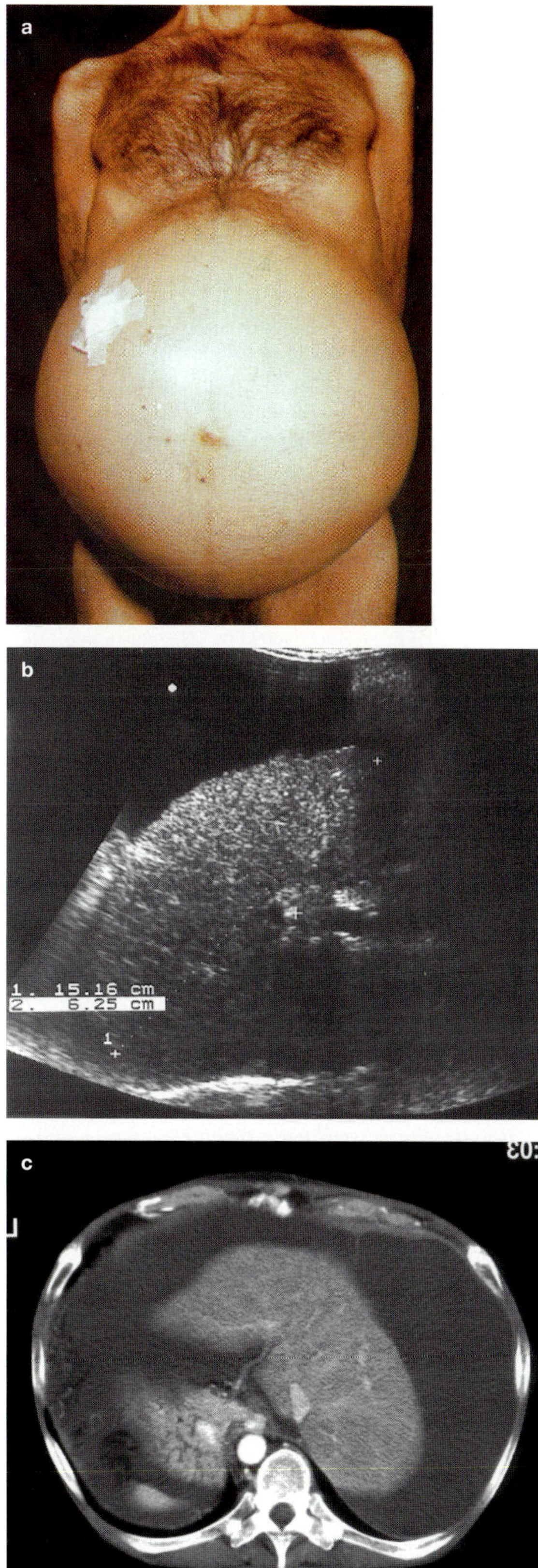

Abb. 31-5 Massiver Aszites bei dekompensierter, äthyltoxischer Leberzirrhose (a); sonographische Darstellung (b) und CT (c).

Tab. 31-2 Verschiedene Formen des Aszites und ihre Ursachen

Aszitesform	Ursache
portaler Aszites	Leberzirrhose (→ Kap. 15) akute Hepatitis (→ Kap. 46) Fettleberhepatitis Budd-Chiari-Syndrom Lebervenenthrombose Pfortaderthrombose (selten) Zystenleber Lebervenenklappen arteriovenöse Fisteln
kardialer Aszites	Rechtsherzinsuffizienz (→ Kap. 41) Pericarditis constrictiva (→ Kap. 41) maligne bedingter Aszites Peritonealkarzinose intraabdominelle Tumoren (z. B. Ovarialtumoren) hepatozelluläres Karzinom Metastasenleber Mesotheliom lymphatische Systemerkrankungen (mit und ohne Leberinfiltration, → Kap. 32) Pseudomyxom Karzinoid Plasmozytom (→ Kap. 45) Paraproteinämien Mastozytose
entzündlicher Aszites	bakterielle Peritonitis (→ Kap. 46) spontane bakterielle Peritonitis (→ Kap. 46) Tuberkulose (→ Kap. 14) Vaskulitis (→ Kap. 9) genitale Infektionen (Chlamydien) Virusinfektionen (Mononukleose)
pankreatogener Aszites **seltene Aszitesformen**	akute Pankreatitis (→ Kap. 46) schwere Hypalbuminämie (Morbus Ménétrier, nephrotisches Syndrom, → Kap. 60) Mesenterialvenenthrombose Peritonealdialyse Urämie und chronische Hämolyse (→ Kap. 2 und 8) Morbus Whipple (→ Kap. 46) Hypothyreose (→ Kap. 1) Amyloidose Stärkeperitonitis Follikelüberstimulation hereditäres angioneurotisches Ödem chylöser Aszites neonataler Aszites

Tab. 31-3 Ursachen der portalen Widerstandserhöhung

Lokalisation	Ursache
prähepatisch	Pfortaderthrombose primäre portale Hypertension arterioportale Fisteln
intrahepatisch	**postsinusoidal** Okklusion der Venen Medikamente alkoholische Sklerose Leberzirrhose **sinusoidal** chronische Hepatitis Steatosis **präsinusoidal** primär biliäre chronische Lymphadenose Morbus Wilson
posthepatisch	**kardial (Perikard)** Vena cava kongenitale Membranen Thrombosen Tumoren

Lokalisation der portalen Widerstandserhöhung werden eine prä-, intra- und posthepatische Blockierung unterschieden, deren Ursachen in Tabelle 31-3 aufgeführt sind. Häufig findet man neben den beiden genannten pathogenetischen Mechanismen auch eine gestörte Beziehung zwischen Lymphproduktion und Lymphabfluß. Vor allem bei chronischen Lebererkrankungen ist die Bildung des Aszites komplex und sowohl auf anatomisch-pathologische Veränderungen der Leber als auch auf extrahepatische Mechanismen wie eine gesteigerte renale Natriumresorption und Wasserretention zurückzuführen. Hinzu kommt eine Verminderung der hepatischen Albuminsynthese. Es ist immer noch nicht ganz klar, ob die Volumenhypothese, die Überlaufhypothese oder die Vasodilatationshypothese für die Entstehung des Aszites Gültigkeit besitzt.

Ein Aszites auf dem Boden **maligner oder entzündlicher Erkrankungen** ist zumeist eiweißreich (>3 g/100 ml) und somit ein Exsudat. Eine **Peritonealkarzinose** führt zur Störung des Lymphabflusses, **Entzündungen** (Peritonitis, → Kap. 46) zu gesteigerter Lymphproduktion.

32 Lymphknotenschwellung

J. WOLF, S. SCHMITZ und V. DIEHL

Bei der Abklärung von lokalisierten oder generalisierten Lymphknotenschwellungen ist ein breites Spektrum infektiöser und nichtinfektiöser Ursachen zu berücksichtigen. Das erste differentialdiagnostische Anliegen ist der Ausschluß bzw. die Bestätigung einer malignen Lymphadenopathie. In der Regel weisen Anamnese, klinischer Untersuchungsbefund, Begleitsymptomatik und orientierende Laboruntersuchungen den diagnostischen Weg. Bei Verdacht auf eine infektiöse Erkrankung und Ausschluß eines banalen Infekts ist die Erregersuche mittels Serologie, Direktnachweismethoden oder Kulturverfahren indiziert. Führt dieses Vorgehen zur Diagnose, erübrigt sich die Lymphknotenhistologie. Kann die Diagnose nicht gesichert werden, ist die Lymphknotenexstirpation indiziert. Bei Verdacht auf eine maligne Erkrankung ist die Lymphknotenhistologie zwingend. Hierzu ist die Lymphknotenexstirpation das Mittel der Wahl, nicht die Feinnadelpunktion. Besteht kein Verdacht auf eine maligne Erkrankung, kann ein einzelner vergrößerter Lymphknoten in einer Region bei häufiger unspezifischer Lymphadenopathie (zervikal, axillär, inguinal) vier Wochen lang beobachtet werden. Kommt es in dieser Zeit zu keiner Rückbildung, muß ebenfalls eine Lymphknotenexstirpation vorgenommen werden. Der verantwortliche Arzt sollte sich immer bewußt sein, daß auch eine negative Histologie nicht in jedem Fall ein Malignom ausschließt. Bei klinisch weiterbestehendem Malignomverdacht ist daher eine erneute Lymphknotenexstirpation anzustreben.

32.1 Definition und Abgrenzung

Normal große Lymphknoten sind, mit Ausnahme der inguinalen Lymphknoten bei schlanken Personen, nicht palpabel. Lymphknotenvergrößerungen kommen bei einer Vielzahl von Erkrankungen vor. Sie können einziges Symptom einer Erkrankung, diagnoseweisendes Hauptsymptom oder lediglich Nebensymptom sein. Man unterscheidet lokalisierte von generalisierten Lymphknotenvergrößerungen. Mehr als die Hälfte der lokalisierten Lymphknotenvergrößerungen sind reaktiv unspezifisch, d.h. ohne erkennbare Ursache und ohne klinische Relevanz. In bestimmten Regionen treten Lymphknotenschwellungen häufiger nach subklinischen Infekten auf (inguinal, axillär, zervikal). Da Lymphknotenvergrößerungen ein diagnoseweisender Befund bei malignen Erkrankungen sein können, ist das erste differentialdiagnostische Anliegen die Unterscheidung benigner von malignen Lymphadenopathien.

32.2 Ursachen

Die möglichen Ursachen von Lymphknotenvergrößerungen sind in Tabelle 32-1 aufgelistet. Grundsätzlich ist zwischen malignen und benignen Lymphknotenschwellungen zu unterscheiden. Einer malignen Lymphknotenvergrößerung liegt entweder eine maligne hämatologische Systemerkrankung oder die Metastasierung eines Tumors zugrunde. Benigne Lymphknotenvergrößerungen werden zweckmäßigerweise in infektiöse, d.h. durch Viren, Bakterien, Pilze, Protozoen oder Parasiten verursachte, und nichtinfektiöse unterschieden. Letztere können ihre Ursachen in einer Sarkoidose, einer Autoimmunerkrankung oder einer Hypersensitivitätsreaktion haben. Weitere seltener beobachtete Erkrankungen, die eine nichtinfektiöse benigne Lymphadenopathie verursachen können, sind ebenfalls in Tabelle 32-1 aufgelistet.

32.3 Diagnostik

32.3.1 Anamnese

In Tabelle 32-2 sind die relevanten Aspekte der Anamnese bei Patienten mit unklaren Lymphknotenschwellungen zusammengefaßt.

Dauer der Lymphknotenschwellung

Die zeitliche Entwicklung der Lymphknotenschwellung kann erste diagnostische Hinweise liefern. Ein

Tab. 32-1 Ursachen für Lymphknotenvergrößerungen

Infektionen	viral	Epstein-Barr, Zytomegalie, Herpes simplex, humanes Herpesvirus 6, Herpes zoster, Röteln, Masern, Hepatitis, epidemische Keratokonjunktivitis, Adenoviren
	bakteriell	Staphylokokken, Streptokokken, Katzenkratzkrankheit, Bruzellose, weicher Schanker, Pest, Tularämie, Salmonellen, Diphtherie, Tuberkulose, Syphilis
	Chlamydien	Lymphogranuloma venereum, Trachoma
	Protozoen	Toxoplasmose, Leishmaniose, Trypanosomen
	Pilze	Histoplasmose, Kokzidioidomykose, Parakokzidioidomykose
	Rickettsien	Rickettsienpocken, Rickettsia tsutsugamushi
	Würmer	Filarien
Malignome	Lymphome	Hodgkin- und Non-Hodgkin-Lymphome
	Hämoblastosen	akute und chronische lymphatische Leukämie, akute myeloische Leukämie, myeloproliferative Erkrankungen, maligne Histiozytose
	Metastasen	bei jedwedem Primärtumor
Autoimmunerkrankungen	rheumatoide Arthritis, juvenile rheumatoide Arthritis, Sjögren-Syndrom, Sharp-Syndrom, Dermato- und Polymyositis, Lupus erythematodes	
Allergien	Serumkrankheit, medikamenteninduziert, graft versus host disease, Silikon	
Speichererkrankungen	Morbus Gaucher, Niemann-Pick-Krankheit, Fabry-Syndrom, Tangier-Krankheit	
Andere Ursachen	Castleman-Erkrankung, angioimmunoblastische Lymphadenopathie, Sarkoidose, eosinophiles Granulom, Kawasaki-Syndrom, Kikuchi-Syndrom, Hyperthyreose	

akuter Beginn (nicht länger als 14 Tage bei Präsentation bestehend) ist typisch für bakterielle und virale Infekte, aber auch für akute Leukämien. Ein schleichender Beginn findet sich bei Metastasen solider Tumoren, bei der Sarkoidose sowie bei Tuberkulose, Toxoplasmose und Aktinomykose. Eine AIDS-bedingte Lymphadenopathie (Stadium III) besteht definitionsgemäß bereits seit drei Monaten, dagegen kann eine akute Lymphknotenschwellung (ein mononukleoseähnliches Syndrom) im Rahmen der Primärinfektion mit HIV auftreten. Lymphknotenvergrößerungen, die bei der Vorstellung bereits seit einem Jahr oder länger bestehen, sind häufig unspezifisch. Ursächlich können aber auch eine chronisch-lymphatische Leukämie, andere niedrigmaligne Non-Hodgkin-Lymphome oder ein Hodgkin-Lymphom sein.

Tab. 32-2 Anamnese bei Patienten mit unklaren Lymphknotenschwellungen

Chronologie der Beschwerden

Bereits diagnostizierte Erkrankungen (Tumoranamnese?)

Exposition
Reisen, Auslandsaufenthalte (Endemiegebiete)
Berufliche Exposition
Haustiere
Wohnraum
Sexualverhalten

Allgemeinsymptome
Fieber, Nachtschweiß, Gewichtsverlust
Juckreiz
Leistungsknick, Müdigkeit
Arthralgien, Myalgien
Schmerzen

Medikamente

Begleitsymptome

Fieber ist ein häufiges Begleitsymptom bei Patienten mit Lymphknotenvergrößerungen. Der Fiebertyp kann typisch für die Grunderkrankung sein (→ Kap. 14), ist es aber im klinischen Alltag häufig nicht. Ein langsames Nachlassen der Leistungsfähigkeit ohne Fieber, verbunden mit Gewichtsabnahme, kann auf einen malignen Tumor hindeuten. Die Kombination aus Fieber (über 38 °C), Nachtschweiß und Gewichtsabnahme (mehr als 10% des Körpergewichts in den letzten 6 Monaten) kennzeichnet die Begleitsymptomatik bei einem malignen Lymphom, kann aber auch bei der Tuberkulose auftreten. Arthralgien und Myalgien finden sich bei viralen Infekten, aber auch bei Kollagenosen. Juckreiz kann beim M. Hodgkin vorkommen; ebenso, wenn auch selten, Schmerzen der Lymphknoten nach Alkoholgenuß. Lokalisierte Symptome sind häufig diagnoseweisend (z.B. Schwellungen der zervikalen Lymphknoten in Kombination mit Fieber, Halsschmerzen und Husten: akuter viraler oder bakterieller Infekt).

Soziale Anamnese

Diagnostische Hilfestellung leisten Fragen nach dem Beruf des Patienten, seinem Kontakt mit Tieren (Toxoplasmose, Tularämie, Katzenkratzkrankheit), nach Auslandsreisen sowie nach infektiösen Erkrankungen in seiner unmittelbaren Umgebung. Das Sexualverhalten kann auf die Zugehörigkeit zu einer Risikopopulation für die Infektion mit HIV, Hepatitis und Geschlechtskrankheiten hinweisen.

Medikamentenanamnese

Lymphknotenschwellungen können im Rahmen einer Hypersensitivitätsreaktion nach Medikamenteneinnahme (besonders Phenytoin), bei der Serumkrankheit (Impfungen) und bei Abstoßungsreaktionen (graft versus host disease) auftreten. Auch Silikonprothesen (kosmetische Chirurgie) können Lymphknotenschwellungen verursachen.

32.3.2 Körperliche Untersuchung

Ausbreitung der Lymphknotenschwellungen

Lokalisierte Lymphknotenschwellungen sind häufig unspezifischer Natur, während generalisierte Lymphknotenschwellungen in der Regel eine spezifische Ursache haben. Dennoch ist der differentialdiagnostische Wert dieser Unterscheidung gering. Einerseits kann eine lokalisierte Lymphknotenvergrößerung durch eine maligne Infiltration bedingt sein, andererseits können fast alle Erkrankungen, die typischerweise mit generalisierten Lymphknotenvergrößerungen einhergehen, auch lokalisierte Lymphknotenschwellungen verursachen. Diagnostisch bedeutsam kann dagegen die Lokalisation der Lymphknotenschwellung mit der Zuordnung zum betreffenden Drainagegebiet sein.

Zervikale Lymphknotenschwellungen sind meist unspezifischer Natur. Häufig liegen lokale Verletzungen der Mundschleimhaut oder Infektionen der Zähne oder der oberen Atemwege zugrunde (→ Kap. 19). Weitere Ursachen sind infektiöse Mononukleose, Toxoplasmose, Sarkoidose, maligne Lymphome, Karzinome von Hals und Nacken, Lunge, Brust, Schilddrüse und Ösophagus sowie Kopfläuse. Submandibuläre Lymphknotenschwellungen sind ebenfalls häufig unspezifisch (Entzündungen von Mundschleimhaut, Zähnen und Hals). Spezifische Ursachen sind die infektiöse Mononukleose, maligne Lymphome, Tuberkulose (vor allem bei Kindern), Katzenkratzkrankheit und Metastasen. Die anterioren aurikulären Lymphknoten sind häufig geschwollen bei Infektionen des Augenlids oder der Augen (Konjunktivitis, epidemische Keratokonjunktivitis) sowie bei der Katzenkratzkrankheit. Die posterioren aurikulären Lymphknoten sind typischerweise bei Röteln vergrößert. Subokzipitalen Lymphknotenvergrößerungen liegen meist Infektionen der Kopfhaut zugrunde, sie treten aber auch bei Leukämie, Lymphomen, infektiöser Mononukleose, Röteln, Toxoplasmose, Tuberkulose sowie Kopfläusen auf. Vergrößerungen der supraklavikulären Lymphknoten sind nahezu immer spezifisch. Benigne Ursachen sind Tuberkulose, Toxoplasmose und Sarkoidose, zugrundeliegende maligne Erkrankungen: Lymphome und Metastasen intraabdomineller Tumoren (links supraklavikulär: Virchow-Drüse), Genital-, Lungen- und Thoraxneoplasien.

Die axillären Lymphknoten sind häufig unspezifisch vergrößert, verursacht durch meist banale Infekte der Arme oder Hände. Spezifische Ursachen für lokalisierte Vergrößerungen der axillären Lymphknoten sind Metastasen bei Mammakarzinom, seltener auch Bronchialkarzinom, maligne Lymphome und Katzenkratzkrankheit. Inguinale Lymphknoten sind ebenfalls häufig unspezifisch vergrößert (Verletzungen der Beine). Maligne Ursachen für spezifische Vergrößerungen sind maligne Lymphome und Malignome des Rektums, der Genitalregion oder der unteren Extremitäten. Nichtmaligne Ursachen sind Geschlechtskrankheiten.

32

Größe, Konsistenz und Schmerzhaftigkeit

Beträgt der maximale Durchmesser eines Lymphknotens nicht mehr als 1 cm, liegt in der Mehrzahl der Fälle eine unspezifische Lymphadenopathie zugrunde. Sind keine anderen Krankheitszeichen evident und sind eine infektiöse Mononukleose und eine Toxoplasmose ausgeschlossen, so können Lymphknotenschwellungen bis zu dieser Größe zunächst beobachtet werden. Infektiöse Prozesse führen typischerweise zu weichen, druckempfindlichen, eventuell sogar schmerzhaften Lymphknotenvergrößerungen. Die Lymphknoten lassen sich hierbei in der Regel gut gegen die Umgebung verschieben. Derbe, zumeist schmerzlose Lymphknoten finden sich bei malignen Tumoren, Autoimmunerkrankungen, Sarkoidose, Tuberkulose, Speichererkrankungen sowie beim HIV-assoziierten Lymphadenopathie-Syndrom. Bei Metastasen maligner Tumoren sind die Lymphknoten darüber hinaus häufig mit der Umgebung verbacken. Diese Kriterien sind jedoch keine „harten" Unterscheidungsmerkmale zwischen malignen und nichtmalignen Prozessen. So kann z.B. auch bei Infiltration eines Lymphknotens durch einen malignen Tumor eine Einblutung zu einer schnellen Größenzunahme, damit zur Kapselspannung und Schmerzhaftigkeit des Lymphknotens führen.

Eine derbe Infiltration der Umgebung vergrößerter Lymphknoten kann durch das Wachstum maligner Zellen per continuitatem bedingt sein, Fistelbildung läßt an Tuberkulose oder, falls die inguinalen Lymphknoten betroffen sind, an Lymphogranuloma venereum denken.

Splenomegalie

Die Splenomegalie stellt ein **Leitsymptom der myeloproliferativen Erkrankungen** dar. Zu diesen zählen die **chronisch-myeloische Leukämie (CML), die Polycythaemia vera (PCV), die essentielle Thrombozythämie (ET) und die Osteomyelofibrose (OMF).** Diesen Erkrankungen liegen klonale Proliferationen von transformierten pluripotenten Stammzellen im Knochenmark zugrunde. Hieraus resultiert, daß sowohl Granulopoese, Thrombopoese als auch Erythropoese pathologisch verändert sein können. Teilweise sind die myeloproliferativen Erkrankungen nicht klar voneinander abzugrenzen (nichtklassifizierbare myeloproliferative Syndrome).

Bei der **CML** findet sich im peripheren Blut eine zum Teil massive Leukozytose mit kontinuierlicher Linksverschiebung bis hin zum Blasten sowie einer Vermehrung von Eosinophilen und Basophilen. Die Milz kann exzessiv vergrößert sein (palpabler Tumor), Lymphknotenschwellungen sind fakultativ. In den malignen Zellen findet sich eine spezifische chromosomale Translokation t(9;22 [Philadelphia-Chromosom]), durch welche die Expression eines die Proliferation stimulierenden Gens induziert wird. Im Verlauf unterscheidet man eine chronische stabile Phase mit den genannten Krankheitszeichen (mittlere Dauer 2 Jahre), eine Akzeleration mit Zunahme der Linksverschiebung und Verschlechterung des Allgemeinzustands sowie den terminalen Blastenschub, der klinisch einer therapierefraktären akuten Leukämie ähnelt. Therapeutische Optionen in der chronischen Phase sind zytoreduktive Therapie mit Hydroxyurea oder Interferon-α sowie als bisher einziger kurativer Ansatz, die allogene Knochenmarktransplantation.

Bei der **PCV** kommt es zu einer kontinuierlichen Erhöhung der Erythrozytenproduktion, diagnostizierbar durch den Nachweis eines erhöhten Erythrozytenvolumens. Die Krankheit hat einen protrahierten, langjährigen Verlauf (zu klinischer Symptomatik und Diagnostik → Kap. 44.4.7). **Differentialdiagnostisch** abzugrenzen (Blutgasanalyse) ist die reaktive, hypoxämieinduzierte Polyglobulie, z.B. bei chronischen Lungenerkrankungen. Die Therapie besteht in Aderlässen und zytoreduktiver Behandlung mit Hydroxyurea.

Bei der **ET** imponiert die zum Teil exzessive Thrombozytose mit Neigung sowohl zu Thrombosen als auch zu Blutungen (Thrombozytendefekt),(→ Kap. 8 und 63). Bei der **OMF** führt eine Fibrosierung des Knochenmarks zum Versiegen der Hämatopoese und zur reaktiven extramedullären Blutbildung in Leber und Milz. Neben Symptomen durch Anämie, Leukopenie und Thrombopenie imponiert oft eine massiv vergrößerte Milz (Ausschluß MDS, → Kap. 8). Die **Diagnosen** ET und OMF werden durch **Beckenkammbiopsie** gesichert.

Differentialdiagnostisch findet sich eine Splenomegalie, oft in Kombination mit Lymphknotenschwellungen, häufig bei malignen Lymphomen und Leukämien, praktisch nie jedoch bei metastasierenden soliden Neoplasien. Darüber hinaus kann dieser Symptomkonstellation eine Fülle infektiöser Erkrankungen (infektiöse Mononukleose, Masern, Röteln, Tuberkulose, Bruzellose, Toxoplasmose), aber auch Erkrankungen aus dem rheumatischen Formenkreis (SLE, PCP, Still-Syndrom) ebenso wie eine Amyloidose zugrunde liegen.

32.3.3 Laboruntersuchungen

Bei jedem Patienten mit Lymphknotenschwellung sollte ein **Blutbild mit Differentialverteilung** und ein **Blutausstrich** durchgeführt werden. Diese Untersuchungen können bereits diagnostisch bei Leukämien und Lymphomen mit Ausschwemmung maligner Zellen in das periphere Blut wegweisend sein. Das Auftreten von Lymphozytenreizformen (aktivierte T-Lymphozyten) ist typisch für die infektiöse Mononukleose (Abb. 32-1), wird aber auch bei anderen Virusinfektionen (CMV, Röteln, Hepatitis, HSV, HHV-6) beobachtet. Eine neutrophile Leukozytose tritt bei allen schweren bakteriellen Infektionen, eine Neutropenie bei viralen Infekten, Bruzellose und Leishmaniose auf. Eine milde Thrombopenie kann bei zahlreichen viralen Infekten auftreten, eine schwere Thrombopenie bei Leukämien, Lymphomen, AIDS und SLE, aber auch im Rahmen einer Verbrauchskoagulopathie bei Sepsis. Die Kombination Anämie, Leukopenie und Thrombopenie kann auf die Infiltration des Knochenmarks durch ein malignes Lymphom oder auch durch eine andere Neoplasie hinweisen. Die **Blutkörperchensenkungsgeschwindigkeit** (BSG) ist zwar ein unspezifischer Parameter, zeigt aber, falls

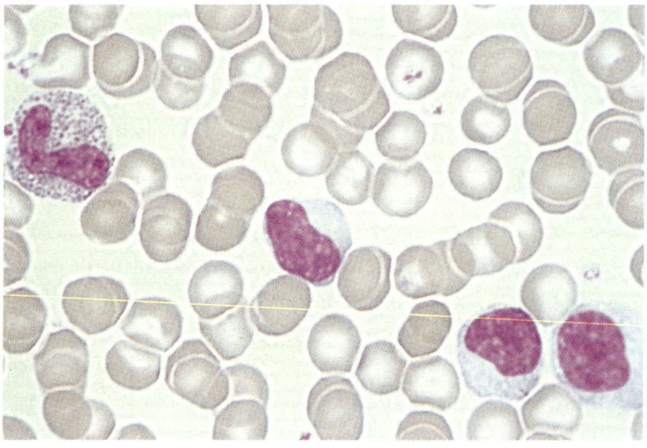

Abb. 32-1 Mononukleose: Im Blutausstrich ist eine Lymphozytose mit lymphomonozytären Reizformen zu erkennen.

erhöht, die Dringlichkeit einer weiteren Abklärung an. Die **LDH** im Serum ist häufig bei malignen Lymphomen, aber auch bei schweren Infekten erhöht. Die **Transaminasen** sind bei der infektiösen Mononukleose, gelegentlich auch bei der Toxoplasmose typischerweise zu Beginn der 2. Woche leicht erhöht. Erhöhte Werte für **Serumkalzium** (2–10%) und **Angiotensin-converting-Enzym** (50–80%) können auf eine Sarkoidose hinweisen. Bei Verdacht auf eine Kollagenose sollten die **antinukleären Antikörper** (ANA) im Serum bestimmt werden. Sind diese positiv, muß eine dezidierte immunologische Diagnostik eingeleitet werden.

32.3.4 Spezifische Erregerdiagnostik

Die erregerspezifische Diagnostik teilt sich auf in **serologische Untersuchungen,** den **Erregerdirektnachweis** sowie **Kulturverfahren.** Die serologische Diagnostik ist bei den meisten viralen Infektionen, die Lymphadenopathien verursachen können, führend (EBV, CMV, HIV, Röteln). Die frische Infektion wird dabei durch den Nachweis von IgM-Antikörpern oder durch einen mehrfachen Titeranstieg der IgG-Antikörper gesichert. Zu beachten ist, daß der Titeranstieg bei den meisten viralen Infektionen erst 10–14 Tage nach der Infektion erfolgt, bei der HIV-Infektion durchschnittlich nach 6–12 Wochen, in Einzelfällen erst nach 6 Monaten! Bei Immunsupprimierten kann eine Serokonversion unterbleiben. Bei zahlreichen Virusinfekten kann die Diagnose bereits klinisch gestellt werden (z.B. Masern, Mumps, Röteln), die Serologie liefert hier nur noch die Bestätigung. Bei Verdacht auf infektiöse Mononukleose kann zusätzlich zu IgG- und IgM-Antikörpern gegen das Kapsidantigen von EBV auch das Vorhandensein heterophiler Antikörper gegen Schafserythrozyten getestet werden (Paul-Bunnell-Reaktion). Die serologische Diagnostik ist auch bei einigen nichtviralen Infektionen wie Toxoplasmose, Bruzellose, Infektion durch Chlamydia trachomatis und Syphilis (FTA-ABS, VDRL) führend.

Der direkte Erregernachweis durch Virusanzüchtung auf geeigneten Zellkulturen ist bei zahlreichen viralen Infektionen zwar möglich (Rachenspülwasser bei Mumps, Masern; Bläscheninhalt bei Herpesaffektionen), spielt aber in der Routinediagnostik keine große Rolle. Ein direkter Erregernachweis durch wiederholte Blutkulturen sollte bei schweren bakteriellen Infektionen angestrebt werden. Bei Verdacht auf Tuberkulose sollte der Nachweis von Mykobakterien im Nüchternmagensaft, Bronchialsekret und Urin versucht werden. Die Tuberkulosediagnostik wird ergänzt durch den Tuberkulin-Intrakutantest, der jedoch eine zweifelhafte diagnostische Wertigkeit besitzt: In ca. 20% der Fälle mit tuberkulöser Lymphadenitis ist er falsch-negativ, umgekehrt muß bei einem positiven Tuberkulintest keine floride Tuberkulose vorliegen. Der Einsatz molekularbiologischer Methoden wie der Polymerasekettenreaktion (PCR) befindet sich bei den meisten Erkrankungen noch im Erprobungsstadium, kann jedoch bei unklaren Lymphadenopathien und Verdacht auf das Vorliegen einer Infektion mit Mykobakterien, Chlamydien oder Leptospiren diagnostische Hilfestellung leisten.

32.3.5 Bildgebende Verfahren

Als bildgebende Verfahren werden zur Lokalisation von Lymphknotenvergrößerungen sowie zur Verlaufskontrolle unter Therapie die **konventionelle Röntgenaufnahme,** die **Sonographie,** das **Computertomogramm** (CT), die **Kernspintomographie** (NMR) sowie die **Lymphangiographie** eingesetzt.

Die Röntgenübersichtsaufnahme des Thorax läßt größere Schwellungen der mediastinalen Lymphknoten erkennen (Abb. 32-2).

Sonographisch lassen sich Lymphknotenvergrößerungen gut erkennen (Abb. 32-3). In der Sonographie des Abdomens stellen sich vergrößerte Lymphknoten in der Leberpforte, im Milzhilus, im Gebiet des Truncus coeliacus sowie entlang der großen Gefäße (Aorta, V. cava, Aa. und Vv. iliacae) dar. Sowohl in der Primärdiagnostik als auch zur Verlaufskontrolle, insbesondere von malignen Lymphknotenschwellungen, stellt die Computertomographie jedoch die Methode der Wahl dar, weil sie das sensitivste und untersucherunabhängigste Verfahren ist (Abb. 32-4). Sind Lymphknoten noch nicht vergrößert, jedoch in ihrer Binnenstruktur durch Infiltration mit malignen Zellen bereits verändert, ist die bipedale Lymphangiographie sensitiver als das CT. Allerdings werden nicht alle Lymphknotenstationen hiermit erfaßt. So gelingt zum Beispiel mit der Lymphangiographie keine Darstellung der Lymphknoten entlang der Aa. iliacae externae.

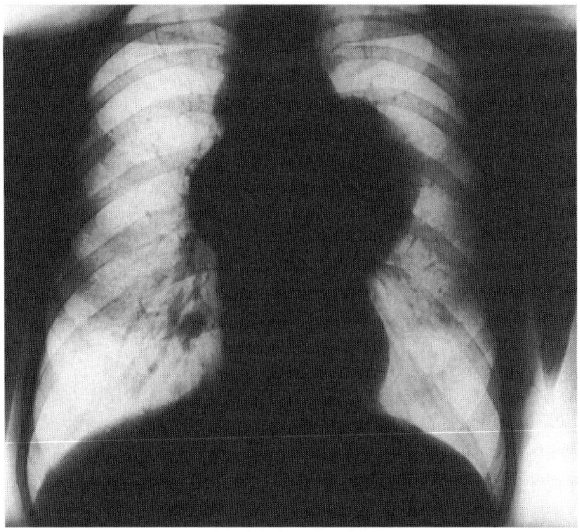

Abb. 32-2 Röntgen-Thorax: Hiluslymphome bei hochmalignem B-NHL mit mediastinalem Befall (Prof. Dr. K. Lackner, Institut und Poliklinik für Radiologische Diagnostik der Universität zu Köln).

32

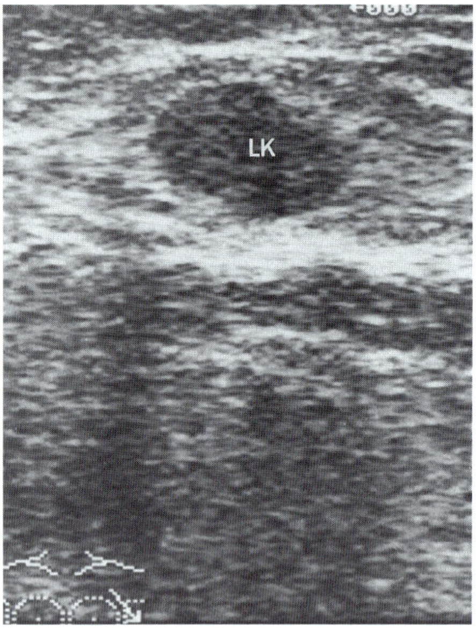

Abb. 32-3 Sonographie: axillär vergrößerter Lymphknoten.

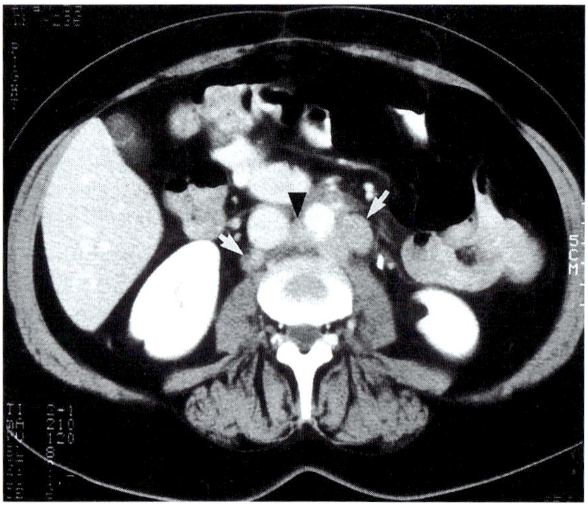

Abb. 32-4 CT- Abdomen: ausgeprägter abdomineller Lymphombefall (Prof. Dr. K. Lackner, Institut und Poliklinik für Radiologische Diagnostik der Universität zu Köln).

32.3.6 Lymphknotenzytologie und -histologie

Zur pathologischen Diagnostik können die **Ausstrichzytologie nach Lymphknotenpunktion** sowie die **Histologie nach Exstirpation** des Lymphknotens eingesetzt werden. Die Lymphknotenzytologie nach Feinnadelaspiration ist bei Verdacht auf eine maligne Erkrankung nicht ausreichend. Ein positiver Tumorzellnachweis, z.B. einer Metastase eines Karzinoms, ist zwar für den Tumorbefall des Lymphknotens beweisend, umgekehrt kann aber bei einem negativen Befund eine maligne Erkrankung aufgrund der geringen Sensitivität der Methode nicht ausgeschlossen werden. Eine absolute Kontraindikation gegen die Lymphknotenpunktion stellt der Verdacht auf Metastasen beim malignen Melanom dar (Gefahr der Aussaat maligner Zellen). Relativ zuverlässig können Speichererkrankungen mittels Feinnadelaspiration diagnostiziert werden. Zur Diagnostik maligner Lymphome ist auf jeden Fall eine Lymphknotenhistologie notwendig, da nur sie die für die Therapieentscheidung relevante Subklassifikation der Lymphome (Hodgkin-Lymphome versus Non-Hodgkin-Lymphome, niedrigmaligne versus hochmaligne Lymphome) zuverlässig ermöglicht. Chirurgisch entfernt werden sollte dabei immer der größte und verdächtigste Lymphknoten, um ein falschnegatives Ergebnis (z.B. bei Entfernung eines unspezifischen inguinalen Lymphknotens) zu vermeiden. Bei Verdacht auf eine virale Erkrankung ist keine Indikation zur Lymphknotenexstirpation gegeben, da hier gehäuft falsch-positiv Lymphome diagnostiziert werden.

32.4 Krankheitsbilder

32.4.1 Infektiöse Lymphknotenschwellungen

Jede lokale oder systemische Infektion, ob durch Viren, Bakterien, Pilze, Protozoen oder Würmer verursacht, kann eine Lymphknotenschwellung verursachen. In der Mehrzahl dieser Infektionen ist die Lymphadenopathie lediglich Begleitsymptom. In diesen Fällen wird die Diagnose aufgrund der typischen Symptome gestellt (z.B. Mumps, Röteln, Hepatitis; → Kap. 14 und 15). Im folgenden sollen Erkrankungen vorgestellt werden, bei denen die Lymphadenopathie vorherrschendes Symptom sein kann.

32.4.1.1 Virusinfekte

Infektiöse Mononukleose (Pfeiffer-Drüsenfieber)

Bei Erstinfektion mit dem Epstein-Barr-Virus (EBV) entwickelt ein Teil der Betroffenen (30–70%, bevorzugt Heranwachsende) eine infektiöse Mononukleose. Leitsymptome sind Fieber, Lymphknotenschwellungen (90% zervikal) und Pharyngitis (→ Kap. 19). Hinzukommen können eine ausgeprägte Splenomegalie und eine zumeist milde Hepatitis. Häufig findet eine Superinfektion der Tonsillen mit Streptokokken statt. Die Krankheit verläuft selbstlimitierend. Typische Klinik, peripherer Blutausstrich und Serologie sichern die Diagnose. Im Blutausstrich finden sich Lymphozytenreizformen (aktivierte T-Lymphozyten), serologisch finden sich IgM-Antikörper gegen das virale Kapsid-Antigen (VCA) von EBV sowie heterophile Antikörper mit agglutinierender Aktivität gegen Schafserythrozyten (Paul-Bunnell-Test). Zirka 6 Wochen nach der Erkrankung tauchen im Serum Antikörper gegen nukleäre EBV-Antigene (EBNA) auf.

In ca. 10% der Fälle von infektiöser Mononukleose liegt eine Erstinfektion mit dem Zytomegalievirus (CMV) vor. Fieber, Muskelschmerzen und Splenomegalie sind typisch, zervikale Lymphadenopathie und Pharyngitis kommen seltener vor als bei der EBV-Mononukleose. Im Blutausstrich finden sich ebenfalls Lymphozytenreizformen (→ Abb. 32-1), im Serum IgM-Antikörper gegen CMV, der Test auf heterophile Antikörper bleibt negativ.

HIV-Infektion

Lymphknotenschwellungen können in verschiedenen Stadien der Infektion mit humanen Immundefizienzviren (HIV-1, HIV-2) auftreten. Obwohl die Mehrzahl der HIV-Infizierten eine asymptomatische Serokonversion aufweist, kann, ähnlich wie bei einer Vielzahl viraler Infektionen, ca. 6–8 Wochen nach Erstinfektion mit HIV ein mononukleoseähnliches, selbstlimitierendes Krankheitsbild bestehend aus Fieber, Abgeschlagenheit, Kopf- und Muskelschmerzen sowie Lymphknotenschwellungen entstehen. Bei Verdacht auf eine HIV-Infektion sollten wiederholte serologische Testungen vorgenommen werden. Hierbei ist zu bedenken, daß Serokonversionen in Einzelfällen noch bis zu sechs Monate nach der Infektion beschrieben sind.

Ein Teil der HIV-positiven Personen entwickelt eine persistierende generalisierte Lymphadenopathie. Diese ist definiert als Lymphknotenschwellung von mindestens 1cm an zwei oder mehr extrainguinalen Stellen für mehr als drei Monate ohne zugrundeliegende spezifische Ursache außer der HIV-Infektion. Dieses Syndrom stellt keine Therapieindikation dar. Der fortschreitende Zusammenbruch des Immunsystems und die daraus resultierende Infektionsneigung bedeuten, daß bei HIV-positiven Patienten beim Vorliegen einer Lymphknotenschwellung das gesamte Spektrum der infektiösen Lymphknotenschwellungen bedacht werden muß. Weiterhin treten bei verminderter T-Helfer-Zellzahl gehäuft Non-Hodgkin-Lymphome auf. Auch hier ist bei Verdacht auf ein malignes Lymphom die Lymphknotenexstirpation zur histologischen Diagnostik obligat.

32.4.1.2 Bakterielle Infekte

Tuberkulose

Je nach Verlaufsform und Stadium der Erkrankung können verschiedene Lymphknotenstationen betroffen sein. Bei der primären Lungentuberkulose (→ Kap. 14.4.6) findet sich häufig ein Befall der hilären und mediastinalen Lymphknoten, bisweilen auch der zervikalen oder supraklavikulären. Kommt es zu einer hämatogenen Streuung im Rahmen einer Miliartuberkulose, so können alle Lymphknotenstationen betroffen sein. Eine Lymphknotenpunktion oder -exstirpation ist bei diesen Manifestationsformen der Tuberkulose in der Regel nicht notwendig, da Organmanifestation und mikrobiologische Untersuchungen diagnoseweisend sind. Die Skrofula stellt eine tuberkulöse Lymphadenitis der Halslymphknoten dar (→ Kap. 19). Bei Kindern wird sie häufig durch die atypischen Mykobakterien M. scrofulaceum oder M. avium intracellulare verursacht. Die Lymphknoten neigen im Verlauf der Erkrankung zur Nekrose und Fistelbildung. Die Skrofula stellt daher eine relative Kontraindikation gegen die diagnostische Feinnadelaspiration dar. Bei Verdacht auf eine tuberkulöse Lymphadenitis ist hier zur Diagnosesicherung die Lymphknotenexstirpation mit histologischer und mikrobiologischer Aufarbeitung (Kultur) indiziert.

Lues

Etwa 2–5 Wochen nach der Infektion mit Treponema pallidum kommt es an der Eintrittspforte zur Bildung eines Primärkomplexes (Schanker). Eine Woche danach kommt es üblicherweise zu einer regionalen Lymphadenopathie, die über Monate persistieren kann. Bei genitalem und analem Sitz des Schankers kommt es zur bilateralen inguinalen Lymphadenopathie. Die Lymphknoten sind fest, nicht eiternd und schmerzlos. Das Vorhandensein eines typischen Primärkomplexes sowie die luestypischen serologischen Untersuchungen (TPHA, VDRL, FTA-ABS) sind diagnosesichernd. Allerdings können die serologischen Untersuchungen zum Zeitpunkt der Präsentation des Patienten noch negativ sein! Häufig liegen außerdem untypische Primärläsionen vor. Eine Lues muß daher differentialdiagnostisch auch bei der Diagnose folgender genitaler Infektionen, die ebenfalls eine inguinale Lymphadenopathie verursachen können, bedacht werden: traumatische, bakteriell superinfizierte Läsionen, genitale Herpesvirusinfektionen (Lymphadenopathie nur bei Erstinfektion), Lymphogranuloma inguinale und Schankroid (weicher Schanker, Haemophilus ducreyi). Generalisierte, nicht-druckempfindliche Lymphadenopathien werden auch im Sekundär- und Tertiärstadium der Lues beobachtet.

Chlamydieninfektionen

Eine unspezifische Urethritis mit leichter inguinaler Lymphknotenschwellung als Begleitsymptom wird durch die Chlamydia-trachomatis-Serotypen D–K hervorgerufen. Sie ist differentialdiagnostisch vor allem gegen die Gonorrhö abzugrenzen. Die Serotypen L1–L3 verursachen das Lymphogranuloma venereum. Hierbei führt nach Ausbildung eines luesähnlichen Primärkomplexes die Invasion genitoanaler Lymphknoten zu einer ausgeprägten bi- oder unilateralen inguinalen Lymphadenopathie, die auch iliakale und abdominelle Lymphknoten erfassen kann. Die Haut über den Lymphknoten ist gespannt und blaurot verfärbt, bisweilen kommt es zur eitrigen Einschmelzung bzw. Vernarbung. Stets sollte auch das Rektum untersucht werden. Serologische Tests sind zur Diagnosesicherung von begrenztem Wert, der direkte Erregernachweis in Zellkulturen, der Antigennachweis mittels Immunfluoreszenz bzw. ELISA oder der Nachweis von Chlamydien-DNS mittels enzymatischer Amplifikation erregerspezifischer Nukleinsäuren (PCR) aus Ausfluß oder Eiter sollten zur Diagnosesicherung eingesetzt werden.

32.4.1.3 Aktinomykose

Bei der zervikofazialen Form der Aktinomykose finden sich rot oder livide verfärbte, stark indurierte Schwellungen im Bereich der submandibulären oder vorderen zervikalen Lymphknoten. Fistelbildungen sind häufig. Im Gegensatz zum thorakalen und abdominellen Befall sind Allgemeinsymptome selten (Fieber, Gewichtsverlust, Leukozytose). Zur Diagnosesicherung müssen die Erreger (Actinomyces israeli) im Eiter oder im histologischen Präparat nachgewiesen werden.

Tularämie

In ca. 80% der Fälle entwickelt sich eine ulzeroglanduläre Tularämie nach Eintritt des Erregers Francisella tularensis in die Haut, entweder durch direkten Kontakt mit infizierten Tieren (zumeist Kaninchen) oder über Insektenstich bzw. Zeckenbiß. An der Eintrittsstelle entwickelt sich ein Ulkus mit eitrigem Exsudat und schwarzem Grund. Es besteht eine ausgeprägte, druckschmerzhafte regionale Lymphadenopathie (axillar, epitrochlear, inguinal). Differentialdiagnostisch sind bei der Lymphadenopathie das Lymphogranuloma venereum und die Katzenkratzkrankheit in Betracht zu ziehen. Die Diagnose wird serologisch bestätigt (Nachweis agglutinierender Antikörper oder ELISA).

Katzenkratzkrankheit

Die Katzenkratzkrankheit betrifft vor allem Kinder. Innerhalb einiger Wochen nach einer Kratzwunde durch Katzen entwickelt sich eine druckempfindliche regionale Lymphadenopathie. Die Krankheit verläuft selbstlimitierend. Nur selten kommt es zu Einschmelzungen. Als Erreger konnte eine Rochalimaea-Spezies isoliert werden. Eine Lymphknotenexstirpation sollte nur in untypischen Fällen (z.B. anamnestisch kein Katzenkontakt) vorgenommen werden. Differentialdiagnostisch sind unspezifische lokale Infektionen der Haut, die infektiöse Mononukleose, Lymphogranuloma venereum, Toxoplasmose und Infektion mit Mykobakterien zu erwägen.

32.4.1.4 Parasiten

Toxoplasmose

In ca. 20% der Fälle kommt es 1-3 Wochen nach der Erstinfektion eines Immunkompetenten mit Toxoplasma gondii zu einer Lymphadenopathie, bisweilen begleitet von grippeähnlichen Allgemeinsymptomen. Typischerweise sind die zervikalen und retroaurikulären Lymphknoten vergrößert, aber nicht druckempfindlich. Eine generalisierte Lymphadenopathie mit Splenomegalie kann ebenfalls auftreten. Bei Immunkompetenten kann die Diagnose serologisch gestellt werden (Titer im Sabin-Feldman-Test oder in der indirekten Immunfluoreszenz größer 1:1024, vierfacher Titeranstieg und/oder Nachweis von IgM-Antikörpern). Wird in Ausnahmefällen (z.B. Verdacht auf malignes Lymphom) eine histologische Diagnostik durchgeführt, ist das histologische Bild der Lymphadenitis Piringer-Kuchinka (follikuläre Hyperplasie mit Anhäufungen epitheloider Histiozyten) diagnoseweisend. Beim Immunkompetenten ist die Toxoplasmose-Lymphadenitis selbstlimitierend und muß daher in den ersten sechs Wochen nicht behandelt werden. Bei Immunsupprimierten liegt gewöhnlich keine Lymphadenitis vor, das klinische Bild wird vielmehr vom jeweiligen Organbefall bestimmt.

32.4.1.5 Pilze

Ähnlich den banalen bakteriellen Infekten kann jede Pilzinfektion eine zumeist milde regionale Lymphknotenvergrößerung verursachen.

Histoplasmose

Eine Infektion mit Histoplasma capsulatum durch Inhalation verläuft zumeist asymptomatisch. Es kann jedoch auch zu Fieber, Husten und bihilären, kalzifizierenden Lymphknotenvergrößerungen kommen. Differentialdiagnostisch ist hier in erster Linie die Tuberkulose (→ Kap. 14.4.6) abzugrenzen. Im Rahmen der seltener beobachteten disseminierten Histoplasmose kann es zu einer generalisierten Lymphadenopathie, begleitet von Fieber, Splenomegalie und Ikterus kommen. Das klinische Bild ähnelt der Miliartuberkulose. Da serologische Tests nicht zuverlässig sind, muß der direkte Erregernachweis zur Diagnose angestrebt werden. Hierzu kann auch eine Lymphknotenexstirpation vorgenommen werden.

32.4.2 Nichtinfektiöse benigne Lymphknotenschwellungen

32.4.2.1 Sarkoidose (Morbus Boeck)

Lymphknotenvergrößerungen treten bei den meisten Patienten mit Sarkoidose auf. Diese können lokalisiert sein, typisch ist der Befall intrathorakaler Lymphknoten, hier vor allem die bihiläre Lymphadenopathie, oder generalisiert mit Beteiligung auch peripherer Lymphknoten. Diese sind derb, nicht verbacken, schmerzlos und ulzerieren im Gegensatz zur tuberkulösen Lymphadenitis nicht. Die Sarkoidose kann nahezu alle Organe betreffen. Die Diagnose basiert auf der Synopsis klinischer Befunde (respiratorische Symptome, Symptome von seiten der variablen Organbeteiligung, Erythema nodosum), radiologischer Untersuchungen (Lungenbefall, intrathorakale Lymphome), nuklearmedizinischer Untersuchungen (^{67}Gallium-Scan), Laboruntersuchungen (erhöhtes ACE im Serum, erhöhtes Kalzium im 24-h-Urin, erhöhte T4/T8-Ratio in der Bronchiallavage) und der für die Diagnose obligaten Histologie. Diese wird bronchoskopisch-bioptisch oder mittels Probebiopsie aus den hilären Lymphknoten (Mediastinoskopie), dem M. scalenus, der Haut oder – seltener – anderen befallenen Organen (z.B. Leber) gestellt und zeigt eine epitheloidzellige granulomatöse Entzündung ohne Verkäsung und Nekrose. Da diese Untersuchungen weder 100% spezifisch oder sensitiv sind, kann bei atypischer Befundkonstellation die Abgrenzung zur Tuberkulose, zu Pilzinfektionen, malignen Lymphomen, Kollagenosen (→ Kap. 43.4.10) oder einer HIV-Infektion (HIV-Test obligat bei Verdacht auf Sarkoidose) schwerfallen.

32.4.2.2 Autoimmunerkrankungen

Lymphknotenschwellungen können beim systemischen Lupus erythematodes, bei der Sklerodermie, der Polymyositis und dem Sharp-Syndrom (MCTD) vorkommen, stellen bei diesen Erkrankungen jedoch kein Leitsymptom dar. Eine generalisierte Lymphadenopathie findet sich dagegen häufig bei der juvenilen Arthritis (Still-Syndrom) in Kombination mit Fieber, Splenomegalie und Polyarthritis sowie bei der chronisch-rheumatoiden Arthritis des Erwachsenen (Felty-Syndrom) in Kombination mit Splenomegalie, Leukopenie, Anämie und Thrombopenie. Etwa 10% der Patienten mit Sjögren-Syndrom (→ Kap. 43) entwickeln neben der typischen klinischen Symptomatik (Keratoconjunctivitis sicca, Xerostomie) ein Pseudolymphom, gekennzeichnet durch Lymphadenopathie, Parotisschwellung (Abb. 32-5) und/oder pulmonale Knötchen. Zirka 10% dieser Patienten entwickeln im Verlauf der Erkrankung ein Non-Hodgkin-Lymphom.

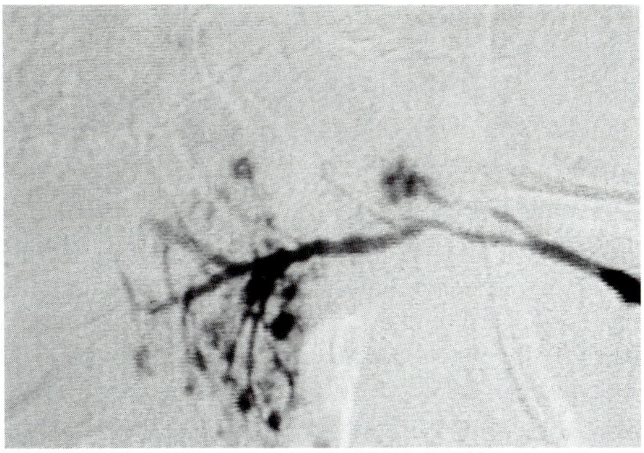

Abb. 32-5 Parotis bei Sjögren-Syndrom (Sialographie): Lumenschwankungen der Gänge und Lakunenbildung.

32.4.2.3 Hypersensitivitätsreaktionen

Da jede Stimulation des Immunsystems lokalisierte oder generalisierte Lymphadenopathien verursachen kann, werden diese auch bei der Serumkrankheit sowie nach immunologischen Reaktionen auf Medikamente beobachtet. Hier sind ausgeprägte Lymphknotenschwellungen hauptsächlich nach der Einnahme des Antiepileptikums Phenytoin beschrieben worden. Ebenso kann implantiertes Fremdgewebe (Gelenkprothesen, Mammaprothese) Grund einer Lymphadenopathie sein.

32.4.2.4 Eosinophiles Granulom (Langerhans-Zell-Granulom, früher: Histiocytosis X)

Dieser Krankheitskomplex zeigt histologisch eine Vermehrung von reifen Eosinophilen und Langerhans-Zellen. Beim benignen unifokalen eosinophilen Granulom liegt eine einzelne osteolytische Läsion vor. Möglich sind jedoch auch systemische Krankheitsbilder, die mit einer lokalisierten oder generalisierten Lymphadenopathie einhergehen können: Hand-Schüller-Christian-Syndrom (Exophthalmus, Diabetes insipidus [→ Kap. 12] und Knochendestruktionen), Letterer-Siwe-Syndrom (Hepatosplenomegalie, hämorrhagische Diathese [→ Kap. 9], Anämie [→ Kap. 8]) und multifokale Langerhanszell- (eosinophile) Granulomatose, bei der neben einer generalisierten Lymphadenopathie eine Hepatosplenomegalie und multiple Osteolysen beobachtet werden.

32.4.2.5 Angiofollikuläre Lymphknotenhyperplasie (Castleman-Erkrankung)

Hierbei handelt es sich um eine seltene lymphoproliferative Erkrankung, die sich lokalisiert und systemisch manifestieren kann. Die lokalisierte Form wird histologisch in einen hyalin-vaskulären und einen Plasmazelltyp unterschieden. Der hyalin-vaskuläre Typ präsentiert sich häufig als mediastinales Lymphom mit Mediastinalverbreiterung ohne sonstige Symptome. Die Lymphknotenexstirpation führt zur Heilung. Der Plasmazelltyp befällt häufig die abdominellen Lymphknoten und extralymphatische Organe und ist verbunden mit Fieber, Gewichtsverlust, Anämie und Hypergammaglobulinämie. Zur Diagnose ist die Lymphknotenexstirpation mit histologischer Aufarbeitung notwendig. Zu bedenken ist, daß die Diagnose Castleman-Erkrankung nicht das gleichzeitige Vorhandensein eines malignen Lymphoms, z.B. M. Hodgkin, ausschließt. Bei Patienten mit Castleman-Erkrankung sollte auch nach Symptomen des häufig gleichzeitig auftretenden POEMS-Syndroms (Polyneuropathie – Organomegalie – Endokrinopathie – monoklonale Gammopathie – Hautveränderungen) gesucht werden, insbesondere nach Zeichen der Endokrinopathie: Hypogonadismus (→ Kap. 24), Diabetes mellitus (→ Kap. 12), Hypothyreoidismus (→ Kap. 1), Nebenniereninsuffizienz (→ Kap. 18).

32.4.2.6 Kawasaki-Syndrom (mukokutanes Lymphknotensyndrom)

Leitsymptome dieser Vaskulitis, die vor allem bei Kindern auftritt, sind Fieber, Schwellung der zervikalen Lymphknoten und Haut- sowie Schleimhautveränderungen (Ödeme, Erytheme, Hautabschilferung an den Fingern). Eine Vaskulitis der Koronararterien führt ohne Behandlung in 20–30% der Fälle zu koronaren Aneurysmen.

32.4.3 Maligne Lymphknotenvergrößerungen

32.4.3.1 Hodgkin-Lymphom (Lymphogranulomatosis maligna)

Hodgkin-Lymphome repräsentieren ca. 50% aller malignen Lymphome und ca. 1% aller malignen Erkrankungen. Während bei den Non-Hodgkin-Lymphomen ein kontinuierlicher Anstieg der Inzidenz mit dem Alter besteht, zeigt der M. Hodgkin eine zweigipflige altersspezifische Inzidenzkurve in industrialisierten Ländern: einen ersten Gipfel im jungen Erwachsenenalter (15–35 Jahre) und einen zweiten im Alter (über 50). Der Beginn der Erkrankung verläuft bei den meisten Patienten langsam progredient. Leitsymptom ist eine derbe Lymphknotenschwellung. Bei ca. 70% der Patienten sind oberflächliche Lymphknotenstationen betroffen, in ca. 50% die Hals- oder Supraklavikularlymphknoten. Häufig sind auch mediastinale Lymphome, die sich als große Mediastinaltumoren präsentieren können. Da die Lymphome nicht schmerzhaft sind, erreichen sie bis zur Erstpräsentation des Patienten oft beträchtliche Größe. Auch ist das Wachstum der Lymphome sehr variabel, manche können über Monate unverändert bleiben, bisweilen kommt es zu spontanen Rückbildungen. In seltenen Fällen schmerzen die Lymphknoten nach Alkoholgenuß. Während bei der Mehrzahl der Patienten die **Lymphknotenschwellung** (Abb. 32-6) das **einzige Symptom zu Beginn** der Erkrankung ist, liegen bei

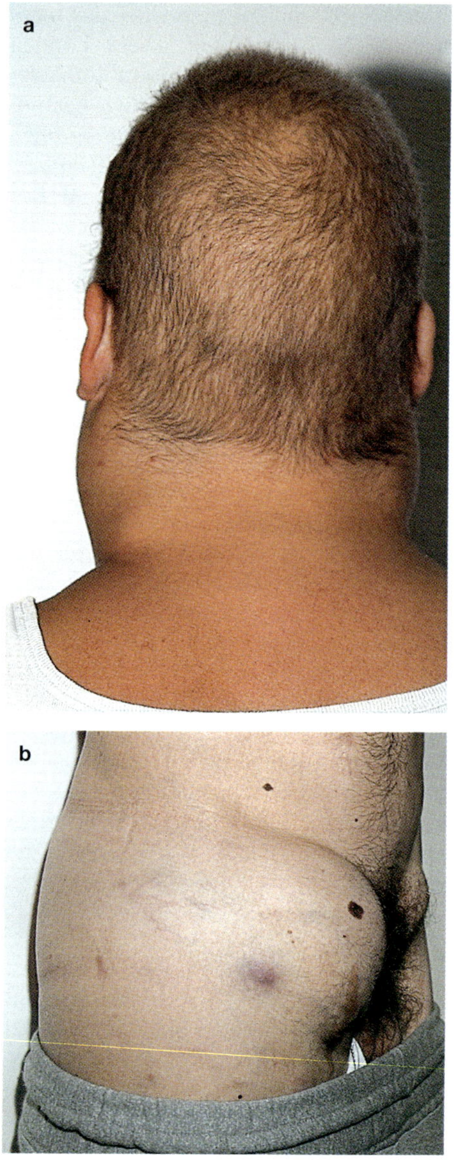

Abb. 32-6 Hodgkin-Lymphome: (a) zervikale Lymphome; (b) inguinale Lymphome.

ca. ⅓ Allgemeinsymptome vor. Diese können in der sogenannten **Begleitsymptomatik (B-Symptomatik) maligner Lymphome** bestehen: Fieber, Nachtschweiß und Gewichtsabnahme (mehr als 10% des Körpergewichts in den letzten sechs Monaten). Jedes dieser Symptome kann auch einzeln bestehen. Bei einem kleinen Teil der Patienten tritt der Pel-Ebstein-Fiebertyp auf, d.h. wellenförmige Fieberverläufe mit einer Periodik von 3–20 Tagen. Etwa 10% der Patienten klagen über Juckreiz (→ Kap. 28), bisweilen ist der ganze Körper von Kratzspuren übersät. Knochenschmerzen können auf einen Befall des Skeletts hinweisen. Seltener sind im Initialstadium lokale Verdrängungserscheinungen der Lymphome, z.B. eine obere Einflußstauung bei großem Mediastinaltumor. Die **Blutuntersuchung** kann, in Abhängigkeit von der Krankheitsaktivität, in unterschiedlicher Ausprägung folgende **nichtspezifische Befunde** ergeben: beschleunigte BSG, Leukozytose, Eosinophilie (vor allem bei Pruritus), Monozytose, Lymphopenie, leichte normochrome Anämie, erhöhte Werte für Serum-LDH, -AP, -kalzium, -globuline und Akute-Phase-Proteine. Die Differentialdiagnose der initialen Stadien des M. Hodgkin umfaßt eine Fülle maligner und nichtmaligner Erkrankungen, z.B. Non-Hodgkin-Lymphome, Karzinome des Kopf- und Halsbereiches, Sarkoidose, Toxoplasmose und infektiöse Mononukleose. Zur Diagnose ist die Lymphknotenexstirpation zwingend. Pathologisch werden klassischerweise vier Subtypen unterschieden: nodulär-sklerosierend, lymphozytenreich, lymphozytenarm und gemischt-zellulär. Allen gemeinsam ist das Charakteristikum des M. Hodgkin: In den vergrößerten Lymphknoten bilden die malignen Hodgkin- und Reed-Sternberg-Zellen nur eine Minderheit der proliferierenden Zellen (0,1–1%), während der Rest aus reaktiven nichtmalignen Zellen besteht (Lymphozyten, Histiozyten, Eosinophile, Fibroblasten).

Ist die **Diagnose** nach **Lymphknotenexstirpation** gesichert, folgen die Staging-Untersuchungen zur genauen Festlegung der Ausbreitung der Erkrankung. Hierzu wird die modifizierte Ann-Arbor-Klassifikation zugrunde gelegt (Tab. 32-3). Die **Stadieneinteilung** hat im Vergleich zu den Non-Hodgkin-Lymphomen einen höheren Stellenwert, da die Behandlung stadienabhängig ausgewählt wird: alleinige Strahlentherapie in limitierten, kombinierte Strahlen- und Chemotherapie in intermediären und alleinige Chemotherapie in fortgeschrittenen Stadien. Obligat bei den Staging-Untersuchungen sind Röntgen-Thorax, Computertomographie des Thorax und Abdomens, Sonographie des Abdomens, Skelettszintigramm, Knochenmarkbiopsie und Leberbiopsie. Bei unklarem abdominellem Befund nach Durchführung der bildgebenden Verfahren wird darüber hinaus eine bipedale Lymphangioadenographie durchgeführt. Die früher durchgeführte diagnostische Laparotomie wird heute nicht mehr empfohlen, da sie keine Vorteile für das Überleben der Patienten erbracht hat.

Tab. 32-3 Ann-Arbor-Klassifikation (modifiziert)

Stadium I	Nodaler Befall in einer einzigen Region (I, N) oder Vorliegen eines einzigen lokalisierten extranodalen Herdes (I, E)
Stadium II	Nodaler Befall (II, N) und/oder lokalisierte extranodale Herde (II, E) in zwei oder mehreren Regionen auf einer Seite des Zwerchfells
Stadium III	Nodaler Befall (III, N) und/oder lokalisierte extranodale Herde (III, E) auf beiden Seiten des Zwerchfells
Stadium IV	Disseminierter Befall eines oder mehrerer extralymphatischer Organe mit oder ohne Befall von Lymphknoten

32

32.4.3.2 Non-Hodgkin-Lymphome

Non-Hodgkin-Lymphome (NHL) repräsentieren eine extrem heterogene Gruppe von malignen Erkrankungen des lymphatischen Systems. Nach der Kiel-Klassifikation (Tab. 32-4) werden sie eingeteilt in niedrigmaligne und hochmaligne NHL. Beide Gruppen werden noch einmal unterteilt in T-Zell- und B-Zell-NHL (→ Tab. 32-4). Die Mannigfaltigkeit dieser Erkrankungsgruppe bedingt das vielfältige Spektrum der

Tab. 32-4 Kiel-Klassifikation der NHL

B-Zellreihe	**T-Zellreihe**
niedrige Malignität	
lymphozytisch	lymphozytisch
CLL Prolymphozytenleukämie Haarzellenleukämie	CLL Prolymphozytenleukämie
lymphozytisch/-zytoid (LP-Immunozytom) M. Waldenström	Mucosis fungoides Sezary-Syndrom lymphoepitheloid (Lennert-Lymphom) angioimmunoblastisch
plasmozytisch zentroblastisch- zentrozytisch	T-Zonen-Lymphom pleomorph-kleinzellig (HTLV-I+)
hohe Malignität	
zentroblastisch immunoblastisch großzellig anaplastisch (Ki-I+) Burkitt-Lymphom lymphoblastisch	pleomorph-großzellig (HTLV-I+/–) immunoblastisch (HTLV-I+/–) großzellig-anaplastisch (Ki-I+) lymphoblastisch

Symptome bei der Erstpräsentation des Patienten. Bei ca. $^2/_3$ der Patienten liegt bei Diagnosestellung jeweils nur die schmerzlose Schwellung eines Lymphknotens vor, in der Mehrzahl ohne begleitende B-Symptomatik. Die Differentialdiagnose umfaßt hier den M. Hodgkin, Karzinommetastasen, Sarkoidose, Toxoplasmose und infektiöse Mononukleose. Hochmaligne NHL können sich jedoch auch zuerst mit einem fulminanten Krankheitsbild präsentieren, das differentialdiagnostisch an eine schwere Infektion denken läßt: hohes Fieber, Nachtschweiß, Abgeschlagenheit, Anämie, ubiquitäre Lymphome und Aszites. Ein großer Mediastinaltumor, der seltener als beim M. Hodgkin beobachtet wird (vor allem bei T-NHL), kann Husten, retrosternales Druckgefühl, in seltenen Fällen auch ein V.-cava-superior-Syndrom (obere Einflußstauung) verursachen. Abdominelle und retroperitoneale Lymphknoten sind oft asymptomatisch vergrößert, können bei zunehmender Größe jedoch vielfältige Symptome verusachen: Ikterus (Lymphome im Leberhilus), Aszites (diffuser abdomineller Befall), Harnstau (Ureterkompression), nicht selten auch einen massiven, bereits von außen tastbaren Abdominaltumor. Bei einigen Subtypen überwiegt der primär extranodale Befall. Diese Patienten präsentieren sich mit ausgedehnten Hautinfiltrationen, Hodentumoren, Knochenschmerzen oder – bei Befall des Magen-Darm Trakts – mit blutigen Durchfällen, bisweilen auch mit einer Perforation oder einem Ileus. Patienten mit NHL-Befall des zentralen Nervensystems können sich bereits bei Diagnosestellung mit einem Querschnittssyndrom (intraspinaler Befall) oder der vielfältigen neurologischen Symptomatik von Gehirntumoren präsentieren. Primärer ZNS-Befall findet sich häufig bei AIDS-Patienten. Die Blutuntersuchung bei Patienten mit NHL kann folgende Auffälligkeiten zeigen: erhöhte BSG und LDH (Prognoseparameter), Anämie (unspezifisch oder Knochenmarkbefall), Thrombopenie (Autoantikörper oder Knochenmarkbefall) sowie in Abhängigkeit vom Befallsmuster organspezifische Veränderungen. Ein HIV-Test nach Diagnosesicherung ist obligat. Die Stadieneinteilung erfolgt nach dem Ann-Arbor-System (→ Tab. 32-3). Nach der für die histopathologische Diagnose unentbehrlichen Exzision eines befallenen Lymphknotens oder extranodalen Areals umfassen die Untersuchungen zur Stadieneinteilung, ähnlich wie beim M. Hodgkin, die konventionelle Röntgen-Thoraxaufnahme, die Sonographie des Abdomens, CT-Untersuchungen von Thorax, Abdomen und weiteren betroffenen Arealen, Beckenkammstanze und Skelettszintigraphie, bei Verdacht auf Befall des Gastrointestinaltrakts außerdem Gastroskopie und Koloskopie. Während beim M. Hodgkin die exakte Stadieneinteilung für die Therapie entscheidend ist, nicht jedoch die histologische Subgruppe, verhält es sich bei den NHL umgekehrt: Die histologische Klassifikation ist entscheidend für die Wahl der Chemotherapie. Die exakte Stadieneinteilung besitzt dagegen nicht das gleiche Gewicht wie beim M. Hodgkin, da in der Mehrzahl der NHL ein fortgeschrittenes Stadium vorliegt und damit eine Chemotherapie indiziert ist.

32.4.3.3 Andere Neoplasien des hämatopoetischen Systems

Lymphknotenvergrößerungen können vorkommen bei akuten myeloischen und lymphatischen Leukämien. Sie treten häufig bei der chronisch-myeloischen Leukämie auf, ausgesprochen selten beim Plasmozytom. Bei diesen Erkrankungen sind sie jedoch lediglich ein Begleitsymptom und nicht diagnostisch wegweisend.

32.4.3.4 Lymphknotenmetastasen

Metastatisch befallene Lymphknoten sind typischerweise derb, nicht druckempfindlich und häufig mit der Umgebung verbacken. Sie finden sich meist im Drainagegebiet des Primärtumors, können jedoch auch weitab davon auftreten. Bei Verdacht auf Lymphknotenmetastasen und Relevanz des Ergebnisses für die Therapieentscheidung muß eine Exstirpation mit histologischer Aufarbeitung erfolgen.

32.5 Praktisches Vorgehen bei Lymphknotenschwellungen

Bei der Mehrzahl der Patienten, die sich mit Lymphknotenschwellungen präsentieren, weisen Anamnese (→ 32.3.1), klinischer Untersuchungsbefund und Begleitsymptomatik (→ 32.3.2) sowie orientierende Laboruntersuchungen (→ 32.3.3) bereits den diagnostischen Weg. Besteht der Verdacht auf eine infektiöse Erkrankung und liegt kein banaler Infekt (z.B. des Hals-Nasen-Rachen-Raums) vor (→ Kap. 14 und 19), ist die Erregersuche indiziert. Hierzu werden in Abhängigkeit von der Verdachtsdiagnose serologische Tests, Erregerdirektnachweismethoden oder Kulturverfahren eingesetzt (→ 32.3.4). Bei Diagnosesicherung ist die Lymphknotenbiopsie nicht erforderlich. Kann die Diagnose nicht gesichert werden, muß bei persistierender Lymphadenopathie eine Lymphknotenexstirpation vorgenommen werden. Besteht auch nur der geringste Verdacht auf eine maligne Erkrankung, so ist die unverzügliche Lymphknotenexstirpation zur pathologischen Diagnostik zwingend (Abb. 32-7). Eine Lymphknotenbiopsie ist auch erforderlich zur Bestätigung der Diagnosen Sarkoidose und Castleman-Erkrankung. Ein einzelner vergrößerter Lymphknoten in einem Abflußgebiet häufiger unspezifischer Lymphadenopathie (inguinal, zervikal, axillär) kann bei fehlender Begleitsymptomatik beobachtet werden. Kommt es nach vier Wochen nicht zur Rückbildung

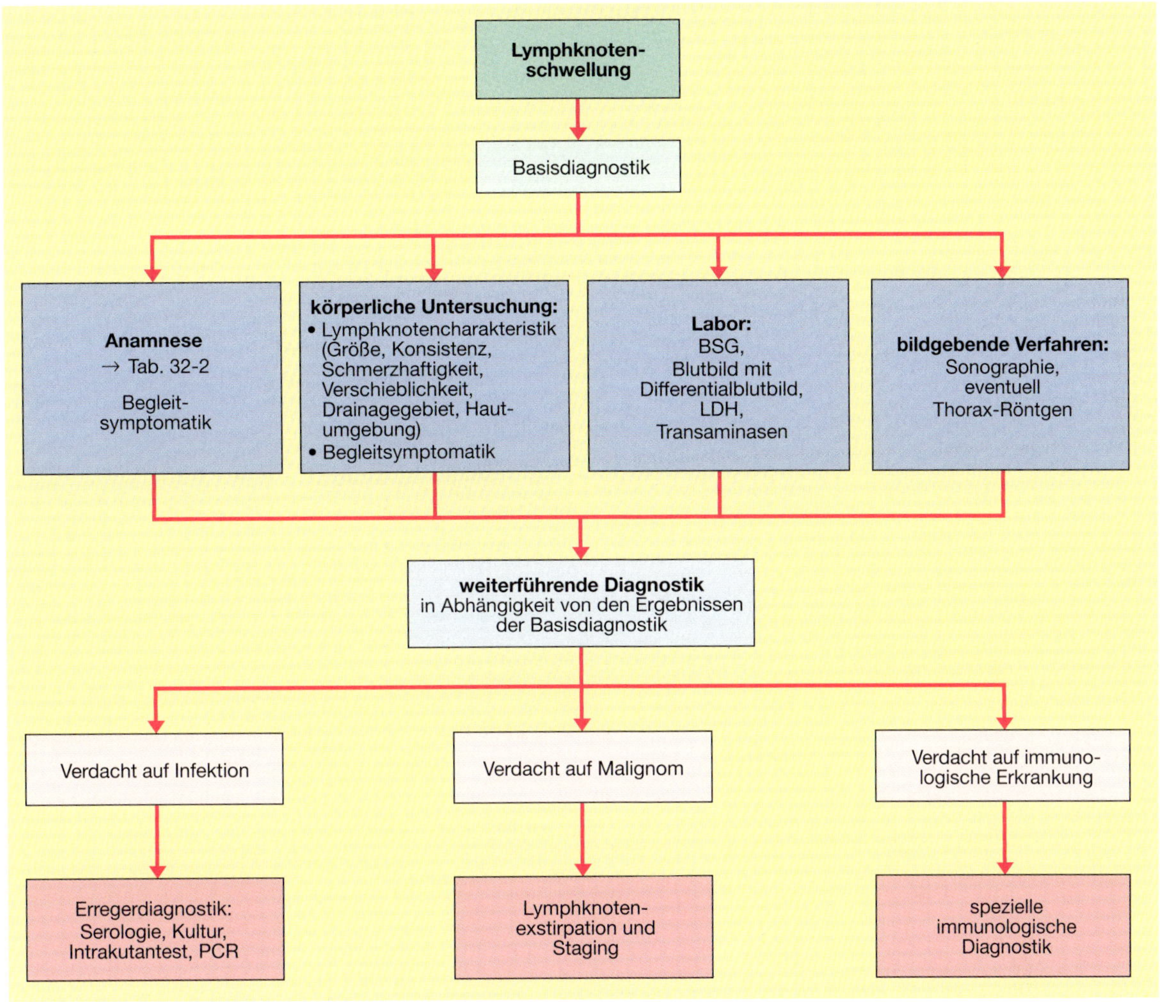

Abb. 32-7 Diagnostisches Vorgehen bei Lymphknotenschwellungen.

und konnte kein verursachender Infektionsherd identifiziert werden, sollte ebenfalls eine Lymphknotenexstirpation vorgenommen werden. Bei allen Patienten mit Lymphknotenschwellungen in mehr als einer Region sollte bereits die Basisdiagnostik eine sonographische Untersuchung auf abdominelle und retroperitoneale Lymphome sowie eine Röntgenuntersuchung des Thorax in zwei Ebenen auf mediastinale und hiläre Lymphome beinhalten. Der Untersucher sollte sich immer bewußt sein, daß auch eine negative Lymphknotenhistologie nicht in jedem Fall ein Malignom ausschließt. Insbesondere maligne Lymphome, und hier vor allem der M. Hodgkin, sind bisweilen schwer von reaktiven Lymphknotenvergrößerungen abzugrenzen. Ebenfalls kann eine benigne Lymphknotenveränderung, z.B. Castleman-Erkrankung, und gleichzeitig ein malignes Lymphom vorliegen. Bei trotz negativer Biopsie klinisch weiterbestehendem Verdacht auf ein Malignom ist daher eine erneute Biopsie anzustreben. Dies gilt auch für die pathologische Diagnose einer atypischen Lymphknotenhyperplasie. Da es hier gehäuft in der Folge zu malignen Lymphomen kommt, ist die Verlaufsbeobachtung mit eventueller Rebiopsie zwingend.

33 Müdigkeit

D. Pongratz und P. C. Scriba

Müdigkeit stellt ähnlich wie **Schwäche/Leistungsknick** (→ Kap. 51) und **Antriebslosigkeit** (→ Kap. 1) ein sehr unspezifisches, jedoch häufiges anamnestisches Symptom dar. Müdigkeit muß ferner von den **Schlafstörungen** (→ Kap. 38) und der **Muskelschwäche** (→ Kap. 35) abgegrenzt werden. Im Vordergrund der Einordnung derartiger **Allgemeinsymptome** steht deshalb eine differenzierte **Begriffsbestimmung** zur späteren klinischen Beurteilung.

33.1 Definition und Abgrenzung

Müdigkeit bezeichnet einen Zustand, der den Patienten zwingt, vorwiegend geistige Tätigkeiten (z.B. Lesen o.ä.) abzubrechen, bzw. ihn daran hindert, diese beispielsweise morgens erneut zu beginnen. Deshalb ist das Symptom der Müdigkeit im Rahmen dieses Kapitels weder als eine Folge vermehrten Schlafbedürfnisses (→ Kap. 38) noch als allgemeine Leistungsminderung (→ Kap. 51) oder als muskuläre Ermüdbarkeit (→ Kap. 35) zu betrachten.

33.2 Ursachen

Ätiologisch kommen sowohl **internistische** als auch **psychiatrische** und **neurologische Störungen** in Betracht.

Als **internistische Ursachen** sind vor allem **allgemeiner Trainingsmangel** und **arterielle Hypotonie** zu nennen. Ferner sind Krankheiten in Betracht zu ziehen, die unter Ruhebedingungen noch weitgehend kompensiert sind, jedoch bei Belastung erste Symptome hervorrufen können, beispielsweise:

- frühe Stadien der Herzinsuffizienz (→ Kap. 3)
- frühe Stadien der respiratorischen Insuffizienz (→ Kap. 3)
- chronische Anämien (→ Kap. 8)
- Eisenmangel
- Tumorerkrankungen (→ Kap. 51)
- Endokrinopathien (Hypothyreose [→ Kap. 1.4.4], NNR-Insuffizienz [→ Kap. 18.4.2.2 und 24])
- Laxanzienabusus (→ Kap. 11.4.6)
- Hypokaliämie (→ Kap. 34)

Im Fachgebiet der Psychiatrie ist vor allem an depressive Störungen und psychosomatische Erkrankungen zu denken (→ Kap. 1). Bei depressiven Störungen imponiert oft das sog. „Morgentief" im Rahmen einer zirkadianen Rhythmik mit abendlicher Besserung. Bei NNR-Insuffizienz nimmt die Müdigkeit tagsüber zu.

33.3 Diagnostik

Aufgrund der klinischen Ähnlichkeit mit den Symptomen Schwäche/Leistungsknick (→ Kap. 51) und Muskelschwäche (→ Kap. 35) ist die weiterführende Diagnostik den genannten Kapiteln zu entnehmen.

33.4 Krankheitsbilder

33.4.1 Arterielle Hypotonie

Von arterieller Hypotonie spricht man, wenn systolisch der Blutdruckwert von 100 mmHg bei Frauen/110 mmHg bei Männern sowie diastolisch der Wert von 60 mmHg bei Frauen/70 mmHg bei Männern unterschritten wird. Die arterielle Hypotonie besitzt nur dann einen Krankheitswert, wenn sie zu Beschwerden führt.

B ***Beschwerden und Befunde***

Typische **Beschwerden,** die von Patienten angegeben werden, sind:

- abnorme Ermüdbarkeit
- Leistungsschwäche
- diffuses Schwindelgefühl
- präkordiale Mißempfindungen
- Flimmern und Schwarzwerden vor den Augen

- Schweißausbrüche, feuchte, kalte Hände
- Kollapsneigung (Synkopen)
- Frieren/Schwitzen
- Minderdurchblutung von Organen und Extremitäten

Der **wegweisende Befund** der körperlichen Untersuchung ist eine Orthostasereaktion im Stehen mit Blutdruckabfall von 20 mmHg systolisch sowie 10 mmHg diastolisch und Provokation der klinischen Symptomatik.

DS *Diagnosesicherung*

Bei Verdacht auf einen klinischen Befund sind folgende Untersuchungen zur Abklärung des Symptoms von Bedeutung:

- Durchführung des Schellong-Tests
- Ableitung eines Belastungs-EKG
- Bestimmung von BSG, Kreatinin, Harnstoff, Blutzucker, Cortisol, Aldosteron, TSH, Blutbild und Elektrolyten

Ergibt sich der Verdacht auf eine Schädigung des autonomen Nervensystems, so sind folgende Untersuchungen durchzuführen:

- Valsalva-Manöver
- Eiswassertest: Die Hand des Patienten wird für drei Minuten in Eiswasser getaucht. Unter physiologischen Bedingungen steigen die Herzfrequenz, der Blutdruck sowie die Noradrenalinkonzentration im Blut an.
- Handgrifftest: Durch maximale isometrische Kontraktion der Handmuskulatur (z.B. durch das Drücken eines Gummiballs) für die Dauer von drei Minuten kommt es analog zum Eiswassertest zum Anstieg der Herzfrequenz, des Blutdrucks und der Noradrenalinkonzentration im Blut.
- Pilocarpin-Schweißtest
- Bestimmung von Katecholaminen im Serum und Urin

DD *Differentialdiagnose*

Selten dominiert die Hypotonie das klinische Bild der Erkrankung. Daher muß die Hypotonie in Verbindung mit weiteren Symptomen differentialdiagnostisch beurteilt werden.

▷ **Die Kombination von arterieller Hypotonie mit vegetativen Symptomen lenkt den Verdacht auf:**

- Dumping-Syndrom
- Phäochromozytom (→ Kap. 44)
- Karzinoid (→ Kap. 11.4.4)

▷ **Wird die klinische Symptomatik dominiert von metabolisch-endokrinologischen Symptomen und arterieller Hypotonie, so sollten folgende Krankheiten ausgeschlossen werden:**

- M. Addison (→ Kap. 18)
- Hypophysenvorderlappeninsuffizienz (→ Kap. 24 und 37)
- Hypoaldosteronismus (→ Kap. 18)

▷ **Eine Reihe neurologischer Krankheitsbilder wird ebenfalls von einer autonomen Neuropathie begleitet:**

- Morbus Parkinson (→ Kap. 6)
- Shy-Drager-Syndrom (→ Kap. 6)
- Riley-Day-Syndrom

Medikamentös bedingte Hypotonien (vor allem bei Therapie mit Sedativa, Neuroleptika, Antiparkinsonmitteln, Antihypertensiva) sind durch eine sorgfältig erhobene Medikamentenanamnese zu klären. Bei akuter Hypotonie kommen als weitere Ursachen Schock (→ Kap. 50), kardiale Erkrankungen sowie infektiös-toxische Ursachen in Betracht.

34 Muskelkrämpfe

D. Pongratz

Muskelkrämpfe kommen sowohl bei Erkrankungen des peripheren Nervensystems als auch der Muskulatur vor. Daneben sind internistische Ursachen (Dehydratation, Elektrolytverschiebungen) sowie Nebenwirkungen einer medikamentösen Therapie zu bedenken. Die sicher häufigste Form ist der „idiopathische“ Muskelkrampf, oft in Form des nächtlichen Wadenkrampfes.

34.1 Definition und Abgrenzung

Muskelkrämpfe (Crampi) sind unwillkürliche, meist schmerzhafte Kontraktionen einzelner Muskeln, die entweder spontan oder nach einer Willkürinnervation auftreten. Sie sind zu unterscheiden von gelegentlich auch als krampfhaft geschilderten Muskelschmerzen ohne sichtbare Kontraktion, die spontan oder belastungsabhängig bei einer Vielzahl von Erkrankungen auftreten können (→ Kap. 47).

34.2 Ursachen

Die wesentlichen Ursachen von Muskelcrampi sind in Tabelle 34-1 dargestellt. Ätiologisch ist zwischen neurologischen Erkrankungen des zentralen und peripheren Nervensystems, Muskelkrankheiten, internistischen Ursachen sowie Nebenwirkungen einer medikamentösen Therapie zu unterscheiden.

Tab. 34-1 Ursachen von Muskelcrampi

Neurogene Crampi	**peripheres Nervensystem** Polyneuropathien amyotrophe Lateralsklerose spinale Muskelatrophie Radikulopathien Neuromyotonie **zentrales Nervensystem** Stiff-man-Syndrom Tetanus, Strychninvergiftung tonische spinale und Hirnstamm-„Anfälle“ extrapyramidale Crampi Schreibkrampf **„idiopathische“ Muskelkrämpfe**
Muskelkrankheiten	**metabolische Myopathien** Muskelphosphorylasemangel (McArdle) Muskelphosphofruktokinasemangel (Tarui) Phosphorylase-B-Kinase-Mangel seltene weitere Glykolysedefekte Carnitinmangel Carnitin-Palmitoyltransferase-Mangel Xanthinoxidase-Mangel Myoadenylatdesaminase-Mangel **andere Muskelkrankheiten** progressive Muskeldystrophie vom Typ Becker hypothyreote Myopathie
Internistische Ursachen	Tetanie Dehydratation Elektrolytverschiebungen Kohlenmonoxidintoxikation evtl. Autoimmungenese (Stiff-man-Syndrom, Antikörper gegen Glutamatdecarboxylase)
Nebenwirkung medikamentöser Therapie	Veratrum-Alkaloide, Scopolamin, Metolazon, Terbutalin, Salbutamol, Succinylcholin, Neuroleptika, Methysergid, Chinidin, Isoniazid, orale Kontrazeptiva, Morphine, β-Blocker, Danazol, Diuretika, Laxanzien

34.3 Diagnostik

34.3.1 Anamnese

Die Anamnese ist bei allen Formen der Crampi meist schon richtungweisend (→ Tab. 34-1). Sowohl beim „idiopathischen“ Muskelkrampf als auch bei den medikamentös induzierten Crampi finden sich in der Regel keinerlei weitere Symptome. Auslösemechanismen, begünstigende Faktoren sowie die zeitliche Koinzidenz des Auftretens sind für die Diagnose von Bedeutung.

In der Mehrzahl der **neuromuskulären Erkrankungen** (z.B. Polyneuropathien, amyotrophe Lateralsklerose, progressive Muskeldystrophie Typ Becker) sind die Crampi nur ein Teilaspekt weiterer Symptome (Paresen, Atrophien, Sensibilitätsstörungen [→ Kap. 56], Faszikulationen u.a.).

Beim **Stiff-man-Syndrom**, dem **Tetanus** oder der **Strychninvergiftung** besteht jeweils eine erhebliche Ruhesteifigkeit der Muskulatur, die durch eine Daueraktivität motorischer Einheiten aufrechterhalten wird. Der Patient berichtet zusätzlich über plötzlich einschießende, schmerzhafte Spasmen, die oft durch Sinnesreize ausgelöst werden. Pathophysiologisch besonders bemerkenswert ist der Nachweis von Autoantikörpern gegen Glutamatdecarboxylase im Sinne eines autoimmunen paraneoplastischen Syndroms bei Mammakarzinom mit daraus resultierendem symptomatischem Stiff-man-Syndrom.

Schmerzhafte, weitgehend generalisierte Versteifungen der Muskulatur, die selten länger als eine Minute anhalten und niemals als isoliertes Phänomen auftreten, sind bei tonischen „Hirnstammanfällen" im Rahmen von **Myelopathien oder Hirnstammprozessen** zu beobachten. Bei **extrapyramidal-motorischen Erkrankungen** (Parkinson-Syndrom [→ Kap. 6], Torsionsdystonie) sind schmerzhafte Muskelkrämpfe von unterschiedlicher Dauer begleitend, stehen aber nicht im Vordergrund der Symptomatik. Der isolierte tonische Schreibkrampf ist, bei ansonsten völlig ungestörter Motorik, durch sein charakteristisches klinisches Bild nicht zu verkennen. Die Ätiologie ist bis heute nicht geklärt. Die Belastungsabhängigkeit eines schmerzhaften Muskelcrampus, der gewissermaßen von Kopf bis Fuß auftreten kann, ist ein diagnostischer Hinweis auf eine **metabolische Myopathie**. Mögliche weitere Zusatzsymptome (Rhabdomyolysen, permanente Muskelschwäche [→ Kap. 35]) können diagnostisch hilfreich sein.

Bei den verschiedenen Formen der **Myotonie** wird eher über eine Muskelsteifheit als über Schmerzen geklagt. Die Zunahme der Beschwerden bei Kälteeinwirkung bzw. die Besserung nach wiederholter Bewegung sind typisch. In aller Regel finden sich bei der körperlichen Untersuchung diagnostisch richtungweisende Befunde.

Paroxysmal auftretende akrodistale und periorale Verkrampfungen der Muskulatur (Karpopedalspasmen, „Karpfenmaul") in Verbindung mit weiteren Symptomen, wie Parästhesien, Luftnot, Opisthotonus und in seltenen Fällen Stridor, charakterisieren die **Tetanie** (→ Kap. 61) als spezielle Form der neuromuskulären Crampi.

34.3.2 Körperliche Untersuchung

Wie bereits schon mehrfach betont, ist es von entscheidender Bedeutung, ob neben Crampi noch weitere begleitende Symptome bestehen. Idiopathische Muskelcrampi sowie Krämpfe als Nebenwirkung medikamentöser Therapie treten gewöhnlich ohne begleitende Beschwerden auf. Bei den Erkrankungen des zentralen und peripheren Nervensystems ergeben sich in aller Regel pathologische Untersuchungsbefunde, die durch technische Untersuchungen (Elektrophysiologie, EMG, bildgebende Verfahren) weiter eingegrenzt werden müssen. Bei der **Tetanie** läßt sich die neuromuskuläre Übererregbarkeit auch im Intervall klinisch durch **folgende Untersuchungen** objektivieren:

- **Chvostek-Zeichen** (Muskelzuckung im Versorgungsgebiet des N. facialis bei Beklopfen des Fazialisstammes mit dem Perkussionshammer)
- **Trousseau-Phänomen** (Auslösen eines tetanischen Handkrampfes drei Minuten nach Kompression des Oberarmes mit der wenig über den systolischen Druck aufgepumpten Blutdruckmanschette)
- **Lust-Zeichen** (Heben des äußeren Fußrandes beim Beklopfen des N. fibularis superficialis am Fibulaköpfchen)
- **Hyperventilationsversuch** (Auslösung eines tetanischen Anfalls nach maximal 1 Minute Hyperventilation)

34.3.3 Technische Untersuchungen

Bei den **metabolischen Myopathien** kann der körperliche Untersuchungsbefund in Ruhe unter Umständen weitgehend normal sein. Mitunter führen erst **Provokationsmethoden** (Fahrradergometertest, Laktatischämietest, → Kap. 35) sowie **CK-Bestimmung, EMG** und **Muskelbiopsie** zur Diagnosefindung. Die Sekunden anhaltende **Erschlaffungsstörung** des Muskels bei **Myotonie** ist klinisch faßbar durch eine verzögerte Öffnung einer rasch geschlossenen Faust (**Aktionsmyotonie**) bzw. durch die anhaltende Dellenbildung beim Beklopfen des Muskels – am besten sichtbar an der Zunge – mit dem Perkussionshammer (**Perkussionsmyotonie**). Sie ist zu beweisen durch frequenz- und amplitudenmodulierte Serienentladungen im EMG (Abb. 34-1).

Bei der Tetanie lassen sich elektromyographisch (insbesondere während des Trousseau-Phänomens) in den tetanischen Muskeln triphasische Potentiale nachweisen.

34.4 Krankheitsbilder

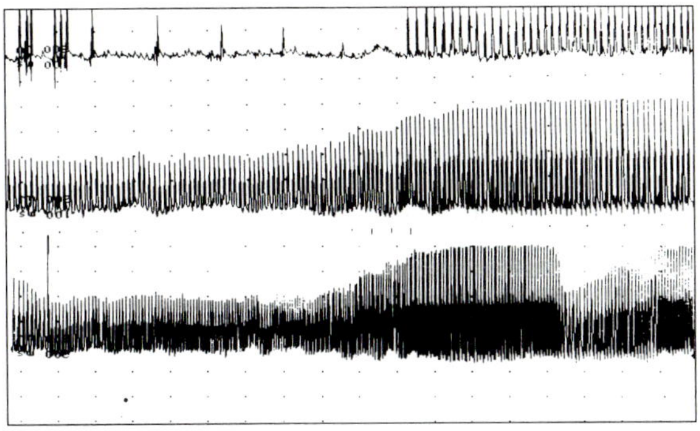

Abb. 34-1 EMG-Nachweis von frequenz- und amplitudenmodulierten Serienentladungen: Spontanaktivität in Form frequenz- und amplitudenmodulierter myotoner Salven: Dystrophia myotonica Curschmann-Steinert. (Aus: Pongratz, D. E.: Klinische Neurologie, Urban & Schwarzenberg, 1992)

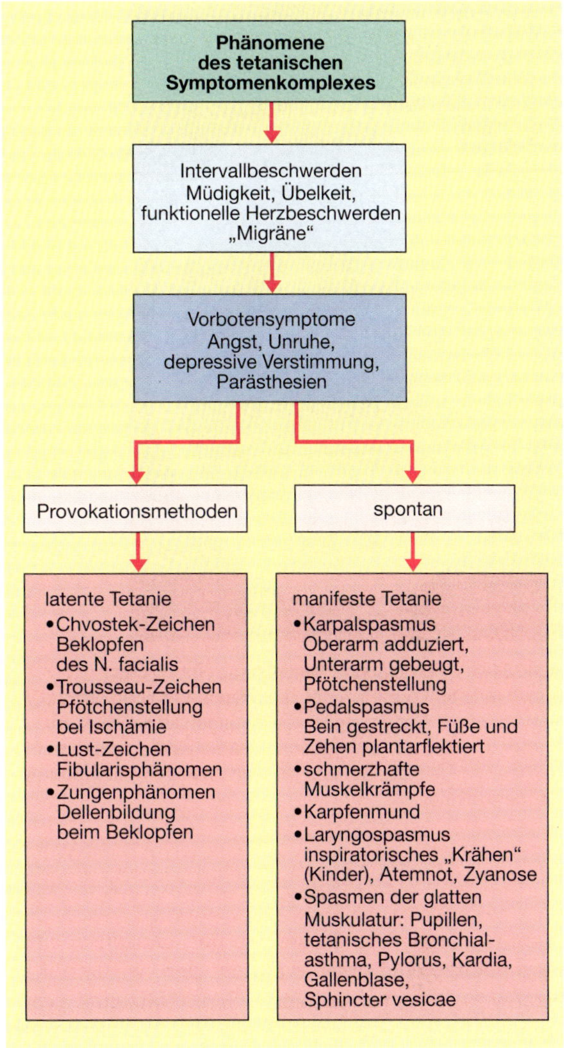

Abb. 34-2 Diagnostisches Vorgehen bei Verdacht auf Tetanie bzw. Hypokalzämie.

34.4.1 Tetanie und Hypoparathyreoidismus

O. E. Janssen und P. C. Scriba

Die **Tetanie** ist durch eine gesteigerte neuromuskuläre Erregbarkeit gekennzeichnet.

Der **Hypoparathyreoidismus** entsteht durch die unzureichende Ausschüttung von Parathormon aus den Nebenschilddrüsen. Die Symptomatik resultiert aus einer Hypokalzämie und deren Folgeerscheinungen. In den meisten Fällen handelt es sich um einen Zustand nach Schilddrüsen- oder Nebenschilddrüsenoperation, nach Radiojodtherapie oder nach perkutaner Bestrahlung der Halsregion. Der seltene idiopathische Hypoparathyreoidismus ist eine Autoimmunerkrankung, die auch im Rahmen einer Autoimmun-Polyendokrinopathie auftreten kann. Beim **Pseudohypoparathyreoidismus** besteht ein ähnliches Krankheitsbild, welches jedoch durch eine Resistenz gegen Parathormon verursacht wird.

B *Beschwerden und Befunde*

Die Phänomene des tetanischen Symptomenkomplexes werden in **Intervallbeschwerden** und **Vorbotensymptome** gegliedert. Bezüglich des Vollbildes der Erkrankung unterscheidet man die mit Provokationsmethoden auslösbare, latente Tetanie von der spontan auftretenden, manifesten Tetanie (Abb. 34-2). Das klinische Bild der normokalzämischen Tetanien unterscheidet sich kaum von der tetanischen Manifestation des akuten und chronischen Hypoparathyreoidismus.

Organmanifestationen des chronischen Hypoparathyreoidismus sind Katarakt, Basalganglienverkalkung (Abb. 34-3), Zahnschmelzdefekte, trockene spröde Haut, Haarausfall, Nagelbrüchigkeit, Candida-Mykose und diffuse Bauchbeschwerden (Schmerz, Durchfall, Obstipation). Beim Auftreten im Kindesalter kommt es zu Wachstumsstörungen (Minderwuchs) sowie Zahn- und Skelettanomalien.

DS *Diagnosesicherung*

Labor

Die **normokalzämische Form** der Tetanie ist wesentlich häufiger als die **hypokalzämische Form**. Die Hyperventilationstetanie, mit Abstand die häufigste normokalzämische Tetanie, ist durch eine typische Anamnese gekennzeichnet (reproduzierbarer Auslöser, psychische Belastung, Hyperventilation). Die Bestimmung des Serumkalziums dient dem Ausschluß einer

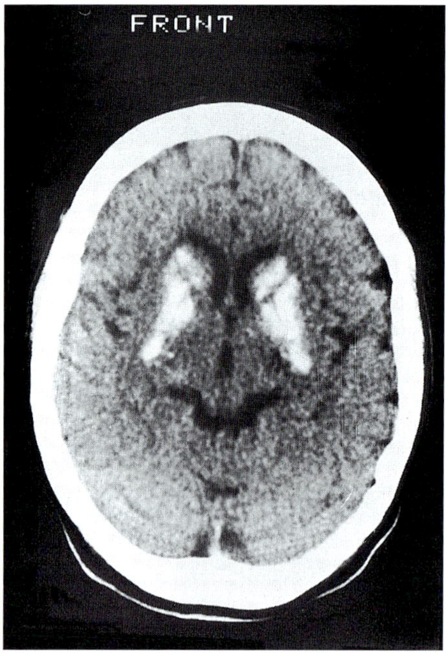

Abb. 34-3 Vierzigjährige Patientin mit chronischem unbehandeltem parathyreoprivem Hypoparathyreoidismus. Symmetrische Basalganglienverkalkungen stellen sich im konventionellen a.p.-Röntgenbild des Schädels als schmetterlingsförmige Figur dar und sind ein praktisch pathognomonischer Befund.

Hypokalzämie. Die Sicherung der Diagnose eines **Hypoparathyreoidismus** erfordert den wiederholten Nachweis eines erniedrigten Serumkalziums (cave Laborfehler, Korrektur mit Eiweiß, pH-Wert und Ionisationsgrad) sowie eines niedrigen intakten Parathormons. Nebenbefundlich findet sich ein erhöhtes Phosphat im Serum und eine niedrige Kalzium- und Phosphatausscheidung im Urin.

Weiterführende Diagnostik

Die **Röntgenuntersuchung** (konventionell, CT, Szintigraphie usw.) des Schädels, der Wirbelsäule und weiterer Skeletteile dient dem Nachweis von Hyperostosen, Osteosklerose, subkutanen Kalkablagerungen, Basalganglienverkalkungen (→ Abb. 34-3) und (selten) Arthrosen. Nebenbefundlich finden sich beim Hypo- und Pseudohypoparathyreoidismus aufgrund der Hypokalzämie QT-Zeit-Verlängerungen im **Elektrokardiogramm** und Spontanentladungen im **Elektromyogramm**. Zur Beurteilung der Katarakt sollte eine Vorstellung beim Ophthalmologen erfolgen.

DD *Differentialdiagnose*

Die Differentialdiagnose der **Tetanie** umfaßt die häufigeren normokalzämischen Formen, unter denen wiederum die Hyperventilationstetanie die häufigste ist, sowie die selteneren hypokalzämischen Formen (Tab. 34-2). Die Differentialdiagnose der häufig zuerst beim Laborscreening entdeckten **Hypokalzämie** umfaßt den Hypoparathyreoidismus, den Pseudohypoparathyreoidismus und die verschiedenen Formen des sekundären Hyperparathyreoidismus (→ Abb. 34-4). Die häufigste Ursache des **Hypoparathyreoidismus** ist iatrogener Natur (Parathyreoidektomie, Struma(teil)-resektion, Radiojodtherapie, Bestrahlung des Halses). Weniger häufig finden sich eine Immunparathyreoiditis, Blutungen, Tumoren oder Metastasen. Sehr selten findet sich ein Hypoparathyreoidismus auch bei einer Eisenüberladung (bei Hämochromatose oder nach exzessiver Transfusionstherapie), bei A- oder Dysgenesie der Nebenschilddrüsen, bei der Einnahme einiger Medikamente (Asparaginase, Ethiophos, Chemotherapie, Zytostatika) und gelegentlich bei Hypomagnesiämien sowie in transienter Form bei Neugeborenen.

Findet sich keine Ursache für einen Parathormonmangel („idiopathischer Hypoparathyreoidismus"), muß an eine Autoimmun-Polyendokrinopathie gedacht und gezielt nach Vitiligo, Alopezie und immunogener Schilddrüsenerkrankung (Anti-Peroxidase- und -Thyreoglobulin-Antikörper) gesucht werden. Bei entsprechendem klinischem Verdacht ist auch an Hypogonadismus, perniziöse Anämie (→ Kap. 8), chronisch-aktive Hepatitis (→ Kap. 15), Malabsorption, Steatorrhö (→ Kap. 11), insulinpflichtigen Diabetes mellitus (Anti-Insulinrezeptor-Antikörper, → Kap. 12) oder Nebennierenrindeninsuffizienz (Autoimmunadrenalitis durch Antikörper gegen Nebennierenrindengewebe, **polyglanduläres Autoimmunsyndrom Typ II**) zu denken. Das im Kindesalter auftretende, autosomal-rezessiv vererbte, polyglanduläre Autoimmunsyndrom Typ I ist gekennzeichnet durch einen idiopathischen Hypoparathyreoidismus, einen Morbus Addison und eine rezidivierende Candida-Mykose. Bei positiven Befunden sollte Blut zur Be-

Tab. 34-2 Ursachen normokalzämischer Tetanien

Störung	Ätiologie
Alkalose	respiratorisch metabolisch Hyperventilationstetanie Erbrechen (H^+-Ionenverlust) Hyperaldosteronismus
Hyperkaliämie	Addison-Krise Verbrennungen Niereninsuffizienz, unkontrollierte Infusionen
Hyperphosphatämie	Niereninsuffizienz
Hypomagnesiämie	z. B. Diuretikaabusus, Durchfälle, Alkoholismus

stimmung der entsprechenden Antikörper abgenommen werden.

Der **Pseudohypoparathyreoidismus** läßt sich nach dem zugrundeliegenden molekularen Defekt in Typ 1a (Defekt des stimulierenden G-Proteins der Adenylatzyklase), 1b (PTH-Rezeptordefekt), 1c (Defekt der katalytischen Untereinheit der Adenylatzyklase) und 2 (gestörte renale cAMP-Wirkung) einteilen. Die Stigmata des Pseudohypoparathyreoidismus (außer Typ 1b) sind ein proportionierter Kleinwuchs, Rundgesicht, Adipositas, Brachymetakarpie und -tarsie, subkutane Ossifikationen, Hyperostosen, Oligophrenie, Katarakt und Zahnanomalien. Beim Pseudohypoparathyreoidismus findet sich die gleiche Konstellation der Elektrolyte wie beim Hypoparathyreoidismus, das intakte Parathormon ist jedoch hochnormal oder erhöht. Eine Differenzierung der Subtypen kann durch Bestimmung der cAMP- und Phosphat-Ausscheidung im Urin vor und nach Stimulation mit exogenem Parathormon erfolgen, hat jedoch keine wesentliche diagnostische oder therapeutische Bedeutung.

34.4.2 Dehydratation

R. Brunkhorst und K. M. Koch

Der Wassermangel des Körpers wird als Dehydratation bezeichnet. Eine Dehydratation kann Folge eines alleinigen Wasserverlustes, eines primären Natriumverlustes (mit sekundärem Wasserverlust) und eines gleichzeitigen Natrium- und Wasserverlustes sein. In allen Fällen liegt eine Verschiebung des Gleichgewichts zwischen Wasser- (bzw. Natrium-)zufuhr und Wasser- (bzw. Natrium-) verlusten vor. Bezüglich des Natriumgehaltes des Blutes wird zwischen hyperosmolarer, hypoosmolarer und isoosmolarer Dehydratation unterschieden. Wasserverluste bis zu 3% des Körpergewichts bleiben klinisch häufig unbemerkt. Bei weiterer Zunahme des Wasserdefizits treten als frühe Symptome Muskelkrämpfe und Durst (→ Kap. 12) auf. Eine vitale Bedrohung besteht bei Wasserverlusten ab 5–10% des Körpergewichts. Die möglichen Ursachen einer Dehydratation sind im einzelnen in Tabelle 34-3 wiedergegeben.

B *Beschwerden und Befunde*

Besonders bedroht von einer Dehydratation sind ältere Patienten (mit mangelndem Durstempfinden) und bewußtseinsgestörte Patienten. Unter der Vielzahl der möglichen Ursachen einer Dehydratation gilt es bei einer ersten Anamneseerhebung die wichtigsten zu erfassen: Am häufigsten findet sich eine Dehydratation nach anhaltendem Erbrechen und/oder Diarrhöen sowie bei länger bestehendem Fieber (insbesondere im Rahmen einer Pneumonie mit gleichzeitigem Flüssigkeitsverlust durch Hyperventilation). Weitere Ursachen einer Dehydratation sind eine osmotische Diurese bei schlecht eingestelltem Diabetes mellitus und eine inadäquat hohe Diuretikadosierung.

Ein frühes Symptom sind Muskelkrämpfe, ein weiteres Leitsymptom der Dehydratation ist der Durst. Beim alten Menschen mit fehlendem Durstempfinden und beim bewußtseinsgestörten Patienten führen charakteristische Befunde zur Diagnose: trockene Haut und Schleimhäute sowie eine fehlende Speichel- und Schweißsekretion, eine Verminderung des Hautturgors mit stehenden Hautfalten und eine Verminderung des Bulbusdruckes mit tiefliegenden Augäpfeln. Der Harn ist konzentriert, d.h. intensiv gelb gefärbt, im weiteren Verlauf kann es zum prärenalen Nierenversagen mit Oligurie/Anurie kommen. Bei stärkerer Dehydratation finden sich als Ausdruck der Hypovolämie eine Tachykardie und ein erniedrigter Blutdruck mit Orthostaseneigung. Die Jugularvenen, die beim flachliegenden Patienten normalerweise gut gefüllt sein sollten, sind bei dehydrierten Patienten nicht oder nur gering gefüllt. Die zerebralen Funktionen werden durch die resultierende zerebrale Durchblutungsstörung (begünstigt durch die Hämokonzentration), aber auch durch den Wasserverlust der Hirnzellen – insbesondere bei hyperosmolarer Dehydratation – beeinträchtigt. Erste Symptome der zerebralen Beeinträchtigung sind Reizbarkeit und Konzentrationsstörungen. Mit zunehmender Dehydratation treten Hyperventilation, Lethargie, Bewußtseinsstörungen, Krampfneigung, zentrales Fieber, zentrale Lähmungen und schließlich ein Koma auf.

DS *Diagnosesicherung*

Die Diagnose einer Dehydratation kann durch die Messung eines erniedrigten zentralvenösen Druckes (< 4 cm H_2O) gesichert werden. Laborbefunde wie ein erhöhter Hämatokritwert und ein erhöhtes Serumgesamtprotein liefern Hinweise auf eine Hämokonzentration. Ein Anstieg der Harnstoff- und Kreatininwerte zeigt die zunehmende Einschränkung der Nierenfunktion, das sogenannte prärenale (hypovolämische) Nierenversagen, an.

Die sonographische Untersuchung des Abdomens ergibt eine kollabierte V. cava, die Echokardiographie eine verminderte Füllung der Vorhöfe und Ventrikel.

DD *Differentialdiagnose*

Bei sorgfältiger Anamnese und klinischer Untersuchung bereitet die Diagnose einer Dehydratation in der Regel keine Schwierigkeiten. Die zerebralen Symptome der Dehydratation können in einzelnen Fällen die Abgrenzung zentralnervöser Erkrankungen erforderlich machen. Mittels einer Liquorpunktion kann eine Meningoenzephalitis oder durch eine toxikologische Untersuchung eine Vergiftung ausge-

Tab. 34-3 Ursachen der verschiedenen Formen der Dehydratation

Hyperosmolare Dehydratation	Hypoosmolare Dehydratation	Isoosmolare Dehydratation
unzureichende Wasserzufuhr mangelnder Durst (z. B. bei alten Menschen, selten bei hypothalamischen Störungen) Unfähigkeit zur Flüssigkeitsaufnahme (z. B. Schwäche, Koma, Schluckstörungen, Stenosen im Ösophagus) ärztlich verordnete Flüssigkeitsrestriktion **Wasserverluste durch Störung des Konzentrierungsvermögens der Nieren** renaler oder zentraler Diabetes insipidus Erkrankungen der renalen Mark-/Papillenregion (z. B. Pyelonephritis, interstitielle Nephritiden, Zystenniere) chronische Niereninsuffizienz Elektrolytstörungen (Hypokaliämie, Hyperkalzämie) Sichelzellerkrankung tubulotoxische Medikamente (z. B. Lithium, Demethylchlortetracyclin, Sulfonylharnstoffe, Amphotericin B, Colchicin, Vinca-Alkaloide) Hemmung der ADH-Freisetzung durch Äthylalkohol osmotische Diurese (Diabetes mellitus), hoher Harnstoffanfall durch Proteinkatabolismus (bei Steroidgabe oder bei eiweißreicher Diät, Mannitolgabe) **extrarenale Wasserverluste** pulmonal (z. B. bei Fieber, Hyperventilation) über die Haut (z. B. bei großer Hitze, großflächige Verbrennungen) intestinal (z. B. Erbrechen, Diarrhö, transkutane Fisteln bei entzündlichen Darmerkrankungen)	**Natriumverluste durch Störung der tubulären Natriumreabsorption der Nieren** bei glomerulären Erkrankungen mit einer GFR < 20 ml/min durch Überlastung der verbliebenen Nephrone bei tubulären Erkrankungen bereits bei einer GFR < 80 ml/min durch Überlastung der verbliebenen Nephrone zusammen mit der tubulären Funktionsstörung bei renal tubulärer Azidose bei exzessivem Hypertonus („Drucknatriurese") vorübergehend nach Beseitigung einer chronischen Obstruktion der Harnwege in der polyurischen Phase des akuten Nierenversagens bei Nebennierenrindeninsuffizienz, Hypoaldosteronismus, Schwartz-Bartter-Syndrom bei Saluretikaüberdosierung **extrarenale Natriumverluste** Erbrechen oder Drainage von Duodenalsekret, Pankreas-, Gallenblasenfisteln starke Diarrhöen bei gleichzeitiger Sekretion von Natrium oder Hemmung der Absorption von Natrium bei entzündlichen Darmerkrankungen Aszitespunktion (große Volumina, z. B. Aszitesdrainage) Steatorrhö mit Natriumbindung an Fettsäuren; Mukorrhö mit hohem Natriumgehalt des Schleimes bei Papillomatose oder villösem Ödem	**Verlust isoosmolarer Flüssigkeit nach außerhalb des Körpers** Blutverluste, Plasmaverlust (Verbrennungen, große Wunden, exsudative Dermatose) Schwitzen bei gleichzeitiger Nebenniereninsuffizienz Aszites- oder Pleurapunktionen, bzw. -drainagen chronisches Erbrechen, chronische Diarrhö (auch hyperosmolare Dehydratation möglich) **Sequestrierung isoosmolarer Flüssigkeit innerhalb des Körpers** Ergüsse in Körperhöhlen, Blutungen, Ileus, Pankreatitis **renale Verluste** in der polyurischen Phase des akuten Nierenversagens, renal-tubuläre Azidose, Coma diabeticum, chronische Nebenniereninsuffizienz, Saluretikatherapie (auch andere Formen der Dehydratation möglich)

schlossen werden. Liegt bereits ein Nierenversagen vor, kann bei Dehydratation differentialdiagnostisch die Unterscheidung eines prärenalen Nierenversagens von einem Nierenversagen anderer Genese Probleme bereiten. In Tabelle 34-4 sind Kriterien, die durch Blut- und Urinanalysen eine Differenzierung ermöglichen, gegenübergestellt. Schwieriger kann sich die Differentialdiagnose der möglichen Ursachen einer Dehydratation gestalten (→ Kap. 12). Prinzipiell können renale Erkrankungen, Erkrankungen der Nebennieren und der Hypophyse sowie Natrium- und Wasserverlust über die Haut, die Lunge und den Intestinaltrakt zu einer Dehydratation führen

Tab. 34-4 Differentialdiagnose zwischen prärenalem und renalem Nierenversagen, U_{Na} = Urinnatriumkonzentration, U/P_{crea} = Quotient aus Urin- und Plasmakreatinin, FE_{Na} = fraktionelle Natriumausscheidung (der Anteil des glomerulär filtrierten Natriums, der im Endharn erscheint)

Kriterium	prärenal	renal	diagnostischer Wert
U_{Na}	< 40 mmol/l	> 40 mmol/l	+
U/P_{crea}	> 40	< 10	+++
FE_{Na}	< 1,0%	> 1,0%	++++

(→ Tab. 34-3). Insbesondere ist auf eine unzureichende Wasserzufuhr bei alten Menschen mit mangelndem Durstempfinden und bei bewußtseinsgestörten Patienten („iatrogene Dehydratation") zu achten. Bei erhöhtem Serumnatrium ist ein primärer Wassermangel am wahrscheinlichsten. In der Regel ist die hypoosmolare

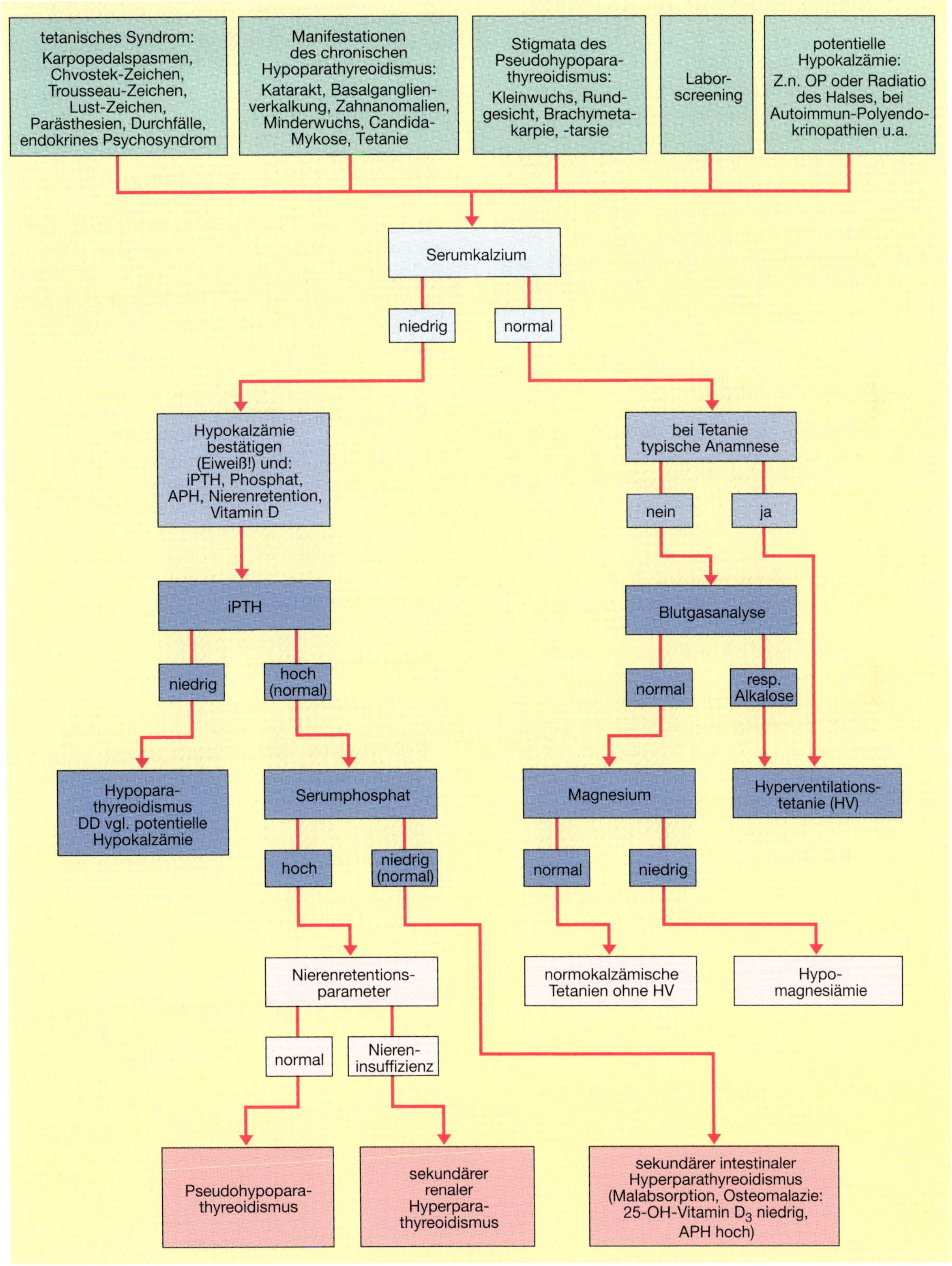

Abb. 34-4 Phänomene des tetanischen Symptomenkomplexes.

Dehydratation durch eine Hyponatriämie gekennzeichnet.

34.4.3 Idiopathischer Muskelkrampf (insbesondere nächtlicher Wadenkrampf)

Der „idiopathische" oder „banale" Muskelkrampf ist Ausdruck einer neurogenen Übererregbarkeit. Eine rein isometrische Anspannung des Muskels reicht nicht als Triggermechanismus aus. Reflektorisch wird er verstärkt durch willkürliche Innervation des homologen Muskels auf der Gegenseite. Pathophysiologisch liegt dem Phänomen eine neurogene Übererregbarkeit zugrunde. Elektromyographisch finden sich frequente Entladungsserien motorischer Einheiten, die allerdings nicht für die Diagnosestellung erforderlich sind.

B ***Beschwerden und Befunde***

Der schmerzhafte Muskelkrampf kommt immer im Rahmen einer Innervation mit Verkürzung des entsprechenden Muskels zustande. Er tritt am häufigsten in der Wadenmuskulatur bei nächtlichen Streckbewegungen auf. Er läßt sich unterdrücken durch aktive Anspannnung des Antagonisten (reziproke Hemmung) bzw. durch kräftiges Dehnen des verkrampften Muskels (autologe Hemmung der Golgi-Sehnenrezeptoren). Neben der am häufigsten betroffenen Wade können idiopathische Crampi u.a. auch in den Streckern und Beugern einzelner Zehen und Finger, im Oberarm, in der Rumpfmuskulatur sowie z.B. beim Gähnen im M. mylohyoideus auftreten. Es gibt eine Reihe begünstigender Faktoren (körperliche Anstrengung, Schlafentzug, Alkoholentzug oder Kaffeegenuß, starkes Schwitzen, Diuretika, Laxanzien, Dialyse).

DS ***Diagnosesicherung***

Für die Einordnung als Ausschlußdiagnose ist der unauffällige neurologische Befund entscheidend. Die in der Definition bereits aufgeführten begünstigenden Faktoren sind zu beachten.

DD ***Differentialdiagnose***

Die Differentialdiagnose schließt alle Ursachen von Muskelcrampi (→ Tab. 34-1) ein. Für die Diagnose ist neben dem Ausschluß dieser Erkrankungen der im Intervall völlig unauffällige körperliche Untersuchungsbefund entscheidend.

34.4.4 Hyperventilationstetanie

Diese häufigste Form der Tetanie wird durch die respiratorische Alkalose im Rahmen einer Hyperventilation hervorgerufen. Gelegentlich tritt sie bei Erregungszuständen oder Schmerzreaktionen auf. Gehäufte Anfälle müssen an eine psychogene Ätiologie denken lassen.

B ***Beschwerden und Befunde***

Die typischen Beschwerden und Befunde sind distal und perioral betonte Muskelkrämpfe (Karpopedalspasmen, Karpfenmaul), seltener Stridor oder Opisthotonus. Zusätzlich werden Parästhesien, Herzklopfen, Angstgefühl sowie Luftnot angegeben. Die Hyperventilation wird in der Regel vom Patient nicht bemerkt (→ 34.4.1).

DS ***Diagnosesicherung***

Klinisch-chemisch zeigt sich eine respiratorische Alkalose bei ansonsten unauffälligem Laborstatus (insbesondere Kalzium, Magnesium). Beweis ex juvantibus durch Rückbildung der Symptome bei Wiedereinatmung der Exspirationsluft (Plastikbeutel).

DD ***Differentialdiagnose***

Das differentialdiagnostische Vorgehen ist in der Abbildung 34-4 dargestellt.

35 Muskelschwäche

D. E. Pongratz und P. C. Scriba

35

Das Symptom Schwäche ist begrifflich unscharf. Es reicht vom Allgemeinsymptom der Abgeschlagenheit (→ Kap. 51) über die Müdigkeit (→ Kap. 33), den verminderten Antrieb (→ Kap. 1), eine depressive Verstimmung (→ Kap. 1) bis hin zur Muskelschwäche im eigentlichen Sinne. Nur letztere soll im vorliegenden Kapitel näher analysiert werden.

35.1 Definitionen und Abgrenzung

Bei jeder subjektiven Angabe einer Muskelschwäche, hinter der sich ein ganzer Katalog von Ursachen verbergen kann (Tab. 35-1), muß im Rahmen der körperlichen Untersuchung der Frage nachgegangen werden, ob sich diese **objektivieren** läßt.

Die zu Gebote stehenden Verfahren sind:

- die klinische Beurteilung von Komplexbewegungen des täglichen Lebens
- die Überprüfung der Kraft einzelner Muskeln, graduiert nach der Medical-Research-Council-Skala
- bei fluktuierender Muskelschwäche, falls anamnestisch eruierbar, entsprechende Provokationsmethoden.

Tab. 35-1 Ursachen einer subjektiv empfundenen Muskelschwäche

Neurologische Ursachen
zentrale Innervationsstörungen
Erkrankungen des zentralen Motoneurons
extrapyramidalmotorische Krankheitsbilder, insbesondere Parkinson-Syndrom (→ Kap. 6)
neuromuskuläre Erkrankungen
Internistische Ursachen
akute und chronische Infektionen (→ Kap. 14)
Anämien (→ Kap. 8)
Malignome
Malnutrition (→ Kap. 11)
Erkrankungen des rheumatischen Formenkreises
Zustand nach Operationen
fortgeschrittene Organerkrankungen (Lunge, Herz, Leber, Magen, Darm, Niere, endokrine Krankheitsbilder)
Elektrolyt- und Stoffwechselstörungen (→ Kap. 12)
Intoxikationen (→ Kap. 7)
Psychiatrische Ursachen
endogene Depression (→ Kap. 1)
depressive Neurose (→ Kap. 1)

35.2 Ursachen

Die wichtigsten Ursachen einer **fluktuierenden Muskelschwäche** sind in Tabelle 35-2 zusammen-

Tab. 35-2 Ursachen einer fluktuierenden Muskelschwäche

gesteigerte Ermüdbarkeit nach Belastung	episodisches Auftreten	akute Manifestation mit rascher Erholung bzw. relapsierendem Krankheitsverlauf
psychosomatischer Beschwerdekomplex	episodische dyskaliämische Lähmungen	akute toxische Myopathien
		Rhabdomyolysen
Chronic-Fatigue-Syndrom (→ Kap. 1.4.3)		besondere Verlaufsformen des Guillain-Barré-Syndroms
Myasthenia gravis pseudoparalytica	symptomatische Formen	

Tab. 35-3 Ursachen einer permanenten Muskelschwäche

		generalisiert	proximal betont	distal betont
internistisch	Myopathie bei Hypothyreose (→ Kap. 1)	+		
	Myopathie bei Hyperthyreose (→ Kap. 23)		+	
	Myopathie bei Cushing-Syndrom (→ Kap. 18)		+	
	Myopathie bei Osteomalazie (→ Kap. 45)	+		(+)
	Myopathie bei Morbus Addison (→ Kap. 18)	+		
	Anämien (→ Kap. 8)	+		
	Infekte (→ Kap. 14)	+		
	Tumorkachexie	+		
neuromuskulär	Polymyositis/Dermatomyositis (→ 35.4.4)	(+)	+	
	Muskeldystrophien (→ 35.4.5)		+	
	kongenitale Myopathien mit Strukturbesonderheiten	+		
	hereditäre metabolische Myopathien	+	+	
	Dystrophia myotonica (→ 35.4.6)			+
	periphere Neuropathien	(+)	(+)	+
	spinale Muskelatrophien	+	(+)	(+)
	myatrophe Lateralsklerose	+	(+)	(+)
	zentrale Paresen	+		(+)

gefaßt. Entsprechende Provokationsmethoden werden durch die Anamnese und die daraus resultierende Verdachtsdiagnose bestimmt. Das episodische Auftreten der Adynamie wird besonders bei einigen endokrinen Krankheitsbildern beobachtet: Syntropie von Hyperthyreose (→ Kap. 23) mit episodischen hyperkaliämischen Lähmungen, Morbus Addison (Präkrise, Krise [→ Kap. 18]), Morbus Conn (Hypokaliämie [→ Kap. 26]), organischer Hyperinsulinismus (Hypoglykämie [→ Kap. 23]).

Hier kann die Schwäche („Tetraplegie") auf eine bedrohliche Exazerbation (Krise) hinweisen. Die wichtigsten Ursachen einer **permanenten Muskelschwäche** beinhaltet Tabelle 35-3.

35.3 Diagnostik

35.3.1 Anamnese

Durch die Anamnese versucht der Arzt die Schwäche zu objektivieren. Er unterscheidet zwischen fluktuierender und permanenter Parese und prüft die Ermüdbarkeit bei Belastung, die Lokalisation sowie Sensibilitätsausfälle.

Die körperliche Untersuchung beginnt mit einem möglichst umfassenden allgemeinen Eindruck, welcher sowohl auf internistische als auch neurologische und, falls vorhanden, psychiatrische Auffälligkeiten gerichtet ist.

35.3.2 Körperliche Untersuchung

Inspektion

Im Inspektionsbefund ist zunächst auf die **Spontanmotorik,** z.B. beim Entkleiden, beim Sprechen, beim Gestikulieren, auf die Mimik, die Stimme (→ Kap. 22) und natürlich die Haltung sowie das Gangbild (→ Kap. 6) zu achten. Wichtige differentialdiagnostische Fährten sind z.B. die gebundene, verlangsamte Motorik und die typische Facies eines Depressiven oder charakteristische Stimm- und Sprachstörungen zusammen mit anderen klinischen Leitbefunden bei bestimmten Endokrinopathien. Ein kachektischer Habitus mit vorwiegender Schwäche und Atrophie der Oberschenkelmuskulatur kann für ein Bronchialkarzinom (→ Kap. 3) nahezu pathognomonisch sein.

Bei der **Haltung** achtet man auf:

- Hyperlordose
- Schwäche der Bauchmuskulatur
- Standunsicherheit, insbesondere beim Einbeinstand
- Trendelenburg-Zeichen
- herabhängende Schultern

Instabilitäten im Kniegelenk lassen an eine Quadrizepsschwäche denken.

Typische **Gangformen** neuromuskulärer Krankheiten sind:

- Watschelgang bei Myopathien bzw.
- Storchengang bei peripheren Neuropathien

Wichtig sind weiterhin:
- Spontanmotilität der Arme
- Haltung des Kopfes und die mimische Muskulatur

Die **Trophik** der Muskulatur und das Muskelrelief zeigen, ob es sich um eine insgesamt kräftige altersgemäße oder schmächtige Muskulatur handelt bzw. ob bestimmte **Muskelatrophien** vorliegen. Dabei müssen das Lebensalter, der Beruf, die sportlichen Aktivitäten u.ä. berücksichtigt werden.

Palpation

Die digitale Palpation von entspannten bzw. innervierten Muskeln hat den Zweck, ihre Konsistenz, ihre genaue Masse sowie insbesondere auch den Grad der innervationsbedingten Kontraktion festzustellen. Besonders wichtig ist sie dann, wenn subkutanes Fettgewebe mögliche Muskelatrophien kaschieren kann. Man erfaßt Fibrosierungen der Muskulatur sowie lokale Verhärtungen. Weiterhin hat die Methode für die nähere Zuordnung von Muskelschmerzen und die Erfassung von lokalisierten Gelenk- bzw. Sehnenaffektionen entscheidende Bedeutung.

Klinische Beurteilung der Bewegungsabläufe im täglichen Leben

Noch vor der Analyse der Kraft einzelner Muskeln werden eine Reihe von Komplexbewegungen getestet: Fersenstand, Zehenstand, monopedales Hüpfen, Aufrichten aus der Hocke, Treppensteigen, Besteigen eines Stuhles, Zwei- und Einbeinstand, Seiltänzergang. Kraft und Beweglichkeit der Rumpfmuskeln werden erfaßt. An den oberen Extremitäten werden die feine Fingerbeweglichkeit, die Diadochokinese, möglichst auch das Schriftbild, die spontane Motorik, z.B. beim Entkleiden, und die Elevation beurteilt.

Klinische Prüfung der Kraft verschiedener Muskeln bzw. Muskelgruppen

Die anschließend durchzuführende Graduierung und Dokumentation der Muskelkraft verschiedener Muskeln bzw. Muskelgruppen erfolgt in der üblichen klinischen Routineuntersuchung nach der MRC-(Medical Research Council-)Skala. Man muß sich klarmachen, daß dies auf der einen Seite eine zeitaufwendige, auf der anderen Seite eine insgesamt nur relativ ungenaue Untersuchungsmethode ist, welche zusätzlich von der Mitarbeit des Patienten abhängig ist. Ungenauigkeiten ergeben sich insbesondere bei nur leichten Einschränkungen der Muskelkraft (MRC Grad 4).

Die einzelnen Kraftgrade sind in Tabelle 35-4 zusammengefaßt.

Tab. 35-4 Dokumentation des Schweregrades der Paresen einzelner Muskeln

0 =	keine Kontraktion
1 =	Spur Kontraktion ohne Bewegungseffekt des betreffenden Gliedes bei Ausschluß der Schwerkraft
2 =	Bewegung bei Ausschluß der Schwerkraft
3 =	Bewegung gegen die Schwerkraft
4 =	schwache Kraft gegen Schwerkraft und Widerstand
5 =	normale Kraft

Die Technik der Erhebung eines Muskelstatus soll nur an einem exemplarischen Beispiel dargestellt werden (Abb. 35-1).

Aufwendigere apparative Kraftmessungen (z.B. tensiometrisch) haben sich in der klinischen Routine bisher nicht durchsetzen können. Für die Dokumentation von Therapieeffekten sind sie jedoch empfehlenswert.

35

Provokationsmethoden

Insbesondere beim Verdacht einer vermehrten Ermüdbarkeit sind zeitabhängige Belastungstests verschiedener Aktivitäten (z.B. Aufstehen vom Fußboden, rasches Gehen einer bestimmten Gehstrecke, Vorhalteversuche der Arme oder Beine ohne Hilfe)

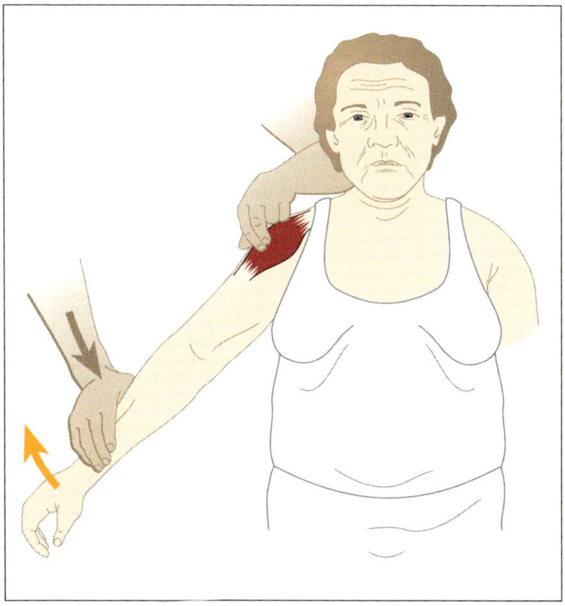

Abb. 35-1 Funktionsprüfung des M. deltoideus (N. axillaris C 5 bis C 6).
Oranger Pfeil: Aktiver Bewegungsversuch, den Arm im Schultergelenk zu abduzieren. Brauner Pfeil: Widerstand des Untersuchers (die linke Hand des Untersuchers palpiert den sich anspannenden Muskel).

erforderlich. Standardisierte Belastungstests haben sich insbesondere bei bestimmten metabolischen Myopathien bewährt und werden mit zusätzlichen Laboruntersuchungen verbunden (ischämischer Arbeitsversuch, standardisierter Fahrradbelastungstest).

Muskeleigenreflexe

Bei den Muskelkrankheiten sind die Reflexe meist abgeschwächt, jedoch solange kontraktiles Parenchym vorhanden ist und keine anderen pathologischen Befunde (z.B. Kontrakturen) bestehen, auslösbar. Bei den meisten zentralen Paresen (→ Kap. 30) sind sie gesteigert und zusätzlich mit pathologischen Reflexen vergesellschaftet, während Erkrankungen des peripheren Nervensystems frühzeitig zu einer Areflexie führen. Die Hyperthyreose (→ Kap. 23) ist durch eine besonders schnelle Kontraktion und Erschlaffung der Muskelfasern gekennzeichnet, was brüske Muskeleigenreflexe hervorruft. Bei der Hypothyreose (→ Kap. 1) ist der Reflexablauf sichtbar verlangsamt.

Weitere neurologisch-myologische Untersuchungsbefunde

Muskeltonus

In der Mehrzahl aller neuromuskulären Erkrankungen findet sich eine konstante Hypotonie der Muskulatur. Zentralmotorische Erkrankungen im Sinne einer zentralen Parese (→ Kap. 30) bzw. eines Parkinson-Syndroms (→ Kap. 6) sind durch hypertone Phänomene im Sinne von Spastizität bzw. Rigor ausgezeichnet. Daneben darf jedoch nicht vergessen werden, daß einige seltenere zentralnervöse Alterationen der Motorik (z.B. zentrale Hyperkinesen, z.B. zerebelläres Defizit) auch mit einem verminderten Muskeltonus einhergehen. Primär internistische und psychiatrische Krankheitsbilder gehen mit einem normalen Muskeltonus einher.

Faszikulationen

Faszikulationen sind zu definieren als Spontanentladungen einzelner motorischer Einheiten, im Rahmen derer es zu einer kurzen spontanen Kontraktion zahlreicher Muskelfasern kommt. Meist treten sie wiederholt und arrhythmisch auf. Sie sind an vielen Stellen des Körpers mit bloßem Auge zu sehen und können durch Provokationsmethoden (Beklopfen des Muskels, Kältereiz) verstärkt werden. Ihre Objektivierung gelingt insbesondere beim adipösen Patienten auch mit dem Stethoskop bzw. myosonographisch (M-Mode). Faszikulationen kommen nur bei Erkrankungen des Nervensystems und hier vorwiegend bei Vorderhorn- bzw. Vorderwurzelläsionen vor. Sie gehören differentialdiagnostisch niemals zum Bild einer Myopathie. Synchronisierte Faszikulationen können zu Faszikulationskrämpfen führen. Differentialdiagnostisch ist isoliertes sog. benignes Faszikulieren besonders der Wadenmuskeln ohne sonstige Hinweise auf eine Erkrankung des peripheren Nervensystems zu bedenken.

Myotone Reaktion

Eine relativ seltene, klinisch pathognomonische Besonderheit im Kontraktionsablauf des Muskels ist die auf einer Depolarisierung der Fasermembran beruhende sog. „myotone Reaktion". Sie ist durch eine **Relaxationsstörung nach abgelaufener willkürlicher Kontraktion** charakterisiert und durch zwei typische Phänomene objektivierbar:

- die „Aktionsmyotonie" (z.B. verzögerte Erschlaffung einer rasch geschlossenen Faust)
- die „Perkussionsmyotonie" (Bildung eines Muskelwulstes mit nur langsamer Erschlaffung nach Beklopfen mit dem Reflexhammer, besonders gut zu sehen z.B. am Thenar oder im Bereich der Zunge)

Derartige Phänomene werden nur bei der autosomal-dominanten Dystrophia myotonica bzw. den sehr seltenen kongenitalen myotonen Syndromen angetroffen.

Tetanie (→ Kap. 34)

Die Tetanie ist zu definieren als eine **neuromuskuläre Übererregbarkeit,** wie sie sich paroxysmal vor allem in der distalen Extremitätenmuskulatur sowie perioral bemerkbar macht (Pfötchenstellung der Finger, „Karpfenmaul"). Häufigster Auslöser ist die Hyperventilation. Im Intervall zwischen tetanischen Anfällen klagt der Patient oft über eine schwer objektivierbare Schwäche.

Myasthene Reaktion

Die myasthene Reaktion ist zu definieren als **abnorme, nicht schmerzhafte Ermüdbarkeit der Muskulatur** unter Belastung mit nachfolgend objektivierbaren, passageren oder verstärkten Ausfallserscheinungen. Bevorzugte Lokalisationen sind die okuläre (Ptose/ Doppelbilder) und bulbäre (Kau-, Schluck- und Sprachstörungen) Muskulatur. Daneben kann aber auch die Extremitätenmuskulatur (Arme meist mehr als Beine) betroffen sein.

Muskelkontrakturen

Muskelkontrakturen sind im Gegensatz zur myotonen Reaktion nicht durch eine Depolarisation der Muskelfasermembranen bedingt, was bedeutet, daß der kontrahierte Muskel bei der elektromyographischen Ableitung keine Aktivität erkennen läßt. Primäre Muskelkontrakturen finden sich im Verlauf einer ganzen Reihe sowohl hereditärer als auch erworbener neuromuskulärer Erkrankungen (z.B. Muskeldystrophien, z.B. kongenitale Myopathien mit Strukturbesonderheiten; z.B. Polymyositis, z.B. Myositis ossificans localisata). Neben den muskulären

Kontrakturen sind jedoch **differentialdiagnostisch** auch arthrogen bzw. im Rahmen spastischer Paresen auftretende sekundäre Kontrakturen (→ Kap. 30) zu beachten.

Muskelcrampi (→ Kap. 34)

Crampi sind zu definieren als meist schmerzhafte Kontraktionen einzelner Muskeln, welche entweder spontan oder innervationsabhängig auftreten. Gemäß ihrem Entstehungsort ist zwischen neurogenen und myogenen Crampi (→ Kap. 34) zu unterscheiden.

Störungen der Sensibilität bzw. Trophik (→ Kap. 56)

Störungen der Sensibilität bzw. Trophik finden sich unter den Affektionen des peripheren Nervensystems nur bei Prozessen, welche die hintere Wurzel, den Plexus bzw. den peripheren Nerv betreffen.

35.3.3 Weitere Untersuchungen des Bewegungsapparates

Es muß betont werden, daß eine Einordnung von Muskelschwäche bzw. Muskelatrophien ohne eine genaue zusätzliche Untersuchung des Bewegungsapparates nicht möglich ist. So kommt z.B. eine schmerzgehemmte Minderinnervation auch bei zahlreichen Gelenkerkrankungen (→ Kap. 43) vor. Auch die Einordnung von Atrophien z.B. im Bereich der Handbinnenmuskulatur, etwa im Rahmen einer chronischen Polyarthritis (→ Kap. 43), kann sehr schwierig sein (→ Inaktivitätsatrophie infolge von Schmerzen, Differentialdiagnose: Engpaß-Syndrome peripherer Nerven [→ Kap. 42], Differentialdiagnose: radikuläre Ausfallserscheinungen [→ Kap. 30], Differentialdiagnose: symptomatische oder eigenständige neuromuskuläre Erkrankung).

35.4 Krankheitsbilder

35.4.1 Myasthenia gravis pseudoparalytica

Erworbene autoimmunologische Erkrankung mit gegen den Acetylcholinrezeptor als Antigen gerichteten polyklonalen IgG-Antikörpern, welche zu einer Verminderung der postsynaptischen Acetylcholinrezeptoren und damit zu einer neuromuskulären Übertragungsstörung führen.

B ***Beschwerden und Befunde***

Im Vordergrund der **Beschwerden** steht eine abnorme **Ermüdbarkeit der Muskulatur** mit Klagen über zeitweise auftretende Sehstörungen, Doppelbilder, Schwierigkeiten beim Kauen, Schlucken bzw. Sprechen, Schwäche der Arme meist mehr als der Beine, in einem Teil der Fälle auch Atemnot.

Die **objektiven Befunde sind:**

- meist belastungsabhängige, seltener permanente ein- oder beidseitige Ptosis und Augenmotilitätsstörungen,
- meist belastungsabhängige Schwäche weiterer Kopf- und Gesichtsmuskeln (Kaumuskulatur, Gaumensegel, bulbäre Sprache, Facies myopathica, Kopfheber) bzw.
- proximale, armbetonte, meist fluktuierende, seltener permanente Muskelschwäche der Extremitäten, evtl. auch der Rumpf- und Atemhilfsmuskulatur.

35

DS ***Diagnosesicherung***

Neurophysiologische Diagnostik

Entscheidend ist im EMG die **repetitive Stimulation** eines motorischen Nervs mit Registrierung der hierdurch evozierten Muskelaktionspotentiale. Bei der Myasthenia gravis kommt es zu einer Abnahme des initial normal hohen Summenaktionspotentials um über 8%, dem sog. **Dekrement.** Der Test ist bei der unbehandelten generalisierten Myasthenie in ca. 90% positiv, bei der rein okulären Myasthenie jedoch nicht so sensitiv.

Tensilontest

Der intravenös applizierbare Cholinesterasehemmer Edrophoniumchlorid (Tensilon) führt kurzfristig, d.h. bereits nach etwa 1 Minute, zu einer Besserung einer myasthenen Schwäche. Die positive Wirkung läßt allerdings schnell wieder nach. Ein zu erwartendes positives Testergebnis kann klinisch beurteilt oder durch entsprechende Meßverfahren (insbesondere repetitiver Stimulationstest) objektiviert werden (Abb. 35-2).

Auf muskarinartige Nebenwirkungen (vgl. Therapieprinzipien; insbesondere Hypersalivation, vermehrtes Bronchialsekret, Bradykardie) muß geachtet werden.

Labor

Die Bestimmung der Acetylcholinrezeptorantikörper im Serum mit dem α-Bungarotoxin-Bindungsassay nach Lindström stellt eine hochsensitive, allerdings nur bei entsprechendem klinischen Verdacht indizierte Labormethode dar (Sensitivität bei der generalisierten Myasthenie nahezu 100%, bei der rein okulären Myasthenie nur 45%).

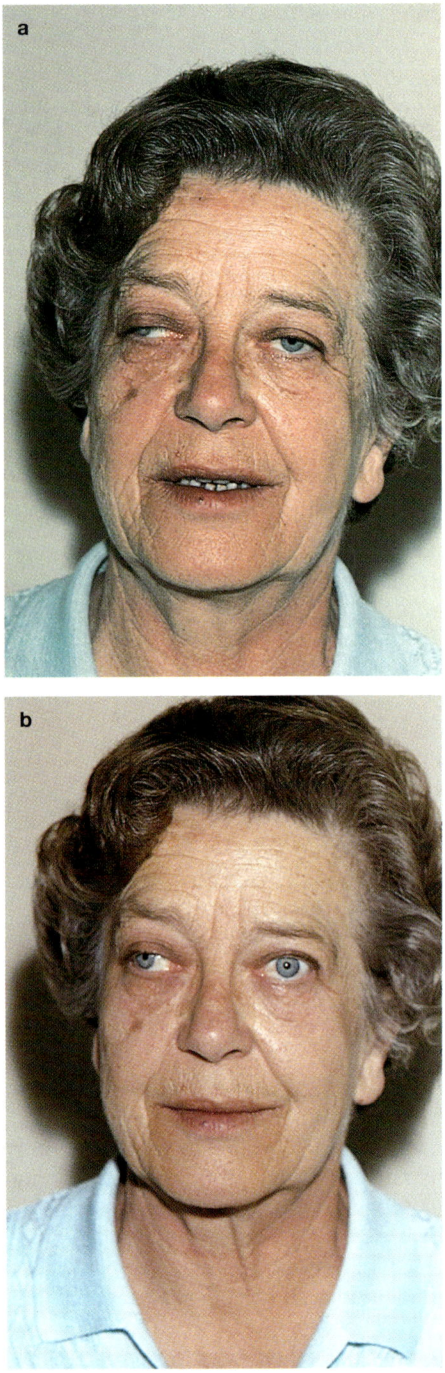

Abb. 35-2 Myasthenia gravis pseudoparalytica.
a) bds. Ptosis und Bulbusdeviation vor Gabe von Tensilon, b) prompte Besserung der Ptosis nach Gabe von Tensilon. Die Patientin hat gleichzeitig einen Morbus Basedow mit leichter endokriner Orbitopathie.

Bildgebende Diagnostik der Thymusdrüse

Der Nachweis eines Thymoms gelingt in der Regel schon mit konventioneller Röntgendiagnostik. Für die kleineren Thymome und insbesondere Thymushyperplasien haben sich Computertomographie und Kernspintomographie sehr bewährt. Bei etwa 20% der Fälle liegt ektopes bzw. polytopes Thymusgewebe vor.

DD ***Differentialdiagnose*** (→ Tab. 35-2)

Bei positivem Nachweis eines Dekrements im Rahmen der iterativen Nervenstimulation ist differentialdiagnostisch neben der Myasthenia gravis noch an die seltenen kongenitalen myasthenen Syndrome (Acetylcholinrezeptorantikörper negativ) sowie an medikamentös ausgelöste myasthene Syndrome (z.B. D-Penicillamin) zu denken. Eine gesteigerte Muskelermüdbarkeit mit Schwerpunkt im Bereich der Beinmuskulatur sollte auch an das meist paraneoplastisch bedingte Lambert-Eaton-Syndrom bei kleinzelligem Bronchialkarzinom denken lassen (→ Kap. 3).

35.4.2 Episodische dyskaliämische Lähmungen

Die hereditären primären episodischen dyskaliämischen Lähmungen sind seltene Krankheitsbilder, welche durch eine Depolarisation der Muskelfasermembran zu spontan remittierenden Schwächeattacken bis hin zu kompletten Paralysen führen. Diese Zustände werden durch exogene Faktoren begünstigt und sind durch Provokationsmethoden diagnostisch zu erfassen.

B ***Beschwerden und Befunde***

Im Vordergrund der Beschwerden stehen akut auftretende und spontan nach Stunden oder Tagen rückläufige Attacken von Muskelschwäche, bei der hypokaliämischen sowie der sehr seltenen normokaliämischen episodischen Lähmung vorwiegend ab dem 2. Lebensjahrzehnt, bei der hyperkaliämischen Form (Adynamia episodica hereditaria) meist schon im 1. Lebensjahrzehnt. Als Auslöser sind bei der Adynamia episodica hereditaria Kälte, Hunger sowie Ruhe nach körperlicher Belastung, bei den übrigen Formen kohlenhydratreiche Mahlzeiten sowie starke Muskelarbeit zu erfragen.

Der objektive Befund ist im beschwerdefreien Intervall in der Regel normal. Im Laufe der Jahre kann eine leichte, permanente Muskelschwäche auftreten. Im Stadium der Lähmung ist die erhebliche Verminderung bzw. das Fehlen der Muskeleigenreflexe charakteristisch.

DS ***Diagnosesicherung***

Labor

Im Stadium des spontanen Anfalls ist das Verhalten des Serumkaliums (die intraerythrozytäre Kaliumkonzentration verhält sich invers) richtungweisend. Im Intervall können **Provokationsmethoden** eingesetzt werden.

Cave: Herzrhythmusstörungen!

Elektromyographie

Während des spontanen oder provozierten Anfalls besteht eine elektrische Unerregbarkeit der Muskelfasern.

Elektrokardiogramm

Während eines spontanen oder provozierten Anfalls finden sich elektrokardiographisch bei der hyperkaliämischen episodischen Lähmung EKG-Veränderungen im Sinne einer Hyperkaliämie, bei einer hypokaliämischen Lähmung im Sinne einer Hypokaliämie.

DD *Differentialdiagnose*

Differentialdiagnostisch sind vor allem sekundäre Formen der hypokaliämischen bzw. hyperkaliämischen episodischen Lähmungen in Betracht zu ziehen, die im Verein mit Hyperthyreose, bei renalen oder gastrointestinalen Kaliumverlusten, z. B. primärem Hyperaldosteronismus (→ Kap. 60), Lakritzenverzehr, Diuretika- oder Laxanzienabusus sowie bei villösen Rektumadenomen angetroffen werden.

35.4.3 Akute Rhabdomyolyse

Die akute Rhabdomyolyse stellt eine akute Schädigung der Skelettmuskulatur dar, die ätiologisch und pathogenetisch verschiedenste Ursachen haben kann. Insbesondere bei rezidivierenden oder familiären akuten Rhabdomyolysen ist an die Möglichkeit einer zugrundeliegenden hereditären Myopathie zu denken. Bei einmaligen akuten Attacken ohne Hinweis auf eine vorbestehende Muskelkrankheit ist vorrangig nach auslösenden Faktoren zu fahnden.

B *Beschwerden und Befunde*

In Abhängigkeit vom Schweregrad der Rhabdomyolyse können die subjektiven Beschwerden sehr variabel sein. In leichten Fällen finden sich oft nur inadäquate muskelkaterähnliche Schmerzen. Bei ausgeprägteren Krankheitsbildern manifestiert sich zusätzlich eine leichte allgemeine Muskelschwäche.

Die objektiven klinischen Befunde in Form leichter Paresen sowie schmerzhaft geschwollener Muskeln sind meist eher geringfügig. Bereits mit bloßem Auge erkennbar kann als Ausdruck der Pigmenturie der Coca-Cola-farbene Urin sein.

DS *Diagnosesicherung*

Labor

Die Creatinkinase im Serum ist obligat erheblich erhöht. Zusätzlich läßt sich eine Myoglobinämie und Myoglobinurie nachweisen, wobei die Bestimmung von Myoglobin bei entsprechenden klinischen Zeichen sowie einer CK über 10 000 E/l regelmäßig positiv ausfällt, d.h. nicht obligat durchgeführt werden muß.

Elektromyographie

Bei Verdacht auf rezidivierende akute Rhabdomyolysen bzw. klinischen Hinweisen auf eine vorbestehende Muskelkrankheit (→ Kap. 36 und 47) ist die Elektromyographie (EMG) wichtig.

Muskelbiopsie

Die Muskelbiopsie ist zwingend indiziert beim Verdacht auf eine vorbestehende Myopathie (z.B. progressive Muskeldystrophie Typ Becker, z.B. Polymyositis) bzw. eine hereditäre metabolische Myopathie. In diesem Falle führt sie ggf. unter Heranziehung histochemischer und biochemischer Zusatzmethoden zur Diagnosesicherung.

DD *Differentialdiagnose*

Neben bereits erwähnten vorbestehenden Muskelkrankheiten sind in die Differentialdiagnose insbesondere erworbene akute Schädigungen der Muskulatur einzubeziehen. Diese reichen von massiven Belastungen (z. B. Marathonläufer → Status epilepticus [→ Kap. 29], agitiertes Alkoholdelir, Elektroschocktherapie) über traumatische Muskelnekrosen zu einer Reihe von toxischen und infektiösen Ursachen (Sepsis!). Unter den toxischen Ursachen sind Alkohol (hohe Dosen), Lipidsenker und Heroin besonders hervorzuheben.

In der Regel führt die akute Rhabdomyolyse zu keinen wesentlichen bleibenden Muskelschäden. Wichtig ist, sofern toxisch ausgelöst, das Weglassen der Noxe. Im Stadium der Myoglobinurie ist insbesondere auf eine große Diurese und Alkalisierung des Urins zu achten bzw. im Falle eines manifesten akuten Nierenversagens (→ Kap. 60) eine entsprechende Therapie mit Hämodialysen einzuleiten.

35.4.4 Polymyositis/Dermatomyositis

Die Polymyositis ist eine meist akut oder subakut, selten primär chronisch auftretende immunogene entzündliche Muskelkrankheit. Bevorzugt finden sich proximal betonte Paresen der Extremitäten unter Einschluß der Nacken- und Pharynxmuskulatur. Die Kombination mit Erythemen der Haut entspricht der Dermatomyositis. Überlappungssyndrome mit anderen Kollagenosen kommen vor. Jenseits des 40. Lebensjahres muß an die Möglichkeit eines parancoplastischen Syndroms gedacht werden (Häufigkeit bei Dermatomyositis bis zur Hälfte aller Fälle).

B Beschwerden und Befunde

Rasch zunehmende Muskelschwäche (Treppensteigen, Elevation der Arme). Muskelkaterähnliche Schmerzen in etwa 50% der Fälle. Proximal betonte Paresen, im Verlauf der Erkrankung sichtbare Atrophien.

Kopfheberschwäche bzw. Schluckstörungen. Charakteristische Hauterscheinungen der Dermatomyositis sind heliotropfarbene (lila) Erytheme mit Schwerpunkt im Bereich der Lider, der Wangen, des vorderen Halsdreiecks, ggf. auch der Streckseiten der Extremitäten („Lila-Krankheit").

DS Diagnosesicherung

Labor

Erhöhungen der Serumenzyme, insbesondere der CK, daneben aber auch der LDH, der Transaminasen und der Aldolase sind sehr empfindliche Indikatoren für den Muskelfaseruntergang.

Elektromyographie

Das Elektromyogramm zeigt multifokal ein sog. Myopathiemuster, im floriden Stadium begleitet von reichlicher pathologischer Spontanaktivität in Ruhe.

Muskelbiopsie

Muskelbioptisch kann in der Mehrzahl der Fälle das Bild einer Polymyositis mit teils perifaszikulär betontem (insbesondere bei der Dermatomyositis), teils diffusem Parenchymuntergang (insbesondere bei der idiopathischen Polymyositis) und lymphohistiozytären entzündlichen Infiltraten belegt werden.

Nachweis von Autoantikörpern im Serum

Nur in einem kleinen Teil der Fälle gelingt im Serum der Nachweis myositisassoziierter Autoantikörper (insbesondere Jo-1-Antikörper, Mi-2-Antikörper). Bei den „Overlap-Syndromen" sind positive serologische Befunde wesentlich häufiger.

Die Diagnose der Polymyositis bzw. Dermatomyositis gilt als gesichert, wenn vier der fünf diagnostischen Kriterien (typisches klinisches Bild, CK-Erhöhung, pathologisches EMG, Muskelbiopsie, serologische Befunde) erfüllt sind.

DD Differentialdiagnose

Hier geht es neben der Tumorsuche im wesentlichen darum, auf der einen Seite nicht vorschnell die Diagnose einer „sporadischen Manifestation" einer mutmaßlich hereditären und bisher kausal nicht behandelbaren degenerativen Myopathie (insbesondere Muskeldystrophie) zu stellen und auf der anderen Seite einige seltenere erworbene Myopathien (z.B. endokrin oder toxisch) nicht zu übersehen (→ Kap. 47).

35.4.5 Progressive Muskeldystrophien

Progressive Muskeldystrophien sind hereditäre Erkrankungen der Muskulatur, die zu einem Untergang von Muskelfasern führen. In der Mehrzahl der Fälle beginnen die klinischen Symptome entweder im Beckengürtel oder im Schultergürtelbereich. Der Verlauf ist bei den einzelnen Formen sehr unterschiedlich.

Die vier wichtigsten Krankheitsbilder sind mit ihrer Erstmanifestation sowie ihrer unterschiedlichen Genetik in Tabelle 35-5 zusammengefaßt. Seltenere Sonderformen (okuläre Myopathien, okulopharyngeale Muskeldystrophie, distale Myopathie, skapuloperoneale Muskeldystrophie mit Frühkontrakturen, kongenitale Muskeldystrophie) sind in diesem Beitrag nicht berücksichtigt.

B Beschwerden und Befunde

Die sich entwickelnde **Muskelschwäche** wird meist schleichend anhand von Schwierigkeiten bei Komplexleistungen des täglichen Lebens bemerkt: Im Beckengürtel-Oberschenkel-Bereich mit Schwierigkeiten beim Aufrichten aus der Hocke bzw. einem tiefen Stuhl, gefolgt von einer Einschränkung beim Treppensteigen oder Bergangehen, in fortgeschrittenen Stadien Gangunsicherheit in der Ebene mit Watschelgang und häufigem Hinfallen. Schultergürtel-Oberarmschwäche mit Elevationsbehinderung der Arme, z.B. beim Kämmen (Scapula alata).

Tab. 35-5 Klinische und genetische Unterteilung der vier wichtigsten Formen der progressiven Muskeldystrophie

Formen	Erstmanifestation	Genetik
progressive Muskeldystrophie Typ Duchenne	Beckengürtel	X-chromosomal-rezessiv (X p 21)
progressive Muskeldystrophie Typ Becker-Kiener	Beckengürtel	X-chromosomal-rezessiv (X p 21); gleiches Gen wie bei Typ Duchenne, aber andere Mutation, klinisch wesentlich längerer Verlauf
Gliedergürteldystrophie	Beckengürtel	autosomal-rezessiv (Chromosom 15)
fazioskapulohumerale (FSH-) Muskeldystrophie	Schultergürtel	autosomal-dominant (Chromosom 4)

Der objektive Befund deckt Paresen und Atrophien mit Schwerpunkt entweder in der Beckengürtel-Oberschenkelmuskulatur oder in der Schultergürtel-Oberarmmuskulatur auf. Zusätzlich finden sich bei den einzelnen Formen eher hypertrophe Muskeln, z. B. „Gnomenwaden" bei der progressiven Muskeldystrophie Typ Duchenne oder Typ Becker-Kiener.

DS *Diagnosesicherung*

Labor

Die erhöhte Creatinkinaseaktivität im Serum ist der richtungweisende Befund. Bei der X-chromosomal-rezessiven progressiven Muskeldystrophie vom Typ Duchenne bzw. Becker-Kiener finden sich in der Regel Konzentrationen von über 1000 U/l, welche beim Typ Duchenne erst unter diese Größenordnung abfallen, wenn das Rollstuhlstadium erreicht ist. Bei der Gliedergürteldystrophie findet sich meist eine konstante CK-Erhöhung mittlerer Ausprägung (Werte etwa um 500 U/l). Bei der fazioskapulohumeralen Muskeldystrophie ist meist nur eine leichte CK-Erhöhung nachweisbar. Hier gibt es bei milden Formen teilweise auch Normalwerte.

Elektromyographie

Elektromyographisch findet sich bei der Willkürinnervation ein sog. Myopathiemuster. Insbesondere bei der rasch progredienten Muskeldystrophie vom Typ Duchenne wird zusätzlich bei Ableitung in Ruhe eine pathologische Spontanaktivität registriert.

Muskelbiopsie

Die entscheidende Untersuchung für den Nachweis einer degenerativen Myopathie ist die Muskelbiopsie. Sie zeigt stadienabhängig neben interstitiellen Umbauvorgängen eine diffuse myopathische Parenchymalteration im Verein mit regressiven Faserveränderungen. Im Falle der X-chromosomal-rezessiven Muskeldystrophien vom Typ Duchenne bzw. Becker-Kiener ist zusätzlich die Dystrophindiagnostik mittels Immunhistologie bzw. Westernblot zur Diagnosesicherung heranzuziehen. Der Typ Duchenne ist durch das Fehlen von Dystrophin, der Typ Becker-Kiener durch ein vermindertes Dystrophin mit häufig abnormem Molekulargewicht ausgezeichnet.

Untersuchung der Familienangehörigen

Für die Festlegung des Erbgangs ist eine sorgfältige Familienanamnese unbedingt erforderlich. Auch eine klinische und ggf. neurophysiologische Diagnostik von Familienangehörigen ist häufig nötig, um z.B. beim rezessiven Erbgang Erkrankungen in der Geschwisterreihe bzw. beim dominanten Erbgang eine oft leichtere Manifestation des Krankheitsbildes bei den Eltern nicht zu übersehen. Beim X-chromosomalen Erbgang ist, sofern keine Spontanmutation vorliegt, die Mutter die Überträgerin. Hier ist heute zusätzlich eine molekulargenetische DNS-Diagnostik mit Hilfe intragenetischer Marker möglich, welche in etwa 60–70% der Fälle eine eindeutige Aussage durch Nachweis von Deletionen oder Duplikationen erlaubt.

DD *Differentialdiagnose*

Insbesondere bei den „sporadischen" Fällen ist die Differentialdiagnose zur Abgrenzung erworbener und nach heutiger Kenntnis therapeutisch besser angehbarer Muskelkrankheiten (vor allem Myositiden) wichtig.

35.4.6 Dystrophia myotonica

35

Die Dystrophia myotonica Curschmann-Steinert ist eine auf dem langen Arm des Chromosoms 19 lokalisierte **autosomal-dominante** hereditäre Erkrankung. In Abhängigkeit von der Größe des abnormen Genabschnittes kommen unterschiedlich schwere klinische Verlaufsformen mit Erstmanifestation meist im Erwachsenen-, seltener aber auch im Jugendalter und teils schon kongenital vor. Das häufig zu beobachtende Phänomen der Antizipation beschreibt das Schwererwerden der Erkrankung von Generation zu Generation innerhalb einer Familie.

B *Beschwerden und Befunde*

In Abhängigkeit vom Schweregrad der Erkrankung variiert das Spektrum der zu erhebenden Befunde erheblich, wobei mitigierte Erwachsenenformen oft lange Zeit unerkannt bleiben, während das Vollbild der Symptomatik vom Erfahrenen auf Anhieb erkannt wird.

Wesentliche Beschwerden sind:

- Muskelschwäche
- Muskelsteifheit

Wesentliche Befunde sind:

- **Faziozervikodistal betonte Muskelschwäche und -atrophie**

Der Mitbefall der Gesichtsmuskulatur bedingt eine zum Teil sehr charakteristische Facies mit schlaffen Gesichtszügen, Ptose sowie auffälliger Atrophie insbesondere des M. temporalis. Männer haben häufig frühzeitig eine Glatze, Frauen fallen durch eher struppiges Haar auf (Abb. 35-3).

Ein Mitbefall des Gaumensegels kann zur verwaschenen Sprache bis hin zur Rhinolalia aperta führen. Im zervikalen Bereich findet sich vor allem eine Schwäche und Atrophie des M. sternocleidomastoideus. An den Extremitäten stehen atrophe Paresen der Hand- und Fingerstrecker sowie der Fußheber im Vordergrund.

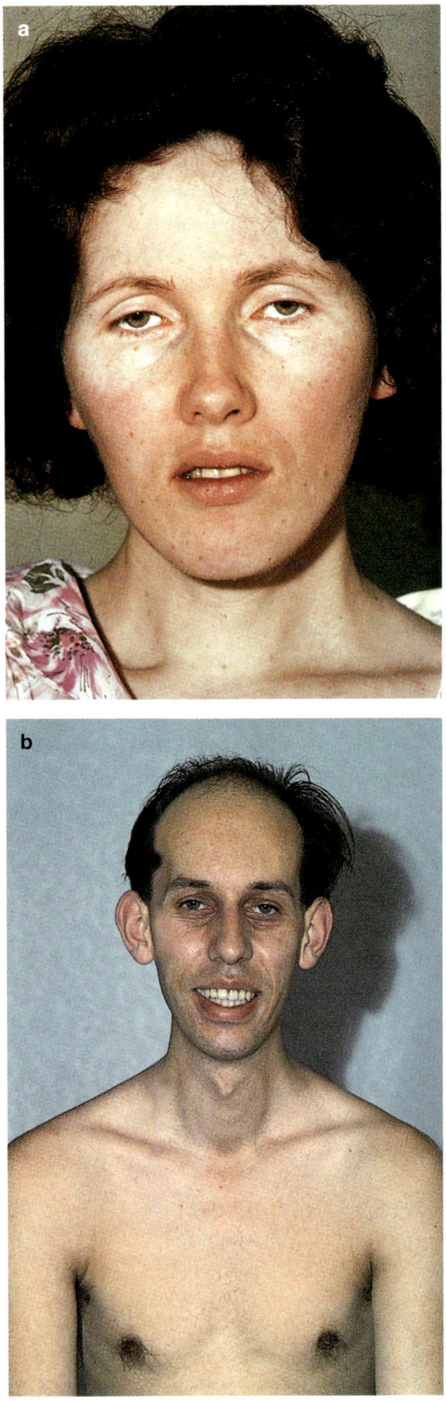

Abb. 35-3 Typische Facies bei adulter Dystrophia myotonica.
a) Facies myopathica mit Ptosis,
b) Stirnglatze, leichte Ptosis, Atrophie der Mm. sternocleidomastoidei.

Nachweis einer **myotonen Reaktion:**
- mit **Perkussionsmyotonie** (vor allem Thenarmuskulatur, Zunge)

oder
- **Aktionsmyotonie** (vor allem Faustschluß; zögernde Erschlaffung einer rasch geschlossenen Faust)

Mögliche **Zusatzbefunde** sind:
- Cataracta myotonica
- Mitbefall des Herzens (Herzrhythmusstörungen, Repolarisationsstörungen im EKG)
- Mitbeteiligung der glatten Muskulatur des Magen-Darm-Trakts
- gehäuft Gallensteine und Cholestase
- frühzeitige Hodenatrophie bzw. Ovarialinsuffizienz
- psychische Auffälligkeiten

DS *Diagnosesicherung*

Labor

Die Creatinkinase (CK) im Serum ist als Ausdruck eines meist nur leichten langsamen Muskelparenchymuntergangs in der Regel etwas erhöht.

Elektromyographie

Der Nachweis der myotonen Reaktion ist eine Domäne der Elektromyographie. Dabei registriert man eine besondere Form von Spontanaktivität in Ruhe.

Die begleitende Myopathie wird durch ein sog. Myopathiemuster bei Willkürinnervation nachgewiesen. Nur selten findet sich eine pathologische Spontanaktivität in Form von Fibrillationspotentialen bzw. positiven scharfen Wellen als Hinweis auf Muskelfaseruntergänge.

Untersuchung der Familienangehörigen

Bei dem dominanten Erbgang, bei welchem nur selten Spontanmutationen angetroffen werden, ist eine klinische und ggf. neurophysiologische Untersuchung der Familienangehörigen sehr bedeutsam. „Sporadische" Fälle müssen grundsätzlich Zweifel an der Diagnose hegen lassen.

DD *Differentialdiagnose*

Bei entsprechender Familienanamnese, typischem klinischen Befund sowie eindeutigem Resultat der technischen Diagnostik (insbesondere EMG) bietet das Krankheitsbild keine differentialdiagnostischen Probleme. Die Muskelschwäche und -atrophie mit der beschriebenen faziozervikodistalen Prädilektion wird praktisch von keiner anderen Erkrankung nachgeahmt.

Die Differentialdiagnose der oligosymptomatischen **Facies myopathica** umfaßt andere mit Beteiligung der Gesichtsmuskulatur einhergehende Formen von Muskelerkrankungen: progressive externe Ophthalmoplegie, okulopharyngeale Muskeldystrophie, kongenitale Myopathien mit Strukturbesonderheiten, fazioskapulohumerale Muskeldystrophie. In der Differentialdiagnose der **distal betonten Muskelatrophie der Extremitäten** sind vor allem Polyneuropathien (→ Kap. 56) sowie seltene distale Myopathien zu nennen.

Die **Myotonie** wird differentialdiagnostisch bei anderen myotonen Syndromen (autosomal-dominante Myotonia congenita Thomsen, autosomal-rezessive Myotonie Typ Becker, Paramyotonia congenita Eulenburg) angetroffen.

35.5 Zusammenfassung

Viele neurologische, psychiatrische und internistische Erkrankungen (Tab. 35-1) gehen mit subjektiver Muskelschwäche einher. Für die Diagnose ist die Unterscheidung zwischen fluktuierender, belastungsabhängiger und permanenter Muskelschwäche wichtig (Tab. 35-2 und 35-3).

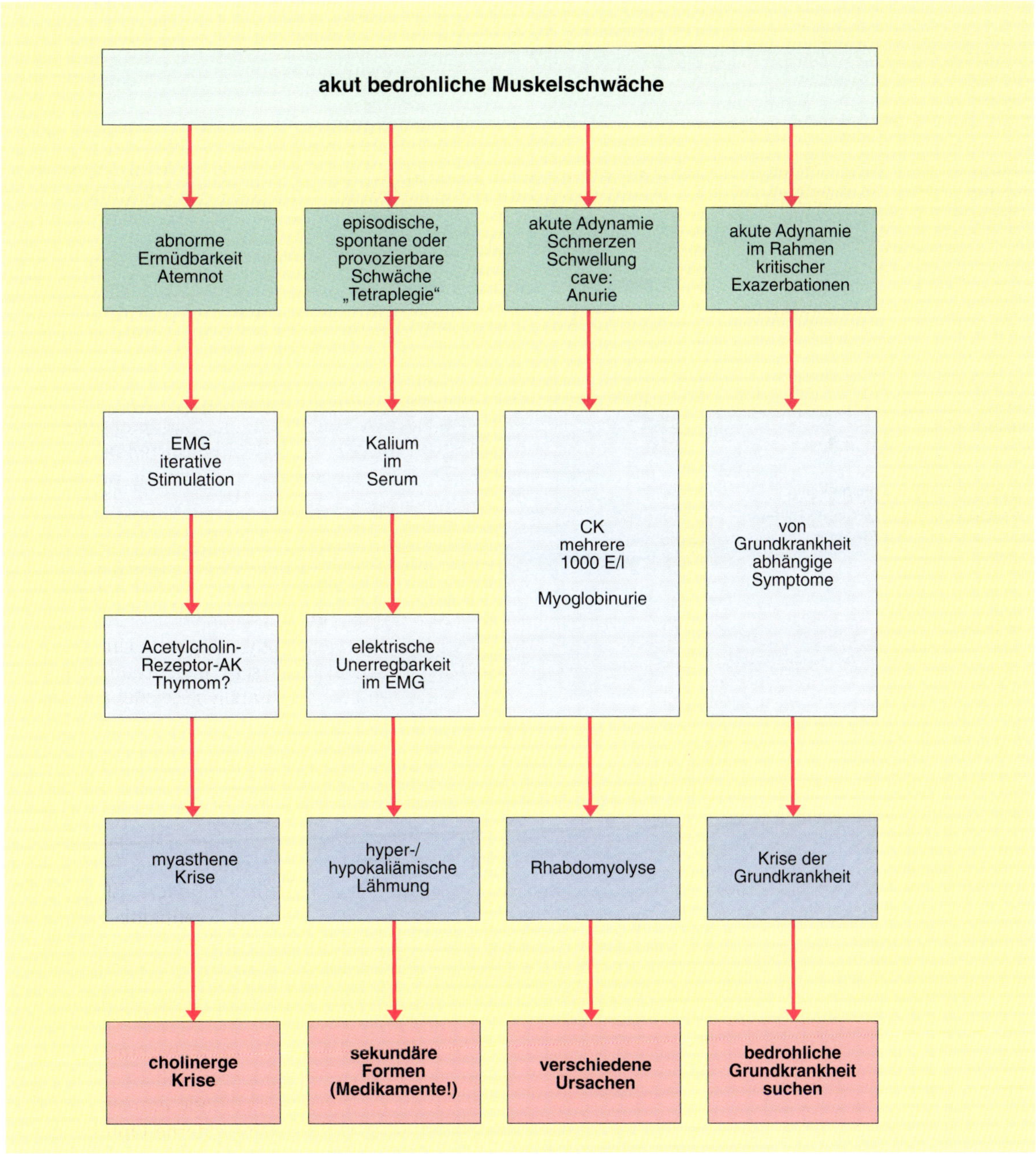

Abb. 35-4 Zusammenfassende Darstellung des Diagnosegangs bei Muskelschwäche.

In der Mehrzahl dieser Fälle bestehen neben Muskelschwäche andere richtungweisende Beschwerden und Befunde. Einige Erkrankungen, bei denen die Muskelschwäche dominiert, sind in Tabelle 35-6 und Abbildung 35-4 unter Beachtung des praktischen diagnostischen Vorgehens zusammengefaßt.

Tab. 35-6 Praktisches diagnostisches Vorgehen bei Erkrankungen mit im Vordergrund stehender fluktuierender bzw. permanenter Muskelschwäche

	Klinik	Zusatzbefunde	Labor	EMG	Muskelbiopsie	DD
Myasthenia gravis	abnorme Ermüdbarkeit	Thymom Thymus persistens	ACh-Rezeptor-AK	+++ (iterative Nervenstimulation)	–	cholinerge myasthene Krise
Episodische dyskaliämische Lähmung	episodische Schwäche	Provokationen	K im Serum	++ (im Anfall elektrisch unerregbar)	(+)	sekundäre Formen
Akute Rhabdomyolyse	akut auftretende Muskelschwäche, Schmerzen, Schwellung	Myoglobinurie	CK	(+)	++	verschiedene ätiologische Faktoren!
Polymyositis/ Dermatomyositis	progressive Muskelschwäche, Schmerz	Hautbeteiligung	CK	++	+++	Sonderformen, insbesondere paraneoplastisch
Progressive Muskeldystrophie	progressive Muskelschwäche	Atrophie (Pseudo-)Hypertrophie	CK	++	++	verschiedene Unterformen, erworbene Myopathien
Dystrophia myotonica	progressive Muskelschwäche, Steifheit	Katarakt endokrine Störungen Kardiomyopathie	(CK)	+++	(+)	Myotonia congenita, symptomatische Formen

36 Muskelschwund

D. Pongratz

Die quergestreifte Muskulatur ist das größte parenchymatöse Organ des menschlichen Körpers. Der Anteil der quergestreiften Muskulatur am gesamten Körpergewicht beträgt ca. 40–45%. Beim Kind bzw. alten Menschen ist die Muskelmasse geringer. Sie ist abhängig vom Trainingszustand, kann aber von einer Vielzahl von krankhaften Prozessen beeinflußt werden. Muskuläre Atrophien sind bei zahlreichen neurologischen, internistischen und orthopädischen Erkrankungen zu beobachten. Besonders im Rahmen neurologischer Krankheitsbilder ist die Muskelatrophie ein ebenso häufiges wie diagnostisch vieldeutiges Symptom. Generalisiert auftretende Muskelatrophien, die rasch fortschreiten, führen immer zu einem auffälligen Gewichtsverlust (→ Kap. 18).

36.1 Definition und Abgrenzung

Die Muskelatrophie tritt **lokalisiert** oder **generalisiert** auf. Bei chronischen neuromuskulären Erkrankungen geht eine Muskelatrophie in der Regel auch mit einer Muskelschwäche einher (→ Kap. 35). Bei akuten neuromuskulären Störungen manifestiert sich die Muskelschwäche vor der Atrophie, die ihre Anlaufzeit hat. Selten wird sich bei neuromuskulären Erkrankungen (z.B. einige spinale Muskelatrophien mit fokalem Beginn) ein lokaler Muskelschwund vor einer nennenswerten Parese manifestieren. Bei Allgemeinerkrankungen kommt es vor, daß eine allgemeine Muskelatrophie ohne wesentliche Funktionsstörungen beobachtet wird.

36.2 Ursachen

Alle **chronischen neuromuskulären Systemerkrankungen** führen neben Paresen (→ Kap. 30) auch zu mehr oder weniger ausgeprägten Muskelatrophien. Dabei findet sich meist eine **symmetrische Verteilung**.

Für viele **Myopathien** (z.B. progressive Muskeldystrophie, entzündliche Muskelkrankheiten, → Kap. 35) ist eine **proximale Prädilektion** im Bereich Schultergürtel-Oberarm-Muskeln und Beckengürtel-Oberschenkel typisch (Abb. 36-1).

Viele **Neuropathien** weisen eine **distale Betonung** auf, d.h. Handbinnenmuskulatur und Fuß- und Zehenheber sind bevorzugt betroffen (Abb. 36-2).

Asymmetrien finden sich vor allem bei der **Polymyositis** sowie bei **entzündlichen Neuropathien** (z.B. vaskulitische Neuropathien, Bannwarth-Syndrom).

Generalisierte Muskelatrophien mit Paresen kennzeichnen z.B. die Gruppe der **kongenitalen Myopathien,** aber auch die **amyotrophe Lateralsklerose** im fortgeschrittenen Stadium aus. Daneben darf man nicht vergessen, daß auch **internistische Erkrankungen** Ursache einer generalisierten Muskelatrophie sein

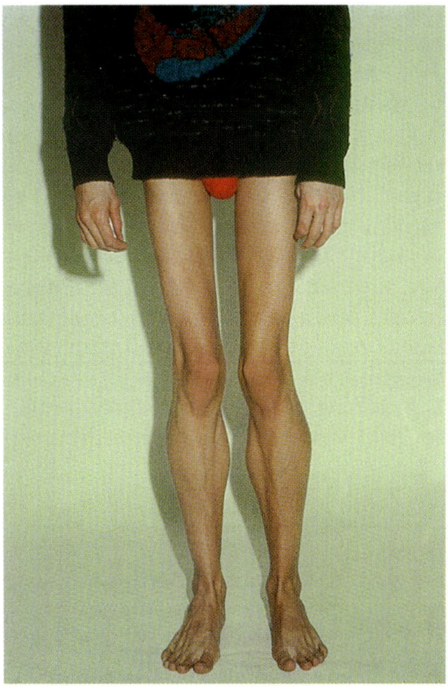

Abb. 36-1 Proximale Prädilektion des Muskelschwunds: Beckengürtel- und Oberschenkelmuskeln.

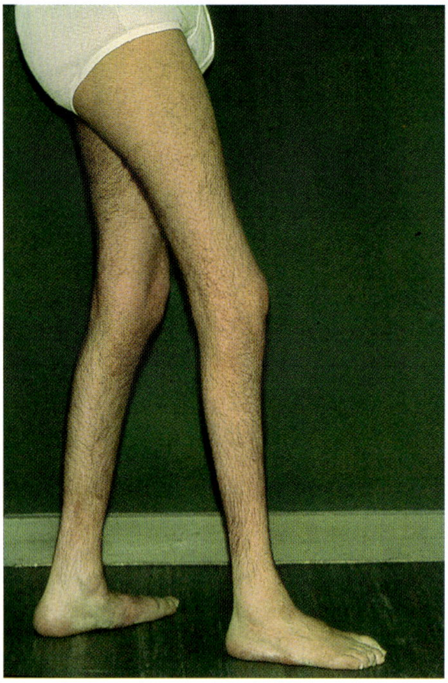

Abb. 36-2 Distale Betonung des Muskelschwunds: Fuß- und Zehenheber.

können, die in der Regel jedoch keine Paresen aufweist.

Wichtige internistische Ursachen, die zu bedenken sind:

- allgemeine Kachexie (Tumorkachexie, senile Kachexie)
- Malabsorptions- bzw. Malnutritionssyndrome
- chronische Infektionen (z.B. Tuberkulose, HIV)
- Cushing-Syndrom (→ Kap. 18)

Lokalisierte Muskelatrophien mit lokalen Paresen lassen am ehesten an eine **lokalisierte Schädigung im peripheren Nervensystem** (z.B. Radikulopathie, Plexopathie, periphere Nervenläsion) denken. Die Begleitsymptome sind Schmerzen oder Sensibilitätsstörungen (→ Kap. 56). Bei lokalisierten Muskelatrophien **ohne** oder mit nur unwesentlicher **Parese** finden sich relativ **selten muskuläre Ursachen** (z.B. Anlageanomalie, Zustand nach Injektion, Infarzierungen oder Muskelrisse). Viel häufiger ist in solchen Fällen eine meist **schmerzbedingte Inaktivitätsatrophie** (z.B. Atrophie des M. vastus medialis bei Koxarthrose).

36.3 Diagnostik

36.3.1 Anamnese

In der Mehrzahl der Fälle entwickeln sich Muskelatrophien langsam und gehen mit einer Funktionsminderung einher, die für den Patienten meist wesentlich eindrucksvoller ist (→ Kap. 35 und Kap. 30). Die Atrophie wird dann als sekundär eingestuft oder gar erst bei der körperlichen Untersuchung aufgedeckt. Bei rasch sich entwickelnden generalisierten Muskelatrophien ist immer auch ein auffälliger Gewichtsverlust zu verzeichnen.

Lokalisierte Muskelatrophien ohne wesentliche Funktionsstörungen werden eher selten vom Arzt oder von Angehörigen wahrgenommen und sind kaum Anlaß zu einer Untersuchung. Abgesehen von wenigen Fällen einer beginnenden spinalen Muskelatrophie noch ohne wesentliches Defizit, handelt es sich dabei häufig um lokale Veränderungen, die entweder unerkannt schon immer bestanden haben (z.B. Anlageanomalien) oder ganz langsam entstanden sind und deren akuter Anlaß (z.B. Injektion, Trauma) bereits in Vergessenheit geraten ist.

Folgende **anamnestische Fragen** sind für die Diagnostik bei Muskelschwund wichtig:

- Seit wann besteht die Muskelatrophie (Verlauf in Schüben/kontinuierlich)?
- Ist Muskelschwäche vorhanden?
- Treten Schmerzen auf (Ruhe/Belastung)?
- Tritt die Muskelatrophie lokalisiert oder generalisiert auf?

Ferner sind **Begleitsymptome** wichtig, da diese diagnostisch wegweisend sein können:

▷ **Besteht eine vorhandene Schwäche in Abhängigkeit von der Tageszeit?**
➠ Myopathie, Myasthenie (→ Kap. 35)
▷ **Kommt es zu Muskelzittern (Faszikulationen)?**
➠ amyotrophe Lateralsklerose, spinale Muskelatrophie, benignes Faszikulieren
▷ **Bestehen begleitende Gefühlsstörungen und/ oder Parästhesien?**
➠ (Poly-, Mono-)Neuropathien (→ Kap. 56)
▷ **Sind innerhalb der Familie ähnliche Fälle aufgetreten?**
➠ progressive Muskeldystrophie, dystrophische Myotonie, Myotonia congenita (→ Kap. 35)
▷ **Sind Vorerkrankungen oder Vorbehandlungen mit den Beschwerden in Verbindung zu bringen (z.B. Bestrahlung, Tumoroperation im gleichen Areal)?**
➠ lokalisierte Schädigung des peripheren Nervensystems (Radikulopathie, Plexopathie, periphere Nervenläsion)
▷ **Sind beim Patienten Stoffwechselerkrankungen (z.B. Diabetes mellitus) bekannt?**
➠ Polyneuropathie, lokale Lipatrophie bei Insulininjektion (→ Kap. 56)
▷ **Ist ein chronischer Alkoholabusus zu eruieren?**
➠ Alkoholmyopathie, Polyneuropathie (→ Kap. 56)

36.3.2 Körperliche Untersuchung

Bei der körperlichen Untersuchung kann subkutanes Fettgewebe vorhandene Muskelatrophien stark kaschieren. In solchen Fällen können bildgebende Verfahren (Ultraschall, MRT) diagnostisch hilfreich sein.

Eine sorgfältige **Palpation** sowohl des entspannten als auch des angespannten Muskels läßt den Erfahrenen sowohl diffuse mesenchymale Umbauvorgänge (Fibrose entspricht Konsistenzvermehrung des entspannten Muskels), Fettgewebseinlagerungen (entsprechen verminderter Konsistenz des innervierten Muskels) als auch lokale Prozesse (z.B. Tumoren, z.B. Hernien, z.B. lokale schmerzhafte Verspannungen) erfassen.

Bei der Erhebung des **neurologischen Status** sind besonders folgende Fragestellungen von Bedeutung:

▷ **Lokalisation und Verteilung der Atrophie?**
➠ isoliert, generalisiert, symmetrisch, proximal, distal
▷ **Ist eine Zuordnung zu einem peripheren Nerv oder Nervenstamm zu treffen?**
➠ lokalisierte Schädigung im peripheren Nervensystem (Radikulopathie, Plexopathie, periphere Nervenläsion)
▷ **Besteht eine Diskrepanz zwischen dem Ausmaß der Atrophie und der Kraftminderung?**
➠ erhebliche Kraftminderung bei geringer Atrophie
➠ Myopathie (→ Kap. 35)
➠ relativ erhaltene Kraft bei starker Muskelatrophie
➠ AML, spinale Muskelatrophie
▷ **Bestehen Pseudohypertrophien (z. B. sogenannte „Gnomenwaden“)?**
➠ progressive Muskeldystrophie Typ Erb-Duchenne, Typ Becker-Kiener
▷ **Läßt sich ein Verlust oder eine Minderung der Muskeleigenreflexe nachweisen?**
➠ Polyneuropathie
▷ **Besteht eine Reflexdifferenz zwischen oberer und unterer Extremität?**
➠ amyotrophe Lateralsklerose
▷ **Ist nach Beklopfen ein Muskelwulst nachweisbar?**
➠ Myotonie
▷ **Läßt sich Faszikulieren in Ruhe oder nach leichter Abkühlung feststellen?**
➠ benigne Form, Schädigung des zweiten motorischen Neurons (z.B. ALS)
▷ **Sind Sensibilitätsstörungen nachweisbar?**
➠ Polyneuropathie, Syringomyelie
▷ **Besteht eine Einschränkung und oder Schmerzhaftigkeit der Gelenkbeweglichkeit?**
➠ kontrakturbedingte Atrophie, Arthritis/Arthrose (→ Kap. 43)
▷ **Sind zusätzlich Hirnnervenausfälle feststellbar (z.B. Zungenatrophie)?**
➠ Bulbärparalyse im Rahmen einer amyotrophen Lateralsklerose, iatrogene Hypoglossusschädigung

36.3.3 Weitere Diagnostik

Zur weiteren Diagnostik können folgende Untersuchungen eingesetzt werden: Die **Elektromyographie** wird angewendet zur Früherkennung neuromuskulärer Erkrankungen und zur Differenzierung zwischen Myo- und Neuropathien.

Die **Elektroneurographie** ermittelt die motorischen und sensiblen Nervenleitungsgeschwindigkeiten und dient sowohl zur Lokalisation umschriebener Nervenläsionen als auch zur Unterscheidung zwischen supra- und infraganglionärer Nervenschädigung.

Werden bei der körperlichen Untersuchung vorhandene Muskelatrophien durch subkutanes Fettgewebe stark kaschiert, können **Ultraschall** und **MRT** (Magnetresonanztomographie) diagnostisch hilfreich sein.

Die **Muskelbiopsie** ermöglicht die Differenzierung zwischen neurogener Muskelatrophie, primärer Myopathie und Myositiden.

36.4 Zusammenfassung

Muskelatrophien in Verbindung mit Paresen sind das Kardinalsymptom neuromuskulärer Systemerkrankungen. Klinisch relevant sind vor allem neurogene Formen (durch Schädigung des peripheren Nerven, des Plexus, der Wurzel oder durch Erkrankung des Vorderhorns) und Myopathien. Ferner finden sich auch generalisierte Muskelatrophien ohne wesentliche Paresen bei einigen internistischen Grunderkrankungen (z.B. Kachexie, Malabsorption, Malnutrition, chronische Infektionen, Cushing-Syndrom). Lokale Muskelatrophien ohne Parese lassen am ehesten an eine schmerzbedingte Inaktivitätsatrophie denken, insbesondere bei arthrogenen Erkrankungen. Lokale Muskelatrophien mit Parese lenken den Verdacht auf eine lokalisierte Schädigung des peripheren Nervensystems.

37 Periodenstörungen

O. E. Janssen und P. C. Scriba

Periodenstörungen manifestieren sich je nach Schweregrad als anovulatorische Zyklen, inadäquate Lutealfunktion, Oligomenorrhö oder Amenorrhö. Diese „gynäkologischen" Symptome finden sich bei verschiedenen endokrinologischen und anderen internistischen Erkrankungen. Die mit ovariellen Funktionsstörungen assoziierten Androgenisierungserscheinungen (Hirsutismus, Haarausfall, Akne, Virilisierung) sind in Kapitel 21 abgehandelt. Periodenstörungen bedürfen der gemeinsamen Abklärung durch den Internisten (Endokrinologen) und den Gynäkologen.

37.1 Definition und Abgrenzung

Bezeichnungen von Zyklusstörungen beschreiben die klinische Symptomatik, ohne die zugrundeliegende Pathophysiologie zu berücksichtigen. Sie werden eingeteilt in:

- **Amenorrhö**
  Nichteintreten (primäre Amenorrhö) oder Ausbleiben (> 90 Tage, sekundäre Amenorrhö) der Regelblutung bei der geschlechtsreifen Frau
- **Oligomenorrhö**
  zu seltene Menstruationsblutung (Zyklus > 35 Tage, aber < 90 Tage) als Zeichen einer generativen Ovarialinsuffizienz
- **Polymenorrhö**
  Regelblutung mit verkürztem Zyklus (< 24 Tage)
- **Dysmenorrhö**
  schmerzhafte Regelblutung

Von differentialdiagnostischer Bedeutung ist die Unterscheidung der **primären Amenorrhö** (Ausbleiben der Regelblutung bis zum vollendeten 16. Lebensjahr) von der **sekundären Amenorrhö** (Sistieren einer zuvor vorhandenen regelmäßigen oder unregelmäßigen Regelblutung).

37.2 Ursachen

Die wesentlichen Ursachen, die vorwiegend oder ausschließlich zu einer primären Amenorrhö oder vorwiegend zu einer sekundären Amenorrhö bzw. Oligomenorrhö führen, sind in Tabelle 37-1 dargestellt. Prinzipiell kann jede schwere Erkrankung zu einer Oligo- oder Amenorrhö führen.

37.3 Diagnostik

37.3.1 Anamnese

Zur Anamnese von Periodenstörungen gehören neben der Feststellung der genauen Symptomatik und Begleitumstände der Oligo-/Amenorrhö auch **Fragen nach der geschlechtlichen Entwicklung,** mit folgenden Schwerpunkten:

Gynäkologische Fragestellungen

- Beginn, Dauer und Verlauf der Oligo-/Amenorrhö (primäre – sekundäre Amenorrhö), eventuell Zykluskalender
- Schmerzen (Dysmenorrhö, Mittelschmerz)
- Schwangerschafts- und Geburtsverlauf
- kindliche Entwicklung (Zeitpunkt der Menarche, Pubarche, Thelarche [Tanner-Stadien] und des Wachstumsschubes)
- Lebensumstände (Pubertät, Gravidität, Menopause)
- vorausgegangene Geburten, Aborte, Operationen (Interruptio, Abrasio, Hysterektomie), Bestrahlungen, Chemotherapie
- lokale Begleitsymptome (vaginale Hautveränderungen, Juckreiz, Ausfluß)
- Familienanamnese (verspätete Menarche in der Familie)

Tab. 37-1 Ursachen von Amenorrhö und Oligomenorrhö

Störung	Primäre Amenorrhö	Sekundäre Amenorrhö oder Oligomenorrhö
Endokrinopathien	homozygotes adrenogenitales Syndrom (→ Kap. 21) HVL-Insuffizienz	heterozygotes adrenogenitales Syndrom (→ Kap. 21) Hyperprolaktinämie-Syndrom [→ 37.4.1] Cushing-Syndrom (→ Kap. 18) Morbus Addison (→ Kap. 18) androgenproduzierender NNR-Tumor (→ Kap. 21) HVL-Insuffizienz (partiell, global) → Kap. 24 Hypo- (→ Kap. 5) und Hyperthyreose (→ Kap. 23) Diabetes mellitus (→ Kap. 12)
Gonadale Störung	Gonadendysgenesie (Turner-Syndrom [→ Kap. 19]) Intersexualitätsformen (testikuläre Feminisierung [→ Kap. 21])	Stein-Leventhal-Syndrom (polyzystische Ovarien), (→ Kap. 21) Ovarialtumoren, hormoninaktiv oder androgenproduzierend Climacterium praecox Kastration (operativ = Ovarektomie), Bestrahlung
Genitale Störung	Gynatresie Vaginalatresie Hymenalatresie	Z. n. Hysterektomie Z. n. Kürettage (Asherman-Syndrom) Endometriumstörung
Psychosomatische Störung	Anorexia nervosa (→ Kap. 2)	psychisches Trauma, Streß, Angst, Milieuwechsel, Haft
Zerebrale Störung	frühkindlicher Hirnschaden	Tumor Entzündung Schädel-Hirn-Trauma
Physiologisch		Schwangerschaft postpartal Involution
Andere Ursachen		Leistungssport schwere Erkrankung „post-pill"-Amenorrhö

Endokrinologische Fragestellungen

- Operation oder Bestrahlung der Hypophysenregion
- Veränderung der Brüste (Galaktorrhö – spontan oder erst nach Kompression, Sekretmenge –, Spannungsgefühl, Tumoren)
- Kopfschmerzen (→ Kap. 44), Sehstörungen (→ Kap. 55)
- Androgenisierungszeichen (Haarausfall, Hypertrichose/Hirsutismus, Akne, Klitorishypertrophie, Virilisierung, → Kap. 21)
- arterieller Hypertonus (→ Kap. 26)
- Gewichtszu- oder -abnahme (→ Kap. 2 und 18)

Allgemeine Fragestellungen

- Besondere Umstände (psychische Belastung, Klima- oder Milieuwechsel, Haft, Leistungssport, Verletzung, Infektion, Tierkontakt)
- Begleiterkrankungen
- allgemeine Begleitsymptome (Abgeschlagenheit, Fieber [→ Kap. 14], Nachtschweiß, Inappetenz, generalisierte Lymphknotenschwellungen [→ Kap. 32])
- Medikamenteneinnahme (auch frühere, besonders Kontrazeptiva, Steroide, prolaktinsteigernde Medikamente)

37.3.2 Körperliche Untersuchung

Im Rahmen der üblichen internistischen Untersuchung sind die Kontrolle des Körpergewichtes, die Beurteilung der Behaarung, der Fettverteilung, der Muskulatur und die Bestimmung des Blutdruckes hervorzuheben. Die Bestimmung der Basaltemperatur durch die Patientin kann notwendig sein.

Die weitere Untersuchung obliegt dem Gynäkologen: genitale Mißbildungen, Klitorishypertrophie, Intersexualität, Vaginalzytologie, funktionelle Zervixdiagnostik, Mammabeurteilung (Galaktorrhö).

Tab. 37-2 Laboruntersuchungen in Abhängigkeit von der Verdachtsdiagnose bei Oligo-/Amenorrhö

Verdachtsdiagnose	Laboruntersuchung
Schwangerschaft	β-HCG im Urin
Hyperprolaktinämie-Syndrom [→ 37.4.1]	Prolaktin
Hypothyreose (→ Kap. 1) Hyperthyreose [→ Kap. 23]	TSH (ggf. fT3 und fT4)
hypothalamisch-hypophysäre Störung (→ Kap. 24)	LH, FSH (niedrig)
ovarielle Störung	LH, FSH (hoch)
hypophysäre Störung (→ Kap. 24)	LH-RH-Test
primäre und sekundäre Ovarialinsuffizienz	Östradiol
androgenproduzierender Tumor	Testosteron (Ovar, NNR [→ Kap. 21]) adrenogenitales Syndrom (→ Kap. 21) testikuläre Feminisierung (→ Kap. 21) DHEAS (NNR, adrenogenitales Syndrom)
Cushing-Syndrom (→ Kap. 18)	Cortisol, Dexamethason-Hemmtest
Morbus Addison (→ Kap. 18)	Cortisol, ACTH
adrenogenitales Syndrom	17-Hydroxyprogesteron
Störung der ovariellen Östrogenproduktion oder Endometriumstörung	Gestagentest
Endometriumstörung	Östrogentest
Gonadendysgenesie (Turner-Syndrom [→ Kap. 19])	Sexchromatinnachweis, Chromosomenanalyse
Intersexualität (testikuläre Feminisierung [→ Kap. 21])	

37.3.3 Weitere Diagnostik

Laboruntersuchungen

Im Bedarfsfall können bei entsprechenden anamnestischen Angaben oder Untersuchungsbefunden gezielte Laboruntersuchungen erforderlich sein (Tab. 37-2).

Apparative Untersuchungen

Nebennieren-Sonographie, -CT, -NMR
Ovar-Sonographie (vaginal), -CT, -NMR
Röntgen: Schädel seitlich, Sellatomographie, Schädel-CT, -NMR, Hysterosalpingographie
Gesichtsfeldbestimmung

Nur im Ausnahmefall nach den nichtinvasiven bildgebenden Verfahren Laparoskopie.

37.4 Krankheitsbilder

37.4.1 Hyperprolaktinämie-Syndrom der Frau

37

Klinisches Erscheinungsbild einer vermehrten Ausschüttung von Prolaktin durch ein Mikro- oder Makroadenom der Hypophyse (Prolaktinom) oder einer funktionellen Erhöhung des Serumprolaktinspiegels. Das Hyperprolaktinämie-Syndrom des Mannes ist im Kapitel 24 Potenzstörungen dargestellt.

B ***Beschwerden und Befunde***

Die **Beschwerden** der Patientinnen sind:
- Spannungsgefühl in den Brüsten
- Libidoverlust
- unerfüllter Kinderwunsch
- Kopfschmerzen
- Sehstörungen

Befunde:
- Oligo-/Amenorrhö
- Galaktorrhö
- Gewichtszunahme
- Hirsutismus
- Akne

DS ***Diagnosesicherung***

Labor

Die Diagnose einer **Hyperprolaktinämie** stützt sich neben den klinischen Befunden Oligo-/Amenorrhö und Galaktorrhö, letztere spontan oder bei Provokation (Kompression der Brustdrüsen), auf den **Nachweis** eines **erhöhten Prolaktinspiegels im Serum.** Eine physiologische Erhöhung des Prolaktins durch Gravidität und Laktation und durch körperliche Anstrengung, Streß oder Mammapalpation ist auszuschließen. Auch im Schlaf ist das Prolaktin erhöht, so daß die Blutabnahme zwei Stunden nach dem Aufstehen und vor der Mammapalpation erfolgen sollte. Prolaktinwerte > 5000 µU/ml (normal < 500) sprechen für einen prolaktinproduzierenden Tumor, dem häufigsten aller Hypophysentumoren. Die Abgrenzung von Ursachen einer funktionellen Hyperprolaktinämie, häufig mit

Werten zwischen 500 und 5000 µU/ml, erfordert neben einer sorgfältigen Anamnese (Medikamente, s.u.) unter anderem die Bestimmung der Schilddrüsenfunktion (TSH, ggf. fT3 und fT4), des Kreatinins und des „Leberstatus".

Bildgebende Diagnostik

Erst nach biochemischem Nachweis einer Hyperprolaktinämie sind zum Nachweis eines Prolaktinoms geeignete bildgebende Verfahren durchzuführen:

- Röntgen Schädel seitlich
- Sellatomographie
- CT-Sella mit Kontrastmittel
- NMR-Sella

Weiterführende Diagnostik

Überprüfung der Gesichtsfelder (augenärztliches Konsil). Funktionsuntersuchung der Hypophyse (TRH-Test, LHRH-Test, ACTH-Test, Insulinhypoglykämie-Test) zum Ausschluß oder Nachweis einer gleich-

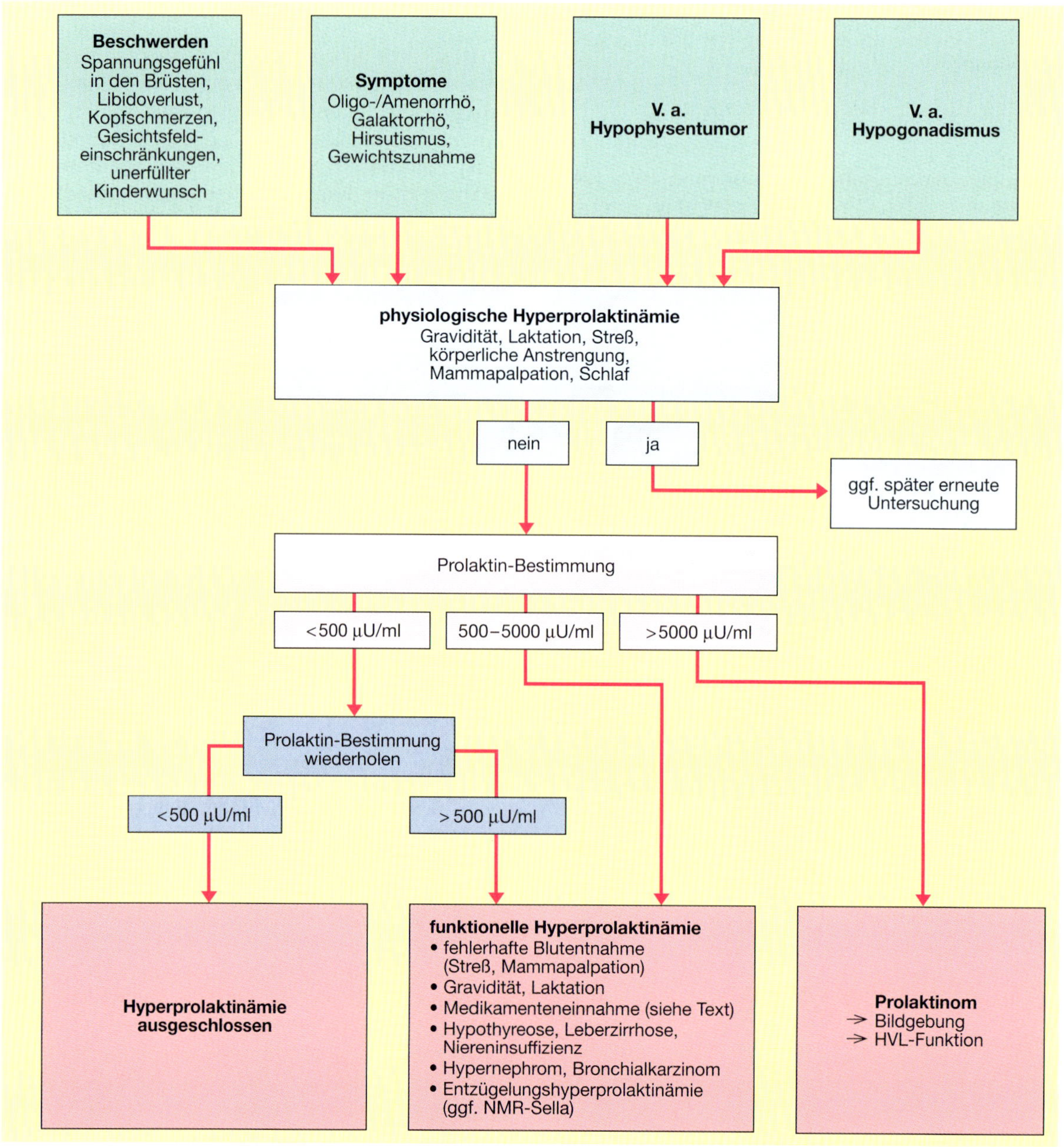

Abb. 37-1 Differentialdiagnose einer Hyperprolaktinämie.

zeitigen partiellen oder globalen HVL-Insuffizienz (→ Kap. 24).

DD *Differentialdiagnose*

Das praktische Vorgehen zur Differentialdiagnose einer Hyperprolaktinämie ist in Abbildung 37-1 dargestellt.

Nach Ausschluß einer **physiologischen Hyperprolaktinämie** (Gravidität, Laktation, Streß, körperliche Anstrengung, Mammapalpation, Schlaf) müssen das **Prolaktinom** (Mikro- oder Makroadenom der Hypophyse) und die **Entzügelungshyperprolaktinämie** bei suprasellärem Tumor (oder Fehlen der Wirkung von prolaktininhibierendem Hormon (PIH = Dopamin) durch Kompression des Hypophysenstiels (Abb. 37-2), z. B. bei Kraniopharyngeom) von einer **funktionellen Hyperprolaktinämie** differenziert werden. Letztere kann bei einer primären Hypothyreose, Leberzirrhose, Niereninsuffizienz (Hämodialyse), bei verschiedenen Tumoren (Hypernephrom, Bronchialkarzinom) und als Folge der Einnahme von Medikamenten (hochdosierte Östrogene, Cyproteronacetat, TRH, Phenothiazine, Butyrophenone, Thioxanthene, Imipramin, Sulpirid, Amitriptylin, Opiate, Reserpin, α-Methyldopa, Metoclopramid, Cimetidin) bestehen.

37.5 Zusammenfassung

Das praktische Vorgehen zur Differentialdiagnose einer Oligo- oder Amenorrhö in Zusammenarbeit mit einem Gynäkologen ist in Abbildung 37-3 dargestellt. Neben dem Ausschluß oder Nachweis einer Schwangerschaft, einer Schilddrüsenunterfunktion, eines Cushing-Syndroms und von Ursachen einer Androgenisierung (Hirsutismus/Virilisierung) erfolgt die Differenzierung in Hyperprolaktinämie beziehungsweise primären oder sekundären Hypogonadismus anhand der Bestimmung von Prolaktin sowie LH und FSH zusammen mit Östradiol und Testosteron.

37

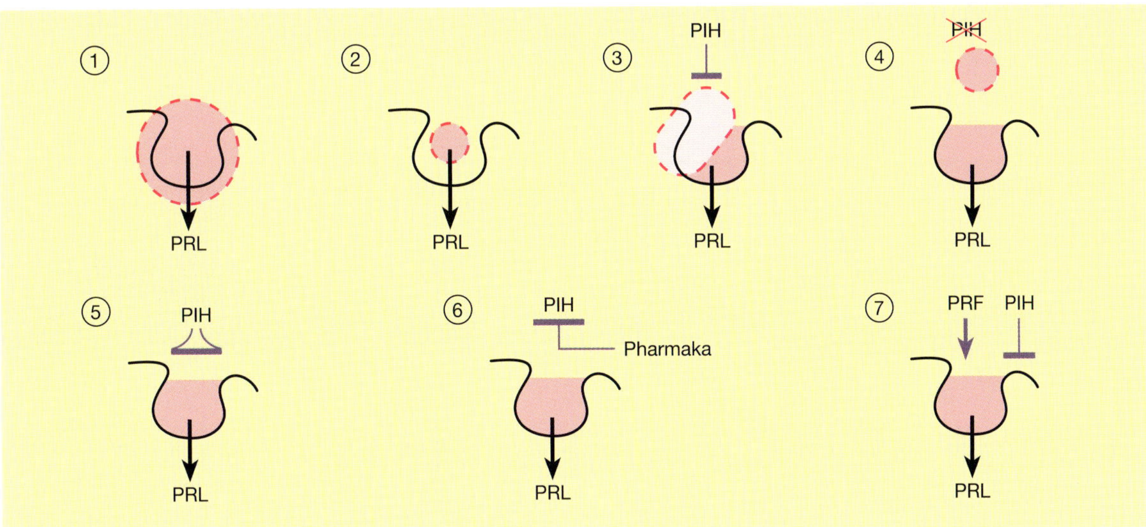

Abb. 37-2 Ursachen einer Hyperprolaktinämie (modifiziert nach K. von Werder und P. C. Scriba, aus: W. Siegenthaler: Klinische Pathophysiologie, Thieme, Stuttgart–New York 1994).
1. Prolaktinproduzierendes Adenom (Prolaktinom) mit Sellavergrößerung.
2. Prolaktinproduzierendes Mikroadenom (Mikroprolaktinom) ohne Sellavergrößerung.
3. Suprasellär wachsender Hypophysentumor, der durch Okklusion der Portalgefäße des Hypophysenstiels zur Hemmung des Transports von PIH zum HVL führt („Begleithyperprolaktinämie“, „Pseudoprolaktinom“).4. Suprasellärer Tumor (z.B. Kraniopharyngeom) mit Störung der PIH-Bildung.
5. Hypophysenstieldurchtrennung (wie 3.).
6. Pharmakologische Hemmung der PIH-Sekretion bzw. -Wirkung.
7. Vermehrte Sekretion hypothalamischer Faktoren mit PRF-Aktivität (z.B. TRH bei primärer Hypothyreose).

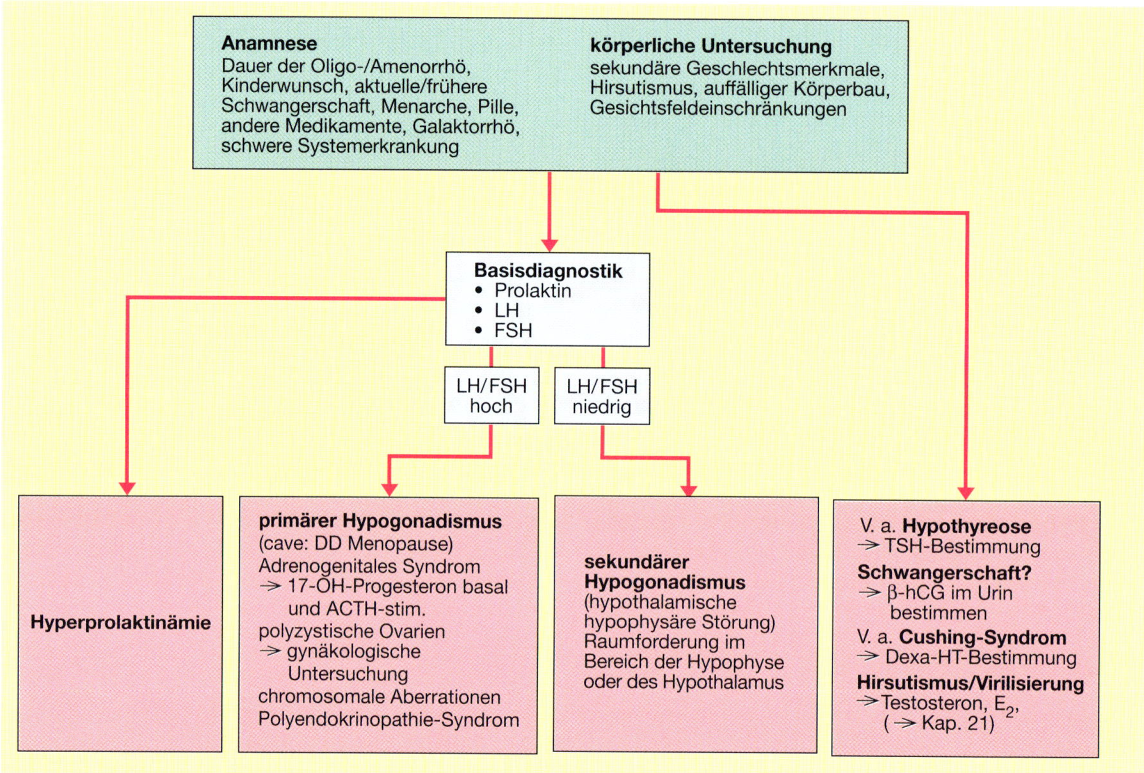

Abb. 37-3 Differentialdiagnose einer Oligo- oder Amenorrhö.

38 Schlafstörungen

M. SCHMIDT

38

Klagen über „schlechten“ Schlaf sind häufig, und entsprechend häufig ist die Einnahme von Sedativa oder Hypnotika, die erhebliche Gefahren mit sich bringen. Man schätzt, daß wenigstens 10% der Bevölkerung unter Störungen des Schlaf-Wach-Rhythmus leiden. Die wichtigste Funktion des gesunden Schlafes ist die Regenerierung von Körper und Geist als Voraussetzung für Gesunderhaltung und Leistungsfähigkeit. Schlafstörungen führen zu Tagesschläfrigkeit, mangelnder geistiger und körperlicher Leistungsfähigkeit, Einschlafneigung vor allem bei monotonen Tätigkeiten, und man beobachtet eine Zunahme von Arbeits- und Verkehrsunfällen. Psychische Störungen kommen vor. Bei der für den Internisten wichtigsten Schlafstörung, der Schlafapnoe, entwickeln sich zusätzlich internistische Krankheiten, wie arterielle Hypertonie, pulmonale Hypertonie, Herzinsuffizienz, Herzrhythmusstörungen und Apoplex.

38.1 Definitionen und Abgrenzung

Die Schlafstörungen werden nach der „International Classification of Sleep Disorders“ in vier Klassen eingeteilt (Tab. 38-1). Unter den **Dyssomnien** ist die **Schlafapnoe** die häufigste Erkrankung, sie wird ausführlich besprochen (→ 38.3). Die **Narkolepsie** betrifft vorwiegend Männer und Frauen im jungen Erwachsenenalter (4/100000 Einwohner). Die klassische Symptomatik (Tetrade) umfaßt imperative Einschlafattacken, Kataplexien, hypnagoge Halluzinationen und Schlaflähmungen. Davon abgrenzen lassen sich die **Hypersomnien,** z.B. die idiopathische ZNS-Hypersomnie. Sie ist durch eine lange Nachtschlafdauer mit morgendlicher Schlaftrunkenheit und häufige Tagschlafperioden gekennzeichnet, es treten aber keine Kataplexien, Halluzinationen oder Schlaflähmungen auf. Die wichtigste Differentialdiagnose sind rezidivierende depressive Erkrankungen (→ Kap. 1). Beim **Restless-legs-Syndrom** treten nur in Ruhe reißende Schmerzen in beiden Unterschenkeln auf. Durch Bewegung der Beine lassen die Schmerzen nach. Der

Tab. 38-1 International Classification of Sleep Disorders (nach: R. Lund, P. Clarenbach: Was ist gesichert in der Therapie? Schlafstörungen, Klassifikation und Behandlung, Arcis, Neubiberg 1992)

1. Dyssomnien
A. Intrinsische Störungen
psychophysiologische Schlafstörung
Schlafwahrnehmungsstörung
idiopathische Hyposomnie
Narkolepsie
rezidivierende Hypersomnie
idiopathische Hypersomnie
posttraumatische Hypersomnie
obstruktives Schlafapnoe-Syndrom
zentrales Schlafapnoe-Syndrom
zentrales alveoläres Hypoventilationssyndrom
periodische Arm- und Beinbewegungen
Restless-legs-Syndrom
B. Extrinsische Störungen
inadäquate Schlafhygiene
umgebungsbedingte Schlafstörung
höhenbedingte Schlafstörung
psychoreaktive Schlafstörung
Schlafmangelsyndrom
Schlafstörung bei Fehlen fester Schlafzeiten
Schlafstörung bei Hypnotikaabhängigkeit
Schlafstörung bei Stimulanzienabhängigkeit
Schlafstörung bei Alkoholkonsum
toxisch induzierte Schlafstörung
C. Störungen des zirkadianen Schlaf-Wach-Rhythmus
Schlafstörung bei Zeitzonenwechsel (Jet-lag)
Schlafstörung bei Schichtarbeit
unregelmäßiges Schlaf-Wach-Muster
verzögertes Schlafphasen-Syndrom
vorverlagertes Schlafphasen-Syndrom
Schlaf-Wach-Störungen bei Abweichung vom 24-Stunden-Rhythmus
2. Parasomnien
A. Aufwachstörungen
Schlaftrunkenheit
Schlafwandeln
Pavor nocturnus

Tab. 38-1 International Classification of Sleep Disorders (nach: R. Lund, P. Clarenbach: Was ist gesichert in der Therapie? Schlafstörungen, Klassifikation und Behandlung, Arcis, Neubiberg 1992), Fortsetzung

B. Schlaf-Wach-Übergangsstörungen
stereotype Bewegungsabläufe im Schlaf
Einschlafzuckungen
Schlafsprechen
nächtliche Wadenkrämpfe
C. REM-Schlaf-abhängige Parasomnien
Alpträume
Schlaflähmung
eingeschränkte Erektion im Schlaf
schmerzhafte Erektion im Schlaf
Asystolie im REM-Schlaf
abnormes Verhalten im REM-Schlaf
D. Weitere Parasomnien
Bruxismus
Enuresis
Verschlucken im Schlaf
nächtliche paroxysmale Dystonie
primäres Schnarchen
Schlafapnoe bei Säuglingen und Neugeborenen
angeborenes zentrales Hypoventilationssyndrom
plötzlicher Kindstod
gutartiger Schlafmyoklonus bei Neugeborenen
3. Schlafstörungen bei organischen/psychiatrischen Erkrankungen
A. Schlafstörungen bei psychiatrischen Erkrankungen
Schizophrenie
depressive Erkrankungen
Angsterkrankungen
Panikerkrankungen
Alkoholabhängigkeit
B. Schlafstörungen bei neurologischen Erkrankungen
degenerative Hirnerkrankungen
Demenz
Parkinsonismus
letale familiäre Schlaflosigkeit
schlafbezogene Epilepsie
elektrischer Status epilepticus im Schlaf
schlafgebundene Kopfschmerzen
C. Schlafstörungen bei internistischen Erkrankungen
afrikanische Schlafkrankheit
nächtliche kardiale Ischämie
chronisch-obstruktive Atemwegserkrankung
schlafgebundenes Asthma
schlafgebundener gastroösophagealer Reflux
peptisches Ulkus
Fibrositis-Syndrom
4. Schlafstörungen unterschiedlicher Genese
Kurzschläfer
Langschläfer
Subvigilanzsyndrom
fragmentarischer Myoklonus
nächtliches Schwitzen
Schlafstörungen bei Menses und Menopause
Schlafstörungen während und nach der Schwangerschaft
schlafgebundene neurogene Tachypnoe
schlafgebundener Laryngospasmus
Erstickungsanfälle im Schlaf

Schlaf wird ständig durch willkürliche Beinbewegungen unterbrochen, und die Patienten laufen nachts häufig umher. Die idiopathische Form betrifft 1–5% der Bevölkerung (30.–40. Lj.). Sekundär kann ein Restless-legs-Syndrom bei Schlafapnoe-Syndrom, Schwangerschaft, Eisenmangelanämie oder Niereninsuffizienz (→ Kap. 2.4.3) auftreten.

Unter **Parasomnie** versteht man nicht-epileptische, anfallsartige Ereignisse im Schlaf, z.B. Schlafwandeln oder Pavor nocturnus.

38.2 Ursachen

Schlafstörungen sind bei einigen **organischen oder psychiatrischen Erkrankungen** häufig. **Alkoholabusus** führt zwar zu schnellerem Einschlafen, es kommt jedoch zur REM-Schlafverminderung und bei fallendem Alkoholspiegel zum Früherwachen. Unter **Hypnotika** wie Benzodiazepinen entwickelt sich eine Toleranz mit Insomnie oder bei Absetzen eine Rebound-Insomnie. Immer findet man eine erhebliche Schlaffragmentierung im EEG. Bei **depressiven Störungen** (→ Kap. 1) sind Schlafstörungen das häufigste Symptom, meist als Hyposomnie (Einschlaf-, Durchschlafstörungen, Früherwachen). Trotz Abgeschlagenheit und Müdigkeit kann auch am Tag nicht geschlafen werden. Im Gegensatz dazu schlafen **manische Patienten** nur wenige Stunden, sind aber nicht müde. Gestörter Schlaf ist ebenso ein frühes Symptom der **Schizophrenie** wie der **Angsterkrankungen** (z.B. Panikstörung, Agoraphobie, Angststörung). Auch bei **posttraumatischen Belastungsstörungen** (z.B. nach Naturkatastrophen, Folter, Lagerhaft, Vergewaltigung) findet man Einschlafstörungen und angstbesetzte Träume mit Durchschlafstörungen. Einige **Epilepsien** treten in Zusammenhang mit dem Schlaf-Wach-Rhythmus auf, häufig nach dem Aufwachen. Im Schlaf-EEG sind typische Epilepsie-Potentiale zu finden (→ Kap. 29).

38.3 Krankheitsbilder

38.3.1 Schlafapnoe

Die wichtigste internistische Schlafstörung ist die Schlafapnoe. Sie ist eine Erkrankung aus der heterogenen Gruppe der **schlafbezogenen Atmungsstörungen** (SBAS), die in Tabelle 38-2 aufgeführt sind. Die Schlafapnoe betrifft ca. 3% aller Männer zwischen 40 und 60 Jahren. Der wichtigste Prädispositionsfaktor scheint die Adipositas zu sein, gefolgt von den kraniofazialen Störungen und Erkrankungen im HNO-Bereich. Relativ häufig sind obstruktive Atemwegserkrankungen. **Habituelles Schnarchen** geht der Erkrankung jahrelang voraus. Erst bei **obstruktivem Schnarchen** sind Apnoen und Sauerstoffentsättigungen nachweisbar. Von einer **Schlafapnoe** spricht man, wenn während des Schlafes ein Atemstillstand von wenigstens 10 Sekunden Dauer auftritt und die arterielle Sauerstoffsättigung um wenigstens 4% abfällt. Der Apnoe-Index beschreibt die Anzahl dieser Ereignisse pro Stunde. Eine klinisch relevante Schlafapnoe liegt bei einem Apnoe-Index über 10 vor, schwere Erkrankungen haben einen Apnoe-Index über 30. Infolge der häufigen nächtlichen Apnoe-Perioden entsteht eine Reihe von typischen Symptomen, wie z.B. Schnarchen mit langen Atempausen, Tagesmüdigkeit und intellektuellem Abbau.

Bei der **obstruktiven Schlafapnoe** kommt es durch selektive Innervationsstörungen, übermäßige Relaxation der Oropharynxmuskulatur und/oder individuell enge obere Atemwege zu einer Einziehung des Oropharynx bei Inspiration. Der Atemstrom wird unterbrochen, der Atemantrieb ist jedoch erhalten, und der Patient versucht, durch heftige Atembewegungen gegen diesen Widerstand einzuatmen. Bei der **zentralen Schlafapnoe** ist die Generierung des zentralen Atemrhythmus gestört, und die Atemmuskulatur wird nicht innerviert. In bis zu 90% der Fälle findet man eine kurze zentrale Apnoe, der ein langer obstruktiver Apnoe-Anteil folgt: man spricht dann von einer **gemischtförmigen Schlafapnoe.** Die Folge der Schlafapnoe ist eine alveoläre **Hypoventilation**, die zu Hyperkapnie und Hypoxämie führt. Die Hypoxämie ist Hauptursache der häufigen Herzrhythmusstörungen, der arteriellen Hypertonie und Teilursache der pulmonalen Hypertonie (oft mit Polyglobulie). Ein Zusammenhang zur koronaren Herzkrankheit und zu zerebralen Durchblutungsstörungen ist zu vermuten.

Eine Hyperkapnie mit respiratorischer Azidose beendet die Apnoe-Periode. Der Schlaf wird durch eine Weckreaktion (Arousal) kurz unterbrochen. Ein erholsamer Schlaf ist so nicht mehr möglich, man spricht von **Schlaffragmentierung**. Diese ist verantwortlich für die Tagesmüdigkeit, den intellektuellen Abbau (vor allem Konzentrationsstörungen), Persönlichkeitsänderungen, morgendliche Kopfschmerzen (→ Kap. 44), Libidoverlust, Impotenz und Enuresis. Andererseits kommt es bei den Arousals zu heftigen Blutdruck- und Pulsanstiegen, die für die kardiovaskulären Krankheitsbilder des Schlafapnoe-Syndroms ursächlich sein dürften.

Tab. 38-2 Klassifikation der schlafbezogenen Atmungsstörungen (SBAS)

1. SBAS mit Obstruktion der oberen Atemwege
1.1 obstruktives Schnarchen 1.2 obstruktive Apnoe
2. SBAS ohne Obstruktion der oberen Atemwege
2.1 primäre alveoläre Hypoventilation 2.2 sekundäre alveoläre Hypoventilation bei zentralnervösen, muskulären, kardialen oder pulmonalen Erkrankungen 2.3 zentrale Apnoe 2.4 asynchrone Atmung

B *Beschwerden und Befunde*

Lautes Schnarchen, Aufschrecken im Schlaf, erhebliche Tagesmüdigkeit, Kopfschmerzen und die Beobachtung von Atempausen im Schlaf durch den Partner sind wichtige Hinweise. Der Patient klagt über „schlechten" Schlaf, häufig über Libidoverlust und Impotenz. Die nächtliche Enuresis wird oft erst im Schlaflabor offenbar. Die Tagesmüdigkeit führt zu Konzentrationsstörungen bei monotonen Tätigkeiten wie Bildschirmarbeit und Lesen oder sogar zu Unfällen beim Maschinenführen oder Autofahren. Typischerweise nehmen die Beschwerden nach abendlichem Alkoholgenuß oder nach Schlafmitteln zu. Die Anamnese sollte man anhand eines Fragebogens für SBAS standardisiert erfassen und im Gespräch vertiefen.

DS *Diagnosesicherung*

Die betroffenen Patienten sind zu 60% adipös. Herzrhythmusstörungen (→ Kap. 23) treten ebenso häufig auf wie eine morgendliche arterielle Hypertonie (→ Kap. 26). Oft leiden die Patienten an einer chronisch-obstruktiven Bronchitis. Auf periphere Ödeme ist zu achten. Eine Zyanose ist tagsüber eher selten. Möglicherweise schläft der Patient während der Anamnese oder Untersuchung ein.

Häufig kommen koronare Herzerkrankung (→ Kap. 41), arterielle Hypertonie oder obstruktive Atemwegserkrankungen vor. Deshalb gehören EKG, Belastungs-EKG, Röntgen-Thoraxbild in zwei Ebenen, Lungenfunktionsprüfung und Blutgasanalyse zur Basisdiagnostik. Je nach Anamnese und Befunden werden Langzeit-EKG, 24-Stunden-Blutdruckregistrierung, Echokardiographie oder Rechtsherzkatheter zusätzlich notwendig. Durch eine HNO-ärztliche Untersuchung sollen Flußbehinderungen der oberen Atemwege ausgeschlossen werden. Es ist auch zu klären, ob später eine nasale Beatmung möglich ist. Die Flußmessung im Liegen gibt Aufschluß über den funktionellen Querschnitt der oberen Atemwege. Zunehmende Bedeutung erhält die Diagnostik der kraniofazialen Dysplasien als Ursache einer Schlafapnoe. Bei ausgeprägtem Krankheitsbild sollte man ein neurologisches Konsil einholen, da es eine Fülle neurologischer Differentialdiagnosen gibt (Tab. 38-1 und 38-2).

38

Die endgültige Diagnose der Schlafapnoe wird durch eine nächtliche **Polysomnographie** gestellt. Da die Anzahl der Polysomnographiemeßplätze begrenzt ist, wird man anamnestisch die schweren Fälle selektieren, z.B. Patienten mit schlafapnoeassoziierten Unfällen, zerebralen Durchblutungsstörungen, schwerer Hypertonie, Herzinsuffizienz, Herzrhythmusstörungen. Diese werden sofort polysomnographisch untersucht. In leichten und mittelgradigen Fällen kann man zunächst mit einem **Screening-Gerät** ambulant Sauerstoffsättigung, Atemstrom an Nase und Mund, Schnarchgeräusche und EKG erfassen. Die Signale werden digital über eine Nacht gespeichert und am nächsten Morgen ausgewertet. Wenn die Symptome, Befunde und Screening-Daten für ein leichtes Schlafapnoe-Syndrom (Apnoeindex ≤ 10) sprechen, wird man die Befunde kontrollieren und konservativ behandeln. Die Prognose dieser Patientengruppe ist kaum beeinträchtigt. Bei Patienten, die tagsüber einschlafen, deshalb schon Unfälle erlitten haben oder unter schweren kardiovaskulären Folgekrankheiten leiden, muß wegen des hohen Risikos eine Einweisung in ein **Schlaflabor** erfolgen. Dort wird eine Polysomnographie durchgeführt: Atemexkursion des Thorax und des Abdomens, Atemfluß an Nase und Mund, Sauerstoffsättigung, EKG, Schlafstadien (Elektroenzephalogramm, Elektrookulogramm), Muskelaktivität (Elektromyogramm des M. submentalis und des M. tibialis), Körperlage, eventuell Blutdruck, Schnarchgeräusche und Körpertemperatur werden über 8 Stunden registriert. Sinn dieser aufwendigen Diagnostik ist die sichere Erfassung der Schlafapnoe-Trias: obstruktive, zentrale oder gemischtförmige Schlafapnoe, alveoläre Hypoventilation (Sauerstoffentsättigung) und fragmentierter Schlaf (typische Arousals, Schlafstadienanalyse).

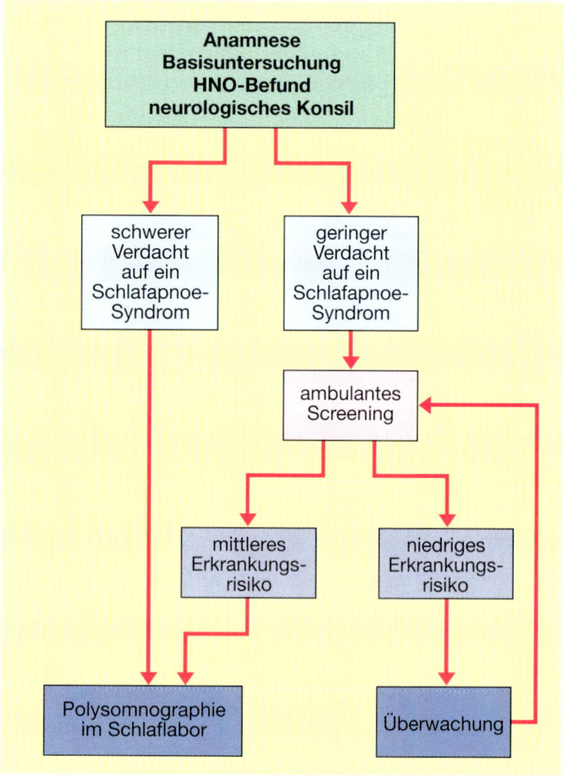

38-1 Diagnostisches Vorgehen bei Verdacht auf ein Schlafapnoe-Syndrom.

38.4 Zusammenfassung

Schlafstörungen sind ernst zu nehmen und rechtzeitig einer differenzierten Diagnostik zuzuführen (Abb. 38-1). Die **Schlafapnoe** ist die wichtigste internistische Erkrankung aus diesem Formenkreis. Durch inspiratorische Obstruktion des Oropharynx im Schlaf oder durch eine zentrale Regulationsstörung wird eine alveoläre Hypoventilation und eine Fragmentierung des Schlafes verursacht. Die Folgen können erheblich sein, und bei ausgeprägten Formen ist die Lebenserwartung (durch kardiovaskuläre Folgekrankheiten) deutlich vermindert. Die Gabe von Sedativa oder Hypnotika ist bei Schlafapnoe kontraindiziert, weil die Apnoen häufiger und die Sauerstoffentsättigungen verstärkt werden.

39 Schluckstörungen

H. D. ALLESCHER

Die Schluckstörung (Dysphagie) ist ein Hinweis auf eine Passagestörung des Bolus auf dem Weg vom Pharynx in den Magen. Schluckstörungen sind immer ein Warnsymptom, das einer weiteren eingehenderen Abklärung bedarf. Schluckstörungen werden insbesondere bei strukturellen Stenosen und Engen (entzündlich, tumorös) und bei Störungen der koordinierten Pharynxmotilität und der peristaltischen Ösophagusmotilität beobachtet.

39.1 Definitionen und Abgrenzungen

Der Schluckakt und der Bolustransport können sowohl am Übertritt vom Mund-Rachen-Raum in den Pharynx und Ösophagus – **oropharyngeale Dysphagie** – als auch im weiteren Verlauf bei der Passage durch den Ösophagus – **ösophageale Dysphagie** – gestört sein. Ist eine Schluckstörung von Schmerzen während des Schluckaktes begleitet, so spricht man von einer **Odynophagie**. Bei der oro-pharyngealen Dysphagie kann es beim Anschlucken, d.h. beim Übertritt vom Pharynx in den Ösophagus, zu einer **Penetration** (Eindringen von Speichel oder Nahrungsbrei in den Aditus laryngis) oder zu einer **Aspiration** (Passage bis unterhalb der Stimmbänder in die Trachea) kommen, die meist von Luftnot und reflektorischem Husten begleitet ist. Die Unterscheidung zwischen Penetration und manifester Aspiration ist in der Regel klinisch nicht möglich und kann nur radiologisch getroffen werden.

Unter einer **Regurgitation** versteht man das Zurückfließen oder das Wiederauswürgen von Nahrungsbrei bzw. Ösophagus- oder Mageninhalt, wobei eine **passive Regurgitation** durch ein passives Zurückfließen entsteht, während eine **aktive Regurgitation** durch Hochwürgen erzeugt wird. Der Singultus („Schluckauf") kommt durch eine schnelle unwillkürliche Kontraktion des Zwerchfells oft mit hörbarer Einatmung zustande. Der Schluckakt ist in der Regel nicht gestört (→ Kap. 4). Unter **Globusgefühl** versteht man ein Druck- oder Fremdkörpergefühl in der Halsregion (→ Kap. 19), das vom Thorax- in den Halsbereich aufsteigen kann.

39.2 Ursachen

Die Darstellung der Ursachen in Tabelle 39-1 orientiert sich an der Unterteilung in Störungen des Bolustransportes und Abschluckens im Oropharynx – **oropharyngeale Dysphagie** – und des weiteren Bolustransportes im Ösophagus – **ösophageale Dysphagie**. Für

39

Tab. 39-1 Typische Ursachen für Schluckstörungen

Oropharyngeale Dysphagie	
zentralnervöse Ursachen	zerebrovaskuläre Ursachen • Hirninfarkt • Pseudobulbärparalyse • Wallenberg-Syndrom Hirnstammaffektionen Morbus Parkinson Multiple Sklerose Tabes dorsalis Chorea Huntington
periphernervöse Ursachen	Nervenläsionen • Operation • Trauma • Tumoren periphere Neuropathie Guillain-Barré-Syndrom amyotrophe Lateralsklerose Poliomyelitis Botulismus
muskuläre Ursachen	Myasthenia gravis metabolische Myopathien Polymyositis muskuläre Dystrophie
oropharyngeale Tumoren	
Globus	
Pharynxkompression (Struma, Tumor, Exostosen)	
Entzündungen im Mund und Pharynxbereich	Pharyngitis Tonsillitis
Zenker-Divertikel	
zervikale Achalasie	
Xerostomie	

Tab. 39-1 Typische Ursachen für Schluckstörungen, Fortsetzung

Ösophageale Dysphagie	
primäre Ösophagusmotilitätsstörungen	Achalasie (→ 39.4.9) Diffuser Ösophagospasmus
sekundäre Ösophagusmotilitätsstörungen	Diabetes mellitus (→ Kap. 12) Alkoholismus Sklerodermie (→ Kap. 43) refluxinduzierte Motilitätsstörungen
gastroösophagealer Reflux	Refluxösophagitis (→ 39.4.1) peptische Stenosen
Entzündungen des Ösophagus	virale Entzündungen (→ 39.4.2) • Zytomegalie • Herpes-simplex-Virus (Herpesösophagitis) • Pilzinfektionen (→ 39.4.2) • Candida (Soorösophagitis) ösophageale Pseudodivertikulose medikamenteninduzierte Ösophagitis (→ 39.4.4) Verätzungen (Säuren, Laugen), → 39.4.4 M. Crohn (→ Kap. 11) Eisenmangelanämie (Plummer-Vinson-Syndrom) Webs (→ 39.4.8) Schatzki-Ring (→ 39.4.8)
benigne organische Stenosen	Divertikel (epiphrenisches) Dysphagia lusoria radiogene oder peptische Stenosen postoperative Stenosen und Narben gutartige Tumoren • Leiomyome • Fibrome • Granularzelltumor
maligne Tumoren	Plattenepithelkarzinom Adenokarzinom

weitere pathophysiologische und differentialdiagnostische Überlegungen ist es wichtig, daß der Ösophagus im oberen Drittel aus quergestreifter Muskulatur, in den unteren zwei Dritteln aus glatter Muskulatur besteht. Durch eine genaue Befragung und Beobachtung kann diese Unterteilung in den meisten Fällen gut getroffen werden.

39.3 Diagnostik

39.3.1 Anamnese

Durch die Anamnese können wesentliche Punkte für die Differentialdiagnostik von Schluckstörungen ermittelt werden (Tab. 39-2). Die Anamnese zielt zunächst darauf ab, eine nähere Eingrenzung der Beschwerden zu erreichen. Zunächst ist es sehr hilfreich, die **Höhe, die Art** und den **Umfang der Beschwerden** zu ermitteln: Bestehen bereits Anschluckstörungen (oropharyngeale Dysphagie) oder sind es Probleme des Bolustransportes (ösophageale Dysphagie)?

Wichtige allgemeine Fragen sind der **Beginn und der Verlauf der Beschwerden,** die **Dauer,** die **Häufigkeit** des Auftretens, die **allgemeine Beeinträchtigung** des Patienten (Gewichtsabnahme?), die **Abhängigkeit von der Nahrungsaufnahme,** von der Art der Speisen (fest – flüssig, warm – kalt), Beschwerden in der Nacht, **Schmerzen** beim Schlucken, Vorhandensein von Beschwerden beim Schlucken von Speichel, **Gefühl des Steckenbleibens** mit anschließender Regurgitation, auslösende Faktoren (Streß), saures Aufstoßen, **Sodbrennen.** Weiter empfiehlt es sich, nach einem passiven Zurücklaufen von Speisen und Flüssigkeiten im Liegen, nach nächtlichen Hustenanfällen, nach asthmaähnlichen Beschwerden oder nach einer Veränderung der Stimme am Morgen (heiser, rauh, belegt) zu fragen. Nicht vergessen werden sollte eine genaue **Medikamentenanamnese** und der mögliche Einfluß dieser Medikamente auf die Beschwer-

Tab. 39-2 Wichtige anamnestische Informationen bei Patienten mit Schluckbeschwerden

Wie lange bestehen die Beschwerden (Dauer)?
Wie häufig treten sie auf oder sind sie ständig vorhanden (Häufigkeit)?
Wie ernährt sich der Patient?
Hat der Patient seit Bestehen der Beschwerden an Gewicht abgenommen (Gewichtsabnahme)?
Sind die Aufnahme von Flüssigkeiten und festen Speisen in gleicher Weise mit Schluckbeschwerden verbunden und insbesondere, kann Speichel geschluckt werden (strukturelle Läsion)?
Sind mit der Dysphagie Schmerzen verbunden (Odynophagie)?
Verschluckt sich der Patient, muß er anschließend husten (Aspirations- und Pneumoniegefahr)?
Mußte der Patient schon Speisen wieder hochwürgen oder war sogar schon eine instrumentelle (endoskopische) Entfernung notwendig?
Sind die Beschwerden auch nachts vorhanden (organisch – funktionell)?
Leidet der Patient an nächtlichen Regurgitationen oder nächtlichen Hustenanfällen (Regurgitation, Reflux)?
Leidet der Patient an Systemerkrankungen oder nimmt er Medikamente (Antibiotika) ein (Nebenwirkung oder medikamenteninduziert)?

den. Zudem ist zu bedenken, daß eine Reihe von Medikamenten wiederum Auslöser für die Dysphagie sein kann.

Risikofaktoren für eine maligne Erkrankung, wie Rauchen, Barrett-Ösophagus, Alkohol und Verätzungen sind zu erfragen.

Eine kurze Verlaufsdauer mit rascher Zunahme und mit ständigen, wenig wechselnden Beschwerden, zunächst vor allem für feste, dann auch für flüssige Speisen, sowie eine starke Gewichtsabnahme sind Alarmsymptome und sprechen für eine organische Ursache (z.B. zunehmende Stenosierung). Ein gelegentliches Auftreten, insbesondere in Streßsituationen, mit normalem Abschlucken von Speichel und keinen Beschwerden bei Nacht, spricht eher für eine Funktionsstörung, z.B. im Rahmen eines diffusen Ösophagospasmus.

Schluckstörungen mit saurem oder bitterem Aufstoßen, Sodbrennen und eine morgendliche heisere Stimme lassen eher auf eine refluxinduzierte oder refluxassoziierte Motilitäts- bzw. Schluckstörung schließen. Passive Regurgitationen von unverdauten Speisen zusammen mit nächtlichen Hustenanfällen sind hingegen typisch für eine Achalasie oder für ein Zenker-Divertikel.

Eine Raynaud-Symptomatik in Verbindung mit ansonsten typischen Refluxbeschwerden sollte an eine systemische Sklerodermie oder an ein CREST-Syndrom denken lassen.

39.3.2 Körperliche Untersuchung

Bei oropharyngealen Störungen muß nach weiteren neurologischen oder systemischen Krankheitssymptomen gefahndet werden. Bei der neurologischen Untersuchung sind die Zungen- und Kehlkopfbeweglichkeit sowie die Hirnnervenfunktionen zu beachten (→ Kap. 30 und 35). Bei der körperlichen Untersuchung sollte auf Veränderungen der Hals- und Schilddrüsenkontur (Tumoren, Struma, Zenker-Divertikel) geachtet und eine mögliche Vergrößerung der Schilddrüse oder von regionären Lymphknoten palpiert werden (→ Kap. 19).

Häufig ist es auch sehr hilfreich, dem Patienten zur Demonstration seiner Beschwerden einen Schluck Wasser oder ein Stück Brot zu verabreichen und den Schluckakt zu beobachten. Als Hinweise auf mögliche **internistische Ursachen** können **Hautveränderungen** (Dermatomyositis, Sklerodermie, → Kap. 21), **Blässe** und **Anämie** (Eisenmangelanämie, → Kap. 8), oder auch eine ausgeprägte **vegetative Symptomatik** (Globus hystericus, Hyperventilationstetanie, → Kap. 34) von Bedeutung sein.

Dennoch besitzen diese Befunde nur teilweise diagnostische Aussagekraft, und **manifeste Schluckstörungen** sollten **immer** Anlaß für eine **weitere apparative Untersuchung** und insbesondere für eine **Endoskopie** sein.

39.4 Krankheitsbilder

39.4.1 Ösophagustumoren

Zu den gutartigen Tumoren des Ösophagus zählen die epithelialen Tumoren (Papillom) und submukösen Tumoren (Lipom, Leiomyom, Neurofibrom, Hämangiom), die durch lokale Behinderung zu Dysphagie und Obstruktion führen können. Die gutartigen Tumoren des Ösophagus sind eher selten und können insbesondere durch die Endosonographie gut dargestellt und diagnostiziert werden. Bei den malignen Tumoren des Ösophagus handelt sich entweder um Plattenepithelkarzinome mit unterschiedlichem Differenzierungsgrad oder um Adenokarzinome (Barrett-Karzinom, Kardiakarzinom). Das Ösophaguskarzinom ist eine Erkrankung des höheren Lebensalters mit einer Inzidenz von 4 pro 100000 mit starken regionalen, überregionalen und geschlechtsspezifischen Unterschieden (männlich : weiblich = 5 : 1). Die Ätiologie ist weitgehend unbekannt, als Risikofaktoren oder prädisponierende Faktoren gelten Alkohol, Nikotin, Riboflavin- und Vitamin-A-Mangel, Eisenmangel (Plummer-Vinson-Syndrom), pilzkontaminierte Nahrungsmittel, Aflatoxine, schlechte Zahnhygiene, heiße Getränke, Endobrachyösophagus (Barrett-Ösophagus), Achalasie, Verätzungsstrikturen. Die Dysphagie ist das Leitsymptom des Ösophaguskarzinoms.

Jede neu auftretende Dysphagie ist karzinomverdächtig und muß insbesondere bei Patienten > 40. Lebensjahr weiter abgeklärt werden.

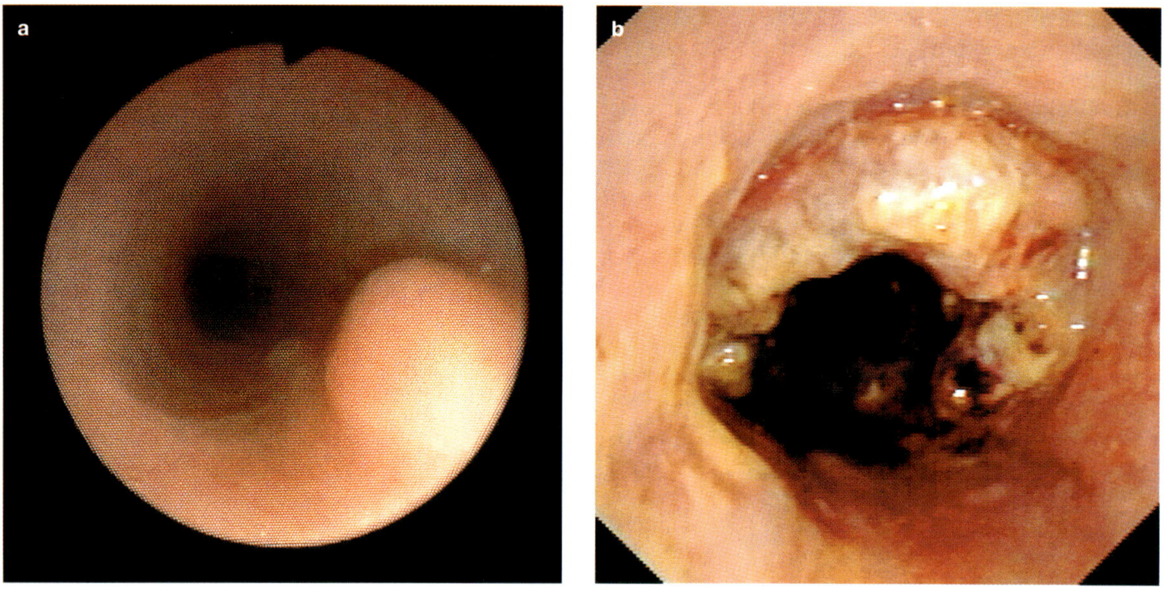

Abb. 39-1 Endoskopische Befunde bei Ösophagustumoren: (a) gutartiger submuköser Ösophagustumor; (b) Ösophaguskarzinom.

B *Beschwerden und Befunde*

Die Beschwerden sind in der Regel von der Größe und der Lage der Tumoren abhängig. Die gutartigen Tumoren machen erst bei Kompression oder bei einer Lumeneinengung entsprechende Beschwerden.

Insbesondere in der Frühphase können die Symptome unspezifisch und wechselhaft sein und nur eine geringe Beeinträchtigung des Patienten verursachen. Daher ist auch bei geringeren Beschwerden eine weitere diagnostische Abklärung empfehlenswert.

DS *Diagnosesicherung*

Die Sicherung der Diagnose erfordert immer eine direkte Beurteilung des Ösophagus mittels **Endoskopie** (Abb. 39-1b) und **histologischer Untersuchung** durch Probebiopsien. Hier zeigt sich bei gutartigen Tumoren ein glatter Schleimhautüberzug und meist eine Impression der Ösophaguswand (Abb. 39-1a). Die Endosonographie kann die Verdachtsdiagnose erhärten und je nach Art des Tumors eine Verdickung der Lamina submucosa bzw. der Lamina muscularis zeigen.

Bei malignen Läsionen dient die Endoskopie zur histologischen Sicherung des Tumors, und die **Endosonographie** zur Beurteilung der Tiefenausdehnung und damit zum Staging. Die Röntgenuntersuchung **(Ösophagusbreischluck)** liefert insbesondere bei endoskopisch nicht passierbaren Stenosen Informationen zur Längenausdehnung und Höhenlokalisation oder über Verbindungen zu anderen Organen (z.B. ösophago-tracheale Fistel). Weitere apparative Untersuchungen wie **Computertomographie** (mediastinale Lymphknoten), **Bronchoskopie** (Trachealinfiltration), **Sonographie** und **Knochenszintigraphie** (Fernmetastasierung) sind für die Stadieneinteilung und die weitere Therapieplanung wichtig.

DD *Differentialdiagnose*

Die Differentialdiagnose des Ösophaguskarzinoms umfaßt alle strukturellen Veränderungen des Ösophagus, die zu einer Lumeneinengung und nachfolgenden Passagebehinderung führen können. Dies sind insbesondere Entzündungen der Speiseröhre im Rahmen oder als Folge von Verätzungen mit Säuren oder Laugen (→ Abb. 39-4), peptische Strikturen (Abb. 39-2), Druckulzera durch Fremdkörper, Strikturen nach Bestrahlung, Achalasie, Befall der Speiseröhre im Rahmen eines Morbus Crohn (→ Kap. 11). Auch Entzündungen im Rahmen einer schweren Soorösophagitis (→ 39.4.2.2), einer viralen Ösophagitis oder einer medikamenteninduzierten Ösophagusläsion (z.B. Tetrazykline) müssen abgegrenzt werden. Strukturelle Veränderungen wie Webs, Strikturen, Schatzki-Ring oder Magenschleimhautinseln im Bereich des oberen ösophagealen Sphinkters können gelegentlich die Differentialdiagnose erschweren, sind aber meist im Rahmen der Endoskopie einfach zu differenzieren. Außerdem muß eine Infiltration des Ösophagus durch einen anderen malignen Tumor (z.B.

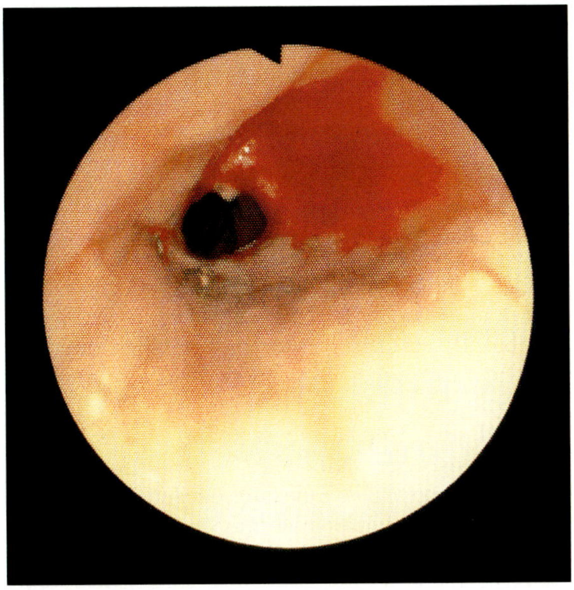

Abb. 39-2 Endoskopischer Befund bei einer peptischen Striktur.

Bronchialkarzinom, Mediastinaltumor) durch eine histologische Sicherung bzw. eine Bronchoskopie oder Endosonographie ausgeschlossen werden.

Die Differentialdiagnose erfolgt in der Regel durch die endoskopische Untersuchung und die histologische Aufarbeitung des gewonnenen Probenmaterials. Wegen der Möglichkeit eines Ösophaguskarzinoms erfordert jede neu aufgetretene Dysphagie eine eingehende endoskopische und bioptische Abklärung.

DD *Seltene Differentialdiagnosen*

Granularzelltumor (Abrikossoff-Tumor)

Seltener semimaligner Tumor, der als gelblicher Schleimhautbezirk imponiert. Prognose unklar. Von einigen Autoren wird eine maligne Entartung angegeben und daher eine Exzision empfohlen.

Kaposi-Sarkom des Oropharynx und des Ösophagus

Maligner, meist multizentrischer Tumor, der meist durch eine dunkelrot-bläuliche Farbe als leicht erhabener, makulo-papulöser Tumor imponiert. Kaposi-Sarkome werden vor allem im Rahmen der HIV-Infektion als AIDS-Manifestation beobachtet und können neben der Haut auch den Mund- und Rachenbereich oder den gesamten Gastrointestinaltrakt befallen. Beim Befall des Oropharynx und des Ösophagus können ausgeprägte Schluckbeschwerden bestehen. Die Diagnose erfolgt durch bioptische Sicherung.

39.4.2 Entzündungen

Eine Entzündung des Ösophagus (Ösophagitis) kann durch verschiedene Ursachen ausgelöst bzw. unterhalten werden. Einerseits können virale Infektionen und Pilzbesiedlungen, häufig im Rahmen einer Abwehrschwäche, eine Ösophagitis verursachen.

Andererseits können physikalische Noxen (Bestrahlung, Säure, Laugen, Druck) zu einer Entzündung der Ösophagusschleimhaut führen. Die häufigste Erkrankung stellt sicherlich die durch das Zurückfließen der Magensäure verursachte Refluxösophagitis dar. Charakteristisch für die Virus- und Candida-Ösophagitis ist häufig eine Odynophagie, d.h. eine Schmerzhaftigkeit des Schluckaktes, die bereits eine gewisse Verdachtsdiagnose ermöglicht.

39

39.4.2.1 Refluxösophagitis

Unter **gastro-ösophagealem Reflux** versteht man ein über das physiologische Maß hinausgehendes Zurückfließen von Mageninhalt in den Ösophagus. Der Reflux kann sowohl sauer (Magensäure) als auch alkalisch (Galle, Duodenalsekret) sein. Das klassische Leitsymptom des gastro-ösophagealen Refluxes ist das **Sodbrennen** (→ Kap. 57). Schluckbeschwerden treten bei der Refluxösophagitis entweder durch **sekundär induzierte Motilitätsstörungen** (refluxinduzierte Motilitätsstörungen) oder bei fortgeschrittener Refluxösophagitis (Stadium IV) nach der Ausbildung einer peptischen Stenose auf. Die weitere Differentialdiagnostik der Refluxerkrankung ist unter dem Leitsymptom Sodbrennen (Kap. 57) zu finden.

39.4.2.2 Pilzinfektionen (Candida-Ösophagitis)

Candida-Pilze sind saprophytäre Keime, die im Mund- und Dickdarmbereich physiologisch vorkommen können. Die invasive Candida-Ösophagitis ist von einer bloßen Besiedlung der Speiseröhre mit Candida-Pilzen durch ihre Mukosainvasion abzugrenzen. Sie tritt meist im Rahmen einer Abwehrschwäche des Organismus auf (Tumorleiden, Zytostatika- oder Antibiotikatherapie, Cortisontherapie, HIV-Infektion bzw. AIDS). Auch eine Stase oder Schleimhautverletzung kann eine Candida-Infektion begünstigen. Eine Candida-Ösophagitis bei einem Patienten ohne weitere Grunderkrankung ist immer verdächtig auf das Vorliegen einer Immunschwäche. Die Erkrankung tritt gelegentlich symptomlos auf, ist aber häufig mit Soorbelägen im Mund-Rachenraum, mit Mundgeruch und mit Odynophagie vergesellschaftet, die richtungweisend bei der Diagnostik sein können.

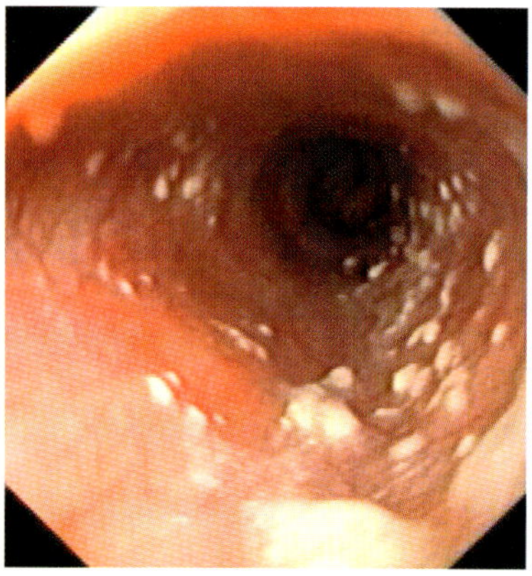

Abb. 39-3 Typischer endoskopischer Befund bei einem Patienten mit einer Soor-Ösophagitis.

B ***Beschwerden und Befunde***

Die Beschwerden der Patienten sind:

- Dysphagie
- Odynophagie
- retrosternale Schmerzen
- weißliche Beläge im Mund- und Rachenraum

DS ***Diagnosesicherung***

Bei der **Endoskopie** (Abb. 39-3) zeigen sich weißliche Schleimhautbeläge, die sich schwer abschieben lassen und auf einer vulnerablen Schleimhaut sitzen. Die Diagnosesicherung erfolgt durch eine tiefe Schleimhautbiopsie und Kultur zur Resistenzbestimmung. Die Diagnostik kann durch die **Candida-Serologie** (Candida-IFT und Candida-AG) ergänzt werden, um eine systemische Candida-Infektion zu erkennen. Dabei ist aber lediglich ein Titeranstieg bei den Candida-Antikörpern (4fach) oder ein positiver Candida-Antigen-Nachweis im Blut beweisend.

39.4.2.3 Virale Ösophagitis

Eine Virusösophagitis kann durch eine Infektion mit **Herpes simplex Typ I oder Typ II** oder **Zytomegalieviren** und in seltenen Fällen auch durch das Herpes-zoster-Virus verursacht werden. Während eine Ösophagitis durch Herpes simplex Typ I auch beim immunkompetenten Patienten auftreten kann, werden die anderen viralen Ösophagitiden, ähnlich wie die Pilzösophagitis, meist bei abwehrgeschwächten Personen gefunden. Auch bei Infektion mit dem **HIV-Virus** kann eine selbstlimitierende Ösophagitis mit Ulzerationen und makulopapulösen Hautveränderungen auftreten.

B ***Beschwerden und Befunde***

Die Patienten klagen meist über eine akut einsetzende Dys- und Odynophagie sowie über persistierende retrosternale Thoraxschmerzen. Bläschen im Mund- und Nasenbereich können ein Hinweis auf eine Herpesinfektion sein. Fieber und Allgemeinsymptome können vorhanden sein, sind jedoch nicht obligatorisch.

DS ***Diagnosesicherung***

Bei der **Endoskopie** des Ösophagus finden sich kleine Bläschen (besonders bei Herpesösophagitis) und/oder kleine flache Ulzerationen. Die Ulzerationen sind bei der Herpesinfektion eher rundlich und wirken wie ausgestanzt, während sie bei der Zytomegalieinfektion unregelmäßig konfiguriert und z.T. konfluierend sind. Der Nachweis erfolgt mittels **Biopsie** und **histologischer Methoden** (Herpes-Einschlußkörperchen, Zytomegalie: Eulenaugenzellen, z.B. In-situ-Hybridisierung). In fortgeschrittenen Stadien kann es zu bakteriellen und mykotischen Superinfektionen kommen, die dann die Diagnostik verschleiern können.

39.4.2.4 Seltene Ursachen von Entzündungen des Ösophagus

Entzündungen des Ösophagus sind auch möglich im Rahmen einer Mitbeteiligung bei seltenen Hauterkrankungen (Dermatitis exfoliativa), bei Autoimmunerkrankungen (Lupus erythematodes), als Bestrahlungsfolge und bei Eisenmangelanämien (Plummer-Vinson-Syndrom).

Bakterielle Ösophagitis

Eine bakterielle Ösophagitis wird selten und wenn dann hauptsächlich bei abwehrgeschwächten Patienten beobachtet. Als Keime kommen Laktobazillen und beta-hämolysierende Streptokokken vor. Bei AIDS-Patienten werden auch Infektionen mit Cryptosporidium und Mycobacterium tuberculosis beobachtet. Auch das Protozoon Pneumocystis carinii kann eine unspezifische Ösophagitis verursachen.

Mitbeteiligung des Ösophagus bei Hauterkrankungen

Das Plattenepithel des Ösophagus wird bei einer Reihe von Hauterkrankungen in das Krankheitsgeschehen miteinbezogen.

So kann es beim Pemphigus vulgaris, beim bullösen Pemphigoid, beim Stevens-Johnson-Syndrom, der angeborenen oder postinfektiösen (Lyell-Syndrom) Epidermolysis und bei der Graft-versus-host-reaction nach Knochenmarktransplantation zu einer Ösophagitis kommen, die zu Schluckbeschwerden führt.

Morbus Crohn des Ösophagus

Der Morbus Crohn kann den gesamten Gastrointestinaltrakt vom Mundbereich bis zum Anus befallen. Zwar ist die Hauptlokalisation im terminalen Ileum und proximalen Kolon, doch es ist auch ein isolierter Befall des Ösophagus und des Pharynx möglich. Im Rahmen des Morbus Crohn kann es zu entzündlichen Stenosen, zu Fisteln und filiformen Polypen kommen (→ Kap. 11).

Morbus Behçet

Der Morbus Behçet kann zu Ulzerationen im Gastrointestinaltrakt führen, die hauptsächlich Kolon, Mundbereich und Ösophagus betreffen.

Eosinophile Gastroenteritis

Erkrankung unklarer Ätiologie mit peripherer Eosinophilie und eosinophilen Infiltraten in einzelnen Abschnitten der Darmwand, die meist Magen, Dünndarm oder Kolon betreffen. In seltenen Fällen ist auch eine Ösophagusbeteiligung möglich.

Plummer-Vinson-Syndrom (Kelly-Paterson-Syndrom, „sideropenische Dysphagie“)

Dysphagie im Rahmen einer Eisenmangelanämie, meist durch Ausbildung von membranartigem Schleimhautsegel (Webs) im proximalen Ösophagus bedingt. Das Plummer-Vinson-Syndrom weist zudem ein erhöhtes Risiko für die Entwicklung eines Ösophaguskarzinoms auf. Die Diagnosesicherung basiert auf dem Nachweis der Eisenmangelanämie (Hb, HbE, Eisen, Ferritin) und dem radiologischen und/oder endoskopischen Nachweis eines Webs im proximalen Ösophagus.

Intramurale Pseudodivertikulose

Bei dieser seltenen Erkrankung kommt es zu kleinen (1–5 mm) pseudo-divertikelartigen Ausstülpungen entlang der intramuralen Ösophagusdrüsen mit konsekutiven Entzündungserscheinungen, die häufig zu Lumeneinengungen führen. Der Erkrankungsgipfel liegt im 5.–7. Lebensjahrzehnt. Als Risikofaktoren gelten Diabetes mellitus, Alkohol-, Nikotinabusus und gastro-ösophagealer Reflux.

Leitsymptom ist die zunehmende Dysphagie (80%) durch die entzündungsbedingte Lumeneinengung und die meist vorhandenen Motilitätsstörungen, häufig verbunden mit Gewichtsabnahme.

Die **Diagnosesicherung** erfolgt durch die **Endoskopie** (kleinste pseudo-divertikelartige Einsenkungen der Schleimhaut mit sogenannter Flaschenhalsform, besonders im proximalen Drittel des Ösophagus) und durch den **Ösophagusbreischluck** (feine, mit Kontrastmittel gefüllte Spiculae und Strikturen, langstreckige Lumeneinengungen hauptsächlich im proximalen Drittel). Bei der **Biopsie** zeigen sich häufig ein Soorbefall sowie zystische Dilatationen der Hauptausführungsgänge submuköser Ösophagusschleimdrüsen.

Differentialdiagnostisch sind ein Morbus Crohn oder eine Tumorerkrankung auszuschließen (→ Kap. 11).

Strahlenösophagitis

Eine Strahlenösophagitis wird als häufige Komplikation nach Radiatio von Ösophagus-, Brust-, Lungen- oder Mediastinaltumoren beobachtet. Die Wahrscheinlichkeit einer Strahlenösophagitis nimmt mit der Strahlendosis sowie einer begleitenden Chemotherapie zu. Die Hauptsymptome sind die Dysphagie und die Odynophagie. Endoskopisch imponiert die Schleimhaut gerötet und geschwollen sowie leicht verletzlich. Die Dysphagie kann insbesondere durch Ausbildung von narbigen Strikturen auch nach der Bestrahlung auftreten bzw. länger fortbestehen.

Verätzungen der Speiseröhre

Verätzungen der Speiseröhre werden häufig durch akzidentelle oder suizidale Aufnahme von Säuren oder Laugen verursacht (Abb. 39-4). Säuren führen zu einer Koagulations-, Laugen zu einer Kolliquationsnekrose der Schleimhaut mit der Gefahr der Perforation. Eine **Sonderform** der Verätzung stellen → **medikamenteninduzierte Ösophagitiden** dar. Hierbei kommt es durch retinierte Tabletten oder Kapseln (Kaliumchlorid,

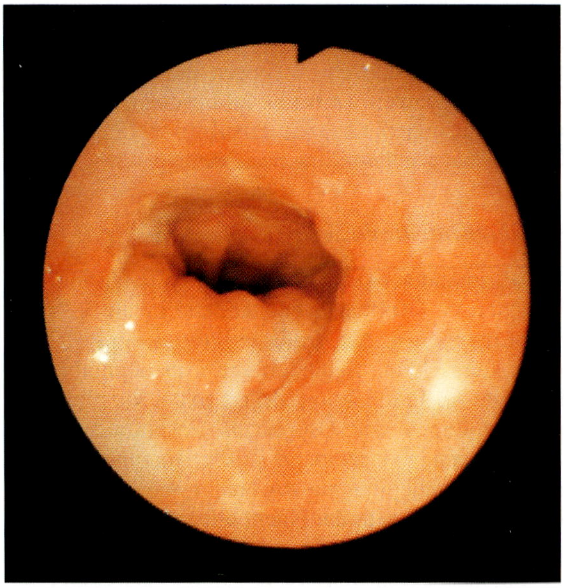

Abb. 39-4 Endoskopisches Bild einer Blausäureverätzung der Speiseröhre mit deutlichen Ösophagitiszeichen.

Tetrazykline, Clindamycin) im Ösophagus zur Freisetzung hoher Konzentrationen der Inhaltsstoffe, die zu umschriebenen Ulzerationen führen können.

B ***Beschwerden und Befunde***

Säuren und Laugen führen zu einer Destruktion und Nekrose der Schleimhaut mit ausgeprägter Dysphagie und Odynophagie. In der Regel ist die Anamnese (akzidentelle Aufnahme) bereits richtungweisend. Die Patienten klagen über stärkste Schmerzen und eine verstärkte Salivation. Auffälliger Geruch des Patienten, Verätzungen und Verfärbungen im Mund- und Rachenbereich können bei Inspektion des Patienten auch bei suizidaler Aufnahme die Diagnose ermöglichen.

DS ***Diagnosesicherung***

Die Diagnosesicherung erfolgt durch die frühzeitige **Endoskopie**, die auch zur **Beurteilung** der **Ausdehnung** und des **Schweregrades** indiziert ist. Nach dem endoskopischen Befund erfolgt eine Graduierung:

Grad 1 Schwellung, Rötung der Schleimhaut ohne Ulzera

Grad 2 flache Schleimhautulzera, Fibrinbeläge, Mukosaverlust (Papyrusösophagus)

Grad 3 ulzerierte und hämorrhagische Schleimhaut mit Wandnekrosen, zähes Exsudat

Zum Ausschluß von Komplikationen (Perforation) sollte zudem eine Röntgenthoraxaufnahme angefertigt werden.

DD ***Differentialdiagnose***

Bei der akuten Verätzung gibt es in der Regel keine Schwierigkeiten bei der Differentialdiagnose. Im Narbenstadium sind vor allem die Tumoren des Ösophagus sowie peptische Stenosen differentialdiagnostisch abzugrenzen. Dabei ist zu beachten, daß nach einer Verätzung im Langzeitverlauf ein erhöhtes Risiko für eine maligne Entartung besteht.

Medikamenteninduzierte Ösophagitis

Dabei handelt es sich um eine durch Retention von Tabletten im Ösophagus entstandene lokale Reizung und Entzündung. Als häufigste Substanzen kommen dabei Tetrazykline, Kaliumchlorid und Eisentabletten in Frage. Als Prädilektionsstellen gelten die physiologischen Engen des Ösophagus, insbesondere der Aortenbogen. Entscheidend ist die Anamnese: Nach einer Tabletteneinnahme zur Nacht, meist mit wenig Flüssigkeit, setzen in der Nacht oder am nächsten Tag Dys- und Odynophagie oder starke retrosternale Schmerzen ein. Es werden meist ältere Menschen oder Patienten mit Ösophagusmotilitätsstörungen betroffen.

B ***Beschwerden und Befunde***

Charakteristische Anamnese in Verbindung mit Odynophagie und schmerzhaftem Abschlucken von Speichel. In der Anamnese werden häufig die Einnahme von relevanten Medikamenten zur Nacht, meist kurz vor dem Schlafengehen und ohne Flüssigkeit berichtet. Prädisponierend sind weiter das Vorbestehen von Ösophagusmotilitätsstörungen oder Impressionen des Ösophagus durch einen prominenten Aortenbogen oder durch einen vergrößerten Vorhof.

DS ***Diagnosesicherung***

Die Diagnose kann häufig schon auf Grund der typischen Anamnese vermutet werden. Bei der Endoskopie zeigt sich typischerweise eine ausgestanzt wirkende Schleimhautläsion, die gelegentlich sogar noch Tablettenreste enthalten kann. Bei ausgeprägten Befunden kann es zu tiefen Ulzera, zirkulären Entzündungen mit Stenosen und im Extremfall zur Perforation des Ösophagus kommen.

DD ***Differentialdiagnose***

Von der Beschwerdesymptomatik (akut einsetzende Odynophagie) sind infektiöse Ösophagitiden (viral, Pilze) sowie impaktierte Fremdkörper abzugrenzen. Endoskopisch sind insbesondere andere umschriebene Läsionen des Ösophagus, virale Ösophagitiden sowie Malignome durch bioptische Untersuchungen abzugrenzen.

39.4.3 Fremdkörper

Verschluckte Fremdkörper (Fischgräten, Knochenteile, Nadeln, Geldstücke etc.) können im Ösophagus meist an den physiologischen Engen steckenbleiben und sowohl zur lokalen Passagebehinderung mit der Unfähigkeit zu schlucken als auch bei längerem Bestehen zu Druckulzera und Perforationen führen.

Entscheidend für die Diagnosesicherung ist die Anamnese mit anschließender Endoskopie bzw. bei röntgendichten Fremdkörpern die Röntgenaufnahme (Rö-Thorax seitlich). Differentialdiagnostisch müssen medikamenteninduzierte Ulzera, Virus- und Pilzinfektionen, Verätzungen sowie eine Ösophagusperforation durch Würgen bzw. Erbrechen unterschieden werden.

39.4.4 Ösophagusperforation

Ösophagusperforationen treten entweder iatrogen-instrumentell, im Rahmen von Tumoren, durch starkes Würgen oder Erbrechen (Boerhaave-Syndrom) auf. Die Ösophagusperforation ist meist durch starke Schmerzen und eine Odynophagie gekennzeichnet. Weiterhin bildet sich oft ein tastbares Hautemphysem im Halsbereich aus. Die Diagnosesicherung erfolgt mit einer Röntgenthoraxaufnahme (mediastinale Luft) und zusätzlicher Gabe eines wasserlöslichen Kontrastmittels.

39.4.5 Neurologische Erkrankungen

W. Müller-Felber und D. Pongratz

Der Schluckakt setzt ein koordiniertes Zusammenspiel verschiedenster nervaler Strukturen voraus. In diesem geschlossenen Regelkreis wird die Lage der Speise in Mundhöhle und Pharynx wahrgenommen, ein komplexes Bewegungsmuster entworfen und dieses schließlich durch das neuromuskuläre System mechanisch umgesetzt. Störungen in jedem Abschnitt des zentralnervösen Regelkreises führen zur Dysphagie als begleitendem Symptom zahlreicher neurologischer Erkrankungen.

B *Beschwerden und Befunde*

Zwei Merkmale lenken den Verdacht auf eine **neurologische Ätiologie** der Dysphagie: das Auftreten der Schluckstörung bei Aufnahme flüssiger Speisen und das gleichzeitige Vorkommen **assoziierter neurologischer Störungen.**

Dieses gleichzeitige Auftreten von Zusatzsymptomen wird verursacht:

- durch die enge anatomische Nachbarschaft nervaler Strukturen
- Zweitfunktionen der am Schluckakt beteiligten Strukturen
- systemischen Charakter der Erkrankung

DS *Diagnosesicherung*

Die gezielte neurologische Anamnese und klinische Untersuchung beim Symptom Schluckstörung muß deshalb besonders auf derartige **Zusatzsymptome** ausgerichtet sein:

▷ Doppelbilder (→ Kap. 30)
  ➠ Hirnstammerkrankungen und Schädelbasisprozesse
▷ Gleichgewichtsstörungen
  ➠ Kleinhirnerkrankungen, Hirnstammprozesse
▷ Geschmacksstörungen
  ➠ Hirnstammläsionen und Schädigung des peripheren Nervs
▷ Kopf- und Gesichtsschmerzen (→ Kap. 44)
  ➠ Prozesse an der Schädelbasis und im Hirnstammbereich

Zusatzsymptome, die durch Zweitfunktionen der am Schluckakt beteiligten Strukturen verursacht werden:

▷ **Dysarthrie**: Diese kann sowohl durch eine Störung im Bewegungsentwurf (wenig modulierte Sprache bei Parkinson-Syndrom, bellende Sprache bei zerebellärer Störung) als auch durch die gestörte Ausführung bedingt sein (→ Kap. 58). Bei Lähmung der Zunge werden beispielsweise Konsonanten wie „L – R – D" schlecht artikuliert, während aus der Schwäche des Gaumensegels eine nasale Sprache resultiert.
▷ Heiserkeit (→ Kap. 22)
  ➠ Schädigung des Nervus vagus
▷ Regurgitation durch die Nase
  ➠ Parese des Gaumensegels

Symptome, die ein generalisiertes Krankheitsgeschehen darstellen, sind:

▷ organische Wesensänderung
  ➠ diffuse, das Großhirn betreffende Prozesse wie multiple Infarkte, Enzephalitis, toxische Enzephalopathie
▷ Ptosis, Diplopie wechselnder Intensität und belastungsabhängige Mundtrockenheit, Akkommodationsstörungen, Blasenstörungen
  ➠ Botulismus
▷ Muskelschwäche (→ Kap. 35)
  ➠ Vorderhornerkrankungen, Myopathien, Neuropathien, Myasthenie

Unmittelbar mit der Schluckstörung zusammenhängende Untersuchungsbefunde sind:

▷ Abweichung der Zunge zur gelähmten Seite
  ➠ Hypoglossusparese
▷ Zungenrandatrophie und Fibrillieren
  ➠ spinale Muskelatrophie und amyotrophe Lateralsklerose (ALS)
▷ Abweichen der Uvula
  ➠ einseitige Glossopharyngeuslähmung
▷ fehlende Hebung des Gaumensegels mit nasaler Sprache
  ➠ Myopathien, Myasthenia gravis, Hirnstammläsionen, sowie die heute praktisch nicht mehr vorkommende Diphtherieneuropathie
▷ Geschmacksstörung
  ➠ Schädelbasisprozesse
▷ Sensibilitätsstörungen der Rachenhinterwand mit aufgehobenem Würgereflex
  ➠ Schädigungen des N. glossopharyngeus

Zusatzsymptome, die einen Hinweis auf die Lokalisation der Schädigung geben können, sind:

▷ Ataxie
  ➠ Kleinhirnschädigung, Hinterstrangläsion
▷ dissoziierte Empfindungsstörung
  ➠ Hirnstammläsion
▷ Horner-Syndrom
  ➠ Hirnstammläsion
▷ spastische Hemiparese
  ➠ Läsion der Capsula interna, Hirnstammschädigung
▷ Paraspastik/Tetraspastik
  ➠ diffuse Schädigung des Gehirns, bei Hirnstammschädigung
▷ Meningismus
  ➠ Prozesse an der Schädelbasis und im Hirnstammbereich

▷ Rigor, Akinese, unmodulierte Sprache
 ➠ Parkinson-Syndrom und Multisystematrophien (olivo-ponto-zerebelläre Atrophien, supranukleäre Blickparese)
▷ Aktions-/Perkussionsmyotonie
 ➠ Dystrophia myotonica
▷ Muskelatrophien, Faszikulieren
 ➠ spinale Muskelatrophie

Der Einsatz apparativer Methoden zur diagnostischen Einordnung einer neurologisch bedingten Schluckstörung richtet sich nach Anamnese und klinischem Befund. Bildgebendes Verfahren der ersten Wahl ist die **Kernspintomographie**, die eine ausreichende Beurteilung des Hirnstamms sowie der Schädelbasis erlaubt. Die Computertomographie ist wegen der zahlreichen Artefakte speziell in diesem Bereich nur selten indiziert.

Die **Liquorpunktion** sollte neben den üblichen Routineparametern bei klinischem Verdacht folgende Untersuchungen beinhalten:

- Tbc(tuberkulöse Meningitis)-Nachweis
- Lues-, Borrelien-Serologie
- Angiotensin converting enzyme (Sarkoidose)
- Zytologie (Meningeosis leucaemica/neoplastica)

DD *Differentialdiagnose*

Bei fluktuierender Symptomatik mit Verdacht auf eine Myasthenia gravis (→ Kap. 35) ist die Bestimmung der **Azetycholinrezeptor-Antikörper** indiziert. Finden sich eine Zungenrandatrophie oder periphere Paresen, sollte ein EMG zur Frage einer spinalen Muskelatrophie oder eine Myositis durchgeführt werden. Eine Muskelbiopsie ist indiziert, wenn der Verdacht auf eine okulopharyngeale Muskeldystrophie, eine Myositis oder eine progrediente externe Ophthalmoplegie besteht.

39.4.6 Globus pharyngeus

Unter einem Globus pharyngeus versteht man ein kloßartiges Druckgefühl im Halsbereich, das mit dem Gefühl von Schwierigkeiten beim Schluckakt vergesellschaftet sein kann. Meist besteht keine objektiv nachweisbare Dysphagie. Diese Störung wird häufig bei Patienten mit emotionellen Störungen beobachtet, eine psychische Genese wird angenommen. Abzugrenzen sind insbesondere Globussensationen bei gastro-ösophagealem Reflux, beim Druck von außen (Wirbelsäulenexostosen, vergrößerte Schilddrüse) und verschluckten Fremdkörpern.

B *Beschwerden und Befunde*

Trotz der charakteristischen Anamnese ist sowohl bei der Röntgenuntersuchung als auch bei der Endoskopie in der Regel kein pathologischer Befund zu erheben. Bei der Ösophagusmanometrie finden sich manchmal erhöhte Druckwerte im oberen Ösophagussphinkter ohne pathognomonische Bedeutung.

DS *Diagnosesicherung*

Zum Ausschluß eines refluxinduzierten Globusgefühls sollte eine Langzeit-pH-Metrie bzw. eine probatorische Therapie mit H_2-Blockern oder mit Protonenpumpenhemmstoffen erfolgen. Bei der Endoskopie sollte vor allem auch auf heterotope Schleimhautinseln im Sphinkterbereich geachtet werden. Zum Ausschluß einer Schilddrüsenvergrößerung sollte eine eingehende Palpation der Schilddrüse, eventuell in Kombination mit einer Sonographie bzw. einer Szintigraphie durchgeführt werden (→ Kap. 19). Insbesondere wenn Schluckbeschwerden vorliegen, sollte zum Ausschluß einer Motilitätsstörung am oberen Sphinkter (zervikale Achalasie) eine Röntgenkinematographie durchgeführt werden.

DD *Differentialdiagnose*

Schluckstörungen durch trockene Schleimhäute (Xerostomie, Sicca-Syndrom):

- Zenker-Divertikel (→ 39.4.7)
- zervikale Achalasie (→ 39.4.9.1)
- Webs (→ 39.4.8)
- refluxinduzierte Sphinkterstörungen
- neurologische Schluckstörungen (→ 39.4.5)
- Schilddrüsenvergrößerungen (→ Kap. 19)
- Exostosen der HWS (→ Kap. 48)
- Dysphagia lusoria (→ Kap. 41)
- Fremdkörper (→39.4.3)
- Dermatomyositis (→ Kap. 35)

Bei akut auftretenden Beschwerden ist an Intoxikationen (Botulismus), Tetanus sowie an eine tetanische Symptomatik (Hyperventilationstetanie, Hypokalzämie [→ Kap. 34]) zu denken.

39.4.7 Ösophagusdivertikel

Ösophagusdivertikel sind Ausstülpungen der Ösophaguswand im Bereich des oberen ösophagealen Sphinkters (Zenker-Divertikel), im mittleren Ösophagus (Traktionsdivertikel) oder oberhalb der Kardia (epiphrenisches Divertikel). Insbesondere beim Zenker-Divertikel kommt es zu Schluckstörungen mit Regurgitation von unverdauten Speisen.

B *Beschwerden und Befunde*

Beschwerden sind von der Lage und von der Größe der Divertikel abhängig. Beim Zenker-Divertikel (→ Abb. 39-5b) besteht beim Essen häufig eine leichte

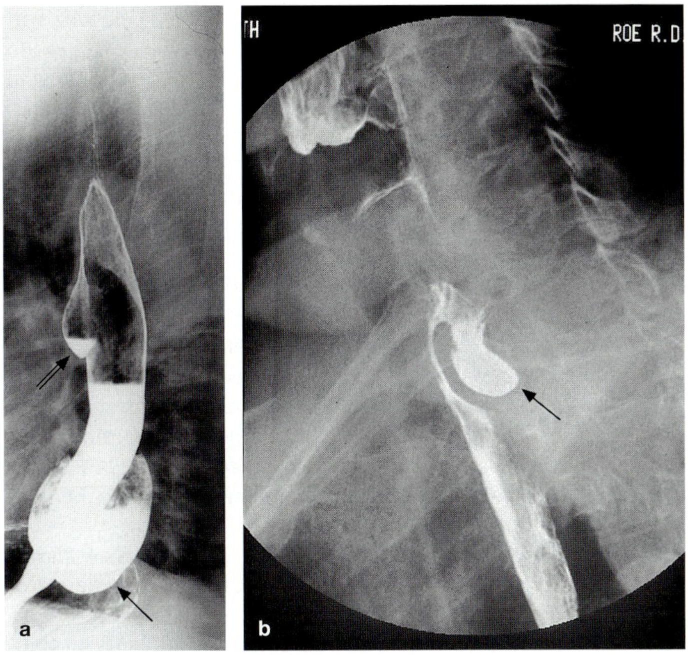

Abb. 39-5 Ösophagusdivertikel: a) Röntgenbefund bei einem Patienten mit einem epiphrenischen Divertikel (→) und einem Divertikel im mittleren Ösophagus (⇒). b) Röntgenbefund bei einem Patienten mit Zenker-Divertikel. [Radiologisches Institut, Prof. Gerhardt, Klinikum rechts der Isar, Technische Universität München]

Dysphagie mit einem Druckgefühl in der Halsgegend sowie Regurgitation von unverdauten Speisen. Dabei kann es zum Übertreten von Speisen in den Nasenrachenraum und in die Nase kommen, so daß das Essen aus der Nase wieder austritt.

DS *Diagnosesicherung*

Die Diagnosesicherung erfolgt radiologisch (Abb. 39-5), bei kleinen Divertikeln eventuell mit Kinematographie.

39.4.8 Webs und Ringe

Unter einem Web („Spinnengeflecht") versteht man ein dünnes Schleimhautsegel, meist im Bereich des Hypopharynx oder des oberen ösophagealen Sphinkters, das sich im typischen Fall halbmondförmig von ventral in das Ösophaguslumen erstreckt.

Schatzki-Ring (B-Ring)

Erworbene Einengung des Ösophaguslumens durch einen Schleimhautring im Bereich des unteren Ösophaguslumens, meist bei gleichzeitig bestehender axialer Gleithernie. Der Schatzki-Ring trägt an der Oberseite Plattenepithel, an der Unterseite Zylinderepithel und tritt meist im mittleren Lebensalter auf. Insbesondere Ringe mit einem Durchmesser < 13 mm können eine Dysphagie verursachen. Dabei kann es zu Impaktationen, z. B. von Fleisch im Schatzki-Ring kommen, die dann endoskopisch entfernt werden müssen.

Die Diagnosesicherung erfolgt durch die Radiologie (Bariumbreischluck, Bariumbrotschluck) mit Nachweis einer ringförmigen Einschnürung bei gleichzeitig bestehender Hiatushernie. Bei der Endoskopie ist der Schatzki-Ring oft nur schlecht identifizierbar, andererseits aber erlaubt die Endoskopie eine histologische Kontrolle.

Als **A-Ringe** bezeichnet man kontraktile Ringe in einer Hiatushernie, die aber nur selten klinische Symptome verursachen.

Webs

Webs sind meist irreguläre, membranartige Einengungen des Hypopharynx und des Ösophagus. Das typische Web sitzt an der Ösophagusvorderwand direkt unterhalb des oberen ösophagealen Sphinkters. Es gibt aber auch membranartige Webs im mittleren und unteren Ösophagus. Webs können besonders bei festen Speisen intermittierende Dysphagie verursachen.

Die Diagnosesicherung erfordert meist eine zeitlich hochauflösende Röntgenuntersuchung (Röntgenkinematographie). Bei der Endoskopie werden die subkrikoidalen Webs häufig übersehen und oft sogar zerstört und sind dann nur noch als hämorrhagisches Schleimhautareal identifizierbar.

Webs treten gehäuft bei Eisenmangelanämie (**Plummer-Vinson-Syndrom**) und bei ektopischen Magenschleimhautinseln im proximalen Ösophagus auf.

39.4.9 Primäre Ösophagusmotilitätsstörungen

39.4.9.1 Achalasie

Die Achalasie ist durch eine reduzierte oder aufgehobene Relaxation bzw. Öffnung des unteren ösophagealen Sphinkters und durch fehlende peristaltische Kontraktionen im tubulären Ösophagus gekennzeichnet (Abb. 39-6). Es gibt Übergangsformen der klassischen Achalasie hin zu anderen primären Motilitätsstörungen. Die hypermotile Achalasie („vigorous Achalasia") ist im Gegensatz zur klassischen Achalasie, die eine dilatierte hypo- bis amotile tubuläre Speiseröhre aufweist (Abb. 39-7b), durch nichtperistaltische tertiäre (spastische) Kontraktionen des glattmuskulären Anteils der Speiseröhre gekennzeichnet und geht häufig mit starken retrosternalen Schmerzen (→ Kap. 41) einher.

B ***Beschwerden und Befunde***

Die Leitsymptome der Achalasie sind zunehmende Dysphagie für solide und flüssige Nahrungsbestandteile, retrosternales Druckgefühl beim Essen, das sich durch Regurgitation bessert, aktive und später auch passive Regurgitationen von unverdauten Speisen, insbesondere beim Liegen oder beim Bücken. Das häufig angegebene schwallartige „Erbrechen" erfolgt zur Entlastung der ösophagealen Überdehnung und Besserung des retrosternalen Druckgefühls. Übelkeit tritt dabei nicht auf.

Die Patienten geben an, daß sie erst nach langem wiederholtem Schlucken, z.T. verbunden mit verschiedenen Manövern, wie ungewöhnlichen Strecktübungen und Körperhaltungen oder Trinken von viel Flüssigkeit, die Speisen weiter in den Magen befördern können. Das Ausmaß der Schluckbeschwerden kann wechseln und ist oft von psychischen Belastungssituationen abhängig. Bei starker Dilatation der Speiseröhre können sich die Schluckbeschwerden wieder bessern. Die Retention der Speisen kann zu üblem Mundgeruch und Aufstoßen sowie zu passiven nächtlichen Regurgitationen mit Aspiration, Hustenanfällen und daraus resultierenden pulmonalen Komplikationen (Bronchopneumonien) führen. Ein langsamer Gewichtsverlust stellt sich in den späteren Stadien der Erkrankung fast regelmäßig ein.

Gerade in der Anfangsphase der Achalasie klagen einige Patienten auch über anfallsartige starke retrosternale Schmerzen, die durch hypermotile Kontraktionen oder durch eine Retentionsösophagitis im Rahmen der bakteriellen und mykotischen Besiedlung des Ösophagus verursacht werden.

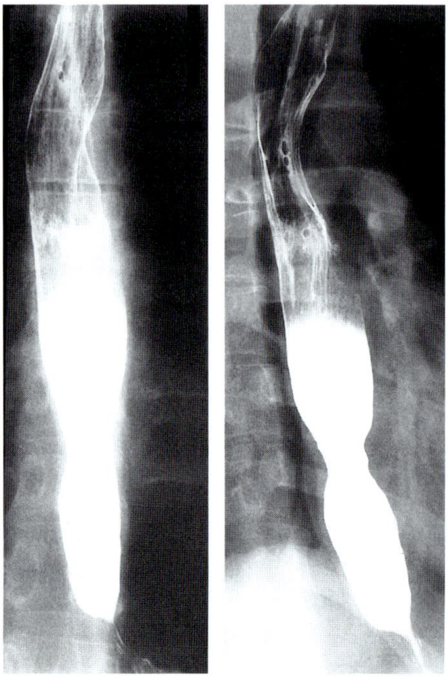

Abb. 39-6 Typischer radiologischer Befund bei einem Patienten mit Achalasie.
[Radiologisches Institut, Prof. Gerhardt, Klinikum rechts der Isar, Technische Universität München]

DS ***Diagnosesicherung***

Zur Diagnosesicherung ist neben der **Endoskopie** die radiologische Untersuchung des Ösophagus (**Bariumbreischluck**) obligat. Mit der **Ösophagusmanometrie** kann der Nachweis der fehlenden Relaxation im unteren Ösophagussphinkter erbracht werden. Bei atypischen Manifestationen oder Beschwerden sollte zudem eine Computertomographie und eine Endosonographie zum Ausschluß einer anderen Genese durchgeführt werden.

Bei der röntgenologischen Untersuchung findet sich häufig bereits ohne Kontrast ein verbreitertes Mediastinum, eine fehlende Luftblase im Magen und mit Kontrast ein verbreiterter Ösophagus mit typischer, glatt begrenzter, konischer Verengung am ösophago-gastralen Übergang („Sektglasform", „Vogelschnabelform") mit einem dünnen Segment von 1–4 cm Länge, das sich nach Gabe von Nitrospray etwas aufweitet.

Die Endoskopie dient weniger dem Nachweis der Achalasie als vielmehr dem Ausschluß einer malignen oder peptischen Stenose. Es zeigt sich ein dilatierter, meist aperistaltischer Ösophagus, häufig mit retinierten Speiseresten oder Sekret und eine Retentionsösophagitis. Die Kardia, die meist etwas exzentrisch liegt, ist dicht verschlossen, läßt sich aber unter leichtem Druck passieren.

Bei der Manometrie findet sich:

- keine primäre Peristaltik im tubulären Ösophagus
- eine inkomplette, fehlende oder abnormale Relaxation des unteren ösophagealen Sphinkters
- ein erhöhter Druck im unteren ösophagealen Sphinkter

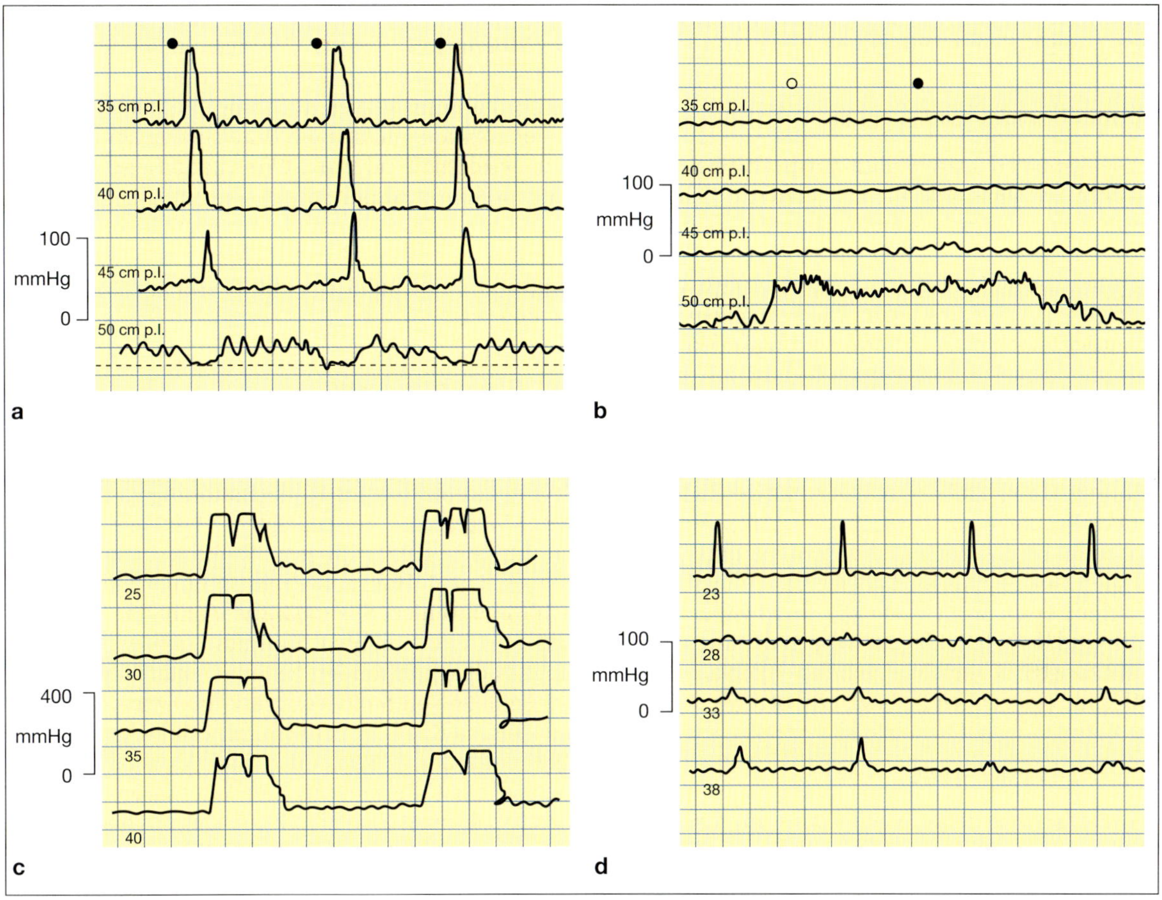

Abb. 39-7 Manometrie: typische Kurven bei Normalbefund (a), bei einer Achalasie (b), einem diffusen Ösophagusspasmus (c) und einer Sklerodermie (d).

- ein im Vergleich zum intragastralen Druck erhöhter Druck im Ösophagus

Bei der Sonderform der hypermotilen Achalasie („vigorous achalasia") bestehen häufig typische krampfartige Thoraxschmerzen mit ausgeprägter Dysphagie. Manometrisch finden sich hier meist verstärkte, nicht peristaltische Kontraktionen (> 160 bis 180 mmHg) im distalen Ösophagus.

DD *Differentialdiagnose*

Differentialdiagnostisch müssen zunächst strukturelle Stenosen des distalen Ösophagus abgegrenzt werden. Dies sind das distale Ösophaguskarzinom, das Barrett- und das Kardiakarzinom, das diffus wachsende Magenkarzinom im Fundusbereich (Linitis plastica) und das Magenlymphom. Die Abgrenzung geschieht im wesentlichen durch die endoskopische Inspektion und Biopsie sowie durch die endosonographische Untersuchung der Magen- und Ösophaguswandschichten. Bei atypischen Fällen sollte auch eine Computertomographie der Sphinkterregion angefertigt werden.

Die peptische Striktur ist oft schon aus der Anamnese abgrenzbar, da Achalasiepatienten charakteristischerweise fast nie über Refluxbeschwerden berichten. Die weitere Abgrenzung erfolgt ebenfalls endoskopisch. Insbesondere bei sehr schneller Manifestation und rapidem Gewichtsverlust sollte auch an die Möglichkeit eines paraneoplastischen Geschehens gedacht werden, das eine sekundäre Achalasie verursachen kann.

Eine Infektion mit Trypanosoma cruzi, die die **Chagas-Krankheit** verursacht, kann ein der Achalasie ähnliches klinisches Bild hervorrufen und kommt hauptsächlich in Südamerika vor.

39.4.9.2 Diffuser Ösophagusspasmus (DÖSP)

Der diffuse Ösophagusspasmus (DÖSP) ist gekennzeichnet durch das vermehrte Auftreten von nichtperistaltischen, simultanen, z.T. mehrgipfligen, z.T. spontan auftretenden Ösophaguskontraktionen beim Schlucken. Diese nichtperistaltischen Kontraktionen führen zu einer Unterbrechung des Schluckaktes mit

Steckenbleiben des Nahrungsbolus bzw. mit krampfartigen spastischen Kontraktionen.

B *Beschwerden und Befunde*

Die Patienten klagen über anfallsartige Schmerzattacken oft ohne Relation zur Mahlzeit. Die Dauer dieser Schmerzattacken kann Minuten bis Stunden betragen und ist in der Regel mit Schluckbeschwerden vergesellschaftet, wobei diese aber oft nach genauer Befragung geschildert werden. Die Schmerzen bessern sich gelegentlich nach Gabe von Nitroglycerin und erschweren damit die Differentialdiagnose zu kardialen Ursachen.

Bei ausgeprägtem Beschwerdebild klagen die Patienten über intermittierendes Steckenbleiben von Nahrung (Brot, Fleisch) mit der Notwendigkeit der aktiven Regurgitation. Dies führt, aus Angst vor diesen Episoden, häufig zu Gewichtsabnahme und zu einer sozialen Isolation, da die Patienten nicht mehr in Gesellschaft essen wollen. Da die Beschwerden intermittierend auftreten, können bei den apparativen Untersuchungen im beschwerdefreien Intervall manchmal keine eindeutigen Befunde erhoben werden.

DS *Diagnosesicherung*

Die Diagnose dieser Motilitätsstörung basiert auf den klinischen Beschwerden des Patienten sowie auf der radiologischen Untersuchung **(Ösophagusbreischluck)** (Abb. 39-8) und der **Ösophagusmanometrie** (→ Abb. 39-7c). Eine endoskopische Untersuchung sollte zum Ausschluß maligner oder entzündlicher Veränderungen erfolgen. Die manometrischen Kriterien sind in Tabelle 39-3 wiedergegeben.

Da die Beschwerden auch nur intermittierend auftreten können, müssen die Untersuchungen gelegentlich wiederholt oder ein Provokationstest durchgeführt werden (Edrophonium [intravenös], Carbachol [subkutan]). In allen unklaren Fällen kann versucht werden, mittels der Langzeit-Manometrie eine Aussage über die Ösophagusmotilität während der Anfälle zu erzielen.

DD *Differentialdiagnose*

Differentialdiagnostisch sind vor allem simultane und spastische Kontraktionen bei gastro-ösophagealem Reflux (sekundäre Motilitätsstörungen) abzugrenzen. Wegen der ausgeprägten Dysphagie müssen strukturelle Erkrankungen, Strikturen, submuköse Tumoren und Malignome mittels Endoskopie ausgeschlossen werden. Sekundäre Motilitätsstörungen, die das Bild eines diffusen Spasmus imitieren, können auch beobachtet werden bei autonomer Neuropathie im Rahmen von Stoffwechselerkrankungen (Diabetes mellitus, → Kap. 12), bei Systemerkrankungen (Lupus erythematodes, → Kap. 43) und bei Alkoholismus. Bei der seltenen Erkrankung der intestinalen Pseudoobstruktion sind ebenfalls Ösophagusmotilitätsstörungen wie beim diffusen Ösophagospasmus berichtet worden. Die intestinale Pseudoobstruktion kann sowohl idiopathisch autreten, als auch im Rahmen angeborener myogener oder neuraler Störungen.

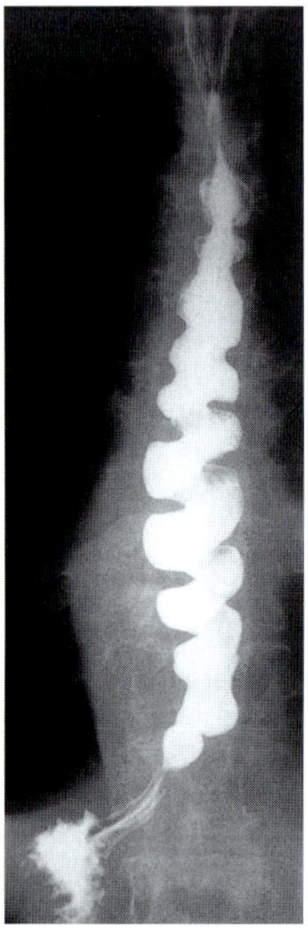

Abb. 39-8 Typischer radiologischer Befund bei einem diffusen Ösophagusspasmus mit tertiären Kontraktionen und Ausbildung von Pseudodivertikeln („Korkenzieherösophagus"). [Radiologisches Institut, Prof. Gerhardt, Klinikum rechts der Isar, Technische Universität München]

Tab. 39-3 Kriterien für die Diagnostik des diffusen Ösophagusspasmus

Radiologie (Ösophagusbreischluck)	**Manometrie**

tertiäre Kontraktionen
verzögerte inkomplette Entleerung
Ausbildung von Pseudodivertikeln (Barsony-Divertikeln)
	simultane Kontraktionen bei > 10% der flüssigen Schluckakte
	intermittierende normale Peristaltik
	
	fakultativ
	repetitive Kontraktionen
	verlängerte Kontraktionsdauer > 6 Sekunden
	verstärkte Kontraktionen > 150 mmHg
	häufige spontane Kontraktionen
	Kombination mit Störungen des UÖS
	  inkomplette Relaxation
	  hoher Ruhedruck

39.4.9.3 Sekundäre Ösophagusmotilitätsstörungen

Sekundäre Ösophagusmotilitätsstörungen treten als Folge anderer Erkrankungen auf. Die Störung des koordinierten Schluckaktes führt zu Schluckbeschwerden. Sekundäre Motilitätsstörungen werden beobachtet bei Entzündungen des Ösophagus (→ 39.4.2), Systemerkrankungen (Sklerodermie, Dermatomyositis), peripheren und autonomen Neuropathien im Rahmen von Stoffwechselstörungen (Diabetes mellitus [→ Kap. 12]), Alkoholismus, Amyloidose, Urämie (→ Kap. 2) und Zytostatikatherapie.

39.4.10 Progressiv systemische Sklerose – Sklerodermie

Eine Beteiligung des Ösophagus bei der systemischen Sklerodermie wird in bis zu 80% der Fälle beobachtet. Durch Ablagerung von Kollagengewebe in den glattmuskulären Abschnitten findet man zunächst schwächer ausgeprägte Kontraktionen, später eine Aperistaltik der unteren zwei Drittel des Ösophagus. Auf Grund der fehlenden peristaltischen Funktion kommt es zu einer verminderten Säureclearance und dadurch zu häufigen, sekundär entzündlichen Veränderungen bis hin zu peptischen Strikturen.

B ***Beschwerden und Befunde***

Durch den ausgeprägten gastro-ösophagealen Reflux kommt es zu sauren Regurgitationen mit Sodbrennen, Thoraxschmerzen und zu Schluckstörungen.

DS ***Diagnosesicherung***

Neben der immunologischen und rheumatologischen Diagnostik zur Sicherung der Grunddiagnose (→ Kap. 43) basiert die Diagnostik des Ösophagusbefalls auf der manometrischen Untersuchung des Ösophagus (→ Abb. 39-7d). Zusätzlich sollte eine endoskopische und radiologische Untersuchung erfolgen, um das Ausmaß der peptischen Läsionen zu erfassen und bei peptischer Stenose oder bei isoliertem Ösophagusbefall eine maligne oder andere entzündliche Ursache auszuschließen.

DD ***Differentialdiagnose***

Der manometrische Befund der Sklerodermie ist meist klassisch und beweisend. Gelegentlich muß jedoch insbesondere bei isoliertem Befall eine Refluxösophagitis mit entzündlichen narbigen Veränderungen des Ösophagus ausgeschlossen werden. Auch eine Refluxösophagitis nach Dilatation einer Achalasie kann ein ähnliches klinisches und manometrisches Bild verursachen. Ein amotiler Ösophagus kann auch bei Neuropathien und bei der Amyloidose beobachtet werden.

39.5 Zusammenfassung

Dysphagie (Schluckbeschwerde) kann durch organische, funktionelle, entzündliche und systemische Ursachen hervorgerufen werden. Durch eine ausführliche Anamnese ist meist eine Unterteilung in oropharyngeale und ösophageale Dysphagie möglich. Zur apparativen Untersuchung stehen zunächst die Endoskopie und die Röntgendiagnostik (Bariumbreischluck) zur Verfügung. Dabei kann je nach Beschwerdebild bei Verdacht auf organische Läsionen die Endoskopie, bei Verdacht auf funktionelle Ursachen die Röntgenuntersuchung primär angewendet werden. Eine endoskopische Untersuchung zum Ausschluß einer malignen oder entzündlichen Genese der Schluckbeschwerden sollte jedoch immer angestrebt werden. Im Gegensatz zur Endoskopie bringt die Röntgenuntersuchung Vorteile bei der Funktionsbeurteilung der Speiseröhre. Sind beide Untersuchungen negativ und persistieren die Schluckbeschwerden, so muß eine weitere Diagnostik durchgeführt werden: 24-Stunden-pH-Metrie, Manometrie und Kinematographie. Es sind stets mehrere Erkrankungsursachen aus verschiedenen Fachgebieten in die Differentialdiagnose einzubeziehen. In schwierigen Fällen ist eine enge interdisziplinäre Zusammenarbeit notwendig.

Schmerzen als diagnostisches Symptom

W. E. HANSEN und M. CLASSEN

In der Praxis zählen Schmerzen zu den häufigsten Klagen und zu den bedeutungsvollsten Krankheitssymptomen. Aus der Verknüpfung von klinischen Beobachtungen mit Ergebnissen der anatomischen und physiologischen Grundlagenforschung ist es gelungen, die Vorgänge bei der Schmerzauslösung, der Schmerzleitung, der Schmerzwahrnehmung sowie verschiedene mit den Schmerzen verbundene Begleitphänomene besser zu verstehen. Hierdurch wird es möglich, auch ungenaue Empfindungen – beispielsweise von den tieferen Regionen des Körpers – zu deuten und und als Krankheitssymptom auszuwerten.

Aus der Analyse der Schmerzangaben kann so für den Arzt eine diagnostische „Leitschiene" zum Krankheitsherd und zur Krankheit entstehen.

1 Grundbegriffe

1.1 Akute und chronische Schmerzen

Schmerzen sind als unangenehmes Sinnes- und Gefühlserlebnis ihrem Ursprung nach Warnsignale, die einen Schutzvorgang einleiten und damit den Organismus vor Schaden bewahren wollen. **Akute Schmerzen** – beispielsweise infolge einer Verletzung im Rezeptorbereich oder einer Kolik – können in diesem Zusammenhang als nervöse Funktionsstörungen betrachtet werden, die ohne Strukturveränderungen am Nervensystem einhergehen. Bei **chronischen Schmerzen** müssen dagegen eine reaktive Plastizität der Zellkerne und in der Folge strukturelle neuronale Umbauvorgänge bis zur kortikalen Ebene mit in Rechnung gestellt werden. Daraus kann eine eigene „Schmerzkrankheit" entstehen. Beispiele sind Denervierungsvorgänge nach Bandscheibenschaden oder vertebragene Schmerzen infolge permanenter Veränderungen am Bewegungsapparat.

1.2 Schmerzauslösung

Schmerzen können von spezifischen Rezeptoren der C- und A-delta-Fasern ausgehen. Man spricht in diesem Fall von **nozizeptiven Schmerzen.** Sie werden durch chemische, mechanische oder thermische Reize von hoher Intensität ausgelöst. Chemische Auslöser können Bradykinin, Serotonin, Prostaglandin E sowie Noradrenalin (bei Nervenregeneration) sein. Eine andere Entstehungsmöglichkeit ist die Irritation oder Läsion von neuronalen Systemen, die Schmerzreize leiten, verarbeiten oder kontrollieren. Man spricht hier vom **neuronalen Schmerz.** Das besondere Kennzeichen des neuronalen Schmerzes ist seine Lokalisation im peripheren Ausbreitungsgebiet der bzw. des betroffenen Nerven (Schmerzprojektion).

1.3 Schmerzwahrnehmung

Schmerzempfindungen sind ihrer Natur nach subjektiv. Bis zur Registrierung im Großhirn unterliegen sie modifizierenden Einflüssen: Sie können unterdrückt oder verstärkt werden, sie können auf andere sensible Nerven übertragen werden oder Reflexe aktivieren. Dementsprechend kann ihre Wahrnehmung verändert sein. Zusätzlich muß in Rechnung gestellt werden, daß die Schmerzlokalisation im Körperschema eventuell ungenau erlebt wird. Beispielsweise lassen sich viszerale Leibschmerzen besser deuten, wenn man entwicklungsgeschichtliche Gegebenheiten einbezieht. Allgemein gilt, je weiter der Ursprungsort von der Körperoberfläche entfernt liegt, desto ungenauer ist die Wahrnehmung.

Die Intensität von Schmerzreizen kann – selbst von der gleichen Person – unterschiedlich verarbeitet werden. Eine gesteigerte Empfindlichkeit wird bei Angstzuständen, depressiven Verstimmungen oder einer Allgemeinerkrankung beobachtet. Hier kann es passieren, daß frühere Schmerzsymptome wieder auftreten und die Diagnostik erschweren. Glücksgefühle, euphorische Zustände oder Ablenkungen führen dagegen zu einer herabgesetzten Schmerzschwelle. So gibt es Berichte von Kriegsverletzten, die eine schwere Verwundung am Anfang nicht bemerkten! Viele Patienten mit Dauerschmerzen fühlen sich tagsüber nur wenig beeinträchtigt, werden jedoch nachts aufgrund der gesteigerten Schmerzwahrnehmung im Schlaf gestört.

1.4 Schmerzformen

Schmerzen können sich im Charakter unterscheiden. Im einzelnen lassen sich folgende Schmerzformen abgrenzen (nach Struppler):

- **Parästhesie:** Kribbeln, Ameisenlaufen, Elektrisieren als spontane abnorme Empfindungen ohne eigentlichen Schmerzcharakter. Auftreten beispielsweise während der Ischämie durch die Blutdruckmanschette oder während der Regeneration von Nervenfasern bei partieller Schädigung.
- **Dysästhesie:** Mißempfindungen als Folge eines Umbaus in der Sensibilität nach partieller peripherer Denervierung.
- **Hyperpathie:** Verzögertes Einsetzen und verlängertes Bestehen von Schmerzen nach Reizung, mit Ausstrahlung über das stimulierte Areal hinaus. Auftreten im Rahmen der Regeneration von Nerven, z.B. Zosterneuralgie.
- **Hyperalgesie:** Gesteigerte Schmerzempfindlichkeit durch Einwirkung schädigender Reize auf Nozizeptoren, z.B. Sonnenbrand.
- **Allodynie:** Inadäquat heftige Schmerzreaktion nach nichtnozizeptiven Reizen.
- **Anästhesie:** Unempfindlichkeit für alle Sinnesmodalitäten.
- **Anaesthesia dolorosa:** In ein denerviertes anästhetisches Areal projizierte Schmerzen infolge zentralen Umbaus, z.B. diabetische Polyneuropathie (→ Kap. 56).
- **Kausalgie:** Brennender Schmerz (wie Feuer, nicht Brennesseln!). Die Ursache wird in einem Kurzschluß zwischen somatosensiblen afferenten und efferenten sympathischen Fasern gesehen.

1.5 Schmerzmechanismen

Schmerzempfindungen können auf unterschiedliche Weise zustande kommen. Es lassen sich folgende Schmerzmechanismen unterscheiden (nach Janzen):

- somatische Schmerzen
- viszerale Schmerzen
- übertragene Schmerzen
- projizierte Schmerzen (Neuralgie)

Somatische Schmerzen

Somatische Schmerzen entstehen durch Nozizeptoren der oberflächlichen Körperstrukturen (Haut, Pleura/Peritoneum parietale, Mesenterialansätze). Reize sind Verletzung, Quetschung oder Dehnung. Es resultieren exakt zuordnungsfähige, deutlich wahrnehmbare Schmerzempfindungen. Die Leitung erfolgt über spinothalamische Nervenbahnen. Schmerzen vom Peritoneum können mit einer reflektorisch ausgelösten Bauchdeckenspannung einhergehen (**Peritonismus**), ein Mechanismus, der eine bedrohliche Krankheit anzeigt und damit eine große praktische Bedeutung besitzt.

Beim Oberflächenschmerz nach einem Nadelstich kann man einen hellen, gut lokalisierbaren „ersten“ Schmerz von einem „zweiten“, im Charakter mehr dumpfen und brennenden Schmerz unterscheiden. Dieser erscheint nach einer Latenzzeit von 0,5–1,0 s und klingt nur langsam ab. Die Unterschiede erklärt man mit der Reizleitung durch dünne myelinisierte A-delta-Fasern bzw. durch nichtmyelinisierte C-Fasern.

Viszerale Schmerzen

Viszerale Schmerzen entstehen an den Eingeweiden, wenn durch Entzündungsvorgänge die Schwelle für nozizeptive Reize absinkt. Daraus resultieren in dem betroffenen Gewebe Spontanschmerzen und/oder Schmerzen, die bei Berührung bzw. forcierter Palpation des erkrankten Organs ausgelöst werden können (Druckschmerzen). Sie werden in der Regel ungenau, dabei im Charakter krampfartig, bohrend, brennend, schneidend oder dumpf wahrgenommen. Ursachen können eine Durchblutungsminderung, eine Zerrung oder Dehnung und eine Entzündung der Organe sein. Am Herzen spricht man bei einer Ischämie von **Angina pectoris**. Von den Hohlorganen entstehen viszerale Schmerzen im Zusammenhang mit abnormalen Dehnungen und Kontraktionen, die als **Koliken** bezeichnet werden. Isometrische Kontraktionen erscheinen schmerzhafter als isotonische Kontraktionen. Dehnungsschmerzen können von parenchymatösen Organen wie z.B. der Leber, der Milz sowie den Nieren ausgehen, wobei der Ursprungsort die Kapsel ist. Auslösend ist in diesen Fällen eine rasche Parenchymschwellung. Tumorschmerzen resultieren aus einer Schädigung der sensorischen Nerven im Rahmen des malignen Wachstums.

Ein besonderes Kennzeichen für viszerale Schmerzen sind begleitende **Reizerscheinungen des vegetativen Nervensystems** wie Übelkeit, Erbrechen, Durchfälle, Palpitationen, Hautblässe, Schweißausbruch und tränende Augen.

Die Leitung der viszeralen Erregungen erfolgt über den Sympathikus, im Sakralbereich und im Brustraum auch über die Nn. pelvici bzw. über den N. vagus, ihr Präsentationsort im Körperschema liegt in der Regel ventral nahe der Mittellinie (→ Abb. 46-1).

Aufschlußreich waren in diesem Zusammenhang Experimente, bei denen Versuchspersonen einen aufblasbaren Ballon durch ihren Magen-Darm-Trakt passieren ließen. Hierdurch wurde es möglich – unter Röntgenkontrolle –, gezielte Dehnungsreize auszuüben: Die Irritation der unteren Speiseröhre und des Mageneingangs wurde im Rippenwinkel lokalisiert; lag der Ballon im Magen und Duodenum, so fanden sich die Schmerzen in der Oberbauchmitte; im Dünndarm bzw. oberen Kolon wurde die Nabelregion als Schmerzort angegeben; Irritationen vom Kolon wurden vorzugsweise um die Unterbauchmitte, jedoch auch im Verlauf des Kolons wahrgenommen. Die Schmerzpunkte des Pankreas lagen bei Experimenten mit isolierter elektrischer Reizung im Oberbauch. Hier zeigte sich ein Unterschied insofern, als – entsprechend der embryonal getrennten Anlage – der Pankreaskopf mehr rechts, das Pankreaskorpus und der Pankreasschwanz mehr in der Mitte und links, evtl. auch im linken Unterbauch empfunden wurden. Dehnungsreize der Gallenblase lokalisierten leicht narkotisierte Patienten in den Oberbauch (Mitte, rechts).

Schmerzempfindungen fehlen, wenn Eingeweide geschnitten oder leicht komprimiert werden. Beispielsweise erzeugt die Schleimhautbiopsie im Rahmen der Endoskopie innerer Organe beim Patienten keinerlei Beschwerden. Allerdings konnten bei entzündeter Magenschleimhaut unter experimentellen Bedingungen Schmerzen durch chemische und mechanische Reize ausgelöst werden. Langsame Organvergrößerungen, z.B. bei malignem Wachstum, erzeugen ebenfalls keine Beschwerden.

Übertragene Schmerzen

Übertragene Schmerzen entstehen bei Irritationen der Eingeweidenerven und führen aufgrund zentralnervöser Verbindungen (spinale Konvergenzen) zu einer Übertragung von Erregungen auf Nerven aus den zugehörigen Dermatomen, Myotomen und Sklerotomen. Entsprechend wird über eine Berührungshyperalgesie der Haut (Head-Zonen) sowie eine Druckhyperalgesie der Muskulatur und anderer tiefer Strukturen (z.B. Boas-Druckpunkte) geklagt. Für die Analyse von übertragenen Schmerzen ist die Kenntnis der zu den jeweiligen Organen gehörigen Head-Zonen nötig (Abb. 1).

Von praktischer Wichtigkeit ist die Übertragung in die Dermatome C3/C4. Hier werden Prozesse angezeigt, die sich in der Nähe des Zwerchfells befinden. Bei Erkrankungen im Rektum kann es zur Übertragung in die Dermatome S2/S4 kommen (nicht in Abbildung 1 eingezeichnet).

Von Interesse sind in diesem Zusammenhang segmentale **vegetative Reflexbögen**, über welche intestinointestinale, viszerokutane und viszerosomatische Reflexe verlaufen können. Beispielsweise läßt sich die Darmperistaltik über viszerale Afferenzen beeinflussen. Ein anderer Befund ist die vermehrte Hautdurchblutung (Rötung, Erwärmung) durch den reflektorischen Wegfall hemmender Afferenzen von erkrankten Eingeweiden. Die erhöhte Muskelspannung bei Reizung des Peritoneum parietale (Peritonismus) wurde bereits oben erwähnt.

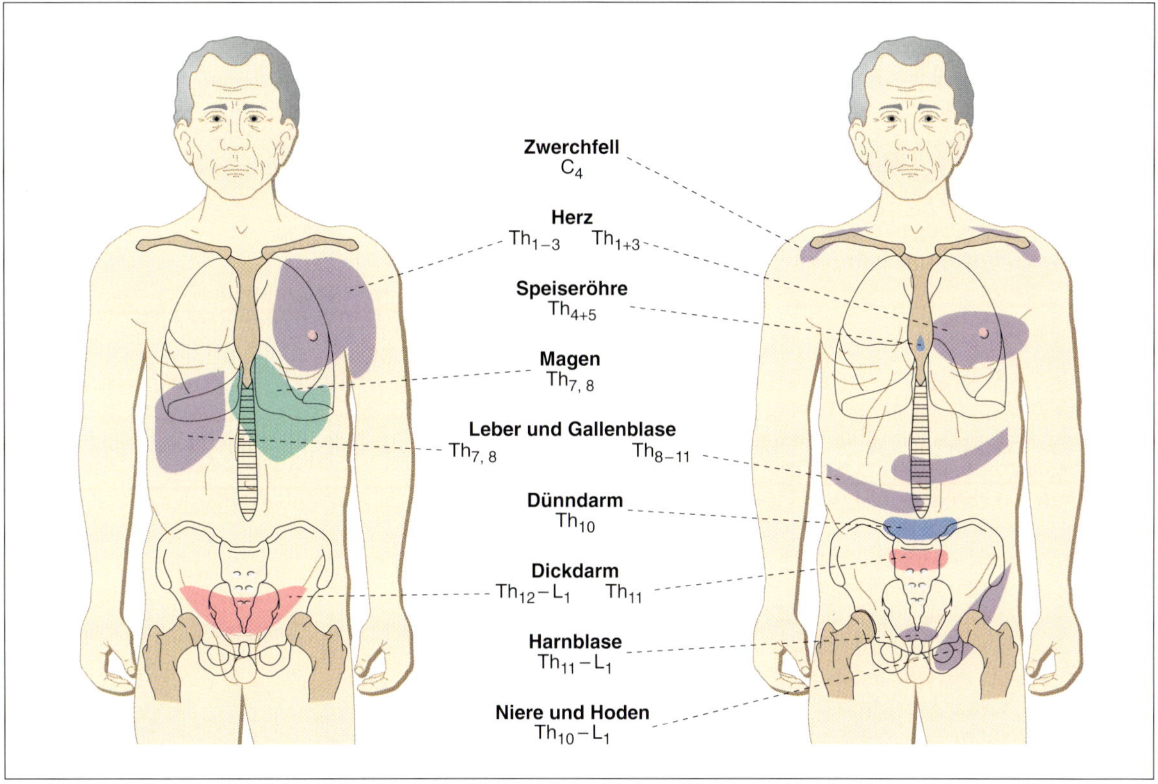

Abb. 1 Hyperalgetische Zonen (Head-Zonen) und zugehörige Dermatome bei Erkrankungen innerer Organe. Die Übertragung von zwerchfellnahen Prozessen in die Halsregion (C3/C4) erklärt sich aus der Entwicklungsgeschichte des Zwerchfells und des N. phrenicus.

Projizierte Schmerzen entstehen nicht nur **nozizeptiv** bei der Reizung von Nervenendungen, sondern auch **neuronal** bei der Irritation von Schmerzbahnen bzw. deren Schaltstellen (Nerv, Ganglion, hintere Wurzel, Laminae des Hinterhorns, aufsteigende Rückenmarkbahnen, Thalamus). Bekannt sind projizierte Schmerzen bei – zumeist degenerativen – Veränderungen der Hals- und Lendenwirbelsäule. Bei Beschwerden am Rumpf werden projizierte Schmerzen, die durch Reizung der Hinterwurzel des Spinalnervs verursacht werden, dagegen leicht übersehen. Ursachen sind Osteochondrose der Wirbelsäule oder vertebrale Raumforderungen (Metastasen). Die Schmerzen werden exakt in die zugehörigen Dermatome projiziert (→ Abb. 46-2). Sie überschreiten die Mittellinie nicht und werden durch Bewegungen der Wirbelsäule oder durch kurzfristige Erhöhung des Liquordrucks (Hustenstoß!) beeinflußt. Vegetative Begleitsymptome fehlen.

Die Dermatome verteilen sich am Rumpf parallel den Rippen. Th6 erreicht dabei die ventrale Mittellinie am Rippenwinkel, Th9 etwa am Nabel und Th12 etwa im Symphysenbereich. C3 entspricht der kaudalen Halspartie, C4 der Schulter.

2 Anamnese und Befunderhebung bei Schmerzen

Zur Quantifizierung der Schmerzen gibt es verschiedene Verfahren, welche von Fragebögen für die betroffenen Patienten (z.B. McGill Pain Questionnaire, Schätzskalen), Schmerz- und Toleranzschwellenbestimmungen bis zur technisch aufwendigen Registrierung der durch Schmerzreize ausgelösten evozierten Hirnrindenpotentiale (EP) reichen. In der Praxis spielen diese nur eine geringe Rolle. Entscheidend sind die sorgfältige Anamnese sowie die Erhebung des körperlichen Befundes.

2.1 Anamnese

Das Ziel bei jeder Anamneseerhebung ist die genaue Ermittlung aller geklagten Phänomene, welche dann in der Folge einzeln analysiert werden. Bei der Angabe von Schmerzen müssen folgende Fragen untersucht werden:

- ■ **Wo ist die genaue Lokalisation?**
- ▷ Hierbei läßt man sich erklären, wo die Schmerzen sind, wohin sie ausstrahlen und wo sie niemals sind. Von besonderem Interesse ist die Schmerzausbreitung in der Initialphase und auf dem Höhepunkt der Erkrankung bzw. der Attacke. Oftmals sprechen Patienten hier deutlicher mit ihren begleitenden Handbewegungen! Die größte Schmerzausbreitung interessiert besonders im Hinblick auf die Entscheidung: lokalisierter Schmerz, übertragener Schmerz, Neuralgie?

➠ Plötzliche Änderungen in der Schmerzausbreitung geben – wie auch Änderungen in dem Schmerzcharakter – einen Hinweis auf bedrohliche Komplikationen.

- ■ **Wie ist die Entwicklung und der Verlauf der Schmerzen?**
- ▷ akut? subakut? chronisch? episodisch? phasisch? rhythmisch? tagsüber/nachts?
- ➠ Die Antworten ermöglichen Aussagen zur Ätiologie und zum Pathomechanismus.
- ■ **Wie ist der Schmerzcharakter?**
- ▷ anfallartig? kolikartig? ticartig? lanzinierend? kontinuierlich? brennend/Kausalgie? ansteigend/abschwellend? Liegen Parästhesien, Dysästhesien, Hyperpathien, Hyperalgesien vor? Gibt es einen Wechsel im Schmerzcharakter?
- ➠ Die Antworten ermöglichen Aussagen zum Pathomechanismus. Änderungen im Schmerzcharakter weisen – ebenso wie Änderungen in der Schmerzlokalisation – auf bedrohliche Komplikationen hin.
- ■ **Wie können die Schmerzen beeinflußt werden?**
- ➠ Aus den Angaben über eine Linderung, Verstärkung oder Auslösung der Schmerzen ergeben sich Hinweise auf den Erkrankungsort oder -mechanismus. Einige Beispiele sind in Tabelle 1 zu finden.
- ■ **Gibt es Begleitphänomene?**
- ▷ Erscheinungen des vegetativen Nervensystems: Übelkeit, Erbrechen, Durchfälle, Palpitationen, Hautblässe, Schweißausbruch, tränende Augen
- ➠ Hinweise auf viszerale Schmerzen
- ▷ lokale Symptome: Rötung, Schwellung
- ➠ Hinweise auf eine örtliche Entzündung

Tab. 1 Schmerzanamnese und Ort der Erkrankung

Schmerzauslösung	Erkrankungsort
Nahrungsaufnahme	Speiseröhre, oberer Gastrointestinaltrakt, Gallenblase, Pankreas
körperliche Anstrengung	Koronararterien, Beinarterien
bestimmte Körperhaltung	Wirbelsäule, mechanischer Faktor
Kompression des Brustkorbs	Rippenfraktur
Atmung	Pleura
Hustenstoß (Erhöhung des Liquordrucks)	Wirbelsäule, Kopf
Miktion	Harnblase, Harnröhre
Stuhlgang	Analbereich

2.2 Klinische Untersuchung

Die körperliche Untersuchung beginnt bereits beim ersten Kennenlernen: Wird der Patient durch seine Schmerzen sichtbar beeinträchtigt? Bei einer Kolik findet man ihn unruhig im Bett liegend, bei einer diffusen Peritonitis liegt er still und vermeidet jede Bewegung. Schonhaltungen zeigen Patienten mit Beschwerden von seiten des Bewegungsapparats, Pleuritis oder retroperitonealen Tumoren. Patienten mit Pankreatitis sitzen typischerweise im Bett mit angezogenen Knien, wobei sie mit verschränkten Armen den Leib einpressen.

Bei der **Inspektion** achtet man auf Schwellungen oder Exantheme, vor allem im schmerzhaften Bereich. Bei der **Palpation** sollte besonders auch nach druckschmerzhaften Zonen (→ lokalisierte Schmerzen) und nach Schwellungen gefahndet werden. Schmerzen, die durch **Perkussion** auslösbar sind, haben oftmals eine entzündliche oder neoplastische Ursache. Durch **Auskultation** lassen sich pulmonale und kardiale Reibegeräusche infolge einer Pleuritis oder Perikarditis feststellen. Charakteristische Zeichen des Darmverschlusses sind anfangs lebhafte, hochgestellte Geräusche, später dann fehlende Geräusche.

40 Analschmerzen

M. CLASSEN

40

Von Schmerzen im Bereich der Analgegend wird praktisch jeder Mensch einmal betroffen. Um die Ursache zu finden, führt der diagnostische Weg über eine gründliche Anamnese zur körperlichen Untersuchung und wenn notwendig auch zum Einsatz von technischen (endoskopischen) Untersuchungsmethoden sowie zur Untersuchung von Blut, Stuhl und Urin.

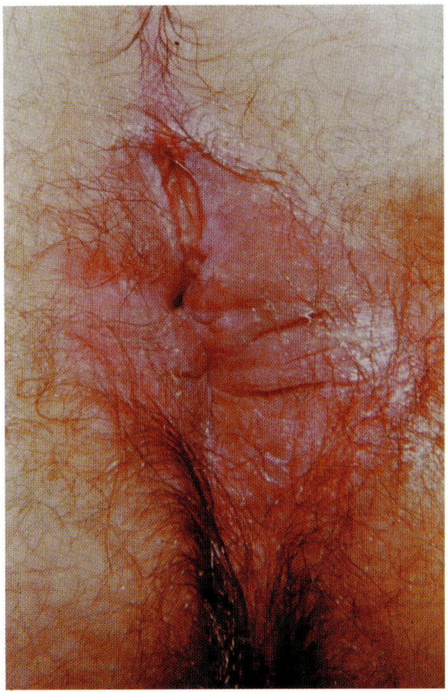

40-1 Eine Analfissur (bei 12.00 Uhr).

40.1 Definition und Abgrenzung

Analschmerzen können von der perianalen Haut, dem Analkanal selbst, dem Rektum und höheren Darmregionen sowie von den benachbarten Organen ausgehen. Mit den anorektalen Erkrankungen befaßt sich die Proktologie.

40.2 Ursachen

Zu den Erkrankungen der Perianalregion zählen **Hautkrankheiten,** die sich durch Schmerzen unterschiedlicher Intensität, Juckreiz sowie Absonderungen manifestieren. Ferner können **äußere Knoten** durch Thrombosen, **Marisken, Kondylome** und **Karzinome** auftreten. Analfibrome und Hämorrhoiden prolabieren häufig. Analfibrome verursachen in der Regel keine Schmerzen. Hämorrhoiden machen besonders durch Blutungen auf sich aufmerksam. Den Analkanal betreffen Funktionsstörungen des Sphinkters (Inkontinenz und Obstruktionen), **schmerzhafte Fissuren** (Abb. 40-1), **Entzündungen** der **Krypten** und **Papillen** und jenseits der Linea dentata gelegene Hämorrhoiden. Als Ursache von Analschmerzen kommen auch die **Entzündungen des Rektums** durch akute und chronisch-entzündliche Darmerkrankungen (mikrobielle und aktinische Kolitis), ferner **Colitis ulcerosa** und **Morbus Crohn** (→ Kap. 11) in Betracht. Bei den Erkrankungen der Nachbarorgane handelt es sich um die Prostatitis und die Druckempfindlichkeit des Steißbeins. In Tabelle 40-1 sind die mit akuten und chronischen Schmerzen einhergehenden Erkrankungen mit ihren wichtigen Symptomen und diagnostischen Maßnahmen dargestellt.

40.3 Diagnostik

Der **Anamnese** kommt in der Proktologie eine überragende Bedeutung zu. Stärke, genaue Lokalisation, Zeitpunkt des Auftretens und Akzentuierung der Analschmerzen sind ebenso von Bedeutung wie zusätzliche Symptome: Juckreiz, Absonderungen von Blut, Wundsekret und Eiter. Lebensgewohnheiten wie Sexualpraktiken, Kleidung, Ernährung und Stuhlganggewohnheiten sind zu erfragen. Unerläßlich sind natürlich auch Erkundigungen nach früheren Erkran-

Tab. 40-1 Übersicht zur Differentialdiagnose von Analschmerzen

Leitsymptom	weitere Angaben und Symptome	Diagnostik	Diagnose
akuter Analschmerz	plötzlicher Beginn, besonders stark beim Sitzen tastbarer Knoten	Inspektion	Analthrombose (Syn. Perianal-, Hämorrhoidalthrombose)
	Schwellung, Rötung, Fieber	Inspektion Proktoskopie	Analabszeß
	Blut am Papier, Dauerschmerz akzentuiert während und nach der Defäkation	Inspektion Proktoskopie	Hämorrhoiden
	Tenesmen Unterbauchschmerz	Proktoskopie, Koloskopie, mikrobiolog. Untersuchung von Stuhl Histologie und Serologie	akute Proktitis
	dumpfer Schmerz in der Perianalregion, Dysurie	rektale Palpation, Urinuntersuchung Ultraschall	akute Proktitis
chronischer Analschmerz	hellrote peranale Blutung, Pruritis, Gefühl der unvollständigen Darmentleerung, dumpfer Druck	Inspektion Proktoskopie	Hämorrhoiden
	Inkontinenz Obstipation	digitale Untersuchung, Manometrie des Sphincter ani	funktionelle oder organische Störung des Sphinkters
	Inkontinenz, hellrote peranale Blutung, tastbarer „Knoten"	Inspektion Proktoskopie	Analprolaps oder Rektumprolaps
	akzentuierter Schmerz beim Sitzen und/oder während der Defäkation	Inspektion	Analfissur Kryptitis/Papillitis
	akzentuierter Schmerz beim Sitzen	Inspektion	Hauterkrankungen der Rima ani: („Wolf", Ekzeme, Psoriasis vulgaris)
	akzentuierter Schmerz beim Sitzen und/oder während der Defäkation, Absonderung aus Fistelöffnung, evtl. Allgemeinsymptome	Inspektion Proktoskopie Fisteldarstellung mit Farbstoff oder Röntgenkontrastmittel	Analfistel evtl. M. Crohn
	krampfartiger Schmerz in Anal- und Steißbeinregion, evtl. Druckschmerzhaftigkeit des Steißbeins	Ausschlußdiagnostik	Proctalgia fugax, Kokzygodynie
	Blutabgang, geringer evtl. zunehmender Schmerz, Änderung der Stuhlgewohnheiten	Inspektion Endoskopie	Analkarzinom oder Rektumkarzinom

kungen, Allergien, Operationen und der Einnahme von Medikamenten.

Die **proktologische Untersuchung** umfaßt die gründliche Inspektion (Abb. 40-2), die vorsichtige digitale Palpation sowie die endoskopische Untersuchung des Analkanals und der Rektumampulle (Anoskopie, Proktoskopie). Im weiteren Sinne zählen Untersuchungen des Stuhls und des Urins, ferner die histo-

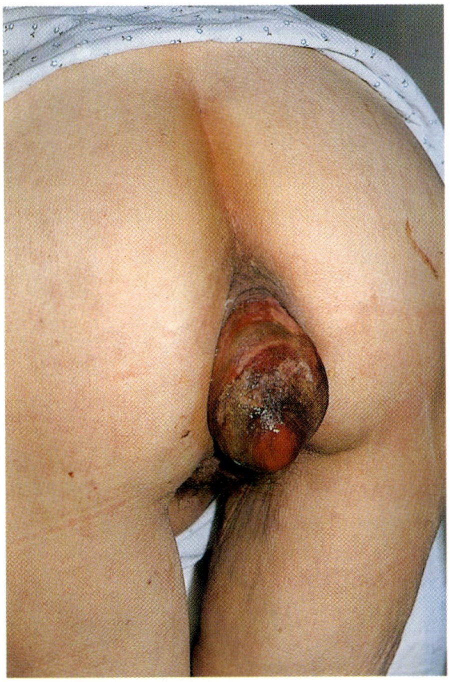

40-2 Analprolaps des Rektums.

logische und mikrobiologische Untersuchung von bioptisch gewonnenem Material aus suspekten Läsionen zu den proktologischen und **serologischen Untersuchungen** (z.B. Lues-Test, HIV-Serologie). Bei Verdacht auf ein Analkarzinom liefern die **endoskopische Sonographie** und die **Computertomographie** wertvolle Informationen beim Staging.

40.4 Krankheitsbilder

40.4.1 Hämorrhoiden und Knoten

Hämorrhoiden sind bei sehr vielen Menschen über 30 Jahren anzutreffen. Die **Hauptsymptome** sind Blutauflagen auf dem Stuhl, Nässen und Jucken, ergänzt durch Analschmerzen, die jedoch nicht immer auftreten. Hämorrhoiden stellen eine Hyperplasie des Gefäßkonvoluts dar, das von der Arteria rectalis superior gespeist wird. Neben einer erblichen Disposition gelten Obstipation, starkes Pressen sowie sitzende Lebensweise und auch Schwangerschaft als wichtige Faktoren für ihre Entstehung (→ Kap. 10).

Hypertrophe Analpapillen sind überaus häufig. Sie können beim Pressen nach außen prolabieren und haben in der Regel keine pathologische Bedeutung. Bei der **Papillitis** ist die betreffende Papille gerötet und geschwollen, aus der benachbarten Krypte kann Eiter entleert werden. Die Berührung der Papille ist schmerzhaft. **Kryptitis** und **Papillitis** sind akute, in der Regel selbstlimitierende Erkrankungen.

Die **akute perianale Thrombose** manifestiert sich als prall gefüllter bläulicher Knoten mit starken Schmerzen. Die Schmerzen verschwinden nach Inzision und Entleerung des Thrombus sofort oder einige Tage, nachdem der Thrombus resorbiert wurde.

40.4.2 Entzündungen

Das Anoderm, der Analkanal und die dazugehörigen Strukturen (Analsphinkter und Gefäßpolster) können sich entzünden. Die Symptome der **Anitis** sind Brennen und Schmerzen bei der Defäkation. Als weitere Beschwerden treten Absonderung von serösem Sekret und Juckreiz auf. Begleitet wird die Anitis häufig auch von einer Proktitis. Die Klärung der Ursache erfolgt durch Schleimhautabstrich oder Biopsie und Stuhluntersuchungen. Bei chronischer Entzündung muß an die organtypische Entzündung, ferner an aktinische, artifizielle und medikamentöse Schädigungen gedacht werden. Bei Vorliegen einer HIV-Infektion sind weitere Infektionsmöglichkeiten auszuschließen, z.B. Lues, Gonorrhö, Chlamydien, Herpes, Zytomegalie, Lamblien, Candida albicans, Salmonellen, Shigellen, Campylobacter.

40.4.3 Analkarzinom

Das Analkarzinom gehört zu den seltenen Malignomen des Verdauungstraktes. In frühen Stadien sind keine Schmerzen vorhanden, sondern das Analkarzinom macht durch Blutungen auf sich aufmerksam. Die Diagnose und Abgrenzung von Condylomata acuminata erfolgt durch äußere Inspektion, Endoskopie und Biopsie.

41 Brustschmerz

P. Schanzenbächer und K. Kochsiek

Retrosternale Schmerzen und thorakale Mißempfindungen sind ein häufiges Symptom, das Patienten beunruhigt und zum Arzt führt. Da sich neben organischen Ursachen psychovegetative und funktionelle Beschwerden häufig als Herzsensationen äußern, ist es vordringliche Aufgabe des Arztes, potentiell bedrohliche koronare Mangeldurchblutungszustände ohne Verzögerung rechtzeitig zu diagnostizieren und von funktionellen Beschwerden abzugrenzen. Die vielfältigen kardialen, vaskulären, pulmonalen, gastrointestinalen, neuromuskulären und psychovegetativen Ursachen von Brustschmerzen sind in Tabelle 41-1 zusammengefaßt.

41.1 Definitionen und Abgrenzungen

Brustschmerzen können in Abhängigkeit von ihren Ursachen charakteristische Besonderheiten aufweisen. Wichtig ist die Unterscheidung zwischen **chronischen Schmerzzuständen** und **akut aufgetretenen Beschwerden.** Für Patient und Arzt ist es von vordringlicher Bedeutung, die durch eine koronare Herzerkrankung verursachten Brustschmerzen im Sinne einer Ischämiereaktion auszuschließen bzw. zu diagnostizieren, da hierin das größte Gefährdungspotential liegt.

Bei der **chronisch stabilen Angina pectoris** treten die retrosternalen Schmerzen häufig während körperlicher Belastung oder psychischen Erregungszuständen auf. Weitere prädisponierende Faktoren, die in der Anamnese eruiert werden müssen, sind Auftreten bei Kälteexposition und nach voluminösen Mahlzeiten. Ein wichtiges differentialdiagnostisches Merkmal ist das prompte Ansprechen der Beschwerden auf sublinguale Applikation von Glyzeroltrinitrat. Die Schmerzqualität wird individuell unterschiedlich angegeben. Häufig findet sich ein retrosternales Druck- und Oppressionsgefühl, als würde der Brustkorb eingeschnürt werden. Relativ häufig findet man auch ein retrosternales Brennen, seltener ein dumpfes Druckgefühl. Charakteristisch ist die Ausstrahlung der Schmerzen in unterschiedliche Körperregionen: in den linken oder rechten Arm sowie Unterkiefer, aber auch in das Epigastrium. Charakteristisch für den Angina-pectoris-Schmerz ist das prompte Sistieren nach Unterbrechen der körperlichen Aktivitäten. Bei den extrakardialen Schmerzursachen spricht man auch von „noncardiac-chest-pain".

Ruheschmerzen sind charakteristisch für die **instabile Angina pectoris.** Hier treten die Beschwerden kurzfristig auf und steigern sich dann rasch an Dauer und Intensität.

Für psychovegetative Beschwerden sind punktuelle, auf kleine Areale genau begrenzte und reproduzierbar lokalisierte Schmerzen charakteristisch, die meist nur für Sekunden anhalten und als „Stiche in der Herzgegend" angegeben werden. Hierbei handelt es sich oft um Rhythmusstörungen, meist im Sinne von ventrikulären oder supraventrikulären Extrasystolen bei psychovegetativ stigmatisierten Patienten. Die Beschwerden können durch familiäre und berufliche Belastungen ausgelöst oder verstärkt werden.

Der beim **akuten Myokardinfarkt** auftretende Schmerz nimmt in der Regel an Intensität ständig zu und geht mit starken Angstgefühlen, Schweißneigung, innerer Unruhe und Vernichtungsgefühl einher. Charakteristisch ist ein mangelndes Ansprechen auf Nitrokörper (Glyzeroltrinitrat). Im Gegensatz zur Angina pectoris nimmt der Patient keine ruhige Körperhaltung ein, sondern ist agitiert und versucht durch ständige Änderungen der Körperposition die Schmerzen zu lindern.

Der durch **Entzündungen** des **Perikards** und der **Pleura** bedingte Schmerz ist atemabhängig. Das viszerale und das parietale Perikard sind normalerweise schmerzunempfindlich. Vom Nervus phrenicus ausgehende Schmerzrezeptoren finden sich nur in einem kleinen diaphragmalen Bereich. Der durch eine Perikarditis verursachte Schmerz ist auf eine begleitende Entzündung der parietalen Pleura zurückzuführen. Dies erklärt die Atemabhängigkeit und die Tatsache, daß nichtentzündliche Formen der Perikarditis (Urämie, Einblutungen) schmerzlos sind. Der Schmerz wird wahrscheinlich durch Dehnung der viszeralen Pleura bei der Inspiration hervorgerufen. Deshalb ist es anamnestisch besonders wichtig, die

Atemabhängigkeit der Schmerzsensationen zu erfragen.

Durch die **Refluxösophagitis** bedingte Beschwerden verstärken sich überwiegend im Liegen infolge der Regurgitation von Magensaft in den Ösophagus und sind ein wichtiger anamnestischer Hinweis für die Differentialdiagnose (→ Kap. 57). Der seltene Ösophagusspasmus kann starke retrosternale Schmerzen verursachen (→ Kap. 39). Häufig werden sie durch kalte Getränke ausgelöst. In seltenen Fällen führen ein hochsitzendes, kardianahes Ulcus ventriculi, aber auch Affektionen des Antrums und des Duodenums zu überwiegend retrosternalen Schmerzen. Ebenfalls atypisch können sich eine akute Cholezystitis oder eine Pankreatitis äußern.

Neuromuskulär bedingte Brustschmerzen sind häufig durch Veränderungen der Halswirbelsäule bedingt infolge einer Kompression der Nervenwurzeln (→ Kap. 48). Aber auch arthritische Affektionen der Schultergelenke bzw. der Wirbelsäule oder eine Kostochondritis können Brustschmerzen auslösen. Häufig sind diese Beschwerden lage- und bewegungsabhängig. Vom knöchernen Thorax ausgehende Schmerzen verstärken sich bei manueller Kompression und bei Beklopfen.

41.2 Ursachen

Die wichtigsten organischen und funktionellen Ursachen von Brustschmerzen sind in Tabelle 41-1 zusammengefaßt. Für die Differentialdiagnose ist die genaue Erfragung der Lokalisation der Schmerzen, ihre Ausstrahlung, die Schmerzqualität, die Schmerzintensität und die Schmerzdauer entscheidend. Wichtig ist die Frage nach auslösenden Faktoren (körperliche Anstrengungen, Inspiration, Husten, Bewegung und Lagewechsel), die die Schmerzen verursachen oder verstärken.

Tab. 41-1 Wichtigste Ursachen für Brustschmerzen

Kardiale Ursachen	koronare Herzerkrankung (→ 41.4.1) Aortenstenose (→ 41.4.7) hypertrophische Kardiomyopathie (→ 41.4.5) Perikarditis (→ 41.4.3)
Vaskuläre Ursachen	Aortendissektion (→ 41.4.8) Lungenembolie (→ 41.4.10)
Pulmonale Ursachen	Pleuritis (→ 41.4.12) Pneumonie (→ Kap. 3) Tracheobronchitis (→ Kap. 3) Pneumothorax (→ Kap. 3) Tumoren mediastinale Lymphome Mediastinitis Mediastinalemphysem (→ 41.4.13)
Gastrointestinale Ursachen	Refluxösophagitis (→ 41.4.17) Ösophagusspasmus (→ Kap. 39) Hiatushernie (→ Kap. 39) Mallory-Weiss-Syndrom Ulkuskrankheit (→ 41.4.22) Cholezystitis (→ 41.4.21) Cholezystolithiasis (→ 41.4.21) Pankreatitis (→ 41.4.23) Dilatation der linksseitigen Kolonflexur (→ 41.4.24)
Neuromuskuläre Ursachen	degenerative Veränderungen der Halswirbelsäule (→ Kap. 48) Interkostalneuralgien (→ 41.4.25) Herpes zoster (→ Kap. 21) Tietze-Syndrom (→ 41.4.15) aberrierende Halsrippe
Funktionelle und psychiatrische Ursachen	hyperkinetisches Herzsyndrom Extrasystolie (→ Kap. 23) Mitralklappenprolapssyndrom (→ 41.4.9) Angstneurose (→ 41.4.26) Herzphobie Depression (→ Kap. 1)

41.3 Diagnostik

41.3.1 Anamnese

Bei der Anamnese ist wichtig, ob es sich um chronische oder akut aufgetretene Brustschmerzen handelt. Im Hinblick auf die potentiell bedrohliche Manifestation einer koronaren Herzerkrankung ist die Frage nach den Risikofaktoren für eine Arteriosklerose entscheidend: Hypercholesterinämie, Zigarettenkonsum, arterielle Hypertonie, Diabetes mellitus, Übergewicht, familiäre Belastung. Beim frischen Herzinfarkt ist die ernste Situation in der Regel nicht zu verkennen: der Patient ist blaß und kaltschweißig, der Puls ist frequent und flach und der Patient wirkt ängstlich. Einen bedrohlichen Aspekt bietet auch der Patient mit Aortendissektion. Bei entzündlicher Genese (Pleuritis, Perikarditis) stellt sich die Frage nach manifesten oder kürzlich zurückliegenden Infekten. Beim Verdacht auf das Vorliegen einer Lungenarterienembolie sollte immer nach Beinschwellungen, Schmerzen, Varizen, früheren Thrombosen gefahndet werden. Die Frage nach Speiseunverträglichkeit, Trinkgewohnheiten, Zunahme der Schmerzen im Liegen richtet die Differentialdiagnose in Richtung gastrointestinaler Affektionen.

41.3.2 Körperliche Untersuchung

Inspektion

Für die Diagnose der koronaren Herzerkrankung hat die Inspektion nur geringe diagnostische Bedeutung. Bei einer familiären Hypercholesterinämie können sich typische Xanthelasmen finden. Beim Verdacht auf eine Lungenembolie ist die Untersuchung der unteren Extremitäten von vordringlicher Bedeutung. Auch beim Vorliegen einer tiefen Beinvenenthrombose finden sich eine Beinschwellung oder Wadenschmerzen allerdings nur in 50% der Fälle. Ausgeprägte Varizen bzw. postthrombotische Veränderungen können dann wegweisend sein. Eine periphere Zyanose deutet auf ein vermindertes Herzminutenvolumen als Ausdruck einer fortgeschrittenen Pumpfunktionsstörung auf dem Boden einer koronaren Herzerkrankung, Aortenklappenstenose, eines langjährigen arteriellen Hypertonus oder eines Cor pulmonale hin. Sichtbare Lymphknotenschwellungen können durch eine thorakale Tumormanifestation verursacht werden.

Palpation

Wenn der Patient den Brustschmerz genau lokalisieren kann, ist eine Palpation der betroffenen Region wichtig (Frakturen, Knochenmetastasen). Ein tastbares Schwirren rechts parasternal kann Hinweis auf eine valvuläre Aortenstenose sein. Bei Verdacht auf Aortendissektion finden sich abgeschwächte oder nicht tastbare Pulse in der Leistenregion bzw. eine Blutdruckdifferenz zwischen rechtem und linkem Arm. Ein sichtbarer bzw. tastbarer Herzspitzenstoß außerhalb der linken Medioklavikularlinie ist Ausdruck einer linksventrikulären Dilatation. Epigastrische Pulsationen sind Ausdruck einer rechtsventrikulären Druckbelastung.

Auskultation

Als Hinweis auf eine generalisierte Arteriosklerose mit potentieller Manifestation an den Herzkranzgefäßen ist die Auskultation der Karotiden und der Leistenbeuge wichtig. Isolierte Strömungsgeräusche in diesen Regionen deuten auf Karotisstenosen, Stenosierungen in der Beckenetage bzw. Femoralregion hin.

Bei der Auskultation des Herzens fällt bei der valvulären Aortenstenose ein rauhes spindelförmiges systolisches Geräusch über der aortalen Ausflußbahn mit Fortleitung in beide Karotiden auf. Bei der hypertrophischen obstruktiven Kardiomyopathie wird das spätsystolische Geräusch über der Spitze durch das Valsalva-Manöver (Pressen bei tiefer Inspiration) verstärkt. Bei subtiler Auskultation findet sich beim Mitralklappenprolapssyndrom ein mesosystolischer Klick sowie gelegentlich ein spätsystolisches Geräusch, falls zusätzlich eine Klappenschlußunfähigkeit infolge einer ausgeprägten myxomatösen Proliferation der Mitralklappe vorliegt. Ein protodiastolischer Zusatzton (3. Herzton, Füllungston) findet sich bei latenter oder manifester Linksherzinsuffizienz.

Systolisch-diastolische Reibegeräusche beweisen eine Perikarditis. Inspiratorisch-exspiratorische Reibegeräusche über der Lunge („Lederknarren“) sind pathognomonisch für eine Pleuritis sicca, unabhängig von der Ätiologie.

41.4 Krankheitsbilder

41.4.1 Angina pectoris

B *Beschwerden und Befunde*

Bei der **stabilen Angina pectoris** wird die Schmerzsymptomatik durch körperliche und psychische Belastungen ausgelöst. Die Beschwerden dauern nie länger als 30 Minuten. Meistens sind sie kürzer und bessern sich prompt auf sublinguale Applikation von Glyzeroltrinitrat innerhalb von 1 bis 3 Minuten. Die Angina pectoris wird oftmals durch Kälteexposition verstärkt und sie kann ausgesprochen witterungsabhängig sein. Die Symptome nehmen nicht immer direkt von der

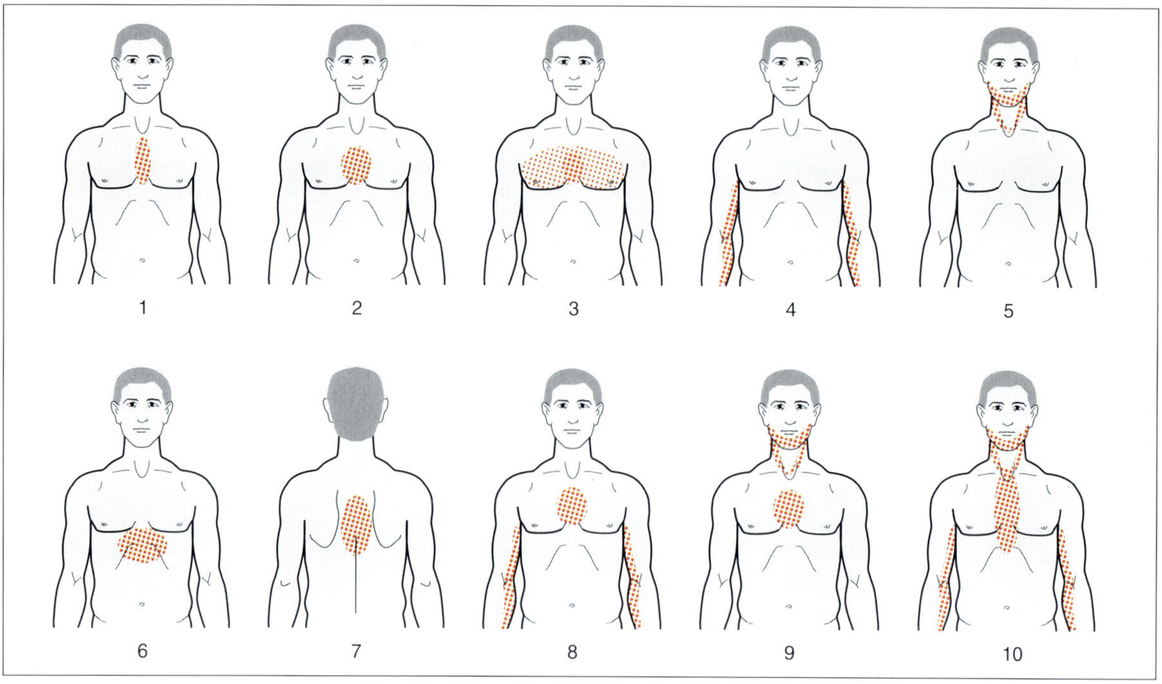

Abb. 41-1 Lokalisation und Ausbreitungsmuster des Angina-pectoris-Schmerzes. 1, 2: Der Schmerz wirkt überwiegend retrosternal. 3: Nach beidseits in die Thoraxwand ausstrahlender retrosternaler Schmerz. 4: Schmerzsensationen lediglich an der Innenseite beider Oberarme. 5: Schmerzsensationen im Halsbereich mit typischer Ausstrahlung in die Zähne. 6: Die Schmerzen sind überwiegend im Oberbauch lokalisiert. 7: Schmerzlokalisation im Rücken. 8: Schmerzlokalisation retrosternal sowie an beiden Innenseiten der Oberarme. 9: Schmerzsensationen retrosternal und gleichzeitig im Halsbereich mit Ausstrahlung ins Kinn. 10: Die Schmerzen werden sowohl retrosternal mit Ausstrahlung in den Hals und die Kinnpartien als auch an den Innenseiten beider Oberarme empfunden.

Herzgegend ihren Ausgang. Sie können im Rücken, Oberbauch, isoliert in der linken oder rechten Schulter, evtl. ausstrahlend in den Arm, in den Hals und in den Kiefer lokalisiert sein (Abb. 41-1). Die Schmerzen werden als schneidend, brennend, drückend, krampfartig und dumpf bohrend beschrieben. Typisch ist das Gefühl der Brustenge (Angina pectoris). Häufig gehen die Beschwerden mit einer mehr oder minder ausgeprägten Atemnot einher. Typisch für die chronisch stabile Angina pectoris ist, daß sich die Beschwerden nach Unterbrechung der körperlichen Anstrengung sofort wieder zurückbilden (Tab. 41-2).

Im Gegensatz hierzu ist bei der **instabilen Angina pectoris** keine exakte Abhängigkeit von körperlichen Aktivitäten zu verzeichnen. Die Beschwerden treten häufig in Ruhe und auch überwiegend nachts auf. Sie steigern sich an Intensität und Dauer. Die Schmerzqualität entspricht der bei der chronisch stabilen Angina pectoris. Typisch ist ferner ein verzögertes Ansprechen auf sublinguales Glyzeroltrinitrat. Der Patient empfindet die Beschwerden von Anfang an als bedrohlich und ist stark beunruhigt (Tab. 41-3).

Tab. 41-2 Symptomatik bei Angina pectoris

Lokalisation	retrosternal, Epigastrium
Ausstrahlung	rechts oder links thorakal Arm, Hals, Unterkiefer, Rücken, Nacken
Charakter	beengend, drückend, ziehend, brennend, stechend
Schmerzdauer	1 bis maximal 30 Minuten
auslösende Faktoren	körperliche Belastung, Kälte, Aufregung, opulente Mahlzeiten, Angst, Kälte, Koitus
Nitrowirkung	rasche Besserung nach 1 bis 5 Minuten

Tab. 41-3 Symptomatik bei instabiler Angina pectoris

akut auftretende, belastungsunabhängige, heftige Angina pectoris
akuter Beschwerdewandel bei bestehender stabiler Angina pectoris
Zunahme der Anfallshäufigkeit
Zunahme der Anfallsintensität
Zunahme der Anfallsdauer
Abnahme des Ansprechens auf Glyzeroltrinitrat

DS *Diagnosesicherung*

Neben der Erfragung des Risikoprofils (koronare Herzerkrankung in der Familie bei Vater, Mutter oder Geschwistern, Zigarettenkonsum usw.) ist die laborchemische Erfassung einer Hyperlipoproteinämie wichtig (Gesamtcholesterin, HDL und LDL). Bei jüngeren Patienten mit Verdacht auf koronare Herzerkrankung ohne sicheres Risikoprofil kann die Bestimmung von Lipoprotein a (→ Kap. 63) hilfreich sein. Erhöhte Blutzuckerwerte weisen auf den Risikofaktor Diabetes mellitus (→ Kap. 12) hin. Auf eine arterielle Hypertonie (→ Kap. 26) muß geachtet werden.

Das **Ruhe-EKG** ist in seiner Aussagekraft für die Diagnose einer koronaren Herzerkrankung eingeschränkt (Abb. 41-2). Q-Zacken können Hinweise auf möglicherweise stumm abgelaufene Infarkte sein (Abb. 41-3). Während oder nach einem Angina-pectoris-Anfall finden sich gelegentlich horizontale ST-Streckensenkungen im Sinne einer nichttransmuralen Myokardischämie. Rezidivierend ischämische Attacken können auch zu T-Wellennegativierungen überwiegend in den Brustwand-Ableitungen führen. Differentialdiagnostisch sind die ST-Streckensenkungen bei Linksherzhypertrophie und unter Medikamenteneinfluß, z.B. Digitalis, Antiarrhythmika, abzugrenzen.

Die wichtigste Untersuchung ist das **Belastungs-EKG** mittels Fahrradergometer. Die pathologischen Veränderungen im Belastungs-EKG werden überwiegend durch eine Innenschichtischämie hervorgerufen. Kriterium für ein positives Belastungs-EKG ist die horizontale oder deszendierende ST-Streckensenkung von mehr als 0,1 mV in den Extremitäten- und 0,2 mV in den Brustwandableitungen (Abb. 41-4). Vor Durchführung eines Belastungs-EKGs muß das Vorliegen einer valvulären Aortenstenose ausgeschlossen werden.

Das **Langzeit-EKG** ist hilfreich zur Dokumentation stummer Ischämien, wenn die notwendigen technischen Voraussetzungen beachtet werden. Eine ischämische Episode liegt mit hoher Wahrscheinlichkeit vor, wenn eine transitorische ST-Streckensenkung länger als 1 Minute anhält, mehr als 0,1 mV beträgt und von der nachfolgenden ST-Veränderung mindestens 1 Minute getrennt ist (1×1×1-Regel nach Cohn).

Bei negativem Belastungs-EKG oder Rechts- bzw. Linksschenkelblockbildern ist die Durchführung einer Myokardszintigraphie sinnvoll (201 Tl, ^{99m}Tc MIBI). Die Myokardszintigraphie zeigt Perfusionsdefekte unter der Belastung bei etwa 75–85% der Patienten mit Angina pectoris und führt zu einem falsch positiven Ergebnis bei etwa 10% der Patienten, die über Brustschmerzen klagen, die nicht kardialer Genese sind.

Die **Echokardiographie** hat bei der Diagnose der koronaren Herzerkrankung nur einen untergeordne-

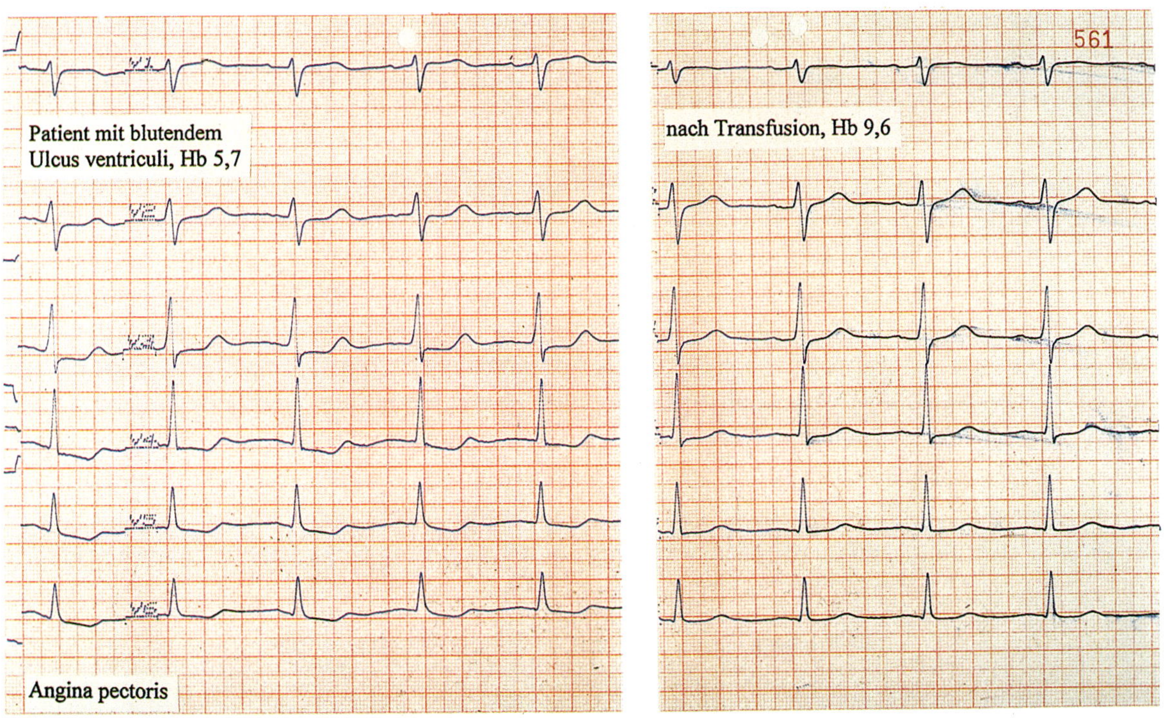

Abb. 41-2 Ischämiebedingte ST-Senkungen im Ruhe-EKG bei durch Anämie ausgelöster Angina pectoris. Normalisierung der EKG-Veränderungen nach Korrektur der Anämie durch Bluttransfusion.

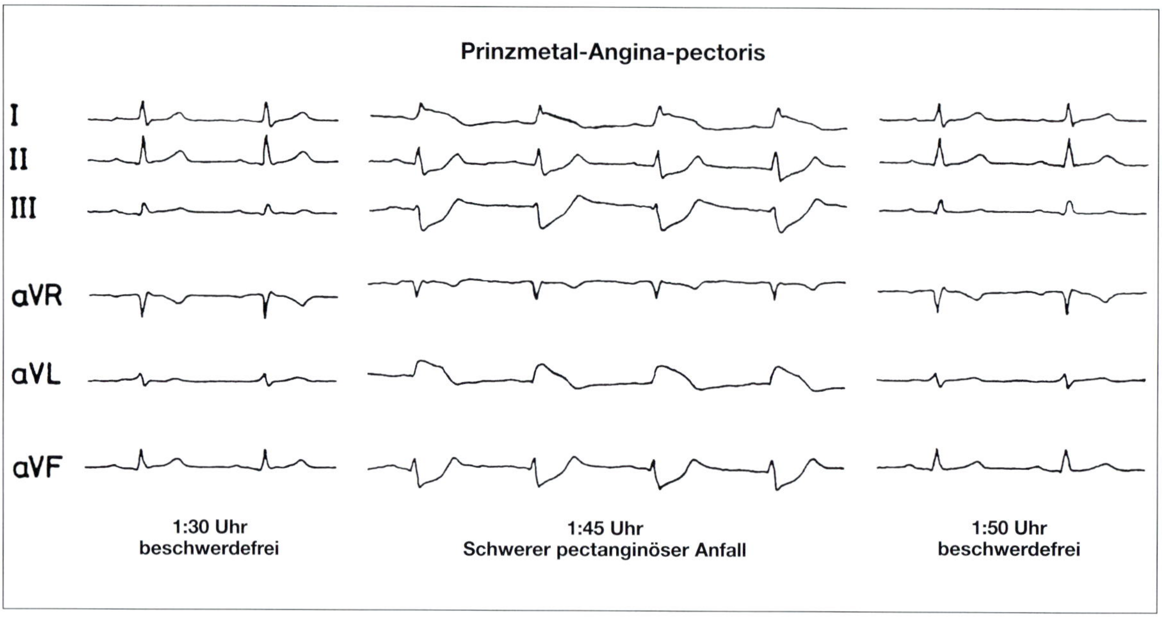

Abb. 41-3 Monophasische ST-Elevationen wie bei einem transmuralen Myokardinfarkt. Spontane Normalisierung innerhalb weniger Minuten.

ten Stellenwert. Regionale Kontraktionsstörungen können auf eine ischämisch bedingte linksventrikuläre Störung der Pumpfunktion hinweisen. In jüngster Zeit wird die Durchführung einer Streß-Echokardiographie empfohlen. Hier zeigen sich regionale Kontraktionsstörungen unter einer Dobutamininfusion, die unter

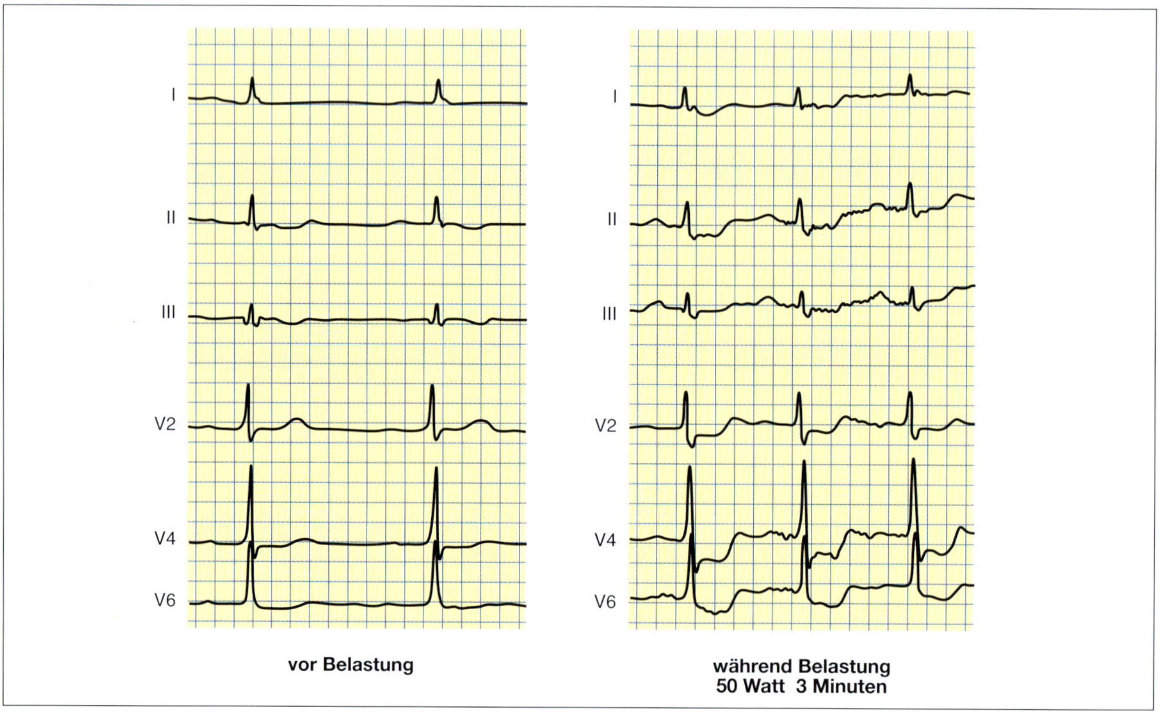

Abb. 41-4 EKG-Aufzeichnung vor (Blutdruck 140/80 mmHg, Puls 68/min) und während Belastung (Blutdruck 190/80 mmHg, Puls 100/min). Während der Belastung kommt es zu horizontalen ST-Senkungen in II, V2–V6 Tiefste Senkung mit 0,5 mV in V4 erzielt (Abbruchkriterium!), zu diesem Zeitpunkt bestand heftigste Angina pectoris.

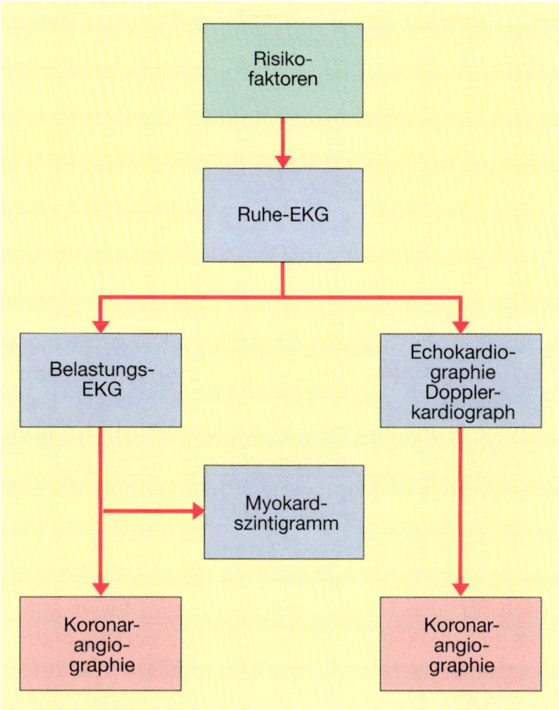

Abb. 41-5 Schematische Darstellung des diagnostischen Ablaufs bei kardialen Brustschmerzen.

Basisbedingungen nicht nachweisbar sind. Für die Auswertung sind allerdings optimale Schallbedingungen zwingend notwendig. Dies ist maximal bei 70% der Patienten der Fall. Die Streßechokardiographie hat noch keinen Eingang in die Routinediagnostik gefunden.

Die definitive Diagnose einer koronaren Herzerkrankung läßt sich nur mittels **selektiver Koronarangiographie** stellen. Das Untersuchungsrisiko liegt heute in erfahrenen Händen unter 1‰. Der diagnostische Stufenplan zur Abklärung der koronaren Herzerkrankung ist in Abbildung 41-5 dargestellt.

DD *Differentialdiagnose*

Eine relative Koronarinsuffizienz kann bei ausgeprägter Anämie (→ Kap. 8, → Abb. 41-2) sowie einem Anstieg des Sauerstoffverbrauchs (Hyperthyreose [→ Kap. 23]) oder bei einer Hypoxämie (Aufenthalt in großen Höhen, respiratorische Ventilationsstörung) auftreten. Eine relative Koronarinsuffizienz bei normalen Koronararterien tritt auch bei ausgeprägter Linksherzhypertrophie auf (Aortenklappenstenose, Aortenklappeninsuffizienz, langjähriger arterieller Hypertonus mit ausgeprägter Linksherzhypertrophie). Angina pectoris ist relativ häufig bei dilatativer und hypertrophischer Kardiomyopathie.

Beim Mitralklappenprolaps treten Angina-pectoris-ähnliche Beschwerden auf, wobei sich allerdings häufig eine Myokardischämie nicht dokumentieren läßt. Bei Perikarditis sind die retrosternalen Schmerzen häufig atemabhängig infolge einer Begleitpleuritis, und in der Anamnese findet sich ein viraler Infekt. Diagnostisch wegweisend ist hier ein Perikardreibegeräusch. Nichtkardiale Ursachen Angina-pectoris-ähnlicher Beschwerden sind die Refluxösophagitis, der Ösophagusspasmus, Hiatushernie, Ulcus ventriculi oder duodeni, Herpes zoster, Tietze-Syndrom sowie das Schulter-Arm-Syndrom.

Eine Angina pectoris wird auch bei endokrinologischen Krankheitsbildern beobachtet. Dabei kann die Fehlfunktion der endokrinen Drüsen den Angina-pectoris-Anfall bei vorbestehender Koronarinsuffizienz auslösen oder aber die Entstehung einer Koronarstenose begünstigen (Tab. 41-4).

41

Tab. 41-4 Endokrinologische Krankheitsbilder, bei denen eine Angina pectoris auftreten kann oder eine Koronarsklerose begünstigt wird

Hyperthyreose (→ Kap. 23)	Hyperzirkulation und vermehrter Sauerstoffbedarf demaskieren eine Koronarinsuffizienz
Hypothyreose (→ Kap. 1)	Begünstigung der Koronarsklerose, Angina pectoris bei zu schneller Thyroxin-Substitution: unter Umständen kann erst nach Dilatation die erforderliche Thyroxin-Dosis erreicht werden
Phäochromozytomanfall (→ Kap. 44)	Angina pectoris, nichttransmurale, unter Umständen auch transmurale Infarkte werden ausgelöst
Conn-Syndrom (→ Kap. 26)	Koronarinsuffizienz im Rahmen des Hochdruckes
Östrogentherapie des Prostatakarzinoms	Begünstigung der Koronarsklerose (?)
Wachstumshormonmangel beim Erwachsenen	Begünstigung der Koronarsklerose
Akromegalie (→ Kap. 44)	Koronarinsuffizienz bei Kardiomegalie
Diabetes mellitus (→ Kap. 12)	vorzeitige Koronarsklerose, stumme Infarkte (ohne Angina pectoris)
Hypoglykämie (→ Kap. 23)	Auslösung einer Angina pectoris bei bestehender Koronarinsuffizienz
Normokalzämische Hyperventilation (→ Kap.34)	Pseudo-Angina-pectoris im Rahmen tetanoider Intervallbeschwerden

41.4.2 Akuter Myokardinfarkt

Der Myokardinfarkt kann gelegentlich akut ohne Vorboten einsetzen. Meistens werden aber mehr oder weniger ausgeprägte Angina-pectoris-Beschwerden in der Vorgeschichte angegeben. Der Herzinfarkt weist in der Regel von Beginn an eine schwere klinische Symptomatik auf. Der Schmerz wird häufig als „Vernichtungsschmerz" geschildert und geht mit Angstgefühlen einher. Er kann ebenso wie bei der Angina pectoris atypisch lokalisiert sein (→ Abb. 41-1). Der Patient ist meist kaltschweißig, unruhig und agitiert. Häufig besteht eine mehr oder weniger ausgeprägte Tachykardie sowie Blutdruckerniedrigung. Bei Hinterwandinfarkt finden sich häufig initial Bradykardien. Fast immer wird über begleitende Atemnot berichtet. Als Ausdruck einer Lungenstauung finden sich auskultatorisch Rasselgeräusche über den basalen Lungenabschnitten.

DS ***Diagnosesicherung***

Für die Primärdiagnostik ist, von Ausnahmen abgesehen, das **EKG** von überragender Bedeutung. Typisch sind monophasische ST-Streckenelevationen in den präkordialen Wilson-Ableitungen bei Vorderwandinfarkt (Abb. 41-6) sowie in den Ableitungen II, III und aVF beim Hinterwandinfarkt (Abb. 41-7). Die diagnostische Aussagekraft der Elektrokardiographie kann durch die Ableitung nach Nehb im kleinen Brustwanddreieck noch gesteigert werden. Hiermit lassen sich auch Ischämien im Hinterseitenwandbereich lokalisieren, die normalerweise in den Ableitungen nach Wilson, Einthoven und Goldberger nicht sicher nachweisbar sind.

Labor

Induziert durch die endogene Katecholaminausschüttung kann es bereits kurz nach Infarkteintritt zum Anstieg der Leukozyten und des Blutzuckers kommen.

Aus dem nekrotischen Herzmuskelareal werden Enzyme in die Blutbahn freigesetzt. Die Freisetzung der infarktspezifischen Enzyme verläuft mit unterschiedlicher Geschwindigkeit. Die höchste Myokardspezifität weist Troponin T auf. Pathologische Konzentrationen lassen sich bereits nach 2 Stunden nachweisen. Erst 4–6 Stunden nach Infarkteintritt kommt es zum Anstieg der Creatinkinase (CK). Generell gilt, daß ein Anstieg des herzmuskelspezifischen Isoenzyms CKMB auf über 10% der Gesamt-CK als spezifisch für eine Herzmuskelnekrose gilt. Es ist unbedingt zu beachten, daß vorausgehende intramuskuläre Injektionen die Enzymdiagnostik verfälschen können.

Die GOT steigt ebenfalls rasch an, fällt allerdings langsamer als die CK wieder ab. Die LDH steigt verzögert und bleibt länger erhöht als die zuvor genannten Enzyme. Normalerweise erreicht die CK nach 18 Stunden, die GOT nach 24 Stunden, die LDH nach 36 Stunden ihr Maximum. Bei bereits normalisierter CK bzw. GOT ermöglicht die Erhöhung einer LDH noch eine Spätdiagnose des Myokardinfarkts.

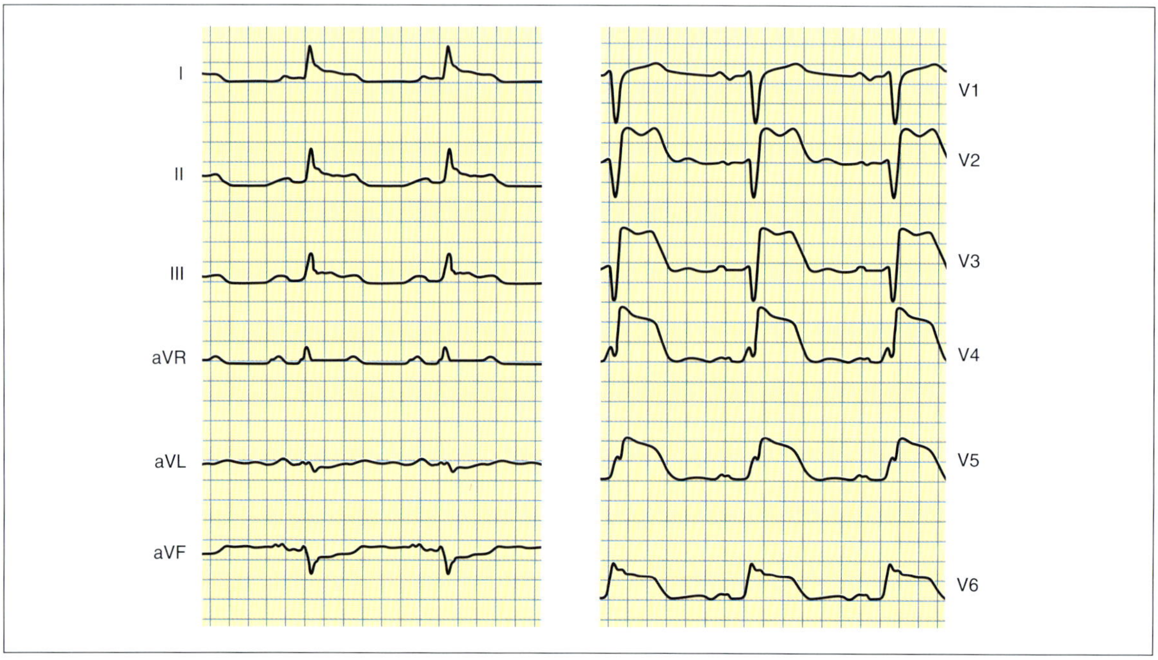

Abb. 41-6 Ausgeprägte monophasische ST-Elevationen in den präkordialen Ableitungen V1 bis V6 sowie I, II und aVR als Ausdruck einer ausgedehnten transmuralen Vorderwandischämie.

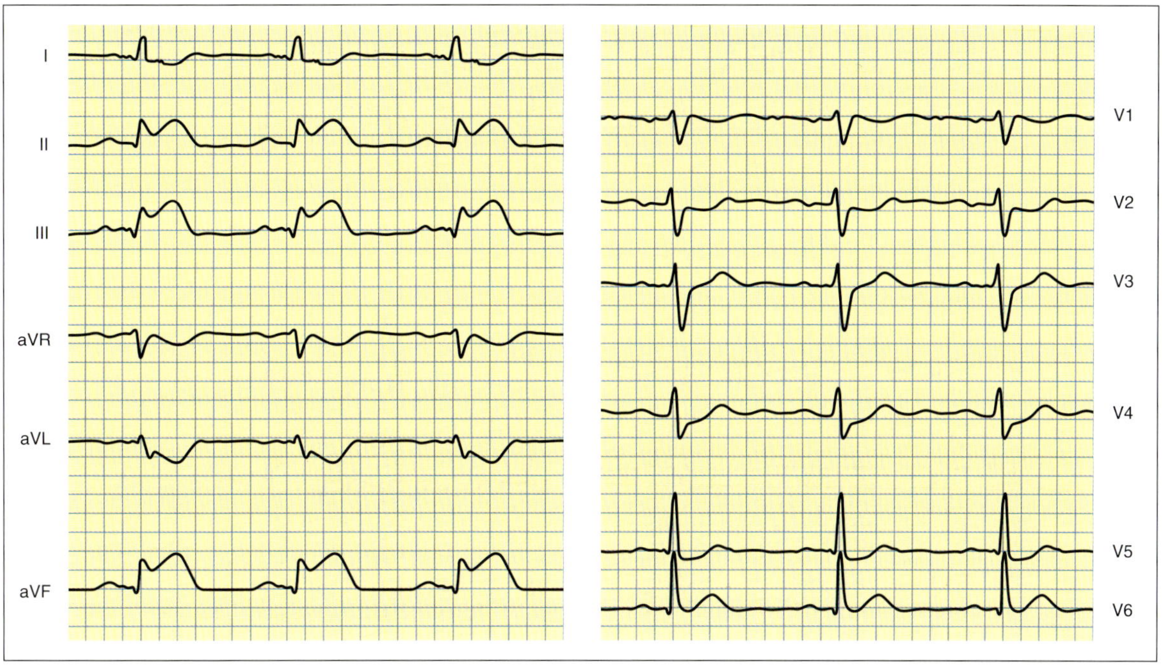

Abb. 41-7 Monophasische ST-Elevationen in den Ableitungen II, III und aVF sowie spiegelbildliche ST-Streckensenkungen in I und aVL. Die Erregungsausbreitung in den präkordialen Ableitungen in V1 bis V6 ist unauffällig.

DD *Differentialdiagnose*

Differentialdiagnostisch muß ein prolongierter Angina-pectoris-Anfall bei instabiler Angina pectoris ausgeschlossen werden. Bei der **Perikarditis** ist der Schmerz meist lageabhängig und wird durch Ein- und Ausatmen sowie durch Husten verstärkt. Dies ist auf die gleichzeitig bestehende Begleitpleuritis zurückzuführen. Ebenso sind die **pleuritischen Schmerzen** durch Inspiration und Husten verstärkt.

Auskultatorisch hört man ein Reibegeräusch. Beim dissezierenden Aortenaneurysma findet sich ein schlagartig einsetzender Schmerz mit Vernichtungscharakter. Entsprechend dem Ausbreitungsgebiet der Dissektionslinie kommt es zur Ausbreitung der Schmerzsensationen in den Hals, das Abdomen und die Beine. Häufig kann ein akutes Lungenödem auftreten, wenn sich gleichzeitig eine Aortenklappeninsuffizienz entwickelt. Auskultatorisch hört man dann ein diastolisches Geräusch. Beim Entwickeln einer Perikardtamponade findet sich eine Halsvenenstauung sowie eine ausgeprägte Hypotension. Der **Spontanpneumothorax** (→ Kap. 3.4.3) geht häufig mit einem Hustenanfall und Dyspnoe einher. Er findet sich überwiegend bei jüngeren Patienten. Bei der **Zwerchfellhernie** treten die Beschwerden meist nachts auf und verstärken sich im Liegen. Da beim akuten Myokardinfarkt häufig Übelkeit und Erbrechen vorliegen, wird differentialdiagnostisch an eine akute Gallenkolik bzw. Cholezystitis, eine akute Pankreatitis, eine Ulkuspenetration oder Perforation gedacht (→ Kap. 46).

Bei anhaltend erhöhter CK ist an eine **Hypothyreose** (→ Kap. 1) zu denken.

41.4.3 Akute Perikarditis

Bei der akuten Perikarditis handelt es sich um eine Entzündung des Herzbeutels meist viraler Genese. Eine Perikarditis kann allerdings auch idiopathisch, im Rahmen bakterieller Infektionen, oder rheumatisch bedingt sein. Eine Perikarditis tritt ferner im Rahmen von Kollagenerkrankungen, tumorösen Prozessen, nach Trauma oder bei der Urämie auf. Die Perikarditis kann sich in Form der Pericarditis epistenocardica nach einem Myokardinfarkt oder nach herzchirurgischen Eingriffen entwickeln (Dressler-Syndrom).

B *Beschwerden und Befunde*

Die akute Perikarditis verursacht einen präkordialen und retrosternalen Schmerz, der sich charakteristischerweise bei tiefer Inspiration verstärkt und bei Änderungen der Körperhaltung auftritt. Gelegentlich werden die Beschwerden auch durch Schlucken verursacht. Die Schmerzen können in den Rücken, den Nacken und auch in das Epigastrium ausstrahlen. Die Schmerzqualität wird meist als scharf und schneidend angegeben. Diagnostisch wegweisend sind meistens Fieber, ein viraler Infekt sowie auskultatorisch Perikardreiben (eventuell nur in Exspiration hörbar).

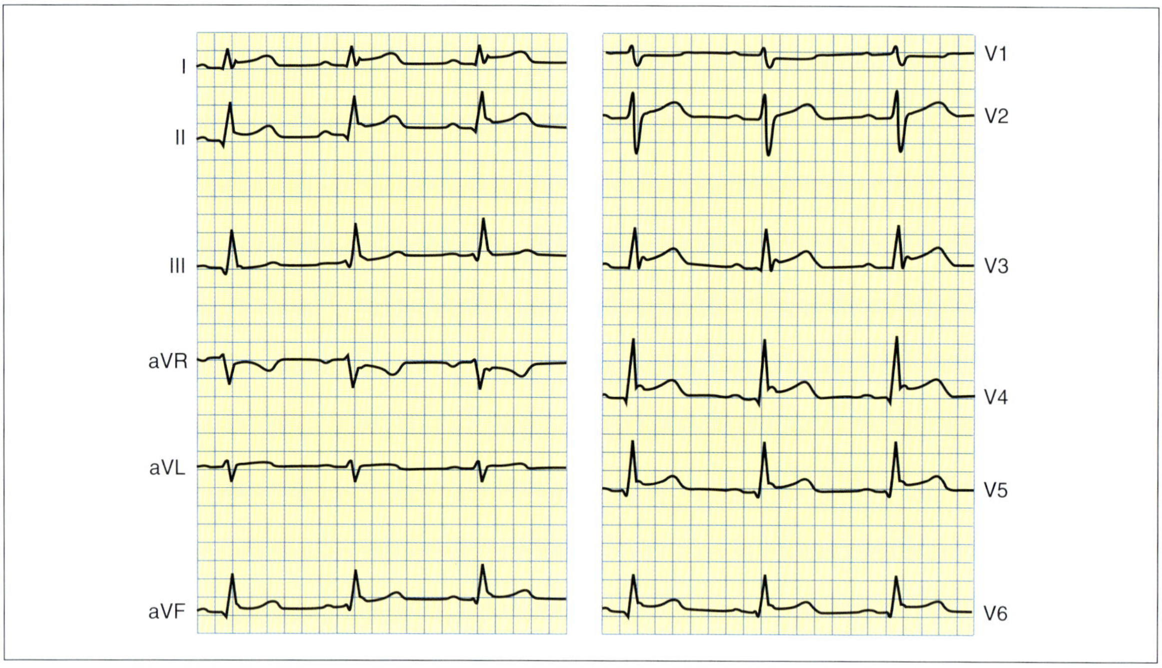

Abb. 41-8 Original-EKG bei akuter Perikarditis. Gut sichtbar sind die ST-Elevationen in den Ableitungen I und II. In den Wilson-Ableitungen sind die ST-Hebungen vor allem in den Ableitungen V3, V4, V5 und V6 sichtbar. Typisch für die Perikarditis ist, daß im Gegensatz zum akuten Myokardinfarkt die ST-Hebung aus einer erhaltenen S-Zacke abgeht. Dies ist in der vorliegenden Abbildung besonders deutlich in V3 zu sehen.

DS *Diagnosesicherung*

Das Elektrokardiogramm zeigt ST-Streckenelevationen in den Ableitungen I, II, III, aVF sowie V4, V5 und V6. Typischerweise ist im Gegensatz zur monophasischen Deformation des Kammerkomplexes bei der transmuralen Myokardischämie noch eine S-Zacke erhalten. Ein anderes elektrokardiographisches Zeichen ist die T-Wellennegativierung in den linkspräkordialen Ableitungen (Abb. 41-8).

Echokardiographisch gelingt meistens der Nachweis eines Perikardergusses. Dieser kann nur diskret ausgebildet sein, so daß er zu einer ausschließlich systolischen Separation des viszeralen und parietalen Perikards führt.

Die Laborbefunde sind unspezifisch. Gelegentlich findet sich eine geringgradige Erhöhung der GOT. Die Creatinkinase (CK) ist meist normal.

41.4.4 Akute Myokarditis

Bei der akuten Perimyokarditis stehen neben der durch die Begleitperikarditis bedingten retrosternalen Schmerzen die Herzrhythmusstörungen ganz im Vordergrund. Hier findet sich ein buntes Bild von wechselnden tachykarden und bradykarden Herzrhythmusstörungen (→ Kap. 23).

41.4.5 Hypertrophische Kardiomyopathie

Patienten mit hypertrophischer Kardiomyopathie mit und ohne Ausflußbahnobstruktion klagen über Angina pectoris, präsynkopale Zustände sowie Atemnot. Für die Angina-pectoris-Symptomatik wird meistens eine subendokardiale Ischämie infolge der extremen Wanddickenzunahme bei gleichzeitiger Verminderung des diastolischen Perfusionsdrucks diskutiert. Auskultatorisch findet sich ein lautes, meist spätsystolisches Geräusch ohne Fortleitung in die Axilla und Punct. max. über der Herzspitze, das sich beim Pressen verstärkt (Valsalva-Manöver). Das Geräusch kann Ausdruck einer begleitenden Mitralinsuffizienz sein. Die definitive Diagnose kann eindeutig mittels Echokardiographie gestellt werden. Neben der systolischen Anteriorbewegung der Mitralklappe als Hinweis auf eine Ausflußbahnobstruktion läßt sich diese mittels Doppler-Echokardiographie quantitativ nachweisen.

41.4.6 Dilatative Kardiomyopathie

Patienten mit dilatativer Kardiomyopathie klagen neben Belastungsdyspnoe gelegentlich über Angina pectoris. Bei diesen Patienten steht eindeutig die linksventrikuläre Funktionsstörung mit einer Dilatation der linken Herzkammer im Vordergrund. Elektrokardiographisch finden sich Zeichen der linksventrikulären Hypertrophie, ein Linksschenkelblockbild sowie häufig Vorhofflimmern. Im Echokardiogramm zeigt sich eine diffuse Hypokontraktilität des gesamten linken Ventrikels. Die Diagnose wird invasiv gesichert durch den Nachweis einer globalen Herabsetzung der linksventrikulären Auswurffraktion bei normalen Herzkranzgefäßen. Die linksventrikuläre Endomyokardbiopsie bringt häufig keine zusätzliche diagnostische Information.

41.4.7 Aortenklappenstenose

Patienten mit Aortenstenose klagen oft über Angina pectoris. Sie können zusätzlich zu ihrer Klappenerkrankung eine koronare Herzerkrankung haben. Bei normalen Herzkranzgefäßen erklärt sich die Angina-pectoris-Symptomatik durch eine subendokardiale Ischämie bei Wanddickenzunahme und niedrigem diastolischen Perfusionsdruck. Die Diagnose wird gestellt durch den eindeutigen Auskultationsbefund (spindelförmiges systolisches Geräusch bei der Aortenklappenstenose mit Ausstrahlung in beide Karotiden, diastolisches Sofortgeräusch bei der Aorteninsuffizienz). Im EKG finden sich meist Zeichen der Linksherzhypertrophie. Die Echokardiographie ermöglicht eine Wanddickenmessung und eine transvalvuläre Druckgradientenbestimmung mittels Doppler-Echokardiographie. Da Patienten mit Aortenklappenstenose häufig als Leitsymptom eine Synkope aufweisen, sei auf dieses Kapitel (→ Kap. 7) verwiesen.

41.4.8 Akute Aortendissektion

Bei der akuten Aortendissektion handelt es sich um einen Intimaeinriß mit Einblutung in die Aortenwand und Ausbildung eines intramuralen Hämatoms. Entsprechend der Lokalisation des Intimaeinrisses unterscheidet man eine Typ-A-Dissektion, beginnend ca. 1 cm oberhalb der Aortenklappenbasis, sowie eine Typ-B-Dissektion, die im Abgangsbereich der linken Arteria subclavia beginnt und die thorakale und abdominelle Aorta betrifft. Bei der Typ-B-Dissektion ist die Aorta ascendens nicht betroffen. Bei jungen Patienten liegt meistens ursächlich ein Marfan-Syndrom oder eine zystische Medianekrose Erdheim-Gsell vor. Ältere Patienten haben eine langjährige unkontrollierte arterielle Hypertonie und Aortensklerose.

B *Beschwerden und Befunde*

Bei der dissezierenden Aortenerkrankung kommt es zu einem heftigen Thoraxschmerz, der in der Schmerzqualität dem akuten Myokardinfarkt entspricht. Typischerweise strahlt der Schmerz in Richtung der Aortendissektion aus, so in den Rücken, das Abdomen und beide Beine, seltener in den Hals.

Bei der Typ-A-Dissektion findet sich häufig eine Aortenklappeninsuffizienz, so daß auskultatorisch ein diastolisches Geräusch hörbar ist (Abb. 41-9). Obwohl vom Aspekt her der Patient blaß und kaltschweißig aussieht, findet man häufig einen erhöhten Blutdruck. Eine Hypotension besteht nur bei auftretender Perikardtamponade infolge einer Einblutung in das Perikard sowie großem Blutverlust in die Aortenwand. Palpatorisch können sich abgeschwächte oder aufgehobene Pulse in der Leistenregion finden (Verlegung der Strombahn durch das Intimadissektat).

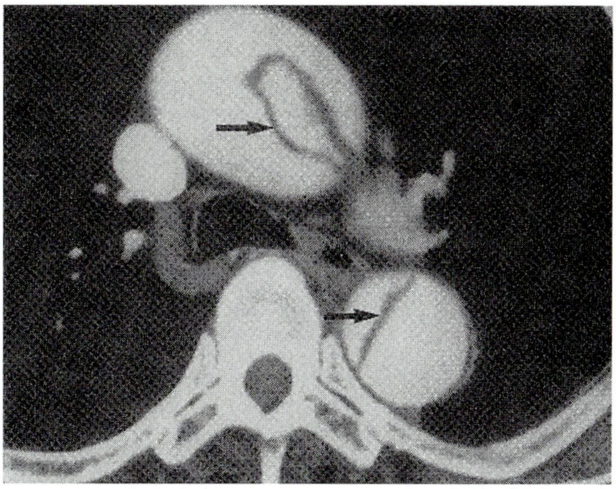

Abb. 41-9 Computertomographisches Bild einer Typ-A-Aortendissektion. Die Intimaablösung (→) ist in der thorakalen und abdominellen Aorta gut sichtbar. Das wahre Lumen ist klein.

41

DS *Diagnosesicherung*

An die Diagnose eines dissezierenden Aortenaneurysmas sollte bei Patienten mit heftigen retrosternalen Schmerzen ähnlich denen eines Myokardinfarktes gedacht werden, wenn zusätzlich folgende Symptome vorliegen: allgemeine Körperschwäche, neurologische Symptome, Aorteninsuffizienz. Im Gegensatz zum Myokardinfarkt kommt es nicht zum Anstieg der Enzyme.

Die Röntgenaufnahme des Thorax kann eine mediastinale Verbreiterung zeigen, die bereits diagnoseweisend sein kann (Abb. 41-10).

Da bei den Patienten ätiologisch meistens eine arterielle Hypertonie vorliegt, finden sich im Elektrokardiogramm Zeichen der linksventrikulären Hypertrophie.

Bei der Typ-A-Dissektion zeigt sich im transthorakalen Echokardiogramm der Intimaeinriß mit einer frei flottierenden Struktur in der aszendierenden Aorta. Die Diagnose kann endgültig gesichert werden mittels transösophagealer Echokardiographie, da bei fehlender Luft bzw. bei Knochenüberlagerungen eine optimale Darstellung des Aortenlumens gelingt. Bei der Typ-B-Dissektion ist die Aorta ascendens unauffällig. Transösophageal ist die deszendierende Aorta gut einzusehen, womit der Nachweis eines doppelten Lumens bei der Typ-A- und -B-Dissektion gelingt.

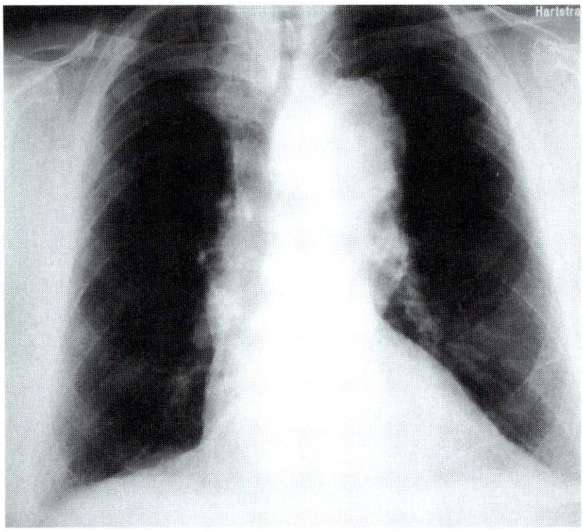

Abb. 41-10 Röntgenaufnahme des Thorax bei einem Patienten mit Aortendissektion; ausgeprägte mediastinale Verbreiterung.

Auch mit der Kernspintomographie und Computertomographie mit schneller Kontrastmittelgabe (Fast-Cine-CT) ist die Dissektion ebenfalls gut nachweisbar. Diese Untersuchungen setzen jedoch die entsprechenden apparativen Ausrüstungen voraus und erfordern Untersuchungszeiten von ca. 15 bis 45 Minuten bei den kritisch kranken Patienten.

Die angiographische Sicherung der Diagnose mittels Aortographie ist heute nur in den Fällen notwendig, wenn die transösophageale Echokardiographie oder die Computertomographie bzw. Kernspintomographie keine eindeutigen Befunde liefern.

DD ***Differentialdiagnose***

Neben dem akuten Myokardinfarkt und der Lungenembolie steht differentialdiagnostisch eine periphere Embolie im Vordergrund, da häufig eine Ischämie der unteren Extremitäten vorliegt. Infolge einer Darmischämie kann ein akutes Abdomen vorliegen (→ Kap. 46).

41.4.9 Mitralklappenprolapssyndrom

Unter einem Mitralklappenprolaps versteht man eine systolische Vorwölbung einer anlagemäßig vergrößerten Mitralklappe in den linken Vorhof. Hiermit wird ein verändertes Bewegungsmuster der Mitralklappe beschrieben, das von einer noch als normal zu bezeichnenden Bewegungsvariante bis hin zur hochgradig gestörten Klappenfunktion reichen kann. Ein Mitralklappenprolaps findet sich bei 6–20% der normalen Erwachsenen, bei Frauen doppelt so häufig wie bei Männern.

B ***Beschwerden und Befunde***

Symptomatische Patienten klagen häufig über retrosternale Schmerzen, die im Gegensatz zur typischen Angina pectoris nicht belastungsabhängig sind, Minuten bis Stunden anhalten und durch Glyzeroltrinitrat nur unzureichend beeinflußt werden. Die Schmerzen projizieren sich oft auf einen ganz bestimmten Punkt im Bereich der vorderen Brustwand, meist auf die Herzspitze. Häufig finden sich Palpitationen, d.h. als subjektiv unangenehm empfundene Wahrnehmungen des Herzschlags. Hierbei liegt keine Korrelation zu tachykarden Herzrhythmusstörungen vor.

Weitere Beschwerden sind allgemeines Schwächegefühl, leichte Erschöpfbarkeit, Atemnot und Lufthunger, häufig stehen diese Beschwerden im Widerspruch zu der objektiv nachweisbaren guten Belastbarkeit der Patienten. Ferner werden Schwindelgefühle, vermehrte Kollapsneigung im Sinne einer orthostatischen Dysregulation und plötzlich einsetzende Angstzustände geklagt.

DS ***Diagnosesicherung***

Typischer **Auskultationsbefund** bei Mitralklappenprolaps ist das Auftreten eines mesosystolischen Klicks. Dieser wird durch eine systolische Anspannungsbewegung der Mitralklappe verursacht. Charakteristisch für das Mitralklappenprolapssyndrom ist die Mobilität und Variabilität des mesosystolischen Klicks. Bei gleichzeitiger Klappenschlußunfähigkeit hört man ein spätsystolisches, unmittelbar nach dem Klick beginnendes Geräusch (Barlow-Syndrom). Der Klangcharakter des systolischen Geräusches ist häufig musikalisch. Manchmal sind die Geräusche nur während oder unmittelbar nach körperlicher Belastung hörbar.

Die wichtigste diagnostische Maßnahme ist die transthorakale **Echokardiographie.** Mit dieser Untersuchung läßt sich die Diagnose sichern, wenn eine systolische Posteriorbewegung des vorderen oder hinteren Mitralklappensegels sichtbar ist. Im zweidimensionalen Echokardiogramm ist der Prolaps am besten im sogenannten 4-Kammer-Blick sichtbar. Man unterscheidet einen spätsystolischen und einen pansystolischen Mitralklappenprolaps.

Das **Ruhe-EKG** zeigt meist unspezifische ST-Streckenveränderungen sowie T-Wellennegativierungen in den Ableitungen II, III, aVF und V5 und V6. Die Endstreckenveränderungen sind im Stehen oft stärker ausgeprägt als im Liegen.

Radiologisch ist die Herzkonfiguration unauffällig, wenn keine stärkere Mitralinsuffizienz vorliegt. Bei Patienten mit Mitralklappenprolapssyndrom finden sich gehäuft begleitende Thoraxdeformitäten wie Trichterbrust, extreme Streckhaltung der Brustwirbelsäule (straight back syndrome) oder eine Skoliose.

DD *Differentialdiagnose*

Differentialdiagnostische Schwierigkeiten bereitet lediglich die Abgrenzung zur koronaren Herzerkrankung, wenn die retrosternalen Schmerzen im Vordergrund der Beschwerden stehen. Bei der überwiegenden Mehrzahl der Fälle können aufgrund des Auskultationsbefundergebnisses differentialdiagnostische Überlegungen echokardiographisch geklärt werden.

41.4.10 Lungenembolie

Unter einer akuten Lungenembolie versteht man die Verlegung der pulmonalen Strombahn durch thrombotisches Material, das in den meisten Fällen durch Dislokation aus den tiefen Beinvenen entsteht. Neben der mechanischen Obstruktion durch den Thrombus selbst kann es durch reaktive Vasokonstriktion zu einer Erhöhung des Lungenarteriolenwiderstandes kommen infolge von Freisetzung humoraler Faktoren wie Histamin, Serotonin und Prostaglandinen mit Ausbildung eines akuten Cor pulmonale. Die Risikofaktoren sind in Tabelle 41-5 zusammengefaßt.

B *Beschwerden und Befunde*

Bei der massiven Lungenembolie stehen aus der Tiefe des Thorax empfundene Schmerzen mit Vernichtungsgefühl im Vordergrund. Gleichzeitig besteht eine ausgesprochene Dyspnoe und Tachypnoe. Infolge der arteriellen Hypoxie ist der Patient zyanotisch. Es besteht eine Tachykardie und in Abhängigkeit von dem Schweregrad der Lungenembolie eine protrahierte Hypotension. Beim akuten Cor pulmonale sind die Zeichen der Rechtsherzinsuffizienz mit gestauten Halsvenen und eventuell auskultatorischer Trikuspidalinsuffizienz im Vordergrund. Der 2. Herzton (Pulmonalklappenschlußton) ist meistens akzentuiert und fixiert gespalten. Gelegentlich hört man einen protodiastolischen rechtsventrikulären Galoppton (3. Herzton) sowie ein systolisches Geräusch (Trikuspidalinsuffizienz).

Tab. 41-5 Risikofaktoren für eine Lungenembolie

Beinvenenthrombosen in der Anamnese
nach chirurgischen Eingriffen
Trauma im Bereich der unteren Extremitäten
Immobilisierung
prolongierte Bettruhe
manifeste Herzinsuffizienz
Malignom
Schwangerschaft
orale Antikonzeptiva
Übergewicht
fortgeschrittenes Alter
Protein-S-, Protein-C-Mangel

DS *Diagnosesicherung*

Im **Elektrokardiogramm** findet sich eine Sinustachykardie sowie ein S_I-Q_{III}-Typ (akutes Cor pulmonale). Weiterhin kann es zum Auftreten eines inkompletten Rechtsschenkelblocks sowie von T-Wellennegativierungen in den rechts präkordialen Ableitungen V1 bis V3 kommen. Diese EKG-Veränderungen sind allerdings nur bei der massiven Lungenembolie zu erwarten, wenn mehr als 60% der Lungenstrombahn durch den Embolus verlegt werden.

Die **Blutgasanalyse** zeigt eine arterielle Hypoxie mit einem pO_2-Wert unter 60 Torr. Wegen der Tachypnoe und der kompensatorischen Hyperventilation in den nicht betroffenen Lungenabschnitten findet sich typischerweise eine Erniedrigung des pCO_2 und eine Alkalose. Die Laborwerte zeigen im Initialstadium keine spezifischen Veränderungen. Im weiteren Verlauf kann es zum Anstieg der LDH kommen.

Typischerweise zeigt die **Röntgenaufnahme des Thorax** in den meisten Fällen eine normale Transparenz der Lunge. Bei weniger als 10% der Patienten mit Lungenembolie kommt es zur Ausbildung eines typischen Lungeninfarktes, der sich als ziemlich keilförmige Verschattung im Röntgenbild präsentiert.

Eine gewisse Sicherung der Diagnose gelingt durch die nuklearmedizinische Untersuchung. Im **Lungenventilations-Perfusionsszintigramm** findet sich typischerweise ein Perfusionsausfall bei gleichzeitig erhaltener Ventilation. Der direkte angiographische Nachweis einer Lungenarterienembolie ist nur in seltenen Fällen notwendig und wird nur durchgeführt, wenn chirurgische Maßnahmen diskutiert werden.

Die **Echokardiographie** ergibt nur indirekte Hinweise mit einer Erweiterung des rechten Ventrikels, wobei der rechtsventrikuläre Diameter deutlich über dem linksventrikulären Diameter liegt. Es kann zum Auftreten einer paradoxen Septumbewegung kommen. In seltenen Fällen läßt sich thrombotisches Material in der ebenfalls dilatierten Arteria pulmonalis nachweisen.

Da als Quellgebiet praktisch immer eine tiefe Beinvenenthrombose vorliegt, nimmt heute die **Beinvenensonographie** eine zentrale Stellung in der Diagnostik ein. In den meisten Fällen kann auf die Durchführung einer Phlebographie verzichtet werden.

Der Nachweis von tiefen Beinvenenthrombosen ist besonders wichtig bei Verdacht auf rezidivierende Lungenembolien. Diese verlaufen in der Regel weniger dramatisch und sind nur mit kurzen, kaum beachteten Thoraxschmerzen und gelegentlicher Atemnot verbunden. Wegen der uncharakteristischen klinischen Symptome werden nicht selten depressive Verstimmungszustände, Nervosität und ein Hyper-

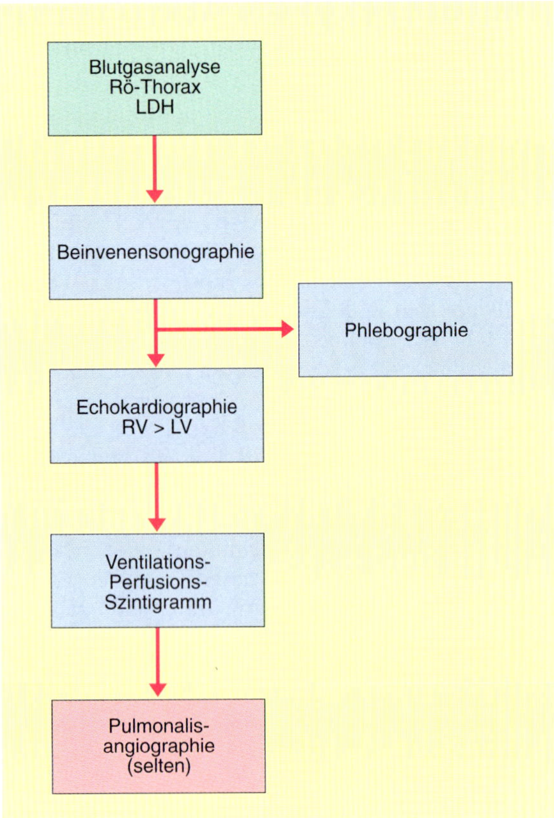

Abb. 41-11 Schematische Darstellung des diagnostischen Vorgehens bei Verdacht auf Lungenembolie.

ventilationssyndrom fehldiagnostiziert. Prädisponierende Faktoren für das Auftreten einer Lungenembolie sind in Tabelle 41-5 zusammengefaßt. Abbildung 41-11 zeigt das stufenweise Vorgehen bei Verdacht auf Lungenembolie.

41.4.11 Spontanpneumothorax

Der Spontanpneumothorax geht in der Regel mit einem plötzlichen sehr heftigen Schmerzereignis der betroffenen Seite einher, oftmals ausgelöst durch körperliche Anstrengung, vor allem auch durch heftige Hustenstöße. Es besteht meist mehr oder weniger ausgeprägte Atemnot. Bei der klinischen Untersuchung ist das Atemgeräusch über der betroffenen Thoraxseite abgeschwächt und aufgehoben. Der Lungenklopfschall ist hypersonor. Ein Stimmfremitus ist nicht nachweisbar. Die konventionelle Röntgenuntersuchung des Thorax klärt die Diagnose sofort.
Cave: Spannungspneumothorax! (→ Kap. 3)

41.4.12 Pleuritis

Bei der Pleuritis findet sich im allgemeinen ein fieberhafter Infekt in der Vorgeschichte. Der pleuritische Schmerz ist streng atemabhängig. Beim Anhalten der Atmung verschwindet er oder ist vermindert. Beim tiefen Durchatmen, beim Husten und beim Niesen werden die Schmerzen erheblich verstärkt. Häufig sind asymmetrische Atemexkursionen nachweisbar, in dem die erkrankte Seite geschont wird. Auskultatorisch hört man ein typisches in- und exspiratorisches Reibegeräusch. Auch bei Pneumonie und Lungeninfarkt kann es zu einer Begleitpleuritis kommen. Neben Fieber, Husten, gelbem bzw. rötlichem Auswurf und dem typischen Auskultationsbefund zeigt sich in der Röntgenaufnahme des Thorax eine diffuse oder keilförmige pneumonische Verschattung. Mit der Entwicklung eines Pleuraergusses (Pleuritis exsudativa) klingt die Schmerzsymptomatik ab (→ Kap. 3).

41.4.13 Mediastinalemphysem

Ein Mediastinalemphysem entwickelt sich infolge einer Ruptur von Lungenalveolen, so daß Luft meist entlang periarteriell hilärer Wege in das Mediastinum gelangt. Die Erkrankung ist selten und wird überwiegend im Kindes- und Jugendalter gesehen. Meistens besteht ein begleitendes Hautemphysem, das sich durch typisches Knistern bemerkbar macht. Die Röntgenaufnahme des Thorax sichert die Diagnose meist im seitlichen Strahlengang.

41.4.14 Tracheitis

Eine Entzündung der Trachea im Rahmen eines tracheobronchialen Infektes kann mit erheblichen retrosternalen Schmerzen einhergehen. Die begleitende klinische Symptomatik erlaubt im allgemeinen die schnelle differentialdiagnostische Abgrenzung (→ Kap. 19).

41.4.15 Tietze-Syndrom

Ein lokalisierter Schmerz sowie eine Schwellung am kostochondralen oder chondrosternalen Übergang kann aus bisher unbekannten Gründen auftreten. Meist ist das zweite oder dritte Sternokostalgelenk rechts oder links betroffen. Das Gelenk ist ausgesprochen druckschmerzhaft und somit diagnostisch wegweisend. Der Patient ist sich gelegentlich nicht über die lokale Ursache der Beschwerden bewußt und projiziert diese auf das Herz.

41.4.16 Herpes zoster

Noch vor Manifestation der Hauterscheinung können im Frühstadium des Herpes zoster erhebliche retrosternale Schmerzen auftreten, die mit einem Myokardinfarkt verwechselt werden. Die Patienten berichten meist über allgemeine Müdigkeit, Abgeschlagenheit, Kopfschmerzen und Fieber. Die typischen Hauterscheinungen können sich 4–5 Tage nach Eintritt der Beschwerden erst ausbilden (→ Kap. 21.4.9.4).

41.4.17 Refluxösophagitis und Hiatushernie

Die Refluxösophagitis wird verursacht durch eine Schlußunfähigkeit des Ösophagussphinkters, so daß es zur Regurgitation von Magensaft und -inhalt in die Speiseröhre kommt (→ Kap. 57). Differentialdiagnostische Schwierigkeiten entstehen dann, wenn der Patient überwiegend die Beschwerden als lokalisiertes retrosternales Druckgefühl beschreibt, das gelegentlich in den Rücken ausstrahlt. Die Mehrzahl der Patienten klagt allerdings über Sodbrennen und Verdauungsstörungen. Die Symptome treten meistens nach bestimmten Nahrungsaufnahmen auf (Schokolade, Kaffee, Orangensaft oder alkoholische Getränke). Der Patient verspürt ein saures Aufstoßen und einen bitteren Geschmack im Mund durch die Regurgitation. Typischerweise verstärken sich die Beschwerden im Liegen. Gelegentlich treten Schluckbeschwerden im Sinne einer Dysphagie auf.

Die Diagnose der Refluxösophagitis und auch der Hiatushernie wird durch die Ösophago-Gastro-Duodenoskopie gesichert. In seltenen Fällen ist die radiologische Darstellung mittels Kontrastmittelfüllung (MDP) erforderlich. Die Ösophagus-pH-Metrie kann hilfreich sein (→ Kap. 57).

41.4.18 Diffuser Ösophagusspasmus

Beim Ösophagusspasmus handelt es sich um eine neuromuskuläre Störung, die mit retrosternalen Schmerzen und Schluckbeschwerden einhergeht. Achalasie und Ösophagusspasmus treten überwiegend bei älteren Patienten auf. Die retrosternalen Schmerzen können in Arm, Rücken und Unterkiefer ausstrahlen. Die Beschwerden sprechen ebenso wie die Angina pectoris gut auf Glyzeroltrinitrat an. Die Beschwerden können für Minuten, aber auch Stunden anhalten (→ Kap. 39).

41.4.19 Ösophagusruptur

Die spontane Perforation des Ösophagus ist selten und meistens durch eine extreme Anspannung infolge von Erbrechen nach ausgiebigen Mahlzeiten verursacht. Neben retrosternalen Schmerzen treten auch epigastrische Beschwerden auf mit Ausstrahlung in beide Schulterblätter. Der Patient ist kritisch krank mit Dyspnoe, Zyanose und Tachykardie. Infolge des begleitenden Mediastinalemphysems ist häufig eine Krepitation in Thorax, Nacken oder der supraklavikulären Region nachweisbar. Die Röntgenaufnahme des Thorax zeigt Luft im Mediastinum und einen möglicherweise begleitenden Pleuraerguß. Die Diagnose wird gesichert durch einen Gastrografin-Breischluck.

41.4.20 Akute Ösophagusobstruktion

Falls ein Patient eine nicht ausreichend zerkleinerte Mahlzeit schluckt, kann es zu heftigsten retrosternalen Schmerzen kommen, die an einen Myokardinfarkt denken lassen. Leitsymptom ist allerdings, daß der Patient nicht schlucken kann (→ Kap. 39).

41.4.21 Cholezystitis und Cholelithiasis

In seltenen Fällen kann die akute Cholezystitis zu Schmerzen im vorderen Thoraxbereich führen. Typischerweise finden sich epigastrische Schmerzen und Schmerzen im rechten Oberbauch, meistens kolikartig, die gleichzeitig mit Übelkeit, Erbrechen, Fieber und möglicherweise Schüttelfrost einhergehen. Eine Druckempfindlichkeit im Bereich des Oberbauches ist wegweisend. Die Diagnose wird sonographisch gesichert (→ Kap. 46).

41.4.22 Ulkuskrankheiten

Mit der zunehmenden Einnahme von Aspirin ist es heutzutage nicht ungewöhnlich, daß Patienten mit bekannter koronarer Herzerkrankung eine erosive Gastritis, ein Ulcus duodeni oder ventriculi entwickeln. Die Schmerzen sind meistens im Epigastrium lokalisiert, bessern sich bei Nahrungsaufnahme, sind nicht belastungsabhängig und dauern länger als ein Angina-pectoris-Anfall. Gelegentlich lassen sich allerdings die Beschwerden nicht genau voneinander abgrenzen. Der Arzt muß an die gleichzeitige Möglichkeit einer zusätzlichen Ulkusdiathese bei dem Patienten denken. Die Beschwerden sprechen prompt auf Antazida an. Die Diagnose wird durch die Ösophago-Gastro-Duodenoskopie gesichert (→ Kap. 13 und 46).

41.4.23 Akute Pankreatitis

Die akute Pankreatitis kann gelegentlich Beschwerden wie beim Myokardinfarkt oder dissezierenden Aortenaneurysma verursachen. Bei schwerer Pankreatitis besteht ein prall aufgetriebener Leib und eine Leukozytose zwischen 20000 und 30000/µl. Serumamylase und -lipase sind erhöht. Sonographisch findet sich ein peripankreatisches Ödem. Der Stellenwert der Computertomographie des Abdomens und der ERCP wird in Kapitel 15 dargestellt.

41.4.24 Akute Dilatation der linksseitigen Kolonflexur

Eine Dilatation der linksseitigen Kolonflexur führt zu Schmerzen unter dem linken Rippenbogen mit Ausstrahlung in das Präkordium und möglicherweise den linken Arm. Die Beschwerden treten überwiegend bei Patienten mit bekannter **Ärophagie** oder **irritablem Kolon** auf.

41.4.25 Myalgische Beschwerden und ossärbedingte Brustschmerzen

Bei myalgischen Schmerzen im Rahmen von Kollagenosen wie Dermatomyositis oder Polymyalgia rheumatica (→ Kap. 43) sind in der Regel die Symptome der Primärerkrankung führend. Auch im Rahmen von Infektionskrankheiten kommt es zu Schmerzen im Bereich der Interkostalmuskulatur.

Große differentialdiagnostische Schwierigkeiten kann die **Interkostalneuralgie** machen. Sie ist ein Symptom, das vielfältige Ursachen haben kann (vertebragene oder radikuläre Prozesse, entzündliche Vorgänge). Zur Abgrenzung von der Angina pectoris ist die fehlende Belastungsabhängigkeit und die anhaltende Dauer der Symptome wichtig. Bei lokalisierten Muskelschmerzen (→ Kap. 47) muß auch an eine Fibromyalgie gedacht werden, die in der Regel mit weiteren Schmerzpunkten außerhalb des Thoraxbereiches einhergeht.

Vom knöchernen Thorax ausgehende Brustschmerzen sind häufig genau zu lokalisieren. Hier sind Frakturen und Knochenmetastasen zu nennen. Das Plasmozytom und die Osteoporose führen zu diffusen Knochenschmerzen (→ Kap. 45), und die Diagnose wird lange Zeit verkannt. Das Fehlen von Belastungs- und Atemabhängigkeit der Symptomatik und die Abhängigkeit von bestimmten Körperhaltungen und Bewegungen sind diagnoseweisend. Häufig führt die konventionelle Röntgendiagnostik zur Klärung. In seltenen Fällen muß eine Computertomographie oder ein Skelettszintigramm angeschlossen werden.

41.4.26 Psychovegetative und funktionelle Herzbeschwerden

Bei den funktionellen Herzbeschwerden handelt es sich um retrosternale Schmerzen in der Herzgegend, denen kein organisches Korrelat zugrunde liegt.

B *Beschwerden und Befunde*

Patienten mit Angstneurosen oder chronischer Hyperventilation klagen über Herzbeschwerden, die mit Angina pectoris verwechselt werden können. Häufig besteht ein allgemeines Schwächegefühl, Müdigkeit, mangelnde Belastbarkeit sowie Palpitationen. Die Schmerzen werden als intermittierend auftretend, stechend und umschrieben in der linksseitigen Brusthälfte angegeben. Häufig besteht ein punktuell umschriebenes Areal mit Hyperästhesie der Thoraxwand. Die Beschwerden sind meistens von kurzer Dauer (Sekunden). Andererseits kann ein präkordiales Druckgefühl in der Herzregion auch für Stunden oder Tage anhalten und ist nicht belastungsabhängig. Gelegentlich treten die Beschwerden in engen Räumen und an Plätzen mit starker Menschenansammlung auf. Die Patienten klagen häufig über gleichzeitig bestehende Parästhesien in den Fingern, den Lippen und über Kollapsneigung. Sie haben das Gefühl des Lufthungers und klagen über Kurzatmigkeit.

DS *Diagnosesicherung*

Bei Verdacht auf Hyperventilationssyndrom gelingt es manchmal durch eine über 2 Minuten durchgeführte forcierte Hyperventilation, die Beschwerden zu reproduzieren. Stets sollte auch nach familiären Problemen oder Belastungen am Arbeitsplatz bzw. nach beruflichen Streßsituationen gefragt werden.

Differentialdiagnostische Schwierigkeiten entstehen dadurch, daß Patienten mit funktionellen und psychovegetativen Beschwerden häufig unspezifische EKG-Veränderungen wie T-Wellennegativierungen oder diskrete ST-Streckenveränderungen aufweisen können. In seltenen Fällen führt die empirische Gabe eines Betarezeptorenblockers zur Normalisierung der EKG-Veränderungen. Da der Patient allerdings häufig davon überzeugt ist, daß bei ihm eine koronare Herzerkrankung vorliegt, muß zu deren definitivem Ausschluß oftmals eine selektive Koronarangiographie durchgeführt werden.

DD *Differentialdiagnose*

Differentialdiagnostisch muß gelegentlich an Herzphobie oder eine endogene Depression gedacht werden (→ Kap. 1). Es besteht eine enge Beziehung zum Mitralklappenprolapssyndrom.

41.5 Zusammenfassung

Eine tabellarische Zusammenstellung der differentialdiagnostischen Charakteristika der Brustschmerzen, wie sie bei Angina pectoris, Herzinfarkt, funktionellen Herzbeschwerden und Perikarditis angegeben werden, zeigt die Tabelle 41-6. In Form eines Flußdiagramms ist die stufenweise Diagnostik bei Patienten mit retrosternalen Schmerzen in Abbildung 41-12 dargestellt. Falls die rein kardiologische Funktionsdiagnostik mit Ruhe-EKG, Echokardiographie, Belastungs-EKG, Myokardszintigraphie und eventuell selektiver Koronarangiographie unauffällig ist, muß nach den extrakardialen Ursachen der Beschwerden gefahndet werden. Falls sich anamnestisch schon frühzeitig Hinweise auf eine extrakardiale Ursache ergeben, sollten die Röntgenaufnahmen der HWS und BWS sowie Ösophago-Gastro-Duodenographie zu einem früheren Zeitpunkt bereits durchgeführt werden. Oftmals ist die Diagnose funktionelle Herzbeschwerden erst nach Ausschluß organischer Ursachen möglich. Durch eine subtile und einfühlsame Anamnese kann diesen Pa-

Tab. 41-6 Differentialdiagnose des Herzschmerzes

	Stabile Angina pectoris	Herzinfarkt	Funktionelle Herzbeschwerden	Perikarditis
Intensität	stark	unerträglich	lästig	schwach bis stark
Dauer	1–30 min	zeitlich nicht begrenzt	lang anhaltend	länger anhaltend
Lokalisation	retrosternal, Ausstrahlung in Thoraxraum, Hals, Schulter, Arm	retrosternal, Hals, Unterkiefer, Schulter, Arm, Abdomen	Mamillengegend, linker Arm	retrosternal, linke Thoraxseite
Auftreten	nach Belastung	häufig ohne auslösende Ursache	spontan, unter körperlicher Belastung Besserung	ohne erkennbare Ursache, evtl. Fieber
Schilderung	Neigung zur Bagatellisierung	wortarm	ausführlich	wortarm
Nitrokörper	Besserung	unverändert	unverändert	unverändert
EKG	im Anfall verändert	typisch verändert	nicht typisch verändert	meist typisch verändert

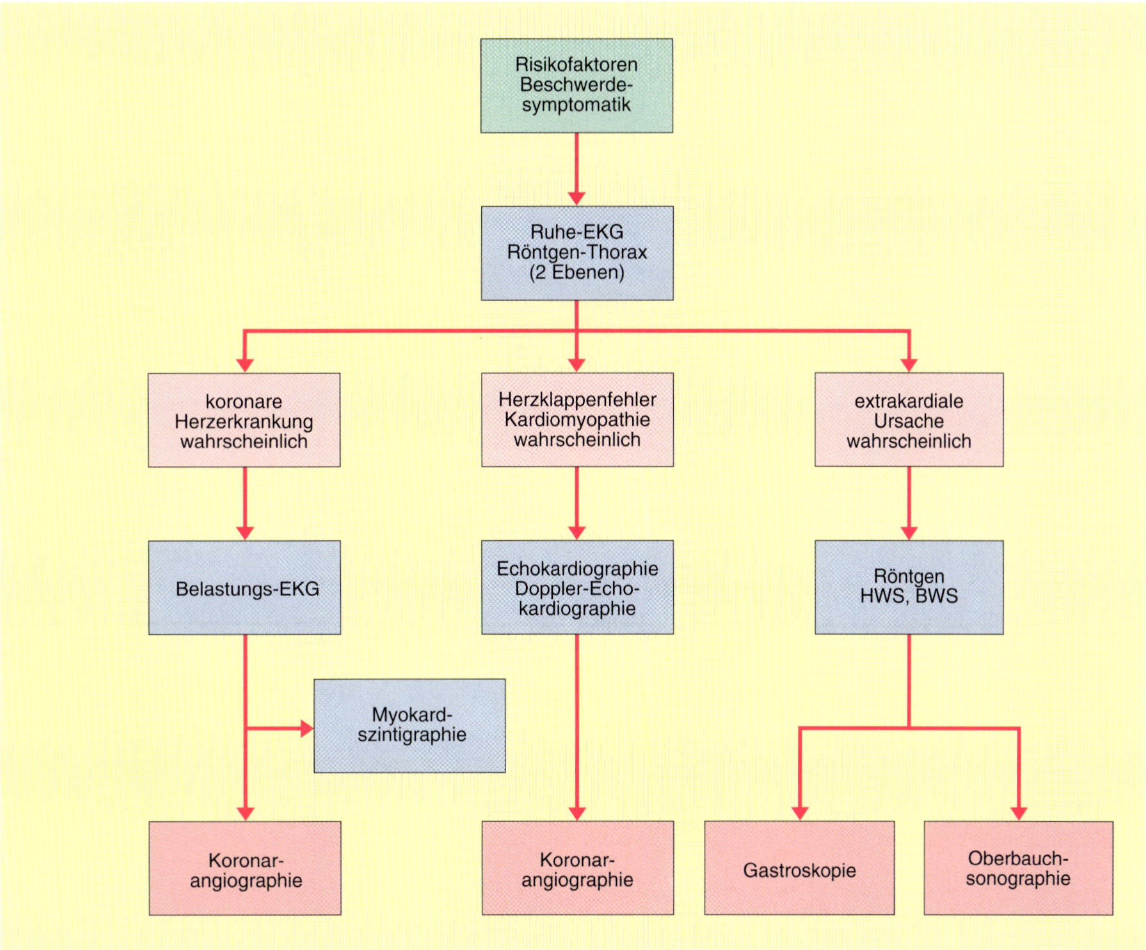

Abb. 41-12 Zusammenfassende Darstellung des diagnostischen Ablaufs bei dem Leitsymptom Brustschmerz.

tienten eine belastende Diagnostik erspart werden. Allerdings sieht man sich gelegentlich doch zur Durchführung einer selektiven Koronarangiographie gezwungen, um dem Patienten definitiv beweisen zu können, daß keine organische Herzerkrankung vorliegt.

42 Extremitätenschmerzen

W. Habscheid

Extremitätenschmerzen werden häufig von Patienten geklagt und sind in ihrer Bedeutung vielfältig. Sie können bei gravierender Symptomatik Folge akut lebensbedrohlicher Erkrankungen sein.

Oftmals sind sie trotz geringer Ausprägung erste Anzeichen schwerwiegender chronischer Leiden. Für die Diagnosesicherung im Rahmen des Schmerzsyndroms ist eine exakte Analyse der Lokalisation, des Charakters, der Intensität und des Auslösemechanismus notwendig. Auffällige Lokalbefunde müssen durch Anamnese und körperliche Untersuchung präzisiert werden, damit nachfolgend apparative Diagnoseverfahren gezielt eingesetzt werden können.

42.1 Definition und Abgrenzung

Extremitätenschmerzen können von verschiedenen anatomischen Strukturen ausgehen und führen deshalb je nach Ursache zu unterschiedlichen Beschwerden. Es müssen streng auf Arme oder Beine beschränkte Schmerzen von solchen unterschieden werden, die im Rahmen eines diffusen Schmerzsyndroms auftreten oder vom Stammskelett in die Extremitäten einstrahlen. Akut auftretende sind von chronischen Schmerzzuständen abzugrenzen. Ursache der Schmerzen können Affektionen der Gelenke, Weichteile, Nerven, Knochen, Haut und Gefäße sein. Sie können Teil einer Systemerkrankung, Folge von entfernt lokalisierten Nerven-, Gefäß- oder Weichteilprozessen sein oder ein ausschließlich lokal verursachtes Problem darstellen.

42.2 Ursachen

Die wichtigsten Ursachen von Schmerzzuständen der Extremitäten sind in der Tabelle 42-1 dargestellt.

Tab. 42-1 Wichtige Ursachen von Extremitätenschmerzen

Gefäße	akuter Arterienverschluß (→ 42.4.1) chronische arterielle Verschlußkrankheit (→ 42.4.2) Raynaud-Syndrom (→ 42.4.3) Phlebothrombose (→ 42.4.4) oberflächliche Thrombophlebitis postthrombotisches Syndrom (→ 42.4.5) Thoracic-outlet-Syndrom (→ 42.4.6) Vaskulitis (→ Kap. 43)
Nerven	radikuläre Syndrome Polyneuropathie (→ Kap. 56) Reflexdystrophie (Morbus Sudeck) Engpaßsyndrome: • Karpaltunnelsyndrom • Sulcus-ulnaris-Syndrom • Thoracic-outlet-Syndrom • Meralgia paraesthetica • Tarsaltunnelsyndrom
Weichteile	Myalgie (→ Kap. 47) Myopathie Tendomyopathie (lokal, generalisiert) Myositis (→ Kap. 47) Tendinitis Tendovaginitis Insertionstendopathie Bursitis
Gelenke	Arthritis (→ Kap. 43) Arthrose (→ Kap. 43) Periarthropathie
Knochen	Tumoren, Metastasen, Frakturen (→ Kap. 45) metabolische Osteopathien (→ Kap. 45) Osteomyelitis (→ Kap. 45) Periostitis (→ Kap. 45) Knochennekrosen (→ Kap. 45)

42.3 Diagnostik

42.3.1 Anamnese

Da das Schmerzempfinden schwierig zu objektivieren ist, kommt einer exakten Anamneseerhebung eine große diagnostische Bedeutung zu. Hierbei sollten systematisch mehrere Punkte gezielt erfragt werden. Die Frage nach dem **Beginn** und der **Dauer** läßt chronische von akuten Zuständen unterscheiden. Die Erforschung des **Auslösemechanismus** gibt wesentliche Hinweise auf die Ursache. So weisen plötzlich einschießende Schmerzen in den unteren Extremitäten nach dem Heben schwerer Lasten auf eine von den Wirbelstrukturen ausgehende, in die Extremitäten fortgeleitete, lokale Tendomyopathie (Lumbago) oder auf eine spinale Wurzelreizung hin. Eine beim Gehen zunehmende Schmerzsymptomatik der Waden läßt an eine arterielle Verschlußkrankheit, Wadenschmerzen beim bettlägrigen Patienten an eine Venenthrombose denken. Manifestieren sich Schmerzsensationen der Füße vor allem im Liegen, so ist an eine Polyneuropathie zu denken. Nächtliche Schmerzsensationen in den Unterarmen und Händen lassen ein Karpaltunnelsyndrom vermuten. Generalisierter Weichteilschmerz, verbunden mit Kraftlosigkeit, kann durch eine Myositis verursacht sein. Durch die Frage nach der exakten **Lokalisation und Ausdehnung** können z.B. neural bedingte Schmerzen durch ihr typisches segmentförmiges oder dem peripheren Nervenverlauf entsprechendes Verteilungsmuster vermutet werden. Bei der anamnestischen Analyse des **Schmerzcharakters** läßt z.B. eine blitzartig einschießende Sensation eine Nervenreizung, ein peitschenartiger Schmerz eine arterielle Embolie, ein dumpfes Spannungsgefühl der Wadenregion eine venöse Thrombose in Erwägung ziehen. Da Patienten nicht selten erst längere Zeit nach dem akuten Ereignis oder im beschwerdefreien Intervall den Arzt aufsuchen, muß Wert auf die Erfragung eventuell rückläufiger oder nicht mehr sich darstellender **Lokalbefunde** gelegt werden. So kann sich eine für die Verdachtsdiagnose wichtige Schwellung bei tiefer Beinvenenthrombose bis zum Zeitpunkt der Vorstellung zurückgebildet haben. Die charakteristische Symptomatik des Morbus Raynaud mit ihren typischen Lokalveränderungen muß erfragt werden, da ein akuter Anfall sich nur selten vor den Augen des Untersuchers manifestiert. Die Frage nach **Begleiterscheinungen** zielt auf Systemerkrankungen oder Primärkrankheiten anderer Organe als Ursache der lokalen Beschwerden. So weisen rezidivierende Fieberschübe bei plötzlich mit Blässe einhergehenden Extremitätenschmerzen auf eine Endokarditis mit arterieller Embolie hin. Eine radikuläre Schmerzsymptomatik bei bekanntem Prostatakarzinom läßt an eine tumorbedingte Nervenwurzelaffektion denken.

42.3.2 Körperliche Untersuchung

Bei der Inspektion ist die Beurteilung des **Umfangs** und der Kontur der Extremität von besonderer Wichtigkeit. So kann eine einseitige Umfangszunahme auf ein venöses Abflußhindernis hinweisen, eine atrophische Muskulatur hingegen die Folge einer chronischen Durchblutungsstörung, einer Myopathie oder einer neuralen Störung sein. Veränderungen der **Haut** sind nicht selten Wegweiser zur Diagnose: Typische Pigmentstörungen (Stauungsdermatitis) perimalleolär deuten auf eine chronisch-venöse Insuffizienz hin, trophische Störungen der Füße finden sich bei chronischer arterieller Verschlußkrankheit, eine flammende Rötung ist typisch für ein Erysipel (→ Kap. 14), Petechien, Makulae, Papeln, Hautnekrosen können Zeichen einer Vaskulitis (→ Kap. 43) sein. Die Palpation der **Arterienpulse**, ergänzt durch die Blutdruckmessung und Auskultation, stellt die Basis jeder angiologischen Untersuchung dar. Die Registrierung der **Hauttemperatur**, beispielsweise mit dem Handrücken des Untersuchers, kann wichtige Informationen liefern: Eine kühle Haut weist auf eine arterielle Durchblutungsstörung, eine Erwärmung eventuell auf einen entzündlichen Prozeß hin. Lokale **Druckschmerzhaftigkeit** muß gezielt untersucht werden. So kann ein Druckschmerz in der Kniekehle auf eine venöse Thrombose, am Trochanter major auf eine Periarthropathie hinweisen. Die Beweglichkeit der **Gelenke** bedarf einer eingehenden Analyse. Bei Vorhandensein von Schmerzen muß nach Zeichen einer Synovitis und Ergußbildung gesucht werden (Gelenkschmerzen, -schwellung). Periarthropathische Weichteilbeschwerden müssen von artikulären Beschwerden abgegrenzt werden. Lokale **Sensibilitätsstörungen** bedürfen einer genauen Abgrenzung und können eventuell dem Versorgungsgebiet eines peripheren Nerven oder dem Ausbreitungsgebiet einer Nervenwurzel zugeordnet werden (Schweißtest). Bei Verdacht auf Nervenläsionen muß die Motilität entsprechender Kennmuskeln und die Auslösbarkeit typischer **Muskeleigenreflexe** geprüft werden. Ist die Schmerzsymptomatik provozierbar, so kommen eventuell typische **Auslösemanöver** zur Anwendung. So können die Symptome von Engpaßsyndromen durch entsprechende Provokationsstellungen akzentuiert werden. Bei venösen Zirkulationsstörungen führt die Tieflagerung, bei arteriellen die Hochlagerung der Extremität zu einer Zunahme der Symptomatik.

42.4 Krankheitsbilder

42.4.1 Arterielle Embolie

Der akute Verschluß einer Extremitätenarterie ist in 80% der Fälle Folge einer arteriellen Embolie, in 20% durch eine Thrombose bedingt. Selten finden sich als Ursache Gefäßkompressionen von außen, Vasospasmen, ein Aneurysma dissecans oder eine Phlegmasia coerulea dolens. Embolien der Gliedmaßen verlegen zumeist das femoro-popliteale Stromgebiet. Mit abnehmender Häufigkeit sind auch die Arteria brachialis, die Arteria iliaca, die Aortenbifurkation, die Arteria subclavia und die Arteria axillaris betroffen. Der akute embolische Arterienverschluß betrifft in der Regel ein bis dahin weitgehend intaktes Gefäßgebiet ohne vorbestehende Kollateralen. Eine plötzliche Lumenverlegung kann deshalb akut kaum kompensiert werden und ist, wenn große Transportarterien betroffen sind, für die Extremität meist vital bedrohlich. Wegen der plötzlichen Verlegung der Gefäßstrombahn ist der akute Arterienverschluß ein Notfall, der umgehend diagnostiziert werden muß, um einer erfolgversprechenden Therapie zugeführt werden zu können.

B *Beschwerden und Befunde*

Entsprechend dramatisch ist die klinische Symptomatik mit peitschenartig einsetzenden Schmerzen, verbunden mit Kraftlosigkeit, Kältegefühl, Hypästhesien und Lähmungserscheinungen. Es besteht akute Schockgefahr für den Patienten. Während der primäre Schmerz als Folge einer Gefäßwandreizung mit nachfolgendem Spasmus auf der Höhe des Verschlusses empfunden wird, wandert der anschließend auftretende Ischämieschmerz 1–2 Hand breit unter das Okklusionsniveau. Bei der klinischen Untersuchung kann mit dem Handrücken der Beginn der Ischämiezone durch Wahrnehmung einer deutlichen Temperaturdifferenz nachgewiesen werden. Diese zeigt sich an der Haut durch Abblassung, die später einem fleckig-lividen Kolorit weicht. Die Arterienpulse fehlen distal des Strombahnhindernisses. Die als Ischämiefolge aufzufassenden nervalen Ausfälle beeinträchtigen sowohl sensorische wie auch motorische Funktionen und können bei der Untersuchung durch den Nachweis von Gefühlsstörungen und Paresen (z.B. Zehenheber) objektiviert werden. Sensibilitätsverlust und Lähmung kennzeichnen das komplette Ischämiesyndrom mit vitaler Bedrohung der Extremität. Das Auftreten von Spannungsblasen der Haut und eine ödematöse Schwellung der Extremität kündigen den irreversiblen Gewebstod an. Im Falle einer inkompletten Verlegung des Gefäßlumens durch eine Embolie, einer ausreichenden Kollateralisierung oder des embolischen Verschlusses im peripheren Gefäßstromgebiet, ist die Symptomatik weniger charakteristisch ausgeprägt.

DS *Diagnosesicherung*

Die Diagnose des akuten arteriellen Gefäßverschlusses kann durch das Vorliegen der genannten klinischen Symptomatik und des typischen Untersuchungsbefundes mit weitgehender Sicherheit gestellt werden. Darüber hinaus kann die Lokalisation des Verschlusses bestimmt werden. Wegweisend sind die didaktisch griffigen **sechs P** im angelsächsischen Sprachgebrauch:

- pain (Schmerz)
- paleness (Blässe)
- paraesthesia (Mißempfindung)
- pulselessness (Pulslosigkeit)
- paralysis (Lähmung)
- prostration (Schock)

Im typischen Fall sollte bei bedrohlicher Situation keine Zeit durch perfektionistische apparative Diagnostik versäumt werden, sondern der Patient umgehend einer chirurgischen Behandlung zugeführt werden (Abb. 42-1). Mit der **cw-Doppler-Sonographie** kann der klinische Befund im Notfall rasch objektiviert und die Höhe der Okklusion abgeschätzt werden. Mit der **Duplex-** bzw. **Farbdoppler-Sonographie** ist eine relativ exakte Lokalisation möglich (Abb. 42-2). Selten ist eine **Angiographie** indiziert (z.B. bei Verdacht auf eine Thrombose, eine fortgeschrittene AVK, einen Vasospasmus, ein Kompressionssyndom, zusätzlich bei Verdacht auf bedrohliche viszerale Embolien oder auf ein Aneurysma dissecans). Laboruntersuchungen tragen nicht zur Diagnosefindung bei. Eine Erhöhung des Serumkaliums, der CK, LDH, GOT und eine Azidose weisen auf ein fortgeschrittenes Stadium mit Gewebeuntergang hin. Neben der Diagnosestellung ist die ätiologische Klärung des Verschlußereignisses für die weitere Therapie und Prognose wesentlich. Häufigste Streuquelle arterieller Embolien ist das Herz (90%). Hier dominieren ätiologisch Vorhofthromben bei absoluter Arrhythmie, die ischämische Herzkrankheit mit Parietalthromben bei akutem Infarkt, die Herz-

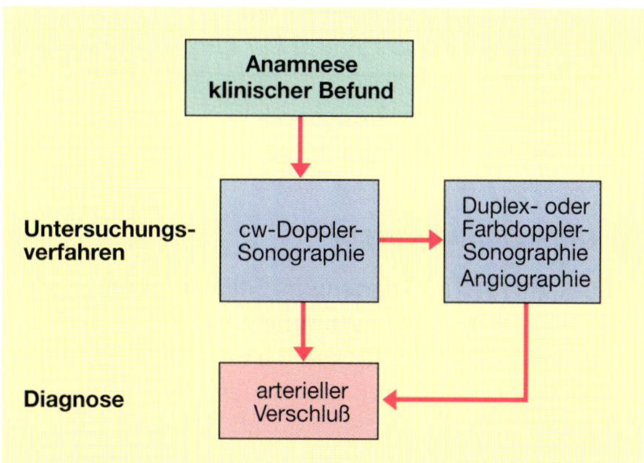

Abb. 42-1 Diagnostik bei Verdacht auf einen akuten arteriellen Verschluß.

42

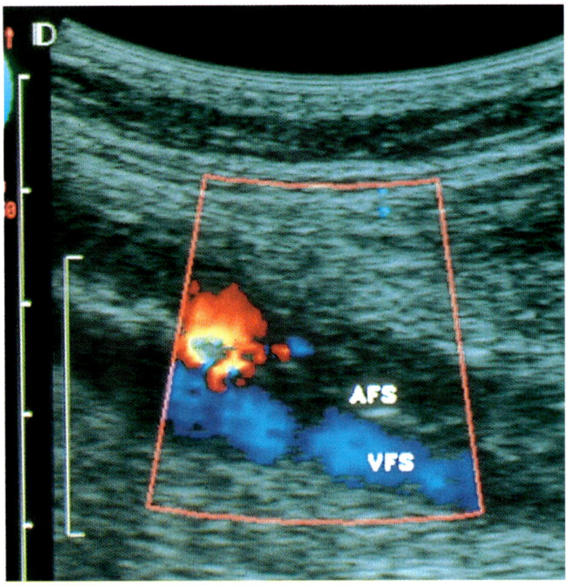

Abb. 42-2 Farbdopplersonographisches Bild eines akuten Verschlusses der Arteria femoralis superficialis (AFS): während das Venenlumen (VFS) offen erscheint, bricht die Farbdarstellung der Arterie auf Höhe des Verschlusses ab.

insuffizienz oder Herzwandaneurysmen, gefolgt von Klappenvitien. Weiterhin kommen Kardiomyopathien, Kunstklappen und die Endokarditis ätiologisch in Frage. Bei offenem Foramen ovale und gleichzeitig vorliegender Venenthrombose ist eine gekreuzte Embolie zu vermuten. Diagnostisch wegweisend ist der palpatorische Nachweis einer absoluten Arrhythmie, das EKG und die Echokardiographie, wobei Vorhof und Klappen am sichersten mit der transösophagealen Technik beurteilt werden können. Als weitere Emboliequellen sind **arteriosklerotische Plaques** (z.B. in der Aorta und der Arteria subclavia auf Höhe des Thoraxaustrittes) sowie **Gefäßwandaneurysmen** (z.B. Aortenaneurysma, Aneurysma der Arteria poplitea, der Arteria subclavia bei „thoracic outlet"-Syndrom) denkbar. Neben der Palpation und Auskultation hilft die Sonographie (B-Bildsonographie, TEE, Duplex- bzw. Farbdoppler) häufig, die korrekte Diagnose zu stellen, die eventuell durch Angiographie oder CT näher präzisiert werden muß.

DD *Differentialdiagnose*

Der embolische Arterienverschluß muß abgegrenzt werden gegenüber der Extremitätenischämie als Folge einer akuten **thrombotischen Lumenverlegung.** Diese tritt typischerweise bei präexistierender chronisch-arterieller Verschlußkrankheit im Bereich längerer Stenosen auf. Häufig ist ein bereits mit Kollateralen versehenes Strombahngebiet betroffen. Die Symptome fallen deshalb meist weniger dramatisch aus und imponieren häufig als akute Verschlechterung eines bekannten chronischen Gefäßleidens ohne vitale Bedrohung der Extremität. Eine akute arterielle Duchblutungsstörung als Folge einer Gefäßwandschädigung mit Thrombose oder Embolie des Unterschenkels läßt bei jungen Sportlern an ein **Kompressionssyndrom** der Arteria poplitea denken. Ursache ist ein atypischer Verlauf der Ansätze des Musculus gastrocnemius oder eine Hypertrophie des Musculus soleus. Verschlüsse der Arteria subclavia im Bereich der oberen Thoraxapertur können Folge eines Thoracic-outlet-Syndroms sein. Bei entsprechender Medikamenteneinnahme (z.B. ergotaminhaltige Migränemittel) ist die seltene Möglichkeit eines **Gefäßspasmus** zu erwägen, der durch Angiographie (Lösung des Gefäßkrampfes durch Priscolgabe) belegt werden kann. Akute periphere Ischämien bei einem **Aneurysma dissecans der Aorta** treten typischerweise kombiniert mit thorakalen, retrosternalen und Rückenschmerzen auf. Häufig wird im Akutstadium von einer rißartigen Schmerzsensation berichtet. Die Diagnose kann mit Hilfe der transösophagealen Echokardiographie gestellt werden. Der akute Arterienverschluß bei **Phlegmasia coerulea dolens** (mit kompletter Okklusion des venösen Stromgebiets und massiver zyanotischer Schwellung der Extremität) macht diagnostisch in der Regel keine Probleme.

Klinische Symptomatik und Untersuchungsbefund des akuten arteriellen Extremitätenverschlusses sind, wenn große Transportarterien betroffen sind, meist eindeutig. Die **Differentialdiagnose** erschöpft sich typischerweise in der Abgrenzung verschiedener Ursachen.

Als nicht angiologisches Krankheitsbild ist der akute Diskusprolaps (→ Kap. 48) abzugrenzen, der reflektorisch zu subjektivem Kältegefühl, meßbarer Temperaturdifferenz und gelegentlich palpatorisch objektivierbarer Vasospastik führen kann. Diagnostisch wegweisend ist die radikuläre Schmerzsymptomatik sowie die Topik der Muskellähmungen und Reflexausfälle.

42.4.2 Arterielle Verschlußkrankheit

Schmerzen sind das klassische Leitsymptom einer arteriellen Durchblutungsstörung der Extremitäten. Ursache der arteriellen Verschlußkrankheit (AVK) ist in der überwiegenden Mehrzahl (> 95%) die Arteriosklerose. Topographisch läßt sich an den oberen Extremitäten ein Schulter-Arm-Typ und ein peripher-digitaler Typ, an den unteren Extremitäten ein Becken-, Oberschenkel- und Unterschenkeltyp sowie ein Kombinationstyp unterscheiden. Der klinisch relevante Befall der unteren Extremitäten dominiert bei weitem (90%). Die Einteilung des Schweregrades erfolgt nach **Fontaine** und orientiert sich an rein klinischen Gesichtspunkten:

Stadium I:
Beschwerdefreiheit oder unspezifische Mißempfindungen
Stadium II:
Belastungsschmerzen (Claudicatio intermittens, Dyspraxia intermittens)
Typ a: Schmerzfreie Gehstrecke > 200 m
Typ b: Schmerzfreie Gehstrecke < 200 m
Stadium III:
Ruheschmerz
Stadium IV:
Nekrose bzw. Gangränbildung
Die klinische Symptomatik der AVK ist abhängig von der Lokalisation hämodynamisch wirksamer Strömungshindernisse sowie dem Vorhandensein von Kollateralen.

B *Beschwerden und Befunde*

Typischerweise führen belastungsabhängige Schmerzen (Claudicatio intermittens, Dyspraxia intermittens) den Patienten mit AVK erstmalig zum Arzt. Häufig liegt zu diesem Zeitpunkt bereits ein fortgeschrittenes Gefäßleiden vor, das sich über Jahre hin entwickelt hat. Anamnestisch lassen sich meist unspezifische Prodromalsymptome wie Mißempfindungen, Kribbeln, Ameisenlaufen und Kältegefühl im Bereich der betroffenen Extremität erfragen. Der Verdacht auf das Vorliegen einer AVK verdichtet sich beim Vorliegen eines oder mehrerer Risikofaktoren (Rauchen, Hypertonie, Hyperlipoproteinämie, Diabetes mellitus, Hyperurikämie), einer koronaren Herzkrankheit oder zerebraler Durchblutungsstörungen. Die Schmerzlokalisation erlaubt eine grobe lokalisatorische Zuordnung. So weisen Oberschenkel- und Gesäßschmerzen auf einen Verschluß der Aorta oder Arteria iliaca communis hin, Schmerzen im Bereich des Oberschenkels auf ein Strömungshindernis der Arteria iliaca externa oder femoralis communis. Eine Claudicatio der Wade paßt zum Verschluß der Arteria femoralis superficialis oder poplitea, eine des Fußes zu einer Okklusion der Unterschenkeläste. Der Schmerz nimmt unter Belastung zu, imponiert dumpf-diffus und geht häufig mit einer Verhärtung der ischämischen Muskulatur einher. Im Stadium II verschwindet die Symptomatik bei Ruhe, während sie im Stadium III definitionsgemäß persistiert. Anheben der Extremität führt zur Verschlechterung, Herabhängen zur Linderung. Bei der Inspektion zeigen Patienten mit einer fortgeschrittenen AVK in Horizontallage eine im Vergleich zur nichtbefallenen Extremität blasse, kühle Haut, die beim Herabhängen eine düsterrote Farbe annimmt. Typisch sind trophische Störungen mit Hyperkeratose im Fersen- und Fußsohlenbereich, Nagelwachstumsstörungen, Onycho- und Interdigitalmykosen, ein Schwund des subkutanen Fettgewebes, dünne Haut, Haarverlust des Unterschenkels sowie eine Atrophie der Muskulatur. Das arteriosklerotisch bedingte Ulkus erscheint meist im Bereich der Zehen oder des lateralen Fußrandes, ist trocken, mit Schorf bedeckt und scharf begrenzt. Demgegenüber imponiert die diabetische Gangrän unscharf, entzündlich verändert, nässend mit Tendenz zum Einbruch in Sehnenlogen, zum Knochenbefall und Gefahr der Phlegmonenbildung. Während der Patient ohne Diabetes mellitus in der Regel die verschiedenen Fontaine-Stadien schrittweise durchlaufen hat, entwickelt der Diabetiker aufgrund der Polyneuropathie und Mikroangiopathie häufig ein unwesentlich schmerzhaftes, extremitätenbedrohendes Stadium IV mit Gangränbildung. Als typische diabetische Komplikationen sind ferner das mikroangiopathische Ulkus z.B. der Fußsohle und die isolierte mikroangiopathische Zehengangrän (Abb. 42-3a und b) zu bedenken, die vor allem bei diabetischer Polyneuropathie (→ Kap. 56) zum Teil ohne wesentliche AVK vorkommen.

42

DS *Diagnosesicherung*

Die **klinisch-angiologische Untersuchung** beginnt mit der Erhebung des **Pulsstatus**. Seitengetrennte Pulse sind bei Gewebsverhärtungen oder Ödemen mit Vorsicht zu interpretieren. Mit Hilfe der **Auskultation** sind Gefäßstenosen an prädisponierenden Stellen häufig bereits faßbar, bevor klinische Symptome auftreten (Abb. 42-4). Fragliche Palpations- oder Auskultationsbefunde können durch Belastung (Muskeltätigkeit, Erzeugung einer reaktiven Hyperämie durch passagere arterielle Blutsperre) akzentuiert werden. Als Funktionstest hat sich an der unteren Extremität die **Lagerungsprobe nach Ratschow** bewährt. Der liegende Patient kreist die senkrecht erhobenen Füße für zwei Minuten und läßt sie dann im Sitzen locker herabhängen. Bei Vorliegen einer zu Durchblutungsstörungen führenden AVK kommt es zur Abblassung des Fußes in der Elevationsphase sowie zur verzögerten Rötung und Venenfüllung in der Hängephase. An der oberen Extremität kommt die **Faustschlußprobe** zur Anwendung: Bei Armelevation werden vom Patienten 20 kräftige Faustschlußübungen in schneller Folge durchgeführt, während der Untersucher die Handgelenke fest komprimiert. Bei Vorliegen einer AVK blaßt die erkrankte Hand stärker ab als die gesunde, bei Nachlassen des Staus erfolgt eine verzögerte Rötung. Durch wechselseitige Kompression der Arteria radialis und Arteria ulnaris (Allen-Test) und Inspektion der palmaren Hautfarbe ist eine Aussage über die Durchgängigkeit der einzelnen Gefäße und des Palmarbogens möglich.

Als erstes apparatives Verfahren zum Nachweis oder Ausschluß einer hämodynamisch wirksamen AVK sollte wegen der einfachen Handhabung die **dopplersonographische Verschlußdruckmessung** durchgeführt werden. Diese ist bei Auswahl entsprechender Manschetten auf verschiedenen Höhen der Extremität

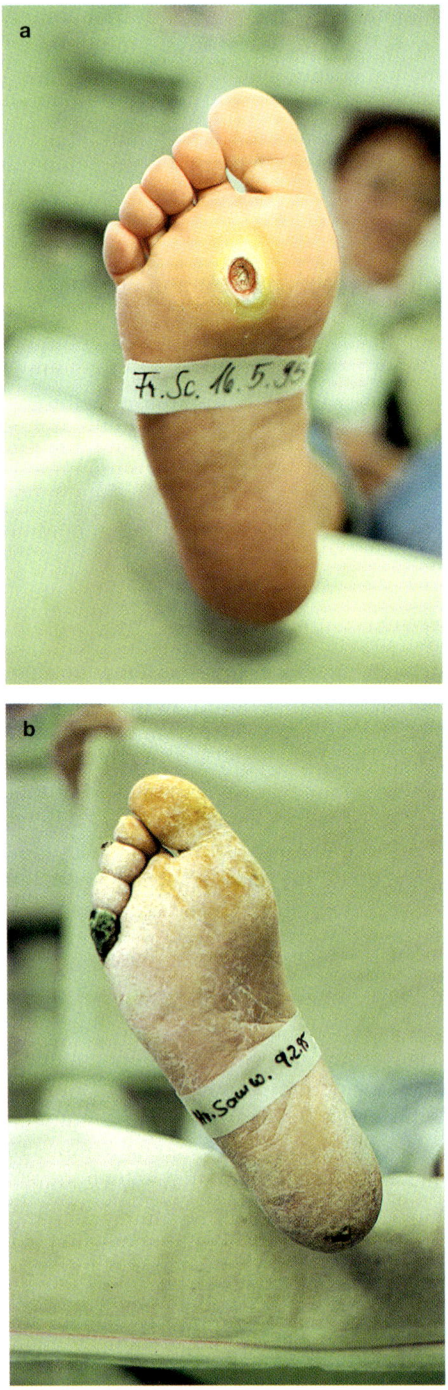

Abb. 42-3 Diabetische Komplikationen: a) mikroangiopathisches Ulkus der Fußsohle; b) mikroangiopathische Zehengangrän.

bis zu den Fingern durchführbar. An den Beinen werden Arteria tibialis posterior und Arteria dorsalis pedis bei Staulage knapp oberhalb des Knöchels beurteilt. Entspricht der gemessene Druck dem des Oberarms oder liegt er im Wert darunter, so ist ein vorgeschaltetes, hämodynamisch wirksames Hindernis anzunehmen. Die Methode versagt bei diabetischer Mediasklerose (Veschlußdruck um > 50 mmHg über systolischem Oberarmdruck). Der gemessene Druck korreliert mit der klinischen Symptomatik, wobei Werte unter 50 mmHg eine vitale Gefährdung der Extremität anzeigen. Die Anwendung der **bidirektionalen Doppler-Sonographie** liefert durch Analyse der Flußkurven weitere Informationen über die Strömungsbehinderung. Ein Normalbefund der dopplersonographischen Verschlußdruckmessung und der Kurvenanalyse der bidirektionalen Doppler-Sonographie schließt eine klinisch relevante AVK aus. Ein pathologischer Befund bedarf eventuell einer weiteren Abklärung. Mit der **Oszillographie** kann in einfacher Weise eine Höhenlokalisation hämodynamisch wirksamer Strömungshindernisse dokumentiert werden. Durch die **Duplex- bzw. Farbdoppler-Sonographie** kann die Morphologie der Gefäße beurteilt und die Höhe der Verschlüsse meist genau angegeben werden. Stenosen sind lokalisierbar und können in ihrem Schwere-

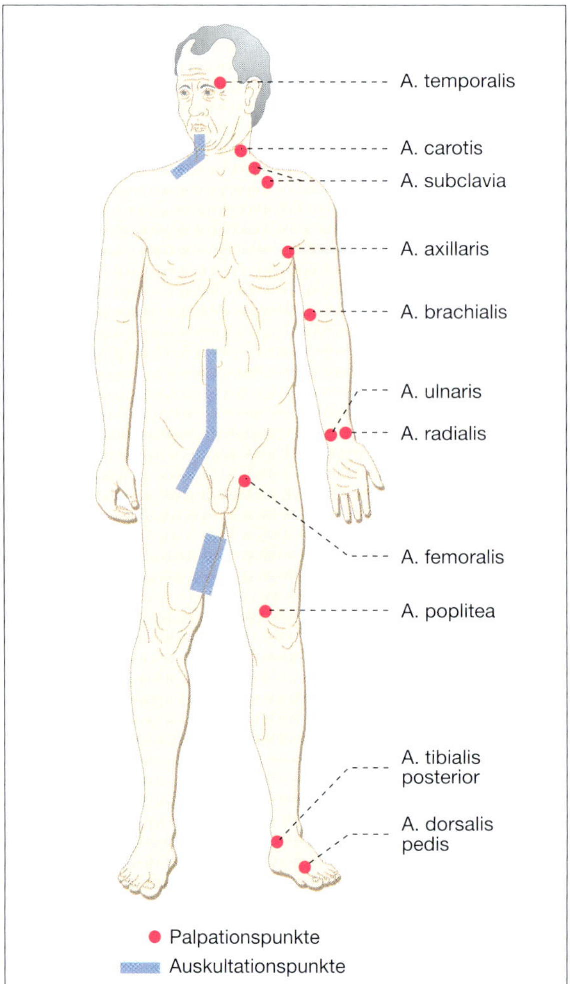

Abb. 42-4 Palpations- (schwarze Punkte) und Auskultationspunkte bei Verdacht auf periphere Verschlußkrankheit.

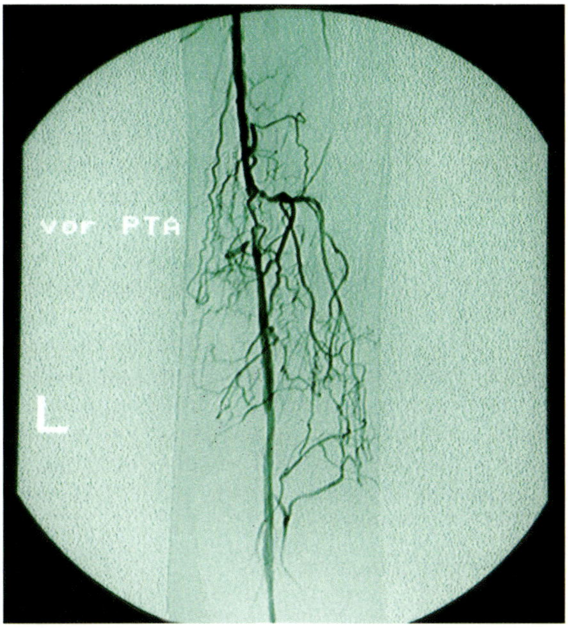

Abb. 42-5 Angiographie des Oberschenkels bei AVK: Nachweis einer hochgradigen Stenose der Arteria femoralis superficialis mit Kollateralenbildung.

grad determiniert werden. Weitere indirekte Untersuchungsverfahren wie akrale Lichtplethysmographie, Venenverschlußplethysmographie, Thermographie, CT und MRT stehen für Sonderfälle zur Verfügung, kommen jedoch im klinischen Alltag nur selten zum Einsatz. Da die Diagnose einer AVK in der weit überwiegenden Mehrzahl der Fälle mit indirekten Untersuchungsverfahren gestellt werden kann, ist eine **Angiographie** als invasive Methode nur indiziert, wenn bei entsprechender klinischer Symptomatik revaskularisierende bzw. lumeneröffnende Maßnahmen zur Diskussion stehen (Abb. 42-5). In der Regel wird sie in Kathetertechnik als digitale Subtraktionsangiographie (DSA) durchgeführt.

DD *Differentialdiagnose*

Die Diagnose einer AVK ist bei Anwendung entsprechender klinischer und nichtinvasiver Untersuchungsverfahren meist leicht zu stellen. Differentialdiagnostisch muß nach Ausschluß einer hämodynamisch wirksamen Stenose durch Verschlußdruckmessung vor allem an neurologische und orthopädische Krankheitsbilder gedacht werden. Parästhesien und Kältegefühl der Füße können beispielsweise auch Folge einer Polyneuropathie (→ Kap. 56), eines Vitamin-B_{12}-Mangels oder einer Multiplen Sklerose (→ Kap. 30) sein. Schmerzen im Rücken, Gesäß, in der Leiste und Oberschenkelregion sind im Rahmen von Bandscheibenbeschwerden, ossären Prozessen im Wirbelsäulenbereich, Beckenskelett und Hüftgelenk möglich. Wadenschmerzen können von Kniegelenksprozessen, Fußdeformitäten, Polyneuropathien herrühren. Bei Claudicatio-Beschwerden mit normalem angiologischem Befund ist die Möglichkeit einer seltenen lumbalen Wirbelkanalstenose zu erwägen.

42.4.3 Raynaud-Syndrom

Unter einem Raynaud-Syndrom versteht man eine anfallsartig auftretende Durchblutungsstörung der Finger, seltener der Zehen (2%), ausgelöst durch Kälteeinfluß oder emotionale Belastungen. Es wird eine primäre von einer sekundären Form unterschieden. Während bei der sekundären Form die akrale Symptomatik Folge einer Grundkrankheit mit organischen Gefäßveränderungen ist, handelt es sich bei der primären Form um eine rein funktionelle Störung der Gefäßmotorik.

42

B *Beschwerden und Befunde*

Leitsymptom ist eine anfallsartig auftretende, Minuten bis Stunden dauernde Durchblutungsstörung der Finger, einhergehend mit dem Gefühl von Kälte, Taubheit, Kraftlosigkeit und Schmerzen. Einer Abblassung der Finger folgt eine zyanotische Hautverfärbung, die am Ende des Anfalls als Folge einer postischämischen Hyperämie in eine Rotfärbung übergeht. Diese klassische „Trikolore“-Sequenz zeigt sich jedoch nur in weniger als einem Drittel der Fälle. Die hyperämische Phase fehlt vor allem bei organischen Gefäßveränderungen. Beim primären Raynaud-Syndrom liegt ein symmetrischer Befall der Finger II–V vor. Die Mitbeteiligung des Daumens ist eine Seltenheit. Die Veränderungen sind meist nur im Bereich der Finger lokalisiert. Handrücken und Handinnenflächen sind gewöhnlich nicht beteiligt. Trophische Störungen fehlen bei der primären Form im Gegensatz zur sekundären Form. Bei der klinischen Untersuchung muß auf die Temperatur und Farbe der Haut, trophische Störungen und das Verteilungsmuster der Veränderungen geachtet werden. Durch die Faustschlußprobe kann bei wechselnder Kompression der Arteria radialis und ulnaris ein isolierter Befund einzelner Fingerarterien wahrscheinlich gemacht werden. Bei der Anamnese ist auf den anfallsartigen Charakter der Beschwerden zu achten. Auslösende Umstände sollten gezielt erfragt werden. Bei männlichen Patienten muß ein ursächlicher Umgang mit Vibrationsmaschinen ausgeschlossen werden.

DS *Diagnosesicherung*

Neben der Sicherung der Diagnose ist eine Unterscheidung zwischen einer primären und sekundären Form des Raynaud-Syndroms wesentlich. Häufig muß sich der Arzt auf die Schilderung der Beschwerdesymptomatik verlassen, da die Provokation eines vasospastischen Anfalls durch Kälteexposition nicht immer gelingt. Die Objektivierung einer erhöhten Gefäßreagibilität ist mit der akralen volumetrischen oder photoelektrischen **Plethysmographie** möglich. Unter Kälteprovokation (3 Minuten Eiswasser) erfolgt die Aufzeichnung spastisch deformierter Kurven, die sich nach Wärmeapplikation oder Nitrogabe normalisieren. Organische Gefäßschäden müssen angenommen werden bei asymmetrischen Veränderungen oder fehlender Rückbildung. Mit der **Ultraschall-Doppler-Sonde** zeigt sich unter Provokation ein die Norm überschreitender Abfall des systolischen Verschlußdruckes der Fingerarterien. Bei akribischer Untersuchung lassen sich Gefäßverschlüsse und Stenosen nachweisen. Mit dem **Thermoplattentest** kann eine durch Vasospasmus verzögerte Wiedererwärmung objektiviert werden. Mit der **Kapillarmikroskopie** werden durch direkte Betrachtung des Nagelfalzgefäßbettes morphologische Veränderungen der Endstrombahn aufgedeckt. Sie eignet sich vor allem zur Diagnose der Sklerodermie. Dabei ist der Nachweis von Riesenkapillaren, avaskulären Feldern und Hämorrhagien wegweisend. Da das Raynaud-Syndrom dem Vollbild der Sklerodermie häufig um Jahre vorausgeht, eignet sich dieses Verfahren zur Frühdiagnose. Auch beim Lupus erythematodes werden typische Veränderungen („Büschelkapillaren") gefunden. Die **Angiographie** ist indiziert, wenn sich der Verdacht eines sekundären Raynaud-Syndroms verdichtet, aber durch nichtinvasive Verfahren keine sichere Zuordnung zu treffen ist (Abb. 42-6). Mit ihr lassen sich organische Gefäßveranderungen (Gefäßverschlüsse, Thrombangitis obliterans, Arteriosklerose) objektivieren. Für die klinischen Beurteilung der Beschwerden ist die Unterscheidung zwischen primärem und sekundärem Raynaud-Syndrom wesentlich. Als Hinweise auf das Vorliegen einer sekundären Form gelten Manifestation nach dem 50. Lebensjahr, asymmetrischer, eventuell isolierter Fingerbefall, Nachweis von Fingerkuppennekrosen, persistierend pathologisches Plethysmogramm nach Nitrogabe, Nachweis von Kapillarabnormitäten und organische Gefäßveränderungen in der Angiographie. Da ein Raynaud-Syndrom begleitend bei einer Vielzahl von Erkrankungen auftritt (Tab. 42-2), ist bei der Erstmanifestation eine gründliche klinische Untersuchung des Patienten notwendig (Tab. 42-3). Vor allem muß differentialdiagnostisch an ein (klinisch häufiges) Initialstadium einer Kollagenose, insbesondere an eine Sklerodermie gedacht werden. Da eine Raynaud-Symptomatik dem Vollbild einer Kollagenose weit vorhergehen kann, sollte die Diagnose eines primären Raynaud-Syndroms erst zwei Jahre nach der Erstmanifestation bei Fehlen weiterer Krankheitszeichen gestellt werden.

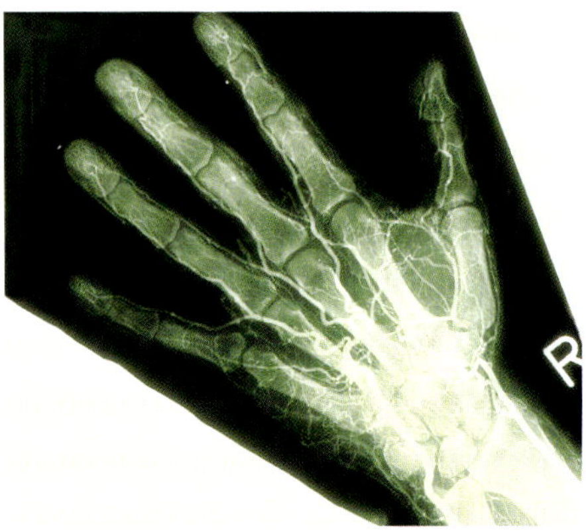

Abb. 42-6 Angiographie der Hand bei einem Patienten mit Raynaud-Syndrom bei Sklerodermie: multiple Verschlüsse der Fingerarterien (mit freundl. Genehmigung von Dr. A. Strauss, Engelskirchen).

DD *Differentialdiagnose*

Gegenüber dem primären Raynaud-Syndrom ist die **Akrozyanose** differentialdiagnostisch abzugrenzen. Es handelt sich hierbei um eine funktionelle Konstriktion der Arteriolen mit venulärer Kapillardilatation. Typisch ist eine durch Kälte verstärkt auftretende, rötlich-dunkelzyanotische und kühle Hautverfärbung, die häufig mit Parästhesien und vermehrter Schweißbildung einhergeht. Bevorzugt sind Frauen davon betroffen, wobei als typisches klinisches Zeichen eine irisblendenartige Wiederverfärbung der abgeblaßten Haut bei Kompression mit dem Finger besteht. Weiterhin ist das **Fingerhämatom** zu unterscheiden, das nach manueller Betätigung als Folge einer Hämatombildung durch Diapedeseblutung gehäuft bei Frauen entsteht. Charakteristisch ist ein plötzlich einschießender Schmerz, gefolgt von einer bläulich durchschimmernden Anschwellung.

42.4.4 Akute Phlebothrombose

Unter einer akuten Phlebothrombose wird ein plötzlich auftretender, kompletter oder partieller thrombotischer Verschluß tiefer Venen einer Extremität verstanden. Die unteren Extremitäten sind häufiger als die oberen betroffen. Die Thrombosen wachsen zumeist aszendierend, selten deszendierend. Ätiologisch besteht bei den meisten Patienten eine Blutstase, Hyperkoagulabilität und/oder Endothelschädigung gemäß der Virchow-Trias.

B *Beschwerden und Befunde*

Die Symptomatik der akuten Phlebothrombose ist um so charakteristischer, je höher die Verschlußlokalisation, je schneller die Thromboseentstehung und je kompletter die Lumenverlegung ist. **Diagnosti-**

Tab. 42-2 Auswahl von Ursachen eines sekundären Raynaud-Syndroms

Kollagenosen
progressive Sklerodermie
Sharp-Syndrom
Lupus erythematodes
Dermatomyositis
chronische Polyarthritis
Vaskulitiden
Wegenersche Granulomatose
Panarteriitis nodosa
arterielle Verschlußkrankheit
Arteriosklerose
Thrombangitis obliterans
Embolie
Trauma
lokale Gefäßverletzungen
Vibrationsschäden
Kälteschäden
Intoxikationen
Polyvinylchlorid
Schwermetalle (Arsen, Blei)
Ergotamin
Pilze
Serotonin
Cyanamid
hämatogene Erkrankungen
Kälteagglutinine
Kryoglobuline
Polyzythämie
Paraproteinämie
Thrombozytose
Medikamente
Sekalealkaloide
Betablocker
Noradrenalin
Clonidin
hormonelle Antikonzeptiva
Zytostatika
neurologische Erkrankungen
Neuritis
Poliomyelitis
Multiple Sklerose
Syringomyelie
spinale Tumoren
Thoracic-outlet-Syndrom
paraneoplastische Syndrome

Tab. 42-3 Laboruntersuchungen bei Verdacht auf Raynaud-Syndrom (nach Creutzig)

BSG
C-reaktives Protein
Blutbild
Hämatokrit
Thrombozyten
antinukleäre Antikörper
Antikörper gegen Scl 70
Antikörper gegen Zentromere
Rheumafaktoren
Kälteagglutinine
Kryoglobuline
Immunelektrophorese
Plasmaviskosität

sche Leitsymptome sind **Schmerzen, Schwellung** und **Zyanose.** Das zunächst von einem diffusen Spannungsgefühl geprägte Schmerzsyndrom ist Folge eines klinisch noch nicht faßbaren, subfaszialen Ödems oder einer Reizung der Venenwand. Nachfolgend entwickelt sich ein palpierbares Ödem erst bei Vorliegen einer hämodynamisch relevanten Abflußstörung, die dann zu einer Dekompensation des Lymphabflusses führt. Die Zyanose entsteht durch eine stasebedingte Sauerstoffentsättigung des Hämoglobins und setzt in der Regel eine stärkere Abflußbehinderung voraus. Die klinische Symptomatik nimmt beim Stehen und Gehen zu. Beim bettlägrigen Patienten sind diese klinischen Symptome nicht so ausgeprägt vorhanden. Erstes Symptom einer **Beinvenenthrombose** ist häufig ein **Spannungsgefühl in der Wade,** einhergehend mit einer **Schwellung des Unterschenkels**. Bei starker Abflußbehinderung wird beim Stehen und Gehen ein Berstungsschmerz der Wadenmuskulatur angegeben. **Beckenvenenthrombosen** führen oft zu fehlgedeuteten Unterbauch- und Rückenschmerzen. Eine Schwellungsneigung tritt um so stärker in Erscheinung, je weiter proximal und hämodynamisch relevanter der Verschluß ist. So fehlt sie typischerweise bei Wadenmuskelvenenthrombosen und segmentalen Verschlüssen tiefer Leitvenen des Unterschenkels, tritt jedoch in Erscheinung bei Thrombosen der Vena poplitea und weiter stromaufwärts liegender Venenabschnitte. Die Schwellung ist am ausgeprägtesten bei der akuten lumenverlegenden Beckenvenenthrombose (Abb. 42-7). Ähnliches gilt für die seltene Armvenenthrombose, die aufgrund der guten Kollateralmöglichkeiten in der Regel nur bei akutem Verschluß der Vena subclavia und Vena axillaris zu klinischen Symptomen führt.

Da die klinische Symptomatik bei Befall peripherer Venenabschnitte uncharakteristisch ist, sollte bei der **Anamnese** auf die Erfragung einer **Thrombosedisposition** großer Wert gelegt werden. Berichte über Bettlägrigkeit, Immobilisation einer Extremität durch

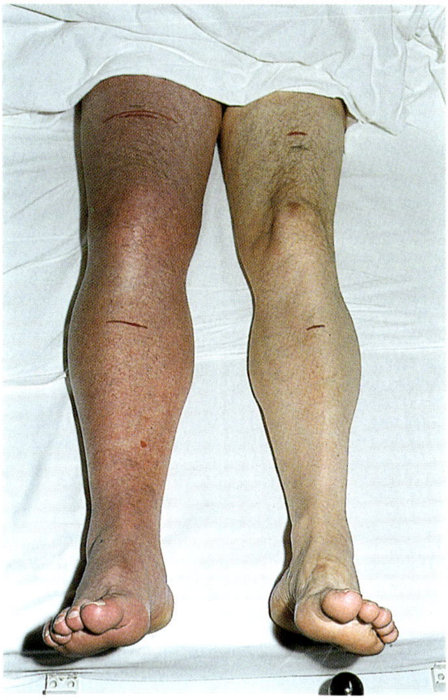

Abb. 42-7 Patient mit einer tiefen Bein- und Beckenvenenthrombose.

Tab. 42-4 Thrombosezeichen

- Druckschmerz der Kniekehle entlang des Adduktorenkanals und der Leiste (Rielandersches Zeichen)
- Druckempfindlichkeit der Wade (Tschermarksches Zeichen)
- Wadenschmerz bei Plantarflexion (Homansches Zeichen)
- Kulissenschmerz beidseits lateral der Achillessehne (Bisgaardsches Zeichen)
- Druckschmerzen nach Aufblasen einer Wadenmanschette auf 60–80 mmHg (Lowenbergsches Zeichen)
- Fußsohlenschmerz bei Druck und Plantarflexion (Payrsches Zeichen)
- Spontaner Fußsohlenschmerz (Deneckesches Zeichen)
- Wadenschmerz durch Manschettendruck am Oberschenkel (Ramirezsches Zeichen)
- Stärkerer Wadenschmerz bei anterior-posteriorer als bei bilateraler Kompression (Mosesches Zeichen)
- Sichtbarer Wadenmuskulaturspasmus bei simultaner Anhebung der Beine und Streckung der Füße (Peabodysches Zeichen)
- Erweiterung prätibialer Venen in Horizontallage (Prattsches Zeichen)

Gipsanlage, Traumata, lange Busreisen, Tumorleiden, Varikosis, frühere Venenthrombosen, kürzlich stattgehabter operativer Eingriffe, eine bekannte Hyperkoagulabilität (→ Kap. 63), eine Östrogenmedikation, eine ungewohnte Anstrengung sollten beachtet werden. Bei der **körperlichen Untersuchung** ist beim stehenden Patienten auf eine Umfangsdifferenz der Extremitäten, eine Ödembildung, eine vermehrte Füllung der oberflächlichen Venen und eine Zyanosebildung zu achten. Bei der Palpation imponiert ein subfasziales prall-elastisches Ödem. Erst bei zusätzlich vorhandener epifaszialer Ödemflüssigkeit ist eine Dellenbildung zu beobachten. Die Palpation der Venen dient der Auslösung von Schmerzsensationen im thrombosierten Abschnitt und soll systematisch von den Fußsohlen über die Wade, die Kniekehle, den Adduktorenkanal zur Leiste erfolgen. Die meist mit Eigennamen betitelten **Thrombosezeichen** (Tab. 42-4) beruhen auf einer durch Zug oder Druck bedingten Auslösung von Schmerzen im Bereich der verschlossenen Venensegmente, die zwar gehäuft bei Vorliegen einer Thrombose auslösbar sind, deren Fehlen diese jedoch nicht ausschließt. Das plötzliche Auftreten von Luftnot und Thoraxschmerzen muß häufig erst erfragt werden und sollte immer Anlaß sein, an eine Lungenembolie (→ Kap. 3) zu denken, die, vor allem bei bettlägrigen Patienten, nicht selten das erste Symptom einer Phlebothrombose ist. Die seltene Maximalvariante einer Phlebothrombose mit schneller Verlegung des gesamten Venenquerschnittes im Sinne einer Phlegmasia coerulea dolens macht diagnostisch meist keine Probleme. Neben dem ausgeprägten derben Ödem von hölzerner Konsistenz, den starken Schmerzen und der deutlichen Zyanose der Haut, häufig mit Spannungsblasen und petechialen Einblutungen in peripheren Abschnitten, besteht die Gefahr eines hypovolämischen Schockzustandes durch Flüssigkeitssequestration. Aufgrund des hohen Ödemdrucks und möglicher Gefäßspasmen kommt es zu einer zusätzlichen arteriellen Durchblutungsstörung, in deren Folge die Extremität kalt imponiert und sich Störungen der Sensibilität und Motorik einstellen.

DS *Diagnosesicherung*

Die Diagnose einer akuten Phlebothrombose ist aufgrund von Anamnese, Inspektion und klinischem Untersuchungsbefund zu vermuten bzw. durch weiterführende apparative Verfahren zu bestätigen oder auszuschließen. Als erste Methode der Wahl sollte wegen leichter Verfügbarkeit und hoher Aussagekraft die **bildgebende Sonographie** zum Einsatz kommen (Abb. 42-8). Die fehlende Komprimierbarkeit der thrombosierten Vene in der Kompressionssonographie besitzt als Thrombosezeichen eine so hohe Genauigkeit, daß mit ausreichender Sicherheit eine Thrombosierung im Oberschenkelbereich (Vena iliaca externa bis Vena poplitea) ausgeschlossen werden kann.

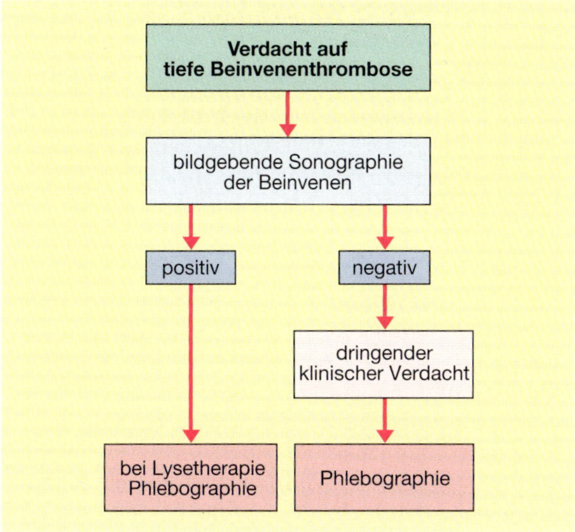

Abb. 42-8 Diagnostik bei Verdacht auf eine tiefe Beinvenenthrombose.

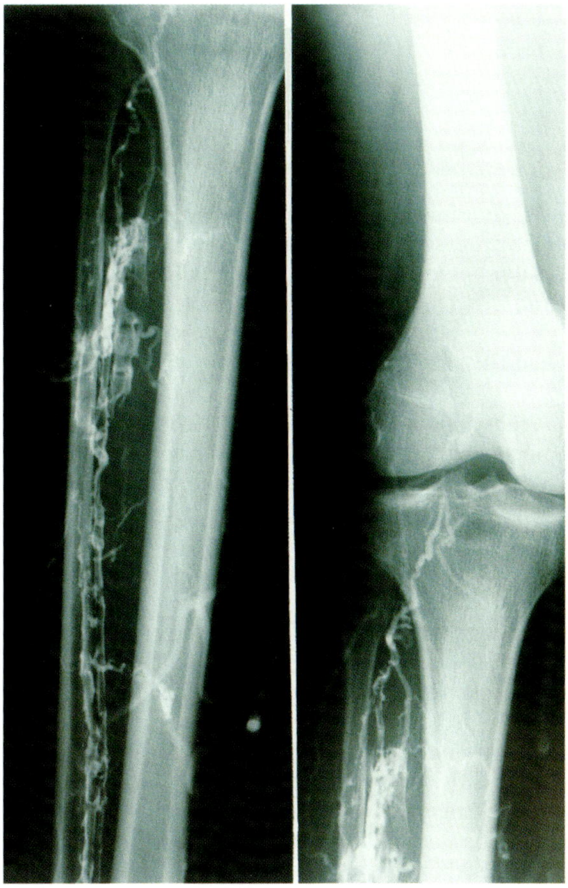

Abb. 42-9 Phlebographie bei akuter Beinvenenthrombose: randumflossene Thrombose der Fibularisgruppe, fehlende Darstellung der restlichen tiefen Leitvenen des Unterschenkels sowie der Vena poplitea.

Gerinnsel im Unterschenkel können bei symptomatischen Patienten vom erfahrenen Untersucher mit einer Sensitivität bis 90% korrekt erkannt werden. Ein positiver sonographischer Befund ist wegen der hohen Spezifität (> 95%) beweisend. Die zusätzliche Information des Dopplers ermöglicht zusammen mit der **Duplex-** oder **Farbdoppler-Sonographie** eine Aussage über dynamische Flußverhältnisse (Randfluß, Kollateralenbildung) und Rekanalisierungsvorgänge. Andere indirekte Thrombosediagnoseverfahren wie cw-Doppler, Venenverschlußplethysmographie, Thermographie, nuklearmedizinische Methoden besitzen angesichts der hohen Treffsicherheit der bildgebenden Sonographie nur noch eine untergeordnete Bedeutung. Mit der **Phlebographie** ist die exakteste Darstellung des Venensystems möglich. Ihre Indikation reduziert sich jedoch wegen des relativ großen Aufwandes, der Invasivität, der zwar seltenen, aber möglichen Nebenwirkungen auf Fälle mit unsicherem sonographischem Befund und Patienten, die einer Lyse oder einer Thrombektomie zugeführt werden sollen (Abb. 42-9).

42

DD *Differentialdiagnose*

Durch die häufig uncharakteristischen Symptome einer Phlebothrombose ist eine Vielzahl von Krankheitsbilder differentialdiagnostisch in Erwägung zu ziehen, von denen ein thrombotisches Geschehen in der Regel durch bildgebende Sonographie leicht abgegrenzt werden kann. Der großzügige Einsatz dieser Untersuchung ist um so wichtiger, da eine Reihe der zu nennenden Krankheitsbilder gehäuft mit einer Thrombose des tiefen Venensystems vergesellschaftet sind. Aus therapeutischer Sicht ist die Abgrenzung der Phlebothrombose gegen die **Thrombophlebitis oberflächlicher Venen** wichtig (Abb. 42-10). Bei der oberflächlichen Venenentzündung findet sich typischerweise ein häufig im Bereich von Varizen subkutan liegender, druckschmerzhafter Venenstrang mit entzündlicher Umgebungsreaktion. Mittels Ultraschall kann das thrombosierte Venensegment, das häufig größer ist, als es die klinische Symptomatik vermuten läßt, aufgespürt und eine gelegentlich vorkommende Beteiligung des tiefen Venensystems aufgedeckt werden. Bei einer differentialdiagnostisch zu erwägenden **arteriellen Durchblutungsstörung** ist die Extremität blaß, die Schmerzen nehmen bei Hochlagerung zu, periphere Pulse fehlen. Eine einseitige Schwellung kann Folge eines **Traumas,** einer **Phlegmone** oder einer **Muskelpumpeninsuffizienz bei Paresen** sein. Ein das Venensystem von außen komprimierender Prozeß kann das Bild einer Phlebothrombose weitgehend imitieren. Meist deckt neben der körperlichen Untersuchung bereits die Sonographie die Ursache auf und dokumentiert das offene Venensystem. Das infolge einer **rupturierten Baker-Zyste** auftretende Pseudothrombophlebitis-Syndrom ist eine sonographische Blickdiagnose.

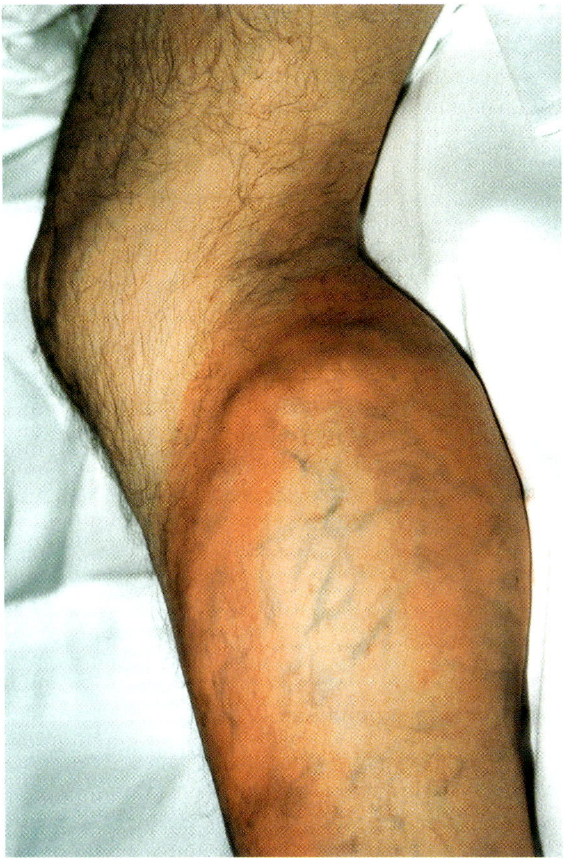

Abb. 42-10 Oberflächliche Thrombophlebitis: Äste der varikös erweiterten Vena saphena parva sind thrombosiert, die Haut ist entzündlich infiltriert und druckschmerzhaft. In der Duplexsonographie war eine Beteiligung des tiefen Venensystems in der Krossenregion nachweisbar.

Die teigige Schwellung eines primären oder sekundären **Lymphödems** ist aufgrund des klinischen Befundes (Einbeziehung des Fußrückens und der Zehen) meist abgrenzbar. Beim **Erysipel** imponiert das Bein neben der Schwellung als scharfrandig gerötet. Typischerweise besteht Fieber, die inguinalen Lymphknoten sind druckempfindlich und geschwollen. Ödeme als Folge einer primären chronisch-venösen Insuffizienz können durch Nachweis eines typischen Hautbefundes und Varizen vermutet werden. Ihre genaue Einordnung gelingt durch die Duplexsonographie (Nachweis von Klappeninsuffizienzen). Schmerzen und Schwellung einer postthrombotisch veränderten Extremität stellen ein differentialdiagnostisches Problem dar, da sie Folge einer Dekompensation des vorgeschädigten Venensystems oder Folge einer gehäuft bei diesen Patienten auftretenden Rezidivthrombose sein können und die Interpretation von Ultraschallbefund und Phlebographie nicht immer eindeutig ist.

42.4.5 Chronisch-venöse Insuffizienz

Der Begriff der chronisch-venösen Insuffizienz (CVI) subsummiert klinische Erscheinungen, die sich als Folge einer dauerhaften venösen Hypertonie bei chronischer Rückflußstörung des Blutes im Bereich der Extremitäten manifestieren. Wegen der Bedeutung des hydrostatischen Drucks sind vornehmlich die unteren Gliedmaßen betroffen. Ursache der Hypertonie ist ein Versagen der Wadenmuskelpumpe, das durch verschiedene Krankheitsbilder bedingt sein kann. Bei der primären Varikose führt die durch Gefügedilatation bedingte Klappeninsuffizienz der epifaszialen Venen und der Perforansvenen zu einer Rückflußstörung. Beim postthrombotischen Syndrom stellt sich die Pumpinsuffizienz durch eine Verengung des Venenquerschnittes und durch eine Klappeninkompetenz der rekanalisierten Leitvenen, nachfolgend der Perforansvenen sowie der epifaszialen Venen ein. Ursache der klinischen Veränderungen ist eine hypertoniebedingte kapilläre Schrankenfunktionsstörung mit Ödembildung, Extravasation von Blutbestandteilen, Hämosiderinablagerungen, Fibrosierung, Kapillarthromben, Lymphbahnsklerose und trophischen Hautveränderungen mit Gefahr der Ulkusbildung.

B *Beschwerden und Befunde*

Nach klinischen Gesichtspunkten wird die CVI in **drei Schweregrade** eingeteillt:

Grad I: Ödembildung, Corona phlebectatica
Grad II: Hyperpigmentation und/oder Atrophie blanche, eventuell indurierte Ödeme
Grad III: zusätzlich florides oder abgeheiltes Ulcus cruris.

Frühsymptome sind **Ödeme,** die sich zunächst in der Knöchelregion, später prätibial über den gesamten Fuß und den distalen Unterschenkel ausbreiten, tagsüber auftreten und anfangs nachts wieder verschwinden. Bei warmer Witterung, prämenstruell, bei längerem Stehen und Sitzen nehmen sie zu, beim Gehen und Hochlagern der Extremität ab. Die **Haut ist zyanotisch** verfärbt. Die Corona phlebectatica paraplantaris – kranzförmig vom medialen Rand über den Rücken zum lateralen Fußrand reichende Venektasien – ist ein ebenfalls noch häufig unbemerktes Frühsymptom. Demgegenüber weist eine aufgrund von Hämosiderinablagerung sich einstellende, **fleckförmige Braunverfärbung der Haut** (dermite ocre) auf ein weiter fortgeschrittenes Stadium hin. Bei längerem Bestehen eines eiweißreichen Stauungsödems entwickelt sich eine Dermatosklerose, auf der sich Stauungsekzeme in verschiedenen Erscheinungsformen (trocken, schuppend, hyperkeratotisch, nässend) ausbilden können. Depigmentierte atrophische Hautareale (atrophie blanche) entstehen durch zunehmende Gefäßrarefizierung in der sklerotisch veränderten Haut. Sie stellen einen Locus minoris resistentiae dar, an dem häufig durch ein Bagatelltrauma ausgelöst das Ulcus cruris entstehen kann. Das **venöse Stauungssyndrom** tritt in voller Ausprägung nur an den **unteren Extremitäten** auf und manifestiert sich dort bevorzugt im Bereich des Unterschenkels am medialen Knöchelrand, da hier die für die Pathogenese wesentlichen insuffizienten Perforansvenen (Cockettsche Venen) liegen.

Der Patient gibt ein Gefühl von Müdigkeit, Schwere und Spannung in den Beinen an, das durch Hochlagerung der Extremität gelindert werden kann. Selten wird bei stärkerer Abflußbehinderung im Rahmen eines postthrombotischen Syndroms ein Berstungsschmerz der Wade bei starker Belastung angegeben (Claudicatio venosa). Tritt die venöse Insuffizienz als Folge einer primären Varikosis auf, so berichtet der Patient häufig von prominenten Venektasien der epifaszialen Haupt- und Seitenäste.

Tritt die **CVI im Rahmen eines postthrombotischen Syndroms** auf, so entwickeln sich sichtbare Varizen vor allem im Laufe einer zunehmenden Insuffizienz der Perforansvenen. Die Häufigkeit der postthrombotischen chronisch-venösen Insuffizienzen wird unterschätzt, da eine meist Jahre zurückliegende Leitvenenthrombose entweder dem Patienten nicht mehr erinnerlich ist oder verkannt wurde. Beinschwellungen nach Bettlägrigkeit, Operationen, Wochenbett, Trauma und Gipsbehandlung lassen stattgehabte Thrombosen vermuten und müssen häufig gezielt erfragt werden.

DS *Diagnosesicherung*

Leitsymptom der CVI sind die beschriebenen **Hautveränderungen,** nach denen bei der Inspektion gezielt gesucht werden soll. Hierzu muß der Patient mit entblößten Extremitäten im Stehen untersucht werden. Bei der **Palpation** wird die Konsistenz des Ödems und einer eventuell vorhandenen Dermatosklerose beurteilt.

Die für die Pathogenese der CVI wichtigen **insuffizienten Perforansvenen** lassen sich häufig an den **typischen Prädilektionsstellen** tasten:

- **Cockettsche Venen:** entlang einer Linie senkrecht am Unterschenkel, ein Querfinger hinter dem Innenknöchel
- **Boydsche Vene:** handbreit unter dem Knie
- **Doddsche Vene:** Höhe Adduktorenkanal

Klinische Venenfunktionstests (Trendelenburg-II-Test, Hustentest und Perkussions- oder Undulationstest nach Schwarz) spielen wegen der nicht immer zuverlässigen Ergebnisse und der diagnostischen Möglichkeiten der Doppler-Sonographie nur noch eine untergeordnete Rolle. Unter den apparativen Verfahren kommt der Ultraschalluntersuchung eine überragende Rolle zu. Mit der wenig aufwendigen **cw-Doppler-Sonographie** können Klappeninsuffizienzen der Mündungsregion, im Verlauf der Vena saphena magna und parva, der Perforansvenen sowie der tiefen Leitvenen nachgewiesen werden. Die **Duplex-** und **Farbdoppler-Sonographie** verbessert die diagnostischen Möglichkeiten der Doppler-Sonographie durch exakte topographische Zuordnung von Befunden (Perforansveneninsuffizienz) und die differenziertere Beurteilbarkeit der tiefen Venen (postthrombotische Veränderungen, Leitveneninsuffizienz). Mit der **Lichtreflexionsrheographie** kann durch Messung der Reflexion von Infrarotstrahlen an der Haut eine Aussage über den Füllungszustand des dermalen Venenplexus gemacht werden und unter Betätigung der Muskelpumpe eine CVI erkannt und grob quantifiziert werden.

Als Goldstandard der Venenfunktionsdiagnostik gilt die **Phlebodynamometrie** (blutige Messung des peripheren Venendrucks). Sie findet aber wegen der Invasivität und des Aufwandes nur selten im klinischen Alltag Anwendung. Die **Phlebographie** ermöglicht eine detailgetreue Darstellung der Morphologie des Venensystems. Sie ist das empfindlichste Verfahren zum Nachweis postthrombotischer Veränderungen. Ob ihre bisherige Bedeutung auch für den Nachweis funktioneller Störungen (Klappeninsuffizienzen) in Zukunft durch die Farbdoppler-Sonographie ersetzt werden kann, ist derzeit noch unsicher.

DD *Differentialdiagnose*

Die Beinschwellung im Stadium I einer CVI muß von Flüssigkeitseinlagerung bei **genereller Ödemneigung** (kardial, hepatisch, renal bedingt, Diabetes mellitus [→ Kap. 12], Myxödem, angioneurotisches Ödem, capillary leak syndrome, medikamentös ausgelöst, zyklisch idiopathisch) abgegrenzt werden. Bei einseitigen Schwellungen sind die **akute Beinvenenthrombose,** das **Lymphödem,** das **Lipödem,** der **Morbus Sudeck,** die **Akrodermatitis atrophicans Herxheimer** sowie das **ischämische** und **postischämische Ödem** in Erwägung zu ziehen. Die **Differentialdiagnose des Ulcus cruris** ist vielfältig und umfaßt im wesentlichen **arterielle Ursachen** (AVK, Diabetes mellitus, Thrombangitis obliterans, Vaskulitis, Frostbeulen, AV-Fistel, Dekubitus), **Infektionen** (bakteriell, mykotisch, tropische Infektionen), **neurologische Krankheiten** (diabetische Polyneuropathie [→ Kap. 12.4.3], Rückenmarkserkrankungen) sowie **Traumen** und **maligne Hautveränderungen** (→ Kap. 21). Die von dem Patienten geklagten subjektiven Beschwerden bei CVI müssen gegen Symptome bei AVK, orthopädische (Arthrose, Tendinose, Fußdeformitäten), neurologische (Polyneuropathie, Diskopathie) und rheumatologische Beschwerden abgegrenzt werden.

42

42.4.6 Das Thoracic-outlet-Syndrom

Das Thoracic-outlet-Syndrom ist ein Kompressionssyndrom, das hervorgerufen wird durch intermittierende oder chronische Einklemmung und Druckschädigung des Gefäßnervenstrangs der oberen Extremität im Bereich anatomischer Engpässe des Schultergürtel-Halsbereichs. Anatomische Engen liegen im Bereich der Skalenuslücke, dem kostoklavikulären Spalt sowie im Bereich des Processus coracoideus und dem Ansatz des Musculus pectoralis minor vor (Abb. 42-11). Gelegentlich liegt dem Syndrom eine Fehlbildung (z.B. Halsrippe, fibröses Ligament vom Processus transversus C7 zur 1. Rippe, Insertionsanomalie des Musculus scalenus anterior, Exostosen oder Hypoplasie der 1. Rippe, Klavikulamißbildungen) zugrunde. Nicht selten ist in der Anamnese ein Trauma eruierbar. Der Zeitpunkt der Hauptmanifestation liegt zwischen dem 20. und 50. Lebensjahr. Neben einer anatomisch bedingten Prädisposition sind das Absinken des Schultergürtels und Fehlhaltungen während Arbeit, Sport und Schlaf auslösend für die Entstehung der klinischen Symptomatik.

B *Beschwerden und Befunde*

Meist isoliert, gelegentlich auch kombiniert, treten neurologische, arterielle oder venöse Symptome auf. Klinisch dominiert die **neurologische Symptomatik** (> 90% der Fälle) als Folge einer Irritation kaudaler Anteile der Fasern des Armplexus (C8, Th1). Das Vollbild ist gekennzeichnet durch die Trias Schmerz, Sensibilitätsstörung und Störung der Feinmotorik der Hand. Die Schmerzen werden nicht nur im Ausbreitungsgebiet der irritierten Nerven empfunden, sondern breiten sich auch diffus im Bereich des Arms der Supraklavikular- und Schulterregion aus. Da die geschädigten Nervenfasern im N. ulnaris und N. medianus verlaufen, sind Sensibilitätsstörungen mit Hypästhesien und Parästhesien an der Innenseite des Armes bis einschließlich der Ulnarseite der Hand sowie der Finger IV und V typisch. Es besteht ferner eine Handmuskelschwäche, bedingt durch die Schädigung kleiner Handmuskeln und des Thenars. Die Symptome entwickeln sich in der Regel im Laufe von Monaten bis Jahren. Die klinische Symptomatik verschlechtert sich durch Armarbeit und Provokationsmanöver. Bei der körperlichen Untersuchung fällt eine partielle Atrophie des Daumenballens (M. abductor pollicis) sowie, häufig weniger ausgeprägt, eine Lähmung der vom N. ulnaris versorgten kleinen Handmuskeln und selten eine Atrophie der Beugemuskulatur des Handwurzelgelenks und der Finger auf.

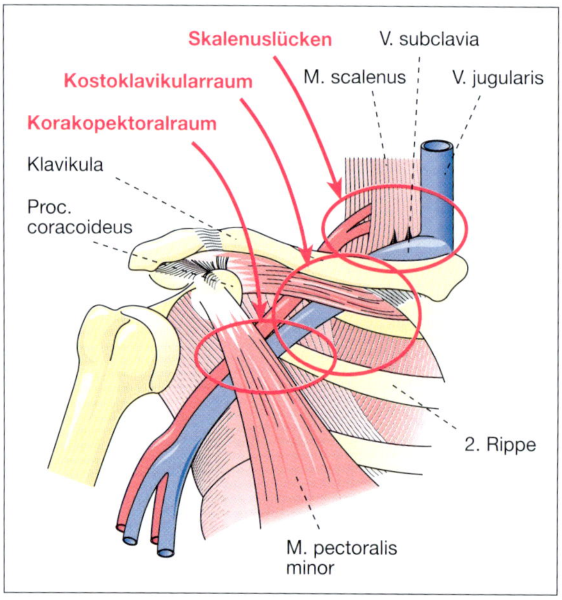

Abb. 42-11 Engstellen im Bereich der oberen Thoraxapertur.

Die durch Kompression bedingte **arterielle Symptomatik** ist Folge einer durch chronische Traumata bedingten Gefäßintimaschädigung mit frühzeitiger Arteriosklerose, Stenosebildung und aneurysmatisch-poststenotischer Dilatation. Erstmanifestation ist häufig eine durch Mikroembolien bedingte Durchblutungsstörung der Finger, die sich als akute Ischämie, als sekundäres Raynaud-Syndrom oder als Hautinfarkt manifestieren kann. Größere Embolien können ein Ischämiesyndrom der Hand oder des Unterarmes provozieren. Bei hämodynamisch wirksamer Stenose wird über eine rasche Ermüdbarkeit des Armes und Schmerzen bei manueller Tätigkeit geklagt. Seltener ist ein thrombotisch bedingter Verschluß der Arteria subclavia.

Bei einer **Kompression der Venen** klagt der Patient über diffuse Armschmerzen, einhergehend mit einem Gefühl von Schwellung, Stauung, Spannung und Schwere. Bei der Untersuchung findet sich eine Konsistenzvermehrung des Armes, eventuell eine livide Verfärbung und ein angedeuteter Kollateralkreislauf in der Schulterregion. Die Maximalvariante ist die meist im Anschluß an eine ungewohnte körperliche Tätigkeit in Provokationsstellung (z.B. Streichen einer Decke, Tennisspielen), bei vorbestehender chronischer Gefäßwandschädigung sich entwickelnde Thrombose der Vena subclavia (Paget-von-Schroetter-Syndrom). Diese ist gekennzeichnet durch akut auftretende Schmerzen, Schwellung und livide Verfärbung.

DS *Diagnosesicherung*

Bei der körperlichen Untersuchung fällt eine Halsrippe oder Fehlbildung der 1. Rippe durch eine verstrichene Supraklavikulargrube und starke Pulsation der angehobenen Arteria subclavia auf. Schmerzsensationen im Arm bei Perkussion des Plexus brachialis weisen auf eine nervale Irritation, Seitendifferenz bei der Blutdruckmessung sowie ein Strömungsgeräusch der Arteria subclavia auf eine arterielle Störung hin. Zur Provokation der klinischen Symptomatik werden verschiedene Manöver empfohlen, deren Aussage jedoch beschränkt ist. Am zuverlässigsten lassen sich nervale und vaskuläre Symptome durch Abduktion der außenrotierten Arme um 90 Grad bei Durchführung kraftvoller Faustschlußübungen über 3 Minuten (AER-Test) provozieren. Als apparative Untersuchung sollte in jedem Fall eine **Röntgenaufnahme** des Skeletts zur Aufdeckung einer Halsrippe oder knöchernen Anomalie erfolgen.

Die sichere Einordnung neurologischer Schäden bedarf einer subtilen neurophysiologischen Untersuchung mit **Elektromyographie** der Handmuskeln, Ableitung **sensorischer Aktionspotentiale** des Nervus ulnaris und Messung der **Nervenleitgeschwindigkeit** des Nervus ulnaris und Nervus medianus. Bei Verdacht auf arterielle Schäden kann ein Verschluß oder eine Stenose durch **Doppler-Sonographie** geortet und pathologische Veränderungen im Bereich der Arteria subclavia (Aneurysma, Stenose, Verschluß) durch **Duplexsonographie** eventuell nachgewiesen werden. Mit der **Oszillographie** kann der Kompressionseffekt unter Provokationsstellung dokumentiert werden. Bei pathologischem Ultraschall- bzw. Oszillographiebefund oder dringendem klinischem Verdacht ist als klärendes Verfahren eine **Angiographie** mit Darstellung der Finger-, Hand- und Armarterien sowie des Kompressionsbereichs mit Provokationsmanöver indiziert. Eine venöse Abflußstörung kann durch **Phlebographie** in Provokationsstellung, eventuell kombiniert mit einer Venendruckmessung, dokumentiert werden. Die Diagnose einer Thrombose ist mit ausreichender Sicherheit meist mit der **Duplexsonographie** möglich, so daß eine Phlebographie nur in seltenen Fällen notwendig ist.

DD *Differentialdiagnose*

Differentialdiagnostisch muß die neurologische Symptomatik des Thoracic-outlet-Syndroms gegenüber peripheren Engpaßsyndromen wie **Karpaltunnelsyndrom, Kompression des Nervus ulnaris** im Kubitaltunnel oder in der Guyonschen Loge durch Differenzierung des neurologischen Schädigungsmusters abgegrenzt werden. Weiterhin sind **Wurzelkompressionen bei zervikaler Osteochondrose** oder **Spondylose** sowie untere **zervikale Bandscheibenvorfälle** zu berücksichtigen. Seltener führen **Tumoren im Bereich der Halswirbelsäule**, **Syringomyelie** und eine **Plexusneuritis** zu differentialdiagnostischen Problemen. Bei Armembolien muß differentialdiagnostisch an eine kardiale Emboliequelle gedacht werden. Stenosen der Arteria subclavia können auch Folge eines Aortenbogensyndroms (Takayasu-Syndrom) oder einer allgemeinen Arteriosklerose sein. Das vieldeutige Bild eines Raynaud-Syndroms bedarf einer differenzierten Abklärung. Eine Armvenenthrombose kann im Rahmen einer Hyperkoagulabilität, als Folge eines Venenkatheters, durch lokales Tumorwachstum oder selten idiopathisch entstehen.

Gegen die Beschwerden eines Thoracic-outlet-Syndroms müssen der Pancoast-Tumor, Tumoren der Axillar-/Supraklavikularregion, die Periarthropathia

42

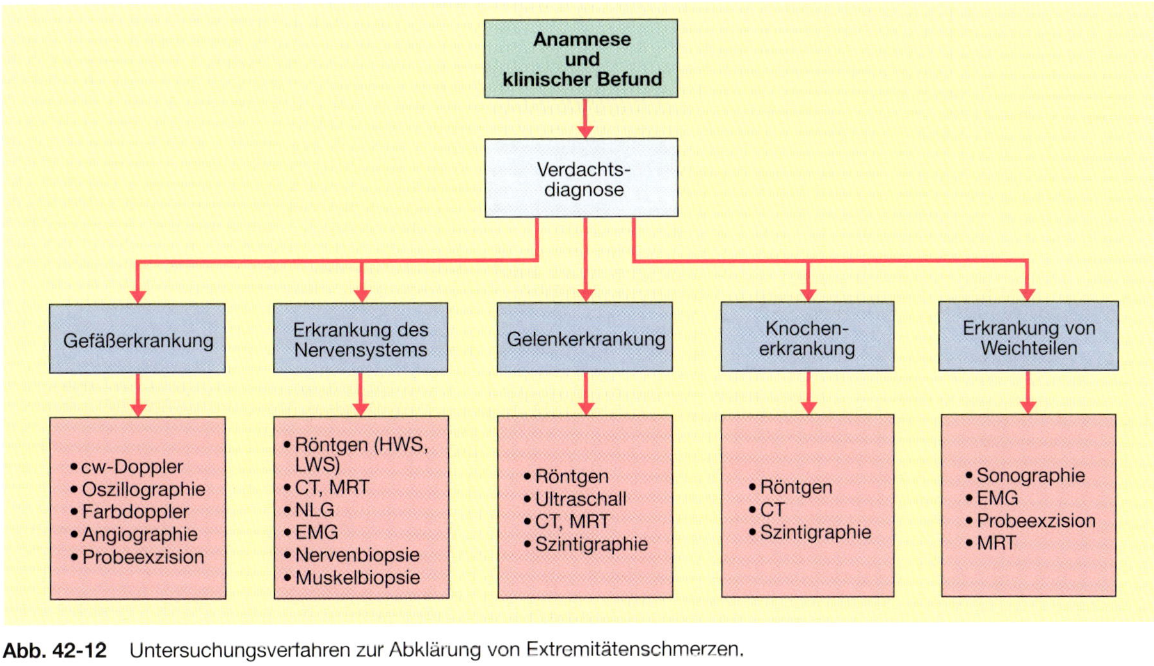

Abb. 42-12 Untersuchungsverfahren zur Abklärung von Extremitätenschmerzen.

humeroscapularis, die neuralgische Schultermyatrophie, der Morbus Sudeck, Beschwerden bei Polymyalgia rheumatica, Sklerodermie und koronarer Herzkrankheit abgegrenzt werden.

42.5 Zusammenfassung

Durch die Analyse der anamnestischen Angaben und klinischer Befunde gelingt es meistens, Extremitätenschmerzen einer definierten anatomischen Struktur zuzuordnen. Apparative Verfahren sollten dann zielgerichtet zum Nachweis und zur genauen Spezifizierung der Diagnose eingesetzt werden (Abb. 42-12). Bei der Gefäßdiagnostik spielen Ultraschallverfahren eine überragende Rolle. Die Angiographie kommt bei unklaren Fällen oder vor therapeutischen Eingriffen zum Einsatz. Selten ist eine Probeexzision bei Verdacht auf eine Vaskulitis indiziert. Gelenkschmerzen bedürfen je nach klinischer Symptomatik einer weiteren Abklärung durch Röntgen, Ultraschall, selten CT, MRT und Szintigraphie. Bei knochenbedingten Beschwerden sind die Röntgenuntersuchung, das Szintigramm und gelegentlich das CT diagnostisch hilfreich. Bei Verdacht auf eine neurologische Symptomatik dienen Röntgen, CT und MRT zur Abklärung von Kompressionszuständen (Knochen, Bandscheiben). EMG, Nervenleitgeschwindigkeit, Nerven- und Muskelbiopsie geben Auskunft über den Funktionszustand und morphologische Schäden. Weichteilschmerzen sind häufig bereits durch den körperlichen Untersuchungsbefund ausreichend ätiologisch einzuordnen. Bei lokalen Prozessen (Phlegmone, Hämatom, Pseudothrombophlebitis-Syndrom) hilft der Ultraschall, in ausgewählten Fällen die MRT weiter. Bei Verdacht auf Myositis ist eine Probeexzision indiziert.

43 Schmerzen der Gelenke

A. ENGERT, H. BOHLEN, H. TESCH und E. BENENSON

Gelenkschmerzen treten bei einer großen Zahl von verschiedenen Erkrankungen auf. Es muß unterschieden werden zwischen primären Gelenkerkrankungen, rheumatischen Erkrankungen mit Befall viszeraler Organe im Rahmen von Kollagenosen und dem Weichteilrheumatismus. Wichtig ist der Ausschluß extraartikulärer Ursachen, die nicht nur im Rahmen von entzündlichen Erkrankungen, sondern auch im Rahmen von vaskulären, metabolischen, infektiösen, paraneoplastischen, neurologischen und psychosomatischen Erkrankungen auftreten können. Das Ziel dieses Kapitels ist es, trotz der Breite der differentialdiagnostischen Möglichkeiten die wichtigsten Symptome der betreffenden Erkrankungen herauszustellen. Eine Systematik der Gelenkerkrankungen ist in Tabelle 43-1 zu finden. Die **Wirbelsäulenerkrankungen** sind im Kapitel 48 beschrieben.

43

Tab. 43-1 Systematik der Gelenkerkrankungen

Entzündliche Gelenkerkrankungen (Arthritiden)	**Degenerative Gelenkerkrankungen (Arthrosen)**	**Neuropathische Gelenkerkrankungen (Arthropathien)**	**Weichteilgewebeverletzungen**
Rheumatoide Arthritis (RA) klassischer Typ mit Vaskulitiden (systemisch) juvenile RA Felty-Syndrom Still-Syndrom Kaplan-Syndrom **Rheumatisches Fieber** **infektiöse Arthritiden** Sepsis Virusinfekte Gonorrhö Tbc Mykosen Lues **mit Spondylarthritiden (HLA-B27⁺), → Kap. 48** Spondylitis ankylosans (M. Bechterew) Arthritis psoriatica Reaktive Arthritis Lyme-Arthritis Reiter-Syndrom **Arthritis bei Enteropathien** Colitis ulcerosa Morbus Crohn M. Whipple **Mikrokristall-Arthritis** Gicht Chondrokalzinose (Pseudogicht) **sekundäre Arthritiden** Sarkoidose Hämophilie hämatologische Erkrankungen onkologische Erkrankungen Amyloidose	**Arthrosis deformans** **Osteoarthrosis** **Heberden-Arthrose** **Bouchard-Arthrose** **Rhizarthrose** **Koxarthrose** **Gonarthrose** **Beteiligung der Wirbelsäule (→ Kap. 48)** Osteochondrose Spondylose Spondylarthrose Diskusprolaps bei HWS: Zervikal-Syndrom **sekundäre Arthrosen** Traumen bei Fehlbelastung Knochennekrose (subchondral) M. Perthes M. Scheuermann **endokrine Erkrankungen (→ Tab. 43-7)**	Osteochondrosis Tabes dorsalis Syringomyelie Diabetes mellitus neurogene Polyarthrose (M. Charcot)	Zellulitis (Pannikulitis) Tendovaginitis Tendomyopathie Fibromyositis (→ Kap. 47) Fibrositis Fasziitis Bursitis Periarthropathie Polymyalgia rheumatica (→ Kap. 35)

43.1 Definition und Abgrenzung

Bei Gelenkbeschwerden muß differentialdiagnostisch zwischen Arthralgien, Arthritiden, Arthrosen und Arthropathien unterschieden werden. Als **Arthralgie** werden Gelenkschmerzen bezeichnet, bei denen häufig ein pathomorphologisches Substrat nicht objektivierbar ist und äußere Entzündungszeichen fehlen. Gelenkschmerzen, die konstant ausschließlich bewegungsabhängig vorhanden sind, müssen meist den Arthritiden zugerechnet werden. Als Ursachen kommen oft Infektionen, metabolische Störungen oder Autoimmunerkrankungen in Betracht. Bei der **Arthritis** liegt eine Entzündung der Gelenkinnenhaut (Synovialitis) vor, die durch Pannusbildung Knorpel und Knochen zerstören kann. Wichtig ist die Unterscheidung zwischen einer **Monarthritis,** bei der nur ein Gelenk betroffen ist, einer **Oligoarthritis** (bis zu 3 Gelenke betroffen) und der **Polyarthritis,** bei der mehr als 3 Gelenke betroffen sind.

Es muß auch differenziert werden zwischen verschiedenen Befallsmustern, so z.B. große oder kleine Gelenke, symmetrischer oder asymmetrischer Befall, erosive oder nichterosive Läsionen, chronisch progredienter oder schubweiser Verlauf. Geachtet werden muß auf eine genetische Prädisposition (z.B. HLA-B27) und auf klinische oder immunologische Begleitsymptome (Tab. 43-2 und → Abb. 43-2).

Als **Arthrose** bezeichnet man eine überwiegend degenerativ bedingte Gelenkerkrankung, bei der die Knorpeldegeneration zu einer chronisch schmerzhaften Funktionseinschränkung führt. Entzündungszeichen fehlen zunächst, können aber im weiteren Krankheitsverlauf auftreten (reaktive Synovitis).

Die **Arthropathie** ist eine nichtentzündliche Gelenkerkrankung, die meist im Rahmen von neurologischen Allgemeinerkrankungen auftritt. Unterschieden werden Arthropathia deformans, Arthropathia neuropathica, Arthropathia ovaripriva und Arthropathia tabica.

43.2 Ursachen

Im Abschnitt 43.1 sind bei der Definition der verschiedenen Gelenkerkrankungen schon jeweils mögliche Ursachen genannt. Die Ursachen von Gelenkschmerzen können sowohl von einer Erkrankung des Gelenkes ausgehen als auch extraartikulär bedingt sein. Diese extraartikulären Ursachen können sowohl im Rahmen von entzündlichen als auch von vaskulären, metabolischen, infektiösen, paraneoplastischen, neurologischen und psychosomatischen Erkrankungen auftreten.

43.3 Diagnostik

Folgende Aspekte müssen bei der **Untersuchung** eines Patienten mit Gelenkbeschwerden berücksichtigt werden:

- Welche Strukturen des Bewegungsapparates sind erkrankt (Gelenke, Weichteilgewebe, Gefäße)?
- Liegen entzündliche oder degenerative Veränderungen der Gelenke vor? Treten die Beschwerden im Rahmen von neurologischen Erkrankungen oder Weichteilgewebserkrankungen auf?

Tab. 43-2 Bedeutung und Häufigkeit verschiedener Autoantikörper bei rheumatologischen Systemerkrankungen (Angaben in %; ANF = antinukleärer Faktor, ss-DNS = einsträngige DNS, ds-DNS = Doppelstrang-DNS, ss-A = einsträngiges Antigen A, ss-B = einsträngiges Antigen B, SM = „smooth muscle", RNP = Ribonukleoprotein, RANA = rheumatoid arthritis associated nuclear antigen, RF = Rheumafaktor)

	ANF	ss-DNS	ds-DNS	Histone	ss-A	ss-B	SM	n-RNP	Zentromer	Nukleolär	RANA	Scl-70	RF
Rheumatoide Arthritis	40	15	–	20	10	–	–	–	–	–	90	–	70–80
SLE	95	90	50	50	35	15	25	40	–	–	–	–	10–15
Medikamenten-assoziierter Lupus	95	60	–	80	–	–	–	–	–	–	–	–	–
Systemische Sklerodermie	95	–	–	–	30	–	–	–	50	40	–	25	15
Polymyositis	85	–	–	–	15	–	+	–	–	–	–	–	30
Sharp-Syndrom	100	++	–	–	45	–	–	100	–	–	–	–	20

- Liegen gleichzeitig Infektionen, Traumen oder andere Erkrankungen vor?
- Gibt es systemische oder viszerale Begleiterscheinungen?

43.3.1 Anamnese

Aufgrund der Vielfalt der möglichen Krankheitsbilder bei Gelenkbeschwerden kommt der sorgfältigen Anamneseerhebung besondere Bedeutung zu. Geachtet werden soll auf **Lokalisation der Beschwerden, Begleitumstände, Zeitpunkt, Zeitdauer** und **Schmerzcharakter.**

Allgemeine Anamnese

Hier ist nach Infektionserkrankungen, angeborenen oder erworbenen Immundefekten, Stoffwechselerkrankungen, Hauterkrankungen, Operationen, Unfällen, Drogenabusus oder psychischen Erkrankungen zu fragen.

Medikamentenanamnese

Einige Medikamente können bei chronischer Einnahme Gelenkbeschwerden verursachen. Hierzu zählen Antihypertensiva, Antikoagulanzien, Antidiabetika, Antirheumatika, Analgetika und Antikonzeptiva.

Soziale Anamnese

Die soziale Anamnese mit Fragen nach Beruf, Arbeitsplatz, familiären und finanziellen Verhältnissen soll einen Eindruck für die Bedeutung der Erkrankung im sozialen Umfeld des Patienten vermitteln. Oft führen rheumatische Erkrankungen aufgrund der chronischen Behinderung zu erheblichen sozialen Problemen.

Familienanamnese

Aufgrund der genetischen Prädisposition vieler rheumatischer Erkrankungen ist eine gezielte Familienanamnese sehr wichtig. Es muß geachtet werden auf familiäre Häufungen von rheumatischen Erkrankungen, Haut- und Stoffwechselerkrankungen.

Spezielle Anamnese

Folgende anamnestische Angaben müssen abgeklärt werden:

- **Wo sind die Schmerzen lokalisiert?**
  Wichtig ist die Unterscheidung zwischen **artikulären** und **periartikulären Beschwerden.** Auch primär vertebragene Erkrankungen (→ Kap. 48) können sich in Gelenkbeschwerden manifestieren. Eine diffuse generalisierte Schmerzsymptomatik kann ein Hinweis auf generalisierte, primär extraartikuläre Krankheitsbilder wie das **Fibromyalgie-Syndrom** (→ Kap. 47) oder einen **Hyperparathyreoidismus** (→ Kap. 12) sein.
- **Unter welchen Umständen treten die Schmerzen auf?**
  Bei den meisten degenerativen oder entzündlichen Gelenkerkrankungen werden die Schmerzen durch Belastung verstärkt. Ein Start- oder Anlaufschmerz weist auf eine Arthrose hin. Bei der rheumatoiden Arthritis besteht typischerweise eine Morgensteifigkeit von mehr als einer Stunde in den betroffenen Gelenken und eine Witterungsabhängigkeit. Bei Fortschreiten der Erkrankung kommt es zu Ruheschmerzen, die sich durch Bewegung bessern.
- **Über welchen Zeitraum haben sich die Schmerzen entwickelt?**
  Akut einsetzende Gelenkschmerzen sprechen für eine entzündliche Genese oder eine Gelenkblockade (Gelenkmaus). Typisch sind die bereits nachts einsetzenden dumpfen, tiefsitzenden Rückenschmerzen bei der Spondylitis ankylosans.
- **Beschränken sich die Schmerzen auf ein Gelenk oder sind mehrere Gelenke betroffen?**
  Diese Angaben erlauben eine zumindest vorläufige Einteilung in Mono-, Oligo- oder Polyarthritis. **Mono- oder Oligoarthritiden** finden sich bei: Traumen, Infektionen, Hyperurikämie, reaktiven Arthritiden, Osteoarthrose (reaktive Synovitis) und seronegativen Spondylarthritiden, können aber auch als Erstmanifestation einer Arthritis beobachtet werden. **Polyarthritiden** treten auf bei rheumatoider Arthritis (RA), Psoriasisarthritis oder Lupusarthritis.
- **Bestehen Hinweise für eine akute Entzündung?**
  In diesem Fall ist das betroffene Gelenk überwärmt, gerötet und geschwollen. Bereits leichte Berührungen verursachen stärkste Schmerzen. Bei jeder akuten Monoarthritis muß als erstes eine infektiöse Genese, eine Arthritis urica und ein rheumatisches Fieber ausgeschlossen werden.
- **Wie ist das Verteilungsmuster der Gelenkschmerzen?**
  Hier unterscheidet man ein symmetrisches (z.B. RA) und ein asymmetrisches Verteilungsmuster (z.B. reaktive Arthritiden). Beim rheumatischen Fieber wird ein Springen der Beschwerden von Gelenk zu Gelenk beobachtet. Bei der Osteoarthrose (OA) tritt eine symmetrische Beteiligung der großen Gelenke mit der höchsten mechanischen Beanspruchung auf (Knie, Hüfte). Im Gegensatz zur rheumatoiden Arthritis nehmen die Schmerzen bei der Osteoarthrose im Tagesverlauf zu. Ein „Befall im Strahl" findet sich häufig bei der Psoriasisarthritis. Bei der „klassischen" rheumatoiden Arthritis sind zunächst oft die kleinen Fingergrundgelenke betroffen, die Beschwerden schreiten später symmetrisch zentripetal fort. Bei der Hyperurikämie tritt der erste akute Gichtanfall meist im Großzehen- oder Daumengrundgelenk auf.

- **Bestehen Allgemeinbeschwerden wie Fieber, Gewichtsverlust oder eine Lymphadenopathie?**
  Bei vielen malignen Erkrankungen treten Gelenkbeschwerden als Ausdruck paraneoplastischer Syndrome auf. In Frage kommen vor allem das Plasmozytom, Osteosarkom oder Lymphom. Auch Metastasen eines soliden Tumors können sich durch Gelenkschmerzen äußern. Am häufigsten sind hier das Bronchialkarzinom, Mammakarzinom, Prostatakarzinom und das Schilddrüsenkarzinom. Auch bei HIV-Infektionen kann es zu Gelenkbeschwerden kommen.
- **Gibt es Haut- oder Nagelveränderungen?**
  Die Psoriasisarthritis kann dem Auftreten der charakteristischen psorialgiformen Hautveränderungen über Monate vorausgehen. Das Erythema nodosum ist gekennzeichnet durch umschriebene schmerzhafte Knoten, die meist prätibial lokalisiert sind. Dieses Symptom ist assoziiert mit verschiedenen Infektionserkrankungen, allergischen Reaktionen, Arzneimittelnebenwirkungen, Sarkoidose, Morbus Behçet oder entzündlichen Darmerkrankungen.
- **Gibt es Hinweise für eine vorausgegangene oder bestehende Infektionserkrankung?**
  Zahlreiche Infektionserkrankungen können zu reaktiven Gelenkbeschwerden führen. Geachtet werden muß besonders auf vorangegangene nasopharyngeale Streptokokkeninfektionen (rheumatisches Fieber), Durchfallerkrankungen, Harnwegsinfektionen (M. Reiter) und venerologische Erkrankungen (reaktive Arthritiden) sowie Zeckenbisse (Lyme-Arthritis).

43.3.2 Körperliche Untersuchung

Allgemeine Untersuchung

Eine gründliche internistische Untersuchung bildet die Grundlage bei der Abklärung von Gelenkbeschwerden. Auf **folgende Veränderungen** muß besonders geachtet werden: Bei der **Inspektion der Haut** können **psoriatische Effloreszenzen** im Bereich von Kopfhaut, Ellenbogen- und Kniegelenken oder **Querrillen der Nägel** und **Tüpfelnägel** auffallen. Lokalisierte oder diffuse **Hautverdickungen** können auf eine Sklerodermie oder eine diffuse Fasziitis hinweisen. Schmerzhafte, knotige Verdickungen der Haut mit rötlicher Verfärbung besonders an den Streckseiten der Unterschenkel sind typisch für das Erythema nodosum. **Rheumaknoten** finden sich häufig an der Streckseite der Ellenbogengelenke im subkutanen Gewebe oder an den Unterschenkeln. **Gichtknoten** treten vor allem im Bereich der Ellenbogengelenke und der Ohrmuschel auf. **Heberden-** oder **Bouchard-Knoten** (→ Abb. 43-16) sind derbe Verdickungen der Fingerend- bzw. Mittelgelenke, die sich häufig bei Arthrosen finden. **Eine Raynaud-Symptomatik** (Abb. 43-1) kann

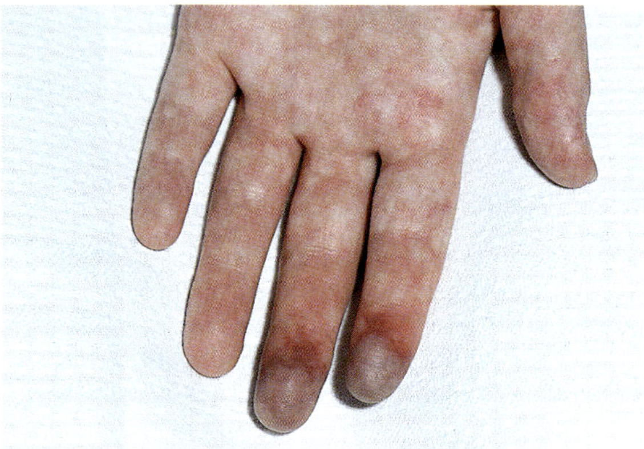

Abb. 43-1 Raynaud-Syndrom bei SLE.

Ausdruck einer generalisierten Autoimmunerkrankung sein (Sklerodermie, SLE, Arthritis). Hier geben **Rattenbißnekrosen** an den Fingerkuppen oder das klassische **Schmetterlingserythem** weitere Hinweise. **Schleimhautulzerationen, orale** und **genitale Aphthen** und ein Hypopyon können auf einen Morbus Behçet hinweisen. **Trockene Schleimhäute** (Sicca-Syndrom) treten beim Sjögren-Syndrom auf.

Augenveränderungen (Konjunktivitis, Skleritis, Episkleritis, Iritis, Iridoskleritis) werden häufig in Assoziation mit rheumatischen Erkrankungen, reaktiven Arthritiden und dem Morbus Bechterew beobachtet (→ Kap. 5 und 55).

Bei der gründlichen **klinischen Untersuchung** soll auf eine Beteiligung von Herz, Lunge, Leber, Milz, Nieren und Lymphknoten geachtet werden. Wichtig ist bei Vaskulitiden eine gründliche Erhebung des Gefäßstatus sowie die ausführliche neurologische Untersuchung (Abb. 43-2).

Untersuchung der Gelenke

Bei der **Inspektion** ist auf Schwellung des periartikulären Gewebes und des umgebenden Weichteilgewebes, sowie auf Hautrötungen, Muskelatrophien, Knoten, Knochendeformitäten, Subluxationen und Deviationen zu achten. Bei der rheumatoiden Arthritis sind meist die Hand-, Fingergrund- und -mittelgelenke symmetrisch befallen und zeigen Entzündungszeichen. Muskelatrophien und Deviationen werden beobachtet. Bei der Psoriasisarthritis ist meistens ein Befall „im Strahl" zu beobachten, d.h. Grund-, Mittel- und Endgelenk eines Fingers sind betroffen.

Bei der **Palpation** muß auf Druckschmerz, Überwärmung, Schwellung oder Ergußbildung geachtet werden. Eine Ergußbildung am Kniegelenk zeigt sich typischerweise bei der bimanuellen Untersuchung als „tanzende Patella". Wichtig ist die Lokali-

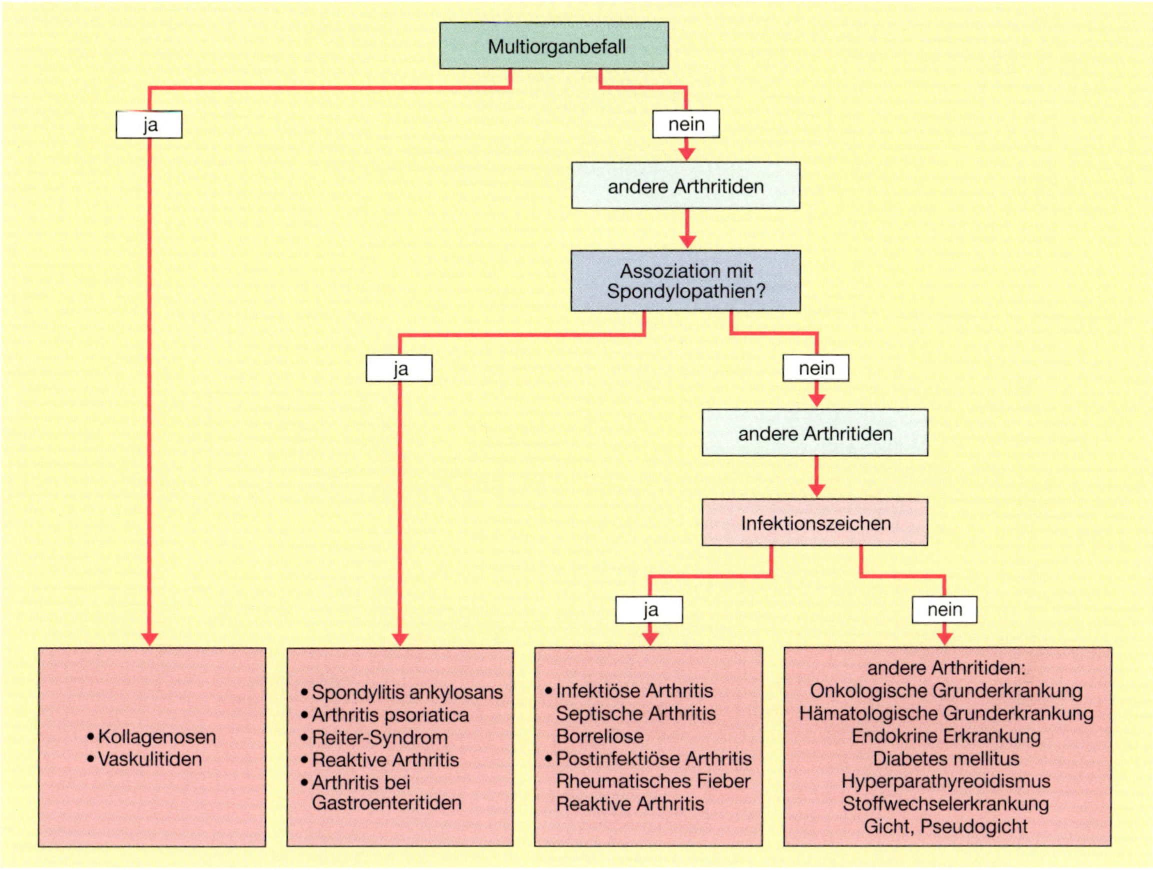

Abb. 43-2 Differentialdiagnostische Überlegungen zur klinischen Untersuchung bei Gelenkschmerzen.

sation der Schmerzen (Kapselansatz, Sehnenansatz oder Periost). Reibegeräusche weisen auf eine Arthrose hin.

Eine **schmerzhafte Bewegungseinschränkung** ist ein Hinweis für einen aktiven Entzündungsprozeß. **Schmerzarme Einschränkungen** der passiven Beweglichkeit entwickeln sich infolge fibröser Verwachsungen (Kontrakturen) oder knöcherner Verwachsungen (Ankylosen). Diese Veränderungen sind typisch für die fortgeschrittene rheumatoide Arthritis, jedoch nicht für Arthrosen. Sie werden bei anderen Arthritiden nur sehr selten beobachtet. In Abbildung 43-3 ist das diagnostische Vorgehen der Gelenkuntersuchung schematisch dargestellt.

Bei Erkrankungen der Wirbelsäule achtet man inspektorisch auf einen Ausgleich der Lordose, eine Verstärkung der BWS-Kyphose und Überdehnung der Lumbalmuskulatur („Bügelbrettrücken"). Palpatorisch deuten Druckschmerzen auf die Entzündungsaktivität und Ausdehnung der Erkrankung hin. Die funktionellen Untersuchungen der Wirbelsäule haben zum Ziel, Schmerzpunkte und Bewegungseinschränkungen genau zu erfassen.

Veränderungen der Hand

M. Classen

Zahlreiche Störungen oder Erkrankungen können durch Betrachten und Befühlen der Hand diagnostiziert werden. Akromegalie (→ Kap. 44.4.4) führt zu einer Vergrößerung und Verplumpung von Hand und Fingern, während das Marfan-Syndrom durch eine zarte, feingliedrige Hand charakterisiert ist. Ungleiches Wachstum von Fingern und Zehen kennzeichnet die Skelettdeformität bei der Sichelzellanämie und bei Pseudohypoparathyreoidismus (→ Kap. 34).

Auch die **Hauttemperatur** ist von diagnostischer Bedeutung. Feucht-kalte Hände hat der Patient mit vegetativer Dysregulation. Kalte Hände zeichnen auch den Patienten mit Hypotonie und Herzinsuffizienz aus (→ Kap. 3). Kalt und zyanotisch ist die Hand des Patienten mit schwerer Herzinsuffizienz, kalt und blaß bei arterieller Verschlußkrankheit (→ Kap. 42). Hyperthyreose (→ Kap. 23.4.4) und arterielle Hypertonie (→ Kap. 26) steigern die Temperatur, während die Hand des Patienten mit Myxödem (→ Kap. 1) kalt und trocken ist.

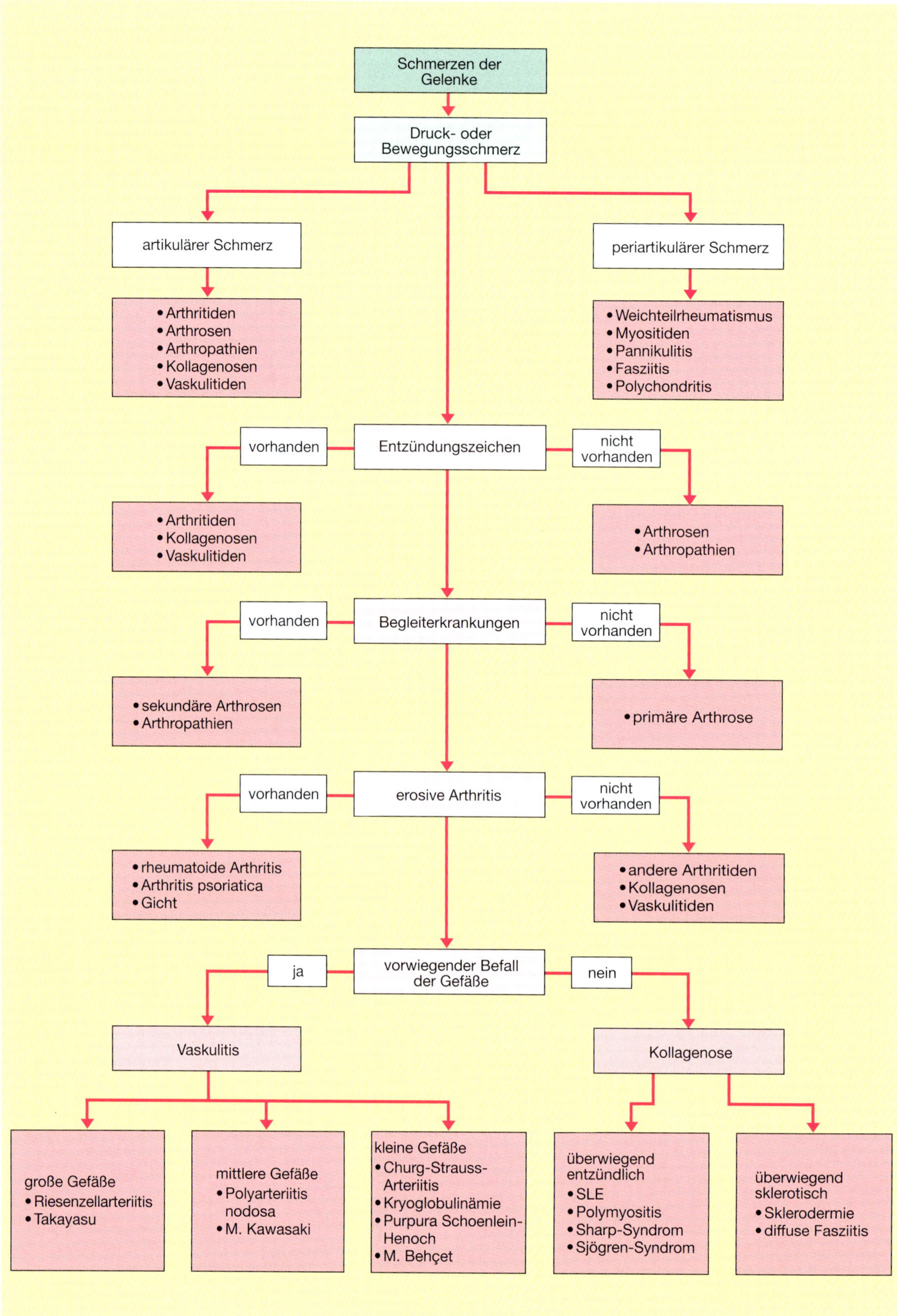

Abb. 43-3 Differentialdiagnostisches Vorgehen bei der Untersuchung des Gelenkes.

Eine derbe **Induration** kennzeichnet die Haut des Patienten mit systemischer Sklerose (Sklerodermie). Die Konturen der Hand sind abgerundet. Die Haut wirkt gespannt, Verkalkungen sind möglich (Thibierge-Weissenbach-Syndrom). Durchblutungsstörungen der Akren sind für das Rattenbißzeichen (bei generalisierten Autoimmunerkrankungen, z.B. SLE) verantwortlich.

Deformierungen der Hand kennzeichnen die Gelenkerkrankungen. Proximale Interphalangealgelenke und Metakarpophalangealgelenke sind im akuten Schub der rheumatoiden Arthritis geschwollen und schmerzhaft. Später treten die irreversiblen Veränderungen durch Subluxation, Ulnardeviation und Ankylosierung auf, die als Knopfloch- und Schwanenhalsdeformitäten imponieren (→ Abb. 43-6). Heberden-Knötchen (→ Abb. 43-16) und Arthritis bei Psoriasis befallen die distalen Interphalangealgelenke.

Trommelschlegelfinger und **Uhrglasnägel** treten idiopathisch, bei Herz- und Lungenkrankheiten, bei der Leberzirrhose, gelegentlich auch bei Morbus Crohn und Hyperthyreose auf.

Farbänderungen: Die Ursachen einer **Vitiligo** sind zumeist nicht zu eruieren, sie kann vererbt werden, als paraneoplastisches Syndrom auftreten, aber auch im Gefolge von Ekzemen und Psoriasis. Keineswegs selten ist ihr Auftreten im Rahmen von endokrinen Erkrankungen (M. Addison, Hyperthyreose, Diabetes mellitus) oder bei perniziöser Anämie (→ Kap. 8).

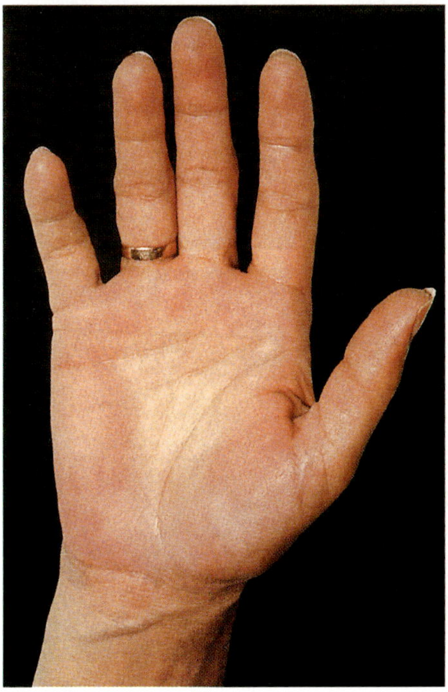

Abb. 43-4 Palmarerythem.

Das **Palmarerythem** (Abb. 43-4) ist ein Symptom der Leberzirrhose, selten bei Hyperthyreose oder Malignomen. Eine bräunliche Pigmentierung der gesamten Hand oder der Linien der Handinnenflächen findet man bei der Hämochromatose, dem M. Addison (→ Kap. 18) sowie dem seltenen Peutz-Jeghers-Syndrom.

Zittern (→ Kap. 61) der Hand ist typisch für die Hyperthyreose, den chronischen Alkoholismus, das Senium und den M. Parkinson. Der Intentionstremor kann ein frühes Symptom der Multiplen Sklerose sein.

Bei der **progressiven Schwäche der ersten Finger** ist an das Karpaltunnel-Syndrom (→ Abb. 30-9), bei **Lähmung** der Hand an neurologische Erkrankungen zu denken.

Die genaue Betrachtung der **Fingernägel** ist von diagnostischer Bedeutung. Querfurchen entstehen nach schweren Infektionskrankheiten und Vergiftungen, weiße Querbänder (Mees-Linien) sind ebenfalls nach Intoxikationen und zytostatischer Therapie zu sehen. Sogenannte Weiß-Nägel kommen nicht nur bei der Leberzirrhose, sondern auch bei der chronischen Niereninsuffizienz vor. Bei M. Wilson, der Hämochromatose und der Ochronose können die Lunula bläulich verfärbt sein. Eine gelbliche Verfärbung aller Nägel (Yellow-Nail-Syndrom) kommt bei chronischer Bronchitis, Bronchiektasen und Pleuraergüssen vor.

Zahlreiche nadelstichartige Grübchen in der Nageloberfläche sowie Onycholyse sind wichtige Zeichen der Psoriasis vulgaris.

43.3.3 Laboruntersuchungen

Im Gegensatz zu degenerativen Erkrankungen und Weichteilrheumatismus sind bei entzündlichen Gelenk- und Wirbelsäulenerkrankungen, Kollagenosen und Vaskulitiden unspezifische Entzündungsparameter (BSG, CRP, γ-Globuline, Kupfer-/Eisen-Quotient, Akute-Phase-Proteine) zur Aktivitätseinschätzung gut geeignet. In der immunologischen Diagnostik kann das spezifische zelluläre Immunsystem (T-Zellen, NK-Zellen) und das unspezifische zelluläre Immunsystem (Granulozyten, Monozyten) durch funktionelle Tests beurteilt werden. Die Phänotypisierung in der Durchflußzytometrie (FACS) erlaubt eine Unterscheidung verschiedener mononukleärer Zellen sowie eine Beurteilung des Aktivierungszustandes. Der Nachweis von Autoantikörpern (z.B. ANF, ANA, ENA, ACLA, ANCA, AMA, ssDNS, dsDNS) zur Differenzierung von Kollagenosen und anderen Autoimmunerkrankungen hat sich im klinischen Alltag bewährt (→ Tab. 43-2).

Zur Bestimmung der genetischen Prädisposition ist bei vielen Erkrankungen eine HLA-Typisierung erforderlich (Tab. 43-3).

Tab. 43-3 Genetische Prädisposition bei rheumatischen Erkrankungen (nach: Tiwari, I. L, Terasaki, I.: HLA and disease association. Springer, Berlin-Heidelberg-New York 1985)

Erkrankung	HLA-Antigen	Relatives Krankheitsrisiko
M. Bechterew	B-27	69
M. Reiter	B-27	37
Rheumatoide Arthritis	DR-4	5,4
Juvenile RA	B-27	3,9
Sjögren-Syndrom	B-8	3,3
SLE	DR-3	2,6

Rheumafaktoren

Rheumafaktoren (RF) sind polyklonale Antikörper, die gegen den Fc-Teil körpereigener IgG- oder IgM-Immunglobuline gerichtet sind. Rheumafaktoren sind bei 75–85% der Patienten mit rheumatoider Arthritis vorhanden („seropositive" RA). Sie sind ebenfalls beim Sjögren-Syndrom und den Kollage-nosen nachweisbar. Bei der rheumatoiden Arthritis werden die höchsten Titer gemessen. Rheumafaktoren sind auch bei 5% der Normalbevölkerung vorhanden.

Bestimmung von Immunglobulinen

Serumimmunglobuline werden durch nephelometrische Analysen quantifiziert. Bei Autoimmunerkrankungen wird in den meisten Fällen ein moderater Anstieg von IgG und IgM gemessen.

Komplement

Komplementfaktoren und deren Spaltprodukte (C3, C3d, C4, C4d, CH50) zählen zu den wichtigsten Aktivitätsparametern bei Autoimmunerkrankungen. Dieses gilt besonders für den SLE: Je aktiver die Erkrankung, desto höher der Komplementverbrauch und desto niedriger die Komplementspiegel.

Kryoglobuline

Als Kryoglobuline (→ Kap. 8.4.7) werden mono- oder oligoklonale Immunglobuline bezeichnet, die bei Temperaturen unterhalb von 37 °C aggregieren und präzipitieren, z.B. SLE und Sjögren-Syndrom assoziiert mit Typ-III-Kryoglobulinämie. Sie können zu Durchblutungsstörungen führen.

Zirkulierende Immunkomplexe (CIC)

CIC treten häufig im Rahmen von Erkrankungen des rheumatischen Formenkreises auf (Colitis ulcerosa, Felty-Syndrom, M. Bechterew, M. Crohn, M. Reiter, MTCD, rheumatoide Arthritis, Periarthritis nodosa, Sjögren-Syndrom, SLE). Sie dienen im Krankheitsverlauf als Aktivitätsparameter. Der Nachweis erfolgt mittels ELISA, Immunpräzipitation oder Komplement-Bindungsstudien.

Antinukleäre Antikörper (ANA)

Unter diesem Begriff werden alle Autoantikörper subsummiert, die mit Strukturen im Kern reagieren (ssDNS, dsDNS, ENA). Dem Nachweis von ANA in der indirekten Immunfluoreszenz folgt die Beurteilung des Fluoreszenzmusters in der höchsten Verdünnungsstufe, das weitere diagnostische Hinweise liefert. Beispiele verschiedener Muster sind homogen, feingranulär, retikulär, grobgranulär, nukleolär-ringförmig, nukleolär-homogen, nukleolär-schollig, nukleolär-granulär, nukleolär-punktiert (Abb. 43-5).

Anti-DNS-Antikörper

Antikörper gegen dsDNS werden im ELISA und in der indirekten Immunfluoreszenz an Flagellatenpräparaten differenziert. Nachweis und Titerhöhe sind ein wichtiger Parameter bei Diagnose und Verlaufskontrolle des SLE und der Sklerodermie.

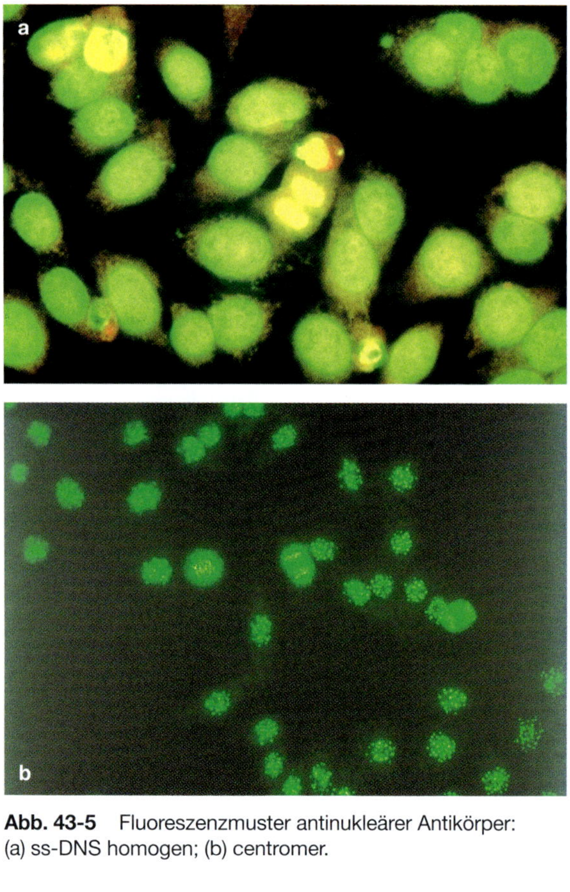

Abb. 43-5 Fluoreszenzmuster antinukleärer Antikörper: (a) ss-DNS homogen; (b) centromer.

Antikörper gegen Histone

Antikörper gegen Histone werden im ELISA nachgewiesen. Sie werden häufig beim medikamenteninduzierten Lupus gefunden. Auffällig ist die Assoziation des Felty-Syndroms mit erhöhten Histon-Antikörpertitern.

Antikörper gegen extrahierbare nukleäre Antigene (ENA)

Diese häufig in der indirekten Immunfluoreszenz als gesprenkeltes Muster sichtbaren Antikörper zeichnen sich durch eine deutliche Syndromspezifität aus. Es ist daher eine Differenzierung der ENA in einzelne Subtypen (SSA, SSB, Jo-1, SCL70, PCNA, R-RNP und Sm) erforderlich. Je nach Nachweismethode zeigen sich unterschiedliche Sensitivitätsbereiche (z.B. ELISA: 10 ng/ml; Radiodiffusion: 1 μg/ml). SSA finden sich beim SLE, RA, Sjögren-Syndrom; SSB beim Sjögren-Syndrom und SLE; Jo-1 bei der Dermatomyositis, Polymyositis; SCL70 bei PSS, CREST-Syndrom, M. Raynaud und der systemischen Sklerodermie; PCNA beim SLE, RA; R-RNP bei MCTD und Centromer-Antikörper beim CREST-Syndrom.

Antikörper gegen zytoplasmatische Strukturen (p-ANCA, c-ANCA)

Der Bestimmung von p-ANCA und c-ANCA (Antikörper gegen Myeloperoxidase und Proteinase-III) kommt eine besondere Bedeutung bei der Diagnose des Morbus Wegener und der Differentialdiagnose der Vaskulitiden zu. Die Titerhöhe ist bei den meisten Patienten zur Therapiekontrolle verwendbar. Die c-ANCA sind nachweisbar beim Morbus Wegener und dem Churg-Strauss-Syndrom. Die p-ANCA besitzen u.a. bei der idiopathisch-nekrotisierenden Glomerulonephritis, der Panarteriitis nodosa und der essentiellen Kryoglobulinämie diagnostische Bedeutung.

43.3.4 Apparative Untersuchungsmethoden

Röntgen

Radiologische Veränderungen sind bei rheumatischen Erkrankungen oft später als klinische oder laborchemische Symptome nachweisbar. Dennoch ist der diagnostische Wert bei nachgewiesenen Veränderungen groß. Folgende Fragestellungen sollen radiologisch beantwortet werden:

- Morphologisches Substrat der Arthropathie (Arthritis, Arthrose, aseptische Knochennekrose, seronegative Spondylarthritis)?
- Erosive oder nicht-erosive Veränderungen?
- Schweregrad und Charakter der Knochendestruktion bzw. Erkrankung?
- Verlaufskontrolle, Ankylose?

Auch bei einer Monoarthritis sind symmetrische Aufnahmen zum Vergleich mit der gesunden Seite wichtig.

Szintigraphie

Die Skelettszintigraphie wird zur Objektivierung von Gelenkentzündungen insbesondere in frühen Stadien durchgeführt. Sie dient zur Bestimmung der Krankheitsausdehnung und Artdiagnostik (aseptische Knochennekrosen, Metastasen, Frakturen).

Arthrosonographie

Die Arthrosonographie dient zur Differenzierung von Muskel-, Sehnen- und Gelenkerkrankungen (z.B. Ganglion, Zyste, Hämatom, Bursitis, Erguß, Tenosynovialitis, Sehnenruptur).

Arthroskopie

Diese Untersuchung sollte bei dem Verdacht auf eine innere Kniegelenkverletzung und zur Abklärung von rezidivierenden Gelenkergüssen durchgeführt werden.

Extraartikuläre Biopsie und Gelenkpunktatuntersuchung

Insbesondere bei der Verdachtsdiagnose Kollagenose oder Vaskulitis sind histologische und immunmorphologische Untersuchungen von Gewebeproben aus Haut, Schleimhaut, Muskulatur oder vergrößerten Lymphknoten notwendig.

Bei unklaren Arthropathien mit Ergußbildung muß die Synovialflüssigkeit untersucht werden. Das gewonnene Material ist sowohl makroskopisch, zytologisch, bakteriologisch, physikochemisch als auch serologisch zu untersuchen (Tab. 43-4).

43

43.4 Krankheitsbilder

Tab. 43-4 Laborbefunde in der Synovialflüssigkeit, nach spezifischen Gelenkerkrankungen geordnet

Krankheit	Typ	Farbe	Aussehen	Viskosität	Zellen pro ml	RF	Protein	Kristalle	Glukose (mg/dl)
Arthrose	Reizerguß	bernsteinfarben	klar	hoch	Leu < 2000 Lym 75%	–	< 3 g/dl	nein	60–90
Rheumatoide Arthritis	entzündlich	gelb-grün	klar-trüb	stark erniedrigt	Leu < 60000	+++	3–6 g/dl	nein	hoch
Arthritis psoriatica	entzündlich	gelb-grün	trüb	niedrig	Leu 5000–40000	–	erhöht	nein	hoch
Morbus Bechterew	entzündlich	gelb	klar	niedrig	Leuko < 10000	–	erhöht	nein	hoch
Morbus Reiter	entzündlich	gelb, purulent	trüb	niedrig	Leu 2000–50000 Lymphozytose	–	erhöht	nein	normal – hoch
Kollagenosen, SLE	entzündlich	gelb	klar-trüb	normal	Leu 2000–10000; Lym bis 50%	–	< 4 g/dl	nein	hoch
Gicht	entzündlich	gelb	milchig-trüb	niedrig	Leu 5000	–	> 3 g/dl	Na-Urat	–
Pseudogicht	entzündlich	gelb	milchig-trüb	niedrig	Leu > 6000	–	3–4 g/dl	Ca-pyrophosphat	–
Infektiöse Arthritis	entzündlich	grau, graugelb	trüb	niedrig, stark erniedrigt	Leu > 60000	–	> 4 g/dl	nein	bis 20
Trauma	Reizerguß	gelb, blutig	klar-trüb	hoch	–	–	–	nein	–
Hämorrhagischer Erguß	Reizerguß	gelb, blutig	klar-trüb	hoch	–	–	> 6 g/dl	nein	–
Hämarthros	–	blutig	trüb	hoch	Erythrozyten	–	–	nein	–

43.4.1 Rheumatoide Arthritis (RA)

Die rheumatoide Arthritis (RA) ist eine destruierende chronisch-progrediente Gelenkerkrankung, die mit unterschiedlichen viszeralen Manifestationen einhergehen kann. Die Inzidenz liegt bei 2%. Das Verhältnis Frauen : Männer beträgt 3:1. Ätiopathologisch wird eine Entzündung der Synovia durch einen bisher unbekannten Faktor (infektiöses Agens?) vermutet. Es kommt zu einer immunologisch-vermittelten progredienten Entzündungsreaktion (Synovialitis), die sich schließlich selbst erhält und auf andere Gelenke übergreift. Bei 15% der Fälle treten vaskulär bedingte extraartikuläre Krankheitsmanifestationen auf (Peri-/Myokarditis, Nephropathie, Skleritis, Polyneuropathie, Lungenfibrose).

B *Beschwerden und Befunde*

Ein Prodromalstadium kann über Monate vorausgehen. Der Patient klagt über ein allgemeines Krankheitsgefühl, vermehrte Schweißneigung, Appetitmangel und gelegentliche Gelenkschwellungen, die rasch wieder abklingen. Die symmetrischen spindelförmigen

Tab. 43-5 Diagnostische Kriterien für die rheumatoide Arthritis (ARA 1987)

1. Morgensteifigkeit in und um die Gelenke, Dauer mindestens 1 Stunde vor maximaler Besserung
2. Weichteilschwellung (Arthritis) von 3 oder mehr Gelenken
3. Schwellung (Arthritis) der proximalen interphalangealen, metakarpophalangealen oder Handgelenke
4. Symmetrische Schwellung (Arthritis)
5. Rheumaknoten
6. Nachweisbarer Rheumafaktor
7. Im Röntgenbild Erosionen und/oder gelenknahe Osteoporose in Finger- oder Handgelenk

Dauer der Symptome 1.–4. mindestens 6 Wochen. Sichere RA 4 oder mehr Kriterien

Gelenkschwellungen treten dann zunehmend in den Vordergrund. Initial werden meist die Hand-, Fingergrund- und -mittelgelenke befallen. Die Gelenke sind besonders morgens druckschmerzhaft, geschwollen und überwärmt. Diese Morgensteifigkeit, die definitionsgemäß länger als eine Stunde dauert, bessert sich im Laufe des Tages. Fast immer besteht ein symmetrisches Verteilungsmuster. Zur Diagnosestellung ist eine schmerzhafte Schwellung von mindestens drei Gelenken über mehr als sechs Wochen nötig (Tab. 43-5). Bei fortschreitender Erkrankung stellen sich progrediente Knorpel- und Knochendestruktion, Muskelatrophie, Tendosynovitiden der Fingersehnen und Bursitiden („Baker-Zyste") ein. Es kommt zur ulnaren Deviation in den Fingergrundgelenken. Knopflochdeformitäten durch Bänderlockerungen im Fingermittelgelenk, Schwanenhalsdeformierungen durch Beugefehlstellungen im Fingergrund- und -endgelenk, Deformierungen, Achsenfehlstellungen und Gelenkinstabilität treten auf (Abb. 43-6). Das Endstadium ist gekennzeichnet durch knöcherne Gelenkumbauten (Ankylosen).

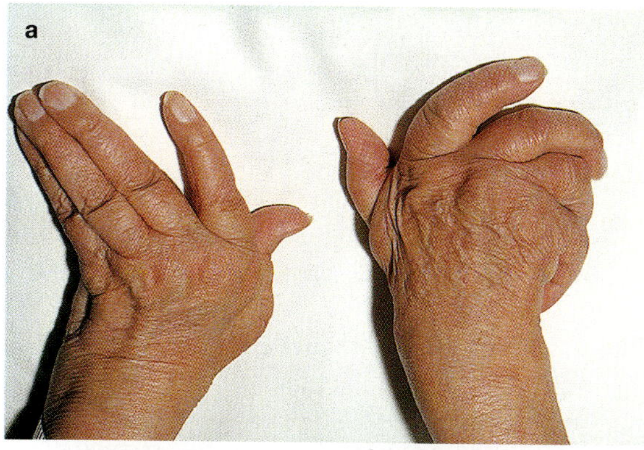

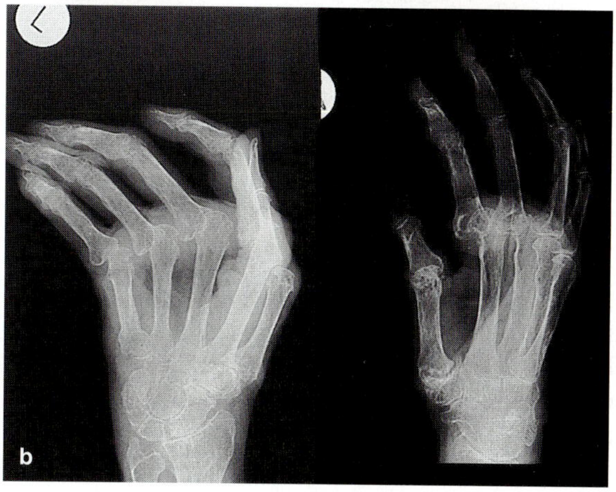

Abb. 43-6a und b Typische Deformierungen der „klassischen" rheumatoiden Arthritis im Endstadium: (a) klinisches Bild, (b) Röntgenbefund.

DS *Diagnosesicherung*

Im fortgeschrittenen Stadium kann die rheumatoide Arthritis anhand der proximal betonten symmetrischen Gelenkveränderungen und der typischen Morgensteifigkeit leicht diagnostiziert werden. Der Nachweis von Rheumaknoten oder Nachweis von Rheumafaktoren im Serum stützt die Diagnose. Die Laboruntersuchungen zeigen eine Leukozytose, Thrombozytose, Anämie, erhöhtes CRP und eine BSG-Beschleunigung. ANA sind bei der klassischen Variante mit ausschließlichem Gelenkbefall meist nicht nachweisbar. Sie werden bei rheumatoider Arthritis mit extraartikulärer Manifestation gefunden. Radiologisch sind im Krankheitsverlauf zunächst Demineralisationserscheinungen und Erosionen der betroffenen Gelenke zu erkennen. Im weiteren Verlauf kommt es zu kleinen Knochendefekten im Gelenkbereich (Usuren). Später entwickeln sich periartikuläre Knochenentkalkungen, Gelenkspaltverschmälerungen, Subluxationen und Ankylosen. Die Stadieneinteilung richtet sich nach den klinischen und röntgenologischen Befunden (Tab. 43-6).

DD *Differentialdiagnose*

Die Abgrenzung gegenüber anderen Kollagenosen oder Arthritiden erfolgt mit Hilfe der ARA-Kriterien (→ Tab. 43-5). Ausgeschlossen werden müssen besonders im Anfangsstadium reaktive oder infektiöse Arthritiden, Kollagenosen, Kristallarthritiden und degenerative Erkrankungen mit atypischem Befallsmuster. Reaktive Arthritiden lassen sich von der rheumatoiden Arthritis durch den auslösenden Infekt, einen asymmetrischen Gelenkbefall, negative Rheumafaktoren sowie eventuell einen Erregernachweis abgrenzen. Für eine Kollagenose spricht eher das Vorliegen von nichterosiver Arthritis, einem Multiorganbefall mit Hautveränderungen, Polyserositiden, Glomerulonephritis oder der Nachweis von Doppelstrang-DNS-Antikörpern. Die Differentialdiagnose gegen-

Tab. 43-6 Stadieneinteilung der rheumatoiden Arthritis (nach Steinbrocker u. Mitarb.)

Stadium	Klinik	Funktion	Röntgen
I	geringe Gelenkschwellungen	keine Behinderung bei den gewöhnlich anfallenden Arbeiten	allenfalls gelenknahe Entkalkung
II	konstante Synovitiden keine Gelenkdeformationen	ausreichende Funktionsfähigkeit bei normalen Tätigkeiten; leichte Behinderung durch Bewegungseinschränkung eines oder mehrerer Gelenke	gelenknahe Entkalkung, beginnende Knorpel- und Knochendestruktion
III	Gelenkdeformierungen, Muskelatrophie, Tendinitiden (Rheumaknoten)	eingeschränkte Funktionstüchtigkeit, berufliche Tätigkeiten und Selbstversorgung erheblich eingeschränkt	Knochendestruktionen Osteoporose Subluxationen
IV	ausgeprägte Gelenkdeformierungen, Gelenkinstabilität und Ankylosen	die Versorgungsmöglichkeit des Patienten ist gering, er ist ständig auf fremde Hilfe angewiesen	fortgeschrittene Gelenkzerstörungen und Deformierungen, Gelenkluxationen, Gelenkinstabilität, Ankylose (bindegewebig oder knöchern)

über der häufigen Polyarthrose stützt sich auf das Befallsmuster: Befall der Fingerend- und -mittelgelenke bei der Polyarthrose, die Morgensteifigkeit und die deutlichen Entzündungszeichen bei der rheumatoiden Arthritis. Oft schwierig ist die Abgrenzung von seronegativen Spondylarthritiden wie der Psoriasisarthritis oder dem Morbus Bechterew (→ Kap. 48).

43.4.2 Still-Syndrom (Juvenile rheumatoide Arthritis)

Das Still-Syndrom bezeichnet eine akute rheumatoide Arthritis im Kindesalter und bei Erwachsenen bis 35 Jahre mit den Hauptsymptomen septisches Fieber und Exanthem.

B ***Beschwerden und Befunde***

Die Gelenkbeschwerden beim Still-Syndrom sind weniger stark ausgeprägt als bei der rheumatoiden Arthritis des Erwachsenen. Im Vordergrund stehen oft monatelanges septisches Fieber ohne oder mit Gelenksymptomen und Exanthem. In wechselndem Ausmaß können Hepatosplenomegalie, Lymphknotenvergrößerungen, Polyserositis, Iridozyklitis, Myokarditis und Spondylopathie vorhanden sein.

DS ***Diagnosesicherung***

Bei den Laboruntersuchungen finden sich häufig eine Anämie oder Leukozytose. Rheumafaktoren und ANA sind bei Kindern nicht nachweisbar, können jedoch bei Erwachsenen vorhanden sein. Etwa 75% der Patienten sind HLA-B27-positiv.

DD ***Differentialdiagnose***

Das Still-Syndrom muß bei unklarem Fieber und generalisierter Lymphadenopathie (→ Kap. 32) in Zusammenhang mit Arthralgien immer differentialdiagnostisch in Betracht gezogen werden. Ausgeschlossen werden müssen vor allem infektiöse Arthritiden und das rheumatische Fieber. Auch SLE, Leukämien, Vaskulitiden, familiäres Mittelmeerfieber, reaktive Arthritis und Sarkoidose treten im Kindesalter auf.

43.4.3 Felty-Syndrom

Unter dem Felty-Syndrom versteht man eine fortgeschrittene seropositive rheumatoide Arthritis, die assoziiert ist mit ausgeprägten immunologischen Veränderungen, schwerer Leukopenie und Splenomegalie. Extraartikuläre Manifestationen wie Polyserositis, Episkleritis und infektiöse Komplikationen sind häufig. Die Leukopenie spricht sehr gut auf eine Steroidbehandlung an.

DD ***Differentialdiagnose***

Neben anderen Erkrankungen des rheumatischen Formenkreises müssen Infektionserkrankungen und maligne hämatologische Systemerkrankungen wie die Osteomyelosklerose und andere myeloproliferative Erkrankungen (→ Kap. 32) ausgeschlossen werden.

Im Gegensatz zur rheumatoiden Arthritis sind bei den meisten Patienten granulozytenspezifische ANA nachweisbar, die Ursache der Leukopenie sind. Die BSG ist stark beschleunigt (> 85 mm in der 1. Stunde). Die Erkrankung ist HLA-DR-4-assoziiert.

43.4.4 Rheumatisches Fieber

Das rheumatische Fieber ist eine reaktive entzündliche Erkrankung, die nach einem vorausgegangenen Infekt mit β-hämolysierenden Streptokokken auftritt. Dadurch werden Autoantikörper induziert, die mit Synovia der Herzklappen und anderen Geweben kreuzreagieren. Meistens betrifft die Erkrankung Kinder im Alter zwischen 5 und 15 Jahren. Das rheumatische Fieber ist die häufigste Ursache erworbener Herzklappenfehler.

B ***Beschwerden und Befunde***

Etwa 2 bis 3 Wochen nach einer eitrigen Tonsillitis oder Pharyngitis treten hohes Fieber, Arthralgien oder eine äußerst schmerzhafte Oligoarthritis auf. Die Symptome sind bei älteren Patienten stärker ausgeprägt. Betroffen sind meist größere Gelenke der unteren Extremität. Typisch ist ein spontaner Wechsel der betroffenen Gelenke und ein symmetrischer Befall. Daneben treten Peri-/Myokarditiden, Endokarditiden, ein Erythema marginatum oder eine Chorea minor auf.

DS ***Diagnosesicherung***

Als Hauptkriterien (nach Jones) für die Diagnosestellung gelten Arthritis, Karditis, Chorea oder Erythema marginatum. Zu den Nebenkriterien zählen Fieber, Arthralgien, rheumatisches Fieber, beschleunigte BSG, erhöhtes CRP, Leukozytose sowie ein verlängertes PR-Intervall im EKG. Die Diagnose wird gestellt, wenn zwei Hauptkriterien oder ein Hauptkriterium plus zwei Nebenkriterien vorliegen. Im Serum lassen sich Antikörper gegen verschiedene Streptokokkenantigene bei 80% der Patienten nachweisen. Wiederholte Titerbestimmungen sind in Zweifelsfällen erforderlich.

DD ***Differentialdiagnose***

Besonders bei jüngeren Patienten sollte in erster Linie an das Still-Syndrom gedacht werden. Außerdem müssen der Lupus erythematodes, das Löfgren-Syndrom und reaktive Arthritiden ausgeschlossen werden. Bei asymptomatischem oder abortivem Krankheitsverlauf kann die Diagnose oft erst retrospektiv nach der Entwicklung von Herzvitien gestellt werden.

43.4.5 Infektiöse Arthritiden (septische Arthritiden)

Als infektiöse Arthritiden werden Gelenkentzündungen bezeichnet, bei denen kultivierbare lebende Krankheitserreger (Bakterien, Viren, Pilze) im Gelenk nachweisbar sind. Das klassische Beispiel ist die bakterielle Arthritis. Die Infektion des Gelenks kann sowohl primär bei Traumen oder Punktionen wie auch sekundär bei Bakteriämien und reduzierter Abwehrlage des Patienten (SLE, chronische Steroidbehandlung) auftreten. Wegen der Gefahr der raschen Gelenkdestruktion müssen Arthritiden mit größter Dringlichkeit diagnostiziert und behandelt werden.

43.4.5.1 Bakteriell bedingte Arthritis

Die Erreger von eitrigen Gelenkentzündungen sind meist bakterielle Mikroorganismen. Die septische Arthritis wird hervorgerufen durch eine direkte bakterielle Infektion des Gelenkes. Diese kann hämatogen, per continuitatem, durch Verletzung des Gelenkes von außen oder durch intraartikuläre Eingriffe erfolgen. Wichtige Erreger in Mitteleuropa sind Staphylococcus aureus (40%) und Neisseria gonorrhoeae bei Erwachsenen, bei Kindern auch Haemophilus influenzae.

B ***Beschwerden und Befunde***

Zeichen der meist monoartikulären Arthritis der großen Gelenke (meist Knie, Hüfte) sind akuter Krankheitsbeginn mit stärksten Schmerzen, Hautembolien, Rötung, Überwärmung und Schwellung. Häufig treten Fieber und Schüttelfrost auf, der Allgemeinzustand ist deutlich reduziert.

DS ***Diagnosesicherung***

Die frühzeitige Diagnose einer eitrigen Arthritis ist außerordentlich wichtig, da nur die schnell einsetzende, gezielte antibiotische Therapie bleibende Gelenkschäden verhindern kann. Cave: Kortikoidtherapie! Aus diesem Grund muß bei dem Verdacht einer akuten infektiösen Monarthritis das Gelenk punktiert werden. Im Gelenkpunktat findet sich eine eitrig-trübe Flüssigkeit. Die Zellzahl liegt häufig über 50 000/mm^3, wobei fast ausschließlich neutrophile Granulozyten gefunden werden (→ Tab. 43-4). Die Diagnose erfolgt durch mikroskopischen und kulturellen Nachweis der Erreger aus der Gelenkflüssigkeit und dem Blut.

DD ***Differentialdiagnose***

Ein akuter Gichtanfall, andere infektiöse Arthritiden (Tuberkulose!) oder ein akuter monarthritischer Schub einer RA müssen ausgeschlossen werden.

43.4.5.2 Viral bedingte Arthritiden

Als Erreger kommen Röteln-, Hepatitis-B-, Varicella-, Influenza-, Parainfluenza-, Coxsackie- und zunehmend HI-Viren vor. In den befallenen Gelenken lassen sich virusantigenhaltige Immunkomplexe und Virusantigene nachweisen.

B ***Beschwerden und Befunde***

Diese sind von der primären Virusinfektion abhängig. Bei der Hepatitis-B-Infektion treten bereits während der anikterischen Prodromalphase häufig Polyarthralgien und symmetrische Polyarthritiden auf. Meist sind die Fingergrund- und -mittelgelenke, seltener die großen Gelenke betroffen. Auch bei der Röteln-Arthritis finden sich ähnliche Gelenksymptome wie bei der chronischen Arthritis. Gemeinsam ist den virusinduzierten Arthritiden der klinische Verlauf mit Remission nach wenigen Wochen.

DS ***Diagnosesicherung***

Zur Diagnosesicherung dient der Nachweis von virusspezifischen Antikörpern durch Komplementbindungsreaktion oder ELISA. Bei der Hepatitis-B-assoziierten Arthritis findet sich das HBsAg im Serum und im Gelenkpunktat.

DD ***Differentialdiagnose***

Reaktive Arthritiden durch bakterielle oder parasitäre Erreger.

43.4.6 Seronegative Spondylarthritis

Zu dieser Krankheitsgruppe gehören verschiedene para- oder postinfektiöse Arthritiden (reaktive Arthritiden) mit Beteiligung der Wirbelgelenke (Spondylarthritis). Typisch ist die Assoziation mit HLA-B27 und der fehlende Rheumafaktor („seronegative Arthritis").

43.4.6.1 Morbus Bechterew (Spondylitis ankylosans)

Der Morbus Bechterew ist eine chronisch-entzündliche, destruktiv-proliferative Systemerkrankung mit vorwiegendem Befall der Wirbelsäule, die im Verlauf zu einer vollständigen Ankylose der Iliosakral- und Wirbelgelenke führt. Männer sind zehnmal häufiger als Frauen betroffen. Der Krankheitsbeginn liegt zwischen dem 20. und 30. Lebensjahr.

B ***Beschwerden und Befunde***

Allgemeinsymptome mit Schwäche oder subfebrilen Temperaturen gehen der Erkrankung voraus. Anamnestisch wird in den frühen Morgenstunden ein tiefsitzender Rücken- oder Kreuzschmerz angegeben, der die Patienten zum Aufstehen zwingt. Die Schmerzen bessern sich durch Bewegung. Besonders bei jüngeren Patienten sind zunächst passagere asymmetrische periphere Gelenkbeschwerden die ersten Symptome. Betroffen sind meist Schulter- und Hüftgelenke. Andere Symptome sind Engegefühl in der Brust und Fersenschmerzen. Im Bereich der Iliosakralgelenke bestehen Stauchungs- und Kompressionsschmerz. Durch Beinüberstreckung in Rückenlage werden Schmerzen im Iliosakralgelenk ausgelöst (Mennell-Zeichen). Die Ausmaße der Bewegungseinschränkung werden nach Schober bzw. Ott gemessen. Extraartikuläre Manifestationen wie Iridozyklitis oder Aortitis mit resultierender Aortenklappeninsuffizienz treten auf.

DS ***Diagnosesicherung***

Die Diagnose kann gestellt werden, wenn Wirbelsäulenschmerzen und -steifheit länger als 3 Monate anhalten, asymmetrische Schulter- und Hüftgelenkarthritiden sowie Ankylosen der Wirbelsäule oder des Iliosakralgelenkes vorliegen. Bei den Laboruntersuchungen ist die hohe BSG oft bei gutem Befinden des Patienten auffällig. Rheumafaktoren sind nicht nachweisbar. Der Nachweis des HLA-B27-Antigens gelingt bei über 90% der Patienten. Die Sakroiliitis zeigt sich radiologisch durch eine unscharfe Begrenzung im Iliosakralgelenk. In späteren Stadien treten sklerotische Umbauerscheinungen, Erosion und Gelenkspaltdestruktion auf. Später kommt es zu einer totalen Ankylose und Obliteration des betroffenen Gelenkes. Syndesmophyten werden die Längsbandverkalkungen der Wirbelsäule genannt.

DD ***Differentialdiagnose***

Wichtig ist der Ausschluß degenerativer Veränderungen und anderer reaktiver Arthritiden. Bei gleichzeitigen arthritischen Beschwerden ist die Differentialdiagnose zur rheumatoiden Arthritis schwierig. Der Nachweis des HLA-B27-Antigens in Verbindung mit einer symmetrischen Sakroiliitis und dem Nebeneinander von destruktiven und produktiven asymmetrischen Gelenkumbauvorgängen spricht für den Morbus Bechterew, kommt aber auch bei reaktiver Arthritis mit Sakroiliitis (z.B. beim Morbus Crohn) vor.

43.4.6.2 Psoriasisarthritis

Die Psoriasisarthritis ist eine Mono- oder Oligoarthritis, die vor- (60%), mit oder nach einer Psoriasis auftreten kann. Sie wird bei etwa 5–10% der Patienten mit Psoriasis beschrieben. Häufig ist der gleichzeitige Nachweis von destruierenden und proliferativen Gelenkveränderungen, die durch einen asymmetrischen Befall „im Strahl" und Sakroiliitis gekennzeichnet sind. Der Rheumafaktor ist nicht nachweisbar.

B ***Beschwerden und Befunde***

Der Krankheitsverlauf ist chronisch-progredient oder schubweise remittierend. Es entwickeln sich z.B. Fersenschmerzen, oder eine heftig schmerzhafte

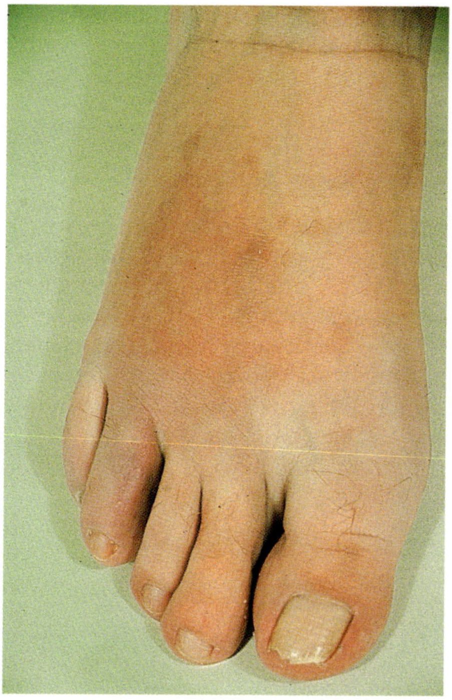

Abb. 43-7 Psoriatrische Arthropathie („Wurstzehe“).

Schwellung, Rötung und Überwärmung der betroffenen (meist distalen) Gelenke. Typischerweise sind Grund-, Mittel- und Endgelenk einer Achse mit asymmetrischem Verteilungsmuster oder aber alle Fingerendgelenke einer Hand betroffen. Die Proliferation des periartikulären Gewebes bewirkt eine Verdickung des Gelenkes. Durch die entzündliche Schwellung entwickeln sich sogenannte „Wurstfinger“ oder „Wurstzehen“ (Abb. 43-7).

DS ***Diagnosesicherung***

Die Diagnose Psoriasisarthritis wird durch den Nachweis von Psoriasisherden bei einer seronegativen Arthritis gestellt. Es besteht kein Zusammenhang zwischen Schwere der Psoriasisarthritis und der Psoriasis, so daß nach versteckten Psoriasisherden beispielsweise an der Kopfhaut und den Nägeln gesucht werden muß. Radiologisch bestehen sowohl destruierende als auch proliferierende Gelenkveränderungen, besonders der Fingerendgelenke oder Handwurzelgelenke. An den Fingern finden sich sowohl Usuren als auch Osteophyten. Es besteht eine erbliche Prädisposition.

DD ***Differentialdiagnose***

Die wichtigsten Differentialdiagnosen sind der akute Gichtanfall (cave: es gibt auch psoriasisassoziierte Gichtanfälle!), die rheumatoide Arthritis, die Pseudogicht und traumatische Veränderungen. Beim akuten Gichtanfall läßt sich im Labor eine Hyperurikämie nachweisen. Die rheumatoide Arthritis entwickelt sich im Gegensatz zur Psoriasisarthritis eher schubförmig. Es besteht die klassische Morgensteifigkeit. Bei mehr als 80% der Patienten kann der Rheumafaktor nachgewiesen werden. Radiologisch lassen sich gelenknahe Demineralisationen im Frühstadium der Psoriasisarthritis im Gegensatz zur chronischen rheumatoiden Arthritis nicht nachweisen.

43.4.6.3 Reaktive Arthritis

Unter dem Begriff der reaktiven Arthritis werden Gelenkentzündungen subsumiert, die während (parainfektiös) oder infolge (postinfektiös) eines extraartikulären Infektes auftreten. Diese Gelenkbeschwerden werden durch immunologische Mechanismen verursacht, so daß definitionsgemäß keine kultivierbaren Erreger im Gelenkpunktat nachweisbar sind. Es entwickelt sich eine akute oder subakute asymmetrische Oligo- oder Monarthritis, hauptsächlich an Knie- und Sprunggelenken. Typisch ist auch das nach einer Yersinien-Infektion auftretende Erythema anulare, das meist an den Unterschenkeln lokalisiert ist. Andere Beschwerden sind Fieber, Konjunktivitis, Iridozyklitis, Karditis und Pleuritis. Meist klingen die Gelenksymptome innerhalb von Wochen oder Monaten ab. Reaktive Arthritiden sind mit seronegativen Spondylarthritiden assoziiert und HLA-B27-positiv.

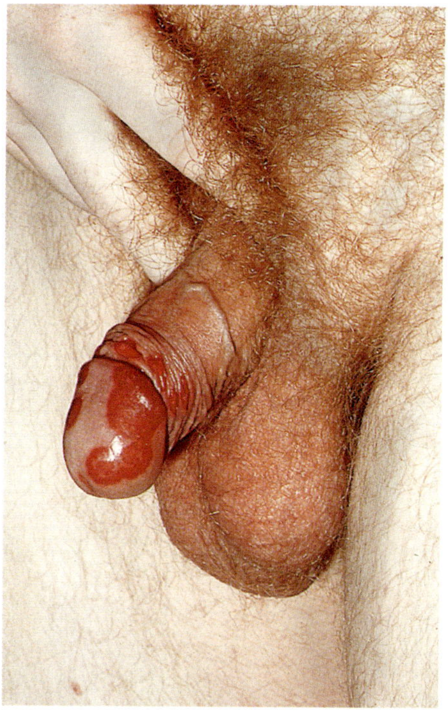

Abb. 43-8 Balanitis circinata circumscripta bei Morbus Reiter.

43.4.6.4 Reiter-Syndrom

Das Reiter-Syndrom gehört zu den reaktiven Arthritiden und tritt zum Teil epidemisch nach intestinalen oder sporadisch nach urethralen Infektionen auf. Als Erreger werden meist Chlamydien beobachtet. Die Erkrankung kann jedoch auch durch Yersinien, Mykoplasmen, Shigellen, Salmonellen oder Campylobacter verursacht werden. Typisch ist die **Trias** aus **Urethritis, Arthritis und Konjunktivitis.** Fakultativ können Hautveränderungen im Bereich der Genitalien (Abb. 43-8) wie auch Episkleritis und Sakroiliitis auftreten. Es gibt akute, rezidivierende und seltener chronisch-destruktive Verlaufsformen, zum Teil mit Parasyndesmophyten. In Abbildung 43-9 werden verschiedene unspezifische klinische Symptome gezeigt, die bei M. Reiter zu beobachten sind, z.B. Entzündungen der Schleimhäute, Keratose, Nageldystrophie.

43.4.6.5 Borreliose (Lyme-Arthritis)

Die Borreliose ist eine Sonderform der reaktiven Arthritis ohne HLA-Prädisposition und Wirbelsäulenbeteiligung. Die Erreger sind Spirochäten, die durch Zecken übertragen werden (Abb. 43-10). Wahrscheinlich persistieren die Spirochäten bei prädisponierten Personen jahrelang, wobei sie zu einer chronischen Antigenstimulation führen (HLA-DR-2-Assoziation). Die Erkrankung tritt endemisch auf.

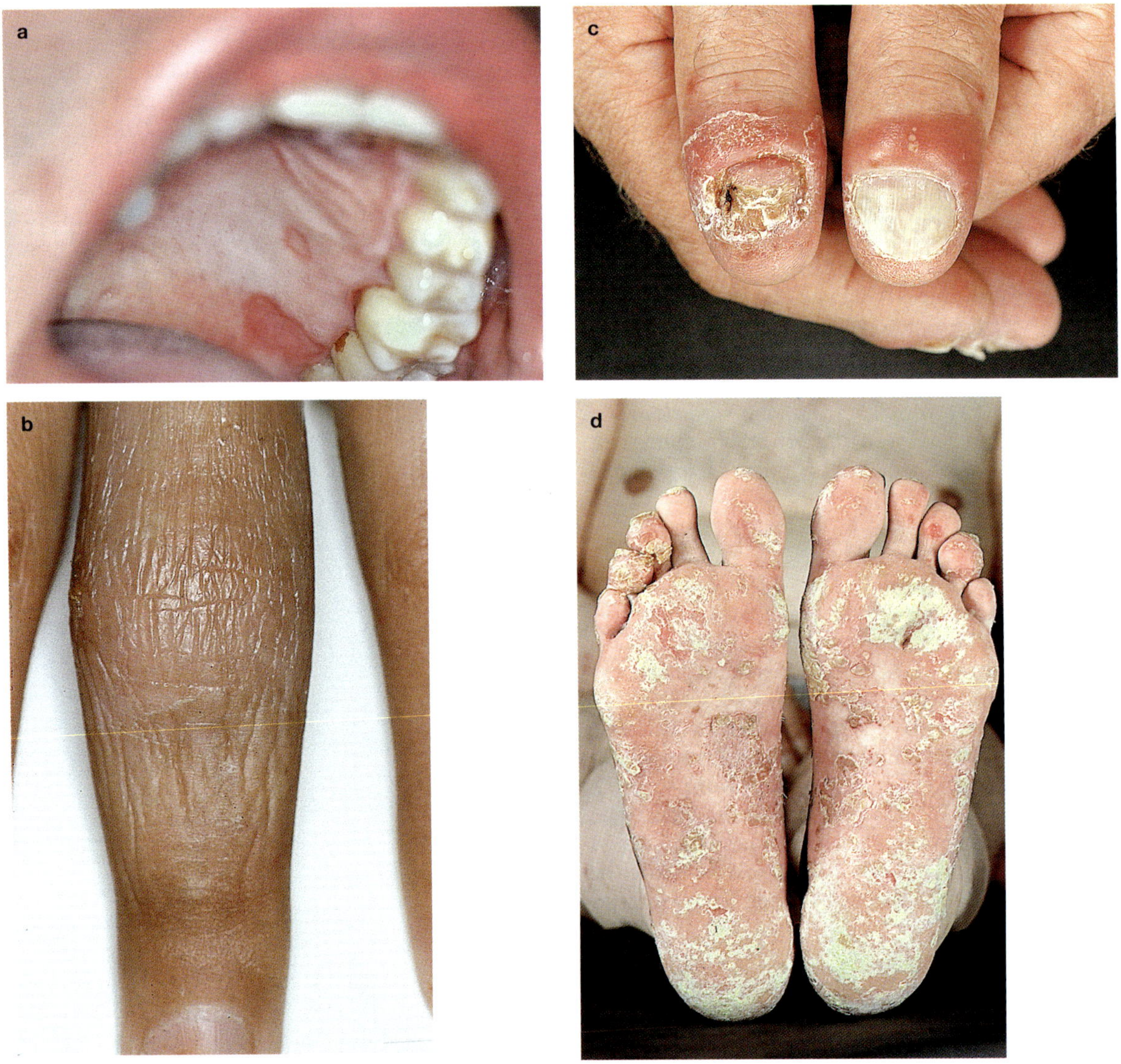

Abb. 43-9 Klinische Bilder bei M. Reiter: (a) orale Aphthen; (b) Monarthritis des proximalen Interphalangealgelenkes; (c) Nagelbefall; (d) Keratoderma blenorrhagicum.

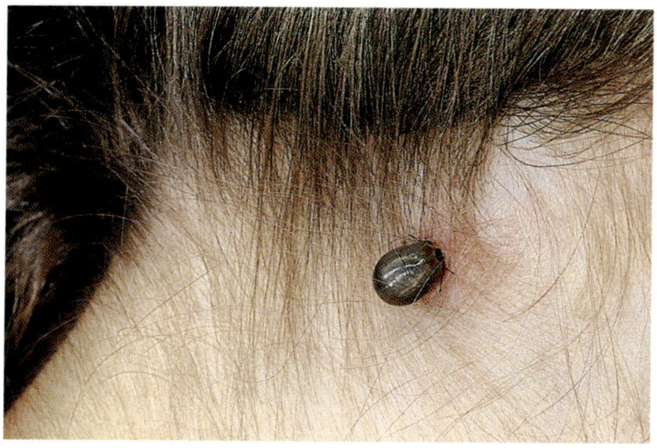

Abb. 43-10 Mit Blut vollgesogene Zecke.

B *Beschwerden und Befunde*

Man unterscheidet **drei Stadien:** Im **Stadium 1** treten Allgemeinsymptome wie Abgeschlagenheit, Müdigkeit, subfebrile Temperaturen und Appetitlosigkeit sowie Lichtscheu, Kopf- und Nackenschmerzen auf. An der Haut findet man ein Erythema chronicum migrans (Abb. 43-11) mit ausgeprägter Rötung und Nachweis einer Zeckenbißstelle (nicht obligat). Im **Stadium 2** treten nach einem beschwerdefreien Intervall zusätzlich neurologische Manifestationen auf (Meningitis, Enzephalitis, Polyneuritis, → Kap. 56), kardiale Beschwerden kommen hinzu (Rhythmusstörungen, Myokarditis, Perikarditis). Die Beschwerden zeigen einen hochakuten Beginn und einen intermittierenden Verlauf. Der Übergang (bei 10%) in das **chronische Stadium 3** ist durch zusätzliche rezidivierende erosive Arthritiden gekennzeichnet. Meist sind die großen Gelenke betroffen, die überwärmt und wenig schmerzhaft sind.

DS *Diagnosesicherung*

Die Diagnosesicherung erfolgt zunächst klinisch und ist bei Nachweis des Erythema chronicum migrans (→ Abb. 43-11) mit zentralem Zeckenbiß relativ leicht zu stellen. Im Serum können 3 bis 6 Wochen nach der Infektion spezifische IgM-Antikörper nachgewiesen werden. IgG-Antikörper steigen erst langsam an und können Ausdruck einer Erregerpersistenz sein. Der Erregernachweis gelingt in seltenen Fällen aus betroffenen Gelenken, Haut, Liquor oder Blut.

DD *Differentialdiagnose*

Bei der Lyme-Arthritis ist wie bei anderen reaktiven Arthritiden, der Arthritis psoriatica und der seronegativen rheumatoiden Arthritis, der Rheumafaktor negativ. Große Schwierigkeiten können uncharakteristische rheumatologische, neurologische oder dermatologische Verläufe bereiten, bei denen kein Zeckenbiß nachweisbar ist. Bei nicht eindeutigem Antikörpernachweis wird die Verdachtsdiagnose oft erst durch den Titerverlauf bestätigt.

43.4.6.6 Chronisch entzündliche Darmerkrankungen

Chronisch entzündliche Darmerkrankungen wie die Colitis ulcerosa und der Morbus Crohn gehen oft mit Arthritiden einher (→ Kap. 11). Die Gelenkbeschwerden betreffen hauptsächlich die großen Gelenke der unteren Extremitäten. Das Befallsmuster ist asymmetrisch. Oft findet sich eine periartikuläre Entzündung oder eine Tendinitis. Die Gelenkbeschwerden treten häufig zu Beginn des Krankheitsverlaufes auf und sind nicht selten mit einem Erythema nodosum und einer Beteiligung der Wirbelsäule vergesellschaftet. Weiterhin finden sich Gelenkbeschwerden beim Morbus Whipple, wobei Rötung und schmerzhafte Bewegungseinschränkungen ein Frühsymptom darstellen.

43

43.4.7 Endokrin/metabolisch verursachte Arthrosen

O. E. Janssen und P. C. Scriba

Arthrosen großer und mittlerer Gelenke können durch endokrinologische Erkrankungen verursacht werden. Für die Differentialdiagnose sind folgende häufige Zusammenhänge wichtig:

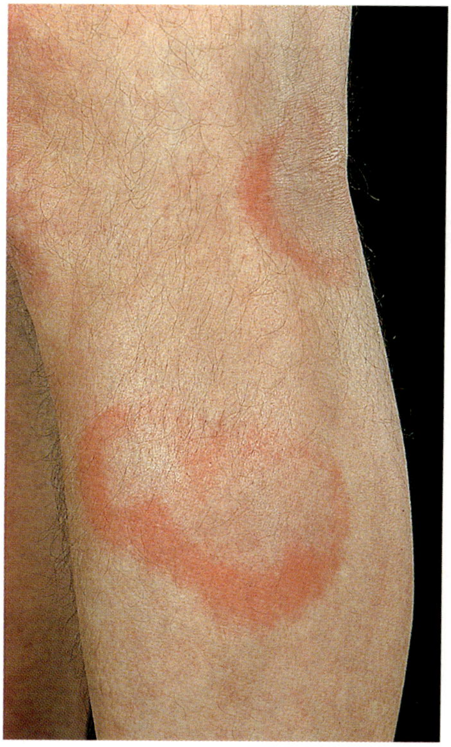

Abb. 43-11 Erythema chronicum migrans bei Borreliose.

Arthrosis deformans bei
- diabetischer Poyneuropathie (→ Kap. 56)
- Akromegalie (→ Kap. 44.4.4)

Koxarthrose
- nach Epiphysenlösung bei Hypogonadismus (→ Kap. 24)
- bei Kretinismus (→ Kap. 1)

aseptische Knochennekrose
- bei und nach Kortikoidtherapie

Bei den **stoffwechselbedingten Arthrosen** steht die **Gicht** ganz im Vordergrund (Abb. 43-12). Typisch sind akute, stark schmerzhafte Entzündungen im Finger- und Großzehengrundgelenk, gelegentlich sind mehrere Gelenke betroffen sowie chronische Gicht mit Tophi und schweren Gelenkdestruktionen (Abb. 43-13). Bei Diabetes mellitus kann als Spätsyndrom eine Cheiropathie auftreten (Abb. 43-14).

Eine Zusammenstellung von stoffwechselbedingten Arthrosen ist in Tabelle 43-7 zu finden.

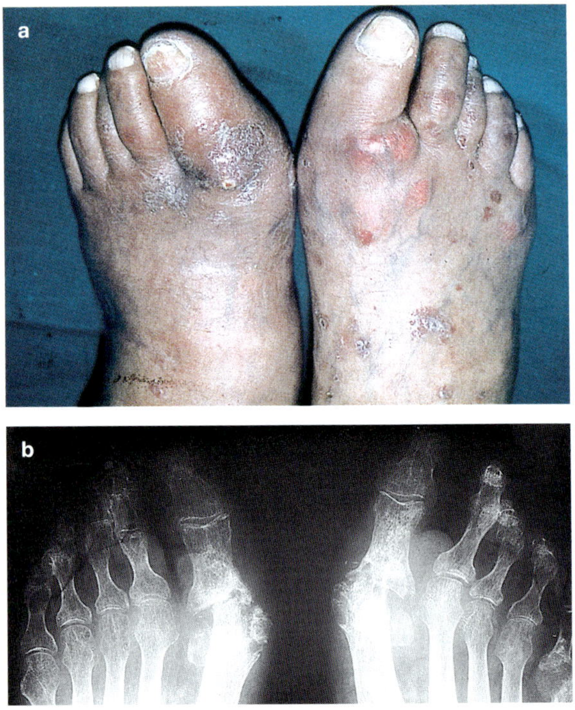

Abb. 43-13 Chronische Gicht: (a) ausgeprägte Tophi, Podagra, Gichtfistel (gleichzeitig bestand eine Psoriasis); (b) röntgenologisch: Gichttophi, Gichtstachel und Destruktion der Großzehengrundgelenke bei Podagra.

43.4.8 Sekundäre Arthritiden

43.4.8.1 Löfgren-Syndrom

In 5% aller Fälle der Sarkoidose tritt das Löfgren-Syndrom als akute Erstmanifestation auf. Charakteristisch sind: vergrößerte Hiluslymphknoten, ein Erythema nodosum und symmetrisch-schmerzhafte Gelenkschwellungen (Abb. 43-15). Die Sarkoidose ist durch den morphologischen Nachweis von Epitheloidzellgranulomen gekennzeichnet. Betroffene Organe sind Lunge, Lymphknoten, Haut und Augen. Die klinische Einteilung richtet sich nach dem Befall von Hiluslymphknoten und Lunge: Im Stadium 1 sind lediglich die Hiluslymphknoten betroffen, im Stadium 2 ist zusätzlich ein Befall der Lunge nachweisbar. Im Stadium 3 liegt eine fixierte Lungenfibrose vor. Die Prognose ist in den Stadien 1 und 2 sehr gut (70% Spontanremission).

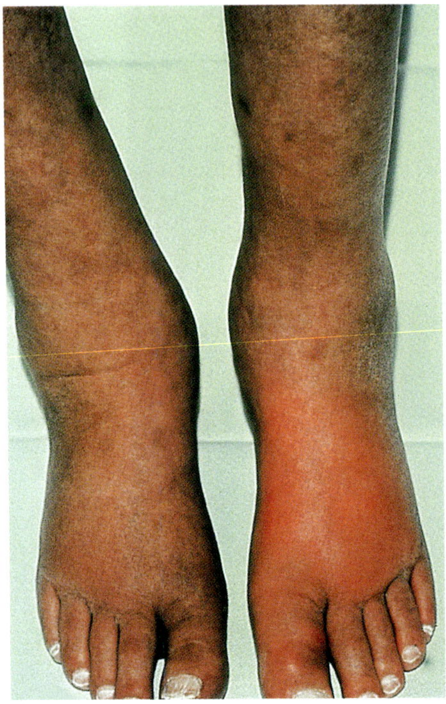

Abb. 43-12 Akuter Gichtanfall, Differentialdiagnose: Erysipel.

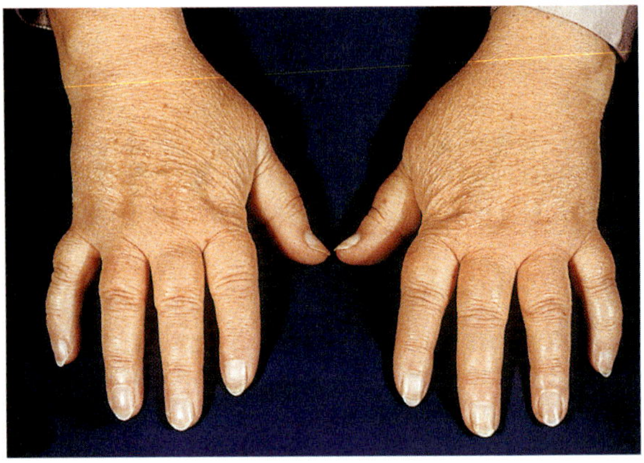

Abb. 43-14 Cheiropathie bei Diabetes mellitus Typ I: teigige Schwellung der Hände durch Albumindurchlässigkeit von Kapillaren (Spätsyndrom), → Kap. 12.

Tab. 43-7 Endokrinologische und metabolische Ursachen von Arthropathien

Erkrankung	Arthropathie
Hyperurikämie (Gicht)	Arthritis durch Uratablagerung im Knorpel und epiphysennahen Knochenmark (Tophi: Podagra, Chiragra) Arthrose durch subchondrale Entkalkung und Osteolysen
Chondrokalzinose (Pseudogicht)	Arthritis durch Kalziumpyrophosphatdihydratablagerung
Hydroxylapatitarthropathie (akute kalzifizierende Periarthritis)	Arthritis durch Kalziumhydroxylapatitablagerung
Diabetes mellitus (→ Kap. 12)	hyperostotische Spondylosis deformans neuropathische Arthropathie (Charcot-Gelenk) Cheiropathie (→ Abb. 43-14) Periarthritis durch Sehnen- und Knorpelverkalkung infektiöse Arthritis Arthrose durch Osteoporose, auch lokalisiert als Sudeck-Syndrom selten: Arthrose durch Epiphysendysplasien selten: Assoziation eines Typ-1-Diabetes mit einer juvenilen rheumatoiden Arthritis
Akromegalie (→ Kap. 44.4.4)	Arthrosis deformans durch Proliferation des Gelenkknorpels mit anschließender Knorpelulzeration und -degeneration Chondrokalzinose Arthrose durch Osteoporose
Hypogonadismus (→ Kap. 24)	Arthrose durch Epiphysenlösung Arthrose durch Osteoporose
Glukokortikoidtherapie, besonders bei intraartikulärer Injektion, selten beim Cushing-Syndrom	Arthrose durch aseptische Knochennekrosen, Osteoporose und Mikrofrakturen infektiöse Arthritis
Nebennierenrindeninsuffizienz nach Glukokortikoidtherapie	Periarthritis durch Sehnen- und Knorpelverkalkungen
Hypothyreose (→ Kap. 1)	Myxödem-Arthropathie (Kretinen-Hüfte) durch Epiphysendysgenesie Chondrokalzinose selten Arthritis durch Hyperurikämie
Hyperthyreose (→ Kap. 23)	Chondrokalzinose thyreogene Akropachie (Osteoarthropathia hypertrophicans) Arthrose durch Osteoporose selten: Hydroxylapatitarthropathie
Hashimoto-Thyreoiditis (→ Kap. 19)	chronische Polyarthritis (häufig seronegativ)
Schilddrüsenkarzinome	selten: Osteoarthropathia hypertrophicans
Hyperparathyreoidismus (primär/sekundär) **renale Osteopathie**	Chondrokalzinose erosive Arthritis durch Kortikalisusuren der Fingerknochen, Knochenzysten und Osteodystrophia fibrosa cystica generalisata Arthrose durch Osteoporose
Osteoporose (→ Kap. 45)	Arthrose bei Skelettatrophie mit Knochenentkalkung und Spontanfrakturen
Rachitis/Osteomalazie (→ Kap. 45)	Arthrose durch Knochendeformitäten: Kyphoskoliose, becherartige Metaphysen, Genua vara oder valga, Epiphysenlösung
Alkaptonurie (→ Kap.48)	Arthritis (Ochronosis) durch Homogentisinsäureablagerung (verkalkende Spondylodiszitis)
kongenitaler nephrogener Diabetes insipidus	kann mit Hyperurikämie einhergehen
Autoimmun-Polyendokrinopathie (→ Kap. 34)	Arthralgie und Arthritis (selten)
Karzinoid-Syndrom	Arthralgie (selten)
Hämochromatose	Arthropathie, Fingergrundgelenke II und III, auch größere Gelenke
Hypercholesterinämie (→ Kap. 63)	Arthrose (selten)
Therapie mit Östrogenen	Arthralgie und Arthritis durch Auslösung oder Verschlechterung eines systemischen Lupus erythematodes Auslösung oder Verschlechterung einer rheumatoiden Arthritis (chronische Polyarthritis)

43

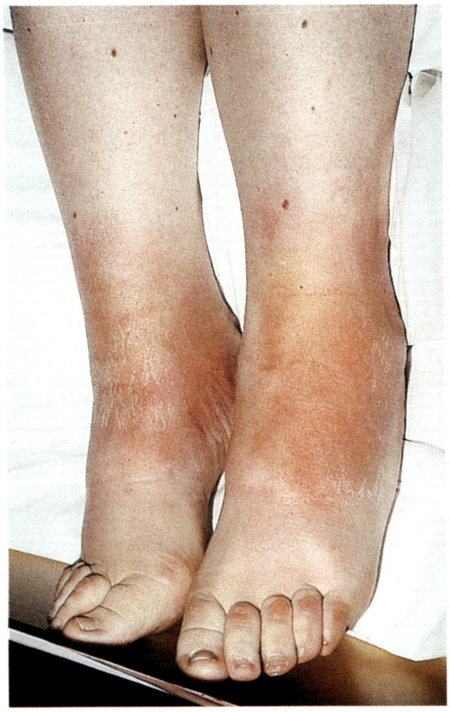

Abb. 43-15 Löfgren-Syndrom: akuter Morbus Boeck mit beidseitiger Sprunggelenkarthritis, Hyperkalzämie und Morbus Boeck Stadium I.

B *Beschwerden und Befunde*

Neben der charakteristischen Trias (vergrößerte Hiluslymphknoten, Erythema nodosum, schmerzhafte Gelenkschwellungen) haben die Patienten Fieber und Myopathien. Die Gelenkbeschwerden betreffen hauptsächlich die größeren Gelenke der Extremitäten. Möglich ist eine Uveitis und ein Befall des ZNS (Fazialisparese). Meist bestehen Leukozytose, BSG-Erhöhung und eine Erhöhung des ACE (Angiotensin-Converting-Enzym). Der Tuberkulintest ist negativ.

DS *Diagnosesicherung*

Radiologisch kann bei anderen fortgeschrittenen chronischen Formen der Sarkoidose in seltenen Fällen eine destruktive Arthropathie mit lakunären zystischen Veränderungen (Jüngling) nachgewiesen werden. Zur Diagnosesicherung ist der histologische Nachweis der typischen Epitheloidzellgranulome aus dem betroffenen Gewebe entscheidend. Die Aktivitätseinschätzung der Sarkoidose schließt eine Lungenfunktionsprüfung und die Bestimmung von $CD4^+$-T-Lymphozyten aus der bronchoalveolären Lavage ein.

DD *Differentialdiagnose*

Differentialdiagnostisch sind je nach Stadium der Erkrankung maligne Lymphome oder Leukämien (→ Kap. 32), rheumatisches Fieber (→ 43.4.4), Tuberkulose (→ Kap. 14), Histoplasmose, medikamentöse Reaktionen, exogen allergische Alveolitis (→ Kap. 3), Ornithose, Mykose, Histiocytosis X, Pneumokoniose, Berylliose und Lungenfibrosen (→ Kap. 3) anderer Genese auszuschließen. Als differentialdiagnostischer Hinweis kann die Diskrepanz zwischen blander Klinik und ausgeprägten radiologischen Veränderungen bei der Sarkoidose gelten. Im Gegensatz zur rheumatoiden Arthritis sind Rheumafaktoren nicht nachweisbar. Das sehr gute Ansprechen auf Steroide hat fast diagnostischen Stellenwert.

43.4.8.2 Hämatologisch-onkologische Gelenkerkrankungen

Bei einer Vielzahl von hämatologisch-onkologischen Erkrankungen können Schmerzen im Bereich der Gelenke auftreten. Im wesentlichen kommen folgende Ursachen in Betracht:

- paraneoplastische Syndrome, die sich wie eine rheumatoide Arthritis manifestieren (Beispiel: Lymphome)
- Schmerzen im Bereich des Gelenkes, die durch Metastasen eines malignen Tumors verursacht sind
- gichtähnliche Beschwerden aufgrund vermehrten Harnsäureanfalls bei hämatologischen malignen Systemerkrankungen, hämolytischer Anämie oder chronisch-myeloproliferativen Systemerkrankungen (CML), auch besonders bei Chemotherapie **(Tumor-Lyse-Syndrom)**
- Beschwerden durch Einblutungen in das Gelenk (z.B. Hämarthros bei Koagulopathien oder Thrombozytopenien)

43.4.9 Degenerative Gelenkerkrankungen (Arthrosen)

Arthrosen sind mit zunehmendem Alter eine häufige Erkrankung. Im Vordergrund stehen degenerative Schädigungen der Gelenkknorpel. Man unterscheidet zwischen **primären** idiopathischen Arthrosen (Alter? genetische Faktoren? hormonale Faktoren?) und **sekundären Arthrosen,** denen permanente Überbelastungen, Stoffwechselstörungen, eine chronische Entzündung oder eine Neuropathie vorausgehen. Arthrosen können sämtliche Gelenke betreffen. Sie finden sich bevorzugt an den Gelenken mit der größten mechanischen Belastung: Kniegelenk (Gonarthrose), Hüftgelenk (Koxarthrose), Handgelenk und Fingergelenken (Heberden- und Bouchard-Knoten). Die degenerativen Wirbelsäulenveränderungen (Chondrosis/Osteochondrosis intervertebralis, Unkovertebralarthrose, Spondylose, Spondylarthrose) sind im Kapitel 48 beschrieben.

B *Beschwerden und Befunde*

Primäre Arthrosen entwickeln sich oft über viele Jahre und verursachen zunächst trotz zum Teil erheblicher Deformierung keine Beschwerden. Für die Erkrankung kann aber auch die Diskrepanz zwischen Beschwerden (starke Schmerzen) und Befunden (keine Schwellungen oder pathologischen Röntgenbefunde) typisch sein. Leitsymptome sind zuerst der Anlauf- und Belastungsschmerz. Es bestehen keine Bewegungseinschränkungen. Später kommt es zu Schüben in kürzerer Abfolge und zu Dauerschmerzen in den betroffenen Gelenken und dem angrenzenden Muskelgewebe. Die Gelenkbewegungen werden von Krepitationen begleitet. Manchmal bestehen akute Schmerzen im Kniegelenk mit Blockade des Gelenkes (Gelenkmaus). Nicht selten entwickeln sich reaktive Synovitiden, die zu Gelenkergüssen führen. In diesem Stadium tritt oftmals eine subjektive Symptomlinderung ein. In weit fortgeschrittenen Stadien klagen die Patienten über hochgradige Bewegungseinschränkungen mit Kontrakturen, Gelenkinstabilitäten, Fehlstellungen und selten Ankylosen.

DS *Diagnosesicherung*

Bei der **Gonarthrose** bestehen klinisch retropatelläre Schmerzen, besonders beim Treppensteigen, bei gebeugtem Kniegelenk oder Aufrichten aus der Hocke. Krepitationen sind häufig. Später kommt es zu Kapselschwellungen, Synovialitis und Gelenkerguß. Radiologisch zeigt sich im floriden Stadium eine fleckige Demineralisation und eine Gelenkspaltverschmälerung. In fortgeschrittenen Stadien kommt es zu Achsenfehlstellungen, Knorpelsubstanzverlust, Ausziehung der Kondylen, Osteophyten, subchondraler Sklerose und Deformierungen der angrenzenden Knochenkompartimente.

Bei der **Koxarthrose** fällt ein Schweregefühl der Beine nach längerem Gehen auf. Es entwickelt sich ein Anlaufschmerz, später Belastungsschmerz, der dann auch im Sitzen und Liegen auftritt. In fortgeschrittenen Stadien besteht ein typischer Leistendruckschmerz. Die Innenrotation wird eingeschränkt, es kommt zu einem hinkenden Gangbild. Radiologisch zeigen sich in frühen Stadien Osteophytenbildungen. Später folgen Gelenkspaltverschmälerungen und Zunahme der Osteophyten, es entwickeln sich Sklerose- und Geröllzysten.

Bei Arthrosen im Bereich der Fingergelenke finden sich typische knötchenförmige Auftreibungen, die Heberden-Knoten und Bouchard-Knoten (Abb. 43-16).

DD *Differentialdiagnose*

Die größten differentialdiagnostischen Schwierigkeiten betreffen die reaktiven Synovitiden. Ebenfalls schlecht abzugrenzen ist die sekundäre Arthrose z.B. bei Patienten mit fortgeschrittener rheumatoider Arthritis. Wichtig für die Diagnose der Arthrose ist die Lokalisation (große Gelenke), Begleitsymptomatik (Krepitationen ohne Schwellung), fehlende allgemeine Entzündungszeichen (BSG und CRP normal) und die charakteristischen radiologischen Befunde (Osteosklerose).

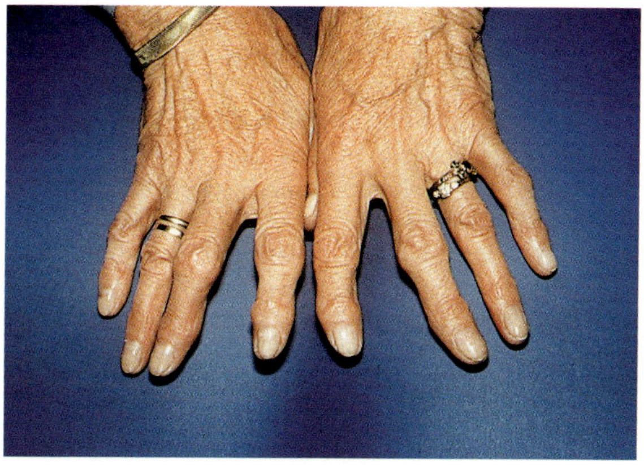

Abb. 43-16 Fingergelenkpolyarthrose: Schubweise Schmerzen bei Heberden-Knoten, z.B. Zeigefingerendgelenk rechts und Bouchard-Knoten an den Mittelgelenken von Zeige- und Mittelfinger beidseits; irreguläre Achsenabweichungen.

43

43.4.10 Kollagenosen

Der Sammelbegriff Kollagenosen umfaßt verschiedene genetisch prädisponierte Erkrankungen, die sich hinsichtlich Morphologie (Entzündung oder Fibrosierung des Bindegewebes), Klinik (progredienter Verlauf, Multiorganbefall, Ansprechen auf Steroide) und Immunologie (Autoimmunphänomene und Immunkomplexe) ähneln. Aufgrund des Multiorganbefalls müssen viele Erkrankungen differentialdiagnostisch berücksichtigt werden, so daß die **Diagnose** einer **Kollagenose** sehr schwierig ist. Folgende **Richtlinien** helfen bei der Diagnostik:

- Erkennen der Multiorganerkrankung
- Ausschluß anderer Erkrankungen mit Allgemeinsymptomen (maligne Erkrankungen, Infektionen)
- Zuordnung verschiedener Krankheitssymptome zu der vermuteten Kollagenose
- Definition des morphologischen Substrats (Gefäße, Muskeln)
- Unterscheidung zwischen entzündlichen und fibrosierenden Prozessen

43.4.10.1 Systemischer Lupus erythematodes (SLE)

Der SLE ist eine entzündliche, chronisch-rezidivierende Bindegewebserkrankung, bei der fibrinoide Nekrosen und Immunkomplexablagerungen im Bereich der Gefäßwand der betroffenen Gewebe vorhanden sind. Die Erkrankung ist gekennzeichnet durch den Nachweis von Autoantikörpern gegen nukleäre und zytoplasmatische Antigene. Es können nahezu sämtliche Organe betroffen sein. Die Inzidenz beträgt 7 auf 100 000. Frauen sind 10- bis 13mal häufiger als Männer betroffen.

B ***Beschwerden und Befunde***

Aufgrund der breiten Organmanifestation können die Beschwerden sehr vielgestaltig sein. Neben Allgemeinsymptomen treten Gewichtsabnahme, Fieber, Haarausfall, erhöhte Lichtempfindlichkeit, Raynaud-Symptomatik (→ Abb. 43-1), Lymphknotenschwellungen, Schmetterlingserythem (→ Abb. 21-3) und Arthritis ohne Destruktionen auf. Betroffen sind meist die Fingermittel- und -grundgelenke. Die Arthralgien und Synovitiden wechseln bezüglich Dauer und Intensität. Prognostisch entscheidend ist die Organbeteiligung (Niere, ZNS, Herz, Lunge). Nicht selten treten infektiöse Komplikationen oder durch Autoantikörper vermittelte Zytopenien auf.

DS ***Diagnosesicherung***

Die Diagnosekriterien für den SLE sind in Tabelle 43-8 aufgelistet. Bei gleichzeitigem oder seriellem Nachweis von 4 oder mehr der 11 aufgelisteten Kriterien gilt die Diagnose eines SLE als gesichert. Neben der Klinik spielt die Labordiagnostik eine wichtige Rolle. Charakteristisch ist der hochtitrige (> 1:200) Nachweis von antinukleären Antikörpern und ein Komplementverbrauch (C3c, C4, CH50). Ein falsch-positiver Lues-Test, bedingt durch Anti-Cardiolipin-Antikörper (Lupus-Antikoagulans, LA) ist nicht selten. Doppelstrang-DNS-Antikörper sind diagnostisch wegweisend. Sie sind allerdings meist nur im Erkrankungsschub signifikant erhöht. Daneben sind meist SSA und Anti-Phospholipid-Autoantikörper (ACLA) vorhanden. Der Komplementverbrauch eignet sich im Krankheitsverlauf sehr gut als Screening- und Aktivitätsparameter.

Tab. 43-8 Kriterien für die klinische Diagnose eines SLE (ARA 1982)

Kriterium	Definition
Schmetterlingserythem	flach oder erhaben, auf beiden Wangen, den Nasenrücken aussparend
diskoider Lupus	erythematöse, erhabene Flecken mit keratotischer Schuppung und atrophischen Narben, vorzugsweise an lichtexponierten Stellen
Photosensitivität	rasch auftretender Hautausschlag nach Sonnenexposition (auch anamnestisch)
Schleimhautulzerationen	schmerzlose orale oder nasopharyngeale Ulzerationen durch den Arzt beobachtet
Arthritis	nichterosive Arthritis bei mehr als zwei peripheren Gelenken
Serositis	Pleuritis oder Perikarditis
Glomerulonephritis	anhaltende Proteinurie > 0,5 g/Tag oder hyaline, erythrozytäre bzw. granulierte Zylinder
Neurologische Symptome	Krampfanfälle oder Psychosen bei Abwesenheit metabolischer oder medikamentöser Ursachen
Hämatologische Befunde	Hämolytische Anämie oder Leukopenie < 4000/mm^3 oder Lymphopenie < 1500/mm^3 oder Thrombozytopenie < 100 000/mm^3
Immunologische Befunde	positiver LE-Zell-Test oder Anti-dsDNS-Antikörper-Nachweis oder Anti-Sm-Antikörper-Nachweis oder falsch-positive Luesreaktion
Antinukleäre Antikörper	abnorm hoher ANA-Titer bei Ausschluß eines medikamenteninduzierten SLE

DD ***Differentialdiagnose***

Differentialdiagnostisch kommen je nach initialer klinischer Symptomatik eine Vielzahl von Erkrankungen in Betracht. Besonders schwierig ist die Abgrenzung der rheumatoiden Arthritis mit systemischer Manifestation, des Still-Syndroms und anderer Kollagenosen. Eine Lues kann durch den TPHA-Test abgegrenzt werden. Finden sich bei Patienten mit weniger als 4 der für die Diagnose eines SLE erforderlichen Kriterien und niedrige Autoantikörper-Titer, sollte der weitere Krankheitsverlauf engmaschig kontrolliert werden, bevor die Diagnose eines SLE gestellt werden kann. Komplementfaktoren lassen eine Differenzierung zwischen SLE (C3c, C4, CH50 erniedrigt) und medikamenteninduziertem Pseudo-SLE zu (C3c, CH50 normal).

43.4.10.2 Sklerodermie

Bei der Sklerodermie (progressive systemische Sklerose) handelt es sich um eine chronische Systemerkrankung mit überschießender Kollagenbildung, die durch eine Verdickung der Haut mit charakteristischer Fibrosierung, Induration und Atrophie sowie einer viszeralen Beteiligung und Gefäßobliteration gekennzeichnet ist. Man unterscheidet eine lokalisierte kutane Form (zirkumskripte Sklerodermie, Skleroderma) von der systemischen Sklerodermie. In frühen Krankheitsstadien lassen sich Hautinfiltration durch T-Lymphozyten und eine Schädigung des Gefäßendothels nachweisen. Es werden vermehrt Zytokine freigesetzt, die Kollagenproduktion und Fibroblastenproliferation stimulieren.

B *Beschwerden und Befunde*

Die Sklerodermie betrifft meistens Frauen jenseits des 50. Lebensjahres. Oft geht ein Raynaud-Syndrom den Hautveränderungen voraus. Meist entwickeln sich allmählich diffuse Hautveränderungen im Bereich der Finger (Sklerodaktylie). Es kommt zu ödematösen Schwellungen, progredienten Indurationen, Atrophien der Haut sowie schmerzhaften Ulzera und Nekrosen an den Fingerspitzen (Rattenbißnekrosen). Die Hautveränderungen betreffen auch häufig das Gesicht. Es entwickelt sich ein maskenhaftes Aussehen mit Verkleinerung der Mundöffnung (Tabaksbeutelmund, → Abb. 17-12).

Bereits zu Beginn der Erkrankung treten Gelenkbeschwerden mit Morgensteifigkeit auf. Meist sind die oberen Extremitäten betroffen. Im weiteren Krankheitsverlauf kann es zu Beugekontrakturen kommen. Andere betroffene Organsysteme sind der Gastrointestinaltrakt (Ösophagusmotilitätsstörungen [→ Kap. 39], Ösophagitiden, Darmatonie), die Lunge (interstitielle Lungenfibrose), das Herz (Perikarditis, Kardiosklerose) und die Nieren (Niereninsuffizienz, Hypertonie). Diese viszerale Organbeteiligung zeigt eine schlechte Prognose an. Im Gegensatz dazu haben Patienten mit einem CREST-Syndrom (Kalzinose, Raynaud-Syndrom, Ösophagusmotilitätsstörungen, Sklerodaktylie, Teleangiektasie) eine bessere Prognose.

DS *Diagnosesicherung*

Die Diagnose Sklerodermie wird klinisch gestellt. Sie beruht auf dem Nachweis der charakteristischen symmetrischen, proximal-betonten Hautveränderungen. Nebenkriterien sind die Sklerodaktylie, Rattenbißnekrosen und eine basale bilaterale Lungenfibrose. Häufig sind Autoantikörper wie ANA, Anti-SCL-70 oder Rheumafaktoren nachweisbar.

DD *Differentialdiagnose*

Die Diagnose der fortgeschrittenen Sklerodermie mit den typischen Hautveränderungen ist einfach zu stellen. Die zirkumskripte Sklerodermie (befällt nie die Hände), die eosinophile Fasziitis (Haut- und Sehnenscheidensklerosen) und andere Formen der Pseudo-Sklerodermie bei Diabetes mellitus wie auch das Sharp-Syndrom müssen abgegrenzt werden. Der Nachweis von Anti-SCL70 und Anti-Centromer-Antikörpern (40 bzw. 70% positiv) sowie erhöhte BSG und CRP können wichtige diagnostische Hinweise geben.

43.4.10.3 Polymyositis und Dermatomyositis

Die Polymyositis ist eine idiopathische entzündliche Muskelerkrankung, die mit Entzündungen der Gelenke und des Herzens einhergeht. Wichtig ist der Ausschluß einer malignen Grunderkrankung, da neben der idiopathischen Form in 10–15% eine paraneoplastische Poly-/Dermatomyositis auftritt, die der malignen Erkrankung vorangehen kann. Wichtige Symptome sind proximal betonte hochgradige Muskelschwäche (→ Kap. 35), Muskelschmerzen (→ Kap. 47) mit nachfolgenden Muskelatrophien und Kontrakturen. Charakteristisch ist eine derbe Schwellung der betroffenen Muskeln, die sehr druckschmerzhaft sind. Bei der Dermatomyositis finden sich zusätzlich charakteristische inflammatorische Hautveränderungen an Schulter, Rücken (weinrote livide Erytheme mit Ödembildung) und Augenlidern (Lilac-Ring, → Abb. 17-14). Eine Gelenkbeteiligung tritt bei etwa einem Viertel der Patienten in Form einer symmetrischen, nichterosiven Arthritis auf und betrifft gewöhnlich die kleinen Gelenke der Hände. Andere Organbeteiligungen sind bis auf die Myokarditis (→ Kap. 23) selten. Stark erhöhte Entzündungsparameter können wie CK, Muskelenzyme, Myoglobin und Nachweis des PM-1-Antikörpers zur Diagnosesicherung dienen. Wichtig ist die morphologische Bestätigung durch eine Haut-/Muskelbiopsie.

DD *Differentialdiagnose*

Die Polymyalgia rheumatica (→ Kap. 47) kann durch die fehlende Muskelschwäche und das prompte Ansprechen auf eine Steroidbehandlung abgegrenzt werden. Bei der Myasthenia gravis (→ Kap. 35) steht die belastungsabhängige Muskelschwäche im Vordergrund. Antikörper gegen Azetylcholinrezeptoren sind in über 90% der Fälle nachweisbar. Andere Differentialdiagnosen sind nichtentzündliche Muskelerkrankungen, die Trichinose, die Steroid-Myopathie sowie das Sharp-Syndrom.

43.4.10.4 Sharp-Syndrom

Das Sharp-Syndrom ist ein sehr „buntes" Krankheitsbild mit Teilsymptomen einer rheumatoiden Arthritis (symmetrische nichterosive Polyarthritis), SLE (Fieber, Alopezie, Hautveränderungen, Lymphknotenvergrößerungen), Sklerodermie (Raynaud-Syndrom, Sklerodaktylie, Ösophagusmotilitätsstörungen), Polymyositis (Myositis, Muskelschwäche) und Sjögren-Syndrom. Der Krankheitsverlauf ist gutartig.

DD ***Differentialdiagnose***

Die meisten rheumatischen Erkrankungen können überlappend in Form von „Mischkollagenosen" auftreten. Besonders gilt dies für den SLE, die Sklerodermie, die Dermato-/Polymyositis, die rheumatoide Arthritis und das Sjögren-Syndrom. Die Abgrenzung des Sharp-Syndroms zu diesen Erkrankungen ist noch unscharf definiert, auch wenn es sich um ein eigenständiges Krankheitsbild mit dem charakteristischen Nachweis eines Autoantikörpers (U1-RNS) gegen Ribonukleoprotein (Nachweis in 95%) und ANA mit gesprenkeltem Fluoreszenzmuster handeln könnte. Etwa 20% der Patienten haben dsDNS-Antikörper und Rheumafaktoren, ssDNS-Antikörper sind jedoch nicht nachweisbar.

43.4.10.5 Sjögren-Syndrom

Der Begriff Sjögren-Syndrom (Sicca-Syndrom) bezeichnet eine isolierte Keratokonjunktivitis und Xerostomie als Folge einer chronisch-inflammatorisch-lymphozytären Erkrankung (primäres Sjögren-Syndrom). Pathophysiologisch besteht eine Funktionsstörung der Tränen- und Speicheldrüsen aufgrund lymphozytärer Infiltrationen (→ Kap. 19). Die Erkrankung betrifft bevorzugt Frauen zwischen dem 30. und 60. Lebensjahr.

Es besteht eine genetische Prädisposition mit Nachweis von HLA-DR3, DR2, B8 und w52. Es finden sich häufig Anti-SSA-(Ro-) und Anti-SSB-(LA-)Autoantikörper (→ Tab. 43-2). Die Patienten leiden unter Trockenheit und Keratose der Schleimhäute, Parotisvergrößerung, Schweiß- und Talkdrüsenatrophie, Pigmentverschiebungen und Salzsäuremangel des Magensaftes.

Das sekundäre Sjögren-Syndrom ist mit verschiedenen Erkrankungen des rheumatischen Formenkreises assoziiert (RA, Sklerodermie, SLE, Sharp-Syndrom).

43.4.11 Vaskulitiden

43.4.11.1 Wegener-Granulomatose

Die Wegener-Granulomatose ist eine generalisierte Erkrankung, die sich in der klassischen Form an Lunge, oberem Respirationstrakt und der Niere manifestiert. Als initiale Beschwerden werden oft chronisch-persistierender Schnupfen (→ Kap. 49) mit produktivem Husten und zum Teil hämorrhagischem Sekret angegeben. Häufig besteht eine chronische Sinusitis mit Beteiligung des Mittelohrs.

B ***Beschwerden und Befunde***

Im lokalisierten Frühstadium bleibt die Erkrankung oft lange unerkannt. In vielen Fällen kommt es dann plötzlich zu einer dramatischen Generalisation mit zunehmendem Husten, Dyspnoe, Brustschmerz, Hämoptysen oder Makrohämaturie. Fieber, Schwächegefühl und Gewichtsverlust stellen sich ein. An den Augen kann es zur Episkleritis, Protrusio Bulbi oder einem Pseudotumor der Orbita mit nachfolgender Erblindung kommen (→ Kap. 5). Veränderungen an der Haut manifestieren sich als Purpura, chronische Ulzera oder subkutane Knoten, die an das Erythema nodosum erinnern. Arthritiden der großen Gelenke werden häufig beobachtet. Pulmonal treten herdförmige Pneumonien mit Abszedierung auf. Häufig entwickelt sich eine rapid progressive Glomerulonephritis (→ Kap. 20), die zu einer rasch progredienten Niereninsuffizienz führt.

DS ***Diagnosesicherung***

Eine zügige Diagnostik ist essentiell, um vor einer terminalen Niereninsuffizienz therapeutisch eingreifen zu können. Bei einer therapierefraktären Sinusitis oder Rhinitis sollte an eine Wegener-Granulomatose gedacht werden (→ Abb. 17-13). Die Diagnosestellung erfordert den histologischen Nachweis der charakteristischen epitheloidzelligen Granulome, die häufig zentrale Nekrosen und eine begleitende nekrotisierende Entzündung kleiner Gefäße zeigen. Der Nachweis von Autoantikörpern gegen intrazytoplasmatische Antigene von Granulozyten (cANCA) sichert die Diagnose. Die Sensitivität des cANCA-Nachweises bei der Wegener-Granulomatose liegt bei 80%, die Spezifität über 95%. Aus dem Titerverlauf läßt sich die Krankheitsaktivität ablesen.

DD ***Differentialdiagnose***

Die Differentialdiagnose der Wegener-Granulomatose im Frühstadium umfaßt andere granulomatöse Veränderungen im Nasen-Rachen-Raum wie die Sarkoidose, das Midline-Granuloma, das Behçet-Syndrom und das eosinophile Granulom. Weiterhin müssen differentialdiagnostisch entzündliche granulomatöse Erkrankungen wie Tuberkulose, Lepra, Syphilis ausgeschlossen werden sowie Granulome, die durch andere Bakterien, durch Pilze oder Parasiten hervorgerufen werden, der Morbus Crohn und maligne Lymphomerkrankungen.

43.4.11.2 Morbus Behçet

Der Morbus Behçet ist ein aus rezidivierenden Aphthen der Mund- und Genitalschleimhaut sowie entzündlichen Augenveränderungen **(Hypopyon)** bestehender Symptomkomplex. Die Erkrankung tritt besonders häufig in Japan und im Mittelmeerraum auf. Etwa die Hälfte der Patienten leidet unter nichtdestruierenden Arthritiden der großen Gelenke. Weitere Symptome sind Fieber, Erythema nodosum, Enterokolitiden, Epididymitiden, Vaskulitiden (Aneurysmen), ZNS-Beteiligung und eine Iridozyklitis, die zur Erblindung führen kann. Die Laboruntersuchungen zeigen akute Entzündungszeichen, erniedrigte T4-/T8-Ratio, Immunkomplexe (50–60% der Patienten), Autoantikörper gegen Mukosa sowie eine Assoziation mit dem HLA-B5 (gehäuft in der Türkei). Eine histologische Untersuchung bestätigt die Diagnose.

43.4.11.3 Purpura Schoenlein-Henoch

Eine der häufigsten Vaskulitiden im Kindesalter ist die Purpura Schoenlein-Henoch. Das klinische Krankheitsbild ist gekennzeichnet durch eine nichtthrombozytopene Purpura der Haut (→ Kap. 9), Arthritiden, Bauchschmerzen und renale Dysfunktion. Die charakteristischen Hautveränderungen bestehen in hellroten rundlichen Erythemen, die hauptsächlich am Gesäß und den unteren Extremitäten lokalisiert sind. Eine Gelenkbeteiligung insbesondere der großen Gelenke wird von 80% der Patienten angegeben. Charakteristische Laborveränderungen gibt es nicht. Die Veränderungen bilden sich in der Regel innerhalb von ein bis zwei Wochen ohne Folgeschäden zurück. Bei etwa 5% der Fälle kommt es allerdings zu einer progredienten Niereninsuffizienz (→ Kap. 60).

43.4.11.4 Polyarteriitis nodosa

Die Polyarteriitis nodosa ist eine fieberhafte generalisierte Erkrankung der Arterien, die meist bei Patienten mittleren Alters auftritt. Plötzlich einsetzende Nervenschmerzen oder Parästhesien und Schwäche der betroffenen Nerven sind die ersten Beschwerden (asymmetrische Polyneuropathie, → Kap. 30 und 56). Allgemeinsymptome wie Fieber und Gewichtsverlust sind häufig. Die Diagnose wird durch den bioptischen Nachweis der Vaskulitis aus dem betroffenen Organ gestellt. Histologisch imponiert eine Verquellung und Wucherung von Intima und Media mit Rundzellinfiltraten, Eosinophilen und Fibrinexsudat. Häufige Lokalisation der Erkrankung sind Haut, periphere Nerven, Gelenke, Intestinaltrakt und die Nieren. An der Haut treten Purpura, Ulzera sowie eine Livido reticularis auf. An der Niere wird eine nekrotisierende Glomerulonephritis (→ Kap. 20) beobachtet. Im Labor zeigen sich akute Entzündungszeichen sowie eine neutrophile Leukozytose und Thrombozytose. Der Hepatitis-B-Antigen-Nachweis kann bei 15% der Patienten geführt werden.

DD *Differentialdiagnose*

An die Diagnose P. nodosa muß bei unklarem Fieber, Gewichtsverlust, Bauchschmerzen oder Polyneuropathien gedacht werden. Entscheidend für die Diagnose ist neben der Histologie der angiographische Nachweis von Mikroaneurysmen.

43.4.11.5 Polymyalgia rheumatica und Arteriitis temporalis

Die Polymyalgia rheumatica (→ Kap. 47) und die **Arteriitis temporalis** werden meist als ein Krankheitsbild unter der Bezeichnung „Polymyalgia arteriitica" zusammengefaßt. Es handelt sich um eine recht häufige Erkrankung älterer Patienten jenseits des 60. Lebensjahres. Das Krankheitsbild ist charakterisiert durch Muskelschmerzen und Bewegungseinschränkungen im Bereich von Nacken-, Schulter- oder Oberschenkelmuskulatur. Die Temporalarterie kann sichtbar entzündlich geschwollen sein (→ Abb. 17-11a). Bei etwa 40% der Patienten bestehen gleichzeitig Schläfenkopfschmerz, Visusverlust und einseitiger Druckschmerz der Temporalarterie. Der Krankheitsbeginn ist häufig abrupt. Die Lokalisation der Beschwerden ist symmetrisch. Im weiteren Verlauf kommt es zu Synovitiden, Morgensteifigkeit und Depressionen. Die Laboruntersuchungen zeigen eine stark beschleunigte BSG und ein erhöhtes CRP bei normaler CK. Charakteristisch ist das prompte Ansprechen auf Glukokortikoide.

DD *Differentialdiagnose*

Initial ist die differentialdiagnostische Abgrenzung einer seronegativen rheumatoiden Arthritis manchmal schwierig. Vor allem müssen paraneoplastische Myopathien (z.B. beim Bronchialkarzinom, Plasmozytom, Mammakarzinom) ausgeschlossen werden. Zur Diagnosesicherung ist eine Biopsie der A. temporalis erforderlich.

44 Kopfschmerzen

K.-H. Krause und D. Pongratz

Kopfschmerz ist ein sehr häufiges Phänomen, das oftmals zum Besuch beim Arzt und noch öfter zur unkontrollierten Einnahme von Medikamenten führt. Ursächlich ist eine Vielzahl von Möglichkeiten bei der Differentialdiagnose zu bedenken. Entscheidend für die diagnostische Einordnung ist eine sorgfältige Anamnese. Die daran anschließende ganzkörperliche Untersuchung liefert in der Regel nur bestätigende, höchst selten wegweisende überraschende Befunde, in gleicher Weise wie die apparativen Zusatzuntersuchungen. Zur Analyse der Ursache muß gezielt nach der Art des Kopfschmerzes, seiner Lokalisation, dem zeitlichen Verteilungsmuster, möglichen Vorboten und Begleiterscheinungen sowie auslösenden Faktoren gefragt werden. Die sorgfältige Erhebung dieser Daten ermöglicht in der Regel eine exakte Diagnosestellung, die Voraussetzung für eine differenzierte Therapie ist.

44.1 Definition und Abgrenzung

Kopfschmerzen entstehen, wenn sensibel innervierte schmerzempfindliche intrakranielle Strukturen (Dura, Gefäße) oder sensible Nerven selbst gereizt werden. Es ist somit evident, warum es sehr viele mögliche Ursachen von Schmerzen im Bereich des Kopfes gibt.

44.2 Ursachen

Bei Stimulation von Schmerzrezeptoren (Nozizeptoren) durch potentiell gewebsschädigende thermische, mechanische oder chemische Reize entsteht eine unangenehme, alarmierende Mißempfindung (→ Kap. „Schmerzen als diagnostisches Symptom"). Neben diesen Schmerzen mit eindeutig somatischem Korrelat können Kopfschmerzen auch rein psychogen sein, in diesem Fall den hysterischen Lähmungen vergleichbar. Eine Überlagerung von organischer und psychogener Ursache ist nicht selten und bedingt oftmals erhebliche Probleme bei Diagnose und Therapie.

Nozizeptoren sind im Kopfbereich extrakraniell an Augenbestandteilen wie der Iris und Cornea vorhanden. Intrakraniell ist das Gehirn im wesentlichen schmerzunempfindlich. Schmerzrezeptoren sind anzutreffen:

- in Teilen der Dura mater einschließlich Tentorium cerebelli und Falx
- in den Arterien, die innerhalb der Dura verlaufen
- in den großen Arterienstämmen an der Schädelbasis
- an den größeren intrakraniellen Venen und den venösen Sinus

Die Schmerzleitung erfolgt über die nozizeptiven Afferenzen:

- N. trigeminus
- N. glossopharyngeus
- N. vagus
- obere Zervikalwurzeln

Kopfschmerzen werden am häufigsten durch eine pathologische Erweiterung der Gefäße mit Zunahme der Permeabilität, Austritt von Plasmakininen (chemischen Schmerzreizstoffen) und Entwicklung eines perivaskulären Ödems verursacht – deshalb die Bezeichnung **vasomotorische Kopfschmerzen.**

Zu dieser Schmerzursache gehören die Krankheitsbilder:

- Migräne
- Spannungskopfschmerz
- Cluster-Kopfschmerz

Kopfschmerzen werden aber auch bei anderen **organischen Gefäßprozessen** geklagt wie:

- zerebrale Insulte (→ Kap. 30)
- Subarachnoidalblutung (→ Kap. 7)
- Arteriitis cranialis (→ Kap. 55)
- zerebrale Venenthrombose
- arterielle Hypertonie (→ Kap. 26)

Intrakranielle Raumforderungen können ebenfalls durch mechanischen Druck auf Dura bzw. Gefäße das Leitsymptom Kopfschmerz verursachen:

- Hirntumor (→ Kap. 7)
- Subduralhämatom
- Hirnabszeß

Mechanisch verursachte Kopfschmerzen entstehen auch bei **Störung der Liquorzirkulation** durch:

- Liquorabflußbehinderung mit der Folge eines Hydrozephalus sowie durch
- Liquorunterdruck, etwa nach ausgiebiger Lumbalpunktion (postpunktioneller Kopfschmerz)

Eine Sondergruppe stellen die **Neuralgien und atypischen Gesichtsschmerzen** dar, die die erwähnten Hirnnerven mit schmerzleitenden Fasern betreffen:

- Trigeminusneuralgie
- Glossopharyngeusneuralgie
- Aurikulotemporalisneuralgie
- Costen-Syndrom (Neuralgie des Mandibulargelenkes)
- myofasziales Syndrom der Kaumuskulatur
- atypische Gesichtsschmerzen

Ursachen des Kopfschmerzes aus anderen Fachbereichen sind:

- HNO-Affektionen
- okuläre Störungen
- dentogene Störungen
- Verletzungen oder degenerative Veränderungen an der HWS (→ Kap. 48)
- entzündliche und immunologische intrakranielle Erkrankungen wie das Tolosa-Hunt-Syndrom (granulomatöse Entzündung im Sinus cavernosus) und der
- Pseudotumor orbitae (okuläre Myositis)
- toxische Schädigungen, z.B. durch chronische Intoxikation mit Benzol, Tetrachlorkohlenstoff oder Blei

Die größte Krankheitsgruppe des Symptoms Kopfschmerzen bilden die vasomotorisch verursachten.

44.3 Diagnostik

44.3.1 Anamnese

Folgende Fragestellungen sind für die Analyse des Kopfschmerzes besonders wichtig:

- Art des Kopfschmerzes
- Lokalisation
- Alter und Geschlecht
- Zeitpunkt des Auftretens
- Dauer
- Auslösung
- Begleiterscheinungen

Die erste entscheidende Differenzierung ergibt sich bereits aus der **Art des Kopfschmerzes**:

- pulsierend
- pochend
- drückend
- stechend

Tab. 44-1 Art und Lokalisation wichtiger Kopfschmerzformen

Art des Kopfschmerzes	Lokalisation	Verdachtsdiagnose
pulsierend	halbseitig	Migräne
unerträglich, stechend	retroorbital, unilateral	Cluster-Kopfschmerz
	Gesicht, Innervationsgebiet des N. trigeminus	Trigeminusneuralgie
dumpf, drückend	Gesicht, Innervationsgebiet des N. trigeminus	atypischer Gesichtsschmerz
	diffus	Spannungskopfschmerz
dumpf, drückend, stechend	diffus	Analgetikakopfschmerz
dumpf, pochend	diffus	postpunktioneller Kopfschmerz
dumpf, stechend	bi- oder unitemporal, frontal	Arteriitis temporalis

Die Tabelle 44-1 zeigt, daß oftmals bereits Art und Lokalisation des Kopfschmerzes zur richtigen Diagnose führen können. Bezüglich **Alter und Geschlecht** ergeben sich Zuordnungen gemäß Tabelle 44-2. Hinsichtlich des **Zeitpunkts ihres Auftretens** sind Migräne und Analgetikakopfschmerz durch morgendliches Auftreten, Sinusitiden durch ihr Schmerzmaximum 1–2 Stunden nach dem Aufstehen, Cluster-Kopfschmerz durch meist nächtliches Auftreten, Spannungskopfschmerz, Trigeminusneuralgie und atypischer Gesichtsschmerz durch ihr Auftreten tagsüber und Arteriitis temporalis durch ganztägig anhaltende Schmerzen gekennzeichnet. Bei raumfordernden zerebralen Prozessen ist der Schmerz meist morgens besonders ausgeprägt. Bei den posttraumatischen postkommotionellen und postkontusionellen Kopfschmerzen ist der zeitliche Zusammenhang mit dem auslösenden Ereignis evident.

Auch die **Dauer der Kopfschmerzen** ermöglicht eine Differenzierung (Tab. 44-3).

Spezielle **Auslösemechanismen** sind ebenfalls wesentlich für die differentialdiagnostische Einordnung von Kopfschmerzen. Zu erfragen sind speziell:

▷ vorausgegangener Alkoholkonsum
➟ Migräne, Cluster-Kopfschmerz
▷ vorausgegangener Genuß tyraminreicher Nahrungsmittel (Rotwein, Käse, Schokolade)
➟ Migräne

Tab. 44-2 Alters- und Geschlechtsverteilung wichtiger Kopfschmerzformen.

Alter	Frauen > Männer	Männer > Frauen	keine sichere Geschlechtsbevorzugung
Pubertät	Migräne		
mittleres Lebensalter	Analgetikakopfschmerz atypischer Gesichtsschmerz	Cluster-Kopfschmerz	
mittleres bis höheres Lebensalter	Trigeminusneuralgie		hypertonischer Kopfschmerz
hohes Lebensalter			Arteriitis temporalis
keine sichere Bindung an Lebensalter	Spannungskopfschmerz		

▷ Streß
➡ Migräne
▷ Entspannung (Wochenende)
➡ Migräne
▷ Kauen
➡ Trigeminusneuralgie (auslösend),
➡ Arteriitis temporalis (verstärkend)
▷ Einnahme von Nitrat (Medikamente)
➡ Nitratkopfschmerz, Cluster-Kopfschmerz
▷ Zufuhr von Glutamat (chinesisches Essen)
➡ Nahrungsmittelkopfschmerz
▷ Husten
➡ Hustenkopfschmerz
▷ schwere körperliche Betätigung, Sport
➡ Belastungskopfschmerz
➡ zerebrale Raumforderung
▷ Auftreten in großer Höhe
➡ Höhenkopfschmerz
▷ nach Dialyse
➡ Dialysekopfschmerz

In der Anamnese sind außerdem die von den Patienten genannten **Begleiterscheinungen** der Kopfschmerzen von Bedeutung. Eine Übersicht gibt die Tabelle 44-4. Die **Familienanamnese** ist speziell bei der Migräne ergiebig.

Tab. 44-3 Zeitliche Dauer von Kopfschmerzen

Dauer des Kopfschmerzes	Verdachtsdiagnose
Sekunden	Trigeminusneuralgie
30–120 Minuten	Cluster-Kopfschmerz
12–16 Stunden	Spannungskopfschmerz
12–72 Stunden	Migräne
ganztags	Analgetikakopfschmerz atypischer Gesichtsschmerz
Wochen – Monate	Arteriitis temporalis

Tab. 44-4 Begleiterscheinungen bei Kopfschmerzen

Begleiterscheinungen des Kopfschmerzes	Verdachtsdiagnose
Übelkeit, Erbrechen	Migräne, Glaukomanfall
Nüchternerbrechen	Hirndrucksteigerung (Raumforderung, Hydrozephalus)
Photophobie, Geräuschempfindlichkeit	Migräne, Glaukom
Sehstörungen	Arteriitis temporalis, Pseudotumor cerebri, Glaukom
Horner-Syndrom	Cluster-Kopfschmerz, Karotisdissektion
Rhinorrhö, Lakrimation	Cluster-Kopfschmerz
fokale neurologische Ausfälle	Migraine accompagnée, ischämischer Insult, Karotisdissektion, Hirnblutung, Enzephalitis
Ergotismus, Anämie, Nierenschaden	Analgetikakopfschmerz
Tinnitus, Schwindel, Hörminderung	postpunktioneller Kopfschmerz
Schwitzen, Tremor	Kopfschmerz bei Hypoglykämie
Gesichtsrötung, Tremor, Übelkeit	hypertonischer Kopfschmerz
Meningismus	Meningitis, Subarachnoidalblutung
Bewußtseinsstörung	intrazerebrale Blutung, Subarachnoidalblutung, Meningoenzephalitis

44.3.2 Körperliche Untersuchung

Die körperliche Untersuchung zeigt beim größten Teil der Kopfschmerzpatienten keinen pathologischen Befund. Trotzdem sollte jeder Patient mit Kopfschmerzen gründlich neurologisch untersucht werden.

Zeichen eines erhöhten **Hirndrucks** mit **Stauungspapille** sieht man bei **Raumforderungen**, die zu einer Abflußbehinderung aus den Ventrikeln geführt haben, sowie beim **Pseudotumor cerebri**.

Sehstörungen bestehen im Anfangsstadium einer Attacke der **ophthalmischen Migräne**, außerdem sind sie gefürchtete Komplikationen bei **Arteriitis temporalis**.

Meningismus ist das wegweisende Symptom bei **Subarachnoidalblutung** und **Meningitis**, Schmerzen bei Nackenbeugung werden im übrigen auch bei **zervikogenen Kopfschmerzen** angegeben, dann aber verbunden mit druckdolenten **Myogelosen**.

Ein **Horner-Syndrom** kann bei einer **Karotisdissektion** auftreten, außerdem ist es typisch für einen akuten Anfall beim **Cluster-Kopfschmerz**, wobei die Symptome die Attacken im Einzelfall durchaus überdauern können.

Lokaler Druckschmerz der oft dick und vermehrt geschlängelten Temporalarterien ist typisch für die Arteriitis temporalis. Lokale Druckschmerzen über dem Kiefergelenk findet man beim Costen-Syndrom, Druckschmerz der Kaumuskulatur beim myofaszialen Syndrom.

Neurologische Ausfälle sind bei der Migräne in der Regel nicht nachzuweisen, lediglich bei der Sonderform der Migraine accompagnée, bei der umschriebene Durchblutungsstörungen wie bei den zerebralen ischämischen Attacken zu fokalen, in der Regel reversiblen Ausfällen führen.

Fokale neurologische Ausfälle sind bei zerebralen Raumforderungen (Tumor, Blutung, Entzündung) häufig zu finden, gegebenenfalls auch Bewußtseinsstörungen.

Bei den **Neuralgien der Gesichtsnerven** ruft Druck auf die Nervenaustrittspunkte der betroffenen Äste eine Schmerzattacke hervor, wobei sich diese Provokation bei typischer Anamnese im Interesse der Patienten erübrigt.

Druck auf die Nervenaustrittspunkte sowie Beklopfen des entsprechenden Areals am Gesichtsschädel bedingen bei **Sinusitis frontalis und maxillaris** Schmerzen.

Der **Blutdruck** sollte bei jeder Untersuchung gemessen werden, denn **Hypertonie** kann **Kopfschmerzen** verursachen.

Eine psychologische oder psychiatrische Exploration kann im Einzelfall, besonders bei Spannungskopfschmerzen, angebracht sein.

44.3.3 Laboruntersuchungen

Von entscheidender Bedeutung ist die Bestimmung der Blutkörperchensenkungsgeschwindigkeit (BSG) und des C-reaktiven Proteins bei Verdacht auf Arteriitis temporalis. Erhöhte Nierenwerte als Ausdruck toxischer Nierenschädigung sind beim Analgetikakopfschmerz, erniedrigte Blutzuckerwerte beim hypoglykämischen Kopfschmerz, erniedrigte Eisenwerte und Veränderungen des roten Blutbildes bei Kopfschmerzen im Rahmen einer Eisenmangelanämie zu finden.

Typische Laborbefunde sichern die Diagnose bei Akromegalie (→ 44.4.4), Phäochromozytom (→ 44.4.5) und Polycythaemia vera rubra (→ 44.4.7).

Beim Vorliegen von Kopfschmerzen und Verdacht auf Meningitis ist die Durchführung einer Lumbalpunktion zur Sicherung der Diagnose und zur Differenzierung zwischen bakterieller und viraler Genese obligat. Vor einer Lumbalpunktion ist wegen der Gefahr der Einklemmung auszuschließen, daß in der hinteren Schädelgrube raumfordernde Erkrankungen mit Hirndrucksymptomatik vorliegen.

44.3.4 Apparative Untersuchungen

Röntgenaufnahmen des Schädels, der Nasennebenhöhlen und der Halswirbelsäule sowie die Durchführung eines **Elektroenzephalogramms** gelten als Basisdiagnostik bei Kopfschmerzpatienten. Bei entsprechender Anamnese sollten Röntgenaufnahmen der Kiefergelenke bzw. des Gebisses erfolgen. Eine routinemäßige Anwendung von Computer- oder Kernspintomographie bei jedem Kopfschmerzpatienten ist nicht zu vertreten. In diagnostisch klaren Fällen mit chronischen Kopfschmerzen erübrigen sich diese aufwendigen Untersuchungen. Nur wenn entsprechende klinische oder anamnestische Hinweise vorliegen, wird von neurologischer Seite die Indikation hierzu gestellt, etwa bei Verdacht auf eine intrakranielle Blutung. Wichtig sind in diesem Zusammenhang Angaben von Patienten mit langjährigen Kopfschmerzbeschwerden bezüglich einer Änderung der Schmerzqualität. Angiographische bzw. doppler- und duplexsonographische Untersuchungen sind indiziert bei Verdacht auf eine Karotisdissektion oder eine aktuelle zerebrale Durchblutungsstörung. Bei Migränepatienten wird im übrigen fast regelhaft durch eine Kontrastmittelinjektion eine Schmerzattacke ausgelöst bzw. verstärkt. Eine Augendruckmessung hat bei Verdacht auf Glaukom zu erfolgen.

44.4 Krankheitsbilder

44.4.1 Migräne

Es handelt sich um eine familiär und bei Frauen gehäuft auftretende, durch reversible vaskuläre Störungen bedingte Erkrankung mit meist einseitig rezidivierenden Kopfschmerzattacken von wechselnder Intensität, Frequenz und Dauer, häufig verbunden mit vegetativen Symptomen wie Übelkeit und Erbrechen sowie bei der klassischen Form mit visuellen, motorischen oder sensorischen Begleiterscheinungen.

B ***Beschwerden und Befunde***

Bei der klassischen Migräne (Migräne mit Aura, ophthalmische Migräne) kommt es wenige Minuten bis zu einer Stunde vor Einsetzen der Kopfschmerzen zu Sehstörungen in Form von Flimmern im ganzen Gesichtsfeld als Reizsymptom, gefolgt von fleckförmigen bis hin zu hemianopischen Gesichtsfeldausfällen. Die Gesichtsfelddefekte haben häufig helle, gezackte Randsäume (Fortifikationen, Flimmerskotome). Die auf die Sehstörungen folgende halbseitige Kopfschmerzattacke von pulsierendem klopfendem Charakter dauert mehrere Stunden bis zu zwei Tagen und ist von Licht- und Geräuschüberempfindlichkeit, meist auch Übelkeit und Erbrechen, gelegentlich Durchfall und Pollakisurie begleitet. Treten zusätzlich im Verlauf der Migräneattacke flüchtige sensible/motorische Reiz- oder Ausfallserscheinungen auf, wird von einer Migraine accompagnée gesprochen. Weitere Sonderformen sind die Basilarismigräne mit neurologischen Ausfällen im Basilarisstromgebiet (z.B. Schwindel, Tinnitus, Doppelbilder, Ataxie, Paraparese) und die seltenen ophthalmoplegischen Formen mit inkompletter Okulomotorius- oder Abduzenslähmung sowie die retinalen Migränetypen mit monokulärer Erblindung.

Häufiger als die klassische ist die einfache Migräne (common migraine), die etwa zwei Drittel der Migräneattacken ausmacht und bei der die Aura fehlt. Die Schmerzqualität entspricht der klassischen Migräne: Der Schmerz ist einseitig oder zumindest einseitig betont, ein Seitenwechsel ist möglich.

Migräneattacken beginnen meist in den frühen Morgenstunden. Im Abschnitt 44.3 sind auslösende Faktoren (Genuß von Alkohol oder bestimmter Speisen, Streßbe- oder -entlastung u.a.) bereits genannt. Hinzuzufügen ist das Auftreten von Migräne bei bestimmten klimatischen Voraussetzungen sowie eine Koppelung an den Menstruationszyklus. Psychische Einflüsse können eine wesentliche Rolle spielen, wobei der als biochemische Ursache vermutete Serotoninmangel mit Überempfindlichkeit gegenüber Monoaminen und damit erhöhter Schmerzempfindlichkeit seinerseits psychische Störungen bedingen dürfte. In zwei Drittel der Fälle liegt der Erkrankungsbeginn vor dem 30. Lebensjahr. Frauen sind häufiger betroffen. Die hereditäre Prädisposition ist eindeutig, das Erkrankungsrisiko bei Kindern von Migränepatienten wird auf 50% und mehr geschätzt.

DS ***Diagnosesicherung***

Bei Beachtung der typischen anamnestischen Angaben kann die Diagnose meist problemlos gestellt werden. Außerhalb der Migräneattacken ist der neurologische Befund regelrecht. Typische EEG-Muster existieren ebensowenig wie wegweisende Befunde bei den bildgebenden Verfahren.

DD ***Differentialdiagnose***

Bei Migräne mit neurologischen Ausfällen ist ein Ausschluß einer intrakraniellen Blutung, z.B. durch ein Aneurysma (→ Kap. 7), notwendig. Spricht die Anamnese nicht eindeutig für eine schon länger bestehende Migräne, so ist eine Klärung mittels bildgebenden Verfahren (CT, NMR), gegebenenfalls auch eine Angiographie anzustreben. Das gleiche gilt bezüglich der Differentialdiagnose gegenüber einem ischämischen Hirninfarkt (→ Kap. 30), bei dem aber in der Regel keine derartigen Kopfschmerzen vorhanden sind. Im übrigen ist die Migräne differentialdiagnostisch gegenüber weiteren vaskulären Kopfschmerzen wie Cluster- und Spannungskopfschmerz abzugrenzen.

44

44.4.2 Spannungskopfschmerz

Dieser Kopfschmerztyp tritt durchschnittlich im 3. Lebensjahrzehnt auf. Es handelt sich um einen beidseitigen, dumpf drückenden, unterschiedlich lokalisierten Kopfschmerz ohne vegetative Begleiterscheinungen, der ein bis zwei Tage anhält. Bei Frauen ist der Spannungskopfschmerz deutlich häufiger.

B ***Beschwerden und Befunde***

Im allgemeinen besteht ein bilaterales, ein bis zwei Tage anhaltendes, hauptsächlich frontal oder okzipital lokalisiertes Druck- und Schweregefühl („wie wenn ein Reifen auf dem Kopf lastet“). Die Intensität steigert sich allmählich im Laufe des Tages, oft in Abhängigkeit von Belastungssituationen. Eine abnorme Reagibilität von Kopfschwartenarterien mit resultierendem Schmerz wird angenommen („vasomotorischer Kopfschmerz“). Prodromi werden nicht beschrieben. Die Nackenmuskulatur ist meist erheblich verspannt („Muskelkontraktionskopfschmerz“). Bei Auftreten an mehr als 15 Tagen im Monat bzw. 180 im Jahr spricht man von einem chronischen Spannungskopfschmerz, ansonsten von einem episodischen.

DS ***Diagnosesicherung***

Weder der neurologische Befund noch das EEG oder bildgebende Verfahren liefern wegweisende oder bestätigende Befunde. Häufig ist die Halswirbelsäule bei den Röntgenaufnahmen steil gestellt, dieser Befund ist jedoch keineswegs pathognomonisch.

DD *Differentialdiagnose*

Abzugrenzen ist zum einen die Migräne (vegetative Begleiterscheinungen, unilaterale oder zumindest einseitig betonte Lokalisation). Häufig findet sich aber eine Kombination von Migräne und Spannungskopfschmerzen beim Patienten, was bei der pathogenetischen Verwandtschaft (vaskulärer Kopfschmerz) nicht überrascht.

Zum anderen ist anamnestisch der **Analgetikakopfschmerz**, ein dumpf drückender, zum Teil stechender Kopfschmerz bei meist jahrzehntelangem Analgetikaabusus aufgrund initial bestehender Migräne- oder Spannungskopfschmerzen, zu differenzieren. Weiterhin sind vertebragene Kopfschmerzen als Folge von zervikalen Wurzelschädigungen bei degenerativen oder traumatisch bedingten Veränderungen der Halswirbelsäule auszuschließen.

44.4.3 Cluster-Kopfschmerz

Es handelt sich hierbei um einen periodisch auftretenden, durch eine Vasodilatation in einem umschriebenen Versorgungsgebiet der A. carotis externa bedingten Kopfschmerz. Dieser ist streng einseitig peri- und retroorbital sowie temporal lokalisiert mit einem äußerst heftig stechenden Charakter und von maximal drei Stunden Dauer. Es bestehen vegetative Störungen der betroffenen Gesichtshälfte (Miosis, Ptose, Augenrötung, Lakrimation, Hyperhidrosis, vermehrte Nasensekretion). Das männliche Geschlecht ist deutlich häufiger betroffen, das Verhältnis Männer zu Frauen liegt bei 6 : 1.

B *Beschwerden und Befunde*

Der Patient klagt über plötzliche, ohne Prodromi auftretende, stets auf der gleichen Seite im Bereich um das Auge verspürte, unerträglich stechende und bohrende Kopfschmerzen. Diese Schmerzen erreichen innerhalb von 10–20 Minuten ein Maximum und enden nach höchstens zwei bis drei Stunden abrupt. Bevorzugter Zeitpunkt des Auftretens sind die Phasen nach Beginn des Nachtschlafes sowie während Ruhepausen am Tage, etwa beim Mittagsschlaf. An einem Tag können bis zu 10 Schmerzattacken auftreten, zwischen denen weitgehende Schmerzfreiheit besteht. Perioden mit Schmerzattacken treten bevorzugt im Frühjahr und Herbst auf und dauern im Schnitt 6–8 Wochen. Lange beschwerdefreie Intervalle (bis zu 5 Jahren) bis zum Beginn einer neuen Periode mit Cluster-Kopfschmerz sind möglich. Außer dem episodischen ist auch ein seltener chronischer Typ des Cluster-Kopfschmerzes beschrieben. Die begleitenden vegetativen Symptome mit konjunktivaler Injektion, Augentränen, Rhinorrhö, Rötung und Überwärmung auf der betroffenen Seite sind typisch. Ein inkomplettes Horner-Syndrom kann auftreten, selten sogar persistieren. Gastrointestinale Symptome, Übelkeit, Erbrechen, Schwitzen und Bradykardie können weitere vegetative Begleiterscheinungen sein. Die Schmerzen sind so intensiv, daß die Betroffenen ruhelos umherlaufen, zum Teil kommt es zu Äußerungen von Suizidwünschen und psychomotorischen Erregungszuständen. Die Provokation ist mit Histamin, Nitroglyzerin und Alkohol möglich.

DS *Diagnosesicherung*

Aufgrund der typischen Symptomatik kann die Diagnose durch die Anamnese gestellt werden. Spezifische Befunde existieren außerhalb der Schmerzattacke nicht, abgesehen von der Möglichkeit eines persistierenden Horner-Syndroms.

DD *Differentialdiagnose*

Die seltene, überwiegend bei Frauen zu beobachtende, chronisch-paroxysmale Hemikranie mit 8–15 ähnlich lokalisierten, jedoch kürzeren (5–30 Minuten) Kopfschmerzattacken pro Tag ist vermutlich eine Sonderform des chronischen Cluster-Kopfschmerzes. Dieser Kopfschmerztypus spricht therapeutisch gut auf Indometacin an.

Die häufigste Fehldiagnose beim Cluster-Kopfschmerz ist die **Trigeminusneuralgie**. Sie zeichnet sich im Vergleich zum Cluster-Kopfschmerz durch die Auslösbarkeit an einem bestimmten Triggerpunkt und die strikte Begrenzung auf einen Trigeminusast aus, vor allem aber durch ihre nur Sekunden andauernden Schmerzen (Tic douloureux). Die vegetativen Begleiterscheinungen fehlen bei der Trigeminusneuralgie. Differentialdiagnostisch ist im übrigen auch an einen Glaukomanfall zu denken, weiterhin an eine Sinusitis frontalis oder eine Arteriitis temporalis, wobei letzteren Krankheitsbildern der typische attackenartige Schmerzcharakter fehlt.

44.4.4 Akromegalie

O. E. Janssen und P. C. Scriba

Ursache der Akromegalie ist eine Überproduktion von Wachstumshormon (GH) im Erwachsenenalter durch ein Hypophysenvorderlappenadenom, seltener durch ektope Produktion von Wachstumshormon-Releasing-Hormon (GHRH), z.B. bei Bronchialkarzinom, Pankreaskarzinom und Karzinoid.

Im Wachstumsalter, vor Schluß der Epiphysenfugen, entsteht ein proportionierter Riesenwuchs, es kann aber auch zu Mischbildern mit Akromegalie kommen.

B Beschwerden und Befunde

Das klinische Vollbild der Akromegalie entwickelt sich schleichend über Jahre und wird deshalb häufig erst spät erkannt. Es ist geprägt von der pathognomonischen Hypertrophie und -plasie aller wachstumshormonsensiblen Gewebe, der Wirkung des Wachstumshormons auf den Stoffwechsel und dem verdrängenden Wachstum des Hypophysenadenoms.

Die vom Patienten angegebenen Beschwerden und die erhobenen Untersuchungsbefunde sind:

- Wachstum der Akren: Schuhe, Handschuhe und Ringe passen nicht mehr (100%)
- Veränderung der Gesichtszüge: großer Schädel, breite Stirnfalten, Supraorbitalwülste, große Ohren und Nase, aufgeworfene Lippen; Vergleich mit Fotos (100%), → Kap. 17, Abb. 17-46
- Viszeromegalie, vor allem Herz, Leber und Nieren (bis 100%)
- Kopfschmerzen (75%)
- Struma (bis 60%), → Kap. 19
- starkes Schwitzen (55%), → Kap. 52
- als Zeichen der Hypophysenvorderlappeninsuffizienz entwickelt sich häufig zuerst ein Hypogonadismus mit sekundärer Amenorrhö (60%) und bei Männern Libidoverlust und Potenzstörungen (50%), → Kap. 37 und 24
- arterieller Hypertonus (50%), → Kap. 26
- Sehstörungen: Chiasmasyndrom, Photophobie (45%), → Kap. 55
- Gewichtszunahme (40%), → Kap. 18
- Hypertrichose, verdickte Haut (40%), → Kap. 21
- EKG-Veränderungen (40%), → Kap. 23
- Antriebsarmut, Lethargie, körperliche Abgeschlagenheit, Muskelschwäche (35%)
- Parästhesien, Karpaltunnelsyndrom (30%), → Kap. 30
- psychische Veränderungen, Wesensveränderung, Stimmungsschwankungen, Depression (25%), → Kap. 1
- Wirbelsäulenbeschwerden, Rückenschmerzen; Osteoporose, Kyphose der Brustwirbelsäule, Kompression des Rückenmarks oder der Cauda equina (bis 25%), → Kap. 48
- Gelenkbeschwerden: Arthrose (20%), → Kap. 43
- Zeichen des Diabetes mellitus (bis 20%), → Kap. 12
- Zeichen der Hyperthyreose (bis 5%), → Kap. 23
- Galaktorrhö (2%), → Kap. 37
- Progenie, Zahndistensionen
- Makroglossie mit „kloßiger", hohler Sprache und tiefer Stimme (→ Kap. 22)

DS Diagnosesicherung

Labor

Zur Diagnose einer Akromegalie ist der Nachweis einer fehlenden Suppression oder eines paradoxen Anstiegs des Wachstumshormons nach oraler Glukosebelastung (OGTT) und/oder der Nachweis eines erhöhten IGF-1-Serumspiegels erforderlich. Eine Suppression des Wachstumshormonspiegels nach Glukosebelastung schließt eine Akromegalie aus. Die Bestimmung des basalen Wachstumshormonspiegels ist nicht als Suchtest geeignet, da sich erhöhte Werte auch bei schlecht eingestelltem Diabetes mellitus, Niereninsuffizienz oder Streß (Blutabnahme!) finden.

Bildgebende Verfahren

Erst nach der Bestätigung einer Akromegalie durch die Laboruntersuchung wird ein NMR oder CT zum Nachweis eines Hypophysenadenoms durchgeführt. Bei begründetem Verdacht erfolgt eine Suche nach einem ektopen, GHRH-produzierenden Tumor (z.B. Bronchialkarzinom) durch Röntgen und gegebenenfalls CT des Thorax. Bei Verdacht auf ein Pankreaskarzinom oder Pankreaskarzinoid ist eine Abdomensonographie und gegebenenfalls ein CT erforderlich.

44

Weiterführende Diagnostik

Aufgrund des verdrängenden Wachstums des Hypophysenadenoms kann es zu Gesichtsfelddefekten (bitemporale Hemianopsie, „Scheuklappenblindheit") kommen, die schon frühzeitig durch eine Bestimmung der Gesichtsfelder erkennbar sind.

Der Nachweis einer Hypophysenvorderlappeninsuffizienz erfolgt mit einem kombinierten Stimulationstest des HVL einschließlich Bestimmung von GH und Prolaktin. Häufig findet sich dabei ein paradoxer GH-Anstieg durch die TRH-Stimulation. Anhand erhöhter Prolaktin-, ACTH- oder TSH-Werte kann ein hypophysärer Mischtumor (plurisekretorisches Adenom) erkannt werden. Beim Insulin-Hypoglykämietest (zum Nachweis der Streßfähigkeit) findet man meist keine Steigerung der GH-Sekretion.

Aufgrund der Stoffwechselwirkungen des Wachstumshormons ist eine Diagnostik zum Nachweis eines Diabetes mellitus bzw. einer pathologischen Glukosetoleranz (OGTT) erforderlich, die der Einfachheit halber bereits bei der Nachweisdiagnostik der Akromegalie erfolgt.

Aufgrund der Assoziation der Akromegalie mit der MEN I (→ 44.4.5) sollte bei begründetem Verdacht oder positiver Familienanamnese eine entsprechende Diagnostik erfolgen (pHPT [→ Kap. 12], Pankreastumoren [→ Kap. 11]). In sehr seltenen Fällen ist eine Akromegalie mit einem primären Hyperaldosteronismus (→ Kap. 12) oder einem Phäochromozytom (→ 44.4.5) assoziiert.

Weitere Untersuchungen sind:

- **Röntgen**
  - Schädel
    - Sellavergrößerung
    - Hyperostosis frontalis
    - Nasennebenhöhlenvergrößerung

▷ Thorax
➟ Faßthorax
➟ Herzvergrößerung (Kardiomegalie)
▷ Wirbelsäule
➟ hypertrophierte Wirbelkörper
➟ Keilwirbel
➟ Osteoporose
➟ Kyphosierung

Die Größe der Struma wird sonographisch ermittelt (→ Kap. 19). Darüber hinaus empfiehlt sich eine Kontrolle der Schilddrüsenfunktion (TSH, fT4, gegebenenfalls fT3).

■ **Labor**

▷ Phosphat im Serum häufig erhöht
▷ häufig Hyperkalzurie, jedoch selten Hyperkalzämie
▷ gelegentlich Hypertriglyzeridämie (Hyperlipidämie Typ IV)

Häufige Komplikationen sind die linksventrikuläre Hypertrophie und die Herzinsuffizienz (links-führend oder global, → Kap. 3). Zudem besteht ein erhöhtes Malignomrisiko aufgrund der häufigen Hautfibrome und Kolonpolypen.

DD *Differentialdiagnose*

Die Differentialdiagnose der Akromegalie umfaßt das Akromegaloid (konstitutionelle Normvariante, oft seit Kindheit bekannt, oft familiär gehäuft) und die primäre Hypothyreose (→ Kap. 1) mit myxödematösen Schwellungen. Zur Differentialdiagnose der hypophysären Raumforderung siehe Tabelle 24-5 (→ Kap. 24). Zur Differentialdiagnose der endokrinen Ursachen von Arthrosen und Epiphysenschäden → Kapitel 43.

44.4.5 Phäochromozytom

O. E. Janssen und P. C. Scriba

Das Phäochromozytom ist ein katecholaminproduzierender, meist gutartiger (> 90%) und meist einseitiger (> 90%) Tumor des Nebennierenmarks (85%) oder der paravertebralen Ganglien (15%). Das Krankheitsbild tritt z.T. familiär als multiple endokrine Neoplasie (MEN Typ II) auf. Etwa zwei Drittel aller Phäochromozytome sezernieren Adrenalin und Noradrenalin, das restliche Drittel nur Adrenalin. Bei malignen Tumoren findet sich häufig eine Dopaminsekretion.

B *Beschwerden und Befunde*

Die Beschwerden der Patienten sind vom Verhältnis der Noradrenalin- (Erhöhung des peripheren Gefäßwiderstandes) und Adrenalinsekretion (Hyperzirkulation, Steigerung des Stoffwechsels) abhängig:

- Die Erhöhung des Noradrenalinspiegels verursacht anfallsweise pulsierende Kopfschmerzen, Blässe, Akrozyanose, Angina pectoris, abdominelle Schmerzen.
- Die Erhöhung des Adrenalinspiegels verursacht anfallsweise Tachykardie, Schwitzen, Fieber, Tremor, Angst.

Allgemein treten Schwindel, Herzklopfen und Übelkeit auf. Außerdem können infolge der Dauerhypertonie Symptome eines hohen Blutdrucks hinzukommen (→ Kap. 26).

Die Befunde sind:

- hypertensive Krisen für 15 Minuten bis mehrere Stunden (→ Kap. 26) und Phäochromozytomkrise (→ Kap. 7)
- Dauerhypertonie (bei 50% der Erwachsenen und bei 90% der Kinder)
- therapieresistente Hypertonie
- Hypertonie bei jungen Patienten
- Hypertonie mit schwerer Retinopathie
- Tachykardie
- Kardiomyopathie
- Gewichtsverlust

DS *Diagnosesicherung*

Eine Ausschlußdiagnostik bei jeder Hypertonie ist nicht praktikabel, da weniger als 1‰ der Hypertonien durch ein Phäochromozytom verursacht werden. Die Nachweisdiagnostik sollte sich auf begründete Verdachtsfälle beschränken.

Labor

Die Sicherung der Diagnose eines Phäochromozytoms (Abb. 44-1) erfordert den Nachweis erhöhter Katecholamine im (angesäuerten) 24h-Urin oder im Plasma (cave: Diät, Medikamente). Die Sensitivität kann durch Abnahme während einer hypertensiven Krise erhöht werden. Bei negativem Ergebnis sollte die Bestimmung der Katecholamine wiederholt und bei typischer Klinik oder bei familiärem Risiko ein Clonidintest durchgeführt werden. Sind diese Untersuchungen negativ, kann in seltenen Ausnahmefällen unter simultaner α-Rezeptorblockade ein Glukagontest durchgeführt werden. Aufgrund des erhöhten Grundumsatzes kann es zur Hyperglykämie mit Glukosurie kommen (adrenalininduzierte Suppression der Insulinsekretion, Hemmung der Insulinrezeptorkinase, Hemmung der Glukoseaufnahme durch die Muskulatur und Stimulation der Glukoneogenese der Leber).

In seltenen Fällen kann sich auch eine Laktatazidose entwickeln. Bei der MEN IIa kann aufgrund des primärem Hyperparathyreoidismus eine Hyperkalzämie bestehen. Eine hypokaliämische Alkalose durch ektope ACTH-Bildung im Phäochromozytom ist sehr selten.

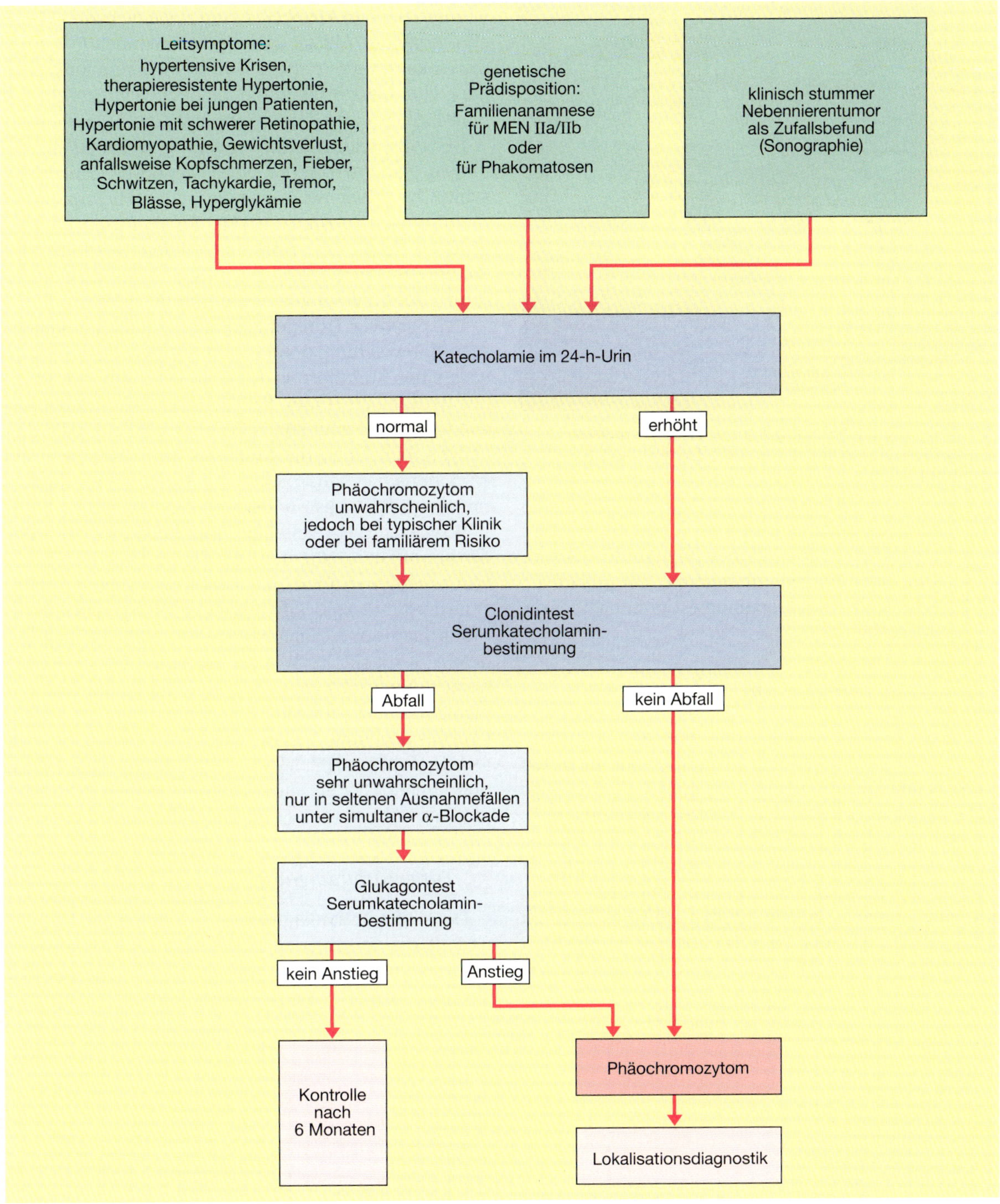

Abb. 44-1 Diagnostisches Vorgehen bei Verdacht auf ein Phäochromozytom.

Bildgebende Diagnostik

Erst nach Sicherung der Diagnose eines Phäochromozytoms erfolgt die stufenweise Lokalisationsdiagnostik, gegebenenfalls unter α-Rezeptorblockade (cave: Phäochromozytomkrise [→ Kap. 7] mit akuter Linksherzinsuffizienz und Tachyphylaxieschock [→ Kap. 50]). Dabei ist an Metastasen in Leber und Lunge zu denken, da vor allem die solitären Phäochromozytome in bis zu 10% der Fälle maligne sind.

Zur Lokalisationsdiagnostik dienen:

- Sonographie
- CT (Abb. 44-2)
- NMR

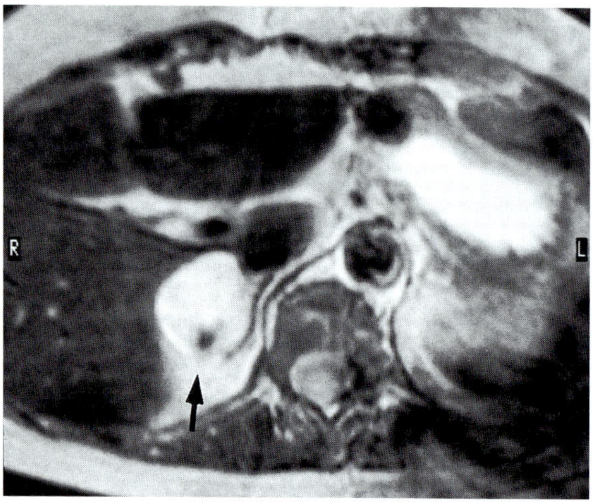

Abb. 44-2 Computertomogramm eines relativ großen, rechtsseitigen Phäochromozytoms (↑). Der Befund wurde operativ bestätigt.

- selten MIBG-(Metajodobenzylguanidin-)Szintigraphie oder Etagenblutabnahme zur selektiven Katecholamin- und Dopaminbestimmung oder die Angiographie

Weiterführende Diagnostik

Aufgrund des gehäuften Auftretens von Phäochromozytomen in Verbindung mit autosomal vererbten **MEN IIa und MEN IIb** (Abb. 44-3) muß eine sorgfältige Familienanamnese erhoben werden (Stammbaum!). Bei den MEN IIa finden sich bei 50% der betroffenen Patienten Phäochromozytome, zusätzlich häufig ein medulläres Schilddrüsenkarzinom (nahezu 100%) und ein primärer Hyperparathyreoidismus (bis zu 60%). Als Ursache der MEN IIa konnten Mutationen im RET-Protoonkogen (Chromosom 10) identifiziert werden. Bei den MEN IIb treten zusätzlich zum Phäochromozytom (70%) und einem medullären Schilddrüsenkarzinom (nahezu 100%) Schleimhautneurome (echte Ganglioneurome, nicht zu verwechseln mit Neurinomen) und ein marfanoider Habitus auf.

Bei entsprechendem Verdacht und vor allem bei jungen Patienten sollte eine Diagnostik zum Ausschluß bzw. Nachweis eines primären Hyperparathyreoidismus (Kalzium, iPTH, Schilddrüsensonographie, → Kap. 12), eines medullären Schilddrüsenkarzinoms (Pentagastrintest, → Kap. 19) und von Neuromen der Schleimhäute durchgeführt werden.

Bei positiver Familienanamnese sollte eine genetische Untersuchung durchgeführt werden, da der Nachweis einer Mutation im Ret-Protoonkogen bei einem der Betroffenen (Index-Patient) ein rasches Screening aller anderen Familienmitglieder ermöglicht. Alle diejenigen, bei denen die Mutation nicht nachgewiesen wird, brauchen dann nicht mehr wie bisher regelmäßig mit einem Pentagastrin-Test untersucht werden.

Wegen der sehr seltenen, aber häufig (bis zu 70% der betroffenen Patienten) mit einem Phäochromozytom assoziierten **Phakomatosen** (von-Hippel-Lindau-, Bourneville-Pringle- und Sturge-Weber-Syndrom, Neurofibromatose von Recklinghausen) sollte bei begründetem Verdacht auch nach (generalisierten) Neurinomen, Neurofibromen, Adenoma sebaceum und Pigmentanomalien der Haut, Hämangiomen der Retina (Augenspiegelung), Hämangioblastomen des ZNS (NMR Kopf und Hals), Nieren- und Pankreaszysten und nach Zystadenomen der Nebenhoden (Sonographie) gesucht werden (→ Abb. 29-2).

DD *Differentialdiagnose*

Die Differentialdiagnose des Phäochromozytoms umfaßt die verschiedenen Ursachen der Hypertonie (→ Kap. 26), des Kopfschmerzes, der Angina pectoris

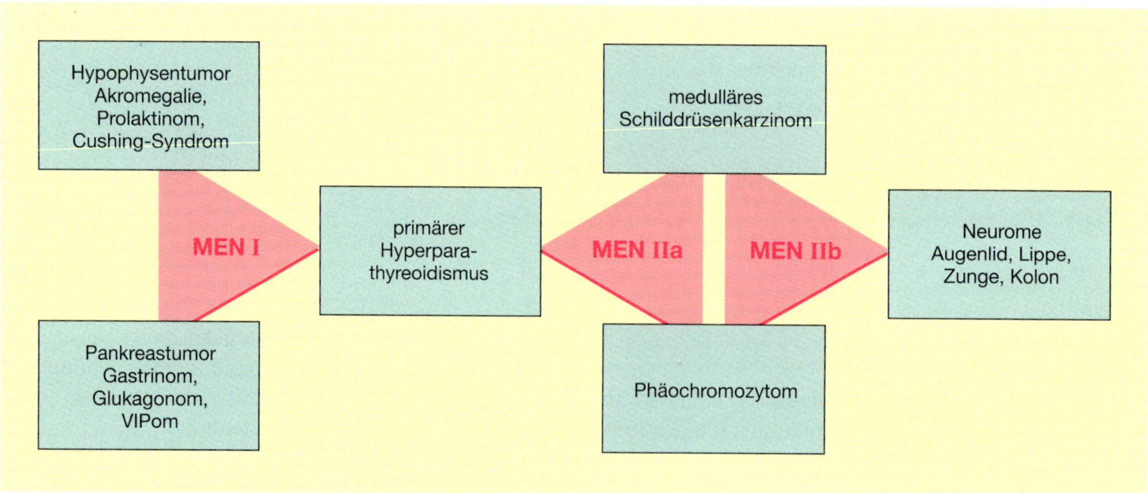

Abb. 44-3 Einteilung der MEN.

(→ Kap. 41), der Raumforderungen im Bereich der Nebennieren (→ Kap. 18) und der Hyperglykämie (→ Kap. 12). Bei Schwitzen, Tremor, Gewichtsverlust und Tachykardie ist eine Hyperthyreose (→ Kap. 23) abzugrenzen.

Krisenhafte Blutdruckanstiege werden nicht nur beim Phäochromozytom beobachtet. **Hochdruckkrisen** sind ferner bekannt bei

- EPH-Gestose
- Polyneuritis (z. B. Porphyrie)
- renalem Hochdruck (akute Glumerulonephritis)
- Vergiftungen
- essentieller Hypertonie
- abruptem Absetzen von Antihypertonika.

Von diesen Hochdruckkrisen abzugrenzen ist das Krankheitsbild der hypertensiven Enzephalopathie, welches bei chronisch Hochdruckkranken (→ Kap. 26) meist mit akuter Zunahme der Hypertonie zu Kopfschmerzen, Sehstörungen (→ Kap. 55), Schwindelerscheinungen (→ Kap. 54) und vor allem Verwirrtheit und weiteren Bewußtseinsstörungen (→ Kap. 7) sowie neurologischen Ausfällen (→ Kap. 30) führt.

44.4.6 Meningitis

Es handelt sich um eine Entzündung der weichen Hirnhäute mit den Leitsymptomen Kopfschmerzen, Nackensteife, Fieber und Bewußtseinsstörung.

B *Beschwerden und Befunde*

Klinisch sind vier Formen der Meningitis zu unterscheiden:

- eitrige
- tuberkulöse
- akute lymphozytäre (virale)
- chronische lymphozytäre Meningitis

Bei der **eitrigen Meningitis** leidet der Patient im Prodromalstadium unter einem allgemeinen Krankheitsgefühl mit Kopfschmerzen, Fieber (→ Kap. 14) und leichter Nackensteife. Das Vollbild der Erkrankung ist gekennzeichnet durch heftigste Kopfschmerzen, massive Nackensteife bis hin zu Opisthotonus, Licht- und Lärmempfindlichkeit, Hyperpathie, symptomatische Psychosen oder sonstige Bewußtseinsstörungen. Neben der Nackensteife finden sich ein positives Lasègue-Zeichen beidseits sowie positive Zeichen nach Kernig und Brudzinski. Zu beachten ist, daß die Nackensteife bei bewußtlosen Patienten fehlen kann oder nur gering ausgeprägt ist. Laborchemisch zeigen sich eine BSG-Beschleunigung sowie eine Leukozytose. Bei der Meningokokkenmeningitis ist ein epidemisches Auftreten durch Tröpfcheninfektion bekannt. Klinisch kann es zu dem Bild einer Sepsis mit Nebennierenrindenblutungen (Waterhouse-Friderichsen-Syndrom, → Kap. 18) kommen. Häufig zeigen eitrige Meningitiden, vor allem die Pneumokokkenmeningitis, eine Betonung der entzündlichen Veränderungen über der Konvexität des Hirns, so daß kortikale neurologische Ausfälle und fokale Anfälle (→ Kap. 29) nicht selten sind. Bei alten, resistenzgeschwächten Personen können Nackensteife und Fieber trotz Vorliegen einer purulenten Meningitis fehlen. Röntgenaufnahmen des Schädels und der Nasennebenhöhlen können ätiologisch eventuell ursächliche Frakturen oder chronische Entzündungen im HNO-Trakt nachweisen. Das EEG ist allgemein verändert. Im CT sind eventuell sich entwickelnde Hirnabszesse und Eitersedimentierung im Ventrikelsystem nachweisbar.

Der Verlauf der **tuberkulösen Meningitis** ist subakut bis chronisch. Prodromalsymptome sind allgemeine Mattigkeit, Kopf- und Rückenschmerzen sowie leichtes Fieber. Aufgrund der Lokalisation des tuberkulösen meningitischen Prozesses an der Hirnbasis sind Ausfälle vor allem des III., VI., VII. und VIII. Hirnnerven typisch. Die psychopathologische Symptomatik ist zumindest im Anfangsstadium deutlich geringer als bei der bakteriellen Meningitis.

Akute lymphozytäre Meningitiden treten meist im Rahmen von Infektionen mit neurotropen Viren auf mit gewöhnlich deutlich blanderen Beschwerden und Symptomen im Vergleich zu den bakteriellen Formen. Störungen des Bewußtseins fehlen meist, es sei denn, es besteht zusätzlich eine Enzephalitis (→ Kap. 7) bei Infektionen beispielsweise mit Herpes-simplex- und Arboviren. Fieber und Lichtscheu sind nicht obligat.

Chronische lymphozytäre Meningitiden zeigen schleichende Verläufe, ähnlich wie die tuberkulöse Meningitis. Differentialdiagnostisch ist an das Vorliegen folgender Erkrankungen zu denken:

- Mykose
- Zystizerkose
- Toxoplasmose oder
- Sarkoidose

DS *Diagnosesicherung*

Neben dem Verlauf und dem klinischen Bild sind die Meningitiden durch typische Liquorveränderungen gemäß Tabelle 44-5 zu unterscheiden, die in der Regel eine Differentialdiagnose zwischen den verschiedenen Formen ermöglichen. Die endgültige Sicherung der Diagnose erfolgt durch den mikroskopischen, kulturellen oder immunologischen Erregernachweis im Liquor. Die häufigsten Erreger der **bakteriellen Meningitis** sind Meningo-, Pneumo- und Staphylokokken sowie Haemophilus influenzae (speziell bei Kindern), seltener Listerien, Streptokokken der Gruppe B und gramnegative Enterobakterien wie E. coli, Klebsiellen, Proteus und Pseudomonas aeruginosa. Die mikroskopische Identifikation ist gemäß Tabelle 44-6 möglich und gelingt in etwa 70% der Fälle bakterieller Meningitis. Erregerkulturen sind bei allen

Tab. 44-5 Liquorbefunde bei Meningitis

Liquor	eitrige Meningitis	tuberkulöse Meningitis	lymphozytäre Meningitis
Aussehen	trüb bis eitrig	klar oder xanthochrom	klar
Zellzahl/µl	oft > 10000/3	100/3–3000/3	< 5000/3
Zelltyp	Segmentkernige	gemischt, vorwiegend lymphozytär	lymphozytär
Gesamteiweiß	> 100 mg%	> 100 mg%	< 100 mg% bzw. normal
Zuckergehalt (Liquor-Serum-Verhältnis in %)	< 50	< 50	> 50
Laktat (mmol/l)	8–15	2,5–8	2,5

bakteriellen Meningitiden nötig und wichtig zur Resistenzbestimmung.

Bei der **tuberkulösen Meningitis** gelingt der mikroskopische Nachweis nur in etwa 20% der Fälle. Die zu 80% erfolgreich angelegte Erregerkultur dient zwar der Sicherung der Diagnose, doch kann bei entsprechendem Verdacht mit der Therapie wegen der langen Dauer bis zum Vorliegen des Kulturergebnisses nicht gewartet werden.

Bei Verdacht auf eine **mykotische Meningitis** sind Spezialnährböden zu verwenden. Antigenbestimmungen sind inzwischen, ebenso wie bei bakteriellen Erregern, möglich.

Bei den **viralen Meningitiden** ist man ebenso wie bei manchen chronischen bakteriellen (z.B. Lues, Borreliose, Leptospirose und Bruzellose) und parasitären (wie Zystizerkose und Toxoplasmose) auf den Nachweis der intrathekalen Antikörper unter Beachtung des Liquor-Serum-Antikörper-Quotienten angewiesen. Akute lymphozytäre Meningitiden findet man bei Infektionen mit folgenden Viren: Adenoviren, Herpes-simplex-Viren, Varicella-Zoster-Viren, Epstein-Barr-Viren, Zytomegalieviren, Coxsackieviren, Enteroviren, Echoviren, FSME-Viren, Influenzaviren, Mumpsviren, HIV, LCM-(lymphozytäre Choriomeningitis-)Virus.

Zu beachten ist, daß erst in der humoralen Phase der Immunantwort (ab der zweiten Krankheitswoche) ein entsprechender Antikörpernachweis zu führen ist und daß bei Patienten mit Immundefekten falsch-negative Resultate möglich sind.

DD *Differentialdiagnose*

Neurologische Erkrankungen mit Nackensteife sind **Subarachnoidalblutungen** (→ Kap. 7), wobei hier der schlagartig einsetzende, vernichtende Kopfschmerz typisch ist. Bei leichten Blutungen ohne dramatischen Beginn der Symptomatik sind Fehldiagnosen häufig (z.B. HWS-Syndrom, „Okzipitalneuralgie"). Raumfordernde Prozesse der hinteren Schädelgrube, etwa bei Kleinhirntumoren oder Kleinhirnblutungen, sowie Hirndrucksteigerungen bei intermittierender Liquorabflußbehinderung infolge intraventrikulärer Tumoren oder Foramen-Monroi-Blockade verursachen gleichfalls Nackensteife und Kopfschmerz. Differentialdiagnostisch ist eine zuverlässige Klärung durch den Einsatz bildgebender Verfahren (Computer- und Kernspintomogramm) möglich. Die Reizung der Meningen durch eine Meningeosis leucaemica, lymphoblastosa, carcinomatosa oder sarcomatosa ist durch den charakteristischen Zellbefund im Liquor sowie die Anamnese abzugrenzen. Von orthopädischer Seite ist ein akutes Zervikalsyndrom auszuschließen, das zwar erhebliche schmerzhafte Nackenverspannungen bedingen kann, bei dem aber die zentralnervösen Begleiterscheinungen der Meningitiden fehlen.

Tab. 44-6 Wichtige Erreger bei Meningitiden (nach Häufigkeit geordnet)

Bakterien	Form	Lokalisation	Gram-Färbung
Meningokokken	Diplokokken, semmelförmig	intrazellulär	negativ
Pneumokokken	Diplokokken, lanzettförmig	extrazellulär	positiv
Haemophilus influenzae	feine Stäbchen, fischzugartig	extrazellulär	positiv
Listerien	wenige plumpe Stäbchen	intra- oder extrazellulär	positiv
Enterobakterien	plumpe Stäbchen	vorwiegend extrazellulär	negativ
Staphylokokken	Kokken, in Haufen gelagert	intra- oder extrazellulär	positiv

44.4.7 Polycythaemia vera rubra

P. STAIB

Die Polycythaemia vera rubra (PVR) ist eine myeloproliferative Erkrankung mit monoklonaler Entartung und dadurch bedingter autonomer Proliferation der Stammzellen aller drei Blutzellreihen. Kennzeichnend ist dabei das Überwiegen der erythropoetischen Reihe mit der Folge eines erhöhten Anteils korpuskulärer Blutbestandteile, nämlich Erythrozyten. Ein kritischer Anstieg des Hämatokritwerts führt zu klinischen Krankheitszeichen, die im wesentlichen aus der Zunahme des Blutvolumens und der Blutviskosität resultieren. Die PVR ist eine seltene Erkrankung mit einer Inzidenz von 5 pro 1 Mio. Menschen. Der Häufigkeitsgipfel liegt beim Alter von 60 Jahren, wobei Männer etwas häufiger betroffen sind (1,4 : 1). 5% der Patienten sind bei Krankheitsbeginn jünger als 40 Jahre. Im Verlauf der Erkrankung kann sich eine Osteomyelofibrose mit Knochenmarkinsuffizienz oder auch eine Transformation in eine akute Leukämie entwickeln.

B *Beschwerden und Befunde*

Bei einem Hämatokritwert über 55% kommt es zur kritischen Zunahme des Blutvolumens und der Blutviskosität, die eine typische Symptomatik mit Kopfschmerzen, Schwindel, Ohrensausen, Schwäche, Hypertonie und/oder Atemnot bedingt. Typisch ist auch eine Plethora des Gesichts und der Extremitäten. Häufig besteht auch eine Blutungsneigung mit rezidivierender Epistaxis. Viele Patienten klagen über generalisierten Juckreiz an der Haut, besonders nach einem warmen Bad. Im Zusammenhang mit den Sehstörungen ist meist eine Stase der Fundusvenen nachweisbar. Häufig findet sich eine Hepatomegalie, und mehr als 75% der Patienten weisen eine Splenomegalie mit gelegentlich massiv vergrößerter Milz auf, die bis in das kleine Becken reichen kann. Steigt der Hämatokrit über 60%, treten gehäuft thrombembolische Komplikationen auf, die bis zu 40% der Todesfälle bei der PVR verschulden.

DS *Diagnosesicherung*

Die Diagnose einer PVR wird mit Hilfe der Kriterien der Polycythaemia vera Study Group gesichert (Tab. 44-7). Eine PVR gilt als gesichert, wenn alle 3 Kriterien der Kategorie A (Hauptkriterien) oder die ersten beiden Hauptkriterien und zwei beliebige Nebenkriterien vorliegen. Das Erythrozytenvolumen wird mittels (^{51}Cr-)markierten Erythrozyten und (^{125}Jod-)markiertem Albumin bestimmt. In der Beckenkammbiopsie bzw. Knochenmarkzytologie zeigt sich eine Proliferation aller drei Zellreihen mit Überwiegen der Erythropoese sowie eine meist ausgeprägte Verarmung der Eisenspeicher.

Tab. 44-7 Diagnostische Kriterien bei Polycythaemia vera rubra

Kategorie A (Hauptkriterien)	Kategorie B (Nebenkriterien)
1. Erhöhtes Erythrozytenvolumen: Männer > 36 ml/kg, Frauen > 32 ml/kg	Thrombozyten > 400 000/µl
	Leukozyten > 12 000/µl (kein Fieber oder Infekt)
2. normale arterielle O_2-Sättigung (> 92%)	alkal. Leukozyten-Phosphatase (ALP) > 100 (kein Fieber oder Infekt!)
3. Splenomegalie	

Wichtig ist der Ausschluß sekundärer Polyglobulien!

Eine relative Polyglobulie findet sich in dehydrierten Zuständen, d.h., die absolute Erythrozytenzahl ist normal und das Plasmavolumen ist vermindert. Die Bestimmung des Erythropoetinspiegels kann in Zweifelsfällen insofern mehr Klarheit verschaffen, als die Erythropoetinspiegel bei PVR stark supprimiert bis nicht meßbar sind, im Gegensatz zu sekundären Polyglobulien, wo sie normal oder erhöht nachweisbar sind. So findet sich eine autonome Erythropoetinvermehrung als paraneoplastisches Syndrom (→ Kap. 51) gehäuft bei Nierenzellkarzinomen, aber auch bei anderen Nierenerkrankungen, z.B. Zystennieren, oder bei der familiären Erythrozytose. Eine Abdomensonographie und ein i.v.-Urogramm oder CT-Abdomen sind daher zur Nierendiagnostik unerläßlich. Eine reaktive Erythropoetinvermehrung wird verursacht zum einen durch hypoxische Zustände, d.h. Erkrankungen der Lunge oder des Herzens (Shuntvitien), und zum anderen durch Hämoglobinopathien oder auch vermehrte Kohlenmonoxidbindung (Raucher!) des Hämoglobins. Zum Ausschluß von Lungen- oder Herzerkrankungen sind konventioneller Röntgen-Thorax und EKG sehr hilfreich, ergänzt durch Lungenfunktion und Echokardiographie. Mittels Bestimmung des Sauerstoffpartialdrucks bei 50% O_2-Sättigung (P_{50}-Wert) als ein Maß für die Affinität des Hämoglobins zum Sauerstoff können Hämoglobinvarianten mit hoher Sauerstoffaffinität als Ursache für eine Polyglobulie ausgeschlossen werden. Bei erhöhtem CO-Hb-Gehalt ist am ehesten Rauchen die Ursache für eine Polyglobulie.

DD *Differentialdiagnose*

In die differentialdiagnostischen Überlegungen sind andere Ursachen für Kopfschmerzen (→ 44.2),

Schwindel (→ Kap. 54), Juckreiz (→ Kap. 28), Sehstörungen (→ Kap. 55) sowie andere myeloproliferative Syndrome wie CML, Osteomyelofibrose oder essentielle Thrombozythämie und lymphoproliferative Erkrankungen einzubeziehen. Auch infektiöse oder (auto)immunologische Ursachen für eine Splenomegalie, sekundäre Polyglobulien durch autonome Erythropoetinproduktion wie bei Hypernephrom oder Zystennieren sind auszuschließen. Eine reaktive Erythropoetinproduktion, beispielsweise bei Lungen- oder Herzerkrankungen bzw. Hämoglobinopathien (→ Kap. 8) einschließlich Rauchen, hormoneller Störungen, z.B. ein Morbus Cushing (→ Kap. 18), und die Therapie mit Steroiden oder Androgenen sind zu bedenken.

44.5 Zusammenfassung

Die Ätiologie von Kopfschmerzen ist vielfältig. Entscheidend für die richtige Diagnosestellung ist eine eingehende exakte Anamnese. Wenn die Art des Kopfschmerzes, seine Lokalisation, die Dauer, der Zeitpunkt des Auftretens und auslösende Phänomene berücksichtigt werden, gelingt meist bereits eine exakte Zuordnung. Der klinisch-neurologische Befund ist bei den häufigsten Kopfschmerzformen in der Regel normal, pathologische Befunde sind speziell zu erwarten bei Kopfschmerzen im Rahmen von zerebralen Raumforderungen, Meningitiden und Subarachnoidalblutungen. In Abbildung 44-4 werden die Charakteristika der wichtigsten Kopfschmerzformen zusammengefaßt.

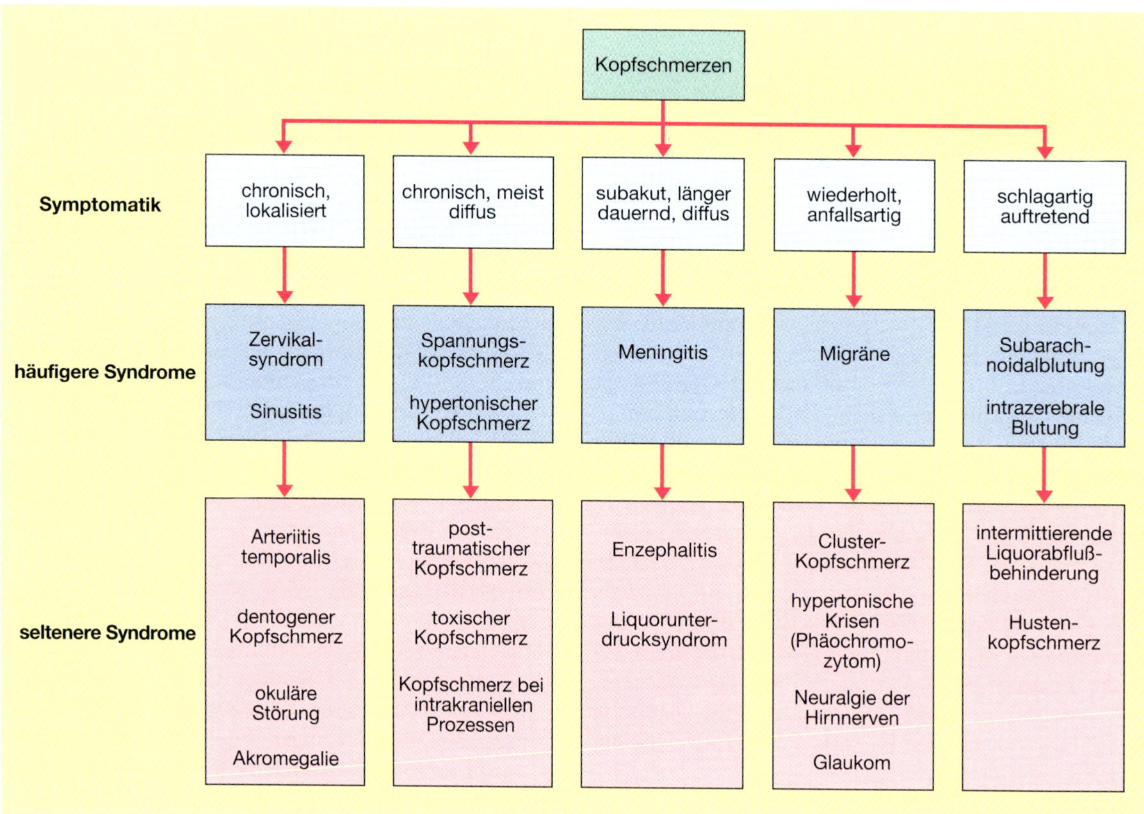

Abb. 44-4 Charakteristika der wichtigsten Kopfschmerzformen.

45 Knochenschmerzen

O. E. Janssen und P. C. Scriba

45

Knochenschmerzen sind ein häufiges und sehr vieldeutiges Symptom. Sie müssen mit einer sorgfältigen Anamnese und körperlichen Untersuchung von Schmerzen der Gelenke, Muskeln oder Nerven abgegrenzt werden. Bei der Suche nach den Ursachen muß vor allem auf Zeichen für Tumoren oder Entzündungen geachtet werden. Frakturen bereiten nur selten diagnostische Schwierigkeiten. Nicht selten ist die Lebensqualität der Patienten mit Knochenschmerzen stark beeinträchtigt. In **diesem Kapitel** werden die **Knochenschmerzen ohne Hyperkalzämie** abgehandelt (Hyperkalzämie → Kap. 12.4.4 und 60).

45.1 Definition und Abgrenzung

Knochenschmerzen sind Schmerzen im Skelettbereich, die abzugrenzen sind von:

- Gelenkschmerzen (→ Kap. 43): bewegungsabhängig
- Muskelschmerzen (→ Kap. 47): druckschmerzhaft
- Nervenschmerzen, z.B. Polyneuropathie (→ Kap. 56), Diskopathien (→ Kap. 48)
- gefäßbedingte Schmerzen (→ Kap. 42), z.B. AVK, Thrombose
- Kopfschmerzen (→ Kap. 44)

45.2 Ursachen

An folgende Ursachen ist bei Knochenschmerzen zu denken:

- **Metabolische Ursachen**
  - Osteoporose (→ 45.4.1)
  - Osteomalazie (→ 45.4.2)
  - primärer Hyperparathyreoidismus (→ Kap. 12)
  - sekundärer Hyperparathyreoidismus (→ 45.4.3)
  - renale Osteopathie (→ 45.4.4)
  - Morbus Paget (→ 45.4.5)
- **Tumoren**
  - Plasmozytom (→ 45.4.6)
  - gutartige Knochentumoren (→ 45.4.9)
  - maligne Knochentumoren (→ 45.4.9)
  - Metastasen anderer Tumoren (→ 45.4.9)
- **Entzündungen**
  - Osteomyelitis (→ 45.4.7)
- **Frakturen mit und ohne adäquates Trauma** (→ 45.4.8)
- **Wachstumsfaktoren und Medikamente**
  - GCSF
  - Erythropoetin
  - Marcumar

45.3 Diagnostik

45.3.1 Anamnese

Die gezielte Anamnese hat auf folgendes zu achten:

▷ Charakterisierung der Schmerzsymptomatik
➠ Seit wann (akut oder chronisch)?
➠ Intensität, Häufigkeit und Art der Schmerzen (akut, permanent, rezidivierend oder anfallsartig, brennend, stechend, reißend oder dumpf)
➠ Verlauf (zu- oder abnehmend)
➠ Lokalisation, Ausstrahlung
➠ lokale Begleitsymptome
➠ allgemeine Begleitsymptome: Abgeschlagenheit (→ Kap. 51), Fieber (→ Kap. 14), Nachtschweiß (→ Kap. 52), Inappetenz (→ Kap. 2), Gewichtsabnahme (→ Kap. 18), Juckreiz (→ Kap. 28), generalisierte Lymphknotenschwellungen (→ Kap. 32)

Die Anamnese erfaßt zudem die

▷ Kalziumaufnahme
➠ Milchunverträglichkeit?
▷ einen möglichen Vitamin-D-Mangel
▷ den Medikamenten-, Alkohol- und Nikotinkonsum (Bronchialkarzinom?)
▷ die Lebensumstände, Menstruationszyklus, Menopause (→ Kap. 37), frühere Immobilisation, Frakturen, Vor- und Begleiterkrankungen (z.B. Leber, Pankreas, Nieren, Diabetes mellitus, Magen- oder Darmresektion)
▷ die Familienanamnese

45.3.2 Körperliche Untersuchung

Die körperliche Untersuchung (auch im Verlauf) umfaßt:

- Größe, Größenabnahme
- Gewicht, Gewichtsänderung
- Körperhaltung
- Gangbild
- Beweglichkeitseinschränkungen
- Klopf- und Druckschmerzhaftigkeit

Die Art und Lokalisation von Knochenschmerzen erlaubt in manchen Fällen bereits eine Zuordnung zu bestimmten Krankheitsbildern (z.B. Fersenschmerzen: Osteomalazie; Thoraxwandschmerzen: Rippenfrakturen).

45.3.3 Laboruntersuchungen

Im Bedarfsfall können bei entsprechenden anamnestischen Angaben gezielte Laboruntersuchungen erforderlich sein, die hier in etwa in der Reihenfolge ihrer Bedeutung und Häufigkeit aufgeführt werden:

- Serum
  - Kalzium: Hyperkalzämie (→ Kap. 12)
  - Phosphat: Hyperparathyreoidismus (→ Kap. 12), Osteomalazie (→ 45.4.2)
  - Albumin, Eiweiß: zur Berechnung des korrigierten Kalziums
  - APH (Knochen-spezifisch): Parameter für Knochenaufbau
  - Immunelektrophorese: Plasmozytom (→ 45.4.6)
  - BKS: Plasmozytom, Malignome, Metastasen
  - CRP: Osteomyelitis (→ 45.4.7)
  - Blutbild: Osteomyelitis, Leukämien
  - Kreatinin: Niereninsuffizienz (→ Kap. 2)
  - Leberstatus: Lebererkrankungen (→ Kap. 15)
  - Nüchternblutzucker: Diabetes mellitus (→ Kap. 12)
  - TSH: Hyperthyreose (→ Kap. 23)
  - Gonadotropine, Östrogen, Testosteron: V.a. Hypogonadismus (→ Kap. 24 und 37), Therapiekontrolle bei Östrogensubstitution
  - β-2-Mikroglobulin: Aktivitätsbeurteilung des Plasmozytoms
  - Osteocalcin: Parameter für Knochenaufbau
  - Prokollagen-Typ I-carboxyterminales Propeptid: Parameter für Knochenaufbau
  - Crosslink-vernetzte N-Telopeptide: Parameter für Knochenabbau
- Urin
  - Kalzium (24-h-Urin): Hyperkalzurie (→ Kap. 12)
  - Immunelektrophorese: Plasmozytom (→ 45.4.6)
  - Hydroxyprolin: Parameter für Knochenabbau
  - Pyridinium-Crosslinks: Parameter für Knochenabbau

45.3.4 Weitere Untersuchungen

Röntgen (gezielt): BWS, LWS, Hände, Füße.
Knochenszintigraphie: Als Screening-Methode zur Lokalisation herdförmiger Veränderungen.
Nur im Ausnahmefall CT: z.B. zur gezielten Punktion von Raumforderungen bei Metastasenverdacht **oder NMR.**

Die **Knochenbiopsie,** gegebenenfalls nach Tetrazyklinmarkierung, ist bei jungen Patienten (< 50 Jahre) und bei unklaren Knochenschmerzen indiziert, vor allem bei Verdacht auf Osteomalazie und Morbus Paget. Sie erlaubt die gezielte Gewinnung von Material für eine histologische Untersuchung.

45.4 Krankheitsbilder

45.4.1 Osteoporose

Die Osteoporose ist ein mit Frakturen einhergehender, zunächst stammbetonter Verlust an Knochenmasse mit normalem Verhältnis von unverkalktem Osteoid zu verkalkter Knochenmatrix. Sie ist abzugrenzen von der generalisierten, altersbedingten Osteopenie, bei der ein Knochenmasseverlust ohne frühzeitige Frakturneigung besteht. Bei den später **generalisierten primären Osteoporosen** unterscheidet man den **Typ I** (postmenopausale Osteoporose = Spongiosa-betonter Knochenmasseverlust, Manifestation zuerst am Stammskelett) und den **Typ II** (senile Osteoporose = Spongiosa und Kompakta rarefiziert, Manifestation auch an den Röhrenknochen [Schenkelhals, Radius]). Ausgesprochen seltene Sonderformen sind die Osteogenesis imperfecta und die zwei Verlaufsformen der juvenilen Osteoporose (die rückbildungsfähige benigne und die rasch progrediente maligne Form). Anders als bei den ätiologisch noch weitgehend unklaren primären Osteoporosen sind die Ursachen der viel selteneren **sekundärer Osteoporosen** bekannt. Für folgende Ursachen gilt ein Kausalzusammenhang mit der Osteoporoseentstehung als gesichert:

- Glukokortikoide in therapeutischer Dosierung
- Therapie mit GnRH-Agonisten und -Antagonisten
- Hyperthyreose (z.B. exogener Schilddrüsenhormonexzeß)
- chronisch-entzündliche Darmerkrankungen
- Malabsorptionssyndrome
- Z.n. Magen-Darm-Resektionen
- Leber-, Pankreas-, Nierenerkrankungen
- Diabetes mellitus
- rheumatoide Arthritis
- Immobilisation
- Plasmozytom

Die lokalisierte Osteoporose (Sudeck-Syndrom) wird bei entsprechender Disposition (neurovegetative Labilität) durch eine sympathische vasomotorische Reflexantwort nach exogenen Noxen (Trauma, OP, Entzündung) verursacht.

B *Beschwerden und Befunde*

In den letzten Jahren wurde zunehmend erkannt, daß die im Alter noch verfügbare Knochensubstanz wesentlich von der in der Jugend aufgebauten maximalen Knochenmasse abhängt („Die Osteoporose ist eine Erkrankung der Jugend, die sich im Alter manifestiert"). Nach dem Erreichen der maximalen Knochenmasse („peak bone mass") um das 25.–30. Lebensjahr verringert sich die Knochenmasse im Rahmen des physiologischen Knochenabbaus um ca. 1% pro Jahr. Mit 3–5% weitaus höher liegt der jährliche Knochenverlust bei Frauen 5 bis 7 Jahre nach der Menopause sowie bei Männern und Frauen in hohem Lebensalter. Über die gesamte Lebenszeit verlieren Frauen insgesamt 30–40%, Männer immerhin etwa 20–30% ihrer maximalen Knochenmasse. Mit abnehmendem Knochenmineralsalzgehalt, d.h. steigendem Osteoporose- bzw. Osteopeniegrad, steigt das Frakturrisiko an.

Zu den **Hauptrisikofaktoren der Osteoporose** rechnet man heute den Kalzium- und Vitamin-D-Mangel, Alkoholabusus, Zigarettenrauchen und sitzende Tätigkeiten. Ein stark erhöhtes Osteoporose-Risiko erwerben sich auch Frauen nach der chirurgischen oder physiologischen Menopause. Betroffen sind insbesondere Frauen von schlanker, zarter Statur und Untergewicht; Merkmale, welche als leicht faßbare, relevante Risikofaktoren insbesondere für Oberschenkelhalsfrakturen gelten.

An der durch einen rapiden Knochenmasseverlust in der frühen Postmenopause gekennzeichneten Typ-I-Osteoporose (Frauen im Alter zwischen 55–70 Jahren) sind neueren Befunden zufolge zahlreiche Faktoren beteiligt. Neben einer Hemmung der Kalzitoninfreisetzung, der Freisetzung von Zytokinen (IL-6, IL-1, TNF-α, GM-CSF) und der Hemmung von Wachstumsfaktoren (IGF-I und IGF-II, TGF-β) scheint auch die eng mit dem Östrogendefizit assoziierte Hemmung der intestinalen Kalziumresorption eine wichtige Rolle zu spielen. An weiteren, pathogenetisch relevanten Faktoren kommen mit steigendem Lebensalter noch die zunehmende Immobilisation, der Vitamin-D-Mangel und die Vitamin-D-Resistenz hinzu. So kommt es bei der postmenopausalen Osteoporose infolge eines Verlustes an intestinalen Vitamin-D-Rezeptoren selbst bei normalen 1,25-$(OH)_2$-D_3-Spiegeln häufig zu einer klinisch relevanten Malabsorption von Kalzium. Folgen hiervon sind eine gesteigerte Freisetzung von Parathormon (PTH) als Antwort auf zu niedrige Serumkalziumspiegel.

Ein **seniler sekundärer Hyperparathyreoidismus** infolge reduzierter Kalzium- und Vitamin-D-Zufuhr, eingeschränkter Vitamin-D-Aktivierung in der Niere und zunehmender Vitamin-D-Resistenz wird seit kurzem auch als wesentlicher Pathomechanismus der senilen Typ-II-Osteoporose (Alter 70–90 Jahre) diskutiert. Neben der multifaktoriell gesteigerten PTH-Sekretion erhöhen bei der senilen Osteoporose aber auch die mit dem Alter zunehmende neuromuskuläre Unsicherheit und Sturzneigung alter Menschen das Frakturrisiko. Infolge der reduzierten Knochenmasse und -qualität im hohen Alter, verbunden mit der erhöhten Sturzneigung, besteht insbesondere im Hinblick auf Oberschenkelhalsfrakturen ein beträchtliches Frakturrisiko.

45

Der 1994 von australischen Wissenschaftlern publizierte Befund einer Korrelation unterschiedlicher Allele des Vitamin-D-Rezeptors (BsmI-Polymorphismus) mit einer rascheren Abnahme der Knochendichte und einem erhöhten Frakturrisiko ist für die europäische (und amerikanische) Bevölkerung noch nicht gesichert.

Die **Beschwerden** der Patienten sind:
- Rückenschmerzen (periodisch, auch nachts, Erschütterungsschmerz, Stauchungsschmerz, akuter Schmerz bei Wirbelkörperfraktur)
- Zervikobrachialsyndrom (chronische Haltungsinsuffizienz)
- akute Schmerzen durch Spontanfrakturen

Die **Befunde** sind:
- Rundrücken (Brustkyphose, Lendenlordose, Abstand untere Thoraxapertur zum Os ileum verringert, Tannenbaumphänomen)
- Abnahme der Körpergröße (Abb. 45-1)

DS *Diagnosesicherung*

Labor (zum Ausschluß sekundärer Osteoporosen)
- Kalzium, Phosphat, Albumin, Eiweiß, APH
- Kalzium-Ausscheidung im 24-h-Urin
- Plasmozytom: Immunelektrophorese in Serum und Urin, BKS, Blutbild
- Niereninsuffizienz: Kreatinin
- Lebererkrankung: „Leberstatus"
- Diabetes mellitus: Nüchternblutzucker
- Hyperthyreose: TSH

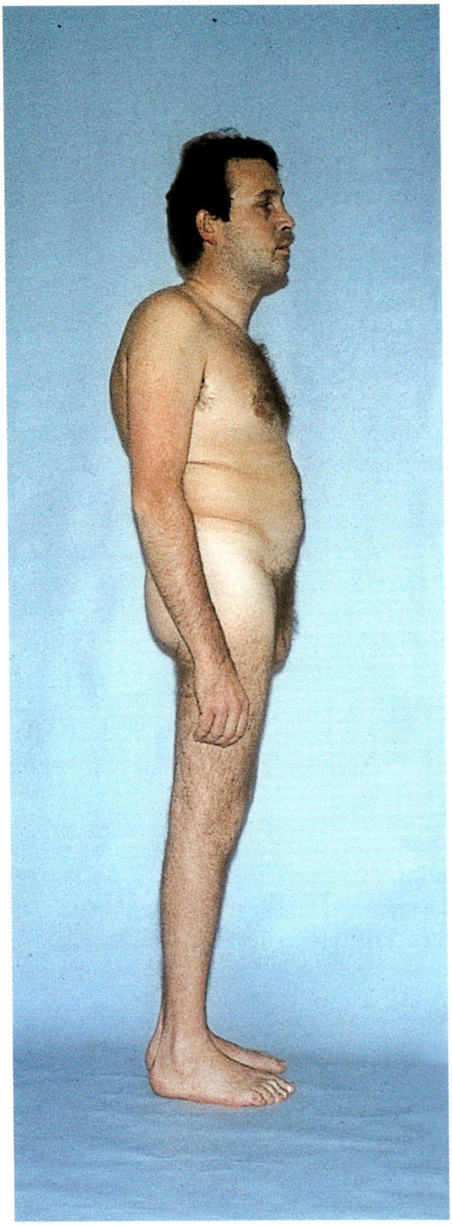

Abb. 45-1 Idiopathische Osteoporose: 30jähriger Mann mit Kyphose der BWS, Lordose der LWS und seitlichen Querfalten der Bauchhaut.

- bei Östrogensubstitution: Gonadotropine
- bei V.a. Hypogonadismus: Gonadotropine, Östrogen, Testosteron

Speziallabor zur Beurteilung von besonderen Verläufen

Serum:

Knochen-spezifische APH
Osteocalcin
Prokollagen-Typ-I-carboxyterminales Propeptid
Crosslink-vernetzte N-Telopeptide

Urin:

Hydroxyprolin
Pyridinium-Crosslinks

Diese Untersuchungen sind nur bei schweren, rasch progredienten Fällen in jüngerem Alter erforderlich.

Röntgen

Erstuntersuchung

BWS und LWS in 2 Ebenen (erhöhte Strahlentransparenz, Keil-, Platt-, Fischwirbel [Abb. 45-2], Frakturen, Osteolysen), in Sonderfällen: QCT (quantitatives CT) und DPX (Knochendichtemessung durch Photonenabsorption), im Ausnahmefall (z.B. bei V.a. Knochenmetastasen): CT der WS, Knochenszintigraphie

Verlauf, frühestens nach einem Jahr

Gezielte Röntgenaufnahmen, eventuell DPX.

Histologie (Knochenstanze)

Bei allen juvenilen Osteoporosen und unklaren Fällen ist eine histologische Untersuchung notwendig.

DD *Differentialdiagnose*

Die Differentialdiagnose erfolgt zunächst nach der Klassifizierung der Osteoporose in generalisierte primäre oder sekundäre oder lokale begrenzte Formen (Tab. 45-1). Die weitere Differentialdiagnose umfaßt die Osteomalazie, den Morbus Paget (→ 45.4.5) und die Osteogenesis imperfecta.

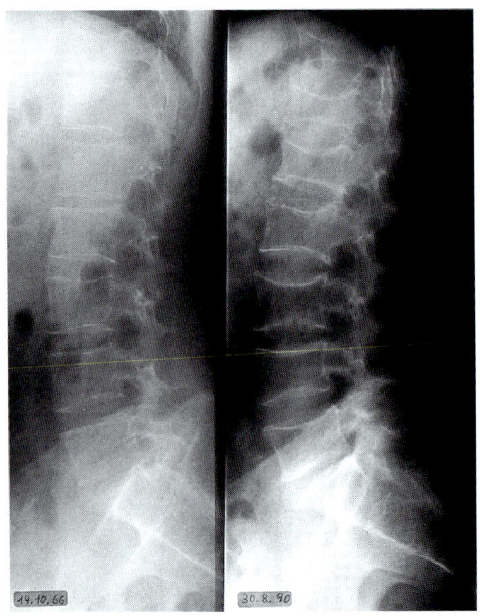

Abb. 45-2 Osteoporose bei Cushing-Syndrom. Während bei der linken Aufnahme (1966) die Strahlentransparenz der Wirbelkörper erhöht und etwa den Zwischenwirbelscheiben vergleichbar sowie eine kastenförmige Betonung der Wirbelkörperkonturen erkennbar ist, zeigt das rechte Bild (1990) ausgeprägte bikonkave Fischwirbel mit entsprechender Höhenverminderung.

Tab. 45-1 Klassifizierung der Osteoporose

primär (> 90%)
kindlich-juvenil (benigne und maligne Form)
Osteogenesis imperfecta (→ 45.4.1)
prämenopausal
postmenopausal (Typ-I-Osteoporose), → 45.4.1
senil (Typ-II-Osteoporose), → 45.4.1
sekundär (< 10%)
Endokrinopathien
Cushing-Syndrom (→ Kap. 18)
Diabetes mellitus (→ Kap. 12)
Hypogonadismus (→ Kap. 24 und 37)
Hyperthyreose (→ Kap. 23)
Hyperparathyreoidismus (→ 45.4.3 und Kap. 12.4.4)
Malabsorption/Maldigestion
Magen-Darm-Resektion
Morbus Crohn (→ Kap. 11)
Sprue
Colitis ulcerosa (→ Kap. 11)
Pankreatitis (→ Kap. 46)
Leberzirrhose (→ Kap. 15)
Niereninsuffizienz
Malignome
Plasmozytom (→ 45.4.6)
diffuse Knochenmetastasierung (Bronchial-, Schilddrüsen-, Mamma-, Prostata- und Nierenkarzinom)
Immobilisation
Medikamente
Glukokortikoide
Heparin
Antiepileptika
lokal begrenzt
Sudeck-Syndrom

45.4.2 Osteomalazie

Bei der Osteomalazie handelt es sich um eine metabolische Knochenerkrankung, bei der infolge eines Vitamin-D-Mangels oder einer Vitamin-D-Resistenz, gelegentlich auch Phosphaturie, aus unmineralisierter Knochensubstanz (Osteoid) kein regelrechter Aufbau einer mineralisierten Knochenmatrix zustande kommt. Im Kindesalter wird dieses Krankheitsbild als Rachitis bezeichnet.

B *Beschwerden und Befunde*

Die **Beschwerden** der Patienten sind:
- generalisierte Knochenschmerzen (Wirbelsäule, Thorax, Becken)
- Symphysenschmerzen
- Adduktorenschmerzen
- Muskelschwäche
- Fersenschmerzen

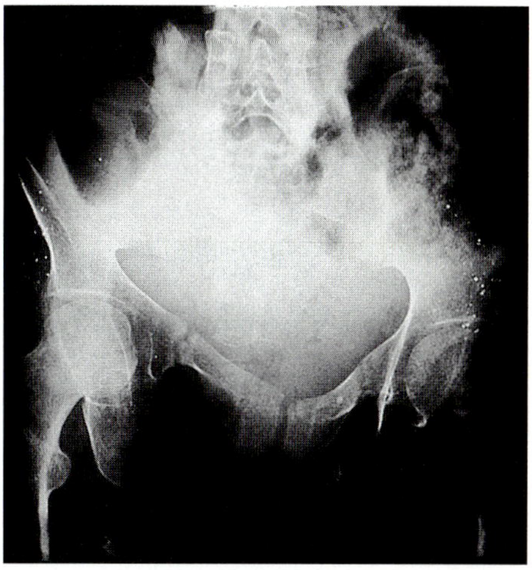

Abb. 45-3 Osteomalazie: Loser-Umbauzonen in beiden Schambeinästen, kartenherzförmige Deformation des Beckens. Die Pseudofrakturen sind geheilt. Die Deformation des Beckens bleibt bestehen.

45

Die **Befunde** sind:
- Gangstörungen: „Watschelgang", steifer Gang mit kleinen Schritten, kein Abrollen beim Laufen
- Abnahme der Körpergröße
- Skelettdeformierungen (glockenförmiger Thorax, Kartenherzbecken)
- im Kleinkindalter: rachitischer Minderwuchs

DS *Diagnosesicherung*

Labor
- Kalzium ↓ (Eiweiß-korrigiert), Phosphat ↓, APH ↑↑↑
- Vitamin D und seine Derivate erniedrigt (erst nur 25-(OH)-D_3, dann auch 1,25-$(OH)_2$-D_3)
- Kalzium-Ausscheidung im Urin erniedrigt
- Sekundärer Hyperparathyreoidismus: iPTH mäßig ↑
- Niereninsuffizienz ausschließen: Kreatinin
- Lebererkrankungen?: „Leberstatus"
- Phosphatdiabetes (Fanconi-Syndrom): Glukose und Aminosäuren im Urin erhöht
- distale renale tubuläre Azidose: Elektrolyte (Na ↓, K ↓, Cl ↑), metabolische Azidose

Röntgen und Nuklearmedizin
- Skelett-Szintigramm als Suchmethode
- BWS, LWS in 2 Ebenen: Mineralsalzminderung mit Trabekelverlust und kortikaler Ausdünnung „schummerige" Struktur, Grünholzfrakturen, Fischwirbel, Deformierungen
- Becken: „Kartenherz"-Becken (Abb. 45-3)
- Rippen, Hände, Füße, Schambeinäste, Scapula, Femur u.a.: Looser-Umbauzonen (herdförmige Entkalkungen, Pseudofrakturen, Abb. 45-4)

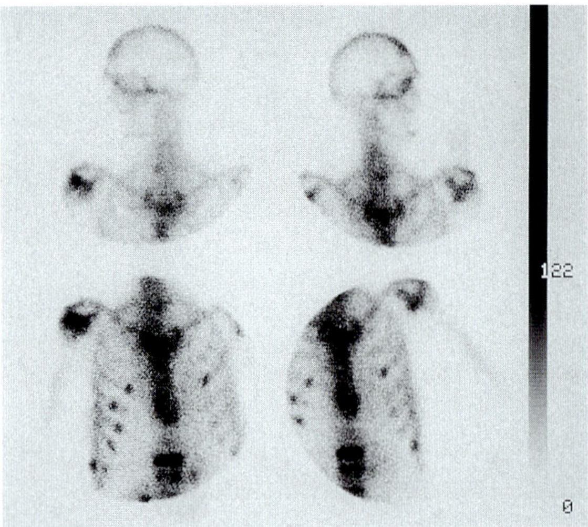

Abb. 45-4 Osteomalazie: Vermehrter Umbau im Sinne von Looser-Umbauzonen mit der Verteilung in der Art des rachitischen Rosenkranzes im Skelettszintigramm. Patientin mit Malabsorption bei Sprue (→ Kap. 11).

Tab. 45-2 Ursachen der Osteomalazie

Vitamin-D-Mangel
- **ungenügende Zufuhr in der Nahrung**
- **Mangel an Sonnenlicht-Exposition**
- **reduzierte Absorption**
  - Gastrektomie
  - Hepatobiliäre Erkrankungen
  - chronische Pankreasinsuffizienz
  - Dünndarmerkrankungen mit Malabsorption
  - Medikamente: Laxanzien, Colestyramin

Abnormer Vitamin-D-Metabolismus
- **hereditär**
- **ungenügende 25-Hydroxylierung**
  - schwere hepatobiliäre Erkrankungen
- **beschleunigter Abbau von 25(OH)-Vitamin D**
  - Antikonvulsiva (Phenytoin, Barbiturate)
- **eingeschränkte 1α-Hydroxylierung**
  - chronische Niereninsuffizienz
  - komplette parenterale Ernährung

Resistenz gegenüber der $1{,}25(OH)_2$-Vitamin-D-Wirkung

Phosphatmangel
- **diätetischer Mangel plus Phosphat-bindende Antazida**
- **reduzierte renal-tubuläre Phosphatreabsorption**
  - hereditäre und sporadische Formen (z.B. Fanconi-Syndrom)
  - Tumor-assoziiert (onkogene Osteomalazie)

Azidose
- **distale renal-tubuläre Azidose**
- **Ureterosigmoidostomie**

exogene Schädigung der Nierentubuli
- **Schwermetalle**
- **medikamentöse Schädigung (z.B. Phenacetin)**

primäre Mineralisationsdefekte des Skelettsystems
- **Hypophosphatasie**
- **Überdosierung von Fluoriden oder Diphosphonaten**
- **Aluminiumintoxikation**
- **Kollagenerkrankungen**

Histologie (Knochenbiopsie)
- Osteoidose (breite unmineralisierte Osteoidsäume bei generalisiert rarefizierter Knochenmatrix)
- Reduzierte Mineralisationsrate (Tetrazyklin-Markierung)

DD ***Differentialdiagnose***

Eine Übersicht der Ursachen einer Osteomalazie ist in Tabelle 45-2 dargestellt. Die weitere Differentialdiagnose umfaßt die Osteoporose, den Morbus Paget, den primären Hyperparathyreoidismus (→ Kap. 12.4.4), den sekundären Hyperparathyreoidismus (→ Kap. 45.4.3), und die Osteogenesis imperfecta (→ 45.4.1).

45.4.3 Sekundärer Hyperparathyreoidismus

R. Brunkhorst und K.M. Koch

Als **sekundärer Hyperparathyreoidismus** wird eine vermehrte Parathormonfreisetzung aus den Nebenschilddrüsen bezeichnet, die durch eine chronische Hypokalzämie ausgelöst wird. Wichtigste Ursachen eines sekundären Hyperparathyreoidismus sind die chronische und terminale Niereninsuffizienz (Pathogenese in Abb. 45-5, → Kap. 2.4.3). Andere Gründe für einen sekundären Hyperparathyreoidismus können sein:
- eine verminderte Zufuhr von Kalzium, z.B. bei Milchzuckerunverträglichkeit
- Kalziummangel durch eine verringerte Vitamin-D-Produktion, z.B. bei zu geringer Lichtexposition der Haut
- Kalziummangel durch intestinalen Verlust, z.B. bei einheimischer Sprue oder Malabsorption bei chronischer Pankreatitis.

Das morphologische Substrat des sekundären Hyperparathyreoidismus ist eine diffuse Hyperplasie der Nebenschilddrüsen, beim primären Hyperparathyreoidismus liegt dagegen meist eine Adenombildung in einer oder mehreren Nebenschilddrüsen vor.

B ***Beschwerden und Befunde***

Muskuloskeletäre Symptome:
- Knochenschmerzen im Bereich der Oberschenkel, der Rippen und der Hüft-, Knie- und Sprunggelenke

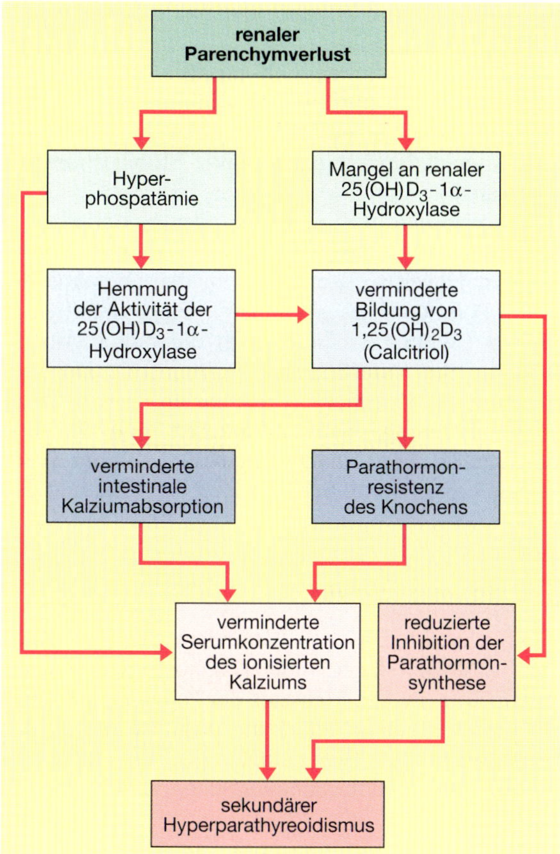

Abb. 45-5 Pathogenese des sekundären Hyperparathyreoidismus bei chronischer bzw. terminaler Niereninsuffizienz.

- Muskelschwäche, insbesondere im Bereich der Oberschenkelmuskulatur
- ferner Juckreiz und Polyneuropathie bei terminaler oder chronischer Niereninsuffizienz (→ Kap. 2.4.3)

Laborbefunde:

Hypokalzämie, erhöhte Serumkonzentration des intakten Parathormons, erhöhte alkalische Phosphatase, bei terminaler Niereninsuffizienz als Ursache Hyperphosphatämie, sonst überwiegend Hypo- oder Normophosphatämie.

Typische Röntgenbefunde:

- subperiostale Resorptionszonen an den Fingermittelphalangen als Frühzeichen
- eine Strukturauflösung des Knochens an den Spitzen der Fingerendphalangen
- Erosionen an den lateralen Klavikulaenden
- „Salz-und-Pfeffer“-Struktur der Schädeldecke (entsprechen lokalen Sklerosearealen)
- selten große osteoklastische Tumoren („braune Zysten“).

DS *Diagnosesicherung*

Die Diagnose eines sekundären Hyperparathyreoidismus wird durch den Nachweis von Hypokalzämie, erhöhter Serumkonzentration von intaktem Parathormon und erhöhter Aktivität der alkalischen Serumphosphatase gestellt. Histologisch zeigt sich im Knochen eine vermehrte Osteoblasten- und Osteoklastenaktivität mit lakunärer Resorption der Knochentrabekel und konsekutiver Minderung der Knochensubstanz und Markfibrose („Ostitis fibrosa“).

Die sonographische Untersuchung des Halses dient der Lokalisation hypertrophierter Epithelkörperchen. Zusätzliche bildgebende Verfahren (CT, NMR, Szintigraphie) sind bei Verdacht auf ein Rezidiv nach subtotaler oder totaler Parathyreoidektomie indiziert. Dies gilt auch für die Lokalisationsdiagnostik durch eine Katheterisierung der Halsvenen mit stufenweiser Blutabnahme zur Parathormonbestimmung, wenn als Ursache des Rezidivs ein atypisch lokalisiertes fünftes Epithelkörperchen ausgeschlossen werden soll.

45

DD *Differentialdiagnose*

Durch langanhaltende Stimulation der Nebenschilddrüsen – insbesondere bei chronischen Hämodialysepatienten – kann sich eine adenomatöse Hyperplasie eines oder mehrerer Epithelkörperchen ausbilden, die zu einer stark gesteigerten Sekretion von Parathormon führt, nur schwer von einem primären Hyperparathyreoidismus zu unterscheiden ist und deswegen auch tertiärer Hyperparathyreoidismus genannt wird. Wie beim primären Hyperparathyreoidismus findet sich eine Hyperkalzämie bei stark erhöhten Serumspiegeln des intakten Parathormons. Ursachen dieses autonom imponierenden Hyperparathyreoidismus sind:

- eine gesteigerte absolute Parathormonbasalsekretion bei abnormer Zunahme der Drüsenmasse
- eine Stimulation der Parathormonsekretion schon bei normaler und auch noch bei erhöhter Serumkalziumkonzentration („set-point“-Verschiebung).

Die Differenzierung zum primären Hyperparathyreoidismus wird möglich durch den Nachweis der Erkrankung, die dem sekundären Hyperparathyreoidismus zugrunde liegt (z.B. erhöhte Kreatininwerte bei chronischer Niereninsuffizienz).

45.4.4 Renale Osteopathie

R. Brunkhorst und K.M. Koch

Die im Rahmen einer chronischen Niereninsuffizienz (→ Kap. 2.4.3) auftretenden Skelettveränderungen werden unter dem Begriff **der renalen Osteopathie** zusammengefaßt. Sie finden sich am stärksten ausgeprägt bei Patienten, die wegen terminaler Niereninsuffizienz chronisch hämodialysiert werden. Die wichtigste Komponente der renalen Osteopathie ist die durch den sekundären Hyperparathyreoidismus verursachte Ostitis fibrosa, die sich bei ca. 80% der Dialysepatienten findet. Seltener (ca. 20% der chronischen Dialysepatienten) besteht gleichzeitig oder auch allein eine Osteomalazie (histologisch gekennzeichnet durch breite Säume von nicht mineralisiertem, die Trabekel bedeckendem Osteoid). Ursache für die Osteomalazie sind weniger Störungen im Vitamin-D-Stoffwechsel, sondern vielmehr eine iatrogen, durch orale Therapie mit aluminiumhaltigen Phosphatbindern (bei fehlender renaler Ausscheidung) induzierte Aluminiumüberladung des Organismus. Für die Osteomalazie werden Ablagerungen von Aluminium an der Mineralisationsfront der Knochentrabekel verantwortlich gemacht, die sich durch spezielle Färbung in der Knochenhistologie nachweisen lassen. Schließlich findet sich in einem sehr variabel angegebenen Prozentsatz der Patienten (10–20%) histologisch auch eine „Adynamie" des Knochens mit niedriger Knochenbildungsrate, verminderter Osteoblasten- und Osteoklastenzahl und reduziertem Osteoid. In der Mehrzahl dieser Fälle ist eine iatrogene Suppression der Parathormonsekretion, z.B. durch langdauernde und hochdosierte orale Kalziumzufuhr und Vitamin-D-Gabe, bei gleichzeitiger Parathormonresistenz des Knochens (→ Abb. 45-5), für die nachgewiesenen Störungen verantwortlich.

B *Beschwerden und Befunde*

Etwa 5–10% der Patienten mit chronischer Niereninsuffizienz entwickeln Knochenschmerzen, mit zunehmender Zeit der Dialysetherapie steigt dieser Prozentsatz weiter an. Insbesondere wenn sich eine Osteomalazie entwickelt, sind starke Knochenschmerzen vorhanden. Weiterhin können sich eine Schwäche der proximalen Muskulatur (vor allem bei sekundärem Hyperparathyreoidismus), Skelettdeformitäten (vor allem bei Kindern im Bereich der langen Röhrenknochen und der Epiphysenfugen, zusätzlich Minderwuchs) und Spontanfrakturen (besonders der Rippen und der Wirbelkörper) zeigen. Stark erhöhte Kalzium- und Phosphatkonzentrationen (z.B. bei „tertiärem" Hyperparathyreoidismus, oder Vitamin-D-Therapie und/oder oraler Kalziumzufuhr) können zu metastatischen Verkalkungen im Bereich der Gelenke, der Muskulatur und der Gefäße führen.

Häufigste Laborbefunde sind Hypokalzämie (Ausnahmen: Hyperkalzämie bei tertiärem Hyperparathyreoidismus und Vitamin-D-/Kalziumzufuhr) und erhöhte Serumkonzentrationen des intakten Parathormons und der alkalischen Phosphatase. Bei „adynamen" Knochen sind Parathormon und alkalische Phosphatase normal oder nur grenzwertig erhöht. Bei Osteomalazie im Rahmen einer Aluminiumüberladung finden sich meistens ein erhöhtes Serumaluminium und eine aluminiuminduzierte mikrozytäre Anämie, endgültiger Beleg für eine Aluminiumüberladung ist ein positiver Mobilisationstest mit Desferal.

Radiologische Veränderungen der Knochen sind bei ca. 30–40% der Patienten mit renaler Osteopathie nachweisbar. Zusätzlich zu den charakteristischen Befunden des sekundären Hyperparathyreoidismus (→ 45.4.3.) finden sich die radiologischen Substrate der Osteomalazie: Zunehmende Demineralisation des Knochens erkennbar an einer diffusen Dichteminderung, Spontanfrakturen und Pseudofrakturen („Looser-Umbauzonen", → Abb. 45-3) im Bereich des Sitz- und Schambeines, der Tibia und des Femurs.

DS *Diagnosesicherung*

Die charakteristischen Veränderungen der Knochenhistologie sichern die Diagnose der renalen Osteopathie. Bei der Mehrzahl der Patienten mit renaler Osteopathie kann jedoch die Diagnose anhand der charakteristischen Symptomatologie, der typischen Laborbefunde und der radiologischen Veränderungen gestellt werden.

DD *Differentialdiagnose*

Die wichtigste Differentialdiagnose ist die Abgrenzung der renalen Osteopathie von der **„dialyseassoziierten Amyloidose"**. Typisches Frühsymptom dieser Amyloidose ist ein Karpaltunnelsyndrom (Manifestation 5–10 Jahre nach Einleitung der Dialysetherapie, → Kap. 30). Spätere Manifestationen sind symptomatische destruktive Arthropathien und Spondylarthropathien sowie vor allem die Ausbildung von Knochenzysten. Precursorprotein des Amyloids mit überwiegend muskuloskeletärer Ablagerung ist β_2-Mikroglobulin, das bei fehlender glomerulärer Filtration und tubulärer Metabolisierung retiniert wird. Die zystischen Knochenveränderungen sind typischerweise subchondral im Bereich großer, synovialer Gelenke lokalisiert. Betroffen sind vor allem Karpalknochen, distaler Radius, Humerus, Femur sowie die Tibia. Bei der Abgrenzung von den zystischen Knochenveränderungen bei „braunen Tumoren" bei sekundärem Hyperparathyreoidismus muß berücksichtigt werden, daß diese sich üblicherweise in den Metaphysen und Epiphysen der Röhrenknochen und nur selten in den Karpalknochen finden. Die endgültige Diagnose der dialyseassoziierten Amyloidose erfolgt durch den Nachweis der aus β_2-Mikroglobulin bestehenden Amyloidfibrillen (Kongorotfärbung und spezifische Immunhistologie) in den betroffenen Skelettabschnitten.

45.4.5 Morbus Paget

Der Morbus Paget (Osteodystrophia deformans) ist eine seltene, mehr Männer als Frauen betreffende Erkrankung, bei der z.B. die lumbale und weniger häufig auch die thorakale Wirbelsäule und das Sakrum, aber auch der Schädel und die Tibia von einer verstärkten Knochenresorption, Hypervaskularisation und Neubildung eines „weichen" Knochens mit irregulären Trabekeln betroffen sind. Meist finden sich nur einzelne Lokalisationen dieses hyperaktiven Knochens (monostotische Form), gelegentlich werden auch polyostotische Krankheitsformen beobachtet. Die monostotischen Formen können lange asymptomatisch bleiben. In bis zu 10% der Fälle eines Morbus Paget entwickelt sich ein Osteosarkom, seltener ein malignes Osteoklastom.

B *Beschwerden und Befunde*

Die **Beschwerden** der Patienten sind:

- lokalisierte, stechende, oft belastungsabhängige Schmerzen
- Dickerwerden der Schädelknochen (Hut paßt nicht mehr, Facies leontina, Abb. 45-6)
- Überwärmung von betroffenen Körperregionen
- selten: Koliken wegen Nierensteinen
- selten: Sehstörungen wegen Hornhautdegeneration

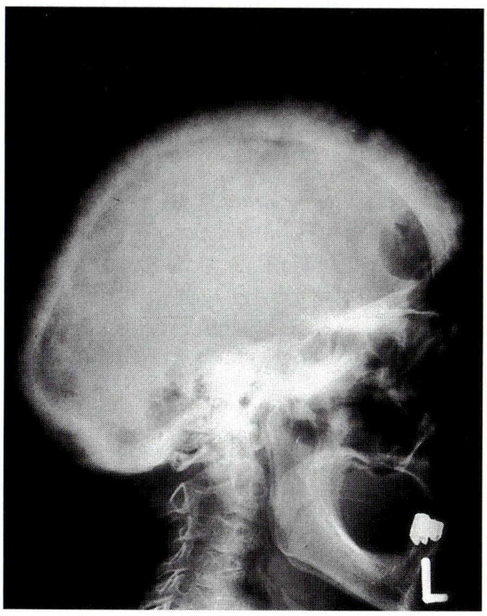

Abb. 45-6 Morbus Paget: Facies leontina (Zunahme des Hutumfangs), Schädelaufnahme mit Verdickung der Schädelkalotte und röntgenologischer Mosaikstruktur, bestehend aus filzig-strähniger Zeichnungsvermehrung neben Defekten.

Die **Befunde** sind:

- Skelettdeformierung (Kyphose, Verdickung und Verbiegung der langen Röhrenknochen [„Säbelscheidentibia", Abb. 45-7], Rumpfverkürzung)
- pathologische Frakturen
- neurologische Ausfälle durch Nerven- oder Myelokompression (→ Kap. 30 und 56), Schwerhörigkeit (→ Kap. 25)

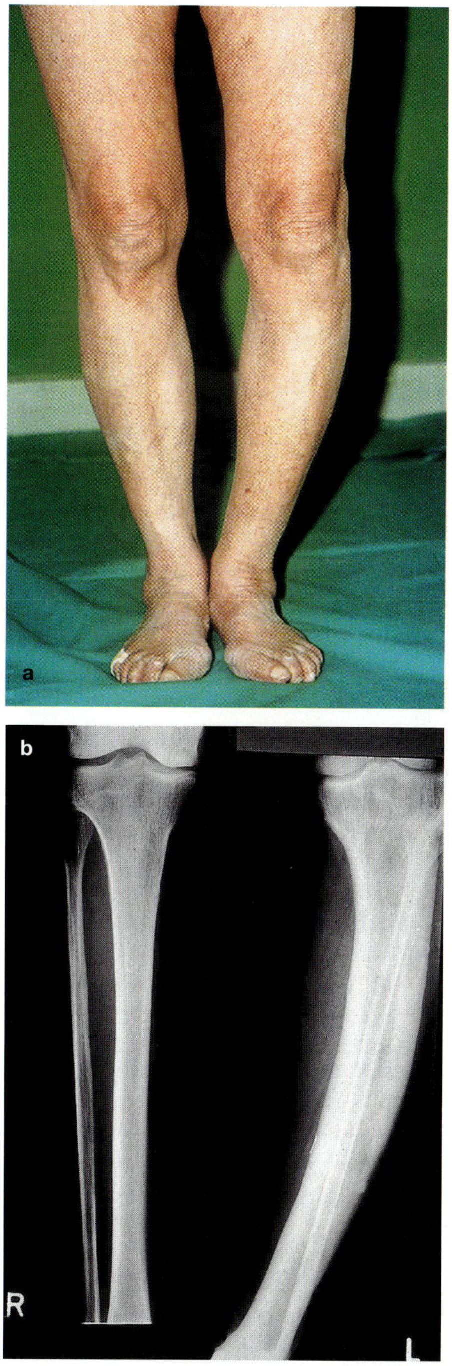

Abb. 45-7 Morbus Paget: a) säbelscheidenförmige Verformung der linken Tibia; b) Röntgenbild mit verdickter Kompakta und strähnig-filziger Struktur.

45

DS *Diagnosesicherung*

Labor

Diagnostisch wegweisend ist eine stark erhöhte APH bei normalem Serumkalzium und Serumphosphat und Hyperkalzurie. Als Ausdruck des vermehrten Knochenabbaus finden sich erhöhte Werte für Hydroxyprolin und Pyridinium-Crosslinks im Urin und für N-Telopeptide im Serum.

Bildgebende Diagnostik

Beweisend für den Morbus Paget sind die typischen Röntgenbefunde mit abnormer Knochenarchitektur, Kortikalisverdickung, vermehrter Dichte und Wachstum des Knochens bei gleichzeitiger Deformierung. Die betroffenen Herde imponieren szintigraphisch durch eine starke Nuklidaufnahme.

Weiterführende Diagnostik

Bei unklaren oder mehrdeutigen Fällen wird eine Knochenbiopsie mit histologischer Untersuchung durchgeführt.

DD *Differentialdiagnose*

Die Differentialdiagnose des Morbus Paget umfaßt die Skelettmetastasierung (z.B. Prostata- und Mammakarzinom), die Osteomalazie und den Hyperparathyreoidismus (→ 45.4.3 und Kap. 12.4.4).

45.4.6 Plasmozytom

P. Staib

Das Plasmozytom (multiple Myelom) ist eine maligne hämatologische Systemerkrankung, die durch eine monoklonale Proliferation von Plasmazellen oder deren Vorstufen verursacht wird. Diese produzieren ein monoklonales Protein, ein sog. Paraprotein, das entweder als komplettes Immunglobulin der Klassen IgG, IgA, IgD, IgE oder als Immunglobulinfragment in Form von κ- oder λ-Leichtketten im Serum und/oder Urin nachweisbar ist. Mögliche Folgen der Paraproteinämie sind eine Niereninsuffizienz und/oder Amyloidose vom AL-Typ, insbesondere im Falle von Leichtketten, sowie eine erhöhte Infektanfälligkeit aufgrund eines sekundären Antikörpermangelsyndroms. Eine zunehmende, meist diffuse Knochenmarkinfiltration führt zur Verdrängung der normalen Blutbildung und über eine Aktivierung der Osteoklasten zur Knochendestruktion. Selten sind solitäre oder extramedulläre Plasmozytome (< 5%) bzw. „nicht sezernierende Plasmozytome" (1%). Die Inzidenz des Plasmozytoms beträgt ca. 3/100000 Einwohner, Männer sind häufiger betroffen als Frauen, der Krankheitsgipfel liegt in der 7. und 8. Lebensdekade.

B *Beschwerden und Befunde*

Das klassische Leitsymptom des Plasmozytoms sind **Knochenschmerzen** bei 80 bis 90% der Patienten. Sie gehen meist von osteolytischen Prozessen aus, besonders häufig im Bereich der unteren Brust- und oberen Lendenwirbelsäule, so daß die Patienten über starke, rezidivierende Rückenschmerzen klagen. Mögliche Folgen von Osteolysen sind pathologische Frakturen oder im Falle von Wirbelkörperdestruktionen Nervenwurzel- bzw. Rückenmarkkompressionen bis hin zum Querschnitt (→ Kap. 30). Darüber hinaus kann es zur **Hyperkalzämie** kommen, die bei 70% der Patienten entsprechende Symptome wie Bewußtseinsstörungen, Muskelschwäche, Übelkeit, Erbrechen, Polydipsie und Polyurie hervorruft (→ Kap. 12.4.4). Ähnliche Symptome finden sich beim sog. **Hyperviskositätssyndrom** als Folge eines stark erhöhten Paraproteinspiegels. Die Hyperkalzämie und Paraproteinämie sind wichtige Risikofaktoren für die Entwicklung einer Niereninsuffizienz, die bei 30% der Patienten bereits bei Diagnosestellung anzutreffen ist. Leichtketten, auch Bence-Jones-Proteine genannt, sind aufgrund der daraus resultierenden extremen Proteinurie in besonderem Maße nephrotoxisch. Periphere Ödeme und eine Hypertonie aufgrund einer fortgeschrittenen Plasmozytomnephropathie mit präterminaler **Niereninsuffizienz** finden sich initial in 10% der Fälle. Sowohl die Hyperkalzämie als auch das Hyperviskositätssyndrom können bis zum Koma (→ Kap. 7) oder akuten Nierenversagen führen und stellen daher onkologische Notfallsituationen dar!

Neben Niereninsuffizienz sind Makroglossie (→ Abb. 17-17), Hepatosplenomegalie, papierdünne glänzende Haut, Herzinsuffizienz und periphere Polyneuropathie Zeichen einer generalisierten Amyloidose (AL-Typ), die am häufigsten mit Leichtketten assoziiert ist.

In etwa 20% der Fälle stellen rezidivierende bakterielle Infektionen des oberen Respirationstrakts, wie Sinusitiden, Bronchitiden, aber auch Pneumonien die initiale Symptomatik dar. Blässe korreliert mit dem Ausmaß der begleitenden Anämie, die bei 60% der Patienten nachweisbar ist. In seltenen Fällen geben z.B. subkutane Tumoren, ein Exophthalmus (→ Abb. 5-1 und Tab. 5-1) durch eine retrobulbäre Raumforderung oder eine Raumforderung im Nasen-Rachen-Raum als Manifestation eines extramedullären Plasmozytoms Anlaß zur weiteren Diagnostik.

DS *Diagnosesicherung*

Zur Diagnose eines Plasmozytoms müssen mindestens zwei der drei folgenden Kriterien erfüllt sein:

1. **monoklonales Paraprotein** im Serum und/oder Urin,
2. **Plasmazellinfiltration** des Knochenmarks von mehr als 10% und

3. **Skelettdestruktionen** in Form von Osteolysen und/oder einer generalisierten Osteoporose.

Labor

Typisch ist die extreme Beschleunigung der BSG bei mehr als 90% der Patienten, wobei 40% aller Patienten Sedimentationsraten über 100 mm/h (Sturzsenkung) aufweisen. Eine normale BSG schließt jedoch ein Plasmozytom nicht aus, da im Falle eines Bence-Jones-Proteins die Senkung nicht erhöht ist. Das Gesamteiweiß im Serum findet sich bei 75% der Patienten über die Norm (7,5 g/dl) erhöht und ist Ausdruck der Paraproteinämie. Bei Werten über 12 g/dl Gesamteiweiß droht die Gefahr eines Hyperviskositäts-Syndroms!

Beste Screening-Methode zum Nachweis monoklonaler Paraproteine ist die Serumeiweiß-Elektrophorese: Das Paraprotein zeigt sich als schmalbasige Zacke **(M-Gradient)** am häufigsten (90%) in der γ-Fraktion, seltener in der β- oder α_2-Fraktion. Die Immunelektrophorese bzw. Immunfixation dient zur Identifizierung und Quantifizierung des Paraproteintyps, wobei sich beim Plasmozytom folgende Häufigkeitsverteilung findet: IgG (> 3,5 g/dl i.S.) ca. 50%, IgA (> 2,5 g/dl i.S.) 25%, Leichtketten 20% (κ:λ-Kettenverhältnis 2,4:1). IgD 2%, IgE <0,01%. Die Immunfixation erfolgt im Serum *und* 24-h-Sammelurin, da sich insbesondere Leichtketten bzw. Bence-Jones-Proteine der Serumanalyse und -elektrophorese entziehen (> 0,2 g/24-h-Urin).

Eine Hyperkalzämie von mehr als 2,65 mmol/l (Gesamtkalzium) ist in ca. 15% der Fälle zum Zeitpunkt der Primärdiagnose nachweisbar. Zur Kontrolle der Nierenfunktion sollten die Retentionsparameter Harnstoff und Kreatinin sowie die Kreatininclearance bestimmt werden, wobei letztere bei 30% der Patienten initial bereits unter 50 ml/min liegt. Als Folge des Knochenabbaus ist die alkalische Phosphatase im Serum bei 30% der Patienten pathologisch gesteigert. Je nach Ausmaß der Knochenmarkinfiltration und Verdrängung der Hämatopoese finden sich entsprechende Blutbildveränderungen mit Anämie, Thrombopenie und seltener Leukopenie.

Knochenmarkzytologie und Beckenkammbiopsie

Diagnostisch kennzeichnend für das Plasmozytom ist der Nachweis einer mehr als 10%igen Plasmazellinfiltration des Knochenmarks in der Zytologie bzw. Biopsie. Weitere Kennzeichen sind morphologisch atypische Plasmazellen und unterschiedliche Grade der Entdifferenzierung.

Apparative Diagnostik

Die Röntgendiagnostik der zentralen Skelettabschnitte dient zum Nachweis von Osteolysen sowie frakturgefährdeter Herde (Abb. 45-8 und 45-9). Das Untersuchungsprogramm umfaßt HWS, BWS und LWS jeweils in 2 Ebenen; Schädel, knöchernen

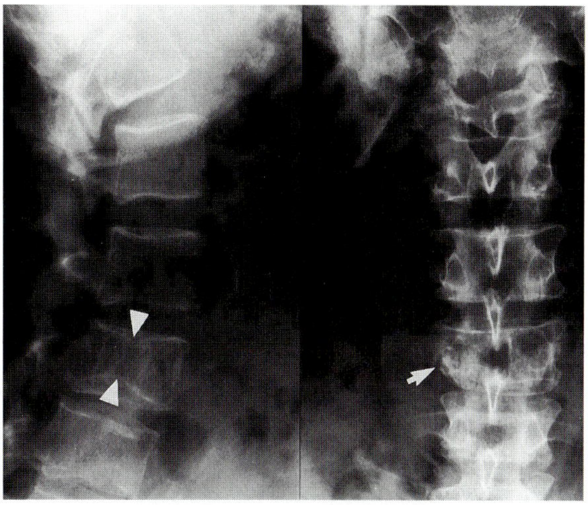

Abb. 45-8 Osteolysen der Lendenwirbelsäule bei Plasmozytom (Prof. Dr. K. Lackner, Institut und Poliklinik für Radiologische Diagnostik der Universität zu Köln).

45

Thorax; beide Schultern, Humeri und Femura. Typisch sind scharfrandig ausgestanzte Knochendefekte ohne randständige Knochenneubildung. In bis zu 11% der Fälle zeigt sich ausschließlich eine generalisierte Osteoporose (→ Tab. 45-1). Bei peripheren neurologischen Ausfällen ist eine Computertomographie oder besser eine Kernspintomographie des Spinalkanals indiziert. Die Skelettszintigraphie ist zur Diagnostik osteolytischer Prozesse beim Plasmozytom ungeeignet und daher obsolet. Eine Vergrößerung von Leber, Milz und vor allem der Nieren in der Sonographie des Abdomens weisen auf eine Amyloidose hin, die mittels einer Rektum- oder Mundschleimhautbiopsie verifiziert werden kann. Die Indikation zu Untersuchungen mit intravenöser Kontrastmittelgabe ist wegen des erhöhten Risikos eines akuten Nierenversagens sehr streng zu stellen.

DD *Differentialdiagnose*

Akute Leukämien sowie Osteolysen durch ossäre Metastasen solider Tumoren (Bronchial-, Schilddrüsen-, Nierenzell-, Mamma- und Prostata-Karzinome) führen häufig zu Knochenschmerzen und müssen vom Plasmozytom abgegrenzt werden. Ein monoklonales Paraprotein kommt auch bei B-Zell-Non-Hodgkin-Lymphomen, wie z.B. dem Immunozytom, bei Schwerkettenkrankheit, sekundärer Amyloidose vom AL-Typ, Kryoglobulinämie, Morbus Waldenström, Kälteagglutininen und „monoklonaler Gammopathie unklarer Signifikanz" (MGUS) vor. Die MGUS wird als benigne Plasmazellproliferation angesehen, bis zu 20% gehen jedoch in ein Plasmozytom über. Bei Nachweis eines IgM-Paraproteins ohne Osteolysen handelt es sich per definitionem um einen Morbus

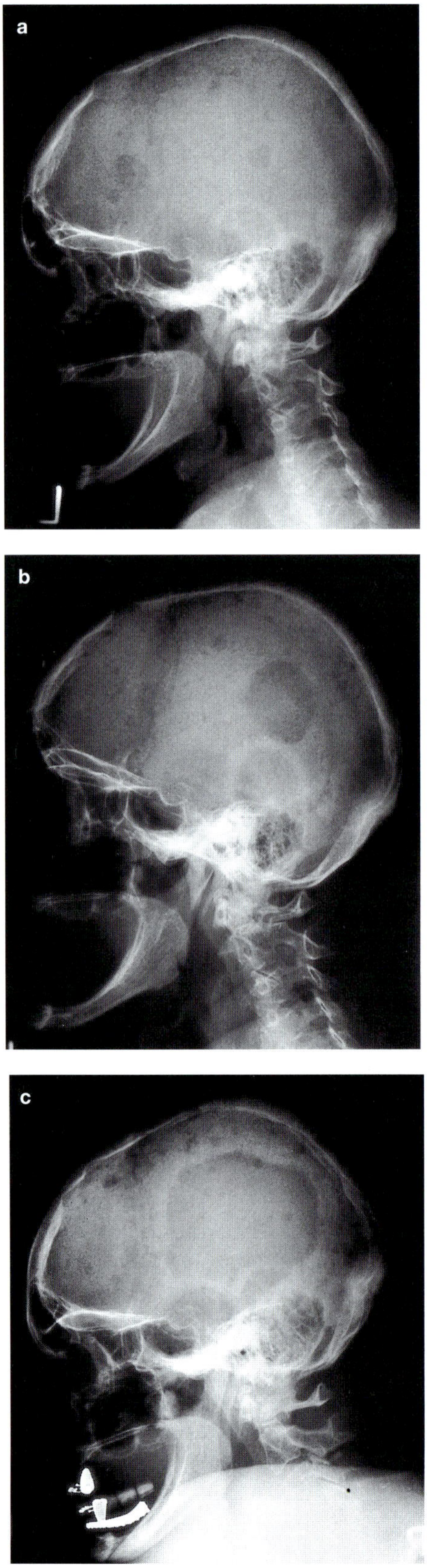

Abb. 45-9 Plasmozytom mit Schädelosteolysen. Trotz Chemotherapie nehmen die scharf ausgestanzten Defekte von 1972 (a) bis 1976 (b) und 1977 (c) zum finalen Bild zu.

Waldenström. Bei peripherer Ausschwemmung von Plasmazellen spricht man von einer Plasmazell-Leukämie.

45.4.7 Osteomyelitis

Die Osteomyelitis ist eine Entzündung des Knochenmarkes, bei der häufig auch der Knochen (Ostitis, Periostitis) betroffen ist. Bei der **endogenen** (hämatogenen) Osteomyelitis kommt es zu einer bakteriellen Infektion und Abszedierung besonders der Metaphysen der langen Röhrenknochen durch hämatogene Streuung von Eitererregern (Staphylococcus aureus, Pseudomonas, Proteus sp., E. coli, Klebsiella und Serratia marcescens). Die primären Streuherde sind Furunkel, Panaritien, Angina, Otitis und Tonsillitis. Die **exogene** (posttraumatische) Osteomyelitis tritt nach offenen Frakturen und nach Knochenoperationen (Osteosynthesen und Gelenk-Endoprothesen) auf. Eine Sonderform stellt die **Säuglingsosteomyelitis** dar, die nach

Tab. 45-3 Klassifizierung der Knochentumoren

Primäre Knochentumoren
- **benigne (differenziert, langsam wachsend)**
  - Enchondrom
  - Chordom
  - epiphysäres Chondroblastom
  - Osteoidosteom
  - Osteochondrom
- **semimaligne (destruktives Wachstum ohne Metastasierung)**
  - benigner Riesenzelltumor
- **maligne (relativ langsames Wachstum mit später Metastasierung)**
  - hochdifferenziertes Sarkom
- **hochmaligne (rasches Wachstum mit früher Metastasierung)**
  - Chondrosarkom
  - Ewing-Knochensarkom
  - Fibrosarkom
  - Osteosarkom
- **maligne entartete, primär benigne**
  - Sarkom bei Morbus Paget
  - Jaffé-Lichtenstein-Syndrom

Sekundäre Knochentumoren (Metastasen anderer Tumoren)
- **osteoplastisch (z. T.)**
  - Mammakarzinom
  - Prostatakarzinom
- **osteoklastisch**
  - Bronchialkarzinom
  - Nierenkarzinom
  - Plasmozytom
  - Schilddrüsenkarzinom

Tumorähnliche Knochendefekte
- **Knochenhämangiom**
- **Knochenzyste**

Nabelschnurinfektionen, Impetigo, Pneumonien und anderen bakteriellen Infektionen auftritt.

Die Erkrankung beginnt meist mit hohem Fieber und Schüttelfrost (Bakteriämie). Im Blutbild findet sich eine Leukozytose mit Linksverschiebung sowie eine Erhöhung von BSG und CRP. Lokal besteht eine Rötung, Schwellung und ein Druckschmerz der betroffenen Region. Die Schmerzen entstehen durch Druck auf das Periost oder durch die Begleitperiostitis. Dabei ist die Schmerzintensität zu Beginn der Erkrankung häufig weit stärker ausgeprägt als bei der chronischen Verlaufsform. Bei der exogenen Osteomyelitis kann eine chronische Eiterung aus Fistelgängen bestehen. Als Komplikation kann es zu einer Markphlegmone, pathologischen Frakturen und einem septischen Schock kommen (→ Kap. 50). Bei mehr als 10jährigem Verlauf einer chronischen Osteomyelitis kann sich eine Amyloidose entwickeln, die häufig erst aufgrund der Folgeerscheinungen (Proteinurie, Niereninsuffizienz, Polyneuropathie) erkannt wird.

Die Osteomyelitis ist röntgenologisch im Frühstadium nicht, später häufig nur indirekt anhand der Weichteilschwellung, eines Abszeßschattens oder einer periostalen Reaktion erkennbar.

45.4.8 Frakturen

Knochenfrakturen sind aufgrund des sehr schmerzempfindlichen Periosts mit erheblichen akuten Schmerzen verbunden. Diese können so ausgeprägt sein, daß sie bei komplizierten oder multiplen Frakturen einen Schock (→ Kap. 50) auslösen oder bei vorhandener Schocksymptomatik diese verstärken können.

Bei pathologischen Frakturen (Frakturen ohne adäquates Trauma) sind die Schmerzen häufig relativ zum Defekt geringer als bei akuten Frakturen mit adäquatem Trauma, weil meist wegen der die pathologische Fraktur begünstigenden Grundkrankheit eine Atrophie der vaskulären und neurogenen Versorgung des Knochens und seiner umliegenden Gewebe besteht. Insofern spielen diese chirurgischen Komplikationen für die internistische Differentialdiagnose der Knochenschmerzen eine Rolle.

45.4.9 Knochentumoren

45

Auch Knochentumoren führen durch Druck auf das Periost, seltener durch Ausdehnung oder Metastasierung in das umliegende Gewebe und Kompression von Nervenleitbahnen zu Knochenschmerzen. Die Klassifizierung von Knochentumoren ist in Tabelle 45-3 dargestellt. Bei gutartigen Knochentumoren kann der Schmerz das erste Symptom der Erkrankung sein. Bei malignen Knochentumoren und Metastasen anderer Tumoren ist die Auslösung von Schmerzen durch pathologische Frakturen häufiger als der Befall des Periosts oder die Kompression von Nerven. Als weite-

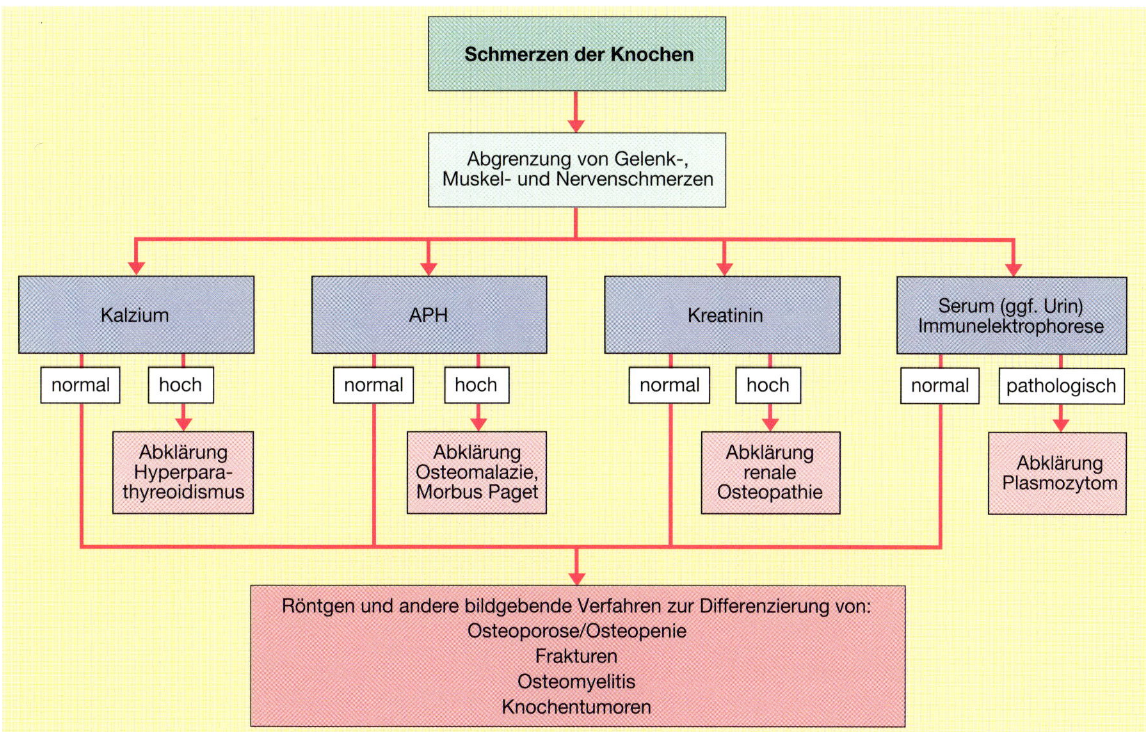

Abb. 45-10 Differentialdiagnostisches Vorgehen bei Knochenschmerzen.

res Symptom bei Knochentumoren findet sich gelegentlich Fieber.

Die Sicherung der Diagnose erfolgt röntgenologisch bzw. histologisch, z.B. nach chirurgischem Eingriff. Bei benignen Tumoren finden sich umschriebene Aufhellungen mit Sklerosesaum, bei malignen Tumoren und Metastasen unscharf begrenzte Knochendefekte, eine Periostreaktion und Spiculae. Als ergänzende Untersuchungsverfahren werden die Tomographie, das CT und NMR, die Szintigraphie, Angiographie und nur in speziellen Ausnahmefällen die Knochenbiopsie mit histologischer Untersuchung eingesetzt. Im Labor findet sich eine Erhöhung der APH und als Entzündungsparameter häufig eine erhöhte BKS und eine Leukozytose.

45.5 Zusammenfassung

Das differentialdiagnostische Vorgehen bei Knochenschmerzen ist in der Abbildung 45-10 dargestellt. Zunächst müssen Gelenk-, Muskel- und Nervenschmerzen abgegrenzt werden. Die weitere Differenzierung erfordert die Bestimmung des Serumkalziums und gegebenenfalls der Kalziumausscheidung im Urin (hyper- und normokalzämische Formen), die Bestimmung der APH als Hinweis auf die Osteomalazie und den Morbus Paget, sowie des Kreatinins für die renale Osteopathie und die Immunelektrophorese für das Plasmozytom. Röntgenuntersuchungen und andere bildgebende Verfahren erlauben dann eine Differenzierung von Frakturen, Tumoren, Osteomyelitis und der Osteoporose/Osteopenie.

46 Leibschmerzen

W. E. Hansen und M. Classen

Der Leibschmerz ist eine vieldeutige Beschwerde. Er entsteht bei Erkrankungen der Bauchdecken, der Eingeweide, der Wirbelsäule, des Stoffwechsels, des Nervensystems oder bei Vergiftungen. In etwa der Hälfte der Fälle findet man keine organische Ursache und spricht deshalb auch von funktioneller Störung.

Bei den differentialdiagnostischen Erwägungen von Leibschmerzen denkt man in erster Linie an viszerale und übertragene Schmerzen, ausgelöst durch Erkrankungen der Baucheingeweide. Differentialdiagnostisch müssen jedoch stets auch andere Erkrankungen mit den möglichen Schmerzmechanismen erwogen werden (→ vor Kap. 40: „Schmerzen als diagnostisches Symptom"). Eine häufig übersehene Ursache sind in diesem Zusammenhang projizierte Schmerzen (Neuralgien) durch Erkrankungen der Wirbelsäule im Bereich Th6–Th12 (→ Abb. 46-2). Unter Berücksichtigung der anamnestischen Angaben und der körperlichen Befunde gelingt es in der Regel, eine Verdachtsdiagnose zu stellen. Für die weitere Diagnostik leisten die modernen bildgebenden Verfahren (Sonographie, Endoskopie, Röntgen einschl. Computertomographie) wertvolle Beiträge.

46.1 Definition und Abgrenzung

Als Leibschmerzen gelten alle Beschwerden, welche am Rumpf zwischen Rippenbogen und Becken bemerkt werden. In vielen Fällen greifen jedoch die Schmerzen über diese Begrenzungen hinaus. So können Magenschmerzen nach retrosternal in den Thoraxraum und Schmerzen von der Gallenblase/Leberkapsel bis in die rechte Schulter ausstrahlen (Abb. 46-1). Schmerzzonen durch Schmerzübertragung hal-

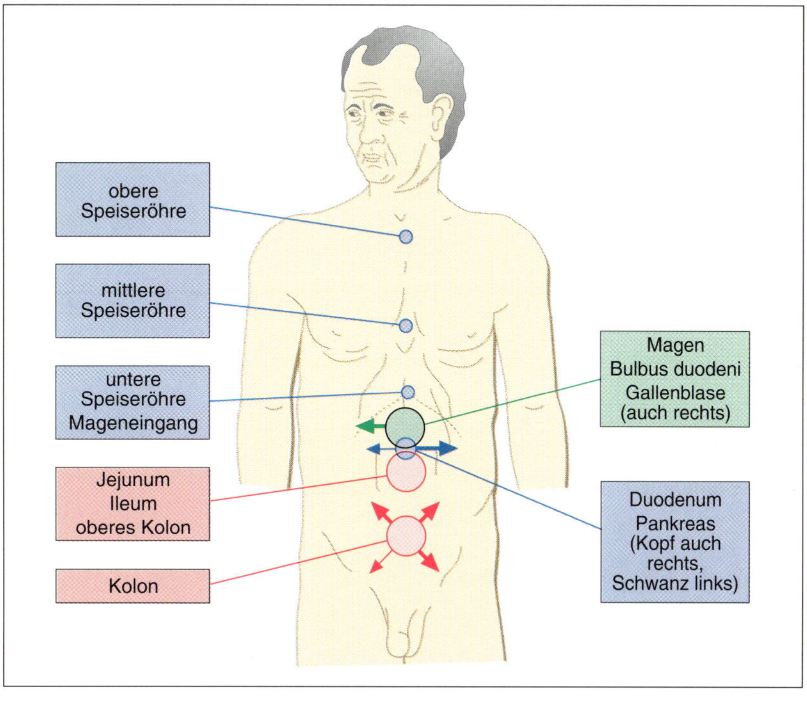

Abb. 46-1 Präsentationsorte der viszeralen Schmerzen. Diese Ergebnisse wurden bei Gesunden durch radiologisch gezieltes Aufblasen von Ballonsonden (Gastrointestinaltrakt) und durch elektrische Reizströme (Pankreas) ermittelt. In einzelnen Fällen gab es erhebliche Abweichungen von diesem Schema.

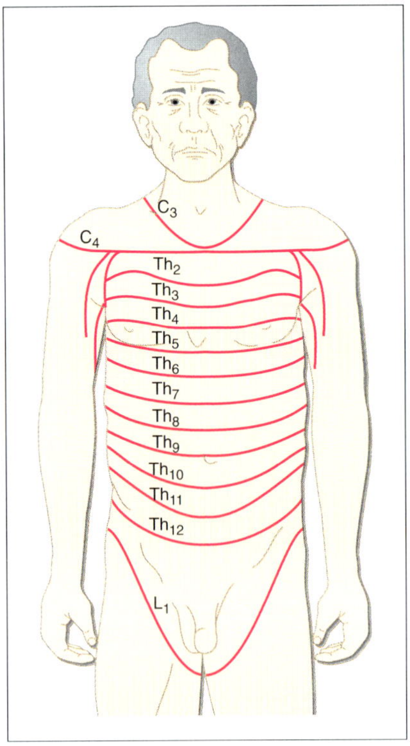

Abb. 46-2 Dermatome des Rumpfes. Irritationen im Bereich der Spinalnerven führen zu Schmerzempfindungen, die genau in das zugehörige Dermatom lokalisiert werden und die Mittellinie nicht überschreiten; vegetative Begleiterscheinungen fehlen (projizierte Schmerzen, Neuralgie).

ten sich in der Regel an keine Begrenzungen. Schmerzprojektionen von der Wirbelsäule in den Oberbauch überschreiten zwar nicht die Mittellinie, sie folgen aber dem Verlauf des zugehörigen Dermatoms und ziehen bei maximaler Ausprägung nach lateral in den Bereich des knöchernen Thorax bis zur Wirbelsäule (Abb. 46-2).

46.2 Ursachen

Eine fast unübersehbare Anzahl von Erkrankungen kann mit Leibschmerzen einhergehen. Folgende Zusammenstellungen nach unterschiedlichen Gesichtspunkten sind für den praktischen Gebrauch von Bedeutung:

- **Lokalisation** und pathophysiologische Gegebenheiten (Tab. 46-1)
- **zeitlicher Schmerzbeginn** (Tab. 46-2)
- Krankheitsbilder des **akuten Abdomens** mit den Kriterien Leibschmerzen, Peritonismus und Kreislaufinsuffizienz nach ihrer Häufigkeit (Tab. 46-3)
- **rezidivierende** und **chronische Leibschmerzen** (Tab. 46-4)

Tab. 46-1 Ursachen für Leibschmerzen

Schmerzursachen im Bauchraum	• Entzündungen des Peritoneum parietale, bakterielle Besiedlung	perforierte Appendizitis (→ 46.4.1) Divertikulitis (→ 46.4.2) Adnexitis spontane bakterielle Peritonitis
	• chemische Irritationen	perforiertes Ulkus (→ 46.4.5) Pankreatitis (Mittelschmerz), → 46.4.6
	• mechanische Obstruktion der Hohlorgane	Obstruktion des Dünn- oder Dickdarms Obstruktion der Gallenwege Obstruktion der Ureteren
	• gefäßabhängige Störungen	Thrombose oder Embolie Gefäßruptur Gefäßtorsion
	• Bauchdeckenerkrankungen	Distorsion oder Zerrung des Mesenteriums Verletzung oder Entzündung der Muskulatur
	• Dehnung viszeraler Oberflächen	Dehnung der Leber- oder Nierenkapsel
Schmerzen von extraabdominellen Organen	• Brustraum	basale Pneumonie (→ Kap. 3) Hinterwandinfarkt (→ Kap. 41)
	• Nervensystem	Neuralgie Tabes dorsalis Herpes zoster (→ Kap. 41)
	• Genitalien	Hodentorsion (→ Kap. 24)
Schmerzen durch Stoffwechselerkrankungen und Vergiftungen		diabetische Ketoazidose (→ Kap. 12) Porphyrie (→ Kap. 21) Addison-Krise (→ Kap. 18) Allergie (z. B. C1-Esterase-Inhibitor-Mangel)
Schmerzen bei Infektionskrankheiten	• Gastrointestinaltrakt, Gallenblase, Gallenwege	Cholezystitis (→ 46.4.3) Cholelithiasis (→ 46.4.3) Enteritis infectiosa (→ Kap. 11)
funktionell bedingte Schmerzen		Reizmagen (→ 46.4.12) Reizdarm (→ 46.4.12)

Tab. 46-2 Krankheiten mit plötzlich beginnenden Leibschmerzen (Einteilung nach dem zeitlichen Auftreten)

Perakutes Auftreten	Ruptur eines Aortenaneurysmas Leber- oder Milzruptur Ruptur einer Pankreaspseudozyste Mesenterialinfarkt Volvulus inkarzerierte Hernie Z. n. Abdominaltrauma
Akutes Auftreten	akute Appendizitis (→ 46.4.1) gastroduodenale Ulkusperforation (→ 46.4.5) akute Cholezystitis (→ 46.4.3) Pankreasnekrose (→ 46.4.6) Divertikulitis (Perforation) → 46.4.2 hohe Dünndarmobstruktion Tubenruptur Extrauteringravidität
Sonstige (Operations-indikation selten)	Koliken akute Pankreatitis (→ 46.4.6) Ulcus pepticum (→ 46.4.5) Colon irritable (→ 46.4.12) Divertikelkrankheit (→ 46.4.2) intestinale Pseudoobstruktion (→ Kap. 59) Lymphadenitis akute Leberstauung Milzinfarkt akute Porphyrie (→ 46.4.11.1) Kokzygodynie

46.3 Diagnostik

46.3.1 Anamnese

Das Ziel bei der Anamneseerhebung ist die genaue Ermittlung aller geklagten Phänomene: Leibschmerzen, Übelkeit, Erbrechen, Blutungen, Juckreiz usw. Aus den Angaben über Leibschmerzen ergeben sich die folgenden Informationen:

▷ **Lokalisation**
- Schmerzen an einem festen Punkt, eventuell durch Palpation provozierbar
- ➠ **viszerale Schmerzen im Erkrankungsbereich,** besonders Gallenblase, Magen, Bauchspeicheldrüse, Nieren, Harnblase, Adnexe, Kolon (Appendix/terminales Ileum, Flexuren, Colon sigmoideum)
- Beschwerden nahe der Mittellinie, undeutlich
- ➠ **viszerale Schmerzen** (→ Abb. 46-1) – vegetative Begleiterscheinungen?
- große Schmerzzone
- ➠ **übertragene Schmerzen**?
- Schmerzen folgen Dermatomausbreitung, überschreiten nicht die Mittellinie
- ➠ **projizierte Schmerzen** (→ Abb. 46-2)
- **plötzliche Änderungen in der Schmerzausbreitung,** Änderungen in dem Schmerzcharakter
- ➠ Hinweis auf bedrohliche **Komplikation**

▷ **Entwicklung und Verlauf**
- akutes oder subakutes Auftreten (→ Tab. 46-2)
- akutes Auftreten, Peritonismus, Kreislaufdekompensation, akutes Abdomen (→ Tab. 46-3)
- chronisches, chronisch-rezidivierendes Auftreten (→ Tab. 46-4)
- Schlaf wird nicht gestört, Auftreten abhängig von Situation (Urlaub, Wochenende, Arbeitsplatz etc.)
- ➠ funktionelle Ursache

▷ **Schmerzcharakter**
- wehen- oder kolikartig ansteigend/abschwellend
- ➠ Änderung der Wandspannung bei muskulären Hohlorganen (Magen, Darm, Gallenblase, Nierenbecken, Harnwege)
- brennend, schneidend
- ➠ Entzündung
- ticartig, lanzinierend
- ➠ Schmerzprojektion bei Lues III, Krampfäquivalente
- plötzliche Veränderung
- ➠ bedrohliche Komplikation (z.B. Perforation eines Ulkus)

▷ **Besserung oder Auslösung von Schmerzen**
- Nahrungsaufnahme
- ➠ Speiseröhre (saure Getränke provozieren Sodbrennen bei Refluxkrankheit), oberer Gastrointestinaltrakt (Geschwüre), Gallenblase/Gallenwege (Steine)
- Medikamentengebrauch
- ➠ ungünstige Medikamentenwirkung (z.B. Tablettenulkus in Speiseröhre, Magen- und Darmulzerationen durch nichtsteroidale Antiphlogistika)
- Alkoholgenuß
- ➠ Lymphogranulomatose (Morbus Hodgkin)
- Stuhlgang
- ➠ Erkrankung im Bereich von Rektum und Anus (z.B. Analfissur, Perianalthrombose, Fistelbildung)

Tab. 46-3 Ursachen des akuten Abdomens

	relative Häufigkeit (%)
Akute Appendizitis	39
Akute Cholezystitis	16
Ileus	12
Ulkusperforation	11
Akute Pankreatitis	7
Mesenteriale Perfusionsstörungen	4
Akute gynäkologische Erkrankungen	3
Sonstige	8

Tab. 46-4 Rezidivierende bzw. chronische Schmerzen in den Bereichen Oberbauch, Unterbauch, Flanken

Rezidivierende Oberbauchschmerzen	**Speiseröhre**	Refluxkrankheit (→ Kap. 39)
	Magen	Reizmagen (→ 46.4.12) Ulcus ventriculi (→ 46.4.5) Magenneoplasma
	Leber, Galle, Pankreas	Stauungsleber (→ 46.4.7) Leberneoplasmen Parasitosen der Leber (Clonorchis, Echinokokken) Gallenblasen-, Gallengangssteine Cholezystitis (→ 46.4.3) Postcholezystektomie-Syndrom Neoplasie der Gallenblase und der Gallenwege chronische Pankreatitis (→ 46.4.6) Pankreasneoplasie
	Intestinaltrakt	Reizdarm (→ 46.4.12) Ulcus duodeni (→ 46.4.5) Colitis ulcerosa (→ Kap. 11.4.2) Divertikulitis (→ 46.4.2) ischämische Kolitis (→ 46.4.8) intestinale Neoplasmen (→ Kap. 11.4.5) chronische Infektionen: Lamblien, Tbc (→ Kap. 11.4.1)
	sonstige	Angina abdominalis Herzinsuffizienz (→ Kap. 3) Splenomegalie (→ Kap. 32)
Rezidivierende Unterbauchschmerzen	**Intestinaltrakt**	Reizdarm (→ 46.4.12) Divertikelkrankheit (→ 46.4.2) Morbus Crohn (→ Kap. 11.4.2) Colitis ulcerosa (→ Kap. 11.4.2) ischämische Kolitis (→ 46.4.8) Briden, Adhäsionen Neoplasie
	Urogenitaltrakt	Urolithiasis (→ Kap. 60) Adnexitis, Salpingitis (→ Kap. 37) Zystitis (→ Kap. 60) Ovarialzysten (→ Kap. 37) Endometriose (→ Kap. 37) Neoplasmen
	sonstige	Hernien (inguinal, Bauchwand)
Rezidivierende Flankenschmerzen	**Nieren, Harnwege**	Nieren-, Uretersteine (→ Kap. 60) chronische Pyelonephritis (→ Kap. 60) chronische Glomerulonephritis (→ Kap. 60) Hydronephrose Neoplasmen Zystennieren Nephroptose Nierenarterienembolien Ormond-Syndrom Tbc
	Gastrointestinaltrakt	Reizdarm (→ 46.4.12) Gallensteine (→ 46.4.3) Ulcus ventriculi et duodeni (→ 46.4.5)
	sonstige	vertebragene Beschwerden chronische Pankreatitis (→ 46.4.6) Aortenaneurysma Hernia inguinalis

▷ **Begleitphänomene**
- lokale Rötung, Schwellung, Erwärmung
➠ Entzündungszeichen
- vegetative Symptome (Schwitzen, Übelkeit, Erbrechen, Durchfall, Kreislaufreaktion, jedoch **keine Beeinträchtigung der Atmung**)
➠ viszeraler Schmerz
- psychische Veränderungen
➠ zentrale Schmerzursache, chronische Schmerzen

46.3.2 Körperliche Untersuchung

Die körperliche Untersuchung beginnt bereits beim ersten Kennenlernen: Wird der Patient durch seine Schmerzen sichtbar beeinträchtigt? Bei einer Kolik findet man ihn unruhig im Bett liegend, bei einer diffusen Peritonitis liegt er still und vermeidet jede Bewegung. Schonhaltungen zeigen Patienten mit Pankreatitis oder retroperitonealen Tumoren, indem sie mit angezogenen Knien im Bett sitzen und mit verschränkten Armen den Leib einpressen.

Grundsätzlich wird in der üblichen Weise der Patient in seiner Gesamtheit körperlich untersucht. Am Bauch achtet man bei der **Inspektion** auf Vorwölbungen durch Tumoren oder Hernien, auf eine vermehrte Peristaltik, z.B. infolge einer Magenausgangsstenose, oder auf eine Zyanose infolge einer schweren Pankreasnekrose (Cullen-Zeichen, Gray-Turner-Zeichen).

Bei der **Palpation** gilt die besondere Aufmerksamkeit der Erhöhung der Bauchdeckenspannung als Hinweis auf eine Irritation des Peritoneum parietale infolge einer Peritonitis. Eine geringere Zunahme zeigt sich bisweilen bei der akuten Pankreatitis („Gummibauch"). Des weiteren wird man nach lokalisierten, durch Palpation provozierbaren Schmerzzonen fahnden und diese gegebenenfalls einer bekannten Struktur (v.a. Gallenblase, Bauchspeicheldrüse, Harnblase, Nieren, Appendix) zuzuordnen versuchen. Bei Gesunden lassen sich als Resistenzen oftmals der Leberrand, das Kolon (Sigma, Aszendens, Deszendens) sowie die Nieren tasten; die Aorta erkennt man an der Pulsation. Von Bedeutung ist der Nachweis einer hydropisch vergrößerten Gallenblase: Bei tiefer Inspiration wird sie mit dem Leberrand nach kaudal verschoben. Schmerzhafte Prozesse in den Bauchdecken können durch Anspannen der Bauchmuskulatur, z.B. beim Aufrichten des Oberkörpers, abgegrenzt werden. Zu jeder palpatorischen Beurteilung von Leibschmerzpatienten gehört auch eine **rektale Untersuchung**. Hierbei achtet man insbesondere auf schmerzhafte Resistenzen im kleinen Becken, z.B. als Zeichen einer Appendizitis oder Adnexitis.

Die **Perkussion** ermöglicht den Nachweis von geblähten Darmschlingen (Ileus!) und von Aszites. Die Abgrenzung solider Resistenzen zur Umgebung ist oftmals durch leise Perkussion möglich.

Durch **Bauchauskultation** lassen sich Strömungsgeräusche bei Arterienstenosen feststellen. Bei Ileus und Subileus ist die Beurteilung der Darmgeräusche aufschlußreich: In der Initialphase sind sie lebhaft und hochgestellt; später können sie fehlen. Differentialdiagnostische Schwierigkeiten können hier entstehen, wenn bei Koliken reflektorisch die Darmgeräusche vermindert sind.

46.3.3 Laboruntersuchungen

Labortests können einen Beitrag zur Bestätigung der Verdachtsdiagnose leisten. Normale Meßwerte schließen jedoch eine Erkrankung nicht aus.

- **Rotes und weißes Blutbild**
  Entzündung (Leukozytose, Linksverschiebung der Granulopoese), Anämie (erniedrigter Hämatokrit, akute Blutung, erniedrigter Färbeindex, chronische Blutung mit Eisenmangel)
- **Amylase, Lipase im Serum, Amylase im Urin**
  erhöhte Aktivitäten bei Pankreatitis
- **Alkalische Phosphatase, Gamma-Glutamyl-Transpeptidase im Serum**
  erhöhte Aktivitäten bei Cholestase
- **GOT, GPT im Serum**
  Hepatitis, Herzinfarkt (zusätzlich CK/CK-MB im Serum)
- **Urinstatus**
  Leukozyturie bei Entzündungen der Nieren und Harnwege, Erythrozyturie bei Entzündungen, Steinen, Tumoren; Zylinder (Leukozyten/Erythrozyten/granulierte) bei Nierenerkrankungen
- **Porphyrine im Stuhl und Urin, Delta-Aminolävulinsäure im Urin**
  erhöhte Meßwerte bei Porphyrie und Bleivergiftung
- **Blutglukose erhöht, Ketoazidose**
  diabetisches ketoazidotisches Koma

46.3.4 Weitergehende apparative Untersuchungen

Die verschiedenen **bildgebenden Untersuchungsverfahren** spielen oftmals eine entscheidende Rolle bei der Diagnostik der mit Leibschmerzen einhergehenden gastroenterologischen Erkrankungen.

Sonographische Verfahren

Sonographie des Abdomens (Darstellung der Leber, der Gallenblase und extrahepatischen Gallenwege, der Nieren, der Milz, des Pankreas, der Nieren, der Blase, der großen Blutgefäße, des Uterus, evtl. des Gastrointestinaltrakts). Endosonographie des oberen und unteren Gastrointestinaltrakts (Darstellung der Wandungen und deren Umgebung).

Endoskopische Verfahren

Ösophagogastroduodenoskopie bzw. ÖGD (Untersuchung der Speiseröhre, des Magens und des Duodenums bis zum unteren Knie); Koloskopie (Untersuchung des Rektums, des Kolons und des terminalen Ileums); Proktoskopie (Untersuchung der Analregion); endoskopisch-retrograde Cholangiopankreatikographie bzw. ERCP (Darstellung des Pankreasgangs und der Gallenwege).

Radiologische Verfahren

Übersichtsaufnahme des Abdomens im Stehen (Kalkschatten durch Gallensteine/Nierensteine, Uretersteine/Pankreassteine bei chronischer Pankreatitis/Lymphknoten; Luftsicheln unter dem Zwerchfell bei Perforation; Flüssigkeitsspiegel in erweiterten Darmschlingen bei Ileus).

Thoraxaufnahme (basale Pneumonie, Herzerkrankung).

Magenbreipassage (Darstellung der Speiseröhre, des Magens, des Duodenums), Dünndarmkontrasteinlauf nach Sellink (Dünndarmdiagnostik), Kolonkontrasteinlauf (Darstellung des Kolons, des terminalen Ileums, jedoch nicht des Rektums).

I.v. Cholegraphie (Darstellung der Gallenblase und der extrahepatischen Gallenwege). Computertomographie (Untersuchung von Leber, Gallenblase, Pankreas, Nieren, Gastrointestinaltrakt, Lymphknoten, Lungen, Uterus, Adnexen, Harnblase, Knochen).

Angiographie (Darstellung der großen Arterien und Venen).

Die diagnostische Bedeutung wichtiger bildgebender Verfahren ist in der Tabelle 46-5 dargestellt.

46.4 Krankheitsbilder

Allgemeine Gesichtspunkte bei schmerzhaften Erkrankungen der viszeralen Bauchorgane

Erkrankungen der Organe des Bauchraums lassen zuerst viszerale und übertragene Schmerzen entstehen, beim Übergreifen auf die Bauchdecken auch somatische Schmerzen und Peritonismus. Entzündungen der muskulären Hohlorgane erscheinen mit einer charakteristischen Schmerzanamnese in 3 Stadien (Tab. 46-6).

Tab. 46-5 Bedeutung der verschiedenen bildgebenden Untersuchungsverfahren für die Diagnostik der Bauchorgane (– = keine; + = gering; ++ = hoch; +++ = sehr hoch)

Organ	Endoskopie	Sonographie	Endosonographie	Kontrast-Röntgen	CT/MRCP	Angiographie
Magen, Duodenum	+++	–	++	++	+	+
Dünndarm	+	–	–	+++	–	+++
Dickdarm, term. Ileum	+++	+	++	+++	+	++
Pankreas	+++	++	+++	+	+++	++
Leber	+++	+++	–	+	+++	++
Gallenwege, Gallenblase	+++	+++	++	++	++	+
Milz	+	++	–	–	++	

Abkürzungen: Endoskopie = Ösophagogastroduodenoskopie, Koloskopie, endoskopisch-retrograde Cholangiopankreatikographie (ERCP), Laparoskopie; CT = Computertomographie; MRCP = Magnetresonanz-Cholangiopankreatikographie; Kontrast-Röntgen = radiologische Hohlraumdiagnostik mit Kontrastmitteln – Magenbreipassage, hypotone Duodenographie, Dünndarmkontrasteinlauf n. Sellink, Kolonkontrasteinlauf, i.v. Cholegraphie

Tab. 46-6 Stadien entzündlicher Erkrankungen der muskulären abdominellen Hohlorgane und zugehörige Schmerztypen

I.	Erweiterung viszerale Schmerzen
II.	manifeste Entzündung lokalisierter Schmerz Schmerzübertragung
III.	Übergreifen der Entzündung auf das Peritoneum parietale somatische Schmerzen Peritonismus

46.4.1 Akute Appendizitis

Bei der Entzündung des Wurmfortsatzes ist der Krankheitsverlauf oftmals an der Schmerzentwicklung erkennbar. Am Beginn steht eine bakterielle Entzündung der Schleimhaut des Wurmfortsatzes, welche sich innerhalb weniger Stunden ungezügelt bis zur Serosa und zu Bauchhöhle/Peritoneum parietale fortsetzt. Als Ursache gilt die Retention von Darminhalt, was zu einer Erweiterung des Wurmfortsatzes und damit zu viszeralen Schmerzen führt (Schmerzstadium I).

B ***Beschwerden und Befunde***

Die Patienten klagen über diffuse, schwer lokalisierbare Leibschmerzen mit vegetativen Begleiterscheinungen (Übelkeit, Erbrechen, Durchfall). Eine wichtige Differentialdiagnose ist die akute Gastroenteritis. Die nachfolgende Entzündung der Appendix zeigt sich durch im rechten Unterbauch lokalisierte Schmerzen und eine Schmerzübertragung in die Bauchhaut des rechten unteren Quadranten (Schmerzstadium II). Bei der körperlichen Untersuchung findet sich eine isolierte Druckschmerzhaftigkeit am **McBurney-Punkt** (Grenze zwischen mittlerem und äußerem Drittel auf der Verbindungslinie zwischen Nabel und rechter Spina iliaca anterior superior) bzw. dem **Lanz-Punkt** (Punkte im rechten Drittel einer beide Spinae iliacae anteriores superiores verbindenden Linie). Gebräuchlich ist auch das **Rovsing-Zeichen**, wobei ein lokalisierter Schmerz durch Verschieben des Koloninhalts nach proximal hervorgerufen wird; hierzu wird der linke Unterbauch tief eingedrückt und die untersuchende Hand zum linken Kolon vorgeschoben. Entsteht ein Loslaßschmerz nach dem Eindrücken des linken Unterbauchs, so ist dies ein positives **Blumberg-Zeichen**. Zur vollständigen Diagnostik gehört schließlich die **rektale,** evtl. **vaginale Untersuchung** auf Druckschmerzhaftigkeit: Liegt der entzündete Wurmfortsatz atypisch im kleinen Becken, so ist die Region rechts neben dem Enddarm schmerzhaft. Bei retrozökaler Lage findet man einen **Psoasschmerz,** wenn der liegende Patient das gestreckte Bein gegen einen Widerstand hebt.

In der Folge (Schmerzstadium III) kommt es dann zur **Perforation** mit Übergreifen der Entzündung auf das Peritoneum parietale. Entsprechend sind die Schmerzen hell und exakt lokalisierbar (somatische Schmerzen). Weitere Befunde sind Peritonismus und Allgemeinreaktionen mit Fieber (Temperatur meist nicht über 38 °C; Differenz zwischen dem axillären und rektalen Meßwert über 1 °C) und Leukozytose (ca. 10 000–15 000/mm^3).

DS ***Diagnosesicherung***

Die Diagnose beruht auf der charakteristischen Anamnese mit Leibschmerzen und vegetativen Begleiterscheinungen, auf den abdominellen Druckschmerzen, evtl. mit Peritonismus, auf der beschriebenen Temperaturerhöhung sowie auf der Leukozytose mit Linksverschiebung der Granulopoese.

46

DD ***Differentialdiagnose***

Differentialdiagnostisch müssen in erster Linie folgende Erkrankungen erwogen werden: Gastroenteritis (u.a. Infektion mit Campylobacter), Pyelonephritis (→ Kap. 60.6.1), Adnexitis, rechtsseitige Divertikulitis einschließlich entzündetem Meckel-Divertikel, Ileitis terminalis bei Morbus Crohn und ischämische Kolitis (→ Kap. 11.4.2).

46.4.2 Divertikelkrankheit – Divertikulitis

Kolondivertikel finden sich mit zunehmender Häufigkeit ab dem 40. Lebensjahr (in der 4. Dekade ca. 5% der Bevölkerung, in der 9. Dekade ca. 50%), wobei vor allem in der „Hochdruckzone" des Colon sigmoideum die Schleimhaut die Muskelschicht bei den Gefäßlücken penetriert und sich bis zur Serosa nach außen stülpt. In etwa 5–10% kommt es zu Entzündungen – **Divertikulitis.** Wegen der Ähnlichkeit des Entzündungsverlaufes und des klinischen Bildes mit der akuten Blinddarmentzündung spricht man auch von einer **Appendicitis sinistra.**

B ***Beschwerden und Befunde***

Von den Patienten werden die Schmerzen nach einer initialen Phase mit diffusen viszeralen Schmerzen in der 2. Phase im linken Unterbauch lokalisiert. Bei der Perforation mit Übergreifen der Entzündung auf das Peritoneum parietale kommt es zum Peritonismus. Weitere mögliche Folgen sind die Sepsis, die Bildung von Abszessen, die Ausbildung von Fisteln zu den benachbarten Organen (bei Blasenfistel Pneumat-

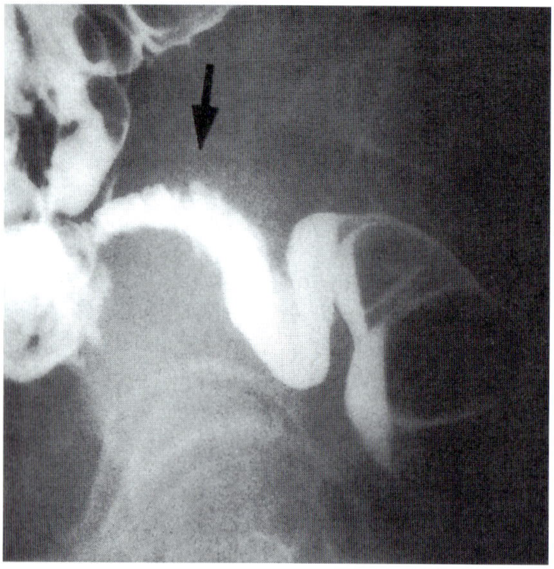

Abb. 46-3 Divertikulitische Sigmastenose (→) im Kolon-Doppelkontrasteinlauf.

urie!) oder das Entstehen von Stenosen im Darm **(obstruierende Divertikulitis)** einschließlich dem Ileus.

DS *Diagnosesicherung*

Die Diagnose beruht auf der charakteristischen Schmerzanamnese mit – zumeist intermittierenden – Schmerzen im linken Unterbauch, Verstopfungen, evtl. im Wechsel mit Durchfall, lokalem Druckschmerz sowie dem Nachweis typischer Veränderungen im Kolonkontrasteinlauf: Divertikel, verdickte Falten, verengtes Lumen, Abszeßbildung (Abb. 46-3 und 59-3).

DD *Differentialdiagnose*

Differentialdiagnostisch kommen in erster Linie folgende Erkrankungen in Betracht: ischämische Kolitis, Kolonneoplasie, Kolik bzw. Entzündung bei Urolithiasis (→ Kap. 60), Adnexitis, Ruptur einer Extrauteringravidität, Ovarialzystentorsion, akuter Milzinfarkt, Milzruptur, Morbus Crohn (→ Kap. 11.4.2), Reizdarm (→ Kap. 11.4.7).

46.4.3 Cholelithiasis – Cholezystitis

Gallensteine sind in den meisten Fällen stumm. Schmerzen entstehen, wenn sie in der Gallenblase den Ductus cysticus verlegen und infolge der Gallenabflußbehinderung eine – reaktive – Anspannung der Gallenblasenmuskulatur herbeiführen. Man spricht in diesen Fällen von einer **Kolik,** wobei initial viszerale Schmerzen im Oberbauch geklagt werden (Schmerzstadium I). Charakteristisch soll die Auslösung durch eine fettreiche Mahlzeit sein.

B *Beschwerden und Befunde*

Das Spektrum der Beschwerden reicht von leichten Mißempfindungen bis zum Vollbild einer Kolik mit sich im Verlauf von Minuten bis Stunden steigernden, quälenden Schmerzen, Übelkeit, Erbrechen. Die Patienten liegen unruhig im Bett, die Atmung wird dabei nicht beeinträchtigt. Palpatorisch ist die Gallenblase isoliert schmerzhaft: Man prüft dies, indem man die Bauchdecken rechts unterhalb der Leber tief eindrückt und den Patienten forciert einatmen läßt; als Folge wird die Gallenblase mit dem Leberrand nach kaudal gegen die Hand des Untersuchers verschoben, und es entsteht ein Schmerz (**Murphy-Zeichen**). Möglich ist auch eine Schmerzübertragung in die rechte Schulter bzw. in die zugehörige Head-Zone (rechter Oberbauch, → Tab. 46-2). Tritt eine **Perforation** in die Umgebung mit Beteiligung des Peritoneum parietale ein, klagen die Betroffenen über lokalisierbare somatische Schmerzen. Bei der Untersuchung findet man **Peritonismus (Schmerzstadium III).**

Gallengangssteine sind bei bis zu ⅓ der Blasensteinträger vorhanden, zumeist als Folge der Auswanderung aus der Blase. Hier kann es ebenfalls zur Steineinklemmung und damit zu Koliken sowie auch zu Entzündungen und Perforationen kommen. Die Krankheitsbilder gleichen denen der Blasensteinerkrankungen. Sie können zusätzlich von Komplikationen (biliäre Pankreatitis, Cholestase) gezeichnet sein.

DS *Diagnosesicherung*

Die Diagnose von **Gallenblasensteinen** ist am einfachsten durch Sonographie möglich (ca. 98% der Fälle). Bei einer **Kolik** ist die Blase im sonographischen Bild prall abgerundet, im Infundibulum erscheint ein eingeklemmter Stein (Abb. 46-4). Die Gallenblase ist

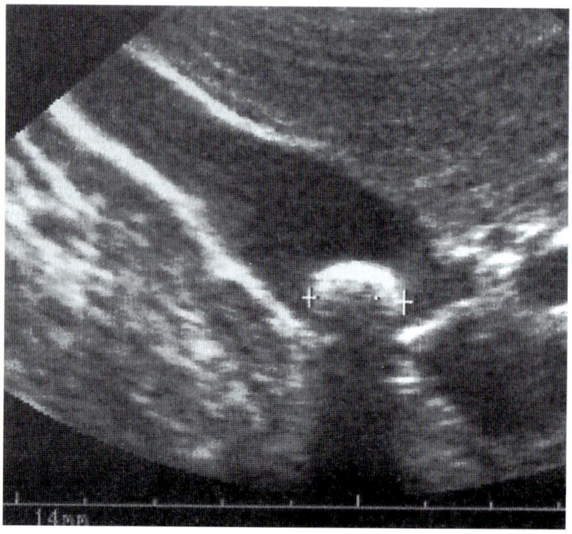

Abb. 46-4 Ultraschalluntersuchung: intakter Gallenblasenstein mit dorsalem Schallschatten (+ = Steinbegrenzung).

gleichzeitig isoliert druckschmerzhaft. Charakteristisch ist das rasche Verschwinden des Schmerzes nach i.v. Gabe eines Spasmolytikums (z.B. Butylscopolamin). Bei der **Cholezystitis** findet man Entzündungszeichen (Fieber, Leukozytose) sowie – infolge einer Begleitcholangitis – Gelbsucht und erhöhte Aktivitäten der Cholestaseenzyme. Erkrankungen durch Gallengangssteine lassen sich aufgrund des klinischen Bildes nicht abgrenzen. Die Diagnose der **Choledocholithiasis** erfolgt am besten mittels ERCP. Bisweilen erkennt man Steine bereits im sonographischen Bild oder anhand von Verkalkungen auf der Röntgenübersichtsaufnahme. Linksseitige Oberbauchschmerzen sowie erhöhte Aktivitäten von Amylase und Lipase weisen auf eine biliäre Pankreatitis hin.

DD ***Differentialdiagnose***

Differentialdiagnostisch müssen in erster Linie folgende Erkrankungen erwogen werden: Magen- und Zwölffingerdarmgeschwür, Pankreatitis (Entzündung v.a. des Pankreaskopfes, → 46.4.6), Nephrolithiasis mit Kolik bzw. Entzündung, basale Pneumonie, akuter Leberabszeß, akutes Budd-Chiari-Syndrom, Reizdarm (rechte Kolonflexur!), projizierte Schmerzen bei Wirbelsäulensyndrom (ca. Th6–8), → Kap. 48.

46.4.4 Obturationsileus

Die Differentialdiagnose des Darmverschlusses wird auch im Kapitel 59 (Obstipation) besprochen. An dieser Stelle sollen einige Anmerkungen zur mechanischen Verlegung des Darms stehen, weil in diesen Fällen – im Gegensatz zum paralytischen Ileus – Leibschmerzen ein wichtiges Symptom darstellen. Die häufigsten Ursachen sind hier die Einklemmung äußerer Hernien (40–50%), Briden (10–30%), Neoplasmen (10–15%), Invaginationen (10–20%) und Fremdkörper (unter 5%). Als Folge entstehen in dem proximalen Darmabschnitt forcierte Darmkontraktionen sowie eine reaktive Erweiterung des Lumens.

B ***Beschwerden und Befunde***

Die Patienten klagen über kolikartige viszerale Schmerzen und vegetative Begleiterscheinungen einschließlich Erbrechen, Meteorismus sowie Wind- und Stuhlverhaltung. In der Folge kann es zur Enteritis mit andauernden lokalisierten Schmerzen und Druckschmerzhaftigkeit kommen. Schließlich kann sich eine Durchwanderungsperitonitis mit Irritation des Peritoneum parietale entwickeln; im Vordergrund stehen dann Darmatonie mit fehlenden Bauchgeräuschen (Totenstille), somatische Schmerzen und Peritonismus.

DS ***Diagnosesicherung***

Die Diagnose beruht auf der Anamnese mit den charakteristischen Schmerzen, Erbrechen, Obstipation und Borborygmi, dem Befund eines in der Initialphase weichen, meteoristisch aufgetriebenen Abdomens und evtl. eines eingeklemmten Bruchs, sowie lebhaften, hochgestellten Bauchgeräuschen und – schließlich – der Bestätigung durch den Nachweis von erweiterten Darmschlingen mit Flüssigkeitsspiegeln im Röntgenübersichtsbild des Abdomens (Stehaufnahme).

DD ***Differentialdiagnose***

Differentialdiagnostisch kommen in erster Linie folgende Erkrankungen in Betracht: ischämische Darmerkrankungen (→ Kap. 11), atonische Begleitreaktion bei Kolik oder sonstigen schweren Erkrankungen, Koprostase im Rahmen einer habituellen Obstipation (→ Kap. 59), Gastroenteritis, Reizdarm (→ Kap. 11.4.7) ungünstige Medikamentennebenwirkung, z.B. Colestyramin, Psychopharmaka, Opiate (→ Kap. 11.4.6).

46.4.5 Magen- und Zwölffingerdarmgeschwür

Die Unzulänglichkeit des Symptoms Leibschmerzen als diagnostischer Parameter zeigt sich am deutlichsten bei den Magenpatienten. Seitdem regelmäßig Magenspiegelungen erfolgen, wissen wir, daß viele, vor allem ältere Patienten bei Geschwüren keinerlei Beschwerden klagen, besonders auch keine Leibschmerzen. Andererseits findet man bei etwa der Hälfte der Probanden mit Schmerzen in der Magengegend keinerlei organische Veränderungen. In einer größer angelegten Untersuchung an Patienten mit gesicherten Geschwüren klagten etwa 90% über viszerale Schmerzen, wobei von der Mehrzahl eine Abhängigkeit vom Essen angegeben wurde. Bei anderen Magenerkrankungen, beispielsweise bei Gastritis oder Neoplasien, treten nur in Ausnahmefällen bzw. späten Stadien Leibschmerzen auf.

B ***Beschwerden und Befunde***

Beim **Ulcus duodeni** treten in den meisten Fällen Schmerzen auch in der Nacht auf. Etwa die Hälfte der Betroffenen klagte über vegetative Begleiterscheinungen, insbesondere über Übelkeit und Erbrechen. Die Entstehungsweise der Magenschmerzen ist unklar. Diskutiert werden gestörte peristaltische Bewegungen sowie direkte Effekte des Magensaftes auf Schmerznerven.

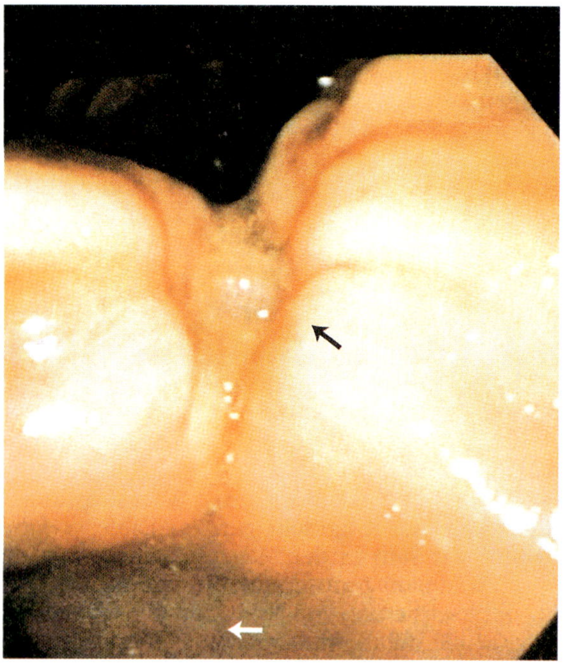

Abb. 46-5 Endoskopischer Aspekt eines Ulcus ventriculi auf der Angulusfalte (schwarzer Pfeil). Oberer Bildrand: Magenkorpus. Am unteren Bildrand (Blick ins Antrum) erkennt man den Pylorus (weißer Pfeil).

DS *Diagnosesicherung*

Die entscheidende diagnostische Maßnahme ist die Ösophagogastroduodenoskopie (Abb. 46-5). Die Indikation zu dieser Untersuchung sollte großzügig bei allen unklaren Oberbauchbeschwerden gestellt werden.

DD *Differentialdiagnose*

Differentialdiagnostisch kommen in erster Linie folgende Erkrankungen in Betracht: Gallensteinerkrankungen, akute und chronische Pankreatitis, Hinterwandinfarkt des Herzens, chronische mesenteriale Durchblutungsstörungen, akute Porphyrie, chronische Bleivergiftung (Bleikoliken), Reizmagen, projizierte Schmerzen bei Wirbelsäulensyndrom (ca. Th6–9).

46.4.6 Akute und chronische Pankreatitis

B *Beschwerden und Befunde*

Entzündungen der Bauchspeicheldrüse führen zu heftigen, brennenden oder schneidenden Schmerzen, welche zumeist in das Pankreas lokalisiert werden. Aus der Entwicklung des Pankreas aus einer paarigen Anlage erklärt sich, daß Erkrankungen im Pankreaskopf auch im rechten Oberbauch, Erkrankungen von Pankreaskörper und -schwanz im linken Oberbauch wahrgenommen werden. Schmerzübertragungen in die linke Schulter weisen auf eine Ausbreitung der Entzündung in die Umgebung des linken Zwerchfells hin. Oftmals findet man einen leichten Peritonismus („Gummibauch").

Schmerzen sind auch ein führendes Symptom bei Pankreastumoren; da sie jedoch erst in späten Stadien entstehen, wird die Diagnose lange nicht gestellt.

DS *Diagnosesicherung*

Die Diagnose liegt nahe bei Vorliegen der typischen Schmerzsymptomatik mit vegetativen Begleiterscheinungen sowie bei dem Befund eines meteoristisch aufgetriebenen Leibes mit leicht erhöhter Bauchdeckenspannung und Fieber; oftmals berichten die Betroffenen über ähnliche frühere Episoden, evtl. im Zusammenhang mit Alkoholismus. Hinweisend sind eine Leukozytose sowie Gallensteine oder erweiterte extrahepatische Gallenwege im Sonogramm bzw. eine aufgetriebene entzündete Papille mit eingeklemmtem Stein in der ERCP (biliäre Pankreatitis). Pankreaspseudozysten können zu protrahierten Verläufen führen. Gesichert werden kann die Diagnose durch erhöht nachweisbare Aktivitäten von Amylase und Lipase sowie durch charakteristische morphologische Veränderungen der Bauchspeicheldrüse bei der Sonographie oder bei der Computertomographie (Abb. 46-6).

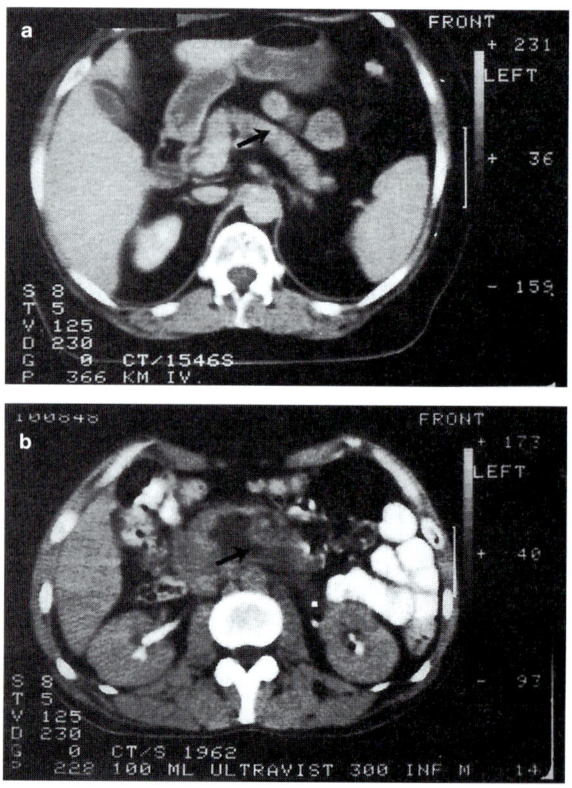

Abb. 46-6 Darstellung des normalen Pankreas (a) im Computertomogramm (Aufnahmen von PD Dr. John Mikolajewski, Zentrales Röntgeninstitut Essen).

DD *Differentialdiagnose*

Differentialdiagnostisch kommen in erster Linie folgende Krankheiten in Betracht: Gallensteinerkrankungen, Magen- und Zwölffingerdarmgeschwür (beim Ulcus duodeni an der Hinterwand ist eine sekundäre Pankreatitis infolge einer Penetration des Geschwürs in den Pankreaskopf möglich), chronische mesenteriale Durchblutungsstörungen, akute Porphyrie, chronische Bleivergiftung (Bleikoliken), Reizmagen/Reizdarm, projizierte Schmerzen bei Wirbelsäulensyndrom (ca. Th7–9).

46.4.7 Lebererkrankungen

Die Leber besitzt in der Kapsel Schmerzrezeptoren. In den Fällen einer akuten Leberschwellung, beispielsweise infolge einer akuten Rechtsherzinsuffizienz, eines akuten Budd-Chiari-Syndroms oder eines akuten Leberabszesses, ist mit Schmerzen zu rechnen. Meistens gehen „Leberschmerzen" dagegen von Gallenwegserkrankungen aus.

46.4.8 Ischämische Darmerkrankungen

B *Beschwerden und Befunde*

Akute Verschlüsse der großen intestinalen Blutgefäße gehen mit plötzlich einsetzenden, heftigsten viszeralen Leibschmerzen sowie Übelkeit, Brechreiz, Erbrechen und Kreislaufinsuffizienz einher. Nach 4 Stunden beginnt oftmals ein „stilles Intervall" mit geringeren Beschwerden und evtl. dünnen blutigen Stühlen. Innerhalb von 24 Stunden entwickelt sich dann ein schweres Krankheitsbild mit den Zeichen der Durchwanderungsperitonitis (Fehlen der Darmgeräusche, Peritonismus). Die **ischämische Kolitis**, bei der lediglich kleinere Segmente am Kolon bzw. der Kolonschleimhaut – zumeist im Bereich der linken Flexur – nicht durchblutet sind, erscheint mit geringeren Schmerzen sowie mit blutigen Stühlen. Die Beschwerden werden entsprechend in den linken Oberbauch lokalisiert und sind spontan rückbildungsfähig. **Chronische mesenteriale Durchblutungsstörungen**, die sich durch die allmähliche Verlegung von 2 Arterienhauptstämmen bilden, ohne dabei zu Darmnekrosen zu führen, können postprandiale Schmerzen auslösen („Angina abdominalis"). Weitere Zeichen sind Gewichtsverlust und Stuhlunregelmäßigkeit.

DS *Diagnosesicherung*

Die Diagnostik von Verschlüssen der großen Gefäße ist am besten durch Angiographie möglich. Da es sich um bedrohliche Krankheitszustände handelt, wird oftmals ohne spezifische Diagnostik probelaparotomiert. Fehldiagnosen resultieren aus dem in der Regel assoziierten Ansteigen der Bauchspeicheldrüsenenzymaktivitäten. Bei der ischämischen Kolitis wird die Diagnose anhand des endoskopischen Befunds von umschriebenen Schleimhautnekrosen gesichert. Im Kontrasteinlauf sieht man ödematös verdickte Schleimhautpolster („thumb prints"), später auch Strikturen oder Stenosen. Die Angiographie ist hier weniger aussagekräftig.

DD *Differentialdiagnose*

Differentialdiagnostisch kommen bei den akuten Zuständen in erster Linie andere bedrohliche Baucherkrankungen in Betracht: Perforationen, Peritonitis, akute Pankreatitis, Cholezystitis, Appendizitis, Adnexitis. Eine tabellarische Übersicht anhand der Initialsymptomatik oder der Begleitreaktionen (akutes Abdomen) gibt Tabelle 46-2 bzw. 46-3. Bei chronischen Durchblutungsstörungen sollten folgende Differentialdiagnosen erwogen werden: rezidivierende Divertikulitis, chronische Pankreatitis/Pankreaspseudozysten, chronische Magen- und Zwölffingerdarmgeschwüre, chronische Adnexitis, Nephro-/Urolithiasis, projizierte Schmerzen (Wirbelsäule, Neurolues), chronische Bleivergiftung.

46

46.4.9 Erkrankungen der Brusteingeweide, die Leibschmerzen verursachen

Von den Brusteingeweiden sind wie von den Bauchorganen viszerale Schmerzen auslösbar (→ Kap. 41). Als vegetative Begleitreaktionen erscheinen oftmals Übelkeit und Erbrechen, wodurch der Verdacht auf eine gastrointestinale Erkrankung gelenkt wird. Diagnostische Schwierigkeiten entstehen, wenn gleichzeitig Leibschmerzen geklagt werden. Dies gilt für manche Fälle von **Hinterwandinfarkt**, die mit epigastrischen Schmerzen einhergehen und als Magen- oder Duodenalgeschwürsleiden verkannt werden (→ Kap. 41), sowie für **basale Pneumonien/Pleuritiden** (→ Kap. 3).

Zur Diagnostik empfiehlt es sich, bei unklaren Oberbauchbeschwerden eine Herzuntersuchung (Enzyme, EKG) sowie eine Lungenuntersuchung (Thorax-Röntgenaufnahme) durchzuführen.

46.4.10 Nervale Störungen, die Leibschmerzen verursachen

Schmerzen entstehen hier häufig infolge Irritation der dorsalen Nervenwurzel beim Durchtritt durch das Foramen intervertebrale im Rahmen degenerativer Wirbelsäulenveränderungen. Die Betroffenen klagen dabei über Schmerzen, die teilweise oder ganz in das Ausbreitungsgebiet der zugehörigen Dermatome projiziert werden (→ Abb. 46-2). Während dieser Pathomechanismus bei der Halswirbelsäule und der Lendenwirbelsäule allgemein bekannt ist („HWS-Syndrom", „LWS-Syndrom"), werden jene Zusammenhänge bei der Brustwirbelsäule oftmals übersehen: Viele Patienten mit unerklärten „Leibschmerzen" leiden an einem BWS-Syndrom! Kennzeichnend ist neben der erwähnten Schmerzausbreitung im Bereich des Dermatoms eine Abhängigkeit der Beschwerden von der Körperlage sowie das Fehlen von vegetativen Begleitsymptomen, insbesondere von Übelkeit, Brechreiz und Erbrechen. In vielen Fällen berichten die Betroffenen auch über eine Zunahme der Schmerzen bei Erhöhung des Liquordrucks durch forciertes Husten (→ Kap. 48). Projizierte Schmerzen sind auch bei Erkrankungen des zentralen Nervensystems möglich. Ein Beispiel sind hier „lanzinierende" Schmerzen infolge Neurolues.

Die Diagnose läßt sich aus dem Schmerzbild vermuten. Zur Bestätigung der Wirbelsäulenerkrankungen können Nativröntgenaufnahmen der Brustwirbelsäule sowie die Computer- und Kernspintomographie dienen.

46.4.11 Stoffwechselerkrankungen und Vergiftungen

Es handelt sich vor allem um folgende Erkrankungen: akute intermittierende Porphyrie, Bleivergiftung, Addison-Krise, ketoazidotisches diabetisches Koma (→ Tab. 46-1). Die Betroffenen klagen über viszerale Schmerzen, zum Teil mit kolikartigem Charakter, deren Entstehungsweisen weitgehend unklar sind. Eine Rolle scheinen Motilitätsveränderungen infolge direkter Wirkungen an der Darmmuskulatur zu spielen. Die **Diagnose** erfolgt anhand von entsprechenden Elektrolyt- und Metabolitenspiegeln im Serum, Urin oder Stuhl.

46.4.11.1 Akute intermittierende Porphyrien

Sie gehen mit Leibschmerzen, Übelkeit, Erbrechen, evtl. auch mit psychischen und neurologischen Symptomen (Polyneuropathien, Koma) einher (→ Kap. 56). Oftmals wird eine Dunkelfärbung des Urins als erstes Hinweiszeichen bemerkt; ein weiteres Prodromalzeichen kann eine hartnäckige Stuhlverstopfung sein. Im Urin ist besonders im Zusammenhang mit akuten Schmerzattacken der Nachweis einer erhöhten Ausscheidung von Uroporphyrinen, Porphobilinogen und Delta-Aminolävulinsäure möglich. Im akuten Krankheitsschub haben die Betroffenen vielfach leichtes Fieber (bis 38,5 °C) und eine Leukozytose (!). Krankheitsauslösend sind vor allem Medikamente (Barbiturate, Sulfonamide, Sexualhormone, Morphinpräparate, Kokain, Chinin, Phenylbutazon) sowie vorangegangene infektiöse Erkrankungen, Alkoholismus, Fastenkuren.

46.4.11.2 Chronische Bleivergiftungen

Chronische Bleivergiftungen führen zu heftigen, plötzlich auftretenden und über Stunden oder Tage andauernden „Bleikoliken", wobei der gesamte Bauchraum – mit einem Maximum um den Nabel – betroffen wird. Begleiterscheinungen sind Erbrechen sowie Verhaltungen von Stuhl und Winden, wodurch das klinische Bild einer intestinalen Obstruktion erscheinen kann. Die Ursache ist eine Exposition, zumeist Inhalation von Bleioxiden, beispielsweise bei der Keramikfabrikation. Bei der körperlichen Untersuchung sind die Patienten blaß (Anämie!), das Abdomen ist meteoristisch aufgetrieben, der Blutdruck kann erhöht sein, Körpertemperatur und Pulsfrequenz sind dagegen normal. Pathognomonisch ist ein grauer Bleisaum am Zahnfleisch. Weitere Manifestationen der chronischen Bleivergiftung sind Anorexie (→ Kap. 2), Kopfschmerzen (→ Kap. 44), Magen- und Zwölffingerdarmgeschwüre, Polyneuropathien (→ Kap. 56). Die Bestätigung der Diagnose erfolgt anhand der Laborbefunde: erhöhte Bleiwerte im Blut und im Urin, erhöhte Ausscheidung von Delta-Aminolävulinsäure und Koproporphyrin, im Blutbild Anämie und Tüpfelungen der Erythrozyten. In der Abdomenübersichtsröntgenaufnahme zeigt sich eine Überblähung des Dünn- und Dickdarms.

46.4.12 Funktionell bedingte Leibschmerzen

Funktionell bedingte Leibschmerzen erscheinen unter den Bildern des Reizmagens und des Reizdarms. Es handelt sich um etwa die Hälfte der Patienten mit Leibschmerzen, bei welchen sich keine organische Erkrankung finden läßt. Typische Kennzeichen sind der Wechsel der Beschwerden, der Zusammenhang mit privaten oder beruflichen Problemen und Situationen – oftmals sind die Betroffenen an den Wochenenden oder im Urlaub symptomatisch bzw. symptomfrei – sowie der geringe Einfluß auf das Schlafverhalten, insbesondere werden die Patienten von ihren Leibschmerzen nicht geweckt. Häufige Begleiterscheinungen sind Palpitationen, Tachykardie, Meteorismus sowie Kollern im Leib. Vom **Reizmagen** spricht man, wenn epigastrische Schmerzen, evtl. mit Übelkeit und Appetitlosigkeit, im Vordergrund stehen. Beim **Reizdarm** werden die Schmerzen vorzugsweise in das Kolon (linke und rechte Flexuren!) lokalisiert; kennzeichnend sind auch die Wechsel zwischen Durchfällen und Verstopfungen, schafskotähnliche Entleerungen sowie Abgänge von Schleim als Folge einer Hypersekretion der intestinalen Schleimdrüsen (→ Kap. 11.4.7 und 59.4.1).

Da alle Symptome vieldeutig sind, müssen für die **Diagnosestellung** in jedem Fall organische Erkrankungen ausgeschlossen werden (Labor, Endoskopie, Sonographie). Für den Nachweis eines Reizdarms werden kolikartige Leibschmerzen im Zusammenhang mit dem Stuhlgang sowie mindestens 2 weitere der folgenden Kriterien verlangt: veränderte Stuhlfrequenz, veränderte Stuhlform, veränderte Stuhlpassage, Schleimabgänge mit dem Stuhl.

Die wichtigsten Differentialdiagnosen sind: Verwachsungen nach Bauchoperationen, akute intermittierende Porphyrie, Pankreaspseudozyste, Nephro-/Urolithiasis, Kohlenhydratintoleranz (Laktose!), Lambliasis, chronische Bleivergiftung.

46.5 Praktisches Vorgehen bei Leibschmerzen

Entscheidend sind in jedem Fall die **Anamnese** und die **körperliche Untersuchung.** Sie ermöglichen in der überwiegenden Zahl der Fälle die Formulierung einer Verdachtsdiagnose. Die **technischen Untersuchungsverfahren** – Labor, Endoskopie, Röntgen, Kernspintomographie usw. – dienen in diesem Zusammenhang zu deren Bestätigung. Die Rolle der **Schmerzanamnese** läßt sich dabei am besten mit einer Leitschiene für den richtigen Weg zur Diagnose beschreiben.

Für den Arzt ergibt sich eine **doppelte diagnostische Zielsetzung:**

1. Die Klärung der Erkrankungsart einschließlich Stellungnahme zur Frage der Bedrohlichkeit des Krankheitsbildes:
   - Handelt es sich um eine – spezifische oder unspezifische – Entzündung, ein Neoplasma, die Folgen einer Verletzung?
   - Liegt ein Verschlußsyndrom (Gastrointestinaltrakt, Gefäße) zugrunde?
   - Besteht Lebensgefahr und damit akuter Handlungsbedarf?
2. Die Suche nach dem Erkrankungsherd

Für **Bedrohlichkeit eines Krankheitszustands** spricht es, wenn die Leibschmerzen plötzlich auftreten und intensiv sind oder wenn sie sich in unerwarteter Weise plötzlich verändert haben, z.B. bei der Perforation eines Magenulkus, wodurch die Schmerzen verschwinden können, was scheinbar eine Besserung signalisiert. Bedeutsam sind auch Begleiterscheinungen wie Übelkeit, Brechreiz, Erbrechen, Beeinträchtigungen der Atmung, Miktionsstörungen sowie gastrointestinale Blutungen. Bei der **körperlichen Untersuchung** sind **Fieber** (Entzündung), **Peritonismus** (perforierte Entzündung mit Beteiligung des Peritoneum parietale), **hochgestellte klingende Bauchgeräusche** (Ileus) und eine Kreislaufinsuffizienz Gefahrenzeichen.

Gegen eine Bedrohlichkeit sprechen eine langdauernde Anamnese mit gleichartigen Beschwerden, Fehlen von Beschwerden in Ruhezeiten (Schlaf), Abhängigkeit von Bewegungen der Wirbelsäule sowie regelrechte Befunde bei der körperlichen Untersuchung.

Bei der **Suche nach dem Krankheitsherd** kann die **Schmerzanamnese** entscheidende Hinweise geben: Aus der Lokalisation und dem Schmerztyp sind bereits Rückschlüsse möglich. Wertvolle Informationen erbringt auch die **gezielte Palpation,** bei isoliert druckschmerzhaften Prozessen auch unter sonographischer Sichtkontrolle. Bei intraabdominell lokalisierten Erkrankungen besitzen die **bildgebenden Untersuchungsverfahren** einschließlich der endoskopisch, sonographisch oder computertomographisch gezielten Biopsie den höchsten Stellenwert. Einen orientierenden Überblick gibt Tabelle 46-5.

Akute, bedrohliche Leibschmerzen erfordern rasches, zielsicheres diagnostisches und therapeutisches Handeln. Die Abbildung 46-7 zeigt die Planung der erforderlichen Maßnahmen.

Häufige Fehldiagnosen: Wegen der Vieldeutigkeit des Symptoms Leibschmerz werden vielfach Krankheiten nicht richtig erkannt und – mit fatalen Folgen – falsch behandelt (Tab. 46-7).

46

Tab. 46-7 Häufige Fehldiagnosen

Falsche Diagnose	Richtige Diagnose
Angina pectoris	Refluxkrankheit der Speiseröhre
Gastritis	Hinterwandinfarkt
Ulcus ventriculi (mit Abheilungstendenz)	Magenfrühkarzinom
symptomatische Cholelithiasis, Gallenwegsdyskinesie	Neuralgie, Kopfpankreatitis, Ulcus ventriculi/duodeni
Pankreaskarzinom	chronische Pankreatitis
Reizdarm	Lambliasis Laktoseintoleranz Bleivergiftung
Appendizitis	Gastroenteritis Morbus Crohn Adnexitis
Divertikulitis	Sigmakarzinom ischämische Kolitis Adnexitis

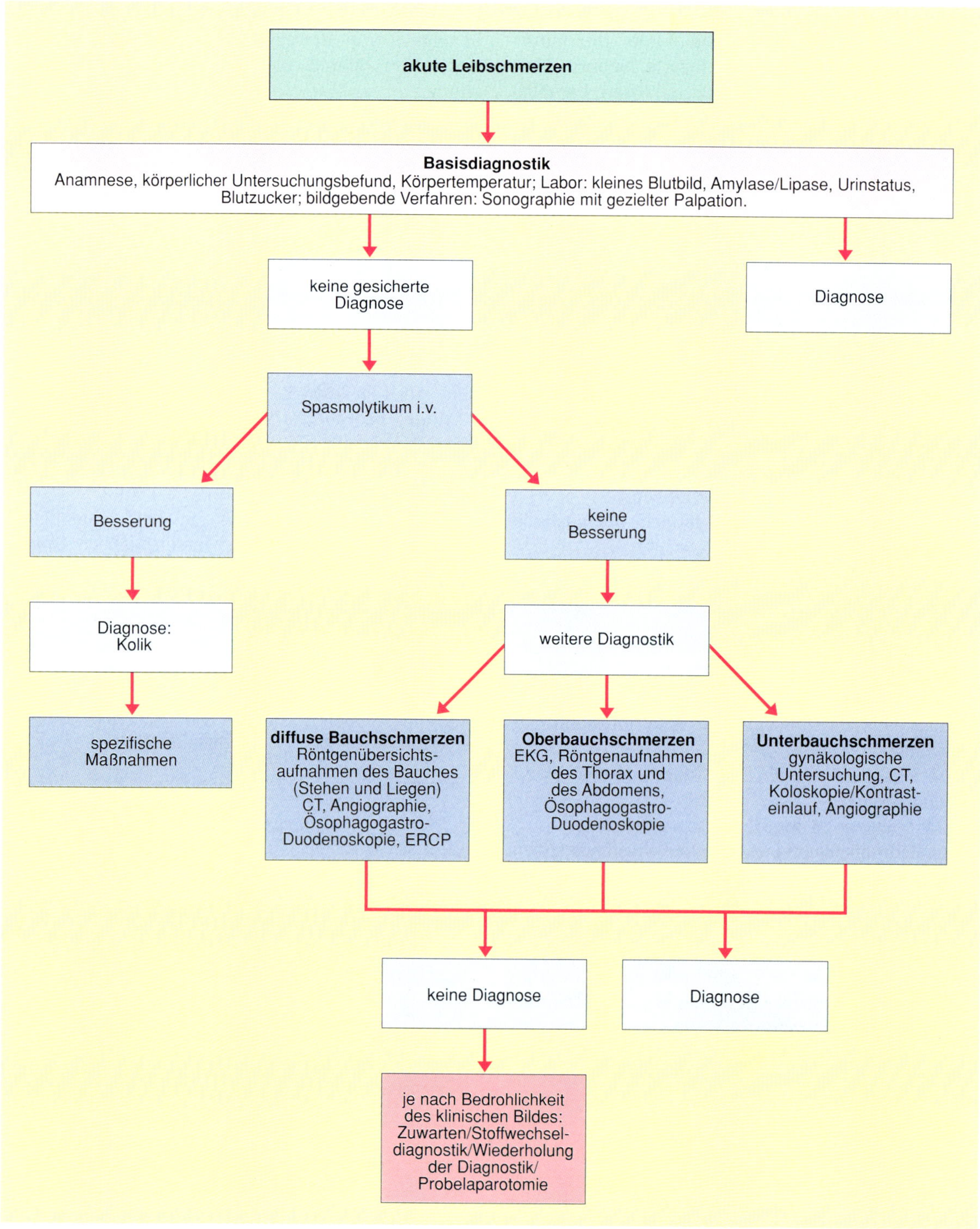

Abb. 46-7 Schema des diagnostischen Weges bei akuten Leibschmerzen.

47 Muskelschmerzen

W. MÜLLER-FELBER und D. PONGRATZ

Gelenk-/sehnennahe Muskelschmerzen mit Druckschmerzhaftigkeit kommen lokalisiert, dann meistens symptomatisch (→ Abb. 47-2) oder generalisiert bei internistischen, neurologischen und psychosomatischen Krankheiten vor. Die Myalgie im engeren Sinne ist meist entzündlich, parainfektiös, metabolisch oder toxisch bedingt. Myalgien müssen gegen rheumatologische, angiologische, neurologische und psychische Erkrankungen abgegrenzt werden.

47.1 Definition und Abgrenzung

Der Begriff Myalgie umfaßt sämtliche im Bereich des Muskels lokalisierte Schmerzen. **Myalgien** im engeren Sinne sind Schmerzen, deren Maximum im Bereich des Muskelbauchs empfunden wird. Hauptcharakteristikum der Myalgie ist der „muskelkaterähnliche", in der Tiefe lokalisierte Schmerz. Wird der Schmerz hingegen mehr im Bereich des Muskel-Sehnen-Gelenkübergange slokalisiert, spricht man von **Fibromyalgie.** Abzugrenzen ist die tiefsitzende Myalgie von mehr oberflächennah empfundenen Schmerzen bei Affektionen der Haut, des Subkutanfetts oder nervaler Strukturen.

47.2 Ursachen

Myalgien können bei einer Störung sämtlicher Anteile des Bewegungsapparats auftreten. Im Muskel empfundener Schmerz muß nicht zwangsläufig seinen Ursprung im Muskel haben. Umgekehrt existieren ausgeprägte Wechselwirkungen zwischen den einzelnen Bestandteilen des Bewegungsapparats untereinander. Dementsprechend erfordert die Analyse des Symptoms Myalgie im Einzelfall die Untersuchung von:

- Muskel
- Sehnen, Gelenken, Skelettsystem
- Gefäßversorgung
- Nervensystem (peripher und Zentralnervensystem)
- Psyche

Zusätzlich muß auch an den **projizierten Schmerz** bei Erkrankungen innerer Organe gedacht werden (→ „Schmerzen als diagnostisches Symptom").

Trotz der Vielzahl gesicherter Krankheitsentitäten, bei denen tatsächlich ein einzelnes dieser Systeme isoliert geschädigt ist, stellen im klinischen Alltag Störungen des Zusammenspiels der einzelnen Komponenten die häufigste Ursache dar. Eine klare Zuordnung zu einem definierten Krankheitsbild gelingt hingegen lediglich in 30–50% der Patienten mit Myalgien im engeren Sinne. Innerhalb dieser Gruppe stellen die Poly-/Dermatomyositis (→ Kap. 35.4.4) und die Polymyalgia rheumatica die häufigsten Diagnosen dar.

47.2.1 Myalgien bei Muskelerkrankungen

Hauptcharakteristika im Muskel entstehender Myalgien sind:

- der tief im Muskel lokalisierte Schmerz
- der „muskelkaterähnliche" Schmerzcharakter
- eventuell die Druckdolenz des Muskelbauchs

Der Substratmangelschmerz (bei Ischämie oder metabolischen Myopathien) ist zudem häufig durch Muskelkrämpfe (→ Kap. 34) gekennzeichnet.

Die schematische Übersicht in Abbildung 47-1 hilft, muskulär bedingte Schmerzen Diagnosegruppen zuzuordnen. **Metabolische Myopathien** stellen insgesamt betrachtet extrem seltene Erkrankungen dar, die in der Regel eher zu oft vermutet werden.

Medikamentös-toxische Ursachen müssen wegen der Konsequenzen unbedingt ausgeschlossen werden. In jedem Fall muß eine gezielte Medikamentenanamnese erhoben werden. Tabelle 47-1 zeigt die wesentlichen Toxine, die zu Muskelschmerzen führen können. Es empfiehlt sich im Einzelfall jedoch, die „Rote Liste" oder ähnliches zu Rate zu ziehen.

Erregerbedingte Myositiden beschränken sich in unseren Breiten fast ausschließlich auf virale Myositiden (z. B. Influenza, Coxsackie B). Parasitäre und bakterielle Erkrankungen hingegen kommen in der Regel nur bei besonderen Umständen wie Tropenaufenthalt und Immunschwäche in Frage (→ Kap. 32).

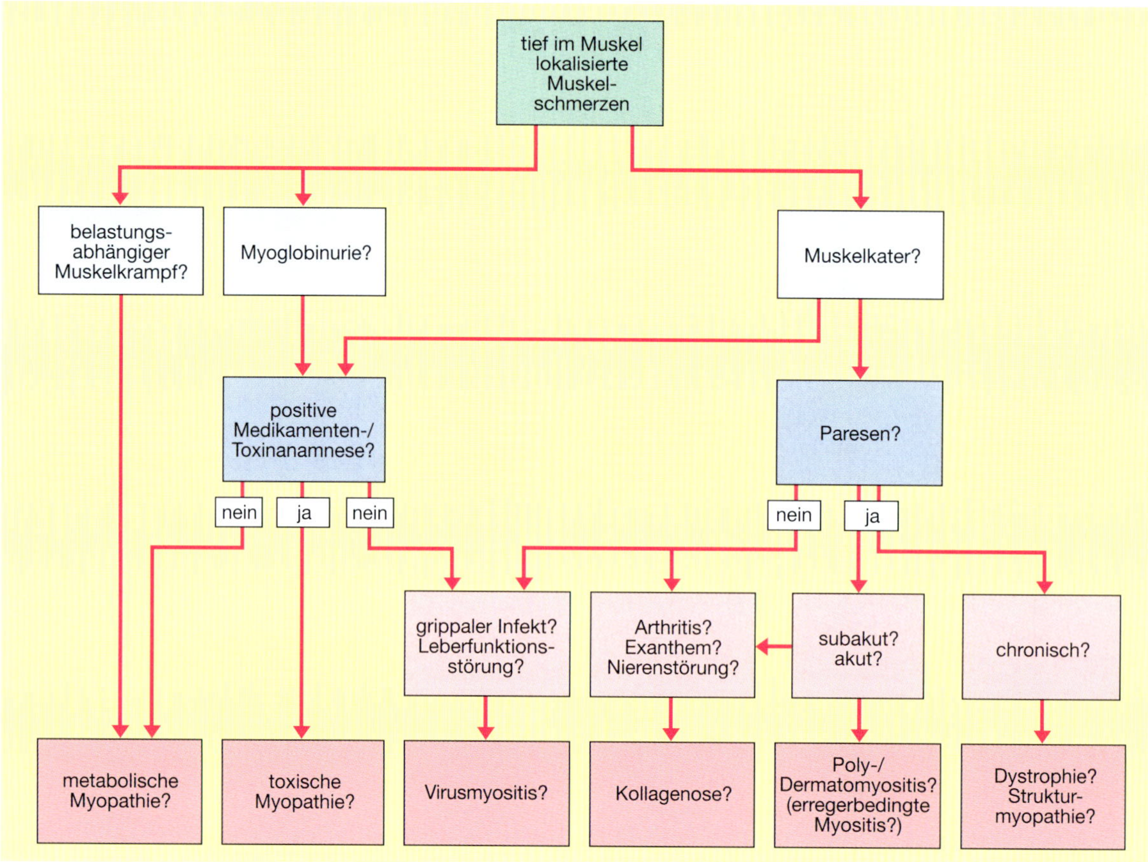

Abb. 47-1 Symptomatische Differentialdiagnosen bei Muskelschmerzen.

Immunologisch bedingte Muskelerkrankungen (z.B. entzündliche Myopathien, Kollagenosen) weisen in aller Regel neben dem Muskelschmerz weitere Zusatzsymptome wie Schwäche, Arthritiden oder spezifische internistische Symptome auf.

Bei Muskeldystrophien (z.B. Becker-Kiener-Dystrophie) und den noch erheblich selteneren Strukturmyopathien stellt in der Regel die Muskelschwäche (→ Kap. 35) das Leitsymptom dar. Nur äußerst **selten** ist bei diesen Erkrankungen die **Myalgie das einzige Symptom.**

Tab. 47-1 Medikamentöse und toxische Myalgieursachen	
Clofibrat	Bezafibrat
Alkohol (akuter Exzeß)	
Emetin	ε-Aminocapronsäure
Interferone	Colchicin
GM-CSF	Succinylcholin
Cyclosporin A	Zidovudin
Doxylamin	2,3 Dichlorphenoxacetat
Diphenhydramin	Schlangengift
Amphetamin	Heroin

47.2.2 Störungen der nervalen Versorgung

Myalgien können durch **Störungen in der nervalen Steuerung** (vom Gehirn bis zur neuromuskulären Übertragung) ausgelöst werden. Ursächlich kommen folgende Mechanismen in Frage:

- Störungen des Muskeltonus (z.B. bei spastischen Lähmungen, Parkinson-Syndrom [→ Kap. 6])
- sensible Reizerscheinungen (z.B. bei Polyneuropathien [→ Kap. 56], Nervenläsionen)
- Muskelkrämpfe (bei Denervierung, nach Reinnervation), → Kap. 34

Diagnostisch wegweisend ist meist das gleichzeitige Vorkommen neurologischer Ausfalls- oder Reizerscheinungen wie:

- Paresen
- Sensibilitätsstörungen (Hypästhesie, Parästhesien), → Kap. 56
- Verlust von Bewegungsautomatismen (Parkinson-Syndrom [→ Kap. 6])

- Tonuserhöhung oder Tonusminderung
- Hypo-/Areflexie

Lediglich im Initialstadium akuter Neuropathien (wie Porphyrie oder Guillain-Barré-Syndrom) sowie beim Spinalis-anterior-Syndrom kann die Myalgie der Entwicklung der neurologischen Ausfälle um wenige Stunden bis Tage vorauseilen.

Beim Parkinson-Syndrom stellt der diffuse Muskelschmerz zwar bisweilen das Initialsymptom dar, hier bestehen allerdings in der Regel bereits weitere, vom Patienten nicht beachtete Zeichen der Erkrankung (→ Kap. 6).

47.2.3 Erkrankungen der Gelenke, des Sehnen-Band-Apparats

Erkrankungen des Sehnen-Band-Apparats stellen insgesamt wahrscheinlich die größte Krankheitsgruppe innerhalb der Patienten mit „Muskelschmerzen“ dar. Leitbefunde dieser Störungen (→ Kap. 43) sind:

- gelenknah betonte Schmerzen
- Druckdolenz der Sehnenansätze
- aktive und passive Bewegungseinschränkung im Gelenk
- Gelenkschwellung
- Gelenkrötung und Überwärmung
- Crepitatio im Gelenk, Anlaufschmerz (→ Arthrosen)

Der schmerzhafte Bereich muß hierbei dem Ort der Schädigung nicht unmittelbar benachbart sein. So können Hüftgelenkaffektionen durchaus Schmerzen im Unterschenkelbereich hervorrufen. Die möglichen Ursachen sind in Tabelle 47-2 zusammengefaßt.

47.2.4 Erkrankungen des Skelettsystems

Erkrankungen des Skelettsystems können ebenfalls Anlaß tiefsitzender Myalgien sein. Insbesondere bei neu aufgetretenen, lokalisierten Schmerzen müssen folgende Ursachen bedacht werden:

- Entzündungen
- Tumoren
- Frakturen
- degenerative Veränderungen (→ Kap. 42, 43, 45 und 48)

Tab. 47-2 Myalgien bei Störungen des Sehnen-Band-Apparats

Arthrose
Arthritis
Knochennekrosen
Tendomyalgie
Insertionstendinosen
Tendovaginitis
Bursitis
Baker-Zyste
Bindegewebserkrankungen (z. B. Ehlers-Danlos)

Stehen eher diffuse, schlecht lokalisierte Muskelschmerzen im Vordergrund, muß auch eine Osteomalazie und Osteoporose in Erwägung gezogen werden (→ Kap. 45).

47.2.5 Psychische Erkrankungen

Leitsymptom von Myalgien bei psychischen Erkrankungen ist das gleichzeitige Vorkommen von folgenden Störungen:

- Antriebsminderung, Interessenverlust (→ Kap. 1)
- Affektstörung (meist depressive oder gereizte Affektlage)
- Grübelneigung, Einengung des Denkens auf Schmerzproblematik
- Konzentrations-/Merkfähigkeitsstörung
- Schlafstörungen (→ Kap. 38)

Ursächlich müssen folgende Störungen vorrangig bedacht werden:

- endogene Depression (→ Kap. 1)
- neurotische Entwicklung (depressive Entwicklung, Konversionsneurose)
- histrionische Persönlichkeitsstörung (→ Kap. 1)
- Medikamentenmißbrauch (Analgetika, Benzodiazepine)

47.3 Diagnostik

47.3.1 Anamnese

Die Anamnese hat folgende Zielstellungen:

- das Symptom „Myalgie“ zu präzisieren
- relevante Begleitsymptome zu erfassen
- prädisponierende Faktoren aufzudecken

Präzisierung des Symptoms „Myalgie“

▷ **Lokalisation des Muskelschmerzes**

➠ **Streng umschriebene Lokalisation** der Schmerzen, bei denen lediglich einzelne Muskeln betroffen sind, verpflichtet zum Ausschluß eines lokalen Geschehens. Am häufigsten handelt es sich um lokale Prozesse im Bereich der Gelenke, seltener des Knochens, um Schmerzen im Ausbreitungsgebiet eines peripheren Nervs sowie um Störungen im Zusammenhang mit einer Phlebothrombose. Treten lokalisierte Schmerzen belastungsabhängig auf, muß nach strukturellen (z.B. arterielle Verschlußkrankheit) und funktionellen Gefäßstenosen (z.B. Popliteal-entrapment-Syndrom) gesucht werden (→ Kap. 42).

Unilokuläre Schmerzen, die ihren Ausgang im Bereich der Muskulatur haben, kommen vor allem bei erregerbedingten Myositiden (Wadenschmerzen bei Influenza, Thoraxschmerzen bei Coxsackie [→ Kap. 14]) vor.

- ➠ **Generalisierte Myalgien mit akutem Beginn** lassen an eine virale Myositis, seltener eine Poly- oder Dermatomyositis, eine akute Rhabdomyolyse, eine toxische Myopathie oder eine akute Elektrolytstörung (z.B. Addison-Krise [→ Kap. 18]) denken. Bei subakutem Beginn kommen auch Erkrankungen aus dem Formenkreis der Vaskulitiden (→ Kap. 43) in Frage.
- ➠ **Generalisierte Myalgien** ohne Belastungsabhängigkeit, die sich chronisch entwickelt haben, sollten an ein Fibromyalgiesyndrom (→ 47.4.2), ein Chronic-fatigue-Syndrom (→ Kap. 1), an eine toxische Myopathie sowie eher selten an eine chronische Myositis denken lassen.
- ➠ **Generalisierte, klar belastungsabhängige Myalgien** sind typisch für metabolische Störungen der Muskulatur (z.B. bei Defekten im Bereich der Atmungskettenenzyme, der Glukose und Fettverwertung). Oft, jedoch nicht obligat kommt es hierbei zusätzlich zu Muskelkrämpfen (→ Kap. 34). Initial können durchaus lokalisierte Beschwerden angegeben werden. Gezieltes Nachfragen (z.B. Schmerzen beim Kauen, Schmerzen bei Arbeiten über Kopf) ergibt dann den Hinweis auf die Generalisation.
- ➠ **Proximal betonte symmetrische Myalgien** sollten an eine Myositis, eine Polymyalgia rheumatica (→ 47.4.3) sowie in seltenen Fällen an eine akute Porphyrie (→ Kap. 21) denken lassen.
- ➠ **Distal symmetrisch lokalisierte Myalgien** in Ruhe finden sich bei Polyneuropathien (→ Kap. 56) sowie bei viralen Myositiden (insbesondere der Influenzamyositis mit Wadenschmerzen).
- ➠ **Belastungsabhängige Myalgien der unteren Extremitäten** sind Leitsymptom vaskulärer Störungen (z.B. Leriche-Syndrom, → Kap. 42), kommen aber auch bei Muskeldystrophien (Becker-Kiener-Muskeldystrophie, Gliedgürtelmuskeldystrophie) vor.
- ➠ **Schmerzen in radikulärer und polyradikulärer Anordnung** kommen vor allem bei einer primär neurogenen Schädigung, bisweilen jedoch auch bei Gelenkaffektionen („pseudoradikuläre Verteilung", → Kap. 43) vor.

▷ **Zeitpunkt des Schmerzmaximums**

- ➠ Eine deutliche nächtliche Betonung der Schmerzen kommt vor bei:
  Polymyalgia rheumatica (→ 47.4.3)
  Fibromyalgie-Syndrom (→ 47.4.2)
  neuralgischer Schulteramyotrophie
  diabetischer Amyotrophie
  Borreliose (→ Kap. 43)
  entzündlichen und neoplastischen Skelettveränderungen (→ Kap. 43)

▷ **Auslösefaktoren**

- ➠ **Zunahme in Kälte, Besserung in Wärme** ist typisch für das Fibromyalgie-Syndrom. Daneben weisen auch radikulär bedingte Muskelschmerzen eine ähnliche Temperaturabhängigkeit auf. Bei der Myotonia congenita (→ Kap. 35) kann Kälte in einzelnen Familien zu schmerzhaften Muskelkontraktionen führen.
- ➠ **Zunahme in Wärme, Besserung in Kälte** hingegen läßt eher an eine Polyneuropathie denken (→ Kap. 56). Hierbei werden allerdings häufiger oberflächennahe brennende Mißempfindungen als typische Myalgien geschildert.

▷ **Belastungsabhängige Muskelkrämpfe**

- ➠ Belastungsabhängige Muskelkrämpfe sind typisch für:
  metabolische Myopathien
  Ischämie
  Faszikulationsmyalgie-Crampus-Syndrom
  seltener auch Muskeldystrophien

▷ **Myoglobinurie**

- ➠ Eine Myoglobinurie ist typisch für:
  metabolische Myopathien (hierbei handelt es sich um sehr seltene Erkrankungen)
  toxische Myopathien (hier besonders akute Störungen mit ausgedehnter Rhabdomyolyse, → Kap. 35)
  sonstige Rhabdomyolysen (z.B. belastungsinduzierte oder idiopathische Rhabdomyolysen)

Erfassung relevanter Begleitsymptome

Im Zusammenhang mit dem Symptom „Myalgie" sollte gezielt nach folgenden Begleitsymptomen gefragt werden:

- **Allgemeinsymptome** (Abgeschlagenheit, Müdigkeit [→ Kap. 33], Inappetenz, Gewichtsverlust [→ Kap. 2 und 18], Fieber [→ Kap. 14])
- **Arthralgien/Arthritiden** (→ Kap. 43)
- **Hauterscheinungen** (eventuell auch flüchtiger Art), → Kap. 21
- **kardiale Erkrankungen** (→ Kap. 3, 23 und 41)
- **psychische Störungen:** Antriebsminderung (→ Kap. 1), Schlafstörungen (→ Kap. 38), Konzentrationsstörung
- **neurologische Störungen:** Sensibilitätsstörungen (→ Kap. 56), Schwäche (→ Kap. 51), Faszikulieren

Erfassung prädisponierender Faktoren

Nach folgenden Faktoren ist auf jeden Fall gezielt zu fragen, da diese für die Diagnose von Bedeutung sein können:

- **Medikamenteneinnahme:** Hierbei sollte sowohl nach Substanzen, die den Muskel schädigen (→ Tab. 47-1) als auch nach solchen, die zu einer Neuropathie führen, gefragt werden.
- **Narkosen:** Myalgien nach Narkose müssen entweder an einen stattgehabten Zwischenfall einer malignen Hyperthermie oder an Myalgien nach Succinylcholin denken lassen.

- **Infektionen:** akute Myalgien bei zahlreichen Viren (insbesondere Influenza, Coxsackie). Bei Rücken- und Extremitätenschmerzen nach Durchfallerkrankung auch an beginnendes Guillain-Barré-Syndrom denken! Chronische Myalgien nach Infekt bei Hepatitis, EBV, Herpes und Coxsackie-Infektion möglich (→ Kap. 14).
- **Auslandsaufenthalte**: Parasitäre und bakterielle Erkrankungen müssen bei Tropenaufenthalten mit in Erwägung gezogen werden.
- **Längerdauernde parenterale Ernährung**: seltene Ursache für Myalgien, eventuell Karnitinmangelmyopathie
- **Zeckenbiß**: Insbesondere bei nächtlichen Schmerzen ist der Ausschluß einer Borreliose (→ Kap. 56) nötig.

47.3.2 Körperliche Untersuchung

Bei der **klinisch neurologischen Untersuchung** sind folgende Fragen für die Diagnose wichtig:

- **zentrale Paresen** mit Tonusvermehrung der Muskulatur, Dysdiadochokinese, Hyperreflexie
- **extrapyramidalmotorische** Störungen im Sinne eines Parkinson-Syndroms
- **periphere Paresen**
  Diese Frage kann bei den bestehenden Schmerzen oft nicht hinreichend beantwortet werden. Trotzdem sollte der Patient zur kurzzeitigen maximalen Muskelanspannung ermuntert werden. Als allerdings nicht immer gültige Faustregel kann gelten: proximal symmetrische Paresen sprechen für eine Muskelerkrankung, distal symmetrische Paresen für eine Neuropathie
- **Muskeltonus**: Eine geringe bis mäßige Erhöhung des Muskeltonus ist häufig nur schmerzbedingt. Eine ausgeprägte Tonuserhöhung findet sich bei spastischen Lähmungen sowie seltenen Störungen mit pathologischer Aktivität der Motoneurone (Tetanus, Strychnin-Vergiftung, Stiffman-Syndrom, Neuromyotonie)
- **Druckdolenz der Sehnenansätze**: Eine streng lokalisierte Druckdolenz erfordert Lokaldiagnostik im Bereich des ganzen Bewegungssegments, wobei evtl. die ganze Extremität untersucht werden muß. Neben strukturellen Veränderungen müssen auch Fehlbelastungen in Erwägung gezogen werden (Neue, ungewohnte Tätigkeiten? Monotone Bewegungsabläufe?).
  Sind mehrere Sehnenansätze betroffen, muß die Differentialdiagnose des Fibromyalgie-Syndroms erwogen werden.
- **Druckdolenz der Muskulatur**: Eine ausgesprochene Druckdolenz der Muskulatur findet sich bei toxischen Myopathien (z. B. Alkohol), Rhabdomyolysen und entzündlichen Myopathien.
- **Myotonie** (Aktions-, Perkussionsmyotonie): Myotone Erkrankungen (→ Kap. 34 und 35) sind eher selten mit Myalgien vergesellschaftet. In einzelnen Sippen allerdings, vor allem in Kälte, schmerzhafte Zunahme der Muskelspannung.
- **Reflexstatus:** Reflexabschwächungen in einem mit den Myalgien in Zusammenhang stehenden Bereich machen eine neurologische Ursache wahrscheinlich. Eine geringfügige Hyperreflexie hingegen kann bereits schmerzbedingt vorkommen.
- **Muskelschwellung:** Tabelle 47-3

Tab. 47-3 Differentialdiagnose der Myalgie mit Schwellung der Muskulatur

Infektionen	
	Pyomyositis
	Gasbrand
	Trichinose
	Staphylokokkenmyositis
	Streptokokkenmyositis
idiopathische Entzündung	
	eosinophile Fasziitis
	Sarkoidose
	noduläre Herdmyositis
	Einschlußkörperchenmyositis
	Myositis ossificans
gefäßbedingt	
	Phlebothrombose
	Muskelinfarkt
	Kompartmentsyndrome
toxisch	
	akute Alkoholmyopathie
	sonstige Rhabdomyolysen
Trauma	
	Hämatom
Neoplasma	
	Weichteilsarkome

Die **internistisch-allgemeinmedizinische Untersuchung** soll insbesondere folgende Bereiche beachten:

- aktive und passive Gelenkbeweglichkeit
- Gelenkschwellungen, Gelenkrötung
- Hauterscheinungen: In Zusammenhang mit Myalgien kommen eine Vielzahl verschiedener Hauterscheinungen vor:
  - Erythema chronicum migrans bei Borreliose (→ Kap. 43 und 56)
  - Erythema nodosum bei akuter Sarkoidose, Lupus erythematodes (→ Kap. 43), Virusinfektionen (→ Kap. 14)
  - subunguale Petechien bei Dermatomyositis, eosinophiler Polymyositis, Panarteriitis nodosa
  - Teleangiektasien am Nagelfalz (Keinig-Zeichen) bei Dermatomyositis

47

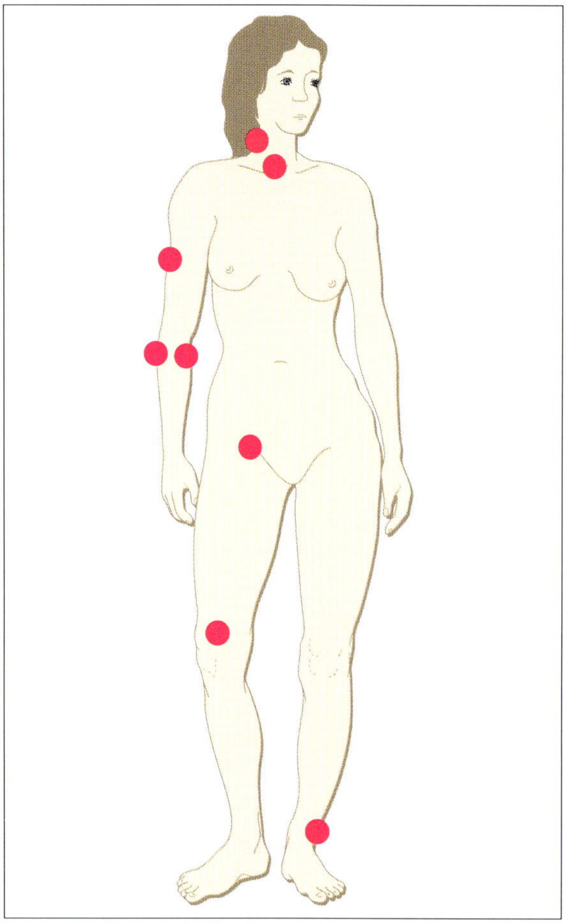

Abb. 47-2 „Tender points" bei Fibromyalgie. Dargestellt sind typische Druckpunkte.

- Hautnekrosen bei Sklerodermie, Dermatomyositis, Panarteriitis nodosa, chronische Polyarthritis (→ Kap. 43)
- Raynaud-Symptomatik bei Lupus erythematodes (→ Kap. 43), Sharp-Syndrom, Dermatomyositis, M. Winiwarter-Buerger, Intoxikationen
- umschriebene Rötung und Induration der Haut bei Dermatomyositis (→ Abb. 17-14), Fasziitis (hier auch Borrelienserologie!), infektiöser Myositis (z.B. Clostridien, Staphylokokken, Trichinen, Zystizerken)

- Lymphadenopathie
- kardiovaskuläre Symptome

Eine Zusammenfassung der klinisch-neurologischen Diagnostik findet sich in Abbildung 47-2.

47.3.3 Labordiagnostik

Obligates Laborscreening beim Symptom „Myalgie" sind:

- BSG (und eventuell CRP)
- CK

Bei **gezielter Fragestellung** sind die in Tabelle 47-4 aufgelisteten erweiterten Laboruntersuchungen einzusetzen.

47.3.4 Apparative Zusatzdiagnostik

Apparative Zusatzmethoden sollten in Abhängigkeit von der klinischen Verdachtsdiagnostik zielgerichtet eingesetzt werden.

Elektromyographie/Elektroneurographie: Indiziert bei Verdacht auf Myopathie oder Neuropathie. Speziell bei metabolischen Myopathien schließt allerdings ein

Tab. 47-4 Erweiterte Labordiagnostik zur Abklärung von Myalgien

Immunserologie	Rheumafaktor	chron. Polyarthritis (→ Kap. 43)
Antikörper gegen	native DNS nRNP Sm La (SS-B) HLA-B27 JO1 PM1	SLE (→ Kap. 43) Sharp-Syndrom (→ Kap. 43) SLE (→ Kap. 43) Sjögren-Syndrom (→ Kap. 43) M. Bechterew (→ Kap. 43) Polymyositis (→ Kap. 35) Polymyositis (→ Kap. 35)
Schilddrüsenparameter		hypothyreote Myopathie (→ Kap. 1) hyperthyreote Myopathie (meist schmerzlos), → Kap. 23
Parathormon Elektrolyte (Na, K, Ca)		Hyperparathyreoidismus (→ Kap. 12 und 45)
Porphyrine		akute Porphyrie (→ Kap. 21 und 56)
Ischämischer Arbeitsversuch		metabolische Myopathie
Serologie (Viren, Parasiten, Bakterien), **Mikrobiologie**		infektiöse Neuropathie/Myopathie
Liquor		Guillain-Barré-Syndrom

unauffälliger Befund keinesfalls eine für die Symptomatik verantwortliche Muskelerkrankung aus. In diesem Fall sind weiterführend ein ischämischer Arbeitsversuch und eine Muskelbiopsie nötig.

Angiologische Diagnostik (arterieller und venöser Doppler, Angiographie): Diese ist in der Regel bei gut lokalisierbaren, belastungsabhängigen Myalgien indiziert. Zusätzlich eventuell Doppler-Sonographie der extrakraniellen hirnversorgenden Gefäße als Zusatzdiagnostik bei der Frage Polymyalgia rheumatica.

Bildgebende Verfahren Muskulatur: In Einzelfällen bei Verdacht auf entzündliche Myopathie (speziell parasitäre), bei Tumoren sowie bei Verdacht auf ein Kompartmentsyndrom indiziert. Bei entzündlichen Myopathien sind allerdings EMG und Muskelbiopsie die Verfahren der ersten Wahl. In Frühstadien kann die bildgebende Diagnostik sensitiver als diese Verfahren sein.

Muskelbiopsie: Diese ist in erster Linie bei Verdacht auf eine entzündliche, metabolische, dystrophische oder strukturelle Myopathie indiziert. In der Regel sollte eine Biopsie dann erwogen werden, wenn entweder Paresen und CK-Erhöhung bestehen oder bei belastungsabhängigen Muskelkrämpfen. Virusmyositiden stellen wegen der fehlenden therapeutischen Konsequenzen und des oft selbstlimitierenden Verlaufs nur eine relative Indikation dar.

Bildgebende Verfahren des Skelettsystems (Röntgen, CT, NMR, Szintigramm, Osteodensitometrie): Diese Verfahren sind vor allem bei lokalen belastungsunabhängigen Myalgien sowie bei zusätzlichen rheumatologischen Krankheitsmanifestationen indiziert.

47.4 Krankheitsbilder

47.4.1 Myositis

B *Beschwerden und Befunde*

Myalgien bei entzündlichen Myopathien werden als tief im Muskel lokalisierte, muskelkaterähnliche Schmerzen empfunden. Nach Anstrengung können sie zunehmen und als übermäßig lang andauernder Muskelkater imponieren. Zum Teil findet sich zusätzlich eine Druckdolenz der Muskulatur. Diese ist vor allem im Bereich des Muskelbauchs zu finden.

Die Schmerzen sind bei bakteriellen und parasitären Myositiden häufig umschrieben lokalisiert, bei viralen Infekten oft generalisiert. Eine Ausnahme hiervon bilden die Bornholmer Krankheit (Coxsackie-B-Infektion) mit Lokalisation der Schmerzen im Thorax- und Diaphragmabereich und die Influenzainfektion mit Schwerpunkt der Schmerzen im Waden- und Oberschenkelbereich. Bei autoimmunologischen Myositiden (→ Dermato-/Polymyositis → Kap. 35) sind die Schmerzen hingegen eher rumpfnah symmetrisch angeordnet.

Führt der entzündliche Prozeß zum Untergang von Muskelparenchym, klagen die Patienten zusätzlich über eine Muskelschwäche. Hierbei muß allerdings sorgfältig unterschieden werden, ob es sich um eine schmerzbedingte Bewegungseinschränkung oder tatsächlich um eine Parese handelt.

Weitere Zusatzsymptome sind:

- Hauterscheinungen (→ Kap. 21)
- Fieber bei erregerbedingten Myositiden und in akuten Stadien bei Kollagenosen
- Gelenkschwellungen bei Kollagenosen
- kardiale Funktionsstörungen

47

DS *Diagnosesicherung*

Labor

Entzündliche Myopathien gehen, insbesondere wenn es zu Muskelfaseruntergang kommt, häufig mit einer allerdings völlig unspezifischen Erhöhung der Creatinkinase (CK) einher. **Virologische Untersuchungen** können dann erwogen werden, wenn Myalgien im Zusammenhang mit einem fieberhaften Infekt auftreten.

Wegen der fehlenden spezifischen Behandlungsmöglichkeiten besteht häufig nur eine relative Indikation zur Untersuchung von Virustitern. Bakterielle Myositiden stellen in unseren Breiten extreme Raritäten dar. Hier gelingt in der Regel der Erregernachweis aus Blutkultur oder aus Eiter. Borrelienmyositiden gehen meist mit den serologischen Veränderungen des Stadiums III der Borreliose einher (→ Kap. 43).

Serologische Untersuchungen zur Frage einer parasitären Myositis sind meist nur dann sinnvoll, wenn lokalisierte Muskelschmerzen mit grippaler Allgemeinsymptomatik, Fieber, einer Eosinophilie im Blut bestehen und ein Tropenaufenthalt der Patienten vorausgegangen ist. In Frage kommen grundsätzlich Trichinen, Toxokara, Zystizerken, Hydatiden, Toxoplasmen, Sarkosporidien, Trypanosomen.

Muskelbiopsie

Eine klare Indikation zur **Muskelbiopsie** besteht, wenn neben Myalgien auch eine Muskelschwäche und CK-Erhöhung vorliegen. Bei viralen Myositiden hingegen stehen serologische Verfahren im Vordergrund.

EMG

Elektromyographische Veränderungen mit pathologischer Spontanaktivität und kurzen, amplitudengeminderten, polyphasischen Muskelaktionspotentialen sind immer dann zu erwarten, wenn es zur Schädigung von Muskelfasern kommt. Rein interstitielle Myositiden hingegen führen zu keinen elektromyographischen Veränderungen.

Bildgebende Verfahren

Kernspintomographisch läßt sich bei entzündlichen Myopathien bereits früh ein entzündliches Ödem darstellen. Bei bakteriellen und parasitären Myositiden können Abszesse beziehungsweise Zysten gefunden werden. Der Stellenwert bildgebender Verfahren in der Diagnostik von Myositiden ist allerdings noch nicht geklärt.

47.4.2 Generalisierte Fibromyalgie

B ***Beschwerden und Befunde***

Es werden in der Regel ziehende Muskelschmerzen angegeben. Diese nehmen zu:

- in Kälte
- bei Anspannung
- bei psychischen Belastungen

Das Schmerzmaximum ist morgens und abends.

Häufig ist das generalisierte Fibromyalgiesyndrom mit weiteren funktionellen Störungen vergesellschaftet, wie:

- Kopfschmerzen, Migräne (→ Kap. 44)
- Schluckstörungen, Globusgefühl (→ Kap. 39)
- gastrointestinalen Symptomen (Inappetenz, Magenbeschwerden, Colon irritabile)
- Herzbeschwerden (→ Kap. 23 und 41)
- Schlafstörungen (→ Kap. 38), Antriebsminderung, Abgeschlagenheit, Depression (→ Kap. 1)

Bei der klinischen Untersuchung ist das Schmerzmaximum im Bereich der Sehnenansätze, weniger im Muskelbauch lokalisiert. Häufig besteht das sogenannte „Jumping sign", das bedeutet das Wegziehen der Extremität bei Druck auf die Sehne. Paresen finden sich nicht, vorausgesetzt, daß keine massive schmerzbedingte Minderinnervation besteht.

DS ***Diagnosesicherung***

Die Absicherung der Diagnose beruht ausschließlich auf klinischen Kriterien sowie auf dem Ausschluß symptomatischer Formen. Kriterien für das generalisierte Fibromyalgiesyndrom sind (American College of Rheumatology):

- über mindestens drei Monate anhaltende Schmerzen in mindestens drei Regionen des Bewegungsapparats (obere und untere Körperhälfte, beidseits, Rumpf)
- erhöhte Schmerzempfindlichkeit an mindestens 11 von 18 für die Fibromyalgie typischen Schmerzpunkten („Tender points", Abb. 47-2)
- assoziierte funktionelle Störungen

Bei einem lokalen Fibromyalgiesyndrom müssen funktionelle Fehlhaltungen, Erkrankungen der benachbarten Gelenke sowie der versorgenden Nerven ausgeschlossen werden.

DD ***Differentialdiagnose***

Das generalisierte Fibromyalgiesyndrom muß gegenüber der Polymyalgia rheumatica (Entzündungsparameter, Ansprechen auf Steroide), der Polymyositis (Paresen und CK-Erhöhung) der Osteoporose (→ Kap. 45) sowie psychiatrischen Erkrankungen (endogene Depression, neurotische Depression mit Somatisierungstendenz [→ Kap. 1]) abgegrenzt werden. Neben der generalisierten Fibromyalgie muß auch ein symptomatisches Fibromyalgiesyndrom ausgeschlossen werden, dessen Ursachen in Tabelle 47-5 zusammengefaßt sind.

Tab. 47-5 Differentialdiagnose des generalisierten Fibromyalgiesyndroms

Rheumatische Erkrankungen, Kollagenosen (→ Kap. 43)
Malignome
Sarkoidose (→ Kap. 43)
Colitis ulcerosa, M. Crohn (→ Kap. 11)
Endokrinopathien (Hypothyreose, Hyperparathyreoidismus), → Kap. 1, 12 und 45
Arzneimittel

47.4.3 Polymyalgia arteriitica, sive rheumatica

B ***Beschwerden und Befunde***

Als Leitbefund treten nachts und gegen Morgen Schmerzen besonders im Schulter- und Beckengürtelbereich auf. Die Patienten wachen wegen dieser Schmerzen regelhaft auf. Insbesondere morgens kann zusätzlich ein Steifigkeitsgefühl der Muskulatur bestehen. Zusätzlich klagen die Patienten häufig über eine Schwäche der proximalen Muskulatur. Betrifft der entzündliche Prozeß Kopfarterien (Arteriitis temporalis – M. Horton), leiden die Patienten unter heftigen Kopfschmerzen.

Die Temporalarterie kann verdickt und pulslos getastet werden (→ Abb. 17-11a). Hauptrisiko bei dieser Lokalisation ist das Auftreten einer oft nicht mehr reversiblen Sehstörung (→ Kap. 43, 44 und 55).

Seltener finden sich eine Aortitis sowie Synovitiden. Das Allgemeinbefinden der Patienten ist oft deutlich gestört. Häufig kommt es zur Gewichtsabnahme, so daß fälschlich ein Malignom vermutet wird.

Bei der klinischen Untersuchung ist die Muskulatur häufig druckdolent. Es kann eine leichte proximal betonte Muskelschwäche vorhanden sein.

DS *Diagnosesicherung*

Laborchemischer Leitbefund ist die Erhöhung der BSG auf Werte > 50 mm in der ersten Stunde. Zusätzlich häufig α2-Erhöhung in der Elektrophorese und Eisenmangel. Der CK-Wert ist im Normbereich. EMG und Muskelbiopsie können der Ausschlußdiagnostik dienen, ergeben jedoch keine spezifischen, die Diagnose einer Arteriitis rheumatica beweisenden Befunde.

Die Temporalisbiopsie kann die Diagnose einer Arteriitis temporalis untermauern, muß allerdings nicht obligat ein pathologisches Ergebnis erbringen.

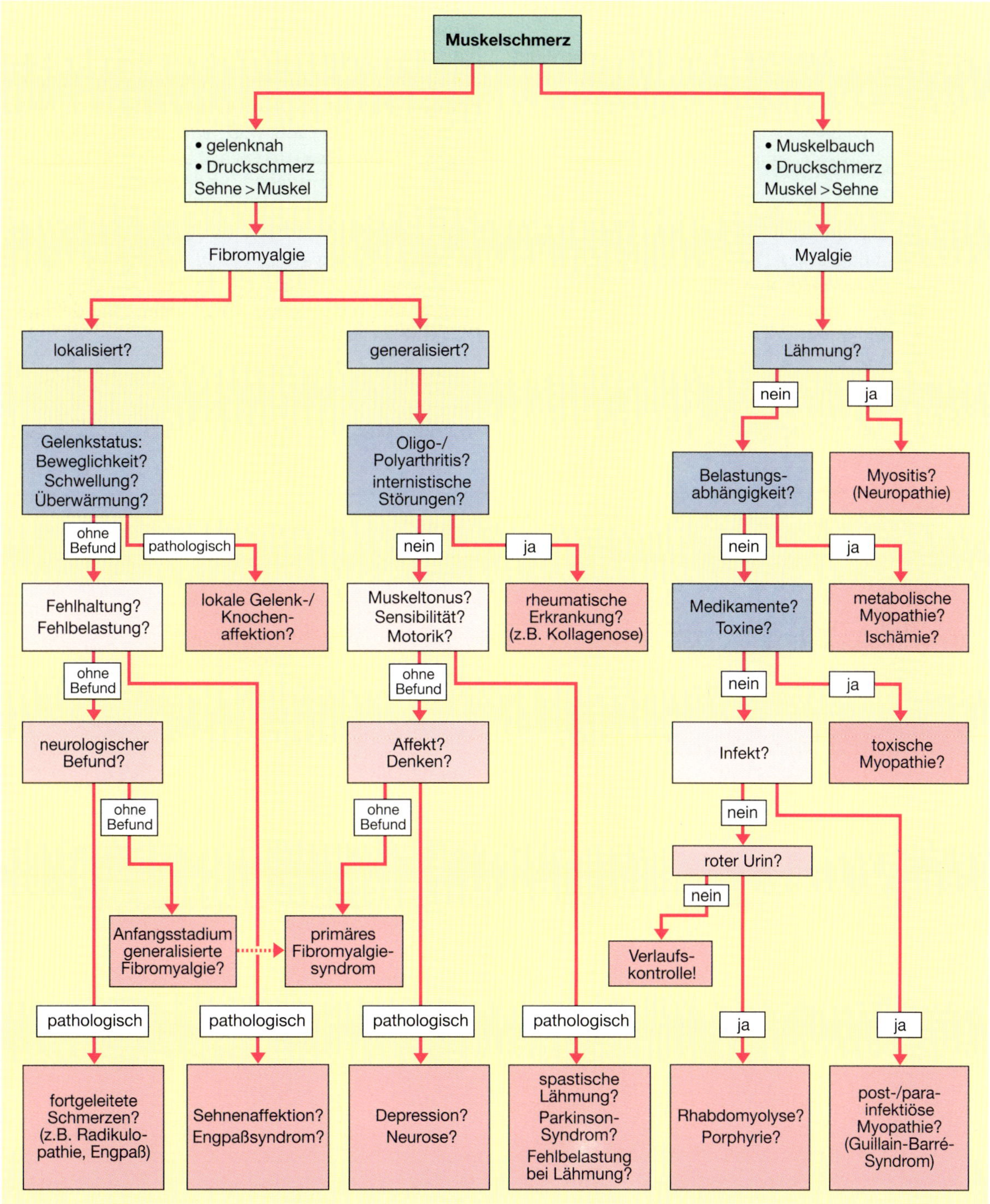

Abb. 47-3 Differentialdiagnostisches Vorgehen bei Muskelschmerzen.

Entscheidende, die Diagnose beweisende Kriterien sind:

- beidseitiger Schulterschmerz
- beidseitige Druckdolenz der Oberarmmuskulatur
- subakute Krankheitsentwicklung innerhalb < 4 Wochen
- Gewichtsverlust
- Alter über 65 Jahre
- BSG über 50 mm/h
- promptes Ansprechen auf Glukokortikoide (zum Teil auch probatorisch zu geben)

In Einzelfällen kommt das Krankheitsbild allerdings auch bei jüngeren Patienten vor, unter 45 Jahren allerdings extrem selten.

DD *Differentialdiagnose*

Aus neurologischer Sicht muß eine entzündliche Myopathie abgegrenzt werden (hierbei meist CK-Erhöhung, pathologischer EMG-Befund, pathologische Muskelbiopsie). Ansonsten müssen konsumierende internistische Erkrankungen (Malignome) ausgeschlossen werden.

Selten kommen auch andersartige Vaskulitiden in Betracht.

47.5 Zusammenfassung

Die Abklärung des unspezifischen Allgemeinsymptoms „Myalgie" erfordert häufig die Kooperation von Internisten, Orthopäden und Nervenärzten. Wegen der engen Verzahnung von Ursache und Wirkung am Bewegungsapparat muß oft abgewogen werden, ob ein pathologischer Befund (z.B. eine geringe Sklerosierung am Hüftgelenk) als befriedigende Erklärung ausreicht. Das Stufenschema in Abbildung 47-3 soll helfen, eine rationelle Diagnostik zu ermöglichen. Insbesondere bei chronischen Myalgien, bei denen häufig ein multifaktorielles Geschehen aus organischen und psychischen Komponenten vorliegt, gelingt es trotz Einsatz aller technischen Mittel nicht, eine definitive Diagnose zu stellen.

48 Rücken- und Flanken-schmerzen

M. HAMMER und H. ZEIDLER

Rücken- und Flankenschmerzen gehören zu den häufigsten Symptomen, mit denen ein Arzt konfrontiert wird. Bis zu 40% der Bevölkerung leiden unter Rückenschmerzen, 70% geben Rückenschmerzen im letzten Jahr an, und 80% hatten im Laufe ihres Lebens Rückenschmerzen. Die sorgfältige Anamnese mit gezielten Fragen sowie eine ausführliche körperliche Untersuchung lassen häufig schon die Ursachen eingrenzen. Diagnostisch weiterführend sind der Untersuchungsbefund der Wirbelsäule, Entzündungsparameter und bildgebende Verfahren, die entsprechend der Beschwerdecharakteristik und -lokalisation gezielt eingesetzt werden.

48.1 Definition und Abgrenzung

Unter dem Begriff „Rücken" werden unterschiedliche Körperregionen zusammengefaßt. Patienten bezeichnen oft Beschwerden im gesamten Bereich der Wirbelsäule als Rückenschmerzen, unabhängig davon, ob sie von der Brust- oder Lendenwirbelsäule, dem Kreuzbeinbereich, den umgebenden muskulären oder ligamentären Strukturen oder den viszeralen bzw. retroperitonealen Organen ausgehen.

Im **medizinisch-terminologischen Sinne** werden Beschwerden entlang der Wirbelsäule nach ihrem Ursprung klassifiziert:

- **Rückenschmerzen (Dorsalgien) im Bereich der Brustwirbelsäule**
- **Lendenschmerzen (Lumbalgien) im Bereich der Lendenwirbelsäule**
- **Kreuzschmerzen im Bereich des Kreuzbeins** bzw. der Kreuzbeindarmbeingelenke

Oft werden als Rückenschmerzen angegebene Beschwerden mittig lokalisiert, können aber nach einer Seite oder auch beidseitig ausstrahlen.

Die **seitliche Lokalisation** ist charakteristisch für **Flankenschmerzen,** die einseitig oder beidseitig vorkommen können. Die Flanke als körperliche Region reicht vom lateralen Rippenbogen unter Einbeziehung der dorsalen und ventralen Anteile der unteren Thoraxapertur bis zum Beckenkamm.

Rückenschmerzen lassen sich nach kranial abgrenzen von Nackenschmerzen, Kreuzschmerzen nach kaudal von Steißschmerzen (Kokzygodynie). Flankenschmerzen besitzen fließende Übergänge nach ventral zu Brustschmerzen (→ Kap. 41) und Leibschmerzen (→ Kap. 46) sowie nach kaudal zu Becken- und Hüftschmerzen (→ Kap. 43).

Rückenschmerzen lassen sich über ihren Ursprung definieren, können aber auch durch den **akuten** oder **chronischen** Verlauf charakterisiert werden.

48.2 Ursachen

Rückenschmerzen lassen sich nach ätiologischen bzw. pathogenetischen Prinzipien in **7 Gruppen** einteilen (Tab. 48-1):

- **degenerativ**
- **entzündlich** (septisch/aseptisch)
- **traumatisch**
- **hereditäre erworbene Fehlbildung**
- **neoplastisch**
- **endokrin/metabolisch**
- **funktionell**

Funktionell und degenerativ bedingte Rückenschmerzen gehören zu den häufigsten Beschwerden. Ätiologisch kommt es zwischen beiden Formen zu erheblichen Überschneidungen.

Degenerative Wirbelsäulenveränderungen lassen sich klinisch oft nicht exakt von funktionellen Ursachen abgrenzen bzw. sind mit ihnen vergesellschaftet. Beispielsweise kommt es zu einem segmentalen Muskelhartspann aufgrund einer haltungsbedingten Überlastung bei vorbestehender Osteochondrose der LWS. Nicht selten gibt es zeitliche Übergänge von initial traumatischen Einwirkungen zu später anhaltenden, funktionell bedingten Rückenbeschwerden oder von primär entzündlichen Ursachen (z. B. infektiöse Spondylitis) zu sich daraus entwickelnden, postentzündlichen degenerativen Wirbelsäulenveränderungen (z. B. Spondylose in dem betroffenen Wirbelsäulensegment).

Tab. 48-1 Pathogenetische Einteilung häufiger Ursachen von Rücken- und Flankenschmerzen

Pathogenese	Betroffene Organe/ Strukturen	Krankheitsbezeichnung	Klinische Symptome
funktionell	Wirbelgelenke, Iliosakralgelenke, vertebrale und paravertebrale Ligamente und Muskeln	Lumbalgie, lumbale bzw. iliosakrale Dysfunktion, Ligamentose, Myogelose (Muskelhartspann)	belastungsabhängiger Rückenschmerz (evtl. mit pseudoradikulärer Ausstrahlung)
degenerativ	Wirbelkörper/Wirbelgelenke/Bandscheibe	Spondylose/Spondylarthrose Osteochondrose Diskopathie (evtl. mit Prolaps)	belastungsabhängiger Kreuzschmerz, evtl. mit radikulärer/ pseudoradikulärer Ausstrahlung
	Sakroiliakalgelenk	Sakroiliakalarthrose	belastungsabhängiger Kreuzschmerz
	Aorta	Aortendissektion, -aneurysma	akuter Rücken- oder Thoraxschmerz, Flankenschmerz
entzündlich	Wirbelkörper/Wirbelgelenke/Sakroiliakalgelenk	Spondylitis (bakteriell, tuberkulös oder aseptisch, z. B. Spondylitis ankylosans, Psoriasis-Spondarthritis, reaktive und undifferenzierte Spondarthritiden)	entzündlicher Rücken- und Kreuzschmerz
	paravertebrale Weichteile	paravertebraler Abszeß	paravertebraler Weichteilschmerz
	Niere	Nephrolithiasis, Pyelonephritis, Harnstauungsniere	Flankenschmerz, „Nierenkolik"
	Aorta	mykotisches Aortenaneurysma, evtl. mit Aortendissektion	akuter Rücken-, Thorax- oder Flankenschmerz
	retroperitoneales Bindegewebe	Retroperitonealfibrose (M. Ormond)	Rückenschmerz, Flankenschmerz
traumatisch	Wirbelkörper/Wirbelbogen/Dornfortsatz	traumatische Wirbelkörperfraktur	belastungsabhängiger Rückenschmerz
	paravertebrale Weichteile	Muskelhämatom, -riß, -zerrung	Weichteil-/Muskelschmerz
	Niere, Milz	Nierenhämatom, Milzruptur	Flankenschmerz
hereditäre/ erworbene Fehlbildungen	Wirbelsäule	Skoliose (z. B. idiopathische, kongenitale, paralytische), Adoleszentenkyphose	belastungsabhängiger Rückenschmerz
	Niere	Zystennieren	Flankenschmerz
neoplastisch	Wirbelkörper	Wirbelkörpermetastase (z. B. bei Mammakarzinom), Plasmozytom, Osteosarkom	belastungsabhängiger oder andauernder Rückenschmerz
	Niere	Nierentumor (z. B. Hypernephrom)	Flankenschmerz
	Milz	Splenomegalie bei hämatologischer/ lymphoproliferativer Systemerkrankung	Flankendruck (Flankenschmerz bei Milzinfarkt)
	Magen-Darm-Trakt/Pankreas	Magen-/Kolon-/Pankreaskarzinome	Rückenschmerz
endokrine/ metabolische Erkrankungen	Wirbelsäule	Osteoporose (idiopathische, postmenopausale, Hyperparathyreoidismus, Hypercortisolismus) M. Paget (Osteodystrophia deformans)	belastungsabhängiger Rückenschmerz

Auch **Flankenschmerzen** lassen sich systematisch in pathogenetische Ursachengruppen einteilen. Organbezogen finden sich Flankenschmerzen am häufigsten **bei Erkrankungen der Niere**, z. B. Pyelonephritis oder Harnstauungsniere (→ Kap. 60), sowie **bei Lungen-** und **Pleuraerkrankungen**.

Andere thorakal gelegene Organe können ebenfalls einen Flankenschmerz auslösen oder dorthin projizie-

Tab. 48-2 Ursachen von Rücken- und Flankenschmerzen

Wirbelsäulenerkrankungen	• Skoliosen, Wirbelsäulenfehlhaltung, Adoleszentenkyphose (Scheuermann-Erkrankung), → 48.4.1 • Spondylose, Spondylarthrose, Osteochondrose, Diskopathie (evtl. mit Diskusprolaps und Nervenkompression), Spondylosis hyperostotica, Syndrom des engen Spinalkanals, Sakroiliakalarthrose (→ 48.4.2 und 48.4.6) • Spondylitis ankylosans (M. Bechterew), Psoriasis-Spondarthritis, reaktive und undifferenzierte Spondarthritiden • bakterielle Spondylitis bzw. Spondylodiszitis, bakterielle Sakroiliitis (→ 48.4.7)
Nierenerkrankungen	• Pyelonephritis (→ Kap. 60) • Nephrolithiasis (→ Kap. 60) • Harnstauungsnieren (bei Tumoren, retroperitonealer Fibrose) • Zystennieren • Lageanomalien der Nieren, Nephroptose (Senkniere) • Nierenzellkarzinom
urologische Erkrankungen	• Ureterstenosen, -mißbildungen, Uretermündungsanomalien • Uretersteine • Urothelkarzinom, Prostatakarzinom
gynäkologische Erkrankungen	• Adnexitis, Parametritis • Endometriose • Ovarialzysten und -tumoren • Tubargravidität
pulmonale Erkrankungen	• Pleuritis, Pleuropneumonie (→ Kap. 3 und 41) • Spontanpneumothorax (→ Kap. 41) • Bronchialkarzinom
gastrointestinale Erkrankungen	• Cholezystolithiasis, Cholezystitis (→ Kap. 46) • Pankreatitis, Pankreaskarzinom (→ Kap. 46) • Refluxösophagitis, Magen- und Duodenalulkus (evtl. mit Perforation), → Kap. 39 und 41 • Karzinome des Ösophagus, des Magens und des Kolons
hämatologische Erkrankungen, Wirbelsäulentumoren, Wirbelsäulenmetastasen	• Splenomegalie bei Leukämien und lymphoproliferativen Erkrankungen (Hodgkin- und Non-Hodgkin-Lymphome) • Hämangiom, Chordom, maligne Knochenerkrankungen mit Wirbelsäulenlokalisation (Osteosarkom, Plasmozytom, Rückenmark- und meningeale Tumoren), → Kap. 45 • Wirbelsäulenmetastasen bei z. B. Bronchial-, Mamma- und Prostatakarzinom
metabolische und endokrine Erkrankungen	• Osteoporose (mit Wirbelkörpersinterungen bzw. Wirbelkörperfrakturen), → Kap. 45 • Hyperparathyreoidismus (→ Kap. 12 und 45) • M. Paget (Osteodystrophia deformans), → Kap. 45
kardiale und vaskuläre Erkrankungen	• Aortenaneurysma, Aortendissektion, Aortitis • Myokardinfarkt, Angina pectoris (→ Kap. 41) • intermittierende spinale oder Conus-Cauda-Ischämie
neurologische Erkrankungen	• Radikulitis bei Borrelien- oder Herpes-zoster-Infektionen (→ Kap. 56)
funktionelle und psychosomatische Erkrankungen	• überlastungsbedingte Dorsalgien und Lumbalgien (→ 48.4.3) • unspezifische Rückenschmerzen (→ 48.4.4) • chronisches Schmerzsyndrom der Wirbelsäule (bei somatisierter Depression, Angstneurosen, nicht verarbeiteten Konfliktsituationen etc., (→ Kap. 1)

ren (z.B. Herzinfarkt, disseziierendes Aortenaneurysma [→ Kap. 41]). Zu **intestinalen Organerkrankungen,** die Flankenschmerzen auslösen, zählen z.B. eine Pankreatitis, eine Milzruptur nach stumpfem Trauma, ein Ulcus duodeni oder eine Cholezystitis (→ Kap. 46).

Häufige Ursachen von Rücken- und Flankenschmerzen sind in Tabelle 48-2 zusammengefaßt dargestellt.

48.3 Diagnostik

48.3.1 Anamnese

Bei Rückenschmerzen liefert eine ausführliche Anamnese wichtige differentialdiagnostische Hinweise. Folgende Fragen bilden die Grundlage der Diagnostik:

▷ **Wo sind die Schmerzen?**
- **Lokalisation:** BWS, LWS, Kreuzbeinregion, Flanke
- **Organ- bzw. Strukturbezug:** Wirbelsäule, Muskulatur, Niere

▷ **Seit wann bestehen die Schmerzen, wie ist der zeitliche Verlauf?**
- akut
  ➠ Nierenkolik, Bandscheibenprolaps
- einschleichend
  ➠ Spondarthritis, Knochenmetastasen
- chronisch
  - langsam progredient
  ➠ degenerative Wirbelsäulenerkrankungen
  - rezidivierend, schubweise
  ➠ entzündliche Erkrankungen der Wirbelsäule

▷ **Wie sind die Schmerzen?**
- kolikartig
➠ Steinleiden (Nephrolithiasis, → 48.4.10)
- dumpf, fließend, unbestimmt
➠ muskuläre oder ligamentäre Ursache
- stechend, ausstrahlend, quälend
➠ Wurzelkompression
- stark, „vernichtend"
➠ Aortendissektion

▷ **Wann treten die Schmerzen auf?**
- Anlauf-, Belastungsschmerz, zunehmend im Verlauf des Tages
➠ degenerative oder funktionelle Ursache (→ 48.4.1 und 48.4.3)
- in der 2. Nachthälfte und frühmorgens, Besserung im Verlauf des Tages oder durch Bewegung
➠ entzündliche Wirbelsäulenerkrankungen (aseptisch, → 48.4.7)
- Tag- und Nachtschmerz (gleichbleibend), Verstärkung bei Belastung
➠ entzündliche (septische) oder neoplastische Ursache

▷ **Wohin strahlt der Schmerz aus?**
- von der LWS segmental (Dermatom) ins Bein
➠ Lumboischialgie mit Nervenkompression
- von der LWS diffus bzw. nicht segmental in die Hüfte oder das Bein
➠ pseudoradikuläre Syndrome
- vom Kreuz in die Glutealregion
➠ Affektion des Sakroiliakalgelenks
- von der Flanke in die Leiste
➠ Nierenkolik
- vom rechten Oberbauch bzw. rechter Flanke ins Schulterblatt rechts
➠ Gallenkolik, Cholezystolithiasis (→ Kap. 46)
- vom Mittelbauch über beide Flanken ringförmig in den Rücken
➠ Pankreatitis (→ Kap. 46)
- vom Mittel- oder Oberbauch in den Rücken
➠ perforiertes Magen- bzw. Duodenalulkus (→ Kap. 46)

▷ Tritt **Fieber** oder **Schüttelfrost** auf?
➠ bakteriell-septisches Krankheitsbild, z.B. Spondylitis, Pyelonephritis (→ Kap. 60), Cholezystitis (→ Kap. 46)

▷ Welche weiteren **vegetativen Begleitsymptome** finden sich?
- Gewichtsabnahme, Schwäche, Müdigkeit, Schlafstörungen, Antriebslosigkeit
➠ Neoplasie (→ 48.4.5), chronisch-entzündliche Ursache
- Miktions-, Defäkations- und Sexualfunktionsstörungen
➠ Nerven- oder Caudakompression (Bandscheibenprolaps, → 48.4.2), Wirbelkörperfrakturen (traumatisch, Osteoporose)
- Infekte des Urogenital- oder Magen-Darm-Traktes bei Kreuzschmerzen
➠ reaktive Spondarthritiden

▷ Sind **Hautveränderungen** (→ Kap. 21) feststellbar?
- Erythema nodosum
➠ reaktive Spondarthritiden
- Erythema chronicum migrans
➠ Zeckenbiß (Radikulitis bei Lyme-Borreliose)

▷ Welche Hinweise ergibt die **Familienanamnese**?
- Skoliosen
- entzündliche Wirbelsäulenerkrankung bzw. versteifte Wirbelsäule (Spondylitis ankylosans)
- Zystennieren
- Morbus Scheuermann
- Psoriasis (Psoriasis-Spondarthritis)
- Stoffwechselerkrankungen, Diabetes mellitus (→ Kap. 12) (Spondylosis hyperostotica, Morbus Forestier)

▷ Welche Informationen sind aus der **sozialen Anamnese** zu ziehen?
- Arbeitsplatzbelastung, schmerzauslösende bzw. -verstärkende Tätigkeiten
- Arbeitsunfähigkeit (wie oft, wie lange)
- soziale Isolation, familiäre Probleme durch chronische Schmerzen

▷ **Sonstige** Fragen
- Fersenschmerzen bzw. Enthesopathien
➠ Spondylitis ankylosans
- Zeckenbiß
➠ Lyme-Borreliose
- Augenentzündungen
➠ reaktive Spondarthritiden
- Auswirkung der Beschwerden auf das tägliche Leben (Arbeitsunfähigkeit) und private oder soziale Aktivitäten?

- Wie stark ist der Patient durch die Schmerzen eingeschränkt?
- Welche Auswirkungen haben eventuell schon chronifizierte Schmerzen auf die psychische Situation des Patienten?

▷ **Fragen zur bisherigen Therapie**
- Was wurde bisher unternommen und was hat geholfen?
- Sind Nebenwirkungen aufgetreten?
- Sind physikalische Therapiemaßnahmen durchgeführt worden und waren sie beschwerdelindernd?
- Gab es eine krankheitsbegleitende, die Schmerzverarbeitung unterstützende Gesprächstherapie?
- Sind psychosomatische Aspekte ausgeprägt, ist eine Psychotherapie erforderlich?

48.3.2 Körperliche Untersuchungen

Die Untersuchung der Wirbelsäule und der Flankenregion umfaßt folgende Maßnahmen:
- **Inspektion** des stehenden Patienten in seitlicher Ansicht, von vorn und von hinten unter Beachtung von:
  - Achsenabweichungen
  - Symmetrie der Hautfalten sowie des Thoraxskeletts
  - Skoliosen
  - Beckenschiefstand
  - Auffälligkeiten der Muskulatur, z. B. Atrophien
- **Motilitätsprüfung** der gesamten Wirbelsäule
  - Druckschmerzhaftigkeit oder bewegungsabhängiger Schmerz
  - Mennell-Handgriff (Entzündung oder Blockierung schmerzhafter Scherbewegungen im Iliosakralgelenk)
  - Prüfung der Flexibilität nach Schober und Ott
- **neurologische Untersuchung**
  - Auslösen eines N.-ischiadicus-Dehnungsreizes (Prüfung nach Lasègue)
  - Sensibilität
  - Muskeleigenreflexe
  - Prüfung der groben Muskelkraft
- **Untersuchung der Flankenregion**
  - inspektorisch auf Vorwölbungen (Tumoren, große Zystennieren), Asymmetrien der Rippenbögen (Fehlbildungen, Traumafolge), Nachschleppen einer Thoraxseite bei der Atmung (Pleuritis)
  - Palpation der Flankenregion: Nierenpalpation normalerweise nur bei schlanken Personen möglich, gelingt häufiger bei vergrößerten Nieren, z.B. bei Tumoren, Hydronephrose und Zystennieren
- **Nierenlager-Klopfschmerz**
  - moderater Schlag mit der Ulnarfläche der einen Faust auf die andere Hand, die mit der Palmarseite flach auf der 12. Rippe und der kaudal davon befindlichen Region aufliegt

48.3.3 Laboruntersuchungen

Die folgenden Laboruntersuchungen sind hilfreich bei der diagnostischen Einschätzung und müssen abhängig von der klinischen Untersuchung und Verdachtsdiagnose gezielt angefordert werden:
- **BSG, C-reaktives Protein**

➡ entzündliche Erkrankung, Malignom
- **Serumelektrophorese**
  - erhöhte α_1- und α_2-Gobuline

    ➡ akuter Entzündungsprozeß
  - erhöhte γ-Globuline

    ➡ chronischer Entzündungsprozeß
  - M-Gradient im Bereich der γ-Globuline

    ➡ Verdacht auf Plasmozytom
- Rotes und weißes **Blutbild**
  - Anämie

    ➡ chronische Entzündung, Neoplasie, Blutung
  - Linksverschiebung im Differentialblutbild

    ➡ akute oder chronische Entzündung
- **Histokompatibilitätsantigen B27**

  ➡ genetische Disposition bei seronegativen Spondarthritiden (→ Tab. 48-7)
- **Urinuntersuchung**
  - Urinstatus und -sediment
  - Addis-Sediment

    ➡ extraspinale Erkrankungen
- Bestimmung der **alkalischen Phosphatase**

  ➡ Leber- und Knochenerkrankungen (Differenzierung anhand der AP-Isoenzyme)
- **mikrobiologische bzw. serologische Untersuchungen**

  ➡ entzündliche Erkrankungen
  - bei Verdacht auf infektiös-septische Genese: Blutkulturen im Abstand von 6 Stunden
  - bei Flankenschmerzen mit Fieber: Blutkulturen und Urinkultur
  - bei Verdacht auf reaktive Spondarthritis: serologische Untersuchung auf Yersinien, Salmonellen und Chlamydien
  - bei Verdacht auf tuberkulöse Spondylitis: Tine-Test oder Mendel-Mantoux-Test
  - bei unklaren Spondylitiden bzw. Spondylodiszitiden: Punktion des Wirbelkörpers und histologische Untersuchung des Biopsates
- **Knochenstoffwechseluntersuchungen:** → Kap. 45

48.3.4 Apparative Untersuchungen

Sonographie

- Bei Verdacht auf z.B. **Nephro- oder Urolithiasis, Harnstauungsniere, Cholezystitis bzw. Cholezystolithiasis, Pankreatitis, intraabdominelle Abszesse, Pleuritis**
- Darstellung von **Senkungsabzessen** (tuberkulöse Spondylitis), **retroperitonealen Hämatomen und Tumoren, Aortenaneurysma, Muskelverletzungen**

48

Röntgenologische Untersuchungen

Die röntgenologische Diagnostik der Beschwerderegion dient der Darstellung degenerativer, traumatischer, entzündlicher und osteolytischer Veränderungen.

- **Dorsalgien:**
  Röntgen der Brustwirbelsäule in 2 Ebenen im Stehen
- **Lumbalgien, Kreuzschmerzen:**
  Röntgen der Lendenwirbelsäule unter Einbeziehung der Sakroiliakalgelenke in 2 Ebenen im Stehen
- **Verdacht auf Wirbelkörpermetastasen, Spondylitis** und **Spondylodiszitis:**
  Röntgen, bei nicht ausreichender Information im Summationsbild Tomographie (Schichtaufnahmeverfahren) einzelner Wirbelkörper bzw. Wirbelsäulenabschnitte
- **Beckenschmerzen,** z.B. Osteolysen durch Knochenmetastasen:
  Röntgen: Beckenübersicht
- **Verdacht auf Nieren-** oder **Harnleitersteine** (die zuvor sonographisch nicht eindeutig identifizierbar waren), **Tumoren der Nieren, des Nierenbeckens** bzw. der **ableitenden Harnwege:** Urographie: Darstellung der Nierenkelche, der Nierenbecken, der Harnleiter und der Blase mittels intravenöser Kontrastmittelapplikation (mit vorheriger Leeraufnahme zur Darstellung röntgendichter, d.h. kalksalzhaltiger Steine)
- **Verdacht auf Diskusprolaps** und **Nerven-** bzw. **Myelonkompression:**
  computertomographische Darstellung des entsprechenden Wirbelsäulensegments (alternativ: MRT)
- **Rücken- und Flankenschmerzen unklarer Genese:**
  CT des Abdomens zur Diagnostik der abdominellen Organe (z.B. Nierensteine, Nierentumor, Zystennieren, Gallenwegserkrankungen, Pankreatitiden) oder retroperitonealer Strukturen (z.B. Aortenaneurysma oder -dissektion, Weichteilprozesse wie Tumoren, retroperitoneale Fibrose oder Abszesse), wenn diese mit der Sonographie nicht ausreichend darstellbar sind

Nuklearmedizinische Untersuchungen

- **Entzündliche, neoplastische** und **degenerative Veränderungen:**
  Skelettszintigraphie zur Differenzierung je nach Anreicherung des verabreichten Radionuklids (z.B. ^{99m}Technetium)
- **Erkrankungen des Nierenparenchyms, der zuführenden Gefäße, der ableitenden Harnwege** und zur Bestimmung einer **seitengetrennten Clearance:** Nierenfunktionsszintigraphie

MRT

- Bei **Tumoren und Metastasen** der Wirbelsäule bzw. der paravertebralen Weichteile, bei intraspinalen Tumoren oder Blutungen, **Bandscheibenprolaps, Verletzungen** durch Wirbelsäulentraumen, **Spondylitiden** (besonders bei begleitenden Abszedierungen)
- Bei Verdacht auf **Sakroiliitis:**
  MRT zur Darstellung der Sakroiliakalgelenke

48.4 Krankheitsbilder

48.4.1 Degenerative Wirbelsäulenerkrankungen

Zu den degenerativen Wirbelsäulenerkrankungen werden die **Chondrose bzw. Chondrosis intervertebralis** (Bandscheibenverschleiß, Diskopathie), die **Osteochondrose** (Diskopathie mit degenerativen Veränderungen der angrenzenden Wirbelkörper), die **Spondylose** (Wirbelkörperverschleiß), die **Spondylarthrose** (Arthrose der kleinen Wirbelgelenke), das **Syndrom des engen Spinalkanals** (durch degenerative Veränderungen eingeengter Spinalkanal) sowie als Sonderform die **Spondylosis hyperostotica** gezählt.

B *Beschwerden und Befunde*

Die typische Beschwerdesymptomatik tritt **bei mechanischer Belastung** der Wirbelsäule oder durch langes Stehen bzw. Sitzen auf und beinhaltet heftige, meist **dumpfe Schmerzen** im betreffenden Wirbelsäulensegment. Die Beschwerden bessern sich bei Entlastung der Wirbelsäule in Ruhe oder im Liegen, nächtliche Schmerzen sind untypisch. Ein **„Start- oder Anlaufschmerz“** der Wirbelsäule nach Ruheperioden ist häufig und dauert wenige Minuten.

Die Blockierung der kleinen Wirbelgelenke bei Spondylarthrose führt häufig zu akuten Schmerzen mit Ausstrahlung in die Hüfte oder das Bein ohne strenge segmentale Zuordnung (**„pseudoradikuläres Syndrom"**).

Belastungsabhängige lumbale Schmerzen mit Ausstrahlung in die Beine charakterisieren das **Syndrom des engen Spinalkanals**. Ferner bestehen Schwäche, Krämpfe und Parästhesien in den unteren Extremitäten, die bei längerem Stehen und Gehen (besonders bergab mit Hyperlordosierung der LWS!) auftreten und zum Stehenbleiben oder Hinlegen zwingen. Pausen mit Vorwärtsneigung der Wirbelsäule oder Liegen führen zur raschen Linderung („Claudicatio spinalis").

Die körperliche Untersuchung zeigt eine **Schon-** und eventuell **Fehlhaltung** (Streckhaltung, Kyphosierung) des betroffenen Wirbelsäulenabschnitts mit eingeschränkter Motilität. Lokal findet sich ein **Klopfschmerz** und **Rüttelschmerz** über den Dornfortsätzen und ein schmerzhaft palpabler **Hartspann** der paravertebralen Muskulatur. Die **neurologische Untersuchung** mit Prüfung der Sensibilität und der Muskeleigenreflexe hilft bei der segmentalen Zuordnung der Diskopathien mit Wurzelkompression (→ 48.4.2 und Kap. 56). Das **Lasègue-Zeichen** führt bei Wurzelreizungen zu deutlicher Schmerzzunahme, kann aber auch bei pseudoradikulären Syndromen positiv sein.

DS *Diagnosesicherung*

Neben den typischen Beschwerden und körperlichen Untersuchungsbefunden basiert die Diagnose insbesondere auf radiologischen Befunden.

Radiologisch nachweisbare degenerative Wirbelsäulenveränderungen müssen immer zu der **klinischen Symptomatik** in Beziehung gesetzt werden (die Röntgendiagnose „Spondylose" ist nicht gleichbedeutend mit der klinischen Diagnose „Spondylose-Erkrankung"). Einzig die Diagnose einer Spondylosis hyperostotica (Morbus Forestier) ergibt sich bereits aus dem Röntgenbild (Abb. 48-1). Bei der Mehrzahl aller Patienten, die wegen Rückenschmerzen an der Brust- (BWS) und Lendenwirbelsäule (LWS) geröntgt werden, aber auch bei gesunden Probanden finden sich degenerative Veränderungen. Bei Lumbalgien braucht deshalb eine Röntgenaufnahme des betreffenden Wirbelsäulenabschnittes (z.B. LWS in 2 Ebenen) nur dann zu erfolgen, wenn die Schmerzen trotz Therapie länger als 4 Wochen anhalten oder zusätzliche Anhaltspunkte für eine andere Genese der Rückenschmerzen vorhanden sind. Das **Syndrom des engen Spinalkanals** mit seinen verschiedenen Ursachen ist diagnostisch durch eine **CT** oder **MRT** auszuschließen.

DD *Differentialdiagnose*

Die Differentialdiagnose der Rückenschmerzen bei degenerativen Wirbelsäulenveränderungen umfaßt zunächst alle Erkrankungen, bei denen es zu belastungsabhängigen („mechanischen") Rückenschmerzen kommt:

- **Osteoporose** unterschiedlicher Genese (→ Kap. 45)
- **Osteolysen von Wirbelkörpern beim Plasmozytom** oder anderen Neoplasien (→ Kap. 45)
- **metabolische Ursachen** wie Hyperparathyreoidismus (→ Kap. 12)
- **funktionelle Ursachen** wie Wirbelgelenkblokkierungen, Tendomyosen und Ligamentosen bei Überlastung
- **Wirbelkörperfehlbildungen** oder **Skoliosen**
- **entzündliche Wirbelsäulenerkrankungen**

Letztere lassen sich durch die Anamnese, den Nachweis erhöhter Akute-Phase-Proteine und durch radiologische Untersuchungen abgrenzen.

Da degenerative Veränderungen der Wirbelsäule im Röntgenbild eine hohe Prävalenz haben und oft nicht die eigentliche Ursache der Rückenschmerzen sind, muß bei allen Patienten mit anhaltenden Beschwerden (> 4 Wochen) trotz adäquater Therapie eine gründliche Abklärung angestrebt werden mit systematischem Ausschluß bzw. Nachweis der in Tabelle 48-1 genannten Krankheiten. Neben den direkten Knochenschmerzen eines metastatisch betroffenen Wirbelkörpers können auch Rückenschmerzen oder **in den Rücken ausstrahlende Schmerzen** verursacht werden durch:

- gastrointestinale Erkrankungen, z.B. das Pankreaskarzinom (→ Kap. 46)
- Erkrankungen der Lunge und Pleura (→ Kap. 27 und 41)
- kardiovaskuläre Erkrankungen wie Myokardinfarkt und Aortenaneurysma (→ Kap. 41)
- Erkrankungen der Niere und des Retroperitoneums (→ Kap. 20)

48.4.2 Diskopathie

W. MÜLLER-FELBER und D. PONGRATZ

Der Prolaps von Bandscheibenmaterial in den Rückenmarkkanal führt zu Schmerzzuständen, die nicht selten von neurologischen Ausfallserscheinungen begleitet sind. Bei andauernden Beschwerden erfolgt die Abklärung durch Röntgen, CT, MRT oder gegebenenfalls durch eine Myelo-CT.

B *Beschwerden und Befunde*

Klinisches Leitsymptom der Diskopathie sind **lage- und bewegungsabhängige Schmerzen** im Bereich der Wirbelsäule. Die akute vertebrale Symptomatik äußert sich in einer schmerzbedingten **Einschränkung der Wirbelsäulenbeweglichkeit**, im paravertebralen **Muskelhartspann** und in einer **skoliotischen Fehlhaltung**, die vor allem bei Anteflexion der Wirbelsäule sichtbar wird. Bisweilen verstärkt Pressen, Niesen oder Husten

48

den Schmerz durch Erhöhung des intrathekalen Drucks.

Der Erkrankungsbeginn kann akut (zum Beispiel nach einem Verhebetrauma oder Verkühlen) sein, häufiger entwickelt er sich jedoch subakut bis chronisch. Durch **Kompression nervaler Strukturen** können weitere Ausfalls- oder Reizerscheinungen hinzutreten wie:

- Schmerzen in radikulärer Verteilung (z.B. Ischialgie)
- Sensibilitätsstörungen im betroffenen Dermatom (→ Kap. 56)
- periphere Paresen in radikulärer Verteilung (→ Kap. 30)
- Blasen- oder Mastdarmstörungen bei Kompression der Cauda equina

Bei den extrem seltenen thorakalen Diskopathien kann es zu einer Kompression des Myelons mit einer Querschnittsymptomatik kommen. In seltenen Fällen kann eine Diskopathie zu neurologischen Ausfällen ohne wesentliche Schmerzsymptomatik führen.

DS *Diagnosesicherung*

Kurzdauernde Lumbalgien ohne neurologische Ausfälle erfordern keine technischen Untersuchungen zur Diagnosesicherung. Bei länger dauernden Beschwerden und bei älteren Patienten sollten konventionelle **Röntgenaufnahmen** der Wirbelsäule in vier Ebenen zum Ausschluß einer Kompression der Nervenwurzel durch knöcherne Strukturen erfolgen (degenerative Veränderungen, Metastasen). Mittel der Wahl zum Nachweis einer Diskopathie ist die **Computer- und Kernspintomographie**. In Zweifelsfällen, insbesondere vor geplanter Operation, kann zusätzlich eine **Myelographie** kombiniert mit einer CT-Untersuchung (Myelo-CT) indiziert sein. Die elektromyographische Untersuchung dient der Abgrenzung von weiter peripher lokalisierten Nervenschädigungen und mit Einschränkung der Beurteilung des Schweregrads der Nervenwurzelkompression. Allerdings kommt es bei axonaler Schädigung erst nach ca. drei Wochen zum Auftreten sogenannter pathologischer Spon-

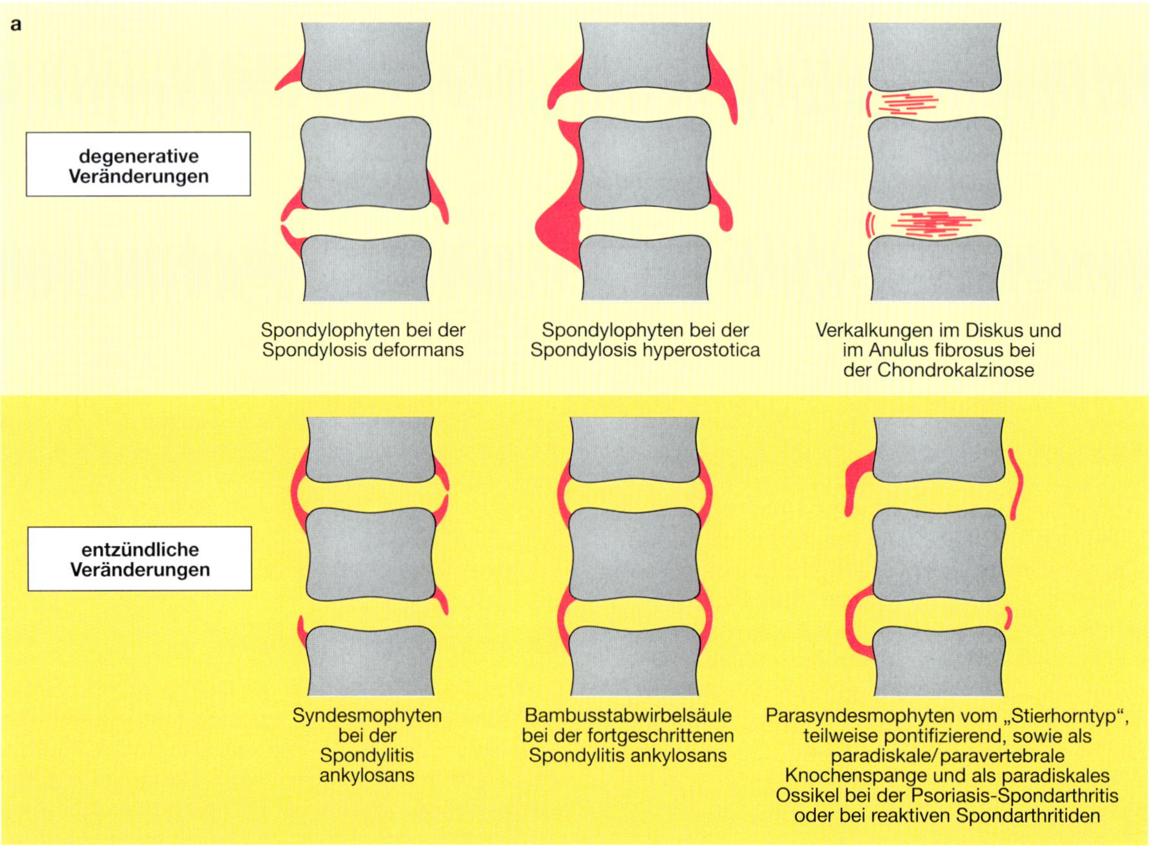

Abb. 48-1a Darstellung entzündlicher und degenerativer perivertebraler Ossifikationen: a) schematische Darstellung (nach W. Müller und F. Schilling).

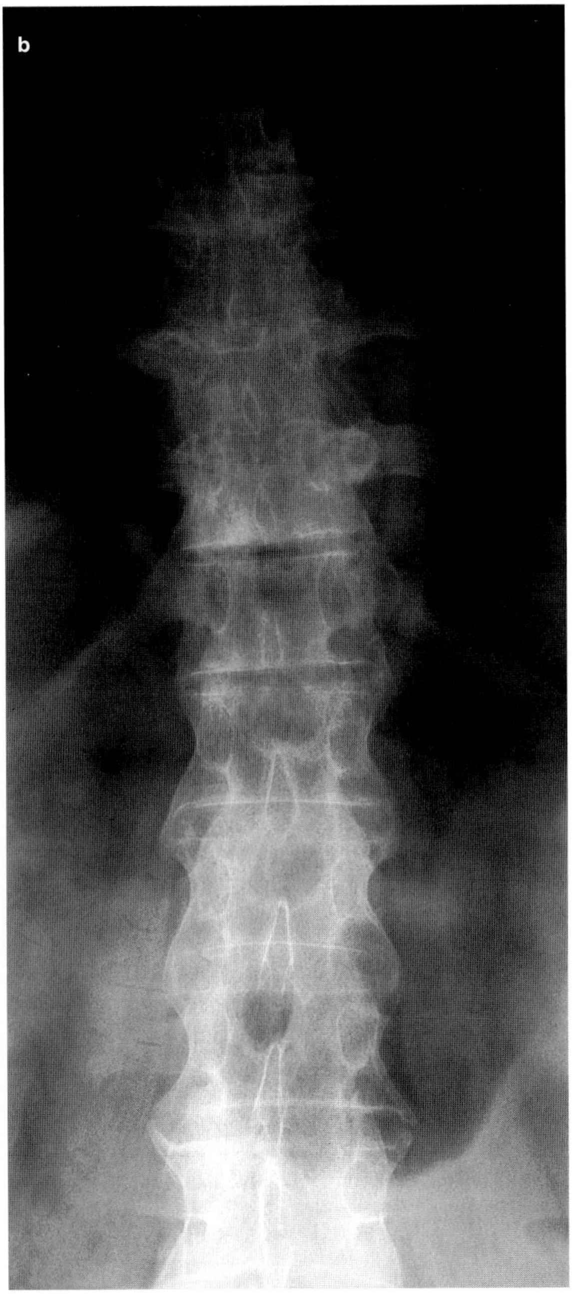

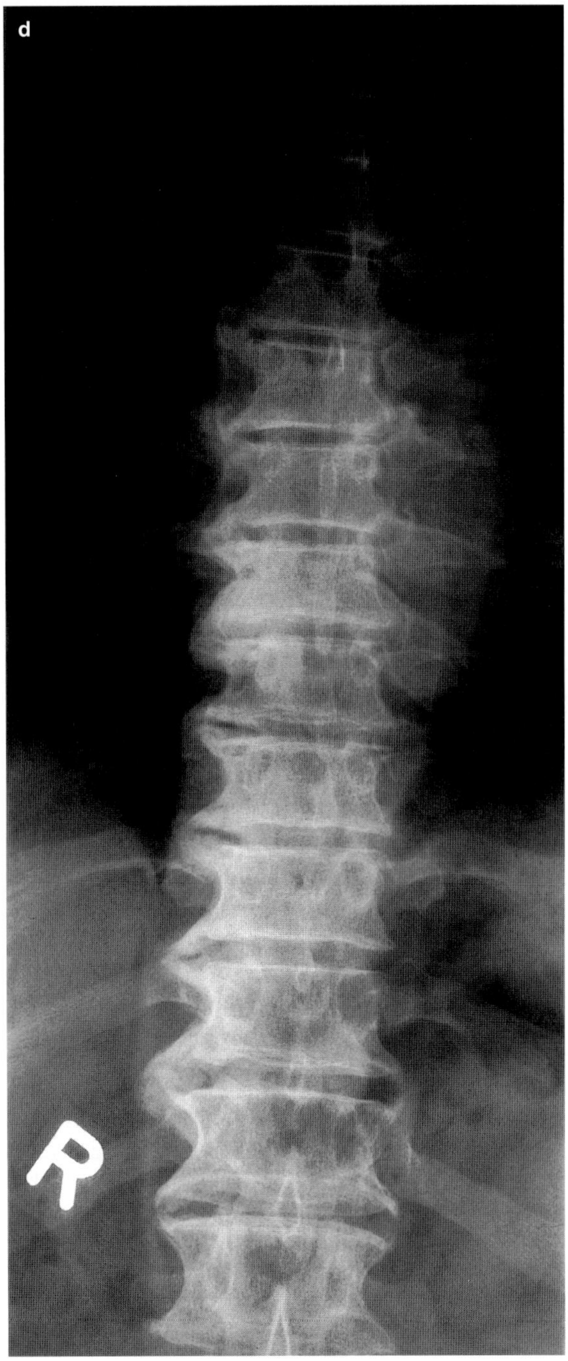

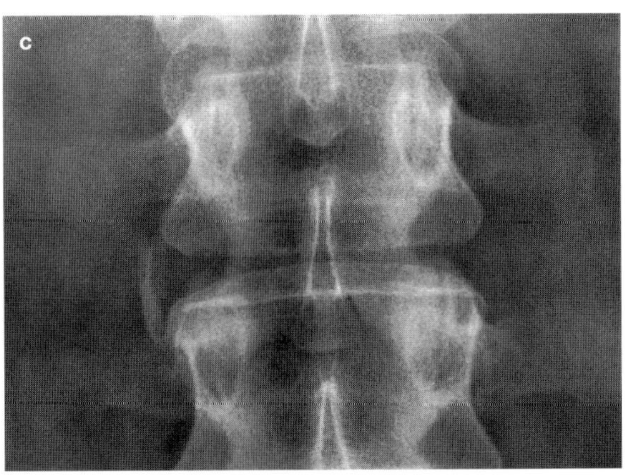

Abb. 48-1b–d Darstellung entzündlicher und degenerativer perivertebraler Ossifikationen im Röntgenbild der Wirbelsäule: b) Syndesmophyten bei Spondylitis ankylosans, c) Parasyndesmophyten bei Patienten mit Psoriasis-Spondarthritis, d) zahlreiche Spondylophyten (typischerweise rechts stärker ausgeprägt als links) bei der Spondylosis hyperostotica.

tanaktivität in Ruhe sowie zu einem neurogenen Umbau bei Willkürinnervation.

DD *Differentialdiagnose*

Die Symptomatik der Diskopathie mit Schmerzen im Wirbelsäulenbereich und Ausfällen in radikulärer Ausbreitung ist keineswegs spezifisch für bandscheibenbedingte Erkrankungen. Beim lokalen Schmerzsyndrom müssen statische **Fehlbelastungen der Wirbelsäule** (z.B. bei Spondylolisthesis, Fehlhaltung, lumbosakralen Übergangsanomalien), **knöcherne Veränderungen** (Entzündung, Metastasen, Osteoporose, Morbus Paget [→ Kap. 45]) sowie **Raumforderungen im Spinalkanal** (Malignome, Lipome, Abszesse etc.) berücksichtigt werden. Gleiches gilt für Patienten mit radikulären Ausfällen. Wegen der therapeutischen Konsequenzen muß hier auch die **Polyradikulitis Bannwarth** (bei Borreliose) und die **proximale diabetische Neuropathie** (→ Kap. 56) ausgeschlossen werden. Bei chronischen Beschwerden müssen psychische Probleme wie **somatisierte neurotische Entwicklung** oder **endogene Depression** mitbedacht werden (→ Kap. 1).

48.4.3 Funktionelle Rückenschmerzen (segmentale Funktionsstörungen)

Die sehr häufigen **funktionellen Rückenschmerzen** sind durch ein normales Röntgenbild charakterisiert, während die klinische Symptomatik der bei degenerativen Wirbelsäulenerkrankungen gleicht.

Die Beschwerden werden oft **durch muskuläre Überlastung** ausgelöst, wie lang andauernde Tätigkeit in gebückter Haltung (z.B. Computertätigkeit, Fernsehen). Häufig treten Schmerzen auch **akut einschießend bei bestimmten Bewegungen** (Aufrichten, Hochheben schwerer Lasten) mit Ausstrahlung ins Bein auf („Hexenschuß"), wobei diese Symptomatik meist in der unteren Lendenwirbelsäule lokalisiert ist. Bei der klinischen Untersuchung findet sich eine **eingeschränkte Motilität** (Blockierung) in einem oder mehreren benachbarten Wirbelsäulensegmenten mit fixierter **Fehlhaltung** und paravertebralem, muskulärem **Hartspann**.

Die **neurologische Untersuchung** ergibt in Abgrenzung vom Diskusprolaps einen Normalbefund, und eine eventuelle Schmerzausstrahlung ins Bein folgt nicht einem Dermatom bzw. einer Nervenwurzel („pseudoradikuläre" Ausstrahlung). Niemals liegt eine Blasen- oder Mastdarmfunktionsstörung vor oder ein motorisches bzw. sensibles Defizit. **Pathophysiologisch** wird bei Lokalisation im LWS-Bereich von einer reversiblen segmentalen Intervertebralgelenkdysfunktion ausgegangen, bei Lokalisation im Kreuzbeinbereich von einer Iliosakralgelenkblockierung. Die hierdurch verursachten segmentalen Funktions- oder Motilitätsstörungen sind eine diagnostische Domäne der sog. **manual-medizinischen Untersuchung** (spezielle Ausbildung: „Manuelle Medizin"). Je nach Schmerzlokalisation und Befund werden die Begriffe Lumbago oder lumbale Dysfunktion (evtl. mit Höhenangabe, z.B. L4/5) bzw. sakroiliakale Dysfunktion verwendet. Die weitere Diagnostik und Differentialdiagnostik entspricht der bei degenerativen Wirbelsäulenerkrankungen (→ 48.4.1).

48.4.4 Unspezifische und psychosomatische Rückenschmerzen sowie chronische Schmerzsyndrome der Wirbelsäule

Der Begriff des **unspezifischen Rückenschmerzes** wurde vorgeschlagen für die Fälle, bei denen durch die diagnostische Abklärung weder eine zugrundeliegende Erkrankung noch ein anatomisches Substrat für den Schmerz noch ein pathophysiologisches Konzept für die Schmerzentstehung benannt werden kann.

B *Beschwerden und Befunde*

Das klinische Bild ist geprägt von **diffusen Schmerzangaben** im LWS- oder Kreuzbereich **mit oder ohne Motilitätsverlust.** Die Untersuchung läßt in Abgrenzung von den funktionellen Rückenschmerzen keine eindeutige Zuordnung der Beschwerden zu bestimmten Bewegungssegmenten oder paravertebralen Strukturen zu. Bei akuten Rückenschmerzen mit kompletter Rückbildung nach wenigen Wochen ist eine umfangreiche (und teure) differentialdiagnostische Abklärung nicht notwendig. Oft wird bei Patienten mit **chronifizierten Rückenschmerzen** erst nach längerer ergebnisloser „Organdiagnostik" auch an **psychosomatische Ursachen** für Rückenschmerzen gedacht. Eine eindeutige Trennung zwischen unspezifischen und psychosomatischen Rückenschmerzen ist wegen der Überlappungen schwierig. Bei Patienten mit ausgeprägter bis dramatischer Schilderung der Beschwerden, ohne daß sich die Schmerzen klar nach zeitlichen Gesichtspunkten und hinsichtlich Lokalisation, Qualität und Intensität sowie Ausstrahlung und beeinflussender Faktoren charakterisieren lassen, muß nach psychischen Determinanten gesucht werden. Der Untersuchungsbefund der Wirbelsäule kann völlig unauffällig sein.

DS *Diagnosesicherung*

Diagnostisch entscheidend ist nach **Ausschluß organischer Ursachen** (→ Tab. 48-2) die genaue **„biopsychosoziale" Evaluation** der folgenden Punkte:

- soziales Umfeld (Arbeitssituation, familiäre oder eheliche Situation)
- wichtige Lebensereignisse
- eventueller Krankheitsgewinn (bei unbewußten inneren Konflikten oder bei anstehender Rente)

- vorbestehende affektive Störungen (Angst, Depression)
- Vorstellungen des Patienten bezüglich der Krankheitsentstehung

Auch eine die „Somatisierung“ fördernde Arzt-Patienten-Beziehung mit häufigen diagnostischen Maßnahmen wie Röntgen, wiederholten CT- oder MRT-Untersuchungen oder operativen Eingriffen (z.B. Bandscheiben-OP) können zur Unterhaltung bzw. Chronifizierung der Beschwerden beitragen.

Chronische Schmerzsyndrome der Wirbelsäule entstehen sowohl bei organischen Wirbelsäulenerkrankungen (z.B. Diskusprolaps, Wirbelsäulenverletzungen) als auch bei unspezifischen Rückenschmerzen. Häufig können die Schmerzen im Verlauf der Erkrankung kaum noch den initial auslösenden Ursachen zugeordnet werden. Die Diagnose eines chronischen Schmerzsyndroms der Wirbelsäule wurde früher per definitionem erst nach Ablauf von 6 Monaten gestellt. Neuere Konzepte schlagen vor, das Nicht-Ansprechen der üblichen Schmerztherapien als Hauptcharakteristikum zu werten. Als **Risikofaktoren für eine Chronifizierung** der Schmerzsymptomatik sind zu nennen:

- Dauer des akuten Rückenschmerzes von mehr als drei Monaten bei medizinischer Behandlung
- hohe Rezidivrate akuter kurzzeitiger Rückenschmerzepisoden
- schlechte Arbeits- und Sozialbedingungen
- persönliches Verhalten:
  - passive Lebensweise
  - maladaptives Verhalten
- überholte Therapieansätze:
  - längere Schonung
  - nur passive Therapiemaßnahmen
  - langdauernde Arbeitsunfähigkeit ohne Rehabilitationsansätze
- mangelhafte Information des Patienten

48.4.5 Tumoren der Wirbelsäule

Die wichtigsten Tumoren und Metastasierungen an der Wirbelsäule sind in Tabelle 48-3 zusammengefaßt. Knochentumoren sind im Kapitel 45 (Knochenschmerzen) abgehandelt.

B *Beschwerden und Befunde*

Die **Beschwerdesymptomatik** besteht meist in Form eines ganztägigen **Dauerschmerzes**, mit Zunahme des Schmerzes bei Belastung. Gutartige Tumoren der Wirbelsäule sind oft lange Zeit asymptomatisch. Bei der Untersuchung findet sich eine **Druck- oder Klopfdolenz** über dem betroffenen Wirbelsäulenabschnitt, verbunden mit einer mehr oder minder **eingeschränkten Motilität**.

DS *Diagnosesicherung*

Diagnostisch sind neben der **Anamnese** früherer Tumorerkrankungen und der **körperlichen Untersuchung** (einschließlich Lymphknotenstatus) die **bildgebenden Verfahren** entscheidend. **Röntgenaufnahmen** des betroffenen Wirbelsäulenabschnitts in **zwei Ebenen** lassen in fortgeschrittenen Stadien Metastasen bzw. Wirbelkörperdestruktionen erkennen.

Bei unklaren Befunden ist eine **CT** empfehlenswert. Ist die Lokalisation des Prozesses nicht eindeutig bzw. besteht der Verdacht auf einen Tumor im Wirbelkanal oder auf einen begleitenden Weichteilprozeß, ist die **MRT** vorzuziehen. Zur Lokalisations- und Ausdehnungsdiagnostik bzw. zum Erkennen klinisch noch inapparenter Knochenmetastasen leistet die **Ganzkörperszintigraphie** einen großen Beitrag. Kann weder klinisch noch durch die bildgebende Diagnostik entschieden werden, ob ein entzündlicher oder neoplastischer Prozeß an der Wirbelsäule vorliegt, muß die

48

Tab. 48-3 Tumoren der Wirbelsäule

Primäre Knochentumoren mit möglicher Lokalisation in der Wirbelsäule		Knochenmetastasen der Wirbelsäule
gutartige Tumoren oder tumorähnliche Veränderungen	maligne Knochentumoren	
Hämangiom	Plasmozytom	Mammakarzinom
Osteoidosteom	Osteosarkom	Prostatakarzinom
Osteochondrom	Ewing-Sarkom	Bronchialkarzinom
Osteoblastom	Chondrosarkom	Nierenzellkarzinom (Hypernephrom)
Osteoklastom (Riesenzelltumor)	Chordom	Karzinome des Magen-Darm-Traktes
eosinophiles Granulom (Histiocytosis X)		Schilddrüsenkarzinom
aneurysmatische Knochenzyste		M. Hodgkin
		leukämische Knocheninfiltrate
		Neuroblastom

Diagnose durch eine z.B. CT-gesteuerte **Wirbelkörperpunktion** sowie nachfolgende **histologische und mikrobiologische Untersuchungen** gesichert werden.

48.4.6 Anomalien der Wirbelsäule

Unter Anomalien der Wirbelsäule werden Variationen und Mißbildungen verstanden (Tab. 48-4). Variationen sind häufig und betreffen die Anzahl der Wirbelkörper und deren Zuordnung zu den einzelnen Wirbelsäulenabschnitten. **Wirbelmißbildungen** beziehen sich sowohl auf Störungen in der Anlage des Wirbelkörpers als auch der Wirbelsäulensegmentation und können somit zu unterschiedlichen Fehlbildungen im Sinne von Kyphosen oder Skoliosen führen. Beschwerden wie Belastungsschmerz, Hartspann treten vor allem bei den Anomalien auf, die zu Wirbelsäulenverkrümmungen führen. **Variationen** wie z.B. Übergangswirbel sind klinisch meist stumm.

B *Beschwerden und Befunde*

Die unterschiedlichen Ursachen von Wirbelsäulenerkrankungen mit Verkrümmung sind in Tabelle 48-5 dargestellt. Die Beschwerdesymptomatik wird durch die Fehlbildung und die damit verbundene statische Fehlbelastung erklärt. So finden sich **belastungsabhängige Beschwerden** in dem betroffenen Wirbelsäulensegment mit **Verspannungen** und **Hartspann** der paravertebralen Muskulatur. In Ruhigstellung bzw. bei Entlastung der Wirbelsäule bessern sich die Beschwerden. Bei Patienten mit schweren thorakalen Skoliosen und hierdurch verursachtem Rippenbuckel kommt es häufig zu restriktiven **Ventilationsstörungen** sowie **Widerstandserhöhungen im Pulmonalkreislauf** mit konsekutiver Rechtsherzüberlastung. Klinisch können diese Patienten **rezidivierende Infektionen**, z.B. Bronchitiden und Pneumonien, sowie die Symptome einer Rechtsherzinsuffizienz entwickeln. Auch finden sich bei kongenitalen Skoliosen häufig **urogenitale Mißbildungen**, welche die Ursache rezidivierender Harnwegsinfekte sein können.

Die klinische Untersuchung bei Wirbelsäulenanomalien muß am komplett entkleideten Patienten erfolgen, um inspektorisch **Wirbelsäulenverkrümmungen**, **Rippenbuckel** und **Beckenschiefstand** feststellen zu können (Abb. 48-2). Eine einfache Untersuchung zur Festellung von Fehlhaltung und Skoliose ist das Fällen das Körperlots von der Vertebra prominens

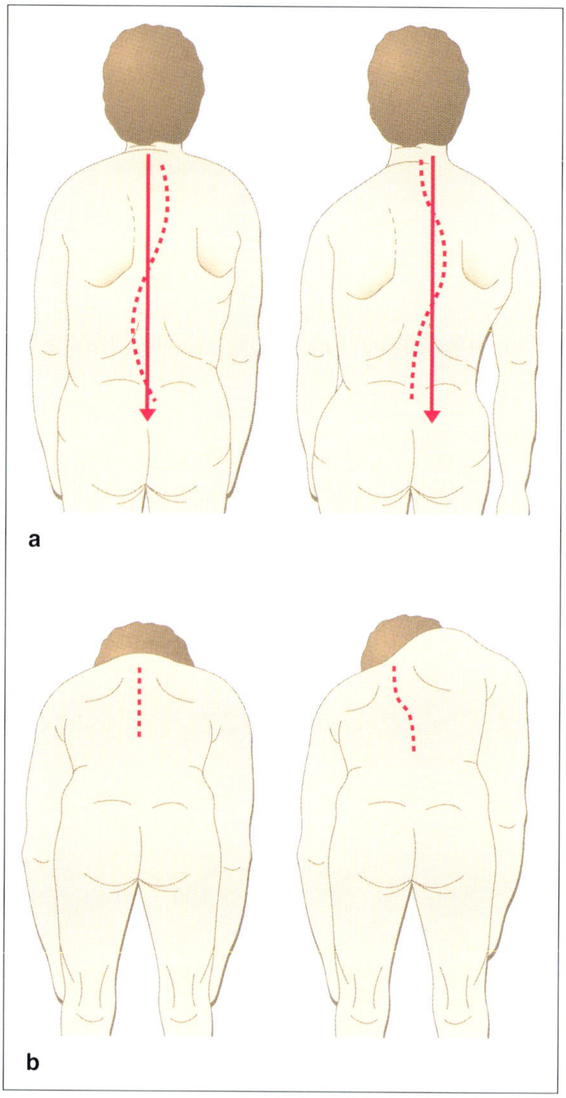

Abb. 48-2 Inspektion bei Wirbelsäulenverkrümmungen: a) Fällen des Lotes von C7 bei statisch kompensierter (links) und dekompensierter (rechts) Skoliose; b) bei Vorbeugen normale Kontur bei gesunder Kontrollperson (links) und Rippenbuckel (rechts) bei Torsionsskoliose (nach W. Müller und H. Zeidler).

Tab. 48-4 Einteilung der Anomalien der Brust- und Lendenwirbelsäule

Variationen	**Mißbildungen** (Störungen der Wirbelanlage oder der Wirbelsegmentation)
Übergang BWS-LWS: Lendenrippe **Übergang LWS-Sakrum:** Sakralisation (5. LWK ist partiell oder ganz mit Sakrum fusioniert) Lumbalisation (1. Sakralwirbel nicht in Sakrum einbezogen) **überzählige Wirbelkörper** (z.B. sechs Lendenwirbelkörper)	Blockwirbel Schmetterlingswirbel Keilwirbel Halbwirbel Wirbelbogenfehlbildung (z.B. Spondylolyse)

Tab. 48-5 Ursachen von Wirbelsäulenverkrümmungen

Krankheit	Definition	Ursachen
Skoliose	Verkrümmung der Wirbelsäule in der Frontalebene mit Torsion der Wirbelkörper und Teilversteifung der betroffenen Segmente	idiopathisch (infantile, juvenile, Adoleszentenskoliose) kongenital (Segmentations-, Wirbelbildungsstörungen) neuropathisch (bei Poliomyelitis, Meningomyelozele, Zerebralparese etc.) myopathisch (bei Muskeldystrophie u.a.) posttraumatisch (nach Wirbelfrakturen) iatrogen (nach Bestrahlung, nach Thorakoplastik) postinfektiös metabolisch (Rachitis, Osteogenesis imperfecta) neoplastisch Mesenchymstörungen (Marfan-Syndrom, Ehlers-Danlos-Syndrom) und Osteochondrodystrophien extraspinal (z.B. nach Verbrennung, Empyem)
Kyphose	Abweichung der Wirbelsäule in der Sagittalebene, über die physiologische Dorsalkyphose hinausgehend	postural (Haltungsschaden) kongenital (Segmentations-, Wirbelbildungsstörungen) neuropathisch (Lähmungen, Myelomeningozele) Scheuermann-Kyphose traumatisch entzündlich (z.B. tuberkulös) nach chirurgischen Eingriffen (z.B. nach Laminektomien) nach Wirbelsäulenbestrahlung (z.B. eines Neuroblastoms oder eines Wilms-Tumors im Kindesalter) Neurofibromatose metabolisch (Osteoporose) Entwicklungsstörungen (z.B. Chondrodyplasie, Mukopolysaccharidose)

48

(C7), welches sich normal mittig auf die Analfalte projiziert. Gleichzeitig wird hierbei die Abweichung der Dornfortsätze vom Lot festgestellt und damit die skoliotische Krümmung benannt (z.B. Abweichungen der BWS-Dornfortsätze nach rechts: rechtskonvexe BWS-Skoliose). Beim stehenden Patienten wird die Schulterhöhe rechts und links sowie die Position der Schulterblätter, beim vornübergeneigten Patienten das Ausmaß des Rippenbuckels beurteilt.

DS *Diagnosesicherung*

Röntgennativaufnahmen sind entscheidend für die Sicherung der Diagnose. Bei komplexen Anomalien bzw. Skoliosen sind Wirbelsäulenganzaufnahmen im Stehen in zwei Ebenen, evtl. in Extension und Funktion bei orthopädischer Fragestellung, erforderlich. Bei kongenitalen Skoliosen können tangentiale Aufnahmen des Rippenbuckels, eine **CT** oder **MRT** sowie gegebenenfalls eine **Myelographie** zur genauen Beurteilung erforderlich sein. Je nach Beteiligung innerer Organe sind weiterführende bildgebende Techniken (z.B. Sonographie, intravenöse Pyelographie) notwendig.

DD *Differentialdiagnose*

Differentialdiagnostische Schwierigkeiten ergeben sich bei der radiologischen Abgrenzung posttraumatischer von postinfektiösen Veränderungen ganzer Wirbelkörper oder einzelner Wirbelsäulenabschnitte. Hier läßt sich durch eine genaue Anamneseerhebung die diagnostische Zuordnung erleichtern. Die Abgrenzung der Wirbelsäulenmißbildungen von Haltungsfehlern oder -schäden erfolgt vor allem radiologisch.

Bei den Wirbelsäulenkyphosen werden die kongenitalen Anomalien abgegrenzt von:

- **Haltungsschäden**
- **Scheuermann-Kyphose** mit den infolge einer Wachstumsstörung an Deck- und Grundplatten charakteristisch keilförmig deformierten Wirbelkörpern
- **posttraumatischen** und **postentzündlichen Erkrankungen**
- **metabolischen Ursachen** (Osteoporose, Hyperparathyreoidismus und Osteogenesis imperfecta, → Kap. 45)

Anomalien des lumbosakralen Übergangsbereiches (L5/S1) sowie Fehlbildungen des Wirbelbogens (z.B. Spaltbildungen, Spondylolyse) mit und ohne Spondylolisthese (Wirbelgleiten) lassen sich von einer **degenerativen Spondylolisthese** (degenerative Bandscheiben- und Wirbelgelenkveränderungen) radiologisch differenzieren (unter Zuhilfenahme von LWS-Schrägaufnahmen in 45°-Rotation). Die **Spondylose** ist radiologisch durch Osteophytenbildung und Osteosklerose der Wirbelkörper zu erkennen.

Tab. 48-6 Entzündliche Wirbelsäulenerkrankungen

Wirbelsäulenerkrankungen mit kulturellem Erregernachweis im betroffenen Wirbelsäulengewebe	Wirbelsäulenerkrankungen mit aseptischer Entzündung (Oberbegriff: seronegative Spondarthritiden)
• infektiöse Spondylitis (nur Wirbelkörper betroffen) • infektiöse Spondylodiszitis (Bandscheibe und angrenzende Wirbelkörper bzw. deren Deck- und Bodenplatten betroffen) • infektiöse Sakroiliitis **Erreger:** Mykobakterien, Salmonellen, Shigellen, Bruzellen, Staphylokokken, Streptokokken, Spirochäten, Candida u. a.	• Spondylitis ankylosans (M. Bechterew) • Psoriasis-Spondarthritis • reaktive Spondarthritiden assoziiert mit Yersinien-, Salmonellen-, Shigellen-, Campylobacter-jejuni- und Chlamydien-Infektionen • Spondarthritis bei idiopathischen entzündlichen Darmerkrankungen (M. Crohn, Colitis ulcerosa) • undifferenzierte Spondarthritis (keine Zuordnung zu den definierten Spondarthritiden)

48.4.7 Entzündliche Wirbelsäulenerkrankungen

Entzündliche Wirbelsäulenerkrankungen sind entweder bakterieller oder aseptischer Genese (ohne direkten Erregernachweis mittels Kultur). Typisch für entzündliche Erkrankungen der Wirbelsäule sind nächtliche Rückenschmerzen, Muskelverspannung und Bewegungseinschränkungen. Bei der Gruppe der **infektiösen** (auch genannt: **septisch-eitrigen) Spondylitiden bzw. Spondylodiszitiden** kommt es oft zu schneller Destruktion des Knochens sowie zu begleitenden Weichteilprozessen (Senkungsabszesse). Der Erreger ist meist mittels Kulturnachweis zu ermitteln. Bei den aseptischen Entzündungen, den **seronegativen (rheumafaktor-negativen) Spondarthritiden**, dominieren die chronischen Verläufe mit Funktionseinschränkungen der Wirbelsäule. Bei aseptischen Erkrankungen sind bakterielle Erreger ätiologisch mitbeteiligt, z. B. bei „reaktiven" Spondarthritiden nach gastrointestinalen und urogenitalen Infektionen. Diese können aber nur an der Eintrittspforte (z. B. Urethra, Cervix uteri, Darmschleimhaut) oder serologisch identifiziert werden. Die häufigsten Erkrankungen sind in Tabelle 48-6 aufgelistet.

B *Beschwerden und Befunde*

Bei den **infektiösen Spondylitiden bzw. Spondylodiszitiden** besteht ein meist stark ausgeprägter **Nachtschmerz,** der sich auch bei Bewegung bzw. Belastung kaum bessert. Der Schmerz ist lokalisiert über dem betroffenen Wirbelsäulensegment und kann als **Druck- und Klopfdolenz** sowie durch Rütteln am Dornfortsatz verstärkt werden. In dem betroffenen Wirbelsäulensegment ist die **Motilität stark eingeschränkt** bzw. aufgehoben. Die paravertebrale Muskulatur weist oft einen **Hartspann** auf. Ausstrahlung in das Abdomen oder den Thoraxraum ist je nach Lokalisation in der Wirbelsäule möglich. Bei Senkungsabszessen kann die Ausstrahlung auch nach kaudal reichen (entlang des M. iliopsoas bis in das Bein). Fieber oder subfebrile Temperaturen sind häufig, aber nicht obligat. Bei älteren Patienten, bei Immunsuppression oder Kachexie kann die klinische Symptomatik auch sehr blande sein.

Die **seronegativen Spondarthritiden** sind ebenfalls durch einen entzündlichen Rückenschmerz gekennzeichnet. Am Krankheitsbeginn bestehen oft tiefsitzende **Kreuzschmerzen** (auf einer Sakroiliitis beruhend) in der zweiten Nachthälfte und beim Aufwachen (**„Aufwachschmerz"**). Beim Aufstehen, nach längerer Ruhepause oder Sitzen ist die Wirbelsäule unbeweglich (**„Morgensteife"**). Ebenso wie der Schmerz bessern sich diese Beschwerden im Laufe des Tages sowie bei Bewegung. Bei der Untersuchung findet sich eine im Krankheitsverlauf zunehmende **Motilitätseinschränkung** der Wirbelsäule sowie eine **Reduktion der Inspirationstiefe des Thorax** und häufig eine **Sakroiliitis** (positiver Mennell-Handgriff). In fortgeschrittenen Stadien kommt es vor allem bei der Spondylitis ankylosans (Morbus Bechterew) zu einer kompletten Versteifung der Wirbelsäule, die im ungünstigen Fall (bei unzureichender Krankengymnastik, Haltungsschulung und Medikation) zu der typischen Hyperkyphosierung führen kann (Abb. 48-3). Bei allen Spondarthritiden können periphere Gelenke beteiligt

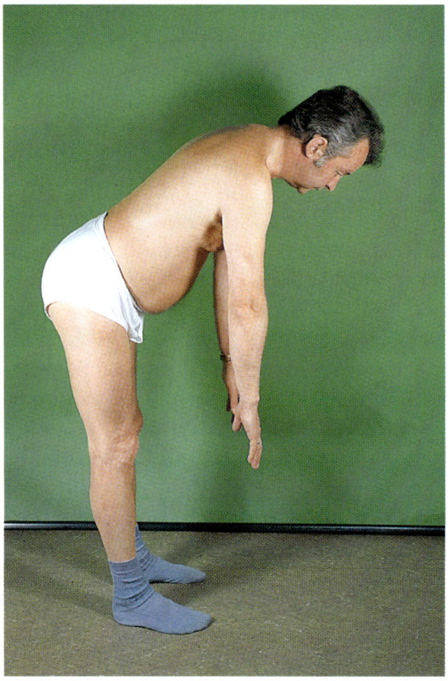

Abb. 48-3 Patient mit Spondylitis ankylosans bei maximaler Vorwärtsbeugung.

sein, meist mit asymmetrischem Befall vor allem der großen und mittelgroßen Gelenke der unteren Extremität (→ Kap. 43). Bei der Psoriasis-Spondarthritis kommt es oft zu einem Befall der Finger oder Zehen im Strahl („Daktylitis"). Des weiteren finden sich bei allen Spondarthritiden gehäuft **Enthesopathien** (z.B. der Achillessehne, am Kalkaneus und an der Plantarfaszie).

DS *Diagnosesicherung*

Labordiagnostik

Zum Nachweis einer **systemischen Entzündungsaktivität** eignet sich die **BKS** und das **CRP**. Bei chronischen Beschwerdebildern zeigt die Elektrophorese eine Erhöhung der **γ-Globulin-Fraktion** als Hinweis auf eine chronische Entzündung. Ferner findet sich als weiteres Zeichen der chronischen Entzündung eine **Anämie** (mikrozytär und hypochrom ohne Eisenmangel).

Bei der **infektiösen Spondylitis bzw. Spondylodiszitis** zeigt sich häufig eine **Leukozytose** im Blutbild. Bei Diarrhö und Fieberepisoden vor Auftreten der Wirbelsäulensymptomatik sind **serologische Untersuchungen** auf Salmonellen und Bruzellen sowie ein Tine-Test bzw. eine Testung der Tuberkulin-Schwelle nach Mendel-Mantoux erforderlich. Bei Fieber sind Blutkulturen (mehrfach, z. B. an einem Tage vier Blutabnahmen im Abstand von sechs Stunden) angezeigt. Diagnosesichernd ist die **mikrobiologisch-kulturelle Untersuchung einer Knochenbiopsie** oder **-stanze** aus dem betroffenen Wirbelkörper respektive Zwischenwirbelraum oder eines Punktats aus einem Senkungsabszeß.

Bei **seronegativen Spondarthritiden** ist die Bestimmung des **HLA-B27** zur prognostischen Einschätzung wichtig (Tab. 48-7), da HLA-B27-positive Patienten eine schlechtere Prognose haben als HLA-B27-negative. Bei **reaktiven Spondarthritiden** nach urogenitalen und gastrointestinalen Infektionen ist eine serologische und **Erreger-Direktnachweis-Diagnostik** zur ätiologischen Abklärung sinnvoll, z. B. zum Nachweis einer Infektion mit Chlamydien, Yersinien, Campylobacter und Salmonellen. Beachtet werden muß, daß Salmonellen sowohl infektiöse Spondylitiden bzw. Spondylodiszitiden als auch reaktive Spondarthritiden verursachen können. Serologische Untersuchungen sind nur als Hinweis auf eine mögliche oder wahrscheinliche Ätiologie aufzufassen. Die Diagnose einer reaktiven Spondarthritis ergibt sich auch bei nachgewiesenem Erreger erst aus der Gesamtbeurteilung aller anamnestischen und klinischen Angaben sowie der labortechnischen und bildgebenden Verfahren.

Tab. 48-7 Häufigkeit des Histokompatibilitätsantigens B27 bei seronegativen Spondarthritiden (nach A. Calin)

Erkrankung	Häufigkeit von HLA-B27
Spondylitis ankylosans	90%
reaktive Spondarthritiden	60–80%
Psoriasis-Spondarthritis	50%
Psoriasis-Arthritis (ohne Achsenskelettbeteiligung)	20%
juvenile chronische Arthritis vom Spondarthritistyp	40–60%
idiopathische Darmerkrankungen mit Spondarthritis	50–70%
idiopathische Darmerkrankungen mit Arthritis ohne Achsenskelettbeteiligung	6%
gesunde Kontrollpersonen (Kaukasier)	5–8%

Radiologische Verfahren

Bei **infektiösen Spondylitiden bzw. Spondylodiszitiden** zeigt der betroffene Wirbelkörper bzw. das Wirbelsäulensegment im **Röntgenbild** eine unruhige Knochenstruktur, zunehmende Erosionen der Deck- und Bodenplatte des Wirbelkörpers, eine Destruktion des Wirbelkörpers mit unscharfer Konturierung, zusätzlich eine Verschmälerung des Zwischenwirbelraumes sowie eine subchondrale Sklerosierung der Spongiosa. Paravertebrale Weichteilschatten weisen auf einen Abszeß hin. Zusätzliche Informationen zum Ausmaß der knöchernen Destruktion sind durch eine konventionelle **radiologische Tomographie** (Schichtaufnahmeverfahren) zu erhalten. Alternativ kommen die **CT** und die **MRT** zum Einsatz. Beide ermöglichen eine genaue Darstellung des betroffenen Wirbelsäulensegmentes, wobei knöcherne Strukturen besser in der CT und die begleitenden Weichteilveränderungen (z. B. Abszesse) besser in der MRT abgebildet werden. Darüber hinaus zeigt die MRT bereits vor einer knöchernen Destruktion das entzündliche Spongiosaödem an (signalreiche Darstellung in T2-gewichteten Bildern), so daß die MRT als beste (aber auch teuerste) Methode zur Diagnosesicherung entzündlicher Wirbelsäulenprozesse anzusehen ist.

Bei **seronegativen Spondarthritiden** wird zur Diagnose der Sakroiliitis und von Syndesmophyten (im dorsolumbalen Übergangsbereich) die **Röntgennativaufnahme** der LWS in 2 Ebenen unter Einbeziehung der Sakroiliakalgelenke durchgeführt. Das typische Bild einer Sakroiliitis umfaßt perlschnurartige Erweiterungen (Erosionen) des Gelenkspaltes, eine verstärkte subchondrale Sklerosierung sowie später auch partielle oder sogar komplette Ankylosierungen der Sakroiliakalgelenke (Abb. 48-4). Die diagnostische Sicherung einer Sakroiliitis erfolgt in diesen Fällen durch eine konventionelle **radiologische Tomographie**, **CT** oder durch **MRT**. Die MRT kann eine frühe Sakroiliitis durch Darstellung des entzündlichen Spongiosaödems und des Ergusses im Sakroiliakalgelenk nachweisen, wohingegen konventionelle Tomographie und CT

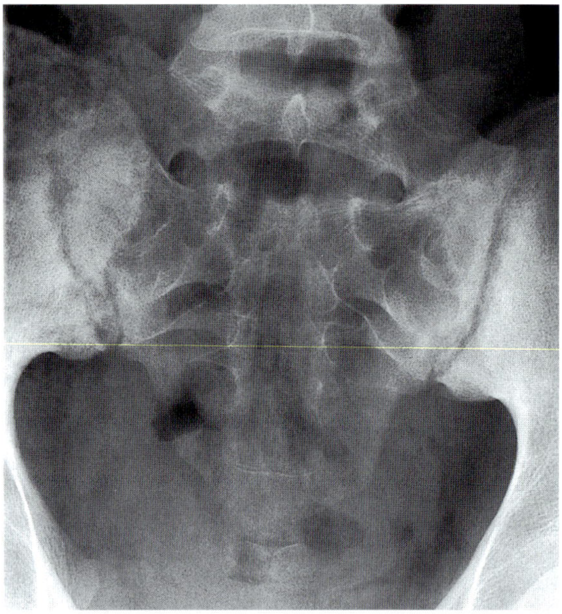

Abb. 48-4 Beidseitige Sakroiliitis mit verwaschenem, teils girlandenförmig erweitertem Gelenkspalt mit perlschnurartigen Erosionen und subchondraler Spongiosasklerose.

knöcherne Läsionen des Sakroiliakalgelenkspaltes zuverlässig abbilden. Wegen der hohen Strahlenbelastung bei der konventionellen Tomographie wird heute vor allem bei jungen Patienten mit frühen Sakroiliitisstadien die MRT bevorzugt eingesetzt. An der Wirbelsäule zeigen sich radiologisch (→ Abb. 48-1) bei der Spondylitis ankylosans Syndesmophyten (besonders im dorsolumbalen Übergangs-, dann fortschreitend im übrigen LWS- und BWS-Bereich), Kastenwirbelbildung und die Spondylitis anterior. Bei der Psoriasis-Spondarthritis und bei reaktiven Spondarthritiden werden Syndesmophyten ebenfalls beobachtet. Charakteristisch sind jedoch Parasyndesmophyten, entweder als paravertebrale Ossifikation neben dem Intervertebralraum oder als „stierhornartiger" Parasyndesmophyt (Mixtaosteophyt). In Spätstadien einer Spondylitis ankylosans ist die Wirbelsäule partiell oder komplett versteift und radiologisch kommt es durch die ankylosierenden Syndesmophyten zum Bild der „Bambusstab-Wirbelsäule". Neben diesen charakteristischen röntgenmorphologischen Befunden werden gelegentlich auch aseptische Spondylitiden und Spondylodiszitiden gefunden, die von den obengenannten bakteriell-infektiösen Krankheitsbildern radiologisch kaum abgegrenzt werden können. In diesen Fällen muß anhand des Verlaufes der vorbestehenden Spondarthritis, anhand der klinischen Präsentation (Fieber) und der systemischen Entzündungsaktivität entschieden werden, ob eine Wirbelkörperpunktion zur mikrobiologischen Diagnostik erforderlich ist.

Nuklearmedizinische Verfahren

Die **3-Phasen-Skelett-Szintigraphie** mit ^{99m}Technetium zeigt starke Traceranreicherungen bei bakteriell-infektiösen Knochenprozessen, bei aseptischen entzündlichen Veränderungen sowie bei Knochentumoren bzw. -metastasen. Die Schnelligkeit der Anreicherung des radioaktiven Tracers im zu untersuchenden Areal erlaubt einen Rückschluß auf die Akivität der Entzündung. Eine Differenzierung zwischen infektiöser und aseptischer Spondylitis ist nicht möglich.

Diagnosesicherung anhand von Kriterienkatalogen

Während bei den infektiösen Spondylitiden bzw. Spondylodiszitiden die Diagnosesicherung radiologisch und mikrobiologisch erfolgt, haben sich Kriterienkataloge für Spondarthritiden und speziell für die Spondylitis ankylosans (Tab. 48-8) bewährt.

DD *Differentialdiagnose*

Bei nächtlichen Rückenschmerzen muß differentialdiagnostisch an folgende Erkrankungen gedacht werden:

- **Knochentumoren** bzw. **Wirbelsäulenmetastasen** (→ Kap. 45)
- **Osteoporose** führt zu Schmerzen, die nur bei frisch eingetretenen Wirbelkörperfrakturen kontinuierlich und auch nachts vorhanden sind, sonst meist belastungsabhängig vorkommen (→ Kap. 45)
- **Diskopathien** verursachen oft ins Bein ausstrahlende Schmerzen, die beim Pressen, Niesen oder Husten verstärkt sein können (→ 48.4.2)
- **degenerative Wirbelsäulenveränderungen** lassen sich klinisch, radiologisch und durch eine Skelettszintigraphie von entzündlichen Wirbelsäulenerkrankungen abgrenzen
- **Schmerzen aufgrund einer Nierenerkrankung** werden durch die Untersuchung (klopfdolentes Nierenlager), den Urinbefund (→ Kap. 20) und durch bildgebende Verfahren (Sonographie, Computertomographie) diagnostiziert
- bei **Dorsalgien** ist differentialdiagnostisch neben einer (entzündlichen) Wirbelsäulenerkrankung immer an **Erkrankungen der Brustorgane** zu denken, z.B. an:
  - Herzinfarkt und disseziierendes Aortenaneurysma (→ Kap. 41)
  - Pneumonie (→ Kap. 27)
  - Pleuritis, pulmonale Malignome (→ Kap. 27)
  - Ösophagitis (→ Kap. 39)

48.4.8 Endokrine und metabolische Wirbelsäulenerkrankungen

Bei **Osteoporosen** (→ Kap. 45) löst der Verlust bzw. die Verminderung der Knochenmasse, -struktur und -funktion ein erhöhtes Frakturrisiko aus (Abb. 48-5). Spontan auftretende Wirbelbrüche führen zu heftigen

Tab. 48-8 Diagnosekriterien

I. Diagnosekriterien für Spondarthritiden (European Spondylarthropathy Study Group 1991)

- Wirbelsäulenschmerz vom entzündlichen Typ
  oder
- asymmetrische oder vorwiegend an den unteren Extremitäten symptomatische Arthritis

zusätzlich eines der folgenden Kriterien:

- positive Familienanamnese für Spondylitis ankylosans, Psoriasis, reaktive Arthritis, M. Crohn oder Colitis ulcerosa
- Befund oder Anamnese einer Psoriasis
- M. Crohn oder Colitis ulcerosa
- beidseitige wechselnde Gesäßschmerzen
- Fersenschmerzen
- Sakroiliitis im Röntgenbild

II. Diagnosekriterien für die Spondylitis ankylosans (New-York-Kriterien 1967)

1. Deutlich eingeschränkte Beweglichkeit der Lendenwirbelsäule in allen Ebenen
2. frühere oder aktuelle Schmerzen im Bereich des dorsolumbalen Übergangs oder der Lendenwirbelsäule
3. eingeschränkte Atembreite $\leq$ 2,5 cm in Höhe des 4. Interkostalraumes

Diagnose sicher bei Vorliegen einer der drei Kombinationen:

- röntgenologisch beidseitige Sakroiliitis Grad 3 oder 4 und einem klinischen Kriterium
- röntgenologisch beidseitige Sakroiliitis Grad 2 und Kriterium 1 oder Kriterien 2 und 3
- röntgenologisch einseitige Sakroiliitis Grad 3 oder 4 und Kriterium 1 oder Kriterien 2 und 3

Gradeinteilung der Sakroiliitis

Grad	Pathologische Veränderung im Röntgenbild
0	normal
1	verwaschener Gelenkspalt, Pseudoerweiterung, mäßige Sklerosierung
2	unregelmäßige Gelenkspalterweiterung, ausgeprägte Sklerosierung, Erosionen, „Perlschnurbild“
3	Gelenkspalterweiterung oder -verengung, Erosionen, Sklerosierung, partielle Ankylosierung
4	totale Ankylosierung

Schmerzen und mit der Zeit zur Verformung des Achsenskeletts, Bewegungseinschränkung und Chronifizierung der Beschwerden.

Beim **primären** (→ Kap. 12) und **sekundären** (→ Kap. 45) **Hyperparathyreoidismus** ist das klinisch führende Symptom ein Belastungsschmerz im Bereich des betroffenen Wirbelsäulensegments. Bei ausgeprägten Krankheitsfällen kommt es in Spätstadien zu Dauerschmerzen bzw. Frakturen. Radiologisch finden sich Zeichen erhöhter osteoblastischer und osteoklastischer Aktivität, Knochenzysten, generalisierte Demineralisation sowie subperiostale Resorption.

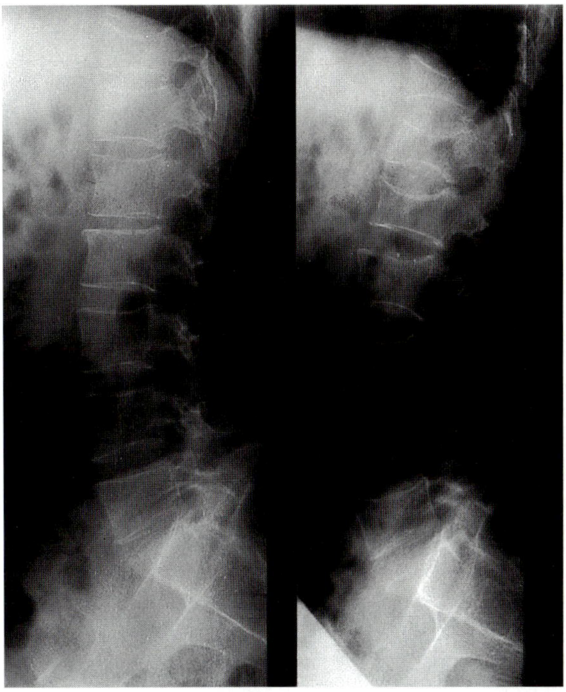

Abb. 48-5 Osteoporose bei zentralem Cushing-Syndrom: deutliche Progredienz innerhalb von vier Jahren, links Kastenwirbel, rechts Fischwirbel (→ Kap. 18).

Ossifikationen an der Wirbelsäule sowie Befunde von Koxarthrose, Gonarthrose oder Omarthrose können Folgen einer **Ochronose (Alkaptonurie)** sein. Eine ausgeprägte Degeneration der Zwischenwirbelscheiben mit mehrschichtigen, horizontalen Einlagerungen von Kalk in die Bandscheiben werden als besonders typisch bewertet. Ursache ist die Ablagerung der Homogentisinsäure in Sehnen, Skleren und besonders im Knorpel. Die Einlagerung von Homogentisinsäure im Knorpel ist oft sichtbar an einer blaugrauen Verfärbung der Ohren und der Nasenspitze (Abb. 48-6).

48.4.9 Rückenschmerzen bei neurologischen Erkrankungen

Im Rahmen von viralen und bakteriellen Infektionserkrankungen des Nervensystems können streng auf einzelne Dermatome beschränkte Schmerzen auftreten.

Die **Radikulitis** beim **Herpes zoster** (→ Kap. 21.4.9.4) ist zunächst durch einseitige, unscharf zu lokalisierende Schmerzen und mäßige Allgemeinsymptomatik gekennzeichnet. Nach einigen Tagen entwickeln sich die charakteristischen bläschenförmigen, auf ein Dermatom beschränkten Hauteruptionen, begleitet von starken Schmerzen, die genau dem Dermatom der betroffenen Wurzel folgen und nach Ab-

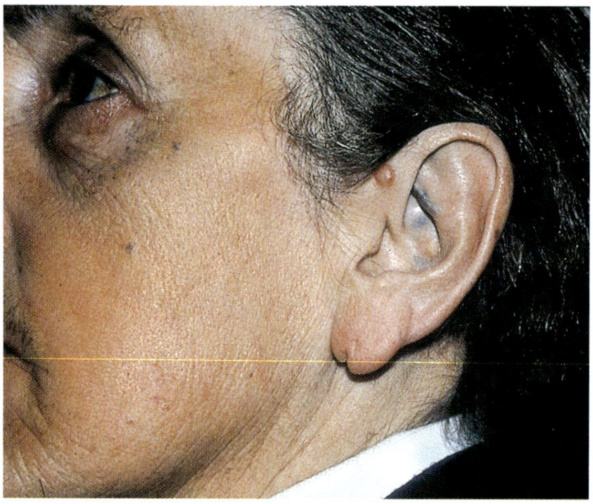

a

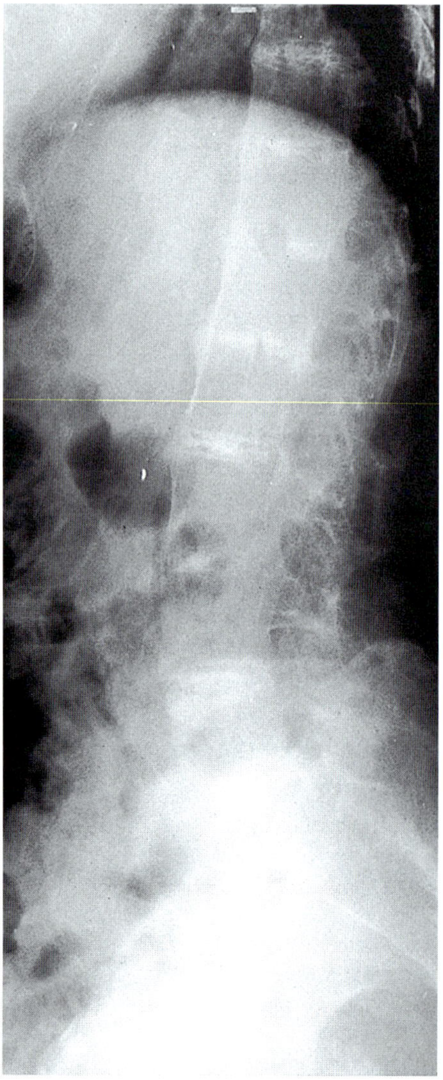

b

Abb. 48-6 **Ochronose (Alkaptonurie):** Pigmentablagerungen in der Ohrmuschel und im Lidbereich (a) und durchgehende Verkalkung aller Zwischenwirbelscheiben (b).

klingen der Akutsymptomatik bestehenbleiben können **(Zosterneuralgie).** Diagnostisch findet sich neben den charakteristischen Hauterscheinungen eine mäßige lymphozytäre Pleozytose mit normalem Gesamteiweiß im Liquor. Serologische Untersuchungen können eine Infektion mit Varicella Zoster bestätigen, sind aber bei typischem klinischem Bild nicht erforderlich.

Bei der **Lyme-Borreliose** kommt es zur **Meningopolyneuritis Bannwarth** (→ Kap. 56), die neben einer Meningitis und kranialer Neuritis oft mit einer **Radikuloneuritis** einhergeht. Dabei treten quälend-brennende Schmerzen im Ausbreitungsgebiet eines peripheren Nerven bzw. einer Nervenwurzel auf, die bei Lokalisation im Lumbalbereich als Lumboischialgien imponieren. Diagnostisch entscheidend ist die Anamnese mit Angabe eines Zeckenbisses, eines Erythema chronicum migrans sowie der Nachweis einer lymphozytären Pleozytose im Liquor und eines erhöhten Antikörpertiters gegen Borrelia burgdorferi im Serum. In Zweifelsfällen wird die lokale Antikörperbildung im Liquor bestimmt und in Beziehung zum parallel ermittelten Serumtiter bezogen auf den IgG-Gehalt bewertet.

48.4.10 Urolithiasis

Die Urolithiasis ist die häufigste Ursache von kolikartigen Flankenschmerzen. In Ländern mit gehobenem Lebensstandard und eiweißreicher Ernährung ist die Urolithiasis mit einer Prävalenz von 2–4% der Bevölkerung eine häufige Erkrankung. Etwa ³/₄ der Steine sind kalziumhaltig, in bis zu 70% ist Oxalat in reiner Form oder gemischt enthalten. In je ca. 10% finden sich Harnsäure oder Magnesium-Ammonium-Phosphat. Ätiologisch liegt der Urolithiasis eine Vielzahl von Erkrankungen wie primärer Hyperparathyreoidismus (→ Kap. 12 und 60), renale tubuläre Azidose, Oxalose, Zystinurie, Gicht oder Harnwegsinfekte mit ureasespaltenden Erregern zugrunde. Die meisten kalziumhaltigen Harnsteine sind durch eine idiopathische Hyperkalziurie verursacht. Wichtige Hinweise auf die zugrundeliegende Erkrankung liefern mikroskopische und chemische Urinanalysen, Serumuntersuchungen sowie petrochemische Analysen des entfernten Steines.

B *Beschwerden und Befunde*

Die Nierenkolik bzw. Harnleitersteinkolik hat ein charakteristisches klinisches Beschwerdebild: Der Patient berichtet von **plötzlich einsetzenden, heftigsten Schmerzen in der Flankenregion** mit kolikartigem Schmerzcharakter. Die Schmerzen strahlen meist nach ventral-kaudal in die Blase bzw. die Hoden oder die Labien aus. Je nach Lokalisation des Steines werden die Beschwerden mehr in der Flankenregion verspürt oder aber entlang des Ureterverlaufes in Richtung Blase. Begleitend kann eine **Makrohämaturie** auftreten

(→ Kap. 20). Wird der Ureter durch ein Konkrement partiell oder komplett verlegt, kommt es zur akuten **Harnstauungsniere** unterschiedlichen Ausmaßes. Während die akute Harnstauungsniere einen starken Flankenschmerz verursacht, kann die chronische Harnstauungsniere weitgehend asymptomatisch bleiben. **Fieber** kann sowohl vor der Kolik als Hinweis auf einen begleitenden Harnwegsinfekt auftreten als auch im Verlauf bzw. nach einer Kolik durch einen Infekt im gestauten Nierenbecken (akute Pyelonephritis bei Harnstauungsniere).

Bei der **Anamneseerhebung** ist besonders zu achten auf:

- bekannte Nierenerkrankungen oder -funktionsstörungen
- frühere Nieren- oder Ureterkoliken
  ➠ Rezidivsteine
- anfallsweise auftretende Gelenkbeschwerden
  ➠ Gicht (→ Kap. 43)
- Knochenschmerzen
  ➠ Hyperparathyreoidismus (→ Kap. 12)
- Darmresektionen, Diarrhöen, Pankreatitiden
  ➠ enterale Hyperoxalurie
- vorbekannte Stoffwechselerkrankungen
  ➠ Oxalose, primärer Hyperparathyreoidismus
- Medikamenteneinnahme, z.B. hochdosierte Vitamin-C-Einnahme
  ➠ vermehrte Oxalatausscheidung, Kalziumoxalatsteine

Bei der **Untersuchung** imponiert ein **Klopfschmerz** des Nierenlagers auf der betroffenen Seite. Bei schlanken Patienten läßt sich gelegentlich auch eine Druckdolenz im Verlauf des gestauten Ureters auslösen. In hochakuten Fällen kann eine **Abwehrspannung** im Ober- und Mittelbauch auf der betroffenen Seite hinzukommen. Häufig findet sich bei hochakuten Koliken eine **vegetative Begleitsymptomatik** mit Übelkeit und Erbrechen sowie Obstipation (Darmmotilitätsstörungen bis zum Subileus (→ Kap. 59). Nach Abklingen der kolikartigen Beschwerden können dumpfe oder ziehende Schmerzen im Bereich der Flanke für einige Stunden bestehenbleiben, was auf eine Nierenkapselspannung nach gestautem Nierenbecken bzw. auf eine noch bestehende Harnstauungsniere hindeutet.

DS *Diagnosesicherung*

Bildgebende Verfahren

Die Diagnosesicherung erfolgt **radiologisch** und/oder **sonographisch**. Viele Steine lassen sich bereits auf einer Nierenleeraufnahme (ohne bzw. vor intravenöser Kontrastmittelapplikation) als kalkdichte Schatten in Projektion auf die Niere oder den Harnleiterverlauf bzw. in der Blase erkennen. Auf einer Nierenleeraufnahme sind Zystinsteine und Harnsäuresteine nicht oder nur kaum erkennbar. Zusätzlich zur Röntgenleeraufnahme erfolgt die **Urosonographie**. Hiermit können

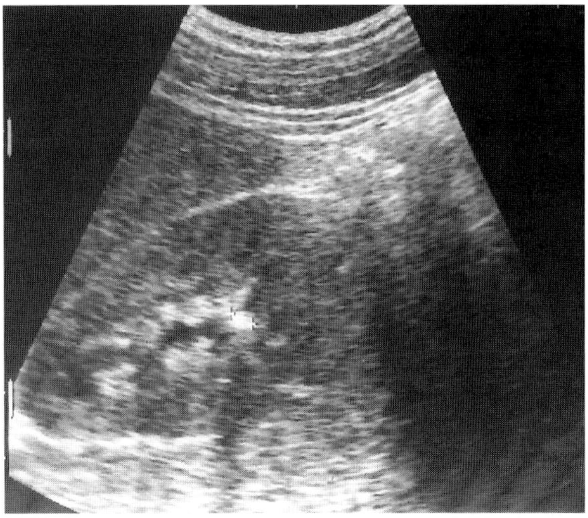

Abb. 48-7 Sonographischer Nachweis eines Harnsteins im Nierenbecken mit dorsaler Schallauslöschung.

Steine im Nierenbeckenkelchsystem (Abb. 48-7) identifiziert sowie das Ausmaß einer Harnstauungsniere festgelegt werden. Im kolikfreien Intervall erfolgt eine Ausscheidungsurographie (intravenöses Pyelogramm) mit Darstellung des Nierenparenchyms, des Nierenbeckenkelchsystems sowie der Harnleiter.

Harn- sowie Blutuntersuchungen

Obligater Befund ist eine Mikrohämaturie, in ca. einem Drittel der Fälle kommt es zur Makrohämaturie. Die **mikroskopische Urinuntersuchung** kann bei Kristallurie eine Differenzierung der Steinart ermöglichen. Im 24-Stunden-Sammelurin sollte die **Ausscheidung lithogener Stoffe** (Kalzium, Harnsäure, Phosphat, und bei Steinrezidiven Oxalsäure) bestimmt werden. Die **petrochemische Untersuchung** eines entfernten oder ausgeschiedenen Harnsteins (Urin nach einer Kolik durch ein feines Sieb oder Haarnetz laufen lassen) kann ätiologische Hinweise erbringen (z.B. Hydroxylapatitsteine bei distaler tubulärer Azidose und primärem Hyperparathyreoidismus, Zystinsteine bei der Zystinurie, Xanthinsteine bei der Xanthinurie). Die endgültige Steinanalyse sollte infrarotspcktroskopisch oder röntgendiffraktionsanalytisch erfolgen. Kalziumoxalat-, Kalziumphosphat- sowie Harnsäuresteine weisen oft unterschiedliche Grunderkrankungen auf. **Serumuntersuchungen** liefern ebenfalls Hinweise auf die Grunderkrankung, z.B. erhöhtes Kalzium und erniedrigtes anorganisches Phosphat beim primären Hyperparathyreoidismus, erhöhte Harnsäure bei der Hyperurikosurie, der Gichtdiathese sowie erhöhtes Chlorid und erniedrigtes Bikarbonat bei der renalen tubulären Azidose. Bei der renalen tubulären Azidose können weitere **Belastungstests** zum diagnostischen Nachweis erforderlich sein (Ammoniumchloridbelastung).

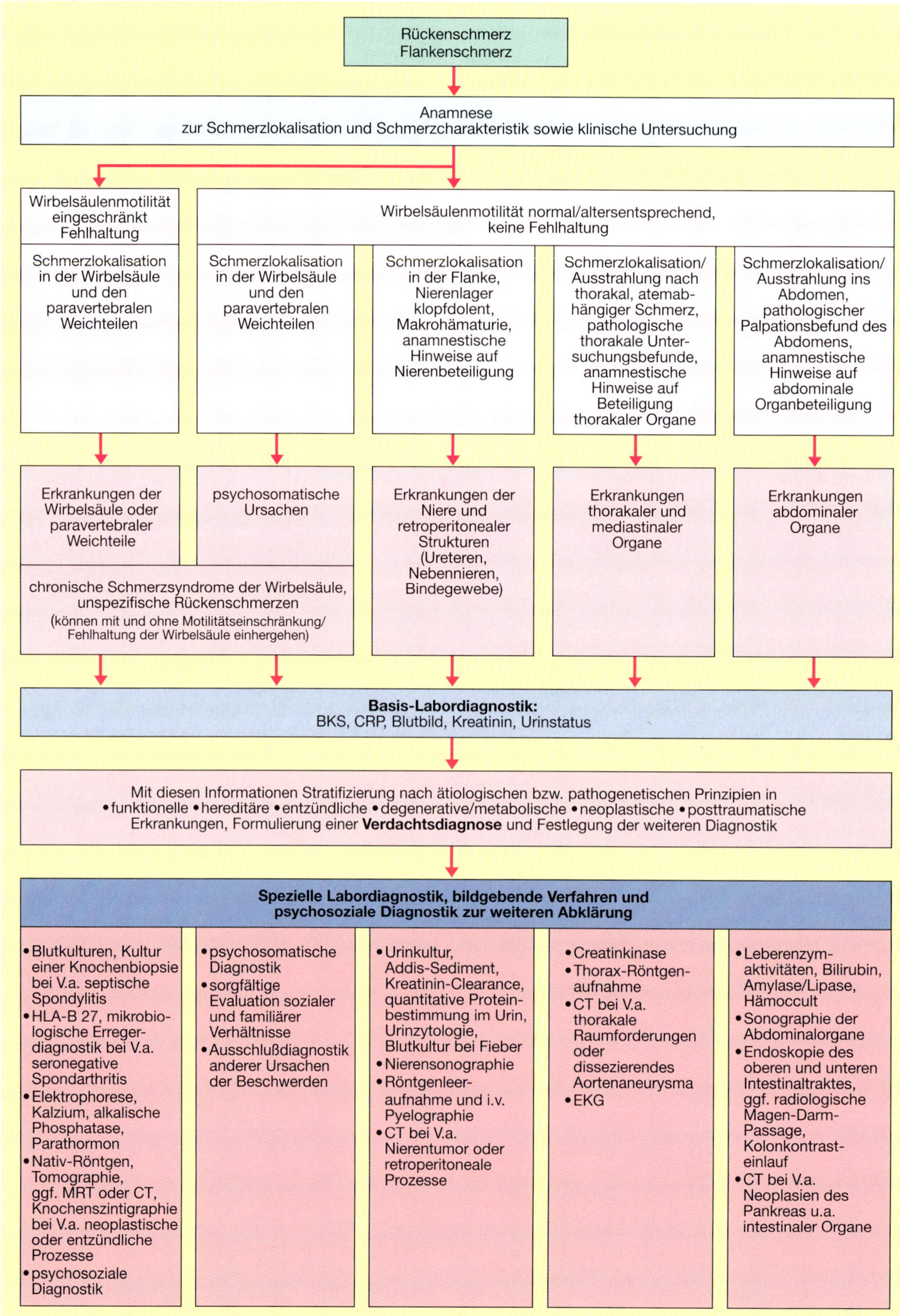

Abb. 48-8 Praktisches Vorgehen bei Rücken- und Flankenschmerzen.

DD *Differentialdiagnose*

Die Differentialdiagnose des akuten Flankenschmerzes umfaßt **alle Ursachen der akuten und chronischen Harnstauungsniere**:

- urothelialer Tumor im Nierenbecken bzw. Ureter
- Ureterstrikturen traumatischer oder entzündlicher Genese
- retroperitoneale Tumoren
- retroperitoneale Fibrose (Morbus Ormond)
- Schrumpfblase mit Reflex
- benigne Prostatahyperplasie
- Prostatakarzinom
- Harnröhrenstrikturen oder -tumoren

Daneben gibt es eine Vielzahl **kongenitaler Ursachen für Harnentleerungsstörungen**:

- primärer Megaureter
- vesikoureteraler Reflux
- Ureterozele
- neurogene Blase
- Blasenhalsstenosen
- Urethralklappen und -divertikel

Akute und chronische Flankenschmerzen kommen bei vielen **renalen Erkrankungen** vor:

- Pyelonephritis (→ Kap. 60)
- Glomerulonephritis (→ Kap. 60)
- Nierenarterienverschluß bzw. Niereninfarkt (→ Kap. 60)
- akuter Nierenvenenverschluß (Thrombose, bei Hypernephrom)
- Zystennieren oder Nierenzysten
- Nephroptose
- Nierentumoren
- Nierentraumen

An **extrarenalen bzw. extraurogenitalen Erkrankungen** kommen in Betracht:

- Pleuraerkrankungen (Pleuritis, Pleuramesotheliom, → Kap. 27 und 41)
- Ulkuserkrankungen des Magen-Darm-Traktes (→ Kap. 46)
- Cholezystitis und Cholezystolithiasis (→ Kap. 46)
- Pankreatitis und Pankreaskopfkarzinom (→ Kap. 46)
- Appendizitis (→ Kap. 46)
- gynäkologische Erkrankungen
- Erkrankungen der Wirbelsäule

Neben der unterschiedlichen klinischen Präsentation dieser Krankheitsbilder führt bei der Abklärung in den meisten Fällen die sonographische Untersuchung (Pleuraerguß, Cholezystitis bzw. Cholezystolithiasis, Pankreaserkrankungen), die radiologische Diagnostik (Röntgen des Thorax mit Nachweis einer Pleuritis bzw. Pleuropneumonie oder eines Lungenrundherdes, Wirbelsäulenaufnahmen bei entzündlichen und degenerativen Veränderungen der Wirbelsäule) sowie eine CT des Abdomens (Nierenerkrankungen wie Nierentumoren und -infarkt, retroperitoneale Fibrose, retroperitoneale Tumoren) weiter. Eine Urethrozystoskopie ist indiziert bei allen schmerzhaften Hämaturien mit fehlendem sonographischem oder radiologischem Steinnachweis zur Feststellung entzündlicher oder neoplastischer Veränderungen der ableitenden Harnwege. Hierbei wird auch eine retrograde Pyelographie durchgeführt.

48.5 Zusammenfassung

Bei der Abklärung von Rücken- und Flankenschmerzen (Abb. 48-8) steht an **erster Stelle** der anamnestische Zugang zur Lokalisation der Beschwerden und damit die Möglichkeit einer Zuordnung zu einem Organ bzw. einer anatomischen Struktur. In der anschließenden klinischen Untersuchung wird die Zuordnung bestätigt; wenn nicht, muß differentialdiagnostisch weiter gesucht werden.

An **zweiter Stelle** wird die Schmerzursache nach ätiologischen bzw. pathogenetischen Gesichtspunkten ermittelt und als funktionell, hereditär, entzündlich, degenerativ, metabolisch/endokrin, neoplastisch oder posttraumatisch klassifiziert. Neben den Ergebnissen der Anamnese und der klinischen Untersuchung sind hierfür einfache Laboruntersuchungen hilfreich.

Im **dritten Schritt** erfolgt die Formulierung einer Verdachtsdiagnose und die Festlegung der spezifischen diagnostischen Schritte: spezielle Labordiagnostik, bildgebende Verfahren.

49 Schnupfen

D. Hennessen und K. M. Koch

Die Rhinitis kann hervorgerufen werden durch Infektionen, Allergien oder durch vasomotorische Fehlregulation. Klinisch unterscheidet man folgende Erkrankungen:

- akute Rhinitis (Rhinitis acuta, common cold)
- chronische Rhinitis
- allergische Rhinitis
- vasomotorische Rhinitis

Die häufige, blande **Rhinitis acuta** (common cold) ist eine Virusinfektion. Auslösend kann Zugluft mit reflektorischer Durchblutungsminderung der Nasenschleimhaut und nachfolgender Verminderung der Aktivität des Flimmerepithels sein. Dadurch besteht eine erhöhte Anfälligkeit für virale Infekte. Nach einer Inkubationszeit von Stunden bis zu zwei Tagen kommt es zu wäßriger Sekretion aus der Nase mit eingeschränkter Nasenatmung. Die Rhinitis geht mit allgemeinen Krankheitszeichen einher, wobei in den ersten Tagen die Gefahr einer bakteriellen Mischinfektion besteht. Nach ca. 4 Tagen dickt das Sekret ein, die Symptome lassen nach. Nach 8–10 Tagen sollte das Krankheitsbild abgeklungen sein.

Das Hauptsymptom der **chronischen Rhinitis** ist die behinderte Nasenatmung, die ein- oder beidseitig auftreten kann. Sie wird häufig durch ein Keimreservoir in den Nasennebenhöhlen unterhalten. Es müssen chronische Reize (z. B. gewerbliche Noxen wie Staub und Chemikalien, Medikamentennebenwirkungen) als ursächlich ausgeschlossen werden.

Allergische Rhinitiden sind durch bestimmte Agenzien (Staub, Chemikalien usw.) ausgelöste oder zu bestimmten Jahreszeiten (Heuschnupfen) auftretende Rhinitiden, die mit Konjunktivitis einhergehen. Bei Verdacht auf eine allergische Rhinitis sollte der Allergennachweis mittels Allergietestung (Prick-, Intrakutantest, RAST und ELISA) erbracht werden.

Kann bei Verdacht auf eine allergische Genese der Störung kein Allergennachweis erbracht werden, so liegt wahrscheinlich eine **vasomotorische Rhinitis** vor. Ursächlich hierfür ist die gestörte Funktion und Reaktion der Gefäßnerven (Überwiegen des Parasympathikus) im Bereich der Nasenschleimhaut. Klinisch besteht eine wechselnd starke und lageabhängige Behinderung der Nasenatmung mit wäßriger Sekretion. Sie ist häufig auslösbar durch Streß, Medikamente und physiologischerweise bei Temperaturwechsel.

Eine chronische blutige Rhinitis in Kombination mit blutigem Husten sollte Anlaß sein, das Vorliegen einer **Wegener-Granulomatose** auszuschließen (→ Kap. 43.4.11.1).

Epistaxis

Ätiologisch ist bei diesem Krankheitsbild zwischen lokal-mechanischer und systemischer Genese zu unterscheiden. Anamnese und die Lokalisation der Blutungsquelle geben bereits wichtige Hinweise auf mögliche **Ursachen.** Örtlich ausgelöstes Nasenbluten kann entstehen durch:

- Ruptur eines Gefäßes im Locus Kiesselbachii (z. B. Nasenbohren, starkes Schneuzen)
- traumatisch
- Fremdkörper
- Polypenblutung
- maligne Tumoren im Nasen- und Nasennebenhöhlenbereich
- juveniles Nasenrachenfibrom

Ebenso ist **differentialdiagnostisch** an eine systemische Genese der Epistaxis zu denken:

- Infektionskrankheiten mit Fieber und Hyperämie der Nasenschleimhaut (z.B. Masern, Grippe)
- Gefäß-/Kreislauferkrankungen (Gefäßruptur bei Arteriosklerose, Hypertonie)
- hämorrhagische Diathesen (→ Kap. 9)
- Therapie mit Antikoagulanzien (→ Kap. 9)
- hormonelle Veränderungen (Schwangerschaft, Menses)
- Morbus Rendu-Osler

Bei Jugendlichen kommt Epistaxis gelegentlich idiopathisch vor.

Im Rahmen der **Diagnosefindung** sollten Blutdruckmessung, Herz- und Kreislaufuntersuchung, Blutbildkontrolle und Bestimmung des Gerinnungsstatus erfolgen. Bei Verdacht auf Traumen oder Tumoren vervollständigen Röntgenuntersuchung und Endoskopie die Diagnostik.

50 Schock

U. FREI

Hypotension und metabolische Azidose sind die Leitsymptome, die in der Regel alle Formen eines Schocks aufweisen. Der Begriff Schock beschreibt Syndrome unterschiedlichster Pathophysiologie mit verschiedenen Ursachen. Allen Schockformen gemeinsam ist eine schwerwiegende Störung des kardiozirkulatorischen Systems, die Hypotension, die zu einer kritischen Verminderung von Perfusionsdruck und Durchblutung lebenswichtiger Organe mit konsekutivem Funktionsausfall führt (Abb. 50-1). Schock jeglicher Ätiologie ist charakterisiert durch eine inadäquate Versorgung des Gewebes. Sauerstoff und essentielle Nährstoffe werden nicht ausreichend zu und Stoffwechselabbauprodukte nicht ausreichend weg von den Geweben transportiert. Konsequenz des hypoxiebedingten anaeroben Stoffwechsels ist eine metabolische (Laktat-)Azidose. Funktionsstörungen des Endothels führen zur Aktivierung der intravasalen Gerinnung und zum Zusammenbruch der Mikrozirkulation, letztlich mit Verlust der zellulären Integrität der Gewebe. Anamnese und körperlicher Befund lassen in vielen Fällen Ursache und Schweregrad erkennen. Zur differentialdiagnostischen Absicherung bedarf es jedoch hämodynamischer und laborchemischer Parameter. Schnelle und gezielte Differentialdiagnose ist beim Schock lebenswichtig (Abb. 50-2). Jeder Patient mit Schock ist ein Notfall und bedarf intensivmedizinischer Überwachung.

50.1 Definition und Abgrenzung

Zur Definition des Schocks gehört die Festlegung der für die Diagnose relevanten klinischen Parameter und die Kategorisierung von Schockstadien (Tab. 50-1).

Relevante Parameter für das klinische Bild eines Schocks sind der **arterielle Blutdruck**, der hypotensiv ist (systolisch < 90 mmHg) oder deutlich unter seinem Ausgangswert liegt (von 30 bis 60 mmHg), die **Herzfrequenz**, die in der Regel beschleunigt ist und einen schnellen, fadenförmigen Puls aufweist, die **Atemfrequenz**, die überwiegend gesteigert ist, das **Herzzeitvolumen** (HZV), das mit wenigen Ausnahmen vermindert ist, der **Bewußtseinszustand**, der von leichter Eintrübung über ängstliche Agitation bis hin zum Koma wechselt, die **Urinausscheidung**, die vermindert ist oder sistiert, und die **Haut**, die mit wenigen Ausnahmen kalt, blaß, marmoriert und zyanotisch ist.

Tab. 50-1 Differentialdiagnose der Schockschweregrade

	Stadium I kompensiert	Stadium II dekompensiert	Stadium III irreversibel
Blutdruck	⇓	⇓⇓	⇓⇓⇓
Herzfrequenz	⇑	⇑	⇑–⇓⇓
Respiration	⇑	⇑⇑	⇑–⇓⇓
Bewußtsein	⇔	⇓	⇓⇓⇓
Haut	blaß*	blaß/ zyanotisch	marmoriert
Urinausscheidung	⇓	⇓⇓–○	○
HZV	⇓*	⇓⇓	⇓⇓⇓
ZVD	⇔	⇑*	⇑⇑

* gilt nicht für septischen Schock

Drei Schockstadien lassen sich klar festlegen. Das **erste** ist das **kompensierte Stadium,** in dem die pathophysiologischen Abweichungen noch durch körpereigene Regulation stabilisiert werden. Das **zweite** ist das **dekompensierte Stadium,** in dem die Homöostase durch körpereigene Regulation nicht mehr stabilisiert werden kann und es zum Organversagen kommt, das durch Therapie aber reversibel ist. Im **dritten,** dem **irreversiblen Stadium,** sind die eingetretenen Veränderungen nicht mehr behandelbar und führen zum Tode (Tab. 50-2). Charakteristisch für die Schockstadien II und III ist die Dysfunktion oder gar das Versagen von einem oder mehreren Organen. Zur Einschätzung der Beeinträchtigung der vitalen Organe lassen sich klinische, funktionelle und biochemische Parameter definieren. Darauf basierende Kategorisierungen sind insbesondere zur vergleichenden Schweregradklassi-

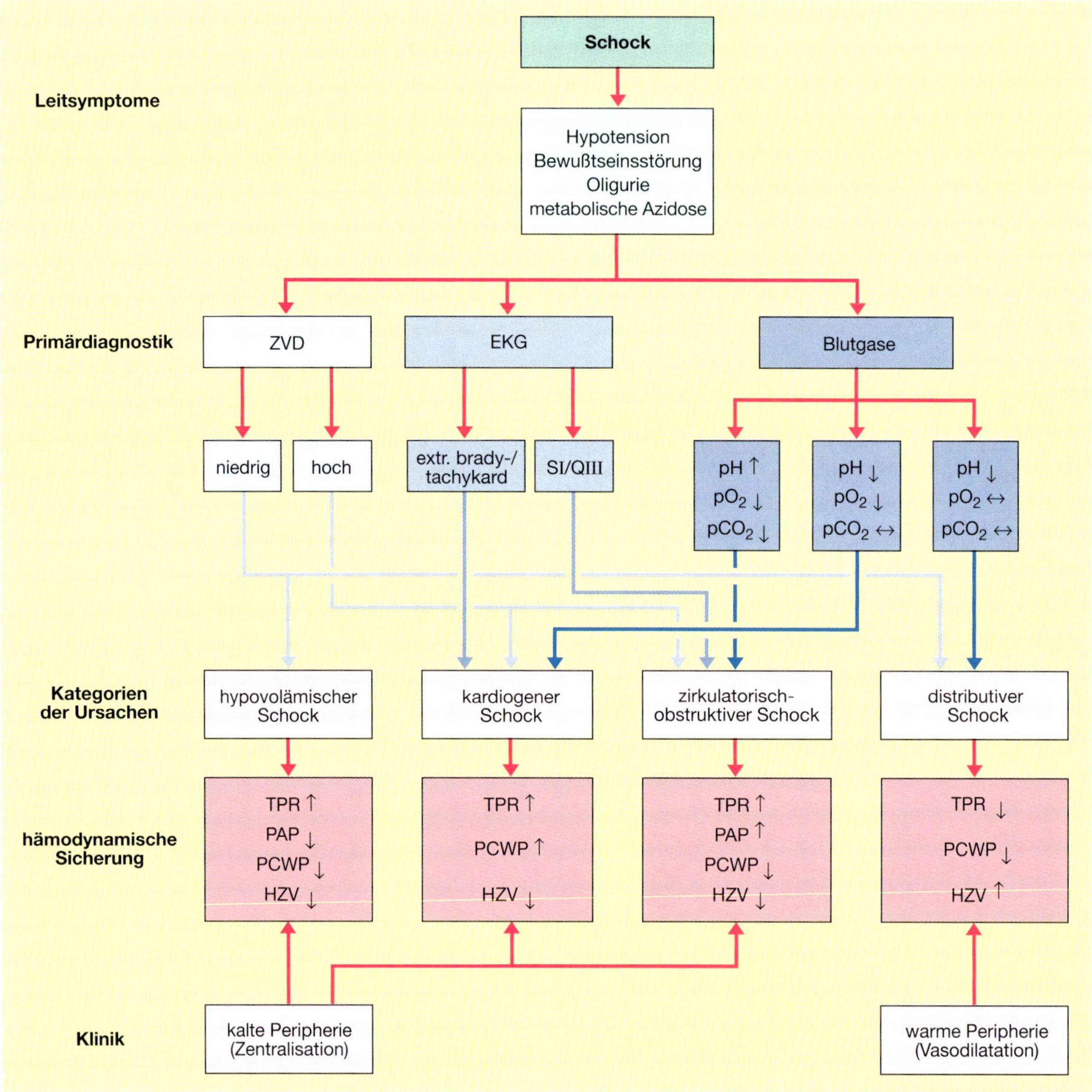

Abb. 50-1 Übersicht zum Schockgeschehen (HZV: Herzzeitvolumen; ZVD: zentralvenöser Druck; HF: Herzfrequenz; PCWP: pulmonalkapillärer Verschlußdruck; TPR: totaler peripherer Widerstand; PAP: pulmonalarterieller Druck).

fikation und prognostischen Beurteilung von Intensivpatienten mit Schockzuständen unterschiedlicher Genese und zur Definition des Multiorganversagens erforderlich. Dabei werden Punktesysteme (Scores) verwendet, die entweder die biochemischen und physiologischen Abweichungen von der Norm zusam-

Tab. 50-2 Differentialdiagnose von Schockzuständen

	Kardiogener Schock	Zirkulatorisch-obstruktiver Schock	Hypovolämischer Schock	Distributiver Schock
Haut	blaß	blaß	blaß	gerötet
HZV	⇓	⇓	⇓	⇑
ZVD	⇔	⇑	⇓	⇓
PCWP	⇑	⇓	⇓	⇓
arterio-venöse O_2-Differenz	⇑	⇑	⇔	⇓
TPR	⇑	⇑	⇑	⇓

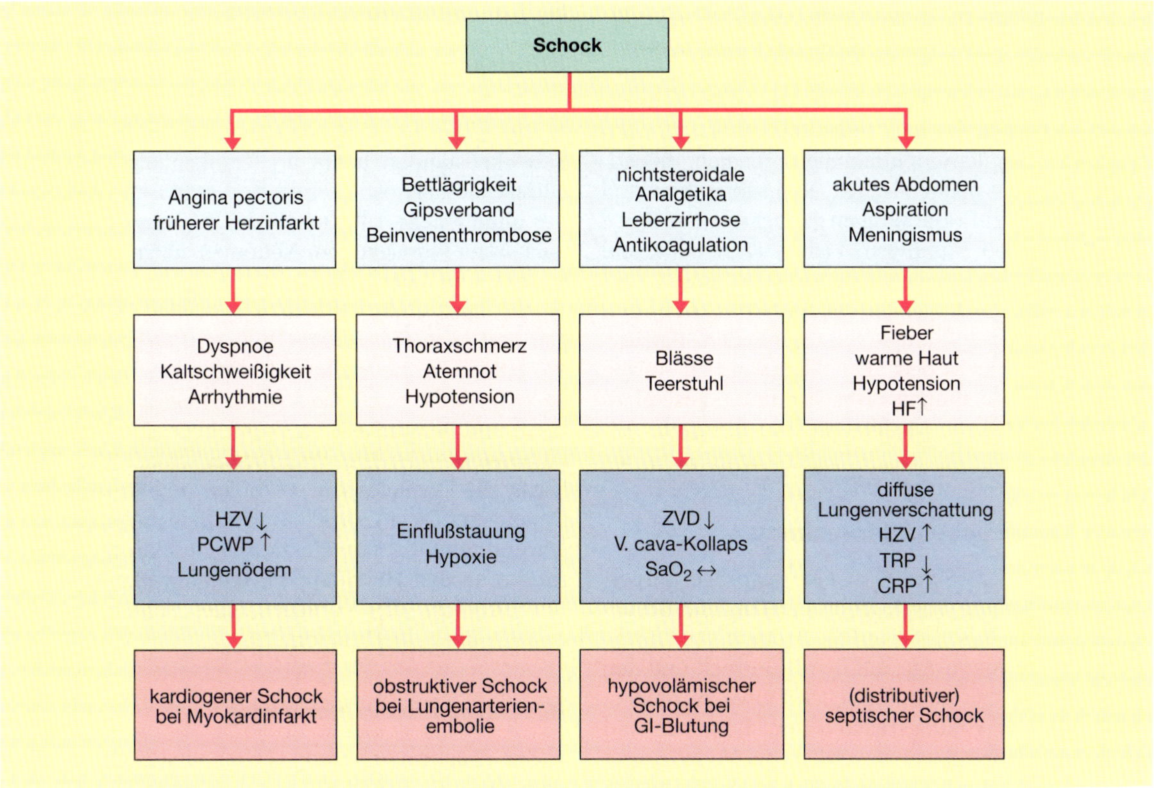

Abb. 50-2 Differentialdiagnostisches Vorgehen bei Schock (ZVD: zentralvenöser Druck; PCWP: pulmonalkapillärer Verschlußdruck; TPR: totaler peripherer Widerstand; CRP: C-reaktives Protein; SaO_2: arterielle Sauerstoffsättigung).

men mit Alter und Vorerkrankungen kategorisieren (APACHE; „Acute Physiology and Chronic Health Evaluation Score"), oder solche, die Überwachungs- und Behandlungsintensität mit einem Punktesystem beschreiben (TISS; „Therapeutic Interventioning Scoring System").

Dieses Bild des Schocks muß abgegrenzt werden von Krankheitsbildern, die ebenfalls kurzfristig Symptome wie Hypotension, Tachykardie oder zeitweilige Bewußtseinsstörungen auslösen können, z.B. Kollaps (Orthostase), Hitzschlag (→ Kap. 7.4.9), tachykarde Rhythmusstörung, asymptomatische Hypotension, Synkope (→ Kap. 7.4.8) und Zustand nach Krampfanfall (→ Kap. 34). Ebenso muß die schwere Funktionsstörung von Einzelorganen abgegrenzt werden.

50.2 Ursachen

Das definierte Bild des Schocks mit kritischer Erniedrigung des Perfusionsdrucks und der Durchblutung der Organe kann durch **vier verschiedene Kategorien** (→ Abb. 50-1) von Ursachen hervorgerufen werden.

Kategorie I: Im Vordergrund kann ein primäres Pumpversagen des Herzens unterschiedlichster Genese stehen, man spricht dann vom **kardiogenen Schock.**

Kategorie II: Bei einer Verlegung vitaler Gefäßgebiete spricht man vom **zirkulatorisch-obstruktiven Schock.**

Kategorie III: Schockzustände, die durch externe Volumenverluste hervorgerufen werden, bezeichnet man als **hypovolämischen Schock.**

Kategorie IV: Ist der Volumenmangel durch eine Volumenverteilungsstörung innerhalb des Körpers verursacht, spricht man vom **distributiven Schock.**

Die Ursachen für die verschiedenen Schockkategorien sind in den Tabellen 50-3 bis 50-7 im einzelnen dargestellt, Differentialdiagnosen in Tabelle 50-2.

50.3 Diagnostik

50.3.1 Anamnese

Eine rasche und gezielte Anamnese muß, falls noch möglich, vom Patienten oder aber von Angehörigen und aus seinen medizinischen Unterlagen erhoben werden. Dabei ist vor allem nach gegenwärtigen oder in jüngerer Zeit aufgetretenen Erkrankungen zu fragen, um möglichst rasch eine Schockursache zu identifizieren. Insbesondere sollte nach vorbestehenden kardiopulmonalen, renalen, hepatischen, endokrin-metabolischen, neurologischen und hämatologischen Erkrankungen gefragt werden. Auch ist zu klären, ob Blutungen, Fieber, Durchfälle und Erbrechen vorangegangen sind. Ebenso sind Infektionsrisiken wie Drogenabusus, HIV-Infektion und immunsuppressive Therapie auszuschließen. Bei Verletzungen ist nach dem Unfallhergang zu fragen (z.B. Hinweis auf stumpfes Bauchtrauma). Festzuhalten sind die aktuelle Medikation und bekannte Allergien.

50.3.2 Körperliche Untersuchung

Bei vermutetem Schock ist eine sofortige körperliche Untersuchung (von Kopf bis Fuß) obligat. Besonderes Augenmerk ist dabei auf die Atmung, die Durchgängigkeit der Atemwege, auf den Blutdruck und den Puls sowie auf den neurologischen Status zu richten. Auch sollte der Füllungszustand der Halsvenen und die Lebergröße festgehalten werden. Bei Verletzungen ist das Achsenskelett fixiert zu lagern, bis Verletzungen an Kopf, Wirbelsäule, Becken und Extremitäten ausgeschlossen sind.

Eine Graduierung des Schocks in Stadien läßt sich durch Untersuchung bzw. Messung von Blutdruck, Herzfrequenz, Atemfrequenz, Herzzeitvolumen, Bewußtseinslage, Urinausscheidung und Hautbeschaffenheit vornehmen.

In einem frühen oder kompensierten Schockstadium findet sich ein normaler oder gering erniedrigter Blutdruck, die Herzfrequenz ist beschleunigt, charakteristische Werte sind systolischer Blutdruck < 90 mmHg und Herzfrequenz > 90/min. Die Atemfrequenz ist nicht oder gering vermehrt, das Herzzeitvolumen ist vermindert (Ausnahme: frühe septische Formen), der Patient ist ängstlich und unruhig, die Harnausscheidung vermindert, die Haut blaß und kühl, bei septischen Formen kann jedoch auch hohes Fieber bestehen.

Im fortgeschrittenen oder dekompensierten Schock ist der systolische Blutdruck deutlich unter 90 mmHg erniedrigt, der Patient ist erheblich tachykard und tachypnoisch, sein Herzzeitvolumen ist stark reduziert, er ist nicht ansprechbar oder desorientiert, scheidet praktisch keinen Urin mehr aus, und seine Haut ist livide und fleckig.

Im Endstadium oder irreversiblen Stadium eines Schocks ist der arterielle Blutdruck kaum meßbar, die Herzfrequenz ist extrem tachykard oder geht in eine Bradykardie über, Tachypnoe kann in Schnappatmung übergehen, der Patient ist bewußtlos und anurisch. Die Haut ist kalt und zyanotisch.

50.3.3 Apparative Diagnostik

Ultraschalldiagnostik

Die klinische Untersuchung muß im Falle von Schockzuständen heute im Krankenhaus von einer Ultraschalldiagnostik ergänzt werden. Dabei dient der **abdominelle Ultraschall** der Klärung der Fragen nach freier Flüssigkeit im Abdomen, nach Füllung von V. cava und Lebervenen, nach Organgrößen (Leber, Niere), nach großen flüssigkeitsgefüllten Darmschlingen und nach Flüssigkeit (Blut) im Retroperitoneum. Wesentlich zur Beurteilung der Situation des Patienten im Schock ist auch die **Echokardiographie**. Sie gibt rasch und nichtinvasiv Auskunft über eine Reihe von Parametern wie: die Wandbeweglichkeit des Myokards, die Diameter von Vorhöfen und Ventrikeln in Systole und Diastole und damit mittelbar über die Auswurffraktion, über die Herzklappenfunktion, Auflagerungen an den Herzklappen, Raumforderungen (z.B. Vorhoftumor), das Vorliegen eines Perikardergusses und ggf. über eine Tamponade.

Hämodynamisches Monitoring

Zur Diagnosesicherung, Differentialdiagnose, Einschätzung des Schweregrades und zur Überwachung der Therapie bedarf ein Schockpatient in der Regel eines invasiven hämodynamischen Monitorings mittels eines Rechtsherz-Einschwemmkatheters (Swan-Ganz-Katheter). Ein solches Monitoring liefert wichtige Meßdaten: den zentralvenösen oder rechtsatrialen Druck (ZVD), den A.-pulmonalis-Druck (PAP), den pulmonalkapillären Verschlußdruck (PCWP), die Möglichkeit zur Herzzeitvolumen-Schätzung aus der zentralen gemischt-venösen Sauerstoffsättigung des pulmonalarteriellen Bluts und der arteriellen Sauerstoffsättigung nach dem Fick-Prinzip (Sauerstoffverbrauch [150 ml O_2/min/m^2 Körperoberfläche] geteilt durch arteriovenöse Sauerstoffdifferenz [ml/l]) oder der HZV-Messung mittels Thermodilutionsverfahren, wie es die Swan-Ganz-Katheter mit Spitzen-Thermistor ermöglichen. Aus den Meßdaten lassen sich weitere wichtige hämodynamische Determinanten errechnen: der totale periphere Widerstand (TPR), der pulmonalarterielle Widerstand, die Shuntfraktion in der Lungenstrombahn und der Schlagarbeitsindex.

50.3.4 Labor

Zur Diagnostik des Schocks gehört neben der körperlichen Untersuchung die sofortige Veranlassung einer Reihe von relevanten Laboruntersuchungen, die das Bestehen und den Schweregrad des Schocks erfassen lassen.

▷ **Blutbild**
Hämoglobingehalt, Erythrozyten-, Leukozyten- und Thrombozytenzahl

▷ **Säure-Basen-Status und Blutgase**
Sauerstoff- und Kohlendioxidpartialdruck (pO_2, pCO_2), pH-Wert, Standard-Bikarbonat, Basenexzeß, Laktat, Anionenlücke

▷ **Gerinnungsstatus**
Thromboplastinzeit TPZ (Quick/INR), partielle Thromboplastinzeit (PTT), Thrombinzeit (TT), Fibrinogen, AT III

▷ **Serumkonzentrationen**
Elektrolyte (Natrium, Kalium, Kalzium), Kreatinin, Gesamtprotein, Albumin, Glukose, C-reaktives Protein

▷ **Urin**
Urin-, Natrium- und Kaliumkonzentration

Diese Parameter geben Hinweise auf folgende Störungen bzw. Schädigungen:

- **Blutung**
- **Hypoxie** mit und ohne Ventilationsstörung
- periphere Hypoxie
- ob eine **Oligurie** noch prärenal bedingt ist
- periphere Mikrozirkulationsstörung mit Verbrauchskoagulopathie

50.3.5 Diagnostik bei Organversagen

Gezielte Untersuchungen müssen zur Frage, ob bereits ein Versagen einzelner oder mehrerer Organe vorliegt, durchgeführt werden.

▷ **Lungenversagen (ARDS: acute respiratory distress syndrome)**

- Ein akutes Lungenversagen muß, wenn eine Oxygenierungsstörung den Quotienten aus arteriellem Sauerstoffpartialdruck (paO_2) und FiO_2 unter 200 (unabhängig von der Beatmungstechnik) reduziert (FiO_2 = fraction of inspired O_2; d.h. bei Raumluft mit 21% O_2 ist die $FiO_2 = 0{,}21$, bei 100% O_2 in der Beatmungsluft ist die $FiO_2 = 1{,}0$). Radiologisch finden sich beim ARDS bilaterale pulmonale Infiltrate in der a.p. Röntgenaufnahme, die sich im CT-Thorax meist ventrodorsal zunehmend darstellen. Gleichzeitig beträgt der PCWP < 18 mmHg.

▷ **Herz-Kreislauf-Versagen**

- Von einem Herz-Kreislauf-Versagen spricht man, wenn die Herzfrequenz < 50/min, der arterielle Mitteldruck < 50 mmHg bzw. der systolische Druck < 60 mmHg ist und der pH < 7,25 bei metabolischer Azidose (pCO_2 < 49 mmHg) beträgt.

▷ **Nierenversagen**

- Urinvolumen < 400 ml/d, Kreatinin > 2,2 mg% (> 200 µmol/l), Harnstoff > 150 mg/dl (25 mmol/l), Urinnatrium < 20 mmol/l bei prärenaler Oligurie, > 40 mmol/l bei manifestem Nierenversagen

▷ **Leberversagen**

- kontinuierlicher Bilirubinanstieg, substitutionsbedürftiger Abfall der Gerinnungsfaktoren, Bewußtseinsstörung bei erhöhtem Ammoniak

▷ **Gastrointestinaltrakt**

- Ulkusblutung mit Bedarf von > 2 Einheiten Blut/Tag, nekrotisierende Enterokolitis, Pankreatitis, Ileus

▷ **Zentralnervensystem**

- Tiefes Koma (Glasgow Coma Scale < 6; ohne zentralnervös wirksame Pharmaka)

▷ **Hämatopoese**

- Leukopenie (< 1000 mm^3); Thrombopenie (< 20 000 mm^3); Anämie (Hämatokrit < 20%)

▷ **Gerinnungssystem**

- Zwei pathologische Gerinnungstests, Fibrinogenabfall um > 150 mg/dl

In Abbildung 50-2 ist das diagnostische Vorgehen bei Schocksymptomen zusammenfassend dargestellt.

Abweichend von der Vorgehensweise bei anderen krankhaften Zuständen – erst die Diagnose, dann die Therapie – ist es bei einem Schockzustand in der Regel nötig, schon zeitgleich mit der diagnostischen Aufarbeitung Sofortmaßnahmen (Lagerung, Freimachen der Atemwege, Herstellen eines Gefäßzugangs) und erste Therapieschritte (Volumengabe, Beatmung, Katecholamingabe) einzuleiten.

50

50.4 Krankheitsbilder

50.4.1 Kardiogener Schock

Schock infolge einer **primär kardial bedingten** gravierenden **Verminderung des Herzzeitvolumens,** die eine Gewährleistung der metabolischen Ruhebedürfnisse der Organe verhindert, wird als **kardiogener Schock** bezeichnet. Die hämodynamischen Charakteristika sind ein niedriges Herzzeitvolumen bei ausreichendem intravasalem Volumen und normalem oder erhöhtem peripherem Widerstand. Der systolische Blutdruck liegt unter 90 mmHg oder ist um mindestens 30 mmHg unter den Ausgangswert erniedrigt. Es findet sich eine vergrößerte Differenz zwischen der arteriellen und der gemischt-venösen (pulmonalarteriellen) Sauerstoffsättigung (> 5 ml/dl oder > 30%) und ein erniedrigter Herzindex (CI) unter 2,2 l/min in Gegenwart eines erhöhten pulmonalkapillären Drucks (> 20 mmHg). Ohne Intervention gleicht die Entwicklung des kardiogenen Schocks einem Circulus vitiosus. Initiale Kompensationsmechanismen des Organismus bestehen in einer Steigerung der sympathischen Aktivität, in einer renalen Natriumretention und einer Aktivierung humoraler Systeme (Renin-Angiotensin-Aldosteron-System, Vasopressin). Diese adaptiven Vorgänge führen jedoch letztlich zu einer Steigerung des myokardialen Sauerstoffverbrauchs, zu einer Verminderung der myokardialen Perfusion und damit zu einer weiteren Verschlechterung der myokardialen Kontraktilität mit Abfall des Blutdrucks, zu einer Ödembildung im kleinen Kreislauf und zur zunehmenden Reduzierung der Organperfusion und Oxygenierung.

50.4.1.1 Kardiogener Schock bei myokardialem Pumpversagen

Die häufigste Ursache des kardiogenen Schocks bei myokardialem Pumpversagen ist der akute Myokardinfarkt (→ Kap. 41). Zwischen 5 und 10% der Patienten mit einem Myokardinfarkt entwickeln einen kardiogenen Schock, der eintritt, wenn ca. 40% oder mehr des linksventrikulären Myokards (Linksherzversagen) ausgefallen sind. Eine Reihe von zusätzlichen Komplikationen wie Rhythmusstörungen und mechanische Störungen (z.B. Papillarmuskelabriß) des Herzens können das Bild des kardiogenen Schocks aggravieren oder es bei schon kleineren Infarkten auslösen (Tab. 50-3).

Im Falle eines rechtsventrikulären Infarkts (Rechtsherzversagen) sind auch geringere Verluste an Myokard auslösend für einen kardiogenen Schock. Eine besondere Form des myokardialen Pumpversagens wird nach kardiochirurgischen Eingriffen mit langer Bypass-Zeit im extrakorporalen Kreislauf beobachtet.

Tab. 50-3 Synopsis der Ursachen eines kardiogenen Schocks

Linksherzversagen
Myokardinfarkt
- kritischer Verlust von Myokard
- Ventrikelseptumdefekt
- Mitralinsuffizienz (Papillarmuskeldysfunktion oder -abriß)
- Ventrikelruptur
- akutes Ventrikelaneurysma

Myokardischämie
Kardiomyopathie
Herzkontusion
hypertensive Krise
Elektrolyt-/Säure-Basen-Störungen
- Hypokalzämie, Hypophosphatämie, Hypokaliämie, schwere Azidose

negativ-inotrope Medikamente

Herzklappenfehler
dekompensierte Mitral-/Aortenstenose
Endokarditis
- akute schwere Mitral-/Aorteninsuffizienz

Rechtsherzversagen
Myokardinfarkt (Rechtsherzinfarkt)

Intrakardiale Obstruktion
Thrombus
Myxom

Kardiale Füllungsstörung (Restriktion)
Perikardtamponade
konstriktive Perikarditis
restriktive Kardiomyopathie (Amyloidose)

Rhythmusstörungen
schwere Bradykardie (höhergradige AV-Blockierungen)
Tachyarrhythmien
- Kammerflattern
- Vorhofflattern/-flimmern mit schneller Überleitung

B ***Beschwerden und Befunde***

Der Patient im akuten Linksherzversagen bei Myokardinfarkt klagt in erster Linie über Atemnot (→ Kap. 3) auch ohne körperliche Belastung (Ruhedyspnoe). Eine Flach- oder Schocklagerung wird vom Patienten meist nicht toleriert (Orthopnoe). Ursache der Atemnot ist eine akute Lungenstauung mit Lungenödem. Charakteristische Symptome sind Tachypnoe, bronchiales Giemen (Bronchospastik, Asthma cardiale), Husten (→ Kap. 27), beginnend als Hüsteln und übergehend in quälendes Abhusten von glasigem, gelegentlich auch blutigem dünnflüssigem, blasigem Schleim, im schwersten Fall Brodeln mit schaumigem Sekret in der Mundhöhle und in den Atemwegen. Initialer Auskultationsbefund sind fein- bis mittelblasige Rasselgeräusche, in fortgeschrittenen Stadien ein ubiquitäres Brodeln. Auch ohne klinisch manifestes Lungenödem ist der Patient dyspnoisch infolge der allgemeinen Hypoxie bei erniedrigtem Herzzeitvolumen (HZV). Gelegentlich wird über fortbestehende Angina pectoris (→ Kap. 41) oder über einen tiefsitzenden intrathorakalen Druckschmerz geklagt. Ein Kälte- und Schweregefühl der Extremitäten geht einher mit peripherer Blässe oder Zyanose mit Kaltschweißigkeit. Der Bewußtseinszustand des Patienten ist zunächst ängstlich agitiert und kann dann in einen komatösen Zustand mit weiten Pupillen übergehen. Der Urin des Patienten ist hoch konzentriert, die Diurese reduziert und geht in eine Anurie über. Als Zeichen der prärenalen Perfusionsstörung der Nieren ist das Urinnatrium erniedrigt (< 20 mmol/l).

Ein im Verlauf neu aufgetretenes Systolikum über der Herzspitze weist auf eine infarktbedingte Mitralinsuffizienz bei Papillarmuskelsyndrom hin. Ein Holosystolikum tritt beim infarktbedingten Ventrikelseptumdefekt (VSD) auf. Ist der kardiogene Schock eher durch ein Rechtsherzversagen (rechtsventrikulärer Myokardinfarkt) bedingt, so kann zwar ebenso Dyspnoe aufgrund der Hypoxie bestehen, der Auskultationsbefund ist jedoch unauffällig. Die Untersuchung der Halsvenen ergibt eine Einflußstauung, die Leber ist massiv und druckschmerzhaft vergrößert, es besteht ein Meteorismus, bei längerer Dauer Aszites (→ Kap. 31) und periphere Ödeme (→ Kap. 53).

DS *Diagnosesicherung*

Ergänzend zur Diagnosesicherung des akuten Myokardinfarkts (→ Kap. 41) erfolgt die klinische Unter suchung, die sich auf Blutdruck und Herzfrequenz, Herz- und Lungenauskultation, Leberpalpation und Untersuchung der Halsvenen und peripheren Gefäße konzentriert. Eine Röntgen-Thoraxaufnahme sollte umgehend durchgeführt werden. Die Fragestellung dabei lautet: Liegen Zeichen einer pulmonalen Stauung vor, sind Pleuraergüsse vorhanden und ist die Herzsilhouette charakteristisch umgeformt? Die nichtinvasive Echokardiographie stellt ein essentielles Untersuchungsverfahren dar, weil dadurch die schlechte myokardiale Kontraktilität ebenso wie regionale Wandbewegungsstörungen sofort nachgewiesen werden können. Eindeutig läßt sich auch eine Dilatation des rechten Ventrikels und gegebenenfalls eine Trikuspidalinsuffizienz nachweisen. Die Einführung eines Rechtsherz-Einschwemmkatheters (Swan-Ganz-Katheter) ist zur Diagnosesicherung und zur Situationseinschätzung eine fast unverzichtbare Voraussetzung. Die Diagnose kardiogener Schock gilt als gesichert, wenn der arterielle systolische Blutdruck < 90 mmHg oder mehr als 30 mmHg unter dem individuellen Basalwert liegt, ein Herzindex (Cardiac Index, CI) von < 2,2 l/m^2 Körperoberfläche besteht, ein erhöhter Füllungsdruck im linken Herzen > 18 mmHg, gemessen als pulmonalkapillärer Verschlußdruck (PCWP), und eine erhöhte arteriovenöse Sauerstoffdifferenz (> 5,5 ml/dl, oder eine gemischtvenöse Sauerstoffsättigung < 55% bei Raumluftatmung) vorliegen. Die Abdomensonographie sollte insbesondere zur Einschätzung des Volumenstatus durchgeführt werden. Kriterien sind dabei die Lebergröße, die Füllung der Lebervenen und die Füllung der V. cava (prall gefüllt, komprimierbar bzw. inspiratorisch kollabierend).

Labor

Laborchemisch lassen sich beim kardiogenen Schock neben einer gesteigerten gemischt-venösen/arteriellen Sauerstoffsättigungsdifferenz insbesondere bei Rechtsherzversagen zum Teil erhebliche Erhöhungen der Transaminasen (GOT, GPT, GLDH) als Zeichen von Leberstauung und Hypoxie finden. Als Zeichen der peripheren Hypoxie findet sich eine Laktaterhöhung, die als kritisches prognostisches Zeichen zu werten ist.

50

DD *Differentialdiagnose*

Hypovolämische und kardiogene Schockformen lassen sich schon an der tolerierbaren Lagerung des Patienten, d.h. Besserung bei angehobenem Oberkörper im kardiogenen Schock und bei flacher bis kopftiefer Lagerung im hypovolämischen Schock, differenzieren. Bei Verdacht auf **kardiogenen Schock** müssen differentialdiagnostisch andere, primär nichtkardial bedingte Schockformen ausgeschlossen werden. Geeignete diagnostische Methoden sind dabei die Echokardiographie und der Rechtsherzkatheter. Ein zirkulatorisch-obstruktiver Schock (z.B. bei Lungenembolie) wird durch eine massive Rechtsbelastung bei guter linksventrikulärer Kontraktilität diagnostiziert. Ein **septischer Schock** wird durch den Nachweis guter myokardialer Kontraktilität und einer Hyperkinesie des Herzens bei herabgesetztem peripherem Widerstand wahrscheinlich. Auch beim **anaphylaktischen Schock** findet sich eine gute Kontraktilität des linken Ventrikels und ein herabgesetzter peripherer Widerstand.

Im speziellen umfaßt die Differentialdiagnose aber auch die Unterscheidung verschiedener anderer kardialer Ursachen, die zum Schock führen (→ Tab. 50-3).

Überwiegende Ursache für einen kardiogenen Schock bei Linksherzversagen ist ein akuter Myokardinfarkt. Bei jedem Myokardinfarkt muß die Frage geprüft werden, ob es durch den Infarkt zu einer Störung wichtiger Strukturen oder Funktionen des Herzens gekommen ist: zu einer akuten Klappeninsuffizienz (Mitralinsuffizienz bei Papillarmuskelsyndrom, Abb. 50-3), einer akuten Ruptur des Ventrikelseptums mit Ventrikelseptumdefekt, einem akuten Herzwandaneurysma (Abb. 50-4) oder einer infarktbedingten Ventrikelthrombosierung. Für diese Ursachen ist die Echokardiographie wiederum das dia-

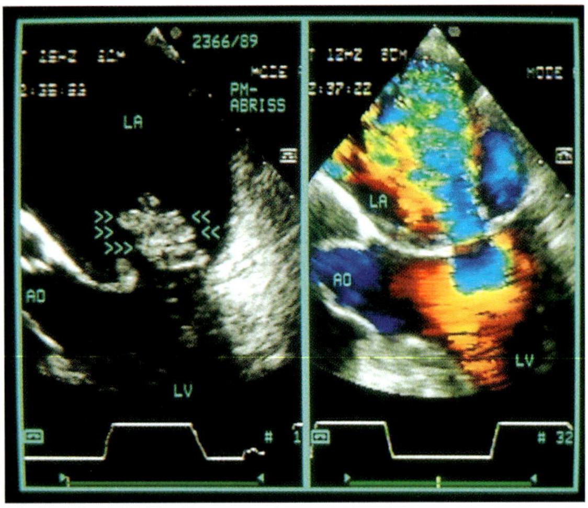

Abb. 50-3 Farbkodierte transösophageale Doppler-Echokardiographie bei akutem Myokardinfarkt mit Papillarmuskelabriß und schwerer akuter Mitralinsuffizienz (LA: linker Vorhof; LV: linker Ventrikel; AO: Aortenklappe; Pfeile deuten auf pendelnde Anteile des abgerissenen Papillarmuskels); mit freundlicher Genehmigung von W. G. Daniel, Dresden.

gnostische Instrument der Wahl und sowohl transthorakal (TTE) insbesondere zur Beurteilung der Kontraktilität als auch transösophageal (TEE) zur Beurteilung der Klappenfunktion geeignet.

Deutlich geringere Myokardverluste des rechten Ventrikels im Rahmen eines Myokardinfarkts führen ebenfalls zu einem Schockzustand, der durch eine noch ausreichende linksventrikuläre Funktion, eher erniedrigte linksseitige Füllungsdrucke bei deutlich erhöhtem rechtsatrialem oder zentralvenösem Druck gekennzeichnet ist.

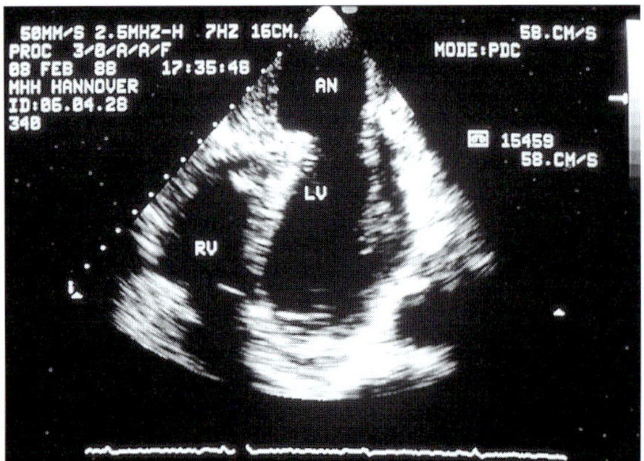

Abb. 50-4 Transthorakales Echokardiogramm (Vierkammerblick) bei akutem Myokardinfarkt mit großem Vorderwandspitzenaneurysma (AN); mit freundlicher Genehmigung von W. G. Daniel, Dresden.

50.4.1.2 Kardiogener Schock bei Herzklappenvitien

B ***Beschwerden und Befunde***

Ist der kardiogene Schock durch akute oder dekompensierte Herzklappenfehler verursacht, so finden sich die typischen Auskultationsbefunde der jeweiligen Vitien, die jedoch im Schock in der Regel leise und im Hinblick auf den Schweregrad des Befundes eher gering ausgeprägt sind. Akute Klappenvitien treten bei der infektiösen Endokarditis auf und sind in der Regel Klappeninsuffizienzen. Als Zeichen der Aorteninsuffizienz sind eine deutlich erhöhte Blutdruckamplitude und bei der Mitralinsuffizienz ein in die Axilla fortgeleitetes Systolikum mit schweren Zeichen der Lungenstauung vorhanden. Bei akuten endokarditischen Vitien ist auch nach peripheren Embolien in der Haut, in parenchymatösen Organen, im Zentralnervensystem und im Augenhintergrund zu fahnden. Chronische Klappenvitien führen im Rahmen ihrer Dekompensation ebenfalls zum Schock. Dabei handelt es sich meist um eine schwere Aortenstenose oder Mitralstenose. Beide sind röntgenologisch und echokardiographisch leicht zu differenzieren. Niedriger arterieller Blutdruck und ausgeprägte Lungenstauung mit sehr hohem PCWP sind charakteristisch.

DS ***Diagnosesicherung***

Die Diagnosesicherung erfolgt neben den schon genannten klinischen Befunden durch die hämodynamischen Parameter und am klarsten mittels Echokardiographie, ergänzt durch farbkodierte Doppler-Sonographie, womit man sowohl Strömungsbeschleunigungen in Stenosen als auch eine Regurgitation darstellen kann. Vor allem zur Operationsindikationsstellung ist häufig eine Linksherzkatheteruntersuchung notwendig. Die typischen hämodynamischen Befunde der verschiedenen Vitien sind in Tabelle 50-4 dargestellt. Es muß darauf hingewiesen werden, daß es chronisch herzkranke Patienten gibt, die diese hämodynamischen Parameter ohne Zeichen eines kardiogenen Schocks aufweisen können.

DD ***Differentialdiagnose***

Differentialdiagnostische Probleme bei akuten Klappenvitien ergeben sich vor allem zwischen einer Endokarditis und einem septischen Schock und zwischen einer schwersten diffusen Pneumonie und einer schweren Lungenstauung bei akuter Endokarditis. Hier ist eine Rechtsherzkatheteruntersuchung zur Differenzierung notwendig. Bei schweren Aortenstenosen ist auch eine Differenzierung zwischen stenosebedingter und koronarbedingter Herzinsuffizienz nötig, da viele Patienten mit Aortenstenose zusätzlich unter einer koronaren Herzkrankheit leiden.

Tab. 50-4 Hämodynamische Parameter bei kardiogenem Schock und Lungenarterienembolie (RA: rechtsatrialer Druck; RV: rechtsventrikulärer Druck; PAP: pulmonalarterieller Druck; VSD: Ventrikelseptumdefekt; LUAE: Lungenarterienembolie; PA: Pulmonalarterie; SaO_2: arterielle Sauerstoffsättigung)

	HZV	RA	RV	PAP	PCWP	SaO_2
Linksherzinsuffizienz	⇓	⇔⇑	⇔⇑	⇑	⇑⇑	⇔
Myokardinfarkt	⇓	⇔⇑	⇔⇑	⇑ (V-Welle)	⇑⇑	⇔
VSD	⇔	⇔⇑	⇑	⇑	⇑	⇑ (PA)
LUAE	⇓	⇑	⇑	⇑⇑	⇔⇓	⇓
Rechtsherzinsuffizienz	⇓	⇑	⇑	⇔	⇔	
Perikardtamponade	⇓	⇑	⇑	⇑	⇑	

50.4.1.3 Kardiogener Schock bei intrakardialer Obstruktion und kardialer Füllungsstörung (Restriktion)

B ***Beschwerden und Befunde***

Besondere Befunde finden sich bei einigen Formen der intrakardialen Obstruktion, wie der Mitralklappenverlegung durch Vorhofmyxom oder Thrombus. Hier kann es schlagartig zu Druckabfall, Atemnot (→ Kap. 3) und Synkope (→ Kap. 7.4.8) kommen, die durch Lagewechsel oder Herzmassage ebenso plötzlich wieder verschwinden. Diastolische Füllungsstörungen des Herzens treten bei Erkrankungen des Perikards auf. Insbesondere die Perikardtamponade ist gekennzeichnet durch eine massive Einflußstauung mit Halsvenenfüllung, Leberschwellung, positivem hepatojugulärem Reflux und erheblicher Tachykardie bei insgesamt sehr leisen oder nicht mehr auskultierbaren Herzgeräuschen. Anamnestisch geht der Perikardtamponade bei Urämikern eine Perikarditis voraus.

Die Tamponade wird daran erkennbar, daß ein vorbestehendes Perikardreiben verschwindet. Bei chronisch-restriktiver Veränderung des Perikards, so bei der Pericarditis constrictiva, und des Myokards, so bei Amyloidose oder Hämochromatose, stehen im Vordergrund die Zeichen der chronischen kardialen Stauung mit Einflußstauung, peripheren Ödemen, Hepatomegalie und Aszites.

DS ***Diagnosesicherung***

Eindeutig sind ein Perikarderguß und Zeichen der Tamponade mit Kompression des rechten Vorhofs und Ventrikels und gestörter Füllbewegung im Echokardiogramm zu erkennen. Auch ein Myxom oder ein Thrombus im Vorhof kann mittels Doppler-Echokardiographie diagnostiziert werden. Bei chronisch-restriktiven Myokarderkrankungen führt die Doppler-Echokardiographie mit dem Nachweis einer gestörten Füllungsphase bei der Beurteilung des Flußprofils über die Mitralklappe zur Diagnose.

DD ***Differentialdiagnose***

Differentialdiagnostisch müssen extrakardiale Obstruktionen der Zirkulation in Betracht gezogen werden. Die fulminante Lungenembolie zeigt klinisch ebenfalls Hypotension, Hypoxie und Einflußstauung, jedoch findet sich ein dilatierter, bewegungsgestörter rechter Ventrikel. Obstruierend können auch massive Pleuraergüsse oder ein Spannungspneumothorax, der zu einer Verziehung des Mediastinums und zu einer Obstruktion der oberen V. cava führt, wirken. Bei beatmeten Patienten wird das Bild gelegentlich dadurch vorgetäuscht, daß mit einem in Relation zum rechtsatrialen Füllungsdruck inadäquat hohen positiven endexspiratorischen Druck (PEEP) beatmet wird, somit der intrathorakale Druck unphysiologischerweise permanent positiv ist und als Folge der Rückfluß des Blutes in den Thorax und zum Herzen obstruiert wird.

50.4.1.4 Kardiogener Schock bei Herzrhythmusstörungen

B ***Beschwerden und Befunde***

Schwere brady- oder tachykarde Herzrhythmusstörungen zeigen klinisch Bilder wie beim akuten Linksherzversagen. So kann man einen kardiogenen Schock beim AV-Block III. Grades mit Frequenzen unter 35/min beobachten. Bei Tachyarrhythmien mit zahlreichen supraventrikulären oder ventrikulären Extrasystolen ebenso wie beim Umspringen des Sinusrhythmus in ein Vorhofflimmern findet sich bei der Auskultation ein erhebliches zentral-peripheres Pulsdefizit. Diese Formen der Herzrhythmusstörungen können ein bereits eingeschränktes HZV um den für die Auslösung eines Schocks kritischen Prozentsatz weiter vermindern.

DS ***Diagnosesicherung***

Rhythmusstörungen werden durch das EKG gesichert, wobei darauf hinzuweisen ist, daß manche Formen des feinschlägigen Kammerflimmerns nicht durch ein Monitor-EKG, sondern nur durch die Ableitung eines Standard-EKG zu erkennen sind.

DD *Differentialdiagnose*

Schwere Sinusbradykardien ohne Blockbild können bei der Lungenarterienembolie beobachtet werden. Ebenso kann eine schwere Sinustachykardie bei obstruktiven Störungen (z.B. Perikardtamponade) oder extremem Volumenmangel mit einer supraventrikulären Rhythmusstörung verwechselt werden.

50.4.2 Zirkulatorisch-obstruktiver Schock

Dem zirkulatorisch-obstruktiven Schock liegt als pathogenetischer Mechanismus eine Verlegung ausgedehnter Gefäßgebiete entweder im arteriellen (pulmonal/peripher) oder venösen Stromgebiet zugrunde. Der Schock ist sowohl durch kritische Hypoperfusion in den nachgeschalteten Gefäßbezirken und Organen als auch durch ein konsekutives Versagen des Herzens infolge des akuten hohen Perfusionswiderstands gekennzeichnet. Wichtigstes Krankheitsbild dieser Schockform ist die akute fulminante Lungenembolie (Tab. 50-5).

50.4.2.1 Zirkulatorisch-obstruktiver Schock bei Lungenembolie

B *Beschwerden und Befunde*

Die klinische Diagnose massive Lungenarterienembolie (LUAE) ist gleichermaßen extrem wichtig als auch häufig schwierig. Vor allem die massive, innerhalb kurzer Zeit zum Tode führende LUAE wird häufig nicht rechtzeitig diagnostiziert. Die Patienten haben gehäuft eine Synkope (→ Kap. 7.4.8), die durch eine vagale Bradykardie verursacht ist. Sie klagen über schwerste Atemnot und einen tiefsitzenden dumpfen Thoraxschmerz. Gelegentlich auskultiert man einen gespaltenen 2. Herzton. Es findet sich eine akute Rechtsherzbelastung mit Einflußstauung und erhöhtem zentralvenösem Druck sowie eine zentrale Zyanose. Final tritt ein Herzstillstand bei elektromechanischer Entkopplung ein. Pleurale Schmerzen sind meist Zeichen weniger schwerer Embolien.

Tab. 50-5 Synopsis der Ursachen eines zirkulatorisch-obstruktiven Schocks

Massive Lungenembolie
Erhöhter intrathorakaler Druck
Spannungspneumothorax
massive Pleuraergüsse
Beatmung mit hohem positivem endexspiratorischem Druck (PEEP)
Obstruktion der Vena cava
Aszites
Lymphome, Tumoren
massive Leberschwellung (Budd-Chiari-Syndrom)
Schwangerschaft

DS *Diagnosesicherung*

Zur Diagnosesicherung erfolgt eine Blutgasanalyse, die eine Hypoxie, eine Hypokapnie und eine respiratorische Alkalose zeigt. Im EKG findet sich ein Wechsel zu einem SI-QIII-TIII-Typ: tiefes S in Ableitung I, tiefes Q und T-Inversion in Ableitung III, eventuell auch ein neu aufgetretener Rechtsschenkelblock, falls ein unauffälliges Vor-EKG vorliegt. Zur Sicherung der Diagnose stehen **drei Verfahren** zur Verfügung.

Erstens: Bettseitig läßt sich der Nachweis einer schweren Rechtsherzbelastung mit Dilatation von rechtem Vorhof und Ventrikel gegebenenfalls mit Trikuspidalinsuffizienz durch die Echokardiographie führen.

Zweitens: Eine ausreichende diagnostische Aussage kann auch eine mit Isotopen durchgeführte Ventilations- und Perfusionsszintigraphie geben, vorausgesetzt, es liegen keine Störfaktoren wie z.B. Pneumonie oder Pleuraergüsse vor.

Drittens: Diagnostisch beweisend ist die Pulmonalisangiographie mit dem Nachweis von Perfusionsausfällen.

Zur Diagnosesicherung wenig brauchbar ist die Röntgen-Thoraxaufnahme, die früh im Verlauf einen Normalbefund zeigen kann; sie ist jedoch zum Ausschluß anderer Ursachen, z.B. Spannungspneumothorax, sinnvoll. Ergänzt wird die Diagnosesicherung durch den Nachweis der Emboliequelle, z.B. durch Phlebographie oder Doppler-Sonographie der unteren Extremitäten.

DD *Differentialdiagnose*

Die Differentialdiagnose umfaßt den kardiogenen Schock bei Myokardinfarkt, abgrenzbar durch Infarktzeichen im EKG und durch die gestörte linksventrikuläre Funktion im Echokardiogramm. Auch sind Zustände extremer Hypoxie wie bei Pneumonie und Lungenödem, Status asthmaticus, Pneumothorax und Rippenfrakturen abzugrenzen. Hierbei kommt es in der Regel eher zur gleichzeitigen Hyperkapnie und Azidose. Steht der Thoraxschmerz ohne wesentliche Veränderung der Blutgase im Vordergrund, ist auch an ein disseziierendes Aortenaneurysma, eine Perikarditis/Pleuritis und eine schwere Angina pectoris zu denken.

50.4.2.2 Zirkulatorisch-obstruktiver Schock bei erhöhtem intrathorakalem Druck

B ***Beschwerden und Befunde***

Akute intrathorakale Druckerhöhungen können einen Schockzustand auslösen, der gekennzeichnet ist von den Symptomen Hypotension, Tachykardie, Einflußstauung mit vermehrter Halsvenenfüllung und Leberschwellung und von mehr oder weniger ausgeprägter Dyspnoe und Hypoxie. Ergänzende Befunde sind: Der Pneumothorax und speziell der Spannungspneumothorax lassen sich über den seitendifferenten Perkussionsbefund und das abgeschwächte oder aufgehobene Atemgeräusch einer Thoraxhälfte vermuten und durch eine Röntgenthoraxaufnahme sichern. Massive Pleuraergüsse, Infusionsthorax (durch Fehllage eines zentralvenösen Katheters) oder Hämatothorax sind an der Dämpfung und am aufgehobenen oder abgeschwächten Atemgeräusch erkennbar. Fehlerhaft hohe PEEP-Beatmung bei ungenügender intravasaler Füllung ist erkennbar an der trotz PEEP-Erhöhung abnehmenden Oxygenierung und an der stark respirationsabhängigen arteriellen Druckkurve. Ein zentralvenöser Druck (ZVD), der deutlich niedriger als der eingestellte PEEP ist, sollte warnen.

DS ***Diagnosesicherung***

Die Diagnose läßt sich zum einen durch den Nachweis der genannten Befunde und zum anderen durch den sofortigen Erfolg der Pneumothoraxentlastung, der Ergußpunktion oder der PEEP-Reduzierung sichern.

DD ***Differentialdiagnose***

Abzugrenzen sind Schockzustände bei akuter Füllungsstörung des Herzens wie bei Perikardtamponade, Rechtsherzversagen bei rechtsventrikulärem Infarkt oder bei fulminanter Lungenembolie.

50.4.2.3 Zirkulatorisch-obstruktiver Schock bei Obstruktion der Vena cava

B ***Beschwerden und Befunde***

Ein zirkulatorisch-obstruktiver Schock kann nicht nur durch eine Ausflußbehinderung im kleinen oder großen Kreislauf verursacht sein, sondern auch durch eine Rückflußbehinderung des Blutes von der Peripherie zum Herzen. Die Symptome sind dann Hypotension, Tachykardie, Dyspnoe (aufgrund des niedrigen HZV), Einflußstauung in der unteren Körperhälfte bei Kollaps der Halsvenen. Ein solcher Fall kann durch eine Kompression der V. cava inferior eintreten, z.B. wenn eine Schwangere zur länger dauernden Rückenlage gezwungen ist und der gravide Uterus die V. cava obstruiert. Ein massiver Aszites (→ Kap. 31) kann zusätzlich zur Volumenverschiebung auch durch Kompression der V. cava, insbesondere bei geringem Füllungsdruck im venösen System, zur Schockauslösung beitragen. Selten führt eine erkrankungsbedingte massive Leberschwellung wie bei der Lebervenenthrombosierung (Budd-Chiari-Syndrom), die eine Schwellung des Lobus caudatus verursacht, zu einer partiellen oder fast vollständigen Obstruktion der V. cava.

DS ***Diagnosesicherung***

Die Sicherung dieser Diagnose erfolgt durch den klinischen Befund einer lediglich in der unteren Körperhälfte auftretenden Einflußstauung sowie durch unterschiedliche Drucke in der V. cava superior und inferior.

DD ***Differentialdiagnose***

Eine eher seltene Differentialdiagnose ist eine akute Thrombose der V. cava nach Implantation eines Cava-Schirms oder durch Tumorthromben. Ausgedehnte retroperitoneale Lymphome und Hämatome können ebenfalls zu einer Rückflußbehinderung führen.

50.4.3 Hypovolämischer Schock

Beim hypovolämischen Schock besteht eine massive Verminderung des intravasalen Volumens, hervorgerufen durch Blutung oder Flüssigkeitsverluste. Diese Hypovolämie führt aufgrund der niedrigen intrakardialen Füllungsdrucke zu einer ausgeprägten Verminderung des Herzzeitvolumens. Adaptive Vorgänge zur Wiederherstellung einer ausreichenden Zirkulation bestehen in einer Steigerung des Sympathikotonus mit Katecholaminausschüttung, mit Tachykardie und Vasokonstriktion, einer Stimulierung des Renin-Angiotensin-Systems über den renalen Barorezeptor mit konsekutiver renaler Vasokonstriktion und Natrium- und Wasserretention. Die verschiedenen Ursachen des hypovolämischen Schocks sind in Tabelle 50-6 dargestellt.

50.4.3.1 Schock bei hämorrhagischer Hypovolämie (Blutungsschock)

B ***Beschwerden und Befunde***

Der Patient im Blutungsschock ist blaß, profus schwitzend, tachykard mit kaum tastbarem Puls, unruhig oder sogar bewußtseinsgetrübt. Sein Bewußtseinszustand ist lageabhängig, d.h., er verbessert sich bei Schocklagerung (gegebenenfalls in Kopftieflage). Die weiteren Symptome sind meist von der Blutungsursache bestimmt. Die Blutungen erfolgen entweder nach externem Trauma, nach chirurgischen Eingriffen oder als spontane innere Blutung, z.B. gastrointestinale Blutung (Ösophagusvarizen, Ulcera ventriculi und/oder duodeni, erosive Läsionen des Gastrointestinaltrakts,

Tab. 50-6 Synopsis der Ursachen eines hypovolämischen Schocks

Hämorrhagische Hypovolämie
gastrointestinale Blutungen (→ Kap. 10)
traumatische Blutungen
geburtshilflich-gynäkologische Blutungen
innere Blutungen
• Aortendissektion
• Milzruptur
• extrauterine Schwangerschaft
Nichthämorrhagische Hypovolämie
externe Flüssigkeitsverluste
• gastrointestinale Verluste
Erbrechen (→ Kap. 13)
Diarrhö (→ Kap. 11)
Sonden/Stomata
• Verluste über die Haut
Verbrennungen/Wunden
Schwitzen/Fieber (→ Kap. 14 und 52)
• renale Verluste
Zwangspolyurie bei Niereninsuffizienz (→ Kap. 60)
Nebennierenrindeninsuffizienz
osmotische Diurese (ketoazidotisches Coma diabeticum → Kap. 12)
Diabetes insipidus (→ Kap. 12)
Diuretika
interne Flüssigkeitsverluste („third space")
• Pleuraergüsse
• paralytischer Ileus
• Aszites
Massive Vasodilatation
Medikamente (z. B. Nitrate, Narkotika, Sedativa)

Meckel-Divertikel, intestinale Tumoren, Kolondivertikel, Polypen). Massive Blutungen können auch im Bereich des weiblichen Genitaltrakts auftreten (z.B. atonische Uterusblutungen post partum, Blutungen in Ovarialzysten oder bei rupturierter Extrauteringravidität). Blutverluste entstehen auch im Rahmen einer gedeckten Aortenruptur. Iatrogen verursachte Blutungskomplikationen nach Gefäß- und Organpunktionen können ebenfalls zum Blutungsschock führen.

DS *Diagnosesicherung*

Die Diagnose **hypovolämischer Schock** wird durch den klinischen Nachweis mangelnder Gefäßfüllung (keine Halsvenenfüllung im flachen Liegen), eine blasse, vasokonstringierte Peripherie, einen niedrigen oder negativen zentralvenösen Druck, entleerte Lebervenen und eine kollabierte V. cava im Abdomensonogramm sowie global herabgesetzte Füllungsdrucke (PCWP < 10 mmHg) beim Rechtsherzkatheter gesichert. Die hämodynamische Analyse ergibt einen erhöhten peripheren Widerstand bei normalem oder erniedrigtem HZV. Die Diagnose **hämorrhagischer Schock** ergibt sich aus einem Abfall des Hämoglobins, dem Austritt von Blut (z.B. in Form von Teerstuhl), dem Nachweis von Hämatomen und dem Auffinden einer Blutungsquelle.

DD *Differentialdiagnose*

Der hypovolämische Blutungsschock muß abgegrenzt werden von einfachen Blutdruckabfällen bei Kollapszuständen, Orthostasereaktion und vagovasalen Synkopen (→ Kap. 7.4.8). Diese Zustände sind meist schon durch Flach- oder Kopftieflagerung zu beseitigen. Die Abgrenzung von anderen Formen der Hypovolämie erfolgt in erster Linie durch das Fehlen eines Hämoglobinabfalls, eines Blutaustrittes oder eines Hämatomnachweises. Unter den übrigen Schockformen ist der vor allem septische Schock abzugrenzen, da auch dieser wegen eines Kapillarlecks („capillary leakage") in der peripheren Zirkulation zentral mit Zeichen des Volumenmangels einhergeht (niedrige Füllungsdrucke).

50.4.3.2 Schock bei nichthämorrhagischer Hypovolämie

B *Beschwerden und Befunde*

Ein hypovolämischer Schock kann auch durch nichthämorrhagische Volumenverluste verursacht werden, z.B. gastrointestinale Volumenverluste durch Erbrechen, Durchfälle, Magensonden und Dünndarmstomata. Innerhalb des Intestinaltrakts kann jedoch auch Volumen durch interne Verschiebung verlorengehen, wie in flüssigkeitsgefüllte Darmschlingen beim paralytischen Ileus. Aszites bei portaler Hypertension, massive Pleuraergüsse bei akuter Pankreatitis wie auch Pleuraergüsse entzündlicher oder hypoproteinämischer Genese können ebenfalls eine Hypovolämie verursachen. Leicht unterschätzt werden Flüssigkeitsverluste über die Haut durch Schwitzen und bei fiebersenkender Therapie mit Antipyretika sowie bei großflächigen Verbrennungen und großen offenen Wunden. Ein ausgeprägtes nephrotisches Syndrom (→ Kap. 60) oder Hypoproteinämien anderer Genese können durch ausgedehnte Ödembildung ebenfalls eine Hypovolämie begünstigen. Massive Hypovolämien können durch inadäquate Flüssigkeitsbilanzierung bei extrakorporaler Dialysetherapie oder bei Anwendung anderer extrakorporaler Kreisläufe (Herz-Lungen-Maschine; extrapulmonale Oxygenierung) auftreten.

Hypovolämie kann auch die Folge renaler Flüssigkeitsverluste sein. Dies kann der Fall sein, wenn eine chronisch erkrankte Niere nicht ausreichend konzentrieren kann oder in der Erholungsphase (Polyurie, → Kap. 60) eines akuten Nierenversagens. Sie kann ausgelöst sein durch osmotisch wirksame Substanzen (Glukose) mit konsekutiver Zwangspolyurie (Coma diabeticum) oder bei Patienten, die unkritisch mit Diuretika behandelt werden. Eine Diuretikatherapie kann die intravasale Hypovolämie hypoproteinämischer Zustände aggravieren. Eine ACE-Hemmertherapie kann ebenfalls die renale Gegenregulation gegen einen Volumenmangel einschränken. Hypovolämie bei Ausfall der endokrinen Regulation tritt auf bei der Nebennierenrindeninsuffizienz (spontan oder bei Unterbrechung der Substitutionstherapie; Morbus Addison, → Kap. 18) und beim Diabetes insipidus (→ Kap. 12).

DS ***Diagnosesicherung***

Die Sicherung der Diagnose Hypovolämie erfolgt anhand identischer Symptome und Parameter wie beim hämorrhagischen Schock, d.h. durch den klinischen Nachweis mangelnder Gefäßfüllung (keine Halsvenenfüllung im flachen Liegen) und einer blassen, vasokonstringierten Peripherie, einen niedrigen oder negativen zentralvenösen Druck, entleerte Lebervenen und eine kollabierte V. cava im Abdomensonogramm sowie durch global herabgesetzte Füllungsdrucke (PCWP < 10 mmHg). In der hämodynamischen Messung findet sich dabei ein erhöhter peripherer Widerstand bei normalem oder erniedrigtem HZV. Zusätzlich müssen jedoch die Ursachen für den nichthämorrhagischen Volumenverlust identifiziert werden.

DD ***Differentialdiagnose***

Die differentialdiagnostische Abgrenzung zum hämorrhagischen Schock erfolgt durch die geringer ausgeprägte Blässe insbesondere der Konjunktiven und Schleimhäute und das Fehlen einer Blutungsquelle sowie durch den Hämatokrit, der bei nichthämorrhagischen Volumenverlusten normale oder gar hämokonzentrierte Werte anzeigt. Zu differenzieren ist auch der distributive Schock. Zwar ist auch hier der Hämatokrit wegen des peripheren Kapillarlecks eher normal oder erhöht. Klinisch ist jedoch in der Regel der Befund der Peripherie unterschiedlich: Während beim hypovolämischen Schock die periphere Zirkulation vasokonstringiert ist, besteht besonders bei frühen Stadien des distributiven Schocks eine Vasodilatation mit warmer und eher geröteter Peripherie.

50.4.3.3 Schock bei Vasodilatation

B ***Beschwerden und Befunde***

Diese Form eines Schocks entsteht meist auf der Basis einer relativen, d.h. durch physiologische Regelmechanismen gerade noch kompensierten Hypovolämie. In dieser Situation kann die Anwendung von Pharmaka, die zentrale Kapazitätsgefäße (Venen) maximal dilatieren, einen hypovolämischen Schock auslösen oder aggravieren. Typische verursachende Substanzen sind vasodilatatorische Pharmaka wie Nitrate, Kalziumantagonisten, Inhalationsnarkotika vom Typ Halothan und Sedativa. Ein solcher Schock tritt besonders intraoperativ oder bei der Behandlung anderer Erkrankungen auf, zum Beispiel wenn beim Myokardinfarkt die Lungenstauung bereits diuretisch vorbehandelt wurde und dann eine Nitrat- oder Kalziumantagonistentherapie hinzugefügt wird. Auch Pharmakainteraktionen können ein solche Bild auslösen, wie die gleichzeitige Gabe von Kalziumantagonisten vom Typ Verapamil und halothanähnlichen Narkosegasen. Die parenterale Überdosierung von stark vasodilatierend wirkenden Antihypertensiva wie Nitroprussid-Natrium oder Hydralazin kann ebenfalls ein solches Schockbild auslösen.

DS ***Diagnosesicherung***

Die Diagnosesicherung erfolgt über den Nachweis deutlich erniedrigter Füllungsdrucke und über den kontrollierten Auslaßversuch der vasodilatatorischen Medikamente.

DD ***Differentialdiagnose***

Differentialdiagnostisch sind vor allem hypovolämische Kollapszustände, orthostatischer Kollaps, First-dose-Effekte von Antihypertensiva (α-Blocker, ACE-Hemmer) und vagovasale Synkopen (→ Kap. 7.4.8) abzugrenzen.

50.4.4 Distributiver Schock

Die Pathogenese des distributiven Schocks ist charakterisiert durch einen Mangel an effektivem zirkulierendem Blutvolumen, ohne daß es zu externen Blut- oder Flüssigkeitsverlusten gekommen ist. Dies wird hervorgerufen durch einen völligen oder partiellen Verlust der peripheren Widerstandsregulation, sei es, daß der neurogene Vasomotorentonus fehlt (zentrale Vasomotorenstörung bei Hirndruck oder Einklemmung von Hirnteilen; periphere Vasomotorenstörung bei Paraplegie oder spinaler Anästhesie) oder daß durch bakterielle Toxine oder biogene Mediatoren wie proinflammatorische Zytokine oder Histamin die Widerstandsregulation gravierend gestört wird und ihr Ansprechen auf übliche Vasokonstriktoren (Katecholamine, Angiotensin, Vasopressin etc.) aufgehoben ist. Obgleich das Herzzeitvolumen beim distributiven Schock erhöht ist, kann es den peripheren Widerstandsverlust nicht ausreichend kompensieren. Verstärkt werden kann der distributive Schock durch eine entzündlich vermittelte Störung der Gefäßpermeabilität („capillary leakage syndrome"), mit Austritt von Flüssigkeit, Albumin und anderer Eiweißstoffe in den Extravasalraum. Wichtigstes Krankheitsbild dieser Schockform ist der septische Schock, hervorgerufen durch gramnegative Erreger und Endotoxine. Eine Synopsis der Ursachen zeigt Tabelle 50-7.

Tab. 50-7 Synopsis der Ursachen eines distributiven Schocks

Septischer Schock
• Exotoxinfreisetzung (Toxic-Shock-Syndrom)
• Endotoxinämie
Anaphylaktischer Schock
Neurogener Schock
Zytokinfreisetzung durch Pharmaka (OKT3)
GvHD (graft versus host disease)

50.4.4.1 Septischer Schock

B ***Beschwerden und Befunde***

Während Hypotension und Tachykardie wie bei anderen Formen des Schocks auch beim distributiven Schock bei Sepsis beobachtet werden, ist der Zustand der Haut und der peripheren Zirkulation unterschiedlich. Der Patient hat in der Regel im frühen Stadium des distributiven Schocks bei Sepsis eine warme, gerötete und gut durchblutet erscheinende Haut, die jedoch in fortgeschrittenen Stadien ebenfalls fleckig, zyanotisch und kühl wird. Verkürzt kann man von den Stadien „warmer Schock", „kalter Schock" und Multiorganversagen sprechen. Zahlreiche Formen des septischen Schocks gehen mit Fieber einher, gelegentlich findet sich jedoch auch eine Hypothermie. Je nach Sepsisursache und auslösendem Keim stehen verschiedene Organmanifestationen im Vordergrund. Bakterielle Toxine spielen bei der Pathogenese des septischen Schocks eine wichtige Rolle. Gramnegative Bakterien, die Endotoxine bilden, sind für bis zu 40% der Fälle von septischem Schock verantwortlich. Wichtige Erreger nichtgramnegativer Sepsis sind Staphylokokken, Streptokokken und Pilze (Candidaspezies). Erstere setzen Exotoxine frei. Eine besonders dramatische exotoxinvermittelte Form ist das Toxic-Schock-Syndrom, das besonders häufig bei der Staphylokokken-Besiedlung von Vaginaltampons beobachtet wurde. Ein Schock kann jedoch auch bei folgenden Krankheitsbildern auftreten: Meningitiden (Pneumokokken, Meningokokken), Pneumonien mit Entwicklung eines ARDS (acute respiratory distress syndrome), Urosepsis, Endokarditis, cholangiogene Sepsis, Katheter- oder Implantat-Sepsis, Sepsis im Rahmen onkologischer, hämatologischer Systemerkrankungen, Immunsuppression oder Abwehrschwäche (HIV-Infektion). Grundsätzlich kann es bei allen Formen des septischen Schocks, jedoch ganz besonders charakteristisch ausgeprägt speziell bei der Meningokokkensepsis, zum Auftreten einer massiven Verbrauchskoagulopathie mit Einblutungen in Haut und Nebennieren (dann als Waterhouse-Friderichsen-Syndrom bezeichnet) kommen, mit einer Nebenniereninsuffizienz als Folge. Allen Sepsisformen gemeinsam ist eine von den anderen Schockformen abweichende Hämodynamik, die neben Zeichen des Volumenmangels – d.h. erniedrigte PCWP-Werte, erniedrigter ZVD – Zeichen einer Hyperzirkulation mit normalem bis hohem HZV und deutlich erniedrigtem peripherem Widerstand aufweist. Trotz der peripheren Hyperzirkulation findet sich ein verminderter peripherer Sauerstoffverbrauch, der einer gestörten intrazellulären Sauerstoffutilisation in der Sepsis zugeschrieben wird. Zeichen der peripheren Hypoxie ist ein Laktatanstieg. In späten Sepsisstadien kann es infolge des Auftretens kardiodepressorischer Faktoren zu einem Abfall des Herzzeitvolumens kommen.

DS ***Diagnosesicherung***

Wesentlich ist neben dem Befund der typischen Hämodynamik der Nachweis von Entzündungsparametern und eines Sepsisherdes bzw. der Nachweis einer Bakteriämie. Dazu dienen die üblichen bakteriologischen und bildgebenden Nachweisverfahren. Beweisend sind eine inflammatorische Aktivität belegende Befunde wie Leukozytose, CRP-Erhöhung, Bakteriämie (positive Blutkultur), Erniedrigung von Gesamtprotein, Albumin und AT III. Die Messung von Entzündungsmediatoren im Plasma wie Zytokinen (z.B. IL-1, TNF, IL-6) ist derzeit für klinische Fragestellungen ohne belegten Nutzen. Auch beim septischen Schock ist der Nachweis einer Laktaterhöhung venös > 19,8 mg/dl (2,2 mmol/l) als Zeichen eines anaeroben Stoffwechsels und als direktes Zeichen des Sauerstoffdefizits im Gewebe sowohl ein diagnostischer Marker als auch ein Maß für den Schweregrad des Schocks. Verstärkt wird der Befund noch durch Hinweise auf eine Verbrauchskoagulopathie wie Thrombozytenerniedrigung, Fibrinogenabfall und Vermehrung der Fibrinogenspaltprodukte.

DD ***Differentialdiagnose***

Der septische Schock muß von anderen Formen des hyperdynamischen Kreislaufversagens abgegrenzt werden, insbesondere finden sich Bilder einer systemischen inflammatorischen Reaktion auch ohne Nachweis einer bakteriellen Ursache, z.B. nach großen chirurgischen Eingriffen und beim Polytrauma. Man spricht dann von systemischer inflammatorischer Reaktion (SIR) oder SIRS (systemic inflammatory response syndrome). Kriterien sind Fieber oder Hypothermie, Tachykardie, Tachypnoe und abnormale Leukozytenzahl. SIRS wird allgemein als Vorläuferstadium von Sepsis und septischem Schock angesehen. Spezielle Staphylokokkenspezies sind Exotoxinbildner, die einen septischen Schock verursachen, das sogenannte Toxic-Shock-Syndrom. Es wird bei Resorption der Toxine großer Staphylokokkenansammlungen dieser speziellen Gattung verursacht, ohne daß es dabei zu einer Bakteriämie kommt. Auch unter den Streptokokken gibt es Exotoxinbildner, die zu großflächigen Haut- und Muskelnekrosen und zu einem distributiven Schock führen können. Einen therapeutisch bedingten distributiven Schock kann man bei der Anwendung des monoklonalen Anti-T-Zell-Rezeptorantikörpers OKT 3 beobachten, der zu einer massiven TNF-Freisetzung mit konsekutivem „capillary leakage"-Syndrom führt. Ein dem septischen Schock, insbesondere dem Toxic-Shock-Syndrom ähnliches Bild kann bei der akuten graft versus host disease (GvHD) mit Erythem (gelegentlich bullös), Organfunktionsstörungen (Leberenzymerhöhung), Lungenversagen und Agranulozytose auftreten.

50.4.4.2 Anaphylaktischer Schock

Der anaphylaktische Schock ist eine lebensgefährliche IgE-vermittelte Reaktion. Durch eine Interaktion zwischen einem Allergen, IgE und IgE-Rezeptoren von Mastzellen kommt es zu einer Freisetzung von Mediatoren (Histamin, chemotaktische Faktoren, Leukotriene, Proteasen), die eine Vasodilatation, eine Veränderung der Gefäßwandpermeabilität, eine spastische Kontraktion glatter Muskelzellen und Schleimsekretion auslösen können.

B ***Beschwerden und Befunde***

Beim anaphylaktischen Schock kommt es in kürzester Zeit zu einer lebensbedrohlichen Kreislaufreaktion mit Hypotension und Tachykardie. Der vasodilatatorisch bedingte Kollaps kann bei kardialen Folgen (Herzrhythmusstörungen, Myokardischämie bei Hypotension und Hypoxie) in kürzester Zeit tödlich sein. Es kommt zu Atemnot und Hypoxie, verursacht durch einen schweren Bronchospasmus (diffuse spastische Rasselgeräusche über der Lunge). Ein auftretendes Angioödem (→ Kap. 53) kann Glottisschwellung, Larynxödem (Stridor) und akute Atemwegsverlegung verursachen. Weitere charakteristische Symptome sind Juckreiz, Hitzegefühl und Urtikaria. Auch der Gastrointestinaltrakt kann mit Krämpfen, Durchfall und Erbrechen beteiligt sein.

DS ***Diagnosesicherung***

Die Diagnose ist ad hoc aus der Symptomatik zu stellen. Eine Sicherung der Diagnose ist nach erfolgreicher Therapie (Adrenalin, Antihistaminika, Steroide) durch eine klinisch überwachte Allergietestung oder durch den Nachweis spezifischer IgE-Antikörper gegenüber dem auslösenden Agens zu führen.

DD ***Differentialdiagnose***

Differentialdiagnostisch sind leichtere Formen wie das Arzneimittelexanthem, Urtikaria oder akutes Asthma bronchiale abzugrenzen. Diese Formen gehen mit keiner oder nur einer geringen Kreislaufreaktion einher. Ein ebenfalls dramatischer Notfall ist das angioneurotische Ödem bei angeborenem oder erworbenem C1-Esterase-Inhibitor-Mangel, (→ Kap. 53) das ein Glottisödem mit Erstickung verursachen kann und letztlich akut nur durch Substitution mit C1-Esterase-Inhibitor zu behandeln ist.

50.4.4.3 Neurogener Schock

B ***Beschwerden und Befunde***

Unter neurogenem Schock versteht man eine besondere Art von distributivem Schock, hervorgerufen durch eine zentrale oder spinale Vasomotorenlähmung mit massiver Erweiterung der peripheren arteriellen und kapazitiven Gefäße und gelegentlich parasympathisch unterdrückter Frequenzreaktion des Herzens (z.B. bei erhöhtem Hirndruck und Einklemmung des Hirnstamms).

DS ***Diagnosesicherung***

Die Diagnose wird gesichert durch den Nachweis entsprechender neurologischer Befunde und Hinweise auf einen intravasalen Volumenmangel.

DD ***Differentialdiagnose***

Differentialdiagnostisch ist eine medikamentös verursachte Vasodilatation mit zentralnervös wirksamen Substanzen, wie Narkotika oder Neuroleptika, durch Spiegelmessung oder Versuch der Antagonisierung auszuschließen.

50.4.4.4 Sonstige Schockzustände

Unter diesem Punkt der Systematik (Tab. 50-8) sind schwerste Ausbildungen endokriner Krankheitsbilder zu erwähnen: die Addison-Krise und die Nebennierenrindeninsuffizienz (→ Kap. 7 und 18), die durch Salz- und Wasserverlust, gestörte hormonale Gegenregulation und vermindertes Ansprechen der Periphe-

50

Tab. 50-8 Andere Schockursachen
Endokrin-metabolische Schockzustände
akute Nebennierenrindeninsuffizienz (Addison-Krise) (→ Kap. 7.4.3)
akute Hypophysenvorderlappeninsuffizienz (→ Kap. 7.4.3)
hyperdynames Herzversagen bei Phäochromozytom (→ Kap. 44) und thyreotoxischer Krise (→ Kap. 7)
hypothyreotes Koma (→ Kap. 7)
Intrazelluläre Vergiftung
Zyanide
Kohlenmonoxid

rie auf Vasokonstriktoren charakterisiert ist. Es handelt sich somit um eine Mischform aus hypovolämischem und vasodilatatorischem Schock. Ähnliche Pathomechanismen finden sich bei der akuten Hypophysenvorderlappeninsuffizienz (→ Kap. 7.4.3). Bei der thyreotoxischen Krise (→ Kap. 7) kann es infolge von tachykarden Herzrhythmusstörungen zu einem kardiogenen Schock kommen. Eine schwere Hypothyreose (→ Kap. 1.4.4) kann infolge von Bradykardie, AV-Blockierung und Hypotension zum kardiogenen Schock führen.

Intrazelluläre Vergiftungen durch Zyanide und Kohlenmonoxid verursachen ein Schockbild verschiedener Ursachen. So können die myokardiale Kontraktilität, die zentrale Kreislaufregulation und eine periphere Vasomotorenstörung zusammenwirken.

51 Schwäche – Leistungsknick

P. Staib, H. Tesch und V. Diehl

Schwäche ist ein sehr **allgemeines** und daher **unspezifisches Symptom,** das im Rahmen der Anamnese sehr häufig erhoben wird. Andere Umschreibungen umfassen Begriffe wie Leistungsknick, Müdigkeit, Apathie, Depression, Abgeschlagenheit, Adynamie oder Lethargie. Aus der Anamnese und dem klinischen Befund ergeben sich oft diagnostisch entscheidende Hinweise. In diesem Kapitel sollen daher weniger einzelne Erkrankungen als vielmehr die einzuschlagenden differentialdiagnostischen Wege dargestellt werden.

51.1 Definition und Abgrenzung

Mit dem Begriff Schwäche ist die allgemeine **Einschränkung der physischen und auch psychischen Leistungsfähigkeit** gemeint. Abgegrenzt werden muß die Schwäche einer bestimmten Körper- oder Organfunktion, z.B. die Schwäche einer Extremität im Sinne eines neurologischen (→ Kap. 30) oder muskulären (→ Kap. 35) Defizits und das Symptom der Müdigkeit (→ Kap. 33).

51.2 Systematische Darstellung der Ursachen

Viele Erkrankungen können Schwäche verursachen bzw. die Leistungsfähigkeit mindern, ohne daß diesen ein einheitlicher Pathomechanismus zugrunde liegt. Krankheiten und Störungen aus den verschiedensten Fachgebieten kommen als Ursache in Frage und sind in der Tabelle 51-1 zusammengefaßt.

Tab. 51-1 Generelle Ursachen für Schwäche

Maligne Erkrankungen	
Solide Tumoren, z.B. Bronchialkarzinom oder Karzinome des Kolons, Magens, der Mamma, des Ovars, Pankreas usw.	
maligne Lymphome: Non-Hodgkin- und Hodgkin-Lymphome (→ Kap. 32)	
akute und chronische Leukämien (→ Kap. 32)	
paraneoplastische Syndrome (→ 51.4.2 und Tab. 51-2)	
Hämatologische Erkrankungen	
myeloproliferatives Syndrom (→ Kap. 8)	
myelodysplastisches Syndrom	
Anämien (→ Kap. 8)	
Infektionen (→ Kap. 14)	
akute und chronische bakterielle, mykotische oder virale Infekte, z.B. Tuberkulose, HIV, Influenza, Hepatitis etc.	
Immunologische Erkrankungen (→ Kap. 43)	
rheumatische Erkrankungen, Kollagenosen, Vaskulitiden (z.B. rheumatoide Arthritis), SLE, Sklerodermie, Morbus Wegener, Goodpasture-Syndrom, spezifische Autoimmunerkrankungen, Granulomatosen, Immundefekte	
Endokrinologische/metabolische Erkrankungen	
Morbus Addison/Addison-Krise, Cushing-Syndrom (→ Kap. 18)	
Hypothyreose, Hyperthyreose (→ Kap. 1 und 23)	
Diabetes mellitus (→ Kap. 12)	
Elektrolytstörungen, z.B. Hyponatriämie, Hyperkalzämie, Exsikkose (→ Kap. 12)	
Erkrankungen einzelner Organe	
Herz	Herzinsuffizienz, Cor pulmonale, Klappenvitien, dilatative Kardiomyopathie
Lunge	respiratorische Insuffizienz, Schlafapnoe-Syndrom, COPD/Lungenemphysem, allergische Alveolitis
Niere	chronische Niereninsuffizienz, Glomerulonephritis, interstitielle Nephritis
Magen-Darm-Trakt	Malabsorption/Maldigestion, chronische Pankreatitis
Leber	Leberinsuffizienz, akute/chronische Virushepatitis, Autoimmunhepatitis, toxische Hepatitis (z.B. durch Alkohol)
Malnutrition (→ Kap. 11)	
Intoxikationen (Gifte, Medikamente)	
Psychiatrische/Psychosomatische Erkrankungen (→ Kap. 1)	
Depression, Schizophrenie, funktionelle Störungen	
Chronic fatigue-Syndrom (→ Kap. 1)	

51.3 Diagnostik

51.3.1 Anamnese

Im Patientengespräch wird der sprachlich unscharfe Begriff der Schwäche hinsichtlich der Beschwerden des Patienten genauer spezifiziert:

Was ist mit Schwäche gemeint?

Handelt es sich um eine allgemeine körperliche Schwäche oder eher um eine Muskelschwäche? Besteht eine chronische Müdigkeit, ein verminderter Antrieb oder eher eine depressive Verstimmung?

Wie ist der Verlauf der Schwäche?

Liegt eine akute, langsam progrediente oder chronische Schwäche vor? Tritt die Schwäche eher fluktuierend oder in Schüben auf? Seit wann besteht die Schwäche?

Welche Begleitsymptome liegen vor?

Die Erhebung einer sehr detaillierten vegetativen Anamnese mit Fragen nach Gewichtsverlust, Empfindlichkeit gegenüber Kälte oder Wärme, Schmerzen jeglicher Art, Seh- und Hörstörungen, Schwindel, Luftnot, Husten, Auswurf, Fieber, Durst etc. ist diagnostisch vorrangig.

Sind andere Vorerkrankungen bekannt?

Sozialanamnese

Für Hinweise auf funktionelle oder psychische Störungen ist die Analyse der persönlichen Lebensumstände in Beruf und Familie außerordentlich wichtig.

Medikamentenanamnese

Die regelmäßige Einnahme von Medikamenten (bzw. Rausch- oder Schlafmitteln) kann ursächlich für eine Schwäche sein.

51.3.2 Körperliche Untersuchung

Bei der **Inspektion** sind bereits wichtige Befunde feststellbar, die diffentialdiagnostisch richtungweisend sein können:

- ▷ blasses Hautkolorit
- ➠ Ausdruck einer Anämie
- ▷ Lippenzyanose
- ➠ Hinweis für eine chronische Lungenerkrankung bzw. Cor pulmonale
- ▷ kachektischer Habitus
- ➠ Folge eines Malignoms
- ▷ Ikterus
- ➠ Leber- oder Gallengangserkrankung
- ▷ periphere Ödeme
- ➠ Manifestation einer Herzinsuffizienz

Die körperliche Untersuchung sollte alle Organsysteme möglichst genau erfassen, insbesondere ZNS, Kopf, Schilddrüse, Haut, Lymphknotenregionen, Herz, Lunge, Abdomen einschließlich rektaler Untersuchung, Genitale und Extremitäten. Es gibt für die Schwäche keinen spezifischen körperlichen Befund. Daher muß die Untersuchung sehr sorgfältig und umfangreich durchgeführt werden, um die anamnestischen Beschwerden in Verbindung mit etwaigen anderen Symptomen diagnostisch richtig zu beurteilen. Beispielsweise kann ein nicht erschöpflicher Nystagmus oder ein Gesichtsfeldausfall auf ein neurologisches Problem, ein Faßthorax mit Atemwegsobstruktion auf eine COPD, eine Hepatosplenomegalie auf eine infektiöse oder hämatologische Erkrankung hindeuten.

51.3.3 Laboruntersuchungen

Oft erbringen weder Anamnese noch klinische Untersuchung entscheidende differentialdiagnostische Hinweise. Daher sollten im Rahmen der Routinediagnostik einige Laboruntersuchungen zur Eingrenzung des differentialdiagnostischen Spektrums durchgeführt werden:

Blutsenkung (BSG)

Die BSG ist bei Systemerkrankungen häufig erhöht und ist damit als ein Hinweis auf ein entzündliches oder malignes Geschehen zu werten. So treten bei beschleunigter BSG funktionelle oder psychosomatische Ursachen in den diffentialdiagnostischen Überlegungen in den Hintergrund.

Differentialblutbild

Hyper- oder hypochrome Anämien lassen sich direkt nachweisen. Eine Leukozytose deutet auf eine Entzündung und/oder Infektion hin. Durch die Differenzierung atypischer Zellen können akute bzw. chronische Leukämien oder leukämisch verlaufende maligne Lymphome diagnostiziert werden. Der Nachweis von Normoblasten im peripheren Blut kann Folge eines myeloproliferativen Syndroms oder einer Knochenmarkkarzinose sein (→ Kap. 45).

Elektrolyte im Serum

Elektrolytverschiebungen von Natrium und Kalzium (Natrium > 150 mmol/l, Kalzium > 2,8 mmol/l, Natrium < 130 mmol/l) verursachen eine generalisierte Schwäche bis hin zum Koma (→ Kap. 12).

Blutzucker

Bei Werten über 180 mg/dl kann von einem Diabetes mellitus ausgegangen werden. Werte unter 40 mg/dl entsprechen einer Hypoglykämie, die besonders für rezidivierende Schwächeanfälle verantwortlich sein kann.

Retentionswerte

Erhöhte Kreatinin- und Harnstoffwerte im Serum sind Zeichen einer akuten oder chronischen Niereninsuffizienz, deren Ursache weiter abgeklärt werden muß.

Leberfunktionstests

Eine erhöhte Aktivität der alkalischen Phosphatase (AP) und γ-Glutamyl-Transpeptidase (γ-GT) sind meist Folge einer Cholestase und gehen evtl. mit einer Erhöhung des direkten Bilirubins einher. Pathologisch erhöhte GOT- und GPT-Werte im Serum sind häufig Zeichen einer Hepatitis.

Creatinkinase (CK)

Eine signifikante (> 7%) Erhöhung des CK-MB-Anteils bei Erhöhung der Gesamt-CK ist zwar verdächtig auf einen Herzinfarkt, findet sich aber auch bei Myokarditiden und Perimyokarditiden. Singuläre GOT- und/oder LDH-Erhöhungen mit Rückbildung innerhalb weniger Tage sind ebenfalls Zeichen eines abgelaufenen Myokardinfarktes oder Ausdruck von entzündlichen kardialen Erkrankungen.

Urinstatus

Eine Leukozyturie tritt bei urogenitalen Entzündungen auf. Die Erythrozyturie kann Folge von Entzündungen, Steinen oder Tumoren im Bereich der Nieren und Harnwege sein. Zylinder (Erythrozyten, Leukozyten, granuliert) sowie der Nachweis von Proteinen sprechen für Nierenerkrankungen (→ Kap. 60).

Schilddrüsenfunktionswerte

Durch die Ermittlung von fT3 und fT4 sowie basalem TSH läßt sich die Stoffwechsellage beurteilen. Ein normales TSH schließt eine Schilddrüsenfunktionsstörung aus (→ Kap. 1, 19 und 23). Erniedrigtes fT4 und ein gleichzeitig erhöhter TSH-Basalwert stellen die Befundkonstellation einer Hypothyreose dar (→ Kap. 1).

51.3.4 Apparative Diagnostik

Neben Laboruntersuchungen bietet ein Standardprogramm an einfachen apparativen Untersuchungen wie Röntgen-Thorax, EKG und Ultraschall des Abdomens die Möglichkeit, weitere wertvolle Hinweise auf die Ursache einer Schwäche zu erhalten.

Röntgen-Thorax

Die verschiedenen Lungenerkrankungen einschließlich Tumoren und hiläre Lymphknotenvergrößerungen sowie kardiale Erkrankungen (z.B. Kardiomyopathie) kommen hier zur Darstellung.

EKG

Es dient zum Nachweis der koronaren Herzerkrankung, frischer bzw. älterer Herzinfarkte, Myokarditiden oder Perimyokarditiden, eines Perikardergusses und von Rhythmusstörungen (→ Kap. 23).

Ultraschall des Abdomens

Krankhafte Veränderungen in Leber, Milz, Pankreas, Nieren, Blase, Ovarien, Uterus, Prostata, ferner intraabdominelle Lymphknotenvergrößerungen und freie Flüssigkeit können hiermit dargestellt werden.

51.4 Krankheitsbilder

51

51.4.1 Tumorerkrankungen

Maligne Erkrankungen sind in den westlichen Industrienationen nach den Herz-Kreislauf-Erkrankungen die zweithäufigste Todesursache. Die häufigsten Tumoren finden sich, geordnet nach der Häufigkeit, im Bereich von Lunge, Mamma, Kolon bzw. Rektum, Ösophagus, Magen, Pankreas, Uterus, Ovarien, Prostata und Harnwege (Abb. 51-1). Knapp 10% aller Malignome sind Leukämien und Lymphome (→ Kap. 32).

B *Beschwerden und Befunde*

Allgemeine Schwäche bzw. ein Leistungsknick wird von sehr vielen Tumorpatienten angegeben. Zusätzlich wird häufig über einen ungewollten seit kurzem zunehmenden Gewichtsverlust von mehr als 10% des ursprünglichen Körpergewichts sowie Nachtschweiß geklagt. Bei weiter fortgeschrittenen Tumorleiden ist nicht selten eine Tumorkachexie anzutreffen. Blasses Hautkolorit entwickelt sich als Folge einer Tumoranämie. Je nach Tumorart und Lokalisation treten verschiedene weitere Symptome und Befunde auf.

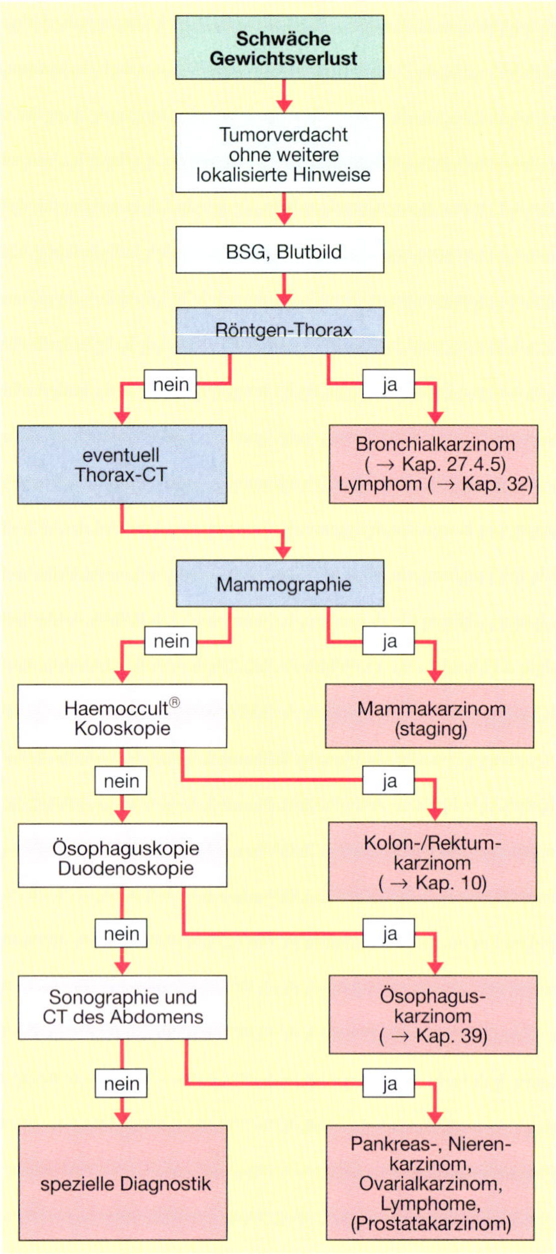

Abb. 51-1 Diagnostisches Vorgehen bei den Symptomen Schwäche und Gewichtsverlust.

DS *Diagnosesicherung*

Labor

Die **BSG** ist meist beschleunigt. Bei der sogenannten „Sturzsenkung" (> 100 mm/h) ist an ein Plasmozytom zu denken. Die klassische Tumoranämie zeigt **Hämoglobinwerte** von etwa 10 g/dl bei gefüllten Eisenspeichern (Ferritin normal oder sogar erhöht!) als Ausdruck einer Eisenverwertungsstörung. Findet sich jedoch ein Eisenmangel (Ferritin erniedrigt), so kann dies auf eine okkulte Blutung beispielsweise im Gastrointestinaltrakt hinweisen. Daher sollte der Haemoccult-Test® bei Eisenmangel stets mehrfach durchgeführt werden. Eine Leukozytose und/oder der Nachweis von atypischen Zellen im **Differentialblutbild** ermöglicht die Diagnose einer Leukämie oder eines leukämisch verlaufenden Non-Hodgkin-Lymphoms. Normoblasten im peripheren Blut sind Zeichen einer extramedullären Blutbildung bzw. einer gestörten Knochenmark-Blut-Schranke. Häufig liegt eine myeloproliferative Erkrankung oder eine Knochenmarkkarzinose vor. Eine alleinige LDH- und/oder AP-Erhöhung ist bis zum Beweis des Gegenteils tumorverdächtig. Eine Erythrozyturie ist ebenfalls dringend verdächtig auf ein Malignom. Elektrolytverschiebungen wie Hyponatriämie oder Hyperkalzämie können Folgen eines „paraneoplastischen Syndroms" sein. Hyperkalzämien können aber auch direkt durch osteolytische Prozesse (z.B. Knochenmetastasen oder Plasmozytom) bedingt sein. Die Bestimmung der verschiedenen **Tumormarker** sollte nicht als allgemeine Screening-Untersuchung durchgeführt werden, sondern nur bei auffälligen klinischen Befunden oder zur Verlaufskontrolle veranlaßt werden.

Apparative Diagnostik

Bildgebende Verfahren wie **Röntgen-Thorax, Ultraschall, Computertomographie** und **Kernspintomographie** dienen zur Darstellung und Identifizierung raumfordernder Prozesse. Bei Tumoren im Gastrointestinaltrakt oder Bronchialsystem sind **endoskopische Untersuchungen** die Methode der Wahl. Eine Ausnahme hierbei ist der Dünndarm, zu dessen Diagnostik eine Röntgenaufnahme nach Enteroklysma-Gabe verwendet wird. Die **Skelettszintigraphie** hilft Knochenmetastasen frühzeitiger aufzuspüren, als dies durch konventionelles Röntgen möglich wäre. Die **Knochenmarkszintigraphie** und das **Knochenmark-NMR** weisen neben der lokalen auch eine diffuse Knochenmarkinfiltration (z.B. durch Tumoren/Leukämien) nach.

Histologie

Prinzipiell muß bei einer nachgewiesenen Raumforderung aus Gründen der Diagnosefindung und Therapieeinleitung die Exstirpation/Exzisionsbiopsie angestrebt werden. Die Feinnadelpunktion gut zugänglicher Prozesse dient zur primären Diagnostik, beispielsweise bei Raumforderungen in der Schilddrüse oder in peripheren Lymphknoten. Ein negatives Ergebnis schließt einen malignen Prozeß allerdings niemals aus. Je nach Tumorart muß zusätzlich eine Knochenbiopsie (Beckenkamm) angefertigt werden, um eine diffuse Knochenmarkinfiltration nachzuweisen bzw. auszuschließen.

DD *Differentialdiagnose*

Die Tabelle 51-1 enthält die Basisinformation für differentialdiagnostische Überlegungen.

51.4.2 Paraneoplastische Syndrome

Paraneoplastische Syndrome sind eine sehr heterogene Gruppe von Krankheitsbildern, die durch eine maligne, selten eine benigne Tumorerkrankung hervorgerufen werden. Verursacht werden sie durch vom Tumor freigesetzte Botenstoffe (z. B. Hormone, Zytokine) oder auch durch Autoimmunmechanismen, wobei eine Vielzahl von Pathomechanismen noch nicht geklärt ist. Obwohl paraneoplastische Syndrome im engeren Sinne relativ selten sind, kommt ihnen ein hoher klinischer Stellenwert insofern zu, als sie schwere Krankheitsbilder hervorrufen (z. B. Hyperkalzämie) oder auch Frühsymptome bzw. Erstmanifestationen einer Tumorerkrankung sein können.

B *Beschwerden und Befunde*

Neben dem Leitsymptom allgemeine Schwäche und Leistungsknick können weitere unspezifische Symptome wie Fieber, Gewichtsverlust und/oder Blässe bestehen. Darüber hinaus können je nach Art des paraneoplastischen Syndroms und der zugrundeliegenden Tumorerkrankung zum Teil sehr markante, aber auch vieldeutige Krankheitszeichen oder Laborbefunde erhoben werden. So kann beispielsweise eine Gynäkomastie durch einen β-HCG-produzierenden Hodentumor, ein Prolaktinom oder Medikamente verursacht sein. Trotz der Vielfalt erscheint es hilfreich, die paraneoplastischen Syndrome nach ihrer Erscheinungsform in folgende Gruppen einzuteilen:

- paraneoplastische Endokrinopathien (→ Kap. 18)
- paraneoplastische Veränderungen der Hämostase und Hämatopoese
- paraneoplastische Syndrome des neuromuskulären Systems
- paraneoplastische Syndrome der Haut

DS *Diagnosesicherung*

Aufgrund der Vielfalt kann keine spezifische Diagnostik zur Diagnosesicherung der paraneoplastischen Syndrome aufgeführt werden. Wichtig für die Planung der diagnostischen Maßnahmen ist, an eine Tumorerkrankung zu denken und primär danach zu suchen (Tab. 51-2). Bei Verdacht auf eine spezifische Tumorerkrankung können sehr spezielle Laboruntersuchungen indiziert sein, z. B. ist der Nachweis eines „parathormone-related protein" bei Hyperkalzämien ein Hinweis auf einen hormonproduzierenden soliden Tumor, während beim Plasmozytom oder malignen Lymphom Zytokine bzw. osteoklastenaktivierende Faktoren eine Hyperkalzämie bedingen. Eine neu aufgetretene Gynäkomastie ist die einzige Indikation für einen „Schwangerschaftstest" beim Mann zum Nachweis von β-HCG im Falle eines Hodentumors.

Tab. 51-2 Paraneoplastische Syndrome und häufig assoziierte Tumorerkrankungen

Paraneoplastische Endokrinopathien	
Gynäkomastie	→ Hodentumor (β-HCG)
Amenorrhö	→ Uterus- o. Ovarialkarzinom
Cushing-Syndrom	→ NNR-Karzinom; kleinzelliges Bronchialkarzinom
Hyperkalzämie	→ kleinzelliges Bronchialkarzinom, Plasmozytom, Mammakarzinom, Hypernephrom, Nebenschilddrüsenkarzinom
Hyponatriämie	→ Schwartz-Bartter-Syndrom
Hypertonus	→ Phäochromozytom, Conn-Syndrom
Hypoglykämie	→ Insulinom, selten: Weichteilsarkom, Leberzellkarzinom, Pleuramesotheliom
Hyperglykämie	→ Glukagonom
rezidivierende peptische Ulzera	→ Zollinger-Ellison-Syndrom bei Gastrinom
Veränderungen der Hämostase u./o. Hämatopoese	
rez. Thrombosen	→ Pankreaskarzinom, kleinzelliges Bronchialkarzinom
DIC (Verbrauch)	→ akute Promyelozytenleukämie
autoimmunhämolytische Anämie	→ Non-Hodgkin-Lymphom (CLL!), Thymom
Autoimmunthrombopenie	→ Non-Hodgkin-Lymphom, selten Hodgkin-Lymphom
M. Moschcowitz	→ Magen-, Pankreaskarzinom
Polyglobulie	→ Nierenzellkarzinom
Veränderungen des neuromuskulären Systems	
Lambert-Eaton-Syndrom	→ kleinzell. Bronchialkarzinom
Dermatomyositis, Polymyositis	→ kleinzell. Bronchialkarzinom
Immunvaskulitis	→ kleinzell. Bronchialkarzinom
Myasthenia gravis	→ Thymom
Polyneuropathie	→ Plasmozytom, M. Waldenström
akute Polyneuritis (Guillain-Barré-Syndrom)	
chron. Polyneuritis	
Paraneoplastische Syndrome der Haut	
Dermatomyositis	→ kleinzell. Bronchialkarzinom
Acanthosis nigricans	→ Magenkarzinom (GI-Trakt)
Leser-Trélat-Syndrom	→ Magenkarzinom (GI-Trakt)
Gardner-Syndrom	→ Kolonkarzinom
hypertrophe Osteoarthropathie (Trommelschlegelfinger)	→ Bronchialkarzinom
Pruritus	→ M. Hodgkin, Polycythaemia rubra vera

DD *Differentialdiagnose*

Eine spezifische Angabe kann aufgrund der Vielfalt der in Frage kommenden Erkrankungen nicht gemacht werden. Zu beachten ist jedoch, daß eine

Tumorerkrankung trotz negativer umfangreicher Diagnostik nicht endgültig auszuschließen ist, da paraneoplastische Syndrome als Frühsymptome der eigentlichen Tumorerkrankung um Jahre vorausgehen können und letztere unterhalb der Nachweisgrenze der angewendeten Diagnostik liegen kann. So kann z.B. eine autoimmunhämolytische Anämie Jahre vor einer Lymphommanifestation auftreten. Die Konsequenz bei initialem Tumorausschluß ist daher, bestimmte diagnostische Maßnahmen wie Röntgen-Thorax in regelmäßigen Abständen zu wiederholen.

51.4.3 Infektionen

Die Schwächung des Allgemeinbefindens bzw. des Allgemeinzustandes ist häufig im Rahmen von Infektionskrankheiten anzutreffen. Gelegentlich stellt die Schwäche das einzige klinisch faßbare Symptom der Erkrankung dar.

B ***Beschwerden und Befunde***

Neben Schwäche und Fieber finden sich je nach Infektionsart und Lokalisation entsprechende Symptome und Befunde, so z.B. bei Pneumonien Husten und Auswurf oder bei gastrointestinalen Infektionen Durchfall, Erbrechen und Übelkeit. Protrahiert verlaufende und chronische Infektionen (Tuberkulose, chronische Virusinfektionen wie Hepatitis B und C, HIV etc.) sind dagegen vergleichsweise symptomarm und meist auf Schwäche und Fieber bzw. subfebrile Temperaturen in ihrer Symptomatik beschränkt. Die Anamnese sollte auch etwaige Auslandsaufenthalte beinhalten, um die Möglichkeit tropischer Infektionskrankheiten (z.B. Malaria, Amöbiasis) klinisch ausschließen zu können.

DS ***Diagnosesicherung***

Labor

Die **BSG** ist typischerweise beschleunigt. Bei bakteriellen Infektionen zeigt sich im **Differentialblutbild** oft eine Leukozytose mit Linksverschiebung und toxischer Granulation. Virale Infekte gehen eher mit einer Leukopenie und relativer Lymphozytose einher. Eine Tuberkulose sollte am besten mittels eines Intrakutantests nach Mendel-Mantoux ausgeschlossen werden.

Erhöhte Transaminasen (GOT, GPT) legen den Verdacht einer Hepatitis nahe. Zur Diagnose chronischer Virusinfekte steht eine große Palette **serologischer Tests** zur Verfügung.

Apparative Diagnostik

Bildgebende Verfahren wie **Röntgen-Thorax, Ultraschall, Computertomographie** und **Kernspintomographie** finden Anwendung zur Lokalisierung der Infektionsherde (z.B. Pneumonie, Abszesse). Im Rahmen schwerer Pneumonien empfiehlt sich eine bronchoskopische bronchoalveoläre Lavage (BAL).

Mikrobiologie

Aufgrund der therapeutischen Konsequenz und zur ätiologischen Klärung sollten mehrfach Proben gewonnen und eingesandt werden (Blut, Sputum, Stuhl, Urin, Wundabstriche, BAL, Gewebepunktate von Organen, Körperflüssigkeiten wie Pleuraerguß oder Aszites etc.).

DD ***Differentialdiagnose***

Differentialdiagnostische Überlegungen sind in Tabelle 51-1 zu finden.

51.4.4 Immunologische Erkrankungen

Hierunter sind rheumatische Systemerkrankungen, Kollagenosen, Vaskulitiden, spezifische Autoimmunerkrankungen, Granulomatosen und Immundefekte zu subsumieren:

- rheumatoide Arthritis (→ Kap. 43)
- Morbus Bechterew (→ Kap. 48)
- Lupus erythematodes (→ Kap. 43)
- Sklerodermie (→ Kap. 43)
- Morbus Wegener (→ Kap. 43)
- Goodpasture-Syndrom
- Autoimmunhepatitis
- Hashimoto-Thyreoiditis
- primär biliäre Zirrhose
- Sarkoidose (→ Kap. 32)

B ***Beschwerden und Befunde***

Viele dieser Autoimmunerkrankungen gehen mit Schwäche und subfebrilen Temperaturen einher, jedoch weisen die meisten auch zusätzlich Symptome bedingt durch den Organbefall auf. So stehen Gelenkschmerzen bei der rheumatoiden Arthritis, Husten und blutiger Auswurf sowie Oligurie beim Goodpasture-Syndrom im Vordergrund. Andere Erkrankungen können dagegen relativ symptomarm auftreten, d.h. lediglich eine allgemeine Leistungsminderung und/oder subfebrile Temperaturen aufweisen, wie z.B. milde Formen des SLE, der Autoimmunhepatitis oder der Sarkoidose.

DS ***Diagnosesicherung***

Labor und Histologie

Wegweisend für die Diagnostik sind **serologische Untersuchungen** (z.B. Nachweis von Rheumafaktor, Anti-DNS-Antikörper, c- und p-ANCA etc.). Zusätzlich sind bei begründetem klinischen Verdacht **histologische Untersuchungen** notwendig (z.B. bei der Autoimmunhepatitis).

51.4.5 Endokrinologische/metabolische Erkrankungen

Aufgrund eines gestörten Stoffwechsels manifestieren sich verschiedene endokrinologische oder metabolische Störungen in Form eines Leistungsabfalls. Wichtigste Vertreter dieser Krankheitsgruppe sind **Diabetes mellitus** (→ Kap. 12), **Hypothyreose** (→ Kap. 1), **Hyperthyreose** (→ Kap. 23), **Morbus Addison** (→ Kap. 18) und **Elektrolytentgleisungen.**

Schwäche und Leistungsminderung sind bei den Krankheiten als Leitsymptome anzusehen. Zusätzliche Beschwerden sind abhängig von der Grundkrankheit und leiten die Diffentialdiagnose in die verschiedenen Richtungen:

▷ vermehrter Durst und eine Gewichtsabnahme
➠ Diabetes mellitus
▷ Kälteempfindlichkeit, Gewichtsverlust und Obstipation
➠ Hypothyreose
▷ Pigmentierung der Haut, Gewichtsverlust, Hypotonie
➠ NNR-Insuffizienz (Morbus Addison)

Die anamnestische Angabe, daß Kortikosteroide in der letzten Zeit abgesetzt wurden, ist wichtig für die Differentialdiagnose einer sekundären NNR-Insuffizienz.

51.4.6 Psychosomatische und psychiatrische Erkrankungen

Eine psychosomatisch bedingte funktionelle Störung oder ein psychiatrisches Geschehen ist dann anzunehmen, wenn trotz intensiver Diagnostik keine pathologischen organischen Befunde erhoben werden können und/oder das Patientenverhalten primär psychopathologisch erscheint. Neben psychosomatischen Störungen sind hier endogene und reaktive Depressionen (z.B. Altersdepression) und auch Psychosen aus dem schizophrenen Formenkreis (z.B. Residualzustände der Schizophrenie) zu nennen (→ Kap. 1).

Bei der **psychosomatischen Störung** stehen letztlich unspezifische Symptome wie Schwächegefühl, allgemeines Unwohlsein, Fiebergefühl, Konzentrationsstörungen, diffuse Muskelschmerzen im Vordergrund. Die Schilderung der Beschwerden ist oft nicht konstant und erfolgt mit unterschiedlicher Gewichtung.

Reaktive Depressionen lassen in der Regel einen äußeren Anlaß erkennen (z.B. Verlassen oder Tod eines Partners). Bei **endogenen Depressionen** werden nicht selten Suizidgedanken geäußert. Im Rahmen **endogener Psychosen** findet sich häufig ein völlig abstruses, psychopathologisches Gedankengebäude. Bei **Schizophrenien** stehen die Denkstörungen im Vordergrund.

52 Schweißbildungsstörungen

W. E. HANSEN und M. CLASSEN

Störungen der Schweißdrüsensekretion sind nur in Ausnahmefällen führende Krankheitssymptome. In der Regel handelt es sich um Nebenerscheinungen bei einer „vegetativen Labilität" oder einer sonstigen allgemeinen Erkrankung. Betroffen werden vorwiegend die **ekkrinen Schweißdrüsen**, welche über die gesamte Körperoberfläche verteilt sind. Ursachen sind hier vor allem Regulationsstörungen; eigenständige Erkrankungen dieser Drüsen sind dagegen selten. Eine **vermehrte Schweißsekretion** (Schwitzen) erscheint als Folge eines erhöhten Sympathikotonus. Beispiele sind Fieber, Hyperthyreose, Phäochromozytom, Drogen (u.a. Amphetamine, Kokain, LSD), Toxine (Tetrodotoxin, Ciguateragift, Schlangengifte) oder Reaktionen des zentralen Nervensystems (Angstzustände, Schmerzempfindungen, Erbrechen). Ein anderer Pathomechanismus gilt für die Wirkung mancher Medikamente, indem diese die – cholinerge – Erregungsübertragung auf die Schweißdrüsen verstärken. Beispiele sind hier Carbamate, Alkylphosphate und Physostigmin. Schwitzen in umschriebenen Hautbezirken findet man bei Störungen des vegetativen Nervensystems. Eine **verminderte** oder **fehlende Schweißsekretion** (Hypohidrosis, Anhidrosis) gibt es als angeborenes Leiden (ektodermale Dysplasie), bei hypothalamischen Prozessen und bei Gabe von anticholinergen und ganglienblockierenden Medikamenten. Störungen der **Drüsen mit apokriner Schweißsekretion** sind von geringer Bedeutung; sie können beispielsweise bei axillären Schweißdrüsenabszessen beobachtet werden.

52.1 Definition und Abgrenzung

Schweiß wird als seröses Sekret von **ekkrinen** Drüsen an der gesamten Körperoberfläche abgesondert. Den Antrieb erhalten jene vom sympathischen Nervensystem. Durchschnittlich werden so täglich etwa 200–700 ml Schweiß mit 5–80 mmol/l Natrium, 5–15 mmol/l Kalium, 5–50 mmol/l Chlorid sowie wechselnden Mengen von Bikarbonat gebildet. Bei der anschließenden Schweißverdunstung wird dem Organismus Wärme entzogen. Auf diese Weise spielen Schweißdrüsen eine wichtige Rolle bei der Thermoregulation.

Schweißdrüsen mit **apokriner** Sekretion finden sich in der Schamgegend und im Bereich der Achselhöhlen. Ihre Aktivität beginnt mit der Pubertät, die Sekretion wird von den Geschlechtshormonen kontrolliert. Der Beitrag des eiweiß- und duftstoffhaltigen, bakteriell leicht zersetzlichen Sekrets zur Temperaturregulation ist gering.

Erkrankungen können sich durch eine vermehrte Sekretion **(Hyperhidrosis)**, durch eine verminderte Sekretion **(Hypohidrosis, Anhidrosis)** oder durch die Sekretion eines in der Zusammensetzung veränderten Schweißes manifestieren. Man unterscheidet **nächtliches Schwitzen** (Nachtschweiß), **Tagschwitzen**, **einseitiges** oder **quadrantenförmiges** Schwitzen (z.B. Syringomyelie, Grenzstrangläsionen) **Farbschwitzen** (Chromhidrosis), **Blutschwitzen** (Hämathidrosis), **Urinschwitzen** (Urhidrosis).

52

52.2 Ursachen

Eine Zusammenstellung wichtiger Ursachen von Störungen der Schweißsekretion zeigt Tabelle 52-1.

Tab. 52-1 Verschiedene Formen der Schweißsekretion und ihre Ursachen

Leitsymptom	Ursachen
diffuses Schwitzen	**Thermoregulation** körperliche Betätigung Fieber heiße Getränke Alkohol **Allgemeinreaktion** („vegetative Labilität“) bei Angst, Streß oder sonstigen psychischen Belastungen Klimakterium Begleitreaktion bei Erbrechen (Kap. 13), Schmerzen, viszeralen Schmerzen **endokrine Erkrankungen:** Hyperthyreose (→ Kap. 23), Hypoglykämie (→ Kap. 23), Phäochromozytom (→ Kap. 44), Akromegalie (→ Kap. 44) **Infektionen:** Tuberkulose, Sepsis etc. (→ Kap. 14) **Neoplasmen,** v.a. Lymphom, Ewing-Sarkom (→ Kap. 32) **Medikamente:** Anticholinesterasen (Carbamate, Alkylphosphate, Physostigmin), Lobelin, Linden- und Holunderblütentee **Drogen:** Amphetamin, Kokain, LSD **Gifte:** Ciguatoxin, Naphthalin, Nikotin, Perchloräthylen, Pikrotoxin, Tetrodotoxin, Schlangengifte **kardiovaskuläre Krankheiten** (→ Kap. 26) **Fettsucht** (→ Kap. 18)
fleckförmig begrenztes Schwitzen	**neurologische Erkrankungen** (Kausalgie, Polyneuropathie, evtl. bei partiellem Verlust der postganglionären Innervation, pathologisches Geschmacksschwitzen)
in der Zusammensetzung veränderter Schweiß	Mukoviszidose (Chlorid ↑ ↑, Natrium ↑ ↑)
Hypohidrosis Anhidrosis	**angeborene Störungen** (kongenitale Anhidrosis, kongenitale Analgie mit Anhidrosis) **neurologische Störungen:** autonome Neuropathie (→ Kap. 56) **Stoffwechselstörungen:** Diabetes mellitus (→ Kap. 12) Z.n. Sympathektomie, hypothalamische Läsionen **Medikamente:** Ganglienblocker, Atropin

52.3 Diagnostik

Störungen der Schweißsekretion können die Betroffenen sehr beunruhigen, vor allem wenn weitere Beschwerden fehlen. Durch gezieltes Befragen und durch die körperliche Untersuchung lassen sich diagnostische Hinweise erhalten. Beweisend sind die Ergebnisse der technischen Untersuchungsverfahren.

Die für die Diagnostik wichtigen Angaben sind in Tabelle 52-2 zusammengestellt.

In jedem Fall muß eine gründliche körperliche Untersuchung erfolgen. Eine warme Haut sowie eine Tachykardie findet man bei Fieber (→ Kap. 14) und bei Hyperthyreose (→ Kap. 23); eine kaltschweißige Haut bei Hypoglykämie (→ Kap. 23). Zonenförmige Störungen der Schweißsekretion erfordern eine sorgfältige neurologische Diagnostik.

Zur differentialdiagnostischen Klärung von Schweißbildungsstörungen sind **spezifische Testverfahren** möglich.

Der **Pilocarpintest** kann zum **Nachweis** der **Mukoviszidose** eingesetzt werden. Nach Pilocarpininjektion (10–15 mg s.c.) findet sich eine erhöhte Chloridkonzentration (über 70 mmol/l) und eine erhöhte Schweißosmolalität (über 220 mosmol/l).

Für **neurologische Fragestellungen** sind die Messungen des elektrischen Hautwiderstands und die **Funktionsprüfungen der Schweißsekretion** geeignet.

Zur Überprüfung der Schweißsekretion dient der **Jod-Stärke-Test:** Einpinseln der Haut mit einer Jodlösung. Nach dem Eintrocknen Bestreuen mit Kartoffelstärkepuder. Danach Schwitzversuch (Wärmeprovokation mit Lichtbogen/Sauna; pharmakologische Provokation mit Pilocarpin 10 mg s.c.). Die Verfärbung zeigt das Ausmaß der Schweißsekretion an. Nach Pilocarpin wird bei einer Läsion des peripheren Ganglions – im Gegensatz zu einer zentralnervösen Läsion – kein Schwitzen bewirkt.

Labor- oder apparative Untersuchungen werden je nach der vermuteten Grunderkrankung erforderlich, z.B. umfangreiche endokrinologische, bakteriologische, virologische, toxikologische oder neurologische Testverfahren.

Tab. 52-2 Anamnestische Angaben und ihre mögliche diagnostische Bedeutung bei Schweißbildungsstörungen

Schweißbildungsstörung	Anamnestische Angabe/Befund		Diagnostische Bedeutung
Hyperhidrosis	Lokalisation	gesamter Körper	Sympathikotonus erhöht, cholinerge Medikamentenwirkung
		begrenzt auf Körperzone	neurologische Erkrankungen
	Zeitpunkt	Nachtschweiß	Tbc, Bronchitis, dekompensierte Herzinsuffizienz, vegetative Dystonie, Hyperthyreose, Alkoholismus, Tumoren, Lymphome
	Zeitverlauf	akutes Schwitzen	Kollaps, Hypoglykämie, Kinetosen (Seekrankheit), Fieberanfall, psychische Erregung, Medikamente (z. B. Aspirin), heiße Getränke
	Besonderheiten	Farbschwitzen	**Ausscheidung von Medikamenten:** braun: Bromverbindungen blau: Eisen- oder Kupferverbindungen bei Ileus/Peritonitis durch Indikanbildung (selten) bläulich-bräunlich: Phenol/Benzol und Derivate **Ausscheidung von Stoffwechselprodukten:** gelblich: Hyperbilirubinämie **bakterielle Zersetzung von apokrinem Schweiß (Achselhöhle):** grün: durch B. pyocyaneus rot: B. prodigiosus und Sarzine **hysterische Demonstration** (Münchhausen-Syndrom)
		Urhidrosis	silberglänzende Harnstoffkristalle auf der Haut (v.a. an Kopfhaut und Augenbrauen) infolge Urämie
	Begleiterscheinungen	Fieber	Infektion, Sepsis (→ Kap. 14), Neoplasma
		Schmerzen (viszeraler Typ)	Eingeweideerkrankungen (z. B. Steinkolliken , Angina pectoris)
		Herzklopfen	Hyperthyreose
		Gänsehaut	Kontraktion der Pilomotorenmuskeln bei Kältereiz, erfolgt als Begleitsymptom des Schwitzens aufgrund der sympathischen Innervation
		Schweißgeruch	bakterielle Zersetzung von apokrinem Schweiß
Hypohidrosis/ Anhidrosis	Lokalisation	gesamter Körper	angeborene Störungen Medikamente
		begrenzt auf Körperzone	neurologische Erkrankungen
gustatorisches Schwitzen (bei Nahrungsaufnahme)		halbseitiges Schwitzen am Kopf (Bereich Plexus cervicobrachialis, N. auriculotemporalis, N. auriculotemporalis magnus)	Fehlinnervation der Vagusnerven nach Verletzungen diabetische Polyneuropathie

52

53 Schwellungen der Extremitäten – Ödeme

R. Brunkhorst und K. M. Koch

53

Schwellungen der Extremitäten können im Rahmen einer generalisierten Ödemneigung oder, durch lokale Faktoren verursacht, regional lokalisiert auftreten. Generalisierte Schwellungen infolge Ödembildung können z.B. durch Herz-, Nieren-, Leber- oder endokrine Erkrankungen hervorgerufen werden. Ursachen regional lokalisierter Schwellungen der Extremitäten – z.B. nur der Beine oder eines Beines oder eines Knies – sind am häufigsten venöse oder lymphatische Abflußbehinderungen oder Traumata. In vielen Fällen sind die Ursachen schon durch eine gezielte Anamnese und gründliche körperliche Untersuchung zu ermitteln. Zur Absicherung der Diagnose und zur differentialdiagnostischen Abgrenzung dienen spezifische Laborparameter und apparative Untersuchungsbefunde.

53.1 Definition und Abgrenzung

Schwellungen der Extremitäten werden zumeist durch **Ödeme** verursacht. Hierunter versteht man eine pathologische Ansammlung von Flüssigkeit im interstitiellen Raum. Umfangsvermehrungen im Bereich von Gelenken (z.B. bei Arthrosen oder Luxationen) oder der Knochen (z.B. bei Frakturen) können von Ödemen abgegrenzt werden. Selten führen eine Ablagerung von Mukopolysacchariden im Interzellularraum **(Myxödem, → Kap. 1)**, vermehrtes Unterhautfett im Bereich der Beine bei schlankem Stamm **(Lipödem, → Kap. 18)** oder eine Tumorinfiltration zu einer Schwellung der Extremitäten.

Ödeme können Ausdruck einer allgemeinen Flüssigkeitsretention (z.B. bei Herzinsuffizienz oder beim nephrotischen Syndrom) sein oder aufgrund lokaler Faktoren (z.B. bei venöser Thrombose) regional auftreten. Eine generalisierte Ödemneigung manifestiert sich beim nicht bettlägerigen Patienten aufgrund des höheren hydrostatischen Druckes häufig im Bereich der Füße und Unterschenkel, d.h. in den abhängigen Körperpartien. Beim bettlägerigen Patienten sind die Ödeme aus diesem Grund vornehmlich im Bereich des Rückens und der Flanken nachweisbar und werden dann als **Anasarka** bezeichnet. **Beinödeme** sind in leichten Fällen oft flüchtiger Natur, sie werden nur nach längerem Gehen oder Stehen beobachtet und verschwinden während der Nachtruhe. Bestehen Ödeme längerfristig, kann es zu einer Induration des ödematösen Gewebes und gelegentlich auch zu spannungsbedingten Hautläsionen kommen.

Mechanismus der Ödembildung ist das Entstehen eines Druckgradienten zwischen dem intravasalen und dem interstitiellen Raum durch einen Anstieg des hydrostatischen (z.B. bei Herzinsuffizienz) oder einen Abfall des onkotischen Druckes (z.B. beim nephrotischen Syndrom) im Plasma. Weitere Faktoren können eine Störung des Lymphabflusses aus dem Interstitium und eine pathologische Zunahme der Gefäßpermeabilität sein. Ein Beispiel für letzteren Mechanismus stellen entzündliche Ödeme im Rahmen einer Phlegmone oder eines Erysipels der Extremitäten dar. Bei der Erhöhung der Gefäßpermeabilität spielt im weiteren Verlauf auch der Anstieg des onkotischen Druckes im Interstitium durch den Übertritt von Protein eine Rolle.

53.2 Ursachen

Eine Synopsis der Ursachen von Schwellungen der Extremitäten ist in Tabelle 53-1 dargestellt, wobei zwi-

Tab. 53-1 Synopsis der Ursachen von generalisierten und regionalen Schwellungen im Bereich der Extremitäten

Generalisierte Schwellungen	Regionale Schwellungen
Herzinsuffizienz	Lymphabflußstörung
Niereninsuffizienz, nephrotisches und nephritisches Syndrom	venöse Abflußstörung
akute oder chronische Leberinsuffizienz	Allergie („Quincke"- oder „Angioödem")
gastrointestinale Erkrankungen	Entzündung
medikamentös bedingte Störungen	Neoplasie
endokrine Erkrankungen	Myxödem
Hunger	Lipödem
unklare (idiopathische) Genese	

schen solchen, die im Rahmen einer generalisierten Ödemneigung auftreten, und regional lokalisierten Schwellungen differenziert wird.

Die Ursachen von Ödemen der Extremitäten werden bei der Darstellung der einzelnen Krankheitsbilder in tabellarischer Form weiter aufgeschlüsselt bzw. es werden die die Ursachen bedingenden Erkrankungen wiedergegeben (Tab. 53-2 bis 53-8).

53.3 Diagnostik

53.3.1 Anamnese

Eine ödematöse Schwellung der Beine, die nur nach längerem Sitzen (z. B. im Flugzeug) oder Stehen auftritt und bei körperlicher Aktivität wieder verschwindet, kann ohne jeden Krankheitswert sein. Allerdings berichten die meisten Patienten auch bei einer zugrundeliegenden Herz- oder Nierenerkrankung zumindest im frühen Krankheitsstadium von einem vorübergehenden Auftreten von Beinödemen, die nach der Bettruhe nicht mehr nachweisbar sind. Hierbei kommt es jedoch in der Regel zu einer anhaltenden Gewichtszunahme. Wenn sowohl eine Rechts- wie eine Linksherzinsuffizienz (→ Kap. 3) vorliegen, berichten die Patienten neben den Ödemen über eine Belastungsdyspnoe und Luftnot im flachen Liegen (Orthopnoe).

Wegweisend für die Diagnose einer Ödemneigung bei enteralem Eiweißverlust kann die Frage nach Durchfällen (→ Kap. 11) sein. Bei fortschreitender Niereninsuffizienz kann neben der Ödembildung in der Terminalphase eine Oligurie auftreten, beim nephrotischen Syndrom beobachten viele Patienten ein Schäumen des Urins beim Wasserlassen.

Wichtig für die Differentialdiagnose einer Ödembildung im Bereich der Extremitäten ist eine genaue Anamnese im Hinblick auf **toxische Substanzen,** die sowohl Leber- wie auch Herz- und Nierenerkrankungen (→ Tab. 53-2, 53-3 und 53-4) auslösen können, sowie im Hinblick auf **Allergene** mit bei Exposition beobachtetem Pruritus, asthmatischen Beschwerden etc. Die Frage nach **Medikamenten** muß mit Einfühlungsvermögen gestellt werden, da oft eine Abwehrhaltung der Patienten besteht, eine Abhängigkeit z. B. von Analgetika, Diuretika oder Laxanzien zuzugeben. Fragen nach Symptomen sollten helfen, endokrinologische Erkrankungen (z. B. Kältegefühl, Adynamie, Obstipation beim Myxödem, → Kap. 1) und Tumorerkrankungen (z. B. Schmerzen, Hämoptysen, Meläna) zu diagnostizieren. Bei einigen Formen der regionalen Ödembildungen kann die Frage nach Auslandsaufenthalten (z. B. Tropenaufenthalte bei „Elephantiasis" bei Filariose) oder nach Verletzungen (Eintrittspforte bei Erysipel) hilfreich sein.

53.3.2 Körperliche Untersuchung

Generalisierte Ödeme weisen auf den ganzen Organismus betreffende Erkrankungen wie eine Herzinsuffizienz, Nieren-, Leber- oder Darmerkrankung hin. Typische **lokale Ödeme** sind dagegen das Phlebödem (bei Venenthrombose), das Lymphödem, das allergische Ödem („Quincke-Ödem", „Angioödem") und das prätibiale Myxödem bei immunogener Hyperthyreose. Beim Lipödem sind die Fußrücken ausgespart. Das Ödem bei nephrotischem Syndrom und Herzinsuffizienz ist zumindest in der Frühphase weich und eindrückbar, während es beim Myxödem, Lipödem, aber auch beim chronischen Lymphödem derb ist und ein Druck mit dem Finger keine Delle hinterläßt. Beim primären Lymphödem ist die Haut eher blaß, während beim Phlebödem oft Hautveränderungen im Sinne einer chronisch-venösen Insuffizienz wie eine livide oder auch bräunlich-rötliche Verfärbung der Haut vorliegen. **Kratzspuren** weisen auf Juckreiz bei Allergie hin.

Die Art der zugrundeliegenden Erkrankung kann häufig bereits durch eine sorgfältige körperliche Untersuchung geklärt werden. So weist das Vorliegen einer Halsvenenstauung, eines Aszites, eines Pleuraergusses oder auch ein für ein Vitium typischer Auskultationsbefund auf eine globale Herzinsuffizienz oder eine isolierte Rechtsherzinsuffizienz hin (→ Kap. 41). Für eine Leberschädigung sprechen insbesondere Aszites (→ Kap. 31), Ikterus (→ Kap. 15) und Leber-Hautzeichen (Spider-Naevi, Palmarerythem, Dupuytrensche Kontraktur). Bei portaler Hypertension können venöse Kollateralen im Hautniveau sichtbar sein, die vom Nabel bis zu den Rippenbögen ziehen („caput medusae"). Eine starke Abmagerung und eine fehlende Muskulatur mit Hypalbuminämie können eine Mangelernährung oder Fehlernährung anzeigen (→ Kap. 18). Die Kachexie kann jedoch auch bei konsumierenden Erkrankungen (Malignome, chronische Entzündungsprozesse und Hyperthyreose) mit durch Hypoproteinämie verursachten Ödemen vergesellschaftet sein.

53.4 Krankheitsbilder

53.4.1 Ödeme bei Herzinsuffizienz

Der wesentliche Pathomechanismus der Ödementstehung bei Herzinsuffizienz besteht in einer Salz- und Wasserretention der Nieren. Der herabgesetzte Druck im arteriellen Gefäßsystem bewirkt eine Aktivierung des Renin-Angiotensin-Aldosteron-Systems und eine Zunahme des Sympathikotonus. Die Folge ist eine Reduktion der renalen Durchblutung bei erhaltener oder gering erniedrigter glomerulärer Filtration (erhöhte Filtrationsfraktion) und eine gesteigerte tubuläre Reabsorption von Natrium. Die häufigsten Erkrankungen, die in eine myokardiale Insuffizienz münden können, sind in Tabelle 53-2 aufgeführt. Man unterscheidet eine **Rechtsherzinsuffizienz,** die durch einen vermehrten Füllungszustand im venösen System charakterisiert ist, von einer **Linksherzinsuffizienz,** die mit einer Überfüllung im Lungenkreislauf einhergeht. Nicht selten liegt eine Insuffizienz des gesamten Herzens („Globalinsuffizienz") vor.

B ***Beschwerden und Befunde***

Leicht eindrückbare Ödeme, die sich zunächst bevorzugt in den abhängigen Körperregionen (Beine beim ambulanten, Rücken und Gesäß beim bettlägerigen Patienten) manifestieren und flüchtiger Natur sein können, sind die Folge einer Rechtsherzinsuffizienz. Weitere Symptome der Rechtsherzinsuffizienz sind: Halsvenenstauung, eventuell druckschmerzhaft vergrößerte Leber („hepatojugulärer Reflux" bei Trikuspidalklappeninsuffizienz). Die Leitsymptome einer Linksherzinsuffizienz sind Dyspnoe, Orthopnoe, Lippenzyanose, feuchte (fein- bis mittelblasige) Rasselgeräusche über den Lungen und eventuell ein Pleuraerguß.

Tab. 53-2 Erkrankungen, die akut oder chronisch zur Herzinsuffizienz mit konsekutiver Ödembildung führen können

arterielle Hypertonie
pulmonale Hypertonie
koronare Herzkrankheit
Herzfehler (Vitien, Septumdefekte)
primäre Kardiomyopathie
sekundäre Kardiomyopathien infolge von
Myokarditiden
Toxinwirkung (z. B. Äthanol)
Stoffwechselstörungen (Hyperthyreose, Myxödem, Hämochromatose, Diabetes mellitus u. a.)
Herzrhythmusstörungen
mechanische Ursachen
exsudative und konstriktive Perikarditis
Hämoperikard

DS ***Diagnosesicherung***

Die Ursachen einer Herzinsuffizienz (Tab. 53-2), die sich meist durch eine Vergrößerung des Herzens in der Röntgenaufnahme des Thorax zeigt, können mit der Durchführung von EKG (Belastungs-, Langzeit-EKG), Echokardiographie (einschließlich Ösophagusecho), Myokardszintigraphie und Koronarangiographie differenziert werden. Bei erheblicher Rechtsherzinsuffizienz kommt es zu einer Leberfunktionsstörung (Endstadium: „cirrhose cardiaque") mit Anstieg der Transaminasen und besonders der alkalischen Phosphatase.

53

DD ***Differentialdiagnose***

Kardial verursachte generalisierte Ödeme müssen von generalisierten Ödemen bei Nieren- und Lebererkrankungen und bei Proteinmangelzuständen abgegrenzt werden. Ist eine Hypoproteinämie (wie sie beim nephrotischen Syndrom, der Leberzirrhose, mangelnder Eiweißzufuhr oder Eiweißverlusten vorkommt) ausgeschlossen, bleibt als Differentialdiagnose zum Ödem bei Herzinsuffizienz im wesentlichen eine Flüssigkeitsretention infolge einer akuten oder chronischen Insuffizienz der Nieren (→ Kap. 60). Pathologische Befunde bei der Untersuchung des Herzens und eine fehlende Veränderung der Harnstoff- und Kreatininwerte führen schließlich zur Diagnose eines kardial bedingten Ödems (→ Kap. 3).

53.4.2 Ödeme bei Nierenerkrankungen

Ödeme bei Nierenerkrankungen können im Rahmen eines nephrotischen oder nephritischen Syndroms und einer akuten oder chronischen Insuffizienz der Nieren auftreten.

Ursache eines **nephrotischen Syndroms** können außer den Glomerulonephritiden auch nicht-entzündliche glomeruläre Erkrankungen (z. B. die Glomerulopathie bei Diabetes mellitus oder bei Plasmozytom) sein. In der Pathogenese des Ödems beim nephrotischen Syndrom spielt neben dem durch die Hypoproteinämie reduzierten kolloidosmotischen Druck im Plasma die verminderte renale Natriumausscheidung eine wesentliche Rolle.

Die renale Natriumretention wird durch eine Aktivierung des Renin-Angiotensin-Systems, die zu der erhöhten tubulären Rückresorption von Natrium führt, verursacht. Das Renin-Angiotensin-Aldosteron-System wiederum wird aktiviert durch einen intravasalen Volumenmangel, der durch die Umverteilung von Flüssigkeit aus dem Intravasalraum ins Interstitium verursacht ist. Hervorgerufen ist diese Flüssigkeitsverteilung durch die Verminderung des onkotischen Plasmadruckes (durch die Hypalbuminämie bei Proteinurie).

Das akute **nephritische Syndrom** tritt häufig im Rahmen einer postinfektiösen Glomerulonephritis (z. B. „Poststreptokokken"-Nephritis) auf, nicht selten wird es jedoch auch bei anderen akut verlaufenden Glomerulonephritiden, z. B. bei der Aktivierung einer Lupusnephritis im Rahmen eines akuten Schubes eines systemischen Lupus erythematodes, beobachtet. Pathophysiologisch liegt der Ödembildung eine herabgesetzte renale Natrium- und Wasserausscheidung bei eingeschränkter glomerulärer Filtrationsrate zugrunde. Ob auch eine gesteigerte Permeabilität der Kapillaren eine Rolle spielt, ist umstritten, eine große Proteinurie und eine Hypoproteinämie sind nur in der kleineren Zahl der Fälle vorhanden. Der begleitende Hypertonus wird ebenfalls auf das erhöhte intravasale Volumen zurückgeführt.

Eine Ödembildung kann ferner bei unzureichender Ausscheidung von Salz und Wasser durch ein **akutes** (z. B. durch ein Nephrotoxin ausgelöstes) **Nierenversagen** oder auch durch eine **schwere chronische Insuffizienz der Nieren** (Tab. 53-3) bedingt sein.

B *Beschwerden und Befunde*

Besonders ausgeprägte morgendliche Schwellungen der Augenlider und des Gesichts sind ein typisches Frühsymptom des **nephrotischen Syndroms,** kommen aber auch bei allen anderen hypalbuminämischen Ödemen vor. Die Wasserretention führt zu einer deutlichen Zunahme des Körpergewichts, die 10 kg und mehr betragen kann. Das nephrotische Syndrom ist charakterisiert durch eine große Proteinurie (> 3,5 g/24 h), eine Hypoproteinämie (Serumalbumin < 30 g/l) und Dysproteinämie (α_1- und γ-Globulin sind erniedrigt, α_2- und β-Globulin kompensatorisch erhöht) und eine Hypercholesterinämie.

Das **nephritische Syndrom** ist neben der Ödembildung durch eine arterielle Hypertonie sowie durch eine Erythrozyturie, Erythrozytenzylinder im Urinsediment und eine Proteinurie definiert. In fortgeschrittenen Fällen kommt es zur Hypervolämie mit erhöhtem zentralvenösem Druck, Herzvergrößerung und dem Auftreten eines Lungenödems. Auch bei einer **akuten oder chronischen Insuffizienz der Nieren,** die durch einen Anstieg der Retentionswerte (Kreatinin und Harnstoff) definiert ist, zeigen sich eindrückbare Schwellungen, wiederum bevorzugt der abhängigen Körperpartien, die in Ruhe verschwinden.

Wenn die Volumenbeladung infolge einer der beschriebenen renalen Erkrankungen die Kapazität des Herz-Kreislauf-Systems übersteigt, ähneln die Symptome denen einer globalen Herzinsuffizienz, gehen also mit einer Überwässerung im kleinen und großen Kreislauf einher. In fortgeschrittenen Stadien der Flüssigkeitsretention ist ein interstitielles Lungenödem charakteristisch, das sich als schmetterlingsförmiges perihiläres Infiltrat im Röntgenbild darstellt.

Tab. 53-3 Nierenerkrankungen, die durch ein nephrotisches bzw. nephritisches Syndrom oder eine Niereninsuffizienz renale Ödeme hervorrufen können

Nephrotisches und nephritisches Syndrom	Niereninsuffizienz
primäre Glomerulonephritiden (GN): membranöse GN, Minimal-change-GN, fokal-segmentale Glomerulosklerose, endokapilläre („postinfektiöse") GN, mesangioproliferative GN, membranoproliferative GN, rapid-progrediente GN (z. B. Goodpasture-Syndrom) **GN bei Systemerkrankungen:** SLE, M. Wegener, Sklerodermie, Panarteriitis nodosa, Purpura Schoenlein-Henoch **GN als Begleiterkrankung bei Tumoren und Infekten** (z. B. Malaria) **Glomerulopathien bei:** diabetischer Nephropathie renaler Amyloidose Nephropathie in der Schwangerschaft	**akute Niereninsuffizienz durch:** prärenales Nierenversagen (z. B. bei Schock, Sepsis) akute GN, Nierenvenenthrombose, maligne Nephrosklerose, Nephrotoxine, Hämolyse postrenales Nierenversagen Rhabdomyolyse hämolytisch-urämisches Syndrom **chronische Niereninsuffizienz durch:** primäre GN, GN bei Systemerkrankungen, diabetische Nephropathie, renale Amyloidose chronische Pyelonephritis Analgetikanephropathie Zystennieren vaskuläre Nephropathie (Nephrosklerose, Nierenarterienstenosen), Plasmozytom

DS *Diagnosesicherung*

Die zugrundeliegende glomeruläre Erkrankung kann bei **nephrotischem Syndrom** häufig nur durch die histologische, immunfluoreszenztechnische und elektronenmikroskopische Aufarbeitung eines Nierenbioptates geklärt werden. Die Frage, ob eine **Niereninsuffizienz** durch eine akute oder chronische Parenchymschädigung verursacht ist, läßt sich durch bildgebende Verfahren, insbesondere die Sonographie, nachweisen: Beidseits verkleinerte Nieren mit reduziertem Parenchymanteil findet man im Falle eines chronischen Prozesses, normal große oder sogar geschwollene Nieren machen dagegen eine akute Parenchymerkrankung der Nieren als Ursache der erhöhten Kreatinin- und Harnstoffwerte im Serum wahrscheinlich (Abb. 53-1). Eine Anämie weist auf eine bereits länger bestehende Nierenfunktionsstörung hin.

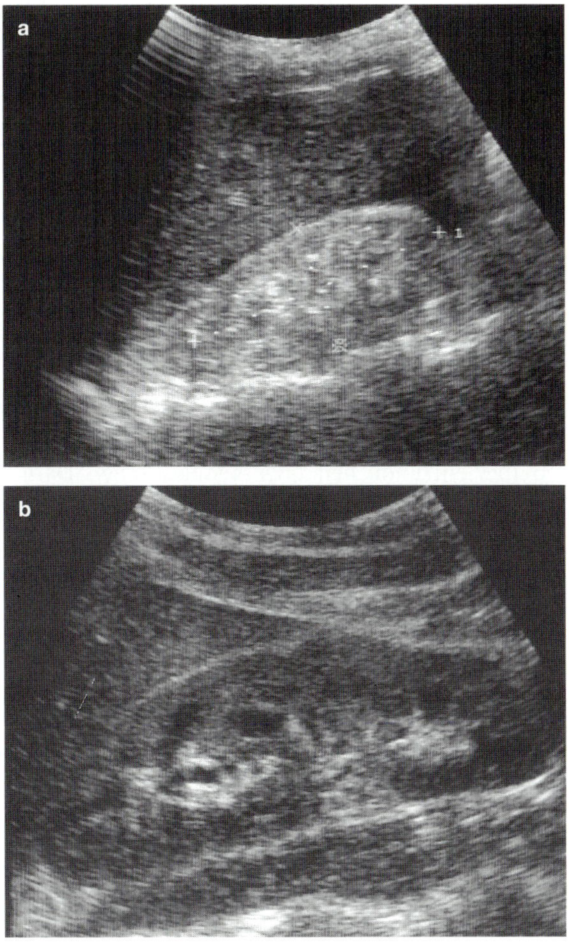

Abb. 53-1 Sonographie der Niere.
a) Verkleinerte Niere bei terminaler Niereninsuffizienz auf dem Boden einer chronischen mesangioproliferativen Glomerulonephritis.
b) Normal große Niere bei einem Patienten mit nephrotischem Syndrom bei membranöser Glomerulonephritis.

DD *Differentialdiagnose*

Durch eine Nierenerkrankung verursachte Ödeme sind differentialdiagnostisch von hepatisch oder kardial bedingten Ödemen sowie von Ödemen im Rahmen einer Mangelernährung (→ Kap. 18) oder eines Proteinverlustes über den Darm (→ Kap. 11) zu trennen. Der Nachweis von großen Eiweißmengen im Urin und/oder eines pathologischen Urinsediments macht die Diagnose eines nephrotischen oder nephritischen Syndroms wahrscheinlich. Deutlich erhöhte Kreatinin- und Harnstoffwerte im Blut weisen auf eine Niereninsuffizienz als Ursache der Ödembildung hin.

53.4.3 Ödeme bei Lebererkrankungen

53

Schwere Lebererkrankungen (Tab. 53-4) sind häufig mit einer Ödembildung vergesellschaftet. Die Pathogenese der Flüssigkeitsretention bei der Leberzirrhose als der häufigsten Ursache der Leberinsuffizienz ist umstritten. Einerseits kann die Verlagerung von Flüssigkeit in den Extrazellularraum durch die Reduktion des onkotischen Plasmadruckes und den erhöhten hydrostatischen Druck im Pfortader- und im Einzugsgebiet der V. cava inferior primär eine intravasale Hypovolämie („underfilling") hervorrufen. Dies würde in der Folge zu einer Aktivierung renal natriumretinierend wirkender Hormonsysteme (z.B. Renin-Angiotensin-Aldosteron-System) führen. Eine alternative Hypothese besagt, daß die renale Natriumausscheidungsstörung das initiale Ereignis ist und die Überfüllung des Intravasalraumes sekundär zu einem Übertritt („overflow") von Flüssigkeit in den Extrazellularraum führt. Dieser Vorgang würde von der Erniedrigung des onkotischen Druckes im Plasma lediglich begünstigt.

B *Beschwerden und Befunde*

Leitsymptom der Wasserretention bei Leberinsuffizienz ist der Aszites, der durch die Zunahme des Bauchumfanges, durch einen gedämpften Klopfschall und palpatorisch durch Auslösen einer anschwappenden Flüssigkeitsmenge sowie durch eine sonographische Untersuchung diagnostiziert werden kann. Regelmäßig finden sich außerdem die unter 53.3.1 erwähnten Leber-Hautzeichen.

DS *Diagnosesicherung*

Hepatische Ödeme sind neben der Hypalbuminämie durch andere Zeichen der Leberinsuffizienz wie durch

Tab. 53-4 Lebererkrankungen, die ein akutes oder chronisches Leberversagen mit hepatogenem Ödem hervorrufen können

Akutes Leberversagen	**Chronisches Leberversagen**
akute Virushepatitis	chronisch verlaufende Formen der unter akutem Leberversagen genannten Erkrankungen
Autoimmunhepatitis	primär biliäre Zirrhose
Hepatotoxine: CCL_4, Phosphor, Knollenblätterpilz, Medikamente, Anästhetika, Alkohol	sekundär biliäre Zirrhose
Budd-Chiari-Syndrom	„cirrhose cardiaque" bei chronischer Rechtsherzinsuffizienz oder Pericarditis constrictiva
Reye-Syndrom	
Gelbfieber	
Schwangerschaft (HELLP-Syndrom)	
schwere Cholangitis	
Leberzellkarzinom, Lebermetastasen	
Stoffwechselstörungen Hämochromatose, M. Wilson, Galaktosämie, Mukoviszidose, α_1-Antitrypsinmangel u. a.	

eine reduzierte Cholinesterase und eine Verlängerung der Prothrombinzeit gekennzeichnet. Erhöhte Transaminasen (GOT, GPT) und eine Vermehrung der GLDH zeigen eine aktive Leberzellschädigung, erhöhte Werte der γ-GT und alkalischen Phosphatase einen cholestatischen Prozeß an. Hepatitiden werden durch den Nachweis des Virusantigens (z. B. HbS-Antigen bei Hepatitis B) und von Virus-RNS und -DNS (Polymerase-Kettenreaktion, „PCR") diagnostiziert.

Parenchymschäden der Leber, insbesondere ein zirrhotischer Umbau, aber auch Fettleber, Neoplasien der Leber, Pfortaderthrombose sowie intra- oder extrahepatische Cholestase können u. a. durch die Sonographie diagnostiziert werden, ein Lebervenenverschluß („Budd-Chiari-Syndrom") als Ursache der Leberinsuffizienz durch Farb-Doppler-Sonographie und Phlebographie (→ Kap. 15). Eine Aszitespunktion (→ Kap. 31) kann durch Bestimmung des Proteingehalts und durch zytologische, bakteriologische sowie laborchemische Untersuchung des Aszites zur Klärung einer Lebererkrankung beitragen. Eine endgültige Aussage über Genese und Ausmaß einer Leberparenchymschädigung ist oft erst nach histologischer Beurteilung eines Biopsiezylinders möglich.

DD *Differentialdiagnose*

Hepatische Ödeme sind wahrscheinlich bei Vorliegen klinischer Leberinsuffizienzzeichen und pathologisch veränderter Leberwerte im Blut sowie bei fehlenden krankhaften Urinveränderungen und fehlenden pathologischen kardialen Befunden. Weitere Hinweise auf eine Leberinsuffizienz als Ödemursache sind ein Eiweißmangel bei niedriger Cholinesterase ohne Beleg für eine mangelhafte Proteinzufuhr oder einen enteralen Eiweißverlust (→ Kap. 15).

53.4.4 Ödeme bei enteralem Eiweißverlust

Physiologisch werden Proteine über die Darmwand rückresorbiert und gelangen über die Pfortader in die Leber, vom gesunden Menschen werden nicht mehr als 5 g Eiweiß über den Darm ausgeschieden. Bei pathologischen Veränderungen der Darmwand (mögliche Erkrankungen → Tab. 53-5) kann es zu sehr viel ausgeprägteren Verlusten kommen (→ Kap. 11).

B *Beschwerden und Befunde*

Leitsymptom sind Diarrhöen sowie Blutbeimengungen (bei entzündlichen oder neoplastischen Darm-

Tab. 53-5 Erkrankungen, die zu einer exsudativen Enteropathie mit Eiweißverlust und Ödembildung führen können

Entzündliche Darmerkrankungen: akute und chronische Gastroenteritis (z. B. Yersiniose, Amöbiasis, Lambliasis), M. Crohn, Colitis ulcerosa (→ Kap. 11)
Allergische Darmerkrankungen: Zöliakie, Nahrungsmittelallergien, Agammaglobulinämie, IgA-Mangel-Syndrom
Hyperplasien und Tumoren: Polyposis ventriculi und coli, Morbus Ménétrier, Zollinger-Ellison-Syndrom, hypertrophische hypersekretorische exsudative Gastroenteropathie, Magen- und Darmkarzinome, -sarkome
Maldigestion, Malabsorption (Abb. 53-3): Chylusfisteln, gastrokolische Fisteln, verkleinerte Resorptionsfläche nach Magen-, Darmresektionen, atrophische Gastritis, exogene Pankreasinsuffizienz (→ Kap. 11 und 46)
Sekundär: Lymphabflußstörung, Tuberkulose, Amyloidose, maligne Lymphome, M. Whipple, Sklerodermie, Rechtsherzinsuffizienz, Pericarditis constrictiva (→ Kap. 14)
Intestinale Lymphangiektasie

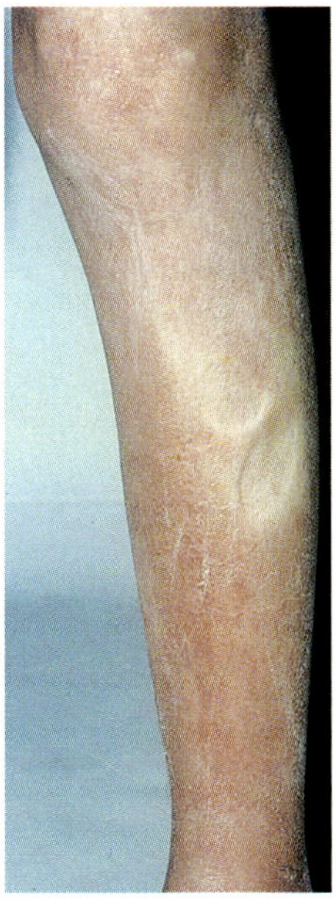

Abb. 53-2 Hypoproteinämisches Ödem bei einem Malabsorptionssyndrom.

erkrankungen), ein hoher Fettanteil (weißliche Fettstühle bei exokriner Pankreasinsuffizienz) oder auch schleimige (entzündliche Darmerkrankungen) Stühle. Die Abbildung 53-2 zeigt ein durch Malabsorption verursachtes hypoproteinämisches Ödem.

DS *Diagnosesicherung*

Im Rahmen einer **exsudativen Enteropathie** kommt es zu einem enteralen Eiweißverlust von mehr als 5 g/24 h. Im Gegensatz zum nephrotischen Syndrom gehen alle Eiweißfraktionen verloren: Albumin, γ-Globuline, Transferrin und Coeruloplasmin im Plasma sind vermindert. Dagegen kann die Cholinesterase gesteigert sein. Der Beweis für einen enteralen Proteinverlust kann durch zwei unterschiedliche Methoden geführt werden: Zum einen durch die vermehrte Ausscheidung von intravenös zugeführten, radioaktiv markierten Makromolekülen (^{51}Cr-Albumin, ^{151}J-PVP) im Stuhl, zum anderen auch ohne die Belastung mit Radioaktivität über eine gesteigerte α_1-Antitrypsin-Clearance. Benötigt werden eine einmalige Serumbestimmung und die Bestimmung des α_1-Antitrypsins im über 24 Stunden gesammelten Stuhl. Bei Nachweis eines **enteralen Eiweißverlustes** sind zur Klärung der Ätiologie gastroenterologische Untersuchungen wie Gastroduodeno- und Koloskopie inklusive Biopsie, Röntgen-MDP, Kontrasteinlauf und Resorptionsstudien notwendig. Eine primäre intestinale Lymphangiektasie wird durch die histologische Untersuchung einer Dünndarmbiopsie gesichert.

DD *Differentialdiagnose*

Im Rahmen der Abklärung einer Hypoproteinämie muß zunächst ein hepatisch oder renal bedingter Eiweißmangel ausgeschlossen werden, bevor als Ursache hypoproteinämischer Ödeme ein enteraler Eiweißverlust in Betracht gezogen werden kann.

53.4.5 Medikamentös induzierte Ödeme

Die Pathogenese medikamentös induzierter Ödeme ist bei den einzelnen Pharmaka verschieden. **Nichtsteroidale Antiphlogistika** wirken durch die Hemmung renal vasodilatierend wirkender Prostaglandine kochsalz- und wasserretinierend. **Antihypertensive Pharmaka** mit starker vasodilatierender Wirkung (z. B. Kalziumantagonisten, Minoxidil, Diazoxid) führen zu einer Abnahme der renalen Perfusion mit gegenregulatorischer Steigerung der Natriumrückresorption. Einige Substanzen lösen über ihren mineralokortikoiden Effekt eine Kochsalz- und Wasserretention aus (z. B. Carbenoxolon, Lakritze, Glukokortikoide). Andere Pharmaka wirken am Ort der Anwendung als Allergen ödembildend (Retinoide, Vitamin A). Systemisch können z. B. Zytostatika und Antidepressiva durch eine Freisetzung von ADH aufgrund einer Stimulation der Neurohypophyse ödembildend wirken. Eine häufige medikamenteninduzierte Ursache von Ödemen ist der Abusus von **Diuretika,** den besonders Frauen mit dem Ziel der Gewichtsreduktion betreiben. Die Ödeme entstehen rasch nach dem Absetzen der Diuretika und können auch ohne Fortführung des Abusus noch einige Wochen anhalten. Es wird angenommen, daß die chronische Anwendung von Diuretika zu einer Abnahme des Blutvolumens mit konsekutiver Aktivierung natrium- und wasserretinierend wirkender Mechanismen (z. B. Renin-Angiotensin-System) führt. Bei akutem Absetzen der Diuretika kommt es zur Ödembildung, da die wasserretinierenden Mechanismen noch aktiviert sind, so daß „diuretikainduzierte" Ödeme die Folge sind. Ähnlich können **Laxanzien** wirken, deren mißbräuchliche Einnahme ebenso wie die der Diuretika durch den Nachweis einer Hypokaliämie auffällt.

53

B *Beschwerden und Befunde*

Bei Abusus von Diuretika und Laxanzien klagen übersensible Patientinnen nicht selten über Schwellungen, die bei der körperlichen Untersuchung nicht sicher nachweisbar sind.

DS *Diagnosesicherung*

Voraussetzung für die Diagnosestellung ist eine sorgfältige Medikamentenanamnese. Neben der positiven Medikamentenanamnese können klinische Hinweise (z. B. Hypotonie bei Einnahme von Diuretika und Laxanzien) zur Diagnosesicherung beitragen. Eine Hypokaliämie zusammen mit einer Hypomagnesiämie und Hyponatriämie ist ein Indiz für eine medikamenteninduzierte (Diuretika, Laxanzien) Ödemneigung. Häufig ist der Nachweis entsprechender Pharmaka im Urin zur Bestätigung der Verdachtsdiagnose einer medikamentös induzierten Ödemneigung erforderlich.

Tab. 53-6 Medikamente bzw. Substanzen, die zu einer Ödembildung führen können

Amantadin
Antidepressiva
Antihypertensiva: Nifedipin, Nitrendipin, Prazosin, Hydralazin, Minoxidil, Rauwolfia, α-Methyldopa, Guanethidin, Diuretika und Laxanzien (nach Absetzen)
Carbenoxolon
Carbamazepin
Chlorpropamid
DDAVP
Gestagene
Glukokortikoide
Mineralokortikoide
Lakritze
Östrogene
Phenothiazine
Propafenon
Vitamin A, Retinoide
Zytostatika

DD *Differentialdiagnose*

Eine genaue Anamnese in bezug auf die in Tabelle 53-6 genannten Medikamente und deren mögliche Nebeneffekte ist bei jeder Untersuchung eines Ödempatienten erforderlich. Differentialdiagnostisch müssen alle Zustände, die ohne eine begleitende Hypoproteinämie zu Ödemen führen können, ausgeschlossen werden. Insbesondere sollten keine Hinweise auf eine Nieren- oder Herzinsuffizienz vorliegen.

53.4.6 Lymphödem

Primäre Lymphödeme werden durch Agenesie bzw. Hypoplasie der Lymphgefäße hervorgerufen. Das seltene primäre Lymphödem ist angeboren und kann bereits direkt nach der Geburt durch die Schwellung einer Extremität auffallen (Nonne-Milroy-Syndrom). Ähnlich selten ist die familiäre Form des primären Lymphödems, das erst im Erwachsenenalter auftritt (Meige-Syndrom). Die sich vornehmlich bei Frauen manifestierende Erkrankung kann sowohl reversibel als auch irreversibel sein und bis zu einer grotesken Schwellung einer oder mehrerer Extremitäten („Elephantiasis") führen. Auch beim Turner-Syndrom (X0-Monosomie), der intestinalen Lymphangiektasie (angeborene Fehlbildung der intestinalen Lymphgefäße zusammen mit Hypoplasien der Lymphgefäße der Extremitäten) und bei der Lymphangioleiomyomatose (glatte Muskelzellen führen zur Verlegung von Lymphgefäßen, aber auch von Alveolen und Bronchiolen der Lunge bei Frauen im gebärfähigen Alter) werden primäre Lymphödeme beobachtet. **Sekundäre Lymphödeme** werden am häufigsten durch lokale Tumoren, Tuberkulose, Bestrahlungen, Operationen (z. B. eine Mastektomie), Traumata und Lymphangitiden (z. B. durch rezidivierende Streptokokkeninfekte) verursacht. Weltweit die häufigste Ursache einer Lymphangitis ist die tropische Filarieninfektion.

B *Beschwerden und Befunde*

Das primäre und das sekundäre Lymphödem sind lokal begrenzt und bei längerem Bestehen in der Konsistenz eher derb. Die Haut über dem Lymphödem erscheint im Unterschied zum venösen Ödem meist blaß.

DS *Diagnosesicherung*

Das Vorliegen eines **primären Lymphödems** läßt sich durch eine Lymphographie belegen. Eine strenge Indikationsstellung ist allerdings erforderlich, da das Risiko einer Verklebung der Lymphbahnen durch das Kontrastmittel besteht. Im Fall eines primären Lymphödems stellen sich in der Lymphographie weniger als 4–6 Lymphgefäße am Unter-, bzw. weniger als 8–10 Lymphgefäße am Oberschenkel dar. Auch durch interdigitale, subkutane Injektion eines Farbstoffes (z. B. Patentblau) können Lymphgefäße zur Darstellung gebracht und eine Rarefizierung oder Malformation der Lymphbahnen belegt werden. **Sekundäre Lymphödeme** mit einer Abflußbehinderung der Lymphe durch Tumoren oder nach Bestrahlung können ebenfalls mittels Lymphographie gesichert werden (Abb. 53-3). Der eindeutige Nachweis z. B. von Tumoren im kleinen Becken durch Sonographie und CT macht eine Lymphographie bei Ödembildung in den distal gelegenen Körpergebieten unnötig.

DD *Differentialdiagnose*

Das Lymphödem sollte differentialdiagnostisch insbesondere vom Phlebödem abgegrenzt werden. Meist sind hier die unterschiedliche Anamnese und der vor allem beim Phlebödem charakteristische Untersuchungsbefund hilfreich. In einigen Fällen kann auch die Differenzierung eines Lipödems, eines Angioödems (→ 53.4.8) oder auch eines Myxödems (→ 53.4.11) schwierig sein.

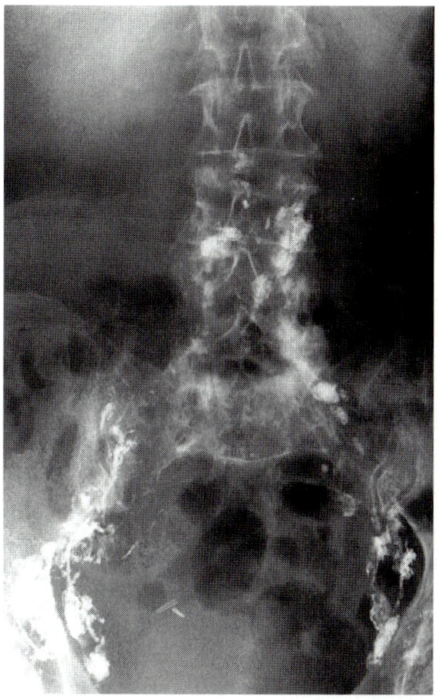

Abb. 53-3 Lymphographie (noduläre Phase): komplette Abflußbehinderung in Höhe Lumbalwirbel 2 durch einen retroperitonealen Tumor.

53.4.7 Allergisches Angioödem und hereditäres Angioödem

Angioödeme sind regional abgegrenzt. Das **allergische Angioödem** kann sowohl IgE-vermittelt (z.B. Pollen-, Nahrungsmittelallergie etc.), komplementabhängig (z.B. Reaktion auf Blutbestandteile wie Gerinnungsfaktoren) und durch eine Histaminfreisetzung aus Mastzellen (z.B. Antibiotika- oder Kontrastmittelallergie) hervorgerufen sein. Daneben können physikalische Reize (Sonne, Kälte, Vibration) ein allergisches Angioödem auslösen.

Das auch als „angioneurotisch" bezeichnete **hereditäre Angioödem** wird durch eine erhöhte Kapillarpermeabilität verursacht und bei Patienten mit angeborenem, autosomal-dominant vererbtem C1-Esterase-Inhibitor-Mangel beobachtet.

B *Beschwerden und Befunde*

Charakteristisch für das **allergische Angioödem** ist der Pruritus (→ Kap. 28). Neben den Extremitäten können vor allem die Lippen, die Augenregion und die oberen Atemwege (Erstickungsgefahr bei Larynxödem) befallen sein. Typisch sind das rasche Auftreten und die spontane Rückbildungsfähigkeit. Für das **hereditäre Angioödem** sind regional lokalisierte Schwellungen der Extremitäten, im Gesicht und im Larynxbereich, die nach einem geringen Trauma sehr plötzlich auftreten und wieder zurückgehen können, kennzeichnend. Das hereditäre Angioödem tritt ohne eine begleitende Urtikaria auf.

DS *Diagnosesicherung*

Allergische Angioödeme können durch Reexposition mit dem Allergen (z.B. Nahrungsmittel, Pollen, Tierhaare) verifiziert werden.

Ein hereditäres angioneurotisches Ödem wird durch die niedrige Konzentration von C1-Esterase-Inhibitor im Serum bewiesen.

DD *Differentialdiagnose*

Die Abgrenzung der venösen von lympathischen Ödemen wird durch die unterschiedliche Anamnese, das häufig andere Verteilungsmuster, den beim allergischen Ödem typischen Pruritus und die weiterführenden Untersuchungsmethoden zum Ausschluß eines lymphatischen (→ 53.4.5) oder venösen Ödems (→ 53.4.8) möglich.

53

53.4.8 Phlebödem

Die oberflächliche Thrombophlebitis wird ebenso wie die Thrombose einer tiefen Extremitätenvene durch eine Zirkulationsstörung im Bereich der Venen verursacht. Ursache ist eine Thrombosierung, die durch eine Verlangsamung des Blutflusses im Bereich der Venen z.B. im Rahmen einer Varikosis oder einer längeren Immobilisierung einer Extremität hervorgerufen wurde. Bei der akuten Thrombose der V. axillaris („Paget-von-Schroetter-Syndrom") lassen sich mitunter vorangehende ungewohnte Belastungen des Armes erfragen. Auch Gerinnungsstörungen können pathogenetisch bei der Entstehung der Thrombose eine Rolle spielen (→ Kap. 42).

B *Beschwerden und Befunde*

Im Rahmen einer **oberflächlichen Thrombophlebitis** kommt es zu einer derben Schwellung, Schmerzen und Rötung im Bereich der betroffenen Venen. Fieber und Schüttelfrost können hinzukommen.

Einer **Thrombose tiefer Venen** mit Ödembildung gehen oft begünstigende Umstände voraus. Ziehende Schmerzen sowie ein Schweregefühl und eine Zyanose der befallenen Gliedmaßen sind häufig. Schmerzen im Bereich bestimmter Druckpunkte wie z.B. der Wade und der Fußsohle (Payrsches bzw. Homanssches Zeichen) sind ein nicht immer zuverlässiges Kriterium. Bei der **Phlegmasia coerulea dolens,** die einer Obliteration der gesamten Venen einer Extremität entspricht, ist das Ödem so prall, daß ein arterieller Einstrom kaum noch möglich ist. Die arteriellen

Pulse können nicht palpabel sein, so daß man auch von einer Pseudoembolie spricht. Bei **chronisch-venöser Insuffizienz** (z.B. „postthrombotisches Syndrom" bei Obstruktion oder Klappeninsuffizienz der tiefen Venen nach Phlebothrombose) können ebenfalls Ödeme auftreten, die insbesondere nach längerem Gehen oder Sitzen auffallen.

DS *Diagnosesicherung*

Mit Hilfe der **Farb-Doppler-Sonographie** lassen sich tiefe Thrombosen insbesondere der größeren Gefäße ausschließen. Der sichere Nachweis auch im Bereich kleinerer Gefäße (bis in den Unterschenkelbereich hinein) gelingt durch eine Kontrastmitteldarstellung mit der **Phlebographie** (Abb. 53-4).

DD *Differentialdiagnose*

Der charakteristische Untersuchungsbefund macht die Diagnose einer akuten venösen Thrombosierung meist relativ leicht, ein chronisches Phlebödem muß dagegen häufig durch weiterführende Untersuchungen (Phlebographie, eventuell Lymphographie) besonders vom Lymphödem abgegrenzt werden.

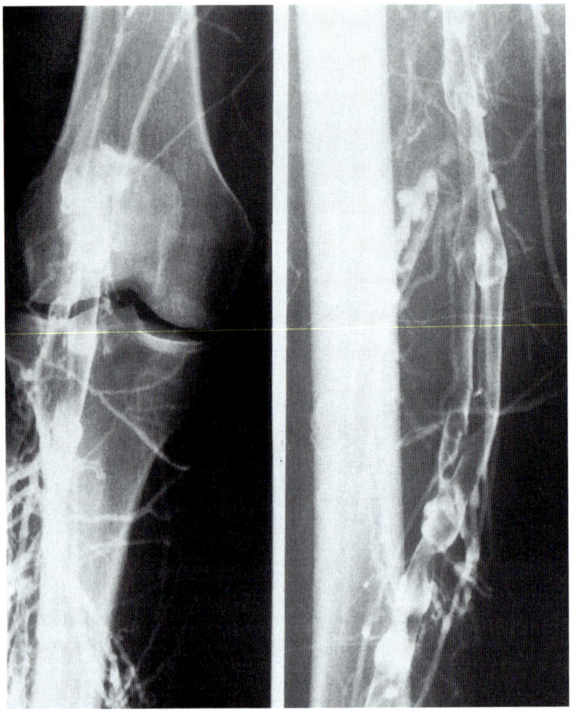

Abb. 53-4 Phlebographie: akute Beinvenenthrombose mit Thrombus in der V. poplitea (linkes Bild) und in den Unterschenkelvenen (rechtes Bild).

53.4.9 Ödeme in der Schwangerschaft

In der Schwangerschaft werden Beinödeme relativ häufig beobachtet. Die Pathogenese ist nicht vollständig geklärt. Es liegt ein erhöhtes Blutvolumen zusammen mit einer durch erhöhte Prostaglandin- und Progesteronkonzentrationen hervorgerufenen Vasodilatation und einer gesteigerten Kapillarpermeabilität vor. Zusätzlich könnte die vermehrte Aktivität des Renin-Angiotensin-Aldosteron-Systems sowie die Umstellung der weiblichen Sexualhormone eine renale Natriumretention bewirken. Von dieser Flüssigkeitsretention in der normalen Schwangerschaft, die nicht als pathologisch bezeichnet werden kann, muß die Ödemneigung im Rahmen einer **Präeklampsie** oder **EPH-Gestose** abgegrenzt werden.

B *Beschwerden und Befunde*

Die harmlosen Schwangerschaftsödeme fallen durch eine Gewichtszunahme von mehreren Kilogramm und durch symmetrische Beinödeme auf. **Präeklampsie und EPH-Gestose** sind neben der Ödembildung durch Hypertonie, Proteinurie und gegebenenfalls auch durch Krampfanfälle (EPH-Gestose) charakterisiert.

DS *Diagnosesicherung*

Die Diagnose wird klinisch gestellt, histologisch lassen sich auch im Rahmen einer schweren EPH-Gestose nur geringe, vornehmlich glomeruläre Veränderun-

Tab. 53-7 Erkrankungen, die zu einem Lymphödem führen können

Primäres Lymphödem	Sekundäres Lymphödem
Nonne-Milroy-Syndrom (autosomal-dominant, Manifestation im Kindesalter) **Meige-Syndrom** (familiär, Manifestation im Erwachsenenalter) **Lymphangioleiomyomatose** **Turner-Syndrom** (kongenitales Fehlen des männlichen Geschlechtschromosoms) **intestinale Lymphangiektasie**	**obstruktiv:** Retroperitonealfibrose (M. Ormond), Tumoren (Prostata-, Uterus-, Ovarialkarzinome, lymphoproliferative Erkrankung) **Traumata:** Operationen, Bestrahlung, Verletzung, Verbrennung **infektiös:** Erysipel, Filariasis

gen finden. Interessanterweise verschwinden die meisten Symptome nach Abgang oder Entfernung der Plazenta, so daß auch von einer von der Plazenta ausgehenden Schwangerschaftstoxikämie gesprochen wird.

DD ***Differentialdiagnose***

Selten macht der Ausschluß anderer Ursachen von generalisierten Ödemen (z. B. Herz- oder Leberinsuffizienz) differentialdiagnostische Schwierigkeiten.

53.4.10 Idiopathische Ödeme

Idiopathische Ödeme können angenommen werden, wenn andere Ursachen, u. a. auch ein Laxanzien- und/oder Diuretikaabusus (Tab. 53-6), ausgeschlossen wurden.

Die häufig zu beobachtende Abhängigkeit von der aufrechten Körperhaltung macht eine vermehrte Kapillarpermeabilität, die nur bei einer Erhöhung des hydrostatischen Druckes offensichtlich wird, wahrscheinlich. Die Beobachtung, daß eine Progesterontherapie in einem Teil der Fälle wirksam ist, führte zu der Annahme, daß eine pathologische Östrogenwirkung vorliegt, die zu einer vermehrten Gefäßpermeabilität führt. Von einigen Frauen werden die Schwellungen subjektiv stärker empfunden, als sie objektiv wahrnehmbar sind. In diesen Fällen könnte das Syndrom ein Extrem von physiologischen Schwankungen des Flüssigkeitshaushaltes darstellen, das bei Frauen mit besonderer Besorgnis bezüglich ihres Gewichtes und ihres Aussehens Krankheitswert gewinnt. Bei diesen Patientinnen ist die Gefahr eines Diuretika- und/ oder Laxanzienabusus besonders groß.

B ***Beschwerden und Befunde***

Idiopathische Ödeme treten bevorzugt bei adipösen Frauen zwischen Pubertät und Menopause auf und korrelieren nur gelegentlich zeitlich mit Ovulation oder Menstruation („zyklische Ödeme"). Gewichtszunahmen von 5 kg und mehr sind mit einem Spannungsgefühl in den Beinen, Händen und im Gesicht assoziiert.

DS ***Diagnosesicherung und***

DD ***Differentialdiagnose***

Die Diagnose von idiopathischen Ödemen kann nur durch Ausschluß anderer Ursachen erfolgen, beweisende Labor- und apparative Methoden gibt es nicht. Idiopathische Ödeme lassen sich von generalisierten Ödemen bei schweren Organerkrankungen (Herz-, Leber- oder Niereninsuffizienz) leicht abgrenzen. Zu differentialdiagnostischen Problemen können allerdings Schwellungen der Extremitäten im Rahmen von endokrinen Erkrankungen und vor allem im Rahmen eines Medikamentenabusus (Laxanzien, Diuretika) führen. Diese müssen sorgfältig ausgeschlossen werden (→ 53.4.5, 53.4.11).

53.4.11 Schwellungen der Extremitäten bei endokrinen Erkrankungen

Die Pathogenese der Ödembildung bei endokrinen Erkrankungen ist, abhängig vom erkrankten Organ, sehr unterschiedlich:

Die vermehrte Sekretion von Glukokortikoiden durch die Nebennierenrinde kann primär im Rahmen von Nebennierenprozessen (Cushing-Syndrom) und sekundär bei hypophysären Erkrankungen **(Morbus Cushing)** auftreten (→ Kap. 18). Die Ödempathogenese bei dieser Erkrankung ist durch die mineralokortikoiden Wirkungen der vermehrt sezernierten Glukokortikoide ähnlich der des Conn-Syndroms (→ Kap. 26). Beim **Conn-Syndrom** führt die kontinuierliche Hypersekretion von Aldosteron (bei Nebennierenadenom oder selten! -karzinom) zu einem renal-tubulären Verlust von Kalium und einer vermehrten Natriumrückresorption und zu Ödemen. Die Folgen sind eine extrazelluläre Volumenexpansion und gelegentlich ein Bluthochdruck. Eine **Hypothyreose** ist charakterisiert durch eine Verdickung und Induration der Haut, die durch eine Anhäufung hydrophiler Mukopolysaccharide im Bindegewebe verursacht ist (→ Kap. 1). Im Rahmen des **Syndroms der inadäquaten ADH-Sekretion** (SIADH, Schwartz-Bartter-Syndrom) kommt es zu einer verminderten Ausscheidung von freiem Wasser mit konsekutiver Ödembildung und arterieller Hypertension (→ Kap. 60). Ein SIADH wird infolge eines paraneoplastischen Syndroms (z. B. bei einem kleinzelligen Bronchialkarzinom) beobachtet. Ebenso kann es jedoch auch zu einer inadäquaten ADH-Sekretion der Hypophyse selbst, z. B. bei Erkrankungen des zentralen Nervensystems (z. B. bei Meningitis, Enzephalitis, Tumoren, Trauma, Ischämie, akuter Porphyrie), bei nichtmalignen Lungenerkrankungen (Infektionen, Asthma) und nach bestimmten Pharmaka (z. B. Tolbutamid, Vincristin, Cyclophosphamid, Haloperidol, Clofibrat) kommen. Erwachsene Patienten, die eine vermehrte Produktion von Wachstumshormon, hervorgerufen durch tumoröse Entartungen der Hypophyse, aufweisen, entwickeln eine **Akromegalie** mit gelegentlicher Schwellung der Extremitäten (→ Kap. 44). Eine vermehrte Kapillardurchlässigkeit soll bei **Diabetikern** Ödembildungen auch ohne Vorliegen einer Proteinurie und eines Eiweißmangels hervorrufen (→ Kap. 12).

53

Tab. 53-8 Erkrankungen, die zu allergisch bedingter Ödembildung („Angioödem") der Extremitäten, aber häufig auch anderer Körperregionen führen können. (Modifiziert nach Austen, F., in Harrison's Principles of Medicine, 11th edition, 1987)

IgE-abhängig
atopische Erkrankungen (Asthma bronchiale, allergische Rhinitis, Neurodermitis)
Allergie auf spezifische Antigene (Pollen, Nahrungsmittel, Medikamente, Pilze, Pflanzen, Tiere, Mineralien)
Allergie auf Kälte, Sonne
komplementvermittelt
angioneurotisches Ödem (autosomal-dominant vererbter C1-Esterase-Inhibitor-Mangel, erworben bei lymphoproliferativen Erkrankungen)
Serumkrankheit
Reaktion auf Blutbestandteile
Histaminfreisetzung durch
Opiate, Antibiotika, Curare, Röntgenkontrastmittel, Dextran
Störung des Prostaglandinstoffwechsels durch
nichtsteroidale Antiphlogistika, Farbstoffe, Benzoate

B *Beschwerden und Befunde*

Der typische Habitus des **Cushing-Syndroms** („Stiernacken" [→ Abb. 18-3], Stammfettsucht, „Vollmondgesicht") zusammen mit der Zunahme des Körpergewichtes, einer allgemeinen Schwäche, Bluthochdruck, Hirsutismus und Persönlichkeitsveränderungen sind für die Diagnose wegweisend. Beim **Conn-Syndrom** lassen sich im Serum eine Hypernatriämie, Hyperchlorämie und Hypokaliämie nachweisen (→ Kap. 26). Bei etwa 30% der Patienten ist eine Hypertonie vorhanden. Die Verdickung und Induration der Haut beim **Myxödem** kann ubiquitär vorkommen, findet sich typischerweise aber im Gesicht und prätibial. Die Diagnose wird vereinfacht durch Symptome wie Verlangsamung, kalte, blasse Haut und Obstipation. Das prätibial lokalisierte Myxödem ist selten auch Symptom der immunogenen **Hyperthyreose** und ist durch eine gelb-rötliche, derbe, scharf begrenzte Hautinfiltration gekennzeichnet (→ Kap. 23).

Das **Syndrom der inadäquaten ADH-Sekretion** ist durch eine chronische Hyponatriämie und eine relativ hohe Urinosmolalität (> 200 mOsmol/kg H_2O) mit Ödembildung und Hypertonie charakterisiert.

Bei der **Akromegalie** wird neben der charakteristischen Größenzunahme der Nase, der Lippen und der Ohren auch eine typische allgemeine Verdickung der Haut, die im Bereich der Extremitäten auch als Schwellung imponieren kann, beobachtet.

DS *Diagnosesicherung*

Die Diagnose einer endokrinologischen Erkrankung als Ursache von Schwellungen der Extremitäten kann durch entsprechende **Hormonbestimmungen** (z.B. Schilddrüsenerkrankungen: TSH, T3, T4; Nebennierenerkrankungen: Aldosteron im 24-h-Urin, Dexamethason-Hemmtest) gesichert werden. Beim Syndrom der inappropriaten ADH-Sekretion wird eine Hyponatriämie bei Ausscheidung eines relativ hyperosmolaren Urins und inadäquat hohen ADH-Spiegeln gefunden.

Bei gesicherter endokriner Störung mit Ödembildung wird der morphologische Nachweis des krankhaften endokrinen Prozesses (z.B. eines Hypophysen- oder Nebennierentumors) und der von endokrin aktiven Tumoren (z.B. paraneoplastisches Syndrom bei Bronchialkarzinom) durch **bildgebende Verfahren** wie Röntgen (Computertomographie), Sonographie und Kernspintomographie erbracht.

DD *Differentialdiagnose*

Generalisierte Schwellungen bei endokrinen Erkrankungen können durch das Fehlen einer Hypoproteinämie und durch fehlende Hinweise auf eine kardiale oder renale Insuffizienz differentialdiagnostisch von diesen Ursachen abgegrenzt werden. Das seltene lokale Myxödem bei Hypothyreose läßt sich zumeist problemlos durch die charakteristischen begleitenden Befunde (→ Kap. 1) von venösen oder lymphatischen Schwellungen trennen.

53.4.12 Regional lokalisierte Schwellungen bei rheumatischen Erkrankungen und Systemerkrankungen

Im Rahmen von rheumatischen Erkrankungen und von Systemerkrankungen können entzündlich verursachte Schwellungen der Extremitäten vorkommen.

B *Beschwerden und Befunde*

Nicht selten gehen Ödeme den übrigen Manifestationen einer **Sklerodermie** voraus. Sie sind dauerhaft nachweisbar und indurieren im Verlauf der Erkrankung. Das Auftreten von Symptomen wie dem Raynaud-Syndrom, gespannter Haut, Verkleinerung des Mundes, Schluckstörungen, Lungenfibrose und Nierenbeteiligung erleichtert die Diagnose. Bei rheumatischen Erkrankungen wie der **rheumatoiden Arthritis** sind regionale entzündliche Schwellungen im Bereich der Gelenke ein typisches Symptom (→ Kap. 43).

DS *Diagnosesicherung*

Der Befund der lokalen Schwellungen der Extremitäten wird bei diesen Erkrankungen durch den Nachweis der Grunderkrankung geklärt: Eine **Sklerodermie** wird durch systemische Organbeteiligung (z. B. Dysphagie, pulmonale Fibrose, kardiale Beteiligung) und durch die charakteristischen Hautveränderungen (Raynaud-Syndrom, Pigmentationen) diagnostiziert. Die Diagnose einer **rheumatoiden Arthritis** wird durch den Untersuchungsbefund mit den typischen Gelenkdeformitäten und Gelenkschmerzen, dem Nachweis der Rheumafaktoren im Blut, die typischen radiologischen Befunde (z. B. Verschmälerung des Gelenkspaltes, Erosionen der Gelenkflächen) und das Vorhandensein extraartikulärer Manifestationen gestellt.

DD *Differentialdiagnose*

Da Schwellungen der Extremitäten bei rheumatischen Erkrankungen oder Systemerkrankungen regional lokalisiert sind, bereitet die differentialdiagnostische Trennung von kardialen, renalen oder hepatischen Problemen selten Schwierigkeiten. Lymph- und Phlebödem werden durch den unterschiedlichen Untersuchungsbefund (→ 53.4.6 und 53.4.8) und die fehlenden systemischen Veränderungen bei Störungen des regionalen lymphatischen bzw. venösen Abflusses abgegrenzt.

53.5 Zusammenfassende Darstellung des Diagnoseganges bei einem Patienten mit Schwellungen der Extremitäten

Eine wichtige Frage bei der Differentialdiagnose von Ödemen ist zunächst die, ob es sich um regional lokalisierte Schwellungen (mit lokalen Ursachen) oder um generalisierte Schwellungen (mit systemischen Ursachen) handelt. Entsprechend werden in den Abbildungen 53-5 und 53-6 regional lokalisierte und generalisierte Schwellungen getrennt behandelt. Die Abbildungen geben aus Gründen der Übersichtlichkeit nur die wichtigsten Erkrankungen wieder, seltenere Ursachen (wie z. B. endokrin verursachte, generalisierte Schwellungen) wurden nicht berücksichtigt. Bei **regional lokalisierten Schwellungen** wird in den meisten Fällen eine sorgfältige Anamnese und Untersuchung zur Diagnosestellung führen, selten sind Labor- oder apparative Untersuchungen erforderlich (→ Abb. 53-6). Bei **generalisierten Ödemen** sollte zunächst festgestellt werden, ob eine signifikante Hypoproteinämie vorliegt (→ Abb. 53-5). Falls eine solche festgestellt wird, ermöglichen die Krankheitsgeschichte, die körperliche Untersuchung, die Urinanalyse und wenige weitere Laboruntersuchungen die Differenzierung zwischen Leberzirrhose, Mangelernährung, exsuda-

53

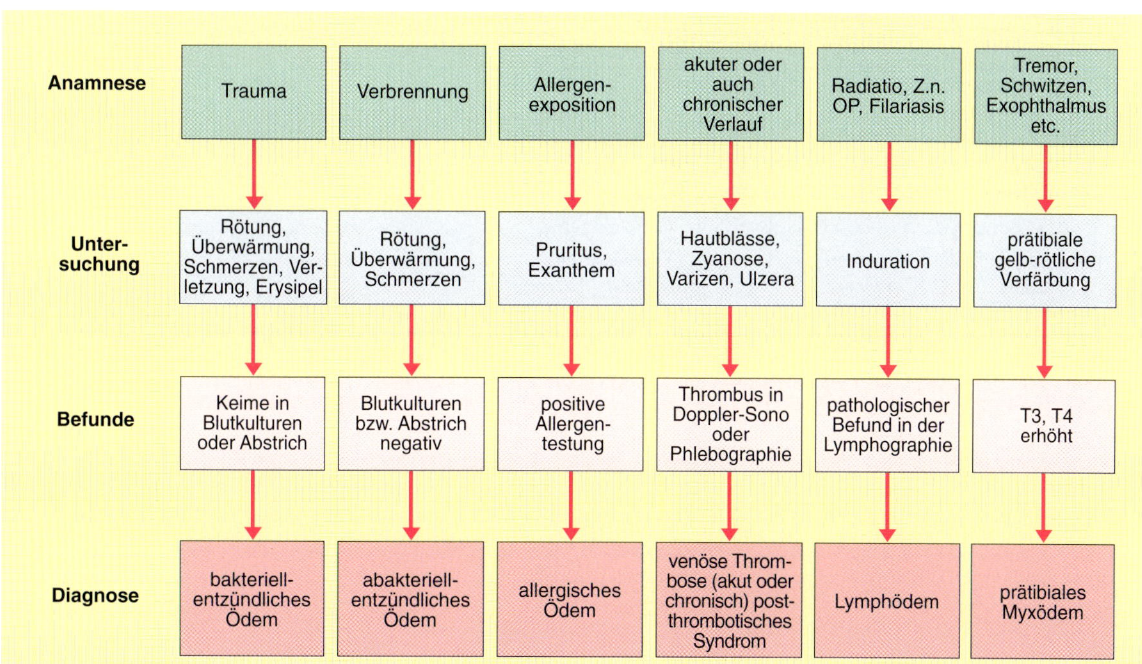

Abb. 53-5 Algorithmus zur Differentialdiagnose von Ödemen mit generalisiertem Verteilungsmuster.

tiver Enteropathie und nephrotischem Syndrom. Im Falle, daß keine Hypoproteinämie vorhanden ist, müssen eine schwere Herzinsuffizienz und ein akutes oder chronisches Nierenversagen ausgeschlossen werden.

Fehldiagnosen sind bei diesem Vorgehen weitgehend vermeidbar, schwierig kann allerdings die Einschätzung der jeweiligen Bedeutung von zwei parallel bestehenden Erkrankungen (z.B. Herz- **und** Niereninsuffizienz) für die Pathogenese von Ödemen sein.

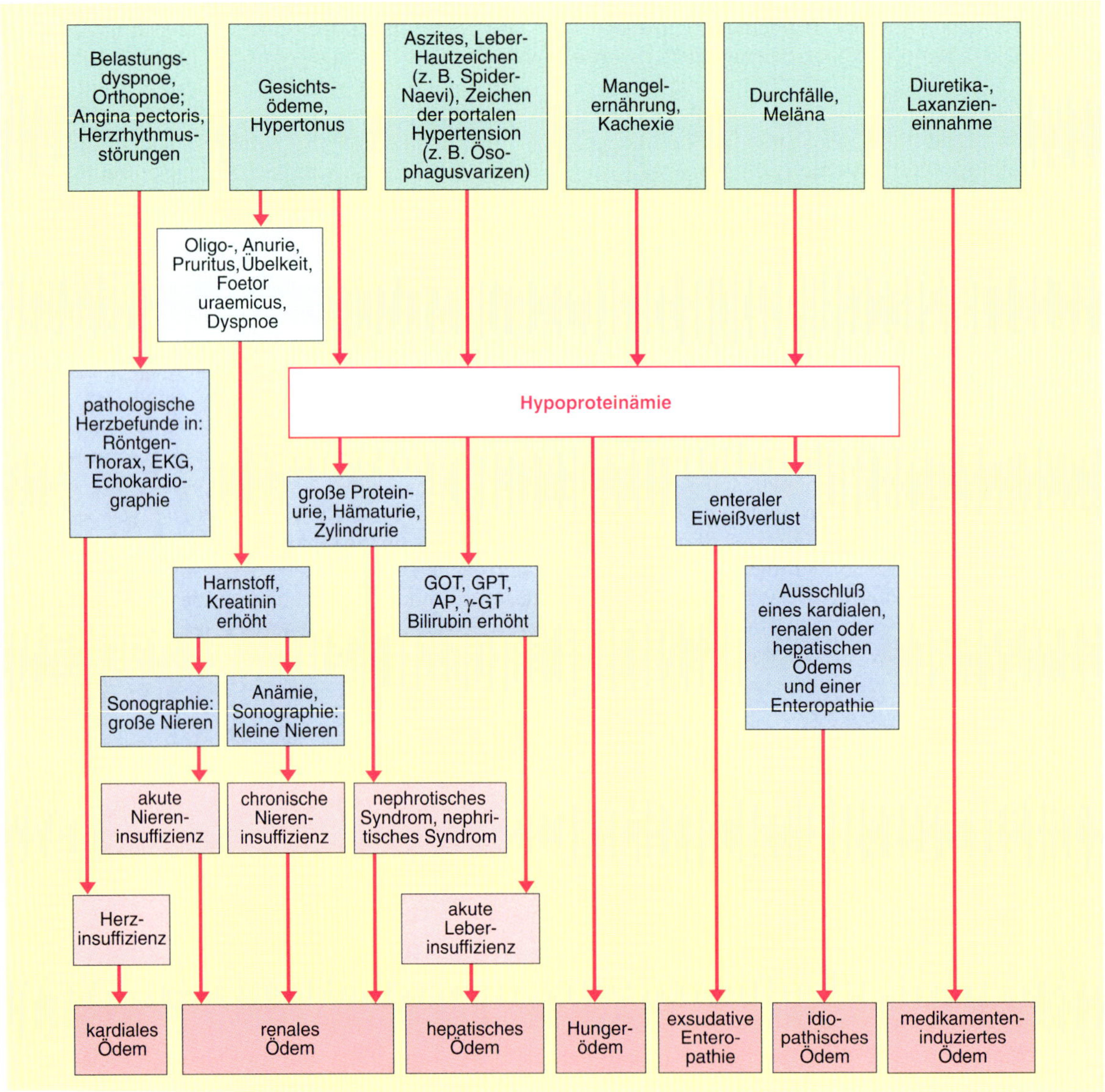

Abb. 53-6 Algorithmus zur Differentialdiagnose von Ödemen mit regional lokalisiertem Verteilungsmuster.

54 Schwindel

D. Pongratz und P. C. Scriba

Der Arzt sollte sich bewußt sein, daß erfahrungsgemäß eine Vielzahl von Gleichgewichtsstörungen als „Schwindel“ bezeichnet wird. Daher wird beispielsweise im englischsprachigen Raum zwischen „vertigo“ (Wahrnehmung einer Bewegung) und „dizziness“ (allgemeine Unsicherheit) unterschieden.

Nicht zuletzt durch die unpräzise Verwendung des Begriffs in der deutschen Sprache kommt der anamnestisch detaillierten Erhebung der Schwindelphänomene wegweisende Bedeutung in der Diagnostik zu.

54.1 Definition und Abgrenzung

Schwindel ist eine unangenehme **Verzerrung der Raum-** und **Bewegungswahrnehmung,** begleitet von Gleichgewichtsstörungen, die als **physiologischer Reizschwindel** (z.B. Reisekrankheit) oder **pathologischer Läsionsschwindel** (z.B. Neuronitis vestibularis) entstehen kann.

Bei Schwindel handelt es sich in der Regel um einen Symptomenkomplex, bestehend aus:

- Schwindelempfindung
- Nystagmus
- Ataxie
- Übelkeit

Nicht immer sind all diese Phänomene gleichzeitig ausgeprägt. Dieser Symptomenkomplex entsteht durch die gestörte Interaktion (sog. „mismatch“) der an der dynamischen Raumorientierung beteiligten Sinnessysteme.

Die **klinisch** brauchbarste **Einteilung** differenziert zwischen **nichtvestibulärem** und **vestibulärem Schwindel,** wobei der vestibuläre Schwindel weiter in eine **zentrale** und eine **periphere** (labyrinthäre) **Form** gegliedert wird.

54.2 Ursachen

54

Die Ursache für die Schwindelempfindung liegt in einer **kortikalen Störung der Raumorientierung**. Der **Nystagmus** entsteht dabei durch eine Tonusverschiebung der vestibulookulären Reflexbahnen in der Hirnstammhaube. Die häufig begleitende Ataxie ist Folge inadäquater vestibulospinaler Reaktionen. Die **vegetativen Symptome** resultieren aus der Mitbeteiligung des limbischen Systems sowie des medullären Brechzentrums.

Die wichtigsten **Erkrankungen,** die bei vorliegender Schwindelsymptomatik diagnostisch in Erwägung gezogen werden müssen, sind in Tabelle 54-1 aufgeführt.

Tab. 54-1 Ursachen für Schwindel

Schwindelform	Ursache
peripher-vestibulär (labyrinthär)	benigner paroxysmaler Lageschwindel Neuritis vestibularis Morbus Menière Akustikusneurinom ototoxische Medikamente (z. B. Aminoglykoside, Furosemid usw.)
zentral-vestibulär	Hirnstammläsionen (entzündlich, vaskulär, neoplastisch) Basilarismigräne Kleinhirnerkrankungen vestibuläre Epilepsie ototoxische Stoffe (Alkohol, Kohlenmonoxid, Barbiturate)
nicht-vestibulär	neurologische Erkrankungen (visueller, epileptischer Schwindel) psychiatrische Erkrankungen (phobischer Schwankschwindel usw.) kardiovaskuläre Erkrankungen (Hypertonie, Arrhythmien usw.) zervikogener Schwindel Zerebralsklerose

54.3 Diagnostik

54.3.1 Anamnese und körperliche Untersuchung

Die gründliche Anamnese der Schwindelsymptomatik ist in vielen Fällen schon sehr aufschlußreich. Tabelle 54-2 gibt einige Hinweise zur Deutung anamnestischer Angaben. Zu beachten ist, daß Schwindel auch als häufige Nebenwirkung bei verschiedenen Medikamenten auftritt (Tab. 54-3).

Die Schwindelsensationen des Patienten müssen differenziert werden. Es lassen sich **4 wesentliche klinische Bilder** charakterisieren:

- Drehschwindelattacken (Abb. 54-1)
- anhaltender Drehschwindel (Abb. 54-2)
- Lagerungsschwindel (Abb. 54-3)
- Schwankschwindel bzw. unsystematisierter Schwindel (Abb. 54-4)

Die Säulen der körperlichen Untersuchung sind dabei die Prüfung des Nystagmus sowie der vestibulären Reflexe.

Bei der Untersuchung des **Nystagmus** sind folgende Fragestellungen zu beachten:

▷ Vorliegen eines **Spontannystagmus** mit visueller Fixation sowie nach deren Ausschaltung unter der Frenzel-Brille oder beim Spiegeln des Augenhintergrundes.

➟ Ätiologisch liegt meist eine vestibuläre Störung entweder peripher-labyrinthärer oder zentraler (z.B. im Kerngebiet des N. vestibularis) Genese vor.

▷ Prüfung des **Blickrichtungsnystagmus**. Man hält einen Finger als Fixierpunkt vor das Gesicht des Patienten und beobachtet die Bulbusbewegungen während des Blicks nach rechts, links, oben und unten.

➟ Bei Störungen ist immer an eine zentrale Störung, z.B. an eine Hirnstamm- oder Kleinhirnläsion zu denken.

▷ Bei lageabhängigem Schwindel sind entsprechende **Lagerungsproben** mit Prüfung eines vorhandenen Lagenystagmus erforderlich.

▷ Prüfung des **optokinetischen Nystagmus.** Man fordert hierbei den Patienten auf, den Mustern einer Streifen-/Bildertrommel bei horizontaler und verti-

Tab. 54-2 Differenzierung anamnestischer Angaben bei Schwindel

Anamnese	Begleitphänomene	Verdachtsdiagnose
Schwankgefühl des Patienten in Ruhe (z.B. beim Sitzen), kein Drehgefühl, ohne auslösende Situation	Patient muß sich festhalten oder setzen	zerebrale Durchblutungsstörung
Umgebung dreht sich kreisförmig (ähnlich einem Karussell)	Nausea, Vomitus	vestibuläre Störung
Umgebung wird als schwankend empfunden	Sehstörungen, Bewußtseinsstörungen	Nystagmus, okulärer Schwindel, zerebelläre, vaskulär-ischämische Genese
Unsicherheit beim Gehen	breitbeinig spürt Boden unter den Füßen nicht Steifigkeit Tonuserhöhung	zerebelläre Ataxie Polyneuropathie Morbus Parkinson (→ Kap. 6.4.1) Paraspastik
Unsicherheit bei Bewegungen, Patient greift häufig neben Gegenstände oder läßt sie fallen	evtl. Ataxie, Bradydiadochokinese, Nystagmus	zerebelläre Erkrankung
Patient berichtet, er sei „kurz weg“ gewesen	evtl. mit Amnesie	Absence im Rahmen einer Petit-mal-Epilepsie (→ Kap. 29)
Patient berichtet, er sei plötzlich gestürzt	kein Bewußtseinsverlust	„drop attacks“ im Rahmen basilärer Ischämie
Schwindel bei raschem Aufstehen	„schwarz vor den Augen“ evtl. mit Sturz	orthostatische Fehlregulation bei Hypotonie, Synkope (→ Kap. 7.4.8)
Schwindel bei Herzsensationen (z.B. Präkordialschmerzen, Herzjagen etc.)		Herzrhythmusstörungen, paroxysmale Tachykardien (→ Kap. 23)
Schwindel in Abhängigkeit von Kopfdrehungen	evtl. bei Gefäßrisikopatienten	Hirnstamm-TIA
Schwindel tritt auf in Verbindung mit Armbewegungen		Subclavian-steal-Syndrom

Tab. 54-3 Pharmakologische Wirkstoffgruppen, die Schwindel auslösen

Therapeutischer Einsatzbereich	Pharmakologische Wirkstoffgruppe
Nervensystem und Bewegungsapparat	Muskelrelaxanzien Anticholinergika Antiepileptika Dopaminagonisten Analgetika/Lokalanästhetika Antiphlogistika Antiemetika Tranquilizer Hypnotika Antidepressiva Prostaglandine
Herz und Gefäße, Verbesserung der Fließeigenschaft des Blutes	Kardiaka Antihypertensiva β-Rezeptorenblocker Vasodilatatoren/Vasokonstriktoren Antikoagulanzien
Atemwege	Antitussiva Expektoranzien Bronchospasmolytika Mukolytika
Niere, Blase und Regulierung des Wasser- und Elektrolythaushaltes	Diuretika Spasmolytika
Endokrine Organe und Stoffwechsel	Antidiabetika Glukokortikoide Antikonzeptiva Prostaglandine
Auge	Glaukompharmaka
Behandlung von Infektionen	Antibiotika Tuberkulostatika Antimykotika Anthelmintika
Allergische Erkrankungen	Antiallergika
Diagnostik	Röntgenkontrastmittel

kaler Drehung zu folgen, und beurteilt die Bewegungen beider Bulbi.
➠ Die Abschwächung bzw. das Fehlen des optokinetischen Nystagmus in einer Richtung weist auf einen Prozeß entweder im rückwärtigen Teil der Großhirnhemisphären auf der Gegenseite oder auf eine gleichseitige Läsion im Hirnstamm hin.
▷ Auslösung des **kalorischen** (thermischen) **Nystagmus**. Es ist zu beachten, daß vor der Durchführung otoskopisch die Intaktheit des Trommelfells überprüft werden sollte.
➠ Das Fehlen bzw. die Abschwächung spricht für eine periphere Störung im Bereich des Labyrinths.
▷ Bei von **Kopfbewegungen** abhängigen Schwindelformen ist die Prüfung des vestibulookulären Reflexes hilfreich: Dabei wird der sitzende Patient aufgefordert, während einer raschen Kopfbewegung zur Seite den ihm gegenüberstehenden Untersucher weiter genau zu fixieren. Bei unerregbarem Reflex sind zur Beibehaltung der Fixation der Kopfdrehung entgegengerichtete, bei übererregbarem Reflex gleichsinnige Korrektursakkaden notwendig.
➠ Störungen weisen auf eine Läsion im Hirnstamm hin.

Die wichtigsten zu untersuchenden **vestibulospinalen Reflexe** sind:
▷ **Stehprobe nach Romberg**. Der Patient wird aufgefordert, mit eng zusammenstehenden Füßen und geschlossenen Augen zu stehen.
➠ Beginnt der Patient bei geschlossenen Augen zu schwanken bzw. zeigt sich eine Fallneigung bei Augenschluß, so ist dies als ein Hinweis auf eine spinale Ataxie zu sehen (Romberg positiv). Die zerebelläre Ataxie ist unabhängig von optischer Kontrolle.
▷ **Unterberger-Tretversuch.** Dieser Test wird als positiv gewertet, wenn beim Treten auf der Stelle (mit geschlossenen Augen) eine Körperdrehung von mehr als 45° erfolgt.
➠ Eine reproduzierbare, seitenkonstante Drehung läßt auf eine vestibuläre oder zerebelläre Störung schließen.
▷ **Seiltänzergang**. Der Patient wird aufgefordert einen Fuß vor den anderen zu setzen.
➠ Nachweis eventueller Gangataxien.

Schließlich sind bei **lageabhängigem Schwindel** entsprechende **Lagerungsproben** erforderlich.

54

54.3.2 Weitere Diagnostik

Verschiedene apparative Untersuchungen werden zur Bestätigung/Ausschluß der Verdachtsdiagnosen eingesetzt:
- **Audiometrie**, besonders bei klinischem Verdacht auf Morbus Menière.
- **Doppler-Sonographie** der hirnversorgenden Arterien bei Verdacht auf zerebrale Ischämie
- **AEP** (akustisch evozierte Potentiale) bei Verdacht auf eine Beteiligung des N. acusticus
- **ENG** (Elektronystagmographie) bei Verdacht auf eine Störung im Bereich der Nervenbahnen
- **EEG** bei Verdacht auf einen zerebralen Herdbefund
- **CCT** bei Verdacht auf ein tumoröses Geschehen im Bereich der hinteren Schädelgrube, des Felsenbeins oder des Kleinhirnbrückenwinkels

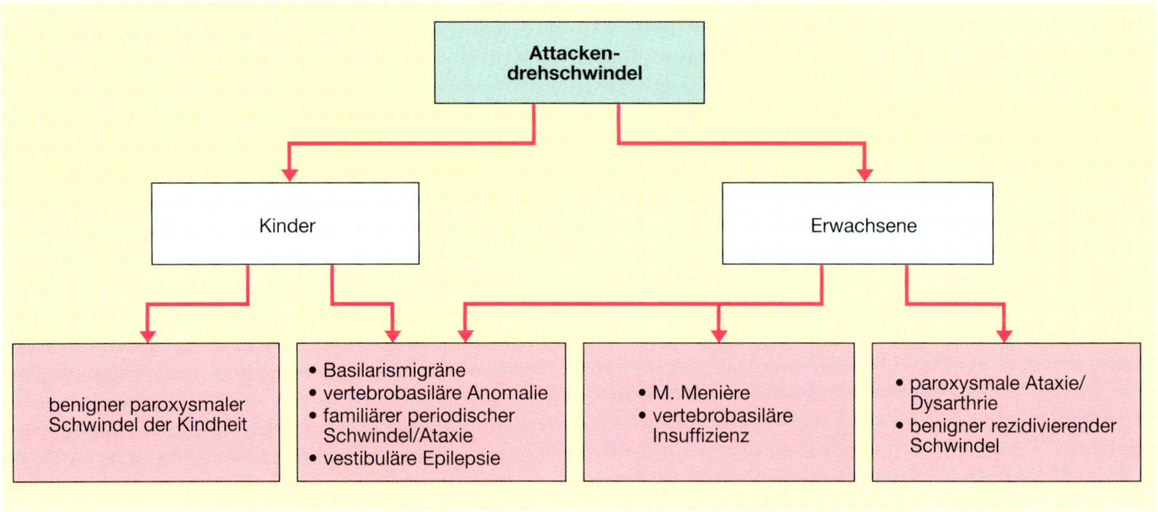

Abb. 54-1 Attackendrehschwindel (aus: Kunze, K.: Lehrbuch der Neurologie, Thieme, Stuttgart–New York 1992).

54.4 Krankheitsbilder

54.4.1 Morbus Menière

Der Morbus Menière ist eine **vestibulär-periphere (labyrinthäre) Schwindelform** mit Attacken- oder Dauerdrehschwindel. Er entsteht durch einen endolymphatischen Labyrinthhydrops, welcher zu periodischen Rupturen der Trennungsmembran zwischen Endo- und Perilymphraum führt.

B *Beschwerden und Befunde*

Meist bestehen schon lange vor der ersten Drehschwindelattacke Tinnitus und fluktuierende Hörstörungen. Der Beginn der Erkrankung ist einseitig mit unregelmäßiger, zunächst zunehmender, später wieder abnehmender Frequenz der akuten Manifestationen, die im Verlauf auch das andere Ohr betreffen können.

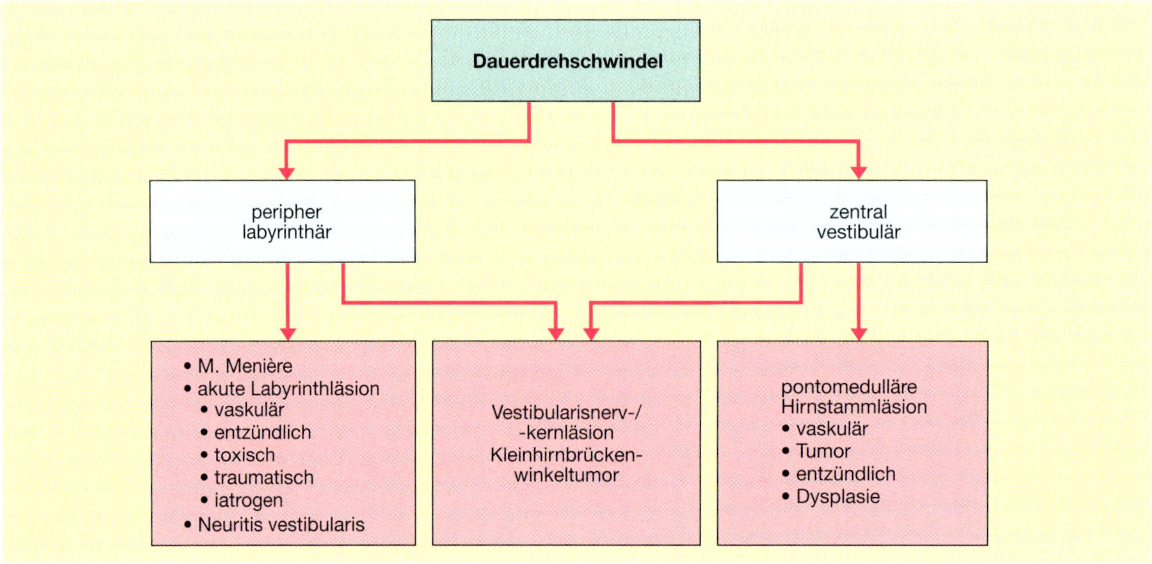

Abb. 54-2 Dauerdrehschwindel (aus: Kunze, K.: Lehrbuch der Neurologie, Thieme, Stuttgart–New York 1992).

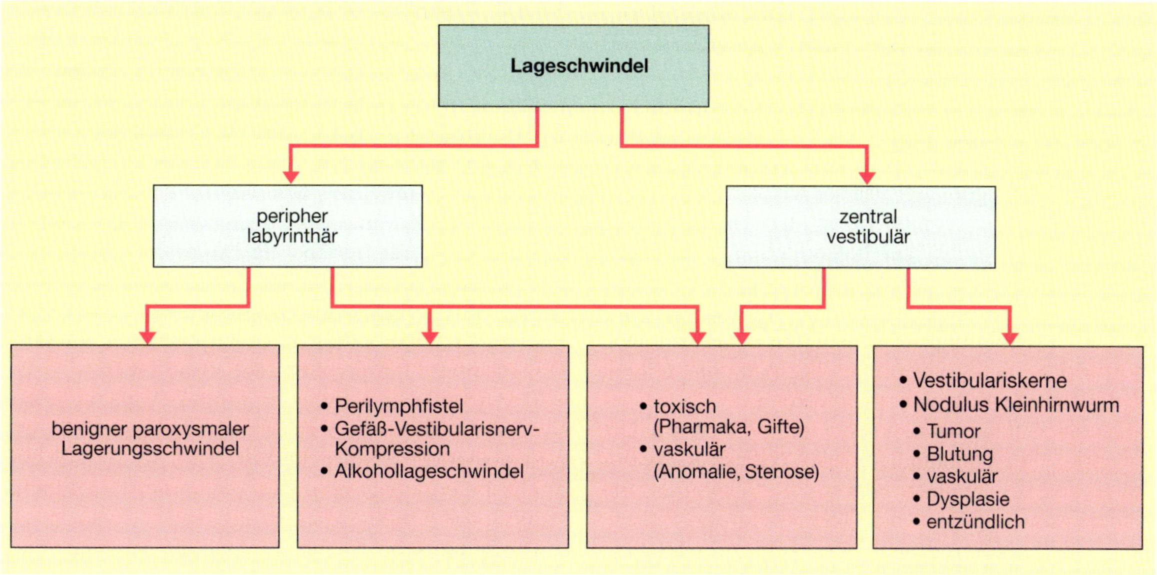

Abb. 54-3 Lageschwindel (aus: Kunze, K.: Lehrbuch der Neurologie, Thieme, Stuttgart–New York 1992).

54

DS *Diagnosesicherung*

Die Diagnosesicherung ist bei Beginn der Erkrankung besonders im beschwerdefreien Intervall sehr schwierig. Im Anfall bestehen Nystagmus und Fallneigung. Bei voll ausgebildetem Krankheitsbild können ein positives Recruitment, eine thermische Untererregbarkeit (20–50%) sowie ein positiver Glyzerol-

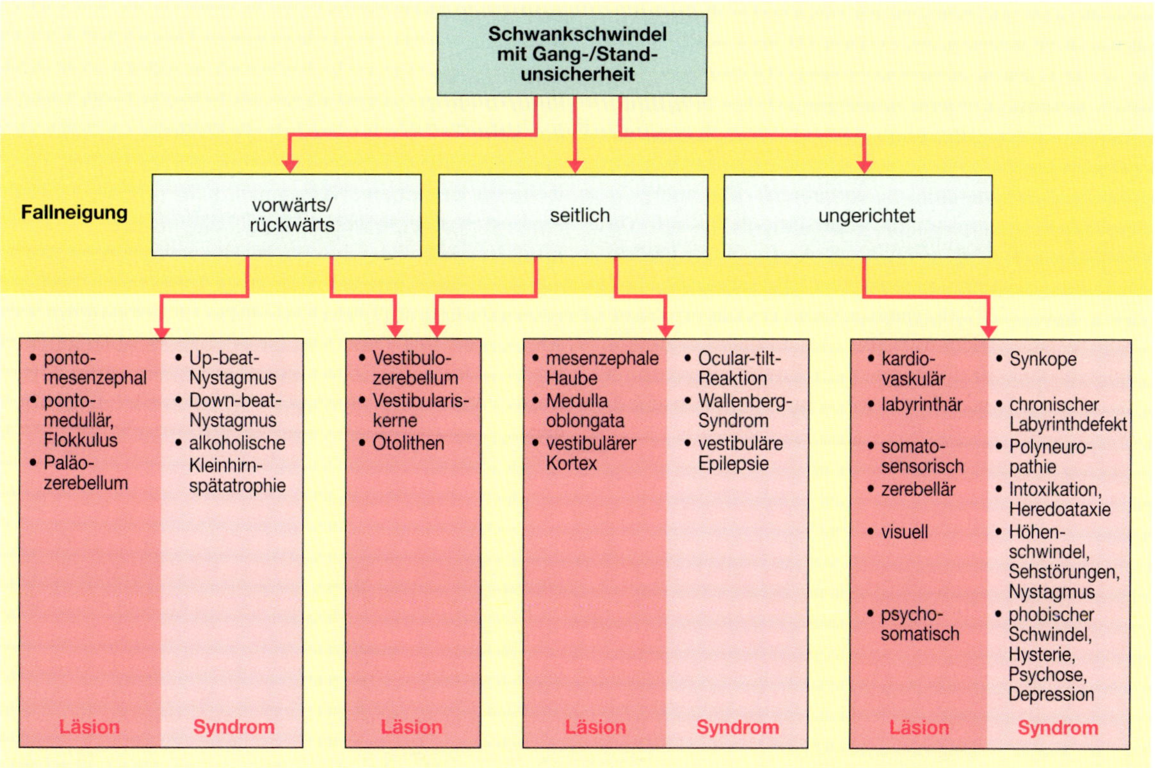

Abb. 54-4 Schwankschwindel mit Gang-/Standunsicherheit (aus: Kunze, K.: Lehrbuch der Neurologie, Thieme, Stuttgart–New York 1992).

test (vorübergehende Hörverbesserung über osmotische Dehydrierung des Innenohres) diagnostiziert werden.

DD *Differentialdiagnose*

Differentialdiagnostisch ist bei wiederholten Drehschwindelattacken vor allem an den benignen paroxysmalen Schwindel, bei Jugendlichen und jungen Erwachsenen auch an die Basilarismigräne zu denken. Im höheren Lebensalter sollte eine transiente vertebrobasiläre Durchblutungsstörung mittels vaskulärer Diagnostik (Doppler-Sonographie, Angiographie, CT mit Kontrastmittel) ausgeschlossen werden.

Seltene Differentialdiagnosen sind die vestibuläre Epilepsie, hirnstammnahe Gefäß-Nerven-Kompressionen und der familiäre periodische Schwindel. Besonders schwierig kann die Differentialdiagnose zwischen labyrinthären „drop attacks" und „drop attacks" bei vertebrobasilärer Insuffizienz sein.

54.4.2 Kardiovaskulärer Schwindel

Der kardiovaskuläre Schwindel ist ein Beispiel für eine **nichtvestibuläre Form** mit Schwankschwindel, Gang- und Standunsicherheit sowie ungerichteter Fallneigung (→ Kap. 7.4.8).

54.4.3 Medikamentös bedingter Schwindel

Schwierig bezüglich der Zuordnung ist der Schwindel als Nebenwirkung bei Pharmakotherapie. Es ist jedoch zu betonen, daß Schwindel eine der häufigsten Nebenwirkungen medikamentöser Therapien darstellt. Er wird bei einer Vielzahl von Substanzen beobachtet (Tab. 54-3), wobei sowohl der Wirkort (Labyrinth, Hirnstamm, Cerebellum) als auch die resultierende Symptomatik unterschiedlich sind. Von Bedeutung sind in der Praxis z. B. Aminoglykoside (dosisabhängige irreversible Labyrinthschäden), Schleifendiuretika oder Salizylate (reversible Labyrinthschäden), Alkohol (Beeinflussung des Gleichgewichtsorgans zwischen Endolymphe und Bogengangskupula) und Diphenylhydantoin (toxische Kleinhirnschädigung).

54.4.4 Phobischer Schwankschwindel

Die Störung steht oft in direktem zeitlichen Zusammenhang mit Belastungssituationen und neurotischen Entwicklungen nach organischen Erkrankungen.

Der Patient zeigt einen attackenartig auftretenden Schwankschwindel mit dem Gefühl der Benommenheit sowie Stand- und Gangunsicherheit. Die Symptomatik besteht oft nur für die Dauer von Sekunden. Anamnestisch läßt sich häufig eine bestimmte Konstellation von Sinnesreizen (Überqueren von Brücken, Durchqueren leerer Räume o.ä.) eruieren, die gewöhnlich auslösend für die phobische Reaktion ist.

Der organische Befund ist normal. Auffällig ist besonders die Diskrepanz zwischen subjektiver Fallangst und objektiver Standsicherheit. Der psychopathologische Befund zeigt eine zwanghafte Persönlichkeitsstruktur mit hohem Leistungsanspruch.

Der phobische Schwankschwindel ist eine Ausschlußdiagnose.

54.5 Zusammenfassung

Der Schwindel ist keine eigentliche Krankheitseinheit. Vielmehr beschreibt er ein multisensorisches Syndrom mit Störungen der Gleichgewichtsregulation, der Wahrnehmung, des Vegetativums und der Blickstabilisierung. Um die Pathogenese zu verstehen, muß man den Schwindel als eine Inkongruenz visueller-vestibulärer-somatosensorischer Sinnesmeldungen bzw. Inkongruenz zwischen erwarteten und tatsächlichen Sinnesmeldungen begreifen. Die Differentialdiagnose des Schwindels wird ganz und gar bestimmt durch die Differenzierung des Schwindeltyps in Verbindung mit weiteren Befunden (Nystagmus, Fallneigung). Daraus ergibt sich oft eine wegweisende, diagnostische Zuordnung (→ Abb. 54-1 bis 54-4). Die Schwindelsymptomatik ist häufig nicht klar einzuordnen. Eine sorgfältige Anamnese unter Berücksichtigung der Gesamtpersönlichkeit des Patienten ist oft bereits ausreichend, um eine klinische Zuordnung zu treffen, ohne sofort kostenintensivere, apparative Diagnostik zu benötigen.

55 Sehstörungen

G. Rudolph und M. W. Ulbig

55

Sehstörungen mit oder ohne Sehminderung stellen differentialdiagnostisch ein weites Spektrum dar. Eine Klärung der Ursachen von Sehstörungen gelingt mitunter erst in der Zusammenarbeit verschiedener Fachdisziplinen, wie der Inneren Medizin, der Neurologie oder der Radiologie. Besondere Aufmerksamkeit verdienen die vom Patienten häufig sehr präzise geschilderten Symptome, die oft schon der Schlüssel zur Diagnose sind und in Notfallsituationen ein gezieltes Handeln ermöglichen.

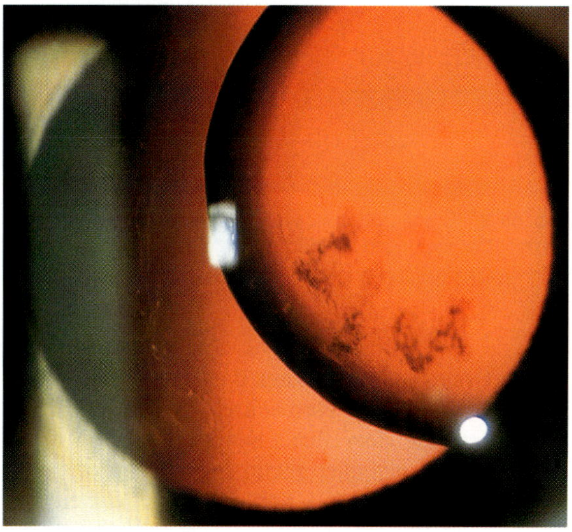

Abb. 55-1 Subluxierte Linse bei Marfan-Syndrom.

55.1 Definitionen und Abgrenzung

▷ **Sehstörungen und Sehminderung durch einen Brechungsfehler des Auges**

➠ Weitsichtigkeit (Hyperopie), Kurzsichtigkeit (Myopie), Hornhautverkrümmung (Astigmatismus), Keratokonus oder Astigmatismus der Linse

Die vorderen Augenabschnitte stellen sich unauffällig dar. Bei sehr ausgeprägten Wölbungsanomalien der Hornhaut wie bei Vorliegen eines Keratokonus sind diese als vermehrte Ausbuchtung des Unterlides bei Abblick zu erkennen (Munson-Zeichen). Brechungsfehler des Auges werden mit der objektiven und subjektiven Refraktion quantifiziert und korrigiert.

Eine nicht traumatisch bedingte Subluxation oder Luxation der Linse weist am ehesten auf ein Marfan-Syndrom oder eine Homozystinurie hin. Beim Marfan-Syndrom luxiert die Linse meistens nach oben, bei Homozystinurie nach unten (Abb. 55-1). Bei der Subluxation kommt es durch Verlagerung des optischen Zentrums der Linse zu einer prismatischen Wirkung im Linsenrandbereich und somit zum Verzerrtsehen. Bei kompletter Luxation besteht eine funktionelle Aphakie mit entsprechend ausgeprägter Sehminderung.

▷ **Sehstörungen und Sehminderung durch Veränderungen der Hornhaut**

➠ Hornhautentzündung (Keratitis), traumatische Läsion der Hornhaut oder diffuses Hornhautödem bei intraokularem Druckanstieg im Rahmen eines akuten Glaukomanfalls.

Neben einer Herabsetzung der Sehschärfe umfassen die Symptome einer Hornhauterkrankung Schmerzen, Lichtscheu, Blendungsempfindlichkeit (Photophobie) und eine reflektorische Steigerung der Tränenproduktion (Epiphora). Die Wahrnehmung von Farbringen um Lichtquellen (Halo) entsteht durch die Streuung des Lichtes bei Epithelödem. Cave: Bei herpetischen Hornhauterkrankungen ist die Hornhautsensibilität stark reduziert, so daß die Patienten häufig schmerzfrei sind. Neben der Visusminderung ist nur eine geringe oder keine Photophobie vorhanden. Im Vordergrund steht ein gerötetes Auge und ein Fremdkörpergefühl. Der Hornhautdefekt ist mit Fluorescein gut anfärbbar und läßt mitunter ein typisches Dendritenbäumchen erkennen. Veränderungen der Hornhauttransparenz können auch durch Medikamente wie z.B. Chloroquin oder Amiodaron verursacht sein (Abb. 55-2).

▷ **Sehstörungen und Sehminderung durch Veränderungen des Kammerwassers**

➠ entzündliche Veränderungen, z.B. bei Iritis oder Iridozyklitis (Uveitis)

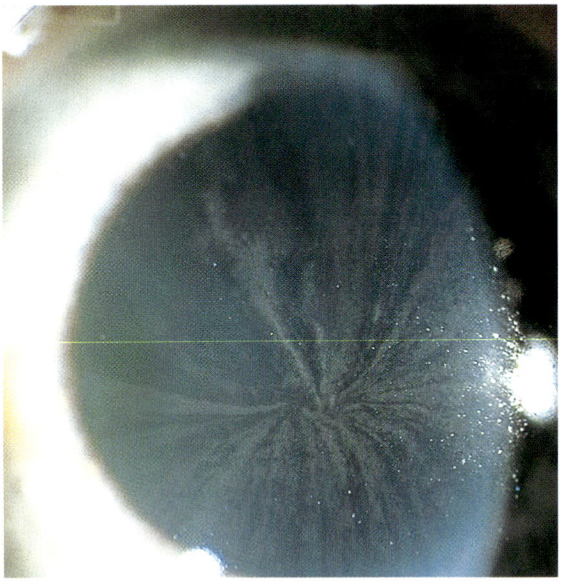

Abb. 55-2 Cornea verticillata mit wirbelförmig angeordneten Hornhautablagerungen als Medikamentennebenwirkung (z.B. Amiodaron, Chloroquin, Chlorpromazin).

Eine **Uveitis** (→ 55.4.7) kann die Folge einer Systemerkrankung aus dem Formenkreis der seronegativen Arthritiden wie dem Reiter-Syndrom, dem Morbus Bechterew, der juvenilen rheumatoiden Arthritis oder dem Morbus Behçet (→ Kap. 43) sein. Weitere Erkrankungen, die eine Uveitis auslösen können, sind der Morbus Crohn (→ Kap. 11), eine Colitis ulcerosa (→ Kap. 11), eine Sarkoidose (→ Kap. 43), die Tuberkulose (→ Kap. 14) oder eine venerische Erkrankung. Andererseits kann eine Uveitis primär idiopathisch, aber auch bakteriell, viral oder parasitär verursacht sein. Die Trübung ist bedingt durch Entzündungszellen, Fibrin und proteinreiches Exsudat. Letzteres führt zur Streuung des einfallenden Lichtstrahles in der ansonsten optisch leeren Vorderkammer. Dies wird als **Tyndall-Effekt** bezeichnet. Durch Ablagerung von Zellen und Exsudat entstehen korneale Präzipitate (Endothelbeschläge), die bei Lokalisation in der optischen Achse zu einer starken Sehminderung führen können. Bei Einblutungen in das Kammerwasser fällt der Visus vom Dunkelsehen bis hin zum völligen Visusverlust ab. Ursachen können Verletzungen (Contusio bulbi), eine diabetische Retinopathie oder ein Hypertonus sein. Bei geringer frischer Einblutung ist der **Seheindruck rot** gefärbt.

▷ **Sehstörungen und Sehminderung durch Veränderungen der Linse und der Linsenkapsel**

➠ Eine **Trübung der Linse, der Linsenkapsel** oder beider Strukturen wird als **Katarakt** bezeichnet und führt je nach Ausprägung zu einer starken Herabsetzung des Sehvermögens. Ist der Linsenkern gelblich gefärbt (Cataracta brunescens), führt dies zu einem **gelbgetönten Seheindruck**.

Die **Leitsymptome einer Katarakt** sind **verwaschenes Sehen**, **Nebelsehen** und **Blendungsempfindlichkeit**. Das Auftreten **doppelter Konturen** führt bei manchen Patienten zur Wahrnehmung von **Schemenbildern**. Die Entstehung einer Katarakt ist meist Folge des Alterungsprozesses, kann aber auch hereditär, posttraumatisch, infektiös oder toxisch bedingt sein. Häufigste metabolische Ursache der Kataraktentstehung ist ein Diabetes mellitus (→ Kap. 12). Seltenere Auslöser stellen ein chronischer Hypoparathyreoidismus (→ Kap. 34), eine Galaktosämie, der Morbus Wilson (→ Kap. 15.4.1) oder der Alpha-Galaktosidase-A-Mangel bei Morbus Fabry dar. Nach erfolgter Kataraktoperation kann es durch die Trübung des belassenen hinteren Kapselhäutchens zur Nachstarbildung kommen, wodurch der zurückerlangte klare Seheindruck erneut getrübt und verwaschen wird.

▷ **Sehstörungen und Sehminderung durch Veränderungen im Glaskörper**

➠ Kleine Flocken oder Verdichtungen im Glaskörper, die bei Augenbewegungen mitschwimmen, werden als **Mouches volantes** bezeichnet.

Sie verursachen nur selten eine Visusminderung und haben keine pathognomonische Bedeutung. Sie stellen alterungsbedingte Veränderungen im Sinne verdichteter Glaskörperfibrillen dar. Wie Goldstaub erscheinende, meist unilateral auftretende Verdichtungen im Glaskörper bezeichnet man als Synchisis scintillans. Diese wird vom Patienten als **Glitzerpunkte** wahrgenommen.

➠ Beschreibt ein Patient die Wahrnehmung von **Rußregen** und/oder einen **rotgefärbten Seheindruck** verbunden mit einer Abnahme der Sehkraft, handelt es sich mit aller Wahrscheinlichkeit um eine Einblutung in den Glaskörper.

Dies kann die Folge eines Gefäßeinrisses bei einer Netzhautläsion, bei proliferativer diabetischer Retinopathie oder Hypertonie sein. Bei seniler Makuladegeneration kann es zur spontanen Glaskörperhämorrhagie kommen. Trübungen des Glaskörpers durch Entzündungszellen führen zu **Nebelsehen**. Sowohl die Glaskörperblutung als auch die entzündliche Infiltration des Glaskörpers bei Uveitis (→ 55.4.7) können bei starker Ausprägung zum nahezu vollständigen **Visusverlust** führen.

▷ **Sehstörungen und Sehminderung bei Veränderungen der Netzhaut**

➠ Das **Verzerrtsehen** von Konturen (Metamorphopsien) kann Zeichen eines Hornhautastigmatismus sein, jedoch auch das Korrelat einer Makuladegeneration, einer serösen Netzhautabhebung (Retinitis centralis serosa) oder von Netzhautfalten (z.B. Bulbuskompression). Wird durch eingelagerte oder subretinal gelegene Flüssigkeit die Netzhaut angehoben, gedehnt oder gestaucht, kommt es zur vergrößerten (**Makropsie**) oder verkleinerten Wahrnehmung (**Mikropsie**) von Objekten.

- Die Wahrnehmung von **Farbsensationen** (Chromatopsie) kann ein Hinweis auf eine Medikamentenintoxikation sein (Digoxin, Chloroquin), tritt aber auch bei chorioretinitischen Prozessen und bei Allgemeinerkrankungen auf (Ikterus).
- **Lichtblitze** (Phosphene) deuten auf Traktion an der Netzhaut bzw. Abhebung der hinteren Glaskörperbasis hin. Diese halten nur für Sekunden an und werden meist durch Augenbewegungen ausgelöst und forciert. Zu heftigen Lichtwahrnehmungen kommt es bei Einriß der Netzhaut. Licht- oder Schemenbilderwahrnehmung ist ein häufiges Phänomen bei tapetoretinalen Degenerationen (z.B. Retinitis pigmentosa). Bei Ablatio retinae schiebt sich ein **dunkler Schatten** vor das Auge. Löst sich die gesamte Netzhaut, sieht der Patient alles dunkel.
- **Flackerlichter** und Farben mit **sternartiger Konfiguration** und gezackten Rändern, die sich im Gesichtsfeld fortbewegen (Fortifikationsskotome), entsprechen der visuellen Aura bei Migräne (→ Kap. 44). Diese Halluzinationen dauern mehrere Minuten an und sind von typischen Halbseitenkopfschmerzen begleitet. Anschließend an diese Episode tritt starke Müdigkeit ein. Bestehen keine Schmerzen, spricht man von isolierter Aura oder Migräneäquivalent. Eine erhöhte Blendungsempfindlichkeit (Photophobie) kann ihre Ursache in Medientrübungen, fehlender Blenden- oder Filterfunktion (Aniridie, Aphakie), oder atypischer Netzhautsensibilität (z.B. Albinismus, Zapfendystrophie) haben. Medikamente sind ebenfalls ein häufiger Auslöser (z.B. Acetazolamid, Chloroquin).
- **Konzentrische Gesichtsfeldeinschränkungen** finden sich z.B. bei Retinitis pigmentosa oder fortgeschrittenem Glaukom. Der Ausfall des Gesichtsfeldes auf einer Seite (homonyme Hemianopsie), in den temporalen Gesichtsfeldhälften (bitemporale Hemianopsie) oder auch sektorielle Ausfälle sprechen für eine Raumforderung im Bereich der Sehbahn oder des Zerebrums (→ Abb. 55-5).

55.2 Ursachen

Sehstörungen weisen vielfältige Modalitäten auf (Tab. 55-1). Sie können ein- oder beidäugig, akut, langsam progredient, passager oder anhaltend auftreten. Monokulare Doppelbilder weisen auf einen Brechungsfehler des Auges (z.B. Hornhautverkrümmung) oder auf Veränderungen im Bereich der Netzhaut hin. Binokulare Doppelbilder hingegen sind Ausdruck eines kongenitalen Schielens oder einer Läsion des III., IV. und/oder VI. Hirnnerven (→ Kap. 30). Gesichtsfeldausfälle können das erste Zeichen einer intrazerebralen Raumforderung, einer Ischämie, einer Entzündung oder eines Glaukoms sein.

55.2.1 Störungen im optischen System

Wird mit optischer Korrektur nur eine subnormale Sehschärfe erreicht, erfolgt zunächst eine Sehschärfenprüfung unter Zuhilfenahme einer Lochblende (stenopäische Lücke). Das Vorhandensein eines Abbildungsfehlers ist auszuschließen. In Betracht zu ziehen sind zunächst:

- ein unkorrigierter Brechungsfehler des Auges
- ein irregulärer Astigmatismus der Hornhaut oder Linse
- Medientrübungen

Der Cornea kommt als dem am stärksten brechenden Medium des Auges eine besondere Bedeutung zu. Bereits geringe Abweichungen von einem gleichmäßigen Krümmungsradius bei Vorliegen eines irregulären Astigmatismus oder eines beginnenden Keratokonus beeinflussen das Sehvermögen außerordentlich. Bei mangelnder Tränenflüssigkeit, erhöhter Viskosität oder vorzeitigem Aufreißen des Tränenfilms entsteht vorübergehend eine Sehbeeinträchtigung. Sekundäre Veränderungen an der Hornhaut infolge von Benetzungsstörungen können durch Schädigung des Hornhautepithels zu persistierenden Sehstörungen führen. Trübungen der Linse, eine Nachstarbildung an der hinteren Kapselmembran (nach Implantation einer künstlichen Intraokularlinse) oder Veränderungen im Glaskörper können in erheblichem Maße beeinträchtigend wirken. Die Folgen sind Verschwommensehen und erhöhte Blendungsempfindlichkeit.

55

55.2.2 Störungen im neuroretinalen System

Veränderungen im Bereich der Netzhaut, die zu Sehstörungen führen, können zu einem großen Teil durch die Fundoskopie und ergänzende Diagnostik, wie Fluoreszenzangiographie, Indocyaningrünangiographie, Perimetrie oder Elektrophysiologie erkannt werden.

Wird durch optische Korrektur keine Visusbesserung erzielt und sind pathologische Veränderungen am Auge und Augenhintergrund ausgeschlossen, kommt eine zentral gelegene Störung in Betracht. Eine hohe differentialdiagnostische Bedeutung besitzt hierbei der Wechselbelichtungstest (Swinging-Flashlight-Test) mit dem Nachweis einer afferenten Pupillenstörung. Die Anamnese, Fundoskopie, Gesichtsfelduntersuchung (Perimetrie) und Elektrophysiologie geben weitere Informationen zur Abgrenzung von Läsionen der Retina, des Sehnervs, des Chiasma opticum oder postchiasmaler Schädigungen. Eine afferente Pupillenstörung ist pathognomonisch für einseitige Sehnervenerkrankungen (z.B. Neuritis nervi optici). Afferente Pupillenstörungen können jedoch auch auf das Vorliegen einer Raumforderung im Bereich des Chiasma opticum hinweisen. Bei Läsionen im Bereich des Traktus oder der Sehstrahlung ist ein pathologischer Befund mit dem Wechselbelichtungstest stets auf der kontralateralen

Tab. 55-1 Symptome und beispielhafte Differentialdiagnosen

Symptome	Diagnostische Hinweise
unscharfes Sehen	Myopie, Hyperopie, Astigmatismus Katarakt (Kern-, Schalentrübung) Trübung der Cornea bei Keratitis, Glaukom Trübung des Kammerwassers bei Iridozyklitis Trübung im Glaskörper bei Uveitis, Blutung Erkrankung der Makula, z. B. altersbedingte Makuladegeneration (AMD) diabetische Makulopathie, juv. Makuladegeneration, Retinitis centralis serosa Läsion des N. opticus oder der Sehbahn, Neuritis nervi optici Intoxikationen Medikamentennebenwirkung (z. B. Amiodaron, Gold, Chloroquin, Ethambutol, Chlorpromazin)
zentraler grauer Fleck	altersbedingte Makuladegeneration juvenile Makuladegeneration Makula-Foramen Subhyaloidale Blutung, Valsalva-Blutung
alles dunkel sehen Visusminderung	Trauma (z. B. Optikusabriß) Zentralarterienverschluß Ablatio retinae Neuritis nervi optici Amaurosis fugax Apoplexia papillae dichte Glaskörpereinblutung bei Retinopathia diabetica, Trauma, Netzhauteinriß, Zentralvenenthrombose Morbus Eales, Marcumarblutung
schwarze Schlieren Mouches volantes	frische Einblutung in den Glaskörper Glaskörperverdichtungen
Schleiersehen	Katarakt Glaskörperverdichtungen Ablatio retinae Uveitis
Metamorphopsien verzerrtes Sehen	altersbedingte Makuladegeneration Astigmatismus Linsenveränderungen (Speichentrübungen) Retinitis centralis serosa Netzhautfalten bzw. -traktion bei diabetischer Retinopathie, proliferative Vitreoretinopathie, Z.n. Retinopathia praematurorum
Wahrnehmung von Glitzerpunkten	Synchisis scintillans
Lichtblitze „Sternchen"	hintere Glaskörperabhebung, zentral/peripher Migräne Netzhauteinriß chorioretinale Erkrankung Retinitis pigmentosa Trauma
Flimmern	Migräne zerebrovaskuläre Insuffizienz Medikamentenintoxikation Hypotonie Vasospasmus
Photophobie	Hornhautläsion, Keratitis Iritis, Iridozyklitis (Reiter-Syndrom) Meningitis Zapfendystrophie Albinismus (okulokutan/okulär) Medikamentenintoxikation
Farbensehen Chromatopsie	z. B. Medikamente rot: Chinin, Digoxin, Sulfonamide, Ergotamin frische Glaskörpereinblutung Z.n. Laserbehandlung gelb: Digoxin, Barbiturate, Chloramphenicol, Chlorpromazin, Sulfonamide, Thiopental Marihuana, LSD Cataracta brunescens Ikterus bei Hepatitis blau: Digoxin, Alkohol, Amphetamine, Quinacrin Kontrazeptiva grün: Digoxin, Barbiturate, Griseofulvin, Chinin, Jodverbindungen, Thiopental weiß: Diphenylhydantoin, Neuritis nervi optici Contusio bulbi violett: Nalidixinsäure, Haschisch, LSD
schimmernder Hof um Lichtquellen	Glaukom beginnende Katarakt Hornhautveränderungen, Hornhautnarben Keratoconjunctivitis epidemica
Nachtblindheit	Retinitis pigmentosa kongenitale stationäre Nachtblindheit hohe Myopie, Nachtmyopie Vitamin-A-Mangel Optikusatrophie Refsum-Syndrom
Gesichtsfeldausfälle	Glaukom Netzhautläsion (z. B. Arterienastverschluß) intrakranielle Raumforderung, Tumor

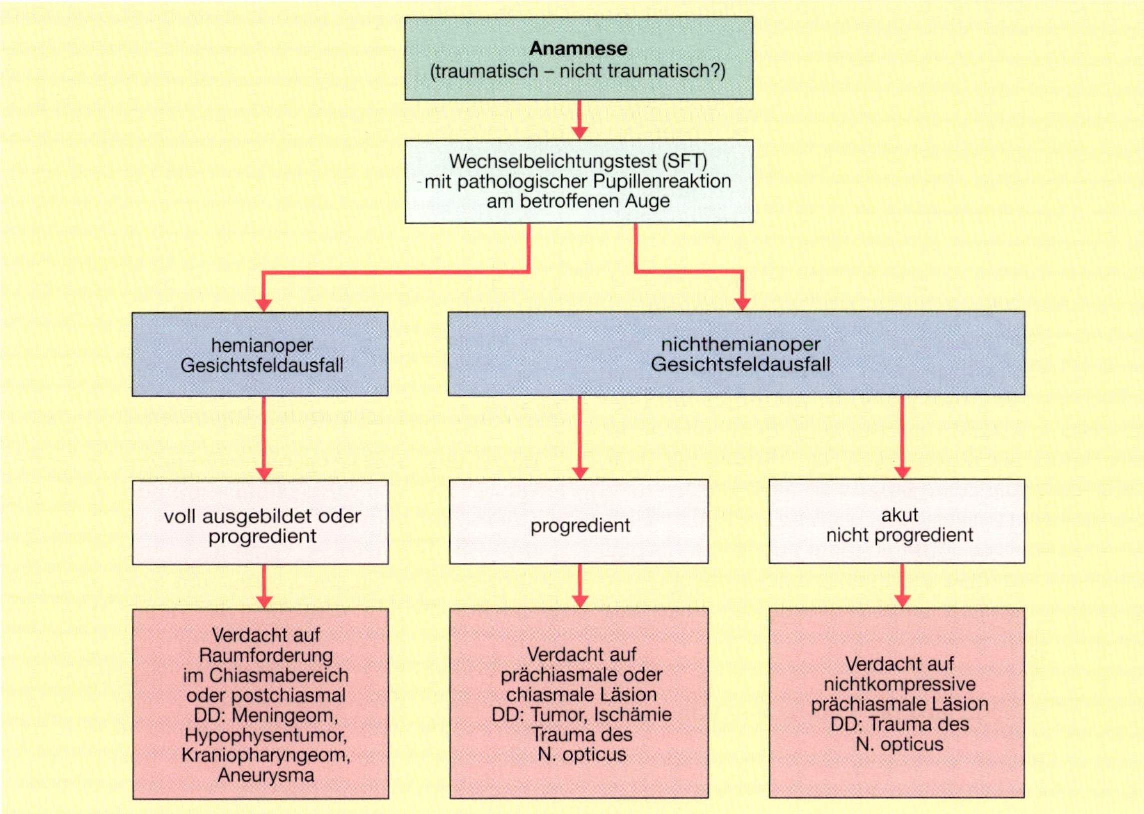

Abb. 55-3 Diagnostisches Vorgehen bei Visusminderung mit Afferenzstörungen der Pupille.

Seite nachzuweisen (Abb. 55-3). Besteht keine afferente Pupillenstörung, aber liegt dennoch der Verdacht auf eine neuroretinale Störung nahe, kann es sich um eine beidseitige Optikusneuropathie, eine chiasmale oder postchiasmale Läsion, eine Makulopathie oder eine Amblyopie handeln.

55.3 Diagnostik

55.3.1 Anamnese

Die gezielte Abklärung von Sehstörungen setzt eine umfassende und detaillierte Anamneseerhebung voraus. Neben Fragen zur aktuellen Symptomatik und zum zeitlichen Verlauf gilt es, alle Punkte hinsichtlich einer internistischen, neurologischen oder psychiatrischen Erkrankung zu erfragen. Die Schwangerschaftsanamnese (Frühgeburt) kann Aufschlüsse über vorbestehende Netzhautreifungsstörungen geben, das Vorliegen einer Schielsymptomatik eine Amblyopie erklären. Toxische Schädigung durch langfristig eingenommene Medikamente (z.B. Chloroquin, Ethambutol) sind auszuschließen. Hereditär bedingte Augenerkrankungen (z.B. Retinopathia pigmentosa, juvenile Makuladegeneration, Optikusatrophie) werden durch eine positive Familienanamnese gestützt.

Die vom Patienten geschilderten Symptome sind in ihrer Modalität, im zeitlichen Verlauf und einer möglichen Progredienz zu erfragen. Zusammen mit der Anamnese stellt die Erfassung der Symptome und ihre Zuordnung den effektivsten Weg in der Diagnosefindung dar.

55.3.2 Körperliche Untersuchung

55.3.2.1 Prüfung der Sehschärfe (Visus)

Als Auflösungsvermögen bezeichnet man die Fähigkeit des Auges, bei optimaler optischer Abbildung zwei Objekte getrennt wahrzunehmen. Das Auflösungsvermögen wird in Winkelgraden angegeben. Setzt man das Auflösungsvermögen in Beziehung zu einer definierten Entfernung, erhält man die Sehschärfe (Visus). Der Visus wird als Verhältnis der Ist-Sehschärfe im Zähler zur Soll-(Norm-)Sehschärfe im Nenner angegeben. Beispiel: 6/6, 5/5 oder 20/20 entsprechen einer Sehschärfe von 100%. Als Testzeichen kommen Zahlen, E-Hacken, Landolt-Ringe oder Kinderbilder zur Anwendung, die in definierter Entfernung erkannt werden sollten. Bei sehr reduzierter Sehschärfe wird ein Metervisus bestimmt. Es gilt hierbei, Sehzeichen in 1 m Entfernung zu erkennen, die ein gesunder Proband mit regelrechter Sehschärfe in 50 m Entfernung wahrnimmt. Kann kein numerisches Verhältnis angegeben werden, wird die Fähigkeit, Finger zu zählen (FZ), Handbewegungen zu erkennen (Hbw) oder die Richtung der Lichtprojektion (LP) zu benennen, getestet. Mit dem Visus prüft man die zentrale Netzhautfunktion. Hierfür kommen Sehzeichenprojektoren, Sehzeichenbildschirme oder Tafeln mit genormten Sehzeichen zur Anwendung. In der Praxis wird der Fernvisus in 5 oder 6 m Entfernung, der Nahvisus mit einer Birkhäuser-Lesetafel in 30 cm Abstand bestimmt. Besitzt der Patient eine Brille, wird diese entsprechend dem Verwendungszweck (Lesebrille/Fernbrille) getragen und jeweils ein Auge getrennt untersucht. Ist eine Brille nicht verfügbar, prüft man zunächst mit einer vor das Auge gehaltenen stenopäischen Lücke (Schreiner-Test).

55.3.2.2 Untersuchung der Pupillenreaktion

Zur Prüfung der Lichtreaktion der Pupille fixiert der Patient einen Fernpunkt, um eine Naheinstellungsreaktion zu vermeiden (Abb. 55-4). Die Untersuchung der direkten und indirekten Lichtreaktion in der Praxis erfolgt bei mittlerer Umfeldbeleuchtung. Mit dem Handrücken werden die Augen voneinander abgeschirmt und mit der Untersuchungslampe getrennt beleuchtet. Hierbei wird die Pupillenreaktion am direkt beleuchteten und nichtbeleuchteten Auge (indirekt mitreagierendes Auge) beobachtet. Durch abwechselnde, jeweils nur wenige Sekunden dauernde Beleuchtung von unten (Swinging-Flashlight-Test: SFT) wird die Afferenz geprüft. Bei entzündlichen oder traumatischen Läsionen des Fasciculus opticus wird sich die Pupille der erkrankten Seite nach anfänglicher geringer Verengung wieder erweitern, wobei die Pupille der gesunden Seite eng bleibt (Marcus-Gunn-Zeichen).

Zur Prüfung der Konvergenzreaktion blickt der Patient auf einen geführten Gegenstand in 20 cm Entfernung und dann auf einen Fernpunkt hinter dem Untersucher. Während dieses Übergangs läßt sich die Pupillenreaktion beobachten.

55.3.2.3 Untersuchung des Augenhintergrundes

Beim Spiegeln des Augenhintergrundes sitzt der Untersucher in gleicher Augenhöhe mit dem Patienten. Mit dem direkten Ophthalmoskop werden Netzhaut und Papille bei 16facher Vergrößerung beurteilt. Der Ophthalmologe spiegelt indirekt mit einer zwischen der Lichtquelle und dem Auge des Patienten positionierten Lupe, wobei auch die peripheren Netzhautareale bis zur Ora serrata eingesehen werden können. Hier entsteht ein wesentlich weniger vergrößertes, umgekehrtes Bild, wobei ein guter Überblick über größere Netzhautareale erreicht wird. Bei der indirekten stereoskopischen Biomikroskopie an der Spaltlampe kann eine starke Abbildungsvergrößerung mit räumlichem Eindruck erreicht werden.

Bei der direkten Ophthalmoskopie nähert sich der Untersucher bis auf wenige Zentimeter dem Patientenauge mit einem Winkel von ca. 15° von temporal. Besteht Normalsichtigkeit bei Untersucher und Patient, läßt sich der Sehnervenkopf scharf darstellen. Erscheint die Papille unscharf, wird so lange mit bzw. gegen den Uhrzeigersinn an der Recoss-Scheibe ge-

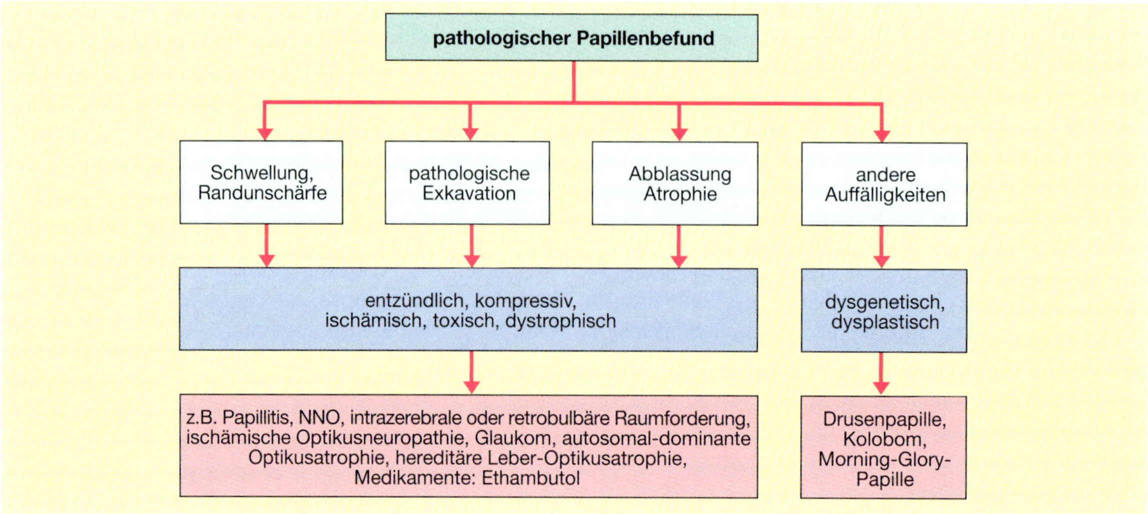

Abb. 55-4 Beurteilung der Papilla nervi optici.

dreht, bis durch Vorgabe der richtigen Konvex- oder Konkavlinse der Augenhintergrund scharf erkannt werden kann. Der Augenhintergrund erscheint durch die durchscheinende Aderhaut gleichmäßig hellrot, beim Jugendlichen wesentlich reflexreicher als beim älteren Menschen. Am weitsichtigen und linsenlosen Auge zeigen sich Strukturen verkleinert, am myopen Auge vergrößert. Die Beurteilung der Papille umfaßt Größe, Form, Begrenzung, Farbe und Ausdehnung der Exkavation. Die vital gefärbte Papille erscheint rötlich, im Zentrum gering exkaviert, gelblich-rot und scharf begrenzt im Netzhautniveau. Die Färbung der Papille variiert mit dem Alter. Beim Neugeborenen erscheint sie bisweilen gräulich tingiert, beim alten Menschen eher gelblich, farbärmer. Bei einer Atrophie des Sehnerven blaßt der Sehnervenkopf ab und nimmt eine gelblich-weiße Färbung an. Eine abnorme Exkavation der Sehnervenscheibe mit Abblassung weist auf eine Sehnervenatrophie hin. Findet sich die Papille unscharf begrenzt und prominent, ist eine Ursachenklärung zu veranlassen. Eine Randunschärfe der Papille gibt Anlaß zu einer umgehenden augenärztlichen, eventuell neurologischen und internistischen Untersuchung.

Mit zunehmender Arteriosklerose treten Gefäßkaliberschwankungen auf. Dies manifestiert sich in sogenannten Kreuzungsphänomenen und vermehrter Schlängelung der Venen. Angedeutete Kreuzungsphänomene in unmittelbarer Nachbarschaft zur Papille treten auch bei Gesunden auf, so daß erst abnorme Kreuzungsphänomene mit einem Abstand von mindestens einem Papillendurchmesser zum Sehnervenkopf in die Beurteilung mit einbezogen werden.

Bei Vorliegen einer arteriellen Hypertonie (→ Kap. 26) kann die morphologische Einteilung entsprechend der **Klassifikation** nach Thiel oder Keith und Wagner hilfreich sein.

Stadium I: gering verengte Netzhautgefäße
Stadium II: verstärkte arteriosklerotische Gefäßveränderungen
Stadium III: Veränderungen wie in Stadium II, zusätzlich Cotton-wool-Herde, Blutungen und Vorliegen eines Netzhautödems
Stadium IV: zusätzlich Papillenödem

Charakteristisch für diabetische Veränderungen sind intraretinale Mikroaneurysmen, harte Exsudate, Blutungen und Proliferationen (→ Kap. 5). Eine Aufspaltung der Netzhautblätter (Retinoschisis) oder eine Ablatio retinae stellen sich besonders gut bei binokular durchgeführter Fundoskopie dar.

55.3.2.4 Psychophysische Diagnostik

Die optischen Gegebenheiten des Auges, Licht wahrzunehmen und Objekte auf der Retina abzubilden, schaffen die Voraussetzung, mit einer Lichtquelle und einer Lupe (Augenspiegel) das Innere des Auges in seiner Feinstruktur zu erkennen. Aussagen über den funktionellen Status sind damit nur eingeschränkt möglich. Psychophysische Untersuchungsmethoden wie die Gesichtsfelduntersuchung, das Elektroretinogramm (ERG), das Elektrookulogramm (EOG) oder die Ableitung der visuell evozierten Potentiale (VECP) können hierbei wertvolle zusätzliche Informationen beitragen. Das ERG gibt Hinweise bei Netzhautfunktionsstörungen und Läsionen im Bereich der Sehnervenrezeptoren (Stäbchen und Zapfen), das Elektrookulogramm spiegelt Funktionsdefizite im retinalen Pigmentepithel wider. Mit der Messung der visuell evozierten Potentiale (VECP) werden Störungen im Bereich des Nervus opticus und/oder der weiterführenden neuroretinalen und neuronalen Strukturen erfaßt (z.B. pathologisches VECP bei Neuritis nervi optici).

Das Gesichtsfeld gibt die Summe der von der Netzhaut wahrgenommenen und über den Nervus opticus und die Sehbahn übermittelten Reize wieder. Die Gesichtsfelduntersuchung wird im allgemeinen für jedes Auge getrennt durchgeführt. Im Konfrontationsversuch mit der Fingerperimetrie erfolgt lediglich eine grob orientierende Prüfung. Hierbei werden nur große Gesichtsfeldausfälle erfaßt (z.B. Hemianopsie). Bei der monokularen Prüfung schließt der Patient ein Auge und fixiert in das korrespondierende Auge des Untersuchers. Er gibt an, wann er ein langsam von außen in das Gesichtsfeld geführtes Objekt (z.B. Bleistift) erkennt. Dieser Vorgang wird jeweils mehrfach für alle vier Quadranten durchgeführt (Abb. 55-5).

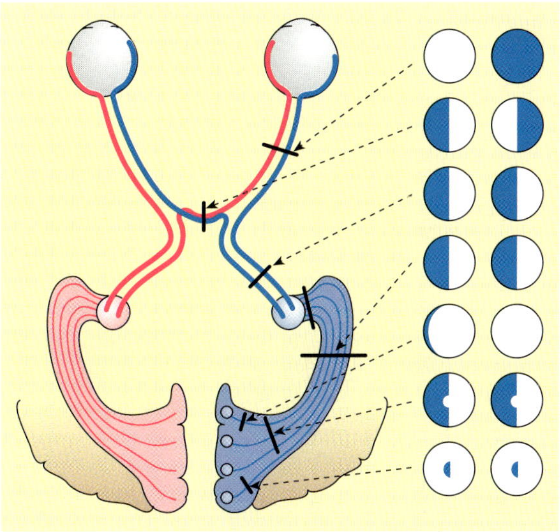
Abb. 55-5 Lokalisation der Läsionen der Sehbahn und entsprechende Gesichtsfeldausfälle.

55.4 Krankheitsbilder

55.4.1 Zentralarterienverschluß
55.4.2 Zentralvenenthrombose
55.4.3 Morbus Horton
55.4.4 Amaurosis fugax
55.4.5 Neuritis nervi optici
55.4.6 Diabetische Retinopathie
55.4.7 Uveitis
55.4.8 Retinitis bei AIDS
55.4.9 Toxisch und nutritiv bedingte Optikopathien und Makulopathien

55.4.1 Zentralarterienverschluß

Der Zentralarterienverschluß mit Unterbrechung der arteriellen Blutzufuhr zur Netzhaut stellt eine gravierende Akutsituation in der Augenheilkunde und zugleich einen internistischen Notfall dar (→ Abb. 55-6). Die häufigsten Ursachen sind Emboli aus dem Herzen und der A. carotis. Diese gelangen in die A. ophthalmica als erstem Ast der A. carotis interna. Thrombotische Embolien entstehen im Gefolge eines Myokardinfarktes oder bei Vorhofflimmern, bakterielle Embolien bei Vorliegen einer Endokarditis. Kalzifizierte Emboli werden von verkalkten Klappenrändern oder atheromatösen Plaques weggespült. Thrombozytenemboli, Cholesterinemboli oder Plaquematerial haben ihren häufigsten Ursprung in der A. carotis. Ein Verschluß von präkapillären Arteriolen findet sich bei Erkrankungen aus dem Formenkreis der Kollagenosen (→ Kap. 43), bei Riesenzellarteriitis (→ 55.4.3), bei hypertensiver oder diabetischer Retinopathie (→ Kap. 12 und 26).

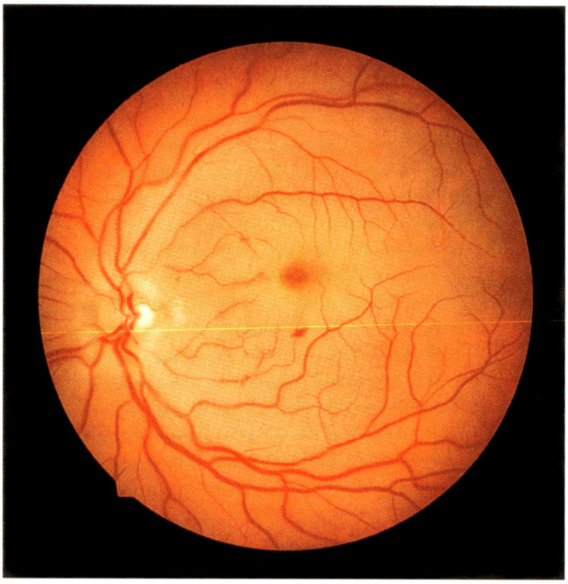

Abb. 55-6 Zentralarterienverschluß mit ischämischem hinterem Pol und kirschrotem Fleck.

B *Beschwerden und Befunde*

Die Symptome eines Zentralarterienverschlusses bestehen in einer schmerzlosen, rasch auftretenden Erblindung auf einem Auge („Als ob man das Licht ausschaltet“). Arterienastverschlüsse resultieren in Verschwommensehen (Trübung, Schleiersehen) oder Gesichtsfeldausfällen, je nach Größe des betroffenen Versorgungsareals. Das Auftreten der Sehminderung wird hier mitunter als Vorhang, der sich von oben oder unten vor das Auge schiebt, beschrieben (Differentialdiagnose: Ablatio retinae).

DS *Diagnosesicherung*

Beim Zentralarterienverschluß ist der Visus nahezu vollständig erloschen. Die Pupillenreaktion des betroffenen Auges auf direkte Beleuchtung fällt pathologisch aus. Fundoskopisch zeigt die Retina einen Verlust an Transparenz mit weißlich-ödematösem Aspekt am hinteren Pol. Dies kann als Folge einer Schädigung der Nervenfaserschicht und Ganglienzellschicht angesehen werden. In der Fovea stellt sich der kirschrote Fleck durch das Durchscheinen und die Kontrastierung der normalen chorioidalen Färbung gegenüber der retinalen Blässe dar (Abb. 55-6). Der weitere Verlauf über die folgenden Wochen manifestiert sich in einer Rückbildung des Ödems, Engstellung der Gefäße, Netzhautatrophie und Abblassung der Papille.

Eine eingehende internistische Abklärung, einschließlich einer Doppler-Duplex-Sonographie der hirnversorgenden Arterien und des Herzens ergänzen die Diagnostik (B-Mode/gepulster Doppler). Bei ca. 20% der Patienten mit Verdacht auf einen Zentralarterienverschluß ist eine ipsilaterale hochgradige Stenose der A. carotis nachweisbar.

DD *Differentialdiagnose*

Differentialdiagnostisch kommen zunächst die verschiedenen Ursachen des plötzlichen Visusverlustes in Betracht. Eine Arteriitis temporalis gilt es stets auszuschließen (→ Kap. 43.4.11.5). Eine Netzhautablösung tritt langsamer und mit dem Phänomen der Wahrnehmung eines Vorhanges oder Schattens ein. Eine massive Glaskörpereinblutung kann unter Umständen einen relativ unmittelbaren, aber selten kompletten Visusverlust bedingen. Schwierig abzugrenzen ist ein akuter Verschluß der A. ophthalmica. Hier erscheint die Netzhaut ebenfalls weißlich-ödematös, die Ausbildung eines typischen kirschroten Flecks fehlt. Ein kirschroter Fleck findet sich andererseits aber auch bei Speicherkrankheiten wie dem Tay-Sachs-Syndrom.

55.4.2 Zentralvenenthrombose (ZVT)

Die ZVT stellt nach der diabetischen Retinopathie die häufigste Gefäßkomplikation am Auge dar (→ Abb. 55-7). Prädisponiert sind Menschen in der sechsten und siebten Lebensdekade. Häufig besteht eine Hypertonie (→ Kap. 26), ein Hyperviskositätssyndrom (→ Kap. 45), ein Glaukom oder ein Diabetes mellitus (→ Kap. 12). In nur wenigen Situationen lassen sich ursächlich eine Polycythaemia vera (→ Kap. 44.4.7), eine chronisch-myeloische Leukämie (→ Kap. 8), eine Sichelzellanämie (→ Kap. 8), ein Morbus Waldenström oder eine Periphlebitis bei Sarkoidose (→ Kap. 32) nachweisen. Als schädigender Mechanismus für die Mehrzahl der Verschlüsse wird eine Kompression der Vene durch kreuzende, sklerosierte und verdickte Arterien diskutiert.

B ***Beschwerden und Befunde***

Bei kompletter ZVT kommt es im allgemeinen zur schmerzlosen, unilateralen akuten Visusminderung auf ca. 10% oder darunter. Eine afferente Pupillenstörung ist nachweisbar. Nur bei ca. 5% der Patienten ereignet sich dieses Geschehen an beiden Augen. Handelt es sich jedoch um eine nichtischämische Form einer ZVT, kann der Verlauf milde mit nahezu erhaltenem Visus sein. Diese Form findet sich öfter bei jüngeren Patienten, wobei hier streifige Blutungen in der Netzhaut im Vordergrund stehen, im Gegensatz zu den runden intraretinalen Fleckblutungen, die als Ischämiezeichen gelten.

DS ***Diagnosesicherung***

In der Akutphase einer ZVT imponieren dilatierte, vermehrt geschlängelte Venenäste mit paravasalem Ödem und Streifenblutungen im Netzhautniveau. Fleck- und Punktblutungsareale (Abb. 55-7) sowie Cotton-wool-Herde können das Bild ergänzen. Klinisch wichtig ist die Unterscheidung der ischämischen von der nichtischämischen Form einer ZVT. Letztere weist deutlich mildere Veränderungen auf. Im Langzeitverlauf werden Gefäßeinscheidungen, ein zystoides Makulaödem, harte Exsudate, die Ausbildung von Shuntgefäßen und Umschichtungen im retinalen Pigmentepithel beobachtet. Spätkomplikationen bestehen im Auftreten einer Glaskörperblutung oder eines Sekundärglaukoms.

Abb. 55-7 Venenthrombose mit Papillenödem und ausgeprägten Fleckblutungen.

DD ***Differentialdiagnose***

Ischämische Komplikationen anderer Genese müssen in die Diagnosefindung mit einbezogen werden. Eine diabetische Retinopathie tritt fast immer beidseitig auf. Zur Klärung bedarf es einer sorgsamen Anamnese und unter Umständen der Durchführung spezieller Untersuchungen, z.B. einer Fluoreszenzangiographie. Eine Strahlenretinopathie ist sehr selten und anamnestisch auszuschließen.

55.4.3 Morbus Horton

Die Arteriitis temporalis Horton, auch Riesenzellarteriitis genannt, ist eine Erkrankung des älteren Menschen, meist jenseits des 60. Lebensjahres. Frauen sind etwa doppelt so häufig betroffen wie Männer (→ Kap. 43.4.11.5). Eine Komplikation stellt die ischämische Sehnervenschädigung mit Visusminderung oder vollständigem Sehverlust dar. Weitere Manifestationen sind Sehbahninfarkte, retinale Gefäßverschlüsse, eine Okulomotorius-, Trochlearis- oder Abduzensparese. Bei etwa 40% der Patienten kommt es zur Erkrankung des Partnerauges. Am frisch betroffenen Auge zeigt sich ein Papillenödem, am vorher geschädigten Auge eine Optikusatrophie. Dieser Befund wird als Pseudo-Foster-Kennedy-Syndrom bezeichnet. Die Ätiologie der Erkrankung ist immer noch unklar. Eine Assoziation zur Polymyalgia rheumatica (→ Kap. 47) scheint gegeben. Bei Verdacht auf das Vorliegen eines Morbus Horton und bestehender Sturzsenkung (> 50 mm/Std.) ist unverzügliches therapeutisches Handeln angezeigt.

B *Beschwerden und Befunde*

Leitsymptome der Erkrankung sind Zephalgien im Stirn- und Schläfenbereich, diffuse Kopfschmerzen, Myalgien im Hals- und Nackenbereich und das Gefühl allgemeiner Abgeschlagenheit. Pathognomonisch ist ein Schmerzempfinden im Bereich der Kaumuskulatur, das bei Ruhe nachläßt.

Eine Überempfindlichkeit der Kopfhaut mit Schmerz beim Kämmen wird häufig von Patienten geschildert. In etwa 10% der Fälle kommt es in der Prodromalphase zur einseitigen vorübergehenden Erblindung. Die Symptome einer Polymyalgia rheumatica mit Muskelsteifigkeit im Hals-, Nacken- und Beckenbereich sind bei vielen alten Menschen anzutreffen und nur bedingt spezifisch für eine Arteriitis temporalis.

Eine Sturzsenkung über 50 mm in der ersten Stunde ist ein typischer Befund, der auf eine Arteriitis temporalis Horton hinweist. Die hochdosierte Anwendung von Steroiden führt innerhalb von 48 Stunden im allgemeinen zum deutlichen Rückgang der Symptome.

DS *Diagnosesicherung*

Eine Sicherung der Diagnose gelingt durch eine Temporalisbiopsie und den histologischen Nachweis des Vorliegens einer Riesenzellarteriitis (Abb. 55-8). Eine unauffällige Histologie schließt die Erkrankung aber nicht aus, da die Gefäßveränderungen segmental auftreten. Für die Probebiopsie ist ein ca. 2,5 cm langes Segment zu exzidieren, um falsch-negative Ergebnisse geringzuhalten. Im Zweifelsfall ist eine Biopsie auf der Gegenseite nicht zu umgehen. Stets sollte dem Eingriff eine Doppler-Duplex-Sonographie der hirnversorgenden Gefäße vorausgehen.

DD *Differentialdiagnose*

Differentialdiagnostisch sind ischämisch, entzündlich oder hereditär bedingte Optikusschädigungen abzugrenzen. Auch Grunderkrankungen wie eine Polyarteriitis nodosa oder ein Lupus erythematodes (→ Kap. 43) sind in Betracht zu ziehen. Die hereditäre Leber-Optikusatrophie tritt meist im jüngeren Lebensalter auf. Die Formen der durchblutungsbedingten

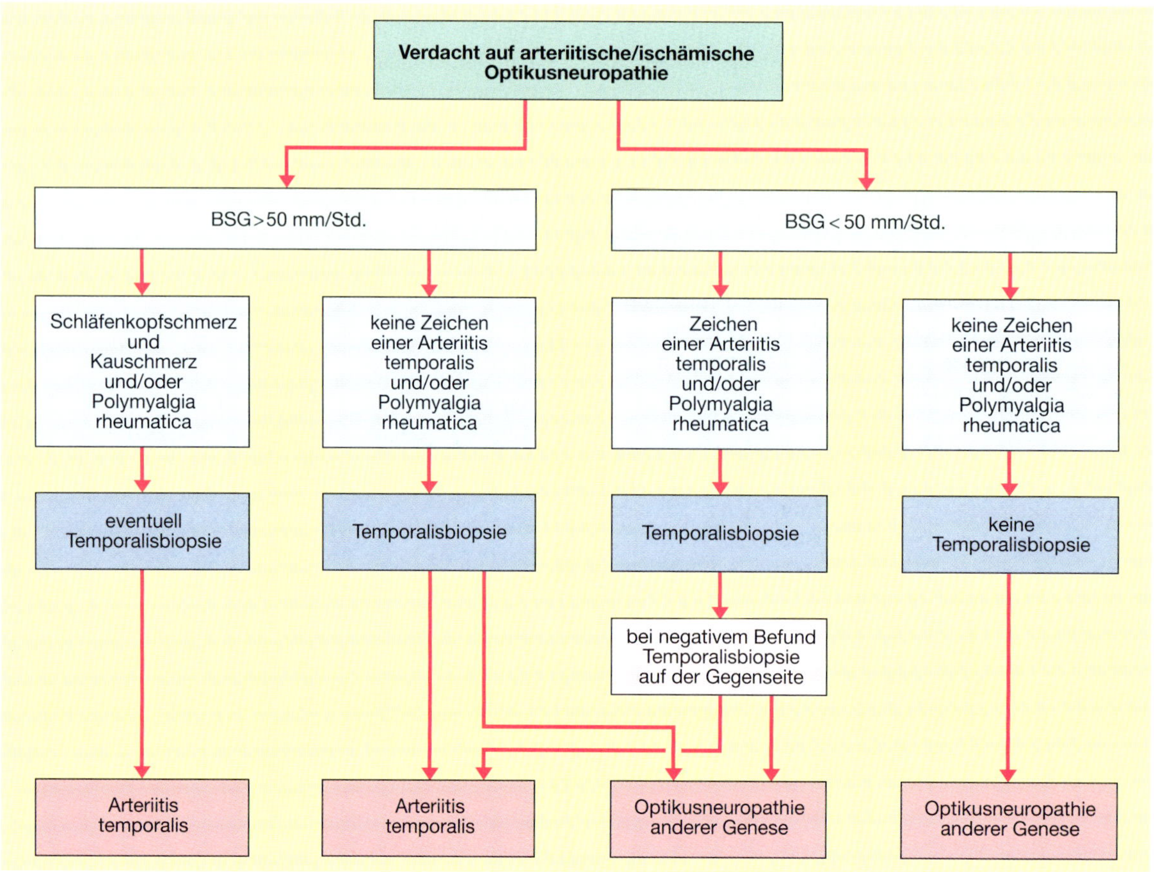

Abb. 55-8 Diagnostisches Vorgehen bei Verdacht auf Vorliegen eines Morbus Horton.

nichtentzündlichen Erkrankungen weisen in der Regel keine Sturzsenkung auf. Das Pseudo-Foster-Kennedy-Syndrom kann Folge einer intrakraniellen Raumforderung sein.

55.4.4 Amaurosis fugax

Die Amaurosis fugax stellt eine passagere Sehminderung dar und wird als eine Form einer transitorisch ischämischen Attacke (TIA) gewertet (→ Kap. 30). Es handelt sich hierbei um einen ischämisch bedingten, fokalen neurologischen Ausfall. Halluzinatorische Erlebnisse, wie sie bei epileptiformen Krankheitsbildern oder Migräne beobachtet werden, treten hierbei nicht auf. Die Ischämie kann ihre Ursache in Gefäßverengungen oder kurzzeitigen Verschlüssen von Gefäßen im Zuflußgebiet oder im Läsionsareal selbst haben. Ein Mikroembolus aus dem Bereich des Herzens, der Aorta oder der A. carotis kommt hierfür in Frage. Ein Hyperviskositätssyndrom oder die Kompression von Gefäßstrukturen durch einen Tumor oder ein Aneurysma stellen eher die Ausnahme dar.

B ***Beschwerden und Befunde***

Eine einseitige Visusminderung oder ein Visusverlust von wenigen Sekunden bis zu mehr als einer Stunde, bei denen nach dieser Zeit das Ausgangssehvermögen wieder zurückkehrt, charakterisieren eine Amaurosis fugax.

DS ***Diagnosesicherung***

Zum Ausschluß oder Nachweis einer Emboliequelle ist eine kardiologische Abklärung notwendig. Dazu gehören z.B. Veränderungen an den Herzklappen, das Vorliegen eines Vorhofmyxoms, einer absoluten Arrhythmie oder Läsionen im Bereich der hirnversorgenden Gefäße (→ Kap. 7.4.8 und 23). Eine digitale Subtraktionsangiographie (DSA) liefert Hinweise auf mögliche Emboliequellen. Ergänzend bedarf es auch einer neurologischen Untersuchung.

DD ***Differentialdiagnose***

Kommen zur passageren Visusminderung Schwindel, Verwirrtheit oder eine Synkope (→ Kap. 7.4.8) hinzu, ist von einer globalen zerebralen Ischämie auszugehen. Bei Manifestation von binokularen Doppelbildern, Dysarthrie und Drehschwindel (→ Kap. 54) ist an eine Stammhirnischämie zu denken. Ischämische, entzündliche oder toxische Reaktionen am Auge selbst sind in die differentialdiagnostischen Erwägungen mit einzubeziehen.

55.4.5 Neuritis nervi optici

Eine Neuritis nervi optici (NNO) zeigt sich im allgemeinen in einer einseitigen Visusminderung durch eine entzündliche oder demyelinisierende Veränderung im Sehnerv. Das Manifestationsalter liegt meist zwischen dem 20. und 45. Lebensjahr. In der Mehrzahl der Fälle handelt es sich um eine sporadische, idiopathische Form.

Bei einigen Patienten stellt sie jedoch die Erstmanifestation einer Multiplen Sklerose (→ Kap. 30.4.2) dar. Die Wahrscheinlichkeit, daß es sich um eine NNO bei Multipler Sklerose handelt, steigt mit der Anzahl der Krankheitsschübe. Einmalige Schübe werden auch im Rahmen einer Immunantwort nach vorhergegangener Virusinfektion beobachtet.

55

B ***Beschwerden und Befunde***

Eine progrediente, einseitige zentrale Sehverschlechterung, die ihr Maximum zuweilen erst nach 7 Tagen erreicht und von Bewegungsschmerzen des Auges begleitet wird, stellt einen typischen Verlauf einer NNO dar. Führt körperliche Anstrengung zu einer weiteren Verschlimmerung mit Auftreten von Fieber, spricht man von einem Uhthoff-Phänomen. Der Schweregrad der Visusminderung unterliegt großen Schwankungen und kann bis zur Lichtscheinwahrnehmung reduziert sein. Frühsymptome bestehen in einer verminderten Farbwahrnehmung und Herabsetzung der Helligkeitsempfindung. Das Pulfrich-Phänomen beschreibt eine Herabsetzung der Tiefenschärfenwahrnehmung am betroffenen Auge. Normalerweise kommt es nach einem Schub wieder zum kontinuierlichen Visusanstieg, wenngleich bei manchen Patienten nur eine Defektheilung erfolgt.

DS ***Diagnosesicherung***

Eine akute Visusminderung mit Farbsehstörungen, ein pathologischer Wechselbelichtungstest (Marcus-Gunn-Pupille), pathologische VECP, eine zentrale Gesichtsfeldstörung und ein entsprechendes Ergebnis einer Liquorpunktion sichern die Diagnose. Eine Kernspintomographie zum Ausschluß zerebraler Entmarkungsherde kann bereits bei einer Erstmanifestation erwogen werden. Ophthalmologisch sind **drei Typen einer NNO** zu unterscheiden:

- Retrobulbärneuritis mit unauffälligem Augenhintergrund („Der Patient sieht nichts, der Arzt sieht nichts").
- Papillitis mit Papillenödem und Nachweis von Zellen im präpapillären Glaskörper
- Neuroretinitis mit Papillitis, Sternfigur der Makula und/oder Exsudaten in tiefer gelegenen Netzhautschichten

DD ***Differentialdiagnose***

Am häufigsten tritt eine NNO als typische, isolierte Optikusneuritis auf. Eine Encephalomyelitis disseminata steht besonders bei wiederholten Schüben zur Diskussion (→ Kap. 30). Hierbei sind mitunter auch eine internukleäre Ophthalmoplegie, Dysästhesien, Parästhesien oder ataktische Störungen nachweisbar. Bei klinischem Ausschluß der genannten Formen sind ischämische, toxische oder infiltrative Optikusneuropathien differentialdiagnostisch denkbar.

55.4.6 Diabetische Retinopathie

Die diabetische Retinopathie ist in den westlichen Industrieländern die häufigste Erblindungsursache im arbeitsfähigen Alter. Die Erblindung wird entweder durch die proliferative diabetische Retinopathie oder das diabetische Makulaödem verursacht. Das Makulaödem betrifft hauptsächlich die Typ-2-Diabetiker, während die Proliferation häufiger bei den Typ-1-Diabetikern auftritt. Diabetische Kinder sollten ab der Pubertät jährlich fundoskopisch kontrolliert werden. Bei Typ-1-Diabetikern ist etwa 5 Jahre nach der Diagnosestellung jährlich eine Augenhintergrundspiegelung zu empfehlen, bei Typ-2-Diabetikern umgehend nach Diagnosestellung und, falls noch keine diabetische Retinopathie vorliegt, ebenfalls nach einem Jahr. Diese Intervalle werden vom Augenarzt entsprechend verkürzt, sobald eine Retinopathia diabetica nachgewiesen ist. Erschwerend kommt hinzu, daß bei diabetischer Retinopathie meist gleichzeitig ein Hypertonus besteht und sich somit die schädigenden Faktoren summieren.

B ***Beschwerden und Befunde***

Grundsätzlich kann eine schlechte Einstellung des Diabetes mellitus (→ Kap. 12) mit stark schwankenden Blutzuckerspiegeln zu erheblichen **Schwankungen in der Sehschärfe** führen, so daß z.B. eine neu verordnete Brille innerhalb kurzer Zeit nicht mehr stimmt. Dies entsteht durch osmotische Verlagerung von Wasser in die Augenlinse, wodurch sich die Dicke der Linse und somit ihre Brechungsradien verändern. Die dadurch bedingten Schwankungen in der Sehschärfe lassen sich durch eine Stabilisierung der Blutzuckerwerte beheben. Solche Veränderungen können schon frühzeitig auftreten und sind unabhängig von der Existenz einer Retinopathia diabetica.

Eine **langsam progredientes unscharfes Sehen** auf einem oder beiden Augen ist dagegen meist ein Hinweis auf ein Makulaödem (Abb. 55-9), wie es oft bei Typ-2-Diabetikern oder auch bei Typ-1-Diabetikern mit Niereninsuffizienz vorkommt. Meist liegt bei diesen Patienten auch ein Bluthochdruck vor, der von internistischer Seite dringend einer richtigen Einstellung bedarf. ACE-Hemmer gelten hier als Mittel der ersten Wahl.

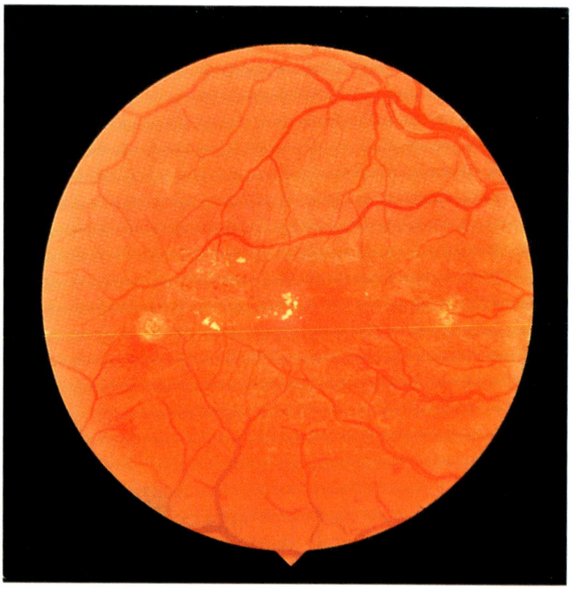

Abb. 55-9 Klinisch signifikantes Makulaödem mit harten Exsudaten und retinaler Verdickung bis in die Fovea reichend.

Die **diabetische Katarakt** manifestiert sich in zwei verschiedenen Formen: erstens die beschleunigte Alterskatarakt mit typischen Kortextrübungen der Linse. Diese führen zu Nebelsehen, vermehrter Blendung und seltener auch zu monokularen Doppelbildern. Die zweite Form der diabetischen Katarakt ist die sehr seltene, binnen weniger Tage auftretende „Schneeflockenkatarakt". Hier kommt es ganz kurzfristig zu einem schweren Visusverlust bis in den Bereich der Lichtscheinprojektion. In diesem Fall ist die Katarakt schon äußerlich durch die fast weiße Pupille einfach zu erkennen.

Die **proliferative diabetische Retinopathie** (Abb. 55-10) führt zu Glaskörpereinblutungen, die der Patient meist auf einem Auge zunächst als schwarze oder rote Schlieren sieht, die sich dann im Glaskörper fein verteilen. In der initialen Phase wird der gesamte Seheindruck auch als rot eingefärbt empfunden. Bei Fortschreiten der Erkrankung kann es zu Traktionen an der Makula kommen, die sich in Verzerrtsehen und schlechter Sehschärfe äußern. Das finale Stadium der Erkrankung mit traktionsbedingter Netzhautablösung und Sekundärglaukom führt zur kompletten Erblindung.

DS ***Diagnosesicherung***

Der Augenhintergrund wird bei weitgestellter Pupille am besten stereoskopisch gespiegelt. Die ersten Zeichen einer diabetischen Retinopathie, wie Mikroaneurysmen und Punktblutungen, findet man häufig temporal der Fovea centralis. Harte Exsudate im Bereich der Makula und stereoskopisch erkennbare Ver-

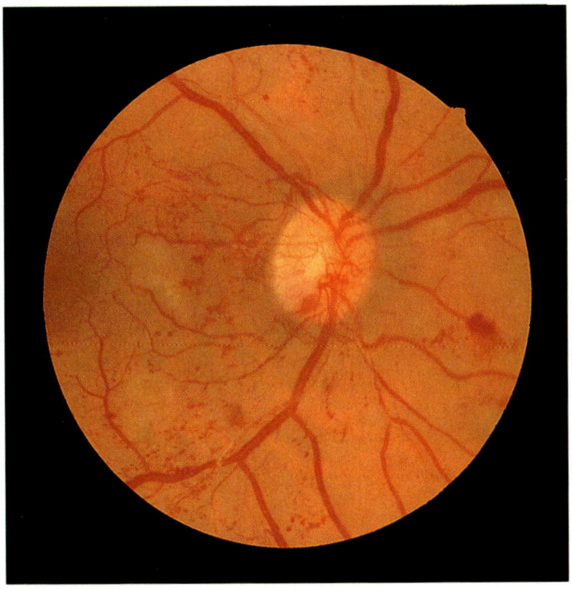

Abb. 55-10 Proliferative diabetische Retinopathie mit Proliferationen von der Makula ausgehend.

dickung der Netzhaut weisen auf ein Makulaödem hin, welches fokal photokoaguliert werden muß, bevor die Sehschärfe weiter absinkt. Cotton-wool-Herde und harte Exsudate, auch auf der nasalen Seite der Papille, lassen an einen zusätzlich bestehenden Bluthochdruck denken. Bei Vorliegen von Proliferationen oder einem Makulaödem bedarf es einer Laserphotokoagulation, da sonst die Gefahr der Erblindung droht.

Einen Anhalt für die Einstellungsgüte des Diabetes mellitus stellt der HbA_{1C}-Wert dar.

DD *Differentialdiagnose*

Von einer diabetischen Retinopathie sind im wesentlichen hypertensiv oder ischämisch bedingte Veränderungen nichtdiabetischer Genese abzugrenzen.

55.4.7 Uveitis

Uveitiden sind meist endogen bedingte, immunologische Erkrankungen der Gefäßhaut des Auges (Uvea). Zur Uvea gehören die Iris, der Ziliarkörper, die Pars plana und die Aderhaut (Chorioidea). Eine Uveitis anterior bezeichnet einen Entzündungszustand im Bereich der Iris, des Ziliarkörpers oder beider Strukturen. Eine Entzündung im Bereich der Retina und/oder Choroidea signalisiert eine Uveitis posterior. Sind sämtliche Strukturen betroffen, handelt es sich um eine Panuveitis. Letztere findet sich zum Beispiel bei Morbus Behçet oder bei sympathischer Ophthalmie nach einer zurückliegenden Verletzung des Partnerauges. Es gibt akute Uveitiden, häufig handelt es sich aber auch um einen chronisch-rezidivierenden Verlauf. Ätiologisch lassen sich folgende Formen unterteilen:

- idiopathische Uveitiden
- eigenständige uveitische Krankheitsbilder (z.B. Fuchs-Heterochromiezyklitis)
- Uveitiden bei Systemerkrankungen (z.B. Morbus Bechterew, juvenile Polyarthritis [→ Kap. 43], M. Crohn, Colitis ulcerosa [→ Kap.11], Sarkoidose [→ Kap. 43])
- postinfektiöse Uveitis (z.B. Immunantwort nach Virusinfekt)
- parasitär bedingte Uveitis (z.B. Toxoplasmose, Toxocara)
- linseninduzierte Uveitis durch Austritt von Linsenprotein

Eine genetische Disposition (HLA-Antigenität) ist für die Entstehung einer Uveitis vermutlich von wesentlicher Bedeutung.

55

B *Beschwerden und Befunde*

Eine **akute Iridozyklitis** geht mit Schmerzen und Rötung des Auges einher, weiterhin besteht Lichtscheu, ein herabgesetzter Visus, Blepharospasmus und Tränenfluß. Die Bindehaut zeigt eine ziliare oder gemischte Injektion. Insbesondere bei Kindern führt eine chronische Iridozyklitis durch Einlagerung von Substanzen in die Hornhaut mitunter zu einer bandförmigen Keratopathie im Lidspaltenbereich.

DS *Diagnosesicherung*

In der Vorderkammer lassen sich an der Spaltlampe Zellen und eventuell ein Tyndall-Effekt als Folge von Exsudation von Proteinen aus den Irisgefäßen erkennen. Endothelbeschläge stellen das Korrelat von Niederschlägen dieser Substanzen sowie Zellen an der Hornhautinnenfläche dar. Bei sehr heftigen Reaktionen ist in der unteren Kammerwinkelkurvatur eine Anhäufung von Entzündungszellen und weißen Blutkörperchen (steriles Hypopyon) zu finden. Die Verklebung des Irisblattes mit der Linsenvorderfläche stellt eine ernste Komplikation dar und führt bei zirkulärer Adhärenz zu einer sogenannten Irisbombé mit Blockierung des Kammerwasserflusses in die Vorderkammer und Entstehung eines Sekundärglaukoms.

Eine **intermediäre Uveitis** oder Pars planitis zeichnet sich durch einen chronischen Verlauf aus. Der Vorderkammerbefund ist diskret oder unauffällig. Im peripher gelegenen Glaskörper zeigen sich fundoskopisch Trübungsareale und konfluierende Exsudate mit Ausbildung heller Areale in der Pars plana. Die Beschwerdesymptomatik der Patienten ist meist gering. Die Wahrnehmung von Mouches volantes steht im Vordergrund. Nur selten kommt es zu einer Progredienz mit Entstehung eines Makulaödems oder Mitbeteiligung der Papille. Bei einer **Uveitis posterior** kann die Netz-

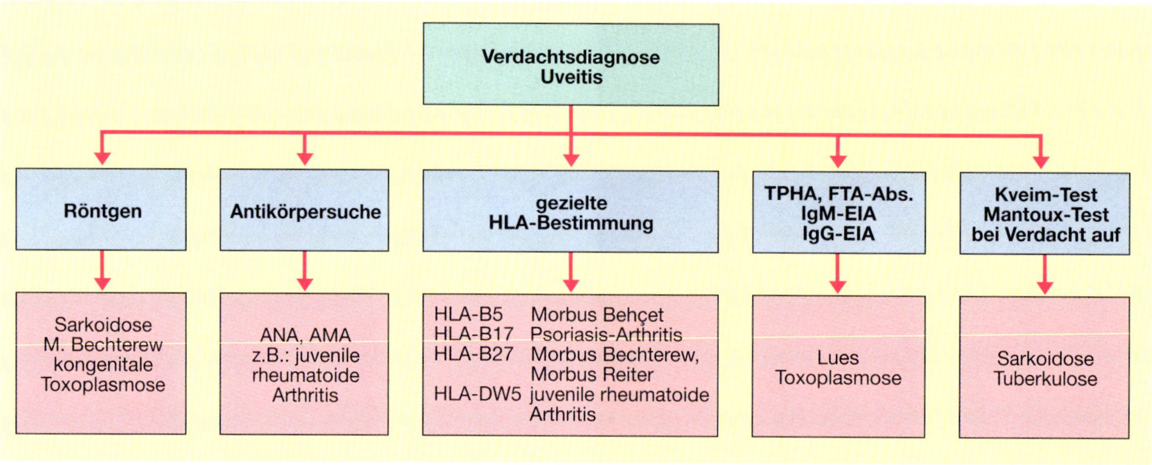

Abb. 55-11 Diagnostisches Vorgehen bei Verdacht auf Vorliegen einer Uveitis.

haut, die Aderhaut oder meist beide betroffen sein. Entsprechend lautet die Diagnose Chorioiditis, Retinochorioiditis oder Chorioretinitis. Eine Visusminderung steht hierbei ganz im Vordergrund. Unscharf begrenzte, helle Areale am hinteren Pol sowie die Präsenz von Entzündungszellen im hinteren Glaskörpersegment sind richtungweisend für die Diagnosestellung.

DD *Differentialdiagnose*

Abzugrenzen sind sogenannte Pseudouveitiden mit entsprechenden morphologischen Gegebenheiten und Zellbefunden bei Vorliegen eines intraokularen Tumors oder lymphatischer Leukämie. Eine beginnende Endophthalmitis, eine Pilzinfektion des Auges (z.B. Histoplasmose) oder eine Netzhautablösung können eine Uveitis vortäuschen. In Abbildung 55-11 sind die differentialdiagnostischen Schritte zusammenfassend dargestellt.

55.4.8 Retinitis bei AIDS

Mit der zunehmenden Zahl von AIDS-Kranken hat auch die Zahl der Augenbeteiligungen im Spätstadium dieser Erkrankung zugenommen. Einmal handelt es sich hier um Kaposi-Sarkome im Lidbereich, zum anderen kommt es am Augenhintergrund zunächst zu Cotton-wool-Herden, deren Pathogenese noch nicht völlig geklärt ist. Im weiteren Verlauf entwickelt sich eine Retinitis, die durch Zytomegalie- oder Herpesviren ausgelöst wird (→ Abb. 55-10). Mit den heutigen verbesserten, lebensverlängernden Behandlungsmöglichkeiten hat gleichzeitig die Bedeutung der adäquaten Behandlung dieser Spätkomplikationen zugenommen, da die Patienten auch mit einer solchen Retinitis noch einen längeren Lebensweg vor sich haben.

B *Beschwerden und Befunde*

Die im Lidbereich auftretenden Kaposi-Sarkome sind meist einfach zu diagnostizieren und führen primär eher zu kosmetischen als zu funktionellen Problemen (→ Kap. 21). Die Retinitiden können lange Zeit unerkannt bleiben, solange sie die Makula nicht erreichen. Wird diese miteinbezogen, führt dies zu einem drastischen Verlust an Sehschärfe. Aber schon vorher können große Netzhautareale betroffen sein und als Skotom im Gesichtsfeld bemerkbar werden. Letztlich kann es zur Netzhautablösung oder Nekrose kommen mit der Folge einer vollständigen Erblindung.

DS *Diagnosesicherung*

Zum einen erfolgt die Diagnosesicherung durch die Diagnose der Grunderkrankung (HTLV-Test), zum nderen durch die Untersuchung des Augenhintergrundes (Abb. 55-12). Bei AIDS-Kranken sollte eine solche Untersuchung durchgeführt werden, da, wie bereits erwähnt, eine subjektive Minderung der Sehschärfe oft erst im fortgeschrittenen Stadium auftritt. Das Fundusbild bei der vorherrschenden Zytomegalievirusretinitis zeigt am Augenhintergrund konfluierende, blutige und nekrotische Netzhautareale (→ Abb. 55-10). Frisch entzündete und gräuliche, abgeheilte Netzhautbezirke können gleichzeitig nebeneinander bestehen.

DD *Differentialdiagnose*

Differentialdiagnostisch sind alle anderen Arten einer Retinitis bzw. Chorioretinitis, sowohl hämatogen als auch septisch bedingt (z.B. Herpes, Masern, Toxoplasmose, systemische Sepsis), zu bedenken. Auch eigenständige Krankheitsbilder wie eine akute multifokale Pigmentepitheliopathie sind in diese Überlegungen einzubeziehen.

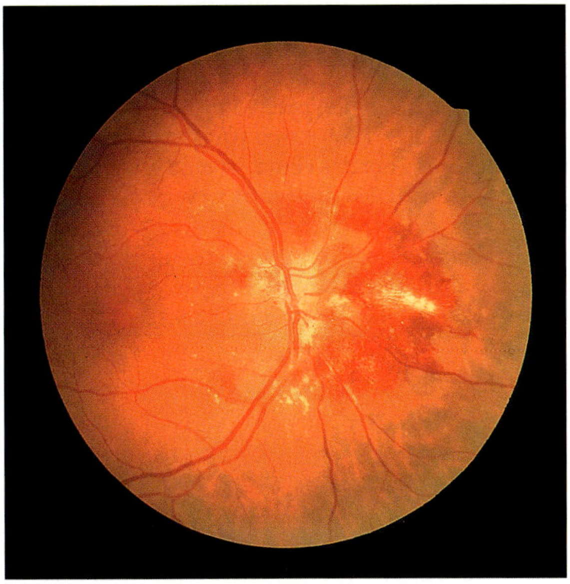

Abb. 55-12 Zytomegalievirusinfektion bei HIV.

55.4.9 Toxisch und nutritiv bedingte Optikopathien und Makulopathien

Toxische und/oder nutritive Schädigungen der Augen können in verschiedenen Bereichen des Auges oder der Sehbahn auftreten (z.B. Netzhaut und/oder Cornea oder Nervus opticus). Entscheidend für die Diagnosefindung ist eine umfassende Anamneseerhebung hinsichtlich der Einnahme von Medikamenten, Ernährungsgewohnheiten, Alkohol- und Nikotinabusus oder des Umgangs mit spezifischen Materialien am Arbeitsplatz (z.B. Blei und andere Schwermetalle).

Der Vitaminmangel spielt zumindest in den zivilisierten Ländern eine untergeordnete Rolle. Ein Vitamin-B_{12}-Mangel bei perniziöser Anämie ist eher selten die Ursache für die Entstehung einer Optikopathie. Kommen jedoch zu einer Vitaminmangelsituation toxische Einflüsse durch Alkohol oder Tabak hinzu, summieren sich diese Effekte im Sinne einer nutritiv-toxischen Tabak-Alkohol-Optikopathie. Durch Vitaminsubstitution kann selbst ohne Abstinenz mitunter eine Besserung erreicht werden. Für Optikopathien durch Folsäure-, Vitamin-B_2- und Vitamin-B_6-Mangel bestehen keine eindeutigen Belege.

Eine toxische Wirkung kann z.B. bei der Einnahme von bestimmten Medikamenten über eine längere Zeitdauer erwartet werden, insbesondere bei Tuberkulostatika (Isoniazid, Ethambutol) oder Zytostatika (Vincristin, 5-Fluorouracil). Toxische Makulopathien bei Einnahme von Chloroquin (Schießscheibenmakulopathie, Cornea verticillata, → Abb. 55-2), Phenothiazinen, Tamoxifen oder Canthaxanthinen (Inhaltsstoff von manchen Hautbräunungsmitteln) zeigen eine gewisse Dosisabhängigkeit.

B *Beschwerden und Befunde*

Toxische oder nutritive Optikopathien zeigen in der Regel einen langsam progredienten Verlauf mit meist symmetrischem Befall, der sich in einer Visusminderung und der Ausbildung eines Zentralskotoms bemerkbar macht. Der Swinging-Flashlight-Test (SFT) ist bei symmetrischem Befall meist negativ. Eine Farbsinnstörung ist häufig das erste Alarmsignal. Bei der Fundoskopie zeigen sich häufig nur diskrete Zeichen einer temporalen Papillenabblassung, ein minimales Papillenödem, kleine Strichblutungen oder eine Tortuositas vasorum.

Früheste Veränderungen bei toxischen Makulopathien bestehen in einem aufgehobenen Zentralreflex und einer unspezifischen Pigmentepithelumschichtung am hinteren Pol. Die Folge ist ein Verschwommensehen und das Auftreten von Gesichtsfelddefekten. Bei Chloroquineinnahme besteht ab einer kumulativen Gesamtdosis von etwa 100–300 g die Gefahr einer retinotoxischen Wirkung. Dies entspricht einer Tagesdosis von 250 mg über einen Zeitraum von ein bis drei Jahren. Wird bei den genannten Veränderungen das Medikament abgesetzt, stabilisiert sich die Situation. Bei Fortführung der Medikation entsteht in der Folge eine Schießscheibenmakulopathie, eine massive Verengung der Arteriolen und Pigmentumschichtung, ähnlich wie bei der Retinopathia pigmentosa. Das Sehvermögen verschlechtert sich entsprechend den zentralen und peripheren Veränderungen.

55

DS *Diagnosesicherung*

Bei Verdacht auf Vorliegen einer toxischen oder nutritiven Schädigung ist nach der möglichen schädigenden Substanz zu suchen und diese durch einen serologischen oder bioptischen Nachweis zu bestätigen. Vitaminmangelsituationen können über den Serumspiegel erfaßt werden.

DD *Differentialdiagnose*

Bei Optikopathien unklarer Genese ist auch immer an hereditäre Ursachen zu denken. Die hereditäre Leber-Optikusneuropathie ist durch einen plötzlichen Visusabfall binnen weniger Tage gekennzeichnet. Die Diagnose läßt sich durch den Nachweis einer Mutation im mitochondrialen Genom erhärten. Männer sind wesentlich häufiger als Frauen betroffen, so daß ein zusätzlicher X-chromosomaler Faktor für die Manifestation des Krankheitsbildes diskutiert wird. Die Neuritis nervi optici zeigt ebenfalls einen eher akuten Verlauf. Bei Gesichtsfeldausfällen muß eine intrazerebrale Raumforderung oder das Vorliegen eines Glaukoms ausgeschlossen werden. Bei Verdacht auf das Vorliegen einer toxischen Makulopathie ist ebenfalls an die verschiedenen Formen der erworbenen Makulopathien zu denken (z.B. altersbedingte Makuladegeneration, myopische Makulopathien).

55.5 Zusammenfassung

In vielen Situationen läßt sich die Ursache für Sehstörungen ohne großen instrumentellen Aufwand mit einer einfachen Basisdiagnostik klären. Für den Allgemeinmediziner, den Kinderarzt, den Internisten oder den Neurologen ist die Prüfung der Pupillenreaktion und die Befundung des Augenhintergrundes von großem Nutzen bei der Diagnosefindung (z.B. typische Veränderungen bei Patienten mit Diabetes mellitus oder Hypertonie). Liegt keine plausible Erklärung für eine Sehstörung auf der Hand, ist eine wieterführende Diagnostik durch den Augenarzt zu veranlassen. Nicht zuletzt ergänzt der ophthalmologische Befund in vielen Fällen als wichtiges Begleitsymptom das Gesamtbild bei internistischen Systemerkrankungen (z.B. → Kap. 11, 12, 24, 26, 30, 43 u.a.).

56 Sensibilitätsstörungen

D. Pongratz und P. C. Scriba

56

Häufig suchen Patienten den Neurologen auf, weil sie entweder sensible Mißempfindungen haben oder ein Ausfall der Sensibilität vorhanden ist. Diese beiden Gruppen von Phänomenen können auch zugleich bestehen. Die Symptomatik kann sowohl von neurologischen, internistischen und metabolischen Erkrankungen als auch von Traumen, Intoxikationen und Fehlbildungen ausgelöst werden.

56.1 Definition

Sensibilität bezeichnet Empfindungen, die von verschiedenen Rezeptoren über spezielle Bahnsysteme an das Zentralnervensystem weitergeleitet werden. Es handelt sich dabei um Wahrnehmungen, die von Haut, Muskulatur, Knochen, Gelenken und bestimmten Organen ausgehen.

Eine Sonderstellung nimmt das Schmerzempfindungssystem ein. Sensibilitätsstörungen werden unterschieden in Störungen der **Oberflächen-** und der **Tiefensensibilität**.

Die Störungen der Oberflächensensibilität werden im Sinne von Reizerscheinungen als **Parästhesie/Dysästhesie**, bei Ausfallserscheinungen als **Hypästhesie/Anästhesie** bezeichnet. Ein Ausfall der Tiefensensibilität führt trotz intakter Innervation der Muskulatur zu einer Störung der Körper- und Bewegungskontrolle mit dem Leitsyndrom der **Ataxie** sowie zu einer **Hypotonie** der Muskulatur. Der größte Teil der Tiefensensibilität entzieht sich der bewußten Wahrnehmung.

Tab. 56-1 Lokalisatorische Zuordnung von Sensibilitätsstörungen

Lokalisation der Störung	Klinisches Bild
einzelner peripherer Nerv	Ausfall im Autonomiegebiet, evtl. Überlagerung von Reiz- und Ausfallserscheinungen
einzelne Radix	streifenförmiger Ausfall im Dermatom, radikulärer Schmerz (Lasègue positiv)
Polyneuropathie	meist symmetrische, distal beinbetonte, socken- bzw. handschuhförmige Ausfälle (seltenere Sonderformen z. B. Mononeuritis multiplex beachten)
Querschnittssyndrom	bilaterales Defizit mit oberem Niveau, evtl. Hyperpathie in den obersten zwei Segmenten
Brown-Séquard-Syndrom	ipsilaterale Hypästhesie und Ataxie, kontralaterale Analgesie und Thermanästhesie
zentromedulläres Syndrom (z. B. Syringomyelie)	bilaterale Analgesie Thermanästhesie
Hinterstrang	bilaterale, distal betonte taktile Hypästhesie und Ataxie, fehlende Paresen
Hirnstamm	Hemihypästhesie einschließlich Gesicht, bei Schädigung des Trigeminuskerns evtl. kontralaterale Analgesie und Thermanästhesie
Thalamus	kontralaterale Hemihypästhesie, Hemiataxie, Schmerzsyndrom
Kortex	kontralaterale Hemihypästhesie, evtl. sensible Jackson-Anfälle (sensorischer Primärkortex), Astereognosie (Parietalhirn)

56.2 Ursachen

Entsprechend dem Verlauf des sensorischen Systems sind verschiedene Lokalisationen von Störungen und daraus resultierende Erscheinungsformen zu differenzieren (Tab. 56-1). Prinzipiell kann eine Sensibilitätsstörung durch unterschiedliche Ursachen bedingt sein (Tab. 56-2).

Tab. 56-2 Ursachen von Sensibilitätsstörungen

primäre ZNS-Tumoren
Metastasen
paraneoplastisch
Traumen
Entzündungen
Ischämien
Blutungen
Wurzelkompression (z. B. Diskusprolaps)
Intoxikationen (z. B. Schwermetalle, Alkohol)
metabolische Störungen (Diabetes mellitus)
Fehlbildungen (z. B. Syringomyelie)

56.3 Diagnostik

Anamnestisch beschreibt der Patient überwiegend Reizerscheinungen in Form von Mißempfindungen oder Schmerzen. Eine beginnende Hypästhesie wird oft sehr spät, eine Störung der Tiefensensibilität erst durch Ausfallserscheinungen des motorischen Systems bei der Untersuchung aufgedeckt. Die Sensibilitätsprüfung beinhaltet die Untersuchung folgender Qualitäten: Berührungs-, Schmerz-, Temperatur-, Vibrations-, Lage- und Bewegungsempfindung, ferner die Zweipunktdiskrimination. Bei feinen Defiziten fordert sie vom Patienten und Untersucher Geduld. Schwankende Angaben, auffällige Begrenzungen sowie insbesondere fehlende Zusatzsymptome sind differentialdiagnostisch für die Abgrenzung psychogener Sensibilitätsstörungen hilfreich.

56.4 Krankheitsbilder

56.4.1 Polyneuropathien

Polyneuropathien sind Erkrankungen der peripheren Nerven, die sowohl motorische, sensible als auch autonome Fasern betreffen. Die Folgen sind meist distal betonte symmetrische Ausfallserscheinungen: atrophe Paresen mit Areflexie, strumpf- und handschuhförmige Hypästhesie und trophische Störungen. Von der idiopathischen Polyneuritis (Guillain-Barré-Syndrom) und den Polyneuritiden bei Infektionskrankheiten sind Polyneuropathien abzugrenzen, die durch exogen- oder endogen-toxische Vorgänge verursacht werden, darunter hereditäre und endokrin-metabolische, ferner vaskulär bedingte, paraneoplastische und paraproteinämische Polyneuropathien (Tab. 56-3).

Tab. 56-3 Ursachen von Polyneuritiden und Polyneuropathien (aus: Pongratz, D.: Klinische Neurologie, Urban & Schwarzenberg, München–Wien–Baltimore 1992)

Diabetes mellitus	39,7%
ungeklärte Ätiologie	15,0%
multifaktorielle Polyneuropathien	14,3%
Alkoholismus	8,9%
toxische Polyneuropathien	4,1%
vaskulär bedingte Polyneuropathien	3,9%
hereditäre Polyneuropathien	3,0%
paraneoplastische Polyneuropathien	3,0%
akutes Landry-Guillain-Barré-Syndrom	2,7%
infektiös bedingte Polyneuritiden	1,5%
Malabsorption	1,5%
neuralgische Schulteramyotrophie	0,8%
chronische idiopathische Polyradikulitis	0,7%
nephrogene Polyneuropathie	0,5%
Paraproteinämien	0,4%

B ***Beschwerden und Befunde***

Im Vordergrund der Beschwerden stehen häufig sensible und motorische Reizerscheinungen in Form von Parästhesien, Dysästhesien und Schmerzen (z. B. burning feet) sowie meist nächtlich auftretende Muskelkrämpfe. Ferner berichten die Patienten von Hyp- bis Anästhesie sowie von meist distal betonten Lähmungen.

Bei der Untersuchung sind die **Muskeleigenreflexe** meist schon im frühen Stadium abgeschwächt, später aufgehoben. Gewöhnlich ist davon der Triceps-surae-Reflex (Achillessehnenreflex) als erster betroffen. Die **motorischen Ausfallserscheinungen** entsprechen schlaffen Paresen (→ Kap. 30) mit sich entwickelnder Muskelatrophie. Die Art der **sensorischen Störungen** richtet sich nach dem Typ der befallenen Nervenfaseranteile. Eine Schädigung der dicken, markreichen Fasern führt vorwiegend zu Tiefensensibilitätsstörungen (Vibrationsempfinden, Lagesinn). Der Untergang dünnkalibriger Nervenfasern bedingt vor allem Störungen des Schmerz- und Temperaturempfindens. Meist sind die Sensibilitätsausfälle symmetrisch strumpf- bzw. handschuhförmig begrenzt (Abb. 56-1). Sie sind distal betont und weisen eine unscharfe proximale Grenze auf. Nicht selten besteht am Oberrand ein unangenehmes Ringgefühl. Ausfälle vegetativer Fasern sowohl der peripheren als auch der viszeralen Nerven bedingen eine **autonome Neuropathie** (Abb. 56-2). Die Hauptsymptome sind in Tabelle 56-4 zusammengefaßt. Hirnnerven (z.B. N. facialis, N. glossopharyngeus, N. vagus) sind selten mitbetroffen.

DS ***Diagnosesicherung***

Die **Untersuchung des Liquors** dient bei Verdacht auf Entzündungen des ZNS und besonders bei Verdacht auf ein Guillain-Barré-Syndrom der Diagnose-

Abb. 56-1 Verteilung von Sensibilitätsstörungen bei Polyneuropathien:
a) typische socken- und handschuhförmige, symmetrische Verteilung
b) Mononeuropathia multiplex (aus: Ludin, H.-P., W. Tackmann: Polyneuropathien, Thieme, Stuttgart – New York 1984).

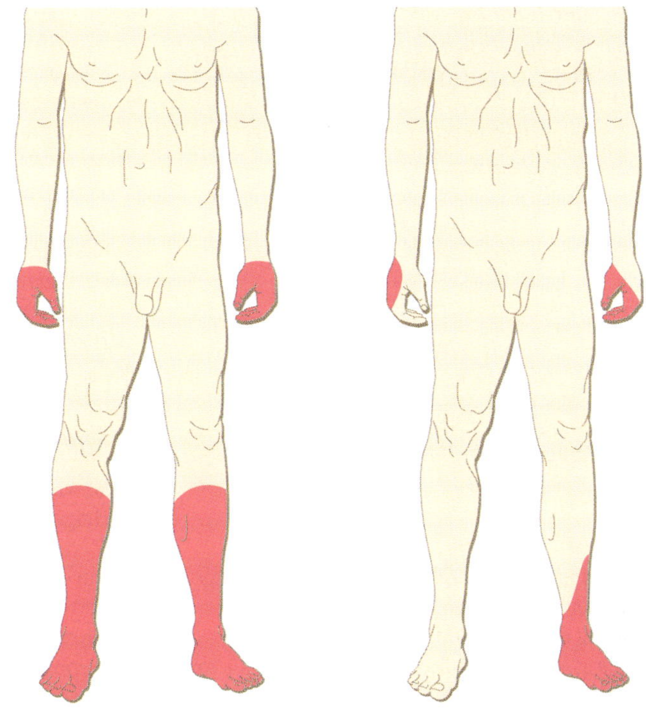

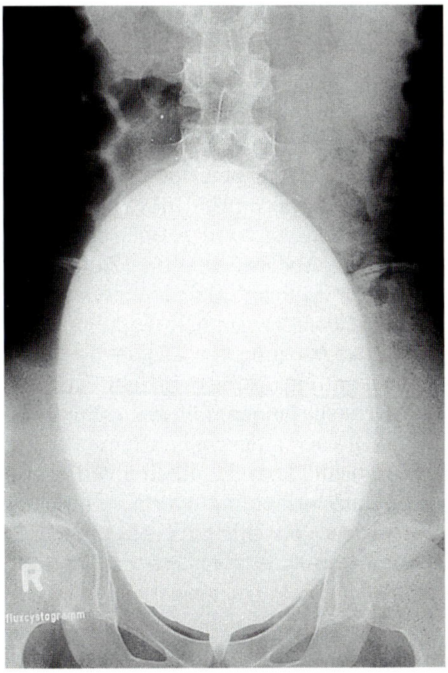

Abb. 56-2 Autonome Neuropathie bei Diabetes mellitus Typ I: Die Blasenatonie (Überlaufblase) wird vom Patienten weder im Sinne von Schmerzen noch im Sinne des Druckgefühls gespürt (→ Kap. 12).

sicherung. **Elektromyographie** und **Elektroneurographie** lassen zwischen einer primär axonalen Polyneuropathie (elektromyographische Veränderungen bei nicht signifikant verlangsamter Nervenleitgeschwindigkeit) sowie einer primär demyelinisierenden Polyneuropathie (Verlangsamung der Nervenleitgeschwindigkeit) unterscheiden. Ferner läßt sich dadurch die Floridität primär axonaler Prozesse beurteilen. Daher sind durchzuführen:

Tab. 56-4 Symptome der peripheren und viszeralen autonomen Neuropathie (aus: Pongratz, D.: Klinische Neurologie, Urban & Schwarzenberg, München–Wien–Baltimore 1992)

Periphere Neuropathie	Viszerale Neuropathie
Pupillenstörungen	kardiovaskuläre Störungen
trophisches Ödem	Ösophagusdystonie
trophisches Ulkus	Gastroparese
Osteoarthropathie	Cholezystopathie
Hypo- bis Anhidrosis	Enteropathie mit Diarrhö
Vasoregulationsstörungen	Blasenstörungen
orthostatische Hypotonie	Impotenz

Tab. 56-5 Klinisch-chemische Basisdiagnostik der Polyneuropathie

Klinisch-chemische Untersuchung	Verdachtsdiagnose
BSG, Blutbild, Elektrophorese, CRP	Entzündung
Glukose (Tagesprofil, Belastung, HbA_{1c})	Diabetische Polyneuropathie
Leberenzyme	Alkoholische PNP, Hepatische PNP
Elektrolyte	Nephrogene PNP
Harnstoff, Kreatinin (Clearance)	Akute nephrogene PNP Panarteriitis nodosa
Vitamin B12, Folsäure	PNP bei Avitaminosen
Rheumafaktoren	PNP bei rheum. Arthritis
Antinukleäre Faktoren	PNP bei Kollagenosen

- Bestimmmung der motorischen Nervenleitgeschwindigkeit (NLG) an Armen und Beinen
- Bestimmung der sensiblen NLG am Arm
- Bestimmung der sensibel-orthodromen NLG am N. suralis
- Myographie an mindestens 2–3 Muskeln der unteren Extremität zur Fragestellung eines neurogenen Umbaus

Die zur Diagnosestellung grundsätzlich notwendigen **Laboruntersuchungen** sind in Tabelle 56-5 zusammengefaßt. Nur bei nicht ausreichender diagnostischer Abklärung und klinischem Verdacht auf andere Ursachen sind die in Tabelle 56-6 dargestellten diagnostischen Maßnahmen zusätzlich erforderlich.

Tab. 56-6 Diagnostik zur ätiologischen Einordnung der Polyneuropathie

Untersuchung	Verdacht auf
Porphyrinanalyse	Porphyrie
TSH (fT3, fT4)	PNP bei Hypo-/Hyperthyreose
Bence-Jones-Protein i. Urin	Plasmozytom
Röntgen-Thorax	Tumorsuche
Bronchialzytologie	Paraneoplastische PNP
Oberbauchsonographie	Gastroenterologische Störung (zum Ausschluß)
Serologische Titerverlaufsbestimmung	PNP bei Infektion (z.B. Borrelien)
Toxikologie, Urin, Serum	Toxische PNP (Blei, Thallium, Arsen)
Lipoproteinelektrophorese	PNP bei Hyperlipidämie
Liquoruntersuchung	Entzündung, GBS
Biopsie Muskel	Myopathie/neurogene Atrophie
Biopsie Nerv	Neuropathie (Typisierung)
Biopsie Rektumschleimhaut	PNP bei Amyloidose

Zur Diagnostik der **viszeralen autonomen Neuropathie** dienen:

- ▷ EKG-Ableitungen bei tiefer Inspiration, Valsalva-Manöver und Orthostasereaktion
- ➠ kardiovaskuläre Störungen (→ Kap. 23)
- ▷ Szintigraphische Methoden bzw. Oktansäure-Atemtest
- ➠ Ösophagus-Magen-Darm-Motilitätsstörungen (→ Kap. 39 und 46)
- ▷ Restharnbestimmung (Ultraschall) und weitere urologische Diagnostik
- ➠ Blasenentleerungsstörungen (→ Kap. 60)

Entscheidend für eine definitive Einordnung ist häufig die **Nerven- und Muskelbiopsie**.

DD *Differentialdiagnose*

Die verschiedenen **Manifestationstypen** sind nicht nur diagnostisch, sondern auch differentialtypologisch von Bedeutung. Folgende Typen sind zu unterscheiden:

- Der **symmetrisch-sensible Manifestationstyp** findet sich bei Beginn der meisten exo- und endogentoxischen Polyneuropathien, insbesondere auch bei chronischem Alkoholabusus und Diabetes mellitus.
- Der **symmetrisch-paretisch-sensible Manifestationstyp** ist oft im weiteren Verlauf der letztgenannten Erkrankungen nachzuweisen.
- **Symmetrische, vorwiegend motorische** Ausfälle charakterisieren vor allem das Guillain-Barré-Syndrom (GBS) und die Polyneuropathie bei akuter intermittierender Porphyrie.

Asymmetrische Manifestationen finden sich bei vaskulär bedingten Polyneuropathien (immunogene Vaskulitiden, diabetische Amyotrophie bei Mikroangiopathie, erregerbedingte Neuropathien mit Vaskulitis, insbesondere Borreliose oder Herpes zoster). Differentialdiagnostisch ist das klinische Bild einer symmetrischen paretisch-sensiblen Polyneuropathie praktisch mit keiner anderen neuromuskulären Erkrankung zu verwechseln. Beim Leitsymptom Ataxie empfiehlt sich, die diagnostische Abklärung, wie in Abbildung 56-3 dargestellt, vorzunehmen. Bei den asymmetrischen Formen ergibt sich gelegentlich die Schwierigkeit der klinischen Abgrenzung von Läsionen einzelner peripherer Nerven oder Nervenwurzeln, was bei genauer Diagnostik insbesondere mit neurophysiologischen Methoden immer möglich ist. Beim Fehlen sensorischer Störungen kommt differentialdiagnostisch eine Vorderhornerkrankung oder eine Myopathie in Betracht, wobei ebenfalls die Elektromyographie in der Regel weiterhilft. Die Differentialdiagnose der einzelnen Formen von Polyneuropathien wird neben der Differentialtypologie vor allem auch durch die Verlaufscharakteristik (akut – primär chronisch) erleichtert. Als Faustregel kann man sagen, daß die selteneren akut auftretenden Neuropathien immer ätiologisch zugeordnet werden müssen. Die Hauptursachen sind hier entweder entzündliche (z.B. akutes Guillain-

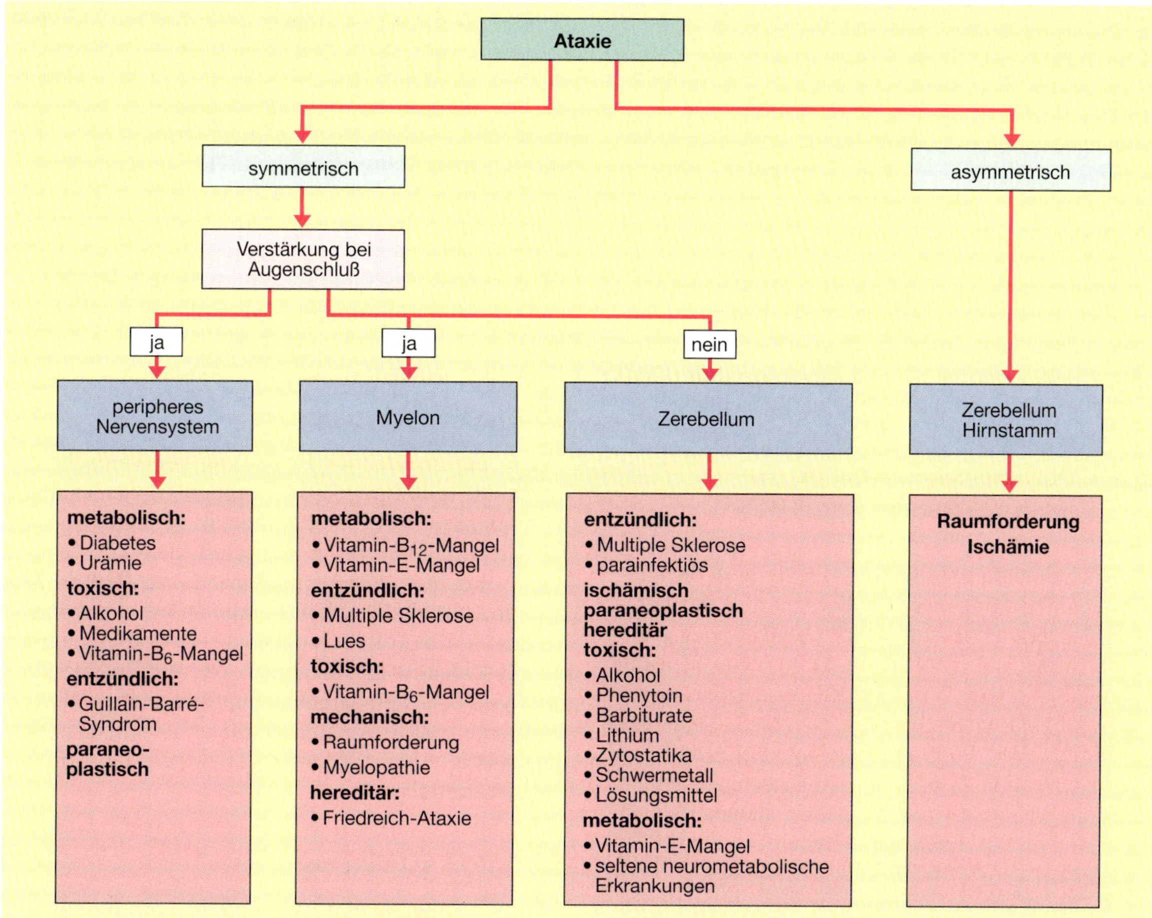

Abb. 56-3 Diagnostisches Vorgehen bei Ataxie.

Barré-Syndrom, z.B. akute Mononeuritis multiplex bei Vaskulitis) oder toxische Prozesse (z.B. Schwermetallintoxikation, akute intermittierende Porphyrie). Bei den primär chronischen Polyneuropathien gibt es eine wesentlich größere Zahl verschiedener Ursachen, wobei der Diabetes mellitus, der chronische Alkoholabusus bzw. medikamentös-toxische Ursachen im Vordergrund stehen. Hier läßt sich jedoch in ca. 20–30% der Fälle trotz eingehender Diagnostik keine klare Ätiologie nachweisen.

56.4.2 Meningopolyneuritis Bannwarth (Borreliose)

Die Meningopolyneuritis Bannwarth ist die häufigste neurologische Manifestation der Borrelia-burgdorferi-Infektion. Übertragen wird der Erreger durch Zeckenstich, selten durch andere Insekten.

B *Beschwerden und Befunde*

Die Erkrankung manifestiert sich vorwiegend in den Sommermonaten. In der 3. bis 5. Woche nach der Infektion werden nicht selten diffuse Myalgien, Fieber, Kopfschmerz und sonstige Allgemeinerscheinungen bemerkt. Häufig, aber nicht obligat tritt nach der Infektion ein Erythema chronicum migrans auf. Etwa 6–8 Wochen nach Zeckenstich finden sich die Zeichen einer lymphozytären Meningitis. Es treten Hirnnervenlähmungen (→ Kap. 30) und eine Mononeuritis multiplex auf. Charakteristisch sind heftige, radikuläre Schmerzen am Rumpf oder an den Extremitäten, die in der Nacht zunehmen. Lähmungen treten etwa zwei Wochen nach Einsetzen der radikulären Schmerzen auf. Unter den Hirnnerven ist der N. facialis, auch doppelseitig, am häufigsten befallen. Etwa 60% der Patienten bekommen asymmetrische, periphere Lähmungen. Bei Kindern findet sich häufig nur eine schmerzlose periphere Fazialisparese.

DS *Diagnosesicherung*

Die **Liquoruntersuchung** zeigt in der Regel eine deutliche lymphozytäre Pleozytose mit Eiweißvermehrung. Häufig sind eine intrathekale Synthese von IgG und oligoklonale Banden nachweisbar. Die Diagnosesicherung gelingt durch die Bestimmung der beim Auftreten der Paresen bereits erhöhten borrelienspezifischen **Antikörpertiter** im **Serum**. **Elektrophysiologische Untersuchungen** können ebenfalls die Diagnose sichern helfen.

DD ***Differentialdiagnose***

Klinische Differentialdiagnosen, insbesondere bei nicht bekannter Infektion, sind ein **Wurzelkompressionssyndrom** bzw. eine **Mononeuritis** anderer Ätiologie. Ferner ist die **Frühsommermeningoenzephalitis (FSME)** oder eine Neurolues diagnostisch auszuschließen.

56.4.3 Polyneuropathie bei akuter intermittierender Porphyrie

Die akute intermittierende Porphyrie ist die häufigste Erkrankung aus dem Formenkreis der hereditären, teils hepatischen, teils erythropoetischen Porphyrien mit autosomal-dominantem Erbgang und gesichertem Enzymdefekt (Aktivitätsminderung der Hydroxymethylbilan-Synthase). Sie ist der Prototyp einer Porphyrie, welche im Anfall mit neuroviszeralen Symptomen einhergeht. Leichtere neurologische Störungen werden daneben auch bei der Porphyria variegata sowie der hereditären Koproporphyrie beobachtet. Leitsymptom der erythropoetischen Porphyrien ist dagegen die Photosensibilität. Aus neurologischer Sicht muß bei jedem Patienten mit unklaren Bauchschmerzen (→ Kap. 46) und akuten Lähmungen an die akute intermittierende Porphyrie gedacht werden.

B ***Beschwerden und Befunde***

In aller Regel kommt es plötzlich zu massiven Bauchschmerzen mit Übelkeit, Stuhlverhalt und vegetativen Symptomen, rasch gefolgt von Muskelschwäche und psychischen Auffälligkeiten. Die objektiven Befunde sind initial ein diffus schmerzhaftes Abdomen mit kolikartigen intestinalen Dyskinesen, Übelkeit und Erbrechen. Es besteht eine Leukozytose mit BSG-Beschleunigung bei leicht erhöhter Körpertemperatur, häufig gefolgt von Harnverhalt, Obstipation und Subileus. Eine akute, überwiegend flüchtige motorische Neuropathie manifestiert sich in wenigen Tagen, teilweise mit initial flüchtigen Muskelschmerzen. Es kommt in der Regel zu einer proximal betonten Schwäche der Extremitätenmuskulatur, die jedoch auch, insbesondere wenn die Krankheit nicht erkannt wird, zu generalisierten Lähmungen führen kann. Relativ lange bleiben die Muskeleigenreflexe im Gegensatz zu anderen Polyneuropathien erhalten. Sensibilitätsstörungen stehen meist ganz im Hintergrund und können, wenn nur das motorische System befallen ist, fehlen. Hirnnervenbeteiligungen (beidseitige Fazialisparese, Schluckstörungen oder Rekurrensparesen) finden sich in bis zu 70% der Fälle. Die bei Frauen deutlich häufiger als bei Männern auftretende Erkrankung zeigt teilweise eine zeitliche Beziehung zum Menstruationszyklus bzw. zur Schwangerschaft. Die akuten Attacken werden zudem durch Infektionen, Alkoholkonsum, Hungern, körperliche Belastung bzw. durch eine Reihe von Medikamenten (Barbiturate, Sulfonamide, Tetrazykline, Chloramphenicol, Tranquilizer, Kontrazeptiva, Steroidhormone, Hydantoin, Valproat) ausgelöst.

DS ***Diagnosesicherung***

Von entscheidender Bedeutung bei Verdacht auf eine akute intermittierende Porphyrie ist die **detaillierte Anamnese**: frühere abdominelle Koliken, etwaige Bauchoperationen ohne klinischen Befund, Medikamente, familiäre Belastung. Der **Schwartz-Watson-Test** und die anschließende Bestimmung von Aminolävulinsäure und Porphobilinogen im Urin und Stuhl grenzen die Diagnose ein. Im akuten Zustand sind die elektrophysiologischen Untersuchungsmethoden, die im Verlauf als exakte Verlaufsparameter dienen, meist wenig ergiebig. Auch der Liquor cerebrospinalis ist in der Regel unauffällig.

DD ***Differentialdiagnose***

Die Differentialdiagnose der akuten, motorisch betonten Polyneuropathie bei akuter intermittierender Porphyrie umfaßt aus neurologischer Sicht letztlich alle **akut auftretenden Polyneuropathien,** im besonderen jedoch, bei generalisierten Lähmungen (→ Kap. 30), das **Guillain-Barré-Syndrom.** Bei proximal betonten Paresen besteht der Verdacht auf eine akut auftretende **diabetische, alkoholische, hyperthyreote** oder **toxische Myopathie** sowie im Falle einer Mononeuritis multiplex (bei der akuten intermittierenden Porphyrie allerdings ungewöhnlich) auf eine z.B. vaskulitisch bedingte Polyneuropathie.

Differentialdiagnostisch ist auch an eine **akute Bleiintoxikation** zu denken. Dieser Verdacht ist durch einen negativen Bleinachweis in Urin und Serum auszuschließen. Aufgrund der vielfältigen psychopathologischen Symptomatik im Rahmen von Porphyrien sollte an ein **Alkoholentzugsdelir** bzw. ein **Korsakow-Syndrom** gedacht werden. Die klinisch ähnlich erscheinende **Panarteriitis nodosa** kann mitunter diagnostische Schwierigkeiten bereiten. Die anamnestischen Angaben über frühere, passagere periphere Lähmungen, apoplektische Insulte (→ Kap. 30) und abdominelle Krisen in Verbindung mit einer Biopsie (Leber, Niere oder Nerv) sind wegweisend. Die Möglichkeit eines akuten Abdomens oder einer akuten Appendizitis (→ Kap. 46) sollte in die differentialdiagnostischen Überlegungen mit einbezogen werden.

57 Sodbrennen

H.-D. ALLESCHER

Sodbrennen (englisch: „heartburn“) ist ein Leitsymptom bei gastro-ösophagealem Reflux. „Sodbrennen“ kann postprandial auch beim Gesunden insbesondere nach fettreichen Speisen auftreten. Sodbrennen ist abzutrennen von saurem Aufstoßen, bei dem lediglich für kurze Zeit ein saures bitteres Gefühl im Mund auftritt. Differentialdiagnostisch ist vor allem ein retrosternales Brennen infolge kardialer Ursachen auszuschließen.

Gastro-ösophagealer Reflux – Refluxösophagitis

Unter gastro-ösophagealem Reflux (GÖR) versteht man ein Zurückfließen von Mageninhalt in den Ösophagus. Der Reflux kann sowohl sauer (Magensäure) als auch alkalisch (Galle, Duodenal- bzw. Pankreassekret) sein. Gastro-ösophagealer Reflux kommt als physiologischer Reflux hauptsächlich postprandial in geringem Maße vor und kann zu saurem Aufstoßen führen. Gelegentlicher saurer gastro-ösophagealer Reflux tritt bei über 30% der Bevölkerung auf, ohne einen weiteren Krankheitswert zu besitzen. Geht der gastroösophageale Reflux jedoch über das physiologische Ausmaß hinaus, kann es zu einer Reizung der Ösophagusschleimhaut mit schmerzhaftem retrosternalem Brennen (**Sodbrennen**) oder auch zu einer Entzündung des Ösophagus (**Refluxösophagitis**) kommen. Dabei können sowohl Sodbrennen als auch Refluxösophagitis isoliert auftreten.

Führt der gastro-ösophageale Reflux zu typischen klinischen Beschwerden (Sodbrennen, saures Aufstoßen, Schluckbeschwerden, Thoraxschmerzen) oder zu einer Refluxösophagitis, so spricht man auch von **Refluxkrankheit**. Der gastro-ösophageale Reflux und die daraus resultierende Refluxösophagitis können durch eine Funktionsstörung der Speiseröhre verursacht werden (primäre Refluxösophagitis) oder infolge anderer funktioneller Störungen (Magenentleerungen) oder Systemerkrankungen (Kollagenosen) auftreten (sekundäre Refluxösophagitis).

Für die sekundäre Refluxösophagitis sind die wichtigsten Ursachen eine verzögerte Magenentleerung (diabetische Gastroparese, Narbenbulbus), Mitbeteiligung des Ösophagus bei Kollagenosen (Sklerodermie), postoperativ (Resektion des unteren Sphinkters, Myotomie), Schwangerschaft und medikamentöse Einflüsse (Nitrate, Ca^{2+}-Antagonisten, Methylxanthine).

B *Beschwerden und Befunde*

Die klassischen Symptome der Refluxösophagitis sind saure Regurgitation und Sodbrennen (retrosternales Brennen). Häufig geben Patienten Sodbrennen als einen schlecht lokalisierbaren Thoraxschmerz (→ Kap. 41) oder Oberbauchschmerz (→ Kap. 46) an. Weitere typische Beschwerden sind eine morgendliche rauhe Stimme, Reizhusten und Asthmaanfälle, bitterer Geschmack und ein Globusgefühl. Durch den sauren gastro-ösophagealen Reflux kann es zu Motilitätsstörungen und Schluckbeschwerden (Dysphagie, Odynophagie) kommen. Verstärkt werden die Beschwerden unter körperlicher Anstrengung, durch Pressen, Streß, bestimmte Nahrungsmittel (z.B. Zitrussaft, Essig) oder Genußmittel (Kaffee, Alkohol).

Gastro-ösophagealer Reflux tritt auch unter physiologischen Bedingungen, insbesondere postprandial auf, und bis zu 18% der gesunden Bevölkerung berichten zumindest einmal pro Jahr über Sodbrennen. Im Gegensatz zum retrosternalen Brennen mit kardialen Ursachen bessern sich die Beschwerden in der Regel nicht durch die Gabe von Nitrokörpern (Glyzeryltrinitrat), sondern werden dadurch eher verstärkt. Auch eine Belastungsabhängigkeit ist meist nicht nachweisbar.

DS *Diagnosesicherung*

Die Diagnose beruht zunächst auf der charakteristischen Anamnese sowie dem Beschwerdebild. Erst bei andauernden oder zunehmenden Beschwerden ist eine weitere Diagnostik angezeigt. Zum Ausschluß kardialer Ursachen sollte in jedem Fall ein EKG und bei atypischen oder unklaren Beschwerden ein Belastungs-EKG durchgeführt werden (→ Kap. 41). Die wichtigste diagnostische Maßnahme ist die **Endoskopie** (Ösophagogastroduodenoskopie). Dabei werden die Schleimhautveränderungen am Schleimhautübergang an der Kardia (Plattenepithel des Ösophagus zum Zylinderepithel des Magens) beurteilt und die

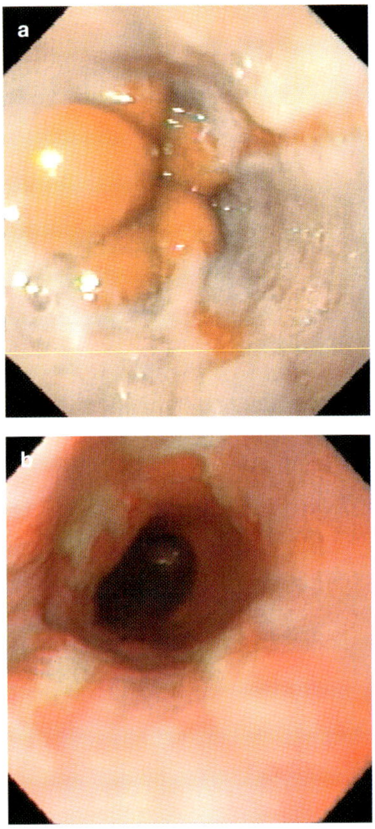

Abb. 57-1 Typische endoskopische Befunde bei einem Patienten mit Refluxösophagitis: streifige Schleimhauterosionen, die sich von der Z-Linie nach proximal erstrecken: (a) Refluxösophagitis Grad 2a; (b) Refluxösophagitis Grad 3.

Ösophagitis nach Savary und Miller in 4 verschiedene Schweregrade klassifiziert (Abb. 57-1).

Bei der Endoskopie sollte zum Ausschluß einer sekundären Refluxerkrankung auf Stenosen im Magenausgangsbereich und im oberen Duodenum (Bulbus duodeni) geachtet werden. Refluxinduzierte Beschwerden setzen aber nicht unbedingt das Vorliegen einer Refluxösophagitis voraus. Dies bedeutet, daß auch bei negativen endoskopischen und bioptischen Schleimhautbefunden (oft als Refluxösophagitis Grad 0 bezeichnet) eine Refluxerkrankung als Ursache nicht ausgeschlossen ist. Dies sollte durch eine anschließende **Langzeit-pH-Metrie** weiter geklärt werden (Abb. 57-2). Bei der Langzeit-pH-Metrie wird der pH-Wert 5 cm oberhalb des unteren ösophagealen Sphinkters kontinuierlich erfaßt. Den entscheidenden Parameter bei der 24-Stunden-pH-Metrie stellt der prozentuale Anteil der Zeit dar, bei der der pH-Wert < 4 liegt.

Normalwerte der 24-Stunden-pH-Metrie (prozentualer Anteil der Meßzeit mit pH < 4):

• aufrechte Körperhaltung	< 8,4%	(7–10%)
• liegend	< 3,4%	(3– 6%)
• gesamt	< 4,5%	(4– 7%)

Je nach Auftreten des Refluxes kann zwischen einem postprandialen Reflux (meist physiologisch), Reflux in aufrechter Körperhaltung (meist leichte Beschwerden und geringgradige Ösophagitis) und Reflux in horizontaler Lage, oft vergesellschaftet mit verminderter ösophagealer Clearance (meist mit schwerer Ösophagitis), unterschieden werden. Insbesondere bei refluxinduzierter Motilitätsstörung kann zur Diagnosesicherung die **kombinierte Langzeit-pH-Manometrie** angewendet werden. Mit diesem Verfahren können Motilitätsphänomene und pH-Veränderungen mit klinischen Symptomen des Patienten korreliert werden.

Es besteht keine Korrelation zwischen der Stärke der Beschwerden und der Ausprägung der makroskopisch sichtbaren Ösophagitis.

DD *Differentialdiagnose*

Neben kardialen (Angina pectoris, Herzinfarkt) und thorakalen Ursachen (→ Kap. 41) muß die primäre Refluxerkrankung von den Störungen abgegrenzt werden, die sekundär eine Refluxerkrankung verursachen können.

Dies sind insbesondere:

- Magenentleerungsstörung (Bulbus- oder Pylorusstenose, Diabetes mellitus [→ Kap. 12 und 56])
- hypomotile Motilitätsstörung des Ösophagus und des Magens (Sklerodermie, CREST-Syndrom)
- Steigerung der Magensekretion (Gastrinom → Zollinger-Ellison-Syndrom [→ Kap. 46])
- medikamentös induzierter Reflux (Nitrate, Kalziumantagonisten, Methylxanthine, anticholinerge Substanzen)
- Zustände mit funktionell aufgehobenem unterem Ösophagussphinkter
- Gravidität

Die **Diagnostik** einer **Magenentleerungsstörung** erfolgt durch radioaktiv markierte Nahrungsbestandteile mittels der **Magenentleerungsszintigraphie.**

Hypomotile Ösophagusmotilitätsstörungen werden durch die **Ösophagusmanometrie** erfaßt. Die Sklerodermie wird durch **typische klinische Befunde** wie Hautsymptome, Madonnenfinger, Nagelfalzmikroskopie sowie **Angiographie** und **laborchemische Untersuchungen** (ANA, Scl70) diagnostiziert (→ Kap. 43).

Zustände mit erhöhtem intraabdominellem Druck

- **Gravidität**
  Bei der Gravidität kommt es, bedingt durch hormonelle Faktoren und die Erhöhung des intraabdominellen Drucks, vermehrt zu einer ausgeprägten Refluxsymptomatik. Diese kann auch vergesellschaftet sein mit einer Hyperemesis gravidarum. Im letzten Trimenon der Schwangerschaft klagen bis zu 50% der Schwangeren über entsprechende Refluxsymptome.

a

SAURER REFLUX		Gesamt	aufr.	lieg.	Mahlz.	PostP	ChPain
Dauer	(HH:MM)	23:45	16:00	07:45	01:00	08:00	00:48
Zahl der Refluxepisoden	(#)	41	40	1	4	18	5
Zahl der Refluxepisoden länger als 5.0 Minuten	(#)	12	11	1	0	7	0
Längste Refluxepisode	(Min)	47	47	17	2	47	4
Gesamtzeit pH unter 4.00	(Min)	175	158	17	4	119	18
Fraktionszeit pH unter 4.00	(%)	12.3	16.4	3.7	6.2	24.7	36.9

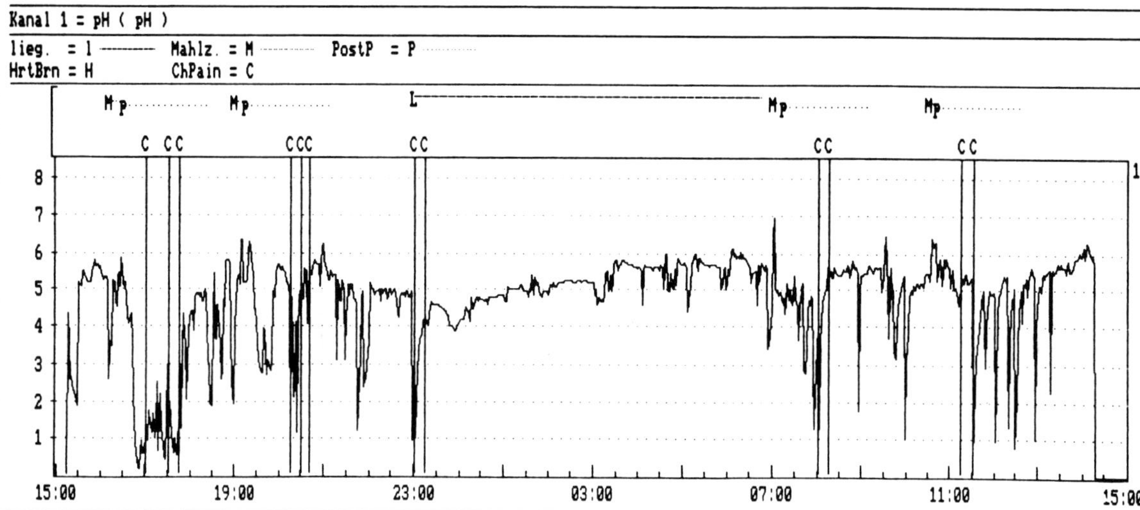

b

SAURER REFLUX		Gesamt	aufr.	lieg.	Mahlz.	PostP	ChPain
Dauer	(HH:MM)	22:30	20:56	01:34	00:15	02:00	00:16
Zahl der Refluxepisoden	(#)	275	273	6	1	18	5
Zahl der Refluxepisoden länger als 5.0 Minuten	(#)	15	14	4	0	3	0
Längste Refluxepisode	(Min)	76	30	47	1	52	4
Gesamtzeit pH unter 4.00	(Min)	455	366	89	1	90	15
Fraktionszeit pH unter 4.00	(%)	33.7	29.1	94.6	8.4	74.7	90.8

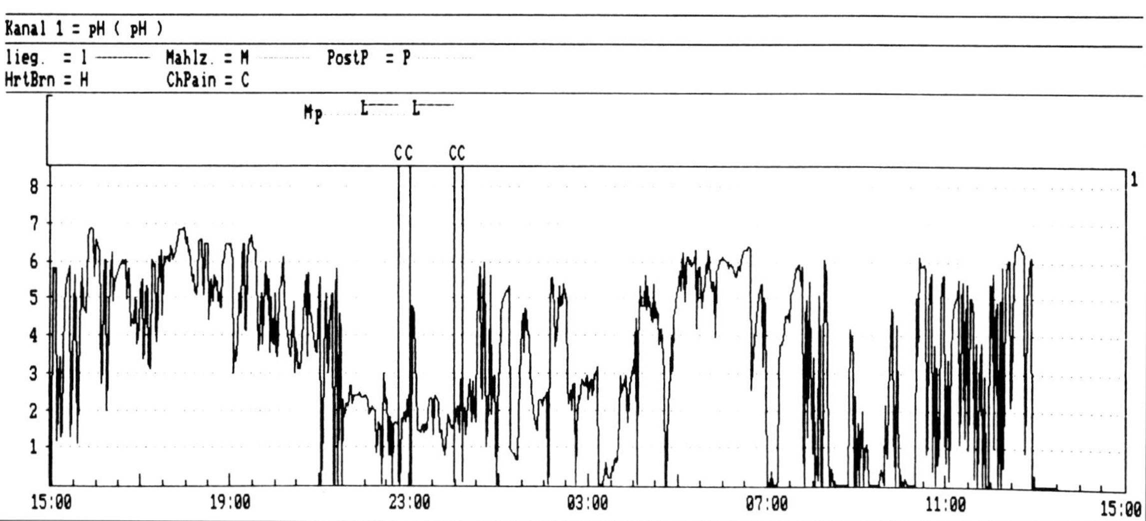

Abb. 57-2 Langzeit-pH-Manometrie: pH-Verlauf und quantitative Auswertung im Rahmen einer 24-Stunden-pH-Metrie bei einem Patienten mit symptomassoziiertem, gastro-ösophagealem Reflux, vor allem in der aufrechten Position (a); oder in liegender Position (b).

57

- **Aszites** (→ Kap. 31)
- **Adipositas** (→ Kap. 18)

Zustände mit aufgehobener Funktion des unteren ösophagealen Sphinkters

- **Zustand nach Dilatation oder Myotomie**
  Als weitere wichtige Ursachen für einen gastro-ösophagealen Reflux sind postoperative und postinterventionelle Zustände zu erwähnen. So kann es nach pneumatischer Dilatation oder nach Myotomie zu einem Reflux bei Patienten mit Achalasie kommen, während dies bei einer unbehandelten Achalasie typischerweise nie auftritt.
- **Postoperative Zustände**
  Nach Gastrektomie, insbesondere wenn der untere ösophageale Sphinkter mit reseziert wird, kann es zu einem alkalischen ösophagealen Reflux kommen, der ebenfalls Sodbrennen verursacht und in der Regel mit einer schweren Refluxösophagitis einhergeht.
- **Medikamentöse Nebenwirkung**
  Eine Erniedrigung des Drucks im unteren ösophagealen Sphinkter mit pathologischem gastro-ösophagealem Reflux wurde für eine Reihe von Medikamenten gezeigt. Dazu gehören vor allem:
  - Nitrate
  - Kalziumantagonisten
  - Methylxanthine (Theophylline)
  - anticholinerge Substanzen

Diese Medikamentengruppen sind daher immer in die Anamnese bei Patienten mit Sodbrennen aufzunehmen, um eine medikamentöse Induzierung zu erfassen.

Progressive systemische Sklerose – Sklerodermie

Eine Beteiligung des Ösophagus bei der systemischen Sklerodermie wird in bis zu 80% der Fälle beobachtet. Durch Ablagerung von Kollagengewebe in den glattmuskulären Abschnitten werden zunächst die peristaltischen Kontraktionen schwächer, später entsteht eine Aperistaltik der unteren zwei Drittel des Ösophagus. Neben der progressiven systemischen Sklerose wird eine Ösophagusbeteiligung typischerweise beim CREST-Syndrom (**C**alcinosis, **R**aynaud-Symtomatik, **O**esophagus, **S**klerose, **T**eleangiektasien) vorgefunden. Aufgrund des reduzierten Drucks im unteren ösophagealen Sphinkter, der verminderten peristaltischen Funktion und der daraus folgenden verminderten Säure-Clearance, wird häufig eine schwere sekundäre Refluxösophagitis bis hin zu peptischen Strikturen ausgelöst.

B *Befunde und Beschwerden*

Durch den ausgeprägten gastro-ösophagealen Reflux kommt es zu sauren Regurgitationen mit Sodbrennen, zu Thoraxschmerzen und zu Schluckstörungen. Bei der Sklerodermie ist aufgrund des aufgehobenen Sphinktertonus und der amotilen Speiseröhre ein starker gastro-ösophagealer Reflux mit ausgeprägten Refluxbeschwerden zu beobachten.

DS *Diagnosesicherung*

Zur Grunddiagnostik gehören die **klinische** (Hautveränderungen, Raynaud-Symptomatik), **immunologische** und **rheumatologische Untersuchung** (Kapillarmikroskopie, ANA, Anti-Scl70 bei diffuser systemischer Sklerose, ACA = Antizentromerantikörper bei CREST-Syndrom). Die Basisdiagnostik bei Ösophagusbefall ist die **manometrische Untersuchung** des Ösophagus. Zusätzlich sollte eine **endoskopische** und **radiologische Untersuchung** erfolgen, um das Ausmaß der peptischen Läsionen zu erfassen und bei peptischer Stenose oder bei isoliertem Ösophagusbefall eine maligne oder andere entzündliche Ursache auszuschließen.

DD *Differentialdiagnose*

Der manometrische Befund der Sklerodermie ist meist klassisch und beweisend. Gelegentlich muß jedoch, insbesondere bei isoliertem Befall des Ösophagus, eine Refluxösophagitis mit entzündlichen narbigen Veränderungen ausgeschlossen werden. Auch eine Refluxösophagitis nach Dilatation einer Achalasie kann ein ähnliches klinisches und manometrisches Bild verursachen. Ein amotiler Ösophagus kann auch bei Neuropathien (→ Kap. 56) und bei der Amyloidose beobachtet werden.

Bei der Differentialdiagnose sind vor allem die unterschiedlichen Unterformen und Überlappungssyndrome (Sharp-Syndrom, CREST) zu beachten.

Zustände mit verzögerter oder behinderter Magenentleerung

Eine Reihe von Erkrankungen kann zu einer Behinderung oder Verzögerung der Magenentleerung führen. Durch einen erhöhten intragastralen Druck oder durch eine verlängerte Stase im Magen kommt es zum vermehrten Auftreten von gastro-ösophagealem Reflux. Diese **sekundären Ursachen** des gastro-ösophagealen Refluxes sind bei der Differentialdiagnostik zu bedenken.
Dazu gehören:

- **autonome Neuropathie**
  - Diabetes mellitus (→ Kap. 12 und 56)
  - Alkoholismus
  - Sklerodermie
  - Amyloidose
- **Magenausgangsstenose**
  - peptische Ulzera (→ Kap. 46)
  - Narbenbulbus
  - Tumoren

58 Sprech- und Sprachstörungen

D. Pongratz, D. Hennessen und P. C. Scriba

Sprache und Sprechen liegen in ihrer Funktion so dicht nebeneinander, daß Störungen in ihrem Bereich miteinander verwechselt werden können.

Das Sprechen ist ein komplexer Vorgang, an welchem neben der zentralen Motorik die Hirnnerven sowie die von ihnen innervierten Muskeln beteiligt sind. Zusätzlich spielt die Regulation der Atmung eine wichtige Rolle.

58.1 Definitionen und Abgrenzung

Unter **Sprachstörungen** verstehen wir Störungen des Sprechens und der Sprache, keine Störungen der Stimme (wie Heiserkeit, → Kap. 22). Bei den Sprachstörungen unterscheidet man zentrale Störungen, die zu einer Störung des Wortverständnisses führen **(Aphasien)**, von Störungen, die die Sprachbildung betreffen **(Dysarthrien)**.

Aphasien beruhen auf kortikalen Läsionen in der Frontotemporoparietalregion der dominanten Hemisphäre.

Ursachen für Aphasien sind meistens Hirnverletzungen, Hirntumoren, Hirnblutungen, Schlaganfall oder sonstige Gefäßprozesse im Gehirn. Durch Anamnese und sorgfältiges Zuhören läßt sich die Lokalisation der Störung theoretisch feststellen.

Je nachdem, welcher Bereich befallen ist, unterscheidet man:

- **Broca-Aphasie (motorische Aphasie):** Unfähigkeit, Worte zu bilden, dabei ist das Sprachverständnis erhalten.
- **Wernicke-Aphasie (sensorische Aphasie)**: Unfähigkeit, den Sinn der Worte zu begreifen, während sie problemlos gesprochen werden können.
- **Mnestische Aphasie**: eine Wortfindungsstörung, Sprachverständnis und Sprachfähigkeit sind erhalten.
- **Globale Aphasie:** alle Sprachfähigkeiten sind eingeschränkt.

Dysarthrien können in allen am Sprechakt beteiligten, anatomischen Strukturen (Abb. 58-1) entstehen. Demgemäß ist zwischen einer zentralen, extrapyrami-

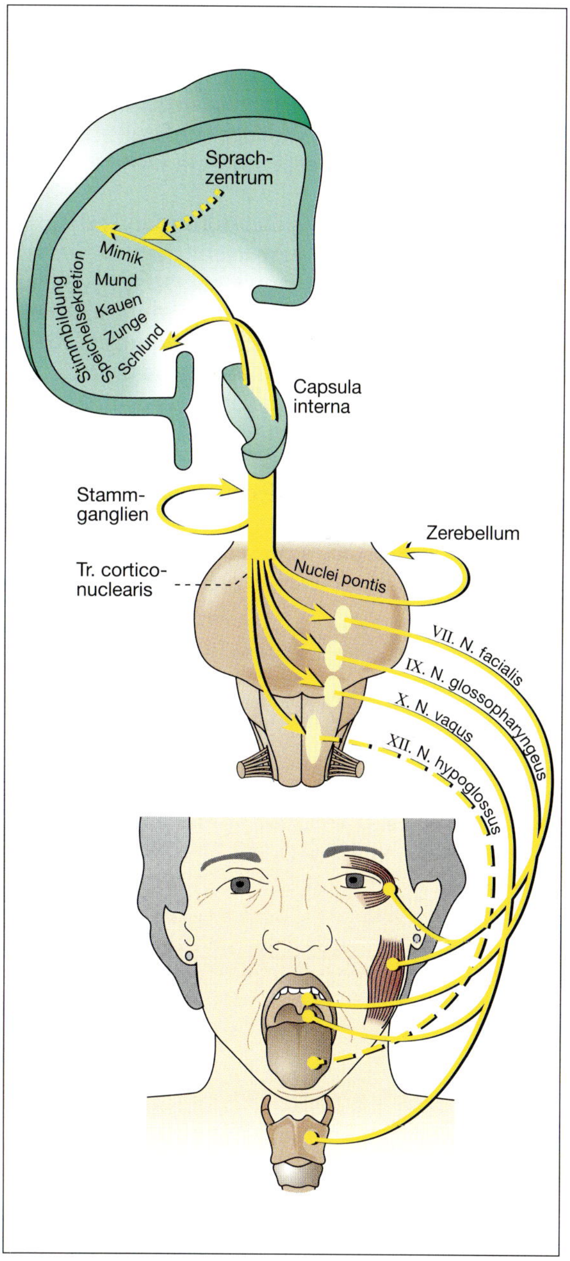

Abb. 58-1 Anatomisches Substrat für den Sprechakt (nach: Mummenthaler, M.: Neurologische Differentialdiagnostik, Thieme, Stuttgart–New York 1980).

dalen, zerebellären, pseudobulbären und bulbären Dysarthrie zu differenzieren.

Auch periphere Sprachstörungen führen zu Dysarthrien. Häufig treten Sprechstörungen bei **neurologischen Erkrankungen**, wie Multiple Sklerose, Bulbärparalyse, Tabes, Myasthenia gravis und amyotrophe Lateralsklerose auf (→ Kap. 30 und 35). Auch bei endokrinen Erkrankungen, insbesondere im Rahmen einer thyreotoxischen Krise, tritt eine verwaschene, pseudobulbäre Sprache auf (→ Kap. 22 und 23). Psychiatrische Krankheitsbilder wie Psychosen und Neurosen führen ebenfalls zu Sprachstörungen.

Von diesen neurologischen Sprachstörungen werden Sprachstörungen durch **verzögerte Sprachentwicklung**, bei der an eine Störung des Hörvermögens oder einen verminderten Intelligenzquotienten gedacht werden muß, unterschieden. Außerdem tritt bei Minderbegabung häufig zusätzlich ein Dysgrammatismus auf.

Die letzte Gruppe der Sprachstörungen wird durch Störung der **Artikulation** hervorgerufen. Hier werden Sigmatismus (Lispeln), Rhinophonie (Näseln), Balbuties (Stottern) und Dyslalie (Stammeln) unterschieden.

Eine Sprachstörung, die durch Hörstörungen verursacht wird, bezeichnet man als **audiogene Dyslalie**. Sie ist unterschiedlich ausgeprägt, je nachdem, ob das Hörvermögen nie vorhanden war oder eine langsame Ertaubung eingetreten ist.

Bei jeder ausgeprägten **Adynamie** kann es zu einer verwaschenen Sprache kommen. Ein besonders typisches Beispiel ist die verwaschene, pseudobulbäre Sprache bei der thyreotoxischen Krise (→ Hyperthyreose in Kap. 23).

58.2 Ursachen

Tabellen 58-1 und 58-2 zeigen die verschiedenen Formen der Störungen sowie ihre anatomische Zuordnung. Wesentliche Ursache der kortikalen Aphasien sind Zirkulationsstörungen, Tumoren, selten Traumen, entzündliche Erkrankungen oder hirnatrophische Prozesse.

58.3 Diagnostik

Sprach- und Sprechstörungen treten in der Regel nicht als isolierter Befund auf, sondern sind mit weiteren neurologischen Ausfällen kombiniert. Insbesondere bei schweren aphasischen Störungen ist die zusätzliche Fremdanamnese unverzichtbar. Ansonsten ist die Analyse der Sprach- oder Sprechstörung sowie die Herausarbeitung ihrer Charakteristika für die Zuordnung entscheidend.

Insbesondere die Beurteilung von Aphasien verlangt Erfahrung und Geduld.

Neben der spontanen Sprachproduktion sind:

- das Nachsprechen
- die Benennung und Beschreibung von Gegenständen oder Abbildungen
- das Sprachverständnis anhand von vorgelegten Auswahlaufgaben sowie
- die Schriftsprache zu prüfen.

Psychometrische Testverfahren wie der Aachener Aphasietest helfen, die Störungen voneinander zu unterscheiden.

Tab. 58-1 Verschiedene Formen der Aphasie (nach: Kunze, K.: Lehrbuch der Neurologie, Thieme, Stuttgart–New York 1992)

Aphasie	Ort der Schädigung	Charakteristika
Broca-Aphasie (motorische Aphasie)	Area 44 einschließlich vordere Inselregion, Versorgungsbereich der A. praerolandica	• Sprachproduktion weitgehend ausgefallen, nur einzelne Worte (Telegrammstil) • phonematische Paraphasien, begleitende Dysarthrie • entsprechende Schreibstörung (expressive Aphasie)
Wernicke-Aphasie (sensorische Aphasie)	hinteres Drittel der oberen Schläfenrundung, Versorgungsbereich der A. temporalis posterior	• erhebliche Beeinträchtigung des Sprachverständnisses (Worte, Namen und Sätze) bei gut artikulierter Spontansprache mit unauffälliger Sprachmelodie • phonematische und semantische Paraphasien, Neologismen • Perseveration (rezeptive Aphasie)
mnestische Aphasie	temporoparietal	• bei meist flüssiger Sprachproduktion leichte Beeinträchtigung von Sprachverständnis, Schreiben und Lesen und vor allem Wortfindungsstörungen • phonematische Paraphasie
globale Aphasie	ausgedehnte Läsion frontotemporoparietal im Versorgungsbereich der A. cerebri media	• erhebliche Beeinträchtigung der Sprachproduktion, nur Einzelwörter oder Floskeln • semantische und phonematische Paraphasie • ausgeprägte Sprachverständnisstörung

Tab. 58-2 Verschiedene Formen der Dysarthrien (Dysarthrophonien) (nach: Kunze, K.: Lehrbuch der Neurologie, Thieme, Stuttgart–New York 1992)

Dysarthrie	Vorkommen	Charakteristika
bulbäre Dysarthrie	nukleäre oder periphere (Nerv oder Muskulatur) Schädigung, z. B. bei Bulbärparalyse, Schädigung einzelner Hirnnerven, Polyneuropathie, Myasthenie	deutliche Artikulationsstörung, verwaschene Aussprache, monotone, langsame Sprechweise
zentrale Dysarthrie	Broca-Aphasie als begleitende Dysarthrie oder bei Läsionen der Operkularregion der nicht-dominanten Hemisphäre	artikulatorische Sprechstörung mit unscharfer Konsonantenaussprache und Sprechrhythmus
pseudobulbäre Dysarthrie	beidseitige Läsion supranukleärer Bahnen, z. B. bei zerebralen Zirkulationsstörungen, entzündlichen Erkrankungen des Gehirns	Artikulationsstörung nicht so ausgeprägt wie bei bulbären Formen, aber deutliche Störungen bei Konsonanten; monotone, verlangsamte Sprechweise
zerebelläre Dysarthrie	zerebelläre Erkrankungen	ataktische „skandierende“ Sprechweise mit stockendem, abgehacktem Sprechtempo und falscher Betonung, häufiger der einzelnen Silben
extrapyramidale Dysarthrie	Stammganglienerkrankungen (Parkinson-Syndrom und hyperkinetische Krankheitsbilder)	hypokinetische monotone Sprechweise mit leiser, wenig kraftvoller Stimme oder explosiver Sprechweise bei hyperkinetischen Erkrankungen

58.4 Zusammenfassung

Sprach- und Sprechstörungen beruhen auf ganz unterschiedlichen, meist nicht isoliert auftretenden Schädigungen. Aphasien sind stets kortikalen Ursprungs. Dysarthrien können im Verlauf des gesamten motorischen Systems bis hin zur Peripherie entstehen.

Die neurologische Charakterisierung der Störung erlaubt in der Regel eine genauere topische Zuordnung.

59 Verstopfung

W. E. Hansen

Haben Patienten weniger als 3 Stuhlentleerungen in der Woche, so spricht man von Verstopfung. Angaben zur Häufigkeit der Obstipation in der Bevölkerung schwanken zwischen 20 und 30%, wobei vor allem Frauen und ältere Personen betroffen sind. Pathophysiologisch unterscheidet man eine Verzögerung des Kolontransits und eine obstruierte Defäkation. Während bei längerer Kolontransitzeit meistens keine Ursache gefunden wird – die Betroffenen klagen über Völlegefühl und über seltenen Stuhldrang, andere Entstehungsweisen wie Nahrungsfaktoren (Ballaststoffmangel), primäre Kolonerkrankungen oder auch extrakolische Einflüsse (Arzneimittelnebenwirkungen, endokrine Erkrankungen, ZNS-Erkrankungen) sind vergleichsweise selten – wird bei Obstruktion die Stuhlentleerung durch Störungen der Schließmuskel, durch einen Rektumprolaps oder eine Rektozele behindert. Diese Patienten klagen über eine unvollständige Stuhlentleerung oder ein Obstruktionsgefühl. Besondere klinische Bedeutung erlangen akute Verstopfungen, weil sie rasches Handeln erfordern. Die diagnostischen Maßnahmen richten sich jeweils nach der Dauer der Beschwerden und nach den Begleiterscheinungen. Neben der sorgfältigen Anamnese (mit Stuhl- und Ernährungsprotokoll) und einer allgemeinen internistischen Durchuntersuchung kommen die Koloskopie, die Röntgendiagnostik (Übersichtsaufnahmen des Abdomens) sowie spezielle Funktionstests (Markertest, Defäkographie, anorektale Manometrie) in Betracht.

59.1 Definition und Abgrenzung

Stuhlverstopfung ist in der Praxis eine häufige Klage, die sich nicht in jedem Fall objektivieren läßt. Für die Diagnose ist eine auf weniger als 3 verminderte Anzahl von Stuhlentleerungen in der Woche Voraussetzung. Darüber hinaus wird zwischen plötzlichem Einsetzen der Beschwerden („akute Obstipation"), die zu raschem Handeln zwingen kann, und einer „chronischen", zumeist harmlosen Verstopfung unterschieden.

59.2 Ursachen

Die Verstopfung ist letztlich das Resultat eines verzögerten Transports von Chymus bzw. von Fäzes durch den Gastrointestinaltrakt und/oder einer behinderten Stuhlentleerung. Bereits unter physiologischen Bedingungen gibt es Schwankungen der Stuhlfrequenz. Eine Rolle spielen hier Nahrungsfaktoren, vor allem die Aufnahme von unverdaulichem pflanzlichem Material („Ballaststoffe") mit dem Essen, sowie psychische Einflüsse. Vermutet wird eine psychosomatische Beziehung der Obstipation zum Geiz, welcher nicht nur materielle Güter oder Gefühle, sondern offensichtlich auch die Ausscheidung von Stuhl betreffen kann. Akute Verstopfungen können durch einen Darmverschluß verursacht sein; in diesen Fällen ist rasches ärztliches Handeln erforderlich.

Die möglichen Ursachen eines gestörten Transports durch den Gastrointestinaltrakt sind in Tabelle 59-1 zusammengestellt.

Tabelle 59-1 Wichtige Ursachen der Obstipation

Anomalien des Kolons	Dolichokolon
Darmobstruktion	**Entzündungen**
	Morbus Crohn (→ Kap. 11)
	Ischämische Kolitis (→ Kap. 11)
	Divertikulitis (→ Kap. 11)
	Strikturen
	Bestrahlungsfolge
	Divertikelkrankheit
	Operationsfolge
	Neubildungen
	Darmtumoren (benigne, maligne)
	Kompression
	Raumforderungen in der Umgebung
	Verwachsungen
	Hernien
	Kotstein
Stoffwechselentgleisungen	Hypokaliämie
	Hyperkalzämie (→ Kap. 12 und 60)
	Diabetes mellitus (→ Kap. 12)
	Akute Porphyrie
	Dehydratation (→ Kap. 34)

Tabelle 59-1 Wichtige Ursachen der Obstipation, Fortsetzung

Endokrine Störungen/ Veränderungen	Hypothyreose (→ Kap. 1) Primärer Hyperparathyreoidismus (→ Kap. 12) Gravidität
Intoxikationen	Blei Arsen Quecksilber Sulfhämoglobinämie
Medikamente	Laxanzien Anticholinergika Antazida (Kalzium/Aluminiumsalze) Analgetika Antikonvulsiva Antiparkinsonmedikamente Antidepressiva Antihypertensiva/Ganglienblocker Diuretika Colestyramin Aktivkohle Opiate, Tinctura opii Bariumsulfat Eisenpräparate Wismutpräparate
Neuropathien	**Intestinaltrakt** Aganglionose (Morbus Hirschsprung) Primäre Pseudoobstruktion Chagas-Erkrankung Ganglioneuromatose Polyneuropathie/Diabetes mellitus **Rückenmark** Verletzung Tumor der Cauda equina Tabes dorsalis Multiple Sklerose Paraplegie **Gehirn** Morbus Parkinson Tumoren Shy-Drager-Syndrom
Enddarm-erkrankungen	Behinderte Stuhlentleerung durch Störungen der Schließmuskel Rektumprolaps Rektozele Analerkrankungen, z.B. Tumor, Analfissur (→ Analschmerzen)
Funktionelle Erkrankungen	Habituelle Obstipation Reizkolon Depression Reflektorische Obstipation bei Koliken oder Streß

59.3 Diagnostik

59.3.1 Anamnese und körperliche Untersuchung

Durch die **Anamnese** müssen nach Möglichkeit folgende Fragen beantwortet werden:

1. Ist die Stuhlverstopfung objektivierbar?
Man läßt sich von den Betroffenen den Vorgang der Stuhlentleerung schildern und bewertet insbesondere auch die Zeit des Pressens; beim Gesunden wird weniger als 1/4 der Gesamtzeit eingesetzt.

Hilfreich ist auch ein Stuhlprotokoll, wobei die Patienten während eines Zeitraums von mindestens 2 Wochen ihre Stuhlentleerungen notieren.

2. Handelt es sich um eine akute oder um eine chronische Verstopfung?

Eine nur wenige Tage oder Wochen bestehende Erkrankung ist in der Regel ernster zu bewerten als ein seit Jahren oder Jahrzehnten existierendes Leiden. Bei der habituellen Obstipation beginnen die Verstopfungen im frühen Erwachsenenalter; betroffen werden vor allem Frauen.

3. Ist eine Transportstörung oder eine Entleerungsstörung wahrscheinlich?

Bei einer Transportstörung klagen die Betroffenen häufig über Völlegefühl und über seltenen Stuhldrang. Symptome der Entleerungsstörung sind Beschwerden bei der Defäkation, unvollständige Stuhlentleerung oder gehäufte Stuhlfrequenzen.

4. Gibt es Begleiterscheinungen?

Begleiterscheinungen können auf die Ursachen der Verstopfung hinweisen:

- ▷ **Veränderungen der Stuhlkonsistenz oder -form**
  - **Bleistiftstuhl** bei stenosierenden Rektumerkrankungen oder Reizdarm (→ Kap. 46)
  - **Schafkotstuhl** beim Reizdarm (→ Kap. 46)
- ▷ **Stuhlbeimengungen**
  - **Blut** bei Entzündungen, Tumoren, Gefäßmißbildungen, Divertikeln (→ Kap. 10)
  - **Schleim** als Zeichen der erhöhten Kolondrüsensekretion infolge von Reizdarm, Laxanziengebrauch oder Entzündungen (→ Kap. 46)
  - **Eiter** bei Entzündungen/Fisteln (→ Kap. 11)
- ▷ **Stuhlverfärbungen**
  - **acholischer Stuhl** bei Cholestase (→ Kap. 15)
  - **Teerstuhl** bei massiven Blutungen aus Quellen proximal der linken Flexur (→ Kap. 10)
- ▷ **Schmerzen**
  - Leibschmerzen (→ Kap. 46; falls abhängig von Defäkation bei Analfissur oder -prolaps, Perianalthrombose → Kap. 40)
- ▷ **Fieber**
  - Zeichen für Invasivität einer enteralen Infektion/Allgemeinerkrankung (→ Kap. 11 und 14)
- ▷ **Miktionsstörungen**
  - Übergreifen der Grunderkrankung – z.B. Tumorleiden – auf den Urogenitaltrakt
- ▷ **Gewichtsveränderungen**
  - Ernährungsstörung (→ Kap. 2, 11 und 18), konsumierende Erkrankung
- ▷ **neurologische Symptome** (neurogene Obstipation)
- ▷ **Wesensänderungen**
  - **Leistungsknick, Schlafstörungen** als Hinweis auf Psychose/Depression (→ Kap. 1)

5. Besteht ein Laxanzienabusus bzw. kann eine Medikamentennebenwirkung ausgeschlossen werden?

Es gibt eine Reihe von Medikamenten, bei denen Obstipation als Nebenwirkung beobachtet wird (→ Tab. 59-1).

Paradoxerweise gilt dies an erster Stelle für die Abführmittel. Man muß in diesen Fällen gezielt nach dem Gebrauch fragen, weil die Betroffenen infolge regelmäßiger Einnahme oftmals nicht mehr daran denken bzw. die Einnahme leugnen.

Die **körperliche Untersuchung** richtet sich auf das Abdomen. Daneben ist jedoch eine gründliche Beurteilung des gesamten übrigen Körpers einschließlich neurologischem und psychischem Status erforderlich. Einige Stichworte seien hier angegeben:

▷ **Bauch**
- Palpation der Bauchdecken/Spannung, intraabdominelle Resistenzen, Schmerzen
- rektale Untersuchung/Sphinktertonus, Tonus der Beckenbodenmuskulatur
- Bruchpforten

▷ **Haut, Schleimhäute**
- Ernährungszustand: Turgor/Exsikkose
- Temperatur

▷ **Nervensystem**
- Lähmungen
- Sensibilitätsstörungen
- Reflexe einschließlich Kremaster- und Beckenbodenreflex
- Pupillenreaktionen

▷ **Kreislauforgane**
- Herz, periphere Gefäße, Blutdruck

▷ **endokrines System**
- Schilddrüse

59.4 Krankheitsbilder

59.4.1 Funktionelle Obstipation

Die funktionelle – auch spastische oder habituelle – Obstipation (im Volksmund „Darmträgheit") ist die häufigste Ursache der chronischen Verstopfung. Sie betrifft in erster Linie Frauen und beginnt meist im frühen Erwachsenenalter. Die Diagnose dieses harmlosen Leidens wird durch den Ausschluß sonstiger Erkrankungen gestellt.

B *Beschwerden und Befunde*

Die Beschwerden sind zumeist gering. Die Betroffenen klagen allenfalls über ein Völlegefühl; zumeist geben sie einen zu gering ausgeprägten Stuhldrang an. Nicht selten greifen die Betroffenen zu – in Apotheken frei erhältlichen – Abführmitteln. Als Folge eines übermäßigen Laxanziengebrauchs können Durchfälle und durch Elektrolytverluste (Kalium!) Adynamie, Wadenschmerzen und Herzrhythmusstörungen (→ Kap. 23) resultieren. Eine ausführliche Diskussion des **Laxanzienabusus** findet sich an anderer Stelle (→ Kap. 11.4.5).

DS *Diagnosesicherung*

Die Diagnose läßt sich in der Regel leicht stellen: Merkmale sind jahre- bzw. jahrzehntelange Verstopfungen ohne sonstige Begleiterscheinungen; bei der körperlichen Untersuchung einschließlich der rektalen Austastung findet sich kein krankhafter Befund. In eindeutigen Fällen genügen zum Ausschluß anderer Ursachen wenige orientierende Maßnahmen: Blutsenkung, rotes und weißes Blutbild, Elektrolytstatus einschließlich Kalzium, Leberwerte, Schilddrüsenfunktionstests (TSH basal), Testung von okkultem Blut im Stuhl (dreimal), Ultrasonographie des Abdomens, Rektosigmoidoskopie/Koloskopie.

In unklaren Fällen kann der Markertest hilfreich sein: Die Probanden erhalten ca. 20 kleine röntgendichte Marker mit einer Probemahlzeit (z. B. als kleine Scheiben eines Angiographiekatheters). Durch Röntgenuntersuchung des Stuhls läßt sich die Passagezeit ermitteln. Sie errechnet sich als das Zeitintervall zwischen der Einnahme und der Ausscheidung von 80% der Marker. Eine rektale Obstipation wird in der Abdomenübersichtsaufnahme an einer Konzentration der Marker im Enddarm erkennbar. Bei einer allgemeinen Transportverzögerung sind dagegen die Marker gleichmäßig im Kolon verteilt.

Bei einem Abusus von anthrachinonhaltigen Laxanzien sieht man vor allem im proximalen Kolon eine **Melanosis coli** (Abb. 59-1). In schwersten Fällen kann sich ein **Laxanskolon** einstellen, welches beim Kolonkontrasteinlauf das Bild eincs schlaffen, weitgestellten Schlauches mit weitgehend aufgehobener Haustrierung darbietet. In diesen Fällen beobachtet man neben einer Hypokaliämie auch eine Hyponatriämie sowie eine metabolische Azidose.

DD *Differentialdiagnose*

Die wichtigste Differentialdiagnose ist stets das **Kolonneoplasma**. Daneben sind Arzneimittelnebenwirkungen (→ Tab. 59-1), Schilddrüsenunterfunktion (Leitsymptom bei älteren Personen [→ Kap. 1]), Reizdarm (→ 59.4.2) sowie eine Pseudoobstruktion (→ 59.43) zu erwägen.

59

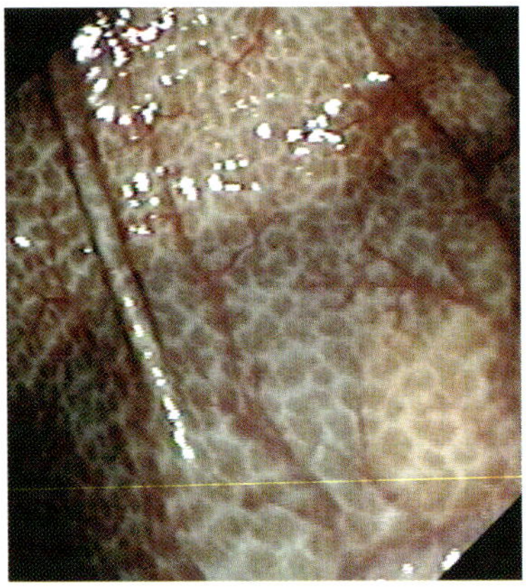

Abb. 59-1 Pseudomelanosis coli nach langjährigem Laxanzienabusus (Anthrachinonderivate).

59.4.2 Reizdarm

Der Reizdarm – wie auch der Reizmagen – zählt zu den überaus häufig anzutreffenden funktionellen Erkrankungen. Da organische Veränderungen fehlen, handelt es sich um Ausschlußdiagnosen. Beim Reizdarm (Synonyme sind irritables Kolon, Colon spasticum, nervöser Darm, Colica mucosa) unterscheidet man als Spielarten die schmerzlose Diarrhö (→ Kap. 11.4.6) und die spastische Obstipation, wobei ein charakteristisches Merkmal der Wechsel zwischen beiden ist. Der Übergang zur habituellen Obstipation ist fließend. Kennzeichnend sind die oftmals in die Kolonflexuren lokalisierten krampfartigen Schmerzen, Kollern im Leib, Blähbeschwerden sowie schafkotähnliche Stuhlentleerungen.

B *Beschwerden und Befunde*

Die meist schon seit längerem bemerkten Beschwerden sind typischerweise wechselnd, wobei immer wieder Phasen mit völliger Symptomfreiheit angegeben werden. Kennzeichnend ist in vielen Fällen die Abhängigkeit von Situationen, beispielsweise beruflichen Belastungen oder Urlaub, sowie das Fehlen von Beschwerden in der Nacht, so daß der Schlaf nicht gestört wird. Im Vordergrund stehen neben der Stuhlverstopfung Leibschmerzen, die oftmals in die Kolonflexuren lokalisiert werden (→ Kap. 46), Blähbeschwerden, Kollern im Leib sowie schafkotähnliche Stuhlentleerungen. Häufig wird ein Wechsel zur schmerzlosen Diarrhö beobachtet. In diesen Fällen kann es infolge einer Überaktivität der intestinalen Drüsen zu Beimengungen von Schleim oder Schleimmembranen im Stuhl kommen.

Bei der körperlichen Untersuchung ist kein pathologischer Befund zu erheben. Manchmal zeigt sich eine vegetative Stigmatisierung durch einen verstärkten Dermographismus.

DS *Diagnosesicherung*

Da Leibschmerzen ein führendes Symptom bei einer Vielzahl von organischen Erkrankungen darstellen, müssen Betroffene spätestens nach einer Erkrankungsdauer von 4 Wochen gründlich untersucht werden.

Neben den bei der „habituellen Obstipation“ erwähnten orientierenden Untersuchungen müssen eine Gallenwegs- und Pankreasdiagnostik (Bilirubin, Cholestaseenzyme, Amylase/Lipase im Serum, Computertomographie und ERCP), eine Ösophagogastroduodenoskopie mit Duodenalsaftgewinnung zur Lambliendiagnostik, ein Urinstatus, ein Laktosetoleranztest, bei Frauen eine gynäkologische Untersuchung, ein EKG mit Belastung zum Ausschluß einer assoziierten koronaren Herzerkrankung sowie eine Thoraxröntgenaufnahme zum Ausschluß einer basalen Pleuritis durchgeführt werden.

DD *Differentialdiagnose*

Die wichtigsten Differentialdiagnosen sind die chronische Lambliasis, die chronische Pankreatitis (→ Kap. 46), die Laktoseintoleranz und die autonome Neuropathie bei Diabetes mellitus (→ Kap. 56). Häufige Fehldiagnosen können auch der Abbildung 59-2 entnommen werden.

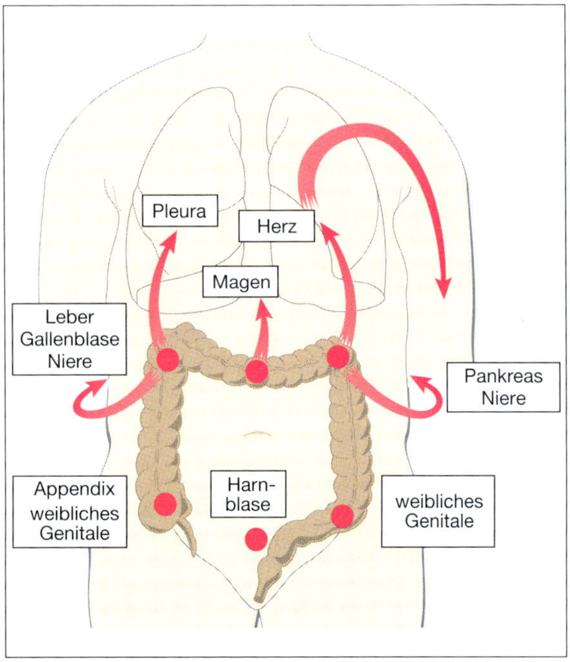

Abb. 59-2 Differentialdiagnosen beim irritablen Kolon (nach Fahrländer).

59.4.3 Darmobstruktion

Darmobstruktion ist der Zustand, bei dem die Passage von Darminhalt unmöglich oder erheblich behindert ist. Sie tritt als akutes, lebensbedrohliches Verschlußsyndrom (mechanischer und paralytischer Ileus) und als chronisches Krankheitsbild (Subileus, Pseudoobstruktion) auf. Die Symptome sind je nach dem Sitz und der Ursache der Erkrankung unterschiedlich: Obstipation, Erbrechen, Leibschmerzen, Meteorismus, fehlender Abgang von Winden. In jedem Fall muß nach Möglichkeit die Diagnose unverzüglich gestellt werden, da im Falle eines Ileus rasches Handeln erforderlich wird. Neben dem körperlichen Untersuchungsbefund (Meteorismus, Auskultationsbefund des Leibes) dient hierzu vor allem die Übersichtsröntgenaufnahme des Bauches im Stehen (bzw. in Seitenlage) mit charakteristischer Spiegelbildung bei erweiterten Darmschlingen.

Bei der **Pseudoobstruktion** handelt es sich um ein oftmals rezidivierend auftretendes Syndrom mit Subileus- und Ileussymptomatik, wobei ursächlich eine Vielzahl sehr unterschiedlicher Krankheiten zugrunde liegen kann. Befallen wird vor allem der Dünndarm. Die Betroffenen können über zumeist langjährig bestehende Obstipation, Meteorismus, postprandial verstärkte Übelkeit und Erbrechen sowie über krampfartige Leibschmerzen klagen. Diarrhö und Steatorrhö erscheinen als Folge einer bakteriellen Fehlbesiedlung. Bei akuter Erkrankung sind die Übergänge zum mechanischen und paralytischen Ileus fließend.

B *Beschwerden und Befunde*

Leibschmerzen werden vor allem bei akutem Verschluß im proximalen Gastrointestinaltrakt geklagt: In der Initialphase sind dies in Abständen von 4–5 Minuten erscheinende krampfartige viszerale Schmerzen. Bei mehr distaler Lokalisation sind die Schmerzen geringer, sie treten zudem in größeren Zeitabständen auf. (Beim Dünndarmileus werden – wie auch bei Ruptur eines Aortenaneurysmas – gelegentlich heftigste Rückenschmerzen beobachtet.) Sistieren im weiteren Verlauf die Darmbewegungen, so hören die Schmerzen auf. Ein Übergang zu einem Dauerschmerz spricht für eine Strangulation oder für eine Ischämie. **Erbrechen** tritt vor allem bei proximalen Wegsamkeitsstörungen auf, bei distalem Sitz auch als Erbrechen von fäkulentem Material (Miserere). Ansammlungen von Flüssigkeit und Gas führen zu einer charakteristischen Auftreibung des Bauches. Als Folge der Passagebehinderung werden keine Winde mehr abgegeben.

Bei der **körperlichen Untersuchung** können Narben am Bauch Hinweise auf intraabdominelle Briden oder Verwachsungen sein. Den Dünndarmileus erkennt man oftmals in der Initialphase anhand von peristaltischen Bewegungen durch die Bauchhaut. Bei der Palpation achtet man auf Resistenzen, Hernien, Aszites und druckschmerzhafte Strukturen. Auskultatorisch lassen sich in der Initialphase eines Verschlußsyndroms charakteristische hochgestellte „musikalische" Geräusche wahrnehmen. Später, bei einem Sistieren der Darmbewegungen, fehlen Geräusche. In fortgeschrittenen Stadien kommt es zum Schock mit Blutdruckabfall, Tachykardie, Exsikkose und schließlich den Zeichen der Peritonitis (Peritonismus).

DS *Diagnosesicherung*

Bei Ileusverdacht steht die Röntgendiagnostik an der ersten Stelle: **Übersichtsaufnahmen** des **Abdomens** im Stehen und Liegen, Magen-Darm-Passage **mit** wasserlöslichem Kontrastmittel (und zugleich laxierendem Effekt) und in gleicher Weise **Kontrasteinlauf** zum Ausschluß eines tiefsitzenden Verschlusses, **Angiographie** bei Verdacht auf einen Gefäßverschluß. Am Ende steht die (Probe-)Laparotomie.

Bei chronischen Verstopfungen treten neben die erwähnten Röntgenverfahren einschließlich dem Dünndarmkontrasteinlauf nach Sellink **endoskopische Untersuchungen** (Ösophagogastroduodenoskopie, Koloskopie; Abb. 59-3).

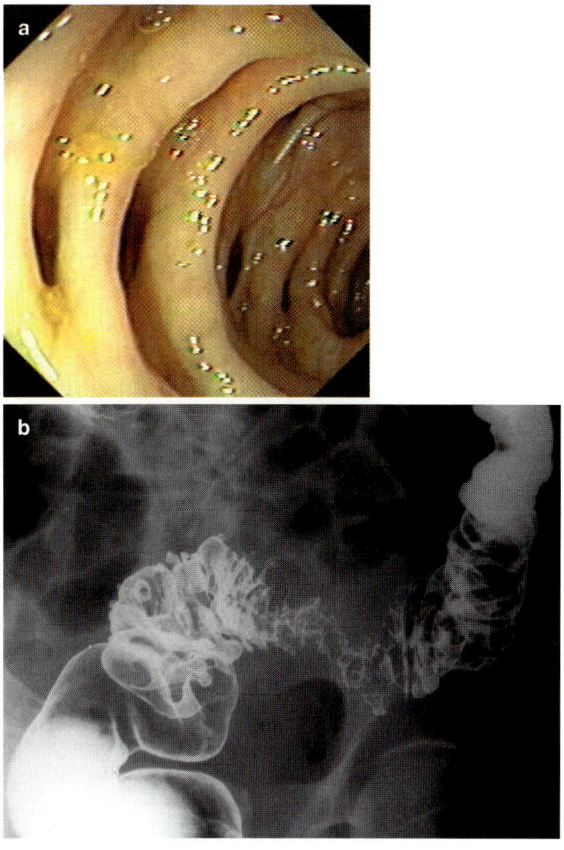

Abb. 59-3 Sigmadivertikulose: a) endoskopisches Bild; b) Darstellung im Röntgenbild (Kontrasteinlauf).

59

DD *Differentialdiagnose*

Die häufigsten Ursachen des **mechanischen Ileus** sind Darmtumoren (Dickdarmkarzinom, Abb. 59-4), Darmeinklemmungen infolge Adhäsionen, Hernien oder Volvulus, Obstruktionen durch Fremdkörper einschließlich Gallensteinen und Askariden, entzündliche Darmerkrankungen einschließlich Morbus Crohn und Divertikulitis, Morbus Hirschsprung sowie die Folge von Stuhleindickung, beispielsweise bei Therapie mit isolierten Ballaststoffen (Weizenkleie!).

Der **paralytische Ileus** ist zumeist die Folge eines mechanischen Verschlusses. Daneben kann er aus einer intra- oder einer retroperitonealen Infektion entstehen, wobei intestinale Durchblutungsstörungen und Verletzungen eine Hauptursache darstellen. Weitere mögliche Ursachen sind die Hypokaliämie sowie Reflexe bei Steinkoliken und Begleitreaktionen bei schwerer Allgemeinerkrankung, Myokardinfarkt, Pneumonie, Langzeitbeatmung, medikamentöser Therapie (u.a. Sedativa oder Vincristin).

Für die Unterscheidung der verschiedenen akut auftretenden Ileusformen kann die Zusammenstellung in Tabelle 59-2 hilfreich sein.

Ein differentialdiagnostisch schwieriges Problem kann die auch intermittierend auftretende **chronische intestinale Pseudoobstruktion** darstellen. Bei der Suche nach den **Ursachen von sekundären chronischen intestinalen Obstruktionen** müssen folgende Möglichkeiten erwogen werden:

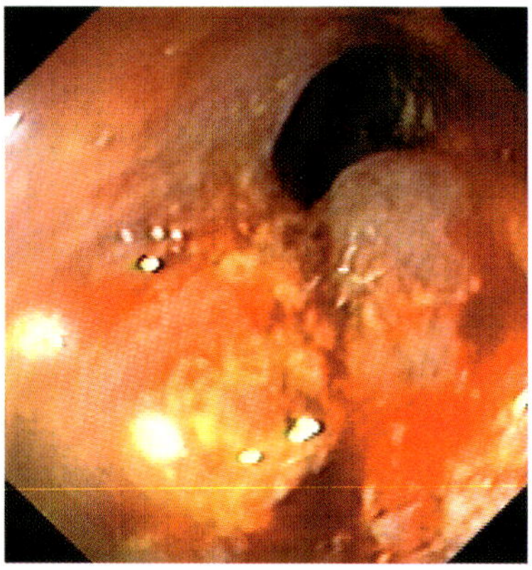

Abb. 59-4 Tumorstenose im Kolon: Fortgeschrittenes Kolonkarzinom mit Stenosebildung. Im vorliegenden Fall waren Darmblutungen als Hämorrhoiden fehlgedeutet worden.

1. **Störungen der Muskulatur des Gastrointestinaltrakts:**
- Kollagenosen (Sklerodermie, Dermatomyositis, Erythematodes visceralis)
- Amyloidose
- primäre Myopathien (myotonische Dystrophie, progressive Muskeldystrophie)
2. **Endokrine Störungen:**
- Myxödem (→ Kap. 1)
- Diabetes mellitus (→ Kap. 12)
- primärer und sekundärer Hyperparathyreoidismus (→ Kap. 12, 45 und 60)

Tab. 59-2 Differentialdiagnose bei mechanischem und paralytischem Ileus

Symptom/ Befund	Mechanischer Ileus Dünndarm	Mechanischer Ileus Dickdarm	Paralytischer Ileus
Schmerzen • Lokalisation	Mittelbauch	Erkrankungsregion gesamter Bauch	Erkrankungsregion gesamter Bauch
• Charakter	heftige Koliken (alle 3–4 min), auch Dauerschmerz, Strangulation	mäßig heftige Koliken (4–6 min)	keine Koliken, geringe Schmerzen
Erbrechen	frühzeitig von Magensaft (sauer!) oder Galle (bitter!), Singultus	später (12–24 h), fäkulent	spät (nach 24 h)
Meteorismus	gering oder fehlend	stark (Flanken!)	stark
Windabgang	anfangs vorhanden	fehlt	fehlt
Auskultation	spritzende Darmgeräusche, Hyperperistaltik	geringe Peristaltik	„Totenstille“
Röntgenbefund (Abdomenübersicht)	zahlreiche kleine Spiegel im Dünndarmbereich	große Spiegel mit Haustren im Dickdarmbereich	Darmerweiterung Aszites

3. **Neurologische Erkrankungen:**
- Parkinson-Syndrom (→ Kap. 6)
- Chagas-Krankheit
- familiäre autonome Dysfunktion

4. **Medikamentenwirkungen** (→ Tab. 59-1)
5. **Sonstige**
- Psychosen
- Laxanskolon
- Divertikulose (Jejunum, → Kap. 11)

59.4.4 Proktologische Erkrankungen

Störungen der Stuhlentleerung durch Erkrankungen von Anus und Rektum sind vergleichsweise selten. Sie entstehen durch Analfissuren, durch Funktionsstörungen der Sphinktermuskulatur (Morbus Hirschsprung, paradoxe Kontraktion beim Pressen) oder durch Verformungen der Darmwand bei der Defäkation (innerer Rektumprolaps, Rektozele).

Die wichtigste Differentialdiagnose sind Tumoren des Rektums und des Anus. Die Betroffenen berichten über Schmerzen bei der Defäkation (Analfissur), Blutabgang, über Obstruktionsgefühl und über unvollständige Stuhlentleerungen. Die Diagnose kann aus der Anamnese und aus dem proktologischen Untersuchungsbefund gestellt werden. Beweisend kann in unklaren Fällen die Defäkographie sein.

B *Beschwerden und Befunde*

Die Betroffenen berichten über Beschwerden bei der Stuhlentleerung: das Gefühl einer unvollständigen Entleerung und eventuell hohe Stuhlfrequenzen, über Obstruktionsgefühl („kein Stuhlgang trotz Stuhldrang“) sowie über Blutabgänge. Schmerzen sind nur bei Analerkrankungen, die außerhalb der Linea dentata gelegen sind, zu erwarten, beispielsweise bei der Analfissur (→ Kap. 40). Bei einer Analfissur im dorsalen Sphinkterbereich wird der Sphinktertonus erhöht. Bei der digitalen Untersuchung klagt der Patient über Schmerzen. Tumoren im Bereich des Anus und des kaudalen Rektums lassen sich ebenfalls ertasten.

DS *Diagnosesicherung*

In jedem unklaren Fall muß eine Spiegelung erfolgen (Rektosigmoidoskopie, Koloskopie). Ein innerer Rektumprolaps zeigt sich oftmals an einem solitären Ulkus an der Rektumvorderwand. Bei Verdacht auf Morbus Hirschsprung kann die Bestimmung von Cholinesterase in Schleimhautproben diagnostisch weiterführen. Funktionsstörungen werden am besten durch Defäkographie gesichert.

DD *Differentialdiagnose*

Die wichtigsten Differentialdiagnosen sind bei allen unklaren proktologischen Erkrankungen Neoplasmen.

59.5 Zusammenfassung

Bei seit vielen Jahren unverändert bestehender Verstopfung genügt zunächst der einfache Versuch einer Ernährungsumstellung mit ballaststoffreicher Kost bzw. einer Zulage von isolierten Ballaststoffen in ansteigender Dosierung (Abb. 59-5). In den Fällen mit Laxanziengebrauch wird man diesen initial zur einfachen „Umerziehung“ des Darmes im möglichst geringen Umfang beibehalten.

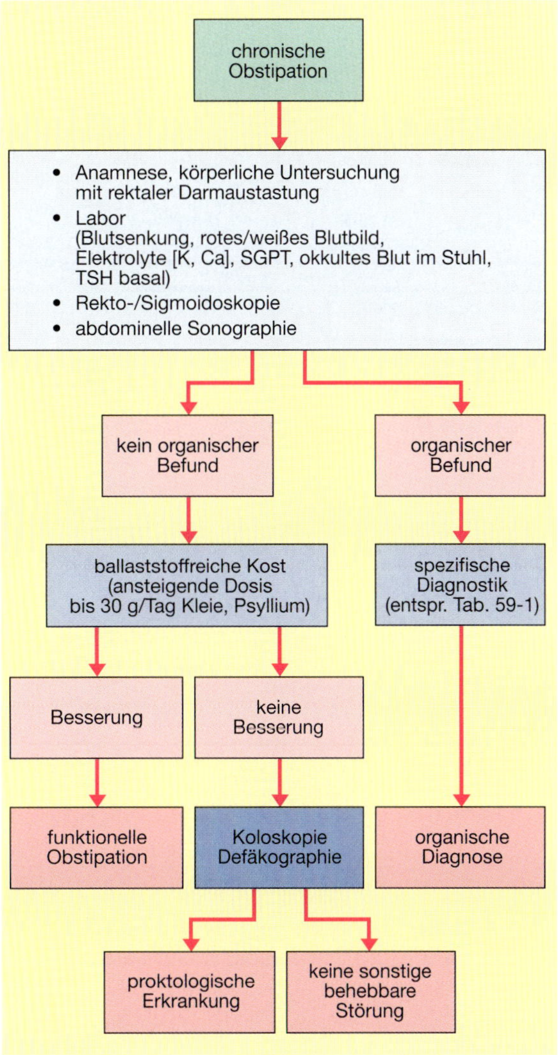

Abb. 59-5 Diagnostisches Vorgehen bei chronischer Verstopfung.

60 Störungen beim Wasserlassen

J. BAHLMANN

60

Die Störungen beim Wasserlassen stellen Abweichungen von der normalen Harnproduktion und Veränderungen des Miktionsvorganges mit oder ohne Beschwerden dar. Die Harnproduktion kann bereits physiologisch entsprechend der Flüssigkeitszufuhr stark variieren, z. B. wird bei Polydipsie eine Polyurie vorliegen.

Pathologisch große Harnmengen werden durch hormonelle Störungen (z. B. ADH-Defizit), renaltubuläre Läsionen (speziell bei Hypokaliämie, Hyperkalzämie, Nierenpapillenzerstörung; aber grundsätzlich bei allen chronischen, insbesondere interstitiellen, Nierenerkrankungen) oder osmotisch (z. B. Diabetes mellitus) verursacht.

Pathologisch geringe Harnmengen sind zum Beispiel Folge von Flüssigkeitsverlusten, akuter oder chronischer präterminaler Niereninsuffizienz.

Beschwerden bei der Miktion sind wesentliche Anzeichen für einen gestörten Harnabfluß (z.B. Prostatahyperplasie). Die Miktion ist schmerzhaft bei bakteriellen Entzündungen des Harntraktes und der Nieren (z.B. Zystitis, Pyelonephritis).

60.1 Definition und Abgrenzung

Die Harnmenge schwankt, je nachdem, ob viel getrunken (Diurese bis Polyurie) oder gedurstet wird (Antidiurese bis Oligurie).

Polyurie ist eine länger dauernde übermäßige Harnausscheidung, die über 4 l in 24 Stunden liegt.

Sie führt zur häufigen Miktion tags und oft auch nachts (**Nykturie,** → 60.4.7 und Tab. 60-12).

Einer sehr hohen Trinkmenge **(Polydipsie)** folgt üblicherweise eine stark vermehrte Harnmenge (→ Kap. 12).

Oligurie ist als eine unter 400 ml/24 h eingeschränkte Harnmenge und

Anurie als fehlende Harnproduktion definiert, die beim akuten bzw. chronischen Nierenversagen oder bei Verlegung der Harnwege auftreten.

Miktionsstörungen sind Veränderungen des normalen Harnlassens.

Die **Dysurie** bezeichnet ein erschwertes Harnlassen gegen einen erhöhten Widerstand ab Harnblasenausgang, z.B. bei Blasenausgangsstenose, Urethrastriktur und Prostatahyperplasie. Letztere geht typischerweise mit unterbrochenem Harnstrahl („Träufeln") und anderen Störungen (→ 60.3.1 und 60.6.2.2) einher.

Schmerzen beim Wasserlassen werden als **Algurie** bezeichnet, Brennen beim oder nach dem Wasserlassen als **Strangurie.** Die Strangurie kann zu Beginn des Wasserlassens (initial) oder/und am Ende (terminal) vorhanden sein oder den ganzen Miktionsvorgang begleiten sowie diesen auch überdauern.

Diese Beschwerden sind meist mit einer häufigen Blasenentleerung kleiner Harnmengen (**Pollakisurie**) verbunden. Eine Pollakisurie kann aber auch ohne Strangurie auftreten.

Bei **Harninkontinenz** erfolgt ein unwillkürlicher Harnabgang, die Kontrolle über das Wasserlassen fehlt.

60.2 Ursachen

Erkrankungen, die zur **Polyurie** führen, beruhen meist auf einer **pathologisch verminderten renalen Konzentrierung** (Tab. 60-1).

Die **Oligurie bzw. Anurie** tritt infolge **akuter und chronischer Nierenerkrankungen** auf (→ Abb. 60-4).

Das **akute Nierenversagen** (→ Tab. 60-5) ist durch eine schnelle Abnahme der glomerulären Filtration und Harnproduktion mit Akkumulation von Wasser, Elektrolyten, Säureäquivalenten und harnpflichtigen Substanzen charakterisiert.

Im Unterschied dazu ist das **chronische Nierenversagen** (Abb. 60-1) im Verlauf durch eine biphasische Entwicklung der Harnproduktion gekennzeichnet:

- ▷ Anfangs wird im kompensierten Stadium der Nierenerkrankung vermehrt Harn infolge der gestörten Harnkonzentrierung und gesteigerten Elimination von harnpflichtigen osmolaren Substanzen in den noch filtrierenden Nephronen gebildet.
- ▷ Mit dem weiteren Zugrundegehen von Nephronen nimmt die Harnmenge langsam ab, und schließlich entwickelt sich das dekompensierte urämische Stadium mit Oligurie.

Tab. 60-1 Erkrankungen, die zu einer Polyurie (gesteigerte Diurese) führen können

Hormonelles Defizit
hypophysärer (zentraler) Diabetes insipidus (ADH-Mangel)
M. Addison und hyporeninämischer Hypoaldosteronismus (Aldosteronmangel)
Renal-tubuläre Defekte
nephrogener Diabetes insipidus (ADH-Resistenz)
psychogene Polydipsie (Hypertonizität im Nierenmark ausgewaschen)
durch Hypokaliämie und Hyperkalzämie bedingte tubuläre Wasserresorptionsstörungen
Bartter-Syndrom (tubuläre Elektrolytresorptionsstörungen) Diuretikaabusus (Pseudo-Bartter-Syndrom)
akutes Nierenversagen: polyurische Phase
toxische Tubulusschäden durch Medikamente, z. B. Aminoglykoside, Amphotericin, Cisplatin
chronisches Nierenversagen: polyurisches Stadium
Osmotische Diurese
bei Diabetes mellitus (Glukosurie bei Hyperglykämie)

Miktionsbeschwerden mit Schmerzen weisen auf eine in den unteren Harnwegen (Zystitis) lokalisierte Entzündung hin. Diese kann mit einer oberen Harnwegs- und Nierenparenchyminfektion (Pyelonephritis) zusammen auftreten und dann zusätzlich systemische Symptome (Fieber) machen.

Obstruktionen bzw. Anomalien des unteren Harntraktes oder neurologische Störungen der Blasenfunktion sowie mit zunehmendem Lebensalter auftretende Veränderungen (z. B. Prostatahyperplasie beim Mann) verursachen **Miktionsstörungen**, bei denen sich (sekundär) gehäuft Harnwegsinfektionen entwickeln.

Die **Harninkontinenz** ist ein weitverbreitetes klinisches Problem bei alten Frauen, meist als **Streßinkontinenz** infolge Beckenbodeninsuffizienz (→ 60.8.2).

Bei Männern entsteht im Spätstadium der Prostatahyperplasie (→ 60.6.2.2) die inkontinente **Überlaufblase** (→ 60.8.1).

Anamnese	akute Glomerulonephritis und Tonsillitis, Systemerkrankungen (SLE, Wegener-Granulomatose)	Schmerzen beim Wasserlassen, im Nierenlager; Pollakisurie, Fieberschübe	Makrohämaturie, Nierenschmerz	Kopfschmerzen, maligne Hypertonie: Enzephalopathie	Analgetikaabusus (z.B. bei Migräne) Polyurie, Polydipsie	Diabetes mellitus über 10 Jahre mit diabetischem Spätsyndrom
Klinik	Hypertonie, evtl. nephrotisches Syndrom	Harnwegsobstruktion, -anomalie, vesikoureteraler Reflux; Urolithiasis	Nierenvergrößerung	Hypertonie mit Linksherzhypertrophie, Fundus hypertonicus	ausgeprägte Anämie bräunliches Hautkolorit meist Frauen	Retinopathie Neuropathie nephrotisches Syndrom Harnwegsinfektion
Labor: Urin	(große) Proteinurie, Hämaturie	Leukozyturie, Bakteriurie	Hämaturie	Proteinurie gering	Proteinurie gering, Leukozyturie besonders bei Harninfektion Hämaturie bei Papillennekrose	(große) Proteinurie, Leukozyturie bei Harnwegsinfektion, Hämaturie bei Papillennekrose
bildgebende Verfahren	symmetrische Größenabnahme	asymmetrische Größenabnahme	beidseits große Nieren mit Zysten	symmetrische Größenabnahme Ausnahme: Nierenarterienstenose	Größenabnahme mit narbigen Einziehungen meist Papillennekrosen, -verkalkungen	meist symmetrische Größenabnahme, oft Papillennekrosen, -verkalkungen
Diagnose	chronische Glomerulonephritis	komplizierte chronische Pyelonephritis	polyzystische Nierenerkrankung	hypertensive vaskuläre Nephrosklerose	Analgetika-Nephropathie	diabetische Nephropathie

Abb. 60-1 Leitbefunde für häufige Ursachen des chronischen Nierenversagens.

60.3 Diagnostik

60.3.1 Anamnese

Über die **Harnmenge** können meist keine genauen Angaben gemacht werden, trotzdem fallen den Patienten stärkere Abweichungen vom Normalzustand auf.

Eine auffällige Verminderung der Harnmenge kann mit einem Anstieg des Körpergewichtes infolge Flüssigkeitseinlagerung und Ödemen einhergehen. Kochsalzreiche Nahrung und hohe Trinkmengen beschleunigen die Ödembildung; unzureichende Trinkmenge, Erbrechen, Durchfall und Diuretika wirken ihr entgegen.

Oft sind Angaben über die **Harnbeschaffenheit** (Farbe, Geruch) möglich. Eine dunklere Harnfärbung kann auf einen konzentrierten Harn hinweisen, dies kann aber auch durch Gallenfarbstoffe, Hämoglobin sowie Erythrozyten oder Myoglobin bei entsprechenden Erkrankungen vorgetäuscht werden (Tab. 60-2).

Störungen der Miktion können durch ihre Charakteristik auf bestimmte krankhafte Prozesse hinweisen:

- ▷ Behinderung des Harnlassens mit Harntröpfeln oder -stottern
- ➟ infravesikale Obstruktion (z.B. Prostatahyperplasie), auch bei Blasenstein
- ▷ unwillkürlicher Harnabgang bei Husten, Niesen (Streßinkontinenz bei Frauen)
- ➟ Insuffizienz des Blasenverschlußmechanismus
- ▷ Schmerzen und Brennen (Strangurie) beim Wasserlassen sowie häufiges Wasserlassen (Pollakisurie)
- ➟ Harnwegsinfektion (Zystitis, Urethritis, Pyelonephritis)
- ▷ zusätzlich Fieber und Schmerzen im Nierenlager
- ➟ wichtige Hinweise auf eine Pyelonephritis!

Renale Vorerkrankungen in der Anamnese sind wichtig im Hinblick auf ein mögliches Rezidiv, z.B. einer Pyelonephritis oder Nephrolithiasis.

Im Zusammenhang mit akuter und chronischer Niereninsuffizienz sind renale Grunderkrankungen, Systemerkrankungen mit Nierenbeteiligung (z.B. Diabetes mellitus → diabetische Nephropathie; SLE → Lupusnephritis), Hypertonie und weitere typische Ursachen einer Niereninsuffizienz (→ Kap. 20 und 53) zu erfragen.

Bei Frauen ist die gynäkologische (Fluor) und geburtshilfliche (Beckenbodenveränderungen nach Geburten) Vorgeschichte für die Erklärung der Harnwegsinfektion und Inkontinenz von Bedeutung.

Tab. 60-2 Besondere Urinqualität und mögliche Ursachen

schaumiger Harn	Proteinurie
blasser Harn	Polyurie, chronische Niereninsuffizienz
gelbbrauner Harn	Gallenfarbstoffe bei Ikterus
dunkler Harn	Myoglobin-, Hämoglobinurie, stark konzentrierter Harn
roter bzw. rosa Harn	Hämaturie, Hämoglobinurie
grünblauer Harn	Pyocyaneus-Infektion, Methylenblau-Gabe
übelriechender Harn	Harninfektion
trüber Harn	Zellen, Bakterien
Flocken, Bröckel	Eiter, Gewebsanteile (Papillennekrose)
Sedimenturie	Ausfällung von Salzen bei Abkühlung (Urate)
milchig trüber Harn	Fetttrübung durch Lymphfistel (Chylurie, Lipurie)
blasiger Harn	Luftbeimengung durch Fistel zum Darm (Pneumaturie)
jauchiger Harn	Stuhlbeimengung durch Fistel zum Darm (Fäkalurie)
nachdunkelnder Harn	Porphyrinurie, Alkaptonurie
orangefarbener Harn	Rifampicin, Nitrofurantoin
gelbroter Harn	Laxanzien (Phenolphthalein, Senna)
starkgelber Harn	Vitamin-B_2-Einnahme (Riboflavin)

60.3.2 Körperliche Untersuchung

Bei der Untersuchung ist auf vergrößerte Nieren (bimanuelle Palpation) und eine Schmerzauslösung im Nierenlager zu achten.

Eine übervolle Harnblase kann im Unterbauch getastet werden, die Palpation kann Schmerz oder einen zunehmenden Harndrang auslösen. Schmerzen im Unterbauch werden oberhalb der Symphyse auch bei Zystitis gefunden.

Die rektale Untersuchung erfolgt mit der Frage nach Prostatagröße, -konsistenz, Oberflächenbeschaffenheit und eventueller Schmerzhaftigkeit.

Symptome und Befunde beim akuten und chronischen Nierenversagen sind in Kapitel 2.4.3 (Urämie) bzw. 8.4.5 (Anämie) abgehandelt.

60.3.3 Labor-, Funktions- und apparative Untersuchungen

Aufschluß über Veränderungen der Harnmenge gibt der **Sammelharn** über 24 Stunden. Er dient auch zur Bestimmung von Ausscheidungswerten (z.B. Elektrolyte, Glukose, Eiweiß) und Clearance (z.B. Kreatinin).

Aus einer spontanen Harnprobe **(Mittelstrahlurin)** wird das Harnsediment angefertigt und darin Leukozyten, Erythrozyten, eventuell Zylinder und Bakterien nachgewiesen. Für die quantitative Zellausscheidung wird eine Zählkammeruntersuchung durchgeführt. Bei entsprechenden **entzündlichen Zeichen** in Klinik/Blut (Erhöhung von Temperatur, BSG, CRP, Leukozytose) und/oder Harn (Leukozyturie, Leukozytenzylinder) ist eine **bakteriologische Harnuntersuchung** (quantitative Harnkultur und Antibiogramm) erforderlich.

Bei der Diagnostik **pathologischer Harnvolumina** ist die **Harnosmolalität** (spezifisches Gewicht) und deren Verhalten im **Durstversuch** wesentlich (→ Kap. 12).

Bei **Niereninsuffizienz** akkumulieren **harnpflichtige Substanzen** im Blut (Kreatinin, Harnstoff, Harnsäure, Säureäquivalente).

Die **Sonographie** dient der Orientierung über die Größe und Morphologie der Nieren und der ableitenden Harnwege sowie deren Funktionszustand (Harnabfluß, restharnfreie Miktion).

Röntgen-Kontrastmitteldarstellungen (Infusionsurographie) sind nur bei besonderen Indikationen erforderlich, z. B. zur Aufklärung von Anomalien, vesikoureteralem Reflux, Tumorverdacht, Lokalisierung einer anhaltenden Harnwegsobstruktion. Das CT wird ohne und mit Kontrastmittel besonders in der Nierentumordiagnostik eingesetzt.

Störungen des Miktionsvorganges benötigen spezielle urologische Untersuchungen.

60.4 bis 60.8 Krankheitsbilder

60.4 Krankheitsbilder mit Polyurie

Die Polyurie ist oft Folge von Erkrankungen, bei denen Durst das Hauptsymptom ist (→ Kap. 12). Die Ursachen, die in Tabelle 60-1 aufgeführt sind, bestehen meist in einer gestörten Konzentrierungsleistung der Nieren.

60.4.1 Diabetes mellitus

Die überschießende Diurese bei neu aufgetretenem oder schlecht eingestelltem Diabetes mellitus entsteht durch die Glukosurie infolge Hyperglykämie (→ Kap. 12). Diese osmotische (isotone) Diurese ist eine „Zwangsdiurese“ und führt bei inadäquatem Flüssigkeitsersatz zur Dehydratation.

Bei Niereninsuffizienz sind die hyperglykämieinduzierte Glukosurie und Diurese geringer. Die **Diagnosesicherung** erfolgt durch **Bestimmung von Urin- und Blutglukose.**

60.4.2 Diabetes insipidus

Die Polyurie (> 4 l/24 h) bei Diabetes insipidus resultiert aus fehlender ADH-Sekretion (zentraler Diabetes insipidus) oder -Wirkung (nephrogener Diabetes insipidus). Der Harn ist ausgesprochen hypoton (→ Kap. 12).

Die Polyurie erreicht bei diesen Krankheitsbildern extreme Ausmaße: bis 15 l täglich über die gesamten 24 Stunden und somit auch verbunden mit einer Nykturie. Der starke Durst veranlaßt zu fortlaufendem, auch nächtlichem Trinken.

Bei inadäquater Wasserzufuhr entwickelt sich schnell eine hypertone Dehydratation bis zum Kreislaufkollaps und eine Hypernatriämie mit Enzephalopathie (→ Kap. 7).

Die durch alkoholische Getränke herbeigeführte Diurese und eine eventuelle Polyurie sind Folge der mit der Alkoholaufnahme einhergehenden Wasserzufuhr (Bier) mit dadurch reduzierter ADH-Sekretion sowie der durch den Alkohol bewirkten Hemmung der ADH-Freisetzung (→ Kap. 12).

Zur **Diagnosesicherung** wird die Urinosmolalität vor und im Verlauf eines Durstversuchs gemessen.

60.4.3 Psychogene Polydipsie

Eigentlich sollte Zwangstrinken eine auffällige Angewohnheit sein, die Patienten verbergen dies jedoch, auch bei gezieltem Nachfragen. Die meisten Patienten sind Frauen mittleren Alters mit anderweitigen psychischen Auffälligkeiten.

Die Folge der großen Trinkmengen (bis zu 20 l) ist eine Polyurie. Das Zwangstrinkverhalten und die Polyurie sind fluktuierend, oft besteht keine Nykturie: dies sind Unterscheidungsmerkmale zum Diabetes insipidus (→ Kap. 12).

60.4.4 Hyperkalzämie

Die Hyperkalzämie kann akut und chronisch auftreten, was – neben der Höhe des Serumkalziumwertes – die Symptomatik wesentlich beeinflußt. Das Serumkalzium und dessen ionisierter Anteil, der für die biologische Wirkung verantwortlich ist, werden durch das Gesamteiweiß (gebundener Anteil) beeinflußt; der ionisierte Anteil außerdem durch Blut-pH-Veränderungen. Bei Hyperkalzämie kommt es zur eingeschränkten renalen Konzentrierungsfähigkeit mit resultierender Polyurie, beides bildet sich nach Beseitigung der Hyperkalzämie zurück.

B ***Beschwerden und Befunde***

Klinisch manifestiert sich die Hyperkalzämie in vielen allgemeinen und organbezogenen Symptomen (Tab. 60-3) und renal in der **hyperkalzämischen Nephropathie** sowie Hyperkalziurie.

Die Polyurie (mit Elektrolyt- und Wasserverlust) ist die charakteristische Abnormalität der akut auftretenden hyperkalzämischen Nephropathie. Langfristig bedingt die chronische Hyperkalzämie und Hyperkalziurie weiter eine Nephrokalzinose mit bevorzugter Verkalkung im medullären bzw. Papillenbereich und/oder eine Urolithiasis (Abb. 60-2 und → Abb. 12-5). Letztere kann zu Koliken und Makrohämaturie führen (→ Kap. 48 und 20). Kalkablagerungen kommen auch in anderen Organen vor (Tab. 60-3). Eine Hyperkalziurie gibt es nicht nur als Hyperkalzämiefolge, sondern auch isoliert aus anderen Ursachen (z. B. distale renale tubuläre Azidose).

Bei sehr hohen Serumkalziumwerten (meist über 4 mmol/l) kann sich ein lebensbedrohlicher Zustand **(hyperkalzämische Krise)** mit **akuten gastrointestinalen** (Erbrechen), **renalen** (Exsikkose und Oligurie durch

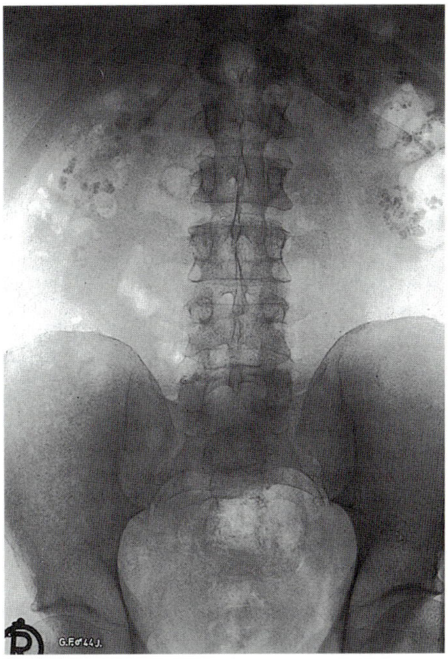

Abb. 60-2 Hyperkalzämie: medulläre Nephrokalzinose beider Nieren (Röntgen-Leeraufnahme).

vorhergehende Polyurie) und **neurologischen Symptomen** (Somnolenz, Koma) entwickeln.

DS ***Diagnosesicherung***

Bestimmung von Serumkalzium aus ungestaut entnommener Blutprobe (zur genaueren Interpretation Gesamteiweiß oder Serumalbumin mit messen), zusätzlich eventuell Kalziumausscheidung im Harn.

DD ***Differentialdiagnose***

Die verschiedenen Ursachen der Hyperkalzämie sind in Tabelle 60-4 pathophysiologisch geordnet aufgelistet.

Tab. 60-3 Klinische Manifestation der Hyperkalzämie

ZNS	Durst, Kopfschmerzen, Apathie, Lethargie, Verwirrung, Depression, Halluzinationen, Psychose, Koma
muskulär	(proximale) Muskelschwäche, -schmerzen, unkoordinierte Bewegungen
renal	Polyurie, Hyperkalziurie, Nephrokalzinose, kalkhaltige Steine, Niereninsuffizienz
kardiovaskulär	Hypertonie, Arrhythmie (insbesondere Bradykardie), QT-Verkürzung im EKG
gastro-intestinal	Polydipsie, Übelkeit, Erbrechen, Ulzera, Pankreatitis, Obstipation, Dysphagie
metastatische Verkalkungen	Gefäße, Conjunctiva und Cornea („red eye"-Syndrom), periartikulär, Herzklappen

60.4.5 Bartter- und Pseudo-Bartter-Syndrom

Beim **Bartter-Syndrom** bestehen tubuläre Transportdefekte für Elektrolyte mit renalem Chlorid-, Kalium- und H-Ionen-Verlust. Die primäre Störung liegt in der Chloridrückresorption der aufsteigenden Henle-Schleife. Die sekundäre Erhöhung der Reninsekretion mit auffälliger Hyperplasie und Hypertrophie des juxtaglomerulären Apparates führt zur gesteigerten Bildung von Angiotensin I + II sowie zur erhöhten Sekretion von Aldosteron ohne Hochdruck (Angiotensin-II-Resistenz der Widerstandsgefäße). Das Resultat dieser Störungen ist eine ausgeprägte hypokaliämische, hypochlorämische metabolische Alkalose. Die renale Konzentrierungsfähigkeit ist deutlich vermindert.

60

Tab. 60-4 Erkrankungen mit Hyperkalzämie

Hyperkalzämie durch erhöhte intestinale Kalzium-resorption	Vitamin-D-Überdosierung
	Erkrankungen mit vermehrter Produktion von aktiven Vitamin-D-Metaboliten (Sarkoidose, maligne Lymphome)
	Milch-Alkali-Syndrom (Exzeßzufuhr von Milchprodukten und alkalischen Säurebindern)
Hyperkalzämie durch Kalzium-mobilisierung aus dem Knochen	Hyperparathyreoidismus (Parathormonüberproduktion, → Kap. 12) primär/sekundär, bei multipler endokriner Neoplasie 1 + 2 (→ Kap. 44 und 45)
	osteolytische maligne Tumoren (Plasmozytom) und Knochenmetastasen (→ Kap. 45)
	paraneoplastische Bildung von parathormonähnlichem Peptid (PTHrP) bei kleinzelligem Bronchialkarzinom, Nierenzellkarzinom, Blasenkarzinom, Adenokarzinomen
	progressive Osteoporose bei Immobilisierung (→ Kap. 45) Thyreotoxikose (→ Kap. 7)

Das **Pseudo-Bartter-Syndrom** besteht in den dem Bartter-Syndrom ähnlichen Elektrolytveränderungen mit Alkalose als Folge eines chronischen Diuretika- oder auch Laxanzienabusus (→ Kap. 59).

B *Beschwerden und Befunde*

Bartter-Syndrom

Die Erkrankung tritt meist vererbt kongenital und nur selten sporadisch auf. Sie wird üblicherweise im Kleinkindalter symptomatisch. Bei einigen Patienten ist die Erkrankung gering ausgeprägt und bleibt lange asymptomatisch; so kommt auch eine Erstmanifestation bzw. ein sporadisches Auftreten bei Erwachsenen (z.B. als Labor-Zufallsbefund) vor.

Hervorstechende Merkmale sind die **chronische Hypokaliämie** infolge des renalen Verlustes und die **hypokaliämische Nephropathie** mit renalem Konzentrierungsdefekt (ohne Ansprechen auf ADH) und resultierender Polyurie, Nykturie und eventuell Enuresis. Die ausgeprägte Hypokaliämie führt außerdem zur Muskelschwäche und bei Kleinkindern zur Wachstumsverzögerung. Die glatte Muskulatur wird ebenfalls beeinträchtigt bis hin zum paralytischen Ileus.

Anders als beim klassischen Bartter-Syndrom mit normaler Kalziumausscheidung haben wenige Patienten eine Variante mit renalem Kalziumverlust (Hyperkalziurie und Nephrokalzinose; klinische Zeichen einer Hypokalzämie bis Tetanie bei Alkalose).

Gitelman-Syndrom

Das Gitelman-Syndrom tritt als Variante des Bartter-Syndroms bei älteren Kindern und Erwachsenen auf und weist außer Chloridtransportdefekt und hypokaliämischer Alkalose einen schweren renalen Magnesiumverlust mit Hypomagnesiämie auf. Klinisch ist eine Tetanie häufig, obwohl kein renaler Kalziumverlust vorliegt.

Therapeutisch ist die Substitution von Kalium (als Chlorid!) am wichtigsten, beim Gitelman-Syndrom zusätzlich die von Magnesium.

Pseudo-Bartter-Syndrom

Die meisten Verdachtsfälle von Bartter-Syndrom im Erwachsenenalter stellen sich als Pseudo-Bartter-Syndrom bei Patienten mit heimlichem Diuretikaabusus mit oder ohne Erbrechen und Laxanzienabusus heraus.

DS *Diagnosesicherung*

Bartter-Syndrom

Feststellung der Hypokaliämie und metabolischen hypochlorämischen Alkalose, Hyperreninämie und Hyperaldosteronismus ohne Hypertonie, Urinchloridkonzentration > 20 mmol/l (tubuläre Resorptionsstörung).

Pseudo-Bartter-Syndrom

Gleiche Veränderungen wie beim Bartter-Syndrom, aber zusätzlich mit starkem Flüssigkeitsverlust (Volumenkontraktion) infolge Laxanzien oder Diuretika. Bei Laxanzien: Urinchlorid < 20 mmol/l infolge einer Dehydratationsreaktion mit stimuliertem Renin-Angiotensin-Aldosteron-System. Bei Diuretika: Urinchlorid > 20 mmol/l infolge gehemmter tubulärer NaCl-Rückresorption, nach Absetzen der Diuretika dann sehr niedriges Urinchlorid. Außerdem können Diuretika und manche Laxanzien direkt im Urin nachgewiesen werden.

Plasmarenin ist bei beiden Syndromen (sekundär) erhöht.

DD *Differentialdiagnose*

Wiederholtes Erbrechen (z. B. Pylorusstenose, verdecktes Erbrechen bei Bulimie) führt zu Hypokaliämie und metabolischer Alkalose sowie Hypochlorämie und Flüssigkeitsverlust, hier ist auch die Urinchloridkonzentration (HCl-Verlust durch Erbrechen) niedrig (→ Kap. 13).

Chronische Diuretika- oder Laxanzieneinnahme (→ Pseudo-Bartter-Syndrom) müssen ausgeschlossen werden.

Alle diese Fälle haben keine Polyurie, da der Volumenmangel die Diurese trotz hypokaliämischer Nephropathie eher reduziert.

Weitere Differentialdiagnosen der chronischen Hypokaliämie infolge vermehrter Aldosteronsynthese sind:

- primärer Hyperaldosteronismus mit Hypertonie (Conn-Syndrom), → Kap. 26
- sekundärer Hyperaldosteronismus bei Herzinsuffizienz, Leberzirrhose, nephrotischem Syndrom; besonders unter Diuretikatherapie (→ Kap. 53)
- reninproduzierender Tumor (meist renal) mit Hypertonie (→ Kap. 26)

60.4.6 Akutes Nierenversagen (ANV): polyurische Phase (kompensiertes Stadium)

Die Harnproduktion wird in der Reparationsphase des ANV wieder aufgenommen und ist infolge einer noch insuffizienten Resorption durch das Tubulusepithel überschießend bis zu mehreren Litern Harn in 24 Stunden: polyurische Phase. Die großen Harn- und Elektrolytmengen erfordern eine intensive Überwachung und Substitution. Bei fehlender Substitution folgen schnell eine Dehydratation und/oder Hyponatriämie, da noch keine Harnkonzentrierung möglich ist.

B ***Beschwerden und Befunde***

Bei ausgeglichener Flüssigkeits- und Elektrolytbilanzierung entstehen kaum Beschwerden. Typisch ist ein hypotoner/isotoner Harn mit relativ hoher Natriumkonzentration.

DS ***Diagnosesicherung***

Die Diagnose des ANV ist in der polyurischen Phase schon gestellt, da der Patient vorher die oligurische Phase des ANV durchgemacht hat. Die Ursachen des ANV sind in der Tabelle 60-5 zusammengestellt. Nur in seltenen Fällen sieht der Arzt den Patienten erst in der polyurischen Phase, dann ist bei noch erhöhtem Serumkreatinin das polyurische Stadium des chronischen Nierenversagens abzugrenzen, was mit Hilfe der Sonographie (verkleinerte Nieren bei letzterem) möglich ist.

Messung der Harnmenge und eventuell Messung der Osmolalität für Diagnose und Verlauf.

60.4.7 Chronische Niereninsuffizienz: polyurisches Stadium

Renoparenchymatöse Erkrankungen mit Verlust von Nephronen führen zur Niereninsuffizienz, bei der zunächst die Flüssigkeits- und Elektrolythomöostase durch die vermehrte Ausscheidung verdünnten Harns (→ 60.2) weitgehend aufrechterhalten wird. Diese Zwangspolyurie erfordert eine ausreichende Flüssigkeitszufuhr, da es sonst zur negativen Flüssigkeitsbilanz und Volumeneinschränkung mit abfallender glomerulärer Filtration und Harnmenge kommt.

Im Endstadium der chronischen Niereninsuffizienz (terminales Nierenversagen) entwickelt sich dann eine Oligurie. Die Multiorgansymptomatik der Urämie (→ Kap. 8.4.5) kennzeichnet die Dekompensation der chronischen Niereninsuffizienz.

B ***Beschwerden und Befunde***

Bei gezielter Befragung geben die Patienten meist die zunehmende Harnmenge und geringe Harnfärbung an.

Hauptbefunde sind jedoch die der ursächlichen Nierenerkrankung (→ Abb. 60-1) bzw. der beginnenden Niereninsuffizienz und begleitenden Hypertonie (→ Kap. 8.4.5).

DS ***Diagnosesicherung***

- Kreatinin im Serum bzw. Clearance
- Harnuntersuchungen auf Leitbefunde chronischer Nierenerkrankungen (→ Abb. 60-1)
- Sonographie zur Feststellung einer beginnenden Nierenparenchymabnahme oder von Zystennieren

In Abbildung 60-3 ist der diagnostische Weg bei Polyurie dargestellt.

60.5 Krankheitsbilder mit Oligurie/Anurie

60.5.1 Akutes Nierenversagen (oligoanurische Phase)

Akute Schädigungen der glomerulären und/oder tubulären Strukturen führen zum Verlust der Ausscheidungsfunktion der Nieren.

B ***Beschwerden und Befunde***

Die Beschwerden sind bei Manifestation des ANV vor allem durch die ursächliche Erkrankung bestimmt (→ Tab. 60-5). Sofern der Patient nicht unter intensivmedizinischen Bedingungen erkrankt, bemerkt er jedoch die rückläufige oder fehlende Diurese.

DS ***Diagnosesicherung***

Ausschlaggebend ist die Messung des Harnvolumens stündlich und in 24 Stunden.

Unter Beachtung der in Tabelle 60-5 aufgeführten Ursachen des ANV sind weitere diagnostische Maßnahmen:

- Bestimmung von Serumkreatinin, -harnstoff, -harnsäure, -elektrolyten (Natrium, Kalium), Blutzucker
- im Urin Bestimmung von Natrium, Kreatinin und Osmolalität
- Harnsedimentuntersuchung (Tubulusepithelien, Tubulusepithelzylinder, Pigmentzylinder, Kristalle; Blut/Erythrozytenzylinder, Erythrozyten, Leukozyten, Eosinophile)

Tab. 60-5 Ursachen des akuten Nierenversagens (ANV)

Prärenales akutes Nierenversagen (funktionelle Oligurie, „Niere im Schock“, funktionelles Stadium infolge Volumenmangel)	**Verminderung des effektiven Blutvolumens** • Blutung • kutane Flüssigkeitsverluste (Verbrennungen, Schwitzen) • gastrointestinale Verluste (Diarrhö, Erbrechen) • renale Verluste (Diuretika, diabetische Glukosurie) • Flüssigkeitssequestrierung (Verbrennung, Pankreatitis, Ileus) **Verminderte Nierendurchblutung bei reduziertem effektivem arteriellem Blutvolumen** • Herzinsuffizienz, -infarkt, kardiogener Schock • Leberzirrhose, hepatorenales Syndrom • nephrotisches Syndrom • septischer Schock **Verminderte Nierendurchblutung und glomeruläre Filtration unter ACE-Hemmer-Therapie bei Nierenarterienstenosen** (mit Gefahr der Thrombose der Stenosen)
Akutes Nierenversagen bei Nierenarterienverschluß (bilateral bzw. bei Einnierigkeit unilateral)	• Thrombembolie, thrombosierte Nierenarterienstenosen • Aortenaneurysma mit Dissektion und Verlegung der Nierenarterien • Aortenabklemmung über Abgang der Nierenarterien
Intrarenales/intrinsisches akutes Nierenversagen	**vaskulär** • präglomeruläre Vaskulitis **glomerulär** • akute Glomerulonephritis • rapid-progressive Glomerulonephritis (auch bei Systemerkrankungen) **vaskulär und glomerulär** • hämolytisch-urämisches Syndrom **tubulär** • anhaltende Ischämie bei „Schockniere“ mit renaler Vasokonstriktion und akuten tubulären Nekrosen infolge Volumenmangel/Schock (→ Abb. 60-1) • intratubuläre Zylinder kombiniert mit Schock-Ischämie – Myoglobinurie – Rhabdomyolyse – Hämoglobinurie (z. B. Malaria) – Myelomproteine • intratubuläre obstruierende Kristalle – Harnsäure-, Oxalat-, Sulfonamidkristalle • tubulointerstitielle akute entzündliche Prozesse • – Medikamente (Sulfonamide, nichtsteroidale Antiphlogistika) – Infektionen (Legionellen, Leptospiren, Hantaviren) • tubulotoxische und interstitielle Schäden – Antibiotika – Schwermetalle – Lösungsmittel – Pilztoxine – jodhaltige Röntgenkontrastmittel
Postrenales akutes Nierenversagen	**Nierenbeckenureterobstruktion** • bilaterale Nierensteine • Tumoren • nekrotische Papillen • Blutkoagel • retroperitoneale Fibrose **Urethraobstruktion** • Prostatahyperplasie • Blasenausgangsstenose

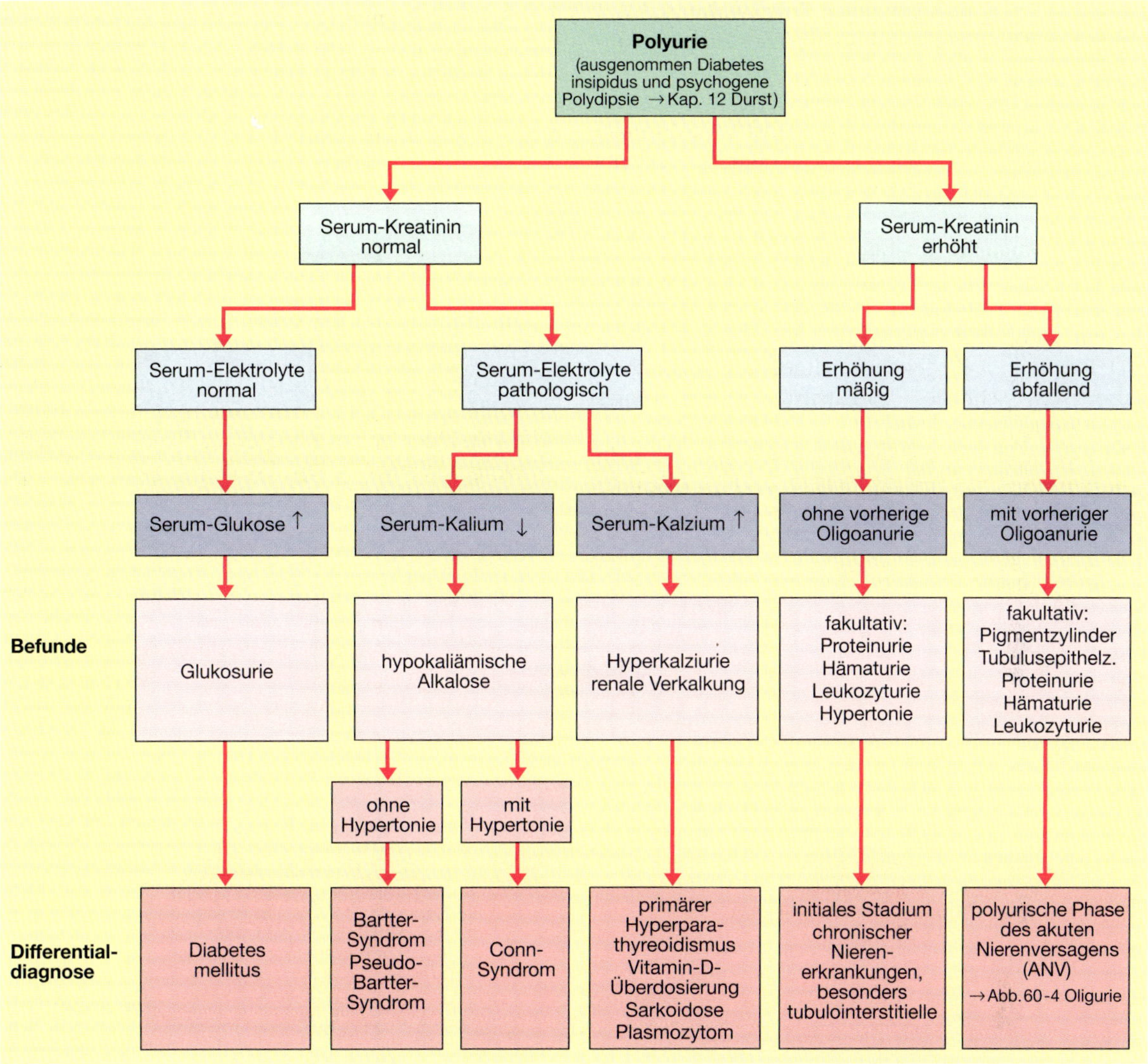

Abb. 60-3 Übersicht zur Differentialdiagnose der Polyurie.

- Nachweis einer Proteinurie
- Sonographie zur Bestimmung der Nierengröße und Parenchymdicke sowie der typischen medullären Aufhellungszonen bei Schockniere
- bei Verdacht auf beidseitigen Nierenarterienverschluß: Angiographie oder Kontrastmittel-CT

Hinweise auf postrenale Prozesse erfordern zusätzlich:

- Sonographie zur Feststellung einer beidseitigen Stauungsniere bzw. einer gestauten Harnblase
- Röntgen-Abdomenleeraufnahme bei Verdacht auf beidseitige Uretersteine
- Abdomen-CT bei bilateraler Ureterkompression durch Tumor im kleinen Becken; retroperitoneale Fibrose
- urologische Untersuchungen mit diagnostischer Katheterisierung oder Fistelung der Harnwege und darüber Röntgen-Kontrastmitteldarstellung

Mit Hilfe der bildgebenden Verfahren, insbesondere der Sonographie, soll auch ein akutes Nierenversagen mit normal großen Nieren von einem akuten Nierenversagen bei vorbestehender Niereninsuffizienz mit entsprechend verkleinerten Nieren bzw. verschmälertem und verdichtetem Nierenparenchym abgegrenzt werden.

Bei der Anamnese ist es wichtig, nach nephrotoxischen Substanzen oder Medikamenten sowie die Nierendurchblutung beeinträchtigenden Medikamenten zu fragen (→ Tab. 60-5).

DD *Differentialdiagnose*

Pathophysiologisch können die Ursachen des akuten Nierenversagens in typische Gruppen unterteilt werden (→ Tab. 60-5), die auch die differentialdiagnostischen Leitlinien für die einzelnen verantwortlichen Erkrankungen geben.

Die Abbildung 60-4 gibt einen Entscheidungsablauf unter Berücksichtigung sonographischer Nierenbefunde wieder.

Wichtig ist die frühzeitige Feststellung, ob eine funktionelle Oligurie (prärenales ANV, typische auslösende Erkrankungen → Tab. 60-5) vorliegt oder diese bereits in ein fixiertes intrarenales Nierenversagen übergegangen ist.

Das **funktionelle Stadium** (prärenales ANV) ist durch sehr niedriges Urinnatrium (< 20 mmol/l), hohe Werte für Urinosmolalität (> 500 mosm/kg H_2O) und für den Quotienten aus Urin- und Plasmakreatinin (U/P Kreatinin > 40) gekennzeichnet und ist üblicherweise nach schneller Volumensubstitution (unter ZVD-Kontrolle) reversibel.

Ist das Urinnatrium über 40 mmol/l und der Urin nahezu isoton (< 350 mosm/kg H_2O) und der Quotient niedrig (U/P Kreatinin < 20), liegt sehr wahrscheinlich ein manifestes intrarenales ANV vor, das auf Volumensubstitution nicht mehr anspricht und eine längere oligo-anurische Phase durchmacht, die oft mit einer Dialysebehandlung überbrückt werden muß.

60.5.2 Chronisches Nierenversagen (dekompensiertes präterminales Stadium)

Im Endstadium der chronischen Niereninsuffizienz (dekompensiertes Stadium) nimmt die Harnproduktion bis hin zur Oligurie ab. Die Ausscheidungsinsuffizienz von Kochsalz und Wasser führt zu Ödemen (→ Kap. 53) und zum klinischen Bild der Urämie (→ Kap. 8.4.5).

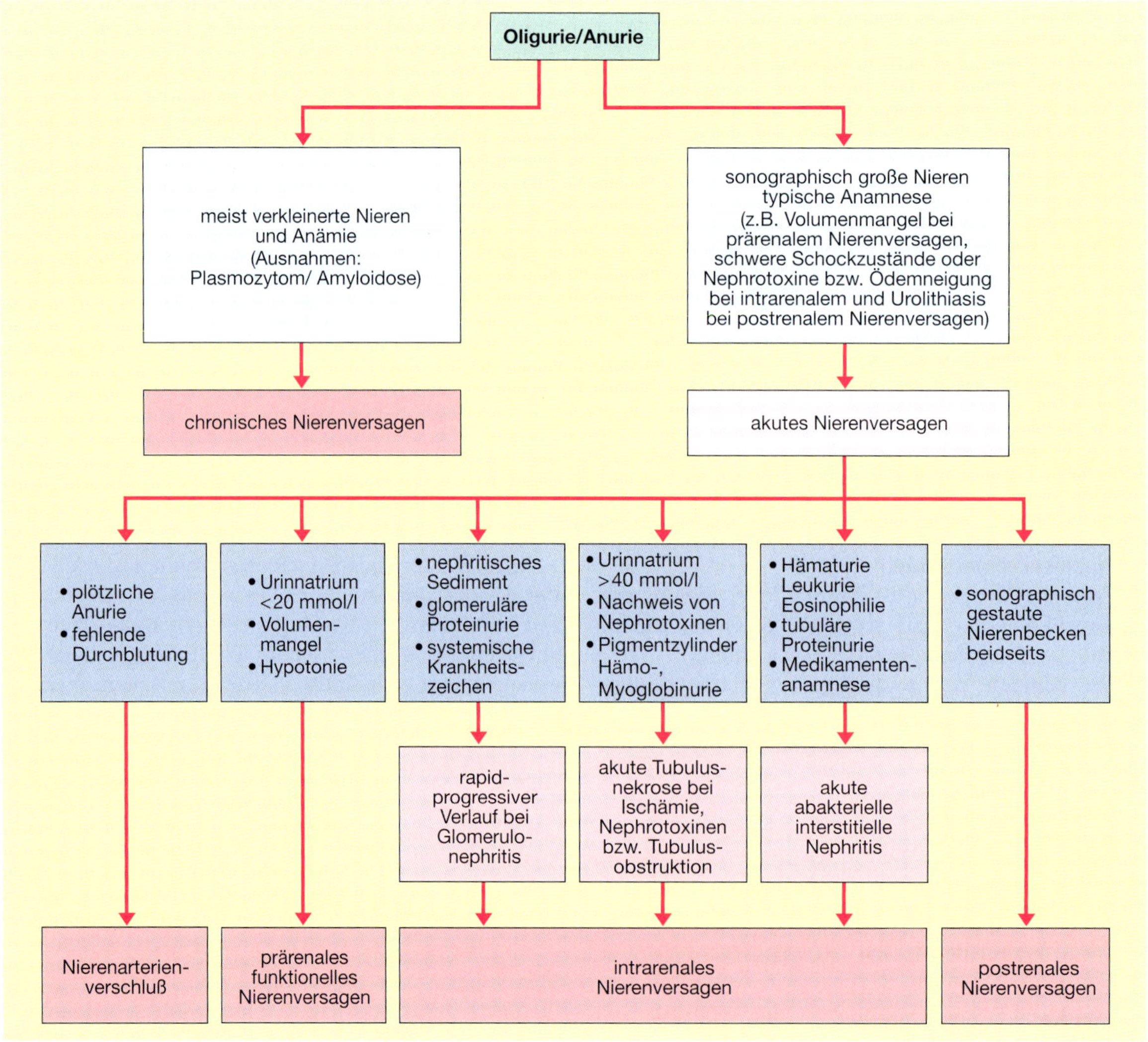

Abb. 60-4 Differentialdiagnostische Aspekte bei Oligurie und Anurie.

B ***Beschwerden und Befunde***

Für die Leitbefunde und die **Entwicklung der chronischen Niereninsuffizienz** ist die zugrundeliegende Nierenerkrankung wesentlich (→ Abb. 60-1). Glomerulonephritiden führen häufiger und schneller zum chronischen Nierenversagen als tubulointerstitielle Nierenerkrankungen wie Analgetika-Nephropathie oder chronische Pyelonephritis bei urologischen Erkrankungen (→ Kap. 20). Eine Ausnahme ist die interstitielle Leichtketten-Nephropathie bei Plasmozytom.

Bei der Erhebung der Anamnese und Befunde muß auf zusätzliche Faktoren geachtet werden, die weitgehend unabhängig von der renalen Grunderkrankung die Progression der Niereninsuffizienz beschleunigen (Tab. 60-6). Patienten mit zusätzlicher Hypertonie und/oder deutlicher Proteinurie werden generell schneller niereninsuffizient.

Der **urämischen Symptomatik** liegen direkte Folgen der chronischen Niereninsuffizienz und sekundäre Beteiligungen vieler anderer Organe bzw. -systeme zugrunde (→ Kap. 8.4.5). Bei längerer Dauer der Niereninsuffizienz sind die Symptome stärker ausgeprägt.

DS ***Diagnosesicherung***

Folgende Befunde sichern die Diagnose und lassen die Schwere der Erkrankung erkennen:

▷ Serumwerte für Kreatinin und Harnstoff sowie Harnsäure sind erhöht („Retentionssubstanzen")
➠ die Harnstofferhöhung zeigt zusätzlich die metabolische Dekompensation (Katabolismus) an
▷ zusätzlich Bestimmung des Serumkaliums und des Ausmaßes der Azidose
➠ Erkennung lebensgefährdender Komplikationen
▷ Ödemstatus erheben und Körpergewicht messen
➠ Einschätzung des Grades der Überwässerung
▷ zentralen Venendruck bestimmen
➠ intravaskuläre Hypervolämie
▷ Thorax-Röntgenbild anfertigen
➠ Herzgröße (Perikarderguß) und mögliche Flüssigkeitslunge
▷ Echokardiographie
➠ Perikarderguß
▷ Sonographie der Nieren
➠ allgemein: Reduktion von Größe und Parenchymdicke
➠ speziell z.B. obstruktive Uropathie mit Harnstau und atrophisch-dünnem Parenchymsaum

Tab. 60-6 Faktoren, die die Progression von Nierenerkrankungen ungünstig beeinflussen können

Volumenmangel Dehydratation bei z.B. gastrointestinalen Flüssigkeitsverlusten oder intensive Diuretikatherapie ohne adäquate Flüssigkeitszufuhr
verminderte renale Durchblutung bei begleitender Herzinsuffizienz bei ausgeprägtem nephrotischem Syndrom perioperative Zustände mit arterieller Hypotonie Prostaglandinsynthesehemmer-Therapie
Infektionen Harnwegsinfektionen, schwere Allgemeininfektionen, Sepsis
potentiell nephrotoxische Substanzen bei Therapie und Diagnostik z.B. Aminoglykoside, Kontrastmittel (besonders hohes Risiko bei Diabetes und Myelom: strenge Indikationsstellung, gute Hydrierung)
Hypertonie resultierende vaskuläre Nephrosklerose

DD ***Differentialdiagnose***

Häufige, zum terminalen Nierenversagen führende Erkrankungen sind nach der europäischen Statistik:

- Diabetes mellitus (diabetische Nephropathie)
- Hypertonie (vaskuläre Nephrosklerose)
- Glomerulonephritiden
- chronische Pyelonephritis bei „urologischen" Erkrankungen mit Harnabflußstörungen
- Analgetika-Nephropathie
- hereditäre Nierenerkrankungen: polyzystische Nierenerkrankung, Alport-Syndrom

60

60.6 Krankheitsbilder mit Miktionsbeschwerden

60.6.1 Infektionen der Niere und ableitenden Harnwege (Zystitis, Pyelonephritis)

Bakterielle Infektionen der Nieren und Harnwege können den unteren (Zystitis, Prostatitis, Urethritis) oder den unteren und oberen Harntrakt (Pyelonephritis) befallen (→ Abb. 60-8).

Eine **primäre akute Pyelonephritis** tritt bei unveränderten Harnwegen auf. Die **sekundäre Pyelonephritis** entsteht bei **prädisponierenden Faktoren,** wie pathologischen Veränderungen von Nieren und Harntrakt, Obstruktionen (z.B. infolge Urolithiasis), Diabetes mellitus mit Harnblasenentleerungsstörungen (diabetische Zystopathie) als Ausdruck der diabetischen autonomen Neuropathie (→ Abb. 56-2) und der allgemeinen Infektanfälligkeit, Schwangerschaft mit gestörter Ureterperistaltik und -einengung (Tab. 60-7).

Tab. 60-7 Prädispositionsfaktoren für die Entstehung von sekundären Harnwegsinfektionen

Allgemein: Diabetes mellitus, Schwangerschaft, Tumorerkrankungen, Immunsuppressiva

Nierenerkrankungen: Analgetikaabusus, Markschwammniere

Erkrankungen mit Harnabflußstörungen: vesikoureteraler Reflux, Harnwegsanomalien, Nephrolithiasis, Prostatahyperplasie, Ureterkompression (Tumor, retroperitoneale Fibrose)
neuropathische Blase mit Restharnbildung und Inkontinenz
Schrumpfblase nach Radiatio

Iatrogene Faktoren: transurethraler Blasendauerkatheter, Instrumentierung der Harnwege (besonders bei niedrigem Harnfluß)

Fortbestehende Dispositionsfaktoren begünstigen die Entstehung von rezidivierenden komplizierten chronischen Pyelonephritiden (chronische bakterielle interstitielle Nephritis), besondere Bedeutung haben dabei die Refluxnephropathie (→ Abb. 60-6) und Harnwegsobstruktionen. Pflegebedürftige Kranke mit Blasenverweilkathetern erleiden oft solche chronisch-rezidivierenden Harnwegsinfektionen.

B *Beschwerden und Befunde*

Akute bakterielle Zystitis

Untere Harnwegsinfekte führen zu typischen Miktionsbeschwerden mit Algurie, Strangurie, Pollakisurie und Blasentenesmen. Der Harn kann unangenehm riechen, pyurisch und selten hämaturisch (hämorrhagische Zystitis) sein. Die Zystitis ist häufig Ursache einer aufsteigenden Harnwegsinfektion und klinisch dann mit einer Pyelonephritis vergesellschaftet.

Akute Pyelonephritis

Die akute bakterielle Infektion der Nieren und oberen Harnwege (akute Pyelonephritis) führt zu Fieber, häufig mit septischen Temperaturen und Schüttelfrost (→ Kap. 14). Lokale Symptome sind Flankenschmerzen und klopfschmerzhafte Nierenlager. Übelkeit bis zum Erbrechen begleitet die schwere akute Erkrankung.

Chronische Pyelonephritis

Die chronische Pyelonephritis kann mit rezidivierenden, aber weniger ausgeprägten akuten Schüben (als bei akuter Pyelonephritis) oder klinisch schleichend symptomarm verlaufen. Die Harnmenge ist infolge verminderter Urinkonzentrierung häufig auffallend groß, es kann zusätzlich zum Elektrolytverlust kommen. Die Allgemeinsymptome sind uncharakteristisch: Abgeschlagenheit, untypische Schmerzen im Nierenlager, nur selten besteht Fieber. Im **Kindesalter** gehen rezidivierende Harnwegsinfektionen öfter mit Fieber und auch Enuresis einher.

Chronische Zystitiden

Chronisch-entzündliche fibrotische Zystitiden bis zur Entwicklung einer Schrumpfblase können bei Tuberkulose oder anderen rezidivierenden bakteriellen Blaseninfektionen, z.B. bei anatomisch veränderter Blase, durch Blasensteine oder Fremdkörper oder nach Tumorbestrahlung im kleinen Becken entstehen (Tab. 60-8).

Die Schrumpfblase verursacht ausgeprägte andauernde Miktionsbeschwerden (→ akute Zystitis), wie Pollakisurie, Blasentenesmen und Harninkontinenz. Fortgeschrittene Blasentumoren führen zu ähnlichen Beschwerden und auch Dauerschmerzen, im Frühstadium lediglich zu Hämaturie.

DS *Diagnosesicherung*

Bei der **Pyelonephritis** findet sich im Urin eine ausgeprägte Leukozyturie und Bakteriurie. Letztere erfordert eine quantitative mikrobiologische Keimzählung aus einer sauber gewonnenen Harnprobe (Mittelstrahlurin, nur bei besonderer Indikation Einmalkatheterurin). Die signifikante Bakteriurie beginnt bei Männern ab 10 000 Keimen/ml, bei Frauen ab 100 000 Keimen/ml unter Verwendung von Mittelstrahlurin; bei Einmalkatheterisierung ab 100 Keime/ml. Meist findet sich im Harnsediment gleichzeitig eine vermehr-

Tab. 60-8 Ursachen akuter und chronischer Zystitiden

bakteriell	gramnegative Erreger (E. coli, Proteus, Enterobacter cloacae, Pseudomonas, Klebsiellen), grampositive Erreger (Enterokokken: Streptococcus faecalis) besondere Formen: Tuberkulose → Schrumpfblase Gonokokken Chlamydien, Mykoplasmen, Ureaplasma
viral	Adenoviren, Herpesviren
Mykosen	Candida albicans, C. glabrata
Parasiten	Bilharziose bzw. -Schistosomiasis der Harnblase (später röntgenologisch Verkalkungen und häufig Blasenkarzinom)
traumatisch	Trauma, Fremdkörper, Blasensteine
radiogen	Strahlentherapie von malignen Tumoren im Beckenbereich mit Spätentwicklung einer Schrumpfblase
chemisch-toxisch	Cyclophosphamid, Ifosfamid, Busulfan

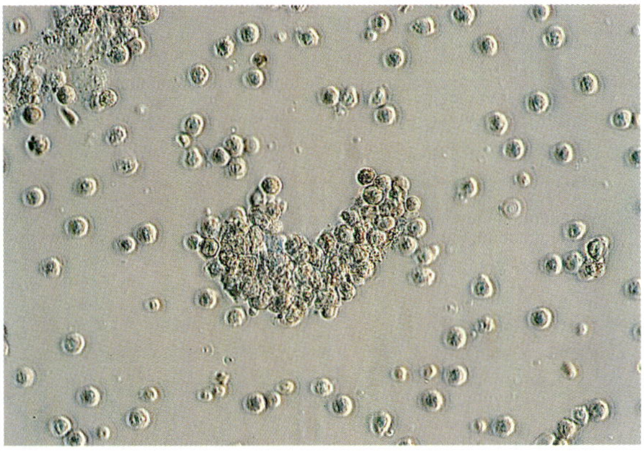

Abb. 60-5 Leukozyten und Leukozytenzylinder im Urinsediment bei Pyelonephritis.

te Leukozytenzahl (> 10/µl), oft auch Leukozytenhaufen (bis Pyurie); beweisend für die Pyelonephritis sind Leukozytenzylinder (Abb. 60-5). Bei signifikanter Keimzahl werden die Keime in der Kultur identifiziert und ein Antibiogramm erstellt. Bei **rezidivierenden Harnwegsinfektionen** muß nach prädisponierenden Faktoren gesucht werden (→ Tab. 60-7). Die Nieren und ableitenden Harnwege werden dafür dargestellt: Sonographie, Röntgen mittels Infusionsurographie oder retrograder Kontrastmittelapplikation (Abb. 60-6), eventuell CT. **Chronische Zystitiden** können außer bakteriellen Entzündungen weitere Ursachen haben (→ Tab. 60-8). Deshalb sind sonographische, zystoskopische und eventuell radiologische Harnblasendarstellungen sowie urologische Untersuchung notwendig.

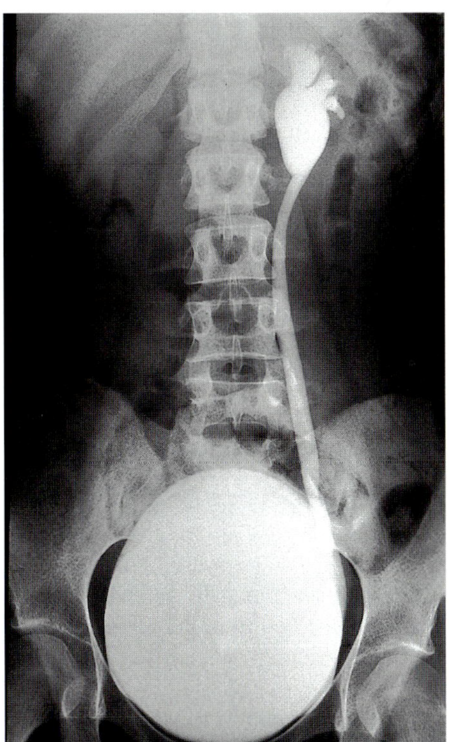

Abb. 60-6 Schrumpfniere links bei hochgradigem vesikoureteralem Reflux (Miktionszystourethrographie); rechts Nephrektomie wegen Pyonephrose.

DD *Differentialdiagnose*

Bei Diagnostik, Therapie und Prävention ist eine Abgrenzung der **primären** von der **sekundären Harnwegsinfektion** wichtig, die hauptsächlich eine Ausschlußdiagnostik hinsichtlich der Prädispositionsfaktoren für eine bakterielle Besiedelung des Harntraktes ist (→ Tab. 60-7). Die Hauptfaktoren hierfür sind Nieren- und Harnwegsveränderungen, die eine Urinstase verursachen, die die Keimbesiedlung und -vermehrung begünstigt. Für die Mehrzahl der Dispositionsfaktoren ist eine gründliche Anamnese wesentlich, z.B. hinsichtlich Analgetikaabusus.

60

Die harnsteinbedingten Abflußbehinderungen mit ihrem Infektionsrisiko lassen sich durch die Symptomatik von Koliken und Hämaturie erkennen.

Bei einer anhaltenden **Leukozyturie ohne Bakteriennachweis** in der Standardkultur (sterile Leukozyturie) muß in besonderen Kulturen auf spezielle Keime und Erreger weiter untersucht werden (Tab. 60-9), sonst könnte z.B. eine Tbc übersehen werden (falsch-negativer Befund). Durch Verunreinigungen der Mittelstrahlurinprobe bei gynäkologischen Infektionen mit Fluor sind Leukozyten und Vaginalepithelien (!) im Sediment vermehrt nachweisbar und können einen entzündlichen Harnbefund vortäuschen (falsch-positiver Befund). Ein Mischkulturergebnis im Mittelstrahlurin (mehr als 2 Keime) spricht ebenfalls für eine Kontamination.

Die **akuten und chronischen Zystitiden** können durch verschiedene Erreger und andere Mechanismen ausgelöst werden (→ Tab. 60-8), die differential-

Tab. 60-9 Ursachen für die „sterile" Leukozyturie

Persistierende sterile Leukozyturie
Urogenitaltuberkulose (oft mit Erythrozyturie)
chronische Prostatitis (geringgradige Leukozyturie)
Harnwegsinfektionen mit schwer anzüchtbaren Erregern (Gonokokken, Mykoplasmen, Chlamydien, Herpesviren), z. B. Dysurie-Pyurie-Syndrom bei Frauen
nicht-bakterielle interstitielle Nephritis (Analgetika-Nephropathie)
Infektion der unteren Harnwege mit Pilzen, Hefen
Passagere sterile Leukozyturie
akutes Fieber
Harnwegsinfektion unter/nach Antibiotika
Kontamination bei vaginaler Sekretion (Fluor)

diagnostisch zu beachten sind. Bei bakteriellen Zystitiden sind die oberen Harnwege oft als Pyelonephritis mitbetroffen. Isoliert kommen solche Zystitiden häufiger bei Frauen vor.

60.6.2 Erkrankungen der Prostata und Urethra

Miktionsbeschwerden sind die hervorstechenden Symptome bei Entzündungen und obstruktiv wirksamen Veränderungen der unteren Harnwege und der Prostata.

Tab. 60-10 Erkrankungen mit Obstruktionen im Harnblasen- oder Urethrabereich

1. Blasenhalssklerose (z. B. nach transurethraler Prostataresektion)
2. Harnröhrenstriktur/-stenose (angeboren, nach Dauerkatheter, Bougierung oder Operation)
3. Harnröhrenklappen (angeboren)
4. neuropathische Blase (→ 60.8.3)
5. benigne Prostatahyperplasie
6. Prostatakarzinom
7. Blasenkarzinom

60.6.2.1 Prostatitis

B ***Beschwerden und Befunde***

Bei der **akuten Prostatitis** bestehen Dysurie mit schwächerem Harnstrahl und häufigem Harndrang, terminales Brennen beim Wasserlassen, perineales Druck- und Schmerzgefühl (z.B. beim Sitzen) sowie dumpfe Schmerzen im kleinen Becken (z.B. verstärkt beim Stuhlgang). Bei Prostatitis mit Blasenüberfüllung findet sich auch ein suprapubischer Druckschmerz. Eitriger Harnröhrenausfluß, Schmerzen bei der Ejakulation und Pyospermie können ebenfalls auftreten. Allgemeinsymptome sind Fieber und Schüttelfrost. Die rektale Untersuchung selbst ist schmerzhaft (Analsphinktertonus hoch) und ergibt eine geschwollene, vergrößerte schmerzhafte Prostata; bei fluktuierendem Bezirk an Prostataabszeß denken.

Die **chronische Prostatitis** geht mit geringen bis milden Störungen von Miktion und Sexualfunktion einher. Die Befunde der rektalen Untersuchung und des Urins sind weniger eindeutig.

DS ***Diagnosesicherung***

Gezielte transrektale Prostatamassage mit Gewinnung von Prostataexprimat, z. B. beim Harnlassen für eine **3-Gläser-Probe:** 1. Glas: Urethra-Probe; 2. Glas: Blasenentleerung – Harnblasen-Probe; anschließend Prostatamassage mit Gewinnung von Prostataexprimat im 3. Glas: Ausspülung des Prostataexprimates mit dem Harn.

Diagnose bei folgendem Befund gesichert: Im 1. Glas können, im 3. Glas sowie im Exprimat sollen Leukozyten und Bakterien nachweisbar sein, im 2. Glas ein unauffälliger bzw. deutlich geringerer Befund. Bei chronischer Prostatitis finden sich oft keine Bakterien.

DD ***Differentialdiagnose***

Wichtig ist die Feststellung, ob die akute Prostatitis Teil einer Harnwegsinfektion oder eine eigenständige Erkrankung ist, als solche kann sie zur aufsteigenden Harnwegsinfektion führen. Die akute Prostatitis läßt sich meist durch die rektale Untersuchung von der akuten Urethritis abgrenzen. Subvesikale Obstruktionen (Tab. 60-10) prädisponieren zu schweren Verläufen und Rezidiven der Prostatitis.

Die chronische Prostatitis kann Teilsymptom einer Urogenitaltuberkulose sein, die eher symptomarm und selten ist.

Differentialdiagnostisch sind dysurische Beschwerden der chronischen Prostatitis (Palpation: Prostata eher klein, eventuell schmerzhaft) von denen der benignen Prostatahyperplasie (Prostata vergrößert beim alten Mann) abzugrenzen. Prostatabezogene Symptome mit Normalbefunden gehören zur Diagnose Prostatodynie, die oft streßinduziert ist und jüngere Männer betrifft.

60.6.2.2 Benigne Prostatahyperplasie

Die benigne Prostatahyperplasie führt bei über 50jährigen Männern klinisch zu Miktionsbeschwerden. Mit fortschreitendem Alter nimmt die Hyperplasie (periurethrale Innendrüse) und Symptomatik zu.

B ***Beschwerden und Befunde***

Bei der rektalen Untersuchung findet sich eine vergrößerte, prall-elastische bis derbe Prostata mit meist verstrichenem Sulkus. Sie ist von der Umgebung abgrenzbar.

Vom Ausmaß der Prostatavergrößerung hängt die Beeinflussung des Harnlassens ab, die über eine Verzögerung (Startschwierigkeiten) und Veränderung des Harnstrahls (Tröpfeln, Stottern) bis hin zur akuten Harnsperre oder zur Überlaufinkontinenz reicht. Prostatagröße und Obstruktion korrelieren aber nicht eng miteinander.

Die unvollständige Blasenentleerung führt zu Restharn und dadurch zu erhöhter Miktionsfrequenz, Nykturie und Harndrang. Komplikationen sind fieberhafte Harnwegsinfektionen, die durch Schleimhautödem die Obstruktion verstärken können.

Tab. 60-11	Klinische Stadien der Prostatahyperplasie
Stadium 1	Stadium der Kompensation mit Dysurie und Nykturie ohne Restharn: **Reizstadium**
Stadium 2	Beginn der Dekompensation des Blasendetrusors mit Restharnbildung: **Restharnstadium**
Stadium 3	Überlaufblase, Harnstauungsnieren und zunehmende Niereninsuffizienz: **Dekompensationsstadium**

Nach den **klinischen Symptomen** und Befunden erfolgt eine **Stadieneinteilung** (Tab. 60-11). Ein akuter Harnverhalt ist prinzipiell in jedem Stadium möglich, eher jedoch in den fortgeschritteneren Stadien.

DS ***Diagnosesicherung***

Suprapubisches Sonogramm bei gefüllter Harnblase oder genauer transrektales Sonogramm: Bestimmung der Prostatagröße und -struktur sowie sonographische Restharnbestimmung nach Miktion (Abb. 60-7).

DD ***Differentialdiagnose***

Alle Verlegungen der unteren Harnwege ab Blasenausgang verursachen ähnliche Miktionsstörungen, auch das Prostatakarzinom (→ Tab. 60-10).

60.6.2.3 Prostatakarzinom

Das Prostatakarzinom ist vor dem 50. Lebensjahr selten und wird danach mit zunehmendem Alter häufiger. Bei Autopsien der über Fünfzigjährigen ist in 25% ein inzidentelles bzw. latentes Prostatakarzinom zu finden. Beim Mann ist es das zweithäufigste Karzinom und die dritthäufigste karzinombedingte Todesursache (nach Lungen- und kolorektalem Karzinom).

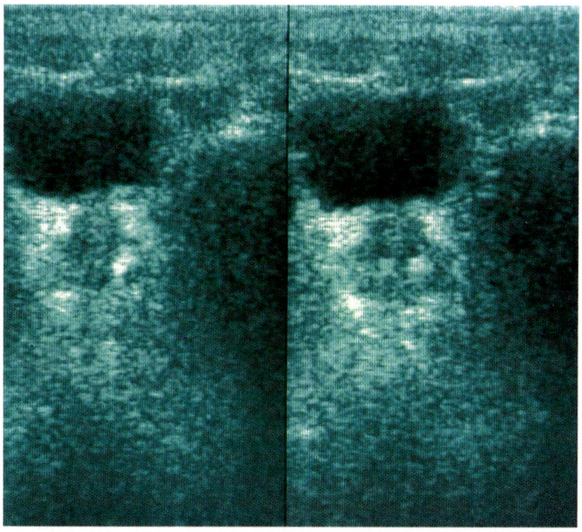

Abb. 60-7 Sonogramm einer benignen Prostatahyperplasie mit Verkalkungen und Restharn (2 verschiedene transvesikale Querschnitte).

B ***Beschwerden und Befunde***

Die rektale Untersuchung ergibt je nach Lokalisation einen verstrichenen medianen Sulkus zwischen den Lappen und weiter eine unregelmäßig vergrößerte, knotige und oft seitlich nicht abgrenzbare Prostata ohne Verschieblichkeit der Rektumschleimhaut bei deren Infiltration.

Die aufgrund der durch das Karzinom hervorgerufenen Obstruktion veränderte Miktion unterscheidet sich nicht von der bei benignen Ursachen, sie tritt jedoch weniger häufig und erst im Spätstadium auf, in dem als metastasenbedingtes Symptom die Knochenschmerzen („Kreuzschmerzen") hinzukommen. Auf Knochenmetastasen weist ebenfalls die erhöhte alkalische Phosphatase hin.

60

DS ***Diagnosesicherung***

Die **rektale Untersuchung** ist die wichtigste diagnostische Maßnahme für das Prostatakarzinom! Das prostataspezifische Antigen (PSA) ist beim Prostatakarzinom in unterschiedlichem Ausmaß erhöht. Gering über der Norm liegende Werte finden sich auch bei der benignen Prostatahyperplasie, und daher ist das PSA zum Screening ungeeignet, aber für den Verlauf wichtig. **Sonographische Hinweise** auf ein Prostatakarzinom sind asymmetrische Kontur, inhomogenes Echomuster und Echoarmut. Zur **Tumorvorsorge** gehören ab 50. Lebensjahr: rektale Untersuchung, transrektaler Ultraschall und PSA; bei Tumorverdacht: Prostatabiopsie; bei Metastasenverdacht: Knochenröntgen und -szintigraphie.

60.6.2.4 Urethritis

B ***Beschwerden und Befunde***

Es besteht eine Dysuriesymptomatik wie bei Zystitis (→ 60.6.1), zusätzlich Brennen in der Harnröhre. Die Urethritis kann eine Mitbeteiligung bei einer Harnwegsinfektion sein. Häufig ist eine (isolierte) Urethritis durch Geschlechtsverkehr übertragen und kann dabei auch viral bedingt sein. Eitriger Harnausfluß findet sich besonders bei Gonorrhö.

DS ***Diagnosesicherung***

Bei Harnröhrenausfluß Abstrich für mikroskopische und bakteriologische Untersuchung; sonst 3-Gläser-Probe (→ 60.6.2.1; hier: 1. Glas positiv). Das Keimspektrum ist mit Gonokokken (Urethritis gonorrhoica), Trichomonaden, Mykoplasmen, Chlamydien, Candida und Herpesviren anders als bei den üblichen darmkeimassoziierten Harnwegsinfektionen.

DD *Differentialdiagnose*

Reiter-Syndrom (urethro-konjunktivo-synoviales Syndrom): Es umfaßt die Trias Urethritis, Konjunktivitis, Arthritis (→ Abb. 43-8).

Für die Urethritis sind Chlamydien, Mykoplasmen oder Yersinien verantwortlich. Zusätzlich zur mild verlaufenden Urethritis kann eine Balanitis bestehen.

Das Syndrom ist mit dem HLA-B27-Antigen assoziiert (→ Kap. 43).

Die Abbildung 60-8 gibt einen Überblick zur Differentialdiagnose der oberen und unteren Harnwegsinfektionen.

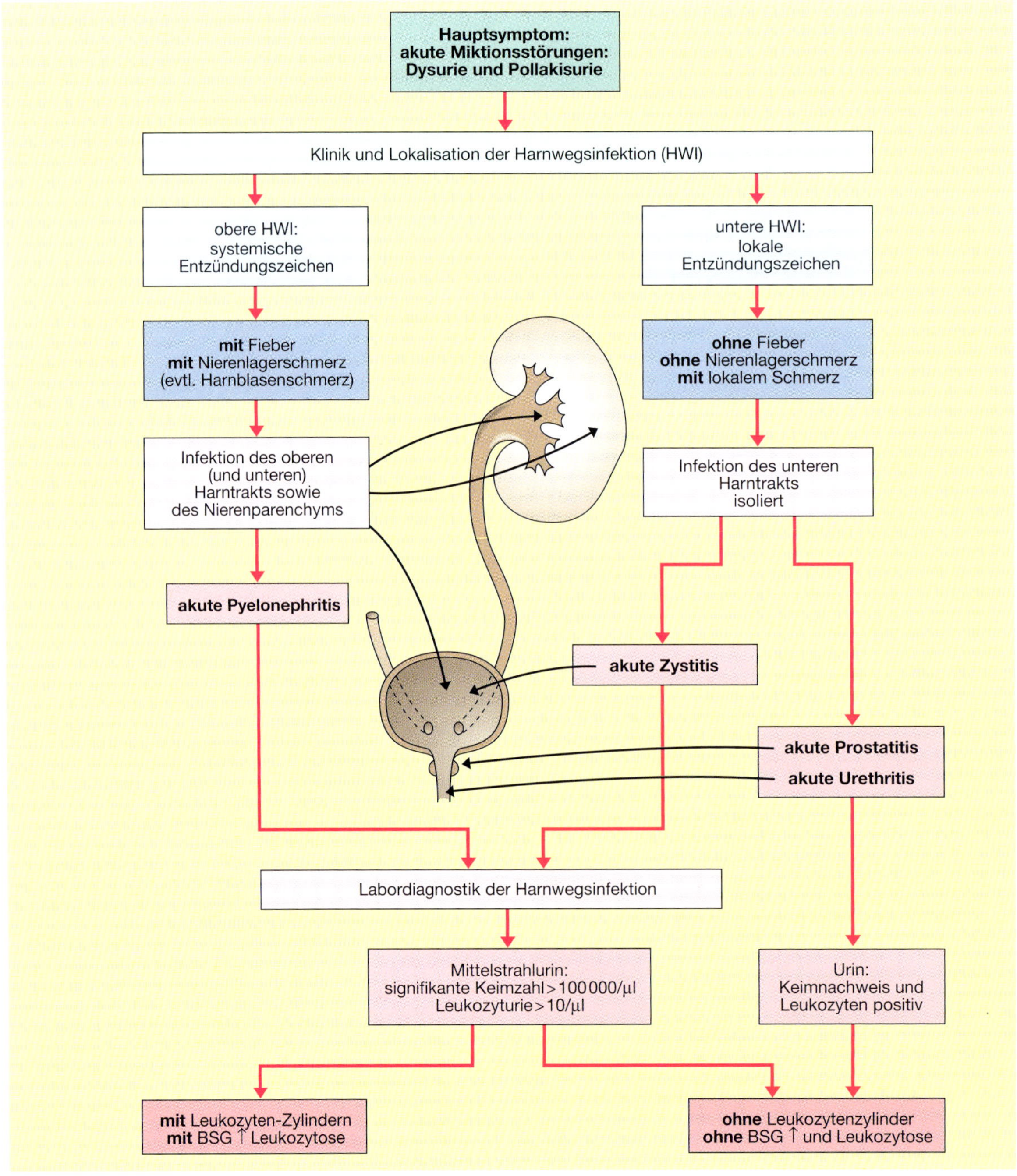

Abb. 60-8 Differentialdiagnose der oberen und unteren Harnwegsinfektionen.

Tab. 60-12 Erkrankungen mit Nykturie

Nur nächtliche Harnmenge erhöht	
Herzinsuffizienz (vorwiegend Linksinsuffizienz)	bessere Urinproduktion im Liegen mit höherer renaler Perfusion und Flüssigkeitsrückverteilung
Diuretikaeinnahme abends	therapieinduzierte Salz- (und Wasser-)Diurese
große Trinkmengen abends bei Alkoholgehalt	physiologische Wasserdiurese ADH-Freisetzung weiter gehemmt
Nächtliche Harnmenge erhöht, aber auch tagsüber Polyurie	
Diabetes insipidus	Wasserdiurese durch Fehlen der ADH-Freisetzung oder -Wirkung
Diabetes mellitus	osmotische Diurese durch Glukosurie
chronische Nierenkrankheiten, besonders tubulointerstitielle wie Reflux-, Analgetika-Niere	verminderte renale Konzentrierung durch interstitielle Fibrose und Papillenzerstörung
Bartter-Syndrom/Conn-Syndrom	hypokaliämische renale Konzentrierungsstörung (renaler Kaliumverlust)

60.7 Krankheitsbilder mit Nykturie

Einzelheiten der Erkrankungen mit vermehrter nächtlicher Diurese (Nykturie) sind in den entsprechenden Kapiteln aufgeführt. Hier wird eine tabellarische Übersicht einschließlich der wesentlichen pathogenetischen Faktoren gegeben (Tab. 60-12).

60.8 Krankheitsbilder mit Harninkontinenz

Als Harninkontinenz wird der unwillkürliche Urinverlust bezeichnet. Sie ist Symptom von Erkrankungen der Harnblase und deren Umgebung sowie ihrer Innervation. Die Inzidenz liegt bei 2–5% der Bevölkerung.

60.8.1 Überlaufinkontinenz bei subvesikalem Abflußhindernis

B ***Beschwerden und Befunde***

Die Symptomatik beginnt mit verzögertem Miktionsstart, schwachem Harnstrahl, unterbrochener Miktion und Restharn. Bei maximal gefüllter und überdehnter Harnblase kann diese dann nicht mehr aktiv entleert werden. Es kommt oft zum unwillkürlichen Urinabgang in kleinen Portionen über das bei hohem Blaseninnendruck nur noch teilweise passierbare Hindernis. Am häufigsten handelt es sich hierbei um eine massive Prostatahyperplasie. Für die endgültige Abflußbehinderung ist oft ein zusätzlicher Harnwegsinfekt oder langes Liegen auslösend.

DS ***Diagnosesicherung***

Palpation und Perkussion des Unterbauches zur Feststellung der großen Harnblase, rektale Untersuchung; Harnblasen- und Nierensonographie zur Diagnose und Quantifizierung des Restharns und eventuellen Harnstaus, diagnostische und therapeutische Katheterisierung sowie Prostatauntersuchungen (→ 60.6.2).

DD ***Differentialdiagnose***

Subvesikale Abflußprobleme werden verursacht durch Prostatahyperplasie, Harnröhrenstriktur, Blasenhalssklerose (→ Tab. 60-10).

60.8.2 Streß- und Dranginkontinenz

60.8.2.1 Streßinkontinenz

Die Streßinkontinenz besteht in einem unwillkürlichen Harnabgang ohne Harndrang bei erhöhtem intraabdominellem Druck, z.B. wie Heben, Bücken, Treppensteigen durch Husten, Niesen, Pressen bzw. Bewegungen infolge Insuffizienz des urethralen Verschlusses. Diese **Sphinkterinsuffizienz** bei der Beckenbodeninsuffizienz der Frau ist meist durch vaginale Entbindungen, Operationen im kleinen Becken oder Innervationsstörungen der Beckenbodenmuskulatur ausgelöst. Descensus uteri, Zystozele und Rektozele sind weitere Anzeichen der Beckenbodeninsuffizienz. Der postmenopausale Östrogenmangel fördert die Streßinkontinenz über lokale Veränderungen an Vagina, Urethra und Vulva. Bei Männern können Zustände nach Prostata- oder Urethrachirurgie eine Streßinkontinenz auslösen. Die Streßinkontinenz wird durch Senkung des Harnröhrenverschlußdrucks begünstigt, medikamentös z.B. als Nebenwirkung von Alpharezeptorenblockern, Betaadrenergika und Psychopharmaka.

60.8.2.2 Dranginkontinenz

Bei der Drang-(Urge-)Inkontinenz tritt ein imperativer Harndrang schon bei geringer Blasenfüllung mit nachfolgendem Urinverlust auf. Urodynamisch wird eine motorische bzw. sensorische Dranginkontinenz unterschieden.

Der Harnverlust kommt durch eine **Detrusorüberaktivität** mit unwillkürlicher Blasenmotorik bei erhaltener Sensibilität und intaktem Harnröhrenverschluß zustande. Ursachen hierfür sind vorwiegend zentral-

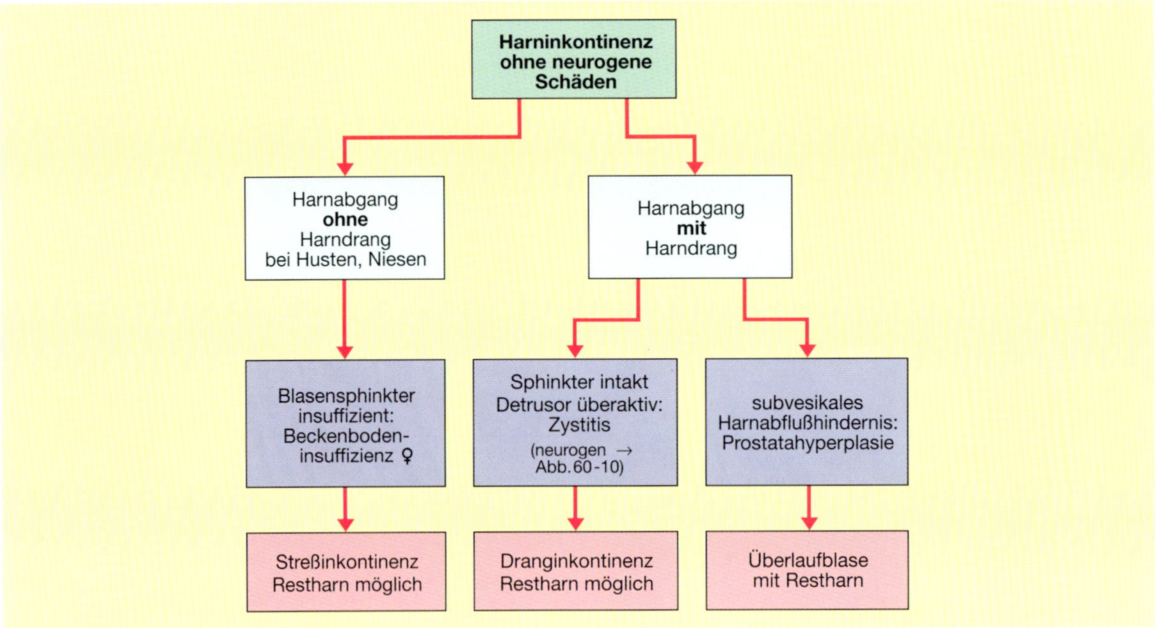

Abb. 60-9 Differenzierung der Harninkontinenz ohne neurogene Schäden.

nervös/neurogen (z. B. Zerebralsklerose, Morbus Parkinson). Die sensorische Dranginkontinenz tritt bei Zystitis und Blasentumoren auf.

DS *Diagnosesicherung*

Anamnese einschließlich anticholinerger Medikamente, wie z.B. atropinartige Substanzen, Parasympathikolytika, **gynäkologische Beckenuntersuchung** (rektal, vaginal; Valsalva-Manöver zur Feststellung eines Prolapses) und **urologische Untersuchung** mit Überprüfung der Urodynamik. Die Streß- und Dranginkontinenz tritt auch kombiniert auf. In Abbildung 60-9 ist die Differenzierung bei der Harninkontinenz ohne neurologische Ursachen dargestellt.

60.8.3 Neurogene Inkontinenz

Blasenfüllung und -entleerung erfordern eine komplexe Koordination der glatten (Blase) und quergestreiften (Beckenboden) Muskulatur und der dazugehörenden nervalen Systeme.

Die neurogene Inkontinenz wird durch die Lokalisation der neurologischen Schädigung entscheidend bestimmt (Abb. 60-10). Alle neurogenen Blasenentleerungsstörungen, besonders mit Restharn, tendieren zu Harnwegsinfektionen (→ 60.6.1).

Bei einer **zerebralen Schädigung** oberhalb des Miktionszentrums im Hirnstamm (Pons) geht die **willkürliche Kontrolle der Miktion verloren**. Die spinale sensorische und motorische Koordination der Miktion bleibt erhalten, wodurch eine Blasenüberfüllung nicht auftritt. Die Blase entleert sich bei einem niedrigeren Füllungsvolumen ohne vorhergehende Warnung bzw. Wahrnehmung des Harndrangs und ohne Restharnbildung. Die übergeordneten zerebralen Zentren liegen in Frontallappen und Basalganglien (hemmen Detrusor), Kleinhirn (hemmt pontinen Miktionsreflex) und Hypothalamus (übermittelt sensorische Blaseninformation). Die Symptome können je nach Ausmaß und Ort der Schädigung verschieden ausgeprägt sein. Die fehlende Willkürsteuerung bzw. mangelnde zentralnervöse Hemmung der Miktion ist meist mit Hirnleistungsstörungen verbunden. Ursachen sind besonders den Frontallappen betreffende Hirntumoren, Hirntrauma, Hirninfarkt und -blutungen, zerebrale Arteriosklerose sowie mit Hirnatrophie und Demenz einhergehende zerebrale Erkrankungen. Verschiedenartige Miktionsstörungen finden sich bei Patienten mit Apoplexie und Morbus Parkinson.

Bei **Apoplexie** (→ Kap. 30) sind die Früh- und Spätsymptome unterschiedlich und hängen außerdem von der Lokalisation der Schädigung ab. Sofort nach Apoplexie liegt eine Harnretention vor, nachfolgend meist eine Harninkontinenz und als Spätzustand oft eine Detrusorhyperreflexie mit Harndrang und Dranginkontinenz.

Die Mehrzahl der Patienten mit **Morbus Parkinson** (→ Kap. 6) leidet unter Pollakisurie, imperativem Harndrang und Dranginkontinenz („zerebrale Reizblase") infolge der Detrusorhyperreflexie durch die Schädigung hemmender Zentren (→ Kap. 6). Vergleichbare Symptome können auch Patienten mit Hirntumoren aufweisen. Seltener ist beim Morbus Parkinson eine Detrusorhypoaktivität oder Detrusor-Sphinkter-Dyssynergie.

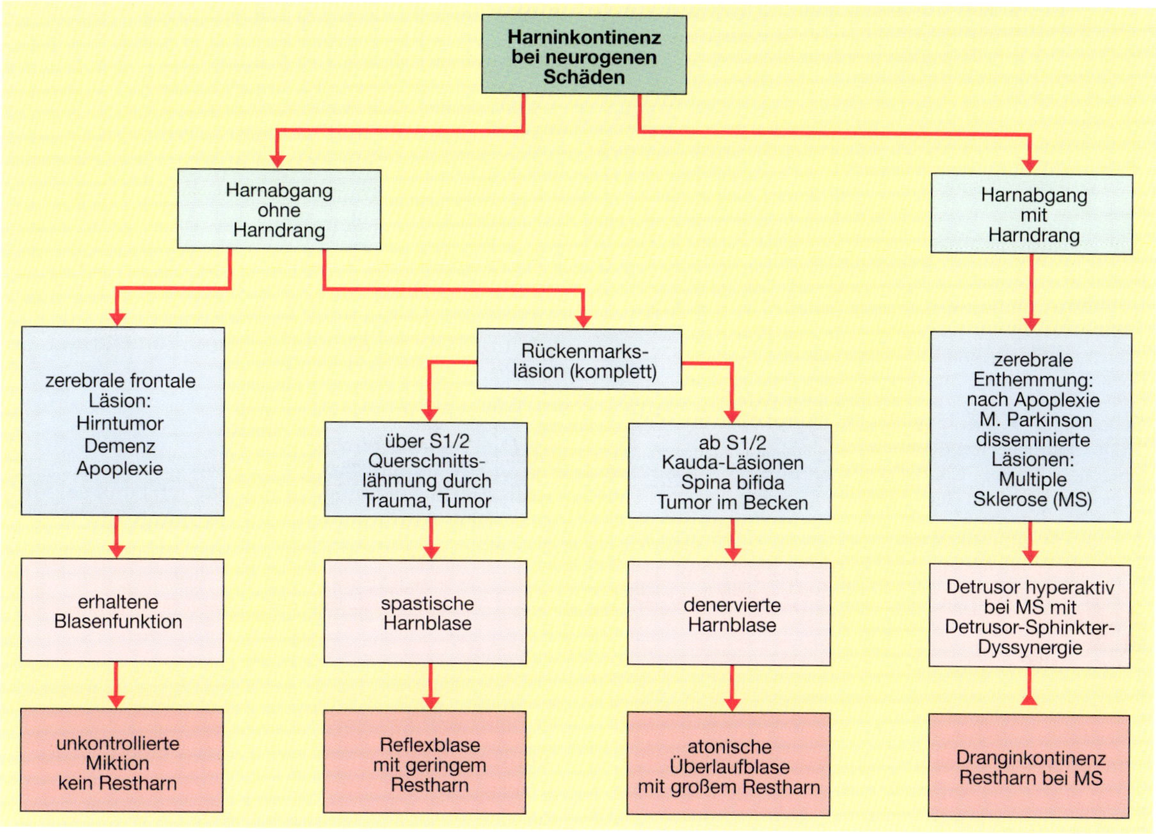

Abb. 60-10 Differentialdiagnostische Übersicht zur Harninkontinenz bei neurogenen Schäden.

60

Bei einer Läsion im oberen Neuron unterhalb des pontinen und oberhalb des sakralen Miktionszentrums (S2–S4), z.B. **Querschnittslähmung über S1/S2** (entspricht 1. Lendenwirbelkörper), entwickelt sich im Verlauf eine **reflektorisch aktive Harnblase** (bei kompletter Läsion: Reflexblase, spastische Blase; bei inkompletter Läsion: ungehemmte Blase). Die Miktion ist oft auslösbar (balancierte Reflexblase) durch Beklopfen der Blasenregion oder Hautreize (medialer Oberschenkel). Damit ist die Blasenentleerung über diese Triggermechanismen steuerbar.

Als Ursachen der Rückenmarksschädigung bzw. -beteiligung kommen in Frage: Trauma, Tumoren, Wirbelsäulenschäden.

In der **akuten Schädigungsphase** von Hirnstamm (Pons) bzw. Rückenmark (Querschnittslähmung über sakralem Miktionszentrum, → Kap. 30) kommt es in den ersten 2–8 Wochen durch fehlenden Detrusorreflex zur **schlaffen Blase** ohne koordinierte Blasenfunktion mit der Gefahr der Blasenüberdehnung und Überlaufinkontinenz (Schockblase). **Danach** entwickelt sich die **reflektorische Blasenentleerung** (Reflexblase mit Reflexinkontinenz infolge Detrusorhyperreflexie), die bereits bei niedriger Füllung stattfindet, jedoch meist ohne Koordination von Detrusor und Sphincter externus **(Detrusor-Sphinkter-Dyssynergie)** mit daraus folgender funktioneller Blasenauslaßobstruktion, weshalb Restharn verbleibt, der hier symptomlos ist und eine Infektionsgefährdung darstellt. Bei kompletter Querschnittslähmung haben die Patienten kein Gefühl für Harndrang oder -abgang. Bei größerem Restharn ist die Selbstkatheterisierung nötig!

Bei Schädigung im oder unter dem **sakralen Miktionszentrum** ab S1/S2, z.B. **Caudaläsion** (unteres Neuron), entsteht durch die Denervierung eine **inaktive atonische Blase** (denervierte autonome Blase) mit unwillkürlicher Entleerung kleiner Harnmengen ohne Drang bei Überlaufblase. Der Miktionsreflex ist unterbrochen (Areflexie), und das Gefühl für die Blasenfüllung fehlt. Durch adäquate Therapie (z.B. intermittierendes Katheterisieren) muß ein erhöhter Blaseninnendruck unbedingt verhindert werden, da sonst Megablase und Megaureter sowie druckbedingte Nierenparenchymatrophie und Niereninsuffizienz (Reflux- bzw. obstruktive Nephropathie) entstehen. Assoziiert sind fehlende spontane Mastdarmentleerung, erektile Impotenz und Lähmungen der Beine. Bei der seltenen alleinigen Conusläsion bestehen infolge fehlender Reflexe Urin- und Stuhlinkontinenz (mit klaffendem Sphincter ani). Ursachen sind neurologische Schäden durch eine Myelodysplasie (Spina bifida), Diskusprolaps, Tumoren des kaudalen Rückenmarks und kolorektale oder gynäkologische Karzinome im kleinen Becken. Diese neurologischen Schäden können zur

Tab. 60-13 Neuropathisch veränderte Harnblasenfunktion bei unterschiedlicher Lokalisation der neurologischen Schädigung

Kortikel enthemmte Blase (normaler Blasentonus)
Schädigung oberhalb des pontinen Miktionszentrums ⇒ Verlust der Willkürkontrolle der Miktion ohne Restharn
Ursachen: Hirntumor, -infarkt, -blutung, -trauma, Demenz

Spinale Reflexblase (spastischer Tonus)
Querschnittslähmung zwischen pontinem und sakralem Miktionszentrum ⇒ unwillkürliche Miktion und Restharnbildung
Ursachen: Rückenmarkstrauma, -tumor

Denervierte autonome Blase (schlaffer Tonus)
Schädigung im oder unter dem sakralen Miktionszentrum ⇒ Überlaufblase mit Restharn
Ursachen: Conus-, Caudaläsionen, z.B. Spina bifida, Tumoren im kleinen Becken

Partiell denervierte Blase
durch periphere Nervenschädigung der Blasenversorgung
Ursachen: Polyneuropathie bei Diabetes mellitus, Amyloidose; Polyradikulitis, Diskusprolaps; Tumoren im kleinen Becken

kompletten und inkompletten Denervierung der Blase führen (Tab. 60-13).

Bei der **Spina bifida** handelt es sich um einen angeborenen Neuralrohrdefekt mit sehr unterschiedlichen querschnittsartigen neurologischen Ausfällen (meist L5/S1), die in jeweils der Hälfte der Fälle entweder zur Detrusorhyperreflexie oder zur -areflexie (Blasenatonie) führen. Zusätzlich besteht eine funktionelle Blasenauslaßobstruktion mit Restharnbildung bis zur Überlaufblase durch eine Detrusor-Sphinkter-Dyssynergie. Bei Enuresis im Kindesalter muß daher auch an eine Spina bifida occulta gedacht werden.

Bei **Neurosyphilis** (Tabes dorsalis) kommt es zu sensorischen Schäden in unterschiedlicher Höhe. Bei Schädigung der sensorischen Harnblasennerven entstehen Blasenhypotonie und -überfüllung, inkomplette Entleerung bzw. Überlaufinkontinenz.

Bei **Multipler Sklerose** (→ Kap. 30) sind verschiedenartige Miktionsstörungen ein häufiges und im Verlauf der Erkrankung variierendes Problem. Die inkompletten sensorischen und motorischen Läsionen führen zum Mischbild ungehemmter Blasenkontraktion und funktioneller Blasenauslaßobstruktion durch eine Detrusor-Sphinkter-Dyssynergie (oberes Neuron) mit häufigem Wasserlassen, imperativem Harndrang, Dranginkontinenz und unvollständiger Blasenentleerung. Die Blasenatonie entsteht bei Einbeziehung des unteren Neurons und verstärkt die Restharnentwicklung bis zur Überlaufblase.

DS *Diagnosesicherung*

Neurologische und urologische Untersuchungen.

60.8.4 Inkontinenz im hohen Lebensalter

B *Beschwerden und Befunde*

Viele ältere Patienten leiden psychisch unter ihrer Harninkontinenz und verbergen diese. Harndrang und Dranginkontinenz sind Folge mangelhafter zentralnervöser Hemmung der Detrusorkontraktionen. Beckenbodenveränderungen der Frau führen zur Streßinkontinenz. Drang- und Streßinkontinenz sind im Alter oft kombiniert.

Bei alten Männern steht die Überlaufinkontinenz durch die Prostatahyperplasie im Vordergrund (→ 60.8.1).

DS *Diagnosesicherung*

Zur Klärung der möglichen Ursachen kann ein Miktions- bzw. Inkontinenzprotokoll durch die Patienten selbst oder die Pflegepersonen weiterhelfen. Die Stärke der Harninkontinenz wird durch Wäsche- oder Vorlagenwechsel ermittelt. Spezielle urologische Diagnostik bei unklarer Situation.

DD *Differentialdiagnose*

Entsprechende Überlegungen sind in Tabelle 60-14 aufgelistet.

Tab. 60-14 Ursachen der Inkontinenz im hohen Lebensalter

Erkrankungen mit Restharn und sekundären Harnwegsinfektionen
neurogene Blasenentleerungsstörungen
Diabetes mellitus
Zustand nach Harnblasenverweilkatheter
chronische Zystitiden

subvesikale Obstruktion mit Überlaufinkontinenz
benigne Prostatahyperplasie

atonische Harnblase mit Restharn und Überlaufinkontinenz
Caudaläsion bei Tumoren im Becken
diabetische Neuropathie

Streßinkontinenz
Frauen mit Beckenbodeninsuffizienz (Deszensus)

Dranginkontinenz
Zerebralsklerose
chronische Zystitiden

zentralnervös bedingte Inkontinenz
Verlust der willkürlichen Miktionskontrolle
Detrusorinstabilität durch Verlust hemmender Einflüsse

medikamentös begünstigte Restharnzunahme und Überlaufinkontinenz
durch Anticholinergika bzw. Medikamente mit anticholinerger Nebenwirkung bei Prostatahyperplasie mit Abflußbehinderung oder bei Morbus Parkinson mit Detrusorhypoaktivität (selten)

61 Zittern

D. Pongratz und P. C. Scriba

Das Zittern (Tremor) ist ein sehr häufiges Symptom, das für viele Patienten eine starke Einschränkung des täglichen Lebens darstellt. Der Tremor wird bei zahlreichen Erkrankungen beobachtet. Der häufigste zu diagnostizierende Tremortyp ist der sogenannte essentielle Tremor.

61.1 Definition und Abgrenzung

Der **Tremor** ist eine **wiederkehrende, unwillkürliche** und **rhythmische Bewegung einer** oder **mehrerer Extremitäten** und/oder des **Kopfes.** Die Bewegung kommt durch alternierende Kontraktionen von Antagonisten und Agonisten zustande. Bezüglich Frequenz und Aktivierungsbedingungen lassen sich verschiede Formen unterscheiden (Tab. 61-1). Der mittlere Frequenzbereich liegt bei 5–7 Hz. Langsamere Tremores werden als niederfrequent, schnellere als hochfrequent bezeichnet.

Man unterschiedet zwischen:

- **Ruhetremor** (unter Ruhebedingungen)
- **Haltetremor** (bei Halteinnervation)
- **Aktions-/Intentionstremor** (bei Zielbewegungen)

Eine Sonderform des Tremors ist die **Asterixis,** auch Flapping-Tremor genannt, der im strengen Sinne kein Tremor ist, da er nicht durch rhythmische Kontraktionen der Muskulatur, sondern durch einen in unregelmäßigen Abständen erschlaffenden Muskeltonus zustande kommt. Dieser kurzzeitige Tonusverlust mit anschließender erneuter Anspannung des Muskels führt zum Bild des sogenannten „Flügelschlagens". Er wird häufig bei chronischen Lebererkrankungen als Hinweis auf ein drohendes Coma hepaticum angetroffen. Manche Tremores werden durch Änderung der Aktivierungsbedingungen gehemmt oder gesteigert.

61.2 Ursachen

Basierend auf rhythmischen Entladungen der motorischen Vorderhornzellen zeigt jede muskuläre Haltung oder Bewegung eine rhythmische Bewegungsun-

Tab. 61-1 Wichtige Formen des Tremors (modifiziert nach Berlit, P.: Memorix Neurology, Chapman & Hall, 3. Aufl. 1994)

Tremortyp	Ruhetremor	Aktionstremor	Haltetremor Intentionstremor	Bevorzugte Lokalisation	Frequenz	Charakteristika
essentiell	ø	+	+++	Arme	6–12 Hz	Alkohol bessert die Symptomatik hereditär in 50% der Fälle
metabolisch (Asterixis)	ø	+	+++	Arme	unregelmäßig	„Flügelschlagen"
toxisch	+	+++	++	Arme	unregelmäßig	feinschlägig
zerebellär (z. B. Encephalomyelitis disseminata)	+	+++	++	Arme, Beine, Kopf	3–5 Hz	Nystagmus u. a.
Parkinson	+++	+	+	Arme, Kopf	3–8 Hz	Hypokinese, Rigor
seniler Tremor	+	++	+++	Arme	unregelmäßig	grobschlägig

Tab. 61-2 Die ätiologische Klassifikation der wichtigsten Tremores

Idiopathische, degenerative und hereditäre Formen	**essentieller Tremor** **M. Parkinson** (→ Kap. 6) **orthostatischer Tremor** **Tremor bei Dystonien** **Tremor bei Multisystematrophien** **Morbus Wilson**
Symptomatische Formen	**metabolisch** (z. B. Hypoglykämie, → Kap. 23.4.1) • endokrine Erkrankungen (z. B. Hyperthyreose, → Kap. 23.4.2) • Elektrolytstörungen • Leber- und Niereninsuffizienz **toxisch** (Schwermetalle, Lösungsmittel) **medikamenteninduziert** • Sympathikomimetika • Neuroleptika • Antidepressiva • Lithium • Kortikosteroide • Medikamenten- oder Drogenentzug **zerebrale Erkrankungen verschiedener Ätiologie** • Multiple Sklerose (→ Kap. 30) • Insulte • Traumen **endogene Adrenalinausschüttung** (z. B. Angst) **psychogen** **muskulär** (z. B. Kältezittern, Ermüdungszittern)

genauigkeit, welche man als **physiologischen Tremor** bezeichnet. Jede Verstärkung dieses Phänomens führt zur Entstehung pathologischer Tremorformen, die entstehen können durch:

- zentrale rhythmische Oszillatoren im Bereich der unteren Olive und des Thalamus
- enthemmte Reflexe (mit langer Latenz)
- synchronisierte Entladungen motorischer Einheiten

Eine ätiologische Klassifikation der klinisch wichtigsten Tremorformen ist in Tabelle 61-2 dargestellt.

61.3 Diagnostik

61.3.1 Anamnese

Die gezielte Anamnese sollte die Klärung folgender Fragestellungen beinhalten:

▷ In welcher Situation tritt das Zittern auf?
➠ in Ruhe bei essentiellem Tremor
➠ Aktions-/Intentionsbewegungen bei Intentionstremor
➠ während des Haltens von Gegenständen bei Haltetremor
➠ unter Beobachtung bei psychogenem Tremor
▷ Tritt das Zittern einseitig, beidseitig oder seitenbetont auf?
▷ Wodurch wird das Zittern gebessert?
➠ durch Alkohol bei essentiellem Tremor
➠ durch Bewegung bei Ruhetremor
▷ Wie stark ist der Patient behindert (z. B. Anziehen, Essen, Schreiben und andere feinmanuelle Tätigkeiten)?
▷ Besteht eine allgemeine Verlangsamung?
➠ A-/Bradykinese bei Morbus Parkinson
▷ Besteht zusätzlich eine auffällige Mimik?
➠ A-/Hypomimie, „Salbengesicht" bei Morbus Parkinson
▷ Sind ähnliche Beschwerden in der Familie des Patienten schon einmal aufgetreten?
➠ familiärer Tremor
▷ Bestehen internistische Vorerkrankungen (z. B. Hyperthyreose, Hypoglykämie, → Kap. 23, Phäochromozytom, → Kap. 44)?
▷ Sind Alkoholabusus und/oder Medikamenteneinnahme zu eruieren?
▷ Besteht eine berufsbedingte Exposition bezüglich toxischer Substanzen?
▷ Sind entzündliche zerebrale Vorerkrankungen („Kopfgrippe"/Enzephalitis) zu eruieren?
➠ postenzephalitisches Parkinson-Syndrom
▷ Bestehen begleitende Hyperkinesen und/oder Blickkrämpfe?
➠ postenzephalitisches Parkinson-Syndrom

61.3.2 Körperliche Untersuchung

Ist beim Patienten Tremor zu beobachten:

▷ beim entspannten Sitzen
➠ Ruhetremor
▷ beim Stehen
➠ orthostatischer Tremor
▷ im Armvorhalteversuch mit gespreizten Fingern
➠ Haltetremor
▷ bei komplexen Bewegungen
➠ Aktionstremor
▷ bei Zielbewegungen
➠ Intentionstremor

Ferner werden Frequenz und Amplitude des Tremors beurteilt.

Weiterhin sollte besonders auf begleitende Symptome eines Parkinson-Syndroms (→ Kap. 6) wie beispielsweise Rigor, Akinese, kleinschrittiger Gang usw. geachtet werden.

61.3.3 Weitere Diagnostik

Bei begründetem klinischen Verdacht auf eine entzündliche Genese des Zitterns (z.B. Encephalomyelitis disseminata) ist eine **Lumbalpunktion** durchzuführen (→ Kap. 30). Der Nachweis eines intrakraniellen raumfordernden Prozesses erfolgt mittels **CCT** und

Angiographie. In der kranialen Computertomographie sind Ventrikelvergrößerung, kortikale Atrophie sowie hypo-/hyperdense Areale Hinweise auf eine zerebrale Systematrophie. Eine toxikologische/endokrinologische Ursache der Störung ist durch **Laboruntersuchungen** auszuschließen. Sollte die Tremorform mit Hilfe der aufgeführten Untersuchungen nicht ausreichend differenziert werden, so kann eine genauere Tremoranalyse durch **elektromyographische Untersuchungen** von antagonistisch wirkenden Muskeln durchgeführt werden.

Abzugrenzen ist der Tremor von anderen, nichtrhythmischen, unwillkürlichen Bewegungen:

- **Psychogener Tremor** im Rahmen einer Konversionssymptomatik. Dieser ist in der Regel, zumindest bei längerer Beobachtung, nicht rhythmisch.
- **Faszikulationen** (→ Kap. 36) führen durch Spontanentladungen einzelner Vorderhornzellen zur partiellen Kontraktion eines Muskels. Sie haben in der Regel keinen Bewegungseffekt. Gelegentlich kann im Bereich der Finger eine grobe, irreguläre, tremorartige Unruhe beobachtet werden.
- **Choreatische Hyperkinesen** (→ Kap. 6) sind ebenfalls unregelmäßig. Sie treten im Gegensatz zum Tremor mit rasch wechselnder Lokalisation auf.

61.4 Zusammenfassung

Der Tremor ist eine rhythmisch wiederkehrende, unwillkürliche Bewegung einer Extremität oder des Kopfes. Man unterscheidet den Ruhe-, Halte- und Aktions-(Intentions-)Tremor. Der physiologische Tremor ist klinisch von pathologischen Tremorformen zu unterscheiden. In der Abbildung 61-1 ist der diagnostische Weg zusammengefaßt dargestellt.

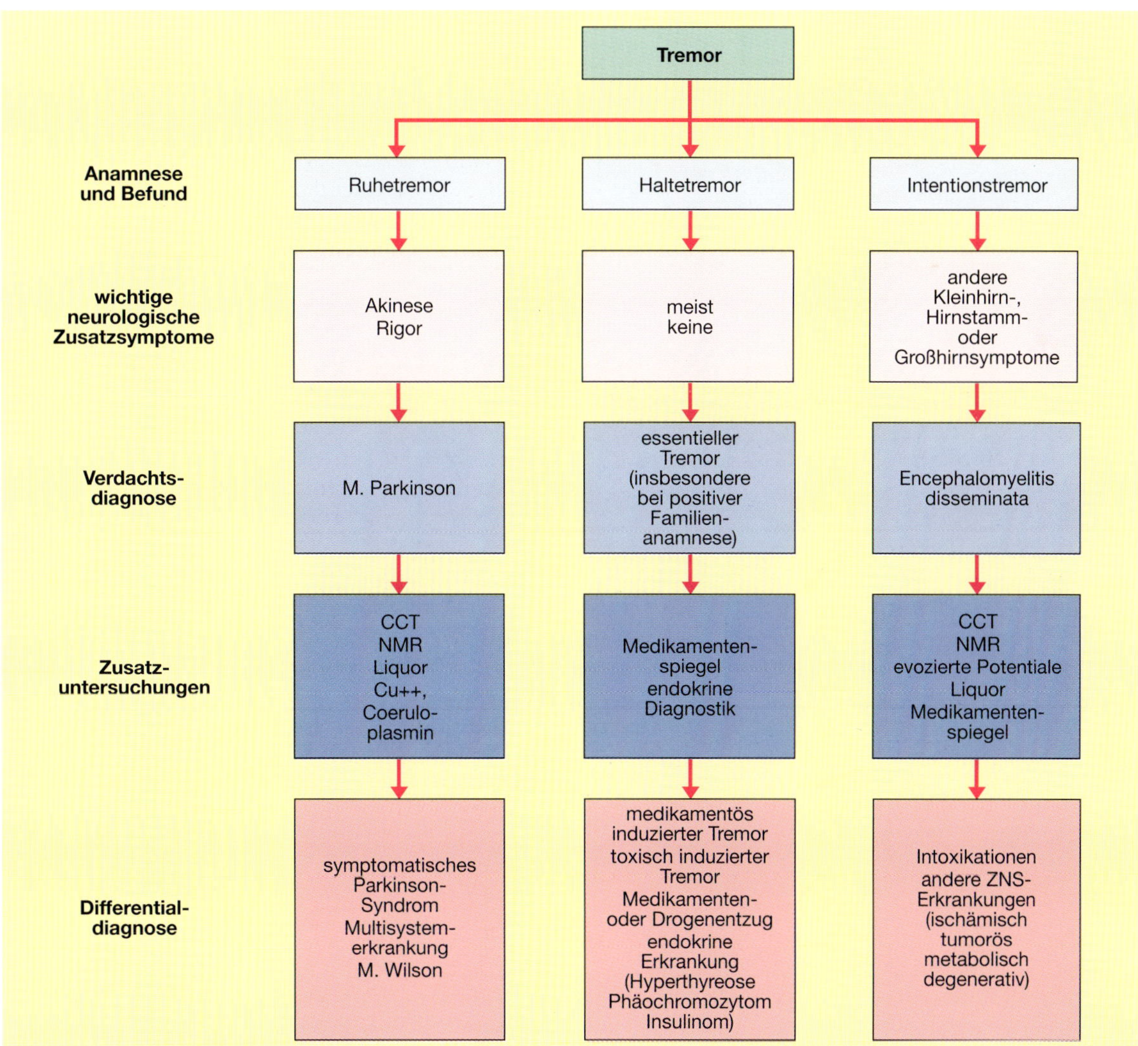

Abb. 61-1 Diagnostisches Vorgehen bei Tremor.

62 Zyanose

H. LANGENFELD und K. KOCHSIEK

Der Begriff „Zyanose“, zu deutsch „Blausucht“, bezeichnet eine Blauverfärbung der Haut und/ oder der Schleimhäute.

62.1 Definition und Abgrenzung

Während die **echte Zyanose** durch eine dunkle, venöse Verfärbung des durch die Kapillaren strömenden Blutes zustande kommt, liegt der **„Pseudozyanose“** eine blaue Pigmentierung der Haut zugrunde.

Die weitaus häufigste **Hämoglobinzyanose** tritt immer dann auf, wenn mehr als 5 g Hämoglobin pro 100 ml Blut in der reduzierten, nicht mit O_2 gesättigten Form vorliegen. Bei einem Gesunden mit einem Hb-Wert von 15 g/100 ml Blut und einer arteriellen Sauerstoffsättigung von 95% sowie einer kapillarvenösen Sättigung von 75% sind nur 3,75 g Hb am Ende des venösen Kapillarschenkels ungesättigt. Bei schwerer Anämie kann eine Zyanose nicht mehr auftreten, da 5 g reduziertes Hb nicht mehr erreicht werden können. Bei einer Polyglobulie oder einer Polyzythämie tritt dagegen eine Zyanose schon frühzeitig auf. Die Dicke der Epidermis, Hautverfärbungen (z.B. Ikterus) oder Pigmentierungen (z.B. Sonnenbräune) können eine Zyanose verschleiern. An den Lippen und Schleimhäuten ist aber eine Zyanose in der Regel gut sichtbar.

Bei den wesentlich selteneren **Hämiglobinzyanosen** ist das Blut aufgrund kongenitaler oder erworbener toxischer Hämoglobinveränderungen nicht mehr in Lage, im hinreichenden Maße Sauerstoff zu binden. Ansonsten gilt das für die Hämoglobinzyanose Gesagte.

62.2 Ursachen

Es werden zentrale von peripheren Zyanosen unterschieden.

Die **zentrale Zyanose** kann prinzipiell **zwei Ursachen** haben:

- eine **kardiale** Ursache
- eine **pulmonale** Ursache

Bei der **kardialen Zyanose** kommt es auf der Ebene des Herzens oder der großen Gefäße zu einem direkten Übertritt von venösem, sauerstoffarmem Blut in das arterielle System, unter Umgehung der Lungenpassage. Dabei handelt es sich um Kurzschlußverbindungen **(Shunts)** bei angeborenen Fehlbildungen des Herzens bzw. der großen Gefäße, in seltenen Fällen auch des Lungenkreislaufs **(pulmonale arteriovenöse Fisteln).** Bei diesen kongenitalen Vitien sind zwei Typen zu unterscheiden: frühzyanotische Vitien mit einem primären Rechts-Links-Shunt, bei denen die Zyanose schon im Neugeborenenalter vorhanden ist, und Vitien, bei denen sich erst im späteren Lebensalter eine Zyanose entwickelt.

Da der Druck im rechten Herzen und in der Lungenstrombahn physiologischerweise erheblich niedriger liegt (Niederdrucksystem) als im arteriellen System, müssen bei den **frühzyanotischen Vitien** Fehlbildungen vorliegen, die mit einer Drucksteigerung im rechten Herzen einhergehen (→ Abb. 17.8). In der Regel handelt es sich um Obstruktionen oder sogar um Atresien der rechtsventrikulären Ausflußbahn. Bei diesen Patienten besteht im allgemeinen eine erhebliche Rechtsherzhypertrophie. Erst diese Drucksteigerung im rechten Herzen ermöglicht die Ausbildung eines Rechts-Links-Shunts auf Vorhof- oder Ventrikelebene. Eine weitere Form ist die sog. **Mischzyanose.** Hier findet in gemeinsam angelegten Herzhöhlen (singulärer Vorhof oder singulärer Ventrikel) eine Durchmischung von sauerstoffarmem mit arterialisiertem Blut statt. Ein ähnlicher Mechanismus besteht bei einem gemeinsamen Trunkusgefäß **(Truncus communis),** das sich erst jenseits des Herzens in Aorta- und Pulmonalgefäß fortsetzt. Diese und andere komplexe Fehlbildungen werden im Erwachsenenalter nicht beobachtet. In seltenen Fällen kann bei Persistenz der fetalen Pulmonalgefäßstruktur eine angeborene pulmonale Hypertonie einen Rechts-Links-Shunt mit Frühzyanose bewirken. Lediglich bei der Trikuspidalatresie und dem Ebstein-Syndrom fehlt die obligatorische Rechtsherzhypertrophie.

Bei den **spätzyanotischen Vitien** kann es durch die Hypervolämie des Lungenkreislaufs (das Herzzeitvolumen im Lungenkreislauf kann schon unter Ruhebedingungen 15 l/min und mehr betragen) zu einem sich langsam entwickelnden Druckanstieg kommen, der schließlich eine Umkehr des primären Links-Rechts-Shunts in einen Rechts-Links-Shunt bewirkt. Dieser Mechanismus wird als **Eisenmenger-Reaktion** bezeichnet.

Häufiger hat eine zentrale Zyanose jedoch eine **pulmonale Ursache.** Hier ist die Lunge zu einer ausreichenden Aufsättigung des Hämoglobins mit Sauerstoff nicht in der Lage. Ursache hierfür können Ventilations-, Perfusions- und Diffusionsstörungen sein. Die häufigste Ursache für **Ventilationsstörungen** sind die chronisch-obstruktiven Lungenerkrankungen oder auch das Asthma bronchiale. Bei **Perfusionsstörungen** findet sich ein gestörtes Durchblutungs-Belüftungs-Verhältnis, d.h. es werden nicht oder schlecht belüftete Lungenabschnitte, z.B. bei einer Pneumonie, normal oder sogar vermehrt perfundiert. Bei **Diffusionsstörungen** führen pathologische Veränderungen des Lungenparenchyms zu Diffusionserschwerungen, so daß eine unzureichende Aufsättigung mit Sauerstoff in den Alveolen resultiert. Die häufigsten Ursachen sind die verschiedenen Formen der Lungenfibrose.

Bei einer **peripheren Zyanose** kommt es infolge einer verlangsamten Blutströmung zu einer vermehrten Sauerstoffentsättigung des Kapillarblutes, das dann 5 g reduziertes Hämoglobin enthält. Die bei weitem häufigste Ursache ist die **chronische Herzinsuffizienz.** Eine verlangsamte Blutströmung kann sich auch lokal entwickeln, z.B. bei der **Phlebothrombose.** Auch bei der sog. **Akrozyanose** im Bereich der Finger und der Zehen kommt es zu einer verlangsamten Blutströmung, z.B. bei Kälteexposition mit unphysiologischer Sauerstoffentsättigung des Kapillarblutes.

Eine Übersicht über die wichtigsten Ursachen einer Zyanose gibt die Tabelle 62-1.

Tab. 62-1 Wichtigste Ursachen für eine Zyanose

Kardiale Ursachen
zentrale Zyanose bei Vitien mit Rechts-Links-Shunt
periphere Zyanose bei Linksherzinsuffizienz unterschiedlicher Ursache
Pulmonale Ursachen
zentrale Zyanose bei:
Pneumonie
chronischem Cor pulmonale
akutem Cor pulmonale
Lungenemphysem
chronisch-obstruktiver Lungenerkrankung
Asthma bronchiale
Lungenfibrosen
Pneumothorax
Lungenversagen (septisches oder toxisches Lungenödem – ARDS)
Periphere Ursachen
lokale Zyanose durch
Phlebothrombose
obere und untere Einflußstauung
Raynaud-Syndrom
Akrozyanose
Sonstige Ursachen
Methämoglobinämie, toxisch oder kongenital
Sulfhämoglobinämie
Pseudozyanose bei Hautverfärbung

62.3 Diagnostik

62.3.1 Anamnese

Ein Patient mit Frühzyanose leidet immer an einer angeborenen Herz- oder Gefäßfehlbildung. Sonst umfaßt die Anamnese eines zyanotischen Patienten das gesamte Spektrum chronischer kardialer und pulmonaler Erkrankungen. Kardiologisch kommt dabei in erster Linie eine Herzinsuffizienz in Betracht (→ Kap. 3). Ursachen können z.B. frühere Herzinfarkte oder eine arterielle Hypertonie sein, seltener Mitral- und Aortenklappenvitien. Angeborene zyanotische Vitien sieht man im Erwachsenenalter heute praktisch nicht mehr, da sie schon in der Kindheit diagnostiziert und operiert werden oder die Patienten frühzeitig versterben.

Bei den Ursachen einer pulmonalen Zyanose führen der Häufigkeit nach die chronisch-obstruktiven Lungenerkrankungen (→ Kap. 3). Dabei handelt es sich in den meisten Fällen um Raucher, aber auch ein Asthma bronchiale kann vorliegen. Als Folge einer langjährigen chronisch-obstruktiven Lungenerkrankung, gelegentlich auch eines Asthma bronchiale, entwickelt sich häufig ein Lungenemphysem. Bei den sog. Pneumokoniosen (Staubinhalationskrankheiten), z.B. Silikose und Asbestose, ist die berufliche Anamnese besonders wichtig. Pneumokoniosen gehören zu den Lungenfibrosen, die auch durch Einnahme bestimmter Medikamente (Medikamentenanamnese!), im Rahmen einer exogen-allergischen Alveolitis (z.B. „Vogelzüchterlunge"), bei Sarkoidose oder durch Erkrankungen aus dem rheumatischen Formenkreis entstehen können. Bei etwa 50% der Patienten ist die Ursache nicht feststellbar. Das führende Symptom ist trockener Reizhusten, gefolgt von Belastungs- und Ruhedyspnoe. Anamnestische Hinweise für eine Pneumonie sind zu beachten.

Bei einer lokalen Zyanose einer Extremität muß eine Phlebothrombose ausgeschlossen werden.

62.3.2 Körperliche Untersuchung

Zentrale und periphere Zyanose können durch den **Test nach Lewis** unterschieden werden: Dabei wird das

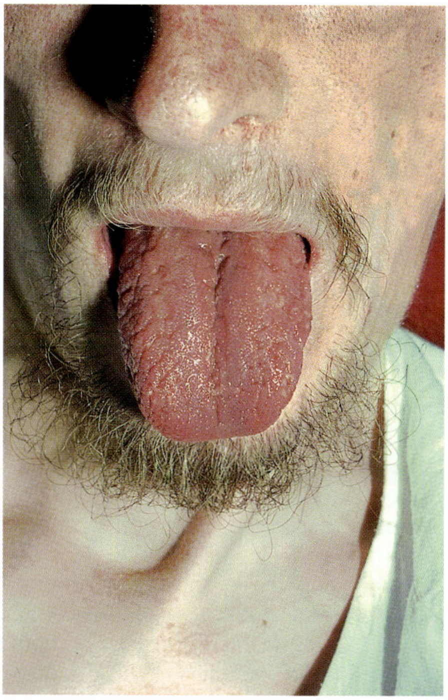

Abb. 62-1 Blaufärbung der Zunge bei zentraler Zyanose.

Ohrläppchen bis zur Weißfärbung gedrückt und nach dem Loslassen der Kapillarpuls beobachtet. Färbt sich die Haut direkt wieder blau, handelt es sich um eine zentrale Zyanose, tritt die Zyanose verzögert wieder auf, liegt eine periphere Zyanose vor. In manchen Fällen ist die Unterscheidung auch durch die **Zungenfarbe** möglich. Bei zentraler Zyanose ist auch die Zunge zyanotisch (Abb. 62-1 und → Abb. 17-7), bei der peripheren Zyanose aber nicht, da die Zunge so gut durchblutet wird, daß sich keine Ausschöpfungszyanose entwickeln kann. Der Wert dieser einfachen klinischen Unterscheidung ist eingeschränkt, wenn eine Kombinaton aus beiden Zyanoseformen vorliegt.

Mit Hilfe des **Sauerstofftests** lassen sich pulmonale Zyanose und Rechts-Links-Shunt bzw. kardiale Zyanose differenzieren: Bei Sauerstoffatmung über einige Minuten bessert sich die pulmonale Zyanose, während eine kardiale Zyanose unverändert bleibt, was allerdings auch für eine periphere Zyanose zutrifft. Vorsicht ist bei Patienten mit einer globalen Ateminsuffizienz wegen möglicher CO_2-Retention geboten!

Eine periphere Zyanose kann auch als **lokale Zyanose** bei einer Stase unterschiedlicher Ursache auftreten, z.B. bei einer Thrombose, einer Varikosis oder einem postthrombotischen Syndrom. Eine klinisch wichtige Sonderform ist die obere Einflußstauung bei Kompression oder Thrombose der oberen Hohlvene (→ Abb. 19-10).

Darüber hinaus können eine **Halsvenenstauung** (Rechtsherzinsuffizienz, Lungenembolie, Perikardtamponade) und die **Atmung** (Tachypnoe) Hinweise auf die Ursache der Zyanose geben.

Neben der **Palpation** (Pulsrhythmus und -qualität, hepatojugulärer Reflux, Herzspitzenstoß, Schwirren über dem Herzen und über den Karotiden) geben vor allem **Perkussion** und **Auskultation** der Lunge (Spastik, feuchte Rasselgeräusche, Distanzrasseln, Dämpfung bei Pleuraerguß und Atelektase, Schachtelton bei Emphysem und Pneumothorax) und des Herzens (vitientypische Geräusche, 3. Herzton, Perikardreiben) Hinweise auf die Ursache einer Zyanose.

Weiterhin sollte bei entsprechendem Verdacht auf die **Zeichen einer tiefen Beinvenenthrombose** geachtet werden (Druckschmerz, Umfangsdifferenz).

62.3.3 Weitere Untersuchungen

62

Die **arterielle Blutgasanalyse** und zentralvenöse O_2-Sättigung ermöglichen eine weitere Differenzierung: Erniedrigter arterieller pO_2 bedeutet zentrale Zyanose, erniedrigte zentralvenöse O_2-Sättigung bei normalem arteriellem pO_2 periphere Zyanose.

Das **EKG** kann eine Links- oder Rechtsherzhypertrophie oder einen Infarkt anzeigen. Bei den Erkrankungen der Lunge kann das konventionelle **Röntgenbild** richtungweisend sein, während bei den kardialen Erkrankungen die **Echokardiographie** weitergehende morphologische und funktionelle Aussagen erlaubt. Die Echokardiographie ist zusammen mit der **Doppler-Echokardiographie** heute diagnostischer Standard bei allen Vitien und gibt wertvolle Informationen zur linksventrikulären Funktion. Bei Lungenembolien (→ Kap. 3 und 41) kann ein vergrößerter rechter Ventrikel differentialdiagnostisch wegweisend sein. Die **Sonographie** ist für die Diagnostik von Oberschenkelthrombosen (Kompressionssonographie) oder einer Einflußstauung (Lebervenenerweiterung, fehlende Komprimierbarkeit der Vena cava inferior) hilfreich. Die **Rechtsherzkatheteruntersuchung** ist zur Diagnostik einer pulmonalen Hypertonie, zur Lokalisation von Shunts und zur Berechnung der Shuntgröße unerläßlich. Die **Linksherzkatheteruntersuchung mit Ventrikulo- und Koronarangiographie** dient dagegen zur Abschätzung des Schweregrades erworbener Vitien und ist der „Goldstandard" für die Diagnostik der koronaren Herzkrankheit.

62.4 Krankheitsbilder

62.4.1 Cor pulmonale

Unter „Cor pulmonale" versteht man eine Hypertrophie und/oder Dilatation des rechten Herzens durch eine Widerstandserhöhung im Lungenkreislauf. Man unterscheidet ein **akutes Cor pulmonale** infolge einer massiven Lungenembolie von einem **chronischen Cor pulmonale.** Ursache kann eine Reduktion des Gesamtgefäßquerschnitts bei Lungenemphysem (→ Kap. 3), bei Lungenfibrosen sowie nach Lungenteilresektionen als **„Cor pulmonale parenchymale"** sein. Dagegen versteht man unter einem **„Cor pulmonale vasculare"** eine isolierte Lungengefäßobstruktion, die häufig durch rezidivierende Mikroembolien bei Phlebothrombosen entsteht. Seltenere Ursachen eines Cor pulmonale sind Obstruktionen infolge von Vaskulitiden oder auch die ätiologisch ungeklärte primäre pulmonale Hypertonie als Ausschlußdiagnose. Ferner kann eine inadäquate alveoläre Ventilation mit Erniedrigung des alveolären Sauerstoffpartialdrucks zu einer primär reversiblen Vasokonstriktion der Lungenarteriolen beitragen (Euler-Liljestrand-Mechanismus). Letzteres kommt beim Aufenthalt in großen Höhen, bei Thoraxdeformitäten, beim Schlafapnoe-Syndrom (→ Kap. 38) und bei extremer Adipositas als „Pickwick-Syndrom" vor (→ Kap. 7).

Die Zyanose ist ein Leitsymptom des Cor pulmonale, wobei es sich primär um eine zentrale Zyanose handelt, die in fortgeschrittenen Fällen mit einer peripheren Zyanose infolge einer reduzierten Förderleistung des rechten Ventrikels (Rechtsherzinsuffizienz) kombiniert ist.

B *Beschwerden und Befunde*

Beim **akuten Cor pulmonale** aufgrund einer **massiven Lungenembolie** stehen Symptome des plötzlich massiv reduzierten Herzzeitvolumens im Vordergrund: Die Patienten leiden unter akuter Dyspnoe, sind tachypnoisch, werden zyanotisch, und es kann eine Synkope auftreten. Der Blutdruck ist erniedrigt, und die Patienten können reanimationspflichtig werden. Es können aber auch heftige rechtsseitige Oberbauchbeschwerden als Folge einer plötzlichen Leberstauung mit Kapselspannung im Vordergrund stehen. Die Diagnose ist zumeist klinisch zu stellen. Die Patienten waren häufig immobilisiert, z.B. nach Operationen oder Gipsverbänden, aber auch durch Flug- oder Busreisen. Nicht immer sind die Zeichen der tiefen Beinvenenthrombose apparent.

Bei **akuten Lungenembolien kleineren Ausmaßes** tritt dagegen keine nennenswerte Rechtsherzbelastung auf. Häufig stehen pleuritische Symptome mit atemabhängigen stechenden Schmerzen sowie Palpitationen und Tachypnoe im Vordergrund (→ Kap. 41). Aufgrund von Sektionsbefunden ist davon auszugehen, daß nur die Hälfte aller Lungenembolien klinisch erkannt wird.

Beim **chronischen Cor pulmonale** finden sich dagegen die Zeichen der chronischen Rechtsherzbelastung mit Rechtsherzhypertrophie im EKG, Palpitationen und Arrhythmien, vor allem Vorhofflimmern. Häufig wird das chronische Cor pulmonale aber erst durch die Rechtsherzinsuffizienz evident: Dyspnoe, Zyanose, Halsvenenstauung und hepatojugulärer Reflux. Schließlich treten Beinödeme auf. Nach dem klinischen Aspekt lassen sich gelegentlich der „Pink-Puffer"- und „Blue-Bloater"-Typus unterscheiden:

Beim **„Pink Puffer"** besteht ein ausgeprägtes Emphysem ohne stärkere Obstruktion. Er ist weniger zyanotisch, aber tachypnoisch und häufig untergewichtig. Die arterielle Kohlensäurespannung (pCO_2) ist normal oder sogar erniedrigt bei reduziertem Sauerstoffpartialdruck (pO_2-Partialinsuffizienz).

Der **„Blue Bloater"** dagegen leidet unter einem obstruktiven Emphysem, einer meist ausgeprägten Bronchitis und retiniert CO_2. Er ist häufig schläfrig, adipös und zyanotisch. Der 2. Herzton ist durch die pulmonale Hypertonie verstärkt. Häufig besteht eine Trikuspidalinsuffizienz mit einem sich inspiratorisch verstärkenden Systolikum.

Die konventionelle **Thoraxaufnahme** zeigt eventuell die **Zeichen eines Lungenemphysems,** wenn dieses als häufigste Ursache dem Cor pulmonale zugrunde liegt:

- vermehrte Strahlentransparenz
- Tiefstand der Zwerchfelle
- periphere Lungengefäßrarefizierung bei zentral erweiterten Lungenarterien

Das rechtsbelastete Herz weist einen prominenten Pulmonalisbogen und in der seitlichen Aufnahme einen eingeengten Retrosternalraum, bedingt durch die Rechtherzdilatation, auf. In der p.a.-Aufnahme ist das Herz bei Tiefstand der Zwerchfelle steilgestellt.

Bei **vaskulär bedingtem Cor pulmonale** stehen die **Zeichen der pulmonalen Hypertonie** mit zentral erweiterten und peripher rarefizierten Lungenarterien im Vordergrund. Bei Patienten mit fulminanter Lungenembolie ist das Röntgenbild meistens normal, gelegentlich findet man eine seitendifferente Strahlentransparenz oder einen einseitigen Zwerchfellhochstand. Im **EKG** lassen sich dann fast immer die **Zeichen der akuten Rechtsherzbelastung** nachweisen: Rechtstyp, S_IQ_{III}-Typ, inkompletter Rechtsschenkelblock und rechtspräkordiale ST-Streckenveränderungen (Abb. 62-2).

Bei Patienten mit **chronischem Cor pulmonale** sind inkonstant Rechtstyp, bei Sinusrhythmus hohe P-Wellen (P pulmonale) und eventuell Rechtsherzhypertrophiezeichen vorhanden.

DS *Diagnosesicherung*

Die **Echokardiographie** zeigt meistens einen vergrößerten rechten Ventrikel. Bei der **massiven Lungen-**

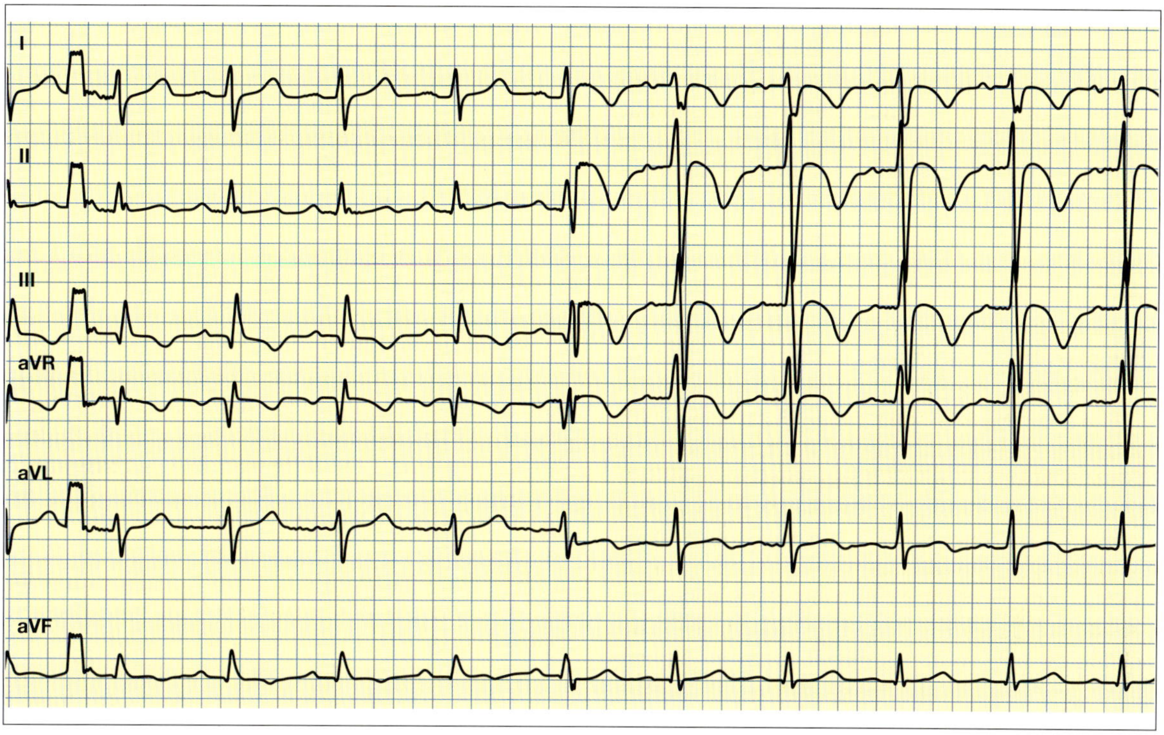

Abb. 62-2 EKG eines Patienten mit einer akuten Lungenembolie. Man erkennt Sinustachykardie, Rechtstyp und deutliche, terminal negative T-Wellen über dem rechten Ventrikel als Zeichen der akuten Rechtsherzbelastung (SI-Q-III-Typ).

embolie sieht man einen deutlich dilatierten rechten Ventrikel bei kleiner, aufgrund des verminderten pulmonalvenösen Angebots „leerpumpender", linker Herzkammer. Gelegentlich sind Emboli im rechten Herzen zu sehen. In der **arteriellen Blutgasanalyse** findet sich ein erniedrigter Sauerstoffpartialdruck bei durch die Hyperventilation ebenfalls reduziertem pCO_2. Das **Herzzeitvolumen** ist bei akutem Cor pulmonale erniedrigt.

Durch die Leberstauung kommt es bei der **akuten Lungenembolie** inkonstant zu Erhöhungen der **Enzyme** GOT, GPT und LDH. Eine **Rechtsherzkatheteruntersuchung** ergibt einen erhöhten präkapillären pulmonalarteriellen Widerstand.

Bei **chronischem Cor pulmonale** ist das Herzzeitvolumen erhöht und fällt mit Beginn der Rechtsherzinsuffizienz ab. Das **EKG** zeigt die Zeichen der chronischen Rechtsherzbelastung. Im Echokardiogramm ist der rechte Ventrikel dilatiert. Die Hohlvenen sind gestaut, die Leber ist vergrößert, und es kann sich eine Trikuspidalinsuffizienz mit pulsierenden Halsvenen entwickeln.

Als indirekte Hinweise findet sich in der Lungenfunktionsprüfung eine obstruktive oder restriktive Ventilationsstörung, eventuell mit Diffusionsstörung, in der Blutgasanalyse eine Partial- oder Globalinsuffizienz.

DD *Differentialdiagnose*

Das chronische Cor pulmonale ist abzugrenzen gegen **Rechtsherzinsuffizienzen nichtpulmonaler Genese,** vor allem wenn es bei **Mitralstenose** durch Rückstau vor der Mitralklappe im Verlauf zu einer Rechtsherzbelastung und -insuffizienz kommt. Neben dem typischen Auskultationsbefund ist die Echokardiographie wegweisend für die richtige Diagnose (→ Kap. 3). Jede **chronische Linksherzinsuffizienz,** gleich welcher Genese, kann durch den erhöhten Füllungsdruck der linken Herzkammer mit postkapillär erhöhten Druckwerten zu einer Rechtsherzbelastung führen. Es entwickelt sich eine biventrikuläre Herzinsuffizienz, wobei die Zeichen der Rechtsherzinsuffizienz führend sein können: Neben peripheren Ödemen, Halsvenenstauung und eventuell Aszites findet sich eine ausgeprägte Dyspnoe mit Orthopnoe. Auskultatorisch fallen feuchte Rasselgeräusche auf, die bei Cor pulmonale nur bei gleichzeitiger Bronchitis oder Pneumonie auftreten. Ein 3. Herzton wird häufiger bei der Linksherzinsuffizienz gefunden.

Eine seltenere Differentialdiagnose zum Cor pulmonale ist die **Perikardtamponade,** z.B. nach thorakalen Verletzungen oder Operationen in Form eines Hämoperikards bzw. bei einem Perikarderguß entzündlicher oder anderer Genese (→ Kap. 3 und 41). Der Erguß muß sich jedoch relativ schnell entwickeln, da bei einer langsamen Ergußbildung auch das primär straffe Perikard dilatiert wird und es so nicht zu einer hämodynamisch wirksamen Kompression der Herzhöhlen kommt.

Bei einer Perikardtamponade kommt es infolge des abnehmenden Herzzeitvolumens zu einer peripheren Zyanose, zu Dyspnoe und Halsvenenstauung. Die Diagnose wird mit Hilfe der Echokardiographie gesichert.

62.4.2 Kongenitale Vitien

Zu unterscheiden sind zyanotische Vitien mit **primärem Rechts-Links-Shunt (Frühzyanose)** von zyanotischen Vitien mit **Links-Rechts-Shunt,** bei denen erst die Shuntumkehr in späteren Lebensjahren zur Zyanose führt **(Spätzyanose).** Dabei handelt es sich immer um eine zentrale Zyanose. Ferner sind kongenitale Vitien ohne Shunt zu berücksichtigen, die erst bei kardialer Dekompensation mit einer peripheren Zyanose einhergehen. Knapp 1% aller Lebendgeborenen weist Fehlbildungen des Herzens oder des Gefäßsystems auf, davon sind 20% primär zyanotisch. Bei konservativem Vorgehen versterben 80% der zyanotischen Kinder bis zum 2. Lebensjahr. Ein großer Teil der Betroffenen kann heute korrigierend oder palliativ schon im Kleinkindesalter operiert werden. In der Erwachsenenkardiologie ist somit ein zyanotischer Patient aufgrund eines kongenitalen Vitiums eine Rarität. Aus diesem Grund sollen im folgenden nur Krankheitsbilder mit einer gewissen Bedeutung im Erwachsenenalter besprochen werden:

- **spätzyanotische Vitien mit Shunt**
  - atrialer Septumdefekt (ASD)
  - ventrikulärer Septumdefekt (VSD)
  - offener Ductus arteriosus Botalli
- **Vitien ohne Shunt**
  - verschiedene Formen der Pulmonalstenose
  - verschiedene Formen der angeborenen Aortenstenose

Die wichtigsten Kennzeichen der anderen, im Erwachsenenalter seltenen, frühzyanotischen Vitien sind in der Tabelle 62-2 dargestellt.

62.4.2.1 Vitien mit primärem Links-Rechts-Shunt

Diese kongenitalen Vitien werden wegen ihrer meist geringen klinischen Symptomatik gelegentlich erst im Erwachsenenalter diagnostiziert. Dies gilt besonders für den Vorhofseptumdefekt, weniger für den Ventrikelseptumdefekt und den offenen Ductus arteriosus Botalli mit ihren eindrucksvollen Geräuschbefunden.

Atrialer Septumdefekt (ASD)

Die Häufigkeit des ASD liegt bei 10% aller kongenitalen Vitien. Es handelt sich um eine weite **Öffnung des Septums,** nicht etwa um ein offenes Foramen ovale. Am häufigsten finden sich der sog. **Sekundumdefekt** und der Sinus-venosus-Defekt.

Der bei Frauen häufiger auftretende Sekundumdefekt betrifft den mittleren und kranialen Anteil des atrialen Septums. Er ist gehäuft mit einem Mitralklappenprolaps kombiniert.

Der **Sinus-venosus-Defekt** betrifft den Bereich zwischen der Fossa ovalis und der Einmündung der Vena cava superior und ist häufig verbunden mit in die Vena cava superior oder den rechten Vorhof fehlmündenden Lungenvenen. Der **Primumdefekt des basisnahen Septums** ist seltener als der Sekundumdefekt, manchmal ist er kombiniert mit Fehlbildungen der Atrioventrikularklappen und ventrikelwärts verlagertem Klappenring (partieller AV-Kanal). Die Kombination einer Mitralstenose mit einem ASD wird als **Lutembacher-Syndrom** bezeichnet.

Der Links-Rechts-Shunt bei ASD kann erheblich sein (10 l/min und mehr). Durch Senkung des pulmonalen Gefäßwiderstands resultiert keine wesentliche Drucksteigerung, die sich jedoch (selten) im Laufe des Lebens entwickeln kann (Eisenmenger-Reaktion). Die Prognose des Sekundumdefekts ist relativ günstig.

Ein seltenes angeborenes Vitium, das meist mit einem ASD zusammen vorkommt, ist das **Ebstein-Syndrom.** Bei dieser Anomalie entspringt die meist insuffiziente Trikuspidalklappe aus der freien Wand des rechten Ventrikels.

B ***Beschwerden und Befunde***

Die meisten Patienten mit einem ASD vom Sekundumtyp bleiben jahrzehntelang relativ beschwerdefrei, allenfalls treten gelegentlich Palpitationen durch supraventrikuläre Extrasystolen auf. Schließlich entwickeln sich Rhythmusstörungen und eine symptomatische **Rechtsherzinsuffizienz.** Eine Spätzyanose durch Shuntumkehr ist selten.

Bei der Inspektion fällt manchmal eine **Voussure** (Herzbuckel) auf, ferner sichtbare und tastbare linksparasternale **Brustwandpulsationen** durch exzentrische Rechtsherzhypertrophie. Der **2. Herzton** ist atemunabhängig **„fixiert" gespalten,** und man hört im 2.–3. ICR links ein diskretes Systolikum als Ausdruck einer relativen Pulmonalstenose, bedingt durch das hohe Schlagvolumen des rechten Ventrikels. Manchmal ist auch ein kurzes protodiastolisches Pulmonalinsuffizienzgeräusch zu hören. Typisch ist im EKG der **unvollständige Rechtsschenkelblock,** der zusammen mit der fixierten Spaltung des 2. Herztons und dem Systolikum eine klassische Trias bildet. Ein P dextrocardiale wird bei einem Drittel der Patienten beobachtet.

Tab. 62-2 Zusammenfassung der Kennzeichen frühzyanotischer Vitien, die im Erwachsenenalter nur äußerst selten beobachtet werden

Vitium	Pathophysiologie	Klinik, Befunde	EKG	Röntgen-Thorax
Transposition der großen Arterien	Aorta rechtsventrikulär A. pulmonalis linksventrikulär Vorhöfe normal + VSD (oder „single ventricle"), evtl. + Pulmonalstenose (korrigierte Form: Vorhöfe invertiert, intakte Kreisläufe)	Frühzyanose schwirrendes Präkordium Holosystolikum über Herzbasis Trommelschlegelfinger (Abb. 62-5)	Rechtsherzhypertrophie	unspezifische Herzvergrößerung
Trikuspidalatresie	Trikuspidalverschluß, Zirkulation über ASD und VSD	Frühzyanose, pulsierende Halsvenen, spindelförmiges Systolikum mit Punctum maximum im 4. ICR rechts Trommelschlegelfinger	zyanotisches Vitium **ohne Rechtsherzhypertrophie,** evtl. P dextrocardiale	Vergrößerung des rechten Vorhofs
Ebstein-Syndrom	Trikuspidalklappe entspringt aus der freien Wand des tiefen rechten Ventrikels; meistens mit ASD oder offenem Foramen ovale, Trikuspidalinsuffizienz	Frühzyanose (bei ASD) nach Geburt abnehmend: Dyspnoe, Tachykardie, Galopprhythmus, Holosystolikum + Diastolikum über Trikuspidalklappe Trommelschlegelfinger	atypischer „bizarrer" Rechtsschenkelblock, häufig Zeichen akzessorischer Leitungsbahnen (z. B. WPW-Syndrom); keine Rechtsherzhypertrophie	Vergrößerung des rechten Vorhofs: nach rechts ausladendes „Bocksbeutelherz" (Abb. 62-4)
Truncus arteriosus communis (Pseudotruncus aortalis oder pulmonalis)	Gemeinsames Ausflußrohr der Aorta und A. pulmonalis über hohem VSD oder singulärem Ventrikel (fehlendes Septum)	Frühzyanose, Auskultationsbefund variabel, z. B. Auswurfton (ejection click), spindelförmiges Systolikum rechts-parasternal, Trommelschlegelfinger	Rechtsherzhypertrophie, evtl. mit Linksherzhypertrophie	nach links angehobene Herzspitze durch rechten Ventrikel („Holzschuhherz", „Coeur en sabot")
Morbus Fallot	Pulmonalstenose + Rechtsherzhypertrophie + hoher VSD mit darüber „reitender Aorta" (Fallotsche Tetralogie) + evtl. ASD (= Pentalogie) + Ductus apertus Botalli (= Hexalogie)	Frühzyanose bei hochgradiger Pulmonalstenose; bei geringgradiger Pulmonalstenose in Ruhe azyanotisch („Pink Fallot"), Hockstellung, Trommelschlegelfinger	Rechtsherzhypertrophie, evtl. Rechtsschenkelblock	„Holzschuhherz" verminderte periphere Lungengefäßzeichnung

Der Röntgenbefund zeigt eine Verbreiterung des Herzschattens nach rechts, vor allem aber durch den links randbildenden rechten Ventrikel auch nach links. Die Herztaille ist verstrichen, der Pulmonalbogen prominent und die Lungengefäßzeichnung ist verstärkt (Abb. 62-3). In der Durchleuchtung sieht man pulsierende, „tanzende" Hili. In der seitlichen Aufnahme füllt der rechte Ventrikel den Retrosternalraum aus. Der linke Ventrikel ist normal groß.

Im Gegensatz zum Sekundumdefekt weist der **Primumdefekt** im EKG als typischen Befund einen überdrehten Linkstyp mit unvollständigem Rechtsschenkelblock auf. Der Geräuschbefund ergibt bei Einbeziehung der Atrioventrikularklappen zusätzlich eine Mitral- und/oder Trikuspidalinsuffizienz.

Bei der **Ebstein-Anomalie** findet man im Röntgen-Thorax einen stark vergrößerten rechten Vorhof bei kleinem rechtem Ventrikel („Bocksbeutelherz", Abb. 62-4).

DS *Diagnosesicherung*

Die Diagnose wird durch die transthorakale und transösophageale Echokardiographie, insbesondere durch Zuhilfenahme von Echokontrastmitteln, gesichert. Der Beweis erfolgt durch eine Rechtsherzkatheteruntersuchung, die eine Erhöhung der rechtsatrialen Sauerstoffsättigung mit charakteristischem Sättigungssprung zwischen den Venae cavae und dem Atrium zeigt. Der Septumdefekt ist in der Regel mit dem Katheter zu passieren.

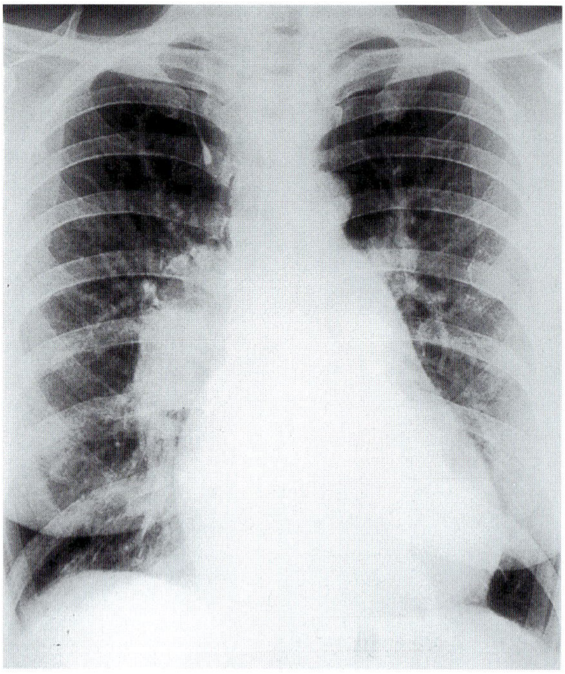

Abb. 62-3 Röntgenbefund bei großem atrialem Septumdefekt: Der Pulmonalisbogen ist erweitert, die Lunge hyperperfundiert. Der rechte Ventrikel wird links randbildend.

DD *Differentialdiagnose*

Einen ähnlichen Geräuschbefund kann man gelegentlich bei Patienten mit einer **Trichterbrust** finden.

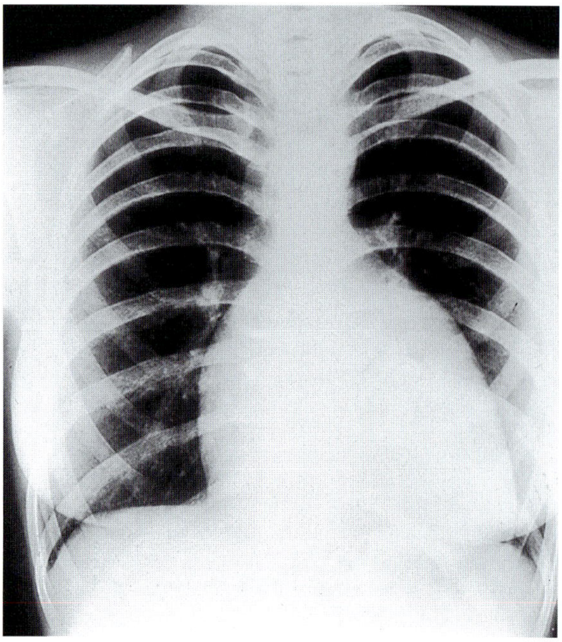

Abb. 62-4 Röntgenbild des Thorax eines Patienten mit Ebstein-Anomalie. Man erkennt das kugelförmig nach rechts und in diesem Fall nur gering nach links ausladende Herz. Die Lungengefäßzeichnung ist rarefiziert.

Ferner sind **Zustände mit einem erhöhten Herzzeitvolumen** (Anämie, Fieber, Hyperthyreose) abzugrenzen. Pulmonalstenose, Ventrikelseptumdefekt und offener Ductus arteriosus Botalli sind wegen des völlig anderen Geräuschbefundes einfach auszuschließen.

Ventrikulärer Septumdefekt (VSD)

Die Häufigkeit des isolierten VSD liegt bei etwa 25% der kongenitalen Vitien. Da es sich um eine Störung des Anschlusses vom ventrikulären Septum an das untere Endokardkissen handelt, liegt der VSD nahezu immer im Bereich der Herzbasis, also in der Pars membranacea und dem basisnahen Septum. Pathophysiologisch besteht ein Links-Rechts-Shunt mit Volumenbelastung des gesamten Herzens mit Ausnahme des rechten Vorhofs. Die Prognose sowie die weiteren Auswirkungen hängen entscheidend von der Größe des Defekts ab. Ein Defekt bis zu etwa 4 mm ist „drucktrennend" mit geringem Shuntvolumen (ca. 1,5–3 l/min) ohne eine nennenswerte Beeinträchtigung der Hämodynamik. Dagegen können große Defekte von 1–1,5 cm Durchmesser im Vergleich zum Herzzeitvolumen des großen Kreislaufs ein 3–4mal so großes Shuntvolumen verursachen. Entscheidend für die Größe des Shuntvolumens sind neben der Defektgröße die Druckverhältnisse im kleinen Kreislauf. So sind Neugeborene mit einem größeren VSD nur dann lebensfähig, wenn sich der pulmonalarterielle Widerstand nicht normalisiert. Bei etwa 30–50% der Patienten verschließt sich ein kleinerer VSD in den ersten Lebensjahren spontan. Eine Zyanose als Ausdruck einer Eisenmenger-Reaktion wird bei etwa 20% der Patienten mit größeren Defekten gefunden, wobei der typische Geräuschbefund in der Regel verschwindet. Der VSD ist relativ häufig mit anderen kardialen Fehlbildungen kombiniert.

B *Beschwerden und Befunde*

Patienten mit kleinem VSD haben keine Beschwerden, und ihre Prognose ist, sofern sie keine Endokarditis entwickeln, normal. Bei mittleren und größeren Defekten steht die Entwicklung einer **Linksherzinsuffizienz** mit ihren typischen Symptomen im Vordergrund. Häufige **Bronchitiden** sind Folgen des vermehrten Lungendurchflusses. Kleinkinder können in ihrer Entwicklung verzögert sein. Im Gegensatz zum ASD neigen Patienten mit einem VSD zu bakteriellen Endokarditiden. Bei Shuntumkehr (Eisenmenger-Reaktion) steht die zentrale Zyanose, meistens verbunden mit Polyglobulie und **Trommelschlegelfingern** (Abb. 62-5), im Vordergrund.

Auskultatorisch findet sich bei einem kleinen Defekt ein **sehr lautes holosystolisches Geräusch** mit Punctum maximum über dem Erbschen Punkt, treffend mit „viel Lärm um nichts" umschrieben. Mit zu-

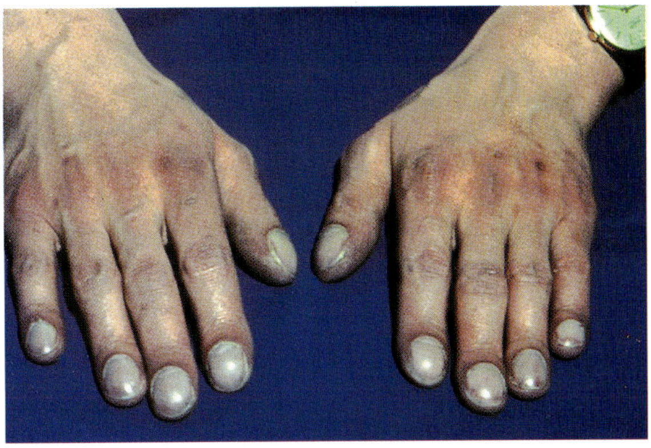

Abb. 62-5 Zyanotische Hand mit Trommelschlegelfingern und Uhrglasnägeln eines 21jährigen Patienten mit Ventrikelseptumdefekt und Shuntumkehr.

nehmender Defektgröße wird dieses Geräusch leiser und verschwindet bei Shuntumkehr.

Das EKG zeigt bei mittleren Defekten vorwiegend eine Linksherzbelastung, bei Vorhandensein einer pulmonalen Hypertonie Rechtsherzbelastungszeichen.

Der Röntgenbefund wird vom deutlich prominenten Pulmonalisbogen und von der Erweiterung der arteriellen Lungengefäße aufgrund der Hyperperfusion bestimmt. Der linke Ventrikel und der linke Vorhof sind vergrößert, die Aorta ist schmal.

DS *Diagnosesicherung*

In der apparativen Diagnostik steht bei Kindern die transthorakale und beim Erwachsenen zusätzlich die transösophageale Echokardiographie mit Kontrast- und Doppler-Echokardiographie im Vordergrund. Zur weiteren Sicherung der Diagnose und zur Quantifizierung des Defekts ist eine Rechtsherzkatheteruntersuchung mit Druckmessungen und O_2-Sättigungsbestimmungen entscheidend. Die Kontrastmittelangiographie dient zur direkten Darstellung des Defekts, ferner zur Diagnostik weiterer Fehlbildungen.

DD *Differentialdiagnose*

Insbesondere bei kleineren Defekten ohne eindeutige röntgenologische oder EKG-Zeichen muß wegen des ähnlichen Geräuschbefundes eine Pulmonal- oder Aortenstenose in Erwägung gezogen werden. Eine **Aortenstenose** läßt sich durch den Geräuschcharakter (Ausstrahlung in die Karotiden) und letztlich echokardiographisch unterscheiden. Der **ASD** unterscheidet sich vom VSD durch den Geräuschbefund und im Röntgenbild durch eine fehlende Vergrößerung des linken Ventrikels und linken Atriums. Da Kombinationen eines VSD mit anderen Fehlbildungen häufig sind, kann in vielen Fällen erst die Herzkatheteruntersuchung die Diagnose sichern. Die Kontrastechokardiographie klärt die Shuntverhältnisse.

Persistierender Ductus arteriosus Botalli

Der Ductus arteriosus Botalli verbindet die Bifurkation der Pulmonalarterie mit dem distalen Aortenbogen oder dem Beginn der Aorta descendens und führt bis zur Geburt aufgrund des hohen Gefäßwiderstandes im kleinen Kreislauf zu einem physiologischen **Rechts-Links-Shunt.** Nach der Geburt sinkt mit der Entfaltung der Lunge der pulmonalarterielle Widerstand. Physiologischerweise verschließt sich der Ductus arteriosus in den ersten Lebenswochen. Beim Ausbleiben dieses Verschlusses kommt es zum Links-Rechts-Shunt, der zu einer Volumenbelastung des linken Vorhofs und Ventrikels sowie der Aorta ascendens führt, ohne daß es durch den druckreduzierenden Duktus zu einer Übertragung des Aortendrucks in den Pulmonalkreislauf kommt. Bei sehr großen Shuntvolumina kann es zwischen dem 10. und 40. Lebensjahr zur pulmonalen Hypertonie mit Shuntumkehr und Zyanose der unteren Körperhälfte (Eisenmenger-Reaktion) kommen. Die Häufigkeit des persistierenden Ductus arteriosus liegt bei 10–12% der angeborenen Vitien.

B *Beschwerden und Befunde*

Die Prognose hängt von der Größe des Duktus ab und reicht vom Tod im frühen Kindesalter bis zur normalen Lebenserwartung bei kleinem Duktus. Kinder mit großem Duktus und damit großem Shuntvolumen sterben ohne operativen oder interventionellen Verschluß früh an einer Linksherzinsuffizienz. Bei mittelgroßem Duktus entwickelt sich eine **Linksherzhypertrophie.** Auffallend ist die Neigung zu **bronchopulmonalen Infekten.** Auch eine bakterielle Aortitis bzw. Duktitis mit eventuellen septischen Embolien tritt bei 5–10% der Patienten auf. Das Herz ist nach links verbreitert. Beim Auftreten einer pulmonalen Hypertonie beherrschen Dyspnoe und rasche Ermüdbarkeit das klinische Bild. Da der Duktus distal des Abgangs der linken Arteria subclavia in die Aorta mündet, kommt es bei der Shuntumkehr zu einer **„dissoziierten Zyanose“**, die nur die untere Körperhälfte betrifft. Es finden sich **Trommelschlegelzehen,** während Trommelschlegelfinger fehlen. Die Blutdruckamplitude ist ähnlich wie bei der Aorteninsuffizienz hoch. Bei einem kleinen Duktus ist die Prognose normal.

Für die Diagnose ist der charakteristische Auskultationsbefund wegweisend: Im 2. ICR links oder unter der linken Klavikula hört man das **systolisch-diastolische Maschinengeräusch,** das sich systolisch bis in den Rücken fortpflanzt und einen spindelförmigen Charakter mit einem Maximum beim 2. Herzton hat. Bei Shuntumkehr (Eisenmenger-Reaktion) verschwindet das Geräusch. Das EKG ist bei vielen Patienten normal. Bei großem Shuntvolumen zeigt es Linksherzbelastungszeichen, mit Ausprägung einer pulmonalen Hypertrophie kommen Rechtsbelastungszeichen hinzu. Das Röntgenbild zeigt neben einer Verstärkung der Lungengefäßzeichnung eine Vergrößerung des linken Atriums und Ventrikels bei Vorwölbung des Pulmonalisbogens. Auch der Aortenbogen ist meistens erweitert. Mit zunehmender pulmonaler Hypertonie vergrößert sich das rechte Herz im Tiefendurchmesser mit Betonung des pulmonalen Ausflußtrakts.

DS *Diagnosesicherung*

Eine direkte Darstellung des Ductus arteriosus mit der Echokardiographie ist nur im Säuglings- und Kleinkindesalter möglich. Im Vordergrund der Diagnosesicherung stehen die direkte Sondierung des Duktus mittels Herzkatheter und die angiographische Darstellung.

DD *Differentialdiagnose*

In erster Linie ist ein **kombiniertes Aortenvitium** abzugrenzen, das sich durch ein ähnliches Geräusch präsentiert, aber in Systole und Diastole deutlich getrennt ist mit rechts-parasternalem Maximum. Mit Hilfe des Röntgenbildes, das beim offenen Ductus arteriosus Botalli eine Hypervolämie der Lunge zeigt, sowie der Echokardiographie ist die Differentialdiagnose eines kombinierten Aortenvitiums leicht auszuschließen. Im Spätstadium der pulmonalen Hypertonie mit Rechtsherzbelastung ist die Abgrenzung zum **VSD mit Eisenmenger-Reaktion** evtl. schwierig und kann meistens erst durch die Katheteruntersuchung gesichert werden, da das typische Maschinengeräusch verschwindet. Die dissoziierte Zyanose bleibt jedoch wegweisend.

62.4.2.2 Kongenitale Vitien ohne Shunt

Kinder mit valvulärer und/oder infundibulärer **Pulmonalstenose** sowie kongenitalen Formen der **Aortenstenose** und Aorteninsuffizienz erreichen trotz der Erkrankung häufig das Erwachsenenalter. Bei der Aortenstenose werden häufigere **valvuläre** von selteneren **subvalvulären** und **supravalvulären** Stenosen unterschieden. Eine angeborene **Aorteninsuffizienz** findet sich gelegentlich bei bikuspider Aortenklappe. Erworbene Aortenvitien sind jedoch wesentlich häufiger, wobei in manchen Fällen nicht zu unterscheiden ist, inwieweit sich eine angeborene Anomalität durch Komplikationen im Verlauf, z.B. durch eine Endokarditis oder eine Sklerosierung, erst zu einem hämodynamisch relevanten Vitium entwickelt hat. Die Symptomatik unterscheidet sich nicht von der bei erworbenen Aortenklappenfehlern. Eine Zyanose kann als periphere Zyanose bei reduziertem Herzzeitvolumen im Stadium der Dekompensation oder als zentrale Zyanose bei Lungenödem vorkommen.

Pulmonalstenose

Die Häufigkeit der **valvulären** Pulmonalstenose beträgt ca. 16% aller kongenitalen Vitien. Bei etwa einem Drittel findet sich zusätzlich ein ASD. Die **infundibuläre** Stenose ist wesentlich seltener und tritt fast immer in Kombination mit anderen Fehlbildungen auf. Bei der isolierten Pulmonalstenose kommt es zu einer konzentrischen Hypertrophie des rechten Ventrikels, zunächst ohne Herzvergrößerung. Man unterscheidet **leichte Formen** mit einem systolischen Druck im rechten Ventrikel von maximal 65 mmHg, entsprechend einem systolischen Druckgradienten von etwa 50 mmHg, von **mittelschweren** (systolischer Druck 65–100 mmHg) und **schweren** Stenosen (systolischer Druck über 100 mmHg). Während bei leichten Stenosen keine hämodynamische Beeinträchtigung vorliegt, zeigt sich bei mittelschweren und schweren Stenosen zumindest eine unzureichende Steigerung des Herzzeitvolumens unter Belastung. Im Laufe des Lebens kann es zur Rechtsherzdekompensation kommen. Die Lebenserwartung ist bei Patienten mit leichten Stenosen normal, bei schweren Pulmonalstenosen versterben die Patienten ohne Therapie meistens in der 3. Lebensdekade.

B *Beschwerden und Befunde*

Patienten mit leichten und mittelschweren Pulmonalstenosen sind viele Jahre **beschwerdefrei,** bis sie dann Palpitationen und Belastungsdyspnoe entwickeln. Bei schweren Pulmonalstenosen tritt schon frühzeitig eine **periphere Belastungszyanose** auf, die bei Dekompensation auch in Ruhe vorhanden ist.

Inspektorisch fällt häufig eine Voussure auf, weiterhin pulssynchrone Hebungen und tastbares Schwirren am linken Sternalrand. Zu auskultieren ist ein lautes, rauhes Systolikum mit Punctum maximum im 2. ICR links-parasternal. Der 2. Herzton ist fixiert gedoppelt.

Das EKG zeigt bei mittelschweren und schweren Stenosen die Zeichen der Rechtsbelastung mit Steil- oder Rechtstyp sowie rechtsventrikuläre Hypertrophiezeichen.

Im Röntgenbild ist die poststenotische Erweiterung der Arteria pulmonalis mit prominentem Pulmonalisbogen auffällig. Die Lungenperipherie ist bei höhergradigen Stenosen minderperfundiert. Der Transversaldurchmesser des Herzens ist lange Zeit normal, wobei der rechte Ventrikel mit seinem Ausflußtrakt im Laufe der Zeit links randbildend wird und das linke Herz nach hinten verschiebt.

DS *Diagnosesicherung*

Die Diagnose läßt sich mit der Doppler-Echokardiographie sichern. Der Schweregrad ist durch Messung des Druckgradienten mittels Rechtsherzkatheteruntersuchung festzustellen. Mit der rechtsventrikulären Angiographie lassen sich infundibuläre und valvuläre Stenosen darstellen.

DD *Differentialdiagnose*

Ausgehend vom Geräuschbefund muß differentialdiagnostisch vor allem eine **Aortenstenose** in Erwägung gezogen werden. Dabei sichern jedoch die unterschiedliche Lokalisation und Ausstrahlung des Systolikums der Aortenstenose in die Karotiden sowie vor allem das EKG (Linksbelastungszeichen!) die richtige klinische Diagnose. Endgültige Klarheit erbringen die Echokardiographie und der Herzkatheterbefund einschließlich Angiokardiographie.

62.4.3 Seltene Ursachen einer Zyanose

Hier ist in erster Linie die extrem seltene erworbene (toxische) und die angeborene **Methämoglobinämie** zu nennen. Das Eisen des Hämoglobins liegt dabei zum Teil in dreiwertiger Form als **Hämiglobin** vor und kann daher keinen Sauerstoff übertragen. Der physiologische Anteil des Hämiglobins liegt bei 0,2–1,5% des Gesamthämoglobins. Bei Konzentrationen von über 10% tritt eine zunehmende blaugraue bis grünliche Zyanose auf. Symptome der Hypoxie wie Müdigkeit, Tachykardie und Dyspnoe treten erst ab 40% auf. Als Methämoglobinbildner wirken folgende Stoffe: Nitrite und Nitrate (z.B. Nitroglycerin, Amylnitrit, Silbernitrat), Nitrosegase (beim Schweißen), Chlorate, Analgetika (z.B. Phenacetin), Sulfonamide und Anilinderivate. Der zeitliche Zusammenhang zwischen der Einnahme eines Methämoglobinbildners und der Zyanose sowie das prompte Verschwinden nach Absetzen des Agens können wegweisend sein. Das Blut ist dunkel schokoladenfarben und hellt sich bei Zugabe von Sauerstoff, z.B. beim Schütteln, nicht auf. Manchmal tritt eine Hämolyse auf. Weiterhin fehlen klinische Zeichen oder anamnestische Angaben bezüglich kardiopulmonaler Erkrankungen. Angeborene Hämoglobin- oder Enzymdefekte können im Rahmen sehr seltener Methämoglobinämien entstehen. Der Vollständigkeit halber ist die extrem seltene Sulfhämoglobinämie zu nennen, bei der es zu einer Denaturierung des Hämoglobins kommt.

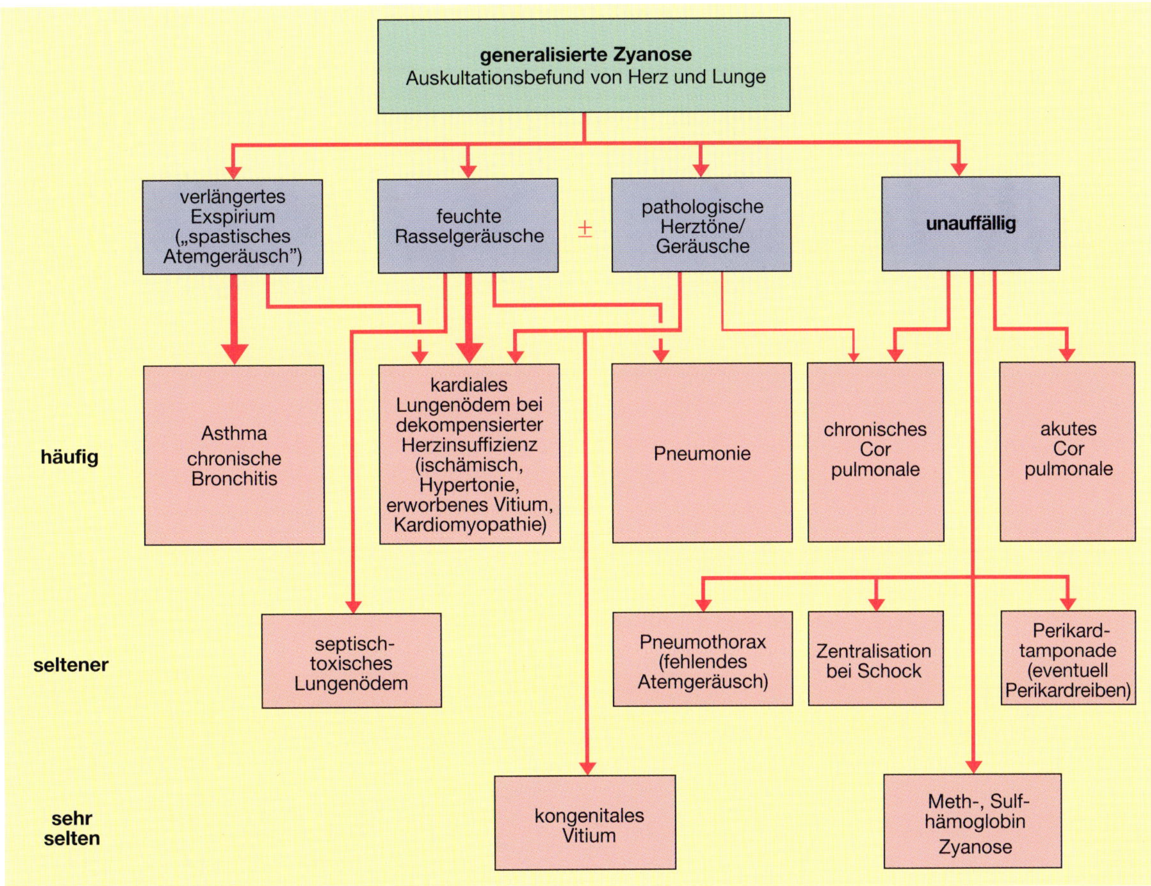

Abb. 62-6 Ursachen für eine generalisierte Zyanose.

62.5 Zusammenfassung

Eine Zyanose ist leicht zu erkennen. Wichtig ist eine sorgfältige Auskultation des Herzens und der Lunge. Die Abbildung 62-6 gibt schematisch die Zuordnung häufiger und seltener Ursachen einer Zyanose zum kardiopulmonalen Auskultationsbefund wieder. Asthma bronchiale, eine Pneumonie, ein chronisches Cor pulmonale oder eine akute Lungenembolie sind in der Klinik häufige Ursachen einer Zyanose. Diese Krankheitsbilder sind durch die Auskultation der Lunge und des Herzens voneinander abzugrenzen. Bei einem chronischen Cor pulmonale ist neben dem EKG der Lungenbefund wegweisend, und in der Anamnese finden sich chronisch-rezidivierende Bronchitiden oder ein Asthma bronchiale, evtl. rezidivierende Lungenembolien bei Phlebothrombosen. Beim akuten Cor pulmonale führt die typische klinische Symptomatik mit heftiger Atemnot, Thoraxschmerz, Hypotension und eventuell Schock zur Diagnose. Apparative Zusatzuntersuchungen dienen der Objektivierung des klinischen Befundes, haben aber auch differentialdiagnostische Bedeutung wie die Echokardiographie bei der Diagnostik von Vitien. Lokale Zyanosen sind häufig die Folge von lokalen venösen Abflußstörungen z.B. bei Phlebothrombose oder postthrombotischem Syndrom. Eine obere Einflußstauung mit Zyanose ist in der Regel durch eine Kompression der oberen Hohlvene bedingt, verursacht z.B. durch Lymphome, Tumoren oder eine Struma.

63 Laborbefunde als führende Zeichen

O. E. Janssen, K. Horn, M. Spannagl, P. C. Scriba

Laboruntersuchungen haben eine zentrale Bedeutung in der heutigen Medizin erlangt. Häufig ist eine definierte abnorme Laborkonstellation beweisend für eine bestimmte Erkrankung oder richtungweisend für differentialdiagnostische Überlegungen. Dies darf jedoch nicht zum „ungezielten" Einsatz von Ketten von Laboruntersuchungen („Screening") führen, vielmehr sollte der gezielt bestimmte Laborwert zum Ausschluß einer möglichen oder zur Bestätigung einer nach Anamnese und Untersuchung bereits vermuteten Diagnose dienen. In diesem Kapitel sind nur für differentialdiagnostische Überlegungen wesentliche sowie die für bestimmte „erlaubte" Screeninguntersuchungen erforderlichen Laborwerte dargestellt.

63.1 Definition

Generell ist ein abnormer Laborwert in der Klinik vor allem von Bedeutung, wenn er sich mit einem pathologischen Befund korrelieren läßt. Der gezielte Einsatz von Laboruntersuchungen dient im Idealfall lediglich zum Ausschluß einer möglichen oder der Bestätigung einer nach Anamnese und Untersuchung vermuteten Diagnose. Der überraschenderweise pathologische Laborwert erfordert eine besonders kritische Bewertung. Die undifferenzierte Anforderung von Laborwerten oder gar eines „Routine-Laborscreenings" verursacht unnötige Kosten und Belastungen für den Patienten und kann durch einseitiges Heranziehen von Laborwerten zu Fehldiagnosen führen.

Bei allen Laboruntersuchungen ist zudem die **Spezifität,** d.h. der Anteil der richtig als normal gemessenen Werte, und die **Sensitivität,** d.h. der Anteil der richtig als pathologisch gemessenen Werte der verwendeten Untersuchungsmethode zu berücksichtigen. Zu berücksichtigen ist auch, daß der Normalbereich der meisten Laboruntersuchungen als zwei Standardabweichungen um den Mittelwert definiert ist und somit a priori 5% aller normalen Patienten falsch als pathologisch eingestuft werden (2,5% zu hohe und 2,5% zu niedrige Werte). Selbstverständlich ist bei allen Laborwerten der eigene Normalbereich des untersuchenden Labors zu beachten.

63.2 Übersicht richtungweisender Laborbefunde

Auf eine systematische Darstellung pathologischer Laboruntersuchungen wird mit Blick auf gute Lehrbücher der Klinischen Chemie verzichtet. Die folgenden Ausführungen sollen vielmehr eine Übersicht über richtungweisende Laboruntersuchungen und „erlaubte" Screeninguntersuchungen geben.

▷ So erlaubt die zunehmende prophylaktische Untersuchung von Risikoparametern eine frühzeitige Erkennung von gravierenden Erkrankungen, deren Folgen nur so erfolgreich vermieden oder behandelt werden können, zum Beispiel:
- Cholesterin ([→ Kap. 63.4.1], KHK [→ Kap. 41], pAVK [→ Kap. 42])
- genetisches Screening bei Erbkrankheiten (z.B. MEN [→ Kap. 44.4.2])
- Hämoccult (kolorektales Karzinom [→ Kap. 10.4.2])
- Harnsäure (asymptomatische Hyperurikämie [→ Kap. 43.4.7]).

▷ Wenn primäre Überlegungen keine greifbaren Ergebnisse bringen, ist eine gezielte Ausweitung der Diagnostik erforderlich, so z.B. bei
- Despression (TSH-Erhöhung bei Hypothyreose [→ Kap. 1])

▷ Gewisse unspezifische Symptome erfordern ein Minimal-Screening, so z.B. bei:
- Fieber [→ Kap. 14.3.3]
- Blutungen [→ Tab. 9-10 und 9-11]
- Leistungsknick [→ Kap. 51]
- Bewußtseinsstörungen [→ Tab. 7-1]
- Giftnachweis bei Intoxikationen [→ Kap. 7]
- Medikamentenabusus [→ Kap. 11.4.6 und Tab. 11-13]
- unklare Tumoren oder Raumforderungen [→ Kap. 51]
- Chronic-fatigue-Syndrom [→ Kap. 1 und Tab. 1-7],

- Anorexie [→ Kap. 2]
- Über- und Untergewicht [→ Kap. 18.3.3]

▷ Gewisse Grundkrankheiten erfordern regelmäßige Kontrolluntersuchungen zur Therapiekontrolle oder zum Screening der Folgeerkrankungen, so z.B. bei:
- Diabetes mellitus (Blutzucker [→ Kap. 12]; Creatinin und Harnstoff bei diabetischer Nephropathie [→ Kap. 12.4.1/12.4.2])
- Hepatitis (Transaminasen, Cholinesterase, Gerinnung, Albumin bei Leberzirrhose [→ Kap. 31])
- Niereninsuffizienz (Creatinin, Harnstoff, Kalium [→ Kap. 8.4.5 und 60.4.7])
- Thrombosen [→ Kap. 42.4.4], Vorhofflimmern [→ Kap. 23] (Quicktest bei Marcumarisierung, PTT bei Heparinisierung)

▷ Bei bestimmten Erkrankungen sind die Laborwerte häufig pathologisch, lange bevor der Patient Symptome entwickelt, so zum Beispiel:
- TSH bei Hyper- [→ Kap. 23.4.2] und Hypothyreose [→ Kap. 1.4.4]
- Blutbildveränderungen bei hämatologischen Erkrankungen [→ Kap. 32], z.B. auch Polycythaemia vera [→ Kap. 44.4.7]
- Elektrolyte bei Hypodipsie im Alter [→ Kap. 12.4.6]
- Hypokaliämie z.B. bei enteralem Kaliumverlust [→ Abb. 26.6], Bartter- und Pseudo-Bartter-Syndrom [→ Kap. 60.4.5] oder medikamentös induzierten Ödemen [→ Kap. 53.4.5]
- Hyperkaliämie (und Hyponatriämie) bei M. Addison [→ Kap. 18.4.2.2]
- Hyponatriämie bei SIADH [→ Kap. 53.4.11]
- Hämaturie und Proteinurie z.B. bei Nierenerkankungen [→ Kap. 20]
- Urin-Stix und -Sediment z.B. bei Harnwegsinfekt [→ Kap. 60]
- Glukosurie (Diabetes mellitus [→ Kap. 12])
- Mikroalbuminämie (z.B. diabetische Nephropathie [→ Kap. 12.4.1/12.4.2]),
- Hyperkalzämie bei primärem Hyperparathyreoidismus [→ Kap. 12.4.4 und Abb. 12-7, Differentialdiagnose → Tab. 60-4]
- APH bei Osteomalazie und M. Paget [→ Kap. 45, Differentialdiagnose → Cholestase, Kap. 15]
- isolierte γGT-Erhöhung oder Erhöhung des MCV bei Alkoholabusus [→ Kap. 8.4.2, 15.4.3, 46.4.6 und 56.4.1]
- monoklonale Gammopathie bei Plasmozytom [→ Kap. 45.4.4]

▷ Bestimmte Laborwerte erlauben eine Zuordnung zu einem Zeitraster (Zeitpunkt des Krankheitsbeginns), mit großer Bedeutung für die Initiation der korrekten Therapie, so z.B.
- CK, GOT, LDH bei Myokardinfarkt [→ Kap. 41],
- Hepatitisserologie [→ Kap. 15]

▷ Bestimmte Laboruntersuchungen ermöglichen eine definitive Ausschlußdiagnostik, die andere, aufwendigere Untersuchungen unnötig machen, so schließt zum Beispiel
- ein negatives D-Dimer eine Thrombose [→ Kap. 63.4.2] aus, so daß keine Dopplersonographie oder Phlebographie mehr erforderlich ist.

63.3 Störfaktoren und Fehlbestimmungen

Bei der Labordiagnostik fallen gelegentlich grob von der Norm abweichende Meßwerte auf, die nicht zu dem vermuteten klinischen Krankheitsbild passen. In der Praxis wird dieser unerwartete Befund entweder als unplausibel ignoriert („Laborente"), wiederholt, möglicherweise mit einer unnötigen Ausweitung der Diagnostik, oder zum Anlaß für diagnostische oder sogar therapeutische Irrwege genommen. Zur richtigen Interpretation ist die Kenntnis der möglichen Störfaktoren und Fehlbestimmungen der verschiedenen Laborparameter sowie ihrer Fehldeutung erforderlich. Die häufigsten Beispiele für „falsch pathologische" Resultate sind:

▷ **Störfaktoren und Fehlbestimmungen**
- durch EDTA induzierte Pseudo-Thrombo- und -Leukopenie
- fehlerhafte Bestimmung des roten Blutbildes bei Vorliegen von Kälteagglutininen
- Pseudo-Hypoglykämie wenn Vollblut statt Natriumfluorid-Röhrchen verwendet werden
- Pseudo-Hyperkaliämie bei Hämolyse durch zu langes Stauen bei der Blutabnahme
- grob von den erwarteten Werten abweichende Elektrolyte, Glukose oder Gerinnungsparameter bei Blutabnahme aus „laufender Infusion" oder ungenügendem Spülen von zentralen oder peripheren Zugängen

▷ **Fehldeutung**
- fälschlicherweise erhöhte Katecholamine, Prolaktin oder Cortisol bei inadäquater Patientenvorbereitung oder streßreicher Blutabnahme
- durch Glukokortikoidtherapie oder Schwangerschaft induzierte Leukozytose
- Nieder-T3-Syndrom mit niedrigem TSH nicht als Ausdruck einer Hyperthyreose sondern bei schweren Allgemeinerkrankungen
- Nichtbeachtung von Albumin und pH-Wert bei der Beurteilung des Kalziums im Serum
- erhöhter CK nicht nur bei Herzmuskelschädigung [→ Kap. 41], sondern auch bei Skelettmuskelschädigung [→ Kap. 35 und 47] oder Hypothyreose [→ Kap. 1], bzw. extrem hohem Anteil der CK-MB bei Freisetzung von CK-BB! bei Apoplex, Mesenterialinfarkt oder aus Uterus, Blase oder Prostata
- hohe Werte für Gesamt-Thyroxin oder -Cortisol bei Östrogentherapie (orale Kontrazeption).

63.4 Krankheitsbilder

63.4.1 Hyperlipoproteinämien

Hyperlipoproteinämien sind Fettstoffwechselstörungen mit erhöhter Konzentration von Lipoproteinen im Serum und eventuell Verschiebungen der Lipoproteinanteile. Unterschieden werden die autosomal vererbten, **primären** Formen, die 3 % der Bevölkerung betreffen und eigentlich nach genetischen Kriterien differenziert werden sollten; dies ist jedoch bisher nur teilweise oder mit großem Aufwand möglich, so daß sie entsprechend den pathologischen Serumkonzentrationen an Cholesterin und Triglyzeriden (nach mindestens 12stündiger Nahrungskarenz) deskriptiv in drei Gruppen (Hypertriglyzeridämie [>180 mg/dl], Hypercholesterinämie [>200 mg/dl] und kombinierte Hyperlipidämie [Erhöhung von Triglyzeriden und Cholesterin]) oder nach Fredrickson in die Typen I bis V eingeteilt werden. Die Einteilung nach Fredrickson ist jedoch veraltet, sehr aufwendig und für die Praxis ungeeignet. Sie berücksichtigt ferner die prognostisch wichtige HDL-Fraktion nicht. Modernere Klassifikationen erfolgen nach pathophysiologischen und genetischen Gesichtspunkten (Tab. 63-1).

Sekundäre Hyperlipoproteinämien betreffen in unserer „Wohlstandsgesellschaft“ bis zu 70% der Bevölkerung. Sie sind die Folge einer anderen Erkrankung (Diabetes mellitus [→ Kap. 12], Adipositas [→ Kap. 18], biliäre Zirrhose [→ Kap. 15], Pankreatitis [→ Kap. 46.4.6], Cholestasesyndrom [→ Kap. 15], Zieve-Syndrom [→ Kap. 15.4.1], nephrotisches Syndrom [→ Kap. 53], Hypothyreose [→ Kap. 1]), alimentär (Überernährung [→ Kap. 18], fettreiche Mahlzeiten, Alkoholkonsum) oder medikamentös (z.B. hormonelle Kontrazeptiva, Thiazide) bedingt.

Das **„metabolische Syndrom“**, das mit einer Insulinresistenz der Skelettmuskulatur mit konsekutiver Hyperinsulinämie und vorzeitiger Atherosklerose einhergeht, faßt eine Hyperlipoproteinämie, stammbetonte Adipositas, pathologische Glukosetoleranz bzw. einen Typ-II-Diabetes-mellitus, eine essentielle Hypertonie und eine Hyperurikämie zusammen.

63

Tab. 63-1 Primäre Hyper-, Dys- und Hypolipoproteinämien (aus: Classen, Diehl, Kochsiek: Innere Medizin; Urban & Schwarzenberg, München–Wien–Baltimore 1994)

Feststoffwechselstörung	Erhöhte Lipoproteinfraktion	Erhöhte Serumlipide	Einteilung n. Fredrickson	Erbgang	Häufigkeit	Arteriosklerose-Risiko
Polygene Hypercholesterinämie	LDL	Cholesterin	Typ IIa	polygen	sehr häufig	hoch
Kombinierte Hyperlipidämie	LDL oder VLDL oder LDL und VLDL	Cholesterin oder Triglyzeride oder Chol. und Trigl.	Typ IIa oder Typ IV oder Typ IIb	dominant	1 : 300	hoch
Familiäre Hypercholesterinämie	LDL	Cholesterin	Typ IIa	kodominant	heterozygot 1 : 500 homozygot 1 : 1 000 000	sehr hoch extrem hoch
Familiäre Dysbetalipoproteinämie	Chylomikronen- und VLDL-Remnants			rezessiv	1 : 100	keines
Familiäre Hyperlipidämie Typ III	Chylomikronen- und VLDL-Remnants	Cholesterin und Trigylzeride	Typ III	polygen	1 : 5000	hoch
Sporadische Hypertrigylzeridämie	VLDL oder VLDL und Chylomikronen	Triglyzeride	Typ IV oder Typ V	polygen	häufig	keines
Familiäre Hypertriglyzeridämie	VLDL oder VLDL und Chylomikronen	Triglyzeride	Typ IV oder Typ V	dominant	1 : 500	keines
Familiäre Lipoproteinlipase- oder Apolipoprotein-C-II-Mangel	Chylomikronen oder Chylomikronen und VLDL	Triglyzeride	Typ I	rezessiv	sehr selten	keines
Familiäre Hypoalphalipoproteinämie	HDL vermindert			dominant	häufig	hoch

B *Beschwerden und Befunde*

- Arteriosklerose (KHK [→ Kap. 41], pAVK [→ Kap. 42] und zerebrale Durchblutungsstörungen [→ Kap. 30], Aortenstenose [→ Kap. 41.4.7]
- Pankreatitis [→ 46.4.6]
- Xanthome [→ Tab. 21-13]
- Fettleber, Hepatosplenomegalie [→ Kap. 15]
- Arcus corneae [→ Kap. 5]

DS *Diagnosesicherung*

Bestimmung von Triglyzeriden, Gesamt-, HDL- und LDL-Cholesterin im Serum nach mindestens 12stündiger Nahrungskarenz.

DD *Differentialdiagnose*

Die Differenzierung der verschiedenen Formen der Hyperlipoproteinämien erfolgt entsprechend den oben bereits dargestellten Kriterien. Entscheidend ist die Abgrenzung sekundärer Fettstoffwechselstörungen durch Diagnostik auf Diabetes mellitus [→ Kap. 12], Leber- oder Gallenwegserkrankungen [→ Kap. 15], Pankreatitis [→ Kap. 46.4.6], Hypothyreose [→ Kap. 1], nephrotisches Syndrom [→ Kap. 53], Alkoholkonsum [→ Kap. 8.4.2, 15.4.3, 46.4.6 und 56.4.1], Übergewicht [→ Kap. 18]. Die Ermittlung weiterer Risikofaktoren (Rauchen, Diabetes mellitus, Hypertonie, positive Familienanamnese) hat große Bedeutung in der Abschätzung des Risikos für eine koronare Herzerkrankung [→ Kap. 41] oder einer Arteriosklerose (pAVK [→ Kap. 42]). In unklaren Fällen oder bei Verdacht auf eine familiäre Hypercholesterinämie erfolgen Spezialuntersuchungen (Lipoproteinelektrophorese, Bestimmung der Apolipoproteine, LDL-Rezeptorbestimmung).

63.4.2 Thrombophile Diathese

In der Regel sind thromboembolische Erkrankungen des venösen Gefäßsystems [→ Kap. 42.4.4 und 42.4.5] multifaktorieller Genese. Neben Verletzungen, Operationen, Autoimmunerkrankungen und Malignomen spielen angeborene oder erworbene Veränderungen von Gerinnungs- und Fibrinolysefaktoren eine wesentliche Rolle. Die Prävalenzzahlen solcher biochemisch charakterisierter, prädisponierender Faktoren für Deutschland sind ca 6% für Faktor-V-Leiden, 0,02% für AT-III-, 1% für Protein-C- und 1–2% für Protein-S-Mangel oder -Dysfunktion.

Die **Basisdiagnostik** bei Hämostasestörungen umfaßt die folgenden **Laborbestimmungen:** aPTT (lupusempfindlich), Faktor-V-Leiden, Protein S, Protein C und AT III.

Eine Punktmutation auf Faktor V ist bis jetzt die einzig bekannte Ursache einer APC-Resistenz (aktiviertes Protein C), deswegen sollten auch Testmethoden verwendet werden, die auf diese Punktmutation fokussieren (z.B. durch Verwendung von Faktor-V-Mangelplasma).

Der Einfluß von Akut-Phasen-Reaktionen und Akuttherapie auf die Testmethoden muß ebenso wie die Erniedrigung von Protein-C- und -S-Spiegeln unter Vitamin-K-Antagonisten berücksichtigt werden, ggf. kann die Diagnostik erst 3 Wochen nach Beendigung einer Antikoagulation durchgeführt werden.

Bemerkenswert ist in diesem Zusammenhang, daß insbesonders bei schweren klinischen Verläufen immer wieder Familien mit **Multigendefekten** (z.B. Faktor-V-Leiden und Protein-S-Mangel) gefunden werden.

Eine **erweiterte Diagnostik** sollte nur in Einzelfällen und nur in Spezialambulanzen durchgeführt werden, da bei diesen Parametern methodische Probleme bestehen oder die derzeit bekannten Defekte extrem selten sind:

- Fibrinolyseparameter, (Plasminogen, Antiplasmin, histidinreiches Glykoprotein, tPA [evtl. nach Venenokklussion], PAI I)
- Polymerisationsstörung bei Dysfibrinogen (Thrombinzeit, Reptilase, Thrombinkoagulase)
- Heparin-Kofaktor II
- Homocystein (evtl. nach Methioninbelastung)
- Prothrombinpolymorphismus.

Durch Messung von Aktivierungspeptiden (z.B. F12-Fragment), Enzym-Inhibitorkomplexen (TAT-Komplex) und Spaltprodukten aus Fibrinogen bzw. Fibrin wurde versucht, den aktuellen Aktivierungszustand der Hämostase zu erfassen. Einen klinischen Stellenwert hat allerdings nur der Einsatz von Immunassays, die definierte Epitope auf Fibrinspaltprodukten messen (z.B. D-Dimer) und dies auch nur zum **Ausschluß** einer akuten thromboembolischen Erkrankung. Hohe Werte sind bei jeder Art von Trauma oder Entzündung zu finden und deshalb nicht spezifisch für thromboembolische Erkrankungen.

Nicht geeignet für die labordiagnostische Abklärung einer Thromboseneigung sind Aktivierungsmarker (TAT, D-Dimer, F1+2-Fragment) und ein Thrombelastogramm. Auch die Erfassung der Thrombozytenfunktion bzw. -morphologie hat in der individuellen Diagnostik bei venöser Thromboembolie keinen Stellenwert und bleibt wissenschaftlichen Fragestellungen vorbehalten. Auch die Bestimmung einzelner Gerinnungsfaktoren wie Fibrinogen, PAI I oder Faktor VII, die vor allem bei arteriosklerotischen Läsionen als Risikomarker gelten, erlauben im venösen System keine individuelle Risikoabschätzung.

Zusammenfassend soll sich eine rationale und rationelle Thrombophiliediagnostik ausschließlich an den klinischen Bedürfnissen des Patienten und nicht an den methodischen Möglichkeiten des Gerinnungslabors orientieren.

64 Sonographische Befunde als führende Zeichen

R. R. Schick und M. Classen

Die **Vorteile der Sonographie** liegen zweifellos in ihrer praktisch universellen Verfügbarkeit, auch am Bett des Patienten, ihrer fehlenden Invasivität und ihrer relativen Kostengünstigkeit. Die **Qualität** sonographischer Befunde hängt ganz wesentlich (und mehr als bei anderen Schnittbildverfahren) von der Erfahrung des Untersuchers und der Mitarbeit des Patienten ab. Die Absorption der Ultraschallwellen an Fett und Reflexionen an Luft und Knochen können hinderlich sein. Bei der Untersuchung parenchymatöser Organe (z.B. Leber) weist die Sonographie üblicherweise eine sehr hohe Sensitivität auf, während die Spezifität ungenügend ist. Bei Veränderungen von Organen, deren Beurteilung durch eingeschränkte Untersuchungsbedingungen (z.B. bei Darmgasüberlagerung) reduziert sein kann (z.B. Pankreas), nimmt auch die Sensitivität der Methode ab.

Ein **Screening** ist nur bei relativ häufig vorkommenden Erkrankungen sinnvoll, die initial keine klinischen Symptome verursachen, deren frühzeitige Erkennung aber wesentlich zur Verbesserung der Prognose beiträgt. Im Erwachsenenalter ist vor allem die Früherkennung von bösartigen Tumoren von Relevanz. Da die sonographische Untersuchung aller Oberbauchorgane **bei asymptomatischen Personen (Primär-Screening)** prognostisch relevante Befunde in weniger als 0,5% der Fälle erbringt, gleichzeitig aber in etwa 50% der Fälle prognostisch irrelevante, normabweichende Befunde erhoben werden, erscheint die „Routine"-Sonographie als ungezieltes Primär-Screening bei asymptomatischen Personen nicht sehr sinnvoll. Das **Sekundär-Sreening bei Patienten** mit internistischen Erkrankungen hingegen ist sicherlich nützlich.

64.1 Definition und Abgrenzung

Bei der Ultraschalldiagnostik werden Körpergewebe mit Ultraschallimpulsen einer Sendefrequenz zwischen 1 und 10 MHz beschallt. Die an den körpereigenen Grenzflächen reflektierten Echos werden im **B-Bild** (B = Brightness, Helligkeit) als helligkeitsmodulierte Bildpunkte intensitätsabhängig in einem zweidimensionalen Ultraschallbild wiedergegeben. Durch einen schnellen Bildaufbau (> 15 Bilder/Sekunde) wird der Eindruck einer zeitgetreuen Bildwiedergabe erzeugt **(Real-Time-Verfahren).** Die Intensität der reflektierten Ultraschallechos ist um so stärker, je unterschiedlicher die Impedanz der aneinandergrenzenden Körpergewebe ist. An Grenzflächen mit Luft oder Knochen wird die eingestrahlte Schallenergie praktisch vollständig reflektiert, so daß aus den weiter von der Schallquelle entfernten Arealen keine rücklaufenden Echos mehr ableitbar sind **(Schallschatten).** Flüssigkeitsgefüllte Hohlräume werden hingegen von Ultraschallwellen praktisch ungehindert durchdrungen, so daß eine Reflexion der Ultraschallwellen nicht stattfindet. Die durch die Flüssigkeit ungehindert hindurchtretende Schallenergie wird aus den tiefer gelegenen Arealen daher mit relativ höherer Intensität reflektiert **(dorsale Schallverstärkung)**. Die Kenntnis der Entstehung artefizieller Echos ist insgesamt eine wichtige Voraussetzung für die richtige Interpretation sonographischer Bilder.

Bei der **Doppler-Sonographie** werden Frequenzänderungen zwischen ausgesandter und reflektierter Ultraschallfrequenz registriert, wenn sich Blutkörperchen mit ihren reflektierenden Grenzflächen relativ zum ruhenden Schallkopf bewegen. Dieser Frequenzunterschied liegt im hörbaren Bereich (kHz) und ist proportional zur Blutströmungsgeschwindigkeit und abhängig vom Winkel, den die Dopplersonde zur Blutflußrichtung aufweist. Bei einem Winkel von 90° kann kein Dopplersignal abgeleitet werden. Die Bewegung des Blutstromes zum Schallkopf hin führt zum Frequenzanstieg, während der Blutfluß vom Schallkopf weg eine Frequenzabnahme bewirkt. Beim **Continuous Wave Doppler** wird durch kontinuierliche Signalaussendung eine Mischung verschiedener Frequenzunterschiede aus unterschiedlichen Gewebetiefen empfangen, während beim gepulsten Doppler-Verfahren **(Pulsed Wave Doppler)** die Strömungssignale aus einer definierten Gewebetiefe selektiv registriert werden. Bei der **Duplex-Sonographie** können die empfangenen Doppler-Signale als zeitabhängiges

64

Frequenzspektrum gleichzeitig mit dem Grauskalen-B-Bild dargestellt werden. Bei der **farbkodierten Duplexsonographie (FKDS)** wird sowohl ein Grauwertanteil, der dem bekannten B-Bild entspricht, sowie ein zusätzlicher Farbanteil dargestellt, der die Bewegungen korpuskulärer Strukturen innerhalb des Bildfeldes wiedergibt. Diese Bewegungen werden mit Hilfe des Doppler-Effektes aufgedeckt und der zugehörige Bildpunkt des B-Bildes wird farbig kodiert. Üblicherweise wird eine Bewegung auf den Schallkopf zu „rot" und eine Bewegung vom Schallkopf weg „blau" kodiert.

Ultraschallgeführte Punktionen auffälliger Gewebeformationen sind zur näheren artdiagnostischen Zuordnung häufig unumgänglich, da auf der Grundlage der akustischen Eigenschaften eines Gewebes allein eine Aussage zur Dignität nicht sicher möglich ist.

Nach dem Durchmesser der Biopsiekanüle unterscheidet man zwischen einer **Feinnadel** (Durchmesser bis 1 mm) und einer **Grobnadel** (Durchmesser > 1 mm). Für zytologische Untersuchungen sind Nadeldurchmesser von etwa 0,6 mm ausreichend. Die Zytologie kann Auskunft geben, ob die im gewonnenen Material enthaltenen Zellen maligne oder benigne sind, wobei ein negativer zytologischer Befund allerdings das Vorliegen eines malignen Tumors niemals ausschließt.

Von großer Bedeutung ist die präzise Beschreibung der sonographisch erhobenen Befunde mit einheitlicher Terminologie entsprechend den Richtlinien der Deutschen Gesellschaft für Ultraschall in der Medizin (DEGUM). Von besonderem Interesse sind Form, Größe, Echogenität und anatomische Lagebeziehung der dargestellten Organe bzw. auffällige „pathologische" Strukturen. In parenchymatösen Organen sind generalisierte von umschriebenen Veränderungen zu unterscheiden. Bei fokalen Veränderungen sind die genaue Lokalisation und die Abgrenzbarkeit zur Umgebung von Bedeutung.

64.2 Diagnostik – Organbefunde

64.2.1 Leber

64.2.1.1 Diffuse Lebererkrankungen

Veränderungen der Leberparenchymstruktur werden sonographisch erst dann faßbar, wenn sie eine Größe erreicht haben, die mit dem Auflösungsvermögen der Sonographie erkannt werden kann. Die Auflösung beträgt bei einem 2,5-MHz-Schallkopf beispielsweise 0,6 mm in Schallrichtung (axial) und etwa 4 mm quer zur Schallrichtung (lateral). Chronische Leberveränderungen können somit in ihrem Anfangsstadium sonographisch weder diagnostiziert noch ausgeschlossen werden. Andererseits können so verschiedenartige Erkrankungen der Leber wie z.B. ein nutritiv-toxischer Leberschaden und eine diffuse Infiltration der Leber im Rahmen einer hämatologischen Systemerkrankung ein gleichartiges sonomorphologisches Bild hervorrufen. Der Begriff „diffuser Leberparenchymschaden" faßt folgende sonographischen Befunde zusammen, die relativ unspezifisch sind und in variabler Ausprägung vorliegen können: Hepatomegalie, Echovermehrung (und Vergröberung) der Leberbinnenstruktur, applikatorferne Schallabschwächung sowie Rarefizierung der intrahepatischen Gefäße.

Tab. 64-1 Ursachen einer Hepatomegalie

Gleichmäßige Lebervergrößerung	
Leberverfettung	Speicherkrankheiten
Akute Hepatitis	M. Wilson
Kardiogene Leberstauung	Hämochromatose
Maligne Lymphome	
Ungleichmäßige Lebervergrößerung	
Chronische Hepatitis	Leberzysten, Zystenleber
Leberzirrhose	Echinokokkose
Lebermetastasen	Maligne Lymphome
Hepatozelluläres Karzinom	Benigne Lebertumoren
Cholangiozelluläres Karzinom	(z.B. Adenom, fokal-
Partielles Budd-Chiari-Syndrom	noduläre Hyperplasie)

Die **Hepatomegalie** ist die am häufigsten beobachtete Leberveränderung. In Abhängigkeit vom Ausmaß der Lebervergrößerung wird die Leberform konvex und der untere Leberrand abgerundet und stumpfwinklig. Man spricht von harmonischer bzw. disharmonischer Lebervergrößerung, wenn alle Leberanteile gleichmäßig bzw. ungleichmäßig vergrößert sind. Tabelle 64-1 gibt eine Übersicht über häufige Ursachen einer Hepatomegalie. Differentialdiagnostisch kann zusätzlich von Bedeutung sein, ob die Leber spontan oder bei Palpation schmerzhaft ist. Eine schmerzhafte Leber kann bei der Leberstauung im Rahmen einer Rechtsherzinsuffizienz, bei Leberabszessen oder -hämatomen, bei einer diffusen Lebermetastasierung oder beim Budd-Chiari-Syndrom vorkommen. Zusätzliche differentialdiagnostische Hinweise kann die Bestimmung der Milzgröße geben, da manche Formen der Hepatomegalie, wie z.B. bei Hämoblastosen, mit einer Splenomegalie einhergehen.

Die häufigste Form eines diffusen Leberparenchymschadens ist die **Fettleber** (Steatosis hepatis) mit den in Tabelle 64-2 aufgeführten sonographischen Charakteristika (Abb. 64-1). Die gesteigerte Echogenität der Leber wird dabei interessanterweise nicht durch das gespeicherte Fett per se, sondern durch die lebertypische Organisation des gespeicherten Fetts hervorgerufen. Die wichtigsten Ursachen einer Fettleber sind chronischer Alkoholabusus, Diabetes mellitus, Adipositas, Fettstoffwechselstörungen sowie toxische Ursachen (z.B. Medikamente, vor allem Zytostatika). Nach

Tab. 64-2 Sonographische Kriterien der Fettleber

Hepatomegalie mit Verrundung der Leberränder und Zunahme der Konvexität

Zunahme der Echogenität des Leberparenchyms durch gesteigerten Schallenergieverlust an den echogebenden Grenzflächen der fettspeichernden Leberzellen (sogenannte „weiße Leber").

Schallkopfferne (distale) Schallabschwächung durch gesteigerten Schallenergieverlust an den echogebenden Grenzflächen (Vergleich Leberparenchym/Nierenparenchym).

Verschlechterung der Detailabbildung durch vermehrte Streuung (Scattering) sowie durch mangelnden Helligkeitskontrast bei insgesamt gesteigerter Echogenität.

Tab. 64-3 Sonographische Zeichen der Leberzirrhose

Direkte Zeichen	
Lebergröße	initial Vergrößerung; später Atrophie Vergrößerung und Verplumpung des Lobus caudatus und des linken Leberlappens (Leber-Milz-Kontakt)
Kontur	bucklige Kontur, klobiger Rand wellige, höckrige Oberfläche Leberkapsel diskontinuierlich oder scheinbar fehlend
Struktur	unruhig, fein- bis grobkörnig, scheckig Echogenität mäßig oder nur unwesentlich vermehrt
Portalgefäße	Kalibersprung vom zentralen Pfortaderbaum zu den fibrosierten portalen Endstrecken ohne erkennbares Lumen („gestutzter Portalbaum") Kollateralenbildung: revaskularisierte fetale ´Nabelvene; („Cruveilhier-von-Baumgarten-Syndrom") prähepatische Kollateralen, z. B. zum Magen
Indirekte Zeichen	(Ausdruck der portalen Hypertension)
Splenomegalie Kollateralen Aszites	

Literaturangaben stimmt bei der Verdachtsdiagnose „Fettleber" der sonographische Befund mit dem Ergebnis der Leberbiopsie zwar in einem hohen Prozentsatz überein, es können jedoch auch andere Ursachen zum sonographischen Bild eines diffusen Leberparenchymschadens führen, wie z.B. die Hämochromatose, Glykogen- und Lipidspeicherkrankheiten, chronische Hepatitiden, die Leberzirrhose oder hämatologische Systemerkrankungen. Der sonographische Befund ist somit zwar insgesamt sehr sensitiv, aber in geringerem Maße spezifisch. Deswegen sollte man statt der sonographischen Diagnose „Fettleber" die Terminologie „Bild wie bei Fettleber" bevorzugen.

Sichere sonographische Kriterien für eine akute oder chronische Hepatitis gibt es nicht, wenngleich eine mäßige Leberschwellung oder diskrete Veränderungen der Leberbinnenstruktur sowie das Vorliegen einer Splenomegalie Hinweise darauf geben können. Auch zur Frühdiagnose einer **Leberzirrhose** kann die Sonographie wenig beitragen, da sich initial allenfalls Zeichen des diffusen Leberparenchymschadens zeigen. Häufigste Ursachen der Leberzirrhose sind chronischer Alkoholabusus und chronisch-aktive Hepatitiden. Frühformen der Leberzirrhose können nur bioptisch erfaßt werden. In fortgeschrittenen Stadien findet man jedoch häufig eine Reihe von direkten und indirekten sonographischen Zeichen, die für das Vorliegen einer Leberzirrhose typisch sind (Tab. 64-3 und Abb. 64-2).

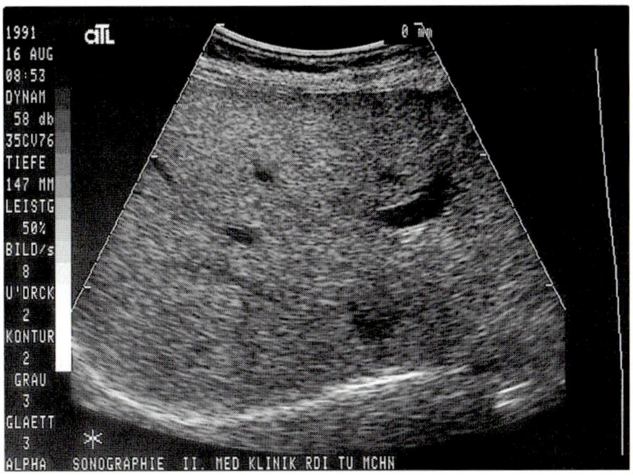

Abb. 64-1 Bild wie bei Steatosis hepatis. Die Leberinnenstruktur ist homogen echovermehrt und die Detailabbildung verschlechtert (Subkostalschnitt).

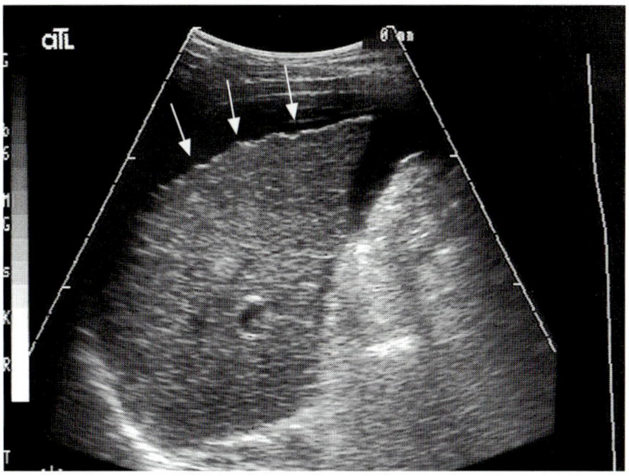

Abb. 64-2 Leberzirrhose. Die Leberoberfläche ist höckrig (→). Perihepatisch kommt freie Flüssigkeit (Aszites) zur Darstellung.

64.2.1.2 Veränderungen der Lebergefäße

Die **portale Hypertension** entsteht durch eine Widerstandserhöhung im Pfortaderkreislauf, wobei das Strömungshindernis prä-, intra- oder posthepatisch lokalisiert sein kann. Häufigste Ursache der portalen Hypertension in Mitteleuropa ist ein intrahepatischer Block auf dem Boden einer alkoholischen Leberschädigung. Der Druck in der Pfortader ist meist zwei- bis dreifach über die Norm erhöht, wodurch es hämodynamisch bedingt zur Ausbildung von portokavalen Kollateralkreisläufen sowie zur Bildung von **Aszites** (→ Kap. 31) und zur **Splenomegalie** kommt. Aszites und Splenomegalie werden sonographisch zwar zuverlässig erfaßt, sie stellen jedoch relativ unspezifische Befunde dar.

Auch die Messung der Gefäßdurchmesser im **Portalsystem** ist wenig hilfreich, da sich die Häufigkeitsverteilung der Gefäßdurchmesser bei Normalpersonen und bei Patienten mit portaler Hypertension bis zu 80% überlappt. So kann beispielsweise die Weite der Pfortader bei Normalpersonen bis zu 15 mm betragen. Ein relativ zuverlässiges Zeichen der portalen Hypertension ist hingegen der Kalibersprung des portalen Gefäßsystems im Leberhilus, wobei die Portalvene selbst weit und die intrahepatischen Portalgefäßäste relativ eng sind (sogenannte **Hilusamputation**). Eine Flußgeschwindigkeit in der Vena portae von unter 20 cm/s oder ein **„Kongestionsindex“** (Gefäßquerschnittsfläche/mittlere Flußgeschwindigkeit) von > 0,1 cm × s (Norm: < 0,1 cm × s) werden ebenfalls als richtungweisend für das Vorliegen einer portalen Hypertension gewertet. **Portokavale Kollateralen** sind charakteristisch für die portale Hypertension und können mit Hilfe der farbkodierten Duplexsonographie gut identifiziert werden („Color shows where motion is“). Die Rekanalisierung einer obliterierten Nabelvene im Ligamentum teres hepatis **(Cruveilhier-von-Baumgarten-Syndrom**, Abb. 64-3) oder der Nachweis paraumbilikaler Gefäße sind sichere Zeichen der portalen Hypertension, aber nicht immer nachweisbar. Der colordopplersonographische Nachweis einer **retrograden, hepatofugalen Perfusion** in Kollateralgefäßen ist für die portale Hypertension pathognomonisch (Abb. 64-4). Schließlich gelingt die Beurteilung der Flußverhältnisse in einer künstlich geschaffenen Anastomose, wie z.B. dem transjugulären intrahepatischen portosystemischen Stent-Shunt (TIPS), colordopplersonographisch sicher (Abb.64-5).

Die **Pfortaderthrombose** ist zusammen mit der Milzvenenthrombose häufigste Ursache eines prähepati-

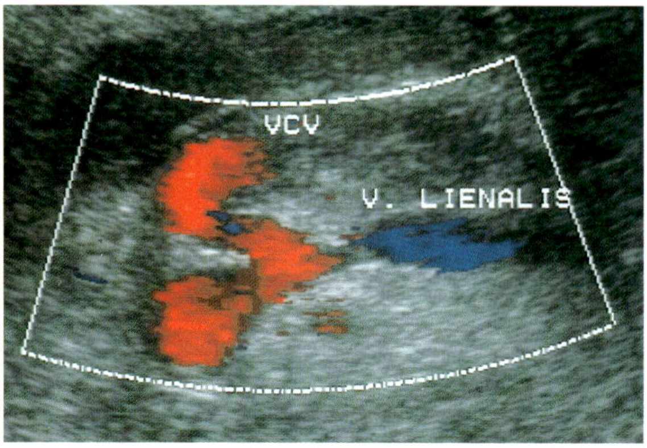

Abb. 64-4 V. coronaria ventriculi bei portaler Hypertension. Im Oberbauchquerschnitt stellt sich die V. coronaria ventriculi (VCV) erweitert dar und weist einen hepatofugalen Fluß auf („rot“ kodiert). Die V. lienalis ist retrograd perfundiert, was man am Farbumschlag von „blau“ nach „rot“ erkennen kann (normalerweise Farbumschlag von „rot“ nach „blau“).

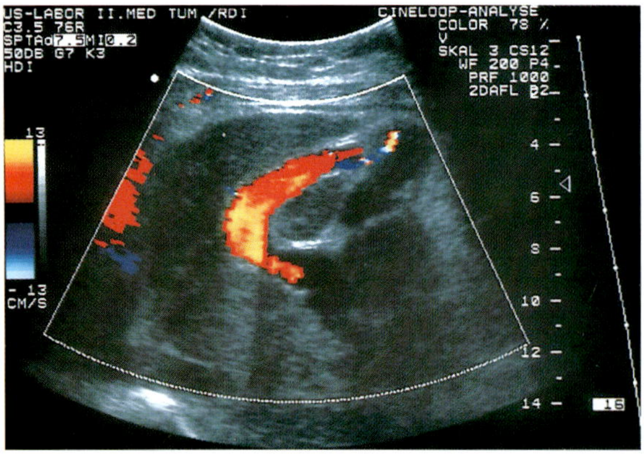

Abb. 64-3 Cruveilhier-von-Baumgarten-Syndrom bei portaler Hypertension. Die rekanalisierte Umbilikalvene leitet das Pfortaderblut bei portaler Hypertension in Richtung Bauchwand ab und stellt so einen Umgehungskreislauf für das portale Gefäßsystem dar. Der Blutfluß in der Umbilikalvene ist zum Schallkopf hin gerichtet und daher „rot“ kodiert.

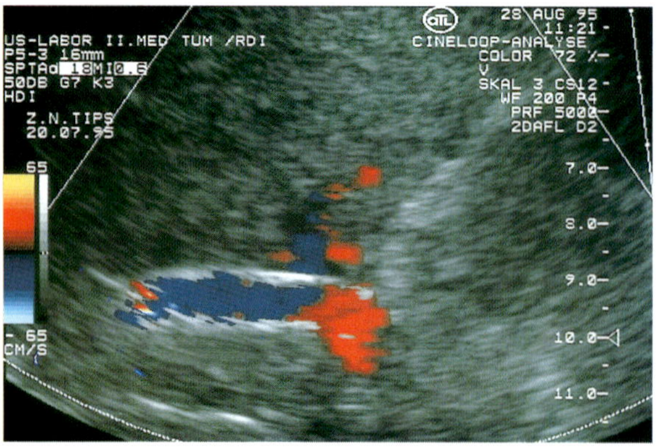

Abb. 64-5 Colordopplersonographischer Flußnachweis in einem TIPS. Die echoreichen Linien im Leberparenchym repräsentieren die Wandreflexe des TIPS. Dieser leitet das Blut aus dem rechten Pfortaderast in die rechte Lebervene ab. Der Blutzustrom aus der V. portae ist auf den Schallkopf hin orientiert („rot“) und fließt im TIPS vom Schallkopf weg („blau“). Die farbkodierten Flußsignale dokumentieren die Durchgängigkeit des TIPS.

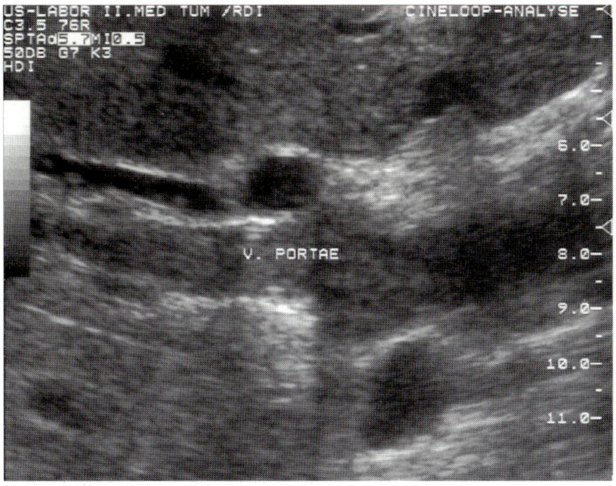

Abb. 64-6 **Pfortaderthrombose.** Im Lumen der V. portae kommt echogenes Material zur Darstellung.

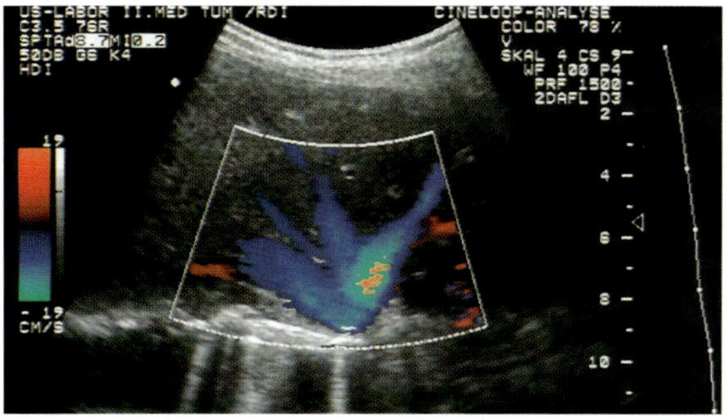

Abb. 64-7 Lebervenenstauung bei Rechtsherzinsuffizienz. Im Subkostalschnitt ist der „Lebervenenstern" dilatiert. Die Lebervenen weisen einen Durchmesser von über 1 cm auf, gemessen 1 cm vor der Mündung in die V. cava.

schen Blocks. Der Thrombus kann im Gefäßlumen als echoreiche Struktur zur Darstellung kommen (Abb. 64-6). In frischen Stadien kann er hingegen sehr echoarm sein und der Darstellung leicht entgehen. In der farbkodierten Duplexsonographie zeigen sich wandständige Thromben als echofreie Aussparungen im Lumen der „angefärbten" Pfortader. Bei vollständigem Verschluß der Pfortader kann colordopplersonographisch – trotz korrekten Anschallwinkels – kein Flußsignal abgeleitet werden. Als Folgezustand einer Pfortaderthrombose können paraportale Anastomosen zum Bild der kavernösen Transformation der Pfortader führen. Sofern sich der Pfortaderverschluß allmählich entwickelt, kann er asymptomatisch verlaufen und als Zufallsbefund sonographisch entdeckt werden.

Beim **Budd-Chiari-Syndrom** sind eine oder mehrere der großen Lebervenen obstruiert. Sonographisch findet man ein verschmälertes Lumen der Lebervenen oder kann die Lebervenen überhaupt nicht darstellen. Innerhalb der Lebervenen kann echoreiches thrombotisches Material zur Darstellung gelangen. Infolge des posthepatischen Blocks finden sich sonographisch eine Hepatomegalie und Aszites. Die Patienten klagen aufgrund der Leberschwellung über Oberbauchschmerzen. Ursachen für das seltene Budd-Chiari-Syndrom sind u.a. Thrombosen nach Einnahme von Ovulationshemmern (meist junge Patientinnen) oder eine Tumorverlegung (meist ältere Patienten).

Bei der **Stauungsleber** findet man als Ausdruck der Rechtsherzinsuffizienz charakteristischerweise eine Dilatation der mündungsnahen Lebervenen auf über 1 cm, gemessen 1 cm vor der Mündung in die Vena cava inferior (Abb. 64-7), sowie eine Dilatation der Vena cava inferior auf über 2 cm bei aufgehobener Doppler-Pulsation. Die akute Stauungsleber geht mit einer druckdolenten Hepatomegalie und Leberenzymerhöhung einher.

64.2.1.3 Fokale Leberveränderungen

Bei fokalen Leberveränderungen ist das Echomuster im Gegensatz zu diffusen Lebererkrankungen nur in umschriebenen Arealen unterschiedlich zum umgebenden Lebergewebe.

Liquide fokale Leberveränderungen stellen sich als echofreie Bezirke mit dorsaler Schallverstärkung dar. **Typische Zysten** sind rund oder oval konfiguriert und grenzen sich aufgrund ihrer dünnen, glatten epithelialen Kapsel scharf von der Umgebung ab (Abb. 64-8). Diesen dysontogenetischen Zysten kommt prognostisch nur geringe Bedeutung zu. So kann eine Einblutung in die Zyste zwar eine akute Oberbauchsymptomatik hervorrufen, die Lebenserwartung insgesamt ist jedoch nicht eingeschränkt. Zu den erworbenen Leberzysten zählt beispielsweise die parasitär verursachte **Echinokokkose**. Der Echinococcus cysticus kommt vor allem in den Mittelmeerländern vor und führt zur Bildung von Zysten, die charakteristischerweise Septierungen und kleinere Tochterzysten aufweisen und somit als atypisch klassifiziert werden. Die Zystenwand

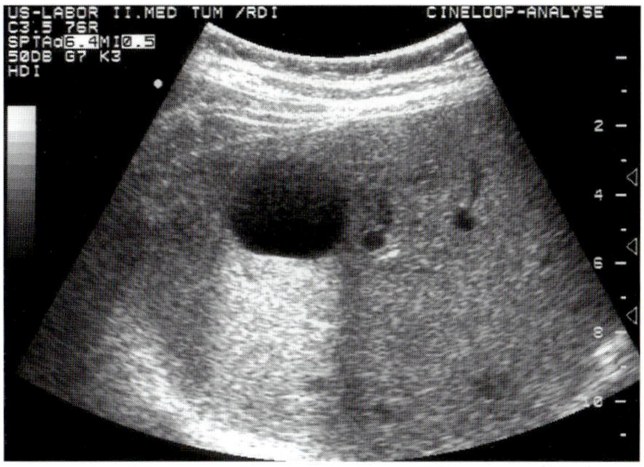

Abb. 64-8 Blande Leberzyste. Runde, glatt begrenzte, echofreie Läsion im rechten Leberlappen mit applikatorferner Schallverstärkung.

ist deutlich dicker als bei blanden Zysten und weist häufig Kalkeinlagerungen auf. Der Echinococcus alveolaris, der in Deutschland häufiger vorkommt, zeigt eher ein tumorartiges als ein zystisches Wachstum.

Hämatome, Abszesse oder **zerfallende Tumoren** stellen sich sonographisch als unscharf begrenzte Formationen mit echofreien und echoarmen Anteilen dar. Da meist deutliche Binnenechos nachweisbar sind, kommt eine Verwechslung mit echten Zysten, deren Binnenstruktur vollständig echofrei ist, praktisch kaum vor. Anamnese und Klinik sind zudem meist richtungweisend. Hämatome entstehen oft posttraumatisch, postpunktionell oder unter Antikoagulanzientherapie, und Abszesse gehen häufig mit einer Temperaturerhöhung einher.

Als **echoreiche fokale Leberveränderung** stellt sich das **Hämangiom** der Leber dar, welches der häufigste gutartige Lebertumor ist. Es weist üblicherweise die sonographischen Charakteristika der Tabelle 64-4 auf. Sind zwei oder drei dieser Kriterien nachweisbar, so spricht man von einem **typischen Hämangiom** (Abb. 64-9), das nicht biopsiert zu werden braucht. Wenn Zweifel an der Diagnose bestehen, ist die Angio-Computertomographie die Methode der Wahl, bei der man das sogenannte „Irisblendenphänomen" beobachten kann, eine typischerweise ringförmige Kontrastmittelaufnahme der fokalen Läsion von peripher nach zentral.

Läßt sich eine fokale Läsion aufgrund der Kriterien der Tabelle 64-4 nicht als typisches Hämangiom klassifizieren, sei es wegen ungewöhnlicher Größe, unregelmäßiger Form, unregelmäßiger Struktur, wegen echoarmer oder echofreier Einschlüsse oder auch wegen einer insgesamt echoarmen Struktur selbst, so sind neben der Diagnose eines **atypischen Hämangioms** Lebermetastasen, ein hepatozelluläres Karzinom, die fokal-noduläre Hyperplasie oder ein Adenom differentialdiagnostisch abzugrenzen. Führt dabei der Einsatz anderer bildgebender Verfahren nicht zur Klärung des Befundes, erscheint es vertretbar, bei asymptomatischen Personen zunächst abzuwarten und kurzfristig Kontrolluntersuchungen durchzuführen, da bei Vorliegen eines atypischen Hämangioms nur die Leberstanzbiopsie, nicht aber die zytologische Materialgewinnung zur Diagnose führt, wegen der Blutungsgefahr aber riskant ist.

Tab. 64-4 Sonographische Charakteristika typischer Leberhämangiome

Form	rund, oval oder vielzipflig
Binnenstruktur	homogen echoreich
Abgrenzung	scharf, kein echoarmer Randsaum
Vorkommen	oft multipel
Lokalisation	häufiger im rechten Leberlappen meist gefäßnah ohne Dislokation oder Stenosierung von Gefäßen speisendes Gefäß häufig darstellbar

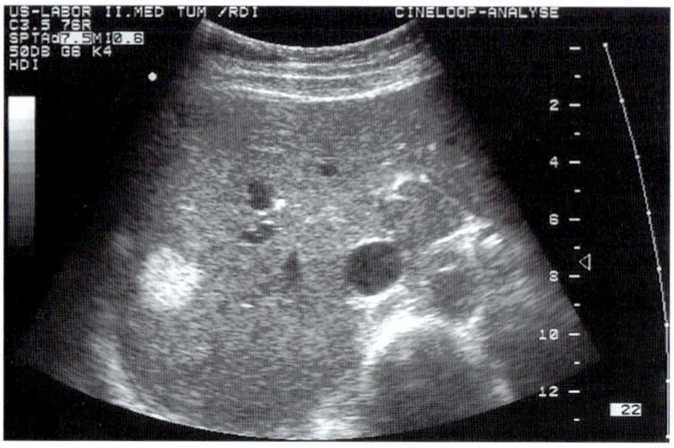

Abb. 64-9 Typisches Hämangiom. Runde, scharf begrenzte homogen echofreie fokale Läsion im rechten Leberlappen.

Die **zonale Mehrverfettung** der Leber weist ebenfalls eine homogene, echoreiche Binnenstruktur auf und stellt sich dreiecksförmig oder flügelartig dar. Sie ist glatt begrenzt, von der Umgebung gut abgrenzbar und entlang intrahepatischer Blutgefäße lokalisiert. Ein wichtiger Prädilektionsort ist die intrahepatische Pfortaderaufzweigung. Die intrahepatischen Blutgefäße werden typischerweise in ihrem Verlauf nicht beeinträchtigt. Auch **Lipome** stellen sich homogen echoreich dar, können jedoch sonographisch nicht näher differenziert werden.

Verkalkungen im Leberparenchym oder Luft in den Gallenwegen **(Aerobilie)** weisen schließlich zusätzlich zum hellen Echoreflex eine charakteristische dorsale Schallauslöschung auf, wobei Luftbläschen gegenüber kleinen Konkrementen manchmal schwierig zu differenzieren sind, häufig aber intraduktal mobil sind und typische Ring-down-Artefakte aufweisen.

Als **echoarme fokale Leberveränderung** stellt sich die **zonale Minderverfettung** in einer verfetteten, echovermehrten Leber dar. Diese ist, ähnlich der zonalen Mehrverfettung, scharf abgegrenzt und typischerweise dreieckig, rautenförmig, oval oder flügelförmig konfiguriert. Prädilektionsstellen sind die intrahepatische Pfortaderaufzweigung, das Gallenblasendach, aber auch die Kuppel des rechten Leberlappens. Die Blutgefäße ziehen durch die echoarme Zone ungestört und glatt hindurch oder begrenzen sie, ohne daß der Gefäßverlauf alteriert würde.

Am häufigsten führen **Metastasen** zum Bild echoarmer fokaler Leberläsionen. Ihre Größenzunahme durch Wachstum führt sekundär zur zentralen Echovermehrung, wobei der Tumorrand als Korrelat der Wachstumszone weiterhin echoarm bleibt und dem sonographischen „Halo" entspricht. Sehr echoarme Lebermetastasen kommen gehäuft beim Pankreas- und Bronchialkarzinom vor, wohingegen kolorektale

Karzinome oft frühzeitig zentrale Echovermehrungen aufweisen. Das Nebeneinander von kleineren echoärmeren und größeren zentral echovermehrten Metastasen ist in der Regel Ausdruck einer mehrphasigen Metastasierung, wie sie beispielsweise beim kolorektalen Karzinom oder beim Mammakarzinom gefunden wird.

Als benigne Tumoren führen die **fokal-noduläre Hyperplasie** (FNH) und das **Adenom** zu einer echoarmen fokalen Leberläsion. Die FNH weist insgesamt nur unsichere sonographische Strukturmerkmale auf, ist oft relativ groß (z.B. 8 cm) und kann sehr echoarm imponieren, aber auch gelegentlich kaum vom umgebenden Lebergewebe zu unterscheiden sein. Das Leberadenom ist meist nur sehr schwer abgrenzbar.

Gemischte Echogenitätsmuster können bei zahlreichen fokalen Leberveränderungen vorkommen. So weisen unter anderem das primäre Leberzellkarzinom, das atypische Hämangiom, das Leberadenom und die fokal-noduläre Hyperplasie eine gemischte Echotextur auf, wobei das **primäre Leberzellkarzinom** in Europa fast nur in zirrhotischen Lebern vorkommt und der häufig zu beobachtende Echoreichtum offensichtlich mit einem hohen Fettgehalt dieser Tumoren korreliert. Schon erwähnt wurde die Echotextur von Lebermetastasen, die sich im zeitlichen Verlauf ändern kann. **Regressive Veränderungen** von Metastasen können dabei zu zentraler nekrotischer Verflüssigung führen, wobei die Nekrosezonen meist bizarre Formen aufweisen. Kalzifikationen werden als Ausdruck einer Regression häufig beim kolorektalen Karzinom, beim Bronchial- oder beim Mammakarzinom – bevorzugt nach Chemotherapie – beobachtet. Bei der diffusen Metastasierung (z.B. beim malignen Melanom, beim Bronchial- oder Mammakarzinom) ist der Charakter des fokalen Befalls sonographisch meist nicht mehr zu identifizieren, da die Einzelherde sehr klein und sehr zahlreich sind. Unsystematische scheckige Leberverfettungen können gelegentlich dem sonographischen Bild konfluierender Metastasen ähnlich sein. Wenn die Computertomographie nicht zur weiteren Klärung beitragen kann, ist die histologische Abklärung notwendig, wobei dann die Stanzbiopsie aus den echoärmeren Anteilen entnommen werden sollte, da diese bei malignen Tumoren der Leber in der Regel dem proliferierenden Anteil entsprechen.

Stellt sich bei der sonographischen Untersuchung der Leber eine fokale Läsion dar, so ist zunächst zu klären, ob es sich um einen sogenannten **„Zufallsbefund“** bei asymptomatischen Personen ohne Tumorverdacht handelt, oder ob es sich um einen Patienten mit Symptomen oder Zeichen einer Krankheit handelt. In einer unselektionierten Population sind die häufigsten sonographisch gefundenen Lebertumoren benigne. Andererseits handelt es sich bei den meisten malignen Tumoren der Leber in der europäischen Bevölkerung um Metastasen. Bei asymptomatischen Personen erfordert der Nachweis einer „typischen“ Zyste keine weitere Diagnostik. Bei Verdacht auf eine Echinokokkuszyste ist die Serologie der nächste diagnostische Schritt; eine Punktion sollte bei nachgewiesener Echinokokkose unterbleiben. Sonographisch typische Hämangiome sowie fokale Fettverteilungsstörungen können zunächst im Verlauf kontrolliert werden und erfordern bei Größenkonstanz keine weitere Diagnostik. Alle anderen fokalen Leberveränderungen sollten weiter abgeklärt werden. Falls andere bildgebende Verfahren, wie Computertomographie oder Magnetresonanztomographie, keine artdiagnostisch richtungweisenden Befunde erbringen können, ist eine **diagnostische Punktion** indiziert, damit eine histologische Untersuchung des suspekten Gewebebezirks erfolgen kann, insbesondere wenn aus der Gewebeprobe einer mutmaßlichen Metastase Hinweise auf den zugrundeliegenden unbekannten Primärtumor gesucht werden.

64.2.2 Biliäres System

Pathologische Veränderungen der Gallenblase finden ihr sonomorphologisches Korrelat in Veränderungen der Größe, der Wand oder innerhalb des Gallenblasenlumens. Die normale Gallenblase stellt sich sonographisch echofrei dar; die Größe ist variabel mit einer Länge bis 10 cm und einer Breite von 2 bis 4 cm. Ursache für eine **fehlende Darstellung der Gallenblase** ist meist die Cholezystektomie. Die Darstellung der Gallenblase kann erschwert sein oder nicht gelingen bei steingefüllter Gallenblase, Schrumpfgallenblase, Sludge, Dystopie, Hypo- oder Agenesie, beim Vorliegen eines Gallenblasenkarzinoms oder einer Zystenleber. Die Wand ist normalerweise 1 bis 2 mm dick. Nahrungsaufnahme, Genuß von Kaffee oder Tee und Rauchen führen zur Kontraktion der Gallenblase und zur Wandverdickung auf 3 bis 4 mm mit typischer Dreischichtung der Wand.

Eine **Verbreiterung der Gallenblasenwand** findet sich bei **Entzündungen der Gallenblase**. Bei akuter Cholezystitis, die in erster Linie von klinischen Symptomen wie akuter rechtsseitiger Oberbauchschmerz, Fieber und Leukozytose begleitet wird, ist die Verbreiterung der Gallenblasenwand echoarm (meist über 5 mm), wobei ein echoarmer Randsaum um die Gallenblase Ausdruck einer **Pericholezystitis** sein kann. Die Druckdolenz der Gallenblase beim Aufsetzen des Schallkopfes bezeichnet man als sonographisches Murphy-Zeichen. Auch Komplikationen der akuten Cholezystitis können sonographisch erfaßt werden. Beim entzündlichen **Gallenblasenhydrops** ist die Gallenblase auf über 10 cm Längs- und 5 cm Querdurchmesser vergrößert. Das **Gallenblasenempyem** weist schwache, unregelmäßig verteilte Echos im Gallenblasenlumen auf. Bei der **Gallenblasenperforation** schließlich besteht eine Verbindung zwischen der Flüssigkeit im Gallenblasenlumen und freier intraperitonealer Flüssigkeit.

Die **chronische Cholezystitis** weist kein typisches klinisches Korrelat auf. Die Gallenblasenwandverdickung ist im Gegensatz zur akuten Entzündung eher echoreich. Differentialdiagnostisch sind andere echoreiche Verdickungen der Gallenblasenwand abzugrenzen, wie z.B. eine Adenomyomatose, die hydropische Wandschwellung bei Rechtsherz- oder Niereninsuffizienz oder eine scheinbar verdickte Wand bei Aszites (Blooming-Effekt). Die Schrumpfgallenblase repräsentiert das Endstadium der chronischen Cholezystitis. Sowohl die akute als auch die chronische Cholezystitis sind häufig mit Gallensteinen assoziiert.

Als **echogene Prozesse** innerhalb des Gallenblasenlumens stellen sich eingedickte Galle, Konkremente oder Neubildungen dar. **Sludge** (Gallenblasenschlick; eingedickte Galle) weist homogen verteilte niedrigamplitudige Echos ohne Schallschatten auf und bewegt sich bei Umlagerung des Patienten träge. Die Echogenität einer mit Sludge vollständig ausgefüllten Gallenblase kann derjenigen der Leber so stark gleichen, daß man auch von „Hepatisation" spricht. Ursächlich liegt meist ein Galleabflußhindernis oder eine funktionelle Ursache (z.B. parenterale Ernährung, Gallenblasenmotilitässtörung) zugrunde. **Gallensteine** imponieren als helle echogene Gebilde im Lumen der Gallenblase (Abb. 64-10), die ab einem Durchmesser von 3 bis 4 mm einen dorsalen Schallschatten aufweisen und in der Regel bei Umlagerung des Patienten mobil sind. Beim typischen Befund eines hellen Steinechos mit dorsalem Schallschatten liegen Sensitivität und Spezifität des sonographischen Steinnachweises bei 100%. Die Sensitivität nimmt ab, wenn zusätzlich Sludge vorliegt oder bei der Schrumpfgallenblase. Schalldurchlässige Steine (z.B. Cholesterinsteine) müssen differentialdiagnostisch von Gallenblasenwandpolypen abgegrenzt werden.

Gallenblasenpolypen sind praktisch immer Zufallsbefunde, da sie fast nie klinische Symptome hervorrufen. Sonographisch stellen sie sich als umschriebene, homogen echoreiche, ins Gallenblasenlumen hineinreichende Raumforderungen dar, die in der Regel keinen Schallschatten aufweisen und ihre Lage bei Umlagerung des Patienten nicht verändern. Die Gallenblasenwand, der die Polypen meist breitbasig aufsitzen, ist intakt. Eine artdiagnostische Unterscheidung zwischen benignen und malignen Neubildungen ist sonographisch nicht möglich. Die zunächst gutartigen **Gallenblasenadenome** können sich, ähnlich wie die Adenome des Kolons, durch Veränderungen ihrer feingeweblichen Charakteristika über die Adenom-Karzinom-Sequenz zu malignen Tumoren entwickeln. Die Wahrscheinlichkeit einer solchen Transformation nimmt mit der Größe des Adenoms zu.

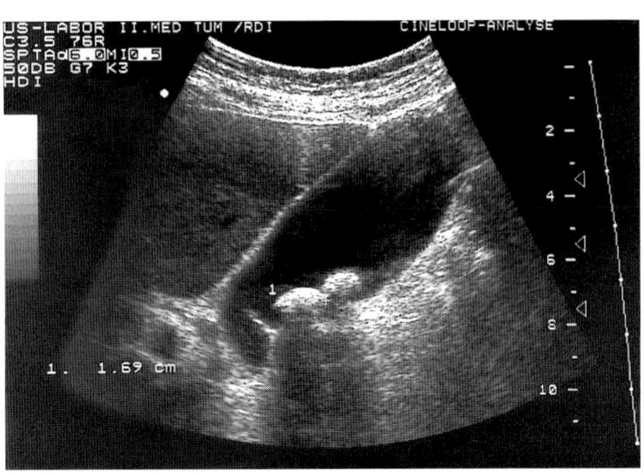

Abb. 64-10 Gallenblasensteine. Intraluminal gelegene echoreiche Gebilde mit applikatorferner Schallauslöschung.

Singuläre große Polypen (> 10 mm Durchmesser) entsprechen häufiger einem Adenom, während multiple (mehr als 3) kleinere Polypen (< 5 mm Durchmesser) meist sogenannten Cholesterinpolypen entsprechen. Daher sollte bei Nachweis eines solitären Polypen von mehr als 10 mm Durchmesser die Cholezystektomie erfolgen. Bei solitären Polypen mit einer Größe von weniger als 10 mm können zunächst sonographische Verlaufskontrollen nach 3, 6 und 12 Monaten und dann jährlich durchgeführt werden. Bei eindeutiger Größenzunahme sollte die Gallenblase entfernt werden. Multiple kleinste Polypen mit Reverberationsartefakten (Mehrfachechos) sind mit großer Wahrscheinlichkeit Cholesterinpolypen, so daß jährliche sonographische Kontrollen ausreichend erscheinen.

Von den bösartigen Tumoren der Gallenblase ist das **Adenokarzinom** mit über 70% am häufigsten. Sonographisch stellt sich der Tumor als überwiegend echoarme Raumforderung dar mit meist unregelmäßiger Oberfläche und unregelmäßiger Ansatzstelle an der Gallenblasenwand. Da das Gallenblasenkarzinom in der überwiegenden Zahl der Fälle (90%) wandinfiltrierend wächst, entgeht es oftmals dem sonographischen Nachweis in einer frühen Phase. Wesentlich seltener (10%) wächst es polypös und kann dann von einem gutartigen Polypen nicht sicher unterschieden werden.

Die Differenzierung zwischen parenchymatösem und obstruktivem Ikterus ist die Domäne der sonographischen Gallengangsdarstellung. Die **Erweiterung intra- und extrahepatischer Gallenwege** ist der Leitbefund eines obstruktiven Ikterus. Der Ductus choledochus wird meßtechnisch als erweitert angesehen, wenn seine Weite mehr als 5 mm beträgt, nach Cholezystektomie ist meist eine Weite von über 7 mm Ausdruck einer Dilatation. Die normalerweise kaum darstellbaren intrahepatischen Gallenwege zeigen sich entlang den Aufzweigungen der Pfortaderäste als zweite Gangstruktur („Double-duct"-Zeichen). Ursächlich für ein Abflußhindernis im Gallengang kommen Gallengangsteine sowie Tumoren des Gallengangs oder des Pankreaskopfes in Frage. Bei der Choledocholithiasis kann das helle Steinecho im Gallengang zur Darstellung kommen, wobei der Schallschatten auch fehlen kann. Präpapillär gelegene kleine Choledochuskonkremente können bei Überlagerung durch Duodenalluft dem Nachweis entgehen.

64.2.3 Pankreas

Die sonographische Untersuchung des Pankreas wird aufgrund seiner anatomischen Lokalisation nicht selten durch vorgelagerte gasgefüllte Darmschlingen erschwert und gelingt deswegen nicht immer. Die wichtigsten Erkrankungen des Pankreas sind die akute und chronische Pankreatitis sowie Pankreastumoren.

Bei der **akuten Pankreatitis,** die in erster Linie durch die abdominelle Schmerzsymptomatik verbunden mit laborchemischen Veränderungen (Amylase-, Lipaseerhöhung) diagnostiziert wird, findet man sonographisch häufig, vor allem initial, keine wesentlichen Abweichungen vom Normalbefund, da morphologische Veränderungen am Organ erst 24 bis 36 Stunden nach Beginn der Symptomatik nachweisbar werden. Andererseits gelingt die Darstellbarkeit der Bauchspeicheldrüse wegen des meist gleichzeitig bestehenden ausgeprägten Meteorismus nicht immer genügend gut. Zudem führen leichtere ödematöse Formen häufig zu keinem faßbaren sonographischen Korrelat. Bei ausgeprägteren Formen kann man ein diffus aufgetriebenes Organ darstellen, dessen Grenzen verwaschen sind. Die Binnenstruktur ist echoarm, aufgelockert und inhomogen. Peripankreatische Exsudationen können nachweisbar sein. Bei schweren hämorrhagisch-nekrotisierenden Verlaufsformen gelingt die definitive Differenzierung zwischen einem ödematös aufgetriebenen Pankreas und Nekrosen sonographisch nicht mit ausreichender Sicherheit, so daß die Computertomographie mit intravenöser Kontrastierung als bildgebendes Verfahren der Wahl eingesetzt werden sollte.

Hingegen sind Pleuraergüsse und Aszites als **Komplikationen** der akuten Pankreatitis sonographisch gut darstellbar. Bei einer entzündlich bedingten Thrombose der Vena portae oder der Vena lienalis fehlt duplexsonographisch das Flußsignal. In bis zu 8% der akut nekrotisierenden Pankreatitiden entstehen aus tryptischen Nekrosen sogenannte **Pseudozysten** (ohne Epithelauskleidung), die sich als runde bis ovale echofreie Bezirke darstellen und eine distale Schallverstärkung aufweisen. Die Sonographie eignet sich sehr gut zur Verlaufskontrolle von Pseudozysten, die sich über Wochen und Monate wieder zurückbilden können. Auch Hinweise auf eine möglicherweise zugrundeliegende **biliäre Ursache** für die akute Pankreatitis können sonographisch gewonnen werden. So ist ein erweiterter Ductus choledochus, eventuell mit Zeichen einer intrahepatischen Cholestase, ein direkter Hinweis auf ein biliäres Abflußhindernis, welches manchmal auch sonographisch darstellbar ist. Eine Cholezystolithiasis ohne Erweiterung der Gallengänge kann indirekter Hinweis auf eine biliäre Ursache sein.

Typische sonographische Befunde der **chronischen Pankreatitis** sind eine unregelmäßige Kontur des Organs mit hochamplitudigen Echos, die feinkörnig bis grobschollig sein können. Ausgeprägte Verkalkungen sind zwar durch einen begleitenden dorsalen Schallschatten charakterisiert, kleinere Verkalkungen werden aber sonographisch nicht sicher erkannt, wenn die Echointensität im Vergleich zu derjenigen des umgebenden retroperitonealen Fetts nicht unterschiedlich ist. Da es im Rahmen der chronischen Pankreatitis immer wieder auch zu akut-entzündlichen Schüben kommt, sind Pankreaspseudozysten bei der chronischen Pankreatitis häufig nachweisbar. Erweiterungen des Pankreasgangs auf über 3 mm sind pathologisch und finden sich bei der chronischen Pankreatitis meist zusammen mit einem geschlängelten Verlauf des Ganges. Die Erweiterung kann Ausdruck eines Abflußhindernisses durch ein Konkrement im Pankreasgang sein oder durch den Parenchymverlust in der Umgebung des Ganges verursacht sein. Lokalisierte Formen der chronischen Pankreatitis können darüber hinaus fokal aufgetrieben erscheinen und gegenüber einem Tumor schwierig abzugrenzen sein.

Die meisten **Pankreastumoren** sind Adenokarzinome, die zu etwa zwei Dritteln im Pankreaskopf lokalisiert sind. Sonographisch stellt sich das Pankreaskarzinom als echoarmer, unscharf begrenzter und polyzyklischer Tumor im Pankreas dar (Abb. 64-11). Die meisten Tumoren verursachen in den frühen Stadien keine Beschwerden und werden daher in der Regel nicht rechtzeitig erkannt. Von allen operierten Patienten leben nach fünf Jahren nur noch 2 bis 10%. Da die Überlebensrate bei kleineren Primärtumoren (< 2 cm) jedoch in aller Regel besser ist, wäre deren Früherkennung in besonderem Maße wünschenswert. Zwar sind Pankreastumoren prinzipiell bereits ab einem Durchmesser von etwa 1 cm sonographisch erkennbar, nur etwa 5 bis 20% der Tumoren sind jedoch bei

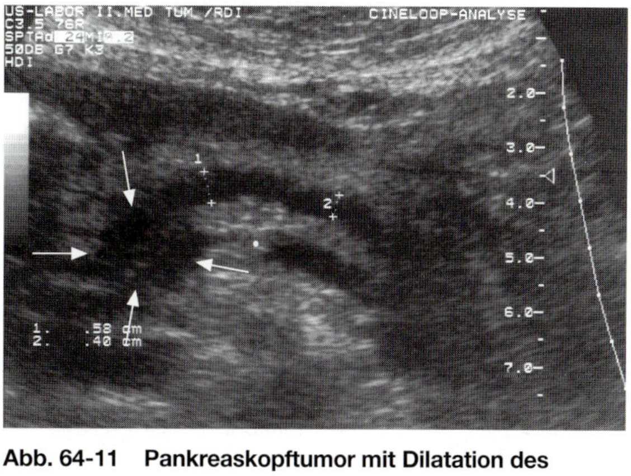

Abb. 64-11 Pankreaskopftumor mit Dilatation des Pankreasgangs. Der Tumor im Bereich des Pankreaskopfes (Pfeile) führt zur Obstruktion des Pankreasgangs. Im Oberbauchquerschnitt ist der Pankreasgang im Längsverlauf auf 5 bis 6 mm dilatiert (Markierungen 1 und 2; normale Weite: 2 mm).

Diagnosestellung noch im Stadium T1 (< 2 cm) und somit potentiell kurativ resezierbar. Diese stellen daher meist einen Zufallsbefund dar. Denn gerade bei den relativ kleinen Tumoren im Stadium T1 (< 2 cm) hat die Sonographie eine relativ schlechte Trefferquote, die bestenfalls bei 50% liegt, während große Tumoren in bis zu 90% sonographisch erkannt werden können. **Indirekte Zeichen** eines Pankreaskarzinoms lassen sich sonographisch meist gut darstellen, sind aber, außer bei Papillentumoren, leider immer Korrelat fortgeschrittener Tumorstadien. Solche indirekten Hinweise sind die Dilatation des Ductus pancreaticus auf über 3 mm (Abb. 64-11), meist mit glatter Gangbegrenzung, eine Aufweitung des Ductus choledochus auf über 5 mm (nach Cholezystektomie über 7 mm) mit Zeichen der intrahepatischen Cholestase („double ducts"), ein Gallenblasenhydrops sowie Einbrüche in oder Verschlüsse der umgebenden großen Gefäße.

Tab. 64-5 Differentialdiagnose der Splenomegalie

Mäßige Milzvergrößerung
Infektionen
Portale Hypertension, kardiale Stauung
Rheumatische Erkrankungen
Akute Leukämie
Maligne Lymphome
Hämolytische Anämie
Akute Malariainfektion
Starke Milzvergrößerung
Chronisch-myeloische Leukämie
Myelofibrose
Polyzythämie
Hämolytische Anämie
Speicherkrankheiten (Morbus Gaucher)
Chronische Infektionen
Chronische Malariainfektion

64.2.4 Milz

Die normale Milz hat eine maximale Größe von 11×7×4 cm. Als normabweichender Befund kommt am häufigsten eine homogene Vergrößerung der Milz **(Splenomegalie)** zur Darstellung (Abb. 64-12). Bei Vorliegen einer Splenomegalie kommt es auch zur Hypertrophie einer möglicherweise extralienal gelegenen Nebenmilz. Die Tabelle 64-5 gibt mögliche Ursachen wieder. In einigen Fällen kann die Sonographie selbst ursächliche Hinweise geben. Bei portaler Hypertension können sonographisch Umgehungskreisläufe und/oder Aszites zur Darstellung kommen, bei zugrundeliegender Lebererkrankung sind eventuell Zirrhosezeichen im Leberparenchym zu sehen. Lymphknotenvergrößerungen im Bereich der großen Gefäße können für das Vorliegen eines Lymphoms diagnostisch richtungweisend sein. Die Rechtsherzinsuffizienz weist zusätzlich Zeichen der Stauungsleber mit erweiterten Lebervenen, erweiterter Vena cava inferior, eventuell Aszites und einem rechtsseitigen Pleuraerguß auf.

Fokale Milzveränderungen sind insgesamt selten (Tab. 64-6). **Verkalkungen** sind die häufigsten fokalen Milzbefunde und entstehen im Gefolge von Hämatomen, Milzinfarkten, -abszessen und abgelaufenen Infektionskrankheiten wie z.B. der Tuberkulose. **Milzzysten** sind überwiegend erworben, meist Folge eines Infarktes oder eines Traumas und daher prognostisch in der Regel irrelevant.

Milzabszesse werden in der Regel von klinischen Zeichen wie Fieber oder einer Entzündungsreaktion mit Leukozytose begleitet und werden praktisch nie zufällig entdeckt, sondern im Rahmen der Abklärung eines Fiebers unklarer Ursache. Ebenso gehen **Milzinfarkte** mit klinischen Symptomen einher und finden sich häufig in einer vergrößerten Milz im Rahmen von Leukosen. Nach stumpfem Bauchtrauma wird von

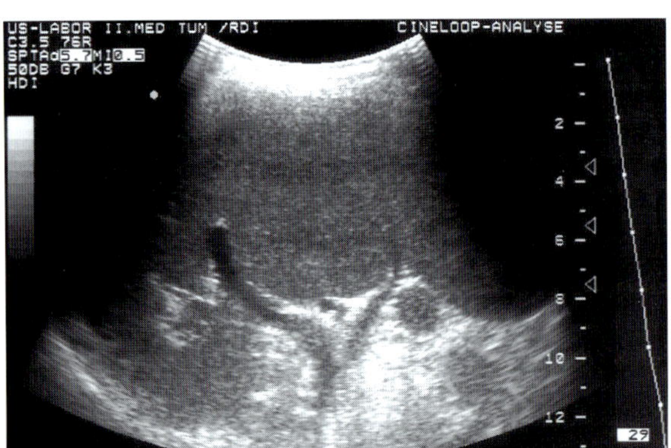

Abb. 64-12 Splenomegalie und Nebenmilz. Die Milz stellt sich erheblich vergrößert dar (Längsdurchmesser ca. 18 cm; vgl. Zentimeter-Skala am rechten Bildrand). Die Gefäße im Milzhilus sind prominent. Nebenbefundlich stellt sich im Milzhilus eine Nebenmilz dar.

Tab. 64-6 Ätiologie fokaler Milzveränderungen

Fehlbildungen und Anomalien
Nebenmilz, Lien lobatus, Zysten, Hamartome
Vaskuläre Prozesse und Traumata
Infarkte, Blutungen
Infektionen
Abszesse, Echinokokkose, Tuberkulose, Brucellose, Mykosen
Primäre Milztumoren
Hämangiom, Lymphangiom, Hämangiosarkom, Lymphom
Sekundäre Milztumoren
sekundärer Lymphombefall, Metastasen

den inneren Organen die Milz am häufigsten verletzt. Sonographische Zeichen einer **Milzverletzung oder -blutung** sind irreguläre Parenchymveränderungen, die Destruktion der Organkontur, perilienale Flüssigkeit, subkapsuläre Formationen unterschiedlicher Echogenität **(Hämatome).** Bei Patienten mit bekannter Milzerkrankung kann es auch ohne Trauma zu einer Milzblutung kommen, wonach beim Auftreten abdomineller Beschwerden gesucht werden sollte.

Benigne Milztumoren (z.B. Hämangiome) werden überwiegend als Zufallsbefund entdeckt. Bei Patienten mit bekannten Malignomen ist jedoch eine nähere Abklärung indiziert, da sich hinter einem hämangiomtypischen echoreichen fokalen Herd gelegentlich eine Metastase verbergen kann, wobei Metastasen in der Milz allerdings insgesamt selten vorkommen (z.B. bei malignen Melanomen). Bei lymphoproliferativen Erkrankungen kann die Milz sowohl diffus als auch fokal mitbeteiligt sein.

Sonographisch zufällig entdeckte **echoarme Rundherde** sowie eine Splenomegalie unklarer Ursache bedürfen in jedem Fall der weiteren diagnostischen Abklärung, insbesondere sollte ein Lymphom ausgeschlossen werden.

Die **Nebenmilz,** als rundliche, kugelige Struktur im Milzhilus, stellt eine Normvariante dar, die bei etwa 10% der Bevölkerung vorkommt, meist nicht größer als 2,5 cm ist und gelegentlich Anlaß zu Verwechslungen mit vergrößerten Lymphknoten geben kann (Abb. 64-13). Die sonographischen Charakteristika der Nebenmilz entsprechen jedoch denen des normalen Milzgewebes.

64.2.5 Nieren

Beim **akuten Nierenversagen** ist die Sonographie das bildgebende Verfahren der ersten Wahl, da sie sehr rasch ein postrenales Nierenversagen beweisen oder ausschließen kann. Während eine volle Harnblase für eine infravesikale Obstruktion spricht, ist die leere Blase meist Hinweis auf ein prärenales oder renales Nierenversagen. Wenn der Verdacht auf einen retroperitonealen obstruierenden Prozeß (z.B. Lymphom) besteht, der sonographisch nicht adäquat darstellbar ist, muß eine Computertomographie durchgeführt werden. Zwischen renalem oder prärenalem Nierenversagen kann sonographisch allerdings nicht unterschieden werden. Die sonographischen Veränderungen der Nieren, die sich im Rahmen des akuten Nierenversagens abzeichnen, sind relativ unspezifisch. In der Regel findet man **beidseitig vergrößerte Nieren** mit verringerter Echogenität des Parenchyms und echoarm vergrößerten Markpyramiden. Die sonographische Darstellung von Schrumpfnieren hingegen deutet auf ein renales Nierenversagen im Endstadium einer chronischen Nierenerkrankung hin.

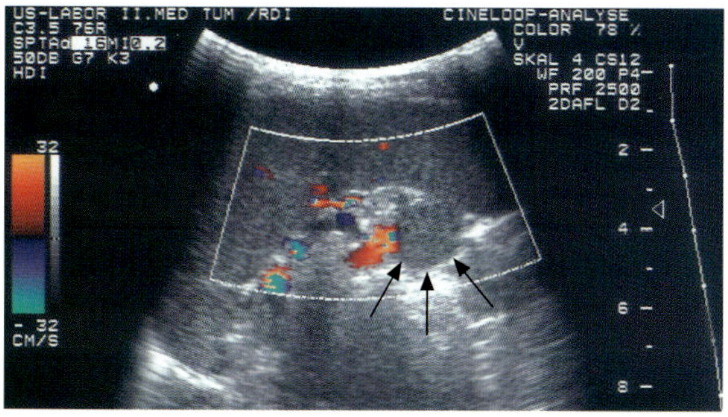

Abb. 64-13 Nebenmilz. Rundliche, kugelige Struktur im Milzhilus, welche im Vergleich zur Milz die gleichen sonographischen Charakteristika aufweist.

Eine **vorwiegend einseitige Nierenvergrößerung** kann Ausdruck der Hypertrophie einer Niere sein, die sich bei einem Funktionsdefizit der kontralateralen Seite kompensatorisch vergrößert. Beim doppelt angelegten Hohlsystem ist der Sinusreflex der betroffenen, einseitig vergrößerten Niere durch eine durchgehende Parenchymbrücke in zwei Teile getrennt. Auch eine Nierenvenenthrombose kann akut zur einseitigen Nierenvergrößerung führen.

64

Verkleinerungen der Niere mit buckliger Oberfläche und fokal verändertem Reflexmuster kommen ein- oder beidseitig bei zahlreichen chronischen Nierenerkrankungen vor. Zur Differentialdiagnostik diffuser Nierenparenchymerkrankungen spielt das Sonogramm jedoch nur eine untergeordnete Rolle, da es sogar bei bioptisch gesicherten Nierenerkrankungen, die bereits Funktionseinschränkungen aufweisen, manchmal noch weitgehend normal ausfallen kann. **Schrumpfnieren**, als Endstadium chronischer Nephritiden, stellen sich sonographisch verkleinert dar und weisen im Gegensatz zu hypoplastischen Nieren einen verschmälerten Parenchymsaum auf. Eine einseitig verkleinerte Niere mit normalem Binnenreflexmuster entspricht wahrscheinlich einer angeborenen Hypoplasie. Differentialdiagnostisch ist aber immer auch an eine Nierenarterienstenose zu denken.

Die **Doppelniere** (Doppelung von Ureter und Nierenbecken) ist die häufigste **Anomalie der Niere** (ca. 1%). Die typische durchgehende Parenchymbrücke kann sonographisch gut dargestellt werden. Bei der **Hufeisenniere** ist oft eine Parenchymbrücke darstellbar, die über die großen Gefäße hinweg zur kontralateralen Seite zieht und im Längsschnitt zur Fehlinterpretation von paraaortalen Lymphomen Anlaß geben kann. Die **Nierenaplasie** tritt vor allem links auf.

Nierenkonkremente weisen die charakteristischen Ultraschallkriterien eines abgrenzbaren Ultraschallreflexes mit applikatorfernem Schallschatten auf. Im Gegensatz zu Gallensteinen sind Nierensteine jedoch meist nicht von Flüssigkeit umgeben und somit sonographisch schwieriger darzustellen. Differentialdiagnostisch müssen Verkalkungen des Nierenparenchyms und der Nierenarterien abgegrenzt werden (Tab. 64-7).

Tab. 64-7 Ursachen von Verkalkungen im Bereich der Nieren

Parenchymverkalkungen	Nephrokalzinose bei Hyperkalzämie Tuberkulose
Verkalkungen der Aa. arcuatae	Diabetes mellitus arterielle Hypertonie
Papillenverkalkungen	Diabetes mellitus Phenacetinniere

Tab. 64-8 Stadien der Harnstauung

Stadium I	Hohlsystem echofrei erweitert Kelchhälse noch erkennbar Stauung im Nierenbecken ausgepräger als in den Kelchen
Stadium II	Kelchhälse aufgebraucht Parenchym verschmälert
Stadium III	Parenchym aufgebraucht Niere imponiert als septierter zystischer Hohlraum

Während das Nierenhohlsystem bei freiem Harnabfluß in der Regel nicht flüssigkeitsgefüllt ist, lassen sich Flüssigkeitsverhalte sonographisch gut darstellen, wenn eine **Harnabflußstörung** vorliegt. Je nach Lokalisation und Ausmaß stellen sich bei der Harnstauung im Sinus renalis und in den Kelchen echofreie Formationen dar (Abb. 64-14, Tab. 64-8). Im Gegensatz zu zentralen Zysten weisen sie jedoch keine glatte Begrenzung auf. Der ureteropelvine Übergang kann ebenfalls flüssigkeitsgefüllt dargestellt werden, wenn das Abflußhindernis außerhalb des Nierenbeckens liegt. Die **Ursache eines Harnstaus** läßt sich sonographisch je nach Ätiologie unterschiedlich gut erkennen. Am häufigsten führen im Erwachsenenalter Steine zur Obstruktion. Bei Männern sind die häufigste Ursache eines bilateralen Harnstaus Prostataadenome und -karzinome. Bei chronischer Harnstauung über Monate bis Jahre kommt es zum Endstadium der hydronephrotischen Sackniere. Die Differentialdiagnose der Harnstauung umfaßt unter anderem eine ganze Reihe echofreier und echoarmer Formationen im Nierensinus (Tab. 64-9). Da eine Dilatation des Nierenbeckenhohlsystems auch physiologischerweise auftreten kann, sollten bei asymptomatischen Personen, bei denen eine Harnstauung diagnostiziert wird, zunächst Kontrolluntersuchungen zur Verifizierung der Diagnose erfolgen.

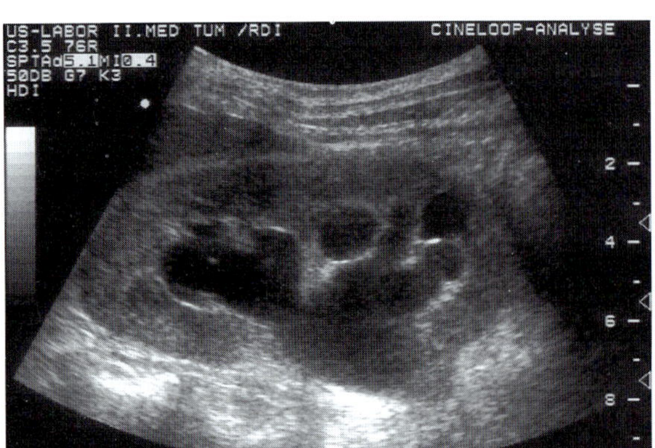

Abb. 64-14 Harnstauungsniere Grad II–III. Das Hohlsystem ist echofrei erweitert und die Kelchhälse sind aufgebraucht.

Typische Zysten stellen sich sonographisch als glatt und scharf begrenzte, rundliche echofreie Raumforderungen dar, die eine dorsale Schallverstärkung aufweisen. Typische Zysten können einseitig, beidseitig, solitär oder multipel vorkommen und im Parenchym oder zentral (parapelvin) lokalisiert sein. Große Zysten zeigen aufgrund von Artefakten (z.B. Reverberationen) nicht immer die charakteristische Echofreiheit. Bei typischen Zysten sind weitere diagnostische Maßnahmen nicht erforderlich, allenfalls sonographische Kontrollen. Die Differenzierung parapelviner Zysten gegenüber einem Harnstau ist gelegentlich schwierig. **Atypische Zysten** besitzen nicht die klassischen Charakteristika der runden Form, der dünnen Zystenwand oder der Echofreiheit im Zentrum. Ursächlich kommen in Frage: eine Einblutung, Infektion, intrazystisches Tumorwachstum, Nierenabszesse oder nekrotisierende Tumoren. Eine sonographische Artdiagnose ist in diesen Fällen nicht möglich. Weiterführende Informationen können durch eine ultraschallgezielte

Tab. 64-9 Differentialdiagnose echofreier und echoarmer Formationen im Nierensinus

Harnabflußstörung	
Ampulläres Nierenbecken	Sinusreflex unauffällig
Sinuslipomatose	meist bilateral, nicht bis zum Ureterabgang reichend
Kelch-, peripelvine Zysten	keine Verbindung untereinander
Benignes zystisches Lymphangiom	meist bilateral, zum Hilus verjüngend
Weites Nierenvenensystem	Verlauf der Nierenvenen nach medial (→ farbkodierte Duplexsonographie)
Eitrige Pyelitis, Einblutung	nicht echofrei, echoarm
Physiologische Ektasien	zentral in der Regel weniger als 4 cm (Diurese, Schwangerschaft, maximal gefüllte Harnblase)
Nierenbeckentumor (Urothelkarzinom)	

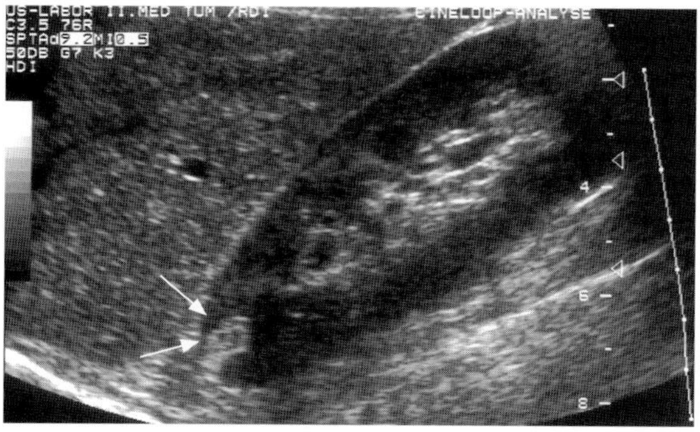

Abb. 64-15 Angiomyolipom der Niere. Runde, scharf begrenzte, homogen echoreiche Raumforderung (Pfeile) im Parenchym der rechten Niere.

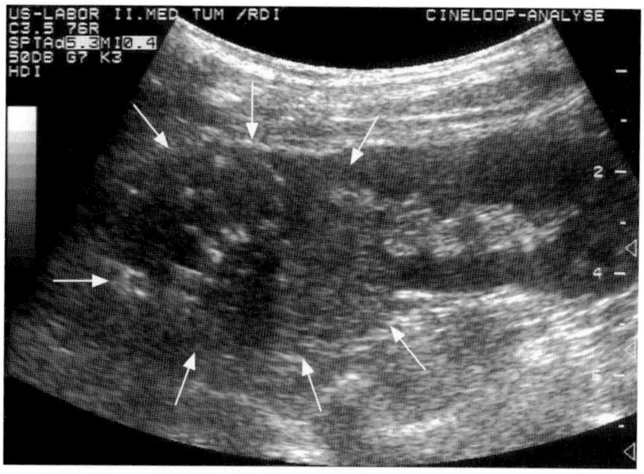

Abb. 64-16 Hypernephrom. Am Oberpol der linken Niere (Pfeile) stellt sich ein ca. 5 bis 6 cm großer, gemischt echogener Tumor dar, der die Kontur der Niere überschreitet und in den Sinusreflex hineinreicht. An dieser Stelle ist kein normales Nierenparenchym abgrenzbar.

Feinnadelpunktion mit bakteriologischer, zytologischer und laborchemischer Untersuchung des Aspirates gewonnen werden. Bei der **polyzystischen Nierendegeneration** sind wegen der multiplen zystischen Areale Parenchymsaum und zentrale Nierenechos praktisch nicht mehr zu unterscheiden. Typischerweise sind beide Nieren stark vergrößert. Mit Längsdurchmessern von bis zu 30 cm können sie nahezu den ganzen Bauchraum ausfüllen.

Solide Tumoren sind durch das Vorkommen von Binnenstrukturechos ohne dorsale Schallverstärkung gekennzeichnet. Grundsätzlich gibt es keine sonographischen Kriterien, die eine sichere Beurteilung der Dignität einer soliden Raumforderung erlauben. Eine Ausnahme stellt das **Angiomyolipom** der Niere dar. Dieser sogenannte „weiße Nierentumor" imponiert sonographisch als homogen echoreiche, glatt begrenzte Raumforderung (Abb. 64-15) und wird meist als Zufallsbefund entdeckt. Die Diagnose bedarf keiner weiteren Sicherung durch andere Verfahren. Das sehr seltene gutartige Lipom der Niere ist vom Angiomyolipom sonographisch nicht zu differenzieren, was jedoch klinisch nicht relevant ist. Durch sekundäre Veränderungen können Angiomyolipome ihre sonographische Erscheinungsform ändern. Sie sind dann sonographisch nicht von Neoplasien anderer Genese zu unterscheiden, so daß ergänzend die Computertomographie einzusetzen ist. Bei den primär malignen Nierentumoren handelt es sich in etwa 90% der Fälle um ein **Hypernephrom**. Da sich die meisten Nierenzellkarzinome isoechogen (86%) manifestieren (Abb. 64-16), weniger häufig echoarm (10%) oder echoreich (4%), werden sie häufig erst dadurch entdeckt, daß sie die Oberflächenkontur der Niere vorbuckeln oder in den Sinusreflex hineinreichen, wobei die Abgrenzung zu den Normvarianten eines prominenten „Milzbuckels" oder eines „Parenchymzapfens" schwierig sein kann. Sekundär solide Nierentumoren sind **maligne Lymphome**, die sich neben der Lunge am zweithäufigsten an der Niere manifestieren, zu 75% beidseitig. Nierenmetastasen sind selten und meist durch ein Hypernephrom der Gegenseite verursacht.

64.2.6 Nebennieren

Abgesehen von **Verkalkungen** sind pathologische Veränderungen der Nebennieren im allgemeinen nur dann sonographisch nachweisbar, wenn sie mit einer Vergrößerung einhergehen. Dies ist ab einer Größe von etwa 1 bis 1,5 cm (rechts) bzw. 1,5 bis 2 cm (links) der Fall. Linksseitige Nebennierenprozesse können leicht mit pathologischen Veränderungen der Nachbarorgane (z.B. Tumoren oder Zysten des Pankreasschwanzes oder der linken Niere, pathologisch veränderte Milzgefäße oder Lymphknoten) verwechselt werden.

Solide Tumoren der Nebennieren können hormonaktiv oder hormoninaktiv sein. Bei **endokrin aktiven** Tumoren ist der laborchemische Nachweis der Hormonsekretion diagnostisch entscheidend. Bildgebende Verfahren werden „nur" zur Lokalisationsdiagnostik benötigt. Da endokrin aktive Tumoren häufig frühzeitig symptomatisch werden, sind sie zum Zeitpunkt der laborchemischen Diagnosestellung oft noch relativ klein und entgehen dem sonographischen Nachweis.

Wenn eine **endokrine Symptomatik fehlt**, kommen differentialdiagnostisch sowohl benigne Adenome als auch maligne Tumoren (Karzinome oder Metastasen) in Betracht. Als **Inzidentalome** bezeichnet man die durch bildgebende Verfahren zufällig entdeckten Raumforderungen der Nebennieren ohne klinisch richtungweisende Symptome und ohne einen entsprechenden Verdacht vor Durchführung der bildgebenden Diagnostik (Abb. 64-17). Bei Nachweis eines Inzidentaloms muß immer eine sorgfältige endokrinologische Abklärung erfolgen (→ Kap. 18). Diese kon-

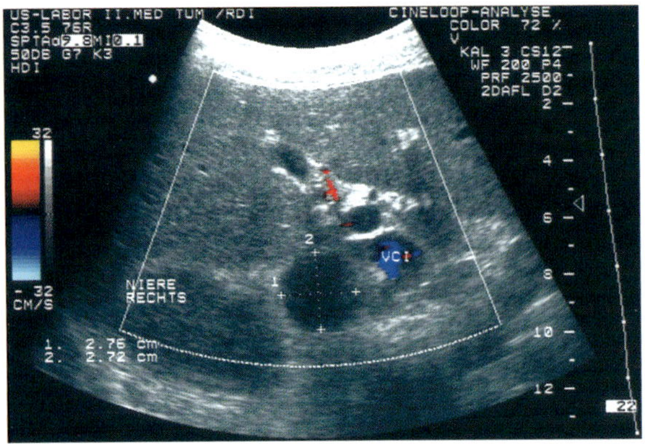

Abb. 64-17 Tumor der rechten Nebenniere. Zwischen rechter Niere und V. cava inferior (VCI) stellt sich ein knapp 3 cm großer echoarmer Tumor dar, welcher der Nebenniere zuzuordnen ist. Zufällig entdeckte Raumforderungen der Nebennieren ohne richtungweisende Symptome bezeichnet man als Inzidentalome.

zentriert sich auf den Ausschluß oder Nachweis eines Phäochromozytoms sowie eines cortisolproduzierenden Nebennierenadenoms. Ein Aldosteronom muß ausgeschlossen werden, wenn sowohl eine arterielle Hypertonie als auch eine spontane Hypokaliämie gleichzeitig vorliegen. Asymptomatische Nebennierentumoren (Inzidentalome) dürfen ohne ausreichende präoperative endokrinologische Abklärung nicht operativ entfernt werden. Inzidentalome haben nur ausnahmsweise Krankheitswert und stellen die häufigste Veränderung der Nebennieren dar. Im unselektionierten Sektionsgut findet man klinisch unerkannte Nebennierenadenome in bis zu 9% aller Fälle. 80% aller Raumforderungen der Nebennieren sind kleiner als 2 cm. Im Gegensatz zur großen Häufigkeit von Nebenniereninzidentalomen tritt das Nebennierenkarzinom mit einer Neuerkrankungsrate von etwa 1 auf 1,7 Millionen Einwohner pro Jahr äußerst selten auf und weist bei Diagnosestellung meist einen Durchmesser von über 6 cm auf. Relativ häufig sind die Nebennieren auch Sitz hämatogener Metastasen (z.B. in 25% bei Bronchialkarzinomen).

Die Dignität eines endokrin inaktiven Nebennierentumors ist aufgrund des sonographischen Erscheinungsbildes nicht vorhersagbar, korreliert jedoch am zuverlässigsten mit seiner Größe. Bei hormoninaktiven Tumoren von über 5 cm Größe ist wegen des erhöhten Malignitätsrisikos die operative Entfernung indiziert. Kleinere Tumoren können zunächst im Verlauf beobachtet werden: Tumoren kleiner als 3 cm alle sechs Monate, größere Tumoren alle drei Monate. Eine signifikante Größenzunahme stellt eine Operationsindikation dar. Das bei einer Feinnadelpunktion eines Inzidentaloms gewonnene Material erlaubt praktisch keine Differenzierung zwischen Nebennierenadenom und -karzinom, weswegen die Feinnadelpunktion nur ausnahmsweise durchgeführt werden sollte, wenn die adrenale Raumforderung den einzigen metastasenverdächtigen Befund im Rahmen eines Tumor-Stagings darstellt. Um lebensbedrohliche Komplikationen bei der Punktion zu vermeiden, muß vorher ein Phäochromozytom in jedem Fall biochemisch ausgeschlossen sein (→ Kap. 44.4.5).

64.2.7 Gefäße und Retroperitoneum

Die sonographische Untersuchung abdomineller und retroperitonealer Gefäße dient nicht nur der Diagnostik pathologischer Gefäßbefunde, sondern auch der Erkennung vergrößerter retroperitonealer Lymphknoten, die entlang der großen abdominellen Gefäße lokalisiert sind.

Als **pathologische Gefäßbefunde** können sonographisch relativ häufig Lage- oder Wandveränderungen, Dilatationen, Stenosen oder Verschlüsse erkannt werden. Ein **Aneurysma** der Aorta liegt vor, wenn ihr Durchmesser in einem umschriebenen Bereich mehr als 2,5 cm beträgt (Abb. 64-18). Ist der normale Durchmesser von 2,5 cm über den gesamten Verlauf der Aorta überschritten, so spricht man von einer **Ektasie.** Aortenaneurysmata kommen bei Patienten mit generalisierter Arteriosklerose in bis zu 10% vor und sind in über 95% der Fälle infrarenal lokalisiert. Das Risiko einer Ruptur ist vor allem von der Größe des Aneurysmas abhängig. Asymptomatische Aneurysmata mit einer Größe von unter 5 cm können zunächst in 3- bis 6monatigen Abständen sonographisch kontrolliert werden, wobei besonders Risikofaktoren (z.B. ein Hypertonus) konsequent behandelt werden müssen. Bei einer deutlichen Größenzunahme, bei einer Größe von mehr als 6 cm sowie beim Auftreten von aneurysmainduzierten Symptomen oder Komplikatio-

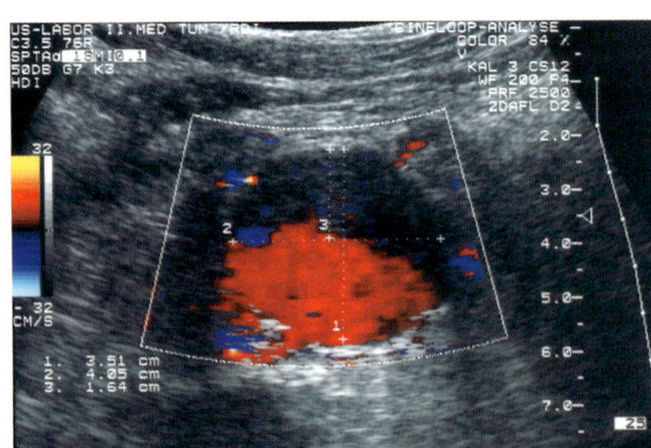

Abb. 64-18 Teilthrombosiertes Aortenaneurysma. Im Mittelbauchquerschnitt ist der Durchmesser der Aorta abdominalis auf über 4 cm erweitert. Wandständig zeigt sich echoarmes Material, welches ca. 1,5 cm in das Gefäßlumen hineinreicht und einem wandständigen Thrombus entspricht. Die colordopplersonographisch ableitbaren Farbsignale markieren das perfundierte Restlumen („Color shows where motion is").

nen (z.B. Embolien, Obstruktion von Hohlorganen) muß jedoch eine chirurgische Therapie erfolgen. Als **„Kinking“** bezeichnet man eine durch Elongation induzierte Schlängelung der Bauchaorta mit lateraler Abweichung ihres Verlaufes von der Körperlängsachse. Arteriosklerotische **Plaques** stellen sich als wandadhärente Echoreflexe dar, die ins Gefäßlumen hineinragen. Ist zusätzlich ein Schallschatten nachweisbar, handelt es sich um Verkalkungen. Eine zirkuläre Ummauerung der Aorta durch homogen echoarmes Gewebe kann Ausdruck einer **retroperitonealen Fibrose** sein. Auch **Gefäßprothesen** lassen sich aufgrund ihrer echoreichen Wandbegrenzung sonographisch meist sehr gut darstellen.

Die **Dilatation der V. cava inferior** auf mehr als 2,5 cm bei fehlender respiratorischer Modulation (und gleichzeitig gestauten Lebervenen) ist Ausdruck einer kardialen Einflußstauung, z.B. bei Rechtsherzinsuffizienz oder Pericarditis constrictiva. Bei **Thrombosen** der venösen Gefäße stellt sich der intraluminale Thrombus im frischen Stadium als sehr echoarm dar. Er kann deswegen schwierig zu erkennen sein und ist oft nur in Kombination mit der Duplexsonographie zu diagnostizieren. Indirekte Hinweise auf eine Thrombose sind in den herznahen Venen das Fehlen der respiratorischen Lumenschwankung sowie eine fehlende Komprimierbarkeit. Ältere Thromben imponieren intraluminal meist als echoreichere Formationen und sind dementsprechend besser abzugrenzen. Ein Tumoreinbruch in die Vena cava stellt sich intraluminal als echoreicher Prozeß dar und wird besonders häufig durch Nierenkarzinome und hepatozelluläre Karzinome verursacht.

Paraaortale **Lymphknoten** (> 1 bis 1,5 cm) stellen sich sonographisch als umschriebene echoarme Gebilde dar (Abb. 64-19), die gelegentlich auch diskrete dorsale Schallverstärkungen aufweisen. Eine Abstandsvergrößerung zwischen Aorta und Wirbelsäule auf mehr als 5 mm kann durch retroaortal liegende vergrößerte Lymphknoten verursacht sein. Selbstverständlich kann sonographisch nicht zwischen entzündlich und neoplastisch vergrößerten Lymphknoten unterschieden werden. Auch beim Vorliegen maligner Lymphknotenvergrößerungen ist keine Differenzierung zwischen Lymphknotenmetastasen eines Karzinoms und Lymphknotenvergrößerungen im Rahmen eines malignen Lymphoms möglich.

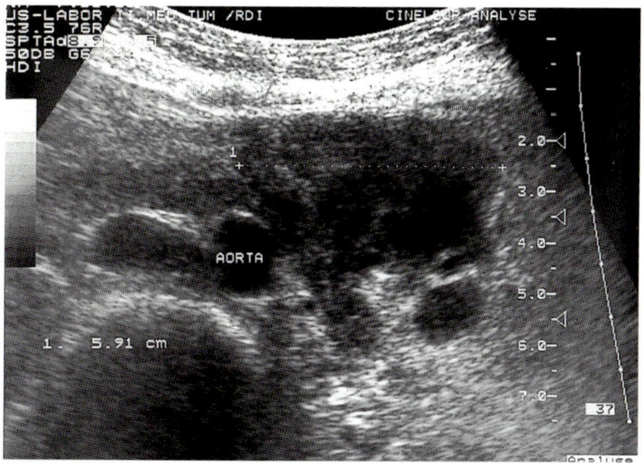

Abb. 64-19 Retroperitoneale Lymphome. Im Mittelbauchquerschnitt stellen sich lateral der Aorta echoarme Formationen mit teils echofreien (= zystischen) Anteilen dar, die Lymphompaketen entsprechen.

64.2.8 Harnblase, Prostata

Sonographisch ist die **Harnblase** nur beurteilbar, wenn sie flüssigkeitsgefüllt der Bauchwand direkt anliegt. Ein nach der Miktion nachweisbarer Blaseninhalt **(Restharn)** kann durch unterschiedliche Ursachen bedingt sein (Tab. 64-10), ist aber am häufigsten durch ein Prostataadenom verursacht, welches ab einem Restharnvolumen von über 150 ml operativ behandelt werden sollte. Die häufigsten sonographisch faßbaren benignen Veränderungen der Harnblase sind **Wandverdickungen, Konkremente** und **Divertikel.** Sie alle sind meist Folge einer Abflußbehinderung durch eine vergrößerte Prostata. Die Harnwegsobstruktion führt über pathologische Restharnmengen zur Blasenwandhypertrophie, als Folge der Blasenentleerungsstörung zur Steinbildung (helle Echoreflexe mit dorsaler Schallauslöschung) sowie durch erhöhten intravesikalen Druck zur Bildung flüssigkeitsgefüllter Aussackungen (Pseudodivertikel). Da in Divertikeln auch Karzinome entstehen können, muß bei der sonographischen Untersuchung darauf besonders geachtet werden. Die **Ureterozele** ist eine Ballonierung des distalen Harnleiters und findet sich häufig bei Doppelnieren. Sonographisch stellt sie sich als zystische, in das Harnblasenniveau reichende Raumforderung dar. **Harnblasentumoren** imponieren als wandständige ins Blasenlumen hineinragende echogene Strukturen, die der Blasenwand breitbasig aufsitzen oder mit ihr nur über einen schmalen Stiel verbunden sind. Differentialdiagnostisch müssen Impressionen der Blasenwandkontur durch Nachbarstrukturen, z.B. ein von kaudal ins Blasenlumen ragender Prostatamittellappen, paravesikale Lymphome, Uterusmyome oder Ovarialtumoren, abgegrenzt werden. Da Harnblasentumoren in gut einem Drittel der Fälle ostiennah entstehen, findet sich häufig ein gestauter oberer Harntrakt als zusätzlicher Hinweis.

Tab. 64-10 Ursachen für Restharnbildung

Abflußhindernis (meist Prostataadenom)
Querschnittssymptomatik
Polyneuropathie (z. B. bei Diabetes mellitus)
Medikamente (z. B. Katecholamine, Anticholinergika)

Die **Prostata** kann beim Mann als ovales echoarmes Organ durch das akustische Fenster der gefüllten Harnblase hindurch sonographisch dargestellt werden. Die Differenzierung eines Prostatakarzinoms von einem benignen Prostataadenom ist sonographisch schwierig und gelingt keinesfalls sicher. Das gutartige **Adenom** entwickelt sich im Mittellappen der Prostata und wächst somit zur Blase hin. Die Echogenität des Adenoms ist meist gleich wie die des umgebenden Prostatagewebes, manchmal etwas echoreicher. Es kann wie ein Polyp in das Blasenlumen hineinragen und ist von einem Harnblasentumor dann nicht einfach zu differenzieren. Die Symmetrie der Prostata ist jedoch erhalten. Das **Prostatakarzinom** andererseits wächst in den Seitenlappen, betrifft daher den Organrand und imponiert asymmetrisch. Das Echomuster, das ungleichmäßig sein kann, ist meist echoreich, gelegentlich auch echoarm. Generell existiert jedoch kein typisches Echomuster für das Prostatakarzinom, so daß es sonographisch allenfalls im Sinne einer Verdachtsdiagnose erfaßt werden kann. Die Detailerkennung kann durch transrektale Ultraschallsonden wesentlich verbessert werden, doch kann die definitive Artdiagnose eines suspekten Prostatabezirkes nur durch die histologische Untersuchung einer bioptisch gewonnenen Gewebeprobe geklärt werden.

Prostatasteine stellen sich als helle Reflexe mit dorsaler Schallauslöschung dar und finden sich mit zunehmendem Alter des Patienten häufiger. Bei der **akuten Prostatitis** und beim **Prostataabszeß** ist das klinische Bild mit Fieber und starken Schmerzen führend. Sonographisch sieht man bei der akuten Entzündung ein aufgetriebenes und relativ echoarmes Organ, beim Abszeß auch echofreie Areale. Sowohl bei der akuten Prostatitis als auch beim benignen Prostataadenom eignet sich die sonographische Prostatavolumenmessung gut zur Verlaufskontrolle unter Therapie.

64.2.9 Aszites

Freie Flüssigkeit in der Bauchhöhle **(Aszites)** stellt sich sonographisch echofrei dar und kann mit hoher Sensitivität schon in geringen Mengen nachgewiesen werden (→ Kap. 31). So lassen sich kleinere Mengen Aszites (ab 200 ml) je nach Ursache beispielsweise als perihepatischer Flüssigkeitssaum, in der Morrison-Tasche, im Unterbauch perivesikal oder im Douglas-Raum darstellen. Kleinste Aszitesmengen stellen sich manchmal als dreieckige echofreie „Zwickel" zwischen Darmschlingen dar. Größere Mengen (mehrere Liter) finden sich über das gesamte Abdomen verteilt und auch in beiden Flanken. Im Gegensatz zum echten Aszites werden Flüssigkeitsansammlungen im Abdomen ohne Zugang zur Peritonealhöhle als **Pseudoaszites** bezeichnet und können sonographisch mit Aszites verwechselt werden.

Am häufigsten findet sich ein Aszites bei portaler Hypertension und bei malignen Tumoren. Während beim Pfortaderhochdruck die Darmschlingen häufig frei flottieren und sich zusätzlich Hinweise auf die Genese der portalen Hypertension, z.B. Zeichen der Leberzirrhose, finden, sind die Darmschlingen beim malignen Aszites meist verklebt, und manchmal läßt sich bei Peritonealkarzinose auch das verdickte Peritoneum darstellen. Ist bei sonographisch entdecktem Aszites die zugrundeliegende Erkrankung nicht bekannt, ist eine diagnostische **Aszitespunktion** durchzuführen, die insbesondere bei kleinen Flüssigkeitsmengen sonographisch gezielt erfolgen sollte. Immer ist eine klinisch-chemische, zytologische und bakteriologische Untersuchung erforderlich (→ Kap. 31). Eine therapeutische Aszitespunktion ist indiziert, wenn der Aszites aufgrund seines großen Volumens durch Druck auf das Zwerchfell zur Dyspnoe führt.

64.2.10 Schilddrüse

Diffuse Veränderungen des Schilddrüsenparenchyms findet man bei der blanden Struma, beim Morbus Basedow (→ Kap. 23.4.2) und bei der Thyreoiditis (→ Kap. 19.4.3). Die **euthyreote Struma** (→ Kap. 19.4.2), die häufigste Schilddrüsenerkrankung, weist als Struma diffusa nur eine Vergrößerung der Schilddrüse auf, das Echomuster ist meist normal. Bei der Struma nodosa finden sich zusätzlich fokale Veränderungen, die durch das Nebeneinander von echoärmeren und echoreicheren Arealen ein „buntes" Bild ergeben (→ Kap. 19, Tab. 19-3). Häufig kommen daneben zystische Areale und/oder Verkalkungen als Ausdruck regressiver Veränderungen zur Darstellung.

Sowohl beim **Morbus Basedow** als auch bei den verschiedenen Formen der **Thyreoiditis** sind hauptsächlich klinische Zeichen und laborchemische Befunde führend. Die Sonographie liefert ergänzend morphologische Korrelate, ist aber nicht in der Lage, sicher zwischen diesen verschiedenartigen Schilddrüsenerkrankungen zu differenzieren. Bei beiden Entitäten zeigt sich sonographisch eine Organvergrößerung, die bei der Thyreoiditis vor allem durch eine Zunahme des Tiefendurchmessers bedingt ist, so daß die Schilddrüse relativ plump imponiert. Sonographisch charakteristisch ist weiterhin eine ausgeprägte Echoarmut, wobei die Binnenstruktur der Schilddrüse ähnlich echoarm ist wie die der Muskulatur (z.B. Musculus sternocleidomastoideus). Die Echoverteilung bei der Thyreoiditis ist insgesamt ungleichmäßig, bei der subakuten Thyreoiditis de Quervain können die Veränderungen auch nur Teile der Schilddrüse betreffen. Farbdopplersonographisch läßt sich sowohl bei der Basedow-Hyperthyreose als auch bei der Thyreoiditis de Quervain die ausgeprägte Vaskularisation eindrucksvoll darstellen.

Bei allen diffusen Schilddrüsenveränderungen ist die sonographische Volumenbestimmung und auch die Beurteilung der Echogenität im zeitlichen Verlauf zur Kontrolle des Therapieerfolgs sehr nützlich.

Als **fokale Strukturveränderungen** können sonographisch echofreie von echoarmen und echoreichen Läsionen unterschieden werden. **Zysten,** als typischerweise echofreie und glatt begrenzte, umschriebene Bezirke mit dorsaler Schallverstärkung, sind meist Ausdruck regressiver Veränderungen und somit in der Regel benigne (→ Kap. 19, Abb. 19-5). Bei Zweifeln an der Dignität einer Zyste, bei atypischen Zysten oder wenn in einem Knoten neben zystischen auch solide (insbesondere echoarme) Anteile vorliegen, sollte eine diagnostische Punktion zur zytologischen Untersuchung durchgeführt werden. Weiterhin ist eine Zyste zu punktieren, wenn sie aufgrund ihrer Größe entlastet werden muß.

Als solide fokale Läsionen können morphologisch vor allem hyperplastische Knoten einer diffusen Struma, ein echtes follikuläres Adenom oder ein Karzinom vorliegen. In Strumaendemiegebieten entspricht ein Schilddrüsenknoten mit echoreicher Binnenstruktur am häufigsten einer **knotigen Hyperplasie.** Diese Knoten sind glatt zur Umgebung abgegrenzt und benigne. Ein echoarmer Randsaum kann als sogenannter „Halo" nachweisbar sein. Durch regressive Veränderungen können unregelmäßig konfigurierte, zystische oder echoarme Areale sowie reflexreiche Strukturen mit dorsalem Schallschatten (Verkalkungen) auftreten.

Etwa ein Viertel aller fokalen Schilddrüsenveränderungen sind echoarm. Meist handelt es sich bei echoarmen soliden Läsionen um **Adenome,** aber auch **Schilddrüsenkarzinome** stellen sich in über 95% der Fälle als echoarm oder überwiegend echoarm dar. Deshalb sollte ein solider echoarmer Knoten immer ultraschallgezielt punktiert werden, wobei die Schneidebiopsie, da sie eine Histologie ermöglicht, von einigen gegenüber der Feinnadelaspirationszytologie bevorzugt wird. Selbstverständlich ist neben der sonomorphologischen Beurteilung der Schilddrüse immer auch eine Funktionsbeurteilung durch Szintigraphie und ergänzende Hormonuntersuchungen erforderlich.

Natürlich ist eine abschließende Beurteilung der Dignität solider fokaler Strukturveränderungen der Schilddrüse aufgrund sonomorphologischer Kriterien nicht möglich. Aber die Wahrscheinlichkeit eines Malignoms ist bei einem echoreichen homogenen Knoten mit „Halo" in einer Struma nodosa relativ gering, während sie bei einem echoarmen, inhomogenen Solitärknoten mit unscharfer Begrenzung wesentlich höher ist.

64.3 Praktisches Vorgehen

64.3.1 Leber

Diffuse Lebererkrankungen werden sonographisch zwar mit hoher Sensitivität erfaßt, die Spezifität der Methode ist jedoch relativ gering. Während Frühformen der Leberzirrhose sonographisch praktisch nicht faßbar sind, kann das Vollbild der Leberzirrhose mit den Zeichen der portalen Hypertension sonographisch meist problemlos erkannt werden. Unter den fokalen Leberläsionen können typische Zysten, typische Hämangiome und Zonen fokaler Mehr- oder Minderverfettung sonographisch relativ sicher diagnostiziert werden. Bei atypischen Formen dieser Veränderungen sowie bei allen anderen fokalen Läsionen muß die Beurteilung unter Berücksichtigung der klinischen Gesamtkonstellation erfolgen. Die weitere Klärung einer fokalen Veränderung kann durch die Computertomographie und/oder durch die Kernspintomographie möglich sein. In Zweifelsfällen muß ein Stanzzylinder zur histologischen Klärung gewonnen werden.

64.3.2 Biliäres System

Für den Nachweis von Gallensteinen ist die Sonographie wegen ihrer hohen Sensitivität und Spezifität die Methode der Wahl. Auch zur Differentialdiagnose eines Ikterus ist die Sonographie sehr gut geeignet. Beim hepatozellulären Ikterus können sonographische Zeichen eines diffusen Leberparenchymschadens, beim obstruktiven Ikterus dilatierte Gallenwege und gegebenenfalls das Abflußhindernis dargestellt werden, wofür z.B. Konkremente im Gallengang oder Tumoren der Gallenwege oder des Pankreaskopfes in Frage kommen. Bei Gallenblasenpolypen bis zu einer Größe von 1 cm sind zunächst sonographische Verlaufskontrollen sinnvoll, bei Größenzunahme oder bei einer Größe von über 1 cm sollte wegen der Gefahr der karzinomatösen Entartung eine Cholezystektomie durchgeführt werden.

64.3.3 Pankreas

Zur Diagnoseetablierung der akuten Pankreatitis ist die Sonographie praktisch nicht erforderlich. Sie kann aber wichtige Hinweise auf eine biliäre Genese oder auf eine eventuell zugrundeliegende chronische Pankreatitis geben. Bei der Verlaufsbeurteilung einer akuten Pankreatitis schränken atonische Darmschlingen und Meteorismus die Wertigkeit der Sonographie stark ein. Zur Verlaufskontrolle von Pankreaspseudozysten hingegen ist der Ultraschall hervorragend geeignet. Bei der Frühdiagnose kleiner Pankreaskarzinome weist die Sonographie leider eine nur ungenügende Sensitivität auf und kann somit nicht als Screening-Verfahren eingesetzt werden.

64.3.4 Milz

Die Größe der Milz ist bei differentialdiagnostischen Erwägungen genauso wie bei Verlaufskontrollen unter Therapie oftmals von großer Bedeutung. Da die Milzgrenzen sonographisch sehr viel präziser und einfacher erfaßt werden können als durch die Palpation, ist die Bestimmung der Milzgröße eine Domäne der Sonographie.

64.3.5 Nieren

Nierenzysten gehören zu den häufigsten Zufallsbefunden bei der Abdomensonographie. Typische Zysten mit glatter, scharf begrenzter Wand, echofreier Binnenstruktur und dorsaler Schallverstärkung müssen bei asymptomatischen Personen diagnostisch nicht weiter abgeklärt werden. Unter den Nierentumoren kann die Diagnose des Angiomyolipoms aufgrund des typischen sonographischen Bildes eines glatt begrenzten, homogen echoreichen Tumors gestellt werden und bedarf im Regelfall ebenfalls keiner weiteren Diagnostik. In allen anderen Fällen ist eine weiterführende Diagnostik erforderlich. Ein malignitätsverdächtiger, einseitiger solider Tumor der Niere sollte einer operativen Therapie zugeführt werden. Bei Anurie kann die Sonographie leicht zwischen einem prärenalen/renalen und einem postrenalen Nierenversagen differenzieren.

64.3.6 Nebennieren

Da die normalen Nebennieren im Regelfall sonographisch nicht zuverlässig dargestellt werden können und andererseits hormonaktive Nebennierentumoren meist so frühzeitig symptomatisch werden, daß Größenveränderungen noch nicht faßbar sind, handelt es sich bei sonographisch darstellbaren Tumoren der Nebennieren meist um hormoninaktive Inzidentalome, die ab einer Größe von 5 cm operativ entfernt werden sollten, da dann ein erhöhtes Risiko der malignen Entartung besteht.

64.3.7 Abdominelle Gefäße

Die Diagnose eines Aortenaneurysmas gelingt sonographisch problemlos, so daß sich die Sonographie in dieser speziellen Fragestellung auch als Screening-Verfahren bewährt hat. Asymptomatische Aneurysmata (Durchmesser kleiner als 5 cm) können zunächst in Abständen von 3 bis 6 Monaten kontrolliert werden. Bei Größenzunahme oder Auftreten von Komplikationen ist die Operation indiziert. Thrombosen des venösen Systems können im Initialstadium wegen ihrer Echoarmut meist nur in Kombination mit der Duplexsonographie diagnostiziert werden.

64.3.8 Abdominelle Lymphknoten

Retroperitoneale Lymphknoten sind bei Fehlen untersuchungstechnischer Einschränkungen (z.B. Meteorismus, Adipositas) sonographisch gut darstellbar und paraaortal ab einer Größe von 1 bis 1,5 cm nachweisbar. Insbesondere die Erfolgskontrolle einer Strahlen- oder Chemotherapie von Lymphomen kann sonographisch wiederholt und für den Patienten wenig belastend durchgeführt werden.

64.3.9 Schilddrüse

Bei der Diagnostik von Schilddrüsenerkrankungen gibt die Sonographie in Ergänzung zur szintigraphischen Funktionsbeschreibung Informationen zur Größe des Gesamtorgans sowie zur Größe einzelner fokaler Veränderungen, die sonographisch auch dann entdeckt werden können, wenn sie palpatorisch nicht erfaßt werden können. Aufgrund des sonographischen Befundes allein ist eine Differentialdiagnose diffuser oder fokal-solider Areale allerdings nicht möglich. Hingegen eignet sich die Sonographie sehr gut zur Verlaufsbeurteilung von Schilddrüsenerkrankungen (z.B. unter Therapie). Die sonographische Punktion suspekter zystischer oder echoarmer Areale ist einfach durchzuführen.

64.4 Zusammenfassung

Zusammenfassend sind alle zystischen Raumforderungen und Erweiterungen flüssigkeitsführender Strukturen, wie z.B. Gefäßaneurysmata, Dilatationen im galle- oder harnableitenden System sowie freie Flüssigkeit in der Pleura- oder Bauchhöhle sonographisch exzellent diagnostizierbar. Auch Konkremente oder Verkalkungen lassen sich mit hoher Sensitivität und Spezifität erkennen. Solide Raumforderungen insbesondere der Leber, aber auch anderer parenchymatöser Organe können sonographisch zwar meist gut dargestellt werden, aufgrund der Sonomorphologie allein ist allerdings nur in wenigen Fällen eine relativ verläßliche Aussage zur Dignität vertretbar.

Mit Hilfe der farbkodierten Duplexsonographie können zusätzlich Flußcharakteristika in den für die jeweiligen Organe relevanten Gefäßen dargestellt werden, doch bei der Dignitätsbeurteilung kann diese Methode bisher noch keine sicheren Zusatzinformationen liefern. In unklaren Fällen kann durch sonographisch geführte Punktionen Material zur zytologischen oder histologischen Untersuchung gewonnen werden.

Register

Halbfette Ziffern verweisen auf Hauptfundstellen.

Abkürzungsverzeichnis

® Handelsname
→ siehe, vergleiche (Verweis)

A

A., Aa. Arterie, Arterien
ACE angiotensin converting enzyme
ACTH adrenokortikotropes Hormon
ADH antidiuretisches Hormon
Ag Antigen
AK Antikörper
ALL akute lymphatische Leukämie
AML akute myeloische Leukämie
ANA antinukleäre Antikörper
ANCA antineutrophile zytoplasmatische Antikörper
ant. anterior
a.p. anterior-posterior
AP alkalische Phosphatase
ASR Achillessehnenreflex
a.v. arterio-venös
AVK arterielle Verschlußkrankheit

B

BAL bronchoalveoläre Lavage
BB Blutbild
BGA Blutgasanalyse
BKS Blutkörperchensenkungsgeschwindigkeit
BSG Blut(körperchen)senkungsgeschwindigkeit
BSR Bizepssehnenreflex
BWS Brustwirbelsäule

C

C1–C8 Zervikalsegmente 1–8
CCT kraniale Computertomographie
chron. chronisch
CK Creatinkinase
CLL chronisch-lymphatische Leukämie
CML chronisch-myeloische Leukämie
COPD chronic obstructive pulmonary disease
CRP C-reaktives Protein
CT Computertomographie
CW-Doppler kontinuierliches Dopplerverfahren

D

DAF delayed auditory feedback
DIC disseminierte intravasale Koagulopathie
DSA digitale Subtraktionsangiographie
dsDNS Doppelstrang-Desoxyribonukleinsäure

E

EDTA Ethylendiamintetraessigsäure
EKG Echokardiographie
EMG Elektromyographie
ENG Elektroneurographie
EPH edema, proteinuria, hypertension
ERCP endoskopische, retrograde Cholangiopankreatikographie
Erw. Erwachsene

F

FEV_1 Einsekundenausatemkapazität
FVG forcierte Vitalkapazität
FUO fever of unknown origin

G

GH growth hormone
GHRH growth hormone releasing hormone
GIT Gastrointestinaltrakt
GN Glomerulonephritis

H

Hb	Hämoglobin
HRF	Histamin-Releasing-Faktor
HUS	hämolytisch-urämisches Syndrom
HVL	Hypophysenvorderlappen
HWI	Harnwegsinfektion
HWS	Halswirbelsäule
HZV	Herzzeitvolumen

I

i.a.	intraarteriell
i.c.	intrakutan
ICR	Interkostalraum
IE	Internat. Einheiten
Ig	Immunglobulin
IGF-1	insulin-like growth factor
i.m.	intramuskulär
INH	Isonicotinsäurehydrazid (Isoniazid)
IOS	Schallempfindungsschwerhörigkeit
ITP	idiopathische thrombozytopenische Purpura
i.v.	intravenös

L

L1–L5	Lumbalsegmente 1–5
LDH	Lactatdehydrogenase
Lig.	Ligamentum
LWS	Lendenwirbelsäule

M

M., Mm.	Musculus, Musculi
M.	Morbus
MCL	Medioklavikularlinie
MCTD	mixed connective tissue diseases (Bindegewebskrankheiten mit unbekannter Ursache)
MCV	mittleres korpuskuläres Volumen
MDS	myelodysplastisches Syndrom
MEN	multiple endokrine Neoplasien
MIRL	macrophage Ia recruiting factor
MRT	Magnetresonanztomographie
MSH	melanozytenstimulierendes Hormon

N

N., Nn.	Nervus, Nervi
NNH	Nasennebenhöhlen
NNM	Nebennierenmark
NNR	Nebennierenrinde
NMR	Kernspintomographie

O

OGTT	oraler Glukosetoleranztest
OP	Operation

P

p_aCO_2	arterieller Kohlendioxidpartialdruck
p_aO_2	arterieller Sauerstoffpartialdruck
pANCA	perinukleäre antineutrophile zytoplasmatische Antikörper
PAS	p-Aminosalizylsäure
PCR	polymerase chaine reaction
PEEP	positive end-expiratory pressure
PEF	peak expiratory flow
pHPT	primärer Hyperparathyreoidismus
PNH	paroxysmale nächtliche Hämoglobinurie
PTC	perkutane transhepatische Cholangiographie
PW-Doppler	gepulstes Dopplerverfahren

R

RAST	Radio-Allergen-Sorbent-Test
RF	Rheumafaktor
RR	Blutdruck nach Riva-Rocci
RV	Residualvolumen

S

S1–S5	Sakralsegmente 1–5
s.c.	subkutan
SEP	somato-sensibel evoziertes Potential
SLE	systemischer Lupus erythematodes
SLSH	Schalleitungsschwerhörigkeit
SMA	smooth muscle antigen
SPECT	Single-Photon-Emissionscomputertomographie
sup.	superior

V

V.a.	Verdacht auf
V_1–V_6	Brustwandableitungen im EKG
VIP	vasoaktives intestinales Peptid

Z

Z.n.	Zustand nach
ZNS	Zentralnervensystem
ZVD	zentraler Venendruck